JN310109

府川源一郎 著

明治初等国語教科書と子ども読み物に関する研究

リテラシー形成メディアの教育文化史

ひつじ書房

目次

• 年号表記について：
西暦に和暦を括弧書きすることを原則とした。ただし、明治〇年という表記も併用している。

• 書名の表記について：
和書の書名は『』で、洋書の書名はイタリック体（斜体）で示した。

• 「注」について：
注は、読みやすさを考えて、各章毎に通し番号を付けて、各章末にまとめた。参照文献・引用文献に関する情報は、「注」に記してある。
なお、巻末の「参考図書」の欄には、本書作成に当たって参考にした単行本を整理したものであるが、各章末の参照文献・引用文献と重なるものもある。

• 原文の引用について：
原文を引用するに当たって、漢字の旧字体は、新字体に直した。変体仮名も、できるだけ、新仮名に直した。
ただし、格助詞の「は」は、原文のまま「ハ」にしてある場合が多い。また、いわゆる「合わせ字」も分解して、トキ、コトなどに開いてある。
原文はそのまま引用するようにしたが、句読点を私に加えた場合には、個々にその旨を注記した。
なお、引用文中には、今日の社会的な判断からすると、不適当と思われる文言が含まれている箇所がある。しかし、それらは当時の認識を示す歴史的文献資料であることに鑑み、特に断らずに原文のまま引用した。

• 資料の旧蔵者名について：
実際に使用された読本などに記された旧蔵者の住所氏名などから、その使用地域が特定できる場合がある。本研究にとって、きわめて重要な情報源ではあるが、個人情報保護の観点から、氏名は〇〇で示し、図版ではその部分を墨ぬりした。

• 「振り仮名（ルビ）」の処理について：
原文にルビが付いている場合には、すべてそのまま再現するようにした。文字の両側にルビが施してある時は、右側に付されているルビは右側に残し、左側に付されているルビは、その単語の直ぐ下の括弧の中に入れた。「例・童蒙（どうもう）（コドモ）」この場合は、原文では「童蒙」という漢字の右側に「どうもう」と平仮名でルビが振ってあり、左側に片仮名で「コドモ」と片仮名でルビが振ってあることを表している。

• 「角書き」の処理について：
取り上げた書物の中には、表題の題字にいわゆる角書き表記を採用しているものがある。たとえば、明治七年に、榊原芳野等が編集した『小学読本』の場合、題簽・および見返しの表題には、「小学」が「読本」よりも小さい文字で、「読本」という文字の上に横書き（角書き）されている。本書では、こうした表記の場合は、基本的に『小学 読本』というように、角書き部分のポイントを本文より小さくして示した。

• 図版について：
図版は、書影も含めて、できるだけ本文の記述に近い場所に掲載した。読み手にとっては、挿絵や口絵、あるいは造本などを含めた書物形式全体が「リテラシー形成メディア」として機能する、という本書の基本的な考え方の一端を具現化すべく、あえて図版を多用してある。
なお、別に、カラー図版のページを用意したが、この中には、本文中に配したモノクロの写真と同一の図版があることを、お断りしておく。本書で使用した図版は、ほとんどが家蔵の資料であるが、家蔵以外の資料を図版として使用した場合には、その旨を「注」に記した。

はじめに

一、本研究の範囲と目的

本研究が対象とするのは、明治初年から明治三〇年代半ば過ぎにかけて、明治の国民国家体制がゆるやかに立ち上がり、展開していった期間である。それは、近代教育が開始され、様々な模索の末に、学齢児童の就学率が九〇パーセント近くなり、学校教育が確立した時期でもある。

本研究は、明治初期から中期に到るこの期間に、学校教育を中心としてどのようなことばの教育が展開されたのか、とりわけどのような読書材料が用意されたのかを、主に小学校の言語教科書（読本）の内容をたどることによって解明することを目的としている。小学校の言語教科書（読本）を検討材料にするのは、それが基礎教育の教材集として広く普及し、子どもたちの内面形成に大きく関与した媒体（メディア）だったからであり、また日本の文化や「国語」を醸成した揺籃ともいえる存在だったからである。

さらに本研究では、明治期の読本が、学校外の子ども読み物などと、どのように相互交渉をしていたのかについても言及する。明治期の印刷や出版・流通に関するメディア革命ともいうべき変転のただ中で、子ども読み物や国語教科書は、その変化の大きな影響を受け、また逆にそれを領導していく存在でもあった。受容者である「童蒙」読者は、それらの媒体（メディア）を通して、「近代子ども読者」として育っていったのである。

＊

あらためて確認するまでもなく、本研究が対象とする時期は、近代日本が本格的に国際社会に参入し、自らの国家意識を明確にしていった時期である。また、人々が封建制度のくびきから解き放たれ、近代市民としてのふるまいを獲得すると同時に、「国民」意識を相互に共有していった時期でもある。帝国列強との緊張関係の中で近代国家建設を進めていかざるをえなかった明治国家権力にとって、国内の多くの人々に早急に近代教育を施すことが課題となった。とりわけ言語文化政策を通して、国民的リテラシーの均質化とその向上を図ることは、国家戦略としても急務だった。

そこで、国家的な統一言語の確立、とりわけ標準話しことばの確定とその普及とが、ことばの教育（＝「国語」教育）に大きく期待される。また、多くの人々が日常的に使いこなすことのできる平易な書きことばの普及も、国語教育の主要な分担事項だった。しかし、明治初期には、統一的な話しことばも、また日常の話しことばに基盤を置いた書きことばも、実体としては存在しないに等しかった。それは明治期を通して、様々な社会変動とその中で引き起こされた急激な言語文化改革の中で、徐々に形成されていったのである。

国語教科書は、近代国家の要求する「国語」を創り出し、また「国民リテラシー」を定着させた大きな「伝達メディア」の一つとして位置づけられる。国語教科書は、そこに記述された内容を通して、様々な事象についての百科事典的な知識を伝達し、同時に一人一人の学習者の内側に国家や社会についての共通意識を創り出していく。とりわけ子どものための印刷物が十分に行き渡らなかった郡村部において、「教科書」というメディアの果たした役割はきわめて大きかった。

教科書によって文字の読み書きの基礎を学び、知識の世界を拡げて新しい感性を身につけた学習者は、さらに教科書以外の読み物を求めるようになる。というより、「国語」の教育は、そこで身につけた読み書きの力を駆使して、自立した読書人を育成することが目的の一つでもあったから、学習者の読書意欲が高まり、その範囲が広がっていくのは、当然のことである。そうした欲求に対応した、新しい子ども読み物（＝少年書類）も喫緊に必要とされた。しかし、明治初期には、それらはほとんど準備されていなかった。

周知のように近代日本の文化や教育は、西欧文化やその制度の移入から出発した。「学制」開始当初の教科書のほとんどが翻訳教科書であったことも、よく知られている。しかし、欧米の文化環境の中で編纂され、外国語によって記述された教科書の論理や内容を翻訳したとしても、それがそのまま日本の文化の中に、直接移入されたわけではない。この時期、日本では、江戸期以来の伝統的教育実践がかなりの程度の成果を上げており、庶民層の多くも相応のリテラシー能力を備えていた。その蓄積の上に、新たな西欧言語文化が「翻訳」を通して、重ね合わされるようにして移植されたのである。

言語教科書に限ってみても、欧米の教科書の内容や形式は、様々に変奏され、新たな意義付けがなされて受容された。また、教科書以外の読み物においても、同様のことが起こった。その受容の場は、江戸期以来の思考方法や感覚とがぶつかり合い、激しい軋轢を生じながら、明治の言語空間を創り出していく文化闘争の場でもあった。本研究では、そうした現場に関わった書物や人物の仕事を掘り起こして新たに位置付け直し、その成果と限界、あるいは問題点と可能性などを検討していく。

もちろん文字を通して子どもたちの内面を形成したのは、国語教科書（読本）だけではない。新しい教育課程の中に布置された、修身や地理・歴史、あるいは窮理（理科）関係の教科目も、文字によって記述された印刷物（＝教科書）を使って進められることが多かった。とりわけ国語科と関係の深いのは、「修身」教育である。本研究では、「修身」が果たした役割を、音声言語による内面形成という観点から再検討し、そこで使われた「図像」の機能や、発展形態としての「修身読み物」についても、考察の輪を広げていく。

＊

国語教育を展開する上で、中心に置かれる国語教科書（読本）は、それを取り巻く各種の児童読み物類や少年雑誌、児童玩具、あるいは様々な言語文化との相互交渉の中で発展していく。とりわけ、文化変動の大きかった明治期には、言文一致運動や、出版文化活動、あるいはそれを取り扱う製造業者や流通業者の経済活動などとのダイナミックな交流の中で国語教科書の内容も規定され、印刷製本されて流通した。

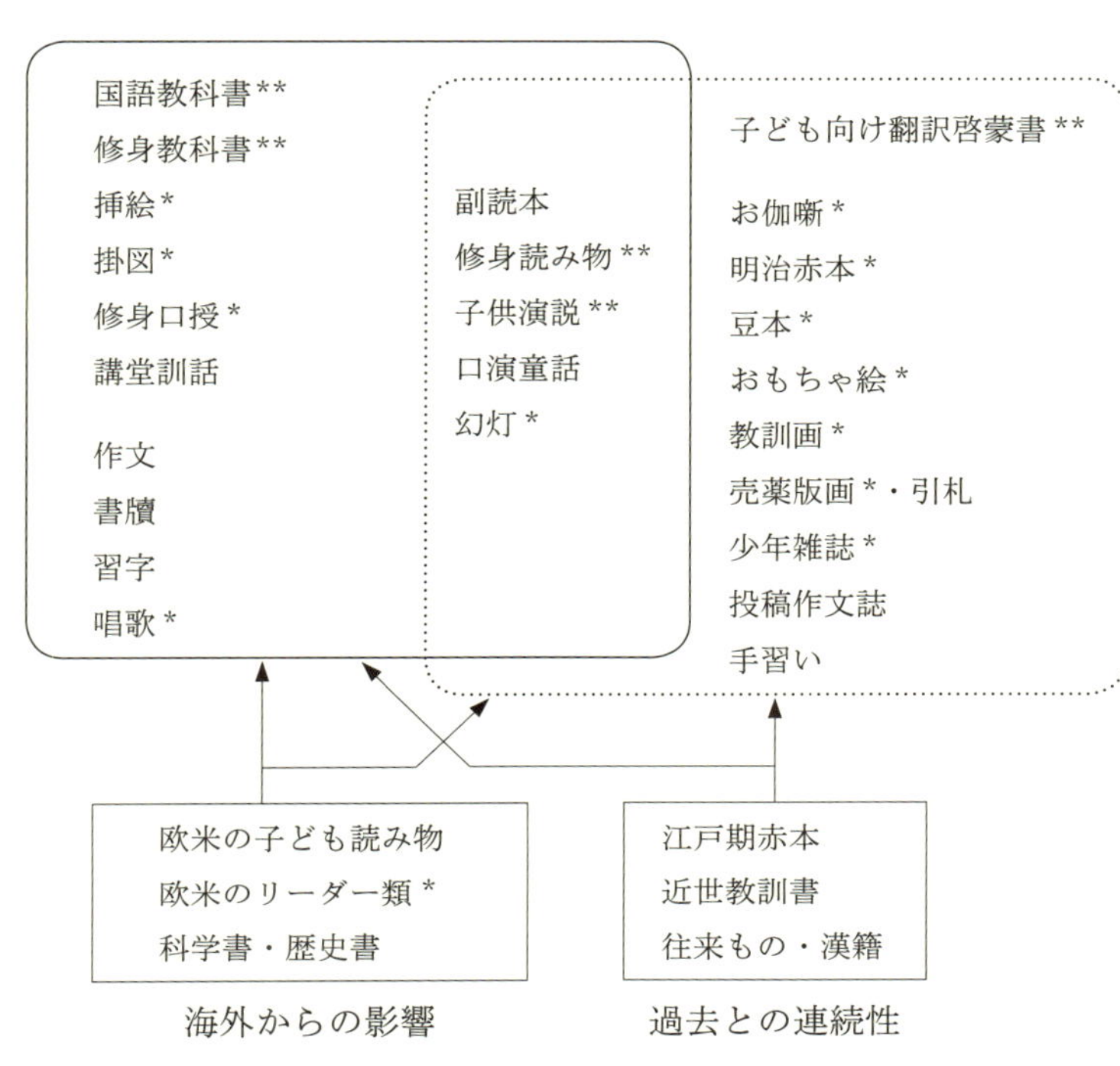

明治期の子どもを対象にした主なリテラシー形成メディア

本論考で中心的に取り上げたリテラシー形成メディア：**
本論考で副次的に触れたリテラシー形成メディア：*

本研究では、そうした国語教科書をも含む様々な子ども言語文化を統合的にとらえて、それを「リテラシー形成メディア」と総称する。そのおおよその見取り図は、上の表に整理した通りであるが、明治の子どもたちは、ここに示した以外にも様々な文化メディアと接触しながら、それぞれに自己形成を果たして、社会に参画していったのである。

このような多様な「リテラシー形成メディア」の交響と消長の中に国語教科書を位置づけて、その役割を考えていきたい。なぜなら、国語教科書は、広汎な言語文化創成に関わる交流運動を包含する存在だからである。したがって、国語教科書の研究は、近代言語文化を牽引したメディアという角度からも、また「文化の坩堝」という角度からも、そのほか多様な視点から、考察される必要がある。

二、先行研究と本研究との関わり

(1)「国語教科書」の研究

近代日本の教科書に関する研究では、唐澤富太郎の『教科書の歴史』（一九五六・創文社）や、仲新の『近代教科書の成立』（一九四九・大日本雄弁会講談社）が、古典的な存在である。そこでは、明治期から昭和期までの各教科にわたる教科書の整理と概観、および代表的な教科書についての位置づけがなされている。また、明治期の教育書研究では、梶山雅史の『近代日本教科書史研究――明治期検定制度の成立と崩壊』（一九八八・ミネルヴァ書房）が、明治政府の教科書政策とその展開の様相を明らかにしており、近年では、掛本勲夫の『明治期教科書政策史研究』(二〇一〇・皇學館大学出版部)が刊行された。また、教科書制度や個々の教科書の発行状況などに関しては、中村紀久二による一連の詳細で緻密な研究があり、明治期の教科書出版に関しては、稲岡勝の徹底的な追求がある。こうした様々な角度からの研究の存在によって、明治期の教科書研究は、広い裾野を形成している。

また、国語教科書に関しては、以下の二書でその概観ができる。まず国語教科書の全体を見渡した概説として、『日本教科書大系　近代編』の「国語教科書総説」があり、さらに、『国語教育史資料　第二巻　教科書史』にも、井上敏夫による代表的な国語教科書についての解説と、俯瞰的立場からの概説が載せられている。

さらに一歩踏み込んだ国語教科書の記述研究としては、山根安太郎の『国語教育史研究』(溝本積善館・一九六六年)、秋田喜三郎『初等教育国語教科書発達史』(文化評論出版・一九七七年)、井上敏夫『教科書を中心に見た国語教育史研究』(溪水社・二〇〇九年)、古田東朔『近現代日本語生成史コレクション・第五巻・国語科教育―誕生と発展』(くろしお出版・二〇一三年)などがあって、本研究が対象とする明治期の国語教科書についての大きな見通しと、個々の教科書についての評価もなされている。とはいえ、明治期の国語教科書はその数と種類が多く、個別の教科書に関して、十分に研究が行き届いているとはいえない。その中で、古田東朔の『小學讀本便覧』(武蔵野書院・一九七八年―)は、明治期から国定教科書に至る代表的な国語教科書を取り上げ、諸本の校合を経た復刻と、個々の教科書のていねいな解説がなされており、国語学史の観点からの分析は、きわめて貴重な仕事であるが、全一二巻の予定は、その半ばで途絶してしまっている。

もっとも、日本の国語教科書の出発点ともいえる田中義廉の翻訳編集した『小学読本』に関しては、かなりの研究の蓄積がある。代表的な研究は、望月久貴の仕事で、『国語科教育史の基本問題』(学芸図書・一九八四年)にいくつかの論考が、また後に、『明治初期国語教育の研究』(溪水社・二〇〇七年)が刊行されており、『小学読本』を含む明治初期の国語教科書の役割とその特徴が整理されている。また、近年、国語教育の立場から、高木まさきや、西本喜久子が、新しい角度から『小学読本』の研究に取り組んでいる。

そのほか明治期の初等国語教科書に関しては、吉田裕久、小笠原拓、甲斐雄一郎、中等教科書では橋本暢夫、女学校の教科書では眞有澄香などが、それぞれの問題意識に立って、国語読本の検討を行っている。また、国語学の立場からは、前述した古田東朔が、国語教科書に関してかなりの数の論考を書いている。本研究では、これらの成果を踏まえつつ、この時期の国語教科書、とりわけそこに取り上げられた特徴のある読み物教材を中心にして、それぞれの国語教科書の位置を確かめていく。とりわけ、本書では、これまでほとんど言及されてこなかった地域作製の「小学読本」類にも光を当てたい。

なお、二〇〇七年三月に、教育史学会が刊行した『教育史研究の最前線』は、内容的には「教育史研究の入門書」であるが、第一一章の表題が「教育のメディア史」となっており、「教育のメディア史研究として、教科書史こそは実に興味深い研究領域である」(梶山雅史)という発言がある。「教育のメディア史」という視点から教科書の問題を考えていくことは、これからの教育の展開を考えていく上でも、きわめて重要である。ささやかながら、本書は、明治の国語読本を中心にして、この「教育のメディア史」という問題に、国語教育を専攻する立場からのアプローチを試みた仕事でもある。

（2）　明治期の子どもの読み物の研究

明治期の子どもの読み物の研究に関しては、日本近代児童文学研究の豊かな蓄積がある。日本児童文学の通史的研究は、菅忠道による『日本の児童文学』（増補改訂・大月書店・一九六六年）や鳥越信等による『講座日本児童文学』全八巻・別巻年表二冊（明治書院・一九七三―七七年）などから始まって、個別の分野の仕事も積み重ねられてきた。明治期に関しては、続橋達雄の『児童文学の誕生』（桜楓社・一八七二年）や、桑原三郎『諭吉 小波 未明』（慶応通信・一九七九年）がある。また、上笙一郎の実証的で重厚な仕事も貴重である。さらに、向川幹雄『日本近代児童文学史研究Ⅰ――明治の児童文学（上）』（非売品・一九九九年）が、明治期の児童文学の推移を、教育サイドの動きとも関わらせながらていねいに追っている。最近では、『少年園』『少年世界』『日本之少年』『幼年雑誌』などの明治期の少年雑誌も、次々と復刻されており、明治期の子ども読み物の全体像が通覧しやすくなってきた。

しかし、明治初期の教科用の図書や、子どもに向けた翻訳啓蒙書などと近代児童文学の出発点に関しては、その詳細が明らかになっていないというのが現状だろう。とりわけ、明治初期の「子ども向け翻訳啓蒙書」に関しては、未開拓の領域であり、それを発掘整理することが求められている。本研究では、翻訳啓蒙書の原典となった欧米の諸本を特定することや、その翻訳に関わった人物の調査などから出発し、そこから、明治期の国語教科書や少年書類の内容の問題へと論を進めていく。

また、本研究の目的の一つは、「近世童蒙読者」から「近代少年読者」へと受容層が展開していく過程に、読本類や子ども読み物類がどのように関与したのか、また「近代子ども読者」がどのような契機によって、またどのようなメディアによって成立したのかを、国語教科書研究や児童文学研究の成果を取り入れつつ、総合的に考えてみたい。この点では、二〇〇三年七月に、日本児童文学学会の編集で刊行された『研究＝日本の児童文学』全五巻の中の、『2　児童文学の思想史・社会史』や『5　メディアと児童文学』の中の緒論は、本書の立場とも通じるものがある。こうした研究も視野に入れて、明治期の教科書と子ども読み物の関係を、できるだけていねいに記述していく。

（3）　研究の方法と研究対象の現状

本論考は、歴史的な研究ではあるが、関係する資料を網羅的に精査することが目的ではない。また、徹底的な実証調査を目的とするものでもない。しかし、先行研究ではほとんど解明されていない部分については、できるかぎりの資料調査を行いたい。その結果を整理して、これまでの研究の蓄積と照らし合わせ、この時期の国語教科書と子ども読み物の関係を、教育文化史的に通観するという姿勢を基本にしたい。

参考図書は、巻末に一括してまとめて示した。また、各章末の「注」には、引用した文献資料や参照すべき情報などを具体的に示している。これら先行する研究成果の力を借りて考察を進めていくつもりであるが、本研究の主要な分析と考察の対象は、書籍形態の教科書（国語読本）である。そこで、以下には、明治期の教科書とそれをめぐる教育制度についての情報探索の現状とその問題点を概括的に記しておく。

教科書政策や教科書制度などに関しては、文部省が発行した資料や、教育雑誌、あるいは明治期の新聞などが、復刻版という形で、多数刊行されている。本研究では、文部省が刊行した『文部省資料』や『文部時報』、教育ジャーナリズムでは、『教育時論』『教育報知』『日本之小学教師』などの教育関係の新聞や、『東京茗渓会雑誌』などの雑誌類を参看した。

「教科書」それ自体を確認するための目録類や、その翻刻出版に関しての情報検索に関しては、基本的な資料として、鳥居美和子の『明治以降教科書総合目録　第一』（小宮山書店・一九六七年）がある。そこには、国立教育政策研究所教育情報研究センター教育図書館（以降は、「国立教育政策研究所教育図書館」と略記する）の所蔵教科書をはじめ、これまでに刊行された教科書情報の大部分が収録されており、それらを一覧することができる。また、戦前の教科書に関しては、東京書籍の「東書文庫」から蔵書目録が刊行されている。東書文庫蔵書は、データベース化されており、インターネット検索ができる。さらに、戦後の教科書に関しては、公益財団法人教科書研究センター附属教科書図書館に、そのほとんどが架蔵されており、これもインターネット検索が可能である。

別に、各大学図書館、とりわけ教員養成大学などには、戦前の師範学校や附属学校などから引き継いだ教科書類がまとまって保管されている場合が多い。これらのうち、東京学芸大学や広島大学、滋賀大学などでは、その蔵書の一部を画像で公開しているので、インターネット経由で直接誌面を確認することができる。また、多くの大学が、古い教科書類を図書館の蔵書として整理登録してあり、これもインターネットでその書目を検索することができる。さらに、各地域の教育研究所などにも、古い教科書類が保管されている。稿者の近隣では、横須賀市教育研究所や藤沢市教育文化センターに、ある程度まとまった数の明治期の教科書が保存されて目録化されており、直接手に取ることができる。また、長野県の開智学校や愛媛県の開明学校を初めとする明治時代に創設された多くの学校や、そこから蔵書を引き継いだ関係機関などが、現場で使用された教科書を保管している場合もある。しかし、多くは、いわゆる端本の状態であることが多く、当該教科書全巻をまとめて見ることは難しい。その代わり、それら実際に使用された教科書（供給本）には、元の所有者が様々な痕跡を残していることもあり、使用地域を特定したり、学習状況を想像することができる場合もある。

教科書本文については、海後宗臣・仲新編『日本教科書大系　近代編』（一九六一—六七年・講談社）全二七巻が刊行されており、そこに主要な教科書類が翻刻で紹介されている。また、先述した古田東朔の仕事もある。しかし、明治期の国語教科書の内容はその一部しか紹介されておらず、簡単に一覧できるような状況になってはいない。加えて、教科書の出版時期や刊行元などについての書誌的な情報は整理されておらず、本文批評に関する研究も進んでいない。とりわけ明治検定期には、検定申請本と訂正本、供給本などとの複雑な関係を視野に入れて考察を進める必要があるのだが、それに関して、十分な資料が提供されているとは言い難い。本研究では、できるだけ実際に供給された供給本を対象にして内容の確認をおこなったが、一部に関してはそれが不可能だった。

また、本研究では、教科書以外の「翻訳啓蒙書」「修身関係の読み物」

などの本文の確認に関して、国立国会図書館の近代デジタルライブラリーでの検索、閲覧に大幅に依拠している。このほか、各大学図書館のインターネットによる蔵書検索や図書館相互の貸借サービスにもかなり助けられた。そうした手段で手に取ることができない場合には、直接現地調査をおこない、古書店などで入手可能な書籍に関しては、できるだけ手許に置いて実物を確認するようにした。

以上のように現在、明治期の国語教科書や関連図書は、容易に一覧できるような状態になってはいない。また、実際に子どもたちが手にした教科書の供給本を確認することは、かなり困難な状況にある。しかし、すぐれた先行研究と要を得た解説とがいくつか存在するので、それらに導かれながら、教科書や翻訳啓蒙書などの内容を確認して、その特徴を記述し、教育文化史の流れの中にそれを位置づけていく。

三、本研究の構成と各部における「問題の所在」

本研究は、全体を六部仕立てで構成した。

第一部から第五部までは、国語読本を主軸として、それに関連する子ども読み物を取り扱った。考察は、ほぼ時間軸に沿ってなされており、明治初期から明治三〇年代中頃までの読本類と、それに関わる子ども読み物を対象としている。また、第六部は、修身教育と子ども読み物に関係する話題を、明治初期から明治三〇年代後半まで取り上げて考察し

本研究の構成

	各部の表題	取りあげた主な素材	取りあげたメディア	おおよその年代	時系列
第一部	明治初期翻訳啓蒙書と子ども読み物	翻訳子ども読み物	(声)・文字	明治5—10年	←
第二部	明治初期初等国語教科書と子ども読み物	初等国語教科書／子ども読み物	文字・図像	明治6—20年	←
第三部	明治検定前期初等国語教科書と子ども読み物			明治20—23年	←
第四部	明治検定中期初等国語教科書と子ども読み物			明治24—32年	←
第五部	明治検定後期初等国語教科書と子ども読み物			明治33—36年	←
第六部	修身教育と子ども読み物	修身教科書／子ども読み物	声・文字・図像	明治5—30年後半	↓

た。

第一部から第六部までに取り扱った中心的な内容、そのメディア性、さらには記述の時間的順序の関係などを模式的に示すと、前頁の表のようにまとめられる。すなわち、第一部から第五部までは、国語教科書と子ども読み物との関係を基本的に時系列で考察し、第六部は、それらを別の角度から照射して、第一部から第五部までの記述を補完的に考察したのである。

以下には、第一部から第六部に至る各部における問題意識と、そこで取り上げようとする内容の概略を、順に記しておく。

第一部　明治初期翻訳啓蒙書と子ども読み物

日本の近代教育は、それまでの教育内容と方法とを転換して、「学制」の実施によって新しい船出をおこなった。しかし、その理念や制度の大半は、西欧近代教育の模倣であり、それ故に、在来の教育理念や方法とはなじまない部分があった。教科書や教具も、江戸期以来の教育で使用されていたのとは異なったものが準備され、それがそのまま各地域に伝えられたから、教育実践上の混乱は避けられなかった。

「学制」体制が出発した時点において、それを支える近代教科書が整備されていたわけではない。そこで当面は、既刊の翻訳啓蒙書が教科書の代替役を果たすことになり、「小学教則」の中に、それらの書目が書き込まれた。こうした翻訳啓蒙書が刊行されていなければ、「学制」体制による教育活動も、実質的な推進はおぼつかなかったのである。

「小学教則」の中で教科書として指定された書物以外にも、「子ども」を対象とした「翻訳啓蒙書」は、数多く刊行されていた。それらの書目も、側面から「学制」体制を支えたと考えられる。しかし、従来の研究では、そうした「子ども向け翻訳啓蒙書」には、どのような書目が存在し、どのような経歴の訳者がそれを刊行したのか、またその出典は何なのか、などに関しては、十分明らかにされてこなかった。

そこで第一部では、それらの書籍のうち、科学的読み物や地理歴史読み物などを除いた、いわゆる文学的読み物の系譜につながるような「子ども向け翻訳啓蒙書」について、できるだけ広く調査をし、その実態を網羅的に調査して、その原典を特定する。そこでは、英語読本が重視した「声＝音」の問題は、ほとんど等閑視されて、「文字＝意味」だけが移入されていた。また、反欧化主義に立つ翻訳啓蒙書のいくつかも取り上げて、この時期の「子ども向け翻訳啓蒙書」の果たした役割を明らかにしたい。これらの書物は、ある意味で教科用図書でもあり、また一般的な子ども向け読み物でもあるという両義性を持っていた。両者の関係は、まだ未分化だったのである。

これらの書物の翻訳者たちは、「学制」体制によって新たに生成しつつある「子ども読者」に向けて、文章・文体への配慮を含むさまざまな工夫を凝らして、本の製作に取り組んだ。その中には、従来ほとんど検討対象として光が当てられてこなかった人物たちがいる。鳥山啓や福沢英之助、上羽勝衛などである。それらきわめて特色のある仕事をした人物の仕事に関して、できるだけ掘り下げて考察する。また、この検討過程の中で、今までは指摘されなかった、アンデルセンやグリム、あるいはディケンズなどの本邦初訳作品の〈発見〉という副産物もあった。欧米の文学作品は、外国の読本類の中にも掲載されており、それが「子ども向け翻訳啓蒙書」を通して、従来の定説より、かなり早い時期に日本にもたらされていたのである。こうしたことから、明治期の文化現象やその移入状況を考察するには、教育研究の立場や文学研究の立場に限定されることなく、広い視野から考察する必要のあることが、あらためて確認できる。

調査対象として想定される図書の数は、かなりの数に上るが、まずはそれらの刊行物を整理紹介して、その特徴を摘記する。そうした作業を通して、「子ども向け翻訳啓蒙書」が、日本の教育と文化に果たした役割を、教育文化史の中に位置づけたい。またこれらの書物が、近代子ども読み物の出発点となり、後の国語教科書や各種の読み物の内容にも一定の影響を与えたことにも、言及するつもりである。

第二部　明治初期初等国語教科書と子ども読み物

明治初期には、近代学校教育システムである「学制」を支える新しいリテラシーを育成するために、多くの入門期用の言語教科書が作製された。啓蒙家として著名な福沢諭吉は、この分野でも大きな存在感を示したが、福沢以外にも、さまざまな人物が登場する。それは、新時代の教科書が、出版業社にとって、魅力ある「商品」の一つだったからである。どのような入門期用の言語教科書が、この時期に作られたのか。第二部では、そのうちから特徴的ないくつかの例を取り上げて検討する。

入門期において基本的読み書き能力を身につけた学習者は、順序として、次の段階の言語教科書である「読本」に進む。この段階の教科書は、学習者が言語を通して自らの内面世界を形成し、自己確立の基盤となる知識や情報を獲得するためには、きわめて重要な存在である。明治初期に、そのような役割を果たした代表的な教科書は、明治六年に田中義廉が編集した『小学読本』だった。この教科書がアメリカのウィルソンリーダーの翻訳だったことはよく知られているが、ここからは、言語教科書の翻訳に関わる問題と課題とを、さまざまに掘り起こすことができる。

たとえば、『小学読本』が英語読本（リードル）の翻訳だったとするなら、第一部で検討した様々な「子ども向け翻訳啓蒙書」とはどういう関係にあるのか、あるいは、読み手に強い印象を与える巻頭の「五人種」の教材の図像はどこから持ち込まれ、当時の人々にどのように受け取られたのか、などの問題を焦点を絞って追求してみたい。

一方、文部省からは、榊原芳野等の編纂した『小学読本』も刊行されていた。こちらは、在来の教育姿勢を色濃く宿した言語教科書である。本研究では、明治初期に存在した二種類の「小学読本」が、日本の教育にどのような意義をもたらしたのかも探っていく。すなわち、文部省の関わった二種類の小学読本は、どちらがより強く支持され、どちらがより広く使われたのか、また、中央で用意された「小学読本」は、そのまま地域の実態に適合したのか、あるいは各地域では、官版の「小学読本」に類似した言語教科書を自主的に作製しようと試みた事例はなかったのか、などの問題を、具体的な資料を踏まえて考究する。

なお、第二部では、「子ども読み物」に関しての言及はわずかしかなされない。というのも、第一部で取り上げた「子ども向け翻訳啓蒙書」がその役割を果たして刊行されなくなった後、新しく子ども向けの読み物を刊行しようという動きは、ほとんど見られなかったからである。ある意味で、この時期は、官版の「小学読本」が、実質的にはもっとも広く読まれた子ども読み物だったかもしれない。子ども向けの読み物の総称となる「少年書類」も、明治一〇年代には、まだ姿を見せていない。教科書と区別された書物としての近代子ども読み物類が、本格的に登場してくるのは明治二〇年代に入ってからだった。

第三部　明治検定前期初等国語教科書と子ども読み物

第三部では、明治検定期初期における小学校用の国語読本を、子ども読み物との関わりを視野に入れながら、その展開過程をたどる。

明治二〇年代に入る頃から、就学率は徐々に向上し、それにともなって読本の需要も増えていく。こうした状況に呼応して、多くの民間書肆が教科書の製作に関与し、さまざまな読本を刊行し始める。その中で最大の存在だったのが、金港堂である。金港堂は、なぜ教科書書肆の中で、他社にぬきんでた成功を収めたのか。それを教科書の教材内容の検討という側面から、明らかにする。また金港堂から出版された各種の「小学読本」が、それぞれどのような意図のもとに作製され、どのような販売戦略を通して普及していったのかも併せて検討したい。

こうした民間会社の動きに対して、文部省も、国家政策として教科書の統制を企図し、新しく『読書入門』『尋常小学読本』という官版教科書を作製する。この教科書は、欧米の言語教科書の理念を吸収し、当時のグローバルスタンダードに沿った格調高い仕上がりになっていた。それは内容ばかりでなく、挿画や、装丁にまで及んでいる。文部省は、強力にこの教科書の普及を図り、それはある程度まで成功する。

しかし、従来の研究では十分に検討されてこなかったが、ほとんど同時に、文部省は、この『読書入門』『尋常小学読本』とは別の平易で実用的な『小学読本』も作製していた。なぜ、文部省は二種類の読本を作る必要があったのか、また、その『小学読本』は、どうして『尋常小学読本』のように一般に普及しなかったのか、それを検討することで、日本の近代教育が当初から抱え込んでいた文化の二重性の問題を考える。

一方、検定制度が始まったばかりの明治二〇年代初期には、検定中・後期には見られない独自色を持った民間の言語教科書もいくつか生まれている。また、国家による統制意識が比較的薄かったこの時期の読本には、教科書教材史という点からみても、注目すべき教材がいくつか登載されている。それらを取り上げて、明治検定前期ならではの教材の特質を検討する。

明治検定期は、各教科書書肆同士の激しい販売競争の時代でもあった。検定前期には、大手民間会社や文部省の読本が中央で刊行されたばかりではなく、各地域でも多くの読本が作製された。それらの教科書を実際に子どもたちの手に渡すためには、各地域で開かれた「小学校教科用図書審査会」において審査を受け、「県定教科書」（傍点稿者）として裁定される必要があった。この審査会の裁定を得ようと、東京の大手民間書肆、文部省の官版読本、さらには地域書肆の地域作製読本が、しのぎを削ったのである。第三部では、その様相にも触れたい。

さらに、子ども専用の読み物集の「少年書類」が、本格的に登場したことも、この時期の特徴である。欧米の読書教育の状況に刺激を受け、教科書の作製と同時に、それを補完する「少年書類」の必要性が叫ばれ、それが日本でも作製され始めたのである。それらの「少年書類」は、国語教科書とどこが類似しており、どこが異なっていたのか、あるいはどこが発行主体だったのかなどの諸点から、両者の関係を考えていく。

第四部　明治検定中期初等国語教科書と子ども読み物

検定中期の読本は、標準文体の普及と国民的教養を身につけることを最大の目的にして作製されていた。その中から一般にも広く普及し、またそれぞれに個性を持っていた、山縣悌三郎の『小学国文読本』と、今泉定介・須永和三郎の『尋常小学読書教本』の二つの読本を取り上げて、その特徴について検討する。また、文部省を退いた伊沢修二が起こした「教育学館」の読本製作の顚末と、地域作製教科書の終焉の問題を、各種の資料を通して考える。

この時期は、少年向けの雑誌や、少年向けの読み物集が広く普及しはじめた時期でもある。それらの出版物は、「読本」によって育てられた「近代子ども読者」によって支持され、販路を広げていった。こうした、一般の子ども向けの読み物と、言語教科書（読本）とは、どのような関係を取り結んでいたのか、それを具体的な事例に則して明らかにすることで、明治二〇年代の教科書と子ども読み物との関係を探っていく。

第五部　明治検定後期初等国語教科書と子ども読み物

明治検定後期になると、金港堂、学海指針社（集英堂）、文学社、普及舎などの有力教科書書肆が、ほぼ市場を専有化し、それぞれの教科書の内容が次第に類似化・固定化していった。

この時期に、これまで教科書を手がけていなかった冨山房が、文学博士坪内雄蔵（逍遙）を編集者に押し立て、教科書業界に新規参入する。この国語教科書が、いわゆる「坪内読本」である。文学研究者として、また教育者としてすでに名声の確立していた坪内逍遙が、なぜ小学校の読本の編集に手を染めることになったのか、またその読本はどのように評価されたのか、さらにはそれが後世にどんな影響を与えたのか、などをたどっていく。

これに対して、教科書の老舗である金港堂も、新進の教育理論「統合主義」を打ち出して注目を浴びていた樋口勘次郎に、国語教科書作成の依頼をする。樋口は当時、東京高等師範附属小学校の訓導だった。樋口は、ヘルバルト学説などに学んで、それまでバラバラだった各教科を統合した新しい「統合教科書」の作製を構想しており、また、本格的に「童話」を教育の中に位置づけようと考えて、教室の中で様々な実験を試みていた。したがって、金港堂からの依頼は、彼の理想を実現するチャンスでもあったのである。樋口の意図は、検定教科書という枠組みの中でどのように結実したのか、あるいはそこから逸脱してしまったのかを、具体的な資料を検討する中で考えていく。

第六部　修身教育と子ども読み物

第六部では、第一部から第五部までとは、別の角度から考察を進める。ここでは「修身」というキーワードを媒介項に、リテラシー形成における「声」と「図像」の問題を取り上げる。すなわち、第一部から第五部までの考察と、第六部の考察とを重ね合わせることで、明治初頭から明治三〇年代後半（国定教科書登場前後）までの国語教科書と子ども読み物との様相を、立体的・総合的に浮かび上がらせようと意図したのである。

本研究で、「修身教育」を取り上げたのは、国語読本の内容として「修身的」教材が数多く登載されており、教育内容の面で、国語科と修身科とが近接していたからである。そればかりではない。「修身科」の教授方法で注目すべき点は、教師が口伝えで教育する「口授（くじゅ）」という学習方法と、学習者が教科書を所持してそれを自ら読解する学習方法との二様の方式が存在していたことである。

「修身教育」における二つの教授方法は、明治期を通してその時々の教育状況によって、どちらか一方が強調されることが繰り返され、その背景は複雑である。しかし、これをことばの教育という側面から考えるなら、教育伝達メディアとして、話しことば（音声）を重視するのか、あるいは書きことば（文字）を重視するのかという問題に還元される。まさしくこれは「国語教育」が、正面から取り扱うべき課題である。さらには、そこに「図像」をどのように介入させるのかという新しい問題群も加わる。第六部では、これらの問題を、リテラシー形成メディアの展開という文脈の中に据え直して考察していく。

繰り返すことになるが、「小学教則」に指定された修身教科書は、そのほとんどが西欧の教科書の翻訳だった。ところが、明治一〇年代以降、復古的な流れとともに儒教道徳が復活し、一八九〇（明治二三）年一〇月三〇日には、「教育ニ関スル勅語」が出される。そうした流れを受けて、様々な形態の修身的「子ども読み物」も大量に登場して市販された。本研究では、それを「修身読み物」と呼称する。それらの書物は、「教育勅語体制」を補完し、修身教科書の代替の役目を果たすという側面を持っていた。明治期の子ども読み物の総体を見据えるためには、かなり多くの書目が刊行されていた「修身読み物」に関しても、検討の手を伸ばす必要がある。関連する資料の発掘と、その整理に基づいて、この時期の子ども読み物の諸相を考察してみたい。

この「修身読み物」の展開の流れの中に、第五部第三章でも言及した、樋口勘次郎の『修身童話』シリーズの仕事を置くことができる。この仕事は、最新のドイツ教育学を下敷きにして新しい教育的読み物を提示しようとした試みだった。樋口が依拠し、同時にそれを乗り越えようとしたドイツのヘルバルト学説は、日本が帝国主義段階へと「発展」していくのには、格好の教育学理論だったとされているが、子ども読み物の展開史から見てもこの『修身童話』の仕事は、ヘルバルト学説の影響を受けて、教育と文学とを意図的に結びつけようとした早い時期の試みとしても重要な位置をしめる。知られているように当時は、巌谷小波が娯楽的な「お伽噺」の世界を切り開き、子どもの文学を開拓する仕事に取り組んでいた。それに対して、樋口は、教育実践者という立場から、類似の昔話のシリーズを刊行したのだった。続いて、樋口と同じ職場にいた佐々木吉三郎等が、さらにそれを発展させて、『修身訓話』シリーズを完成させる。「修身教育」に資するために「読み物」を利用した「修身口授」の完成形態が、ついにここに出現したのである。

だが、そうした仕事の延長線上には、読むことそれ自体の楽しみを追求するような子ども読み物の姿も、ようやく垣間見えてくる。その全面的な開花は、大正期を待たなければならなかったが、明治期の「修身読み物」も、その基礎を構築した重要な仕事として位置づけることができるだろう。

＊

本書は、近代教育が開始された明治初頭から国定読本出現までの期間に、初等国語科教科書と子ども読み物などの「リテラシー形成メディア」の変化の諸相を、教育文化史という形で記述しようとするものである。換言すれば、明治期の「教科書という文化」を、できるだけ広い場所に据えて、多様な視点から照らし出すことが、本書の目的である。

研究対象として設定した期間が長期にわたり、また、数多くの資料を俎上に載せなければならないことから、それらを手際よくさばけるかという不安が先に立つ。自身の力量不足は、重々承知している。おそらくは、脇道にそれがちで、繰り返しの多い独断的な論述の連続になることであろう。だが、このたどたどしい長距離走の試みに、わずかの間でも伴走して下さる読者の方がおられるなら、著者の喜び、これに過ぎるものはない。

府川源一郎

第一部

明治初期　翻訳啓蒙書と子ども読み物

第一部　明治初期翻訳啓蒙書と子ども読み物　目次

第一章　出発点としての翻訳啓蒙書

一、明治初期の「啓蒙書」の中の読み物

(1) 近代教科書の出発点

「小学教則」に示された教科書群

近代教育の出発点である「学制」は、一八七二（明治五）年八月三日に、太政官名で文部省から布達された。文部省は、「学制」による新しい教育を進めていくためには、それに適応した新しい教材集が必要だと考えた。それが、近代教育を実質的に展開するための「教科用図書＝教科書」（以下、特別な場合を除き、「教科書」という用語を使用する）である。しかし、「学制」が示された時点で、そのための教科書がそろっていたわけではない。そこで文部省は、すでに刊行されていた民間の教育用の書物や、啓蒙的な翻訳書などを教科書として指定した。

つまり、明治初期の教育や文化の状況においては、教科書と翻訳読み物、あるいは従来から流布していた江戸期以来の童蒙を意識した刊行物などとの間に、それほど大きな差違はなかった。教育課程が明確に示され、それに基づいた新しい教科書が編集されるようになって教科書とそのほかの本との間に明確な区別がつけられるのには、しばらく時間を必要とする。したがって、明治期における「国語教科書と子ども読み物」との関係を考えていくにあたっては、正式に教科書と銘打たれた著作物だけではなく、それまでの教育活動で使用されていた江戸期からの刊行物や、啓蒙的な翻訳読み物の様相などをもある程度視野に入れて、考察を進めていく必要がある。

ところで、「学制」の内容を具体的に示す「小学教則」は、一八七二（明治五）年九月八日に頒布された。その「下等小学」「上等小学」には、次の頁の図に示すような教科目が並べられ、そこで使われる書籍名も具体的に指定されていた。

その中で現在の「国語科」に相当するものとしては「綴字」「習字」「単語」「会話」「読本」「書牘」「文法」があった。これに、子どもの読み物と深い関係のある「修身」を加えて、学制体制においては、どのような教科書の使用が想定されていたのかを、「小学教則」から抜き出してみる。

綴字（カナヅカヒ）　『智恵ノ絲口』『うひまなび』『絵入智恵ノ環一ノ巻』
習字（テナラヒ）　『手習草紙』『習字本』『習字初歩』
単語読方（コトバノヨミカタ）　『童蒙必読』『単語篇』『地方往来』『農業往来』『世界商売往来』

会話読方（コトバツカヒヨミカタ）『会話篇』
読本読方『西洋衣食住』『学問のすゝめ』『啓蒙智恵ノ環』
『西洋夜話』『窮理問答』『物理訓蒙』『天変地異』
『道理図解』『西洋新書』『西洋事情』
書牘『啓蒙手習本』『窮理捷径 十二月帳（ママ）』
修身口授（ギヨウギノサトシ）『民家童蒙解』『童蒙教草』『勧善訓蒙』『修身論』
『性法略』

さらに、一八七三（明治六）年五月十九日の「小学教則改正」では、次のような教科目と教科書が加わった。

国体学口授『国体訓蒙』

これらの教科書の中には、江戸時代以来の日本の教育書の伝統を継いでいる本もあれば、明治期に入ってから外国の諸本を翻訳した書物もある。こうした科目が、どのような経緯で成立したのかに関しては、すで

上等小学	一級	二級	三級	四級	五級	六級	七級	八級	現在の教科
↑	書牘						綴字		（作文）
↑	習字								（書き方）
↑	文法（欠）								（文法）
				会話書取	会話諳誦	会話読方			国語
							単語読方		
					単語書取		単語諳誦		
↑	読本輪講				読本読方				
					修身口授				道徳
↑	地理学輪講			地理読方					社会（地理）
↑	究理学輪講								理科（物理）
↑↑	洋法算術								算数
			養生口授						保健
	各科温習								

「↑」は一部の学年に引き継がれる、「↑↑」はすべて引き継がれる　『小学教則概表』明治五年一一月一〇日頒布、より作成

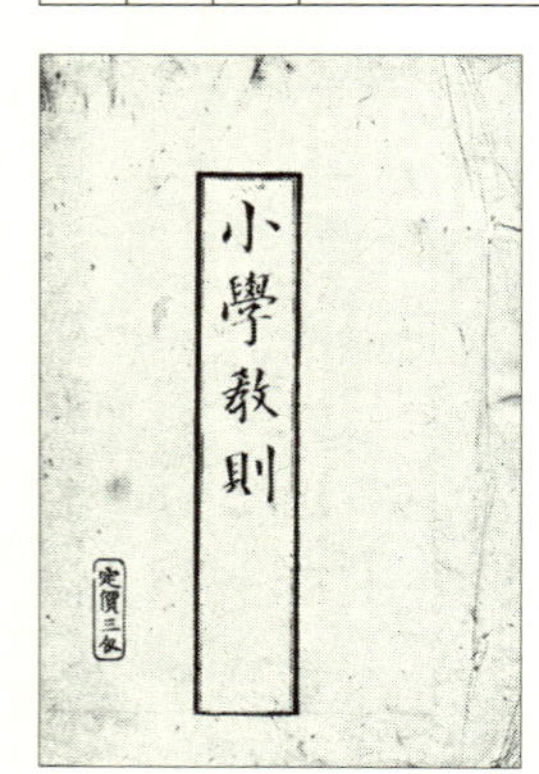

市販された『小学教則』

に国語教育の立場から望月久貴の詳細な研究があり、ここにあげられた教科書一つ一つについても、書誌的な事項も含めてくわしい検討がなされている。したがって、以下の論述では、それぞれの書目の書誌事項の確認は最小限にとどめ、その内容を概観することを目的とする。[*1]

「小学教則」が提示した下等小学四年間の教育課程を、現在の教科の枠組みにそって模式化すると、おおよそ前頁の表のようになる。この図からは、小学校一学年が、六歳児の「八級」から始まって、進級するにしたがい教科が増加し、また内容も高度になっていくことが分かる。「上等小学」の四年間では、さらに新しい教科として「細字習字」「書牘作文」「史学輪講」「細字速写」「罫画」「幾何」「博物」「化学」「生理」が加わる。教科の構成としてはかなり整然とした枠組みになっているが、それを内側から支えるはずの教育内容、とりわけそれを具現化する教科書類の整備は不十分だった。

さらに文部省は、一八七二（明治五）年九月に頒布した「小学教則」に次いで、その翌年一八七三（明治六）年五月の「小学教則改正」を出すが、その直前、四月二九日の「文部省布達・第五八号」において、「小学用書目録」として、いくつかの書名を追加している。一八七二（明治五）年九月八日の「小学教則」で、具体的に書目を示して「教科書」を指定してから半年が経過した時点で、文部省は、現状に即した「教科書」を追加する必要性を感じたのだろう。「小学用書目録」には、次のような断り書きがある。[*2]

小学教科ノ書小学教則中ニ記載有之候得共右ハ只其概略ヲ示ス而已ニ有之追々各地開校ニ付テハ課業書不足ノ趣ニ付別紙目録ノ書類相用可然候儀此段為必得相達候也

つまり、「小学教則」に記載した教科書は「概略」を示しただけであって、各地で小学校が開学するにしたがって、そこで使用する「課業書」が不足するから、以下に示す「書類」も併用するように、という趣旨である。最初に示した教科書だけでは実際の使用に差し障るので、書目を追加したのである。もっとも、この「文部省布達」には、「小学教則」および「小学教則改正」のように、どの学年段階で使用するかという細かな学年指定はなく、単に書名が示されていただけだった。

そのうち、国語と修身に関する部分を、以下に抜き出す。

小学用書目録

綴字之部

一東京師範学校版　五十音図草体図
一同　五十音図
一同　濁音図
一同　数字図
一同　算用数字図

習字之部

一東京師範学校版　習字本
一　筆のはじめ
一　勧学 習字本
一菱潭著　習字ちかみち

一大阪書籍会社蔵版　皇国官名誌[3]
一福沢諭吉編　啓蒙手習の文
一中金正衡著述　世界風俗往来
　修身之部
一石井光政著　修身談
一上羽勝衛纂　勧孝邇言
一　和語陰騭録
　読方之部
一東京師範学校版　小学読本
一作楽戸痴鶯訳編　西洋英傑伝
一吉田庸徳撰　童蒙必読官職道しるへ
一石村貞一纂輯　育英新編
一瓜生政和著　西洋見聞図解
一吉田賢輔訳　物理訓蒙

ここに示したもののほかには、「算術之部」「画学之部」「地理之部」「歴史之部」「物理学之部」の項立てがあり、それぞれ数冊の教科書が指定されていた。文部省はこの時点で、「小学教則」に記載した書目のほかに、これらの書物も、学校教育の「教科用図書」として使用可能であると判断したのである。

以下、近代国語教科書と子ども読み物について考えていくにあたって、これら指定された教科書類に、いわゆる「読み物」が載せられているかどうかを判断基準にしてその内容を検討していきたい。そうすると、ひとまとまりのストーリーを持った読み物は、「綴字」「習字」「単語読方」「会話読方」および「書牘」の教科書には、ほとんど収録されていないことが分かる。というのも「綴字」「習字」「単語読方」「会話読方」および「書牘」などの教科は、言語（母語）学習の初期段階に位置づけられており、主として基本的な言語形式に習熟させることが学習内容になっているからである。

一方、「読本読方」は、すでに単語や簡単な文章の読み方を習得する段階は終わっており、当該の教科書を読むことで知識の増大を目指すことを目的としていたと思われる。したがって、教科書の内容も、体裁の整ったひとまとまりのストーリーを持つ読み物が数多く収録されている。そこで「小学教則」で「読本読方」に並べられた教科書から、順にその内容を見ていく。

「読本読方」の教科書

「小学教則」に最初に掲げられていたのは、『西洋衣食住』である。この本は、慶応三（一八六七）年、片山淳之助（実は福沢諭吉の執筆）によって書かれた外国の衣食住の図解と説明で、今日の社会科、あるいは家庭科のような内容になっている。知識を与えるための本である。『学問のすゝめ』は、いうまでもなく福沢諭吉の論説集で、明治五（一八七二）年に、小幡篤次郎と同著で、『学問ノススメ初編』が刊行された。『啓蒙知恵の環』（全三巻）は、明治五（一八七二）年於菟子（瓜生寅）訳述で、百科全般にわたる知識読み物集。望月久貴によれば、この原本は *A Circle of Knowledge* 1864 だという。[4]

『西洋夜話』は、寧静学人（石川彝）による著作で、明治四（一八七一）年に「初集」が出ている。原拠は『パーレー万国史』として知られる

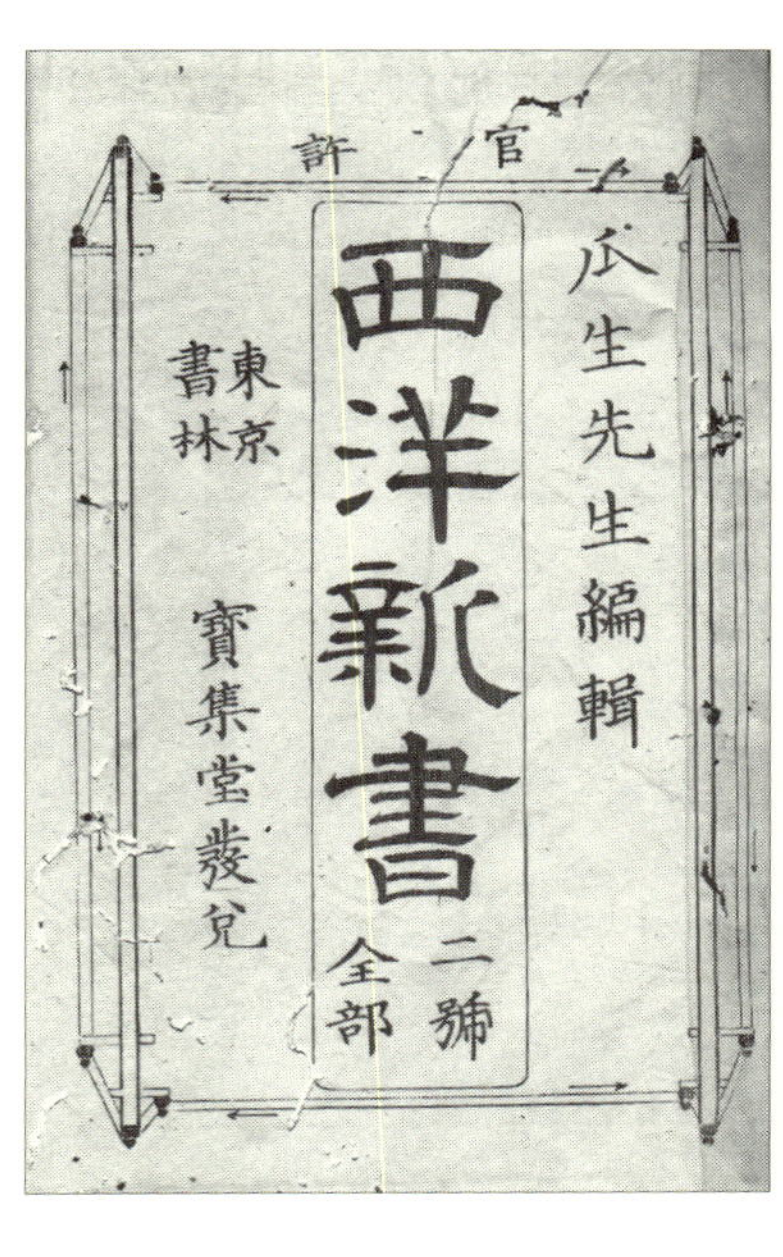

『西洋新書』見返し 明治５年

『啓蒙知恵の環』明治５年

Peter Parley's Universal History, on the Basis of Geography 1837で、アメリカの子ども向け知識読み物である。歴史物語であるが、内容的には、社会科に相当する。石川彝はそれを、日本の子どもたちを対象に、訳出したのである。（この本については第一部第四章で触れる。）

続いて「小学教則」の「読本読方」には、理科関係の書物が示されている。『窮理問答』は、正式な題名は『訓蒙窮理問答』で、冒頭の「小引」によれば、著者の後藤達三が、「米国ベエカー氏の初等窮理書」をもとに他の窮理書も引きつつ「一書を約編し」たものだという。読書対象は「童蒙婦女」であり「時言俗語」を使用したと断り書きがある。一八七二（明治五）年の出版である。『物理訓蒙』は、アメリカ、フーカル氏の*Child Book of Common Thing* 1870を、吉田賢輔が翻訳したもので、これも「児語俗言」を使って翻訳されたと記されている。上編は、一八七二（明治五）年の刊行。『天変地異』は、慶應義塾の小幡篤次郎が一八六八（明治元年）に著したもので、「千八百六十五年より七年迨」に刊行されたいくつかの外国の物理や化学の入門書類から編集したもののようだ。この本は、同じく一八六八（明治元年）に先行して刊行された福沢諭吉の『訓蒙窮理図解』の姉妹編と位置づけていいだろう。「婦人小児の惑を解き事物の道理を究めしむる」こと、つまり近代科学精神を子どものために平易な表現で説こうとする意図が前面に出た本である。

瓜生政和の『西洋新書』は、一八七二（明治五）年に初編が出ている。これは旅行記形式の西洋案内で、現在でいえば、社会科の内容に相当する。同じく社会科的な内容では、福沢諭吉の『西洋事情』があり、初編は、一八六六（慶応二）年に刊行されている。『西洋事情』が、明治期全体を通じての大ベストセラーであったことは、あらためていうまでもない。文明開化の風潮の中で、外国事情や世界地理などに世間の関心が向けられ、それに応えて、多数の啓蒙書が刊行された。それらのうちの何冊かが学校教育の教科書として指定されたのである。

そういえば、「単語読方」で使われることになっていた橋爪貫一の『世界商売往来』も、伝統的な、もの尽くし往来本の体裁を採ってはいるが、同時に「英和辞典」的な要素も合わせ持っている。文部省にいた箕作麟祥らが、こうした民間で刊行されつつあった書物類を新しい教育を支える教科書として指定したのは、日本人民の文明開化を意図したからである。が、同時に新知識を貪るように受け入れようとした人々の志向を感じていたからでもあった。*5

さらに、一八七三(明治六)年四月二九日の「文部省布達・第五八号」の「小学用書目録」で、「読方之部」に挙げられている追加書目も「小学教則」の「読本読方」の教科書と同様な位置づけにあったと思われるので、これらの本の内容もあわせて見ておこう。

まず「東京師範学校版」の『小学読本』である。この本は、普及度の点から見ても、また明治期国語教育に対する影響度という点から見ても、極めて重要な著作である。したがって、この『小学読本』については、あらためて第二部で取り立てて、その影響も含めて詳細に検討することにしたい。

「小学用書目録」では、教科用の図書として師範学校で刊行された『小学読本』と並べて、作楽戸痴鶯(山内徳三郎)訳編の『西洋英傑伝』の書名が挙がっている。原著はフラセルで、一八六九(明治二)年刊。内容は、西洋偉人の伝記集である。また、吉田庸徳撰『童蒙必読官職道しるへ』は、本の見返しに、芳川俊雄校、吉田庸徳撰『童蒙必読官職道志留遍』と表記されており、一八七三(明治六)年一月刊。日本の古代の官職から説き起こし、明治の諸役所の仕事の管轄などを、リズミカルな文語文で記してある。*6

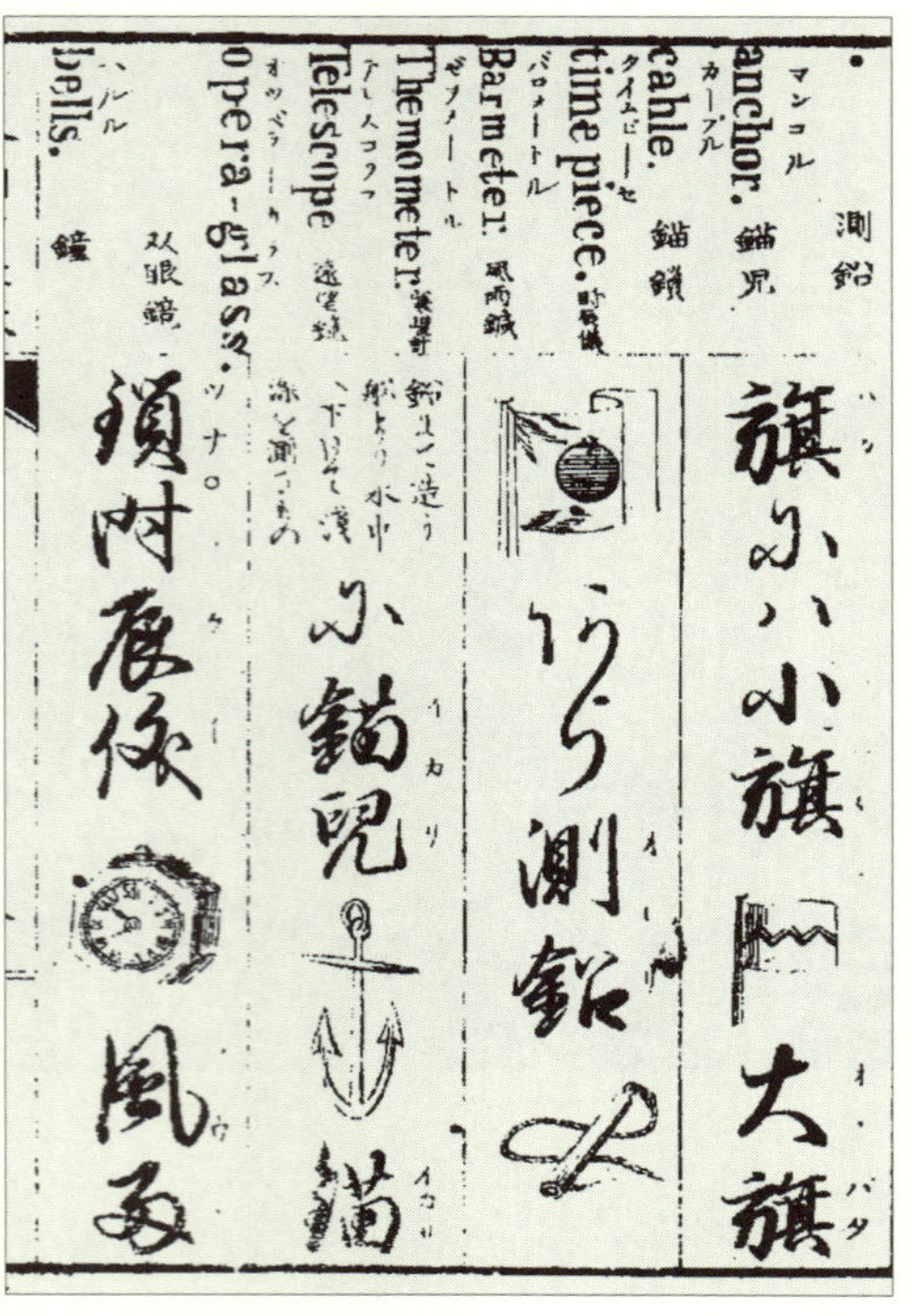

『世界商売往来』明治4年

『育英新編』明治6年

さらに、石村貞一纂輯『育英新編』（全六冊）は、品行、努力、政体などを論じた修身的・および社会科的な内容の書物である。一八七三（明治六）年に、『育英新編』『続育英新編』（それぞれ上下二冊）が刊行され、翌年に『続々育英新編』（二冊）が刊行されている。さらに、瓜生政和の『西洋見聞図解』は、西洋に関する雑学的な知識読み物であるが、平易な文章で綴られており、大衆的な知識欲を満たすような情報が溢れている。一八七一（明治四）年刊。二冊本である。[*7]

吉田賢輔訳『物理訓蒙』は、「小学教則」にも書目があがっていた窮理書である。ここに再び、同じ書目が掲げられているのは、おそらく「小学教則」布達以降に、中編あるいは下編が刊行されたからであろう。

以上、概観してきたように「小学教則」の「読本読方」は、書物に記された新知識や新しいものの考え方（記述内容）を摂取することを目指した学科目であり、内容的には、今日の理科や社会科、あるいは家庭科のような教科に相当する内容を持っていたといえるだろう。つまり、基本的な読み書きを身につけた子どもたちは、こうした雑多な知識読み物を、読み解くことによって、それらを読む力をつけると同時に、新知識を身につけていくことが期待されていたのである。それは同時にそうした知識の提供が、ほかならぬ「読本」の役割だと考えられていたということでもある。

「読本読方」や「読本之部」に教科書として指定された書物に掲載されている知識は、読み手の興味を引くために、ひとまとまりのストーリーの形をとって語られている場合がないわけではない。しかし、それらのほとんどは、説明的、叙事的な書き方になっており、それを読んだ子どもたちが文章表現そのものを楽しんだり、話の面白さに引き込まれるといった性質の読み物はほとんどない。つまり、いわゆる「文学的」な作品が教材として用意されていたわけではないのである。したがって、学制期における「読本」は、もっぱらそこに書かれた各教科に亘る広範な情報を摂取するための媒材集であって、楽しみのための読書という趣旨の材料は含まれていなかったと言っていいだろう。

著作にあたった執筆者たちは、たとえば石川彝が「会得（わかり）やすきを専一（だいいち）に書（か）き集（あつめ）し」（『西洋夜話』自序）と述べているように、「童蒙婦女」の蒙を啓こうと、平易な言語表現によって記述することに努力を傾けていた。しかしここに選定された教科書群は、もともと一般成人に向けた著作物も含んでいたためもあって、子どもたちが独力で読み進めることが難しいものが多い。実際、子どもたち自身がこれらの本を解読しようとしたら、教師がかなり手助けするか、あるいは「字引」を頼りにするような展開にならざるをえなかったであろう。

もっとも、そのままでは子どもが独力で読むことができない書物が社会に遍在するからこそ、それを可能にするための「学校教育」が必要なのだと言うこともできる。主として成人を対象に作製された書物を読めるようにするために、教科目「読本読方」が置かれていたのだ。すなわち、当時は、できるだけ早く一般成人向けの読み物を自力で読めるようにすることが、ことばの「教育」の目的だった。初学の教科書として、こうした書物群が選定されたは、以上のような経緯からだろう。

というより、これらの書物とは別に、子どもたちが容易に読むことのできる書物の用意は、ほとんどなかったのだ。明治初期は、「子ども」に向けて新しい知識を盛り込んだ書物が、ようやく整備され始めるその揺籃期であり、仮名文字の読み書き能力をある程度身につけた子どもたちが読めるような本が、大量に販売されていたわけではない。学校教育制度が整備されていくにしたがって、そうした書物の必要性が生まれ、新たな子ども読者たちを創り出していくのである。

さらに言うなら、この時期の著作者たちが書名に冠することの多かった「童蒙」という用語にしても、特定の年齢段階に属する幼児や児童だけを指し示していたわけではなかった。今日一般に使われる「幼児・児童・生徒」などという幼少年の子どもを指す用語は、それぞれ学齢以前、小学校、中学校に籍を置くものという意味内容で使われる場合が多いが、それは近代学校制度下の法令用語が普及した結果である。「児童・生徒」という用語とその内実は、ほかならぬ学校教育制度の進展の中で作られていったのである。もともと「童蒙」は、教養の程度が低く、漢文の読み書きに習熟していない人間を指すかなり幅のある概念であり、必ずしも年齢の低い子どもたちだけを指し示していたわけではない。そのうえ、女性に至っては、そうした「童蒙」と併せて、ひとからげに「童蒙婦女」とさえ呼ばれていた。その一方で、学習の機会に恵まれた一部の子どもたちは、幼少の時期から漢文の素読などを通じて、かなり高度な文章リテラシーを身につけていた。

近代学校教育における言語教育は、こうした二極化された文化状況・学習状況を平準化し、多くの人々に共通した言語能力を身につけさせることを最大の目的として出発したのである。

「口授（くじゅ）」の教科書

以上のような文字を読む活動を通して文章内容の理解を意図した「読方」の「教科書」に対して、「口授（くじゅ）」の教科書の場合は、記述内容を子どもに伝えるための材料を集めた教師用書という位置づけになる。したがって口授の学習においては、学習者たちは個々に教科書を所持する必要はない。また、大人である教師がその本を読み、子どもにも理解できる表現に転換して口頭伝達するのだから、著作物自体が子ども向けの言語表現である必要はない。問題になるのは、どのような内容が盛り込まれているかという、その書物の記述内容である。「小学教則」では、口授の学習方法を想定した教科のうち「修身口授」の教科書には、以下の五点が指定されていた。

すなわち、一八七四（明治七）年の青木輔清（すけきよ）著『小学教諭 民家童蒙解』が、アメリカのウィルラード著 *Morals for the Young* などの抄訳。一八七二（明治五）年の福沢諭吉著『童蒙をしへ草』が、イギリスの *The Moral Class-book* の翻訳。一八七一（明治四）年の箕作麟祥著『泰西勧善訓蒙』が、フランスのボンヌの教訓書などほか数冊からの翻訳。また、一八七四（明治七）年に文部省から刊行された阿部泰蔵著『修身論』が、ウェーランドの *Elements of Moral Science* の翻訳。一八七一（明治四）年の神田孝平

『性法略』明治４年

著『性法略』が、オランダのフィセリングの口述筆記の邦訳、である。

このうち、前四著の内容は、修身・道徳に関するものだが、最後に揚げた『性法略』は内容的には法律書で、今日では、「民法」に相当する内容が扱われていた。また、青木輔清著『小学教諭 民家童蒙解』は、刊行されたのが明治七年であり、この二書は、「小学教則」が示された段階では、まだ世に出ていなかった。このように、「小学教則」の「修身」の教科書は、すべてが翻訳書だったのである。[*8]

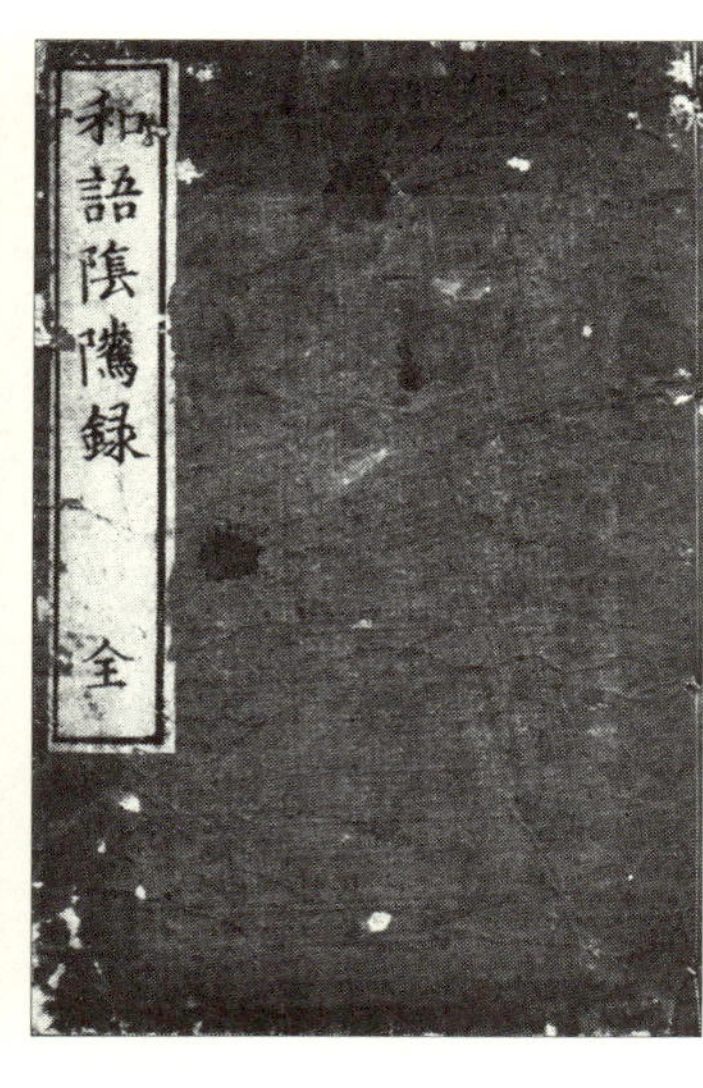

『修身談』石井光政 文政13年

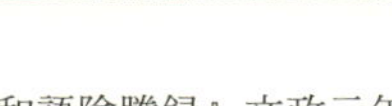

『和語陰騰録』文政元年

しかし、一八七三（明治六）年四月の「文部省布達・第五八号」の「小学用書目録」の「修身之部」に挙げられている三冊の書目は、在来の教訓書である。『和語陰騰録』は、明の袁了凡の著述で、それを文政年間に和訳したものである。また、上羽勝衛の『勧孝邇言』は、「六諭衍義大意」から引用したもの。石井光政の『修身談』は中国の古典や日本の上古の文献から佳話を引用したものである。「小学教則」の「修身」の教科書が、欧化主義的な書目ばかりなので、従来から使われていた儒教的な書籍を指定して、バランスをとろうとしたのだろう。あるいは、唐澤富太郎のいうように、「政府の方針はあくまでも小学教則に沿って外国模倣の態度を固守したのであるが、教科書不足もあって、前掲（「修身口授」で指定された五点の翻訳書のこと・稿者注）の翻訳教科書が普及するまで、一時、間にあわせにこのような和漢の修身書をも指定して、そのつなぎとしたものと察せられる。」という事情があったからかもしれない。[*9]

さらに一八七三（明治六）年五月十九日の「小学教則改正」で加わった「国体口授」では、一八七四（明治七）の太田秀敬著『国体訓蒙』が、教科書として指定されている。そこには皇統を列挙した上で、「国体ノ万国ニ卓絶スル条件固ヨリ枚挙ス可カラスト雖モ就中開闢ヨリ終古ニ至ル迄皇系連綿トシテ窮極アルコト無キヲ以テ最大ナル主眼トス」といった国家主義的な思想も表明されていた。[*10]

ところで、「口授」を中心的な学習方法とする修身科においては、人間の生き方や徳目を教える都合上、子どもに向けた例話が欠かせない。なぜなら、子どもに向けて「お説教」をするためには、ひとまとまりのストーリーの中に教訓を埋め込むのが効果的だからである。実はこの時期、ひとまとまりのストーリーを持った読み物は、「修身」関係の教科書類の中にもっとも多く収録されていた。したがって、今日的な観点から見るといかに修身的な臭いが紛々としていようとも、まずは大人たちがそうした読書材を子ども向けの読み物だと考えていたこと、および子どもたちが実際にそうした読み物を耳から聞いていたという事実を正面から受け止める必要がある。さらに、近代国語教科書と子ども読み物の関係について考えていく上では、教科目として別に立てられた「修身科」の教科書や教師用書などにも目を配る必要があることも、ここで確認しておきたい。（「修身科」と「口授」の関係については、第六部「修身教育と子ども読み物」で検討する。）

（2）翻訳啓蒙書の文章・文体

主流としての漢文訓読体

『童蒙をしへ草』は、福沢諭吉が翻訳に当たっただけあって、当時としては、きわめて平易な文章表現になっていた。しかし、明治初期の多くの啓蒙書と同様に、文体は文語文によって書かれており、必ずしも子どもの感性や認識に近かったとは言えない。もちろん、こうした物言いは、子どもが自分たちの内面を表出するに当たって、大人とは異なった言語表現を使用することが可能になった現在の地点からの見方であって、当時は、子ども自身の欲求や感情を直截に表現することが可能な文章様式自体が存在しなかった。したがって、子どもの感性や認識に寄り添った文体を採用して啓蒙書を執筆すること自体が不可能だったのである。とはいえこれも転倒した言い方でもある。平易な文章文体が、逆に、今日「子どもらしい」と判断されるような、子どもの認識や感性を作りあげていくという側面もあるからだ。両者の相互関係について、これ以降その時々に取り上げて考えてみるつもりである。

福沢の『童蒙をしへ草』だけではなく、「小学教則」に取り上げられたほとんどの啓蒙書も、文語体による文章で書かれていた。たとえば、明治初期に、もっともよく読まれたといわれる修身書であるアメリカのフランシス・ウェーランドFRANCIS WAYLANDの『エレメンツ・オブ・モラル・サイエンス』*Elements of Moral science*には、明治初期に十数種類もの邦訳が存在するが、その訳文は、ほとんどが漢文訓読体である。その代表的な例として、ここでは、一八七四（明治七）年に、阿部泰蔵が文部省から刊行した『修身論』の第二章「本心ヲ論ス」の第二条に付された「例話」を紹介してみたい。[*11]

警鐘（メザマシドケイ）ノ話

一女子アリ早起セント欲スレトモ眠ノ覚メ難キヲ患ヒ警鐘ヲ買ヘリ此警鐘ト云ヘルハ何時ニテモ随意ニ大ナル響ヲ発スヘク造リシモノナリ此女ハ其警鐘ヲ床頭ニ置キ期ニ至リテ其響ノタメ眠ヲ驚カサレ声ニ応シテ早起シ終日其心快ク此ノ如キ者数周日警鐘モ亦其職ヲ怠ラス其声鏘然タリシカ後女子早起ニ倦ミ警鐘ノ為メニ驚回セラルレトモ唯之ヲ顧ルノミニシテ再ヒ眠ニ就キ数日ノ後ハ警鐘ノ声復タ其眠ヲ覚スコトナシ（下略）

早起きしようと「目覚まし時計」を購入したものの、いつしかその音に慣れ、早朝の起床をやめてしまった娘が、再度目覚まし時計の音で必ず起きようと固く決意して心を改める、という話である。この本の著者は、この例話から、目覚まし時計の音は「本心 conscience」の声に他ならず、その警鐘を聞きいれようとする精神こそが重要だ、というメッセージを読み取ってほしかったのであろう。

　言うまでもなく、近代人としての個を確立するという営為は、自らの内なる「conscience」にしたがって行動することと重なってくる。それを体系化して記述したのが「修身学（Moral science）」であり、学習者にそうした態度を形成させるのが「修身教育」の目的なのである。ここでは、その「修身論」の核である「conscience」という概念を説明するためのたとえ話として、「目覚まし時計」のエピソードが使われている。近代人は各々の心の中に、いつも「本心 conscience」という「目覚まし時計」を用意しておかなければならない、という主旨が伝わらなければ、この小話は、比喩譚として十分に機能したことにはならない。

　しかし、ここに訳出された漢文訓読体のような難解な文体では、例話そのものの面白さを子どもに実感させた上で、「conscience」という概念を理解させることは、かなり難しかった可能性がある。というのは、抽象的な概念を理解させるためには、用意した「たとえ話」自体が、まずひとまとまりのストーリーとして興味深く受け止められることが前提になるからである。たとえ話に使われているいちいちの漢語の意味を理解することに全精力を傾けなければならないのだとしたなら、子どもたちはその段階で音をあげてしまう。もっとも、阿部泰蔵訳『修身論』は、「修身口授」の教科書として「小学教則」に指定されており、もともと、子どもが自力で読むことを想定していたわけではない。だが、当時の翻訳テキストの中には、できるだけ受け手に身近なものと感じてもらえるように、文章に工夫を凝らしている著作もあった。

たとえば、一八七三（明治六）年に刊行された是洞能凡類（ぜどうのぼる）の訳による『童蒙修身心廼鏡（こころのかがみ）』の同じ例話は、次のような文体で訳されている。（単語の下の（　）の中は、その上の単語の左側に付されたルビである。つまり、両側にルビが付けてあるのである。以下同じ。）

『修身論』文部省 明治７年

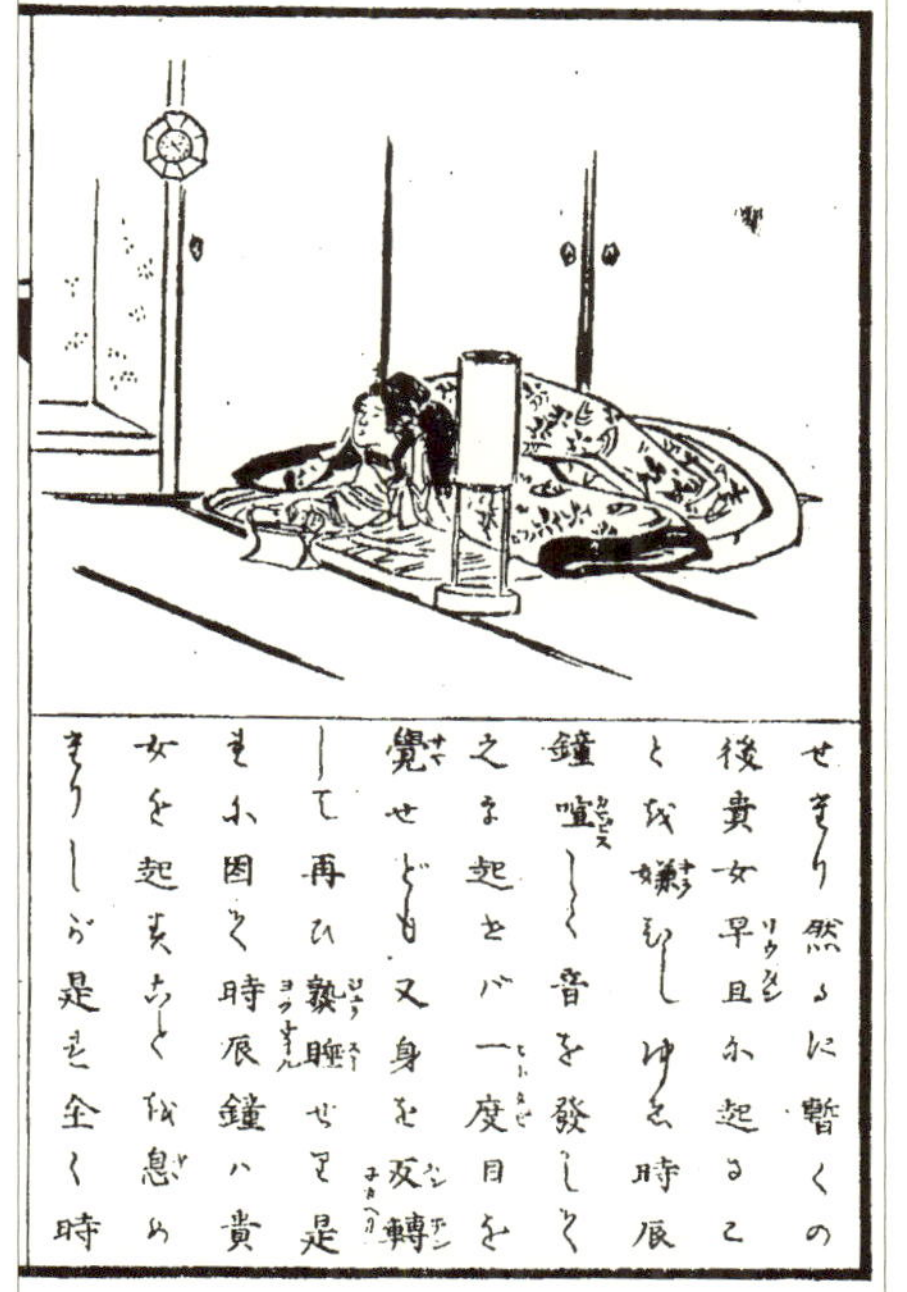
『童蒙 修身心廼鏡』明治６年
画像は近代デジタルライブラリーによる

寐覚附の時辰鐘（トケイ）の説話

一人の貴女あり早旦（アサハヤク）に起んと思ひしに其の能ハざることを知り一箇の寐覚附の時辰鐘を買ひ求めたり此の時辰鐘ハ何時にても撃たしめんと欲するの時に随て最も高声に旋転して音響（ヒビキ）を発する様に工夫せしものなりさて貴女毎夜枕頭（マクラモト）に此の時辰鐘を備へ置き寐ねしに早旦起へきの時にあたり旋転して音響を発し盡力して貴女を起こしかは貴女えに従ひしに其時を誤らすして早起をすに依て終日心気快満（ヨロシク）せり（下略）

『准刻書目』に記載されているこの本の趣旨によれば、「難字ニ片仮名ヲ加ヘ所々画ヲ入レ童蒙ニ修身ノ初歩ヲ導ク書ナリ」とある。『童蒙修身心廼鏡』は、読み手の読解作業を助けるために、読みにくいだろうと思われる漢字にルビを付けたり、またその意味を添え書きするなどの工夫をしていたのである。また、原本にはなかった挿絵を新たに書き起こし、舞台を日本に移し替えて、一目で状況を把握することができるようにしたのも、子どもの読み手を意識した著者の苦心だと思われる。したがって、この本の著者は、子ども読者を想定した文章や文体、あるいは挿絵などにも、十分注意を向けていたと判断できる。

談話体による翻訳啓蒙書

さらに平易な翻訳作業を工夫した試みもある。一八七八（明治一一）年に刊行された神鞭知常・青木輔清による『啓蒙修身談』の同じ箇所を次に示す。[*12]

眼ざまし時計の昔話

なにが扨、ここに朝は早く起たゐものぢやと思へども如何にしても早く眼の覚めぬ一人の娘め子があつて、此娘め子が、私は如何にしても早起することの六ヶ敷女ぢやわゐと、考へたその故に、眼ざましの付てある時計を一つ買もとめてござる　眼ざまし時計といふは皆さん御存じの通り、五字なれば五字、六時とおもへば六時と、何時でも其持主の望み次第に、時計の器械を仕掛ておくと、其仕掛てゐた時刻になれば、「リン、リンと大きな高き音で鳴りひゞくやうに造てある時計でござる、此娘の子は、其時計を求めしこと故に、兼て望みの刻限を仕掛て、毎夜〳〵其寝処の枕の上に置きて休みました、其処で時計は正直なることの故に、朝な〳〵清きひゞきを「リン、リン」と響かせ、娘の子も亦時計におこされては、眼をさまして、起き上りまして、時計を買ふてよりこの方は、日々早起をし、ここちよく暮してござる、これが凡そ五週日か六週日斗りつゞきましたが、左様にいたして居る中に、此娘の子が早起することに少々つかれて来ました、其処でやかましく鳴る時計に眼をさまされたときには、時計をちよゐとにらんでおゐて、寝かへりをなし、又一睡りねむりました、（下略）

阿部泰蔵の『修身論』では「本心ヲ論ス」と訳されていた第二章のタイトルも、この『啓蒙修身談』では、「第二回『コンシェンス』即ち良心、即ち物事の正邪、曲直を裁判する腹の中のはたらき」と、かなり説明的な翻訳になっている。こうした訳業は、一般庶民にも分かりやすい文章を提供しようとした試みだと言っていいだろう。このような訳文ならば、それを聞く子どもたちもその語り口の平易さに導かれて、すんなりと例話が耳から入ってきたかもしれない。*13

こうした、「デゴザル」形式の談話体は、ほかにも「小学教則」の「読本読方」の教科書として挙げられていた『訓蒙窮理問答』（後藤達三編述）にみることができる。『訓蒙窮理問答』の刊行は、かなり早く、一八七二（明治五）年である。この本は、師と弟子が直接顔を会わせ、対話を交流するという形式で書き進められており、「目ざまし時計の昔話」よりもさらに日常の口語表現に近づいている。その冒頭部を引く。*14

物の事

弟子〽御師匠様西洋の国に「子イチウレエル、フハ井ロソーフヒイ」とか言ふ学問があると承りましたが何様な学問でござります　師匠〽其学問は日本の言葉に言ひ替へれば究理学と申て何でも汝等が常に見しつてゐる土や風や水などを始として此世界にあるとあらゆる物の理を事細かに説ひてある学問でござる（下略）

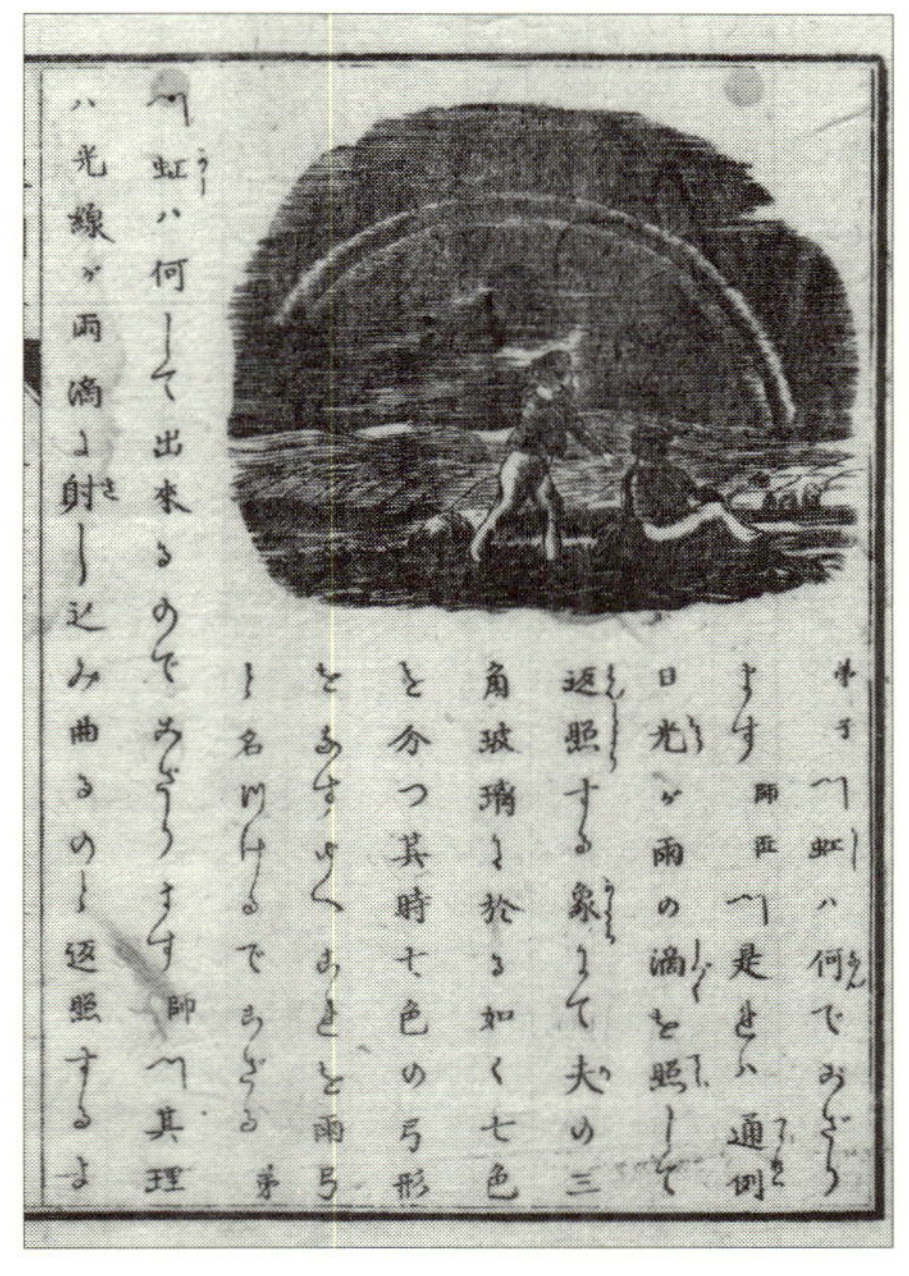

『訓蒙 窮理問答』巻五　明治5年

この文章について山本正秀は、「弟子には敬体の『でござります』を、師匠には尊大語として『でござる』を使用させて」いると指摘している。その結果、文章効果としては、二人の関係が生き生きと浮かんで来て、読み物としての面白さも増しているのである。

山本は、この本ばかりではなく、「維新後の文明開化の風潮を背景に、その解説的通俗書が多数出版されたが、その中に『デゴザル』調を基調に談話体で書かれたものが散見する。」と指摘する。続けて山本は、これは「江戸後期のいわゆる平田講本あたりのデゴザル調講釈文にならったものであろう」と推測し、啓蒙思想家たちが「手ごろな手本」として採用したものの、やがて姿を消していった、と述べる。*15

このような談話体を採用した実験的な訳業は、なぜ定着しなかったのか。もともと「デゴザル文体」は、庶民に講釈をする音声言語の現場から生まれた江戸期の書き言葉文体であり、法談や心学道話のような実際の語りの「場」と密着していた。つまり、「デゴザル文体」は、現実のコミュニケーションの場の中から生まれ、磨かれてきた文体だったのである。したがって、それを支持する現実の聴衆を失った時には、消えていかざるを得なかったのかもしれない。というのは、啓蒙翻訳家たちの訳業には、彼らの言述を身を乗り出して聞いてくれる生身の聞き手はいなかったからである。

さらに言えば、講釈の場に実際に参加した人々と、それを刊行した版本で読む人々とが、まったく同じリテラシー能力を共有していたわけではない。たとえば、手許の家蔵本『続鳩翁道話』の版本を見ると、図版で示したように「ござります。」という本文に「ござルガ」、「ことじゃ」という本文に「ことデ」という朱の書き入れが施してある。この書き込みは、版本で読み慣れていた通常の書きことば文体とは異なる「デゴザル文体」に対してなされたものである。おそらく、この本の所有者が書き込んだものだと推測される。学識を積んだ読み手にとって、こうした卑俗な文体は、文章としてはかえって読みにくく、また気になる存在だった可能性が高い。そこで、より口語に近い版本の「デゴザル」文体を、通常の文語文に修正したか、あるいは、本来書きことばとしてはこう書くべきだ、という注記を付けたのだろう。

こうした例からも分かるように、たとえ翻訳者たちが翻訳文を口語に近づけたとしても、それを文章体として読み慣れた積極的な支持者層がなければ、平易な文章も普及することはない。そう考えると、この書き込みは、読み手の「デゴザル」文体への違和感の表明だとも受け取ることができる。それは、何もこの版本の所有者に限ったことではなく、こうした書物を買い求めた知識人に共通する感情だったと考えられる。人は、一度身につけたリテラシー体系やそれにまつわる感性を、簡単に右から左へと取り替えることはできにくい。その意味で、いったん獲得したリテラシー能力は、それを使う人間を、ある意味で保守的な書記体制に縛り付けてしまうこともある。*16

『続鳩翁道話』天保７年
家蔵本

また、談話体の衰退については、それとは別に、次のように考えることもできる。すなわち、「デゴザル調講釈文」を採用して外来の概念を表現した場合、その内容は一見分かりやすくなるようにみえる。しかし、外国の新しい概念や思想が、道学や心学の世界の中にそのまま取り込まれてしまって、修身学（Moral science）とは別のものになってしまうという懸念である。それは、西欧近代の概念である「conscience」が、江戸期の庶民の世俗の思想の中に紛れてしまう危険性があった、と言い換えてもいい。

知られているように、西欧の論理や議論は、在来の庶民の口語表現に寄りかかった語彙や、文章・文体を使用しただけでは、十分にそれらを移植することが不可能だった。明治期にあれほど急速に漢文訓読体が庶民の間に普及し、また新しい漢語が次から次へと誕生したのは、実際に、和文脈や江戸庶民の話し言葉文体だけでは、西欧の思想や事物に十分に対応することができなかったからである。

いうまでもなく、文章を翻訳する際には、それを媒介する日本語文自体も、外国語文からの影響を受ける。翻訳作業においては、日本語文は異国の言語内容を右から左へと手渡しする単なる道具の位置に置かれるわけではない。つまり、翻訳作業によって、これまで日本になかった事物の呼称や概念が伝達されるのと同時に、それを運搬する日本語文自体も変質をこうむるのである。とすれば、「デゴザル談話体の衰退」とい

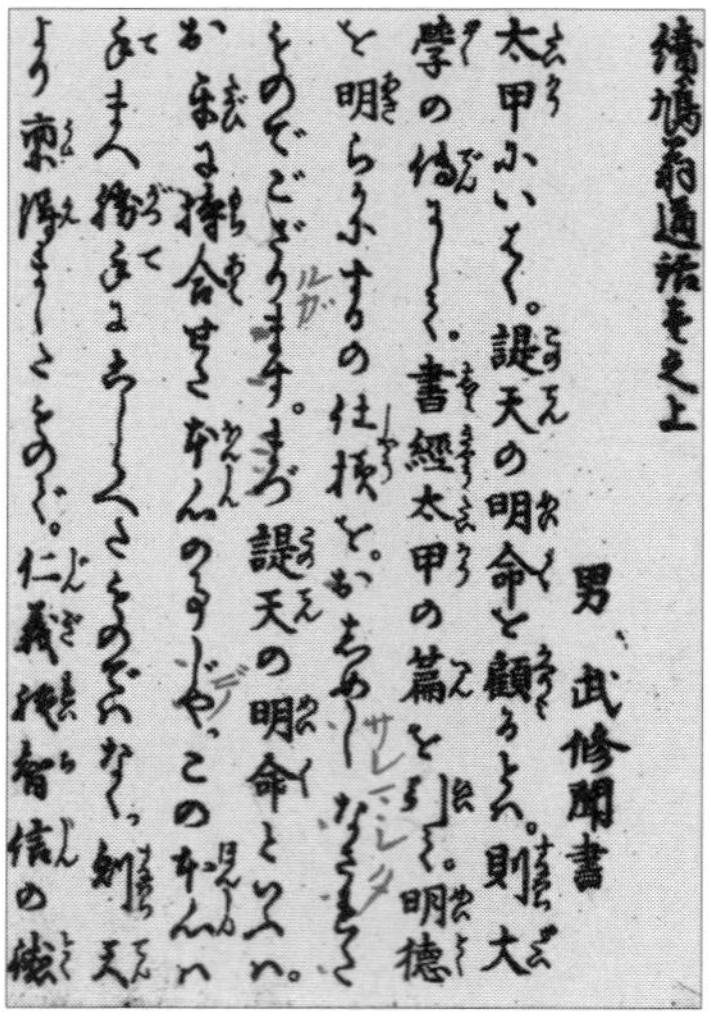

う事態は「衰退」ではなく、それが翻訳文体として採用されることを通して、新しい談話文へ再生していく道筋の中に回収されていったのだ、と考えることもできるだろう。

　このように、外国語で書かれた文章を邦訳するときに、どのような日本語文体を採用するのかという問題は、きわめて大きな裾野を持った問題である。とりわけ多くの人々の「啓蒙」を目的として、欧米の書物を翻訳する場合には、そうした問題点が、一挙に浮上する。しかも、『訓蒙窮理問答』のように、もともとの原文が幼い子どもを対象にして平易に書かれており、日常会話を多用した文章を翻訳する時が、最も難しい作業になる。なぜなら、平易な語り口を用いながらも、多くの人々にメッセージが伝わるような日本語の「普通」の話しことばや書きことばは、まだ十分に開発されていなかったからだ。成人に向けた科学に関する著作や、歴史記述のように客観的な論述が主になっている文章を翻訳する際には、対応する「訳語」がもともとの日本語語彙の中に乏しいという問題はあったものの、漢文、あるいは漢文訓読体を選択することで切り抜けることができた。あるいは、和漢混淆文の採用も可能だった。翻訳者は、原文に記述された内容を、できるだけ正確にそうした既存の日本語文の書記体系に移し換えることに神経を集中すればいい。

　しかし、『訓蒙 窮理問答』のように日常会話による対話体の文章を日本語文に移入しようとする時には、若干事情が異なる。すなわち翻訳者は、新しい日本語の口語文体が未確立だという別の種類の難問を抱え込まざるをえなくなるのである。というのも、現実の庶民や子どもたちは、漢文訓読体はもとより、「デゴザル文体」によって、生きた会話を交流していたわけではないからである。それはあくまでも、講席という特別なコミュニケーションの場の中に存在していた話体であり、日常の会話は、もっと生き生きとした柔軟な口語として、人々の間を飛び交っていた。

　もちろん、そのような口語の文章が存在しなかったわけではない。確認するまでもなく、江戸期の庶民の口頭会話は、黄表紙や読本などの江戸文芸の中に活写され、文字表現としても記述されていた。あるいは、童蒙に向けた「絵双紙」や「赤本」類には、まるで漫画の吹き出しのように、登場人物たちの会話が口語文体によって見事に記載されていた。したがって、庶民や子どもたちの現実に交わされている口語に近い書記文体が、既存の書物の中になかったわけではない。それにもかかわらず、江戸期の庶民や童蒙向けの書物で使われていた口語文体は、こうした啓蒙的な書物の中の翻訳文体としては、採用されなかった。

啓蒙意識と翻訳文体

　しかし、例外的に、そのような翻訳作品がなかったわけではない。この時期の翻訳啓蒙書では、渡部温の『通俗伊蘇普物語』全六巻（一八七三（明治六）年）が、その代表的な仕事である。これは、Thomas James の *Aesop's Fables* 1867 に拠ったもので、イソップ寓話二三七編が紹介されていた。訳文は平明洒脱。江戸庶民の口語が取り入れられており、近代口語文体の創造という観点からも注目すべき仕事になっている。[*17]

　大人の読者を想定して出版されたこの『通俗伊蘇普物語』も、「小学教則」で指定された福沢諭吉の『童蒙をしへ草』と同様に小学校の修身の教科書として使われていた。文部省の「小学教則」には、教科書として指定されてはいないが、教師が「口授」する材料として採用されたらしく、明治九年の千葉県の下等小学教則には、「伊蘇普物語」の名が挙げてあるという情報がある。また、明治一一年七月の熊本県の「下等小学課程」や、明治一二年三月の青森県の「小学教則」にも「伊蘇普物語」の名前を確認することができる。*18

では、その渡部の『通俗伊蘇普物語』の文体を見てみよう。ここでは、よく知られた「蛙と牛の話」の訳文を、次に紹介する。

> 或日牛沢畔にでて草を食み。あちこちあるきけるとき。蛙児の一群になつてゐるのを思はず踏潰すと。其内の一疋が危き場を逃れ。蛙母の許へ注進して。「ヤア阿嬢。それはマア四足のある大な獣だが。それが同気をふみつぶしました」といへば。蛙母驚いて。「ヱ。大きかつたか。それはどんなに大かつた」といひながら。自分が満気れあがり。「こんなに大かつたか」ととへば。こかひる「それ処じやァ御座りません。もつと大う御座りました。」はゝ「ヨシ。夫はそんなに大かつたか」といひながら。ぐつと興張あがると。蛙児が仰むいて見て。「イヤァ阿嬢。中〱半分にも及ませぬ」といふゆゑ。蛙母「夫じやァ此様か」と勢一ぱい息張ると。腹が裂れて死けるとぞ。
>
> 　己が及びもせぬ巨大な事を仕様とすると。多くは自滅するものじや

会話部分は、江戸の庶民の声音を彷彿とさせるような文体である。もし、この文章が教室で「口授」され、教師がその場に相応しい口調で音声表現したなら、生徒たちはかなり面白がっただろう。「イソップ寓話」のような内容の文種には、こうした文体が適合するという渡部温の判断があり、また彼自身も、そうした文体を自家薬籠中のものとして使いこなすことができたのである。しかし、そうした文章・文体が使われたのは、きわめて限定された書物の中であり、多くの翻訳書がこうした文体によって翻訳されたわけではなかった。

この後、だんだんに検討していくことになるが、翻訳啓蒙書の原著として最も多く使われた英語教科書を、子ども読者に向けて翻訳しようとするときにも、同様の問題が出来する。とりわけ、そこにはかなりの会話文、それも子ども相互の対話が含まれてるから、その扱いは大きな問題になる。原文に頻出する子どもたち同士の会話文をどのような種類の日本語文体に置き換えるのか。それは、読み手である現実の子どもたちに、共感を持ってリアルな子ども像を伝達できるかどうか、あるいはそういう子ども像を言語によって新たに創出できるかどうか、という問題解決の分岐点になる。したがって、原文の会話文をどう処理するのかは、翻訳者にとってきわめて大きな課題であるはずである。

こうした書物の翻訳に当たった洋学者たちは、原典に書かれている会話表現を子どもたちの現実の口頭表現に近づけようとすればするほど、それに適した言語表現文体を模索しなくてはならないという難問に突き当たる。つまり、明治初期の翻訳啓蒙家たちは、そこに書かれた文章内容を日本語に変換して、日本の読み手に伝えようとした際、まず表現形式としての平易な文体、とりわけ口語文体を自ら創造しなければならないという問題に、ぶつからざるを得なかったのである。原文が卑俗な口語文や、日常的な対話形式で書かれていた場合などには、幾重にも困難を抱え込んだ思いにとらわれた可能性がある。*19

だが、先回りして言ってしまうと、実際には、多くの啓蒙翻訳家たちが、それほど会話文の翻訳にこだわったり、悩んだりした様子は窺えな

い。というのも彼等は、会話文を地の文の中に埋め込んだ間接話法を採用するか、対話形式の文章は直接話法では翻訳しないという方針で翻訳作業に当たっている場合が多いからである。それは、子どもたちが会話を交わしている場面を翻訳すること自体が新たな子どもの世界の発見につながる、ということに自覚的でなかったからだったかもしれない。もちろん、彼らは主観的には、「童蒙」に向けて平易な翻訳表現を提供したと考えていただろうし、実際そのつもりであったに違いない。だが、洋学者自身の教養と、それぞれの学問を通して身につけた自身の日本語文体そのものが、そうした方向を押し進めることを妨げたのである。

　しかし、明治初期の翻訳で試行的に使われた「デゴザル文体」や少数の翻訳啓蒙家たちが取り組んだ会話文体への着目とそれを創出しようとした試行は、やがて明治二〇年代に入り、「談話文」として国語読本などに導入される呼び水になった。その意味で、新しい知識を、考えられる限り平易な文章で伝えようとしたこの時期の洋学者たちの努力は、子どものための読み物の必要性を訴え、また実際に子どもに向けた読み物を刊行するという未開拓の沃野に、最初の一鍬を打ち込んだ仕事としても、また文体改革運動の一端を切り開いた仕事としても評価できるだろう。さらに、子どもたちに興味を持たせるための多彩な挿絵の開発の試みも、重要な仕事としてとらえておく必要がある。この時期の洋学者たちの仕事は、啓蒙的な姿勢があまりにも強く前面に出過ぎてはいたものの、彼らの努力が子ども読み物の基盤を開拓し、整備していく道につながっていくのである。

　もっとも、その道は真っすぐに敷設されたわけではなかった。唐澤富太郎は、『教科書の歴史』の中で、明治一〇年代までの翻訳啓蒙書を教科書として採用しようとした試行錯誤の時代を「翻訳教科書時代」と、くくった上で、次のように述べている。[*20]

> 翻訳教科書時代を振返つて見ると、この時期は教科書の影響力という点から見て、後の時代に比して全体に弱かつたといわなければならない。たしかに翻訳教科書は、日本の近代教育の発足に当つては、歴史的意味は非常に大きかつたが、しかしそれが受け取られた点から見ると、この時代には未だ地につかず、それを教える教師に人を得ず、その教え方もただ読ませ暗記させるという旧幕時代の素読的な行き方を慣用していたに過ぎなかつたのである。

　確かに、「小学教則」で教科書に指定された翻訳啓蒙書類は、どの地方でも、まただれにでも簡単に入手できたわけではない。また、地域の小学校の学童が学習する対象としては、あまりにも実生活から離れた内容を持つものも多かった。しかし、これらの翻訳啓蒙書が近代学校の教科書として指定されたことによって、明治初期の子どもたちは、それまで日本には存在しなかった、子どもに向けた書物を眼にする機会を得ることになったのである。またそこで、新しい文章・文体に触れる機会を持つことができたことも間違いない。さらに、政府の作製した教育課程の中に、それらが「教科書」として書き込まれて、実際の使用が奨励された結果、これらの翻訳啓蒙書が全国に普及し、地域の教育や文化に一定の影響を与えたことも確かだろう。本書では、そうした様々な営為を紹介し、検討していくことになる。

（3） 近代日本児童文学の出発点

起点としての翻訳啓蒙書

一方、教育や教科書という枠組みからいったん離れて、子どものための読み物の展開という観点から見ると、この時期の子ども読み物の様相は、どのように素描されるのだろうか。それを確かめるために、近代日本児童文学の歴史に関する記述を参照してみると、近代日本児童文学の出発も、こうした翻訳啓蒙書から語り始められるのが、近年の通例となっていることが分かる。[*21]

たとえば、向川幹雄は『日本近代児童文学史研究Ⅰ――明治の児童文学（上）』で、近代児童文学史を、〈子どものため〉を強く意識して作られた啓蒙書の中の読み物類から記述し始めている。つまり、「近代日本児童文学」の出発点を、「啓蒙書の中の読み物」類に求めようとするわけである。こうした啓蒙書類は、ほとんどが欧米で出版された本から材料を集めて翻訳・翻案したものだったから、日本の近代児童文学は、外国の翻訳（翻案）を編纂した書物が出発点だ、ということになるだろう。向川は、その最初の仕事を福沢諭吉の『訓蒙窮理図解』だとしている。福沢の『訓蒙窮理図解』は、確かに子どもを対象に書かれているが内容的には理科読み物集であり、いわゆるストーリー性を持った読み物ではない。

しかし、子どもの読み物は、科学読み物や歴史読み物などを含めて、幅広く考えるのが当然であり、またそれが正しい方向である。「児童文学」という用語と概念は、そうした豊かさと広がりとを持っている。本論考はそこまでは調査が及ばないので、以下では、ストーリー性を持った読み物を中心に論じていくことになる。そのことをあらかじめお断りしておく。[*22]

さて、向川は、『日本近代児童文学史研究Ⅰ――明治の児童文学（上）』で、『訓蒙窮理図解』のほかにいくつかの書物を取り上げて、それぞれをていねいに検討している。また、鳥越信も、「日本児童文学史の起点」という論考の中で、やはり『訓蒙窮理図解』を出発点に置き、詳細な「草創期の児童図書一覧」を作製している。鳥越の手になる一覧表は、「小学教則」に示された教科書類や、理科読み物なども含んだ総合的なもので、文字通り明治初期における「児童図書」一覧といえる。しかし、稿者は、明治期の子どものための読み物について検討するためには、さらにそこにいくつかの諸本を付け加える必要があると考える。端的に言って、この時期の「子ども読み物」については、まだ検討の俎上にのぼっていない諸本が数多く存在している。それらの書物のほとんどが、英米の子ども向け図書を翻訳したものであり、あるいは大人向けの図書を日本の子どものために翻訳・翻案したものである。それも、純粋に楽しみのための読書活動に資する目的ではなく、もっぱら教育や学習のために翻訳されていた。[*23]

稿者は、それらを調査して、次頁のような表にまとめた。これは、向川の扱った諸本に、鳥越の一覧表からフィクション性の高い読み物と判断されるものを抜き出して加え、さらに、両者が取り上げていない翻訳啓蒙書を挿入したものである。この表では、向川の取り上げた書物は「☆」、それに加えて鳥越が取り上げた書物を「★」で示した。その上で、「日本教科書大系・修身教科書目録」からストーリー性のある話を多く含んだ翻訳書を選んで加えた。「日本教科書大系・修身教科書目録」に

明治初期子ども向け翻訳啓蒙書一覧

	書名		翻訳者	刊行年月	原典など	
	訓蒙窮理図解	☆	福沢諭吉	一八六八（明治元）年六月	チェンバー（英）など	中本
	世界国尽	☆	福沢諭吉	一八六九（明治二）年六月	英米の地理・歴史書	
	西国立志編	○	中村正直	一八七一（明治四）年七月	スマイルス「セルフヘルプ」の翻訳	
1	西洋英傑伝（小）	◇	作楽戸痴鶯	一八六九（明治二）年？	フラセル（英）の翻訳	
2	西洋夜話 初集（学）	☆	石川彝	一八七一（明治四）年？	パーレー「万国史」の抄訳	中本
3	童蒙をしへ草（学）	☆	福沢諭吉	一八七二（明治五）年三月	チェンバー（英）「モラルクラスブック」の翻訳	
4	小学教授書 修身の部	○	小宮山弘道	一八七二（明治五）年一一月	ユニオン第二第三読本の抄訳	
5	西洋勧善夜話	◇	梅浦元善	一八七二（明治五）年？	ナショナル第二第三読本の抄訳	中本
6	童蒙読本	◇	上羽勝衛	一八七三（明治六）年三月	マックガフィー第三読本などの抄訳	
7	サルゼント氏第三リイドル	◇	松山棟庵	一八七三（明治六）年四月	サーゼント第三読本の抄訳	中本
8	通俗伊蘇普物語	○	渡部温	一八七三（明治六）年四月	Thomas James の Aesop's Fables	
9	修身小学	◇	沢井鋻平	一八七三（明治六）年五月	チェンバー（英）「モラルクラスブック」の抄訳	
10	修身学訓蒙	○	山本義俊	一八七三（明治六）年五月	フローリ（仏）「勧善言行小録」の翻訳	
11	初学読本	○	福沢英之介	一八七三（明治六）年五月	米国の各種読本の抄訳	
12	訓蒙叢談	○	海老名晋	一八七三（明治六）年六月	コウドレー「初等道徳教科書」の翻訳	
13	童蒙修身心廼鏡	◇	是洞能凡類	一八七三（明治六）年八月	ウェーランドとコウドレーの抄訳	
14	西洋稚児話の友	☆	省己遊人	一八七三（明治六）年八月	不明	
15	西洋童話	☆	今井史山	一八七三（明治六）年八月	米国の各種読本などの抄訳	中本
16	啓蒙修身録	○	深間内基	一八七三（明治六）年九月	サーゼント第三読本の抄訳	
17	西洋教の杖	○	加地為也	一八七三（明治六）年九月	米国の各種読本などの抄訳	
18	童子論	○	福沢英之介	一八七三（明治六）年九月	米国の各種読本の抄訳	中本

19	西国童子鑑	○	中村正直	一八七三（明治六）年一〇月	John G. Edger の *The Boyhood of Great Men*	
20	幼童 教の梯	○	深間内基	一八七三（明治六）年一一月	コウドレー「初等道徳教科書」の抄訳	
21	勉強示蒙 一名童児心得草	◇	山科生幹	一八七三（明治六）年一一月	スマイルス「セルフヘルプ」の抄訳	
22	訓蒙話草	○	福沢英之介	一八七三（明治六）年一二月	タウンゼントの *Three Hundred Aesop's Fables*	
23	造花誌	☆	室賀正祥	一八七三（明治六）年一二月	米国の各種読本などの抄訳	中本
24	教訓道話 童蒙心得草	○	瓜生政和	一八七三（明治六）年？	不明	中本
25	さあぜんとものがたり	◇	鳥山啓	一八七三（明治六）年？	サーゼント読本各種の抄訳	中本
26	珊瑚の虫	★	前田泰一	一八七四（明治七）年二月	ユニオン第二第三読本の抄訳	中本
27	童蒙 教のはじめ	◇	甲斐織衛　須田辰次郎	一八七四（明治七）年三月	サーゼント第三読本（二版）の抄訳	
28	小学教諭 民家童蒙解（学）	○	青木輔清	一八七四（明治七）年三月	米国ウィルラードの「モラルフォーザヤング」などの翻訳	
29	訓蒙二種	◇	海老名晋　四屋純三郎	一八七四（明治七）年七月	サーゼント・マンデヴィル読本などの抄訳	
30	泰西世説	◇	中川将行	一八七四（明治七）年一一月	チェンバー（英）「ショルトストーリース」の翻訳	
31	泰西 行儀のをしへ 初編	◇	伊藤卓三	一八七四（明治七）年一〇月	サーゼント第二読本の抄訳	
32	泰西 修身童子訓	◇	山本義俊	一八七五（明治八）年一一月	和漢洋（ウェーランドなど）のエピソード	
33	訓蒙 勧懲雑話	○	和田順吉	一八七五（明治八）年？	ドラパルム（仏）の著作の翻訳	中本
34	修身口授	○	文部省	一八七五（明治八）年？	ファンカステル（蘭）の著作？の翻訳	中本
35	訓蒙喩言 東西奇談	☆	坂部広光	一八七六（明治九）年六月	不明	中本
36	西洋 童蒙訓	◇	加地為也	一八七六（明治九）年一二月	『西洋教の杖』（17と同内容）	
37	児童教誡口授	◇	筧昇三	一八七九（明治一二）年？	ダンハムの「マンマーストーリーズ」の抄訳	中本
38	童蒙道の栞	★	田村直臣	一八八〇（明治一三）年一〇月	リチャード（米）の著作の抄訳	中本
39	西国修身佳話	◇	伊藤卓三	一八八〇（明治一三）年一一月	『泰西行儀のをしへ』（31と同内容）	

（学）は、「小学教則」で、（小）は「小学用書目録」教科書として指定された書物、中本は、中本サイズ

☆：向川幹雄『日本近代児童文学史研究Ⅰ』6冊　★：鳥越信「日本児童文学史の起点」2冊　○：「日本教科書大系・修身教科書目録」15冊　◇：府川の判断16冊（実質は14冊）

掲載された書目は、これまで修身教科書という形でしか認定されておらず、「子ども読み物＝児童文学」としての取り扱いは受けてこなかった。これらは「〇」で示した。また、稿者の判断で、従来「子ども読み物」としてまったく取り扱われることのなかったいくつかの書籍を掘り起こして「◇」で加えた。[*24]

結果として、この表には、修身的な教訓を含んだ読み物が多く収められることになった。児童文学研究という観点から、十分顧みられることがなかったのは、そうした修身的な臭いが嫌われたからであろう。しかし、明治初期に刊行されたこれらの書籍は、間違いなく幼い読み手を意識して書かれていた。最終的に教訓に落とし込むような話材が多いとしても、子どもの日常生活を正面から取り上げ、ひとまとまりの文章として読み物に結実させたこれら多くの作品は、やがて子どもの内面を描く「生活童話」へつながっていく萌芽とみることもできる。また、この中には、頓智話や謎解き話、あるいは寓話などが多数収載された書目も含まれている。これらは、子どもたちが純粋に読むことの楽しさを満喫できるような作品集である。

もっとも、ここには、読者に虚構の世界それ自体の面白さを満喫させるような本格的な近代児童読み物はほとんどない。したがって、これを「近代児童文学の出発点」に位置する書物群だと称するには、いささか物足りないラインアップだと評されても仕方がないかもしれない。だが、これらの本には、童蒙を啓発し、江戸時代とは異なった新しい世の中を作り出していくため、年少の読者に期待するという姿勢が貫かれている。また、そのために造本や文章、あるいは挿絵にも、それなりの工夫が凝らされている。これらの翻訳啓蒙書を執筆した著者たちは、明治期の子どもたちの新しいリテラシー形成メディアを作製したのである。したがって、ここに掲げた翻訳啓蒙書を、あらためて子ども読み物の出発点という観点から位置づけ直し、明治初期の言語教育の多様性という視点から再検討するには、十分な意義があると考える。

なお、作製した一覧表の冒頭には、念のために『訓蒙窮理図解』『世界国尽』『西国立志編』の三点を据えておいたが、前述したようにこれらはここで検討するフィクション系の読み物ではない。次章以下で、順次検討の対象にするのは、二重線より後ろ、つまり、『西洋英傑伝』からあとに掲げた諸本であり、総数は三九冊になる。（実質的には、同内容の書物があるので合計三七冊である。）現在までのところ、この表が、教科書研究と児童文学研究の成果を踏まえて作製した、明治初期に子どものために作られた翻訳読み物の最新の一覧表である。そのうち、本研究によって初めて検討の対象になった「〇」と「◇」の諸本は、従来は児童文学研究サイドからは「子どもの読み物」として認知されてこなかった書物であり、それらの総数は三一冊を数える。

本の体裁については、箕昇三編『児童教誡口授』と田村直臣著『童蒙道の栞』が洋装・活版、『造花誌』と『訓蒙喩言 東西奇談』が和装・活版であるが、残りはすべて和装・木版刷りである。本の大きさは、縦が二二から二三センチメートル、横が一五から一六センチメートルの、通常「半紙本」と呼ばれる大きさのものが多い。明治期に普及した学校教育の各種教科書は、ほとんどがこのサイズであり、現在のA5判に近い。しかし、もう一回り小さい「中本（ちゅうほん）」（縦一八から一九、横一二から一三センチメートル）サイズの本も一三点ある。これは、ほぼB6判に相当する。和本の伝統的な分類法に従えば、半紙本は学習用、中本は草双紙などの娯楽的な読み物に使用される書型とされているから、中本の判型を採用した書籍は、正式な教育用というよりある程度楽しみの「読み物」という意識のもとに作製されたのだ、と考えることが可能かもしれない。

なお、先にも述べたように、明治初期にもっともよく読まれた修身書である、ウェーランドの*Elements of Moral science*は、阿部泰蔵の『修身論』(文部省刊)を初め十数種類もの翻訳が存在するが、修身学についての理論的な記述がほとんどのページを占め、子どもに向けた「例話」はわずかしか挿入されていないので、この表には掲げていない。また、「(学)」は、文部省の「小学教則」で教科書として、「(小)」は「小学用書目録」で教科書として指定されていた書物である。[*25]

表に掲げた本のタイトルだけを眺めると、『童蒙をしへ草』『童子諭』『西洋童話』『初学読本』『サルゼント氏第三リイドル』『さあぜんとものがたり』『修身口授』など、全くバラバラで、異なるジャンルの本を脈絡無く並べたようにも見える。しかし内実は、外国のリーダーや各種啓蒙書などの中から読み物を選択し、日本の子どもを読者対象にして、それぞれの書き手なりに文章文体を工夫して翻訳紹介した書物だという点で、かなり似通った性格の本なのである。これらの書名が、一見混乱しているように見えるのは、「児童文学」という概念がある程度確定された今日の視点に立って考えるからである。当時は、子ども向けの読み物の総称がまだ定まっていなかったので、こうした様々な題名の書物となって現れたのだ。というよりこの時には、「子ども」という存在自体も明確に概念化されていたわけではない。この時点では、「児童文学」はおろか、明治中期に教育用の子ども読み物を指す一般的名称となる「少年書類」や「童話」という用語も、あるいは娯楽的な子ども読み物の名称となる「お伽噺」という用語も、まだ登場していなかった。それは、明治期を通じて、徐々にはっきりとしてくる概念であり、本書の目的は、その推移を追っていくことにもある。[*26]

＊

続く第一部第二章以下では、この「明治初期子ども向け翻訳啓蒙書一覧」に掲げた書物を、順次検討していく。その作業は、翻訳年次別ではなく、どのような本を原書として翻訳したのか、という順序によって行われる。すなわち、第二章では、単独の英語教科書から翻訳・抄訳された子ども向け翻訳啓蒙書、第三章では、幾種類かの英語教科書をもとに編者が再構成して翻訳・抄訳によって作成された子ども向け翻訳啓蒙書、第四章では、欧米の修身書などから翻訳・抄訳された子ども向け翻訳啓蒙書、の順であり、第五章では、それら「明治初期子ども向け翻訳啓蒙書」を総合的な観点から考察することになる。

注（Endnotes）

*1 望月久貴『明治初期国語教育の研究』溪水社　二〇〇七（平成一九）年二月　一〇〇—一〇四頁、一一一—一二五頁。

*2 『文部省布達全書』明治六年「第五十八号　小学用書目録ノ事」一二二丁—一二五丁。

*3 「文部省布達・第九二号」六月二八日付で、『皇国官名誌』の著者は「大阪書籍会社蔵版」ではなく「深澤菱潭」である、と訂正されている。深澤菱潭は、巻菱潭とも称した。幕末三筆の一人である巻菱湖の養子で、明治期の教育用の習字本を数多く編集している。また「文部省布達・第六四号」五月七日付でも、「小学校用書目」の「物理之部」に指定した『訓蒙窮理図解補遺』（望月誠纂訳）は、『訓蒙 窮理弁解』の誤りだという訂正記事がある。書名や著者名という重要な情報に関して、このような混乱を生じているということは、文部省がとりあえずいくつかの書目を小学校用の教科書として認定したという事実を、裏側から証明したできごとのように思われる。

そもそも、近代教育の出発点となった「学制」（太政官布告第二一四号・明治五（一八七二）年八月二日発令）自体が、かなり混乱と矛盾に満ちた法令だった。そのことに関する検討は、竹中暉雄『明治五年「学制」——通説の再検討』二〇一三（平成二五）年一月・ナカニシヤ出版で、詳細に行われている。

*4 望月久貴『明治初期国語教育の研究』溪水社　二〇〇七（平成一九）年二月　五七七頁。なお、『啓蒙智慧之環』の成り立ちと内容については、次の論文が詳しい。古田東朔「『智環啓蒙』と『啓蒙知恵の環』」『近代語研究』第二集　近代語学会　一九六八（昭和四三）年　五四九—五七八頁。この『啓蒙知恵の環』の著者である於兎子は、瓜生寅と同一人物である。本書の続編である『上等小学 啓蒙智慧之環』（上中下）三冊が、一八七六（明治九）年九月に刊行されており、そこには「瓜生寅訳述」と見返しに記されている。

*5 橋爪貫一の『世界商売往来』は、一八七一（明治四）年に刊行されたが、続く二年間の間に、続編・続々編・補遺編・追加編が次々と刊行されている。好評だったことが窺われる。それらの内容については、『世界商売往来用語索引』武蔵野書院　二〇〇〇（平成一二）年九月　に詳しい。

また、橋爪貫一については、三好信浩が、以下の論文でその著作活動のほぼ全貌を紹介しており、明治初期の洋学入門書については、関場武が詳細な検討をしている。

三好信浩「明治初期民間啓蒙家の著作活動——橋爪貫一の場合」「広島大学教育学部紀要・第一部」第三八号　広島大学教育学部　一九八九（平成元）年二月　一一—二一頁。

関場武「『佛語自在』、『九體伊呂波』、『国盡』——橋爪貫一の洋学入門書」「藝文研究」六三号　慶應義塾大学芸文学会　一九九三（平成五）年　五—二四頁。

*6 『童蒙必読 官職道志留遍』は、東京学芸大学附属図書館蔵。以下のアドレスで、本文が公開されている。http://ir.u-gakugei.ac.jp/images/1068129l/kmview.html

*7 『育英新編』の図版は、横浜国立大学蔵本による。

*8 青木輔清著『小学教諭 民家童蒙解』と、阿部泰蔵著『修身論』（文部省刊）の二書が、この時点では未刊行だったにもかかわらず「小学教則」に教科書として指定されたことについて「修身教科書解説」『日本教科書大系　近代編　第三巻　修身（3）』一九六二（昭和三七）年一月　五六七頁、では、「明治五年にはその出版が進められていたと推測される。それらの新著も予めここに掲げたものと思う。」としている。

*9 唐澤富太郎『教科書の歴史』創文社　一九五六（昭和三一）年一月　六一頁。

*10 太田秀敬『国体訓蒙』巻一・巻二　一八七四（明治七）年七月　引用箇所は第二章末　一〇ウ―一一オ。

*11 阿部泰蔵『修身論』文部省　一八七四（明治七）年一二月　一七ウ―一八オ。

"*Elements of Moral Science*" By FRANCIS WAYLAND に載せられている「The Alarm Watch」の原文の冒頭は、次のようである。

A lady, who found it difficult to awake so early as she wished in the morning, purchased an alarm watch. These watches are so contrived as to strike with a very loud, whirring noise, at any hour the owner pleases to set them. The lady placed the watch at the head of the bed, and, at the appointed time, she found herself effectually roused by the long rattling sound. She immediately obeyed the summons, and felt the better all the day for her early rising. This continued for several weeks. The alarm watch faithfully performed its office, and was distinctly *heard*, so long as it was promptly *obeyed*.（下略）

著者のウェーランドは、この小話をJuvenile Miscellany（「子ども読み物集」）という書物の中から選んで、自著に収録したと記している。この話材は、この時期アメリカで最もよく知られていたリーダーである *McGuffy's New Third Eclectic Reader* 1865 の第四五課に載せられた教材 The Alarm-watch と全く同じ内容である。アメリカでも、修身書と読本、あるいは子ども読み物集とが、かなり近い位置にあり、どちらにも共通して取り上げられていた例話（教材）があったのである。

なお、*Elements of Moral Science* には、元版と後から出された学生用の簡約版（Abridged, and adapted to the use of schools and academies）とがあり、日本で修身読み物として盛んに翻訳されたのは、後者の簡約版の方である。The Alarm Watch のエピソードは、元版には無く、簡約版にしか載せられていない。

*12 神鞭知常訳・青木輔清校『啓蒙修身談』東生書館　一八七八（明治一一）年一〇月　三〇オ―三一オ。なお、題簽、および内題には「啓蒙 修身談」とあるが、版心題には「三汊水碧樓夜話」と記してある。

*13 一八七六（明治九）年五月二一日発行の『七一雑報』第一九号には、邊田某記という署名のある「投書」があり、そこに、この「眼ざまし時計の話」が載せられている。翻訳文は、「なにがさて、ここに朝早く……」と「デゴザル」文体になっており、ここに引いた『啓蒙修身録』のテキストと全く同一の文章である。『七一雑報』の記事の方が先行して発表されたことになるが、この『啓蒙修身談』との関係は不明である。

また、明治一二年に刊行された、内田尚長編の『小学口授 女子孝節談』巻一にも、このエピソードが載せられている。こちらのテキストの文章は、おそらく阿部泰蔵の『修身論』の訳文をもとにしたものだと思われる。（内田尚長編『小学口授 女子孝節談』出板人・塩冶芳兵衛（大阪）一八七九（明治一二）年二月　三九丁 半紙判）

*14 『訓蒙 窮理問答』後藤達三編述　一八七二（明治五）年四月　万巻楼。原著はパーカー。なお、江戸期の一八六二（文久二）年に、大庭雪斎がオランダのヨハンネス・ボイスの著書を翻訳して『民間格致問答』を刊行している。この本に使用された口語体は、国語学者古田東朔によって、先駆的・画期的なものと評価されている。（板倉聖宣『増補 日本理科教育史』仮説社　二〇〇九（平成二一）年四月　八一頁、原著一九六八（昭和四三）年三月による）。

*15 山本正秀『近代文体発生の史的研究』岩波書店　一九六五（昭和四〇）年七月　一五一頁。

*16 稿者家蔵の『鳩翁道話』の板本は、上中下六冊を合冊したもので、一八三四（天保五）年刊である。見返しには、昭和八年の羽衣高等女学校の蔵印があり、

また、「圭虫文庫」の朱印もある。なお、当時の知識人たちが、談話体で書かれた文章に対して感じた違和感は、例えば文部省が明治六年に作製した「連語図」の談話体が批判を受けて、文語文体へと訂正を余儀なくされるような動きとも連動しているのであろう。

*17 これまでに、『明治文化全集』一四巻「翻訳文芸編」に巻一から巻二までが、また『日本教科書大系 近代編 第一巻 修身（一）』に巻一から巻三までが翻刻されているが、『通俗伊蘇普物語』東洋文庫・二〇〇一（平成一三）年 平凡社 谷川恵一解説、が全編の翻刻紹介としてもっとも整備された最新の成果である。なお、『通俗伊蘇普物語』の原本である、Thomas James の *Aesop's Fables* は、一八四八年版が初版であるが、渡部が原拠としたのは一八六七年版であることを、三宅興子が指摘している。三宅興子「イソップ寓話における図像の移植とその日本化――『通俗伊蘇普物語』と「金の斧 銀の斧」を題材として」川戸道昭・榊原貴教編『図説 翻訳文学総合事典 第五巻』大空社 二〇〇九（平成二一）年一一月 二七一―二九四頁。
また、木坂基は「明治前期『伊蘇普物語』の文章」「佐賀大国文」一九九〇（平成二）年一一月 一〇五―一一五頁、で、『寓意勧懲伊蘇普物語』（明治二一年・田中辰三郎訳）と『新訳 伊蘇普物語』（明治二五年・鈴木青渓訳）と、『通俗伊蘇普物語』との三本を比較して「西欧式構文や発想を持ち込むという欧文文脈としての影響力を持たなかった特異な翻訳文章としての伊蘇普物語の訳文は、童蒙婦女を対象とする訓蒙書であっただけに、庶民層に、その自由で易しい形式とともに浸透していったと思われる。その影響力において大きな存在であったのが『通俗伊蘇普物語』である。」と「平易に和らげた文章」としての『通俗伊蘇普物語』の文体を高く評価している。

*18 『日本教科書大系 近代編 第三巻』講談社 一九六二（昭和三七）年一月、所収の「修身教科書総解説」に「下等小学の低学年用の読物として福沢諭吉の『童蒙教草』や渡邊（ママ）温の『伊蘇普物語』があげられている」（五七二頁）と記されている。また、『通俗伊蘇普物語』渡部温訳・谷川恵一解説、平凡社（東洋文庫）二〇〇一年九月 二九一頁に、明治九年の千葉県の教則にこの本が記されているという情報がある。
さらに、本書の第二部第三章で、「小学読本」に関わる各地の『小学教則』を挙げたが、以下の各県の「教則」に、「口授」の教科書として「伊蘇普物語」の名前が見える。〇明治一一年七月・熊本・「下等小学課程」〇明治一二年三月・青森・「小学教則」。

*19 柳父章『翻訳語成立事情』岩波新書 一九八二（昭和五七）年四月。柳父章『近代日本語の思想――翻訳文体成立事情』法政大学出版局 二〇〇四（平成一六）年一一月。

*20 唐澤富太郎『教科書の歴史』創文社 一九五六（昭和三一）年 九六頁。

*21 原昌は、「近代児童文学作家と翻訳文学」『図説 翻訳文学総合事典 第五巻 日本における翻訳文学（研究編）』二〇〇九（平成二一）年一一月 四三〇頁、の冒頭で、「日本近代文学の起点は、おおむね明治四三（一九一〇）年に刊行された、小川未明の『赤い船』と考えられる」と述べている。「近代的な創作文学」としての「児童文学」という観点からは、原昌のようなとらえ方もありうるだろう。原の立場からすると、本研究で取り上げる「子ども読み物」は、そのほとんどが「前近代」の作品だということになる。しかし、本書では、明治時代から、日本の社会や文化は「近代」に入ったと考える立場を取る。本書では、明治後期までの、教育文化の実質が形成されていく過程を追うことで、全編の論述が進められる。

*22 向川幹雄『日本近代児童文学研究 I――明治の児童文学（上）』［児童文学研究年報 第九号］兵庫教育大学向川研究室 一九九九（平成一一）年三月 非売品 総頁二四〇頁。なお、科学的な読み物に関する歴史的な研究には、板倉聖宣・永田英治編著『理科教育史資料 第六巻〈科学読み物・年表・人物事典〉』

があり、その概観が示されている。また、瀧川光治『日本における幼児期の科学教育史・絵本史研究』風間書房　二〇〇六（平成一八）年二月、もある。

*23 鳥越信「日本児童文学史の起点」『はじめて学ぶ 日本児童文学史』の序章　二〇〇一年四月　ミネルヴァ書房　一―一二頁。

「明治文化全集」の年表には、この表に掲げた書物のうち、以下の書名がすでにあげられている。「明治初期翻訳文芸年表」柳田泉『明治文化全集・第一四巻』日本評論社　一九二七（昭和二）年一〇月　六二九頁。『西洋夜話』（明治四年）、『通俗伊蘇普物語』（明治五年）、『稚児話の友』（明治六年）、『珊瑚の虫』『泰西世説』（明治七年）。「文明開化文献年表」石川巌『明治文化全集・第二〇巻』日本評論社　一九二九（昭和四）年四月　五五四頁。『西洋 稚児話の友』（明治六年）『初学読本』『童蒙教草』『童蒙読本』『修身学訓蒙』『童蒙 心廼鏡初編』『啓蒙修身録』『幼童 教の梯』（明治七年）。

*24 『日本教科書大系　近代編第三巻』講談社　一九六二（昭和三七）年一月、所収の「修身教科書総目録」五〇七―五六二頁、による。

*25 その数少ない子ども向けの例話の一つである「警鐘（メザマシドケイ）ノ話」については、前節で取り上げた。なお、この時期の修身教科書の概観については『日本教科書大系　近代編　第三巻　修身（3）』「修身教科書総解説」の中の「外国から移入した修身教科書」の項に述べられている（五七三―五七七頁）。

ここに掲げた書物に関する児童文学の側からの先行研究には、以下のようなものがある。

*26 まず、☆印で示した諸本については、向川幹雄が『日本近代児童文学史研究Ⅰ――明治の児童文学（上）』の中で検討している。それと重なるが『西洋夜話』については、尾崎るみの詳細な研究があって、かなり広範囲の文献が取り上げられている。また、『珊瑚の虫』は勝尾金弥が『はじめて学ぶ日本の絵本史』や『日本のキリスト教児童文学』の中で詳しく触れているし、尾崎るみによる最新の研究成果もある。また、『童蒙道の栞』についても勝尾金弥が、ていねいな論考を書いている。さらに、『西洋 稚児話の友』については、桑原三郎が『日本のキリスト教児童文学』の中で論じている。（以上の論考については、これ以後の検討の中で触れる。）しかし、明治初期の子ども向きの翻訳啓蒙書の全体像を明らかにするには、未検討の書物がまだ存在するというのが現状だろう。明治初期の子ども読み物について考えていくためには、こうした「翻訳啓蒙書」についてその出版状況や内容についても、総合的に検討しておく必要があると思われる。

第二章　翻訳啓蒙書と英語教科書　その一

一、明治初期に日本に導入された英語教科書

(1)　明治初期に日本に導入された英語教科書概観

福沢諭吉の役割

本章では、三五—三六頁に前掲した「明治初期子ども向け翻訳啓蒙書一覧」の表のうち、国語教科書と深い関係にある英語の教科書、すなわち「リードル」類から話材を調達した書物を検討していく。その前提として、これら翻訳啓蒙書の最大のリソースとなった英語の教科書（読本）そのものについても、若干言及しておく必要があるだろう。

いうまでもなく「英語読本（リードル）」は、英語を第一言語とする人たちのための教科書である。しかし、明治初期には、それがそのまま日本の英語学習のための教科書として使われていた。明治期を通して英語学習に多く使われたリーダーは、アメリカのウィルソンリーダーやユニオンリーダーであり、やがてそれがニューナショナルリーダーに取って代わる、というのが大きな見取り図である。それらは、アメリカから直接輸入されたり、日本で翻刻された翻刻本という形で普及していく。とりわけ明治初年の英語学習では、ほとんどが輸入された書籍（原著）が使われていた。第二言語として英語を学ぶ日本人のための「英語教科書」が日本で作られ、それが実際に流通し出すのは、ようやく明治二〇年代に入ってからのことになる。

アメリカの教科書の歴史について記述された *Old TextBooks* や、*History of American Schoolbooks* などによると、一八〇〇年代にアメリカで最も広く使われたのは *McGuffey's Readers* という英語教科書だった。つまり *McGuffey's Readers* は、アメリカの英語教科書を代表する存在だったのである。ところがこの教科書は、日本の言語文化や教育に、ほとんど影響を与えなかった。その代わり、明治初期の日本ではウィルソンリーダーやユニオンリーダーが盛んに使われ、英語教育や国語教科書などに影響を与えた。その原因は明らかではないが、偶然も大きく関わっていたかもしれない。というのは、明治初期に福沢諭吉が大量に買い付けた英語教科書の中にこの *McGuffey's Readers* が入っていなかったか、あったとしてもほとんど顧みられなかった可能性があり、それがこの本が日本の教育と疎遠になった原因の一つかもしれないからである。[*1]

知られているように福沢諭吉は、三度外遊した。一度目は一八六〇（万延元）年でアメリカに、二度目は一八六二（文久二）年にヨーロッパ諸国に、三度目は一八六七（慶応三）年に再びアメリカに渡っている。大量の

英書を買い付けて日本に持ち込んだのは、三度目のアメリカへの外遊の時だった。[*2]

諭吉自身は『福翁自伝』の中で、そのことについて次のように書いている。[*3]

> 今度私がアメリカに行ったときには、それ以前アメリカに行ったときよりも多く金を貰いました。ところで旅行中の費用はすべて官費であるから、政府から請け取った金はみな手元に残るゆえ、その金をもって今度こそは有らん限りの原書を買って来ました。大中小の辞書、地理書、歴史等は勿論、そのほか法律書、経済書、数学書などもそのとき初めて日本に輸入して、塾の何十人という生徒に銘々その版本を持たして立派に修業の出来るようにしたのは、実に無上の便利でした。ソコデその当分十年余もアメリカ出版の学校読本が日本国中に行われていたのも、畢竟私が初めて持って帰ったのが因縁になったことです。その次第は、生徒が初めて塾で学ぶ、その学んで卒業した者が方々に出て教師になる、教師になれば自分が今まで学んだものをその学校に用いるのも自然の順序であるから、日本国中に慶応義塾に用いた原書が流布して広く行われたというのも、事の順序はよくわかっています。

福沢諭吉の発言によれば、「アメリカ出版の学校読本」、つまりアメリカのリーダー類が日本に普及した原点は、彼の第三回目の訪米の際に輸入した書籍にあるということになる。リーダーや修身書などを素材にして子ども向けの「翻訳啓蒙書」を著した人の多くが慶應義塾門下であったことは、これを裏付ける事実でもあろう。したがって、日本の翻訳文化、とりわけアメリカの書物からのそれは、福沢諭吉の洋書搬入がおおきなきっかけになったと考えられるのである。その象徴的な例が、慶應義塾で英語学習の教科書として使われたサージェントリーダーである。以下詳述するが、ここからは、多くの子ども向けの翻訳啓蒙書が作られた。

したがって、もし、諭吉が輸入した書物の中に数多くの*McGuffey's Readers*が含まれており、それが日本の英語学習の教科書として採用されていれば、そこから子ども向け翻訳啓蒙書が作られたり、英語学習に使われたりしていたと思われる。今のところそうした形跡がないので、おそらく*McGuffey's Readers*は、その中に含まれていなかったか、含まれていたとしても積極的に使われなかったのではないかと推察される。

もっとも*McGuffey's Readers*も、まったく日本に取り入れられなかったわけではない。明治初年には各地で英語学校が創設され、そこで外国人教師たちが英語教育の指導者として、自分たちが持ち込んだ様々な英語教科書を使っていた。福沢諭吉だけが日本の英語教育の本舗というわけではないのだから、それは当然のことである。*McGuffey's Readers*に限っていうなら、一八七一（明治四）年には、関思明の訳による、ムックフィース著『絵入英学蒙求初編』が、東京の便静居から刊行されている。これは*McGuffey's Readers*の自学書である。こうした自習本が出版されていたという事実から、*McGuffey's Readers*が一定程度、日本の英語学習に用いられていたことが分かる。[*4]

また、一八七一（明治四）年に開校した熊本洋学校では、*McGuffey's New Eclectic Readers*を実際に英語教授に使っていたことが判明しており、その教科書は、熊本県立大学に、「熊本洋学校関係図書」として保管されている。以下にくわしく述べることになるが、*McGuffey's Readers*を主材料として翻訳編集した「子ども向け翻訳啓蒙書」は、現在のところ、上羽勝衛の『童蒙読本』だけしか見つけることができていない。ちなみに、上羽は熊本洋学校に勤務していたことがあるので、現在熊本県立大学に架蔵されている*McGuffey's New Eclectic Readers*を翻訳材料として使った可能性もある。[*5]

もっとも、慶應義塾で使用されたサージェントリーダーは、福沢が一八六七（慶応三）年にアメリカから大量に洋書を持ち込む以前から、日本国内で英語学習の教科書として使われていた。それだけではなく、*Sargent's Standard Reader*は、それ自体が日本で翻刻さえされていた。ファーストリーダーは『英吉利幼学 初編』と題して、一八六六（慶応二）年冬のころに自琢斎蔵版で、またサードリーダーは、一八七一（明治四）年に『慶應義塾読本』として刊行されている。[*6]

加えて、福沢諭吉は、三度目の外遊の際に、アメリカのアプルトン社（Daniel Appleton & Co.）で、*Mandeville's New Seriese* のリーダーを多数買い求めて、仙台藩に引き渡している。この仙台藩の養賢堂の蔵書は、それ以降、内務省の管轄、宮城師範学校、宮城書籍館（しょじゃくかん）（現在の宮城県図書館）と引き継がれたようだが、現在では、福沢のもたらした英書は散逸してしまったらしい。[*7]

『英吉利幼学 初編』見返し
慶応2年

さらに、*Sanders' Union Series*に関しては、以下のような情報がある。すなわち、一八七二（明治五）年八月一七日の「文部省布達・番外」に、「外国教師ニテ教授スル中等教則」が示されており、そこに英・仏・独の「読方」の教科書名が記載されているのである。英語に関しては、「予科教則」の「初級」が「サンデル氏第一読本（ユニオンリードル）」、上級が「前書第二読本」、「下等中学教則」の第六・五級が、それぞれ「前書第三・四読本」、第四・三級が「前書第五読本」で、第二・一級が「前書第六読本」となっている。実際にどこまでこの「教則」が実効性を持って行われたのかは不明だが、少なくともこの時、外国人教師が指導する中等教育において、文部省が指定した公式の英語教科書は、ユニオンリーダーだったことになる。

別に、川戸道昭の指摘によれば、一八七五（明治八）年には、イギリスの英語読本*Chambers's Standard Reading Books*が、東京の英語学校（『東京英語学校』のちに「東京大学予備門」）で実際に教授されていたという。この教科書は、現在、国立国会図書館を初めとして、全国一〇大学に所蔵されている。したがってこの*Chambers's Standard Reading Books*も、日本各地で数多く使われていたことが推察できる。[*8]

以上に挙げたいくつかの例からも、明治初期にはアメリカやイギリスから輸入されたり、日本で翻刻された各種の英語教科書が、各地で使われていたことが分かる。しかし、すべての英語読本から、日本の子ども向けの翻訳啓蒙書が作られたわけではない。その原因は、英語教科書の入手のしやすさなどの物理的な条件によるものだと考えることもできる。しかし、最も大きい要因は、英語教科書を自身の英語学習に使用した人々が、そこから日本の子ども向けの翻訳啓蒙書を作ろうという発想を持ったかどうか、という点にある。つまり「童蒙」を啓蒙する必要性を感じて、英語教科書を翻訳して、それを日本の子どもに読ませようと考えたか否か、である。この点で、先鞭を付けた福沢諭吉の存在は大きかった。つまり、こうした子ども向けの啓蒙翻訳書が刊行されたきっかけには、単に欧米の書物を輸入しただけではなく、次代の青年たちのために多くの啓蒙書を率先して翻訳・出版した福沢諭吉の動向が、大きく影を投げかけているのである。

以下、順次見ていくことになるが、諭吉が直接刊行した子ども向けの翻訳啓蒙書は『訓蒙 窮理図解』と『童蒙をしへ草』だけだったにもかかわらず、その理念や姿勢は確実に塾生たちに受け継がれた。また、福沢とは直接関わりなく、東京とは別の地域でも、子ども向け翻訳啓蒙書を作製した人々が存在していたのである。

子ども向け翻訳啓蒙書に関係する英語教科書

さて、ここで現在判明している限りで、日本の英語学習に利用されたり、何らかの形で翻訳されて読み物として利用されたと思われる英語教科書（Reader）の一覧を示しておこう。このうち、明治初期の子ども向け翻訳啓蒙書のリソースになったことが判明しているシリーズには、網掛けを施しておいた。

表に掲げた英語教科書を順に見ていく。まず、Willson Marciusの編集した*Harper's School and Family Series Readers*である。この本は、日本の英語学習ではかなりよく使われたリーダーである。日本には、三種類（四種類）のシリーズが導入されていたようだ。もっとも、Willson Marciusの読本は、アメリカでは必ずしも著名な存在ではなかったようで、教科書編集者としてはウィルソンの名前は、むしろ地理の教科書の作成者として記憶されているらしい。この本をほぼそのまま抄訳したのが、近代国語教科書の出発点となった田中義廉の編集した『小学読本』である。両者の関係については、第二部第二章で触れることにする。また、『小学読本』だけではなくこのリーダーからは、数種類の「子ども向け翻訳啓蒙書」に教材が流用されている。*9

次は、William H. McGUFFEYの*McGuffey's New Eclectic Readers*である。このシリーズは、明治初期には、新旧二種類が使われていたようだ。先述したように、現在判明している限りでは、この本を中心にした「子ども向け翻訳啓蒙書」が一冊だけ作られている。

さらに、Epes Sargentの関係する三つの教科書は、このうち*Sargent's Standard Series*の第一版と第二版が翻訳啓蒙書のリソースになっている。サージェントは、作家あるいは編集者として知られている。そのせいか、

Union Reader No.3 1862

彼の編集した読本は、文学的な表現という点ですぐれており、興味深い読み物が選択されている。同じEpes SargentとAmasa Mayとの共同編集による*New American Reader*のシリーズは、豊富な挿絵が入っており、アメリカでは評価が高かったようだが、日本ではほとんど使われなかったようだ。

*Sanders' Union Series*は、日本の英語学習においては、明治期を通して使われた読本である。したがってこの本は、英語教育の分野では記憶に残る本となっているようで、原著をそのままリプリントした翻刻本や

明治初期に日本に導入された英語教科書（Reader）

	著者	書名	出版者	内容構成	初版発行年
1	Willson Marcius	*Harper's School and Family Series Readers*	Harper	P, 1, 2, 3, 4, 5	1860–1
2	Willson Marcius	*Harper's United States Series Readers*	Haper	1, 2, 3, 4, 5, 6	1872
3	William H. McGUFFEY	*Newly Revised Eclectic Reader*		1, 2, 3, 4	1853
4	William H. McGUFFEY	*McGuffey's New Eclectic Readers.*	Wilson, Hinkle	1, 2, 3, 4, 5, 6	1863–7
5	Epes Sargent	*Sargent's Standard Series*	Philips, Sampson	1, 2, 3, 4, 5	1855
6	Epes Sargent	*Sargent's Standard Series part.2*	John L. Shorey	P, 1, 2, 3, 4	1872
7	Epes Sargent & Amasa May	*New American Reader*	E. H. Butler	1, 2, 3, 4, 5	1871
8	Charles W. Sanders	*Sanders' Union Series*	Ivison, Blakeman, Taylor	1, 2, 3, 4, 5	1861–7
9	Henry Mandeville	*Mandeville's New Series*	D. Appleton	P, 2, 3, 4	1866
10	Hillard & Campbell	*Hillard's Reader*		P, 1, 2, 3, 4	1864
11	Hillard & Campbell	*Franklin's Reader*	J. W. Schermerhorn	P, 1, 2, 3, 4	1873
12	Monroe Lewis	*Monroe's Reader*	Cowperthwait	1, 2, 3, 4, 5, 6	1871
13	Richard G. Parker & J.Madison Watson	*The National Reader*	A. S. Barnes	1, 2, 3, 4, 5	1851
14	W. R. Chambers	*Chamber's Standard Reading Books*	Chambers	1, 2, 3, 4	1873
15	?	*The Royal School Series*	T. Nelson & Sons	1, 2, 3, 4, 5, 6	1874–6
16	Noah Webster	*Elementary Spelling Book*	D. Appleton	巻末のFable	1840

網掛けは本書で取り上げる教科書。「内容構成」のPは、Primer（入門用教科書）。*Mandeville's New Series*の場合は、Primaryが第1巻になっている。

独習書も、たくさん刊行されている。この教科書も、日本の子ども読者の読み物の材料を、数多く提供している。

続いて、Mandeville の作製した読本も、アメリカでは高く評価されていたようだ。日本の英語学習でわずかに使われた痕跡はあるが、それほど普及はしなかったらしい。先述したように福沢諭吉が、仙台藩に引き渡したのが、*Mandeville's New Seriese* である。このシリーズからも、いくつかの教材が抜き出されて、日本の子ども向け翻訳啓蒙書の中に翻訳されている。

The National Reader については、このシリーズよりも後に刊行されて、タイトルに NEW を冠した *The New National Reader* シリーズの方が、日本では有名である。というのも、*The New National Reader* は、明治中期の英語学習で盛んに使われており、おそらくもっとも日本で普及した英語読本だと言われているからである。明治検定期の国語読本にも、ニューナショナルリーダーから翻訳されたいくつかの教材が使われているし、その後の国定期国語教科書においても、種本の一つになっている。したがって、ニューナショナルリーダーが近代日本の言語文化や言語教育に果たした役割は、かなり大きなものがある。しかし、明治初期には、それに先行する *The National Reader* からも、子ども向け翻訳啓蒙書が作られていたのである。

別に、ウェブスターの *Elementary Spelling Book* がある。これは、英語学習の入門として、アメリカでも日本でも、さかんに使われた教科書である。ただしこれは、発音や単語の練習のための教科書であって、リーダーではない。だが読み物の素材としては、この *Elementary Spelling Book* の巻末に、単語の学習の総まとめの練習教材として七つの寓話が掲載されていたことが重要である。

明治初期に英語学習に取り組んだ学習者のほとんどは、この *Elementary Spelling Book* のやっかいになっているはずだから、ここに載せられた七つの寓話（このうち四話がイソップ寓話）は、日本の英語学習者にはかなり認知度の高い話だったと思われる。この教科書の寓話も、子ども向けの翻訳啓蒙書の材料として利用されている。[*10]

こうした英語教科書（リードル）類は、従来、もっぱら日本の英語学習との関係において取り上げられ、「英語教育史研究」の分野で論議されることが多

The National First Reader 1860

Elementary Spelling Book 1843

かった。というのも、既に述べたように、明治初期には、もともと母語を英語とする子どものために作製されたアメリカの言語教科書が、日本の英語学習者のテキストとして使用されていたからである。しかし当時の日本の英語学習者の中には、それを英語学習の教科書として使うだけではなく、その中から、いくつかの教材を抜き出して翻訳編集し、そこから日本の子ども向けの翻訳啓蒙書を作り出した人々がいたのである。それは、英語教科書を英語学習の手段としてだけではなく、そこに載せられた一つ一つの教材内容自体に興味関心を覚え、それを日本の子どもたちに手渡そうと考えた人物たちだった。その嚆矢とも言えるのが、福沢諭吉であったことは、前述した。こうした仕事は、英語教育史の一側面としてだけでなく、英語翻訳史の一側面とも、あるいは日本の子ども読み物史の一側面ともとらえることができる。さらにはそれを、日本の国語教育史の一部面としても、把握する必要もあるだろう。

いずれにしても、まずはその実態を見ておかなければならない。

二、英語読本（リードル）と子ども読み物 1
Sanders' Union Reader と *The National Reader*

（1）*Sanders' Union Reader* の翻訳書

原典が明確に判明している「子ども向け翻訳啓蒙書」のうち、アメリカのリーダーである *Sanders' Union Reader* から抄訳された書物が二点ある。（書名の下の数字は、「明治初期子ども向け翻訳啓蒙書一覧」に付した通し番号である。以下同じ。）

小宮山弘道の『小学教授書 修身之部』（一覧4）

一つは『小学教授書 修身之部』である。刊行元は、東京府。奥付には「官版」という表示がある。東京府からは、同じような題名の『小学教授書 単語之部』全二冊も、刊行されている。「単語之部」の方の刊行期日は不明だが、本の内容が一八七二（明治五）年に文部省が出した『単語篇』に酷似しているので、おそらく文部省の『単語篇』が出されたすぐあとに、それに倣って出版されたものであろう。

一方、この『小学教授書 修身之部』は、「序」に「明治五年壬申暢月」という記載があるので、刊行は、明治五年一一月以降だと思われる。題簽と見返しには、『小学教授書 修身之部』となっているが、巻頭の書名（内題）と、目次の表題は「西洋日記故事初編」である。「西洋日記故事初編」が、正式な書名なのかもしれない。（版心題は「小学修身ノ部」）。編者は小宮山弘道、新民学舎編纂と記されている。[*11]

「序」には、「我義塾嘗有就彼邦教話書中鈔訳数條者亦以代阿母之慈訓欲使童稚者読之而漸入文明之佳境耳」と記されており、本書の成立の事情がうかがえる。つまり、訳者である小宮山弘道が、慶應義塾にいたときに、外国の教科書の中の教材のいくつかを翻訳したことがあり、それをあらためて子どもの読み物として提供した、というのである。さらに続く「凡例」で、その抄訳しておいた数編の中から「勧善懲悪ノ章ヲ抜粋編成シテ一巻ト為」したのが本書であり「原本は亜板サンドル氏ノ著述セルユニオンリードルナリ」と述べられている。つまり、この『小学教授書 修身之部』（「西洋日記故事初編」）は、アメリカのリーダー *Sanders'*

Union Reader の抄訳本なのである。それも小宮山が「修身之部」とつけた副題に沿うように、*Sanders' Union Reader* から、勧善懲悪的な話を選んで翻訳したものである。

小宮山弘道は、一八七五（明治八）年一一月から、一八七七（明治一〇）年まで、新潟師範学校に勤務し、理化学を教えていた。一八七七（明治一〇）年には、アメリカのパークルの著した物理学書を『格物全書』として翻訳刊行しており、他にも『近世二大発明伝話機蘇言機』や『啓蒙博物学』などの科学関係の著書がある。また一八八八（明治二一）年には、アモス・ケルロックの『奎氏学校管理法』を翻訳し、後に、佐賀師範学校の校長職も勤めた。明治期の学校教育に多大な貢献をした人物として知られている。

『小学教授書 修身之部』には七編の話が掲載されており、次のような目次となっている。（なお、Uは *Sanders' Union Reader* を表す略号である。数字はそれぞれ、上から巻と課を表している。以下、同様に示す。）

『小学教授書 修身之部』の目次

一、貧家ノ児蜜柑ヲ売テ母ヲ養ヒシ話　U 2-35 The Little Orange Boy
一、大胆ナル少年危難ニ遭シ話　U 2-70 The Venturesome Boy
一、人ヲ見テ歆艶スルノ痴ナル話　U 3-47 The Folly of Discontent
一、励精及ヒ注意ノ世ニ裨益ヲ貽シ話　U 3-37 Diligence and Attentions
一、縦遊ヲ婪テ林中ニ途ヲ失ヒシ話　U 3-55 The Lost Children
一、忍耐ハ可勉ノ話　U 3-36 Continue to the End
一、灯台守ノ少女勇猛ナリシ話　U 3-31 Brave Mary of The Light-House

この本に掲載された翻訳作品は、*Sanders' Union Reader* の第二読本と、第三読本の二書から材料が選ばれている。また、『小学教授書 修身之部』には、原本から取捨選択した挿絵を組み合わせて構成した口絵が付けてあり、きわめて精巧に原画が模刻されている。[*12] 冒頭に掲載されている「貧家ノ児蜜柑ヲ売テ母ヲ養ヒシ話」を紹介し、その後に原文を掲げる。

[ヒユウ] ト云ヒシ人ハ性質正直ニシテ富貴ノ恒産（シンダイ）ヲ為セシ者ナレトモ其初メ不幸（フシアハセ）ニシテ幼少ノ時父ヲ喪ナヒ孤トナリ母ト兄弟四人ニテ生計ヲ営ミ居タリシガ其家主宰（オモダチ）トナリテ経紀（カセギ）スル者ナク素ヨリ為慣シ商売（アキナヒ）工業（テワザ）等モナケレバ貧乏憫然（ミスボラシキ）ノ情状デアリタリ倩母モ困苦ナガラ四人ノ子ヲ育ミ居ルニ [ヒユウ] ハ兄弟四人ノ内最モ年長ジテ居ルガ故ニ此貧苦ノ情状ヲ見兼ネ或日母ニ向テ曰ク児（ワタクシ）モシ少許（スコシバカリ）ノ元銀（モトデ）ヲ得バ蜜柑ヲ買テ商ヒシ其利銭（モウケ）ヲ以テ母上

『小学教授書 修身之部』口絵
明治5年

（サマ）ヲ奉養（ヤシナフ）シ度ト云フニヨリ（中略）

其人［ヒユウ］ヲ誉メテ曰ク嗚呼汝ハ正直ナル小児ナリ世上（ヨノナカ）普通（ナミ）ノ人ハ少許ノ余分アリトモ黙ツテ取リ置ク人情ナルニ故々見ズ識ラズノ人ヲ逐ヒ来ツテ其金ヲ還スハ我甚ダ之ヲ感心セリト［ヒユウ］曰ク小児（ワタクシ）ハ常ニ母ニ教ヘラレマスニ人ハ正直ニシテ当前（アタリマヘ）ノ物ヨリ余分ハ半塵（チリ）一葉（ヒトハ）ヲ取ル莫ト申シマスト（下略）

Hugh was a poor little boy, who sold oranges, in the street, for a living. Hugh's father was dead, and his mother was very poor. She had to work hard to get food for herself and four small children. Hugh, who was the oldest, said he could help her, if he only had some pennis to buy some oranges.（中略）

"Ah, yes! You are right, my boy," said the man. "But why did you take so much pains to run after a stranger, to correct his mistake?" "Because," said Hugh, "I have been taught to be honest; and never to take any thing that dose not belong to me."

訳者は、もとの簡潔な英文に、かなりの情報を付加している。注目すべきはヒュウが客の代金の過払いに対して取った行動の理由である。原文では、ヒュウは「正直であれ」と教えられた、とあるが、その教えが母親からなされたとは、書かれていない。しかし、訳文ではそれが母親の教えと断定されており、あまつさえ商品に対して過払いをした客は「母ノ誨ヲ守ルハ愈以テ神妙（スナオ）ノ事ナリ」と応答する。つまり、このストーリーは、訳者である小宮山弘道にとっては、「孝」の物語として理解されているのだ。もちろん原文でも、ヒュウは母親を助けるために一家の家計を助ける人物として記述されているし、正直という徳があったからこそ、商人として成功したというメッセージは、はっきりしている。しかし、それは本人の心の持ちようであって、真面目に努力をすれば社会人として自立できるというのが、英語読本の主張であろう。『小学教授書 修身之部』は、それをもっぱら儒教道徳に引きつけて理解し、またそうした文飾を原文に加えている。

こうした書き加えは、「灯台守ノ少女勇猛ナリシ話」についても同様である。原文の末尾は、暴風雨が吹き荒れる一夜が過ぎたあとに、父親が少女（メリー）のもとに飛んで帰り、彼女が夜中に行った活躍の話を聞くという場面で終わっている。ところが『小学教授書 修身之部』では、さらにその後に、編者である小宮山弘道の次のような文言が続く。

嗚呼此少女ハ父ノ怠職（オコタリ）ニ失センコトヲ憂ヒ為ニ独居ノ寂寞（サビシキ）恐怖（オソレ）ヲ顧ズ百方辛苦シテ高灯明ニ火ヲ点セシハ尋常童幼ノ及バザル所ナリ此ノ少女ノ所為（ナストコロ）ニ倣バ童輩亦其恃怙（チチハハノコト）ノ恩ニ負カザルニ庶幾カラン乎

つまり、少女の果敢で勇気ある行動は、「父」の失職を防ぐための「孝」の発露であるとされ、この物語から学ぶべきは「父母の恩」である、という評言が付け加えられている。こうして、アメリカの読本の中の「モラル」は、日本の「修身」の中に変奏されて、組み入れられていくのである。

なお、この「灯台守ノ少女勇猛ナリシ話」は、ユニオンリーダーより後の発刊である同じアメリカのリーダー *Swinton's Third Reader* の第一五・一六課にも、ほぼ同じ内容の教材があり、そこでは「The Daughter of the Light-House」という題名になっている。また、後に触れることになるが、*Sargent's Standard Second Reader* の八八課にも「The Little Girl of the Lighthouse」という題名で、類似の内容の話が出ている。それぞれのリーダーによって、少女の名前や、ストーリー展開などは微妙に異なるが、アメリカでは、勇気ある少女の話として高い人気があったのだろう。

日本でもこの話材は、後に、原亮策の『小学 尋常科読本』巻八（明治二〇年・金港堂）、西邨貞の『幼学読本』（明治二〇年・金港堂）に「灯台」、植村善作の『尋常小学 温習読本下』に「灯台の少女」（明治二一年・普及舎）、山縣悌三郎の『高等読本』巻三（明治二七年・文学社）に「アイダの話」、さらには坪内雄蔵の『国語読本 高等小学校用』巻二（明治三三年・冨山房）に「灯台」として掲載されるなど、国語教科書を通して比較的よく知られるようになっていく。別に、雑誌『小国民』（第三年第七号・明治二四年）にも「荒磯の海」の題で、掲載されている。

前述したように、『小学教授書 修身之部』の刊行期日は、正確には分からないが、明治五年一一月以降であることは間違いない。田中義廉が、ウィルソンリーダーをもとにして『小学読本』を刊行したのが、明治六年三月だから、この教科書は、それ以前に刊行されていた可能性もある。もし、『小学教授書 修身之部』が、『小学読本』の刊行以前に出されていたとするなら、アメリカのリーダーが、東京府という公的な機関によって日本語に翻訳され、それが日本の教育制度に則って、教科用図書という形で提供された最初の例だということになる。*13

前田泰一の『珊瑚の虫』〈一覧26〉

小宮山の翻訳本と同様に *Sanders' Union Reader* からいくつかの話を選んで訳出した本に、『珊瑚の虫』がある。これは、一八七四（明治七）年二月に大坂の宝文堂から刊行されており、前田泰一の手になるものである。前田も慶應義塾に学んだ経歴があるから、おそらく小宮山と同じように、そこでサンダースのユニオンリーダーに触れたのであろう。*14

『珊瑚の虫』挿絵
明治７年

『珊瑚の虫』見返し
明治７年

収録した話材は一五である。すでに勝尾金弥の研究によって、それぞれの話の原題が明らかにされているので、その成果に *Sanders' Union Reader* の巻数と課数とを加えたものを示した。[*15]

序文にあたる文章には、「珊瑚の虫」という書名は、同じくアメリカの読本である「ウィルソンリーダー」の一章からヒントを得たものであることと、一八七一（明治四）年の「サンドルス氏ユニオンリードル」を「抜訳」し「修身ノ一助トナス」ためのものであることが書かれている。本文中には、原書の挿絵がかなり織り込まれており、子どもにも親しみやすい体裁になっている。

『珊瑚の虫』の収録話材

一、「ファンニー」と彼れの弟子の事	U 3-1	Fanny and her Pupils
一、「コーラ」の贈り物の事	U 2-30	CORA's Present
一、猫とカナリヤ鳥の事	U 2-51	The Cat andthe Canary Bird
一、百姓と鸚鵡の事	U 3-13	The Famer's Parrot
一、橙売の童子の事	U 2-35	The Little Orange Boy
一、正直なる童子の事	U 2-32	The Truth Teller
一、少き花園の事	U 2-61	The Little Flower Garden
一、仕損じたる二童の事	U 3-55	The Lost Children
一、破れたる硝子の事	U 3-9	The Broken Pane of Glass
一、五つの知覚の事	U 2-63	The Five Senses
一、学校仲間の二童の事	U 2-27	The Two Schoolmates
一、同　二童の続き	U 2-28	The Two Schoolmates (Continued)
一、遊仲間の二童の事	U 3-30	The Two Playmates
一、免す事の勤め	U 3-50	The Duty of Forgiveness
一、「ソフヒアス」の勝利の事	U 3-44	SORHIA's Victory

この本も、*Sanders' Union Reader* の第二読本と第三読本から話材を選択していた。『小学教授書 修身之部』と『珊瑚の虫』で、重なっているのはThe Little Orange Boy と、The Lost Children である。The Lost Children は、学校をさぼって道に迷った兄弟が、ようやく両親に救われる話である。前節の『小学教授書 修身之部』でThe Little Orange Boy の原文を紹介したので、同じ教材の訳文を見てみよう。この話は、『珊瑚の虫』では「橙売の童子の事」と題されている。

「ホウ」は長子にして三人の弟あり幼少の時父を失ひ独り母に養はれ居たりしに母貧にして四人の子供を養ふこと甚だ難し故に「ホウ」は母を助けんことを思ひ僅の銭を請ひ以て橙の一籠を買ひ（中略）吾子供よ汝かく正直なるか然りと雖も一の旅人（たびうど）の謬を知らさんとて斯く遠く走り来るは何ぞや「ホウ」曰余は正直なることを好む故に余に属せぬ処の物は差少の物と雖も之れを取ること吾れに快よしとせず（下略）

『珊瑚の虫』の訳文は、『小学教授書 修身之部』と比べてかなり簡略化されている。日本語文として若干こなれていない部分もあるし、会話文と地の文との区別も判然とはしないが、少なくとも儒教道徳を混在させたりしてはいない。キリスト教に接近していた訳者の前田泰一は、西欧の神を背景にした市民道徳に理解を示していた可能性がある。

キリスト教との関連でいうと、勝尾金弥が指摘しているように、この本の最後の二話に、原文にある聖書の章句がそのまま翻訳文中に紹介されていることが注目される。すなわち、「免す事の勤め」には、マタイ福音書の第六章の「主の祈り」の一節を読むという記述が、聖書の章句ともどもそのまま訳出されているのである。また『ソフヒアス』の勝利の事」では、原文においては単に*text*を思い出したとして、イタリック体で書かれた単語を、「教典（バイブル）の一句を思ひだし」と、読み手にそれが聖書の章句であることを明示した翻訳になっている。いうまでもなくキリスト教徒にとっての*text*とは、バイブルに他ならない。こうした訳し方は、キリスト教に対する知識と、それを積極的に紹介しようという姿勢がなければできない選択である。つまり、『珊瑚の虫』は、もともとリーダーの中に含まれているキリスト教色をあえて隠蔽するようなことはせず、むしろ進んでそれを公開顕示している。こうした態度は、この時期の子ども向け翻訳啓蒙書の中では、特異な立場である。

前田は、この『珊瑚の虫』が刊行された同じ一八七四（明治七）年の四月に、神戸に設立されたプロテスタント教会摂津第一公会（神戸教会）で受洗している。その後、前田は、キリスト教系週刊誌である『七一雑報』に、やはりアメリカのリーダーなどから取材した子ども読み物をいくつか連載する。『七一雑報』に、「前田泰一」の名前で発表された作品は、五編である。以下そのタイトルを示す。出典を見ると、前田がウィルソンリーダーやユニオンリーダーばかりではなく、いくつかの英語読本にも目を通していたことがよく分かる。（Uは*Sanders' Union Reader*を、Sは*Sargent's Standard Reader*を表す略号である。）

第一号　一八七五（明治八）年一二月二七日
　〔リードル〕より翻訳　出典不明
第九号　一八七六（明治九）年三月三日　リードル翻訳
　善悪の林檎のこと　出典不明
第一〇号　一八七六（明治九）年三月一〇日
　善を以て悪に報ゆるのはなし　U 2-18 A Kiss for a Blow
第一三号　一八七六（明治九）年三月三一日
　可笑掟てのはなし　S 2-35 The Ungrateful King
第一八号　一八七六（明治九）年五月五日
　善良童子のはなし　出典不明

このように前田は、『珊瑚の虫』を刊行した後も、リーダーを材料にして、子ども向けの翻訳作業を続けていた。[*16]

ところで、*Sanders' Union Reader*の三巻と四巻には、各教材末に「質問（学習の手引き）」が付いている。これは、ウィルソンリーダーや後述するサージェントスタンダードリーダーなどとは異なるユニオンリーダの特徴なのだが、『小学教授書 修身之部』も『珊瑚の虫』も、その部分は訳していない。したがって、二つの翻訳書はともに、学習書というより、純然たる読み物集のような体裁に仕上がっている。

前述したように、ユニオンリーダーは、日本の英語学習ではかなりよく使われた書物であった。池田哲郎は、英語教科書の「翻刻本時代」（明治一八年頃から三〇年まで）を「代表する読本は『ナショナル』と『ユニオン』」だと述べている。さらに池田は、ユニオンリーダーは「もちろん一～五までもあり、その翻刻もあるが、妙に日本では第四読本が行われ」た、と付け加える。『小学教授書修身之部』も『珊瑚の虫』も、第四読本からは話材を調達していないが、それは第四読本に日本人学習者の人気が集まるのが、明治一〇年代以降になってからのことだったからであろう。

『小学教授書修身之部』と『珊瑚の虫』の両書が刊行されたのは、*Sanders' Union Reader* というアメリカの教科書が、日本に導入された直後の事だったのである。[*17]

（2） *The National Reader* の翻訳書

梅浦元善の『西洋勧善夜話』〈一覧5〉

前述した池田哲郎の発言でも明らかなように、日本の英語教育史の上で、英語教科書の「翻刻本時代」といわれる明治中期に、ニューナショナルリーダーが盛んに使われたことは、よく知られている。*New National Reader* は一八八三年から一九一二年にかけて発行されており、編者は Charles J. Barnes だった。その著名な、*New National Reader* に先行して、*New* の付かない *The National Reader* という英語教科書も刊行されている。

この *The National Reader* は、一八五一年から一八七五年にかけアメリカで発行されており、編者は Richard Green Parker と J. Madison Watoson である。*New National Reader* と *The National Reader* は、同じアメリカの A. S. Barnes 社から刊行されているが、内容的に、ほとんど継承関係はない。両者の関係については、本多仁禮士の詳細な研究がある。それによると *The National Reader* には、延べ七〇五課、*New National Reader* には延べ三五六課の教材があるが、両者に共通するのは七教材だけだということであるから、二つの本は全く別の本だと考えていいだろう。さらに本多は、この *The National Reader* には、Richard G. Parker の単独編集による一八五一年から一八五六年までの時期（前期）と、J. Madison Watson と二人で共同編集をした一八五七年から一八七五年（後期）の二種類のバージョンがあり、それらの内容や構成が異なることも指摘している。使用例は少ないものの、明治初年に日本国内の英語教育で用いられた記録も残っているらしい。[*18]

この *The National Reader* からも、子ども向けの翻訳啓蒙書が作られていた。それは、梅浦元善訳による『西洋勧善夜話』である。梅浦元善については、蒲原宏の「梅浦精一（元善）の生涯と業績」という論文に、人物紹介が掲載してある。それによると、梅浦は、一八五二（嘉永五）年越後の長岡の開業医の子として生まれた。幼名敬助、のち精一。江戸に出て、箕作秋坪・尺振八のもとで英語を学び、一八七一（明治四）年には、『通俗英吉利単語篇』を出版。のち、新潟の英語教育に貢献するが、渋沢栄一に嘱望されて実業家として活躍。晩年には石川島造船所の社長に

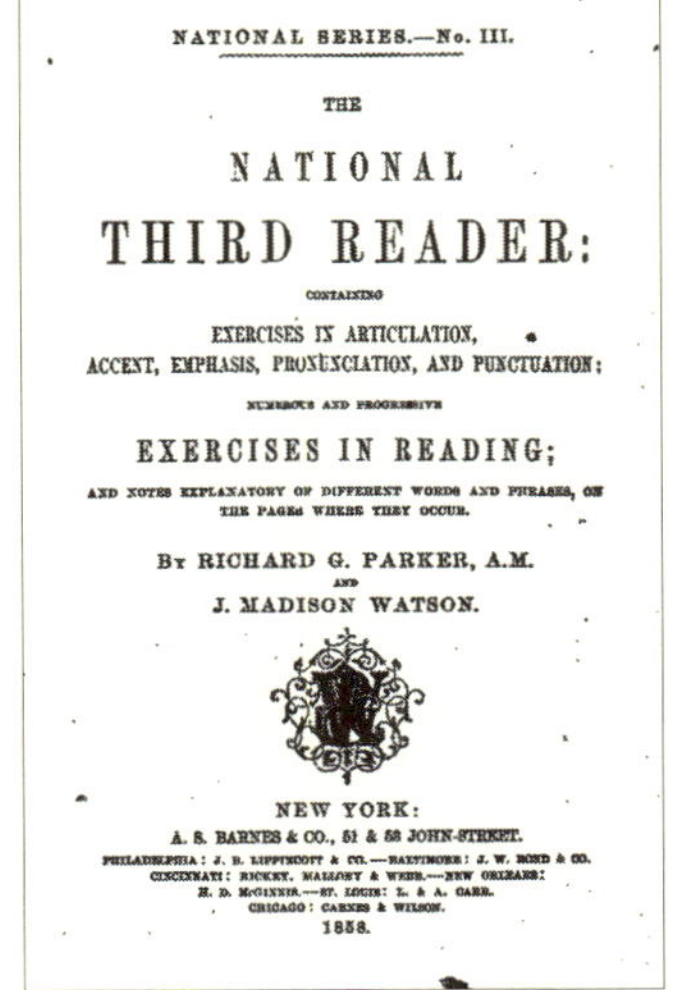
NATIONAL SERIES.—No. III.

THE NATIONAL THIRD READER:

CONTAINING EXERCISES IN ARTICULATION, ACCENT, EMPHASIS, PRONUNCIATION, AND PUNCTUATION; NUMEROUS AND PROGRESSIVE EXERCISES IN READING; AND NOTES EXPLANATORY OF DIFFERENT WORDS AND PHRASES, ON THE PAGES WHERE THEY OCCUR.

BY RICHARD G. PARKER, A.M. AND J. MADISON WATSON.

NEW YORK: A. S. BARNES & CO., 51 & 53 JOHN-STREET.

1858.

The National Third Reader 扉

就任し、多くの企業の取締役を兼任した。*19

『西洋 勧善夜話』には刊記が記されていないので、実際の刊行時期は不明だが、『准刻書目』によれば、著述梅浦敬助・出板市原政樹で、一八七二（明治五）年七月に出版許可が出ている。おそらくそれから遠くない時期に出版されたと思われる。ここではひとまず同年内に世に出たと判断しておきたい。本章で検討している翻訳啓蒙書類のうちでも、かなり早い時期に翻訳刊行されている。発行元は、東京書肆松林堂。『准刻書目』には「ウヰルソン氏著米板リードルヨリ教訓ノ話ヲ抄訳セン書ナリ」とあってウィルソンリーダーから材料を調達したという記載がある。しかし、この本の原本は、Marcius Willson の編集したリーダーではなく、Richard Green Parker と J. Madison Watoson とが共同で編集した *The National Reader* であって、『准刻書目』の情報は誤りである。

『西洋 勧善夜話』の構成は三巻本で、掲載された話材は一五。題名は、徳目を並列したような抽象的な表示になっている。この本の内容を次頁に表にして示したが、各話のおおよその梗概を稿者が下段にまとめておいた。なお、ここで参照した *The National Reader* の第三読本は、一八五八年版（初版一八五七年）、第二読本は一八七二年版（初版一八六六年）である。（N3 は *The National Third Reader* を、N2 は *The National Second Reader* を表す略号である。）

各話の表題は、「勧善」という趣旨を徹底させようとしたためか、徳目の羅列のような印象を受ける。リーダーを材料にしたこの時期の翻訳啓蒙書の中では、こうした題名の付け方は珍しい。もっとも、梅浦元善の付けた題名が元の教材のメッセージと必ずしも合致しているとは限らない。たとえば、上巻の二つ目の「解惑」の原文のタイトルは God is Everywhere であって、神の恩寵をうたった *The National Reader* のもともとの教材の表題とは、その示す方向が異なっている。

「解惑」は、弟のチャアレス（Charles）と、姉のアイジス（Edith）との会話によって進行する。姉は出帆する船を見て、船に乗るのは危険だという。その姉に対して、弟は父から聞いた小話を、姉に向かって語る。船乗りの父も祖父も海の上で死んだが、それでも海を怖がらないのは、God is everywhere という理由からである、だいいち海で死ぬのを怖がる人間の父や祖父は、皆ベッドの上で亡くなっているのに、どうしてベッドを怖がらないのか、と切り返す。姉のアイジスはこの小話を聞いて、初めて恐怖感を和らげる。

――姉アイジス始めて朦霧の晴たる如く心の迷ひ解ければ嗚呼その言や実に然り人の禍福は身の往ところに随つて存す船に乗りて家を興し船に乗りて命を終る皆天命と云つべし

『西洋 勧善夜話』の方は、弟の語る小話によって、姉の「心の迷ひ」が

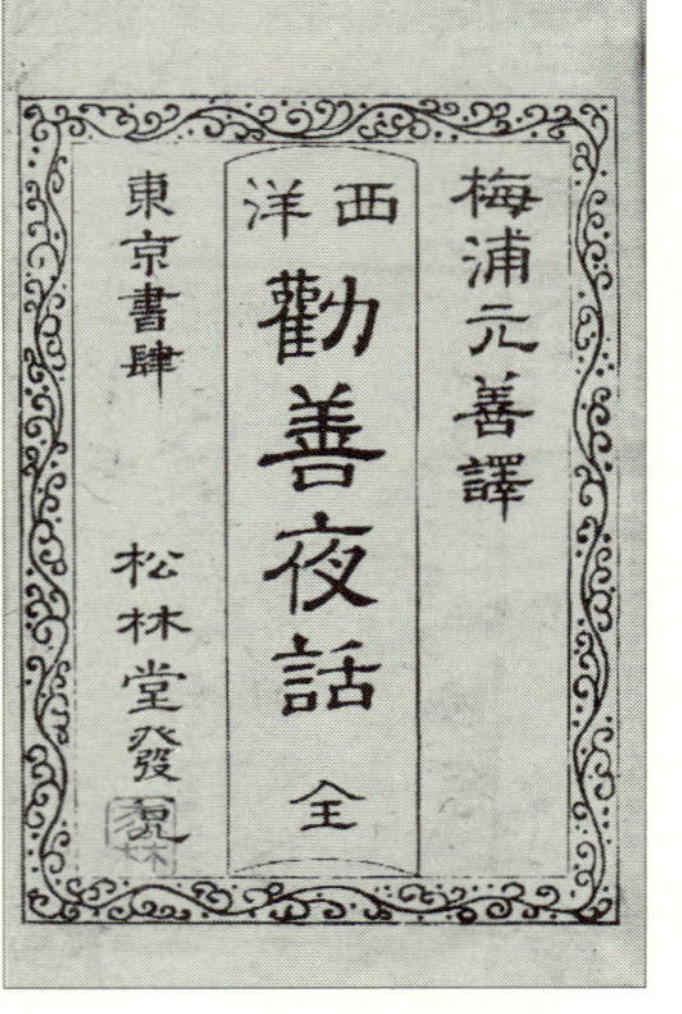

『西洋 勧善夜話』見返し

解けたというストーリー展開に焦点を当てて「解惑」という題名を採用したのである。しかし、原文では、姉の「心の迷ひ」が解けたのは、弟の語る小話の論理に理知的に説得されたからだけではない。God is everywhereという神の存在とその恩寵に自ら思い当たったからこそ、彼女は得心したのである。ということは、原文の目的はキリスト教宣撫の色彩が強いという言い方もできる。それは、翻訳された部分に該当する英文を見るとよく分かる。

“Oh yes! I remember it very well now,” said Edith. “I know that the Lord takes care of us always, wherever we may be. I know that he is everywhere

『西洋勧善夜話』の収録話材

巻	題	原典	英題	内容
上巻	真富	N 3-1	True Riches	母が子に徳を積むことの重要性を説く
	解惑	N 3-5	God is Everywhere	弟が姉に航海の意義を説く
	鳥馬問答	N 3-6	The Horse and the Goose	器用貧乏より一芸に秀でるべき・寓話
	勁直	N 3-73	The Little Persian, Who Would Not Tell a Falsehood	少年が盗賊の心を翻す
	陰徳	N 3-40, 41	True Secret of Happiness	病人の世話をする母娘
中巻	陽報	N 3-18	The Beggar and the Good Boy	貧苦の老人が情けある子どもに金を遺贈
	仁厚	N 3-71	Honesty the Best Policy	畑を荒らした役人の弁済を返却した農夫
	貞徳	N 3-96	The Basket-Maker	手に覚えた職こそがその身を助ける
	倣惰	N 3-70	Ingenuity and Industry Rewarded	林檎の木に手をかけて豊かな収穫
	善導	N 3-3	The Temptation	他人の果樹を盗むことをとがめる
下巻	孝之始	N 2-37	Never Play the Truant	学校をさぼってけがをした子どもの話
	溺愛	N 2-31	The First Day of May	メイクイーンになった女子が風邪で死ぬ
	悔非	N 3-16	The Truants	学校をさぼり穴に落ちて負傷する二人
	温行	N 3-2	A Gentleman	ゼントルマンの真の心得
	再敲	N 3-28, 29	Knock Again	再チャレンジすることの意義

present.” “And he will take as good care of the people in that ship as he dose of those who are on the land,” replied Charles.

この原文で二人の間に交わされる、「The Lord = 神」は、いつでも私たちを助けてくれるという確認は、「神は遍在する」という表題のメッセージと密接に結びついている。ところが、そうしたやりとりは、梅浦の訳文にほとんど反映していない。つまり、梅浦元善は、キリスト教的神学論を避けて、一般論としての修身道徳の方向に話題を移行させたのである。これは、キリスト教を宣揚するような部分は極力取り上げないという態度であり、『珊瑚の虫』の前田泰一とは、大きく異なる姿勢である。梅浦が、キリスト教に傾倒するような資質をもっていなかったことは、ここからも確認できる。当然、そうした原文に込められた意図をそのまま日本の年少者に伝えようと思わなかったに違いない。もっとも、それは梅浦だけではなく、この時期のほとんどの翻訳啓蒙家たちに共通した方針だった。

ところで、ナショナル第二・第三リーダーは、子どもたちの日常生活が中心的な話材であったが、寓話もいくつか収められており、第二リーダーには、イソップ寓話も数編収められている。『西洋勧善夜話』では、こうした寓話のうちから、第三リーダーのThe Horse and the Goose が「鳥馬問答」と題されて、訳出されていた。

○鳥馬問答

路の傍に求食居たる鵞鳥ありしが其処を過る馬尾を振り鵞鳥の首の長きを払ひければ鳥ハ顧み憤然として声激発やをれ野馬よ余ハ汝輩より高貴くして優長なるを論を待ずして知りつらん抑汝の能と為るところハ地を走するの外無るべし余ハこれ足を有るを以て能陸地を歩行し翼あるを以て能空を飛び又夏の日の炎暑にハ涼を探りて湖水に浮び或ひハ清き流れに游泳ぎ身をして世の塵熱を知らざらしむ我ハ寔に鳥獣魚の三箇の術を兼たるものなり然るを余に敵せんと為るとも争か余に及ばんやと息まき荒く云けれバ馬ハ悠々と身を返し怒れる鳥を見て嘲笑ひ誰かと思ひしに汝ハ之鵞鳥に非ずや我疾に汝の有りしを知らず過つて汝を払ひしに汝謾りに怒りを発し我に対して斯の如く案外の雑言を吐ハ何ぞや汝鳥獣魚の三箇の術を得るに似たれど誰か能是を称し誰か能是を感ぜん汝少しく空中を飛といへども其翼鈍にして乙鳥雲雀にだも及ばず又僅かに水を泳ぐの事を知れども食を水中に求むる鮒目高にも如ざるべし汝常に長き首を伸立突然として粗暴の声を発し傍らの者をして驚かしむ平地を往ときハ肥太なる身体に似合ず短かき足を以て歩行バ走らんとするに至りてハ其容貌奇異なるに因り誰か汝を指し笑ひ抱腹絶倒せざらんや然れば世上の者に疎まれ賤しめらるゝことの甚だしきを知らざるや我ハ偏に陸地を走するの外鳥魚の能ハ無しと雖も身体大いにして骨また堅けれバ広辺絶険追風千里縦横に駈馳り止るべくして止り行くべくして往き終止極めて自在なり汝三箇の術あるも我一術の俊なるに及バざること遥に遠し故に汝を以て世の人の感賞なしたることを聞ず是にても猶争ふや返答如何にと極付られ鵞鳥ハ言句も出バこそ頭も上得ず黙然たりけれ余以為く世の人数回其職業を移しかへ商を止めて農となり農を廃して工と成るの類ひ間在りて是れ彼の鵞鳥の如く術数多を兼るに至れど之を実地に施すを能はずして人の笑ひを請んなり寧馬の如く一職に身を委ね心を苦しめ慮りを焦さバ終に

衆人に抜擢其一術に富ざらめや

自己過信した鵞鳥が大言壮語して、かえって馬に現実の姿を突きつけられてものが言えなくなってしまうという話で、自信過剰の戒めと、器用貧乏になるのではなく一芸を磨くべきだ、という教訓を伝えようとする趣旨であろう。

ここで鵞鳥は、「憤然として声激発」して「やをれ野馬よ」と息巻き、馬が「怒れる鳥を見て嘲笑ひ」して「誰かと思ひしに汝ハ之」と受け答えしている。こうしたやりとりは、もともと寓話の中の会話だから、現実に生きている人間の生活場面の会話表現として訳出する必要はない。そうしたある意味で演劇的な会話モデルは、当時の日本の文芸作品の中にも、既に書きことばとして存在していた。すなわち、歌舞伎や浄瑠璃などの中の会話文を模せばいいわけだ。そのせいか、この話の翻訳ぶりはいかにも大時代で文飾過多であるが、それがまた寓話らしさを演出している。

訳者の梅浦は、この翻訳文に自身の教訓として「余以為く」以下を付け加えた。そこでは、世間にはあれこれと職業替えをする者がいるが、一つの仕事に専念せよという見解を表明している。もちろんこの意見は、八方美人になるべからず、という一般論としても受け止めることもできる。しかし、「武士の商法」で様々な職業を転々としながら、結局はどこにも腰を落ち着けることができないで没落していく当時の士族たちを念頭に置いた発言のようにも聞こえる。寓話に付された訳者の解説は、いつでもなにがしかそれが書かれた時点での現実の状況を投影しているのである。

挿絵とテキストの問題

ところで、この『西洋勧善夜話』には、すべての話に、挿絵が付けられていた。この時期の翻訳啓蒙書としては、珍しい試みである。総ルビを振ったことと併せて子どもに親しんで読んでもらおうと考えた訳者の工夫の一つだろう。「馬鳥問答」に付された『西洋勧善夜話』とThe National Readerの挿絵を対照すればすぐに分かるように、原本の挿絵をそのまま写したような挿画もいくつかあるが、原本には付けられていなかった挿絵を独自に描いた場合も多い。

この『西洋勧善夜話』の挿画と*The National Reader*のテキストをめぐっては、若干込み入った考証をしておかなければならない。というのは『西洋勧善夜話』の原本が*The National Reader*であることは間違いないのだが、その刊行年度が問題になるからだ。

先ほど稿者は、*The National Reader*は、Richard G. Parkerの単独編集による一八五一年から一八五六年までの時期（前期）と、J. Madison Watsonと二人で共同編集をした一八五七年から一八七五年（後期）の時期に分けられる、という本多の指摘に触れた。本多によれば、前期と後期とではリーダーの内容もかなり異なっているようだ。しかし、Richard G. ParkerとJ. Madison Watsonと二人の共同編集による後期のThe National Readerの中にも、相互に内容や構成の異なる異版がある。

第三リーダーに限っていうなら、稿者の手許にある*The National Reader*の一八五八年版は、本文が二八六ページ、本の後半部に挿絵がいくつか入っている。しかし、『西洋勧善夜話』が素材にした「真富」「解惑」「馬鳥問答」などの一三話（残りの二話は、第二リーダーからの訳出）に相当する原文には、どれにも挿絵がついていない。したがって、この本か

THE HORSE AND THE GOOSE. 57

The sun shône full on my ĕbon¹ wing;
I looked and wondered;—good-night, poor thing!"

5. "Good-night, once mōre," said the lark's sweet voice;
"I see no cause to repent of my choice;
You build your nest in the lŏfty pine,
But is your slumber more sŏft than mine?
You make more noise in the world than I,
But whose is the sweeter minstrelsy?"²

III.

12. THE HORSE AND THE GOOSE.

A GOOSE, that was plucking grass by the roadside, thought herself affronted³ by a horse who fed near her, and in hissing accents thus addressed him: "I am

¹ Eb'on, dark; black as ebony. ³ Affronted, (af frŭnt' ed), insult
² Min'strel sy, singing; music. ed; treated with disrespect.

The National Reader 3 1872

『西洋 勧善夜話』「馬鳥問答」

ら『西洋 勧善夜話』の「馬鳥問答」の挿絵を引用しようとしても、できるはずがない。刊記によれば、この本の初版は一八五七年である。ここでは、この *The National Reader* を仮に旧版と呼ぶことにする。また、一八六五年に発行されたニューヨークの公立図書館に所蔵されている *The National Third Reader* もやはり旧版である。とすれば、少なくとも、一八五七年から一八六五年までの間に発行された *The National Third Reader* は、「旧版」ということになる。[*20]

一方、国会図書館蔵本 *The National Reader* の一八七二年版にも、挿絵がところどころに入っている。そのうち、「真富」「馬鳥問答」「勁直」の原文には、『西洋 勧善夜話』に挿入されている図像とほとんど同一の図柄が添えられている。これは、旧版の *The National Reader* にはなかった挿絵である。したがって、挿絵だけに着目すれば、梅浦元善が原本として使用したのは、一八七二年版の *The National Reader* だということになる。しかし、この版の本文の内容は旧版とは異なっており、『西洋 勧善夜話』に抄訳された話のうち「解惑」「陰徳」「善導」「悔非」の原典に相当する四話は掲載されていない。とすれば、この一八七二年版が『西洋 勧善夜話』の原本だということはありえない。ちなみに、一八七二年版の本文は、二八四ページであって、わずかではあるが総ページ数も旧版とは異なっている。刊記によれば、一八七二年版の *The National Reader* は、一八六六年が初版である。これを、ここでは「新版」と呼ぶことにしよう。

では、梅浦元善は、どのような *The National Third Reader* を手にして翻訳作業をしたのだろうか。

もし翻訳原本が一冊だけだったとすれば、梅浦は、旧版でも新版でも

ない *The National Third Reader* を使ったことになる。すなわち、梅浦の依拠した原本は、旧版と同じく『西洋勧善夜話』に掲載された一三話すべてが掲載されており、なおかつ、新版のように少なくとも「真富」「馬鳥問答」「勁直」に相当する話には挿絵が添えられている *The National Third Reader* だということである。だが、先に述べたように、ニューヨーク公立図書館蔵書である一八六五年版が旧版であることが判明しているので、一八六五年以前に刊行された *The National Third Reader* は、すべて旧版だと考えられる。一方、一八七二年版の新版の初版は、一八六六年であるから、一八六六年度以降に、新版に切り替わったのだろう。一八六五年と一八六六年の間に挟まれた僅かの期間に、旧版と新版とを合体させた折衷的な本が刊行されていたとは考えにくい。とするなら梅浦元善は、新版と旧版との二つの *The National Third Reader* を入手しており、旧版を訳文の素材として使い、新版を挿絵の素材として使ったと考えるのが自然であろう。

その傍証もある。現在日本国内には、*The National Reader* は、国立国会図書館に一八七二年版（新版）が五冊揃っている。これは、この時期の多くの英米の教科書類と同じように、一八七二（明治五）年の教育博物館蔵書票が貼付されており、おそらく官費でまとめて購入されたものであろう。本文への書き込みなどもほとんど見られず、年数が経過しているわりには比較的きれいな様態を保っている。これは、国会図書館にある「教育博物館印」が押してある明治期の外来の教科書類に共通した傾向である。国会図書館以外では、北海道大学の「札幌農学校文庫」に、一八六〇年版（二冊）と一八六二年版（一冊）の合計三冊の *The National Third Reader* が保管してある。この三冊の初版は一八五七年であり、「旧版」に分類される。こちらは、明らかに実際に学習に使われた様子が見られ、鉛筆やインクでの書き込みの跡も残っている。このように、保管場所こそは別々だが、*The National Third Reader* の旧版と新版の二種類が日本に輸入されていたことは、これで確認できる。二種類の *The National Third Reader* の原本が日本に現存しているということは、梅浦が、国会図書館蔵本と同じ一八六六年初版の「馬鳥問答」の挿絵入り本

TRUE RICHES. 41

2. "Why do you wish to be rich, my son?" And the child said, "Every one praises the rich. Every one asks after the rich. The stranger at our table yesterday, asked who was the richest man in the village."

3. "At school there is a boy who does not love to learn. He can not well say his lesson. Sometimes he speaks evil words. But the other children do not blame him, for they say he is a wealthy[1] boy."

4. Then the mother saw that her child was in danger of thinking that wealth might stand in the place of goodness, or be an excuse for indolence,[2] or cause them to be held in honor who lead evil lives.

[1] Wealth'y, rich; having much more property than is common. [2] In' do lence, a habit of being idle; laziness.

The National Reader 3 1872

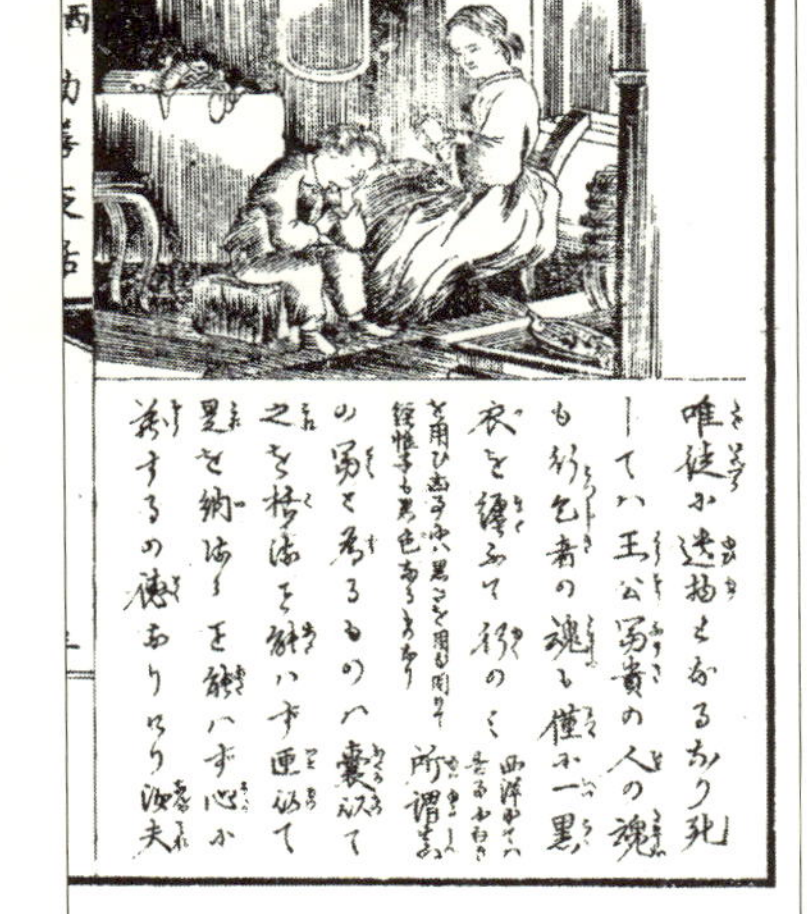

『西洋勧善夜話』「真富」

（新版）と、一八五七年初版の一三話完載本（旧版）とを、同時に見ることができたという推測が、それほど不自然ではないことを間接的に証明しているように思われる。こうしたことから、稿者は今のところ、梅浦が版の異なる複数の *The National Reader* をもとに『西洋勧善夜話』を作製したのではないかと考えている。

いささか煩瑣な考証に陥ってしまったが、これは翻訳作業にあたって、単に訳者がどの英語読本を使ったのかを特定する作業にとどまらず、*The National Reader* の、ひいては英語教科書の日本への移入とその受容の側面の一端を明らかにすることにもつながっていく。先に引いた本多仁禮士の研究によれば、日本で *The National Reader* を実際に英語学習に使用した例は、これまでに東京と大阪の二例の記録があるだけだということである。しかし、「札幌農学校文庫」に保管されたリーダーへの書き込みも、この教科書が間違いなく日本の英語学習に使われた痕跡を残している。また、梅浦が、自身が英学を学んでいた箕作秋坪、あるいは尺振八のもとにあった、*The National Reader* を、『西洋勧善夜話』の翻訳原本として使った可能性も考えられなくはない。もしそうだとすれば、*The National Reader* は、従来考えられていたよりも広範囲で使用されていたことになる。

また、旧版と新版との二つの *The National Third Reader* に目を配って翻訳作業に当たったと思われる『西洋勧善夜話』の翻訳例からは、翻訳啓蒙書を作製した翻訳者たちが、たまたま手にしたリーダーを思いつきで翻訳したというより、できるかぎり数種のリーダーを手に入れて、それらを慎重に比較検討した上で、作業に向かったことをうかがわせる。

繰り返すことになるが、明治初年には、日本各地の様々な場所で、様々な経歴の人が直接英書に接するような機会が生まれ、その学習に際しては各種のリーダーが使われていた。その過程で、英米のリーダー類に掲載された教材を、日本の子どもたちにも手渡す必要があると考えた大人たちが数多くいた。そうした人々は、自分の学習したリーダーばかりではなく、入手可能ないくつかのリーダー類に取材の範囲を広げたり、翻訳した啓蒙書を子どもに読ませるための様々な工夫を凝らしていた。梅浦に限らず、当時の翻訳啓蒙家たちは、こうした姿勢や態度で日本の子どもに向けての翻訳啓蒙書作りに取り組んでいたのである。なぜなら彼らにとって英語教科書は、単に語学に上達するための教材集としてだけではなく、欧米文化の窓口としても意識されていたからである。つまり、英語読本の教材は、日本の年少の読み手たちにその内容を翻訳して読ませる価値のある言語文化財だと受け止められたのであり、だからこそ洋学者たちは、それを積極的に翻訳・刊行に踏み切ったのだろう。[*21]

三、英語読本（リードル）と子ども読み物 2 *Sargent's Standard Reader*

（1）*Sargent's Standard Reader* の翻訳書

Sargent's Standard Reader は、幕末から明治初年にかけて慶應義塾で教科書として使われた記録があるが、日本では、それほど普及した形跡はない。したがって、この教科書は、日本の英語教育の教科書という点での浸透率はそれほど高くはなかったかもしれない。しかし、それは

Sargent's Standard Reader が、日本の言語文化に影響を及ぼさなかったということを意味するものではない。[*22]

というのも *Sargent's Standard Reader* からはいくつもの翻訳啓蒙書が生まれているからだ。とりわけ児童文学研究の立場からは、その第三リーダーに掲載された、グリム童話とアンデルセン童話から採られた作品一編ずつがそのまま日本の翻訳啓蒙書に登載されて、グリムとアンデルセンの日本受容史の劈頭を飾っていることに注意が向く。[*23]

Sargent's Standard Reader のみを直接材料にした翻訳啓蒙書で、これまでに稿者が確認できたのは、五書である。その書名は『サルゼント氏第三リイドル』『啓蒙修身録』『さあぜんとものがたり』『童蒙教のはじめ』、それに『泰西行儀のをしへ』で、それらは一八七三（明治六）年から翌年にかけて集中的に刊行されている。

松山棟庵（まつやまとうあん）の『サルゼント氏 第三リイドル』（一覧7）

まず、松山棟庵の『サルゼント氏 第三リイドル』である。題名からも、*Sargent's Standard Third Reader* の翻訳書であることは一目瞭然である。この本は、一八七三（明治六）年四月に発刊されている。訳者の松山棟庵は、一八三九（天保一〇）年生まれ。京都でオランダ医学を学んだが、欧米の医学習得のため、福沢諭吉の門下生となって、医学の研究に専念し、諭吉が米国から持ち帰ったフリント著『内科全書』を翻訳して、『窒扶斯新論』として出版した。一八七三（明治六）年、福沢諭吉とともに慶應義塾医学所を開所し、初代校長に就任する。東京慈恵医学院学校発起人になり、松山病院を経営し、一九一九（大正八）年に没した。『サルゼント氏 第三リイドル』の「序」には、一八七二（明治五）年一〇月の日付が記されているから、ちょうど慶應義塾医学所が開設された前後に、この本が作られたことになる。[*24]

書中の漢字にはすべてルビが振られている。また、原本である *Sargent's Standard Third Reader* には、一切挿絵が無いが、この本には新たに書き起こしたと思われる図版が上巻に四点、下巻に二点、挿入されている。これは、日本の子どもたちに積極的に読み物を提供しようという意欲の現れとみていいだろう。

本の表紙は、当時、慶應義塾から出板されたその他の啓蒙翻訳書類と同様に、雲母を撒いた銀色の斜線の地の中に「慶」「應」「義」「塾」「蔵」「版」の文字を散らしたしゃれた意匠になっている。松山は、この本の「序」で、人にとって一番大事なのは「愛心」だと述べた後、次のように文章を続けている。

此心（愛心・稿者注）ヲ養フヤ、固ヨリ修身敬天ノ学ヲ講スルニ非サレハ、其縕奥ニ達シ難シト雖トモ、亦其意義ノ甚タ深遠ナルカ為ニ、幼

『サルゼント氏 第三リイドル』見返し

童女子ヲシテ、遽ニ之ヲ解セシム可ラス。故ニ此輩ノ読本トス可キモノハ、所謂「リイドル」ニ若クハナシ。乃チ「リイドル」ノ書タルヤ、世ノ善人物ニ触レ、事ニ臨テ其愛心ヲ発動セシ事跡ヲ載タルモノ多ケレハ、実ニ美事小話トモ云フ可キモノナリ。是ニ於テ乎、余「サルゼント」氏ノ著述セル第三「リイドル」ニ就テ、幼童女子ニ解シ易キ者ヲ抄訳シ、僅カニ一書ヲ成セリ。今之ヲ童蒙読本ノ初編ト為シ、継テ同氏ノ第四及ヒ第五「リイドル中ヨリ抄訳シ、以テ其中編下編ヲ充サント欲ス。

（句読点を補った。）

「愛心」を重視しようという姿勢は、おそらく医者であった松山棟庵の信念の反映だったと思われる。松山は、子どもたちの人間性を養うために、「リイドル」の中から最適な「美事小話」を選んで訳したのであり、ここには一九話が収録されていた（目次には二二話）。次に紹介する『啓蒙修身録』と重なる話材は一一話、この本のみに抄訳された話は八話である。

その題名を順に挙げると、下の表のようになる。

『サルゼント氏第三リイドル』というぶっきらぼうな本の題名だけからは、語学を習得する目的で作られた自習書のような内容を想像するかもしれない。が、材料こそリーダーから集めてあるものの、編者の意図としては純然たる子どものための読み物集である。したがって、松山棟庵訳の『サルゼント氏第三リイドル』は題名にこだわることなく、翻訳児童読み物集として位置づける必要がある。なお、「序」で著者が記述しているように、この後続けて第四・第五読本から撰材した翻訳本が刊行されたのかどうかは不明であるが、おそらく刊行されなかった可能性が大きい。

児童文学移入史の上で注目すべきことは、このうちの二番目におかれ

松山棟庵の『サルゼント氏第三リイドル』の収録話材

[第一冊] 上		
雲の事　寓言	S 3-2	The Cloud : A Fable, Renick
鉄沓の釘の事	S 3-4	The Horse-Shoe Nail, Grimm
黄金の嗅烟草入の事	S 3-5	The Golden Snuff-Box
加里布と織屋との事	S 3-8	The Cliph and the Weaver
王と佞臣との事	S 3-16	The King and Flater
土留古の僧と王との事	S 3-19	The Dervis and the King,
慈悲の心の事	S 3-28	The Merciful Shall Have Mercy
胆気ある事	S 3-33	Presence of Mind
長者を敬ふ事	S 3-64	Respect for the Aged
悪き言葉を用ゆべからざる事	S 3-63	On the Use of Bad Language
否と答ふべきを学ぶ事	S 3-14	On Learning to Say No
[第二冊] 下		
志辺里屋の女丈夫の事	S 3-66	The Heroine of SIBERIA
気高き心の威勢ある事	S 3-37	The Power of a Noble Thought
良美由須が事	S 3-83	Pierre la Ramee
麻久列五留と良門士との事	S 3-79	Macgregor and Lemont
金財布の事	S 3-123	The Bag of Rubles
自から省みる事	S 3-78	Self-Examination
富る人と貧しき人との事	S 3-107	The Rich and The Poor
酒を禁じ食を節する事	S 3-115	Abstinence and Temperance

た「銕沓の釘の事」が、グリム童話（KHM184くぎ）由来の話だということである。原本である*Sargent's Standard Third Reader*の目次には、The Horse-Shoe Nail *Grimm*と、著作者グリムの名前が明記されている。したがって、英語読本を編んだサージェント自身は、この話がグリム童話集の中の作品であることは十分に承知していたはずである。もっとも、肝心の教材文そのものは、ドイツ語から直接英訳したものなのか、あるいは既成の英語版のグリム童話などから集めてきたものなのかは、不明である。その訳文を見てみよう。

銕沓の釘の事

一人の百姓あり或る日市街に出て若干の穀物を直段よく売払ひ其金子を財布に納めて熟ら自から思ふやう今直に家路に就て急ぐならバ必ず日の暮ざる内に吾廬に達すべしと因て自から馬に跨り彼の財布をも馬の背に負せ家路をさして立去りしがやがて午の刻頃に一の村里に至れば暫時の間小憩みし又此処を出去らんとて馬を引立しとき一人の馬夫来り其姿を見て足下の馬ハ左の後足の銕沓に一本の釘抜たりといふ百姓答へて其義ハ棄置給へ吾家へは凡そ二十里の路程なれど此銕沓ハ大丈夫なるべし我ハ甚だ心ぜきなりと云ひつつ家路に出行たり此日の午後に及びし頃かの百姓ハ馬に秣かはんとて再び馬を駐めて或る旅籠屋に腰を打掛居たるに折しも又厩の厮卒来り其姿を見て足下の馬ハ左の後足の銕沓に一本の釘抜たりいざ我鍛冶屋まで此馬を牽き行て銕沓の釘を打せばやといひければ百姓答へて其義ハ棄置給へ吾家まではハ最早六里計なり此馬ハ其路程を行くに差支へなかるべし我ハ少も時刻を移し難しと云ひ捨つゝ馬に跨り出行しが其処より纔の路を行し頃馬ハ俄に跛となりて屡々跌き遂に横さまにどうと倒れて一本の足を打折たり斯て此百姓ハ何と詮方あらざれバ路に倒れし馬を打すて金の財布を己が背中に負ひ徒歩にて道を急ぎしが漸く夜の深る頃始めて吾家に帰るを得たり此時独り自から歎息して云く我斯る難儀に逢たるも必竟唯一本の銕沓の釘を等閑にせし故と

『サルゼント氏 第三リイドル』
「気高き心の威勢ある事」挿絵

これまでグリム童話の初めての日本への翻訳紹介は、一八八六（明治一九）年の四月に刊行された『ROMAJI ZASSHI』の「羊飼いの童」（原文ローマ字）だとされていた。実は、これもかなり最近の「発見」なのである。それ以前は、その翌年の一八八七（明治二〇）年に刊行された、菅了法の『西洋古事 神仙叢話』に英語から重訳された一一話のグリム童話が、最初の紹介だということになっていた。川戸道昭は、『ROMAJI ZASSHI』「羊飼いの童」の発見によって、それまではグリム童話やアンデルセンの翻訳も近代翻訳文学一般と同じように「西洋」の「奇談」を求めるところから始まったと思われてきたが、子どもたちの育成・教化を前提とする翻訳が存在することが判明したことで「児童文学史の書き換え」が必要になるという主旨の発言をしている。[25]

川戸の発言の文脈に棹さすなら、この「鋏沓の釘の事」の「発見」は、グリム童話が「子どもたちの育成・教化」を目指した翻訳から始まったことをあらためて確認する事例である。それも、原典になったのはアメリカの教科書であり、発表された媒体は明治初期の翻訳啓蒙書の中の一冊だった。つまり、グリム童話の翻訳も、まずは「教育」という制度に寄り添う形で紹介され、その枠組みの中で受け止められたのだった。

深間内基の『啓蒙 修身録』〈一覧16〉

深間内基も、同じ *Sargent's Standard Third Reader* を抄訳している。題名は『啓蒙 修身録』。深間内基は慶應義塾の出身で、一八七八(明治一一)年にミルの『女性の解放』を『男女同権論』と題して飜訳出版したことで知られている。高知立志社教員、仙台師範学校教員などの職に就き、一九〇一(明治三四)年没。『啓蒙 修身録』の「序」には、「千八百七十年亜人〔サアゼント〕氏ノ著ス所ノ第三〔リードル〕ヲ抜粋飜訳セシモノナリ(中略)勉テ我ニ有益ナルモノヲ撰択シ童蒙ヲシテ其意ヲ了解シ易カラシメンコトヲ欲ス」とあり、明治六年七月に書かれ、同年九月に東京の名山閣から発刊されている。『サルゼント氏 第三リイドル』から、約三ヶ月遅れての発刊である。

本は、全二巻で構成され、目次は以下のようである。上段にこの本の題材名、下段に *Sargent's Standard Third Reader* の課数と題材名とを掲げた。(Sは *Sargent's Standard Reader* を表す略号である。)

原本の *Sargent's Standard Third Reader* は一冊本だが、この時期のア

『啓蒙 修身録』の目次

〔巻一〕		
黄金の煙艸筐の事	S 3-5	The Golden Snuff-Box
情慾の事	S 3-23	Getting into a Passion
人の忠告を用ひずして損せし事	S 3-4	The Horse-Shoe Nail, *Grimm*
王侯己れに諂ふ者を戒むる事	S 3-16	The King and Flatter
童子熊と戯むる事	S 3-22	The Bear and the Children, *Andersen*
最善の贈の事	S 3-26	The Good Gift, *Wilmsen*
恩恵報ある事	S 3-28	The Merciful Shall Have Mercy
グレーシの善行	S 3-29	Grace Darling
華盛頓童児なる時を記す	S 3-31	The Youth of Washington
難に逢て仰天せざる事	S 3-33	Presence of Mind, Osborene
拿破崙一卒を恵む事	S 3-34	NAPOLEON and The British Sailor
貴き考へハ感力なる事	S 3-37	The Power of A Noble Thought
女児病人を問ふ事	S 3-43	The Wood Strawberries
華盛頓の事	S 3-127	Early Habits of Washington, *IRVING*
仮名の事	S 3-49	The Alphabet the Key to Knowledge
虚言の事	S 3-51	On the Vice of Lying, *GILPIN*
老人を重ずる事	S 3-54	Respect for the Aged, *ADDISON*
象の事	S 3-57	Scene in a Menagerie
華盛頓自己の憤怒を抑制せし事	S 3-44	The Young Conqueror
黠児欺を為す事	S 3-11	The Mischievous Boy
成功を得る奥意の事	S 3-1	The Secret of Success,

雲の事 寓言　S 3-2 The Cloud: A Fable, *Reinick*
自ら努め自ら励む事　S 3-73 Self-Service and Self-Dependence,
自ら己れを省る事　S 3-78 Self-Examination

〔巻二〕

ペイトル月の運転するを解す　S 3-87 On Forethought and Observation
案針役海を恐れざる事　S 3-122-4 The Pssenger and the Pilot
農夫王を慰安す　S 3-122-1 The Persian Peasant
一家幸福を得たる事　S 3-122-2 The Secret of Family Harmony
真夫人の遺失せし物を返す　S 3-123 The Bag of Rubles
早起の事　S 3-96 Early Rising
幸福を得る事　S 3-70 One secret of a Happy Life, *Anon*

‖メックレゴール能く情を抑制せし事　S 3-79 Macgregor and Lemont, *Osborne*
武人にして人に施せし事　S 3-122-3 Kosciusko's Benevolence
審裁（さばき）第一　S 3-88 The Observing Judge.-Part 1
審裁 第二　S 3-89 The Observing Judge.-Part 2
審裁 第三　S 3-90 The Observing Judge.-Part 3
火薬を使用する起原　S 3-129 Great Results from Small Beginnings
蒸気機関を造る事　S 3-129 Great Results from Small Beginnings
蒸気車道の起り　S 3-129 Great Results from Small Beginnings
火灯及び磁石の事　S 3-129 Great Results from Small Beginnings
油画を取る事　S 3-129 Great Results from Small Beginnings
‖インヂヤの土人奇才を顕す　S 3-100 Indian Cunning

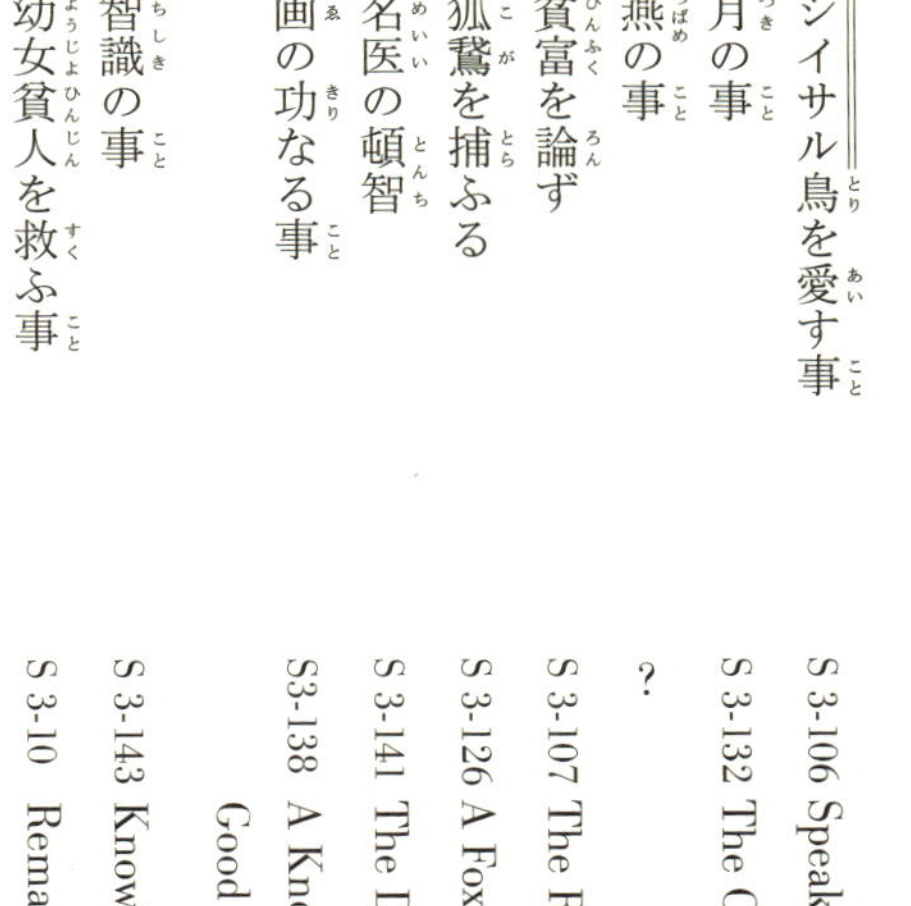
‖シイサル鳥を愛する事　S 3-106 Speaking Jackdaws
月の事　S 3-132 The Change of tee Moon
燕の事　?
貧富を論ず　S 3-107 The Rich and The Poor, *Channing*
狐鷲を捕ふる　S 3-126 A Fox Story, MRS.CHILD
名医の頓智　S 3-141 The Dyspeptic Patient
画の功なる事　S3-138 A Knowledge of Drawing Turned to Good Account
智識の事　S 3-143 Knowledge
幼女貧人を救ふ事　S 3-10 Remarkable Conduct of a Little Girl

SARGENT'S STANDARD SERIES.—No. 3.

THE

STANDARD

THIRD READER

FOR

PUBLIC AND PRIVATE SCHOOLS.

CONTAINING

EXERCISES IN THE ELEMENTARY SOUNDS; RULES FOR ELOCUTION, &c.; NUMEROUS CHOICE READING LESSONS; A NEW SYSTEM OF REFERENCES;

AND

AN EXPLANATORY INDEX.

BY

EPES SARGENT,

AUTHOR OF "THE STANDARD SPEAKER," "THE STANDARD FIFTH READER," "THE STANDARD FOURTH READER," ETC.

TWENTY-FOURTH THOUSAND.

BOSTON:
PHILLIPS, SAMPSON AND COMPANY.
13 WINTER STREET.
1856.

Sargent's Standard Third Reader 扉

メリカの他の読本と同様に、内容は大きく二部に分かれている。第一部は、様々な記号や発音・アクセント・抑揚などについての解説である。第二部には、一四四の教材文が並べられている。目次はジャンル別に整理されており、「散文」が九二教材、「詩」が四七教材、「対話」が九教材である。ユニオンリーダーとは異なり、各教材毎についていた学習のための手引きなどはない。したがって、第二部は純然たる「読み物集」という印象を受ける。訳出されたのは、すべて「散文」の部からであり、「詩」の訳出はない「対話」の部からは、三四課の**NAPOLEON and The British Sailor**が採用されている。この訳文には「問ふて曰く」「答へて曰く」という応答が繰り返して記されているので、原典が対話形式であることは伝わってくる。しかし、二人のやりとりは文語体になっており、翻訳文では原文のユーモアとリアリティは伝わりにくい。

『啓蒙 修身録』には、合計五一教材が翻訳収録されているから、*Sargent's Standard Third Reader* の「散文」の中から半分以上が選ばれて訳されたことになる。本のタイトルが『啓蒙 修身録』となっていることからも分かるように、著者の深間内基は、教訓を含んだエピソードを選択して翻訳したと思われるが、巻二の「火薬を使用する起源」「蒸気機関を造る事」「蒸気車道の起り」「火灯及び磁石の事」「油画を取る事」「月の事」「貧富を論ず」などは、社会や理科的な知識教材であって、修身的な内容を含んでいるとは言えない。この点でいえば、本の名前と内容とは必ずしも整合していない。そればかりでなく、ストーリー性のある「名医の頓智」や「画の巧なる事」などの読み手の興味を引く話や、「案針役海を恐れざる事」「農夫王を慰安す」のようなとぼけた小話も含まれていて、「修身録」というよりむしろ読み物集としてよくできている。

その「名医の頓智」を、全文引いてみよう。

『啓蒙 修身録』見返し
明治6年

二三　名医の頓智

英国に温泉あり爰に住する医一たび食の消化し難きを治してその名大ひに顕る偶々其名を聞き来り治を乞ふ者あり云く健康の適和を失すと医此を見るに年未だ盛なるに容貌甚だ衰けれバ医思へらく是必ず富家にして躬自ら我が身を養ふことを知らず唯に放逸にのみ耽り外に出ては車力を藉り内に入ては錦繍に纏はれ遂に運動の法を失ひしならんと乃ち一計を設け近郷に同伴せんとて輿に出けるが既に都を去ること五里余に及ぶとき某携ふ所の鞭を落しけれバ此を拾はんとて車より下りけるに医之を視て車頭を帰路に旋転し馳せながら告げて曰く汝独り歩んで帰れと富客大に憤り此を追ふも及ばず止むことを得ず歩んで漸く都に帰りけり此がため大に食を消化して治療を助くるの益となりしとぞ又有名の医に前般の如き事を以て問ふに答て云く六「ペンス」（銅銭の名）を以て一日の諸費に供ずべしと真なるかなこの言やこれ以て健康を保つの良法にして飽食淫逸以て慎まずんバあるべからす

この話も、最後の教訓めいた「飽食淫逸以て慎まずんばあるべからす」というまとめに力点を置いたつもりなのだろうが、不健康な人物を置き去りにし、無理矢理運動をさせようとした医者のアイディアや、それに騙されてようやく都に帰り着いた「富客」の行動や心情などを想像しながら読むと、きわめて面白い小話である。もともと *Sargent's Standard Third Reader* には、むき出しの形で教訓を説くのではなく、こうした読んで楽しい話が満載されていた。訳者の深間内基は、それを日本の「説話集」と同じような受け止め方をして、翻訳に当たったのかもしれない。

グリムとアンデルセン童話の本邦初訳作品

『サルゼント氏第三リイドル』の刊行から、約三ヶ月後ではあるが、この『啓蒙修身録』にも、同じグリム童話（KHM184 くぎ）が「人の忠告を用ひずして損せし事」と題して翻訳されている。*Sargent's Standard Third Reader* の教材文の翻訳であることは同様だが、両者の日本語文の仕上がりは若干異なっている。

　第三章人の忠告を用ひずして損せし事

一日農夫商機を得て市に穀を鬻ぎ其羨餘多かりけれバ金嚢を荷鞍に結び付け日の暮れぬ内に戻らばやと早く帰途に就き午時に至り駅亭に小憩し其将さに出立せんとするとき人あり馬蹄の側らに立ち告げて曰く汝の馬左りの後足に打ちたる鞋の釘を失つたりと農夫意となさず答て曰く蹄装ハ能く具す今より廿里を行くとも亦患なし縦へ危ぎごとありとも急の路なれば修繕に暇なしとて出行きけり而して再び馬に餌を與へんため休憩せしに童児来りて告げて曰く馬鞋既に其の釘を失ふたり君の為めに之を鍛工に牽き之を補ひ進ぜんと懇に云ひけるが農夫敢て謝せずして曰く否是よりハ路程も六里に過ぎざれば沓を繕はざるとて馬ハ能く行く何ぞ患ふるに及ぶ可けんとて又行きけるが俄に其馬歩まず之を強て牽かんとするに蹶躓こと再三に及びて遂に地上に倒れけり爰に於て農夫止むことを得す馬を捨て自ら金嚢を肩にかけて急ぎけるが重荷を負て歩行意の如くならず三更の頃漸く家に達し歎じて曰く余の不運に逢ふものは他なし人の忠告を用ひずして馬鞋を補はざるによると

前項の松山棟庵の訳文と比べてみると、深間内訳の方がやや文章が固い印象を受ける。

ところで、ここまで、稿者は両者の翻訳を「グリム童話の本邦初訳」と述べてきた。しかし、「くぎ」はグリム童話に収録されている作品ではあるものの、代表的なグリム童話とは言えない。教訓も平凡で、インパクトのあるストーリー展開だというわけでもない。だが、「童蒙」に対する読み物には教訓が不可欠だという明治初期の子ども向け翻訳啓蒙書の基本的な認識に立てば、こうした作品を選び出すことは、むしろ自然なことだったのだろう。なお、この「くぎ」は、グリム兄弟が一八一二年に最初に編んだ初版の『子供と家庭の童話集』（Kinder-und Hausmärchen）には掲載されておらず、第五版からの登載作品で、ルートヴィヒ・アウルバッハーの『若者のための小冊子』（一八三四年）が出典らしい。[*26]

このSargent's Standard Third Reader には、アンデルセンの作品も教

材として掲載されていた。第二二課の The Bear and the Children が、それである。これも目次に Andersen の名が明記され、教材文の本文の末尾にも Andersen の名が付されている。したがって、*Sargent's Standard Third Reader* でこの教材を読んだ英語学習者は、先ほどのグリムの話と同様に、作者の名前がアンデルセンであることを知り得たはずである。

この教材文は『絵のない絵本』(Billedbog uden Billeder)の、第三一夜のエピソードである。熊を犬だと勘違いして無邪気に遊ぶ子どもと、それを発見して立ちすくんでしまう母親を描いた話で、アンデルセンの考える純真な子ども像がはっきりと描かれている。子どもの世界、あるいは「童心」について考える上でも、きわめて示唆的な内容だといっていい。またこうした作品が *Sargent's Standard Third Reader* に登載されているところに、アメリカの教科書編集者の児童観の一端を感じることもできる。

この作品も深間内基の『啓蒙 修身録』の中に訳出されている。先ほど掲げた「巻一」の目次のうちの五番目にある「童子熊と戯むる事」が、*Sargent's Standard Third Reader* の The Bear and the Children の翻訳である。

これも訳文を次に紹介する。

第五章童児熊と戯むる事

爰に熊を牽て世を渡るものあり日耳曼の南部に赴て一夕旅亭に着き鋃鎖を以て熊を側らの庭内に繋ぎ独り室に入りて飲食せしに良ありて俄かに童児の騒動する声二階に騒々として聞へり仍て之を見るに彼の繋ぐ所の熊鋃縄を切て登りたれば童児大ひに驚き遁れんとするに能ず特床を踏むのみ然るに熊ハ聊か之を害するの意なく頭を低れて近づくにぞ童児以為く大なる犬なりと手を以て是を撫れば熊ハ手足を延ばして床上に伏したり然るに幼けなきものは熊の背に登りて繁茂したる頂毛を取り之を窠りて慰みけるに亦一人何れよりか太鼓を携へ来りて之を鳴らせしかバ熊ハ忽ち起きて其調子に乗じて踊り始めたり童児之を見るよりも甚だ悦び爰に我らの友ありと呼んで各傍らの小銃を取り恰も兵卒の如く進みたり折りしも童児の母来り図らず其模様を見て愕然色を失なふて発声する能はず愁声を出して戦栗漸く彼の熊を知りたりやと問ふ然るに童児楽みの余利特に黙して我等は兵のまねをなすなりと云て更に省ることなし母之を解せずして独り思案の折から熊牽来りて其情実を告げたれバ母始て其の心を安からしめたりとぞ

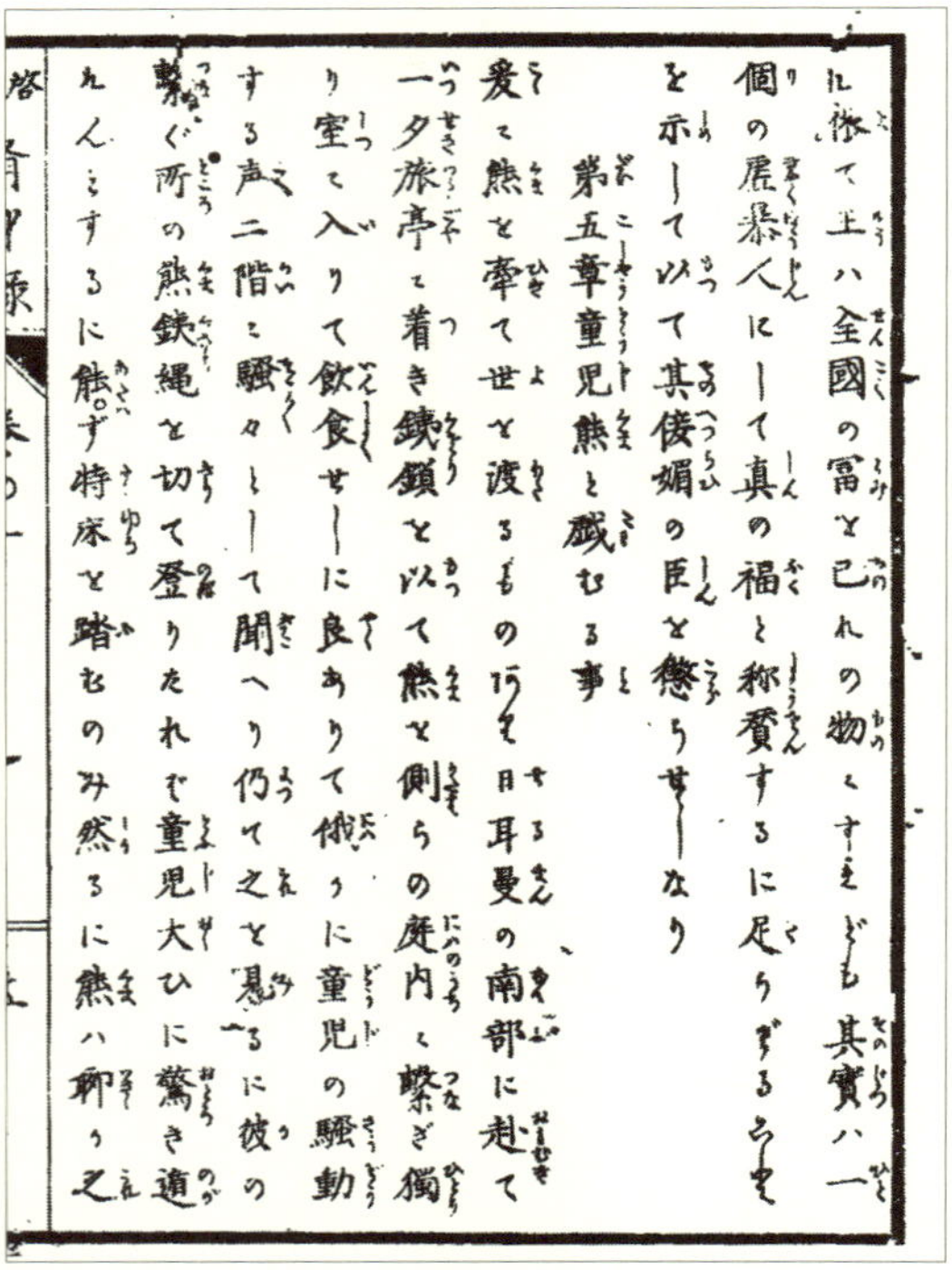
を示して以て其侫媚の臣を懲らせしなり

第五章童児熊と戯むる事

爰に熊を牽て世を渡るもの有り日耳曼の南部に赴て一夕旅亭に着き鋃鎖を以て熊を側らの庭内に繋ぎ独り室に入りて飲食せしに良ありて俄かに童児の騒動する声二階に騒々として聞へり仍て之を見るに彼の繋ぐ所の熊鉄縄を切て登りたれば童児大ひに驚き遁れんとするに能ず特床を踏むのみ然るに熊ハ聊か之

『啓蒙 修身録』アンデルセン童話初訳

アンデルセンの『絵のない絵本』は、叙情的で、詩的な雰囲気に満ちている。全編をとおして、月が世界のあちこちで見てきた話を語り手に告げるという設定になっており、それぞれの短話が綴り合わされて、全体の統一感を作り上げている。したがって、一つのエピソードだけを抜き出すと、そうした連作の面白さは薄らいでしまう。*Sargent's Standard Third Reader* の教材文には、月が語り手に話をするという冒頭のやりとりは残されているのだが、この訳では、そうした仕掛けは消えてしまい、単なる事実報告譚のような仕上がりになってしまっている。また、翻訳文が説明的で、とりわけ話の末尾の余韻が消えてしまったのが残念だ。とはいえ、明確な教訓や修身的なメッセージを持たないこうした話が訳出されて『啓蒙 修身録』という題名の本の中に収められたことは、子ども読み物の世界を広げるという点からも、喜ぶべきことだろう。

従来の研究によれば、アンデルセンの作品の日本初訳は「小サキ燧木売ノ女児」で、一八八六(明治一九)年『ニューナシヨナル第三読本直訳』(河瀬清太郎訳)に載せられた「マッチ売りの少女」だということだから、現在判明している限りでは、間違いなくこの「童児熊と戯むる事」がアンデルセン童話の本邦初訳である。[*27]

もっとも、アンデルセン童話は、なにもサージェントスタンダードリーダーだけに掲載されていたわけではない。イギリスの *Chambers's standard reading books* 1872–1873 には、「マッチ売りの少女」「みにくいアヒルの子」などの代表的なアンデルセン童話があり、グリム童話からも「幸せハンス」などの作品が載せられていた。この教科書は、日本では、一八七五(明治八)年に、東京の英語学校(『東京英語学校』のちに「東京大学予備門」)で実際に教授されていたという。つまり、日本の英語学習者の一部は、イギリスの読本「スタンダードリーディングブックス」を通して、かなり早い時期に英文のアンデルセン童話やグリム童話に接していたのである。しかし、それは英語学習という範囲内にとどまっていて、そこに掲載された教材が日本語に移され、子ども読み物として刊行されるということにはならなかった。[*28]

この点で、松山棟庵の『サルゼント氏第三リイドル』や深間内基の『啓蒙 修身録』の訳業は、明らかに児童のためになされていたところに大きな意義がある。それも、一八七三(明治六)年というきわめて早い時期に、子どもたちを対象とした書物として刊行されていたのである。[*29]

なお、稿者は、さきほどから「鋏沓の釘の事」がグリム童話の、「童児熊と戯むる事」がアンデルセン童話の、それぞれ本邦初訳だと述べてきた。しかし、どちらもグリム童話やアンデルセン童話の全体像を紹介したものではないし、またそれぞれグリムやアンデルセンを代表する作品というわけでもない。また、英語読本経由だから、どちらも英語からの重訳であって原典からの翻訳ではない。さらにそれを翻訳した松山棟庵や深間内基は、この話がグリムやアンデルセンの作であることだけは *Sargent's Standard Third Reader* の目次の作者の記載から情報を得ていたにしても、実際には、グリムやアンデルセンについてどれだけの知識があったのかも不明である。したがって、この訳業がグリムやアンデルセンの本格的な紹介だとは言えないことは間違いない。

だが、そうした事情を勘案したとしても、これらの邦訳を日本の「グリム童話移入史」あるいは「アンデルセン童話移入史」に位置づけることは十分可能だろう。そうだとすれば、これらの翻訳はその冒頭に据えられる仕事だということになる。もっとも、そこで重要なのは、本来アメリカの子どもに向けて編まれた読本や修身教科書に載せられた教材が、日本の子ども読み物の材料として翻訳され、日本の子ども読み物の世界を実質的に拡大していく先駆けとなったということであり、明治初期に刊行された多くの子ども向け翻訳啓蒙書群が、結果としてそうした役割を果たしたということなのである。

伊藤卓三の『泰西行儀のをしへ初編』〈一覧31〉

さらに、*Sargent's Standard Reader* からの翻訳としては、『泰西行儀のをしへ初編』がある。これは伊藤卓三の手になるもので、一八七四（明治七）年一〇月刊。伊藤卓三は、一八七二（明治五）年に、当時盛んに日本で翻訳刊行されたスイフトの「窮理書」を原拠とした『発蒙一端理学問答』を出版。相前後して入門知識書である『幼学必携初集』を出している。この本には「亜版コルネル氏ノ地誌ヨリ訳出」した情報が一部に使われていた。その後、西南戦争に関する『通俗遭難記実』などという本も刊行。初期の刊行物が埼玉県の博文堂から出版されており、また、安井乙熊の編集による『有名諸家演説集誌・第二号』（一八八一（明治一四）年）の中に「埼玉県下熊谷駅に於て、熊谷病院開業式の席に臨みし伊藤卓三の演説」という文章が残っていることから、埼玉県の関係者かとも思われるが不詳。

『泰西行儀のをしへ初編』の「凡例」には、「此書原本ハ米国刊行サアゼント氏第二リードル及ヒ同国刊行ウエイランド氏ノ修身書ヨリ抄訳シテ童蒙修身ヲ学ブノ階梯トス」とあって、*Sargent's Standard Reader* と Francis Wayland の本によることが明記されている。しかし、実際には、すべて *Sargent's Standard Second Reader* から材料を収集しており、Wayland の本からの引用はない。もしかすると、表題に「初編」とあるので、これ以降続けて刊行する予定の本の中に、Wayland の書の内容を

伊藤卓三の『泰西行儀のをしへ初編』の収録話材

英吉王アルフレッドの事	S 2-1	Alfred and his Mother
盲人の事	S 2-2	The Blind Man
橡栗の落し事	S 2-6	Fall of the Acorn
ラツキーといへる童子と蝴蝶との事	S 2-23	LUCY and the Butterfly
印度ノ国王恩を知らざることに依て非命の死をなせし事	S 2-35	The Ungrateful King
吝嗇なる人の飼ひし猿の事	S 2-36	The Miser's Monkey
老人菓の種を蒔し事	S 2-37	The Old Man's Reason for Planting
虚言を言ざる童子の事	S 2-40	What is a Falsehood ?
文盲なる人の事	S 2-42	The Man Who Could Not Read
戯謔或ひは気を付ぬ事より大ひなる害を生ずる事	S 2-43	What you should Never Do
鏡と返響の事	S 2-54, 55	Boy, Mirror, and Echo
正直なるものハ求めずして天幸を受る事	S 2-71	The Loaf of Bread
母の子を愛する誠心の事	S 2-76	The Mother's Love
誓ひを背きて失錯を為せし事	S 2-114	The Broken Promis
素羅門の家訓十二章	S 2-123	Proverbs of Solomon

活かすつもりだったのかもしれない。また、この『泰西行儀のをしへ初編』と全く同じ内容で題名の異なる本が、一八八〇（明治一三）年一一月に、東京の擁万楼から刊行されている。こちらは『西国修身佳話一名行儀のおしへ』という題名になっており、二巻本に編成し直されているが、同じ版木が使われたようだ。

この『泰西行儀のをしへ初編』には、一五編の話が並べてある。文章は、『サルゼント氏第三リイドル』や『啓蒙修身録』と同じように文語体であるが、総ルビになっており、文字も比較的大きくて読みやすい。もっとも、内容構成にはほとんど工夫がない。おそらく原典のリーダーを読み進めていく過程で適当な話を選び、そのまま順に前から訳していったようだ。それは、この本の話の順番が、原本どおりであることに表れている。翻訳者には、原典の話の順番を並べ替えるというような主体的な編集意識はなかったらしい。

したがって、この本は*Sargent's Standard Second Reader*の単なる抄訳本という印象の仕上がりになっている。もっとも、修身的な読み物を選択したという点では、この本も筋が通っており、とりわけ最後の「素羅門の家訓十二章」を選んで翻訳したことで「行儀のをしへ」という著者の趣旨は貫徹されているように思える。このうち、三番目のFall of the Acornの訳文を引く。

橡栗の落し事

或る人庭の中を逍遥していと大ひなる槲の木の下に立ち息らひ居しがその側らに南瓜の生ひ出でたるを熟々見て頭を傾けて曰く好し〱造化の小児過てり南瓜の如き軟弱にして糸の如き蔓といへども斯くの如き美にして大ひな実を生ずるに槲の木ハ抱囲もあるべき幹にして枝葉空を蓋ふといへども生ずる実ハ細小なる橡栗なり実に理の会すべからざるものにして造物者も不釣合なる事を為すもの哉もし我をしてこの世界を造らしめたらんには槲の木にハその大さに適ひたる色は黄金の如く重さハ砲弾の如き南瓜を生ぜしめ南瓜の蔓の如き軟弱なるものにハ反つて橡栗の実を生ぜしむべし斯くありてこそ万物其所を得ると云ふべきにと誇り顔に独言云いたりけるに忽ち樹の上より橡栗の実落ち来りて厳しく鼻柱を撃ちて痛み堪へがたかりければ驚きて飛び退り思はず声を発して曰く今にして始めて造化の妙用を知れり今この橡栗南瓜にてあらんときは我頭ハ破れ砕けて粉微塵になるべしと大ひに恐れ畏みしとぞ

上帝の天地万物を造るや尋常人の気の附ぬ所にも仁愛のあらざることなし一草一木一禽一獣終始地位各その所を得て一つとして不都合なること無しこの話説を見ても上帝万物を造るの妙作用を悟り一草一木の生成だも仁愛を以てせることを信ずべし

原文のGodを「上帝」と訳したのは、中国の聖書訳にしたがったものだろう。中国ではGodを「上帝」と訳すのか、「神」と訳すのかが、大きな議論を巻き起こしたが、日本ではそれほど問題にならなかったようである。したがって、この伊藤卓三のように、「上帝」と翻訳した場合もあり、「神」とした場合もあった。言うまでもなく、それはキリスト教の「神」を宣揚しようとしたからではなく、日本の神々と同様に、単に畏敬の対象であるという文脈の中に溶かし込んで理解された。そのことは、一八七三（明治六）年に師範学校から出された『連語図』に、「神は天地の主宰にして人は万物の霊なり。」という一文があったのと軌を一にしている。周知のようにこの後、思想的には、翻訳文化に対する強い揺り戻しがあり、輸入された「神」や「上帝」の概念を明確にした上で、それとは異なった日本の「天皇」を現人神とする「天皇教」が創立され教育の要として流布されることになる。*30

もっとも、この「橡栗の落し事」という話だけに限っていうと、翻訳された文章の最後の教訓にあたる「上帝の天地万物を造るや」以下の部分を削除してしまうと、高慢な男に対する教訓話、あるいは笑い話としても読めてしまう。実際、二〇年ほど後になって、この話がドイツや日本の教科書に編入された際には、宗教的な意味づけは、全くカットされて教材化されていた。欧米の教科書から宗教色が消されていくという話題に関しては、第三部第二章第三節第一項で触れる。

須田辰次郎・甲斐織衛合訳の『童蒙教のはじめ』〈一覧27〉

内容構成に工夫がないという点では、須田辰次郎・甲斐織衛合訳『童蒙教のはじめ』も『泰西行儀のをしへ初編』とよく似ている。ただし、この『童蒙教のはじめ』は、同じサージェント読本を材料としてはいるが、『サルゼント氏第三リイドル』『啓蒙修身録』『泰西行儀のおしへ初編』とは異なり、*Sargent's Standard Third Reader* の「Part. 2」を原本として使用している。

Sargent's Standard Reader のシリーズは、一八五五年に初版が出ており、アメリカではそれが版を重ねて使われていた。ところが、一八七二年に大改訂がなされて教科書の中身は相当に変わり、*Sargent's Standard Reader Part. 2* と銘打ったシリーズとして刊行された。これも第一版と同様に、日本に導入されて英語学習の教材として使用されたらしく、現在でも日本各地の大学図書館などに収蔵されている。*31

甲斐織衛は、明治一一年文部省から、スコットランドのヘンリー・カルデルウードが著した *On Teaching* を『加氏教授論』と題して訳出し、また翌年九月には、慶応義塾出版社から『商業入門』などを刊行している。また、須田辰次郎は、福澤諭吉が手がけた新聞である『時事新報』の記者を経験していた。この二人も福澤諭吉に直接つながる人物である。

著者たちは、この本の「緒言」で、学問は学びやすいことを目的とするのにもかかわらず「漢洋ノ難文ヲ読ミ徒ニ詞章ノ末ニ趨ルハ学問ノ本意トスルニ非ズ」と述べ、「専ラ至易ノ文ヲ以テ書ヲ著シ天下一日モ欠ク可カラザルノ事物ヲ知ラシメザル可ラズ」と、日常生活に直結するような読み書き能力の必要性を説いている。こうした立場から『童蒙教のはじめ』の翻訳文が作成されている。

『准刻書目』の明治六年一一月の項には、「千八百七十一年開版セルサルセント氏著述第二編第三リードルヨリ抄訳セシ書ナリ」と記されており、この本が刊行されたのは一八七四（明治七）年三月。東京の萬笈閣（椀屋喜兵衛）が刊行元である。以下に、その内容を示す。（S 3.2 は *Sargent's Standard Third Reader* の第二版を表す略号である。以下同じ）

Sargent's Standard Third Reader をもとにした松山棟庵訳『サルゼント氏第三リイドル』や深間内基の『啓蒙修身録』の目次（先述）と比べても分かるように、サージェントの第二版は、第一版と重なっている教材がほとんどなく、別の本だといっていい。もっとも、サージェントの読本の第二版も、子どもたちに読み物を通して教訓を授けようという姿勢その

須田辰次郎・甲斐織衛合訳の『童蒙 教のはじめ』の収録話材

	章	題	出典	原題
［第一冊］上	第一章	常に叓を叓とせざりし人の事	S 3.2-1	What is the Use
	第二章	和蘭国の童子河の堤に於て勇悍なる所業為せし事	S 3.2-3	The boy at the Dike
	第三章	睦しき兄弟裁判所の事	S 3.2-7	The Good Brother
	第四章	ちやあれすの母其子教訓の事	S 3.2-8	Take Care of the hook
	第五章	万物みな有益のものたる事	S 3.2-9	Every Thing is of Use
	第六章	御者ぢょんの事	S 3.2-11	The Broken Wagon
	第七章	貧人の事	S 3.2-12	The Poor Man
	第八章	獅子の事	S 3.2-13	The King of Beasts
	第九章	怪物ハ臆病より生ずる事	S 3.2-20	More Frightened than Hurt
	第十章	へぬりいの軽卒なる事	S 3.2-21	Henry the Heedless
	第十一章	婦人車中にて乗組の人へ無礼を為せし事	S 3.2-24	The Outside Passenger
	第十二章	いるぱ河供水の事	S 3.2-27	The Rescue
	第十三章	老たる隠者の事	S 3.2-30	The Old Hermit
	第十四章	熟考の大切なる事	S 3.2-33	Think
［第二冊］下	第十五章	いゐぜんとぷうるの事	S 3.2-35, 36	The Tyrant of the School
	第十六章	虚想者と実行者の事	S 3.2-41	The Dreamer and Doer
	第十七章	雑話	S 3.2-43	Short Pieces
	第十八章	大平洋発明の事	S 3.2-45	Discovery of the Pacific Ocean
	第十九章	想像の誤より病を生ずるや試験の事	S 3.2-46	The Abuse of the Imagination
	第二十章	物学びする趣意の事	S 3.2-48	On Reading for Instruction
	第二十一章	童子悪に誘れんとして九字言葉を思ひ出せし事	S 3.2-53	The Four Word
	第二十二章	駱駝の事	S 3.2-55	The Camel

第二十三章	らたら教師へ歎願の事	S 3.2-58	Try
第二十四章	じよふじすてへんそんの事	S 3.2-62	George Stephenson
第二十五章	父母の愛情の事	S 3.2-65	Love of Parents
第二十六章	ぜいむすぶらんく山に雪夜を送りし事	S 3.2-77	A night in the Snow

ものは第一版と大きくは変わってはいない。

この第二版の中には、オランダの少年が堤防からわずかな浸水を発見し身を挺してそれを食い止める話（第二章）や、モンブランの山中で大雪に遭うがようやく助かる話（第二六章）などの、この後、日本でも比較的よく知られるようになった話も含まれている。以下にその「第二章　和蘭国の童子河の堤に於て勇悍なる所業為せし事」の冒頭を引く。*32

和蘭国にて或る童子母のために隣村に使ひして帰途独り堀割の傍らを歩みしとき土手に小き漏穴ありて水を吹出せるを見て暫く其処に歩を止め自から思ふ様は斯く小なる叓よりして大害を生ずるものとハ兼て父母の咄にも聞たり今此漏穴も小きとて是を捨置かば如何なる損害に及ばんかと能々思ひ見るに水の押しに由て此穴次第に広まりなば堤潰れて近村に溢れ許多の財宝人命を害することあらんと心附たるゆゑに村に帰りて此事を告んとハ思へども村人の此所に来る前に日は暮れ穴ハ益々広まり防禦の手術を為すとも其甲斐なきに至らんと思ひ自から土手に坐をしめ手を以て穴を塞ぎ今にも人の通行あらんと相待てるに折節人の通行もなく漸々深更に及びければ（下略）

文章は、すべて傍訓が付けてあるものの、当時の啓蒙翻訳書と同工異曲の文語文体である。翻訳者の意識では、この文章は「至易ノ文」なのである。読み書きに習熟した当時の子どもには、難なく読みこなすことのできる文章だったかもしれないが、当時の編者たちの考えていた子ども向けの読み物の文章・文体とは、実際にはこうしたものだったのである。なお、深間内基の『啓蒙 修身録』にも、伊藤卓三の『泰西 行儀のをしへ 初編』にも、またこの須田辰次郎・甲斐織衛合訳『童蒙 教のはじめ』にも挿絵は一切付されていない。

(2)　鳥山啓の『さあぜんとものがたり』の先進性

鳥山啓の『さあぜんとものがたり』〈一覧25〉

さて、この時期の *Sargent's Standard Reader* を翻訳した啓蒙書のうち、異彩を放っているのが鳥山啓の仕事である。というより、明治初期の子ども向け翻訳啓蒙書の中で、もっとも特色のある本が、鳥山啓の作製した『さあぜんとものがたり』なのである。『さあぜんとものがたり』の検討とともに、鳥山の仕事全般についても若干の紙数を割いて、それらを紹介してみたい。

ここまで見てきた四書と同じく、鳥山啓の『さあぜんとものがたり』も、*Sargent's Standard Reader* を訳した翻訳啓蒙書である。『准刻書目』の『さあぜんとものがたり』の項目を見ると、「千八百六十六年並ビニ千八百七十二年米国刊行ノサーゼント氏読本中ヨリ童蒙ノ教ニ成ルヘキ條ヲ抄訳ス」と書かれている。須田辰次郎・甲斐織衛合訳の『童蒙教のはじめ』が原本にしたのと同じように、鳥山は、一八七二（明治五）年に刊行された「Part. 2」も入手していたのであろう。つまり、『さあぜんとものがたり』の底本には、*Sargent's Standard Reader* の第一版と第二版とが使われているのだ。『准刻書目』に「千八百六十六年並ビニ千八百七十二年」と二つの年が並べてあるのは、*Sargent's Standard Reader* の第一版と第二版とを底本にしたことを示していたのである。

『さあぜんとものがたり』には、「初編上・下合冊」と「二編上・下合冊」との二本があって、ともに「かなぶみしや」から刊行されている。原本中には刊記がないが『准刻書目』によると、一八七三（明治六）年一〇月に「初編」の出版許可が出ており、翌一八七四年（明治七）六月にも同じ書目で許可が出ている。ここから推測すると、初編が一八七三（明治六）年の年末に、二編がその翌年の後半期に刊行されたのだろうと思われる。初編の「凡例」には、福沢諭吉の『童蒙をしへ草』と、渡部温の『通俗伊蘇普物語』に載せてある話を省いて、未だ誰も翻訳していない話を選んだと鳥山自身が記しているので、少なくともこの二書よりも後に出版されたものであることは間違いない。

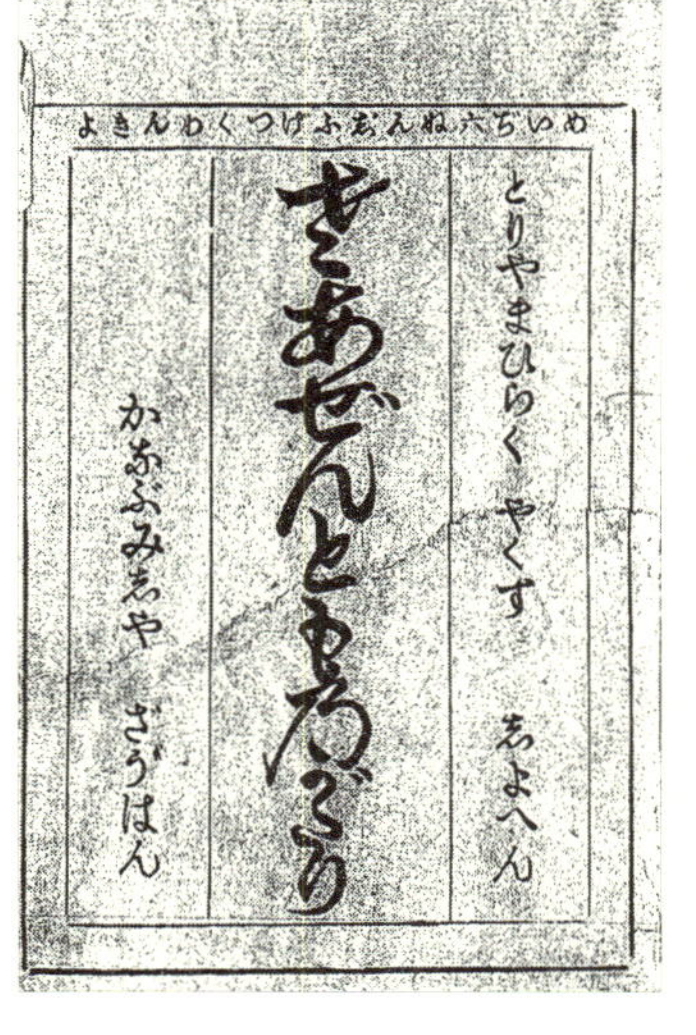

さあぜんとものがたり
とりやまひらく やくす
かなぶみしや さうはん

『さあぜんとものがたり』見返し

鳥山は当時の洋学者の中でも、すぐれた語学力と時代に先んずる視点、さらには子どもの教育への強い情熱と自負とを持っていた。「近代日本児童文学史」という点に限って言うなら、この『さあぜんとものがたり』を初めとする一連の鳥山の仕事は、福沢諭吉や渡部温の訳業に匹敵する仕事として位置づけていいのではないだろうか。さらに、「日本近代初等教科書史」、あるいは「日本語史」の上でも、きわめて先駆的な仕事としてとらえることができる。

それにもかかわらず、これまで明治初期の鳥山の仕事の全体像は、ほとんど話題に上らず、それが評価された形跡はない。後述するような科学読み物としての高い評価を除くと、わずかに柳田泉が一九三七（昭和一二）年に鳥山が刊行した『西洋雑誌』を取り上げて「彼をたゞの歌人の経国学者とするのは間違ひで、寧ろ明治初期によくある啓蒙学者の一人といった方がよろしい。」と述べているにとどまる。*33

鳥山の先駆性の第一点は、彼が翻訳した啓蒙書の多くを、全文ひらがなによって記述したところにある。もちろん、この『さあぜんとものがたり』も、全文が平仮名表記になっている。

次には、目次の順に、上段に『さあぜんとものがたり』の題目を、下段に *Sargent's Standard Reader* の原題を示してみる。（Sは *Sargent's Standard Reader* を、S.2は、*Sargent's Standard Reader* Part. 2 を表す略号である）*34

鳥山は、この本は「あめりか にて はんこう せる さあぜんとりいだあ と いふ しよ より。わらはべ の をしへ と なる べき ものがたり を

『さあぜんとものがたり』の収録話材

さあぜんとものがたり　しよへん　もくろく

〇かみのまき

話	出典	原題
〇ふれ たる うを の はなし。	S 2.2-9	The Tame Fish
〇あし を けが し たる こども の はなし。	S 2.2-11	The Wounded Foot
〇あだ に むくゆる に おん を もつて する はなし。	S 2.2-18	Good for Evill
〇とめばり を ひろひ たる こども の はなし。	S 2.2-19	The Pin
〇おほびと と こびと の はなし。	S 2.2-46	The Giant and the Dwarf
〇われ たる びいどろいた の はなし。	S 2.2-49	The Broken Dane of Glass
〇いれん の ぼうし の はなし。	S 2.2-55	Ellen's Bonnet
〇くつ を みがく こども の はなし。	S 1.2-59–62	The Little Shoeblack 1.2.3.

〇しものまき

話	出典	原題
〇しやうじやう なる くうき を こきう す べき はなし。	S 2.2-77	Breathe Pure Air
〇ごけ の ともしび の はなし。	S 2.2-79	The Widow's Lamp
〇おるどげえと の はなし。	S 2.2-80	The Old gate
〇たんき なる ひと の はなし。	S 2.2-87	The Hasty Man
〇りやうはう を みよ と いふ はなし。	S 2.2-88	Look at Both Side
〇おん しらぬ わう の はなし。	S 2-35	The Ungrateful King
〇むひつ なりし ひと の はなし。	S 2-42	The Man Who Could Not Read
〇かゞみ と こたま の はなし。	S 2-54, 55	Boy, Mirror, and Echo
〇ぱん の なか に やき こめ たる かね の はなし	S 2-71	The Loaf of Bread

さあぜんとものがたり　にへん　かみのまき。

話	出典	原題
〇もの に いかる ひと の はなし。	?	

さあぜんとものがたり　しよへん　かみ　の　まき
とりやま　ひらく　やくす
〇ふれ　たる　うを　の　はなし、
あめりか　の　ひんはむ　と　いふ　ところ　に　まり　と　いへる　むすめ　あり　けり。この　ひんはむ　と　いふ　は。うみ　に　ちかき　ばしよ　にて。まり　の　いへ　の　きんじよ　ある　こがは　に　しは　の　さす　とき　は。こうを　の　のぼり　くる　こと　あり、ある　ひ　まり　は　かはべ　に　あそび　ゐし　が。うを　の　すゐちゆう　に　およぐ　を　みて。をりふし　もちあはせ　たりし　ぱん　の　くず　を　かは　の　なか　へ、なげ　いれ　て、この　うをども

『さあぜんとものがたり』しよへん　本文

『さあぜんとものがたり』の図版は、国会図書館蔵本近代デジタルライブラリーによる。

○はい とくもとの はなし。　S 3-30　The Spider and the Fly

○あぶらむ と じむり との はなし。　S 3-112　ABRAM and ZIMRI

○まんにんぐ きてんを もつて ともだち の
　きなん を たすくる はなし。　S 3-98　Swimming for Life

○りちやるど ふうどれす の はなし。　S 3-114　The Horse-Swimmer

○みいろ の かけしる の はなし。　S 2-79　The Best Sauce

○ひややか なる いづみ の はなし。　S 2-22　The Cold Spring

○やぶさか なる ひと の かへる さる の はなし。　S 2-36　The Miser's Monkey

○ひとに あい せらるゝ ひじゆつ の はなし。　S 2-61　How to be Loved

○じまん せし こども の はなし。　S 2-57　The Boy who Boasted

　さあぜんとものがたり　にへん　しものまき。

○おそざき の いちご の はな の はなし。　S 2-75　The Late Strawberry Blossom

○みだりに ひと を うたがふ べ からざる はなし。　S 2-83　The Unjust Suspicion

○とうみやうだい の こむすめ の はなし。　S 2-88　The Little Girl of the Lighthouse

○えみり の にんぎやう の はなし。　S 2-93　The Sacrifice of the Doll

○あるぜりや こく の さいばんやく の はなし。　S 3-88–90　The Observing Judge 1.2.3.

ぬきいだして。やくしたるもの なり」と、もっぱら子どものために材料を選び出したと述べている。また、「ぢの ことば は がぞくちゆう かんの ことばづかひ を もつて しるし たれ ども、ひと の ことば な どは みな とうきやうことば を もつて かけり」と言い、地の文章は雅俗中間で書いたが、会話部分は東京方言で、つまり話しことば的に記述したことも明言している。原文の会話文を、直接話法で取り入れようとした試みも注目に値する。

この本に収められた三二編のうち、*Sargent's Standard Third Reader* の中で長編読み物（三課続き）としての面白さを持った教材である「あるぜりや こく の さいばんやく の はなし」の冒頭部分を引用してみよう。（鳥山の意図には反するが、稿者の責任で、文意が取りやすいように漢字仮名交じり文をひらがな文の後ろに付しておく。以下同じ）

『さあぜんとものがたり』口絵

108　SARGENT'S STANDARD SECOND READER.

Rejoice! rejoice! the budding flowers are bursting;
Rejoice! rejoice! their fra'grance fills the air;
When roses bloom and dai'sies grow,
And wood bines twine, and vi'o-lets blow.

Rejoice! rejoice! the summer days are pres'ent;
Rejoice! rejoice! for sweets they now im-part;
The morning cool, the sunny day,
The leafy trees, the new-made hay!

LIV. — THE BOY, THE MIRROR, AND THE ECHO.

PART I.

(29, 42, 74, 108, 130, 140, 170, 279.)

1. Here is a boy threat'ening his own im'age in a mir'ror! Is not he a sil'ly boy? But there is this ex-cuse for him: he was brought up in a dis'tant part of the country, and never saw[24] a looking-glass till he saw the one in the pict'ure, at his uncle's house.

2. This boy's name is Andrew. I shall not tell you the whole of his name; for he is now wiser, and laughs at the folly of his youth.

3. When Andrew en'tered his uncle's parlor, he threw down his cap, and saw, as he thought, another boy mimic him by doing the same thing.

4. He did not like to be mocked; so he said, "Who are you?" The boy in the glass made no

Sargent's Standard Second Reader

○あるぜりや こく の さいばんやく の はなし

いつせん はつぴやく ごじふねん。あるぜりや の くに に ぼうかす と いへる かしら ありて。この くに じふにしゆ の じんみん を しはいし。けんい かぎり なく。こゝろ の まゝ に せいぢ を なせり。この とき かの じふにしゆ の ひとつ を つかさどれる さいばんやく に。はなはだ めいはく なる さいだん を する ひと ありて。むかし の そろもん わう に ひとしき さいち あり と いひ を る よし を。きゝて。まこと に ひやうばん の ごとき か。われ みづから の こと を さいばん させて。こゝろみん と おもひ たちて。たゞびと の ごとく いで たちて。もちろん へいたい の けいえい も なく。きんじゆ の ひと も つき そはず あらびやうま に うち のりて。かの さいばんやく の すめる じやうか を さして いで ゆき けるが。すでに その じやうか の いりくち に いたりし とき。ひとり の かたわもの ありて。ぼうかす の すそ を とらへ。ほどこし を こひければ。ぼうかす は これ に ぜに を あたへ けれども。なほ かの かたわもの は ぼうかす が すそ を はなたねば。ぼうかす〽わし は こなた に ほどこし を しんぜた に。こなた は どうして わし を はなさない か こじき〽さやう で ございます が。おきやう に なんぢ は なんぢ の きやうだい に ほどこし を あたふる のみ ならず。なんぢ の ちから およぶ ところ の こと は、かならず なんぢ の きやうだい の ため に なす べし。と あります では ございません か ぼうかす〽さやう〳〵。それ なら こなた の ため に どう しやう か こじき〽わたくし は この やう に あし が ふじいう に ございます から。ひと の あしもと や。うし。うま。らくだ など の あしもと を。いざり まはり まするが。まこと に けんのん で ございます。(下略)

(「アルゼリア国の裁判役の話」一八五〇年、アルゼリアの国にボウカスと言へる頭(かしら)ありて、この国一二州の人民を支配し、権威限りなく心のままに政治をなせり。この時、彼の一二州の一つを司れる裁判役に、甚だ明白なる裁断をする人ありて、昔のソロモン王に等しき才智ありと言ひをる由を聞きて、誠に評判の如きか、我れ自らの事を裁判させて試みんと思ひ立ちて、旅人の如く出で立ちて、もちろん兵隊の警衛もなく、近習の人も付き添わず、アラビア馬に打ち乗りて彼の裁判役の住める城下を指して出で行きけるが、既にその城下の入り口に至りし時、一人の片輪者ありてボウカスの裾を捉へ、施しを乞ひければ、ボウカスはこれに銭を与へけれども、尚、彼の片輪者はボウカスが裾を放たねば、ボウカス「わしは此方に施しを進ぜたに、此方はどうしてわしを放さないか。」乞食「左様で御座いますが、お経に、『汝は汝の兄弟に施しを与ふるのみならず。汝の力及ぶ所の事は、必ず汝の兄弟の為に為すべし』と、ありますでは御座いませんか。」ボウカス「左様左様。それなら此方の為にどうしようか。」乞食「私はこのように足が不自由に御座いますから、人の足元や、牛、馬、駱駝などの足元を、膝行(いざ)り廻りまするが、誠に剣呑で御座います。」)

執拗に訴える乞食に同情したボーカスは、彼を自分の馬に乗せて市場まで行く。ところが、乞食はその馬が自分の所有物だと主張し、頑として下りようとしない。そこで、裁判官に誰が本当の馬の持ち主なのかを決めてもらおうという展開になる。翌日、お目当ての裁判官は、すでに持ち込まれていた別の二つの難しい訴訟を見事に裁いた上、ボーカスの事件についても鮮やかな判決を下す。日本でいえば「大岡裁き」のような名裁判官の話であり、推理と謎解きの面白さを備えていて、読み物としても非常に興味深い。

原文は以下のようである。これも冒頭部分を抜き出してみる。

The Observing Judge

In a district of Algeria, distinguished by a name which, being translated, signifies the fine country, there lived, in the year 1850, an Arab chief or sheik, named Bou-Akas, who held despotic sway over twelve tribes.

Having heard that the cadi, or judge, over one of these twelve tribes, administered justice in an admirable manner, and pronounced decisions worthy of King Solomon himself, Bou-akas determined to judge for himself as to the truth of the report.

Accordingly, dressed like a private individual, without arms or attendants, he set out for the cadi's town, mounted on a docile Arabian steed. He arrived there, and was just entering the gate, when a cripple, seizing the border of his mantle, asked him for alms.

Bou-Akas gave him money, but the cripple still maintained his hold. "What dost thou want ? " asked the sheik; "I have already given thee alms." –"Yes," replied the beggar; "but the law says, not only, 'thou shalt give alms to thy brother,' but, also, 'thou shalt do for thy brother whatsoever thou canst.' "

"Well; and what can I do for thee?" –"Thou canst save me –poor, crawling creature that I am! –from being trodden under the feet of men, horses, mules and camels, which would certainly happen to me in passing through the crowed square, in which a fair is now going on." （下略）

鳥山の翻訳が、本文の内容を的確に把握した上で、当時の日本の子どもに向けて理解しやすいような日本語に移し替えようとしていることが分かる。それは「自らの事を裁判させて試みんと思ひ立ちて」とか「もちろん、兵隊の警衛もなく」といった、口語がかった文体の上に表れている。この話は、先に挙げた深間内基の『啓蒙 修身録』にも訳出されているので、そこでの訳文を次に掲げて、比較してみよう。

十　審裁

千八百五十年の頃アルゼイル州にホウアックスと云者あり隣邦に二十の人族に酋長たり其法を修むる極めて苛酷なりしが其轄する所の一種族中に審裁を能するものあり其声頗る盛に人以て昔日のソロモン王に比す酋長之を聞き自ら此を試みんと欲し倍侍を去り剣を脱し農夫に姿を変じ馬に跨て行くこと数里遂に都府の辺に至る偶々人あり不具にして歩むことを得ずホウアックス此れに逢ひ其乞に従つて即ち施すに尚乞ふ所あらんとす故に其意を問ふ云く法に云はずや人に施すには特に金銭を以てするのみならず己が及ぶ処は為して惜む勿れと酋長又其意を解せず其故を問ひければ対へて云く余市に趨かんことを欲すれども街中人馬多く往来繁ければ此がために妨げられんを恐る（下略）

両者を比べてみると、ひらがなで書かれているか、漢字仮名交じりになっているか、という違いはあるものの、地の文に関しては、それほど大きな違いはない。ただし、鳥山の方が和文脈、深間内の方が漢文脈が勝っており、語彙の選択もそうした観点から行われているので、鳥山訳は柔らかさを感じさせる。一方、会話部分に関しては、深間内の訳文は、会話を地の文の中に溶け込ませるような処理をしているので、会話の面白さと臨場感が感じられないが、鳥山の方は、直接話法を採用したので、ボウカスと乞食とのやりとりが生き生きとしており、その場の情景を彷彿とさせるような効果が上がっている。前述したように、鳥山自身は、「東京ことば」で会話文を記したと述べていた。翻訳されたボウカスと乞食の対話は、ややていねいすぎる印象も受けるが、教育用という点に関しては、まことにふさわしい談話文である。鳥山が子どものためにと企図した目的が十分に達せられた訳文だと言えるだろう。明治初期の子どもに読ませることを想定した読み物としては、修身臭もなく、ストーリー展開の面白さを満喫できる話材である。

なお、*Sargent's Standard Reader* の注記によれば、この The Observing Judge という教材は、イギリスの作家 Dickens の手になるもので、*Household Words* という書物から採られたものであるらしい。従来の研究では、ディケンズの作品は、一八八二（明治一五）年に加勢鶴太郎が『西洋夫婦事情』の中に「いさかひ夫婦」と題して Sketches of Young Couples を翻訳したのが日本への最初の紹介だということになっていた。そうだとすると、この鳥山啓や深間内基による The Observing Judge の翻訳は、ディケンズ作品の本邦初訳ということになる。つまり、一八七三（明治六）年の鳥山啓による「あるぜりやこくのさいばんやくのはなし」、深間内基による「審裁」、および後に触れる一八七四（明治七）年の海老名晋による「天網ハ疎ニシテ漏サズ」などのサージェントスタンダードリーダー経由の The Observing Judge の翻訳は、期せずして英国の作家チャールズ・ディケンズ作品の日本への初めての紹介になっていたのである。[*35]

鳥山訳の文学性

鳥山は、「わらはべ のをしへ となる べきものがたり を ぬきいだして」翻訳したと述べ、その話材にはリーダーから教訓的なものを選んだ。しかし、それを訳出するにあたっては、できるだけ原文をそのまま日本語に置き換えようとしていた。そこで結果的に、もともとの英文にあったユーモアや文学的表現がそのまま紹介されるということになったケースもある。

たとえば、*Sanders' Union Third Reader* や *Swinton's Third Reader* にも掲載されていた、灯台守の娘の話を取り上げてみよう。前述したように、鳥山が原拠にしたサージェントリーダーの教材文と、同じアメリカの読本サンダースユニオンリーダーやスウィントンリーダーの教材文とでは、場所や登場人物の名前に差異があるものの、基本的な筋立ては同じである。つまり、父親と小さな娘が二人で灯台を守っているが、たまたま父親が不在の折に嵐がやってくる、それまで灯台に点灯したことがなかった娘は、父の代わりに立派に仕事をやり遂げる、そのおかげで多くの人命が救われる、という展開である。灯台守の娘の社会に大きく役立つ勇気ある行動は、称賛に値する美談である。

もっとも、*Sargent's Standard Second Reader* の話の末尾は、ほかのリーダーに載せられた教材文とは異なって、作品の結末がちょっとしゃれた終わり方になっている。それはおそらく作家としても名声のあった編者 Epes Sargent による手入れの結果ではないかと思われる。話の終末部は、嵐の翌朝、不在だった父親（He）が、とるものもとりあえず娘（Ellen）のいる灯台に駆けつけるという場面である。

Early in the morning he set sail for the island. The storm was over. He went up into Ellen's little room, and waked her with a kiss. It was a joyful meeting.

鳥山は、タイトルを「とうみやうだい の こむすめ の はなし」とした上で、この結末部分を以下のように翻訳する。

かくて その よくてう に いたりて あらし は すでに すぎ けれ ば。ちゝ は いそぎて しま に かへり。いれん の ねや に ゆきて みる に。まだ よく ねぶりて ありしかば。やがて その かほ に すひ つきて。むすめ の ゆめ を おどろかしぬ。

（かくてその翌朝に至りて、嵐は既に過ぎければ、父は急ぎて島に帰り、イレンの閨に行きて見るに、まだよく眠りてありしかば、やがてその顔に吸ひ付きて、娘の夢を驚かしぬ。）

もともとの本文を活かして、美談にありがちな教訓などを交えず、そのまま紹介している。和文の骨法を踏まえた余韻のある結末だといっていい。あっさりとした終わり方だけに、父親はどんな気持ちで娘にキスをしたのかとか、この後二人がどんな会話を交わしたのだろうかなどと、読み手の想像が膨らむ終結部である。原文を尊重してそれをできるだけ和文脈にのせて、わかりやすい日本語に移そうとしたのが、翻訳に当たった鳥山啓の基本的な姿勢である。国学者としての鳥山の素養が溢れた訳だと考えられる。

ところが、同じ *Sargent's Standard Reader* に材料を仰いだ加地為也の『西洋教の杖』（後出）では、この話は「常夜灯守の娘孝道せし話」と題を付けられて、次のように結ばれている。

此れに付少女の父も安帰することを得翌日衆人の悦ひを受くる此全く少女の尽心よりして其身留守なれとも在島尽力の功を誉らる固より少女の孝なり嗚呼苟も人の子たる者男となく女となく只親の為にハ此の如き道を以てせずんハあらす凡そ此事臨時父の為にするに似たれとも畢竟数百人の命を救ひしに当り其年齢の少なるを以て其功の大なるを成せし時人挙て嘆賞せざるハなしと云

加地為也の『西洋教の杖』も、『さあぜんとものがたり』と同様の翻訳啓蒙書だが、こちらは編著者の見解を濃厚に附会させた文章になっている。これでは、原文そのままの翻訳とは言い難い。（後に触れるが、加地の場合は、意図的にそうしていたようだ。）すでに見てきたように *Sanders' Union Reader* をもとにした小宮山弘道の『小学教授書 修身之部』の「灯台守ノ少女勇猛ナリシ話」でも、この例と同じように編者自身の教訓が書き加えられていた。「修身教育」という側面を強調すると、この『西洋教の杖』や、先に見た『小学教授書 修身之部』のように、原文に翻訳者の教訓の言辞をさらに重ねる傾向になることが多い。

鳥山の場合は、積極的に文学的な教材を選び、文章そのものを楽しませるような翻訳を第一の目的にしたわけではないが、原文に対して、自分の解釈や新たな教訓を付け加えることはしなかった。それはおそらく鳥山自身が、比較的穏やかな教育観を持って翻訳に当たっていたからだと思われる。彼が素養として身につけていた国学に基盤をもつ美意識と文体意識とが有効に機能して、訳文を親しみやすいものにしていたのである。

「対話」や詩の翻訳

さらに、鳥山訳の文学性という点に関しては、特筆すべきことがある。当時のアメリカのリーダーには、音声教材、また詩や会話のやりとりからなる対話教材が数多く収録されている。ところが、この時期の翻訳啓蒙書のほとんどが、それらを無視して、散文教材だけをピックアップして翻訳してきた。その中で鳥山啓は、例外的に対話教材を日本の現実の日常会話に近づけ、また詩教材も極力日本語にそのまま紹介しようと試みている。

英文の会話を、できるだけそのまま日本語の文章表現に移そうと意図していたことは、さきほどの「ひと の ことば など は みな とうきやう ことば を もつて かけり」という言明に表れているし、確かに鳥山はその方向で、原文の会話を生き生きと訳している。「あるぜりや こく の さいばんやく の はなし」の「ぼうかす」と乞食とのやりとりにもそうした努力が見られたが、ここでは全編が二人の会話によって構成された「対話教材」を翻訳した「おほびと と こびと の はなし」の、巨人(Giant)と小人(Dwarf)とのやりとりの一部を抜き出してみよう。

おほびと〽ア、コレ〱おまち なさい わし は おまへ に おたのみ が ございます。たゞ いま わし が き を きつて ゐた ところ が。き の めげ が わし の め に とび こみ まして たいさう なんぎ を して ゐます こびと〽それ は おき の どく せんばん。わたし は さつそく いしや を よんで まゐり やせう。そして その めげ を とらせ ませう おほびと〽イヤ おめへ の その かあいらしい おて で わたし の め に はいつ た めげ を とつて くだされ なに も いしや なんぞ を よぶ に は およば ない こびと〽イヤ〱あなた は おれ の そば へ くる と ころし て くれる ぞ と おいひ で あつ た もの どう し て そんな お かた の そば へ より つかれ ます もの か

(巨人〽ア、コレ〱お待ちなさい、わしはお前にお頼みが御座います。ただ今わしが木を切っていたところが、木のめげが、わしの眼に飛び込みまして、大層難儀をしております。小人〽それはお気の毒千万。私は早速医者を呼んで参りやしょう。そしてそのめげを取らせましょう。巨人〽イヤおめえのその可愛らしいお手で私の眼に入っためげを取って下され。なにも医者なんぞを呼ぶには及ばない。小人〽イヤ〱あなたは俺の側へ来ると殺してくれるぞとお言ひであったもの。どうしてそんなお方の側へ寄りつかれますものか。)

「まいりやしょう」「下され」などという語法の選択は、江戸後期の洒落本や黄表紙などの会話文を彷彿とさせるものである。おそらく鳥山は、会話表現のモデルとして、そうした江戸文芸のセリフの文体を援用したのだろう。ここで注目すべきは、自称が「わし」「わたし」などと、また他称が「おめへ」「あなた」などと一定せずに揺れていることである。あるいは、同じ会話中の文末が「ございます」「しています」となったり、「取って下され」「及ばない」と統一感に欠ける。おそらく、会話文の記述方針が安定していなかったのだろう。鳥山は、そうした会話表記が確定していなかったという当時の問題を抱え込まざるを得なかったのである。いうまでもなくこのことは、鳥山自身はそれほど自覚的でなかった

にせよ、いわゆる言文一致運動という言語実験に参加する行為でもあった。この時期に、会話文を日本の庶民のこなれた口語に翻訳した子ども向けの書物として、第一章で渡部温の『通俗伊蘇普物語』を紹介したが、他にはほとんどそうした例がない。

また、他の翻訳者たちが手をつけようとしなかった「詩」についても、The Spider and the Fly という詩を選んで、「はい とくも との はなし」として訳出している。ただし、この詩の翻訳に関しては、鳥山も、本来これは日本の韻文に訳すべきだが、それでは「あまり くだくしければ」散文にすると述べており、韻文ではなく蠅と蜘蛛との対話形式の会話文に翻訳している。また、Clarence Cook の作になる物語詩 ABRAM and ZIMRI も、同様に、リズム感豊かな和文に置き換えただけだった。

しかし、短い詩については、できるだけ原詩の味わいを伝えながら、日本の韻文形式に移し換えようという努力が見える。たとえば、*Sargent's Standard Reader* には、散文教材の末尾に、本文に関連する韻文を添えた構成を採用した課がいくつかある。そのうち、「おん しらぬ わうの はなし」の場合を見てみよう。

これは The Ungrateful King の翻訳だが、話は次のように展開する。昔、印度の王が、水に落ちたときに、王の髪の毛を摑んで助けた家来がいた。ところが古法には、王に触れたら死罪という定めがあり、傲慢な王はそれを杓子定規に適用して恩人を死刑にした。後日、再び王が舟から水に落ちた際に、随身たちは声援を送るばかりで、決して手を出そうとしなかったので、王は溺れて死んでしまった。権力者といえども思いやりの心を持たなければ、破滅してしまうのだ。読み手である子どもたちは、この王の話から、報恩、感謝の態度こそが人々の幸せを招くということを学ぶべきだ、と、教訓的な語りかけで話が結ばれる。ストーリーとしては、もちろんこれで完結している。

ところが原文では、この話の後に、次のような四行詩が付されている。

The little brook, that runs be-side the tree,
Keeps the roots moist, and helps the leaves to grow;
The tree's re-turn of good you soon shall see:
'T will shield the brook from Summer's fervid glow.

水と木との共生関係を詠ったこの詩を原文に付加したことは、二重に教訓を重ねたようにも思える。だが、ストーリーと直結してはいないものの、内容的にアレゴリーとなっている韻文を添えることで、この話のメッセージは、象徴的なレベルにまで高まっている。教材編成という観点からいうなら、一つの作品に続けて別の文体の作品を配することで、学習者が韻文のリズムに注意を向けるという学習の契機も生まれるだろう。リーダーの編集者は、そうした複合的な効果をねらって、教材文の後ろにこの詩を配したのだと考えられる。したがって、翻訳にあたっては、この詩をそのまま散文に移したのでは意味がない。

鳥山は、次のような翻訳をする。

〽したゆくみづの めぐみ より。（下行く水の恵みより）
このねこのはぞ さかえける。（樹の根樹の葉ぞ繁えける）
さてこそ あつきなつの ひに。（さてこそ暑き夏の日に）
きはしも みづを おほふなれ。（木は下水を覆ふなれ）

前述した伊藤卓三訳の『泰西行儀のおしへ初編』にも、このThe Ungrateful King の話は、「印度ノ国王恩を知らざることに依て非命の死をなせし事」という題で掲載されていた。しかしこの詩の部分は無視され、翻訳されていない。同じ教材文は、加地為也も『西洋教の杖』の中で、「『インジヤ』国の王溺死せし話」と題して訳出している。また『七一雑報』の一三号にも、前田泰一が「可笑(おかしな)捉てのはなし」と題して訳出している。だが、いずれの場合にも、詩は翻訳されていない。*36

もちろん、それは何も、伊藤や加地、あるいは前田だけがそういう処理をしたわけではない。この時期のほとんどの翻訳者は、リーダーの「詩」や「対話」の部分を素通りしてもっぱら散文を中心に翻訳作業を進めていた。いうまでもなくそれは、実利実用を優先したからである。また、一般的にいっても、韻文作品は別の言語に翻訳しにくい。原文が雅語や古語などを使っている場合も多く、日常言語表現にはほとんど使用しないような語彙や用法もしばしば登場する。したがって、この時期、実際の英語学習の中でも、韻文教材を飛ばして学習を進めるような例はよくあったことらしい。だが、韻文を無視すると、言語の実用的側面にのみ目を向けることになりやすい。

鳥山にとって、こうした部分を看過することは、言語の働きの全体性を無視するかのように感じられたのではないだろうか。また、歌心のあった鳥山には、英詩を日本語に移すこともさほど難しい作業ではなかったという事情もあるかもしれない。このように韻文や対話文をできるだけ紹介しようとした姿勢も、この時期の鳥山の仕事が他の翻訳者の仕事と比べて卓越していた点だといえるだろう。*37

(3) 鳥山啓の仕事とその位置

入門期用のひらがな本の作製

ところで鳥山は、『さあぜんとものがたり』だけをひらがなで訳したのではなく、他にも多くのひらがな本を作成していた。これが鳥山の仕事を先駆的だと述べた第二の理由である。サージェントリーダーの話題からは外れるが、鳥山の仕事の広がりを知るためにも、それらについても検討してみよう。まず、鳥山の関係したひらがな本のすべてを、以下に列挙する。発行元は、どれも「かなぶみしや」である。*38

『だいいちのよみほん』一八七三（明治六）年九月　かなの用法・単語・短文
『だいにのよみほん』一八七三（明治六）年九月　かなの用法・単語・短文
『じつづりをしへぼん』一八七三（明治六）年一〇月　書字の基礎・単語・短文
『さあぜんとものがたり』一八七三（明治六）年一〇月―翌年　修身読み物集
『あいさつのしかた』一八七四（明治七）年一月　会話・対話の例文集
『きうりいちろく』一八七四（明治七）年一月　子どものための究理学（問答形式）
『つうぞくかみよのまき』一八七四（明治七）年　子どものための歴史・日本神話
『ちりうひまなび』一八七四（明治七）年一月　こどものための地理・日本と世界
『でんしんきようぶん』一八七五（明治八）年二月　カタカナ電報用文例

以上を見れば分かるように、鳥山はいわば「小学教則」で示された各教科用の初等教科書に該当する書物を、すべてひらがなによって作製していたのである。したがって、『さあぜんとものがたり』の訳業も、こうした教育用入門書群製作の一環としてとらえる必要がある。*39

それにしても、依拠した種本があったとはいえ、各教科の教科書を独力で、それも文字改革を進めようという強い意志のもとに実際に出版にまでこぎ着けた人物は、この時期、鳥山を除いて他には存在しない。鳥山は、その意図を、「かなぶみしや」による最初の試みである『だいいちのよみほん』の冒頭で、明らかにしている。そこでは、日本の文字は中国の文字を借りたから音訓など煩わしいことが多い、と述べた上で、次のようにいう。

かな と いふ もの ありて。これ を もつて もの を しるさ ば。いかなる こと をも しるす べく。また これ を もつて かける ふみ は。をんな わらべ も たやすく よみ ぅべけれ ば。せいやう の ちりがく。きうりがく など の ふみ を。この かな を もつて ほんやく し。おひおひ これ を よに ひろめ て まくさ かる わらべ しほ くむ をとめら にも いさゝか せかい の ありさま。もの の だうり を しらしめん とす。

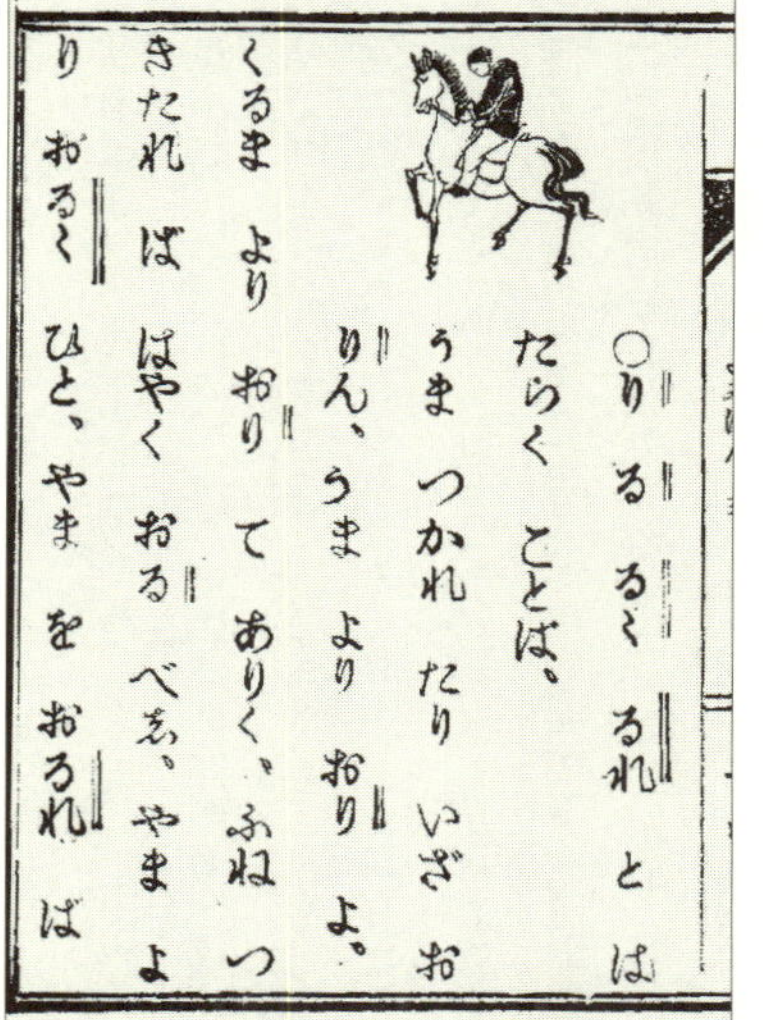
○り る るゝ るれ とは
たらく ことば、
うま つかれ たり いざ お
りん、うま より おり よ。
くるま より おり て ありく、ふね つ
きたれ ば はやく おる べき。やま よ
り おるゝ ひと、やま を おるれ ば

『だいにのよみほん』十四ウ

（仮名といふ物ありて、これを以て物を記さば、如何なる事をも記すべく、またこれを以て書ける文は、女童も容易く読みぅべければ、西洋の地理学、窮理学などの文を、この仮名を以て翻訳し、追々これを世に広めて、秣刈る童、汐汲む乙女等にも、いささか世界の有様、物の道理を知らしめんとす。）

つまり、日々生産労働に従事せざるをえない子女のために、学習に便利な音標文字である仮名を使うのだという言明である。仮名だけを使用して「ちりがく。きうりがく など」の諸学にわたる入門書を作ろうというこの構想は、実際に、読み書きの基礎、会話、物理、歴史、地理、修身読み物、さらには、当時最先端の技術であった電信機に使用するための実用的な文例集に至るまでの、幅広い教科書群となって実現している。

これらの本は、文部省の『小学読本』などが木版刷りの整板本によって普及したのに対して、木活字を使用して作製されていた。『東京日日新聞』も、一八七二（明治五）三月に創刊された後、しばらくは鋳造活字を使っていたが、明治六年代には、木活字を使っている。『東京日々新聞』は、再び鋳造活字に戻るのだが、「かなぶみしや」がなぜこれらの書物を木活字を採用して作製したのか、また、そうした造本が鳥山の本の普及にどのように影響を及ぼしたのかなどは不明である。

鳥山啓の経歴

ところで、なぜ、鳥山はこうした仕事に取り組んだのだろうか。現在のところ、鳥山についての伝記でもっとも詳しいものは、子息である鳥山嶺男が記した「亡父の伝記」である。それを参考に、またその他の情報を総合して、この時期までの鳥山の生活の概略をまとめると、以下のようになる。[*40]

鳥山啓は、一八三七（天保八）年三月、田辺藩、田所顕周の次男として生まれ、一五歳の頃、和歌山県の国学者本居内遠に和歌・国学を学ぶ。一九歳で鳥山清と結婚し、鳥山家を継ぐ。明治維新の時は、江戸にいた藩主に尊皇攘夷を勧めるために同志と上京したり、幕府の長州征伐に加わったりした。この江戸上京の際に、実際に市井で交わされている「とうきやうことば」に触れたにちがいない。その後、英学を自修し、田辺藩に藩校修道館が設立されると、その教官に任じられ、英語を教えた。おそらくここで英語の教科書として、*Sargent's Standard Reader* を使ったのだろう。一八七二（明治五）年の学制頒布とともに、神戸の英国領事館に勤務し、当時県令だった神田孝平に見いだされて、上京を勧められるが、病気のために故郷に戻る。帰郷して田辺小学校に奉職し、同九年和歌山師範学校教員、同一二年和歌山中学校教員となった。和歌山中学校では、南方熊楠を教えることになり、熊楠に強い影響を与えたといわれている。明治二〇年東京華族学校に理科教師として招かれる。当時の華族学校の幹事、色川国士から招きがあったようだ。鳥山は一般には「軍艦行進曲（軍艦マーチ）」の作詞者として知られているが、それは彼の仕事のほんの一部であった。一九一四（大正三）年、七七歳で没する。[*41]

国学と漢学とを身につけ、英語の読解にも習熟していた鳥山が、明治初期に、新しい時代の教育普及活動に猛然と取り組んだのは、三十代半ばのころである。鳥山の出版活動は、まず翻訳書の刊行から始まった。一八七三（明治六）年にマリー・スウィフトの *First Lessons on Natural Philosophy* を翻訳して『童蒙窮理問答 初編・二編』（全六冊）を、同じ年にコルネル著の『訓蒙 天然地理学』（全三冊）を、ともに書友社から出版する。さらに一八七二（明治五）年の「小学教則」で「読本読方」教科書に指定されていた窮理書『天変地異』の補遺である『変異弁』を出し、さらに『窮理早合点』『西洋雑誌』『西洋訓蒙図彙』などを相次いで刊行した。これらは西欧の科学的な啓蒙書をもとに、それを日本の読者に受け入れやすいようにアレンジした著書であり、鳥山の啓蒙的な精神と卓抜な編集感覚に溢れている。以上に挙げた本はすべて、漢字仮名交じり文体で総ルビになっており、随所に図が挿入された親しみやすい仕上がりになっている。とりわけ『訓蒙 天然地理学』には色刷りの挿し絵が数葉添えられており、見た目にも読者の興味を引くようなできあがりである。後年、東京の華族学校から「理科教師」として招かれたことからも分かるように、鳥山が翻訳に取り組んだ洋書は、主として科学関係の物が多く、鳥山もそうした方面に強い関心を抱いていたのだろう。もっとも、こうした仕事は明治初年の科学ブームであるいわゆる「窮理熱」の流行に便乗しただけだ、という評価を受けるものなのかもしれない。[*42]

しかし鳥山は、窮理書の啓蒙的な翻訳作業から、徐々にひらがなによ

『窮理早合点』二編　見返し

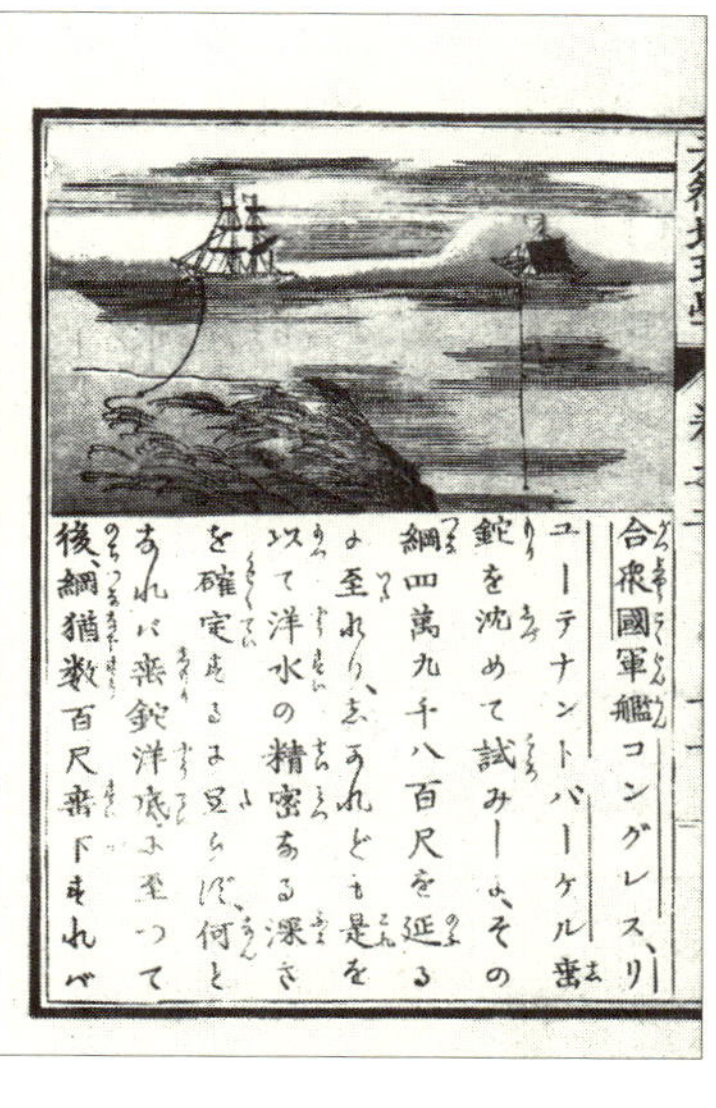
合衆國軍艦コングレス、リユーテナントバーケル氏
錘を沈めて試みし〆、その
綱四萬九千八百尺を延る
に至れり。去れども是を
以て洋水の精密なる深さ
を確定するに足らず。何と
なれば其錘洋底に至つて
後、綱猶数百尺垂下すれば

『訓蒙 天然地理学』中巻　明治６年

る入門教科書の作製に仕事の重点を移していった。明治六年から七年にかけては、かなもじによる出版事業に精力を傾けていたと思われる。「かなぶみしや」という組織がどのような人員構成で、他にどのような事業をしていたのか、などの詳細は不明だが、鳥山嶺男は「亡父の伝記」に「同郷の那須平八郎、多屋寿平次とはかつて仮名の会を起し」たと記している。多屋寿平次は田辺の素封家であったから、鳥山の趣旨に賛同し、主として資金面での援助をしたのではないだろうか。したがって本の企画編集刊行などは、鳥山啓の個人的な活動だった可能性が大きい。[*43]

もっとも、かなだけで文章を記述し、それを多くの人に読んでもらうという試みは、鳥山が最初に行ったわけではない。知られているように、前島密は、一八七二（明治五）年の冬、啓蒙社を神田淡路町に創立し、翌一八七三（明治六）年二月一五日に「まいにち　ひらかな　しんぶんし」を創刊している。しかし、この試みは、一八七四（明治七）年五月に廃刊という結末になってしまう。「ひらかな　しんぶんし」が対象とした庶民たちは、まだ新聞を読むという習慣を持たなかった上に、逆に文字を読むことに慣れている者にとっては、ひらがなばかりで書かれた文章が極めて読みにくかったからだといわれている。[*44]

また、明六社の会計担当であった清水卯三郎も、イギリス人Tate, Thomas Turnerの著書を、鳥山と同じようにひらがなだけで翻訳した『ものわりのはしご』（化学の啓蒙書）を一八七四（明治七）年一月に刊行している。清水は、同年五月の『明六雑誌』第七号に「平仮名の説」という論考を書いて、ひらがなで文章を記述することの意義を説いている。しかし、こうした試みは、広範な支持を得ることはなかった。同じように、ひらがなだけで教科書の文章を綴るという鳥山の仕事も、ほとんど支持を得られなかったと思われる。

『きうりいちろく』の評価

鳥山が「かなぶみしや」から刊行した書物のうち、一八七四（明治七）年一月の『きうりいちろく』は、鳥山の仕事の中でも、とりわけ特色のある本として評価できる。登場人物である伯母（ふみ）と三人の娘（おさい・おちえ・おひで）の次のような「引力」をめぐるやりとりの描写などは、子どもたちの会話の面白さといい、科学的な説明を比喩的に語る伯母の口調といい、今日読んでも極めて興味深く、啓蒙学者鳥山啓の面目躍如たる文章になっている。おそらくこれは「子ども（科学）読み物」としても、また談話体の文章としても、その先進性を高く賞揚していい著作だろう。

ひで〽せかいはそらにういてゐるものだとまうしますが。わたしはどうもがてんがまゐりません。てまりをなげあげましても。ちうにはういてゐません。ふみ〽それはいまもいつたとほり。もの の おちる と いふ は。ち の いんりよく に すはれる の だから。この せかい の ぐるり に ある もの は ち に おちる けれど も。この てまり でも もし ちきう の いんりよく が かゝらない と きには かうして うへ へ あげて はなし たら。そのまゝ そこ に とまつて ゐる はづだ。もし この ちきう を ひき おとす ほど の おほきい いんりよく の もの が あるなら。おち も せう けれど。そんな もの が なく ば ちう に とまつて ゐる の が ほんとうだ。なげあげた てまり が ぢ へ おちる やう に。ちきう が どこ ぞ へ おち たら ばかへつて ふしぎ だと おもひなせへ。さい〽この ちきう は そら の うち に じつと して ゐて。つきひ は その ぐるり を まはつて ゐまする の で ございますか。ちゑ〽それ は そう で ございませう おつきさん も おひさん も げんざい ひがし から にし へ まはります もの。ひで〽わたし も そう おもひますけれど。さつき から みんな おもふた こと は うらはら で あつたから。これ も おほかた ちがつ て ゐる の で ありませう。ふみ〽そんな こと いはず と。うごきや アうごく と いひ。うごかない なら うごかない と しつかり ときめ て いひなせへ。それ で なくちや アろん が たたない から いけま せん。サアみなさん どうだ。わが からだ と おもふ こと を きめて いひなせへ。さんにんとも〽この せかい は いごく もの だ と まうし ますけれど。ちつ とも いごきますやう おもはれ ませず。おつき さん や おひさん が いごきますから。なん でも この せかい は じつと して ゐる もの だと おもはれます (下略)

(ひで〽世界は空に浮いているものだと申しますが、私はどうも合点が参りません。手鞠を投げ挙げましても、宙には浮いていません。ふみ〽それは今も言った通り、物の落ちると言うは地の引力に吸われるのだから。この世界のぐるりにある物は地に落ちるけれども、この手鞠でも、もし地球の引力がかからない時には、こうして上へ上げて放したら、そのままそこに止まっているはずだ。もしこの地球を引き落とすほどの大きい引力の物があるなら落ちもしようけど。そんな物がなくば、宙に止まっているのが本当だ。投げ上げた手鞠が地へ落ちるように、地球がどこぞへ落ちたらば却って不思議だと思いなせえ。さい〽この地球は空の上にじっとしていて月日はその周りを回っていまするので御座いますか。ちゑ〽それはそうで御座いましょう。お月さんもお日さんも、現在東から西へ回りますもの。ひで〽私もそう思います。けれどさっきからみんな思ったことは裏腹であったから、これも大方違っているのでありましょう。ふみ〽そんなこと言わずと動きゃあ動くと言い、動かないなら動かないとしっかり決めて言いなせえ。さんにんとも〽この世界は動く物だと申しますけれど、ちっとも動きますよう思われませず、お月さんやお日さんが動きますから、何でもこの世界はじっとしているものだと思われます）

この書については、『理科教育史資料』の「『窮理熱』時代の科学読み物」の章に、以下のような解説がなされている。[*45]

仮名文字主義者の鳥山啓は、「欧米では女性までも科学の本を書く」ということに目を見はって、「登場人物が女性ばかり」という特異なこの本を書いたのであろう。対話形式の科学の本はこのほかにもたくさん書かれているが、この本のほかに「登場人物が女性ばかり」という本は作られていない。明治初期の文明開化運動の意気込みをうかがうことができよう。

また、自然科学の本では「〈男の子が中心で女の子が登場してもそれは脇役〉というのが」通例で、子どもに科学を教える人は「男の先生か博士かお兄さんか叔父さんかに決まっている」にもかかわらず、この本では「伯母さんが科学を教える筋立てになっている」ことを取り上げ、「その内容はともかく『こんな科学読み物はその後今日まで書かれたことがない』」と高い評価を受けている。

同じ一八七四（明治七）年には、日本で初めて女性が著した科学の本も出版されていた。瓜生寅口述、同禮子筆述『窮理諳誦本』がそれである。このような「窮理熱」は、明治五、六年がピークで、合計六〇点ほどの窮理関係書が出版されたという。鳥山の『童蒙窮理問答 初編・二編』もその中の一冊である。仮名書きの『きうりいちろく』もその流れに乗ったものであった。「いちろく」という本の題名は、当時は一と六の付く日が学校の休日だったことと、「易知録＝しりやすきふみ」をかけたもので、「休日の易しい科学の話」というような意味だと、鳥山自身が本の前書きに記している。このようにこの『きうりいちろく』は、日本への科学移入の仕事の一つとして評価されるのはもちろんだが、日本語表現史という文脈の中においても、取り上げて検討されるべきだろう。

第一部第一章で紹介したように、後藤達三の『訓蒙 窮理問答』における師匠と子弟のやりとりは、尊大語の「でござる」と敬体の「でござります」の応対によって訳し分けられていた。それと同様に、『きうりいちろく』の会話文体には、娘たちには丁寧語の「申します」が、また教える立場の伯母には、くだけた口語表現「なせへ」が採用されている。そのことによって、両者の関係は鮮やかに浮き上がり、人物同士の緊張感も伝わってくる。ここには、ある種の「文芸性」が生まれているとさえ言えよう。すなわち、この文章からは、科学的な知識内容が獲得できるだけではなく、それをどのように伝えようとしているのかという言語表現の工夫や、会話のやりとりそれ自体の面白さを感じとることができるのである。原典の「会話文体」をそのまま日本語に移そうと努力した鳥山の実験的な試みが、こうした翻訳文体を産み出したのだ。この点で『きうりいちろく』は、渡部温の『通俗伊蘇普物語』の訳業と同じく、平易な俗語表現を駆使して、文学表現の可能性を切り開いた著作だった。

このように見てくると、明治初年の鳥山の仕事は、きわめて先駆性に富んだ、教育的意義を持ったものだったと評価することができるだろう。しかし、文字を習い始めたばかりならとにかく、かなだけで記した子ども用の読み物は、大方の受け入れるところとはならなかった。結局、鳥山の試みは、時期尚早だったと言わざるをえない。しかし、仮名を習得しただけでも、文章を読むことが出来るようなテキストを数多く編纂したことは、日本語史の上でも、また教科書史の上でも、極めて重要な仕事だった。

この後、仮名文字を使って庶民に向けたテキストを提供しようという運動は、明治一四、五年頃から再び盛んになり「かなのとも」「いろはくわい」「いろはぶんくわい」などいくつかの団体が結成される。『ものわりのはしご』を出版した清水卯三郎も「かなのとも」に参加して機関誌『かなのみちびき』を刊行するが、明治一六年七月にはそれらの諸団体が大同団結して「かなのくわい」が結成され、言文一致運動は、その会誌『かなのしるべ』なども関係しながら展開していくことになる。が、そこに鳥山が参加することはなかった。おそらく鳥山はそうした仕事に興味を失ってしまったのだろう。しかし、明治期の初頭に、実際に各教科の教科書となる仮名文字による子ども読み物を作製し、刊行したという業績は、今日あらためて見直され、再評価されてしかるべき意義を持っている。

注（Endnotes）

*1 *History of American schoolbooks*: by Charles Carpenter. University of Pennsylvania Press, 1963
Old textbooks: spelling, grammar, reading, arithmetic, geography, American history, civil government, physiology, penmanship, art, music, as taught in the common schools from colonial days to 1900: John A. Nietz. University of Pitsburgh Press, 1961

*2 会田倉吉「福沢諭吉と英書――特に明治以前の時代を中心として」『日本英学史研究会　研究報告』第六号　一九六四（昭和三九）年一一月　一―一〇頁。この論考によれば、この時に購入した書名については、ウェイランドの経済論、クワッケンボスの窮理書、パーレー及びグードリチの万国史、などいくつかについては判明しているが、英語読本の類についての詳細は不明らしい。しかし福沢が、持ち帰った英書のうち、仙台藩に渡した書物については、金子宏二「『藩学養賢堂蔵洋書目録』について――慶応三年福沢諭吉将来本」『早稲田大学図書館紀要』二〇号　一九七九（昭和五四）年三月　九八―一一三頁に、その書目が詳細に紹介されている。福沢はそれらを、アメリカのアプルトン社（Daniel Appleton & Co.）で購入したものらしく、仙台藩へ送った英書の冊数は八百冊に近い。同時に福沢は、和歌山藩から依頼された資金と、自らの資金とで書籍を購入したことが分かっているので、アメリカから搬入して和歌山へ渡したり、慶應義塾へ収納した書目名が、この『藩学養賢堂蔵洋書目録』に記載したものと、似通っている可能性もある。英語教科書としては、*Mandeville's New Seriese* の一巻（Primary）が九八冊、二巻（Second Reader）六四冊、三巻（Third Reader）三五冊、四巻（Fourth Reader）四〇冊、五巻（Fifth Reader）四〇冊の記載がある。ちなみに、*Mandeville's New Seriese* は、出版社も兼ねていたアプルトン社によって刊行された書目である。

*3 福沢諭吉『福翁自伝』岩波文庫　一九七八（昭和五三）年一〇月　一九三頁。

*4 『絵入英学蒙求 初編』ムックフィース著、関思明（徳堂）訳、便静居、一八七一（明治四）年。国立国会図書館蔵。

*5 熊本県立大学附属図書館の貴重書として保管されている「熊本洋学校関係図書」六三冊の中に四冊の *McGuffey's Reader* がある。それは *McGuffey's new eclectic readers* のシリーズで、第一読本が一冊と、第二読本が二冊、それに第五読本が一冊である。残念ながら、熊本県立大学附属図書館には、上羽勝衛が『童蒙読本』に使用した、*McGuffey's new eclectic readers* の第三読本は欠本だが、おそらく当初はシリーズ全巻が揃っていただろうと思われる。なお、この情報は、澤田次郎の論文「少年期の徳富蘇峰とアメリカ――一八六三～一八八〇年」（『同志社アメリカ研究』第三九号　二〇〇三（平成一五）年三月）によって知った。澤田はこの論文の中で、徳富蘇峰が少年時に *McGuffey's Reader* を使って英語を学んだ可能性があることを示唆している。

*6 中本。和綴。五六丁。左開き。図版も原本のまま入っており、題簽は、横書きで「英吉利幼学初編　FIRST READER.」と二段に書かれている。なお、この資料は『初期日本英学資料集成』［マイクロフィルム］雄松堂フィルム出版　一九七六（昭和五一）年、「R21 音韻・文字」にも、収録されている。また、一八七一（明治四）年には、慶應義塾から、*Sargent's Third Reader* の翻刻版が「開版」されている。表紙には『慶應義塾読本』と題名がつけられており、サージェントの第三読本の一四四教材のうちから、散文教材の約半数と対話教材とを合わせて四三教材を抜き出して、翻刻製本したものである。もとの読本にあった、四七の詩教材は、すべてカットされている。所蔵は、国立国会図書館と慶應義塾大学、東書文庫。

*7 金子宏二「『藩学養賢堂蔵洋書目録』について――慶応三年福沢諭吉将来本」『早稲田大学図書館紀要』第二〇号　早稲田大学図書館　一九七九（昭和五四）

年三月　九八―一一三頁。

*8 川戸道昭「明治の『シンデレラ』と『赤ずきん』――日本に西洋童話が根づくまで」『児童文学翻訳作品総覧――明治・大正・昭和・平成の一三五年翻訳目録』3　フランス・ドイツ編1　二〇〇五（平成一七）年九月　一四―一五頁。なお、現在 *Chambers's Standard Reading Books* は、以下の大学図書館に所蔵されている。京都大学、金沢大学、広島大学、大阪大学、神戸大学、筑波大学、東洋大学、北海道教育大学、龍谷大学、麗澤大学。

*9 ウィルソンが編集したリーダーは、以下に述べる三種類（四種類）が日本に導入されたようである。最初のシリーズは、*Harper's Series:School & Family Readers* で、一八六〇年代の編集である。原本・翻刻本ともに、日本各地の図書館などに保管されている例が多い。このシリーズには、その一部が変更された Intermediate シリーズもあり、その Third reader 1865 が、日本にも導入されている（北大・立教大・国会図書館の所蔵）。この第三巻には、理科的な内容はほとんど含まれていない。したがってこれを *School & Family Readers* の第三巻と交替させると、*School & Family Readers* の第一巻から第三巻までは、田園生活から文学へと発展する系統の読本シリーズに変身する。

次にウィルソンが編集したのが、*Harper's United States Readers* である。これは、一九七〇年代の編集で、日本では国立国会図書館に所蔵されている。このシリーズの第四巻は、Intermediate シリーズの第三巻と全く同内容である。このシリーズの第四巻にはアンデルセンの「マッチ売りの少女」等も収められており、第五巻とともに理科的な教材は、ほとんど含まれていない。

さらにウィルソンは、一八八〇年代にも *Lippincott's popular series* を刊行している。前二者はハーパー社からの刊行だったが、これはリッピンコット社から刊行されている。日本では、北海道大学が所蔵している。これも第三巻までは、田園生活を舞台にした子どもの生活を描いた教材が掲載されている。

*10 Webster の *Elenentary Spelling Book* は何度か改訂されており、手元の一八四三年に刊行された本では、掲載されている寓話は、Of the Boy that stole Apples, The Country Maid and her Milk pail, The Two Dogs, The partial Judge の四つである。それが、一八八〇年の刊記のある本では、七つに増えている。

*11 この本について、『日本教科書大系　近代編　第三巻』の「修身教科書総目録」五〇七頁には、「アレクサンダー Alexander 著『ユニオン・リーダー』Union Reader を抄訳した教訓的童話集で、目次の次に絵を収録している。」という解説がある。しかし、ユニオン・リーダーの編者は、アレクサンダーではなく、Charles W. Sander である。

*12 見返しの図版は、国立教育研究所教育政策センター教育図書館蔵本による。

*13 第二部第四章第二節第一項で、再度この『小学教授書　修身之部』に関して触れることになるが、この本は「小学教則」の「修身口授」に対応した教科書として作製された可能性が高い。とすると、『小学教授書　修身之部』は、学習者が自力で「読むため」の材料というより、教師が「口授」するための「教員用」の教科書として用意されていたのかもしれない。

*14 家蔵本は、見返しが欠損しているため、見返し部分の図版は、国立国会図書館近代デジタルライブラリーによった。

*15 『珊瑚の虫』という本の題名は、ウィルソンリーダー第三巻の第二部第四課「Three Lessons of Industry」にある Coral Insects がその出典であることを、尾崎るみが指摘している。（「『ユニオン・リーダー』と日本の児童文学（1）――明治期英語教科書と日本の児童文学⑤」『論叢　児童文化』第二九号　二〇〇七（平成一九）年一一月）ウィルソンリーダーの第三巻の第二部には「Moral Lessons」と題されて、教訓的な題材が一四話並べられていた。『珊

瑚の虫』の著者である前田泰一は、そのうちの一話のキーワードを、書名に採用したのである。小さな虫が集まって珊瑚礁を形成するという話題は、一八七六（明治九）年六月一六日の『七一雑報』（第二四号）にも出ている。これも前田泰一の筆になる記事かもしれない。

『珊瑚の虫』とサンダース・ユニオンリーダーとの関係については、勝尾金弥「『七一雑報』の子供読み物」『日本のキリスト教児童文学』国土社　一九九五（平成七）年一月　三四―四八頁、が両者を比較対照して詳細に考察している。

*16 初期の『七一雑報』には、このほかにもアメリカのリーダーから翻訳された文章が、いくつか載せられていた。たとえば、以下のような文章である。この点から『七一雑報』の記事を書いた人々が、英語のリーダーに親しんでいたことが推察される。

第四号　無筆な人の心え（摂津の住　松井）・サージェント読本 2-42 The Man Who Could Not Read

第八号　洋犬［ペト］のはなし（摂津の住　松井）・ウィルソン読本 3-2-16 The French Merchant and his Dog

第二六号　小事にて大事を助けた話（無署名）・サージェント読本 2.2-79 The Widow's Lamp

第二八号　リードルのはなし（中宮　某）　跛の子ども　（出典不明）

*17 池田哲郎「英語教科書」『日本の英学一〇〇年　明治編』研究社　一九六八（昭和四三）年一〇月　三六七頁。

*18 本多仁禮士「New National Readers の先行本に関する研究」『日本英語教育史研究』第二〇号　二〇〇五（平成一七）年五月　四七―六四頁。

本多仁禮士「National Readers から New National Readers まで――発行状況調査報告」『日本英語教育史研究』第二一号　二〇〇六（平成一八）年五月　四三―五八頁。

*19 蒲原宏「梅浦精一（元善）の生涯と業績」『英学史研究』第一七号　日本英学史学会　一九八四（昭和五九）年一〇月　六七―七六頁。この論文にも『西洋勧善夜話』の紹介があり「見返し」の影印が紹介されているが、「刊期不明」で、「上巻のみしか発見されていない」とある。

また、早川勇『日本の英語辞書と編纂者』春風社　二〇〇六（平成一八）年三月　二三四頁、にも「梅浦元善」の項目がある。

*20 *National Third Reader* の本文は、デジタル化されており、以下のアドレスからダウンロードできる。ニューヨーク公立図書館　一八六五年刊。

https://archive.org/details/nationalthirdrea00park（二〇一三年九月二七日確認）

*21 江戸期に農業書を盛んに刊行した大蔵永常が著した書に『勧善夜話』全五冊、がある。この本は、一八四七（弘化四）年に、江戸で刊行されている。内容的には、修身書の一種であるが、エピソードが主体の読み物集でもある。梅原元善が、この書を読んでいたかどうかは不明だが、「西洋」の二文字を角書きにしていることから、おそらく先行して刊行された大蔵永常の『勧善夜話』を意識していたと思われる。

*22 この本が慶應義塾で使われていたことについては、『英語教育史資料　3　英語教科書の変遷』東京法令出版　一九八〇（昭和五五）年　二二九頁、に記載がある。また、一八七二（明治五）年には、サーゼンド第一リーダーの独習書である『英学捷解――一名リードル独学』が、浦谷義春訳・梅本為重校訂で、大阪の合書堂から出ている。さらに、一八八六（明治一九）年には『サーゼント氏第一リーダー独案内』が、広原光太郎訳で、京都の文求堂から刊行されている。こうした独習書が存在することから、サーゼントリーダーは、ある程度日本の英語学習の中で使われていたことが推測できる。

なお、ウィルソンリーダーやユニオンリーダーが、ナショナルリーダーに交替していくことに関する研究には、それらの教科書の翻刻本や自習書の数量的な変化を調査した、川戸道昭「明治のマザーグース――英語リーダーを仲立ちとするその受容の全容」『児童文学翻訳作品総覧――明治・大正・昭和・平成の一三五年翻訳目録』7　アメリカ編　ナダ出版センター　二〇〇六（平成一八）年三月　二〇—二二頁、がある。

*23
府川源一郎「アンデルセン童話とグリム童話の本邦初訳をめぐって――明治初期の子ども読み物と教育の接点」『文学』岩波書店　第九巻第四号　二〇〇八（平成二〇）年七月　一四〇—一五一頁。

*24
松山棟庵については『松山棟庵先生伝』非売品　松山病院発行　全二八六頁　一九四三（昭和一八）年一二月刊、という伝記があり、そこでは『サルゼント氏第三リイドル』について「訳文流麗、実に一点の雲影なし」と評されている。「第五章　先生の文章と演説」内山孝一稿、一〇三頁。

*25
川戸道昭「グリム童話の発見――日本における近代児童文学の出発点」『日本におけるグリム童話翻訳書誌』ナダ出版センター　二〇〇〇（平成一二）年七月　五—八頁。

*26
高木昌史『グリム童話を読む事典』三交社　二〇〇二（平成一四）年二月　一八七頁。

「くぎ KHM184」は、アメリカのリーダーである *Sanders' Union Readers* 1871-1873 の第三巻第二課にも載っている。原題は、The Horse-shoe Nail でこちらは、どこにも原作者の名は付されていない。また、文章も *Sargent Standard Third Reader* とは若干異なっている。

Sanders' Union Readers をもとにした明治初期の翻訳啓蒙書の中にはこの教材の訳出例は見あたらないが、英語学習の自習書であるいわゆる「独り案内」の中には、この教材の日本語訳が出ている。その中の日本語訳の文章を、グリム童話の翻訳と見なすならば、これも日本語への訳出作業の一つだと位置づけられるかもしれない。そのうちでは、一八八五（明治一八）年七月二五日出版『サンダース氏「ユニオン」第三読本意訳巻之上』の訳文がもっともこなれていて日本語文として読みやすい。

*27
「アンデルセン翻訳総合年表」『児童文学翻訳作品総覧――明治・大正・昭和・平成の一三五年翻訳目録』5　北欧・南欧編　ナダ出版センター　二〇〇五（平成一七）年一二月　二〇五頁、による。

*28
川戸道昭「明治の『シンデレラ』と『赤ずきん』――日本に西洋童話が根づくまで」『児童文学翻訳作品総覧――明治・大正・昭和・平成の一三五年翻訳目録』3　フランス・ドイツ編1　二〇〇五（平成一七）年九月　一四—一五頁。

やはりアメリカの読本である Marcius Willson の編集した *Haper's Unied States Readers* 1872 の第四読本にも The Little Match Girl が載っている。日本ではウィルソンの読本は、*School and Family Readers* のシリーズが有名だが、この読本も日本に導入され、実際にどこかで使用されていたと思われる。また、The Bear and the Children は、これも日本で使われたアメリカの読本 *Monroe's third reader* 1873 の第二四課に、挿絵付きの教材として掲載されている。

*29
ここで取り上げた The Bear and the Children の教材は、アメリカのリーダーである *Monroe's third reader* 1873 の第二四課にも教材として掲載されている。文章は、*Sargent's Standard Third Reader* のものとは、冒頭部分と結末とが若干異なっているものの、ほぼ同文である。この教材には、アンデルセンの名は付されていない。この読本で特筆すべきは、この教材に添えられている挿絵である。ここからは、熊と無邪気に戯れる子どもたちの様子がよく伝わってくる。

72　THE THIRD READER.

XXIV.—THE BEAR AND THE CHILDREN.

I WILL tell you of an incident which occurred once in a country town in the south of Germany. The master of a dancing-bear was sitting in the dining-room of an inn, eating his supper, whilst the bear (poor harmless brute!) was tied up behind the wood-pile in the yard.

Monroe's third reader
1873

Monroe's reader のシリーズは、日本では、筑波大学が所蔵しているほかには見あたらないようだ。この後に一八八三年の刊記がある *Monroe's new reader* のシリーズも刊行された。これは、京都大学と国立国会図書館が所蔵している。また、*McGuffey's 2nd Eclectic Reader* 1879 の第三九課にも、The Bear and the Childrenとして、この話が載せられており、そこにも挿絵がある。この本は、日本では同志社大学と北海道大学が所蔵しており、おそらく英語学習用として実際に使われたのだろうと思われる。

*30 柳父章『「ゴッド」は神か上帝か』岩波現代文庫　二〇〇一（平成一三）年六月、鈴木範久『聖書の日本語――翻訳の歴史』岩波書店　二〇〇六（平成一八）年二月、など。

*31 現在までに判明している *Sargent's Standard Reader* の日本における所蔵状況は以下のようである。
Sargent's Standard Reader（第一版）第一読本：熊本県立大学（熊本洋学校関係図書）、神戸大学（住田文庫）、香川大学（神原文庫）／第二読本：同志社大学、北海道大学（札幌農学校文庫）、千葉県佐倉高等学校（鹿山文庫）、成田山仏教図書館／第三読本：金沢大学、千葉県佐倉高等学校（鹿山文庫）／第四読本：金沢大学。
Sargent's Standard Reader Part. 2（第二版）プリマー（入門書）：筑波大学／第一読本：国立国会図書館、筑波大学、北海道大学（札幌農学校文庫）／第二読本：国立国会図書館、筑波大学、広島大学、東京大学／第三読本：筑波大学／第四読本：筑波大学／第五読本：東京大学。

*32 同じ題材は、一八六八（明治元）年初版のリーダーである *Independent Reader* (*Fourth*) の四二課にThe Little Hero of Haarlemとして掲載されている。

*33 柳田泉「西洋雑誌と鳥山啓という人」『書物展望』第七五号　一九三七（昭和一二）年九月　一七〇―一七二頁。

*34 『准刻書目』一八七三（明治六）年六月の項に、『絵入たとへばなし』中本全部三冊　編集出版　岡野東三郎　和漢洋ノ譬ヘ話ヲ纂輯シ平仮名ニテ記載ス」という記述がある。また、七月の項に『西洋昔の話』平仮名・挿画　全二冊　編輯　片岡仙庵　出版　高田義甫　西洋各国歴史等ヨリ珍話ヲ摘撮ス」という記述がある。どちらも原本が確認できないので、詳細は不明だがやはり、「平仮名」で書かれた本であるように思える。

*35 『児童文学翻訳作品総覧――明治・大正・昭和・平成の一三五年翻訳目録』1　イギリス編 1　ナダ出版センター　二〇〇五年六月　二四四頁、の「ディケンズ翻訳総合年表」によると、ディケンズの作品は、一八八二（明治一五）年に加勢鶴太郎が『西洋夫婦事情』の中に「いさかひ夫婦」と題してSketches of Young Couplesを翻訳紹介したのが最初だということである。また、このThe Observing Judgeは、同じアメリカのリーダーである *The National Third Reader*（一八五七年初版）にも掲載されている。ディケンズの作品は、アメリカの教科書教材としても評価が高かったのだろう。

*36 前田泰一「可笑（おかしな）掟てのはなし」『七一雑報』第一巻一三号　一八七五（明治九）年三月。

*37 貴志康親『紀州郷土芸術家小伝』国書刊行会　一九七五（昭和五〇）年三月　一四一―一四二頁、に「鳥山啓」の項目があり、鳥山啓は「歌人之部」に配してある。「資性温厚学和漢洋を兼ね、博聞にして強記なり、一度見聞せば畢生忘るゝことなく、而して其の最も長ずる所は和歌にあり、又天文、動植の学にも精通し、或は絵画を善くし、その写生画の如き篋中に充満せりと云ふ。」という評価である。このように文人として名声があったので、文学的な表現を作品中に残すことが可能だったのであろう。なお、『紀州郷土芸術家小伝』の原本は、昭和五年に公刊されている。

McGuffey's 2nd Eclectic Reader 1879

*38 すべて、国立国会図書館蔵本。近代デジタルライブラリーで見ることができる。『だいにのよみほん』上、のみ家蔵。中本、二三丁。

*39 『准刻書目』明治六年一〇月の条には、「サーゼント物語」初編　全二冊　翻訳・鳥山啓　出版・島屋（ママ）寿平次、と並べられて、「サンドルス道話」初編　全三冊　鳥山啓、という書名が記され、「千八百七十二年米国刊行サンドルス氏読本ノ中ヨリ童蒙ノ教ニ成ルヘキモノヲ抄訳ス」という記述がある。実際に刊行された「サンドルス道話」を確認することは出来なかったが、この記載の通りに本が出版されていたとするなら、鳥山は*Sargent's Standard Reader*だけではなく、*Sanders' Union Reader*からも様々な話を抜萃・翻訳して、子ども向けの読み物集を編んでいたことになる。

*40 『夕津ゝ』と名づけられた私家版の小冊子が存在しており、これが鳥山啓について、もっとも詳しい情報源である。装丁はＢ５判八七頁、刊記無し。内容は「天才の学者鳥山啓翁・片山哲」「亡父の伝記・鳥山嶺男」「鳥山啓翁の事・鳥山寿々代」「祖父の憶出・鳥山泰雄」の四編の文章からなる。冒頭に掲げられた文章の執筆者である政治家片山哲は、同郷田辺出身で、嶺男の妻である寿々代の弟にあたる。冊子の内容は、鳥山嶺男の書いた伝記部分が大部分で、七八頁を占めている。この「亡父の伝記」には「(昭和二六年遺稿)」と括弧書きがしてあり、末尾の鳥山泰男の文章の結びに、一九六四（昭和三九）年二月という日付の記載があるので、おそらく鳥山泰雄が叔父である嶺男の残した鳥山啓の伝記を公にするため、鳥山啓没後五〇年の節目に、この冊子を刊行したのではないかと思われる。（稿者は、この冊子のコピーを『行進曲「軍艦」百年の航跡――日本吹奏楽史に輝く「軍艦マーチ」の真実を求めて』大村書店　二〇〇〇年、の著書である谷村政次郎氏のご厚意で入手することができた。感謝申し上げる。）ほかに、鳥山啓についての情報は『日本現今人名辞典』一九〇〇（明治三三）年九月　日本現今人名辞典発行所（のち『明治人名辞典』Ⅱ　上巻　日本図書センター）、および、松居竜五・月川和雄・中瀬喜陽・桐本東太編『南方熊楠を知る事典』講談社現代新書　一九九三（平成五）年四月、に記載がある。

*41 神戸時代に鳥山に上京を勧めた神田孝平は、「小学教則」で「修身口授」の教科書として指定された『性法略』の訳者でもある。神田は、啓蒙思想家として、似たような資質を持つ鳥山に注目したのだろう。また、後年になって鳥山の上京を促した色川国士は、一八八三（明治一六）年七月から二年間、和歌山県師範学校の校長職にあった。おそらく鳥山が東京に呼ばれたのは、その時の縁であろう。

*42 コーネルの地理書が、明治初期にどのように日本に移入されたかについては、下記の論文があり、その中に鳥山啓の『訓蒙 天然地理学』への言及もなされている。齋藤元子「コーネルの地理書の幕末・明治初期の日本への影響」『お茶の水地理』四九号　二〇〇九年　二七―四八頁。

*43 『准刻書目』には「サーゼント物語」の出版人に「多屋寿平次」の名前がある。また、『だいいちのよみほん』『だいにのよみほん』には、奥付に「大阪南久太郎町四丁目　布目雄蔵」とあるので、ひらがな本の出版活動は大阪で行われたらしい。

*44 山本正秀『近代文体発生の史的研究』岩波書店　一九六五（昭和四〇）年七月　一〇一―一〇三頁。

*45 『理科教育史資料　第六巻　科学読み物・年表・人物事典』板倉聖宣・永田英治編著　東京法令出版　一九八七（昭和六二）年二月　二八頁、および四八―四九頁。

第三章　翻訳啓蒙書と英語教科書　その二

一、英語読本(リードル)と子ども読み物３　様々な英語読本から

(1)　福沢英之助の関係した翻訳啓蒙書

前章では、アメリカのリーダーである*Sanders' Union Reader*や、*The National Reader*、あるいは*Sargent's Standard Reader*からの直接の抄訳といえる仕事をみてきた。これに対して、素材の選択を一書だけに求めたのではなく、数種類のリーダーや啓蒙書にわたって材料を選び、訳者自身がそれを編集した子ども向け翻訳啓蒙書もある。つまり、翻訳者の主体的な編集意識が、より前面に出た翻訳啓蒙書である。そのうちでは、福沢英之助の仕事が、質量ともに際立っている。そこで、福沢の仕事を、まず『初学読本』から検討してみよう。

福沢英之助の『初学読本』〈一覧11〉

福沢は、九州中津藩の出身で、本名和田慎次郎。一八六三(文久三)年、慶應義塾の最初の塾生になり、一八六六(慶応二)年、中村敬宇・外山正一・菊池大麓らとともに英国留学をした。帰国後、岡山の英学校で教師になる。盛んに翻訳作業を進め、『初学読本』の刊行と同じ一八七三(明治六)年の一二月には、イソップ寓話の翻訳書『訓蒙話草』を出している。一八七五(明治八)年には、私塾童蒙学舎開設。のち、横浜で貿易商社を経営して、第一銀行役員になり、一九〇〇(明治三三)年没、という経歴である。

『初学読本』は、一八七三(明治六)年五月に、福沢英之助版として刊行された。六九丁仕立てで、三一話が収められている。序が付されていないので、刊行の意図などは不明で、また「挿絵」もない。私刊本であるが、本の表紙は、先に挙げた松山棟庵の『サルゼント氏第三リイドル』などと同様に「慶應義塾蔵版」の文字を散らした瀟洒なデザインになっているので、福沢諭吉のもとで印刷刊行されたのであろう。

この本には、先に見てきたサージェント読本に加えて、ウィルソンリーダーからも、材料が選ばれている。いうまでもなく、ウィルソンリーダーは、我が国の国語教育とは密接なつながりがあり、一八七三(明治六)年には、ほぼウィルソンリーダーの直訳である田中義廉編集の『小学読本』が教科書として日本の小学校で使われることになる。(詳細は、第二部第二章に譲る)

『初学読本』の「目録」に並べられている表題は、以下の通りである。

『初学読本』の「目録」の表題

地球太陽及ヒ月ノ事	W 2-1-11	Earth, Sun, and
庭ノ事	W 2-3-14	MoonThe Garden
童子及ヒ狼ノ事	W 2-3-16	The Boy and Wolf
長命ノ事	S 4-2	On Living Well and Long
虚言ヲ云フ可カラザル事	W 2-4-9	Never Tell a Lie
蜂巣ノ事	S 2-31, 32	The Wasps' Nest
偽ハ何ソヤ	S 2-40	What is a Failsehood?
齢ヒ三十ニシテ書ヲ読ミ能ハザル人ノ事	S 2-42	The Man Who Could Not Read
決シテ行フ可カラザル事	S 2-43	What you should Never Do
賞スヘキ童子ノ事	S 2-50	A Noble Boy
押柄ナル者ハ必ス天罰ヲ蒙ラン	S 2-58	Pride its Own Punisher
母ノ子ヲ愛スルノ深キ事	S 2-76	The Mother's Love
眠リノ事	S 2-87	Sleep
真直ニ座ス可キ事	S 2-90	Sit Upright
球及ヒ瓶ノ事	S 2-97	The Ball andThe Vase
約束ヲ破フリタル事	S 2-114	The Broken Promise
信ノ慈愛ノ事	S 2-113	True Charity
正直ナル老人ノ事	S 1-141	The Honest Old Man
人ニハ心切ヲ盡スベキ事	S 1-154	Be Polite
運動及ヒ新鮮ナル空気ノ事	S 3-7	Exercise and Fresh Air
仁者ハ必ス仁ニアリ	S 3-28	The Merciful Shall Have Mercy
勇敢ナル「グレース」ノ事	S 3-29	GRACE DARLING

（上段は『初学読本』の各話の表題、下段はそれがどのリーダーから採られたかを示している。Sは*Sargent's Standard Reader*を、Wは*Willson Reader*を表す略号である。数字はそれぞれ、上から巻と課を表している。ただしWillson Readerの場合は、〇巻〇章〇課という内容構成になっているので、それに対応させた。）

『初学読本』福沢英之助
明治6年

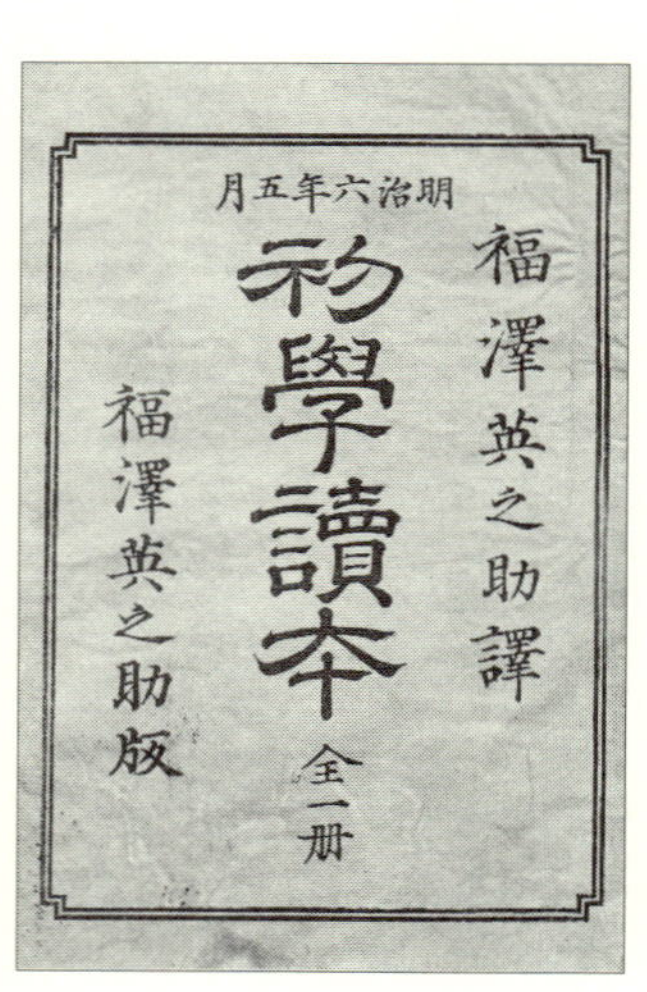

『初学読本』福沢英之助
見返し

合衆国第一大統領華盛頓幼少ノ時ノ事　S 3-31　The youth of WASHINGTON
正直ヲ以テ商売スベキ事　S 3-39　Fair Dealing in Trade
正直ナル小奴ノ事　S 3-40　The Honest Shop-boy
莓ノ事　S 3-43　The Wood Strawberries
「ルーブル」ノ袋ノ事　S 3-123　The Bag of Rubles
信実ヲ言ヒ信実ヲ行フ可キ事　Willard "Morals for the Young" 1-2 Truth
急難ニ逢ヘルトキハ心ヲ静ニ保ツ可キ事　S 4-6　Presence of Mind
戒メノ章　?
人ノ嘲弄ヲ懼レサル事　S 4-11　Non afraid of being laughed at

全三一話の内、ウィルソンリーダーから四題材、ウィルラードの *Morals for the Young* から一題材、残りの二五題材が、サージェントリーダーからの撰材である（一話出典不明）。

ここでは『初学読本』という題名で、「初学」を前面に出しながら、*Sargent's Standard Reader* の第三読本、第四読本という難易度の高いリーダーにまで撰材の手を伸ばしていることが注目される。サージェントの第三読本は、先の『啓蒙修身録』を編んだ深間内基や『サルゼント氏第三リイドル』を編んだ松山棟庵も材料調達の原資にしていた。しかし、福沢は、さらに第四読本にも手を伸ばしている。ここから、福沢の姿勢は、かなりはっきりと見えてくる。というのは、*Sargent's Standard Reader* は、第三読本、第四読本と進んでいくにしたがって、詩を含む文学的な材料が増え、直接教訓を伝えるような修身的な話は少なくなっていくからである。

たとえば、第四・五読本には、シェークスピア、ディケンズ、スコット、ポープなどの著名な作家や詩人の作品が並んでいる。つまり、原著の第四・五読本は、ほとんど文学読本というべき内容になっているのである。福沢英之助は、その文学性豊かな *Sargent's Standard Forth Reader* の中から、「On living well and long（長命ノ事）」「Presence of mind（急難ニ逢ヘルトキハ心ヲ静ニ保ツ可キ事）」「Non afraid of being laughed at（人ノ嘲弄ヲ懼レサル事）」などの、教訓性の強い教材だけを選んだ。つまり、ほかの多くの文学的な話材は、捨てている。さらに、ウイルラードの修身書 Morals for the Young から取材してあることからも、修身的な話題を優先したことは明白である。もちろんこうした姿勢は、ここまで述べてきたように、福沢英之助ばかりではなく、明治初期に翻訳啓蒙書の翻訳を手がけた人々に共通したものだった。

次には、福沢が *Sargent's Standard Reader* の第四読本から選んだ

Presence of Mind の訳文をあげておこう。

急難ニ逢ヘルトキハ心ヲ静ニ保ツ可キ事

高名ナル外科医「アストレークーパー」ハ齢ヒ未ダ十三ニ充タザル時既ニ高名ノ外科家ニモナルベキ証據ヲナシタリ（西洋ニテ歳ヲ算ヘルハ生レ日ヨリ次ノ誕生日マデヲ一ツト算ス）或ル時彼レノ乳母ノ男子人ノ代リニ石炭ヲ荷積ミシタル馬車ヲツカイタルガ過テ車前ニ倒レテ其車輪ニ股ヲ挫カレテ肝要ナル動脈裂ケ出血スルコト泉ノ如シ男子ハ之レカ為メ既ニ気絶セントス近隣ノ人々ハ之ヲ聞テ走リ来リ此出血ヲ止メント試ムレドモ医者ニ非サレハ誰レモ其出血ヲ止メ能フ者ナクシテ唯此出血ノ為メニ童子ノ死センコトヲ懼ル丶ノミ其時未タ十三歳ニ充タザル「アストレー」ハ之ヲ聞テ走リ来リ衆人ヲ押シ抜ケテ直ニ男子ノ傍ニ行キ此出血ヲ見テ少モ恐ル丶色ナク静ニ手拭ヲ以テ聢ト疵ヲ縛テ一時此出血ヲ止メタリ其間ニ医者ヲ迎テ治療シタレバ此男子ハ幸ニ命ヲ失ハザルヲ得タリ（下略）

文章は比較的分かりやすいが、漢文読み下し文体で、ルビは付されていない。日本の歳の数え方と西洋のそれとは異なるという注を施すなど、読み手の理解を助けようという工夫はなされているものの、きまじめでやや固い文体が、福沢の訳業の基本的な姿勢である。

福沢英之助の『童子論』（一覧18）

続けて一八七三（明治六）年九月に、福沢英之助の訳によって刊行された『童子論』も、数種類のリーダーから取材して編集した読み物集である。この本は、『初学読本』の続編として位置づけることができる。

内容的にみると、『初学読本』よりも、やや年少の子どもたちを念頭に置いて編集したように思われる。*1

この本には「序」があり「幼稚ノ心ヲ脩ル一助ニ備ヘンガ為」にこの本を編んだとし、「凡例」では、「種々の『リードル』を抄訳シタルモノ」と明記してある。同じく「凡例」に「原書ニ載スル所ノ図ヲ挙テ之ニ示スハ人ヲシテ読ミ易ク解シ易カラシメンコトヲ願ヘバナリ」とあるように、リーダー原本にある挿絵をかなり大量に取り入れ、ほとんどの話に挿絵をつけて、子どもに親しみやすい工夫をしている。この時期の窮理や地理・歴史関係の翻訳書にはその性質上多くの図が収録されているが、本書で取り上げている読み物系の翻訳啓蒙書においては、これほど多くの挿絵を採用した例は珍しい。しかし、文章は漢字片仮名交じりの文語文で、ルビも部分的にしか施されていない。構成は二巻本で、六一の話が並べられている。（以下の表の構成は、前表と同じ。Sは *Sargent's Standard Reader* を、S.2は、*Sargent's Standard Reader Part.2* を、Wは *Willson Reader* を、Uは *Sanders' Union Reader* を表す略号である。また、Fは、挿絵

『童子論』見返し
明治6年

福沢英之助の『童子論』の目録

［第一冊］巻之一

第一章	学校ニ行ク童子ノ事	S 1-15	原本タイトル無し	F
第二章	輪ヲ転ス女子ノ事	S 1-16	原本タイトル無し	F
第三章	輪ヲ転ス童子ノ事	S 2.2-82	Little by Little ?	F
第四章	縫物ヲ成ス女子ノ事	S 1-13	原本タイトル無し	F
第五章	母ノ許ニテ書物ヲ読ム童子ノ事	S 1-8	原本タイトル無し	F
第六章	母ト叔母ニ花ヲ示ス童子ノ事	S 1.2-40	The Young Gardener	F
第七章	火事ト焼跡ノ事	W 2-3-9	The Nuins and the Fire	F
第八章	子ノ病気ヲ介抱スル父母ノ事	W 2-4-8	The Sick Child	F
第九章	童子ニ教ユル母ノ事	S 1-54	原本タイトル無し	F
第十章	東西南北ノ事	S 1-158	East, West, North, and South	
第十一章	小刀ニテ指ヲ切リタル童子ノ事	S 1-45	原本タイトル無し	F
第十二章	後頭ヲ傷(ソコナ)ヒタル童子ノ事	S 1-51	原本タイトル無し	F
第十三章	線ハ如何ナルモノナルヤ	W 2-7-2	Lines, Angles, and Plain Figures	F
第十四章	外面ハ如何ナルモノナルヤ		〃	
第十五章	固形体ハ如何ナルモノナルヤ		〃	
第十六章	角度ハ如何ナルモノナルヤ		〃	F
第十七章	学校ニ行カズシテ途中ニ遊フ童子ノ事	W 2-2-3	The Idle Boy Again	F
第十八章	弟ヲ橇(ソリ)ニ乗セテ学校ニ拽行キタル女子ノ事	S 1-116	原本タイトル無し	F
第十九章	男子ニ虹ヲ指示ス母ノ事	S 1-73	原本タイトル無し	F
第二十章	或鳥ノ巣ヲ取来テ之ヲ母ニ示ス童子ノ事	S 1-47	原本タイトル無し	F
第二十一章	コマ鳥ノ子ヲ受ザル女子ノ事	S 1-119	The Young Bird	F

章	題	原本	原本タイトル	
第二十二章	オモチヤ屋ノ事	S 1-127	原本タイトル無し	
第二十三章	出精ナル童子ト不精ナル「スロキンス」ノ事	W 2-5-4	Lazy Sloskins, the School-boy	F
第二十四章	不精ナル人ノ事	W 2-5-5,6,7	Lazy Slokins, the young man/ the drunkard/ the thif	F
第二十五章	働ト遊ビノ事	W 2-6-15	Work and Play	
第二十六章	梨ヲ盗ミタル童子ノ事	W 2-6-15	The Boy Who Stole Pears	F
第二十七章	己ノ知レル事ヲ言ヒケル童子ノ事	W 2-6-15	What the Child Knows	
第二十八章	「エムマ」ト「チヤアルス」ノ事	U 2-1	The Good Scholars	F
第二十九章	忙シキ蜜蜂ノ事	U 2-6	The Busy Bee	
第三十章	童子ト鳥ノ巣ノ事	U 2-2	The Boys and the Bird's Nest	F
第三十一章	「アリス」ト云フ女子ノ事	U 2-10	The Greedy Girl	F
第三十二章	自分ノ名ヲ或大木ニホル童子ノ事	U 2-11	Frank Carving his Name on a Tree	F
第三十三章	深切ナル「アメイ」ノ事	U 2-13	The Kind Little Girl	
第三十四章	「ゼイムス」ト「ダシ」ノ事	U 2-20	JAMES and his Dog Dash	F
第三十五章	私慾ナル童子ト善女子ノ事	U 2-17	The Selfish Boy and the Kind-heart	
第三十六章	迷ヒ子ノ事	U 2-24	The Lest Children	F
第三十七章	煙筒ヲ掃除スル童子ノ事	U 2-28	The Little Chimney-sweep	
第三十八章	「ヘレン」ト其母ノ事	U 2-21	"Thou Shalt not Steal"	F
第三十九章	「オスカア」ト云フ童子ノ事	U 2-27	OSCAR Assisting his Mother	F
［第二冊］巻之二				
第四十章	春ノ始メノ薔薇（バラ）ノ事	U 2-16	The First Rose of Spring	F
第四十一章	「フランシス」ト「ロウザ」ノ事	U 2-23	The Loving Children	F
第四十二章	正直ナル童子ノ事	U 2-32	The Truth Teller	

ラズンバアルベカラザル時ナリ然ルニ如何ナル故ニテ此処ニ止リ居ルヤ此童子ハ不精ナル者ナレバ學校ニ行クコトヲ欲セズサレドモ家ニ留テ學校ニ行サル時ハ親ノ叱ヲ受ケンコトヲ懼ルヽガ故ニ學校ニ行ク態ヲ為シテ家ヲ出而メ

童子諭　巻之二　十一

『童子諭』第17章　明治6年

PART II.]　WILLSON'S SECOND READER.　25

LESSON III.

THE IDLE BOY AGAIN.

Here is the idle boy again. He was told to go to school. Why does he not go to school? Why does he play by the way? Is it not school-time? Yes, school has begun, and it is time for him to be there.

Why does he stop here? He stops to play with a dog, and with another idle boy.

Where are his books? He has left his books at home, and when he gets to the school he will be sent back for them.

Good boys love their books, and love to go to school. They do not play by the way when it is school-time.

While at school they study, and learn well, and are often at the head of the class.

Willson Reader 2-2-3

第四十三章	打擲(テフチヤク)セズシテ接吻(セツプン)シタル「ケイト」ノ事	U 2-18	A Kiss for Blow	F
第四十四章	蜜柑売ノ事	U 2-35	The Little Orange Boy	F
第四十五章	書物ノ褒賞ヲ受ケタル「コラ」ノ事	U 2-30	Cora's Present	F
第四十六章	愚ナル小羊ノ事	U 2-39	The Solly Lamb	
第四十七章	「ノウマン」ノ事	U 2-37	The Hard Task	F
第四十八章	博識ニ成ルベキ道ノ事	U 2-42	The Way Become Waise	
第四十九章	如何ニ時ヲ計ルヤ	U 2-33	How Time is Measured	F
第五十章	烏ト貝ノ事	U 2-60	The Crows and the Muscles	
第五十一章	母ニ頼ミ地理書ヲ暗誦スル「シユフサン」ノ事	U 2-58	A Lesson in Geography	F
第五十二章	猛悪ナル童子ト熊蜂ノ事	U 2-56	The Cruel Boy and the Hornes't Nest	
第五十三章	童子ト練瓦(レンガ)ノ事	U 2-55	The Boy and Bricks	F
第五十四章	頼ミ納(ヲサ)メノ事	U 2-46	The Last Request	
第五十五章	猫ト福島鳥(カナリヤ)ノ事	U 2-51	The Cat and the Canary Bird	F
第五十六章	蟻ノ咄ヲ聞テ学ビ遂タル童子ノ事	U 2-54	The Little Conqueror	
第五十七章	父ト貧女ヲ見舞ヒタル女子ノ事	U 2-49	The Sleigh-ride	F
第五十八章	市場ニテ商フ二童子ノ事	U 2-64	Two Market-boys	
第五十九章	使ニ行キ途中ニテ蜜柑ヲ喰ヒタル僕ノ事	U 2-53	How a Servant was Cured of Stealing	F
第六十章	稀ニ外(ハヅレ)ル徴候ノ事	U 2-53	Signs that Seldom Fail	
第六十一章	五官ノ事	U 2-63	The Five Sence	F

『童子諭』第30章　明治6年

NUMBER TWO. 15

LESSON II.

SEEK, search. | STRUG'GLE, contest; strife.
CAUGHT, seized. | BLAME, find fault with.
START'ED, set out. | DIS PUTE', contest in words.
BE GAN', commenced. | SOR'RY, grieved.
QUAR'REL, fight; dispute. | CRU'EL, unfeeling.
WISH'ED, desired. | WICK'ED, sinful.

THE BOYS AND THE BIRD'S NEST.

1. Two boys, who were brothers, went into the woods, one day, to seek for a bird's nest.

2. After looking for some time, they found one on a low branch of a tree, with the bird on the nest.

3. One boy crept up behind the tree,

Sanders' Union Second Reader

がつけてある教材で、それぞれ原本の図柄をかなり忠実に写している。）

ここからは、福沢英之助が翻訳編集した『童子論』が、三種類のリーダーから材料を収集したことが見て取れる。

すなわち、*Sargent's Standard Reader* からは、一六題材。主に第一巻から話材が集められている。このうち「東西南北ノ事」は知識教材であり、他の物語的な話と比べて若干異質な感じがする。

Willson Reader からは、七題材。これはすべて第二巻からの訳出である。ただし「第二十四章　不精ナル人ノ事」は、原典では三つの課にわたる教材であるが、簡略化してひとまとめにしているし、第一三章から第一六章までは、原典では一つの教材だったものを四つに分けている。読み手の負担を考慮に入れて、一課の文章量を編成し直したのだろう。第一三章から第一六章は、文種としては科学的説明文であり、知識を与えるための文章である。

Sanders' Union Reader からは、『童子論』に収録された話材の半分以上である三四題材が収録されており、第二八章以下は、すべて *Sanders' Union Reader* の第二読本から選ばれている。*Sanders' Union Reader* の第二読本には、八〇教材が並んでいるから、そのうちの約半数がここに訳出されたことになる。原典には、韻文も登載されているが、『童子論』に紹介されたのは、散文のみである。イギリスのリーダーとは異なり、もともとアメリカのリーダーの第一読本・第二読本には寓話的な話や物語的な話は、ほとんど載っておらず、内容の多くは、子どもの生活の中から教訓を引き出すような文章である。したがって、子どもに向けた実生活における教訓的な話材集の編集という点から言えば、アメリカのリーダーは格好の情報源として機能したことになる。挿絵も、子どもが登場するものを多く採っている。子どもの現実生活を取り上げて、そこから教訓を引き出そうという姿勢は『初学読本』から一貫している。

こうしてみると、福沢は入手した *Sargent's Standard Reader* (Part.2も含む）と、*Willson Reader* と、*Sanders' Union Reader* の三種類のリーダーの中から、日本の子どもたちが、読むべきだと判断した多くの材料を抜き出して翻訳し、精力的に編集作業を進行させたことになる。

ここでは、*Sanders' Union Reader* の第二巻三五課の The Little Orange Boy を「蜜柑(ミカン)売ノ事」と題して訳した訳文を以下に引いてみる。

蜜柑(ミカン)売ノ事

茲ニ「ヒュウ」トイフ童子アリ父ハ「ヒュウ」ヲ総領(ソウリヨウ)トシテ四人ノ子供ヲ残シテ死シ母ハ極貧ニシテ四人ノ子供ヲ養ハンガ為ニ著(イチジル)シク働キケレバ「ヒュウ」ハ之ヲ見兼(ミカネ)テ母ニ向ヒ何卒我ニ少シノ銭ヲ貸シ給ヘ我汝ノ加勢ヲ為シテ少シノ銭ナリトモ得ルベシト言ヒケレバ母ハ直ニ之ヲ諾シテ少シノ銭ヲ与ヘタリ　（中略）

然リ々我誤テリ然レドモ如何ナルユヘニ我如キ汝ノ知ラザル者ノ誤ヲ斯程(カホド)ニ構(カマ)フトヤト言ヒケレバ其故ハ人正直ニアラザルベカラズ且自分ノ物ニアラザル物ヲバ決シテ取ルコト勿レトイフ教ヲ受タルユヘナリト此童子言フ　（下略）

〇人々之ヲ見テ正直ナレバ必幸福(サイハイ)ヲ得ベキコトヲ知ルベシ

この話材は、先にも引用した。すなわち、*Sanders' Union Reader* を材料にした小宮山弘道の『小学教授書 修身之部』で「貧家ノ児蜜柑ヲ売テ母ヲ養ヒシ話」、また、前田泰一の『珊瑚の虫』で「橙売の童子の事」、と題して邦訳したものと同じである。両者の翻訳文と比べて、福沢英之助の文章の方が、よりこなれた日本語文になっているようだ。なお、文末に付けられた「人々之ヲ見テ正直ナレバ必幸福(サイハイ)ヲ得ベキコトヲ知ルベシ」という評言は、福沢の付加であり、それを〇印によって示している。

さらに、福沢はこれらリーダーからの翻訳とは別に、一八七三（明治六）年一一月に『入学新書初編』を刊行している。これは、一八六九年にアメリカの学士「フロスト」が著した「クラス、ブック、ヲフ、ネーチュア」を翻訳したもので、内容的には理科や地理の本である。ここには、自然科学に関する内容が一六章にわたって記述されているが、福沢は原書に倣ったと述べて、各章ごとに、その内容を確認するため、読み手に対する「問」を付している。これは、この本を受動的に読むだけで終わらせないで、積極的に子ども読者に関与しようという福沢の意図の具体化とみることもできる。福沢には、さらに同年四月の出版と思われる『養生のこころえ』という著書もある。*2

また、同じ一八七三（明治六）年一二月には、福沢がイソップ寓話の翻訳である『訓蒙話草』（一覧22）を刊行したことについては、第一章でも触れた。原本は、一八六八年にロンドンで刊行されたタウンゼントの *Three Hundred Aesop's Fables* である。福沢は、同時期に刊行した翻訳啓蒙書と同様に、読み手である子どもを考慮して、ここでも原本の挿絵をできるだけ忠実に模刻している。*3

明治六年十一月新刻
入學新書初編
福澤英之助譯

『入学新書初編』見返し
明治６年

止マラズ終ニ其目的ノ處ニ達シタリ然ルニ兎ハ已ノ足ノ速ナルヲ恃ミテ假令我一下休ミシテ往クモ我達者ナル足ヲ以テ急キナバ忽チ亀ニ追ヒ勝ツベシト少シ油断シテ路ノ傍ニ横ハリテ睡リタリ

『訓蒙話草』挿絵　明治６年

THE HARE AND THE TORTOISE.

A HARE one day ridiculed the short feet and slow pace of the Tortoise. The latter, laughing, said: "Though you be swift as the wind, I will beat you in a race." The Hare, deeming her assertion to be simply impossible, assented to the proposal; and they agreed that the Fox should choose the course, and fix the goal. On the day appointed for the race they started together. The Tortoise never for a moment stopped, but went on with a slow but steady pace straight to the end of the course. The Hare, trusting to his native swiftness, cared little about the

Three Hundred Aesop's Fables

福沢英之助が翻訳したこれらの諸本を、「小学教則」に対応させた「教科書」としてみるなら、彼は、読本二種類、科学読み物、保健体育、それに修身読み物（イソップ寓話）を用意したことになる。実際に福沢英之助が、学校教育の中で、これらの書物を活用するつもりで作製したのかどうかは明らかではないが、新しく始まった近代学校制度を全く視野に入れずに欧米の教科書類を翻訳したとは考えにくい。とすれば、これらの「子ども向け翻訳啓蒙書」は、広義の「教科書」として使われることも意識していたと思われる。この時点で、個人としてこれだけ多種類の子ども用の教育読み物の刊行に取り組んだのは、前章で検討した鳥山啓、および次節で紹介する上羽勝衛と並べられる業績である。それにもかかわらずこれまでの研究では、こうした福沢英之助の訳業に関して、ほとんど指摘されてこなかった。

明治初期の翻訳啓蒙書は、福沢諭吉につながる人物によって数多く刊行されていたが、その中で、もっとも年少の読み手を意識して、多くの翻訳を残したのは、福沢英之助だった。その意味から言っても、明治初期に子どもを対象にした読み物の作製に情熱を傾けた人物として、鳥山啓や上羽勝衛と並べて、福沢英之助の名前を挙げることを忘れてはならないだろう。

（2）リーダーと関わりの深いその他の翻訳啓蒙書

次には、*Sanders' Union Reader* や、*Sargent's Standard Reader*（Part. 2も含む）、及び *Willson Reader* の三リーダー以外の英語のリーダーと関係のある翻訳啓蒙書を取り上げてみたい。

上羽勝衛の『童蒙読本』（一覧6）

『童蒙読本』は、アメリカの読本の中でもっとも普及した *McGuffey's new eclectic readers* を主要な素材にした「子ども向き翻訳啓蒙書」である。明治初期には、多くのアメリカの読本が日本の子どもの読み物の材料として翻訳・編纂されたが、マックガフィーの読本に全面的に依拠したのは、この上羽の仕事だけだろうと思われる。

『童蒙読本』は、一八七三（明治六）年に、惺々軒から刊行されている。奥付には、売弘所として、東京芝神明の岡田屋嘉七の名がある。著者の上羽勝衛は、明治期に活躍した熊本県の教育者・行政官・実業家として著名である。上羽は、一八四三（天保一四）年四月、宇土細川藩士の家に生まれた。細川藩の藩校「温知館」で才能を認められ、また本藩である熊本藩の「時習館」でも頭角を表し、居寮長に推挙されたという。一八七一（明治四）年、熊本県は、アメリカ人ジョーンズを教師として招き、熊本洋学校を開校する。上羽勝衛は、開校と同時にそこに漢文の教師として赴任し、ジョーンズから大いに啓発を受けたらしい。一方、一八七二（明治五）年の「学制」の頒布に触発されて、教科書類の編纂に手を染める。この点で上羽は、福沢英之助や鳥山啓と似た資質を持っていたといえるかもしれない。上羽の教科書全般に関わる仕事については、第二部第三章で触れることにして、ここでは『童蒙読本』に絞って、その内容を検討する。[*4]

『童蒙読本』は、一冊本で、五三丁。刊行期日に関しては、見返しに「明治六年癸酉晩春」と記されており、冒頭に付された「自序」に「明治六年三月」とあるので、ここでは一八七三（明治六）年三月に刊行されたと考えておく。また、「自序」には、「方今小学之設遍干海内、碩学之者

『童蒙読本』の構成

章	内容	出典
第一章	（壺の中に手を入れ、欲張ったので抜けなくなる）	イソップ寓話（通俗一〇三）
第二章	（池の蛙に石を投げる話）	イソップ寓話（通俗一一九）
第三章	（狼少年の話）	イソップ寓話（通俗三〇）Mc-3-9 The Wolf
第四章	（猪が大事に備えて牙を磨ぐ話）	イソップ寓話（通俗一二四）
第五章	（病気になった鹿の話）	イソップ寓話（通俗一四四）
第六章	（悪い犬と仲間になり、巻き添えに殺された犬の話）	ES.F-3 The Two Dogs
第七章	（木に上って柿を盗んで叱られた男の子）	ES.F-1 Of The Boy That Stole Apples
第八章	（子どもが蜜蜂に働く理由を尋ねる）	Mc-3-1 The Bee and the Child
第九章	（日時計を馬鹿にした機械時計が、逆に諭される）	Mc-3-23 The Clock and Sun-dial
第十章	（犬をいじめた子どもが、老人に叱られる）	Mc-3-25 Cruel Boy Punished
第十一章	（男の人が籠の中の鳥を買い、その鳥を放って助ける）	Mc-3-13 The Birds Set Free
第十二章	（臆病と言われた少年が、人助けをする）	Mc-3-24 Courage and Cowardice
第十三章	（学校をサボって小舟で遭難した少年の話）	Mc-3-2 The Truant
第十四章	（新年に本を買う予定だったお金を乞食に与えた少年の話）	Mc-3-21 The New-year
第十五章	（こだまの話）	Mc-3-27 The Echo
第十六章	（馬を預かった少年がその仕事を全うする）	Mc-3-51 Honesty Rewarded
第十七章	（ゆうれいは実在しない）	Mc-3-34 Pleasing Stories
第十八章	（羊の毛が引っかかってしまう困った茨も、小鳥には役に立つ）	Mc-3-52 All for the Best
第十九章	（叔父さんに怪我をさせたいたずら少年の話）	Mc-3-67 The Insolent Boy
第二十章	（雨は植物にとって重要だ）	Mc-3-6 Let it Rain
第二十一章	（病気の母に桃の実を持ち帰った孝行な少年）	Mc-3-33 George's Feast
第二十二章	（正直な農夫の行いとそれに感激した狩人の話）	Mc-3-40 The Honest Man

書亦陸続上梓（中略）頃者抄訳西国読本」とあり、小学校用の書物が盛んに刊行されるので、自分も子どもたちのために「西国読本」を抄訳したことが記されている。「西国読本」とあるだけで、依拠した具体的なリーダー名は書かれていないが、中心になったのは間違いなく、マックガフィーの読本である。もっとも、『童蒙読本』には、原本にあった挿し絵は付載されていない。

文章は、漢字仮名交じり文で、部分的にルビが振られている。構成は、全二二章に分かれているが、それぞれの章に表題は付けられておらず、目次もない。したがって、稿者が各章毎の文章内容をおおまかにまとめたものを括弧書きで上段に記し、下段に各話の出典を示すことにした。（表の構成は、前表と同じ。Mc は *McGuffey's new eclectic readers* を、ES.F は *Elementary Spelling Book* 巻末の Fable を表す略号である。）

全二二章の内、最初の五話は「イソップ寓話」である。第三章の「狼少年の話」は、*McGuffey's New Eclectic Readers* の三巻の九課に掲載されているので、そこから訳されたのかもしれない。また、この「狼少年の話」は、Willson Marcius の編集した *Harper's School and Family Series Readers* の第二読本に、さらに『童蒙読本』第二章の「池の蛙に石を投げる」話は、同じ Willson Marcius の第一読本に収められているので、ウィルソンの読本に拠った可能性もある。しかし、そうだとするとほかのイソップ寓話は、どこから採集してきたのかの説明がつかない。というのも、この時期の英・米・独の主要なリーダー類に掲載されたイソップ寓話を調べてみると、「病気になった鹿（『通俗伊蘇普物語』第一四四話）」をはじめとする残りの三話は、これらのリーダー類には収録されていないからである。とすると、この五話のイソップ寓話は、英語のリーダー類から選ばれたのではなかった可能性が高い。*5

『童蒙読本』が刊行されたと思われる一八七三（明治六）年三月の時点で、日本に翻訳紹介されていたイソップ寓話は、江戸期に刊行された『伊曾保物語』などを除くと、『童蒙をしへ草』の中の一一編だけである。第一章でも触れたように、日本で最初にイソップ寓話集の全体を翻訳紹介した渡部温の『通俗伊蘇普物語』が刊行されたのは、一八七三（明治六）年四月（前半部三巻）から、一二月（後部三巻）にかけてだった。また、前項でみたように、同じイソップ寓話の翻訳である『訓蒙話草』は、同年一二月の刊行である。したがって、上羽は、既に日本語訳された書物の中からこれらのイソップ寓話を抜き出したのではなく、おそらく英文のイソップ寓話集などから、直接この五話を選んで翻訳したのだろうと推測される。その原本が舶来本であるか、あるいは日本における英文の翻刻本であるかについては不明だが、英文で書かれた何らかの *ESOP'S FABLES* から直接翻訳したことだけは間違いないだろう。*6

また、それに続く第六章と第七章の二話の出典は、*Elementary Spelling Book* 巻末に付録として載せられた Fable である。*Elementary Spelling Book* が巻末に七つの小話を掲載していたことについては既述した。上羽は、そのうちの二話を選び出して訳出したのである。

これ以降の第八章から第二二章までの一五話が、*McGuffey's New Eclectic Third Readers* から選ばれた話材である。どの話も教訓めいた結末になっているが、それはもともとの原文がそうなっていたからで、訳者である上羽がことさら自分の見解を付け加えたわけではない。それを確かめるために、第一五章の本文を紹介してみよう。

『童蒙読本』に掲載されている「第十五章」の文章と *McGuffey's New*

Eclectic Third Readers の原文は、以下のようである。

童子あり野外に逍遙し行々大声にて叫びたる処思ひ懸なき向ふの岡より同く大ひに叫びければ童子ハ大ひに愕き汝ハ誰なるぞと叫びける処岡よりも亦同く汝ハ誰なるぞと叫びける童子大ひに怒り癡者（バカ）と叫びけれバ亦同く癡者と叫びける童子益怒り憎き奴かな吾之を捜し出すべしと岡に向て走せ行き林の中にわけ入て吾を愚弄せし童子有るべしと捜し索めけれとも更に人影も見へず只鳥の囀へづる声松風の音のみなりける童子ハ如何ともすることなく空しく家に帰り母に語て曰く或狡童私の言を真似して愚弄いたし其身を隠したりと有りし事を詳に告ければ母の曰く汝ハ自身の言を聞て自ら怒れるなり童子の曰く何の故ぞや母の曰く汝ハ返響を知りたるや童子の曰く私未た之を知らず如何なる物ぞや願くハ教へ給へ母の曰く吾之を汝に告ん汝遊べる時壁に向て毬を投れば必ず汝に返り来るを知るべし童子の曰く固然り私ハ之を手に取れり母の曰く返響も亦之に異ならず若し岡或ハ大ひなる屋に向けて大声を発すれハ其声必ず返り来て自身の耳に入り自身の言を聞得るなり是を返響と謂ふ汝ハ自身の声を聞て他人の真似せると思へり然れ共汝の前にハ汝の声を返響せし岡有るのみ汝が疑ひ訝かるとき汝の言より少しも多くハ言ハざるべし若し汝懇に和らかなる言を以てするならバ必ず和らかなる答へを得べし汝悲しき声を以てするならバ必ず悲しき答を得べし古語に云温言ハ怒を変ずと汝能く此語を記して朋友と交るべし若し人より無礼の言を以てするときハ汝返響の理を思汝の言を温和ならしむべし彼必ず無礼の言を変じて温和の言を以てすべし汝之を記憶し暫くも忘るべからず

THE ECHO

1. As Robert was one day rambling about, he happened to cry out, "HO, ho!" He instantly heard coming back from a hill near by, the same words, "Ho, ho!"
2. In great surprise, he said with a loud voice, "Who are you?" Upon this, the same words came back, "Who are you?"
3. Robert now cried out harshly, "You must be a very foolish fellow. "Foolish fellow!" came back from the hill.
4. Robert was now quite angry, and with loud and fierce words went toward the spot whence the sounds came. The words all came back to him in the same angry tone.
5. He then went into the thicket, and looked for the boy, who, as he thought, was mocking him; but he could find nobody.
6. "When he went, home, he told his mother, that some boy had hid himself in the wood, for the purpose of mocking him.
7. "Robert," said his mother, "you are angry with yourself alone. You heard nothing but your own words."
8. "Why, mother, how can that be?" said Robert. "Did you never hear an echo?" said his mother. "An echo, dear mother? No, I am sure I never did. What is it?"
9. "I will tell you," said his mother. "You know when you play with your ball, and throw it against the side of a house, it bounds back to you."
"Yes, mother," said he, "and I catch it again."

10. "Well," said his mother, "if I were in the open air, by the side of a hill or a large barn, and should speak very loud, my voice would be sent back, so that I could hear again the very words which I spoke.
11. "That, my son, is an echo. When you thought some one was mocking you, it was only the hill before you, echoing, or sending back your own voice.
12. "The bad boy, as you thought it was, spoke no more angrily than yourself. If you had spoken kindly, you would have heard a kind reply.
13. "Had you spoken in a low, sweet, gentle tone, the voice that came back would have been as low, sweet, and gentle as your own.
14. "The Bible says, A soft answer turneth away wrath. Remember this, when you are at play with your school-mates.
15. "If any of them should be offended, and speak in a loud, angry tone, remember the echo, and let your words be soft and kind.
16. "When you come home from school, and find your little brother cross and peevish, speak mildly to him. You will soon see a smile on his lips, and find that his tones will become mild and sweet.
17. "Whether you are in the fields or in the woods, at school or at play, at home or abroad, remember, The good and the kind, By kindness their love ever proving, Will dwell with the pure and the loving.

原文の英文教材は、声に出して読む学習活動を想定したテキストになっており、子どもと母親が対話するという形式になっている。二人の会話は、直接話法によって記述されている。また、戸外における「こだま」が反響する場面は、当然ながら、同じようなパターンの話型が繰り返される。つまり、この教材文は、言語内容としては、「ことばの運用に気を付けよ」という教訓を伝えることが目的だが、言語形式としては、類似の文型や単語を繰り返し声に出す活動をすることによって、英語の発音や文型を自然に学習させるという目的を持っているのである。

これに対して、翻訳文では、そうした言語形式に関わる側面はほとんどかえりみられない。むしろ、原文をそのまま翻訳したせいで、日本語の文章としては「母の曰く」「童子の曰く」という話者を特定するフレーズの連続が煩瑣にさえ感じられる。その代わりに、上羽は原文にはなかった「只鳥の囀へづる声松風の音のみなりける」という美文的な情景描写を挿入している。これは、日本の読み手に状況理解の助けとする配慮であろう。また、上羽は「The Bible says」という聖書に関わる表現を「古語に云」と訳しており、キリスト教を取り立てて表に出さないような処理もしている。もちろんこの話は、何もキリスト教の教義を持ち出す必要はなく、普遍的なモラルの訴えとしても十分に通じるので、こうした措置は適切だったといっていいだろう。

ところで、ここまで見てきたスタンダードリーダーやサージェントリーダーの翻訳と同じように、『童蒙読本』に収録された話材には、子どもの日常生活に場を設定し、子どもたちが社会的な行動を実践する中で、失敗したり成功したりする体験を通して教訓を得るという展開の話が多い。いうまでもなく、そうした「教訓」は、当時のアメリカ社会の価値観を何らかの形で反映している。アメリカでもっとも広範囲に支持されたというMcGuffeyのリーダーなら、なおさらのことである。

それを確かめるため、アメリカの教科書の研究書である*History of*

American Schoolbooks の中で、McGuffey のリーダーの教訓という話題に関して述べられている部分を参照してみよう。[7]

> McGuffey 読本は、時代にぴったり適合していた。McGuffey の読本は、それらが出版された時代と道徳的観点の歩調が合っていたのである。その時代は、哲学的であり、日常実践には至らなかったとしても、「さまざまな徳」というものが高くあまねく絶賛された時代であった。それはスコットランドの医師 Samuel Smiles が海を越えて、自助、品性、倹約、義務に関する本の中で、ごくありふれた徳について熱心に説教した時代だった。これら Smiles が説いた徳目は McGuffey が読本の中で育てようとしたものであり、Smiles の本はすべて何度も版を重ねることになった。McGuffey の読本は Samuel Smiles の本と同様、時代にぴったり合致し、それは今世紀（二〇世紀）初めに何百万部も印刷された Elbert Hubbard の短い刊行物 *A Message To Garcia* と同様だったとも言えよう。（拙訳）

History of American Schoolbooks の著者である Charles Carpenter は、McGuffey 読本と、明治日本の三大ベストセラーだった『西国立志編（自助論）』の著者 Samuel Smiles の精神的な方向とが一致していたと述べている。つまり、マックガフィーの読本に満載されている「教訓」は、人間は努力すれば報われるという実学的な「徳」を含んだものであったというのである。それはなにも、McGuffey 読本だけの特徴ではなく、この時期のアメリカの読本は、どれも多かれ少なかれそうした傾向を持っていた。このような文脈から考えるなら、『西国立志編』を諸手を挙げて迎え入れた日本の知識層が、英語のリーダーの中の教訓話を翻訳して、日本の子どもたちに手渡そうとしたのも、自然なりゆきだったのである。

試みに「The Echo」という話材に含まれている教訓を、*History of American schoolbooks* で示された「自助、品性、倹約、義務」という枠組みに当てはめて分類すると、この教材は、おそらく「品性」に相当することになるだろう。そこには、自らのことばを磨き上げることが、それを使用する人間の「品性」の向上に結びつくという言語観が披瀝されている。すなわち、言葉遣いの優劣が「徳＝人間性」を表すという「熱心な説教」は、ことばの教科書に掲載する教材として、きわめて相応しいものだと考えられていたことになる。

同時期の多くの英語読本も、そうした言語観を共有していた。マックガフィーリーダーの第三巻五課の The Echo の外にも、*Willson's Intermediate Series Third Reader* の三五課、マンデヴィルリーダー第三読本の第五課、ナショナル第二リーダーの第五六課、フランクリン第二リーダーの第五六課に、この話が載せられている。さらに、イギリスの読本であるロイヤルスクールシリーズの第二読本第一四課にも、この話がある。別にこの話は、サージェントリーダー第二読本では、鏡の話と組み合わされて「Boy, Mirror, and Echo」として出ている。これは、先に検討した『さあぜんとものがたり』の中で、鳥山啓が訳出していた教材文である。それぞれの読本によって、登場人物名が異なっていたり、子どもをいさめるのが母親だったり父親だったりするといった差異はあるものの、どの読本の教材文も基本的なストーリー展開は同一である。つまりこの話材は、英語圏の教科書において、きわめて人気が高かった教材なのである。

日本でも、このTHE ECHOという教材は、これ以降、様々な読本や修身書などに翻訳されて、かなりの支持を得ている。日本の教育界でも、言葉遣いの良し悪しは人間の品性に関わる問題であり、それは結局のところ自分自身に返ってくるというメッセージは、ことばの教育にとってきわめて有益な考え方だと受けとめられたからであろう。[*8]

加地為也（かじためや）の『西洋 教の杖』〈一覧17〉

『西洋 教の杖』に関しては、さきほど鳥山啓の仕事を検討した際に、その編集姿勢に少しだけ触れた。この本は加地為也の手になる三冊本で、一八七三（明治六）年九月に尚古堂から刊行されている。尚古堂は、福沢諭吉が『童蒙をしへ草』を刊行した出版社である。また、本文はまったく同じで、中村正直校という序文が付け加わり、校閲にも中村正直の名前を加えた本が、一八七六（明治九）年一二月に珊瑚閣から『西洋 童蒙訓』（一覧36）という題名で出版されている。『西洋 教の杖』が好評だったので、後になって、別の出版社から題名を変更して重版されたのだろう。[*9]

『西洋 教の杖』は、比較児童文学研究の最新の成果である『図説 児童文学翻訳大事典』にも取り上げられており、「『童蒙をしへ草』と異なり挿し絵が入っているのが特徴」というコメントが付されている。『図説 児童文学翻訳大事典』には、「教育書に掲載された子どもの読み物」というタイトルの下に、『童蒙をしへ草』と『西洋 教の杖』、それに前田泰一の『珊瑚乃虫』の三点が写真入りで紹介されている。前述したように、向川幹雄や鳥越信などの児童文学研究のリストに、『童蒙をしへ草』と『珊瑚乃虫』は取り上げられていたが、『西洋 教の杖』は掲載されていなかった。したがって、この『西洋 教の杖』は、『図説 児童文学翻訳大事典』で、初めて「子ども読み物」として認知されたことになる。[*10]

「凡例」には、「此書ハ米国サアゼント氏教訓書を主とし旁ら諸家の書を捜索し勧懲の寓する要件を撮訳し努めて簡約に従がひ童蒙の見聞に備ふ書中敢て蛇足の弁を仮らずと雖ども聊か我意を加へ童蒙をして解し易からしめんと欲す」とあって、「サアゼント教訓書」を主とした翻訳であることが明示されている。訳者である加地為也は「教訓書」と記しているが、いうまでもなく、これは *Sargent's Standard Reader* である。ということは、加地は英語のリーダー類を「教訓書」という概念で捉えていた可能性がある。というよりそれは、加地ばかりではなく、この時期の翻訳啓蒙家たちに共通した意識構造であり、実際、英語読本の中に「教訓的」な要素が満ちていたことは、ここまで見てきたとおりである。

翻訳作業に当たっての加地の方針は、かなりはっきりしている。それは、原文を忠実に翻訳するよりも、「聊か我意を加へ童蒙をして解し易からしめん」という立場である。ここまでに検討してきた訳者と比べると、深間内基、松山棟庵、鳥山啓、福沢英之助などは、アメリカの読本の文章をできるだけそのまま紹介しようとする立場だった。だが、加地は原文を「努めて簡約に従がひ」と縮訳すると同時に、「我意を加へ」るような方向で日本語テキストの提供を行おうとした。それは加地の個人的な教育観、子ども観が具体的に文章上に表れる作業となる。「翻訳」というよりも「翻案」に近い態度である。とすれば、当然のことながらテキストにどのような「我意を加へ」たのかが問題になる。

まずこの本の全体像を見てみよう。全三巻の総話数は五三話である。（表の構成は、前表と同じ。Sは *Sargent's Standard Reader* を、Wは *Willson Reader* を、

加地為也の『西洋教の杖』の目録

［第一冊］巻之一

第一	英国公子アルフレット勉学の話	S 2-1	ALFRED and His Mother
第二	或人無学を耻て晩年大に勉強せし話	S 2-42	The Man Who Could Not Read
第三	常夜灯守の娘孝道せし話	S 2-88	The Little Girl of the Lighthouse
第四	両犬難に遇ふ話	ES.F-3 / W 1-4-21	The Two Dogs,
		F 2-7	Dash and Snap
第五	田舎の少年鏡に迷ふ話	S 2-54-55	Boy, Mirror, and Echo
第六	「インジヤ」国の王溺死せし話	S 2-35	The Ungrateful King
第七	老人壮者に教誡せし話	?	
第八	吝嗇なる人損をなせし話	S 2-36	The Miser's Monkey
第九	或人木を植るに付壮者に教誡せし話	S 2-37	The Old Man's Reason for Planting Trees
第十	英国の兵士戦死の話	S 2-73	The Broken Sword
第十一	牛の話	ES.F-4	The Partial Judge
		Mo 3-30	The Unjust Judge
第十二	高慢なる者却て耻多き話	S 2-5	The Boy Who Boasted
第十三	英国マルクイス蒸気を発明せし話	S 2-92	The Story of Some Hot Water
第十四	「イタリヤ」国の才子石工に巧みなる話	S 2-82	The Boyhood of CA-NO'VA
第十五	親の慈悲深き話	S 2-76	A Mother's Love
第十六	朋友に信なくんば非あるべからざる話	ES.F-7	The Bear and The Two Friends（通俗三六）
第十七	孝子の話	S 2-2	The Blind Man
第十八	少年ハ花の如しと云ふ話	W 2-3-14	The Garden

［第二冊］巻之二

第一	人利の為めに汚名を受し話	イソップ寓話（通俗八八）
第二	ワシントン幼年の話	M2-33 George Washinton
第三	アィザック・ニュトンの話	S 2-116,117 Sir ISAAC NEWTON
第四	狼と小羊との話	イソップ寓話（通俗一九）
第五	「ロシヤ」帝ピエトル氏の話	?
第六	健康ハ食と眠とにある話	S 2-87 Sleep
第七	堪忍ハ徳の柱なりと云話	（目次に表題はあるが、本文は無し）
第八	虚言ハ害の源なる話	イソップ寓話（通俗三〇）W 2-3-16
第九	グラスブローン貧児に見せ物を見せし話	?
第十	或る人少年を教誡せし話	?
第十一	少年父の教誡を確守せし話	S 1-50 A Noble Boy
第十二	小より大に及ぼすの話	?
第十三	物毎につき思慮分別すべき話	?
第十四	人たる者長短を交易すべき話	S 2-71 The Loaf of Bread
第十五	廉直を以て幸福を得し話	?
第十六	父の訓誡により損友を謝絶せし話	?
第十七	或婦人富を誇りて耻辱を受し話	?
第十八	人を困しむれバ却て己を害する話	?
	［第三冊］巻之三	
第一	長者を侮慢すべからざるの話	S 1-154 Be Polite
第二	貧窮にして勉強し大人となりし話	?
第三	懶惰なれば其身を亡ぼすの話	W 2-5-4,5,6,7 Lazy Slokins の話を縮訳
第四	己れ飢餓すれとも拾ひたる物を用ひざる人の話	?
第五	父の遺命を遵守し富を得たるの話	イソップ寓話（通俗四四）

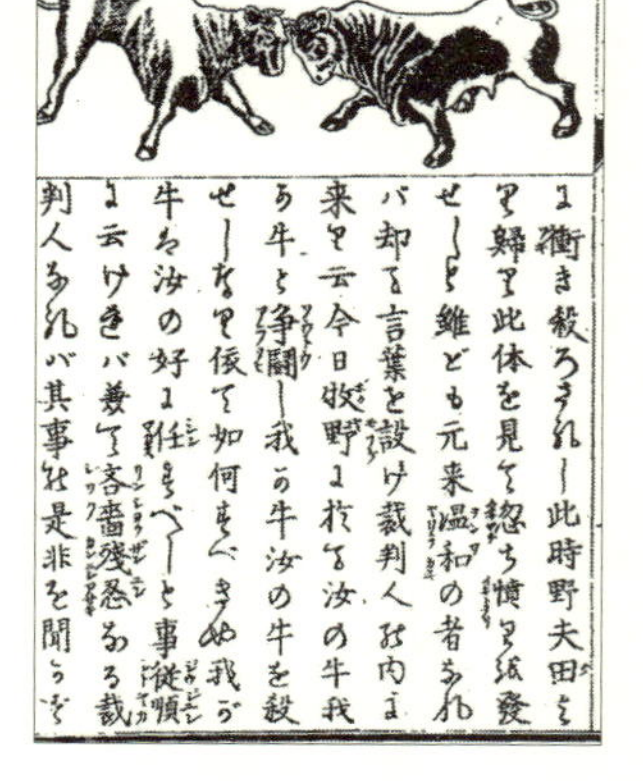
『西洋 教の杖』加地為也 1-11

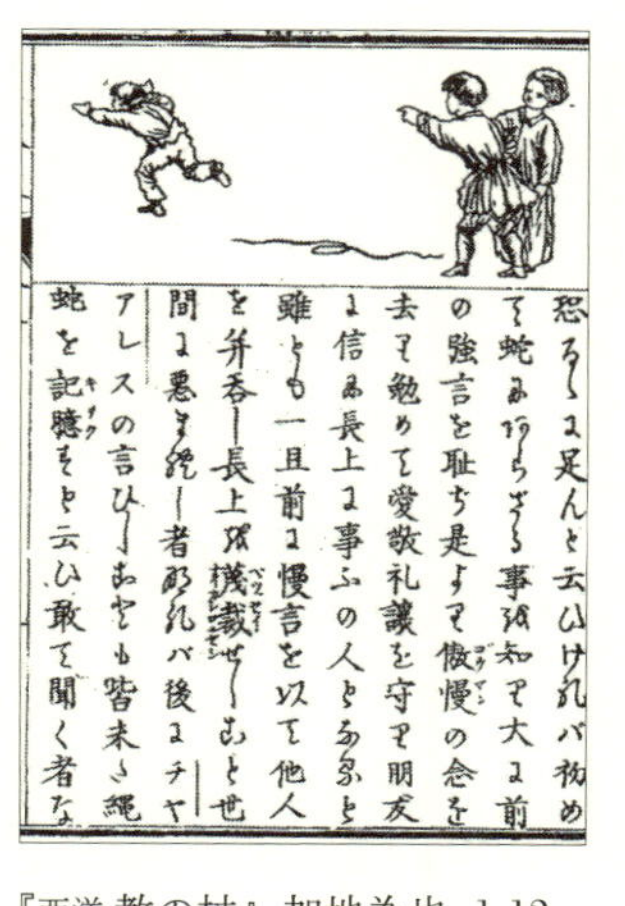
『西洋 教の杖』加地為也 1-12

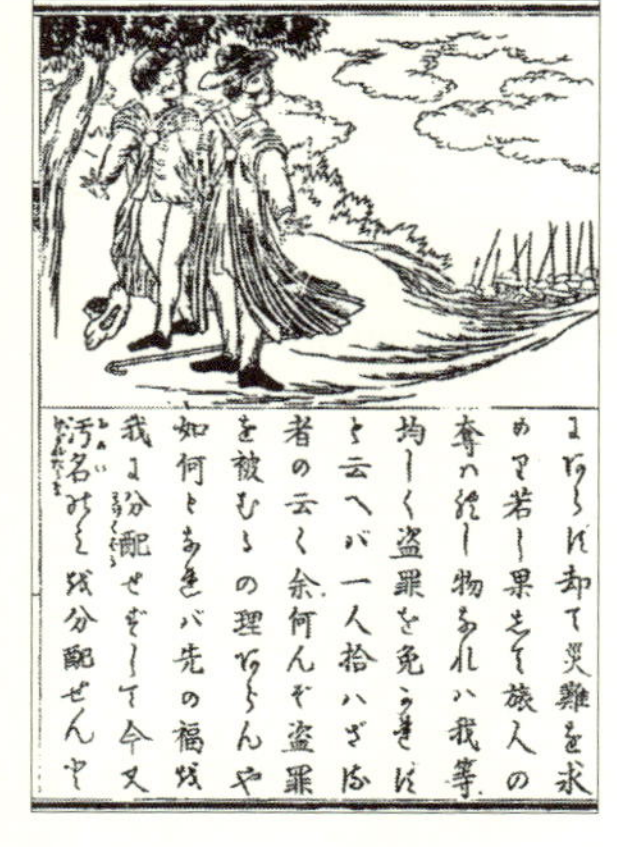
『西洋 教の杖』加地為也 2-1

第六	己れの分限を知らずして患害を受けたる話	イソップ寓話（通俗四六）ナショナル第二・七課	
第七	徳を以て怨に報いし話	U 3-6	How to Conquer an Enemy
第八	友を撰むハ我身を安全にする話	イソップ寓話（通俗五三）	
第九	屈辱を受け能く堪忍せし話	U 3-44	SOPHIA's Victory
第十	己か過ちを謝して友誼を全せし話	U 3-30	The Two Playmates
第十一	胡蝶を放ちて生質を矯め直したる話	S 2-23	LUCY and the Butterfly
第十二	ゼルチユルダ高慢より損亡を醸せし話	？	
第十三	ナポレヲン幼年の話	？	
第十四	女王セミラミスの話	？	
第十五	ゴリヤス勇を頼んで其身を殺せし話	W 3-1-20	DAVID and GOLIATH
第十六	ダビットの世並にソロモンの才智の話	W 3-1-22	SOLOMON the Wise King
第十七	己の分に安んじ人を羨むまじき話	イソップ寓話（通俗一四五）ナショナル第二	
第十八	窮理家発明せし話	S 2-6	The Fall of the Acorn

Uは *Sanders' Union Reader* を、Fは Franklin Readers を、Mは *Mandeville's Reader* を、Moは *Monroes Reader* を、ES.Fは *Elementary Spelling Book* 巻末の Fable を表す略号である）

この本の特徴は、「諸家の書を捜索し」と編者自身が述べているように、かなり多くのリーダーから材料を収集している点にある。ここまで登場してきた、サンダースユニオン読本、サージェント読本、ウィルソン読本に加え、マンデビル読本、フランクリン読本、モンロー読本が加わっている。おそらく、他の諸本からも話材を選んでいるのであろう。また、著者自身が「努めて簡約に従がひ」と文章を縮約したりしてるので、原典を特定しにくい。したがって、現時点ではとりあえず出典不明と判断した話も多い。

もっとも、*The National Reader* や *Sargent's Standard Reader* のように、英米のリーダーにもいくつかの異版があったり、いくつかの教科書の間で共通に使われている教材もあるので、典拠に関する稿者の判断は、必ずしも当たっていない場合がある。実際には、加地がどの本を手にしていたのかという確実な情報がない限り、出典については確定できないのは当然だろう。したがって、この表の出典情報はさしあたっての判定だということをお断りしておく。

『西洋 教の杖』加地為也 3-18

「サアゼント教訓書を主とし」たという著者の言葉どおり、*Sargent's Standard Reader* から採られた話材がもっとも多く、特に巻一はほとんどがサージェント第二読本から選択してある。そればかりではなく、ウィルソンリーダーからも、サンダースユニオン読本からも材料が選ばれている。また、イソップ寓話もいくつかある。巻二の第八「虚言ハ害の源なる話」は、狼少年の話（羊飼いの悪戯）で、「ウィルソンの書に曰く」という文言から話が始まっているので、これはウィルソンリーダーが原拠なのであろう。ほかのイソップ寓話は、リーダー経由ではなく英文のイソップ寓話集などから直接翻訳した可能性もある。（参考のため、それぞれのイソップ寓話には、渡辺温が翻訳した『通俗伊蘇普物語』の通し番号を添えておいた。以下「イソップ寓話」については同じ処理をする。）

文章は文語文で、ルビ無し。難語句と思われる単語のみに、右側にその読み、左側に意味を付している。全体に教訓臭が強く、筆者の訓言が加わっている話のあることは、前述した。また、挿絵が多く入っているのも、この本の特徴である。「凡例」にも「巻中略画を雑ゆる者ハ童蒙をして倦ざらしめんことを要すればなり」と、子ども読者を意識して、意図的に多くの絵を挿入したことをうたっている。原典であるリーダーの挿絵を参考にしている場合もあるが、それをそのまま写すだけではなく、かなりアレンジした絵になっており、もとのリーダーには付されていなかった挿絵を新たに描いた場合も多い。もしかするとこの挿絵は、後年油彩画家として名をなすことになる加地為也自身が描いたものかもしれない。

加地がどのように「我意を加へ」たのかについては、先に、鳥山啓の『さあぜんとものがたり』の「とうみやう だいい の こむすめ の はなし」を検討した際に、巻一の第三の「常夜灯守の娘孝道せし話」の加地の末尾への書き加えを見た。原文の通りに少女の行為のみを翻訳した鳥山に比べて、加地はそこに「固より少女の孝なり嗚呼苟も人の子たる者男となく女となく只親の為には此の如き道を以てせずんばあらず」と、少女の行為が「孝」から発したものだとする儒教的価値観に基づく「我意」を添えていた。同様な態度は、ユニオンリーダーから教材を選んで『小学教授書 修身の部』を刊行した小宮山弘道も同じだった。こうした加地の訓育的な姿勢は、この『西洋 教の杖』に、至る所に見出すことができる。

さらにここでは、キリスト教に対する態度を見てみよう。

既に検討したように、前田泰一の『珊瑚の虫』は、キリスト教を積極的に紹介しようという立場だった。前田は、*Sanders' Union Reader* の第三読本の四四課の「SOPHIA's Victory」を、「『ソフヒアス』の勝利の事」と題して訳していた。そこでは、原文ではただ「text」を思い出したとして、イタリック体で書かれているだけの一句を、「教典の一句を思ひだし」と、それが読み手に聖書の章句であることを明示するように翻訳していた。この話の中心人物であるソフィアが、自分に加えられた友人の酷い仕打ちに耐えたのは、神の教えに従ってその行為を許したからである。ソフィアは、あまりのつらさに我慢できなくなった時、心の内に浮かんできた「text」の示すところにしたがって行動したのであり、その結果、友人も自分たちの言動を悔い改めたのである。とすれば題名であるソフィアの勝利は、ソフィア個人の勝利であるというより、神の勝利でありキリストの勝利でもある、ということになる。キリスト教に入信した前田にとっては、当然の翻訳姿勢である。

一方、同じ「SOPHIA's *Victory*」に、加地は「屈辱を受け能く堪忍せし話」

と邦題を付けた。ストーリーは前田の翻訳と同じだが、追い詰められたソフィアが「只堪忍沈黙して」いると、教師が「過ちは改むるに憚る勿れ」と説教するという展開になる。つまり、ソフィアの心中を実際には斟酌していない教師が、彼女に向かって表面的な訓戒を垂れるのである。とするなら、教師のことばを契機にしてソフィアが「許す」という結末に至る筋書きは、きわめて不自然に思える。しかし、原文の意図はともかく、加地はこの話を「屈辱を受け」ても「堪忍」すれば相手にその真情が伝わるという話として解釈したのである。そこに「神」が、介在することはない。「text」の意味するところを知りながら、加地がこのような訳文にしたのか、あるいはそれを知らなかったのかは不明だが、おそらく前者だったのではないかと思われる。

その点をはっきりさせるために、『西洋教の杖』の巻末に置かれた「窮理家発明せし話」を見てみよう。これは、*Sargent's Standard Reader* の第二読本第六課の The Fall of the Acorn の翻訳である。この話は、前章で、*Sargent's Standard Reader* のみを原典として翻訳した書物として『泰西行儀のおしへ初編』をあげた際に紹介した。そこでは、この The Fall of the Acorn が「橡栗の落し事」と題されて、もとのリーダーにあったキリスト教の「神」が「上帝」という訳語を採用して翻訳されたことを見てきた。ところが加地はそのようには訳さない。

まず、題名は「窮理家発明せし話」である。登場人物は、科学者である「窮理家」なのである。彼は、南瓜畑を見て、「今若し我をして此の世界を造らしむれば」こんな細い蔓ではなくて、大きなどんぐりの木に実らせるものを、と独り言を言う。するとどんぐりの実が落ちて彼の鼻の上に当たる。話は、次のように結ばれる。

> 若し我が言の如く之れに反対の実を結はば我ケ頭安全なる事能ハず必然破裂して死すべけんに造物者ハ能く意を用ひ又能く理を極むるかな此の智怖るべし愷むべしとて天地自然万物生成の理を発明せしと云

つまり、これは、世界を生成したのが「造物者」であることは認めるが、その世界の組成、構築の様相は「窮理＝科学」によって解明できる、という論理を展開した翻訳なのである。換言するなら、神の摂理ではなく、人智が主題なのだ。加地は、神を否定して科学精神によって話を結んだ、と言ってもいい。だからこそ「窮理家」が登場人物になっていたのである。あるいは、科学精神の重視というより、加地為也が西欧の神の存在そのものに忌避の感情を抱いた結果、窮理家を登場させたのだ、と解釈することもできる。いずれにしてもこれは、英語読本の中にあるキリスト教色を払拭しようという立場である。[*11]

テキストに加えた加地の修正は「聊か」に過ぎない。しかし全三巻の最後の話を、科学者が「天地自然万物生成の理を発明」したというエピソードで結んだところに、著者による特段の主張があったと考えていいだろう。おそらくそれは、外国の宗教の導入を排除しつつ、科学的なものの見方を身につけさせることによって、子どもたちの文明開化を推進しようとする「啓蒙」姿勢の端的な表れである。いうまでもなく、こうした姿勢は、子ども向けの読み物に限られたことではなく、洋学者である啓蒙家たちが一般大衆に向かって投げかけたものと同じだったし、当時の人々もそれを受け入れ、そうしたものの見方に大いに興味と関心とを寄せたのだった。その結果、西洋から物質文化をいち早く取り入れ、和魂洋才の精神を発揮して、富国強兵路線をひた走ることができたのは、周知の通りである。

今井史山の『西洋童話』〈一覧15〉

この本も、材料をアメリカのリーダーから求めたことが、「序」に明記されている。

筆者は、紀州の今井史山（元雄）。刊行元は大坂の清規堂で、本は一八七三（明治六）年八月に発売された。「自序」によれば、著者は「寝物語に桃太郎か鬼か島の敵うち蟹と猿とのあだ討舌切り雀の噺し」を聞いて育ってきたが、「茲に亜米利加出版の『リートル』を閲するにむかしく〳〵の物語に類する小説あり勿論幼稚の噺草の如きものなれと是を体認して甘味すれは人行修身の教諭なれは慈母か常に童児への物語ともなし且ハ読易からん為画入ひらがなになしぬれハ徒れ〳〵の遊びに翫ひ馴て記憶するならは小学に入までの教導の一助とも成へしと抜粋して一冊となしぬ」と、アメリカのリーダーから抄訳して子ども向けの読み物集を作製したと語っている。

この今井史山の発言について、上田信道は「近代的な学校制度を基準にして子ども期を区切ろうとする発想が見られる。」と述べている。出発したばかりの近代学校を前提として、学齢以前と以後とを区別するような子ども観がここに見られるということだろう。つまり、『西洋童話』の根底には、近代学制を意識して、子どもを学校体制の中に囲い込む動きに同調するような認識があったということである。[*12]

今井史山は、医師。天保二（一八三一）年に江戸深川生まれ。幼少時郷里を出て備前岡山の藩医である岡田元碩に師事、その養子となるが、豊後に移り、広瀬淡窓に漢籍を学ぶ。さらに、多くの師のもとで研鑽を積み、海士郡加太浦（現和歌山市加太）の医師今井立卓の養子となって、今井姓を名乗り、一八八五（明治一八）年に病没した。奇人として知られていたようで、漁民を集めて海防隊を編成したり、砲台を築いたり、また維新学舎という漢学の塾を開いたらしい。一八七三（明治六）年に『頭書大全窮理往来』、一八七五（明治八）年に理科用語小辞典の『理学字解』、一八八〇（明治一三）年に『漢画独稽古』などの著作を刊行。[*13]

『西洋童話』は、題名の中に「童話」という単語が採用されているせいもあってか、児童文学研究の側から、子どもを対象にした読み物を「童話」と称した早い例として注目されてきた。しかし、内容的には、ここまで検討してきたこの時期の他の子ども向け翻訳啓蒙書ときわだった差が認められるわけではない。

『西洋童話』に収録された話数は全八話である。ここでは、これまで検討してきたアメリカのリーダーに、マンデヴィル読本が加わったことが注目される。また、ウェブスターの *The Elementary Spelling Book* からも材料が選ばれている。

第一話の「行義正しく懇切に在へき事」は、*Sargent's Standard First Reader* の一五四課「Be Polite」の翻訳である。挿絵を比較してみると、『西洋童話』は、稚拙ではあるものの原本の図柄をできるだけ模倣しようと努力していることがよく分かる。また第四話の「樹を植る古老の話」も、第七話の「自負高慢は必ず臆病なる事」も、同じく *Sargent's Standard Second Reader* から材料を調達している。ここでも、サージェントリーダーの影響力は大きかったようだ。

Mandeville's Reader からの翻訳と思われる話もある。それは「猿と猫の話」で、猿が猫を騙して、猫の前足を火箸代わりに利用して栗を入手

する話である。原文の設定では、栗をストーブで焼くのだが、それを日本風に囲炉裏に置き換えている。この話にも、原本の挿絵とは若干構図が異なるものの、それを模倣したと思われる図が添えられており、話の理解を進める一助となっている。*Mandeville's Reader* は、アメリカでは

今井史山の『西洋童話』の話材	
行義正しく懇切に在へき事	S 1-154 Be Polite
猿と猫との話	M 2-95 A New use for a Cat's Paw
鷲亀を欺きし話	N 2-41 The Eagle and Tortoise（通俗一四五）
樹を植る古老の話	S 2-37 The Old Man's Reason for Planting Trees
林檎を盗む小児の話	ES. F-1 Of The Boy That Stole Apples
遠き慮りして却て近き憂ありし事	ES. F-2 The Country Maid and Her Milk-Pail（通俗一六三）
自負高慢は必ず臆病なる事	S 2-57 The Boy who Boasted
人を愚弄なせハ其身も愚弄さるゝ事	イソップ寓話（通俗一〇九）

Sは *Sargent's Standard Reader* を、Nは *The National Reader* を、Mは *Mandeville's Reader* を表す略号である。ES. F は *Elementary Spelling Book* 巻末の Fable

『西洋童話』見返し
明治６年

『西洋童話』行義正しく懇切に在へき事

110 SARGENT'S STANDARD FIRST READER.

LESSON 154.

gen tle man　Ruth　sur prise　rudely　re mem ber
ri ding　build　re fused　fa vor　slight

BE POLITE.

A gen tle man was ri ding on a gay horse through the street, when his hat was blown off by the wind. It was not ea sy for him to get off from his horse and pick up the hat; so he called in a kind tone to two boys, who were near, to pick it up for him. But these boys were not kind and polite, and they said, "Pick up your hat yourself!" A lit tle girl, named Ruth, heard them, and ran and picked up the hat, and handed it to the

Sargent's Standard First Reader

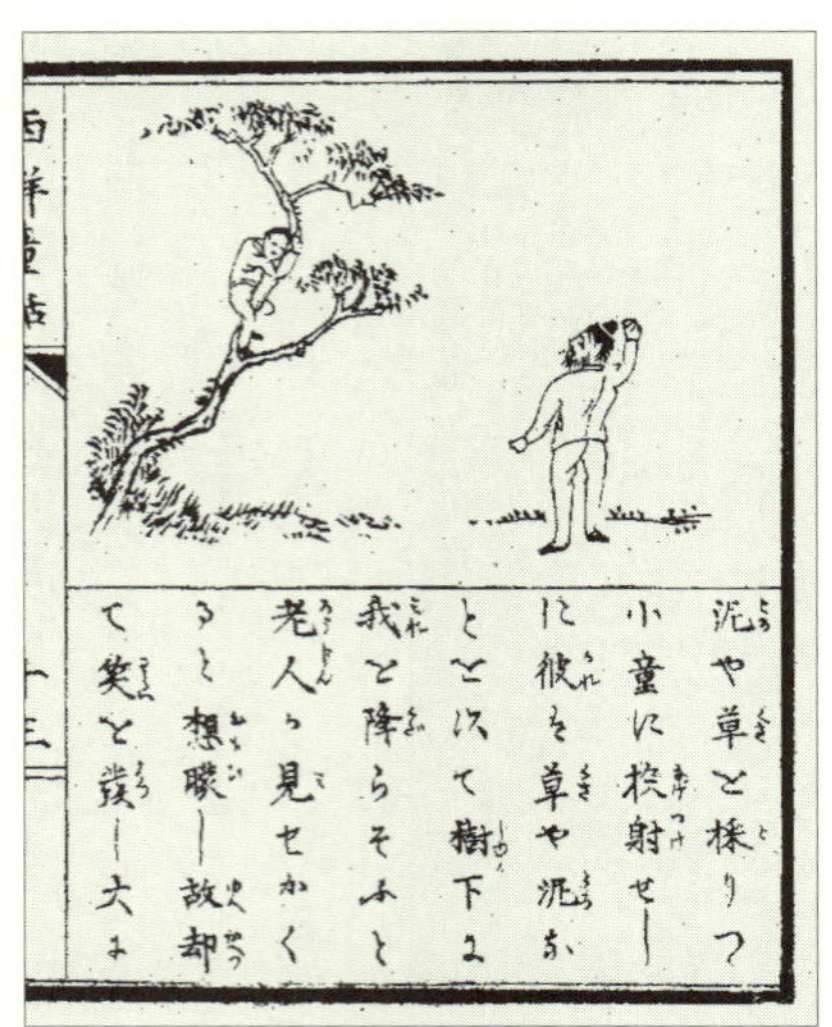

『西洋童話』林檎を盗む小児の話

FABLE I.

OF THE BOY THAT STOLE APPLES.

An old man found a rude boy upon one of his trees stealing apples, and desired him to come down; but the young saucebox told him plainly he would not. "Won't you?" said

Elementary Spelling Book

著名なリーダーだったが、日本への影響は、ほとんどなかったようである。もっともマンデヴィル読本から採られたと思われる話は、『西洋童話』ではこの一話だけなので、もしかすると、マンデヴィル読本以外の別の材料から引用した可能性も考えられなくはない。*14

さらに、ウェブスターの*Elementary Spelling Book*の巻末寓話からは、Of The Boy That Stole Applesが、「林檎を盗む小児の話」として訳されている。これも原本の挿絵に似せた絵が取り入れられている。構図は、左右が逆になっているものの、原本の絵を参考にしたことはほぼ間違いないだろう。また、「遠き慮りして却て近き憂ありし事」も、同じウェブスターの*Elementary Spelling Book*に載せられている寓話で、原題はThe Country Maid and Her Milk-Pailである。取らぬ狸の皮算用をして浮かれてしまい、目の前のミルクをこぼしてしまううかつな娘の話で、これはイソップ寓話の中の一話でもある。

「人を愚弄なせは其身も愚弄さるゝ事」もイソップ寓話の「狐と鶴」の話で、イソップ寓話としてはよく知られた話である。また、「鷲亀を欺きし話」も、イソップの「海亀と鷲の話」に酷似している。しかし、『西洋童話』のストーリーは、標準的なイソップ寓話のように、身の程知らずに飛ぶことを望む亀の話ではなく、正直な亀を鷲が騙して食べてしまう展開になっている。ナショナルリーダーには、イソップ寓話の「海亀と鷲の話」と同じ展開の教材があるので、今井史山は、このナショナルリーダーの話をもとにして、ストーリーを翻案した可能性がある。あるいは、この二つのイソップ寓話は、「イソップ寓話集」のような本から直接撰材したということも考えられなくはないが、他の話がみな英語教科書から集められているので、リーダー経由だと考えるのが自然であろう。[*15]

　つまり、『西洋童話』には、「自序」に「亜米利加出版の『リートル』を」「抜粋して一冊となしぬ」と書かれていたように、この時期日本に導入されたいくつかの英語読本から材料が選択されて、それが翻訳されて集成されているのである。内訳は、「猿と猫との話」とイソップ寓話が三編で合計四話の寓話と、のこりの四話が日常生活に取材した小話である。それぞれの話は、教訓的なまとめになっており、ある意味で「修身物語集」とも言えるできあがりである。

　こうしたことから、『西洋童話』という本の題名に含まれる「童話」という用語は、取り立てて寓話的な話を「童話」と呼称したわけではなく、単に子ども向けの読本から選んだ話、あるいは子ども向けの話という以上の意味は持たないと判断できる。つまり「童蒙に向けた話」という趣旨の題名だったのではないだろうか。

　なお、この『西洋童話』の国立国会図書館蔵本の奥付には、明治六年六月官許、同年八月に大阪の清規堂（中尾新助）から発売されたと記してあるが、大阪国際児童文学館蔵本、および家蔵本は、明治六年六月官許、翌明治七年一月発売となっており、野田大二郎（和歌山）、前川善兵衛（大阪）、それに中尾新助（大阪）の三名の発兌書肆の名前が並んでいる。したがって、この本は、ある程度の反響があって、増刷された可能性もある。形態は、中本で、二一丁である。

室賀正祥の『造花誌』〈一覧23〉

　『造花誌』の題名は「つくりはなし」と読む。作者は、室賀正祥。この人物の詳細については、よく分かっていない。本は、一八七三（明治六）年一二月に刊行されている。[*16]

　序文には「造花誌の叙」として「白哲人はその児を教るに作話もてそのみちに会得する事を今日おしへの方法となせるよしさる英学生リーダてふ名附たるふみもて語られしに依り此書に模擬して聊稿を起し造花誌と号て江湖の児童にもと覧視を乞ふ」とある。英語の「リーダー」に触発されて、自ら話を創作したというように理解できないこともないが、中に収めた話が実話ではなくフィクション系の読み物、つまり寓話だということを、書物の題名で示そうとしたのだと思われる。収録されている七話は、いずれもアメリカのリーダーなどに原拠がある。

　この本も、七話の内、三話がイソップ寓話である。冒頭の「全体の機関胃腑の保護に依て運動力を有つ」は、渡部温の『通俗伊蘇普物語』では、「胃腑と支体の話」として掲載されている。ただし、この話は渡部が原本にしたThomas James の *Aesop's Fables* 1867 の中には入っておらず、渡部自身も『経済説略（*The Compendium of Political Economy*）』の中のエピソードから引用したと、『通俗伊蘇普物語』の「例言」でことわっている。もっとも、この話は、日本で印刷されたローマ字の

『造花誌』見返し
明治６年

室賀正祥の『造花誌』の話材

全体の機関胃腑の保護に依て運動力を有つ	CPE L4	Rich and Poor の中のエピソード イソップ寓話（通俗三五）
返響を説て良母応報を諭す	M 3-5	The Echo
時を覚つて雲雀巣楼を退く	W 2-3-13	The Lark and Her Young イソップ寓話（通俗八四）
己身を忘れて痴犬肉片を失ふ	N 2-18	The Dog and His Shadow イソップ寓話（通俗一八）
柱の釘過の痕を遺す	M 3-6	Nails in the Post
魯鈍を知らずして家鴨馬に慠る	N 3-12	The Horse and the Goose
黽勉を比べて蟻蜜蜂に伏す		童蒙をしへ草?

M は *Mandeville's Reader* を、N は *The National Reader* を W は *Willson Reader* を、CPE は *The Compendium of Political Economy* のそれぞれ略号である。

いわゆるキリシタン版『イソポのハブラス』（一五九三・文禄二年）や、江戸庶民に親しまれた『伊曾保物語』類などには、すでに掲載されており、早くから日本に紹介されていた。胃がおいしいものを独り占めするのはけしからんと、手足などが結託して食事の搬送を拒否するが、結局は手足も弱ってしまって反省する、という話である。向川幹雄は、『造花誌』に付された教訓から、この話が「政府擁護の教訓を伝えるための寓話」になっていると評している。確かに『造花誌』が付け加えた教訓は「人民は政府の言うことを聞かなければならない」という内容である。もともとの『イソップ寓話』ないしは『経済説略（*The Compendium of Political Economy*）』の教訓は、もちつもたれつという主旨だった。したがって、著者の見解は、それよりもさらに体制の側に寄ったものになっている。

もう一つのイソップ寓話である「時を覚つて雲雀巣楼を退く」は、この時期、もっとも日本人に身近であったアメリカのウィルソンリーダーに教材として載せられている。麦畑に巣を作っていたヒバリは、農夫が麦の刈り入れを人にまかせると言っているうちは安心しているが、いよいよ農夫自身が麦刈りをしようと言うのを聞き、巣から逃げ出す、という話で、自分自身が本気にならないと物事は進展しないという教訓の寓話である。この話は、福沢諭吉の『童蒙をしへ草』にも収録されているし、マックガフィー第二読本の三二課・一八三六年版にも掲載されていた。

また、「己身を忘れて痴犬肉片を失ふ」は、犬が欲張って川の中に肉を落とす話で、今日においても代表的なイソップ寓話として知られている。アメリカのナショナルリーダー第二読本第七課に、The Dog and His Shadow として掲載されている。また、ヒラルドリーダーにも同じ話がある。[*17]

「魯鈍を知らずして家鴨馬に慠る」は、鵞鳥が大言を吐き、馬に諭される話で、これは、第二章第二節で紹介した梅浦元善の『西洋勧善夜話』の上巻に「鳥馬問答」と題して出ていたものと同話である。この話の出典が、*The National Third Reader* であり、J. Madison Weston と二人で共同編集をした一八五七年から一八七五年（後期）の時期に出された版に掲載されていた教材であることは、先述した。『造花誌』の方は、その『西洋勧善夜話』の訳文よりも、かなり簡略化された文章になっている。以下にその全文を掲げてみる。

魯鈍を知らずして家鴨馬に誇る
庭中に馬家鴨と住い居たり馬は池頭に秣を瞰い家鴨は池面に遊泳しが家鴨平常に馬の躰巨いなるを猜み一日池頭に出馬を侮慢て曰く予輩容貌小さけれども翺翔歩行游泳の三能ありて汝のよふに身体重大にして不便ならず汝定て羨ましからんと誹謗し時馬莞爾と笑ひ予輩翔詠の力なしされど汝とても未だ誇るに足らず夫汝翺れども雲雀に当わず水裡に游詠いでハ魚のごとくに食を求索る事能わず又郊原に驅馳て遄速なること予輩に劣らんたとへ予輩の能わ単一なれども其一に秀でたれば人に使役れても其功頤いならずやまづ遠く車を牽更て行旅の疲倦を援救また物品を脊背に負担ふて運搬の便を與ふ故に汝の鈍き三能より予輩の壱能巍く抜挺んと事理分明の諭言に家鴨羞いりて退きけり
魯き百般の技芸を兼備ふるより一能の抽んでたる方宜しき事論を俟ざらんか

「返響を説て良母応報を諭す」は、「こだま」の話である。このストーリーは、上羽勝衛の『童蒙読本』の項で前述したように、欧米の各種の英語読本に掲載されていた。この話は読本によって、登場人物名が若干異なっている。また、子どもをいさめるのが母親となっているテキストと、父親になっているテキストとがあるが、『造花誌』には、母親が登場する。ナショナルリーダー第二巻六一課には、父親が出てくるが、マンデヴィル読本の第三巻五課には、母親が出てくるので、ここでは、取りあえず『造花誌』の原拠は、マンデヴィル読本だと考えておく。また「柱の釘過の痕を遺す」は、次章の「翻訳啓蒙書と修身読み物」で検討する際に取り上げるコウドレーの『モラルレッスンズ』にも出ている話であるが、マンデヴィル第三読本の五課と六課には、「こだま」と「釘を打つ」の二つの教材が並べられていることから『造花誌』の二つの話の典拠は、マンデヴィル読本だと考えられる。

最後に、「黽勉を比べて蟻蜜蜂に伏す」である。普通の蜂と蜜蜂とがどちらが人間にとって役に立つかと議論するという話で、チェンバーズスタンダードリーダーの第三巻四二頁に出ている。また、この話はドイツ語の読本であるヘステル読本第三にも出ている。さらに、この時までに日本語に翻訳されているものでは、『童蒙をしへ草』と『幼童教への梯』に「ありと蜜蜂」と題して掲載されている。この話材が、直接英文から翻訳されたものか、あるいは『童蒙をしへ草』の日本語訳を利用したのか、さらにはその原本である*The Moral Class-book*を使用したのかは不明である。

なお、『造花誌』は、そのほかの子ども向け翻訳啓蒙書と比べて、木版印刷ではなく活字印刷を採用していることが、大きく異なった特徴である。本文は総ルビであるが、挿絵は無い。

*

以上、第二章と第三章では、主としてアメリカの英語教科書の抄訳を内容とする「子ども向け翻訳啓蒙書」について検討してきた。原本として一種類の英語教科書を選んだ場合と、数種類にわたって撰材の範囲を広げている場合とがあった。とりわけ第三章の最後に検討した、加地為也の『西洋教の杖』（一覧17）、今井史山の『西洋童話』（一覧15）、室賀正祥の『造花誌』（一覧23）に関しては、いくつかの英語読本などを典拠にしているようであり、翻訳に当たってどの原本を使用したのかの特定は難しい。ここでは該当すると思われる原典を示しておいたが、場合によっては、すでに日本語文によって刊行されていた「子ども向け翻訳啓蒙書」を参考に、それらの翻訳を二次利用して作製した可能性がないわけではない。

いずれにしても、英語教科書を母体として作製されたこの時期の「子ども向け翻訳啓蒙書」の総計は、管見の限り一五点を数える。このことからも、アメリカのリーダー類が、明治初年の子どもに向けた翻訳啓蒙書の素材として占めていた位置の大きさが了解できるだろう。

注 (Endnotes)

*1 本書の題名は、第一巻、及び第二巻の題簽には「童子喩」と記してある。しかし見返しや本文、目次、版心題は「童子諭」とあるので、ここでは本の題名として「童子諭」を採用した。

*2 『入学新書初編』は上下二巻の構成で、上巻には下巻の目次まで掲載されているが、下巻は確認できていない。「凡例」には、まだ原書をすべて訳し終わっておらず、全体は三編の構成になるがまず初編を出版する、とあるものの、二編、三編が刊行されなかった可能性は高い。原本は、縦一八センチメートル、四五丁。また、『養生のこころえ』は、『准刻書目』によれば、一八七三（明治六）年四月出版許可。「千八百六十九年亜国出板マニアルヲフ、モラルト申スモノヨリ抜萃シ養生ヲ解シタル書ナリ」とある。

*3 『訓蒙話草』の図版は、国立国会図書館近代デジタルライブラリーによる。また、原本の図版は、*Three hundred Aesop's fables* / literally translated from the Greek by Geo. Fyler Townsend: with one hundred and four-teen illustrations by Harrison Weir. London: G. Routledge, 1871. による。

*4 「上羽勝衛」上本嘉郎・執筆『熊本県の近代文化に貢献した人々　功績と人と（平成一四年度文化功労者）』熊本県教育委員会文化課編・所収、による。

*5 この時期の英・米・独の初等言語教科書に、どのようなイソップ寓話が掲載されているかを調査した、稿者自身の調査結果による。この調査の内容については、未発表である。

*6 渡部温によるイソップ寓話の邦訳『通俗伊蘇普物語』の刊行は、一八七三（明治六）年であるが、それに先だって渡部は、沼津兵学校の印刷機械を使って、一八七二（明治五）年に、英文の伊蘇普物語を刊行している。書名は、Aesop's fables : a new version,chiefly from Oriental sources NUMADZ　である。この本は一八五〇（嘉永三）年、オランダ商館長が江戸幕府に贈り、後に沼津に運ばれてきたスタンホープ式印刷機で印刷したものらしく、沼津兵学校用の教科書として刊行されたようである。もしかすると上羽勝衛は、この渡部の英語版から翻訳したのかもしれない。樋口雅彦『沼津兵学校の研究』吉川弘文館二〇〇七（平成一九）年一〇月、四二五頁。（この英語版の伊蘇普物語は、国立国会図書館・沼津市明治図書館・愛知教育大学・筑波大学などに所蔵されている。）あるいは、熊本英学校に、アメリカから直接持ち込まれたイソップ寓話集が置いてあった可能性もある。

*7 *History of American schoolbooks* by Charles Carpenter. University of Pennsylvania Press, 1963 pp. 85-86.

*8 The Echo の日本における最初の翻訳はこの『童蒙読本』であるが、現在判明している限りで国語教科書に教材化された例を並べてみると、次のようになる。

一八八六（明治一九年）	『小学読本』阿部弘蔵（中等科用）	巻五四三章	表題無し
一八八七（明治二〇）年	『日本読本』新保磐次	巻三第一九課	返響
同	『初学読本』吉田賢輔	巻八 第三課	返響
同	『尋常小学 明治読本』中川重麗	巻三第二一課	（こだま）
一八八八（明治二一）年	『尋常小学読本』文部省	巻二第二九課	山びこ
同	『日本新読本』小野義倫編	巻五第一七課	（こだま）
同	『小学読本』東京府庁	巻五第一〇課	返響

同	『増訂第四読本』北條亮編	巻四第二一・二二課	（返響）
一八九二（明治二五）年	『新撰小学読本』育英舎	巻六第二二課	返響
一八九三（明治二六）年	『小学校用国民読本』安積五郎	巻三第一六課	ヤマビコ
同	『小学国文読本 尋常小学校用』山縣悌三郎	巻四第一七課	山ひこ
一八九五（明治二八）年	『尋常小学 開国読本』山梨図書出版	巻五第八課	山彦
一八九七（明治三〇）年	『国民読本 尋常小学校用』文学社編輯所	巻三第一四課	山ビコ
同	『尋常読本』普及舎編輯所	巻四第九課	やまびこ
一八九九（明治三二）年	『新撰尋常小学読本』育英舎	巻五 第一三課	山彦
一九〇〇（明治三三）年	『国語読本 尋常小学校用』	巻四第七課	山ビコ
同	『小学国語読本』学海指針社	巻六第二課	山びこ
同	『尋常小学国語読本』右文館編輯所	巻五第一九課	山びこの口まね
一九〇一（明治三四）年	『新編国語読本 尋常小学校児童用』普及舎	巻五第二二課	山ビコ
同	『尋常国語教科書』金港堂	巻五第六課	山びこ
同	『日本国語読本 尋常科』大日本図書	巻四第一二・一三課	山びこ
一九一八（大正七）年	『尋常小学 国語読本』文部省・第三期国定	巻四第八課	山びこ
一九四七（昭和二二）年	『こくご』文部省・第六期国定	巻二第六課	山びこ

*9 『西洋教の杖』の図版は、国立国会図書館近代デジタルライブラリーによる。

*10 『図説 児童文学翻訳大事典』第一巻 大空社 二〇〇七（平成一九）年六月 二二一―二二三頁。

*11 加地為也は、洋画家として知られている。加地は、明治八年に渡米して、イギリス人ワンデンショードにまなび、ヨーロッパを遊歴して帰国し、第三回内国勧業博覧会の審査員をつとめた。明治二七年一一月死去。加地為也とキリスト教の関係に関しては、以下のような情報がある。「滞米中にサンフランシスコで日本人福音会創設に関わった人に小谷野敬三、二宮安次、西巻豊佐久、加地為也がいました。」（『日系人とキリスト教諸派』http://bukkyotozen.blog.eonet.jp/default/2007/12/post-ec95.html・二〇一二年一二月二九日確認）とすれば、加地為也は、『西洋教の杖』を執筆後に渡米して、キリスト教を受け入れるような心性に変化したのかもしれない。

*12 上田信道「日本最初の近代的児童図書――今井史山纂輯『西洋童話』」『児童文学資料研究』大藤幹夫編 四四号 一九九一（平成三）年五月一五日 七頁。

*13 今井史山についての情報は、以下の本の鳥越信の『西洋童話』の解説による。『たのしく読める日本児童文学【戦前編】』鳥越信編集 ミネルヴァ書房 二〇〇四（平成一六）年四月 一〇―一一頁。また、『頭書大全 窮理往来』は、『日本教科書大系・往来編』一四巻に収録されている。

*14 *Mandeville's Reader* 2-95 の、「A New use for a Cat's Paw」の原話は、おそらくラ・フォンテーヌの『寓話』巻九・一七の「サルとネコ」であろう。この「サルとネコ」は、「火中に栗を拾う」という慣用句の語源になった話だとも言われている。

*15 「今昔物語」には、鳥が蛤を割ろうとする「鳥の智恵」を書いた小話がある。今昔物語巻五・二四『亀、鶴の教えを信ぜずして地に落ち甲を破る語』。また、

インドの『パンチャタントラ』巻一・一三にも類話がある。別に、イソップ寓話を二世紀頃に韻文化したパエドルスによる「アウグストゥスの解放奴隷パエドルスによるイソップ風寓話集」岩谷智訳『叢書アレクサンドリア図書館Ⅹイソップ風寓話集』国文社　一九九八（平成一〇）年一月、の第二・六の「ワシとカラス」のストーリーは、鷲と烏とが共謀して亀を食べてしまう。『西洋童話』の「海亀と鷲の話」は、どちらかというとこちらの話の展開に似ている。

*16 本文の図版で示したように、家蔵本の著者名は、見返しに「室賀松坡著」となっている。また、「叙」の記名も「松坡自題」、内題下の著者名も「室賀松坡著」である。さらに、見返しの刊記が「明治六年一一月発兌」で、国立国会図書館本よりも一ヶ月早い。ただ、家蔵本には「奥付」があって、「官許／明治六年一二月／一喜齊蔵版」とあるので、本の刊行は明治六年一二月だと判断した。著者名に関しては、従来の諸研究が「室賀正祥」を採用しており、「松坡」は雅号だと考えられるので、ここでは著者名を通例のように「室賀正祥」とした。

なお、『北大百年史・資料一』「壬申日誌（一八七二（明治五）年」の、七月一八日の項に「酒井外衛吉室賀正祥私費拝命（傍線稿者）」とあり、一〇月二八日の項にも「小花秋作・室賀正祥・遠山雷蔵　右三名依願私費生徒差許候事」と記されている。この人物が『造花誌』の著者と同一人物かどうかは不明だが、もしそうだとすれば、室賀正祥は、札幌農学校の前身である「開拓使仮学校」で英語を学んだ可能性がある。

*17 *New Series. Hillard's Third Reader*, by G. S. Hillard & L. J. Campbell. Boston; Brewer and Tileston, 1864 の六一課に「The Dog and the Shadow」という教材がある。この教材には、犬が川の中に肉を落とすのを見ていた少年やカラスが登場する。国会図書館蔵本には、明治八年に日本に持ち込まれていたことを示す文部省の交付印と「教育博物館蔵印」がある。

第四章　翻訳啓蒙書と修身読み物

一、欧米の修身書と子ども読み物

(1) 欧米の修身書などからの翻訳啓蒙書

本章では、英語読本(リードル)ではなく、欧米の修身書をもとにした子ども向け翻訳読み物について触れる。修身書は、初めから「教訓」を授けることが目的であり、ストーリーはその手段である。といっても、ここまで見てきたように英語の低学年用のリーダーにも、かなり教訓的な話が満載されていたから、実際には修身教育書に載せられた読み物と、リーダー類のそれとを差別化することは意味がないかもしれない。しかし、リーダー類と、修身書との違いは、基本的には読み書きを教授することを第一義にするか、モラルの育成を主目的にするか、というところにある。リーダー類は、言語学習という観点に立って、語彙の選択や文章の構成を配慮して易から難へと段階を追い、グレード別に作られている。一方、修身教育書は、言語形式よりもメッセージ内容が最も重要な問題であり、内容構成も徳目別に分かれていることが多い。こうした修身教育のために編まれた西洋の教科書や副読本、あるいは教師用書からも、子どもに読ませることを目的とした翻訳啓蒙書が作られていた。

福沢諭吉の『童蒙をしへ草』〈一覧3〉

修身教育書からの翻訳啓蒙書の先駆的、かつ代表的な存在は、いうまでもなく福沢諭吉によって作製された『童蒙をしへ草』である。一八七二(明治五)年三月刊。全五巻で、二九の章によって構成されており、それぞれの章の中にさらに数編の例話が収められていて、全巻では一〇七話が登載されている。各章には、徳目についての解説があってその後に例話が配されているのだが、例話がたくさん収録されているので、一見すると子ども読み物集のようにもみえる。その中には、イソップ寓話が一四編ほどあり、その他にも話の面白さに興味を引かれるような読み物が多くみられる。もっとも、この本の主眼は、例話の方ではなく西欧近代社会の原理に基づいた身の処し方を説く「解説」の方にある。このようにいくつかの「解説」が先行して置かれ、そこに関係のある各話がまとめて配されるという構成は、これまで検討してきたリーダー類とは大きく異なる。

『童蒙をしへ草』に関しては、桑原三郎の「『童蒙教草』の原本」という論文があり、原本がイギリスチェンバー社の *The Moral Class-book* であること、原本にあるバイブルの引用や詩、各話の出典は翻訳されていないこと、などが明らかにされている。訳文は文語文であるが、福沢諭吉の手になるせいか、読み手にとってきわめて分かりやすい文章になっている。とりわけこの本は「童蒙ノ読本ニ供セリ願クハ後進ノ少年諸学入門ノ初ニ先ツ此書ヲ読ミ慎独修身以テ分限ヲ誤ラズ」と、年少の読者が自ら手にとって読むことを想定していた点が重要である。*1

原本となった *The Moral Class-book* について、尾形利雄は「原著の説く自由・平等の人間観、人格の尊重は、封建的束縛からの人間の解放であり、近代市民社会成立の基底をなす理念である」といい、福沢諭吉がそれを十分に理解した上で、この本を翻訳したのだと述べている。尾形の言うように、一つ一つの例話すべてに「近代市民社会」の理想が明示されているというわけではないが、この本には身分や旧弊を脱して、個人の努力を発揮した人物の「事実談」が多く掲載されていた。この『童蒙をしへ草』が、一八七二（明治五）年九月八日の「小学教則」の「修身口授」の教科書として指定されていたこと、また、ある意味で近代子どものフィクション系読み物の出発点と位置づけられること、などについては前述した。*2

このうち、『童蒙をしへ草』の一番初めに登載されている小話で、イソップ寓話でもある「子供と蝦蟇との事・寓言」を引いてみる。続けて、もとの *The Moral Class-book* の該当箇所を掲げておく。

CHAMBERS'S EDUCATIONAL COURSE.

THE

MORAL CLASS-BOOK

WILLIAM AND ROBERT CHAMBERS
LONDON AND EDINBURGH
1873

The Moral Class-book 扉

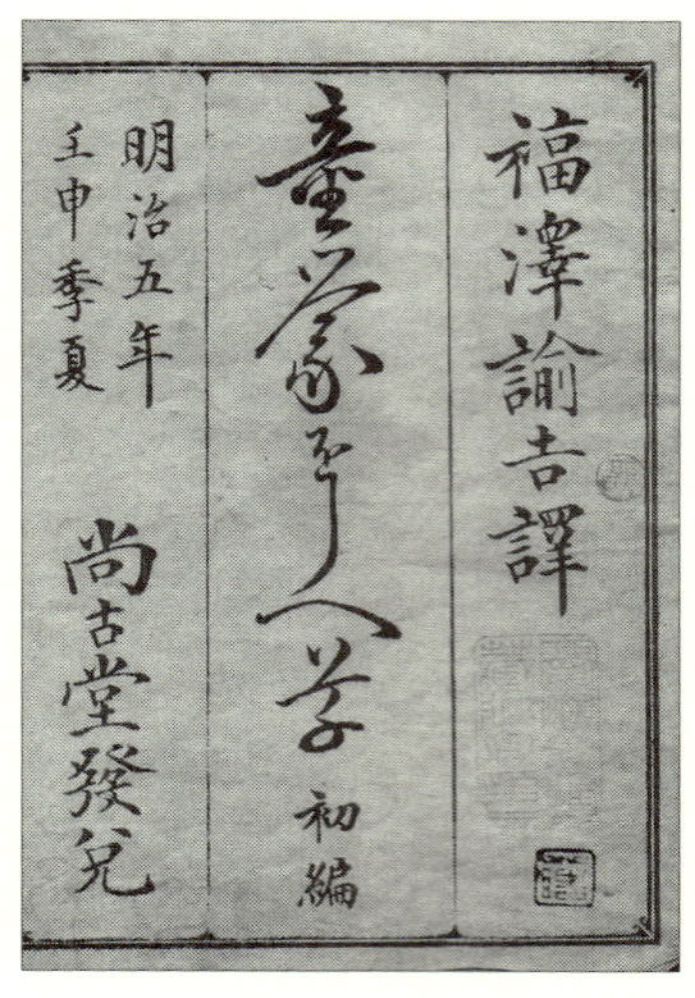

『童蒙をしへ草』見返し
明治５年

㋑子供と蝦蟇との事 寓言

蝦蟇あまた住へる池の辺に大勢の子供来りて池の中へ小石を投げ二つ玉の三つ玉のとて数百の小石一時に水に落ち蝦蟇の難渋ひとかたならず今にも命危しと共に心配したりしがその中に一疋の強き蝦蟇あり危き場合を恐れもせず水の面に頭を出して声高らかに云ひけるはあら慈悲なき子供哉如何で悪事を学ぶの速なる君の為には慰みなるも我等が為には一命に関ることなりよくも物事の道理を勘弁し給ふべしと

The Boys and The Frogs : A Fable

On the margin of a large lake, which was inhabited by a great number of frogs, a company of boys happened to be at play. Their diversion was duck and drake ; and whole volleys of stones were thrown into the water, to the great annoyance and danger of the poor terrified frogs. At length one of the most hardy, lifting up his head above the surface of the lake, 'Ah, dear children,' said he, 'why will you learn so soon to be cruel? Consider, I beseech you, that though this may be sports to you, it is death to us.'

ここでは弱者である蛙が、強者に向かって、精一杯の自己主張をしている。福沢諭吉の翻訳では、困惑した蛙が、意を決して「声高らかに」窮状を訴える様子が眼に浮かぶようである。正確な訳というよりも、読み手の興味をそらさないような翻訳ぶりである。福沢の翻訳態度については、桑原三郎も「The Moral Class-book と『童蒙教草』の文章を比べて気がつくのは、福沢先生の翻訳が、今日の所謂翻訳ではなくて、内容をよく咀嚼して、先生の言葉で語りなおしている」と評している。[*3]

さて、次には、巻一の「第三章　貴き人に交わり賤しき人に交る心得の事」にある一挿話を抜き出してみよう。この章の「解説」には、人は仕事の難易によって区別はつけられるが、貴賤とは別であること、主人と家来とは契約関係にあり、両者は交情によって結ばれるべきことなどが記されている。福沢諭吉の『学問のすゝめ』には、「万人は万人みな同じ位にして、生まれながら貴賤上下の差別無く」という文言があり、同じ趣旨が何度も繰り返されるが、この第三章は、そうした精神を具体化したいくつかの小話が配されている。そのうち主人と家来とは基本的に契約関係であるということを示す挿話が、以下の翻訳文である。

ろ　主人の言葉宜しからずして譏を受けし事

あんそんといへる人東国に旅行して家に帰りし時其旅行に召連れし家来暇を願ひければ主人ハこれを怪み何故斯く俄に暇を求るやと尋るに家来の云く長き旅中に様々の用事もあり又危き艱難も少なからず此用事艱難ハ一様に主従二人の身に関ることなれども此事に付主人は唯権柄を以て云付るばかりにてやさしき言葉とてハ一言も聞しことなし此度暇を求るの趣意は唯此一事のみにて外に子細もあらず

Undue Reserve of a Master Rebuked

When Mr Anson the traveller arrived at home from the East, the servant who had accompanied him came to ask his dismissal. On the reason being demanded, he said he had nothing to complain of, but that, through all their common toils and dangers, his master had never addressed a word to him but in the way of command.

この話は、原本では、主人の非情な態度を糾弾し、その封建的な主従関係に反省を迫るメッセージを伝えようとしたものとして、掲載されていたのであろう。尾形の言う「封建的束縛からの人間の解放」という主旨をうたった小話とも言える。おそらくこうした話題は、旧来の日本の修身書には、ほとんど載せられてこなかっただろう。「主従は三世」とする「忠」の思想のもとに、両者の関係は固定化され、あまつさえ主のために命を捨てよと説くのが封建道徳だったからである。もちろん為政者の心構えとして、家来に情けをかけるべきだという教えは『論語』の中にもあるし、封建社会においても、支配階級にとっては当然の心構えであった。しかし、主ではなく家来の方から契約関係の解除を申し出る展開は、当時の人々には新鮮に映ったのではないだろうか。

もっとも福沢の訳は、三人称の語り形式で説話的な話型になっており、それは原文でも同じである。この話はアンソンという主人の側からのエピソードとして書かれていて、主人が反省すれば一件落着となりそうなストーリー展開だが、読み手はそれを家来の胸中のドラマとして受け止めることも可能である。つまり、不満を抱きつつ我慢をしていたが、ついにそれを主人に向けて自己主張する家来の側に立って、その心中を想像してみることもできる。そうするとこの話からは、モラルとは、一方的に上から与えられるものではなく、読み手自身の「権利」の問題とも密接に結びついていることを考えさせる素材ともなりうる。

もともと、「モラル」の問題は、個人の自立の問題、とりわけ社会とどのように主体的に関わっていくかということと切り離しては考えられない。そうした広がりの中に「修身」を位置づけようとしたところに、『童蒙をしへ草』刊行の意義があったのである。

沢井甃平の『修身小学』〈一覧9〉

ところで、この *The Moral Class-book* には、『童蒙をしへ草』のほかにも翻訳本が存在する。それは、沢井甃平の『修身小学』である。このことは、従来の研究では指摘されていない。*4

沢井の『修身小学』は、『准刻書目』に「『修身小学』反訳出板　沢井甃平　全二冊　原本ハ『モラルクラッス』ト題セル英人『チャムブルス』氏ノ編述ニテ西暦一千八百七十年ニ刊行セルヲ翻訳ス」と記載されているように、*The Moral Class-book* の翻訳である。もっともこの本は、福沢のように全編を訳したのではなく、抄訳である。『童蒙をしへ草』と同様に全体の二九章にわたってまんべんなく話題を取り上げているが、訳出した話の数は八〇話である。福沢の『童蒙をしへ草』は、総数で一〇七話なので、収録されている話の数は、それより若干少ない。

本の「自序」の冒頭には「此ノ小冊ヲ公刊スル旨趣ハ小学校又ハ私家ニテ幼童ヲ教育スルタメニ備ヘントスルモノニシテ専ラ修身斎家ノ大義ヲ論サントス」と記されている。この本が「幼童ヲ教育スル」ことを目的に、教育書として作製されたことが分かる。しかしまた、「究竟人心ヲ正道ニ導クハ経書ニアラザレバ得ベカラズ」とも述べられているように、本格的な儒教道徳である「経書」に発展するまでの修身教育の入門編という位置づけで翻訳されている。ここから、訳者が西洋のモラルと、儒教道徳の間の懸隔に関して、その差違を、福沢諭吉ほどはっきりと意識していていたわけではないようだ。

翻訳文は、漢字片仮名交じりで、部分的にルビが付けられている。福沢が「子供(こども)と蝦蟆(かえる)との事(こと)」と題して翻訳した話は、次のように翻訳されている。

㈠童子及ビ蛙ノ話

幼童数人池辺ニ来リ戯レ相共ニ瓦石ヲ拾ヒテ池中ニ投入シカ群蛙之ニ撃レテ大ヒニ驚キ苦シミ如何トモ為スベカラザル体ナリ少焉(シバラク)アリテ一蛙奮然トシテ水上ニ跳リ出テ眼ヲ睜(イカ)ラシ口ヲ張テ曰汝等尚幼少ニシテ斯ク悪業ヲ為ルハ何ノ故ゾ願クハ礫(ツブテ)ヲ投ル勿レ児輩答テ云取テ悪業ヲ為ルニ非ズ我只戯レ遊フノミ蛙曰然リ然レドモ汝カ戯レ遊フ所我徒ノ亡滅ヲ致スニ至レリ

また、福沢が「主人の言葉宜しからずして譏を受けし事」と訳した一挿話は、次のような訳文になっている。

㈡褒賞ヲ吝ム（ヲシム）ハ失誤ナル事

凡ソ百年以前英国ノ「アンソン」ト云フ人ハ全世界ヲ遍歴シタル高名ノ人ナリ其羈旅ヨリ本国ニ帰ルトキ旅中随従シタル僕突然トシテ辞シ去ント請フ「アンソン」其故ヲ問フニ対テ曰他無シ君人ヲ使フニ一回モ賞言アルヲ聞カズ只人ヲ使役スルノミ

福沢の翻訳と沢井の翻訳を比較すると、沢井の翻訳文は直訳的で膨らみがない。また、二つの話ともに、立場の弱いものが強者に訴えるという雰囲気が伝わってこない。というより、福沢諭吉の訳文が、その点をより強調して、「先生の言葉で語りなおしている」ことが、ここからもよく分かる。

『修身小学』は、一八七三（明治六）年五月に、大阪で刊行されている。育徳堂蔵版。書肆は、前川善兵衛と吉岡平輔である。『童蒙をしへ草』が広く読まれたのに比べて、この本は、現在まで残っている刊本がほとんど無いことなどから類推すると、それほど多くの支持があったようには思われない。

なお、沢井甃平についての詳細は不明であるが、一八八六（明治一九）年に、大阪の前川書房から林十次郎訳・沢井甃平閲で刊行された『ローヤル第三リードル直訳』の表紙に「大阪中学校教諭沢井甃平校閲」と記されていることから、後には大阪の中学校の教員、それもおそらく英語科の教員になったのではないかと判断される。

海老名晋訳の『訓蒙叢談』〈一覧12〉

海老名晋が訳した『訓蒙叢談』は、一八七三（明治六）年六月の刊。上下二巻でそれぞれ三四丁、と三九丁仕立てである。「例言」には、「此書ハ原名エレメンタリー、モラルレッソント云ヘル書ニテ米利堅国オハイヲ州サンダスキーノ小学校督学エム、エフ、コウデリー氏ノ撰著セシ所一千八百五十六年刊行セシ者ナリ」とあり、原著の総計三二課のうちの二二課を抄訳したと書かれている。さらに「此書ハ専ハラ童蒙ヲ教ユルガ為メニ著ハセシ所ナレバ大率卑近ニシテ解シ易キ事ヲ記載セリ」とある。子ども自身に直接読ませることを意図していたかどうかという判断は微妙なところだが、『訓蒙叢談』が子どもの教育のために翻訳された話材集であることは間違いない。また、一八八〇（明治一三）年に合本再版された福沢諭吉の『学問のすすめ』には、巻末に「慶應義塾出版社発兌書目」という広告欄がある。そこには『訓蒙叢談』の解説に「童蒙ノ家訓小学ノ読本ニ欠ク可ラサル良本ナリ」とあり、この本が小学校の教科書として推薦されている。*5

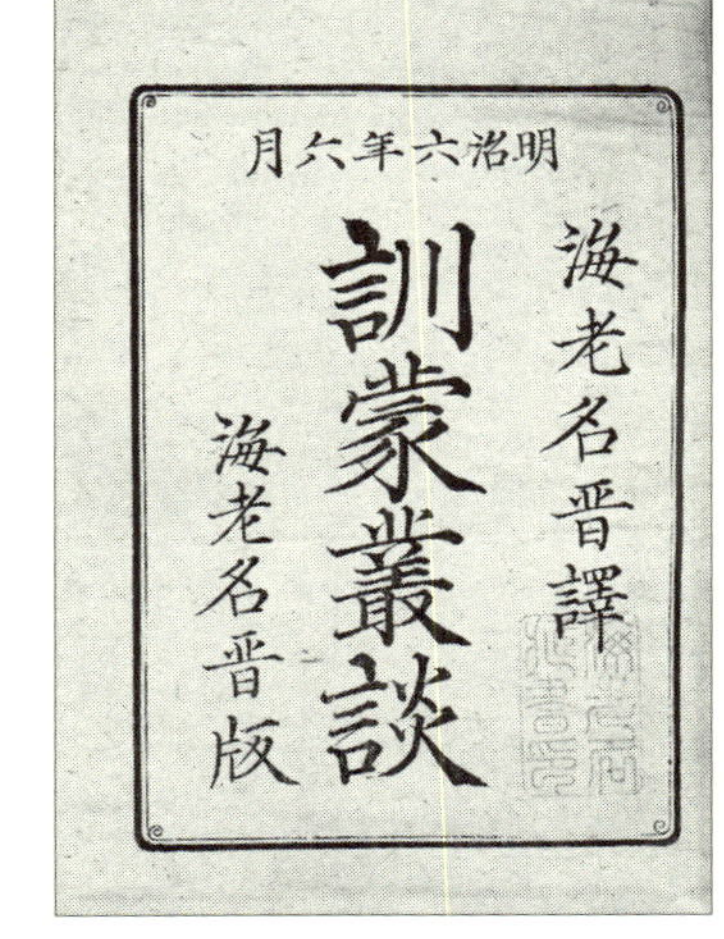

『訓蒙叢談』見返し
明治6年

この本の翻訳は、以下のような文体になっている。「人ニ加フル小害ハ吾身ノ大害ト云事」という章の中に収められたエピソードを抜き出してみる。

ジョント云ヘル者アリ人ト為リ迂闊ニシテ思慮ナク父母ノ訓戒モ随テ聞キ随テ忘ルヽ程ナリ父常ニ之ヲ憂ヒ一日謂ツテ曰ジョン汝一悪ヲナサバ吾レ柱ニ一釘ヲ加ヘ一善ヲナサバ吾レ又一釘撤（ヌク）シ汝ヲシテ勧懲スル所アラシメント爾後毎日約ノ如クセシガ加フルコトハ甚ダ多ク撤スルコトハ甚ダ罕ニシテ遂ニ柱ヲ見ル可カラザルニ至レリジョン之ヲ見テ大ニ慚愧感発シ善人ト為ラント心ニ誓ヒ翌日ヨリ撤スル所ハ多ク加フル所ハ少ク数日ヲ経テ柱面惟一釘ヲ存セリ父大ニ喜ビ柱ヲ指シテジョンニ謂テ曰ジョン汝ノ改行ニ因テタヾ一釘ヲ存スルニ至レリ今又マサニ此釘ヲ撤セントス汝モ亦快喜ナルベシジョン柱ヲ熟視シテ欷歔（ナキズヽリ）流涕セシカバ父怪ンデ問フアヽ汝何ヲカ嘆ズル柱釘已ニ全ク撤セリジョン涕ヲ拭フテ答テ曰然シ釘ハ撤スレドモ其痕猶存セリ父曰愛児汝ノ行事モ亦相似タリ汝善ク吾訓言ヲ聴ケ汝モシ悪念一タビ動カバ速ニ之ヲ抑ヘ過失一タビ知ラバ直チニ之ヲ止ムベシ蓋汝一悪ヲナス毎ニ更ニ一釘ヲ加フルナリタトヘ其釘ヲ撤スルモ其痕永ク汝ノ心ニ存セン汝ノ此言ヲ出スハ汝ノ善ニ遷ルノ機ナリ汝謹ンデ之ヲ忘ルヽコト勿レ

この「柱に釘を打つ」という話材は、*Mandeville's Reader* の第三巻第六課に Nails in the Post として出ている教材と同一である。マンデヴィルリーダーの刊行年は一八六六年で、*Elementary Moral Lessons* 1856 の刊行の方がそれよりも早いから、リーダーの方がコウデリーの本から取材したのか、あるいは両者が共に依った典拠のようなものがあったのかもしれない。

『訓蒙叢談』の原本であるコウデリー（M. F. Cowdery）の *Elementary Moral Lessons* は、日本ではかなり人気があった本のようだ。一八七七（明治一〇）年には、文部省から『修身教訓』と題した訳本が刊行されている。宮崎駿児訳、飯島半十郎校。これは全体で三七五頁にもなる大著で、全三二課一一五話が紹介されており、原本からの挿絵もすべて翻刻紹介された完訳本である。*Elementary Moral Lesson* に収められている話は、ほとんどがいわゆる「事実談」であり、寓話は収められていない。この「柱に釘を打つ」のようなひとまとまりのエピソード部分は、原本では、「Narative」と題されている。つまり、文字によって記されたこのストーリーは、子どもが読むものとしてではなく、教師が語り聞かせるものとして用意されていた。コウデリーの *Elementary Moral Lessons* は、「修身口授」のための教師用書だったのである。[*6]

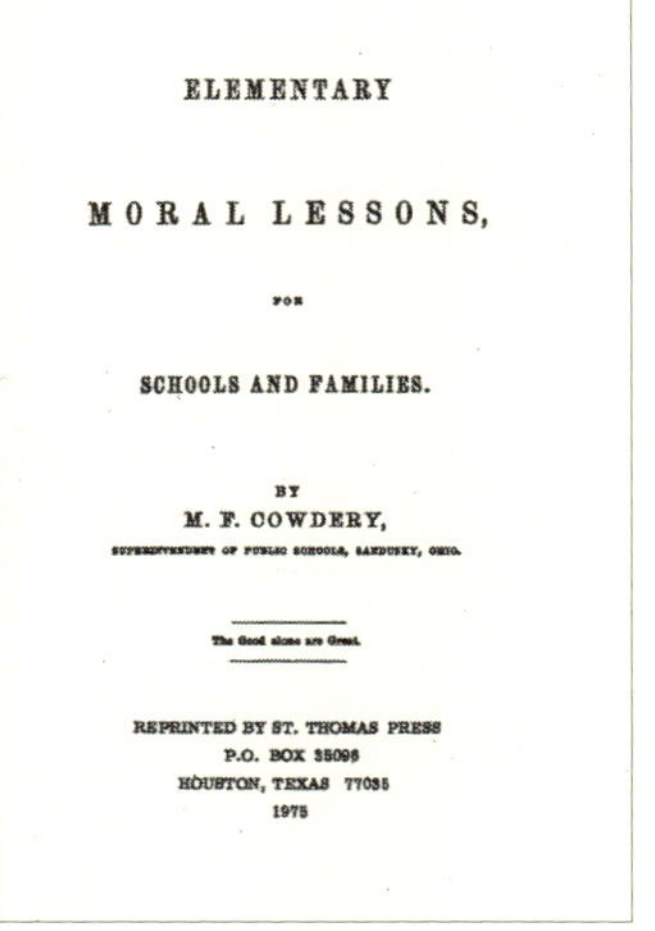
ELEMENTARY
MORAL LESSONS,
FOR
SCHOOLS AND FAMILIES.
BY
M. F. COWDERY,
SUPERINTENDENT OF PUBLIC SCHOOLS, SANDUSKY, OHIO.
The Good alone are Great.
REPRINTED BY ST. THOMAS PRESS
P.O. BOX 35096
HOUSTON, TEXAS 77035
1975

Elementary Moral Lessons 扉

原本を見ると、この「Nails in the post」には、話の末尾に教師に向けて、学習者に質問すべき三つの事項が掲載されている。*7

- In the narrative just given, why did the "scars" in the post give John so much trouble?
- When his father spoke kindly and cheerfully to him, and was willing to forgive and forget all his wrong deeds, could John, ever after, feel just as happy as if he had never done wrong? How long would his wrong acts give him pain?
- Which was probably the greater sufferer for the wrong deeds of John — John himself, or his associates around him?

- なぜ、柱の「傷跡」は、ジョンをそんなに苦しめたのでしょう?
- 父が優しく陽気に息子に話しかけ、彼の過ちをすべて許そうとした時、ジョンは、失敗などなかったかのような幸せな気分になれたでしょうか? 彼の過ちは、どれほど長く、彼を苦しめることになったでしょう?
- 過ちによって、より苦しんだのはジョン本人でしょうか、あるいはジョンの周囲の人々でしょうか?（拙訳）

原本では、話を聞かせた後、こうした質問を子どもに投げかけ、話の内容を確認しながら、読み手の日常行動を振り返らせようとする指導の流れになっている。だが、この教師への指示の部分は、海老名晋の『訓蒙叢談』にも、文部省の『修身教訓』にも翻訳されていない。教師へ向けた文言が取り除かれた邦訳の『訓蒙叢談』や『修身教訓』は、結果的に単なる読み物集のような仕上がりである。したがって、海老名晋の『訓蒙叢談』も、「子ども向け翻訳啓蒙書」の中に位置づけておく。ただし、文部省が刊行した完訳本の『修身教訓』は、明らかに教師用書であって、直接子どもを読み手として作られたものではないことは明瞭なので、前出の「明治初期子ども向け翻訳啓蒙書一覧」の中には掲げなかった。

深間内基の『幼童 教の梯』〈一覧20〉

また、一八七三（明治六）年の一一月に、深間内基の訳した『幼童 教の梯』も、ほとんどが、このコウデリーの *Elementary Moral Lessons* から材を得ている。「日本教科書大系・修身教科書目録」には、「一五章に分類された例話集。例話はすべて西洋のもので、おそらく英書、リーダーの翻訳と思われるが、原著者、書名は不明」と記されているが、この本も、コウデリーの *Elementary Moral Lessons* が原著である。先に述べたように、コウデリーの原本は三二課に分かれているのだが、『幼童 教の梯』は、このうち一五課までに収めてある話の大部分を抜き出して翻訳した

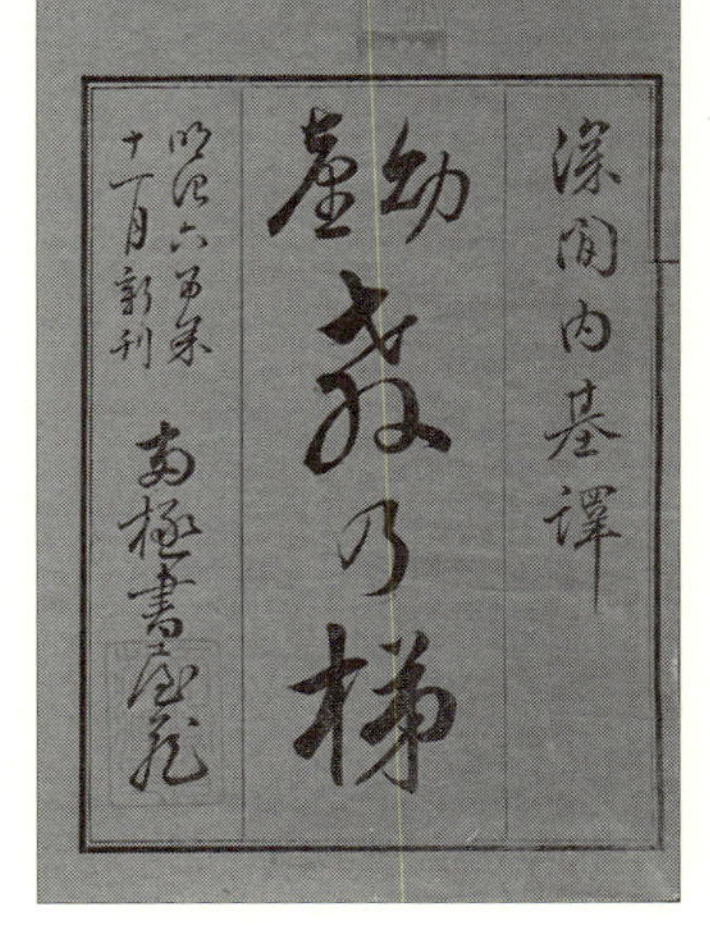

『幼童 教の梯』見返し
明治6年

ものである。体裁は上下二巻構成になっており、上巻に二五話、下巻に二三話の合計四八話が収められている。そのうち五話はイソップ寓話とそのほかの寓話で、これはコウデリーの本からの訳出ではない。つまり、この深間内基の『幼童教の梯』は、コウデリーの修身書の抄訳に、他から取材した数編の寓話を交えて構成した書物なのである。*8

ここにも、Nails in the post が、次のような文体で訳出されていた。

> 柱に釘の事
>
> （ヂヤン）といふ童児ありけるが記憶薄く加ふるに麁忽にて為す毎事に十に一も損ぜぬことハなかりしかバ父は見るに堪へかね教諭していひけるハ汝ハ我言に背かばこそ多く事を仕損すなり今より汝の損事する毎にこの柱に一本づつ釘を打て数ふべし亦能くなせし事あらバ一本づつ引抜くべしと堅く約して打たればこれより毎日に釘を打ざる日があらバこそ（下略）

この『幼童教の梯』は、前掲の『訓蒙叢談』や『修身教訓』が、教師用にかなり傾斜しているのにくらべて、文章も平易で子どもが読むことも可能なできばえになっている。それは、訳文の漢字にすべてルビを付していることや、イソップ寓話を交えているところなどに表れている。

『幼童教の梯』の「序」は、服部誠一によって漢文で書かれており、訳者の深間内基自身はこの本の作成動機などを記していないので、読者としてどのような年齢層を想定していたのかは不明である。しかし、題名の角書きに「幼童」を加えたことや、深間内基がコーデリーの原本に、さらにいくつかの寓話を加えていることなどから類推して、*Sargent's Standard Reader* を抄訳した『啓蒙修身録』の方針と同様、幼い子どもを読者対象に据えていたと考えられる。したがって、この『幼童教の梯』も、「翻訳子ども読み物」の一つとして位置づけておく。つまり、深間内基も、この時期、日本の幼少年に向けた翻訳物を、立て続けに刊行していたのである。

是洞能凡類の『童蒙修身心廼鏡』〈一覧13〉

是洞能凡類の『童蒙修身心廼鏡』の題名は「どうもうしゅうしんこころのかがみ」と読む。この本は、一八七三（明治六）年八月に出版されており、上下二巻の構成である。この書については、第一章の「（2）翻訳啓蒙書の文章・文体」の項で、啓蒙翻訳書の文体に関わって少しだけ触れた。本の内容の大半は、明治初期に日本でよく読まれたウェーランドの *Elements of Moral Science* の翻訳である。

稿者は先に、*Elements of Moral Science* 自体は、修身学についての理論的な記述がほとんどのページを占めているので、それを翻訳した書物は「子どもに向けた翻訳啓蒙書」の表には掲げないと記した。が、この『童蒙修身心廼鏡』は、*Elements of Moral Sience* の丸ごとの翻訳書ではなく、ウェーランドの理論部分にコウデリーの本からいくつかのエピソードを実例として加えた上に、さらに『経済説略』の中のたとえ話が添えられている。

是洞自身も「ウエーランド、ポードリー両氏の修身書並びに経済説略の中より其説の要にして了解（サトリ）し易く且つ記憶し易き数章を抄訳（ヌキガキ）して以て児童の輩をして身を修め事を慎むの道を訓ゆるの初階となす」と、いくつかの本から子ども向きの話を選択してこの書籍を編んだと述べている。つまり、『童蒙 修身心廼鏡』は、基本的には大人が子どもを導くための理論書ではあるのだが、編者が意識的に「修身ばなし」をその中に組み込んでおり、また訳文にも子ども読者を意識した工夫を凝らしていたことが明白である。したがってこの本も、「子ども向け翻訳啓蒙書」に位置づけることにした。

ただし以下には、この本の中に収められた「例話」のみを、目次から抜き書きした。（EML は *Elementary Moral Lessons* の、EMS は *Elements of Moral Science* の、CPE は *The Compendium of Political Economy* のそれぞれ略号である。数字は○章の意。）

是洞能凡類は、一八七一（明治四）年に、東京芝新堀町七に「正名舎」という英学塾を開いている。[*9]

また、是洞は『童蒙 修身心廼鏡』の刊行に先駆けて、一八七三（明治六）年一月には、手紙文を日英両方の言語で縦書きと横書きに書き分けて印刷した『挿訳英和用文章』という実用的な書物を出している。さらに、『准刻書目』の同年七月の項目には、『問答捷径 窮理新書』全二冊という本の出版があったことも記述されている。ここには、「合衆国出版窮理書地理書ヲ抄出シ真字平仮名ヲ以テ訳シ画図ヲ加フ」という紹介文が添えてある。是洞は、一八七九（明治一二）年には、東京府勧業課から英人オネールなど数名の書物を翻訳して『西洋更紗染法書』を、一八八一（明治一四）年には、岐阜県農学校からこれも外国の農業法を編集した『農学日記蔬菜篇』を刊行している。是洞には、さまざまな原書から材料を集め、自ら編集して一般読者向けに一書を成す編集者的な才能があったようだ。

『童蒙 修身心廼鏡』も、ウェーランドの理論の翻訳を中心にして、そ

是洞能凡類の『童蒙 修身心廼鏡』の中の例話

編	例話	出典	原題
第一編	○大量なる人の物語	EML-1	The Generous Neighbor
	○恩恵を以て人に勝つの説話	EML-2	Conquering with Kindness
第二編	○寐覚附の時辰鐘の説話	EMS-2	The Alarm Watch
第四編	○人々互ひに相ひ救助へきの物語	EML-12	Help one Another
	○商人報怨の談話	EML-2	A Merchant's Revenge
第六編	○彼れは我が母なりと云の説話	EML-6	"It is my Mother"
	○孝子の父を愛するの説話	EML-6	The Love of a Son for his Father
第七編	○政府の人民のために緊要なるの説話	CPE L6	On Taxes
	○胃腑と四肢との説話	CPE L4	Rich and Poor のエピソード・イソップ寓話（通俗三五）

こに読み手が興味を引くだろうと思う挿話を取り混ぜて編集しているところに特徴がある。すなわち、修身口授のテキストであるコウデリーの *Elementary Moral Lessons* から事実談を選んで例話とし、ウェーランドの修身理論を補強する構成をとっているのである。ただ第二編の「寐覚附の時辰鐘の説話」だけは、もともとの *Elements of Moral Science* に収められていた例話である。これについては、日本風の挿絵を付した訳文の一部を、すでに第一章で紹介した。

言うまでもなく人間の自立にとって「修身」教育は重要である。しかし、近代的な個人の確立を図るには、心がけの問題にすべてを帰せしめることはできない。それは、経済活動を初めとする社会参加を伴った個人の主体的な実践活動の中で、初めて達成できるものである。英米の修身教科書は、個人の道徳的な言動に関わる問題とともに、福沢諭吉の『童蒙をしへ草』に代表されるように「公民」としての個人の社会参加の有り様に触れているものが多い。是洞の『童蒙修身心廼鏡』も、上巻をウェーランドに依りながら、下巻の第七編では『経済説略』などを引いて、社会の問題に目を開かせようとしている。もっとも、下敷きにしたウェーランドの *Elements of Moral Science* でも同様の構成になっており、この本の後半は、社会的な義務に関する論議が取り扱われている。いうまでもなく、市民としてどのような社会参加をするのかという問題は、近代社会にとってきわめて重要な問題である。

しかし、社会経験の少ない子どもたちを相手に、こうした抽象的な議論を取り上げて理解させることは、なかなか難しい。そこで、引用された例話が、イソップ寓話の「胃腑と四肢との説話」だった。この話は、胃だけがおいしいものを独り占めしているのはけしからんと、手足などが結束して胃に食物を運ぶのを止める行動に出るが、結局は手足自身も弱ってしまうというストーリー展開である。『経済説略』ではこのイソップ寓話を、貧人と富人との相互関係を良好にする方策の例え話に使っている。つまり階級間の経済問題を冨人の「思いやり」によって解決しようという趣旨である。是洞は、もう一歩進めて、この話を政府と人民との関係について考えさせるための例話として引用している。もっとも、その方向は、階級闘争論議へと展開するのではなく、政府と人民とは互いに協力しなければならない、という主張に落ち着く。

だが、それは是洞が、社会と個人との関係へ目を向けることも、子どもの成長にとって必要なことだ、と考えていた証左でもある。極言すれば、是洞は、社会や経済に興味関心を示すような子どもを育てようとする児童観を持っていた、ということになる。是洞の本が、社会的な関心を広げることに積極的だったとまではいえないとしても、子どもを対象にした「修身」の教育を、社会的な広がりの中でとらえようとしていたことだけは確かである。

ところで、是洞が下敷きにしたこのウェーランドの *Elements of Moral Science* が、福沢諭吉の思想形成に大きな影響を与えたことは、よく知られている。そもそも福沢の『学問のすすめ』が、*Elements of Moral Science* に触発された著作であるという指摘は、すでに一九三四（昭和九）年に板倉卓三によってなされており、それは、岩波文庫の『学問のすすめ』の小泉信三の「解説」にも紹介されている。また、山口隆夫は、その論文「人間平等——福沢の夢ウェイランドの夢」の中で、ウェーランドを、「アメリカのキリスト教民主主義を思想的に作り上げたもっとも早い人物」だと評価し、福沢がその影響下で「人間平等」の思想を紡ぎ出したとしている。[10]

福沢諭吉は、この本の存在を小幡篤次郎から聞き知り、たちまちその内容に惹かれて、六〇冊ほどをアメリカに注文して、塾生たちと慶應義塾で読みあったらしい。西川俊作の研究によれば、慶應義塾の「科業表」には、一八七二（明治五）年から一八七六（明治九）年の間、この *Elements of Moral Science* が使用されたことが記されているというから、明治初年に *Elements of Moral Science* が様々な洋学者たちに取り上げられて、多数翻訳刊行されたのは、おそらく慶應義塾で教材として使われたことにその原因があったと思われる。それはまた、この本が単なる個人としてのモラルを説いただけではなく、家族や国家、社会における義務と権利とを取り扱っていることとも関係していた。つまり、*Elements of Moral Science* が取り上げているような「修身」の問題を、個人の修養という狭い枠内に限定せず、自ら社会の様々な場面に参加することとしてとらえることの必要性は、当時の慶應義塾に関係した人々の間で共通して認識されていたのである。[11]

Elements of Moral Science の代表的な訳業は、慶應義塾の同人だった阿部泰蔵が文部省から翻訳出版した『修身論』である。この本が一八七二（明治五）年の「小学教則」の教科書として指定されていたことは、すでに触れた。西川俊作は、*Elements of Moral Science* を翻訳した阿部の『修身論』について「まさしく『彼の国学校生徒の読本』であったが、まがりなりにも個人主義と『人間相互ノ職務』を基調とした公民教育の教科書であり、当時の日本国の『小学』教育においては有益な存在であった」と、その訳業を評価している。確かに、阿部泰蔵の手になる『修身論』は、従来の封建道徳を超えた「文明開化」路線を象徴する書物の一つとなっていたのである。また、この本を小学校の教科書として指定したということから、当時の文部省の関係者が、是洞能凡類と同様に、社会や経済に興味関心を示すような子どもを育てる必要があるという児童観を持っていたと考えることも可能だろう

しかし、一八八〇（明治一三）年になると、明治政府の修身教育の方針は、自由民権運動などを牽制するために大転換し、阿部の『修身論』は、当の文部省からも「禁書」になってしまう。政府の教育方針自体が、子どもたちに社会参加を呼びかけるよりも、天皇制という絶対的な権威の枠内に囲い込むような方向に転換し、「修身教育」自体が保守的になってしまい、その内容も矮小化していくのである。[12]

阿部の『修身論』と同じ *Elements of Moral Science* を底本としながら、子ども読者を意識して様々な例話を組み込んで編集の工夫をした是洞能凡類の『童蒙修身心廼鏡』も、同様に学校教育の中からは、弾き出される存在になってしまった可能性がある。翻訳啓蒙書がもとにした「修身書」の理念は、個人が国家に奉仕するという方向に収斂し、それ以降はそうした路線に即応して国家教育が進められていくことになる。そこで

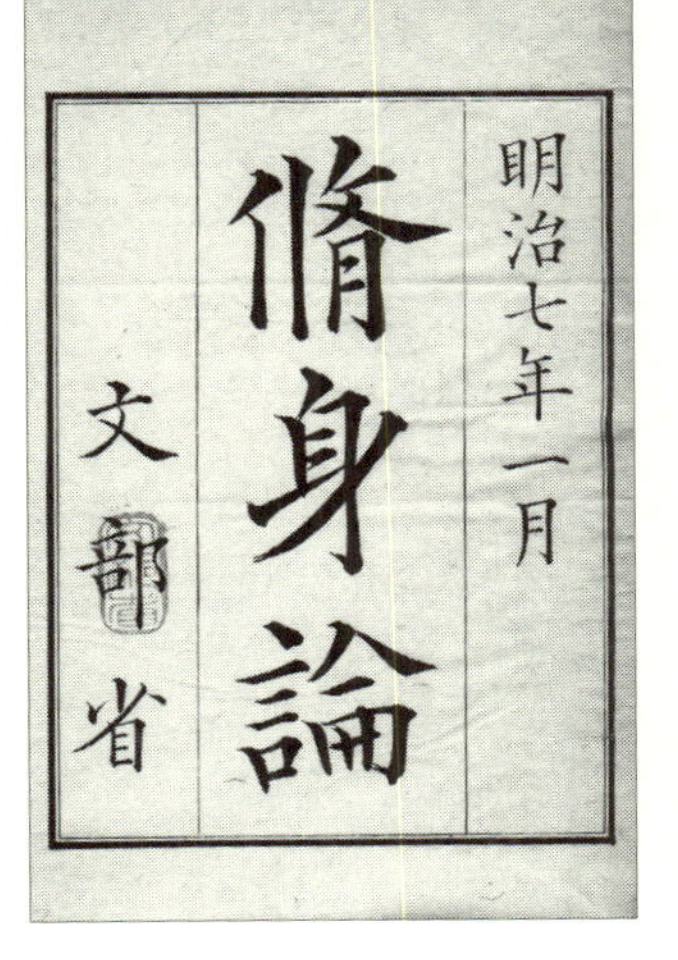

『修身論』阿部泰蔵訳　見返し

は、社会と個人の関係を問うといった種類の問題意識をかき立てるような「子ども読み物」は必要とされなかったのである。

山本義俊の『修身学訓蒙』と『泰西修身童子訓』〈一覧10と32〉

この時期には、アメリカだけでなく、フランスの修身書も翻訳されている。『修身学訓蒙』は、一八七三（明治六）年五月の刊行。原著は、一八七三年にフランスのパリで出版されたフローリの「勧善言行小録」だという。原本などは不明である。内容は、ギリシャローマの偉人やヨーロッパ諸国の王侯の言行のエピソードが中心になっている。上下二巻の構成で、上巻に二六話、下巻に三一話、合計五七話が収録されている。徳目にそってそれぞれ数編の話が配されており、取り上げられた徳目は、順に「孝行」「信心」「愛国」「兄弟の親愛」「報恩」「中庸」「勇猛」「廉潔」「寛大」「公正」「仁恵」「観念」「名義」「夫婦之情愛」「最期の勇」となっている。「凡例」には、「各国各也風習アリテ稍欧州（ヨフロッパ）ト異ナル所アリトモ仁義禮智孝悌忠信ノ教アラザル地アランヤ」とあるので、訳者である山本義俊は、従来からの儒教的な考えと、この

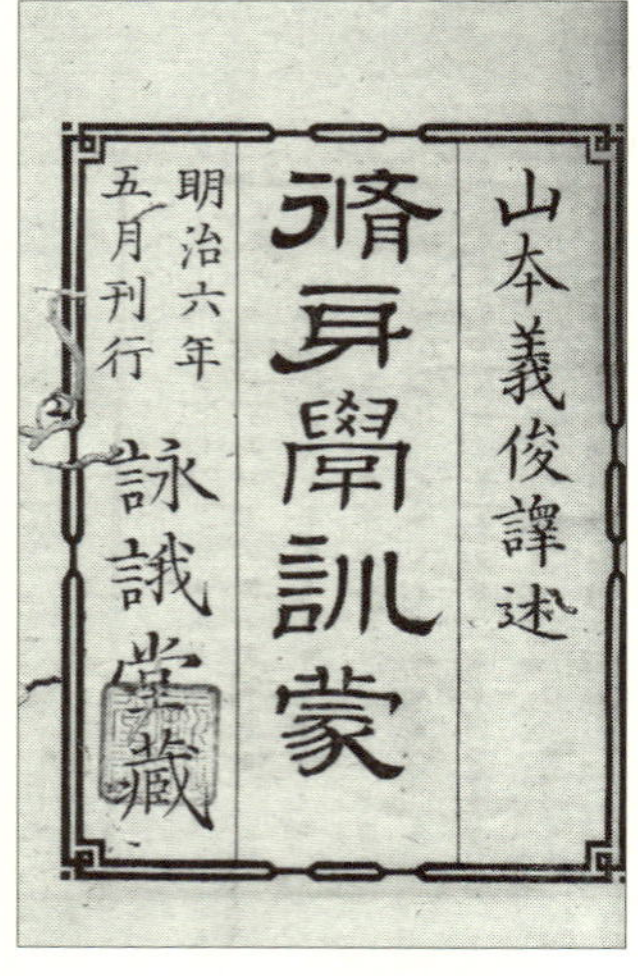

『修身学訓蒙』見返し

本の「修身」的な考え方との間に大きな懸隔はない、と判断していたように思われる。また巻末の「跋」には、「幼童蒙昧足視以鑑之矣益小学之所用也」とあって、学童の教育に役立てようと考えて、この書を翻訳したことが分かる。なお、訳者である山本義俊は、アメリカのウェーランドの *Elements of Moral Science* も、同じ年に『泰西修身論』と題して訳出刊行している。*13

この『修身学訓蒙』に出ているエピソードの中では、「報恩」という徳目のもとに置かれた第一九章の話が、日本の修身読み物や読本の中にこの後、時々登場する話材である（代表的な修身読み物書である木戸麟『修身説約』（明治一一年）の巻七の二四に、また、阿部弘蔵『小学読本』巻六・二四章、江南散史『少年文学動物園』（明治二六年）などに掲載されている）。本文は一〇頁にもわたる長い話だが、幸い目次には、話の内容を要約したような長い題がついているので、その目次の題名を次に引いてみる。

> 羅馬ノ奇覧会ニ罪人ヲ以テ猛獣ト闘ハセシコトアリ此ノ時又タ罪人ナル「アンドロクレース」ト云モノ獅子ト闘ウ番ニナリシカバ忽チ掴ミ殺サルベキヲ此ノ獅子旧恩ヲ思テ却テ「アンドロクレース」ヲ労リケル程ニ帝ノ尋ニ遇テ悉ク来由ヲ答シカバ人獣トモニ赦免ニ遇ヒ猛キ獅子世ノ犬ノ如ク先ニ立テ「クレース」ヲ導行シ弥談ノ事

今は罪人の身である「アンドロクレース」は、以前アフリカでライオンの足のとげを抜いたやったことがきっかけで、三年もそのライオンと一緒に暮らしたという希有な体験をした。それがここでいう「来由」である。話の結末は、獣でさえも昔助けた恩を忘れないという教訓話にな

っているものの、あわやという場面で命が助かる劇的なクライマックスが強く印象に残るエピソードである。この話はいわゆる「奇談」であり、明治初期に、翻訳文学に対して一般の読み手が期待した要素を十分に備えている。

もっとも、この『修身学訓蒙』には、このような興味深い話材も収録されていたが、登場する人物のほとんどがギリシャローマの偉人やヨーロッパ諸国の王侯であり、日本の読者にとってなじみ深いものではなかった。したがって、この本が、多くの読者に親近感を持って迎えられたとはいえないだろう。それでも山本は、こうした泰西の偉人たちの話も、子どもを対象にした「修身口授」の材料として格好のものだと判断して、翻訳刊行したのである。

一方、同じ山本義俊の著作である『泰西 修身童子訓』は、特定の本を翻訳したものではなく、山本の手による書き下ろし修身書といえるような内容である。ただし、この『泰西 修身童子訓』には、山本義俊訳述、芳川俊雄校正、と記されているので、山本が単独で作成したのではなかったかもしれない。刊行は、一八七五（明治八）年一一月。この本も、あわせてここで紹介しておく。

この本の特徴は、リズム感のある本文と、それに関係する和漢洋のエピソードを挿絵付で頭注の形をとって添えた構成にある。もっとも、リズム感を持った啓蒙的な文章の提示という点でいうなら、福沢諭吉の『世界国尽』という良い先例がある。福沢の『世界国尽』には、注のない『素本 世界国尽』と頭注のついた『頭書大全 世界国尽』との二種類の板本があるが、頭注の付いた後者の本の方が、世間に受け入れられたようである。

頭注のついた図入りの版面というレイアウト自体は、江戸期の学習書には珍しくない。江戸の庶民たちは、それまで一部の特権階級に占有されていた白文で印刷された四書五経などの漢籍には、容易に近づくことはできなかった。しかし漢文で記された本文に「余師」という総ルビつきの和文の注釈が付いた板本が登場したことで、多くの人々は、初めてそれらを自力で読むことが可能になった。また、そこに挿絵を加えた書物が登場したことで、より広範な読者たちに迎えられることになった。江戸の人々のリテラシー能力が格段に高まったのは、こうした本文に注釈の付いた書物が大量に供給されたことと密接に関係している。どのような本文を、どのような形式の印刷物で、どのような読者層に提供する

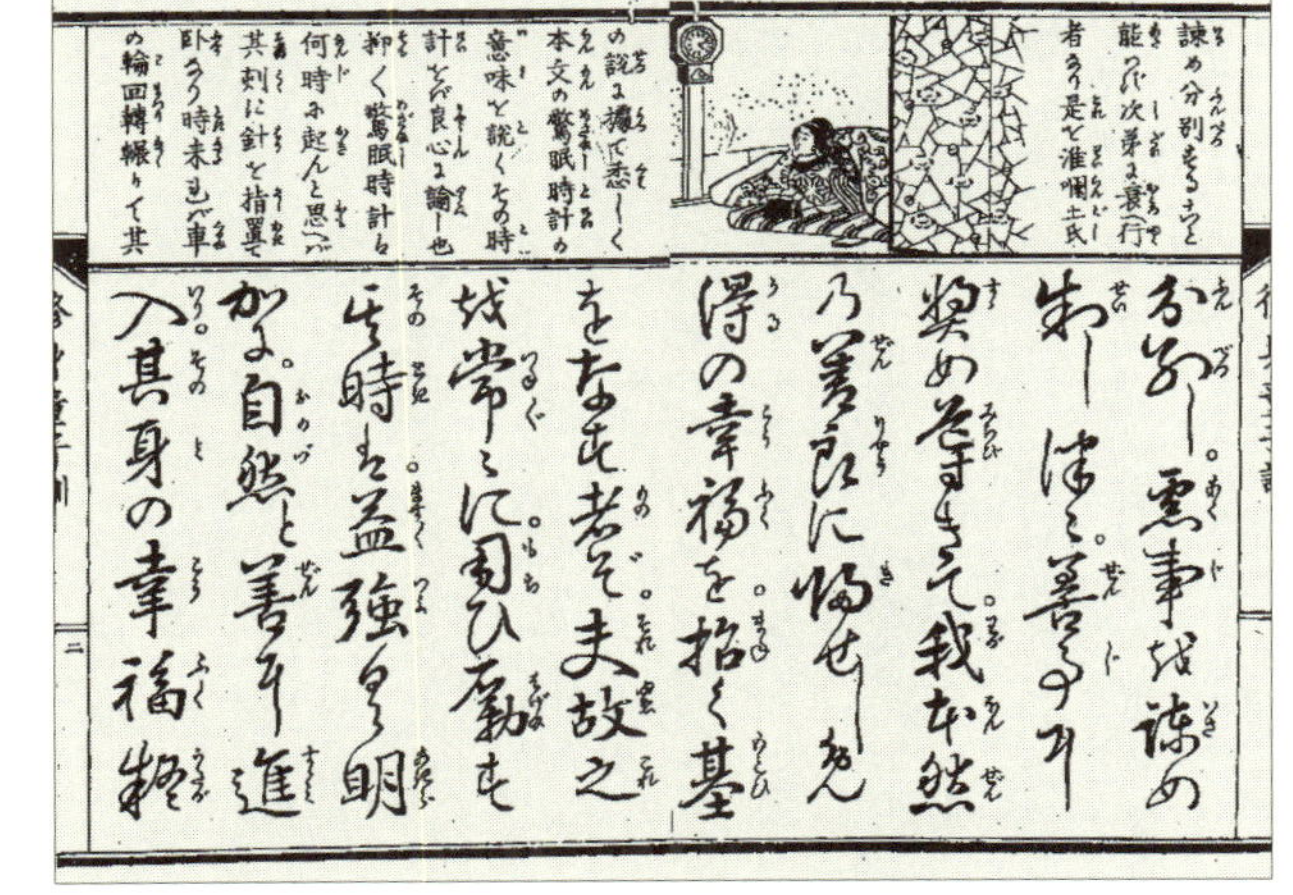

『泰西 修身童子訓』明治8年

のかということは、書籍の普及にとってきわめて重要な問題である。『泰西修身童子訓』は、江戸期に確立した初心者向けの和本の構成に倣い、書物の普及をねらって「頭注付き」という誌面構成を採用する戦略をとったのだった。*14

『泰西修身童子訓』の上巻は「凡そ天地の中間に。化生来る万物ハ。有象無象の差別なく。……」と、七五調によって太字で記された本文の上段に、「図入頭書」形式で「天地開闢」のエピソードが記されている。ここにはアダムとイヴの話やノアの方舟の話などの聖書からの引用した文章が載せてある。本文の内容の展開にしたがって、宇治川の戦いで破れた源三位頼政の話が登場したり、また韓信の股くぐり・孟母三遷などの中国の話が出てくるというように、西洋、東洋、日本の様々な小話が持ち込まれている。和漢洋の様々なエピソードの導入という点だけでいえば、こうした構成は、先行した榊原芳野の『小学読本』巻四・巻五や、本書第六部で触れる「修身読み物」に似ているとも言える。いずれにしても頭注という形式ではあるものの、単に西欧の話を翻訳紹介するという立場を越えて、それらをつき混ぜて独自の「修身書」を作製しようという編者山本の意図がはっきりと表れている。

下巻には、ウェーランドの目覚まし時計の話が頭注に引用されている。それに対応する本文は、次のようなリズム感のある文体である。

> 夫れ良心は。万事己の挙動の。是非善悪と邪正との。差を能と分別し。悪事を諫め制しつつ。善事に奨め導きて。我本然の善良に帰せしめ得の幸福を。招く基をなす者ぞ。夫故之を常々に。用ひ励す其時に益強く明かに。自然と善に進入。其身の幸福疑ひなし。

本文自体は、抽象的で子どもにとっては、実感に乏しい内容だといえるかもしれない。しかし、注目すべきは、ここで採用された文体が韻文だったということである。欧米の修身書に盛られた精神を、在来の儒教思想などと接合させながら、朗唱できる文体として提示したことには、きわめて意味があった。管見では典拠である外国語の散文を、そのまま日本の韻文形式に移し替えて翻訳した修身書は見当たらない。だが、外来の事象や文物を、その思想とともに、日本の韻文によって表現しようという試みのひとつとして、この『泰西修身童子訓』を位置づけることができるだろう。もちろん、江戸期以来の往来物、あるいは明治になって作成された新しい話題を盛り込んだ往来物などにも、七五調による韻文形式は数多く採用された。そうした韻文の形式による教化精神は、この後、伝統の修身数え歌を発展させた修身唱歌などへと展開していく。したがって、『泰西修身童子訓』にも、修身唱歌などに直接つながる要素が孕まれていたと考えてもいいだろう。

なお、目覚まし時計の小話は、この七五調の本文に対する頭注として、上段に付加されている。

> 淮蘭士氏の説に拠て委しく本文の驚眠時計の意味を説くその時計をば良心に諭し也抑〳〵驚眠時計は何時に起んと思へば其刻に針を指置て臥なり時来れば車の輪回転輾りて其響大きなるゆゑ何なる人も枕元におきて眠を覚さぬ人はなしされば爰に晏起なる少女ありと知るべし
>
> （下略）

目覚まし時計のエピソード自体は、第一章で紹介したから、ここで頭注の文章をすべてを引用する必要はないだろう。注という形態なので、忠実な原文紹介ではなく、縮訳されている。また、文体は、本文とは異なり、散文形式である。こうした韻文と散文とが混在した形式の本が刊行されていたということからは、翻訳啓蒙書の訳者たちが様々な方法で、子ども読者にメッセージを伝えようとした努力の現れを感じとることができる。

和田順吉の『訓蒙 勧懲雑話』〈一覧33〉

山本義俊の『修身学訓蒙』と同じようなフランスの修身本からの翻訳書には、和田順吉の『訓蒙 勧懲雑話』がある。ドラパルム M. Delapalme の著作の翻訳（全訳）で、原著は、パリの Hachette 書店から一八七二年に刊行された *Premier livre de l'adolescence, ou, Exercices de lecture et leçons de morale à l'usage des écoles primaires* である。『訓蒙 勧懲雑話』は、文部省から、一八七五（明治八）年に刊行された（凡例の記載による）。造本は一冊本であるが、翌年には上下二巻構成の本が、さらに翌年には大阪・文泉堂から活字版も刊行されている。また、国立国会図書館には、この本の二種類の「字引」が残されている。こうしたことから、この本には一定の需要があり、かなり広く読まれた本だと推測することができる。[*15]

「凡例」には、「勉メテ勧善懲悪ヲ旨トシ専ラ幼童修身ノ階梯トナシ且初学ノ読本トスル者ナリ」とあり、学童のために訳出したことが明言されている。『日本教科書大系』の「所収教科書解題」では、この本は「全編を通じて流れている道徳観は、きわめて禁欲的、ピューリタン的なキリスト教倫理である」とされている。[*16]

全体は六九章からなっており、目次の最初の部分からいくつかを挙げると、以下のようになる。「真神・太陽・植物・鳥・世界・真神には見えざるものなし・寺院・礼拝・真神は善人を佑くる事・良心・後悔・貧人ルウヰ・父母・父・母・女子ルウヰズ・士官ジャック（下略）」それぞれの章は、独立した内容になっており、説諭の途中にひとまとまりの例話が引用されて一章を構成している場合が多い。取り立てて説諭の文章は見えず、例話のみで成り立っている章もある。

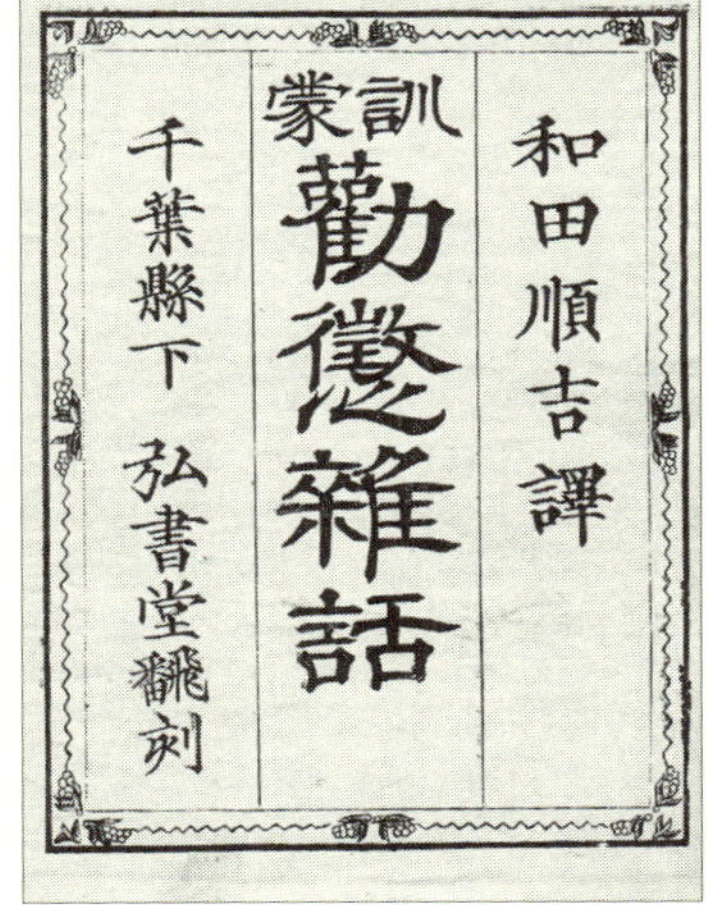

『訓蒙 勧懲雑話』見返し
明治８年

PREMIER LIVRE
DE
L'ADOLESCENCE
OU
EXERCICES DE LECTURE
ET LEÇONS DE MORALE
A l'usage des Écoles primaires
PAR M. DELAPALME
Conseiller à la Cour de Cassation
OUVRAGE AUTORISÉ
NOUVELLE ÉDITION
PARIS
LIBRAIRIE DE L. HACHETTE ET Cie
RUE PIERRE-SARRAZIN, N° 14
(Près de l'École de Médecine)
1855

Premier livre de l'adolescence 扉

読み物集という観点から見ると、ストーリーとして感興の湧くようなエピソードは、ほとんど収められていない。しかしそのうちでも、第二七章の「旅客（Le Voyageur）」は、よくまとまっていて印象の深い内容であり、訳文も流麗である。以下に翻訳文の冒頭部を引き、続けて原文を示す。

一日暴風迅雨にて樹木を抜き屋宇を壊らんとする時一旅客の雨に濡れ泥に汚れ飢寒に苦しめる者あり或る村中第一の人家に到りて請ひけるハ我が為めに戸を開き愍みを垂れて寒を暖むる火と飢を療ずる麺包とを賜へと然るに戸主ハ痛く之を退け我戸ハ漂泊人の為めに開かずと云ひて速に過ぎ去らしむ旅客ハ又他の門を叩きて余寒く且飢えたり恵を垂れて為めに戸を開けと請ひけるに戸主又答て云く汝ハ我家を旅舎となすや村の端に行け其処に旅舎あらんと

旅客は斯の如く毎戸を叩けども悉く無情にして戸を閉ぢて入れざりければ最後に甚粗鄙なる一の茅屋に到り之を叩くに此戸主ハ入り進めよとて速に戸を開き且云ふ炉上に小枝を投じて火を熾にすべし幸に僅の麺包あり是ハ真神の汝に恵む所なり正人よ汝は甚疲労すと見えたり恐るべき天気なれば爰に暴風雨の止むを待てと客を延きて炉畔に座せしめ乾柴数条を火中に投すれば火炎発揚して旅客ハ大に寒を凌くことを得たり（下略）

Par un jour d'orage un voyageur se présenta dans un village; le vent soufflait, la pluie tombait, les arbres se courbaient agités par le vent.

Le voyageur était mouillé, trempé, sali de boue; il avait froid, il avaid faim....

«Ouvrez-moi, dit-il, à la première maison du village; ouvrez, par pitié, un peu de feu pour me réchauffer, un morceau de pain pour me nourrir.»

Mais on le repoussa durement: «Ma porte ne s'ouvre pas pour les vagabonds, dit le maître; passez votre chemin.»

Le voyageur frappa à une autre porte.... «J'ai froid, j'ai faim, dit-il; de grâce, ouvrez-moi....»

Mais le maître répondit: «Prenez-vous ma maison pour une auberge?... Allez au bout du village; il y a une hôtellerie.»

Ainsi le voyageur alla de porte en porte, et toutes lui furent fermées avec inhumanité.

Cependant il vint frapper à une petite chaumière bien humble et bien pauvre.

«Entrez, entrez, lui dit le villageois qui l'habitait, nous allons jeter un fagot sur le feu, et il y a encore, Dieu merci, quelque peu de pain dans la huche.... Vous paraissez bien fatigué, mon brave homme, il fait un temps affreux; attendez ici que l'orage soit passé.»

Et le villageois jeta sur le feu quelques morceaux de bois sec, et la flamme pétillante réchauffa le voyageur.（下略）

暴風雨の吹きすさぶ中で、困惑している旅客を迎え入れてくれたのは、村でもっとも貧しい家の戸主だった。夫婦ともに温かい心の持ち主で、見知らぬ旅客を精一杯歓待する。嵐が去った翌日、返礼として再び村にやってきた旅客は、実は国王だった、という話である。

『日本教科書大系』の「所収教科書解題」では、「児童を対象とするという翻訳意図にもかかわらず、文も内容もきわめて高い程度のものであって、必ずしもその意図が実現されているとはいえない」と記されているように、『訓蒙勧懲雑話』の翻訳文の難易度は、他の「子ども向け翻訳啓蒙書」と比較しても、かなり高い部類に入る。フランス語の原文自体は、「初学ノ読本」に相当するものだったのだが、翻訳の文章は、そのままで日本の「幼童」が受け入れられるような文体になっているわけではなかったのである。

もっとも、この題材は、この後、一八七八（明治一一）年に刊行された木戸麟の『修身説約』に、また一八八七（明治二〇）年に刊行された阿部弘蔵編『修身説話』に収録されている。また、翌年の一八八八（明治二一）年の坂本佑一郎・伊達周碩編『尋常読本』（時習堂）と、曽我部信雄『小学尋常科読本』にも、読本の教材として再録された。何れの文章も、この和田の翻訳文よりも平易で読みやすい。これらは、おそらくこの『訓蒙勧懲雑話』の翻訳文を、二次使用して書き直したのではないかと考えられる。その意味で『訓蒙勧懲雑話』は、後世の子ども読み物のリソースとして、一定の役割を果たしたと言っていいだろう。[*17]

カステルの『修身口授』〈一覧34〉

こうした翻訳修身書の中では、カステルの『修身口授』が、読み物集としても広く普及したようである。一八七五（明治八）年、刊行は文部省で、同じ内容の本が、多くの府県で多数翻刻されている。その中には、木版ではなく活字印刷のものもある。『日本教科書大系』の「所収教科書解題」によると、訳者の漢加斯底爾は、文部省刊の教育書の翻訳をしていたオランダ人ファン・カステール（Van Casteel, Abraham Thierry）で、原著は不明だということだ。本文は二四丁、そのうちに挿絵が七葉挿入されている。これも『日本教科書大系』の「所収教科書解題」には、「全編を通じて、著者が第一人称の人物として親しく児童に語りかけるという説話形式がとられており、行文表現共にきわめて平易で情緒性に富んでおり、題材が児童の身辺にとられていることと相まって、児童用教科書としては充分の配慮がはらわれていることがわかる。」とあって、高い評価が与えられている。

確かにこの「解題」が述べているように、全体は漢字ひらがな交じりの文語文で記述されており、読みやすいことは間違いない。しかし『日本教科書大系』の評価は、「修身教科書」という観点から見たものであって、文章は直訳文体であり、日本語としては不自然な部分さえ散見される。原著は不明であるが、おそらく外国のリーダーなどから話を選んで、訳出したように思われる。[*18]

収録されている話のタイトルを順に並べると、以下のようになる。

『修身口授』文部省 明治8年

子羊の話・果子の話・人漸貧客となる事・不謹慎なる児童・争闘・矜傲なる少年・斯言を好む牧夫・清潔・食を貪る少年・忿怒・老婆「イユロジール」の事・労働遊戯・「アンドレー」の畜狗・播種及び刈取・林間に路を失へる児童の事・嫉妬・鳥の巣を取りし少年の事・花及び蝶・児童神を排するの礼

このうち、第二話の「果子の話」は、以下のような文章である。

果子の話

「ガストン」と云ふ稚き者あり、一日其の妹の「リェシュー」と、榻の上に、美しき果子筥あるを見て、是は向きに、祖母の遺し置きたる筥ならん、此中には、いかなる物かある、汝はこれを見ることを願はずや、と云ふに、妹も開きて見んといへば、「ガストン」其の筥の蓋を取りて、是は円き果子なり、食ひて見んと云ふ、妹はこれを留めて、必祖母に叱られんと云ふを、「ガストン」は、只一ツ食ひて見んとて、これを食ふに、味甚苦かりければ、此の果子は味旨からずと云ひたりき、汝等これを知るか、彼の「ガストン」は、其の筥に欺かれたるのみ、是は果子にはあらずして、丸薬なり

『修身口授』挿絵　文部省　明治８年

箱の中に食べ物があると勘違いした子どもの失敗談である。あからさまな教訓は書かれていないが、おそらくこれを「口授」した教師がこの話に訓言を付け加えるのであろう。

この『修身口授』の全話数は一九話なので、実際に授業の中で口授に使用する教科書としては、収録数が少なすぎるように思われる。しかし、一八七五（明治八）年七月に、初めて文部省から「修身口授」の教科書という形で刊行されたことの意義は大きい。というのは、「小学教則」の「修身口授」で指定された『民家童蒙解』『童蒙教草』『勧善訓蒙』『修身論』『性法略』の諸本は、『童蒙教草』を除くと、実際にはかなり難解で、書かれている内容をそのまま子どもに向けて伝達できるような本ではなかったからだ。したがって、文部省から示された漢加斯底爾訳の『修身口授』によって、初めて「修身口授」の授業も広く行われるようになったというのが実態に近いのではないだろうか。この本が広範に伝播したことは、現在でもこの本が各地の教育機関に多数保管されており、古本市場にも出回っていることによっても裏付けられる。

青木輔清の『小学教諭 民家童蒙解』〈一覧28〉

『小学教諭 民家童蒙解』は、青木輔清の編集で、「小学教則」の第八級「修身口授」の教科書に指定されているが、実際の刊行は一八七四（明治七）年三月であったことは、前述した。この本は、修身の理論書で、本来なら「子ども読み物」とは言えないが、いくつかの「修身噺」を含んでいるので、その部分のみをここでの検討対象にする。先に掲げた「明治初期子ども向け翻訳啓蒙書（フィクション系読み物）一覧」の中では、子どもも向け読み物という通念からはかなり遠い書物である。これは基本的に

教師用書であると考えた方がいいのだろう。

しかし「例言」には、子ども読者を意識して、平易な言い回しによる例話を交えたことが、次のように記されている。本文の文章は、全巻にわたって総ルビ・漢字仮名交じり文である。

此書著す処和漢西洋を論ぜず古今大人方の教え示されたる修身書中より専ら身を修め心を修むべき善言を引き幼童女子の始めて学に就き字を習ふ者にも其意を得易きやう卑近の俗語を用ひ或ハ近き物に譬へ或ハ遠き例を引き或ハ譬話を交へたる訓蒙修身学の第一初歩なり故に世の父母教師等其子弟の善良智者たらむことを冀ふ者ハ必ず先此書を授け次に童蒙教草勧善訓蒙等の書を読しめば卑より漸く高に登るの順序にして修身学の深意を探るも尚難きにあらざるべし

この本については、高祖敏明が、成立の事情、及び原本についての情報を明らかにしているので、以下はそれを踏まえて述べる。

『小学教諭 民家童蒙解』
明治7年

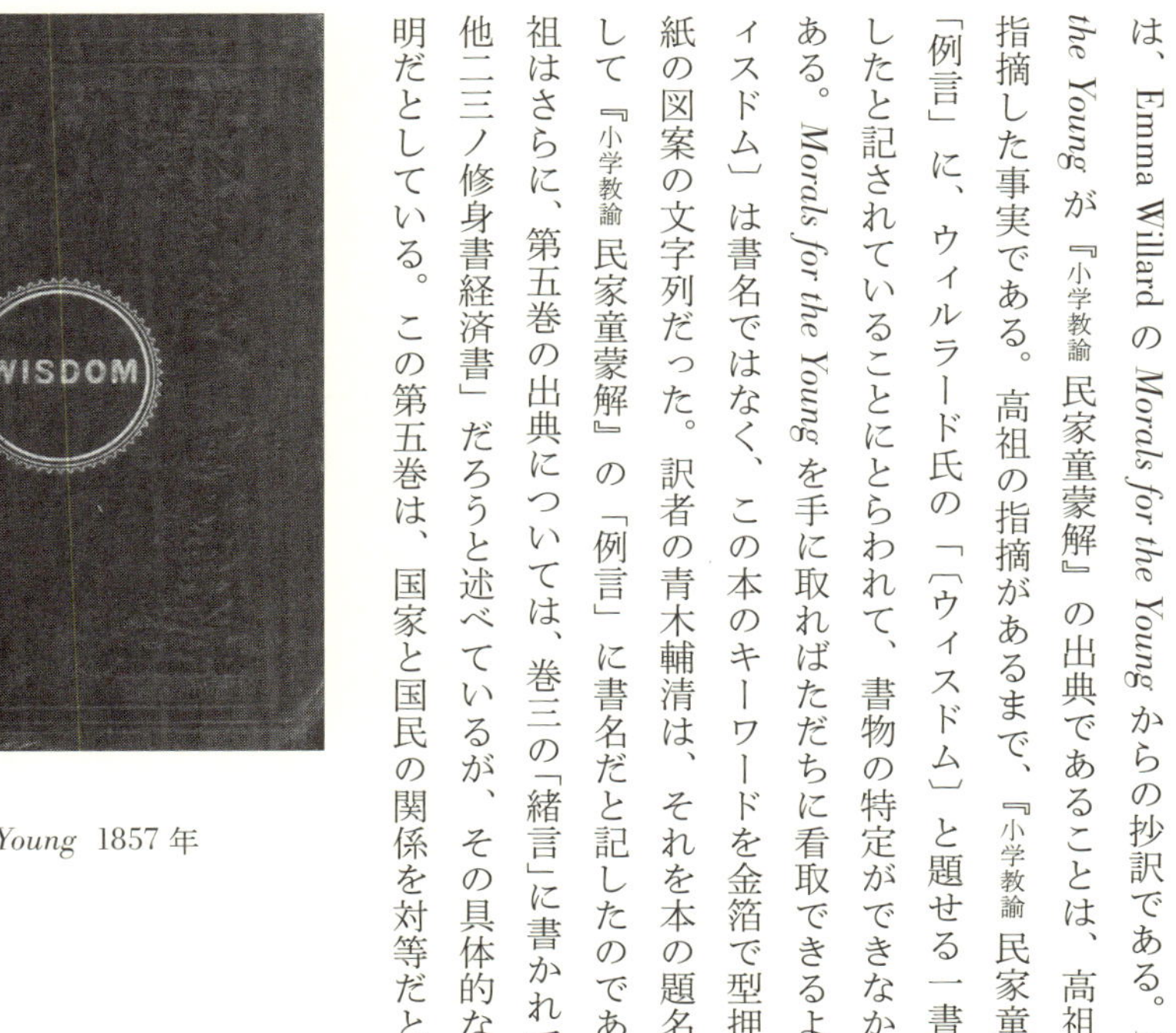

『小学教諭 民家童蒙解』は、一巻と二巻が一八七四（明治七）年三月に東京の同盟社から刊行され、三・四・五巻は、一八七六（明治九）年に刊行された。一・二巻の内容には、特定の原拠はないようだが、三・四巻は、Emma Willard の *Morals for the Young* からの抄訳である。*Morals for the Young* が『小学教諭 民家童蒙解』の出典であることは、高祖が始めて指摘した事実である。高祖の指摘があるまで、『小学教諭 民家童蒙解』の「例言」に、ウィルラード氏の「〔ウィスドム〕と題せる一書」を抄訳したと記されていることにとらわれて、書物の特定ができなかったのである。*Morals for the Young* を手に取ればただちに看取できるように、〔ウィスドム〕は書名ではなく、この本のキーワードを金箔で型押しした表紙の図案の文字列だった。訳者の青木輔清は、それを本の題名と勘違いして『小学教諭 民家童蒙解』の「例言」に書名だと記したのであろう。高祖はさらに、第五巻の出典については、巻三の「緒言」に書かれている「其他二三ノ修身書経済書」だろうと述べているが、その具体的な書名は不明だとしている。この第五巻は、国家と国民の関係を対等だとして、人

Morals for the Young 1857 年

民の権利（自由）と義務と（通義）とを説いている点で、きわめて興味深い内容になっている。*19

『小学教諭 民家童蒙解』の中のひとまとまりのストーリーは、巻二に「附録・修身ばなし」として、五話がまとめて載せられているが、ほかの巻中にもいくつかの例話が本文中に織り込まれている。たとえば巻二には、「彼国の童蒙読本の内に面白き譬へあり」と断った上で、「一四、人は善友（ヨキトモ）を選選ぶべき事」の具体例として、ウェブスターの *Elementary Spelling Book* 巻末の Fable の中から、（あるいはウィルソンリーダーの中から）The Two Dogs の話を取り込んでいる。これは、先に見た加地為也の『西洋教の杖』にも載せられていた話である。

また、第三巻の「誠実正直の噺」の章には、正直という徳目を教えるために「盗んだ小刀の話」「ワシントンの幼時の話」「イソップの狼少年の話」の三話が、続けて論の中に織り込まれている。「盗んだ小刀の話」と「ワシントンの幼時の話」は、もともとの原典である *Morals for the Young* にも収録されているが、「イソップの狼少年の話」は *Morals for the Young* にはない。おそらく原書に正直の話が二つ続けて引用されていたので、編者である青木が、正直という徳目に関わる狼少年のエピソードをさらに追加したのだろう。「正直」という話題から連想したのがイソップ寓話だったということは、青木自身もイソップ寓話に親しんでいた証拠だと考えられる。このように編者である青木輔清は、「譬話を交へたる」という方針に基づいて、子どもに理解しやすいような様々な小話をいくつか『小学教諭 民家童蒙解』の中に編入しているのである。

前述したように、巻二の巻末の「附録・修身ばなし」は、ひとまとまりのストーリーが集められ、読み物集のような体裁である。巻二の全体は三五丁だが、一二丁が「附録・修身ばなし」に当てられているので、三分の一ほどが子ども読み物で占められており、以下の五話が収録されている。

其一　吾欲を構へ却て損せし咄
其二　前車の覆るを見て後車の戒めとするはなし
其三　人々神の令に随へは禍を免かるゝはなし
其四　人々己の力を恃まず師の教えを用ひ此書の戒に随ふべき咄
其五　死後福あるはなし

「其一　吾欲を構へ却て損せし咄」は、公正であるべき法律家が、一度下した判断を我欲のために変更しようとした話で、これも「一四、人は善友（ヨキトモ）を選ぶべき事」の例話と同じく、ウェブスターの *The Elementary Spelling Book* の Fable の中から選ばれている。原題は The Partial Judge である。*20

或田舎の年寄役に甚だ欲深く何事も我が勝手よきやうにばかり裁判する者ありけるが一日一人の百姓此年寄役の宅に来て申すに只今一大事件出来せり今途中におゐて我が不幸の牡牛過て汝の一牛を衝殺したり私は如何にして此報ひを汝に償ふべきかをしらず願はくハ公正至当の裁判を乞ハんと述けれバ彼の欲深の年寄役の申すやう汝の所業は甚だ正直なり余考ふるに汝の牛の一を余が死牛の代として申受なバ公正至当にして是より銘策ハなかるべしと答ふ此時再び百姓のいふに汝の裁判の公正なるにハ実に感服せり夫ハさておき今私ハ何と申

せしか私ハ大に事を間違へたり私の牛が汝の牛を殺せしにあらず汝の牛が私の牛を殺したるなりと年寄役これを聞て大に驚て曰くそれハ誠なるか夫ハ事大に齟齬せり若し誠なれば猶裁判を吟味せんと云せも果ず百姓曰く若しもとハ何ぞや汝今若しもなしに裁決したるに相違なかるべし何ぞ自他の変によりて裁判に変ある理なし汝他より奪ふの理あらバ他も又汝より奪ふの理ありと遂に百姓のために一牛を奪ハれたり
記者曰く古語にも汝より出たるハ汝に復るとて汝人を欺かんと欲せば人また汝を欺く汝人を救へハ人また汝を救ふ自然の理なり汝が欲せざるを人に施すこと勿れの金言よく〳〵守るべし

「記者曰く」以下が編者の青木輔清による注である。青木の訓言自体は、微温的な評言に落ち着いてしまっている。人を騙すなという教訓に引き寄せるなら、こうした訓言になるのもやむを得ないかもしれない。

しかし、この話の面白さは、常に上級者の勝手な判断に苦しめられていた下級の者が、理屈を通して一泡吹かせたというところにあるのではないだろうか。あるいは、法の下では人は皆平等であるという近代的な思想の表明が、この話の主張なのかもしれない。つまり「法」は、個人の恣意的な感情に優先するという原理を述べていると解釈することもできるのである。こう考えると、この話は、階級闘争を含んだ頓智話とも受け取れる。とりわけ原話では、年寄役が「若し」と、口を開いたとたんに、その一言を鋭く取り上げて攻撃する会話表現に面白さが凝縮されている。その論法は、庶民のしたたかな知恵の表れでもあるし、また虐げられた者の唯一の抵抗の手段でもあった。訳文でも、その呼吸は伝わってくるが、これが直接話法による会話文として翻訳されていれば、さらにその対立は明確になっただろう。こうした点は、会話文をどのように日本語に移すのかという文章表現の問題としても、また議論や討論を支える日本語文体の創造と発展という文脈の中に置き直して考えていく必要もある。

「其二」以降の話は、現在のところ出典は不明だが、それぞれストーリー展開自体はかなり面白く、読み物として単独で十分に楽しめるものになっている。

海老名晋と四屋純三郎の『訓蒙二種』〈一覧29〉

『訓蒙二種』は、海老名晋と四屋純三郎の訳。一八七四（明治七）年七月新刻と、見返しに記載があるから、同年中に刊行されたものと思われる。内題の下に記された両名の氏名には、慶應義塾同社との肩書きがある。二人ともに慶應義塾の関係者である。一八八〇（明治一三）年に合本再版された福沢諭吉の『学問のすすめ』の広告欄には、『訓蒙二種』二冊三七銭五厘と定価が示された上で「少年ノ戒トナルベキコトヲ英亜ノ諸書ヨリ撮訳シ修身ニ趣意ヲ記シタルモノナリ」という解説が付けられている。*21

「緒言」には、書名の由来も記されている。それによると『訓蒙二種』という書名の「二種」とは、上巻が理論編で、下巻が読み物集という二重構造であることを示そうとしたものだという。上巻は「ヨングメンス、オウンブック中ノ未ダ生計ニ関セザル少年者ノ自ラ戒ムベキ教ノ一編ヲ全訳シ」たものだとある。*Youngmen's Own Book* というような題名の修身書の一部を翻訳したのだろうか。原書は不明であるが、もし「英亜ノ諸書」という文言が正しければ、上巻はイギリスやアメリカの刊行物に拠ったのかもしれない。『訓蒙二種』の上巻の目次を順に挙げると「総論、虚言、不正直、懶惰、楽、過度、食物、飲酒、……」となっており、よりよき人生を送るための二八項目の注意事項が述べられている。ここには、ひとまとまりのストーリーを持った読み物類は収められていない。

読み物は下巻に、まとめて一四編集められている。「緒言」によると、出典は「マーンデウィルノ第三第四リードルサルゼントノ第三第四リードルスタンダルドノ第四リードル中ヨリ抄訳ス」とある。この「緒言」の通り、下巻の典拠は、サージェントとマンデヴィルのリーダーである。ということは、慶應義塾でもHenry Mandevilleのリーダーが使われていたか、あるいは保管されていた可能性が高いということになる。[*22]

編者の海老名晋は、読者に向けて「理（理論）」と「事（実際）」とは別物ではないので、この本もまず上巻の理論編を読んでから、下巻の実際編を読むようにという指示をしている。しかし実際には、上巻の修身理論と下巻の読み物とを密接に関連づけて編集されているわけではない。というより、別々の内容を無理に一つにしたような印象さえ受ける。

もっとも、第二章で検討した英語読本を抄訳した諸本の、各話の表題は、英文の題名をそのまま和訳したようなものが多かったのに比べて、下巻の各話に付けられたタイトルは、いかにも修身書らしい題名になっている。だが、翻訳の態度は、他の翻訳啓蒙書の訳者と大きな差違があるわけではない。たとえば、鳥山啓の『さあぜんとものがたり』では「あるぜりや こく の さいばんやく の はなし」として訳出されていたThe Observing Judge.-Part 1.2.3は、この『訓蒙二種』では「天網ハ疎ニシテ漏サズ」という題名で紹介されている。訳者は「天網恢々疎にして漏らさず」という慣用句に依拠した勧善懲悪的な題名をつけたのである。こ

『訓蒙二種』の下巻目録

エビシハ智識ヲ開クノ鍵	S 3-49	The Alphabet the Key to Knowledge
智識ノ利益	M 3-1	Advantage of Knowledge
反響ノ報応	M 3-5	The Echo
耳ノ説	M 3-15	About Ears
大人ノ説	M 3-19	John Intends to be a Great Man
難易ヲ問ハズ先ヅ其事ヲ試ミヨ	?	
貧困ヲ顧ミズ一意ニ勉励セヨ	M 4-9	The Seven Children
寸陰ヲ惜ムノ老農	M 4-24	Hadrian and the Planter
精神ノ沈静	S 3-33	Presence of Mind
誠実ノ功能	S 3-37	The Power of A Noble Thought
奸雄ハ人民ノ残賊	W 3-2-12	The Two Robbers
天地ニ愧ヂザル品行	M 2-33, M 4-46	GEORGE WASHINGTON
天網ハ疎ニシテ漏サズ　三章	S 3-88 – 90	The Observing Judge.-Part 1.2.3
目的ヲ定メテ力行セヨ	S 4-2-4	The Will and the Way

『訓蒙二種』見返し
明治７年

の話にそうした要素が全く含まれていないとはいえないが、面白さの中心が名判事の知的な謎解きにあることについては、前述した。

『訓蒙二種』の下巻は、それぞれ章の題名だけは訓言的な表現になっているものの、訳者は本文に自分の意見を過剰に付け加えたり、教訓を重ねたりはしていない。したがって、この訳文は鳥山訳と同様、原文をそのまま紹介したできあがりになっているといえるだろう。それぞれの出典は以下のようである。（Sは *Sargent's Standard Reader* を、Mは *Mandeville's Reader* をWは、3-2-12 表す略号である。）以上のように『訓蒙二種』は、下巻だけを単独で取り上げるなら、第一章で検討してきた英語読本（リードル）から材料を調達した翻訳啓蒙書と全く変わりはない。むしろ下巻は「英語読本からの抄訳」に分類した方がいいような内容になっている。

筧昇三の『児童教誡口授』〈一覧37〉

筧昇三が編纂した『児童教誡口授』の刊行は、一八七九（明治一二）年で、ここまで検討してきた「翻訳啓蒙書」の中では、比較的遅い時期の出版である。

この本は、題名に関して若干の混乱がある。まず、稿者の家蔵本は、下の図版で示したように表紙に『親の口たすけ全』とあり、上欄外に「教誡口授一名」と横書きしてある。ところが、国会図書館の索引タイトルには『児童教誡口授』とあって、原本の第一ページの題目表示（内題）も、「童児教誡口授」となっている。また、編者による「緒言」の文中にも、「題シテ児童教誡口授トイフ」とある。しかし、表紙に貼られた表題箋は横書きになっており、漢字表記の題名に添えられた横書きひらがなの「こどもおしへばなし」に随って右から読んでいくと『童児教誡口授』が正しいようにも思える。実際、国会図書館のマイクロフィルムの表題表示は『童児教誡口授』になっている。

以上を勘案して、ここでは国会図書館の索引タイトルに従い、書名としては『児童教誡口授』を採用する。なお、国会図書館には『児童教誡口授：こどもおしへばなし』と『親の口たすけ：一名・児童教誡口授』の出版者もタイトルも異なる二本が所蔵されているが、二本の内容は全く同一であり、家蔵本は後者と同じ体裁である。[*23]

原本は、「西暦千八百七十七年米国紐育政府刊行ノ「リットル、フォルクス、セリース」中ノ一冊子「マンマーストーリス」ニ就テ抄訳スル所ニ係ル原書ハダンハム氏ノ著ナリ」だと「緒言」に記してある。一八七七年前後に刊行された Little Folks Series は、国会図書館に四冊が保管されているが、この『児童教誡口授』の内容に該当する本は見あたらず、現在のところ原本は不詳である。

収録話数は七話で、子どもの日常生活から教訓を引き出すような話が多く、さらにそこに編者の筧昇三が訓言を書き加えている。そのうちか

『児童教誡口授』表紙
明治12年

ら、動物たちが互いの望みを語り合うという設定の寓意譚の一部を引用してみる。

犬猫及驢馬の話

犬と猫とは元来不和にして互に交際を為さゝるものにて一家内に畜はるゝときは少しは親しきやうなれど是只一家内に住ふ故にて決して好んで交際をするにはあらざるなり亦た犬猫は倶に驢馬とも睦じからず驢馬に遇へば犬は頻りに吠て止まず猫は忽ち其形を隠す其これを嫌ふこと此の如し然るに一日此三獣共に意気相投ぜしにや甚だ親睦して互に談論を為し各自（めいめい）の情態（ありさま）を変化（かへん）して上等の動物たるを得ば万事みな己等が意のまゝに其欲を遂げ得るならんと思惟（おもひ）せりこれ児童等が若し速く大人（おとな）と為ることを得ば最も楽しきことならんと思ひ其分限に満足せずして及ばざることを望むと同一なり今此三獣の談話するを聞くに驢馬先ず進出で吾は人類の如く言語（ことば）を使用（つかふ）して思想を述べ自由に己が欲する物を得んことを望む今の如く厩に在りては人若し食物を給せざれば飢に窘しみ飲料を与へざれば渇に迫るなるべし今人幸に飲食の物を給与すれども充分ならず亦自由ならず驢と雖も空気を呼吸するのみにて生き存ふるべきものにあらず人の斯く余に意を用ゐざるは惟ふに人余を空気のみにて生き在へ得るものと認るか故ならん嗚呼余若し人の言語を解してこれと談論することを得ば何の幸福かこれに如かん」と演説し了れり（下略）

と、驢馬は言語能力の獲得を希望する。犬もそれに同意するが、実現が難しいことを嘆く。猫は不可能なことは望まず、現状に満足するしかないという。この話を引き取って、語り手は、自分の能力を見極め、無い物ねだりをしてはいけないとの教訓を説く。典型的な寓話スタイルの展開である。さらに編者の筧昇三は、この原文に、以下のような自身の意見を付け加える。

凡そ人自ら居る所の地位に満足せずして益々貴き地位に進まんことを期望するは其本心にして敢て悪しきことにはあらざるなり然れども己が力を計り知らず自ら戒慎を加へず亦勉強せずして妄りに貴き地位に進み又た富有の身とならんことを望むは大なる誤謬（あやまり）にて其企望は決して遂げ得べきことにあらず（下略）

例話に匹敵するくらいの大量の意見が書き添えられているが、趣旨は原文の訓言を敷衍したに過ぎない。無い物ねだりではなく、自助努力をすることを説き、読み手である子どもたちに「現在学ぶ所の学科を攻習せば期せずして昇級せんこと疑なし」という現実的な訓誡も与えている。なお、この本の広告が、一八七九（明治一二）年三月の『東京曙新聞』に出ている。そこには、本の定価が一五銭であることと、宣伝文句に「此本は子供の教になる話を多く記したる故、親が子に読聞せ又、小学生徒に読するに尤よき書也」とある。出版する側は、親が読み聞かせすることと同時に、子どもたち自身がこの本を読むことも期待していたことがうかがえる。この本も「子ども向け翻訳啓蒙書」の一つとして位置づけておいていいだろう。*24

なお、編者の筧昇三は、翌一八八〇（明治一三）年に、『西洋新法実地早算』を刊行している。さらに、一八八四（明治一七）年には、学校教育における算術科（算数）の教科書である『高等小学筆算教授書』を、また一八八七（明治二〇）年には『小学校用筆算教授書』を、東京の普及舎から出版しており、算数教育の方面で業績を挙げた人物として知られている。

＊

さて、ここまで、欧米の修身書をもとにした翻訳啓蒙書を十数点にわたって検討してきた。もともとの原本が子どもに修身的な考え方を伝達するという濃厚な色彩を持っているせいか、そこに採られている話も、単に例話としての機能を果たしているに過ぎないものが多い。したがって、ダイナミックなストーリー展開や、生き生きした子ども像の描出などという点からみれば、子ども読み物としては未熟であるといわざるを得ない。しかし、こうした書物に翻訳された多くの小話は、この後、日本の通俗的な修身読み物類に取り入れられたり、少年雑誌の記事のネタなどになって掲載されたりして、日本の子どもたちの読書材として広まっていくことになるのである。

（2）その他の翻訳啓蒙書

以上検討してきた「修身書」諸本からの翻訳のほかにも、様々な書物から材料を求めた子ども向けの翻訳啓蒙書として、いくつかの書物をあげることができる。これらは、今日の子ども向けの書物の分類では、「伝記」や「歴史物語」、あるいは「雑話集」などに相当する内容である。

省己遊人の『西洋稚児話の友 初集』（一覧14）

まず、『西洋稚児話の友 初集』である。一八七三（明治六）年八月、中外堂・翰林堂から出版された。五五丁の内、一丁（二頁分）の見開きの挿絵が、五丁入っている。挿絵の描き手は、浮世絵師である鮮斎（小林）永濯。文章の著者は、省己遊人。省己遊人については、同時期に、同じ中外堂から『西洋算和字懐中算法』という本を出していること以外、ほとんど情報がない。*25

「自序」には、「近頃西洋の算法究理地理を記せし書世間に普くありと雖も未だ物語様の事を記載せる書尠けれ」と、現在は「子ども読み物」の出版が少ないという現状認識を示した後、「勧善懲悪の意を含み専ら稚児の解し易きを主として言葉の鄙しきを顧みす俗語を用ひ」て「只稚児方の常の慰に」この本を編んだとある。向川幹雄は、啓蒙だけではなく「稚児方の常の慰」に供しようという姿勢を、「福沢にはなかった児童書観だった」と評価している。つまり向川は、児童文学研究という観点から、省己遊人が楽しみのための読書という姿勢を打ち出した点を高く位置づけたのである。もっとも、向川も結果的にその願いは実現されていないと述べているように、確かにこの本の内容が、この時期の翻訳啓蒙書と同じように、もっぱら「教訓的」な内容に傾いていることは疑いえない。*26

この本の内容をおおざっぱにいうと、前半部はイソップ寓話、数編の説明的な文章をはさんで、後半部は聖書物語からの抄訳で成立している。この時期の類書と比べて、かなり特異な内容構成である。

『西洋稚児話の友 初集』については、桑原三郎の研究がある。それによると後半部分の「聖書物語」の部分は「子ども向けに語られた創世記物語の翻訳」で「英学を学ぶ過程で出会った少年向きの聖書物語を原本にし」たのだろうとの推察がなされている。桑原によれば、ウィルソンリーダーにも、やはり聖書物語に関する教材があるが、そこではこの本に採られている「アブラムの牧羊人とロットの牧羊人の喧嘩の話」や「イサアク出産の事」などが省略されているということだから、『西洋稚児話の友初集』の「聖書物語」の部分はリーダー類から取材したものではなく、別の本から採録したものなのであろう。*27

また、前半部分に一一編のイソップ寓話がある。英語のリーダーにもいくつかのイソップ寓話が収録されているが、そこには登載されていない話材もある。また、これだけまとまった量のイソップ寓話を、それもひとまとまりに並べて本の中に置いてあることから、おそらくリーダー類から訳出したのではなく、「イソップ寓話集」などから摘出したものではないだろうか。

知られているようにイソップ寓話は、すでに一五九三（文禄二）年イエズス会によって天草でローマ字で印刷刊行されており、江戸期には『伊曾保物語』と題した古活字本や版本が普及していた。しかし本格的な翻訳紹介が始まったのは、明治期に入ってからである。『西洋稚児話の友初集』の刊行された一八七三（明治六）年八月の時点で、日本に翻訳紹介されていたイソップ寓話は、『童蒙をしへ草』の中の一一編と、渡辺温の『通俗伊蘇普物語』が半分（全六巻の内、四月と一二月に三巻ずつ刊行されたようだ）だけである。つまり、『通俗伊蘇普物語』の第一三四話以下は、まだ邦訳がなかった。したがって、省己遊人は、既に日本語訳された書物からこれらのイソップ寓話を抜き出したのではなく、直接、英文のイソップ寓話集などから、この本に掲載した一一話を選んで翻訳したと考えられる。その英文の原本が舶来本であるのか、あるいは日本において英文で翻刻された本であるのかは不明だが、英文のÆSOP'S FABLESから直接翻訳したことだけはほぼ間違いないと思われる。*28

『西洋稚児話の友初集』に収録されている作品の中で出典がはっきりしているのは、「獅子狩犬の死を嘆いて死する事」である。これは、*Sargent's Standard Fifth Reader* の五七課にある The Lion and the Spaniel の翻訳だと推定できる。話は、ライオンと、本来はその餌食になるはずだった猟犬とが不思議に仲良くなり、犬が死んだ後は、ライオンがその後を追って飢え死にするという感動的な動物物語であり、教訓臭はない。原文には、ライオンと仲良くなった子犬の元の飼い主が登場する場面もあるが、翻訳ではその部分はカットされている。サージェントリーダーでは、この話の作者はHenry Brooke（アイルランドの小説家・劇作家1671-1761）だと記されている。同じ話題は、福沢諭吉の『童蒙をしへ草』、および次に紹介する『泰西世説』にも掲載されているが、そこに載せられている文章は『西洋稚児話の友初集』の「獅子狩犬の死を嘆いて死する事」に比べて相当簡略化されており、文章量もかなり少ない。

前半部のイソップ寓話と後半部の聖書物語に挟まれたいくつかの説明文ともいうべき文章は、おそらくリーダー類、あるいは博物誌や百科事典のような書物から翻訳したと思われるが、詳細は不明である。前述したように、この『西洋稚児話の友初集』は、他の翻訳啓蒙書と比べて、かなり変わった雑編的な内容構成になっている。発行元の中外堂は、この時は柳河梅次郎が版元で、明治初期から中期にかけて多くの翻訳啓蒙書を盛んに刊行していた書肆として知られているが、その編纂経過なども含めて、この本はかなり謎が多い。

『西洋 稚児話の友 初集』の話材

話	出典
老いたる雌鶏若き雄鶏に異見の事	不明 『幼童教の梯』25丁にも
牛と荷車と骨折比較の事	イソップ寓話（通俗二一）
人欲深く取らんとして損失せし事	イソップ寓話（通俗七九）
鶴狐に返報する事	イソップ寓話（通俗一〇九）
二疋の蟇水を尋る事	イソップ寓話（通俗二二〇）
童子蜂草に刺れたる事	イソップ寓話（通俗九〇）
老人子供に遺言の事	イソップ寓話（通俗四四）
鼴鼡獅子に出会せる事	イソップ寓話（通俗二四）
狐己れの恥辱を繕はんとする事	イソップ寓話（通俗一五〇）
雲雀巣窟を出る時雛に申置事	イソップ寓話（通俗八四）
老人人を楽ませんとて却て耻をかく事	イソップ寓話（通俗一三三）
獅子狩犬の死を嘆いて死する事	S 5-57 The Lion and the Spaniel
羊人に要用と成る事	説明文
波蘭塩山の事	説明文
青魚を漁りする仕方の事	説明文
郭公他の鳥の巣に卵を産み置事	説明文
狼鶴に恩を報ひざる事	イソップ寓話（通俗三）
鴈身を用心する事	説明文
犬雪中に人の難を救ひたる話	説明文
世界開闢の事	聖書物語
ケエン己れの兄弟アベルを殺害する事	聖書物語
地球洪水の事附りノア洪水を遁れたる事	聖書物語
アブラムの牧羊人とロットの牧羊人喧嘩の事	聖書物語
ロット囚人にとらるる事附り伯父アブラムロットを救ふ事	聖書物語
天神ソドム ゴモラの二都邑を滅亡し給ふ事	聖書物語
イサアク出産の事附りイスメエル家を追ひ出される事	聖書物語

『西洋 稚児話の友』見返し

『西洋 稚児話の友』挿絵
「老人人を楽ませんとて却て耻をかく事」
小林永濯 画

なお、まったく根拠はないものの、奥付の刊記「楯岡氏蔵板」の「楯岡」という比較的珍しい苗字からは、もしかしたら著者が楯岡文蔵なのではないか、と想像することが許されるかもしれない。楯岡文蔵は、一八四七（弘化四）年生まれで、福山藩（広島県福山市）の藩校誠之館で漢学、英学の修業をした。楯岡瘖竹の三男である。長兄とともに、いわゆる脱藩二十五人組のひとりで、長兄は楯岡斧蔵、次兄は楯岡先。箱館戦争に従軍した。その時は石崎慶吾を名乗ったという。函館戦争後、江戸で逼塞していた楯岡文蔵が、それまでの学識を活かして、こうした本を編纂したのではないだろうか。館岡はその後、郷里に戻り、地元教育界に多大な貢献をすることになる。もし省己遊人が、楯岡文蔵の筆名（変名）だとするなら、幕末の激しい時代の変化の中で戦乱を経験した有為の青年士族が、一転して翻訳啓蒙書の刊行に情熱を傾けるという経歴は、後に取り上げる古川正雄などとも酷似している。

もっとも以上は、単なる憶測に過ぎない。しかし、この時期に子ども向け翻訳啓蒙書を手がけた多くの執筆者たちが、それぞれに抱いた新しい時代への夢を、何らかの形で次世代に繋ごうとして「子ども向け」の読み物の刊行に従事したことは確かであろう。つまりこの本の読み手として想定されていたのは、江戸期以来の「童蒙」ではなく、新しい時代を担うはずの年少の「子どもたち」だったのである。

中川将行の『泰西世説』〈一覧30〉

『泰西世説』は、一八七四（明治七）年一一月刊。中川将行訳で、東京の種玉堂から発刊された。「緒言」には、一八七三（明治六）年にイギリスで刊行された「英国チェムブルズ氏」の「ショルト、ストーリース」を翻訳したものであることが明記されているが、現在のところ、原典の所在については調べがつかない。中川将行は、昌平黌素読吟味に甲科で及第し、開成所仏学世話心得・小筒組差図役下役並などをつとめた。明治維新後、沼津兵学校に入学する。海軍に職を求め、海軍兵学校教官・海軍大学校教官・海軍水路大技師などを経験し、荒川重平とともに日本の近代数学教育に大きな功績を残した。一八九七（明治三〇）年没。

中川はこの本の「緒言」で、原書は「児童ヲシテ事ヲ記シ文ヲ学バシムル為メニ著ス所ノ書」なので、文章にも工夫が施され、様々なジャンルの文章を集めてあると言う。また、この本の翻訳は「児童蛍雪ノ暇此書ヲ観バ亦頗ル人情ヲ知リ事理ニ通シ彼石ヲ擲ゲ犬ヲ闘ハシムルノ遊戯ニ優ル万々ナラン」と考えて、日本の児童のためになされたものだ、と記している。なお、「凡例」には、原書は一冊本であるが、製本上の都合で「今之ヲ分テ六巻トナス」と書かれているものの、国立国会図書館本を始め、現存する諸本は、すべて六巻本ではなくて三巻本のようである。[*29]

本書には総計一一五話が収録されている。原書は「其文章初メ短簡ニシテ後チ長演ニ至ル」という構成になっていると中川が述べているように、『泰西世説』には、短編から中編へと段階的に文章が並べられている。おそらく子どもに自力でこの本を読ませようとする教育的な配慮から、こうした構成が取られたのだろう。またその内容は、「実事アリ寓言アリ皆以テ訓誨トナスベク勧懲トナスベシ又滑稽以テ人ノ頤ヲ解クニ足ルモノアリ凡ソ万邦ノ奇談珍説略ボ之ヲ甄録シ以テ奨善ノ門ヲ開ケリ」と中川が紹介しているように、事実談や寓話、あるいは笑い話など様々な話が集められている。その点では同じチェンバーの著で、福澤諭吉が翻訳した『童蒙をしへ草』と類似しており、敢えて言えばその姉妹編のような印象を受ける。また、ここに出ている「牛董（ニュートン）ノ犬」や「恒ヲ失ハズ」は、『童蒙をしへ草』にも同じ話が収録されている。さらにここにも『童蒙をしへ草』と同様に、イソップ寓話が数点含まれている。（◆で示した）

『泰西世説』は、『童蒙をしへ草』のように修身教育の解説の記述部分はなく、小話が並べられているだけだから、より子どものための雑話集という性格が強い。ここまで検討してきた欧米の書物を原拠とした翻訳啓蒙書の中では、楽しみのための「子ども読み物集」という表現がいちばんしっくりとくる内容である。その点では、この本が「近代日本児童文学史の起点」に占める位置は、かなり大きいのではないかと思われる。もっとも、訳文が漢字片仮名交じり文体で、語彙もかなり難しい漢語が選択されており、一葉の挿絵も入っていない。さらに、振り仮名は一部に施されているだけで、いわゆる創作話もないし、またフィクション系統の話も選ばれていないので、本格的な「児童文学」であるとは言い難い。『泰西世説』を子ども読み物集の嚆矢として評価しようとする場合には、こうしたことが難点になる。

収録されている話の題名は、以下のようである。

巻之一　目録（四九話）

○単力ハ戮力ニ如ザルコト　○身ヲ殺シテ仁ヲナス　○犬ノ敏捷　○鼠ノ智　○犬ノ掛念　○雄鶏ニ宝玉ノ譬　○犬ノ即智　○良狗家鶏ヲ救フ　○象ノ愛情　○怪物賊ヲ捕フ　○童児乞子ノ癖アリ　○工匠海客ノ問答　○矮人ノ勇　○犬ノ詭譎　○猛虎旧識ヲ恋フ　○象ノ戒慎　○忠犬賊ヲ発覚ス　○靴ヲ暖ム　○象ヲ欺ク　○盗棍ヲ短ス　○病犬治ヲ人ニ請フ　○鄙諺ノ前兆　○狗ノ智人ニ疑似ス　○公平ノ道　○撲実　○童児呑牛ノ鋭気アリ　○鷲威狐ヲ虐グル能ハズ　○仁者必ズ幸福アリ　○金玉飢エテ食フベカラズ　○身短小ト雖ドモ膽（キモ）ハ斗ノ如シ　○田婦王ヲ観ズ○伍長ノ一言金鏢ヲ得タリ　○奇計暖ヲ取ル　○貪婪ハ身ヲ殺スノ本　○天ハ自ラ助クル者ヲ助ク◆　○善訓　○象恨ヲ報ユ　○群狼一狼ヲ食フ　○煙ヲ望テ漂人ヲ救フ　○獮猴（サル）魚ヲ釣ル　○阿人ノ争　○死人膳ニ就ク　○魚人ヲ救フ　○ルーイ第一四世並ニ兵卒ノコト　○人心ノ霊ハ猛獣ヲ圧ス　○慧狗賊ヲ発ス　○ダンダイ狗悪銭ヲ憤ル　○ダンダイ狗脱靴板ヲ主ニ供ス　○ダンダイ「シルリング」銭ヲ匿ス

巻之二　目録（四〇話）

○軍法　○漁翁小魚ヲ捕フ　○羊ノ性ハ其先頭ニ従フ　○恵ヲ得ント欲セバ先ツ他人ヲ恵メ◆　○狗其主ヲ救フ　○小児風力ヲ測ル　○庇ヲ貸シテ堂ヲ取ラル　○先ンズレバ人ヲ制ス　○驢馬ノ仁群児ヲ教フ　○狗ノ智主ヲ水ニ救フ　○学ニ因テ食味ヲ忘ル　○心焉（ココ）ニアラズ　○牛董（ニュートン）ノ犬　○盛衰目前ニ在リ　○和蘭（ホルランド）船主ノ智　○農夫海客ヲ水ニ救フ　○神ハ最善ノ事ヲ為ス　○印土（インヂヤ）人ノ智　○虎ヲ捕フルノ術　○狐ノ智猫ヲ窘（タシナ）ム　○老鼠猾猫ヲ笑フ　○豚ノ偽計　○牧夫ノ狗　○狻猊（サンゲイ）狗ヲ憐レム　○馴虎　○兵卒拏帝（ナポレオン）ノ一言ヲ信ズ　○蠅児母ニ驕ル　○難ニ遭フテ苟モ免ルヽ勿レ　○猿猴将校ヲ擬（マネ）ル　○怒ニ報ユルニ徳ヲ以テス　○死地ニ座テ生ク　○盲象ヲ医スルコト　○勇犬破船ヲ拯フ　○老狐　○三光棍（コン）ノ言山羊ヲ変シテ狗トナス　○恒ヲ失ハズ　○吝嗇自ラ窘ヲ為ス　○象ノ悔悟　○ハイヂール　○獅子人ヲ守ル

巻之三　目録（二六話）

○高尚ノ行　○猿ノ夜討　○忠狗　○蜂ヲ畜ヘ　○婦人ノ倨傲　○詩人

国王ヲ諷諫ス　○蜘蛛ノ智　○可汗ノ左眼　○富ヲ得テ安寧ヲ失フ　○仏語ヲ以テ普語ニ対フ　○子ヲ知ルコト親ニ如ズ　○良犬溺児ヲ救フ　○童子愛ヲ貧婦ニ割ツ　○三王国　○馬ノ忠節　○支那人ノ伎芸　○隠徳アレバ必ズ陽報アリ　○旃檀ハ二葉ニシテ香ヲ発ス　○環ヲ失フ　○メンジコッフ魯帝ヲ救フ　○牧夫海ヲ罵ル　○怪獣　○田翁ノ智波斯国王ヲ瞞ス　○金ヲ得テ子ヲ失フ　○御者ノ道ハ安全ヲ栄トス　○猿猴人ノ嬰児ヲ弄ス

このように本書に収められている話題は実に様々である。題名だけを見ても、動物が登場する内容が多いことが分かるが、これは読み手である子ども読者を意識して撰材したからだと思われる。

以下に紹介する話は、巻二に載せられているエピソードである。この話題は、サージェント第三読本パート2の第七一課にもPresence of Mindとして載っている。また、前述したように、同じチェンバーのモラルクラスブックを翻訳した福沢諭吉の『童蒙をしへ草』にも同話がある。結末はやや教訓的になってはいるものの、おそらくよく知られた話だったのだろう。

恒ヲ失ハズ

有名（ナダカキ）ノ画工サル、ジェームス、ソルンヒル嘗テ「シント、ポールス、カシドロル」（寺院ノ名）ニ在リテ殿堂ノ丹頂格（マルテンゼウ）ニ絵キ一日、己レノ絵ヲ遠方ヨリ望ミ観ント欲シテ其桟架（アシバ）ニ退歩（アトサガリ）シ遂ニ其架端ニ至ル若シ今一歩ヲ退カバ倒マニ鋪石（シキイシ）ノ上ニ落ントス其危キコト一瞬（メバタキ）ノ間ニアリ僕之ヲ視テ急ニ顔料（エノグ）ノ器ヲ画ニ擲ツ彼レ驚キ前進シテ其僕ヲ叱ス僕乃チ其然ル所以（ワケ）ヲ謝スジェームス之ヲ聴テ大ニ謝シ又タ甚タ其機知（キテン）ヲ感賞ス此時ニ方テ僕モシ主ノ足ヲ失ハントスルヲ視テ遽カニ叫ンデ之ヲ告ゲバ主益々驚テ鋪石ノ上ニ落死センコト必セリ因テ其画ヲ汚シテ其人ヲ拯フ斯僕ノ如キハ危ニ当テ其恒ヲ失ハズ機知アリ以テ其主ヲ救フト謂フベシ

高所で作業をしていた絵描きが、後ずさりして足場を踏み外しそうになり、まさに落下しようかとする瞬間に、下僕がとっさの機転で、完成した絵に絵の具を投げつけ、主人を前方に誘導して救った、という内容で、下僕の沈着さ、冷静さを賞賛するコメントがついている。ちなみに『童蒙をしへ草』では、同じ話題が次のように訳出されている。

画工の召使其主人を助る事

ぜいむす・とるにるハ英吉利に名高き画工なり「しんとぽふる」といふ大なる寺の圓天井の壁に絵を書くとき高き処へ足場を架て目々筆を揮ひしが或日自から其絵を眺め色々に工夫を運らして覚へず知らずして少しづゝ後の方に寄り今一歩にて足場の端より落んとする危き場合を傍に居たる召使の者飛掛て止る暇もなく持合せし絵の具の皿を壁の絵に投付けたればとるにるハ大に怒り遽て絵の方へ進寄りこハ何事ぞ不屈者と家来の罪を責んとし其挙動の次第を聞て更に又驚き礼いふにも尚あまりありとて深く其機転を感じたりといふ抑この時の有様を考ふるにトルニルが片足を外して下に落んとする機に当りやれ危しなどゝ声を掛けられなば却て足の踏留を失ひ数丈の下の敷石に身を倅く

こと疑もあらずされば此時に差掛て其命を救ふの術は当人へ事の次第を知らしめず覚へず知らず自から足場の内の方へ返らしむるの所作を施すに在るのみ故に主人の千辛万苦したる絵を妄に汚せしも其時の良策なり瞬く隙に此利害を決断して其事を行ひ其機を失はざるハ胆力の慥なるものといふべし臨機応変の妙なるものといふべし。

「英国チェムブルズ氏ノショルト、ストーリース」という原本が確認されない現在、『泰西世説』の原文が、「モラルクラスブック」の英文と同じだったかどうかは不明であるから、両者を比較することにはほとんど意味がないかもしれない。しかし、福沢の訳文が、日本語文として格段に読みやすく、また状況が想像しやすい文章であることは、あらためて確認できる。子どもに向けて英文を翻訳するという作業は、単に語彙を易しくしたり、文脈を簡単にする作業にとどまるものではなく、新たな「近代子ども向けの文体」の創造という営為に大きく関わる仕事だったのである。

このように、『泰西世説』の訳文自体は、福沢諭吉のものと比べた場合、生硬な感じがする。が、この本には、雑多ではあるものの、多様な興味深い小話が満載されていた。そうした観点から、『泰西世説』は、楽しみのための翻訳子ども読み物の出発点に置かれる書物として、あらためて詳細に検討される必要があるだろう。

中村正直の『西国童子鑑』〈一覧19〉

『西国童子鑑』は、中村正直の訳である。一八七三（明治六）年一〇月、同人社刊行。見返しには「一千八百七十二年美国ハルペル氏刊行」の原本表示がある。偉人伝である。目次には、『西国童子鑑』全十九編の題目が示されている、その内容は順に、詩人、史家、評論家、大臣、法家、仁人、天学者、格物学者、纂学者、化学者、海戦得名之人、勇武絶倫之人、楽師、画工、彫像工、学者、神学者、外科医、博物学者となっている。このうち、一冊目は巻一、詩人（スコット、ポープ）。二冊目は巻二と巻三、史家（ギッボン、マッキントシ）と評論家（ジョンソン、ジェッフレイ）が収録されている。国会図書館にあるのは、この二冊のみであり、他の図書館にも続く三巻以降が見当たらないので、この後刊行されなかった可能性が高い。西国立志編とは異なった西洋偉人の列伝の完訳を目指したのだろうが、おそらく全一九編を完訳するまでに至らなかったのではないかと思われる。*30

原本は、*The Boyhood of Great Men* で、John G. Edger の著である。一八五四（嘉永七）年に、New York の出版社 Harper & Brothers から刊行されている。体裁はポケット版で、総ページ数は三八五頁。『西国童子鑑』の見返しに掲げられた「ハルパル氏」は、著者の氏名ではなく Harper

『西国童子鑑』見返し
明治6年

& Brothersという出版社名である。Harper & Brothers社の名前は、国語教育においては、第二部で検討する『小学読本』の原拠になったウィルソンリーダーの刊行元としても知られている。[*31] では、この本の冒頭部分を紹介してみよう。

詩人　斯格的（スコット）Sir Walter Scott

諺ニ曰ク詩人生レタリ、造ラレタルニ非ズト、コレ人ノ詩ヲ能スルハ、天資（ムマレツキ）ニ由ル、人力ノ致ストコロニ非ズトイヘル意ニテ、昔ヨリ言伝フル極メテ真実ナル語ナリ、然ルニ、又一（マタヒトツ）ノ諺アリ、「詩人ハ外物ノ感染（カンジソムル）ニ拘ハラズ、遭際（デアフバアヒ）ノ利益ニ関（アヅ）カラズシテ、告天子（ヒバリ）ノ如クニ歌フ」ト云ルモノハ、大名ヲ世ニ遺（ノコ）セシ詩人ノ事蹟ヲ観レバ、確言トシテ定メガタク覚ユ」、詩人ニ数多（アマタ）アレド、ソノ一生ノ話説ヲ挙ナバ、marmion（マルミヲン）ノ著述者ヨリ絶（スグ）レテ人ヲ感動スルモノアラズ、ソノ生平（イチダイ）ノ履歴ヲ挙バ、ソノ幼童ノ時ヨリ勝リテ趣味（オモシロミ）アルモノアラズ、

斯格的（スコット）姓ハ、其名ヲ窩爾徳（ウヲルテル）トイフ、壊（ヤブ）レタル古城ノ辺ニ住シ、妖怪（バケモノ）ノ居（オル）ベキ深渓ノ流ヲ弄（モテア）ソビ、画図ニモ及ビガタキ風景ヲ愛シ、コレニ加ヘテ、往古ノ事蹟（セキ）ヲ穿鑿（サク）スルヲ好ミシガ、後ニ至リ、ソノ作レル詩、小説ノ中ニ、コレ等ノ事、発見シ、読者ノ想像ヲ悦バシメ精神ヲ感動セシメ、心目ヲ眩乱（ゲンラン）セシメタリ、（下略）

と、この後は、スコットの生涯とその仕事ぶりが紹介されている。スコットという人物に関心を持っている読み手にとっては、興味深く読み進めることができただろうが、スコットの作品そのものは紹介されていないので、多くの読者にとっては、かなり退屈だったのではないかと思われる。題名には「童子鑑」という単語が含まれていて、年少の読者を意識した訳述ではあったことは推測できるが、子ども向けの読み物としてはあまりにも地味過ぎたのではないか。

ところで、同じ原本 *The Boyhood of Great Men* からは、もう一つ別の「子ども向け翻訳啓蒙書」も作られている。それは、尾崎行雄の編訳による『泰西名家幼伝』で、少し遅れて、一八八〇（明治一三）年一月に刊行された二冊本である。「凡例」には、「本書ハ専ラ幼童ノ記誦ニ供シテ」と記してあるので、この本も幼い子どもたちを読者として想定していたようだ。上巻には、政治家、舎密家、海軍士、歴史家、博物家、彫刻家、下巻には、法律家、数理家、外科医師、批評家、天文家、仁慈家という項目立てで、それぞれ二名ずつ人物が並べられている。上巻五四丁、下巻五七丁の分量に、二四名の人物の伝記を押し込んでおり、『西国童子鑑』のように詳訳ではなく、かなり大胆な抄訳である。両書に共通する人物は、史家（歴史家）のギッボン、マッキントッシュ、評論家（批評家）のジョンソン、ジェッフレーであり、スコットのような詩人は『泰西名家幼伝』には紹介されていない。文体は漢字仮名交じり文体。ルビは難語句にのみ付されている。中村正直と尾崎行雄に共通しているのは、西洋の偉人の業績を紹介して、日本の子どもたちに読ませようという姿勢である。

なお、この中村正直が翻訳した『西国童子鑑』巻一・二の計二冊は、阿部泰蔵の『修身論』と同様、一八八〇（明治一三）年九月一一日の文部省学務局通牒の「小学校教科書トシテ不妥当之条項」に引っかかって、教科書として採用すべきではない書物と判断されてしまう。『西国童子

鑑』のどの部分が不適だったのか、あるいは、この文部省の決定と中途で翻訳が途絶したこととの間になんらかの関係があるのかどうか、などについての事情は不明であるが、この文部省通牒に関して、中村紀久二の先行研究がある。中村は、当時の文部省の方針をつぶさに検討した上で、『西国童子鑑』の場合には、「西洋の開放的積極的な恋愛談や場面」が記述されていることが問題になったのだろうと推測している。具体的に中村が指摘するのは、第二巻のギボンの伝記中に「遂ニ恋愛ノ情ヲ惹動セリ、因テ」という部分である。一方、尾崎の『泰西名家幼伝』のギッボンの項にも「忽ち愛恋の情を発し」と訳された文言がある。しかし、尾崎行雄が編訳した『泰西名家幼伝』は、「小学校用教科書」には採用されなかった。したがって、中村の訳文と同じように「愛恋の情」という単語を使用しても、文部省がそれを「教科書」という観点から判定することはない。[*32]

このことは、次のようなことを意味している。すなわち、「子ども向け翻訳啓蒙書」の多くの翻訳者が、それぞれの考えに基づいて自由に原典を選んで日本語に翻訳・刊行しても、実際にそれを教育の場に持ち込んで「小学校用教科書」として子どもに読ませようとする場合には、当該書が中央の政府教育機関の検閲対象になるということである。翻訳者の個人的な判断によって作製された書物であっても、それが公教育の中で使用される際には、「教材」としての適否が精査されるような仕組みが発動し始めていたのだった。

江戸期の寺子屋などの教授活動で使用されたテキストに関していうなら、その選択は、それぞれの師匠の自主的な判断に委されていた。しかし、明治期に入って、多くの出版物が刊行され、様々な主義主張に基づく刊行物が「教育場」に持ち込まれるようになると、その選択を規制しようという動きが現れてくる。さらに、明治国家確立のために教育施策を有効に機能させようとする国家教育政策が本格的に展開するようになると、そこで使うテキスト（教科書）を一元的に管理するような方向が強まっていく。明治初期の集中豪雨的な翻訳啓蒙書刊行熱が収まった後には、そうした動きが、徐々に教科書の統制という流れとして表れてくるのである。また同時に、上からの統制を前提として、商品としての「教科書」をどのように作製するのかという教科書書肆の思惑の問題も、この後、本書における検討課題になっていく。

作楽戸痴鶯（さくらどちおう）の『西洋英傑伝』〈一覧1〉

中村正直の『西国童子鑑』と同じような西洋人の伝記集には、『西洋英傑伝』がある。[*33]

原著は、英人法刺西児（フラセル）。内容は、「初編 上 エドワルド伝 下 ペートル伝」「二編 上 シヨアン伝 下 ワシントン伝」「三編 上・下 ナポレオン

『西洋英傑伝』見返し
明治5年

伝」となっており、一八七二（明治五年）仲夏補刻。知新館蔵版。河津孫四郎校正。作楽戸痴鶯訳編である。作楽戸痴鶯は、本名山内徳三郎。作楽戸は、一八七三（明治六）年に、文部省から刊行された西洋歴史の教科書である『万国通史』の翻訳にもあたっている。

「例言」には、訳文は原本を抄訳してできるだけ分かりやすい文章になるように心掛けたことなどを記した後、「市街の君は児童の伽物語に読聞せいはば育英の楷梯にも成るべく閣龍布が亜墨利加を探出せしは桃太郎が鬼が島に渡りしに似るへくもあらず四方の君子伝へ々て高評あらん事を希ふと云」と結ばれている。この記述から、この本が子どもたちを読者として想定して刊行されたことが分かる。

『西洋英傑伝』の初編上巻には、イギリスの「黧黒太子義都華之伝」が取り上げられている。エドワードは、戦いに臨んで常に黒い鎧を着したことから「黒太子」の異名があり、百年戦争の初期にフランス軍と戦った武人である。その戦闘場面の文章の一部を、以下に引いてみる。

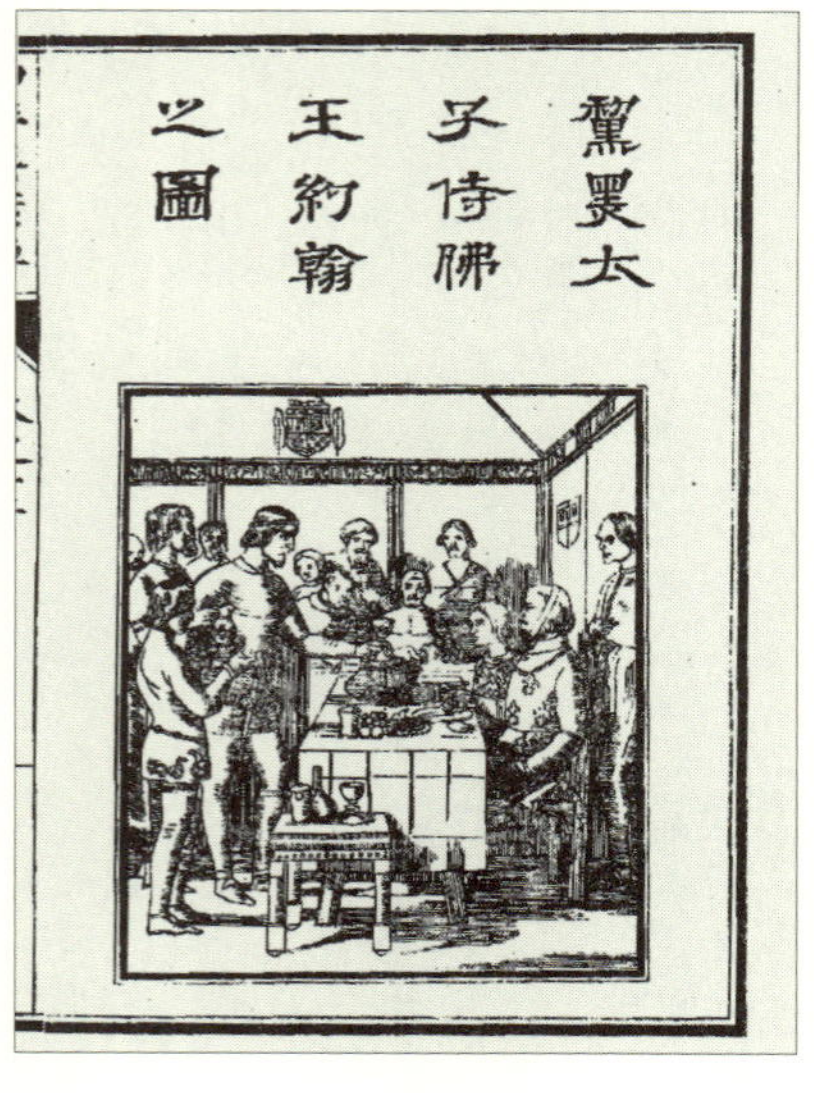

『西洋英傑伝』口絵

爰に仏軍戦地に押すの間猛雨に出逢ひてゼノア勢の弓弦は悉皆しめりはて緩急其用に応ぜざるを兵士等曽て覚らずしてやがて英軍に攻懸り劇しき鯨波の声を揚げ千百の雷を一度に下すがごとく只一弾に打取らんと競き叫んで攻懸りけるが英の弓隊も亦頗る熟練せる輩なれば少も動く景色なく鎮かに敵の近寄るを待つけ用意して雨を防ぎたる筐の裡より弓箭取出をし詰引つめ討たりしかば空矢とては更になく不幸なるゼノア勢は此時創めておのが弓弦の弛みたるに心着たりけれども今は詮様もなく頼み切たる長器の外他に短兵を持ざれば之を防がんとするに手段なく我劣らじと逃迷ひ仏国騎兵の隊後に退き去らんとして遂に大に敗走す（下略）

日本の軍記物の合戦場面の描写を彷彿とさせるような文体による訳文である。物語的な要素もふんだんに織り込まれており、読み手をぐいぐいと引き込むできあがりである。『日本教科書大系』の歴史編の「解説」では、この本について「当時外国事情に大きな関心を持った人々が本書を読物とした。通史ではないが、初期の小学校における歴史に関係した読物としても用いられた。その点から本書にも教科書としての意義を認め注目する必要がある。」と記している。これは、教科書研究サイドからの『西洋英傑伝』に対する評価であるが、逆に、この本が「子ども読み物」として享受されていたという証言にもなっている。[*34]

こうした少年向けの偉人伝の本格的なシリーズとしては、一八九六（明治二九）年になって、博文館から大和田建樹が刊行した『日本歴史譚』二四巻（一一八九九《明治三二》年）が商業的に最初に成功した叢書だといわれている。日本人の伝記としては、同じ博文館から『少年読本』全五〇巻が一八九八（明治三一）年に企画され、一九〇二年に最終巻が刊行された。外国の人物を中心としたものでは、やはり博文館から一八九九（明治三二）年から刊行され始めた『世界歴史譚』三六巻（—一九〇二《明治三五》年が、少年たちに迎えられた。それ以前にも、国木田独歩が関わった『少年伝記叢書』全五冊・号外三冊（一八九六《明治二九》年—翌年）などの外国人を被伝者とした少年向けの読み物叢書刊行の仕事があったようだが、版を重ねることはなかったようだ。

勝尾金弥は、『伝記児童文学の歩み—一八九一から一九四五年—』の中で、「伝記児童文学」の記述を、雑誌『少年園』に掲載された「伝記もの」から始めている。すなわち、一八八八（明治二一）年一一月に刊行された『少年園』の第一号に「大人の幼時——アイザック・ニウトン」という記事が出ているが、これが子ども向け伝記読み物の始まりだとするのである。『少年園』には、その後も、西洋偉人の伝記が続けて掲載され、その影響は後続する少年雑誌などにも引き継がれるから、確かに伝記読み物が盛んに読まれるようになるきっかけはこの辺りにあるように思われる。[*35]

明治初期の欧米の「偉人」の伝記の紹介としては、中村正直の『西国童子鑑』や作楽戸痴鶯の『西洋英傑伝』、あるいは成人向けの訳出ではあるが、明治五年の星亨訳『海外万国偉績叢伝』、明治九年の太田徳三郎訳『近世欧米英傑伝』、明治一二年の三橋惇編訳『今世西洋英傑伝』などがある。おそらくこれらの諸本が、日本における伝記叢書隆盛の先蹤となっているのだろう。[*36]

石川彝の『西洋夜話』（一覧2）

『西洋夜話』は、石川彝（つね）による啓蒙翻訳書である。一八七一（明治四）年に、初集が出ており、翌一八七二（明治五）年に出された「小学教則」の「読本読方」の教科書として指定されたことは、先述した。この本は『パーレー万国史』*Peter Parley's Universal History, on the Basis of Geography* が原拠である。『パーレー万国史』は、少年向けの歴史読み物であり、明治初期の外国語学習書として、かなりよく使われた本のようだ。石川の他にも、一八七二（明治五）年に西村恒方によって『万国歴史直訳』が、一八七六（明治九）年三月には牧山耕平によって巴来万国史』が、文部省から刊行されている。また、原作者ピーター・パーレーはペンネームであって、実際には小説家のホーソンが書いたものだと言われている。[*37]

石川彝は、『西洋夜話』の「自序」で「四方（よも）の稚児達（ちごたち）に見せ（み）まいらせ」と、この本を子ども読者を対象に作製したことを明確に記している。文章は文語文ではあるが、総ルビで、挿絵も数点挿入されており、子ども

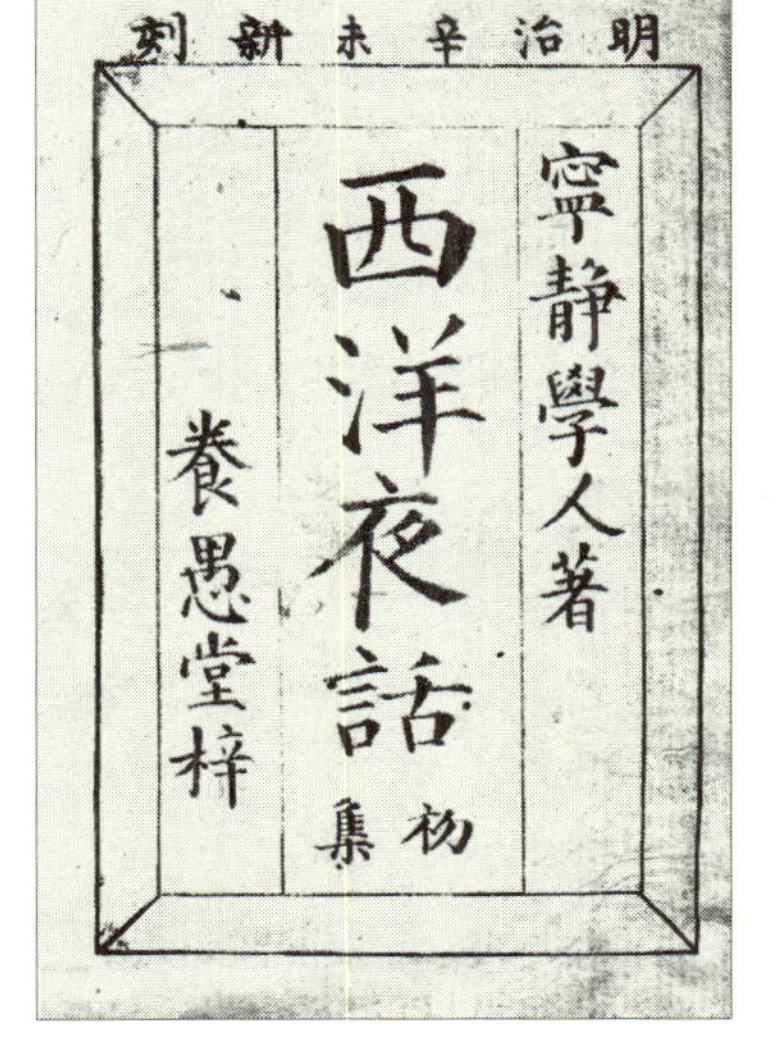

『西洋夜話』初集・見返し

を意識した翻訳文であることは間違いない。尾崎るみは、先行研究を踏まえた上で、原典である *Peter Parley's Universal History, on the Basis of Geography* とをていねいに比較してこの書物を検討しており、「子どもにとって読みやすい物語に仕上がっている」と述べている。[*38]

また尾崎は、『西洋夜話』の出版について、「明治初期にいち早く子ども読者を意識した出版活動がスタートしていた」と評価する。確かに、この本は、本書で検討してきた「啓蒙翻訳書」の中でも、かなり早い時期に刊行されている。アメリカの英語教科書を材料にした翻訳啓蒙書が陸続と刊行され始めるのは、一八七三（明治六）年に入ってからである。それらの出版が、福沢諭吉と何らかの関係がある場合が多いことを考えると、独力でなされた石川彝の訳業は、その独自性と先進性とを高く評価していいだろう。

初集の目録（目次）は、以下のようになっている。

○西洋人世界開闢の説
附　西洋諸国大洪水の事
○初て塔を建つる事
附　人民諸州に移り住む事
○亞西利国女王天竺国王と戦争の事
附　亞西利国滅亡の事
○埃及国王平不立人を悪しみ虐くる事
附　平不立人埃及を遁れ去る事

『西洋夜話』冒頭の「西洋人世界開闢の説」は、次のように始まる。

西洋人のいひ伝ける世界開闢の説はやかて六千年以前の事とかや天竺国よりまだ西の方にあたりて波斯といふ国あり其又西なる大河の辺に種々の草木の花など咲きて富景色よき処に初て男女二人生じたりとぞ其名を亞富、厄襪といひ子孫年々繁昌して追々市町村里を建て住けるといふ我天祖伊邪那岐伊邪那美の二神天降りましませし話にさも似たり太古我神国の事を風の便に聞き伝へ訛るものならんか

石川は、もとのユニバーサルヒストリーを逐語訳したのではなく、おおざっぱに内容をつかみ、それを簡略化して文章を作成している。また、ところどころに書き手の石川自身の意見も挿入されている。引用した個所では、アダムとイヴの話が日本の伊弉諾・伊耶那美の話に似ており、西洋人がそれを聞き伝えたのであろう、とする部分が石川の意見である。この見解は、石川の独創的な意見だと言うより、平田派の国学などから得た知識を、石川がここで披瀝したものだと考えられる。というのも、平田篤胤が『霊の真柱』の中で、次のように述べているところがあるからである。すなわち篤胤は、「遥西の極なる国々の古キ伝へに、世の初発、天ツ神既に天地を造了りて後に、土塊を二タつ丸めて、これを男女の神と化し、その男神の名を安太牟と言い、女神の名を延波といへるが、此ノ二人の神して、国土を生りといふ説の在るは、全く皇国の古伝の訛りと聞えたり。」と記している。こうした言説は、江戸末期には平田派による「講説」という口演形式を通しても、広く流布されていたと考えられる。おそらく石川彝もそうした情報を聞き知っており、それをこの『西洋夜話』に書き込んだのだろう。[*39]

別に、尾崎は、『西洋夜話』の初集に続いて、第二集から第五集まで

がまとめて一八七三（明治六）年に刊行されたことに関して、文部省の教科書に指定されたという「栄誉あるチャンスを利用して続編を続けざまに売り出したあたりには、抜け目のない商才が感じられる」とも述べている。これも、「子ども向け翻訳啓蒙書」の多くが、一巻あるいは二巻どまりだった事例が多い中で、『西洋夜話』の際立った特長であるし、また読み物と教育との問題を、出版事業と関連させて考える上で、見逃せない指摘である。石川彝の『西洋夜話』については、この尾崎るみの研究が最新で詳細な成果であり、稿者はそれに特段付け加えることはない。

そこで、ここでは明らかに『西洋夜話』に触発されて刊行された、別の「子ども読み物」を紹介しておきたい。それは、『小笠原氏 大日本夜話』という題名の書籍である。「初集」上・下の刊行は、一八七四（明治七）年九月、「第二集」は、一八七五（明治八）年二月である。*40

この本が石川の『西洋夜話』に対抗して書かれたことは、「例」に、以下のように記されていることからも明白である。

『小笠原氏 大日本夜話』初集・見返し

> 響キニ寧静学人西洋夜話ノ著アリ今此書大日本夜話ヲ以テ名トス故ニ体裁コレニ效ハザルヲ渇ズ然ルニ彼ハ異邦ノ事ヲ記シ斯ハ本邦ノ蹟ヲ著ス故ニ彼書ヲ読ント欲スルモノハ先ツ此書ヲ読マザレバ恐クハ内外先後ノ序ヲ誤ンコトヲ

著者の小笠原長道は、石川彝の『西洋夜話』の内容が西洋歴史の記述であることに対して異議を唱え、まずは日本の歴史を学ぶ方が先だと言うのである。小笠原はこうした立場から、『西洋夜話』の形式に倣って、この本を作製している。本の巻頭には、「今上の。みかどの御宇まで日の本に。在とし聞ける事蹟を。講説て聞かせし言の葉を。記憶かへりて弟子の。書綴りてや一巻の史冊となして桜木に。載せて物読む児童の教の一助となしてんと。」という記載があり、この本が子どもたちに向けて書かれたことをうたっている。つまり、『小笠原氏 大日本夜話』は、「子ども向け翻訳啓蒙書」に反発して出版された、日本版の「子ども向け啓蒙書」なのである。

上巻の内容は、「大日本開闢の説・附日神天の岩屋に入玉ふ事」と「素戔嗚尊妖蛇退治の事・附大国主神国土を経営し玉ふ事」で、神代の歴史物語である。歴史物語的な内容になっているのは上巻だけで、下巻は鼓吹書屋主人小笠原長道が講述し、門生である宮本為次郎が聞き書きした「国体」に関する言述で構成されている。ここで小笠原は、西洋批判を交えながら、天子さまが日本国の中心であることを説いており、欧化主義に対しては批判的である。おそらく小笠原は『西洋夜話』に対抗する日本の歴史物語を『大日本夜話』という題名を押し立てて、神代から現代までを書き継ぐつもりであったのだろう。「初集・上」に続く「第二集・

一」の内容は、「天孫日向に天降り玉ふ事・附猿田彦迎導し奉る事」と「神武帝御創業の事・附手研耳命不軌を謀給ふ事」となっている。しかし、「第二集」以降に関しては、書物の所在が確認できないので、小笠原長道による歴史物語の第三集は、刊行されなかった可能性が高い。

以下に、「初集」の「素戔嗚尊」が八岐大蛇を退治する場面の文章を引いてみる。

（上略）翁も姥も打喜びて、これを肯ひしかバ、尊されバとて、忽ち容を変て少女となり、八間の柵屋を作り、八槽の酒をその下に置き、妖蛇の来る、今やおそしと待ち玉へバ程もあらせず、かの巨蛇、少女を取食はんとて、八つの頭を振立て、紅の舌は火炎の如く、眼ハ光りて鏡の如く、さもすさまじき勢にて、出で来りしが、忽ち八槽の酒を見て、打喜びつゝ、八つの頭を八槽につけて、当に飲みほしけれバ、いたく酔倒れて前後正体なく眠りけり、尊これを見て得たりと、剣を抜き持て、かの酔臥したる巨蛇をバ、寸断くに斬殺し玉ふに、尾に到りて、御剣の刃少し缺れたれバ、何故なるやと怪みて、尾を切り見玉へば、尾の中より一の宝剣ぞ出でたりけり、

『大日本夜話 初集』 挿絵 久保田米僊

『古事記』などの書物を下敷きにしていると思われるが、ストーリーは単純化されており、すべての漢字にはルビが付してある。挿し絵を挿入したことも相俟って、この仕事が子どもに向けてなされたものであることがはっきり伝わってくる。なお、この『小笠原氏 大日本夜話』の挿し絵を担当したのは、京都府画学校設立に尽力してその教員になり、後には日清戦争の従軍画家として名を馳せた久保田米僊である。[*41]

ところで、この本を執筆した小笠原長道とは、どのような人物なのだろうか。実は、小笠原長道は、後に『東洋民権百家伝』や政治小説などを書いて名を上げたジャーナリスト小室伸介（案外堂）のことなのである。この本を執筆した一八七四（明治七）年には、小笠原長道（小室伸介）は、京都府綴喜郡井出校の小学校の教師だった。したがって、『小笠原氏 大日本夜話』は、小笠原が教え子たちを念頭に、教材用という意識のもとに作製した可能性もある。[*42]

翌一八七五（明治八）年、小室伸介は、宮津（現在・京都府宮津市）に在住する士民や豪農などを中心にした「天橋義塾」の結成に中心的な役割を果たす。これは、一五歳から二〇歳前後の「少年」のための学習結社

だった。小室は、地域の教育活動に参加した後、自由民権運動に身を投じ、新聞記者、小説家として、また政治活動にも積極的に関わるが、一八八五（明治一八）年、三三歳の若さで亡くなってしまう。

ほかに小笠原直道の筆名による教育関係の本としては、一八七五（明治八）年、『小笠原氏大日本夜話』初集下巻の筆録者であった宮本為次郎が編集した『明治七年八月改正読本字引』に序文を書いており、同じ年に義弟である勝沼和多留と『小学地球儀用法大意』を編集している。また、一八七六（明治九）年一〇月には、小笠原長道著『日本小文典』を、京都の川勝徳次郎のもとから刊行。さらに、教育活動としては、一八七五（明治八）年、天橋義塾において、「我が国で最初の口話法の試みの一つ」と評価されている、聾唖児の教育に手を付けたことでも知られている。このように、小笠原直道（小室仲介）は、明治初期に啓蒙的な教育活動に精力を傾けた一人だったのである。*43

先ほど述べたように、『小笠原氏大日本夜話』が発刊される直接のきっかけは、石川彝の『西洋夜話』だった。小笠原は、おそらく「小学教則」の中に『西洋夜話』が教科書として指定されていたことで、この本の存在を知り、それを手に取ったのだろう。その結果、この本とは対極的な内容の子ども向け歴史書を書く必要性を感じたのではないだろうか。その仕事は、急激な欧化政策に対する地方庶民層の反発を踏まえた行動であったと同時に、日本の学校教育の内容としてまずは「日本の歴史」を据える必要がある、というきわめて常識的な提案でもあった。

もっとも文部省も、日本歴史の教育という点においては、すでに一八七三（明治六）年五月、小学生に向けた歴史教科書『史略』第一巻皇国・第二巻支那（木村正辞編集）、第三巻・第四巻西洋（内田正雄編集）を刊行している。その第一巻「皇国」には、小笠原が『小笠原氏大日本夜話』に取り上げたのと同じ「神代」の話題もある。しかし、『史略』には、歴代の天皇名と、その在位期間に起きた重要事件が羅列されているだけであり、生徒に対して、その記述をそのまま「諳誦セシメムコト」を要求している。『史略』の記述に、ストーリー性は全くない。また、師範学校で一八七三（明治六）年五月に改正した「下等小学教則」に、教科書名として『日本史略』の名前が掲げられており、後にそれが師範学校編『日本略史』二冊となって実際に用意された。しかし、これも「史話」としての面白さには欠ける。*44

これら官版の歴史教科書と比較すると、『小笠原氏大日本夜話』は、子どもたちに向けた読み物としての評価にも耐えられるところに、その特色がある。小笠原は、子どもに向けて歴史を教えるためには、エピソードを中心にした、分かりやすく、また子どもの興味を引くような書物が必要だと考えたのだろう。この本は小室進介（小笠原長道）の処女作であるが、後年、文筆家として名をなした小室の手によるだけに、文章は比較的読みやすい。和田繁二郎は、この本は文学の著作ではないとしながらも「修辞の面で美文意識を認めうる」と言い、また、勝山俊介は「情熱的な文体は後年の彼の文筆活動に通じるものがあり、その筆力を予見させるに十分である」と積極的に評価している。言うまでもなく子ども向けの本にとって、平易でありながら、同時に読者を引き込むような文章・文体は必須の条件である。この点で、これまで検討してきた洋学者たちの作製した「子ども向け翻訳啓蒙書」には、不満の残る著作がいくつもあった。したがって、この『小笠原氏大日本夜話』は、日本の子ども読み物の初期を彩る、子ども向け文体の開発をある程度実現した書物の一つとしても、位置づける必要がある。*45

以上のように、石川彝の『西洋夜話』が、その反発として『大日本夜話』を生み出したという事実は、次のようなことを意味すると思われる。すなわち、英米の教科書などからの翻訳である「子ども向け翻訳啓蒙書」は、確かに日本の子ども向けの読み物の世界を広げることに貢献した。だが、それはまた同時に、西欧の材料によらず、日本の素材をもとにした、日本の子どもたちのために「子ども読み物」を創造しなければならないという機運をも鏡像的に作りだした。そうした動きが、「啓蒙」という色彩を濃厚に帯びていたことは確かだとしても、そのことによって、間違いなく明治の「子ども読み物」の世界は、広がりと深まりを加えることになったのである。

瓜生政和の『教訓道話 童蒙心得草』〈一覧24〉

瓜生政和は、梅亭金鵞、別号梅亭蕩人。滑稽本・人情本作者である。一八二一（文政四）年生まれ。『妙竹林話七偏人』で有名になる。明治維新後は、「書肆から頼まれれば何でも書いた」という時期があり、明治一〇年に刊行された「團團珍聞」の主筆をつとめ、明治二六年七三歳で没している。この瓜生の手になる『教訓道話 童蒙心得草』（前集・二冊）も、子ども向けの翻訳啓蒙書の中に位置づけることができるかもしれない。刊行時期は明確ではないが、「序」に、一八七三（明治六）年の記載があるので、おそらくそれと遠くない時期に刊行されたものと思われる。*46

瓜生政和は、下巻（二編）の「叙」に、以下のように記している。すなわち、自宅にやって来て遊ぶ子どもたちに話を催促され、同じ話を繰り返さない用心のために、反古紙の裏に書き留めて置いた話を本として刊行した。その本は「猿蟹の仇討はなしに齊しきものなれど書肆が望むを僥倖と初編を発兌した」ものだったが、再び書店から続刊を催促されたので、第二編を出す、と。自分の著作をへりくだる常套表現として「子ども」を持ち出しているのであろうが、少なくとも瓜生が「子ども読者」を意識していたことは、この記述からも明らかである。また、当時の子どもたちの読み物といえば一般には「猿蟹の仇討はなし」などの「昔噺」が直ちに連想されたことがここから確認できる。下巻（二編）の「見返し」の図には、作者である瓜生政和らしい人物が、子どもに向かって書物を差し出している様子が描かれている。

『教訓道話 童蒙心得草』の内容は、以下のようである。

前集　第一巻
○日本へ儒教始めて渡りし説　○本朝にて外国を憐れむ説
○西班牙国切支丹宗門の者非道の説　○往昔と今日と一様ならざる説
○原中の一軒家の説　○英吉利仏蘭西人員の説　○日本陸軍の説
○髪結床議論の説　○徳川家甲軍に倣ふの説　○魯西亜瑞典戦争の説
第二巻
○鷺鷦鷯を諭す説　○鞮爾理の説　○艱難は教えの師匠といふ説
○父母の行状子の儀範となる説　○熊谷家老婆物語の説
二集　上の巻
○童子の散髪ばなし　○日本鉄砲の由来　○人の心の移り易き説
○日本条約済十六国
下の巻
○印度の猿の記　○外国都府の里数　○白龍眼を射らるゝ説

○兎能無き説　○望遠鏡の説

雑多な内容だが、このうち第二巻の「鞮爾理の説」が、翻訳物である。

仏蘭西国にて名高き大先生鞮爾理といふ人は学問を為るを好んで倦ず死に至るまで自ら修るの功を怠らざりし人なり曽て中年にて両眼を失ひ盲目となり身体また康健なるを失ひしが真理実情を探り求るの心は是を共に失はずその病ひに羸るや殊に甚だしく居間より書斎へ移るにも嬰児の如く侍養する人の肩により僅かに能歩行するのみ然れども志気は勇猛康健にして両眼ありて且無病なる人に百倍せりその目を失ひし後には著述に心を委たることを自ら言て予常に学問文芸は国の大利益となるものの中に算へ入らるべき業なりと思へば軍士の戦場に在りて吾国の為に千辛万苦の戦ひ為ると同じ心なる故縦へ如何なる不仕合わせに逢ともこの志願は決して失亡ざるべし（下略）

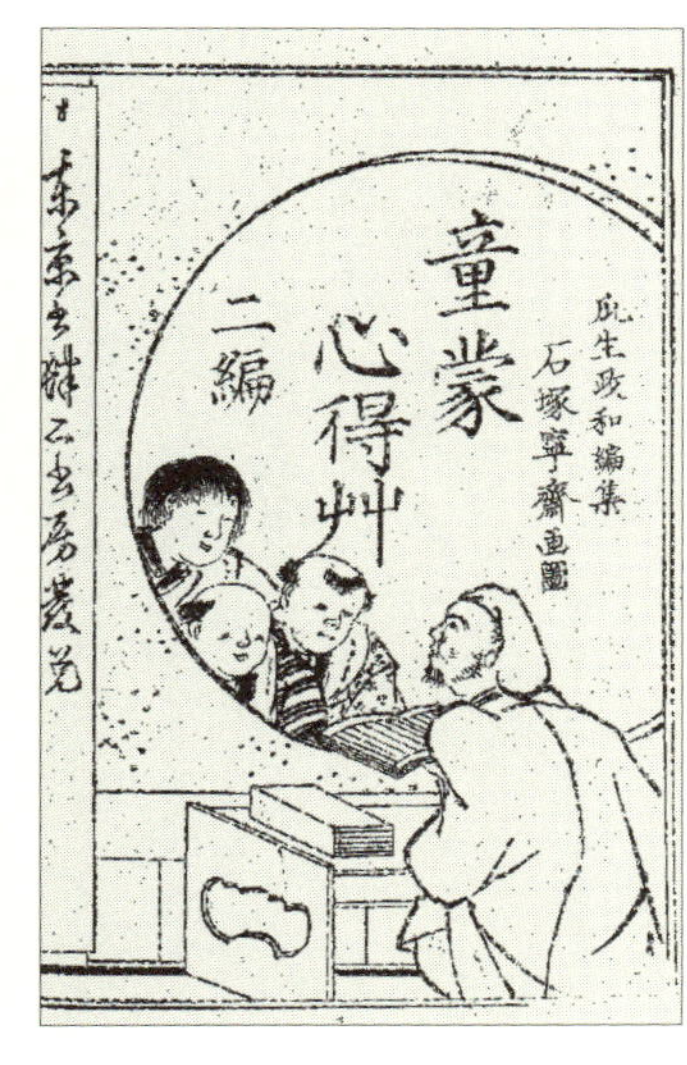

『童蒙心得草』鞮爾理の説

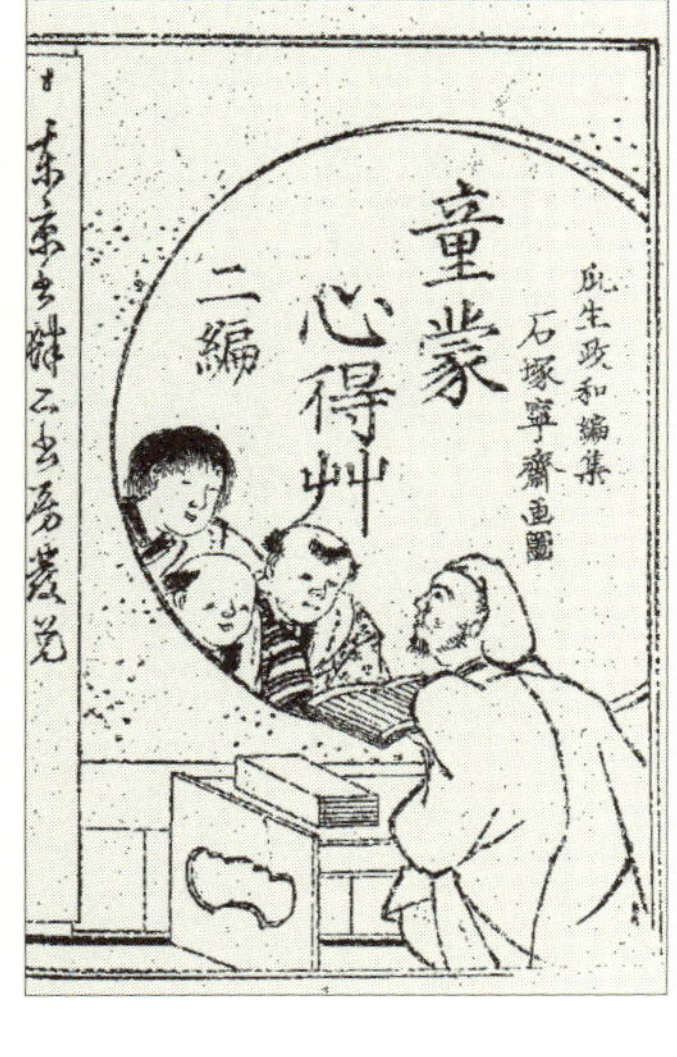

『童蒙心得草』見返し
明治6年

同じ内容の話は、中村正直訳の『西国立志編』第一一編二七の「鞮爾理鞮爾理目盲シ身病ムト雖ドモ学ヲ勉ムル事」にも出ている。これも、次に引く。

法国有名ノ作史家鞮爾理ハ、「諸曼戡レ英ニ史」ヲ著ハセルモノニシテ、ソノ履歴（イチダイ）言行、大ニ公斯当的ト相ヒ反セリ、学ヲ好ンデ倦マズ、勤勉忍耐ニシテ、死ニ至ルマデ、自修ムルノ功ヲ怠ラザリシ人ナリ、ソノ史ヲ修ムル時、両目（メクラトナリ）明ヲ失ヒ、身体康健ヲ失ヒシガ、真理実事ヲ探討スルヲ好ムノ心ハ、コレト共ニ失ハズ、ソノ羸病、殊ニ甚シク、前房ヨリ後房ニ移ルニモ、嬰児ノ如ク侍養スル人ノ臂（ヒジ）ニ依リ、僅カニ能ク行歩スルノミ、然レドモソノ勇猛ノ精神、剛毅ノ志気ハ、康健ニシテ両目アル人ニ百倍セリ、ソノ明ヲ失ナヒシ後、ナホ著述ニ心ヲ委タルコトヲ、自ラ言テ曰ク、予常ニ学問芸文ハ、邦国ノ大利益トナルモノノ中ニ、算入ラルベキキモノナリト思フガ故ニ、軍士ノ戦場ニ在テ、吾ガ邦ノ為メニ死傷ヲ避ケザルガ如ク、芸文ノ事ニ身命ヲ委ネ、吾ガ邦ノ為メニスルコトヲ期スルナリ、縦ヒ予如何ナル

命運（シアハセ）ニ逢ットモ、コノ志願ハ、決シテ失亡セザルベシ（下略）

両者の文章は、漢字平仮名交じり文と漢字片仮名交じり文という違いはあるが、きわめてよく似ている。引用した箇所に限って、両者の文章表現が大きく異なっている部分と、スマイルズの原文とを対照してみる。

瓜生政和	中村正直	*SELF-HELP*（拙訳）
中年にて両眼を失ひ	ソノ史ヲ修ムル時両目明ヲ失ヒ	in the pursuit he lost his eyesight（その仕事の遂行中に目が見えなくなり）
侍養する人の肩	侍養スル人ノ臂	in the arms of a nurse（看護婦の腕）
居間より書斎へ移る	前房ヨリ後房ニ移ル	from room to room（部屋から部屋へ）

この比較表からは、中村正直訳が原文にそった翻訳であるのに比べて、瓜生政和が原文には無いことばを付け加えたり、書き換えたりしていることが確認できる。しかし、ここに取りだした部分以外、瓜生の文章は、ほとんど中村の文章と同文である。これをどう考えたらいいのか。

おそらく、瓜生政和は、スマイルズの原典からこの文章を作成したのではなく、すでに刊行されていた中村正直の邦訳『西国立志編』をもとに、その文章に若干手を入れて、ここに使ったのだろう。当時は、著作権や翻訳権などに無頓着な書き手も多かったし、実際、福沢諭吉の翻訳の偽版も大量に出回っていた。『西国立志編』の出版は、「最初にまとめて出た第一・二冊は明治三年十一月から翌年三月までの間に、最終の第九・十・十一冊は同四年七月から九月の間の刊行と考えられる」という事情のようである。とすれば、既に世に出ていた『西国立志編』から、瓜生が文章をほとんどそのまま借用して、この「鞮爾理（ているりい）の説」を書いた可能性がきわめて高い。*47

もちろん瓜生が、スマイルズの原文と中村正直の訳文とを比較しながら、ここに掲出したような文章を作成したことも考えられなくはない。瓜生は、『教訓道話童蒙心得草』刊行の前年、一八七二（明治五）年には『西洋新書』を発刊し、その中で海外事情を紹介している。『西洋新書』が同年に出された「小学教則」の「読本読方」の教科書に指定されていたのは、第一章で既述したとおりである。この本は海外旅行記で、瓜生自身が洋行したような書きぶりになっており、かなり詳細に海外事情が紹介されている。だが、瓜生の年譜などを参照する限り、彼が実際に海外へ渡航した形跡はない。また、瓜生が、どれほどの英語力を持っていたのかも不明だし、多くの原書を入手する経路を持っていたのかどうかなどについても情報がない。瓜生政和は、この時期、相当多くの海外事情を紹介する著作物を刊行しているが、その経歴から考えても、原典を自在に読みこなすような学習の機会と時間とがあったとは考えにくい。

したがって、その分、瓜生の著作には、一貫した思想性は希薄で、結局、最後には平俗な教訓を垂れるような結末になるものが多い。たとえば、中村正直は、学問を熱愛する精神こそが重要だという Thierry（ティエリー）のことばで終わるこのエピソードに、「洵（マコト）ニ高大ノ識ト称スルニ耐ヘタリ」と、その見識を高く支持する評言を付け加えている。これは、欧米の人々の精神性やその努力に学ばなければならないという啓蒙家としての中村の基本的な姿勢の表明である。

これに対して、瓜生も、*Self-help* の Thierry（ティエリー）の話題に、瓜生自身の見解を付している。瓜生は、「鞮爾理（ているりい）」が、学問をすることは兵士が戦場にあるのと同じだと述べたことに、それは今日すべての職業に当てはまる心がけである、とコメントする。その上で、商売をするならば、すべてに油断無く、商売敵の思惑を外して、抜け駆けをするくらい緊張感を持っていなくてはならない、と付け加えるのである。瓜生の発言は、中村の学問への憧憬とは異なり、卑俗な日常の訓誡に堕している。つまり、瓜生の仕事は、中村のような西洋精神を咀嚼した上での精神啓発活動ではなく、庶民に向けてジャーナリスティックで大衆向けの読み物を書き散らす、時流に乗った文筆活動でしかなかったのである。

知られているように、一八七二（明治五）年四月、明治政府は、「三条教憲」を発令する。興津要は、「三条教憲」は、「惟神（かんながら）の道に実学思想や合理精神をくわえた国教宣布の教憲、すなわち、新時代の国民の進路」を示して、教導職として神道家や仏教家を動員したものであり、俳優や戯作家までもがそれに呼応した、という。一八七二（明治五）年には、仮名垣魯文が『首書絵入世界都路』を、山々亭有人（条野孝茂）が『和洋奇人伝』を刊行するが、両書はともに戯作家による「新時代向きの啓蒙書」である。こうした流れに棹さして、梅亭金鵞（瓜生政和）も、一八七二（明治五）年二月に、『西洋新書』を刊行する。しかし、興津によれば、瓜生政和は生来の「西洋ぎらい、新時代ぎらい」であり、『西洋新書』の中にも西洋文明批判の見解が散見されるという。また、興津は、瓜生の一生を評して、「最後の江戸戯作者と呼ぶにふさわしい」とも述べている。おそらく、『教訓道話童蒙心得草』の「鞮爾理の説」が卑俗な訓誡に陥ってしまっているのも、興津のいうように、瓜生のそうした資質がもたらしたものだったのだろう。*48

なお、ここでは詳しく紹介しないが、明治初期に刊行された瓜生政和による『西哲叢談』三冊・一八七三（明治六）年、『和洋合才袋・前集』二冊・一八七四（明治七）年、『智識初歩』二冊・一八七五（明治八）年、『万国百物語』刊行年不明、『幼童必学説教心得草前輯』刊行年不明、なども、似たような内容の本であり、やはり子ども読者（童蒙）を視野に入れて刊行されている。もしこうした書物を「子ども読み物」として位置づけるならば、この時期の「子ども読み物」の数はさらにふくれあがるだろう。

稿者は、先ほど、山本義俊の『泰西修身童子訓』について触れた際に、『泰西修身童子訓』が、「ここまで検討してきたような特定の本を翻訳したものではなく、山本の手による書き下ろし修身書といっていいような内容」だと述べた。同様にこの『教訓道話童蒙心得草』も、ここまで検討してきた翻訳書とは、かなり色合いが異なる。というのも、この本は和漢洋の様々な話題を紹介した著作であっても、特定の原典が存在し、ましてやそれを直接翻訳した書物ではないからだ。この点で、『教訓道話童蒙心得草』は、洋学者たちの刊行した翻訳書を二次利用した翻案書だといえるだろう。このように戯作家たちが、直接に原典を渉猟して、そこから材料を集めたのかどうかについては、疑問の点も多い。したがって『教訓道話童蒙心得草』を、「子ども向け翻訳啓蒙書」ととらえるのは適当ではないかもしれない。

だが、「子どもよみもの」の生成という点で重要なのは、瓜生政和が直接英文を読んだかどうかではなく、その内容を子ども読者、あるいは多くの大衆に向けて、できるだけ分かりやすい文章として提供しようとした、という事実である。戯作者であった瓜生政和（梅亭金鵞）は、もともとそうした文筆能力や誌面構成力を持っていた。『教訓道話 童蒙心得草』に即していえば、瓜生の努力は、文章の読みやすさばかりでなく、すべての漢字にルビを付けたことにも表れているし、なによりも板本の字体や字詰めがきわめて親しみやすくできている。挿絵を多く入れたのも、大衆向けの読み物をたくさん作っていた経験によるものであろう。中村正直の『西国立志編』は、多くの人々に読まれたといっても、その読者はあくまでも知識層に限られていた。一方、瓜生は知識人向けの『西国立志編』を材料に、広く庶民にそれを媒介して、一層の普及活動を行ったのである。

この点で、子ども向け読み物の作製に、戯作者が参加したことはきわめて意味のあることだった。というのも、『教訓道話 童蒙心得草』を書いた瓜生政和は、洋学者たちとは異なった質のサービス精神を発揮した文章を、読み手である子どもたちに向けて提供していたからである。つまり、現実の子ども読者たちは、洋学者による翻訳啓蒙書とは別の文体による子ども向け読書材料を手にすることができたのだ。そのことはまた、明治初期の子ども読み物の世界が、思いの外に広がりを持っていた、ということを示していると考えてもいいだろう。

山科生幹の『勉強示蒙 一名童児心得草』〈一覧21〉

前項で話題にした中村正直の『西国立志編』の原典は、スマイルズの *Self-Help* である。『西国立志編』は、明治の三大ベストセラーの一つだと言われているが、この『西国立志編』からは、直接子ども読み物が派生している。それは『勉強示蒙 一名童児心得草』という名称の著作で、全四巻（二冊本）。作者は、山科生幹である。挿絵は、当時人気の画家であった松川半山が書いており、一八七三（明治六）年一二月に、大阪の文栄堂（前川善兵衛）から発行された。（同年三月に出版許可）[*49]

全四巻の目次と『西国立志編』との対応を、次表に示しておいた。『准刻書目』の一八七三（明治六年）三月の項には、山科生幹の著書として、『勉強示蒙』と並べられて『窮理初歩』全三冊が、同じ前川善兵衛の手によって刊行されたことが記されているが、現物は確認できなかった。『勉強示蒙』以外の著作が見あたらないので、山科の人物像はつかみにくい。もっとも、『窮理初歩』は、題名から推していわゆる「窮理熱」ブームに乗った啓蒙書だと考えられるから、山科も、ここまで検討してきた翻訳啓蒙家たちと同じような思考傾向を持った人物だった可能性がある。[*50]

知られているように、明治初期には、志ある青年たちの間で『西国立

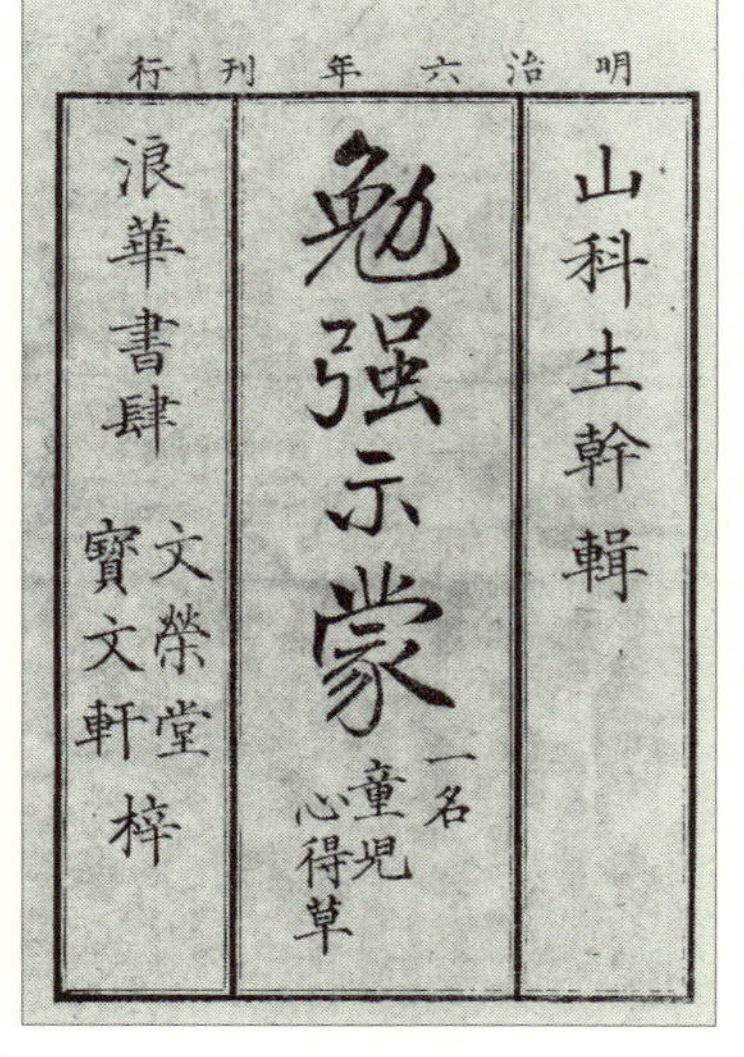

『勉強示蒙』見返し
明治６年

『勉強示蒙一名童児心得草』の目次と『西国立志編』との対応（数字は該当箇所の章・節）

第一巻　剛毅の事	
剛毅の心志の話	8-2
剛毅の工夫の話	8-5
人早く事務に志を立つべき話	8-3
志は自己にて主張すべき話	8-8
志望する所の事は必ず成就すべき話	8-7
「ボックストン」人名の書を読む法并に同人の名言の話	8-10
「印度」国乱の話及び「英」国の人節義に落命せし話	8-20
第二巻　勉強して心を用ふる事并に久々に耐て業を成す事	
幸福は勤勉の人に在る事并びに英才の話	4-2
大功業は常々の工夫に由り成るへき話	4-1
熟習の益并に「ピール」人名諳誦をなせし話	4-6
小さき伎芸と雖ども矢張忍耐の工夫なき能はざる話	4-7
人の性質各甚相遠からざる話	4-4
「ニウトンフレル」人名自らその学問を為せし工夫を語りし話	4-3
「ステブンソン」久々に忍耐して倦ざりし話	4-14
「ヒューム」忍耐の力を以て政務に功ある話	4-22
「サミュエールドリウ」人名悪の性を改めて著作家となりし話	4-21
第三巻　職業を勉むる事	
世間の謬言及び下劣の少年の話	9-2
事務の堺は小さからざる話	9-1
労するなければ望みなき話	9-9
事の敗失は必らずその原由ある話	9-10
些少の本貨は却て好ましき話	9-7
事務を弁ずる人ならねば大将とはなれぬ話	9-23
光陰は産業なる話	9-20
正直信実なるは甚貴むべき話	9-28
正からざる利を用ゆること能はぬ話	9-29
細密の切要なる話	9-14
「スコット」人名敏速の利益を論じたる書の話	9-19
「フヲックス」人名小事と雖ども細密に意を用ひし話	9-15
「ナポレヲン」人名軍中にて細務を弁ぜし話	9-24
第四巻　幇助即はち機会の事及び学業を勉修する事	
大功は偶然にして得らるゝものに非ざる話	5-1
名高き工人粗末なる器具を用ひたりし話	5-12
筆録并に写物の益なる話	5-26
古人著述の業に辛苦せし話	5-25
機会を捕着し機会を造る話	5-11
観察に聡明なるを真の智者と云ふべき事の話	5-4
「ガリレヲ」人名揺錘を創造せし話	5-5
「コロンバス」人名海藻の浮べるを視て新世界の近きを知りたる話	5-7
「スコット」人名何事を為すにも必らず機会を看出したる話	5-15
「ジエンネル」人名牛痘を発明せし話	5-31

志編』が、大いに読まれた。編者である山科生幹もその一人だっただろう。もっとも山科がほかの読者たちと異なっていたのは、この本から直接取材して「子ども読み物」を作製しようと考えたことだった。どういう経緯でそうした試みを行おうとしたのかは不明だが、『勉強示蒙 一名童児心得草』という書物の題名からは、この本を年若い子弟たちに薦めようとする強い願いがあったと思われる。

選ばれたのは、『西国立志編』の全一三編の内、第四・五・八・九編の四編である。「剛毅」を冒頭に据えたところに、編者の読者に対する意識も窺われる。作業を進めるに際しては、原書であるスマイルズの原本から直接翻訳するという方法もあるが、山科は、その翻訳である中村正直の『西国立志編』を種本にして、子ども読者を意識しながら文章に手を入れるという方法で、本文を作製したようだ。年少者向けの読み物としての工夫は、瓜生政和の『教訓道話 童蒙心得草』が採用した方策と同じように、『西国立志編』の漢字片仮名交じり文を漢字平仮名交じり文にしたこと、外国人の人名を片仮名で表記したこと、原文をかなり簡略化したことのほかに、松川半山の挿絵を挿入したことが挙げられる。原本であるスマイルズの *Self-Help* にも、中村正直の『西国立志編』にも、挿絵は付されていないので、この挿絵は松川半山が『勉強示蒙 一名童児心得草』のために、新たに描き起こしたものである。この時期の松川半山の仕事については、第二部第一章で触れるが、さすがに達者な筆致で、本のできばえに貢献している。

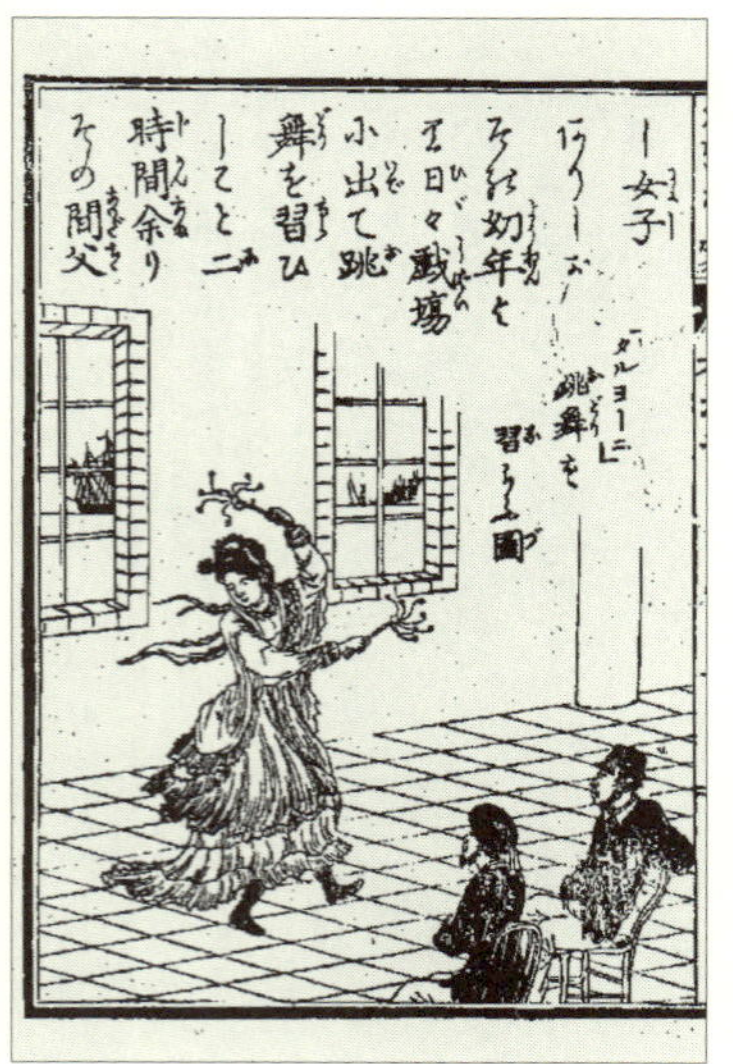

『勉強示蒙』
挿絵 松川半山

以下、半山の挿絵が付けられた『勉強示蒙 一名童児心得草』の「小さき伎芸と雖ども矢張忍耐の工夫なき能はざる話」の本文を紹介し、それに引き続いて『西国立志編』の該当箇所(第四編七)を引いてみる。

小さき伎芸と雖ども矢張忍耐(タヘル)の工夫なき能はざる話

抑も区々の小芸伎術と雖ども固より忍術の工夫なくんばあるべからず夫れ跳舞を善くせんと欲するが如き甚はだ易に似て実は難しこれも亦勉励苦辛(クルシム)せざれば迚もその善に至ることを得ず嘗て「タルヨーニ」と云へる跳舞を善くせし女子ありしがその幼年より日々戯場に出て跳舞を習ひしこと二時間余りその間父より厳しき課を受け稽古を仕舞ひし後は常に疲れ極まりて気絶し父に我が衣服を解かれ海綿を以て身体を拭はれて漸くに蘇醒(キツキ)せしとなりかく幼童の時より苦心せしにより彼れ登場の時軽快翻転(キミヨクカルクカヘル)の妙を得るはこれに由るなり

小伎ト雖ドモ、亦タ忍耐ノ工夫ヲ要ス

小伎ト雖ドモ、亦タ忍耐ノ工夫ヲ要ス、ソレ絃弓(コキウ)ヲ弾(ヒク)ズルガ如キハ、易カルベキニ似タレドモ、多少ノ勉力ヲ要スルコトナリ、一少年、カッテ日亞爾日尼ニ、幾年ノ間、絃弓（コキウ）ヲ学バレシヤト問ヒシニ、毎日十二時ヅヽ学ブコト二十年ナリト答ヘケリ、戯台（シバヰ）ニテ女子ノ跳舞（ヲドリマヒ）ヲ為スモノト雖ドモ、数年学習ノ後ナラデハ、場ニ登ルコト能ハズ、答爾揺尼トイヘル跳舞（ヲドリマヒ）ヲ善クセル女子ハ、戯台（シバヰ）ニ出ル演習（ケイコ）トシテ、二時ノ間、ソノ父ヨリ厳課ヲ受タル後ハ、常ニ疲レ極マリテ気絶シ、衣ヲ解カレ、海綿ヲ以テ身体ヲ拭ハレテ、再ビ蘇醒（ヨミガヘリ）セシト云ヘリ、ソノ登場ノ時、軽快翻転（ハヤキヒルガヘル）ノ妙ヲ得ルハ、コレニ由レルコトナリ、

両者を比べてみる。『西国立志編』では、二人の人物が登場するが、『勉強示蒙一名童児心得草』では、「絃弓ヲ学」んだジアルジーニの話はカットされている。したがって、『勉強示蒙一名童児心得草』の「小さき伎芸と雖ども矢張忍耐の工夫なき能はざる話」は、『西国立志編』とは文章内容が異なっており、タルヨーニだけに焦点を絞った話になっている。子どもに向けて、ストーリーを単純にしようとしたからだろう。さらに『勉強示蒙一名童児心得草』では、タルヨーニが「幼年より戯場に」出演したことや「幼童の時より苦心」したことを書き加え、主人公が「幼時」より修練を重ねたことを強調している。これも、年少者の読み手を想定した改変だと考えられる。ほかの箇所でも似たような処理がなされており、話題が絞られたり、文章が刈り込まれている場合が多い。明らかに山科生幹が、「子ども読者」を意識して、この本を編集していることが分かる。

山科の出版活動は、当時の『西国立志編』ブームに乗ったという側面もある。たとえば、そうした動きの一つとして、佐橋富三郎によって一八七三（明治六）年一月に『其粉色陶器交易』が、同年二月には『靴補童教学』が刊行されたことを挙げてもいいだろう。これらはともに、『西国立志編』の二編と一〇篇を素材にした歌舞伎台本形式の読み物（「絵入根本」と呼ばれる）である。『靴補童教学』の見返しには、板東寿三郎、市川荒五郎、実川延若らの役者名を掲げた配役表があって、本文は浄瑠璃やト書きの入った本格的な台本形式になっている。この台本は、実際に一八七二（明治五）年一一月に京都で上演されており、歌舞伎演出における、いわゆる「散切りもの」の嚆矢といわれる作品である。いうまでもなく世間に流行している話題をいち早く舞台化するのは、歌舞伎興行においては常套手段である。『西国立志編』を材料にした歌舞伎が上演されたことは、一般庶民の間でも『西国立志編』が話題になっていた証左になるだろう。また、一八七九（明治一二）年には、橋爪貫一が、外国の人名伝などを翻訳して編み直し『西国立志編列伝』を刊行している。これも『西国立志編』ブームに便乗した書物の一つである。[*51]

おそらくこうした海外情報を歓迎した世間の気分と、この『勉強示蒙一名童児心得草』が刊行されたこととは、どこかで通底していたはずである。『西国立志編』をネタに、そこから読み物を作製しようという思いつきは、山科生幹の個人的な発想というより、西欧の世情への興味関心が横溢していた時代の空気の中から生まれたものであっただろう。また一方、ここまで見てきたように、明治初期の大きな文化変貌の中で、「勉強する」子どもへも、社会の関心が向けられるようになってきてもいた。山科の『勉強示蒙一名童児心得草』は、まさしくその二つが交差した接点に生まれた「子ども向け翻訳啓蒙書」だったのである。[*52]

山科を後押しして、本という形で商品化したのは、大阪の大手書肆で

ある前川善兵衛である。「子ども向け翻訳啓蒙書」が、商売として成り立つ可能性が生まれつつあるという空気をいち早く読み取り、それが可能な書き手を発掘し、人気画家松川半山の絵を添えて、出版にまでこぎつけることができたのは、そうした商人たちの機敏な動きを抜きにして考えることはできないだろう。

なお、著者である山科生幹に関して、本人ではないかと疑われる情報が、尾佐竹猛の『明治歴史 疑獄難獄』に掲載されているので、以下に付け加えておく。そこでは、山科生幹は、日本の裁判史上初めて「非常上告」の適用を受けた事件の当事者として紹介されている。それによると、山科生幹は、京都御所の蔵人方の小舎人を勤めた山科生春の長男だった。成人の頃に維新となったが、京都の守旧派の仲間に入り、共和政治を唱える福沢諭吉は国賊であると憤慨し、一八七三（明治六）年十月に東京へ出る。翌年、太政官正院の写字生に採用されたが、岩倉具視や福沢諭吉に関する根拠のない情報を京都の華族へ広めたため捕縛される。

ここに出てくる山科生幹は、『窮理初歩』を表した開明的なイメージの人物像とは若干径庭があるようにも思えるが、洋学を修めた人物の中にも国粋的な思想を持った人も多いし、また漢学一辺倒であっても欧化主義に理解のある人もいるから、これだけの情報では、この山科生幹が『勉強示蒙 一名童児心得草』の作者なのかどうかは、判断できない。尾佐竹の本には、当人がその後どういう生活を送ったのかについての記述はない。しかし、もし、この本に登場する山科生幹と、『勉強示蒙 一名童児心得草』の著者である山科生幹とが、同一人物だとするなら、『勉強示蒙 一名童児心得草』は、山科が東京へ出立する以前に、京都で編纂されたことになる。[*53]

坂部広光の『童蒙喩言 東西奇談』〈一覧35〉

さてここまで検討としてきた翻訳啓蒙書の中でも、この本はかなり異色である。というのは、題名にもあるように「奇談」の側面を強く持っているからだ。この本は、今日我々が考えるような「児童文学」そのものに近いと言ってもいいかもしれない。

刊行は、一八七九（明治一二）年六月。活字印刷で、九一頁。訳者は、坂部広光。坂部についての情報は乏しいが、この本の「序」の中で、高畠藍泉（三世柳亭種彦）が、坂部のことを「社友」と冠称をつけているので、この時期、高畠が所属していた『東京曙新聞』と関係している可能性がある。さらに高畠は、訳者である坂部が、この本を作成するのに「欧亜各国ノ珍書中ヨリ、抜萃スル所ノ寓言数編ヲ訳シ」た、と述べている。この記載の通り、坂部が実際に数種類の原書を博捜して、この本の材料を集めたかもしれないし、「世界昔話集」または「世界各地の民話集」のような内容の本から、いくつかを選んで抄訳したことも考えられる。原典に関しては、調べがついていない。

『童蒙喩言 東西奇談』には、五つの話が収録されている。順に「婚姻之引出物・仏蘭西之話」「化物花・独逸之話」「風之花嫁・魯西亜之話」「背虫之レイラ・土耳其之話」「ナラダ之預言・印度之話」である。それぞれの話は、ここまで検討してきた各種の書籍に載せられていたものよりも文章量が多く、短編というよりも中編である。したがって、どの話も、かなり読み応えがある。向川幹雄が「各題名から想像がつくように空想的な民話を集めたもの」と的確に指摘しているように、この本は各国の民話集だといえよう。[*54]

フランスの話だという「婚姻之引出物（こんいんのひきでもの）」の冒頭を引く。

シエリ山の麓に一人の美人あり名をロザルビンと云ひ容色衆に過れて艶々しく見る人恍惚として為に寝食を忘るるに至れり最早年比にもなりぬれば年少き男子等は争でかこれに懸恋せざらん丈夫と生れたるからは斯る美人を我妻にせんものをと処々より縁談を申し入る者数知れずされどもロザルビンは耳にも触れざる様子にて一向に取合ざりしは深き仔細のある故にてロザルビンは近隣に一人の男あり其名をマサエルと云ひて早く父に離れ母親と二人にて細き煙を立けるがロザルビンは窃に此マサエルに思をこがし吾夫とすべき者は此男を捨て復た他にあるべくも思はれずと心に期しぬれど流石父にはそれと云ひ出し得ず空しく月日を送りける然るにロザルビンの父は我娘の最早年比にもなりければ良き人物を撰びて聟にせばやと思へども其婚姻を望む者の余り多きに困じ果て去らば才智の程を試みて我望に叶ふ者を聟にせんと思ひ付き多くのものに云ふ様は誰にてもあれ世の中に最も古くして最も損じ易く最も愛せられて最も辛く扱はれ声なくして語り只死して後用を為すものを探し出し婚礼の引出物に贈るものあらば我聟となすべけれと云ければ（下略）

このような謎をかけられて、他の求婚者たちは右往左往するが、マサエルは蝶の援助を受け、見事にその謎を解いて、幸せを手に入れる。父親の課した「最も古くして最も損じ易く最も愛せられて最も辛く扱はれ声なくして語り只死して後用を為すもの」という謎の答は、「ボーケー」つまり、花束（bouquet）だったのである。話の展開自体は、世界各地に伝わる「難題聟譚」の話型に分類されるべきもので、日本にも類話は多い。しかしこの話に訓言や教訓は付されておらず、読者は、話の展開をただ楽しめばいい。『童蒙喩言 東西奇談』は、そのすべての文章が文語文で記されており、所々には美文調も交じっていて、文章それ自体には、それほど新しさは感じられない。総ルビであるのも、当時の刊行物の常態ではあるが、「童蒙」に向けた工夫であると考えることもできるだろう。

高畠藍泉（三世柳亭種彦）が記したこの本の「序」には、これまで日本で読まれてきた「桃太郎、舌切雀、花咲爺ノ如キ人口ニ膾炙スルモノ、悉皆嬰児ノ教育ニ関セザルモノ稀ナリ」という認識が示されている。その上で、この本も「寓言中ニ、造物主ノ妙ヲ解キ、勧懲ノ理ヲ明カニシテ、以テ教育ノ一助トセシ」という目的を実現していると書かれている。

このことについて向川幹雄は、「中身はそれほど強い教訓は盛られていなかったにもかかわらず、標題にも『童蒙喩言』と角書をして教育性をうたわなくては世間に通じなかったのである。」と述べている。確かに、「教育の時代」であった明治期、それも明治一〇年代に、このような内容の読み物を子ども向けにアピールするためには「教育性」を前面に打ち出すことは有効な販売戦略であっただろう。しかしそうした努力にもかかわらず、どうやらこの本が大いに世間に迎えられて、版を重ねるということにはならなかったようである。[*55]

田村直臣の『童蒙道の栞』（一覧38）

『日本児童文学大事典』の田村直臣の項目は、勝尾金弥が執筆している。それによると、田村は一八五八（安政五）年の生まれで、一九三四（昭和九）年没。日本基督教会牧師。大坂堂島生まれ。一致神学校卒。プリンストン神学校、プリンストン大学心理学科卒。MA取得。帰国後巣鴨教会牧師となり、勤労学生のために自営館を興し、日曜学校に尽力した、という経歴である。勝尾には「小波に先行する〈童話〉の試み」というすぐれた論文があり、田村の児童文学における先駆性とその位置付けが明確に描き出されている。*56

『童蒙道の栞』は、一八八〇（明治一三）年一〇月に、東京銀座にあった十字屋から刊行された三六頁の小冊子で、表紙には「第一集」と記されているが、第二第三が続けて出たのかどうかは不明である。表題は「わらべみちのしおり」と読み、中には銅版による挿絵が入っている。この本の自序に、「米人リチャルド氏著す所の書より抄訳」と書かれているように、原本は、アメリカのRichard Newtonの著書である。田村は、Newtonの本から抄訳した話材を日曜学校の演説に使い、その草稿をまとめて本を作製したと述べている。

『童蒙道の栞』の冒頭に置かれているのが「忠義なる鼓手」で、勝尾によるとRichard Newtonの*Leaves from the Three of Life*の中に載っている話で、原題はThe Faithful Drummerだという。その全文を引いてみる。

第一章　忠義なる鼓手の話

数年前アイルランドに一揆のおこりしことあり其勢のさかんにして甚だおそるべき中に亦甚だ愛すべき美事もありき今其事を如何と尋ぬるに蓋し英国官軍の中に十二年許の鼓手ありて此役に出陣せしが武運つたなくして其軍鼓とともに賊の手に禽獲れたりその時味方多く俘囚となりて共に一邑に送致れしが一日賊はこれらを集団めんとて彼の少年の鼓手に命じ其鼓を撾せんとせしが彼は己が義務を重じてさらに肯はず且つ大声にいひけるは抑もこの軍鼓は我皇帝陛下のおん為にこそうつべけれ汝らがごとき反賊の為には何かせんわれははやこれまでなりといひつゝ忽ちその軍鼓を蹴破りたり賊これを見てその忠魂義胆を賞すべきにさはなくして忿恚の一槍これを刺串きければ憐むべし芳樹花未だひらかざるに無情の東風これを吹ちらして馬蹄の塵となり空しく其名を留めしといふ

嗚呼この少年の行為はいかに人の心をはげまして世のよき教へとなれるものならずや我儕は忠義なるこの少年のその王に属けるごとく神につけるものなり故に彼がその王の栄誉の為に鼓手の職をつくせし如く我儕も己れの心と力と舌と手足とすべて所有るものをあげて王の王帝の帝なる真の神の栄光の為に忠義をつくすべしされば彼に優りて其美は果して幾許ぞや

文章は、文語文だが比較的読みやすい。これは、田村の日曜学校での演説という背景があったからだと考えることもできるかもしれない。

後のことになるが、田村は、一八八八（明治二一）年に『童蒙道しるべ』を刊行する。これも、リチャード・ニュートンの書の翻訳らしいが、注目すべきは、この本が言文一致体で書かれていたことである。藤本芳則は、大坂児童文学館のウェブ上の解説で「わが国の児童文学史上から見れば、有名な巌谷小波の『こがね丸』よりも数年先行する童話集であるばかりでなく、家庭での音読を前提にしてルビにも十分配慮した、非常に分り易いなめらかな言文一致体を用いていることは、大いに注目に値する。一般によく知られている若松賤子「小公子」の『女学雑誌』発表より一年以上早く、ずっと現代的な文体であった。この歴史的意義は大きい。」と高く評価している。さらに田村は、一八九一（明治二四）年には『童蒙をしゑ草』を刊行し、またその後には、叢書『幼年教育』の刊行という大きな業績もある。こうした田村の仕事について、勝尾金弥は、「巌谷小波に先行する貴重な業績として高く評価されるべきもの」だとする。勝尾の述べているとおりであろう。読者層は限られていたにせよ、田村の仕事が日本の子ども読み物と平易な文章の世界を大きく切り開いたことは間違いない。[*57]

このようなキリスト教関係の児童読み物の展開については、一九九五(平成七)年に、日本児童文学学会の編集による『日本のキリスト教児童文学』に関連の論考が掲載されている。本書と関係のある明治期の子ども読み物に関する多くの論文も掲載されており、明治期にはキリスト教と子どもの読み物とがきわめて密接な連関があったことへの言及がある。当然のことながら、これらの子ども読み物は、キリスト教の布教という明確な目的の下で使われた読書材であるから、娯楽性や想像力の開発などの側面が優先されていたわけではない。

しかし、これらの読み物は、顔の見えない読み手に向けて書かれたのではなく、その背後には明らかに現実の説教活動における聞き手たちの顔が見え隠れしていた。そこからは、キリスト教の宣撫行動の手段である音声言語活動が、平易で伝達性を優先した書きことば改良へ向かう通路となっていたことも想像できる。田村たちによるそうした現実の布教活動は、翻訳文の文体に反映し、それが日本の書きことば文体を変える一つの礎石となっていたのである。(本書では、第六部第一章で、修身教育における音声伝達活動である「口授」と書きことば文章について考察する。)

『童蒙道しるべ』扉・再版

未確認の翻訳啓蒙書

ここまで、第一章に掲げた「明治初期子ども向け翻訳啓蒙書一覧」に列挙した書目三九冊について、駆け足で考察を進めてきた。だが、『准刻書目』には、さらに以下のような書名を見いだすことができる。どれも実物を確認することができなかったので、それぞれの本の詳細は不明であるが『准刻書目』に記された紹介文を見る限り、いずれもここまで検討してきたリーダーや修身書などをもとにした「子ども向け翻訳啓蒙書」に類似した内容の書物である可能性がある。したがって稿者は未見であるが、参考までに『准刻書目』にある本の書名と記事とを、次に掲げておく。もしこれらが、「明治初期子ども向け翻訳啓蒙書一覧」に加えるべき内容であることが確認できれば、さらに幾冊かが、前掲の「明治初期子ども向け翻訳啓蒙書一覧」に加わることになる。

一八七二(明治五)年

六月 『西洋雑話』著述出板共 渋江保 三冊

西洋諸史及ビリードル等ヨリ抄訳シタル書ナリ

六月『西洋美談』著述　小林謙吉　出板　大野木市兵衛　二冊
西洋各国ノ事実ニ困苦セシ諸家ノ行趣ヲ歴史中ヨリ抜出ス
七月『英文童子教』著述　島浩二郎　出板　関思明　一冊
ウィルソンイニョー，リードル中ノ其要ヲ抜萃シ画ヲ加ヘ挿訳ス
一八七三（明治六）年
四月『第一訓蒙・第二訓蒙・第三訓蒙』著述出板　片山淳吉　各一冊
西洋ノ第一第二第三リードルニ基キ和漢洋ノ書中勤メテ童蒙ノ教トナルヘキ事ヲ編纂ス
五月『開智奇談』著述出板　沢田俊三　全四冊
米国出版エドマンドフヒルリングハムキング氏テンサヲセンドウヲンドルフールシングス」ト題セル書及ヒ他ノ書中ヨリ児女開智ノ一助トモ成ルコトヲ摘抄ス
六月『絵入たとへばなし』中本全部三冊　編集出版　岡野東三郎
和漢洋ノ譬ヘ話ヲ纂輯シ平仮名ニテ記載ス
六月『民間訓童編』全四冊半紙本画入　訳者出版　小林寛六郎
西洋一千八百七十二年米国マックガヒース、イ、クレチック、リイドル」ヨリ抄訳シ専ラ村童調導ノ主意ヲ記ス
一〇月『西国美談抄』前編二冊後編二冊　翻訳　深間内基　出版　服部誠一
原書ハ千八百六十九年英人「アレキザントル」氏ノ第三第四学校読本「リージング」氏ノ第三第四「リードル」等ヨリ童蒙ノ教諭ニ関セル談話ヲ抜萃ス
一〇月『サンドルス道話』初編　翻訳　鳥山啓　出版　島屋寿平次　全三冊
千八百七十二年米国刊行サンドルス氏読本ノ中ヨリ童蒙ノ教ニ成ルヘキモノヲ抄訳ス
一二月『訓蒙西洋瑣談』土肥次郎八訳　出版　浅井吉兵衛　半紙本全二冊
サアゼント第二第三リードル、ユニオン第三リードル。ウヰルソン第三リードル等ヲ抄訳セシ書ナリ
一八七四（明治七）年
六月『各国図解一覧』一冊　関澤忠雄編輯　出版　岩本忠蔵
英国〔ウヰルソン〕氏リートル〔ミッチェル〕氏大地理書〔パーレー〕氏万国史〔グードリッチ〕氏英国史等ヨリ抜萃シ彩色ヲ加ヘシ絵双紙ナリ

＊

以上ここまで、断片的な内容紹介に終始してしまったきらいもあるが、とりあえず、これらの本が、どのような人々によって書かれ、どのような内容であったのかを確認することだけはできたと思われる。次章では、こうした書物群が、この時期に刊行された意義と、それが果たした役割について、総括的に考えてみたい。

注（Endnotes）

*1 桑原三郎「『童蒙教草』の原本」『福澤諭吉と桃太郎――明治の児童文化』一九九六（平成八）年　慶應通信　八〇―九八頁。初出は「福澤手帖」54　一九八七（昭和六二）年一〇月。原本の *The Moral Class-book* は Chambers's Educational Course シリーズの一冊で、全二〇七頁、縦一九センチメートルの小型本である。

*2 尾形利雄「福沢諭吉訳『童蒙教草』（明治五年）について」「アジア文化研究」国際アジア文化学会　六号　一九九九（平成一一）年　五八頁。

*3 桑原三郎「『童蒙教草』の原本」『福澤諭吉と桃太郎――明治の児童文化』一九九六（平成八）年　慶應通信　八四頁。

*4 所蔵は、岩国徴古館および国立教育政策研究所教育研究情報センター教育図書館である。

*5 『訓蒙叢談』の図版は、横浜国立大学蔵本による。

*6 *Elementary Moral Lessons* 1856 を所蔵している大学図書館は、以下のようである。岐阜大学、京都教育大学、京都大学、滋賀大学、筑波大学、同志社女子大学、同志社大学。多数の大学図書館にこの本が残っていることからも、Elementary Moral Lessons が、明治期に日本各地で受け入れられたことが分かる。なお、アメリカでも、一九七五年に復刻版が出版されているので、本国でも時代を超えた価値があると評価されたのかもしれない。図版で引用した「中扉」は、一九七五年版のものであるが、そのレイアウトは一八五六年版のものと変わらない。

*7 *Elementary moral lessons, for schools and families* / by M. F. Cowdery. H. Cowperthwait & Co. 1856　p32

*8 『幼童教の梯』の図版は、横浜国立大学図書館蔵本による。

*9 宮永孝『日本洋学史――葡・羅・蘭・英・独・仏・露語の受容』三修社　二〇〇四年三月　二八三頁。

*10 山口隆夫「人間平等――福沢の夢ウェイランドの夢――『道徳科学要論』と『学問のすすめ』比較言語文化研究」『東京工業大学人文論叢』通巻二〇号　一九九四（平成六）年　四四―五七頁。

*11 西川俊作「福沢諭吉、F・ウェーランド、阿部泰藏」『千葉商大論叢』二〇〇三（平成一五）年三月　千葉商科大学　二九―四八頁。

*12 一八八〇（明治一三）年九月一一日の文部省学務局通牒に「小学校教科書トシテ不妥当之条項」が示されており、採用すべきではないとされた書名の中に、阿部泰蔵の『修身論』がある。

*13 『修身学訓蒙』冒頭の「凡例」に、この本の原名はフランスのパリで一八七三年に刊行された「勧善言行小録」であることが、また巻末の「跋」に「仏人花盛（フローリ）氏の作」であることが記されている。なお、山本の翻訳したウェーランドの書名は、以下の通りである。『泰西修身論』准蘭徳（フランシス・ウェーランド）著　山本義俊訳・小川為治校　一八七三（明治六）年六月　上・中・下の三冊本。

*14 高橋敏『江戸の教育力』二〇〇七年一二月　筑摩書房　一四八―一五四頁。漢文に注釈を付けた「経典余師」という形式の板本が普及したことが、地方の学問熱を支えた大きな力になったことが指摘されている。なお、窮理書である青木輔清の『窮理童子教　初編　巻一、二』も本文と頭注という体裁で本文が韻文になっており、瓜生寅口述・同禮子筆述『窮理諳誦本』は、本文だけが韻文形式によって書かれている。

*15 『訓蒙 勧懲雑話』和田順吉訳、石橋好一訂　国会図書館蔵本は、以下の三点である。①一冊本一九九頁、刊記なし、最後の頁に「文部省」の印あり、凡例

は、活字印刷。②明治一〇年九月、大阪・村上真助（文泉堂）刊、全一二七頁、全編活字版。別に、二冊（上下）本が、③明治九年六月、柳河梅治郎刊。また、『日本教科書大系　近代編第三巻』には、『訓蒙 勧懲雑話』の全文が翻刻されているが、これは明治九年四月に出雲寺萬次郎刊の、上下二冊本。別に、千葉・品川金十郎（弘書堂）から明治九年六月に、上下二冊本が出ている。（家蔵）。なお、国会図書館蔵本の字引類は、以下の二点である。『勧懲雑話字引』東京・松柏堂、明治九年六月、『訓蒙勧懲雑話字解・巻之一・二』西坂成一編・中村正直閲、金港堂、明治一〇年五月。原本の *Premier livre de l'adolescence, ou, Exercices de lecture et leçons de morale à l'usage des écoles primaires* は、国会図書館（一八七二年刊行）、東京大学（一八七一年刊行）、北海道大学（一八七一年刊行）に所蔵、及び家蔵本（一八五五年刊）。いずれも、Nouvelle Editions である。なお、原本の特定にあたっては、佐藤宗子氏からご教示をいただいたことを感謝します。

*16 『日本教科書大系　近代編第三巻』講談社　一九六二（昭和三七）年一月、所収の「修身教科書解題」六〇三―六〇四頁。

*17 木戸麟『修身説約』（金港堂）明治一一年九月版権免許・明治一二年一一月校訂　巻三第一七、表題はない。
阿部弘蔵『修身説話』（金港堂）明治二〇年三月出板　巻六第四〇・四一章「仏蘭西の良婦」。
坂本佑一郎・伊達周碩編『尋常読本』（土浦・時習堂）明治二一年六月七日文部省検定　巻四の第四四課―第四九課、表題はない。
曾我部信雄編『小学尋常科読本』（大阪・牧野善兵衛）明治二一年四月一二日訂正再版　巻四の二四課、表題はない。

*18 ファン・カステールについては、以下の文献による調査がもっとも詳しく、これまで不明だったカステールの実像を明らかにしている。「ファン・カステールによる西洋教育書の翻訳作業」『明治初期におけるアメリカ教育情報受容の研究』橋本美保著　風間書房　一九九八（平成一〇）年三月　一六六―一八三頁。

*19 高祖敏明「明治初期翻訳教科書に関する一考察――青木輔清編『小学教諭 民家童蒙解』の原書をめぐって」『上智大学教育学論集』一一号　一九七六（昭和五一）年　一〇一頁。なお、Morals for the Young の図版は、筑波大学附属図書館蔵書である。

*20 『モンロー第三読本』の三〇課に、The Unjust Judge として出ている教材とも同話である。

*21 図版は、国立国会図書館近代デジタルライブラリーによる。

*22 第一部第二章の注二で示したように、福沢が、持ち帰った英書のうち、仙台藩に渡した書物の中には、英語教科書として、*Mandeville's New seriese* の一巻（Primary）が九八冊、二巻（Second Reader）六四冊、三巻（Third Reader）三五冊、四巻（Fourth Reader）四〇冊、五巻（Fifth Reader）四〇冊の記載があったことについては、すでに触れた。同じマンデヴィルのリーダーが、慶應義塾へも運ばれていた可能性はかなり高い。

*23 『児童教誡口授：こどもおしへばなし』筧昇三編　一八七九（明治一二）年二月　出版者・和泉屋市兵衛・うさぎ屋誠　四七頁　縦一九センチメートル。『親の口たすけ：一名・児童教誡口授』三井恒彦訳　筧昇三編　一八七九（明治一二）年二月　出版者・洋々堂　四七頁　縦一八センチメートル。

*24 『東京曙新聞』一八七九（明治一二）年三月一〇日　第一六二三号。

*25 『西洋算和字懐中算法』は、同じ、中外堂（紀伊国屋源兵衛）から一八七三（明治六）年八月に刊行されている。こちらには、「省已遊人」ではなく「省巳遊人」（傍点は稿者）となっている。また『西洋稚児の友初集』の「自序」にも「省巳遊人」とある。なお、二つの本には、ともに楯岡氏蔵板という記載がある。また、二つの本の奥付の広告には『西洋稚児の友全二冊』と記載されているが、実際はこの『西洋稚児の友初集』の一冊だけしか刊行されなかった可能性が高い。

図版は、横浜国立大学蔵本による。

*26 向川幹雄『日本近代児童文学研究Ⅰ　明治の児童文学（上）』［児童文学研究年報　第九号］兵庫教育大学向川研究室　一九九九年三月　非売品　一八頁。

*27 桑原三郎『『ひゞのをしへ』から『稚児（おさなご）話の友』までの二年間　――キリシタン禁制の高札取り払いの前後」『日本のキリスト教児童文学』日本児童文学会編　国土社　一九九五（平成七）年一月　一五〇―一六三頁。同論文は、後に、桑原三郎『福澤諭吉と桃太郎――明治の児童文化』慶応通信　一九九六（平成八）年二月、に収録された。なお、尾崎るみも、この「聖書物語」の部分は、「ウィルソン・リーダーのものとよく似てはいるが、細かい部分に違いがある」と述べている。（尾崎るみ「『パーレー万国史』と日本の児童文学（3）――明治期英語教科書と日本の児童文学③」『論叢　児童文化　第27号』二〇〇七《平成一九》年五月　四〇頁。）

*28 渡辺温によるイソップ寓話の邦訳『通俗伊蘇普物語』の刊行は、一八七三（明治六）年であるが、それに先だって渡辺は、沼津兵学校の印刷機械を使って、英文の伊蘇普物語を一八七二（明治五）年に刊行している。*Aesop's fables*: a new version, chiefly from Oriental sources NUMADZ　これは一八五〇（嘉永三）年、オランダ商館長が江戸幕府に贈り、後に沼津に運ばれてきたスタンホープ式印刷機で印刷したものらしく、沼津兵学校の教科書として刊行されたようである。もしかすると省己遊人は、この英語版から翻訳したのかもしれない。（国立国会図書館・沼津市明治図書館・愛知教育大学・筑波大学など）樋口雅彦『沼津兵学校の研究』吉川弘文館・二〇〇七（平成一九）年一〇月、四二五頁。

*29 『泰西世説』は、Web Cat などによれば、八戸市立図書館、同志社大学、愛知教育大学、東京大学、鶴見大学、徳島大学、岩国徴古館に所蔵されている。

*30 所蔵は、国立国会図書館、東京都立中央図書館、福島県立図書館、筑波大学、お茶の水女子大学、京都女子大学、東京学芸大学、麗澤大学。家蔵（巻一のみ）

*31 泉谷寛「明治期のジョンソン伝――『西国童子鑑』と『泰西名家幼伝』」『翻訳と歴史――文学・社会・書誌』第一〇号　二〇〇二（平成一四）年一月　一三―二〇頁。なお、*The boyhood of great men*: intended as an example to youth : John George Edgar　は、以下のアドレスでダウンロードできる。（二〇一一年五月一七日確認。）http://books.google.com/books?id=c7FJAAAAIAAJ&oe=UTF-8　これは、一八五三年の版で、目次は全一九章となっている。中村正直は、最初はこの本をすべて翻訳する予定だったと思われる。

*32 『法規分類大全　学政門』二八七―二八八頁。『教科書研究資料文献・第二集・調査済教科書表』に、中村紀久二が書いている「解題」（二七頁）による。この本は、一九八五（昭和六〇）年一月に、芳文閣から刊行されている。

*33 『西洋英傑伝』の図版は、横浜国立大学蔵本による。

*34 『日本教科書大系・近代編・第二〇巻・歴史（三）』講談社　一九六二（昭和三七）年一一月「歴史教科書解説」五四三頁。

*35 勝尾金弥『伝記児童文学のあゆみ　――一八九一から一九四五年』ミネルヴァ書房　一九九九年一一月。

*36 「西洋人の伝記の最初」は、箕作省吾の『坤輿図識補』（一八四七《弘化四》年）に載せられた、「歴山王（アレキサンデス）・亞理斯得（アリスト）・我羅斯帝伯徳珱初世（オロシヤ）・勃那抜爾的（ボナパルデ）」などの小伝のようである。これは、箕作省吾が、養父である箕作阮甫（げんぽ）の訳稿『西洋史伝』を利用したもので、原著は『紐宛韻府』である。石山洋「箕作阮甫の地理学」『箕作阮甫の研究』蘭学資料研究会編　思文閣出版　一九七八（昭和五三）年四月、による。

なお、星亨著『海外万国偉績叢伝』巻一―巻四　出版者・東生亀次郎　一八七二（明治五）年一〇月、太田徳三郎訳『近世欧米英傑伝』巻之上・下　明教

社　一八七六（明治九）年一二月、三橋惇編訳『今世西洋英傑伝』巻一―巻四　修静館　一八七九（明治一二）年三月、は、ともに国立国会図書館蔵。

*37 『英語教育史資料③　英語教科書の変遷』大村喜吉・高梨健吉・出来成訓・編　一九八〇（昭和五五）年四月　東京法令出版社　四―六頁。

*38 尾崎るみ『『パーレー万国史』と日本の児童文学（1）（2）（3）（4）――明治期英語教科書と日本の児童文学①②③④』それぞれ『論叢　児童文化第25・26・27・28号』二〇〇六年一一月・二〇〇七年二月・五月・八月。『西洋夜話』については、主に（2）に取り上げられている。

*39 『霊の真柱』上巻（『日本思想大系50　平田篤胤・伴信友・大国隆正』岩波書店　一九七三《昭和四八》年九月）三二頁。なお、『日本思想大系』の注によれば、「篤胤は「山村才助の著『西洋雑記』からこの知識を得たと思われる」とのことである。このアダムとイヴに関わる言説は、全くの牽強付会であり、世界の中心はすべて日本であるという偏狭なウルトラナショナリズムの発露のようにも考えられる。しかし斎藤英喜は、次のように指摘する。斎藤は、それを「篤胤が生きた一八世紀末期から一九世紀初頭にかけては、ヨーロッパ諸国においても『ひとつの世界、ひとつの宗教』という普遍主義が唱えられていた」という文脈の中に置くと『篤胤もまた一九世紀の普遍思想を表していた』と考える必要もあるだろう。」（斎藤英喜『古事記・不思議な一三〇〇年史』新人物往来社二〇一二《平成二四》年五月　一三〇頁。）とする。アダムとイヴが伊弉諾・伊弉冉だとする主張にも、ある種の「普遍主義」「近代主義」が潜んでいると考えることができるのかもしれない。

*40 『小笠原氏 大日本夜話初集』見返しには、「小笠原長道講述　書肆奎星堂梓　明治七年第九月発兌」との記載がある。また、奥付は「官許明治七年第八月・明治七年第九月発兌、豊岡県貫属士族　講述者　小笠原長道」とあって、版元は「京都書林　勝邨治右衛門版」となっている。中本。上巻一五丁・下巻一七丁。久保田米僊による見開きの挿し絵が、上巻に二葉、下巻に一葉ある。『小笠原氏 大日本夜話第二集　一』の見返しの記載は「初集」と同様。「明治八年第二月発兌」。中本。一八丁。やはり、米僊による見開きの挿絵が、二葉挿入されている。家蔵本は、この三冊のみだが、初集と同じように、『小笠原氏 大日本夜話第二集』にも、附録（下巻）が存在しているようだ。（名古屋大学所蔵・書誌情報のみ・現物未確認）。

*41 小室信介の生涯について記されたもっとも古い情報は、一八九一（明治二四）年一〇月の『同志社文学雑誌』第四七号の簡にして要を得た記事「小室信介氏小伝」である。また、結社「天橋義塾」に関しては、『資料　天橋義塾　上・下』宮津市教育委員会・宮津市文化財保護委員会　一九七九（昭和五四）年一一月、が、基礎資料である。そこに掲載された「経歴」によれば、小室信介は、小室性に変更した後、上京して一八七六（明治九）年に慶應義塾に入学したという記載がある。また『福沢諭吉とその門下書誌』慶應通信　一九七〇（昭和四五）年、にも、一八七六（明治九）年六月一九日に、慶應義塾に小室信介が入塾した旨の記録がある。小室が慶應義塾と直接に関わったのは、『大日本夜話』執筆後のことではあるが、はからずもここで、子ども読み物のパイオニアである福沢諭吉と小室との関係が生じたことになる。

*42 『京都府の教育史』思文閣出版　一九八三（昭和五八）年　二七八―二七九頁。

*43 中野善達・加藤康昭共著『わが国特殊教育の成立――改訂新版』東峰書房　一九九一（平成三）年二月・改訂新版　三〇六―三〇七頁。そこには、『日新真事誌』の一八七五（明治八）年一〇月二二日と一一月一八日に、小笠原長道が聾唖教育法に関して投書した記事が引用されている。

*44 師範学校教則中に記された書目は『日本史略』だったが、実際に一八七五（明治八）年に師範学校から刊行された書名は『日本略史』二冊、だった。編集したのは、『史略』と同じ木村正辭である。

*45 和田繁二郎『案外堂小室俊介の文学』和泉選書　一九八五（昭和六〇）年六月、二頁。

勝山俊介『天橋義塾』新日本出版社　一九八八（昭和六三）年六月、五四頁。

*46 『准刻書目』には、明治六年三月の項目に記載されているので、出版の許可は三月に出たと思われる。また、『伝記』一九三六（昭和一一）年四月号　鈴木行三「戯作家梅亭金鵞」五五頁、には、この時期の梅亭金鵞の動向について、以下のような記述がある。「明治の初め小石川白山神社の裏手蓮華寺坂の上へ引移り白山人などと称していた。此頃から、瓜生政和、鶯渓隠士、松亭鶴仙、竹亭緑水、分福茶釜蚊、半生半史、迂流、化三、梅亭化叟などの名を使って、書肆から頼まれれば何でも書いた。都々逸狂歌端唄などの赤本から百人一首当物五十三次の類まで一切選り好みしなかった。」なお、瓜生政和の生涯について、もっとも詳しく記述されているのは、興津要校注『妙竹林話七偏人（下）』講談社　一九八三（昭和五八）年二月、の「解説」（一六九―二〇四頁）である。

*47 『西国立志編』の刊行年については、『新日本古典文学大系明治編11　教科書　啓蒙文集』岩波書店　二〇〇六（平成一八）年六月　一九六頁、に谷川恵一が書いている解説によった。

*48 興津要校注『妙竹林話七偏人（下）』講談社　一九八三（昭和五八）年二月　一八五頁。

*49 『勉強示蒙』は、以下に所蔵されている。国立国会図書館、筑波大学、立教大学、岐阜大学、東京学芸大学、愛知県立図書館、家蔵本。

*50 『准刻書目』明治六年三月の項には、次のように書かれている。『窮理初歩』著述山科生幹・出板前川善兵衛・全三冊「空気燐光生気等ノ論ヲ記ス」。『勉強示蒙　一名童児心得草』同・全四冊「西洋人勉強ニ依テ賢名立身セシ事ヲ記ス」

*51 橋爪貫一訳編『西国立志編列伝』六合書房　一八七九（明治一二）年一月。「緒言」に、「一八七三年ウヰルレム・エル・アール・ケートス氏著述トレジュリーヲフバイオグラフキー。ビートン氏ノ人名辞書」などから著名人を抜き出したとある。ここには、二八名が取り上げられている。

*52 一八七三（明治六）年、文部省から出された「布達」に「幼童教育ノ為メ絵書器品班布」がある。そこに示された絵画「幼童家庭教育用絵畫」には「勉強する童男」「勉強する家内」などの図像が含まれていた。近代が「勉強する」ことを奨励する時代であったことが、文部省から示された図像によっても確認できる。佐藤秀夫・中村紀久二編『文部省掛図総覧二・幼童家庭教育用絵畫』東京書籍　一九八六（昭和六一）年一〇月。

*53 尾佐竹猛『明治歴史　疑獄難獄』一九二九（昭和四）年六月　一元社　一三七―一五〇頁。この本は、『尾佐竹猛著作集　第四巻（法制史4）』明治大学資料センター編　二〇〇五（平成一七）年九月、にも収録されている。なお、従来のスマイルズ研究において、この『勉強示蒙』が『西国立志編』から生まれた本であることは指摘されてこなかった。たとえば、最新の「スマイルズの翻訳作品目録」（『翻訳と歴史』第四三号　ナダ出版センター　二〇〇九年三月、所収）には、この『勉強示蒙』の情報は掲載されていない。

*54 向川幹雄『日本近代児童文学研究Ⅰ　――明治の児童文学（上）』［児童文学研究年報　第九号］兵庫教育大学向川研究室　一九九九年三月　非売品　二三―二五頁。

*55 所蔵は、国立国会図書館、神奈川近代文学館（滑川道夫文庫）、のみのようである。

*56 勝尾金弥「小波に先行する『童話』の試み――田村直臣の『童蒙』訳業」『児童教育学科論集』愛知県立文学部児童教育学科　一九八八（昭和六三）年三月　一四から二二頁。

*57 大阪府立児童文学館・ホームページ「日本の子どもの本百選（戦前編）・童蒙道しるべ」の解説（担当・藤本芳則）によれば、「十字屋はキリスト教専門の出版社で、聖書や讃美歌の外、『意訳天路歴程』等多くの図書を出版し、田村たちも早くから出入りしていた。既に田村は八編の童話を収めた『童蒙道の栞』と題する冊子を同社より刊行しており、本書はより本格的な出版だった。十字屋としても新たな分野の企画として積極的に取り組んだと思われる。しかし、国粋主義の主張が次第に抬頭しつつある社会状勢の下、本書の読者はやはり限られたキリスト教関係者の範囲内にとどまり、更に本書刊行の四年後に田村がアメリカで出した著作がわが国で激しい社会的非難を浴び、彼が所属する日本基督協会内部での裁判沙汰となった結果、同協会から追放の処分を受けた。」と記されており、この本の読者がキリスト教関係者に限定されており、一般読者にまで広く普及しなかったとする指摘がある。

第五章　子ども向け翻訳啓蒙書の意義

一、子ども向け翻訳啓蒙書の意義とその限界

(1) 子ども向け翻訳啓蒙書の位置

文明開化の先導的な試行

前章まで、明治初期に、多くの翻訳家たちが英語の読本や修身書を翻訳・抄訳して、子どもに向けた読み物集を作製した事例を通覧してきた。翻訳者たちに共通していたのは、新しい時代を作りだしていく年少者に対する強い「啓蒙」意識であり、それが「子どものため＝教訓」といういささか狭小とも思える枠組みであったことも確認した。福沢諭吉や中村正直が青年たちに西欧の世界を紹介し、それによって世間の人々の無知蒙昧を開くことを期待したように、これらの翻訳啓蒙家たちは、それよりさらに年若い世代に希望を託した。すなわち新しく始まった学制の下で、小学校へ通う「生徒たち」に向けて、これらの本は作られている。翻訳啓蒙家たちは、学制に示された教科目を意識しつつ、あるいはそれを横目でにらみながら、子どもを対象にした書物を作製したのである。

前章でも触れたように、明治の三大ベストセラーの一つに『西国立志編』がある。文明開化の世の中の中で、人々はこの本から「自助努力」の精神と方法とを学んだ。固定した身分制度を強いる封建社会から、努力と才能によって各自の地位の上昇が可能な社会の到来を迎え、人々は、新しい精神世界の手引き書を必要としていた。『西国立志編』は、それに応えるものとして登場したのである。渡部昇一は『西国立志編』の果たした役割を「維新は成功したが、具体的な生き方の方針がまだ明らかでなかった日本人にとって、それは儒教に替わりうる道徳と思われたのである」と述べている。『西国立志編』に登場する欧米人たちの

『西国立志編』全11冊の内の3冊
明治6年

職業に対する真摯な態度に触れ、それに取り組む忍耐心、独立心などを持った人間像が理想的なものと受け止められたのだった。「子ども向け翻訳啓蒙書」も、こうした気運に乗じて作製されたという側面があっただろう。[*1]

では、この時期に数多く刊行された「子ども向け翻訳啓蒙書」を、どのように評価したらいいのだろうか。

まずは、それが当時の文明開化の流れの中では、年少者に向けた出版活動として先頭を切ってなされた仕事だったということを、あらためて確認しておきたい。こうした書物群が作られたからこそ、新しい時代の子ども向けの読み物の存在の重要性が認知されていったのである。この点に関して『理科教育史資料』の「『窮理熱』時代の科学読み物」の解説が述べていることに耳を傾けよう。すなわち、板倉聖宣は、『理科教育史資料』の「解説」で、明治以降の科学読み物の歴史は、一八六八（慶応四）年に慶應義塾から出版された福沢諭吉著『訓蒙 窮理図解』によってスタートを切った、が、「学制」による学校教育は一八七二（明治五）年に始まったのであるから、科学教育の出発の方が四年ほど早い。このことから、「現在では、学校教育の補完物として出版される科学読み物も少なくないが、〈明治の学校教育制度は、洋学者たちの科学読み物の出版に代表されるような科学啓蒙運動が実を結んで始めて構想できるようになった〉ということもできる」と述べている。つまり「科学読み物の出版活動なしに『学制』による学校教育の成立を考えることは困難」だ、と言うのである。板倉は、学制の発布によって学校教育の教育内容が作られたのではなく、それ以前に科学読み物出版という地均しがあったからこそ、学制の具体的な展開が可能だった、と考えている。[*2]

『訓蒙 窮理図解』見返し
慶応４年

確かに、法令を出しても、それを支える学校建築や教員養成の充実、とりわけ教材集としての教科書の整備がなされなければ、実際の教授活動は進展しない。その意味で『理科教育史資料』の「解説」が提示した見方は、科学読み物の出版活動を、「学制」のインフラ整備の一つとして位置づけようとしたものとして興味深い。もっとも、本章で検討してきた英語教科書や海外の修身書などを材料とする翻訳啓蒙書は、その多くが「学制」後に刊行されている。したがって、「子ども向けの翻訳啓蒙書」の存在を前提としなければ「学制」の発布は不可能だった、とは必ずしもいえないかもしれない。

しかし、「明治初期子ども向け翻訳啓蒙書一覧」で示したように、「学制」に基づく「小学教則」の中に示された教科用の図書名には、すでに刊行されていた『童蒙をしへ草』『西洋夜話』『小学教諭 民家童蒙解』などの翻訳啓蒙書が含まれていた。それに続いて次々と発刊された「子ども向け翻訳啓蒙書」も、直接的に学校教育の補完物を目指していたという側面がある。学校教育の内容が、それらの「子ども向け翻訳啓蒙書」の発刊と渾然一体となって創始され、展開していったことは、間違いないだろう。

また、同時にそれらの書物は、新しい学校教育の姿を一般大衆に向けて目に見える形で示す装置としても機能した。すなわち、こうした書物の出版活動とその内容とが、近代教育における具体的な教育内容だと人々の間に受けとめられることによって、現実的な「文明開化」運動も展開していったのである。実際、新しい学校教科書に示された内容は、多くの人々にとって新奇なものとして映ったであろうし、それは西欧的知識や情報への直接の窓口となっていた。

福沢諭吉門下の仕事

子ども向けの翻訳啓蒙書の刊行に、福沢諭吉の意向が大きく影響していたことについては、既に幾たびか触れてきた。そこで、第一章に掲げた「明治初期子ども向け翻訳啓蒙書一覧」の表に戻って、福沢諭吉に連なる人物を、あらためて確認してみよう。一覧表で取り上げた本の数は三九冊、編著者の数は、のべ三六名だった。そのうち、慶應義塾の門下生で、直接福沢諭吉の指導を受けたことがはっきりと分かっているのは、以下の人物である。[*3]

小宮山弘道・前田泰一・海老名晋・福沢英之助・深間内基・松山棟庵・甲斐織衛・須田辰次郎・四屋純三郎。これらの人々はほとんどが英語読本（リードル）から、子ども向けの翻訳啓蒙書を作製していた。そのうち、サージェント読本を材料にしたのは、深間内基の『啓蒙修身録』、松山棟庵の『サルゼント氏第三リイドル』、甲斐織衛・須田辰次郎の『幼童教のはじめ』、海老名晋・四屋純三郎の『訓蒙二種』（下巻）である。第二章の注でも触れたように、一八七一（明治四）年には、慶應義塾から、*Sargent's Third Reader* の翻刻版『*Sargent's Third Reader* 慶應義塾読本・明治四年開版』が出されていた。これはアメリカで刊行された原著ではなくて、日本でそれをリプリントしたもので、いわゆる「海賊版」である。明治期には、こうした英語読本の翻刻版が日本で大量に出版されており、この本は、そのうちでも最初期に位置するものである。この翻刻版の存在から、サージェント読本が慶應義塾で、実際に使われていたことが確認できる。したがって、英語学習で共通にこの本を使っていた塾生たちの間では、サージェント読本から日本の子ども向けの翻訳啓蒙書を作ろうというアイディア自体が共有されていた可能性は、大いにある。その中心にいたのは、福沢諭吉だったであろう。さらにいえば、サージェント読本だけではなく、ユニオン読本から、小宮山弘道が『小学教授書修身の部』を、前田泰一が『珊瑚の虫』を抄訳したのも、こうした文化的雰囲気の中でなされた活動だったかもしれない。

いうまでもなく、福沢が『窮理図解』のような子ども向けの翻訳啓蒙書を作ったのは、新しく始まった近代学校の中でそれが使われることを想定していたからである。つまり、福沢は、近代日本の学校教育の教科用の図書として、このような書類を作製したのだ。もともと翻訳の対象とした英書の大部分は、欧米の生徒用の教科書だったのだから、ある意味で、それは自然な考え方である。また、福沢のもとへは、そうした教科用図書を作製してほしいという積極的な依頼もあったらしい。

たとえば、一八六九（明治二）年、福山藩の大参事であった岡田吉顕の例が、それである。岡田は、福山藩の藩校の教育を進めるのに当たって「普通学の教科書に漢文を廃し洋書から翻訳した漢字仮名交り文の教科書作成を慶應義塾の社中に託し且つ福沢には国語事典編纂の事を託しそのために向う五年間福沢の生活費一切（年額二千円たらずともいい千五百円ともいう）を福山藩の会計より支出することを約す」という交渉をしたといわれている。岡田吉顕は、一八六九（明治二）年、版籍奉還にともなう阿部正桓公の福山藩知事就任とともに、福山藩大参事となった人物である。*4

この辞典編纂事業は、次のように推移する。すなわち、福沢は辞典の一部に着手したものの、その大事業であることに辟易し、また岡田の英断による莫大な金額も一八七〇（明治三）年廃藩によって用意できなくなったこと等の理由で、途絶してしまった。しかし、教育に対する岡田の考え方が、きわめて進歩的だったことは明らかである。岡田が書き残した「学制論」には、和漢洋各科の書を平易な日本語を用いた仮名文字で翻訳し、それを大量に活字印刷して小・中学校で使うべきだという気宇壮大な構想が示されている。岡田は、従来のように、ごく一部のエリートを養成するためなら、漢書や英書をもとにした教育も必要だが、多くの人々が自分たちの日常生活に役に立つ学習を進めることを考えるなら、日常的に話している俗語に近い話しことばを文章化した、かな文字で書かれた教科書が不可欠だと考えたのである。

岡田自身は、「子ども向け翻訳啓蒙書」に関わる翻訳や書物の製作を直接手がけたわけではないが、そうした教科書の必要性を人々に説き、なおかつ福沢諭吉に資金の援助を申し出たのだった。こうした岡田の考え方は、福沢諭吉の発想と重なるものがあった。実際、文部省が『小学読本』などの小学校用の教科書を作製し、それを各地に翻刻させて、普及させていった施策は、岡田吉顕の構想とも類縁性がある。ただしその教科書が、「日常的に話している俗語に近い話しことばを文章化した、かな文字で書かれた」ものとなるまでには、まだこの先、かなり長い時間が必要だったのである。*5

先ほどの、理科教育に関する「科学読み物の出版活動なしに『学制』による学校教育の成立を考えることは困難」だったという板倉聖宣の発言のように、確かにどの教科目においても、「洋書から翻訳した教科書」がなければ、近代教育を進めることはできなかっただろう。さらにそれらの翻訳教科書が、岡田吉顕の言うように、平易な文章文体によって記されていれば、多くの子どもたちにとって役に立つものになったことは間違いない。すなわち、日本の新しい教科書が必ずしも旧来の漢文体や文語体でなされなければならない必然性はないのである。

だが、大衆の教育のためには、「漢文を廃し」て「平易な日本語を用いた仮名文字で翻訳」するという岡田の考えは、必ずしもその通りには展開しなかった。なによりも翻訳作業にあたった多くの洋学者たちの基本的なリテラシーは、漢文の素養によって形成されていたし、また彼らはそれによって抽象的な思考を展開することに慣れていた。福沢諭吉の『訓蒙窮理図解』のように、欧米の思想や科学技術に関する概念を「平易な日本語を用いた仮名文字で翻訳」しようとする試みは、ごく一部でしか行われなかったし、和語による翻訳の試みも、十分にその成果を挙げることはできなかった。その一方、この時新しく作られた「漢語」を中心にして欧米の文章が翻訳されたことにより、比較的短い期間で欧米文化の移植に成功することができたことは、よく知られている。抽象的な思考を展開することが可能な「漢語」の力が、近代日本文化の展開にどのように働きかけたのかという問題は、きわめて大きなテーマではあるが、ここではそれを扱う準備はない。ただし、その成功の影で、庶民の感情や認識と直接に結びついた生活言語と、学術語や翻訳語との乖離が産まれるという別の問題が生まれてしまったことだけは指摘しておきたい。

あらためて言うまでもなく、文章改革・文字改革の仕事は、個人の力だけで成し遂げることは不可能である。以下、本書では、この後そうした試みが、それぞれの言語教科書（読本）や子ども読み物の中でどのように展開されたかについて、ところどころで触れるつもりだが、福沢門下の「子ども向け翻訳啓蒙書」に限っても、福沢個人の平易な文章への希求が、門人たちの仕事に真っ直ぐに継承されたわけではない。それは、ここまで紹介してきた慶應義塾社中による「子ども向け翻訳啓蒙書」の翻訳の文章文体から見ても、明らかだろう。

しかし、再確認することになるが、「子ども向け翻訳啓蒙書」に関して慶應義塾社中の人々の果たした役割は、きわめて大きいものがあった。岡田吉顕が教科書や国語辞典の編纂を、「慶應義塾の社中に託し」たのは、慶應義塾が当時最大の洋学者育成機関だったからだし、実際、そこに関係していた人々は、ここまで検討してきたように広義の教育用の図書として「子ども向け翻訳啓蒙書」を刊行することにとりわけ熱心だったことも間違いない。また、これも既に述べてきたように、福沢諭吉の直接の影響とは別に、各地の洋学者たちの中にも、翻訳啓蒙書の作製に携わっていた人物が何人か存在した。時代の空気は、年少者に向けての「啓蒙」と「教育」の方向に大きく流れていたのである。

翻訳啓蒙書のリソース

「子ども向け翻訳啓蒙書」の多くは、アメリカの英語教科書を直接の原資としていた。前章までで、どの教科書からどの教材が取られていたのか、それについては、個々に確認してきた。また、その前提として、第一部第二章の冒頭では「明治初期に日本に導入された英語教科書(Reader)」の表を掲げ、そこに「子ども向け翻訳啓蒙書」に材料を提供した英語のリーダーの書名を示しておいた。ここでは、それを別の角度から再整理して、それぞれの翻訳啓蒙書がどのような英語読本の第何巻から翻訳されたのかを一覧表の形でまとめた。それが、次頁の表である。

ここからは、サージェント読本が、もっとも多くの子ども向け翻訳啓蒙書の素材として使われていたことが分かる。先に、稿者は次のように述べた。すなわち、「*Sargent's Standard Reader* のみを直接材料にした翻訳啓蒙書で、これまでに確認できたのは五書であり、それは『サルゼント氏第三リイドル』『啓蒙修身録』『さあぜんとものがたり』『幼童教のはじめ』『泰西行儀のをしへ』である」、と。だが、このほかにも『初学読本』『西洋童話』『西洋教の杖』『童子諭』『訓蒙二種』が、この読本を部分的に利用している。さらに福沢門下以外の翻訳者たちも、この英語読本を使っていた。子ども向けの翻訳啓蒙書の作成を試みた翻訳啓蒙家たちの間では、*Sargent's Standard Reader* に人気が集まっていたということなのだろうか。あるいは、明治初期のある時期に、この読本がかなり大量に日本に輸入され、比較的入手しやすい書物だったということを示しているのかもしれない。いずれにしても、*Sargent's Standard Reader* が、「日本近代児童文学」が出発する地平に、大きく関与した書物であることは動かない。

アメリカの英語教科書（リーダ）を材料とした「子ども向け翻訳啓蒙書」

英語教科書の書名に付した番号は、第一部第二章の一覧表の番号にそれぞれ対応している

No.		1	4	5	6	8	9	13	16
著者		Willson Marcius	William H. McGUFFEY	Epes Sargent	Epes Sargent	Charles W. Sanders	Henry Mandeville	Richard G. Parker & J. Madison Watson	Noah Webster
リーダーの書名		*Harper's School and Family Series Readers*	*McGuffey's New Eclectic Readers.*	*Sargent Standard Series*	*Sargent Standard Series part.2*	*Sanders' Union series*	*Mandeville's New Series*	*The National Reader*	*Elementary Spelling Book*（巻末の Fable）
No.	**翻訳啓蒙書名**	リーダーの巻数							
4	小学教授書 修身の部					2, 3			
5	西洋 勧善夜話							2, 3	
6	童蒙読本		3						○
7	サルゼント氏 第三リイドル			3					
11	初学読本	2		2, 3, 4					
15	西洋童話			1.2			2	2	○
16	啓蒙 修身録			3					
17	西洋 教の杖	2, 3		1, 2		3			○
18	童子諭	2		1, 2		2			
23	造花誌						3	2, 3	
25	さあぜんとものがたり			2, 3	1, 2				
26	珊瑚の虫					2, 3			
27	幼童 教のはじめ				3				
29	訓蒙二種	3		3	4		3, 4		
31	泰西 行儀のをしへ初編			2					

欧米の修身書をもとにした「子ども向け翻訳啓蒙書」

著者（出版者）	書名	出版国名	原本との関係 No. 3	9	10	12	13	20	21	28	32	33	34	37
翻訳啓蒙書名			童蒙をしへ草	修身小学	修身学訓蒙	訓蒙叢談	修身 心廼鏡	幼童 教の梯	勉強示蒙	小学教諭 民家童蒙解	泰西 修身童子訓	訓蒙 勧懲雑話	修身口授	児童教誡口授
Chamber	*The Moral Class-book*	イギリス	○	○										
Samuel Smiles	*Self-Help*	イギリス							○					
フローリ	勧善言行小録（原本不明）	フランス			○									
Cowdery	*Elementary Moral Lessons*	アメリカ				○	○							
Wayland	*Elements of Moral Science*	アメリカ					○				○			
Emma Willard	*Morals for the Young*	アメリカ								○				
Delaparme Emile	*Premier livre de l'adolescence, ou, Exercices de lecture et leçons de morale à l'usage des écoles primaires*	フランス										○		
van Casteel	（原本不明）	?											○	
ダンハム	マンマーストーリース（原本不明）	アメリカ												○

さらに、後に日本の英語教育の中で広く使われた *Sander's Union* のリーダーや、日本近代国語教科書の出発と深い関わりのある Willson のリーダーも、こうした「子ども向け翻訳啓蒙書」に材料を提供していた。またそのほかにも、これまで日本における英語教育史研究の観点からは、言及されることの少なかった *The National Reader* や Mandeville の読本なども、こうした翻訳啓蒙書に材料を提供していた。

英語のリーダーからではなく、修身読み物からの翻訳については、コウデリー（M. F. Cowdery）の *Elementary Moral Lessons* が、日本ではかなり人気があった本だということと、それから作られた「翻訳啓蒙書」に『訓蒙叢談』や『幼童教の梯』などがあることは、既に述べた。アメリカの教師たちが、子どもたちに教訓をスピーチする際の便利な講話集として作製した「修身読み物集」は、そのまま日本でも好評を博したのである。日本でも、修身教育が盛んになると「修身口授」のための訓話集も多数発刊される。その様相は、本書の「第六部　修身教育と子ども読み物」で詳述することになるが、明治末年に至っても、教師が子どもに向けて話をするための種本である『修身訓話』や『講堂訓話』などの書物は、刊行され続けるのである。

また、修身理論書であるウェーランドの *Elements of Moral Science* も、そこに取り上げられた例話が「子ども向け翻訳啓蒙書」に一定の影響を与えた。しかも、この本は、そこに収められた例話ばかりではなく、その理論が、社会道徳を基盤とした近代的市民層の形成という点で、明治初期の日本に大きな思想的影響を与えたことを、山口隆夫や西川俊作などの研究が、明らかにしている。このほかにも、パーレーの歴史物語をもとにした『西洋夜話』、ハルペルの伝記シリーズをもとにした『西国童子鑑』、チェンバーの「ショルトストーリース」をもとにした『泰西世説』、リチャード・ニュートンの伝道のための小話集をもとにした『童蒙道の栞』などの、子ども向きの欧米の書物が、日本に翻訳紹介されていたのである。[*6]

（2）子ども向け翻訳啓蒙書の意義

子ども向け翻訳啓蒙書の内容の特徴

このような仕事に立ち向かったそれぞれの翻訳啓蒙家たちの姿勢には、そのスタンスに若干の違いがあった。そうした差異は、完成した翻訳啓蒙書の文章に具体的に表れている。

内容的な点からいうなら、底本とした英語読本や修身書から、どのような教材を採り、どのような教材を捨てたのかという点が、まずは問題になる。英語読本についていえば、この時期の多くのアメリカの読本の第一・第二読本は田園における子どもたちの日常生活を描き、第三読本からはフィクション系の読み物教材が登場し、第四・第五読本は文学作品のアンソロジーという構成を採用しているものが多かった。欧米のリーダー類は、発音・発声を含む初学年の言語教育を徹底するとともに、子どもたちに日常的なモラルを教え込もうとしていたのである。このうち「子ども向けの翻訳啓蒙書」の材料になったのは、第二・第三読本が中心で、第四・第五読本はほとんどその材料になってはいない。つまり、日本では、海外の本格的な作家の詩や散文などの文学作品は、「子ども向け翻訳啓蒙書」には、ほとんど導入されなかった。

それは、日本の翻訳啓蒙家たちが、英語読本を広義の「教訓書」という範疇でとらえたこととも関係がある。英語読本の第一・第二読本には、子どもたちの具体的な行動を通して、友情、勤労、正直、正義、誠実などの徳目的な内容を具体的に説いたストーリーが溢れていた。もちろん英語読本の中では、こうした教材群は、社会的な規範を教えることと同時に、正確な発音を鍛え、語彙を豊かにし、文型・文体を確立させ円滑に社会生活を展開するための言語力を身につけさせる素材だった。だからこそ、リアルな子どもたちの言語生活が取りあげられていたのである。

　これに対して、子どもたちの生き生きとした現実の生活を正面から取り上げた読み物は、それまでの日本にはほとんど存在しなかった。子どもに向けた読み物は、大人が書いた観念的な教訓書か、お伽噺や昔話、あるいは英雄譚のようなものしかなかったのである。日本の教師や保育者たちは、英語読本の中に子どもたちの行動や言語活動が文章化されているのを見て、子どもの現実の生活を文章化することも可能なのだという認識をあらたにしたと思われる。

　アメリカのリーダーでは、第三読本の段階になると、教訓を潜ませている文章は数を減じ、読み物として十分に楽しめる教材もかなり多くなってくる。これに対して、イギリスの英語読本では、第一第二読本の段階から、グリムやアンデルセンの童話などの、フィクション系の読み物が登場するものが多い。今回の調査では、イギリスの英語読本から直接、「子ども向け翻訳啓蒙書」を作製した事例は見当たらなかった。だが、アメリカの読本の中でも、サージェントが編集した第二・第三読本などには、フィクション系の読み物が比較的多く含まれている。したがって、翻訳者が意図しなくとも、サージェント読本をもとにした翻訳啓蒙書には、自然に物語性の強い作品が入ってくることになる。その個々の具体的な様相に関しては、第一部第二章・第三章で紹介してきた。このように、「子ども向け翻訳啓蒙書」は、ある意味で、海外児童文学作品紹介の窓口の役割を担っていたのである。

　もっとも、アメリカの第一・第二読本にしても、それを「教訓書」とだけ捉えたのでは、ことの半面を見失う。そこには、子どもの心理や生活に密着した文章や、読み物としての面白さを持った作品の他にも、音読を役割分担して学習を進める「対話」形式の教材や、韻律を味わうための詩などの音声教材が、数多く掲載されていた。このうち「対話」教材は、ほとんど翻訳啓蒙書には翻訳されなかった。というより、こうした教材の中の会話文を翻訳しようにも、子どもたちの口語のやりとりを記述する日本語の書きことばが、まだ十分に開発されていなかった。

英語読本においては、このような「対話」教材は、イントネーションやアクセント、あるいはエロキューションなどの言語の音声的側面を学ぶための教材でもあった。しかし、日本では、まだ、話し言葉の教育の必要性は、十分に認識されていなかった。明治中頃の、音声言語による社会的伝達方法としての演説や弁論に対する関心の高まりの時期を経て、日常的な「話しことば教育」の必要性が本格的に話題に上るのは、明治後半期に至ってからである。また、英語読本の中の「詩」の翻訳が敬遠されたのは、おそらく原詩を十分に理解することが困難であることや、それを日本語の韻文に移し替えるのが難しいといった理由が絡み合っていたからであろう。

　さらに、欧米の修身書からの翻訳にあたっては、西欧のモラルと従来からの日本的儒教道徳とのぶつかり合いが問題になる。欧米の修身書に

明治初期子ども向け翻訳啓蒙書の形態的特徴

	書名	翻訳者	刊行年月	文体			振り仮名	挿絵	内容	版型
				平仮名	漢字平仮名交じり文	漢字片仮名交じり文				
1	西洋英傑伝（小）	作楽戸痴鶯	一八七二（明治二）年？		○		△	口絵		半
2	西洋夜話 初集（学）	石川彝	一八七一（明治四）年？		○		○	○		中
3	童蒙をしへ草（学）	福沢諭吉	一八七二（明治五）年三月		○		○	○		半
4	小学教授書 修身の部	小宮山弘道	一八七二（明治五）年一一月			○	△	口絵		半
5	西洋 勧善夜話	梅浦元善	一八七二（明治五）年？		○		○	○		中
6	童蒙読本	上羽勝衛	一八七三（明治六）年三月		○		△	×		半
7	サルゼント氏 第三リイドル	松山棟庵	一八七三（明治六）年四月		○		○	○		中
8	通俗伊蘇普物語	渡部温	一八七三（明治六）年四月		○		○	○		半
9	修身小学	沢井甃平	一八七三（明治六）年五月			○	○	×		半
10	修身学訓蒙	山本義俊	一八七三（明治六）年五月			○	△	×		半
11	初学読本	福沢英之介	一八七三（明治六）年五月			○	×	×		半
12	訓蒙叢談	海老名晋	一八七三（明治六）年六月			○	△	×		半
13	童蒙 修身心廼鏡	是洞能凡類	一八七三（明治六）年八月		○		○	○		半
14	西洋 稚児話の友	省己遊人	一八七三（明治六）年八月		○		○	○		半
15	西洋童話	今井史山	一八七三（明治六）年八月		○		○	○		中
16	啓蒙 修身録	深間内基	一八七三（明治六）年九月		○		○	×		半
17	西洋 教の杖	加地為也	一八七三（明治六）年九月		○		△	○	▲	半
18	童子論	福沢英之介	一八七三（明治六）年九月			○	△	○		中
19	西国童子鑑	中村正直	一八七三（明治六）年一〇月			○	△	×		半

20	幼童 教の梯	深間内基	一八七三（明治六）年一一月		○		○	×		半
21	勉強示蒙 一名童児心得草	山科生幹	一八七三（明治六）年一一月		○		○	○		半
22	訓蒙話草	福沢英之介	一八七三（明治六）年一二月			○	△	○		半
23	造花誌	室賀正祥	一八七三（明治六）年一二月		○		○	×		中
24	教訓道話 童蒙心得草	瓜生政和	一八七三（明治六）年？		○		○	○		中
25	さあぜんとものがたり	鳥山啓	一八七三（明治六）年？	○			―	口絵		中
26	珊瑚の虫	前田泰一	一八七四（明治七）年二月		○		○	○		中
27	幼童 教のはじめ	甲斐織衛	一八七四（明治七）年三月		○		○	×		半
28	小学教諭 民家童蒙解（学）	青木輔清	一八七四（明治七）年三月		○		○	○		半
29	訓蒙二種	海老名晋	一八七四（明治七）年七月			○	×	×		半
30	泰西世説	中川将行	一八七四（明治七）年一一月			○	△	×		半
31	泰西 行儀のをしへ初編	伊藤卓三	一八七四（明治七）年一〇月		○		○	×	◆	半
32	泰西 修身童子訓	山本義俊	一八七五（明治八）年一一月		○		○	○		半
33	訓蒙 勧懲雑話	和田順吉	一八七五（明治八）年？			○	×	×		中
34	修身口授	文部省	一八七五（明治八）年？			○	×	○		中
35	訓蒙喩言 東西奇談	坂部広光	一八七六（明治九）年六月			○	○	○		中
36	西洋 童蒙訓	加地為也	一八七六（明治九）年一二月		○		△	○	▲	半
37	児童教誡口授	箕昇三	一八七九（明治一二）年？		○		○	×		中
38	童蒙道の栞	田村直臣	一八八〇（明治一三）年一〇月		○		○	○		中
39	西国修身佳話	伊藤卓三	一八八〇（明治一三）年一一月		○		○	○	◆	半

振り仮名欄 ○：ほとんどの漢字にルビ △：難語句などにルビ（部分ルビ）×：ルビなし 内容▲と▲、◆と◆は同内容 版型欄 中：中本 半：半紙版

は、平等意識や人権意識を訴える材料も混じっていたが、翻訳啓蒙家たちは、西洋の社会意識、人権意識をそのままの形で日本の中に持ち込もうとしたわけではない。とりわけ、幼い子どもたちにどのような社会的な規範意識を形成するかという点では、欧米の修身書の取り扱いにもかなり慎重な姿勢に終始した。

それでも明治初期には、社会や経済に興味関心を示すような子どもを育てる必要があるという児童観を持っていた翻訳者も少数ではあるが存在した。福沢諭吉を初めとして、是洞能凡類、阿部泰蔵などは、そうした教育観を持っていたように思われる。しかし、実際には社会問題や現実生活へと目を向けさせる契機を持った子ども読み物は、ほとんど生まれなかった。

関連して、宗教の問題も、大きな課題だった。たとえば、キリスト教に関わる教材をどのように扱ったのかという点において、それぞれの翻訳啓蒙書の間には、明確な差違がある。前田泰一は、『珊瑚の虫』の中で、キリスト教に関わる聖句をそのまま本の中に引用した。前田は、その後、キリスト教週刊雑誌『七一雑報』の中でも、アメリカのリーダーを材料にした翻訳を紹介していく。また、キリスト教の牧師となった田村直臣は、最初からキリスト教の伝導を目的に翻訳作業を進めていた。したがって、前田と田村の場合には、漠然と日本の子どものための啓蒙書を作るというのではなく、キリスト教の布教というはっきりとした意識があって、その目的のために子ども向けの翻訳啓蒙書を作製したのだった。

これに対して、他の多くの翻訳啓蒙書は、英語読本や修身書にあったキリスト教宣揚教材を回避する姿勢を取っている。そのほとんどは、巧妙にキリスト教関連部分を避けるという対応であるが、加地為也のように、教訓部分にあった神の恩寵を科学者に結びつけたように、キリスト教に対しては、あからさまな忌避の態度をとる訳者もいた。

さらに、子どもを意識した話材の選択という別の角度から、「子ども向け翻訳啓蒙書」をながめてみよう。現在でも、子ども向けの読み物には、多くの動物たちが登場する。だが、「子ども向け翻訳啓蒙書」では、そうした話題はそれほど多くはない。その中で、『通俗伊蘇普物語』には、多くの動物が取り上げられていた。これは「寓話」という物語の性格上、動物に人事を仮託する仕掛けになっているからだが、子どもたちに親しみやすさを感じさせる大きな要因でもある。もっとも、動物が人間と同じように行動し、口をきく「寓言」に関しては、様々な批判もあった。このことに関しては、第三部第二章で再び触れる。

動物が登場するということで言うなら、中川将行の翻訳した『泰西世説』にも、多くの動物たちの話が取り上げられている。この本には、雑多な話題が混載されており、「楽しみのための子ども読み物」の嚆矢という点から、再検討する必要があることを、前章でも述べた。さらに、坂部広光の『童蒙喩言東西奇談』が、各国の民話集のような内容になっていた。明治後期になると巌谷小波が、子どもに向けて、このような海外の民話や口碑を大量に紹介することになるのだが、この本をそうした仕事の出発点に置かれるものと位置づけることも可能だろう。

このように、明治初期の「子ども向け翻訳啓蒙書」の内容には、この後に展開することになる明治期の「少年書類」の原型のいくつかを見ることができる。

子ども向け翻訳啓蒙書の表現

一方、表現形式という側面から見ると、これらの翻訳啓蒙書が子どもたちを対象にした文章・文体をどのように考えていたのかという問題が浮上してくる。

この点については、おおよそ以下のように言うことができるだろう。すなわち、個々の翻訳啓蒙家たちは子ども向きの文章・文体の必要性を感じていたかもしれないが、実際には、子どもの現実の話しことばに近い文章・文体を採用して、その内面を表出するような書物は、その前例がなかった。明治初期には、子どもが主体的に自分の意見を述べたり、感情を吐露したりすることのできる平易な文章形式は、ほとんど開発されていなかったのである。したがって、翻訳啓蒙家たちには、そうした文章様式や文体を採用するという選択肢自体が存在しなかった。戯作書の中においては、庶民の話しことばである俗語が文字化されており、多くの人々はそれを享受してはいたが、それらの文章・文体を、こうした翻訳書に転用する道は選択されなかった。

もともと翻訳啓蒙家たち自身が身につけていた文章運用能力、とりわけ日本語文を記述する能力は、漢文にベースを置いたものであった。彼らは、主観的には平易な語彙や分かりやすい言い回しという点に気を配り、またそのことを著書の「序」などでうたってはいたが、結果的に子ども向け翻訳啓蒙書を作成する過程の中から、子どもに理解しやすい新しい文章・文体は生み出されなかった。とりわけ、子どもの内面と文章との関連という点からみると、会話文を語り手の語りの地の文の中に埋め込まずに、独立して直接話法で記述するかどうかは、きわめて重要な分節点になる。というのも、彼らが原拠にした英語教科書には、子ども同士の心情をリアルに交流した生活場面における会話文が、直接話法で書き込まれている場合が多いからである。この英文の会話文を、日本の子どもたちが日常交わしているような口語表現で翻訳記述することも可能だったはずである。しかし、そのような手法はほとんど採られなかった。これらの翻訳啓蒙書では、渡部温や鳥山啓などの一部の例外を除いては、子ども同士が相互に交流する会話が括弧でくくられて、臨場感のある日本語表現として訳出されることはなかった。

しかし、文字表記の側面に限って言えば、鳥山啓による全文「かながき」の訳業という先駆的な試みが生まれている。再確認することになるが、鳥山による『さあぜんとものがたり』は、江戸期以来の赤本などの児童書を除けば、ひらがなのみで書かれ、活字で製版された近代日本で初めての子ども向け翻訳出版物だった。その文章は、文語文を基調としていたものの、本稿で取り上げた子ども向けの翻訳啓蒙書の中では、かなり特色あるものであった。この時期に、鳥山啓によって、ひらがなで子ども向けの各種の読み物が刊行されたことの意義は、日本語文章史の上でも、きわめて大きかったと評価できるのではないだろうか。

もっとも、概括的に見るならば、ここで取り上げた多くの子ども向けの翻訳啓蒙書の文章文体や翻訳姿勢は、ほとんど類似したものだということもできる。多くの翻訳啓蒙書の文章は、漢字仮名交じりの文語文体であり、それらを庶民の子どもたちが自力で読むには、かなりの程度のリテラシーが必要だったと判断される。そうした中において、福沢諭吉による、平易に文章を記述しようという実践は先導的なものだったし、鳥山の仕事も、原文の細部の文章表現の面白さをうまく日本語に移していた。福沢や鳥山による独自の表現上の工夫は、それらの作品を受容した子ども読者にとっても、十分に感得された可能性がある。

子ども向け翻訳啓蒙書の行方

ところで、こうした子ども向けの翻訳啓蒙書は、多くの子どもたちの手に渡って、実際に広く読まれたのだろうか。それぞれの本がどのくらいの版を重ね、どのような販路で行き渡ったのかという情報がほとんどないので、確かなことはいえない。しかし、前掲した『理科教育史資料』の「『窮理熱』時代の科学読み物」の解説は、科学的な読み物の刊行ラッシュとでもいうべき「窮理熱」は、「明治五、六年がピークで明治七年には早くも衰えを見せる」としている。[*7]

「明治初期子ども向け翻訳啓蒙書一覧」に掲げた三九点の書物を、年次刊行点数別のグラフにしてみると、全三九点中二六点が明治六、七年に集中しており、とりわけ明治六年の刊行点数が二〇点で、全出版点数の半数を占める。「窮理熱」と同じような言い方をするなら「明治六、七年がピークで明治八年には衰えを見せる」ということになる。

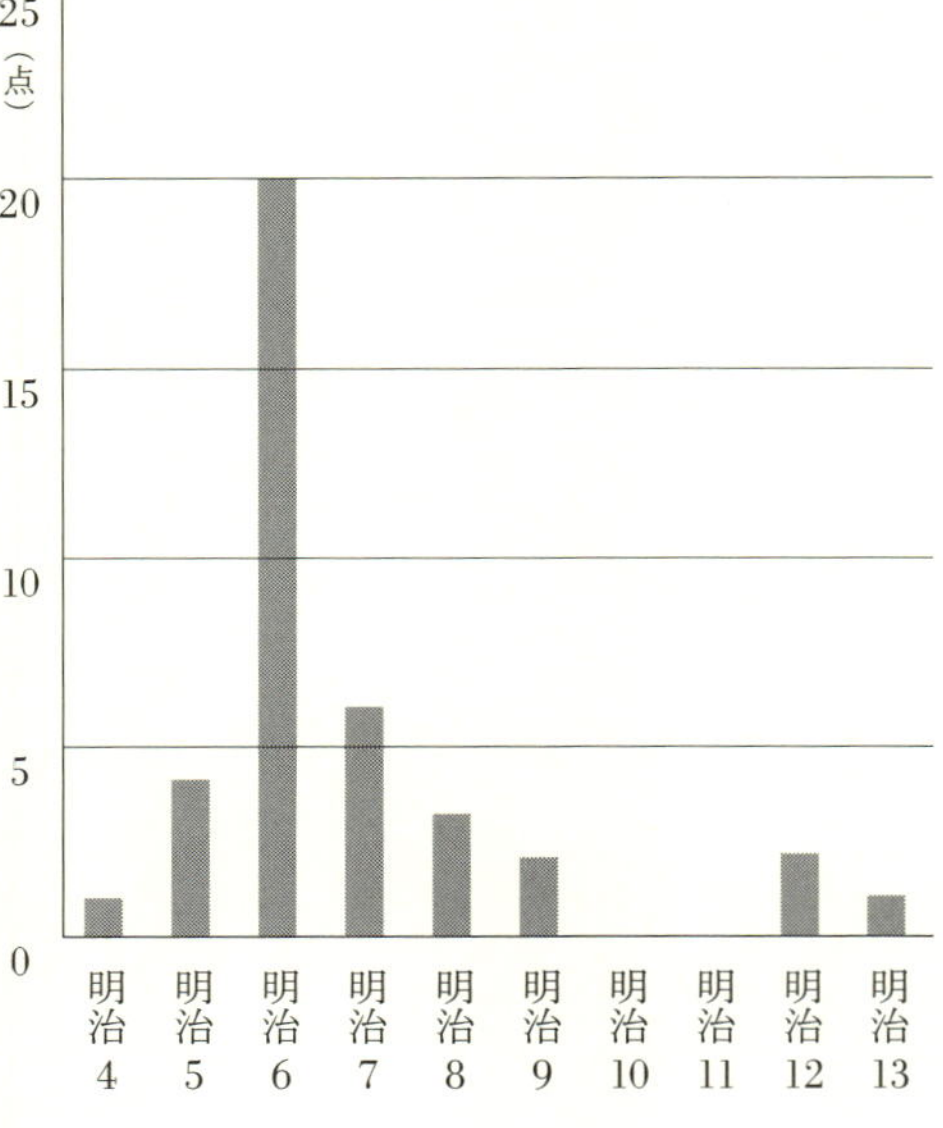

明治初期子ども向け翻訳啓蒙書 発行点数

おそらく一八七三（明治六年）頃が、翻訳啓蒙出版の花盛りだったのだろう。翻訳啓蒙書の多くが、「序文」などに続刊の宣言をしているものの、実際には刊行されなかった例も散見される。もっとも翻訳書の衰退は、「子ども向け啓蒙翻訳書」だけに限ったことではなかった。一八七五（明治八）年六月には、明治新政府から讒謗律と新聞紙条例が公布されて、政治批判が禁止された。文明開化の時代の言論活動の象徴ともいうべき『明六雑誌』もこの時に発行を止めてしまい、明六社も解散してしまった。いうまでもなく明六社には、福沢諭吉、中村正直、森有礼を初めとして当時の洋学派の知識人が集まっていた。したがって、雨後の竹の子のような翻訳啓蒙出版という現象自体が、一段落したのだとも考えられる。

先に、唐澤富太郎による、教科書として翻訳啓蒙書を採用しようとした明治一〇年代までの試行錯誤の時代を「翻訳教科書時代」と一括し、その影響力は後の教科書ほど大きくはなかった、とする見解を紹介した。確かに、民衆の間には急激な欧化主義への抵抗もあったし、一八七七（明治一〇）年には、国内最後の内戦といわれる西南戦争が起こった。世情は混乱し、人々の間には、多くの子ども向けの翻訳啓蒙書を受け入れるような安定した環境は整っていなかった。

同じ時期には、上からの文明開化路線に対する反発も吹き出してきた。「子ども向け翻訳啓蒙書」に対抗した、和製の「子ども向け啓蒙書」もいくつか刊行された。小笠原長道の『小笠原氏大日本夜話』や、「三条教則」に呼応して刊行された『明教事実』（第二部第二章第二項で触れる）などの子ども読み物類がそれである。欧化主義に反発して作製されたこれらの諸書も、「子ども向け翻訳啓蒙書」と同様に、上から子どもを教え諭そうという姿勢が強かった。だが、立脚点こそ異なるものの、様々な子ども向けの読み物が出版されたことは、世間一般に子ども向け読み物の必要性をアピールしたことになり、その認知度を高めることになった。そうした相乗効果によって、子どもに向けた刊行物の種類は増加したのである。

　だが、翻訳啓蒙家たちが、相手取ろうとした子ども読者は、不在に近かった。近代学校制度は開始されたものの、一定の均質なリテラシーを獲得した子ども読者層そのものが、十分に開拓されてはいなかったのである。子どもの読み物が浸透していくためには、その読み物を記述した書きことばに関する基本的なリテラシーを身につけ、同時にその内容について興味関心を抱き、なおかつその書物を購入することのできる経済的余裕を持った子ども読者が存在しなければならない。また、それを対象にして販売路線を拡大しようとする書肆や、流通業者が育っていなければならない。こうした条件は、この時、必ずしも満たされてはいなかった。したがって、この時期の子どもに向けた翻訳啓蒙書が、実際に多くの子どもたちの手に渡り、それが広範に受容されて、子どもたちの読書意欲を喚起するという方向には広がらなかったと考えられる。

　一方、これらの多くの書籍は、「学校教育用図書」という意識の下でも作られていた。第一章の冒頭で述べたように、この時期は、学校用の教科書とその他の子ども向けの読み物とが截然と区別されていたわけではない。だが、文部省や師範学校が積極的に新しい教科書図書を作製し、それらがそのまま各地域で翻刻されることによって、「教科用書」は、急速に全国に普及していく。すなわち、「子ども向け翻訳啓蒙書」は、文部省や師範学校が作製した、官版教科書というメディアの中に吸収されてしまったともいえるのである。

＊

　こうして第一部で検討してきた「子ども向け翻訳啓蒙書」作製の動きは、一頓挫をきたしてしまう。しかし、この試みにまったく意味が無かったわけではない。この時に蒔かれた多くの種は、学校で使われる国語読本はもちろんのこと、子ども向け雑誌や様々な形態の子ども読み物の中に、形を変えて芽を出していく。

　すなわち、明治期を通じて、英語読本（リードル）の中の教材は、教育的な書物のリソースとして、あるいは、子ども読み物の素材として、依然としてこの後も使われ続けていくのである。その事例のいくつかは、以下の記述の中で触れていくが、「子ども向け翻訳啓蒙書」の中に翻訳された数々の作品（教材）は、この後、多くの国語読本の中に転用され、二次利用されて使われていく。さらには、代表的な修身教科書である『修身説約』や『小学修身談』などの中に、あるいは民間から刊行された「修身読み物」の中などにも、様々に形を変えて収録されて、明治中期の子ども読み物の素材の大きな供給源となっていく。あるいは、『ちゑのあけぼの』や『少年園』などの少年雑誌の中にも、欧米のリーダーの中の教材が翻訳されて、記事として登場することになる。

　このように、「子ども向け翻訳啓蒙書」に紹介された、英語読本（リードル）などから抜き出された一つ一つの話材は、明治期の子ども読者のリテラシーを形成する様々なメディアの礎石となって、その内実を作り出す大きな力となっていくのである。

注（Endnotes）

*1 渡部昇一「中村正直とサミュエル・スマイルズ」『西国立志編』講談社学術文庫　一九八一（昭和五六）年　五四六頁。

*2 『理科教育史資料　第六巻　科学読み物・年表・人物事典』板倉聖宣・永田英治編著　東京法令出版　一九八七（昭和六二）年二月　二五頁。

*3 『慶應義塾関係者文献シリーズ第一集　福澤諭吉とその門下書誌』丸山信編著　慶應通信一九七〇（昭和四五）年五月、による。

*4 『福沢諭吉全集』岩波書店　一九七一（昭和四六）年六月再版　第二一巻　五二二頁。二月二五日の項目の記述による。

*5 岡田純次郎編『岡田吉顕之伝』非売品　一九三五（昭和一〇）年四月　五八―六〇頁、一二五―一三六頁。岡田吉顕は、翌一八七〇（明治三）年、小田県の設置により、大参事を免ぜられてしまうが、その後、東京や栃木の裁判官をへて、広島県の地方行政に大きな貢献をした。

*6 西川俊作「福沢諭吉、F・ウェーランド、阿部泰蔵」『千葉商大論叢』第四〇巻四号　千葉商科大学　二〇〇三年三月　二九―四八頁。
山口隆夫「人間平等――福沢の夢ウェイランドの夢『道徳科学要論』と『学問のすすめ』比較言語文化研究」『東京工業大学人文論叢』東京工業大学　第二〇号　一九九四年　四七―五七頁。
伊藤正雄「福沢のモラルとウェーランドの『修身論』」『福沢諭吉論考』吉川弘文館　一九六九（昭和四四）年一〇月　一―七八頁。
藤原昭夫『フランシス・ウェーランドの社会経済思想――近代日本、福沢諭吉とウェーランド』日本経済評論社　一九九三（平成六）年五月。

*7 『理科教育史資料　第六巻　科学読み物・年表・人物事典』板倉聖宣・永田英治編著　東京法令出版　一九八七（昭和六二）年二月　二六頁。

第二部

明治初期　初等国語教科書と子ども読み物

第二部　明治初期初等国語教科書と子ども読み物　目次

第一章　『小学読本』に先行・併行した国語関係教科書群

一、福沢諭吉の関係した国語教科書など

(1)　福沢諭吉の「子ども向け翻訳啓蒙書」

福沢諭吉の先進性

福沢諭吉が子どもに向けた「翻訳啓蒙書」の作製を先導し、またその仕事に触発されて、慶應義塾の門人たちも多くの「翻訳啓蒙書」を手がけたことは既述した。それらの本が、広い意味で、日本の子どもの「教材」という意識で作られていたことは確かである。しかしそれぞれの翻訳者たちが、それを直接、学校の教育課程の中に位置づけようとする意図があったかどうかに関しては、それほど明確ではない。

この点でも福沢諭吉は、先鞭を付けていた。すなわち、福沢は子どもの教育のための入門的な教科書に相当する書物群を、自らが想定した教育課程に即して、作製していたのである。それらの書名を、福沢が作製した順に挙げてみる。

一八六七（慶応三）年一二月　『西洋衣食住』（社会科・家庭科）
一八六八（明治元）年六月　『訓蒙窮理図解』（理科）「子ども向け翻訳啓蒙書」編纂もの
一八六九（明治二）年一月　『掌中万国一覧』（世界地理）編纂もの
一八六九（明治二）年一〇月　『世界国尽』（世界地理）
一八七一（明治四）年三月　『啓蒙手習之文』（習字）
一八七二（明治五）年六月　『童蒙をしへ草』（修身）「子ども向け翻訳啓蒙書」翻訳
一八七三（明治六）年七月　『子供必要日本地図草紙』（日本地理）
一八七三（明治六）年一一月　『第一文字之教』（国語）
一八七三（明治六）年一一月　『第二文字之教』（国語）
一八七三（明治六）年一一月　『文字之教附録』（国語）

福沢諭吉の著作は、すでに見てきたように、一八七二（明治五）年九月八日に文部省が示した「小学教則」の中にも、数多く採用されていた。すなわち、下等小学第八・七級の「修身口授」に『童蒙をしへ草』が、第六級の「読本読方」に『西洋衣食住』『学問のすゝめ』が、第四・二級の「地学輪講」に『世界国尽』が、また、下等小学第八級の「読本輪講」に『西洋事情』が指定されていた。『学問のすゝめ』や『西洋衣食住』『西洋事情』などは、もともと一般の大人読者に向けた著作であって、必ず

しも子どもを読者として想定した書物とはいえないが、子どもにも読むことが可能な本であると判断され、文部省が教科書として指定したのだろう。

福沢諭吉が、「学制」の頒布に先だって、教科書に相当する書物をいくつも刊行していた事実は、次のようなことを意味する。すなわち、諭吉は手当たり次第に啓蒙書を作製したのではなく、小学校の教育課程を具体的に思い描いており、そこで教授する材料として、これらの本を作ったということである。つまり、これらは諭吉の構想した学校教育課程で使用する「教科書」でもあったのである。こうした明治初年の福沢諭吉の仕事からは、新しい時代の小学校で使用するべき教科書について、彼が様々に考えをめぐらしていたことが推察される。

この時期の福沢の著述には、『童蒙をしへ草』のようにある特定の原書（*The Moral Class-book*）を一冊まるごと翻訳したもの、『訓蒙窮理図解』『掌中万国一覧』のようにいくつかの原書をもとに福沢が独自に編纂したもの、あるいは『世界国尽』『西洋事情』『西洋衣食住』のように外国に関する福沢自身の知識や情報をもとに一般向けに書き下ろしたもの、など様々な形態のものがある。このうち読み書きの教育という点に限ってみるなら、明確に入門期の子どもの学習者を標的に編集した「教科書」群が注目される。それは、福沢諭吉の編集した入門期国語教科書『啓蒙手習之文』と『文字之教』三冊である。それらの著作は、福沢諭吉の言語教育に関する考え方が前面に押し出された仕上がりになっていた。

福沢諭吉の「俗文主義」

福沢諭吉の国語教育関係の仕事に関しては、以下のような先行研究がある。まず、明治初期の福沢諭吉と国語教育との関わりを総合的に考察した古田東朔による「福沢諭吉—その国語観と国語教育観—」という論文がある。古田は、この時期の福沢の国語教科書編集の仕事を、漢学を排斥しながら、近代的な学校教育の中で啓蒙的な活動を進めていった具体的な営為だと位置づける。その上で、その特徴を「俗文主義」と「漢字節減」の二点に絞り、具体的に『啓蒙手習之文』と『文字之教』とを分析している。また、藤原和好は「『文字之教』（福沢諭吉著）についての一考察」という論文で、『第一文字之教』と『第二文字之教』を対象にして、版本と草案とを比較しながら、そこで使われた語彙を詳細に分析している。[*1]

古田東朔の指摘した福沢諭吉の「俗文主義」とは、一言でいえば平易な日本語文体の必要性の主張とその実践である。福沢自身が、この時期、そうした文章文体の創出に苦心していたことはよく知られているが、古田は、福沢が直接に文章の手本にしたのは、蓮如の「御文章」だと指摘する。その事情は、一八九七（明治三〇）年に、時事新報社から刊行された『福沢全集緒言』に掲載されている諭吉自身の回想によっても確認できる。[*2]

> 余が若年十七八歳の頃、旧藩地豊前中津に居るとき、家兄が朋友と何か文章の事を談ずる其談話中に、和文の仮名使ひは真宗蓮如上人の御文章に限る、是れは名文なり云々と頻りに称賛するを、余は傍より之を聞て始めて蓮如上人の文章家たることを知りたれども、其御文章とは如何なる書籍にや目に触れたることもなく、唯一時長者の文談を聞流しにしたるまでのことなりしが、其後数年を経て江戸に来り洋書

翻訳を試るときに至りて前年の事を思出し、右御文章の合本一冊を買求めて之を見れば、如何にも平易なる仮名交りの文章にして甚だ読易し。是れは面白しとて幾度も通覧熟読して一時は暗記したるものもあり。之が為に佛法の信心発起は疑はしけれども、多少にても仮名文章の風を学び得たるは蓮如上人の功徳なる可し。

福沢が「幾度も通覧熟読して一時は暗記した」という蓮如の「御文（御文章）」は、はるか時代をさかのぼった室町時代に書かれた文章である。それは十分な読み書き能力を持たない民衆のために、宗派の教義を平易な形で伝えようとする意図で書かれており、一部の識者の間では名文として喧伝されていたようだ。近代日本の入り口に立っていた福沢が、外国の文物、とりわけ書物の内容を日本の大衆に「啓蒙」的に伝達しようとしたとき、蓮如の「御文（御文章）」が、大いに参考になったのである。これは、多くの人々に理解される日本語文の創造という点で、きわめて示唆に富んだエピソードだと言えよう。なぜなら漢訳された仏典の思想を、そうした文章に不案内な民衆に向けて広めようとした蓮如の意識と、外国の文章を翻訳して多くの人々に届けようとした諭吉の発想とは、多分に重なり合うところがあるからである。

また、平沢啓は、福沢は「御文章」だけではなく、心学の教化活動の中で使われていた通俗的な文体も効果的に活用した、としている。平沢は、福沢諭吉の通俗書と江戸期の文語体心学書とを、訓読の語法、和文脈の挿入、口語脈の挿入の三点から比較して、福沢が、「江戸期の心学書を模範としたであろうことを疑うことはできない」と述べている。このように、福沢は、在来の言語文化の中から、庶民に語りかけるような文章・文体を選び出し、自身の著述に活用したのである。*3

古田東朔はその根底にある諭吉の姿勢について、次のように言う。*4

諭吉が明治二年頃から七年頃にかけて、多数の教科書を出版し、その中にも、「啓蒙手習之文」「文字之教」などの国語に関するものが見えるのも、単に慶応義塾を経営していたからという理由によるものだけではなく、そうした経営を行わせるに至った根本の精神、そして、さらに、この後に社会上の種々の見解を述べるに至った根本の精神と、共通しているものであるといわなければならない。

古田は、福沢諭吉が、学校用の教科書を商業出版として作製しただけではなく、そうした活動を通して社会を変えていこうとする意図を持っていた、と述べているのである。

もちろん、福沢が新しい日本をどのような方向に導こうとしたのかという思想やその実践については、さまざまな評価が可能である。牧野吉五郎は、『明治期啓蒙教育の研究――福沢諭吉における日本近代国家の形成と研究』で、福沢をめぐる様々な評価を整理検討し、この時期に福沢諭吉の基底にあったのは、日本の封建社会機構と、それを支えた「独占奉仕の文化」への反発であり、「固定化された従ってまた形式化された文化」を変革していこうという強い意志であった、とする。そうした古い文化の象徴的なものは、「封建的教学としての儒学」だった。福沢は、『学問のすゝめ』や『文明論之概略』などを通して「徹底した封建的イデオロギーの暴露」活動を展開し、「新しい時代の誕生においてすべて克服せらるべき後進性」を乗り越えるために儒教批判を行ったのである。*5

諭吉にとって『学問のすゝめ』や『文明論之概略』が理論的な文化活動だったとすれば、教科書の制作は、文明開化を促進する実践活動であった。つまり、諭吉の作った国語の教科書は、彼の社会変革実践運動の一つの手段だととらえることができる。もっとも諭吉は、大きな理想を抱いて教科書作成に関わってはいたが、夢想家ではなかった。彼は、実務的編集者としてその仕事を推進した。それもかなり具体的で、筋の通った着実な仕事ぶりだったといえるだろう。

福沢諭吉の現実主義

たとえば、彼が、初心者の言語の教育について、いかに現実的な配慮をしていたかという一例を見てみたい。福沢は、「小学教育の事」という文章で、入門期の言語教育では「片仮名」を優先するか「平仮名」を優先するかという問題について、次のように述べる。[*6]

> 爰に小学の生徒在りて、入学の後一、二箇月を過ぎ、当人の病気か、親の病気か、又は家の世帯の差支を以て、廃学することあらん。其廃学のときに、是迄学び得たるものを調べて、片仮名を覚へたると平仮名を覚へたると孰れか生涯の利益たる可きや。平仮名なれば、極々低き所にてめしやの看板を見分ける便(たより)にも為る可きことなれども、片仮名にては殆ど民間に其用なしと云ふも可なり。是等の便不便を考れば、小学の初学第一歩には平仮名の必要なること疑を容る可らざるなり。

知られているように、一八七二（明治五）年に太政官布告として出された「学制」の中にある有名な「邑(いふ)（むら）に不学の子なく家に不学の人なからしめん」という理想も、直ちに実現されたわけではない。小学校への就学率は、一八七三（明治六）年には、男三九・三％、女一五・一％の合計二八・一％という低率である。たとえ子どもが小学校へ通い始めたとしても、経済的な理由などで登校することを止めてしまう例がきわめて多かった。「小学教則」で教育課程を定め、教科書も指定したが、実際には、その入り口に触れただけという子どもがたくさんいたのである。そうした現実と照らし合わせるなら、この主張には、とにかく学校で学ぶ一時間一時間の授業が実生活に直結し、社会生活に直接に役に立つものでなければならないとする福沢の切迫感が溢れている。

いうまでもなく片仮名を習得することは、漢字学習、それも楷書の学習をする上での準備的な要素も持っている。平仮名と片仮名のどちらを優先して入門期の文字教育を構想するのかは、国語教育を進める上で大きな論点である。我々は、これ以降、若干の経緯を経て、一八八六（明治一九）年に文部省から刊行された『読書入門』にいたって、入門期の国語教科書が「カタカナ先習」にほぼ落ち着き、それが昭和戦前期まで続いたことを知っている。こうした措置は、文字学習の入門期において、初学者に文字の「読み」と「書き」とを同時に学習させようとしたときには、片仮名を先に学ばせた方が合理的である、という判断に基づいたものだった。

しかし、「漢学」を否定しようとした諭吉は、片仮名よりもまずは、庶民が実際に日常生活で使っている平仮名の読み書きを身につけさせること、それも草書の習得が重要だと考えた。また同様の発想から、明治初期に学校教育で使われた「掛図」やその書籍版ともいえる『小学教授書』『小学入門』などが採用した五十音図についても否定的であった。

いうまでもなく言語の体系性や順序性を重視するなら、書写の学習を楷書から始めて、その崩しである行書・草書へと移行したり、国語学習を五十音図から教え始めることには、十分な理論的根拠がある。

しかし諭吉は、それよりも「草書」や「いろは」の方が実際の庶民生活に定着しているのだから、まず「いろは」を教えるべきだし、「草書」もできるだけ早く習得させようと考えたのだった。これも諭吉が実生活と教育とを結びつけようとしたからである。

こうしたことからも分かるように、諭吉の考えは、あくまでも現実的であり、また庶民的であった。したがって、表面的に判断するなら、文字学習に関する諭吉の方針は、江戸期以来の寺子屋学習と大きな違いはないと言うこともできるかもしれない。しかし、革袋は旧来のままのように見えても、彼がそこに盛ろうとした中身は、新しいものだった。

(2) 福沢諭吉の「習字」の教科書

『啓蒙 手習之文』

その様相を、一八七一（明治四）年三月に刊行された『啓蒙 手習之文』で検討してみよう。

この本は、福沢諭吉編、内田晋齋書の上下二巻である。「小学教則」には、教科書として揚げられてはいないが、一八七三（明治六）年四月二九日の文部省布達「小学用書目録」の中で「習字之部」の教科書として追加されている。『福澤諭吉全集』によると、書を担当した内田晋齋は、「福澤の門下で書を能くし、福澤の版下などを書いてゐた」とある。別号を不賢ともいい、本名は内田嘉一。内田は、明治前期には、さまざまな翻訳啓蒙書も刊行しており、明治中期には、大手教科書書肆である金港堂から数種類の読本を出している。[*7]

『啓蒙 手習之文』の巻頭の「啓蒙手習い之文序」には、「学校の数は高上にして乏しからんより、寧ろ低くして普ねからんを貴とす」という文言が見られ、高等教育よりも小学校教育の充実に力を注ごうとする諭吉の姿勢が表明されている。上巻は「平仮名いろは」で始まり、数字、十干、十二支、国尽（地名）など、従来の手習いの書と大きくは変わらない

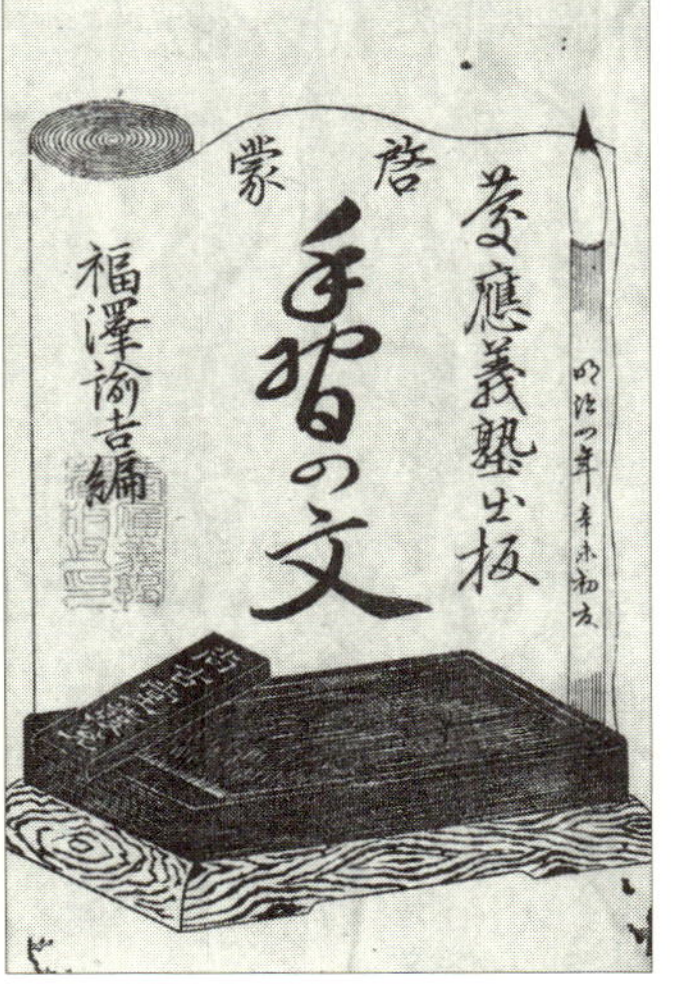

『啓蒙 手習の文』見返し
明治4年

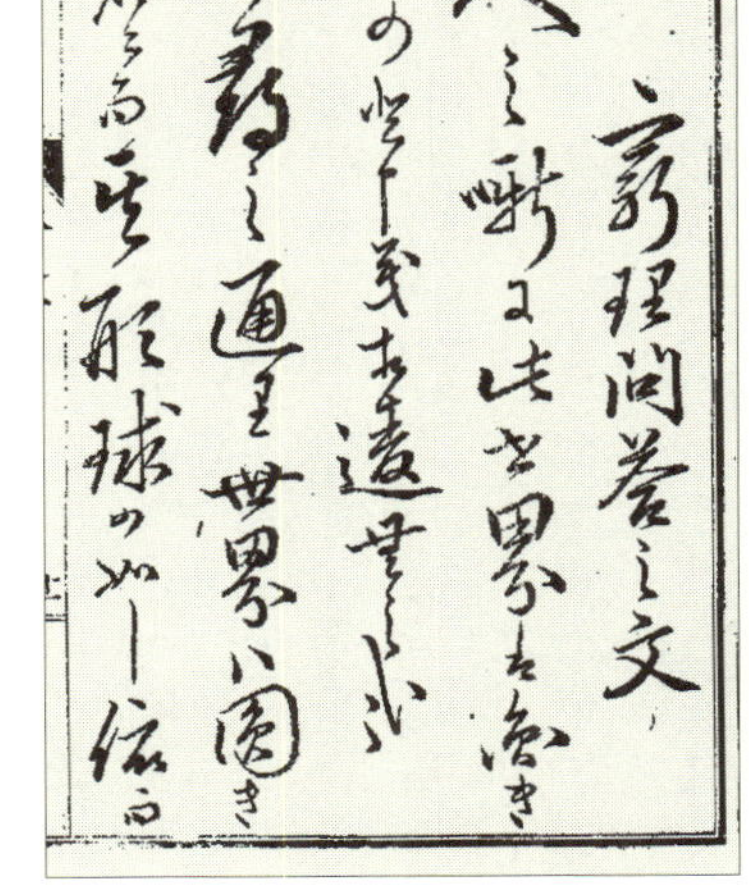

『啓蒙手習の文』窮理問答の文

ように見える。しかし、下巻は「地球の文」「窮理問答の文」「執行相談の文・同返事」からなっている。前二者は草書で書かれており、「地球の文」は内容的に科学的説明文であり、「窮理問答の文」は科学をめぐるやりとりである。「窮理問答の文」は、次のように始まっている。*8

人の噺に此世界は円きものと申義相違無之哉
御尋の通り世界は円き者にて其形球の如し依てこれを地球とも唱るなり球とハ玉と申事に候
地球の円きと申にハ慥成証拠有之哉相伺度候
燈火の光に箱を照せハ其影四角に見え玉を照せハ其影圓し偖月食と申ハ日輪と月との間に地球を挟ミ地球の影にて月を隠しこれが為に月の光を失ふ事なり然るに月食の蔭は必ず圓く有之間地球の形も圓きに相違無之候

明治初年には、このような問答形式で書かれた啓蒙書が、数多く存在する。第一部第一章で「ゴザリマス」文体の例として取り上げた『訓蒙窮理問答』（一八七二《明治五》年）も、やはり問答形式の談話体で書かれていた。これに対して、この『啓蒙手習之文』は、手紙の文章を練習するのが目的なので、文章は文語体を採用している。だが、その内容は、文明の知識を教授するものになっている。これに続く、「執行相談の文・同返事」も、和漢の学問を学んでから洋学を学ばせたいと思うがどうだろうか、という質問の手紙に対して、その返事は、和漢洋を同時に学ばせなさいと、早めに洋学を学ぶことを勧めている。さらに、その返事のあとに「洋学の科目」として、「読本・地理・数学・究理学・歴史・経済学・修身」の七つの科目それぞれの内容の概略が記されている。この「洋学の科目」の部分は、草書体ではなく楷書体によって印刷されているせいか、まるで洋学の内容の解説、あるいは洋学の宣伝文のようにみえる。古田東朔は、この「洋学の科目」について「慶應義塾の読書順序、さらに後の「学問のすゝめ」に説く学科内容と類似したものであり、学制の教科目の前身とも考えられる」と述べている。つまり、この『啓蒙手習之文』（とりわけ下巻）は、体裁だけは習字の教科書であるが、内容的には文明開化の教育を啓蒙する読み物集のようなできあがりなのである。

この本の続編ともいうべき手習いの教科書が、『窮理捷径十二月帖』二冊である。これは、直接に福沢諭吉が編集したものではなく、『啓蒙手習之文』の文字を担当した内田晋齋の著書であり、一八七二（明治五）年七月に刊行されたと、「見返し」にある。この本も「小学教則」第五級の「書牘」の部に『啓蒙手習之文』とともに教科書として指定されている。『窮理捷径十二月帖』には、「序」があって、それを福沢諭吉が書いている。

『窮理捷径 十二月帖 』見返し

そこには、『啓蒙手習之文』を表した結果、「世間の小学校に用ひ、或は童蒙の便利たるを聞けり」という状況になった。しかし、まだまだ習字の手本が少ないと思っていたところ、友人内田氏が草稿を持ってきたので、それを見ると「其体裁正しく手習の文に等しく、本書の補遺といふも亦可なり」と判断した、というのである。この本の内容は、各季節の時候のあいさつを取り混ぜて、手紙を書くための手引きになってはいるが、「窮理捷径」の四字の角書きが示すように物理や地学の知識が織り交ぜられている。福沢諭吉の表した窮理書である『訓蒙窮理図解』の手紙文バージョンのようにも見える。すなわち、この本では、習字の練習をすると同時に、窮理的な内容を学ぶことになるのである。したがって、この本も文明開化を啓蒙する読み物集に近似した仕上がりになっているといっていいだろう。*9

(3)『文字之教』の実験性

漢字制限による文章記述

さらに福沢は、「学制」が出された一八七三（明治六）年の一一月に、『第一文字之教』『第二文字之教』『文字之教附録』をまとめて刊行する。ここで、福沢は言語教育史上、きわめて重要な試みを実行した。それは、漢字制限を施した教科書を実際に作製するという試みだった。「文字之教端書」には、次のように書かれている。

今ヨリ次第ニ漢字ヲ廃スルノ用意専一ナル可シ其用意トハ文章ヲ書クニ。ムツカシキ漢字ヲバ成ル丈ケ用ヒザルヤウ心掛ルコトナリ。ムツカシキ字ヲサヘ用ヒザレバ漢字ノ数ハ二千カ三千ニテ沢山ナル可シ。此書三冊ニ漢字ヲ用ヒタル言葉ノ数。僅ニ千ニ足ラザレドモ、一ト通リノ用便ニハ差支ナシ。

一八六六（慶応二）年、前島密が、「漢字御廃止之議」を徳川慶喜に建白したことや、一八七二（明治五）年、森有礼が、アメリカ滞在中に日本語を英語に変えようと主張（英語採用論）した手紙をホイットニー宛に出したことなどはよく知られているが、福沢は、そのような極端な意見を述べるのではなく、漢字をできるだけ制限した教科書を実際に作製したのである。現実家である福沢の面目躍如の行動だといえるだろう。

福沢は、「文字之教端書」で、日常の用を足すには、漢字の数は二千から三千くらいで十分であるといい、実践編ともいうべき『文字之教』三冊に使用した漢字は「僅ニ千ニ足ラザレド」と述べている。実際に、そこで使われた漢字数は、八〇二字だった。『第一文字之教』『第二文字之教』『文字之教附録』は、「文字之教端書」で漢字削減の主張を述べ、同時に、教科書本体がその実践行為になっているのである。*10

さらに「文字之教端書」には、この本の構成とそれをどのように活かすのかという教授法も記されている。

書中文字ノ大ナルモノヲ題字ト名ケ細ナルモノヲ文章ト名ク即チ題字ハ文章ヲ作ル。タネノ言葉ナリ子供ヘ先ツ題字ノ素読ヲ授ケ次テ其字義ヲ教ヘ細字ノ文章ヲバ子供ノ考ニテ自カラ素読シ自カラ義ヲ解カシムルナリ或ハ学校ナドニテハ教授ノ席ニテ子供ノ書物ヲ取上ケ筆紙ヲ渡シ置キ教師一人書物ヲ見テ黒板ヘ其題字ノミヲ写シ大勢ノ子供ヘ其字義ヲ解キ聞カセ然ル後ニ細字ノ文章ヲ読テ其読ム音ノ通リニ文章ヲ書カシムルナリ譬ヘバ第四教ノ処ニ男女父母等ノ題字ヲ黒板ニ書テ其義ヲ解キ聞カセ然ル後ニ男犬ヲ打ツト細字ノ文ヲ読ムトキ子供ハ其音ヲ聞テ黒板ヲ見レバ男ト云フ字ト打ツト云フ字ハアレトモ犬ト云フ字ナシ記憶ヨキ子ハ第二教ノ犬ノ字覚ヘテ其文章ヲ書キ記憶ナキ子ハ犬ノ字ヲ知ラズ。コレニ由テ子供ノ学力ヲ試ミ黒白ノ点ヲ附ク可シ

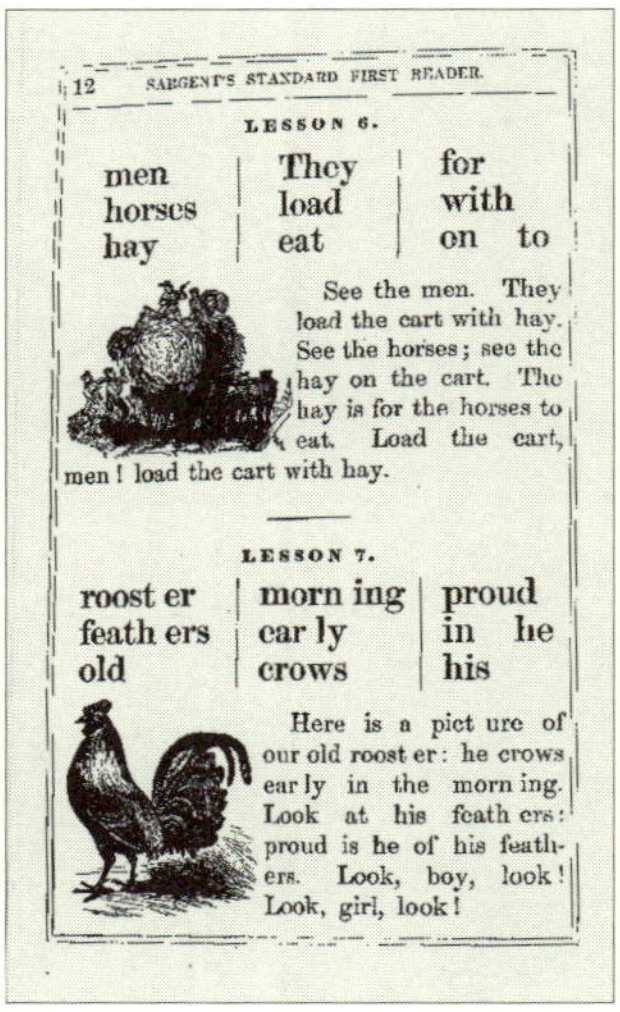

12 SARGENT'S STANDARD FIRST READER.

LESSON 6.

men horses hay | They load eat | for with on to

See the men. They load the cart with hay. See the horses; see the hay on the cart. The hay is for the horses to eat. Load the cart, men! load the cart with hay.

LESSON 7.

roost er feath ers old | morn ing car ly crows | proud in he his

Here is a pict ure of our old roost er: he crows ear ly in the morn ing. Look at his feath ers: proud is he of his feath- ers. Look, boy, look! Look, girl, look!

Sargent First Reader P12

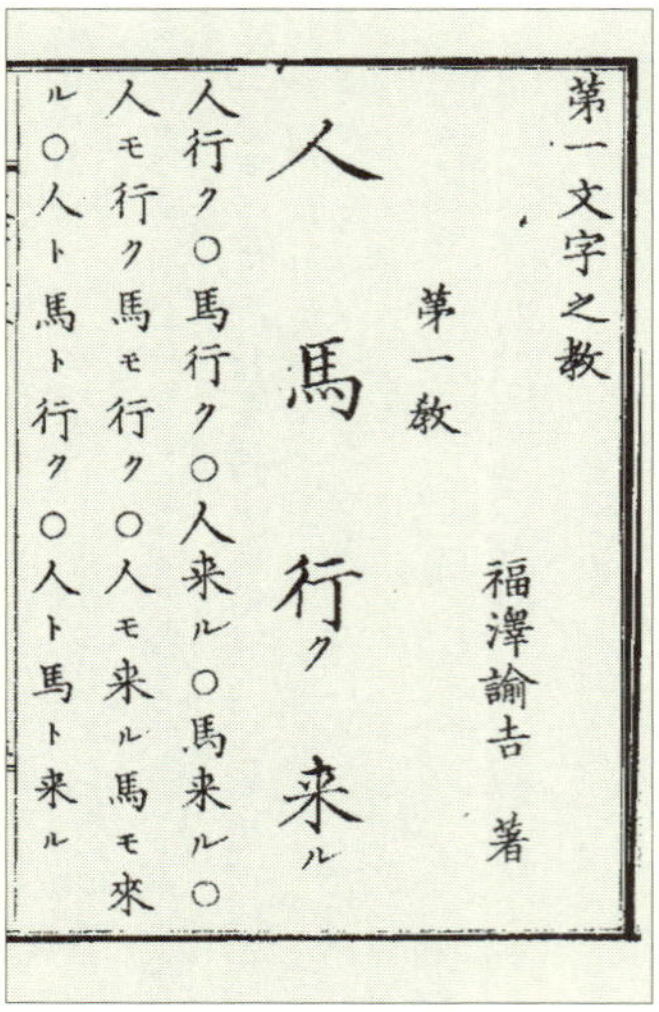

第一文字之教

福澤諭吉 著

第一教

人 馬 行ク 来ル

人行ク○馬行ク○人来ル○馬来ル○人モ行ク馬モ行ク○人モ来ル馬モ来ル○人ト馬ト行ク○人ト馬ト来ル

『第一文字之教』明治６年

ここで福沢が「題字」と称しているのは、その課のキーワードである。一つの課を構成する重要な単語を「題字」として最初に大きな字で示し、続けてそれをもとにしたさまざまな文を展開しているのである。『第一文字之教』は、図示したような誌面構成であるが、これはおそらく、福沢が慶應義塾で採用した*Sargent Reader*に学んだものだったのではないかと思われる。というのは、第一部でも触れたように、この時期には、数種類のアメリカの読本が日本に導入されていたが、そのうちこの「文字之教」とレイアウトがもっともよく似ているのが、*Sargent First Reader*であるからだ。サージェントの読本の一つ一つの課では、まず新出文字が大きな活字で示されている。次に、その単語を用いた文がその後に配されている。このような整然とした見やすい誌面構成は、近代の印刷物の特徴でもある。『文字之教』は、活版印刷ではなく和本木版刷りではあるものの、当時の教科書類の中では、視覚効果の点できわめて工夫された構成になっていることが指摘できるだろう。もっとも、福沢の教科書の方には、図が入っていない。これは、『文字之教』の価格を抑えるためだった。さらに「文字之教端書」には、安価にするため本来なら載せるべき多くの文例を削ったので、それを教師が補うようにという注意も書かれている。福沢は、多数の子どもの手にこの本を手渡すために、本の紙数（頁数）や価格にまで気を配っていたのである。[*11]

また「文字之教端書」に記された教授法にも注目したい。ここには、学習者に自分で考えさせたり、読む活動と書く活動とを有機的に組み合わせて、子どもの興味関心をかき立てようとする方法が示されている。既習事項の確認活動を導入することで、個々人の学力評価をしながら学習展開を図る方向も記されていた。福沢の教授法は、この時期、多くの

教授本にあったような単純な反復練習や事物を一方的に教示する方法ではなく、学習者を具体的にイメージして自学の心を育てようとしていることがその特長である。それは今日的な教育用語を使うなら「個に応じた形成的評価」の実践でもある。福沢の実学主義は、こうしたところにも表れている。[*12]

古田東朔は、福沢が採用したこのような「単語から文へ」という構成は、ウィルソン読本に学んだのではないかと推測しているが、稿者は先に述べたように、サージェント読本を直接の手本としていると考える。ただし、古田のいうようにアメリカの読本に共通する「単語から文へ」という提示方法を、もっとも忠実に受け継いだのが『文字之教』だったという意見には賛成である。古田も指摘しているように、ウィルソン読本を翻訳した田中義廉編の『小学読本』は、こうした言語教科書としての原理を十分に取り入れることができなかった。したがって、そこでのことばの学習が、言語内容と言語形式とをバランス良く学習させるという方向にはならずに、もっぱら記述内容を理解させる内容主義の読本になってしまったのである。（『小学読本』については、次章で検討する。）[*13]

さらに、『文字之教』で取り上げられている「題字」（＝キーワード）が、どのような品詞によって構成されているのかということも、きわめて重要な問題である。なぜならそれは、この本が「字」を教えることを重視する教科書なのか、それとも「語」や「文」を教えることを重視する教科書なのかという、ことばの教育の基本的性格に関わってくる問題だからである。この点に関して、藤原和好は、題字の品詞を具体的に調査している。その結果、「『第一文字之教』は、文の基本的な要素である動詞と形容詞が圧倒的に多い。しかも、日常的な語に限定されているい。」「『第一文字之教』では名詞は197、『第二文字之教』では197、であるから、名詞の率は、それぞれ、約64％、約60％である。」とする。さらに藤原は、それは同時期の『単語篇』や『小学入門』と比べても「合理的な編集方針」になっているといい、『文字之教』は「単なる文字教科書ではなく、〝初級の読本〟としての性格を有している」と述べる。こうした調査をもとに、藤原は、『文字之教』は、「読書、作文の基礎として位置づけられている」のであり、「国語教育の内容そのものを変革する重要な手がかりとして意図された」と結論づけている。また、古田東朔も、文部省編の「連語図」（『小学入門』所収）は、『文字之教』と同様の形式になっているものの、「初めに掲げる単語が、ほとんど名詞だけであるから不十分な結果のものにならざるをえなかった」と述べる。『文字之教』という著作物は、以上のような文脈からも、近代言語教科書の原理を取り入れた教科書として、あらためて検討される必要があるだろう。[*14]

「昔噺」の導入

さて、次には『文字之教』の「文」の内容について検討する。この点について古田は、「学問の必要を説くもの、道徳的教訓」が多いが、文字教育の上からは「両と雨と西」などのように類似の字形に注意させるものがあること、「女は悉皆芋を好む」のように「かなりふざけたもの」が入っていること、また政府批判などの「当時の社会情勢に反応している内容」などがあることが特色だとしている。[*15]

稿者はさらにそれに付け加えて「子ども読み物」という観点から、『文字之教』には次のような特徴があることを指摘しておきたい。それは昔噺を教科書の中に取り入れたことである。該当する本文を引いてみよう。

夫婦　老夫　老婦　衣　桃　洗濯ス　流ル　刈ル

老夫婦トハ老人夫婦ナリ○老夫山ニ行テ草ヲ刈リ老婦河ニ行テ衣ヲ洗濯スルトキ桃流レテ来リシト云フ（第一文字之教・第三十一教）

昔　或ル　処　翁　婆　欲　主人　留主　雀　糊　其　深キ　飼フ

由ル　怒ル　放ツ

昔或ル処ニ良キ翁ト欲深キ婆アリ翁ハ山ニ木ヲ切リニ行キ婆ハ河ニ洗濯ニ行キタリ

婆、河ヨリ帰テ見レハ家ニ飼タル雀、主人ノ留主ノ間ニ其朝、婆ノネリタル糊ヲ残ラズナメタルニ由テ大ニ怒リ雀ノ舌ヲ切テ放タリ（第二文字之教・第六教）

確認するまでもなく、「第一文字之教・第三十一教」に取り上げられているのは「桃太郎」の冒頭であり、「第二文字之教・第六教」に取り上げられているのは「舌切り雀」の冒頭である。『第二文字之教』の方が、文章量は長い。ただし、『第二文字之教』の「舌切り雀」の中にある「翁ハ山ニ木ヲ切リニ行キ婆ハ河ニ洗濯ニ行キタリ」という部分は、通常伝えられる「舌切り雀」のストーリーの中には登場しない。この「翁ハ山ニ木ヲ切リニ行キ婆ハ河ニ洗濯ニ行キタリ」という箇所は「舌切り雀」の物語には不要の部分であり、実際ストーリー展開の上でも若干不自然でもある。しかし福沢は、言語学習としての反復復習効果を期待して、既習の「桃太郎」に出て来た「老夫山ニ行テ草ヲ刈リ老婦河ニ行テ衣ヲ洗濯ス」という部分を繰り返したのであろう。しかも、「老夫↓翁」「老婦↓婆」というように使用語彙を若干変化させて、語彙の拡充を意図している。とするなら、福沢は、あくまでも言語学習の素材として、「桃太郎」や「舌切り雀」の一部を借用しただけなのであって、それ以上の意味はないと考えた方がいいのかもしれない。

知られているように、江戸時代末期には「桃太郎」の話などのいわゆる日本五大昔噺は、草双紙や赤本などを通して庶民の間に普及していた。これらの昔噺類は、大人のなぐさみものでもあったが、子どもたちに読んで聞かせるものでもあった。つまり、江戸期の庶民の間で、昔噺は、広義の家庭教育の材料として一定の効果を挙げていたのである。だが、それらが寺子屋や藩校などの教材として、正面から学習材として取り上げられた形跡はない。あくまでも昔噺は、正式な教育体制の外側にあって、その独自の「教育性」を発揮していたのだった。

このような性格を持った昔噺を、一部分であれ、直接、教育の場に、教材という形で持ち込んだのは、福沢諭吉が初めてだった。同時期に文部省が主導した田中義廉の『小学読本』や榊原芳野の『小学読本』には、日本の昔噺は取り入れられてはいない。昔噺が小学校の読本の読み物の教材として正式に採用されるのは、一八八七（明治二〇）年に、文部省の編集で刊行された『尋常小学読本』巻一が最初である。もちろん、ここに引用した教材文を見れば分かるように、福沢の取り上げ方は本格的なものではない。話の冒頭部分を示しただけで、その後のストーリーはカットしてある。したがってそれは、古田が指摘したように、「かなりふざけたもの」を『文字之教』の教材として取り入れたという気分の延長上に置くべきものかもしれない。

だが、福沢は、庶民の間にこれらの話が十分に浸透しているという実態をよく承知していた。福沢が昔噺を教材として選定したのは、現実の子どもたちの日常生活に近い材料をもとに、教材を編成しようという姿勢の表れだった。『訓蒙窮理図解』や『童蒙をしへ草』などを編纂した福沢にとって、そうした着眼や態度は、きわめて自然なものだったのだろう。ストーリー全体ではなく一部分の登載だという限界はあったものの、教科書や教材の歴史的検討を進める上で、日本の昔噺が『文字之教』に採用されたことの意義は、決して小さいものではない。[*16]

『文字之教附録』

『第一文字之教』『第二文字之教』に続く『文字之教附録』は、手紙文の練習をするための教科書で、一段から二七段までの構成である。この本も、『第一文字之教』『第二文字之教』に掲載された既習の文字を使って文章が作られており、学習の系統性という筋がはっきりと通っている。内容は、『啓蒙手習之文』のように知識読み物的ではなく、ほとんどが生活場面でのやりとりである。「手紙文」であるから、それはある意味で当然であるが、そこは福沢諭吉が編集しただけあって、単なる日常用足しの文例だけではなかった。「父母と主人とは無理を云ふ者と心得、何事に寄らず只管父母主人ノ申儘に従」いなさいという趣旨の返書として、「道理に背く事は仮令ひ父母主人の差図といへども従はざる方当然の儀」であり、そのためには学問が大事だと説いたり（二三段・二四段）、「鈴ヶ森にては馬が話」をする（第一一段）話題や仮名手本忠臣蔵五段目を題材にするような遊び心も発揮している。文明開化の道理を説き、学問を振興しようとする姿勢が文面のあちこちにちりばめられている。手紙の文章の文体は文語文で、漢字削減の態度が一貫していることは『第一文字之教』『第二文字之教』と同様である。面白いのは、最終段に「此ノ一段ハ悪文ノ例ナリ」と、文章が難解でかつ内容空疎な文例を、福沢自身が創作して紹介し、それを自ら平易な文章に書き直した教材があることである。

福沢は、この『文字之教附録』を次のように結ぶ。「少年ノ輩必ス其難文ニ欺カレザルヤウ用心ス可シ其文ヲ恐ルヽ勿レ其人ヲ恐ルヽ勿レ気力ヲ慥ニシテ易キ文章ヲ学フ可キナリ」ここには、難解な文章を振り回し、それをありがたがる世間の風潮に対する鋭い批判と、それに対して

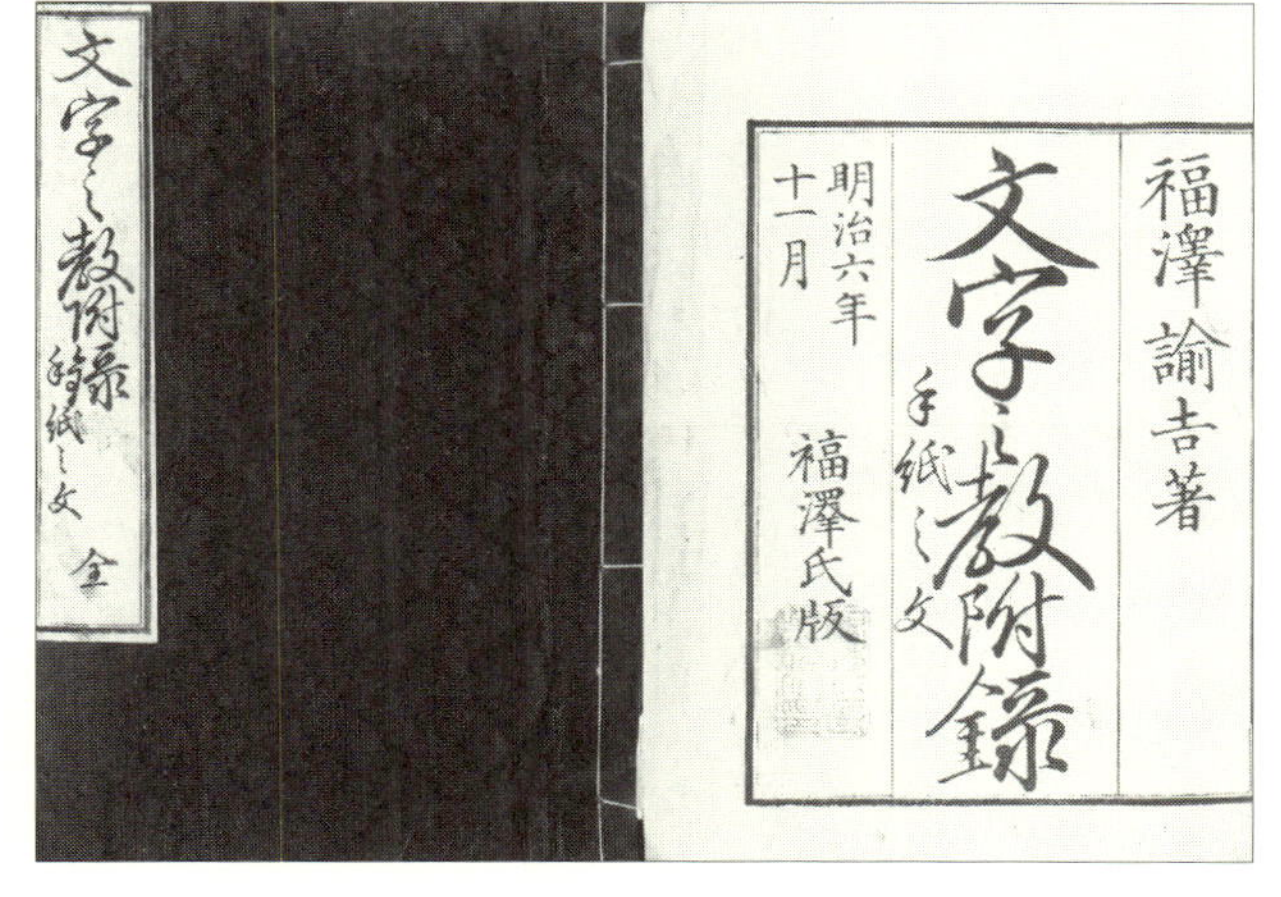

『文字之教附録・手紙の文』表紙　右はたとう紙　明治６年

文章・文体のレベルで闘う必要性が、述べられている。多くの人々にとって、平俗な文章・文体は、足を地に着けた思考の展開と、それを自在に表現することを可能にする武器である。福沢自身は、これ以降も、そうした言語文化を創造する戦いを繰り広げたし、日本の国語教育も幾多の曲折を経ながらも、大筋ではそうした道筋に沿って展開されることになる。福沢の一連の主張とその実践は、民主的で主体的なことばの教育運動の原点としても高く評価されなくてはならない。*17

二、古川正雄の関係した国語教科書など

(1) 古川正雄の仕事

古川正雄の略歴

国語教育の分野で、「学制」に先行して作られた教科書としては、『ちゑのいとぐち』と『絵入智慧ノ環』が挙げられる。福沢諭吉の『啓蒙手習之文』よりも、刊行時期は早い。この二冊は「小学教則」では「綴字(カナヅカヒ)」の教科書として取り上げられている。また、『国語教育史資料・第二巻・教科書史』では、「代表的な国語教科書」の筆頭に置かれている。『ちゑのいとぐち』(一巻)は入門編、『絵入智慧ノ環』(全八巻)はそれに続くものという位置づけだが、刊行年度は逆で、『絵入智慧ノ環』が一八七〇(明治三)年、『ちゑのいとぐち』は一八七一(明治四)年に公刊されている。『絵入智慧ノ環』には、一八七三(明治六)年に改正再版し、表紙にFURUKAWAのローマ字を配したしゃれたデザインの異装版もあるが、内容的には、若干の順序の入れ替えや語句の異同があるだけで、両書の間には、基本的に大きな変化はない。

これらの書物の著者は、古川正雄(節蔵)、改名前は、岡本周吉。福沢諭吉の早くからの弟子であり、慶應義塾初代塾長をつとめている。明治維新に際して榎本武揚の軍勢に加わり戊辰戦争を戦ったが、敗北して捕縛され、その後、古川正雄と改名して、『ちゑのいとぐち』と『絵入智慧ノ環』を著した。一八七二(明治五)年には、『英式運用全書 全一二巻』という訳書もある。一八七三(明治六)年、日本が初めて公式参加したウィーン万国博覧会に派遣され、帰国後、東京盲亜学校(現筑波大学附属視覚特別支援学校)の前身である訓盲院を創設したことでも知られている。

古川正雄に関しては、石井研堂が『明治事物起源』に次のように記している。*18

古河(ママ)正雄は、明治六年、澳国〔オーストリア〕博覧会ありしとき、編集目録主任、一級事務官として渡欧せし人なり。このときの一級事務

『絵入知慧の環』初編上
明治3年

官の人々には、竹内正義・近藤真琴・関沢清明・田中芳男・塩田真・佐々木長淳・古河氏をあはせて六人あり。

同氏の著書には、幼童教育的のもの多し。

一絵入ちゑの環　四編八冊
一ちゑのいとくち　全一冊
一稽古地図　初編一冊
一西洋算術稽古道具　箱入一冊
一西洋地図手本　同
一組立地球儀　同
一組立地図　同
一洋行漫筆　全一冊

なかんづく、『絵入ちゑの環』は、創始時代の小学校の教科書に用ひられ、多数を発行せり。その他は、いずれも幼童の教育用玩具の類にて、ただ『洋行漫筆』の一書だけは、往復航海中の、感想録なり。

『絵入 知慧の環』見返し
明治3年

石井研堂が述べているように、『絵入智慧ノ環』は、「小学教則」の中で教科書として指定されたおかげで、多くの部数が刊行されたはずである。一八七二(明治五)年九月八日に文部省から出された「小学教則」では、下等小学の第八級「綴字(カナヅカヒ)」に使われることが想定されていた。「小学教則」には、次のように記されている。

下等小学第八級　綴字(カナヅカヒ)　一週六字即一日一字
(稿者注・一字は一単位時間のこと)
生徒残ラス順列ニ並ハセ智慧ノ糸口うひまなび絵入智慧ノ環一ノ巻等ヲ以シ教師盤上ニ書シテ之ヲ授ク前日授ケシ分ハ一人ノ生徒ヲシテ他生ノ見エサルヤウ盤上ニ記サシメ他生ハ各石板ニ記シ記シ畢テ盤上ト照シ盤上誤謬アラハ他生ヲシテ正サシム

下等小学第七級　綴字　一週六字
前ノ如クニシテ五十音四段ノ活用其外字音仮名ツカヒ等ヲ授ク

この「小学教則」の記述で注意すべきことは、『ちゑのいとぐち』と『絵入智慧ノ環』一の巻、それに『うひまなび』とが並べて「綴字」の教科書として挙げられていることである。つまり、この三冊は、ほぼ同内容・同程度の書物だと判断されたのである。もっとも、すでに触れてきたことだが、「小学教則」の中に具体例として挙げられた教科書は、今日のように教科目や教育課程のイメージが先行して確定しており、それに応じた内容を学習するための教材集として作られたのではない。「小学教則」策定の時点ですでに公刊されたり、あるいは近刊予定になっていた書目を、とりあえず示したという色彩が強い。したがって、必ずもこの三冊が同内容・同程度だとは言えないかもしれない。だが、少なくとも「小学教則」が公開される時点では、すでにこの三冊は出版されて、世の中に出ており、従来の伝統的な往来物とはあきらかに異なった編集方針を採用していた言語学習の入門書であったことは確かである。また、古川にしても新しい学校教育に何らかの形で寄与することを想定してこの本を作製したはずである。だからこそ、「学制」の理念に適った教科書として指定されたのである。

柳河春蔭の『うひまなび』

このうち、もっとも早く刊行された『うひまなび』は、柳河春蔭（春三）の著書である。刊行年度は不明であるが、国立国会図書館には、巻頭に「いろは」の表を付けた本と、それのない本との二本があり、「いろは」表がある本の巻末に「明治二年新春発兌目録」として「うひまなび」を含んだ一四冊の書目が並んでいるので、おそらく一八六九（明治二）年前後には刊行されていたであろう。[*19]

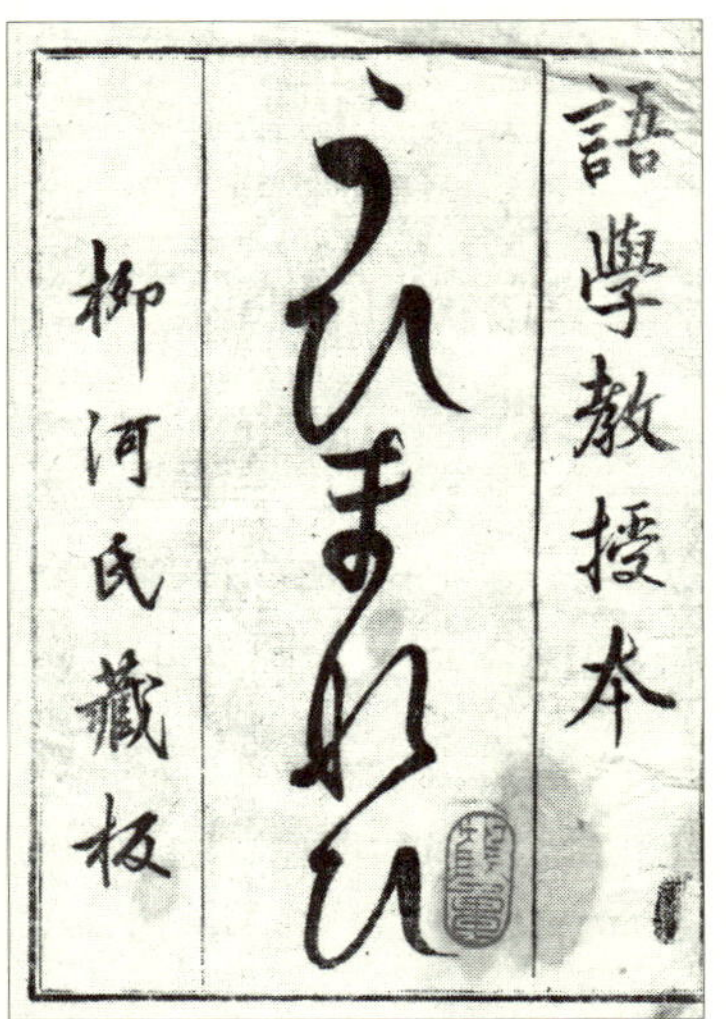

『うひまなび』見返し

『うひまなび』には「ひらかなのいろは」「カタカナのイロハ」「清音濁音の五十音」と、二文字の単語、三文字の単語が満載されている。この本には、漢字は一切出て来ない。たとえば、「かなづかひ」には、母音の音節文字に子音＋母音の音節文字とを組み合わせた、機械的とも見える教材が並んでいる。

アカ　アサ　アタ　アナ　アハ　アマ　アヤ　アラ　アワ　アキ
アシ　アニ　アヒ　アミ　アイ　アリ　アヰ　アク　アス（下略）

またこれに続いて二文字の単語である「かなふたつのことば」の項目では、以下のような単語が、四七二語並んでいる。

いろ　いは　いほ　いへ　いと　いち　いぬ　いる　いろ　いに
いた　いそ　いつ　いね　いな　いむ　いく　いや　いま　いけ
いふ　いき　いし　いも（下略）

こちらは、「かなづかひ」で提示された教材とは異なって、それぞれが意味を持つ「単語」である。語頭がラ行音の単語は「からのもじ（漢語）」であること、また、語頭が濁音、あるいは促音を含む単語もほぼ「からのもじ（漢語）」であることなどの説明もあるが、それらの単語は掲載されていない。『日本教科書大系』の「解説」では、柳河春蔭について「かな文字による国語改革を唱えていた一人で、かなもじによる小学校の初歩国語教材を編集してこれを学校で使用させ、かな文字による国語改革運動の一翼とする考えがあったものと思われる」としている。[*20]

古川正雄の『ちゑのいとぐち』

一方、古川正雄の『ちゑのいとぐち』も、柳河春蔭の『うひまなび』によく似た構成になっている。「ひらかなのいろは」「カタカナのイロハ」「清音濁音の五十音」が出てきたあと、「ひと よみきり（「第一課」の意・稿者注）」には、

いろ　いは　いほ　いへ　いと　いち　いぬ　いか　いた　いそ
いね　いよ　いけ
いき　いし　いも　いを

という『うひまなび』とほとんど同じ単語が並んでいる。この本も、全冊三五丁のすべてが仮名で表記されている。『うひまなび』との違いは、途中所々に単語とその図が示されていることである。また、後半部に進んでいくと、単語を組み合わせた文が示されるようになる。たとえば、「にじうに よみきり（第二二課・同）」は次のようになっている。

あゝ　かなし　や　あゝ　うれし　や　おや　かみなり　が　なる○
おゝ　こは　や　おゝ　をかしい　やれ〳〵　ごくろう
なにと　まあ　うつくしい　はな　で　ござい　ましよう
なにと　まあ　あつい　こと　じや　やら
やれ〳〵　さむ　や
おゝ　あぶない、　けが　を　します　ぞ

これ以降は、事物をめぐって対話するような文章形式が、「さんじうよみきり」まで続いている。「小学教則」によれば、こうした仮名文字を、それぞれの子どもが「石板ニ記シ」て、「綴字」の学習が進んで行くことになる。石板（石盤）は、文字や単語を繰り返し練習するのにはふさわしい教具である。しかし、長文を書くことはできないし、なによりも記載事項を保管しておくことができない。もっともだからこそ、石盤は「いろ いは いほ」などの仮名文字の簡単な単語を何度も反復記述して、それを記憶することを主とする学習に際しては、最適な教具だったのである。つまり、学習の内容は、学習者がどのような教具を使用するかによっても規定されるということである。柳河の『うひまなび』や古川の『ちゑのいとぐち』は、一見、仮名による単調な単語で埋め尽くされている無味乾燥な教科書のように見えるが、石盤を使う反復学習を想定した教材集としては、それなりの意味があったのである。[*21]

『ちゑのいとぐち』見返し
明治４年

「言文一致」を研究する国語学の立場からの『ちゑのいとぐち』の評価は、かなり高い。古田東朔は、「幼童の教材に口語文体を使用しいるもっとも早い例にあげられる」と述べ、『ちゑのいとぐち』を幼童用教科書での口語文体採用の初見としており、山本正秀もそれに同意している。しかし、ここに登場した「なにと　まあ　あつい　こと　じややら」というような日常の口語文体が、そのまま翻訳啓蒙書の中の会話文の翻訳に使用されることはなかった。*22

(2) 古川正雄の『絵入智慧ノ環』の構成

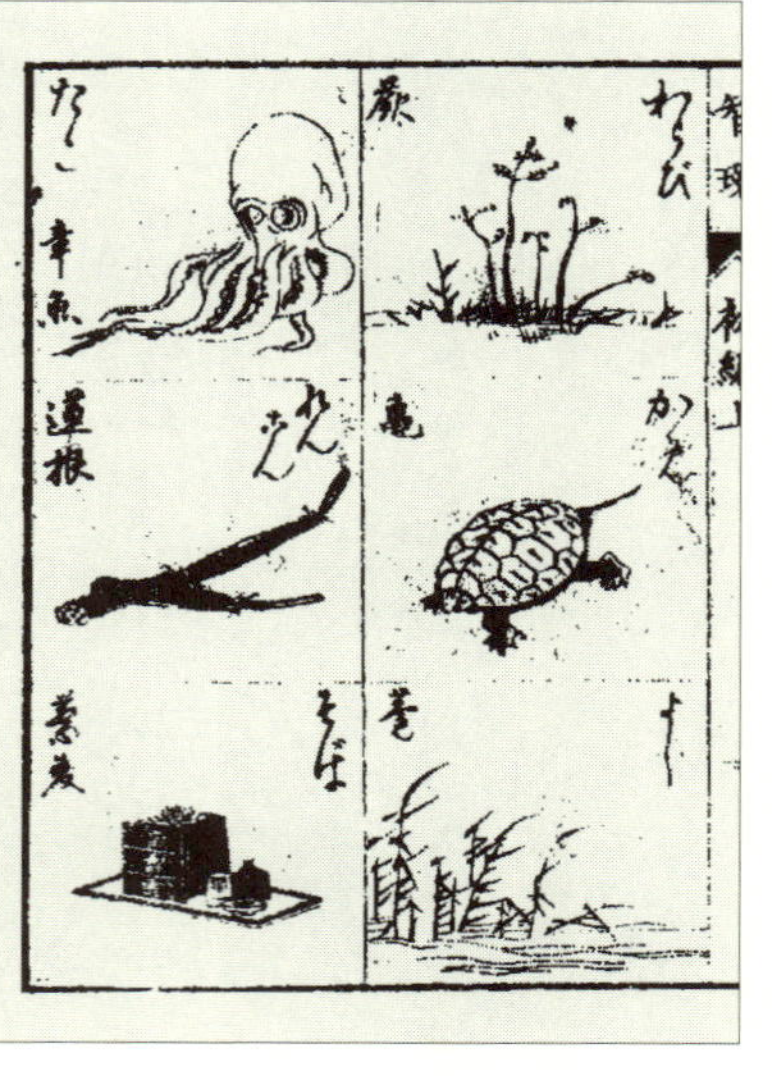

『絵入智慧ノ環』初編　三ウ

『絵入智慧ノ環』の上巻の構成

問題になるのは、古川正雄の『絵入智慧ノ環』一の巻、である。この本は正式には「初編上　詞の巻」という名称になっており、全八巻構成のうちの最初の巻である。『絵入智慧ノ環　初編上』も「ひらかなのいろは」で始まっているが、「二ウ」からは絵を付した「単語図」になり、それが八頁分続く。すぐ後に文部省から刊行されることになる『単語図』とは異なり、ひらがなも添えられている。この本は後半部にも、単文に挿絵がついた頁がたくさん出て来る。学習者にはきわめて親切な配慮だが、中には習字の手本と見まごうような頁もあり、単に石盤と石筆を使うことだけが前提とされていたとは思えない。つまり、この本は「石盤」を使用することを前提とした「綴字」の教科書には、必ずしも最適だというわけではないのである。しかし、古田の言うように、この『絵入智慧ノ環　初編上』が、「入門期教材としての配慮がかなりよく示されている」ことは間違いない。*23

もっとも、『絵入智慧ノ環』の「初編上」だけを取り立てても、全体の構成を視野に入れて検討しなければ、古川正雄がこの本を制作した意図とは、遠いものになってしまう。というのも、繰り返すが、古川は、「綴字」の学習に使われることをあらかじめ想定した上で『絵入智慧ノ環』を著述したのではないからである。そこで、『絵入智慧ノ環』全八冊が、どのような構成になっていたのかを見ておく必要がある。

『絵入智慧ノ環』全八巻は、以下のような副題を持っていた。（刊行年月は、家蔵の巻末や見返しの刊記によったが、これと異なる刊記を持った諸本がある。）

初編上	詞の巻	三年	初編下	詞の巻	三年一一月
二編上	万国尽の巻	三年一〇月	二編下	詞の巻	四年二月
三編上	大日本国尽の巻	四年六月	三編下	詞の巻	五年春
四編上	名所の巻	五年初夏	四編下	詞の巻	五年春

ここからは、『絵入智慧ノ環』が、初編から順次刊行されていったこ

とが分かるが、上巻と下巻とは内容的に、まったくといっていいほど異なっている。すなわち、それぞれの下巻四冊は、「詞の巻」としてひとまとまりのものと考える必要がある。

そこで、まず、上巻四冊の内容を通覧しておく。

「初編上　詞の巻」は、すでに見たように、綴り、単語、習字など、つまり文字学習の入門編になっている。続く「二編上」は、世界地図と世界の国名である。世界地図は見開きの木版色刷りが九葉入っている。明治期の三大ベストセラーの一つに数えられる『輿地誌略』は、成人向けに書かれているから、各国の記述が詳しくなされているが、『絵入智慧ノ環』は、主要な国名だけしか記載されていない。そのかわり、巻末には「世界国々の旗」が九頁にわたって四七旗も示されており、視覚的にも華やかである。このことからだけでも、明らかに子ども向けの世界地理入門書として作成されていることが分かる。さらに、「三編上」は、日本地理で、これも地域別の木版刷りの日本地図が四葉挿入されている。国名と主要都市名が漢字で書かれており、すべてにルビが付いている。この二冊は『単語篇』に地図を添えたような仕上がりである。

「四編上」は、「名所の巻」で、最初の五丁、一〇頁分には、日本略史が書かれており、神代から明治の御一新までの大筋が摘記されている。この部分は、日本史の概説読み物と見ることができる。それに続く六丁から二六丁までは、東京から始まり関西、四国、九州、北海道、東北とほぼ全国の名所が、名所図絵と案内文がつけてある。江戸末期に各地で刊行された名所図絵の子ども版といっていい。もっとも、二・三編は、名尽くしだったが、この「四編上」は、文章で説明してあるので、読み物風になっている。したがって『絵入智慧ノ環』四編上だけを取り立てて、「子ども歴史地理読み物」として分類することもできるだろう。

その文章の一部を、次に紹介してみよう。漢字にはルビが振られ、全文が単語分かち書きになっている。

［相模］ 金沢（かなざは） より 海上一里（かいじやういちり） みなみ の かた に わたれ ば、そこ は 相模（さがみ） の 横須賀（よこすか） なり。この ところ は 徳川家（とくがはけ） の とき より フランス人（じん） を やとひ て、やま を くだき うみ を うめ て、ドック とて ふね を しゆふく（修復・稿者） する ところ を こしらへ はじめ し に、去年（きよねん） の は

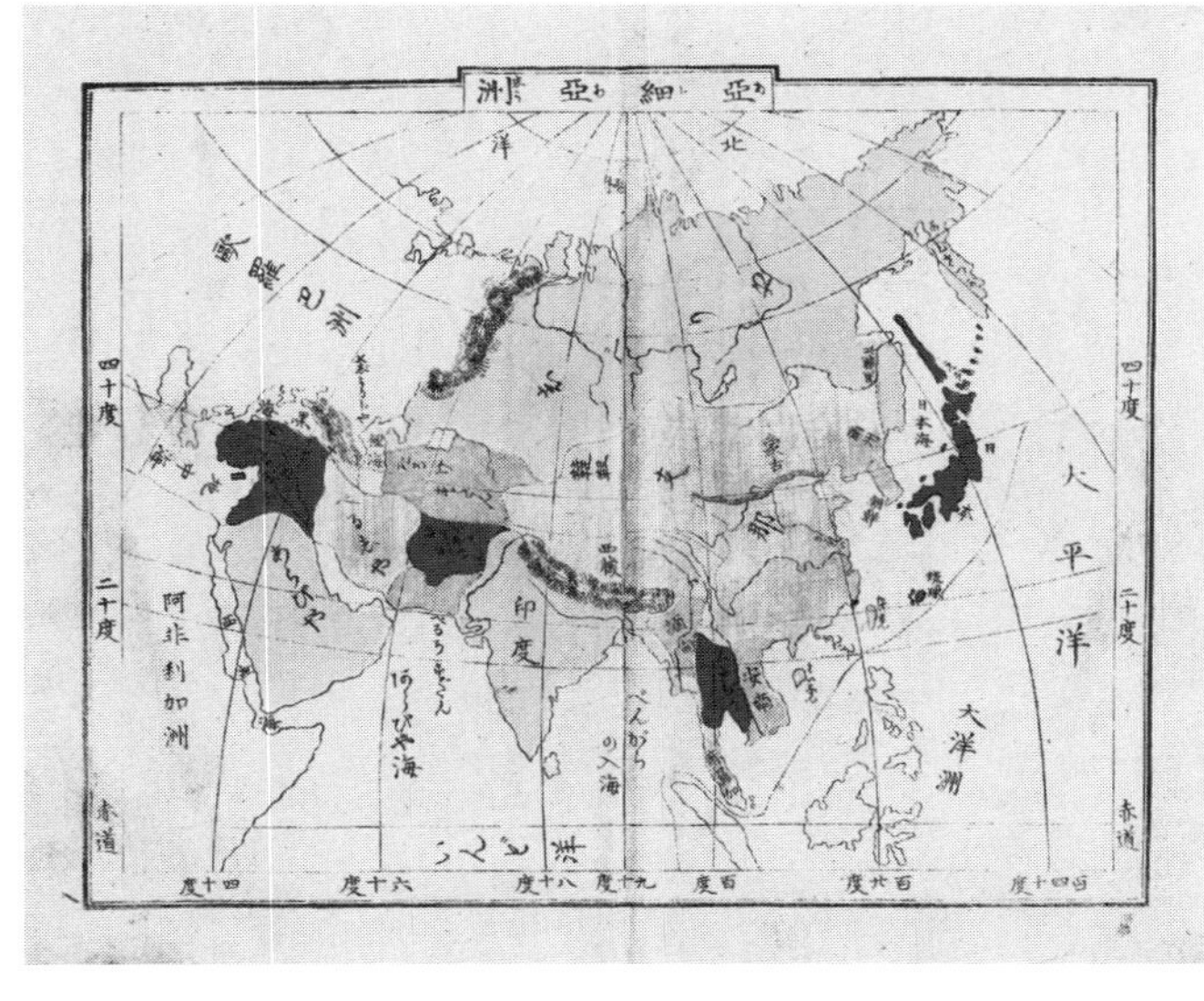

『絵入智慧ノ環』二編　上　アジア地図（見開き）

る はじめて ドック 成就し、 それより 日本 ならびに 外国 の 軍艦 商船 は かはる〳〵 しゆふく の たえま なく、 人家 も おひ〳〵 ふへ、 もとは た、 はたけ、 くさむら あるひは こやま たに あひ なりし と ころ も、 いま は 人家 たち ふさがりて にぎやか なる ところ と なりぬ

旧来の名所案内にあるような各地の産物や名所案内に加えて、新しくドックを備えて船の修復作業が始まり、新興開拓地として賑わう横須賀についての情報を掲載するなど、啓蒙思想家らしい筆致で各地の状況を、平易な語彙を使って記述している。このほか神戸や函館などについても、最新の情報を紹介しようとしている。こうしたところにも、新しい時代の子どもを意識して、本を作ろうとしていることが伺われる。

『絵入智慧ノ環』の下巻の構成

一方、下巻の四冊は、上巻とはかなり異なった方針のもとで作られている。つまり『絵入智慧ノ環』の各編の下巻四冊は、すべて文法に関する記述が中心になっているのである。この四冊の下巻については、古田東朔が「明治以後最初に公刊された洋風日本文典」という論文の中で、それらを「洋風日本文典」の嚆矢としてとらえ、その特徴を記述している。古田によれば「明治以降、西洋文典の組織にならつた日本文典が続出するようになる」が、「洋風品詞分類」を始めて行い、それが公刊されたのは、この『絵入智慧ノ環』が最初だという。単独の文法書として刊行されたわけではないが、古田は『絵入智慧ノ環』の各編の下が、それぞれ「初編下・各品詞の概説」「二編下・『なことば』の細説」「三編下・『かへことば』『さまことば』の細説」「四編下・『はたらきことば』の細説」となっていることに着目し、その各編を「特にとりあげて洋風日本文典と称しても差支えないであろう」と述べている。さらに、古川正雄がこの文法部分を記述するにあたっては、「品詞論は蘭・英文典の構成にならい」「内容に関しては国学者の成果を適宜に配置」したのだろうとしている。

学校教育との関わりということから見ると、『絵入智慧ノ環』が「小学教則」に直接に影響を及ぼしているのではないかという古田の推論が興味深い。つまり、「小学教則」の「文法」に掲げてある「名詞・後詞・様詞・代詞・動詞・接詞・副詞・嘆詞」などの文法用語が、『絵入智慧ノ環』の「各品詞の概説」と一致する。また、名詞の格変化を主張する「三編下」の記述も、ほかの明治初期の文典とは一致しないが、「小学教則」には「名詞ノ諸変化」という指導内容がある。したがって、『絵入智慧ノ環』は、「小学教則」の「文法」の内容を規定すると同時に、その教科書としても想定されていたと考えられる、というのである。*24

もともと、文部省の「学制」および「小学教則」自体には、福沢諭吉の影響力が強く働き、福沢諭吉自身の著作を始め、慶應義塾で学んだ洋学者たちの著した著作物が数多く教科書として指定されていたわけだから、塾頭だった古川の文法理論が「小学教則」に反映しており、その著書が教科書として想定されていたとしても、なんら不思議ではない。もっとも、『絵入智慧ノ環』の文法記述は、「二編下」の各品詞の概説に続き、各説に及ぶはずだったが、「四編下」の「はたらきことば（動詞）」で中断してしまっている。また、「小学教則」では、「下等四級」から開始されるはずの「文法」は、学習内容の概略こそ示されていたものの、「当分欠ク」となっていた。「文法」の教科書として、この『絵入智慧ノ環』

が想定されていたとしても、実際には、それが日本の「文法教科書」として使われることはなかったのである。

また、山本正秀は、この「四編上下」の二巻について「、と。の句読点を区別して併用したことは、翻訳書以外での、。併用の日本文の最初として特筆大書しなければならない」としている。山本は、これが欧文のコンマ、ピリオドの移植であることは認めつつも、、と。併用の句読法が、日本の近代文章に「文法的鮮明また論理的明晰を獲得できた」と評価しているのである。*25

なお、「文法」の学習に関して付け加えるなら、『絵入智慧ノ環』のように、小学校の学習の入門期に「文典」で文法学習を進めるような方法は、煩瑣な文法規則をいきなり初学の「幼童」に教え込む困難さをともなう。もちろん当時は、教育場面においては、多くの知識を与えることが重要だと一般に考えられていたから、その限りにおいては、こうした知識重視の文法学習は、取り立てて問題にはならなかったのかもしれない。この点について、古田東朔は、この時期の言語教育で「文法」が重視されたのは、「幕末の頃から、洋学を勉強する人たちが、最初に洋文典を学習するようになったことが関わっているから」だと述べている。外国語を学習するに当たり、文法知識の有無が、当該の文章の解釈に大きく作用したという実際の経験が、「文典」を重視する態度を生んだというのである。古田は、語学学習において、まず「文法」から始めるという傾向は、この時期に確立され、おそらく今日まで続いているとも述べている。だがそれは、母語の読み書きを習得した成人が、異言語を学習するときに「文法」の知識が有効に機能するという文脈の中において有効性を持つ話である。外国語教育には「文法」の教育が有効だとしても、母語教育としての言語教育を推進する際に、それが必要なのか、あるいはどのようにすれば有効に機能するのかという問題は、この時点では十分に議論されなかった。というより、この後一八八一（明治一四）年五月に出された「小学校教則綱領」では、肝心の「文法」そのものが、小学校の教育課程から外されてしまうのである。

(3)『絵入智慧ノ環』の内容の検討

総合教科書の嚆矢

ここであらためて『絵入智慧ノ環』全体の主要な内容を、現在の学校教育における教科目という観点から整理し直してみる。すると次の表のように、数学の内容についてはカバーされていないが、いわゆる人文系の教科内容の大方がここに用意されていると考えられる。

初編上	文字・言語学習の入門書	初編下	文法概説
二編上	世界地理（三大州・六大州・各国）	二編下	文法（母音子音・名詞）修身
三編上	日本地理（国名・都市名）	三編下	文法（代名詞・形容詞）窮理
四編上	日本史　地誌	四編下	文法（動詞）

ちなみに、「二編下」に掲載してある「修身」の教材は、室鳩巣の『六諭衍義大意』の冒頭の「孝順父母」の節をまるまる引用したもので、古川もその旨を注記している。『六諭衍義大意』は、寺子屋などで広く読

まれていた在来の修身書である、こうした教材選択の姿勢は、欧米の修身書を翻訳して日本の子どもに読ませようとした福沢諭吉の姿勢とは、若干異なっているように思える。もっとも、ここに取り上げられたのは『六諭衍義大意』のうちの「孝」という徳目の話題であって、儒教嫌いの福沢も「孝」という徳目自体に反対していたわけではなかった。

教科書編集という観点から見て、重要なことは、古川がこの「孝順父母」の文章を掲載した意図である。古川は「孝の道をしらしめ」るだけではなく、この文章を記憶させておいて、後に、「ことばづかひの例」として検討させるための材料とするつもりだ、と記しているのである。先に述べたように、文法の解説自体は、「四編下」の「はたらきことば(動詞)」で中断していた。したがって、実際には、すべての文法事項の学習が済んだ後に、再び「二編下」の『六諭衍義大意』の文章にさかのぼって、それを文法的な観点からあらためて見直すような学習活動を組むような機会は訪れなかった。しかし、古川はここで、既習言語教材を材料にして、いわゆるメタ言語学習をさせるように教材配列を考えていたのである。

同様の例は、「三編下」にもある。「三編下」は、音韻と文法事項が中心なのだが、その間に挟まって、「地球儀・世界の気候・軽気球」など「窮理」に関する絵入りの説明文記事が、五頁分挿入されている。この記事自体は、福沢諭吉の著作である『訓蒙窮理図解』など当時広く出版されていた窮理書やアメリカの地理書などから、いくつかの話題をつまみ食いしただけの教材のようにも思える。しかし、古川がこの絵図について、「末々の巻に至りて心得となることあらむ」と注記していることを考えると、この『絵入智慧ノ環』の「三編下」では「窮理」に関する情報の頭出しをして学習者に興味を持たせておき、後に本格的に「究理学」を学ぶ準備のための教材として用意したという意図が読み取れる。実際に刊行された『絵入智慧ノ環』は、総数で八冊だけでしかないが、古川がこの後に続くべき多様な教科書群を想定していたことも想像される。

つまり古川正雄は『絵入智慧ノ環』に、一度学習した教科書の文章を「文法」的な観点から再度振り返ったり、そこからさらに発展していく準備的な教科書としての性格を持たせようとしていたのである。また、既刊の八冊の『絵入智慧ノ環』だけに限ってみても、これはこれ自体で「総合教科書」としての体裁を備えており、当時の教科書の中ではかなり工夫がなされている。山根安太郎も、「『絵入智慧ノ環』の編成は読本段階にまで接続させ、かなり学習興味をかんがえ、段階的進展がくふうされている」と高く評価しており、とりわけ初編上については「学制以後の師範学校掛図類の内容よりも児童の程度にちかい」と述べた上で、「今

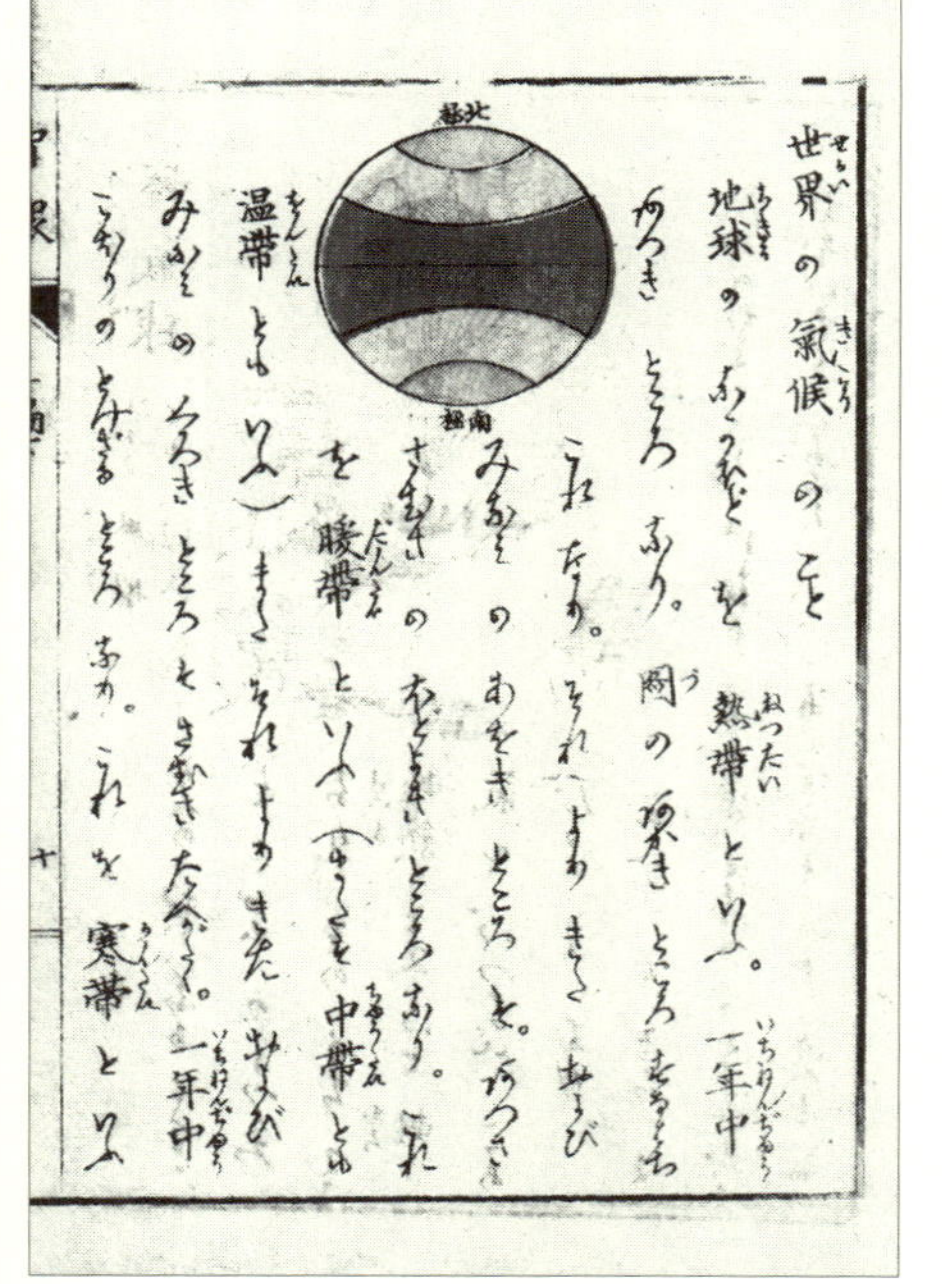

『絵入智慧ノ環』三編下　気候

日の入門書の構成に近い」と、その先進性を指摘している。*26

この後、教育制度が整い、それぞれの「教科目」が独立性を強めていくにしたがって、各教科の教科書も教科の系統性を主張した独立性の高いものになっていく。すると今度は、それを学ぶ学習者の視点に立った教科の統合が模索され、それに適った教科書を求める声が出てくるのである。その代表的な主張は、明治三〇年代にいたって樋口勘次郎が、まったく別の角度から取り組もうとした統合教科書の構想だった。樋口の統合教科書の思想とその結果については、第五部第三章で取り上げることになるが、近代学校教育に置かれた教科目を、統合したものとして理解させようという発想、すなわち、知識や情報をバラバラなものとして与えるのではなく、一人の学習者の中にそれをいかに主体的に統合させるかという努力は、これ以降も連綿と続いていくのである。

こうしたことを考え合わせると、古川がこの時期に、総合的な内容を盛り込んだ教科書を実際に制作したことの意義はきわめて大きなものがある。古川正雄の仕事は、草創期の初等教育、とりわけ総合的な教科書作製のあり方を積極的に提示したものとして評価しなければならないだろう。*27

幼童の教育用玩具の作製

さらに、古川正雄の仕事の意義を考えるときには、石井研堂が『明治事物起源』で記していた「幼童の教育用玩具の類」にも目を留める必要がある。石井のいう「幼童の教育用玩具の類」とは、「稽古地図、西洋算術稽古道具、西洋地図手本、組立地球儀、組立地図」のことである。古川の作成した教育用玩具の実物を確かめることができなかったので、実際にはどのような教具なのかは、不明である。

しかし、『准刻書目』の、一八七三（明治六）年一二月の項目には、次のような記載を見出すことができる。

一、古川正雄製造組立地球儀　数六十内三十出来　箱入　売払人　青山清吉
　独乙国ノ製ニ倣ヒ地球儀ヲ六箇ニ横切シ中切レテ又四切至シ合十八箇ニ切リ是ヲシテ児童ニ組立サセ地理学ヲ早ク合点セシムル為ニ地名等ハ漢字或ハ仮名ヲ以書ス

一、同人製造組立地図　数六十内三十出来　箱入　売払人　青山清吉
　独乙国ノ製ニ倣ヒ四角ナル駒三十ノ各面ニ六大州ノ国ヲ切貼致シ之ヲ児童ニ組立サセ地理ノ模様ヲ知リ易カラシム為メニ地名等ハ漢字或ハ仮名ヲ以テ記ス

『准刻書目』に掲げてある書籍の内容紹介の文章としては異例に詳しい記述だが、これによって、「組立地球儀」や「組立地図」がどのようなものなのか、おおよその見当を付けることができる。また、古川とともにウィーンの万国博覧会へ派遣された近藤真琴が、そこに設けられた「童子館」に出品されていた様々な教育用の道具類を記録した『博覧会見聞録別記 子育の巻』という書物を著している。そこには、この組み立て地図が図入りで紹介されており、さらにそれを古川が「模製」したことも記されている。*28

近藤は、「其角木（かくぎ）一ッは第二四図の如くにして大きさ彩り（いろど）皆おなじけ

ればよほど心を用ゐざれば此木はいずれのめんを亜細亜となしいづれのめんを欧羅巴となすべきを見分けがたし」と述べている。つまり「組立地図」とは、ただ地図を眺めるだけではなく、実際に手を動かして組み立てることで図像の弁別作業を行い、子どもたちの興味関心をかき立てようとする学習者参加型の教具だったのである。古川たちは、そうした学習材を積極的にヨーロッパで収集し、それを真似た製品を作って日本でも普及させようとしたのであろう。

もっとも、地球儀に関しては、すでに「小学教則」の上等小学第七級の「地学輪講」に、教科書として『輿地誌略』を用いるとともに、「地球儀」を使うことが明示されていた。したがって、一八七二（明治五）年以降には、学校教材用として比較的安価な地球儀が民間で作製され、販売されていたことも考えられる。しかし、民間で「地球儀問答」のような地球儀に関係した書名を持つ本が相次いで刊行され始めるのは、明治七年以降のことであるから、これらの教育用の「地球儀の類」が実際に普及するようになったのは、古川の洋行後だった可能性もある。*29

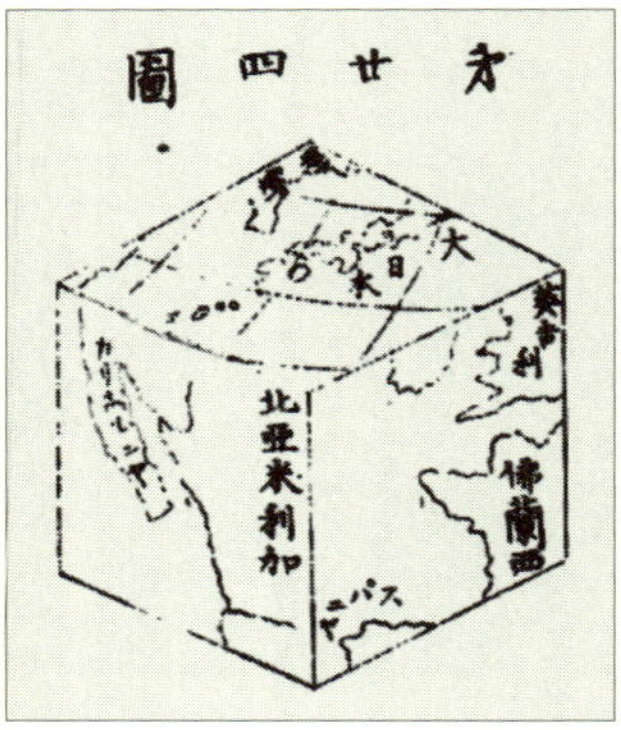

『子育の巻』挿絵

この時期、地球儀は、五大陸の関係や世界の中の日本の位置を立体的に認識できる装置として、文明開化の世の中を庶民に直接感得させる大きなインパクトを持っていた。地球儀自体は、日本でもすでに江戸時代に渋川春海や司馬江漢によって作製されている。明治期に入ってからは、福沢諭吉の『訓蒙窮理図解』（一八六八《明治元》年刊）の中に地球儀の絵が登場するし、『輿地誌略』（一八七〇《明治三》年刊）には、誌面いっぱいに「地球儀之図」が掲げられていた。だが、そうした平面にかれた地球儀の図とは異なり、球形の立体物は人々の視覚に直接訴えかけ、世界の中の日本の位置という新しい意識を醸成したにちがいない。

例えば、次頁の図版で示した新聞錦絵『大阪日々新聞紙』には、地球儀が書店の店頭に並べられて販売されている様子が描かれ、旧弊な大人と対比させて、科学的な文明開化の知識を持つ子供への期待が記事の文章として書かれている。おそらく古川の「組立地球儀」も、そうした世間一般の文明開化への興味関心という意識を背景にして、実際に小学校で使用される教具として作成されたのだろう。『絵入智慧ノ環』の二巻と三巻の上巻に、世界や日本の地図が何葉も挿入されているのも、こうした当時の風潮に対応したからだっただろう。*30

平面地図ではあったが、福沢諭吉も、一八七三（明治六）年七月に、子どもに向けた『子供必要日本地図草紙』を作製している。そこには、世間に出回っている地図類は詳しすぎて「初学児童へ地理ヲ教ルタメニハ却テ不便利」だといい「読書ノ初ニ経典ノ講義ヲ聴カシムルガ如シ」と、子どもの発達段階に即した教材が不足しているので、この教材を作ったと述べている。また、この地図はあくまでも「初学ノ児童習字ノ傍ニ用ユ可キ地理ノ草紙」であり「啓蒙手習之文ニ附属セルモノト見倣ス可キナリ」とも言っている。これに対して、古川が手がけた「幼童の教育用玩具の類」は、福沢諭吉の教育に関する構想の延長線上にあるものの、さらにヨーロッパの具体例を参考にして、学習者が参加できる教材として発展させたものだった。[*31]

いうまでもなく、このような教材教具類の作製には、絵師や摺師、あるいは細工職人などを初め、それを宣伝・販売する商人などの参加が必要である。そこには、それまで教育関係の仕事とは直接の関わりの無かった人々も、進んでそうした商業活動に加わったに違いない。明治新政府が主導して新しい学校教育制度を展開しようとしたとき、目先の利く商人たちは、それに役に立つ商品を積極的に開発して、学校だけではなく一般市民にも売り込んだ。また、新奇なものに対する庶民の好奇心も、そうした販売行動によって掻き立てられただろう。こうした商業活動に、古川がどこまで主体的に関与したのか、その実態は不明であるが、当然のことながら教材教具の開発と流通には、そうした商業的・経済的な要因が絡んでくることを確認しておきたい。

『大阪日々新聞紙』第四号　明治８年？
24 × 17cm

このように古川正雄は、福沢諭吉の仕事の後追いをしながらも、洋式文法を取り込んだ総合教科書の作成という独自の成果を残し、また初等教育全般に対する教具の開発という点で、具体的で実践的な仕事の先駆けの足跡を残した。とりわけ教科書の編成原理の問題を、かなり早い時期から考えていたことは注目に値する。この後の教科書編成の中にそうした知見が直接活かされたわけではないが、古川の独自の成果として高く評価してよいだろう。

「新聞」と子ども読み物

先ほど「地球儀」を題材にした「新聞錦絵」を紹介したので、ここでは、「新聞」から派生したと考えられる「子ども読み物」に関しても言及しておく。

ここに、『平仮名新聞稚絵解(をさなゑとき)』と題した書物がある。知られているように、「新聞錦絵」は、基本的に明治初期の各種の「新聞」の記事をリソースにした文章に、錦絵を添えた木版画で、記事と絵とが合体した「一枚絵」である。文字のみで記された「新聞」を、リテラシー能力の低い庶民へと媒介する機能を果たしたメディアであり、明治七年から一〇年頃にかけて盛んに刊行された。もともとが、識字能力のそれほど高くない読者層を対象に作成されたものだったから、文字を習い始めた子どもにとっても、なじみやすい媒体であったことは容易に想像できる。しかし、そこに記された内容は、成人向けの新聞記事に取材しており、話題も刺激的でセンセーショナルなものが多かった。つまり、一般の「新聞錦絵」は、「童蒙子女」をも読者対象に含んではいたが、「子ども」専用に作製されたわけではない。

それに対して、この『平仮名新聞稚絵解』は、各種の新聞を材料に、平易な文章によって「絵解き」をして、子どもに読みやすいように作られており、文字も「平仮名」を使用していた。刊行の趣旨は、『平仮名新聞稚絵解・初号』の冒頭に、画工である梅堂国政によって、「各社の新聞を種となし文意の解しがたきも有んかと読得やすく平仮名に直しこれに画を加へ児童婦女子の為に一部の草紙となしぬ」と記されている。判型は中本、一二丁。「朝野新聞」「報知新聞」「読売新聞」「絵入新聞」「東京日々新聞」など数種類を原拠としている。収録内容も、「子ども」が読むことを配慮して、殺人事件や刃傷沙汰は避けられており、子どもに訓誡する姿勢が強く出ている。この書物は、明らかに大人向けの刊行物を、ダイジェストして、「子ども読者」に提供しようとする思惑のもとに作製された読み物集である。「子ども新聞」の濫觴と言っていいかもしれない。[*32]

『平仮名新聞稚絵解』表紙
明治８年

『平仮名新聞稚絵解』内容
明治８年

　このように子どもを対象に、もとの文章を平易にして図像を加えた出版物は、江戸期においても、「稚絵解」などの題名を冠して多数刊行されていた。たとえば、一八五二（嘉永五）年の『童子教稚絵解』や、『千字文稚絵解』（刊年不詳）は、初心者のための教育用「絵解」本であり、一八六一（文久元）年に、仮名垣魯文が刊行した『童絵解萬国噺』は、「童蒙婦女」に海外事情を紹介する書物である。したがって、この『平仮名新聞稚絵解』は、以上のような江戸期以来の読み書き初学者のために作製された読み物の系譜の中に、位置づけることもできる。

　一方、同じ一八七五（明治八）年には、『當世流行新聞小学』が、依田百川（学海）校閲・岡敬孝編によって、報知社（東京）から刊行されている。判型は、半紙本、一五丁。この書物の表題にも『平仮名新聞稚絵解』と同様、「新聞」という用語が採用されている。木村小舟は、『當世流行新聞小学』について、「少年雑誌の発生と断ずるは、或は異議あるやにも思われるが、併し未来の少年雑誌の萌芽の、早くもここに現れたことは、否定する訳には行くまい」と述べて、この小冊子を「少年雑誌」の嚆矢と判断している。確かにこの『當世流行新聞小学』は、最新ニュースを集成し、平易な文章によって冊子体にまとめて子ども向けに編集したという意味で「少年雑誌」と言えないことはない。

『當世流行新聞小学』の記事は、『平仮名新聞稚絵解』と同じように、各種の大人向けの「新聞」から取材したようだが、出典は記されていない。また、表記は、仮名交じりの文語文で、全ての漢字にルビが付されている。この本の中心的な話題は、最近の「孝子に関する情報」である。当時の小新聞には、市井の人々の善行や悪行などが盛んに報じられていたから、編者の岡敬孝は、それを抜き出して編集し、子どもへの教訓の材料にしようと考えたのであろう。こうしたことから、『平仮名新聞稚絵解（をさなゑとき）』も、『當世流行新聞小学』も、内容的には、第六部第二章で取りあげる「修身読み物」の一種だと考えることもできる。ただ、両書ともに現存しているのは、初編から四編までのそれぞれ四冊だけらしいので、どちらも、盛んに売れたというわけではなかっただろう。*33

以上の二つの書物は、ともに、大人に向けて刊行された「新聞」を二次利用して、そこから年少の読者に相応しい話題を選び、また文章表現にも配慮して作製されたものだったと、約言できる。この時期に、こうした年少の子どもを読書対象にした小冊子が刊行され始めたのは、出版社の側が、大人読者と同様に、新しい「新聞（ニュース）」を求める「子ども読者」たちに向けて、その知識や感覚を「啓蒙」する媒体を用意しようと考えたからにほかならない。いうまでもなく、その発想は、学校教育制度の開始に伴って用意された「教科書」や「子ども向け翻訳読み物」の作製と、それほど遠いところにあったわけではなかった。

三、松川半山の関係した国語教科書など

(1) 明治期の松川半山の仕事

浮世絵師・松川半山

ここまで行ってきた一連の国語教科書や子ども読み物の検討に、松川半山の仕事を加えることには、異論があるかもしれない。半山の教育に関する仕事は、福沢や古川の仕事のように、それほどオリジナリティがあるわけではなく、またそれが時代を超えて評価されているわけでもない。半山の評価は、優れた江戸期の絵師として定まっており、それは今日でも動かないだろう。しかし、明治初期の教科書及びその周辺の出版物の様相を知るためにも、また、教科書や子どもの読み物に果たした挿絵の役割を考える上でも、明治初期の半山の仕事を見ておくことは意味のないことではない。

松川半山は、もともと絵師だった。文政元年の生まれで、師匠は菅松峯。大蔵永常著『綿圃要務』に挿画を描いたのを皮切りに、一六歳から三五歳までの二〇年間に、挿画作者として名をあげた。この後、戯作者暁鐘成（あかつきかねなり）と提携して、『西国三十三所名所図絵』や『摂津名所図絵大成』など、数多くの名所図絵などの挿画を描いている。長友千代治は、半山の画業を三期に分け、一六歳から三五歳までを第一期、文筆と画筆とを鐘成と分担した時期を第二期、それ以降慶応元年から明治一五年一〇月に半山が没するまでを第三期としている。長友の分類によれば、教育書に関係したのは、第三期に当たる仕事だということになる。

長友は、その第三期のうちでも、半山が、協力者であった鐘成を失っ

た後、ようやく新しい方向を探り当てたのが、一八七二（明治五）年の頃である、とする。「半山が探りあてた新しい道は、明治維新における新しい波を、挿画作者という立場で受けとめ、幼童婦女子向けの啓蒙書を制作することであった」のだが、長友は、しかし、「半山の生涯においては、この時期の活躍がまだ解明されておらぬ」と述べる。その上で長友は、半山の明治期における著作物として刊行されたものを、次のように列挙している。[*34]

一　習字（てならひ）に関するもの

イ　明治用文章（明治五年）

ロ　窮理贈答文（明治六年）

ハ　習字はじめ（明治六年）

ニ　童蒙画引単語篇（明治七年）

ホ　新選女年中用文章（明治一一年）

二　画学等に関するもの

イ　画学早まなび（明治六年）

ロ　西画早学（明治六年）

三　世界を案内するもの

イ　世界新名数（明治六年）

ロ　横尾謙七輯『世界節用無尽蔵』に画図（明治九年）

四　商売往来物

イ　開化童子往来（明治六年）

ロ　万国新商売往来（明治六年）

ハ　横田重富編『商売必読万国商売往来』に挿画（明治六年）

五　教授法に関するもの

イ　小学入門教授解（明治九年）

ロ　画引博物図註解（明治一〇年）

ハ　文部省編纂『博物図教授法』に註解并画（明治一〇年）

ここに挙げられた半山の仕事のうち、言語教育に関連があるのは、「一・習字に関するもの、四・商売往来物」それに、「五・教授法に関するもの」の一部である。いずれも読み書き学習の入門書、あるいは教師用書であり、「国語読本」や「子ども読み物」とは、直接の関わりはない。ただし、松川半山の経歴から言っても、そこにどのような挿絵を描いたのかという問題は重要な検討項目になる。というのは、国語教科書、および子ども読み物にとって、挿絵の果たす役割は、きわめて大きいからである。

多治比郁夫は、長友千代治の論文を踏まえて、この時期の半山の仕事にさらにいくつかを付け加えている。多治比の作製した詳細な半山の「書画刊行年表（明治五―七年）」によれば、この時期に刊行された啓蒙的な本は、「五代友厚の秘書的な人物で後に大阪商法会議所（今の大阪商工会議所）の書記長にもなった加藤祐一」が文章を書き、それに半山が挿画を描いているものが多い。[*35]

なお、この多治比の「年表」には記載されてはいないが、半山は、第一部で取り上げた鳥山啓著『西洋雑誌』（一八七三《明治六》年刊）にも、また、『西国立志編』から生まれた子ども読み物である山科生幹著『勉強示蒙』（同年刊）にも挿絵を描いている。明治初年に西欧の事情を紹介した書物を刊行するにあたっては、そうした事物を直接に見たり触ったりした経験はなくとも、西欧の書物の図像などをもとにして、器用に挿絵を書けるような人材が必要とされていた。半山はそのような要求に即応したのである。*36

ここでは、長友や多治比の研究成果の中から、単に挿絵画家として教育関係の仕事に関係した著作や、大人向けの啓蒙的な本は除いて、国語教育や教授法の著述家としての松川半山の仕事を抜き出してみよう。すなわち、半山の名前が「編」や「著」として明記されている物のうち、教育に関する著書を選んで以下に検討する。もちろん、松川半山の本業は絵師なのだから、図版はすべて彼が描いているが、ここでは、国語教育や教授法の著作家としての松川の仕事に光を当てて考察を進めたい。

（＊は、長友・多治比両氏の作製した著作目録に記載のない書物である。）

◆1『開化童子往来　初編』松川半山編并画
一八七三（明治六）年五月　大阪・群玉堂（岡田屋茂兵衛）

◆2『万国新商売往来』松川半山編
一八七三（明治六）年　月不明　大阪・赤志忠七ほか

◆3『童蒙画引単語篇　一』松川半山著画
一八七四（明治七）年九月　中本　大阪・梅原亀七

◆4『童蒙画引単語篇　二』松川半山著画
一八七四（明治七）年一一月　中本　大阪・梅原亀七

◆5『童蒙画引単語篇　三』松川半山著画
一八七五（明治八）年二月　中本　大阪・梅原亀七

◆6『師範教授小学生徒必携』杉景俊閲正・松川半山編画
一八七五（明治八）年一一月　大阪・三木佐助　＊

◆7『改正教授小学生徒必携』杉景俊閲正・松川半山編画
一八七五（明治八）年一一月　大阪・三木佐助

◆8『小学生徒必携色図註解』松川半山注解
一八七五（明治八年）一一月　大坂・岡田茂兵衛　＊

◆9『童蒙画引小学入門』松川半山註解并画
一八七五（明治八）年一二月　中本　大阪・梅原亀七

◆10『小学入門教授解＋甲乙色図わけ』松川半山編画
一八七六（明治九）年二月　中本　大阪・三木佐助

◆11『増補小学人体問答』松川半山編画
一八七六（明治九）年八月　中本　大阪・三木佐助

◆12『小学教授便覧』松川半山註解并画
一八七六（明治九）年一一月大阪・中川勘助・前川原七郎　＊

◆13『小学入門教授解＋小学人体問答』松川半山編画
一八七七（明治一〇）年四月　中本　大阪・三木佐助

（『小学入門教授解』には附録として、◆10には「甲乙色図わけ」が、◆13には「小学人体問答」が綴じ込まれている。）

（2）往来物や単語の手引き書

先行書の模倣

これら半山の仕事は、二つのグループに分けて考えることができる。初めのグループは、◆1から◆5までであり、往来物や単語の手引き書である。どちらも、従来の往来物や絵入りの節用集などを、若干改正したものである。独自の仕事というよりも、明治になってからさまざまに刊行された文明開化的要素を加えた「往来物」の焼き直しに近い。

すでに、一八七一年（明治四）年には、橋爪貫一が『世界商売往来』を出しており、それが「小学教則」の「単語読方」の教科書として指定されていたことは、先に触れた。おそらく、先行して刊行された橋爪の仕事などを真似て、半山の『万国新商売往来』も刊行されたのだろう。もっとも『万国新商売往来』が刊行された一八七三（明治六）年には、同年三月に東京の万青堂から萩原乙彦補訂・小室樵山書の『開化商売往来』が、同年六月には大阪の欽英堂から住正太編・村田海石書の『開化普通商売往来』が出版されており、半山だけが『世界商売往来』の模倣版を作ったわけではない。福沢諭吉が、『学問のすゝめ』の偽書に悩まされたように、当時はベストセラーの偽版も大量に刊行されていたし、内容も題名もよく似た本が沢山出されている。翻訳物理科学書ブームである「窮理熱」も、あるいは「子ども向け翻訳啓蒙書」の相次ぐ刊行も、こうした当時の出版事情の中で起きたのである。[*37]

『万国新商売往来』明治6年

『万国新商売往来』も、往来物という形式だけは江戸期とほとんど同じであるが、そこに使われている語彙は、文明開化の世の中に合わせて変化している。世情に応じた新しい事物の紹介も兼ねて、これらの書籍の作製をしたのであろう。もっとも、松川半山は自ら洋行したわけではないし、西欧の文物に関する新知識を積極的に入手できる立場にいたわけでもない。先行して刊行された類書を読みあさって、書肆の注文に応えただけである。それを示す資料が残っている。[*38]

それは、明治六年六月一八日付けで、半山が岡田利助に宛てた書簡である。その内容を、次の頁の上段に掲げた。岡田利助は、『開化童子往来』を刊行した書肆、群玉堂・岡田茂兵衛のことであり、半山はその版元から多くの本を借りていたことが記されている。本を作成するために、版元が参考資料として、これらの本を貸し出したのかもしれない。残っている手紙の内容は、その本を返済した覚え書きで、事務的ではあるものの半山の几帳面な人柄を窺わせる文書である。この時は、三二点にわたる書物を返却している。また、八月一三日には、同じ岡田利助あてに、六点の本を返却している。これも書名のみを、次頁の下段に掲げた。

これらの書簡によれば、半山は、辞書類や絵を描くための参考書のほかに、福沢諭吉の執筆した書物や、「小学教則」に教科書として指定された書物などの啓蒙書類を大量に借りだしている。また、『小学教授書』は、明治六年五月に、文部省が「師範学校彫刻」として刊行した教科書である。たくさんの新刊書を借り出したのは、もちろんそれらを参考にして、新たに類似の本を作るためだろう。八月一三日付の書簡には、六冊の本の返却と同時に半山が手がけている最中の「習字はじめ」の版下や題辞が、版元の岡田屋に送り返されている。また、六月に一端返却し

松川半山が岡田利助に宛てた書簡から書名だけを抜き出した

書籍返済之目録

一漢語用文	壱冊	一世間商売往来（ママ）	壱冊（小）
一啓蒙手習文	二冊（小・福）	一知恵の糸口	壱冊（小）
一博物新編補遺	三冊	一小学教授書	壱冊（師）
一英吉利単語編（ママ）	壱冊	一漢語消息	二冊
一窮理発蒙	三冊	一英語図会弐編	壱冊
一磨光韻鏡	壱冊	一西洋旅案内	三冊（福）
一西洋料理	二冊	一西洋事情前後	七冊（小・福）
一習字初歩	壱冊（小）	一理学初歩	二冊
一世界の富	壱冊	一和英通語	壱冊
一書翰辞蒙	壱冊	一豊懐韻鏡	壱冊
一窮理図解	三冊（福）	一西洋画引節用	壱冊
一智恵環	六冊（小）	一ういまなび	壱冊（小）
一英学初歩	壱冊	一開化往来	壱冊
一万国往来	壱冊	一増補手紙用文章	壱冊
一天変地異	壱冊（小）	一洋学童子訓	壱冊

〆三十点

一単語図解	壱冊	一地理往来	壱冊

此弐部ハ既ニ先日返済仕候、入帳御調べ可被下候

酉六月十八日　松川半山／岡田御店 利助様

御返済之本目録

一万職図考	八冊	一単語篇	三冊（小）
一西画指南	二冊（小）	一産蒙学初	壱冊
一単語略解	三冊	一開化往来　上の巻	壱冊

〆六点

一習字はじめ二編　板下壱冊

同四編　題辞　壱枚

〆　右之通御入掌可被下候

八月十三日／松川／利助様

稿者注　（小）は「小学教則」に指定された書目、（福）は福沢諭吉執筆書目、（師）は師範学校彫刻

た「開化往来」も、必要があって再び借りだしたのか、八月一三日の返却書目の中に名前が見える。半山が手元に置いていた本は、いずれも当時刊行された一般的な啓蒙書であり、英文の原書ではない。版元は、文明開化によって巻き起こった翻訳読書ブームを逃さずに、読み手たちの求める本を一刻も早く供給することが、もっとも緊急の要件だと考えたのである。

そこで、文章も書けるし、得意の挿絵を添えることができる松川半山のもとに、同じような思惑を持った複数の版元から、依頼が舞い込んだのだろう。多治比郁夫は、明治六年前後に書かれた松川半山の書簡四〇

通を翻刻して、「この頃半山には河内屋茂兵衛以外の本屋からも注文が殺到し、多忙を極めた様子が想像される」と述べている。時代は、大衆を対象にした分かりやすい文章を提供することのできる文筆家を必要としていたのである。

事情は、江戸でも同様だった。洋学者たちは外国の原書を、漢文文体や漢字仮名交じり文体で翻訳していた。知識人層にとって、そうした文体こそがもっとも理解しやすい日本語の文章だったからである。しかし、黄表紙や読本に親しんでいた庶民層は、必ずしもそうした文章になじんでいたわけではない。一方、平易な文章表現を駆使して多くの人々に読んでもらえるような文才を持っていた洋学者は、福沢諭吉を筆頭として数えるほどしかいなかった。そこに戯作者たちが活躍する余地が生まれる。江戸在住だった仮名垣魯文や、第一部で触れた梅亭金鵞（瓜生政和）などが、文明開化を当て込んだ読み物の作成を書肆から依頼され、それに応じて執筆活動を展開したのは、こうした文脈の中に置いてであった。

半山の工夫

とはいえ、半山は、先行する書籍をただ単に丸写ししたわけではない。そこに彼なりの味付けを付け加えていた。その点で、『童蒙 画引単語篇』は、いかにも半山らしい仕事だった。この本のもととなった『単語篇』は、一八七二（明治五）年に文部省が始めて編纂した教科書で「小学教則」では、教科目「単語読方」の教科書として指定されている。高木まさきの研究によると、『単語篇』は、一八七四（明治七）年には、三六府県のうち二七府県で、合計五二一〇〇〇冊が翻刻されたという。『官刻 単語篇』は漢字ばかりであったが、それに読み仮名を付けた『仮名附 単語篇』や、木板刷りではなく活字版などの異版も刊行されている。また、類似書も多く刊行され『女単語編』や『旁訓単語篇』などがあり、文部省刊の『単語篇』とあわせると八三種類もあるという。[39]

一八七三（明治六）年八月一三日付の書簡によれば、半山は、この『単語篇』と、橋爪貫一が同年六月に刊行した『単語略解』とを返却している。どちらの本も、単語が並んでいるだけで挿絵は付されていないから、半山はこれに図を付けたら便利だろうと考えたのだろう。江戸期に刊行された庶民向けの版本には、必ずといっていいほど図像が挿入されていた。イラスト事典とでも言うべきベストセラー『訓蒙図彙』を初めとして、多くの人々に知識を与えるための書物には、図は不可欠だったのである。従来の考え方からすれば、子どもに向けた啓蒙書を作製する際に、そこに図を入れない方が不自然でさえある。

文部省の『単語篇』に図が入っていなかったのは、おそらく習字の手本にも適用が可能だと考えたからではないだろうか。したがって『単語篇』を、知識読み物としての側面を前面に出した場合は、挿絵を付けた方が読み手に親切である。一八七四（明治七）年四月に刊行された、東京の島次三郎の『通俗 単語図解』や、同年七月、滋賀県の山岡景命の『単語篇図識』には、挿絵が付いている。また、一八七一年（明治四）に橋爪貫一が刊行した『世界商売往来』（六月一八日付け書簡では『世間商売往来』となっている）にも、豊富な挿絵が入っている。半山は、こうした先行書にも学んで、もともとの『単語篇』の語彙分類に依拠しながら、そこに収録されている単語に多くの単語を付け加えた。増加させた単語の中に外国の文物をできるだけ取り入れようとしたことも、『世界商売往来』などに倣ったささやかな半山の工夫である。

図版で示したのは『童蒙画引単語篇』巻之三の「飲食の部」である。文部省の『単語篇』では、「餅、飯」が挙げられていたが、半山はそこに「酸封酒・比留酒・米・塩」などを付け加えている。また、ほとんどの単語に絵を添え、また解説を加えたところに、半山の本領が発揮されている。今日の目から見れば、子ども向けの図鑑、あるいは知識絵本のように見える。したがって、これは広義の「子ども読み物」として考えることができなくもない。おそらく、幼い子どもたちは、こうした書物からまだ見ぬ事物を脳裏に刻み、また振り仮名をたどりながら、その名称を記憶していったことであろう。

（3）入門期国語教科書の解説書

教育関係書への関わり

『童蒙画引単語篇』三　16オ

さて、半山の仕事の次のグループは、◆6から◆12までである。これらは、『小学教授書』『小学入門』などの名称で、明治初期に作られた入門期国語教科書の解説書である。知られているように文部省は、新しい教育を推進するために、単語図や連語図、あるいは色図、博物図などの掲示用の教具を次々と作成した。それらは大型の刷り物として用意されており、教室の前面に掲げて使用するものであった。また、民間でもそれを真似て類似の図版が板行されている。近代教育における一斉授業とは、こうした知識伝達のための教具（メディア）を前面に掲げ、それを子どもたちが「見る」ことによって始まったのである。*40

しかし、実際には、学校に用意した掛図だけではなく、それぞれの学習者が個々に手にすることのできる教科書も必要になってくる。冊子形態ならば手軽に多くの教育内容を縦覧したり、家へ持ち帰って予習復習をすることも可能だからである。そこで、文部省は、単語図、連語図、

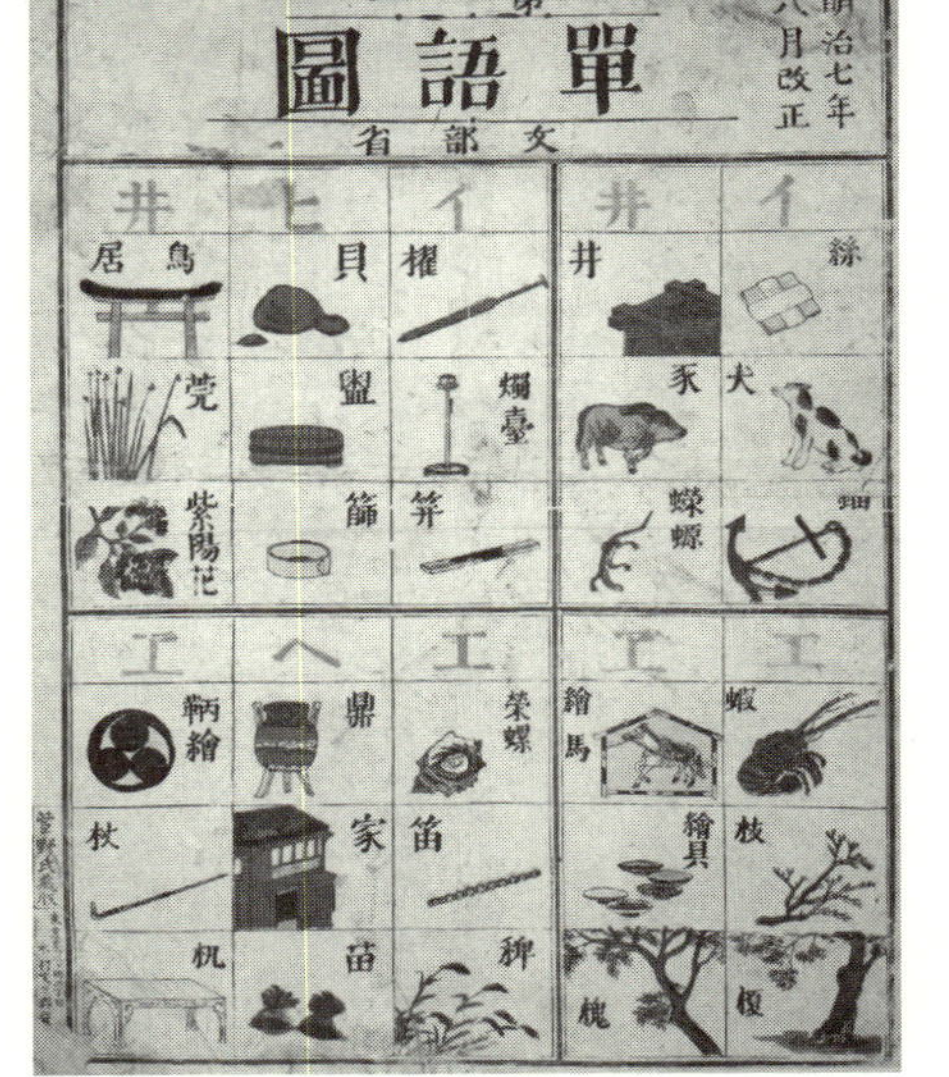

市販された『単語図』45 × 36cm
菅野氏蔵板

色図などを縮小印刷し、冊子形態として一本にまとめて刊行した。

まず文部省は、一八七三（明治六）年に『小学教授書』を、その翌年に『小学入門 甲号』を、またその翌年に『小学入門 乙号』を冊子の体裁で刊行した。これらの教科書は、書名に違いがあり、また収録内容の一部も異なっている。しかし、単語図、連語図、色図などを縮小して冊子にまとめたという点で、基本的な内容には、それほど大きな違いはない。そこで、ここでは、『小学教授書』も『小学入門 甲号』も『小学入門 乙号』も、ほぼ同じような入門期用の教科書だと考えておく。*41

『改正教授 小学教授必携』松川半山 編画
明治８年

この、文部省から刊行された『小学教授書』や『小学入門』には、編纂に当たっての方針や、実際の指導法などはほとんど記されていない。それは生徒が使用することを目的とした教材集だからであろう。一方、生徒用ではなく、それを教える教師を対象に、指導の際の指針を示している書籍には、以下のようなものがある。すなわち、『小学教授書』の場合は、一八七三（明治六）年八月に刊行された、田中義廉・諸葛信澄閲『師範学校 小学教授法』がその代表的な書物である。また『小学入門』の場合は、一八七五（明治八）年二月に刊行された、文部省編纂・橋爪貫一注解『小学入門教授法』が、同じ役割をしただろうと思われる。両書は、文部省が関係した半ば公的な指導書であり、小学教授の際の参考書という意味合いで刊行されたのであろう。

一方民間からも、それと相前後して、おびただしい数の類似書が刊行されている。そこには、教室での取り扱い方を注解したり、体操図を加えたり、学校での指導場面の図像が載せられているものがあって、それがまたそれぞれの書物の特色になっている。おそらく、教育現場で子どもの指導に当たる教員は、こうした書物を参考にして教授活動にあたったに違いない。◆6の『師範教授 小学生徒必携』から◆13『小学入門教授解』までの半山の仕事も、その類書の一つとして位置づけられる。

ここでは、そうした書籍のすべてを列挙することはできないが、半山の仕事の独自性を確認するために、稿者が直接確認することのできた『小学教授書』および『小学入門』の解説書・普及書のリストを、一八七八（明治一一年）までのものに限って、以下に挙げておく。（半山の仕事には、傍線を附してこのリストの中に加えた。（家）は家蔵本。なお、地域の注記のない出版元は東京である。）

『小学教師必携』諸葛信澄述　明治六年　烟雨楼蔵版（家）
『師範学校小学教授法』田中義廉・諸葛信澄閲　明治六年八月　雄風舎蔵版（家）
『上下小学校授業法細記』東京師範学校正課教師閲・筑摩県師範学校編纂

明治七年九月

『小学教師必携補遺』林太一郎述　明治七年　栃木師範学校蔵版
『小学授業次第』名和謙次著　明治七年　集義社蔵版
『小学入門諺解』松井惟利編　明治八年一月　松井惟利蔵版
『小学教方筌蹄』小倉庫二編輯　明治八年二月　小倉氏蔵板（家）
『小学入門教授法』文部省編　橋爪貫一解　明治八年二月　橋爪氏蔵板
『小学生徒必携二編単語部全』明治八年三月　土方幸勝解　鈴木喜右衛門（家）
『小学入門解』総生寛解　明治八年五月　万笈閣
『小学授業略』和歌山県師範学校編纂　明治八年五月　和歌山・学務課蔵版
『小学入門読本』村田与平図解　明治八年五月　京都・二西楼・津逮堂合梓（家）
『小学入門便覧』水渓良孝編　明治八年五月　京都・文求堂（家）
『文部省編輯小学掛図教授法』明治八年五月　書学教館蔵版　東京（家）
『小学掲図注解』明治八年五月　二書房　新潟（家）
『小学入門略解』若林長栄訳述・井出猪之助閲　明治八年六月　大阪・文敬堂
『小学入門約解』賀島喜一郎約解　明治八年六月　名古屋・栗田蔵梓（家）
『小学入門教授本』川上泊堂註解　明治八年六月　大阪・北尾禹三郎蔵版（家）
『飾磨県下等小学教授法　二』鳥海弘毅纂集　柳蔭軒蔵板　明治八年六月　飾磨県（姫路）
『小学教授本』藤井惟勉輯録　明治八年九月　藤井氏蔵板（家）
『小学入門教授本』大森鼎三著　明治八年九月　大阪・翻刻人梅原亀七
『小学掲図注解』明治八年一一月　書学教館蔵版　甲府・内藤伝右衛門（家）

『小学入門教授方法』市岡正一編輯　明治八年一一月　弘学館蔵版
『師範教授小学生徒必携』杉景俊閲正・松川半山編画　明治八年一一月　大阪・三木佐助（家）
『改正教授小学生徒必携』杉景俊閲正・松川半山編画　明治八年一一月　大阪・三木佐助
『童蒙画引小学入門』松川半山註解并画　明治八年一二月　大阪・梅原亀七（家）
『小学入門教授略解』伴源平著　明治八年一二月　大阪・赤志忠雅堂
『下等小学教授法略解　乙』天野皎口授　大塚完斎聞書　明治八年
『小学入門授業法』渋江保著　明治九年一月　浜松・一貫社
『小学入門教授用法』中川正有編画　明治九年二月　名古屋・矢田藤兵衛（家）
『増補小学入門便覧』水渓良孝編輯　明治九年二月　京都・田中治兵衛（家）
『小学入門教授解＋甲乙色図わけ』松川半山編画　明治九年二月　大阪・三木佐助（家）
『小学入門和解』家原政紀編訳　明治九年三月　滋賀新聞会社
『教師必携詳註小学入門』榊原芳野編　明治九年五月　五百川喜平蔵版　愛媛・共耕社（家）
『小学入門懸図便覧註解』乙葉宗兵衛編　明治九年五月　大阪・村上勘兵衛出版（家）
『小学入門生徒便覧』河辺彦亮　明治九年七月　大阪・田中宗栄堂（家）
『師範学校改正小学校教授方法』青木輔清編　明治九年八月　万巻楼蔵版
『小学入門？』松本正太郎訓点　明治九年一〇月　大阪・前川源七郎（家）
『小学教授便覧』松川半山註解并画　明治九年一一月　大阪・中川勘助・前川原七郎
『改正小学入門図解便覧』土橋鶴三編　明治九年一一月　京都・文明書楼（家）

『小学入門詳解』津田敬之編　明治一〇年二月　京都・博文堂
『小学入門読本』松田錠蔵著　明治一〇年五月　京都・津逮堂（家）
『小学入門教授解＋小学人体問答』松川半山編画　明治一〇年四月　大阪・三木佐助
『小学入門 教授絵解』明治一〇年五月　出板人・兒玉弥七（家）
『師範学校 改正小学教授本』藤井惟勉編輯　明治一〇年六月　中外堂
『小学入門指南』中越久二編　明治一〇年九月　金沢・出版人中沢久二
『改正掛図 生徒教授法』新井小八郎著　明治一〇年一一月　兵庫・四書房（家）
『小学入門手引便覧』北川半蔵著　明治一一年九月　京都・二書堂（家）

どの書にも、『小学教授書』や『小学入門』に載せられていた単語図、連語図が収録されており、さらに色図、体操図が付けられているものも多い。内容を見ると、総ページ数のうちでは、「単語図」に掲載された単語に語釈を付けた部分が、その大部分を占めている書籍がほとんどである。「教授法」というタイトルはついているものも、指導の方法が記されているわけではなく「語義」の解説が記述内容のほとんどを占めている。当時は、教授という行為が、知識の伝達をその中心とすると考えられていたからであり、学習することで「物知り」になることが重要だと思われていたからにほかならない。どのように教えるかという教授方法よりも、教授内容に関する情報の方が大事だったのだ。

この時期の「小学教授書」については、石井庄司がそのいくつかを検討している。石井によると、それらは「文部省の『小学教授書』を再録して、それにいくらかの注意が添えてある程度のもの」という評価である。もっとも石井は、一八七六（明治九）年八月の青木輔清編『師範学校改正小学校教授方法』の「教授方法論略」に「開発主義が、ほのかに伺える」と述べており、青木の独自の位置を評価している。また、望月久貴も、一八七八（明治一一）年までの教授書三〇数点を検討して「その内容は大同小異である」と述べている。これらの書物の評価に関しては、稿者も基本的にはその通りだと考える。[*42]

なお、本題からは少々外れるが、ここにあげた『小学教授書』や『小学入門』の中で、もっとも異色の存在は、一八七六（明治九）年一月に刊行された渋江保の『小学入門授業法』であろう。渋江保は、森鷗外作の史伝『渋江抽斎』の「抽斎」の子息であり、また福沢諭吉の門下生でもある。明治期全般にわたる旺盛な著作活動で知られているが、『小学入門授業法』は、その最初期の仕事だということになる。この著作の特徴は、片仮名のアイウエオにローマ字を添えているばかりではなく、すべての単語に、英語の発音を片仮名で添えていることである。もっとも、日本語だけではなく英語をも同時に習得させてしまおうというこの試み

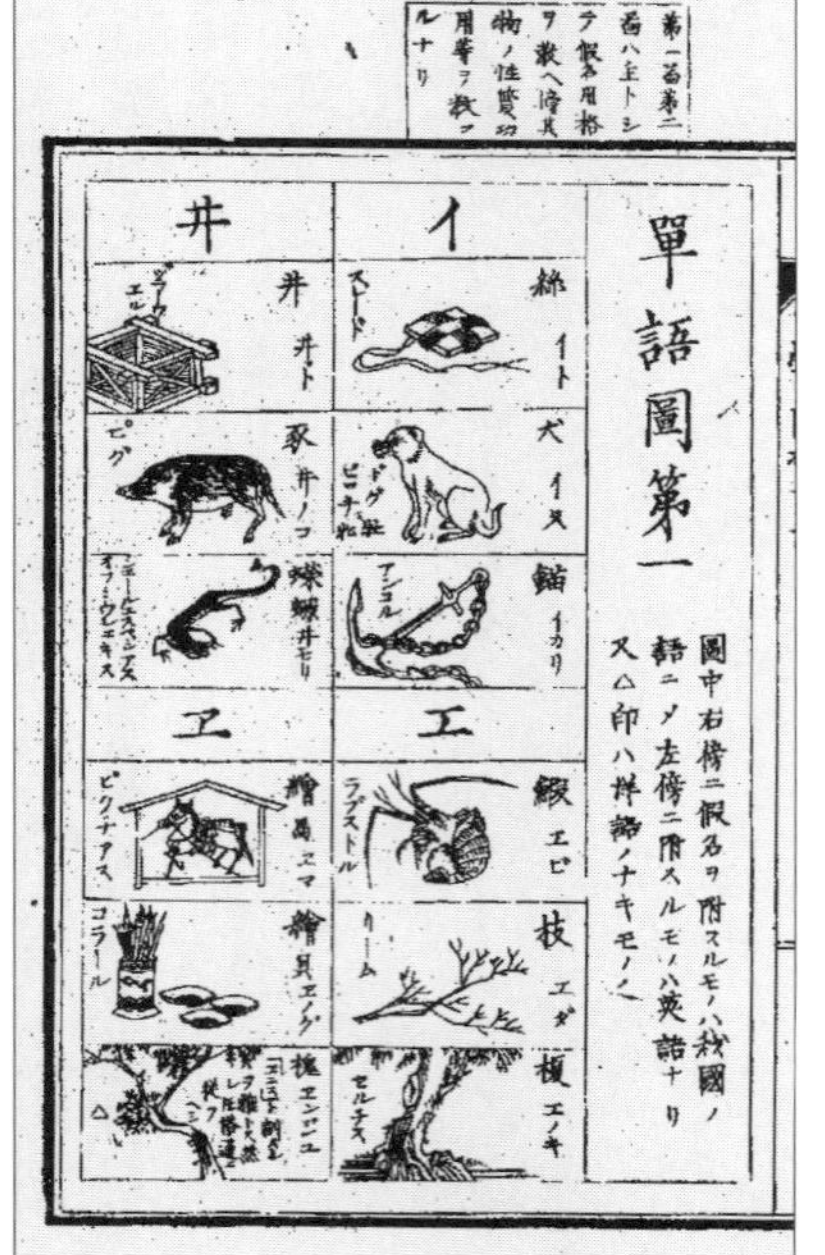

『小学入門授業法』渋江保
明治９年

には、実質的な意味はほとんどなかったと思われる。また仮名遣いを教授しようという文部省の言語教育の主旨からも、ずれている。が、こうした工夫は、いかにも後年博文館の雑誌『太陽』などにも多くの原稿を書き、羽化仙史の筆名で冒険怪奇小説作家として知られるようになる奇才渋江保らしいアイディアではある。*43

半山の限界

それに対して、松川半山の仕事には、渋江のような際だった特徴は見られない。きわめて堅実に作られてはいるものの、内容的には、石井の言う通り「文部省の『小学教授書』を再録して、それにいくらかの注意が添えてある程度のもの」という範囲内にとどまっている。本来こうした掛図の類は、ペスタロッチ主義の「庶物指教」の考え方がその背景にあり、まずは現実の事物を想起して、それを文字記号と対応させることが目指されていた。そうした教育思想は、一八七三（明治六）年に箕作麟祥がイギリスのチェンバーの*Chamber's Information for the People*を翻訳して『百科全書教導説』を紹介したのを初めとして、徐々に日本に紹介されるようになり、一八七七（明治一〇）年『加爾均氏庶物指教』で頂点に達する。

もともと、欧米の言語教育の入門期段階における掛図の役割は、子どもの話しことばを文字とマッチングさせるために、絵図を媒介にするところにあった。それが指し示しているものを具体的に想起させてから、発音と綴り字とを結びつけることを重視したのである。しかし、日本にそれが導入されて、「単語図」のような形の教具として提供された際には、そこに漢字が書き込まれる。すると、音声と仮名文字との結合よりも、絵図から漢字を記憶することの指導の方に力点がかかってしまう。したがって、新しい日本の小学校の入門期の言語教育は、難しい漢字の単語の意味やそれを諳誦することが学習の中心になり、また、そのための教師用書も必要になるという循環が生まれてくる。

まだ文部省も、欧米の言語教育の方法に関しては、表層的理解に留まっていたのであり、また彼我の音声と文字との記述形式の差違から生まれる入門期指導の特徴などには十分な配慮が行き届いてはいなかった。ましてや、それまでもっぱら日本の絵師として仕事をしていた松川半山が、そうした新しい欧米の教育思想を十分に咀嚼して、それを自家薬籠中のものにしていたとは考えにくい。半山自身、新しい文明開化の教育について、海外の教育に関する最新の情報を持っていたわけではないし、実際に子どもたちを相手に教員として教育活動をしていたわけでもなかった。したがって、半山が明治初期に、国語教育や教授法の著作家として作製した書物の内容が類書と似たようなものであって、それ以上の出来でなかったことは、むしろ当然だといえるだろう。

だが、半山は、こうした著作の中に、多くの図を掲載している。その図像群には半山の絵師としての特質が反映されていたのではないかと問われると、その解答は、なかなか難しい。というのも、もともと、こうした仕事には、高い芸術性や個々の絵師による独自の描画表現が求められていたわけではなかったからである。教育関係の図版は、学習者が正確に事物を想起することができることが最優先である。したがって、半山がこうした仕事の中で描いた絵は、在来の描法による事物の絵解きであって、説明としての図でしかない。類書に掲載された挿絵と、半山のそれとを比べてみても、絵画表現の上でそれほど大きな違いがあるようには思えない。ただ、そこに登場する人物は、さすがに達者に描かれており、それぞれの表情や仕草に生活感がにじみ出てくる半山独特の雰囲気を漂わせているように感じられる。

こうした小学校用の入門書を作製した以降の半山の仕事には、理科教育に資する「博物図」とその教授書の作製があった。半山の経歴から言っても、この種の仕事は、手に入ったものだったと考えられる。しかし、本来の「博物図」は、科学的な観察に基礎を置いた、写実的・分析的な描画手法を要求される分野である。半山が身につけてきた従来の日本的な画法と、解剖学や遠近法などを基盤にした西欧の写実画法とでは、その描法が基本的に異なっている。

この点に関して、影山純夫は、明治初期の半山の挿絵などの技法について、次のようにいう。[*44]

> そこで使われている技法は、新しいものではなく、半山の限界を示しているとも言える。半山は『西画早学』（一八七四年刊行）を著しているが、これとても西洋画法を十分に理解し身につけて著したものではない。陰影法と図案法を少しばかり紹介したもので、漸進的な西洋画理解を促すに過ぎないと言えるような限界のあるものであった。そのような半山の作品であるからこそ、当時の人々にとって受け入れやすかったとも言えるのかもしれない。

この指摘は、きわめて重要である。半山ばかりではなく、本格的な西洋画法は、まだ多くの人々にとって十分になじみのあるものとはなっていなかった。先ほどの半山の書翰の中で、八月一三日に返却したと記している『西画指南』は、川上冬崖が一八七一（明治四）年に、文部省から刊行した本格的な西洋画の描法を紹介した書物である。半山はこうした書物から、積極的に西洋画の基本を摂取した。あまつさえこの画学書を模倣して、一般読者向けの『西画早学』という啓蒙書さえ刊行してしまう。しかしその内容は、影山から「西洋画理解を促すに過ぎないと言えるような限界のあるものだった」と評価される仕事でしかなかった。

もっとも、影山も言うように、ある意味で従来の画法を引きずっていた中途半端な半山の絵の方が、当時の人々には受容しやすかったという側面があるだろう。西洋的な遠近法と陰影描法を駆使して描かれた絵画群は、多くの人にとって、感覚的に十分になじめるものではなかった。江戸期の絵画描法に囲まれて生きてきた庶民たちにとって、それらの西洋画から新奇さを感じることはあったかもしれないが、科学的な遠近法に基づく絵画表現が自分たちの日常的な実感と重なり合うものになるのには、まだまだ時間が必要だったのである。

もちろん、半山自身は、大きな時代の転換点にとまどいながらも、これまで積み上げてきた仕事の上に、もう一歩を重ねて、文明開化の世の中に足を踏み出したという意識だったであろう。だからこそ『西画早学』のような著作にも意欲を示したのである。またそれは、とりあえず自分の資質に適合するかどうかは別にしても、新しい仕事に取り組まなければ糊口をしのぐことができないという生活上の理由とも密接に重なっていたはずだ。松川半山は、こうした新しい仕事をこなすだけの、ある意味での柔軟さを持っていた。それは半山ばかりではない。文明開化の大きな波を乗り越えようと、多くの人々は、それぞれの持っていた旧来の世界観やその枠組みを形成している自分自身の「遠近法」を微妙に修正したりずらしたりしながら、未曾有の文化変動をなんとか乗り越えていったのである。

半山が、理科教科書の挿絵を描いたように、この後、検討していくことになる各種の「国語教科書」の作製にも、挿絵画家という立場で、必ず絵師や画家が参加している。総合的なリテラシー形成メディアとして、教科書の問題を考えようとするときには、こうした図像を制作した画家の位置と、その仕事ぶりも視野に入れる必要がある。本書でも、以下の国語教科書や子ども読み物の検討にあたって、できるだけそうした側面にも目を向けながら、考察を進めていくつもりである。

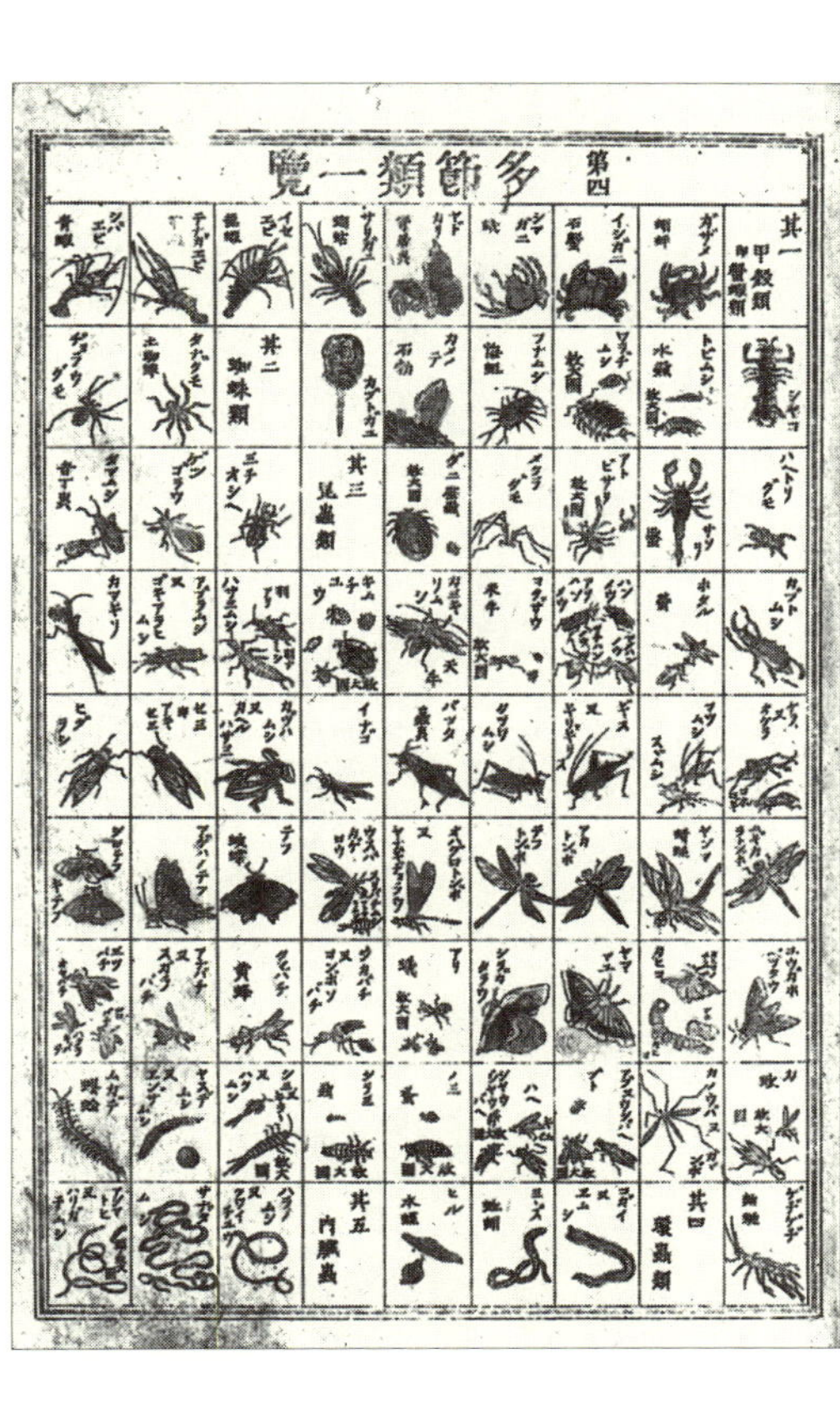

『博物図教授法』松山半山
見返し（上）と本文の図（左）
明治 16 年再版

地均しをした人々の仕事

この時期、教科書の作製には、その後も各方面に先進的な試みを継続した福沢諭吉のように、日本の文化史の上に残るような大きな仕事をした人も関わっていた。知られているように福沢は、明治当初の文部省の政策とその教育内容の構築を側面から支え、洋学を基礎に置いた近代教育の推進に力を尽くした。教科書ばかりではなく、福沢の仕事が、明治期の教育や文化に関する多くの可能性を切り開いたことは間違いない。

一方、福沢諭吉に連なる人々の中にも、この時期、様々な形で初等教育にその情熱を傾けた人物がいた。第一部で見てきたように、福沢英之助や片山淳吉、松山棟庵、阿部泰蔵、海老名晋、甲斐織衛、深間内基、四屋純三郎、須田辰次郎などの諭吉に連なる洋学系統の人々が、「子ども向け翻訳啓蒙書」の作製を通して、こうした仕事に側面から協力をした。しかしその後、それぞれの人物は、子ども向けの翻訳の仕事からは離れ、別の社会的分野に進出して、福沢諭吉の蒔いた種を、さらに発展させるような成果をあげていく。

福沢諭吉の亜流のように評されることのある古川正雄も、教科書の作製に関わっていた。本節でも取り上げたように、確かに古川の仕事は、福沢の追従者のように見える側面がある。だが、それは日本の近代教育の足取りを固める上で、まったく意味がなかったわけではない。古田東朔が、「彼は亜流として生きた。しかし、もっともよき亜流として生きたのである」と評価したように、古川は、福沢諭吉にはできなかった仕事を残した。既述したように、その成果である古川の教科書『絵入智慧ノ環』は、今日あらためて検討されるべき仕事の一つだと考えられる。

さらには、半山のように江戸文化の中ですでに一定の評価を得ていた人物も、教科書の作製に関わっていた。半山は、この時期、啓蒙的な書物を量産して多忙であったものの、一つ一つの仕事に対する姿勢は、きわめて誠実だった。自分の考えを前面に押し出すような自己主張の強い本作りではなかったが、半山は、新興の文化運動に正面から参加していた。といって松川半山は、福沢諭吉のように次の世代への強い期待とそれに対する啓蒙意識とを教科書の制作に込めたわけではない。半山の意識は、これからは教科書が商品として大いに期待できるという勘を働かせて、そこに職人として関与しただけだったかもしれない。また半山にそうした仕事を依頼した書肆の側も、教科書を投機的な商品としてのみとらえていた可能性さえある。というのは、先に触れた「子ども新聞」のような読み物をも含めて、こうした刊行物が「学制」の公布に伴う一連の売れ筋商品であったことは間違いない事実だったからである。

だが、教育にかかわる商業出版活動は、必然的に広義の文化運動という側面を抱え込む。学校だけが教育活動の場なのではなく、学校で使用する教育用の図書と学校外の書物とは密接に連関している。というより、両者は、相互に補完し合い干渉し合うことで、社会的な教育文化活動を進展させていくのである。

書物を刊行する商人たちにとって、近代学校教育制度が開始されたことは、新しい商圏の拡大と購買層の増加を意味していた。教科書には、商品としての大きな価値がある。「教育の時代」である明治時代には、教科書は、効率的に巨利を得ることのできる重要な商品だった。実際、この後、大手出版社として成長していくことになる金港堂や冨山房、あるいは博文館などは、教科書や教育的な書籍を主力商品として戦略的な会社経営を打ち出していく。やがて、和紙に木版刷り糸綴じの製本様式も、大量生産が可能な金属活字・機械整版の洋装本に移行する。出版社も、本の製作に携わる多くの編集人を雇用し、印刷会社も高性能の印刷機を設置して増産体制を整える。そうなれば出版する側も、インフラに投入した資本を回収するために、より効率的に書物を作製し、また多くの販売部数を確保しなければならない。

一方、子どもたちの就学率が上がっていくにつれて、教科書を購入する人口は爆発的に増加する。もともと教科書は、実際の使用者である児童生徒には商品の選択権がなく、それを教える側に購買を指定する権利があるというきわめて「特殊な商品」である。こうした需給の構造を抱え込んでいる教科書の販売システムは、やがて過度の販売競争を引き起こし、最終的には教科書書肆と購買指定者たちとの癒着という問題群を引き起こすことになる。

しかし、まだ明治初期の段階における教科書出版は、和紙に木版印刷という手工業的な手法で作られていた。各地の出版業者たちは、江戸時代から続いているそれぞれの地域に即した整版技術と、出版に関するノウハウを十分に活かして、官版の教科書類を重刻して版木を作製し、それを増刷した。また、従来からの地域の販売網を利用してその普及を図

明治初期「教育用図書」作成者と主な著作物（Mは明治、Kは慶応、網掛けは本章で扱った人物と書物）

	著作者	読み書き（入門）	総合入門書	修身	窮理・地歴	その他
	福沢諭吉	啓蒙 手習之文 M4 文字之教 M6		童蒙をしへ草 M5	訓蒙 窮理図解 M1 世界国盡 M2	西洋衣食住 K3
福沢諭吉門下生	福沢英之助			初学読本 M6 童子論 M6	入学新書初編 M6	訓蒙話草 M6 養生のこころえ M6
福沢諭吉門下生	古川正雄	ちゑのいとぐち M4	絵入 智慧ノ環 M6			
福沢諭吉門下生	松山棟庵			サルゼント氏 第三リイドル M6	地学事始 M3 初学人身窮理 M6	
福沢諭吉門下生	片山淳吉	小学綴字篇 M6			物理階梯 M5　博物教授書 M9	
	鳥山 啓（和歌山）	だいいちのよみほん M6 だいにのよみほん M6 じつづりおしえぼん M6	初学入門 M10	さあぜんとものがたり M6	変異弁 M6　童蒙窮理問答 M6 窮理早合点 M6 きうりいちろく M7 つうぞくかみよのまき M7 ちりうひまなび M7 訓蒙 天然地理学 M6 紀伊国地誌略 M11	あいさつのしかた M7 でんしんきようぶん M8 小学中等科読本 M15
	松川半山（大阪）	明治用文章 M5　窮理贈答文 M6 習字はじめ M6　童蒙 画引単語篇 M7 万国新商売往来 M6　開化童子往来 M6	師範教授 小学生徒必携 M8 改正教授 小学生徒必携 M8 童蒙 画引小学入門 M8			
	上羽勝衛（熊本）	続単語篇 M6 小学教授本・単語 M6 書牘便覧 M6　小学会話編 M7		勧孝邇言 M6 童蒙読本 M6 勧孝邇言・後編 M7	小学地理書 M7 日本史略 M8	小学字書 M8 小学字彙大全 M9

本論文で取り上げた著作者に限った。このほかの翻訳啓蒙家では、東京の橋爪貫一、青木輔清、大阪の加藤祐一、などの著作活動がめざましい。

った。先にあげた『小学教授書』および『小学入門』の多くは、そのようにして東京以外の地域で印行されていたのである。そうした各地域ごとの出版インフラに支えられながら、文明開化の彩りを持った新しい内容の教科書刊行事業は、順次、全国に展開していったのだった。

注 (Endnotes)

*1 古田東朔「福沢諭吉――その国語観と国語教育観」『実践国語』穂波出版者 第一八巻二〇五号 一九五七(昭和三二)年一一月 七二―八一頁。藤原和好「『文字之教』(福沢諭吉著)についての一考察」『三重大学教育学部研究紀要』第二三巻二号 一九七二(昭和四七)年三月 一―九頁。

*2 『福沢諭吉全集』岩波書店 一九六九(昭和四四)年一〇月再版 第一巻 七頁

*3 森岡健二編著『近代語の成立 文体編』明治書院 一九九一(平成三)年一〇月、所収、平沢啓「福沢諭吉の通俗書の文体――心学書と比較して」四一六―四三〇頁。

*4 古田東朔「福沢諭吉――その国語観と国語教育観」『実践国語』穂波出版者 第一八巻二〇五号 一九五七(昭和三二)年一一月 七六頁。

*5 牧野吉五郎『明治期啓蒙教育の研究――福沢諭吉における日本近代国家の形成と研究』お茶の水書房 一九六八(昭和四三)年一一月 一三七―一五一頁。

*6 『福沢文集第二編』巻一 一八七九(明治一二)年八月刊、所収「小学教育の事」。『福沢諭吉全集』岩波書店 一九六九(昭和四四)年一〇月再版 第四巻 四七二頁。

西村茂樹も同様の観察をしており、次のように述べている。「明治一〇年文部省第四年報」において、西村は、従来の寺子屋教育なら「苟モ入学シタル者ハ手覚ノ帳ヲ記シ親類ヘ手紙ノ往来位ハナシ得」るはずのところ、新しい学校教育では「日用ノ便利ハ却テ寺子屋ニ及ハサルコトアリ」という状況であって有用性が感じられないばかりか、そこへ通わせる家庭の負担が非常に大きいことを指摘している。こうしたことから、学校行政や政府の政策自体への不満が徐々に増していく。学制期の教育内容は、庶民の生活実態から、大きくかけ離れていたのである。

*7 『福沢諭吉全集』岩波書店 一九六九(昭和四四)年一二月再版 第三巻 六三九頁「後記」。

*8 ここに引用した「窮理問答の文」の冒頭は、田中義廉編『小学読本』(一八七三《明治六》年六月)の巻四の第一の本文に酷似している。共通の種本から翻訳したものか、あるいは田中義廉『小学読本』がこの『啓蒙手習之文』を参考にしたのかもしれない。

*9 「小学教則」(明治五年九月八日文部省布達番外)および「小学教則改正」(明治六年五月一九日文部省布達第七六号)には、「書牘」の教科書として、『啓蒙手習本』が、指定されている。このことについて、望月久貴は『明治以降教育制度発達史』の小学教則の条に『啓蒙手習本』吉川政興著三冊、と記載してあることを紹介して、『啓蒙手習本』は、福沢の『啓蒙手習之文』とは別の本であると判断している。だが、望月も「啓蒙手習本」の実物は確認できなかったようだし、稿者も現在のところ確認できていない。『啓蒙手習本』の著者である芳川政興は、一八七四(明治七)年五月に、『日本地理初歩』を東京の松本屋龜吉から刊行しており、また教育関係書では、一八八〇年(明治一三)年一一月に、エル・ファレンタインの翻訳書『新奇女子遊戯法』を出している。したがって、「小学教則」が示される以前に『啓蒙手習本』という題名の習字の学習書を刊行したことは十分に考えられる。また、『明治以降教育制度発達史』にも、その書名が記されているので、実際に芳川の手によって『啓蒙手習本』という題名の書物が世に出たことは確かなのだろう。しかし『啓蒙手習本』という書名は、『日本教科書大系・近代編・第27巻 習字その他』の「習字教科書総目録」にも、鳥居三和子『明治以降教科書総合目録』にも『東書文庫所蔵教科用図書目録』にも、さらには滑川道夫『日本作文綴方教育史』にも見あたらない。香川大学附属図書館「神原文庫」で、『啓蒙手習本』の書

名が一冊だけ確認（未見）できるのみである。

一方、「小学教則」の書目指定の補遺とも言える「小学校用書目録」が、一八七三（明治六）年四月二九日に「文部科学省布達第五八号」で示されている。その「習字之部」には、以下の七冊が挙げられている。「東京師範学校版・習字本」「筆のはしめ」「勧学 習字本」「菱潭著・習字ちかみち」「大阪書籍会社蔵版・皇国官名誌」「福沢諭吉編・啓蒙手習の文」「中金正衞著述・世界風俗往来」。「福沢諭吉編・啓蒙手習の文」は、ここで、文部省から教科書として指定されている。

*10 一九六九（昭和四四）年に刊行された『国語国字教育資料総覧』（西尾実・久松潜一監修）の「総合漢字表」の指摘によると、『文字之教』に使用された漢字数は八〇二字である。ちなみに、一九四六（昭和二一）年に文部省が告示した「当用漢字表」は一八五〇字であり、二〇一〇年（平成二二年）に告示された常用漢字表では二一三六字となっている。

*11 掛図ではあるが「連語図」も、まず重要語句をいくつか提示してから、それを使った文を示すという、『文字之教』とよく似た誌面構成になっている。こちらには、挿し絵が入っている。これは、ウィルソンのチャートをもとに作成されたものだと考えられている。

*12 たとえば、一八七三（明治六）年に刊行された『師範学校 小学教授法』には、単語図による教授法は、次のように誌されている。「教ふる図を正面に掛け教師鞭を以て図の中の一品を指し生徒に向ひ、一人づつ読しむ一同読み終らば再び一列同音を読ましむるなり若し音の正しからざる者あらば其一人を挙て再三読しむるを法とす」ここには、学習者としての子どもの興味関心に着眼するような姿勢は見られない。

*13 古田東朔「福沢諭吉――その国語観と国語教育観」『実践国語』穂波出版社 第一八巻二〇五号 一九五七（昭和三二）年一一月 七七―七八頁。

*14 藤原和好「『文字之教』（福沢諭吉著）についての一考察」『三重大学教育学部研究紀要』第二三巻二号 一九七二（昭和四七）年三月 六―九頁。

*15 古田東朔「福沢諭吉――その国語観と国語教育観」『実践国語』穂波出版社 第一八巻二〇五号 一九五七（昭和三二）年一一月 七八頁。

*16 ストーリー全体が教材化されたのは、一八八七（明治二〇）年に、文部省の編集で刊行された『尋常小学読本』巻一である。このことは、滑川道夫『桃太郎像の変容』東京書籍 一九八一（昭和五六）年三月 一五二頁、に指摘がある。第三部第二章第二節でくわしく触れる。

*17 『学問のすゝめ』（一八七二《明治五》年刊）にも、「学問とは、唯むづかしき字を知り、解し難き古文を読み、和歌を楽しみ、詩を作るなど、世上に実の無き文学を云ふにあらず」（『福沢諭吉全集』岩波書店 一九六九（昭和四四）年一〇月再版 第三巻 三〇頁）と、難解な文章による学問を排斥する有名な記述がある。ここから、福沢諭吉が文学を否定して「実学」をのみ主張したように受け取られる場合もあるが、これは学問には科学的探求心が重要であることを述べたものであり、必ずしも「文学」一般を否定したわけではない。福沢の文学的な営為とその関心のありどころに関する論文に、谷口巌「福沢諭吉とイソップ物語――『童蒙教草（ママ）』・『かたわ娘』をめぐって」『愛知教育大学研究報告23』一九七四（昭和四九）年二月 一―一六頁、がある。

*18 石井研堂『明治事物起源 第八編 新聞雑誌および文芸部』「古河正雄の著書」の項。引用は、『明治事物起源4』一九九七（平成九）年 筑摩文庫 五六九頁、による。初版は、一九〇八（明治四一）年。

*19 望月久貴は、『明治初期国語教育の研究』溪水社・二〇〇七（平成一九）年二月・一四九頁の注で、尾佐竹猛『新聞雑誌の創始者柳河春三』一九二〇（大正九）年刊、の略年譜慶応三年の条に「うひまなび・智慧啓蒙・同国字解」とあることをあげて、『うひまなび』の刊行年を慶応三年としている。なお、柳河春蔭は、一八七〇（明治三）年九月に死去している。

*20 『日本教科書大系 近代編 第四巻 国語（1）』講談社 一九六四（昭和三九）年 七〇四―七〇六頁。

*21 佐藤秀夫『ノートや鉛筆が学校を変えた』平凡社 一九八八（昭和六三）年 一三八―一五一頁、に、どのように学校で石盤が使われたのかが詳しく記述されている。

なお、「綴字」用の教科書としては、一八七三（明治六）年に、スペリングブックにならった片山淳吉の『小学第一級綴字篇』が、一八七四（明治七）年八月には、文部省から榊原芳野の編輯で『小学 綴字書』が刊行されている。また、この後、日本ではボール紙に塗料を塗った「紙石盤」が作られるようになった。これは、軽量かつ携帯性にすぐれており、記録面がいくつもあって折りたためるようになっているので、ノートの代用品としても使用することが可能だった。紙石盤は、昭和初期になっても、実際に学校教育の中で使われていたらしい。

*22 山本正秀『近代文体発生の史的研究』岩波書店 一九六五（昭和四〇）年七月 一六一頁。

なお、類書に、広瀬白李編『ちゑのをだまき』明治六年六月出版・西村治助（大坂）／大須賀龍潭著『啓蒙 智恵はじめ』明治六年一〇月・耕養堂（東京）／市岡正一『学の手ほどき』刊記不明・青山清吉（東京）、などがある。

*23 古田東朔「古川正雄（三）」『実践国語教育』二二五号 穂波出版社 一九五九（昭和三四）年七月号 九七頁。

*24 古田東朔「明治以後最初に公刊された洋風日本文典――古川正雄著『絵入智慧の環』について」「香椎潟」福岡女子大学 一九五八（昭和三三）年七月 一―一四頁。

*25 山本正秀『近代文体発生の史的研究』岩波書店 一九六五（昭和四〇）年七月 一六一―一六二頁。

*26 山根安太郎『国語教育史研究――近代国語科教育の形成』溝本積善館 一九六六（昭和四一）年三月 二六三頁。

*27 明治三五年一月の『教育界』一巻三号に掲載された、新保磐次の「三十年前の田舎の学校」という記事（一四一頁）の中に、次のような話が出ている。森有礼が文部大臣だった頃、金港堂にいた新保磐次が、現今の教科書は「知恵の環」よりも退歩しているという文部省への答申書を作ったことがあるらしい。金港堂の評議会でその是非が論議になったが、実際に「知恵の環」を見て、一同はその出来映えのすばらしさに納得した。そこに「此の日故内田嘉一君は常の饒舌にも似ず、終始無言で居られたが、此の時ノッソリ顔を出して『諸君、知恵の環は古川正雄の名で実は僕が書いたのだが、余り拙劣なものと思うて今までおくびにも出さなんだ、今日諸君の決議によって僕は九鼎大呂より重くなった』というて例の無邪気の大笑をせられて一同も哄笑した。」というやりとりがあったという。真偽の程は不明だが、この懐旧談の内容が事実だとすれば、『絵入 智慧ノ環』は、古川ではなく、内田嘉一が執筆したことになる。なお、この情報は、稲岡勝「明治検定期の教科書出版と金港堂の経営〔含 付録〕」『東京都立中央図書館研究紀要』二四号 一九九四（平成六）年三月 六〇―六一頁、で知った。

*28 近藤真琴著『博覧会見聞録別記 子育ての書』博覧会事務局蔵版 刊記不明（東書文庫蔵）。国立国会図書館所蔵本は、後になって、東京の有隣堂から、明治一九年に刊行されたものである。博覧会の報告書の本編に当たる『澳国博覧会報告書』は、明治八年八月に刊行されている。また、近藤の『子育ての書』は、『明治保育文献集・第一巻』日本らいぶらり 一九七七（昭和五二）年三月、にも影印版で収録されている。

*29 唐澤富太郎『教育博物館 中』ぎょうせい 一九七七（昭和五二）年一月 二四二頁、に写真版で掲載されている「文部省翻刻地球儀」は一八七五（明治八）

年製。同書『解説』四三三頁によれば、高さは一六・五センチで「明治八年第二月官許　新訂地球儀　文部省正定大阪書肆森本太助発兌」と記してあるという。また、http://www.kodokei.com/index.shtml（二〇〇九年一一月六日確認）には、「明治時代の地球儀」として、資料に「明治七年・小型地球儀」の写真が挙げてあり、「明治七年五月御届・水口龍之介校正・赤志忠七蔵」と注記してある。なお、一八七五（明治八）年までの地球儀関係の教育書の刊行状況は、以下のようである。

『地球儀便覧』松居真房訳　一八七四（明治七）年官許　甘泉堂発兌

『地球儀用法』久保謙次訳　一八七四（明治七）年九月　松柏堂蔵版

『小学示蒙 地図地球儀用法初編』青木輔清編　一八七五（明治八）年一月　中外堂発兌

『小学 地球儀用法大意』勝沼和多留編　一八七五（明治八）年六月　文求堂

『小学 地球儀教授書』総生寛編　一八七五（明治八）年一一月　万笈閣

『学校必要 地球儀問答』塩津貫一郎訳　一八七五（明治八）年一二月　文華堂蔵版

『下等 小学地球問答』中島恭平　一八七五（明治八）年

『小学問答 地球儀之部』林太一郎（口述）・相田貞（記）　一八七五（明治八）年。

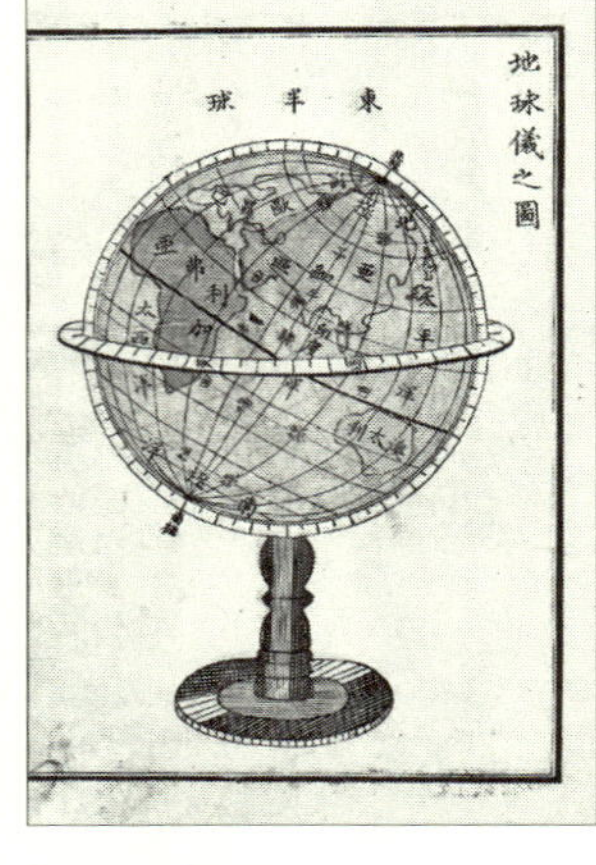

『小学問答 地球儀之部』

*30 『大阪日々新聞紙』第四号。詳細な発行期日は不明だが、文中に「明治八年四月」という記述が出てくるので、それ以降の発行だと考えられる。地の文には、「開化ますます盛んにして万民常闇の長夢を覚す爰に明治八年四月塩町通三丁目柏原屋平兵ヱハ世々書籍繁商よく人のしる所にして万本鬻ぐが中に店先に地球議を出せり或日一童子親の杖を助け此門に佇み童子地球義を指ざし其ゆへを問ふ父ハ其ゆへを答ることあたはず童子細々大世界を導き日月星辰度数寒暖に至る迄親に懇諭深切なること感にたへたり名を尋る内忽然と立去る実に文明の時至り億兆の民見微鏡の究理にかけて知識賢才の徒顕れ抽で勉強おこたらず博く世界の一員となるは此時にあらずや」とある。この「錦絵新聞」からは、文明開化の世の中で、子どもたちが科学を学ぶことによって広い世界に参加していくことを期待する大人達の期待の口吻をうかがうことができる。

*31 『福沢諭吉全集』岩波書店　一九六九（昭和四四）年一二月再版　第三巻　五五三頁に、実物の縮小版が掲載されている。六五七―六五八頁の「後記」によれば、用紙の大きさは一〇一×八九・五センチメートルだということだから、A0あるいはB1サイズに近く、かなり大きなものである。

*32 『平仮名新聞稚絵解』竹内栄久編・梅堂国政画　東京・亀遊堂刊　一八七五（明治八）年　中本　各一二丁。所蔵・国立国会図書館　巻一・巻二、国立国文学研究所　巻三・巻四、家蔵　巻三。

*33 木村小舟『明治少年文学史・第一巻』大空社　一九九五（平成七）年二月　二二一―二四頁。原本は『少年文学史明治編上巻』童話春秋社　昭和二四年二月刊。なお、『當世流行 新聞小學』は、以下に所蔵されている。東京大学大学院法学政治学研究科附属近代日本法政史料センター明治新聞雑誌文庫　初・三編。同志社大学附属図書館　初編・二編・三篇・四編。東京都立図書館（特別買上文庫／宍戸昌旧蔵資料）初編。早稲田大学図書館　三編。

*34 長友千代治「松川半山――幕末・明治維新期における一挿画作者の動向」『谷山茂教授退職記念 国語国文論集』塙書房　一九七二（昭和四七）年一二月　三三〇―三五〇頁。

*35 加藤祐一に関する情報は、大阪府立中之島図書館のホームページに掲載の「第四九回大阪資料・古典籍室第一小展示『開化の息吹――明治初期の啓蒙書』」二〇〇二(平成一四)年九月一日―一〇月三〇日、の解説文による。http://www.library.pref.osaka.jp/nakato/shotenji/49_kaika.html(二〇一三年三月二〇日確認)

*36 多治比郁夫「明治初年の和装刊本(一)松川半山の著書・挿絵本」『すみのえ』一八四号 一九八七(昭和六十二)年 一〇―一九頁。

多治比郁夫・佐藤敏江「明治六年の松川半山――河内屋茂兵衛あて書簡と著画刊行年表」『大阪府立図書館紀要』通巻二四号 一九八八(昭和六三)年三月 三八―五三頁。

*37 『商業必読 万国商売往来』明治六年二月官許 横田重登編、黒田行元校、では、商館内部の取引光景が、松川半山によって口絵として描かれている。

*38 多治比郁夫・佐藤敏江「明治六年の松川半山――河内屋茂兵衛あて書簡と著画刊行年表」『大阪府立図書館紀要』通巻二四号 一九八八(昭和六三)年三月 三八―五三頁。書翰番号は一八と二七である。

*39 高木まさき「単語篇とその類似書」『人文科教育研究』一九号 人文科教育学会一九九二(平成四)年八月 五五―七三頁。

高木まさき「『単語篇』の研究」『国語科教育』第四〇集 全国大学国語教育学会編集 一九九三(平成五)年三月 一四七―一五四頁。

*40 図版は、家蔵版による。菅野氏蔵板。東京馬喰町二丁目・木村文三郎発行。四五×三六センチメートル。なお『文部省掛図総覧一』に紹介されている祐猿文庫所蔵の「第一単語図」は、七三×五八センチメートル、玉川大学教育博物館所蔵の「第一単語図」は、七七・五×五八・四センチメートル、で、こちらのサイズが一般的な大きさだったと思われる。以上の情報は、下記による。佐藤秀夫・中村紀久二編『文部省掛図総覧一』東京書籍 一九九六(平成八)年一〇月 四六頁。『掛図に見る教育の歴史』玉川大学教育博物館 二〇〇六(平成一八)年一〇月 二一頁。

*41 古田東朔『小学読本便覧』第一巻 武蔵野書院 一九七八(昭和五三)年一一月「解説」三六一―三六五頁。

*42 石井庄司「師範学校小学教授書とその取扱書」『実践国語』二二六号 穂波出版社 一九五九(昭和三四)年七月号 九一―九四頁。のち石井庄司著『近代国語教育論史』教育出版センター 一九八三(昭和五八)年一二月に再録。

望月久貴『近代国語教育論大系1 明治期1』「解説」光村図書 一九七五(昭和五〇)年 五四九―五九二頁。

*43 渋江保『小学入門授業法』一貫社 一八七六(明治九)年一月 一一丁ウ。図像は、国立国会図書館近代デジタルライブラリーによる。

*44 影山純夫「松川半山論」『近代』八五号 神戸大学近代発行会 二〇〇〇年三月 五九―七二頁。

第二章　『小学読本』の時代

一、文部省・師範学校による小学校用教科書の編集

(1)　師範学校教科書と『小学読本』

教科書類刊行の動き

「小学教則」の作成と平行して、文部省では、教科書類の翻訳や編集を進めていた。それを担当した機構の変遷は、以下のようになる。

まず、一八七一（明治四）年九月に、文部省に編輯寮がおかれる。編輯寮は一八七二（明治五）年の九月に廃止されるが、十月に教科書編成掛が設けられた。一八七三（明治六）年三月には、教科書編成掛は、名称が編書課と改められる。また、一八七二（明治五）年一一月には、師範学校に編輯局が置かれ、小学校教科書の編集に当った。編輯局は一八七三（明治六年）五月に廃止されて、その事務は文部省の編書課に合併され、さらに、一八七四（明治七年）十月には編書課を廃止して、その事務を報告課に移した。これは小学校教科書の編集が一段落したためと考えられている。[*1]

第一部第一章で見てきたように、文部省は、「小学教則」に多くの翻訳啓蒙書を教科書として提示し、また、一八七三（明治六年）四月に「小学用書目録」を示して、新しい教科書名を補填した。「小学用書目録」には、文部省および東京の師範学校で編集出版した教授用掛図や教科書などが追加されている。すなわち、「綴字之部」の『五十音図草体図』『五十音図』『濁音図』『数字図』『算用数字図』、また、「算術之部」の『加算九々図』や『乗算九々図』などの掛図の類や、「習字之部」の『習字本』、「読方之部」の『小学読本』などの教科書類が、「小学校用書目録」に掲載されたのである。

文部省はまた、一八七三（明治六年）年五月一〇日には、文部省蔵版の小学校教科書を「各地方官ニ於テ学校入用ノ為メ部数ヲ限リ刷行致ス儀ハ可差許候」と、翻刻を許可することを明らかにし、同年七月二七日には、翻刻許可書目を発表した。「文部省布達」百七号をみると、「小学用書中反刻可差許書目」として、文部省および東京師範学校等蔵版の教科書類があげられている。このうち国語科に関係する書目は、『習字初歩』『単語篇』『五十音図草体図』『五十音図』『濁音図』などで、『習字本』と『小学読本』も、ここに示されている。さらに、同年一二月八日には、東京師範学校版の『羅馬数字図』『単語図』『連語図』『形体線度図』『色図』『小学算術書』『片仮名習字本』『草体習字表』『楷書習字表』も、地方での翻刻が許可された。さらに、一八七五（明治八）年六月一九日の「文

部省布達・第九号」には、「当省蔵版ノ書籍ハ自今悉皆翻刻差許候」と、文部省および東京師範学校で編集出版した小学校教科書は、自由に翻刻することが可能になり、急速に全国に普及することになる。つまり、小学校用の教科書の作成、及びその全国への普及に当たっては、文部省と師範学校の役割がきわめて大きかったのである。

だが、後に述べることになるが、中央で作られた教科書がそのまますんなりと地方へ浸透していったわけではない。これらの教科書がそのままの形で受け渡されたことは間違いないのだが、ある程度地域の実情に合わせて内容が改変された場合もある。また、地方によっては、まったく異なった発想による教科書が作成された例もある。

さらに、教科書の内容を考えていく上では、教科内容や指導時間、あるいは指導方法を規定した「教則」が、それらをどのように規定しているのかを押さえておかなければならない。知られているように、師範学校では、文部省の「小学教則」とは別に、師範学校創定の独自の「小学教則」を編成している。師範学校で制定した「小学教則」は、「下等小学教則」と「上等小学教則」からなっており、下等小学教則は一八七三

下等小学教則（明治6年5月）

級＼教科	読物	算術	習字	書取	作文	問答	復読	諸科復習	体操
第一級	万国地誌略 巻三 万国史略 巻一・二	容易キ分数（小学算術書）	草書（手紙ノ文）		容易キ手紙ノ文	万国地誌略 万国史略 博物図		既習教材の総復習	同
第二級	日本史略 巻二 万国地誌略 巻二 地図	四術合法（小学算術書）	草書（手紙ノ文）		容易キ手紙ノ文	日本史略 万国地誌略 暗射地図			同
第三級	日本史略 巻一 万国地誌略 巻一 地図	除法（小学算術書）	草書		前級ニ同ジ	日本地誌略 日本史略			同
第四級	小学読本 巻五 日本地誌略 巻二 地図	乗法（小学算術書）	行書		前級ニ同ジ	前級ニ同ジ			同
第五級	小学読本 巻四 日本地誌略 巻一 地図	減法（小学算術書）	習字本（楷書）		単語中ノ一、二字又ハ一句ヲ題トス	日本地誌略 地図 地球儀			同
第六級	小学読本 巻三 地理初歩 地球儀	加法（小学算術書）	習字本（楷書）	小学読本中ノ句		形体線度図 地理初歩 地球儀			同
第七級	小学読本 巻一・二	乗算九々 羅馬数字	習字本（楷書）	単語		人体ノ部分 通常物色ノ図			同
第八級	五十音図 濁音図 単語図 連語図 小学読本 巻一ノ一・二回	数字図 算用数字図 加算九々	習字本（仮名）	五十音 単語		単語図（諸物ノ性質・用キ方）			体操図

1873（明治6）年5月改正の師範学校「下等小学教則」

「小学校において諸先生等生徒に教習の図」 松川半山 画

（明治六）年二月に作成された。その後同年五月に改正され、さらに一八七四（明治七）年一月に改正されている。また、上等小学教則は一八七三（明治六）年五月に作成された。師範学校の「小学教則」では、下等小学の教科は「読物」「算術」「習字」「書取」「作文」「問答」「復読」「体操」の八教科であり、一八七二（明治五）年に公布された文部省の「小学教則」とは教科の種類と内容が、かなり異なっている。文部省が示した「小学教則」よりも、この師範学校の「小学教則」の方が現実的で、また初学の子どもを対象とした教科用図書などの準備も整っていたこともあって、多くの地方で受け入れられたと言われている。

　教育内容という点からこの師範学校の教則をみると、これまで寺子屋などで重視されてきた「読・書・算」を核にしながら、新しく展開される近代的教育課程への橋渡しをするような教科の編成をしている点が注目される。つまり、文部省の「小学教則」のように、これまでの教育の伝統と切り離された西欧直輸入のものではなく、かなり現実的な対応をしているのである。そこに掲げられた教科書および教授内容を、各級別・教科別の表の形で示すと、前表のようになる。[*2]

　この師範学校の下等教則に挙げられた教科書を見ると、教科目「読物」には、「小学教則」で並べられていた「翻訳啓蒙書」の類は一つもない。これらの教科書群は、師範学校で編纂された教科専用の図書であり、「小学教則」の場合のように、一般に普及していた翻訳啓蒙書をとりあえず選定した、という性格のものではなかった。それらをベースにしながらも、日本の教育に適合するように改変しているのである。すなわち、ここに示された教科書類は、初めから日本の小学校の教育に実際に使用することを前提に編集されていたのだった。『小学読本』は、第八級から第四級まで学年別進行にしたがって巻毎に示されており、『地理初歩』『日本地誌略』『万国地誌略』『日本史略』『万国史略』などの社会科関連の科目も「読物」の教科書として指定されている。この社会科関連の教科書は、教科「問答」でも使われる予定になっていた。

　だが、師範学校では、この時点で、教則に掲げたすべての教科書が用意できていたわけではない。田中義廉の編集した『小学読本』についていうなら、一八七三（明治六）年三月に巻一が、四月に巻二、五月に巻三が、六月に巻四が、刊行されたといわれている。しかし、最近では、三月には、すでに四巻の全巻が刊行されていたと考えられるようになってきた。従来の説の通りなら、五月に改正された師範学校の教則が出された時、まだ巻四は出ていなかったことになるし、また、三月に巻四までが刊行されていたとしても、「読物」科の第四級の教科書として名前が挙げられた「巻五」は、結局、師範学校からは刊行されなかった。[*3]

　『地理初歩』『日本地誌略』などのそのほかの教科書類も、「下等小学教則」が出された時点で、ここに掲載された各巻のすべてが揃っていたわけではない。『地理初歩』は、一八七三（明治六）年に刊行されたが、『日本地誌略』や『万国地誌略』、また『万国史略』は、その翌年の刊行だった。おそらく、まずは第八級・第七級の教科書教材の作製から始めて、順次上学年へと及ぼしていくという方針だったのだろう。

　もっとも、師範学校の教則には、文部省の「小学教則」の「読本読方」に数多く挙げられていた『物理訓蒙』などの「窮理書」の書名が見あたらない。わずかに「問答」の第一級に「博物図」があるだけである。この点については、板倉聖宣が、「この教則で科学関係の教材がまったく無視されたことを意味するものではない」と述べていることに耳を傾けてみたい。板倉は、『小学読本』のもとになったウィルソンリーダーの第三読本以下の「実に八から九割のページが自然科学関係の教材で満たされている」のに対して「地理／歴史に関する教材はまったくのっていない。だから地理と歴史は別の教科書を用いなければならなかったのであるが、自然科学教材はリーダーで扱われることになっていたのである。」とする。つまり、師範学校教則に掲げてある『小学読本』は、ウィルソンリーダーの翻訳版なのだから、第六―四級級の『小学読本』の内容には、ウィルソンリーダーの自然科学系の教材がそのまま登載されるはずだった、したがって師範学校の教育内容に自然科学的なものが少ないとはいえない、という意見である。この考えにしたがえば、科学教育重視という立場では、文部省の「小学教則」と師範学校の教則との間には、大きな違いはなかった、ということになる。[*4]

また、この時に第八級の教材として示されている多くの掛図類にも眼を留めておきたい。これらの掛図が、ウィルソンのチャートを模したものであり、「庶物指教（Object Lesson）」を体現しようとした意図のもとに作られたことは、従来から指摘されてきた。それらの掛図類は、すぐに一冊の書物の形でコンパクトにまとめられ、一八七三（明治六）年五月に師範学校の彫刻によって、文部省から『小学教授書』として刊行された。またその内容をさらに拡充整理して、同じく一冊本の『小学入門 甲号』が一八七四（明治七）年十月に、それとほぼ同じ内容の『小学入門 乙号』が一八七五（明治八）年一月に出される。

前章で、松川半山の仕事を検討した際に、『小学教授書』や『小学入門』について触れたように、民間からもこれらとほぼ同じ内容の「入門期教科書」が新しく設置された小学校の教科書として、多数刊行されている。大きなサイズの掛図類と共に、掛図を縮小して一冊の本の形式に仕立てた『小学教授書』や『小学入門』の内容に類似した書物は、新しい学校教育を受けることになる子どもたちや、それを教授する教師たちにも、大いに利用されたと思われる。[*5]

もっとも、これらの書物は、文字や数字の読み書きの基本を学ぶためのものである。読み書きの基礎知識は、各種の掛図や入門期用の教科書

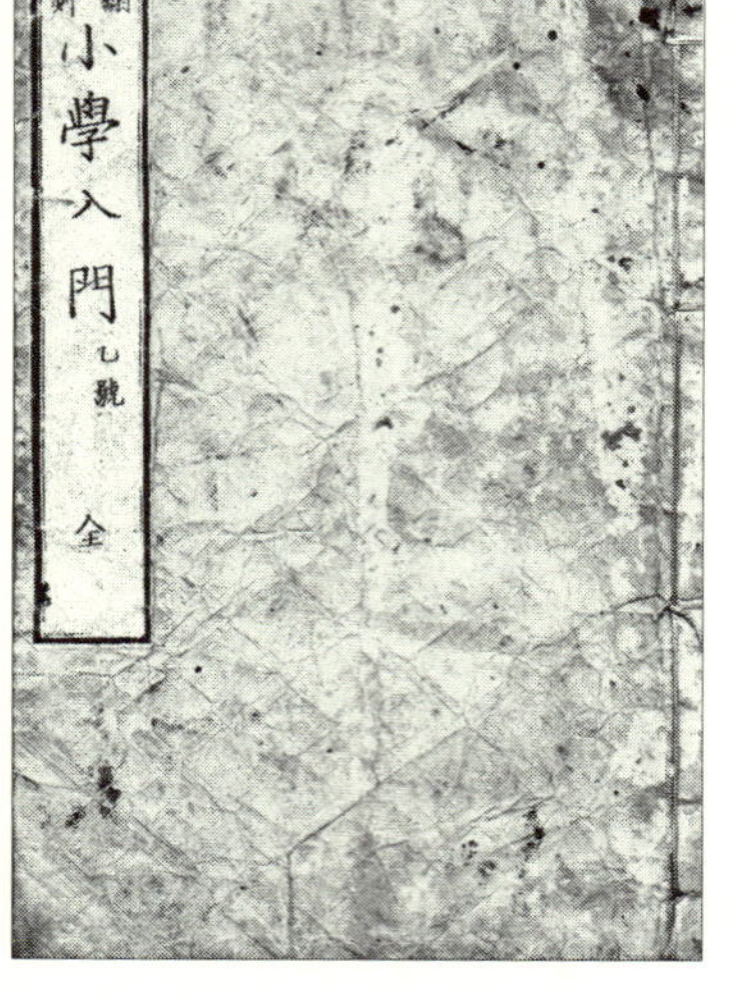

『小学入門 乙号』明治8年

『小学入門 乙号』収載の単語図

類を使って下等小学第八級で学習するとしても、問題になるのは、次の段階で、どのような書物を用意し、さらなる「読解リテラシー」を身につけさせるか、にある。つまり、基本的な文字の読み書きや単語・連語を習得した後に、さらに多くの知識や情報を自力で獲得するためには、どのような「読むことのための教科書」を準備するか、という次の課題が浮上してくるのである。いうまでもなくその用意がなされなければ、学校教育を受けることによって、これまでに蓄積された膨大な言語文化の世界にアクセスする能力を育成することはできないし、また日々更新される最新情報を入手して新しい世界を切り開いていくような言語能力を身につけさせることもできない。基本的な読み書きを体得した次の段階の学習の充実こそが、近代市民の育成をめざす学校教育の特色であり、またそこでどのような学習材を用意するのかが、明治の学校教育の成功を占う分岐点にもなる。

このような観点からあらためて師範学校の「読物」の項目を見直すと、ことばの教育としての「読み物集」の中心に置かれていたのが、田中義廉によって編集された『小学読本』であることは間違いない。

ウィルソンリーダーと『小学読本』

知られているように、田中義廉によって編集され、明治初期の国語教育に大きな影響をもたらした『小学読本』の内容は、アメリカの言語教科書であるウィルソンリーダーに大きく依拠していた。『小学読本』とウィルソンリーダーとの関係については、かなりの先行研究が蓄積されている。

まず、国語教育の立場からは、望月久貴の一連の研究が、挙げられる。その成果は、『国語科教育論集5　国語教育史の基本問題』（一九八四《昭和五九》年九月・学芸図書）に収められており、それらの論考をもとに明治初期の国語教育の全体像を描き出した博士論文は、望月の没後、浜本純逸の校正によって、二〇〇七（平成一九）年二月に『明治初期国語教育の研究』という題名で溪水社から刊行されている。『小学読本』に関していうなら、その書誌的な変遷とウィルソンリーダーとの関係は、この仕事によって、ほぼ大略は解明されているといっていい。また、国語学・国語教育史の立場からは、古田東朔の一連の研究があり、『小学読本便覧　第一巻』（一九七八《昭和五三》年一二月・武蔵野書院）には、諸本の校訂と解説がある。さらに古田は、『小学読本』の編者である田中義廉についての評伝を、国語教育研究誌『実践国語』に書いているが、これが現在のところ、田中義廉に関するもっとも詳細な研究となっている。[*6]

別に、比較文化的な視点からの、山口隆夫の一連の考察がある。[*7]
山口は、ウィルソンリーダーが、言語教育上の配慮として音声面に重点を置いていることを強調している。第一部でも触れたように、強弱の違いはあるものの、音声言語の重視が、この時期のアメリカの英語教科

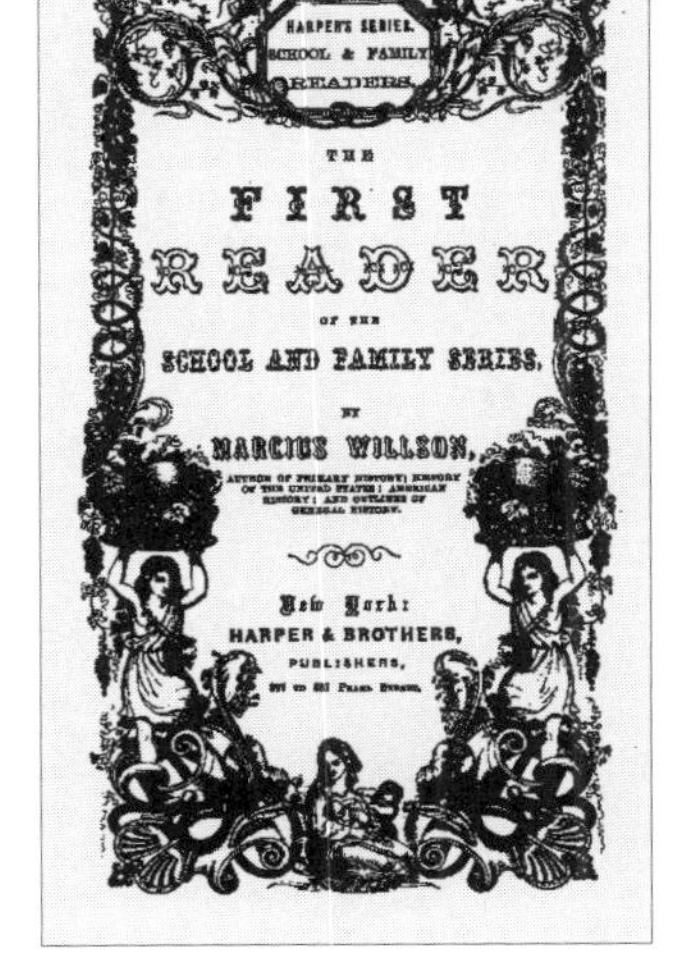

Willson First Reader 扉

書に共通した特徴であったことは間違いない。さらに、山口は、ウィルソンリーダーを各題材ごとに分類整理して内容分析し、「児童を中心とした世界を扱っていて、遊び、家業、学校、衣食住等の家庭生活および外の自然環境を扱っている」とする。こうした特徴を持ったウィルソンリーダーは、そのままの形で日本に導入されたわけではない。山口は、両者の間には、いくつかの相違点がある、と指摘する。

まず、ウィルソンリーダーが持つ発達段階に即した言語教科書という側面は、『小学読本』には、継承されていない。また、キリスト教的倫理観を中心としたウィルソンリーダーの構成は、そのままの形では日本の中に導入できない。最も大きな問題は、キリスト教の神の概念をどのように説明するかである。『小学読本』では、ウィルソンリーダーのキリスト教の神を、日本の神であると説明している。これは、かなり無理がある。さらに、自然界の生態系や物質的な状況も異なるが、日本に存在する別のものに置き換えて翻案するという形で解決している。また『小学読本』は、アメリカの農村生活を背景にしたウィルソンリーダーとは異なり、都会生活を基底にしている。以上のように指摘した山口は、『小学読本』は、ウィルソンリーダーの単なる翻訳ではなく「全体として眺めた場合には違った教科書になっている」としている。

また、ドゥトカ・マウゴジャータは、思想史研究の立場に立って両者の内容を比べている。ドゥトカは、ウィルソンリーダーに多く「自然」が取り上げられているのは、神を頂点とした上下関係のもとで、自然界への支配権を委託された人間像が描かれており、それは当時のアメリカ国家が必要としていた人間像と重なるからだ、と言う。一方、日本ではそうした自然構造は受容されず、国家が必要としたのは、知識の取得による立身だった、とする。さらに、ウィルソンリーダーに描かれた「神」は、全知全能の世界の造物主であり、その神から授かった社会生活のルールは社会の共同体へと転化し、それが国民的アイデンティティを保障するものになっている。『小学読本』でも、「神」を意識する姿勢は共通するが、明治初年の日本の宗教政策を反映して混乱している、とする。個人の自立については、ウィルソンリーダーでは、「知識」と「徳」が、とりわけ勤勉と誠実が強調されており、個人意識が市民意識へとつながり、それが国家へと吸収される構造になっているが、『小学読本』では、勤勉・誠実(信)・礼・孝が基盤にあって、それを個人の立身出世に繋げている、と指摘する。ドゥトカは、『小学読本』の人気の秘密は、そうした個人の立身の論理を「国民文化」として提示したところにあると結論している。[*8]

山口隆夫やドゥトカ・マウゴジャータの議論は、明治初期の日米文化比較論でもあり、当時の西洋文化の受容の様相を『小学読本』という小さな書物の上で検証する試みである。いうまでもなく『小学読本』は、単純にウィルソンリーダーを右から左へと移し換えたわけではない。そこで何を捨て何を加えたのかを、当時の西欧文化受容の流れの中に位置づけてみれば、明治初期の啓蒙主義の特質が見えてくる。ドゥトカ・マウゴジャータは、『小学読本』の中には、『西国立志編』や『学問のすゝめ』などと同質の思想が伏在していたととらえているが、それは第一部で検討してきた多くの「子ども向け翻訳啓蒙書」にも通底するものだったと言っていいだろう。

また、山口の指摘にもあるように、ウィルソンリーダーは、音声教育を中核として、発音や語彙、あるいは文型などを、易から難へと段階的に発展する構成になっている。またそうした言語的な要素を、機械的に並べるのではなく、子どもの生活を核としながら、読み手の興味関心を徐々に拡大していくように題材を配列し、その中に溶かし込んでいる。このような配慮は、『小学読本』には見られない。しかし、子どもたちの生活と国語教科書の教材とを結びつけようという発想は、この後、明治期の国語教科書の中で断続的に試みられていく。

こうした研究を踏まえて、近年では、より詳細に『小学読本』とウィルソンリーダーとの関係を比較した高木まさきの研究がある。高木は、『小学読本』より一年遅れて文部省から刊行された榊原芳野の手になる『小学読本』との関係も視野に入れており、明治初年に刊行された『単語篇』を含めて、この時期に文部省から出された国語教科書についての全体像を見通した上で『小学読本』の位置を見定めようとしている。

さらに、ウィルソンリーダーというアメリカの教科書の持っている教育思想とその背景を十分に考察した上で、それがどのように『小学読本』と関わっているかについて、様々な『小学読本』の版本を渉猟し、アメリカの史料をも探索して、幅広い視野から考究を進めた西本喜久子による最新の比較研究もある。そこでは、ウィルソンリーダーが、ペスタロッチ主義的読本教科書の提案という性格を持っていたことや、『小学読本』がそれを日本的に変奏しながら、積極的に受容された事情などが明らかにされている。*9

そこで、あらためてウィルソンリーダーと『小学読本』との関係を、整理確認しておこう。両者の関係の概略については、古田東朔の『小学読本便覧』の「解説」が簡にして要を得ている。その整理によれば、両者の関係は、おおよそ次のようになっている。*10

ウィルソンリーダー	『小学読本』
プリマー（四八頁）	小学読本巻一（三八丁）
第一読本（八二頁）	小学読本巻二（四一丁）
第二読本（一五二頁）	小学読本巻三（三九丁）
第三読本（二四六頁）	小学読本巻四（三七丁）
第四読本（三六〇頁）	
第五読本（五三八頁）	

古田は、「巻一は第一読本、巻二は第二読本のほぼ前半、巻三は同読本のほぼ後半（ただしよっている度合は前二巻より少ない）を訳していったものである。巻四になると、直線や図形などは第二読本から、他の天体・物理などの解説は第三読本から第五読本までの中から極めて簡単に抄出している。むしろ、さし絵だけを原読本により、それに説明を加えたものといった方が適切かもしれない。」と述べている。つまり、『小学読本』は、ウィルソンリーダーの抄訳出版物であり、とりわけ巻一、巻二、巻三は、それに大きく依存しているということである。

また、『小学読本』の詳細な書誌的研究、およびウィルソンリーダーとの比較研究を進めた望月久貴は、The First Reader の全七八課のうち『小学読本』へは約七割が訳出されており、「他の巻の場合もほぼ想像されよう」と述べている。各巻の文章の細部にわたって詳細な対応関係を確認したわけではないが、ここでも、ウィルソンリーダーと『小学読本』との密接な関係が指摘されている。

こうした成果を踏まえて、先述した高木まさきの研究では、ウィルソンリーダーと『小学読本』とを、より詳細に比較検討している。すなわち高木は、両書の分析比較の単位を、文章の段落レベルに設定し、それらを逐一比較して比較対照表を作成したのである。また、高木はその結果を数量的に示している。その高木の調査の結果を簡略化して示すと、次表のようになる。[*11]

巻	段落総数	内容			挿し絵		
		○	△	なし	○	△	—
1	59	24 40.7%	26 44.1%	9 15.3%	21 35.6%	15 25.4%	0 0%
2	87	35 40.2%	35 40.2%	17 19.5%	12 13.8%	14 16.1%	43 49.4%
3	139	42 30.2%	36 25.9%	61 43.9%	4 2.9%	5 3.6%	118 84.9%
4	134	1 0.7%	17 12.7%	38 86.8%	2 1.5%	9 6.7%	96 71.6%

『小学読本』とウィルソンリーダー 一致度の割合

○は、おおよそ一致しているもの　△は共通性を認めうるもの
（高木まさきの作成した表を稿者が簡略化した）

第一巻に関しては、『小学読本』の第一回（第一課）の教材は、もともとウィルソンリーダーとは無縁の材料であるので（この教材の冒頭部分の原拠については第三節で詳述する）、高木は周到に、この第一回の教材を含めて両者の一致度を算出した表と、それを除いた表とを用意している。ここでは後者、つまり第一回のウィルソンリーダーと無縁の教材を除いた表を紹介した。これによれば、確かに巻一と巻二は、八〇%以上が、ウィルソンリーダーと密接な関わりを持っており、ほぼそのままの翻訳だといっても言いすぎではない。また、巻三は、五〇%以上をウィルソンリーダーに依っているが、巻四は、その割合が一〇%台に低下していることも確認できる。換言すると、『小学読本』の巻二までは、ウィルソンリーダーに全面的に依拠しているが、巻三から少しずつその傾向が薄れ、巻四ではほとんどその方針は貫かれなかった、ということである。

さらに、この表からは、本文だけではなく、挿し絵もかなりの割合で転用されていることが分かる。こうした高木の研究からも、田中義廉編集の『小学読本』が、ウィルソンリーダーの第一・第二読本の翻訳出版に近い書物だということをあらためて確認することできるのである。（ウィルソンリーダー以外の外国読本あるいは修身書などを『小学読本』に、部分的に取り入れた可能性はあるが、今回の調査では、それを確認することができなかった。また、巻四に関しては、当時多くの窮理書が翻訳出版されており、後述のように田中義廉自身も各国の科学書をもとにして窮理書『天然人道道理図解』を刊行しているので、それらとの関係も検討しなければならないだろう。他日を期したい。）

二、「子ども向け翻訳啓蒙書」と『小学読本』

(1) ウィルソンリーダーの翻訳の比較検討

ウィルソンリーダーと「子ども向け翻訳啓蒙書」

本節では、先行研究とは角度を変えて、第一部で検討してきた、「子ども向け翻訳啓蒙書」と『小学読本』とを比較するという観点から、『小学読本』を検討してみたい。というのも、子ども向けの翻訳啓蒙書類のうち、英語教科書（リードル）を翻訳したものは、『小学読本』と同様に、どれもその原典を抄訳したものだったからである。翻訳の対象として選んだ素材が、ウィルソンだったか、サージェントだったか、あるいはサンダースだったかという違いはあるものの、英語教科書（リードル）をもとに日本の子どもたちのための読み物集を作製したという点において、田中義廉は、ほかの翻訳啓蒙家たちとほとんど同じ作業をしたことになる。

逆に言うなら、『小学読本』は、第一部で検討してきた翻訳啓蒙書の一種としてとらえることもできる。というより、そう考えることで、『小学読本』の独自の位置があらたにみえてくる可能性がある。つまり、双方の翻訳態度を比べることで、「教科書」の翻訳と、「子ども向け翻訳啓蒙書」との差違と共通点とを析出することができるかもしれない。それはまた、きわめて限定された部面からではあるが、明治初期の西洋文明の受容という問題を、文章文体に即して具体的に考える作業ともなるだろう。

こうした観点に立って、第一部で検討した「子ども向け翻訳啓蒙書」のうち、ウィルソンリーダーを素材とした書目を探すと、四冊の本が見つかる。どれも、ウィルソンリーダーだけを材料としたのではなく、ほかの読本からも材料を調達しているが、それらの書名を挙げると、福沢英之助の『初学読本』（一覧11）と、『童子論』（一覧18）、加地為也の『西洋教の杖』（一覧27）、それに海老名晋と四屋純三郎の『訓蒙二種』となる。（数字は「明治初期子ども向け翻訳啓蒙書一覧」の番号）このうち、海老名晋と四屋純三郎の『訓蒙二種』には、ウィルソンリーダーの第三読本に掲載された一教材だけが採用されており、福沢英之助と加地為也の書物では複数の教材が使われている。『訓蒙二種』が取り上げたウィルソンリーダー第三読本の教材は、『小学読本』には、翻訳されていない。したがって、『訓蒙二種』の翻訳と、『小学読本』との翻訳とを比べることはできないので、ここでの比較対象から外しておく。また、福沢英之助が翻訳した『初学読本』と『童子論』の二冊の翻訳書のウィルソンリーダーからの教材は重複していない。

これらの書籍の中に、『小学読本』と共通して取り上げられているウィルソンリーダーの教材があれば、その翻訳ぶりを、相互に比較検討することができる。そこで、田中義廉の『小学読本』と、福沢英之助『初学読本』『童子論』、加地為也『西洋教の杖』の三点の書籍の中から、共通に取り上げられた教材がないか、探してみる。すると、ウィルソンリーダー第二巻第三部の第一六課の教材「The Boy and the Wolf」が見つかった。この文章以外、三書で重なっている材料はない。

そこで、この教材文が、三つの書物においてどのような翻訳態度を取っているかを比べてみたい。対象にする「The Boy and the Wolf」という教材は、前半部が、嘘を言うな、正直であれ、という説教で、後半部に嘘が原因で失敗した例話として、イソップ寓話のいわゆる「狼少年」の話が挙げられている。また、教材文の最後は、教訓で締めくくられている。

初めに、ウィルソンリーダーの本文を紹介する。[*12]

Willson Second Reader PART III. LESSON XVI.

The Boy and the Wolf

Never do what you know to be wrong`. Never do what you know to be evil´, with the hope that good will come from it`.

Never tell an untruth, with the hope of gaining any thing by it`. If you *should* gain by it, it would still be wrong`.

But in the end you will *not* gain by it`; you will suffer`; and the time will come when you will be sorry for it`. Tell the *exact* truth at all times.

When you are telling about what you have seen´, or heard´, or done´, be very careful to tell nothing but the truth`. If you relate what some one told you´, do not alter or invent any part to make a better story´, but tell it just as you heard it`.

Do not tell a lie, even in jest`. Do not say to your little sister´, "Mary´! Mary´! there is a bug on you´," just to frighten her, when there is no bug there´. If you tell Mary a lie in jest´, she will not believe you when you tell her the truth`.

Did you ever hear the story about the boy and the wolf´? The boy used to run and scream "Wolf ! wolf !" when there was no wolf there. He did it to make the men think the wolf was coming, and to make them run to help him`. When they came´, and found no wolf there´, he would laugh at them`.

In this way he often deceived them. One day the wolf came, sure enough`, and the boy ran and screamed "*Wolf ! wolf !*" in earnest ; but, as the men thought he did it to deceive them again, they did not go to help him; and so the wolf caught him, and came very near killing him.

It is an old proverb, but a true one, that "a liar is not believed when he speaks the truth."

このテキストは、声に出して読まれることを前提にして作製されている。本文には、ほとんどの文の文末に、調子を上げるのか下げるのかを示すイントネーション記号が付してある。そればかりではなく、地の文章の中には、「少年と狼の話を聞いたことがありますか?」と、教材文の読者に向かって直接尋ねる疑問文もあり、また、本物の狼が到来したときの叫び声は「*Wolf ! wolf !*」と字体を変えてイタリック体で表記してある。既に何度も述べてきたが、これは、当時のアメリカの「国語教育」のテキストが、様々な地域からやってきた人々に正確な発音や口語表現を訓練するための重要な教材集だったからである。だが、こうした音声表現に関わる英語教科書(リードル)の配慮は、当時の日本の「子ども向け翻訳啓蒙書」においては、ほとんど等閑視された。

Willson 2nd Reader 表紙

三種の邦訳

以下には、田中義廉の『小学読本』、福沢英之助の『初学読本』、加地為也の『西洋教の杖』の順に、それぞれの翻訳文を示す。なお、ウィルソン第二リーダーの第三部第一六課「The Boy and the Wolf」の教材文の原本には、もともと挿し絵が付されていない。しかし、『小学読本』と『西洋教の杖』には、新たに挿絵が挿入されているので、それも添えておく。

『小学読本』第二巻　第五回（三）

明治六年三月　師範学校彫刻　田中義廉編輯[*13]

汝等、事の正しからざるを、知るときは、決して、行ふべからず、たとひ、功あることゝ、思ふとも、我心に、悪しき業と、知るときは、決して、これを、行ふべからず、

善からぬ事を、行ふのみを、悪しきことゝ、思ふべからず、縦令、行はずとも、心に行はんと、思へば、最早、悪事を、行ふことゝ同じ、我身に、利益あるとも、決して、虚言を、言ふべからず、虚言を、言ふて、得たる利益は、他人の物を、盗みたると、同様にて、終には、其の身の害となるべし、故に、平生、語るに、真実を以てすべし、

常に、見もし、聞きもし、又は、為せしことを話すに、決して、虚言をいふべからず、他人より、聞きたることを、人に話すも、唯聞きしまゝに、語りて、少しも、話しを、飾るべからず、

戯れにも、虚言をいへば、真実なることを、語るときも、人は実と思ふべからず、

むかし、一人の、男児ありて、平生、狼が、来れり、狼が、来れり、誰か、出でゝ救ひ給へと、大に呼びて、途を走れり、これは、真に、狼の来るにあらず、他人を欺きて、来らしめんと、欲するなり、然して、人の来りて、己を、救はんと、するときは、欺き得たりとて、大に、其人を笑ふ、

斯くすること、度々なりしが、或る日、真に、狼が来りて、此男児を、食はんとす、男児は、大に、呼びて、狼が来れり、救ひ給へといへども、誰も、又、虚言なりとて、これを、救はんとして、出で来るもの、あらざれば、男児は、終に狼に、捕へられて、食ひ殺されたり、故に、平生、人を欺くものは、適々、真実のことを、話すとも、他人は、更に、信と、なさゞるものなり、

『小学読本』巻二　29丁ウの挿絵

『初学読本』福沢英之助
明治六年五月　三丁ウ―四丁ウ

茲ニ数多ノ人不善ナルコトヲ知リツヽ之ヲ行ヒ而シテ善ヲ得ンコトヲ欲スル者アリ是レ甚タ不可ナリ人不善ナルコトヲ知ルトキハ決シテ之ヲ行フコトナカレ又偽以テ利ヲ得ンコトヲ求ムルコトナカレ仮ヒ始メハ偽ヲ以テ利ヲ得ルコトアルトモ終ニハ之ヲ失フテ却テ難渋ヲ得ルコトアツテ其始メ偽ヲ以テ利ヲ得タルコトヲ後悔スルコトアル可シ故ニ必ス常ニ信実ヲ以テ事ヲ行フ可シ○人見タルコト或ハ聞タルコトヲ咄ストキハ決シテ之ヲ偽テ飾ルコト勿レ仮ヒ雑談タリトモ常ニ偽ヲ云フトキハ信実ヲ咄ストキ人之ヲ信セサル可シ○茲ニ一童子アリテ狼ノ来ラザルトキ狼来リタリ誰カ早ク来テ我ヲ助ケヨト叫ヒテ屡々人ヲ欺キタルガ或ル日実ニ狼来リタルコトアリテ童子前ノ如ク叫ヘトモ誰モ之ヲ信ジテ助クル者ナク竟ニ狼此童子ヲ殺サントシタルコトアリ○嗚呼懼ル可シ偽テ人ヲ欺ク者ハ偶信実ヲ咄スト雖モ人之ヲ信セスシテ終ニハ此童子ノ如ク大ナル危難ニ遭フコトアル可シ故ニ世人之ヲ慎マスンバアル可ラス

『西洋教の杖』加地為也
明治六年九月　巻二　一三丁オから一四丁オ

人を欺く者ハ吾身を害するの話

ウヰルソンの書に曰く人常に正直なることを話すに自ら見聴きし或ハ為せし処の事を話すとも実景の外一二を雑ゆる勿れ又人より聞く処の話を他人に語る時も己れが意を以て加除作為して主旨を変ずる勿れ縦令ひ一時滑稽の戯言と雖も虚誕を以て人を迷ハす勿れ或る時小児大ひなる声にて狼兮狼兮と呼ひ泣き叫ぶを聞き人々皆愕き此の少年を助け遣らんと戸外に出て見れば一の狼とてハあらずして彼の少年ハ近隣の人周章（しうしやう）（アハテ）して己れを救わんと出て来るを見て嘲（あざけ）りたり其後とても斯の如くして人を欺く事屡々なり故に或る日真の猛狼来りし時に此の少年大ひに恐怖して叫び呼んで人の救ひを乞うふと雖ども兼て虚妄を以て人を欺きし事多き故に聞く人も亦之を常と思ひ敢て来り助くる者無りしかバ遂に猛狼の為に噛（か）ミ殺されしと云ふ

『西洋 教の杖』巻二　13丁ウの挿絵

文章形式の比較

これら三つの邦訳を原文と付き合わせると、田中義廉の『小学読本』と福沢英之助の『初学読本』は、かなり逐語的な訳になっていると判断できる。これに比べて、加地為也の『西洋教の杖』は、冒頭に「ウヰルソンの書に曰く」とあるように、最初から正確な翻訳を目指してはいない。加地は、前半の説教部分を簡単にまとめてしまい、「狼少年」のエピソードを中心に文章化している。

英文の教材文は、八段落からなっているが、『小学読本』はそれを六段落にまとめ、段落毎に改行してある。文頭を一字分空けるという処理はしていないが、文の区切りとして、すべて読点を使用しているので、今日的な見方からすると、ほかの翻訳文よりも読みやすい。一方、『初学読本』は、全体を四段落にまとめてあり、段落の始まりを「○」で示してあるが、改行がないので、版面にかなり字が詰まっているような印象を受ける。『西洋教の杖』に至っては、段落の区切りもないし、句読点も使っていない。いうまでもなく、当時においては、『西洋教の杖』の版面の方が標準的なのである。『小学読本』のように、段落に当たる部分を空白として残し、次の段落を改行して示すような書式は、どちらかというと珍しい。したがって、『小学読本』は、こうした版面の「見た目」構成だけでも、いかにも特別な学習用という印象を与えたであろう。

ところで、この『小学読本』の「第二巻・第五回（三）」の教材文は、段落関係を改行によって示しているだけだが、『小学読本』の第一巻、第二巻、第三巻では、この教材文と同様な改行の表示方法を採り、『初学読本』と同じように大きな「○」を、ところどころに使用している。（第四巻では、○は使っていない。）知られているように、今日通用している句読点や、段落毎に行変えをするような書式は、明治期全般をかけて、金属活字による印刷が一般的になるとともに、徐々に定着していく。「子ども向け翻訳啓蒙書」の翻訳に当たっても、それぞれの翻訳担当者はさまざまな書式を工夫していたが、全面的に句読点を使用した例はなかった。『小学読本』も、そうした近代的な文章表記様式を模索する過程における最初期の産物であることは、ここで確認しておいていい。

次に三者を、文体の面から見てみる。

『小学読本』と『西洋教の杖』は、平仮名交じり文語体、『初学読本』は、片仮名交じり文語体である。近代的な文章は、一文の中の主語と述語の照応が明確なことが特徴であるが、和文は、一つの文が終止形で結ばれずに、次の文に連続して一文が長くなる傾向がある。一文が長くなると主述や修飾関係が複雑になって、文意の明瞭度が低くなりがちだ。試みに、三つの文章に共通している狼少年のエピソード部分だけを取り上げて、終止形が出現するまでを一文として数えてみると、『小学読本』は五文（全二五一字）からなっており、『初学読本』は一文（全一〇一字）、『西洋教の杖』は三文（全二一一字）である。一文の長さは、それぞれ約五〇字、一〇〇字、七〇字であり、『小学読本』が、ほかの「子ども向け翻訳啓蒙書」よりも、一文の長さが短く、和文脈からは離れており、いわゆる翻訳文体になっていることが分かる。ということは、『小学読本』の文章は、当時の一般的な書き言葉とも距離があった、ということになる。

もっとも、こうした段落や句読点の使い方、あるいはできるだけ一文を短くするような田中義廉の文体が、新しい文章表現を意図的に創造しようと試みた営為の結果と考えていいのかどうか、その判断は難しい。この点に関して、山本正秀が『小学読本』と同じ、一八七三（明治六年）に刊行された『小学教授書』について、記述していることを参照してみたい。山本は、下等小学第八級で使われる掛図を縮刷した書物である『小学教授書』も、田中義廉の発案によって作製された物だとした上で、その中に「談話体の文章」があることに着目する。『小学教授書』の談話体文章とは、「第一連語の図」から「第七連語の図」までの文章である。そのうち「第一連語の図」の教材文は、次のようになっていた。

父。母。叔父。私。男。女。あなた。彼れ。彼人。此れ。其れ。此。其。誰。何。茲に。何処に。其処に。どのやうな。かやうな。」 彼人は、何を致して、をりますか。彼れは、今かやうな、花を、見てをります。彼れの、叔父も、叔母も、一所に、見てをります。此れは、何の花で、ありますか。此れは、梅の花で、あります。叔父とは、父母の、兄弟をいひ。叔母とは、父母の、姉妹を、いふなり。」

山本は、この『小学教授書』の「彼人は、何を致して、をりますか。彼れは、今かやうな、花を、見てをります。」という口語的な談話文に関して、次のように述べる。[*14]

この『小学教授書』連語の図の談話体文章に、はたして言文一致試作の文章意識があったかについては、即断はできないが、前述のように、その叙述的発想による会話ばなれの文体と、欧文模倣の、。の句読点採用などから、編者の心中に言文一致の文章意識があったものと見たい。、と。の二種の句読点を施したことは、後述の民間諸家編の会話篇教科書の会話文には、句読点がなく、それが書く文章としての意識の編者になかったことを思わせられるのとは反対に、これには会話としてだけでなく、書く文章としての意識があったと見られるからである。

山本は、田中義廉が、言文一致の意識、すなわち口語文体への文章改革の意識を持っていた、とする。その発言に棹さして付け加えるならば、ここで注目すべきことは、この連語図の「彼人は、何を致して、をりますか。彼れは、今かやうな、花を、見てをります。」の談話文が、英文からの直接の翻訳ではなかった、というところにある。すなわち、この談話文は、原文としての英文が存在しており、それを翻訳したものではない。おそらく、田中は現実の日本人の談話場面を想定して、そこで行われている会話を、口語文体で記述しようとしたのである。こうしたことから、山本の述べるように、『小学読本』を編集した田中義廉には、この時点で、教科書を通して日本語の文章を改革し、それを子どもに示そうという意識があったことは、確かであろう。

そうした意識は、田中個人のものではなく、当時の文部省の言語政策の中にも潜んでいた。続けて山本は、その一端を、こう述べる。

そして今一つここで思い合わされる重要な事がらに、本書（『近代文体発生の史的研究』・稿者注）第四章中『明治六、七年頃文部省言文一致施行のための取り調べのこと』の項で既述の件がある。すなわち明治二一年九月西村茂樹の東京学士会院での講演中に見える、彼が明治六年一一月に文部省編書課長として出仕した頃、文部省の省議で言文一致の方針が決定ずみで、それを実施するための方法の取り調べを西村ら数名の者が命ぜられ、種々実施の方法を討議実験してみたが、ついに良策を得ることができず長篇の意見書を提出し、その後文部省では言文一致は沙汰止みになった、とあるそれである。さて西村が明治六、七年の頃の思い出話として語ったこの事がらと、文部省編纂・明治六年五月刊の『小学教授書』連語の図の談話体文章の事実とを並べてみると、両者の間に緊密な関係があったのではないかとの推測が生じるであろう。学制発布後の明治六年に、前島密は、文部卿大木喬任と右大臣岩倉具視に対して、学制実施と共に国字国文の改革断行を熱心に勧告または上申したこと、また大木喬任自身が果断な進歩派で、漢字制限の目的を以て国民常用の漢字選定を田中義廉・大槻修二に命じて『新撰字書』二巻（採用漢字三一六七字）を作らせたことは既述の通りであるが、更に当時の文部省には西潟訥・田中義廉・大槻修二・小沢圭次郎らの進歩的洋学者が多くいて、彼らが言文一致の考えをもち、文部省の省議において言文一致の方針をきめたものと思われる。小学校での「会話」教育を重視した西潟と談話性採用の『小学教授書』編纂に関係の深い田中については既述の通りであるが、大槻修二（弘化二（一八四五）―昭和六（一九三一））八七歳没）は磐渓の長男で、明治一四年に『小学日本文典』という俗語の法則にふれた文法書を著わし、二二年には「都の花」誌上に如電居士のペンネームで『無花果艸紙』（七号―一五号、二二年一月―五月）『骨相観』（二〇号―二九号、二二年八月―一二月）以上二篇の地の文のない会話ばかりでの一種の言文一致小説を書いていて、明らかに言文一致主義者であったと見られる。そして文部省議での言文一致の方針決定の時期は、西村茂樹の文部省出仕以前、だいたい『小学教則』の出た明治五年九月から六年一〇月頃までの間と見られる。

山本は、「明治六、七年頃」に文部省が、日本語の文章改革を、教科書を通じて進めようとしていたこと、またそれが、「連語図」の談話体文章を始め、点や丸で表された読点の使用などという具体的な形になっていた、と推測するのである。*15

事態が山本の考える通りであったとするなら、『小学読本』を始めとする明治初期の教科書類に「文章改革」という意図が込められていた点が、同時期に刊行された「子ども向け翻訳啓蒙書」と、大きく異なるところだ、ということになる。ここでは、わずかにウィルソンリーダーを取り上げた三点の書物について、それもThe Boy and the Wolfという一つの教材の翻訳のみを比較しただけであるが、同じ事情は、すでに、第一部で検討してきた「子ども向け翻訳啓蒙書」全体についても言えるだろう。見てきたように、「子ども向け翻訳啓蒙書」の中で、文章形式面を改革しようという配慮があったのは、福沢諭吉の平俗な翻訳ぶりと、鳥山啓のかながき、会話を口語的に翻訳するという工夫だけであった。その他の、訳者・編者たちは、日本語の文章改革に対する意識は十分ではなかった。

とするなら、明治初期の教科書という側面から見た『小学読本』は、その内容はさておいても、まずは文章そのものの改革に意識的であったという点を評価しなければならない。というより、そのことが、文部省の作製した教科書と、同時期に数多く刊行された「子ども向け翻訳啓蒙書」との決定的な差だったのである。

もっとも、その意図は、必ずしも徹底して実行されたとは言いがたいし、また必ずしも肯定的に迎えられたわけでもない。もちろん私的な刊行物の中で文章改革を試みるなら、いくらでも実験的なことはできる。鳥山拓の「かながき」によるアメリカのリーダーの翻訳は、その典型的な例である。しかし、それさえ大方の支持は得られなかった。ましてや、公的な教科書という刊行物における急激な改革は、必ず大きな戸惑いや反発を生む。仮に文部省が率先して鳥山啓などと同様に、すべて「かながき」による談話体の読本を作ったとしても、それを教える教師や、それを購求する親たちが支持するとは限らない。その結果、そうした反発の声に配慮せざるを得なくなるし、文章改革も折衷的なものになりがちである。実際、事態は、そうした方向へ動いていった。

（2）対話表現の意識的な導入

会話文の翻訳

第一部「子ども向け翻訳啓蒙書」で検討してきた英語教科書から日本の読み物へ翻訳する際に生じた表現上の問題点は、『小学読本』の中にも見い出すことができる。それは、英語教科書の中の子どもの生活に材料を採った文章を、日本の子どもの現実の話しことばに近い会話文体で翻訳することができなかったことや、英語教科書の中の韻文教材を十分に導入できなかったこと、などである。また、イントネーションや発音を重視した英語教科書の意図と、言語発達に即した段階的な構成意識も、ほとんど取り入れることができなかった。このことも共通している点である。

しかし、『小学読本』では、ウィルソンリーダーの教材の多くが対話形式になっている部分を、いかにも直訳的ではあるが、かなり意識的に取り入れた。これは大部分の「子ども向け翻訳啓蒙書」と、大きく異なる姿勢である。またそれが、田中義廉の『小学読本』の翻訳文体を決定づける大きな特色の一つになっている。

先ほどの三つの翻訳例から、会話表現がどのように翻訳されたのかみてみよう。それぞれ、どの例も、原文の会話表現は、直接話法としては、翻訳されていない。現代日本語文で翻訳するならば、ウィルソンリーダーの「The boy used to run and scream "Wolf! wolf!" when there was no wolf there.」という少年の叫び声は、たぶん「狼だ！　狼だ！」と、直接話法を使った翻訳文になるだろう。だが、さきほどの三つの翻訳は、次のようになっていた。

■むかし、一人の男児ありて、平生、狼が、来れり、狼が、来れり、誰か、出でゝ救ひ給へと、大に呼びて、途を走れり、（『小学読本』）

■茲ニ一童子アリテ狼ノ来ラザルトキ狼来リタリ誰カ早ク来テ我ヲ助ケヨト叫ヒテ屢々人ヲ欺キタルガ（『初学読本』）

■或る時小児大ひなる声にて狼兮狼兮と呼ひ泣き叫ぶを聞き（『西洋　教の杖』）

『小学読本』では、「狼が、来れり、」と、文語体の間接話法による翻訳になっている。さらにここでは、「狼が」と、格助詞の「が」が使用されていることにも留意しておこう。『初学読本』では、英文の直接話法が「狼来リタリ」と、文語文の地の文章中に間接話法として埋め込まれている。また、『西洋　教の杖』では、漢文の用法で語勢を整える「兮」という助辞を使用し、狼を強調した翻訳になっている。たぶん、「狼！」という叫び声の緊迫感を表現しようとしたのであろう。強調記号であるエクスクラメーションマークの翻訳としては成功しているかもしれないが、すべての会話表現をこの方法で翻訳記述することはできない。

もし仮にここで戯作文体などを援用すれば、英文と同じように直接話法を採用して「〵おほかみぢゃ」などという日本文に置き換えることも可能だったはずである。つまり、地の文は文語文体でも、会話部分は現実の口語に近い談話文体を使うことも選択肢の一つに挙げられただろうということである。さらに、鳥山啓が採用した、「かながき」の会話表現を使ったならば、「〵おほかみ　が　きます」とでも、訳すことになったかもしれない。あるいは、渡部温の『通俗伊蘇普物語』のように、江戸庶民の口語を彷彿とさせるような「〵おほかみが 来やす」などという会話文体の採用も、考えられなくはない。

しかし、そうした文章は教科書の標準文体にはふさわしくないと考えられたのであろう。そこで、『小学読本』では、「狼が、来れり、」という文語調の翻訳文に落ち着いたのである。主述関係を明確にした文を提供しようと考えたのかもしれないが、これがいかにも翻訳調に響く要因の一つにもなっている。もっともこうした試みは、「、」を使用したこととも併せて、田中義廉の文章表現改革実験の一端であったことは、すでに述べた。だが、一八七四（明治七）年八月に改訂された、いわゆる「大改正本」では、この部分は「狼来れり」と格助詞の「が」が外されており、従来の文語文体に近い表現に戻ってしまった。

明治六年版『小学読本』から「大改正本」への変質

「大改正本」の言語表現に触れたので、少々回り道になるが、この最初の『小学読本』と「大改正本」の文章の異同について述べておく。

明治六年に作製された『小学読本』は、直後の小改正を経て、翌年の明治七年に文章表現が大きく改訂された。田中義廉が関わった『小学読本』には、一八七三（明治六）年に刊行された『小学読本』の「初版本」と「改訂版」、及びそれを那珂通高が校正し、見返しに「明治七年八月改正」と記された『小学読本』との三種類の版がある。望月久貴は、『明治初期国語教育の研究』の中で、那珂通高が加わった版を「大改正本」と呼んでいるので、本書でもその「大改正本」の呼称を踏襲する。[*16]

つまり、『小学読本』は、刊行されてからほぼ一年後に、全面的に文章の見直しがなされたのである。従来の研究では、この「大改正」は、欧米の読本の直訳という問題点を、改訂したものだと言われていた。たとえば、『日本教科書大系』の「解説」には、「明治七年の改正版においては、六年版の不自然な直訳を改め、わが国の事情や児童の程度に応ずるように全体にわたって修正を加えている」としている。[*17]

確かに翻訳調の文章を、できるだけ自然な日本語の文章に整えるという作業が、この改訂の中心的な仕事であったにちがいない。しかし、それにともなって日本の言語教育が抱える別の問題点も浮上してくる。「大改正本」では、田中本の教材文がどのように変更されたのかを見ることによって、その問題点を検討してみよう。検討対象は、『小学読本』第二回の教材である。まず、原文であるウィルソンリーダーを紹介する。

Willson First Reader PART II. Lesson IX.

What bush is it? It is a rose-bush? Do you see the buds on it? The bush is full of red buds. May I pick a buds? No, do not pick it now. If you will let the bud be on the bush, in a few days it will blow out, and be a fine red rose. Then you may pick the rose.

先に述べたように、ウィルソンリーダーの本文の文末には、イントネーションの記号が付いている。原本が、全体として対話場面を通して会話表現能力を育成しようと意図していることはここから見てとれるだろう。

英語教科書では、挿絵があって、親子とおぼしき二人が対話している。冒頭の疑問文 What bush is it? には、語尾を下げる印が付いている。また、It is a rose-bush ? には、語尾を上げる印が付いている。子どもが灌木の花の名前を尋ね、母親が薔薇の花だと答えているのだろう。それが、イントネーションの記号によって表されている。続けて、薔薇の茂みの中に蕾が見えるかと尋ねる文の末尾にも、語尾を上げる印がある。おそらく、母親の問いであろう。次の、The bush is full of red buds. という文は、母親か娘か、どちらの発言か判断が付けにくい。英文の語尾には、イントネーション記号は付されていないが、ここでは、娘の発言だと考えておく。蕾を摘んでもいいかと許可を求めているのは、娘の発言であり、ここにも、疑問文の語尾を上げる指示がある。これに対して、母親は、今そのつぼみを摘んでしまわないで、数日待てば赤いバラの花が手に入るだろうと子どもに教えている。この教材文は、二人のそうした日常的なやりとりが、二人の会話文のみによって構成され、イントネーション記号もあわせて記載されている。

この教材文を、『小学読本』では、次のように翻訳する。

『小学読本』明治六年　第二回（八）

これは何の樹なりや、〇それは、海棠の樹なり、〇汝は、海棠の中に、蕾のあるを見しや、〇此樹は、赤き蕾にて満てたり、〇私には、蕾を取り得べきや、〇それをば今取るべからず、〇今暫く過ぐると、其蕾は皆花を開き、奇麗なる、赤き海棠となる、其とき、汝は、海棠を取るべし

明治六年の『小学読本』の翻訳では、原典のバラが、海棠に変更されている。その理由は不明だが、明治の子どもたちにとって、バラの花はなじみがないと判定されたからだろう。挿絵は、母と娘ではなく、成人男性と男の子の対話のように見えるばかりでなく、樹高もかなり高い。また、英文の you と I は、「汝」「私」と直訳されている。通常日本語の会話場面では、人称代名詞を会話の中にそのまま使うことが少ない（いわゆる主語の省略）ので、「汝は、海棠の中に、蕾のあるを見しや」は、日本語としてはやや不自然に響かないでもない。

だが、ここには原典の音声言語重視、とりわけ対話活動を、できるだけ日本の言語教育に取り入れようという姿勢は、明瞭である。Do you see…? という本文を「汝は……を見しや」と翻訳したのは、あまりに直訳的な日本語表現ではあるが、かえって学習者に与えるインパクトは強かったかもしれない。このように、会話表現、すなわち実用的な言語活動を日本の言語教育の中に積極的に導入しようという姿勢は、「小学教則」の教科目に「会話読方」が置かれていたことや、「連語図」の中に「談話文」を導入したことなどと通底する方向である。また、「汝は」という問いかけの文は、この時期に多く刊行された「問答」の書物の中にも、頻出する文型である。

では、「大改正本」において、この文章はどのように手直しされたか。

『小学読本』明治七年八月改正　第二回

これハ、林檎の樹なり、〇汝は、此樹の、蕾を、見たりや、〇此樹には、紅き蕾満てり、〇この蕾ハ、取るべからず、〇暫ク過ぐれバ其蕾、皆開き、美しき花となるのみならず、後にハ実を結びて、其味甘き果となればなり、

明治七年八月に改正された『小学読本』（大改正本）では、「海棠」が「林檎」に変わっている。「私には」という表現も消えている。とはいえ、二人のやりとりという場面設定は変更されず、対話であることは変わりない。しかし、大改正本は、細部の文章表現の手直しをしただけではなく、内容的な変更もなされている。

まず、冒頭の「これは何の樹なりや、〇それは、海棠の樹なり」が、「これは、林檎の樹なり」と、一文に集約された。また、「海棠」が「林檎」になっている。大改正本が、会話場面を一部カットしたり、教材文に出てくる樹種を、「薔薇」や「海棠」ではなく、「林檎」に変えたのは、次のような考え方が背景にあったからだろう。

まず、想起しておくべきは、ウィルソンリーダーでは、生活場面を舞台にして、登場人物が会話を交流するという言語活動自体を教育内容としていたことである。学習者はそこで、二人の対話を音読したり役割演技をしたりしながら、会話表現のイントネーションを学び、同時に話型や新出語彙を身につける。つまり、学習者が日常生活に即した言語活動を繰り返す経験をすることによって、それに習熟することを目指していた。したがって、母と娘の間で交わされる会話の内容自体には、それほど大きな価値は置かれていない。かえって、日常のなにげない平易な会話が繰り返して取り上げられていた方が、学習者にとっては、実用会話の練習教材としての価値は高くなる。

しかし、音声面や話型などの言語活動を教育内容として十分に移入しきれなかった日本の『小学読本』の教材では、少々事情が異なる。それをこの教材文に即して考えてみると、まずは、日本語の難語句や文語文などの言語形式が、この教材文の教育＝指導内容になる。これは言語教科書という立場から考えれば当然のことであるし、英語の教科書でも語

Willson 1st Reader

『小学読本』巻一　明治６年

『小学読本』巻一　大改正本
明治７年

彙や文型などの言語形式は、第一義的な教育内容となっていた。だが、その言語形式が包含する言語内容は、母娘間のきわめて平凡な日常会話であり、そこに特別な新情報や普遍的な真理が提示されているわけではない。「これは何の樹なりや、〇それは、海棠の樹なり」は、日常会話の練習教材としては、大きな教育内容を持っているが、意味内容は、「これは、海棠の樹だ」に尽きる。つまり、明治六年の『小学読本』において、難語句や文語文などの言語抵抗を取り除き、その文章を解釈するような言語学習をしようとした場合には、そこで取り扱うべき教育内容は、ほとんどなくなってしまうのである。

したがって大改正本では、日本語の文章を整えると同時に、学習者が学ぶべき価値としての言語内容を教材文に加えたのだ。すなわち、リンゴのつぼみは、花となり、やがて実を結ぶ、という科学的知識、あるいは「急いては事を仕損ずる」という教訓、である。したがって、ここでは原典のように「薔薇」ではなく、また、実のならない「海棠」でもなく、大きな実を付けるリンゴでなくてはならなかったのである。

これはなにも、この教材だけに加えられた改変ではない。その証拠に、この教材の前後で当初の『小学読本』の教材が、大改正本ではどのように改変されていたのか、そのいくつかを挙げてみると別表のようになる。

ウィルソンファーストリーダーのPart2-Lesson. 2は、小川のような水場で、模型の小舟を持ちこんで遊んでいる子どもたちの会話場面が取りあげられる。ところが『小学読本』では、子どもたちが模型ではなく実際の小舟に乗ることになっている。そのこと自体は大きな問題ではないが、原文では、子どもたちが模型のボートを手に、わくわくどきどきしながら発しているのは、日常的な会話である。会話自体には、特に解釈すべき教育内容は含まれていない。そこで田中本では舟に乗る際の注意を一点だけ加えた。ところが大改正本では、さらに小舟に乗る際の注意点とその理由がくわしく付け加えられている。同様に、Part2-Lesson. 4では、物を大事にせよという教訓が、Part2-Lesson. 11では、鶏の砂嚢に関する知識（これは事実と異なるため、明治一五年一〇月改正本では訂正されている）が、また、Part3-Lesson. 3では、トランペットの機能や形状についての説明などが、加わっている。

このように大改正本の「不自然な直訳を改め」という作業の内実は、単に文章表現を調整しただけではなく、言語教育に対する姿勢の違いを如実に表すものだったのである。もし英語教科書の対話をそのまま翻訳したなら、日本語の会話教材になったかもしれない。だが、そうなるためには、日本語の翻訳文の文体が、現実に子どもたちが交わしている話しことば、あるいは、かなりそれに近い文体となって記述される必要がある。また、会話表現への習熟や話型を習得することが、言語教育の内容として認定されることも、その前提となる。そういう条件が整っていなければ、英語教科書の会話場面を文語体で直訳した日本語教材が無内容に見えてしまうのは当然である。その結果、大改正本では、教訓や知識を付け加えて、教育内容を整えざるをえなかったのだ。[*18]

つまり、会話教材を曲がりなりにも言語教育の中に取り入れようと努力した田中本の『小学読本』は、「大改正」されることによって、そこからもっぱら意味内容を取り出すような教材集に変質させられたのである。それは、「読本（リードル）」というものが、会話や対話などの音声言語の教材集ではなく、もっぱら完成された書きことばを読むことを通して、その

	Willson First Reader	『小学読本』明治六年	『小学読本』明治七年・大改正本
Part2-Lesson. 2	Now will you take my boat, and put it down′? Do you see me hold up my boat′? You will see that my boat will sail well.	○今汝は、この小舟に、乗らんと欲するや○汝はこの小舟の動くを見よ、○小舟に乗りて、走るべからず （第二回）	○汝ハ、この小舟に、乗らんとするか○小舟は覆へり易き故漫に乗るべからず、もし過つ時は、水に陥りて、其命を、失ふことあるべし （第二）
Part2-Lesson. 4	One boy has a *hat* on his head. He says, “I must have a new cap, too, for my hat is old.” This boy has a long coat. DO you see it′? He is a tall boy.	○一人の小児は、頭に、帽を被ぶれり、○私の帽は、古きゆゑに彼人は、私に新き帽を持てと云ふ、○此小児は、長きマンテルを、着たり、 （第二回）	○凡て、新しき時より、大切に持てバ、後までも、破れ難し、故に、何物にても、麁末にすべからず、若シ心を用ゐずして、毀つことあらば、その罪を免るべからず、 （第二）
Part2-Lesson. 11	Can a bird eat as fast as a hen′? Can it eat as much′? O no`. It can not eat so much`. What do the hens eat′? They eat corn.	○汝は、老いたる牝鶏の、速やかに食するを見しや、○それは、与ふるほど、食するや、○否、それ程多くは、食し得ず、○牝鶏は、何を食するや、○彼は、穀物を食せり （第二回）	雞は、穀物を食すること、速なり○これ、噛むことなくして、食するが故なり、然れども、其穀物をバ、腹に、噛み下さずして唯喉の下なる袋に、入れ置き、夜間に、再吐き出だして、始めてこれを、腹中に、噛み下だすものなり （第二）
Part3-Lesson. 3	Are these old men′? No`; they are not old men`. Are they boys′? How can you tell that they are not boys`? Do they stand up′, or do they sit down`? Have they hats′ or caps` on their heads`? Can you tell which′?	○彼等は、老人なるや、○否、彼等は老人にあらず、○皆小児なるや、○彼れは、小児にあらず、少年なり、○彼等常に立ちて、坐することなきや、○彼は皆手に、帽を携へり （第三回）	彼等の、持ちたる、笛の名をば、何といふぞ、○此は、喇叭なり、○彼等は、楽隊の、兵卒ゆゑに此の笛を、吹くことを鍛錬するなり、○此笛は、兵隊の行列を整ふる、合図に用ゐ、又は祝日の、音楽に、用ふるものなり、○此笛は、管長くして、先キの開きたるものゆゑに、声を、発すること、最大なり （第三）

内容を理解する材料集だ、と受け取られたということである。それはまた、「わが国の事情や児童の程度に応ずるように全体にわたって修正を加え」た「大改正本」が、音声言語教育を前面に打ち出したアメリカの「国語教育」の考え方を受けとめきれずに、従来からの読み書き中心の言語教育の範囲の中に収束してしまったということでもある。この後、日本の言語教育の教材集は、教訓的な内容や知識をそこから読み取らせるという方向で編集され、それは、実に長い間日本の国語教科書の中心的な理念となって続いていく。「大改正本」に加えられた修正は、以上のような文脈に位置づけて考えることができる。

ちなみに、一八七七（明治一〇）年に、田中義廉が独自に編集した『小学読本』（いわゆる私版本・第二部第三章で後述する）には、この「海棠」の教材は採用されていない。田中私版本の、第一巻は、ウィルソンリーダーの教材を、徳目や内容別に編成し直してある。つまり、田中義廉自身も、国語教科書の編成を、言語形式ではなく、内容中心の原理で組み立て直しているのである。これも、国語教育を音声言語教育を中心に推進すべきだという立場から見れば、田中義廉の編集姿勢の後退であり、変質だと判断することもできるだろう。

もっとも、もとのウィルソンリーダー自体も、発音や話型などの学習が一段落して、第二巻、第三巻に進むにしたがって、そこから知識や教訓を読み取るための教材集という性格を強くしていく。つまり、言語形式よりも、言語内容中心の編成に移行していくのである。会話や対話教材が日本の教科書の中にどのように取り入れられたかという問題は、同時に師範学校の「小学教則」に置かれていた「問答」という「教科」の内容とその教授の実態などを精査する作業と並行して考えなければならないと思われるが、ここでは、英語読本と『小学読本』との差違を指摘するにとどめておく。

三、『小学読本』の冒頭教材の意味——その図像的考察

(1) 文明開化を象徴する冒頭教材

五人種の教材のインパクト

高木まさきがその調査研究の中で指摘していたように、『小学読本』には、ウィルソンリーダーから多くの挿絵が転用されている。子ども向けの読み物に図版を多用することは、「庶物指教」の考え方が導入されたことがその背景にあると考えられるが、江戸期の日本の庶民向けの刊行物にも、必ずといっていいほど図版が刷り込まれていた。子どものための本にとって、図像の挿入は、従来からも必須の条件だったのである。

本節では、『小学読本』のきわめて特色のある冒頭教材に、鮮烈な印象を与える図版が添えられていたことに着目し、その一点に絞って、その背景について検討してみたい。

田中義廉の『小学読本』の第一回の冒頭は、今日の小学校の言語教科書を見慣れた目からすると、次のようにかなり大胆な教材から始まっている。

第一回

凡世界に、住居する人に、五種あり、〇亜細亜人種、〇欧羅巴人種、

○メレイ人種、○亜米利加人種、○阿弗利加人種なり、○日本人は、亜細亜人種の中なり

いうならば、世界の中の日本の位置という壮大な物語から、読本の世界を語り始めているのである。いかにも文明開化の空気を感じさせる冒頭教材である。*19

もっとも、『小学読本』を開いて最初に眼に飛び込んでくる「一丁オ」に掲載された「五人種」の話題は、「一丁ウ」以下の教材に内容的に直接つながっていくわけではない。「一丁ウ」には、学習を読み書きから始めること、初学者の学習態度や学習方法についての注意、学校における時間の過ごし方などが記される。さらに、続いて展開されるのは、子どもたちの日常生活に材を採った、江戸期以来の伝統的な教育観を濃厚に宿した教材である。続けて、第二回からは、ウィルソンリーダーの直訳的な教材群が並ぶ。したがって、この「五人種」の教材は、ある意味で突出した存在なのである。田中義廉自身が、一八七七（明治一〇）年に刊行した私版本の『小学読本』では、この冒頭の五人種の図と説明を省いてしまっていることを考えると、田中義廉自身もこの五人種の教材に収まりの悪さを感じていたと考えることも可能かもしれない。

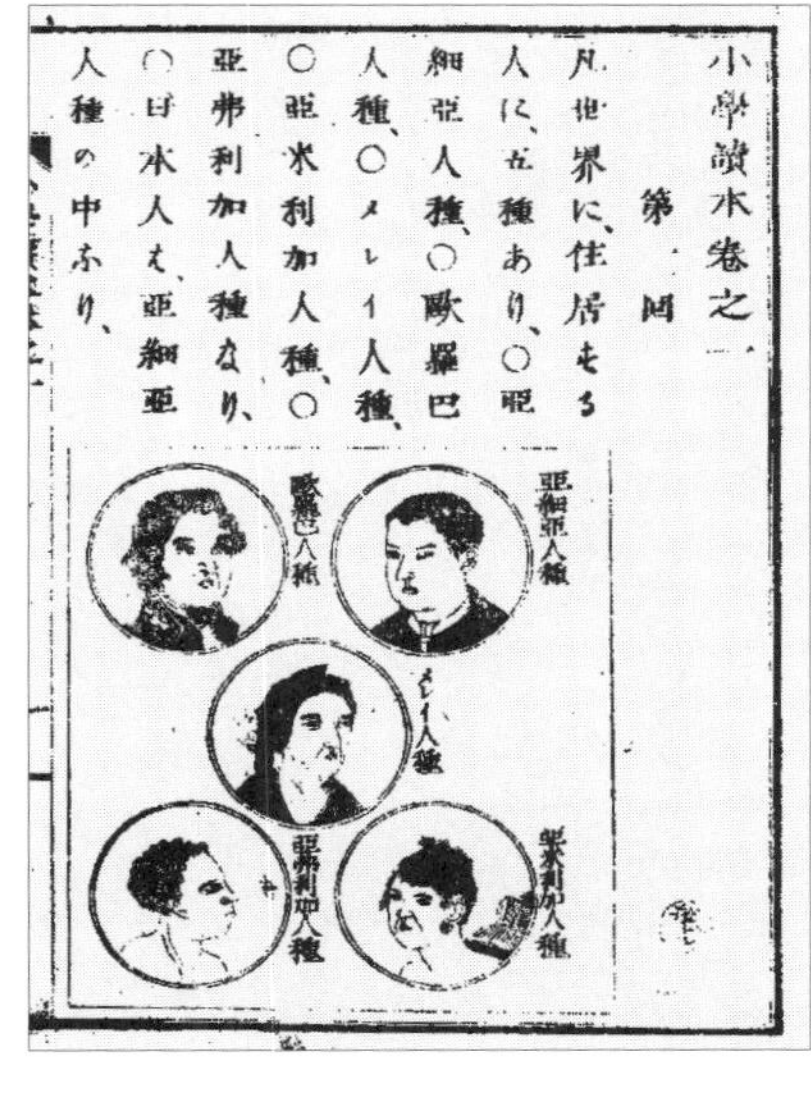

『小学読本』明治６年

しかし、「凡そ世界に、住居する人に、五種あり」という冒頭の文章と図には、きわめてインパクトがあった。たとえばこの教科書を実際に使用した世代であるジャーナリスト長谷川如是閑（一八七五―一九六九年）は、その回想で「『凡そ地球上の人種は』という言葉は、酒屋や魚屋の小僧までがそれを囀っていた」と書いている。このように多くの人々がこの冒頭の文章を口ずさみ、またそれを記憶していたのは、おそらくそれが文明化を標榜する近代学校教育の象徴とも言うべき内容だったからだろう。*20

考古学者である鳥居龍蔵（一八七〇―一九五三年）も、次のように回想している。*21

> 私の教えられた教科書は『小学読本』巻一であって、その最初の所文に「凡そ世界（地球上?）の人類は五つに分かれたり。亜細亜人種、欧羅巴人種、亜米利加人種、阿弗利加人種、馬来人種。日本人は、亜細亜人種のうちなり……」とある。私はこれに対して幼な心にはじめて妙な感にうたれた。すなわち世の中に人間は皆同じと思うていた（もっとも西洋人は父母から唐人として教へられたけれども）のに、かくの如く五つの人種があるとは初めて知つた。そして日本人は亜細亜人種の一つであるとは、またはじめて知った。（中略）
>
> 私が今日不肖ながら、人類学を専門とするようになったのは、知ら

ず識らずの間に、この『小学読本』五人種の記事の影響と考えられる。

この回想文の中で、鳥居が『小学読本』の冒頭の文を、「世界上の人類（正しくは人種）」と記したり、人種の列挙の表現が『小学読本』と異なったりしているのは、おそらく自分の記憶にまかせて書いているからであろう。それにしても、八〇歳を過ぎた鳥居は、幼少時に諳誦した『小学読本』の文章を、かなり正確に覚えていたのである。さらに鳥居は、その文言が、自分の生涯の仕事の基礎につながったとも述べている。長谷川如是閑がいうように、この文章は、鳥居龍蔵をも含めて、多くの人々の記憶の中に刻み込まれていたのである。このように、『小学読本』の冒頭は、それを受けとめるものにとって、強い印象を与える教材だった。

ところで、この『小学読本』冒頭の第一回（第一課）の教材は、もともとウィルソンリーダーに掲載されていた材料ではない。したがって、五人種の図や、その説明の文章は、ウィルソンリーダー以外の本から材料を調達したのだろうと思われる。では、それはどこから持ち込まれたのだろうか。

類似の図版の存在

『小学読本』に類似した図版は、先行する『西洋事情』の口絵にもある。そのことは、これまでの研究でも指摘されてきた。あらためて確認するまでもなく、福沢の『西洋事情』は、明治の大ベストセラーであり、多くの人々に支持された書物である。初編が刊行されたのは、一八六六（慶応二）年。『西洋事情』が、一八七二（明治五）年の「小学教則」の「読本読方」の教科書に指定されていたことは、第一部でも触れた。その第一巻の口絵に「四海一家五族兄弟」というタイトルの下に五種の人種の図が書かれているが、その顔つきは『小学読本』のそれにそっくりである。しかし、この図の中にある図像が、それぞれどんな人種に属するのかや、「四海一家五族兄弟」に関する言及は『西洋事情』の本文中ではなされていない。いわばスローガン的に「四海一家五族兄弟」という文言と五人種の図が置かれているに過ぎない。だが、『西洋事情』に触れた多くの人々は、間違いなくこの口絵の図版を見ていただろう。[*22]

また、一八七〇（明治三）年に出た古川正雄の『絵入智慧ノ環』二編上「一オ」にも、「五人種」と題した図版が全頁を使って掲載されている。『西洋事情』とは異なり、人物図には、「えうろつぱ人種」「あじや人種」「まれい人種」「あめりか人種」「あふりか人種」と、それぞれの人種の名称の添え書きがある。しかし、この本も、本文中には、各人種についての説明はない。[*23]

古川の『絵入智慧ノ環』と、福沢の『西洋事情』とを比べると、五人種の位置は若干異なっているものの、各人の相貌は酷似している。したがって、古川が『西洋事情』の図を利用したか、あるいは共通した原拠があったと考えていいだろう。また、『絵入智慧ノ環』の五つの人種を円で囲み、それを×の形にクロスさせるように置いたレイアウトは、『小学読本』の図とも類似している。というより、『小学読本』の図は、『西洋事情』よりも、むしろ『絵入智慧ノ環』の方に似ているという言い方もできる。

一方、古川と同じく慶應義塾の関係者である松山棟庵の『地学事始』にも、よく似た図像が使われている。この本は、一八七〇（明治三）年、慶應義塾出版局から刊行された。「凡例」には、「此書（このしよ）ハ亜米利加（あめりか）開版（かいはん）の大小地理書及歴史等より訳出」したものだと記されており、「幼童の想像に入易からんため」に、原本の地域の提出順を変えた、と記されている。つまり、この本は、日本の子どものための「子ども向け翻訳啓蒙書」の一冊として出版されていたのである。

『地学事始』の第一巻では「五人種」について、「頭蓋骨の形状と皮膚の色合とに由て人類の区別を云バ五様の人種あり」と述べており、「高加索人種（欧羅巴人種その色白し）・蒙古人種（支那韃靼人色稍黄なり）・巻毛人種（亞非利加人種黒人ともいふ）・美理格人種（亜米利加土人種其色赤し）・馬来人種（亜細亜南島の人種茶褐色なり）」を挙げている。ここでも、それぞれの人種の図

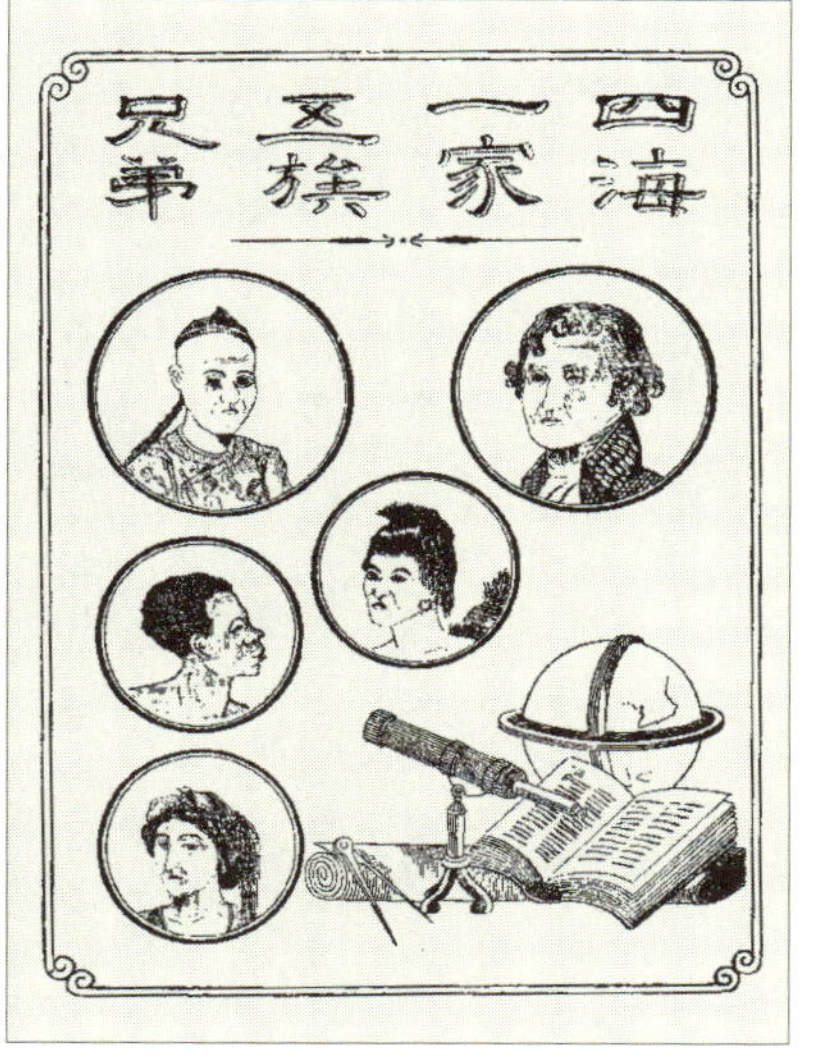

『西洋事情』福沢諭吉
慶応2年

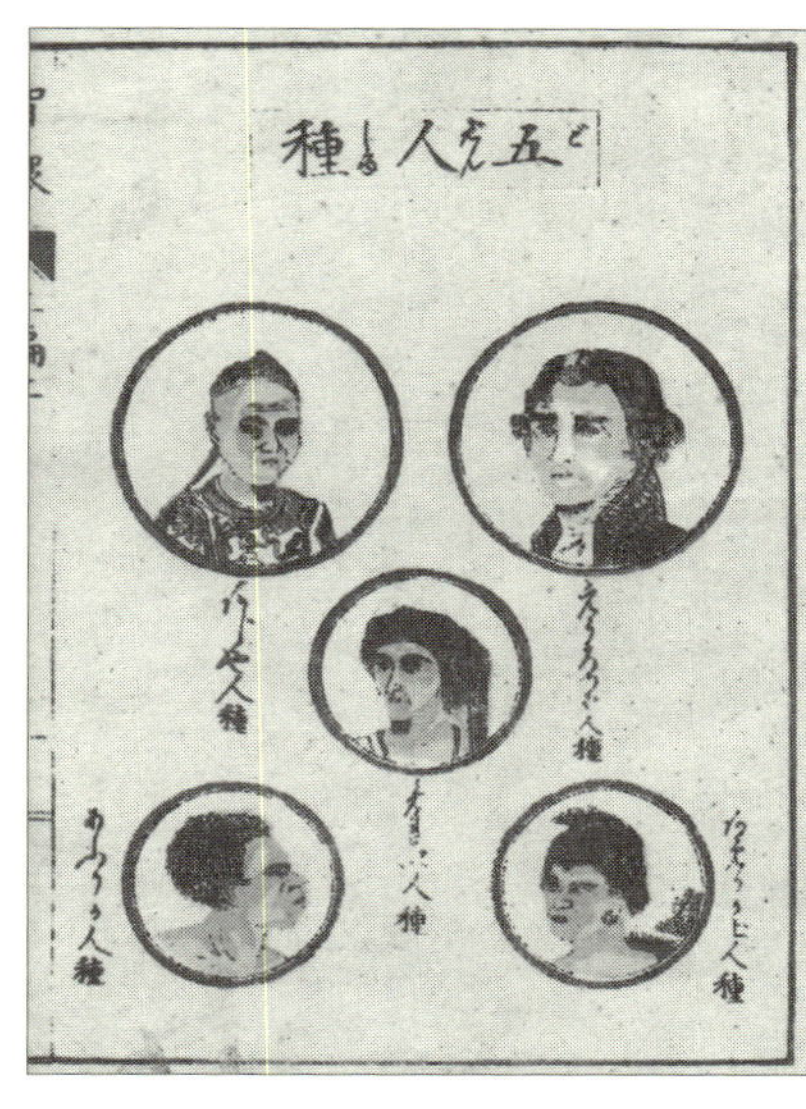
『絵入 智慧ノ環』古川正雄
明治3年

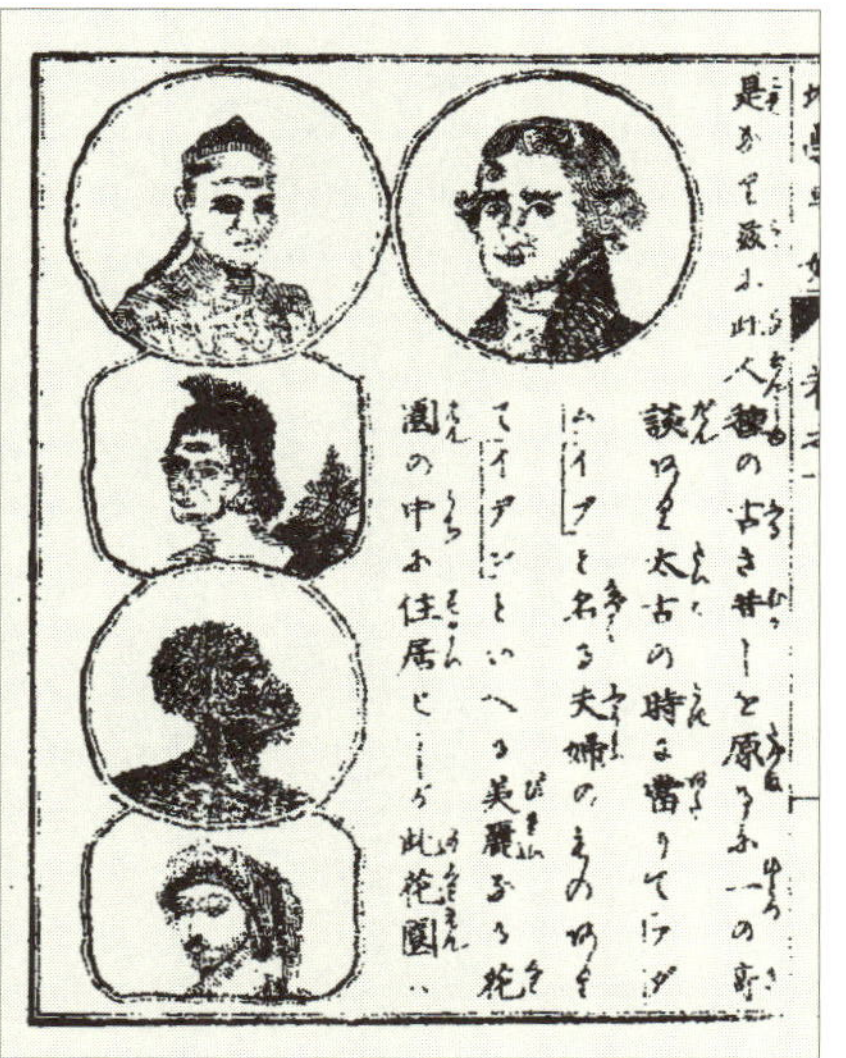
『地学事始』松山棟庵
明治3年

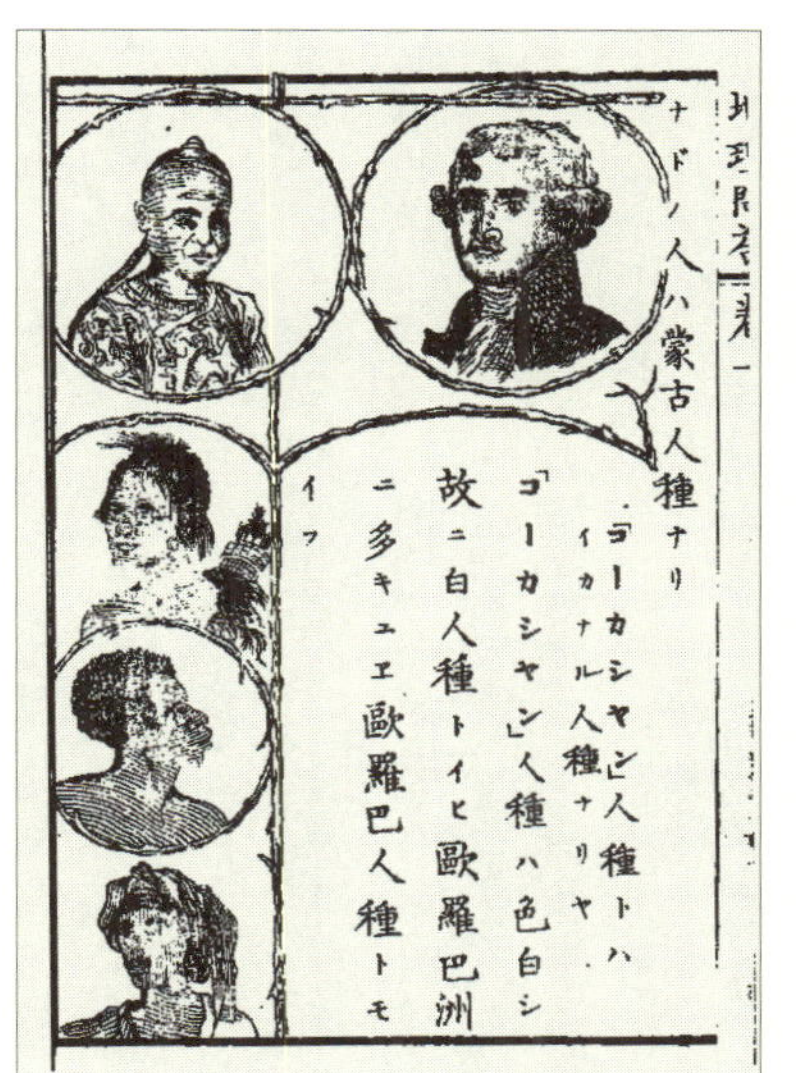
地理問答 巻一
ナドノ人ハ蒙古人種ナリ
「コーカシヤン」人種トハイカナル人種ナリヤ
「コーカシヤン」人種ハ色白シ故ニ白人種トイヒ欧羅巴洲ニ多キユヱ欧羅巴人種トモイフ

『小学 地理問答』阿部泰蔵
明治7年

柄は、『西洋事情』の図を利用したか、あるいは共通した原拠があったように思える。ただし、そのレイアウトは、『西洋事情』や『絵入智慧ノ環』とは異なっている。[24]

さらに、同様の図版は、阿部泰蔵『小学地理問答』巻一「九オ―一一ウ」にもある。この本は、一八七四(明治七)年一月に上梓されたと「見返し」に記されているので、『小学読本』よりも後の刊行にはなるが、やはり「五人種」についての図とその記事が本文にある。[25]

> 蒙古人種ハ色黄ナリ故ニ黄人種トイヒ又亜西亜州ニ多キユエ亜西亜人種トモイフ日本、支那ナドノ人ハ蒙古人種ナリ
> 「コーカシヤン」人種ハ色白シ故ニ白人種トイヒ欧羅巴州ニ多キユエ欧羅巴人種トモイフ
> 亜墨利加人種ハ色赤クシテ銅ノ如シ故ニ赤人種ト云ヒ又「インヂャン」人種トモ云フ亜墨利加ノ土人ナリ
> 阿弗利加人種ハ色黒シ故ニ黒人種、黒奴ナドノ名アリ阿弗利加ノ国々ハ大抵黒人種ナリ
> 「マレー」人種ハ亜西亜州ノ「マラッカ」及ヒ大洋州ノ島々ニ住ム茶褐色ノ人種ナリ故ニ茶褐色人種ト云フ

松山棟庵の『地学事始』も、阿部泰蔵の『小学地理問答』も、細部の訳語は多少異なるものの、人類を五人種に分類したことは同じであり、両者の図版は酷似している。このように『小学読本』が刊行される以前にも、それに類似した五人種の図が、様々な翻訳啓蒙書の中に登場していたのである。このことは『西洋事情』以後の諸本が、福沢の『西洋事情』をもとにして図版を作成したか、あるいはこれらに共通の原拠があったことを推測させる。

しかし、海後宗臣・仲新・寺崎昌男著『教科書で見る近代日本の教育』の、『小学読本』の冒頭教材に言及した個所には、「(『小学読本』は)五人種のさし絵をかかげている。これはアメリカの地理書を原本としているようであるが(傍点稿者)」と、推定表現で書かれている。つまり、これまでの研究では、この挿し絵の出典が、アメリカの地理書であることだけは判明していたが、その特定ができていなかったのである。では、『小学読本』を含む日本における「五人種」の図や、その説明の文章の典拠は何なのだろうか。[26]

『小学読本』冒頭教材の原拠

倉沢剛は、『小学校の歴史I―学制期小学校政策の発足過程―』で、田中義廉の『小学読本』に触れて、「その絵は『地理初歩』の原本、コルネルの *Primary Geography* の初めにある五大人種の絵とよく似ている。この部分はこれを採ったものと思われる。」と述べている。つまり、倉沢は『小学読本』の冒頭教材の原拠は、Sarah S. Cornell の著した *Cornell's Primary Geography* だというのである。『地理初歩』は、『小学読本』と同様に、師範学校で作製された日本で最初の小学校用の教科書である。その原本になったとされる *Cornell's Primary Geography* は、一八五四年にアメリカで刊行されており、もちろん日本にも導入されている。しかし *Cornell's Primary Geography* には、五人種の挿し絵や記事は見あたらない。[27]

実は、『小学読本』冒頭教材の原拠は、同じ Sarah S. Cornell の著作

Conell's Grammar-School Geography Rev.ed 1869

THE AMERICAN RACE includes all the tribes of America except the Esquimaux.

THE AFRICAN RACE includes all the aboriginal tribes of Africa (south of Abyssinia and the Great Desert), together with those of Australia, New Guinea, and New Caledonia.

THE MALAY RACE includes the tribes inhabiting the islands of Oceania (except those before mentioned), together with the native tribes of the Malay Peninsula.

Social Condition of Mankind.—Mankind may be divided, as it respects social condition, into four classes; viz., enlightened, civilized, half-civilized, and savage.

ENLIGHTENED NATIONS.—Those nations that have made the greatest attainments in the arts and sciences, in agriculture, commerce, and manufactures, are termed Enlightened.

Conell's Grammar-School Geography 1866

ではあるが、初等学校用の*Cornell's Primary Geography*ではなく、中等学校用の*Cornell's Grammar-School Geography*なのである。*Cornell's Grammar-School Geography*の一一ページに載せられた図と、『西洋事情』以下の諸本の図とを比較すれば、それぞれの人種の図柄が、この本から出たものであることは疑いない。とりわけ、松山棟庵の『地学事始』と阿部泰蔵の『小学 地理問答』が、この図をほとんどそのまま敷き写しにしたことは、明白である。[*28]

だが、この本では、古川の『絵入 智慧ノ環』および、『小学読本』が採用したような、それぞれの顔を円で囲み、それを×の形にクロスさせるような形に置くレイアウトにはなってはいない。もちろん、日本の編集者たちが、この*Cornell's Grammar-School Geography*の図だけを参考にして、それを再構成して図柄を作成したのだと考えることもできる。しかし、『小学読本』に似たレイアウトを採用したアメリカの地理書は、ほかにも存在している。それを見てみよう。

その図は、同じSarah S. Cornellの著作で、本の表題もまったく同一の*Cornell's Grammar-School Geography*である。ただし、こちらはRevised Fditionである。つまり、コーネルの*Cornell's Grammar-School Geography*には、初版と改訂版との二種類の版があって、『西洋事情』などが参照したのは、初版の図版なのである。初版から改訂版へと切り替わった時期がいつなのかは明確でないが、ここに図版を紹介したRevised Fditionは、一八六九年刊行本であり、家蔵の初版本が一九六六年の刊行であるから、たぶん一八六七・八年前後に改訂版が発行されたのだと推測できる。その際、挿し絵の人物の図柄が変更され、それぞれの人種名の文字表記も付け加えられた、またレイアウトも、逆L字型から、四人種の上にコーカシアンを被せるように配する形に変えられたのだと思われる。[*29]

現在、日本には、コーネルの *Cornell's Grammar-School Geography* は、国立国会図書館をはじめ、東京大学、立教大学などに保管されているが、それらは、いずれも一八七〇年刊の改定版である。したがって、改訂版が日本に輸入されていたことは間違いないし、それを確認することも容易である。しかし、日本の図書館では、初版本を見ることはできない。そのため日本の研究者は、初版の *Cornell's Grammar-School Geography* を直接披見する機会に乏しく、結果的に『小学読本』の図版の原拠が不明ということになっていたのではないだろうか。[*30]

もっとも検証の手続きとしては、明治初年に、実際に *Cornell's Grammar-School Geography* の初版本が日本に渡ってきていた、ということを示す証拠を挙げて確認しておく必要がある。

『西洋事情』を著した福沢諭吉が、一八六六年版のコーネルの地理書を直接目にしていたことは、彼の著書『訓蒙 窮理図解』（一八六八《明治元》年）の引書目録の中に、「亜版『コルネル』地理書　千八百六十六年」があることによって、確かめることができる。この一八六六年版のコーネルの地理書が、*Cornell's Grammar-School Geography* であるならば、それは間違いなく初版本である。しかし、コーネルは数種類の地理書を編纂しているので、この情報だけでは、福沢の「亜版『コルネル』地理書」が *Cornell's Grammar-School Geography* であると特定することはできない。だが、一八六九（明治二年）に再版された『慶應義塾之記』の「日課」の中に、「グラマースクール地理書」の名があるので、慶応義塾の教科書として、*Cornell's Grammar-School Geography* が、使われていたことはほぼ確実である。[*31]

さらに、ここまで見てきたように松山楝庵の『地学事始』と阿部泰蔵の『小学地理問答』の図版が、*Cornell's Grammar-School Geography* そっくりであることから、福沢諭吉も古川正雄も、さらには松山楝庵も、初版本の *Cornell's Grammar-School Geography* を、慶應義塾で見ていたことが推測できる。つまり慶應義塾で使われていた「グラマースクール地理書」は、初版本だった可能性が高いのである。[*32]

傍証として、一八六七（慶応三）年六月に、福沢諭吉がアメリカから大量に持ち込んで、仙台藩に引き渡した英書の記録をあげてもいいかもしれない。そこに記載された輸入地理書の書目は、*Cornell's Companion Atlas* 三三帖、*Cornell's Grammar-School Geography* 一五冊、それに *Cornell's High-School Geography* 三四冊、となっている。これらのコーネルの地理書の発行年は明らかではないが、輸入した年を考えると、初版本であった可能性が大きい。はからずも福沢がこれらの英書を注文したニューヨークの書店アップレトン（Daniel Appleton & Co.）社は、アメリカにおいても、また日本の明治期の英語学習においてもベストセラーであったウェブスターの *Spelling Book* をはじめとして、数多くの教科書類の出版元でもあった。Sarah S. Cornell の地理書も、この版元から出版されていたので、アップレトン社は、ウェブスターのスペリングブックやマンデヴィルのリーダーなどとともに、自社発行の地理書を日本へ輸出したのだろう。[*33]

以上の情報からも、*Cornell's Grammar-School Geography* の初版本が幕末から明治初期にかけて日本に導入されていたことは、確実である。また、それが各種の啓蒙翻訳書の原拠になったことも間違いない。したがって、田中義廉が『小学読本』の編集を進めようとしたときに、初版本と改訂本の二種類の*Cornell's Grammar-School Geography*を手にすることができた可能性は十分にある。その際、田中が、初版本からはその図像を直接借用し、改訂版からはレイアウトのヒントを得たということが想像できる。

　というのも、この時期、多くの翻訳啓蒙書が洋学者たちの手によって刊行されているが、その作業は単純に一冊の本を右から左へと翻訳したのではなく、いくつかの原書を付き合わせて翻訳作業を進めている例が多いからである。第一部第二章で検討したように、梅浦元善は、二つの版のナショナルリーダーから翻訳して、『西洋勧善夜話』を作製していた。また、そのほかの「子ども向け翻訳啓蒙書」の作者たちも、いくつかの原著を材料として、本の製作に当たっていた。ほかならぬ田中義廉も、一八七〇（明治三）年に刊行した窮理書『天然人道道理図解』を執筆した際には、英・蘭・亜・法四カ国の九冊の科学書を「引書目録」にあげている。その中には、*Cornell's Grammar-School Geography*ではないかと推測できる「亜版『コロネル』地理書　千八百六十六年」も含まれている。したがって、田中が『小学読本』を編纂するに当たっても、いくつかの外国の書物を参照した上で、その作業を行っていたと思われる。というより、手元に初版と改訂版の二種類の書物があったならば、必ずそれらをつきあわせて、慎重に編纂作業にあたっただろうと考えられるのである。

「五族兄弟」の思想

　ところで、*Cornell's Grammar-School Geography*の文章は、松山棟庵の『地学事始』や阿部泰蔵『小学地理問答』の翻訳文からも推察されるように、各人種の特徴を、客観的な筆致で記述していた。おそらく、田中義廉は、このコーネルの英文を根拠にして『小学読本』冒頭の「凡世界に、住居する人に、五種あり、〇亜細亜人種、〇欧羅巴人種、〇メレイ人種、〇亜米利加人種、〇阿弗利加人種なり、〇日本人は、亜細亜人種の中なり」という教材文を案出したのだろう。

　しかし、福沢諭吉の『西洋事情』には、「四海一家五族兄弟」という標語があった。*Cornell's Grammar-School Geography*には、五人種が同根だとか、それぞれが一家と同然だ、などという主観的判断の言述は含まれてはいない。この標語にも、何か根拠があるのだろうか、あるいは福沢の独創なのだろうか。『小学読本』の話題からは、少々はずれることになるが、それを考えてみたい。

　そのためには、これも明治初期によく使われたアメリカの教科書であ

Mitchell *Modern Geography* 1859

る Augustus Mitchell の地理書を見ておく必要がある。ミッチェルの地理書にも、コーネルの本と同じように発達段階に合わせた複数のシリーズがある。このうち、*Mitchell's New Intermediate Geography* シリーズの *A System of Modern Geography* には、『小学読本』と、構図のよく似た五人種の図版が掲載されている。[*34]

この本の Natural or Physical Geography の章の The Races of Man. の項目にある五人種の配置は、中央にコーカシアン、左上にマレーシアン、右上にモンゴリアン、左下にアフリカン、右下にアメリカンとなっている。また、それぞれの図の下に人種名が明記されている。しかし類似しているのはレイアウト、あるいは人種名が記載されていることだけで、それぞれの人物の図柄は『小学読本』とも、『西洋事情』とも異なっている。したがって、ミッチェルの地理書は、図像に関しては、『小学読本』や『西洋事情』と、直接の関係がないと判断していい。

しかし、この *A System of Modern Geography* の五人種の図に対応する解説の文章には、「The great family of mankind, —although descended from Adam and Eve—by being spred over the surface,（下略）」という記載がある。つまりここには、アダムとイヴを根拠にして、人類は同祖であるという主張が打ち出されているのである。福沢が、コーネルの地理書もミッチェルの地理書も両方ともに読んでいたことは、先に引いた『訓蒙窮理図解』の引書目録に「亜版『コルネル』地理書　千八百六十六年」と並べて、「亜版『ミッチェル』地理書　千八百六十六年」の名前が記してあることから確認できる。したがって、このミッチェルの解説文が、『西洋事情』の「四海一家五族兄弟」という文言の発想のもとになった可能性もある。[*35]

いうまでもなく、「四海兄弟」という漢語自体は、『論語』に典拠がある。また「四海一家」という表現も天下統一という意味で、中国古典に用例がある。さらに「五族」も、『春秋左史伝』や『漢書』では、中国の氏族や部族の呼称として使われている。だがここで福沢諭吉は、もともとの漢語が含意している中国中心のものの見方を、地球規模へと拡大している。つまり、従来と同じ漢語の単語を使用しながら、その根底にある世界観を西洋文化の文脈の中に位置づけ直したのである。明治期に多く出現したいわば新漢語とでもいえる「翻訳語」は、こうしたもともとの漢語の持っていた指示内容を、新しい認識体系へと転換した。その意味で、「四海一家五族兄弟」という標語自体は、漢語で書かれているものの、五人種の図と相俟って、西洋地理書の世界観を強調する表現に転化しているのである。[*36]

Augustus Mitchell の地理書に関してさらに付け加えておくと、日本で

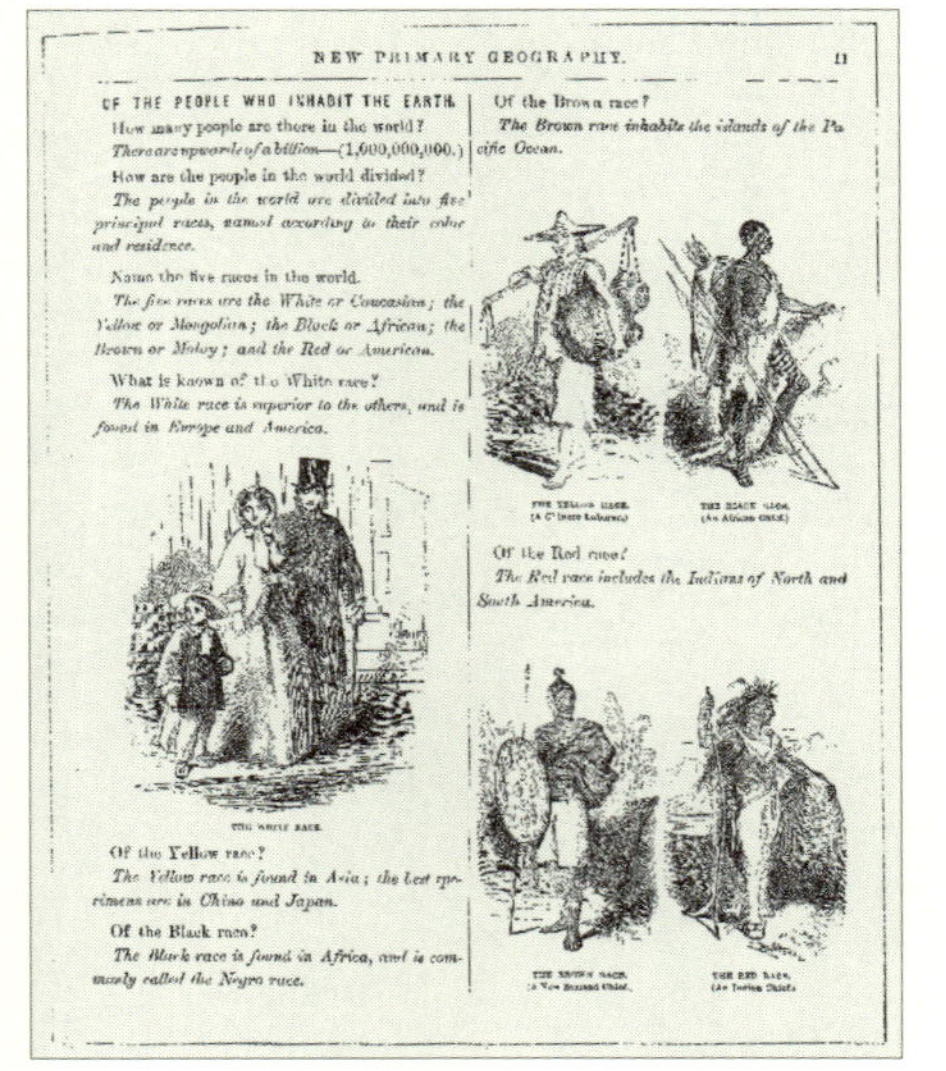
NEW PRIMARY GEOGRAPHY.　11

OF THE PEOPLE WHO INHABIT THE EARTH.
How many people are there in the world?
There are upwards of a billion—(1,000,000,000.)
How are the people in the world divided?
The people in the world are divided into five principal races, named according to their color and residence.
Name the five races in the world.
The five races are the White or Caucasian; the Yellow or Mongolian; the Black or African; the Brown or Malay; and the Red or American.
What is known of the White race?
The White race is superior to the others, and is found in Europe and America.
Of the Yellow race?
The Yellow race is found in Asia; the best specimens are in China and Japan.
Of the Black race?
The Black race is found in Africa, and is commonly called the Negro race.
Of the Brown race?
The Brown race inhabits the islands of the Pacific Ocean.
Of the Red race?
The Red race includes the Indians of North and South America.

The New Primary Geography 1872

は、初学者向けの *The New Primary Geography* が、明治期を通してよく使われた。明治二〇年代には翻刻本も数点出ており、また現在でも各地の大学図書館に *The New Primary Geography* が、多数所蔵されている。この本は、縦二二センチメートル、横一八センチメートルの正方形に近い判型で、彩色地図が豊富に織り込まれている。また、*The New Primary Geography* よりも難易度の高い Mitchell's New School Geography シリーズの *A System of Modern Geography* も、日本に導入されていた。*The New Primary Geography* も、この *Mitchell's New School Geography* も、主として英語学習の教材だったようで、日本で使われた英語教科書を集成した『英語教科書名著選集・第四巻』に、その全文が収録されている。こちらは、縦一八センチメートル、横一二センチメートルで、*The New Primary Geography* よりも小型になってはいるが、全四五六頁の大冊である。どちらの本にも、五人種の話題が出ており、*Mitchell's New Intermediate Geography* シリーズの *A System of Modern Geography* と同様に、アダムとイブを根拠として人類が「同一」であるという記載がある。ちなみに、*The New Primary Geography* にも、*Mitchell's New School Geography* にも、まったく同じ図版が掲載されている。五人種の全身像がそれぞれ独立して描かれており、コーカシアンだけが家族三人の立像になっている。[*37]

つまり、ミッチェルの Geography の五人種の記述では、人類全体が大きな家族であるという主張が打ち出されているのである。しかし、五人種の中では、ヨーロッパとアメリカのコーカシアンがもっとも文明化されていて優秀で、勇気があって活動的だ、という記述も見られる。おそらくそれゆえに *A System of Modern Geography* の五人種の構成図では、四人種に上置きするようにコーカシアンの顔が特権的に位置付けられているのだろう。また、*The New Primary Geography* のように、コーカシアンだけが家族像で描かれているのも、他の人種から白人種を特立する意図からだと思われる。[*38]

このような白人優位の思想は、ミッチェルの著作だけではなく、コーネルの地理書にも色濃く流れている。コーネルの教科書には解説文の記述の中にあからさまに表現されていないだけで、欧米中心主義、とりわけアメリカが世界でもっとも文明的に進んだ国家であるという主張は、本文のあちこちから読み取ることができる。

「五人種」の図像とそれを支えた人々の意識

アメリカの地理書からは、地理的な内容の「翻訳子ども読み物」も生まれている。ここで、本書の第一部では取り上げなかった子ども向けの科学読み物を、いくつか紹介しておく。そのひとつに『万国地理物語初編』（内題は「絵本地理物語初編」・版心題は「地理物語」）一八七三（明治六）年七月、がある。判型は中本、上二二丁、下二二丁。コーネル本人が本文中に登場することからも推察されるように、原拠はコーネルの地理書である。齋藤元子の研究によると、この本の執筆には、*Conell's High-school Geography, Conell's First Step in Geography, Conell's Grammer-school Geography* の三種類のコーネルの地理書が利用された、ということである。[*39]

作者は、東湾楼主人（青木輔清）。浦島太郎の子孫である浦島屋太郎吉がコーネルの案内で、亜細亜を船に乗って旅行するという趣向でストーリーが展開する。浦島屋太郎吉とコーネルとの対話形式は「でござる文体」で記述されている。（もっとも、情報不足だったようでコーネルの性別は、男性になっている。）「緒言」には、この本は「世の童蒙」に向けて書かれたことが明記されており、明らかに当時の子どものための「科学読み物」として位置づけられる。この時期に多く刊行された「子ども向け翻訳啓蒙書」の中でもユニークな仕上がりになっていると評価していいだろう。巻末には、『万国名所めぐり 地理物語』という書名で、二編から四編までの広告が掲載され、亜細亜編に続き、欧羅巴、亜米利加、亞非利加への旅の続刊予告が出ているが、この亜細亜編だけで終わってしまった可能性が高い。*40

なお、この『万国 地理物語初編』の上巻の「一一オ」には、図のような「五人種」の挿し絵が挿入されている。齋藤元子は、この挿し絵は *Conell's Grammer-school Geography* の「政治地理に示された人種の絵と類似している」と述べている。先に示した *Conell's Grammer-school Geography* 改訂版の一二頁の図と対照してみると、人種の位置や個々の相貌などは相違しているが、四隅に置いた人物像に重ねるように中央にもう一つの人物を配した誌面の構図は、似ているといえないこともない。

さらに、『万国 地理物語初編』同様に、これも東江楼主人（青木輔清）の著した「子ども向け翻訳啓蒙書」である『文明開化 内外事情』初編上（判型は中本・三一丁・一八七三《明治六》年晩秋刊?）という本もある。こちらの本は、フィクション性は薄く、「三丁オ」と「三丁ウ」の挿し絵として、ミッチェルの *The New Primary Geography* の五人種それぞれの全身像が模刻されて、木板印刷されている。

『万国 地理物語』青木輔清　明治６年

『文明開化 内外事情』青木輔清　明治６年？

この本で興味深いのは、この『文明開化内外事情』の口絵に描かれた図である。「内外一致」と墨書された頁に引き続き、見開きで銅版印刷された図には、模型の半円の地球を取り巻く七人の人間が描かれている。それをよく見ると、ポーズこそ異なるものの、顔と姿は、三頁前で示したミッチェルの *The New Primary Geography* に出てきた五人種と、そっくりである。これは、ミッチェルの *The New Primary Geography* の登場人物を借りて、「内外一致」の理念を訴える意図を持って、原画を改変した図柄なのだ。ミッチェルの地理書においては、文章には人類が同根であることを記しながら、五人種の図像はそれぞれ独立してバラバラに描かれていた。これに対して『文明開化内外事情』の口絵は、その五人種の図像を援用しながら、地球を取り巻いて群れ集う人間群像という構図に仕立て直している。この意匠そのものが、まさしく福沢諭吉の言うところの「五族協和」の精神を具体的に描き出した画像になっているのである。明治初期の文明開化の精神は、理念的にはこうした国際性・平和性をも包含していたのだった。

しかし、あらためてもう一度この図を見直すと、人物のポーズや立ち姿、あるいは足の位置などが、どことなく浮世絵や歌舞伎などで見慣れた、類型的な造型であることにも注意が向く。少なくとも人物像の体形は、ミッチェルの描いたスマートな西洋人に比して、まさしく江戸期の日本人の体形である。ここには間違いなく、当時の日本の図像感覚が混入している。文明開化の精神は、観念として移入されたが、それが日本人に身体的な感覚をも含めた実感として感じられるには、まだまだ時間が必要だったのである。

そうしたことを示す「五人種」の図も、別にある。それは『世界婦女(おんな)往来』の口絵に掲げられた「世界婦女(ふじょ)五人種」の図である。『世界婦女往来』は、一八七三(明治六)年八月に、大阪・宝文堂から刊行されており、文明開化の時代を迎えて、女性の自覚を促さなければならないという趣旨で出版された往来本である。内容的には、この時期に作られた『世界商売往来』などと同じように、旧来の文体を採用しながら、新奇な事物をその中に織り込んでいくという折衷的なものであり、それまでの「女往来」などと基本的な姿勢はそれほど異なるものではない。*41

それでも、口絵に早速、「世界婦女五人種」を取り上げたのは、編者の趣向であろう。女性だけを登場人物としたこの図像は、視覚的にも新鮮である。といって、『小学読本』の日本の男性の散切り頭と洋装というファッションに対応した洋髪洋装スタイルの日本女性が登場しているわけではない。描かれているのは、日本髪に和服の女性だった。洋装洋髪の日本女性の姿は、文明開化の女性像としても、まだ一般には受け入れがたかったからである。だが、コーネルやミッチェルの地理書、も

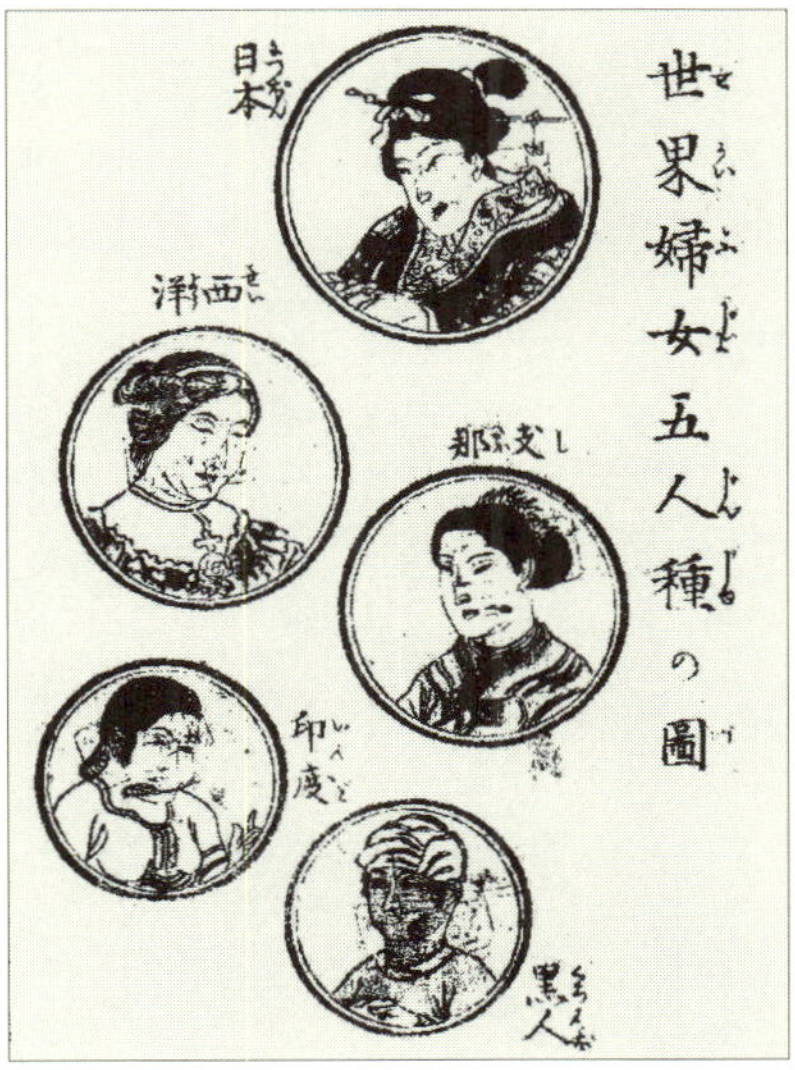

『世界婦女往来』 明治6年

しくは『西洋事情』の図像などの影響を受けて、「世界婦女五人種の図」なる図像を口絵に掲載して、流行に乗り遅れまいとした書物供給側の意図だけは鮮明に感じることができる。*42

また、類似の五人種の図は、『世界風俗往来』の口絵にもある。本は、一八七二（明治五年）夏に刊行されている。これもこの時期に多く出版された開化ブームに乗った刊行物であり、福沢諭吉の『西洋事情』や『世界国尽』を参考にして本文を作成し、図版もそれらを模刻したのだろう。お手本とは、人物の向きや順序などが、若干異なるが、これも五人種の図の流行を物語っている。*43

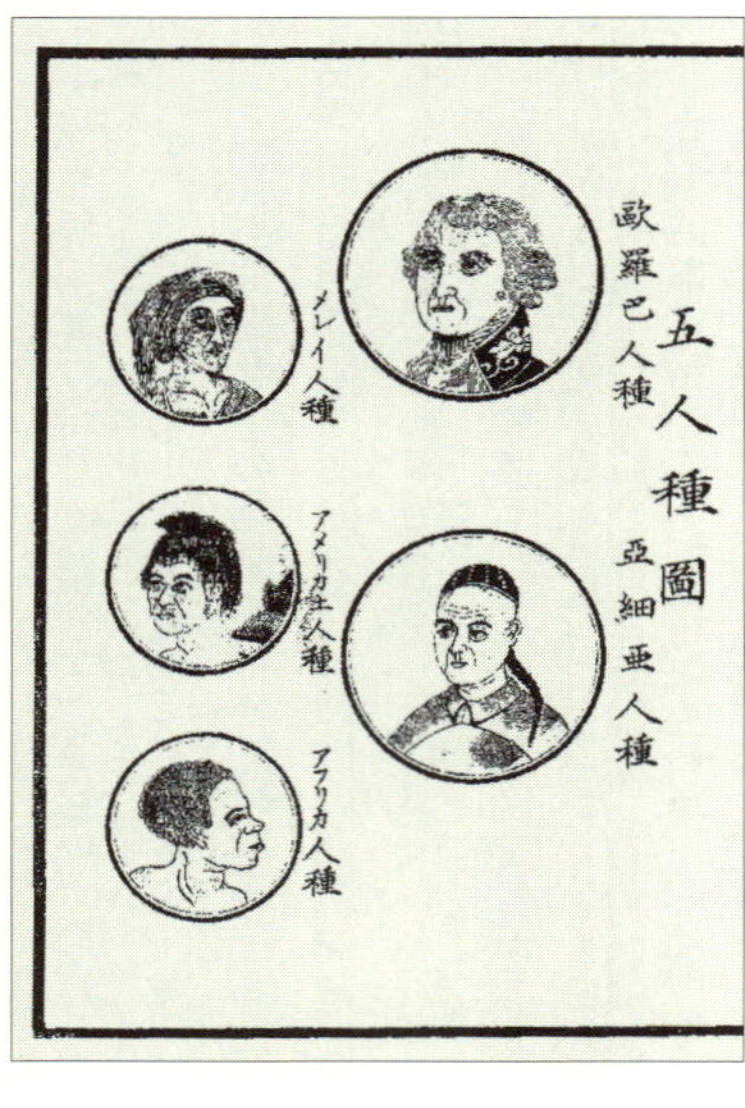

『世界風俗往来』口絵　明治５年

『西洋新書』明治５年

さらに、誌面構成は異なるものの、一八七二（明治五）年の「小学教則」で「読本読方」の教科書に指定された瓜生政和の『西洋新書』の「初編下三一丁オ・ウ」にも、五人種の図が載せられている。このように、地球の形体や外国の地図、あるいは世界の人種などの図像は、文明開化を可視化させる格好の材料として、あちこちの書物の中に登場していたのである。『小学読本』の冒頭教材の五人種の図は、それらを代表するような図像だったと考えていいだろう。つまり『小学読本』の冒頭の五人種の図は、文明開化を訴えるための最強のアイキャッチャーだったのであり、またそれは当時の人々に好んで迎えられていたのである。だからこそ、長谷川如是閑の回想のような、『小学読本』の冒頭文を「酒屋や魚屋の小僧までがそれを囀っていた」という事態が生まれたのだと思われる。*44

（2）文明開化路線への反発

反欧化路線の書物

五人種の図版に関しては、さらに興味深い例がある。それは、富岡貴林編による『小学勧善読本』の冒頭の教材である。刊行年は、一八七四（明治七）年六月。この本は、題名や判型から、教科書として使われることを想定して刊行された可能性が高いが、明らかに欧化主義とは異なる立場からの編集になっている。興味深いのは、それが冒頭の挿絵ではっきりと示されていることだ。[*45]

著者の富岡貴林は、「大日本国、地神五世ハ、」と天照大神、忍穂耳尊、瓊瓊杵尊、彦火火出見尊、鸕鷀草葺不合尊と、神々の名を数え上げ、次いで人皇の初めとして「神武天皇」の名を上げている。つまりここでは、教科書の世界を、海外へと広がるような視点を持つ「五人種」ではなく、日本の「五神種」を始原に据えることから、日本の来歴を語り始めているのである。

さらに教材文は「我国の人は、皆神を畏敬し、且神徳を仰ぎ、天幸を授け、給ハんことを、祈るべき事ハ、文部省師範学校にて、御開板なりし小学読本、巻の三第一回に、あるごとく、人々片時も忘るべからず」と続く。ここに触れられているように、一八七三（明治六年）三月に刊行された『小学読本』の第三巻第一回には、「夫れ万物を、造り給へるは、神なり、神は、地球、日月、星を造り給ひ、後、地上に、歩行する獣と、

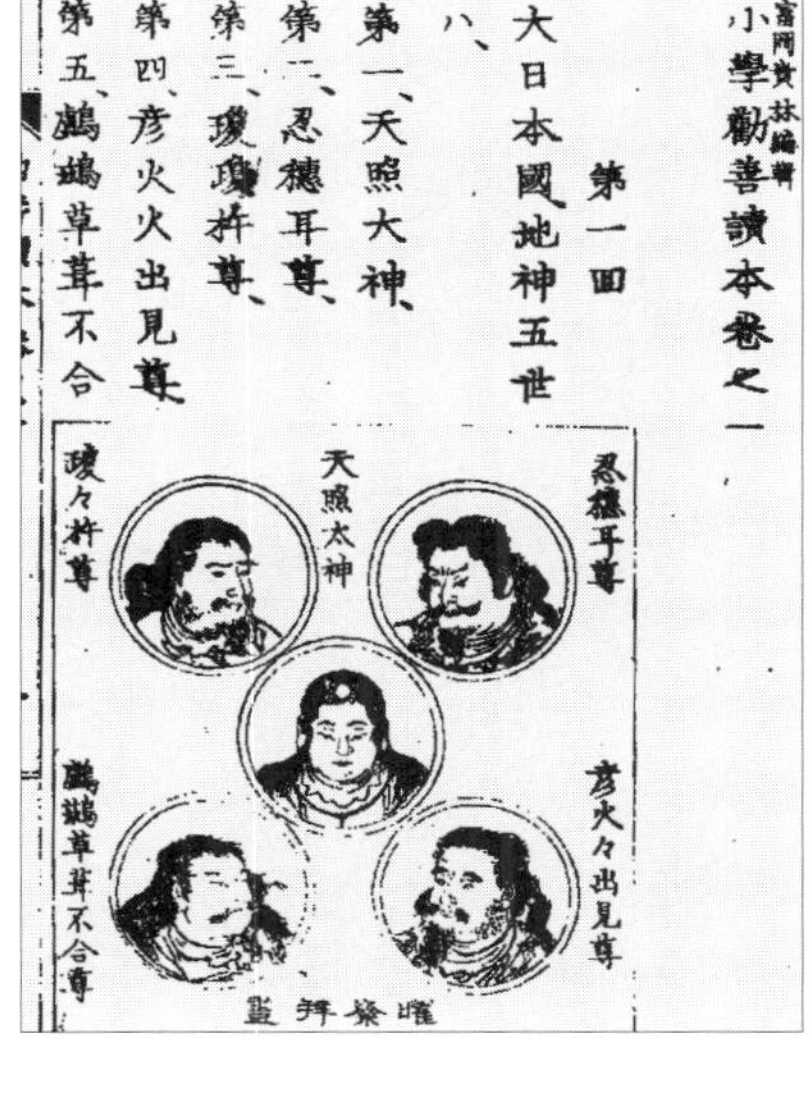

『小学勧善読本』　明治７年

空中に、飛揚する鳥、及び、河、海に、遊泳する魚を造り、又此人民を、造り給へり、（下略）」という文章があった。ウィルソンリーダーを直訳したために、『小学読本』の記述がキリスト教の神を宣揚しかねない方向になっていたのを、富岡貴林は、この文章は日本の神々についての言明だとわざわざ断っているのである。おそらく、富岡は、この『小学読本』の記述に、欧化主義の背後に潜むキリスト教の強い臭いを感じ取ったのだろう。そこで、わざわざ「文部省師範学校にて、御開板なりし小学読本」に言及して、いったんそれを持ち上げておいてから、論理の向かう道筋を反転させたのである。

知られているように『小学読本』巻三は、この西欧の「神」に関する記述があったため、教材は別の話題に差し替えられ、明治六年八月一二日付け「文部省布達第一〇九号」によって「当分小学教科書ニ不可用候」と、一旦は使用禁止になってしまう。したがって、この『小学読本』第三巻第一回の記述に、キリスト教につながる危険性を感じたのは、富岡ばかりではなく国家権力自身でもあった。欧化主義的な色彩を帯びていた『小学読本』の思想を日本のナショナリズムに転換しようとした富岡貴林の姿勢と、文部省の方向とは、そう大きく異なっていなかったのである。

いうまでもなく、田中義廉も『小学読本』の翻訳に当たっては、注意深くキリスト教的な記述を排除しようとしていた。それは、すでに先行研究の中で指摘されているとおりである。たとえば、巻一の二五丁オからウにかけての教材には、その努力の跡が明瞭に示されている。この教材は「天津神、再拝、昨夜も、無難に過ぎて、大幸なり、今朝夜空けて、光を下し給ふにより、父母の息災なる顔を見ることを得たり、多謝〇（以

下略）」と、人間を超えた大きな存在に対して、感謝を表明する内容になっている。

これに該当するウィルソンリーダーの原文は、以下のようである。

「O God', I thank thee that the night, In peace and rest hath passed a-way';
And that I see, in this fair light', My Fa-ther's smiles, which make the day'.」

両者を比較対照すると、キリスト教の「God」は「天津神」に、これも神を表す「Father」は人間の「父母」として翻訳されている。また、ウィルソンリーダーの挿絵は、母親が天を指さして子どもに絶対者の存在を示唆しているが、『小学読本』では、二人の人物の姿勢だけは類似しているものの、天空ではなく神棚に向かって手を合わせている図になっている。さらに極めつきは、『小学読本』の教材文に、割り注として「天津神とは、天御中主神、高皇産霊神、神皇産霊神、天照大御神を云ふ」という文言が付けられていたことである。この措置に対して、古田東朔は「『開化』版本地垂迹の世界」だと諧謔に富んだ評言を加えている。

Willson First Reader L54

『小学読本』 巻一

明らかに田中義廉は、キリスト教を奉戴した原書を日本の神々の世界に置き換えることで、両者の折り合いを付けようとしたのだった。しかし富岡が指摘した、『小学読本』第三巻第一回の文言に表れたようないくつかの綻びが出てしまう。[*46]

これに対して、『小学勧善読本』の著者である富岡貴林は、教材の冒頭を天照大神以下五神の名前から始めて、それを神武天皇と結びつけている。もちろん、こうした皇統を順にたどっていく天皇中心史観は、江戸期から庶民の間においてある程度共有されていた。歴代天皇の諡「皇諡」や「歴代帝号」を順にたどることは、江戸期の『日本王代一覧』のような本格的な歴史書でも、また往来物の中でもなされているし、明治初期の子ども向けの学習材にもしばしば登場している。ほかならぬ文部省が明治五年に刊行した『単語篇』にも、「歴代帝号」の名前が並べられていた。さらには、「天照大神」を含む五神の名前を挙げた子ども向けの書物も、いくつか刊行されている。たとえば、橋爪貫一が、明治三年に東京青山堂から出した『童蒙必読 皇諡之巻』や、明治四年に京都の三書堂が刊行した『学校専用 幼童初学』には、天照大神を始めとする五神の名前が記されていた。あるいは、一八七五（明治八）年四月に、師範学校から木村正辞編・那珂通高校によって刊行された歴史教科書『日本略史』も、「第一代、神武天皇ハ天照大神、五世ノ孫ニシテ、鸕鷀草葺不合ノ尊ノ子ナリ、」で始まっている。ここには、神話の世界と現実の天皇とを結びつけて、その起源を神聖化する方向が提示されていた。したがって、富岡がこの読本の記述を「天照大神」から始めたのは、むしろ自然な発想だったのかもしれない。[*47]

しかし、『小学勧善読本』の際立った特徴は、そうした思考法を『小学読本』の冒頭の五人種に置き換えて、五人種に類似した図を添えて、視覚的に強調した点にあった。さらに言うなら、この『小学勧善読本』は、表現形式の面においても、かなり『小学読本』を意識して作られている。「第三回」の教材の文章形式には、それが端的に表れていた。

我汝に問ハん、一とハ何ぞや、〇一ハはじめなり、〇はじめとハ、何のはじめなるや、〇はじめハ万物の、元めなり、〇二とハ何ぞや、〇二ハ日月なり、天地なり、〇三とハ何ぞや、〇三ハ陽の一と、陰の二を、合せたるなり、〇又天地人、三才の道なり、（中略）
汝は魚を好めるや、野菜ものを好めるや、〇我等ハ、魚を好めり、されど、豚魚の如き、毒魚を好まず、〇我等ハ、魚より野菜を好めり、味ひ淡くして佳きものなり、
萬の事、努めてやまざれバ、必しるしあり、たとへバ、春たねをまきて、夏よく養へバ、秋にいたりて、実入よきが如し、

さきほどから、田中義廉たちが、英文を日本文の中に移入するのに苦心した跡を見てきた。彼等は、英文の対話表現や、そこで使用されている「you」や「I」などを、いかに新しい日本語表現として翻訳するのかに心を砕いていたわけだが、結局、不自然な直訳と評価されてしまうような訳文=教材文になってしまっていた。ところが、この『小学勧善読本』の「第三回」の教材文にも、「我」が「汝」に問いかけるような対話場面の設定があり、「、」や「〇」が使われている。だが、あえていうまでもないが、この教材文は英文からの翻訳ではない。したがって、この本の中に対話形式の教材を取り入れる必然性は全くない。おまけにここでのやりとりの内容は、禅問答や心学問答に依拠しているようにも見える。英語の教科書のように、日常生活の中の子どもの会話が文章化されているのではなく、『小学読本』の句読点や段落の文章形式だけが模倣されているのである。

『小学勧善読本』の編者である富岡貴林に関しては不詳だが、わずかに残された著作物を見ると、洋学者ではなく、戯作者のようだ。刊行物としては、一八七四（明治七）年に『改正東京町鑑』があり、一八七五（明治八）年には、『発明道中記』を書いている。『発明道中記』は、江戸期以来の善悪道中記の形式を借りて、常識的なモラルを述べた書物である。もしかすると、富岡貴林は、第一部で検討した瓜生政和のような立場にあった人物の可能性もある。*48

こう見てくると、この本は、教科書風に大まじめに作ってはあるが、『小学読本』のパロディ読み物だと考えることもできないわけではない。つまり学校教育の枠内で教科書として使われることだけを期待して刊行されたのではなく、大人読者をも視野に入れた、いわば「うがち」の書物という側面も持っていたのかもしれない。いずれにしても、富岡貴林の『小学勧善読本』は、田中義廉の『小学読本』の存在を前提にした、一種のメタ『小学読本』であったことだけは確かである。

教化される子ども読者

なぜ、この時期に、文部省の作製した教科書である『小学読本』に酷似した形式を借りて、欧化主義批判とも見えかねない趣向を盛り込んだ「読本」が作られたのか。それを、明治初期の文明開化路線が、必ずしも手放しで受け入れられたわけではない、という事実と付き合わせて考

えてみよう。

明治維新後の欧米礼賛とも言うべき風潮に対して、日本国内で、それまでの伝統をよりどころにした対抗意識が産み出されたのは、ある意味では、当然の動きだった。明治新政府自身も、キリスト教の布教に対しては、依然として警戒心を抱いていたし、新しい国家の精神的なよりどころを早急に確立する必要性を感じていた。

そこで、政府は、一八七一（明治四）年四月、新しい国家の支柱となる思想を打ち立てるため、神道と儒教を基本にして祭政一致を進めることを目的とした神祇省を置く。次いで、一八七二（明治五）年四月には、神祇省を廃して教部省を設置し、「三条教則（三條教憲）」を発令して、神・儒・仏の合同布教体制を敷いて、教導職制度を設けた。三条教則という指針を示すことで、日本独自の国民教化運動を進めようと考えたのである。それにともなって新たに設けられた教導職として俳優や戯作家が動員された。『西洋新書』の書き手である戯作者・瓜生政和が、その活動の一端を担っていたことについては、すでに第一部第四章でも触れた。

新しい国教を作り出すべく、神道や仏教、あるいは民間信仰などを糾合しようとしたこの試みは、結果的に大きな混乱をもたらすことになるのだが、注目すべきは、この教化運動が、その対象者として「童蒙」をも視野に入れようとしていたことである。三宅守常の編集した『三条教則衍義書資料集』によると、「三条教則」に依拠して教導職たちが行った出版活動として、明治七年までに、六〇冊あまりの関連図書が刊行されているという。その中には、明らかに子ども向けの著述が数点ある。たとえば、柴田鳩翁の子息である柴田遊翁が一八七三（明治六）年一二月に表した『三則説教幼童手引車』は、全体が子どもに語りかけるような口調で書かれており、子ども読者を強く意識している。また、小川持正の『童蒙魁読説教手引車』は、七五調の文章で書かれており、教育書にも多く関わっている書家深澤菱潭が文字を書いている。おそらくこの本は、初学者の習字用の手本として使えるように作られたのであろう。こうした子ども向けの「三条教則」関係の書物のうち、ここでは、一八七四（明治七）年一〇月に刊行された平田長子・久保悳隣（のりちか）・久保季兹（すえしげ）編の『明教事実』という書物に着目してみたい。*49

『明教事実』には、以下に述べるような古書から例話が採られている。すなわち「日本紀」「続日本紀」「出雲風土記」「古今著聞集」「熱田縁起」「十訓抄」「古事談」「今鏡」「東鏡」「太平記」「今昔物語」「伊勢物語」「新古今集」「宇治拾遺物語」「源平盛衰記」などである。またこれらは、「敬神」「愛国」「天理」「人道」「君道」「父子道」「夫婦道」「兄弟道」「朋友道」のように、項目別に分けられていた。『明教事実』は、こうした話材を通して、今上天皇は「天津日大御神」の子孫であるが故に「現人神」な

『明教事実』 明治９年

のだということを主張しているのである。また、この本の「例言」には、次のような文言がある。すなわち、この本は、三条教則に基づいて「幼童ノ読ニ供ス」るために例話を集めた書であり、それを作製したのは「世ニ童蒙教草ノ類アリテ外国人ノ事ハ知ラルレド皇国古人ノ善行美事ヲ知ルベキ簡便ナル書ノナキガウレタケレバナリ」からだと記されている。編者は、福沢諭吉の『童蒙をしへ草』などの子どもに向けた「翻訳啓蒙書」が刊行されているのに引き替え、日本人の善行を集めた本がないことは嘆かわしい、と述べている。さらに、『明教事実』の本文中の「朋友之道」の項目には、「天下ヲ一家トシ、四海ヲ兄弟トスル開化ノ御代ハ、国内ノ人ハモトヨリ、知ルモ知ラヌモ実ニ兄弟ナリ」という文言がある。言うまでもなく、これは『西洋事情』の冒頭にあった「四海一家五族兄弟」を念頭に置いた言辞であろう。こうした記述からは、この本の編者が、翻訳啓蒙書の盛行という眼前の事実を強く意識しており、それに対抗する意気込みで反欧化路線の「子ども読み物」を作ろうとしていたことが窺える。

『小學必読 御恩の巻』明治６年

また、民間信仰に近い教団においても、明治政府の教化施策に応えて、さまざまな運動が展開された。たとえば富士山信仰をもとにした「富士講」は、明治維新を迎え、新たな教団としての再編成を試みていたが、その中で、二代目教主伊藤参行の遺稿に柴田咲園が手を入れた『小学必読御恩乃巻』が、一八七三（明治六）年九月に刊行されている。内容は、旧来からの教団の教義である「御恩」の重要性を平易に説いた著作であるが、その前書きには「旧習の僻説を改正し、開化の急務を増補して世の童蒙の欲信心の迷夢を覚さしめん同志の講話の一助となすもの也。」と記されていた。ここでも、教化対象として「子ども」の存在が意識されている。とりわけ「小学必読」という角書きからは、新たに設けられた学校制度の中の「小学校」の生徒を意識していたことが窺われる。*50

以上のような状況を、子ども読み物の展開という観点に立って考えるなら、二つの問題が指摘できるだろう。

一点目は、第一部で見てきたように、多くの「子ども向け翻訳啓蒙書」が刊行され、外国の事情が盛んに紹介されることに対して、それを批判的に見ていた日本の文化人・庶民たちが数多くいた、という事実である。それればかりではなく、その中には実際に反欧化主義の「子ども向け読み物」の作製に手を染めた人々もいた。つまり、洋学者たちによる「子ども向け翻訳啓蒙書」刊行の仕事に刺激されて、在来の日本の素材などを取り集めて、あらためて幼少の子ども向けに編集し直し、新時代の「子ども読み物」を作製しようという動きが生まれていたのだった。先にあげた戯作者の瓜生政和や、『西洋夜話』に触発されて『大日本夜話』を書いた小笠原長道（小室信介）などの仕事も、その例である。その中に、この『明教事実』とその著者である平田長子・久保悳隣・久保季茲や、『小学必読御恩乃巻』の仕事などを、加えることもできる。このことは、子どもに向けた読み物の種類と量が広がってきた、ということを意味している。ほかならぬ文部省がほぼ同時に刊行した、榊原芳野等の編集による『小学読本』も、こうした路線の上に置いて検討すべき教科書だと考える必要もあるだろう。

また、二点目は、それと密接に関連しているが、『明教事実』のような刊行物を「読ませる」べき対象として、「子ども読者」の存在が、多くの人々の意識に浮上してきた、ということである。その「読者」とは、将来的には、教育を通じて近代国家を支える日本「国民」として育っていく存在としての「子ども学習者」でもあった。つまり、洋学者たちが、子ども読者を訓育の対象として「発見」していったように、反欧化主義の立場からも、自ら書物を読み、自ら「啓蒙」され「教化」されていく存在としての「子ども読者」に対する関心が、にわかにわき起こってきたのである。それは、国民教化運動の対象者であり、また同時に、そうした動きの中で刊行された書物を読む主体としての「子ども読者」の〈発見〉でもあった。そのような将来の「子ども国民読者」が、思想的に様々に異なった立場の大人たちから、注目されつつあったのである。

と言って、すべての子ども読者が、そうした大人の側の意図に絡め取られていったわけではない。だが、訓育や教育という観点から、「子ども読者」に光が当てられ、またそれに呼応した新たな子どもたちが誕生しつつあったことだけは間違いない。ほかならぬ『小学読本』を学習する学習者たちも、このような子どもをめぐる大きな枠組みの中で、「期待される読者」として把捉されていくのだった。

「五人種」の図像とその意味

話題を『小学読本』の五人種の図像に戻す。

見てきたように、『小学読本』では、アメリカの地理教科書の図版を下敷きにしながらも、アジア人種を代表していた弁髪姿の中国人ではなく、散切り頭の日本人男子を登場させていた。その上、『西洋事情』や『絵入知恵ノ環』では、左上に置かれていた東洋人の図柄を右上に移し、序列としては第一番目に置いた。この点が、アメリカの地理書をそのまま写した『西洋事情』などの諸本と、『小学読本』との明らかな相違点である。

この図像の順序変更と図柄の交替は、何を意味していたのか。

おそらくそれは、アメリカの地理書の五人種の区分けの中で白人よりも劣位に置かれていた東洋人種、中でも日本人の位置をコーカシアンと同等の位置にまで引き上げようという意志の表明であろう。それはまた、明治政府に課せられた大きな使命が、列強に追いつくことだったこととも密接に連関している。日本が文明開化を遂行するということは、アフリカ人種や土着のアメリカ人種などを置き去りにして、「文明国」である欧米人種に接近していくことにほかならない。明治の教育制度は、国家規模でそれを推進するための大きな装置の一つだった。『小学読本』の冒頭の図像を、そうした意図を象徴的に表わしたものとして読み解くことは、十分に可能であろう。[*51]

この後、日本は「脱亜入欧」「富国強兵」などをスローガンに、日清・日露戦争に勝利して、列強に互して世界の中での地位を築き上げていく。その果てには、日本自身が画策した満州帝国の建国に際して、五人種ならぬ「五族共和」を宣揚することになる。いうまでもなく「人種」という概念は、きわめてイデオロギッシュで曖昧な概念である。そうした問題を、日本が正面から、かつ具体的に抱え込むようになるのは、新たに獲得した海外の植民地経営を本格的に展開していく過程の中においてであった。だが、明治初期という時代状況の中では、「四海一家五族兄弟」という楽天的な平和主義と、明治国家主義教育の尖兵となっていくはずの『小学読本』の日本人の図像とを、同じ地平に並べて夢を語ることが、まだ可能だったのかもしれない。

こうした文脈から見ると、ここにきわめて興味深い図版がある。やはり「五人種」を取り上げてはいるが、ここまで紹介してきたものとは全く別の発想に立つ図像である。この図が、掲載されていたのは、一八七二（明治五）年六月の序文が付された『首書絵入 世界都路』（かしらがきえいりせかいみやこじ）。仮名垣魯文の手になる啓蒙書で、序文に、福沢諭吉の『世界国尽』に学んだと記されていることからも明らかなように、福沢の著作の模倣版の一種である。全七巻からなっていて、紙面構成は、従来からの「都路往来」のような往来物と同じ形式で書かれた本文と、図入りの頭注とが組み合わされている。五人種に関しては、莫古種・高加索種・以日阿伯唖種・巫来由種・亞米理加種があることと、それぞれの人種の特徴が記されており、日本人が莫古種の中に含まれることも説明されている。しかし、そうした解説の文章とほとんど無関係に、この絵は描かれている。*52

描き手は、河鍋暁斎。いうまでもなく明治絵画界の奇才である。暁斎は、仮名垣魯文の作品の挿絵画家として、たびたびコンビを組んでいるし、第一部第一章で触れた渡部温の『通俗伊蘇普物語』の挿絵も描いていた。この『首書絵入 世界都路』の図版は、日本人の女性が「鬼」になって、「子を捕ろ子捕ろ」をしている場面を描いたものである。「親」に守られた「子」が捕まれば交替するという古来からの鬼ごっこ遊びの図である。末尾に付いた「子」が真剣な表情で「親」に守ってもらおうとしている様子が、暁斎の達者な筆致によって描き出されている。

だが、この絵は、朝日を背にしてこれから世界に進出する日本に対して、「親」となった欧米人が必死になって既成の権益を守っているようにも見える。この図を描いた暁斎の趣意は不明である。しかし、画題に「地球上五人種」と記されていたにもかかわらず、その五人種と対抗す

『首書絵入世界都路』地球上五人種　河鍋暁斎 画
明治５年

るように、六人目として日本の女性を登場させたのは、文明開化の風潮に対して手放しでそれを歓迎したわけではなかった江戸人暁斎の気概であろう。つまり、河鍋暁斎も、『小学勧善読本』を書いた富岡貴林や『明教事実』の著者である平田長子・久保憲隣(のりちか)・久保季茲(すえしげ)たちと同様の反欧化主義の気分を共有しており、その主張がこの図像に表出されているのである。暁斎の描いた地球五人種とそれに対する日本人の図からは、明確に欧米への対抗意識としての日本ナショナリズムの思想を読み取ることができる。*53

同時にその姿勢は、官版読本である田中義廉の『小学読本』の「散切り頭の日本人男子」の図像の発想とも、どこかでつながっている。つまり、田中義廉編集の『小学読本』の五人種の図版も、『小学勧善読本』の五神種の図版も、あるいは暁斎の戯画も、それぞれがまったく反発し合う位相にあったわけではなかったのである。もちろん個々の図像に込められた意図には、若干の差違はあった。しかし、それらはやがて日本が明治期を通じて帝国主義化していくにしたがい、脱亜入欧路線の上を相互に牽制し合いながら、同じ方向に向かって併走していくことになる。『小学読本』の冒頭教材の図像に潜んでいる問題は、そうしたパースペクティブの中で考察される必要がある。

また、「教科書」の伝達メディア性という問題だけに限定しても、『小学読本』巻頭の五人種の図像が、強烈なメッセージとして多くの人々に作用したことは、ここであらためて確認して置いていいだろう。一般に教科書の冒頭教材は、教科書全体の理念を象徴的に語っている場合が多い。その理念を読み解くには、文字テキストだけではなく、そこに描かれた図像や誌面構成などをも併せて、総合的に検討の俎上に乗せる必要がある。田中義廉編の『小学読本』の冒頭教材の場合には、世界人類を視野に置いた地球規模の「語り」と人種間の位置関係を表す図像によって、これからの日本人の進もうとする方向とその位置とがはっきりと提示されていた。そこには、明治初期の教科書の中の図像が持っていた文化史的な役割と機能を見出すことができる。ここまで本節で、『小学読本』の冒頭教材の図像にこだわって、その背景に控えている思想を考察してきたゆえんである。*54

四、普及する種々の『小学読本』

(1) 様々な形態の『小学読本』

「学制」の理念に基づいて国民皆学を目指すなら、できるだけ多くの子どもたちの手に渡るようにするために、大量の教科書の刊行が必要になる。田中義廉の編集した『小学読本』も、文部省が地方に翻刻の許可を出したことによって、全国的に普及していく。掛本勲夫は、一八七四(明治七)年の『文部省雑誌』第二二号に公表された「文部省蔵版書府県翻刻之数」の府県別の翻刻教科書を合計して、上位五種の総部数を計上しているが、それによると、『単語篇』が五二万三千部、『小学読本』(東京師範学校編輯本)が四〇万六千部である。この二つが上位二種に相当する。次いで『史略』(三七万部)、『輿地誌略』(一五万四千部)、『地理初歩』(一五万四千部)と続く。掛本は、長野県や筑摩県の資料とも付き合わせて考察をすすめ、この数値は「明治六年末までのものである」と推測した上で、実際の翻刻教科書の種類や部数は、この文部省の発表を「はるかに越える膨大」なものであったと推定している。[*55]

確かに、手許の『小学読本』巻一のいくつかの版本の見返しを見ても、たとえば福知山豊岡縣支廳で刊行したものには「五千部限」、明治六年長野縣反刻のものには「五万部限」、鳥取書林龍淵堂翻刻のものには「一万部限り」、などという翻刻数に関する記載がある。このように現存する『小学読本』の見返しや奥付に記された刊行数が、かなり大きな数値を示していることからも、各地で、官版教科書が数多く翻刻されたことが推測できる。[*56]

『小学読本』版木

『小学読本』山梨県重刻　見返し・一丁オ

当時の他の教科書と同じように『小学読本』は、木版刷りの和本だった。各地域では、その翻刻に当たって、原本となる『小学読本』をバラして一枚ずつ裏返しに板木に張り付け、「被せ彫り＝覆刻」という手法によって新しい板木を作製し、それをもとに増刷作業をした。原本をそのまま重刻するのだから、基本的に文章内容自体は変わらないものの、それぞれの版ごとに、挿絵や字体から受ける印象は微妙に異なる。おそらく各地域の彫刻職人や摺り職人の技術の差や出版経験の違いなどが、そこに表れるのであろう。

中には、地域の独自性を表に出した例もある。図版で示したように山梨県の内藤伝右衛門が翻刻した『小学読本』は、見返しに富士山を描いた旗をあしらっていて、地域性をアピールしている。見返し部分の版木だけを独自に作製して、二色刷にしたのである。この山梨県の教科書の場合は、単に見返しのデザインの工夫という段階にとどまっているが、文部省の『小学読本』とは異なった発想で、異なった内容で作製された地域版の『小学読本』も存在する。それらについては、次章で取り上げることにして、ここでは、文部省の『小学読本』の様々なバリエーションを、管見に入った限りで挙げてみたい。そこからは、『小学読本』が、多様な形態によって受容され、浸透していった様子が推察される。

金属活字版『小学読本』

先ほど、『小学読本』は、木版印刷によって普及したと述べた。基本的にはそれで間違いないのだが、例外的に、金属活字によって製作されたものもある。稿者が確認できたのは、鳥取で印刷された『小学読本』である。鳥取県立図書館に、巻二と巻三が保管してあり、巻一と巻四も、同じように金属活字で組まれて公刊されたと思われる。[*57]

この読本は、見返しに『師範学校編纂・小学読本・鳥取書肆・松村雀躍堂』と記されている。読本の内容は、明治七年八月の大改正本である。

奥付には、一八七七（明治一〇）年九月一一日翻刻御届と記されており、翻刻出版人は、鳥取県平民・松村榮吉。松村榮吉は、同じ師範学校の編集した『地理初歩』を翻刻したり、竹間達三の編集した鳥取県の教科書『鳥取県管内伯耆国地誌略』『鳥取県管内因幡国地誌略』（ともに明治一七年）を刊行したりしている。また、鳥取県官公庁関係の御用印刷業者でもあったようだ。

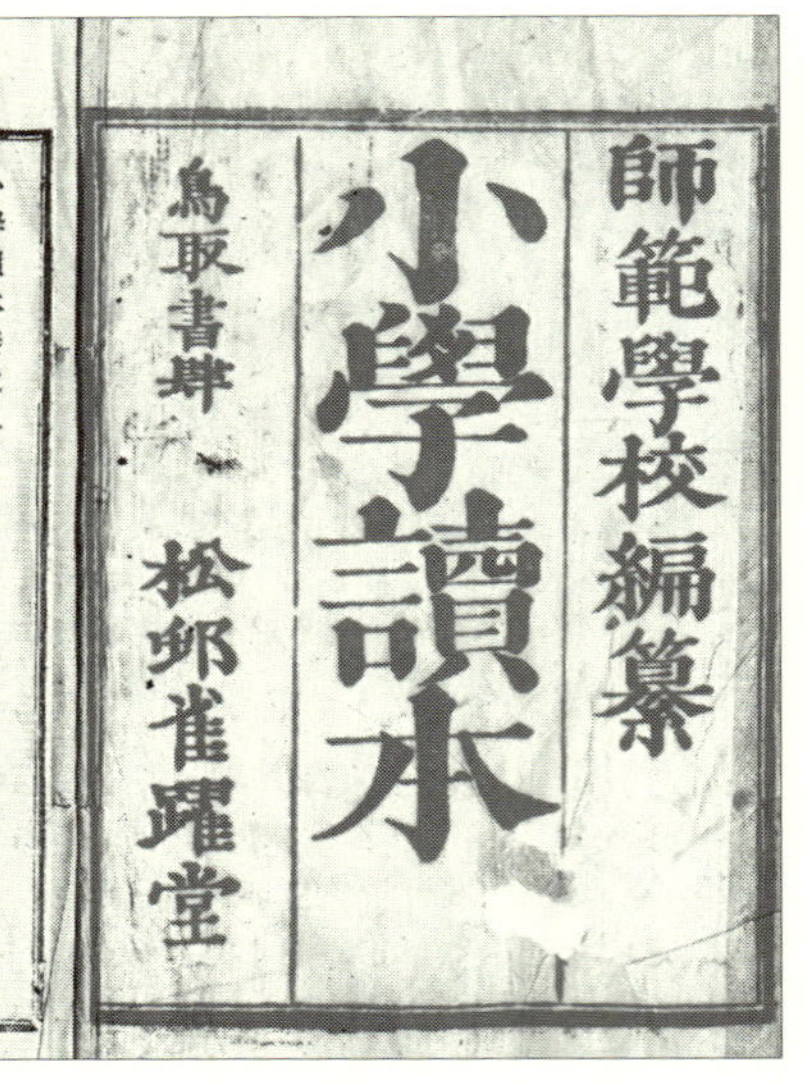

『小学読本』松村雀躍堂　活版印刷　明治 10 年

図版でも確認できるように、見返し部分の題字は木版であるようだが、本文と奥付はすべて金属活字による印刷である。明治初年の地理教科書などの中には、活字印刷された例もあるが、『小学読本』では、ほとんど見かけない。その理由の一半は、言語教科書の場合、その文章を毛筆を使って書き写す学習を行う場合があったからだろう。言うまでもなく、書字の手本としては、明朝体の金属活字より、木版刷りの楷書体や草書体の方が適している。別に習字用の手本が用意されていたとしても、言語教科書としては毛筆文字との親和性が重んじられたことが、『小学読本』において、かなり長く伝統的な整版形式が使われた事情かもしれない。

『小学読本』に関して言うなら、金属活字による印刷が本格的に行われるようになったのは、一八八六（明治一九）年に文部省から出版された『読書入門』と、その翌年の『尋常小学読本』である。しかし、鳥取では、それに先駆けて、官版の『小学読本』を活字印刷していたのである。その意味で、この鳥取県の『小学読本』の印刷方法は、かなり珍しく先駆的な例だと考えられる。

仮名付きの『小学読本』

『小学読本』には、その中で使用されている漢字に、読み仮名は付されていない。教室で本文を音読する際に、教師から漢字の読みを習うのが通例である。というより、国語学習の主要な活動内容は、教師が漢字の読みを教え、同時にその意味を説明して、その後、該当の文章を子どもたちが音読して諳誦することだった。したがって、もし自力で予習・復習をしようとするなら、「字引」などの力を借りなければならない。しかし、当時は、ハンディな国語辞典がどこにでも常備されており、それを利用すれば教科書に登載された漢字の読みや難語句の意味がほとんどが了解できるといった学習環境にはほど遠かった。

そこで国語や漢文の教科書だけではなく、学校で使用するほとんどの種類の教科書には、別に専用の「字引」が用意されて、市販されていた。『小学読本』についても、おびただしい数の字引類が残されている。第一章でも、そうした字引類の一つとして、松川半山の『画引 小学入門』を紹介したが、そのほとんどは、本体の半紙版の教科書よりも小さい判型である。「字引」とは言うものの漢字の音訓が載せてあるだけのきわめて簡便なものが多い。ここでは、『小学読本』の字引の代表的なものとして山中尹中著の『小学読本字引』と、語釈や絵が加えてあるものとして速水嘉吉の『画引 小学読本』を、図版で紹介しておく。こうした字引の盛行からは、学校での学習において、読本の文章全体の意味はよく分からなくとも、まずは漢字で書かれた個々の語句を正確に音読諳誦することが重要だ、と考えられていたことが推察できる。[*58]

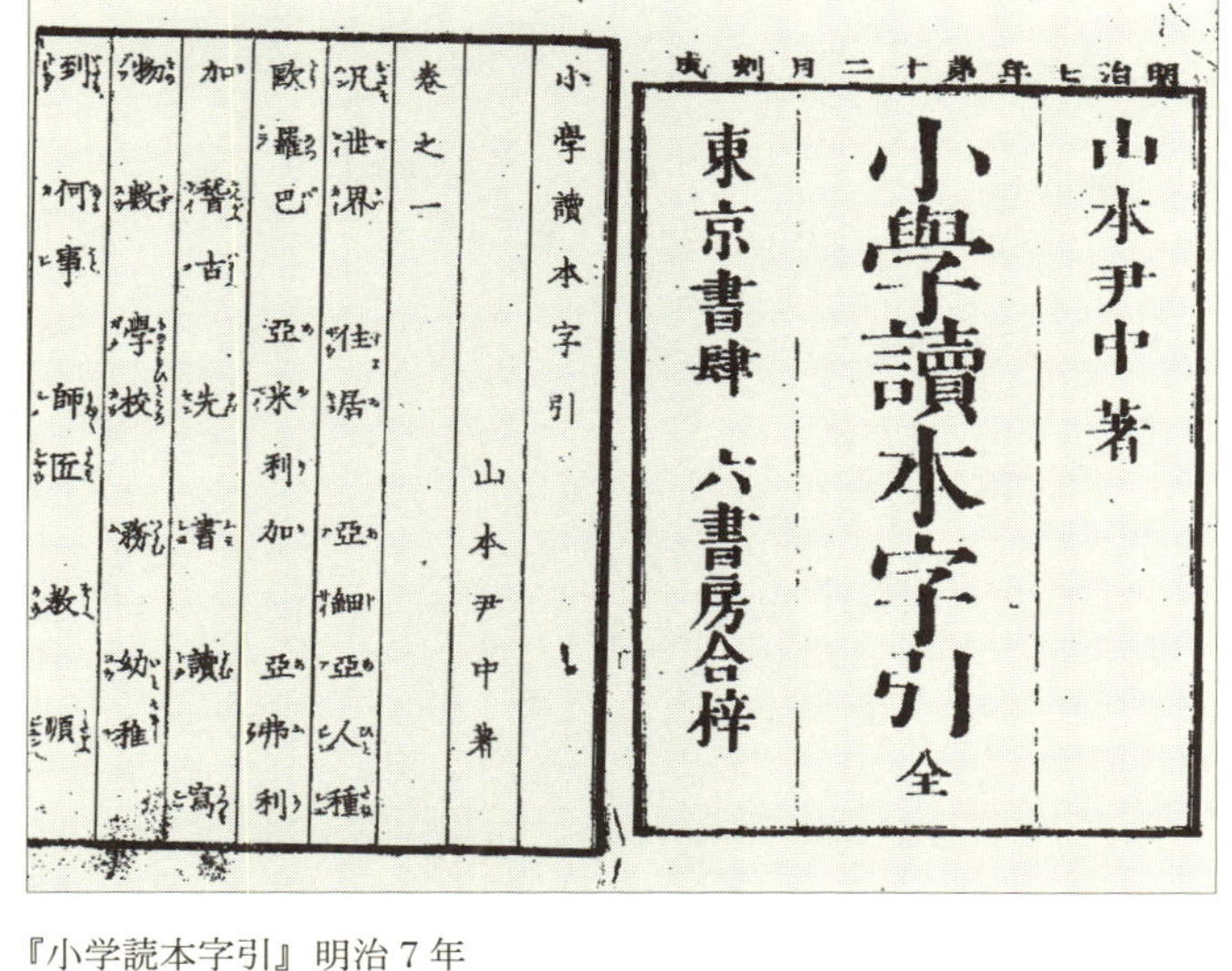
『小学読本字引』明治7年

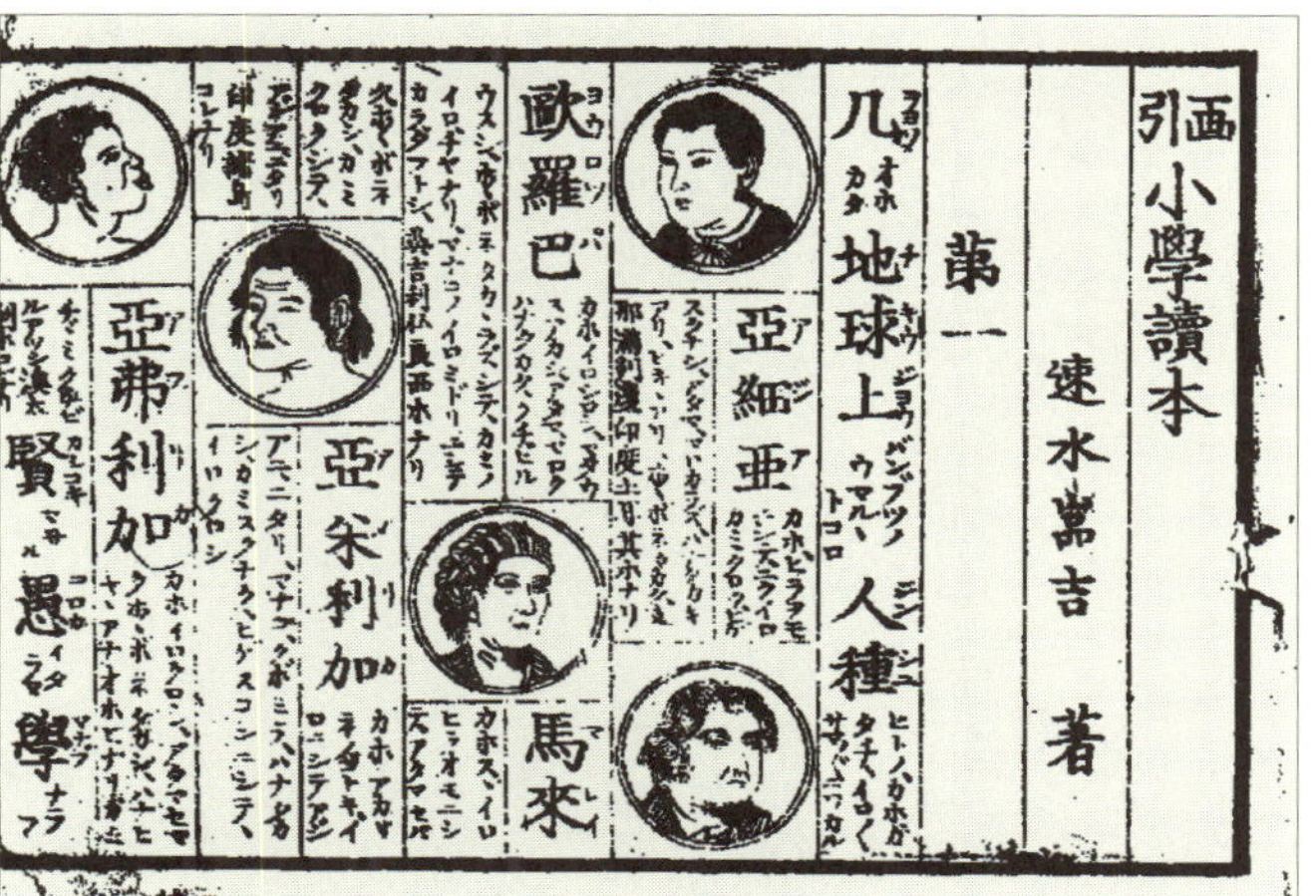
『画引 小学読本』明治9年

仮名附『小学読本』
見返し　明治7年

一方、初めから教科書の本文に振り仮名を付けた『小学読本』も存在する。『小学読本』に先行して刊行された『単語篇』の教科書にも「仮名附」のものが残っているが、『小学読本』にも「仮名附」をうたって販売された書籍がある。ここに図版で示したのは、東京書林から刊行された『小学読本』で、判型は中本。また、同じ書肆から、仮名だけではなく、その意味までも添えた『音訓両点小学読本』も刊行されている。こうした仮名付きの読本が、実際に学校の中で使用されたのかどうかに関しては、不明であるとしか言えない。というのも、仮名付きの読本を使えば、『小学読本字引』のような辞書は必要ないし、教師が難語句の読みを教える必要はほとんどなくなってしまうからだ。この読本の判型が中本だったということから考えると、この本自体が辞書替わりの役割を果たしていた可能性もある。あるいは、教師自身が下調べの労を省略するために、こうした字引類や片仮名着きの本を活用していたこともあったかもしれない。[59]

一枚ものの『小学読本』

『小学読本』（大改正版）の巻一の装丁は、半紙判の和本であり、分量は三六丁分である。この『小学読本』の文章だけを縮刷して、一枚に収めた印刷物が、国立国会図書館に所蔵されている。原寸は縦約五一センチメートル、横約三六・五センチメートルで、用紙サイズは、現在のB3に近い。持ち運びに便利なように紙の裏に縦長の厚紙が貼り付けてあり、その大きさに合わせて全体を折りたたんで、さらに二つ折りにすると、縦一九センチメートル、横一二センチメートルの冊子に格納できるようになっている。印刷は、和紙に銅版印刷で、「明治七年八月改正」の『小学読本』の文章のみが収録されており、図版は一切付されていない。これもどのような使い方をしていたのかは不明であるが、文章を暗唱するための教材だと考えるなら、手軽に持ち歩くことができて便利だったろう。[60]

この一枚物の『小学読本』の定価は、「二銭五厘」である。当時、教科書類の価格は、自由価格制だった。『文部省年報』によれば、一八七五（明治八）年と一八七六（明治九）年の『小学読本』四冊合計の価格は、それぞれ二八銭と二五銭二厘である。四冊が同価格とするなら、一冊は六銭から七銭くらいになる。

中村紀久二の研究によると、国立教育研究所・東書文庫など三一種類の師範学校編『小学読本』巻一のうち、二〇種類には定価表示がなく、価格が印刷表示されているものでも、六銭のものや一二銭のものがあるという。また、長野県では、運賃などが加算され、取り次ぎ書店によっては、一三銭二厘などという高価格が付けられた例もあったらしい。つまり、教科書の価格は、一定していなかったのである。中村はさらに、当時の庶民の経済状況と教科書の価格との関係について様々な文献や報告に基づいて考察した結果、「教科書が買えない貧困」が存在したことを明らかにしている。教科書の代金は、かなりの家計の負担になっていたのである。個人では教科書を購入することができないので、学校に教科書が備え付けられていたケースもかなりあったようだ。このような事情を頭に置くと、『小学読本』の「折りたたみ版」は、高価な教科書を廉価に提供することを目的にして、文字だけを抜き出して作製された可能性がないわけではない。[61]

小學讀本卷之壹

師範學校編輯

明治七年八月改正　文部省刊行

文部省御蔵版　明治十二年四月二日　出版同　五月十日　出版人　最上勝宜

『小学読本』折りたたみ版　明治 12 年
51 × 36.5cm（国立国会図書館蔵）

袖珍版（銅版）の『小学読本』

別に、『小学読本』には、いわゆる袖珍版があって、一八七六（明治九）年に、東京と京都・大阪で、相次いで刊行されている。本の大きさは、だいたい縦約一二センチメートル、横約九センチメートルくらい。以下、紹介する『小学読本』は、すべて国立国会図書館所蔵である。袖珍版の『小学読本』のうち、まず、『改正小学読本』橋爪貫一蔵版、を見てみる。出版人、橋爪貫一。定価は六銭。奥付によれば、一八七六（明治九）年三月の刊行である。全体は一八丁仕立てであるから、一頁分にもとの『小学読本』の二頁分の文字と図像情報を押し込めて、約半分のページ数に圧縮したことになる。売り弘め書林は、東京日本橋の稲田左兵衛。別に、東京発行書肆として山城屋左兵衛を始め五軒が、また諸国専売書肆として甲府の内藤伝右衛門を始め九軒の名前が、記されている。ちなみにこの本の最初の頁に掲載されている五人種の図は、『小学読本』とは、別の典拠から作図されたように見える。図柄から推測すると、原拠はおそらく*Cornell's Grammar-School Geography* の「Revised Edition」だろう。また、すべての漢字に、片仮名で振り仮名がしてあるのも、この本の特徴である。[*62]

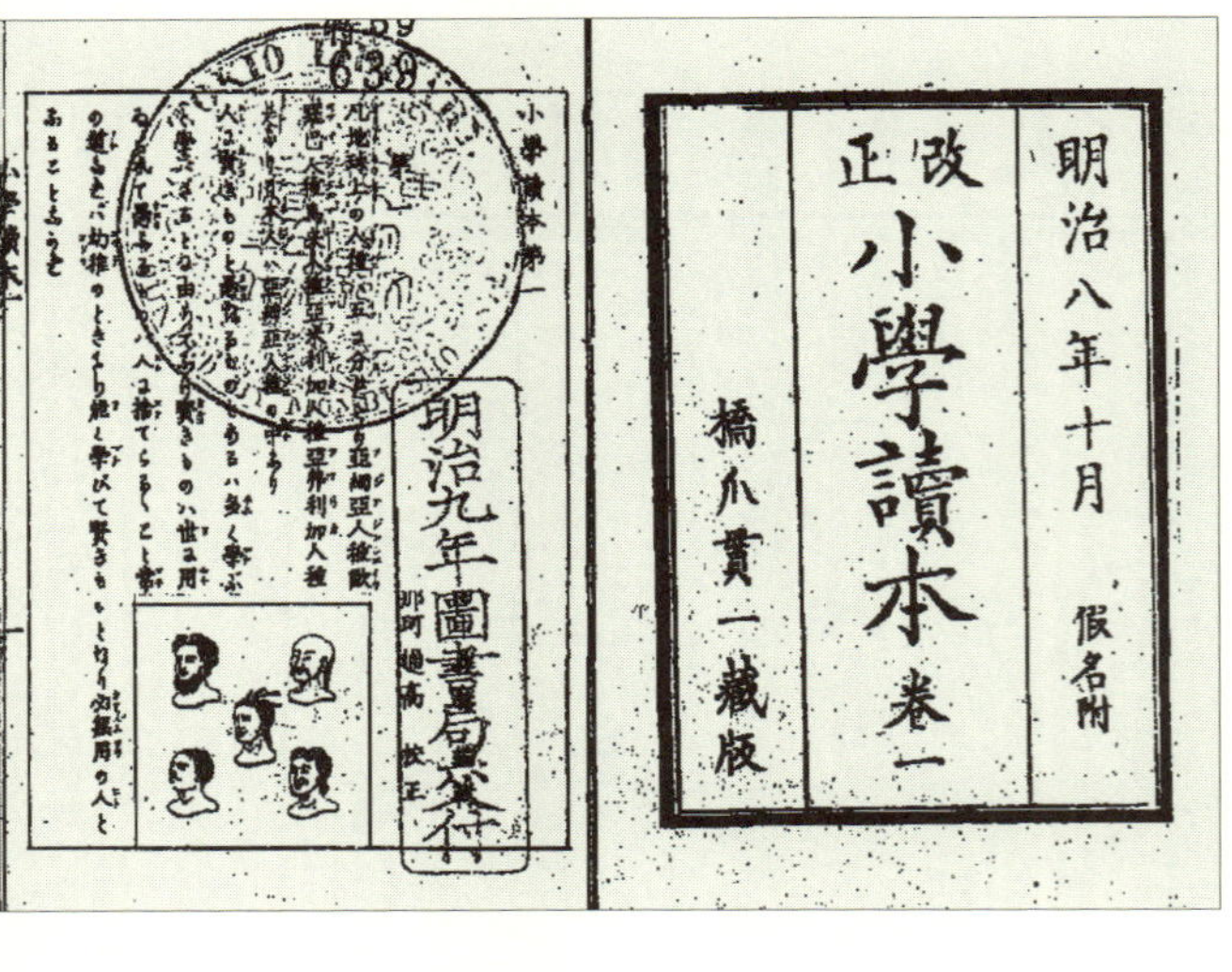
明治八年十月
改正
小學讀本　巻一
假名附
橋爪貫一藏版
明治九年圖書局

『改正小学読本』明治８年

続いて、大阪の関岡半六が出版した『師範学校編輯 小学読本一』も、総ルビ、銅版印刷である。明治九年四月刊行。国会図書館のタイトルは、巻一と巻二になっているが、実際は、「第一」から「第四」までが二二丁分に、「第五」から「第七」が二〇丁分に収められており、内容はすべて『小学読本』の巻一である。この本は、類書にはない序文「緒」が付けられているのが特徴で、序文の記者は「訓解者」となっている。そこには、学問は最初が肝心であることを説いた上で、「今此書を出版することかちかち山や猿蟹の合戦花咲爺に引換へて早く童蒙に知識の花を開かせむとするの老婆心のみ」と記されている。在来の子ども読み物である昔噺ではなく、『小学読本』のような近代的な読み物を子どもに勧めたいという趣旨である。この袖珍本は正式の学校用の教科書としてではなく、「子ども読み物」という売り文句で、販路にのせられていたようだ。「かちかち山」などの昔噺と同様に、子ども用商品として『小学読本』を売り込もうとしたのだろう。[*63]

京都では、同様の袖珍本『小学読本』が、やはり明治九年の五月に出されている。これは、二冊本であるが、それぞれ巻一・二と巻三・四のすべての文章と挿し絵とが収められており、参考書的な位置付けだったのかもしれない。銅版印刷、総ルビ。定価は二巻で二五銭。*64

同じ京都からは、巻一から巻四までを合冊本にした『小学読本』も、同年の一〇月に刊行されている。銅版印刷、総ルビ。銅版製造所は、京都下京の橋本澄月堂である。こちらも、定価は二五銭だが、縦の長さが一三センチメートルなので、ここまで見てきた袖珍本『小学読本』よりは、若干大きめである。*65

最後は、明治九年一二月に、東京の案風舎から刊行された袖珍本である。出板人は、東京書林、山中常七以下三名。銅版印刷、総ルビ。和装本で、四分冊になっている。それぞれの定価は、奥付に一〇銭とゴム印が押してあるので、四冊揃えて購入すると、四〇銭になる。*66

以上見てきたように、学校用の木版刷りの半紙本ではなく、大きさからすれば、四分の一くらいの、持ち運びに便利な『小学読本』が市場に出回ったのは、もちろんそうした需要があったからだと思われる。しかし、これらの袖珍本が、すべて銅版印刷になっていることや、一八七六（明治九）年に東京や京都大阪で相次いで刊行された理由については不明である。

別に、これらによく似た体裁の袖珍本もある。それは、『銅版 師範学校編纂小学読本』という名称で、国立国会図書館に、巻一と巻二とが、保管されている。刊行は、一八七七（明治一〇）年九月で、兒玉弥七が翻刻出版人。奥付には、巻三と巻四も出版されたという記載もある。出版人の児玉弥七は、主として絵双紙やおもちゃ絵などを刊行していた版元として知られている。この『銅版 師範学校編纂小学読本』は、もともとが狭小な袖珍版の紙面に、四頁分の情報を押し込んだ上に、振り仮名まで付けてあるので、何が書かれているのかを読み取るには、限界に近い字の大きさになっている。その代わり当然のことであるが、巻一・巻二ともに全九丁と、全体はずいぶん薄い。巻二には、定価二銭のゴム印が押してあるので、この価格の通りに販売されたとするなら、木板の半紙版『小学読本』の三分の一の値段である。これも、一枚ものの『小学読本』と同様に、実際に学校の教室で使われたというより、家庭用・個人用だった可能性が高い。この『銅版 師範学校編纂小学読本』は、ここ

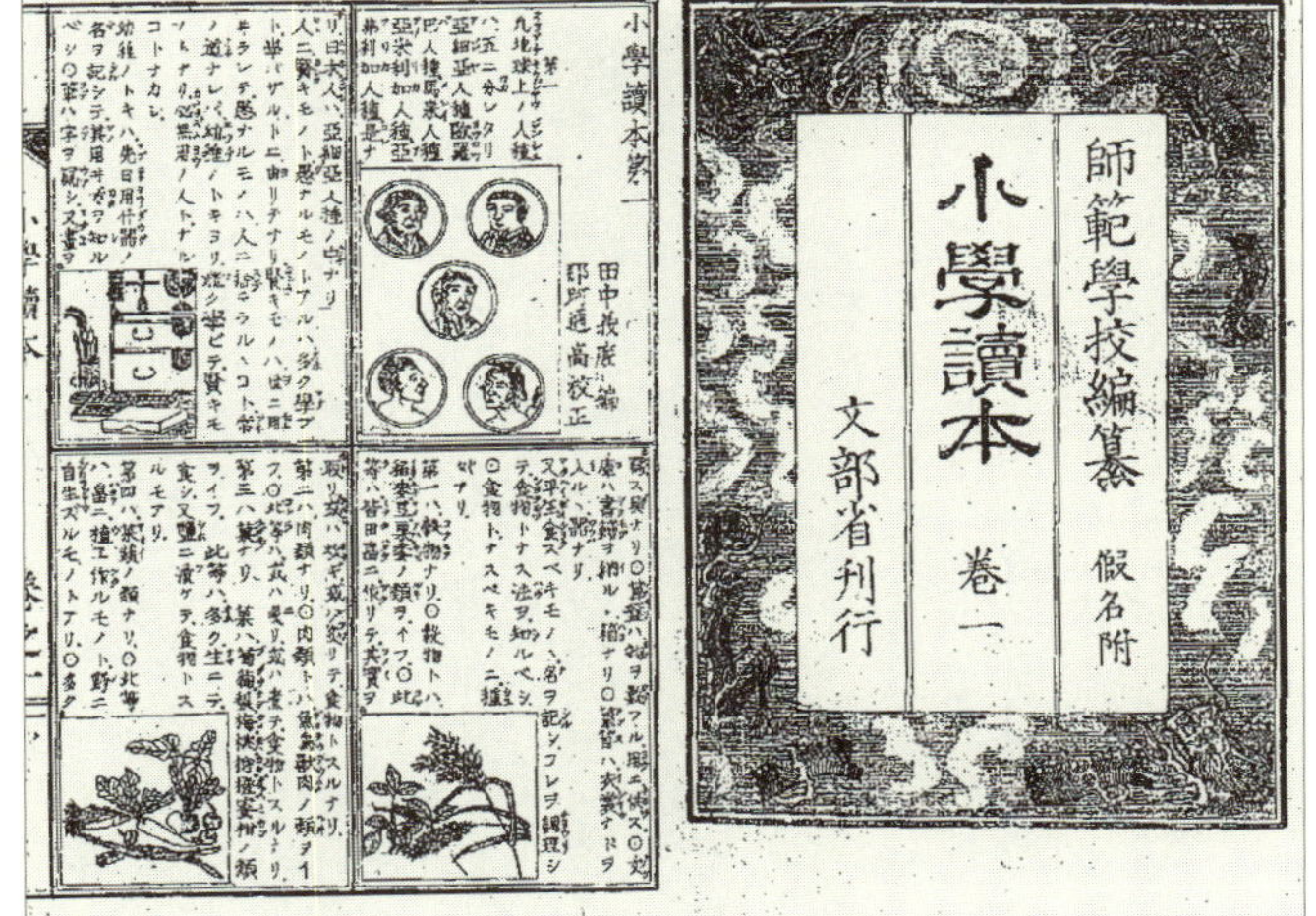

『銅版 師範学校編纂・小学読本』明治10年

まで紹介してきた橋爪貫一などが刊行した袖珍本よりも、さらに玩具的な色彩が濃い。とするなら、この本は、おもちゃ絵などとともに、絵双紙屋に並べられて販売されていた可能性が高い。*67

というのは、たとえば手許の『柳たる』(刊記不明)と題された袖珍本の巻末広告が、その証拠になると考えられるからである。この『柳たる』は、川柳と絵とが併せて描かれた慰みのための安価な小冊子で、地本・絵双紙問屋である品川屋・杉浦朝治郎が刊行していた。その巻末の広告には、『傍訓小学読本』の名前が、「御手本往来物」「新板いろはかるた」「切附一代記本品々」「御布告いろは節用」などの書目とともに並んでいる。杉浦朝治郎板の『傍訓小学読本』という刊行物そのものは未見であるが、先ほど紹介した兒玉弥七が刊行した仮名付きの「小学読本」などに類似した印刷物だったと思われる。つまり、地本・絵双紙などの安価な子ども向けの印刷物を取り扱う絵草紙屋では、文部省が編纂した正規の『小学読本』を縮小した様々な形態の『小学読本』類を、ほかの子ども向けの雑書とともに販売していたのである。

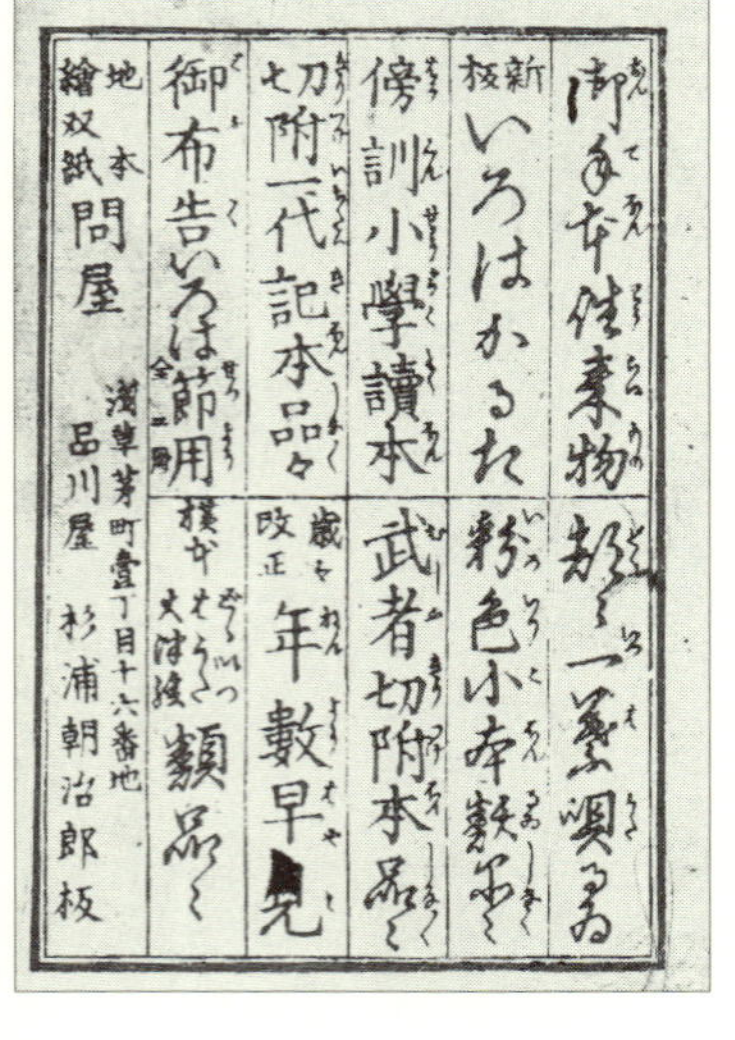

『柳たる』 巻末広告

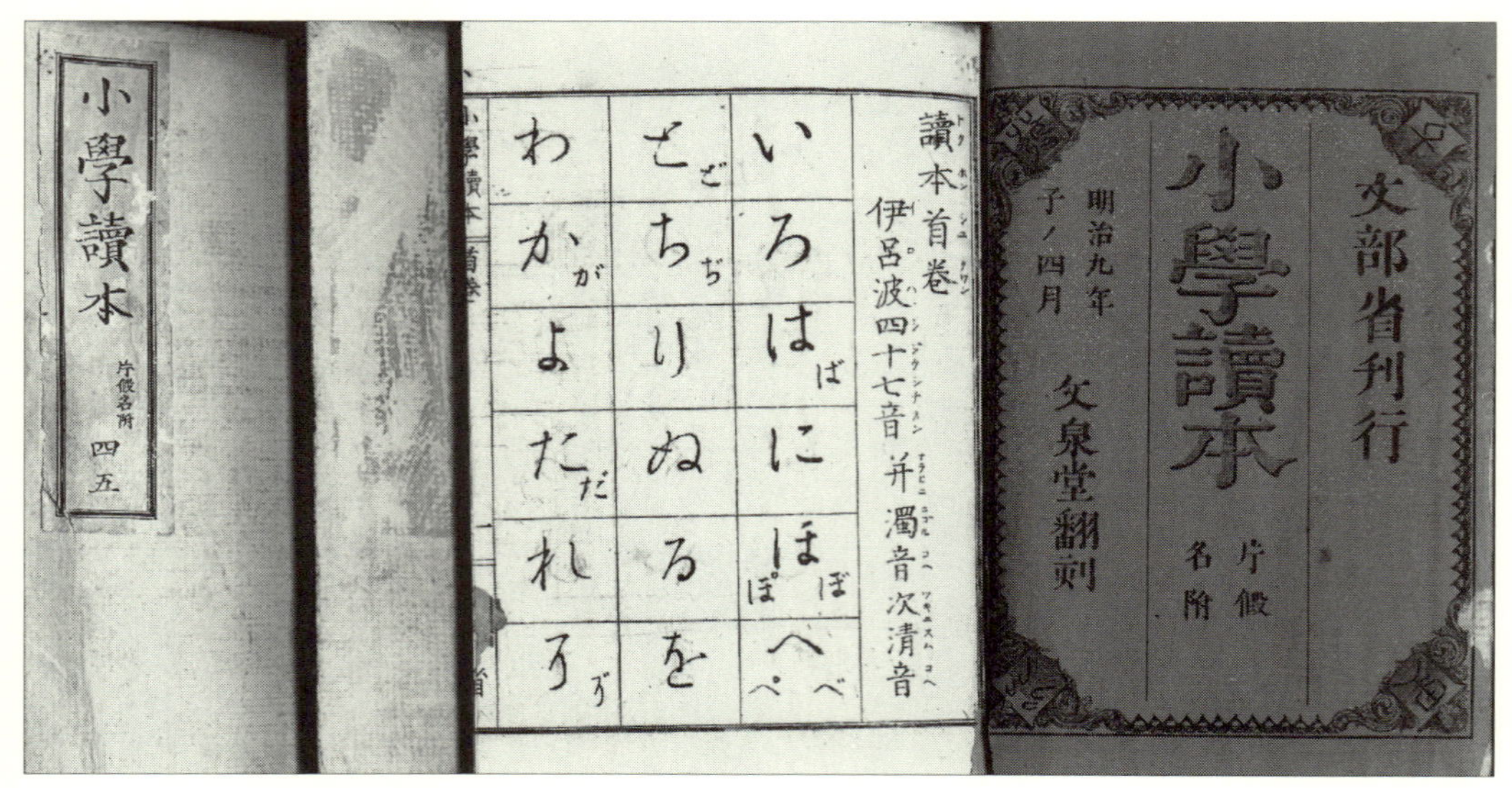

袖珍版『小学 読本』明治9年 12 × 8cm

さらに「袖珍本」に関して、田中義廉の『小学読本』以外の教科書類にも、そうした判型のものがあったことに触れておこう。たとえば、榊原芳野・那珂通高・稲垣千穎の『小学 読本』にも袖珍版がある。一八七六（明治九）年に翻刻されたもので、題箋には『小学読本 片仮名付』と記してあり、全体は三冊本の構成になっている。首巻と巻一、巻二と巻三、それに巻四と巻五が組み合わされて三冊に収められ、コンパクトに全六巻を通覧することができる。田中義廉の『小学読本』に袖珍版があるのだから、『小学 読本』にも同じ形式のものが存在することは当然かもしれないが、こちらは全編片仮名付きである。*68

また、官版教科書の『師範学校編集 万国史略』と、『銅版 小学教授本』という袖珍本も手許にある。このうち『万国史略』の「一」の巻末の奥付には、「定価二十五銭」と印字してある。もし定価どおりに販売されていたとすれば、半紙版・木板刷りの正式の教科書と比べて、必ずしも安価だったとは言えない。この『万国史略』は、京都の石田忠兵衛、『小学教授本』は、東京の山中孝之助が刊行元で、これらは先ほどの『小学読本』の袖珍本の刊行元と同一である。*69

したがって、これらの出版者たちは、おそらく『小学読本』だけではなく、各種の官版の教科書類の袖珍本も製作販売していたと思われる。銅版印刷によるこれらの小型版の印字は、木版印刷よりも鮮明で、また挿し絵も細部まで精密に印刷されている。したがって、銅版印刷という印刷方法それ自体が、文明開化のにおいを感じさせ、新しいセールスポイントとなっていたのだろう。

また、家蔵の『師範学校編集 万国史略』には、表紙に学校印が押印され続き番号が記載されている一本がある。とすると、こうした袖珍本は、学校などでまとめて購入されていた可能性もある。教科書は個人所有が原則であるが、明治初期には、高価だったり、入手が困難なために、学校で教科書をまとめて用意した例も多い。その際には、半紙版の通常サイズの教科書類とともに、小さなサイズの袖珍版が備え付けられる場合もあったのかもしれない。だとすると、このような袖珍本が、学校教育の中で実際に使われていたことも考えられる。

洋装版の『小学読本』

田中義廉の『小学読本』には、和本ではなく、洋装版も存在する。いわゆる「ボール表紙本」であり、明治中期にはこの装丁による小説類などが盛んに刊行された。表紙の芯にはボール紙が使われており、『小学読本』が手本にしたアメリカの教科書類と類似の装丁方式で、『明治七年八月改正小学読本巻之壱』から『明治七年八月改正小学読本巻之四』までの四冊が、それである。本の大きさは、縦一八センチメートル、中本である。巻三は未確認であるが、ほかの三冊は、すべて翻刻御届が一八七六（明治九）年一二月一五日になっている。定価は、各一五銭。翻刻人橋爪貫一、発兌書林青山清吉。国立国会図書館には、同じ本の巻一と巻二が保管されており、こちらの奥付けは、翻刻御届が一八七六（明治九）年一二月一五日に加えて、釈文御届が一八七七（明治一〇）年三月八日となっている。この「釈文」というのは、本の見返しと扉、および奥付の前の頁の合計三頁分のスペースに収録された、新出漢字に振り仮名を振った資料のことを指している。簡易版の「読本字引」を、付録として本の中に組み入れたのである。橋爪貫一は、先に見た袖珍版の『改正小学読本』でも、本文に仮名を付ける工夫をしていたが、この洋装版でも、もとの『小学読本』に簡易辞書という付加価値を付けて販売しようと考えたのだ。こうしたアイディアは、いかにも明治初期に多方面にわたって啓蒙的な出版活動を行った橋爪貫一のものらしい。[*70]

巻一のページ数は三四ページで、和本と同じ内容量だが、和紙に袋とじではなく、洋紙に両面刷りなので、和本より軽く感じられる。中本の判型を採用しており、通常の半紙版『小学読本』よりも小さい。全編にわたって銅版印刷になっていて、アメリカの教科書類を思わせるような

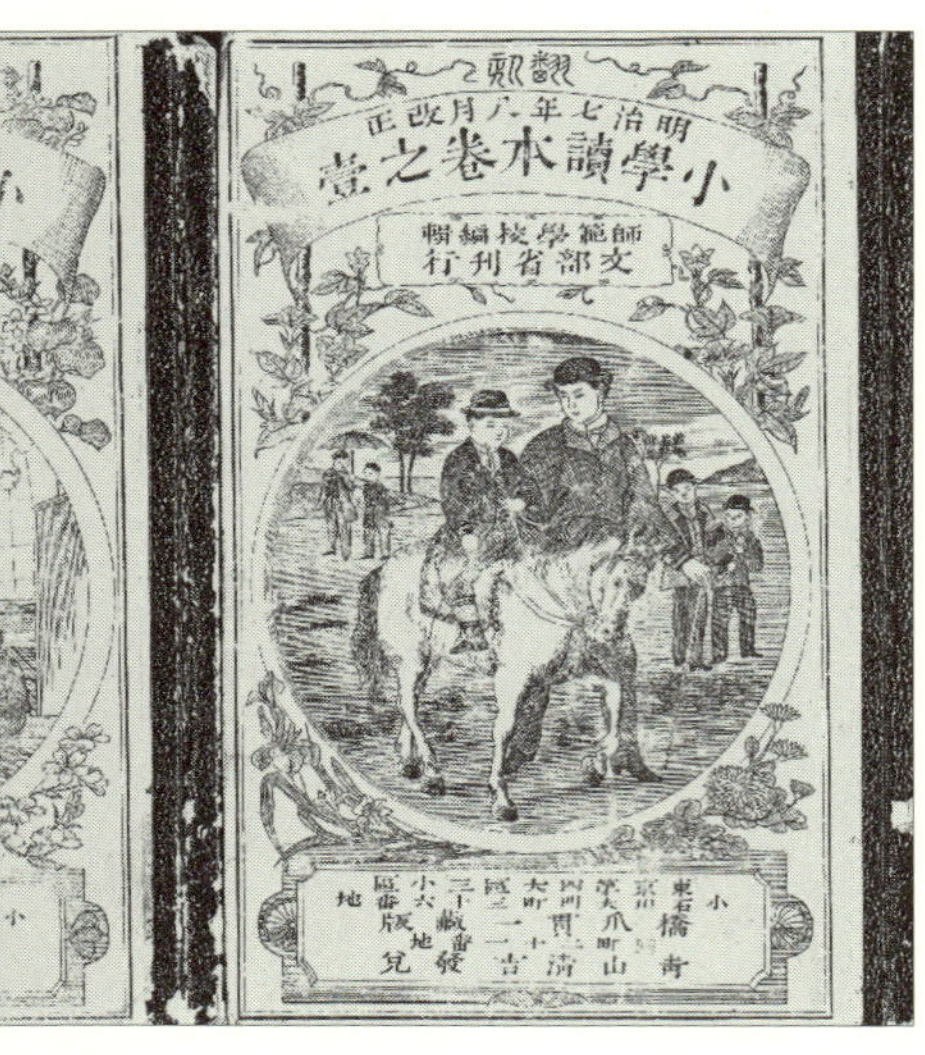

『小学読本』橋爪貫一　巻一・巻二　表紙

表紙の絵が目を引く。また、裏表紙には「天地玄黄」で始まる千字文の一部が印刷してある。様々な情報をてんこ盛りにして、読み手の関心を惹こうという販売戦略であろう。

橋爪のものとは別の『小学読本』の洋装本もある。それは、望月久貴が『国語科教育史の基本問題』の中で、写真入りで紹介している書籍である。この本は、国立教育政策研究所教育図書館の蔵書で、一八七七（明治一〇）年三月一三日届。出版人は森重治と岡村清七。表紙には、大きく中央に飾り罫に囲まれた「小學讀本」の文字が縦に印刷されており、「文部省師範学校編」と添え書きがある。中身は、巻一―巻四までの合冊で、活字印刷、総計二八三頁、定価が三〇銭。この本は、縦一五・五センチメートル、横一一センチメートルと、橋爪貫一の刊行本よりもさらに小型である。装丁はボール表紙の洋装版の体裁になっているが、判型だけからみれば「袖珍本」の一種と分類してもいいように思う。[*71]

もっとも、文部省は、民間から刊行された、このような様々な『小学読本』の「縮小版」を、望ましい書物だと考えなかったようだ。そこで文部省は、一八七八（明治一一）年二月二三日、「文部省出版教科書の文字縮小禁止」の通達を出し、また、その翌年の明治一二年二月二一日には「文部省蔵版書籍に注解または本文増減出版禁止」の布達を出す。子どもたちの「遊び」の方向に接近して、そのあわいでたゆたっていた『小学読本』は、文部省によって再び、「教育」の世界の中に引き戻されてしまったのである。

おもちゃ絵の『小学読本』

前項で紹介した『銅版 師範学校編纂小学読本』の出版元である兒玉弥

七は、おもちゃ絵の『小学読本』も刊行していた。口絵のカラーページにも掲げたように、明治初年に文部省が発行した『小学入門』に収録された掛図類をテーマにしたおもちゃ絵は、数多く残存している。しかし、『小学読本』を直接の素材にしたものは、きわめて珍しい。

ここに紹介した図版は、『小学読本』の「おもちゃ絵」の一部分である。所蔵は国立国会図書館で、仮題として〔小学帖〕と命名された書冊に、主として教育関係のおもちゃ絵一八〇枚が和装の折り本に張り込まれており、その中に、この『小学読本』のおもちゃ絵が混じっている。また、玉川大学教育博物館も、同じシリーズを所蔵している。*72

この「おもちゃ絵『小学読本』」は通常の美濃判一枚を横長に使い、そこに八駒の図が収められている。一八七六（明治九）年の板行で、定価は二銭。こうした小画面のコマ割構成は、おもちゃ絵にはよく見られるレイアウトである。このようなおもちゃ絵を購入した子どもたちは、それをただ眺めるだけではなく、線に沿って切り離し、糸で綴じて自家製の小型本を作ったり、各コマ毎にバラバラにしたした紙片を別の紙で裏打ちして、カードにして遊んだりしたのだろうと思われる。したがってこのおもちゃ絵の『小学読本』も、子どもたちによって手製の袖珍本や豆本に仕立てられた場合もあっただろう。

地の文章は、大改正本の『小学読本』がほぼそのまま引用されており、「凡地球上の人種ハ五に分れたり　亜細亜人種欧羅巴人種馬来人種亜米利加人種亜弗利加人種是なり日本人ハ亜細亜人種なり」となっている。もっとも、このおもちゃ絵で注目すべきは、文章ではなく、「絵」の方だろう。まず、「五人種」の図像が、『小学読本』のものとまったく異なった独自の意匠であることが目を引く。日本人の造型は髷を結った男性である。また、女性が登場していることも、官版『小学読本』の文明開化路線とは、一線を画している。

さらに、子どもたちの図像も、印象に残るできばえである。見てきたように『小学読本』の挿し絵は、基本的にウィルソンリーダーの挿し絵に依拠して子どもたちの姿が描かれていた。そこに登場する女児の風姿は、ほとんどが日本髪に着物姿であるものの、男性は、和洋折衷の服装をしており、中には若干自然な造型もあった。田中義廉編の『小学読本』の画家に関する情報は不明だが、榊原芳野等の『小学読本』の挿し絵は、巻末に、徳川幕府から新政府の文部省編輯局に移った北爪有郷によって描かれたことが明記してある。『小学読本』の挿し絵も、もしかすると、北爪の手になるものかもしれない。*73

これに対して、このおもちゃ絵『小学読本』の図像からは、当時の日本の日常生活の中で実際に活動していた子どもの様子が生き生きと伝わ

「おもちゃ絵・小学読本巻一」1/2
芳藤 画

ってくる。この点で、このおもちゃ絵の子どもの造型は、明らかに文部省の『小学読本』の図像よりも、リアリティがある。それもそのはずで、図版を担当したのは、西村藤太郎=歌川芳藤（よし藤）の名前で知られている浮世絵作家だった。芳藤は、歌川国芳の弟子であるが、もっぱらこうした子ども相手の印刷物の製作に関わっており、楽しそうに遊ぶ子どもの姿をたくさん描いており、現在でも高い評価を得ている。「よし藤」に関わる総合的な研究はまだなされていないようだが、このおもちゃ絵『小学読本』も、彼の子ども絵の代表作の一つに数え上げることができるかもしれない。[*74]

いずれにしても、ここまで見てきた小型本やおもちゃ絵などの様々な『小学読本』の存在からは、安価に購入できる子ども相手の様々な玩具的な印刷物と、学校の教科書とが、即かず離れずの共存関係にあったことが分かる。学校で使われる初等教科書である単語図や連語図、あるいは『小学教授書=小学入門』なども、江戸期以来の草双紙屋の店先で、子どもたちの身近な遊びの素材になっていたのである。こうした印刷物は、商魂たくましい商人たちの金儲けの種だったかもしれないが、子どもたちの側にも、積極的な所有の欲求が存在した。教科書享受の問題を考えるときには、双方の思惑が合致したところに生まれたこのような小さな相互交流が、明治初期の子どもたちのリテラシーを伸張させる基盤の一つになったことを視野に入れておかなければならないだろう。官民挙げての「教育熱」は、こうしたささやかで雑多な印刷物（モノ）によって下支えされていた側面があったのだ。

次の図版に掲げたのは、絵草紙屋の店頭である。これは、明治期の絵草紙屋の様子がよく分かる貴重な写真で、長崎大学付属図書館の古写真資料の中の一枚である。岩切信一郎の『明治版画史』では、この写真は「明治二〇年代の初めごろだろう」との考証がなされている。その根拠は、木版画に替わり石版画が新出してきたのが、ちょうどその頃だということである。つり下げられている版画の種類から時代の判定ができたのである。

芳藤のおもちゃ絵「小学読本」が刷り出されたのは、一八七六（明治九）年のことだから、この絵草紙屋の写真よりも一〇年ほど遡ることになるが、やはり店頭風景は、これと似たようなものであっただろう。芳藤の

「絵草紙屋」の店頭写真　長崎大学附属図書館所蔵

『小学読本』の「おもちゃ絵」も、このように軒先からつり下げられ、また、袖珍版や折りたたみ版の『小学読本』は平台に並べられて、子どもたちに販売されていたことが想像される。絵双紙屋の店頭は、当時の子どもたちの交流の場でもあった。小学生たちは、学校生活の中で教科書として『小学読本』を学習をすることと併行して、身近な絵草紙屋の店先にも「文字」や「絵」の世界を見つけ出し、それを自らのリテラシーを形成する一助としていたのだった。[*75]

英語版の『小学読本』

さらに、『小学読本』から派生した、別の教科書にも言及しておく。見てきたように田中義廉の『小学読本』は、もともとウィルソンリーダーの翻訳だった。その日本語文を、再び英文に仕立て直した、実に奇妙な読本がある。一八八五(明治一八)年一二月に東京の香雲書屋から刊行された『SHOUGAKU-DOKUHON』(英文小学読本)である。著者は

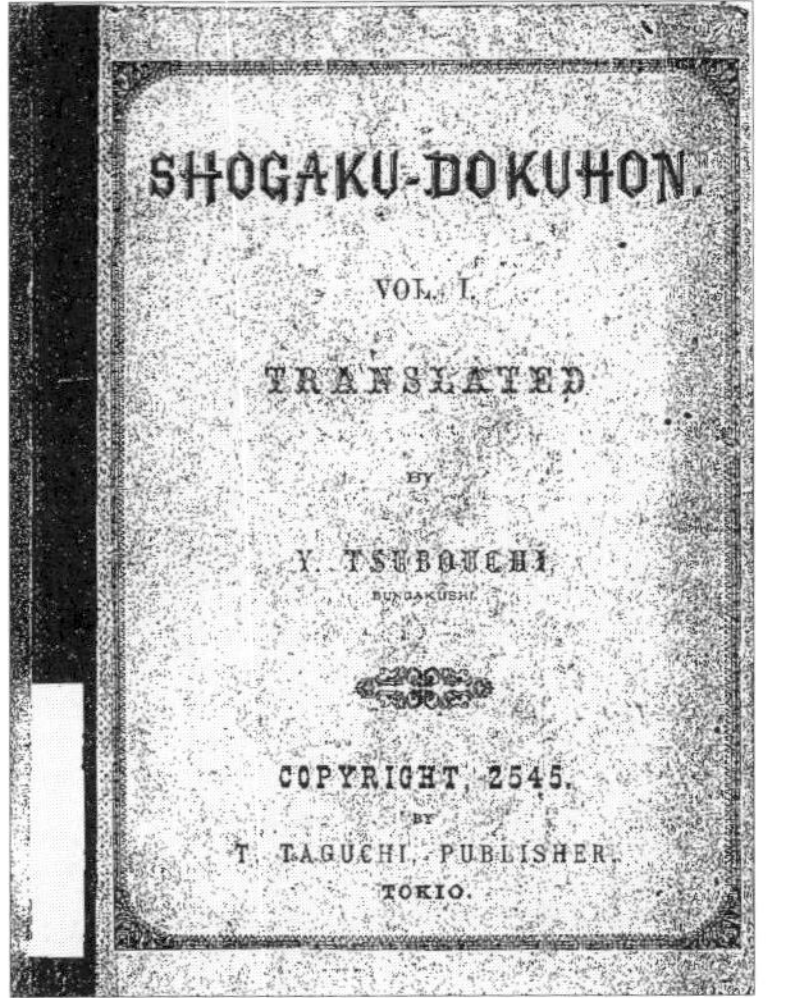

『SHOGAKU-TOKUHON』明治18年

坪内雄蔵、すなわち坪内逍遙。この本については、豊田実の「明治初期の小学読本と英語—故坪内博士の『英文小学読本』を中心として—」という論考があり、そこに読本の内容がくわしく紹介されている。[*76]

第五部第二章で触れるが、後に逍遙は、本格的に小学校用の国語教科書の編纂に関わることになる。その逍遙が最初に教科書の出版に関与したのが、この『英文小学読本』の仕事だった。一八八五(明治一八)年、逍遙が二七歳の時(『小説神髄』刊行の前年)に、田口高朗に依頼されて小学読本の英語訳を作製したのである。当時は、田中義廉の『小学読本』がまだ広く使われていたが、逍遙は、これを日本人の英語教育のために英文に再翻訳するように依頼される。逍遙自身は、この本の「小学読本英文緒言」の中で、『小学読本』自体がウィルソンリーダーの「抄訳」であり、ところどころを「改刪」したものなのだから、それをわざわざ再英訳する必要はないと何度も断ったのだが、依頼者に押し切られた、と書いている。依頼者は、日本語の『小学読本』は、子どもたちにその内容がすぐに理解できる、それゆえ日本の子どもが英語学習をする際に、それを英訳した『英文小学読本』と照応させながら学べば「和英双方を学ぶの便」がある、という理屈で、逍遙を説得したようだ。つまり、外国語や古文などの「原文」と、現代語訳とを並べて、相互に見比べながら学習すれば教育効果が上がるはずだ、という論法である。

依頼者が逍遙を説得した背景には、当時、子どもたちの間に最も普及していた日本語文の読み物が『小学読本』だったという事実があった。もともとが英文からの翻訳であるにせよ、実際に多くの子どもたちの近くには『小学読本』が存在していた。それなら、その英訳があれば便利だろうと考えたのだろう。こうした出版社の発想からは、逆に田中義廉

編の『小学読本』が、大ベストセラーになっていたことも窺える。

結局、逍遙は、田口の懇請に負けて、第一巻を完成させる。一八八六（明治一九）年一月七日の「東京日日新聞」の紙面には、その広告も出ている。この本が実際にどの程度普及したのかは不明だが、豊田がその論考の中で推測しているように、巻二は刊行されなかったようだ。つまり、商売としては、あまり成功しなかったのである。

別に、豊田はこの論考の中で、この本の挿し絵がかなり日本化していることを高く評価しているが、挿し絵の大部分は、武内桂舟が描いたものである。いうまでもなく武内桂舟は、硯友社関係の書籍の挿し絵から出発し、巌谷小波の『こがね丸』の画で広く世に知られ、児童雑誌や文芸雑誌の挿し絵画家として明治期から大正期へかけて大活躍する。武内の初期の画業に関しては、木村小舟が『明治少年文学史』の中で、まだ武内が無名の頃に「小笠原利孝編するところの小学読本の挿絵を担当」した、と記している。木村の言う小笠原の編集した小学読本とは、一八八八（明治二一）年に、小笠原利孝の編集によって成美堂から刊行された『新撰小学読本』のことである。『新撰小学読本』に描かれた挿し絵の大半に「桂舟」のサインがあることから、木村の証言が正しいことは確認できる。しかし、武内は、それよりも以前に、逍遙の『英文小学読本』にも見事な挿し絵を描いていたのである。後に、少年読み物の挿絵画家として絶大な人気を誇る武内桂舟が、その画業の出発時期に『小学読本』の挿し絵を描いていたという事実は、教科書と職業画家との関係を考える上でも、示唆的な出来事だろう。*77

宇田川準一の『小学読本』

ウィルソンリーダーを翻訳した『小学読本』には、宇田川準一が訳して小笠原東陽が校正を担当し、一八八二（明治一五）年の八―九月にかけて文学社から刊行された五巻本があることもよく知られている。宇田川準一は、一八四八（弘化五）年に生まれ、一九一三（大正二）年没。物理学者として活躍し、物理関係以外の翻訳も数多い。宇田川は、一八八二（明治一五）年七月から一八八五（明治一八）年一二月まで、群馬県師範学校に在職していたので、この『小学読本』が刊行されたのは、ちょうどその在任期の前半期間である。一方、小笠原東陽は、書家としても知られており、羽鳥（現在神奈川県藤沢市）に耕余塾を開いて、多くの人材を育てたことで高い評価を受けている人物である。

宇田川訳は、田中義廉が原本としては採用しなかったウィルソンリーダーのプリマーもかなりの部分を翻訳していることが特徴である。全五巻の構成を簡単に図示すると、次の頁の表のようにまとめられる。この『小学読本』は、ウィルソンリーダーのほとんどそのままの翻訳と言っ

ウィルソンリーダー	宇田川訳『小学読本』
プリマー（四八頁）	小学読本巻之一（二五丁）W P-3-25まで
第一読本（八二頁）	小学読本巻之二（二九丁）W P-4-1からW 1-3-6まで
第二読本（一五二頁）	小学読本巻之三（三三丁）W 1-3-7から終わりまで
第三読本（二四六頁）	小学読本巻之四（三五丁）W 2-3-2まで
第四読本（三六〇頁）	小学読本巻之五（三六丁）W2-4-26まで
第五読本（五三八頁）	小学読本巻之六（草稿のみ残存）

てよく、田中本の『小学読本』のように大きな省略もない。図版についても、その構図までが原本と同じように模刻されているが、GOD に関する部分は、田中本と同様に省略されている。題箋に角書きで「宇田川準一訳」と記されているように、宇田川は、ウィルソンリーダーの「訳本」という意識を持ってこの本を作製したと考えられる。*78

宇田川の『小学読本』巻一から巻二の三分の二ほどは、ウィルソンリーダーのプリマーの翻訳である。また、『小学読本』巻二の残りと、巻三・四・五が、ウィルソンリーダーの第一・第二読本からの翻訳である。ウィルソンリーダーのプリマーは、対話を中心にして発音と文型を練習しながら、順次語彙数を増やしていくという編集方針をとっている。子どもたちの生活場面を話題の中心にして、既出の単語を繰り返し復習するていねいな進行で、いささかくどい感じもするが、英語教育のステップとして、このプリマーはよく工夫されていた。

ところが宇田川訳は、ウィルソンリーダーの内容だけをそのまま日本語に移したために、「子ども向け翻訳啓蒙書」や『小学読本』が陥ったのと同じ問題を抱えてしまう。つまり、プリマーの教材の大部分を、その内容に焦点を当てて忠実に翻訳したために、日本語の教科書としては、読者の興味を十分に引きつけるものとはならなかったのである。もちろん、ウィルソンリーダーを英語学習の教科書として使用する際に、この本を日本語の対訳書として使うとするなら、良くできた参考書だとは言えるだろう。だが、この本は、そうした外国語の独習書(独案内)のような意図で作られたわけではない。あくまでも、宇田川訳の『小学読本』は、日本語を母語とする学習者たちのための教科書として提供されている。

しかし、ここに日本語の言語教科書としての編成原理を見いだすことは難しい。この本が刊行された一八八二(明治一五)年には、すでに文部省によって日本の学習者を念頭に置いた、日本語の教科書の内容についての見直し作業が進んでいたし、教育課程についても再編成が行われていた。たとえば一八八一(明治一四)年五月の「小学校教則綱領」では、小学校の課程は、初等科・中等科・高等科に分けられている。

もしかすると、この宇田川訳の『小学読本』も、新しい「小学校教則要領」に即して、小学校初等科の二年間で使用することを想定し、あらためて翻訳し直されたのかもしれない。が、世間一般でも、英語教科書まるごとの翻訳を日本語の教科書としてそのまま使うことは、実情にそぐわないと考えられ始めていた。日本の子どもたちの現状に適応した教科書作製への模索は、徐々にではあるが、着実に進行していたのである。

とはいえ、田中義廉の『小学読本』そのものは、まだまだ学校現場においては根強い支持があった。その証拠には、一八七四(明治七)年に改訂された「大改正本」が、一八八二(明治一五)年に、きわめて部分

『小学読本』見返し　明治 15 年

的ではあるが、再び内容が改正されて、「明治一五年一〇月改正」の『小学読本』として刊行されていた。さらに望月の研究によれば、一八八七（明治二〇）年になってから、あらたに改正された『小学読本』もあるようだ。使用する側の強い要請がなければ、こうした改訂版が発行されて市場に迎えられるはずはない。

明治二〇年頃までの日本語学習のための教科書の世界は、間違いなく田中義廉編の『小学読本』、あるいは榊原芳野等編の『小学読本』を中心として動いていた。その状況は、まさしく「『小学読本』の時代」と称するのに相応しいものだったと言ってよいであろう。[*79]

＊

以上のように様々な文化的反響を見てくると、田中義廉が編集した『小学読本』が、明治期の文化にいかに大きな衝撃を与えたのかが推察される。それは学校教育の枠組みを超えて、ほとんど社会現象とも言うべきものになり、子どもの学校外の文化にまで波及していた。当時、初歩的な文字教育を終えた子どもたちの多くが、自分たちの学習のために編まれた「読み物」として、初めて手にしたのが田中義廉の『小学読本』だった。長谷川如是閑や鳥居龍蔵の証言にもあったように、明治初期の子どもたちは、その冒頭の「五人種」の教材から、文明開化の確かな息遣いを感じとったのである。実際、その図像や文体には、江戸期の教科書類にはなかった、新しい空気が充満していた。

だが、後世にもっとも大きな影響を与えたのは、ウィルソンリーダーから子ども自身が登場人物として活躍する教材群が翻訳されたことだったのではないだろうか。それらの教材は、教訓がましい「落ち」が付いているものが多かったにせよ、子どもたちの実際の日常生活の中のささいな言動が正面から取り上げられて文章化されたり、図像化されたりしていた。当然のことだが、日本の子どもたちも、日々、現実生活の中で子どもたち同士で会話を交わし、兄弟姉妹と、戸外を遊び回っていた。あるいは、大人たちに混じって、生産活動の手助けをして働いていた。しかし、そうした子どもたちの生活それ自体を取り上げ、ひとまとまりの「文章」として記述した書物は、江戸期の出版物の中にはほとんど存在しない。寺子屋で使われた教科書である『実語教』『童子教』にも、あるいは各種の『往来物』にも、子どもの現実の日常言語生活が記述されていたわけではない。

しかし、新しい学校教育の中で使う教科書には、子どもたち自身が主体になって行動する様子が、ほかならぬ日本語の文章によって記されていた。その文章は、社会的な用を足すための定型の手紙文や実用的文章ではなかったし、聖人君子、あるいは孝子孝女の言動の記録でもなかった。そこには、名も無い子どもたちの日常風景をありのままに取り上げた文章が、教材文として採用されていたのである。何の変哲もない子どもたちの日常生活の一コマは、それを文章として記録することができるばかりでなく、教科書の教材にすることも可能だったのだ。これは、ひとつの大きな〈発見〉だっただろう。

もちろん、歴史的に見るなら、子どもたちが自分自身の生活や感情を、自分たちの身の丈に合った書きことばによって文章化できるようになるのは、明治後期になってからのことである。『小学読本』の教材群にしても、子どもたちの姿は確かに舞台に登場していたが、「私」という一人称の語り手によって個人の内面が表白されたり、子どもの主体的な判断に基づく行動が全面的に展開されていたわけではない。だが、『小学読本』の教材の中に、子どもたち自身が自主的に行動する姿を描き出した教材群が置かれていたことから、自分たちの日常生活そのものが文章化できるという発想や、文章化したいという欲求を醸成する契機になったという可能性だけは、頭の隅に置いておいてもいいだろう。

そうした事態を教育学的な文脈の中で考えるとするなら、次のように説明できるかもしれない。すなわち、子どもの発想や思考過程を基礎に据えて、そこから教育活動を考えようとする西欧経由の教育理論は、実際の子どもが登場する挿絵や文章などによって実質化されたのだ、というように。

海外からの教育学理論の移入は、どうしても観念的・抽象的なものになりがちだ。しかし、子どもたちが生き生きと活動する図像や、言動に関する記述が教科書類の中にあったなら、学習者である子どもたちは、そこから具体的な活動のイメージを描き出すことが可能になる。それは、また、日本の教師たちにとっても同様だったであろう。このような観点からみれば、子どもたちが主体として行動したり、ものを考えたりするような場面が、翻訳教科書類の中に現出したことは、日本の教育実践にとっても、思いの外に大きな出来事だったのではないか。

『小学読本』に掲載された文章は、同じ学校の中で学習されることで、小学校に通う子どもたちの共通の読書体験・図像体験となり、広く深く記憶されるものになる。それはまた、次の世代の子ども読み物へとつながっていく文化共同体を育てる培養器ともなった。見てきたように、そうした共軌的な場は、学校生活の中だけに存在していたわけではない。その意味で、明治初期におけるリテラシー形成メディア創成の運動は、絵草紙屋や玩具屋などの学校外にあった読み物類などと干渉しあったり、同期しあったりしながら、ダイナミックに繰り広げられていったのだった。

注（Endnotes）

*1 掛本勲夫『明治期教科書政策史研究』皇學館大学出版部　二〇一〇（平成二二）年一二月　二三頁、によれば、明治七年一〇月の「教科書編集・出版の縮小化および翻刻許可の開放の方針」は、文部省の「教育政策転換の一表現」だったとする。その背景には、国家予算の削減にともなう行政整理や、国家主導型の教科書行政認識の再強化という路線があったという。

*2 『学制百年史』文部省　一九七二（昭和四七）年一〇月　一八一頁の「表二」を、ここに転載した。

*3 田中義廉が編集した『小学読本』の初版刊行期日は、いつなのだろうか。本文に記したように、従来の通説では、「四巻から成り、明治六年三月に巻一、以後、毎月一巻ずつで、同年六月に巻四が出されている」（古田東朔『小学読本便覧・第一巻』武蔵野書院　一九七八《昭和五三》年一二月　三六五頁）とされていた。しかし、西本喜久子「明治初期『小学読本』の編纂に関する再検討」『国語科教育　第七三集』二〇一三（平成二五）年三月　三九―四六頁、は、各地の翻刻本などを含む『小学読本』の調査を行い、「師範学校彫刻本として刊行された『小学読本』は、巻一―巻三までが一八七三年三月に、巻四に関しては一八七三年五月の刊行が最も早い」という結果を得た。西本は、その調査をもとに「田中義廉編纂による『小学読本』初版は、一八七三《明治六》年三月に巻一から巻四までが刊行された」と結論している。

[1]

[2]

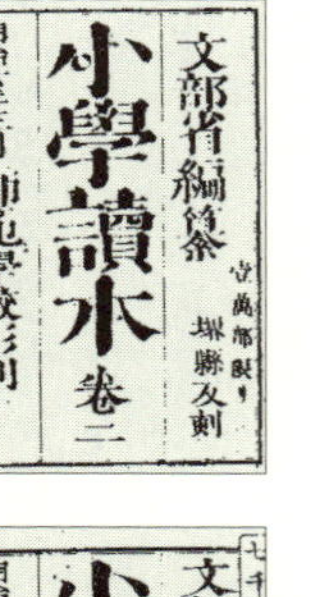

[3]

[4]

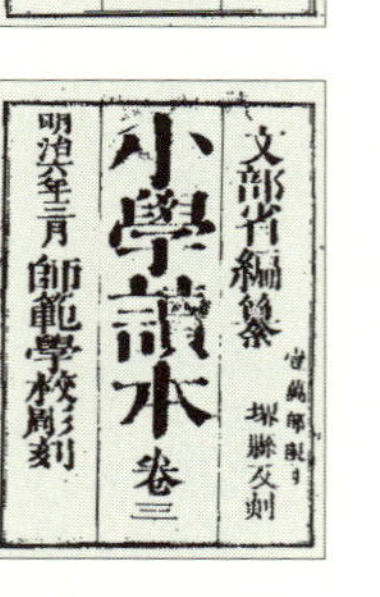

[5]

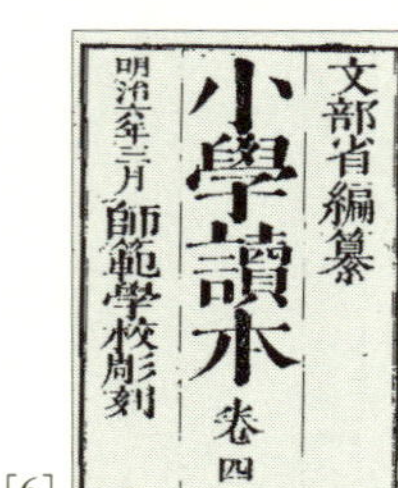

[6]

稿者の家蔵している『小学読本』（巻一―巻四・合計七九冊）の中で、「見返し」の年号表示がもっとも早いのは、巻一・巻二・巻三・巻四ともに、「明治六年三月」である。図版で、「明治六年三月師範学校彫刻」の刊記の年月を持った、家蔵本の「見返し」を示した。この情報と、西本の研究とを重ね合わせて考えれば、おそらく西本が判断したように、田中義廉が編集した『小学読本』は、明治六年三月に全四巻が刊行されたと考えてもいいだろう。

ただ、各地域で翻刻刊行された『小学読本』を含めて、「見返し刊記の年月表示」を、どのように考えたらいいのか、よく分からない部分が残る。それは、それぞれの『小学読本』の「見返し」の刊記の年月表示が何を意味しているのか、という問題である。すなわち、見返しの刊記の年月表示は、文部省が編纂した元版（初版本）を印刻した時期なのか、あるいは、各地域の刊行元が版を起こして刷行した時点の年月を表しているのか、である。稿者の家蔵本（巻一―巻四・合計七九冊）というきわめてわずかな資料に基づいた考証ではあるが、その問題の所在だけを、以下に示しておく。

なお、『小学読本』の初版関係の書誌に関しては、すでに、海後宗臣「文部省刊行の『小学読本』について」『季刊明治文化研究』明治文化研究会編　第一

輯　一九三四（昭和九）年二月　一四三―一四八頁、望月久貴「小学読本源流考（二）――その書誌について」『国語科教育論集5国語教育史の基本問題』学芸図書　一九八四（昭和五九）年九月　一〇九―一三三頁、があり、とりわけ後者の考察は詳細にわたっている。ここでは、それらを再検討するつもりはない。望月の論考でも「見返し」の年月表示が、師範学校で「彫刻＝刊行」された年月である場合と、地域で翻刻刊行された年月の場合との二様があることに触れられてはいるが、稿者が提起をしたいのは、そのほかにも年月表示には様々なケースがあることとその意味である。

まず、図版で示した六点の『小学読本』の「見返し」の年月表示について考えてみる。おそらくこの六点は、師範学校で彫刻された『小学読本』の「文部省編纂・小学読本・巻〇・明治六年三月・師範学校彫刻」と記された原本の通りに見返しを重刻して、刷行したものだろう。ただし、[1]と[4]には「七千部限」「岐阜県翻刻」（奥付には岐阜書林・三浦源助）、[3]と[5]には「二万部限」「堺県反刻」、と、それぞれ翻刻主体を明らかにする情報が加えてある。この六例の場合は、「明治六年三月」という年月表示は、原本である初版本が師範学校で彫刻された期日を表していると考えられる。『小学読本』が明治六年三月に揃って刊行されたという西本の結論に妥当性のあるゆえんである。

このように「見返し」の左側上部に年月を記載するような版面デザインは、ほかならぬ『小学読本』の初版から約一年半後に刊行された「大改正本」でも同様である。多くの大改正本では、ここに示した図版の「文部省編纂」の位置に「師範学校編輯」（「文部省刊行」の文字が並べられている場合もある。）とあり、中央に大きく「小学読本」と巻数、その左に「明治七年八月改正」と記され、その下に「文部省刊行」あるいは、「〇〇県翻刻」などの文字が印刻されている。もっとも、「大改正本」には、「見返し」の刊記とは別に「奥付」が付されており、そこには「翻刻御届日・刻成出版日」が記載されている場合がほとんどである。文部省は、明治一四年五月四日に「小学校教則綱領」を公布したのに続いて、明治一四年五月九日に、各県に使用教科書の「開申」を義務づけた。ここから教科書の開申制度が始まる。つまり、各県で作成した「小学校教則」は文部省に伺い出て、その認可を受けることが必要になり、その文書には使用教科書の「書名・巻冊記号・出版年月・著（訳）者氏名」を記載しなければならなくなった。とすれば、教科書それ自体にも、そうした情報を記載することが必要になる。明治一〇年以降に刊行された「教科書」類のほとんどの「奥付」に、出版年月などの情報が記されているのは、こうした事情と関係があるだろう。もっとも、「大改正本」以前の『小学読本』の初版の場合には、刊行期日が奥付に記されている例は、家蔵本の中には無い。図版で示した家蔵本の六点の場合、奥付のある[1][4]には発行者名だけが記されており、[5]は三九丁が欠損していて、奥付の有無は確認できない。また、[2][6]には、もともと奥付（の記載）が無い。

このうちの[3]を取り上げてみよう。この[3]の『小学読本』巻二の見返しの年月表記は、「明治六年三月」である。「文部省編纂・堺県反刻」であり、奥付には「堺県御用製本所・刊」と記されている。本文でも触れたように、文部省が、文部省蔵版の小学校教科書を「各地方官ニ於テ学校入用ノ為メ部数ヲ限リ刷行致ス儀ハ可差許候」と、各地方で教科書の翻刻を許可したのは、明治六年年五月一〇日のことであり、同年七月二七日になってから具体的な翻刻許可書目が発表された。公的には、ここで正式に『小学読本』の地方翻刻が許可されたのである。したがって、堺県御用製本所でこの読本が「反刻」されたのは、それ以降だと考えられる。したがって、「明治六年三月」の年月表示は、堺県で反刻した期日では無く、もともと師範学校が彫刻した期日だと判断できる。もっとも、文部省が、地方で先行した官版教科書の翻刻の試みを後追いで是認し、正式な翻刻許可を出した可能性がまったくないとは言えないので、通牒の布告以前に版行された地方版が存在していることも考えられる。つまり、この「堺県反刻本」に関しては、実際に刊行された期日は不明なのである。ただし、この堺県の反刻本の一オの内題の下には、「田中義廉編輯」と記されている。この堺県の反刻本を除く手許にある二二冊の『小学読本』巻二の一丁オの内題下だけを通覧すると、明治六年の初版本九冊には編者の名前がなく、明治七年八月改正の「大改正本」一三冊には「田中義廉編輯・那珂通高校正」と記載があることで一致している。この堺県の反刻版のように、内題に「田中義廉編輯」とだけ記載している事例は、「初版本」とも「大改正本」とも異なっており、独自の例である。また、この堺県の読本の第一回の冒頭部分の文章表現は、「此女児は、人形を持てり、此人形は、愛らしき人形なり、〇」で始まっているが、明治六年三月刊の初版本は、「此女児は、人形を持てり、汝は、人形を見しや、〇此人形は、愛らしき人形なり、」で、家蔵の明治六年刊の九冊も同様の文言である。一方、明治七年八月改正の「大改正本」は、「此女児ハ、人形を持てり、〇汝も、人形を好むか」となっていて、やはり家蔵の一三冊も同様の文言である。さらに、この「明治六年三月」の堺県の反刻版には、初版本にあった巻末の「山陰中納言」の話材が無い。この話は、大改正本では削られた話材である。つまり、この堺県反刻の読本は、初版の原本をそのまま翻刻したのではなく、初版本とも大改正本とも異なった特徴を持っており、内容的には、どちらかと言えば大改正本に近い。したがってこの「明治六年三月」の年月表示を持つ[3]は、「改訂本」であろう。『小学読本』に「初版本」と「改訂本」と「大改正本」との三種類が存在することは、すでに海後宗臣によって報告されており、望月久貴もその事実を確認している。したがって、ここで問題になるのは「改訂本」が、何時刊行されたのかということである。堺県の反刻本（改訂本）は「明治六年三月」という年月表示を採用していることから、「初版本」と「改定版」との二種類が、「明治六年三月」にほぼ同時に刊行された可能性が浮上する。

その様相を『小学読本』巻三で、具体的に見てみる。巻三の第一回の教材文に関しては、本章の第三節「『小学読本』の冒頭教材の意味——その図像的考察」の第二項「文明開化路線への反発」の本文箇所でも触れるが、ここには当初「夫れ万物を、造り給へるは、神なり、神は、地球、日月、星を造り給ひ、後、地上に、歩行する獣と、空中に、飛揚する鳥、及び、河、海に、遊泳する魚を造り、又此人民を、造り給へり、（下略）」という文章が掲載されていた。ところが、『小学読本』巻三は、この西欧の「神」に関する記述があったために、明治六年八月一二日付け「文部省布達第一〇九号」によって「当分小学教科書ニ不可用候」と使用禁止措置が出される。「神」の教材は「水は、動物、植物の、養液にして、世上、尤要用のものなり、水なきときは、万物、生育することを得ず、（下略）」という別の話題に差し替えられて、全体の回数（課数）が一つ減った。それは、使用禁止から約一年後に、那珂通高が校正に加わった大改正本にも、引き継がれた。また、巻三第四回（大改正本では第三回）の「虚言を語るべからず」という趣旨の教材に含まれていた虚言のせいで神罰を受けて死んだ男のエピソードもなくなっているし、巻三第七回の美濃国羽栗郡の「永田佐吉」の孝行談も、無名の「男子」に変わってしまっている。これらのことを頭に置いて、『小学読本』巻三第一回の内容と刊記との関係を、家蔵の初版本九冊（八種類）で検討してみよう。

	『小学読本』巻三 見返し			奥付	一オ内題下＊	主な教材内容の異同＊＊			メモ
	編纂	年月	彫刻			第一回	第四（三）回	第七（六）回	
①	文部省編纂	明治六年五月	師範学校彫刻・岐阜県翻刻	三浦源助	なし	神	神罰	佐吉	複本
②	なし	明治七年第二月	栃木県蔵梓	官版／文部省編纂／師範学校翻刻	なし	神	神罰	佐吉	
③	◆文部省編纂	明治六年三月	師範学校彫刻	なし（三九丁欠損）	田中義廉編輯	水	エピソードなし	男子	
④	文部省編纂	明治六年五月	師範学校彫刻	堺県御用製本所	田中義廉編輯	水	エピソードなし	男子	
⑤	文部省編纂	明治六年五月	師範学校彫刻	なし	田中義廉編輯	水	エピソードなし	男子	

⑥	文部省編纂・官許	明治六年	長野県反刻	なし	田中義廉編輯	水	エピソードなし	男子	
⑦	文部省編纂・官許	明治六年	長野県反刻	なし	田中義廉編輯	水	エピソードなし	男子	
⑧	文部省編纂・官許	明治六年	長野県反刻	なし	田中義廉編輯	水	エピソードなし	男子	

＊「一オ内題下」の記載は、大改正本では、すべて「田中義廉編輯・那珂通高校正」である。＊＊大改正本は、すべて「水・エピソードなし・男子」である。

また、◆で記した③の『小学読本』巻三の「見返し」の版面は、図版[5]で示してある。

まず、第一回の教材文が「神」になっている『小学読本』巻三の①と②を取り上げる。①の『小学読本』の見返しの年月表示は、「明治六年五月」で、「師範学校彫刻・岐阜県翻刻」である。実は、この①の巻三の見返しの版面のデザインは、三月と五月の差違以外は、さきほど図版で示した[1][2]とまったく同一である。つまり巻一の[1]と巻二の[2]も、巻三の①も、岐阜県で七千部摺られ、製本所は岐阜書林・三浦源助（奥付表記）なのである。この年月表示は、師範学校が彫刻した年月を示しているのかもしれないし、岐阜県が翻刻した年月なのかもしれない。一方、②の見返しの年月表示は、「明治七年第二月」である。この本には「栃木県蔵梓」とあり、また誌面の「柱」にも「栃木県蔵版」と印刻してある。こちらの年月表示は、栃木県で翻刻印行した期日を表している可能性が高い。しかし、本文は、まったく初版本の内容のままである。②は、明治六年八月一二日付の文部省布達で使用禁止された内容であるにもかかわらず、翌年になってから、それをそのまま翻刻したことになる。西本喜久子が前掲論文で紹介している駒ヶ根市立図書館竹村文庫（整理番号・三四七六）の『小学読本』巻三については、論文に掲載された写真から、見返しに「明治六年三月」の年月表示があり、家蔵本の①と②と同じように、冒頭教材が「神」であることが確認できる。したがって、第一回の教材文の内容が「神」である『小学読本』巻三（初版本）が、「明治六年三月」に刊行されたことは間違いないと思われる。しかし、③の『小学読本』巻三の見返しの年月表示も「明治六年三月」であり、この本の教材内容は、「神」ではなく「水」である。すなわち、③は、「明治六年三月」の見返し表示を持っているにもかかわらず、すでに教材文は「神」から、「水」へと変更されているのである。ここから考えられることは、「神」の教材文の掲載された明治六年三月の版本刊行と同じ月に、教材文が「水」に改正された「改訂本」が刊行された可能性である。それならば、明治六年三月の年月表示を持った『小学読本』巻三に、「神」と「水」との二種類の本文が存在していることの説明がつく。この説明は、先ほど巻二の堺県の反刻版に関して考えたのと同様の類推である。だが、もし①の岐阜県が翻刻した「明治六年五月」の年月表示を持つ「見返し」が、原本をそのまま写したのだとすると、少なくとも「明治六年五月」までは、「初版本」と「改訂本」とが、並んで存在していたことになる。また、巻一から巻四までがまとまって、明治六年三月に刊行されたとたんに、同じ月内にその改定版が出されるという事態は、いかにもドタバタした対応だし、実際にそうした作業が日程的に可能なのかどうかも不明である。さらに、明治六年三月の時点で、改訂本が出来上がっていたにもかかわらず、文部省から、『小学読本』巻三の使用禁止の布達が出されたのが、その約半年後の明治六年八月だというのも、かなり間延びした対応のように思える。

とすると今度は、「改訂本」が、作られた時期が何時なのかが問題になる。明治六年三月以降、明治七年八月以前であることだけは間違いないだろうが、今まで見てきた『小学読本』の見返し表示からは、初版本が刊行された「明治六年三月」である可能性もある。しかし、その時期を特定するに際しては、見返しの年月表示の情報だけでは、あまり頼りにならない。とすると結局は、最初の問題提起に戻ってくる。それは「見返しの年月表示」が、何を意味するのか、ということである。おそらく、原本を翻刻（重刻）する際には、もとになった『小学読本』の見返しの刊記を、そのまま印刻するのが基本的な作法だったのだろう。だが、実際には、各地で印行した年月を見返しに記した地域もあったようだ。また、版面に記された、「彫刻」「翻刻」「反刻」「蔵梓」「蔵版」「製本」などの用語とその実態とを、それぞれの地域の出板状況などと突き合わせて、一つ一つ明らかにしていく必要もある。木版印刷の諸作法や技術的な制約、あるいは当時の出板の刊行をまったく知らないままに、素人考えを述べるならば、本文を刷行した時期と見返しを刷行した時期とが異なるという可能性はないのだろうか。原本を入手して、それを重刻し、完成に至るまでに費やす時間と手順とは、各地域によって、様々に異なっていたと思われる。おそらく、版木の製造、彫刻、摺り出し、製本、配布なども、地域ごとの慣行と約束事が存在していたのではないか。以上は、単なる憶測に過ぎない。だが、『小学読本』の制作が、輪転機による大量印刷によって、一気に整版・印刷・製本までを済ませてしまう近代印刷技術とは異なった制作過程を採用していたことだけは、十分頭に置いておく必要がある。

こう考えてくると、『小学読本』の「初版本」「改訂本」などの版行時期を確定するには、二つの道があるように思われる。一つは、来歴が明らかで、間違いなく文部省、あるいは師範学校で最初に彫刻された原版だと保証される文部省編纂・師範学校彫刻の『小学読本』を見つけ出すことである。古田東朔が『小学読本便覧』を編集する際に、宮内庁書陵部蔵本を採用したのは、それが「初版」であるかどうかは別として、まずは由緒正しい本を底本とするという方針に立ったからであろう。もう一つは、全国に現存する『小学読本』の情報をできるだけ数多く収集して、見返し表記や本文の異同などを精査し、その系譜を明らかにすることである。これは膨大な時間と根気とが必要な作業であり、おそらくは共同研究のような形で取り組まなければ、その進捗は難しいと思われる。それにもかかわらず、そうした困難な調査に取り組んでいる研究者の一人に、飛田良文氏がおられる。実は、ここに掲載した『小学読本』巻三の表も、飛田氏に家蔵本を整理分類していただいたお仕事の一部に、稿者が若干手を入れたものを使っている。飛田氏の研究の大成をお祈りするとともに、稿者の家蔵本を分類整理してくださったことに、あらためてここで感謝申し上げたい。

*4 板倉聖宣『増補 日本理科教育史 付・年表』仮説社 二〇〇九（平成二一）年四月 九八頁。なお、原著である『日本理科教育史』は、一九六八（昭和四三）年三月に、初版が刊行されている。

*5 佐藤秀夫・中村紀久二『文部省掛図総覧一 単語図・博物図等』東京書籍 一九八六（昭和六一）年一〇月「総説」五—三六頁。

*6 古田東朔「田中義廉（1）（2）（3）・国語教育者評伝」『実践国語』一七七・一七八・一七九号 穂波出版社 一九五五（昭和三〇）年七・八・九月。

*7 山口隆夫『「ウィルソンリーダー」と「小学読本」——比較言語文化的研究（一）』『言語文化論集』第九巻第二号 一九八八（昭和六三）年 名古屋大学 二三五—二五九頁。

*8 ドゥトカ・マウゴジャータ「明治初期の教科書——田中義廉『小学読本』とWillson Reader」『日本学報』大阪大学日本学研究室 一九九六（平成八）年三月 一七一—一九六頁。

*9 西本喜久子「田中義廉編『小學讀本』巻一第一回に関する一考察——『ウイルソン・リーダー』第一読本との比較を通して」『広島大学大学院教育学研究科紀要・第二部・文化教育開発関連領域』広島大学大学院教育学研究科 五七号 一五九—一六八頁 二〇〇八（平成二〇）年一二月。
西本喜久子「一八六〇年代のアメリカにおける『ウィルソン・リーダー』（HARPER'S SERIES. School and Family Readers.）の一評価——Harper's School and Family Series of Standard Text-Books.（1864）のばあい」『国語科教育』全国大学国語教育学会 第六三号 五一—五八頁 二〇〇八（平成二〇）年三月。

西本 喜久子「一九世紀アメリカにおける『ウイルソン・リーダー』の革新的要素と位置づけ――『マクガフィー・リーダー』との比較を中心に」『広島大学大学院教育学研究科紀要・第二部・文化教育開発関連領域』広島大学大学院教育学研究科 第五六号 一三一―一四〇頁 二〇〇七（平成一九）年一二月。

*10 古田東朔『小学読本便覧』第一巻 武蔵野書院 一九七八（昭和五三）年一二月「解説」三六六頁。

*11 高木まさき「ウィルソン・リーダーから田中義廉編『小学読本』へ」『横浜国大国語教育研究』横浜国立大学国語教育研究会 二〇〇七（平成一九）年六月 左一―四六頁。

*12 *Harper's Series. School and family Readers*; The Second Reader of the School and family series; By Marcius Willson. 1860 pp. 58-59

*13 この後、明治七年八月に改正された、いわゆる「大改正本」師範学校編纂・文部省刊行、（那珂通高校正）では、全編にわたり文章がかなり改編されており、この第二巻第五回（三）の教材文も、前半の説教部分が整理されて刈り込まれている。説教がやや冗長だと判断されたのであろう。以下に、「大改正本」の本文を示す。

汝等、事の正しからざるを、知るときハ、たとひ、他日、利あることゝ、思ふとも、決して、行ふべからず、又、悪しき業をバ、仮にも、心に、行はんことを、思ふべからず、若シ心に行はんことを、思ふときハ、縦令、事にハ、出さずとも、既に行ひたるに、同じと知るべし、／凡て悪事ハ、虚言より、始まるものなり、されバ、暫ク其身に利益ありとも、決して、虚言すべからず、虚言を以て、得たる利益ハ、他人の物を、盗みたると、同じく、終にハ、其身の害となるべし、／むかし、一人の男児ありて、毎に、狼来れり、狼来れり、誰か出でゝ、救ひ給へと、大に呼びて、途を走れり、これハ、真に、狼の来れるにハあらず、他人の出来りて、救はんとするときに、欺き得たりとて、大に、其人を笑ふを以て、戯とするなり、／斯くすること、度々なりしが、ある日、真に、狼来りて、此男児を、食はんとす、男児ハ、大に呼びて、狼来れり、救ひ給へと、いへども、誰も、亦例の虚言なるべしとて、これを、救ふものなかりしゆゑ、終に、狼のために、噬み殺されたり、故に、平生、戯れにも、虚言を以て、人を欺くものハ、適々、真実のことを、話すとも、信となすもの、あらざれバ、常に、慎むべきことならずや、（改行は／で示した。）

なお、まったく別の話題になるが、『小学読本』では、最後に少年は、狼に噛み殺されてしまう。ところが、ウィルソンリーダーでは、「 the wolf caught him, and came very near killing him.（オオカミは彼を捕まえ、まさしく彼を殺すところでした。）」となっており、少年は狼に噛み殺されたわけではなさそうだ。その点では、『初学読本』は、原文に忠実で、少年が噛み殺されたとは翻訳していないが、『西洋教の杖』は、『小学読本』と同様に少年は噛み殺されている。一方、欧米のイソップ寓話では、少年の飼っている羊だけが食べられてしまうのが基本形のようだ。イソップ寓話に関しては、かなり高度な研究レベルのホームページに「イソップの世界」があるが、それによると、「シャンブリ版、タウンゼント版、チャーリス版、ヒューストン版、その他一般的な西洋のイソップ寓話集では、羊飼いが食べられてしまうというような話はない」が、日本の翻訳には、少年が狼に食べられてしまう展開の翻訳が、いくつかあるということである。http://aesopus.web.fc2.com/indexj.html（二〇一二年九月八日確認）この少年が「羊飼い」であることを前提としているかどうかによっても、事情は異なると考えられるが、日本のイソップ寓話の翻訳史において、うそつき少年が狼に噛み殺されてしまうストーリー展開は、この『小学読本』が最初だった可能性もある。

*14 山本正秀『近代文体発生の史的研究』岩波書店 一九六五（昭和四〇）年七月 一七三頁。

*15 さらに山本正秀は、田中義廉が『小学日本文典』の「大綱」に標準文体を定め、正書法を確立する必要があることや、「説話文章、原より一体のものなるべき理を悟らしめ、数年の後、竟に此弊を改め、我邦の文学をして、整斉備具のものたらしめんことを、期すものなり」と、言文一致の考えを記述していたことを紹介している。こうした考えが、「連語図」の談話文表記になって表れたというのである。しかし、言語の改革は必ず大きな抵抗をともなう。田中義廉自身も、明治一〇（一八七七）年に刊行した私家版の『小学読本』では、全面的に文語体を採用している。

*16 田中義廉の関わった文部省編集の『小学読本』の、成立経緯に関しては、まだ不明なことも多い。ここでは、通説に従っておく。なお、この件に関しては、「注*3」において、稿者の考えの一端を述べておいた。

*17 『日本教科書大系　近代編第四巻　国語（一）』講談社　一九六四（昭和三九）年一月　七一〇頁。

*18 このことは、明治七年八月に『小学読本』が「大改正」される前の『小学読本』が、「教訓的」要素を添加せず、ほぼウィルソンリーダーの直訳であったということを意味しない。田中義廉も様々な「教訓」を随所に挿入して教材文を作成していたことは、すでに古田東朔「明治初期小学読本編集史稿」『国語研究』愛媛国語教育研究会(一九五三―一九五九年・連載)によって指摘されている。本書では、「対話表現」という点を強調して論じたことをお断りしておく。なお、古田の国語教育に関する仕事は、『古田東朔・近現代日本語生成史コレクション』くろしお出版、の「第五巻　国語科教育――誕生と発展」に収録されている。

*19 引用した図版は、見返しに官許翻刻・福知山豊岡県支庁と記された家蔵本による。

*20 長谷川如是閑『ある心の自叙伝』筑摩書房　一九六八（昭和四三）年一一月　四九―五〇頁、に次のような記述がある。

このころの初等教育は、今日のように子供の知能に応じて組み立てられたものではなく、教科書なども、アメリカのによるといっても、論語や小学中庸などの素読を六、七歳で教えられた漢学者が、もう一、二年下ならこのくらいでよかろうと作ったもので、いきなり「凡そ地球上の人種は五つに分（ママ）かれたり、亜細亜人種、欧羅巴人種、馬来人種、阿弗利加人種、亜米利加人種是なり」という文句で始まっている読本を、いろはやアイウエオもろくに覚えきらないうちに教えるのだから、乱暴なものであった。これには田中義廉編、那珂通高校とあるが、アメリカのウィルソンリーダーの翻訳で、明治十年代の末ごろまではまだそれを用いていたので、「凡そ地球上の人種は」という言葉は、酒屋や魚屋の小僧までがそれを囀っていた。（下略）

この長谷川の回想は、唐澤富太郎『教科書の歴史』創文社　一九五六（昭和三一）年一月　六九頁、や、古田東朔『小学読本便覧　第一巻』武蔵野書院　一九七八（昭和五三）年一二月　三六七頁、をはじめとして、『小学読本』がいかに世上に流布したかという例としてよく取り上げられる。なお、長谷川が引用した『小学読本』の文章は、明治七年八月に那珂通高が手を入れた『小学読本』（いわゆる大改正本）で、冒頭の文も改正前の「凡世界に、住居する人に、五種あり」から「凡そ地球上の人種は五に分かれたり」に変わっている。また、大改正本では、五人種の図のそれぞれに添えられていた〇〇人というキャプションが無くなっている。いうまでもなく、各地で大量に刊行され、また長い期間にわたって使われたのは、この大改正本の方である。

*21 引用は『鳥居龍蔵全集　第一二巻』朝日新聞社　一九七六（昭和五一）年九月　一五五―一五六頁。初出は『ある老学徒の手記――考古学とともに六十年』朝日新聞社　一九五三（昭和二八）年一月。ここには、「この五人種分類は、かのドイツのブルメンバッハ（J. Fr. Blumenbach）の分類したもので、これが学界に行われ、ついにこの教科書にも記載せらるるに至ったもので、日本の教科書に引用したのは、アメリカのそれより引用したものである。」という記述も見られる。また、「当時教師用のこの五人種についての参考書としては、かの内田先生の『輿地誌略』であった。」という記載もある。『輿地誌略』の巻一

の二六一二九丁には、「邦制部（ポリチカル）」として「世界人口ノ大略及ヒ人種ノ区別」が詳述されているが、五人種が同源であることの記述もないし、また五人種の図もない。なお、『輿地誌略』の原本は、「凡例」によると、「マッケー」氏及「ゴールド、スミス」氏ノ地理書英板共ニ及「カラームルス」氏ノ地理書蘭板等ニ拠テ抄訳ス」とある。

*22
『小学読本』の冒頭教材の図が、『西洋事情』に類似していることは、たとえば次の論文に指摘がある。西本喜久子「田中義廉編『小學讀本』巻一第一回に関する一考察――『ウイルソン・リーダー』第一読本との比較を通して」『広島大学大学院教育学研究科紀要・第二部・文化教育開発関連領域』広島大学大学院教育学研究科　五七号　一五九―一六八頁　二〇〇八（平成二〇）年一二月。

なお、本文に転載した『西洋事情』の口絵は、『福沢諭吉全集　第一巻』岩波書店　一九五八（昭和三三）年一二月　二七八頁、（慶応二年の初版本）による。同全集巻末の「後期（六一六頁）」によると「この口絵は、墨と薄墨と青灰色との三度刷りである」ということである。別に、『増補和解 西洋事情』には、図版で示したような「五人種」の挿し絵がある。ここには、福沢諭吉の『西洋事情』の挿し絵とは異なった相貌の人物像が画かれている。『増補和解 西洋事情』は、一九六八（慶応四）年刊。この本に関しては、『福沢諭吉全集　第一巻』岩波書店　一九五八（昭和三三）年一二月　六二一頁の、以下のような記載を参照しておく必要がある。（ここでいう「真版」とは、福沢諭吉の著作のことである。）

「増補和解 西洋事情」四冊は、福沢諭吉原輯、黒田行次郎校正、「慶応四年戊辰夏官許」と称するもので、（中略）内容は、上、中、下、が「西洋事情」初編の真版の三冊に当り、附録は黒田が新たに増補したものである。口絵も真版と異なり、目録も真版のまゝであるが、「紙幣」を「紙鈔」、「文庫」を「書院」、「史記」を「国史」などと改め、本文は真版をそのまゝ復刻して難かしい熟語に振仮名と意味とをつけてゐる。（中略）この書は偽版には相違ないが、黒田行次郎は江州膳所の藩士で、麹廬と号し、緒方塾では福沢の先輩でもあったので、本人は偽書を作るの悪意からやつたわけではなく、京都の書肆から頼まれて、福沢の著書に補注傍訳を施し且つその遺漏を補足してやらうとの見識を以て刊行させたものと思われる。

『増補和解 西洋事情』の「五人種」は「正系・甲カウカシュス人種」「正系・乙蒙古人種」「正系・丙アフリカ人種」「別系・丁アメリカ人種」「別系・戊マレイス人種」となっている。文中には、「カラームル氏ノ地学全書」に、「世界ノ婦女何ノ種族ヲ問ハス其懐妊ノ月数皆整然同一ナリコレ其正系一家ニシテ更ニ他ナキノ確証ナリ」という記述があることや、「エボゼイトリッツ氏の地学大指ニ云右ノ五族コレヲ総括シテ全世界ノ衆十一億二千五百万人アリ」という情報のあることが、書き込まれている。コーネルやミッチェルの地理書には「正系・別系」という区別はないし、世界の人間が同じ淵源をもつことも、アダムとイヴの話に根拠を求めていた。その点だけで言うなら、黒田の記述の方が、科学的である。おそらく、この図版および解説文の原拠は、アメリカの地理教科書ではなく、オランダなどヨーロッパの書物なのだろう。また、作画者については、図版中の枠囲の中に「以西洋原書安平春翠茂平画」と記してあるので、幕末期に書画の方面で活躍した四方春翠が、原書をもとにこの図を描いたと考えられる。なお、黒田行次郎は、オランダ語訳をもとにデフォーの『ロビンソン・クルーソー』の最初の邦訳『漂荒紀事』を著したことでも知られている。

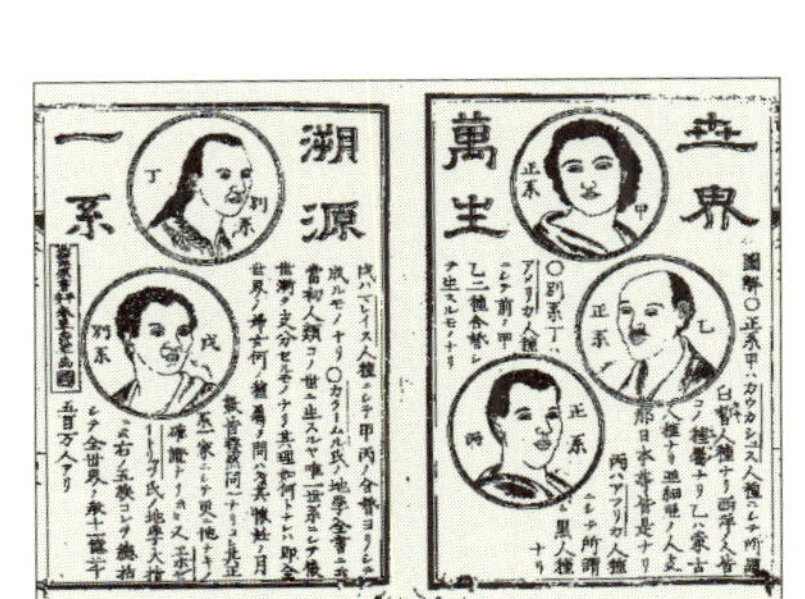

『増補和解 西洋事情』

*23 古川正雄『絵入智慧ノ環』二篇上・万国尽の巻　一八七〇（明治三）年一〇月　一丁オ。この図版も、『西洋事情』と同様に、墨・薄墨・青灰色の三度刷り。

*24 松山棟庵訳述『地学事始』一八七〇（明治三）年　慶應義塾出版局。

*25 西本喜久子の以下の論文に、『小学地理問答』に「五人種」の図版があることが指摘されている。西本喜久子「田中義廉『小学読本』巻一第一回に関する考察――『ウィルソン・リーダー』第一読本との比較を通して」『広島大学大学院教育学研究科紀要・第二部』第五七号　二〇〇八年三月　一六二、および一六八頁。なお、『小学地理問答』の図版は、小樽商科大学蔵本による。「問答」の、答の部分のみを紹介した。

*26 海後宗臣・仲新・寺崎昌男著『教科書で見る　近代日本の教育』東京書籍　第二版　一九九九（平成一一）年五月　四一頁。

*27 倉沢剛『小学校の歴史Ⅰ――学制期小学校政策の発足過程』ジャパンライブラリービューロー　八四三頁　一九六三（昭和三八）年一二月　八四三頁、には次のような記載がある。「その絵は『地理初歩』の原本、コルネルの*Primary Geography*の初めにある五大人種の絵とよく似ている、この部分はこれを採ったものと思われる。」

齋藤元子「師範学校編纂『地理初歩』とその底本」『地理学評論』第七八巻六号　二〇〇五（平成一七）年五月　四一三―四二五頁、では、『地理初歩』の底本をめぐるそれまでの諸説の概観をした上で、コーネルの著した様々なgeographyシリーズを検討した結果、『地理初歩』の底本は*Cornell's primary geography*であるが、最初の数十ページの紹介に過ぎないこと、また補足に*Cornell's First Steps in geography*使ったことなどが明らかにされている。

なお、*Cornell's primary geography: forming part first of a Systematic series of school geographies* / by S.S. Cornell. には、「Revised. Edition」という表示があるが、一八五四年の刊行、以来継続して扉に表記されており、途中で大きな改訂があったというわけではないようだ。念のため、下記の刊記を持つ諸本を確かめたが、どれにも五人種の絵は掲載されていない。一八五四年刊、一八五五年刊、一八五七年刊、一八七一年刊。（いずれも、Googleブック検索・インターネットテキストアーカイヴによる）

また、渡辺温が一八六六（慶応二）年に江戸で刊行した『地学初歩』は、*Cornell's primary geography*の翻刻版（英文）である。日本では、原本よりも広く流布した可能性がある。ここには、挿し絵や地図も多数挿入されているが、やはり五人種の図は見られない。

ただし、日本に導入されたかどうかは不明であるが、*Cornell's primary geography*, ed. and adapted by W. Hughesという、一八六〇年にLONDONで刊行された版がある。この本は、表題にW. Hughesが編輯したことが明記してあり、扉の前のページには、イギリス人、ドイツ人、フランス人、スペイン人、トルコ人、イタリア人のヨーロッパ人六人の立ち姿の図像が描かれている。倉沢剛が、この*Cornell's primary geography*を見ていたとすれば、この図版を見誤って発言した可能性がないわけではない。（Googleブック検索・インターネットテキストアーカイヴによる）

*28 *Cornell's Grammar-School Geography*は、一八五八年に最初の版が出ている。ここに示した図版は、一八六六年刊行の家蔵本による。縦二八・五、横二三センチメートル。なお、この図版には、Jocelyn Sc という署名がある。Jocelyn Sc. という名前は、*North America*. N. & S.S. Jocelyn Sc. (Boston: Published by Richardson & Lord. 1820) という本にも見られる。おそらく一八〇〇年代のアメリカの画家であろう。本の表紙の図も、同人の手になる。

なお、Sarah S. Cornellは、発達段階に即していくつかの種類のGeographyのシリーズを出しており、そのうち一八五六年刊の*Cornell's*

Cornell's Grammar-School Geography

High-School Geography には、*Cornell's Grammar-School Geography* の図とほとんど同じ五人種の図版が掲載されている。*Cornell's Grammar-School Geography* と異なっているのは、コーカシアンの人物が、やや神経質そうなカツラを外した顔立ちであり、姿勢も右側を向いていることである。*Cornell's Grammar-School Geography* の五人種の挿し絵は、この Cornell's High-School Geography のコーカシアンの人物像だけを改訂して、一八五八年に出されたことになる。

*29 この *Cornell's Grammar-School Geography* Revised Edition 掲載の「五人種」の図版は、山田行元編『地学初歩』一八七五（明治八）年に、そのまま模刻されている。

*30 少なくともWebcatやOPACで、簡単に検索することはできない。

*31 『慶應義塾百年史』慶應義塾　一九五八（昭和三三）年一一月　二六一頁、に明治二年版の『慶應義塾之記』が引用されている。それによると、「グラマースクール地理書会読」は、火曜日と金曜日の第一時から、藤野善蔵が講師を勤めていたようだ。

*32 会田倉吉「福沢諭吉と英書——特に明治以前の時代を中心として」『日本英学史研究会研究報告』第六号　一九六四（昭和三九）年一一月　九頁

*33 金子宏二「『藩学養賢堂蔵洋書目録』について——慶応三年福沢諭吉将来本」『早稲田大学図書館紀要』第二〇号　早稲田大学図書館　一九七九（昭和五四）年三月　九八－一一三頁。仙台藩へ引き渡された英書は、現在では散逸してしまっているとのことである。

*34 国立国会図書館蔵。一九七一年版。初版は一八五九年。判型は、縦三一センチメートル、横二三・五センチメートル、全一一〇頁。彩色銅版地図がところどころに挿入されている。

*35 『世界國尽』の挿絵には、ミッチェル地理書の人種像が使われている。

*36 『論語』顔淵編「君子敬而無失、與人恭而有礼。四海之内、皆兄弟也。」柳父章『翻訳語成立事情』岩波新書一九八二（昭和五七）年四月、参照。

*37 『英語教育名著選集・第四巻』大空社　一九九二（平成四）年五月。この巻には、S.Augustus Mitchell 著『Mitchell's New School Geography』（E.H.Butler & Co. 社　一八七二年発行）の全巻が収めてある。

*38 江利川春雄『日本人は英語をどう学んできたか——英語教育の社会文化史』研究社　二〇〇八（平成二〇）年一一月　一九一頁。「（『ミッチェル地理書』は）帝国主義段階に入ろうとする一八七〇年前後の欧米人の世界認識を知る上で興味深い」として、欧米人を進歩的と「手前味噌」にほめあげ、他人種を貶めて「言いたい放題」の記述がある、としている。

*39 齋藤元子「コーネルの地理書の幕末・明治初期の日本への影響」『お茶の水地理』第四九号　二〇〇九年三月　四四頁。

*40 国立国会図書館、一橋大学明治文庫蔵。図版は、近代デジタルライブラリーによる。

*41 『世界婦女往来』（せかいおんなおうらい）中本・本文四九丁。一八七三（明治六）年四月免許・八月発兌。著述・山本与助、書誌・宝文堂大野木市兵衛。家蔵本。

*42 桜井保子「日本における洋装受容の過程——明治前期」『中国短期大学紀要』第一三号　一－一三頁　一九八二（昭和五七）年三月、によれば、男性の洋装は軍服、職能服、礼服と明治初期にすぐに洋装化したが、女性の洋装化は時期的に遅れた。変革の気運をもたらしたのは皇族女性だったという。女性の洋装化も、上からの近代化路線の一つだったことになる。

*43 『世界風俗往来』半紙本・本文五七丁。明治五年夏、薇陽陳人著、秋田屋市兵衛（大阪）。寿原屋茂兵衛（東京）刊行。また、『内外記章地球国名』片山勤

編　明治六年一月、石田治兵衛・石田忠兵衛・遠藤平左衛門（京都）、にも、同じ五人種の像が頭注の形で、一丁オと一丁ウに掲載されている。

*44 『訓蒙海外各国史略』谷井元次郎・田中耕造著、北畠千種書房　一八七二（明治五）年七月、の中巻には、世界の人種は「六人種」だと記してあり、図も添えられている。

*45 所蔵は、東書文庫・国立政策研究所附属図書館・国立国会図書館・筑波大学・家蔵。いずれも、巻一と巻二の二冊である（筑波大学と家蔵は巻一のみ）。『小学勧善読本』富岡貴林編纂　明治七年六月彫刻。半紙本。

*46 古田東朔「明治初期小学読本編集史稿（二）――田中義廉編『小学読本』について」『国語研究』愛媛県国語教育研究会　一九五四年　四五頁。

なお、この『小学読本』巻一の教材文は、明治七年八月の「大改正本」では、挿し絵の中から神棚が無くなり、以下のような文章になっている。「汝等、毎朝、早く起きて、神を拝し、先ツ今朝まで、無難に、過ぎたるも、神の賜なり、かく夜明くる毎に、日光を、給ふによりて、父母の、恙なき、顔を、見ることを、得るも、皆其恩なりと、謝すべし」また、巻三の第一回の教材文は、明治六年の時点で、「水は、動物、植物の、養液にして、世上、尤要用のものなり、水なきときは、万物、生育することを得ず、水に、静水、流水の別あり、池水、湖水などを、静水といひ、河水などを流水といふ、（下略）」と、神とはまったく別の「水」の性質や役割に関する文章に代わっている。

*47 『単語篇』には、史書に名前の残る人皇という認識のもとでの皇統の列記がなされており、神武天皇に先立つ神代の存在である五神の名前は出て来ない。

*48 富岡貴林編『改正東京町鑑』出版人・山本正兵衛　一八七四（明治七）年六月　九二丁。富岡貴林著『発明道中記』文々堂一八七五（明治八）年三月。

*49 三宅守常『三条教則衍義書資料集』上・下巻　明治聖徳記念学会　錦正社　二〇〇七（平成一九）年七月。『名教事実』の本文は、上巻五九四―六二四頁。「解題」は、下巻一一五三から一一五五頁に収録されており、この本が、「三条教則の一いちの文言の衍義というよりも、三条教則の大意や主旨に合致した日本の歴史上の事実を多くの国典類より抜き出して示したものとなっている。（中略）厳密にみれば、衍義書とは言えないが、数多くの例話や実歴談を掲出した衍義書関連としての特徴を有した意味において、本書を採用した。」ことが説明されている。『三条教則衍義書資料集』所収の本文は、明治七年一〇月杉乃舎蔵版。

図版に使用した原本（横浜国立大学蔵本）は、半紙版。上巻、三〇丁。下巻、二二丁。部分ルビ。二四字×一〇行の活字印刷。明治七年一一月、東京蛎殻町二丁目一一番地、建本堂刊。梅津氏蔵板。

*50 伊藤参行著述・柴田花守補訂『御恩乃巻』実行社蔵版　一八七三（明治六）年九月　遠江国　一四級試補　五島三喜。なお、この本は「婦女（をんな）児童（わらべ）も聞（きき）とり安（やす）からん為（ため）・俗言（ぞくごん）を以書（かき）きしるすもの也」と記されている。

*51 小学校で使われた「万国地理書」の教科書には、モンゴリアン種は中国あるいは蒙古の風俗をした人物像が登場していることが多い。たとえば、『万国地理書・巻一』高城與五郎編　石川教育書房　明治二〇年、など。

*52 『首書絵入世界都路』万笈閣　全七巻　仮名垣魯文著・巻菱潭書・河鍋暁斎絵　一八七二（明治五）年。この本は、明治六年四月に「小学用書目録」として、「地理之部」に追加指定された八点のうちの一つである。

*53 大野七三『河鍋暁斎・逸話と生涯』近代文芸社　一九九四（平成六）年一〇月には、反欧化主義的な暁斎の姿勢が紹介されている。

*54 「五人種」に関わる教材は、後に刊行された以下の「読本」の中にも見ることができる。

・明治一九年三月出版　久保田貞則・堤駒二・高橋熊太郎編集『普通小学読本』集英堂　三之下　第一六課「五大州と五人種」

・明治十九年七月出版　飯田直之丞編・那珂通世閲『尋常小学読本』文学社　巻六第七「表題なし」

・明治二一年二月訂正再版　北条亮編集『増訂 第四読本』上巻第三課「表題なし」この、教科書では、日本人像は、各人種間の中央に置かれている。図版のもとになったのは、コーネルやミッチェルの図像であっただろうことが推察できる。

・明治二一年七月修正出版　佐沢太郎著『尋常小学第四読本』文栄堂　第四読本下　第二五「人種」

*55 掛本勲夫「『学制』期の文部省教科書編纂・供給政策」『皇學館論叢』第二三巻第五号　一九九〇（平成二）年一〇月　二五―二七頁。またすでに、稲岡勝は「明治前期教科書出版の実態とその位置」『出版研究　一六』一九八五（昭和六〇）年　七二―一二五頁、で、掛本と同じ資料から文部省版の教科書の翻刻総数を三一〇万九四三〇部と推測している。稲岡は、この統計数値についてはなお一層の資料批判が必要だとした上で「この驚くべき発行部数は、当時の出版の実況を示していると見てほぼ誤りはないと思う」と述べている。

*56 一つの版木でどれくらいの冊数が刷れるのか。以下のような証言がある。「一つの版木でどの位刷れるかというと八千くらいは刷れると思います」岩本米太郎「明治初年の古書業界」『紙魚の昔語り　明治大正編』反町茂雄編　八木書店　平成二年一月　五二頁。

*57 『小学読本』師範学校編纂・鳥取書肆・松村雀躍堂、一八七七（明治一〇）年九月一一日翻刻御届、翻刻出版人、鳥取県平民・松村榮吉、売捌所　鳥取大工町・山本亦七、同新茶屋・大塩好学堂、倉吉・山脇民蔵、同・中村世平、米子・村上斎次郎。県立鳥取図書館に巻二と巻三、家蔵本も巻二と巻三である。なお、図版で示したように、見返しには「小学読本」とのみ印刻してあり、通常の読本のように「巻数」は記されていない。

*58 本文中に紹介した図版は、山本尹中著『小学読本字引』東京書肆六書房合梓　一八七四(明治七)年一二月刻成　中本　一七丁、と、速水岩吉著『画引小学読本』一八七六（明治九）年八月刻成　中本横綴　三八丁、である。ほかにも、様々な判型の「字引」「字解」類が出ている。なお、速水岩吉著『画引 小学読本』一八七六（明治九）年八月は、『小学読本』一―四巻までの字解に加えて、田中義廉の私版本の第五巻の字解までが掲載されている。また、田中義廉の私版本の第五巻・第六巻の字解まで取り上げた西野古海編『改正 小学読本字引』一八七七（明治一〇）年一月も、ある。ほかにも、田中義廉私版本の第五・六巻を取り上げた「字引」が多数残っている。これは、田中義廉の手になる私版『小学読本』も、教育現場から一定程度の受容があって、実際に使われていたということを示すものかもしれない。

なお、こうした「字引」類については、山田忠雄が「近代国語辞書の胎動を示す」ものと位置づけて研究対象として取り上げている。『明治初期辞書集成――字類・字解・字引類』マイクロフィルム版　ナダ書房　第一期―第四期　一九八六（昭和六一）年七月―一九八八（昭和六三）年一月、には、それらが詳細に紹介、考察されている。また、飛田良文編『小学読本字引集成』港の人　全二八巻・別巻二が、刊行中である。

*59 『音訓両点 小学読本』の見返しの刊記は、明治七年一一月、発行元は天香書屋蔵版、文江堂・吉田屋三郎となっている。ほとんどの漢字に、「音」が付けてあるが、その左側に「訓」が付いている箇所は、それほど多くはなく、一頁に一・二箇所に過ぎない。また、同じ東京書林が刊行した『小学読本・仮名附』の巻一―巻三が、一九八二（昭和五七）年に、青森の福士国四郎の手で復刻されている。この復刻版の巻三までも、それに続く『小学読本・仮名附』(家蔵)

『増訂 第四読本』

の「巻四」の刊記も不明。この『小学読本・仮名附』の内容は、明治七年八月に文部省が改正したもので、判型は中本である。

*60 文部省伺済　明治一二年四月二日　出版　同　五月一〇日　出版人　東京府士族　最上勝宜　京橋区南鍛治町二五番地　東京三十間堀三町目銅版彫刻所善忍堂製。国立国会図書館蔵。

*61 中村紀久二『教科書の社会史——明治維新から敗戦まで』岩波新書　一九九二（平成四）年六月　六四頁、六九—七三頁。

*62 『小学読本』和装。一八丁　縦一一センチメートル。

*63 『小学読本』出板人・京都・杉本甚助。縦一一センチメートル。明治九年四月刻成。和装。定価一二銭五厘。題箋は「師範学校編輯　小学読本　一」。

*64 『小学読本』一冊目は、巻一が二四丁・巻二が二四丁。二冊目は、巻三が二三丁・巻四が二五丁。明治九年九月刊。題箋には「銅版翻刻　文部省蔵版　小学読本　片仮名付　一二」と記してある。

*65 『小学読本』出板人・京都・石田忠兵衛。合本、巻一は二四丁、巻二は二四丁、巻三は二三丁、巻四は二五丁。和装。

*66 『小学読本』縦、一一センチメートル。出板人は、山中常七、山中市兵衛、山中北郎、山中孝之助。

*67 『小学読本』翻刻出板人・児玉弥七。それぞれ九丁。縦一二センチメートル。家蔵（巻一のみ）。

*68 この本は、国会図書館にも所蔵されている。『小学読本』巻四・五。九〇丁。縦一三センチメートル。大阪、村上真助刊行。一八七六（明治九）年四月。

*69 図版の五冊の家蔵本の刊記は、以下に示す通り。『小学読本 片仮名付』「首・一」と「四・五」水口龍之介　一八七六（明治九）年四月翻刻。『師範学校編輯万国史略　一・二』翻刻一八七六（明治九）年一二月刻成出版人　石田忠兵衛・ほか。『銅版　小学教授本　全』大場助一註訳　東京書房　井洌堂　一八七九（明治一二）年二月。

なお、『小学入門』関係では、国立国会図書館に以下のような袖珍本が保管してある。一八七五（明治八）年、『文部省御蔵版 小学入門』伴源平・訓点略解赤志忠雅堂（縦一七センチメートルの折本・銅版）、一八七六（明治九）年、『小学入門』小森宗次郎、『掌中 小学入門』柳河梅次郎・銅版、『小学入門　附博物図』水野慶治郎・銅版（定価九銭）、一八七七（明治一〇）年、『小学入門改正掲図教授本』宇田川照賢編・銅版。また、明治九年『博物教授書 小学入門』伊藤静斎・児玉弥七出版・銅版、（家蔵本）もある。

*70 図版は家蔵本による。稿者は、第三巻を除く三冊を家蔵している。国立国会図書館所蔵本は『明治七年八月改正小学読本巻之壱』『明治七年八月改正小学読本巻之弐』の二冊。巻末広告の「発行書目」の記載によると、「近刻」として、『小學入門乙号』『日本地誌略』『日本略史』『万国地誌略』『万国史』の書名が上がっている。実際に刊行されたのかどうかについて確認できていないが、橋爪はほかの教科書も、これと同様の洋装版として作製する予定だったと思われる。なお、橋爪貫一の活躍に関しては、以下の論文があって、啓蒙家としての橋爪の出版活動について詳細な調査がなされている。三好信浩「明治初期民間啓蒙家の著作活動——橋爪貫一の場合」『広島大学教育学部紀要・第一部』第三八号　一九八九（昭和六四）年三月　一一—二一頁。

*71 望月久貴『国語科教育史の基本問題』一九八四（昭和五九）年九月　学芸図書　一三二—一三三頁。

*72 〔小学帖〕おもちゃ絵一八〇枚の刊行年は、明治七年から九年まで。若干虫食いがあるものの、色鮮やかなままで保管されており、質量ともに圧巻である。この〔小学帖〕には、『小学読本 巻一第一—巻一第三』の三枚が、冊子の中に綴じられている。画像はすべてモノクロだが、近代デジタルライブラリーで

公開されており、ここではそれを借用した。別に、玉川大学教育博物館にも、『小学読本 巻一第二』と『小学読本 巻一第五』の二枚が、保管されており、図録『学びの風景――明治のおもちゃ絵・絵双六に描かれた教育』玉川大学教育博物館発行　二〇〇八年一一月　二七頁、に、写真が公開されている。家蔵の『小学読本巻一』の「第三」の一部を、口絵のカラー図版で紹介した。

*73 明治六年、文部省編輯局長は、西村茂樹であった。この時、文部省本課には、画家として、狩野良信、北爪有卿がおり、板下書には、松井甲太郎がいた。高橋昌郎『西村茂樹』吉川弘文館　一九八六（昭和六一）年一一月　七五頁。

*74 歌川芳藤に関しては、詳細な伝記などは残っていないようだが、井上和雄著『浮世絵師伝』渡邉版画店　一九三一（昭和六）年九月　二一三頁に、次のような記載がある。芳藤【生】文政十一年【歿】明治二十年―六十【画系】国芳門人【作画期】嘉永―明治。歌川を称す、西村氏、俗称藤太郎、一鵬斎と号す、武者絵及び組上げ燈籠、切組み絵其他、すべて小児の手遊絵に長ぜしかば、世人渾名して「おもちや芳藤」と呼びなせり。初め本郷春木町に住みしが、後ち浅草小島町に移る。又明治十六年及び二十年出版の錦絵に「西村芳藤画、画工、浅草区北三筋町五十八番地、西村藤太郎」とあり。
また、芳藤の作品を紹介した著書に、中村光夫著『よし藤・子ども浮世絵』一九九〇（平成二）年六月　冨士出版、がある。

*75 岩切信一郎『明治版画史』吉川弘文館　二〇〇九（平成二一）年　一二一―一二九頁。同じ写真は、鈴木俊幸『絵草紙屋　江戸の浮世絵ショップ』平凡社　二〇一〇（平成二二）年一二月　二四二頁、にも紹介されている。写真は、「長崎大学附属図書館幕末・明治期古写真メタデータ・データベース」により、インターネットで公開されている。ここでは、その長崎大学所蔵の図像を使わせていただいた。
なお、一九〇四（明治三七）年の『新小説・第九巻七号』に「絵草紙屋の昨今」（樋口ふたば）という記事がある。この随筆は明治三七年の時点で、絵草紙屋の状況を、繁盛していた江戸期から衰微していく現状を振り返った回顧譚であるが、その中に、明治初期の絵草紙屋の商売を支えていたのは、ほかならぬ子どもたちだったという証言がある。「絵双紙小売店で得意とするものは、第一が小児であって、之が一銭二銭の絵紙（えがみ）玩弄絵（おもちゃゑ）を買ったこと中々少々ではない、三枚続きの錦絵や、画帖仕立になった絵本を買ふものは幾人かある、只一銭二銭の絵や小本類が売れたので稼業になったのである。」一八四頁。

*76 豊田実「明治初期の小学読本と英語――故坪内博士の『英文小学読本』を中心として」『日本英学史の研究』岩波書店　一九三九（昭和一四）年一一月　三三九―三五三頁。図版は、国立国会図書館の近代デジタルライブラリーによる。豊田の研究によると、同一内容の異装本もあるようだ。

*77 木村小舟『明治少年文学史』第一巻　一九四九（昭和二四）年二月　童話春秋社　二一一頁。
『新撰小学読本入門』小笠原利孝　一冊　岐阜・成美堂／『新撰小学読本』小笠原利孝　七冊　岐阜・成美堂　明治一一年四月一九日検定　東書文庫蔵。なお、この小笠原利孝の読本に関しては、明治検定初期に刊行された「地域発行検定読本群」の一冊として、第三部第四章第一節で触れる。

*78 『宇田川準一訳小学読本』全五巻　宇田川準一訳・小笠原東陽校　文学社　一八八二（明治一五）年八―九月刊。各巻ともに、定価一二銭。画像は、近代デジタルライブラリーによる。なお、早稲田大学図書館には、宇田川準一訳『小学読本』の草稿が第一巻から第六巻まで残されており、続く第六巻以降も刊行の予定だったと考えられる。同じ文学社の『新編小学入門』文学社　刊記不明、に、宇田川準一纂訳『小学読本』全八冊　六・七・八近刻という宣伝が掲載されているのが、その傍証である。

*79 望月久貴『国語科教育史の基本問題』一九八四（昭和五九）年九月　学芸図書　一三一―一三三頁。

第三章　各地域における「小学読本」享受の様相

一、「小学読本」享受の様相

(1)「学制」から「自由教育令」へ

「学制」下の教科書行政

すでに見てきたように、一八七二(明治五)年、文部省が「小学教則」を出した時点では、学校教育を支える教科書類は、ほとんど整備されていなかった。そこで、文部省は既に刊行されていた翻訳啓蒙書をとりあえず教科書として指定し、その一方で、師範学校などと連携しながら、「小学読本」をはじめとする学校教育用の「教科書」を作製して、その翻刻を地方に許可し、各地域にそれを重刻させることによって、全国的な普及に努めた。政府主導、中央指導の教育行政が進められたのであり、官製教科書もその一環を担ったのである。

もっとも、明治初年の「学制」に基づいた明治政府の教科書行政は、基本的に、自由発行・自由選択制度であった。文部省が、自ら主導してただ一つの教科書を全国に流通させせようと考えていたわけではない。「学制」下の文部省の教科書行政について、中村紀久二は、「民間教科書を抑圧し、統制する政策は全くとっていない」と述べている。それに対して、掛本勲夫は、官版教科書が「政策的にも実態的にも優越的な意義をもたされていた」ことを強調し、実際は「民間教科書を圧倒」する結果になっていたと言う。もっとも、掛本も、明治八年以降は、本省の経費削減や教育政策の現実化路線が要因になって、教科書政策が転換され、民間教科書の奨励、自由採択制政策が実施された、としている。[*1]

この時期の文部省の教科書行政の方向を明確に示している資料に、一八七六(明治九)年二月に定めた「文部省報告課編纂書籍取扱心得」がある。[*2]

第一條　中小学科ニ用フヘキ文部省編纂ノ書籍ハ特ニ其体裁ヲ表示スルニ過キス故ニ世上教科書ヲ著訳セント欲スル者アルハ文部省ノ最期望スル所ナリ

第二條　原来闔国ノ学校ヲシテ必シモ文部省編纂ノ書籍ヲ需用セシメント欲スルノ意ニ非サルヲ以テ中小学科ニ用フヘキモノ略備ハルノ後ハ文部省復タ編纂ニ従事スルコトナシ

第三條　洪益ヲナスヘキノ書籍ニシテ目下世上ニ於テ著訳ニ着手シ能ハサルモノハ文部省ニテ之ヲ出板スル事アルヘシ

第四條　文部省蔵版ノ書籍ハ一般翻刻ヲ許スモノトス

第五條　文部省出板ノ書籍ヲ同省ニ於テ印刷スルハ千五百部ヲ以テ限リトス

ここで文部省は、見本として教科書を作製したに過ぎず、本来その仕事は民間主導で進められるのが望ましい、と述べている。この資料が文部省の姿勢をそのまま示しているとすれば、文部省が教科書を通して教育内容を統御しようと考えていたとは言えないだろう。

一方、一八七三（明治六）年から刊行され出した文部省蔵、師範学校蔵版の教科書の翻刻が地方に許可され、それが使われる過程で、官版の教科書内容に対する地方の違和感も表面に噴出する。たとえば明治七年の『文部省年報』で、島根県令であった井関盛良は、次のような地域の実情を報告をしている。*3

元来草野ノ人民学問ノ何者タルヲ弁セサルモノ十ニ七八其間稀ニ曽テ学問ニ従事セシモノアルモ亦漢学ノ陳套ニ流レスンハ空理虚談ノ末路ニ趨リ却テ日用有益ノ実学ヲ目シテ洋学ノ端緒皇国人ノ学フヘキニ非ストシ或ハ五十音ヲ以テ耶蘇教ノ初歩ト認ムル等実ニ浩嘆スヘキ物議アリ

「学制」に基づいて、文明開化の教育を推し進めようという立場からすれば、旧来の考え方を墨守する無知蒙昧な人々の謬見は、唾棄すべきものとして映ったのであろう。慣れ親しんだ「いろは」ではなく、五十音から始まる言語教育をキリスト教思想の表れだと受けとめるような態度に対して、井関は「実ニ浩嘆スヘキ物議」だと慨嘆している。確かに、言語教育を五十音図から始めることは、欧化的な方向と何ら関係はなく、むしろ国学者による提起である。ましてやそれが「耶蘇教ノ初歩」だという発言に至っては、まさに噴飯ものだと言わざるを得ない。だが、ある意味でこれが地方の人々の正直な反応でもあったのである。

実際、「小学教則」で教科書に指定された翻訳啓蒙書だけではなく、文部省や師範学校が作製した教科書類の内容自体が、地域の実生活と乖離した難解なものであったことは否めない。明治新政府の打ち出した徴兵令や地租改正などの政策に対して、各地で様々な暴動が発生したことはよく知られているが、「学制」体制についても、その教育内容を含めて各地域の庶民たちがすんなりと受け入れたわけではなかった。庶民の側でも、急激な欧化主義に対しては、なじめないという声をあげる者もあった。人々は、文明開化という大きな歴史の流れは承認したものの、これまで遵守してきた固有の精神世界が脅かされると感じたときには、敏感にそれに抵抗したのである。とりわけ江戸期以来のキリスト教に対する警戒心は、体制側でも、また民衆の間でも、完全に払拭されてはいなかった。一方、明治政府自体も天皇を中心にした祭政一致のゆるぎない教学体制を確立する必要性に迫られていた。前章でも触れた一八七二（明治五）年の「三条教則」は、体制側が国民思想を善導しようと企図した試みの一つだったのである。

各地で作成された「教則」

こうした実態を踏まえて、一八七九（明治一二）年、「学制」に替わって、「第一次教育令」が公布された。これは、アメリカの教育の方向に倣って、地方に教育権限を大幅に委譲する施策だった。文部卿田中不二麿が主導した、いわゆる「自由教育令」である。教育内容に関しても、「学制」のように、中央で画一的に決めるのではなく、各地域に委譲しようとしたのである。

それに先だち、一八七八（明治一一）年五月二三日には、文部省布達第四号が出され、これによって、「小学教則」は、廃止された。明治五年九月八日に出された「小学教則」も、また翌年四月に教科書を追加した「小学用書目録」も、さらには明治六年五月一九日の「小学教則改正」も、すべて「廃止候條此旨布達候事」になってしまったのである。これは、文部省が規定した国家カリキュラムがなくなったことを意味する。もともと強い拘束力があったわけではないが、そこで指定されていた教科書類も、自由使用ということになった。とすると、今度は各地域で、自主的に「教則」を作成し、教科書を選定しなければならなくなる。

この時、教育内容を規定する「教則」の編成権はどこにあったのだろうか。この点に関して、佐藤秀夫は、一八八〇（明治一三）年二月一二日に茨城県が伺い出て、四月一六日付で文部省が認可した「公立小学校教則編成心得」を検討して、次のように述べている。*4

公立小学校の教則が群区単位に設けられた学務委員と正規の資格をもつ教員たちの自主的な会議において編成され、しかもその会議の選定した教則を各小学校で採用するに際しては人民総代・学校世話役・学務委員・戸長等地域人民の代表がこれに干与するという原則が、文部省認可の「例規」とされていたことが知られる。このような公立小学校教則編成権を地域人民・教員たちへ委譲する方策は、すでに明治十年頃から文部当局者が構想していたものであり、「学制」の強行実施に対する地域人民の不満・反撥に対する一定の譲歩・妥協の政策に他ならなかったといえるが、それは、第二次世界大戦直後のしばらくの期間を除けば、わが国初等教育史上他に類例をみない珍しいケースであったといえる。

この後、明治の教育課程編成権が、完全に国家権力に掌握されていくことになることを考えれば、確かにこの教育令は「自由教育令」と呼ばれるのにふさわしい内実をもっていた。また、佐藤は、寺子屋などの私学に対しての柔軟な姿勢も『文部省日誌』から読み取れるとして、その例を具体的に検討し、さらに自由教育令後の教科書政策の動向について次のように述べる。

以上のような私学政策は、その後第二次大戦前までのわが国教育政策史上では稀有な事例となっている。先の教育課程政策における地域での自主的編成の公認といい、この私学の自由化といい、第一次教育令下において教育の地域化と民衆の主体的な教育要求への適応化という、わが国教育史上異色に富んだ政策が展開された事実が確認できるのである。

ところが、その「自由化」の開花もごく短い期間に終った。教育課程政策に関する変化は、教育令体制の推進者田中不二麻呂の文部省から司法省への転出（明治十三年三月十二日）の前後からきざし始めた。十三（一八八〇）年三月二十五日の文部省機構改革により編輯局が設置され、その初代局長に西村茂樹が就任し、儒教主義的な教科書である『小学修身訓』波号上冊を翌四月に刊行した。六月五日には文部省地方学務局内に教則調査の教則掛や教科書等の検査に当たる取調掛が設置され、教則および教科書内容の規制に関する準備を始めた。実定法上で教科書規制が開始されるのは、十三年八月三十日付で具体的な教科書名を列挙してその使用を禁じた有名な地方学務局通牒からであったが、『文部省日誌』によればその前から同様の規制がすでに実施されていたことが知られる。十三年五月二十七日付大阪府伺の公立小学校助教および教員学力証明方法に対する六月二十三日付指令において、教員学力試験用に挙げられた書籍中「勧善訓蒙後編続編ハ教科書トシテ妥当ナラサル条項有之ニ付、採用難相成儀ト可心得事」と命じていた。箕作麟祥訳述の『泰西勧善訓蒙』の後編と続編とは前掲の八月三十日付通牒で「小学校教科書トシテ不妥当之条項有之」として使用禁止書目中に挙げられることになるが、それ以前取調掛設置直後にすでに禁止措置がとられていたのである。

『小学修身訓 波号』明治13年

佐藤が述べるように、文部省編輯局長の西村茂樹が標準教科書として『小学修身訓』を作製したことに、以降の教育の向かうべき方向が端的に表れていた。すなわちそれは、教育内容を規定する「教科書」を国家意志の表れとして示そうとする方向である。さらにそれが、一人ひとりの学習者の内発的な認識を育てようとするのではなく、幼少時に一定の価値観を注入しようとする教育観に基づいて編成されていたことも大きな問題であった。

文部省が作製したこの『小学修身訓』の冒頭に掲げられた「凡例」には、「其意味深遠ニシテ。幼年生徒ノ理会スルコト能ハザルノ語アルモ。常ニ之ヲ記憶シテ忘レザル時ハ。年長ズルニ随ヒ。漸々其意味ヲ了解スルコトヲ得。一生之ヲ用フルモ尽スコト能ハザル者アラン。」と記されていた。つまり、意味内容は不明であっても、古人の聖言をひたすら記憶させることに学習価値を置いていたのである。子どもたちの学習過程そのものを大事にするのではなく、あらかじめ定められた教育内容を注入することに価値をおく学習観である。

佐藤が注意深く述べているように、この二巻の内容は「儒教主義的」(傍点筆者)だった。すなわち、「中庸」「礼記」あるいは貝原益軒の書などから多くの文言を引用しているが、それに加えて欧米諸家の至言などをも採用していた。和漢洋の折衷主義である。ところが、一八八二(明治一五)年、元田永孚が編集した『幼学綱要』や、その翌年文部省から出された『小学修身書』には、西洋の人物の言行は取り上げられず、和漢の材料のみが選ばれていた。これらは、西洋に関わる材料を一切排除した儒教主義を基礎とする修身教科書だった。第六部第二章で詳しく述べるが、こうした文部省による国粋的儒教主義の修身教育の強調は、子ども読み物にも大きな影響を与えることになる。

また、教科書行政という観点からは、この時、地方学務局に教科用図書等の取り調べのための「取調掛」が置かれたことも、重要なできごとであった。一八八一（明治一四）年五月九日には、小学校で使用している教科書を文部省に届け出る（開申制）ことになり、さらに一八八三（明治一六）年七月三一日には、認可制に改められる。それが、教科書検定制度へつながり、教科書統制を実質的なものにしていく。[*5]

ところで、この文部省の『小学修身訓』は、単独で出されたが、ほかの教科の教科書も刊行の予定だった。その事情をめぐっては、掛本勲夫が詳細な考察を加えている。掛本の研究によると、文部省は、一八七九（明治一二）年一一月に「文部省ニテ漸次出版スベキ小学課業書目録」を発表した。その教科書目録は、『小学読本』『小学地誌』『小学歴史』『小学修身訓』については、おのおの伊・呂・波の三種類を発行する計画だった。つまり、発達段階に即した三種類の教科書群が構想されていたのである。これは次節で検討する「小学校教則綱領」で示された、高等科・中等科・初等科の三分類の区分に対応する教科書である可能性が高い。この計画のうち、『小学修身訓 波号』二冊と『小学地誌 波号』三冊、それに『小学画学本』一冊が、実際に刊行されている。

言語教科書に関して言えば、『小学読本 波号』三冊『小学読本 呂号』四冊『小学読本 伊号』五冊が、刊行される予定だったらしい。その計画が具体的に進行していた証拠として、掛本は、明治一三年二月一五日の東京学士会院会議で、西村茂樹が『小学読本』の草稿を示して検討を求めた記事が『東京学士会院雑誌』に掲載されていることを挙げている。同年三月一五日の同会議で「文部省新撰ノ小学読本草稿」は、この会議の了承を得ていたのである。しかし、結果的にその読本は刊行されることはなかった。国家の財政事情が主因らしい。[*6]

これらの『小学読本』がこの時点で刊行されていれば、おそらく田中義廉の編集した『小学読本』や榊原芳野等の『小学読本』は、お役ご免になったと思われる。しかし、官版の言語教科書は、この後、明治一九年に『読書入門』『尋常小学読本』が出るまでは、本格的なものが出版されなかったので、「『小学読本』の時代」は、明治一〇年代末まで続くことになる。

「小学校教則綱領」の登場

本節では、まず、教科書編集という点で、一八八一（明治一四）年五月四日に制定された「小学校教則綱領」が、きわめて重要な位置にあることを確認しておきたい。この教則綱領で、これまでの「学制」体制と大きく変化したのは、就学の課程である。従来、小学校八カ年の課程は、下等小学四年、上等小学四年に分けられていた。ところが、新しい「小学校教則綱領」では、小学校八カ年を、初等科三年、中等科三年、高等科二年に分割した。また、そこで教授する教科目を、初等科では「修身、読書、習字、算術ノ初歩及唱歌、体操」の六科目、中等科ではこの六科目に「地理、歴史、図画、博物、物理ノ初歩」を加え、女子用には「裁縫等」が設置された。さらに高等科は、中等科の一一科目に「化学、生理、幾何、経済ノ初歩」を加え、女子は経済等に換えて「家事経済ノ大意」を加えることになった。すなわち初等科の「修身、読書、習字、算術ノ初歩及唱歌、体操」の六つの教科目が基礎となり、それを核にしながら発達段階を考慮して、教科目を増加し、高度な内容へと分化させていくという教科編成による教育課程である。

さらに、「小学校教則綱領」では、それぞれの教科目の内容および程度が示された。これまで「教則」には、教科書名がそのまま記載されていた。つまり、教科書の内容がそのまま各教科目における指導内容だったわけである。ところが、これ以降は教科書名は直接には示されず、「小学校教則綱領」に記された教科の内容が、教授すべき教育内容ということになったのである。したがって、教科書は、そこに示された教科内容を踏まえて発達段階を考慮しながら作製される。このことは、教科書が一定の教育目的のために作られた「教材集」であるという性格をこれまで以上に明確にしたということを意味する。

以下には、国語教育に関係する、「修身」と「読書」、および「習字」について、「小学校教則綱領」の規定を掲げて、それを検討してみたい。

第三章　小学各等科程度

第十條　修身　初等科ニ於テハ主トシテ簡易ノ格言、事実等ニ就キ中等科及高等科ニ於テハ主トシテ稍高尚ノ格言、事実等ニ就テ児童ノ徳性ヲ涵養スヘシ又兼テ作法ヲ授ケンコトヲ要ス

第十一條　読書　読書ヲ分テ読方及作文トス

初等科ノ読方ハ伊呂波、五十音、濁音、次清音、仮名ノ単語、短句等ヨリ始メテ仮名交リ文ノ読本ニ入リ兼テ読本中緊要ノ字句ヲ書取ラシメ詳ニ之ヲ理会セシムルコトヲ務ムヘシ中等科ニ於テハ近易ノ漢文ノ読本若クハ稍高尚ノ仮名交リ文ノ読本ヲ授ケ高等科ニ至テハ漢文ノ読本若クハ高尚ノ仮名交リ文ノ読本ヲ授クヘシ凡読本ハ文体雅馴ニシテ学術上ノ益アル記事或ハ生徒ノ心意ヲ愉ハシムヘキ文詞ヲ包有スルモノヲ撰用スヘク之ヲ授クルニ当テハ読法、字義、句意、章意、句ノ変化等ヲ理会セシムルコトヲ旨トスヘシ

初等科ノ作文ハ近易ノ庶物ニ就テ其性質等ヲ解セシメ之ヲ題トシ仮名ニテ単語、短句等ヲ綴ラシムルヲ初トシ稍進テハ近易ノ漢字ヲ交ヘ次ニ簡短ノ仮名交リ文ヲ作ラシメ兼テ口上書類ヨリ日用書類ニ及フヘシ中等科及高等科ニ於テハ日用書類ヲ作ラシムルノ外既ニ学習セシ所ノ事実ニ就テ志伝等ヲ作ラシム

第十二條　習字　初等科ノ習字ハ平仮名、片仮名ヨリ始メ行書、草書ヲ習ハシメ其手本ハ数字、十干、十二支、苗字、著名ノ地名、日用庶物ノ名称、口上書類、日用書類等民間日用ノ文字ヲ以テ之ニ充ツヘシ中等科高等科ニ至テハ行書、草書ノ外楷書ヲ習ハシムヘシ

まず、「修身」科では、「格言、事実等」が、教科内容として取り上げられていることに注意が向く。「格言」は、子どもたちにそれを暗記させることが期待されていた。しかし、実際には格言を裏付けるストーリーがないと、単なる観念的な棒暗記になり、学習者の内部に浸透していかない。そこで、「修身」の教科書には、「格言」だけを記述し、「格言」を具体的に肉付けする部分は、ストーリーを「口授」によって教授するという手立てが必要になる。先ほど触れた西村茂樹の『小学修身訓』では、「凡例」に、そのことが次のように記されている。「童子ニ教フルハ。嘉言善行並ビ教フルヲ宜シトス。此書ノ如キモ始メハ善行ヲ記スルノ意アリシガ。紙数ノ増加シテ課業ニ便ナラザランコトヲ恐レテ之ヲ止メ。善行ノ如キハ一ニ之ヲ教師ノ口授ニ委託ス。」つまり、『小学修身訓』という教科書においては、物理的分量の制約があるので、具体的なストーリ

ーは直接掲載しないが、それは教師が口頭で補ってほしい、という趣旨である。

これに対して、元田永孚の編集した『幼学綱要』には、その中に多くのエピソードが掲載されていた。おそらく西村も、『幼学綱要』のように例話を入れる体裁が、本来の修身教科書の姿だと考えていたのであろう。しかしながら、『幼学綱要』の文章は、難解な語彙を多用した文語文で記述されており、子どもが自力でそれを読み進めることは期待できない。というより、『幼学綱要』は、教師が事前にそれを読んでおき、記述内容を学習者に向けてかみ砕いて、「口授」するための素材集なのである。『幼学綱要』の中の教訓に対応するストーリーは、教師の「口授＝口演」によって、学習者に伝えられる。（「口授」に関しては第六部第一章で検討する。）

なお、「小学校教則綱領」の「修身」の条文の「事実」とは、いわゆる「事実譚」である。修身教育の材料には、実際にあった美談や佳話を取り上げる、ということである。歴史上の材料を扱った「史話」も、この「事実」に含まれる。つまり、「修身」科では、基本的にフィクションの物語は扱われない。イソップ寓話などの寓意を含んだ「寓言」が、教材として登場することもあるが、基本的に修身教育の材料は「事実」に基づくことが重要で、「嘘＝仮作」は禁物だと考えられていた。

次に、「読書」科では、読書の教科書について「凡読本ハ文体雅馴ニシテ学術上ノ益アル記事或ハ生徒ノ心意ヲ愉ハシムヘキ文詞ヲ包有スルモノヲ撰用スヘク之ヲ授クルニ当テハ読法、字義、句意、章意、句ノ変化等ヲ理会セシムルコトヲ旨トスヘシ」と述べられている。これは、国語の教科書の教材を選択する上で指針となる、きわめて重要な文言である。つまり、国語教科書の教材の選定に当たっては、すぐれた言語表現を持つものであることを前提にした上で、その内容が科学的に有益なものであるか、あるいは心情を育むものを採るべきだというのである。換言すれば、読本には、すぐれた言語表現を持った説明的な文章と文学的な文章とを掲載すべきだという言明でもあろう。国語教材には「文体雅馴」な文章を選ぶべきだという記述がなされたことは、国語科教材を、文章表現と文章内容の両面から検討する必要があるという視点を示したことになる。この点で、この文言はこれ以降の国語教科書の教材選択の基本理念を考える上でも大きな意義があった。

さらに、「習字」科の記述からは、「習字」の学習では、毛筆で字を書くことを大前提として、日常生活に直結するような書字活動を優先していたことがうかがえる。学校においても、まずは行書、草書から始まって、楷書はその後に学習することになっている。これは、「学制」期に、楷書から書字学習を開始する教科書が多く刊行され、それに基づいた学習指導が展開されたことへの反発でもあった。この件に関しては、「文部省第四年報（明治九年）」に、西村茂樹が九鬼隆一とともに地方の実情を巡視した際の報告が想起される。

方今習字ノ法ハ、楷書ヲ先トシテ行書ヲ後ニス。是ハ支那ノ書家ノ理論ニ基ク所ナルベケレドモ、甚ダ実用ニ適セズ。故ニ小学ニ入ルコト二三年ニシテ受取書一ツモ書得ルコト能ハズ。迂闊ナル授業法ト云フベシ。（或学校ニテハ一字毎ニ教師ノ命令ヲ待テ筆ヲ下ス者アリ。拘泥ノ甚シキ者ト云フベシ。）習字ハ先ヅ行書ヲ教ヘ、次ニ草書ヲ教ヘ、最後ニ楷書ヲ教フベシ。或ハ楷書ヲ廃スルモ可ナルベシ。習字手本ノ文ハ、日用ノ往復文受取書送状証文願届等ノ日用親切ノ文ヲ教フベシ。

おそらく「小学校教則綱領」の「習字」の項目には、文部省編輯局長であった西村茂樹のこうした意見が反映しているのであろう。ある意味で習字の学習は、従来からの寺子屋方式へと回帰してしまったのである。あるいは、各地域の人々の実際の生活の要求に即して、公式的な教科内容の規定が現実に合致するように変更されたのだ、と言い直してもいい。このことは、多くの庶民が娯楽として読んでいた草双紙などの書物が、依然として変体仮名で書かれた木版刷りの版本だったこととも呼応している。明朝体の金属活字による印刷物は、まだ一般的なものではなかった。読み書きの学習は、学校の教育内容や教科書を変えただけでは変化しない。実際の言語生活は、学校外の広範な言語文化と結びつくことによってのみ、文化改革として実現される。「習字」の学習ばかりではなく、「学制」によって実際の庶民の言語生活と遊離したところで決定された言語学習の方向には、多くの難点があったことは確かであろう。[*7]

このように明治初期の文部省の教育政策は、必ずしも地域の人々の言語実態を踏まえ、それを保障した上で進められていたわけではなかった。そのため『小学読本』を始め、子どもたちが学習するための教科書が数多く用意され、各地域でそれらを翻刻して、近代学校教育の理念に基づいた教育が行われるようになっても、その内容がそのまま受け止められたわけではない。また、教科書作製者の意図の通りに、官版の教科書類が各地域で使われたとは限らないのである。

以下、そうした教科書使用の実態を検討するため『小学読本』の受容を中心に、地域の読方教育の様相の一端を探ってみる。

(2) 三種類の「小学読本」の特徴

各地における「小学読本」の受容の問題を考えるためには、まずは、明治初期に作製された「小学読本」には、三つの種類があったことを、あらためて確認しておく必要がある。というのは、各地で使われた「小学読本」が、以下に述べる三種類の内のどの読本を指しているのかによって、それぞれの地域で学習する「読むこと」による学習内容には、大きな差違が生まれるからである。

田中義廉編『小学読本』(田中本)

第一に、一八七三(明治六)年に、文部省編纂・師範学校彫刻によって刊行された『小学読本』がある。第二章で述べたように、ウィルソン

『小学読本』大改正本　表紙

リーダーの翻訳による教材が数多く取り入れられており、田中義廉が編集したものである。一八七三（明治六）年の三月に第一巻、四月に第二巻、五月に第三巻、六月に第四巻が刊行されたというのが通説だったが、おそらく四巻まとめて三月に刊行されたと考えられる。この本は、師範学校の「小学教則」に教科書として指定されていたから、各地域で翻刻されて盛んに使われた。次に触れる「大改正本」を含めて、このシリーズの『小学読本』を総称するときには、略称として「田中本」という表記を使う。[*8]

この田中義廉の編集した一八七三（明治六）年版の文章に、翌年、那珂通高が手を入れた改訂版を、「大改正本」と呼ぶことも、すでに触れた。大改正本のうちの巻四の最後の頁に「榊原芳野校」と記されていることから、第四巻には、田中義廉と那珂通高、さらには榊原芳野の手が入っていると考えられる。また、この「大改正本」の『小学読本』の見返しには、師範学校編輯・文部省刊行と明記されており、「明治七年八月改正」の文字も大書されている。前頁の図版で示した「大改正本」の題箋の角書きが「師範学校編輯」となっていることから、大改正本は、一般には、「師範学校編輯」の教科書と呼ばれていたようだ。というのは、各地の教則の中で、大改正本を特定するときに、「師範学校編輯」という限定の仕方がされていることが多いからである。

内容構成は、巻一から巻三までは、子どもたちの生活に即した文章が続き、巻四は地学や化学などの説明的な文章である。巻三までは、子どもの生活をめぐる教訓や生活の知恵に関する読み物集、巻四は理科知識読み物集、といってもいい。

榊原芳野・那珂通高・稲垣千穎編『小学読本』

第二に、一八七四（明治七）年五月に文部省から出された『小学読本』がある。（以下、角書き部分は、活字のポイントを落として、『小学 読本』のように表記する。）これは、榊原芳野、那珂通高、稲垣千穎によって編集されたもので、五巻ないしは、六巻から構成されている。六巻というのは、最初に刊行された五巻本の巻一が、再版の際に、首巻と巻一とに分割されたからである。普及したのは、この首巻を別にした六巻本（首巻＋一―五巻）の方である。

首巻は、内容的には『単語篇』とかなり似た構成になっており、部門別に約五百の漢字単語が載せられている。また、巻一には、いろは順に六七項目にわたる事物名とその絵と説明の文章、アイウエオ順に四七項目の事物名とその絵と説明の文章が並べられている。説明の文章は、ほぼ二文か三文くらいの長さで、辞書の解説や定義の文によく似ている。たとえば、「畠」の項目では、『白田の二字を合わせたる者なり』畦を作りて雑穀を種うる処をいふ』これを耕すに鋤、鍬、馬杷等の諸器あり』

『小学 読本』見返し

これを培ふに干鰯油粕等の肥あり」というように、事物の定義、機能、用途などが記されており、中にはこの「畠」の例のように字義の説明が付け加えられているものもある。続く巻二も巻一によく似た構成で、全七一項目の事物の説明の文章が列挙されており、一項目の説明の長さは巻一よりも若干長い。巻三も同様で、九〇項目についての説明がある。巻一から巻三までは、榊原芳野編次となっており、内容的には、『和漢三才図会』のような知識伝達型の百科辞書を子ども向けに簡易にした百科語彙集に類似している。したがって、『小学読本』の首巻から三巻までは、「読本」という名称を冠してはいるものの、アメリカのリーダーからの影響はほとんどない。

榊原芳野が編集した三巻までの『小学読本』に対して、巻四と巻五は、那珂通高と稲垣千穎によって作られている。明らかに巻三までとは構成原理が異なっており、物語性を持った読み物が並んでいる。つまり、この巻四と巻五は、古今にわたる和漢洋の逸話集なのである。『日本教科書大系』の解説によれば、「在来の国語教材観によって編集され、古典的性格が強い。しかし明治十年代に編集された読本に比べると、外国の教訓的物語も加えられていて、文明開化期の教科書としての性格を有している。」ということになる。したがって、巻四・五は、本来の読みもの集という意味における、リーダーとしての「読本」的性格を有しているとも言えよう。この『小学読本』の一巻から五巻までを、師範学校編集の「田中本」と区別するときには、「文部省本」の呼称を使う。*9

巻四の見返しに、明治七年五月と記してあることから、巻一から巻三までと巻四・五は、ほぼ同時に刊行されたようである。古田東朔は、「入門書としての榊原編のものと、それに続く稲垣編のものとがほぼ同時に編集されていたが、稲垣編の途中で那珂通高が加わるようになったと判断される」と推測している。つまり、ウィルソンリーダーに依拠した田中義廉編の『小学読本』が刊行されたのとほとんど同じ時期に、別の原理による小学校用の言語教科書が企画され、実際に教科書として作製されたのである。田中義廉編集の『小学読本』だけでなく、なぜ別の編纂原理による言語教科書が刊行されたのか、その事情は詳らかではない。しかし、田中の「大改正本」に関与した那珂通高が、この『小学読本』の編集にも携わっている事実などを勘案すると、両者が全く無関係に作られたとは考えにくい。*10

また、明治六年五月改正の師範学校「下等小学教則」に、巻一から巻五までの『小学読本』の書名が書き込まれていたものの、実際には、田中義廉編集の『小学読本』は巻四までしか刊行されず、那珂通高と稲垣千穎が、巻五までを作成していることと、何らかの関係があるのかどうかも不明である。しかし、師範学校の教則の指定のように「読物」科の教科書として、『小学読本』を順次使用していったとすると、田中義廉編集の『小学読本』は四巻までしか存在しないから、巻五については、那珂通高・稲垣千穎の編集した『小学読本』を使わざるを得ない。また、巻一から巻三までは田中本を使い、巻四・五は文部省本を使うという選択もあり得る。『日本教科書大系』の解説では「当時の小学校においてはこの榊原本と田中本とを組み合わせて使用することも少なくなかった。」と述べられており、「復古的傾向の強くなった明治十年代には多くの小学校において本書（『小学読本』・稿者注）が使用された。」とされている。*11

実際にはどのように「組み合わせて」使われていたのか、その実態に関する先行研究は存在しないが、次節では、その使用実態の一端を検討してみる。

田中義廉編『小学読本』（私版本）

第三の『小学読本』として、田中義廉による私刊版がある。こちらは全六巻の構成で、各巻各丁の版心の下部に「貒窠書屋」（たんかしょおく）と記してあるので、望月久貴は、この本を「貒窠版」と仮称しているが、本書では、この本を「田中私版本」とする。全六巻は同時に刊行されたのではなく、まず巻五が、一八七五（明治八）年六月に出版され、同年一一月一五日に版権免許を得ている。続いて、巻六が、明治九年七月に出版され、こちらは刊行前の同年六月二六日の版権免許である。*12

巻五と巻六は、田中芳男が校閲にあたったことが記されている。田中芳男は、田中義廉の兄であり、博物学者だった。『絵入知恵ノ環』を著した古川正雄とともに、ウィーン万博に出かけ、帰国後、上野公園の博物館・動物園の設置に大きな力を発揮したことで知られている。私版本の巻五・巻六の内容は、動物学、博物学に関するものだから、そうした方面の研究者である兄による校閲は、本を編集する上でも大きな助力となったことだろう。この兄弟は、すでに一八七六（明治九）年に、安部為任の編集で『文部省編纂博物図教授法 巻一』を、田中芳男が翻訳し、田中義廉が校閲という形で、刊行していた。したがって兄弟が、協力して本を作るのは、これが始めてではなかった。

ちなみに、その事情は不詳だが、田中義廉自身は、文部省から『小学読本』を刊行した同じ年の明治六年一二月に、文部省を退いている。したがって、巻五と巻六の『小学読本』の刊行も、官版ではなく、私刊ということになったのである。私版本の巻五・巻六は、内容的に見ると、田中自身が編纂した田中本の第四巻に直接連続している。すなわち田中は、もともとのウィルソンリーダーの内容構成に準拠して、動物学・博物学関係の理科的な内容を登載したのだ。また、数は多くないものの、ウイルソンリーダーの編集姿勢を踏襲して、理科の知識的教材の間にそれに関連する物語性を持つエピソードも挟んでいる。したがって、巻五と巻六の内容は、巻四のように説明的文章だけを掲載した理科知識集ではなく、ストーリー性のある物語をも併載した理科総合読みもの集という性格の出来上がりになっている。*13

一方、田中私版本の巻一から巻四までは、一八七七（明治一〇）年の一月から三月にかけて、編集人・田中義廉、蔵版人・田中古登、によって刊行されている。その内容は、田中自身が、ウィルソンリーダーに拠

三種類の「小学読本」の特徴

	編者	略称	一巻	二巻	三巻	四巻	五巻	六巻	傾向
『小学読本』	田中＋那珂・榊原（大改正本）	田中本	生活	生活	生活	理科			欧米的（翻訳的）
『小学読本』	榊原・那珂・稲垣	文部省本	諸物	諸物	諸物	修身・史話	修身・史話		伝統的
『小学読本』	田中	田中私版本	生活	生活	生活	理科	理科＋物語	理科＋物語	欧米的＋若干伝統的

って作成して「文部省編纂」として刊行した『小学読本』をもとに、文章と教材構成に手直しを加えたものである。高木まさきの先行研究によると、この六巻の私版本は、「榊原本『小学読本』などに見られる伝統的な項目分類・徳目等に示唆されつつ、私版本として再編され、明治二〇年前後に成立する読本の在り方を予告するものとなった」と位置づけられている。*14

以上の概観を整理して、三種類の「小学読本」の内容だけを極端に簡略化して示すと、前表のようになる。この表からも見てとれるように、田中本を一―三まで使ってから、続けて田中本の四巻を使う場合と、文部省本の四・五巻を使う場合とでは、そこで学習する内容は、かなり異なる。あるいは、文部省本を一―三まで使った後に、そのまま文部省本の四・五巻を使うのと、田中本の四、あるいは田中私版本の四（五・六）巻を使う場合とでは、やはり学習内容が大きく違う。

とすると同じ「読書（読物）」科という教科目の名称のもとにおける学習であっても、「小学読本」の組み合わせ方次第で、そこで学習者が獲得する教育内容には異同が生まれるし、また、子どもたちの「読書体験」にも大きな差が生まれる、ということになる。もっとも、各地の教則の「読書（読物）」科では、「小学読本」だけを教科書として使用していたのではなく、多くは「地理（地誌）や歴史（日本史・万国史）」などをも併せて学習している。したがって、それらの教科目の内容とも照らし合わせながら、「読書（読物）」科という教科目の内容を考察する必要があるが、ここでは、それを明らかにすることは目的としていない。以下の論述は、あくまでも各地域で、どの「小学読本」が、どのように取り扱われていたのかを問題にすることになる。

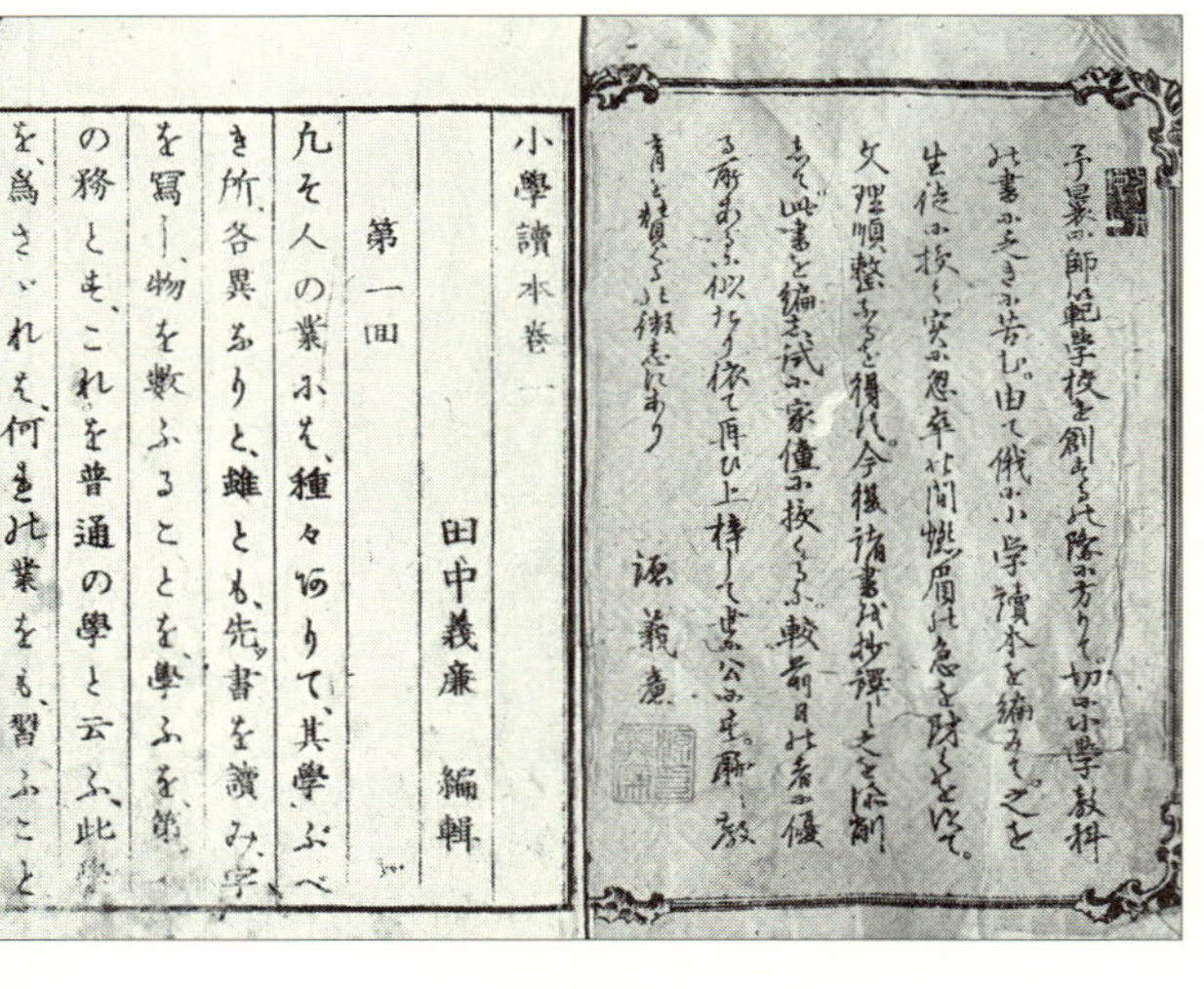
小學讀本巻一　田中義廉 編輯

第一回

凡そ人の業ふは、種々ありて、其學ぶべき所各異なりと雖とも、先づ書を讀み字を寫し、物を數ふることを學ぶを第一の務とす、これを普通の學と云ふ、此學を為さゞれば、何たる業をも習ふこと

『小学読本』田中義廉　巻一（私刊版）
明治10年

二、各地の「小学教則」の中の「小学読本」

各地における読本使用状況

明治初期に刊行された三種類の主要な「小学読本」が各地でどのように使われていたのか。それを検証するには、本来なら、各県地方史や地域教育史の成果などを丹念にたどらなければならないだろう。しかし、ここでは便宜上『文部省年報』と『文部省日誌』に掲載された各地域の

「小学教則」から、「師範学校下等小学教則」の教科目「読物」に相当する教科目に記載された教科書類を書き出して、さらにそれ以外の資料も若干加えて作成した一覧表を元に、各地域での「教則」における「小学読本」の指定状況について考えることにする。

先述したように、一八七八(明治一一)年五月二三日に「小学教則」は、廃止されて、各地域で、自主的に教則を作成しなければならなくなった。その中では、県が主体になって教則を制定したところや、群区・学校単位で作成したところがある。小学教則編成の自由化が推進されたこの時期は、各地域が作成した教則を文部省に「伺」という形で届け出て、文部省からの「指令」を受けていた。その資料が、『文部省日誌』の、一八七八(明治一一)年一号(一月七日)から一八八二(明治一五)年六八号(一二月二八日)までの間に掲載されている。師範学校の教則がそうだったように、各地域の教則には、各等級でどのような教科書を使うのかが記されており、そこには当然のことながら、「小学読本」の名前が登場する。また、それに先立って各地域では、「学制」による「小学教則」を、多少変更して地域の「教則」として運用していたところもある。そこで、『文部省年報』と『文部省日誌』を主要な史料として、「小学読本」の使用状況を見てみようと考えた。

もっとも、『文部省年報』と『文部省日誌』には、全国の教則がまんべんなく記載されているわけではない。たとえば、『文部省日誌』の中に最も多数の「地域教則」が載せられている地域は、「岡山」である。片桐芳雄によると、岡山では、「学制以後、県当局によって制定・改正された県教則や師範学校附属小学校教則を含めると、総計二八種の公立小学校教則がほぼ同じ時期に編成されたことになる。文部省による小学教則自由化政策のもととはいえ、一県内でこのように多数の教則が編成されたことは、他に例を見ない」という事情があって、岡山の教則が数多く掲載されているのである。片桐の指摘した教則二八種すべてが『文部省日誌』に載っているわけではないが、岡山についてはかなりの程度個々の地域の「小学読本」の指定状況が分かるし、また「教則」が改訂される度毎の指定状況も判明する。だがその逆に、『文部省年報』や『文部省雑誌』に、ほとんど登場しない地域もある。したがって、『文部省年報』と『文部省日誌』だけでは、各地域の「教則」全貌はつかめないのだが、そうしたことは十分承知の上で、ここではあくまでも「小学読本」が、どのように使われたのかという傾向を考えるための材料として、この二つの資料を使う。

知られているように、この時期の「教則」と各地の指導の実態については、海後宗臣の先駆的な幅広い研究がある。そこでは、明治初年の教育課程は、文部省の「小学教則」よりも、「師範学校式教則」が全国的に普及したことが指摘され、それが定説になっている。その師範学校式

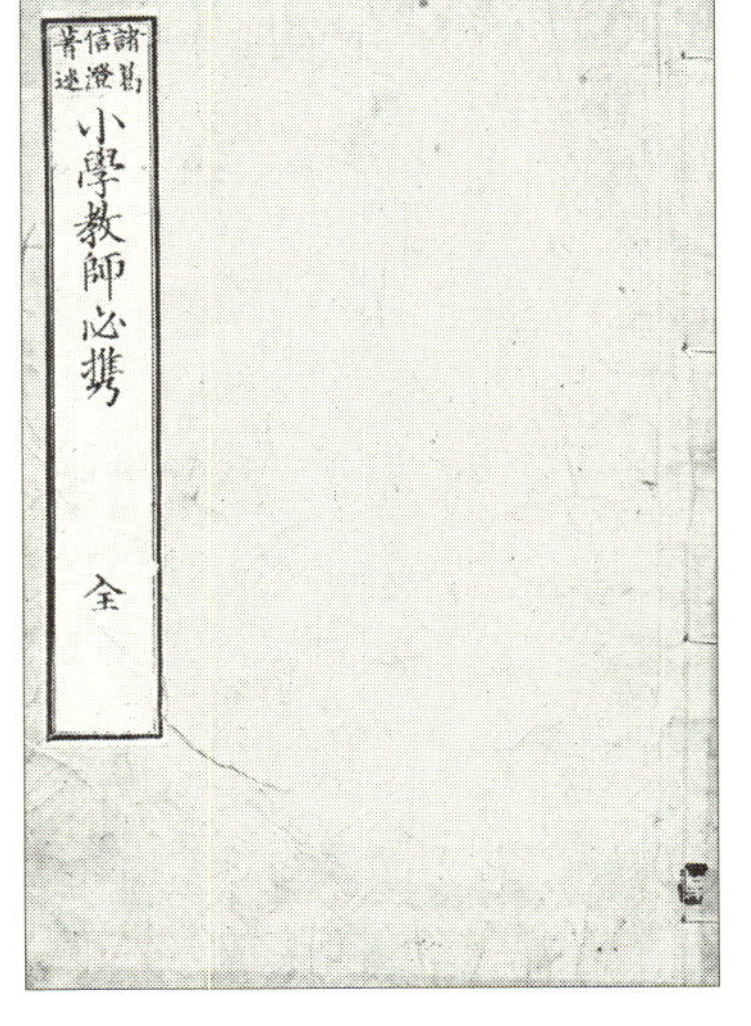

『小学教師必携』明治6年

教則は、東京師範学校長だった諸葛信澄の著作である『小学教師必携』とセットになって、師範学校卒業生により、全国的に伝播したと考えられている。いうまでもなく「教則」で決められた教育内容も、それぞれの教師が教室内で展開する具体的な教授法と、そこで使用する教科書や教材がなければ、学習者の内側には転移していかない。とりわけ、「読物」科の学習には、読むための素材集としての教科書が不可欠である。[*15]

海後は、各地で「読物」科の教科書がどのように使用されていたのかに関して、次のように報告している。海後は、明治七年から明治一五年までに小学校に在籍していた古老八九四名に対して、アンケート調査を実施した。その結果をもとに、海後は次のように述べる。すなわち、「『小学読本』による国語の授業は全部に行われていたことは言うまでもなく、この基本教科を学習しなかったと報告したものは一人もない。」と。限られた数の調査とは言え、類似の調査が皆無の中で、これはきわめて貴重な報告である。『小学読本』は、ほとんどの地域で実際に教科書として使われていたのである。[*16]

また、一八七五（明治八）年から一八七七（明治一〇）年までの「教則」に掲載された「小学読本」の種類に関しては、仲新による調査がある。仲新は、「文部省第三年報」（明治八年）から、「文部省第五年報」（明治一〇年）までの各府県教則に示された教科書、及び各府県において試験に使用した教科書を取り上げ、一覧にして分類している。そこでは「小学読本」は、明治八年に一五点、明治九年に二三点、明治一〇年に一一点の合計四九点が挙げられている。仲は、この四九点をさらに、次のように分ける。

（一）田中義廉編　九
（二）田中義廉編と判定　一六
（三）榊原芳野編　三
（四）榊原芳野編と判定　三
（五）判定困難なもの　一八

こうした調査の結果、仲は「これによつても田中義廉の小学読本が広く用ひられたことを知る。」と述べている。さらに仲は、「地方を調査した結果からも田中義廉のもの〻方が多いことが知られる。」としており、田中義廉編集の『小学読本』が、広く使われていた事実を、自身の実地調査の体験を通して証言している。仲新の調査は、海後のアンケートで解明された「小学読本」のほとんどが田中義廉の著作物であったという結果とも照応するものでもある。[*17]

さらに、「教則」に関しては、教則自由化政策下の各府県の動向をめぐっての片桐芳雄の研究がある。片桐は、文部省側の資料だけではなく、県教育史資料などを博捜して、各地域がどのような過程をとって、どのような「教則」を作成したのかを調査しており、とりわけ愛知、岡山については詳細な研究がなされている。また、それに先立って、倉沢剛は、大著『小学校の歴史』Ⅲ・Ⅳの中で、「府県小学校成立過程」について研究を進め、特に長野、埼玉、東京については、浩瀚な資料を使って検討を行った。別に、国語教育の観点からは、甲斐雄一郎が、各地域の「教則」を通して教科課程の類型を検討し、「国語科」という教科目の成立を実証的に研究するために、この史料を検討している。

以下では、こうした先行研究を参考にしつつ、教則の中の「小学読本」

の指定状況という問題のみに限定して考察を進めたい。そのため、各地の「小学教則」に表れた「小学読本」を『文部省年報』と『文部省日誌』を中心にして抜き出し、一覧表の形にして以下のようにまとめてみた。[*18]

なお、甲斐が「師範学校の教則の教科構成や級構成がそのまま全国の小学校で共通しているというわけではない。」と述べているように、この時期は、地域によって様々な教科目が設定されていた。甲斐はその要因として、短期間ながら存在した各官立師範学校附属小学校が、それぞれ独自の教科課程を構想していたことも影響していると指摘している。実際、師範学校で「読物」とされていた教科目だけを拾ってみても、各地で多様な呼称が存在する。その様相は、以下の一覧表「「小学教則（下等小学）」に表れた「小学読本」（読方教育の教科書）」でも確かめることができるだろう。[*19]

「小学教則（下等小学）」に表れた「小学読本」（読方教育の教科書）

	明治年月	地域	教則名	教科名	第八級	第七級	第六級	第五級	第四級	第三級	第二級	第一級	出典
	六年五月	師範学校	下等小学教則	読物	五十音図等 小学読本一◇	小学読本一二 ◇	小学読本三◇ 地理初歩	小学読本四◇ 日本地誌略	小学読本五 日本地誌略	日本史略 万国地誌略	日本史略 万国地誌略	万国地誌略 万国史略	
1	七年五月	東京	東京府小学教則	読物	伊呂波図等	小学読本一◇	小学読本二◇ 地理初歩	小学読本三◇ 日本地誌略	小学読本四◇ 日本地誌略 管内地理書（欠）	日本地誌略 日本略史	日本略史 万国地誌略	万国地誌略 万国史略	倉沢 年八
2	八年一一月	埼玉	下等小学教則	読本並意義	五十音図等 地理初歩	日本地誌略 小学読本四	日本地誌略 小学読本五	史略	五州紀事	五州紀事 啓蒙知恵ノ環	内国史略 天変地異 西洋事情	内国史略 窮理図解 西洋事情	倉沢
3	八年	兵庫	飾磨県下等小学教則凡例	読物	単語図 単語図解	単語篇 地理初歩	小学読本一二 世界国尽	小学読本三四 史略	小学読本五 日本国尽 史略	日本国尽 童蒙窮理問答	日本国尽 童蒙窮理問答	日本国尽 童蒙窮理問答	年八
4	八年	千葉	千葉県下等小学教則	読物	五十音図等	小学読本一二	小学読本三 地理初歩	小学読本四 日本地誌略	小学読本五 日本地誌略	日本史略 万国地誌略	日本史略 万国地誌略	万国地誌略 万国史略	年八
5	八年	山梨	山梨県小学教則凡例	読物	五十音図等	小学字類	小学字類 小学読本一	小学読本二 地理初歩 学問ノススメ 本県地理書	小学読本三 日本地誌略	小学読本四 日本地誌略	小学読本五 日本地誌略	日本地誌略 万国史略 小学万国地理書	年八
6	八年	石川	石川県下等小学	読物	単語図 連語図	小学読本一二	小学読本二	小学読本三 日本地誌略	小学読本四 日本地誌略	小学読本五 日本地誌略 史略	史略	史略	年八
7	八年	三重	度会県下等小学教則	読物	五十音図等 小学読本一	小学読本一二	小学読本三 地理初歩	小学読本四	小学読本五 日本地誌略	史略 万国地誌略	史略	史略	年八
8	八年	京都	京都府下等小学教則	読物	五十音図等	小学読本一二	小学読本三	小学読本四	小学読本五	日本史略	日本史略	万国地誌略	年八

番号	年月	府県	資料	教科名	1	2	3	4	5	6	7	8	出典
							地理初歩	日本地誌略	日本地誌略	日本地誌略	万国地誌略	万国史略	
9	九年 一月	大阪	大阪府下小学教則	読物	五十音図等	小学読本一 綴字書	小学読本二 地理初歩	小学読本三 日本地誌略	小学読本四 日本地誌略	日本地誌略 史略	万国地誌略 史略	万国地誌略 史略	国
10	九年 三月	長野	長野県下等小学教則	読物	五十音図等 小学読本一	小学読本一二	小学読本三 地理初歩	小学読本四 日本地誌略	日本地誌略 日本略史	日本地誌略 日本略史	万国地誌略 万国史略	万国地誌略 万国史略	倉沢
11	九年 八月	青森	下等小学課程表	読字	五十音等	小学読本	小学読本 地理初歩	小学読本 日本地誌略	小学読本 日本地誌略	日本地誌略 日本略史	日本地誌略 日本略史	万国史略	文四 牧野1978
12	九年	茨城	茨城県下等小学教則	読物	五十音図等	小学読本一二 ◇	小学読本二三◇ 地理初歩	小学読本四◇ 日本地誌略 本県地誌略	小学読本五◎ 日本地誌略	日本略史 万国地誌略	日本略史 万国地誌略	万国地誌略 万国史略	年九
13	九年	山形	山形県下等小学教則	読物	五十音図等	小学読本一◇	小学読本三◇ 地理初歩	小学読本四◇ 日本地誌略	小学読本五◇ 日本地誌略	日本略史 日本地誌略	日本略史 万国地誌略	万国地誌略 万国史略	年九
14	九年	宮城	宮城県多頭小学授業用書	?	五十音図等 小学読本首	小学読本一	小学読本二 地理初歩	小学読本三 日本地誌略	小学読本四五 日本地誌略	日本地誌略 日本略史	日本略史 万国地誌略	万国地誌略	年九
15	一〇年 一月	東京	下等小学教則 （師範学校附属小学各小学校学則）	読物	いろは図等	連語図 小学読本一◇	小学読本二◇ 地理初歩	小学読本三◇ 日本地誌略 管内地理書（欠）	小学読本四◇ 日本地誌略	日本地誌略 日本略史	日本略史 万国地誌略	万国地誌略 万国史略	倉沢 年一〇
16	一〇年 三月	青森	村落小学教則	読字	五十音等	本県単語図	本県博物図 連語図色図	村落小学読本一 ▲	村落小学読本二 ▲	村落小学読本三 ▲	村落小学読本四 ▲	村落小学読本五 ▲	文四 牧野1978
17	一〇年 五月	兵庫	兵庫県小学教則	読書	五十音図等	小学綴字書 小学読本一◇	小学綴字書 小学読本二◇ 地理初歩	小学読本三◇ 日本地誌略	小学読本四◇ 日本地誌略	小学読本五◎ 日本地誌略 日本略史	小学読本六◎ 日本地誌略 日本史略 万国地誌	万国地誌 万国史略	国
18	一〇年	埼玉	埼玉県下等小学教則	読物	いろは図等	連語図 小学読本一◇	小学読本二 地理初歩	小学読本三 日本地誌略	小学読本四 日本地誌略	日本地誌略本県 地誌略	本県地誌略 万国史略 日本史略	万国地誌略 万国史略	年一〇
19	一〇年	群馬	群馬県下等小学教則 摘要	読物	いろは図等	訓蒙規範 上野地誌概略	地理初歩 日本地誌略	日本地誌略	日本略史 修身説約▲	万国地誌略 修身説約▲	万国地誌略 万国史略 修身説約▲	万国史略	年一〇
20	一〇年	千葉	千葉県下等小学教則 摘要	読物	いろは図等	小学読本一	小学読本二	小学読本三 初学地理書	小学読本四 初学地理書	小学読本四 初学地理書	小学読本五 日本史略	小学読本六 万国史略	年一〇
21	一〇年	栃木	栃木県下等小学教則 摘要	読物	五十音図等	小学読本一	小学読本二 地学啓源	小学読本三 栃木県地誌略 日本地誌略	小学読本四 日本地誌略	小学読本五 日本地誌略	小学読本六 日本史略	万国地誌略 万国史略	年一〇
22	一〇年	大阪	大阪府下等小学課業表	読物	五十音図等	読本 地理初歩	読本 管内地誌	読本 日本地誌略	読本 日本地誌略	読本 日本地誌略	読本 万国地誌略	万国地誌略 万国史略	年一〇

										日本略史	日本略史		
23	一〇年	和歌山	和歌山県下等小学科業表	読物	五十音図等	初学入門▲ 綴字	小学読本一 紀伊国地誌略	小学読本二 日本地誌略	小学読本三 日本地誌略	日本地誌略 日本略史	日本地誌略 日本略史 万国地誌略	万国地誌略 万国史略	年一〇
24	一〇年	高知	高知県下等小学教則	読物	五十音図等	小学読本一二 ◇	小学読本二三 地理初歩	小学読本四 日本地誌略	小学読本五 日本地誌略	日本地誌略 日本略史	日本略史 万国地誌略	万国地誌略 万国史略	年一〇
25	一〇年	岡山	岡山県下等小学科程	読書	仮字三体等	小学読本一	小学読本二 地理初歩	小学読本三 日本地誌略	小学読本四 日本地誌略	小学読本五 日本地誌略 日本略史	小学読本六 日本地誌略 万国史略 万国地誌略	万国地誌略 万国史略	年一〇
26	一〇年	長崎	長崎県下等小学課業表	読物	五十音図等	小学読本	小学読本 地理初歩	小学読本 日本地誌略	小学読本 日本地誌略	日本地誌略 日本略史	日本略史 万国地誌略	万国地誌略 万国史略	年一〇
27	一〇年	福岡	福岡県下等小学教則	読物	五十音図等	小学読本一 連語図	小学読本二 地理初歩	小学読本三 日本地誌略	小学読本四 日本地誌略	日本地誌略 日本略史	日本略史 万国地誌略	万国史 万国地誌略	年一〇
28	一〇年	山形	山形県下等小学教則	読物	いろは図等	小学読本一◇	小学読本二三 地理初歩	小学読本四 日本地誌略 本県地理書	小学読本五 日本地誌略 日本略史	日本地誌略 日本略史	日本略史 万国地誌略	万国地誌略 万国史略	年一〇
29	一一年 五月	東京	小学教則 東京府（簡易科）	読方 復読	いろは図等	小学読本一◇	小学読本二◇	小学読本三◇ 東京管内地誌	東京管内地誌	日本地誌略	日本地誌略 日本略史	日本地誌略 日本略史	日一一・四 国
30	一一年	愛知	西加茂郡下等小学教則（愛知県）	読法	五十音図等	連語図十枚	小学読本一 地理初歩	愛知県地誌略全 読本	小学日本地誌略（荒野文雄編）	日本史略 官令新誌及本県布達類集	日本史略 万国史略	万国史略	片桐 1978
31	一一年 一月	堺	改訂小学教則（下等は二年半）	読物	五十音図等	五十音図等	小学読本一◇ 地理初歩	小学読本二◇ 日本略史	小学読本三◇ 日本略史 万国地理				日一一・三
32	一一年 三月	静岡	小学教則（一等・二等・三等の別あり）	読物	一等教則 下等 いろは図 五十音図 濁音図 単語図三四五六七八 連語図二三四五六七八十 読本一ヨリ五マテ（師範学校編纂ハ一ヨリ四マテヲ用ユ） 地理初歩 県地誌 日本地誌略 日本略史 農業書商業書窮理書ノ内適宜ニ一部用ユ								日一一・三
33	一一年 三月	和歌山	公立小学教則（下等六級）	読物	五十音図等	初学入門▲	小学読本一 書牘一	小学読本二 紀伊国地誌略 書牘二	小学読本三 日本略史 書牘三四	小学読本四五 日本略史			日一一・二
34	一一年 三月	愛媛	下等小学教則条例	読法	いろは図等	色図等 小学読本一◇	小学読本二◇ 小学読本三◇ 地理初歩	小学読本三◇ 愛知県地誌略	小学読本四◇ 日本地誌略	日本地誌略 日本史略	日本地誌略 日本史略 万国地誌略	万国地誌略 万国史略 博物大意	日一一・三
35	一一年 三月	兵庫	下等小学教則	読書	五十音図等	連語図 小学綴字書	小学綴字書 小学読本一二	小学読本二三 日本地誌略	小学読本四 日本地誌略	小学読本五 日本地誌略	小学読本六 日本地誌略	万国地誌略 万国史略	日一一・五

						小学読本一	地理初歩			日本史略	日本略史 万国地誌		
36	一一年 七月	岩手	下等小学通則	読物	いろは図等	小学読本一二	小学読本三 地理初歩	小学読本四 日本地誌略	小学読本五 日本地誌略	日本地誌略 日本史略	日本史略 万国地誌略	万国地誌略 万国史略	日一一・九
37	一一年 七月	熊本	下等小学課程	読物	いろは図等	通常書間文	小学読本一 地理初歩	小学読本二 熊本県地誌	小学読本三 日本地誌略	日本地誌略			日一一・九
					童蒙教草伊蘇普物語其他健全学啓蒙養生訓新聞紙等ノ書ニ就キ勧善懲悪ノコトヲ主トシ養生談ニ及ブ								
38	一一年 七月	山梨	普通小学教則（五年制。一〇級から開始）	読物	いろは図等	小学読本一	小学読本二	小学読本三	地学初歩 甲斐地誌略	日本地誌略	日本地誌略	日本地誌略 万国地誌略	日一一・一一
39	一一年 八月	茨城	下等小学教則課程	授読	いろは図等	連語図 小学読本一◇	小学読本二三◇ 地理初歩	小学読本三◇ 茨城県地誌略 日本地誌略	小学読本四◇ 日本地誌略	小学読本四◇ 日本地誌略 日本略史 万国地誌略	小学読本五◎ 万国地誌略 日本略史	小学読本六◎ 万国史略 民間経済録	日一一・一〇
40	一一年 八月	三重	下等小学教則	読物	五十音図等	小学読本一	小学読本二 地理初歩	小学読本三 三重県地誌略	小学読本四 日本地誌略	日本地誌略 日本略史	万国地誌略 万国史略	万国地誌略 万国史略	日一一・一一
41	一一年 八月	高知	尋常小学教則（下等六級）	読物			五十音図等	小学読本一 地理初歩	小学読本二 該国地誌	小学読本三 日本地誌略	小学読本四 日本地誌略	小学読本五 日本地誌略	日一一・一一
42	一一年 九月	広島	下等小学教則	読物	五十音図等	小学読本一◇	小学読本二	小学読本三	小学読本四 管内地誌略	小学読本五 日本地誌略	日本地誌略 日本史略（上羽勝衛著）	日本史略 日本地誌略	日一一・一二
43	一一年 九月	島根	小学教則（下等六級）	読物	いろは図等	小学読本一 地理初歩	小学読本二 管内地誌略	小学読本三 日本地誌略	小学読本四五 日本地誌略	日本地誌略 日本史略・略史			日一一・一三
44	一一年 九月	京都	下等小学教則	読物	五十音図等	小学読本一二	小学読本三 地理初歩	小学読本四 日本地誌略	博物学階梯 日本地誌略	日本地誌略 日本略史	日本略史 日本地誌略 万国地誌略	万国地誌略 万国史略	日一一・一三
45	一一年 一〇月	山口	小学教則（簡易科二年十尋常科四年）	読物	五十音図等	小学読本一	小学読本二 地理初歩	小学読本三 山口県地誌略	小学読本四 日本地誌略	小学読本五 日本地誌略	日本地誌略 日本史略	日本地誌略 日本史略	日一一・一四
46	一一年 一〇月	愛知	下等小学教則	読書	五十音図等	連語図 小学読本一	小学読本二三 地理初歩	小学読本四 本県地理書 日本地誌略	小学読本五 日本地誌略	日本地誌略 日本史略	日本史略 万国地誌略	万国地誌略 万国史略	日一一・一四
47	一一年 一〇月	石川	女児小学科程	読法	五十音図等	小学読本◇或ハ小学読本一 女のさとし	小学読本◇或ハ小学読本二 地理初歩	小学読本◇或ハ小学読本三 加賀地誌略	小学読本四 日本地誌略	小学読本五 日本地誌略	小学読本四◇ 或ハ窮理図解 日本地誌略 教女規範	日本略史 日本地誌略	日一一・一五
48	一一年 一〇月	新潟	下等小学教則（下等六級）	読物	五十音図等	連語図 小学読本一◇	小学読本二 地理初歩	小学読本三 新潟県管内地誌	日本地誌略 日本略史	日本地誌略 日本略史			日一一・一五

No.	年月	府県	教則	科目									出典
							新潟県管内地誌略	略 日本地誌略					
49	一一年一一月	愛媛	斟酌乙種教則（香川郡）	読物	五十音図等	連語図	小学読本一◇ 地方ニヨリ書牘類モ可	小学読本二◇	小学読本三◇ 讃岐地誌略	小学読本四	小学読本五 日本地誌略	日本地誌略	日一一・一七
50	一一年一二月	青森	長年生教則（一三歳以上の初学者）	読物	本人の姓名・村名・郡名等	農業往来（本県訂正）	商売往来（本県訂正）	文字の教（諭吉） 十二月帖					日一一・一九
51	一一年	岡山	下等小学教則	読書	五十音図等	連語図 小学読本一	小学読本二 地理初歩	小学読本三 本県地誌略	小学読本四 本県地誌略	小学読本五 日本地誌略	小学読本六 日本地誌略	日本地誌略 日本略史 万国史	日一二・一
52	一二年一月	神奈川	男女小学教則	授復講読	いろは図等	小学読本一◇ 生徒心得	小学読本二三◇ 地理初歩	小学読本三四◇ 管内地誌	日本地誌略	日本地誌略	日本略史 万国地誌略	万国地誌略 万国史略	日一二・二
53	一二年一月	兵庫	下等小学教則（下丹波多紀郡）	読書	五十音図等	連語図	小学読本一 地理初歩	小学読本二 日本地誌	小学読本三 日本地誌略	日本地誌略			日一二・三
54	一二年一月	鹿児島	下等小学教則（大隅郡垂水）	読書	五十音図等	連語図 小学読本一	小学読本二 地理初歩 日本地誌略	小学読本三 日本地誌略	小学読本四 日本地誌略	小学読本五 日本地誌略 日本略史	小学読本六 日本略史 万国地誌略	万国地誌略 万国史略	日一二・四
55	一二年二月	秋田	高等小学下等課程（高等・尋常・村落の別あり）	読物	いろは図等	シルベ類 小学読本一◇	小学読本二 地理初歩	小学読本三 秋田県地誌略 日本地誌略	小学読本四 日本地誌略	小学読本五◎ 日本地誌略 日本略史	小学読本六 日本略史 万国地誌略	万国地誌略 万国史略	日一二・四
56	一二年二月	滋賀	小学普通教則（普通六級＋高等六級）	読物	五十音図等	連語図 小学読本一◇	小学読本二三◇	地理初歩 農学初歩	管内地理書 小学読本四◇	日本史略 小学修身編			日一二・五
57	一二年二月	長崎	長崎県師範学校附属小学校校則（六年制・四年まで示す）	読物	仮名ノ読方ヲ教ヘ尋テ容易キ読本ニ及フ		前級ト同ク容易キ読本ヲ教ヘ尋テ地理学ノ大綱及ヒ本県管内地誌ヲ教		内国地誌并内国史ヲ教		外国地誌并外国史ヲ教		日一二・五
58	一二年三月	鹿児島	簡易小学教則（日向国臼杵郡延岡）	読物	いろは図等	連語図 小学読本一◇	小学読本二◇	小学読本三◇	管内地誌（欠） 日本地誌略	日本地誌略	日本地誌略 日本略史	日本略史 日本地誌略	日一二・六
59	一二年三月	青森	小学教則（五年制。一〇級から開始）	読学	五十音図等	小学読本一 口授イソップ物語并童蒙教草等	小学読本二 地理初歩	小学読本三 陸奥地誌略	小学読本四 養生抄言	日本地誌略 日本略史		日本地誌略 日本略史	日一二・七
60	一二年三月	鹿児島	下等小学教則（薩摩国薩摩郡隈ノ城外）	読本	五十音図等	小学読本一	小学読本二三 地理初歩	小学読本四 日本地誌略	日本地誌略 日本略史	日本地誌略 日本略史		万国地誌略 万国史略	日一二・七
61	一二年四月	福岡	小学教則（下等二年・中等二年・上等二年）	読物 復読	五十音図等	小学読本一◇	小学読本二◇	小学読本三◇ 福岡県地誌（欠）	小学読本四 地理初歩	日本略史 日本史略		万国史略 日本地誌略	日一二・七

62	一二年四月	山形	小学教則（下等六級）	読物	いろは図等	連語図 小学読本一	小学読本一二	小学読本三四 地理初歩	本県地理書 日本地誌略	日本略史			
63	一二年四月	大阪	上等小学教則（下等無し）	読物	仮名字音等	読本ヲ素読	読本ヲ素読・字句記憶	読本ヲ訳読・書中短句記憶	読本ヲ訳読・書中章句記憶	なし	なし	なし	日一二・九
64	一二年五月	福島	普通小学教則	読物	いろは図等	連語図 小学読本一	小学読本二三	小学読本三四	地理初歩 本県地誌略	小学地理撮要 日本略史	日本略史 万国略史	農業三事商業編 民間経済録 女児ハ家政要旨	日一二・一〇
65	一二年六月	和歌山	下等小学科目（下等六級）	読物	五十音図等	初学入門▲ 町村名	小学読本一 書牘一	小学読本二 紀伊国地誌略 書牘二	小学読本三 日本略史 書牘三四	小学読本四五 日本略史			日一二・一一
66	一二年六月	愛媛	下等小学教則（和紀温泉久米郡・下等六級）	読法	いろは図等	連語図#	新撰読本▲＊ 書牘一#	新撰読本▲＊ 書牘三#	新撰読本▲＊ 書牘二#	新撰読本▲＊ 書牘四#	（#当分文部省版ヲ代用） （＊当分東京師範学校読本・文部省読本ヲ代用）		日一二・一二
67	一二年六月	鹿児島	下等小学教則（大隅国始良郡）	読物	五十音図等	連語図 小学読本一◇	小学読本二三◇ 地理初歩	小学読本四◇ 日本地誌略	日本略史 日本地誌略	日本略史 日本地誌略	万国史略 万国地誌略	万国史略 万国地誌略	日一二・一二
68	一二年七月	鹿児島	下等小学教則（大隅国曾於郡国分）	読物	五十音図等	小学読本一	小学読本二 地理初歩	小学読本三 日本地誌略	小学読本四 日本地誌略	日本略史 日本地誌略	日本略史 万国地誌略	万国史略 万国地誌略	日一二・一四
69	一二年七月	鹿児島	小学教則普通科（薩摩国川邉郡）	読物	いろは図等	連語図 小学読本一	小学読本二 地理初歩	小学読本三 日本地誌略	小学読本四 日本地誌略	小学読本五 日本地誌略	小学読本六 万国地誌略 日本略史	日本略史 万国史略 万国地誌略	日一二・一四
70	一二年七月	長野	下等小学教則	読物	いろは図等	連語図 小学読本一	小学読本二	小学読本三 地理初歩	日本地誌略	日本地誌略 日本略史	日本略史 小学読本四 万国地誌略	万国地誌略 万国史略	日一二・一五 倉沢
71	一二年一〇月	広島	下等小学教則（師範学校附属小学校）	読物	五十音図等	小学読本一	小学読本二 地理初歩	小学読本三 安芸地誌略	小学読本四 日本地誌略	小学読本五 日本地誌略	日本史略 日本地誌略	日本史略 日本地誌略	日一二・一九
72	一二年一〇月	愛媛	下等小学課程第一種（愛媛県越智郡）	読書	いろは図等	連語図 小学読本一◇	小学読本二◇	小学読本三◇ 本県地誌略	小学読本四 日本地誌略	日本地誌略 日本略史	日本地誌略 日本略史 万国地誌略	万国地誌略 万国史略	日一二・二〇
73	一二年一一月	岡山	下等小学教則（下備前国津高郡・下等六級）	読書	五十音図等	小学読本一	小学読本二 地理初歩	小学読本三 岡山県地誌略	小学読本四 日本地誌	日本地誌 小学農家読本一	上等小学六級・ 上等小学五級・	小学読本五 小学読本六	日一二・二一
74	一二年一一月	埼玉	小学教科（初級四年・高等三年間）	読書	いろは図・五十音図等		小学読本一◇	小学読本二◇	小学読本三◇	小学読本四	小学読本五	習字農業往来・商売往来・女大学等	日一二・二二 倉沢
75	一二年一二月	鹿児島	下等小学教則（大隅国始良郡加治木）	読物	五十音図等	連語図 小学読本一	小学読本二三	日本地誌略	日本地誌略	日本略史 小学読本四	博物学階梯 万国地誌略	万国地誌略 万国史略	日一二・二三

76	一二年一二月	岡山	小学教則（備中国哲多郡・下等六級）	読書	五十音図等	連語図 小学読本一	小学読本一二	小学読本三 本県地誌略 地理初歩	本県地誌略 日本略史 違式条例	日本略史 万国史略 違式条例			日一二・二三
77	一二年一二月	岡山	下等小学教則（下備前国和気郡・下等は六級）	読書	五十音図等	小学読本一	小学読本一 地理初歩	小学読本二 岡山県地誌略 書牘文	小学読本三 日本地誌略 日本史略 書牘文	小学読本四 日本地誌略 日本史略 記事文	上等小学六級・ 上等小学五級・	小学読本五 小学読本六	日一二・二三
78	一二年一二月	岡山	尋常小学教則（下美作国西西条郡）	読物	いろは図等	連語図	小学読本一 地理初歩	小学読本二 本県地誌美作ノ部	小学読本三 日本地理書	小学読本四 日本地理書	小学読本五 日本略史	小学読本六 万国史略	日一二・二四
79	一二年一二月	岡山	下等小学教則（下備前国岡山区・幼稚科十六級）	読書	幼稚科五十音図等	単語図 連語図	小学読本一	小学読本二 地理初歩	小学読本三 岡山県地誌略	日本地理書 日本略史	日本地理書 日本略史		日一二・二三
80	一二年一二月	岡山	下等小学教則（下備中国小田郡）	読書	五十音図等	連語図 小学読本一	小学読本二 本県地誌略	小学読本二 日本地誌略	小学読本三 日本地誌略	小学読本四 日本地誌略	小学読本五 日本地誌略 習字新撰商売往来	小学読本六 日本略史 習字新撰商売往来	日一二・二四
81	一二年一二月	鹿児島	下等教則普通科（下薩摩国伊佐郡大口）	読物	五十音図等	小学読本一	小学読本二 地理初歩	小学読本三 日本地誌略	小学読本四 日本地誌略	日本地誌略 日本略史	万国地誌略 日本略史	万国史略 万国地誌略	日一二・二五
82	一二年一二月	岡山	下等小学教則（下美作国簑島郡）	読書	五十音図等	連語図	小学読本一	小学読本二 地理初歩	小学読本三 本県地誌略 小学農家読本	小学読本四 本県地誌略	小学経済読本 日本略史 日本地誌略	小学日本地理 日本略史 万国史略	日一二・二六
83	一二年一二月	岡山	下等小学教則（備中国阿賀郡・下等六級）	読書	五十音図等	小学読本一	小学読本二 本県地誌略	小学読本三 本県地誌略	小学読本四 小学地理書	小学読本五六 日本略史			日一二・二六
84	一二年一二月	岡山	下等小学教則（下備前国邑久郡・下等六級）	読書	五十音図等	単語図 連語図	小学読本一	小学読本二 岡山県地誌略	小学読本三 日本地誌 日本略史	小学読本四 日本地誌 日本略史	上等小学六級・ 上等小学五級・	小学読本五 小学読本六	日一二・二六
85	一三年一月	岡山	下等小学教則（下美作国久米南條郡并西北條東南條郡・下等六級）	読書	五十音図等	小学読本一	小学読本二 地理初歩	小学読本三 本県地誌略	小学読本四 本県地誌略	小学読本五 日本地理書	上等小学六級・ 小学農家読本▲ 上等小学五級・小学農家読本▲	小学読本六	日一三・一
86	一三年一月	岡山	下等小学教則（下備中国上房郡）	読書	五十音図等	小学読本一	小学読本二	小学読本三 地理初歩	小学読本四 本県地誌略	小学読本五 本県地誌略	小学読本六 本県地誌略 日本略史	日本地誌 日本略史	日一三・一
87	一三年一月	岡山	甲種小学教則（下備中国賀陽郡・下等六級）	読書	五十音図等	連語図 小学読本一	小学読本二 地理初歩	小学読本三 本県地誌略	小学読本四 本県地誌略	日本略史	上等小学六級・ 上等小学五級・	小学読本五 小学読本六	日一三・一
88	一三年一月	岡山	下等小学教則（岡山師範学校附属練習小学校・下等六級）	読書	五十音図等単語図	連語図 小学読本一	小学読本二三 本県地誌略	小学読本三四 日本県地誌略	小学読本五 日本地誌 日本略史	小学読本六 日本地誌略 日本略史			日一三・二

No.	年月	府県	資料	教科	1	2	3	4	5	6	7	8	出典
89	一三年一月	東京	東京師範学校附属小学教則・下等小学	読書	読法 いろは図等	読法 簡易ナル仮名文及ヒ漢字交リノ文	読法 小学読本一二	読法 小学読本二三	読法 小学読本四	読法 小学読本五	読法 小学読本六	読法 小学読本七	日一三・二
90	一三年一月	岡山	下等小学教則（下備中国赤坂郡・下等六級）	読書	五十音図等	小学読本一	小学読本二 本県地誌略	小学読本三四 本県地誌略	小学読本五 本県地誌略 日本地誌	小学読本六 日本地誌 日本史略			日一三・二
91	一三年一月	岡山	下等小学教則（美作国東北條郡・下等六級）	読書	五十音図等	書牘文	書牘文 小学読本一	書牘文 小学読本二	書牘文 小学読本三	美作国誌略 美作国史略	上等小学六級・小学農学読本▲ 上等小学五級・小学農学読本▲		日一三・二
92	一三年一月	静岡	下等小学教則（遠江国周智郡・下等五級）	読書	小学入門	小学入門	小学読本一	小学読本二	小学読本三				日一三・三
93	一三年二月	秋田	下等小学教則（下羽後国由利郡石澤学校・下等六級）	読物	いろは図等	連語図 小学読本一	小学読本二 農業往来	小学読本三 秋田県地誌略	日本地誌略	日本地誌略 童蒙必読・年号之巻			日一三・三
94	一三年二月	秋田	下等小学教則（下羽後国由利郡岩野目澤学校・下等六級）	読物	いろは図等	小学読本一	小学読本二	小学読本三 秋田県地誌略	日本地誌略	日本地誌略			日一三・三
95	一三年二月	岡山	下等小学教則（下備中国後月郡・下等六級）	読書	五十音図等	小学読本一 地理初歩	小学読本二三 岡山県地誌略	小学読本四五 岡山県地誌略	小学読本六 日本地誌 日本略史	万国地誌略 万国誌略			日一三・四
96	一三年二月	兵庫	弘道学校通則（下但馬国出石郡・下等六級）	読書	五十音図等	連語図 小学読本一	小学読本二 地理初歩	小学読本三 日本地理誌	小学読本四 日本地誌 日本略史	小学読本五六 日本略史			日一三・四
97	一三年二月	広島	下等小学教則（下安芸国沼田郡・高宮郡）	読物	五十音図等	小学読本一◇	小学読本一◇	小学読本二◇	小学読本三◇ 本郡小誌	日本史略 安芸地誌略	日本地理書 農学路志留辺・農学捷径	日本地理書 農学書	日一三・五
98	一三年二月	岡山	下等小学科程（美作国勝南郡・下等六級）	読書	いろは図等	連語図	小学読本一 地理初歩	小学読本二 小学農家読本▲	小学読本三 小学農家読本▲	小学読本四 小学農家読本▲	上等小学六級・ 上等小学五級・	小学読本五 小学読本六	日一三・五
99	一三年二月	秋田	教則課程（羽後国仙北郡）	読物	いろは図等	連語図 小学読本一	小学読本二 秋田県地誌略	小学読本三 日本地誌略	日本地誌略 日本略史	日本略史 勧善訓蒙	勧善訓蒙 地学事始	勧善訓蒙 地学事始	日一三・五
100	一三年二月	長野	小学教則（第一教則一六級・第九級まで示す）	読物	いろは図等	小学読本一	小学読本二 地理初歩	小学読本三 当国地誌略	当国地誌略 日本略史	日本略史 日本地誌略	日本略史 日本地誌略	日本略史 小学読本四	日一三・六
101	一三年二月	三重	下等小学教則（下伊勢国度会郡野後小学校）	読書	五十音図等	小学読本一◇	小学読本二◇	小学読本三◇	物理 小学読本四◇	地理 地理初歩 三重県地誌略	地理 日本地誌略	地理 日本地誌略	日一三・六

番号	年月	地域	教則名	教科名	1	2	3	4	5	6	7	8	出典
102	一三年二月	福岡	下等小学教則（下豊前国京都郡中津郡公立小学校）	読物 復読	五十音図等	小学読本一◇	小学読本一◇	小学読本二◇	小学読本三◇ 福岡県地誌略	小学読本四 日本地誌略	読物講義 日本略史 日本地誌略	読物講義 日本略史 日本地誌略	日一三・七
103	一三年三月	栃木	公立小学校模範教則 簡易小学科四年	読法	小学指教図	小学読本一	小学読本一 地理 地理初歩	地理 栃木県地誌略 日本地誌略	地理万国地誌略 習字消息往来	歴史日本略史 習字消息往来	歴史 万国史略 習字農商往来	歴史万国史略 習字農商往来	日一三・一一
104	一三年四月	埼玉	埼玉師範学校附属小学教則	読書	小学指教図・連語図		小学読本一◇	小学読本二◇	小学読本三◇	小学読本四◇	小学読本四	小学読本五	日一三・一三
105	一三年四月	石川	石川県尋常小学教則（五年制）	読書	いろは図等	連語図 小学読本一◇	小学読本一◇	小学読本二◇	小学読本三◇	小学読本三◇	小学読本四 一級前期 小学読本四◇	小学読本五 一級後期 小学読本四◇	日一三・一三
106	一三年四月	茨城	茨城県公立小学校教則（上等科・六年・一二級から開始）	読法	いろは図等	連語図 小学読本一◇	小学読本二◇	小学読本三◇	小学読本四◇	小学読本五◎	小学読本六◎	万国地誌略 修身勧孝邇言	日一三・一四
107	一三年四月	京都	下等小学教則	読書	五十音図等	連語図 小学読本	小学読本 町村名小学等	小学読本 地理初歩	博物階梯 日本地誌略	日本地誌略 日本略史	日本略史 日本地誌略	万国地誌略 日本地誌略	日一三・一五

番号	年月	地域	教則名	教科名	小学初等科・三年	小学中等科・三年	小学高等科・二年	出典
108	一四年六月一日	熊本	熊本県小学教則	読書（読方）	いろは図等・初学読本正編▲・小学読本一二三◇・小学読本四五	西洋品行論	十八史略 古文真宝	日一四・一五
109	一四年一〇月	福島	小学課程表	読書（読方）	いろは図等・連語図・小学読本一二三◇・小学読本五	修身訓範（土岐政孝）・日本略史（陸軍文庫）・漢史一班	（選択中）	日一四・三一
110	一四年八月	山形	小学校教則（教科用書表）	読書（読方）	いろは図等・小学指教図・連語図・小学読本一二三◇・小学読本四五	日本史略・日本史略続編・十八史略	十八史略・正文章規範	日一四・三三
111	一五年二月	鹿児島	小学教科課程表	読書（読方）	いろは図等・小学読本	蒙求	十八史略	日一五・四
112	一五年三月	大分	小学校教則	読書（読方）	いろは図等・小学読本一二三◎・小学読本四五 修身 修身児訓	西洋品行論 修身 六諭衍義大意・孝経	十八史略 修身 論語	日一五・九
113	一五年三月	長崎	長崎県小学校教則	読書科	いろは図等・小学読本一―三◇・小学読本四五・消息往来読本▲・農業往来読本▲・商売往来読本▲	日本立志編 一名修身規範 通語上中下	蒙求上中下 続蒙求上中下	長崎県教育史
114	一五年三月	東京	東京府小学教則	読書（読方）	小学指教図・連語図・小学読本一二三	小学読本四五・古今紀要	十八史略	日一五・九
115	一五年三月	広島	広島県小学校教則	読書（読方）	いろは図等・小学読本一二三四 修身 修身児訓	日本立志編 修身 小学修身訓	孟子 修身 修身叢語	日一五・一二

116	一五年三月	岡山	岡山県小学校教則	読書（読方）	いろは図等・小学読本一二三・ 日本史略　修身　修身児訓・小学修身訓	漢史簡覧 修身　修身小学・泰西勧善訓蒙	国史略 修身　朱子小学	日一五・一三
117	一五年三月	和歌山	和歌山県小学校教則	読書（読方）	いろは図等・初学入門▲・ 小学読本一二三◎・小学読本一二三・ 小学読本 近体文（三嶋豊三郎） 修身　修身小学読本・修身児訓	小学中等科読本（鳥山啓）・小学読本 近体文・ 日本外史 修身　修身児訓・六諭衍義大意	八大家文格・蒙求 修身　論語	日一五・一五
118	一五年三月	愛知	愛知県小学校教則	読書（読方）	いろは図等・ 小学読本一二三◇・小学読本三	小学読本四五・ 大統歌・通語	十八史略	日一五・二八
119	一五年五月	岩手	岩手県小学教則	読書（読方）	小学指教図　小学読本一二三・ 六諭衍義抄　修身　修身児訓	古今紀要・臣軌・畜徳録撮要修身　修身児訓	十八史略 修身　朱子小学	日一五・三五
120	一五年七月	山口	山口県小学校諸則	読書（読方）	いろは図等・小学読本一二・ 皇学啓蒙　修身　小学修身課書	修身小学・日本略史 修身　小学修身課書	十八史略 修身　小学	日一五・四九
121	一五年九月	鳥取	鳥取県小学教則	読書（読方）	いろは図等・ 小学読本	小学中等読本	文章規範	日一五・五二

- 村落小学・最下等小学・あるいは簡易科などについては、省略。ただし、「小学読本」とは異なる教科書を使用している場合のみこの表に採った。
- 教科目は、「師範学校下等小学」では、「読物」となっていたが、地域により様々な呼称になっている。ここでは、それをそのまま紹介した。「読物」という教科目の中には、『日本地誌略』『万国地誌略』等と合わせて、「日本地図」「万国地図」「地球儀」などが書き込まれている場合が多いが、そうした教具類は、この表では省略してある。
- 地域によって、修学年限が異なっているが、ここでは入門期を揃えて示してある。「教則」の中に示された、「小学読本」は、網掛けにした。そのうち、明らかに師範学校編集（田中義廉）と判断できるものは◇。榊原芳野・那珂通高・稲垣千穎の編集であることを明記しているものは『小学読本』とした。田中義廉の私版本は、◎になっている。また、▲は、その地域で独自に編集した「読本」である。この▲の書物については未確認のものもあるが、個々に取り上げて次章で検討する。
- 「いろは図等」は、五十音図・濁音図・次清音図・単語図・連語図などを含む。最初に示された教材を採った。
- 出典の略号は、以下のようである。

「文」は、『文部省年報』数字は第〇年報 佐藤秀夫編『明治前期文部省刊行雑誌集成』一・二・三巻　歴史文献　一九八一（昭和五六）年一月、による。「日」は、『文部省日誌』明治〇年△号。明治一一年一号から明治一五年六八号（一二月二八日）までを調査。佐藤秀夫編『明治前期文部省刊行雑誌集成』一・二・三巻　歴史文献　一九八一（昭和五六）年一月、による。

「国」は、国立国会図書館（近代デジタルライブラリー）。

「片桐 1978」は、片桐芳雄「明治初期における府県小学教則自由化と地域学事会議―愛知県の場合―」『愛知教育大学研究報告 27（教育科学）』一九七八年三月　三八―三九頁。後に、『自由民権期教育史研究――近代公教育と民衆』東京大学出版会　一九九〇（平成二）年一一月、に収録。

「牧野 1978」は、牧野吉五郎「学制期における青森県小学教則に関する一考察」「弘前大学教育学部紀要」一九七八年三月　六三―八五頁。

「倉沢」は、『小学校の歴史』Ⅲ巻　一九七〇（昭和四五）年三月・Ⅳ巻　一九七一（昭和四六）年一〇月、所収の資料から抜き出した。

各教則における配当時間は、地域によって異なるので、学習時間の単純な比較はできない。したがってこの表は、あくまでも「小学読本」が、それぞれの地域では第何級で指定されているかを確認する資料にすぎないことをお断りしておく。

「小学読本」使用状況の分類

初めに、この教則に記載されていた「小学読本」という書目が、先にあげた三種類の「小学読本」の内のどれにあたるのかを判断する上で、確認しておくべき点について述べる。というのも、各地の教則の中に記された教科書名は、単に「小学読本」となっている場合が多く、田中本と文部省本、田中私版本のどれに相当するのかを判別しにくいケースがあるからである。その上、実際の「小学読本」の刊本においても、その「題名」表記に関しては、様々な表記があるので、少々めんどうなことになる。それに関してあらかじめ確認しておく。

まず、「田中本」であるが、こちらの刊本の表記は、どの版も「小学読本」の四文字が同じサイズの字の大きさで刻印されていることで安定しており、ほとんど異同はないようだ。家蔵の巻一から巻四までの七五冊に限ってみても、「田中本」改訂版、「大改正本」のすべての本の、内題、版心題ともに、「小学読本」の四文字が、同サイズの文字で印刻されている。また、見返しに表題が記されているものや、題簽が剥がれずに残っているものについても、やはり「小学読本」で統一されている。

一方、榊原芳野・那珂通高・稲垣千穎が関わった文部省本の『小学読本』の方は、題名表記がかなり揺れている。とりわけ、いわゆる「角書き」の「小学」の二文字が、どう書かれているのかという点では幅がある。これも家蔵本について「小学読本」の表記だけに焦点を当てて見てみると、たかだか手許にある七〇種類（八一冊）のみの情報にしか過ぎないが、「題簽」あるいは「見返し」が角書き表記の「小学読本」ではなく「小学読本」になっている例が一一例ある。また、「内題」は、一巻から三巻までは「読本」、四巻からは「小学読本」という表記が多く、「版心題」はすべての例が「小学読本」である。中には、「福井源次郎（京都）」「高運堂（兵庫）」「瀧淵堂（鳥取）」「和歌山県」から刊行された本のように、「題簽」「見返し」「内題」「版心題」の表記が、すべて「小学読本」のように同サイズの文字になっている例もある。これでは、書名の表記を見ただけでは、田中本との区別はまったくつかない。[20]

もっとも、「教則」を作成した各県の学務局などの担当者は、「小学読本」という題名を持った、内容の異なる複数の教科書があることを承知していたことだろう。またそれが『小学読本』と『小学読本』という、二種類の題名で刊行されていたことも了解していたと思われる。しかし、稿者の作成した「小学教則（下等小学）」に表れた「小学読本」（読方教育の教科書）の一覧表をもとにして、「小学読本」の指定状況を見ようとする時には、書名表記の違いに注意を払う必要がある。すなわち、書名として、そこに「小学読本」と記してあった場合でも、それを無条件に田中本、あるいは田中私版本であると判断するのではなく、榊原芳野・那珂通高・稲垣千穎の関わった文部省本の『小学読本』である可能性も考えておかなければならないということである。[21]

一方、各地の「小学教則」の中には、「師範学校」あるいは「師範学校編集」と限定を付けた「小学読本」が指定されている場合がある。それは明らかに田中本（大改正本）を指していると判断できるので、表中では「◇」を付した。また、「田中義廉編集」などと、田中私版本を特定している場合には「◎」で、また「文部省小学読本」あるいは「小学読本」のように『小学読本』であることがはっきりしている場合は、角書き部分の活字のポイントを落として『小学読本』とした。

もちろん「小学教則（下等小学）」に表れた「小学読本」（読方教育の教科書）

『小学読本』の種類		巻	前表の通し番号
A 田中本（師範学校編集）	a	一―三	29 31 58 97
	b	一―四	1 13 15 34 52 56 67 101
B 文部省本			2 14 115
C 田中私版本			なし
D 組み合わせ			12◎ 17◎ 39◎ 47● 49● 55◎ 104● 105● 106◎ 108● 109● 112●◎ 117●◎ 118●
E 不明	a	一―三	23 37 38 48◇ 53 70 76 79 91 92 93 94 99 100 116 119
	b	一―四	9 10 11 18◇ 27 40 44 59 60 61◇ 62 64 68 72◇ 75 81 82 102◇
	c	一―五	3 4◇ 5 6 7 8 24◇ 28◇ 32◇ 33 36 41 42◇ 43 45 46 65 71 74◇ 114
	d	一―六	20 21 25 35 51 54 69 73 77 78 80 83 84 85 86 87 88 90 95 96 98
	e	その他	22 26 30 50 57 63 89 103 107 110 111 113 120 121
F 独自 23 33 65 117は、ダブルカウント			16 19 23 33 65 66 117

田中本：◇　文部省本：●　田中私版本：◎

の中で一番多いのは、単に「小学読本」とだけしか記されていない場合である。そのほとんどは、田中本だと思われる。しかし、田中本は、巻四までしか刊行されなかったのだから、巻五と記してあれば、それは那珂通高・稲垣千穎の関わった文部省による『小学読本』の巻五か、田中私版本の巻五であり、巻六とあれば、おそらくは田中私版本のことだろう、と推測することができる。

以上のような観点に立って、「小学教則（下等小学）に表れた「小学読本」（読方教育の教科書）」のデータを分類整理すると、上図のようになる。

（54などの数字の番号は、「小学教則（下等小学）」に表れた「小学読本」《読方教育の教科書》の通し番号である。）

単独指定の状況

この分類の結果を敷衍して、具体的に説明する。

初めの「A田中本（師範学校編集）」は、「教則」の中に、「師範学校」あるいは「師範学校編集」などと、田中本であることが明記されている場合である。一二例ある。三巻までしか指定していないところと、四巻まで指定してある地域がある。また、一八七三（明治六）年五月改正の師範学校の「下等小学教則」では、第四級に『小学読本』の第五巻が指定されていたが、結局、その第五巻は刊行されなかったことについてはすでに述べた。しかし、第四級に『小学読本』の第五巻が記載されたその「下等小学教則」は、そのまま地域で作製する「教則」のひな形になったと考えられる。したがって、明治八年代までに、各地域で出された教則に『小学読本』の巻五が記載されていた場合には、それが文部省本、あるいは明治八年五月に刊行されたばかりの田中私版本を指定していたのではなく、単に師範学校の教則を敷き写しにした結果、幻の田中本五巻を書き込んでしまった、という可能性がないわけではない。3、4、5、6、7、8は、そうしたことを疑わせるケースである。

さらにここでは、第一巻だけに「師範学校」と記載されていて、それ以降の巻が、単に「小学読本」としか書かれていない場合も、「不明」の項目に分類してある。これは、教則の作製者が、初めの巻一に「師範学校」編集の『小学読本』と指定すれば、巻二以降にわざわざ「師範学校」と限定をつける必要がないと考えた可能性が高い。そうしたケースには、「◇」を付しておいた。「不明」のうち、四巻までが指定されているケース五件（48、18、61、72、102）と「A田中本」一二件とを加えると、明らかに田中本を指定している例は、一七例になる。もちろん、「E不明」のうち、「a一—三」と「b一—四」の中には、このほかにもすべて田中本を指定していたケースがあると思われる。

また、「師範学校教則」では、一・二・三・四巻を、順次「下等八・七・六・五級」と使用する計画になっていたが、大部分の地域では、それよりも使用時期を若干繰り下げている。おそらく、地域の子どもの学習にとって、田中本は難易度が高かったからであろう。

次に、「B文部省本」だけを指定したケースには、明治八年の埼玉の「下等小学教則」がある。七・六級で、巻五・六が指定されている。第三級以上に、『啓蒙 知恵ノ環』『天変地異』『窮理図解』『西洋事情』等の書名が見えるので、この「教則」は、明治五年に文部省が頒布した「小学教則」をアレンジしたものであろう。入門期の言語指導を終えてから、直ちに文部省本の巻四・五を学習するのだから、これ以降のほかの地域の「教則」と比べても、かなり学習の難易度は高い。そうした状況を勘案してか、同じ埼玉では、四年後の明治一二年には、文部省に新しい「教則」の伺を出している（74）。そこでは、初等の第六級から第二級に相当する段階まで、順次田中本の巻一から巻三を、続いておそらく文部省本の巻四・五を使うように変更している。田中本と文部省本との混合使用である。四年前の「教則」では七・六級に指定していた文部省本の巻四・五を、高学年の指定に引き上げたのである。実際に教科書を使ってみて、その実態に即して判断した可能性がある。また同じ74では、小学高等科の「習字」で、農業往来・商売往来・女大学・女今川などの手本を使うことにしているので、「教則」の改訂自体が、地域住民の生活実態に合わせた現実的な方向を目指すものだったと考えることもできる。

この例のほかには、14の「宮城県多頭小学校授業用書」が、すべて文部省本を指定している。それも、第八級に「首巻」が指定してある。先述したように「首巻」は、『単語篇』と類似の内容であるから、これを教科書として指定したのは、生徒たちが掲示された掛図類を眺めるだけではなく、机上で確認できる書物を使用する学習形態を想定していたことになる。別に、明治一五年になるが、広島県の「小学校教則」115では、文部省本の四巻までを、初等科で使用するよう指定している。

なお、「不明」に分類した地域のうち、「a一—三」、「b一—四」、「c一—五」の中にも、宮城県と同様、『小学読本』については、すべて文部省本を指定した地域があった可能性がある。

最後は、「C田中私版本」だけを、教則で指定したケースである。これについては、この教則群の中から巻一から巻六まで、すべて田中私版本だけを指定したと考えられる地域は、発見できなかった。しかしこれも、「d一―六」の二一件の中に、田中私版本のみを指定した地域が存在した可能性はある。その場合は、田中私版本が、一から六巻まですべて出そろった明治一〇年三月以降に使用されたことになる。

次に、明確に組み合わせの書目が判明している例を挙げてみよう。先ほどの表では、「D組み合わせ」に分類してあった例である。ここではそれを、さらに個別に見ていく。説明が煩雑になるので、最初に組み合わせの様態を分かりやすいように整理して、比較的パターンが似ているもの同士を集めて図示すると、下の表のようになる。

田中私版本との組み合わせ

まず、「田中私版本」と、他の本との組み合わせである。

17の明治一〇年五月の「兵庫県小学教則」は、田中本「大改正版」の巻一から巻四までと、田中私版本の巻五・六を組み合わせてある。この組み合わせだと、四・五・六巻の間には学習内容としての連続性があり、第四級以上の教科目「読書」科の学習内容は、理科的な読み物と地歴の知識になる。

また、その前年の明治九年には、12の「茨城県下等小学教則」で、田中本に続き、田中私版本の第五巻を使うように指定されている。茨城県では、これ以降もこのパターンが続き、39の「公立小学教則」（明治一一年八月）でも、田中私版本を指定している。ここでは田中本の巻四を第五級と第六級とで二段階に分けて学習したあと、第二級と第一級で、田中私版本の巻五・六に進んでいる。この茨城の教則は、明治一三年四月に改訂され（106）、やはり田中本と田中私版本との組み合わせになっているが、田中本の巻四は、第四級だけで学習してしまう構想である。

	下等小学／小学校教則綱領	八級／六級	七級／五級	六級／四級	五級／三級	四級／二級	三級／一級	二級／六級	一級／五級
17	兵庫		一	二	三	四	五	六	
12	茨城		一二	二三	四	五			
39	茨城		一	二三	三	四	四	五	六
106	茨城		一	二	三	四	五	六	
55	秋田		一	二	三	四	五	六	
112	大分		一	二	三	四	五		
117	和歌山		一 / 初学入門	一 / 初学入門	二 / 一	三 / 二	三		
49	愛媛			一	二	三	四	五	
104	埼玉			一	二	三	四	四	五
47	石川		一 / 一	二 / 二	三 / 三	四	五	四	
105	石川		一	一	二	三	三	四	五 四
108	熊本		一	一	二	三	四・五		
109	福島			一	二	三	五		
118	愛知			一	二	三	三	四	五

田中本（師範学校編輯）：□ 文部省本（文部省編集）：■
田中私版本（田中義廉編輯）：■ （地域独自本）：■
（漢数字はそれぞれの『小学読本』の巻数である）

55の秋田県も、「秋田県小学教則」で同様の組み合わせをしている。もとにした資料には、「東京師範学校編輯」という限定は巻一にしか付いておらず、また「田中義廉編輯」という限定も巻五にしか付いていないが、おそらく巻一から四までが田中本、巻五と六は田中私版本という意味だろう。とすれば、この秋田県の組み合わせも、兵庫や茨城とまったく同じだということになる。

この教育課程は、おそらく田中義廉にとっては、望ましい組み合わせだっただろうし、当然のことながら、組み合わせ内容にも妥当性がある。もちろん田中義廉個人としては、明治一〇年以降に六冊すべて揃った「田中私版本」を、小学校を通して使用してほしかっただろうが、今回の調査ではそうした例はなかった。読本内容の系統的な連続性という観点からすると、この兵庫・茨城・秋田の組み合わせは、次善の策として、ある程度の合理性があると判断できる。

「田中私版本」の組み合わせとしては、別の形もある。

112の大分が、それである。つまり、明治一四年一二月二一日に文部省に伺いを出した大分県の「小学校教則」では、「田中私版本」の一から三までを、第二学年後期まで使うことになっていた。「田中私版本」は、三年間の小学初等科の「読書（読方）」の前半における中心的な教科書として位置づけられていたのである。これに続く小学中等科の最後の一年間では、『那珂通高編 小学読本』の巻四と巻五が示されている。この組み合わせは、ストーリー中心の教科内容という点での共通性がある。

さらに、複雑な例が117の和歌山県の例である。和歌山県は、明治一四年一一月二四日に文部省に「小学校教則」の伺いを出す。その「初等科課程」の第五級（第一学年後期）の「読書（読方）」には、「小学読本田中義廉編巻ノ一上半若クハ初学入門鳥山啓著上半ヲ教ヘ」となっている。つまり、第五級では、田中私版本か、和歌山県独自の教科書である『初学入門』どちらかを扱うことになっていたのである。（鳥山啓の『初学入門』については、次章で改めて取り上げる。）続く第四級では、『小学読本』または『初学入門』の後半部か、三嶋豊三郎の『小学読本 日用文』が指定されていた。ここで新しく登場した三嶋豊三郎の『小学読本 日用文』には、「小学読本」という角書きが付いているが、読むための学習材料ではなく、「読書（よみかき）」の学習のうちの「書く」に関する教科書である。第三級では、「小学読本田中義廉編巻ノ二及小学読本日用文巻ノ下若クハ小学読本榊原芳野編巻ノ一及書牘巻ノ三を授ク」と、書写学習のための教科書である『書牘』が指定されていることでも、それが分かる。ここでは、そのことよりも、田中私版本の巻二と文部省本の巻一とが、同じレベルの教育内容を持った教科書と認定されていたことに注意したい。二書の併記は、第四級では田中私版本の巻三と文部省本の巻二であり、第三級では、文部省本の巻三のみの指定となっている。とすると和歌山県では、「教則」を作製する際に、発達段階や内容の連続性を考慮するというより、とにかく容易に入手できる様々な書物を単に並べたようにも見えてしまう。*22

文部省本との組み合わせ

これに対して、49の愛媛（明治一一年一一月）の例は、また別の組み合わせである。「香川郡」と「野間・風早両郡」では、学事担当者が、「実地ノ便否」を斟酌して、同じ年の三月に出された（34）の「愛媛県下等教則」に示された甲種と乙種とを「折衷」して「斟酌乙種教則」を出している。そこでは、第六・五・四級で「東京師範学校改正小学読本」

の一・二・三巻を使用し、第三・二級で「文部省読本」四・五巻を使うことになっている。この組み合わせでは、理科的な要素がほとんどなくなってしまうが、「読物」科の内容が、ストーリー性のある読み物を取り扱うという点では連続性と整合性がある。

ちなみに、この「斟酌乙種教則」は、「作文」で請取諸証文や届書を書いたり、「算術」で珠算を扱ったりするような、きわめて実用的な教育内容編成だった。「読み書き算」を基本とした、江戸期以来の寺子屋的な教育内容によって「教則」が編成されているのである。

また、104の明治一三年四月の「埼玉師範学校附属小学教則」の「読書」科では、第六級から「東京師範学校編輯小学読本一・小学読本二・小学読本三・小学読本四」を学習し、初級の最終学年にあたる四年生では、「文部省刊行小学読本四・小学読本五」を指定している。田中本の全四巻と文部省本四・五巻の合計六巻を、初級の内にすべて学習してしまおうという計画である。愛媛の「斟酌乙種教則」に、田中本の四巻を挿入した「教則」だということになる。

さらに特色のある組み合わせを見てみる。

47の石川では、明治九年一月に文部省に伺いを出した「男女同一ノ教則」をもとに教育活動を進めてきた。しかし、「女児小学科程修正ヲ要シ度気運ニ立至」ったので、明治一一年一〇月、「女児小学科程」を立てたという。その、「読法」の第七・六・五級では、「東京師範学校或ハ文部省小学読本」の巻一・二・三を使う、という規定になっている。八級で入門期の言語教育を終えた後は、田中本でも文部省本でも、どちらを使ってもいいという指定である。同学級の学習で二種の読本を混用することは考えにくいが、おそらくこれは、それぞれの学校に選択を任せるということなのだろう。さらにこの教則は、第四級と三級で文部省本を使った後、第二級では、田中本の四巻か、福沢諭吉の『訓蒙窮理図解』を使う、というユニークな指定になっている。田中本の第四巻は、『訓蒙窮理図解』とほぼ等価の内容を持っていると判断されたのである。そのことは、現場では、田中義廉の『小学読本』第四巻が、理科知識集として受けとめられたということでもある。

またこれは、『小学読本』の組み合わせ指定の例ではないが、101の「三重下等小学教則（下伊勢国度会郡野後小学校）」では、「読書」の教科目で、「改正東京師範学校編輯」の、小学読本一・小学読本二・小学読本三を使うことになっている。ここまでは何の変哲もないものの、第四級では「物理」の教科目の中に「小学読本四」が置かれている。「読書」は、下等小学第五級までで、四級は「物理」、三・二・一級は、「地理」「歴史」がそれに替わるという枠組みのカリキュラムである。『小学読本』の巻四を、物理科の教科書と見なしている点においては、先ほどの石川の「女児小学科程」と同列のとらえ方である。

石川県は、同様な考え方を引き続き採用している。明治一三年四月の「石川県尋常小学教則」（105）で、石川県は、五年（五級）制の教育課程を組む。この「読書」科では、五級の後期から『東京師範学校小学読本』巻一を使い始め、第三級後期で、その巻三までを学習する。第二級前後期は、『文部省編輯小学読本』巻四を使い、さらに第一級前後期で『東京師範学校小学読本』巻四を使うという指定である。これは、田中本を三巻まで使い、文部省本四巻を挟んで、また田中本四巻に戻るという組み合わせであり、文部省本で修身や史話を読んだ後に、理科的な内容に展開するという教育課程である。田中本の巻四を理科の教科書として考えるというとらえ方は明治九年の「女児小学科程」と同じである。

実は、田中本がもとにしたウィルソンリーダーの第三巻は、聖書物語、修身話、に続いて動物学の話に発展するという三部構成になっていた。したがって、この石川県の教則のように二つの『小学読本』を組み合わせてみると、その内容の順序だけはウィルソンリーダーの第三巻の構成に似ているようにも見える。石川県がウィルソンリーダーの三巻の構成順に、教則を組織しようと意図したとは考えにくいものの、文部省本の四・五巻を学習した後に、田中本の第四巻を学習するという発想は、必ずしも突飛なものとはいえないのである。

繰り返すが、内容の異なった『小学読本』をどのように組み合わせて教育課程を組むのかという問題は、「読書科」という教科目の内容をどのように考えるかという問題でもあるし、また同時に、子どもたちの読書リテラシーをどのように育てるのかという問題とも重なる。

一八八一（明治一四）年五月四日以降になると、「小学校教則綱領」に基づいた教育課程が実施され、小学校は、初等科・中等科・高等科という枠組みになる。この規定のもとでの教育課程編成にあたっても、多くの地域で、田中本も文部省本も、初等科の教科書にふさわしいとみなされたようである。それも、田中本は、巻三までの使用が多く、それに文部省本を組み合わせている。108の熊本、109の福島がその典型的な例である。110の山形と113の長崎は、使用される学習段階がはっきりしないが、初等科の枠内に田中本と文部省本とが載せられている。おそらく、熊本、福島の教則と同様に、田中本から文部省本へと発展させる計画だったのであろう。

先にも述べたように「小学校教則綱領」では、教科書名は直接記載されず、「読方ハ伊呂波、五十音、濁音、次清音、仮名ノ単語、短句等ヨリ始メテ仮名交リ文ノ読本ニ入リ兼テ読本中緊要ノ字句ヲ書取ラシメ詳ニ之ヲ理会セシムルコト」（傍点・稿者）という規定になっていた。したがって、教則作成者は、この「仮名交リ文ノ読本」に相当するのが、三種類の「小学読本」であると認識していたのだと思われる。

別に、114の東京、118の愛知のように、文部省本を中等科で学習するというパターンもある。これは、従来の下等小学の一・二級は、「小学校教則綱領」の中等科六・五級に対応するという考え方であろう。「中等科ニ於テハ近易ノ漢文ノ読本若クハ稍高尚ノ仮名交リ文ノ読本」という「小学校教則綱領」の規定に即して、文部省本の巻四・五は、「稍高尚ノ仮名交リ文ノ読本」だと判断されたことになる。

以上が、田中本、文部省本、田中私版本を組み合わせて指定している各地の「教則」である。しかし、ほかにも、どの「小学読本」なのかが明確に示されていないので、「不明」に分類した、多数の地域がある。とりわけ「c一—五」（二〇例）「d一—六」（二一例）の中には、ここまで検討した組み合わせ例から考えても、いくつかの読本を組み合わせて指定した例が、かなり混じっているのではないかと想像できる。少なくとも「d一—六」と指定した地域では、『小学読本』の巻六は、田中義廉編輯の田中私版本しか存在しないのだから、それとほかの『小学読本』との組み合わせ例だと考えていいかもしれない。もしそう考えていいとすれば、田中私版本の巻六を指定したのは合計二五例あり、思いの外多くの地域でこの本が使われたことにもなる。

以上の考察から、通説のように田中本が広く使われたことが確認できる。文部省本の使用は、数は少なかったが、それでも14の宮城県や、

115の広島県の例のように、文部省本の一巻から使い始めている地域もあった。それは、各地の図書館や教育機関などに、文部省本の首巻、あるいは一から三巻までが保存されていることから窺うことができる。

「教則自由化政策」が開始されたことによって、県で決定した「教則」よりもさらに教育内容を簡易化して、地域の生活実態に即した教育課程を編成することが各地で行われた。また、あるいはそれぞれの地域の必要度に合わせて「読物」科の教育内容をアレンジしたりして、実際の教育実践が行われていた。その際、選択肢として数種類の官版、あるいそれに近い『小学読本』が複数存在していたことによって、様々なパターンの教育課程が生まれたのである。それは、地域による教育内容の選択権と、学習者の教育権とを内側から保障するという意味で、きわめて重要なことだったと考えられる。

独自の『小学読本』の製作

もっとも、あらかじめ上から用意された読本ではなく、地域独自で言語教科書を作製するという試みがあったなら、その方が、より地域住民の実態に即した教科書になるだろう。各地の「教則」の中からそうした教科書の自主編集につながるような事例が見出されるだろうか。

まず、16の青森の「村落小学教則」に指定された『村落小学読本』全五巻がある。この『小学読本』は、明治一〇年三月に出された「村落小学教則（下等小学）」の中で、教科書として指定されている。青森県の教則については、牧野吉五郎の研究があり、この情報もそこからの引用である。それによると、青森県では、明治九年八月に「下等小学教則」を制定した。（11）ここには、七級から四級まで「読学」の教科書として『小学読本』が指定してある。明記はしてないが、この『小学読本』は、おそらく田中本であろう。

牧野は、この時に同時に出された上等小学教則も含めて、明治一〇年二月に、青森県の尋常小学教則が作成された、と述べる。さらに牧野は、制度的には県の教則がまとめられるという整備の動きが進んでいるにもかかわらず、「村落小学教則」を出さなければならなかったのは「正則教則の採用実施が困難な農・山・漁村における学事の向上、振興にかかわる教則現実化方策の具体的なあらわれだった」としている。つまり、県の策定した尋常小学教則は、程度が高すぎたのである。「村落小学教則」の第七・六級に、「本県単語図」「本県博物図」などの教材名が見えるのは、師範学校の作成した教材よりもさらにそれを簡易化した教材を用意しようと考えたからだろう。とするなら『村落小学読本』の内容も、農・山・漁村向けの実生活と結びついた、師範学校の『小学読本』よりも簡略な読本だったのではないかと想像される。残念ながら、この『村落小学読本』の実物は確認できなかった。実際に作られたのかどうかをも含めてこれからの研究の課題としたい。*23

あわせて、やはり青森県の、「簡易小学教則及長年生教則」（50）にも触れておこう。これは、明治一一年一一月二六日に、青森県が文部省に伺い出たものである。まず、「簡易教則」であるが、「例言」によると、この教則は学齢（六年より一二年）に至るまで「二年以上学校ニ出ルコト克ハサル子女ヲ教フヘキモノ」だという。続けて、その教育内容の記述には「日用卑近ノコトヲ知ルニ止マル故ニ人間社会ニ在テ是程ノ者ヲ知ラサレハ人ニシテ人ニアラザルモノト謂フベシ」という認識が示されている。学期の単位は、四ヶ月で、それが四単位、すなわち四六〇日で全課程を終えるという課程になっている。先の、「村落小学教則」よりも、さらに通学の難しい子どもたちを対象に設定された教育課程である。ここには、田中本も文部省本も一切登場しない。そのかわり、徹底して地域の日常生活に必要な読み書き能力を教えるような教育内容が想定されている。

また、すでに学齢期を過ぎているが「未だ小学の教を受けぬ者」に対しては、「長年生教則」が用意されていた。ここで使用する教科書は、『農業往来（本県訂正）』『商売往来（本県訂正）』と、『文字之教』『十二月帖』である。寺子屋で使用していた往来物が、若干改訂されて、使用されているのである。また、福沢諭吉が編集した『文字之教』や『窮理捷径 十二月帖』が指定されているのは、明治五年の「小学教則」にその書目が載せられていたからであろう。青森では、こうした寺子屋時代から引き続いた教科書類が「長年生教則」の中に登場しているが、青森ばかりでなく、各地域の正規の「小学教則」の中にも「往来物」が採用されている。というより、文部省の「小学教則」の「単語読方」にも「往来物」は登載されていた。おそらくそれが地域住民の現実に、もっとも適合した言語教科書だったからだろう。（「往来物」に関しては、次章で『長崎県師範学校編輯消息往来』を検討する際に触れる。）

別に、66の、愛媛県の「下伊予国和気温泉久米郡教則」では、第四級から一級まで「新撰読本」が指定されている。この読本も『小学読本』とは異なる書名を持つ独自の教科書らしい。しかし「当分師範学校読本」の巻一から三まで、また「文部省読本」の巻四・五を「代用」することになっていた。このような代用措置は、同じ「読法」科の教科書である「連語図」「書牘」についても同様である。久米郡の学務担当者は、本来なら、地域の事情を十分に汲んだ教材や教科書を編成するべきではあるが、当分は文部省版で代用せざるをえないと認識していたのだろう。久米郡が独自に構想した「読本」が、実際に作成されたのかどうかは不明だが、下等小学のすべての言語教科書を独力で編成することは、かなり困難な仕事になるであろうことは、容易に想像がつく。[*24]

これらに対して、いちはやく明治五年に「下等小学教則」を出して、それが各地域の「教則」の典範となった師範学校（東京）からは、一八八〇（明治一三）年一月に「東京師範学校附属小学教則・下等小学」が出されている（89）。それによると、「読書」科では、第六級から順次高学年になるにしたがって『小学読本』の巻を重ねていき、学習の程度を高めていくことになっている。巻三までの『小学読本』は、おそらく田中本なのであろうが、さらに、巻四・五・六も、教科書として指定されている。これが、文部省本なのか、田中私版本なのかは、判断が難しい。しかし、注目されるのは、下等小学校最高学年の第一級の教科書に、「小学読本巻ノ七」があげられていることである。これまで見てきたところでは、『小学読本』に、「巻七」という巻名のつく書物は存在しない。

それだけではなく、「東京師範学校附属小学教則」では、さらに「上等小学」に、第八級で「読本一」、第七級で「読本二」、第六・五級で「読本三」、第四・三級で「読本四」、第二・一級で「読本五」が、示されている。「読書」科の「上等小学」専用の「読本」は、実際には未刊行だった。とするなら、この「教則」に書き込まれていた下等小学の「小学読本」や上等小学の「読本」は、師範学校、あるいは師範学校附属小学校において、新たに企画していた教科書群を、あらかじめ予告したものだった可能性もある。

そこで想起されるのが、文部省が進めていた「小学課業書」の計画との関連である。先に触れたように、掛本勲夫の研究によって、一八七九（明治一二）年一一月に、「文部省ニテ漸次出版スベキ小学課業書目録」が発表され、その中に『小学読本』が含まれていたことが分かっている。そればかりか、明治一三年三月頃には、『小学読本波号』三冊『小学読本呂号』四冊『小学読本伊号』五冊の合計一二冊の『小学読本』の計画があり、教科書の草稿までできあがっていたという。この「東京師範学校附属小学教則」に掲載された下等小学用の読本は七冊であり、上等小学用の読本は五冊である。両方を合わせれば一二冊となり、文部省の計画した『小学読本』と同じ冊数になる。したがって、文部省による新しい官版『小学読本』作成計画を知った東京師範学校附属小学校が、その情報を自校の教則に書き込んだ可能性が考えられる。

さらにいうなら、その『小学読本』の編集作業に、ほかならぬ東京師範学校のメンバーが関わっていたことさえ想像できなくはない。明治一二年三月から、師範学校の校長は伊沢修二、訓導兼校長補は高嶺秀夫が任ぜられていた。両名ともに、アメリカからペスタロッチ主義の教育学を学んで帰朝したばかりである。その後、伊沢修二は、森有礼文部大臣のもとで、実際に『読書入門』『尋常小学読本』『高等小学読本』などの、グローバルスタンダードをめざした官版教科書の編集に関わることになる。もし伊沢や高嶺が新しい「小学課業書」の作成に関係していたとするなら、その『小学読本』の内容は、西欧的文化をベースにした進歩的な教科書だったのかもしれない。そうだとすれば、それは、田中義廉編集の『小学読本』の後継書という位置づけになる。

また一方、東京師範学校には、稲垣千穎のような国学の素養を持った人物も在籍していた。既述したように、伝統的内容の『小学読本』は、田中義廉編集の『小学読本』に約一年遅れて、榊原芳野・那珂通高・稲垣千穎の三名による編集で刊行されており、その第四巻と第五巻は、那珂通高と稲垣千穎が担当している。その後、稲垣は、東京師範学校の教員として勤務し、教科書編集に対しても強い意欲を持ち続けていた。その成果は、明治一四年から一五年にかけて『本朝文範』『和文読本』などの国文教科書として刊行された。もし稲垣千穎が、この時計画された『小学読本』に関わっていたとするなら、教科書の内容は、伝統的・保守的内容の強いものになったであろう。それは、榊原芳野・那珂通高・稲垣千穎の編集した『小学読本』の延長線上に置かれたはずである。[*25]

とするなら、この時、『小学修身訓』を作成した西村茂樹の方向性と一致するような『小学読本』は、おそらく後者だったのではないかと想像される。もちろん、これは全くの憶測でしかない。しかし、もしここでそうした傾向の『小学読本』が刊行され、全国に普及したならば、第三部第二章で触れる、画期的な『読書入門』『尋常小学読本』の出現はなかったかもしれない。

＊

本章では、ここまで各地の「教則」と、そこに指定された「小学読本」が、数書類刊行されていた「小学読本」のどれに相当するのかを比定しながら考察を進めてきた。当然のことだが、各地の教則の「読書」科に相当する教科目の中に「小学読本」の書目が示されていたとしても、それが実際に県下の各学校でそのまま使用されたことを、保証するわけではない。というより、各地の様々な教育実態を考えると、「教則」で示された読本が、その規定どおりに各県下の各学校で使用されたとは考えない方がいいだろう。

官版の「小学読本」は、それを入手するのに伴う困難、日常生活とかなり距離のある内容、また、難解な文章表現など、多くの地域の子どもたちの教育実態とは遊離していた。あるいは、「小学読本」が作成された趣旨を十分に理解した上で、それを子どもたちに教授できるような指導技術を身につけた教師の数も、必ずしも多くはなかった。したがって、「小学読本」という書目が「教則」の中にあったからといって、必ずしもその内容が子どもたちの言語生活に活かされるものとして指導されていたわけではないだろう。しかし、そうした状況にもかかわらず、各地の学務課員や教員たちは、新しく始まった学校教育の中で、「小学読本」を中心的な教科書として選択し、子どもたちに基本的なリテラシーを保障しようと、様々な努力を重ねていたのだった。

注 (Endnotes)

*1 掛本勲夫『明治期教科書政策史研究』皇學館大学出版部　二〇一〇(平成二二)年一二月　一—二九頁。

*2 『文部省第三年報』「付録第一」「文部省報告課編纂書籍取扱心得・明治九年二月定」一九頁。

*3 明治七年『文部省年報』島根県学事年報　二三八丁。

*4 佐藤秀夫「解題——『文部省日記に関する研究』」『明治前期文部省刊行誌集成・別巻(解題・総目次・索引・一覧)』歴史文献、一九八一(昭和五六)年一月　二三—二六頁。のち、佐藤秀夫『教育の文化史3　史実の検証』阿吽社　二〇〇五(平成一七)年六月　一〇一—一〇八頁に再録。

*5 中村紀久二の編集によって、内閣文庫蔵書の『文部省地方学務局・文部省普通学務局　調査済教科書表　自明治一三年一〇月・至明治一八年二月』が、『教科書研究資料文献第二集』という形で公刊されている。一九八五(昭和六〇)年一月　芳文閣。中村紀久二による詳細な「解題」が、この時期の文部省の教科書行政の本質を剔抉している。

*6 掛本勲夫『明治期教科書政策史研究』皇學館大学出版部　二〇一〇(平成二二)年一二月　三〇—六二頁。

*7 「文部省第四年報(明治九年)」に、習字教育に関する西村茂樹と九鬼隆一の次のような巡視報告がある。「方今習字ノ法ハ、楷書ヲ先トシテ行書ヲ後ニス。是ハ支那ノ書家ノ理論ニ基ク所ナルベケレドモ、甚ダ実用ニ適セズ。故ニ小学ニ入ルコト二三年ニシテ受取書一ツモ書得ルコト能ハズ。迂闊ナル授業法ト云フベシ。(或学校ニテハ一字毎ニ教師ノ命令ヲ待テ筆ヲ下ス者アリ。拘泥ノ甚シキ者ト云フベシ。)習字ハ先ヅ行書ヲ教へ、次ニ草書ヲ教へ、最後ニ楷書ヲ教フベシ。或ハ楷書ヲ廃スルモ可ナルベシ。習字手本ノ文ハ、日用ノ往復文受取書送状証文願届等ノ日用親切ノ文ヲ教フベシ。」

*8 明治六年に刊行された『小学読本』には、大きく分けて初版本とその改訂版がある。さらには明治七年八月の大改正本もある。望月久貴『明治初期国語教育の研究』溪水社　二〇〇七(平成一九)年二月　三六二—三八〇頁。それらの比較検討作業は、先行研究に譲り、ここでは、三者の差異は、それほど大きなものではないとおおざっぱに考えておく。なお、両者の「対話表現」に関する差異については、第二章で、触れたとおりである。

*9 高木まさき「『小学読本』巻之四・五の研究——その構成と出典の検討を通して」『国語科教育』第四七集　全国大学国語教育学会　二〇〇〇(平成一二)年三月　五七—六四頁。この論考は、『小学読本』巻之四・五が、構成面では、宗の時代に臨川王劉義慶が編んだ『世説新語』や、日本版『世説新語』ともいうべき服部南郭の編んだ『大東世語』の徳目分類に依拠した可能性があることを論証している。

*10 古田東朔『小学読本便覧　第一巻』武蔵野書房　一九七八(昭和五三)年一二月　三六八—三七二頁。『日本教科書大系　近代編　第四巻　国語(1)』講談社　一九六四(昭和三九)年一月　七一二頁。

*11 家蔵の『小学読本』のうち、四冊の裏表紙に、共通してその持ち主の名前が「長野県小県郡和田村〇〇〇〇」と同一筆跡で記された『小学読本』がある。巻二と巻三は田中本、巻五は那珂通高と稲垣千穎の編集した文部省本、巻六は田中私版本である。同一人物が、この順番の通りに読本を使用した保障は無いが、和田村の小学校では、実際に三種類の『小学読本』を組み合わせて使っていたということを示す事例ではないかと考えられる。

*12 田中が理科的な内容の私版本の第五巻と第六巻を出す以前に、やはり同じような内容の『小学読本』が公刊されている。それは、元木貞雄の編集した教科書

である。現在のところ、東京学芸大学と家蔵本しか所蔵が確認できない。おまけに、それは第五巻と第六巻のみである。したがって、第一巻から第四巻までが、出版されていたのかどうか、あるいは実際に広範囲の地域で使用されたのかなどについては不明である。東京学芸大学本の第五・六巻の奥付には、明治八年五月、官許小学舎蔵版、発兌書肆は、水野慶次郎と木村文三郎と記されている。また、家蔵本の第五・六巻の奥付には、明治八年、稟准・元木氏蔵、発兌書肆は、加藤正兵衛・水野慶次郎・木村文三郎と書かれている。以上のように奥付の表記は若干異なるが、本の内容は、学芸大学本・家蔵本ともに同じである。著者の本木貞雄（元木貞雄）は、明治期に活躍した英学者として知られている。第五巻の内容は、主に植物学、第六巻は、人体と動物学に関するものであり、ウィルソン第三リーダーの挿し絵に酷似する図版も挿入されている。

この本に関する情報はきわめて乏しいが、もし、この『小学読本』が五巻と六巻だけしか刊行されていなかったとするなら、次のような推測が可能かもしれない。それは、文部省から刊行した田中義廉の『小学読本』が、第四巻までで途切れてしまったので、元木が、その続編の作製を意図したのではないか、という想像である。元木は、田中本の第四巻に接続させる意図で、田中の依拠したウィルソンリーダーの第三・四巻を元にしながら、生物学（植物・動物）に関する内容を二巻本としてまとめたのではないだろうか。作業としては、官版教科書の補遺である。このような動機から官版教科書を補うような民間教科書や、それに類似した本を作製しようという発想は、「子ども向け翻訳啓蒙書」に携わった人々の意識とかなり近いものがある。たとえば、上羽勝衛が官版『単語篇』の補充本である『続単語篇』を作製した事例や、鳥山啓が文部省の「小学教則」に教科書として指定された小幡篤治郎著『天変地異』（窮理書）の続編である『変異弁』を出版した事例などが、それに当たる。あるいは、この読本の出版は、「師範学校教則」に『小学読本』の「巻五」と記されていたことと何らかの連関があるかもしれないが、その詳細は不明である。

もっとも、元木がこの本を刊行したのと同じ明治八年には、田中義廉自身が私版本として、やはり巻四に連続する内容を持った巻五を出版し、続いて巻六も刊行した。この田中私版本の教科書は、地域の「教則」に指定された例もあるし、実際、ある程度の数が出回った形跡がある。したがって、元木の仕事は、ほとんど省みられなくなってしまったのではないか、と想像することもできる。

*13 図版に示したように、「田中私版本」の巻一から巻三の見返しには、以下のような文章が載せられている。「予嚢に師範学校を創するの際に方りて。切に小学教科の書に乏きに苦む。由て俄に小学読本を編みて。之を生徒に授く。実に忽卒の間燃眉の急を防くを以て。文理順整なるを得す。今復諸書を抄訳し之を添削して。此書を編し試に家憧に授くるに。較前日の者に優る所あるに似たり。依て再ひ上梓して世に公にす。聊教育を賛くるの微志にあり。源義廉」ここには、最初に刊行した四巻までの『小学読本』の作製に苦しんだことと、新しく公刊した私版本に対する自負が記されている。当時の教科書類の通例からすれば、「序」や「例言」ならともかくも、こうした自身による述懐の文章を、見返し部分に大書する版面のレイアウトは、いささか異例とも言えよう。

それとは別に、大阪の出版者であった三木佐助の『玉淵叢話』に、田中義廉の私版本に関する次のようなエピソードがあるので、以下に紹介しておく。三木は、明治一二年の七月一八日に、大阪の久宝寺町警察署へ呼び出された。教科書の偽版の捜査である。身に覚えのない三木は、署員とのやりとりの後で、逃げ帰ってくるのだが、そこで官憲から聞かされた話として、次のような情報を記している。「其頃田中義廉といふ人の編纂で高等師範学校の出版に係わる（ママ）小学読本は非常に能く売れ行きましたが其第一巻より第四巻までは一般に自由反刻を許されて居りましたけれども第五の巻に限って著者の利欲主義から私

『小学読本』明治8年

版として発行したのであります」『玉淵叢話・下』開成館　一九〇二（明治三五）年八月　三七―四〇頁。世上の噂に過ぎないだろうが、文部省を退官して「田中私版本」を発行した田中義廉の仕事を、「著者の利欲主義」と受けとめた人もあったわけである。また、この話題に関連した情報として、一八七六（明治九）年五月一日の「読売新聞」に、田中義廉が小学国語読本巻五の偽版の作製に対して訴訟を起こした報道があることも記しておこう。文部省から退いた田中の側からすれば、自分の著作権を主張するのは当然だが、官版『小学読本』の第四巻までは自由に翻刻販売することが可能だった地方書肆からすれば、官版教科書に連続する内容の田中私版本を翻刻することができない事態は、納得がいかなかったかもしれない。

*14 高木まさき「田中義廉編『小学読本』の研究――大改正本から私版本へ」『読書科学』第四七巻第一号　二〇〇三（平成一五）年四月　一二三―一二九頁。

*15 海後宗臣「小学校教則の編成」『海後宗臣著作集・第八巻』東京書籍　一九八一（昭和五六）年三月　一二五―一四四頁。

*16 海後宗臣「初等教育の実体」『海後宗臣著作集・第八巻』東京書籍　一九八一（昭和五六）年三月　二〇〇―二二四頁。

*17 仲新『近代教科書の成立』初版・講談社　一九四九（昭和二四）年七月　複製・日本図書センター　一九八一（昭和五六）年四月　一四二―一四六頁。

*18 片桐芳雄『自由民権期教育史研究――近代公教育と民衆』東京大学出版会　一九九〇（平成二）年一一月。一六〇―一六二頁に、教育令公布前後の全国的な教則の改正の状況が一覧表として示されている。

倉沢剛『小学校の歴史』ジャパンライブラリビューロー　Ⅲ巻「府県小学校の成立過程・前編」一九七〇（昭和四五）年三月、Ⅳ巻「府県小学校の成立過程・後編」一九七一（昭和四六）年三月。

甲斐雄一郎『国語科の成立』東洋館出版社　二〇〇八（平成二〇）年一〇月。この本の第一章で、甲斐は、海後宗臣の研究を踏まえて「教科課程の類型」の検討を行っている。

*19 甲斐雄一郎『国語科の成立』東洋館出版社　二〇〇八（平成二〇）年一〇月　四三頁。なお、甲斐も引用しているが、各地域の官立師範学校附属小学校の「教則」については、以下の研究がある。

橋本美保『明治初期におけるアメリカ教育情報受容の研究』風間書房　一九九八（平成一〇）年三月。

橋本美保は、この著書に先立つ論文（「官立師範学校におけるカリキュラム研究――小学教則の制定とその普及に果たした役割」『東京学芸大学紀要・第一部門・教育科学』四五号　一九九四（平成六）年三月　一五三頁。）の中で、「地方の官立師範学校は明治一一年には全て廃校となる短命な学校であったが、東京師範学校の小学教則を全国に伝習するための派出的機関にとどまるものではなかった」とし、地域の「官立師範学校の小学教則がそれぞれ管下の府県になんらかの形で普及した」と述べている。東京の師範学校だけが明治初期の教育を主導したわけではなく、教育内容やその方法を確定していくのには、地方の官立師範学校の役割も大きかったということである。

*20 家蔵本七〇種類（八一冊）の『小学読本』の「題簽」「見返し」「内題」「版心題」の表記は、次表の通りである。

	題簽	見返し	例言	内題	版心題	発行人	刊行年月	定価	
首巻	(小学)読本	(小学)読本	欠	読本	小学読本	不明	七・五＊		首巻のみ
首巻	(小学)読本	(小学)読本	欠	読本	小学読本	和泉屋市兵衛	七・五＊		首巻のみ
首巻	小学読本	小学読本	(小学)読本	読本	小学読本	山梨県重刻	七・七＊＊		首巻のみ　複本・二冊
一	欠	(小学)読本	(小学)読本	読本	小学読本	学務局	六・六＊＊		首巻＋一巻合冊
一	(小学)読本	(小学)読本	(小学)読本	読本	小学読本	大坂師範学校	七・七＊＊		首巻＋一巻合冊
一	(小学)読本	(小学)読本	(小学)読本	読本	小学読本	秋田屋源助（名古屋）	七・五＊		首巻＋一巻合冊　◇
一	(小学)読本	(小学)読本	(小学)読本	読本	小学読本	小川義平他（滋賀）	八・一一		首巻＋一巻合冊
一	(小学)読本	(小学)読本	(小学)読本	読本	小学読本	和泉屋市兵衛	七・五＊		
一	(小学)読本	(小学)読本	(小学)読本	読本	小学読本	野田大二郎（和歌山）	七・五＊		
一	(小学)読本	(小学)読本	(小学)読本	読本	小学読本	鳥屋十郎（越後）	八・九		
一	(小学)読本	(小学)読本	(小学)読本	読本	小学読本	三浦源助（岐阜）	一五・一		
一	小学読本	(小学)読本	(小学)読本	読本	小学読本	澤宗治郎（滋賀）	一五・九		
一	欠	(小学)読本	(小学)読本	読本	小学読本	岡安慶介（岐阜）	一六・一一		
二	(小学)読本	欠		読本	小学読本	不明	不明		
二	(小学)読本	(小学)読本		読本	小学読本	愛知県師範学校	不明		
二	(小学)読本	(小学)読本		読本	小学読本	東京書林（山中市兵衛）	七・五＊		
二	欠	小学読本		読本	小学読本	内藤伝右衛門（山梨）	七・五		
二	(小学)読本	(小学)読本		読本	小学読本	愛知県豊川堂	七・五＊		
二	(小学)読本	欠		読本	小学読本	秋田屋源助（名古屋）	不明（七・五）		◇と同帙に収納
二	(小学)読本	(小学)読本		読本	小学読本	澤宗次郎（滋賀）	八・一一		
二	小学読本	欠		読本	小学読本	杉本甚吉他（京都）	一五・一二		誤字訂正
三	(小学)読本	欠		読本	小学読本	不明	不明		
三	(小学)読本	欠		読本	小学読本	秋田屋源助（名古屋）	不明（七・五）		◇と同帙に収納
三	(小学)読本	(小学)読本		読本	小学読本	不明	七・五＊		
三	(小学)読本	(小学)読本		読本	小学読本	小川義平他（滋賀）	八・一一		
三	(小学)読本	(小学)読本		読本	小学読本	三浦源助（岐阜）	一五・一		複本・二冊
三	小学読本	(小学)読本		読本	小学読本	澤宗治郎（滋賀）	一五・九		
四	(小学)読本	欠	小学読本	小学読本	小学読本	山中市兵衛（東京）	不明		
四	(小学)読本	欠	小学読本	小学読本	小学読本	不明	不明		
四	(小学)読本	欠	小学読本	小学読本	小学読本	不明	六・八＊＊		
四	(小学)読本	(小学)読本	小学読本	小学読本	小学読本	東京書林（山中市兵衛）	七・五＊		
四	(小学)読本	(小学)読本	欠	小学読本	小学読本	不明（文部省）	七・五＊		
四	(小学)読本	(小学)読本	欠	小学読本	小学読本	野田大二郎（和歌山）	七・五＊		
四	(小学)読本	欠	小学読本	小学読本	小学読本	秋田屋源助（名古屋）	不明（七・五）		◇と同帙に収納
四	(小学)読本	(小学)読本	小学読本	小学読本	小学読本	講習館（長嶋為一郎）	七・一一		

四	[小学]読本	[小学]読本	小学読本	小学読本	小学読本	大阪師範学校	八・四＊		
四	[小学]読本	[小学]読本	欠	小学読本	小学読本	小川義平他（滋賀）	八・一一		
四	[小学]読本	[小学]読本	小学読本	小学読本	小学読本	水野慶次郎（東京）	九・三		
四	[小学]読本	[小学]読本	小学読本	小学読本	小学読本	田中重信他	九・六		
四	[小学]読本	[小学]読本	小学読本	小学読本	小学読本	三浦源助（岐阜）	一五・一		
四	小学読本	欠	小学読本	小学読本	小学読本	澤宗治郎（滋賀）	一五・九		
四	欠	[小学]読本	小学読本	小学読本	小学読本	杉本甚助（京都）	一五・九		誤字訂正
四	小学読本	小学読本	欠	小学読本	小学読本	横山安治郎（鳥取）	一六・二		瀧淵堂
四	欠	[小学]読本	小学読本	小学読本	小学読本	柳河梅次郎（東京）	一六・六	一四銭	
四	[小学]読本	[小学]読本	小学読本	小学読本	小学読本	今井七郎兵衛（京都）	一六・七	一〇銭	誤字改正・複本二冊
四	欠	[小学]読本	小学読本	小学読本	小学読本	石川次兵衛（東京）	一六・七		
四	小学読本	小学読本	小学読本	小学読本	小学読本	福井源治郎（京都）	一六・九		誤字改正
四	[小学]読本	[小学]読本	小学読本	小学読本	小学読本	五十嵐太右衛門（山形）	一六・一〇		
四	[小学]読本	欠	小学読本	小学読本	小学読本	岡本仙助（大阪）	一六・一一		
四	[小学]読本	[小学]読本	小学読本	小学読本	小学読本	鬼頭文泉堂（名古屋）	一七・三		
四	不明	[小学]読本	小学読本	小学読本	小学読本	兵庫県学務課	一八・三	八銭	
五	[小学]読本	欠		小学読本	小学読本	和泉屋市兵衛（東京）	不明		
五	欠	欠		小学読本	小学読本	福井源次郎（京都）	不明		
五	[小学]読本	[小学]読本		小学読本	小学読本	内藤伝右衛門（山梨）	不明		複本・三冊
五	[小学]読本	欠		小学読本	小学読本	不明	不明		
五	[小学]読本	欠		小学読本	小学読本	秋田屋源助（名古屋）	不明（七・五）		◇と同帙に収納
五	小学読本	小学読本		小学読本	小学読本	不明（師範学校彫刻）	七＊		
五	小学読本	小学読本		小学読本	小学読本	和歌山県翻刻	七・四＊		
五	[小学]読本	[小学]読本		小学読本	小学読本	東京書林（山中市兵衛）	七・五＊		
五	[小学]読本	[小学]読本		小学読本	小学読本	野田大二郎（和歌山）	七・五＊		
五	[小学]読本	[小学]読本		小学読本	小学読本	不明（文部省）	七・五＊		複本・二冊
五	[小学]読本	[小学]読本		小学読本	小学読本	青山清吉他（東京）	七・五＊		
五	小学読本	小学読本		小学読本	小学読本	高運堂（兵庫）	七・一二＊		
五	不明	[小学]読本		小学読本	小学読本	小川義平他（滋賀）	八・一一		
五	[小学]読本	欠		小学読本	小学読本	岡本仙助（大阪）	一五・九		
五	[小学]読本	欠		小学読本	小学読本	澤宗次郎（滋賀）	一五・九		
五	[小学]読本	[小学]読本		小学読本	小学読本	三浦源助（岐阜）	一五・一		
五	欠	[小学]読本		小学読本	小学読本	野口幾次郎（東京）	一六・一一		
五	欠	[小学]読本		[小学]読本	小学読本	山中孝之助（東京）	一七・五		
合冊	欠	[小学]読本		[小学]読本	小学読本	北尾禹三郎（大阪）	七・一二		首・一―五の合冊本

奥付に記載のない場合の刊行年月は「見返し」表記による。＊＊は、「例言」の日付である。定価の記載があったのは、三点だけである。

*21 手許にある「小学読本」のうち、以下のような二本がある。一つは、『小学読本巻一』で、見返し表記が、「師範学校編輯・文部省刊行／明治七年八月改正・静岡県重刻」、奥付には、「静岡県翻刻御書籍売捌所、明治一〇年一二月一〇日御届・同年一二月二五日刻成、吉井清秀・速見義功・美濃部義備・一貫社」と、四名の名前が並んでいる。この読本の内容は、田中本の「大改正本」である。ところが、この本の見返しの後には、なんと『小学 読本』の「例言」が挿入してあって、これが第一丁なのである。おそらく、刊行元が、製本の際に、『小学 読本』の「首巻」あるいは「第一巻」の「例言」の一葉を、大改正本の『小学読本』の中に挟み込んでしまったのだろう。当然のことながら、別の本の「例言」なのであるから、まったく「例言」の役目は果たしていない。また、二つ目の例は『小学読本巻四』である。奥付は、「官許翻刻／岐阜県下・讃育社中・玉井忠造」、見返し表記が「師範学校編輯／明治七年八月改正・文部省刊行」。この本にも、『小学 読本』巻四の例言が一葉挟み込まれている。この二本の『小学読本』は、一種の乱丁本だといえるだろう。しかし、これが、単なる個々の過誤による乱丁ではないことは、東書文庫の『小学読本』の中にも同様の本が存在することによっても確認できる。稿者は本文で、「『教則』を作成した各県の学務局などの担当者は、「小学読本」という題名の教科書には、内容の異なった複数の書籍があることを承知していたことだろう。」と書いた。しかし、こうした事例を見ると、学務局や教科書書肆、あるいは教科書製造業者においても、『小学読本』と『小学 読本』とがまったく別の本であることが、はっきりと認識されていたかどうかに関しては、若干の不安が残る。

*22 「田中私版本」の特定に関して述べておく。各地の「教則」のうち、「小学読本」の第五巻・第六巻に「田中義廉編集」と記されていれば、それが「田中私版本」であることは間違いない。ところが、第一巻から第四巻までは、必ずしも「田中私版本」ではなく、師範学校編集・文部省刊行の「田中本」である可能性もある。というのは、明治七年八月に改正されたいわゆる「大改正本」の本文の最初の頁に、「田中義廉編集・那珂通高校正」と編集者名が明記してあるからだ。明治七年八月以降、全国に広く普及したのは、この「大改正本」であり、それは一般には、教科書に記された編集者名から「田中義廉編集」の教科書であると認識されていた。したがって、「教則」の中に「田中義廉編集」と記されていた場合には、「大改正本」の「田中本」であるケースも十分に考えられる。ここでは、112の大分と117の和歌山は、一・二・三巻ともに「田中私版本」であったという判断の下に本文の論述を行ったことをお断りしておく。

*23 牧野吉五郎「学制期における青森県小学教則に関する一考察」『弘前大学教育学部紀要』一九七八年三月　六三—八五頁。

*24 第三部第一章で触れることになるが、東京の金港堂から久松義典の編により、明治一三年二月四日版権免許・同年六月『新撰小学読本』が出ているが、この本と、久米郡の「新撰読本」との関係は不明である。

*25 稲垣千穎に関しては、以下の論文が詳細な情報を提供している。菊野雅之「古典教科書のはじまり——稲垣千穎編『本朝文範』『和文読本』『読本』『国語科教育』」全国大学国語教育学会　六九集　九〇—八三頁　二〇一一年三月。

第四章　各地域における小学初等読本の作製

一、地域における言語教科書概観

(1)　各地域で作製した地域版教科書

地域教科書の作製

前章で見たように、一八七四(明治七)年から、一八八二(明治一五)年くらいまでの間に各地の「教則」の「読物」科に記載された言語関係の教科書のうち、地域で独自に作製された「読本」の種類とその数は、それほど多いものではなかった。しかし、「読本」以外の地域教科書については、明治前期に、数多く製作されていたことが確認されている。

そうした研究の中で、もっとも大規模で網羅的なものは、仲新による調査である。仲は、明治前期(明治一八年まで・つまり検定期以前)の初等教科書の総数を、約二八〇〇種類だとしている。このうち、出版地が明らかになっている二一九一種類を、地域別に分類すると、東京一〇五〇、大阪二四三、京都一九一、その他七〇七になるという。その他は、名古屋、金沢、甲府、静岡、栃木、福岡、新潟などである。東京と、大阪、京都、その他の合計とを比べると、東京より地方の出版数が多いのである。

さらに仲は、「大阪、京都其の他を合わせて地方で出版された教科書が全体に対する割合を百分比」(第13表(1))で示している。この表から、仲は「入門、地理、算数の教科書は地方性が強く理科、歴史の教科書は東京出版のものが多い」と述べる。その理由として「理科は編集者が西洋近代科学に通ずることが必要であり、地方では一般にその編集が困難であった」こと、また「歴史は一般民衆とは比較的関係は薄く、小学校

(第13表)　地方教科書の全體に對する百分比(1)

年次＼種別	入門	國語	道徳	地理	歴史	算數	理科	其他	計
明治1—3	0	0	33	13	14	50	18	50	22
4－6	38	52	35	37	14	41	24	27	35
7－9	71	58	44	61	40	67	19	33	55
10—12	65	56	46	68	34	65	51	45	57
13—15	59	56	45	65	50	68	35	50	53
16—18	60	57	62	72	43	60	36	63	57
平均	62	56	49	61	33	61	32	45	52

(第13表)の(2)

年次＼種別	讀本	作文	習字	地理一般	地方地誌	筆算	珠算
明治1－3	—	—	—	13	—	50	—
4－6	0	33	73	36	50	33	100
7－9	50	55	77	58	86	64	80
10－12	71	55	53	58	79	69	61
13－15	33	57	68	45	80	57	69
16－18	34	74	80	33	100	71	65
計	39	59	70	51	82	59	68

に於いても余り広く用ひられなかつたために地方出版のものが少なかつた」と分析している。

さらに「国語は五六（%）で平均よりやゝ地方性が強いのであるが、この中には読本、作文、習字等が含まれ夫夫特色を持ってゐる。」として、さらにその内訳を見ている。それが、前頁の表（第13表(2)）、である。

ここから、仲は、「読本は東京出版のものが多く、習字は地方出版のものが極めて多いことが知られる。」と述べる。その理由として「習字はすべての小学校において行はれたものであり、江戸時代以来の往来物の伝統最も強くまた地方で著作出版することが比較的容易であるといふが如き理由によるもの」だとしている。また、地理については、地方誌が多数存在することによって、地方性が高くなっていると述べている。

こうしたことを踏まえて仲新は、「明治前期の教科書は全般的に見て地方性が極めて濃厚」だと結論し、その理由として、「近世諸藩の城下町或は商業都市の繁栄が名残をとゞめて地方文化がなほ根強い力を保つていた」ことを挙げる。しかし、その他にも理由がある、と、ことばを重ね、一、教科書決定権が府県に委ねられていたこと、二、就学率の上昇に伴い教科書需要が増大したこと、さらに、明治一〇年代には、欧米知識の紹介模倣から地方の実生活に即した内容を持つべきだと考えられてきたこと、などの要因を列挙している。*1

仲の指摘にもあるように、地域別の教科書で数多く発行されたのは、各地方の「地誌」であった。というのも、地域の地理や地誌を教授するにあたっては、全国版の教科書だけではなく、その地域独自の教科書が不可欠だからである。地域の山河や村落、あるいは地勢を学ぶためには、その地域を対象にした独自の教材集が必要になる。したがって、「地域版教科書」というと、まず、「地誌」の教科書があげられる。これらも、子どもたちの「読み物」の範疇に入るが、地域に関する情報が並列されたり、難解な説明的文章によって記述されたものが多く、読み物としての面白さを持っていたとはいいがたい。

一方、明治前期には、「習字（てならい）」の教科書も、郷土に密着した教科書として重要な役割を担っていた。それは、「習字」が、きわめて実用的な教科だったことに因由する。いうまでもなく「習字」の学習の目的は、文字を正確に美しく書くことができるようにすることであろう。だが、どのように文字を書くのかという文字の形式的な側面だけが、学習の目的だったわけではない。何を書くのか、と言うこともきわめて重要な学習目的だった。つまり、明治の「習字」の教科書には、地域の生活を営む上で欠かすことのできない自分たちの居住する地域の村名や郡名、あるいは苗字や人名などが、まずもって身につけるべき学習内容として記載されていたのである。地域の人々にとっては、その地域や周辺地域のの人々に宛てて実用的な手紙をやりとりし、地域固有の地名を読み書きできることが、住民として必須の生活リテラシーだった。それはまた、「地理」や「歴史」などの教科内容を、文字表記学習という側面から補強することでもあった。

しかし、一般的に言って国語科の教科書、とりわけ読むための教材集である「読本」の場合には、その内容に、それほどの地域性は必要とされない。というより国語教育には、全国的に通用する言語表現を習得し、それを効果的に使用する能力が期待されていたから、むしろ言語的な地域性は希薄である方が望ましい。実際、地域性よりも共通性を重視した言語読本が用意されたからこそ、方言語彙も平準化され、日本語の書記文体の統一も実現したのである。先に触れた『小学読本』の巻一の第一回の「五人種」の話題や、そこで使われていた書きことば文体も、全国で使用される国語教科書という伝達メディアに掲載されることによって、日本全国の人々の言語規範となり、多くの人々の文章・文体を統御する機能を発揮できたのである。

とはいえ、全国的な情報網がまだ十分に発達していない明治前期においては、各地域の言語文化的な差異、とりわけ、話しことばのそれはきわめて大きいものがあった。また、それぞれの地域の置かれた社会的・経済的状況にも、かなりの懸隔があった。こうした事情の中で、「地理・歴史・習字」などの地域教科書だけでなく、地域の実情を踏まえて作製された言語教科書もいくつか存在する。こうした地域版教科書に関しては、仲の全体像を概観するような研究もあり、また、個別的な調査分析もいくつか試みられている。だが、明治前期の言語教科書（読本）については、十分な見通しが示されていないというのが現状である。なかんずくそれを、国語教育史や子ども読み物の歴史の中に位置づけるような研究は未開拓である。そこで本章では、前章に引き続き、地域の師範学校や県の学務課、あるいは地域書肆などが主導して、本格的に地域の国語の教科書類を作製した諸本のうち、稿者が実物を確認できた例を、具体的に検討していきたい。そこで、明治初期から中期にかけての言語教科書について、明らかに地域が主体になって刊行したことがはっきりしている諸本を次頁のような一覧表にしてみた。

この表では、便宜上、以下の二つのグループに分けて示してある。

まずは、小学校の入門的な言語教科書を作製したグループである。文部省の刊行した類書に引き当てると、『単語篇』や『小学教授書＝小学入門』がそれに当たる。内容は、仮名文字の読み書き、単語、短句、連語などで、ストーリーをもった文章はほとんど掲載されていない。このグループを、仮に「仮名・単語・連語・短句・連句の教科書」と名づけておく。これらは、「習字」の教科書と強い関連性を持ったものも多く、また総巻数も一冊か二冊である場合が多い。もちろん新たに教科書を企画し、刊行することは大変なことだが、「読本」作製と比較するなら、それほど多くの労力を使わなくとも製作が可能だったと推測される。

一方、「読本」の類は、各学年段階にわたっての教育課程に関する展望のもとに材料を選択し、それらを数巻に配置して編集作業をしなければならないので、相当の時間と力量とを要する。その作業は単独で行うより、複数の編纂者が力を合わせた方がスムーズに進行するだろう。「読本」の学習者は、すでに入門期の文字指導を終えていることが前提だから、そこではひとまとまりのストーリーを持った長短の文章が取り上げられる。また、学習者の興味関心も入門期当初よりも広がっていることが予想されるから、それに対応して、読本には各教科にわたった様々な素材が盛り込まれる。以下、表に掲げたそれらの地域版教科書類を、次の順に検討していく。

まず、地域の実態に即した、在来の教科書類と強い連続性を持った教科書類を見ていく。それらは寺子屋などで使用していた伝統的な教材を手直しして、新しい学校教育に適応させようとしたものが多い。逆に言えば、欧米の教科書の直訳という色彩はきわめて薄い。その代表的な存在は、習字学習とも直結していた「往来物」である。また、文部省が作製した『単語篇』や『小学入門』などの教科書類を、地域の実態に合わせて、語彙や文章を補訂したり、若干改編したりしたものもある。これ

（◆は本章で取りあげる・（ ）の中の名前は編著者）

	自由編纂期	開申制期 （明治 14 年 5 月―）	認可期 （明治 16 年 7 月―）
官版教科書	M5【小学教則】 M5『単語篇』 M6『小学読本』四冊 M6『小学教授書』 →『小学入門』 M7『小学読本』五冊	M12『小学指教図』 M14【小学校教則綱領】	M17『読方入門』
仮名・単語・連語・短句・連句	M6『単語篇続』一冊　熊本（上羽勝衛）◆ M6『小学教授書単語之部　1・2』二冊　東京府学務課◆ M6『幼学須知』山形県活版社（小池啓太郎） M7『単語読本』二冊　熊谷◆ M8『単語』三冊　秋田太平学校◆ M11　村落小学書写稿　愛媛 M11『変則小学読本』一冊　名古屋（萱生奉三）◆ M12『滋賀県管内小学読本』四冊　滋賀（河野通宏）◆ M12『改正商売往来読本』一冊　東京府学務課（手習？） M12『改正百姓往来読本』一冊　東京府学務課（手習？） M12『改正消息往来読本』一冊　東京府学務課（手習？）	M14–15『小学読本』全七冊　栃木県（中島操・伊藤有隣）◆ M14『消息往来読本』一冊　長崎県師範学校（手習？）◆ M14『農業往来読本』一冊　長崎県師範学校（手習？） M14『商売往来読本』一冊　長崎県師範学校（手習？） M14『初等小学単語読本』『初等小学短句読本』各1冊　姫路（橋本義達） M15『初学読本――一名学のはしご』上中下・三冊　千葉（石川倉次・那珂通世校正） M15『初学入門』一冊　福岡師範学校◆	M16『茨城県教科用小学入門』一冊　茨城県用・金港堂 M17『うひまなび続編』一冊　徳島（山田邦彦）◆ M17『仮名交り単句編』一冊　京都（大窪実・三吉艾）◆ M18『小学初等読本入門』一冊　京都・刈谷保敏編輯◆ ↓
文・文章	M6『童蒙読本』一冊　熊本（上羽勝衛）◆ M10『初学入門』一冊　和歌山（鳥山啓）◆ M10『村落小学読本』青森（未見） M11『小学読本』五冊　盛岡師範学校（未見） M12『新撰読本』三冊　愛媛県和気温泉久米郡（未見） M13『沖縄対話』二冊　沖縄県学務課		M17『初等小学読本』四冊　静岡（鈴木忠篤）◆ M18『小学普通文読本』（書簡文）四冊岡山県学務課 M17『小学初等読本』四冊　京都（大窪実・三吉艾）◆

らの書物の中で「読本」という名称を持ったものを、特に取り上げて検討する。

次に取り上げるのは、官版の二つの『小学読本』を編集し直して、新しい読本を作り出した例である。前章では、『小学読本』と『小学 読本』を組み合わせて使用した地域があったこと、およびそのパターンを紹介したが、それよりもう一歩進んで、中央から提示された「小学読本」の内容を、組み替えて別の読本に編集してしまった地域がある。

最後に、文部省や師範学校の「小学読本」の編集姿勢などに学びながら、「下等小学」「小学校初等科」「尋常小学校」などの全段階にわたる教材集として、地域独自の「小学読本」を作製した例を検討する。そこではどのような内容の文章が用意されたのか、あるいは子どもたちが自力で本を読む能力の育成に関してどのような見通しに立っていたのか、などについても考えてみたい。

二、在来の教科書と連続性のある教科書類

(1)『単語篇』に類似した地域言語教科書

まず、語彙の学習である『単語篇』に関係する教科書類を、以下に数点紹介する。『単語篇』に関しては、高木まさきの研究が最も詳細で広範にわたっている。高木は、官版の『単語篇』を基準にして、それとの異同を調べて、諸本の内容を検討している。ここでは、その研究のうちから明らかに地域が主体になって作られたもので、「読本」と関連のありそうなものを取りだして検討したい。*2

熊谷県の場合

熊谷県では、文部省の『単語篇』をもとにした『単語読本』一・二巻が出ている。この本は、書名の中に「読本」という呼称を含んでいるので、当時、「読本」という概念がどのように考えられていたかを考える資料にもなる。

熊谷県は、現在の埼玉県西部・北部および群馬県の大部分に相当し、

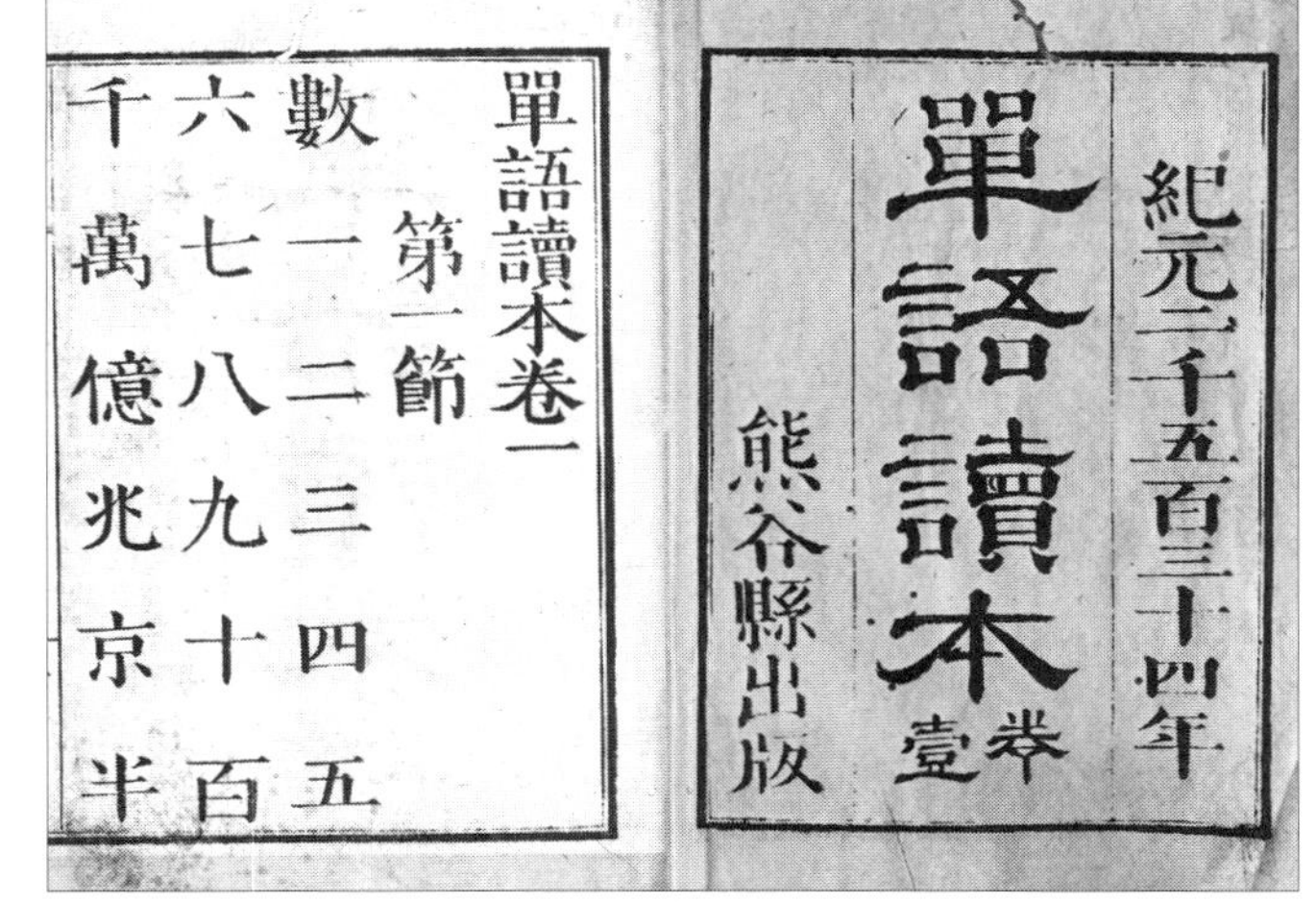
紀元二千五百三十四年
單語讀本 巻壹
熊谷縣出版

單語讀本巻一
數 第一節
一 二 三 四 五
六 七 八 九 十 百
千 萬 億 兆 京 半

『単語読本』 熊谷県 明治7年

明治六年から明治九年まで存在した地域名である。高木まさきの整理を借りると、『単語読本』は、次のような内容になっていた。

「いろは、五十音、喉音呼法、濁音、半濁音、四種活用図、なし。音訓なし。語注なし。一は単語篇一、二の語を中心にまとめ、さらに増補。二は、別語。単語篇の項目をもととするが、項目名はなし。内容的には、一では軍備、疾病、二では薬物に該当するものを増補。」

この本は文部省の『単語篇』にかなり依拠しているが、内容的には「軍備・疾病・薬物」など、もとの『単語篇』にはない語彙を若干増補したものである。見返しの刊記によれば、『単語読本』の刊行年は一八七四（明治七）年である。『単語篇』と同様に、全編にわたって単語のみが印字されており、図版は全く挿入されていない。

しかし、それを補うためか、熊谷県では、別に図入りの本として、『単語図会』という教科書を刊行している。こちらは、一八七五（明治八）年一一月の刊行で、群馬県師範学校の前身である熊谷県の暢発学校の七等教員だった斎藤幸直の著書である。この『単語図会』の「緒言」には、次のように書かれている。すなわち、先に刊行された『単語読本』は「童幼ヲシテ諳誦セシメ音訓ヲ整ヘ以テ文字ヲ会シ知識ヲ啓クノ需要概略尽セリ」と、一定の目的を達したが、「山間村落自カラ人智ノ開発遅緩ナキ能ハス」という現況に鑑み、その理解を助けるために図版を添えた本を作製したのだ、と。文字だけが並んだ教科書では、その単語がどのような具体的な事物を指し示しているのかが分かりにくいので、『単語読本』だけではなく、図を添えた教科書が必要だ、とする趣旨である。その方針どおり『単語図会』は、『単語読本』に収められた単語のほとんどを図解した「単語絵本」のような構成になっている。江戸期にもこうした教育用の「絵本＝図会」は、数多く刊行されていた。

『単語図会』明治８年

とすれば、熊谷県の『単語読本』の「読本」という用語は、『単語図会』の「図会」と対応していたのかもしれない。つまり、文字を「読むこと」を担当するのが『単語読本』であり、図を見ることによってそれを文字と結びつけて理解させるのが『単語図会』という役割分担になっていた、と考えるのである。明治五年に出された文部省の「小学教則」に立ち戻って、『単語篇』が置かれていた教科目を確認してみてもいい。そこでは、『単語篇』は、「単語読方（コトバノヨミカタ）」という教科目で使用する教科書だった。『単語篇』が「読方」の教科書だったとするなら、熊谷県の『単語読本』が、「単語（コトバ）の読み方の本」という意味を表していたのだと考えることもできるだろう。

この点に関して、井上敏夫の『単語篇』に関する解説を引用してみたい。というのも、井上は、明治期の国語教科書を博捜して、大量の書目を整理して位置づけた研究者であるから、国語教科書の史的研究においては、井上が使った概念や用語自体も、本研究の大きな指標になるからだ。*3

「単語篇」の名称は、「会話篇」などとともに、欧米の学制に従っているが、単語によって漢字を授け、その単語の持っている内容によって諸物を教授し、日常生活に必要な常識を養成しようと意図している点では、全く江戸時代の往来物の系統をついでいるものということができる。文字・語いの体系が児童の能力の程度を無視したものであることは問題であるが、読本による漢字提出法の初歩のものとしての史的意義がある。

井上は、『単語篇』を「読本による漢字提出法の初歩」であると述べており、ここで「読本」という用語を使っている。井上によれば、『単語篇』も「読本」概念の中に入る、とされている。つまり、「読むこと」に関係する学習内容を冊子形態にしたものは、すべて「読本」と呼ぶという認識なのである。おそらく、掛図のような掲示物形態になっている学習材に対して、冊子形態の印刷物はすべて「読本」と考えているのであろう。とすれば、一般的に考えられているように、リーダー（Reader）の訳語として、「読本」という用語が使われたという認識は、ひとまずそれで間違いないにしても、実際に日本の教科書における「読本」という用語とその内容は、アメリカのリーダーと完全に対応していたわけではないということになる。つまり、言語の読み方学習の素材を書物の形でまとめたもの総体を「読本」と称する場合もあるし、それを学習段階別に分冊形式にして「単語読本」「連語読本」「文章読本」と称することもあったのである。いずれにしても、熊谷県による『単語読本』は「読本」という語彙を題名に含んではいるものの、それが「読み物を集めた教材集」という意味で使用されていたのでないことだけは明白である。

なお熊谷県では、一八七六（明治九）年一月には、土肥鋭之進の編纂で『字解標記単語読例一巻』という書名の『単語読本』の注解書が、地元熊谷の博文堂（森市三郎）から刊行されている。この本の「凡例」には、本書は、『単語図会』の「参観ニ供ヘ初学ノ一端ト」するために出されたと記されている。こうしたことから、熊谷県下においては、この『単語読本』が、実際の学校教育の中で盛んに使用されていたことが推察される。

秋田県の場合

秋田県には、一八七四（明治七）年から一八七五（明治八）年にかけて、太平学校が編集した『単語』という教科書がある。太平学校は、明治初期に秋田県の教育の進展に先導的な役割を果たしていた。

この本も高木まさきの整理を借りると、次のような内容である。「単語篇とは別種の物。語、項目とも単語篇を参考にはしている。ただし、いろは、五十音、喉音呼法、濁音、半濁音、四種活用図、なし。第一篇は一字語、第二篇は二字熟語、第三篇は三字熟語。語数は単語篇よりもかなり多い。それぞれ語群の後に例文あり。」高木が、この本は「単語篇とは別種」と述べているように、『単語篇』と別の教科書ではあるが、文部省の『単語篇』を下敷きにしている。したがって、秋田県がまったく独自に構想・編集したものではなく、単語編の類似教科書だと考えることができる。

秋田県の『単語』は、文部省の『単語篇』をモデルに選んだ時点で、井上毅夫の言うところの「単語によって漢字を授け、その単語の持っている内容によって諸物を教授し、日常生活に必要な常識を養成しようと意図している点では、全く江戸時代の往来物の系統をついでいる」という性格を引き継いだ。しかし、全く旧来の事物に関する単語だけが選択されていたわけではない。

図版で示したのは、秋田県の『単語』の「第二篇」の見返しと、一丁表である。ここには「天文　大空　大陽……」と、二十の単語が並んでいる。一丁裏には、それに続いて二一番目の単語「蜃楼」があって、それ以下には、例文も並んでいる。すなわち、「大陽とハ、日のことなり、大陰とハ、月のことなり、大陽の周囲を運行する星を、遊星といふ、第二水星……」と、文章が続いていくのである。このように既習の単語を使用した例文を登載することによって、ある程度、単語の概念内容や相互関係が理解できる。そこには、新時代の窮理学的な知識も含まれており、内容的には、かなり開明的になっているといえるだろう。[*4]

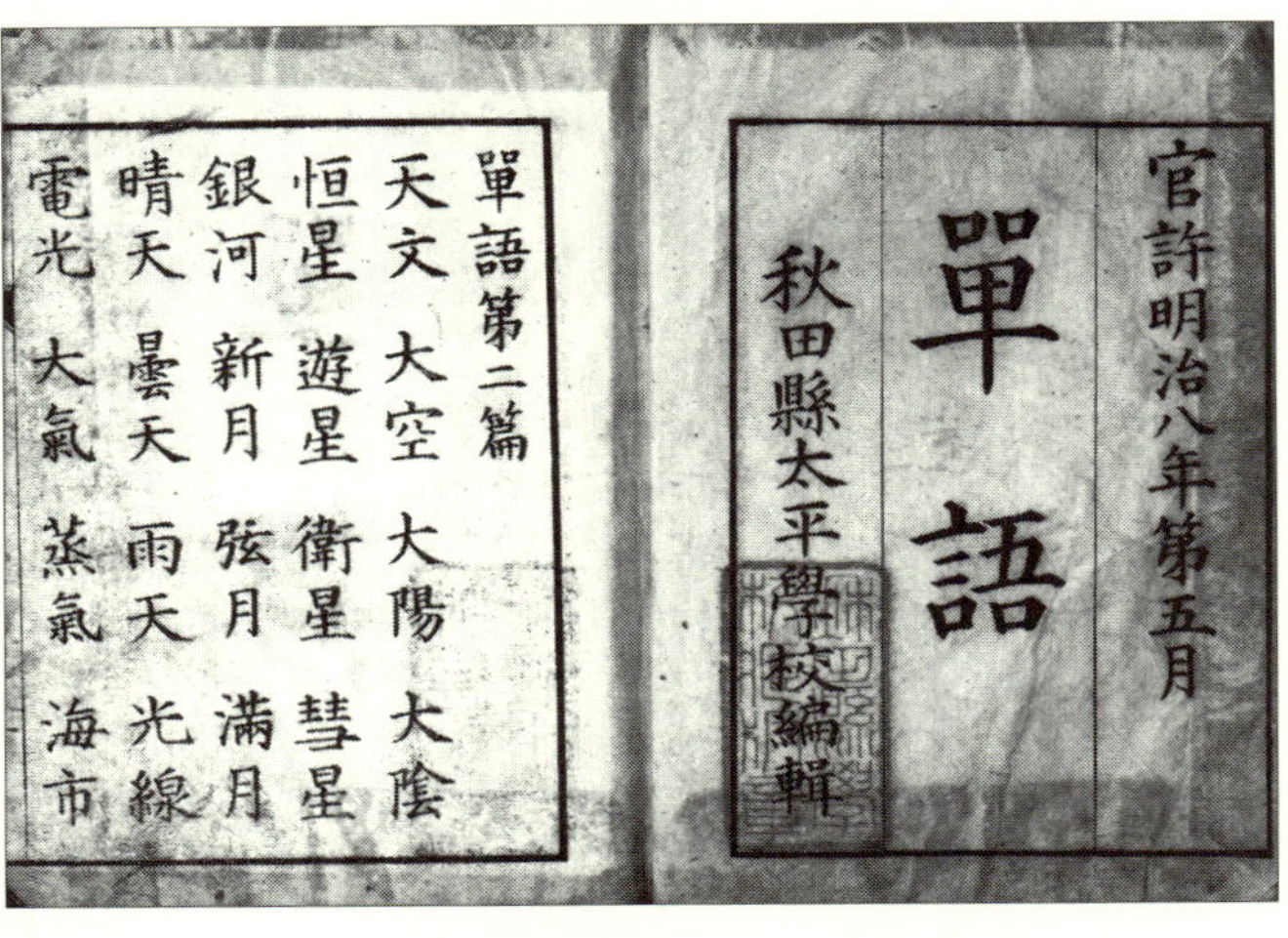

『単語』秋田県太平学校　明治８年

太平学校は、一八七三（明治六）年九月に、秋田市内に開校した洋学校が、一八七四（明治七）年五月に、伝習学校と統合して太平学校という名称になったものである。校舎は、旧藩校明徳館跡に新築され、一八七八（明治一一）年三月には、秋田県師範学校と改称されている。初代校長の金子精一には、イギリスのロスコーの著作を翻訳した『化学之始』という著作物があり、これも、初等教育の教科書として太平学校で編集された。文明開化へ向けた意気込みがこうした独自の教科書の作製につながったのだろう。そうした金子の姿勢が、『単語』の教科書の語彙選択にも、なんらかの影響を及ぼしていた可能性がある。[*5]

『秋田県教育史』も、こうした点に着目しており、（『単語』の）「第一篇は、寺子屋教育の伝統を強く受け継ぐものであった。そして、第二、第三篇に進むにしたがい、欧米の開明的知識が多くなっていく」と評価している。さらに『秋田県教育史』では、「本県の『単語』は、旧寺子屋教育と、学制に基づく近代教育との断絶を埋める役割を果たした地方教科書として評価できる」と、この本を位置付けている。[*6]

この秋田県太平学校の『単語』は、文部省の『単語篇』のように単語だけを並べたのではなく、「連語編」あるいは「連語図」などに掲載されていたような文章が併載されていることも特色である。もっとも、それは高木の整理したようにあくまでも「例文」に留まっており、それぞれの単語の説明の域を出ていない。また、ひとまとまりのストーリーになっているわけでもない。あくまでもこの秋田県の『単語』は、語彙学習用の教科書だったのである。

東京府などの場合

その他、『単語篇』を若干アレンジした内容の教科書は、一八七三（明治六）年に大阪府学務課、神奈川県庁など各地から出されている。また、熊本県には、上羽勝衛の『単語篇続』がある。上羽勝衛の名前は、本書では、第一部第二章のマックガフィーリーダーを中心に編纂した『童蒙読本』についての記述の中で、既に登場した。この『単語篇続』は、地域言語教科書としての『童蒙読本』について後述する際、あわせて取り上げることにする。

同じ明治六年（推定・明治五年の後半である可能性もある）には、東京府学務課から『小学教授書 単語之部』全二巻が刊行されている。「小学教授書」という呼名は、小学校で使用する教授用の書物という意味だろう。「教授書」という用語の代わりに「読本」を使用すれば、「小学読本・単語之部」になる。文部省でも掛図類を縮刷した『小学入門』とほぼ同内容の『小学教授書』を刊行したときに「教授書」の用語を、題名として使用しているが、「教科書」という用語ほどは一般的なものにならなかったようである。[*7]

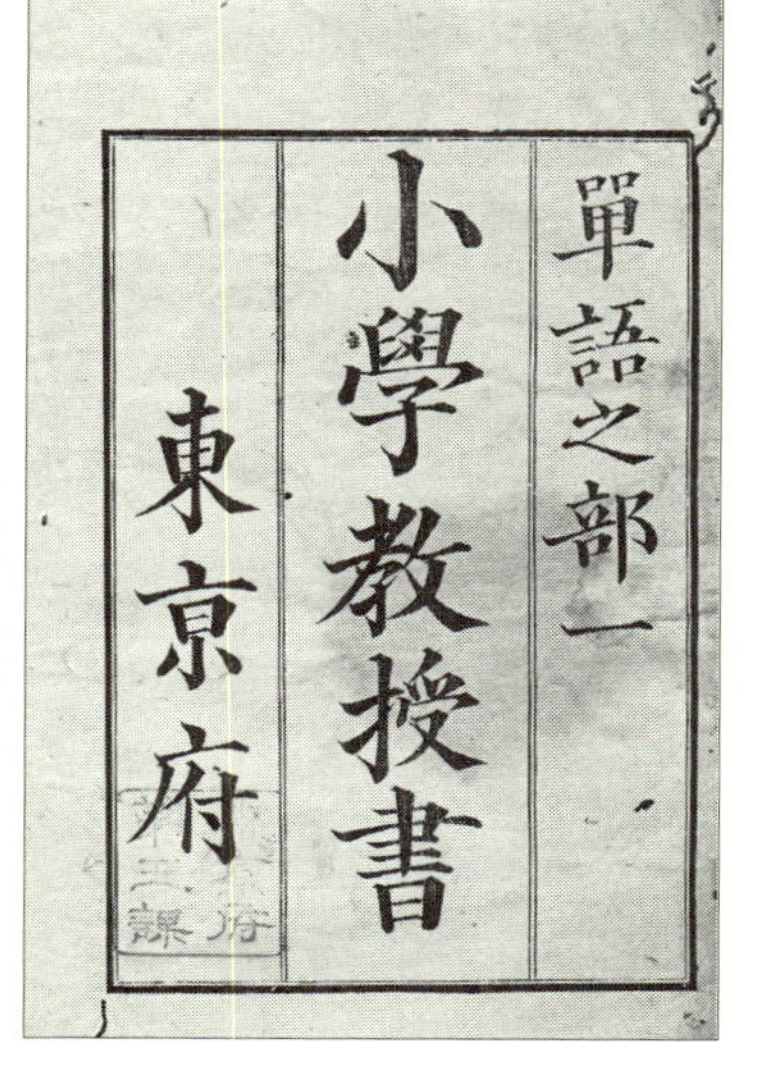

『小学教授書』明治６年

ここで注目すべきは、第一部第二章の「英語読本（リードル）と子ども読み物」でも検討したように、東京府がこの時、『小学教授書 単語之部』と合わせて『小学教授書 修身之部』という独自の教科書を編纂していたことである。その原本が、アメリカのリーダーである *Sanders' Union Reader* だったことは、すでに触れた。おそらくこの『小学教授書 修身之部』は、文部省から出された「小学教則」の「修身口授（ギョウギノサトシ）」に対応させるための教科書として用意されたのではないかと思われる。とするなら、それは教師が学習者に「口授」するという学習活動の中で使われたことになる。しかし、『小学教授書 修身之部』は、原本としてアメリカのリーダーを選択し、その内容を抄訳したことによって、結果的に子どもたちが読むための教材集という性格をも、合わせ持つことになった。『小学教授書 修身之部』の内容は、すべてアメリカの教科書の翻訳であったが、実質的には、地域で作られたオリジナルな「小学読本」でもあったのである。このように東京府は、「小学教則」に対応するいくつかの地域教科書を独力で作りあげていたのだった。

(2)「往来物」の継承

文部省の「小学教則」(明治五年)の「単語読方(コトバノヨミカタ)」の教科用書目には、『単語篇』が置かれていた。したがって前節では、そこから「単語の読み方の本」という意味を持つ熊谷県の『単語読本』という書名が生まれたのかもしれない、と述べたのである。

同じ「単語読方(コトバノヨミカタ)」には、『単語篇』と並列して、『地方往来』『農業往来』『世界商売往来』などの書目も置かれている。もし、「単語の読み方の本」という発想から、「単語読本」が生まれたのなら、「商売往来読本」「農業往来読本」というような「読本」が生まれてもおかしくない。というより、実際に明治期の教科書の中には「往来読本」などのように「読本」という呼名を付けた「往来物」の書目がいくつか存在する。「往来読本」に使用された「読本」という用語には、書物作製者のどのような意識が付与されていたのだろうか、それを考えてみる。

知られているように「往来物」は、平安後期に成立した初歩的な教育用書籍の総称である。南北朝から室町時代初期にかけて作られたと言われる『庭訓往来』が、代表的な書目である。もともとは手紙の模範文例集であったが、江戸時代に入ってから寺子屋などで使う各種の教科書類をも含めて「往来物」と呼ぶようになった。その数は、七〇〇〇種を超えると言われている。『商売往来』『百姓往来』『職人往来』など職業に直結した実用的要素を持ったものも多かったが、中には名所案内ともいえる『東海道往来』や『隅田川往来』、あるいは荒武者坂田金平の武勇伝『坂田金平往来』など、様々な種類の往来本がある。各種の往来物は明治期になってからも増刷され、また文明開化の世情にあわせて内容が改訂されて広く板行されている。こうした在来の往来物も、新しい学校教育の入門期の教科書として、使われていたのである。[*8]

「往来物」のうちでも古くから使われていた『庭訓往来』には、学習者の使用目的に対応させて、いくつかの異なった版が存在する。石川松太郎によれば、それらは、大きく四つに分類できるという。すなわち、もっぱら習字のための「手本系」、文字の読み方を学習させる「読本系」、解説の付いた「註釈本系」、視覚に訴えて理解させようという「絵抄系」である。このように各種の「往来物」は、明治政府が新しい「学制」を頒布する以前から、様々な享受層の学習要求に応じて、多くの形態と種類を持った教科書として、庶民層の間に広く普及していた。[*9]

東京府の場合

「往来」という従来の用語と、新しい教育体制の中の教科書である「読本」という用語とを接合させた「往来読本」という書名は、『調査済教科書表』(明治一三年一二月二八日・文部省地方学務局)の「小学校教科書ニ採用シテ苦シカラサル分」の中に、見いだすことができる。そこには、東京府学務課編集の、『改正商売往来読本』、『改正百姓往来読本』、『改正消息往来読本』の三冊の書目が並んでいる。つまり、「往来読本」は、当時の文部省が公認した学校用教科書だったのである。[*10]

ここに記された三冊の往来読本は、東京府学務課が明治一二年一一月に刊行した書籍である。もっとも、その内容は旧来の「百姓往来」や「商売往来」とほとんど変わるところはない。『改正消息往来読本』の内容は、『往来物解題辞典』の小泉吉永の解説を借用すれば、次のようである。

〈改正〉消息往来読本【作者】東京府学務課編。片桐霞峯書。【年代】明治一二年（一八七九）刊。［東京］東京府蔵板。弘文社売出。【分類】消息科。【概要】半紙本一冊。近世流布本『累語文章往来（消息往来）』を改編した明治期新編の『消息往来』の一つ。「凡、消息者通音信、近所遠国不限何事、人間万用達之元也。先書状手紙取扱文字、一筆・一翰・寸楮…」で始まる文章で消息用語を列挙する。概ね近世流布本同様だが、所々、明治初年の新語（官職・都市（港）・租税・交通等にまつわる語句）を補う。本文は大字・六行・無訓だが、書体は楷書・行書・草書を学習させるために、あえて混在させるのが特徴。

つまり、東京府が刊行した『改正 消息往来読本』は、習字用の教科書も兼ねていたのである。先ほどの石川による往来物の分類にしたがうなら、「手本系」に相当する。本文に、挿し絵や頭注などはない。*11

『東京都教育史』によると、この『改正 消息往来読本』が刊行された前年の明治一一年五月には、「小学教則・東京府」が出されている。そこでは、正規の教則に示された時間や内容では、学校に通いきれない子どものために「簡易科」が設けられていた。その第五級と第六級の「手習」の教科書の項目に『改正 消息往来』、第三級と第二級に『改正 百姓往来』『改正 商売往来』の書名が見える。東京都の簡易科の教則では、「手習」の教科書として、江戸期以来の内容を若干改訂した「往来物」を選んでいたのである。また、それに対応して東京都学務課では、簡易科用の『簡易科手習の文 消息往来』という教科書も編集している。*12

『消息往来』東京府学務課
明治14年

ところで東京府の「小学教則・東京府」には、六年制の男子尋常科と女子尋常科の「小学教則」も併載されていた。そこには、「習字」の教科書として東京府編纂の『小学習字帖』の一―八を、順次使うように指定してある。この男子尋常科・女子尋常科と、先ほどの簡易科の内容を比べてみると、簡易科が「口授」によって「行状の事」を教授するのに対して、尋常科は「講述」によって『修身談』や『明治孝節録』を習うことになっている。また、尋常科には「簡易科」には存在しない「問答」が教科として置かれ、翻訳教科書である『地理初歩』や、地球儀や万国暗射地図を使用することになっていた。すなわち、両者の間の教育内容は著しく差違化されており、「簡易科」では旧来の教育内容を、「尋常科」では難度が高く欧化的な内容を含んだ教育内容を扱っていたのである。

『日本教科書大系』の「習字教科書解説」によると、明治一四年の「小学校教則綱領」制定以後には、学年別の編集による習字本が多く出版されたが、その一方「往来物系統の本が習字手本として多く使用されたものと思われる」と記されている。東京府の「習字」の学習においても、尋常科の課程では、新しい『小学習字帖』を作製使用していたのだが、「簡易科」では、旧来の「往来物」を教科書として使っているのである。

現地の実情に合わせた二重カリキュラムの設定にともなって、難易度の異なる二種類の教科書を作製する必要が生じるという問題は、これ以降も、様々なバリエーションとなって登場してくる。以下、本書では、こうした問題を「文化の二重性の問題」と呼称することにする。

さて、以上のように見てくると、東京府の「往来読本」という書名に含まれる「読本」という用語は、単に教科書という以上の意味は持っておらず、江戸期以来の教育内容を持った在来の教科書に、新しい学校教育で使われるようになった「読本」という用語を添えて体裁を整えただけのように考えられる。「〇〇往来」という教科書の呼称では、まったく旧来の教育内容そのままであるように見えるので、それに「読本」という単語を添えただけなのかもしれない。少なくとも、東京府の学務課は、「読本」という用語を、英米のリーダーの訳語という意識で使っていたわけではない。*13

長崎県の場合

東京都の他にも、地域で「往来読本」を刊行していたところがある。それは、長崎県である。長崎県では、「明治一五年三月二〇日甲第五六号長崎県布達」として、「長崎県小学校教則」が出されている。これは、明治一三年の「改正教育令」に基づいた「明治一四年五月四日文部省布達第一二号」の「小学校教則綱領」を受けたものである。したがって、「長崎県小学校教則」は、内容的には、文部省の文言とほとんど同一である。しかし、「長崎県小学校教則」の第五条には「小学校ノ区分ハ前三條ノ如ク定ムル雖モ土地ノ情況男女ノ区別等ニ因テハ某学科ヲ増減スルコトヲ得」という条項が加えられている。長崎県では、文部省の定めた教則の内容通りに小学校教育を実施することが難しかったのである。それにもかかわらず、第五条には続けて「但修身読書習字及算術ハ之ヲ欠クコトヲ得ス」と記載されており、基本的な教科については削減することなく、必ず学校で教えるべきだとされていた。いわゆる「読み書き算」は学校教育における必須科目だったのである。*14

教則の内容を規定する「第一二条」は、「読書ヲ分テ読方及作文トス」となっている。これは文部省の「小学校教則綱領」でも同様の教科設定であり、長崎県の「読方」は、以下のように規定されていた。

初等科ノ読方ハ伊呂波、五十音、濁音、次清音、単語、連語等ヨリ始メテ仮名交リ文ノ読本ニ入リ兼テ読本中緊要ノ字句ヲ書取ラシメ又日用熟語ノ語法及意義ヲ教ヘテ詳々之ヲ理会セシメ中等科ニ於テハ稍高尚ノ仮名交リ文ノ読本及ヒ近易ノ漢文ノ読本ヲ授ケ高等科ニ至テハ漢文ノ読方ヲ授ク凡読方ヲ授クルニハ読方、字義、句意、章意、句ノ変化等ヲ理解セシムルヲ旨トス

文部省の「小学校教則綱領」については前章でも引用したが、長崎県の小学校教則と比較するため、煩を厭わず、同じ箇所を次に引く。

初等科ノ読方ハ伊呂波、五十音、濁音、次清音、仮名ノ単語、短句等ヨリ始メテ仮名交リ文ノ読本ニ入リ兼テ読本中緊要ノ字句ヲ書取ラシメ詳ニ之ヲ理会セシムルコトヲ務ムヘシ中等科ニ於テハ近易ノ漢文ノ読本若クハ稍高尚ノ仮名交リ文ノ読本ヲ授ケ高等科ニ至テハ漢文ノ読本若クハ高尚ノ仮名交り文ノ読本ヲ授クヘシ凡読本ハ文体雅馴ニシテ

学術上ノ益アル記事或ハ生徒ノ心意ヲ愉ハシムヘキ文詞ヲ包有スルモノヲ撰用スヘク之ヲ授クルニ当テハ読法、字義、句意、章意、句ノ変化等ヲ理会セシムルコトヲ旨トスヘシ

「長崎県小学校教則」の初等科においては、「読方」の教育内容として、文部省のように「読本＝教科書」だけではなく、日常生活に必要な熟語や語法が取り上げられている。また、中等科では、教育内容は文部省と同様だが、「漢文」と「仮名交リ文」との順序が異なっている。さらに、高等科は「漢文」だけが指定されている。

注目すべきは、文部省の「小学校教則綱領」には、「読方」で取り上げる文章について「文体雅馴ニシテ学術上ノ益アル記事或ハ生徒ノ心意ヲ愉ハシムヘキ文詞ヲ包有スルモノ」としていたのに対して、「長崎県小学校教則」では、それが省かれていることだろう。文部省では、読本に取り上げるべき文章として、文章表現は「文体雅馴」なもの、文章内容は「学術上ノ益アル記事」や、「心意ヲ愉ハシムヘキ文詞」を含むもの、を選ぶべきだ、としていた。ところが、「長崎県小学校教則」では、そうした点は顧慮されなかった。

文部省の「小学校教則綱領」では、土地の状況によっては、農業、工業、商業の「初歩」を加えることができるとして、その内容を簡単に示していた。長崎県でも、やはりその内容をそのまま踏襲して、教則に示している。というより、長崎県では、翻訳調の「小学読本」を学ばせることよりも、農業、工業、商業の「初歩」という実用的な教育に対する必要性の方が強かったのだろう。初等科の教育内容として、日常生活に必要な熟語や語法を取り上げた、学校教育の学習において実用的な成果

「明治一五年二月三日長崎県布達」（読書科ノ部）の内容

小学校初等科

書名	巻	冊数	刊行	編者
伊呂波図			明治七年八月	文部省刊行
五十音図			同	同
濁音図			同	同
次清音図			同	同
単語図			同	同
連語図			同	同
小学読本	一・二・三	三冊	同	師範学校編纂
同	四・五	二冊	明治七年五月	那珂通高・稲垣千穎
消息往来読本	全	一冊	明治一四年三月	長崎県師範学校編
農業往来読本	全	一冊	同	同
商売往来読本	全	一冊	同	同

小学校中等科

但土地ノ情況ニ依リ農業往来読本若クハ商売往来読本ヲ専用セントスルトキハ区町村立学校ハ学務委員私立小学校ハ学校長ヨリ其事由ヲ回申スベシ

書名	巻	冊数	刊行	編者
日本立志編 一名修身規範	一二三四 五六	六冊		千河岸貫一著述
通語	上中下	三冊	不詳	不詳

小学校高等科

書名	巻	冊数	刊行	編者
蒙求	上中下	三冊	不詳	唐李瀚編成
続蒙求	上中下	三冊	明治一八年三月	黒神直臣

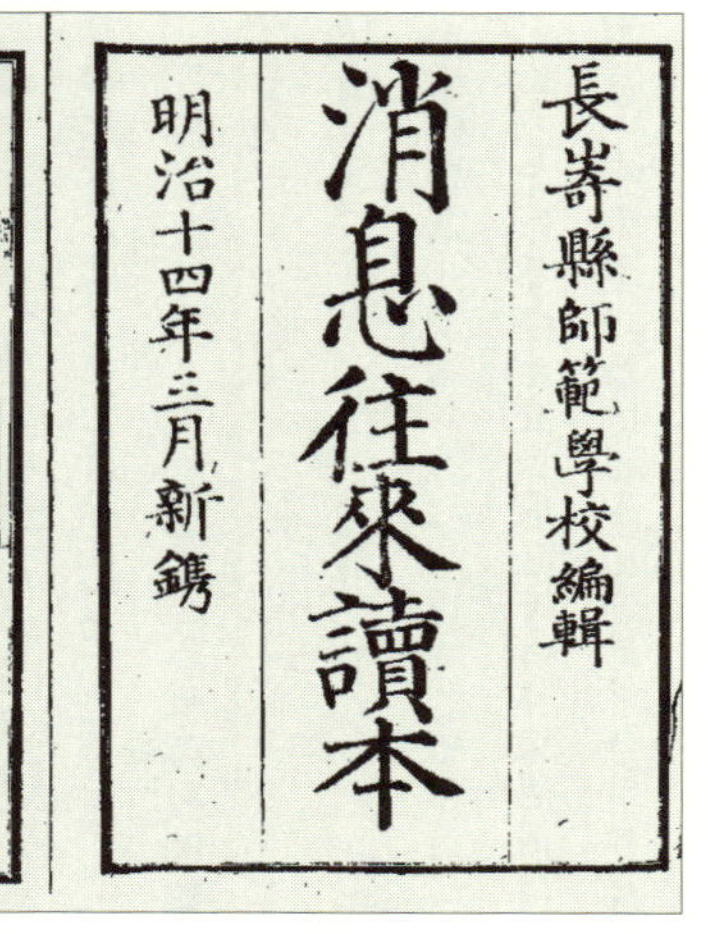

長崎県師範学校編輯『消息往来読本』明治 14 年

を期待する動きの一端だったと考えられる。では、長崎県では、実際にどのような教科書を使っていたのか。「明治一五年二月三日長崎県布達」に定められた小学校教科書のうち、次には、「読書科ノ部」のみを示す。

小学校初等科では、田中義廉の『小学読本』三巻の学習に続いて、榊原芳野の『小学読本』の学習に進むという順序である。この方針だと、読本の学習内容は、比較的ストーリー性のある読み物が中心になる。そのかわり物理や化学などの科学に関する内容は、「読書科」の中で一切取り上げられることはない。『小学読本』に続いて掲げられた『消息往来読本』『農業往来読本』『商売往来読本』の三冊は、長崎県師範学校が直接編集に関わっている。「読書科」のうちの「書くこと」を教授するための教科書として用意されたのである。以下、この長崎県師範学校が作成した『○○往来読本』三冊の内容を確認しておく。

まず、『消息往来読本』である。たびたびの借用になるが、『往来物解題辞典』の小泉吉永の解説が簡潔で要を得ているので、それをそのまま引用すると、以下のようになる。[*15]

〈長崎県師範学校編輯〉消息往来読本【作者】長崎県師範学校編。【年代】明治一四年（一八八一）刊。［長崎］長崎県師範学校蔵板。松野平三郎売出。【分類】消息科。【概要】半紙本一冊。近世流布本『累語文章往来（消息往来）』の明治期改編版の一つ。近世流布本と同様の文章で消息に多用する語句を、ほぼ消息文中の順序に従って列挙し、所々、明治初年の新語（産業、諸官庁ならびに諸官吏、都市（港町）、租税、交通、学問、戸籍、兵役などに関するもの）を補う。『〈改正〉消息往来読本』とは文言が多少異なるが、楷・行・草の各書体を織り混ぜて綴る点は同じである。本文をやや小字・七行・付訓で記す。

この小泉の解説の中に記されている『〈改正〉消息往来読本』とは、前項で触れた東京府学務課の編集で、一八七九（明治一二）年に、東京の弘文社から出版された教科書である。小泉は、東京の「往来読本」とは「文言が多少異なる」ものの「楷・行・草の各書体を織り混ぜ」る編集方針は同じだ、としている。長崎県師範学校は、東京府の『改正消息往来読本』に学んで、この本を作った可能性もある。

また、『農業往来読本』は、旧来の『百性往来』をもとにしたものであるが、内容的には「地租、国税、地方税、協議費全額、」とか「入二小学校一、学二修身、読書、習字、算術、地理、歴史之六科一、」などのように、近代化路線を歩む明治教育体制の実情に合わせて、文章も改変されている。*16

さらに、『商売往来読本』も、やはり旧来の『商売往来』を、時代に合わせて改めたものである。商業に従事するものにとって必要な基礎語彙と商業文書を学ぶことを目的とした『商売往来』は、明治期に入っても、江戸期に引き続いてさまざまな種類のものが刊行されている。一八七二（明治五）年の文部省の「小学教則」で「単語読方」の教科書として指定された橋爪寛一の『世界商売往来』や、一八七三（明治六）年に刊行された松川半山の『万国新商売往来』については、すでにその内容の一部を見てきた。橋爪寛一や松川半山の「商売往来」は、形式だけは従来の「商売往来」などに依りつつも、文明開化の品物を豊富に織り交ぜ、英語の綴りを添えたり、新奇な文物の挿絵を相当数挿入していた。

これに対して、長崎県師範学校編の『商売往来読本』の内容は、農村地域の生活の実態に適合させることを第一の目的としている。基本的には、旧来の往来物の内容を若干手直ししただけなのである。それは、長崎県師範学校が編集した『消息往来読本』『農業往来読本』に関しても同様である。その地域に住んでいる人々の日常生活そのものは、江戸時代とくらべて根底的に変化したわけではないのだから、住民に必要とされる事物に関するリテラシーも、従来のものをベースにしてそれを少々改編したもので十分だった。というより、庶民にとって、それぞれの地域の日常生活に根ざした語彙を獲得したり、書法を習得することこそが、喫緊のリテラシー内容だったのである。*17

一八七二（明治五）年、「学制」によって開始された日本の近代学校教育も、一八七九（明治一二）年には「自由教育令」で、いったんは各地域の自主性に委ねられた。しかし、翌一八八〇（明治一三）年一二月には、「改正教育令」が出され、国家主義的な方向へと転換していく。国家レベルでそうした教育政策の曲折があったにしても、日々、地域で生産活動にいそしんでいる人々にとって、必ずしもそれが生活に直結するわけではない。学校で使用する教科書にしても、新知識に満ちた欧化主義的な翻訳教科書も必要だったかもしれないが、一方では旧来の日常生活に必要な「往来物」のような教科書は必須のものだったのである。

「長崎県布達」を、さらに見ていくと、「修身科ノ部」の教科書として、一八八二（明治一五）年三月に、長崎県学務課が出版した『小学生徒心得読本』の名前が挙がっており、ここにも「読本」という用語が題名に含まれている。全一八丁仕立てで、学校生活に関わる様々な「生徒心得」

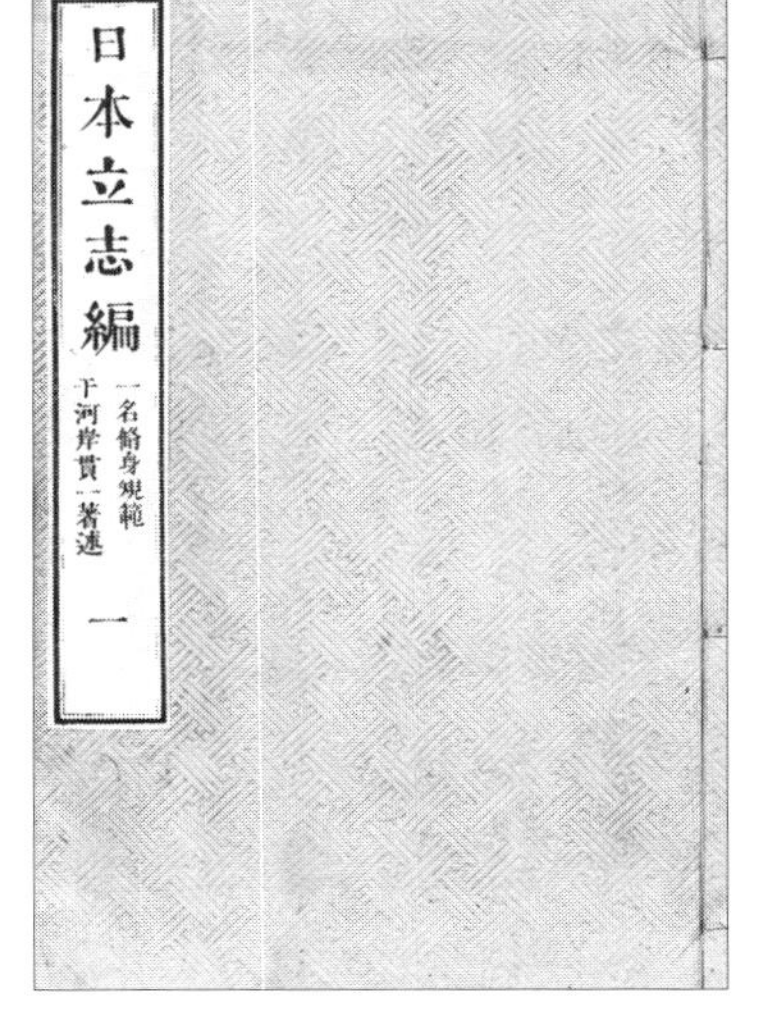

『日本立志編』明治15年版

が五〇条にわたって記述されているが、この本も読み物集ではない。こうした例から考えると、長崎県においても、「読本」という用語は、東京府の「往来読本」と同様に、単に「教科書」という程度の意味合いで使われていたのだと考えられる。

また、長崎県の「修身科ノ部」の教科書としては、貝原益軒の『刪定家道訓』や室鳩巣の『改正 六諭衍義大意』も、掲げられている。貝原益軒の『家道訓』は、いわゆる「益軒十訓」のうちの一書であり、貝原益軒の著した教訓書である。また、『改正 六諭衍義大意』は、室鳩巣の『六諭衍義大意』を長崎県師範学校が編集したものである。ここには文部省の「小学教則」で示されていた翻訳啓蒙書の類は、いっさい登場しない。長崎県の「修身科ノ部」では、ほとんどそのまま江戸時代の修身書の内容を小学校の生徒たちに教えていたのである。

さらに、「読書科ノ部」の中等科の教科書には、『日本立志編 一名修身規範』が指定されていた。千河岸貫一の手になる著作で、文章は「仮名交リ文」で書かれている。この『日本立志編 一名修身規範』の「緒言」には、中村正直の『西国立志編』への批判があることからも、その編集姿勢が窺われる。つまり、『日本立志編 一名修身規範』は、欧化主義に対する反発、あるいは対抗意識から作られた書物であり、この本に取り上げられている逸話は、すべて日本人が題材になっている。

また、同じ中等科の教科書である『通語』は、「長崎県布達」では著作者不明になっているが、おそらく中井履軒の手になる懐徳堂版の『通語』のことであろう。内容は、保元平治頃より南北朝に至るまでの歴史を記述したもので、全編が「漢文」で書かれている。高等科の教科書の『蒙求』については、説明するまでもなく、平安時代以来、童蒙書として広く使われてきた伝統的な「漢文」テキストである。このように長崎県の「読書科ノ部」や「修身科ノ部」の教科書を見てくると、当時は、師範学校を中心にして、江戸期以来の教育が継続して展開されていたように思われる。

この時期は、全国的にも旧来からの伝統的な教育書に再び光が当てられていた。明治期に入ってからの『蒙求』と『孝教』の刊行点数を調べた長沢孝三は、『蒙求』と『孝教』は、明治一五年から明治一八年の三年間に、明治期全刊行点数二一一点の約半数に当たる一〇四点が刊行されているという。長沢はその原因を「洋学重視の弊害が一部で懸念され始めると、その反動として旧来の学問に対する期待が大きくなってきた」からだろう、と推測している。

長沢の推測は、この時期の各地域の「教則」の中に『蒙求』や『孝教』の書名が挙げられていることからも確認できる。試みに、本書の第二部第三章で掲げた「「小学教則(下等小学)」に表れた「小学読本」」の表から拾っただけでも、『蒙求』の書名は、鹿児島県や和歌山県の教則に、『孝経』の書名は、大分の教則の中に出現している。この時期、『蒙求』や『孝経』の出版点数が跳ね上がった大きな原因は、文部省の「小学校教則綱領」によって、中等科や高等科で「漢文」を学習することが規定され、そのテキストとして従来から使われていた漢書類が正式な教科書として各地の「教則」に登場したことにあったと考えていいだろう。長崎県の場合は、その典型的な例だったのである。[*18]

一方、文部省自身も、「教則」に教科書として指定した翻訳啓蒙書類や新しく作製した官版教科書が、必ずしも地域の教育の実態に適合していないという状況は、よく承知していた。一八七六(明治九)年の『文部省第四年報』の「教科書」の項目には、次のような記載がある。[19]

目下、各地方小学校ニ於テハ、其教則、多クハ一二ノ官立学校ニ準拠スルヲ以テ、所用ノ教科書モ亦随テ官立学校ニ依倣シ、其土地民情ノ適不適ニ至リテハ、深ク留意セサルモノヽ如シ。蓋地ニ都鄙ノ別アリ、民ニ貧福ノ異アレハ、則之ニ応スルノ物料モ亦、其宜ニ従ハサル可ラス。那ノ生理数理等ノ学ハ固ヨリ、至緊至要ノモノタリト雖、寒村僻邑ニアリテハ、却テ商売往来ノ類ニ劣レルモノアリ。世ノ教育者、須ラク其土地民情ノ適不適ヲ測リ、更ニ近切ノ書ヲ撰用シ、教育ノ事業ヲシテ徒ニ空遠ニ馳セサラシメンコトヲ期スヘキナリ。

（句読点は稿者による）

各地方で教科書を選ぶ際には、地域の実情に合わせて選択することが重要だという主旨である。興味深いのは、官立学校に倣って決定した教科書をそのままどこでも使用することは、かえって「商売往来ノ類ニ劣レル」場合もある、という認識である。文部省自身がこうした見解を持っていたとするなら、『商売往来』などの江戸期以来の教科書を、各地の師範学校が自主的に編纂してそれを地域で使用することは、文部省の意向とも齟齬が生じない上に、地域住民の教育欲求にも即していたことになる。

愛知県の場合

長崎県のように、現実の言語実態に即した教科書を使用して教育を進めるべきだという認識によって作られた教科書は、ほかにもある。たとえば、一八七八（明治一一）年四月に愛知県で刊行された、萱生奉三（かよう ほうぞう）の『変則小学読本』の例を挙げてみよう。

この『変則小学読本』は、全一四課のうち、第七課に和歌が七首、第一四課にものの数え方と教訓の文章が収められているのが特徴だが、そのほかの内容は、官版の『単語篇』や榊原芳野等の『小学読本』首巻をそのまま利用した体裁である。記述内容に関してだけ言うなら、官版の教科書と際立って異なった特色を持っているわけではない。しかしこの本の「序」の中で、著者である萱生奉三が、文明開化の教育に対して、かなり長文にわたる批判的な意見を表明していることは、注目していいだろう。[20]

三年学に就て、未だ隣家の主人の名前を記し得ず。小学の年期既に満るも、猶居村の道標を見て、其の南北を他人に尋ね、天文の学ハ粗弁ずと雖も、未だ帳面の付け方を知らず。万国地理の学文ハ、稍諳んずと雖も、猶日用郵便の肩書を解するに苦しむ。博物の大義には既に通ずるも、麦と粟との仕付時ハ、頑然たる偏老爺に一着を譲る。羅馬暴火屋の数字をバ、律発に石盤に写し出すも、二一天作差引勘定には、忙ただしく隣家に走り、一筆啓上に差閊て、可惜親類の赤恥を他人に泄し、（中略）宜しく一時文華眩惑の酔夢を脱し、自家の定処を発覚して、静止勉励着々歩を進むることあらバ、世間の子弟婦女子の輩も、或ハ隣翁の氏名に苦むなく、又大豆と大麦とを弁識することを得るに庶幾らん乎。これ即、変則小学読本の著ある所以なり。

（句読点は稿者による）

ここで主張されているのは、日常生活に必要な知識を与える旧来の教育への回帰である。萱生は、庶民にとって重要なのは、まずは基本的な「読み書き算盤」の能力であると述べ、実生活から距離のある欧化主義にとらわれることを戒めている。そこで、田中義廉の『小学読本』ではなく、『単語篇』に依拠した日常生活に必要な語彙を収録した教科書を編成し、それを『変則小学読本』と命名したというのである。

萱生奉三の発言に代表されるように、地域の人々の間には、実生活から離れた官版の教科書、とりわけ田中義廉の『小学読本』や、万国史や窮理学のような教科書に対する不満があった。だからこそ「往来物」のようにこれまで使われていた教科書が、新しい学校教育の中でも継続して使用されたのである。確かに、日常生活に必要な実用的な読み書きの力は、確実に獲得させせなければならない。しかし、読本作成に当たって重要なのは、新しい社会を生きていくための望ましいリテラシーを身に付けさせるには、具体的にどのような教材編成をするのかという構想とその見通しである。日常生活で必要とされる語彙、書式、書類は、新しい文化の中でどんどん変化していく。またそれを媒介する伝達メディアも更新される。とりわけ文明開化の世の中になって、これまでの知識や思考方法では、対応できない新しい問題も頻出する。一般の人々にも科学的見地に依拠した思考法や態度が必要となり、近代国家を支える公民としてのふるまいや知識教養も求められる。とすれば、初歩的な日本語の読み書き学習を曲がりなりにも獲得した後に、近代社会を生き抜いていくための教科書としてどのような「読本」を準備したらよいのかは、きわめて大きな問題として目の前に立ちはだかってくる。

萱生のような立場からすれば、旧来から使われていた「往来物」などを援用すればいいのかもしれない。東京府の学務課や、長崎県の「小学教則」が採用したのは、そうした方向だった。実際、文字の書き方や文章表現が突如変化するわけではないから、旧来の言語教科書もかなりの程度は有効だろう。当面は、それでしのげる可能性もある。しかし、近代化が進展し、学校制度が整い、就学人口も増大するにつれて、新しい社会の文化体制に適応した内容を盛り込み、なおかつ小学校の言語教育の内容全体を見通して作られた「小学読本」の必要性は、ますます増大していく。

萱生奉三の作製した『変則小学読本』に即していうなら、重要なのは、巻一に続く巻二・巻三の『変則小学読本』の具体的な内容である。だが、萱生の手になる『変則小学読本』は、「巻之一」の刊行だけは確認できるものの、それに続く巻は、見いだすことができない。この点で萱生の試みは、小学校の全期間における言語教科書としての「小学読本」の全体像を、具体的に示し得ていたとは言い難いものだった。しかし、萱生奉三は、後になって、教科書とは別の部面で新しい形で彼の理想の一部を具体化した仕事をすることになる。それについては、第六部第一章で再び触れるつもりである。

三、地域で「小学読本」を組み変えた教科書

(1)『滋賀県管内 小学読本』

このように、在来の教科書と連続性のある教科書を利用した地域があった一方で、それぞれの実情に適合した「小学読本」の作製に向けて、

独自の試行を続けていた地域もあった。本節以降では、そのいくつかを見てみたい。

第二部第三章でも検討したように、自由教育令のもとにおける各地の教則の中には、数種の「小学読本」を組み合わせて使用した例があった。長崎県師範学校が編集した『消息往来読本』『農業往来読本』『商売往来読本』の三冊を教則中に指定した長崎県でも、巻一から三までの三冊の田中本と、巻四・五の二冊の文部省本が指定されていた。長崎県では、田中本を学習した後、文部省本へと展開するような学習課程が考えられていたのである。ところがこのように二種類の「小学読本」を、単に組み合わせて使うのではなく、新たな編集方針のもとに組みかえて再構成し、別の読本を作りあげてしまった地域もあった。その読本が、滋賀県の『滋賀県管内 小学読本』である。

滋賀県大津師範学校の河野通宏

この教科書は、一八七九（明治一二）年三月に刊行されており、河野通宏が編集にあたっている。河野通宏は、この本の刊行に先立つ、明治一〇年には、カットルの著書を松山棟庵と森下岩楠が訳した『初学人身窮理』（明治六年刊）の字引である『初学人身窮理字解』を、また明治一一年には、『滋賀縣管内地理書訳図』『滋賀県管内地理書問答』を刊行している。河野は一八七七（明治一〇）年から一八七九（明治一二）年の間、滋賀県大津師範学校の三等助教諭兼書記だった。[*21]

滋賀大学附属図書館『近代日本の教科書のあゆみ—明治期から現代まで—』の「近江の郷土教科書」の木全清博による解説では、『滋賀県管内 小学読本』は、「巻一から巻四までの四冊のなかに、滋賀県の郷土に関する事物や事象はあまりとりあげられていない。身のまわりの生活品、動物、植物、各種の仕事、産業が書かれているが、どれも一般的な書き方であって、郷土の事物と関係づけられた内容ではなかった」と記されている。さらに木全は、『小学読本』について「教科書の挿し絵にはスカートをはいた少女や洋靴を履いた少年が描かれ、当時の子どもに縁遠く感じられたこともあり、大津師範学校教員の河野通宏は子どもに実生活における身近な事物を学ばせる教科書を編纂することを考えたと思われる」とも述べている。この解説には、この教科書が「一八七九（明治一二）年の『滋賀県普通高等教則』から登場する」ことも記されている。[*22]

『滋賀県管内 小学読本』は、一八七九（明治一二）年三月に四巻がまとめていっしょに刊行された。つまり、四冊が同時にできあがり、同時に供給されていたのである。ということは、この教科書は、小学校で学習する四年間の学習内容を総覧して作られていたということになる。

この読本の内容を、おおざっぱに言うと、一・二・三巻は榊原芳野の

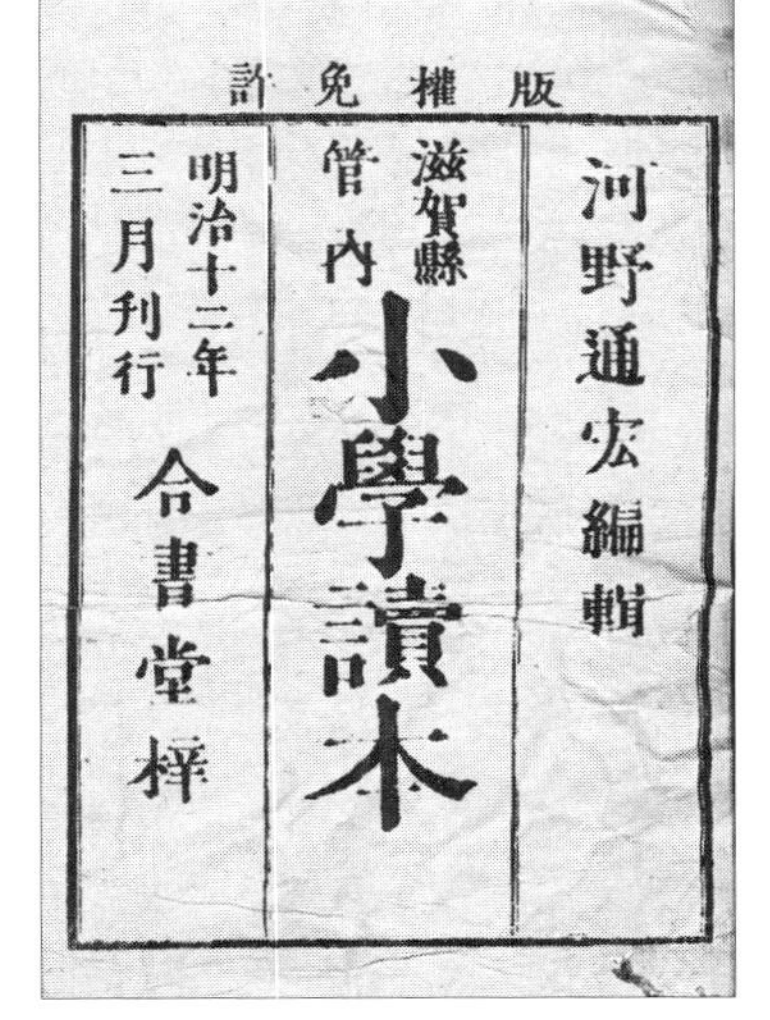

『滋賀県管内 小学読本』見返し

『小学 読本』を簡略化してあり、四巻は田中義廉の『小学読本』と『牙氏 小学須知』とを合わせたものである。つまり、河野が四冊の読本を同時に刊行することが可能だったのは、既刊の官版教科書をベースにしたからである。もとになった『小学 読本』の表記は、四巻ともに、漢字平仮名交じり文であるが、『滋賀県管内 小学読本』は、すべて漢字片仮名交じり文になっている。[*23]

『滋賀県管内 小学読本』第一巻の検討

『滋賀県管内 小学読本』を、第一巻から見ていく。

第一巻のもとになった、榊原芳野等編の『小学 読本』の巻之一は、大きく二部構成になっていた。『小学 読本』の「例言」に、「一巻中の次序伊呂波并に五十音韻に拠て設くる」と記してあるように、清音と濁音の平仮名一字が「いろは」の順に示されており、その平仮名を語頭とする単語が図解されている。次いでその単語に関わる説明の文章が挙げてある。冒頭の「い」の項目の記述を、榊原芳野の『小学 読本』と『滋賀県管内 小学読本』とを比べると、次のようになる。

『小学 読本』㋑第一　家　人の住所の総名なり」柱、梁、桁、椽等を具へて作る」又屋根に瓦葺、板葺、草葺等有り」其明を引く処を窓といひ」出入る処を門といふ

『滋賀県管内 小学読本』第一　人ノ住居スル所ヲ家ト云フ、家ハ柱、梁、桁、椽等ヲ具ヘテ作ル、屋根に瓦葺、板葺、草葺等有リ、其明ヲ引ク処ヲ窓トイヒ、出入ル処ヲ門トイフ、

『小学 読本』は、平仮名の「い」と漢字で「家」という単語が示された後に、家についての説明の文章があるが、『滋賀県管内 小学読本』は、いきなり絵についての説明の文章が始まる。したがって『滋賀県管内 小学読本』の冒頭の文は、いわゆる「定義文」になっている。それはこの後に続く多くの項目でも同様で、定義文が連続する。『小学 読本』と同じように挿絵は付けられているが、その絵の中に丸で囲んだ仮名の提示はない。

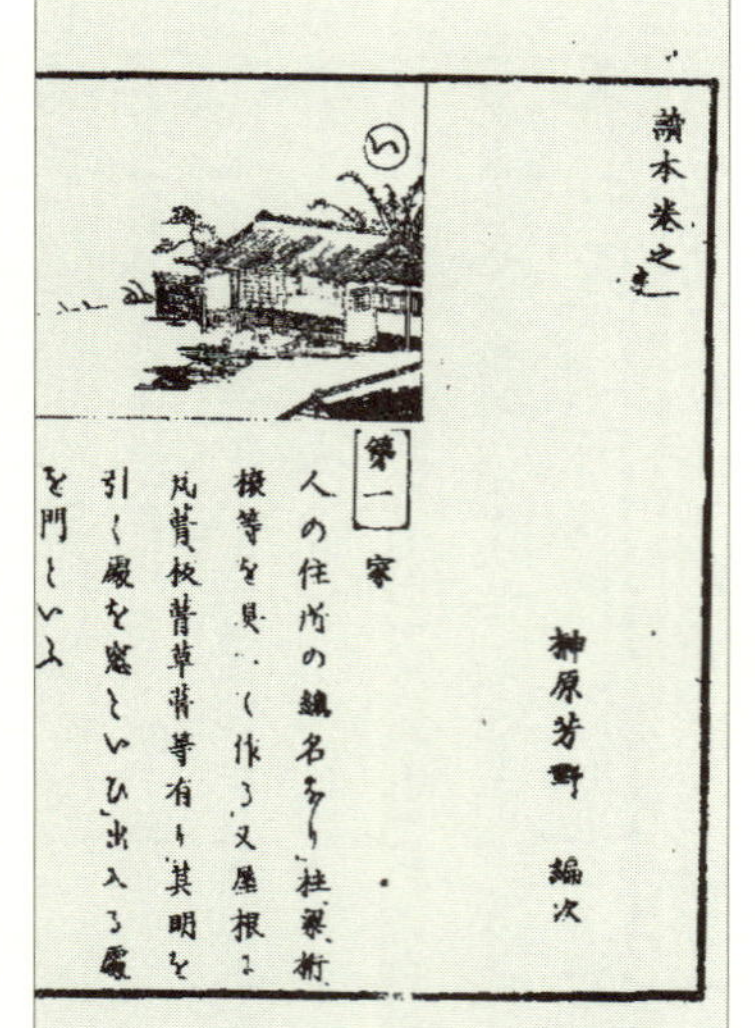
読本巻之一
い
榊原芳野　編次
第一　家
人の住所の總名なり柱梁桁椽等を具へて作る又屋根に瓦葺板葺草葺等有り其明を引く處を窓といひ出入る處を門といふ

『小学 読本』巻一

『滋賀県管内 小学読本』巻一

両者の最大の相違点は、『滋賀県管内小学読本』が『単語篇』が採用したのと同じように、意味別の語彙分類を基準にして、全編の単語を構成したことである。

榊原の『小学読本』の各項目は、「い（家）」「ろ（絽）」「は（畠）」「ば（薔薇）」から「ず（芋茎）」まで六七の単語と説明文が並び、さらに片仮名五十音による「ア（綾）」「イ（稲）」と四七の単語と説明文とが続いて、総計一一四の単語と説明文が並べられている。この内容構成は、『小学読本』の「例言」に「一巻中の次序伊呂波并に五十音韻に拠て設くる」と書かれているとおり、前半が「いろは順」で、後半が「アイウエオ順」である。

これに対して『滋賀県管内小学読本』は、「家」「瓦」「竈」「臼」と意味分類によるまとまりによって、九三の単語と説明文が並べられている。つまり、両書は、その編成原理がまったく異なっているのである。

『滋賀県管内小学読本』は、このような意味分類による編成を確かなものにするために、『小学読本』には無かったいくつかの教材を加えている。書き加えたのは九三項目のうちの五つに過ぎないが、一方で『小学読本』に収録されていた一一四の項目のうち二六を捨てている。つまり『小学読本』から採用されたのは、一一四項目のうちの八八項目ということになる。そこに新たに挿入されたのは、以下の項目である。

27 筆ハ毛ヲ束ネテ竹管ニハメ、字ヲ書キ画ヲ写ス器ナリ、羊ノ毛ニテ作レルヲ上品トス、又大小別アリ、

40 手拭ハ木綿ニテ作リ、長サ二尺五寸ヲ常トス、手顔ヲ拭ヒ又浴ニ用ヰルナリ、

42 草履ハ多ク藁ニテ作リ、筍ノ皮ニテ作ルモアリ、又麻裏ト云フモノアリ、皆路ノ乾キタル時ニ用ヰルナリ、

61 蕎麦ハ畠ニ作ル、夏ノ末ヨリ種ヲ蒔キ、冬ノ初ニ実ヲ結ブ、蒸テ食用トナス、信濃国更科ハ其名高シ、

65 蓮根ハ蓮ノ根ナリ、煮テ食用トスヘシ、池又ハ沼等ニ作ル、花ニ赤白ノ別アリ、

また、『小学読本』から採用した説明の文章を簡略化している例も多い。たとえば、『滋賀県管内小学読本』の「第十九」の項目の説明文は、「車ハ牛車、馬車、人力車、蒸気車等アリ、前ニ出タル所ヲ轅トイヒ、左右ニ在ルヲ輪トイフ、」であるが、もとの『小学読本』は、この後に「輪の縁を輞といひ心を貫くを轂といひ輞轂の間に挿たるを幅といふ」という説明が加わっていた。『小学読本』には、編者である榊原芳野の該博な学識を窺わせる、やや衒学的な解説がところどころに見られるが、河野通宏は、初学の子どもたちにとってそうした解説は詳細に過ぎる、と判断して削除したのであろう。

『滋賀県管内小学読本』の大部分の説明文は『小学読本』をそのまま使うか、あるいは今述べたように一部を削除して使用している。両者の間で、文章が大きく異なる項目は、次の二つである。（前者が『滋賀県管内小学読本』、後者が『小学読本』）

17 蝋燭ハ蝋ニテ製リ、夜ヲ照ス具ナリ、紀伊、筑前ノ産ヲ第一トス、西洋ノ蝋燭ハ多ク、豚、羊等ノ脂ニテ製ス

㉛ ら 蝋燭　蝋を以て製り、夜を照す具なり、紀伊、筑前の産其名殊に高し」又朱蝋燭絵蝋燭等あり

『滋賀県管内 小学読本』 河野通宏編輯 一八七九（明治一二）年三月発行 定価 八銭五厘（一・二巻） 三・四巻は一〇銭

巻一

No.	本文	対応
1	人ノ住居スル所ヲ家ト云フ、…	(1)
2	瓦ハ、土ニテ作リ、窯ニ入レテ…	(19)
3	竈ハ、釜、鍋、茶釜等ヲ載セテ…	[29]
4	臼ハ穀類ヲ精クル器ナリ、搗ク…	(33)
5	磁器ハ又瀬戸物トイフ、処々ヨリ	(39)
6	箕ハ穀ノ塵ヲ払フ器ナリ、楮皮…	[32]
7	斧ノ大ナルヲヨキトイフ、木ヲ…	[38]
8	連木ハ又擂木トイフ、盆ニテ…	[42]
9	薦ハ織リ編ミテ下ニ敷ク物ノ…	[33]
10	桶ニ提桶、担桶、等アリ、木ニ…	[37]
11	升ハ物ノ多少ヲ量ル器ナリ、…	[31]
12	尺ハ物ノ長短ヲ度ル具ナリ、…	[35]
13	秤ハ物ノ軽重ヲ知ル具ナリ、…	[26]
14	炭ハ木ヲ伐テ竈ニ積ミ入レ口ヲ…	(66)
15	坩堝ハ金銀等ヲ鎔ス時、用ヰル…	(16)
16	砥ハ物ヲ磨グ石ナリ、庖刀、…	(10)
17	蝋燭ハ蝋ニテ製リ、夜ヲ照ス具…	(31)
18	罾ハ四隅ニ竹ヲ張テ、水中ニ沈…	(21)
19	車ハ牛車、馬車、人力車、蒸気…	(37)
20	帆ハ風ヲ承テ舟ヲ行ル具ナリ、…	[30]
21	櫓ハ堅キ木ニテ作リ、揺シテ舟…	[43]
22	伝信機ハ柱ヲ建テ銕線ヲ架シ、…	(39)
23	大砲ハ銕又ハ銅ニテ製リ、五百…	(36)
24	地球儀ハ世界ノ形ヲ模テ水陸ノ…	(12)
25	軸ハ巻物掛物等ノ心ヲイフ、…	(13)
26	机ハ書ヲ読ミ字ヲ写ス台ナリ、…	(27)
27	筆ハ毛ヲ束ネテ竹管ニハメ、字…	×
28	硯ハ墨ヲ磨ル器ニシテ石ヲ以テ…	(13)
29	琴ハ六弦ナルヲ和琴又東琴ト…	(35)
30	櫛ハ木ヲ以テ作リ髪ニ挿スモノ…	[8]
31	磁石ハ色黒クシテ鐵色ヲ帯タル…	(59)
32	鏝ハ鐵ニテ作リ壁ヲ塗ルニ用ヰ…	[10]
33	算盤ハ物ヲ算ヘ金銀ノ出入ヲ…	[15]
34	銭ハ小銭一ヲ釐トシ、一厘十ヲ…	(65)
35	鋸ハ竹木等ヲ切ル器ナリ、歯多…	[25]
36	嚢ハ物ヲ入置ク具ナリ、其製種…	[28]
37	頭巾ハ頭ニ被ル物ナリ、布帛ニ…	(28)
38	浴衣ハ浴シタル後ニ身ヲ拭フ衣…	(55)
39	眼鏡ハ物ヲ見ルニ用ヰル器ナリ…	[34]
40	手拭ハ木綿ニテ作リ、長サ二尺…	×
41	下駄ハ桐又杉ニテ作ル、其緒ヲ…	(41)
42	草履ハ多ク藁ニテ作リ、筍ノ皮…	×
43	蒔絵ハ我邦ノ名産ニシテ他国…	(40)
44	塗物ハ我ガ国産物ノ最ニシテ…	(15)
45	端物ハ布帛ノ名ナリ、布ハ二丈…	(22)
46	綾ハ絹類ノ名ニシテ、文ヲ織出…	[1]
47	蚕ハ繭ニテ作レルヲ真綿トイフ…	(18)
48	絽ニ紋絽、縞絽等アリ多ク夏ノ…	(2)
49	布ハ麻、苧麻、木綿、亜麻等…	[23]
50	鹽ハ潮ヲ砂ニ澆ギ、濾シテ煮タ…	(58)
51	氷柱ハ雨或ハ雪水ノ軒、又岩上…	[19]
52	田ハ水アリテ稲ヲ植ル処ノ名…	[16]
53	苗代ハ籾ヲ蒔キ苗ヲ作ル所ナリ…	(30)
54	畠ハ畦ヲ作リテ穀菜ヲ種ウル…	(3)
55	稲ハ五穀ノ一ナリ、粘無キヲ硬…	[2]
56	粟ノ実ハ黍ニ似タリ、飯ト為ス…	(50)
57	葡萄ハ架ヲ作リテ蔓ヲ延ハシム…	(44)
58	胡麻ハ春種テ秋熟ス、子白キヲ…	(46)
59	荏ハ紫蘇ニ似テ葉茎青ク花白キ…	(47)
60	藺は茎細キ草ニシテ種々アリ、…	(34)
61	蕎麦ハ畠ニ作ル、夏ノ末ヨリ…	×
62	木綿ハ春種ヲ蒔キテ秋其綿ヲ収…	(63)
63	糸瓜ハ瓜ノ類ナリ、其実熟セザ…	(8)
64	紅花ハ薊ニ似テ花橙黄色ナリ、…	(9)
65	蓮根ハ蓮ノ根ナリ、煮テ食用ト…	×
66	海苔ハ海菜ノ名ニシテ、紫菜、…	(35)
67	罌粟ハ花ニ紅白紫ノ三種アリ、…	(41)
68	薯蕷ハ食物トシ又薬トス、植作…	(36)
69	芋茎ハ又イモジトイフ、食用ト…	(67)
70	蒜ハ香臭シ、大小アリテ小ナル…	[22]
71	蕨ハ山野ニ生ズ、嫩芽ハ瀹テ菜…	[44]
72	蒲ハ水草ナリ、其花ノ穂ヲ蒲鉾…	(20)
73	牡丹ハ二十日草ト称ス、又其花…	(7)
74	薔薇ハ刺アリテ其花香気多シ、…	(4)
75	林禽ハ其花海棠ノ如ク、其実円…	(14)
76	橙ハ橘柚ノ類ニシテ、其味苦シ…	(23)
77	槿ハ其花葵ノ如シ一日ニシテ萎…	(32)
78	銀杏ハ木ノ名ヲ一葉トイフ、雌…	(54)
79	石榴ハ果ナリ、花紅ニシテ夏開…	(52)
80	菌ニ種類多シ、松茸、初茸、…	[7]
81	珊瑚ハ海中ニ生ス研キテ丸ト…	(51)
82	指ハ各名ヲ異ニス、巨…	[37]
83	獣ハ全身毛有リテ四足…	[9]
84	羊ハ形犬ヨリ大ニシテ…	(61)
85	兎ハ一尺余ノ小獣ニシテ	[3]
86	鹿ハ牝牡形ヲ異ニス、…	[12]
87	猫ニ黒、白、黒斑、…	[24]
88	狐ハ形犬ニ似テ毛色黄…	(53)
89	雞ハ晨ヲ告ル鳥ナリ、…	(5)
90	鶺鴒ハ小鳥ニシテ種類…	(64)
91	竹林鳥ハ小鳥ニシテ…	[31]
92	蝦ハ河海ニ由リテ形ヲ…	[4]
93	鰌ハ形鰻鱺ニ似テ小サ…	(11)

(0)は『小学読本』巻一「平仮名」の部 [0]は『小学読本』巻一「片仮名」の部 ×は『小学読本』に無し

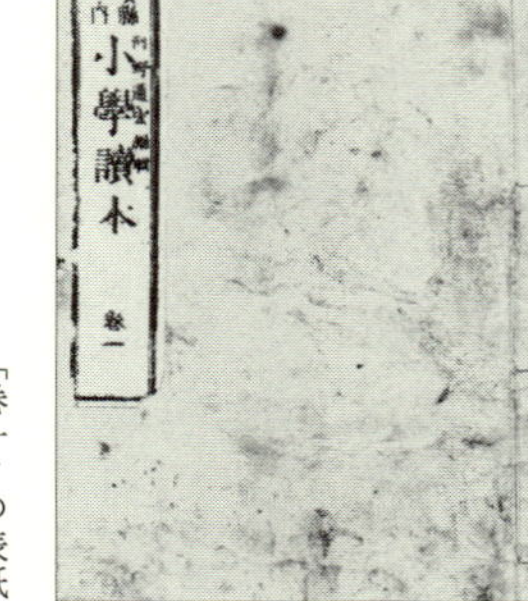

「巻一」の表紙

巻二（仮題）		
1	棟・梁・柱	⑱
2	戸障子	⑳
3	畳	㉑
4	匣	㉒
5	行燈	㉓
6	車	㉔
7	轆轤	㉕
8	舟	㉖
9	帆	㉗
10	碇	㉘
11	鋤・鍬	㉙
12	馬杷・杷	㉚
13	稲扱・磑	㉛
14	手杵・臼	㉜
15	機・杼	㉝
16	繅車・紡車	㉞
17	製紙	㉟
18	匠具	㊱
19	漁具	㊲
20	釣具	㊳
21	食膳	㊴
22	茶碗	㊵
23	蒔画	㊶
24	櫛・笄・簪	㊷
25	鏡	㊸
26	楽器	㊹
27	長刀・槍	㊻
28	鉄砲	㊼
29	金・銀	㊽
30	銅	㊾
31	鉛	㊿
32	錻	○51
33	玉	○52
34	石炭	○53
35	砥	○54
36	画具	○55
37	蚕	○56
38	錦	○57
39	緞子	○58
40	縮緬	○59
41	毛織物	○60
42	麻布	○61
43	袴・羽織	○62
44	衣服	○63
45	夜具	○64
46	酒・味醂	○65
47	飴・砂糖	○66
48	塩・味噌・醤油	○67
49	酢・調味料	○68
50	餅・饂飩・蕎麦	○69
51	饅頭・羊羹	○71

巻三（仮題）		
1	稲の種類	[1]
2	稲の作り方	[2]
3	大麦・小麦	[3]
4	黍・稗	[4]
5	大豆・小豆	[5]
6	大根	[6]
7	牛蒡・人参	[7]
8	漬菜・冬菜	[8]
9	食菜	[9]
10	瓜	[10]
11	桃	[11]
12	梅	[12]
13	李	[13]
14	梨	[14]
15	橘・蜜柑	[15]
16	用材	[16]
17	桐	[18]
18	樫・欅	[19]
19	漆	[21]
20	桑	[22]
21	楮	[23]
22	茶	[24]
23	椿	[25]
24	柳	[26]
25	海棠	[27]
26	木蘭	[28]
27	紅葉	[29]
28	灌木	[30]
29	竹	[31]
30	大麻・苧麻	[32]
31	木綿	[33]
32	早春の花	[34]
33	春野の花	[35]
34	燕子花	[36]
35	芍薬・罌粟	[37]
36	瞿麦	[38]
37	葵	[39]
38	牽牛花	[40]
39	百合	[41]
40	菊	[42]
41	鑑賞葉	[45]
42	蚕	[47]
43	蜂	[48]
44	蜻蛉	[49]
45	蝶	[50]
46	蛙	[51]
47	井守・守宮	[52]
48	蟻	[53]
49	虫	[54]
50	鯉	[56]
51	鰻	[57]
52	鮒	[58]
53	鱒	[59]
54	鮎	[60]
55	鰡	[61]
56	鯛	[62]
57	鰈	[63]
58	堅魚	[64]
59	章魚	[66]
60	蟹	[67]
61	貝類	[68] [69]
62	螺類	[70]
63	鶴	[71]
64	鷺	[72]
65	烏	[73]
66	燕・鴈	[74]
67	鳩	[75]
68	鷹	[76]
69	鶯・雲雀	[77]
70	孔雀・鸚鵡	[80]
71	熊	[81]
72	牛馬	[82]
73	山犬	[83]
74	狐	[84]
75	鼠	[85]
76	鼬鼠・貂	[86]
77	海獣	[87]
78	猿	[88]
79	人	[89]
80	人体	⑯ ⑬⑭

巻四（原題）課数は無し			
1	太陽	(4)(6)	1-4
2	月及日月食	(2)	
3	地球	(1)	
4	星	(5)	1-9
5	流星		1-10
6	潮候		1-15
7	四季		1-14
8	歳時		1-16
9	空気	(7)(8)(9)(10)	
10	風 龍騰	(11)	6-20
11	水	(12)(14)	
12	雨 雪	(12)(13)	
13	電光 雷		6-21
14	地震		2-7?
15	線度形体	(15)	

線度形体　巻四　十七ウ

⓪は、『小学読本』（榊原芳野）巻二の課数　[0]は、『小学読本』（榊原芳野）巻三の課数　（0）は『小学読本』（田中義廉）巻四の課数　0-0は『牙氏初学須知』の巻数と課数

26 机ハ書ヲ読ミ字ヲ写ス台ナリ、其形一ナラズ、高キヲ高机ト云フ、又引出シヲ付ケタルモアリ、足ノ形ハ各異ナレリ、

㉗ ㋡ 案 書を読み字を写す台なり」原は食物を載せたるを、今は其用を異にせり

第四十一

下駄ハ桐又杉ニテ作ル、其緒ヲ鼻緒ト称ス、歯高キ者ヲ足駄トイフ、雨中ノ用トス、

第四十二

草履ハ多ク藁ニテ作リ、筍ノ皮ニテ作ルモノアリ、又麻裏ト云フモノアリ、皆路ノ乾キタル時ニ用ヰルナリ、

第四十三

蒔畫ハ我邦ノ名産ニシテ他國ニ及フ者ナシ、漆ニテ抽キ、金銀粉ヲ著ケ乾シテ磨ケル物ナリ、

第四十四

塗物ハ我國産物ノ最ニシテ、蠟色溜塗、擦合セ等ノ名アリ、朱塗青漆、黄ウルシ、ハ顔料ヲ和シテ塗タル物ナリ、

『滋賀県管内 小学読本』十一ウ　十二オ

この二つの解説文の比較だけでは、河野の編集意図を読み取ることはできないが、どちらも、もとの『小学読本』の解説よりも、若干平易になっているように感じられる。

また、『滋賀県管内 小学読本』では、意味分類をもとにした教材編成の方針を一貫した結果、誌面構成の上で効果をあげている箇所もある。たとえば、「十一ウ」と「十二オ」は、見開きで見ると、「下駄」と「草履」、「蒔絵」と「塗物」と、それぞれ対照的な文物が並べられている。これを学ぶ子どもの側から見れば、この誌面構成から、両者の差違と同一点とを容易に比較することができたであろう。そうした方針が全編に貫かれていたわけではないが、単語の意味の差違を、視覚的な観点からも確認することができる工夫である。

『滋賀県管内 小学読本』の巻二から巻四

『滋賀県管内 小学読本』の巻二と巻三も、意味内容別の構成になっている。この構成は、榊原芳野等編の『小学 読本』も同じである。しかし、『小学 読本』は、巻二が七一項目、巻三が八九項目であるが、『滋賀県管内 小学読本』は、巻二が五一項目、巻三が八〇項目で、それぞれ『小学 読本』よりも教材数が減少している。その原因は、次のようである。

まず、巻二では『小学 読本』の冒頭から第一七項目までの地学・人体に関する記述部分を省いている。つまり、『小学 読本』の「第一八」を、『滋賀県管内 小学読本』巻二の冒頭教材に据え、その後は『小学 読本』と同じ順番で教材編成をしているのである。後述するが、ここで省かれた地学の部分は第四巻に、また人体に関する部分は巻三の巻末に移動している。巻一にあったように、編者が独自に立項して、新たに作製した教材

文はない。

巻三も同様の編集方針である。巻三は、ほとんど『小学 読本』そのままであるが、教材数が少ないのは、もとの『小学 読本』にあったそれぞれの分類の概観を記述した内容の項目が省かれているからである。それを具体的にいうと、『小学 読本』の「第五十五」では、「日本には海産物が多く、日常の魚類について知っておく必要がある、詳しくは動物学を学ぶ必要がある」という趣旨が記述されている。これは、これ以下の「第五十六」から「第七十」まで続く魚貝類についての概観ともいうべき項目である。『滋賀県管内 小学読本』にはこれがない。したがって『滋賀県管内 小学読本』は、物の名とその説明とが、並んでいるだけである。しかし『小学 読本』には、どの分類の冒頭にも、そうした概観項目があるわけではない。とすると、『滋賀県管内 小学読本』の方が、記述内容に関してはよく整理されており、編集原理の一貫性が高いと評価することもできる。

さらに特色があるのは、第四巻である。この巻は項目数としては一五しかないが、一項目毎の記述量は、巻三よりもかなり多い。（丁数は巻三・巻四ともに二八丁である。）内容は、ほぼ「窮理学」的な要素で占められている。既に述べたように、第一巻から第三巻までのベースになった『小学 読本』は、第三巻までの編者は榊原芳野だが、巻四・五の編者は那珂通高と稲垣千頴であり、編集方針もかなり異なっていて、巻四・五は、和洋漢の逸話集になっていた。*24

これに対して、河野通宏の編集した『滋賀県管内 小学読本』の巻四は、福沢諭吉が先鞭を付けた『訓蒙 窮理図解』のように、科学的な知識を伝達することを目的とした内容である。榊原芳野の『小学 読本』でも、窮理学的な内容は、巻二の冒頭の数教材の中に示されていた。しかし、河野通宏は、それだけでは不十分だと考えたのだろう。

そこで河野は、全巻が科学的な教材になっている田中義廉の『小学読本』の巻四を、『滋賀県管内 小学読本』の巻四の内容として採用したのである。もっとも、河野は、田中の『小学読本』巻四をそのまま使うことはしなかった。

今、稿者は、田中義廉の『小学読本』の巻四は、「全巻が科学的な教材になっている」と述べた。その内容は、順に、地学（天文）、物理（水）、数学（線形）、物理（物性）を取り扱った教材群から編成されている。このうち、「数学（線形）」は、文部省が作製した「掛図」の「線及度図」「面及体図」で取り上げられていた線や形についての説明を、文章化したものである。河野は、この「数学（線形）」と「地学（天文）」の内容は、そのまま『滋賀県管内 小学読本』に取り入れた。しかしそれだけなく、「星」「流星」「潮候」「四季」「歳時」「龍騰」「電光」「雷」などの項目を独自に新設している。新設した項目の内容は、おそらく『牙氏 初学須知』などから取り入れたのだろうと考えられる。

『牙氏 初学須知』は、フランス人ガリグエー（Garrigues.J）の編纂した原著を、田中耕造が訳したもので、一八七五（明治八）年一一月に、第一巻が文部省から刊行されている。全一一巻（一五冊）の初等科学全書ともいうべき書物で、「巻之一・星学」「巻之二・地質学」「巻之三・金石学」「巻之四・植物学上・下」「巻之五・動物学上・中・下」「巻之六・物理学上・下」「巻之七・重学」「巻之八・化学」「巻之九・工学」「巻之一〇・衛生学」「巻之一一・農学」から構成されている。この本は、全国的にも普及し、「当時の綜合理科教科書として代表的な位置を占めていた」といわれる教科書である。*25

河野が『滋賀県管内小学読本』を作製するに当たって、この『牙氏初学須知』の第一巻と第六巻を利用したことは、その文章内容や図などを比較すれば、ほぼ間違いないと思われるが、「地震」の項目だけは、『牙氏初学須知』第二巻の「地震」の記述とはかなり異なる。したがって、この項目は別本に依った可能性もある。明治初年には、多くの「窮理書」が翻訳刊行されていたから、河野は類書にも目を通していただろうし、そうした書

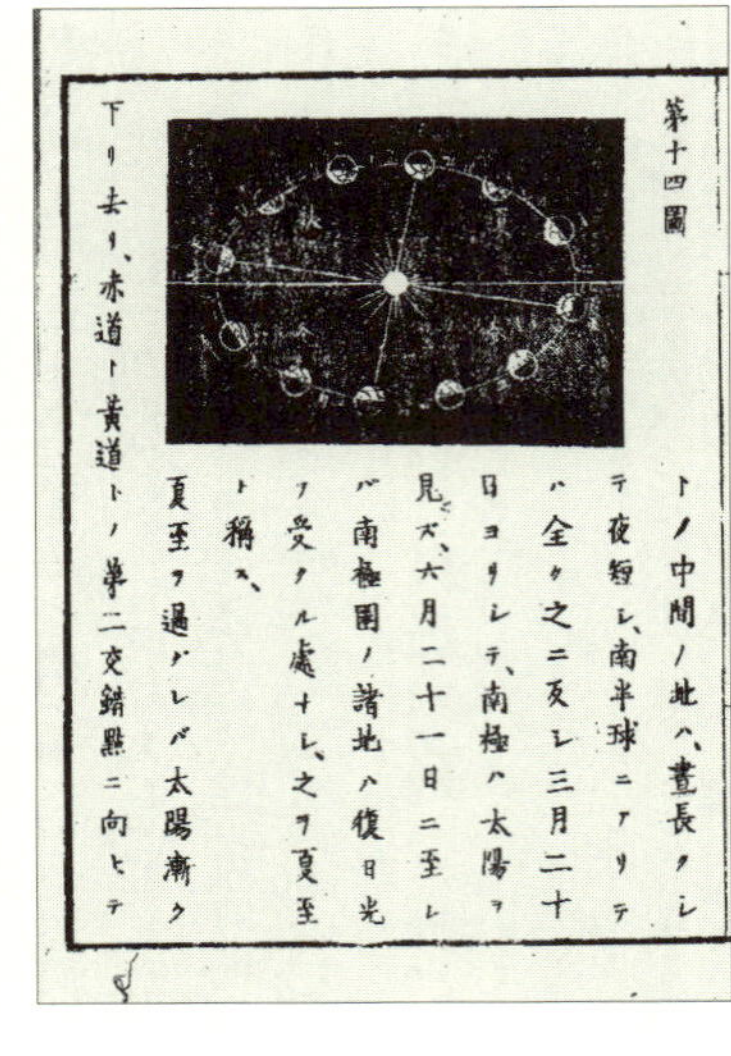
第十四圖

トノ中間ノ地ハ、晝長クシテ夜短シ、南半球ニアリテハ全ク之ニ反シ三月二十日ヨリシテ南極ハ太陽ヲ見ズ、六月二十一日ニ至レバ南極圏ノ諸地ハ復日光ヲ受クル處ナシ、之ヲ夏至ト稱ス、夏至ヲ過グレバ太陽漸ク下リ去リ、赤道ト黄道トノ第二交錯點ニ向ヒテ

『牙氏初学須知』文部省　明治8年

『滋賀県管内小学読本』巻四　十ウ

物からも知識を得たのかもしれない。あるいは、直接に自身が原書から翻訳したことも考えられなくはない。*26

いずれにしても、『滋賀県管内小学読本』巻四は、田中義廉の『小学読本』巻四と『牙氏初学須知』などを利用して編集されたものだと判断していい。前章で見てきたように『小学読本』と『小学読本』とを組み合わせて使うという工夫は、各地で行われており、河野の独創だったわけではない。しかし、河野は、単に既存の教科書を組み合わせて使用するというレベルにとどまってはいなかった。河野は、それを解体して創造的に再編成し、新しい「小学読本」を作ってしまったのである。こうした作業を行った地域は、おそらく滋賀県だけであろう。

『滋賀県管内小学読本』の編成原理

河野の教科書編纂方針を一言でまとめると、下等小学四年間の「読本」の教材編成を、意味分類による発展的構成という形態で設計する、ということになる。すなわち、第一巻は、『小学読本』と同じ「いろは」や「アイウエオ」の順番ではなく、『単語篇』で採用されたような意味分類によって教材を編成し直した。その際、『小学読本』の教材の約四分の三を採用した。また、もとの教材文を改編したり、本文の一部を削除したり、独自に項目を付け加えたりした。さらに、第二巻、第三巻は『小学読本』にかなり依拠しつつ、第二巻の教材内容の三割ほどを、第三巻と第四巻に移した。ここでも、もとの教材文を簡略化したり整理している。また、第四巻は、内容の一部を別の書物から教材を取り入れながら、科学的な読本として再編成した。以上のような改編は、意味分類による構成というこの読本の方針を明確にするためのものだった。

巻一	巻二	巻三	巻四
居所	居所	穀菜	天文
器財	器財	草木	形
布帛	金石	漁虫介	
穀類	布帛	鳥獣	
果類	衣服	身体	
草木	飲食		
鳥獣			

河野の作製した『滋賀県管内小学読本』の内容を確認するために、文部省が刊行した『単語篇』の分類項目枠組みを借りて、その順番と構成を表してみると、おおよそ前の表のようになる。教科書の教材編成という観点からみれば、これは、ことば（単語）によって構築された世界を確認しつつ、それを発展的に向上させながら、深化拡充していくような方針だと概括することができる。

このように河野は、教材そのものは出来合いのものをほとんど利用しつつも、別の教材編成の原理によって、それらを組み替えて再構成し、新しく版を起こして教科書を作製した。その編成方針は、河野がもとにした官版の『小学読本』や『小学読本』よりも、ある意味では体系的になっていると評価していい。また、易から難へという教材配列の筋道も、『小学読本』や『小学読本』よりも、さらに配慮が加えられているようにも思える。

しかし、「子ども読み物」という観点からこの読本を見るなら、この読本から排除されたのが、物語的な要素だということもはっきりしている。つまりこの教科書には、物語性を持った教材は、まったく含まれていない。榊原芳野等の『小学読本』四・五巻は、和漢洋のエピソード集になっていて、内容的には修身的な要素が充満しているものの、ストーリー性を楽しむこと自体は可能だった。また、田中義廉の『小学読本』の、一・二・三巻には、日本の現実の子どもたちの生活とはやや距離があったにせよ、子どもの日常生活の一コマがストーリー形式で語られていた。ところが『滋賀県管内小学読本』では、そうしたひとまとまりのストーリーを味わうような学習経験を期待することはできない。

それはまた、編者である河野通宏が、「読本」というものの性格を、多くの知識を獲得するための情報源だと捉えていたことを意味する。つまり、河野は、「読本」を百科事典や図鑑のようなものだと考えていたのである。あえて言うなら近代版の『訓蒙図彙（きんもうずい）』といったところだろうか。その情報は、ある程度体系的になってはいるものの、個々の情報は知識のレベルにとどまり、読み手の中で物語的に記憶されたり再構成されることは、おそらくない。また、学習の過程で、文章や文体に目を向けるような機会も希薄になりがちである。明らかにこれは、欧米のリーダー由来の「読本」とは、別の方向を向いている。仮に、河野がこの読本の、第五巻・第六巻を続けて編集したとしても、それが欧米のリーダーのように、文学読本になることは考えにくい。

しかし、それは、文部省が刊行した『小学読本』も、『小学読本』も、「読本」という書物の全体体を明確に示せていたわけではないということでもある。つまり、まだこの段階では、小学校段階での言語教育を展開する教科書全体の内容をどのように構成していくのかという原理の究明と具体像の提示とが、十分に進んでいなかったのである。もし、『小学読本』

や『小学読本』の全四巻がそれぞれ固有の体系性を持ち、各巻が子どもの発達段階に即して緻密に構成されていたならば、両者をつぎはぎして再編成するという作業は、不可能だったはずである。『小学読本』や『小学読本』そのものの全体構造が明確でなかったからこそ、河野はそれに手を入れて、自主的に再構成することが可能だったのである。

河野通宏のような積極的な試みは、上から与えられた出来合いの教科書を、そのまま受け取り、そのまま教室の中でこなしていくという姿勢とは、大きく異なる。数巻にもわたる「読本」を編成するには、それを貫く原理を明確にしなければならない。その中で、教科書全体の教材編成の方針をどのようにしたらいいのかという問題意識は、必然的に生まれてくるはずである。また実際、各方面、各地域ではそうした模索が、徐々になされつつあったのである。

四、地域の単独オリジナル「読本」

本節では、地域で一冊ないしは数冊の独自の読本作りを試みた例を挙げて検討したい。そうした仕事の嚆矢は、熊本県の上羽勝衛の『童蒙読本』だと思われる。

(1) 熊本県の『童蒙読本』

熊本県の上羽勝衛の教科書作製

上羽勝衛の教科書編集については、堀浩太郎の研究が詳しい。*27

堀は、上羽の関係した教科書類を、もれなく調べ上げ、その所蔵も含めて、詳細な一覧を作成している。それによると、上羽の関係した教科書類は、一八七三（明治六）年の『続単語篇』『勧孝邇言』『小学教授本』『童蒙読本』『書牘便覧』『書牘訓蒙』、一八七四（明治七）年の『小学会話編』『勧孝邇言後編』『小学地理書』全五冊、一八七五（明治八）年の『日本史略』『小学字書』、一八七六（明治九）年の『小学字彙大全』である。堀が、「分野的には国語の入門書から修身書、地理書、歴史書、辞書にまで及んでいる」と述べているように、この時期、上羽は、単独で多岐にわたる教科書の編集を手がけていた。

そのうち、まず『続単語篇』を見てみよう。

この本は、高木まさきの整理では、「民間で発行された単語篇の類似書（増補、改編に比重を置くもの）」に分類されている。高木の研究は、文部省から刊行された『単語篇』の特質とその位置をはっきりさせようという意図で進められたもので、官版『単語篇』との差異が分析記述されている。その高木の、整理によると、内容は以下のようになる。

『続単語篇』明治６年

『続単語篇』いろは、五十音、喉音呼法、濁音、半濁音、四種活用図、なし。音訓なし。語注なし。語は単語篇にない語。項目は、乾の巻は、疾病、雑部以外は単語篇の項目の中から。坤の巻は国名、府県名、官制、開港、同盟国、世界国名（カタカナルビ）、同盟国都府、五大洋、附録諳誦課（大日本：幅員、周囲、島嶼、戸数、人口、歳入、その他）などの単語篇にない項目を立てる。

書目そのものが、『続単語篇』となっていることからも推測できるように、この本の編集方針は、『単語篇』を補充するという方向である。部立て（項目）は『単語篇』を踏襲し、掲載する単語も『単語篇』との重複を避けて選択している。また、巻二では、世界の国名に片仮名ルビをつけて、学習者の理解を助けようとしている。つまり、『続単語篇』は、あくまでも文部省の『単語篇』の発展補充教科書であり、上羽勝衛の独自の編集方針が窺われるわけではなかった。また、上羽と同様の方向で作られた類書もいくつかある。

『勧孝邇言』明治６年

上羽の作製した教科書類のうちで、もっとも知られている著作は『勧孝邇言』であろう。この『勧孝邇言』が、一八七三（明治六）年四月の「文部省布達」に示された「小学校書目」に書目が挙げられており、文部省から「修身之部」の「教科書」として指定されたことも、既に触れた。『近代日本教科書大系・修身』にも、その全文が翻刻されている。『近代日本教科書大系・修身』の「解説」によれば「当時多く用いられた翻訳教科書に対して旧来の教訓書の系統に属するものである。」とされ、教訓書系統の中では「代表的な教科書」だと評価されている。内容は、上編が、室鳩巣の『六諭衍義大意』に依拠した文章で、下編には和漢の「孝」を実践した人物の例話が九例挙げられている。その中には歴史的に知られている人物もいれば、市井の人物も含まれている。上羽勝衛は、一八七一（明治四）年、熊本洋学校の開校にともなって、漢文の教師として赴任しているから、『勧孝邇言』のような儒教道徳を重視する著作があることは納得できる。[*28]

上羽の儒教的教養から考えると、McGuffey のリーダーを中心にした「翻訳啓蒙書」である『童蒙読本』のような本を著したことは、意外のように思えないことはない。だが、おそらく上羽は、排外的で偏狭な儒学者ではなく、英学にも通じたバランス感覚の良い、広い教養を持っていた人物だったのだろう。その立場から、アメリカの読本の中に、儒教的道徳に通じるような教訓的読み物を見出したのである。そうした姿勢は、上羽だけではなく、明治初期の洋学者たちの多くとも共通するところがある。

『童蒙読本』とその使用状況

『童蒙読本』は、地域で作製された初めての「読本」であり、それもアメリカの教科書の翻訳教材が中心的な内容となっていた。実際に学校教育の中で使われたらしいという点も、大きな特色である。しかし、『童蒙読本』に関しては、堀も「『童蒙読本』はその存在すら知られていないものと思われる」と述べているように、ほとんど研究は進んでいない。わずかに望月久貴が『明治初期国語教育の研究』の中で、この読本の紹介と若干のコメントを残しているだけで、ほかに『童蒙読本』を取り上げた研究は見当たらず、堀浩太郎自身もこの教科書について十分な検討をしているわけではない。[*29]

本書では、すでに第一部第二章で、『童蒙読本』を「子ども向け翻訳啓蒙書」の一種ととらえた上で、McGuffeyのリーダーからの翻訳が、その中心的な材料になっていたことを明らかにした。そこで、ここでは、堀の研究に導かれながら、同じ『童蒙読本』を、学校教育で使用する「教科書」という観点から見てみたい。本書の第一部第二章の記述と若干重複するが、書誌的な事項を含めて、あらためて『童蒙読本』の内容を確認しておく。

『童蒙読本』は、一八七三(明治六)年に、惺々軒から刊行された。奥付には、売弘所として、東京芝神明の岡田屋嘉七の名がある。全二二章の内、最初の五章は「イソップ寓話」が典拠である。それに続く第六章と第七章の二話の出典は、*Elementary Spelling Book* 巻末に付録として載せられたFableであり、それ以降の第八章から第二二章までの一五話が、*McGuffey's New Eclectic Third Readers* から選ばれた話材だった。

ということは、この『童蒙読本』の内容のほとんどは、アメリカの教科書からの抄訳なのである。ウィルソンリーダーが子どもたちの田園生活を中心的な話題として描いていたように、McGuffeyのリーダーも、子どもたちの生活を中心にしたひとまとまりのストーリーによって展開されている。その意味でこの本は、「読本(リードル)=読みもの集」という呼称がきわめてよく似合う教科書だと言っていい。話材構成も、前半三分の一ぐらいまでは寓話、それから後は日常生活の中の教訓話というように整理されている。また、文章量もおおよそ、短から長へと並べられている。単一の読本内部だけであるものの、ある程度、易から難へという教育的な配慮がなされているのである。残念なのは、『童蒙読本』が、一冊だけで完結していることで、これがどのように、他の読み物の教科書へと発展していくのかという道筋が見えないことである。

この点に関して、上羽の作製した教科書が実際にどのように使われたのかを調査した堀浩太郎の研究を手がかりにして、若干の考察を加えたい。堀は、旧玉名郡伊倉(現熊本県北部)の名望家だった木下初太郎の残した手記類から、明治六年五月付けで白川県(明治九年まで・現在は熊本県)の県権参事の職にあった嘉悦氏房が出した「小学教則」を紹介している。そこには、上羽勝衛の著作が教科書として指定されている。堀の論文からこの「下等小学教則」の関係部分だけを抜き出すと次のようになる。[*30]

第八級　単語　単語篇ヲ用ヒ是ヲ掛板ニ記シ生徒一組ツヽ整列セシメ

(下略)

修身学　勧孝邇言ヲ用ヒ一句ツヽ訓読ヲ授ケ而後ニ意義ヲ講授ス

第七級　単語　続単語篇ヲ用ユ

読本　童蒙読本ヲ用方修身学ニ同シ

第六級　読本　　童蒙読本ヲ用方修身学ニ同シ誦シ生徒ヲシテ之ヲ記セシメ而後教師之ヲ掛板ニ記シ生徒ヲシテ照シ正サシム
　　修身学　童蒙教草ヲ用ユ方前ニ同シ

この時の白川県の教則によると、第八級の「修身学」では上羽の編集した『勧孝邇言』を使い、第七級の「単語」では『続単語篇』、また第七・六級の「読本」では『童蒙読本』を使うことになっている。さらに、第六級から第四級までの「修身学」では福沢諭吉の『童蒙をしへ草』を使い、第二・一級の「読本」では瓜生政和の『西洋新書』が指定されていた。こうしたことから、この教則は、明治五年に文部省が出した「小学教則」に示されていた教科書類に、さらに熊本県独自の教科書を加えて編成した内容だと判断できる。

教科目「修身学」と「読本」の指導法の記述にまったく変化がないことから、この二つの科目の性格がほとんど同一視されていた可能性もあるが、少なくともこの教則を編成した白川県の当事者は、「読本」の教科目の第七・六級では、『童蒙読本』を使い、第二・一級では瓜生政和の『西洋新書』を使う、という道筋を想定していた。したがって、上羽自身も『童蒙をしへ草』あるいは『西洋新書』などと混用、あるいは連続して使用するような教育課程の中に位置づけるつもりで『童蒙読本』を、作製したのだろう。すなわち、「単語篇」→「続単語篇」→「童蒙読本」→「童蒙をしへ草」→「西洋新書」と順に進んで行くようなイメージである。白川県の教則は、文部省の「小学教則」の内容と同様に、文明開化的な教科内容だったのである。

もっとも、この白川県の教則は、翌一八七四（明治七）年四月に改正されてしまう。その時に白川県が準拠したのは、全国的に浸透しつつあった師範学校の「下等小学教則」であり、「読物」科で指定した教科書は、田中義廉の『小学読本』だった。この後、白川県＝熊本県では、師範学校の教授法を本格的に導入するに伴って、小学校の教育内容は充実していく。しかしそこでは上羽の編集した『童蒙読本』は、使用されなくなってしまったらしい。つまり、『童蒙読本』は、官版の『小学読本』が普及するまでのほんの短い間に、ごく限られた地域でしか使われなかった教科書だったのである。そのせいもあって、現在この教科書は、全国の数カ所のみで保管されているに過ぎないのだろう。[*31]

以上のように、上羽勝衛の『童蒙読本』は、過渡期の、それも白川県の教則の中に見えるだけの教科書ではあったものの、学制期のただ中で、アメリカのリーダーなどから積極的に教材を翻訳して、新しい可能性を追求した「読本」の一つだった。したがって、この『童蒙読本』の中に使われた「読本」という用語は、田中義廉の『小学読本』と同じように、明らかに欧米のリーダーを十分に意識したものだったと考えられる。

(2) 和歌山県の『初学入門』など

鳥山啓の教科書編集

上羽勝衛の『童蒙読本』と、ほぼ同時期に展開された鳥山啓の「子ども向け翻訳啓蒙書」における先駆的な業績については、第一部で述べた。ここでは、鳥山が、和歌山県師範学校に勤めるようになってから刊行した地域教科書である『初学入門』『小学中等科読本』『紀伊国地誌略』等について検討する。

　これらの教科書は、鳥山が明治初年に平仮名だけで教科書類を作製したのとは異なり、すべて漢字仮名交じりの文体で書かれていた。『初学入門』は、初学者に対する学問のすすめであり、外国のリーダーなどに掲載されていた話を、ごく簡略にまとめた教材がたくさん載せられていることが特徴である。すでに、そうした出版活動を十分に経験していた鳥山にとって、『初学入門』のような本の編集は、手に入ったものであっただろう。また、『小学中等科読本』は、中等科のための読本であり、『紀伊国地誌史略』は「小学児童ノ読本ニ供スル為」に編集された和歌山県の地理を教える教科書である。

　これらの教科書の編集に関しては、現在のところ鳥山啓の唯一の伝記である『夕津ゝ』（私刊本）に、「和歌山県小学校教科書の編輯」という項目があり、そこに、子息である鳥山嶺男が次のように書いていることが参考になる。

> 明治四未（ママ）年（西暦一八七一）発布の学制に基き、小学校が開始されはしたが、教科書に就いては、尚ほまだ整備されるに至らなかった。父は、明治十四巳年（西暦一八八一）五月十八日和歌山県から教則案取調委員、明治十六未年（西暦一八八三）六月十九日には同じ和歌山県から小学校教科書調査委員を申し付けられた。然し事実教科書の編輯は明治九子年（西暦一八七六）師範学校勤務と同時に命ぜられたものと思はれる。其の時編輯したものは初学入門といふ読本で、小学校の最下級則ち初等六級で用ゐる為のものだった。漢字交り文語体のもので、現在の小学校生徒等には到底読み得るものではなかった。父は其の編輯手当として明治十丑年（西暦一八七七）十一月七日金十円を下賜された。原稿料としては随分安いものだと思ふ。之に続いて編輯したのが、紀伊国地誌略であるが、其の編輯手当は前回同様金十円、明治十一寅年（西暦一八七八）月日不明の辞令だった。両者とも木板半紙半折本だった。

　この後、鳥山嶺男の筆は、大きく明治二〇年に飛んで、「東京移住」という項目になり、この伝記には、『小学中等科読本』のことは記されていない。

　鳥山嶺男は、『初学入門』については「小学校の最下級則ち初等六級で用ゐる為」と記述している。和歌山県の「小学教則」では、一八七八（明治一一）年から「小学課程ヲ分テ上下二等トシ各三カ年ノ修業ト定ム」と規定しており、「下等小学」は、六級から始まっていた。その教則の「読物」の項目の「第六級」では、「五十音」などを教えることになっており、『初学入門』の書名は「第五級」の中にある。したがって、この教科書が「小学校の最下級」で使われたことは確かだが、それは小学校一年生の前期「第六級」ではなく、小学校一年生の後期にあたる「第五級」で使用されたのである。つまり、小学校に入学した子どもたちは、読み書きの学習にあたって、まずは仮名や単語・連語などの学習を経た後に、この読本を使用したのだった。後述するが、それは、『初学入門』の末尾に、連語図・単語図の既習学習経験を前提とした鳥山啓の教材文が置かれていることからも確認することができる。*32

『初学入門』

　では最初に、『初学入門』に関して判明した書誌的な情報を記しておく。

家蔵の『初学入門』は、明治一〇年に刊行されたものである。見返しには、「和歌山県三等訓導鳥山啓編輯、明治十年十月出版、和歌山県学務課蔵版」とあり、奥付には、「製本所　和歌山縣第二大区一小区小野町一丁目二九番地　野田大二郎」と記されている。おそらくこの家蔵本が、一番最初に刊行された『初学入門』であろう。半紙判、二二丁。この本を仮に、「初刊本」と名付けておく。[*33]

この初刊本を、そのまま翻刻したのが「翻刻本」で、題箋にも「翻刻」と小さな文字が加えられている。翻刻本の見返しには、初刊本の見返しの上部の枠外に横書きされていた「版権所有」の四文字が「翻刻」に変えられ、また「明治十年十月出版」となっていた見返しの刊記が、なぜか一ヶ月早い「明治十年九月出版」になっている。しかし、本文の内容はまったく同一である。奥付には、「明治十二年十一月十八日翻刻御届・同十二年十二月十日出版」とあるので、翻刻本が出版されたのは明治一二年一二月であることが確かめられる。「翻刻人・製版所」には、大阪の松本善助、和歌山の平井文助の二名の名前が記され、「売弘所」として和歌山の高市伊兵衛を初め、県内の一四名の名前が挙げてある。この翻刻本の所蔵は、国立国会図書館と和歌山県立図書館の二館である。

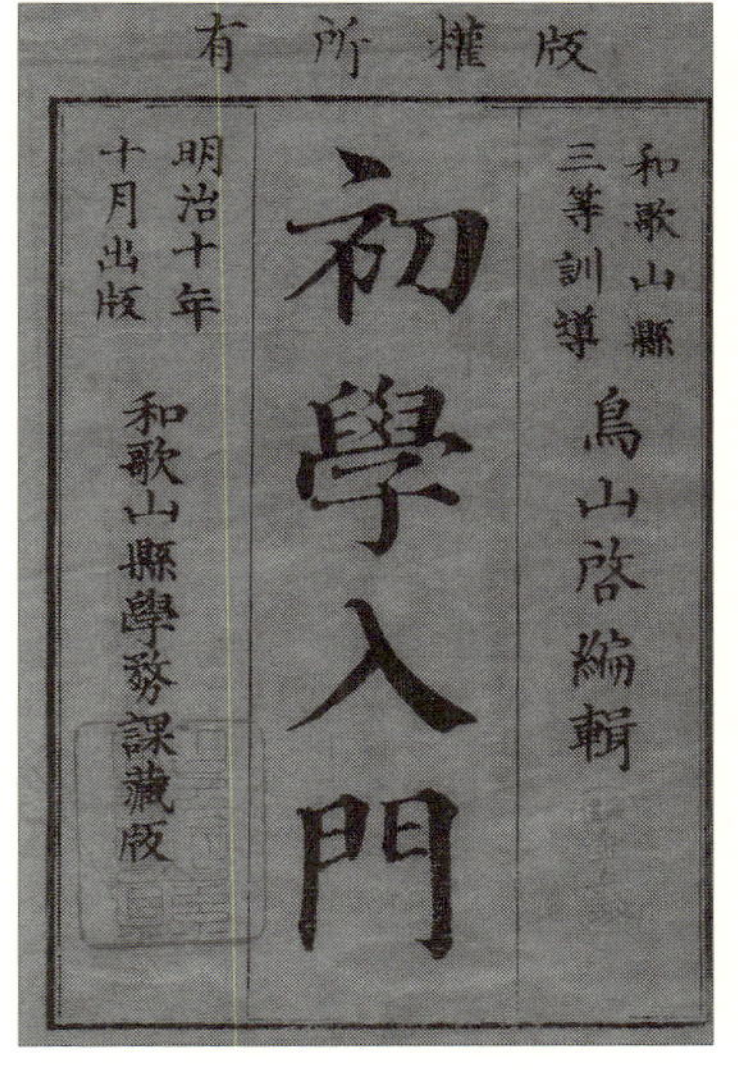

『初学入門』見返し
明治10年

さらに、一八八二（明治一五）年三月には、『改正 初学入門　上巻』野田眉寿堂・一二丁、と、『改正 初学入門　下巻』野田眉寿堂・一七丁、が出ている。出版人は初刊本の『初学入門』と同じく野田大二郎。この本は、上下二分冊になっていることが『初学入門』との大きな変更点で、上巻は『初学入門』の第一章から第二六章までを、下巻は第二七章から四八章までを収録してある。また、新たに各章の内容を要約した短文が、各頁の上段に枠囲いでつけられたことも変更点である。新たに付された短文の例を挙げると、第一章には「勉強セサルハ子ノ罪ナリ」、第二章には「人獣孰レカ貴キ」となっており、最終章の第四八章は「学問ハ霧中ノ磁針暗夜ノ極星」となっていて、各章の題名のようでもある。こうした例は類書にもよく見られる。なお、この要約部分は、本文とは異なり、漢字カタカナ交じり文で記されている。改正された二冊本の文章内容は、初刊本と同様で、変更されている本文箇所はない。

別に、その翌年の一八八三（明治一六）年五月に出版された『初学入門　下巻』（翻刻人・平井文助）も存在する。この本については、下巻だけしか現物を確認できなかったが、おそらく同年に上巻も刊行されていたに違いない。一八八二（明治一五）年の『改正 初学入門　下巻』野田眉寿堂、と構成や収録内容は同じだが、各頁の上段にそれぞれの章の内容を要約した短文が附されていない。また別に、鳥山啓自身の編集による『初学入門字解』が、一八七八（明治一一）年一月に、やはり「南紀・眉寿堂」から刊行されている。これは、『初学入門』の字引である。

以上のように構成や書式に若干の異同があるいくつかの『初学入門』

が残存し、また教科書の字引も刊行されていたことから、明治一〇年にこの本が刊行されて以来、和歌山県を中心として実際に学校教育の中で版を重ねて、広く使用されていたと判断できる。[*34]

さて、その内容である。

『初学入門』の全編は、四八課によって構成されているが、内容的にはいくつかの課に渡って連続しているものもある。和漢洋のエピソードが混載されており、こうした構成は那珂通高・稲垣千穎による『小学読本』の巻四・五の構成とも似ている。西洋の話題がサーゼントリーダーから多く採用されているのは、『さあぜんとものがたり』を著した経験のある鳥山にとっては、当然の選択だっただろう。

ところでこの「読本」は、和歌山県の「教則」によれば、入門期の単語図や連語図の学習と、田中義廉本との橋渡しをする目的で作られていた。つまり、『初学入門』は、『小学読本』の学習に先だって、それよりも短い話を読ませるための準備的な教科書という位置付けなのである。したがって、ここに掲載された話は、それぞれが原典の文章よりも簡略化され、初学者の興味関心と読解能力に合わせて書き直されている。その結果、ストーリーの面白さが減殺されてしまった教材が多い。

『初学入門』の文章

たとえば、アメリカのリーダーをもとにした教材も、翻訳というより、筋だけの翻案になってしまっている。それを確認するために、第二五章と第二六章の二課に渡って掲載されていた教材を見てみよう。これは、*Sargent's Standard Reader* の第二巻の三五課の「The Ungrateful King」がもとになっている。まず、『初学入門』の全文を、以下に引用する。

第二五章　昔、印度国の王、湖に、舟を浮かべて遊びしが、誤つて水に落ち入りければ、供せし人王の髪をとりて救ひたり、然るに其国の法として、王の身に手を触るる者は、死罪に処する例ありて、王は、己を救ひし人を、此刑に行ひたり

第二六章　其後、此王再び舟遊びせしが、此度も亦水に、落ち入りたり、然れども、舟中の人は各帽を脱ぎて、万歳々々と唱ふるのみ、誰も救ふ者なし、王ハ遂に溺死せり、恩を受けて報ずるを知らざる者、果たして、其身を、滅するに至る

第一部第二章でも触れたように、明治初年の時期に、鳥山が *Sargent's Standard Reader* を翻訳して『さあぜんとものがたり』を編集した際には、できるだけ原典を重視して日本語の文章を作成していた。同時に、日本語表記をひらがなにするという先進的な試みも、行っていた。そこでの鳥山の翻訳の基本的な態度は、原文に恣意的な意見を付け加えたり、一部分をカットしたりしないという方針だった。さらには、他の翻訳者が手をつけなかった原文付載の「詩」も、可能な限り日本語に移し換えようと努力していた。鳥山が、この教材文の原文である「The Ungrateful King」に付載されていた短い詩を、日本語の韻文に翻訳した見事な手際については、すでに第一部で見てきた通りである。

だが、ここでは、原文の「The Ungrateful King」は縮約されており、ほとんどあらすじだけの教材文になってしまっている。物語の細部が刈り込まれたことにより、話の面白さの大部分が雲散霧消してしまったことは疑いない。

具体的にそれを見てみよう。たとえば王の最期の場面の描写は、この

『初学入門』一八七九（明治一二）年三月発行　定価　八銭五厘（一・二巻）三・四巻は一〇銭

1	（勉強）	子を養ひて、学ばしめざるは、父の過ち、教へて厳ならぬハ
2	（学問）	人と禽獣ハ、孰れか貴き、人を貴しとす、人は幼少の時より
3	（〃）	故に人として、物の道理を分たず、事の善悪邪生を弁へざる
4	（〃）	人の性質、さまざまにて、愚かなるものもあれバ、賢き
5	（〃）	雲を凌ぐ大木も、其初めハ二葉のみ、人も生まれながら
6	（運動）	学問ハ勤べしといへども、書物にのみ目を曝らし、身体を
7	（〃）	西洋の教に、よく遊べよく勉めよといふ事あり、読書、手習
8	（〃）	運動するハ、精神を楽ましめ、身体を健かにするが為なるに
9	（悪戯）	蜂は刺ありて、人を螫す毒虫なり、或童子戯れに、棒を以て
10	（過失）	過失をなしたらんにはハ、速かに之を改むべし、過失ハ誰
11	（〃）	人の物を損ひなどせし時ハ、仮令人のこれを知らざるも、
12	（誠）	師父の譴責をのみ恐れて、従順なるハ、真に善良の童子とハ
13	（真実）	偽ハいふべからず、常に偽をいふ時ハ、たまたま真実を語る
14	（〃）	不正の秤、或ハ枡を用ゐて、人を欺き、利を貪る商人あり
15	（〃）	自己の欲をのみ恣にして、人の自由を妨ぐべからず、
16	（境遇）	寒冷なる冬の朝、山路の雪を踏みて、炭を荷ひ市に出る童子
17	（〃）	富家の子ハ、暖かに着、飽まで食ひ、日々の努といふハ、
18	（蟒蛇）	昔、陸奥の国に猟夫あり、一の犬を畜ひたり、或夜彼犬を
19	（蟒蛇）	其時、犬ハ木の上に飛び揚ると見えしが、大いなる蟒蛇の喉
20	（救助犬）	瑞西国、セント、ヘルナルドの山路にて、雪中に旅客の
21	（獅子）	獅子は猛烈なる獣なれども、猶恩を報ずるを知れり、昔羅馬
22	（燕）	仏国の巴黎斯にて、或学校の屋根に、燕の来り居りしが、
23	（〃）	鳥類すらも、其友の危難を救ふ、斯の如し、然るに人として
24	（恩）	西洋の昔談に、或日獅子洞に眠り居しが、鼠其鼻に上り、（イソップ寓話）
25	（恩）	昔、印度国の王、湖に、舟を浮かべて、遊びしが、誤って水に
26	（〃）	其後、此王再び船遊びせしが、此度も亦水に、落ち入りたり、
27	（孝）	昔支那に、黄香といふ人あり、九歳の時、母を失ひ、
28	（読書）	アルフレット王ハ、英国、古代の英主なり，幼少の時、
29	（〃）	是よりアルフレットハ、師に就きて学文を勉め、其兄弟に
30	（努力）	昔、唐土に車胤といふ人あり、学問を好みしかど、貧しくして
31	（努力）	匡衡といふ人も学問を、勉めしが貧しくして、燈火なし
32	（思考）	唐土、晋の明帝幼かりし時、父帝問ひて曰く、長安と日と孰れ
33	（〃）	「ヘートル」七歳の時、友達と遊び居しが、月の前に雲の動く
34	（才智）	支那の王戎といへる人、六七歳の時道の側に、李の実の多く
35	（才智）	武田信玄は、幼名を勝千代と呼べり、近臣を従へて、雲雀を
36	（才智）	紫式部は、藤原の為時の女なり、父は有名なる学士なりしが
37	（才智）	大江の匡房は、幼きより、才智勝れたり、四歳にして書をよみ
38	（才智）	林信勝ハ、京都四條の人なり、幼少の時より、才智人に勝れ
39	（発明）	「ゼームス、ワット」は、英国の人なり、幼少の時茶瓶の口
40	（時間）	一日を二十四時とし、一時を六十分とし、一分を六十秒とす
41	（時間）	一年の間、寒暑の時に随ひて、之を四季に分ち、又これを
42	（時間）	一月ハ一年の初めなり、然れども春の初めにあらず、一歳中の
43	（時間）	四月ハ寒からず、暑からず、一年中の最も快く、最も楽しきハ
44	（時間）	一歳中最も炎暑なるは、七月なり、蓮はじめて花を開き、蝉の
45	（時間）	十月に朝夕やゝ寒冷を覚ふ、楓ハ露に染み、菊ハ霜に傲る
46	（方角）	方角ハ、東、西、南、北の外、乾，坤，巽，艮，あり、乾ハ
47	（星）	汝ハ連語の懸図にて、朝日夕日のある所を見て、東西の方角を
48	（星）	汝ハまた、単語の、懸図にて、磁石の字を学びかつ其製と用との如何を聞きたり、此器ある時ハ、霧の中にありといへども、方角を誤る事なし、北極星を知る時は、暗夜といへども、道を失ふ憂ひなし、人の学ばずば、物の道理に暗くして、身を立て、家を興すの、方向を誤り、殆んど貧窮に陥るを免がれ難し、嗚呼学問ハ霧中の磁石、暗夜の極星と謂ふべし

（ ）内には、取り上げている主題が分かるように稿者が仮に題をつけた。網掛けは連続して一話になっている

出典：「20」は、*Sargent's Standard Reader* 2.2-83 Lost in the Snow　「25・26」は、*Sargent's Standard Reader* 2-35 The Ungrateful King

「28・29」は、*Sargent's Standard Reader* 2-1 Alfred and his Mother　「33」は、*Sargent's Standard Reader* 3-87 On Forethought and Observation

教材文では「然れども、舟中の人は各帽を脱ぎて、万歳々々と唱ふるのみ誰も救ふ者なし、王ハ遂に溺死せり、」となっているだけだが、英語の教材文では、次のような表現になっている。

The men who rowed the boat could easily have saved him; but they were afraid to touch him: they let him drown.

While he was struggling in the water, they took off their caps, and bowed to him with all re-spect, and cried, "Long live the King!" but they did not move a finger to help him: they feared to do it.

When they were afterwards reproached with their conduct, they replied: "We remembered too well the fate of the poor man who saved the king's life once be-fore."

鳥山は、『さあぜんとものがたり』で、この部分を次のように訳していた。

このとき ふね を こぎ ゐ たる ひとびと は。わう を たすけん は いと やすき こと なれ ども わう に。て を ふれん こと を おそれて。わう の みづ の うち にて くるしみ もだゆる を みて。みなみな ばうし を ぬぎ かうべ を さげ〽こくわう ばんざい こくわう ばんざい ト さけぶ の み わう を たすけん とて は ゆび いつぽん を うごかさゞれ ば。みるみる わう は みず に おぼれて ぞ しゝたり ける。その のち わう を みごろし に したる を そしられ ける とき。この ひと〴〵 の こたへ ける は〽われわれ ども は いぜん わう を たすけ たる ひと の ふこう に こりこり して をり ます から サ

（この時、舟を漕ぎゐたる人々は、王を助けんは、いと易きことなれども、王に手を触れんことを恐れて、王の水の中にて苦しみ悶ゆるを見て、皆々帽子を脱ぎ、頭を下げ、「国王万歳！国王万歳！」と叫ぶのみ。王を助けんとては、指一本を動かさざれば、みるみる王は水に溺れてぞ死したりける。その後、王を見殺しにしたるを誹られける時、この人々の答へけるは、「我々どもは、以前、王を助けたる人の不幸にこりごりしておりますからサ」）

溺死しつつある王に向かって、"Long live the King!" と呼びかける原文の表現もかなり皮肉だが、「国王万歳、国王万歳」と訳した鳥山の翻訳文も、「万歳」の本来の意味を活かして、それを効果的に日本語に移している。また、王の死を記述した「they let him drown.」という英文も、「みるみる王は水に溺れてぞ死したりける。」と、係り結びを使って和訳されており、臨場感・緊迫感のある表現になっているように思われる。こう見てくると、「子ども向け翻訳啓蒙書」としての『さあぜんとものがたり』が、かなりうまくできていたことを、ここであらためて再確認することになる。

しかし、『初学入門』という教科書の作製にあたっては、『さあぜんとものがたり』のひらがな書きを、そのまま稿者が（ ）の中に記したような漢字仮名交じり文に直せば良いというわけにはいかなかった。それは鳥山に要請されていた仕事が、入門期の言語学習用の文章の作成だったからである。もし、『小学読本』の替わりとして小学校中学年、あるいは高学年用の言語教科書を作製することを求められたならば、鳥山は原文を縮約する必要はなかっただろう。だが、ここではあくまでも、入

門期の文字指導と『小学読本』とを繋ぐ教科書を作ることが目的だった。教材文は、学習者の興味関心に沿いながら、同時に比較的平易な語彙と少ない文章量によって作成される必要があったのである。

そこで、鳥山は、とりあえず「The Ungrateful King」を刈り込んだ教材文を用意したのだろう。そのように縮約した教材文は、何も英語教科書からの翻訳だけに限ったことではなかった。第二五・二六章に続く第二七章は、「二十四孝」に材を取った「黄香」と「丁蘭」の話であるが、これも原典の漢文から事例のみを抜き出したきわめて素っ気ない漢字仮名交じり文の教材になっている。全編にわたってストーリー性を持った教材文に関しては、初学者の言語学習の条件に適合させるために、単に原典のあらすじの記述にすぎない文章になってしまったのである。

とはいうものの、それは鳥山の『初学入門』が、子どもたちの興味関心を無視しようとしたことを意味するわけではない。結果としては、あらすじのようなストーリーの教材群を並べるような出来上がりになってしまってはいるが、この時期に、これほど多くの「お話」を満載した入門用の国語教科書は、ほかには存在しない。もちろん内容的に見れば、教訓的な結末が多く、また物語の細部を省略した分、むきだしの教訓性が鼻につくことは否めないが、学習者である子どもたちはこの教科書の中の「お話」のストーリーそのものを、ある程度は楽しむことが可能だったと思われる。

加えて、この教科書には、教育に対する鳥山の強い願いが込められていた。それは、学習者に呼びかけるメッセージとして、巻末の四八課の教材文に結実している。

> 汝ハまた、単語の、懸図にて、磁石の字を学びかつ其製と用との如何を聞きたり、此器ある時ハ、霧の中にありといへども、方角を誤る事なし、北極星を知る時は、暗夜といへども、道を失ふ憂ひなし、人の学ばずば、物の道理に暗くして、身を立て、家を興すの、方向を誤り、殆んど貧窮に陥るを免がれ難し、嗚呼学問ハ霧中の磁石、暗夜の極星と謂ふべし

鳥山の『初学入門』は、「学問ハ霧中の磁石、暗夜の極星と謂ふべし」と、格調高く、また子どもたちにも分かりやすい、比喩を交えた表現によって結ばれている。学問のすすめとしては、特段類書と異なる主張をしているわけではない。しかしこの教材文は、窮理学の翻訳を多く刊行した知見と、歌道で磨いた言語感覚とが見事に調和した、子どもたちに向けた〈学び〉に対する高らかな宣言になっていると言えるだろう。

他地域の『初学入門』

この時期には、鳥山の『初学入門』と同様、『小学読本』の学習に入る前に用意された「入門的言語教科書」が、いくつかの地域で作られていた。そこで刊行された類似の諸本と比べてみると、鳥山の教科書の特徴は、さらに明確になる。

たとえば、明治一五年には、福岡県師範学校編輯の『初学入門』が刊行されている。編者は、福岡県師範学校に勤務していた星野彦三郎と太田保一郎である。この本は「緒言」に「此巻ハ第一学年後期短句ヲ終ヘタル後授クルモノトス」と記してあり、鳥山の『初学入門』同様、入門期の文字指導とそれ以降の『小学読本』などの文章指導への橋渡しとし

て作られた教科書であることがはっきりしている。[*35]

この本には多くの「短句」が並べられているが、冒頭は「第一　山はたかし〇川はながし〇机はひろし〇椅子はせばし」と始まって、最終頁は「私は毎朝太陽の出つる頃に起き夜は八時又は九時頃に寝ます〇他人の一たび読む処は己れ百たび之を読むべし」と結ばれる。それぞれの短句同士の間には、多少の内容上の関連はあるが、ひとまとまりのストーリーをなしているわけではない。また、文章もきわめて平凡で、あくまでも、練習的な言語教材集という域を出ていない。

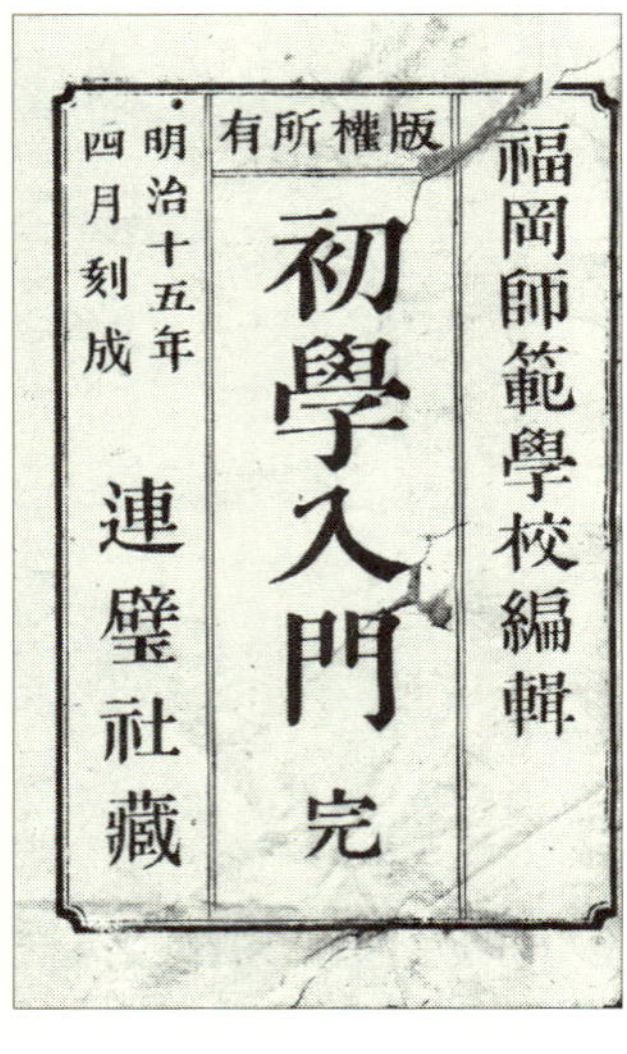

『初学入門』見返し　明治 15 年

『うひまなび』明治 16 – 17 年

また、明治一七年に徳島県で作られた『うひまなび 続編』も、「緒言」に「幼童ノ既ニ仮字単語ヲ修メタル者ノ為ニ主トシテ連語ヲ編纂セル者ナリ」と『小学読本』の学習をする前段階の教科書として作られたことが明言されている。徳島県では、いろはや単語図を学ぶための独自の教科書『うひまなび』を既に作製しており、『うひまなび 続編』は、それに連続するものとして企画されている。この教科書では、漢字を教授することと短文を教授することが、教材作製の主眼となっている。したがって、言語形式を段階的に踏ませようという編集方針が前面に出ており、読むことそれ自体の面白さを味わわせようという姿勢ではない。

教材文の冒頭は「第一　ほそき筆。うすき紙。しろき猫。くろき烏。」で始まって、最終教材は「父は、我を養ひ、母は、我を育つ。師は、我を教へ、君ハ我を護る。父母の恩は、深く、君師の恵みは、高し。父母には、常に、孝行を、盡すべし。君師に事へては、偏に、忠敬を、忘るべからず。」となっている。内容的にも、子どもたちの興味関心を引くとも思えないような教材文が並んでいる。[*36]

それでも、教科書編集の進展という観点から、こうした福岡県師範学校編輯『初学入門』や、徳島県の『うひまなび 続編』などをみるなら、単語図や連語図などの学習を終えた後、直ちに『小学読本』の学習に進むのではなく、両者の間に、その中間段階の言語学習材が必要であることが意識され始めたという点に意義がある。言い換えれば、順序性を重視した教科書編成の必要性への着目がなされ、実際にそれが書物の形で刊行されるようになってきたのである。そこでの「順序性」が、言語形式を基準に置いた形式的なものであったにせよ、子どもの発達段階を考慮した教科書の作製という点からは、一定の評価ができる。

こうした言語形式に基礎を置いた言語学習観は、同じ明治一七年に文部省編輯局から刊行された『読方入門』の編集方針とも若干重なっている。ここでも「平仮名・片仮名・単語・短句」というように、言語要素が「簡単から複雑へ」と展開していく順序性に基づいて、読方教育のステップを押さえようとしていた。

もちろん、言語教科書の作製は、ただ言語要素・言語形式の次序だけをその構成原理として据えただけでは、学習者の意欲を呼び起こすことはできない。そこに文章内容に対する学習者の興味関心をセットにしない限り、主体的に言葉を獲得し、進んで本を読むような学習者は育ちにくいのである。この点で、鳥山啓の『初学入門』は、語彙や漢字などの言語要素の順序性については、必ずしも十分な配慮がなされているとは言えない点もある。しかし、言語内容の側面では、様々な方面の話題を取り上げている。とりわけ物語性を重視しようとした点で、類書とは異なった、きわだった特徴を持っていると評価できる。

ここで確認しておくべき重要なことは、学習者の実態に即した教科書を作製しようという考えが、各地域が主体になって教科書を作るという作業の中に、すこしづつ兆しつつあったという点だろう。中央政府が作った教科書をそのまま使用するのではなく、地域の人々による、足が地に着いた言語教科書作りの中で、こうした考えは、行きつ戻りつしながら、醸成されていったのである。

その後の鳥山啓の教科書編纂

少し脇道に入るが、本項では、この後の鳥山の仕事を、もう少し見てみよう。

『初学入門』から一年遅れて、一八七八（明治一一）年一〇月、鳥山の手によって、やはり「読物」科の教科書である『紀伊国地誌略』が刊行された。和歌山県一等訓導千田一十郎と、同三等訓導鳥山啓との連名による編集である。「緒言」には「此書ハ小学児童ノ読本ニ供スル為メ編集セシモノニシテ紀伊国ノ地理物産等ノ概略ヲ記スルモノナリ」とある。半紙判、三五丁。大阪の響泉堂版の紀伊国全域図（銅販印刷地図）一葉が、挟み込まれている。本文は、漢字カタカナ交じり文で、ルビなし。およそ二―三丁に一図の割合で、挿画が入っている。奥付は、「明治十一年十月出板、和歌山県学務課蔵版、製本所和歌山県第二大区一小区小野町一丁目二十一番地野田大二郎」となっている。

この本も、翌年の明治一二年二月に「翻刻本」が出版されている。地図がついていないほかは、「翻刻本」の文章内容は初刊本とまったく同一である。奥付は、「明治十一年十二月二十五日翻刻御届・同十二年二月二日出版」で「翻刻人製本所　和歌山県士族三浦圓三郎・同平民平井文助」となっている。また、売弘所として知新堂分舎を初めとして一四名の名前が挙がっている。

「地誌」に関しては、各地域に、江戸期以来の名所図絵などを板行してきた伝統があるし、明治期に入って、小学校向けの地誌の教科書も各地で刊行されている。したがって執筆対象としてどの地域を選び、どの程度の文章量で執筆するのかという方針さえ決まれば、その作成は、それほど困難な仕事ではなかっただろうと思われる。前述したようにこの時期、他の地域でも盛んに同様の「地誌」の教科書が作られていた。そうした各地の地誌教科書と比べて、この教科書に、鳥山の独自性が発揮されているとは言い難い。

それよりも、言語教科書である『小学中等科読本』の方に、鳥山啓の特色が発揮されている。鳥山啓編『小学中等科読本』全六巻の奥付は、すべて一八八二（明治一五）年二月に版権免許、四月に改題御届となっており、神戸の熊谷久栄堂から刊行されていた。この教科書は、一八八一（明治一四）年の「小学校教則綱領」で、小学校の課程が初等科、中等科、高等科に分けられたことに対応して作られたもので、初等科の三年間で『初学入門』『小学読本』『小学読本』などを学んだ後の中等科の言語教科書として用意されている。中等科の「読書」科の内容は、「小学校教則綱領」によって、「近易ノ漢文ノ読本若クハ稍高尚ノ仮名交リ文ノ読本」と大枠は決められているが、具体的な書名や著者名が指定されていたわけではなかった。したがって、新しい教科書を作製しようとするなら、この規定の範囲の中で、編者が自由に教材を選択できたのである。

「小学校中等科」の教科書としては、先に見た長崎県の例のように、既成の書物である『日本立志編（一名修身規範）』（千河岸貫一）や『通語』（中井履軒）などを使用する場合も多かった。あるいは、新しい教育課程である「小学校教則綱領」に対応して、さっそく民間書肆が「中等科」用の教科書を作製したので、それを使用することも可能だった。そうした教科書のうち、早い時期に刊行され、また広く使われた本に、木澤成粛による『小学中等読本』三冊がある。この本は、巻頭に「文部大書記官・辻新次」と「敬宇中村正直」の「題辞」が掲げられ、巻一、二、三が、それぞれ五五、六一、七四丁仕立てになっていた。著者の木澤成粛は、漢学者で、私塾である育英塾を経営しており、明治中期には各種の教科書類の著述にも手を染めている。文章は、すべて漢字片仮名交じり文（漢文だけで書かれた別のバージョンもある）によって記されており、和漢洋の史話が多く取り入れられている。「凡例」には、「小学生徒読書ノ業ハ、心思ヲ労セスシテ自ラ得ルヲ宜トス、故ニ此編、先ツ我国古人ノ功績ヲ記シ、次ニ支那西洋ノ美蹟ヲ載ス」と記されており、比較的文章量の少ない教材から文章量の多い教材へと発展するように作られている。[*37]

また、内田嘉一編による『小学中等科読本』（金港堂）全六巻も、この時期よく使われた読本のようである。国語教育の基本である言語教育的な教材と、修身的な読み物、さらには理科・地理・歴史などの教材をバランス良く盛り込み、総合的な内容の読本となっている。小学校の高学年の国語読本に、総合的な内容を取り入れることは、この教科書以降に定着していくので、ある意味でこの本は、検定期の国語読本の内容の先取り的な意義をもっていた。[*38]

これに対して、鳥山の編集した『小学中等科読本』は、これらの中等

『小学中等科読本』明治15年

科用読本とは異なり、多くの文人の書いた文章を編纂したアンソロジーに近い仕上がりになっている。それも、近世の儒学者たちの書いた文章が多い。『小学中等科読本』の巻一の「目録（目次）」を以下に書き抜いてみる。

これを見ると、全三七教材のうち、なんと半分の一四教材が「序」の文章である。また「跋」や書画に添えた文章も七編ある。こうした方針は、全六巻を通して同様で、巻二、巻三は一三編、巻四は一五編、巻五は一九編、巻六に至っても三五教材の中に、序文が六編、書画の銘や墓誌などが一一編もあり、いわゆる史話や物語は含まれていない。確かに、こうした序文や跋文類は、適当な文章量で内容的にも完結しているから、教材文として相応しいものも多いだろう。

だが、この鳥山の『小学中等科読本』を、木澤成粛の『小学中等読本』や内田嘉一の『小学中等科読本』などと比べると、その編集方針はかなり異なっている。木澤や内田の方針は、「読本」を通して、知識を広げ、各教科にまたがる読み物を読むための基礎としようとしていた。先ほど検討した鳥山の小学初等科用の『初学入門』の編集方針は、この木澤や内田のものに近い。したがって、鳥山が自身が編んだ『初学入門』を基礎に、それをさらに拡充する方向で「中等読本」を作製しようとし

『小学中等科読本』の巻一の「目録（目次）」

斯氏農書ノ序	大久保利通
輿地誌略ノ序	秋月種樹
擬雲根志ノ序	中井履件
十七帖述ノ序	柴野栗山
温飛卿詩集序	林　鶴梁
江南竹枝ノ序	野田笛浦
魏枇孟子牽牛章ノ序	森田節齋
嘉永二十五家絶句ノ序	斎藤拙堂
倉石生ヲ送ル序	安積良齋
城西遊記ノ序	安積良齋
続雪花図説ノ序	佐藤一齋
自問自答ノ序	菊池三渓
木村士遠ノ久留米ニ帰ルヲ送ル序	渡邉　魯
広瀬以寧ノ白河ニ帰ルヲ送ル序	頼山陽
梅渓ノ記	菊池三渓
可棲園ノ記	竹添井々
遠州薑ノ説	林　長孺
隣花楼ノ記	室　鳩巣
三日清陰亭ニ集ル記	古賀精里
近水楼ノ記	佐藤一齋
金澤四時総宜亭ノ記	菊池三渓
八幡川ニ蛍ヲ観ル記	杉山三郊
養魚ノ記	安積良齋
習ノ説	尾藤　肇
文ヲ屬スル説	頼　山陽
烈幼女阿富ノ伝	森田節齋
迪齋ノ説	佐藤一齋
達而已齋ノ説	佐藤一齋
雪ノ説	成島柳北
貓狗ノ説	頼　山陽
司馬温公甕ヲ撃ツ図ニ題ス	斎藤拙堂
水戸烈公冨士画ノ跋	青山延寿
琴滴檜詩巻ニ題ス	安積良齋
群盲古器ヲ評スル図ニ題ス	川北温山
赤壁ノ図後ニ題ス	安積良齋
書画帖ノ跋	安積良齋
寒江独釣ノ図後ニ題ス	佐藤一齋

たなら、窮理学や地誌、あるいは英語読本から翻訳した海外の話題などの広範な題材を含む漢文体や仮名交じり文体の総合読み物教科書になってもおかしくはない。これまで翻訳啓蒙書の作製に関わってきた鳥山なら、和漢洋の科学や歴史や文学に関わる幅広い内容を六巻の読本にちりばめ、また自作の教材文を加えることさえ可能だったかもしれない。つまり、木澤の『小学中等読本』や内田の『小学中等科読本』に、さらに磨きをかけた内容の総合読本になっていても、不思議はないと考えられる。

しかし、この読本の内容は、漢文で記された序文や跋文類を中心に構成されている。とすると、この読本をどのように位置づけたらいいのか、という判断は難しい。ここでは、「小学校教則綱領」が出てから半年くらいの短期間で、全六巻の教科書を作ろうとした際に、もともと国学や漢学の素養を十分に身につけていた鳥山が選んだ方法が、自分の学んできた書物からアンソロジーを作ることだった、と考えてみる。

おそらく短期間で教科書を作製しなければならないという物理的な事情からか、あるいは旧来の漢学が見直されてきつつある気運の中で鳥山自身の志向が先祖返りしてしまったからか、鳥山は身の回りの漢文で記された書類から、教材文になりそうな短文（序文や跋文）を摘記したのだではないだろうか。実際、第一巻から第六巻まで、教材文の対象になった著作者は、ほとんど同じような顔ぶれの近世漢学者である。こう考えるなら、この『小学中等科読本』の評価は、「近易ノ漢文ノ読本若クハ稍高尚ノ仮名交リ文ノ読本」という枠の中で、多忙な鳥山が、手っ取り早く教科書作製という仕事をこなしたものだということになる。[*39]

もっともこの時、鳥山が、序文や跋文、あるいは墓誌や銘文などを、言語学習の材料として使用することは、『文章規範』などのような伝統的な編集方法に習った可能性もある。周知のように、『文章規範』に掲載された文章は、大きく「放胆文」と「小心文」とに区分けされており、その小心文、すなわち字句、修辞などに十分注意を払った文章の中には、序文や跋文が数多く選択されている。鳥山はそうした先例に学んで、日本人の書いた漢文の中から、序文や跋文を選んだのかもしれない。鳥山は、もともと、漢文（白文）で記されていた「序」や「跋」の文章を、漢字片仮名交じり文に直し、また読み下しができるように返り点を施して教材化し、教科書に収録している。つまり、鳥山は「小学中等科」では、科学的な分野をも含んだ総合的な内容ではなく、もっぱら漢文体の文章形式に習熟することを目的にしていたのだろう。

実際、この時、学識のある社会人に要求されていたのは、漢文体に依拠した文章を読んだり書いたりするリテラシーだった。幕末から明治期に、欧米の文化を日本語に翻訳する際、そこに大きく寄与した語彙や文体が、和文脈のものよりも、漢文脈の文章だったことはよく知られてい

『小学読本 近体文』三嶋豊三郎
明治13年

る。またそこから、漢字仮名交じり文で記された「普通文」が生まれて、明治の社会一般に通行する文体として普及していく。したがって、この時、こうした文体を学習する必要性を感じていたのは、何も鳥山だけではなかったのである。いずれにしても、鳥山は、この後、一八八七(明治二〇)年に上京して、華族学校の教師となった以降、学校教育の教科書編集に関わることはなかった。

ちなみにこの時の和歌山県の教則の「読書」科に示されていた、三嶋豊三郎の『小学読本 日用文』『小学読本 近体文』も、鳥山の仕事と同様、地域で作製された地域読本である。三嶋の教科書は「書くこと」の学習のための教材集で、実用的な文章を綴る力の育成をめざして作られている。このように和歌山県では、様々な角度から地域独自の言語教科書作りが展開されていた。鳥山の『初学入門』や『小学中等読本』も、そうした地域の教育行政の中において企画立案され、出版された教科書だったのである。*40

五、栃木県のオリジナル「読本」

中島操・伊藤有隣の『小学読本』

本節では、地域における小学校の読書科の教科書の全体像を模索した例を紹介する。その作業に当たっては、言語学習の教育課程全体を視野に入れて、多くの材料を集めなければならない。したがって、かなり困難な仕事になることは、容易に想像できる。類書のうち、早い時期における最大の成果は、一八八二(明治一五)年に完結した栃木県の『小学読本』だと思われる。*41

明治初年の栃木県に、新しい教育方法を中央からもたらした人物は、林多一郎である。林は、東京に設立された師範学校の正規の卒業生で、一八七四(明治七)年五月、栃木県の類似師範学校に赴任した。同年八月には、「類似師範学校」の名称変更が行われ、「栃木師範学校」と改称される。林はここで、東京で学んだ最新の師範学校の情報を積極的に伝達し、またそれを普及するため、出版活動にも取り組む。当時は、諸葛信澄による『小学教師必携』が師範学校の教授法の教科書として全国に普及していたが、林はそれに手を加えた『小学教師必携補遺』を刊行するなど、各種の『小学問答』や、『小学生徒 修身説話』などを出版している。その他にも、栃木県師範学校の林多一郎が関わった教師用の教授書や、子どもたちの教科書類は数多い。その主な発行所は、地域書肆である集英堂だった。また、林多一郎は、一八七四年六月から栃木師範学校の学頭をつとめるなど、栃木師範学校の中心的な人材として、実務面でも活躍する。この林と中島操との共編著の一つに、『小学作文方法』があり、この本の改訂版の『改正 小学作文方法』(明治一〇年五月・金港堂)は、小学校の教科書としてだけではなく、一般読者にも広く受け入れられたと言われている。*42

『改正 小学作文方法』の編者である中島操は、一八七九(明治一二)年一月に、理論書『小学文法書』上中下三巻と、その実践書『小学文法書解剖法』を、栃木の万象堂から刊行している。さらに中島は、翌明治一三年五月に、小学校の教授書として『小学綴字法』を出す。中島も、林と同様に、栃木県師範学校の教員であり、積極的に教育関係の書籍を世に問うていた。刊行された本の内容から見ると、中島操は、国学関係を中心に研鑽を積んだ人物だと考えられる。[*43]

栃木県版の『小学読本』を刊行したのは、この中島操と伊藤有隣の両名である。発刊は、一八八一（明治一四）年一二月（巻一―巻五まで）。刊行元は、栃木の集英堂だった。本の奥付にも見返しにも、「栃木県師範学校」、あるいは「栃木県学務局」といった表記は見られないが、林多一郎などの前例から推して、この本は単なる個人の著作物ではなく、栃木県師範学校という公的な機関が組織的に発刊事業を支えていたと考えられる。本書でこの読本を、「栃木県」の地域オリジナル教科書として取り扱うのは、以上のような理由からである。

この読本の編集は、下等小学校四年間の全課程の言語学習をカバーすることを目指して着手されたと考えられる。しかし、一八八一（明治一四）年五月に「小学校教則綱領」が出されたので、第五巻までを小学初等科三年の課程に合わせ、六・七巻を小学中等科の課程で使用するように変更されたのだろう。というのは、第一から第五までが明治一四年一二月、第六・七巻が翌明治一五年二月と、刊行時期が二期に分かれているからである。（さらに、第六・七巻には、明治一五年九月に、内容が改訂された「改正版」が出ている。）また、全七巻のうち第二巻については、後述するように、全く同内容の「読本」が先行して明治一三年に作られていた。

たとえ一挙に刊行されたものではないとしても、この読本は全七巻の堂々としたシリーズであり、文部省の『小学読本』や『小学 読本』を除けば、地域独自で小学校下学年の「読本」の内容を体系的に構想し、教科書という形で刊行した最初の試みだと評することができる。後述するように、系統性や内容構成に混乱のある点もないわけではない。しかし、国語教科書編集の史的変遷という観点からは、この中島操と伊藤有隣の仕事は高く位置づけられる。

まず、この『小学読本』の内容を、おおざっぱに述べておく。きわめて大まかな物言いになるが、この本は栃木で先行して作られた入門言語教科書と、ウィルソンリーダーの翻訳、それに『蒙求』や『小学』などからの教材を加えたもの、である。ウィルソンリーダーを翻訳したという点では田中義廉の『小学読本』に似ているし、中国や日本の古典籍から、物語性のある小話を集めたという点では、榊原芳野・那珂通高・稲垣千穎の『小学 読本』にも似ている。このように官版の『小学読本』や『小学 読本』に倣うという発想自体は、先に見た『滋賀県管内 小学読本』と類似してはいる。だが、中島・伊藤の『小学読本』は、『滋賀県管内 小学読本』とは、全く逆の方向を目ざしていた。先に検討したように『滋賀県管内 小学読本』は、語の説明や科学的説明文のみを集め、史話のような物語性のある教材を排除していた。一方、この読本は、科学的な素材はまったく収録しておらず、ストーリー性のあるエピソードを数多く収録している。この点で栃木県の『小学読本』の内容構成は、『滋賀県管内 小学読本』とは対照的である。加えて、この読本には、多方面から集めた教材が織り込まれており、かなり準備に時間をかけた教科書のように思える。

「巻一の第一回」と巻二の構成

巻一の第一回の教材は、「い・いもは、はたけに、つくるものなり、」から始まって、「いろは」順に、それぞれの文字を語頭とする短文が、図とともに三九文、示されている。各丁には八コマの教材が収められており、すべて、ひらがな表記で、漢字は提出されていない。この教材は「読本」の準備段階の導入の教材として置かれている。巻一にはこの後、

『小学読本』中島操・伊藤有隣編集　巻一―巻五　明治一四年一二月二六日出版　定価　巻一・七銭　巻二・八銭　巻三・八銭五厘　巻四、五・九銭五厘
回	巻一
一	い　いもは、はたけに、つくるものなり、 ろ　ろハ、ふねを、こぐものなり、 は　はなハ、くさきに、さくものなり（下図） （途中略） ゐ　ゐまハ、かみのまへに、あぐる、 ひ　ひよこハ、おやどりに、やしなハる、 も　ももハ、なつにいたりて、しよくす、 せ　せみハ、きにとまりて、なく す　すみハ、すりて、もじをかくに、もちう 『小学読本』巻一　一ウ・二オ
二	爰に、二人の小児あり、○一人は、球を擲げ、一人は、輪を回せり、○そのたまは、如何なる珠なりや、○護謨の球なり、○此の球ハ、人を傷ることなきや、○否、傷ることなし○輪ハ、何を以て、つくるや、○竹を以て、造れり、○何を以て、回すや、○短き杖を以て、回すなり、 汝は、彼牡牛を見しや、○然り、彼牛ハ、二人の小児を、乗せたり、○前に乗りし、小児は、何を持つと思ふや、○彼ハ、鞭を持てり、○後にある小児は、何を持てりや、○彼ハ、前の小児の腰を抱けり、○彼等ハ、落ることなきや、○否、落ることなし、○何故に、然るや、○彼牛は、甚だ、柔和なる故なり、（W1-2-7絵） 汝ハ、小山を下る、狐を見しや、○彼狐ハ、今狗の為めに、追ハる、○然れども、狐は、甚、狡猾なるゆゑ、捕へらるる、ことなし、○狗ハ、何故に、追ひ付くこと、能はざるか、○狗ハ、其体狐より、大いにして、重き故、走ること彼れに及ばず、
	汝は、此花を、何なりと、思ふや、○此れハ、瞿麦なり、○此花ハ、如何して、咲かしめしや、○始、其種を地に蒔き、後又、之を養ひ、多くの、日数を過ぎて、漸く花を、開きたるなり、○人も亦、此花と同じく、父母の養ひによりて、成長せしものなり、○されば、人たるものは、よく其学問して、後日我身に、うつくしき、花の咲くことを、力むべし
三	太陽は、已に上れり、汝速に起きて、学校に行くべし、東西南北・春の景色・夏の果物・秋の景色・冬の子どもの遊び（W2-3-10 Sliding Down Hill 絵）
四	此花は何なりや、○薔薇の花なり、○汝、其蕾を取るべからず、必ず、四五日の間に、美麗なる、花を開くべし、○汝、今其枝を、折らずして、花の開くを待つべし、○此薔薇は、もと朝鮮より、持来りし、ものなれども、近来最も、婉しきものは、西洋より渡来せり、（W1-2-4） 蓮の花（W1-4-1絵）・農家（WP1-4-7絵）・童子と老人・犬と童子（WP-4-6絵）・馬車（WP-4-12絵）
五	爰に、小鳥の巣ありて、内に四つの卵あり、○汝は、卵を見しや、○其卵ハ、甚だ、奇麗にあらずや、○其巣ハ、甚だ暖かにして、卵を孵へすに敵せり、○汝ハ、其卵を取ること勿れ、常に親鳥は、之を温め、其雛を、養はんことを勉めり、（W2-1-5 The Bird's Nest 絵） 爰に四匹の鼷鼠、一の猫、一の鼠、一人の童子、一の狗あり、○汝は、此等の有様を示すことを得るか、○肥えたる鼠ハ、長き尾と、長き耳あり、○一の鼷鼠は、匣の上に登れり、猫ハ之を、捕らんとすれども、終に捕ふるを得ず、○鼠は、日中に於てハ、穴の中に住み、夜に至れば、出でて食物を、求むるものなり、（WP-4-11 絵） 幼児の歩行（WP-4-15 Learning to Walk）・貨幣（W1-5-14 Money 挿し絵は『小学読本』と類似）

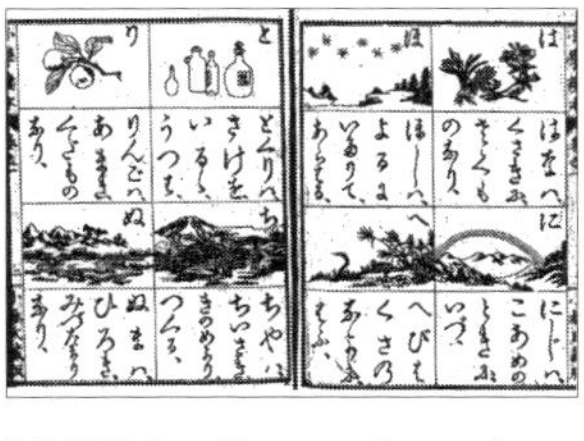

回	巻二
1	犬　橋　本　糸瓜　桶　蟹　蕎麦　枝
2	鍋　麦　鶉　万年青　慈姑　矢立　舩　鰕
3	鯵　猿　蕈　柚子　眼白鳥　鴨　蝉　簾
4	枇杷　鍬　団扇　鯛鯉　盥　家　蠅
5	蛙　酸漿　狼　牽牛花急　火須　壺蘆　逓火　喇叭
6	鼈　鸚鵡　蝙蝠　草紙　蕃椒　葡萄　海棠　大砲
7	帽子　楊子　芭蕉　瓢　嚢　扇　塔　蝋燭
8	蝶　芍薬　孔雀　巾着　錦魚　猪口　燭台　棕櫚
9	西瓜　果子　鏡台　将棋　提灯　拍子木　屏風　両掛
	巻二は、『小学教授書』(伊藤有隣編纂)の、「単語の図」と同じ単語を選択。

回	巻三（仮題）
1	女児・親族・牡丹・人形（W2-1-1Girl and Doll 絵）・男児・女児の行い
2	学校・障碍児（WP-4-16 Be Kind to the Poor lame Boy 絵）・ 行進（W2-1-2 Flag and Drum 絵）・家造り・春・稲作
3	蒸気車（W2-5-15 絵のみ）・小鳥・麦作・秋（W2-1-15 Harvest Time 絵）
4	鵞鳥（W2-2-5 Geese Marching）・学校（W2-1-6 The Play-ground 絵）・ 犬（W2-2-4 Feeding Dog 絵）・小川（W2-2-8 Crossing the Brook 絵）・怠児
5	松・鹿（W3-3-13 Deer-Hunting 絵）・羊・地球・ 世界の区分（『小学読本』一・一・五人種』）・七面鳥・鳩（W2-3-7 Birds 絵）
6	男児と女児（W2-3-6 Robert and Mary 絵）・ 三艘の船（W2-3-5 The young Sailor's Return）
7	蛙（W1-4-31 A Fable）＋小野道風
8	獅子（W1-4-24 The lions 絵）＋猿の孝行＋盗賊から兄を助けた妹

回	巻四（仮題）
1	池で遊ぶ（W2-5-14 Boats on the Water 絵）・ 親切な女児・冬（W2-5-16 Winter Scenes 絵）
2	卵獲り（W2-6-7 The Egg-Hunters 絵）・竹馬
3	鷲（WU2-4-15 The Eagle 絵）・犬の働き二話（W3-3-3-15 のうち 12 と 13 絵）
4	金嚢を守る犬（W3-3-2-16 The French Merchant and his Dog）・ 主人を慕う馬（W3-3-3-6 Anecdotes of the Horse 絵）
5	鯨・海馬（W3-3-2-23-3 絵のみ）
6	親孝行な鼠（『童蒙をしへ草』2-イ）・獅子の襲撃（W3-3-2-3 A Lion Hunt 絵）・ 皇螽と蟻（『童蒙をしへ草』2-13-イ）
7	糸の端・ソロモン王の英知（W3-1-22 Solomon,The Wise King 絵）
8	信義・怠惰な者（W2-5-4, 5, 6, 7 Lazy Slokins）
9	怠惰な者（W2-5-4, 5, 6, 7 Lazy Slokins）
10	孝母猿の悲哀・蔡順分椹（『蒙求』）・燕の親の愛情
11	近江の百姓の正直・落とし物の正直・福井平兵衛の孝養
12	閔損（『蒙求』）・忍耐と勉強

回	巻五（仮題）
1	学問のすすめ・礼・孝・黄香扇枕（『蒙求』）・氷池に落ちた子ども（S1.2-1-71 Breaking Through the Ice）・老人を扶助せよ（W1-4-12 Youth and Old Age 絵）
2	信義・佗門と比地亜斯（ダモンとピチアス）（『泰西勧善訓蒙・前編 181』 *44）・ 約束は守れ・季札挂劔（『蒙求』）
3	恩を忘れるな・ウソを語るな・礼儀のこと（『童蒙をしへ草』9-イ）
4	フランメアーの清廉（『訓蒙勧懲雑話』48）・車夫の方正・牛菫・孟之反
5	耐忍・漂母進食（韓信股くぐり・『蒙求』）・獄屋の罪人
6	摂生・病気の少年・租税と兵役・テミストラルスとアリスタイド（ギリシャ）

Wは、Marcius WIllson の編集した、*Harper's School & Family Readers* シリーズの略号である。Pはプライマリーで、W〇-〇-〇は、第〇巻第〇部第〇課を表す。

「絵」は、原本の挿絵を模刻していることを表す。

巻六・七に関しては、明治一五年九月に出版された『改正小学読本』があり、傍線部を附した教材の差し替えが行われた。この「改正」では、挿し絵のほとんどが新しく描き直されており、欧米を題材にした教材の多くが、日本の「史話」へと変更されている。

回	巻六（仮題）漢字片仮名交じり	改正本差し替え教材
1	酔人を救った弟・王祥（『小学』・『蒙求』にも）・出羽鶴岡鈴木宇右衛門（『小学読本』5-6）	讃岐国丸部朋麻呂・藤原敦親
2	マルセルとロベール（『訓蒙勧懲雑話』25）・青砥左右衛門藤綱の清廉・江革（『小学』・『蒙求』にも）	中納言大神高市麿
3	孝子因幡国藤岡久四郎	
4	薛包（『小学』）・蟋蟀と蜜蜂・大椿（『小学読本』5-37）	
5	朱寿昌（『小学』）瀧鶴臺の妻（『日本品行論』2-22『日本立志編』5-21）	
6	英国の沈没船の仁・陳孝婦（『小学』）・中臣鎌足	高倉帝と平清盛
7	趙雲（三国志）	
8	村上彦四郎光義（『小学読本』四-11）・老いたるミシェール（『訓蒙勧懲雑話』39）	楠正成
9	遽伯玉（『小学』）・レオナルドの廉潔（英）	三浦義明
10	鐘離瑾・ナポレオン・子房取履（『蒙求』）	
11	コロンブス	
12	コロンブス　続き	

回	巻七（仮題）漢字片仮名交じり	改正本差し替え教材
1	重盛諫言・馬援の手紙（『小学』）	菅原道真　奈良許知麿
2	両替屋モセス・藤原行成・范文正公（『小学』）	小宮山内膳
3	靴を贈ったポール（S2.2-11 The Wounded Foot）・菅原麟嶼（『日本品行論』後2-39）	本多忠勝
4	廉頗負荊（『蒙求』）・加藤清正（『日本品行論』後1-39）・楊震（『小学』）	
5	諸葛孔明・庾黔婁（『小学』）・ナポレオン	丹波国蘆田七左衛門
6	鮑宣の妻桓氏（『小学』）・曹爽の従弟文叔の妻（『小学』）・鄭議宗の妻蘆氏（『小学』）	
7	薩摩の治右衛門の子太郎八と亀・エリザベスコロテート（仏）・孟母三遷（『蒙求』・『小学』にも・『小学読本』4-6）	
8	毛義奉檄（『蒙求』）・子路負米（『蒙求』）・姜詩躍鯉（『蒙求』）	
9	叔敖陰徳（『蒙求』）・孫康映雪、車胤聚蛍（『蒙求』）・須賈擢髪（『蒙求』）	
10	黄香扇枕（『蒙求』）・竇氏の二女（『小学』）・宿瘤採桑（『蒙求』）	
11	伊藤仁齋（『先哲叢談』）・陸績懐橘（『蒙求』）・藤原在衡朝臣	
12	陳寔遺盗（『蒙求』）・伊藤仁齋（『日本立志編』3-7『先哲叢談』）・松本桂林	
13	東洞吉益	

第二回から第五回までの、文章教材が続いている。この文章教材は、ウィルソンリーダーからの翻訳が多いのだが、その検討は後に回す。

巻二は、第一回から第九回までが載せられている。「犬 橋 本 糸 瓜 桶 蟹 蕎麦 枝」から始まって、それぞれの回に、七から八の単語が取り上げげられており、その単語を説明する文が記載されている。この第二巻は、取り上げた単語についての説明が中心になっており、ストーリー性はない。榊原芳野の『小学 読本』の巻一に類似しているとも言える。

この巻二に選択された単語は、すべて文部省が一八七九(明治一二)年一月に新しく作製した「小学指教図」によっている。「小学指教図」は、文部省が配布したそれまでの「単語図」を改訂したものである。周知のように「単語図」は、「学制」後に作製されて、入門期用の教材として全国に流通した。それが、冊子の体裁でも刊行され、文部省から『小学教授書』や『小学入門』などの書名で、あるいは民間からも様々な版が数多く刊行されたことに関しては、第一章でも触れた。しかし、文部省の「単語図」は、第一・第二単語図で仮名遣いを教え、第四から第八までは事物の名称を教えるようになっており、言語指導上の指導原理が貫かれているとは言い難い。また、第一図の段階から、難解な漢字が登場しており、本来の趣旨である仮名遣いの指導よりも、実際には漢字指導に力点が置かれる結果になってしまっていた。

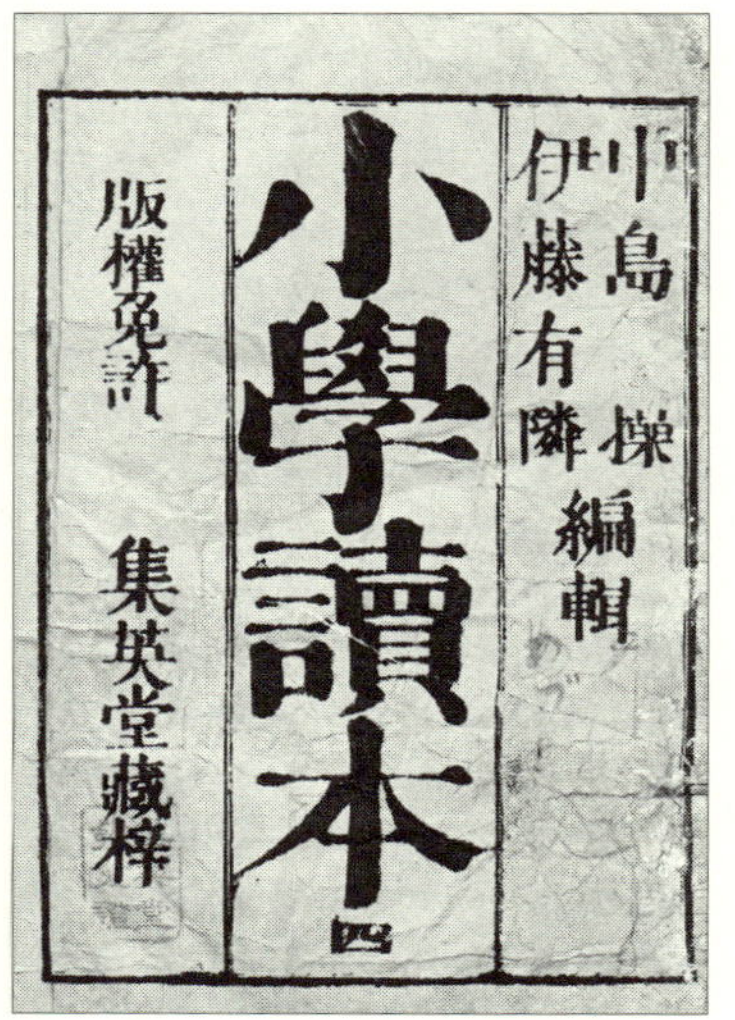
『小学読本』巻四　見返し

これに対して、一八七九(明治一二)年一月に文部省が改訂した新しい「小学指教図」は、第一図から第六図までが言語教育関係の図になっており、第一から第三までは、平仮名のいろは図と片仮名の五十音図、第四図以下が「単語図」になっている。つまりこの「小学指教図」は、第三図までのひらがな指導を、第四図以下の単語指導につなげていくような工夫がされているのである。

「小学指教図」の第四図には、いろは四七文字をすべて使用した二四の単語が並べられていた。これは、ひらがなの読みを習得していれば、そこに掲げた単語は、すべて読むことが可能な教材構成である。さらに第五図、第六図は、発音と表記との対応が難しい単語が並べられており、発音と文字表記との関係を、系統的に指導しようという意図がはっきりしている。また、ここまで、漢字は一切登場せず、絵とひらがなだけで教材が作成されている。すなわち、「小学指教図」の第一図から第六図までの言語教育関係の図は、音声とかな表記とをきちんと身につけさせようとする入門期の言語教育の指導原理が、かなりはっきりと段階的に示されていたのである。ちなみにこの「小学指教図」の作成者は、内田嘉一のようである。[*45]

文部省の作成した新しい「小学指教図」は、明治一三年二月に栃木県で刊行された『栃木県模範教則 小学教授法』の中に、さっそく取り入れられた。その『栃木県模範教則 小学教授法』は、口述人林多一郎、編集人中島操、発行書肆は万象堂（菅谷甚平）で出版されている。「凡例」には、「此書ハ本県第四回教育会議ニ於テ議定セシ模範教則ニ掲載セサルモノアルヲ以テ授業上或ハ之ヲ誤脱シ遂ニ其順序ヲ失スルノ弊アランコトヲ恐レ其順序ヲ示スモノ」と書かれており、「栃木県模範教則」を補強する目的で刊行されたことが分かる。この本の「読法」に示された教育課程によると、第一学年前期は文部省の「小学指教図」を使い、第一学年後期課程は「小学読本」を使うことになっていた。一年後期で使用する「読本」については、どの読本を使用してもいいが「兎角読ミ易キモノヲ用ウベシ」という記述がある。これはおそらく田中本、文部省本、田中私刊本などの「小学読本」が、栃木県下で混用されていた実態を踏まえてなされた発言だと考えられる。*46

ところで、この『栃木県模範教則 小学教授法』では、第四図の「いぬ、はし、……」という「単語」について、次のような「教授法」が示されている。すなわち、林は、栃木県の「教則」に「問答ノ課」が無いからといってそれを省くことは「教授ノ方法ヲ失スルモノ」だとしている。なぜなら、ただ単に「いぬ、はし、……」を「素読」するだけではなく、その意味内容をも合わせて記憶させることが重要だからだ、と述べているのである。こうした考え方は、「庶物指教」的な指導方法であり、おそらく林多一郎が、師範学校で直接スコットから問答法を学んだ時に身につけたものだろう。そこで、『栃木県模範教則 小学教授法』の本の中には、「いぬ、はし、……」について「犬は獣の類にして人家に飼はるゝものなり、橋は木又は石にて造り人馬の往来を便にするものなり、……」のような例文が挙げてある。第五・第六図についても同様である。

この時期の「問答」の学習は、学習者の内面的な思考を促進するより、教師の用意した「答」を反復諳誦させるものだった。そのことは、各種の問答の教科書の応答の事例を見るとよく分かる。決まり切った問いと答えによる「問答」の学習を機械的に運用したことによって、学制下の「単語図」を使った学習は、難解な漢字を教える学習に陥ったり、単語の定義文を単に記憶させるだけの学習になってしまっていた。ほかならぬこの『栃木県模範教則 小学教授法』における「例文」の提示も、そうした危険性をはらんでいなかったわけではない。「小学指教図」第四図に即していうと、「犬は獣の類にして人家に飼はるゝものなり」という例文の教示を中心に取り扱った場合には、「犬、橋、……」などの漢字とその事物の機能や用途、つまり単語の指し示す記号内容の学習に傾斜する教育になりやすい。そうすると、「小学指教図」の意図した発音と平仮名との対応の学習という側面が薄くなってしまいかねない。*47

伊藤有隣の『小学教授書』と『小学読本 上』

もっとも、文部省の「小学指教図」公刊後すぐに、伊藤有隣・藤井唯一が編纂した『小学教授書』では、そうした点に十分配慮した記述がなされている。この『小学教授書』は、一八八〇（明治一三）年五月一日出版御届で、集英堂（山中八郎）から刊行された。第一・第二・第三図が示された後、やはり「小学指教図」が三枚示されている。ここにはそのうち「第四単語の図」を示した。文部省が作成したのは、このように絵と平仮名だけのきわめてシンプルな図だったのである。伊藤・藤井編の『小学教授書』には、「いぬ」について、「いぬ（犬）ハ人家に畜ふ獣にて夜を守るものなり」という解説文が記されてはいるものの、教授法

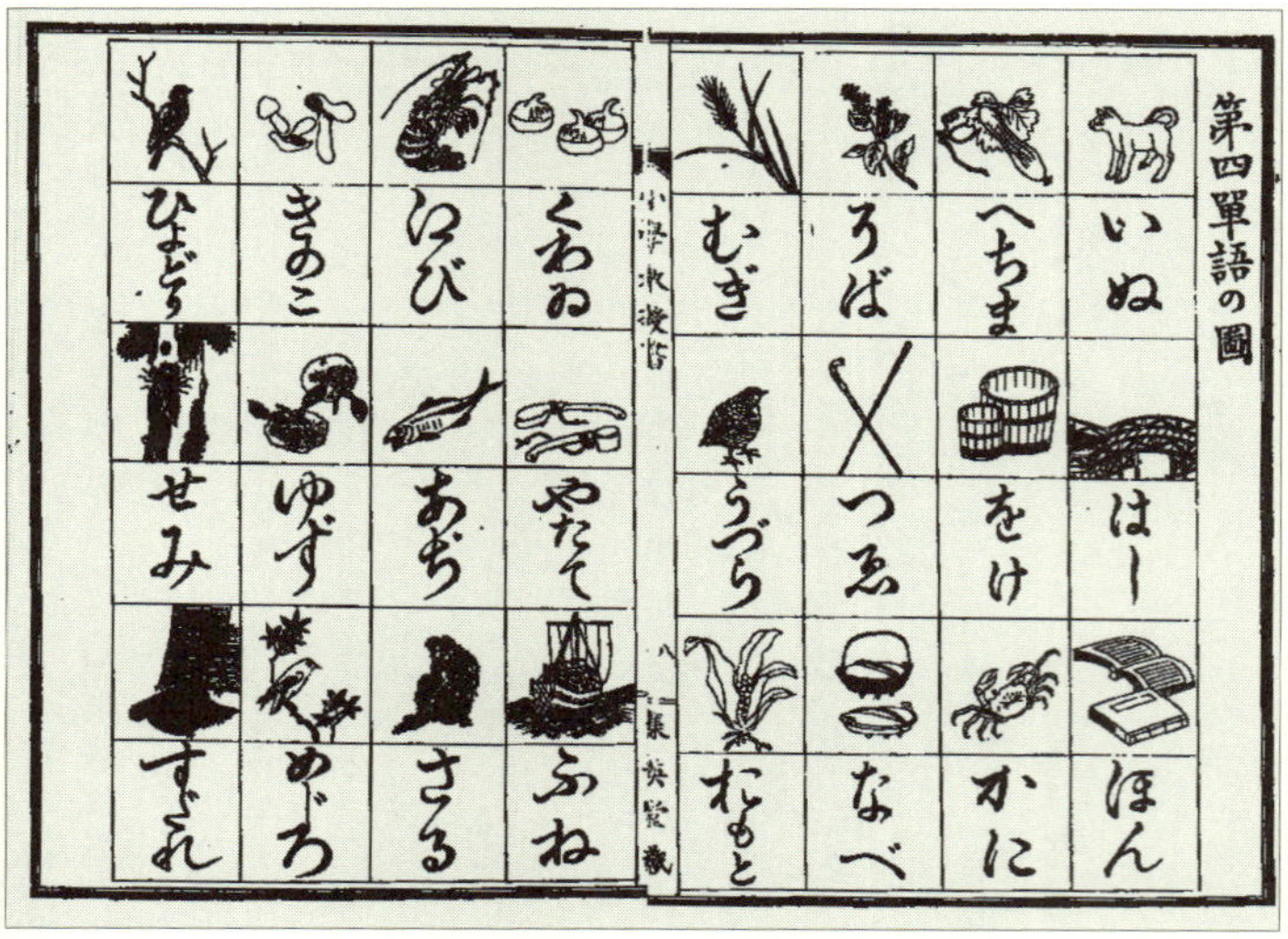

は、以下のようになっている。

第四指教図より順序に、之れを教ふへし。単語を授くるには、物品一名詞を、二三の生徒に授け、次に一同に発音せしめ、次に、各生毎に之れを読ましめ、満室生徒皆覚へたる後、毎図の後に附したる如く、一品つゝ其略解を講述し、生徒をして、略ホ其物品の性質功用等を知らしむへし。又、一字或ハ二字以上の仮名文字を記して、物品の名称となることを知らしむへし。譬へは、(い)と(ぬ)との文字を綴りて、(いぬ)と云ひ、(む)と(ぎ)と綴りて(むぎ)と称し、(す)(だ)(れ)の三字にて、(すだれ)となることを講明すべし。(句読点は稿者による)

『小学教授書』伊藤有隣・藤井唯一　明治 13 年

ここには、この「単語図」では、文字と単語の対応が学習目的であることが、明確に指摘されている。つまり、音と文字の対応が学習の中心になっているのである。『小学教授書』に記された「いぬ(犬)ハ人家に畜(か)ふ獣(けもの)にて夜を守るものなり」という解説文は、あくまでも教師が「講述」するための心覚えなのであって、直接それを生徒に書き取らせたり、暗記させたりするためのものではない。

こうした仮名文字と音声とのマッチングの指導を、入門期で行い、次の段階の学習では、文を読んだり書いたりする学習が導入されることになる。それに対応させるため、やはり伊藤有隣の編輯により、同じ一八八〇(明治一三)年一〇月に『小学読本 上』が作られた。これは、「小学指教図」に既出した単語を使って、文や文章の学習を展開しようと意図した教科書である。すなわち伊藤は、文部省の「小学指教図」の第四図から第六図までのすべての単語を使った解説の文章を作製し、それを読ませることを目的として『小学読本 上』の内容を構成したのである。

この本には、第一回から第九回までの、九つの課が収められていた。その冒頭の第一回の教材文は、次のようになっている。*48

第一回

犬　橋　本　糸瓜　桶　蟹　蕎麦　杖

犬は、人家に飼ふ獣にして、能く人に慣れ、種々の用に、供すること多し、〇亜米利加州の、北方に飼ふ、一種の大なる犬あり、此れは、大雪の時、山中を奔走し、旅人の、雪に埋められしを、探偵して、之を救ふこと、多しと云ふ、然れば、人と人とは、固より同類なる故に、互に相助くるの、心を失ふ可からす、

橋は何の為めに、架すると思ふや、此れは人馬の、水上を往来する為めなり、〇橋は、鉄又は石、木等にて、造るものなり、

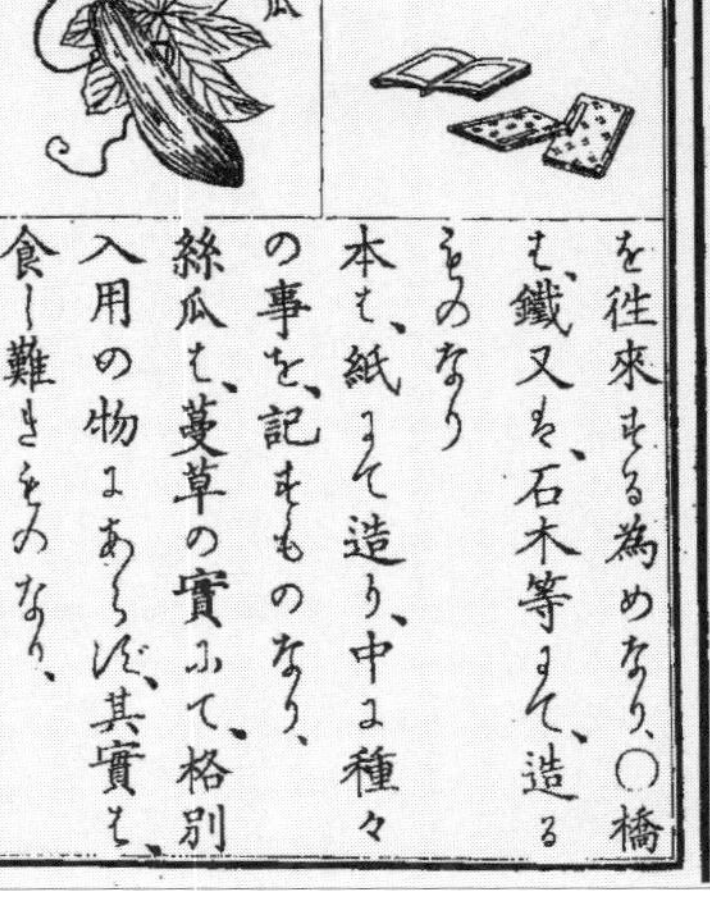

大なる犬あり、此れは、大雪の時、山中を奔走し、旅人の、雪に埋められしを、探偵して、之を救ふこと、多しと云ふ、然れば、人と人とは、固より同類なる故に、互に相助くるの、心を失ふ可からす、

橋は何の為めに、架すると思ふや、此れは人馬の、水上を往来する為めなり、〇橋は、鐵又は、石木等にて、造るものなり

本は、紙にて造り、中に種々の事を、記すものなり、

絲瓜は、蔓草の實にて、格別入用の物にあらず、其實は、食し難きものなり、

伊藤有隣の編集『小学読本 上』一ウ・二オ

本は、紙にて造り、中に種々の事を、記すものなり、

糸瓜は、蔓草の実にて、格別入用の物にあらず、其実は、食し難きものなり、(以下略)

「小学指教図」では、漢字は提出されなかったが、ここには教材文に先立って、新出漢字が示してある。次にそれぞれの図と、それに対応する文章が添えられている。「犬」の場合は、簡潔な定義文に続いて、犬に関するエピソードも紹介されていて、読み手の興味関心を引きつける工夫がされている。また「橋」では、読み手に問いかける文があって、対話や問答の学習が意識されている。「、」と「〇」の使用は、田中義廉の『小学読本』の形式を採用したように見える。こうした点からも、編者が子どもの活発な学習活動を引き出そうとしてこの教科書を作ろうとしていることがよく分かる。

誌面の印象は、榊原芳野が編集した『小学読本』の巻一や巻二とよく似ている。しかし、先に見たように、榊原芳野の『小学読本』の巻二と巻三では、単語の選択は「部門別」になっていた。それが榊原本の構成原理である。したがって、榊原本は、分野別のミニ百科事典のような様相を帯びることになった。一方、この伊藤有隣の『小学読本 上』は、文部省の「小学指教図」の単語を選択している。見てきたように「小学指教図」の単語群は、音声と文字との関係を学習するために選択されたものであるから、記号内容の学習という観点からみると何の系統性もない。というより、そこにこそ「小学指教図」の意義がある。

したがって、伊藤有隣の『小学読本 上』を前から順に学習していっても、この教科書を一冊学ぶことで、どのような言語力が身につくのか

は不明である。雑多な単語を順不同に学習し、また雑多な知識を読んだり書いたりする学習活動を重ねるだけになりかねない。もちろん、個々の言語活動自体は、漢字や文・文章の学習として十分に成立する。「犬」という漢字を覚え、「犬ハ人家に畜ふ獣にて夜を守るものなり」という文章を音読して、文型を身につける、あるいはその内容を記憶することそれ自体に言語学習としての意味がないわけではない。

問題になるのは、教科書編成の原理を、どのように考えるのかという点にある。榊原本二・三巻は単語を「部門別」に構成するという基準軸があった。そこでは、一冊の教科書を学び終われば、単語という記号の枠組みで区分けされた世界の総体が姿を現す。しかし、伊藤の『小学読本』の場合、上巻だけは、「小学指教図」の単語の解説文で埋め尽くすことができても、次にどのように発展させていくかという展望がない。つまり、『小学読本 下』は、作製することができない。数巻にわたっての『小学読本』を作製するには、その全体を統御する構成原理をあらかじめ構築しておかないと、教科書の編集はできないのである。実はそれこそが、数巻に及ぶ『小学読本』を編成しようとする際に、もっとも困難な問題として立ちはだかってくる問題なのだ。

結果的に、この『小学読本 上』は、約一年後、そっくりそのまま中島操・伊藤有隣の編集した『小学読本』の第二巻として組み入れられた。しかし、「小学指教図」による入門的な教授を前提とするなら、中島・伊藤編の『小学読本』シリーズでは、この『小学読本　上』は、本来、第一巻に置かれるべき内容だっただろう。編者たちは、まだ十分に読本全体を見通した編成原理を構築することができなかったのである。

以上ここまで取りあげた栃木県の教科書作製の経緯を時系列で整理すると、図示したようになる。この整理からは、中島・伊藤の『小学読本』が「小学指教図」を出発点としていることと、それに依拠した『小学読

「小学指教図」　明治一二年一月　文部省　第四・五・六図　絵＋かな

←

『栃木県模範教則 小学教授法』　林多一郎・口述　明治一三年一月　指教図＋解説文

←

『小学教授書』　伊藤有隣・藤井唯一　栃木県　明治一三年五月　指教図＋解説文

←

『小学読本 上』　伊藤有隣　明治一三年一〇月　指教図の単語の解説文

＝　両書は同一内容である。

『小学読本』第二巻　中島操・伊藤有隣　明治一四年一二月　指教図の単語の解説文

本 上』を、全七巻のうちの第二巻にそのまま組み込んだせいで、建て増しをした家屋のような内部構造になってしまい、すっきりとした全体構想を持ち得なかったことが理解できるだろう。

しかし、繰り返すことになるが、そうした矛盾を抱え込みながらも、一八八一（明治一四）年五月に出た「小学校教則綱領」に準拠して地域の教科書を率先して作成しようとした情熱と、実際に全七巻のシリーズを完成させた実行力とは、高く評価されるべきだと思われる。

巻一の第二回から第五回のリソース

さて次には、巻一の第二回から第五回までの教材文の検討に入る。

中島・伊藤編『小学読本』の、巻一の第二回から第五回までの教材文、つまり巻一の大部分の教材は、田中義廉の『小学読本』にきわめてよく似ている。というより、巻一のほとんどの教材は、ウィルソンリーダーから翻訳されたものなのであるから、それは当然かもしれない。また、巻三・巻四にも、ウィルソンリーダーから多くの教材が選ばれている。

中島・伊藤編の『小学読本』の教材文は、田中義廉の『小学読本』の教材文を、そのまま利用したものではない。中島・伊藤は、この『小学読本』を作製するにあたって、新たに原典から翻訳し直し、課の順序をかなり入れ替えている。そればかりではなく、田中義廉が底本にした *Harper's Series: School & Family Readers* のうち、田中本の『小学読本』では使用されなかったプリマーも、原典として採用している。田中本との大きな差異は、理科的な材料が少ししか取り上げられていないことと、『小学読本』にはいくつか翻訳された「神」に関わる話題が皆無であることなどである。理科的な内容がほとんど取り入れられていないことから、中島・伊藤の『小学読本』は、ウィルソンリーダーの特徴であった総合読本としての性格は受け継いでいないと判断していい。

次には、中島・伊藤の原典からの翻訳態度を、巻一で見てみる。第二章で、『小学読本』について、明治六年版と、「大改正版」との違いを検討した。中島・伊藤の『小学読本』にも、同じ教材が取り上げられているので、その原文と「大改正本」とを比べてみよう。

Willson First Reader PART II Lesson IX.

What bush is it'? It is a rose-bush'? Do you see the buds on it'? The bush is full of red buds. May I pick a buds'? No, do not pick it now. If you will let the bud be on the bush, in a few days it will blow out, and be a fine red rose. Then you may pick the rose.

『小学読本』（大改正本）明治七年八月改正　第二回

これは、林檎の樹なり、○汝は、此樹の、蕾を、見たりや、○此樹には、紅き蕾満てり、○この蕾は取るべからず、○暫ク過ぐれば其蕾、皆開き、美しき花となるのみならず、後には実を結びて、其味甘き果となればなり、

中島・伊藤『小学読本』明治一四年　巻一　第四回

此花は何なりや、○薔薇の花なり、○汝、其莟を取るべからず、必ず、四五日の間に、美麗なる、花を開くべし、○汝、今其枝を、折らずして、花の開くを待つべし、○此薔薇は、もと朝鮮より、持来りし、ものなれども、近来最も、婉しきものは、西洋より渡来せり、

見て取れるように、翻訳の態度は、直訳ではない、その点だけで言うなら、明治六年の田中本よりも、「大改正本」に近い。つまり、原文の対話や会話などの言語活動を活かそうとするよりも、記述内容を重視して、原本だけでは足りないと思われる情報を編者が補う、という方向である。官版の『小学読本』の「大改正本」では、「後には実を結びて、其味甘き果となればなり、」という科学的内容、あるいは修身的メッセージが補足されていたが、中島・伊藤の『小学読本』では、「此薔薇は、

もと朝鮮より、持来りし、ものなれども、近来最も、婉しきものは、西洋より渡来せり、」という別の新情報が追加されている。

また、第二回では、同じ花（罌粟）を材料にして、「されば、人たるものは、よく其学問して、後日我身に、うつくしき、花の咲くことを、力むべし」と結んでいる。これは、修身的な内容の念押しである。こうした書き加えは、英語読本の忠実な翻訳文を提供することよりも、それを材料にしながらも、日本独自の教科書の教材を作製する意識が明確にあったことを示している。

さらに、記述内容がそのまま教育内容であるという姿勢も、「大改正本」と同様である。中島・伊藤は、教科書自体が知識、あるいは道徳的な価値観を伝達するツールであるという、明治の編集者に共通した「教科書観」に立っているのである。

巻三から巻七までの内容と構成

巻三も、ウィルソンリーダーから多くの材料を仰いでいる。目を牽くのは、ウィルソンのプリマーに登載されていた、障碍を持った子どもを援助する仲間たちの姿を、中島・伊藤編の『小学読本』が、取り上げていることである。もちろん、今日の「障碍者観」からみれば、「憐れな子どもに親切にせよ」といった主張には、時代的な制約があることは論を俟たない。しかし、英語読本に掲載されていた、目や耳、あるいは身体が不自由な子どもたちと健常児とが交流する場面を、取り込もうとした中島操と伊藤有隣の姿勢は貴重だと言っていいだろう。

ところで、『小学読本』の巻一は、全体が「第五回」で構成されていた。巻三も、全体は「第八回」までの構成であるが、注目すべきは、第七回や第八回にあるように和洋の教材を取り合わせて、教材をひとまとまりにしようとした試みである。「単元」という考え方は、後にヘルバルト教育学が導入されたときに明確になってくる概念だが、ここでは中島・伊藤が「第〇回」の教材の取り合わせ方を工夫するときに念頭にあったであろう教材の組み合わせ原理を、仮に「単元」という用語を使って説明してみる。

たとえば、巻三の第七回は、ウィルソンリーダーにあるイソップの寓

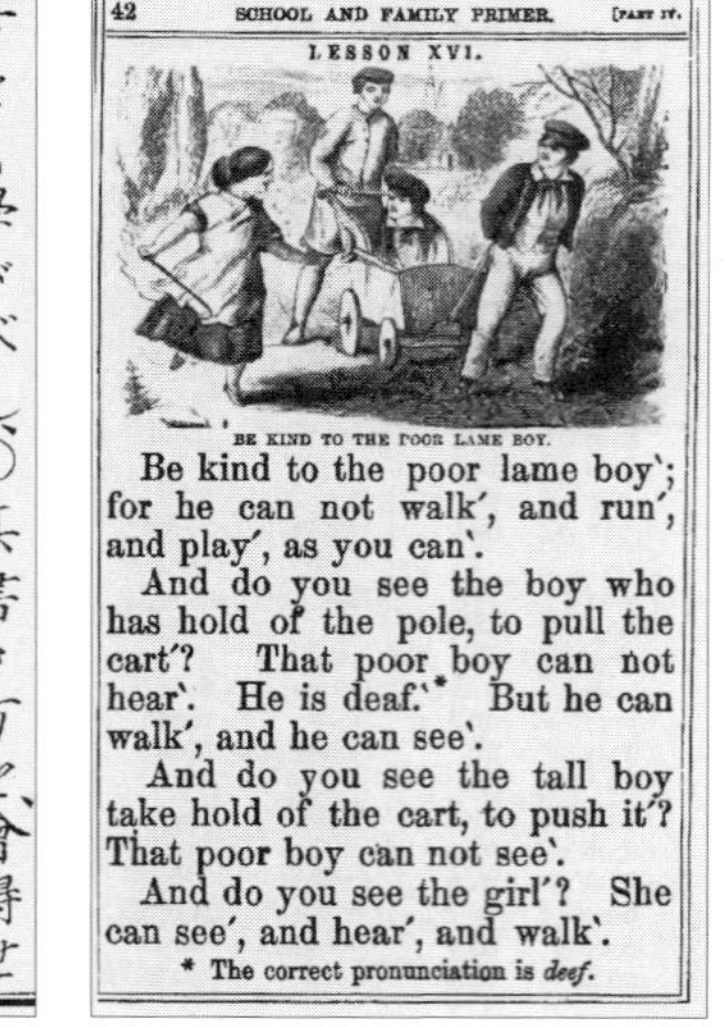

42 SCHOOL AND FAMILY PRIMER. [PART IV.

LESSON XVI.

BE KIND TO THE POOR LAME BOY.

Be kind to the poor lame boy'; for he can not walk', and run', and play', as you can`.

And do you see the boy who has hold of the pole, to pull the cart'? That poor boy can not hear`. He is deaf.`* But he can walk', and he can see`.

And do you see the tall boy take hold of the cart, to push it'? That poor boy can not see`.

And do you see the girl'? She can see', and hear', and walk`.

* The correct pronunciation is *deef*.

Willson Primer 4-16

中島・伊藤『小学読本』巻三

話と、小野道風の話とが組み合わせてある。前者の教材は、蛙に投石する子どもたちに向かって、蛙が、その行為は人間にとって単なる遊び事かもしれないが、蛙にとっては命がけだと訴える話である。本書では、福沢諭吉の『童蒙をしへ草』の冒頭に置かれていた寓話として、第一部第四章で紹介した。中島・伊藤の『小学読本』では、その寓話に続き、「〇我等、此の如き、小虫を殺さんと、することあらば、よくこれを、我身に省みよ、若し、我体より、数倍の大さある、動物来りて、我を害することあらば、其苦しみ、如何ならん、虫の苦痛も、亦之に異なることなし」という、編者によるかなり長い訓誡を附している。これに続いて、小野道風の「柳に飛びつく蛙」の話があり「〇されバ汝等、学問するも、始めハ、至難に思ふも、撓まず、勉強するときハ、漸々自ら愉快を覚え、遂に世に、有益なる人となるべし」と結ばれる。おそらくこれは、「蛙」の話題だということで、この二つを連続させたのだろう。つまり、話題のつながりを意識した「話題単元」である。

この「第七回」に続く「第八回」も、まず、ウィルソンリーダーから「獅子」の話題が取り上げられる。これは、頓智によって危うくライオンの襲撃から遁れた人の話で、珍しく教訓臭はまったくなく、奇談の部類に入る内容である。次は、狩人が捕らえた親猿を慕って小猿が来訪する「孝」の話。その次は、盗賊に襲われた兄を助ける妹の話で、両方とも、日本の話である。後の二話は、「孝行」というテーマでつながっている「主題単元」であるがライオンの話をこの回に置いた必然性は分かりにくい。

さらに、巻四も、ウィルソンリーダーからの教材と、日本の話とを取り合わせて、全一二回が構成されている。この巻は、第一回と第二回は、子どもの日常生活を取り上げており、第三回以降は、動物が登場する話が多い。第四回などは、犬と馬がいかに人間に忠実でけなげな生き物なのかという話題でくくられているが、第六回は、鼠とライオンと、蟻とキリギリスで知られているイソップ寓話が並べられていて、こちらの編成原理は不明である。なお、この第四巻から、福沢諭吉の『童蒙をしへ草』と『蒙求』が、素材の提供元として加わっていく。つまり、似たような話を並べようという編者の意図はそれとなく感じられるが、「単元」構成の原理としてそれを貫徹しようという積極的な立場ではない。

巻五・六・七では、ウィルソンリーダー以外にも、サージェントリーダーが原拠として使われている。そのほか、『訓蒙勧懲雑話』（ドラパルム・和田順吉訳）、や『泰西勧善訓蒙』（ボンヌ他・箕作麟祥訳）など、明治初頭に外国語から翻訳されたいくつかの翻訳啓蒙書も典拠となっている。『蒙求』や『小学』を教材の原典とすることは、当時としては当然であろうが、他にも、荒野文雄の『日本品行論』や原念斎の『先哲叢談』などをも参照していると思われる。また、ほかならぬ榊原芳野・那珂通高・稲垣千穎の『小学読本』からも材料を仰いでいる。おそらく、中島操と伊藤有隣は、いくつかの英語教科書や翻訳啓蒙書、あるいは漢籍や日本の儒者の著作物などを比較検討しながら、適当と思われる材料を集めて、編集作業を進めたのだろう。

巻五は、こうした多くの材料をもとに、いくつかの材料を主題構成的な意識で集めたようであり、各教材の取り合わせ方は、比較的はっきりしている。この巻は、順に「第一回・礼」「第二回・信」「第三回・恩」「第四回・清廉」「第五回・忍耐」「第六回・摂生」というテーマに近いものが集められているようだ。もっとも、それを徹底すると、徳目別の修身教科書のような色合いを帯びてくる。実際、巻六・巻七は、修身色が前面に出てきて、修身読みもの集のような印象を受ける。また、巻六・巻七には、女子がかなり登場していることも、目を惹く。

以上のように、中島・伊藤の『小学読本』では、「第〇回」というひとまとまりの課の中に、和漢洋の教材を並べている場合が多い。それぞれの「回」には、似たような主題の教材を集めたり、また題材が関連したものを集めているようだが、取り合わせ方がはっきりとしている場合と、そうでない場合がある。ここには、明らかに、読み物を単純に併置するのではなく、ひとまとまりの学習の単位を構成しようという意識が見られる。しかし、それは全編にわたって貫かれていない。すなわち、中島・伊藤の『小学読本』は、部分的には全七巻を貫く教科書編成原理を志向しようという姿勢が見られるものの、それが必ずしも体系的になっているわけではないのである。

なお、この読本の巻六と巻七に関しては、明治一五年九月に、内容の一部が改正された『改正小学読本』が出版されており、いくつかの教材が差し替えられている。すなわち、改正前の読本に掲載されていた西欧の材料が減少し、日本の歴史的な人物の史話が増加しているのである。その原因は、教育界全体が国家主義的な方向に傾き、教科書教材にそれが反映してきたのだと考えてもいいだろう。

さらに付け加えておくと、この時、栃木県では、中島操によって、作文教科書『初等小学作文規範』が出されていた。この本の上巻は「仮名単語単句近易漢字交之部」であり、第一学年前期・後期用。下巻は「漢字交簡単文例之部」であり、第二学年前期・後期用だった。この教科書は、中島操・伊藤有隣が編集した『小学読本』の学習と連動させて、発達段階に合わせて作文指導を展開する目的で作られた教科書だった。

このように栃木県の言語教科書作りは、全体の整合性という点では不十分さを残しつつも、海外の教科書などの教材を積極的に摂取し、また、一方では読み書きの学習を包括的に考えて、独自の作文教科書などの言語教科書を同時に作製しながら展開されていたのだった。その営みは、そのまま明治一〇年代における、日本の小学校読書科の教育内容模索の足跡と重なっている。その意味で、この栃木県の中島操・伊藤有隣編の『小学読本』の作成過程における様々な逡巡とその足跡は、あるべき小学読本の内容を創造しようと試行錯誤を重ねた読本編集者たちの悩みの縮図でもあったのである。*49

六、明治一〇年代後半の地域作製小学読本

本章の冒頭に、「各地域作製の初等用言語教科書―「小学読本」類を中心に―」の表を掲げた。本章ではここまで、そのうちの、明治一〇年代半ば頃までの各地域における言語教育教科書の製作に関わるさまざまな模索を検討してきた。とりわけ前節では、小学校全体の教育課程を意識した試みとして一八八二（明治一五）年に完結した栃木県の中島・伊藤による『小学読本』の成立過程をみた。その経緯の検討からも判明したように、小学校の言語教育課程全体を見渡した上で「小学読本」の作製にあたろうとする考え方は、これ以降、必須のものとなる。

すなわち、小学校の「読書」科で使用する「読本」の作製に当たっては、その全体構想をあらかじめ整合的に立案した上で、全冊が同時に一斉刊行されることが常態化するのである。もはや官版の田中義廉編『小

学読本』や、榊原芳野等編『小学読本』の内容は、現実の教育実態には、そぐわなくなってきていた。また、このことは、子どもたちの発達段階や文章材料の配列などに関して、一定程度の知見が蓄積され、それを「読本」という形態で具現化するための教科書編成原理が確立されつつあったということを意味している。そうした傾向は、明治一〇年代後半になって刊行された教科書の中に、顕著に表れてくる。

一方、各地域で「小学読本」の作製を試みた教育内容の地方分権化とも言うべき動きには、大きな転機が訪れる。それを一言でいうと、各地域で教科書を編纂出版するような体制から、東京への一極集中への変化、である。その大きな原因は、文部省の教育政策と出版流通機構の変化等によって引き起こされたと考えられる。その個々の事例の詳細に関しては、続く「第三部」の記述に譲るとして、本節では、その「転機」の萌芽期、あるいは準備期に当たる時期に、地域の書肆や読本執筆者たちがどのように対応したのかを、読本の内容とともに、見ておく。

京都と静岡の「小学初等読本」

そうした言語教科書の中では、もっとも早い時期に位置づけられる京都と静岡における「小学読本」編纂の場合を確認しておこう。両者は、ともに「初等小学」の三年間を見通した言語教科書である。

京都では、一八八四（明治一七）年に、大窪実・三吉艾（おさむ）『小学初等読本』四冊、が刊行された。また、この「初等読本」四冊を学習する前段階の言語教科書として、『小学初等読本入門』と『仮名交り単句編』の二種類も用意されていた。福井正宝堂が、刊行元である。[50]

『小学初等読本入門』は、刈谷保敏の編集で、見返しに「五級課書」と記され、大きく二つに内容が分かれている。前半部は、刈谷保敏が書いた別体仮名（変体仮名）に続けて、コマ割された単語図が掲載されている。単語図は、明治初年に文部省が作製したものとまったく同じもので、その第三図、第四図、第五図、第六図、第七図が掲載されている。栃木県の『小学読本』が採用した一八七九（明治一二）年に文部省が刊行した「小学指教図」のように、図に平仮名が添えてある形式ではなく、事物の内容を漢字で教える形態である。小学校に入学したばかりの「六級」では、平仮名、片仮名などの文字学習を行い、その後の「第五級」の段階で、日常の事物を漢字で書くことを学習するという順序になっている。

また、『小学初等読本入門』の後半部の内容は、「仮名交じり単句編」と名づけられた短い文によって構成されている。「第一」は、以下のようである。

机にむかひ。本を読む。〇筆をもちて。手習す。〇硯にて墨をする。

『小学初等 読本入門』見返し
明治20年

○算盤にて。ものを数ふ。○黒き羽織をきる。○白き足袋をはく。○鶴の頸は長し。○鴈の足は短し。○烏は。鳩より大なり。○兎は。狐より小し。○雀は。朝。軒になく。○犬は。夜。門をまもる。○頭に。帽をかむる。○手に。杖を携ふ。○人を乗せて。走る馬あり。○車をひきて。歩む牛あり。（傍線部は変体仮名・稿者注）

「仮名交じり単句編」の部分は、こうした「短句」によって構成された文例が「第五」まで続いている。別に一本として出版された『仮名交り単句編』は、この『小学初等読本入門』の後半部分だけを、一冊の本として分離して刊行したものである。というより、先に『仮名交り単句編』が作られて、後にその内容に変体仮名を増訂して『小学初等読本入門』が作製されたようである。したがって、この京都の『小学初等読本入門』は、鳥山啓の『初学入門』などと同様に、各地で製作された「入門的言語教科書」の一種としても分類できる。それも、明治初期の「単語図」をそのまま教材として採用していることから類推されるように、旧態依然とした出来である。つまり、京都の言語教科書の編成原理は、文字学習から、単語学習へ、さらには短文から、文章へと展開する、明治初期以来の形式的な文法主義に拠っているのである。

第五級用の教科書に接続して編集された『小学初等読本』は、巻四までの四冊である。内容的にみると、巻一、巻二は日常的な素材を扱い、さまざまな知識を与えようとする姿勢が強く、巻三、巻四では、理科的な事項も入ってきている。全体的には、かなり「修身」的な色彩の教材が目立つ。巻一と巻二は、初等小学の第四級と第三級、巻三と巻四は、初等小学の第二級と第一級用として作成された教材集だと判断できる。

この教科書は、一八八四（明治一七）年に版権免許を受け、明治二〇年刊行の三版まで確認できるので、京都地方を中心に販売され、一定程度の普及をみたと考えていいだろう。

編者である三吉艾は、この読本とは別に、一八七九（明治一二）年には『談話書取作文初歩初編』を、一八八一（明治一四）年には『私用文体談話書取上・下』（校閲）を、また、一八八三（明治一六）年には『山城地理要略』、一八八四（明治一七）年には『丹後地理要略』（校閲）を刊行しており、京都の地域教科書作製において、中心的な人物だったことがうかがえる。また、『京都府教育史』によれば、明治二一年に刊行された図画教科書である巨勢小石の『小学毛筆画帖』も、三吉の尽力によって作製されたものであるらしい。さらに三吉は、一九〇〇（明治三三）年から一九〇四（明治三七）年まで、新設された岐阜県立高等女学校の初代校長を務めている。教育的識見に秀でていたのであろう。[51]

三好の関係した『小学初等読本』が刊行されたのと、同じ一八八四（明治一七）年には、静岡でも、『訂正初等小学読本』四冊が刊行されている。編者は鈴木忠篤、出版人は大橋意誠と杉森熊太郎である。鈴木は、一八八二（明治一五）年にも、「修身口授」のための教科書である『小学格言訓話』を刊行しており、その話材は和漢洋から集められたものであった。また一八八三（明治一六）年には、*A Circle of Knowledge* を抄訳した『中等小学啓蒙知恵乃環』上中下を刊行している。第一部第一章で見たように、「小学教則」の「読本読方」には、同じ *A Circle of Knowledge* が、於兎子（瓜生寅）の訳によって『啓蒙知恵乃環』として教科書に指定されていた。こうしたことから、鈴木忠篤も洋学的な教養を持ち、また静岡県浜松を中心にして、かなり早くから啓蒙的活動を推進して、各種の教科用図書の製作に関わっていた人物だと考えられる。[*52]

鈴木の編集したこの『訂正 初等小学読本』読本四冊も、三吉艾の読本と同じように、初等小学三年間のうちの、第二学年と第三学年の言語学習のための教科書である。その巻一は、次のような文章で始まっている。[*53]

第一回　人。生。守。道。誠。
人は　よろづの　もの丶　つかさなり　人と　生れたる　ものハ
誠の道を　守るべし　誠の　道ハ　ちゝはゝに　とひ　せんせいに
まなぶべし

こうして、学習の基本的な心得を説くところから始まり、以下、この教科書の記述のほとんどは、事物の説明と修身的な訓戒の文章によって満たされている。その中には、ストーリー性を持った史話は含まれていない。田中義廉の『小学読本』や榊原芳野の『小学読本』から材料を調達した教材もいくつか掲載されているが、文章はそれらよりもかなり平易になっている。読みやすい文章を提供しようという点では、この読本は、現実的な路線を選択している。しかし、この『訂正 初等小学読本』も、京都の『小学 初等読本』と同様、学習者である子どもの興味関心を大事にしようという姿勢は見られない。また、外国の読本から新しく材料を選んで翻訳したり、独自の地域言語教材を開発した形跡もない。したがって、これら京都や静岡で作製された地域「初等小学読本」は、官版の「小学読本」などをもとにして地域の実態に合わせて教えやすく編成し直したという点では一定の評価ができるものの、内容的には、既成の教科書の二番煎じの感を免れない。

『訂正 初等小学読本』見返し

続く第三部で詳しく紹介するが、実はこの時、初等用の「小学読本」としては、すでに金港堂の『小学読本 初等科』全六冊のような平易さを前面に出した言語教科書や、開発主義教授理論に基礎を置いた若林虎三郎の『小学読本』全五冊、のような最新の教科書が刊行されていた。東京で作られたそうした特色のある言語教科書にくらべると、京都や静岡の地域作製の小学読本は、平凡で旧弊な出来上がりであり、色あせて見えてしまうことも事実である。しかし、京都や静岡の読本が、地域の教育要求を踏まえて生まれてきたことだけは間違いないだろう。各地域において自主的に小学校の三年間の言語教育の全体像を体系的な教科書という形態の上に実現したこと、その事実はきわめて重要であり、重く受けとめる必要がある。

＊

これら京都や静岡、あるいは栃木を初めとした読本発行の試みからも窺えるように、明治一〇年代後半には、地域製の「小学読本」が、それぞれの地域の出版活動に関するインフラを活用して作製されていた。それらは、各地域の教育事情の中で発案され、また、地域独自の教育欲求に支えられていた。さらにその読本は、小学校の教育課程の全体をカバーするような内容を持ち、ひとまとまりの形態で刊行されていた。こうした流れはさらに加速し、検定前期に入ったとたんに、一気に地域読本が簇生する状況になる。その様相は、第三部第四章において検討されることになる。

＊

さて、第二部においては、明治初期（明治一〇年代後半まで）の言語教科書の作製に携わった様々な人々による試行錯誤の跡をたどってきた。ここでその概略を確認しておこう。まずこの時期は、福沢諭吉などの仕事に先導されて、いくつかの新しい試みが展開された。その作製と受容の現場では、西欧の教育観と在来の教育観とが、ぶつかり合っていた。田中義廉と榊原芳野等の編集した二種類の官版の「小学読本」も、一方は西欧文化を様々に変奏して受容したものであり、また一方は従来からの日本の教育内容を継承して作製されていた。この二種類の読本は、それがそのまま、各地で翻刻頒布されて普及していった。ということは、それぞれに色彩の異なった二つの官版言語教科書の中に内包されていた葛藤と矛盾も、そのまま各地域へと伝播していったことになる。

各地域においては、それらを受けとめる過程で、様々な工夫を試みた。すなわち、官版「小学読本」をどのように該地の「教則」の中に位置づけるか、あるいは教科書を地域の実態に即してどのように取り扱うか、それぞれの対応の様態は、上からの近代化路線に各地域がどのように対応したのかという具体的な軌跡でもある。その中からは、二種類の「小学読本」を再編成して新たな読本を編纂したり、新たに地域独自の「教科書」を作製する試みなども生まれてきた。そうしたプロセスで生じた様々な混乱とその処理の過程からは、明治初期の言語教科書とそれを支えた人々のエネルギーと教育実践への強い情熱を感じとることができる。

しかし、森有礼文部大臣の登場に象徴的に示されるように、明治の学校教育は、国民国家教育をめざして、新たなステージに入っていく。続く第三部では、明治二〇年代を迎えて、徐々に力をつけてきた民間書肆の教科書と、新規まき直しで新しく作製された官版教科書を浸透させようとした文部省の教科書との相克という地点から、その記述が始まることになる。

注（Endnotes）

*1 仲新『近代教科書の成立』講談社　一九四九（昭和二四）年七月　複製発行　一九八一（昭和五六）年四月　日本図書センター　一六六―一七六頁。

*2 高木まさき「単語篇とその類似書」『人文科教育研究』第一九号　一九九二年　五五―七四頁。

*3 井上敏夫『国語教育史資料　第二巻　教科書史』東京法令出版　一九八一（昭和五六）年四月　五一頁。

*4 『単語　第二篇』秋田県太平学校編輯。中本　三七丁。第一篇は明治七年四月刊、中本　二二丁。見開きには秋田県学校とのみ記載。第三篇は、明治八年一二月の刊行で、同じく秋田県太平学校編輯であるが、一・二篇のような木版ではなく、活字整版になっており「東京神田五軒町　弘令社　小笠原美治」が翻刻出版人である。

*5 秋田県太平学校編輯『化学之始』金子精一訳・飯沼長藏閲・黒沢宗明校　一八七五（明治八）年一一月九日官許　一二月発兌　国会図書館近代デジタルライブラリー。

*6 『秋田県教育史　第五巻・通史編一』秋田県教育委員会編集　一九八一（昭和五六）年　二三五頁。

*7 田中義廉の編輯した『小学読本』のうち、家蔵の一本の見返しに、次のような三行表記で書名が記されているものがある。「小学教授書／小学読本巻一／新治県」刊記はないが、本文は「凡そ世界に、住居する人に、五種あり」で始まっているので、明治七年八月以前の刊行である。（新治県は明治四年一一月から明治八年五月まで設置された）この本では、「小学読本」という書名に併置して一般名詞である「小学教授書」という単語が並べられていた。ほかにはこうした例は、未見であるが「小学校用の教科書」という意味で「小学教授書」が使われた例として、ここに紹介しておく。

*8 「往来物」に関しては、整備された先行研究がある。すでに『日本教科書大系・往来編』全一七巻が、一九六二（昭和三七）年から一九七八（昭和五三）年にかけて翻刻刊行されており、その後『往来物大系』全一〇〇巻が一九九二（平成四）年から一九九四（平成六）年にかけて、『稀覯往来物集成』全三二巻が一九九六（平成八）年から一九九八（平成一〇）年にかけて影印版で刊行されている。また『往来物分類集成Ⅰ』が一九八六（昭和六一）年に、『往来物分類集成Ⅱ』が一九九三（平成五）年に、三五ミリリールで刊行されている。さらに、それらを調べるためのツールとして『往来物解題辞典全二巻』も刊行されており、ここには三万種にものぼる板種の調査が行われたという。

*9 石川松太郎校注『庭訓往来』平凡社東洋文庫　一九七三（昭和四八）年一一月。

*10 『調査済教科書表』内閣文庫所蔵・文部省地方学務局・文部省普通学務局　明治一三年一〇月から明治一八年二月。この文章は、『教科書研究資料文献　第二集』として、昭和六〇年一月に、芳文閣から刊行されており、解説は中村紀久二が担当している。この『調査済教科書表』に掲載されている小学校用の教科書の書目のうち、「読本」という用語を含んでいるのは、『小学読本』『小学中等科読本』などを除くと、以下のようになる。『女子読本』『小学養生読本』『小学博物読本』『小学農業読本』『小学農家読本』『農家 小学読本』『小学書牘読本』『経済論読本』『修身小学読本』『小学漢文読本』『小学日用文読本』である。

*11 石川松太郎『往来物の成立と展開』一九八八（昭和六三）七月　五五―五六頁によれば、東京府学務課編『改正 消息往来読本』と長崎県の『消息往来読本』は、「小学校用の習字用ないし読本用教科書として編まれた」とされている。東京府学務課編纂『改正 商売往来読本』『改正 百姓往来読本』明治一二年一一月版権届・

国立国会図書館蔵・近代デジタルライブラリー。（『改正 消息往来読本』は未見）

*12 『簡易科手習の文 消息往来』東京府学務課編纂　発行者・江島金太郎　明治一三年一二日　板権免許　明治一四年四月出版　半紙版　八二丁。巻末の広告には、同じ「簡易科手習の文」の角書きを持った以下のような出版物が並んでいる。『習字いろは』『商売往来』『国尽』『各頭』『改正笛字尽』すべて、巻菱潭の書である。

*13 一八七八（明治一一）年七月に改刻されて東京府から刊行された、教科書に『学校読本 小学生徒心得』がある。内容は、小学校生活を送る上での様々な注意書きであり、「修身」課で使われた教科書だと思われる。この教科書の角書きは、「学校読本」になっている。したがって、東京府では、学校教育で使用する教科書類は「読本」と呼称していたのかもしれない。

*14 『長崎県教育史』長崎県教育会　一九四二（昭和一七）年一二月　上巻　八〇八―八三二頁。一九七五（昭和五〇）年七月に臨川書店から刊行された復刻版による。

*15 小泉吉永編著『往来物解題辞典』大空社　二〇〇一（平成一三）年　大空社　三六八頁。解説・小泉吉永。なお、この『長崎師範学校編・消息往来読本』の字引である『消息往来読本字解』が、一八八五（明治一八）年三月に、長崎県の城谷寅市（編集人）と同県の鶴野麟五郎（出版人）によって刊行されている。

*16 この本が刊行された翌年の一八八二（明治一五）年六月に再版された『長崎師範学校編輯 農業往来読本 再刻』もある。（国立国会図書館）また、この教科書の字引である『農業往来読本・商業往来読本字引』（合冊・定価八銭）が、一八八一（明治一四）年一一月に、長崎県長崎区の阿部米太郎（編集兼出版人）によって刊行されている。

*17 長崎県だけではなく、江戸期の往来物は、明治になっても学校教育の中でも多くの需要があった。そうした往来物は各地で作られていた。

*18 長沢孝三「明治期の童蒙書の刊行」『日本歴史』日本歴史学会編　吉川弘文館　二〇〇〇（平成一二）年一月　八九―九三頁。

*19 『文部省第四年報（明治九年）第一冊』文部大臣官房文書課　一七頁。復刻　一九八八（昭和六三）年三月　芳文閣出版部。

*20 萱生奉三『変則小学読本巻之一』明治一一年四月出板板権免許、著者出版人・愛知県士族萱生奉三、発兌書肆・名古屋・丸屋善八・永楽屋東四郎。半紙本三一丁。東書文庫蔵本。萱生家は、愛知県田原藩医で、文化から店鋪にかけて藩医であった萱生玄順は儒者としても著名であった。奉三は養子で、明治三年一七歳で家督を相続し、廃藩後東京に出て陸軍省に出仕したことがある。明治一二年、土居光華と共訳でT・バックルの『英国文明史』（全六巻）を刊行、一三年には『偶評 西先生論集』を編集している。（この萱生の経歴の記述は、『福沢諭吉全集』第二一巻　昭和四六年六月・再版　四八二頁、による。）なお、萱生奉三は、『変則小学読本』を刊行する以前、一八七四（明治七）年一〇月には、『説教余訓 一名勧善庭訓』を先利屋蔵版で、また一八七八（明治一一）年四月には『連語詞解』を、名古屋の丸屋善八が発兌書肆になって刊行している。このうち『連語詞解』は、文部省の「連語図」の文章を品詞分解した国語学的な著作である。
『変則小学読本』は、望月久貴の『明治初期国語教育の研究』溪水社　二〇〇七（平成一九）年二月、三八八―三八九頁、にも取り上げられており、望月はこの本を、「学制教則の強迫に反発して、ようやく自由教育令を待望する段階に至った当時の所産である」と、評している。

*21 『滋賀県師範学校六〇年誌』（『日本教育史文献集成』昭和五六年八月二五日復刻）の「旧職員名簿」によると、明治一〇年三月三〇日から一三年一月一七日まで、

書記兼三等助教として滋賀県師範学校に在職。

*22 滋賀大学附属図書館編『近代日本の教科書のあゆみ――明治期から現代まで』サンライズ出版　二〇〇六（平成一八）年一〇月。「近江の郷土教科書」（二三七―二四七頁）の項は、木全清博の執筆である。木全清博著『滋賀の学校史――地域が育む子どもと教育』文理閣　二〇〇四（平成一六）年二月　三九―五一頁、には、滋賀県の明治期の地域教科書についての記述がある。社会科の研究者である木全にとって、郷土と関係のある教材が国語読本に登場することを望むのはきわめて自然な期待であるが、国語科の教科書に、地域の「言語教材」が登場するのは稀なことなのである。

*23 所蔵は、第一巻・筑波大学（宮木文庫）・東書文庫、第二巻・東書文庫、第三巻・東書文庫、第四巻・筑波大学（宮木文庫）である。一―四巻はすべて家蔵している。

*24 この編成に関しては、高木まさき「『小学読本』巻四・五の研究――その構成と出典の検討を通して」『国語科教育』第四七集　全国大学国語教育学会　二〇〇〇（平成一二）年三月　五七―六四頁、があり、『小学読本』の構成原理は、『世説新語』や『大東世語』などの漢籍から影響を受けたのではないかとしている。

*25 『日本教科書大系・近代編・第二二巻・理科（一）』講談社　一九六五（昭和四〇）年七月「所収教科書解題」五六三頁。

*26 『近代日本の教科書の歩み――明治期から現代まで』滋賀大学付属図書館　二〇〇六（平成一八）年一〇月。「理科教科書」の項目（五九―六六頁）、北村静一執筆。比較検討は、家蔵本の『初学須知』による。なお、この『牙氏初学須知』は、河野が勤務していた滋賀県大津師範学校から蔵書を引き継いだ滋賀大学教育学部分館の図書館にも保管されているようだ。

*27 堀浩太郎「上羽勝衛の教科書編集について」『熊大教育実践研究』第二一号　熊本大学　二〇〇四年二月　八九―九四頁。

*28 『日本教科書大系・近代編・修身（1）』第一巻　講談社　一九六四（昭和三九）年四月　二三五―二四一頁。「解説」は、五九八―五九九頁。

*29 望月久貴は、この本に触れてその概略の紹介と、第一章の「イソップ寓話」から採られた教材文を紹介している。そこで望月は「文章表現からすると、かなり意訳した形跡がある」と述べているが、その発言の根拠は示されていない。『明治初期国語教育の研究』溪水社　二〇〇七（平成一九）年二月　三八四頁。

*30 堀浩太郎「熊本県近代公教育成立史補遺」『熊本大学教育学部紀要・人文科学』第四九号　二〇〇〇（平成一二）年三月　三〇七―三一九頁。

*31 『童蒙読本』の所蔵は、東書文庫のみ。また、堀浩太郎の論文「上羽勝衛の教科書編纂について」（前掲）によれば、東書文庫の他にも「個人」の所蔵している一本があるらしい。

*32 『文部省日誌』の明治一一年三月九日に、和歌山県が文部省に出した「和歌山県伺」がある。そこには、「公立小学教則」が併載されており、下等小学第五級の「読物」の項目に「初学入門ヲ授ク」とある。同様の「伺」は、明治一二年六月一一日にもあり、そこにも「初学入門」の書名をみることができる。前章の「小学教則（下等小学）」に表れた『小学読本』（読方教育の教科書）」の表の33と65を参照のこと。なお、この鳥山嶺男の文中には、「現在の小学校生徒等（傍点稿者）」という表現があるが、『夕津ゝ』の末尾に「鳥山嶺男（昭和二六年遺稿）」と記されているので、この「現在」は、太平洋戦争後まもなくの時点における状況を指している。

*33 同志社大学図書館蔵本も、家蔵本と同じく初刊本である。

＊34　一八八二（明治一五）年三月刊行の『改正初学入門　上巻』と、『改正初学入門　下巻』、および一八八三（明治一六）年五月刊行の『初学入門　下巻』は、和歌山県立図書館蔵本である。また、一八七八（明治一一）年一月刊行の『初学入門字解』は、和歌山大学付属図書館蔵本である。

＊35　福岡県師範学校編集『初学入門』連璧社蔵　明治一五年三月二四日版権免許　同年四月刻成　出版所福岡県福岡区下名島町一五番地・連璧社。国会図書館蔵本は、奥付が異なっており、出版人には江藤正澄以下一〇名の名前が活版で印字されている。半紙本。一一丁。

＊36　山田邦彦編集『うひまなび』徳島県学務課蔵版　明治一六年四月二八日出板版権届　半紙版　一六丁　七銭。山田邦彦編・岡五郎校『うひまなび続編』徳島県蔵版　明治一七年一月一四日出板版権届　一七丁　六銭。製本販売所は、ともに京都の書肆杉本甚介である。

＊37　木澤成粛編・山内貴校『小学中等読本』発兌人・坂下半七　観道虞蔵版　半紙版　明治一四年六月二八日版権免許。

＊38　内田嘉一編『小学中等科読本』金港堂　明治一五年版権免許。また、平井正編『新編小学読本中等科之部』化成堂　明治一五年一二月七日版権免許、も同様に和漢洋の修身・歴史・地理などの教材によって構成されていた。挿し絵、月岡芳年。

＊39　鳥山嶺男による鳥山啓の伝記『夕津ゝ』によれば、明治一五年前後の鳥山の身辺の状況は、「郷里田辺をあとに和歌山県師範学校に教鞭を取ってから、農事試験、植物栽培、測候所の気象観測、和歌山中学校教師の兼務、之では之に伴う雑務もあり其上県の教科書編集等もあり、父の性格としては数年にして漸く其の煩に堪え得なくなった。」とあり、多忙だった様子がうかがえる。

＊40　三嶋豊三郎『小学読本近体文』は、和歌山県士族である著者が、地元の版元の野田眉寿堂（野田大二郎）から刊行した地域教科書である。こちらは、漢字仮名交じりの近体文（普通文）に習熟し、学習者がそうした文章を自ら書けるようになることを目ざした教科書である。なお、この教科書は、角書きに「小学読本」という単語を冠している。ここでは「小学読本」は、小学校用の教科書という意味で使われているようである。

＊41　第三部第一章で、詳しく触れるが、同じ栃木県では、明治一二年から明治一五年まで栃木県師範学校に在職した久松義典が、やはり『小学読本』全三巻を作製している。刊行年は、一八八〇（明治一三年二月）である。この教科書を「地域読本」と考えていいなら、中島操・伊藤有隣よりも早い時期に、地域読本作製の試みがなされていたことになる。本書では、この教科書は「金港堂」の主導で作られたと判断し、民間書肆による教科書作製の嚆矢と位置づけている。

なお、この『小学読本』の所蔵状況は、以下のようである。巻一―巻七、国立教育政策研究所教育情報センター教育図書館。巻三・巻四、東京学芸大学。巻一・巻三・巻四・巻六、家蔵。明治一五年九月出版の『改正小学読本』巻六・巻七は、筑波大学・家蔵。

＊42　仲新『近代教科書の成立』初版・講談社　一九四九（昭和二四）年七月　複製・日本図書センター　一九八一（昭和五六）年四月　一四〇―一四一頁、に次のような記述がある。「当時の東京の師範学校卒業生は各府県の小学校教育の改革にめざましい活動を展開した。教科書の面から見ても例へば林多一郎は東京の師範学校卒業後明治六年一一月には東京の小学講習所の訓導となつてゐるが、翌明治七年栃木師範学校の訓導となり、こゝにおいて多数の教科書を出版して新しい教育の普及につとめてゐる。この影響によつて栃木は明治初期において小学校教科書出版の地方的な一中心地となつてゐる。」

また、『新日本古典文学大系明治編一一・教科書啓蒙文集』岩波書店　二〇〇六（平成一八）年六月、には、林多一郎と中島操の『改正小学作文方法』が翻刻されている。その［内容・評価］の欄に「本書の特色は、従来の美辞麗句等の辞を多用した文章の指導を目ざすのではなく、むしろ実用的で簡明な文章の作成を指導しようとしたことにある」（斎藤利彦執筆）との指摘がある。

*43 横田長司編『師範学校沿革誌』明治三八年一〇月、には、師範学校校長職を勤めた林多一郎の略伝があり、教職員の動静の記事の中に、中島操の名前も見える。

*44 ダモンとピチウスの話が初めて日本に紹介されたのは、おそらく『泰西勧善訓蒙』の前編・巻之下の、「第五篇・朋友ノ交」の中の第一八一章のエピソードだろうと思われる。後に刊行された修身口授書や「修身読み物」などは、この中島操・伊藤有隣の『小学読本』と同様に、『泰西勧善訓蒙』のテキストを下敷きにしているものが多い。さらにまた、一九一二（大正元）年に刊行された文部省の『高等小学読本・巻一』には、「真の知己」と題した類似のストーリーが掲載されているが、これは別の原典から翻訳されたもののようである。太宰治が「走れメロス」の題材としたのも、同じストーリーであるが、こちらはシラーの詩が原拠となっていると言われている。太宰の「走れメロス」をめぐる類似の様々のテキスト（ダモンとピチウスの話を含む）の所在に関しては、以下の論文が詳細を極めている。奥村淳「太宰治『走れメロス』、もうひとつの可能性」「山形大学紀要・人文科学」第一七巻第一号　二〇一〇（平成二二）年二月一五日　三九―七八頁。

*45 佐藤秀夫・中村紀久二『文部省掛図総覧　一　単語図・博物図等』「単語図・博物図等　解題」・中村紀久二　東京書籍　一九八六（昭和六一）年一〇月　二五―三〇頁、によると、「単語図」には東京師範学校が作製した旧版と、文部省が明治七年八月改正した改正版とが存在し、旧版の単語図を収録したものが『小学教授書』で、改正掛図を収録したものが『小学入門』だという。また、同書三四頁、には、「小学指教図」について、以下のような記述がある。

文部省は、明治一二年一月に、新たな入門教材図「小学指教図」一〇枚を刊行した。その直後から明治一九年までの間に、一〇枚の「小学指教図」を縮小して一冊に収録した『小学指教図』が民間から数十種類も発行されている。しかし、文部省原刷の小冊子『小学指教図』は存在しないようである。「小学指教図」そのものには、著者・編者等が記載されていないが、中村紀久二は、文部省編『文部省出版書目』に「内田嘉一著」と記載してあることを紹介している。

*46 『栃木県模範教則 小学教授法』明治一三年一月二七日出版御届・同年二月一〇日版権免許。筑波大学・宮木文庫蔵。半紙版、一八丁。

*47 佐藤秀夫・中村紀久二『文部省掛図総覧　一　単語図・博物図等』「単語図・博物図等　解題」・中村紀久二　東京書籍　一九八六（昭和六一）年一〇月　八頁で、中村紀久二が述べているように、文部省が「小学指教図」を刊行した後、民間から多くの『小学指教図』が冊子の形態で刊行されている。その多くは、文部省の言語関係の六枚（仮名三枚・単語三枚）と、算数関係の三枚を合わせた一〇枚の図を収録したものである。中には従来からの「連語図」を収録したものもあり、また、指導法や詳しい註釈の付いた書物もあった。稿者が本文中に記述したように、本来、この「小学指教図」は、既習した仮名を使って子どもたちが熟知している事物の名称を読ませる（あるいは書かせる）、という趣旨で作製されたものだと思われる。つまり、既習の仮名（文字）と日常的な事物の名称とのマッチングが、主要な教育目標なのである。

しかし、教授書の中には、そうした目的から逸脱しかねない書物もあった。たとえば、東京文敬堂から明治一五年六月に刊行された、中沢篩一編の『初等小学指教図教授方法』は、絵と仮名だけの提示ではなく、犬の絵に漢字、片仮名、それに変体仮名が添えられている。これに引きずられて、教室では、漢字や変体仮名の学習がなされる可能性がある。さらに、「犬は家畜獣（かちくじふ）にして種類多し、肉類穀類を食し、人之を飼ひて夜を守らしめ、又狩にも用ゐるなり」

という説明文も添えられており、こうした「指教図」を教室で提示した場合には、説明文を読む学習に重点が置かれてしまいかねない。また、水野亀橘編の『小学指教図教授法』は、東京中外堂から、明治一五年五月に刊行されている。この本には一〇枚の「指教図」が掲載された後に、編者の「註釈」が大量に記述され、加えて関連情報が「参考」として付け加えられている。「緒言」によれば、「生徒をして毎語註釈の大意を暗記せしめ其参考の如きハ教師の問を待て之を答へしむるを宜しとす」るためだという。たとえば、「犬」についての註釈をみると、「犬は家獣にして其姓雪を喜び暑を怕れ湿を悪み恩を知る常に人家に畜れて夜を守り又猟に用ふる等大に人に益あり狩に用る者を田犬と云ひ夜を守る者を守犬と云ふ」となっている。編者は、この註釈文を生徒に「暗記」させようと意図しているらしい。また、註釈の後には、さらに犬に関する百科事典的な情報が「参考」として続いており、こちらの情報は、教室で問答をする過程の中で生徒に覚え込ませようとしている。その上、編者自身、この教授法が「庶物指教」の考え方に依拠したものだと考えているフシも見うけられる。しかし、こうした指導法は、与えられた情報を大量に記憶させるだけの学習に陥りやすい。両書はともに、入門期の子どもの学習実態を十分に踏まえたものだとは思われない。明治期の学習指導は、こうした形式的な注入主義的な傾向から、なかなか抜け出ることができないのである。

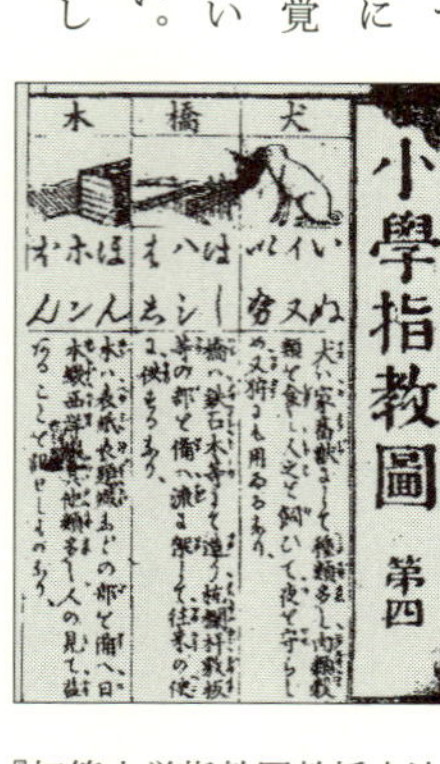

『初等小学指教図教授方法』

*48 伊藤有隣『小学読本 上』明治一三年一〇月二一日版権免許、同年一〇月二五日出版、定価金八銭。国立教育政策研究所附属教育図書館蔵本。奥付には「出板人　長野県平民　蜂谷才次郎」と記されており、蜂谷の住所は「信濃国否群上飯田村住」となっているが「下野国都賀郡栃木町寄留」も並記されている。編集人の伊藤有隣も、愛知県士族・三河国住という表記だが、「下野国都賀郡栃木町寄留」である。ここまで挙げてきた『栃木県師範学校小学教授法』も『小学教授書』も、また、『小学読本』全七巻についても、奥付には、関係者の本籍地も書かれているが、実際には栃木県に在住しており、書物もすべて栃木県で刊行されたと考えていいだろう。

*49 中島操『初等小学 作文規範』上・三七丁、下・四四丁。明治一四年一二月二二日版権免許。同年一二月三〇日出板。出版人、小林八郎。

*50 このシリーズの家蔵本の刊記は、以下のようである。

『小学初等 読本入門』福井正宝堂　刈谷保敏編集　出板人・福井源次郎　板権免許・明治一八年三月二五日　再版御届・明治二〇年二月八日　定価六銭。

『仮名交り単句編』福井源次郎蔵版　大窪実閲　三吉艾編　板権免許・明治一七年三月六日　明治一七年八月一六日出版発兌　定価三銭五厘。

『小学初等読本　巻一』福井源次郎蔵版　大窪実閲　三吉艾編　版権免許・明治一七年三月六日　明治一七年八月一六日出版発兌　定価五銭。

『小学初等読本　巻一』福井源次郎蔵版　大窪実閲　三吉艾編　版権免許・明治一七年三月六日　明治一七年一一月一七日再版御届　定価五銭。

『小学初等読本　巻二』福井源次郎蔵版　大窪実閲　三吉艾編　版権免許・明治一七年三月二六日　明治一七年一一月一七日再版御届　定価五銭五厘。

『小学初等読本　巻三』福井源次郎蔵版　大窪実閲　三吉艾編　版権免許・明治一七年三月二六日　明治一七年一一月一七日再版御届　定価六銭。

『小学初等読本　巻四』福井源次郎蔵版　大窪実閲　三吉艾編　版権免許・明治一七年三月二六日　明治一七年一一月一七日再版御届　定価六銭五厘。

国立国会図書館所蔵の『小学初等読本』は、巻一—巻四までであるが、巻一は明治一八年一一月一〇日三版御届、巻二—巻四は、明治二〇年一月二七日三版御届、となっている。以上から、この『小学初等読本』は、三吉艾が主導して、明治一七年三月に版権免許を取得し、明治二〇年の三版までは刊行されていたと思われる。なお、この教科書は、明治一八年一月に文部省普通局から出された『調査済小学校教科書表・第一四号』に「小学校教科書ニ採用シテ苦シカラサル分」として掲載されている。つまり、文部省から正式に認可されていたのである。（教科書研究資料文献・第二集『調査済小学校教科書表』芳文閣　昭和六〇年一月二五日復刻　一六九頁。）

*51 三吉艾の『談話書取 作文初歩 初編』に関しては、母利司朗による下記の論文に、注目すべき言及がある。「明治前期話しことば教育における談話書取教科書―国語教育前史論（終）」『岐阜大学国語国文学』二九号　岐阜大学教育学部国語教育講座　二〇〇二（平成一四）年三月　一―一一頁。そこで母利は、三吉艾の『談話書取 作文初歩 初編』が「日常通俗の話しことばからなる談話体より、正式の書きことばによる文語体作文を想起させようとした」著作である、と述べ、「談話書取」という方法が、「俗文復訳法」あるいは「口唱訳記」と称された当時の「作文」の教授法と共通であることを指摘している。さらに母利は、「談話書取」という名称の作文教科書は、「『会話』を要としながら複数の科目との融合をはかる」教科書として位置づけている。母利がこの論文で指摘した一連の「談話書取」の教科書群は、言文一致運動の展開過程の一事例としても、あるいは、話しことばと書きことばの統合を図ろうとする言語教科書の一例としても、新たに検討し直す必要があるだろう。

三吉艾編集『談話書取 作文初歩 初編』錦雨樓・花説堂　吉田秀穀（京都府学務課）検閲　明治一二年二月三日版権免許　明治一二年二月二七日刻成　二四丁　定価九銭。

三吉艾編集『談話書取 作文初歩二編』花説堂・文正堂　江阪強近閲　明治一四年六月二〇日版権免許　明治一四年八月刻成　二四丁　定価九銭。

今津芳雄編『私用文体談話書取』正宝堂　上・談話の部／下・書取之部　三吉艾閲　明治一八年八月二八日版権免許　明治一八年一二月一日出版発兌　上一八丁／下一二丁　定価二〇銭。

また、巨勢小石の『小学毛筆画帖』（明治二一年一〇月・福井正宝堂）は毛筆画関係の教科書であるが、三吉艾が私財を投じて刊行したものであると、『京都府教育史・上』（日本教育史文献集成）五八七頁に記してある。その解説編とでもいうべき、三吉艾口・田辺吉二郎筆記『小学図画改正論』（正宝堂）も、同じ年に刊行されている。

*52 『訂正 初等小学読本』岡部譲検閲・鈴木忠篤編集　星旌堂蔵版　出版人・大橋意誠／杉森熊太郎　明治一七年五月一五日版権免許　同年一二月一五日刻成　明治一九年二月九日訂正再版御届。巻一・五銭、巻二・六銭、巻三・七銭、巻四・八銭。なお、鈴木忠篤は、静岡県士族・静岡県下遠江国敷知郡浜松松城町八番地居住。大橋意誠は、静岡県士族・花松紺屋町一五番地居住。杉森熊太郎は、静岡県平民・城東郡河東村一二一番地居住。

*53 図版は、国立教育研究所教育政策センター教育図書館蔵本による。

第三部・第四部・第五部の前に——明治検定期読本の概観

第三部・第四部・第五部では、明治検定期の読本と、子ども読み物とを取りあげる。それに先立って、明治検定期の国語教科書をめぐる様相、とりわけ文部省の教科書施策に関して、あらかじめ概観をしておく必要がある。その上で、明治検定各時期における具体的な個々の読本を取り上げて、その考察に入っていきたい。したがって、第三部・第四部・第五部を通しての「序」という位置づけになる本章を、この位置に置いた。

明治検定期教科書の変遷

明治期の教科書の選定は、自由採択制度から開申制、認可制へと推移して、一八八六(明治一九)年以降は、検定制度のもとで教科書の採択が行われる。すなわち、「小学校令」の第一三条に、「小学校ノ教科書ハ文部省ノ検定シタルモノニ限ルヘシ」という文言が登場し、教科書は、国家規準の枠組みの中で編集されることになったのである。この体制は、一九〇四(明治三七)年四月に、国定教科書が使われるようになるまで続く。この時期は、近代国家としての明治国家がその姿勢を世界に向かって明確に主張し始め、教育制度も整備されて就学人口が増加し、また言文一致運動などの文章改革が進められた時期である。また、印刷物やその流通体制に関しても、大きな変動があった。一九〇四(明治三七)年四月以降の、教科書の国定期に入ると、国語教科書(国定読本)は、一種類に統一されてしまうが、検定教科書が使用されたこの時期には、教科書の形態についても、またその内容に関しても、様々な模索が行われた。

明治検定期の教科書の変遷は、通常、三期に分類して説明される。

第一期(検定前期)は、明治一九年四月の「小学校令」および「小学校ノ学科及其程度」に準拠した時期である。尋常小学校の「読書」科で教えるべき内容としては、「小学校ノ学科及其程度」で、「仮名仮名ノ単語単句簡易ナル漢字交リノ短句及地理歴史理科ノ事項ヲ交ヘタル漢字交リ文」と指定されており、「読書」科用の読本も、この規定の中で作製された。

第二期(検定中期)は、明治二三年一〇月の小学校令および翌年の「小学校教則大綱」に準拠して編集された時期である。ここには、直接「読本」の内容を示した条文が登場した。すなわち「読本ノ文章ハ平易ニシテ普通ノ国文ノ模範タルヘキモノナルヲ要ス故ニ児童ニ理会シ易クシテ其心情ヲ快活純正ナラシムルモノヲ採ルヘク又其事項ハ修身、地理、歴史、理科其他日常生活ニ必須ニシテ教授ノ趣味ヲ添フルモノタルヘシ」という条項である。第一期に比べて、標準語・標準文体の普及を強調しており、また取り扱う内容も、「修身」と「教授ノ趣味ヲ添フルモノ」が加わって、教材の範囲が広がった。

第三期（検定後期）は、明治三三年八月の「小学校令改正」、「小学校令施行規則」に準拠した時期である。第三期は、国語関係の教科が「国語」に統合された。「小学校令施行規則」の第一章第一節第三条には、「読本ノ文章ハ平易ニシテ国語ノ模範ト為リ且児童ノ心情ヲ快活純正ナラシムルモノナルヲ要シ其ノ材料ハ修身、歴史、地理、理科其ノ他生活ニ必須ナル事項ニ取リ趣味ニ富ムモノタルヘシ」と読本の内容が規定されていた。これは第二期の文言と大きな変化はなく、内容的にはほとんど同じである。しかし、第一六条には、「小学校ニ於テ教授ニ用フル仮名及其ノ字体ハ第一号表ニ、字音仮名遣ハ第二号表下欄ヨリ」と、展開しつつあった国語国字改革に対応することが要求された。別表として「第一号表」「第二号表」「第三号表」が付されており、「第一号表」では、教科書の仮名の表記に関して、変体仮名の廃止が明確に示された。また「第二号表下欄」では、従来「あう」「わう」などのように表記していた「字音仮名遣」を、「おー」のように表記することを求めている。いわゆる「棒引き仮名遣い」の使用である。さらに、「第三号表」には、一二〇〇字の漢字が示されており、尋常小学校の教授においては、なるべくこの「第三号表」に掲げた範囲内の漢字を選択することも書き込まれている。この規定は、教科書編集に、直接的な影響を与え、教科書作製者は具体的な対応を迫られることになった。

つまり、文部省の行政的な指導は、読本の内容的側面に関して、「検定前期」と「検定中期」との間に若干の差異があり、読本の表現形式に関して、「検定中期」と「検定後期」との間にかなりの差異があったと、まとめることができるだろう。また、検定後期は、「読書」科は、「国語」科に統合された。しかし、明治検定期を通して、教育課程における「読本」の位置や役割自体に大きな変化があったわけではない。したがって、本書でも、検定前期・中期の「読書」科用の読本と、検定後期の「国語」科用の読本とを、連続したものととらえて、その内容や子ども読み物との関係をめぐる考察を進めていく。

以上のように法令の規定を基準にして教科書内容を考察する方法を採るなら、分析の観点は、個々の教科書内容がどのように法令を反映していたか、あるいはそこから外れているかということになるだろう。いうまでもなく検定制度を前提としている以上、民間書肆といえども、法令の規定を無視して教科書の編成を行えるはずはない。また、たとえそうした教科書を作製したとしても、それを地域の教育行政に関わる役人や教育家たちが選択する可能性はない。したがって、教育制度や教育内容が法令で示されれば、それに準じた教科書が作られるのは、当然のことである。その意味からいえば、法令と教科書内容と付き合わせて比較する分析方法は、教育施策と教科書の内容の関係を考えるときには、きわめて重要である。

たとえば、第三部第四章でその実例を検討するが、文部省の検定により、教科書が「不認定」になってしまうこともある。その場合、検定申請に提出する見本本製作のために、原稿を作って版を起こし、印刷・製本までして、多額の投資をした教科書書肆が受ける経済的な打撃は、計り知れないものがある。出版社や編集者は、教科書の編集作業にあたって、法令に則って教科書の作製をすることを至上命題としており、そこからはみ出すような大きな冒険をすることは考えにくい。

しかし、教科書の内容は、必らずしも上から定められた施策の枠組みの中に収斂するものではない。教科書は、その時代の文化や人々の嗜好、あるいは社会的な風潮をいやがおうでも反映する。たとえ、検定を意識した編集側の自主的な規制はあったにせよ、編集者の個性や、それぞれの書肆の編集方針は、教科書の上に明瞭に表出される。またそれが教育界で、好評を持って迎えられる場合もある。

さらにいうなら、教科書内容を規定する「法令」といっても、それは見てきたように、ある意味できわめて漠然としたものであり、個々の教材の選択や、文章・文体の細部、あるいは教科書の装丁や挿絵などを一義的に縛るものではなかった。読本には、どのような漢字を提出するのか、あるいはどのような文体を採用するのかという、初等教育の言語教育にとってきわめて基本的な事項に関しても、検定中期までは、その決定は、個々の教科書編集者に任されていた。漢字や字体をめぐる規定は、ようやく明治三三年の「小学校令施行規則」に明文化されたのであり、そこでも、読本に収録すべき作品や素材を具体的に特定して掲載を促すような規定はなかった。

もちろん、それぞれの教科書内容がどのように決定されるのかという問題は、きわめて複雑で入り組んでおり、その解明には立体的な考察が必要である。したがって、以下の考察は、法令の規定を基軸にしつつも、教科書作成に関わる周辺の様々な状況もできるだけ視野に入れて進めていくつもりである。

検定期に発行された尋常小学校用教科書

明治検定期には、どれくらいの数の小学校用の教科書が刊行されたのか。中村紀久二は、文部省が刊行した「検定済教科用図書表」を検討して、そこに記された教科書数を集計している。それによると、明治検定期に刊行された小学校用検定教科書の種類は二六二三点にのぼるという。この数字には、教師用書と生徒用書の両方が含まれている。「検定済教科用図書表」では、明治二五年まで、生徒用・教師用の区別が付けられていなかった。したがって、その時期の総数七〇三種類と、明治二六年から三五年までの生徒用一六一二種類とを合計すると、すべての教科を含めた小学校用教科書の総数は、二三一五点になる。教師用書をのぞいても、この期間には、二千種類以上にわたるおびただしい数の教科書が出版され、文部省の検定を受けていたことになる。*1

では、この時期の「読本」は、どのくらいの種類があったのだろうか。それを確かめるため、文部省の「検定済教科用図書表」から、「読書」科用と「国語」科用の教科書として、「検定」を通過した小学校用の教科書のうち、高等小学校用の教科書などを除き、尋常小学校の「読書」科と「国語」科の「読本」の数を抜き出して、『明治検定期「読書科」「国語科」用尋常小学校読本書目一覧』と表題を付けた一覧表を作成して、巻末に掲載した。（除外したのは、「高等小学校用読本」「女子用読本」「簡易科読本」「掛図」「単級用」「温習読本」である。）この一覧表では、文部省が検定制度を始めてから国定制度に移るまでの期間に刊行された、民間書肆による尋常小学校用読本の総数は、合計一四四点である。それぞれの読本は、学年毎上下巻による八冊構成がほとんどなので、尋常小学校用の読本の総冊数は千冊を超えることになる。それを年度毎に数字で示したものを、次頁にグラフ化して示しておいた。ここからは、尋常小学校用の読本の発行点数は、検定前期にかなり多数が刊行され、また検定後期にも、多くの点数が発行されていることが分かる。

以下、これら明治検定期に刊行された尋常小学校用の読本の刊行元について、あらかじめおおざっぱな概観をしておく。そのため、「明治検定期『読書科』『国語科』用尋常小学校読本書目一覧」（巻末掲載）をもとにして、「明治検定期尋常小学読本出版点数と出版社数」の表を作成して次頁に掲げた。この表に即して若干の説明を加える。*2

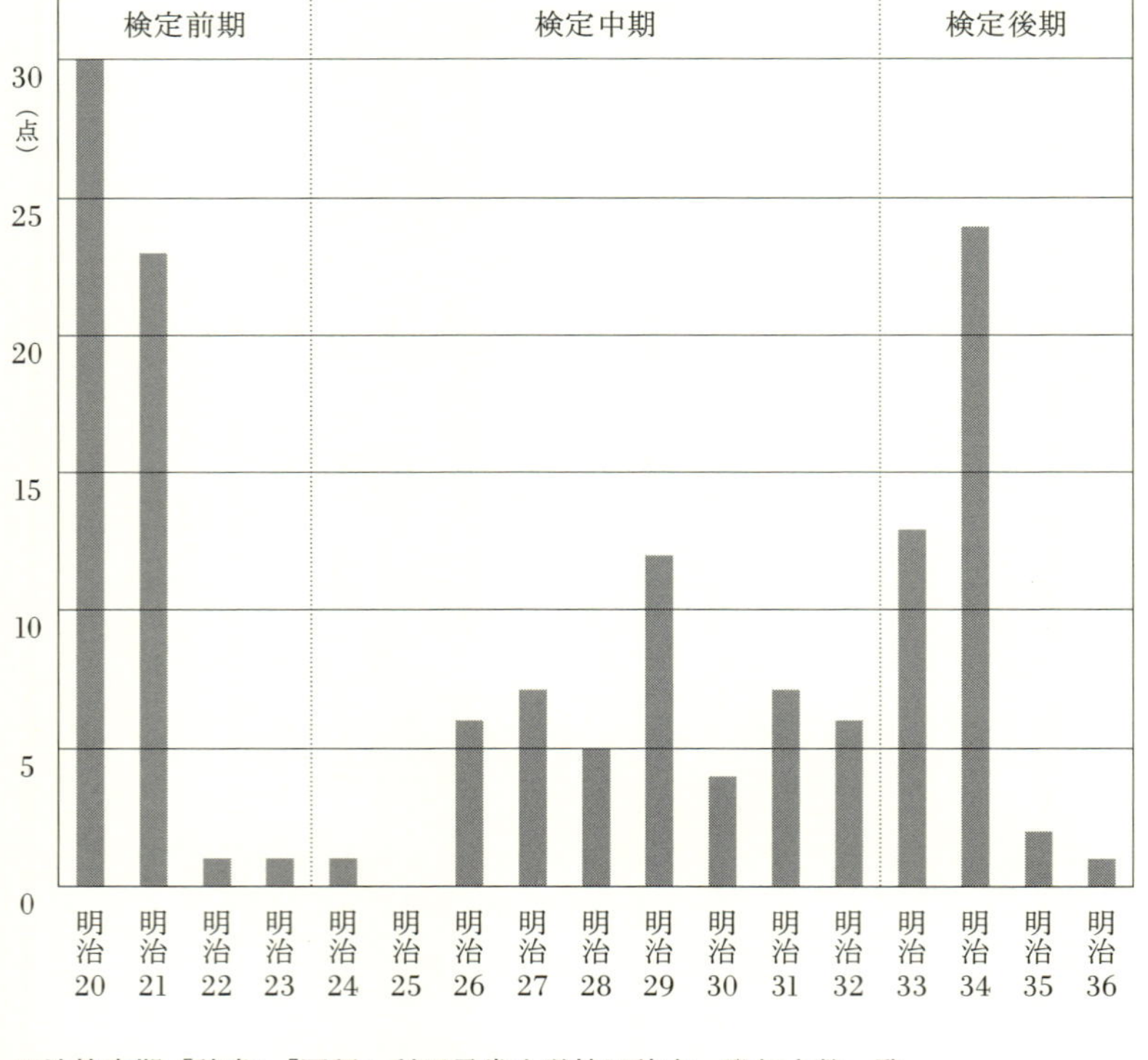

明治検定期「読書」「国語」科用尋常小学校用読本　発行点数一覧

検定前期には、明治一〇年代末に編集された教科書も含めて、かなり多くの書肆が国語読本を作製して、文部省の検定を受けていた。しかし、第三部第四章第一節で見るように、検定申請をした読本の中には、「不認定」になってしまう読本もあった。検定前期は、読本を作製する教科書会社が乱立した時期だといえよう。

検定前期に当たる明治二〇年と明治二一年の読本を、形態面から見ると、上下六冊構成で検定申請した読本がいくつかある。これらはそれまで小学校初等科用として編集していた六冊構成の読本を、そのまま文部省の検定に提出したものが多く、すぐに続けて七巻と八巻とを検定申請して、八巻構成として形を整えている。もっとも、「小学校令」によって、小学校は四年制ということにはなったが、現実にはまだ三年制で修了とするところも多かった。したがって、八巻構成の読本ではあるものの、七巻・八巻の内容が突然高度になっていたり、あるいは取り上げる題材の範囲を急に広げたように感じられるような編集姿勢の読本もあった。

この「明治検定期尋常小学読本出版点数と出版社数」の表で、着目したいのは、教科書の総点数と、出版書肆数との関係である。

教科書書肆には、「大手」出版社と「中小」出版社とが存在する。といって、どこまでが大手で、どこからが中小規模出版社であるかという線引きは難しいが、本書では、とりあえず検定後期になってから、いずれかの県で「読本」が採用された教科書専門書肆を「大手」としておく。その出版社名は、金港堂、集英堂（学海指針社）、文学社、普及舎、育英舎、

明治検定期尋常小学読本出版点数と出版社数

		検定前期 M20-23	検定中期 M24-32	検定後期 M33-36	合計
東京	出版点数	44	46	40	130
	出版社数	31	12	10	53
	(大手)(中小)	(6)(25)	(8)(4)	(8)(2)	53
地方	出版点数	11	3	0	14
	出版社数	11	3	0	14
教科書点数総計		55	49	40	144
出版社数総計		42	15	10	67

出版社数は、共同出版も一社と数えた。東京府庁刊行の読本も、地方出版とした。

国光社、右文館、冨山房の八社である。このうち、冨山房だけは、検定後期になってから、初めて読本の作製に新規参入している。巻末に掲載した「明治検定期「読書科」「国語科」用尋常小学校読本書目一覧」には、それら大手の出版社に「網掛け」を施した。

大手教科書出版社は、明治検定期を通じて、多数の読本を様々な書名で刊行している。だが、検定前期には、一社で複数の異なった読本を出版していたのは、東京の金港堂だけだった。ほかの出版社は、ほぼ一種類の読本しか刊行していない。とりわけ地方の出版社は、一種類の読本のみを発行して、多くが一回限りの刊行で終わっている。東京の中小の出版社から刊行された読本も、ほぼ同じ状況である。つまり、中小の出版社からは、同じ読本が改訂されて、続けて出版されることは、ほとんどなかったのである。

検定中期になると、読本を刊行する出版社は、東京の大手出版社に限られてくる。それらの教科書は、数年の間隔を置いて、表題を「新撰」とか「訂正」「改正」などのように、角書き部分の表示を変更して、継続して刊行されている。つまり、改訂版として、部分的に教材を差し替えたり、配列を変えたりして、類似した内容の読本を刊行し続けたのである。前頁に掲げた「明治検定期『読書』『国語』科用尋常小学読本発行点数一覧」のグラフでは、検定中期の明治二九年に一二点の山があり、そこで教科書発行点数が大きく増加しているように見えるが、実際にはそのうちの一〇点は「修正ニ依リ更ニ検定」を受けたものである。つまり、既刊の教科書を修正して検定申請をしただけであって、まったく新しい内容の教科書が企画されたわけではない。したがって、検定中期は、大手の民間書肆が、安定した状態でリニューアルを繰り返しながら尋常小学校用の読本を作製していた時期だということになる。その中で、少数の地域出版社（石川、富山、山梨）が、独自の読本の刊行をしていたことは注目に値する。

検定後期に入っても、東京の大手出版社が市場を独占したことは、検定中期と同様である。明治三三年に教科目が「読書」から「国語」に変更されたことなどもあって、明治三三年から明治三六年にかけては、四〇種類もの尋常小学校用の読本が次々と刊行されている。それを刊行した出版社数は一〇社で、集英堂（学海指針社）七種類、金港堂六種類、文学社六種類、普及舎四種類、育英舎四種類、国光社四種類、冨山房四種類、そのほか右文館二種類、神戸書店二種類、大日本図書一種類となっている。しかし、全面的に内容の異なる四〇種類の読本が出版されたわけではなく、各社が刊行した教科書の種類は、実質的には二―三種類に絞ることができる。

たとえば、七種類と最も多くの「尋常小学読本」を出していた集英堂の読本も、内容的に見るなら「帝国読本」の系統と、「小学国語読本」の系統との二つに整理されてしまう。とりわけ明治三四年には、前年に出された「小学校令施行規則」に記された「仮名及其ノ字体」「字音仮名遣」への対応や、「漢字ハ成ルヘク其ノ数ヲ節減シテ」という趣旨を誌面に反映させるため、それぞれの教科書書肆はめまぐるしく「修正」「訂正」を繰り返したので、刊行した教科書数が大幅にふくらんでいるのである。もっとも、各社が刊行した読本が実質的に二―三種類ほどだったとしても、次から次へと改訂版・訂正版を刊行するのには、編集作業という面からも、それを流通機構に乗せるという面からも、大変な努力が必要だったと思われる。検定後期に、多くの種類の読本が用意されたことと、大手教科書出版社の間で販売合戦が白熱化していったこととは、無関係ではないだろう。

教科書選定の仕組み

すでに幾度か述べたように、教科書は、きわめて「特殊な商品」である。教科書は、一般の書籍のように、個人がそれぞれの読書欲求に応じて自由に購入するものではない。その選定は、教える側が一義的に決定し、使用者にその購入を指示する。通常の書物とは異なり、消費者である個人の意志とは無関係に、決まった時期までに必ず買い揃えておかなければならない。あるいは、学校でまとめて購入して、それを学習者のために備えておく。供給する教科書販売者の側は、定まった期日までに大量の商品を用意しておく必要はあるものの、それが予測を超えて大量に売れ残ってしまうことはない。つまり、教科書作製者は、採択が決まった時点で、あらかじめ決まった数量の教科書を用意すればいいのである。この意味で、教科書は、受注生産に近い商品だとも言えるだろう。

明治一〇年代には、教科書採定の決定権は、地域の学務課などにあった。「読本」に関してだけ言うなら、基本的には、文部省が作製した官版の『小学読本』（あるいは田中義廉の私刊版）か、同じく官版の『小学 読本』のどちらを選ぶかという選択肢しかなかった。そこで、各地の教育現場では、読本を地域の教育実態に合わせるために、教育課程を工夫したり、旧来の往来物などと併せて使ったり、あるいは独自に様々な読本を製作したりして、地域の子どもたちのリテラシーの整備に尽力してきたのである。明治一〇年代末になると、就学率もようやく五割近くにまで上昇し、新しい方向を目指した、地域の教育実態にも即した「読本」の作製が期待されてくる。検定制度が始まったとたんに、各地の教科書書肆が、様々な「読本」を作製して、文部省の検定に提出したのも、そうした教育要求が各地域に潜在的に存在したからだと考えられる。

文部省は、検定制度とともに、教科書の採定方法に関して、次のような施策を展開する。まず、一八八七（明治二〇）年三月二五日、訓令第三号で「公私立小学校教科用図書採定方法」を定めた。各地域に、教科書選定の実務を任せるための規定である。この規定では、府県知事が小学校教科用図書審査委員を任命して、教科書を採定することになっていた。審査委員は「一、尋常師範学校長若クハ長補、二、学務課員一名、三、尋常師範学校教頭及附属小学校上席訓導、四、小学校教員三名、五、該地方経済上の情況に通スル者二名」と決められた。これは、それまで教科書の選定作業が、地域の学務課員や附属小学校の教員などに委任されることが多く、そこに教科書書肆からの働きかけがなされて不正が生まれることへの対策でもあった。また、教科書の購入に関して負担を感じていた保護者たちを視野に入れて、「該地方経済上の情況に通スル者ニ名」を審査委員に加えることにしたのも、地域実態を勘案した文部省の配慮だったと考えられる。[*3]

一八八七（明治二〇）年九月には、文部省訓令第一二号によって、「四箇年ヲ経ルニアラサレハ変換スヘカラス」と、四年間は、選定した教科書の変更ができないことも定められる。さらに、一八八八（明治二一）年九月には、文部省訓令第三号によって、土地の情況により「已ムヲ得サル場合」のほかは、原則として「一学科ニ就キ一種ノ図書ヲ採択スヘシ」となった。これ以降、検定期の教科書採択は、基本的にこの規定によって進行する。すなわち、明治検定期の教科書は、「教科ごとの県定教科書」（傍点・稿者）であり、その状態は「四年間は変わらない」というのが原則だったのである。

もっとも、地域の教育事情・経済事情は様々だったので、必ずしも文部省の定めた通りに教科書施策が運用されたわけではない。以下の論述の中では、各地域の教科書の選定に関しても具体的に述べる機会があるが、あらかじめいくつかの事例をここで紹介しておこう。

『千葉県教育史』によると、千葉県では、第一回の「小学校教科用図書審査会」が、一八八七（明治二〇）年一一月八日から、尋常師範学校講堂において開催された。注目すべきは、『千葉教育会雑誌』から引用された以下のような記述である。「第一回においては読本の審査をおこなったが審査場へ蒐集せる教科図書は実に夥しき数にて読本のみにても四拾余種に上れり」（千葉教育会雑誌一一一号）。千葉県は、東京に隣接しているという事情もあってか、東京の教科書出版社がそれぞれ自社の読本をこぞって審査会場に持ち込んだのだと思われる。その結果、大手や中小の教科書書肆の読本の見本が一堂に会することになり、「四拾余種に上れり」という事態になったのだろう。[*4]

しかし、それは何も千葉県に限ったことではなかったのではないか。というのも、大手教科書出版社はいうまでもなく、中小の教科書出版社にとっても、文部省の検定を受けた後に、必ず行わなければならない仕事が、各府県の審査委員会に印刷製本した教科書の見本を持ち込むことだったからである。むろんそうしなければ、商品を作製した意味は無い。遠隔地の審査会においては、会場に搬入される教科書の数がいくぶんかは少なかったとしても、やはり多くの教科書見本が各地の審査会場に持ち込まれたと思われる。

千葉県の場合は、この多くの読本の中から直接に一種を選んだのではなく、県が各教科にわたって数種類の教科書をあらかじめ選定しておき、その中から「其土地人情ニ適当ナルモノ」を「学校管理者」が裁定するという方式を採用している。後述するが、同様の採択方法は、東京府や大阪府でも行われていたし、富山県、三重県、山梨県、福岡県などでも類似の方法によって、郡村別に教科書が選定されていた。つまり、文部省の示した「一学科ニ就キ一種ノ図書ヲ採択スヘシ」という原則は、必ずしもすべての府県で、その通りに実施されていたわけではなかったのである。

一方、こうした事態を、教科書販売をする側の教科書書肆の立場から見ると、どうなるだろうか。教科書販売業者は、これまでのように、毎年毎年、学校ごとに、個別の商品＝教科書の売り込みをしなくとも、四年に一度の販売競争に勝ち抜きさえすれば、四年間継続して一つの教科の県内教科書販売権を独占して維持できるのである。さらに言うなら、その決定機関である「小学校教科用図書審査会」の構成員に選ばれた少数の人物に何らかの手段で働きかけることが可能なら、教科書書肆は巨利を手にすることもできる。実際、教育ジャーナリズムでは、そうした疑惑を報じる記事が誌面を賑わすことも再々であった。

文部省では、こうした問題に対応するため、一八九〇（明治二三）年一〇月の「小学校令」で、教科書の選定に関して、次のような対策を示した。一つは、「小学校ノ教科用図書ハ文部大臣ノ検定シタルモノニ就キ小学校図書審査委員ニ於テ審査シ府県知事ノ許可ヲ受ケタルモノニ限ルヘシ」として、最終的には府県知事に裁可を仰ぐようにしたことである。県知事に最終決定権を預けることで、教科書業者の影響力を排除しようと考えたのであろう。同年一一月一七日の「文部省令第一四号」では、「小学校令」に基づいて、府県知事は当該県の「小学校教科用図書審査会」の具申を「相当ト認ムル図書ハ之ヲ其府県小学校教科用図書ト定ムヘシ」と規定した。また同じ「文部省令第一四号」では、「小学校教科書審査会」の構成人員に関しても、それまでの規則を変更して、「一、府県官吏一名、二、府県参事二名、三、尋常小学校長、四、尋常師範学校長、五、尋常師範学校教員二名、小学校教員三名乃至五名」と、官僚の権限を強めた。そればかりではなく、従前の規定にあった「該地方経済上ノ情況ニ通スル者二名」を審査委員会の委員から外し、利害関係からは遠い位置にあると考えられる府県官吏と教育関係者だけで、教科書の選定に当たるよう変更した。だが、それにもかかわらず、「修身教科書」の選定に当たって、政府高官が直接県知事に働きかけるなどという論外の干渉事例もあったらしく、この対策も必ずしも教科書選定をめぐる不正を防止するのに役立ったとは言えない。この後も、文部省は審査委員の構成などを変更するが、教科書採択に関わる腐敗の根を絶つことはできなかった。

こうした中で、文部省は、明治二四年一一月の「文部省令第一四号」の「説明」部分で、「一教科ニ就キ濫リニ二種以上ヲ撰フカ如キハ固ヨリ本則ノ旨趣ニアラサルナリ」と述べて、一県一教科一種類の教科書の採用の励行を、各府県に強く求めた。先ほど検定前期に、県下の郡村別教科書の選定が行われた千葉県の例を挙げたが、検定中期に至っても、地域事情によっては、一教科で複数の教科書を採用している府県がまだ存在していたのである。しかし、検定後期になると、ようやく文部省が目指した「県定教科書」の方向に落ち着いていく。

代表的な尋常小学読本

明治検定期に刊行された尋常小学読本のうち、「代表的」「特徴的」と目される読本は、どのような読本だったのであろうか。先行研究などの中から、そうした読本の書名を、抜き出してみよう。

次頁の表に書名を挙げた教科書は、仲新の『近代教科書の成立』で「代表的な読本」としてあげられた書名に加えて、『日本教科書大系』の「国語教科書総解説」に紹介された書名と、『国語教育史資料』の「第二巻・教科書史」に、「代表的な国語教科書」として本文の一部が紹介されている書名、さらには古田東朔による『小学読本便覧』に掲載（予定も含む）された書名を加えたものである。『日本教科書大系』は、教科書史研究の立場から、『国語教育史資料』は、国語教育史研究の立場から、また『小

明治検定期の代表的な尋常小学読本

期	教科書名	刊行年	編者	刊行元	本書で取りあげる部・章
検定前期	『普通読本』八巻	明治二〇年	高橋熊太郎	集英堂	
	『日本読本初歩』二巻『日本読本』六巻★◆	明治二〇年	新保磐次	金港堂	第三部
	『幼学読本』◆	明治二〇年	西邨貞	金港堂	第一章
	『新体 読方書』八巻☆	明治二〇年	塚原苔園	石川書房	第二章
	『国民読本』☆	明治二〇年	井田秀生	牧野善兵衛ほか	第三章
	『尋常小学 読本』八巻	明治二〇年	辻敬之・西村正三郎	普及舎	第四章
	『小学読本』八巻	明治二〇年	東京府庁	文学社ほか	
	『国文 小学読本』八巻◆	明治二〇年	下田歌子	十一堂	
検定中期	『帝国読本』八巻★☆	明治二五年	学海指針社	集英堂	
	『新撰小学読本』八巻☆◆	明治二五年	坂上半七	育英舎	第四部
	『小学国文読本』八巻☆	明治二五年	山縣悌三郎	文学社	第一章
	『新撰小学読本』八巻☆	明治二六年	日下部三之助	田沼書店	第二章
	『尋常小学 新体読本』八巻☆◆	明治二七年	金港堂編輯所	金港堂	
	『尋常小学 読書教本』八巻★☆	明治二七年	今泉定介・須永和三郎	普及舎	
検定後期	『小学国語読本』八巻☆	明治三三年	学海指針社	学海指針社	
	『国語読本 尋常小学校児童用』八巻☆◆	明治三三年	普及舎編輯所	普及舎	第五部
	『尋常 国語読本』八巻★☆◆	明治三三年	金港堂	金港堂	第一章
	『国語読本 尋常小学校用』八巻★☆◆	明治三三年	坪内雄蔵	冨山房	第二章
	『尋常 国語教科書』八巻	明治三四年	樋口勘次郎・野田瀧三郎	金港堂	第三章
	『尋常小学 国語教本』八巻☆	明治三四年	育英舎編輯所	育英舎	

▒網掛けは本書で中心に論述を進めるもの　★は『日本教科書大系』に本文翻刻・解説。☆は『国語教育史資料・第二巻・教科書史』に本文の一部紹介・解説。
◆は、『小学読本便覧』に掲載（予定も含む）の読本の書名。無印は、稿者の判断による。

学読本便覧』は、国語史研究の立場から、明治検定期の「代表的」あるいは「特徴的」な読本を選んでいる。これは、それぞれの研究者たちが、自らの調査研究のわく組みの中で「代表的」、あるいは「特徴的」だと判断したものであって、発行部数のような具体的な数字に裏付けられたものではない。

しかし、評価が重なっているものも多い。先に見たように明治検定期には、尋常小学校用の「読本」が、一四四種類も刊行されていたが、これまでの研究においては、以下に揚げた国語教科書が、それらのうちで「代表的」「特徴的」な書目だと判断されてきた。表に記載したのは、尋常小学校の読本に限ったが、ほとんどの書肆がそれに引き続いて高等小学校用の読本も刊行しており、それらもかなりの部数が刊行されていた。このリストからは、明治検定期を通じて、金港堂を初め、集英堂、普及舎、文学社、育英舎などの大手教科書出版社の読本が広く使用されていたことがうかがえる。

本研究は、ここに掲げた「代表的」「特徴的」な国語読本のすべてを取りあげて、それらを網羅的に考察することを目的としていない。したがって、稿者の問題関心に即して、教科書名に網掛けをした読本を中心に論述を進めることを、あらかじめお断りしておく。ただし、代表的だとされた読本の内容や書名などは、出来るだけ本書の記述の中に織り込んでいくことに努力したい。また、これまでは注目されてこなかった読本に関しても、特色のあるものに関しては、積極的に取り上げて、その内容について検討していくつもりである。

なお、明治の教科書検定制度がどのように成立し展開していったのかに関しては、すでに梶山雅史の『近代日本教科書史研究——明治期検定制度の成立と崩壊』が、豊富な資料を駆使して、その変転をダイナミックに描いている。また、文部省の教科書行政と読本編修作業がどのように推移したのかをめぐっては、掛本勲夫『明治期教科書政策史研究』の粘り強い研究がある。さらに、中村紀久二の「検定済教科用図書表　解題」も、文部省の発行した「検定済教科用図書表」に即して、どのような検定作業が実際に行われて、教科書の適否が判断されたのかを、具体例に即して詳細に記述している。

以下、こうした先行研究の成果を参照しながら、個々の読本の内容検討を中心に、この時期における読本と子ども読み物の関わり、およびその周辺の文化状況に関して論述していきたい。[*5]

＊

これ以降、本書の記述は、以下のように進められる。

まず、第三部では、検定前期の読本群を取り扱う。第一章で明治教科書界の覇者とも言うべき金港堂の読本、第二章では、国語教科書史上、画期的と評価される文部省の読本とその編纂作業、第三章では、そのほかの特色のある民間検定教科書、第四章では検定前期の地域読本の様相を検討する。

次に、第四部第一章では、検定中期の代表的な読本の数点を、第二章では、地域読本の消長を取り上げる。

さらに、第五部では、第一章で、検定後期読本の諸相を概観をした後、第二章・第三章で、それぞれ検定後期に刊行されたきわめて特色のある読本を焦点化して取り上げる。具体的には、第二章で坪内雄蔵の読本を、第三章で樋口勘次郎の統合教科書の試みを、それぞれ詳細に検討することになる。

つまり、第三部・第四部・第五部においては、明治検定期の読本に関わるさまざまな問題が、個別の教科書の内容とその教材に即して検討されるのである。その中で、リテラシー形成メディアとしての読本と子ども読み物、あるいは子ども文化との交流関係や、教科書の採択や流通の問題にも筆を伸ばしていく。

その見通しをあらかじめ示すために、第三部・第四部・第五部にわたる「序」としての本章をここに置き、明治検定期に刊行された読本の総説と、教科書に関する法的制度と採択の関係について概括的な記述をした次第である。

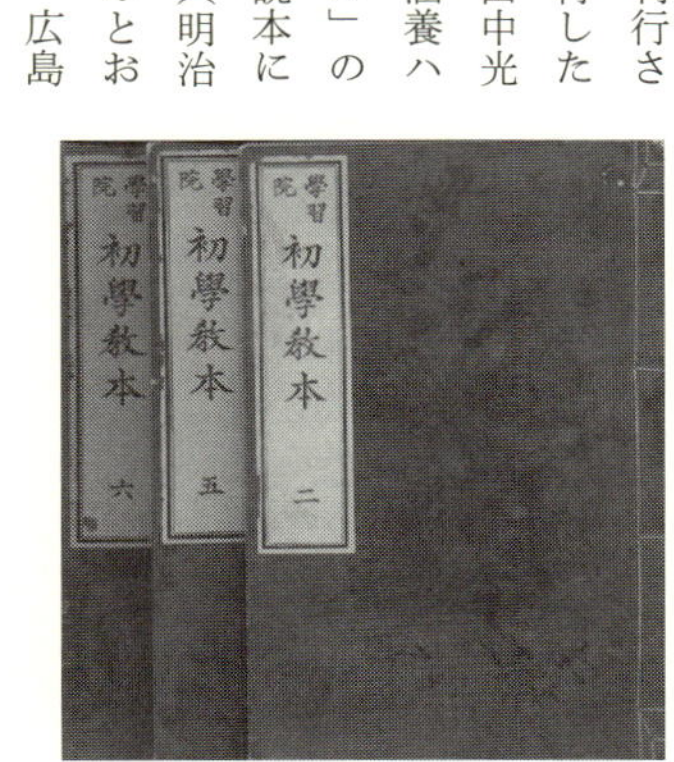

注（Endnotes）

*1 中村紀久二『教科書研究資料文献・第三集の二「検定済教科用図書表」解題』芳文閣　一九八六（昭和六一）年一月。一七―二四頁。

*2 ここで、この表の中に掲載されていない明治検定期の「検定外読本」についても触れておく。それは、図版に掲げた『学習院 初学教本』である。この教科書は、一八九三（明治二六）年から一八九四（明治二七）年にかけて刊行されたもので、文部省の検定を受けずに公刊されている。学習院の教育は、文部省の管轄外にあったからであり、当然、文部省の刊行した『検定済教科用図書表』の中にも、この読本の書目は掲載されていない。『学習院 初学教本』一之巻には、明治二六年八月学習院長田中光顕の名前で「本書ヲ名ケテ学習院初学教本トナシ初等学科教科書ニ充ツ」と記載してある。また、「本院教育要領ニヨルニ徳性ノ涵養ハ教育ノ全般ニ関スルモノナレバ本院ハ別ニ修身ノ科ヲ設ケザルナリ随テ其課スル所ノ書モ亦智徳ヲ兼修スルニ足ルベキモノヲ要スル」ので、一般の小学校で使用する読本とは趣旨の異なる特別の読本を作製したのだと述べている。この発言にも見られるように、この読本には「修身教材」「国家教材」が満載されており、一見すると修身の教科書のように見えなくもない。教科書の作成には、一八九〇（明治二三）年十月、教授峯是三郎・丸尾錦作、助教授三宅捨吉・太田保一郎・伊藤永司・高島平三郎等が関わったようだ。所蔵は以下のとおりである。国立教育政策研究所教育図書館一―一二巻、東書文庫一―五、九―一一巻、筑波大学一―一二巻、東京大学一―一二巻、広島大学一・六・一二巻、東洋大学四巻、家蔵二・五・六巻。

*3 『明治以降教育制度発達史』教育史編纂会　龍吟社　一九三八（昭和一三）年―一九三九（昭和一四）年　第三巻　七〇九―七一〇頁。

*4 『千葉県教育百年史・第一巻・通史編（明治）』千葉県教育委員会【復刻版】一九七八（昭和五三）年一一月　六〇五―六〇九頁。

*5 梶山雅史『近代日本教科書史研究――明治検定制度の成立と崩壊』ミネルヴァ書房　一九八八（昭和六三）年二月。
掛本勲夫『明治期教科書政策史研究』皇學館大学出版部　二〇一〇（平成二二）年一二月。
中村紀久二『教科書研究資料文献・第三集の二』芳文閣　一九八六（昭和六一）年一月。

第三部

明治検定前期　初等国語教科書と子ども読み物

第三部　明治検定前期初等国語教科書と子ども読み物　目次

第一章　金港堂の国語教科書戦略

一、国語教科書への金港堂の進出

(1)　教科書出版における金港堂の位置

先行研究の整理

第二部では、文部省の「小学読本」が各地域で翻刻され、また、それぞれに工夫した地域作製の「小学読本」が独自に刊行されたことを見てきた。地域の教科書の作製には、それぞれの地域の教育関係者や文化人が編集に関わると同時に、版本の整版工程や刊本の売り捌きなどの仕事に、地元の有力な書籍商が加わっている。たとえば、滋賀県の『滋賀県管内小学読本』（河野通宏編）には、大津の澤宗治郎と小川義平が、和歌山県の『初学入門』（鳥山啓）には、和歌山の野田大二郎・平井文助らが、また栃木県の『小学読本』（中島操・伊藤有隣編）には、栃木の集英堂が関係していた。このほかの地域の教科書についても、当該地域の書肆などの協力がなければ、刊行そのものが不可能だっただろう。

特別な商業出版物である教科書がどのように作製され、普及したのかという問題は、出版機構の側面からの研究の手助けが不可欠である。というのも「伝達メディア」は、それが誰によって作製され、どのように流通し、またそれが個々人にどのような形で受けとめられて、さらに再発信されたのかといった様々な観点から考察されなくては、その全容が明らかにならないからである。

この点に関しては、明治期の教科書出版の実態をめぐる稲岡勝の研究が、詳細を極めている。稲岡は、教科書出版に関して、具体的に埼玉県の盛化堂・長島為一郎や、山梨県の内藤伝右衛門などの地域書肆を取り上げ、その活動実態を明らかにしている。とりわけ稲岡の、原亮三郎（金港堂）をめぐっての一連の調査と考察は、明治期を通して教科書出版に大きな影響を与えた金港堂に関する総合的な文化研究となっており、出版文化史の上だけではなく、教育史研究の上でも、大きな示唆を与えるものとなっている。[*1]

そこでここでは、明治二十年代までの教科書の出版状況を整理した稲岡の発言を、以下にそのまま引用してみたい。

①学制頒布から始まる近代教育は教場における一斉授業に特色がある。これは教科書を必須のものにしたが、使用にたえる教科書類は少なかった。文部省は急拠各種の教科書を編纂、また独自の製本所を設置して印刷製本及び発売もした。しかし全国の需要を満たすには到底

足らず、その翻刻を許可することによって普及をはかった。

②明治六年末、全国からの翻刻請求部数は三百万余にのぼった。この驚異的な部数がそのまま出版された実数とするならば、当時既にそれだけの印刷製本能力があったことを意味する。これは単に三都をはじめとする都会の書肆の力だけではなく、往来物等を出版して成長していた地方書肆の力量にも依るところが大きいと思われる。

③この文部省蔵版教科書の翻刻ブームは、都会において新たな出版者の出現を可能にした。彼等の多くは士族出身の知識人で、師範出の教育家、学事担当者、漢学者、印刷業者など新時代の旗手である。

④この時代の出版は今日では考えられない程小規模であった。その中にあって教科書だけは発行点数のみならず、その部数でも突出した数量を示した。この事実は出版の総体における教科書出版の比重が一層大きいことを意味する。また出版者の活動も今日的意味での出版活動を行う条件にはなかった。従って成功した出版者の多くは官公庁の御用書肆であり、或いは教科書の出版を専らにする教科書肆であった。

⑤右に述べた出版状況を考えると、当時の書籍商の取引、扱い高に占める教科書のウエイトは当然に大きく、これがテコになって有力書肆の成長、また全国的販売網の整備——この実証は今後の課題であるが——が進展し、来るべき二十年代の飛躍を準備した。これは例えば、明治二十年暮に成立した東京書籍商組合の頭取、副頭取、理事の要職を何故教科書出版者が独占したかのよい説明になる。書籍出版営業者への融資を目的とする東京割引銀行の創立に際し、その資本金出資者の過半数が教科書肆であった事実は、一層明白に上述の事情を裏付けるものである。[*2]

稲岡の整理からは、教科書出版が、日本の近代出版文化を大きく牽引した主力産業の一つであったことが確認できる。いうまでもなくその商業的な発展は、近代工業生産に関するインフラ整備の状況と密接に関わっている。教科書の印刷形態を木版から活版へと、また製本形態を和本から洋本へと、さらには使用紙を和紙から洋紙へと転換していくためには、近代工業生産様式が整っていなければならない。あるいは、全国的な鉄道網・道路網がある程度整備されていなければ、大都市で生産した工業製品としての「教科書」を全国各地に配送することはできない。さらには、教科書の編集に専念する多くの執筆者や編集者を抱えて充実した編集体制を維持し、最新の情報を効果的に誌面に盛り込むためには、大都市に編集拠点を置いて、常に情報収集につとめるための体制が必要になる。

こうして教科書の編集と出版は、文部省が作った書物をそのまま翻刻したり、それをもとに各地域で自主的に作製するような手工業的な段階から、近代的な会社組織の中で、「商品」としての書物を、組織的・計画的に製造・販売する、工業製品の作製の段階へと展開していく。その道筋を先頭を切って切り開き、明治の教科書出版の最大手として、大きな足跡を残した書肆が金港堂なのである。稲岡の研究は、以上のような出版文化史上の金港堂の位置を明らかにしている。

また金港堂の教科書の出版点数やその内容を見るならば、ほかならぬ国語教科書の史的展開においても、きわめて大きな位置を占めていることは明白である。そこで稲岡の研究に導かれつつ、以下、明治中期までの金港堂の国語読本の内容の変遷をめぐって、いくつかの点から検討してみたい。

初期の金港堂の国語教科書

金港堂の創業者は、原亮三郎である。彼は、一八四八（嘉永元）年、美濃の国に生まれた。名古屋でフランス語を学び、東京に遊学して漢籍を学び、一八七二（明治五）年、二五歳の時に、神奈川県の官吏になる。一八七四（明治七）年には、横浜四小区戸長及び学区取締に転職する。翌明治八年、横浜市弁天通に金港堂という名前の書肆を開き、小学校用書籍出版売捌に従事した。続いて金港堂は、一八七六（明治九）年七月に、日本橋橋本町三丁目一七番地に移転する。そこでさっそく、川井景一編『改正小学読本要解』を八月に刊行し、翌年の五月には、三瀬貞幹編『小学読本字引』巻五・六を出している。いずれも、「小学読本」の字引で、前者は田中本用、後者は田中私刊本用の辞書である。*3

『修身説約』木戸麟

都心に出店した新興書肆である金港堂が、その財政基盤を大きく伸張させたきっかけは、群馬県との結びつきだった。金港堂は、明治一〇年に群馬県の小学校書籍出版の許可を得たらしい。群馬県では、明治一〇年一〇月に『修身説約』という書名の修身教科書の自主的な編纂が始まっていた。この本は、群馬県令の楫取素彦（かとりもとひこ）が主導して、学務員だった木戸麟が執筆作業にあたり、明治一一年一二月には、全一〇巻が納本、配布された。内容は、和漢洋の修身談で構成されており、徳目としては「孝」に関する話題が多くを占めている。『修身説約』の刊行は、それが時代の要請に合致していたこともあって、大いに迎えられ、全国的に販路を広げた。この本を製本し発行したのが、金港堂だったのである。また、『修身説約』に付随する書物として、同じ木戸麟の編集した教科書用の辞書である『修身説約読例』が、翌年一月に、またその指導書である『修身説約問答方』も、翌々年明治一三年二月に刊行されたが、それらもすべて、金港堂の出版である。*4

さらに木戸麟は、この『修身説約』をもとに、やはり「修身」の教科書である『小学修身書』全一二冊を編纂する。こちらは明治一四年の「小学校教則綱領」に対応させて、初等科三年・中等科三年の六年間に、前後期それぞれ二冊ずつ使用するように作られていた。内容は『修身説約』と同様に和漢洋の修身談を収めているが、『修身説約』よりもさらに発達段階に注意を払った編集方針が取られている。それを具体的にいうと、初等科で大きな字体を採用したり、漢字の使用に留意して編集されていたのである。また、全教材が徳目毎に整理されており、それぞれの例話がどういう徳目を教えるための材料なのかが、すぐに分かるようになっている。こうした行き届いた配慮があったので、『小学修身書』は、従来の修身書に比べてきわめて教えやすい教科書だと受け止められ、教育現場から大きな支持があった。

『修身説約』と『小学修身書』の版権は、明治一四年九月五日に金港堂に譲渡される。この『小学修身書』も『修身節約』と並んで、全国にわたって爆発的に売れたようだ。稲岡勝は、明治一六年一〇月一三日の『時事新報』に掲載された金港堂の広告に「木戸氏編纂ノ修身説約小学修身書等ヲ出版シ府県ノ学校之ヲ教科書トナシ弊店ニ於テ既ニ数百万部ヲ発売セリ」という文言があることを紹介して、「広告の文面を額面通りに受け取る必要はないが、一面の真理を語っていることは確かである」と述べている。また稲岡は、『小学修身書』に偽版が出るほど流通したことや、この機会に金港堂が各地方に製本所を設けるなど、全国展開への戦略を整えていったことを記している。金港堂は、時代の要求に適合した『修身節約』や『小学修身書』の商品的価値をいち早く見抜き、それを自社の全国販売網の確立とリンクさせながら、販路を拡大していったのである。

『小学修身書』木戸麟

このことは、文部省などが官版の教科書を作製し、それを地方に翻刻させたのとは別の教科書普及ルートが新たに開拓されたことを意味していた。それまでの地域による国語教科書の作製は、いわば官版教科書を各地域に合わせて使いやすくするための、補修的な作業に近いものであった。第二部第四章で検討したように、地域で独自に国語教科書を作製した栃木県の例でも、内容的には、官版の「小学読本」を念頭に置きながら、それを改編し、また新しく出た官版の「小学指教図」を取り込んで編集作業を展開していた。したがって、全巻にわたって整合的な統一感を持ち、独自の編集姿勢が明確に打ち出された民間の読本は、それまでに存在しなかった。加えて、地域読本の使用状況も地域内部にとどまっており、県域を大きく越えて全国的に使用されるという事態は観察されない。

ところが、この『修身説約』や『小学修身書』の場合には、当時、官版の適当な「修身」用教科書が存在していなかったことも幸いしてか、全国的な販路が開けたのだった。金港堂の主人である原亮三郎は、教育現場の要望にそった、教員たちにとって使いやすい、また全体的に一貫性のある教科書を作製すれば、それが官版の教科書よりも支持されて、商品として大きな成功をみることを身を以て体験したのである。この経験を梃子にして、金港堂の教科書戦略は、さらに進展していく。

すなわち、金港堂は、修身だけはなく、様々な編者を動員して、幾種類かの「小学読本」を刊行していったのである。そこで、一八八七（明治二〇）年までに、金港堂から出された国語教科書を一覧にして次に示す。後述するが、どの教科書も、それぞれに特色を持ったできあがりである。ここからは、金港堂が次から次へと多彩な国語教科書を企画・制作し、それらを互いに競合させるかのように、自社の製品を世に送り出していった様子がうかがえる。

『新撰小学読本』久松義典編集　巻之一—巻三　明治一三年
『小学読本 初等科』原亮策　首・巻一—巻五　明治一六年
『小学読本』日下部三之介　巻一—巻六　明治一七年
『小学読本』中等科　内田嘉一　巻一—巻六　明治一八年
『小学読本』高等科　阿部弘蔵　巻一—巻六　明治一九年
『増訂小学読本』高等科　内田嘉一　巻一—巻八　明治一九年
『日本読本』新保磐次　巻一—巻四—巻六　明治一九年—二〇年
『日本読本初歩』新保磐次　巻一・二　明治二〇年
『幼学読本』西邨貞　初歩・巻一—巻七　明治二〇年

次節では、民間書肆による「小学読本」の作製という点において、その最初期に位置する、久松義典が編集した『新撰小学読本』の内容を検討する。

(2) 久松義典と金港堂

久松義典の経歴

教科書出版事業の地歩を固めつつあった金港堂が最初に作製した『小学読本』は、久松義典が編集した『新撰小学読本』三巻だった。明治一三年二月四日の版権免許で、巻一が同年二月、巻三が同年六月に出版されており、巻一から巻三までが、明治一五年から翌年にかけて再版（再刊本）されている。[*5]

この本が刊行されたのは、「小学校教則綱領」が出される以前である。官版の「小学読本」と異なったコンセプトの民間「小学読本」の企画としては、きわめて早い時期に位置する。とはいえ、全体の構成が三巻本なので、小学校の高学年をも含めた小学校の教育課程全体を覆う教科書にはなっていない。また、現在のところ残された教科書が再刊本までしか確認できないから、必ずしも商業的に成功した教科書ではなかった可能性がある。しかし、基本教科「読書」科の教科書である「小学読本」に目を付け、新しい内容を盛り込んだ商品を率先して販売しようとしたのは、いかにも時代の要求を的確に掴んだ金港堂らしい戦略である。その金港堂が編者として選んだのが、久松義典だった。

久松義典は、一八五六（安政三）年、桑名藩の家老の家に生まれた。東京に転籍し、桑名藩の助教をつとめたが、大阪に出て小学校の教頭職の傍ら、英学を修業している。明治八年からは、再び東京で、新聞記者、編集者などを勤め、また、明治九年から一二年五月までは、東京中学校師範学校に在学していたようだ。明治一二年の秋、栃木県師範学校教員（給金三〇円）となる。辞職後、立憲改進党に参加して、民権活動家として活躍。新聞記者としても、『大阪毎朝新聞』『朝野新聞』などをへて、『北海道毎日新聞』の客員でもあった。「狷堂」と号し、弁論家としても高名で、後年は社会主義に傾倒し、一九〇一（明治三四）年、文学同志会から刊行した『社会小説東洋社会党』は、よく知られている。一九〇五（明治三八）年、五一才で没。

こうした多彩な経歴を持つ久松義典が、金港堂出版の『新撰小学読本』に関係したのは、彼の栃木県師範学校教員時代である。前述したように、久松は、一八七九（明治一二）年一一月に栃木県師範学校教員になり、一八八一（明治一四）年一二月二四日には、校長心得を兼務している。次いで一八八二（明治一五）年四月一九日には、県の「御用掛」を命ぜられるので、栃木県師範学校に勤務していたのは、三年半ほどだったことになる。同年七月、栃木県を後にして上京、立憲改進党に入党する。[*6]

金港堂が出版人となった久松義典の『新撰小学読本』が、版権免許を取得して、その「巻一」が刊行されたのは、明治一三年二月だった。久松が栃木県師範学校に奉職してから、わずか三ヶ月後のことである。教科書内容の取材や清書、また版木への彫刻や版行の時間などを考えると、栃木県師範学校に勤務する以前から、『新撰小学読本』の構想を温め、実際の執筆活動に取りかかっていた可能性が高い。

同年明治一三年一〇月には、久松義典の編集で、これも小学校の教科書である『万国史略』四冊が刊行されている。こちらは、栃木の書肆集英堂が刊行元である。続いて久松は、明治一四年七月にアメリカのジェームズ・ウィッカーズハムの『スクールエコノミー』の一部を『学校総理論』と題して翻訳しているが、奥付には、この本の発兌書肆として、東京の金港堂と栃木の集英堂が併記されている。これとは別に、久松は、明治一四年一一月に、和漢洋の話材を集めた『啓蒙修身学』全八巻を刊行しており、こちらは東京の山中市兵衛が発兌書林になっている。この時点では、金港堂と地元業者である集英堂とは、協力関係にあったようにも思われる。

だが、第二部第四章においてすでに述べたように、この時、栃木県では、久松と同じ師範学校の教員である中島操・伊藤有隣が編集した『小学読本』作製の仕事が進行中だった。中島・伊藤の『小学読本』の発兌書肆は、いうまでもなく集英堂である。久松が『新撰小学読本』を刊行した明治一三年二月の時点には、林多一郎が口述した『栃木県師範教則小学教授法』も、既に刊行されている。続いてこの本を基礎にした『小学教授書』が同年五月に、また一〇月には、後に中島・伊藤の『小学読本』全七巻の内の第二巻として利用された『小学読本　上』が上梓されていた。どの本の出版人も、栃木県の業者である。さらに、この栃木の地方書肆集英堂は、後に金港堂と同じように東京進出を果たして、国語教科書においては、高橋熊太郎編『普通読本』を有力商品に掲げて、全国展開し、金港堂と強力なライバル関係になっていく。[*7]

こうした事情を考えると、栃木県においては、従来からの師範学校を中心とした勢力である林多一郎やその薫陶を受けた中島操や伊藤有隣らを擁する集英堂と、新しく栃木県師範学校に赴任してきた久松義典を後押しする金港堂とが、微妙な関係にあった可能性も考えられなくはない。そうした事情を頭の隅に置くと、『栃木県教育史』に載せられた金港堂の『新撰小学読本』の売り込みの文章は、きわめて興味深い資料として受け止めることができる。[*8]

御願

一、新選（ママ）小学読本　全三冊

第壱之巻　定価　金八銭

第二之巻　定価　金九銭五厘

第三之巻　定価（無記入・稿者注）

右ハ此際弊店ニ於テ発兌各府県小学教科用ニ御採択相成度志願ニテ即今栃木県学務課ヘモ及出願候処書籍ハ頗ル好良之様見受候得共本県ハ従来教科用書之義ニ付テハ少シク弊習モ有之加之著者久松氏ハ目今当県師範学校ヘ任用之事ニ付当課ニ於テ管下ヘ通達ナト致候テハ却テ書籍ノ善悪代価之廉否ヲ問ハズ一概ニ嫌疑ヲ抱キ其店之為助ニモ不相成ト推考候間直ニ其店ヨリ県下有名之小学校ヘ夫々可申入トノ御諭示モ有之依之右見本トシテ進呈仕候各篤ト御覧之上御愛顧ニヨリ御採用相成候ハ、弊店望外之幸福ニ候此段偏ニ奉冀請候也

明治十三年三月

金港堂　原亮三郎　印

鹿沼小学校　御中

（鹿沼小学校文書による）

『栃木県教育史』には、この文書について、「これは当時教科書出版で最も有名であった東京の金港堂から鹿沼小学校へ読本の見本とともに差し出した採用願書である。日本紙の半紙版罫紙に毛筆でかかれている。」と記されている。稲岡勝は、その論考「金港堂小史――社史のない出版社『史』の試み」の中で、この原亮三郎の文章を紹介した上で、「自由採定時代の売り込みの実態がわかって興味深い。これを見る限りでは、府県の学務課を通して管下の学校に伝達してもらうのが一般的な方法のようで、学校へ直接申入れるのはあくまでも例外のようである。」と、コメントを付している。*9

稲岡の述べるように、県の学務課と地域の教育界とは深く結びついているのが通例だろう。また、教科書の選定業務には、一般的には、「教則」を作成・管理していた各地域の学務課が関わっていたと考えられる。

しかしこの「御願」では、栃木県の場合、県の学務課当局自身がこれまでの教科書の選定方針を「本県ハ従来教科用書之義ニ付テハ少シク弊習モ有之（傍点・稿者）」と考えており、同時にそうした認識を外部の業者である教科書書肆に自ら発信したことになっている。さらには、金港堂の『新撰小学読本』の内容それ自体について「頗ル好良之様見受候」と判断し、品質保証のお墨付きまで与えたかのようにさえ読める。こうした点は、額面通りに受けとめにくい。というのも、そうした情報は、通常、栃木県の学務課の公式見解として表に出すような類のものとは思われないからである。

県定教科書的な位置付にあった中島・伊藤の『小学読本』と、金港堂が持ち込んだ久松義典の『新撰小学読本』とは、当然、競合するはずである。この「御願」は、従来の「弊習」で選ばれるはずの中島・伊藤の『小学読本』に替えて、久松の『新撰小学読本』の採用を訴えることが主眼である。そう考えると、この文書は、新しく企画した教科書の著者である久松義典が栃木県師範学校に職を得たのを幸いに、東京から新たな地方拠点を獲得すべく画策した金港堂が、直接各学校に売り込みの手を伸ばしたレトリックに満ちた「広告（テキスト）」であるようにも解釈できる。

当時の栃木県の教科書販売の実態については不明としか言いようがない。しかし、この文書がそうした想像を掻き立てるのは、いうまでもなく我々が、この後の教科書販売の実態を知っているからである。この文章と同様の趣旨の販売活動は、全国で展開されていた。金港堂は盛んにそうした販売活動を促進して、各地に拠点を新設し、旧来の地域書肆と

結託し、あるいは地域業者を併呑していく。また、各地域の教育界に取り入り、教科書選定のルートを握り、教科書販売網を張り巡らしていく。その結果、金港堂は、最大手として教科書業界に君臨することになったのである。とはいえ、商品としての教科書は、効果的な販売手法を開発するだけでは、市場占有率を伸ばすことはできない。金港堂ばかりではなく、栃木から出発して、やはり明治の教科書販売競争の中で勝ち残っていった集英堂などの有力教科書書肆は、新しい教育の潮流を巧に教科書に取り入れたり、現場の教員たちが使いやすい誌面や構成を工夫をするなど、読本の内容と形態の刷新を積極的に行っていたのである。

とすれば、次には、久松義典の『新撰小学読本』が、教科書の内容面でどのような新機軸を打ち出していたのか、それを見ておく必要がある。

『新撰小学読本』全三巻

久松義典の『新撰小学読本』の内容を、第一巻から見ていく。

第一教材は、「凡そ人の棲む所を地球と謂ふ　地球は大気の間に懸かりたるものにして」と気宇壮大に「地球」の形状から語り始める。この教材のように、この読本には、全三巻を通じて各巻のところどころに、科学的な教材が織り込まれているのが特徴である。ただし、韻文や手紙文などの教材は含まれていない。

先行する田中義廉の『小学読本』にも範を取っており、第六課では田中読本のような五人種の話題ではないものの、「五大州」の題材が取り上げられている。また、続く七課では、「貨幣」を取り上げていて、『小学読本』とかなりよく似た図版を採用している。もっともこの『小学読本』の図版は、本来ウィルソンリーダーにあったアメリカの貨幣の図を、日本の貨幣に置き換えて示したものであるから、久松が原本であるウィルソンリーダーを直接の下敷きにしたのだと考えることもできる。というより実際、この『新撰小学読本』は、幾種類かのアメリカのリーダーから材料を調達していた。

教材一覧表の該当する教材の下に、それぞれのリーダーの巻数と課数を記しておいたが、ウィルソンリーダー、サージェントリーダー、ユニオンリーダー、マックガフィーリーダーなどが使われている。科学的な教材については、その典拠をいちいち明らかにすることはできなかったが、それらは海外の平易な科学書などをもとにしたか、あるいは窮理熱にのって多数翻訳された「窮理書」などに材料を求めたのであろう。

第一巻には、文語文が三七課に分けて掲載されている。どの文章も、ほぼ同じくらいの文章量になっており、一時間一時間の学習時間が考慮されている。これは、教科書作製の配慮としてはきわめて重要な点である。つまり、教師が年間の指導計画を立てやすいような教科書構成を考慮しているのである。

第一巻の内容は、科学、修身、季節など、様々な話題がバランス良く取り上げられている。これも既成の『小学読本』を参考にしたのであろう。多くは、久松が書き下ろした文章のようであるが、外国の読本からは、サージェントリーダーから二編の教材が翻訳されて使われている。このうち、第二四課に訳された「The Boy on Top of the Mast」は、日本では「飛び込め」と題して、戦後の小学校の教科書の教材として知られるようになる。ストーリーは、マストの上に昇ってしまった息子を見つけた父親が、息子が落下して甲板に叩きつけられるのを防ぐため、海に飛び込めと命令してその命を救う、という内容である。教材文には、船長である

『新撰小学読本』一　久松義典　明治一三年二月四日版権免許　二月出版　定価八銭　菱潭　書

1	凡そ人の棲む所を地球と謂ふ　地球は大気の間に懸かりたるものにして　其形は橙子の如し……
2	天地の間に生育するものは　その種類多けれども　人を以て万物の霊なりとす○其禽獣に……
3	手習、読書、算術の三科は　甲乙なく一般に練熟すへし○手習せざれは　手紙を書き帳面を……
4	日用の著もの、食物、其他器具、等の名は　幼き時に能くこれを記憶し　又その用ゐ方も……
5	平生の行儀を正しくし　言葉を丁寧にして　敬礼を失ふことなかれ○学校に出でゝは　先つ……
6	世界の土地ハ広けれども　先つこれを五つに分ちたり○亜細亜州、阿非利加州、欧羅巴州……
7	貨幣は世間に通用して　品物を売買するに用うるものなり○現今に行はるゝものは　その類……
8	物を計るには　種々の名目あるものなり○先つ尺度の名は十毛を一厘と云ひ　十厘を一分……
9	時計は毎日の時間を知るものなり○其大なる物は木を以て其機関を囲み小なる物は金銀を……
10	男児たるものは　常に活発にして　懦弱の風あるべからす○その身体は健康ならんことを……
11	女子たるものは　常に柔和にして　もの操がしき行ある可からず○然れども遜順に過ぎて……
12	此書物は新しき小学読本なり　汝は此書物を読み得るや若し読み得たらは其事を説き明かす……
13	茲所は学校の教場にして　四人の童女三人の男児は皆教授を受くるなり○教師は鞭を執りて……
14	茲に親子両人の画図あり　親は其子に礼儀を知らしめんため　自ら腰を屈めて帽子を脱ぎ……
15	凡そ小児たるものは　家にありて父母に事へ　学校に出でゝ教師に事へ内と外との務を怠る……
16	太陽は既に昇りたり汝は早く起き出すべし○凡そ太陽の昇りたる後まで朝寝を為すものは……
17	汝は小舟に乗りたる人を見たりや　其人は何を以てこれを動かしたりや彼は手に撓を持て……
18	小鳥は能く囀るものなり　汝は小鳥の囀る声を聞きたりや○天気好く風の静かなるときに……
19	此犬は頸に環を附けたり　其柔和なる姿を見れは悪き犬に非ざることを知るべし○小犬は……
20	凡て母は能く赤児を愛するものなり　赤児の顔は円くして且つ美なり○其頭には柔かなる髪……
21	この図は人の顔なり　則ハち耳眼鼻口あり○耳は聞き目ハ見鼻ハ齅き口ハ言ふなど各主る所……
22	凡そ他人の物は決して取る可らす　仮令ひ玩ひ物たりとも借りて返さぬ事ある莫れ○茲に……
23	或る母は其小児を諭して小刀を執ること勿れと告げたりしが……　(S1-45　原文無題)
24	茲に一人の小児ありて　其父は船将なりしが　或る時父……　(S2-49 The Boy on Top of the Mast)
25	海上にて暴風の起るときには　船多く覆かへるものなり○今此図は破船の景状にして　人々……
26	春が来れば野も山も新しき霞の色を帯びて　其景色甚だ美麗なり○冬の寒さにて凋みたる……
27	夏の日は最も永くして　気候はきわめて暑し○草木の花は皆開きて葉も能く茂れり……
28	秋の気候は冷しくて　日は短く夜は長し○草木の葉も枯れて地に落ちたれども　果物は能く……
29	冬の時候となれは　北風強くして天気日に寒し○草木の葉も花もみな落ちて山野の景色も……
30	四人の小児あり　二人は座して二人は立てり○一人の老人ありて善き話をし　四人の小児を……
31	今は何時なりや正に一二時なり　然れば已に正午なり○汝等ハ庭上に出でゝ面を太陽に……
32	かの虫は蜻蜓なりや蝶なりや○若し汝が手を以て之を捕へんと欲すれば　真に飛び去るべし……
33	雨は雲より降り来るものなり○今黒雲空に起るを見よ　其雲の広がることは実に速にして……
34	或る童女其友人の死したるを聞いて　甚だ之を哀しみ涙を流して之を傷みたり○前日童女と……
35	太陽は東の空より昇りたり　今日は必好き天気なる可し○雞は塒より出でゝ鳴き　小鳥は……
36	今は日中なれば暑さも殊に甚し○人々みな暫く業を休みたれば　野外に耕作する農夫なく……
37	日は稍く暮れんとすれば　農夫は牛を牽きて野外より来り　雞も塒に入り犬も家に帰りたり……

『新撰小学読本』巻一 14ウ・15オ

『新撰 小学読本』　久松義典　明治一三年二月四日版権免許　同年六月出版

巻二（仮題）漢字平仮名交じり文　定価九銭五厘	
1	大悪は小事から
2	鷲（W1-4-25 The Eagle）
3	月・星・日輪
4	桜・亀
5	小鳥・果実
6	稲刈り
7	良き小児
8	釣りをする小児（W2-2-1 The Fishing Scene）
9	争闘の戒め
10	天神参詣
11	水中の帽子をくわえた犬（U1-58）
12	荷船
13	練兵ごっこ（W2-1-2 Flag and Drum）
14	車を曳く犬（U1-58）
15	かまくらで遊ぶ子ども（S1.2-1-48 The Snow House）【絵】
16	植物・鳥・獣・人
17	死んだ主を守る馬（W3-3-6 Anecdotes of the Horse）
18	菊
19	ガス灯・石炭
20	氷池に落ちた子ども（S1.2-1-71 Breaking Through the Ice）
21	狼
22	牛
23	海・鯨
24	鳥の巣
25	松
26	狐と鶴《イ》
27	一歩ずつ学べ
28	兎（U2-9 The Rabbit）
29	燕を救った娘
30	報恩（S1.2-1-19 Be Civil）【絵】
31	怠けの戒め
32	火事見舞いをする少年
33	地球は球体
34	大椿（『小学読本』5-37）
35	貧女を救う童（S3-10 Remarkable Conduct of a Little Girl）
36	太陽
37	東京深川の孝女
36	太陽

『新撰 小学読本』巻二・三

巻三（仮題）漢字片仮名交じり文　定価一二銭	
1	運動と健康
2	空気（S3-7 Exercise and Fresh Air）
3	犬をいじめた少年が同じことをされ改心（Mc 3-28 The Tricky Boy）
4	学問には読書が必要
5	時刻に遅れた少年
6	大気に関する化学の実験の話
7	旅人と熊《イ》
8	否ということの重要さ（S3-14 On Leaning to Say No）
9	難破船の旅人を助けた少女（S3-29 Grace Darling）
10	植物・光合成
11	地質学
12	伊賀の孝子・留松（『近世孝子伝』）
13	江革巨孝（『蒙求』）
14	虚言はいけない（S3-51 On the Vice of Lying）
14	地文学
15	汽車を救った少年（S3-33 Presence of Mind）
16	勤勉こそが大事
17	人体・生理学
18	肥後の孝女
19	有脊骨動物
20	今日のことを明日に延ばすな
21	信濃の孝子・亀松（『近世孝子伝』）
22	学問には時間が大事
23	天体・恒星

《イ》はイソップ童話　Sは*Sargent's Standard Reader*を、Wは*Willson Reader*を、Uは*Sanders' Union Reader*を、Mcは*McGuffey's new eclectic readers*を表す略号である。

【絵】は原典に類似した挿絵

父親の一瞬の判断で危険が回避される緊迫感が溢れている。原文では、息子が軽はずみな行動をしたこと父に謝るという結末になっており、『新撰小学読本』の教材でも、「決して高き処に登る可らず」と教訓で終わってはいるが、読み物としては、読み手の興味関心を強く惹きつける教材である。

また、一七課には、「汝は小舟に乗りたる人を見たりや」と読み手に呼びかける形式の文章があり、英語読本の会話文を意識した「問答」的文体も随所に登場する。しかし、この試みは、これまで検討してきた「小学読本」類と同様に、読本の書き手から学習者へ向かっての呼びかけになっているものの、実際の学習者相互の会話や対話を盛んにするといった意図で作製された教材文ではない。

さらに、一二課のように「茲所は学校の教場にして　四人の童女三人の男児は皆教授を受くるなり○教師は鞭を執りて……」と、文章が直接挿し絵を説明する形式の、図と教材文とが一体化した教材もある。いうまでもなく、これは入門期の英語読本に頻出する教材提示の方法である。その背後には「Object Lesson ＝庶物指教」の考え方がある。

続く、第二巻、第三巻も、基本的には第一巻と同様の構成になっている。第二巻は、第一巻と同じように三七課で構成されているが、第三巻は、その三分の二ほどの二四課になり、各課の文章量にもバラツキがある。内容的に見ると、第一巻と異なるのは、英語読本からの教材が増えていること、また『近世孝子伝』や『蒙求』などの旧来の教育書類からも、材料を調達していることである。第二巻三四課には、「大椿」のエピソードがあるが、これはおそらく榊原芳野等の『小学読本』から持ち込んだのであろう。もっとも、『小学読本』の第四・五巻には、多くの史話が登載されていたが、この『新撰小学読本』には、歴史に関する教材はない。

全体的に見ると、久松義典の『新撰小学読本』は、科学的な内容と修身的な内容とによって構成されている。第一巻は、できるだけ子どもの生活に近い教材を並べ、巻が進むにしたがって、様々な材料を配置している。材料の配置の原則は見えにくく雑編的ではあるものの、物語仕立てになっている修身教材の中には、ストーリーとして読者に訴えかける力を持っているものも多い。このうち、巻二の一七課のウィルソンリーダーから採用した「死んだ主を守る馬」の話や、サージェントリーダーから採用した巻三の一六課「汽車を救った少年」の話は、読み物としても面白い。とりわけ後者の「汽車を救った少年」の話は、これ以降、修身の教科書や、少年読み物の中にも採用されて、一般にもかなり広まっていく話材である。（この題材については、第四部第一章で高橋熊太郎の『普通読本』を検討する際に再び取り上げる。）

久松義典の教科書は、それほどオリジナリティがあるわけではないが、田中義廉の『小学読本』と榊原芳野等の『小学読本』などを下敷きにしながら、学習者が読むための材料を多方面から集めた「読みもの集」としては、比較的よくできていた。外国読本から多くの材料を吸収しているという点では、どちらかと言えば「欧化的」な教科書であると判断していいだろう。結局この教科書の意義は、明治一〇年代に、官版の「小学読本」とは別に民間の「小学読本」として、いち早く作製されたところにある。さらにそれが金港堂の「小学読本」作製戦略の基礎になったという点でも、大きな意味があったと考えられる。

二、展開する金港堂の「小学読本」

（1）『小学読本 初等科』

広く支持された『小学読本』

『新撰 小学読本』に続いて金港堂が企画発行した「小学読本」は、明治一六年九月に刊行されている。原亮策の編集で、首巻から始まって、巻一―巻五までの、全六巻構成の教科書である。版権免許は、その前年の明治一五年一二月二五日。

仲新の『近代教科書の成立』には、明治一四年五月に「小学校教則綱領」が出されて以降の、主な初等科の読本が五点挙げられているが、この『小学読本 初等科』はその筆頭に紹介されている。また、「日本教科書大系」には、全六巻の全文が翻刻されている。「日本教科書大系」の「解題」を参照しながら、この本の位置を確認しておこう。[*10]

この読本は、「小学校教則綱領」の「初等科ノ読方ハ伊呂波、五十音、濁音、次清音、仮名ノ単語、短句等ヨリ始メテ仮名交リ文ノ読本ニ入リ兼テ読本中緊要ノ字句ヲ書取ラシメ詳ニ之ヲ理会セシムルコトヲ務ムへシ」という規定に忠実に作られていることが大きな特徴である。『日本教科書大系』の「解題」では、この書が、広く普及したことから、明治一〇年代に考えられていた「初等科のための国語教科書を代表している」と述べられている。

「首巻」には、「以呂波（ひらがな）」「五十音附合字（片仮名）」「濁音（片仮名）」「次清音（片仮名）」「数字」に続き、「単語短句」が、平仮名表記で一七課にわたって示されている。半紙本、一九丁。この巻には、漢字は一切提出されていない。また、本文はすべて、単語分かち書きになっており、句読点は不使用である。それぞれの課は、最初に重要語句が示され、次に本文が出てくるという構成になっている。それぞれの課の内容は、課毎に独立しており、文章量も徐々に増加していく。易から難へと、学習の順序性が考えられているのである。挿し絵も、一〇葉収められている。

ちなみにこの「首巻」の編集方針や内容構成は、直後の明治一七年三月に文部省編輯局から刊行された『読方入門』に酷似している。この官版の教科書も、初等科一年の前期に使用する目的で作られたものであり、

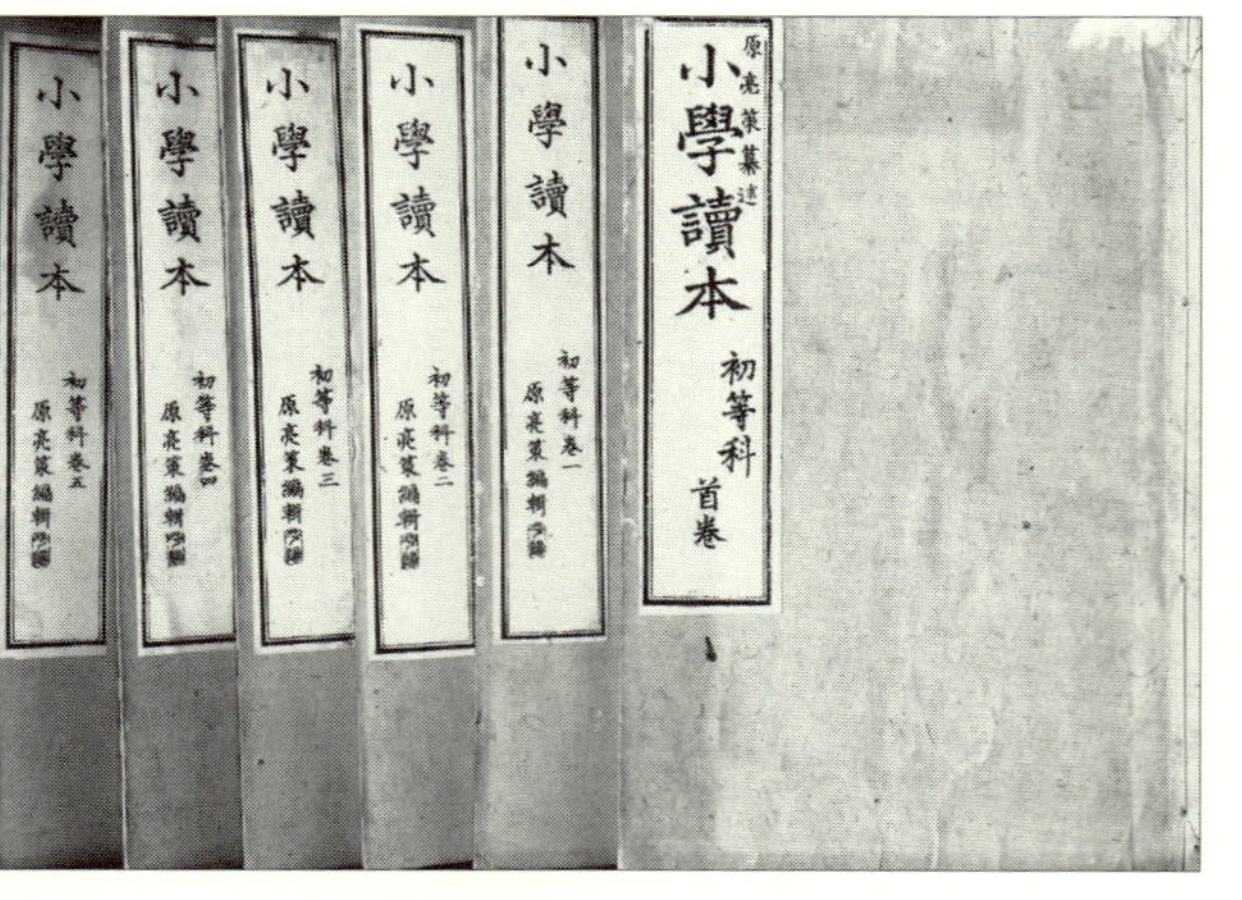

『小学読本 初等科』原亮策　全六巻　明治16年

「平仮名（いろは）」「片仮名（いろは）」「五十音（片仮名）」「濁音（片仮名）」「次清音（片仮名）」「数字」に続き、短句・短文の本文を全一六課に収録してある。おそらく文部省は、「小学校教則綱領」の具体的な内容を『読方入門』の中に教科書として示そうと考えたのだろうが、結果的にその内容は、一足早く民間から刊行された金港堂の『小学読本初等科・首巻』とほとんど同じである。

といって、それはなにも文部省の『読方入門』が、金港堂の『小学読本初等科・首巻』を模倣したということを意味しているわけではない。これまでの入門期の言語教科書の持っていた欠陥を是正し、「小学校教則綱領」の示した方向に即して教科書という形態で具現化するなら、ある意味で『小学読本初等科・首巻』のような形になるのは必然的だったと考えられるからである。その事態を民間書肆である金港堂の側からみるなら、読本に込めようとした文部省の意図を事前に正確に察知し、文部省に先行して、より整備された商品として用意することができた、ということになる。とりわけ、文部省の『読方入門』が一冊だけの刊行だったのに対して、金港堂は、首巻を筆頭に首尾一貫したコンセプトの教科書を六冊同時に刊行している。これは、ひとまとまりのシリーズとしての教科書供給という側面からも見ても、きわめて大きな成果だった。

首巻に続く第一巻の巻頭には、「例言」が掲げられている。これはこの『小学読本初等科』の編集姿勢を示すとともに、教科書使用法に関する実用的な注意書きにもなっている。以下に、それをあげてみる。

一　此編は、小学初等科生徒の為に設けたるものなり、課業の都合によりて、一課を二度又は三度に授くるも妨げなし、こは全く教師の斟酌によるべし、

一　文中の字面は、雅俗を択ばず、日用切近を旨として、易きを先にし、難きを後にす、是生徒学力の深浅をはかりてなり、

一　第一巻より、第三巻まで、単語を毎課の始めに掲げたるものは、生徒をして、先づこれを誦記し、その文の講習にのぞみて、覚り易からしめんが為めなり、

一　単語は、その初出の処にのみ出だして、余は皆これを略す、音義の異なるもの、並びに熟字成語等に至りてハ、既に掲げたる文字といへども、重ねてこれを挙ぐるものあり、

一　第四巻より、生徒のさとりやすき喩へごと、または古人の美談教戒等を掲げて、以て漸く中等科に入るべき地歩をなす、

明治十六年九月　編者誌

簡潔な「例言」であるが、この本を教える教師にとって、おそらくここに書かれてあることだけを承知していれば、読本の教授法に困ることはなかったはずだ。その意味でも、この教科書は教師にとってきわめて使い勝手のよい教科書だとうけとめられ、販売実績を上げたのではないかと考えられる。

さらに、各課の数が各巻でほぼ一定していることも、教師から支持を集めた要因の一つであろう。この読本には、一年生の前期に使用する「首巻」には、入門教材のあとに一七課が用意されているが、一巻から五巻までの各巻には、四〇から五〇の間で課数が用意されている。各巻毎の教材数に大きなバラツキが無く、教師は授業の進行計画を立てやすい。また、首巻から、第三巻までの内容構成は、この金港堂本に続く明治

『小学読本 初等科』 首巻―巻五 原亮策 金港堂 明治一五年一二月二五日版権免許 明治一六年九月出版

首巻

	以呂波
	五十音附合字
	濁音
	次清音
	数字
1	かみとふで ほんとつくゑ……
2	うめのはなやなぎのゑだ……
3	ゐをはこぶありみつをつくる……
4	とりはふたつのつばさにてとび……
5	はなにはさま〴〵のいろあり……
6	まつはみどりにもみぢはあかし……
7	こひふなはかはにすみあさり……
8	ふねはかいにてかくもあり……
9	ひとのすむところはいへうをの……
10	ほんをよみてものをしり……
11	うしのあゆみをおそしといふ……
12	あやふきところにちかよること……
13	ひとのしあはせはみのすこやか……
14	うみはふかくやまはたかし……
15	ふたおやにはうやまひつかふべし……
16	ひとにはいろ〳〵のすぎはひあり……
17	はたらくひとはさいはひあり……

巻一（仮題）

1	教の道	26	沖・船
2	手習い	27	帆影
3	絵と字	28	貝類
4	学問の態度	29	魚
5	天地	30	鳥・猟師
6	東西南北	31	蕾・花
7	夕方	32	木綿
8	朝夕	33	材木・杉
9	昼夜	34	石・瓦
10	春夏秋冬	35	煉瓦
11	虹	36	仕事・勉強
12	水氷雪	37	成就
13	寒暖	38	教師
14	雪雨	39	身体
15	賢き人	40	あわてるな
16	雨風		
17	深く思へ		
18	爪・羽根		
19	独楽・鞠		
20	犬・鶏		
21	猫犬牛馬		
22	山谷		
23	海陸		
24	泉川		
25	雁・鴨		

巻二（仮題）

1	まなぶ	26	籠・猫
2	手と足	27	猫と犬
3	耳眼鼻	28	牛と犬
4	蚕	29	牛馬
5	蜜蜂	30	狐
6	足し算	31	学校
7	引き算	32	小児の務め
8	足し算	33	父母兄弟
9	敵と味方	34	雀の母
10	弓と鉄砲	35	帽子
11	金銀銅	36	衣服
12	洋紙と和紙	37	果物
13	硯と筆	38	種と苗
14	時計	39	葡萄
15	手習い・帳簿	40	松と竹
16	文字・書物	41	桜と梅
17	算術	42	雷
18	行列	43	夕立
19	絵と書	44	夏の日
20	女子と男子	45	雁と燕
21	怠児		
22	修業		
23	生き物		
24	鳥		
25	虫		

巻三（仮題）

1	学ぶ	28	老人
2	李とかご	29	童児
3	蝶と蜻蜓	30	男子・女子
4	蟻	31	福寿草
5	鷲	32	春の野
6	鷺と鵜	33	朝顔
7	熊	34	商人
8	塩	35	下駄・草鞋
9	米	36	傘
10	肉	37	松虫・蟋蟀
11	小舟	38	蝿と蚊
12	帆前船・蒸気船	39	厭われるな
13	材木	40	鼠と猫
14	春	41	水鳥
15	夏	42	魚と獣
16	冬	43	雁
17	風	44	秋
18	刃物	45	努力
19	笛・琴	46	老成
20	鹿	47	正直
21	鶴	48	遊び
22	猿	49	櫓と棹
23	百合・牡丹	50	磁石
24	茅	51	田畑
25	藤	52	鯨
26	水	53	苦楽
27	魚		

点線は、相互に連絡

巻四			
1	亀とうさぎ《イ》	26	袋鼠子を愛す
2	ふくろふ	27	行ひをもて示せ
3	人の一生	28	うたひの三病
4	地球儀	29	心は広かれ
5	いきもの	30	治に居て乱を忘ることなかれ《イ》
6	五大州	31	政子の見識
7	いろはうた	32	象恩をしる
8	文字	33	気を励まして勉むべし
9	国の事をしれ	34	気車を発明す
10	友をえらべ	35	あだに暮すことなかれ
11	学問をせよ	36	欲ふかければ物を失ふ《イ》
12	心を直くせよ	37	泰時弟妹に厚し
13	孔融梨子をゆづる	38	狄仁傑友に代る
14	蝙蝠人を笑ふ	39	行ひを先にせよ
15	芸は志を以て成る	40	力めて耕作すべし
16	光陰を惜しむべし	41	犬恩をしる
17	人を救ふはまこゝろに出づ	42	猿親をいたはる
18	倹約をつとめよ	43	深切は愛をうる基
19	木綿のはじめ	44	絶え間なく心を用ひよ
20	人は万物の霊	45	用なきものは宝に非ず《イ》
21	犬と狐と何れか智ある W2-4-11		
22	道長人をしる		
23	木枕眠りを警む		
24	勉むる者は時を惜しむ		
25	蜘蛛の心がけ		

巻五			
1	鳩ふくろふに教ふ	26	名剣は宝にあらず
2	雁ともを救ふ	27	藤樹母の心を安んず
3	風船	28	蝿のいましめ
4	劉寛忿りの色なし	29	子をおもふ牛
5	ワシントン偽らず	30	世の宝をしめ
6	徳あるものは慎み深し	31	悪しき友に交はること勿れ W1-4-21 The Two Dog
7	水夫の義侠	32	鼠親をたすく
8	しもとの下に母を思ふ	33	みめよきはとるに足らず《イ》
9	難きにたへよ	34	兄弟産をゆづる
10	乞食金を貪らず	35	小鳥の至言《イ》
11	虚言実をあやまる《イ》	36	亀小児を救ふ
12	身のほどをしれ	37	正行父の志しをつぐ
13	八助兄を思ふ	38	高慢なれば恥ぢ多し S-2-57 The Boy who Boasted
14	身をすてゝ子を助く	39	おのが力をはかれ
15	音を学ぶ鶯	40	貪らぬを宝とす
16	孫敬学をつとむ	41	志あれば事遂に成る
17	昆陽いもを種う	42	楊震金をうけず
18	童子の慈善	43	私を以て公をまげず
19	身をくだきて主を助く	44	蟻恩を報ず《イ》
20	親の心にたかはず	45	農夫の遺訓《イ》
21	小童学資を助く	46	徳あれば人服す
22	公助父をおもふ		
23	晏子の倹約		
24	思慮は深きを貴ぶ		
25	善きを用ひ悪しきを遠ざけよ		

《イ》はイソップ童話　Sは*Sargent's Standard Reader*を、Wは*Willson Reader*を表す略号である。

一七年に刊行された若林虎三郎の『小学読本』の誌面構成と同様、各課の始めに本文に含まれる単語を提示し、それから本文の学習に入っていくという構成になっている。第二部第一章で福沢諭吉の『文字之教』を検討した際に、そうした構成を福沢がアメリカの読本から学んだ可能性があると指摘しておいたが、この金港堂の『小学読本初等科』は、それを全巻に及ぼしている。

『小学読本初等科』金港堂　巻三

たとえば、図版では、第三巻第二課を示した。ここには、本文に先立って「李。外。影。左。右。照。」の六つの単語が置かれている。教師は、この漢字で書かれた単語を、生徒に示し、声に出して読ませて、記憶させる。次いで、本文を読む学習に移るのである。首巻には、漢字が提出されていないので、単語提示は平仮名である、教材構成の原則は第三巻までと同じである。巻が進むにつれて、語彙が難しくなり、複雑な漢字も出てくるが、教授の方法は変える必要はない。つまり教師は、『小学読本初等科』の指導にあたって、すべてこのワンパターンで教授活動を進行させることができるのである

さらに全体的に、これまでの読本類に比べて、文章が格段に平易になっていることも特徴である。『日本教科書大系』の「解題」では、「全巻を通じて、文章はすべて文語文を用いてはいるが、従前の教科書に比べ、表現、内容について、児童の発達段階と国語学習の発展とを考えて教材を配置してあることは明らかである」としており、「首巻より巻五になるに従って、文字の大きさや分量も考えて次第に程度を高めている」点についても、高い評価を与えている。

つまり、この『小学読本初等科』は、全六巻の構成の仕方や、発達段階を考慮して教えやすく作られている点で、初等教育の言語教科用の図書としては、長足の進歩を遂げているのである。子どもたちに必要とされたリテラシー獲得のための言語カリキュラム（教育課程）は、発達にそった段階的な国語教科書が用意されることで、その内実を形成しつつあった。それは、学校教育制度が徐々に整い、小学校の就学率がようやく五割を超えたという現状を踏まえていた。同年齢の多くの子どもたちが小学校へ通学することが常態になり、近代カリキュラムにのっとって教授

活動をする教員が増加するにつれ、誰にでも教えられる均質で整合性のある教科書が求められるようになってきていたのである。

とはいえ、巻一から巻三まで動植物や修身に関する短文が収録されているが、単語（漢字）提出のために編者が無理矢理作成したように見える文章も多い。たとえばこれも、先ほどの第三巻第二課の本文を見ると、「こゝに李を入れたる籠あり その枝 かごの外に さしいでたり 影の 左に写れるは 日の光の 右より照らすによるなり」となっている。挿し絵が付いているので、確かに本文が指し示している状況は理解できる。しかし、文章内容そのものから学習者が取得すべき新しい情報は、ほとんどないに等しい。続く第三巻第三課には、「此。蝶。蜻蜓。忽。去。羽。」の単語が提示してあり、次のような本文である。「此に 蝶と 蜻蜓とあり 手にて とらへんとせば 忽ちとび去るべし ふたつのもの 羽あれども とりにあらず 蝶は はなはだ たぐひおほきものなり」。これも、身近な生き物を題材として取り上げていることは評価できるが、内容はきわめて陳腐である。この読本の一―三巻までは、ほとんどがこうした無内容とも言える文章によって、埋め尽くされている。

おそらくこの本が直接モデルにしたのは、全体構成などを勘案すると、榊原芳野等の『小学読本』だろうと考えられる。榊原芳野・那珂通高・稲垣千穎が作成した『小学読本』にも、巻一から巻三までは、事物の説明の文章が列挙されていた。筆者は、本書の第二部第三章で、それを「知識伝達型の百科語彙集に類似している」と述べておいた。しかし、この『小学読本』の説明の文章は、幼少の子どもにとって、難しすぎた。またそこには、かなり難解な漢字も頻出する。そこで、金港堂本の『小学読本初等科』は、『小学読本』を念頭に置きつつ、易しい漢字を使い、文章内容を平易にして、子どもたちに身近な事物に題材を採り、教材文を編成したのだと思われる。その結果は、『日本教科書大系』の「解説」が高い評価を与えているように、学習者としての子どもを意識した教科書の作製という点で、大きな意味があったことは間違いない。

だが、榊原芳野等の作製した『小学読本』の教材文には、百科事典的ではあったものの、万般の事物に関する高度な知識情報が含まれていた。難解な『小学読本』を学ぶことで、子どもたちは該博な大人の知識世界に触れて、ある程度の「物知り」になることはできたのである。ところが、金港堂本の『小学読本初等科』は、平易な文章内容を目ざしたために、子どもにとっても常識的に思えるような事実を文章で確かめる、という教材文が多い。その分、学習者は、情報内容それ自体に目を開くという経験は少なくなる。そこでなされる文章読解活動は、未知の世界に触れることではなく、平凡な事実を文章によって確認するというきわめて単調な作業になりかねない。とすれば、この金港堂の教科書は、文章形式の「大衆化」を図ることはできたものの、学習者としての「子ども」の興味や関心を惹くような文章内容を提示する点では不十分だったと評価することができる。

さらに第四巻からは、「第四巻より、生徒のさとりやすき喩へごと、または古人の美談教誡等を掲げて、以て暫く中等科に入るべき地歩をなす」と、和漢洋のストーリー性のあるエピソードが数多く取り上げられている。したがって第四巻からは、ある程度物語性を味わうことはできたかもしれない。しかし、ほとんどが修身的な内容で占められており、科学的な話題は収録されていない。第四巻の四五課、第五巻の四六課のうち、イソップ寓話が八話あるが、それを含めて、この読本は修身教科書に近い内容である。ただし、巻四、巻五では、各課の文章量をほとんど同じくらいに調整するなど、毎時の学習量を考慮に入れた編集がなされている。この姿勢も、榊原芳野等の『小学読本』と近似している。

教材文作成の姿勢

この教科書には、榊原芳野等の『小学読本』と同様に、外国の教科書からの教材が数編取り上げられている。だが、それらは原典から直接翻訳したのではなく、既刊の「修身書」や「読本」などに取られていた翻訳文をもとにして、書き直した可能性が高い。いくつかの教材は、明らかに『小学読本』からの「転用」である。というより、もとの翻訳文にかなり手を入れているから、単なる「転用」ではなく、『小学読本』をもとにして平易な教材文を作成した、といった方がいい。

たとえば、巻五の第九課「難きにたへよ」は、英国の理学者ヨングが、落馬しても三度も挑戦して成功した話である。もとは、スマイルスの Self-Help の第四編一一に収録されており、中村正直はそれを『西国立志編』で「学士ヤングの格言、ならびにその故事」として訳出していた。しかし金港堂本の教材文は、中村正直の文章に依ったのではなく、『小学読本』巻五の三三の「英吉利の理学家ヨングと云ふものあり……」を簡略化したものである。同様に、巻五の一四課「身をすてゝ子を助く」も、『小学読本』第二二課の「ブラック」という母親の愛情を取り上げた話を借用している。これも、サージェント第二読本の七六課の A Mother's Love が原拠であるが、外国読本を直接の原典としたのではなく、その翻訳である『小学読本』の教材文を下敷きにしている。以下、官版『小学読本』と金港堂の『小学読本 初等科』、それに *Sargent's Standard Second Reader* の教材文を続けて引用してみよう。

『小学読本』巻四　第二二課　那珂通高・稲垣千穎撰　文部省

まゝしきなかは姑とおかんすべて身にかへて子を思ふハ父母の情也

西洋の或国にブラックと云ふ婦人あり吹雪烈しき日に稚子を腋に抱きて他より家に帰らむとせしが凍えて路傍に偃れたり稚子ハ泣き叫びていはむ方なくあはれなれバ母ハ息も絶々なる下より己が衣を脱ぎて稚子に着せ暖めて救ひ得しかども母をバ救ふ者なきに依りて終に死したり嗚呼此母其子を助けむとて着たる衣服を脱ぎて其身を亡ふに至れりこれを見バ人の子たる者父母を思はずバ有る可からず

『小学読本 初等科』巻五　第一四課　身をすてゝ子を助く　金港堂

西洋の或る国に。ブラックといへる婦人あり。吹雪はげしき日に。をさな子を抱きて。家に帰らんとせしが。凍えて。路の傍に。たふれたり。をさな子。泣きさけびて。せんすべなかりければ。母は。息も絶え〴〵なるに。己が衣をぬぎて。着せつつ。その身は。終によみぢの人となりぬ。身にかへて。子を思ふ。親のなさけは。すべてかくのごとし。人の子たるもの。ふかく思はずばあるべからず。

A Mother's Love.

1. What will not a good mother do for her child? In the winter of 1822, a man was riding over one of the green hills of Vermont, when he saw what seemed to be the form of a woman in the snow.

2. He drew near, and found a female with a small child in her arms. The

child looked up in his face and smiled; but the woman's body was lifeless. She had perished with the cold.
3. Seeing that either she or her child must die with cold, this woman had taken off her shawl and wrapped it around her little one, and given her last warmth to save him.
4. There are many, many mothers, who would do quite as much for their children's sake. What love and gratitude ought every child to feel towards a parent so devoted! It is a memorable fact in the lives of almost all the great men of history, that they loved their mothers.

榊原等の『小学読本』の原拠がサージェント第二読本であることは、『小学読本』の挿絵と、サージェント読本のそれとがまったく同一であることによっても判断できる。サージェント読本の英文は、事件の場所や年代も特定されており、発見者が近付いたときには、すでに母親は息絶えていたという設定になっている。それを『小学読本』では、或国のブラックという婦人の話として翻訳（翻案）した。さらに、金港堂の『小学読本 初等科』が、この官版『小学読本』の教材文をもとにして「身をすてゝ子を助く」を作成したことは、一目瞭然であろう。おそらく金港堂本は、外国種の教材文だけではなく、官版の『小学読本』などのいくつかの既刊の教材文を下敷きにして、ほとんどの教材の文章を、この調子で作成したのだと考えられる。

つまり、同じ金港堂による久松義典の『新撰 小学読本』を含めて、それまでの「小学読本」類が、英文からの翻訳文、あるいは漢籍や和書などを直接のリソースとして様々な文章を集成して一書として編集することに苦心していたのに対し、金港堂本は、もっぱら収録する文章量や文体、漢字の使用などの言語形式の簡易化とその整備に力を尽くして、発達段階を意識した「言語教材用の文章」の作成に専念したのである。そこには、外国語の原典に直接当たって正確な訳文を提供する意図はない。既成の翻訳文を二次使用したばかりではなく、それを書き換えることも意に介さなかった。だからこそ比較的均一な構成の文章群を大量に収録した読本を作製することが可能だったのである。

また、この教科書の内容には、平俗な修身に関する言説は随所にみられるが、衒学的な表現や高尚な知識を開陳するような部分はない。したがって、金港堂の『小学読本 初等科』を好意的に評価するなら、きわめてよく現実の子どもの学習実態に対応させた平易で親しみやすい著作物であったと言うことができるだろう。しかし別の立場からは、既存の読本等の文章を利用して、それを簡易化し、切り貼りしただけのお手軽な教科書作りであり、教科書編成の思想としても安直で、翻訳教科書における先人の努力を借用しただけだ、と批判することも可能であろう。

もしそうした批判があるとすれば、それはこの本の編纂（纂述）者が、原亮策となっていたことと、密接な関係があると思われる。原亮策は、金港堂社主原亮三郎の長男である。彼は、一八六九（明治二）年の生まれだから、この教科書が版権免許を受けた明治一五年には、まだ一三か一四歳の年齢である。実際に本人がこの『小学読本 初等科』を纂述したのかどうかに関しては、大いに疑問があると言わざるを得ない。おそらくゴーストライターがいたのだろう。その人物は、英語の原典に直接あたって、それを正確に翻訳することに腐心することよりも、平易な日本語を提供することに力点をおくような姿勢を持った人物だったと思われる。つまり、自身の漢籍の素養や洋学の能力を文章上に披瀝するような書き手ではなく、子ども向きに易しく和らげたテキスト作りに専心できる、ある意味での職人である。「読本」は、個人のオリジナルな著作物ではないと割り切るなら、そうした無名の書き手による普通の文章の作成能力こそが求められる。とするなら、編纂者名は社主の息子でも誰でも良かったのである。[*11]

一方、この教科書は、挿し絵や教材文の文字（書）に関しては、力量のある人物に担当させている。挿し絵画家は、松本楓湖である。楓湖は、明治天皇の勅令を受けた侍講元田永孚が編纂し、一八八二（明治一五）年一二月に宮内省が全国の学校に頒布した勅撰の修身教科書である『幼学綱要』の挿し絵を担当した。楓湖の名前は、この『幼学綱要』の画業によって広く世間に知られるようになり、後には、菊池容斎の衣鉢を継いで歴史画の重鎮として画壇に君臨する。つまり、金港堂は売り出し中の有望な新進画家に、読本の挿し絵を任せたのである。また、文字（書）は、習字の教科書の文字で定評のあった巻（深沢）菱潭が全編にわたって担当しており、これも実績のある能筆家を使っている。商品としての教科書は、文章内容の充実だけではなく、どのような体裁で刊行するのかが、きわめて大きな戦略の一つになる。金港堂は、この点においても、周到な準備を怠らなかった。

もっとも、子ども読み物の展開という観点からは、この教科書にはある程度の長さのひとまとまりの文章が収められていないことを指摘しておかなければならない。つまり、この本には、いくつかの課にわたる長めの読み物が一切無いのである。また、韻文もない。したがって、そこに載せられた教材文には、子ども読者が読むことの面白さに引き込まれてしまうような文章は用意されていなかった。言うならば、『小学読本初等科』は、日常の用足し言語を学ぶための、ドリルブックのような切れ切れの文章が多量に集められた読本だったのである。

だが、教材内容は薄かったとしても、日常的な様々な事象が取りあげられた、平易な文章による取り扱いやすい教科書が登場したことは、国語教科書史の上からみても、エポックメイキングなできごとだった。また、それが広く受け入れられたと言うことは、出版社の立場からみても、小学校の「読本」は、なによりもそれを使用する多くの普通の教師たちにとって使い勝手の良いものであることが重要なセールスポイントになることを、あらためて確認するきっかけになっただろうと思われる。

（2）若林虎三郎の『小学読本』

『改正教授術』の精神の具現化

一方、こうしたいわば金港堂の「大衆迎合路線」とでもいうべき読本に対して、新しい教育理念を明確に前面に出して教科書作りを試みたのが若林虎三郎の『小学読本』である。この本の刊行に関わった出版社は金港堂ではないが、金港堂本と対極的な位置にあった読本として、本節において、この教科書を取り上げる。

若林の教育理念は、その著書である『改正教授術』に明らかである。この著作は、明治初年の注入主義的な教育に対して、学習者主体の教育を唱えたことで、教育史の上でも大きな評価を与えられている。

とりわけ、冒頭の「教授ノ主義」に掲げられた「一、活発ハ児童ノ天性ナリ」から始まり「九、先ヅ総合シ後分解スベシ」で終わる九ヵ条の原則は、開発主義を標榜するメッセージとして広く普及し、開発主義ブームとでもいうべき風潮を教育界にもたらしたことによって、よく知られている。*12

その『改正教授術』の「読方科」の「緒言」には、次のような記述がある。

読方課ハ総ベテ文字的教育ノ基礎、普通学諸課中最緊要ナルモノニシテ教師ノ最重ズベキ所ノモノナリ

該課ヲ教授スル進程モ亦観念ヲ先ニシ表出ヲ後ニスルノ主義ニ従ヒ生徒ノ平生談話シテ熟知スル所ノ事物ヲ書記セル符号即文字ヲ以テ認識セシムルヲ以テ目的トスベシ斯クノ如クスレバ生徒ノ文字ヲ学ブニ当リ唯其形ト音トニヨリテ空記スルノ弊ヲ免レ観念ト文字トヲ結合シテ記憶スルヲ以テ其記憶ハ自ラ牢固ニシテ抜ケ難カルベシ故ニ教師ハ能ク斯ニ注意シ其初歩ハ勿論読本ヲ授クルトキト雖常ニ此意ヲ体シテ教授センコトヲ要ス

つまり、事物やそれぞれの事物についての生活経験と、記号である文字とを結びつけることが「読方課」の最も大事な点であって、単に文字を音読するだけではだめだというのである。そのため「発音ヲ正ス」ことが重要であること、また、読むときに「節(フシ)ヲ付ケ恰モ寺僧ノ経ヲ読ム如キ調」で音読することは厳禁だとする。意味も分からずに、読本に記された文字を音声化するだけでことたれりとする当時の風潮に対する反駁であろう。

この『改正教授術』の考え方を、十二分に活かして作製されたのが、若林虎三郎編の『小学読本』全五巻である。入門期の言語指導は、文部省から示された『読方入門』などを使用し、この読本は一学年の後期から使用することを想定して作られていた。

読本には、各巻の冒頭に「教師須知」が掲げられている。こうした教師向けの注意書きは、たとえば原亮策の金港堂本にも付されていたが、若林の『小学読本』では、各巻ごとに付載されており、単なる注意書きという範囲にとどまらず、各課における指導上の留意点をくわしく示す記事になっている。そうした各巻の「教師須知」の理念編にあたるものとして、別に『改正教授術』という書物が用意される、という構造になっていた。つまり指導用の教授書である『改正教授術』と『小学読本』とがセットになって用意されており、それぞれが相補関係になって、教授活動が進展するという関係になっているのである。

さらに、各課の冒頭には、重要漢字・語句が提出され、各課末には学習指導の手引きを掲げている。これも、英語読本などにはすでになされていた工夫であるが、それを全面的に取り入れた言語教科書は、これまで日本にはなかった。巻末には附録として、漢字一覧表も付されている。これも、教科書を学習のための書物だととらえる考え方の表れである。

読本には、復習課題として、「読者ハ此ノ課ノ画及ビ線ノ処ニ字ヲ入ルベシ」と学習者に呼びかけて、図版で紹介するように単語を図で示し、それを漢字に変換させたり、本文に出てきた「大ニシテ赤シ」を「大ーーー赤シ」のように傍線で示して、もとの文を復元させるような形式の教材

此ノ　ハ大ーーー赤シ

第一

1 子 此の子 子 子 其ノ子 子
2 本 此ノ本 本本 其の本 本
3 見ル 持てり 見る 持テリ 見ル 此ノ子ハ本ヲ見ル……
4 犬 犬 大ナル 小き 大なる 其の小き犬 此ノ大ナル犬
5 大なる犬は此の子を見る 小キ犬ハ大ナル犬ヲ見ル
6 此の子は大なる本を見る 其ノ子ハ小キ本ヲ持テリ
7 小女 花 花 花 小女 此の小女は花を見る 其ノ小女ハ……
8 白キ 黒き 黒キ 白き 黒キ 此の小女は白き花を見る……
9 此ノ子ハ黒キ犬ヲ持テリ 其の小女は小き本を見る
10 魚 皿 魚 中 皿 皿の中に魚あり 此ノ魚ハ皿ノ中ニアリ
11 箱 猫 箱 猫 箱 箱の中に大なる猫あり 此ノ大ナル……
12 水 蛙 水 蛙 水 蛙は水の中にあり 此ノ蛙ハ水ノ中ニアリ
13 上 机 上 机 此ノ小女ハ本ヲ見ル 本は机の上にあり……
14 下 下 此の子は猫を持てり 小キ猫ハ机ノ下ニアリ……
15 欠
16 木 鳥 木 鳥 其の鳥は木の上にあり 此の子はこの下にあり……
17 君 余 君 余 見ルカ 君ハ猫ヲ見ルカ 余は猫を見るなり
18 読む 読ム 読む 君は本を読むか 余ハ本ヲ読ムナリ……
19 筆 筆 筆 君は黒き本を持つか 余ハ黒キ本ヲ持テリ……
20 此のははを持てり（読者ハ此ノ課ノ画ノ処ニ字ヲ入ルベシ）以下ほぼ同じ
21 君は猫を見るか 余は猫を見るなり 此は大なる猫か……
22 君ハ本ヲ読ムカ 余ハ本ヲ読ムナリ 此ハ 黒キ本カ……
23 牛 赤し 此の牛は大なり 其の牛は小し 此の大なる牛は赤し……
24 馬 馬 好ム 好メリ 君ハ馬ヲ好ムカ 余ハ馬ヲ好メリ……
25 木 高し 低し 此の木は高し 其の木は低し 高き木は大なり……
26 豆 石 多シ 少シ 机ノ上ニ豆ト石トアリ 豆ハ多シ……
27 糸 糸 長し 短し 此の小女は糸を持てり 此の糸は長し……
28 此ノハ大――赤シ……
29 山 川 草 山ト川トアリ 山ハ高クシテ川ハ長シ 山ニハ……
30 筆 紙 石盤 紙 君ハ本ヲ持テリ 君ハ筆ヲ持テリ 君ハ本ト筆……
31 此処 車 此処 傍 此処に馬と車とあり 馬と車とは此処にあり……
32 小児 紙鳶 人形 毬 此処ニ小児ト小女トアリ 小児ハ紙鳶ト糸トヲ……
33 飲めり 飲まざる 君は何を見るか 余は牛を見るなり 此の牛は大にして……
34 鼠 逐フ 走ル 此ハ何ナリヤ 此ハ猫ト鼠トナリ 此ノ猫ハ鼠ヲ見ル……
35 引けり 引かず 此の馬は黒くして其の牛は赤し 其の赤き牛は大にして……
36 此處ニトトアリ……
37 乗れり 乗る 此の子は犬に乗れり 其の人は馬に乗れり 此の子は白き犬……
38 食フ 米 米 食フ 猫ハ鼠ヲ食フヤ 猫ハ鼠ヲ食フモノナリ 君ハ猫ノ鼠……
39 何処 坐して 坐せり 其の小児は何処にありや 其の小児は大なる木の下……
40 学校 行キ 行ク 行カントス 此ノ小女ハ本ト石盤トヲ持テリ……
41 太郎 二郎 遊べり 遊ぶ 釣らんとす 太郎と二郎と川に遊べり……
42 飲マントス 捕ヘントス 得ル 此ノ猫ハ水ヲ飲マントス 其の小女ハ猫ヲ……
43 毬 投げんとす 乗らんとす 此の小児は毬を投げんとす 其の小児は犬に……
44 折リ 折ラントス 乗ラントス 此ノ小女ハ花ヲ折ラントス 此ノ小女ハ……
45 乗せて走る 否 然り 此の子は其の犬に乗れり 其の犬ハ此の子を乗せて……
46 手習 算術 学ブ 学べリ 君ハ本ヲ読ミ得ルカ 然リ余ハ本ヲ読ミ得ル……
47 取り 取る 打つ 打たず 此の猫は其の鳥を取り得るか 否、此の猫は……
48 此ノ子ハ白キニレリ……
49 善キ 悪シキ 字 友 善キ小児ハ本ヲ読ム 悪シキ小児ハ石ヲ投グ……
50 旗 甚だ美し 太陽 紋 馬は車を引きて走れり 犬は車を逐ひて走れり……
51 竿 端 星 池ニ至リ 池ニ至ル 太郎ハ小キ舟ヲ持テリ 舟ノ上ニハ長キ……
52 蝶 翅 脚 汁 吸フ 心 口 蝶ニハ二ツノ大ナル翅ト二ツノ小キ翅ト六ツノ……
53 翼 眼 鶯 声 鳥ニハ二ツノ翼ト二ツノ眼ト二ツノ脚ト一ツノ尾トアリ……
54 庭 千種 心 訓 香ふ あそべとまれ。はずゑの蝶々。あそぶもとまるも(韻)
55 空 風 揚れ 登れ 思ふ あがれのぼれ。大紙鳶小紙鳶。あがるものぼるも

余ハ此ノ此ノ課ヲ以テ此ノ本ヲ終ハラントス 余ハ汝等ノ勉強シテ此ノ本ヲ読ミ終フルヲ喜ベリ 然レドモ余ハ汝等ノ徒ニ此ノ本ヲ読ミ終フルヲ喜ブニアラズ 汝等ハ此ノ本ニテ習ヒタルコトヲ能ク覚エ得ズバアルベカラズ 汝等ハ此ノ本ニテ読ミタルコトヲ父母又ハ朋友ニ話シ得ルカ 汝等ハ此ノ本ノ中ニテ何課ヲ最モ好メリヤ之ヲ話スベシ又左ニ記シタル字ヲ読ミテ之ヲ講ズベシ

	第二（仮題）	第三（一三・一四課は仮題）	第四（原本は一〇課が二つある）	第五
1	三郎の読書	音及び訓	冠及ビ沓	文字の構造
2	三郎の習字は行書	海岸ノ遊	師に事ふる道（魏昭・中国）	蛍の話▲
3	二郎の習字は草書	汽船	手紙の書方　含む(手)▲	筆法の初歩▲
4	市郎の習字は楷書	桃花を遺す手紙(手)▲	獅子ノ話	桜樹ニ詩ヲ題ス（児島高徳）
5	半紙と筆	同返事(手)▲	目ある人却て不自由なり（塙保己一）▲	休息及び睡眠の事▲
6	梅の花	蛙の話(対)▲	画法の心得（円山応挙）	海浜ノ話
7	人形	牝鶏ト雛トノ話	謙信ノ話及ビ詩　含む(韻)（漢詩）	馬丁の廉潔（熊沢蕃山・中江藤樹）▲
8	魚釣り	天長節▲	米の記載△	手紙（題名無し）△
9	蛙	扁ノ事(対)	河ノ記載	長吉の話▲
10	逃げる蛙と犬	食物のこと	子に教ふる道（孟母三遷）▲	子ト為リテ孝　臣ト為リテ忠（楠正成・正行）
11	竹と雀	烏の話（イソップ）▲	手紙一例(手)△	重盛の諫言△
12	輪回し	旁ノ事	同返事(手)△	神武天皇の即位▲
13	手鞠	絵を見て単語と文を書く	蟻ノ話	附録「復習課」として既出漢字の整理。部首別・提出順の二分類により、それぞれ音訓と行草・楷書。
14	手鞠歌　含む(韻)	友だちへの手紙と返事(手)▲	松平信綱の話▲	
15	川の浅深	桜ノ記事　歌(韻)（歌部分▲）	櫻井駅決別　含む(韻)△	
16	石盤	桜の諸部の記載	延喜帝の仁恕▲	
17	石盤・続き	小川泰山ノ話	附録「復習課」として既出漢字の整理。部首別・提出順の二分類により、それぞれ音訓と行草楷書。	
18	小女と猫	司馬温公の話		
19	兄妹で登山	森蘭丸ノ話		
20	謎かけ・蝙蝠(対)	附録「復習課」として既出漢字の整理。部首別・提出順の二分類により、それぞれ音訓と行草楷書。		
21	太陽と海　含む(韻)			
22	海棠の花(対)			
23	一月一日			
24	登校する兄弟			
25	炎天で遊ぶ子どもたち			
26	猿回しの猿			
27	操練　含む(韻)			

点線は、相互に連絡　▲は原文が行書体　△は原文が草書体　(韻)は韻文　(手)は手紙文　(対)対話・問答　「含む」は教材文中にそれが含まれているという意

『小学読本』見返し

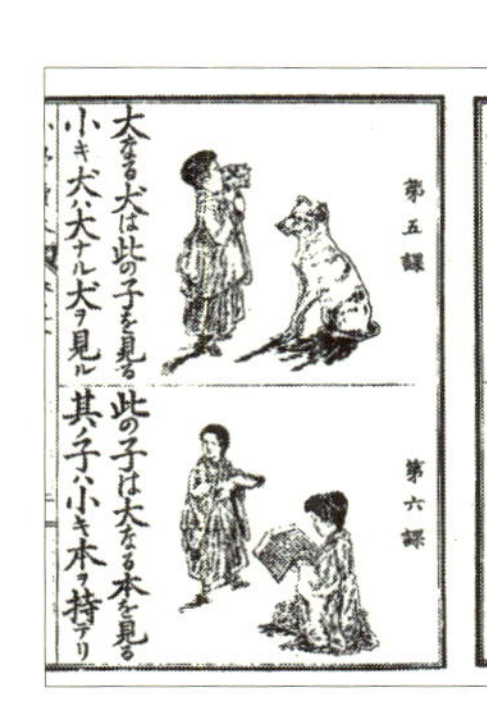

第三課
見ル
持テリ
見る
持てり
此子ハ本ヲ見ル
其の子は本を持てり
第四課
犬
大ナル
小キ
犬
大なる
小き
其の小き犬
此ノ大ナル犬
第五課
大なる犬は此の子を見る
第六課
此の子は大なる本を見る
其ノ子ハ小キ本ヲ持テリ

『小学読本』巻一　第三課―第六課

が随所に出てくる。『改正教授術』の「観念ト文字トヲ結合シテ記憶スル」という主張は、このような形で、具体的に教材化されていたのである。

また、この読本には、全編にわたって、様々な文体の文章が登載されている。散文ばかりではなく、手紙文や韻文なども掲載されている。その書体も、楷書体、行書体、草書体と、目的と用途に応じた様々な書体が使われている。これも、この読本を、現実の言語生活と結びつけようとする配慮であろう。

全体的にこの教科書は、読むための材料を集めただけの「読本」ではなく、言語生活を活性化するための言語教科書という側面が強い。それは、「第一」の巻末の、著者から学習者への呼びかけの中にも、明確に表れている。すなわち、著者の若林は、「第一」の巻を学習し終えた読者に向かって、こう訴えかけているのである。

余ハ此ノ課ヲ以テ此ノ本ヲ終ハラントス　余ハ汝等ノ勉強シテ此ノ本ヲ読ミ終フルヲ喜ベリ然レドモ余ハ汝等ノ徒ニ此ノ本ヲ読ミ終フルヲ喜ブニアラズ　汝等ハ此ノ本ニテ習ヒタルコトヲ能ク覚エ得ズバアルベカラズ　汝等ハ此ノ本ニテ読ミタルコトヲ父母又ハ朋友ニ話シ得ルカ　汝等ハ此ノ本ノ中ニテ何課ヲ最モ好メリヤ之ヲ話スベシ又左ニ記シタル字（巻末の既習漢字一覧を指す・稿者注）ヲ読ミテ之ヲ講ズベシ

ここには、「読本」の文章を音読さえできれば、それだけで読本の学習は十分だ、という教育観はない。むしろ、より積極的に「観念ト文字トヲ結合シテ記憶スル」ために、読んだ内容や自分が好きな教材を「父母又ハ朋友ニ話シ」たり、既習漢字を練習したりして、自らの言語生活へと発展していくような活動が期待されている。つまりこの教科書は、教授内容を収録した単なる教材集ではなくて、子どもたちの言語学習を「開発」する学習書という側面を強く持っていたのである。

取り上げた教材の題材も、子どもたちの日常生活から、歴史、理科、言語など多岐にわたっている。ただ、修身的な教材の内容では、原亮策の『小学読本 初等科』が「孝」を重視したきわめて平俗な話材が多かったのにくらべて、若林の『小学読本』は、巻四・五で「忠」に関する話材（楠正成・児島高徳など）が目立つ。「孝」よりも「忠」を重視する傾向は、教育勅語が出されて以降の「小学読本」や、修身教科書の主流になっていくが、東京師範学校というエリート育成の学校に勤務していたせいか、若林本がそうした傾向に先鞭を付けた読本であったことは、ここで特に取り立てて指摘しておきたい。

若林虎三郎の『小学読本』と、金港堂の原亮策の『小学読本 初等科』とは、どちらも「学習者」を視野に入れて作製されたという点では共通した部分がある。ただその方向は、かなり異なっている。金港堂本は、小学生徒の増加という現実問題に対応すべく、内容の平易化と、指導方法の簡略化といういわば平俗化・大衆化路線を採用した。まだ多くの教員たちは、形式的な反復学習や、知識の注入を教育の柱として考えていたから、実際にそれが多くの支持を得たことは、前述したとおりである。これに対して、若林本を使いこなすには、教師の側に学習者を重視する教育に対する識見と、それを支える高度な教育技術とが要求される。したがって、若林虎三郎の『小学読本』は、金港堂の『小学読本 初等科』ほど広くは使われなかった可能性がある。

実際に若林本がどれほど使われたのかを示す数値的な資料はない。しかし、明治一八年二月に文部省普通学務局から出された「調査済小学校教科書表　第二五号」には、「小学校教科書ニ採用シテ苦シカラサル分」の「読書」科の個所に、若林の『小学読本』の書名がある。「調査済小学校教科書表」は、「各府県の教則に掲げられた教科書の良否を調査して、その採用の適否を各県に通達した書類である。この表に若林本の書名が掲載してあるということは、この本を、地域（府県）の「教則」の中で教科書に指定したところがあったということである。ここから、若林本がどこかの地域で実際に使用されていたことは確認できる。だが、それがどれだけ広範に使用されたのかは不明である。

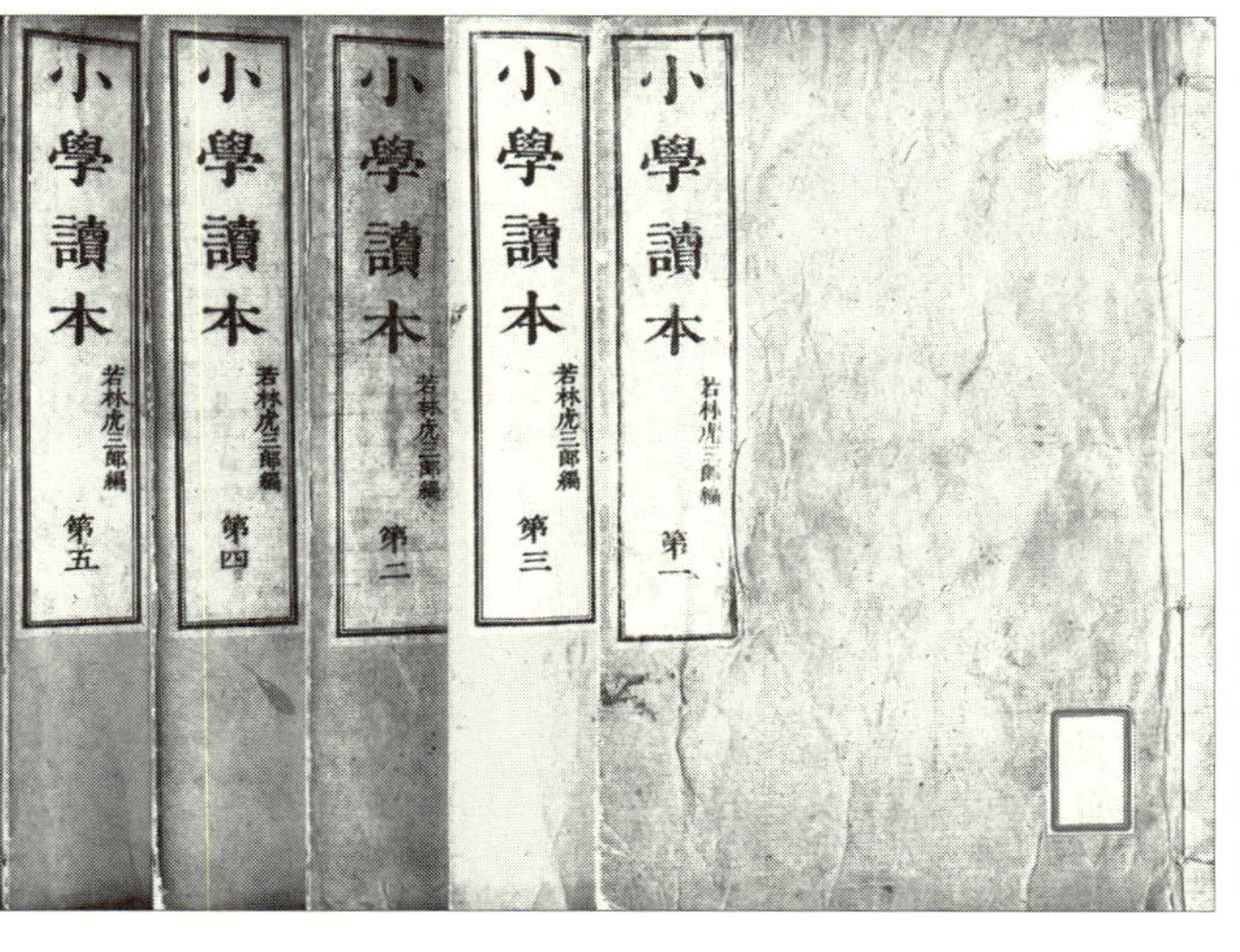

『小学読本』若林虎三郎　明治17年

また、教育理論書として評判になった『改正教授術』が、教育書や教科書を数多く出している大手出版社である普及舎から刊行されたのに対して、若林虎三郎の『小学読本』が、嶋崎礒之烝を出版人としていることもいささか気になる点である。嶋崎礒之烝については調べがついていないが、少なくとも教科書関係の出版に関しては、実績のある書肆ではない。若林虎三郎が『小学読本』を普及社から刊行しなかった事情は不明だが、仮に普及社からこの『小学読本』が刊行されていれば、『改正教授術』の販売ルートと併せて、理論書とそれを具体化した教科書とのセット販売戦略が展開された可能性も考えられなくはない。こうした商業戦略も、大手教科書書肆金港堂の『小学読本 初等科』の場合とは、まったく対蹠的である。[*13]

もっとも、若林虎三郎は、一八八五（明治一八）年六月に、三〇歳の若さで亡くなっている。『小学読本』を刊行してから、わずか一年後のことである。もし存命だったならば、明治一九年五月以降に、四年制になった尋常小学校に合わせて、この教科書も八巻本として再編された可能性があり、そこで新たな普及活動が展開できたかもしれないが、それは叶わなかった。こうしたこともあってか、若林虎三郎の『小学読本』は、教科書研究史上において高い評価は受けているものの、十分に現場に浸透しないままに終わってしまったのではないかと考えられる。[*14]

(3) 日下部三之介の『小学読本』

文部省の検定とその影響

金港堂は、原亮策編の『小学読本 初等科』の成功に続いて、立て続けに、小学校用の「読本」を企画した。それが日下部三之介による『小学読本』で、西邨貞の検（検閲）・大槻文彦の訂（校訂）となっている。奥付には、「明治一七年一一月一三日版権免許」という記載がある。ということは、この読本が刊行されたのは、学校制度と教科書検定の政策が変更されつつある真っ只中だったことになる。その経緯と影響とを見るために、まず、稿者が直接確認できた刊本を、次に挙げておく。現存する日下部三之助の『小学読本』の刊記は、大きく四種類に分けられる。（「東書」は東書文庫、「国研」は国立教育政策研究所教育研究情報センター教育図書館）

①『小学読本』一の巻　日下部三之介　原亮三郎　明治一七年　東書

②『小学読本』首巻・一―五巻　明治一九年六月九日校正再販御届　東書・国研

③『小学読本』首巻・一―五巻　明治二〇年二月二六日校正御届　東書

④『小学読本』首巻・一―五巻　明治二〇年二月二六日校正御届　見返しに「文部省検定済小学校教科用書」「自明治二〇年三月一六日　至明治二五年三月一五日」　家蔵（首巻・四・五のみ）

このうち①は、東書文庫蔵本であるが、奥付に「明治一七年一一月一三日版権免許」とのみ記載してある。通例では「版権免許」の日付からそれほど日をおかずに本が刊行され、その日付が刊行日として、版権免許日と併記してあることが多い。が、この本の場合は、版権免許日だけしか記載されていない。しかし、この東書文庫蔵本には、別に、昭和一一年一二月一二日の購入印があり、さらに奥付には、原亮三郎の顔を印刷した印紙が貼られ、検印も押されている。加えて裏表紙には、この本を実際に使用した旧所蔵者の名前も書かれている。以上から、この本は、実際に刊行されて、販売された供給本を、後日、東書文庫が入手して保管していたものだと判断できる。現在のところ、この①の『小学読本』の供給本は、東書文庫に残されている「巻一」の一冊だけしか確認できていないが、明治一七年には、「巻一」だけでなく全六巻が市販されていたのではないかと思われる。つまり、日下部本は、原亮策編の六巻本の『小学読本 初等科』よりほぼ一年遅れで完成し、原亮策本と並んで、金港堂から発兌されたのだと推測できる。

ところが、明治一九年四月に検定制度が開始され、既に市場に出ていたこの本も、あらためて文部省の検定を受ける必要が出てきた。そこで、金港堂は、①の供給本をそのまま文部省の検定に申請提出したのだと思われる。というのは、①の供給本の巻一と、②の検定申制本の巻一とは、まったく同内容だからである。これが、東書文庫に保管されている②の、首巻から六巻までの六冊の「検定申請本」である。ただし奥付には、①の「明治一七年一一月一三日版権免許」という記載に加えて、「明治一九年六月九日校正再販御届」の文字が付け加えられている。また、この東書文庫蔵本には、検定官の意見が記された付箋紙も貼り付けられている。ちなみに、国立教育政策研究所教育研究情報センター教育図書館蔵本も、まったく同内容である。

次の③の『小学読本』は、やはり東書文庫の蔵本であるが、こちらの奥付は「明治二〇年二月二六日校正御届」になっている。これは②の検定の約半年後に、文部省の検定意見で指摘を受けた部分について、金港堂が修正を施して再提出した「訂正申請本」である。教科書の原版は木

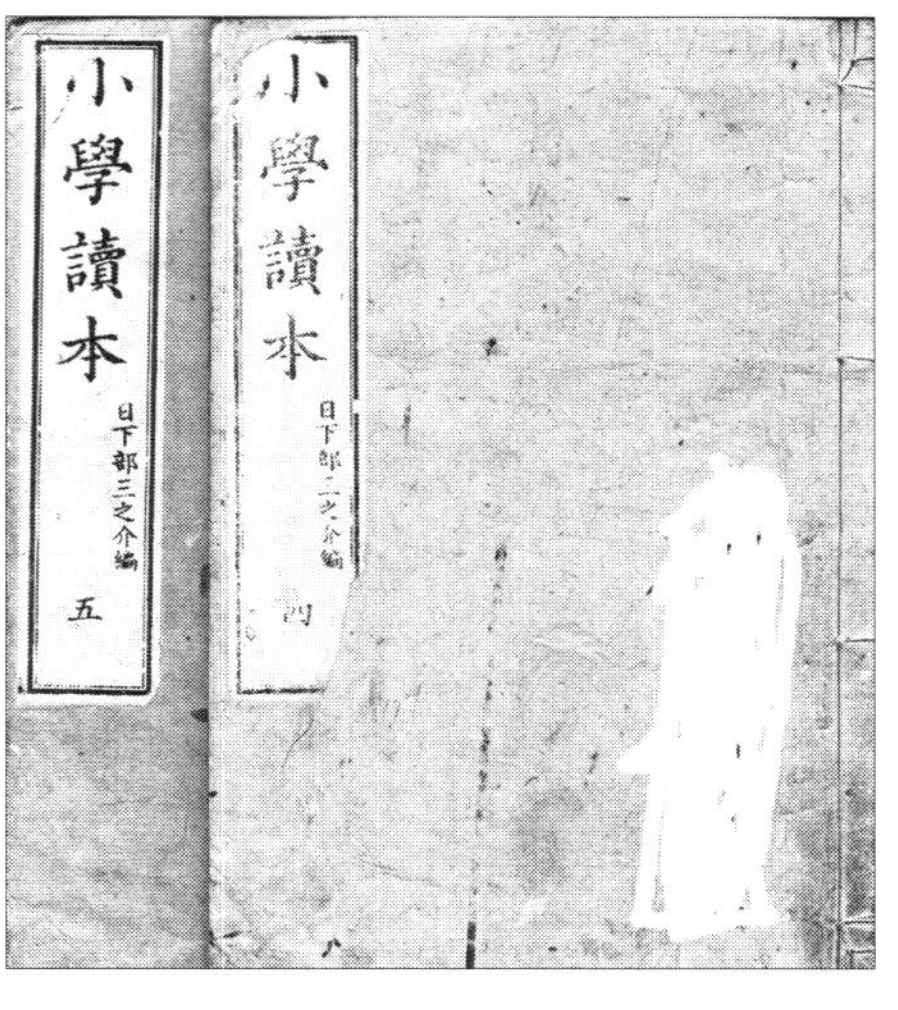

『小学読本』日下部三之介

版であるから、部分修正の場合は、版木の一部を削ってそこに埋め木などを施して文字の訂正などを行ったり、大がかりな修正の場合は新しく版木を作り直したりして、再度印刷製本して「訂正申請本」を作製し、文部省に再提出するのである。

④は、供給本＝流布本である。これについては、家蔵本の首巻と四・五の三冊だけしか確認できていないが、奥付の記載は③と同じく「明治二〇年二月二六日校正御届」になっている。文部省から刊行された「検定済教科用図書表（小学校用）自明治一九年五月・至明治三一年三月」にも、この本が検定に合格したことが記載されており、検定日は、明治二〇年三月一六日である。この時、文部省による検定の有効期間は五年間ということになっていたので、④の供給本の見返しには、「文部省検定済小学校教科用書」「自明治二〇年三月一六日　至明治二五年三月一五日」という文言が印刷されている。以降、検定制度下における教科書には、必ずこの「検定合格」についての記載がなされるようになる。

このように種々の刊記を持った日下部三之介の『小学読本』が存在するのは、一八八五（明治一八）年一二月に、日本最初の文部大臣になった森有礼が進めた教育改革の影響を直接に受けたためである。周知のように、森文相は、文部省の機構改革を行うとともに、「帝国大学令」「小学校令」「中学校令」「師範学校令」などを制定した。一八八六（明治一九）年四月の「小学校令」では、小学校が「高等尋常ノ二等トス」となり、学齢は「児童六年ヨリ一四年ニ至ル」八年間となる。これまでは、明治一四年の「小学校教則綱領」に規定された、初等・中等・高等、それぞれ三・三・二年であった。したがって、小学校の初等段階の言語教科書は、三カ年の前・後期に対応する六巻本の構成が多く、同様に中等科読本も六巻で構成された読本が多かった。ところが、これ以降は、尋常小学校四年間で八冊、高等小学校四年間で八冊の教科書構成に編成し直す必要が出てきた。むろんその作業は急にはできない。一方、文部省は一八八六（明治一九）年五月の「省令七号」で「教科用図書検定条例」を制定している。今後、教科書は、文部省の検定を通らなければならなければ使用することはできなくなった。

したがって金港堂は、前述したようにこの時点で実際に使われていた首巻・一―五までの六冊構成の日下部編の『小学読本』をとりあえず文部省の検定に提出したのだろう。使用中の教科書をそのまま検定本として差し出したのは金港堂ばかりではなく、民間で教科書を発行していたほかの出版社も同じだった。どこの教科書書肆も、新しい尋常小学校四年間のカリキュラムに対応した「小学読本」を即座に製作することは不可能だったからである。そこで、金港堂はこの日下部三之助の『小学読本』を文部省に検定申請をして、文部省の「検定済」のお墨付きを得たのである。

日下部本の特徴

「首巻」には、「平仮名（いろは）」「片仮名（イロハ）」「仮名の単語」「五十音」「濁音」「次清音」に続き、「仮名単語」「数字」と続き「一単語短句」が、平仮名表記で一二課にわたって示されている。半紙本、三〇丁、金八銭。この巻には、漢字は一切提出されていない。また、本文はすべて、単語分かち書きになっており、句読点は不使用である。この首巻は、取り上げている単語や話材はやや異なるものの、原亮策本と似ている。

「巻一」には、巻頭に「小学読本緒言」があり、「読方科ニ於キテ教師ノ注意スベキ要件」が記載されている。そこでは、先ず「読方科ノ教授ニ於キテハ開発的ノ法ト注入的ノ法トヲ適宜ニ用フルヲ可トス乃チ事実ヲ了解セシムルニハ勉メテ開発的ノ法ニ拠ルベク文字章句ヲ教フルニハ宜シク注入的ノ法ヲ用フベシ」という注意書きがある。若林虎三郎の『改正教授術』の流行に対して、それを認めつつ、その反面では従来のような教え込みも必要だという、折衷的な態度である。

巻一の内容は、平仮名と簡易な漢字で、題材は子どもの生活を描いている。巻二・三は片仮名も加わり、やや漢字も難しくなって、題材も子どもの生活を中心にしながら、やや広がっていく。第三巻までは、それぞれの課の最初に、新出漢字や語句を掲げている。この方針は、原亮策本や若林虎三郎本と同じである。修身的な話題が多く、教訓的な言辞で結ばれる話題も多い。題材の選び方は、基本的に英語読本から学んでいるようである。さすがに田中義廉の『小学読本』のように直訳的な取り入れ方はしていないが、それらを下敷きにしたことを感じさせる教材は、随所に出て来る。たとえば、巻三の第二四課は、次のような教材文になっている。

第二十四

相携へ　園の中　美麗　海棠　折る　右の手　側　馳せ寄り　袖引き　止め　取る　妄り

兄弟二人、相携へて、園の中に遊べり、園の中には、草木の花、方に開きて、頗る美麗なり、

弟は、海棠の花の、最も美しきを見て、忽ち、其の枝を折らんとして、右の手を、枝に掛けたり、

兄、之を見て、あわたゞしく、弟の側に馳せ寄り、之を止めて曰く、汝その枝を折ること勿れ、其の花を取ること勿れ、妄りに、枝を折り、花を取るときは、園の景色を、そこなふべし

教材文の内容は、第二部第二章で見た、田中義廉の『小学読本』巻一の第二回に酷似している。おそらくそれを下敷きにしたのだろう。第二部第二章では、ウィルソンリーダーの原文と田中本の教材文とを比較した。そこでは、英語教科書の教材価値は対話表現にあったが、日本語に翻訳された際に道徳的な内容価値の方に力点がかかってしまったことに触れた。この日下部本でも、英語教科書で目的とされていた対話形式より、「枝を折るな」という道徳的な内容が主題となっている。このほか、巻四の第十二には「貨幣」の図とそれに関する説明の文章がある。これも、田中本の巻一の巻末に置かれた教材、つまりはウィルソンリーダー

第一巻の巻末教材を模倣したものである。また、日下部本には、理科的な話材も、数多くちりばめられている。日下部三之介の『小学読本』は、その編集にあたっては、田中義廉の『小学読本』の構成をその拠るべき典範としていたように思える。物語的な教材は、ほとんど無い。

ところで、金港堂が刊行して好評だった原亮策の『小学読本 初等科』六冊と、この日下部本との関係はどのようなものだったのか。一般的に考えるなら、教科書会社にとって、同じ教科目で、複数の種類の教科書を作製するのは、編集面でも資金面でも大変な作業だろう。だが、どちらの編集方針がこれからの教育界の支持を受けるのかを見定めることができるし、教育動向の変化によって受ける販売リスクを減らすこともできる。また読本の享受者にとっては、教科書選択の幅が広がる。どちらの教科書が撰ばれても、結果として発行元の金港堂が潤うのなら、商売としては成功なのである。

はたして金港堂は、日下部本よりも先に刊行した原亮策の『小学読本 初等科』六冊も、日下部本と同時に検定申請をして、明治二〇年三月に検定作業を終えている。さらに、この原亮策本は、『小学読本 初等科』に『小学読本』と題した巻六・七の二冊を増補して、明治二〇年九月に検定申請し、一〇月には審査が終了している。原亮策本は、この追加増補によって、四年制の尋常小学校に対応した八冊本として、その結構を整えたのだ。さらにこの本は、若干の修正を経た上で書名を『小学 尋常科読本』とあらためて、明治二一年一月二一日に校正本を文部省の検定に提出し、明治二一年二月には全八巻の体裁で、引き続き金港堂から原亮策の名前で刊行されている。つまり、金港堂の原亮策本は、新しい尋常小学校四年体制になっても、依然として好評だったのである。したがって、金港堂は、この本を売れ筋と見て、力を入れたのであろう。

それに対して、日下部本はそれほど普及しなかったように思われる。というのは日下部三之介も、尋常小学校四年制に対応した八巻本の『新撰小学読本』を明治二七年に刊行しているものの、その配給元は金港堂ではなく、田沼書店だったからである。もっともこの八冊本は、金港堂から刊行した六巻本よりも文体も話材も多彩になり、簡から難へという発達段階も明確になっていた。さらに、日下部は、明治二八年に高等小学校用の『高等小学 開国読本』全八巻も編纂しており、こちらは山梨図書出版社から刊行している。しかし、金港堂が版元になって、日下部の『小学読本』を売り出すことはなかった。日下部は、教育ジャーナリズムの分野では『教育報知』記者や大日本教育会理事などとして活躍し、教育界では大きな存在感があったが、金港堂から刊行した読本においては、大ヒットを飛ばすことはできなかったのである。[*15]

別に、日下部は同じ金港堂から、『日用文読本』も出している。これも「読書」科用の教科書で、「読本」という題名を含んでいるが、「凡例」に「本編ハ口上式ノ書類ヲ編纂シタルモノ」とあるように、日常の実用的文章を書くための教科書である。巻一は、三九章、巻二は、二四章から構成されており、各章毎に、重要語句が冒頭に抜き出されていて、単語を学習してから文章を書くという言語主義に基づく学習過程が明確に示されている。字は、巻菱潭が書いており、刊記は、明治一六年九月二六日版権免許、明治一七年八月の出版である。[*16]

金港堂は、このあと作文用の教科書として、明治二〇年に『小学作文書』全四巻、また明治二三年に『小学校用作文書』全八巻を刊行したが、日下部三之介はその作製には関わっていない。したがって、教科書の製作という点に関して、日下部と金港堂との関係は薄れていったことになる。

もっとも、金港堂は日下部の編集した『小学読本』の製作にあたっては、それなりに力を入れていた。とりわけ画家の起用において、新機軸を打ち出している。文字は、全巻にわたって巻菱潭が担当しており、こちらは安定路線であるが、挿画は、巻一と巻三を松井昇、巻二・四・五を柳源吉に担当させていた。松井、柳（高橋）の両者は、ともに、後に洋画家として名をなしている。このことからも推察されるように、この本の挿絵は、従来の読本の挿画家たちのタッチとはだいぶ異なっており、新鮮な感覚に溢れている。前々頁で巻三の第二四課の教材文を紹介したので、それに対応する挿画を抜き出してみよう。

ここには兄が弟の行動を制止しようと手を伸ばしている姿が、きわめてリアルに描かれている。この図版は、誌面の一頁分を占めており、単に文章の添え物の挿絵という以上の存在感がある。また、それとは別に、巻二以上の読本には、折り込み見開きの洋紙に印刷されたモノトーンの石版画が、挟み込まれていた。地理の教科書に、地図などの図版を折り込みで挿入することはこれまでにも行われてきたが、読本の挿絵として見開きの図版を使ったのは珍しい。おそらくこの試みは、読者たちを驚かせたことであろう。こうした挿絵のせいもあってか、日下部の『小学読本』は、全体的に西欧的な印象を受ける。もしかすると、この洋画家の採用は、同じ金港堂本の原亮策の『小学読本 初等科』と、日下部本とを明確に差異化するための戦略だった可能性もある。

このように見てくると、金港堂は、明治初期に出された二種類の官版の『小学読本』と『小学 読本』とをそれぞれベースにした二つの異なった傾向の読本を用意したと考えられる。一方は、伝統的な編纂スタイルの『小学 読本』をもとにしてその平易化を図った原亮策編の『小学読本

『小学日用文読本』日下部三之介

『小学読本』巻三第二十四

初等科』であり、一方は、欧化的な編纂スタイルの『小学読本』をもとにした久松義典の『新撰小学読本』や日下部三之介の『小学読本』である。金港堂は、どちらが売れ筋になるのかを慎重に見極めながら、様々な工夫を凝らして、新商品の開発に力を注いでいたのだろう。もちろん金港堂だけではなく、同業の書肆もそうしたかったではあろうが、小資本の教科書書肆では、なかなかそこまで手が回らない。このような点も含めて、金港堂の商業的な戦略は、様々な点で他社よりも一歩先んじていた。

三、躍進する金港堂の「小学読本」

(1) 新保磐次の『日本読本』

金港堂編輯所の設立

これまで教科書書肆は、教科書を編集するに当たって、その編纂作業を外部の識者に委託していた。それに対して、金港堂は、独自の編集体制をいち早く確立したことでも知られている。金港堂社主の原亮三郎は、自力で金港堂編集所を設立し、専属の編集者を雇用したのだ。金港堂の教科書編集体制の中心人物だったのは、三宅米吉と新保磐次である。この両名の教科書編集の仕事に関しては、稲岡勝の研究がくわしい。*17

稲岡は、一八八八(明治二一)年四月二八日号の『教育報知』の記事を紹介して、その記事から次のことが確認できるとしている。すなわち、金港堂は編集所を設けて、①有力な学者、知識人を招聘して図書編集を任せた、②三宅米吉を欧米に派遣し、教育・出版の実情を調査させた、③編集所を教育、小説、雑誌、庶務の四部に分け、印刷の校正、監督掛を置き、また本社に(全国を見回るための)巡視部を設置した、のである。

三宅米吉は、慶應義塾の出身で、高等師範学校に勤務していたが、明治一九年六月に金港堂に入社し、すぐに欧米に視察に出かける。三宅を有望な人材だと判断した金港堂が、有利な条件で引き抜いたのであろう。明治二一年一月に帰朝した三宅は、さっそく金港堂の編集所の体制を整える。そこで三宅は、明治二一年七月に主筆として人文雑誌『文』を、また一〇月には文芸雑誌『都の花』を創刊する。『都の花』の編集は、山田美妙が担当していたが、『日本近代文学大事典』で、「明治二十年代文学の水準と振幅の中心位置をなしていた」と高く評価される文芸雑誌だった。三宅は、金港堂で刊行した教科書類の編集にも加わり、多数の教科書を刊行する。*17

三宅米吉は、金港堂編集所取締主務として活躍した後、東京高等師範学校教授および帝国博物館、東京帝室博物館の要職につく、さらに、一九〇一(明治三四)年には、考古学会会長、文学博士となり、晩年は東京帝室博物館総長、枢密顧問官、帝国学士院会員、東京文理科大学初代学長も務めた。三宅は、歴史学者として、とりわけ科学的な視点から研究を進める日本考古学の基礎を作った人物として、評価が高い。

一方、新保磐次は、新潟で学び、明治一六年から函館師範学校で物理学を教えていた。一時期、三宅米吉と同様に東京の高等師範学校に籍を置き国語科の創設に関わったが、その後金港堂に長く在職し、教科書の編集に専念する。そこで作製した代表的な教科書著述が『日本読本』である。この教科書は、「日本読本初歩一・二」の二冊と「日本読本」六冊の計八冊本で、「初歩」は尋常小学校一年生用である。入門期の言語教科書として、文字提出の順序や表記の学習に新しい工夫をしている。若林虎三郎の『小学読本』に学んだ部分も見られ、易から難へという順序性を何よりも重んじて作られている。『日本教科書大系』の「解題」では「全体として単語を文字の提出によって類別したことなど旧来の国語初歩教材の性格をうけついでいる」と評価されている。*19

談話体と「笑い話」

この教科書の大きな特徴は、談話体を積極的に導入したことである。「初歩第二」には、「ゆふがた に おいで。あね が きんじよ の ひと と かるた を とります。うたがるた の かず は ひやくまい あり ます。わたくし にも たいりやく よめ ます。」(八ウ)と「ですます文体」が出てくる。「です」が一般的な教科書文体となるのは、明治三七年の第一次国定読本からであるから、この読本はその先駆けと言っていい。また、やはり「初歩第二」に、「おつか さん かうやく を ちやうだい。おまへ かうやく を なに に します。わたくし の にんぎやう が あし を いため まし た。のち に にんぎやう や から れうぢ を して もらひ ましやう。」(一三オ)という子どもと母親とのやりとりの場面がある。両方の教材とも、最初の一文の「ゆふがた に おいで。(夕方においで)」と「かうやく を ちやうだい(膏薬をちょうだい)」以外は、「ですます文体」になっており、文体の統一が取れていない。しかし、この最初の一文を、子どもの会話を直接写したものだと見れば、当時の子どもたちが使用する口語表現を取り入れたのだと考えることができる。

それはまた、会話文をどう表記するかという問題とも重なってくる。「日本読本第一」には、「此ノ 子 ハ 毎日 ベンキヤウ セリ。母 ハ 曰フ「ソナタ ハ 毎日 一時 ヅツ ナラヒナ。」ト。」(一八オ)という会話表現の表記がある。また、「柿ノ木 ニ 梯 カカレリ。姉 ハ 梯 ヲ オサヘ テ 曰フ「アア、アブナイ、早ク オリナ。」ト。」(二〇オ)という会話表現の表記もある。ここでは、会話表現がカギ括弧(「」)でくくられ、直接話法として、現実の話しことばに近い文体で再現されている。もっとも、地の文は「ベンキヤウ セリ。」「梯 カカレリ。」となっていて、談話体にはなっていない。*20(ちなみに、この読本からそれまで多様だった句読点の使用法が、現在のそれと同じになった。)

こうした方針は、おそらく金港堂編輯所取締主務であり、新保の旧来からの友人でもある三宅米吉の主導によるものだっただろう。というのは、三宅はすでに一八八二(明治一五)年に、「いろはくわい」を組織し、発音式仮名遣いを主張していたからである。この会は、その二、三年前から準備が行われ、肥田濱五郎、丹羽雄九郎、後藤牧太、三宅米吉、小西信八、辻敬之、中上川彦次郎など、主に師範出身の教育関係者によって会が組織されたといわれている。別に、波多野承五郎、本山彦一など主に慶應義塾出身者が、発音式仮名遣いを主張して「いろはぶんくわい」を結成し、両会は後に合併した。また、同じ十五年七月には、歴史的仮名遣いを主張する「かなのとも」が成立した。この会には、高崎正風、近藤眞琴、物集高見、大槻文彦、などが加わっていた。これらの団体は、一八八三(明治一六)年七月に、会長に有栖川宮威仁親王を戴いて大同団結し、「かなのくわい」を組織して、機関誌『かなのみちびき』を発行している。この時、言文一致の平易な日本語表現に関する関心が大きく盛り上がっており、この読本の談話体の採用も、そうした論議の影響を受けているのである。

『日本読本初歩』 明治二〇年一二月 新保磐次 金港堂 定価・六銭 明治一九年一月一日版権免許 明治二〇年一二月一日増補届

課	面	内容
第一		
1	オ	(本を読む図)
	ウ	メ テ
2	オ	キ
	ウ	ハ 子
3	オ	タ ナ
	ウ	ワ ミ
4	オ	カ ヒ ト
	ウ	ヒト ハナ カミ
5	オ	トリ セミ ハネ 子コ
	ウ	(羽根をつく二人の女子の図)
6	オ	ハシ ハス キク クリ ウリ ナス ナシ
	ウ	シカ イヌ ウシ クチ カタ チチ
7	オ	ユミ ヤ ハタ ヤリ タケ トラ
	ウ	タコ コマ カマ ヨキ
8	オ	カイ アミ ウミ フ子 ホ カサ クツ フエ ツヱ カモ イモ
	ウ	シロ モン サル ヒモ サヲ ウヲ ヒレ ヲケ タル ウシツノ……
9	オ	ハシラ トケイ ツクエ テホン ハオリ ハカマ
	ウ	タケノコ クワヰ レンコン ソテツ ヘチマ
10	オ	カタカナいろは
	ウ	カタカナ五十音
11	オ	いぬ たねき きつね ねこ ふね ふえ こま てまり そり……
	ウ	くも かも かに かや みや ゆみ せみ せな か はな……
12	オ	のしもの さし さる さを うを うめ あめ あし ゐの しし……
	ウ	らんちん むち わん ほん れん こん ひれ れい し……
13	オ	ひらがないろは
	ウ	ひらがな五十音
14	オ	ガンがん かごカゴ サギさぎ キジきじ……
	ウ	フヂふぢ モミヂもみぢ ボタンぼたん ……
15	オ	サカヅキ さかづき ドビン どびん ヘッツイ へつつい……
	ウ	ダイコン だいこん カブ かぶ ミゾ みぞ フグ ふぐ……
16	オ	カタカナ濁音図 ひらがな濁音図
	ウ	ランプらんぷ コップこつぷ ラッパらつぱ エンピツえんぴつ ペンぺん……
17	オ	タヒたひ コヒこひ イヘいへ ユフガホゆふがほ カタカナ半濁音 ひらがな半濁音
	ウ	マツノキ。ウメノキ。マツトウメ。マツトタケ。……まつにつる。
18	オ	ソノイヌ。ソノネコ。コノヒト。コノコドモ。……そのいぬとこのこども。
	ウ	アメフル。カゼフク。ハナチル。トリトブ。……かぜふいてはなちる。
19	オ	シロキカミ。クロキスミ。フトキフデ。……しろきかみとくろきすみ。
	ウ	ハルハハナサク。ハナハウツクシ。ヤマハタカシ。……はるはたをうつ。」
20	オ	ドコヘユク。ヨソヘユク。ココニヲレ。……わたくしはうまにのる。」
	ウ	オヤドリハオホキナリ。ヒヨコハチヒサシ。……おやどりがばんする。」
21	オ	ブランコニノレ。キミモノリタマヘ。……はねをつきてまりをつく」。
	ウ	クサヲカル。ハヤクカレ。ウマヲヒケ。……うまをひきいへにかへる。」
22	オ	漢数字 一から二十 三十四十五十。
	ウ	
第二		
2	オ	例言
	ウ	(教場の図)
3	オ	フ ウ フウ フウ ト ウ トウ トウ
	ウ	フウリンガナル。ユウガタハスズシイ。フウリンノオトガヨイ。……
4	オ	トウロウガナランダ。アレハマツリノトウロウデアリマス。……
	ウ	ワタクシハコンニチシフジヲシマス。アスハキウジツデアリマス。……
5	オ	イウビンガキマシタ。ホウイウカラテガミガキマシタ。……
	ウ	このむすめはしゆすのおびをしめてをります。あれはちりめんの……
6	オ	このこはかきとまんぢゆうをもづてゐます。かきはまだじゆくし……
	ウ	しよもつをもづてゆくこはだれであります。あれはきんじよの……
7	オ	ワタクシガオキヤクニチヤヲアゲマス。オイシヤデアリマスカ。……
	ウ	(動物の絵)

課	オ	ウ
8	ドウブツヱンハオモシロイ。サルハキヤアキヤアトナク。カモハ……	ゆふがたにおいで。あねがきんじよのひととかるたをとります。……
9	チヤウマツハベンキヤウシテギヤウギモヨイ。……	コノコハギヤウギガワルイ。ギヤウギガワルケレバ……
10	キミハクワシヲオスキデアリマスカ。クワンヅメモ……	わたくしはさうぢをいたします。はふきではいて……
11	コレハタウブツミセテアリマス。バントウガヰマス。……	ワタクシハエウチエンヘマヰリマス。ソレハ……キメウナ
12	モノヲミマシタ。テフテフ、バッタ、シチメンテウ……	ミンナデテウレンセウ。ボクハテヌグヒヲボウニ……
13	おつかさんかうやくをちやうだい。おまへかうやくを……	(田植えの絵)
14	イマハロクガワツナリ。ケフハタウエナリ。オトトサン……	ナヘハセイチヤウシテイ子トナル。イ子ハジユクシ……
15	ダイクハイヘヲタテル。サクワンハカベヲヌル。……	みなさんはいままでになにをおぼえましたか。……
16	大キナルイヌ　大キナルイヌアリ。一ツノ犬。……	ココニ人ガアル。ココニ又大キナル犬ガアル。コノ……
17	……ドモデアリマス。コノコハ犬ヲ大スキデアリ……	大キナルタコガ天ニアガル。ケフハ天キヨシ。……
18	大工ハイヘヲタテル。サクワンハ土ヲコ子ル。アレハ……	タカキ山アリ。ヒクキ山アリ。フカキ川アリ。アサキ川……
19	ヒハ山ヨリ出デタリ。クサハ小サキメヲ出ダセリ。……	山ノウヘニ木アリ。川ノキシニモ木アリ。大キナル木
21	二本アリ。小サキ木五本アリ。コトシモ末ニナリ……	山ノ上ニユキフリタリ。木ノ上ニモユキフリタリ。……
21	川ノ下ハ土ナリ。川ノ中ニハ水アリ。水ノ中ニハ……	イマハ午ゼンナルカ、午ゴナルカ。イマハ午ゼン六ジナリ。
22	牛、羊ハイマオキタリ。牛ハ千ビキニアマル。……	ミナサンハカタカナトヒラガナトスウジノホカニ……

『日本読本初歩』第一・22課の挿絵の中に「学校用書肆 金港堂」の看板がみえる。

『日本読本初歩』第一　冒頭教材（本を読む図）

『日本読本初歩』第一　冒頭教材（教場の図）

『日本読本』

	第一（仮題）	第二	第三	第四	第五	第六
1	一月一日	茶	蚕	瀬戸物	政府	温泉
2	早起キ	商船	猫ガ来ル	潮	犬と猫	胃ト肺
3	田植	少カキ時	名ヲアテヨ(対)	洗濯	鼠ノ智	海綿(対)
4	船遊ビ	学校	弥次郎兵衛	蜂	雀ノ智	毛虫
5	字ヲ書ク子	烏ト馬	名ヲ知ルカ	蟻	卵	雀ト蝶(対)
6	古キ家	画	塩	島、陸、岸	養生(対)	臼井栗太郎
7	調練	楽	海草	地図	時計	西へ、西へ（地球儀）
8	目口耳	炭	海苔	日本地図	朝起キト朝寝	太閤
9	硯	豕	名ヲ解ケ(対)	日本地図二	小ハ大ヲ成ス	神功皇后、八幡大神宮
10	麻ト松	木綿	庭	暇乞ヒ	空気	仁徳天皇
11	北向キ南向キ	遠キ道	雀	書状(手)	動物ノ功	藤原鎌足
12	東ト西	三吉(韻)	虹	皮膚	猿ノ人真似	新陳代謝、及ビ歯 (韻)含む
13	池ノ氷	色	空気	鼻	吹キ上ゲ	雷
14	凧	木	洗濯	遊惰	種種ノ器械	蛙ノ子ハ蛙ニナル
15	糸	鷹	金	別荘	動物ノ身体	兄弟ノ情（池田光政）
16	凧ヲ買フ	野菜	春季皇霊祭	衣、食、住	猫類ノ獣	夢野氏ノ後悔
17	寺ノ鐘	猿	尺、枡、秤	衣服	旅行(対)	紀元節、天長節
18	ヌヒモノ	雞ト狐	雪ノウチニ(韻)	馬ヨリ落ツ	笠置山（後醍醐天皇）	祭日、祝日
19	海	玉(韻)	返響	桐	旅行ノ二	花ノ王(韻)
20	姉ト弟	虎	紙、墨	宝《イ》	義経	年号
21	雲ト雨	京	魚	火事	旅行ノ三	日本国ノ昔話
22	本屋	少シヅツ(韻)	町、村	珍シキ薬方書	菅公	三種ノ神器
23	本ノ売買	熊	帝国	見物	甲越ノ戦	義心
24	麦畑	雞ト馬	鉄	樫と葦《イ》	玉及ビ工業	
25		味		港、三府、五港	旅行ノ四	
26		水無シ		入船(対)	寒暖計	
27		富士山		四時	温和	
28				頓智	忠義ナル犬	
29				川村随軒	春(韻)	
30				正直ノ報イ		
31				昔話		
32				楠正成		
33				楠公、楠母、小楠公		

《イ》はイソップ童話　(韻)は韻文　(手)は手紙文　(対)対話　「含む」は教材文中にそれが含まれているという意

「第一」は、初歩第一・第二と同じく文字提出を先行させた教材編成なので、仮に課名をつけた。第二から第六までは「第○課」というナンバリングはないが、それぞれの課の表題が、本文よりも大きな字で表示されている。その各課の表題を並べた。

またこの読本の内容に関しては、『日本教科書大系』の「解説」や古田東朔によって、巻二からは理科的な教材が多くなり、巻四からは地理的教材、歴史的教材が多く、巻六には歴史的教材が多いことが、指摘されている。教材内容に関しては指摘の通りであるが、この読本の別の特徴として、取り立てて教訓的なメッセージを持たない「笑い話」的な教材がいくつか載せられていることも挙げておいていいだろう。[*21] たとえば、『日本読本』第二の、「鶏ト狐」が、そうした教材である。

雞ト狐。（新出漢字・省略）

朝日 ヤウヤク 上ル。雞 トヤノ上ニ 立チテ 鳴ク。
狐 見テ ヨキ 朝メシ ナリト 思ヒ、雞 ヲ ヨビテ 曰フ「君 ハ 未ダ 今朝 ノ 新聞 ヲ 読マ ヌカ。」ト。
雞 曰フ「何 ノ 新聞 カ。」ト。
狐 曰フ「今朝 ノ 新聞 ヲ 見ルニ、鳥 ト ケモノ ト 約束 セリ。狼 ハ 羊 ヲ 取ラジ、狐 ハ 雞 ヲ 取ラジ、猫 ハ 鼠 ヲ 取ラジ ト 約束 セリ。「今日 ヨリ 狼 ト 羊 ハ 朋友 ナリ。猫 ト 鼠 モ 朋友 ナリ。狐 ト 雞 モ 朋友 ナリ。下リテ シバラク 遊ビ 給ヘ。君 今日 誰レ ヲ 恐レン。」ト。
雞 コタヘズ、首 ヲ ノバシテ 遠キ 方 ヲ 見ル。
狐 曰フ「君 首 ヲ ノバシテ 何 ヲ 見ル ヤ。」ト。
雞 曰フ「犬 ノ 来ル ヲ 見ル ナリ。犬 モ 此 ノ ウレシキ 新聞 ヲ 話サン トテ 来ル ナラン。」ト。
狐 曰フ「ヤ、ヤ、シカラバ 吾 レ ハ 立チ サル 可シ。」ト。
雞 曰フ「シバラク 遊ビ 給ヘ。君 モ 犬 モ 朋友 ナリ。君 今日 誰レ ヲ 恐レン。」ト。
狐 曰フ「イヤ、イヤ、犬 ハ 未ダ 新聞 ヲ 見ヌ ナル 可シ。」ト。

狐の詭弁に簡単に騙されず、かえって狐をやり込めてしまう鶏の話である。イソップ風の話であり、そこから教訓を読み取ることもできないわけではないが、笑い話として受けとめる方が面白い。「狐 曰フ」「雞 曰フ」など、いちいち話者を特定するような表現が頻出することから考えて、原典は外国の話材だと思われるが、現在のところ不明である。話の中に「新聞」が登場するのも興味深い。ここでの会話表現は「」の中に収められているものの、地の文と同様に文語になっている。

このほか『日本読本』に収録されている教材では、「第四」の「頓智」「珍シキ薬方書」や、「第五」の「鼠ノ智」「雀ノ智」「猿ノ人真似」なども、この「鶏ト狐」のように、面白い話である。文学的な教材とまでは言えないものの、教訓を教え込もうという意図は薄く、学習者である子どもたちの興味関心を引きつけるような教材選択である。こうした教材は、これまでの読本には、ほとんど収録されていなかった。また、「第三」の「名ヲアテヨ」「名ヲ知ルカ」「名ヲ解くケ」は、なぞなぞである。この後の言語教科書には、なぞなぞは「考え物」と題して時々出てくるが、これもこれまでの「読本」には、あまり見られなかった題材である。

この読本が受け入れられた最大の要因は、易から難への順序性というところにあったと思われるが、今、指摘した教材のように、ある意味で、余裕のある教材選択がなされていることも、この本の特徴の一つとして指摘できる。

（2）『日本読本』の戦略

造本の工夫

就学率が上がって通学する子どもの数が増え、教科書の需要がこれまで以上に増大してきたことに伴い、それを供給する側のシステムも転機を迎えていた。既に述べたように、これまで教科書は、官版の教科書を地方で版を起こして増刷するという方法によって供給されてきた。それが可能だったのは、各地域に残されていた出版関係の様々なインフラを利用することができたからである。しかし、地方の民間書肆の中には、ともすると利益優先の道を走り、粗悪な紙質や、版が摩滅して文字がよく読み取れないような教科書を販売するところもあった。実際、当時の「読本」の中には、商品として通用するのかどうかを危ぶまれるような不鮮明な刷り上がりの流布本も残されている。

こうした事態に対して、文部省の教科書政策が、大きく変化したのは、一八八五（明治一八）年である。この年、大木喬任文部卿は、官版教科書の分版を禁止した。官版の教科書をそのまま翻刻することで財を蓄えてきた地方書肆は、今後は、自力で教科書を編集しなければならなくなったのである。ということは、金港堂のように大資本を持ち、企画と編集能力のあるところでないと、教科書の刊行は不可能になったということでもある。

本節では、こうした状況の下で作製された新保磐次の『日本読本』を、まず、その造本形式から検討していこう。管見では、『日本読本』には、三種類の造本形式のものが残されている。

一つは、従来からの和本の形式である和紙に木版刷り・袋とじ・糸綴じの製本方式による本である。製本作業は、彫り職人、刷り職人、折り職人、裁断職人、綴じ職人など、それぞれの部門を担当する専門職人が分担して仕事をこなしていた。しかし、なにぶん人手に頼る工程が多いため、近代的大量生産には向いていない。しかし、『小学読本』を初めとして、明治初期の教科書は、ほとんどがこの伝統的な和本形態で配給されていた。

もう一つの『日本読本』は、やはり木版刷りであるが、糸でかがるのではなく、金属の針で用紙を結束し、その針を隠すように布地で本の背中をくるむという洋装製本に似せたスタイルになっている。本の中身は和紙で、袋とじになっている。この点は、従来の和本と同じである。この方式は、整版と印刷・裁断の工程までは、伝統的な和本と同じで、針金綴じ・布貼りというところが、これまでの方法と異っている。和本は、使用中に綴じ糸が弱ったり、切れたりすることが多いので、それを克服するため洋装本に倣って考案された綴じ方なのであろう。

さらに、『日本読本』には、外見は従来どおりの和本形式で、用紙も和紙・袋とじであるが、文字が活字印刷になっている本も存在する。木版整版による印刷では、刷り部数に限度がある。これに対して、金属活字による印字能力は、一般に木版よりも高いと考えられる。したがって、これ以降、教科書は徐々に活字印刷へと移行していくのであるが、それは必ずしもスムーズに展開したわけではなかった。金属活字による教科書の作製は、すでに明治三年に大学東校版の『化学訓蒙』があり、また明治六年の「小学教則」で示されていた『単語篇』の中にも金属活字を使用した本があるが、既に述べたように、ほとんどの教科書類は、旧来のインフラを活用した木版による整版方式によって普及してきた。[*22]

こうした中で、「小学読本」の活字化を主導したのは文部省である。次章でも再度触れるが、一八八六（明治一九）年一〇月、文部省編輯局長伊沢修二は、文部大臣森有礼に「教科書ニ付意見書」を出して、省内に印刷製本所を設け、文部省編輯局が直接「読本」の編集作業を担当した。この文部省編輯局（後、機構改革により総務局図書課）が関わった『読書入門』や『尋常小学読本』、および『高等小学読本』は、活字印刷、針金綴じ・布張りの上製本の装丁によって刊行されたのである。金属活字で全編が印刷された『尋常小学読本』が刊行されたのは、明治二〇年四月のことであった。*23

金港堂も、こうした動きに敏感に反応する。図版で示した『日本読本』は、明治二〇年八月九日に校正届けを出した巻四であるが、この供給本には木版整版の従来型のものと、活字印刷の金属活字版のものとの二種が残されている。上段が従来の木版整版によるもので、下段が金属活字版である。用紙は和紙、袋とじ。装釘は、木版製本の方が針金綴じ・布張り、活字印刷の方が糸綴じである。文部省の「検定済教科用図書表」によれば、『日本読本初歩』二冊『日本読本』一—四の検定提出日は、この本の刊記に「校正届」と記してある八月九日であり、六冊ともに、同月同日に検定合格している。また、巻五・六は、明治二〇年一一月一一日に校正、同年一二月五日に検定合格となっている。図版で取り上げた『日本読本』の「見返し」には、どちらの本にも、「文部省検定済」という記載がある。つまりこれらの本は、実際に市場に出回っていた供給本である。刊記の情報だけからは、木版と活字版が同時に刊行されたように判断できるが、実際のところは分明ではない。文部省の『尋常小学読本』が率先して活字化したことに、金港堂が素早く対応した結果かもしれないが、これまでの研究では、その事情は明らかになってはいない。

たとえば、板倉雅宣の『教科書体変遷史』は、いわゆる「教科書体」の成立と変遷をていねいに追った通史で、明治二〇年四月の文部省編集の『尋常小学読本』には、一八八五（明治一八）年一月に印刷局活字部で作成した「活字紋様見本」に掲載された明朝体ひらがな活字が使われて印刷されたことが指摘されるなど、重要な指摘が数多くなされている。しかし、『尋常小学読本』の後の民間書肆による活字使用例としては、明治二五年の『帝国読本』があげられているだけで、金港堂の『日本読本』についての言及はない。板倉は、『帝国読本』（集英堂）については、その巻一—三が整版印刷になっており、巻一は字彫師木村嘉平が本文文

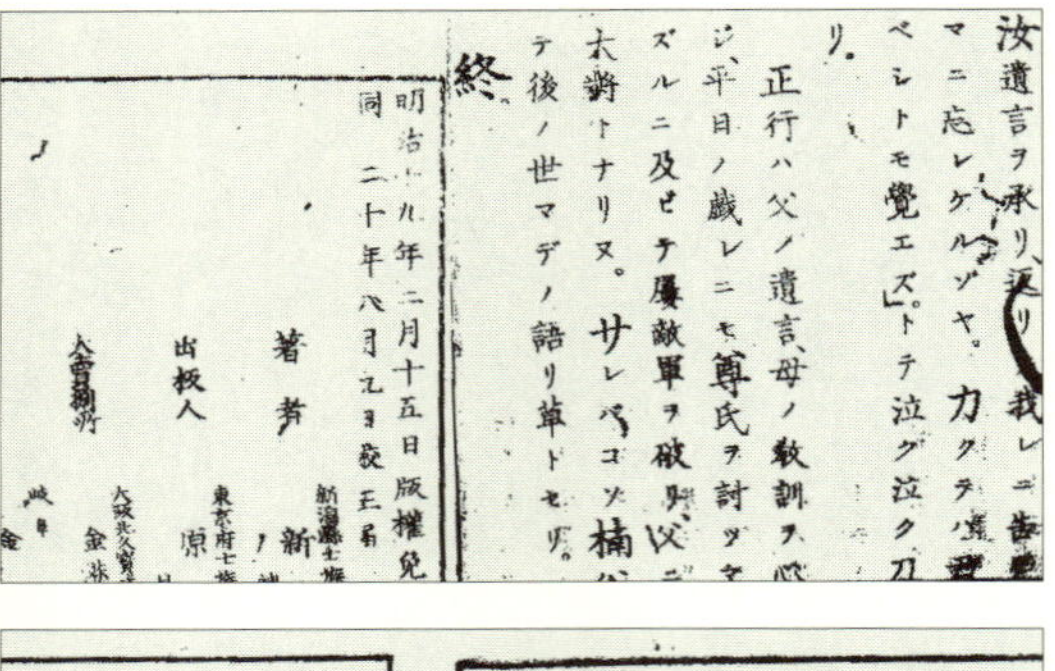

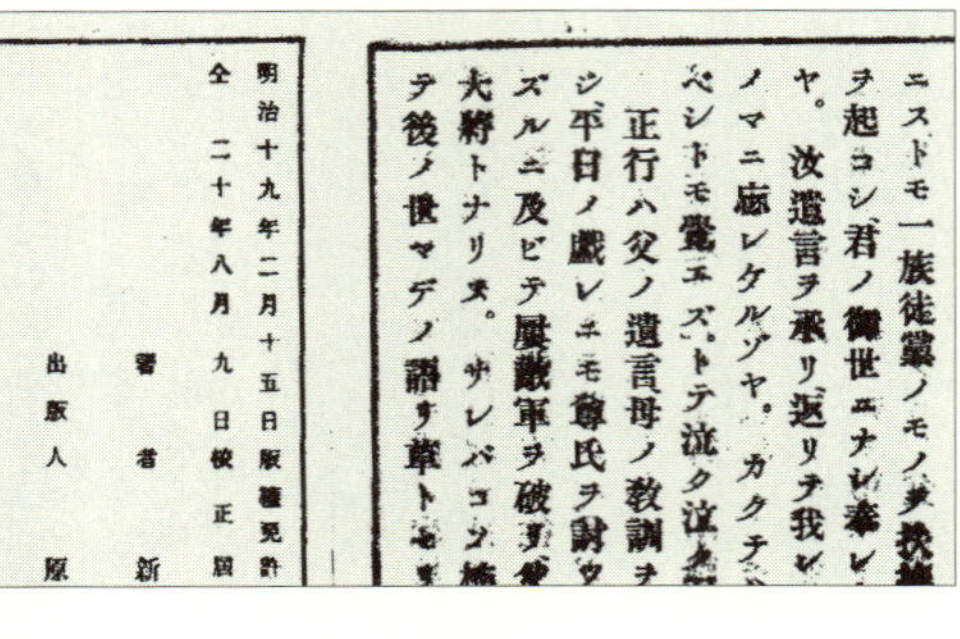

『日本読本』巻四　最終頁
上段・木版　下段・活字版

字を彫刻し、五島徳次郎が挿し絵を彫ったことを記している。この木村嘉平は、電鋳法（電胎法）による鉛活字鋳造に先鞭を付けた人物だ、ということである。だが、金港堂の『日本読本』の活字が誰によって作られ、どういう経緯で印刷されたのかは、不明である。[*24]

稲岡勝も、当時の検定教科書の印刷製本に関して発言している。それによると、金港堂は、東京市日本橋区本町三丁目の店舗屋敷の一画に、自前の印刷工場を持っていたらしい。が、その「規模は具体的に知り得ない」ということのようだ。さらに稲岡は、残された資料から類推することのできる同業の文学社の工場の規模などを紹介した後、「当時の教科書書肆の印刷工場の規模は、間違っても、蒸気や電気を動力とした機械性の工場をイメージしてはならない。旧来の木版印刷のかたわらで、ハンドやフートという人力印刷機も稼働している光景を思い浮かべるべきであろう」と述べている。この時期の、教科書の製造は、きわめて手工業的な生産様式に頼っていたのである。

『日本読本』が、様々な造本形式で製造されているのは、多くの需要に応えるために、造本様式の異なる様々な工場に発注して、数量を確保していたからではないだろうか。したがって、こうした造本形式の混乱は、大量生産方式へと移行するまでの過渡期の状況を表したものとして理解することができると同時に、また『日本読本』が大いに普及した証としてもとらえることができる。[*25]

「都市用」と「郡村用」教科書

『日本読本』に関して注目すべきことは、続けて「都市用」「郡村用」の二種類の教科書が作製されたことである。既に述べたように、一八八六（明治一九）年四月の「小学校令」では、「小学校ノ教科書ハ文部大臣ノ検定シタルモノニ限ルベシ」という規定がなされ、検定制度が発足したが、同じ「小学校令」には、「小学簡易科」を設けることも定められていた。「簡易科」は、児童の就学率を高めるために設置されたもので、授業料は不要。尋常小学校が四年間であるのに対して、三年で修了でき、読書・算術・作文・習字の四教科のみの教科構成になっていた。この「簡易科」に対応するための簡易科用の教科書も、いくつかの民間書肆によって作られて、文部省の検定を受けている。金港堂も、金港堂編集所編の『簡易日本読本』六巻を、明治二二年六月に作製した。（「簡易科」の読本については、次章で再度触れる。）

さらに同じ「小学校令」に続けて出された、明治一九年五月の「小学校ノ学科及其程度」には、「土地ノ情況ニ因テハ小学校ニ温習科ヲ設ケ六箇月以上二箇月以内児童ヲシテ既習ノ学科ヲ温習シ且之ヲ補習セシムルコトヲ得」という規定もあった。尋常小学校の四年間を修了したり、高等小学校に在籍中の児童に対して柔軟な教育体制を保障しようという趣旨である。これに対しても金港堂は、新保磐次・林吾一著の『温習日本読本』巻一・二を、明治二二年一〇月に刊行している。

これら「簡易科」や「温習科」の読本は、「小学校令」に示された学校制度に対応して教科書を作製したものであり、同業の教科書書肆も似たような「読本」を作製している。だが、金港堂による「都市用」「郡村用」教科書の作製は、「簡易科」や「温習科」の教科書とは事情が異なる。というのも、法令には都市用と郡村用という二種類の教科書を要求するような記載はないからだ。つまり、地域別対応の二種の教科書を用意したのは、金港堂の独自の判断だったのである。金港堂としては、二つの種類の「読本」を作製することで、「読本」の選択肢を増やし多様化しつつある需要に対応させる戦略を採ったのだろう。文部省の『検定済教科用図書表』によると、「郡村用」の『日本読本』の一から四までは、明治二二年一月二八日の訂正再版の刊記を持った書籍が文部省の教科書検定に提出され、同年二月二八日に検定合格。続けて同じ「郡村用」の『日本読本』の五から八までの、やはり訂正再版本が二月二九日に文部省に提出され、同年三月四日に検定合格になっている。また、「都市用」は、一―八までがまとめて検定審査に提出され、明治二二年三月五日に検定合格をしている。

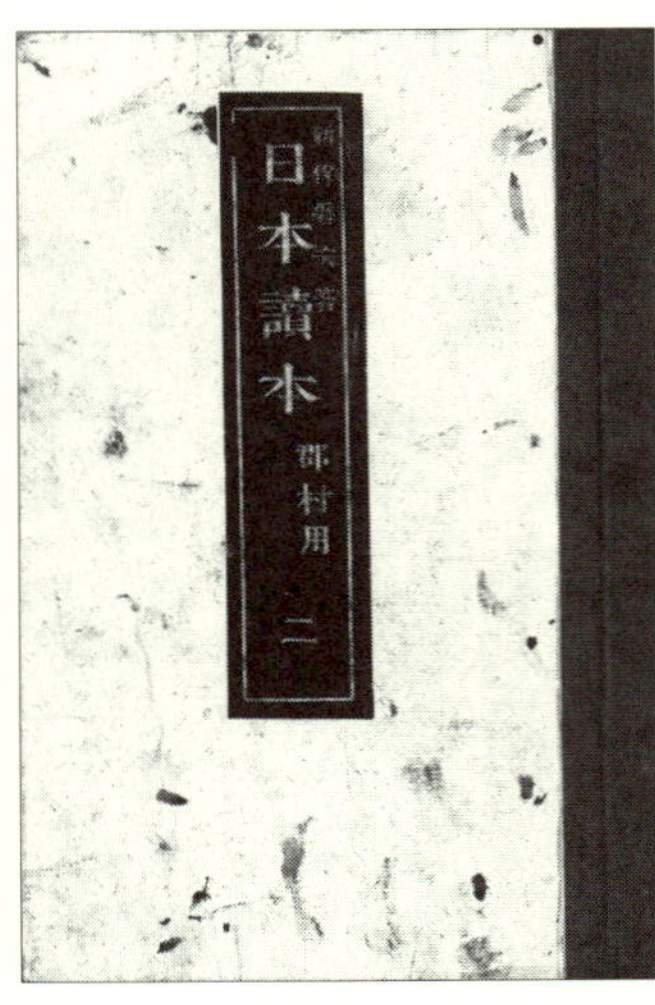

『日本読本・郡村用』
左は糸綴じ本・右は金具止め背布張り本

ちなみにこの「郡村用」には、糸綴じの和装本と、金具で止めて背表紙を布張りした準洋装本とが現存している。両方ともに、見返しに「文部省検定済」と記された供給本である。このように、装釘の異なる二種の「郡村用」の教科書が存在しているのは、「郡村用」に対する一定の需要があり、実際の学校現場にかなり流通したからだろう。一方、「郡村用」とセットになった「都市用」も、前述したようにほぼ同時に検定審査に合格しているが、こちらは、あまり普及しなかったフシがある。

金港堂がこの時、なぜ「都市用」と「郡村用」との二本立ての教科書を作製したのか、その理由は必ずしも明確ではないのだが、「都市用一」の「例言」には、次のように記されている。

> 余ハ先年日本読本ヲ著ハシテ、已ニ世ニ行ハレタリ。其ハ各地普通ノ目的ヲ以テ編纂セシガ、今之ヲ改刪シテ此ノ都市用日本読本及ビ郡村用日本読本ヲ作レリ。然レドモ初学級ノ間授クベキ事物ハ農商都鄙ニ普通ナル者多キニ居リ、加之文字配列ニ引カレテ大ナル変化ヲ成シ難キガ故、此ノ書ノ最初二三巻ニ於テハ農家ニノミ属スベキ事物ヲ商家事物ニ交換スルヲ目的トシテ敢テ其ノ以上ヲ望マズ、サテ後ニ至リテ漸漸商家及ビ都会ノ事物ヲ加ヘンコトヲ努メタリ。

二つの本は、低学年では、都市と郡村で教授すべき事項はそれほど違わず、また基本的な言語要素を定着させる必要があるので、それほど異同はないが、高学年では「農家」と「商家及ビ都会」との差異を際立たせた、との主旨である。低学年のうちは共通性を重視し、発達するにし

「都市用」と「群村用」教科書

『日本読本』都市用 五	『日本読本』郡村用 五	『日本読本』巻三
雪のうちに ★ ㊙韻	雪のうちに ★ 韻	蚕
暦（都郡）	暦（都郡）	猫ガ来ル
春季皇霊祭 ★	都会（都郡）	名ヲアテヨ
数フルコト（都郡）	新年	弥次郎兵衛
都会（都郡）（独）	金 ★	名ヲ知ルカ
東京（独）	鉄 ★	塩
掃除	白かね（都郡）	海草
京都（独）	農業ノ用意（独）	海苔
大坂屋	数フルコト	名ヲ解ケ
大阪（独）	庭 ★	庭 ★
茶	春季皇霊祭 ★	雀
庭 ★	苗代ト田植（独）	虹
魚	海ノ中 ★	空気
海ノ中 ★	六足虫（都郡）	洗濯
名ヲアテヨ	養蚕（独）	金 ★
金 ★	富士山（都郡）	春季皇霊祭 ★
鉄 ★		尺、枡、秤
白かねも（都郡）		雪ノウチニ ★ 韻
六足虫（都郡）		返響
絹		紙、墨
氷リ店		魚
皮膚		町、村
大切		帝国
鼻		鉄 ★
紙		
富士山（都郡）		

★は、三者に共通。（都郡）は、「都市用」「郡村用」に共通。（独）は、「都市用」「郡村用」の独自教材。韻は韻文

たがって環境の違いに応じた題材を取り上げた、という編集の姿勢は理解できるが、この記述からは、なぜ「都市用」と「郡村用」の二種類の教科書を作製したのか、その理由は分からない。具体的に両者の間にはどのような違いがあったのか、その内容を、第五巻を例にして、「都市用」と「郡村用」とを比べてみよう。ここで比較検討する「都市用・五」は、三七丁で、定価七銭五厘、明治二二年一月一九日出板。「都市用・五」は、三〇丁で、定価金七銭、明治二二年二月一九日訂正再板。[26]

参考のために、やはり尋常小学校三年生の前期で使用する『日本読本』の巻三の教材内容も掲げておいた。というのは、新保磐次は、自分が作成した『日本読本』をベースにして、「郡村用」「都市用」を編み直しているからである。そのことは「都市用一」の「例言」にも記されているし、実際、「郡村用」「都市用」には、『日本読本』と共通する教材も多い。だが、『日本読本』では、たとえば理科的な教材「弥次郎兵衛」の話題にしても、むき出しの形で理科の内容を記述するのではなく、弥次郎兵衛と子どもが会話を交わす場面が挿入されていたり、結末部分は修身的ではあるものの、外国読本から翻訳したストーリー性を持った読み物教材「返響（The Echo）」があった。これらは、先に稿者が「ある意味で余裕のある教材」と述べておいた『日本読本』の特徴でもある。

ところが「都市用」「郡村用」では、それらが削除されている。というのは、「都市用」「郡村用」には、都市や郡村関連の話材を盛り込むことを優先しなければならないという事情があったからだろう。その結果、稿者の言うところの「ある意味で余裕のある教材」は削除されてしまい、それが都市や群村の話題に取って代わって、題材重視の教科書になってしまった。

この傾向は、上学年に進むにしたがってさらに顕著になる。尋常小学校最終学年の「郡村用第八」の全教材内容を、仮に分野別に分けてみると、次のようになる。

地理　「西へ西へ」
理科　「地球儀」
歴史　「神功皇后、八幡大神宮」「日本ノ昔話」
修身　「義心」
農林漁業　「西洋農具」「甘藍」「農家ノ三徳」「凶年ノ備ヘ」「材木」「山林ノ恵ミ」「鮭ヲ川ニ仕付クル法」「肥料」「土地ノ改良」
人物　「二宮金次郎」「太閤」「仁徳天皇」「宮崎安貞」「佐藤信淵」
その他　「紀元節、天長節」「神嘗祭、新嘗祭」「神楽歌」「桃ガ笑ヘバ桜ガ招ク」

この表で、「地理」「理科」「歴史」「修身」に分類した教材は、もともと、どの地域でも通用する一般的話題であるが、「農林漁業」に分類した教材は、農山漁村の生産活動に直結するかなり実用的な教材である。また、「人物」についても、豊臣太閤・仁徳天皇は一般的な人物選択と言えるだろうが、二宮尊徳・宮崎安貞・佐藤信淵は、それぞれ江戸期の農業振興に貢献した人物である。これらは通常の読本には、ほとんど登場しない。後に国定修身教科書に掲載され、また唱歌の題材に取り上げられて有名になった二宮金次郎（尊徳）も、この時期には、まだ教科書に初等教育の教材としては登場していない。おそらく「読本」に掲載された金次郎の伝記は、この『日本読本郡村用』の教材が、最初期のものだろう。こうした農業関係の人物群を取り上げているところが、「郡村用」たるゆえんなのである。[27]

もっとも、「郡村用」で取り上げられている農林漁業に関する話題は、どちらかというと断片的である。というのも、言語教科書である「読本」は、農林漁業に関わる知識を体系的・網羅的に提供することを目的としているわけではないからだ。農業・商業などに関する知識を正面から扱った教科書としては、すでに見てきたように「農業往来」や「商売往来」などの江戸期以来の「往来物」があった。また、それを新時代に合わせて改訂した改正往来読本も、習字の教科書として使われてきた。しかし、農業・商業などの実業教育は、一八七二（明治五）年の欧化主義的な「小学教則」には、学科目として置かれてはいなかった。そのことが、学制による教育は地域の生産活動に直接に役に立たない、と受けとめられて反発を生み、復古的な教育の台頭する一因にもなっていたのである。

だが、一八八一（明治一四）年五月の「小学校教則綱領」では、地域の実情に即して、農業・工業・商業の初歩を教えることが可能になった。このような教育の方針転換に対応して、小学校用の教科書にも、農業・工業・商業に関するものが登場する。図版で示したのはそうした実業教科書の一例だが、『日本教科書大系』によれば、明治二〇年頃までには、百種類を超える実業教科書が刊行されている。その中には、地方書肆が編集刊行したものも数多くある。[28]

さらに、『日本読本』「都市用」「郡村用」が準拠した、明治一九年五月の「小学校ノ学科及其程度」になると、高等小学校の学習内容に関する規定に、はっきりと「農業手工商業」の字句が挿入されるに至る。すなわち、省令の条文は以下の通りである。

第三条　高等小学校ノ学科ハ修身読書作文習字算術地理歴史理科図画唱歌体操裁縫(女児)トス土地ノ情況ニ因テハ英語農業手工商業ノ一科若クハ二科ヲ加フルコトヲ得唱歌ハ之ヲ欠クモ妨ケナシ

「土地ノ情況ニ因テハ」という限定付きだが、生徒たちは、尋常小学校を修了して、高等小学校へ進学すれば、「農業・手工・商業科」を正規の学科として学習することが可能だったのである。とすると、尋常小学校用の『日本読本』が「都市用」「郡村用」の二種類の読本を用意した理由の一つとして、高等小学校の教科構成との接続を考えたという側面があるかもしれない。それは、学校教育がともすれば現実的な生産生活から切り離されがちである現状に鑑み、庶民が必要とするような教科書を提供しようとした出版社の戦略でもあったのだろう。つまり、これも庶民が求める方向にそって教科書を作成しようという、金港堂の大衆化路線の一環だったと考えることができるのである。

『小学農業書』などの農業・商業教科書類

この後、金港堂の『日本読本』は、明治二四年の「小学校教則大綱」に準拠して、明治二六年九月に検定合格本『新撰尋常日本読本』として、あらたに生まれ変わる。といっても、ベースになったのは、やはり明治一九年刊の『日本読本』だった。発行者が、金港堂書籍株式会社になっており、なぜか著者名として新保磐次個人の名前は記されていないが、やはり新保磐次が編集に関わったと考えられる。*29

この明治二六年の『新撰尋常日本読本』の第八と、『日本読本』の教材とを比べてみたのが次頁の表である。この時、『新撰尋常日本読本』が準拠しなくてはならなかったのは、今述べたように、明治二四年の「小学校教則大綱」だった。この法令については、第三章で後述するが、おそらくそこに書かれてあった「読本ノ文章ハ平易ニシテ」という文言に対応させて、下学年にあった教材を、尋常小学校の最高学年の『新撰尋常日本読本第八』に引き上げたのだろう。すなわち、明治一九年『日本読本』では、尋常小学校の三年生の後期と四年生の前期用として置かれていた「忠義ナル犬」や「宝(イソップ寓話)」を、四年生の後期用教材として据えているのである。

しかし、それよりもっと目を引くのは、『日本読本郡村用』にあった

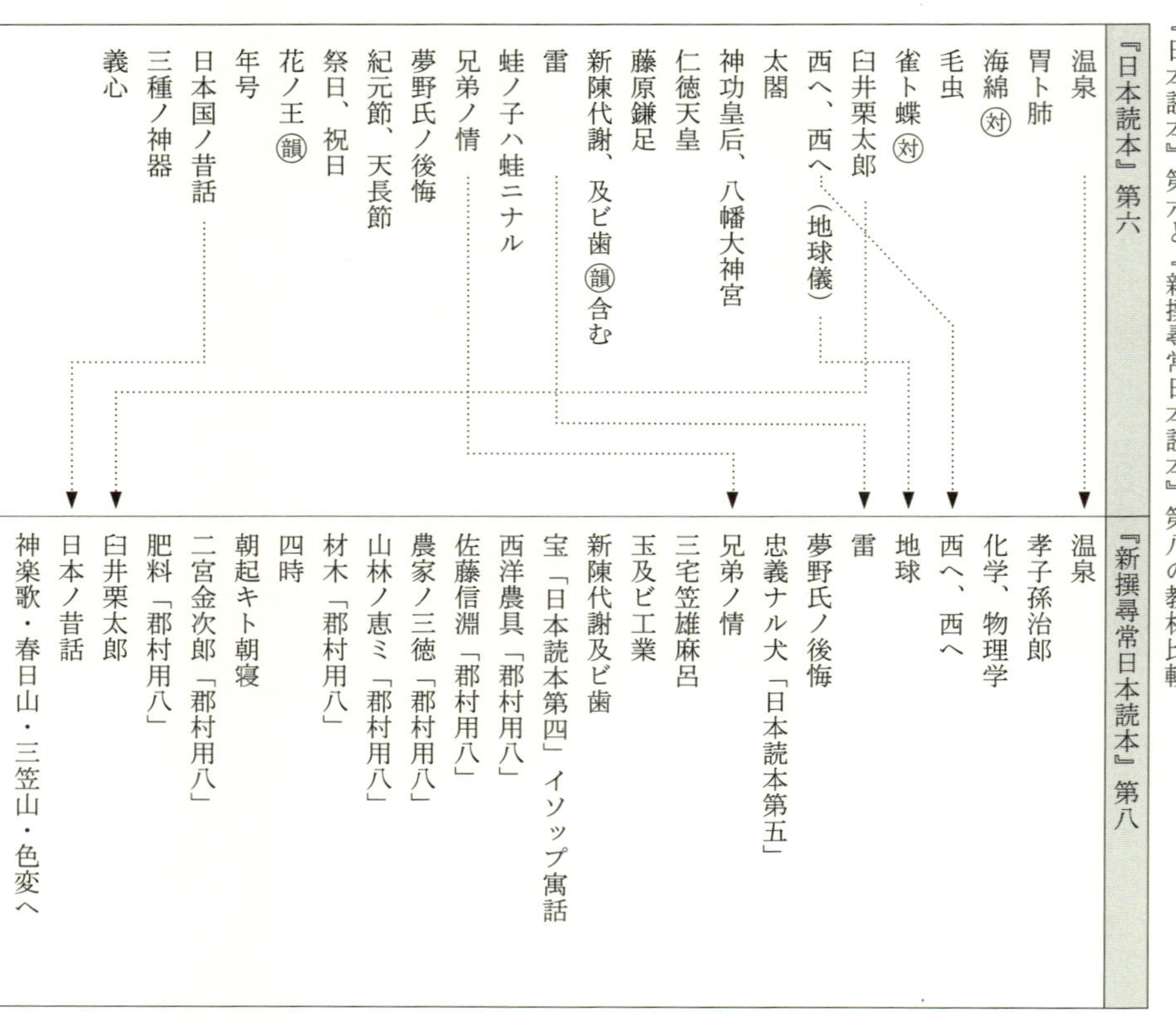
『日本読本』第六と『新撰尋常日本読本』第八の教材比較

『日本読本』第六	『新撰尋常日本読本』第八
温泉	温泉
胃ト肺	孝子孫治郎
海綿 ㊉対	化学、物理学
毛虫	西へ、西へ
雀ト蝶 対	地球
臼井栗太郎	雷
西へ、西へ（地球儀）	夢野氏ノ後悔
太閤	忠義ナル犬「日本読本第五」
神功皇后、八幡大神宮	兄弟ノ情
仁徳天皇	三宅笠雄麻呂
藤原鎌足	玉及ビ工業
新陳代謝、及ビ歯 韻含む	新陳代謝及ビ歯
雷	宝「日本読本第四」イソップ寓話
蛙ノ子ハ蛙ニナル	西洋農具「郡村用八」
兄弟ノ情	佐藤信淵「郡村用八」
夢野氏ノ後悔	農家ノ三徳「郡村用八」
紀元節、天長節	山林ノ恵ミ「郡村用八」
祭日、祝日	材木「郡村用八」
花ノ王 韻	四時
年号	朝起キト朝寝
日本国ノ昔話	二宮金次郎「郡村用八」
三種ノ神器	肥料「郡村用八」
義心	臼井栗太郎
	日本ノ昔話
	神楽歌・春日山・三笠山・色変ヘ

韻は韻文　対は対話

七教材が、この『新撰尋常日本読本第八』に移されていることである。すなわち『新撰尋常日本読本第八』全二五教材のうち、八教材は『日本読本第六』からの引き継ぎ教材であるが、七教材が『日本読本郡村用』から、また二教材が下学年から引き上げられた教材だったのである。引き上げられたイソップ寓話の「宝」が、読み手に示している教訓は「たゆまず農地を耕作することが大事だ」という内容だった。

つまり『新撰尋常日本読本第八』は、教材全体を平易にしたのと同時に、農村に適合させることを目的にした教科書へと軸足を移したのである。それは、金港堂自身が選択した路線だった。就学率が向上した大きな要因が、多くの農村地域の子どもたちが学校へ登校するようになったからだとするなら、教科書の顧客は圧倒的に農村に存在していることになる。教科書販売のターゲットは、農村である。幸いなことに金港堂は、すでに「都市用」「郡村用」の二種類の教科書を作製した経験があり、営業的には「郡村用」の方が、現場の支持を得ることをよく承知していた。金港堂は、そうした需要層に合わせて、「小学校教則綱領」（明治一四年）の教材の縛りの範囲内で、かなり農村寄りの内容を持った「読本」を作製したのである。いうまでもなく商業的にはそれがもっとも合理的な販売戦略であったし、だからこそ金港堂の教科書は、多くの発行部数を誇ることができたのである。

（3）『幼学読本』との対照

『日本読本』との同一点と差異点

ところで、金港堂は同じ時期に、西邨貞が編集した『幼学読本』八冊も、刊行している。この教科書は、一八八七（明治二〇）年三月四日版権免許、同年五月出版。同年の一一月一一日に、校正本（「初歩」は五月）が刊行されて、一八八七（明治二〇）年一一月三〇日に文部省の検定を受けている。新保磐次の『日本読本』と、ほぼ同時の出版である。

『幼学読本』の編集にあたった西邨貞は、大学南校を出て、東京英語学校や大阪師範学校に勤め、金港堂からは、『小学教育新篇箋解』（明治一八年二月）や『教育一家言』明治二六年四月、などを刊行している。『幼学読本』刊行時には、大日本教育会参事兼理事であり、もともとは物理学者であった。したがって、この読本には「理科的な立場」からの教材が多く、それが新保磐次の『日本読本』との大きな差違であることを、古田東朔が指摘している。また西邨は、先に触れた同じ金港堂から刊行された日下部三之介編『小学読本』において、「検閲」の任に当たっていた。[*30]

『幼学読本』は、平易な文章表現や談話体の導入という点で、従来から国語学者に注目されていた。古田東朔の編集した『小学読本便覧・第三巻』にも全文が影印で紹介されており、新保の『日本読本』と併載されている。確かに『幼学読本』は、談話体の採用という点では、『日本読本』と並んで特色のある教科書である。山本正秀も、西邨貞が、積極的に言文一致の活動を展開し、その実践的営為として『幼学読本』を完成させたことを高く評価している。[*31]

西邨自身は、「例言」の中で、『幼学読本』が、会話体の基準を東京の話しことばに置いたことを明言している。「会話体 ハ 専ラ 東京 士君子 ノ間ニ 行ハルル 語音 ヲ 以テ 標準 ト 為セリ、是レ 語 ハ、他ノ 者ノ 如ク、漸漸、自然ニ 同化スル 傾向 即チ Assimilation ノ 勢 有ル 者 ニシテ、我ガ 邦 ヲ 以テ 言ヘバ、東京 ハ 即チ Assimilation ノ 中心 ナル 可ケレバ ナリ。」この発言は、東京語を「標準語」とすると宣言した文言としては、比較的早期に置かれるものであるようだ。この時、入門期言語教科書の大勢は、新保磐次の『日本読本』、文部省の『読書入門』『尋常小学読本』などを始めとして、新しい標準文体である談話体を採用する方向へと動いていたのである。

もっとも、同じ金港堂の読本である『日本読本』が広く普及したのに比べ、『幼学読本』は、それほど多くは採用されなかったと思われる。というのも、この教科書の現在の所蔵館を調べてみると、東書文庫と教育政策研究所教育図書館に全巻揃って所蔵されているのは当然だとしても、その他には、滋賀大学附属図書館・東京学芸大学附属図書館・開智学校に『幼学読本・初歩』が、また愛媛県立図書館に『幼学読本』の「初歩」から「第五巻」までの六冊が保存してあるだけで、「初歩」から「第七巻」までの全冊が揃っているところはないからである。したがって、この読本の普及度は、新保磐次の『日本読本』ほど高くなかったのではないか、と推察することができる。[*32]

『幼学読本』の内容上の大きな特徴は、新保磐次の『日本読本』には、外国読本からの翻訳だと思われる教材が数編しか収められていないのに対して、外国の教科書などからの読み物教材がかなり導入されていることとである。その読み物教材を順に並べると以下のようになる。

キツネトカラス（第一・第一六課）イソップ寓話（通俗一二九）
こしぼそばちとみつばち（第二・第二〇課）チェンバースタンダード？
欲深キ犬（第四・第一四課）イソップ寓話（通俗一八）

『幼学読本』　西邨貞　金港堂　一八八七（明治二十）年五月　一八八七（明治二〇）年一一月三〇日　文部省検定

幼学読本　初歩

1	キ。ハ。
2	ハタ。タキ。
3	ヤ。ヤリ。キリ。ハリ。
4	ミヤ。ハト。トリ。
5	ミミ。メ。テ。
6	タケ。子。ハケ。ハ子。キ子。
7	カ。カヤ。アメ。ミノ。
8	ヤネ。カ子。ハカリ。ノミ……
9	フ子。ホ。ロ。ヒ。ヒト。
10	ナ。ハナ。ハス。ナス。……
11	ワ。タコ。ユミ。ワタ。ユキ。
12	コト。カタナ。コテ。
13	カマ。カサ。ワク。クルマ……
14	イカ。カニ。カイ。モモ。……
15	イミ。ナシ。キウリ。……
16	ヌマ。ヨシ。ウヲ。サヲ。……
17	マツ。サクラ。ラン。テラ……
18	ホシ。ツキ。ニカイ。……
19	ムシ。チン。イタチ。フエ……
20	ムチ。ツエ。ツクエ。……
21	キセル。カミソリ。トリヰ……
	片仮名
	五十音
22	しか。うし。
23	かま。うす。み。うま。すみ。
24	かき。きく。からす。まき……
25	はし。まち。みせ。はち。……
26	た。はた。まつ。たけ。うめ。
27	かし。つた。かめ。はかま……
28	しろ。むら。むしろ。こめ……
29	いす。とけい。やま。……
30	にかい。とこのま。かけもの……
31	あみ。うを。やな。あゆ。……
32	めん。おきな。ふさ。ひも。……
33	ひと。にもつ。はち。ゆみ。……
34	れんこん。せり。よめな。……
35	ほん。てほん。つくゑ。……
36	ほそね。くわゐ。ゐのこ。……
37	いね。ひ江。てら。そてつ。……
	平仮名
	五十音
38	すずりとふで。てがみと……
39	ヒバシトヒケシツボ。……
40	きじとしぎ。さぎととび。……
41	カゴニガン。モズトスズメ……
42	たまごとたばこ。ざくろと……
43	アシダトコマゲタ。ナガグツ……
44	ゐど。とぶくろ。つるべ。へび……
45	イケニイシバシ。ハチニ……
46	とだなとけんどん。ぜんと……
47	ドビントテツビン。ハイセン……
48	ヤナギニカゼ。ミゾニ……
49	ふぢのはな。やまぶきの……
	濁音
50	一ポンノヘラ。二ホンノ……
51	六ぴきのすつぽん。七まい……
52	一ツ、二ツ、三ツノポンプ。……
53	一つ、二つ、三つ、四つの……
	次清音・数字
54	コノイヘ。アノニハ。ソノ……
55	オモイヤクワン。カロイ……
56	ナツハアツイ。フユハ……
57	カホヲアラフ。テヌグヒデ……
58	イヌガホユル。カラスガ……

幼学読本　第二

1	テフテフ。
2	ニハニイケ。
3	あのしやうぶ。
4	れふし。
5	キヤクトイシヤ。
6	ナノハナ。
7	いぬとねこ。
8	ニハトリトヒヨコ。
9	サル。
10	五ヂユフノタフ。
11	たこ。
12	ハ子。
13	コマ。
14	しやくやく。
15	イウビン。
16	チヤウチントハタ。
17	ふくろふ。
18	バシヤ。
19	キウジツ。
20	ヘイタイ。
21	コドモトイヌ。
22	コノニハ。
23	みけとこま。
24	ものもちのべつさう。
25	イヌトヒト。
26	ユキダルマ。
27	モノサシ。
28	バシヤトジンリキシヤ。
29	大キナニハ。
30	大くとさくわん。
31	山トカハ。
32	テツダウノステエシヨン。
33	練習
34	練習
35	ホンヲヨム子ドモ。
36	ヒトツキ。
37	タウエ。
38	マチトムラトハヤシ。
39	よあけ。
40	日ノ出。
41	ガク校。
42	ウシトウマ。
43	練習
44	練習
45	練習
46	練習
47	練習
48	マスト米ビツ。
49	ホウイウノテガミ。
50	ユフガホダナトハタケ。
51	アリ。
52	タダチ。
53	二人の子供。(対)
54	一子ンノコト。
55	フ子ニホ。
56	練習
57	練習
58	練習
59	練習
60	練習
61	練習

	第二	第三	第四	第五	第六	第七
1	子供ノアソビ	アザラシ	国国ノコトバ	オ秀トオ菊(対)	紙	日本
2	テラノカ子	(前ノ続キ)	(前ノ続キ)	(前ノ続キ)(対)	(前ノ続キ)	(前ノ続キ)
3	百シヤウヤ	十一月	オ松トオ梅(対)	獅子	(前ノ続キ)	カハヲソ
4	山トタニ	(前ノ続キ)	夏ノ休ゲフ	己レノ仕事ヲツトメヨ	象	(前ノ続キ)
5	スエフロ	衣服ノタグヒ	(前ノ続キ)	獅子トネズミ《イ》	トウダイ	かひこ
6	チチハハト子供	(前ノ続キ)	タイサウ	虎	(前ノ続キ)	海ト陸トノ事
7	父ト子供	夏ノ日	クワジ	茶	狐ト馬《グ》	(前ノ続キ)
8	ザシキ	(前ノ続キ)	天長セツ	(前ノ続キ)	(前ノ続キ)	工業
9	ハカリ	(前ノ続キ)	(前ノ続キ)(対)	ゆだん大敵《イ》	こよみ	(前ノ続キ)
10	ハマベニレフシ	豊田郎ト広二郎(対)	(前ノ続キ)(対)	猿ノ話	(前ノ続キ)	(前ノ続キ)
11	人ノカラダ	凧	れふしとう	熊	食物	六月
12	目は大切なり	新助凧ヲ張ル	雞ノ雄ト雛	(前ノ続キ)	空気	木材
13	イフク	(前ノ続キ)	(前ノ続キ)	煙草	(前ノ続キ)	(前ノ続キ)
14	冬ノ日	かうもり	欲深キ犬《イ》	(前ノ続キ)	鯨	(前ノ続キ)
15	(前ノ続キ)	ゲタ屋	クモノス	大陽	(前ノ続キ)	鉄道
16	キツ子トカラス《イ》	国吉ト保吉(対)	おほかみときつね《グ》	夕立	夜	(前ノ続キ)
17	百姓ヤ	(前ノ続キ)(対)	(前ノ続キ)	(前ノ続キ)	決シテ遅刻スル勿カレ(対)	日本国ノ事
18	雞	ミナトニ船	(前ノ続キ)		飛魚	(前ノ続キ)
19	フクロフ	船	オカツトオマス(対)			(前ノ続キ)
20	こしぼそばちとみつばち		狐ト子コ《グ》			
21	小サキナガレ。					
22	(前ノ続キ)					
23	カヂ屋					
24	(前ノ続キ)					
25	金物屋					
26	鉄はたうとし					

《イ》はイソップ童話　《グ》はグリム童話　(韻)は韻文

おほかみときつね（第四・第一六―一八課）グリム童話 KHM72
狐トネコ（第四・第二〇課）グリム童話 KHM75
獅子ト鼠（第五・第五課）イソップ寓話（通俗二四）
ゆだん大敵（第五・第九課）イソップ寓話（通俗二七）
猿ノ話（第五・第一〇課）不明
燈台（第六・第六課）Union 3, Swinton 3-15, Sargent 3 など
狐ト馬（第六・第七―八課）グリム童話 KHM132

この中では、グリム童話がいくつか選ばれて翻訳掲載されていることが注目される。第四第二〇課の「狐トネコ」に関しては、次章でも再度触れるように、文部省から刊行された『尋常小学読本』にも訳出されている。しかし『尋常小学読本』では、低学年用の教材として用意されたため、骨だけのあらすじに近い。それに対して、この『幼学読本』の巻四第二〇課の「狐トネコ」は、漢字片仮名交じりの文語体ではあるものの、読み物としての面白さは十分に保たれている。さらに、巻四第一六・一七・一八課には、「おほかみときつね（狼と人間）KHM72」、巻六第七・八課には、「キツネと馬 KHM132」のグリム童話が載せられている。これらもていねいな翻訳になっている。『幼学読本』の教材文が何を原拠としていたのか、その原典は特定できないが、この教科書には三編のグリム童話が翻訳掲載されていたことになる。

このようにグリム童話は、明治二〇年代になると、日本の小学校用の教科書教材として、ようやく本格的に登場してくる。もっとも、この三編はともに、他に載せられていたイソップ寓話などと同様、話の結末は訓言に収斂している。つまり、グリム童話のうちでも、教訓的な話材が選ばれているのである。しかし、これらの教材が、ヘルバルト教育学を経由して教材として持ち込まれたものではなく、それらとは異なったルートから選択されていたことには、注意を留めておくべきであろう。（口授用の教材としてのグリム童話に関しては、第六部第三章第三節で触れる。）

また、『幼学読本』の中には、古田の言う「理科的な立場」の教材に相当する「獅子」や「アザラシ」「鯨」などの動物が、各巻に取りあげられている。これらの教材に付された動物の挿絵は、ウィルソンリーダー第三・第四に掲載されていた博物学的な図などに由来しているように見える。このように、『幼学読本』は、読本全体の挿絵が洋風であることと、西欧の読み物教材が翻訳されていることなどのせいで、西欧的な雰囲気が漂っている。それは、同じ金港堂の『日本読本』と対照すると、より一層強く感じることのできる『幼学読本』の特徴である。もし、金港堂の新保磐次の『日本読本』を、榊原芳野等の『小学読本』の系譜に位置づけるとするなら、この『幼学読本』は、田中義廉の『小学読本』の系譜の方に位置づけられる。つまり、『日本読本』の題材が、「土着的」なのに対して、『幼学読本』は、どちらかと言えば「欧化的」路線に属するのである。

ここでも、先ほどから見てきた金港堂の教科書販売についての戦略を確認することができる。すなわち、内容的にみると、金港堂の読本には、伝統的な編纂スタイルの『小学読本』をもとにしてその平易化を図った原亮策編の『小学読本初等科』路線があり、それを発展的に継承して談話体を積極的に取り入れた新保磐次の『日本読本』があった。一方、欧化的な編纂スタイルの『小学読本』をもとにした久松義典の『新撰小学読本』や日下部三之介の『小学読本』があり、その延長線上に談話体を

積極的に取り入れた『幼学読本』が作られた。金港堂としては、文部省による「教科書検定」の方針などを勘案しながら、またそれを採用する各地の学務課などの声に配慮しながら、トーンの異なる読本を作製して複線化路線を採用して、教科書の供給販売に当たっていたのである。

ところで、西邨は、なぜ談話体を採用した平易な文章による読本を編纂したのだろうか。彼の意図は、一八九〇（明治二三）年五月二四日に帝国大学講義室で行われた、大日本教育会第七回総集会の「小学校用教科書ノ事ヲ論ジテ、文章、文字ニ及ブ」という講演で確認できる。[*33]

西邨はここで「我ガ帝国四海ノ内ハ皆兄弟ナリトノ古キ教ヲ固ク守リマスルト同時ニ、四海ノ外ハ皆敵ニシテ、油断ハ固ヨリ瞬時モナラヌモノナリトノ考ヲ抱キテ居リマス。」という現状認識を述べている。また、「日本人ハ絶東ノ一孤島ニ居ルノ思ヲ脱シ、欧羅巴ノ真中ニ此ノ国ノ位置ヲ占メテ、四面ニ敵ヲ引キ受クルノ覚悟」を持たなければならないとも言う。「四海ノ内ハ皆兄弟ナリ」という言述から想起されるのは、福沢諭吉が『西洋事情』に「四海一家五族兄弟」という標語を載せていたことである。第二部第二章で、田中義廉編の『小学読本』の「五人種」の図を検討したときに触れたように、『西洋事情』が先を争うようにして読まれた明治初年の時代意識においては、「四海一家」という文言にも、まだ観念的な国際感覚も含まれていた。

しかし、明治二〇年代までに日本は、近隣の諸国との現実の緊張状態をたびたび経験する。一八七五（明治八）年の江華島事件以来の朝鮮との緊張関係、一八七九（明治一二）年には琉球併合による琉球との緊張関係、一八八六（明治一九）年には長崎に上陸した清の水兵が起こしたトラブルとその事後交渉に関わる清国との緊張関係などなど。結局それは、明治政府の軍拡路線のもとに、日清戦争という大きな事件へとつながっていく。西邨も、そうした対外的な緊張状態を意識して、この時、「四海ノ外ハ皆敵ニシテ」と述べているのである。言うまでもなく、こうした時局認識は、西邨だけのものではなかった。[*34]

さらに西邨は、次のようにも言う。すなわち、小学校用の教科書にはいろいろ種類があるが、最も大事なのは「読書科ノ用書」だ。なぜなら読本は、「国風教育ノ要領ヲ含蓄セシメ得ベキ最モ好キ本源デアル」からである。そのため、読本の文章は「平易ナルヲ尊ブ」べきであり、「従来慣用ノ講釈ヲ待タズシテ文章ノ意義ダケハ辛フシテ解カル位ノモノ」でなければならないという。また、文字も「普通ニ使用スルモノ」を用い、漢字も「有用ナル漢字ヲ数限リテ用フルノミ」でいいという。ここで西邨は、読本の文章・文体を平易にし、表記を一定にして漢字を制限することを主張している。当然その成果の一端が、自分が編集した『幼学読本』だということなのだろう。

西邨によれば、読本の中に平易な文章・文体を採用する必要があるのは、なによりも具体的実際的な国防教育を推進するためだった。その点で、西邨が読本を通してめざしていた最終的な方向は、文部省と軌を一にしている。すなわち、次章で述べるように、文部省が推進しようとしていた国家教育路線と、西邨のそれと大きな隔たりは無かった。平易な文章文体の提唱は、なによりも国家主義を支えるものとして考えられていたのである。その大きな流れは、やがて明治二〇年代を通じてさらに大きなうねりとなっていく。民間書肆である金港堂が、この時、『日本読本』や『幼学読本』の中に率先して談話体を取りあげ、平易な文章文体の読本を用意したのも、帝国日本の軍事政策としての教科書による言語戦略を先取りした側面があったからである。

＊

本章を締めくくるに当たって、検定前期に、金港堂が「郡村用」教科書を作製したことの意味を、ここでもう一度振り返っておきたい。

第二部で見てきたように、各地域の教育組織は、それぞれ工夫をしながら言語教育の教科書である『小学読本』の作製に取り組んでいた。そうした努力をさらに発展させるという方向を探るならば、各地域が、それぞれ地域別の言語教科書を作製するという方向もあり得たかもしれない。つまり、各地域がそれぞれの地域で必要とする学習内容を、地域の要求に沿って構築し、それを教科書という形で練り上げるという道筋である。それは、地方の教育行政が教育内容を自ら決定する方向に進むかどうかという問題でもあるし、同時に各地域が地域独自の言語文化を掘り起こし、それを教育内容として据えるような教科書の作製を試みるかどうか、という問題でもある。換言するなら、教育内容編成権の地方分権化であり、地域言語教科書作製権の確保である。もし、実際の使用者である地域の学習者の実態に即して国語読本が作製されなければ、地域の学習者の言語力の向上につながらないとするなら、そうした路線を模索することはきわめて重要な方向だと考えられる。

しかし、入門期用の教科書を単発的に作製するのならともかく、実際に、各学年にわたる教科書内容を見通して、統一的に編成するには、大規模な人的資産と、印刷刊行供給などの出版流通活動全般にわたった施設や設備、あるいはそれを円滑に運用するためのノウハウが必要になる。また、実際に、地域商品としての教科書作製は、地方の教育行政における官民癒着という問題を惹き起こし、その排除も大きな課題になってきていた。したがって、本来なら、各地域で作製すべき「郡村用」の教科書を、東京の大書肆がまとめて作るという一見矛盾したようにも思える事態にもなっていたのである。

さらに、地誌や習字の教科書とは異なり、国語の読本の場合には、共通の言語の普及という別のレベルの問題群が、そこに絡んでくる。いうまでもなく、地域の人々が相互にコミュニケートできる地域の「話しことば」は、大切にされなければならない。しかし、読本というメディアは、その性格上いやおうなく書きことばを中心に編成されている。明治中期のこの時代には、地域独自の話しことば文化を育てることよりも、日本全国に通じる平易で統一的な書きことばを普及させることこそが、喫緊の課題だったのである。また、その統一的な書きことばの学習を通じて、話しことばも均一的な方向に整序されていく。そのことは、民間の教科書会社だけではなく、国家教育を標榜する文部省の教科書の作製の過程において、より強く意識された課題であった。

次章では、こうした状況下において、教科書の作製という点では民間書肆と同じ問題を抱えながら、それを販売普及するという点で民間書肆と対立する立場にあった文部省による教科書製作の動きを見ていくことにしたい。

注（Endnotes）

*1 本書に関係する稲岡の明治期の教科書出版に関する研究は、以下のようである。

稲岡勝「金港堂小史――社史のない出版社『史』の試み」『東京都立中央図書館研究紀要』一一号　六三―一三五頁　一九八〇（昭和五五）年三月。

稲岡勝「明治前期教科書出版の実態とその位置」『出版研究』一六号　日本出版学会　七二―一二五頁　一九八五（昭和六〇）年三月。

稲岡勝「『原亮三郎』伝の神話と正像――文献批判のためのノート」『出版研究』日本出版学会一八号　一二八―一四三頁　一九八七（昭和六二）年三月。

稲岡勝「明治前期文部省の教科書出版事業」『東京都立中央図書館研究紀要』一八号　一―五三頁一九八七（昭和六二）年三月。

稲岡勝「金港堂の七大雑誌と帝国印刷」『出版研究』二三号　日本出版学会　一七一―二一一頁一九九二（平成四）年三月。

稲岡勝「明治検定期の教科書出版と金港堂の経営〔含付録〕」『東京都立中央図書館研究紀要』二四号　一―一四四頁　一九九四（平成六）年三月。

稲岡勝「板木師滝沢養吉と内藤伝右衛門の求板本」『都留文科大学研究紀要』六一号　二〇二―一八二頁　二〇〇五（平成一七）年三月。

稲岡勝「対文部大臣版権侵害要償訴訟と内藤伝右衛門」『都留文科大學研究紀要』六七号　二四六―二二三頁　二〇〇八（平成二〇）年三月。

*2 稲岡勝「明治検定期の教科書出版と金港堂の経営〔含付録〕」『東京都立中央図書館研究紀要』二四号　一―二頁　一九九四（平成六）年三月。この整理は、稲岡勝「明治前期教科書出版の実態とその位置」『出版研究』一六号　日本出版学会　七二―一二五頁　一九八五（昭和六〇）年三月、で明らかにしたことを、稲岡自身がまとめたものである。

*3 一八七七（明治一〇）年三月に刊行された『横濱新誌初編』（川井景一戯著）の「書舗」の項目には、以下のような記事があり、金港堂が「小学書籍」を扱っていたことが分かる。

近日書肆ノ盛ンニ行ハル、其数僂指スルニ遑アラズ老舗ト称スル者ハ（中略）而シテ金港堂(キンコウドウ)ナル者昨年書肆ヲ弁天通第六街ニ開ク鈴木某今年亦店ヲ野毛坊ニ出ダス書舗各家互ニ新板ヲ競ヒ共ニ廉価ヲ争フ而シテ丸善ハ西洋書籍ヲ以テ著ハル金港堂ハ小学書籍ヲ以テ鳴ル（下略）

また、続けて『横濱新誌初編』には、田舎者が「小学読本」などを購入する様子が書かれている。ここに出てくる「小学読本」巻六は、おそらく田中私刊本であろう。

一傖(イナカモノ)雨衣ヲ被シ晴笠ヲ戴キ行李(ニモツ)ヲ肩ニシ来テ曰ク小学読本アルヤ伴頭磕頭(オジギ)シテ曰ク有リ々々一ノ巻カ二ノ巻カ三四五六並ニ有リ何レカ佳ナル傖曰ク彼此相煩(アレコレメンドウ)スニ及ズ三四ノ二冊ニシテ佳ナリ且ツ日本地略ハ如何ン伴(バントウ)曰ク未ダ聞カズ若シ日本地誌略ニハアラズヤ傖(イナカモノ)尋思シテ曰クソレ々々其本ナリ吾誤レリ伴曰ク一カ二カ曰ク一ノ巻一冊ニシテ足レリト一々値ヘ定ル三冊合計拾八銭風呂敷ヲ開ヒテ之ヲ包ム値ヒヲ収メテ起ツ伴謝シテ曰ク毎度愛顧(ゴヒイキ)ヲ蒙ル多謝(アリガトウ)々々

なお、この本には、書物を購入する客たちが集まる店頭風景の図が挿入されている。図の中の左端に見えるのは、地球儀の掛図だと思われる。

『横濱新誌』所収・書肆店頭風景

*4 『修身説約』や、木戸麟の生涯については、以下のような研究がある。

『群馬県教育史第一巻明治編上巻』群馬県教育委員会　一九七二（昭和四七）年三月「第三編　3教育令下の小学校教育」の「（3）『修身説約』の編さん

と使用」六三一—六四四頁。執筆は、関茂。『明治期の教科書調査「修身説約」』群馬県総合教育センター　二〇〇三（平成一五）年二月、所収の、森田秀策・小澤賢二「明治期の本県教育と『修身説約』」九九—一〇五頁。丸山知良『木戸麟覚え書き』『群馬県史研究』八号　群馬県史編さん委員会　一九七八（昭和五三）年九月　三三—四二頁。

*5　久松義典『新撰小学読本』は、以下に所蔵されている。東京学芸大学、巻一・巻二（初刊・再刊）・巻三。東書文庫、巻一、巻二（再刊）。筑波大学、巻一）。家蔵本、巻二、巻三（初刊・再刊）。注記がないものは、一八八〇（明治一三）年の初刊本である。

*6　ここまでの情報は、『宇都宮大学教育学部百五十年史』と『師範学校沿革誌』による。別に、久松が栃木県師範学校へ赴任したのは、一八七八（明治一一）年秋、栃木県師範学校二等教諭としてである、という情報もある。『宇都宮大学教育学部百五十年史』は、明治三八年一〇月刊の横田長司編『師範学校沿革誌』の記述を典拠としており、後者の情報（谷内鴻「資料紹介『欧州教育小史』」『國學院短期大学紀要』一九号　二〇〇一年三月）は、『栃木県師範学校小史』（稿者未確認）を典拠としているらしい。ここでは、『師範学校沿革誌』（横田長司編・一九〇五《明治三八》年一〇月・三共社活版所）の記載にしたがった。

*7　『栃木県師範教則小学教授法』は万象堂蔵版で、出板人は菅谷甚平（栃木町住）。『小学教授書』は、出板人が山中八郎（集英堂）。『小学読本　上』は、出板人が蜂谷才次郎（栃木町寄留）である。いずれも、地元の業者だと思われる。

*8　『栃木県教育史』第三巻　栃木県教育史編纂会編集　一九五七（昭和三二）年九月　二四四頁。この項は、塚田泰三郎執筆。

*9　稲岡勝「金港堂小史——社史のない出版社『史』の試み」『東京都立中央図書館研究紀要』一一号　一九八〇（昭和五五）年三月　七七頁。

*10　仲新『近代教科書の成立』昭和二四年七月初版　昭和五六年四月複製発行　日本図書センター　二一七頁。『日本教科書大系・近代編・第四巻・国語・（一）』講談社　昭和三九年一月　七一四—七一五頁。

*11　原亮三郎の長男である原亮策は、明治二十年には、修業のために英国へ洋行している。『教育報知』七三号　明治二十年七月　六〇頁、には、原亮策の洋行を報道した記事がある。なお、この情報は、稲岡勝「明治検定期の教科書出版と金港堂の経営〔含 付録〕」『東京都立中央図書館研究紀要』二四号　一九九四（平成六）年三月　二八—二九頁、から入手した。

*12　若林虎三郎・白井毅『改正教授術』普及舎　巻一・二・三は、明治一六年三月二四日版権免許　同年六月出版。続編は、明治一七年三月四日版権免許　同年五月出版。明治二一年六月には、師範学校用の教科書として文部省の検定を受けている。

なお、吉田熊次によれば、この九ヵ条の原則は「シェルドンの小学校教授論の中にあるペスタロッチ法及び原理 Pestalozziaa Plans and Prineiples と題するものと全く同一」だという。ペスタロッチの考え方は、日本ではシェルドン経由で広がったのである。吉田熊次『本邦教育史概説』目黒書店　一九二二（大正一一）年四月　四一四—四一六頁。

*13　『小学読本』編輯人・若林虎三郎、出板人嶋崎礒之烝　明治一七年三月一四日版権免許、同年六月二〇日出版。定価、第一・八銭五厘、第二・九銭五厘、第三・一〇銭五厘、第四・一一銭、第五・一二銭。出板人の嶋崎礒之烝は、茨城県士族、住所は東京下谷区下谷西町二二番地である。若林虎三郎が著作者となっている教科書としては、ほかに、明治一四年一〇月の『作文稽古本』若林虎三郎・辻敬之著、明治一六年一一月の『地理小學』がある。いずれも『小学読本』より以前の刊行で、『改正教授術』と同じ普及社が刊行元である。なお、同人物であるかどうかは不詳だが、明治一四年五月に、島崎磯之丞（絅齋）

編、市野京太郎校『訓蒙蒙求国字解』が、東京の大草常草（柏屋）から刊行されている。この人物は漢学者らしい。
また、普及舎からは、一八八五（明治一八）年一月に、『心性開発 小学教科書論』（著述兼出版・普及舎／一二二頁）という書物が出ている。現今の教育情勢と各科教授法とを組み合わせたような内容で全体的には、発達段階に即した教科書の必要性を説いているが、具体性に乏しい。しかし、「連語ノ初歩ニ於テ『天神ノ徳万物ニ霊』等無形ノ物ヲ説キ、読本ノ首ニ於テ児童ノ感想得及ブベカラザル『地球上ノ人種』ヲ説ク等ノ弊（一七頁）」を指摘するなど、明治初期の『連語図』や田中義廉の『小学読本』などが、児童の心性を顧慮していないことを鋭く指摘した記述も含まれている。

*14 「検定済教科用図書表」によると、若林虎三郎の六冊本の『小学読本』は、明治二一年二月二〇日に、文部省の検定を受けている。おそらくこの時点では、若林本がまだ現場で使用されていたので、文部省の検定を受けたのであろう。

*15 山梨図書出版社の『高等小学 開国読本』は、東書文庫に現物が所蔵されているものの、「検定済教科用図書表」には、書名の記載がない。おそらく「不認定」になったのだと思われる。なお、日下部三之介の経歴やその仕事についてもっとも詳しいのは、以下の文献である。久木幸男「解説『教育報知』と日下部三之介」『教育報知』復刻版・別巻　ゆまに書房　一九八六（昭和六一）年四月　五―二九頁。なお、この解説に、日下部が金港堂から明治一八年に『小学初等科読本』を刊行したという記載があるが、その教科書は確認できていない。

*16 刊記は家蔵本の一・二・四・五巻による。この本は、巻五まで刊行されたようで、福井大学が二・三・四・五巻を所蔵している。東書文庫には、一巻と五巻がある。

*17 稲岡勝「明治検定期の教科書出版と金港堂の経営（含付録）」『東京都立中央図書館研究紀要』二四号　一九九四（平成六）年三月　三九―六四頁。

*18 文芸雑誌『都の花』は、明治二一年一〇月から明治二六年六月まで、毎月二回の発行で、通観一〇九号。山田美妙は、三八号まで編集の中心にいた。『日本近代文学大事典』第五巻　講談社　一九七七（昭和五二）年一一月　四二二頁。項目執筆は、山田有策。

*19 『日本教科書大系・近代編・第五巻・国語・（二）』講談社　昭和三九年一月　七九一頁。
なお、新保磐次に関しては、「新保磐次君の小伝」という記事が、『日本之小学教師』第二巻第一五号（明治三三年四月一五日号）に掲載されている。

*20 井上敏夫「明治初期国語教科書に見える句読法」『教科書を中心に見た国語教育史研究』溪水社　二〇〇九（平成二一）年九月　一〇一―一〇八頁。初出は、『国語科教育』第三集　全国大学国語教育学会　一九五六年三月。

*21 『日本教科書大系・近代編・第五巻・国語・（二）』講談社　昭和三九年一月　七九一―二頁。『小学読本便覧』武蔵野書院　昭和五六年六月「解説」三三五―六頁。

*22 板倉雅宣『教科書体変遷史』朗文堂　二〇〇三（平成一五）年三月　一四―一五頁に、金属活字使用例の指摘がある。

*23 『高等小学読本』にいたっては、ボール表紙を全面布でくるんだ完全な洋装の上装丁本も作られている（文部省編輯局・明治二一年九月二五日出版・定価金二五銭）。ちなみに、この後、通常の和装本形式の『高等小学読本・巻二』も作製されており、定価は一六銭であった。『日本教科書大系・近代編・第五巻・国語・（二）』講談社　昭和三九年一月、の一六八―八一〇頁までに紹介されている『高等小学読本』巻一から巻四までの原本は、先に刊行された文部省編輯局の上製本である。

*24 板倉雅宣『教科書体変遷史』朗文堂　二〇〇三（平成一五）年三月　一六―一七頁。

*25 稲岡勝「明治検定期の教科書出版と金港堂の経営〔含 付録〕」『東京都立中央図書館研究紀要』二四号 一九九四（平成六）年三月 八〇―八一頁。

*26 「郡村用」は、三重大学、東京学芸大学が所蔵しており、また古書店の目録などでも時々見かける。また、「字引」も刊行されている。しかし「都市用」の流布本はほとんど見ることができない。したがって、「都市用」はあまり普及しなかったのではないかと推測した。本書で比較のために使用した「都市用」は、国立国会図書館蔵本であるが、見返しに「文部省検定済」という記載がないので、流布本ではない可能性が大きい。「郡村用」は、家蔵本。

*27 『日本読本 郡村用』第八に掲載されている「二宮金次郎」の教材の末尾には、富田高慶の書いた『報徳記』が一八八三（明治一六）年一二月に宮内省蔵版として刊行されたことが記されており、新保磐次の教材文も、その『報徳記』を下敷きにしている。この『報徳記』から、幸田露伴の『二宮尊徳翁』（少年文学第七編・明治二四年）が生まれ、徐々に「金次郎ブーム」が広がっていく。その最初のきっかけは、明治二四年に、金次郎に従四位の追贈があったことである。明治三九年に二宮尊徳翁五〇年祭が行われたことや、「報徳運動」が進められたことによって、その輪はさらに大きくなる。

なお、二宮金次郎の図像・銅像などの源流と伝播については、以下の資料がある。井上章一文・大木茂写真『ノスタルジック・アイドル二宮金次郎』新宿書房 一九八九（平成元）年三月。岩井茂樹『日本人の肖像二宮金次郎』角川学芸出版 二〇一〇（平成二二）年二月。柿本真代「二宮金次郎と『負薪読書』図――近代日本における『模範的人物』像の形成」「国際児童文学館紀要・第二五号」二〇一二（平成二四）年三月 一―一六頁。

*28 『日本教科書大系・近代編・第二七巻・習字その他』講談社 昭和四二年一月 六〇一―六一二頁。

図版は、塚原苔園著述・内田嘉一刪定『校刻小学農業書』明治一四年一〇月、中川重麗纂輯『農家小学読本・附気象問答』第三版 明治一六年八月、松本英忠『小学農家読本』明治一二年一月、塚原苔園著『小学商業書』明治一四年一二月。いずれも家蔵本。

*29 前掲した、『日本之小学教師』第二巻第一五号（明治三三年四月一五日号）の「新保磐次君の小伝」には、「其の後君は大に健康を害し、屡々危篤に至る」とあるので、健康上の問題で読本編纂者として名前が挙げられていないのかもしれない。

*30 古田東朔編『小学読本便覧・第三巻』「解説」武蔵野書房 一九八一（昭和五六）年六月 三二九―三三三頁。

*31 山本正秀『近代文体発生の史的研究』岩波書店 一九六五（昭和四〇）年七月 四三九―四四九頁。

*32 『幼学読本』の家蔵本は、巻三と巻七の二冊であり、両書ともに旧蔵者は「山梨県中巨摩郡稲積邑・〇〇〇〇〇」である。したがってこの読本は、山梨県中巨摩郡でも使用されていた可能性が高い。

*33 西邨貞「小学校用教科書ノ事ヲ論ジテ、文章、文字ニ及ブ」『大日本教育会雑誌』九八号の「集会概況報告」の中に、講演が行われたことが記載されている。講演の内容は、後に、西邨貞著『教育一家言』金港堂 一八九三（明治二六）年四月、に収録された。

*34 知られているように、この時期には、福沢諭吉も「東アジア主義」を唱えて、文明的に「遅れた」中国や朝鮮を日本が侵略することを正当化する発言をするようになる。

第二章　文部省作製国語教科書の展開

一、文部省編輯局作製の『読書入門』の位置とその特色

（1）「小学校令」の規定

「小学校ノ学科及其程度」

一八八五（明治一八）年一二月二二日、内閣制度が導入され、内閣総理大臣伊藤博文は、森有礼を文部大臣に指名した。当時は、明治政府発足以来の悲願だった欧米諸国との条約改正問題が、ある程度進展しつつあり、一方、朝鮮を舞台に清国との軋轢も生じていた。こうした外交状況の中、森有礼は、明治国家の足元を固め、列強に互すことのできる国民の育成をめざして、精力的に新しい教育政策を進めていく。森は、文部省の機構改革を行うとともに、学校組織を統一的に再編成する。すなわち、「帝国大学令」「小学校令」「中学校令」「師範学校令」などを制定し、それぞれの位置付けを明確にしたのである。

一八八六（明治一九）年四月の「小学校令」では、小学校が「高等尋常ノ二等トス」となって、尋常小学校四年間、高等小学校四年間が学齢は「児童六年ヨリ一四年ニ至ル」八年間となる。そこで使われる教科書についても、一八八六（明治一九）年五月の「省令七号」で「教科用図書検定条例」が制定され、文部省による検定制度が出発する。

この時、尋常小学校における学科の内容は、「修身読書作文習字算術体操」となり、「図画唱歌ノ一科若クハ二科」を加えることができる、と規定された。また、高等小学校は「修身読書作文習字算術地理歴史理科図画唱歌体操裁縫児女」で、「英語農業手工業商業ノ一科若クハ二科」を加えることができること、「唱歌」は欠けてもやむを得ない、とされた。このうち「農業手工業商業」と言語教科書との関係については、前章でも触れたところである。

言語教育に関する教科構成は、一八八一（明治一四）年の「小学校教則綱領」と同じだが、その「程度（教科内容）」は、一八八六（明治一九）年五月二五日の文部省令第八号「小学校ノ学科及其程度」によって、次のように変更された。

読書　尋常小学科ニ於テハ仮名仮名ノ単語短句簡易ナル漢字交リノ短句及地理歴史理科ノ事項ヲ交ヘタル漢字交リ文高等小学科ニ於テハ梢之ヨリ高キ漢字交リ文

作文　尋常小学ニ於テハ仮名ノ単語短句簡易ナル漢字交リノ短句漢字交リ文口上書類及日用言類高等小学科ニ於テハ漢字交リ文及日用書類

習字　尋常小学科ニ於テハ仮名日用文字口上書類及日用書類（行書）高等小学科ニ於テハ日用文字及日用書類（楷書行書草書）

注目されるのは、従来の「小学校教則綱領」の「小学各科等程度」が、「初等科ノ読方ハ伊呂波、五十音、濁音、次清音、仮名ノ単語、短句等ヨリ始メテ仮名交リ文ノ読本ニ入リ兼テ読本中緊要ノ字句ヲ書取ラシメ詳ニ之ヲ理会セシムルコトヲ務ムヘシ」と、言語形式に関して規定されていただけだったのに対して、言語内容に関する言及が新しく加わったことである。つまり、「読書」科に、「地理歴史理科ノ事項」という文言が新しく追加されたのである。これによって、尋常科では、「地理歴史理科」に関する内容を、読本に取り上げる必要が出てきた。もっとも、これまでに作製された各種の「小学読本」でも、精粗の差はあるものの「地理歴史理科」になど関わる内容は、必ず採録されていた。

だが、たとえば、まだ明治一〇年代後半の時点でも一般に使われていた田中義廉の編集した官版『小学読本』には、「歴史」についての教材はない。一方、これも官版の榊原芳野等が編集した『小学読本』には、「理科」に関する記述はわずかしか見あたらず、巻四・五には「理科」関係の記事は全くない。こうしたことから、第二部第三章でも検討したようにこの二つの読本の組み合わせ方によっては、実際に学習する際に、「読書」科の学習内容が大きく異なってしまうという事態が生じることになっていたのである。

もっとも、「読書」科という教科目の中で使用される教科書は、「小学読本」だけではなかった。第二部第三章に掲げた各地の教則からも見てとれるように、「読書」科には、日本や世界の地理・地誌、あるいは歴史の教科書なども使用されていた。つまり、「読書」科の内容は、それをどこまで明確に標榜していたかどうかは別にして、基本的な読み書きのリテラシーの定着と、幅広い知識や情報を獲得することを目的とする教科目として出発し、数種類の教科書を使用することで、その道筋に沿って展開してきたのである。

とするなら、一八八六（明治一九）年の「小学校ノ学科及其程度」における尋常小学校の「読書」科の規定は、日本や世界の地理・地誌、あるいは歴史の教科書が扱っていた内容を、「読書」科の教科内容として再確認したものだと捉えることもできる。つまり、この規定によって、これまで『地理初歩』や『日本略史』などの地理や歴史教科書に掲載してあった内容が、「読書」科の内容としてあらためて位置づけられただけに過ぎない、と考えるのである。もしそうだとするなら、尋常小学校の「地理歴史理科」の内容は、それに続く高等小学校の「地理歴史理科」の準備段階として「読書」科の中に置かれたことになる。それらを教育課程の接続の問題としてとらえるなら、尋常小学校の「読書」科は、地歴を含む総合的な教科内容を取り扱い、高等小学校では、それが地理・歴史・理科に分化していく、と言い直してもいい。そこで作られる「読書」科用の教科書は、尋常小学校が「地理歴史理科」の内容を含んだ総合読本となり、高等小学校では、「地理歴史理科」の内容が除去された「読書」科固有の内容に絞り込んだ教科書となる、という大枠が予想される。

だが、実際には、この後作製される高等小学校用の「読本」の中にも「地理歴史理科ノ事項」にあたる内容がたくさん取り上げられている。教科の枠組みとそれぞれの教科の教科内容の確定、あるいはそれを具体的な教科書の中に、どのような教材として盛り込むのかという問題に対する答えは、この時点ではそれほど明確になっていたわけではなかった。

こうした各教科相互の教育内容の差異に関する問題を解明するには、そもそも「読書科」がどのように成立し、さらにそれが発展して「作文」や「習字」を統合した「国語科」という教科が形成されていくのか、という経緯を把握しておく必要がある。そのためには、明治期の「読書科」と「国語科」とが、それぞれ何を教科目標とし、どのような教科内容を持っていたのか、さらにはそれが教科書にどのように反映されたのかという広範な観点からの考察が要求される。

こうした問題領域に関しては、甲斐雄一郎による、視野の広い精緻な研究がある。そこでは、国語科が担った教科内容とその編成の観点が、各学校の自由裁量だった明治一一年から、国定教科書が使い始められる明治三七年までの間の教育制度と、実際に刊行された教科書との関係が、詳細に検討されている。この研究の中で、甲斐は、「小学校ノ学科及其程度」の時期における「地理歴史理科」の各教科と「読書科との関連を具体化する方針は、それぞれの教科書の編集者に委ねられていた」と結論している。すなわち甲斐は、高等小学校における独立教科である「地理歴史理科」などの教科内容と、「読書科」の教科書との関係は、「編集者の裁量に任されていた」とする。「読書」科用の教科書である「読本」の内容は、高等小学校のものだけでなく尋常小学校の内容においても、各教科書編集者によって、かなりのバラツキがあったのだ。*1

また、第二部第四章でも触れたように、この時、文部省は、文章表現に関しては、明治二四年になって出された「小学校教則大綱」の「平易ニシテ普通ノ国文」という規定を先取りする形で、平易な文章・文体を使用した教科書の作製を目指していた。明治検定前期の「読本」は、以上述べたような背景のもとに、作製されていたのである。

すでにみてきたように、第一章では、金港堂という有力教科書書肆が刊行した数種類の読本の差違を、その販売戦略と関連させて検討した。そこで、本章では、眼を転じて、やはり同じ時期に、民間会社と対立する位置にあった文部省の「読本」の内容とその意義とを検討する。

（2）『読書入門』の内容

文部省の戦略

文部省は、森有礼文部大臣の下で、言語教科書を次々と作製する。それが、『読書入門』（よみかき）と『尋常小学読本』であり、さらにそれに続く『高等小学読本』などの諸本である。これらは、明治中期の民間検定教科書の盛行時代に先行、あるいは平行して、文部省が作製した官版の国語教科書群である。当時の編集局長だった伊沢修二は、一九一二（明治四五）年になってから、還暦祝いの自伝を出版しているが、その中で「余は明治一九年に編輯局長となって、我国最初の国定小学読本を編纂した。（傍点・稿者）」と記している。いうまでもなく、最初の国定国語読本は、一九〇四（明治三七）年に刊行された通称イエスシ読本であるが、伊沢にとっては、これら一連の読本作製の仕事が、実質的な国定教科書の作製だと記憶されていたのである。*2

実際、この教科書は、時の文部大臣森有礼の指揮のもと、編集局長伊沢修二を初めとする文部省の教科書作成スタッフが、本腰を入れて取り組んだ仕事だった。また、伊沢自身、文字通りの「国定」読本を、文部省から刊行する意気込みでもあった。この時、教科書行政のトップにいた伊沢修二が、教科書をめぐる状況をどのように考え、またそれをどのように改革しようと考えていたのか、まず、それを素描してみよう。

初めに、教科書が国定化されたら、これまで通りの商売ができなくなってしまう恐れを抱いていた民間書肆の動きを見てみる。前章まで確認してきたように、地域の書肆は、明治初期から、『小学読本』を始めとした官版の教科書を翻刻することで、財力を蓄えてきた。その中から、中央へ進出して教科書を刊行するまでに勢力を拡大した教科書業者が現れる。金港堂や集英堂などである。また、教育理論と教育実践の先進校であった東京師範学校の卒業者たちの中からも、教科書事業を手がけて新興の会社を設立する動きが出てくる。辻敬之の普及社、小林義則の文学社などである。金港堂も編集主任として東京師範学校出身の三宅米吉を招いているから、これらの民間の教科書会社は、最新の教育理論を学んだ教育学者や実践家たちと連携しながら商圏を広げてきたことになる。このように民間の業者が多くの教科書を手がけるような事態は、明治当初、文部省の教育行政がもくろんでいた方向とも一致する。したがって、これはある意味で、文部省にとっても、自ら望んでいた「民業」が支える教科書供給体制の実現だったとも言える。

しかし、その内実には問題があった。民間書肆は、それぞれ販売競争にしのぎを削り、激しい売り込み合戦を繰り広げており、教科書採択をめぐる醜聞が絶えなかった。ジャーナリズム上では、教育行政当局と教員とが教科書をめぐって癒着しているという報道が、常に誌面を賑わしていた。こうした事態は、学校教育そのものへの不信を招きかねない。また、教科書書肆が利益追求を専一にした結果、教科書の内容はもちろん、紙質や印刷などの品質や価格に問題のある商品も多かった。

一方、森有礼文部大臣は、明治国家の基盤を確実なものにするために、国家主義的な教育体制の確立を企図していた。そのためには、国家権力が教育内容そのものをコントロールできるような体制が望ましい。教科用図書の教育内容を国家権力が握ることは、国民国家樹立のためには、きわめて重要な問題だったのである。その実務を推進したのが、文部省の編集局長に推された伊沢修二だった。伊沢は、一八五一（嘉永四）年、信州伊那群高遠生まれ。維新後、高遠藩貢進生として大学南校に入学。一八七四（明治七）年、二四歳の時に、愛知県師範学校校長になった。翌年の七月、高嶺秀夫・神津専三郎とともに、師範学校取り調べのためアメリカへ派遣され、マサチューセッツ州のブリッジウォーター師範学校に留学した。そこで伊沢は、二年間学ぶことになるのだが、途中、グラムハム・ベルに「視話法」を学び、またメーソンから音楽を学ぶ。帰国後、東京師範学校雇、文部省学務課兼務となる。一八七九（明治一二）年三月には、東京師範学校校長に任ぜられ、音楽取調掛を兼務。この間、アメリカからメーソンを招き、『小学唱歌集』を編む。一八八四（明治一七）年三月には、文部省編集局長に任じられた。海外生活を経験した伊沢は、やはり豊富な海外体験を持つ森有礼と同様、学校教育を基盤にして近代国家体制を確立して行かなければならない、という強い使命感を持っていた。[*3]

文部省は、民間の教科書を統制すべく、一八八六（明治一九）年五月に「教科用図書検定条例」を出す。文部省による実質的な教科書検定は、ここから始まったのである。これまでにも文部省は、明治一四年の開申制、一六年の認可制と、徐々に統制的な方向を強めてきていた。したがって「教科用図書検定条例」は、それまでの教科書規制という既定路線の延長線上にあった。梶山雅史の研究によると、この時、編集局長の伊沢修二は、「教科用図書検定条例」よりも、さらに積極的に教科書の内容にまで踏み込んだ改革案を用意していたらしい。

その内容は、伊沢が、一八八六（明治一九）年一〇月に森文相に提出した「教科書ニ付文部省編輯局長意見」に示されている。そこでは、人民に「教科書ノ最モ適切ニシテ頗ル低価ナルモノ」を提供することを目指して、文部省自身が小学校用教科書の編纂発行を進めようとしていた。そのため当分の措置として民間教科書には文部省の検定を義務づけ、年限を限って免許証を与えることにするが、将来的には、印刷製本も官業化し、教科書そのものも民間から懸賞募集の方法によって作成することまで考えている。梶山は、「文部官僚伊沢修二は、このとき、まことに徹底した教科書神聖化と国家至上主義を唱え、教科書官業化路線を展開した」と、述べているが、まさしくこの構想は、教科書国定化案そのものだった。[*4]

だが、伊沢の意向は多くの抵抗に会い、結局、翌年の一八八七（明治二〇）年五月、文部省は、「教科用図書検定規則」を出すことになる。この規則の冒頭には、文部省による検定は、教科用図書として弊害のないことを証明することを旨とし、その優劣は問わないものとする、という趣旨が記されていた。明らかにこれは、伊沢案の後退である。しかし民間の教科書を排除し、教科書を国定化しようという伊沢の思いは、消えることはなかった。それをめぐる伊沢の言動は後述することにして、まずは、森文政下、伊沢編集局長が指揮をとって最初に刊行した言語教科書である『読書入門』を検討してみよう。

『読書入門』編纂の経緯とその構成

『読書入門（よみかき）』は、明治一九年九月に刊行された。この入門期言語教科書について、唐澤富太郎は「それまでの雑多な単語の羅列であった前期の単語編的方法を一掃したもので、国語教科書編纂史上画期的」と評価しており、また秋田喜三郎も「その編纂法の斬新なことは、未だ類例を見ない名作である」と褒め称えている。さらに、井上赳は「『単語篇』以来のあの大量な単語の羅列、連語の羅列が、「読書入門」においてこうも単純化されたことは、まことに国語教科書の革命であった」と評価している。つまりこの入門期読本は、教育関係者からは、近代的な言語入門教科書の基礎を作ったと、高い評価を得ているのだ。[*5]

この本が成立した経緯については、直接の担当者だった湯本武比古自身の回想がある。それによると、「余は明治十八年十二月読書入門編輯の命を受け、同書の目的及性質、並に編輯の大方針を立てんとし、平素からして、其の大体は誠に然かあるべしと信じ、且つ自ら之を翻訳してをつたドイツ人ボック氏のレーゼブッフにつき、其の読書入門即ちフィーベルに関する趣旨、目的及び教授法等の部分の翻訳を伊沢局長に提出

『読書入門』見返し

し、大体これに依って新読書入門を編輯すべしといふことを申し出で」たところ、すぐに取りかかるようにという命が下りた。そこで湯本は翌年三月に脱稿し、森文部大臣の了承を取り付け、修正の上、九月に刊行ということになった。湯本自身は、明治一九年四月に、まだ幼かった後の大正天皇の教育係を命じられ、宮内省に伺候することになって文部省を離れたので、彼が文部省の編集局において直接教科書の編集に関わったのは、この『読書入門』だけである。*6

吉田裕久は、この『読書入門』の特色と意義を、次の四つの観点から詳細に検討している。すなわち、目標、方法、内容、文章表現の四点である。吉田は、目標面の特色として、「読み書き併行指導」を挙げている。従来の「素読中心の注入主義」の反省から、入門期文字指導において「読む」ことと「書く」こととを併行させたという評価である。『読書入門』の冒頭に記された「教師須知」によれば「此書ハ、年齢六歳以上ノ初学者ニ、最初半年間、言語ヲ学ビ、文字ヲ読ムコト丶、字形ヲ石盤上ニ書クコト丶ヲ教フル用ニ供シタルナリ」とあって、読み書き両方を教える読本であることが強調されている。この本が「読み書き」を同時に学習させようとした点についての革新性は、どの研究者も等しく強調するところである。読み書きを併行して指導するのは、「課業ノ変換ニ因リテ、児童ニ倦怠ヲ生ゼシメザルト、書写ノ工夫ニヨリテ、構造力等ヲ発達セシメン」という理由からである。つまり、湯本は、学習者である児童の学習意欲や獲得させるべき学力を配慮した結果、読み書き併行学習を採用したのである。

さらに吉田は、方法面の特色は、若林虎三郎が進展させた開発主義教授法をもとに、それを書くことに結びつけたこと、および観念想起のための挿絵を多用したこと、に表れているとする。内容面では、（1）範語法による導入の創始、すなわち冒頭を単語で開始して、すみやかに句・文・文章へ移行させたこと、（2）カタカナ先習を採用したこと、（3）いろは図よりも五十音図を重視し、それを文字学習の整理的な位置に置いたこと、を、特色として挙げている。また、文章表現面では、それまでの読本にはなかった律語的諧調があるとし、それを（1）押韻的表現、（2）対句的表現、（3）歌唱的表現、（4）談話体表現、の四点にわたって検討している。以上のように吉田は、『読書入門』が、その目標、方法、内容、文章表現などにわたって、それまで刊行された読本とは一線を画していることを、各種読本の編集姿勢と比較することによって明らかにした。*7

また、大橋敦夫は『読書入門』がモデルにしたという、ドイツ語のボックの教科書との比較研究を行っている。大橋は、湯本がボックの読本から学び取ったのは、以下の六点だとする。それは、（1）読むことと書くことの一体化、（2）挿絵を多用して観念の定着をはかる、（3）質問を適宜に設定する、（4）列挙・対比による例文の配置、（5）教訓的教材の導入、（6）話題の類似、であるという。大橋は、ドイツ語母語話者のための言語教科書であるボックの読本の冒頭の「入門書の仕組みと利用について」に、次のように記してあることに注目した。すなわち、ボックは、この入門書は、最初に音節ごとに区切って単語を発音し、それを一つ一つの音に分解し、そこから単語を再構成するという手順をとり、その後、手書きの音標文字から印刷書体へと進むことによって読みの力が増すように作られている、と述べている。湯本は、こうした点に学んで、「読むことと書くことの一体化」をねらった入門書『読書入門』を作成した、というのである。大橋の研究は、ボックの読本と『読書入門』とをていねいに比較した点で、これまで未検討だった領域を大きく開拓した。[*8]

だが、実際の『読書入門』と、湯本が手本にしたというボックの読本とは、一見すると、それほど似ているようには思えない。もちろん彼我の言語構造の差異、学習環境の違いなどがその原因であろう。しかし、『読書入門』とボックの読本とでは、第一教材に至るまでの内容構成と第一教材の外見上の印象は、かなり異なっているように感じられるのである。実際のボックの読本を参照してみよう。

大橋が紹介しているように、ボックの読本には、冒頭の「入門書の仕組みと利用について」等の前置きに続いて、目次があって、本文が始まる。本文は、筆記体の読み書きが八頁、次に印刷体の読み書きが一一頁続く。一八九四（明治二七）年に、ドイツ語学習者用として日本で刊行された島約翰の『ボック第一読本解釈』では、「凡例」に「第二十二頁ヨリ以前ノ所ハ発音ノコトヲ書セルヲ以テ之ヲ訳述スルノ必要ナシ」と記してあり、筆記体の読み書き、印刷体の読み書きの部分は翻訳されていない。というのも、ボック読本では、挿絵が入った第一教材に到達するまでに、いささか機械的ともいえる発音・運筆練習と語彙学習が、延々と続くからである。編集者である島は、語学参考書としてはその部分を訳述する必要性はない、と判断したのであろう。

この筆記体や印刷体の読み書きの部分は、教材としての機能は異なるものの、従来の日本の言語教科書に照らして言うなら、『単語篇』や、榊原芳野・那珂通高の『小学読本』の首巻に近い。そのような練習教材の学習の後に、二二頁目に至って、初めて単語と文と挿絵によって構成された第一教材が登場するのである。それが、次に図版で示した「雷」という教材である。[*9]

この第一教材では「雷 Donner」という題材名が筆記体と印刷体で示され、その下に「Dach, Dorf, Dame, Dornen, Dieb, Diener, Diele」と、同じDという文字を語頭に持つ綴りの単語群が提示されている。さらに主題文ともいうべき、「Der Dnnner rollt laut.（雷が音高くとどろく）」が、

Deutsches Lesebuch
Für die
Bedürfnisse des Volksschulunterrichts
in
entsprechender Stufenfolge und drei Ausgaben (A. B. C.)
bearbeitet
von
Eduard Bock,
Regierungs- und Schulrat zu Liegnitz.
Größere Ausgabe (B.) für mehrklassige Schulen.
In vier Teilen.
Erster Teil.
Schreib- und Lese-Fibel.
Neue, erweiterte Bearbeitung der deutschen Fibel.
Mit 61 Abbildungen nach Zeichnungen namhafter Künstler.
Unter gleichzeitiger Berücksichtigung
der Bedürfnisse utraquistischer Schulen
für leichtes Erlernen des Lesens und Verstehens der deutschen Sprache.
Siebente Stereotyp-Auflage,
in der vom Königl. Preuß. Kultusministerium angeordneten Orthographie.
Tokio.
1897.

Deutsches Lesebuch　扉

22　Schreib- und Lese-Übungen.
1.
D　Don ner
Das Dach, das Dorf, die Dame, die Dor nen, der Dieb, der Diener, die Diele.
Der Don ner rollt laut.
Doch brau chen wir nicht zu zit tern; denn wer be schirmt uns?

『ボック第一読本』　第一教材「雷」

『読書入門』 全　明治十九年八月三十日出版版権所有　文部省編集局蔵版　定価・四銭四厘 *10

番号	面	内容
1	オ	教師須知
	ウ	〃
2	オ	〃
	ウ	〃
3	オ	〃
	ウ	〃
4	オ	〃
	ウ	〃
5	オ	第一課　ハト。
	ウ	第二課　ハナ。トリ。
6	オ	第三課　キリ。カンナ。
	ウ	第四課　ナシ。クリ。ミカン。
7	オ	第五課　マツニユキ。ツキニクモ。
	ウ	第六課　ヨキネコ。ワロキイヌ。
8	オ	第七課　ユキシロク、カラスクロシ。ソラアヲク、ヒアカシ。
	ウ	第八課　ウメサク。トリナク。エヲカク。ホンヲヨム。
9	オ	第九課　ヘイタイノマネヲシテ、タイコヲウチフエヲフク。
	ウ	第十課　コノタカキトリヰノオクニ、アノキレイナルヤシロアリ。
10	オ	第十一課　ウマ、ヒトヲノセテ、ハヤクカケ、ウシ、クルマヲヒキ……
	ウ	カタカナ五十音図
11	オ	〃
	ウ	第十二課　フジトボタントアリ。キミ、ドノハナヲコノムゾ。
12	オ	第十三課　アノコドモヲミヨ。ブランコニノリテ アソビ、……
	ウ	第十四課　カゼヨフケフケ、タコアガレ。ミナミナ、ココマデ……
13	オ	第十五課　ツバメ、スズメ、ナカヨクアソベ。マヘヨ、ナケヨ、……
	ウ	第十六課　ヒバリハ、ノハラニサヘヅリ。ウグヒスハ、カゴニウタフ。
14	オ	第十七課　コヽニ、一二三四ヒキノサルアリ。サルハ、イロ〱ノ……
	ウ	第十八課　ツクエノウヘニ、ランプトフデタテトアリ。フデタテ……
15	オ	第十九課　ポチハ、スナホナイヌナリ。ポチヨ、コイ〱、ダンゴ……
	ウ	第二十課　イマハ、ナンドキナルカ、トケイノオトヲカゾヘテ……
16	オ	カタカナ濁音図
	ウ	カタカナ次清音図・数字図
17	オ	第二十一課　つる。かめ。
	ウ	第二十二課　うつくしい　はな。
18	オ	第二十三課　あめはれて、にじたつ。
	ウ	第二十四課　そのひくいへいのうちに、あのたかいいへあり。
19	オ	第二十五課　このむすめは、きれいなまるいものをもつ。それはなにか。
	ウ	第二十六課　まなべよ、まなべよ、たゆまず、うまず。いそげよ、いそげ、まなびのみちを。
20	オ	第二十七課　めぐれるくるま、ながるゝみづ、われらはやすめど、やむときなし。
	ウ	第二十八課　これは、うめとすゐせんとのゑなり。これらのはなは、いつ……
21	オ	第二十九課　ばんぺいは、つゝをもちて、もんのまへにたち、ひけしは、……
	ウ	第三十課　おひかぜにほをあげて、こぎだすふねあり。ひとは、ふねに……
22	オ	第三十一課　このざくろのきには、おほくのつぼみとはなとあり。きみ……
	ウ	第三十二課　このこは、つねにいぬをかはゆがりて、一どもいぢめしこと……
23	オ	ひらがな五十音図
	ウ	〃
24	オ	ひらがな濁音図
	ウ	ひらがな次清音図
25	オ	第三十三課　コノコハ、オトナシイヨイコナリ。アノコハ、イヂノワルイ……
	ウ	第三十四課　うりことばありとも、かひことばをだすな。つらしとて、……
26	オ	第三十五課　コドモハ、ガクカウノニハニテ、イマサウレンヲナス。ガクモン……
	ウ	第三十六課　すめらみくにのものゝふは、いかなることをかつとむべき。……
27	オ	第三十七課　アレ、アソコノキニハナガ、サキマシタ。ウグヒスモ、ナイテ……
	ウ	第三十八課　てふ〱てふ〱、なのはにとまれ。なのはにあいたら、……
28	オ	第三十九課　アノコハ、トヽサマヤハヽサマノヲシヘヲヨクマモリマス。……
	ウ	第四十課　やまとなでしこさま〲に、おのがむき〱さきぬとも、……
29	オ	いろは図
	ウ	〃

初版以降の文部省総務課図書課蔵版・文部書大臣官房図書課蔵版では、冒頭の「教師須知」の部分を小さな活字で印刷して、四頁（二丁）分に収めている

やはり筆記体と印刷体で記され、それに、第二文、第三文が続く、という構成である。挿絵は、村に雷鳴が鳴り響き、おびえる子どもを抱きかかえる母親を描いた、リアルで印象深い図である。この図柄からは、学習者の体験に基づく多くの言語活動を引き出すような学習を展開することができるかもしれない。もっとも、そういう学習を構想すると、どちらかというと「センテンスメソッド」に近い学習法になる。

ちなみに、島約翰の解釈書『ボック第一読本解釈』では、次のように第一教材が訳されている。[*11]

第一　雷

屋根、村、貴女、荊棘、窃盗、小使、板

　雷ガ声高ク鳴ル

　併シ乍ラ我々ガ恐ル可ク要セヌ、何トナレバ誰カ我々ヲ保護スルカノ故ニ

このボックの読本の冒頭教材は、湯本の『読書入門』の第一教材「ハト」のシンプルさと比べると、かなり距離があるように見える。もっとも、「読書科」の入門書である『読書入門』の内容は、先ほどの「小学校ノ学科及其程度」に規定されているように教科目の枠組みが「修身読書作文習字算術体操」となっており、「習字」や「作文」は別の学科として立てられている。したがって、『読書入門』は、読み書き併行学習を標榜してはいるものの、「習字」や「作文」の学習と密接に関連を図った言語教科書として作製されていたわけではない。それらの科目と「読書科」の学習とを繋ぐためには、『読書入門』とは別に『尋常小学校作文授業用書』（後述）という教師用の教科書が用意されていた。

しかし、そうした事情を鑑みた上でも、ボックの読本には、挿絵の点数が少ないことや、紙面構成が単調なこと、など、湯本が全面的にボックの読本だけをモデルとしたのかどうかについては、若干の疑義が残る。もちろん、湯本自身がボックの読本に学んだことを証言しているし、また大橋の論文でも、いくつかの教材に即してそのことが具体的に検証されている。したがって、『読書入門』の編集の理念や文章表現については、湯本がボックの読本に依拠したことは間違いないだろう。だが、湯本が参考にしたのは、ドイツの言語教科書だけだったのだろうか。

すでに大橋が明らかにしているように、ボックの読本は、日本のドイツ語学習の教科書として、明治初期から中期にかけて、ヘステルの読本と並んでよく使われていた。つまり、明治期の日本人が英語学習を進める際にアメリカやイギリスで作られた英語を母語とする学習者のための英語教科書（リードル）を使ったのと同様に、ドイツ語を学習するに当たっても、ドイツ語を母語とする学習者のために作られたドイツ語教科書を使ってい

『読書入門』第一課

たのである。ボックの読本は、英語教育におけるウィルソンリーダーやユニオンリーダーが果たした役割とまったく同じ位置にあった。

たぶん湯本自身も、ドイツ語学習を進めるに当たって、このボックの読本をテキストとして使ったのであろう。湯本は、ボック読本によるドイツ語学習を進めていく過程で、この読本の構成原理や単語提出の仕方など、教科書の仕組みそれ自体に興味を持ったのだと思われる。そこで新読本の作製に当たっては、ボックの読本の冒頭に書かれていた「其の読書入門即ちフィーベルに関する趣旨、目的及び教授法等の部分」を翻訳して伊沢にお伺いを立てたのである。ここで注意したいのは、湯本は、新しい読本の編纂に当たり、拠って立つ理論としてボックの読本の理念を借りたのであって、ボック読本の個々の教材をそのまま直訳して『読書入門』を作製したのではない、という点である。

つまり、明治初期の翻訳啓蒙書の時代とは異なり、外国語で書かれている教材をそのまま翻訳して、日本の子どもたちに提供するといった方法は採用しなかったのだ。もし湯本がそうしたならば、教科書の作製方法としては、ウィルソンリーダーを翻訳した田中義廉の『小学読本』と同じことになってしまう。こう考えると、ボックの読本の教材と、『読書入門』の教材との見かけが、それほど似ていなくても不思議ではないのかもしれない。つまり、『読書入門』は、編集原理をボックの読本に倣ったのであり、『小学読本』のように、そこに掲載されていた個々の教材をそのまま直訳的に紹介したわけではないのである。

そればかりではなく、教材内容やレイアウトなどは、アメリカのリーダーを、かなり参考にしているフシがある。おそらく湯本武比古は、教科書作成の理論的支柱としてボックの教科書を選んだであろうが、その具体的な構成や教材に際しては、他の欧米の教科書も参照したと思われる。ここまで見てきたように日本の「読本」は、アメリカの読本の影響を大きく受けていた。とすれば、湯本が『読書入門』を作製するに当たっても、アメリカの読本を参照した可能性はかなり高い。

ニューナショナルリーダーの影響

既に述べたように、日本の英語学習においては、明治初期の段階では、ユニオンリーダー、サージェントリーダー、それにウィルソンリーダーが、盛んに使われていた。が、明治中期に入ると、それに取って代わって、次世代の教科書であるニューナショナルリーダー、ロングマンスリーダー、スイントンリーダーなどが、使われるようになる。したがって、『読書入門』や『尋常小学読本』に影響を与えた英語の教科書の存在を考えるときには、これら英米の新しいリーダー類の存在を念頭に置く必要がある。*12

たとえば、ニューナショナルリーダーの第一読本冒頭の第一教材は、図版に示したような絵と単語、文で始まっている（一八八三《明治一六》年刊）。第一教材の提示の仕方は、ボックの読本とよく似ている。そこには、大きく犬の絵が描かれており、その下に、dogという単語が示されている。下欄には別の犬の絵が描かれており、どちらもdogであることを単語レベルで確認した後、It is a dog. という文章が提示される。さらに、同じページには、石盤に練習するため筆記体によるdogも示されている。

ニューナショナルリーダーは、ワードメソッドを採用し、書くこととの関係を重視した読本である。その主張は、第一読本の「序文」に明言されている。序文には、この本がワードメソッドを最も自然で実用的だと考えていること、何度も繰り返し単語を提出することが重要なこと、組織的な綴り方のドリルが必要なこと、また既出単語を整理して復習する練習問題が必要なこと、などが述べられている。これらの特徴はほとんどそのまま、湯本の『読書入門』にも見ることができる。つまり、ボックの読本も、ニューナショナルリーダーも、同じように近代言語教科書の編成原理にもとづいて作られていたのである。したがって、『読書入門』は、ボックの読本だけを参考にしたわけではなく、こうしたいわば当時の「世界標準」を意識して作製されたものだと考えていいだろう。

それだけではなく、『読書入門』には、もう少し積極的にニューナショナルリーダーからの影響を感じ取ることができるものがある。それは、ボックの読本でも重視されていた「挿絵」である。吉田裕久は、前掲論文の中で、『読書入門』刊行前後の日本の入門期言語教科書の挿絵の比率を調査している。その結果、吉田は、「若林虎三郎の『小学読本 第一』を契機にして、挿絵が激増し、そのほとんどのページに登場するようになった」という。さらに、「他の書が日本的挿絵であるのに対して、『読書入門』がひとり、建物、服装、顔などに、西洋的な絵を多く採用したのは、教科書としての新鮮さを強調したかったためではないか」と推測している。確かに『読書入門』の挿絵は、吉田が指摘するように、きわめて「西洋的」である。

New National Reader　第1課

たとえば、第九課は子どもたちが楽器を演奏してパレードをしている図柄である。日本の子どもたちは、軍楽隊を目にする機会はあったかもしれないが、自身でドラムや笛などの楽器を手にする経験をした子どもたちはほんのわずかだったに違いない。したがって、こうした場面は当時の子どもたちの現実生活とは遊離していたと思われる。

一方、ニューナショナル第一読本には、同じように円で囲まれたレイアウトによる少年鼓笛隊の行進の図柄が登場している。こちらは、子ども同士の対話形式への習熟と、太鼓の擬音語を意識させようと意図した教材のようだが、子どもたちがドラムを打ち、銃を持って行進する絵が添えてある。子どもの人数はニューナショナルリーダーの方が多い。し

吉田裕久の調査

書名	刊行年月	挿絵課数(%)	挿絵の性質
読み方入門	明17・3	13／24(54・2)	日本的
(小学読本初歩 第二)	〃17・6	45／49(91・8)	日本的
日本読本初歩 第一	〃19・*1	37／37(100)	日本的
読書入門	〃19・9	38／40(95・0)	西洋的
幼学読本	〃20・5	54／55(98・2)	日本的

(＊版権免許の年月である。)

かし、図柄の印象は『読書入門』ときわめてよく似ているように感じられる。

子どもの鼓笛隊という題材自体は、一八六〇年に刊行された、田中義廉編の『小学読本』のもとになったウィルソンリーダーの第二読本にも、すでに出ていた。また、複数の英語のリーダーにも登場するなじみの図柄である。これに対して、ボックの第一読本には、鼓笛隊の話題も挿絵も掲載されていない。もちろんここで、鼓笛隊の話題と、挿絵のデザインの類似だけを取り上げて、『読書入門』がアメリカの読本を下敷きにしていると強弁するつもりはない。だが、教科書全体の挿絵に関してだけなら、緻密な科学的観察に基づいた植物画や動物の挿絵の多いボック読本よりも、『読書入門』がアメリカの教科書の方に似ていると言うことは許されるであろう。*13

LESSON XXVII. 33

NEW WORDS.

Roy drum march rub'-a-dub

fun gun beat

Now, Roy, you beat the drum, and we will march. I have my new hat and gun. Now go on. Rub-a-dub, rub-a-dub! Here we go! March, march, march! Do you like to march, Roy?

Yes. What fun it is to beat a drum, and march with a gun!

New National Reader 第 27 課

『読書入門』第九課

もっとも、子どもたちが生き生きと活動する姿を、教科書に取り上げたという点では、ボックの読本も、ニューナショナルリーダーも、日本の読本も共通していた。それも、都会生活ではなく、同じように田園生活が主な舞台になっている。これもある意味では、初等言語教科書の「世界標準」だった。だが、ボックの読本と、ニューナショナルリーダーとを比べると、田園で遊んだり動物と交流する子どもの姿は、後者の方に頻繁に登場する。こうしたことから、子どもの生活を前面に出したという点でも、『読書入門』は、ボックの読本よりもニューナショナルリーダーの姿勢に倣っていると判断できる。

ただ、この鼓笛隊の教材に限って言えば、むしろ問題にしなければならないのは、ウィルソンリーダーやニューナショナルリーダーが子どもの遊びという視点を強調して子どもの姿を描いていたのに対して、日本の『読書入門』が「ヘイタイノマネ」という国家奉仕の視点をより強く打ち出していたことかもしれない。それは、森有礼文相の登場以降、さらに拡大していく傾向でもあった。このことに関しては、後述する。

ところで、日本でもアメリカでも、リズムによって集団を統率する鼓手と鼓笛隊という題材が、教科書に取り上げられているのには理由がある。というのも、太鼓の刻むリズムには、その参加者に同質の身体運動や身体感覚を創り出す側面があるからだ。太鼓のリズムに呼応させることの可能な身体は、「国民国家」を作り上げるには、必須の要件でもある。覇権を競い合う国家間の近代戦を戦い抜くためには、指揮官の命令一下、迅速に反応する統率された兵士の「近代的身体」が欠かせない。それも、突出した鍛錬で作られた個性的な肉体よりも、集団の中で一斉に同じ動作が可能な兵士たちの「身体」が求められる。

「国民国家」を内側から支える「国民」という「意識」は、国家利益に関わる教説や訓戒などの形で、言語活動を通して創り出すことができる。一方、「近代的身体」は、統御された儀式への参加や、体操・音楽などの場で創られていく。とすれば、子どもたちが鼓笛を鳴らして遊ぶ姿からは、身体ぐるみ「国民国家」に絡め取られていく道筋をみることもできるだろう。近代教科書は、国家を支えるための共通認識や共通感覚を作り出す図像を含めた総合的なメディアとしても機能している。いうまでもなく、帝国主義段階における各国の教育における「世界標準」は、そのような性格を持っていたのである。*14

繰り返すことになるが、『読書入門』が、ボックの読本にその編成原理をも含めて、多くを学んでいることは疑いない。が、『読書入門』は、ボックの読本だけに学んだのではなく、欧米の読本類からもヒントを得ていたと考えられる。おそらく、当時の状況から考えれば、アメリカのリーダーに学ぶのは当然のことであって、敢えてそのことを言及するまでのことはなかったのだろう。このように欧米の読本から、編集方法や理念、あるいはデザインや教材内容など、多様な角度から摂取するという方針は、『読書入門』に続いて刊行された『尋常小学読本』になると、より多彩な様相を帯びてくる。

(3)『読書入門』の挿画と掛図をめぐって

洋画家の挿画への参加

前述したように、吉田裕久は、『読書入門』の挿絵がきわめて「西洋的」だと述べていた。それは『読書入門』だけではなく、次節で検討する『尋常小学読本』にも共通している。双方ともに同じ画家の手で挿絵が描かれているのである。では、この洋風の図像は、誰が描いたのか。

前章では、日下部三之助が金港堂から一八八四（明治一七）年に刊行された『小学読本』が、洋画家を起用しており、その方針が金港堂の言語教科書複線化商策に基づいていたことと、その画を担当したのが松井昇と柳源吉だったことを見てきた。『読書入門』『尋常小学読本』の教科書の挿絵には、画家のサインなどは、一切記されていない。しかし、この新しい読本の挿絵を担当したのは、松井昇や柳源吉とも親しかった洋画家の浅井忠だった。すなわちこの読本の挿絵は、後に日本の洋画の世界を大きく切り開き、一八九八（明治三一）年には、東京美術学校（現・東京芸術大学）の教授に就任することになる、浅井忠が担当していたのである。その経緯を説明するには、順序として、日本の洋画の出発点である川上冬崖（河上寛）の仕事に遡る必要がある。

川上冬崖は、幕末に、蕃書調所へ入って絵図調出役となり、西洋画法研究を始め、一八六一（文久一）年、蕃書調所画学局設置によって、画学出役となった。明治維新後は、大学南校、陸軍士官学校などで教授活動に携わっている。小学校教育との関わりでは、一八七一（明治四）年に、『西画指南』を文部省から刊行したことが、よく知られている。この本はイギリスのスコットボルンの画学書の訳本であり、翻訳教科書から日本の図画教育が出発したという点で、田中義廉の『小学読本』と同様の位置にある。もともと「学制」による日本の近代教育そのものが、欧米の直輸入であり、そこで使われた教科書も大部分が翻訳教科書であったことは、ここまで何度も述べてきた。田中義廉の『小学読本』が、明治二〇年代頃まで使われていたように、図画教育の場合も、明治二〇年頃までは、『西画指南』を起点とした洋画教育が主流になって、展開していくのである。[*15]

川上冬崖は、また、日本最初の洋画塾と言われる画塾「聴香読画館」を東京下谷御徒町に開き、洋画の普及活動を行った。前述の『小学読本』（日下部三之助・金港堂）の挿絵を担当した松井昇も、そこで洋画を学んだ一人である。松井昇は、安政元年、兵庫県出石生まれで、明治二年に冬崖の画塾で洋画を習得した。その後、松井は、滋賀県で図画教員の養成に携わり、一八七八（明治一一）年に二書堂（滋賀）から『小学臨画帖』を、一八八一（明治一四）年には、同じ書肆から『小学西画初歩』を刊行している。これらは、西洋画を鉛筆で臨画する学習を中心とした教科書だった。

一方、一八七六（明治九）年一一月には、工部寮付属の工部美術学校が開校される。イタリアからアントニオ・フォンタネージ（Antonio Fontanesi）ほか二名が招聘されて、小山正太郎、松岡寿、浅井忠、柳源吉らが、その指導を受けた。このうち、浅井忠がもっともよくフォンタネージの作風を受け継いだと言われている。フォンタネージは、日本の洋画に大きな基礎を据えた人物だと評価されているが、わずか二年で帰国してしまう。それを惜しんだ浅井忠、柳源吉、小山正太郎、松岡寿らは、明治一一年に工部美術学校を退学して、絵画研究団体「一一字会」を組織する。松井昇は、この「一一字会」に、明治一三年頃に参加している。おそらくここで柳源吉との交流が生まれ、一八八四（明治一七）年に刊行された『小学読本』（金港堂）の挿絵を、松井と柳が分担して描くという仕事につながったのだろう。

別に、柳源吉は、浅井忠と共同で、文部省編集局蔵版の図画教科書『小学習画帖』全八巻を、一八八五（明治一八）年に刊行している。秋元幸茂は、この本を、これまでの図画教科書のように西洋的な題材から「日本の風景・人物」をモチーフとして取り上げ、「鉛筆で臨画する鉛筆デッサン主流の教本として、わが国の独創による初の教科書となり全国的に普及した」と評価している。[*16]

この文部省編集局の図画教科書が刊行されたことと、浅井忠が『読書入門』と『尋常小学読本』の挿絵を担当したことは、どこかでつながっていると思われるが、その紐帯者は、ほかならぬ伊沢修二であろう。浅井は、既述したように明治一一年に工部美術学校を退学したが、その翌年の明治一二年の二月に、東京師範学校図画教員に就任し、明治一四年七月には、東京師範学校助教授に任ぜられる。が、まもなくそこを辞めてしまう。一方、伊沢修二は、先に述べたように、アメリカから帰朝後の明治一一年六月に東京高等師範学校雇、翌一二年三月には、同校校長になる。伊沢が自校の図画教員だった浅井忠を知らないはずがないし、浅井の方も上司だった伊沢のことを承知していたに違いない。欧米の学術文化を日本の教育の中に取り入れ、それを摂取することによって日本の近代化を実現しようと考えていた伊沢修二にとって、浅井忠の経歴とその仕事ぶりは、格好のものと映ったはずである。こうしたつながりの中で、文部省編集局長の伊沢修二が、文部省で編纂した読本の挿絵の仕事を、浅井忠に依頼した可能性はきわめて高い。それに応えて、浅井忠は、『読書入門』と『尋常小学読本』との全編の挿絵を見事に書き上げた。

このことに関しては、浅井の弟子である石井柏亭が誌した評伝『浅井忠』にも、浅井が「文部省出板の尋常小学読本の挿画を描いた」という事実が記されている。石井の評伝の中には、『尋常小学読本』の「桃太郎」に附した浅井の挿絵が図版として引用紹介されており、これらの図は「大抵ペン画で描いた簡単な線画」だという技術的な評言も加えられている。浅井は、その後も、一八九三（明治二六）年に、学海指針社の『帝国読本』の挿絵を描いたり、一八九五（明治二八）年には金港堂から『中学画手本』を刊行したりして、教科書の挿絵の仕事との関わりを保ち続けていく。*17

『小学集画帖』文部省　第一　見返し・再版

『小学集画帖』文部省　第八　浅井忠のサイン入り

ここで重要なことは、伊沢修二が新しい読本の挿画を「洋画家」に依頼した、という点である。この時、文部大臣森有礼のもとで、保守的な儒教主義者などと対立しながら、欧米の文化を急速に取り入れて明治の国家主義教育を推進しようとしていた伊沢修二にとって、自らが主導した新しい読本の挿絵は、旧来の伝統的日本画の画法であってはならなかったはずである。日本の情景や風俗を取り上げてはいても、その描法・技法は、これからのグローバルスタンダードである必要があった。それは、西洋音階による「唱歌」を誕生させて、小学校教育に導入した伊沢に相応しい思考方法だった。伊沢が後に、西欧の音声学に基づいた発音指導を、方言の矯正や吃音指導に持ち込んだのも同様の発想に由来する。伊沢の推進する日本の近代学校教育は、西欧的な分析的なものの見方や科学的な発想を基礎にして教材を作成し、またそうした理知的な力を育成することを中心にカリキュラムを組み立てようとしていたのである。

おりしも、森有礼文部大臣が登場したのは、鹿鳴館時代と称された欧化主義鼓吹の風潮が最高潮に達していた時期である。当然、そうした欧化的な教育に対する強い反発もあり、明治初頭以来の翻訳教育文化を見直そうという勢力も力を増しつつあった。美術教育に即してみるなら、この時、西洋画法に依拠して展開されてきた学校教育に対して、日本画家たちが体勢を立て直して、正面からそれに立ち向かおうとしていたのである。その大きな転機は、一八八四（明治一七）年一〇月に、岡倉天心（覚三）とフェノロサの意見によって、文部省に図画教育調査会が設置された時に訪れた。

中村隆文は、この時、日本画家である岡倉らが目論んでいたのは、「彼らの言う『日本画法』の学校導入を決定すること」だったと述べる。

また、中村は、学校教育から「科学的、数学的理由に基づく画法すべてを除外」することを意図した岡倉天心の発言を引用紹介している。この結果、調査会の報告書には、明治初年以来の、鉛筆を使う西洋画中心の図画教育から毛筆による図画教育への転換、が書き込まれることになった。フェノロサによる日本文化の「発見」とその賞揚は、日本の国粋的文化人たちを大いに勇気づけ、教育界に向けた積極的行動を後押ししたのである。また、この時期には、日本の陶器や漆器、あるいは浮世絵などの美術品が、海外へ売り込むことの出来る輸出物品として、日本の国家財政を基本的な部分で支えていたことも忘れてはならない。学校教育で毛筆を使って日本美術を教えるべきだという主張を援護する勢力は、日本画家だけにとどまらず、経済界にも少なくなかったのである。*18

伊沢修二はこうした論議に反発する。ただ、伊沢は、「美術」そのものを否定することはない。だが、普通教育としての図画科の目的は「眼ト手トノ練習」にあるとして、教育と美術とを分離して考えるべきだとの立場を打ち出す。再び、中村の文章を引用すると、伊沢は「日本美術復興派の眼目であった美術としての図画教育という視点を真向から批判し、教育としての図画教育を擁護する立場から、毛筆画を普通教育に適さないものとして退け」たのである。すなわち伊沢は、世界標準の知識と能力と育成すること、いいかえれば、論理的な思考方法や科学的な分析技術を多くの日本人子弟が身につけることが重要だ、と主張したのである。それは、「科学的、数学的理由に基づく画法」こそが、近代国民を育成する学校教育に相応しい教育方法である、という論理でもあった。なぜなら、伊沢は、近代日本の教育活動は、科学的・分析的思考を基礎としなければ、これからの世界に互していく「近代日本国民」を育てることはできないと考えていたからである。これは、当時の「グローバリズム」に依拠して国家教育を打ち立てようという富国強兵路線そのものでもあった。

『読書入門掛図』

さて、一時代を画した教科書であるこの『読書入門』に関しては関連する掛図（掲図・懸図とも）についても記しておこう。

第二部第一章でも、若干触れたように「掛図」は、明治初期の学校教育において、きわめて重要な教育メディアであった。一八七三（明治六）年、「学制」に基づいた新しい学校の教科書編集に取りかかっていた東京師範学校は、アメリカの初等教育で使われていたChartにならって、五十音図・単語図・連語図・九九図などを作成した。これが日本最初の教授用掛図である。翌一八八四（明治七）年八月には、編集刊行元が「文部省」に改められて、それが各地で翻刻され、また民間からも同様の掛図が販売され、広く普及することになる。掛図には、読み書き算の基礎情報を提供するもののほかに、博物知識や地理、歴史、あるいは修身掛図などの種類があった。

学制期の教室の様子を描いた錦絵などには、掛図をもとにして学習する教室場面が描かれた図柄がしばしば見られるように、掛図を使った教授活動は、新しい学校教育を象徴するものだった。なぜなら、近代に始まった一斉授業という授業形態では、全員に掛図を見せながら指導をする方法がきわめて効率的だったからである。よく知られているように、一斉授業は、近代の機会均等主義と大量生産方式を実感させる最新の教育方法だったのである。*19

「掛図」という教具は、各自が教科書を所持しなくとも学習を進行させることが出来るという点においても、便利なメディアだった。この時、ある意味で掛図は、教科書よりも主要な教育材料だったのである。しかし、掛図は書籍のように大事に保存されることは少なく、消耗品として廃棄されてしまう場合が多い。また、発行部数自体も教科書ほどは多くはない。したがって、史料としては残存しにくい。こうした掛図類に関しての研究では、佐藤秀夫・中村紀久二編『文部省掛図総覧』に文部省が刊行した資料が、整理されている。また、玉川大学教育博物館の図録『掛図にみる教育の歴史』には、民間から発行された掛図も数多く掲載されており、その教育的な意義が説かれている。[*20]

『師範学校改正小学教授方法』口絵　明治９年

次頁に紹介する『読書入門掛図』は、現在、旧開智学校所蔵資料の中に二軸、玉川大学教育博物館に二軸あることが判明しており、横浜国立大学でも一軸を入手した。開智学校所蔵の二軸には奥付（最終頁）が欠けている。そこで、『文部省掛図総覧　一』の「総説――掛図の研究・序説」で、佐藤秀夫は「文部省の編纂発行にかかわるものではないかと推測しうるものなのだが、編集発行者について全く記入がないので、それと断定することはできない」と慎重な物言いをしている。が、幸いなことに、玉川大学教育博物館、および横浜国立大学所蔵品には、最終頁に奥付の記載があり、そこには「明治二十年第一月二十日出版版権所有文部省編輯局蔵版」との印字と、「文部省編輯局印行之証」という印紙が貼付してある。この掛図を発行したのは、間違いなく文部省である。[*21]

もっとも、佐藤が「一八七〇年代後半からすでに文部省掛図の翻刻に始まって、民間における類似の掛図出版が開始されており、八〇年代以降それが著しく増加していた」と述べているように、民間からもさかんに掛図が発行されていた。とりわけ教科書検定期には、民間の教科書会社は、教科書の編集発行と併行して、それに付随する掛図を必ずといっていいほど同時販売している。少し時代が下るが、金港堂が出した『明治三五年九月改正　図書目録』には、各教科にわたって一五種類の掛図が掲載されている。実際の教室においては、掛図は、教科書と同等の、あるいはそれ以上の教育的効果を発揮していたと思われる。明治期の学習指導においては、教科書だけに頼るのではなく、掛図や挿し絵、あるいは唱歌や教師の口授活動などが、それぞれのメディアの特性を活かしながら、さまざまな学習場面の中で展開されていたのだった。

さて、肝心の『読書入門掛図』である。掛図の表紙は「読書入門掛図」と太い字で表題が記されているだけのシンプルなものだが、内容は第一課から二十課までの二十枚の構成になっており、上部が綴じられている。図版は、すべて色刷りになっており、そこに各課の本文も全文が載せられている。図柄は、ほとんどが『読書入門』と同じであるが、若干細部の異なる図もある。（たとえば、第九課では少年の掲げる旗のなびき方が反対方向である）ここには、第一二課の「フジ ト ボタン ト アリ。キミ、ドノ ハナ ヲ コノム ゾ。」を紹介しておく。先に「読書入門教材一覧表」の中に、書籍版の『読書入門』の挿絵を示しておいたので、それと比べてみれば、同じ図柄であることが確認できる。作画者の署名はこの図版にも記されていないが、本編と同様に浅井忠が描いたものだと考えていいだろう。

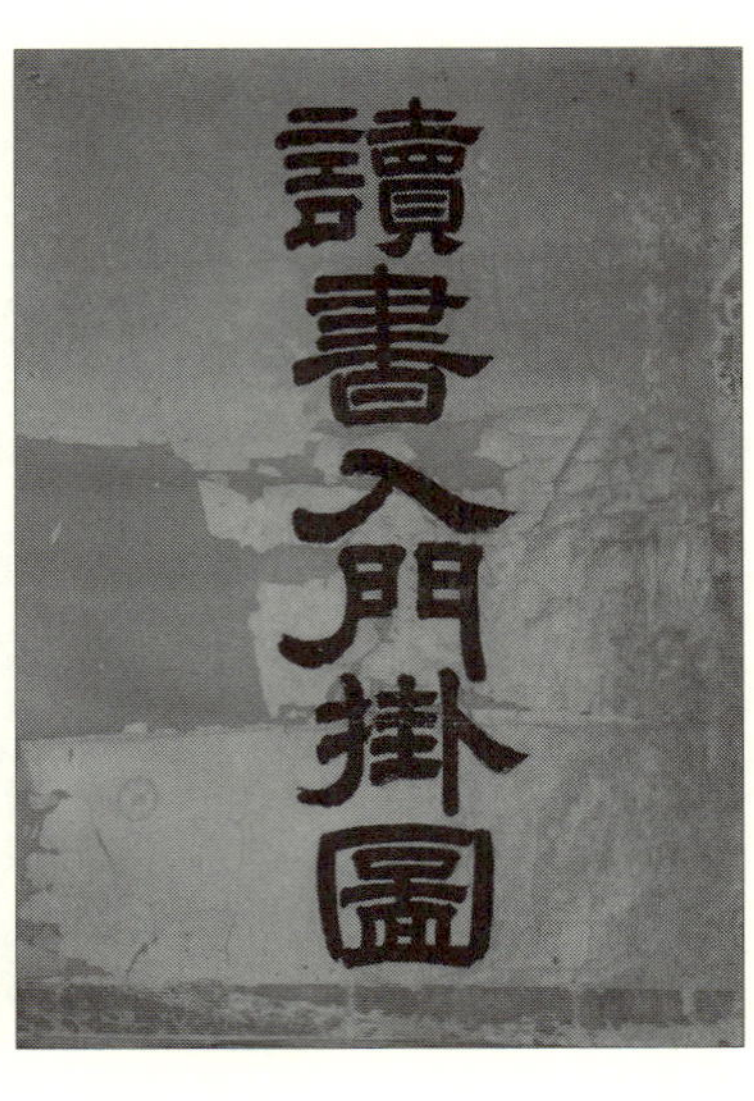

『読書入門掛図』表紙　65 × 45cm

『読書入門掛図』第一二課

印刷形式は、洋紙に木版多色刷り。定価金一円。この時期の、民間の多くの掛図類は、そのほとんどが、和紙に木版刷りで、日本画家が絵を担当している場合が多い。それに対して洋画家の手になる『読書入門掛図』の絵は、教員や教室の子どもたちを驚かせたのではないだろうか。この点でも、文部省は、積極的に教育場面に西欧的様式を取り入れ、文明開化の実質を可視的に示そうとしていたのである。

＊

見てきたように、文部省の『読書入門』は、ドイツのボック読本や、アメリカの読本を参考に作製されていた。この本が、これまで明治初期から使われてきた教科書作製の方法やその思想と決定的に異なるのは、欧米教科書の教材の表面的な模倣ではなく、その構成原理に学んだ点であった。もっとも、そうであるためには、欧米の教科書の構成原理を支えている近代科学的な思考方法についても、十分な理解がなされている必要がある。そこでは、科学を構成する様々な要素は、最小単位にまで分析することができること、またそれを子どもの発達に即して段階的に編成することによって、近代的なカリキュラムを作りあげることができることなどの確認とそれを応用できる力量とが要請される。

そうした原理的な理解が基底にあったからこそ、伊沢や湯本等は、発音や文字、文法などの言語体系が異なっていても、それを日本語の教科書編成原理として採用しようと考えることができたのだった。伊沢たちにとって、日本の教育で育成すべき知識や能力は、近代的・科学的なものでなければならなかった。また実際、伊沢たちが、「普遍的」な科学に依拠したからこそ、それまで身分階級や地域差などによって分断されていた言語や音楽や絵画などの文化を、国民共通の国民文化として再編成する可能性に賭けることができたのである。もっとも実際の出来映え、とりわけ全巻を貫く教科書の構成原理に関しては、必ずしも十分に実現できたとは言い難い。

さらに「普遍的」という点では、この時、文部省が、『読書入門』『尋常小学読本』を、洋装類似の製本形式と、全編金属活字によって刊行したことにも注意しておきたい。教科書の製本形式を洋装本に近づけようとしたことは、単に形だけの西洋模倣に過ぎなかったと批判できるかもしれない。しかし、金属活字によって標準的な書き文字を普及させようとしたことは、結果的に近代的で「普遍」的なリテラシーを備えた学習者の育成を促進した。というのも、従来は、書き手の個性が表出しやすい毛筆によって書かれた文字をそのまま整版して、木版摺りで教科書を作製していたからである。それが金属活字になったということは、統一された同じ字体を普及させることができるようになったということを意味する。現実生活の個々の書き手が書く「ハ」という文字の形態は、それぞれの個性や文脈、あるいは場所や時間によって、微妙に異なっている。だが、我々はそれを同じ「ハ」という文字として認識するように訓練される。一方、金属活字においては、「ハ」と言う文字が、「ハト」の中に使われていても、「ハナ」の中に使われていても、まったく同じ形をしたモノであり、それが同一物であると可視化されて視認できる。さらにその活字は、一つ一つの文字の集積が単語であり、単語の連なりが文であることも、実体物として示してくれる。

あらためていうまでもなく、西欧各国においても、近代国家教育とは、そうした科学的・普遍的な共通原理のもとに組織されており、また近代活字印刷メディアによって、国家共同体が構築されてきた。明治という時代を、世界に向かって切り開いていこうとした森や伊沢たち近代文部官僚が、近代科学を基盤とした「世界標準」原理を採用したのは、ある意味で当然であったし、またそれを洋装本や金属活字という物質として提示することは、重要な近代化戦略だったのである。

しかし、日本の各地域に住む人々の日常の意識や生活感覚は、必ずしもそうした施策を「普遍的」なものであると受けとめるとは限らない。あるいは、それが「普遍的」だと頭で認識したとしても、直ちに日常生活の中にそれを活かしていくには、大きな困難が伴う。そうした需要層の旧来の意識や感覚と、官版教科書の持つ「普遍性」とがどのように同調し、また齟齬を生むのか、この官版教科書の普及の過程では、この後、それが現実的な問題になって噴出する。以下、本書ではそうした問題を、金港堂を始めとする民間の教科書の模索などと対照することで、また文部省自身が教科書の役割をどのように考えていたのかを検討することで、教科書の内容を中心に検討していくことになる。

だが、その前に、『読書入門』に続いて刊行された『尋常小学読本』全体の内容にも触れておく必要があるだろう。

二、『尋常小学読本』巻一の検討

(1) 巻一の教材の検討

編纂の経緯

『読書入門』に続く『尋常小学読本』全七冊も国語教科書として体系的な組織化を図った仕事として、後に続く国語教科書の範となった。刊行されたのは、見返しの表記によると、一八八七（明治二〇）年五月。奥付には、同年四月二九日版権所有届けの記載があり、全七冊が、まとめて刊行されている。この『尋常小学読本』を完成させたのは編集主任である尺秀三郎で、補助として佐藤誠実、荻原朝之介、三宅雄次郎（雪嶺）が配置された。編集局長は、『読書入門』と同じく伊沢修二である。*22

尺秀三郎は、江戸小石川の生まれ。父は松平家の大目付役だったが、維新になり常陸へ移る。新治県令中山信安の養子になり、はじめ漢学、次に英学を尺振八に習い、後に、師の尺家を相続することになる。東京師範学校に入学、その時の校長が伊沢修二だった。尺は、晩年になってから『随感録』という本を出版しているが、その中に当時の思い出が記されている。文部省をめぐる当時の雰囲気もよく分かるので、少々長文になるが、以下に引用してみよう。*23

> 私は師範校では、出来のいゝ方でも無いので、余力が有つたわけでは無いが、頗文学が好きなので、教育の傍、文学にも指を染めんと、種々小説などを読み、秘かに富士の白雪と云ふ小説を書いたことがある。坪内逍遙氏が春のやおぼろと云ふ名の下に、始めて小説を出された頃である。私は秩山堂と云ふ本屋から原稿料を貰つた時、大に同室の諸君に驕つた。此小説は、青年時代の好尚より出来たもので、所謂軟文学であるから、校長に知られては大変だと思つたが、遂に伊澤先生の目に入つた。
>
> 尤も伊澤先生が此事実を知つた時は、出版後程立つた時で、私はもう学校を卒へて、学習院の助教となつて居たし、先生は文部省の編輯局長になつて居られた。そして新教科書編纂と云ふので、従来の漢文直訳体の小学読本を改訂して、談話体のものにすると云ふことに熱中せられて居た。処で教育の心得もあり、こんな文も書けるなら、是非来てやつて見ろと云ふことであつた。其橋渡しは湯本武比古君で、私は成否を気遣つた、同君も勧むるので、行くことにお返事した。先生が師範学校より文部へ栄転された時、私は得意の漢文の送序を呈したのも、幾分の因を成したのであらう。
>
> 斯う云うことで私は学習院から、編輯局に転じた。見られるのを恐ろしがつた富士の白雪が、私の旧校長に見えしむる連鎖となつたのである。
>
> 時の文部大臣は森有礼子で、新教科書の調査委員には、大学総長渡邊洪基、高等師範学校長山川浩、西周、加藤弘之のお歴々の大家を始め各方面の学者揃ひである。何にせよ旧教科書を一変して、新教科書に改むるのだから、随分議論も賑やかだ。けれども森文部大臣が断乎として、新教科書側に左袒して、伊澤編輯局長を信任されたから、計画は遂に効を奏した。

こうしてできあがった『尋常小学読本』は、巻一の「緒言」によると、

『読書入門』に続き「尋常小学科第一年ノ半ヨリ、第四年ノ末ニ至ルノ間、児童ニ読書ヲ教フルノ用ニ供センガ為」に編纂されたもので、計七冊構成である。伊沢修二が力を入れた「談話体」についていうと、巻一はほとんど談話体で構成されており、山本正秀も、その言文一致史上での史的意義を高く評価している。[*24]

教材の内容に関しては、やはり「緒言」に「此書ニ選択セル材料ハ、児童ノ心情ニ恰當シテ、解シ易ク学ビ易ク、且快味ヲ有スルモノニシテ、知ラズ識ラズ、其品性ヲ涵養陶造スルニ適ス可キモノヲ取レリ。」とあり、また「第一巻ハ児童ノ遊戯、或ハ昔話等ノ如キ、意義ノ解シ易ク、趣味ノ覚リ易キモノヲ選ビ」、「第二巻、第三巻ニ至リテハ（中略）遊戯ノ話ニ雑フルニ、諺、考ヘ物、庶物ノ話、其他養気ニ資ス可キ古人ノ行実等ヲ以テシ、第四巻、第五巻ニ至リテハ、（中略）地理歴史ノ事実ヲ加ヘ、第六巻、第七巻ニ至リテハ、学術上ノ事項ヨリ、農工商ノ職業ニ関スル事項ヲモ加ヘタリ。」とあって、子どもの興味関心を考慮に入れて、多様な教材編成が考えられていた。この読本も『読書入門』と同様に、ドイツのボック読本からの影響があるとともに、アメリカの読本類から翻訳した教材が多数見られる。

古田東朔は、この読本の内容構成は「総合的教材というよりは、やはり実科的内容」だといい、この後に提出されることになる一八九〇（明治二三）年の「『小学校教則大綱』の『読書及作文』の条目が『地理、歴史、理科』といった実科的事項を採ることを要求しているが、この読本はその規定の先駆になっている」と述べている。さらに「徳育的傾向は国家意識をその根底に置くものとして、この読本に示されている」と言い、特に第七巻にそれがはっきりと表れている、とする。[*25]

また、山根安太郎は、教材内容について「当時おおくの民間本が、連語系統のまとまりのない、したがって興味すくなき短編の文章をあつめているのに比すると、用意は周到」だと評価するが、「物語調や説話化がめだち、客観的な記述文章がすくなく、叙景叙情のすっきりした文体がうまれていない」ともいう。また全体に教訓臭が強いものの「各課の単元的連絡がこころみられていたことは、ばらばらの文章の収録に堕していた一般の教科書に比すると、ここにも学習興味の顧慮が重視されていたことがわかる。」と、「長所短所をそなえているところに、当代教科書の傾向がみられ」るとしている。[*26]

もっとも、古田も山根も、この読本が従来のものと一線を画す出来であったことは認めている。両者の評価は、井上赳が、「『読書入門』及び『尋常小学読本』は、実に当時に於ける読本の明星であった。この後民間の手に成る編著は、すべてこの名著に追従しながら、しかもたゞ様に拠って葫蘆を画く類が多かつた」と、読本編纂史上におけるこの読本の画期的な役割を認めた発言と、近いところにあると言えるだろう。[*27]

以下では、この読本の教材内容を、その多様さと、それが子どもの読み物とどのように関わっているかという観点に絞って検討してみたい。そのためにまず、巻一から巻七までの全教材を一覧表にして別表に示す。（巻一については、第一課、第二課という課名はあるが、題材名は示されていない。）教材のすべてを網羅的に取り上げるのではなく、『尋常小学読本』の教材の出典の調査を中心に、とりわけそれが様々な外国の読本から撰ばれていたことを指摘する中で、この読本の特徴を考えていきたい。

『尋常小学読本』 一八八七（明治二〇）年 四月二九日版権所有届 文部省編集局 定価 七銭

巻一

1 あのひとは、いぬをつれてきます。あの人は、大きな人では、ありませぬか。……

2 あの木の上に、大きなとりがゐます。あれは、からすであります。アレ、ごらんなされ、下のえだには、小さいのがゐます。……

3 こゝに、大きなうめの木があります。ふたりの女の子は、その下の石の上にて、ほんを見てゐました。うめが一つ、……

4 はゝさま、此本のゑをごらんなされ。としとりた女のそばに、きんときが、まさかりを持ちて、くまにのりてゐます。……

5 こゝに、六人の子どもがゐます。太郎は刀を持ちて、大しやうとなり、三郎四郎五郎は、ぼうをかついで、兵たいとなりました。……

6 ますぐにたてよ、正しくむけよ、左を見るなよ、右をもみるなよ。かしらをまげず、むねをばいだし、ちかよりすぎず、ほどよくならべ。……（韻）

7 太郎は、いま犬にむかうて、手をうちながら、「ますぐに立てよ、正しく向けよ、左を見るなよ、右をも見るなよ。」とうたうて……

8 あるひ、小太郎は、父に向ひ、「とゝさま、わたくしは、今きつねを見てきました。その狐は、ちやうどとなりのあかのやうで、尾は太く、……

9 あるひ、猫が、もりのなかにて、狐にあひ、ていねいにあいさつしました。狐は、耳を立て、尾をふりながら、「おまへには、何ぞげいが……

10 お花は、はたきにて、しやうじをはらうてゐました。子猫はかけ来り、耳を立てて、目をまろくして、ねらうてゐます。……

11 ひさしぶりにあめがやみ、あさ日がさして、木の枝には、つゆがぴか〳〵ひかりて居ます。アレあそこに、にじがでました。……

12 ある日、太郎は、をぢよりふえをもらひ、二郎は、又たいこをもらひました。今太郎も二郎も、兵たいのぼうしをかぶりて居ます。……

13 かみのぼうしに、紙のはた、竹にて作りしけんを持ち、われこそ日本の大しやうと太郎はいくさにすゝみ行く。……

14 二郎は、じぶんにて作りたる舟を持ちお竹は、母よりもらうたる人形を持ちて池へあそびに行きました。その舟は、ほかけ舟にて、……

15 二郎さんごらんなされ、此池に、たくさんうをがゐます。お竹さん、私がつりて見せませう。つることは、およしなされ。……

16 子ねずみ、母のもとに来て、「今私は、よいところを見つけました。」「其入口は、ちやうどよい大きさで猫にははひれませぬ。……

17 ありは、地に穴をほりて、其中に住みます。ある日穴の中が、きふにくらくなりた故、ありが出て見ると、いも虫がねてゐました。……

18 こゝに、二郎と三郎とがかきを取りて居ます。二郎は、柿の木の上から、「三郎、此柿をうけてごらん。」三郎は、「受けますから、一二三と……

19 口は一つに、耳二つ。さればいふこと少なくて、多くきくこそよかりけれ。口は一つに、目は二つ。されど多くを見て知りて、えきなきはなし……（韻）

20 こゝに、ちんとねことがゐます。猫は、くろ白赤の、三色の毛ある故に、みけといひます。ちんは、白い毛とくろい毛と、まじりて……

21 こゝに、二人のきやうだいが居ます。あねの年は、十二で、いもとの年は、七つであります。母は、今外へゆきて、二人は、内にるすをして……

22 今は、年のはじめにて、がくかうも休みであります。きやうだいは、そとに出て、色々の物をもちて、あそんでゐます。をとこの子は、たこを……

23 ある休日に、二郎は、兄の太郎と、ごむ毬を投げて、あそんで居ました。太郎は、手にて受け、二郎はぼうしにて受けてゐました。……

24 お竹は、よくおやのいひつけをまもりて、まことによき子で有ります。ある日、お竹は、母より、うつくしき人形を、ほうびにもらひました。……

25 ねむれ眠れ、人形よねむれ。泣くな泣くな、泣かずに眠れ。すゞしきこかげに、とりたるとこの上にてしづかに目をとぢふさぎ、眠れ……（韻）

26 むかし、ぢゞとばゞとが有りました。ぢゞは、山へくさかりに、ばゞは、川へせんたくに行きました。川上から、大きな桃が一つ、ながれて……

27 桃太郎は、だん〳〵大きくなりて、まことにつよくなりました。ある日、ぢゞばゞに向うて、「私は、鬼がしまへ、たから物を取りに行きたい」と……

28 桃太郎は、犬猿雉を供につれ、鬼がしまへわたりて見ると、鬼は門を閉ぢて入れませぬ。それ故、雉は一ばんさきに、門のやねをとびこえ、……

29 ある朝、二郎が起きて見ると、大きうな雪で有りました。此雪は、さく夜より降りつゞいた故、みちも分らず、車もとほらぬほどに……

30 此人は、小野のたうふうで有ります。たうふうは、雨の降る中に立ちて、かはづを見てゐます。此かはづは、やなぎの枝にとび付かうとして、……

31 まなべまなべ、勉めてまなべ、ならへ習へ、たゆまずならへ。まなびのみちを、たえずならへ、よむもかくも、教へのまゝに。……（韻）

32 一ぴきの年より馬が、野にはなして有ります。太郎は、二郎力三と一しよに、此馬に乗りて、あそばうと思ひました。二郎は馬に乗ることが、……

33 太郎は、「吾等二人は、乗りたるぞ。サア、一かけかけて見よ」と云うたれど、馬は少しもうごきませぬ。そこで、しきりにつなを引いたれば、……

34 吾等がうまれた日本は、誠によいくにで、其人かずは、三千七百万人ほどで有ります。みやこを東京と云ひ、こゝが天子さまのお住みなさるゝ……

『尋常小学読本』一八八七（明治二〇）年 四月二九日版権所有届 文部省編集局 定価 巻二・七銭 巻三・八銭 巻四・九銭 巻五・九銭五厘 巻六・九銭五厘 巻七・一〇銭

	巻之二	巻之三	巻之四	巻之五	巻之六	巻之七
1	学校	正直もの	お竹の老人を助けし話	学問の益	太陽	我が国
2	咲け花よ(韻)	まこと(韻)	時	たのし われ(韻)	日の旗(韻)	祝へ我が国を(韻)
3	妹の姉をしんせつにする話	かひこ	学のすすめ(韻)	菅原道真	立身の宴会	大椿の話
4	猿とかにとの話 一	二郎のおもちやを染めたる話 一	忠治郎の話	狐と蟹とのかけくらべ	あまだれ石を穿つ	蛍雪の功(韻)含む
5	猿とかにとの話 二	二郎のおもちやを染めたる話 二	友のえらび方	渋柿	らんどしーるの話	森蘭丸の話
6	猿とかにとの話 三	米	鷹	腐りたる柿	水の周遊 一	傲慢なる狼
7	人形の舟あそび	道長の話 一	こぶ取 一	翼の折れたる雀	水の周遊 二	豊臣秀吉 一
8	かたつぶり	道長の話 二	こぶ取 二	小児の悪戯	火のゆくへ 一	豊臣秀吉 二
9	時計 一	おきよと正雄との話	信高の妻の勇気	日本武尊(韻)含む	火のゆくへ 二	花
10	時計 二	めくら	千代松の話	おもなる金属 一	鎌倉権五郎景正の話	春色(韻)
11	はなれ馬	塙保己一の話	杜鵑(韻)含む	おもなる金属 二	古戦場(韻)	立花道雲の話
12	心はたけく(韻)	次郎と三郎との話	烏蛤を食ふ話《イ》	正雄のあうむ	正雄とお清との問答 一	空気
13	富士山	九年母の話	考へ物	しひたけ	正雄とお清との問答 二	蟻と鳩との話《イ》
14	考へ物	はりねずみ	書物の読み方	知恵の垣	菟道稚郎子の話	蟻
15	食物	正作病気になりし話	菊の歌(韻)	仁徳天皇	あるふれっど王の話	豊臣秀吉 三
16	子をあいする猫の話	ほねおしみせし馬の話《イ》	菊	家	象	馬を献じて蕪菁を得たり
17	紙	正雄の正直	孝行なる盲人	蠅	野中兼山のみやげ	虎
18	子猫の話	馬	子鼠とおや鼠	塞翁が馬	源平あそび(韻)	徳川家康
19	慾ふかき犬の話《イ》	馬の童を助けし話	手紙の書き方 一 (手)含む	深切の却て不深切となりたる話 一	平清盛	家康遺訓
20	兵士(韻)	四季(韻)含む	手紙の書き方 二 (手)含む	深切の却て不深切となりたる話 二	ぱんの木	江戸城
21	新聞売	酒井忠勝の話	義家の学問にこころざしたる話	フリードリヒ大王の話	鎌倉	雨及び雪
22	海岸のあそび 一	作太郎の鳩	月の日数	羊	獅子	島津家久琉球を取る
23	海岸のあそび 二	作太郎の手紙	鹿の水鏡《イ》	魚釣	ぺゝん王	葉
24	八町二郎の話	桑つみ女	ばうし花	樟虫	砂糖	塚原卜伝の話
25	日の出	招魂社(韻)含む	絵と図	醍醐天皇	後醍醐天皇	根
26	たかね	行成と実方の話	公園の地図	諺	楠正成 一	山田長政の話
27	方角	かうまんなる男	犬の知恵	不正直の結果	楠正成 二(韻)含む	地球
28	舟遊び	虎と狐との話《イ》	大阪の蛙と京都の蛙	良秀の話	ろびんそん、くるうそうの昔話 一	明治維新
29	山びこ	燕(韻)含む	神武天皇	勉強の少年	ろびんそん、くるうそうの昔話 二	君が御代(韻)
30	かすみか雲か(韻)	燕の巣をうばひし雀の話	紀元節の歌(韻)	諺	ろびんそん、くるうそうの昔話 三	国王の巡幸
31			紀元節の歌続き(韻)		楠正行 一	あふげばたふとし
32					楠正行 二(韻)含む	

外国由来の読み物は■網掛け 《イ》はイソップ童話 (韻)は韻文 (手)は手紙文 (対)は対話 「含む」は教材文中にそれが含まれているという意

(2) 巻一の子どもの生活に取材した教材

ニューナショナルリーダーの影響

『尋常小学読本』でも、『読書入門』と同様、子どもの生活に密着した内容を多く取り上げている。ここでは、巻一の教材内容の子どもの生活を取り上げた教材から見ていく。それらは、ニューナショナルリーダーからの影響が大きく感じられる。

直接的な形でその影響が見て取れるのは、第三課である。

こゝに、大きなうめの木があります。ふたりの女の子は、その下の石の上にて、ほんを見てゐました。うめが一つ、本の上におちました。
ふたりは、おどろいて、上を見たれば、をとこの子が、木にのぼりてゐました。
そしてうめは、この子が、とりそこなうておとしたのであります。

教材文の内容自体は、取り立てて子どもの興味を引くとも思えないが、子どもの日常生活を取り上げた点は、読み手に親近感を抱かせたかもしれない。しかし挿絵は、いかにも西欧風である。ニューナショナルリーダーの第一読本第二七課には、これとほとんど同じ図柄を挿絵にした教材がある。こちらも男の子が木に登り、女の子が下からそれを見上げている。ただし、文章の内容は、かなり異なっている。ニューナショナル第一読本は「Bad boy」の話で、樹上にある鳥の巣から卵を取ろうとしている男の子である。小鳥の巣からかわいい小鳥が直ぐにも飛び立つのだから、卵を取ってはいけないという「教訓的」な教材である。もっとも、メッセージ自体は教訓的だが、少年の行動をたしなめる教材文の「Bad boy! Bad boy!」という繰り返しは、読む者に文章のリズムを感じさせる。

また、第二四課の、お竹が母から人形を貰い、いすに腰掛けそれを抱

『尋常小学読本』巻一　第三課

32　LESSON XXVI.

NEW WORDS.

from　come　be　a way　there　of　what　soon

Bad boy! bad boy! Come down from that tree. Do not take the eggs from the nest. What a bad boy, to take the eggs of a bird!

Go away, bad boy; do not take the eggs, and soon there will be three pretty birds in the nest.

New National Reader　第26課

いている図も、ニューナショナルリーダー第一二課の「Ann has a new doll」の図柄やレイアウトと近似している。もっとも、これらの教材は、図柄だけをニューナショナルリーダーから借りたのかもしれない。

これに対して、ニューナショナルリーダーの教材内容をほとんどそのまま利用した教材もあった。それは第一八課である。

こゝに、二郎と三郎とがかきを取りて居ます。二郎は、柿の木の上から、「三郎、此柿をうけてごらん。」三郎は、「受けますから、一二三とかぞへて、三つめにおなげなされ。」二郎は、「一二三」とよびながら、柿をなげたれば、地におちて、つぶれてしまいました。（下略）

幸いなことに、つぶれたのは虫がついた柿で、その後は帽子で受けたら多くの柿を取ることが出来て、それを父母のもとへ持って帰る、という展開になっている。

一方、ニューナショナルリーダーは、柿ではなくリンゴの木である。二人は大きなリンゴを帽子で受け、それを母親の元へ持参する。母親は大喜びし、アンにもあげようという提案をし、二人も賛成する。子どもが採取した果物は、子どもの所有物であり、母親といえども、それを無断で他人に譲り渡すことはできないのだ。そこで、母親は、二人の子どもにアンへの譲渡を提案して、その承認を得るのである。『尋常小学読本』では、二人は柿を、父母に「わけて　あげました。」で終わっているので、その後の展開は不明であるが、ニューナショナルリーダーとほとんど同じ内容である。ここでも英語読本の図柄はそのまま敷き写しにされ、樹上の少年の身体の向きは異なるものの、大木の形状や帽子を構える少年の姿勢とセーラー服はほとんど同じである。[*28]

さらに、『読書入門』でも取り上げられていた鼓笛隊の話題が、第五課に載っている。ここではニューナショナルリーダーと同じく六人の子どもが登場する。ただし、『尋常小学読本』では、一列に並んでの行進ではなく、大将と兵隊という上下関係に変わっている。兵隊たちは、大

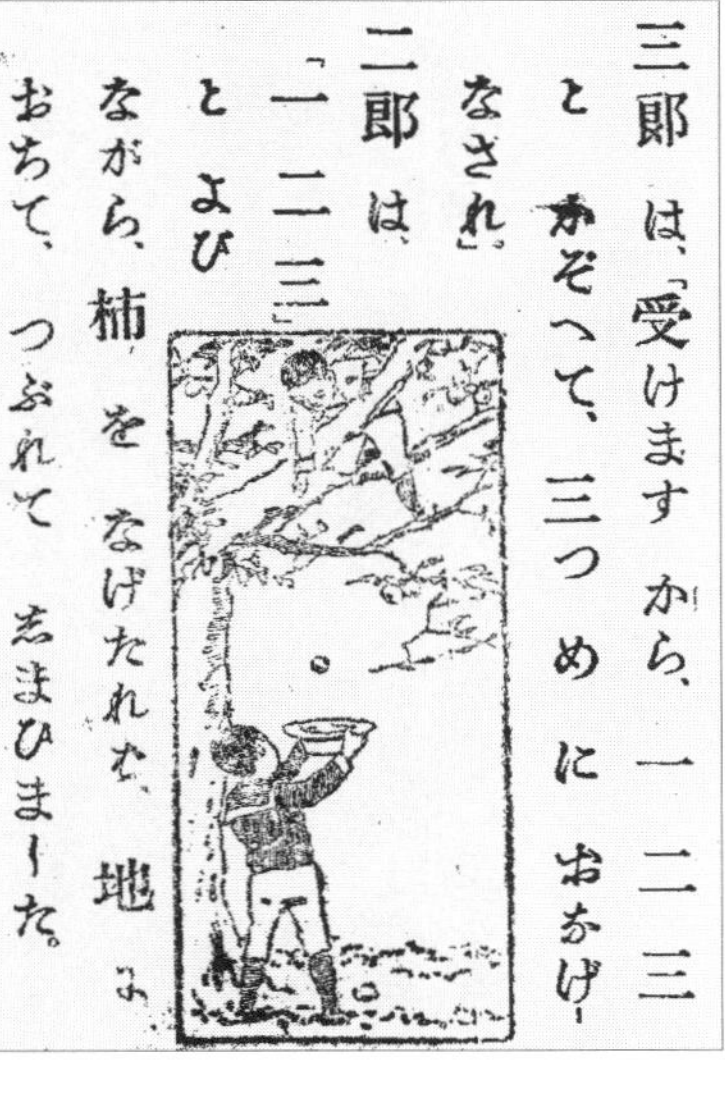

三郎は、「受けますから、一二三
とかぞへて、三つめにおなげ
なされ。」
二郎は、「一二三」
とよび
ながら、柿をなげたれば、地に
おちて、つぶれてしまひました。

『尋常小学読本』巻一　第一八課

34　LESSON XXVIII.

NEW WORDS.

Ned	no	us	let
hand	ap'ple	your	some

Here, Ned, catch this apple in your hand.

No, I will catch it in my hat.

Now I have it. What a big apple it is!

Let us take some to mamma.

O yes! she likes them. I will get her some.

We will take them to her in my hat.

O here is a very big apple! We will give her this one too.

New National Reader　第28課

将の号令どおりに進むのである。さらに第六課には「ますぐ に たてよ、正しく むけ よ、左を 見る な よ……」という行進歌が掲載され、第七課では、太郎がその歌を手を打ちながら歌い、犬に向かって号令をかける。つまり、五・六・七課は、話題の連続という点を工夫した編集になっていた。

　もっともその「話題の連続」の主眼は、第七課の「犬 は 兵たい の やう に、よく その がうれい を きゝます。」という記述に表れている。犬が兵隊になぞらえられているのは、大将（号令をかける側）と、兵隊（号令をかけられる側）との権力関係を徹底させるためだろう。そのため大将と兵隊は、人間と動物とのアナロジーで語られているのである。古田東朔が「国家意識をその根底に置く」と述べていた趣旨は、こうした所にも表れている。さらに、一二課と一三課にも、同じく鼓笛隊と兵隊ごっこの話題がある。子どもの側からの視点を大事にしようと、子どもの遊戯や生活を多様に取り上げてはいるものの、最終的にそれは国家権力と兵隊という構図の中に籠絡されていくのだと考えることができる。

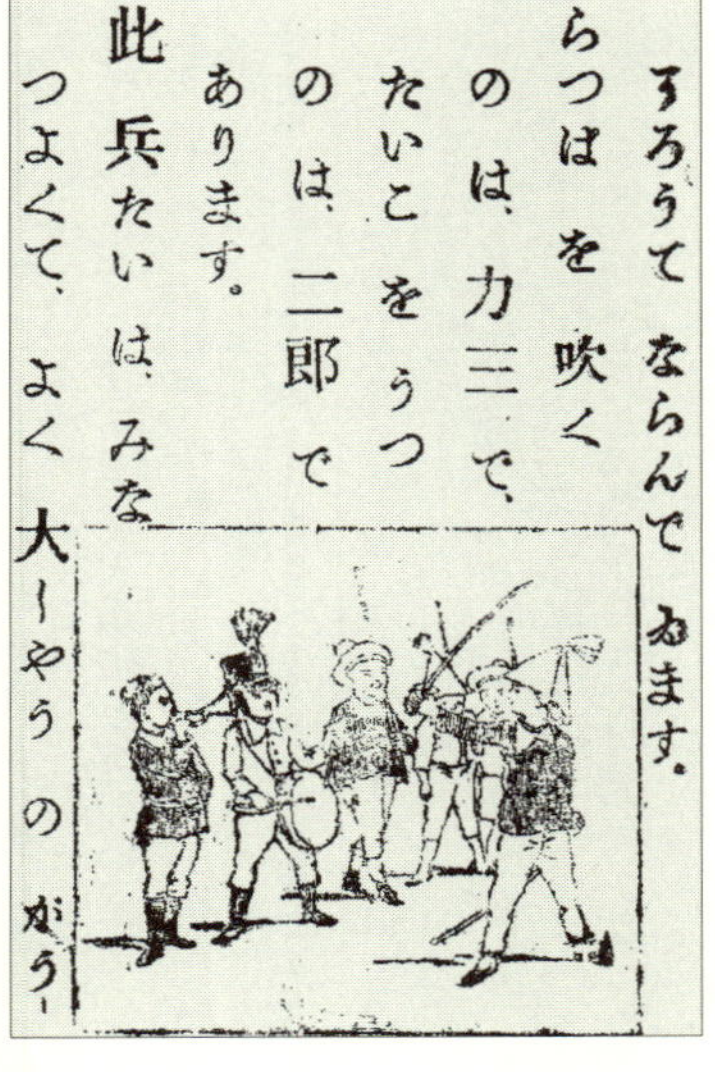

そろうて ならんで ゐます。
らつぱ を 吹く
のは、力三 で、
たいこ を うつ
のは、二郎 で
あります。
此 兵たい は、みな
つよくて、よく 大しやう の がう

『尋常小学読本』巻一　第五課

　ほかに『尋常小学読本』巻一においては、第二課、第八課、第一〇課、第一二課、第一四課、第一五課、第二〇課、第二一課、第二二課、第二三課、第二九課、第三一課、第三三課が、子どもの生活を取り上げて教材化している。

　ところで、この読本がアメリカの読本に倣って子どもの生活を取り上げ、それを談話体で記述し、教材文に仕立てたということは、文章文体の改革という以上に、「子ども」という存在を考える上でも、大きな意味を持っている。子どもの生活を教材にすることは、ウィルソンリーダーをもとにした『小学読本』（一八七三《明治六》）年でもなされていた。が、読本の文章そのものは欧文直訳の文語体で、子ども自身が使用している話しことばとは、かなりの距離があった。ところが、『尋常小学読本』巻一では、子どもの話しことばに近い文章＝談話体が採用されている。もっともそれは、東京山の手の話しことばを基準としたものであり、多くの地域で実際の子どもたちが日常的に交流している話しことばとは異なっていたし、子どもの服装やそこで繰り広げられる遊びも西洋風のものが多く、地域の現実生活とは遊離していた。

　だが、少なくとも『尋常小学読本』巻一には、生きた子どもたちの日常生活がわかりやすい文章によって記述されており、それを読んだり書いたりする学習活動が想定されている。とりわけ、外国読本が対話形式を多出させていることに学んで、談話文体を多く導入したことは、個々の子どもの言語による感情表白の方法の可能性を広げる基礎になっただろう。子どもたちの行動や内面世界を話しことばで表出したり、子ども自身がそれを書き記していくような作文活動は、明治後期になってようやく大きく展開することになる。『尋常小学読本』の教材文のような土台があったからこそ、それが可能になったのである。

田中義廉の『小学読本』に関しても同じことを確認したが、日本の教科書のモデルとなった欧米の読本類には、子どもの生活を材料にした内容が溢れていた。それらは、大人が子どもたちに教訓を与えるために子どもを取り上げた教材も少なくなかったものの、子どもの行動を生き生きと描いた文章もあった。その文体は平易であり、文章量もそれほど多くはない。そこで、日本の教科書編集者たちは、こうした外国読本を手本にして、日本の子どもの生活に移し換えて教材文に取り上げようとした。もちろんその場合、日本の現実や、編集者の教育観のもとで様々な手直しが行われるのは、当然のことである。その中には、現実の日本の子どもたちに受け入れられるように消化されていたのか、あるいは子どもたちの胸に落ちるような形で平易化されていたかに関して、疑問の残る教材も少なくない。

しかし、従来、正面から取り上げられることのなかった子どもたちの日常のささいな言動が文章化され、紙面に固定されたことは、子どもの読み物の展開にとっても、大きな意味がある。なぜなら、たとえそれが教育のための材料であったにせよ、子どもの日常生活が、文章となって現前化されていたからだ。「子ども向け翻訳啓蒙書」や田中義廉編『小学読本』によって先鞭が付けられたこうした試みは、この時、文部省の『尋常小学読本』や、金港堂の『日本読本』などの言語教科書の中の「談話文」という形で広く公開されたのである。

それらは、教科書という公的な媒体に掲載された文章であるがゆえに、多くの人の目に触れた。子どもの日常生活の取るに足らない行動や発話それ自体が、教科書の文章の素材になる、文章表現史という観点からは、そのこと自体が、大きな「発見」であったはずである。そうした文章が、今度は、それを享受する個々の子どもたちの多様な内面や、自発的な言語表現行為を引き出すきっかけになっていく。こう考えると、日本の教科書に子どもの日常生活が平易な文章で取り上げられて文章化されたことは、子どもの文章表現史や子ども文化史を考える上でも、きわめて大きな意義があったと言っていいだろう。

(3) 巻一のフィクション（読み物）教材

グリム童話の教材化

子どもたちの日常生活を取り上げた教材と同様に、ひとまとまりの子どものためフィクションのストーリーも、やはり外国読本の中から調達されていた。『尋常小学読本』巻一で最初に出てくるまとまった「お話」らしい教材は、第九課である。この教材は、その前の第八課で小太郎と父親とが狐について会話を交流する話材に続けて配置された、狐と猫が会話を交わす小話である。

あるひ、猫が、もりのなかにて、狐にあひ、ていねいにあいさつしました。

狐は、耳を立て、尾をふりながら、「おまへには、何ぞげいがあるか」とたづねました。

猫は、「イエ、わたくしは、何もできませぬ」とこたへますと、狐はわらうて、「オヽ、げいなしよ、犬がきたらばどうするぞ」とわる口をいひました。

そのとき、ちやうどかり犬が来たゆゑ、猫はいそいで木に上りました。狐は、あちこちとにげて見たれど、つひに犬にとられました。

この教材の出典は、アメリカのスウィントン第三読本の第一〇課だろう。原題は、「One trick that was worth a Hundred」。両者の挿絵の構図は、

46　THIRD READER.

up came a pack of hounds barking and yelping.

5. "Search well in your sack, friend," cried the cat to the fox; "for you will need all your tricks now. As for me, look: this is my one trick."

6. As she said these words she ran up a high tree, quite out of reach of the hounds.

7. From the top of the tree she saw the sly fox run, first this way, and then that way, till he had tried all his tricks.

Swinton 3rd Reader 第10課

あるひ、猫が、もりのなかにて狐にあひ、ていねいにあいさつしました。狐は、耳を立て、尾をふりながら、「おまへには、何のげいがあるか」と

『尋常小学読本』巻一　第九課

きわめてよく似ている。『尋常小学読本』の教材文は、かなり簡略化されているので、話のオチが若干分かりにくくなっているが、原典は、次のようなストーリー展開である。

狐が猫に対して、自分は「百芸」を持ち合わせていると高慢な態度で臨む。そこへ狩人と猟犬がやってくるが、猫は素早く木に上って助かり、狐は捕まってしまう。猫は、狐に百芸を使って隠れれば助かったのにと皮肉を言う、という話である。教材としては、高慢は誡めるべしというメッセージを読み取らせる意図だろう。つまり、この教材は「One trick that was worth a Hundred（一芸は百芸より尊し）」という題名通りの教訓を伝えようとしているのである。

同じ話は、『読書入門』がモデルにした、ドイツのボック第二読本の第四〇課の教材にもなっている。こちらの表題は「Der Fuchs und die Katze.（狐と猫）」。ボックの読本には挿絵がついていない。稿者は、挿絵の類似から、この教材の原拠はスウィントン読本だろうと推測したのだが、ボック読本の独文から教材化した可能性もある。特筆すべきことは、この話がグリム童話由来の話である、ということである。

グリム童話の整理番号は、KHM75である。編者である尺秀三郎たちが、この話がグリム童話であることに気がついていたかどうかは不明だが、結果的にこの教材と、やはり同じ『尋常小学読本』の巻七第六課の「傲慢なる狼」は、日本におけるグリム童話移入という点で、かなり早い時期に置かれる仕事になっている。ほかに、第一六課の子ねずみがねずみ取りをめぐって母鼠と会話する話と、第一七課の蟻が尊大な態度をした芋虫を食い破る話も、外国の読本、あるいは類似書からの借用だと思われる。出典は、不詳。第一六課は、ボック第一読本の第八〇課の「Die kluge Maus（賢い鼠）」にヒントを得ている可能性もある。

日本の昔話の教材化

外国の読本の中だけではなく、子どものためのストーリー性を持った読み物は、日本の伝統文化の中にも存在していた。それはいわゆる「昔話」である。『尋常小学読本』の第四課には「はゝさま、此本 の ゑ を ごらんなされ。としとりた 女 の そば に、きんときが、まさかり を 持ちて、くま に のりて ゐます。」と、坂田金時の絵本を手にした子どもの絵が掲載されている。子どもが持っているのは、江戸期以来の赤本の類の絵本であろう。坂田金時の母親は山姥だという伝承があるから、挿絵に山姥と金太郎の絵が書いてある、という想定である。これだけの情報で、読み手と金太郎のストーリーを共有しようというのだから、編者たちは金太郎の名前とその力自慢の怪童の物語が、子どもたちの間にかなり広まっていると考えていたのだろう。実際、金太郎や花咲爺・桃太郎などの昔話は、江戸後期から公刊されており、庶民の間でもよく読まれていた。これは、そうした昔話がすでに一般に普及していることを前提とした教材化である。[*29]

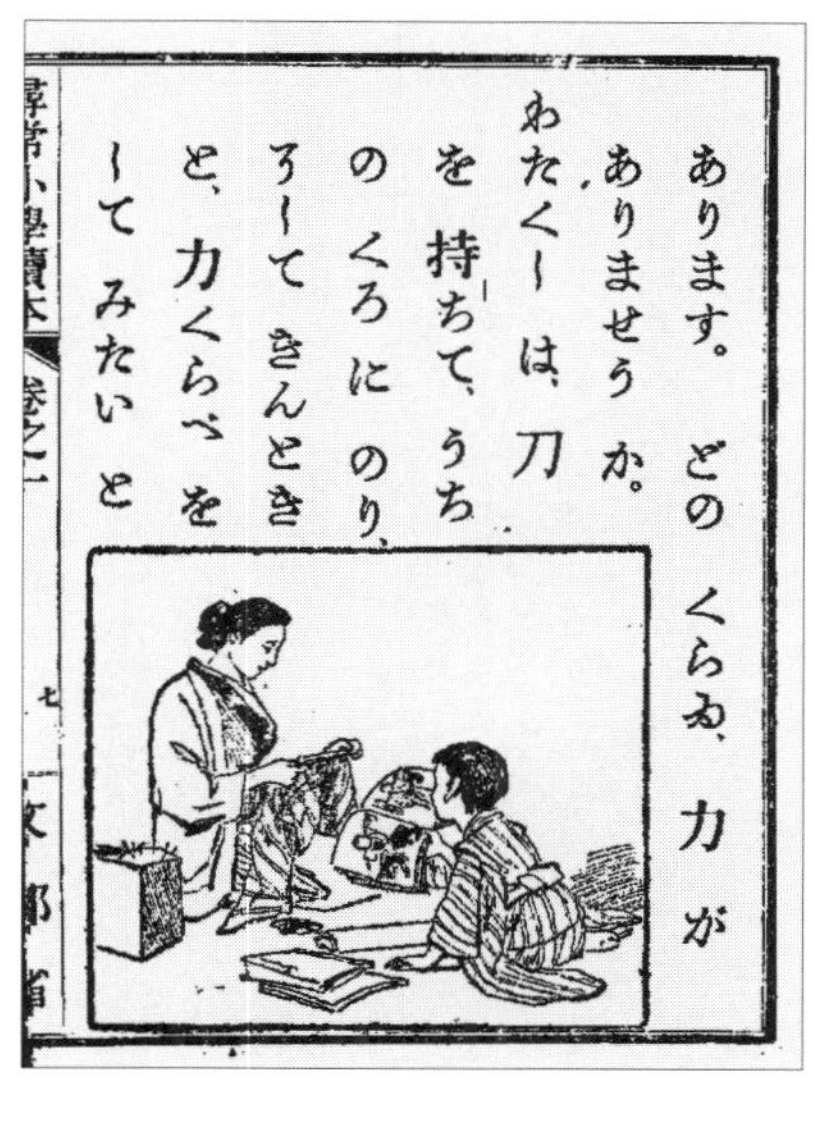

『尋常小学読本』巻一　第四課

一方、昔話のストーリーそのものが教材文として全面的に取り上げられているのは、第二六課から第二八課にかけての、三課にわたる「桃太郎」の話である。

むかし、ぢゞとばゞとが有りました。ぢゞは、山へくさかりに、ばゞは、川 へ せんたく に 行きました。

川上から、大きな桃が一つ、ながれて来ました。それを取りて見ますと大さうゝまさうな桃でありました故、ぢゞとふたりで、たべやうとて、家に持ちかへりました。（中略）

少し行くと、川のむかふから、犬が来て、「あなたは、どこへお出なされますか。又おこしに付けたのは、何でござります。」

「われは、鬼がしまへ行くので、こしに付けた物は、日本一のきびだんごだ。」

「一つ下され、お供いたしませう。」（下略）

「桃太郎」作品の受容史については、滑川道夫の『桃太郎像の変容』の研究が詳しい。滑川は、この『桃太郎像の変容』の中で、『尋常小学読本』の「桃太郎」の鬼の大将の名前がアカンドウジになっている点などに着目して、この教材の原典が「江戸中期の黄表紙によっているこ
とを想像させるのに十分であるし、成立の古さを感じさせる。」と述べ、しかも後に出る巌谷小波の『桃太郎』（一八九四《明治二七》年刊）などに

くらべると「はるかに簡素によくできている」とし、「子ども向きの表現で、しかも、江戸後期の『桃太郎噺』の本流の筋を定着するのに役立っている」と高く評価する。さらに「これから後の桃太郎教材は、これにふかい影響をあたえられているし、民間の桃太郎噺にも大きな影響をあたえている」と述べる。とすれば、『尋常小学読本』という刊行物は、「桃太郎」という作品の教科書教材史の上でも、また、子どもの読み物文化史の上でも、大きな転換点を形作った書物だということになる。

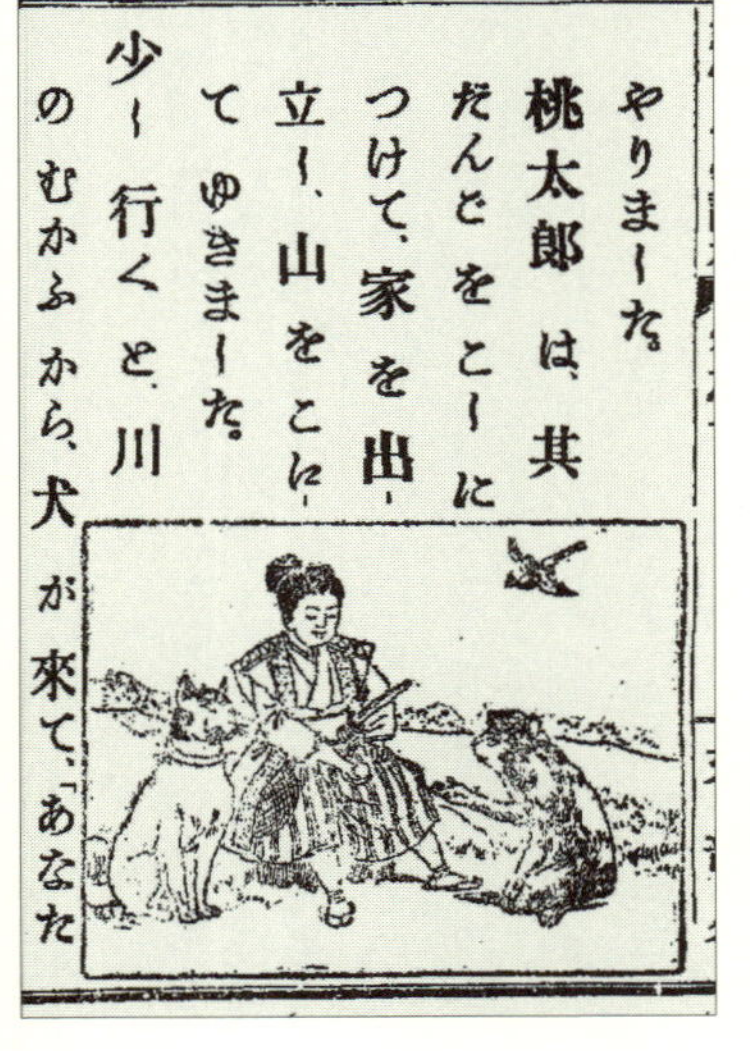

やりました。
桃太郎は、其
だんごをこしに
つけて、家を出
立ち、山をこえ
てゆきました。
少し行くと、川
のむかふから、犬が來て、あなた

『尋常小学読本』巻一　第二七課

滑川の作成した「桃太郎関係年表」によると、『尋常小学読本』以前の刊行物としては、江戸期以来の赤本などの木版に変体仮名による「桃太郎」はあるが、金属活字によって印刷された桃太郎噺は存在しないようだ。ということは、それまで、子どもたちは、必ずしも子どもだけを読書対象としてはいなかった木版刷りの変体仮名の冊子で「桃太郎」を読むか、あるいはそれを大人に読んで貰うしかなかったのである。

さらに言うなら、『読書入門』と『尋常小学読本』の第六巻までは、「単語分かち書き」が使われていた。「分かち書き」になっていないのは、『尋常小学読本』の巻七だけである。それは、文部省の「読本」が、もっぱら読むための学習用の教科書として作られたことを意味している。したがって、この『尋常小学読本』の「桃太郎」も、明らかに子ども読者のみを想定したテキストになっていた。『尋常小学読本』に「桃太郎」の話が載せられたことによって、子どもたちは初めて、在来の「桃太郎」という話を、談話体の文章で書かれた子どものための活字文化材として受容する機会を得たのである。[*30]

第二部第一章でも触れたように、日本の言語教科書に、昔話を取り入れる試みは、すでに一九七三（明治六）年に出版された『文字之教』で、福沢諭吉が試みていた。だが、これは、物語自体をまるごと教材として取り上げたものではなかった。これに対して、『尋常小学読本』では、桃太郎のストーリー自体に教材価値があると判断して、話のまるごとを結末まで登載したのである。それも、初学者が読みやすいように、句読点が付けられ、分かち書きになっていた。この点が、語彙を拡充する手段として昔話を利用した福沢の『文字之教』と、昔話そのものを教材として読ませようとした『尋常小学読本』との違いだった。

もっとも、教材として昔話を「読本」に収録したことに対して、教育界の一部から強い反発があったようだ。

伊沢修二の「昔話」教材論

この点に関しては、文部省編輯局長である伊沢修二の発言を参照することにしよう。

梶山雅史の研究によると、伊沢修二は一八八八（明治二一）年の春に、京都府ほか一府九県にわたって出張を行っている。これは文部省編集局が完成させたばかりの『読書入門』『尋常小学読本』を、広く普及させることが主たる目的である。梶山は、伊沢が、『読書入門』や『尋常小学読本』に対する世間の疑問や批判に対して、積極的に反駁、弁明のキャンペーンを展開したのだ、と述べている。また、その「反駁、弁明」の内容が具体的にうかがえる資料として、明治二一年五月の「読書入門・尋常小学読本ノ質疑ニ答ヘラレタル要略」を挙げている。これは、『信濃教育会雑誌』第二二号・二三号（明治二一年七月二五日・明治二一年八月二五日発行）に掲載されたもので、『伊沢修二選集』にも収録されている。[*31]

稿者の手許には、全く同じ内容を別刷りにして表紙をつけ、小冊子に収録した資料がある。図版で示したように、表紙中央には「伊沢編輯局長京都府外一府九県へ出張ノ節本省出版読書入門及ビ尋常小学読本ノ質疑ニ答ヘラレタル要略」という題名が印刷してあり、その横に「京都府第二部学務課」の朱印が押してある。おそらくこの小冊子は、『尋常小学読本』の普及を目的として文部省が作製し、全国の各地域学務課など関係機関に配布したものだと考えられる。[*32]

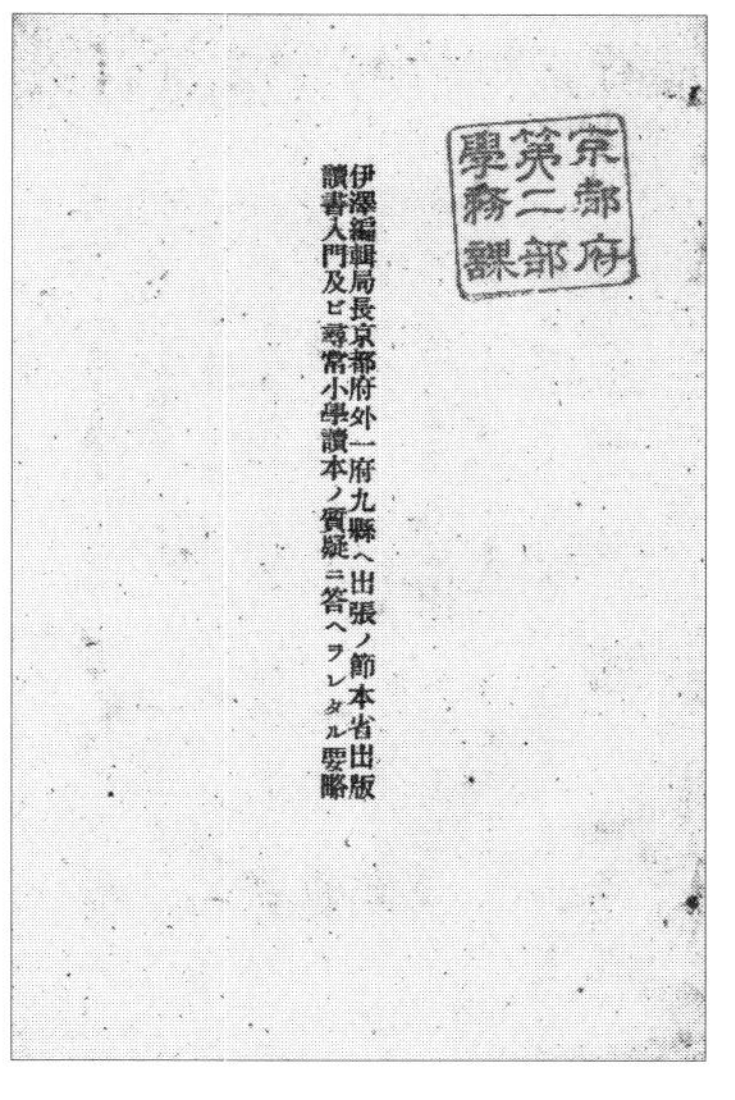
京都府第二部學務課

伊澤編輯局長京都府外一府九縣へ出張ノ節本省出版讀書入門及ビ尋常小學讀本ノ質疑ニ答ヘラレタル要略

伊沢修二による解説書

文書の内容は、文部省側の読本作製意図に関する質疑に対する伊沢編集局長の答弁の記録であり、筆記者は、文部省の小川鋠太郎となっている。そのうち、「昔話」を収録したことに関する伊沢の意見を、やや長文にわたるが、そのまま抜き出してみる。この論述は、そのまま伊沢の「文学教材論」として受け取ることもできる。

（五）尋常小学読本中ニ、昔話寓言ノ如キモノヲ載セタルハ如何。其昔話ノ如キハ、啻ニ陳腐ナルノミナラズ、事実ニ非ザル話ニシテ、明治時代ノ人民ヲ教育スルニハ適セザルモノニ非ザルカト問ヒシモノアリ。此質疑ハ、余輩ノ見ル所ト大意ニ見ヲ異ニスルモノナリ。例ヘバ桃太郎ノ昔話ノ如キハ、我国古来有名ノ作ニシテ、或ハ此作ハ古事記ニヨリテ作リタリト云ヒ、又為朝ノ島巡リノ故事ニヨリテ、児童ニ解シ易キ様ニ作リ出シタルモノナラント云ヒ、又或ル説ニハ、菅原ノ道真公ガ曾テ時ノ皇太子ノ伝トナラレシトキ、何カ御為メニナルベキモノヲトテ此話ヲ作リテ御話シ申上ゲタルモノナリトモ言ヒ伝フルガ如ク、其作者ニ就キテモ、説ヲ為ス者少カラズ。且古来名作ナリト賞賛スルモノ甚ダ多ク、有名ナル漢学ノ大家ニシテ之ヲ漢文ニ書キタルモノ数名アルハ諸君ノ知ラルル所ナラン。又近年ニ至リ之ヲ独逸文ニ訳シテ、独逸ノ哲学会雑誌ニ登録シ、彼ノ国文学社会ノ好評ヲ得タルモノアリ。又東京ニテハ、或ル英人之ヲ英文ニ訳シ小冊子トシテ、英米諸国ニ輸出シ、彼ノ国人中之ヲ珍重愛読スルモノ多ク、今尚ホ盛ニ輸出スト聞ケリ。サレバ此作ノ如キハ、名作タルニ違ヒナク、明治時代ニ得ガタキ文学上ノ宝ト言フモ不可ナキニ似タリ。然リト雖モ、余輩ガ之ヲ小学読本ニ編入シタルハ、唯其名作タルノミノ故ヲ以テ之ヲ用ヒタルニハアラズ。教育学者ノ眼ヨリ見ルトキハ、何物ニテモ児童ガ最モ喜ビテ之ヲ感ジ、不知不識ノ間、智徳ノ養成ニ益アルモノコソ最モ大切ノ材料トシテ用フ可ケレ。如何程ノ名作名文ト雖モ、児童ノ心力ニ恰当セズ、喜ビテ之ヲ受ケザレバ、何ノ益ニモ立タザルモノナリ。彼ノ桃太耶ノ話ノ如キハ如何ト云フニ、老媼ガ児孫ニ毎夜幾回語リ聞カスルモ、曾テ厭クコトナク、尚ホ一回尚ホ一回ト請ヒテ止マザルハ、親シク見ル所ナリ。是レ児童ノ心力ニ恰当シタル好材料タルノ證ニ非ズヤ。又之ヲ読本ニ載セタル上ノ成績ヲ見ルニ、余ガ知友ニ一子アリ。高等師範学校附属小学ニ通学シ、年歯恰モ尋常小学第一年期ニアリ。彼ノ読本ノ第一巻ヲ読ミ居ルニ、未ダ桃太郎ノ課ニ進マザル前ヨリ、日々其課ニ進ムハ何レノ日ナルカヲ問ヒテ止マズ。従テ其前ノ諸課ヲ能ク勉強シテ習了セシハ、全ク事実ナリト聞ク。是レ亦児童ノ心力ニ恰当セルヲ見ルニ足ルベシ。然ルニ或ル人ハ、更ニ説ヲ作シテ、昔話寓言ナドニテ禽獣等ガ人ト同一ナル挙動ヲ為スガ如キ事実ニアラザルコトヲ児童ニ教フルハ、却テ害アルニ非ザルカト問ヘリ。此説モ一応理アルガ如シト雖モ、児童ノ心力ニハ自ラ発達ノ次序アルコトヲ知ラバ、此疑ヒハ忽チ氷解セン。凡ソ児童ノ年歯尋常小学ノ下級ニ当レル頃ニ在リテハ、概シテ識別力未ダ十分発達セズ、想像力ノ方旺盛ナルモノナレバ、禽獣等ガ人類ノ挙動ヲ為スガ如キ事ハ、最モ其思想ニ入リ易ク、従テ種々ノ感動ヲ興起シ、此感動ハ漸ク累積シテ、遂ニ品性陶冶ノ基トナルモノナリ。然ルニ、其年歯漸ク長スルニ従ヒ、識別力ハ愈々其発達ヲ逞クスルヲ以テ、幼児ニ彼ノ禽獣等ノ人ニ擬シタル挙動ヲ信ジタルコトノ如キハ、イツシカ自ラ消尽シ、復之ヲ信ゼシメントスルモ為シ能ハザルニ至ルモノナレバ、決シテ妄信ノ害ヲ将来ニ残スガ如キコトハアラザルベシ。古来有名ノ教育学者ノ編著ニ係ル幼童ノ読本類ニ、多ク寓言ヲ編入セルハ、亦此理ニ外ナラザルベシ。

（稿者が句読点を補った。）

伊沢は、「桃太郎」を例にして、「昔話」に教材価値があることを、次のように説いている。

①「桃太郎」は、名作である。その理由として、作品の成り立ちについて由緒ある説が多い、漢学の大家も認めている、また、ドイツ語や英語に訳されて海外でも受容されている。

②子ども自身がこの話を好んでいる。家庭内でも受け継がれてきたし、読本掲載の「桃太郎」を読むことを楽しみに待つ小学生もいる。

③発達段階に即している。フィクション（寓言）を幼い子どもに教えることは、教育学的にも意味がある。

最初に伊沢は、「桃太郎」が名作であることを説くに当たって、根拠の不確かな巷説まで動員して、かなり権威的な物言いをしている。おそらくこれは、読本普及のキャンペーンの中で、この演説がなされたことと密接に関連していると思われる。昔話が単なる「女子ども」のなぐさみものではなく「名作」であり、なおかつ教科書に掲載するに足る意義を持つ作品であるゆえんを説くためには、過剰と思われるまでに論拠を挙げ、反対者を説得しなければならなかったのだろう。

しかし、教育学的な観点からの立論は、さすがに本邦最初の教育学の理論書を刊行した伊沢修二らしく論理的である。また、ここに紹介された、一小学児童が、未学習の「桃太郎」を、学校で習う日を楽しみにしている、というエピソードには、きわめてリアリティがあり、こうした子どものささやかな心理に着目する姿勢は、教育者としての伊沢の鋭い感性を感じさせる。*33

伊沢が論拠として挙げた、子どもの興味関心を軸に教材選択をすること、発達段階を考慮すること、という二点については、この後、文学と教育をめぐって様々な立場から論議される重要な課題になっていく。その意味で、『尋常小学読本』に「桃太郎」が教材として取り上げられ、またその教育的意図が伊沢によって明確に主張されたことは、「文学教育」論の成立という点からも、また子ども読み物の史的展開という点からも、その意義はきわめて大きい。ほぼ同時期に刊行された民間の国語教科書には、昔話をこのように積極的に取り入れているものが少ないことから考えても、伊沢修二が自負したように、『尋常小学読本』が先駆的な内容の読本であったことは間違いない。（この後の、日本昔話の教科書掲載の様相に関しては、第四部第一章で再度触れる。）

ここで、『尋常小学読本』の第一巻に収録されていた三四教材すべてを内容別の一覧表の形で整理してみよう。編者たちが談話文を提出することに勢力を注いだせいもあって、子どもの日常生活を題材として取り上げた教材がほとんどだが、外国や日本の読み物の教材もいくつかあり、桃太郎のように三課にわたったやや長い作品も含まれている。

また、『読書入門』と同様に、韻文教材をところどころに配置していることも、これまでの読本類と大きく異なるこの教科書の特徴である。『読書入門』には、伊沢修二が一八八一（明治一四）年から一八八四（明治一七）年にかけて編集した、『小学唱歌集』（初編―三編）から三教材が、また一八八七（明治二〇）年一二月に出版された文部省編纂『幼稚園唱歌集』から二教材が導入されていた。それに続く『尋常小学読本』巻一では、第六課に『幼稚園唱歌集』第一八の「真直にたてよ」の歌詞の一番がそのまま採られており、第三一課に『幼稚園唱歌集』第三の「進め〳〵」の歌詞の二番が引用され、「たえせず習へ」と「うひまなび」の語釈の説明が付されている。これは、「読本」と「唱歌」とを互いに連絡させようという試みである。伊沢修二は、散文と韻文とを盛り込むことによって、読本と唱歌学習とを有機的に結びつけようと考えており、巻二以降も同様の発想で編集されている。

『尋常小学読本』第一巻　収録教材の内容

内容	課数
子どもの生活に取材した教材	1 2 3 4 5 7 8 10 11 12 13 14 15 18 20 21 22 23 24 29 32-33
読み物教材（外国）	9（グリム童話） 16？ 17？
読み物教材（日本）	4 26-27-28 30
韻文	6 19 25 31
社会	34

三、『尋常小学読本』巻二から巻七までの読み物教材

(1) 巻二から巻七までの読み物教材——外国の作品

巻一に続いて、ここでは『尋常小学読本』の巻二から巻七までの読み物教材を通して見ていく。

外国由来の文学的な教材

まずは、外国由来の文学的な読み物教材を取りあげる。

外国の読本、あるいはそれに類した書物から転用された教材は、次頁の表の通りである。この数は、この時期の民間の読本と比べると、かなり多く、また、従来は紹介されていなかった特色のある教材が多彩に選ばれていることが特徴である。

まず、イソップ寓話が、六話収録されていることが目に付く。ここに出ているイソップ寓話のうち、当時のドイツの読本では、巻二第一九課「欲深き犬」、巻二第一六課「ほねおしみせし馬の話」が、ボック読本に載っており、巻七第一三課「蟻と鳩との話」が、ボックとヘステルの両方の読本に載っている。また、「鹿の水鏡」は、イギリスのチェンバーズスタンダードリーダーの第二巻にある。もちろん、外国の読本ではなく、イソップ寓話集のような作品集から抜き出された教材である可能性もある。しかし、ここでは、『尋常小学読本』に選ばれたイソップ寓話が、欧米の教科書にも載っているような比較的スタンダードなイソップ寓話であった、というところに、グローバルスタンダードを目指したこの読本の特徴が表れているといえるだろう。

また、『読書入門』がその原理を学んだボック読本からは、五教材が取られていた。巻三の第二七課の「かうまんなる男」は、ボック第一読本の第七二課の「Der kürbis und die Eichel」を、ほぼそのまま翻訳したものである。この教材は、アメリカのサージェント第二読本第六課に、「Fall of the Acorn」の題名で出ていたものと同話である。本書では、第一部第四章でサージェントリーダーから作られた「子ども向け翻訳啓蒙書」を検討した際に、伊藤卓三の『泰西行儀のおしへ初編』の項と、加地為也の『西洋教の杖』の項で、その翻訳文を紹介しておいた。したがって、『尋常小学読本』の「かうまんなる男」の原拠は、ドイツのボック読本ではなく、サージェントリーダーである可能性もある。

また、第四巻第四課の「狐と蟹のかけくらべ」は、イソップの「ウサギとカメ」の類話である。狐に挑発されて駆け競べをすることになった蟹が、相手のしっぽにぶら下がって目的地まで行き、狐が後ろを振り向いたとたんにそこに飛び下りて勝利宣言をする、というストーリーである。狐よりも蟹の智恵の方が優っていたという話であるが、結末は教訓で結ばれている。この話は、ボック第二読本第一七五課に「Fuchs und Krebs」という題名で掲載されていた。同じ話は、アメリカの*Monroes Third Reader* 第七二課と、*Franklin Third Reader* 第七七課にも「The Fox and the Land-Crab」という表題で掲載されている。モンロー読本とフランクリン読本は、両書ともに一八七三年に刊行されており、一八八五年に刊行されたボック読本よりも先行している。とするとこの話も、アメリカ読本経由だったかもしれない。なお、この「狐と蟹のかけくらべ」の話は、日本では、一八九二(明治二五)年に刊行された『帝国読本』巻二の第二一課にも取りあげられており、そこでは、「ウサ

『尋常小学読本』の読み物教材（外国）　五二七頁の教材一覧表では、網掛けをしてあった教材

巻数	課数	教材題名	地域	典拠
巻二	第一九課	欲ふかき犬の話	洋	イソップ寓話（ボック読本第二・二〇課）
	第二一課	新聞売	洋	？
	第二九課	山びこ	洋	ヘステル第三読本第四部第一四課　山びこ（ロイヤル第二読本の THE ECHO）ほか
巻三	第一六課	ほねおしみせし馬の話	洋	イソップ寓話（ボック読本第二・一七四課）
	第二四課	桑つみ女	漢	『蒙求』列女伝・宿瘤採桑
	第二七課	かうまんなる男	洋	ボック第一読本第七二課 Der kürbis und die Eichel／サージェント第二読本第六課 The Fall of the Acorn
	第二八課	虎と狐との話	漢？	『戦国策（楚策）』イソップ寓話にも類話
	第三〇課	燕の巣をうばひし雀の話	洋	『童蒙をしへ草』巻三第一七章 (い) 盗賊雀の事
第四	第四課	忠次郎の話	洋	ヘステル第三読本第四章第一一課・ボック第二読本一六六課 Die Sperlinge unter dem Hute
	第一〇課	千代松の話	洋	ロイヤル読本第三一八八頁 Little Dick and Giant／ヒラルド第二読本第四三・四四課 Little Dick and the Giant
	第一二課	烏蛤を食ふ話	洋	イソップ寓話（サンダーユニオン第二読本第六〇課にも）
	第一八課	子鼠とおや鼠	洋	ヘステル第三読本第四章第一二課　盲目の鼠か
	第二三課	鹿の水鏡	洋	イソップ寓話（チェンバーズ・スタンダードリーダーII　The stag at the pool　P.102 にも）
	第二七課	犬の知恵	洋	？
第五	第四課	狐と蟹とのかけくらべ	洋	ボック第二読本第一七五課 Fuchs und Krebs／モンロー第三読本第七二課 The Fox and the Land-Crab・フランクリン 3-77
	第七課	翼の折れたる雀	洋	？
	第八課	小児の悪戯	洋	ロングマンスニューリーダー第二第九課 The Stolen Basket
	第一八課	塞翁が馬	漢	『淮南子』人間訓・人間万事塞翁馬
	第二一課	フリードリヒ大王の話	洋	ボック第二読本第一八八課　Wie sich der alte Fritz hat wecken lassen
	第二九課	勉強の少年	洋	？
巻六	第五課	らんどしーるの話	洋	？
	第一五課	あるふれつど王の話	洋	サージェント第二読本第一課　ALFRED and His Mother
	第二三課	ぺゝん王の話	洋	『泰西世説』にもあり
	第二八―三〇課	ろびんそん、くるうそうの昔話	洋	スウィントン第三リーダー第三〇課・三一課 The Tale that never Tires
巻七	第四課	蛍雪の功	漢	『晋書』車胤伝・孫康伝
	第六課	傲慢なる狼	洋	グリム童話 Der Wolf und der Mensch KHM72
	第一三課	蟻と鳩との話	洋	イソップ寓話（ヘステル読本第三第七編第四　第一五ボック読本第二・二一課）
	第一六課	馬を献じて蕪菁を得たり	洋	グリム童話　ボック第二読本一〇八課 Die Rübe　KHM146 の一部
	第三〇課	国王の巡幸	洋	ロングマンスニューリーダー第三第五課　A King and Three Kingdoms／ニューナショナル第三リーダー第二一課　同題

地域覧の「漢」は中国、「洋」は西洋

ギトカニ」という表題で、登場人物の「狐」が「兎」に変更されている。

『尋常小学読本』の外国由来の読み物教材のうち、明らかにドイツの読本からの翻訳だと判断されるのは、『尋常小学読本』巻四の第四課の「忠次郎の話」である。これは、ボック第二読本第一六六課の「Die Sperlinge unter dem Hute」の翻訳である。舞台が日本に、また原典の役人や巡査は、友達に変更されている。この話の結末は、主人公が最後に、「Spatzenmichhel（雀ミッヒェル）」というあだ名を付けられることになるのだが、そのあだ名を日本風に「雀忠次郎」と変更して教材文に仕立てているのである。この話は同じドイツのヘステル読本にも出ているが、アメリカやイギリスの読本には見当たらない話材なので、ドイツの読本から教材化されたことは間違いないだろう。

さらに、『尋常小学読本』巻七第一六課の「馬を献じて蕪菁を得たり」も、グリム童話の「かぶ Die Rübe（KHM146）」の前半部を、日本の昔話風に翻案したものだと思われる。貧乏と金持ちの二人の兄弟が登場する。片方が王様に大きなカブを献じて褒美を貰ったので、もう一方も褒美を貰おうと欲を出して馬を贈り物にしたら、その献上したカブが返ってきた、という部分が翻案されている。この教材の原拠は、おそらくボック第二読本第一〇八課の「Die Rübe」だろう。ドイツから日本へと舞台を変更したのに伴って、領主が地頭に、三ドゥカートが十円に、牛が馬に移し替えられるなどという小異はあるが、ストーリー展開は同じである。教訓的な話としても読めるが、笑い話としても受け取れる。

また、前述したように「グリム童話」の中から、巻七の第六課に「傲慢なる狼」が教材化されている。原題は「Der Wolf und der Mensch（KHM72）」である。こちらは、ボックやヘステルの読本の中には、教材化されていない。また、巻五の第二一課は、フリードリッヒ大王の逸話で、これはボック第二読本第一八八課の翻訳である。

『尋常小学読本』巻二第二九課の「反響」は、ヘステル第三読本に掲載されているが、見てきたようにこの話は、すでに、いくつかの英語のリーダーにも掲載されていた。それに関しては、すでに指摘してきたとおりである。日本の教科書への移入は、おそらく第一部第三章で検討した上羽勝衛の『童蒙読本』が最初であるが、その原典は、マックガフィー読本だった。その他類話が、アメリカの読本に多く出ており、イギリスのロイヤル第二読本にもこの話があった。それが、ドイツのヘステル読本にも掲載されているのである。したがって「こだま」の話は、小学校段階の教科書教材として、各国の読本に取り入れられていた話材だったことが分かる。

こうしたことから、ドイツのヘステル読本やボック読本も、先行するアメリカやイギリスの読本から多くの教材を調達していた可能性が考えられる。おそらく、欧米の諸国では、それぞれの国の教科書を作製するにあたって、相互にその内容を参照にし合っていたのであろう。つまり、ヨーロッパやアメリカにおいては、近代言語教科書の普遍性という観点から、国境を越えた言語文化財をそれぞれの国の教科書教材として選択するという傾向があったのだ。言うならば、読み物教材の「国際標準化」という現象である。したがって、ここで『尋常小学読本』の原拠が、英米の読本なのか、それともドイツの読本なのかを指摘することには、それほど意味が無いのかもしれない。また、それらの読本を手本にした日本の編者たちも、当時の欧米各国の教科書に共通して同じ教材が載せられていることを、十分に承知して編集にあたっていたと思われる。

長編の読み物教材

短編ではなく、ある程度の長さを持ったひとまとまりの外国由来の読み物が載せられていたことも、この読本の特徴である。その中では、巻六の二八・二九・三〇課の「ろびんそん、くるうそうの昔話」が代表例である。ロビンソンクルーソーの話は、アメリカのスタンダードリーダー第二にも掲載されていたが、『尋常小学読本』の教材は、スウィントン第三リーダーからの翻訳で、スウィントン第三リーダーの第三〇課と三一課のThe Tale that never Tiresというタイトルで収められている教材を、ほとんどそのまま翻訳したものである。そのことは、原典の冒頭と教材文とを比べてみただけでもよく分かる。

1. When Robinson Crusoe was nineteen years old, he wished to do what many other boys have done: he wantede to go to sea.

2. He was tired of his quiet, peaceful home, and thought it would be a fine thing to travel all over the world.

3. One day the son of the captain of a ship asked Crusoe to go with him to see what a sailor's life was like. The thoughtless youth started off at once, without even bidding his father and mother good-by.

ろびんそん くるうそう は、十九歳の時、己が安穏なる住居に倦みて、世界を巡り遊ばんことを思ひ立ちたりしに、或る日、船長某の子息来りて、くるうそうを誘ひ、共に水夫となりて、航海せばやと云ひしかば、大に喜びて、直に家を出立せり。

『尋常小学読本』には、三葉の挿絵が付されており、原本のスウィントン第三リーダーの図版をそのまま模刻している。（ここには二葉を提示した）

こうして彼我の教科書の挿絵を並べてみると、人物の姿や風景がきわめて自然なタッチで、日本の読本に移入されている。そのことは、明治初期の田中義廉の『小学読本』の挿絵や、松川半山の仕事などと比べれば、判然としている。洋画を専門とする浅井忠にとって、アメリカの教科書の挿絵を模写することは、手に入った仕事だったはずだし、また、日本の読者層も、こうしたタッチの絵を教科書の挿絵としても違和感な

『尋常小学読本』の挿絵（上）と *Swinton 3rd Reader*（下）

く受け入れるようになってきていただろう。

知られているように、ロビンソン・クルーソーの話は、明治期の日本では、きわめて好感度の高かった作品である。作者デフォーはイギリス人であるが、その作品が邦訳されたのはかなり早く、嘉永初年頃に『漂荒紀事』が紹介され、また一八五七（安政四）年には、横山由清の訳により『魯敏遜漂行紀略』が、瓊華書屋から刊行されていた。この横山の本は、オランダ語からの重訳だったようであるが、原昌は「これがわが国における翻訳文学の子ども版の最初」だと指摘している。ロビンソン・クルーソーの物語は、明治期だけでも二〇点以上の翻訳があった。孤島でたくましく自分の生活を切り開いていく物語は、当時の時代状況とも適合しており、日本の読者たちの心を掴んだのであろう。

『尋常小学読本』の編者たちは、こうした一般読書界のロビンソン・クルーソー受容の状況も踏まえた上で、スウィントン第三読本の教材を、日本の読本に使ったのだと考えられる。つまり、編集者たちは「ロビンソンクルーソー」という作品が、明治の人々に支持されていたことを教材選択の判定基準にしたのだろう。この教材文は、小学校の教科書の教材文としてはかなり長文であり、読み手にとって、ひとまとまりの作品として十分な読み応えが感じられたのではないだろうか。[*34]

教材「国王の巡幸」の位置

そのほか、外国の王様や英雄が登場し、幼いときに努力した、あるいは発憤した、という教訓を含んだ話がいくつか取り上げられている。そうした中で特色のある教材は、巻七の「国王の巡幸」である。これは、イギリスのロングマンスニューリーダー第三の五課の、「A King and Three Kingdoms」を、ほぼそのまま翻訳したものである。また、ニューナショナル第三リーダー第二一課にも、同題同話がある。両者の文章は、全く同じであるが、ニューナショナルリーダーは、教材文の冒頭にこの国王の名前が、プロシアのフレデリック（フリードリッヒ）大王であることが明記されており、ロングマンスニューリーダーの方は、人物の名前は特定されず「A great king」である。『尋常小学読本』では「ある賢き国王」となっていて、大王の名前が明記されていないことから、ロングマンスニューリーダーが原典であると判断しておく。[*35]

『尋常小学読本』の「国王の巡幸」のストーリーは、次のように展開する。小さな村に巡幸した王が、少女に向かい、いくつかの問いを出す。第一問は、オレンジ（蜜柑）の所属は何かという問いで、少女は「植物界」と答える。第二問は、金貨（『尋常小学読本』では時計の金鎖）の所属を問い、少女は「鉱物界」と返答する。さらに、王は「われは、何界に属するぞ」と、王自身の所属を問う。王は、逡巡している少女を見て、たぶん彼女が「動物界」と答えるだろうと推測しつつ、その返答を待つ。すると思いがけなく、小女から「神の界に属します」という答えが返ってくる。それを聞いた王は落涙して、「ア丶、われ果たして神の功徳あるか」と述懐した後、手づから少女らに卒業証書を与える、という結末になる。

原典のロングマンスニューリーダー第三には、卒業証書を授与する結末の記述は無い。そうした王の行為が『尋常小学読本』に付加されたのは、おそらく第七巻の第三〇課という位置にこの教材が置いてあったことと関係している。というのは、第七巻は、尋常小学校四年間の最終学年を締めくくる読本だったからである。この教材に続く第三一課は、『尋常小学読本』の最終課で、「あふげばたふとし」の歌詞が掲載されている。

実際の「卒業式」では、この「あふげばたふとし」の唱歌が歌われ、子どもたちに卒業証書が手渡されたのだろう。

「国王の巡幸」の二つ前に位置する第二八課は、明治維新の成功を称賛した「明治維新」という教材である。続く第二九課は、「君が御代」と題する韻文教材で、その最終連は、「国は、日の本、日の光、至らんきはみ　仰ぎ見よ。／君は、万世　一系の、わが大君ぞ　しろしめす。／つくせや、つくせ、君の為め。／祝へや、いはへ、君が御代。」と結ばれていた。つまり、第二八課の「明治維新」、第二九課の「君が御代」、第三〇課の「国王の巡幸」、第三一課の「あふげばたふとし」という一連の教材は、尋常小学校最後の学習であることを十分に配慮して、明治天皇を奉戴しつつ、卒業生を送り出すための配列になっていたのだ。[36]

しかし、この教材「国王の巡幸」に出て来る「ある賢き国王」が、日本の「天皇」だと直接的に書かれていたわけではない。登場するのは、あくまでも「ある賢き国王」である。が、教材文の中には「国王」を迎えた「学校の生徒等は、皆道傍に列を作りて、君が代をことぶく唱歌を奏したり（傍点稿者）」という表現があった。ここからは学習者が、この国王が日本の天皇を指しているという方向に誘導された可能性はある。さらに、そこで歌われた「君が代をことぶく唱歌」という文言を、直前の教材である第二九課の韻文教材である「君が御代」と重ね合わせれば、この話の舞台が日本であると解釈してしまうかもしれない。というより、この教材配列には、そのような解釈を積極的に誘発するような意図があったと考えることも可能だろう。[37]

さらに、教材文「国王の巡幸」の中に登場する少女は、王が神であるという答えを捧げることによって、無事に小学校の課程を卒業することができた。ということは、この読本を学ぶ日本の小学生たちにも、王は神であるという答えを提出することが期待されていた、と深読みすることができるかもしれない。つまり、『尋常小学読本』の最終段階に、「明治維新」「君が御代」「国王の巡幸」「あふげばたふとし」という教材が連続して並べられていたのは、学習者を国家主義的な理解に導こうとしたからだと思われる。

『尋常小学読本』の国家意識

もっとも教材文中の、王による「アヽ、われ果たして神の功徳あるか」という述懐からは、絶対的権威を誇示する権力者の自信の表白というより、自己省察的な謙虚さが感じられる。この点に関して、「国王の巡幸」の原典であるロングマンスニューリーダーの「A King and Three Kingdoms」に即して、若干の検討を加えておきたい。

教材文の末尾の段落の原文は、次のようになっていた。

The king placed his hand upon her head. A tear stood in his eye. He was deeply moved by her childish words, and said, "God grant that I may be found worthy of that kingdom!"

原典では、少女の純真な答えにひどく心を打たれた王は、少女の頭に手を置き、涙ぐんでこう言う。「私が（神の界）にふさわしいかどうか、神がお認めになるでしょう」。すなわち、王にとって、無垢なる少女の返答は、天空からの神の声そのものとも聞こえたのである。この時少女は、まさしく神託を携えていたのであり、王は、真の「戴冠」の場に連れ出されたのだ。思いがけなくも、そうした機会に遭遇した王のイメージは、権威ある高見から少女を見下ろして、彼女を試験に及第させてやるといった傲岸なものではない。神の前では、王も小女も同格であり、二人は同じ地平に佇立している。

言うまでもなく、キリスト教においては、神権と王権とは、分離されている。王が現世の神として世俗世界に君臨できるかどうかは、「人」が判断するのではなく「神」が判定するのである。実は、こうした論理と雰囲気とは、『尋常小学読本』の「国王の巡幸」の訳文「ア、、われ果たして神の功徳あるか」にも引き継がれていた。ここでは、「功徳」を与える神は、王とは別の世界に存在しており、神が王よりも上位にあるという論理の文脈は崩れていない。それは、第二九課の「君が御代」のように「君は、万世　一系の、わが大君ぞ　しろしめす。」とする日本の祭政一致の論理とは、大きく異なっていた。つまり、神と天皇とが直結した「現人神」が現前して命令をするのか、それとも王も小女も目に見えない絶対神の前に同じ人間として併立するのか、その違いである。前者のように読めば、単なる絶対的権威者賛美のメッセージを伝達する訓話に過ぎないが、後者のように読めば、この教材文は、王の内面の葛藤を描いた「文学」として受け取ることができる可能性もある。

ところで、この話は、明治七年に翻訳された子ども向け翻訳啓蒙書『泰西世説』巻三の中で、すでに「三王国」と題して日本に紹介されていた。第一部第四章で検討したように、『泰西世説』は、様々な小話を集めた英語の原本を、中川将行が翻訳した、子ども向け翻訳啓蒙書である。この本では、登場人物が、ニューナショナルリーダーと同じく「普魯西王フレデリッキウィルレム」となっており、話の展開も、まったく同じである。しかし、この『泰西世説』のテキストには、ニューナショナルリーダーや、ロングマンスニューリーダーの内容と大きく異なった箇所がひとつだけある。

それは、小女がなぜ王を神の領域に属すると答えたのか、その理由である。すなわち、『泰西世説』の訳文では、王の所属を聞かれて言いよどんだ小女は、「此時忽チ聖教中『ゼネシス』ノ篇ニ神自己ノ形チヲ模(ウツ)シテ人ヲ造ルト云フコトアルヲ思ヒ出シ」て、「王ノ面ヲ仰キ見テ曰ク神ノ王国ト」と返答しているのである。ここには、少女の思いつきが、『聖書』の言説に由来したものであって、必ずしも子どもの純粋さだけから生まれたものでないことが明記されている。既に触れたように『泰西世説』の原典が不明なので、もとの英文に直接に当たることはできない。しかし、訳者である中川将行が原文の記述をそのまま訳したとするなら、『泰成世説』が原拠にしたという「英国チェムブルズ氏ノショルト、ストーリース」には、少女の解答の根拠が聖書であることを顕示した文言が含まれていたことになる。中川が、登場人物である小女の内面を忖度して、独自に「聖書」に関する叙述を加えたとは考えにくい。おそらく英文の記述をそのまま日本語に移したに過ぎないだろう。[*38]

このことは、ニューナショナルリーダーや、ロングマンスニューリーダーの教材文である「A King and Three Kingdoms」に先行して、かなり強い宗教色を帯びた同内容のテキストが、欧米に存在していたことを示唆する。そのテキストは、ある意味で、キリスト教の教義の普及という積極的な目的を持っていたと考えられる。もともと「英国チェムブルズ氏ノショルト、ストーリース」は、学校教育用の教科書ではなかったようだから、そこに宗教色の強い文言が挿入されていても、なんら不思議ではない。

一般に、近代言語教科書が欧米で展開していく中で、そこに含まれる宗教色が徐々に薄められてきたことは、よく知られている。たとえばアメリカの読本について言うなら、一八〇〇年の中頃までの読本には、宗教的な内容が二割程度含まれていたようだ。しかし、一八五〇年以降になると純粋に宗教的な概念は読本の中からかなり姿を消す、という。[*39]

一八八五年に刊行されたロングマンスニューリーダーも、また一八八三年に刊行され始めたニューナショナルリーダーも、それ以前の読本に比べれば、宗教的な概念を含む教材は、かなり姿を消していたはずである。したがって、これら欧米の読本の編集者が、この「A King and Three Kingdoms」を先行の「作品集」などから、教科書教材として使おうとした際、直接「聖書」に関わる文言を取り除いて教材化した可能性が考えられる。あるいは、二つのリーダーが共通に原拠にした原話自体が、すでに宗教色の薄められたテキストだったという可能性もある。このように、「A King and Three Kingdoms」という教材は、聖書に言及する文言を捨て去ることによって、小女の機知と純粋さがより際立った読み物として再生した。つまりここには、宗教に内面世界を拘束されるのではなく、個人の自発的な意志で自己の意見を表明することができるような人間性を持った少女像が描出されているのである。いうまでもなく、近代教科書に登載するのに相応しいのは、そうした主体的行動ができる人間の姿を描いたテキストである。

一方、宗教色を薄めながら近代化を図ってきた欧米の言語教科書に対して、日本の教科書は、この時期、新たな近代の「神」作りに邁進していた。すなわち、明治中期の教育体制は、国を挙げて教育勅語を中心とした「現人神」の司る「宗教」づくりに腐心しており、教科書というメディアを効果的にそれに参加させようとしていたのである。現在の感覚からすると、「明治維新」「君が御代」「国王の巡幸」「あふげばたふとし」という教材配列の中では、この「国王の巡幸」だけが、西洋世界の雰囲気を漂わせた異質な教材のように感じられる。しかし当時の編者たちは、若干無理があっても、この教材を日本的国家主義の枠の中に、押し込んだのである。というより、キリスト教的世界観が背後に透けて見えかねないこうした教材でも、権力がこぞって祭政一致の現人神としての天皇像を形成しようとしていた初期の段階だったから、文部省編集局の編纂した官版読本の中に、それを収めることが可能だったのである。[*40]

その証拠にこの後、教育勅語体制が確固とした形で成立し、日本の神話を中心とする復古的な教材群が前面に出て来ると、「天皇教」に背馳しかねないこうした中途半端な教材は、姿を消してしまい、天皇の威徳を直裁的に伝える教材だけが、読本の中に配列されるようになる。もちろん外国由来の話がまったく教科書教材から排除されたというわけではないし、外国の英雄や国王の話が掲載されなくなったということでもない。たとえば「アレクサンダー大王」や、「ナポレオン」などのように、それぞれの固有名が明示され、明らかに外国の支配者の話であることがはっきりしている分には、何の問題もない。この「国王の巡幸」のような木に竹を接いだような教材配列や、教材化の方法が避けられるようになったのである。それは、教育世界の中枢に天皇教を安置した教育勅語体制によって、国家権力の側に完全に教科書の教材内容をコントロールできるようになったという自信が生まれたことや、日本の歴史物語等から掘り起こした復古的な内容を民間教科書書肆が進んで教材化したことなどとも無縁ではなかっただろう。

＊

ここまで、『尋常小学読本』の巻二から巻七までの読み物教材のうち、外国由来の読み物をいくつか取り上げてきた。欧米の教科書から移されたもののみを検討してきたが、もちろん『尋常小学読本』には、表に掲げたように、中国の逸話も数点掲載されている。しかし、それらは従来から、日本の教育の中でも扱われてきた『蒙求』などに取材した有名なエピソードが多く、ここでは、あえて外国の話として検討することはしなかった。外国由来の教材という項を立てたものの、出典不明の教材がかなりあることも気になるが、ここでは『尋常小学読本』には、多くの教材が外国の読本や物語集の類から幅広く選ばれていたこと、またそれが読本編集時の極近の時期に作られた最新の外国の教科書を視野に入れて編集されていたことを再確認しておきたい。

(2) 巻二から巻七までの読み物教材——日本の作品

本項では、『尋常小学読本』の巻二から巻七までに掲載された、日本の作品をもとにした読み物教材のうち、前半は主に「昔話」を、後半は「史話」のうち「神武天皇」の話題を取り上げる。

「心学」からの影響

『鳩翁道話』から二つのエピソードが選ばれて登載されていることに注意が向く。『鳩翁道話』は、享保年間に石田梅岩によって創唱された心学（石門心学）の口頭伝導、つまり道話を記録した書物である。心学道話を聞き書きの形で書物化したものには、中沢道二の『道二翁道話』や布施松翁の『松翁道話』、奥田頼杖の『心学道の話』などがある。柴田実は、「その白眉ともいうべきものが『鳩翁道話』であること、おそらく何びとにも異論のないところであろう」と評価する。柴田は、『鳩翁道話』には「身贔屓、身勝手を捨てて、固有の本心に立ちかえれとする心学の趣旨が、もっともよくこなれて説かれあるとともに、その趣旨を聴きてに感銘深く聞かせて心から納得せしめるその話術においてもっとも巧みであるから」だとしている。[*41]

『尋常小学読本』は、こうした近世庶民が生み出した言語文化財からも積極的に教材を摂取している。『鳩翁道話』に載せられていた「九年母の話」は、『尋常小学読本』巻三第一三課の教材である。まず、教材文を紹介する。

九年母の話

ある家に、田舎より来たりし丁稚あり、九年母を入れたるかごを持ちて、ある方へ使に行けり。

此丁稚は、未だ九年母といふ名を聞きしことなく、又見たることもなかりし故に、これを見ておかんと、かごのふたを開きしに、大なるみかんの如きものなり。丁稚ハ、うまさうなる物かなと、一つ取り出して、ながめ居たるに、あやまりて取り落し、みぞの中にころがし込みたり。

丁稚ハ、こはしそこなひたりと思ひしが、せん方なくて、其のこりを数へ見たるに、丁度八つありければ、偖は、さきに九つありし故に、九年母と云ひしものならんと思へり。よりて、丁稚ハ、先方に行きて、

『尋常小学読本』の読み物教材（日本）

巻数	課数	表題	典拠
巻二	第四―六課	猿とかにとの話一、二、三	昔話
	第二四課	八町二郎の話	『平治物語』中巻第一章
巻三	第一課	正直もの	
	第七・八課	道長の話一・二	『大鏡』大臣物語
	第一一課	塙保己一の話	★『幼学綱要』勧学第六
	第一三課	九年母の話	『鳩翁道話』三の下
	第一九課	馬の童を助けし話	
	第二一課	酒井忠勝の話	
	第二六課	行成と実方との話	『十訓抄』
巻四	第七・八課	こぶ取一、二	『宇治拾遺物語』昔話
	第九課	信高の妻の勇気	『常山紀談』巻一五
	第一七課	孝行なる盲人　阿波の悦蔵	『明治孝節録』巻一・『近世二十四孝』
	第二一課	義家の学問にこゝろざしたる話	★『幼学綱要』勧学第六
	第二八課	大坂の蛙と京都の蛙	『鳩翁道話』一の上・昔話
	第二九課	神武天皇	★『幼学綱要』孝行第一
巻五	第三課	菅原道真	★『幼学綱要』忠節第二
	第九課	日本武尊	★『幼学綱要』立志第七
	第十五課	仁徳天皇	★『幼学綱要』仁慈第九
	第二五課	醍醐天皇	★『幼学綱要』仁慈第九
	第二七課	不正直の結果	（保科弾正）
	第二八課	良秀の話	『宇治拾遺物語』巻三・六
巻六	第一〇課	鎌倉権五郎景正の話	『奥州後三年記』
	第一四課	菟道稚郎子の話	★『幼学綱要』勧学第六
	第一七課	野中兼山のみやげ	『先哲叢談』前編巻二
	第一九課	平清盛	『平家物語』
	第二五課	後醍醐天皇	『太平記』
	第二六・二七課	楠正成一・二	★『幼学綱要』忠節第二
	第三〇・三一課	楠正行一・二	★『幼学綱要』忠節第二
巻七	第三課	大椿の話	『小学読本』巻五・三七課
	第五課	森蘭丸の話	
	第七・八／一五課	豊臣秀吉一・二・三	
	第一一課	立花道雲の話	『常山紀談』巻八
	第一八課	徳川家康	
	第二二課	島津家久琉球を取る	
	第二四課	塚原卜伝の話	『甲陽軍鑑』
	第二六課	山田長政の話	

★典拠の『幼学綱要』は、直接の出典ではなく、『幼学綱要』にも取り上げられている話材という趣旨で記載した。

おのれが、一つ落しゝことをバいはずして、「此八年母をお目にかけます」と云へり。

取次の者、ふしぎに思ひ、「これは九年母では無いか」と云ひたれバ、偖ハ、九年母とはくだものの名なりしとさとりたれども、つつみかくすハ、悪しき事と心付き、「実ハ、一つ落しました故、八年母と申上げました」と、わびたりとぞ。

これは、誰にも吟味せられしにはあらねども、心に悪しと思ひし故、自分より云ひ出しゝなり。

『鳩翁道話』では、この話は、次のようになっている。[*42]

ある家に、田舎のぼりの丁稚がござりました。九年甫を親類へもってゆけと云付られて、有馬籠さげて門へ出ましたが、道々の思案に、九ねんぼというものは、在所ではきかぬ名じや、どのやうなものぞと、蓋を取てのぞいて見れば、ついに見た事も無いうまさうな物、数をよんでみれば九つある。さてはこれで九ねんぼといふのじやなと、早合点して、忽ち一つたもとへかくし、殘りを持て先方へゆき、つかひの口上をいふて、「此八ねんぽを御めにかけます。」と申たれば、取次の女中がびつくりして、「何いうてじや。是は九ねんぽじや。」といふ。丁稚もさてはあらはれたと、たもとから一つ取出し、「実は一ねんぽをかくしました。」と、赤ひ皃をしられた。是がこれ、誰も吟味したのではござりませねど、あらはれる道理がある。これじやに仍て、めつたに物はかくされませぬ。

『尋常小学読本』の方は、丁稚が誤って九年母を一つ落とすという展開だが、『鳩翁道話』の方は、丁稚が意図的に九年母を隠すことになっている。『鳩翁道話』は、悪事は直ぐに顕れる、という教訓を伝えたいのである。というのも、『鳩翁道話』には、このエピソードが単独で紹介されているのではなく、「悪事は露見するものだ」という主旨の別の話を語る中で、それを補強する小さなエピソードとして「九年母の話」が使われているからだ。一方、『尋常小学読本』は、自分の失敗を隠さずに正直に申し出たという教訓話に仕立てられている。[*43]

両方の話はともに同じような教訓話であり、「誰が吟味したわけではない」ものの、事実が明らかになる。しかし、『鳩翁道話』の方は、個人のさかしらを超えた大きな「道理」が存在するのだから、それに随わなければならないとする体制順応型の近世道徳のにおいがする。これに対して、『尋常小学読本』の方は、自ら反省しようという主体的な個人の判断がある。また、教育を通してそうした態度を育成しようとするある種の近代主義が顔をのぞかせている。この精神は、ウェーランドの修身論の「conscience（本心）」にもつながっている。つまりこの「九年母の話」は、もともとの『鳩翁道話』の教化の論理とは、若干文脈をずらした形で、教材化されているのである。ここに主体的なモラルを育てようとする『尋常小学読本』のグローバリズムの一端を窺うことができる。

さらにもう一つの話材も、『鳩翁道話』の中に収録されている話である。それは、巻四第二八の「大坂の蛙と京都の蛙」で、『尋常小学読本』の教材文は、以下のようである。

大坂の蛙と京都の蛙

むかし、京都に一疋の蛙住みけり。此蛙ハ、都にてのきけものなれど、未だ大坂を見たることなければ、其見物を思ひ立ちて、急に大坂に発足せり。

然るに、道に一つの峠ありければ、辛うじて上りしに向ふよりも、一疋の蛙上り来れり。よりて、双方暫く足を止め、先づ京都の蛙、「貴殿ハ、旅の御様子なるが、いづくへ行かるゝぞ」と問へり。

彼蛙は、これに答へて、「拙者ハ、大坂の蛙なるが、未だ京都を見しこと無き故、京都見物にまゐるなり。貴殿も、旅の御様子なるが、いづくへ」と問ひ返せり。

京都の蛙も、大坂見物のよしを答へて、これより互に、大坂へと、京都へとの道程を問ひ、各未だ半分みちなることを知りて、大に失望せり。

暫くして、大坂の蛙は、京都の蛙に向ひ、「此様子にてハ、各志す所迄行きつくことおぼつかなし。幸こゝハ、高き処故、こゝより、京都と大坂とを、ながめ見て帰らんハ、如何に」と云ひしに、京都の蛙も、「尤もなり」と、早速に同意せり。

よりて、双方の蛙、あと足にて立ち上がり、つくづくとながめながら、大坂の蛙は、「ナニ、京都も大坂と同じことだ」と云ひしに、京都の蛙も、「大坂も矢張り京都と同じことだ」と云ひて、おのれが目の付き所には、心付かず、互に立ち分れたりとぞ。

『鳩翁道話』の「大坂の蛙と京都の蛙」は、次のような展開になっている。*44

むかし京にすむ蛙が、兼て大坂を見物せんと望で居りましたが、此春おもひ立て、難波名所見物と出かけ、のた〱と這ひまはり、西の岡向ふの明神から、西街道を山崎へ出、天王山(てんわうざん)へのぼりかゝりました。又大坂にも都見物せんとおもひ立たかひるが有て、是も西街道、瀬川、あくた川、高槻、山崎と出かけ、天王山へのぼりかゝり、山の巓(いただき)で両方が出合ました。ナニガ互に仲間同志なれば、めん〱の志をはなし、扨両方がいふ様は、「此やうにくるしい目をして、漸(やうやう)まだ中程じや。是から互に京大坂へゆきなば足も腰もたまるまひ。爰(ここ)が名に負ふ天王山の巓、京も大坂も一面に見わたす所じや。ナント互に足つまだて、脊のびして見物したら、足のいたさを助からふ」と、相互(あひたがひ)に相談きはめて、両方がたちあがり、足つまだてゝ、向ふをきつと見わたして、京の蛙が申まするは、「音に聞えた難波名所も、見れば京にかはりはない。術ない目をしてゆかふより、是からすぐに皈らふ」といふ。大坂の蛙も、目をぱち〱して、嘲笑(あざわら)ふていふやう、「花の都とおとにはきけど、大坂にすこしもちがはぬ。さらば我等もかへるべし」と、双方互に色代して、又のさ〱と這ふて皈りました。これが是、おもしろいたとへでござりますれど、ついは御合點がまゐりにくからふ。蛙はむかふを見わたした心なれど、目の玉が背中についてあるゆゑ、ヤツパリもとの古さとを見たのじや。何んぼほどにらんで居ても、目の付所のちがふてあるには気が付かぬ。うろたへたかひるの話し、よう聞いて下さりませ。

自分の目の付け所に気がつかず、独り合点をしてしまった二匹の蛙の話である。まさに「井の中の蛙」を地で行ったような話である。先ほどの「九年母の話」とは違い、こちらは、二つの文章の間に文体の相違があるし、細部の描写も異なっている。『尋常小学読本』の編者が、教科書を学習する子どもたちの言語学習に合わせて書き直した可能性がないわけではないが、直接の出典は、『鳩翁道話』ではなく、別の本だったかもしれない。もともと柴田鳩翁は、心学口授のためにさまざまな既成の話材を活用しており、オリジナルな話の創作を目的としていたわけではなかった。鳩翁はこの話を、どこかの本から見つけ出してきて自分の話の中に織り込んだのかもしれないし、巷間に語り継がれていた噺を採取して講話の中に挿入したのかもしれない。したがって、ここでは、『尋常小学読本』の「大坂の蛙と京都の蛙」の出典は、どの本とは特定は出来ないものの『鳩翁道話』にも載せられていた話である、という程度に判断しておいた方がいいだろう。[*45]

「昔話」の国際性と国家性

興味深いのは、この「大坂の蛙と京都の蛙」の話が、アメリカの教科書であるスウィントン第四読本の第二三課に「日本の話」として紹介されていることである。つまり、スウィントン読本を学んだアメリカの小学生は、日本の小学生と同じように「大坂の蛙と京都の蛙」という話を享受していたのである。もし「学校教育用の教科書の中で」という限定を付けるなら、「大坂の蛙と京都の蛙」という話を読んだのは、日本よりもアメリカの子どもたちの方が早かったことになる。[*46]

そのスウィントン読本の教材の冒頭と、末尾の段落を引いてみる。

The Travels of Two Frogs.　　A JAPANESE TALE.

1. Forty miles apart, as the stork flies, stand the great cities of Ozaka and Kioto. The one is the city of canals and bridges: the other is the sacred city of the Mikado's empire, girdled with green hills and a ninefold circle of flowers.

2. In the good old days, long long ago, there lived two frogs,—one in a well in Kioto, the other in a lotus-pond at Ozaka.

3. Now it is a proverb in Japan, that "the frog in the well knows not the great ocean;" and the Kioto frog had so often heard this sneer from the maids who came to draw water with their long bamboo-handled buckets, that he resolved to go abroad and see the world, and especially the "great ocean."

4. "I'll see for myself," said Mr. Frog, as he packed his wallet and wiped his spectacles, "what this great ocean is that they talk about. I don't believe it is half so deep as my well, where I can see the stars even in daylight."

Swinton's Fourth Reader 1883 年

（中略）

20. There each told the story of both cities looking exactly alike. And to this day the frog in the well of Kioto knows nothing about the great ocean, and dose not believe in it, and the frog in ditch of Ozaka thinks all the world is exactly like his native city.

Swinton's Forth Readers pp.127-132

教材文は、京都と大阪という都市の特徴の紹介から始まっている。この話の面白さは、舞台となる二つの地域が、片や緑にあふれた古くからの帝都であり、片や運河が縦横に走る商業都市という対照的な景観をもっているところに生まれる。両都の眺めが同じだったなら、この話は成立しない。日本の読者たちは、そんなことは先刻承知の上だが、それを知らない異国の読者に対しては、まずそうした状況説明が必要である。また日本では、「井の中の蛙、大海を知らず」という諺が人口に膾炙しており、この話のメッセージともダブってくるが、それをあらかじめ知っておけば、話の理解にも役に立つ。この教材文はそうした前提となる知識を、冒頭の数段落の文章の中にうまく織り込んでいる。その上で、広い世間を知るべく旅に出かけた蛙の行動が描かれる。したがってこの話の教材文の分量はかなり多めで、リーダーの六頁分にわたっている。

ところで、なぜ、日本の「大坂の蛙と京都の蛙」の話が、アメリカの教科書に載せられたのか。またその出典は、何なのだろうか。第一章でも触れたように、明治時代には、日本の陶器や漆器、あるいは浮世絵などの日本文化が商品として、盛んに海外へ持ち出されていた。それらは、日本の主要な輸出産業でもあった。そうした品々は、西欧諸国に好感を持って受け入れられ、いわゆるジャポニスムと呼ばれるブームを引き起こす。日本の昔話も、これらに混じって海外へ紹介されたのである。先ほど見たように、伊沢修二も、「伊沢編輯局長京都府外一府九県へ出張ノ節本省出版読書入門及ビ尋常小学読本ノ質疑ニ答ヘラレタル要略」の中で、日本の昔話は、英語に翻訳されて海外に紹介されている、と述べていた。その言葉どおり、何人かの外国人の手によって日本の昔話が翻訳され、海を越えて紹介されていたのである。[*47]

それらの出版物のうちもっとも有名なのが、長谷川武次郎の制作した弘文社の「Japanese Fairy Tale Series」だろう。その造本形態から「ちりめん本」とよばれるクレープ状のちりめん紙を使った、雅趣あふれる日本昔話の外国語翻訳本である。このちりめん本は、一八八五（明治一八）年から製造が開始され、日本にやってきた外国人のおみやげ用に、また海外輸出用に、さらには日本人の外国語学習のテキスト用としても使われた。英語版だけでなく、フランス語版、ドイツ語版、さらにはスペイン語版、そのほかもデンマーク語版まであるらしい。ちりめん本、およ

ちりめん本『猿蟹合戦』表紙

び日本の昔話の海外への紹介については、石澤小夜子の『ちりめん本のすべて——明治の欧文挿絵本』が、詳しい情報を提供してくれる。[*48]

石澤によれば、日本の昔話を最初に外国へ紹介したのは、明治四年、A・B・ミットフォードの『昔の日本の物語（*Tales of Old Japan*. Macmillan. 1871）』だという。ミットフォードは、イギリス公使パークスに随行して日本滞在中に資料を集め、ロンドンで二巻本を出版する。このなかに、「舌切り雀」など九編の日本昔話が紹介されていた。さらに、一八八四（明治一七）年に、眼科医として京都に住んでいたお雇い外国人であるユンカー・フォン・ランゲックが、ドイツ語による『扶桑茶話』（*Japanische Thee-Geschichten.Volks-und geschichliche Sagen.*）を、ウィーンで刊行する。この本の中にも、「桃太郎」を始め三一編の日本昔話が掲載されていた。

また、アメリカの日本研究の第一人者であるグリフィスにも、日本の昔話を紹介した仕事がある。グリフィスは、一八七〇（明治三）年、福井藩にお雇い教師として招かれ、後に東京へ移って、開成学校（後の東京帝国大学）教師、明六社通信員を務めた。アメリカに帰国した後、一八七六（明治九）年に、有名な『皇国（*The Mikado's Empire*）』を出版する。その第二部の第一三章は「民話と炉辺物語」という章名になっており、日本の伝説や日本昔話がいくつか紹介されている。（この中には「大坂の蛙と京都の蛙」は含まれていない。）[*49]

その後、グリフィスは、日本の伝説や昔話を集めて一本にまとめた *Japanese Fairy World. Stories from the Wonder-lore of Japan* を、ニューヨークで刊行する。「要石」を抱えた若者が暴れるナマズを押さえつけている姿が、本の表紙に刻印された瀟洒なデザインで、その内容は、日本の伝説や昔話のみで構成されている。この中に、「大坂の蛙と京都の蛙」が入っていた。この本がアメリカで出版されたのは一八八〇年のことだから、スウィントン第四読本の刊行（一八八三《明治一六》年）より先行している。両者の文章を比較すると、教材文は末尾が若干簡略化されているものの、ほぼ同文である。さらに、グリフィスは、やはり日本の伝説や昔話を満載した *Japanese Fairy Tales* を、ロンドンで出版するが、こちらにも「The traveles of two frogs」が載せられている。[*50]

スウィントン読本の編集者は、アメリカの子どもたちにさまざまな国の文化を紹介しようと考えて、市販されていたグリフィスの *Japanese Fairy World. Stories from the Wonder-lore of Japan* の中から、極東の小国の昔話を読書材の一つとして選んだのだろう。一方、日本の『尋常小学読本』の編者たちも、アメリカのスウィントン読本に「大坂の蛙と京都の蛙」の話が掲載されていることは、よく承知していた。なぜなら、先に見たように、同じスウィントン読本からロビンソンクルーソーの話

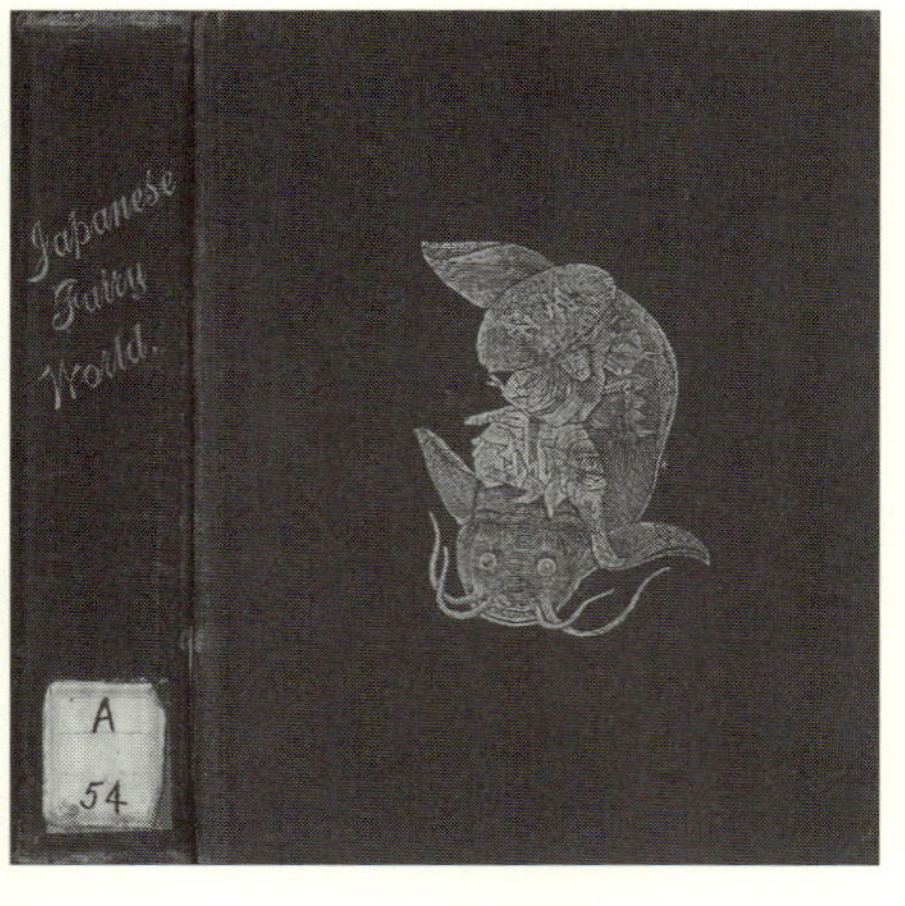

Japanese Fairy World 1880年

を、ほぼそのまま『尋常小学読本』に翻訳転用しているからだ。そうだとすると、「大坂の蛙と京都の蛙」の話も、スウィントン読本からの逆輸入ではないかという想像が浮かんでこないわけではない。つまり『尋常小学読本』を編纂するために外国の読本をあれこれと調査していた編者たちが、スウィントン読本の中に日本の昔話が載せてあるのを見出して、作成中の日本の読本の中に、教材として編入したという可能性である。

もっとも、『尋常小学読本』の「大坂の蛙と京都の蛙」の文章は、きわめて簡潔だから、スウィントン読本の長文の教材文を、そのまま翻訳利用したとは考えにくい。というより、「大坂の蛙と京都の蛙」の話を教材化するなら、わざわざ原典として英文のスウィントン読本を選ばなくとも、日本で流布していた『鳩翁道話』などのテキストを利用すればよい。したがって『尋常小学読本』の教材文「大坂の蛙と京都の蛙」の原拠がスウィントン読本である、と主張することには、かなりの無理がある。

しかし重要なのは、「大坂の蛙と京都の蛙」の直接の典拠がスウィントン読本の英文だったかどうか、ということではない。ポイントは、スウィントン読本の採用した「昔話」を登載するという編集方針を、『尋常小学読本』の編集にあたった尺秀三郎たちが参考にしたのではないか、というところにある。先に見たように、文部省編集局長伊沢修二は「伊沢編輯局長京都府外一府九県へ出張ノ節本省出版読書入門及ビ尋常小学読本ノ質疑ニ答ヘラレタル要略」の中で、過剰なまでの根拠を並べ立てて、昔話「桃太郎」の教材価値を説得しようとしていた。ここからも推察できるように、当時は日本の教科書に日本の昔話を掲載するという方針が、すんなりと受け入れられる状況だったわけではない。「教科書」に載せるべき教材に関する一般的な認識は、孔孟の教えや生徒に直接教訓を与える訓話のような材料が適当であり、女子どもが慣れ親しんでいる平俗な話材は不可である、というものだっただろう。俗耳になじんだ昔話のような話を、学校教育の中でわざわざ学習させる必要はない、という反発を払拭するのは、容易なことではなかったのである。少なくとも、明治初頭に田中義廉が『小学読本』を編纂して以来、様々な教科書書肆や各地域によって様々な読本が作られたが、そこに日本の昔話の文章が登場したことは、一度もない。

そうした時に、ほかならぬアメリカの教科書に日本の昔話が載っているという情報は、編集中の教科書に「昔話」を登載する大きな理由付けになったであろうし、理論武装の根拠にもなったことであろう。というのは、スウィントン読本の中に日本の昔話が収録されているという事実は、海外の権威筋から、「昔話」は近代教科書に相応しい教材だとお墨付きを貰ったに等しかったからである。付言するなら、『尋常小学読本』の巻二の「猿とかにとの話（猿蟹合戦）」も「こぶとり」も、グリフィスの『皇国（*The Mikado's Empire*）』の中に収録されている。こうした日本昔話に対する海外評価の高さが、読本編集者たちの編集意欲を鼓舞したと想像しても、それほど的外れではないと思われる。

第四部第一章であらためて触れることになるが、日本においても、「昔話」は、赤本類やおもちゃ絵などの様々な媒体（メディア）に登場しており、子どもたちもそれを日常的に享受していた。しかし、ふだん見慣れている文化財だからこそ、別の角度からそこに新しい光が当てられなければ、教材として「発見」されることはない。したがって、スウィントン読本に「大坂の蛙と京都の蛙」が載せられているという情報が、日本の読本に「桃太郎」などの昔話を掲載しようとする気運を積極的に後押しした、と考えることは、不自然ではないだろう。さらに、ちりめん本の題材として日本昔話を選び、それを外国語に翻訳したのが外国人たちだったということを、ここで思い起こすことも必要である。

さらに目を転ずれば、この時、イギリスやドイツの読本には、マザーグースやグリム童話などの自国の伝承言語文化財が、教科書に中に数多く掲載されていた。近代教育を展開している各国の教科書は、それぞれの国内に伝承されてきた子ども向けの話を、読み物として教育に適用するという方針において、共通した志向を持っていたのである。これは、それぞれの国家が、国民国家の共有財産として、それぞれの「昔話」を機能させる必要があるという認識を共有していたことを意味する。近代国家が自立するためには、国民的なアイデンティティを確立する必要がある。つまり、各国の「昔話」は、教科書という媒体（メディア）の中で、国家を結束する紐帯としての役割を果たすことが期待されていたのだ。

日本の教科書の編者たちもまた、教科書というテキストを近代国家擁立の支柱の一つにしようとする国際戦略に倣って、伝来の子ども文化財である「昔話」を、新しい国家文化創造作業の基柱として『尋常小学読本』の中に収録したのである。「大坂の蛙と京都の蛙」も、あるいは「金太郎」「桃太郎」「猿蟹合戦」「こぶとり」などの昔話も、「国民的昔話」として教科書の中に位置づけられた。その結果、読み物教材としての「日本昔話」には、文化的な「国家意識」と「グローバルスタンダード意識」とが同時に立ち上がり、『尋常小学読本』という教科書世界の内実を形成していったのである。

史話の選択と『尋常小学読本』

「昔話」と同様、『尋常小学読本』に収録された「史話=歴史エピソード」も、国家的同一意識（ナショナリズム）を確立していくのに大きな力を発揮した教材群だった。というより、享受者にとっては、「昔話」よりも「史話」の方が、さらに強い国民的同一意識を生み出す力になっただろう。むろん、羅列的に事実をたどっただけの「史話」では、読み物としての魅力を十分に発揮することはできない。登場人物が生き生きと活躍し、豊かな教訓性に満ちた「史話」こそが、国民としての心性を作りあげる大きな動因になる。また、そうした「史話」には、文学表現の面白さが伴っている場合も多い。

知られているように、日本の国民国家創造にもっとも大きな力を発揮したのは、「万世一系」の天皇を始原とする物語群であり、それを支えた歴代の忠臣たちのエピソードであった。とりわけ、日本武尊や神武天皇などのいわゆる「記紀神話」を中心とする国家創業の物語や、『太平記』の中から呼び出された楠正成・正行などの群臣のエピソードなどが、読本の教材として選ばれた。それらの「史話」は、連綿と続く日本の「国体」の正統性と優秀さとを保証するものでもあった。たとえその流れが滞りがちな一時期があったとしても、忠臣たちによる赤心の行動が、明治の御代の隆盛へと導いていく。「史話」の多くは、こうした「国民的神話」の形成に、大きく寄与していた。

もっとも、一八七四（明治七）年に作製された官版の榊原芳野等の『小学読本』の中には、神武天皇も楠正成も、すでに教材として取り上げられている。また、それらは、明治一〇年代の各種の「小学読本」の中にも登場していた。したがって、なにもこの文部省編纂の『尋常小学読本』

だけに、そうした「史話」教材が特立されていたわけではない。しかし、欧米列強と肩を並べ、アジアの覇者を目指すため国内の人々の意識を一定の方向に向けるべく新たな段階に入っていた日本の文教施策は、教科書に掲載する「史話」への眼差しを変化させていた。

なによりも重要な点は、こうした近代天皇神話創造の動きが、伊沢修二たちが企図した教科書「グローバルスタンダード路線」と、平仄を合わせたものだったことである。というのも、明治中期から後期にかけての帝国主義的な「グローバリズム」とは、「文明国」による「後進国」への全面的な侵略行為を正当化する思想に立脚していたからだ。「後進国」からの収奪を効率的に展開するためには、「文明国」を自認する側も、近代国家システムの整備が欠かせない。近代国家システムは、貿易や経済などの現実的な物流の側面と、国家の正義や正当性などの理念的側面とによって成り立っている。したがって、近代国家においては、科学技術の保有とその進展を図ると同時に、均質化された「国民精神」を涵養することが急務となる。なぜなら、近代国家システムの理念的な根幹は、斉一的な「国民精神」によって担保されるからである。

では、この時、どのような方向に「国民精神」を形成することが考えられていたのか。近代国民国家を立ち上げていくための思想的背景として何を支柱として据えるのかに関しては、知られているように、大きな二つの意見の対立があった。

一つは、西欧文明を移入し、できるだけそれに近付こうとする路線である。明治政府は、当初、文明開化路線を展開していくための国民の支えとすべく、合理的な科学精神に基づく西欧の翻訳書を教科書として採用した。その典型的な書物が、ウェーランドの『修身論』だった。また、一般にも、スマイルズの著作を中村正直が翻訳した『西国立志編』がよく読まれた。そのほか、たくさんの欧米の書物が翻訳されて、文明開化期の教科書として使われた。国語教科書に限っても、田中義廉が編集した『小学読本』が、アメリカの読本をほぼそのまま翻訳した内容だったことはすでに見てきたとおりである。

このように明治初年には、積極的に欧化主義的な教育内容を採用したのだが、それに対する国内の反発もあった。そこで、読本の教材においては、「和漢洋」の材料をほどよく配置するという立場が基本路線となる。榊原芳野等の編集した『小学読本』の第四・第五巻（この二冊は那珂通高・稲垣千穎撰）が、古今にわたる和漢洋の逸話集だったことが、その象徴的な例である。この方針は、一八八一（明治一四）年の「小学校教則綱領」で新しく設置された「小学校中等科」用の読本にも引き継がれ、民間から刊行された多くの中等科用読本も、ほとんどが和漢洋の材料を掲載していた。また、第一章で検討した金港堂の各種の「小学読本」や、第二部第四章で検討した栃木県の『小学読本』でも、教材選択は「和漢洋」にわたる題材である。

これに対して、儒教道徳に依拠する復古的な路線が力を得てくる。それを代表的する書物が、一八八二年（明治一五年）一二月に、明治天皇の侍講だった元田永孚（もとだながさね）の編集した『幼学綱要』全七巻である。この勅撰修身書には、西欧由来の話は一切収録されておらず、「和漢」のエピソードだけが収録されていた。『幼学綱要』の書中には、四書五経や「孝経」などの文言が数多く引用され、それに和漢のエピソード二九九話が添えられていたのである。この本は、読本ではなく修身の教科書として作られていたが、それだけに「国民精神」作興のために西洋思想を排除し、儒教道徳を中心にする意志が、明確に表出されている。また、この時期には、教育界全般でも、復古的な精神主義が強く主張されるようになった。たとえば、第一節で『読書入門』の挿画に関して考察した際に触れた、岡倉天心などによる学校教育へ日本画を導入しようとする試みなども、そうした動きの一環である。前述したように伊沢修二は、この画策に対して、きっぱりとそれを否定した。ところが、『幼学綱要』の場合は、この書物が勅撰修身書であったことから、宮内庁と文部省の対立にまで発展しかねない問題を抱えていた。（その事情に関して第六部第一章で再び触れる。）しかし、ここでも、伊沢修二編集長は、復古的儒教道徳をできるだけ排除する姿勢を示した。その結果は、文部省の『尋常小学読本』の題材の選択に如実に表れている。

『尋常小学読本』の教材の取材範囲は、それまでの読本の基本路線と同様に、「和漢洋」の材料である。とりわけ「洋」に関わる材料に特色があることは、前節までで、詳述してきた。しかし、その中心は「和洋」の題材であり、「漢」に関わる教材は、ほんの数編しかない。つまり、『尋常小学読本』は和漢洋のうち「漢」を除くか、あるいは極端に軽視しているのである。この点で『尋常小学読本』は、これまでの「和漢洋」の材料のバランスを取った読本とは、少々異なった方針を採用していた。

その大きな理由は、『幼学綱要』が示したような儒教的復古主義を嫌ったからであろう。合理主義、科学主義の立場から教育改革を進めていこうとした森有礼・伊沢修二等の考え方からみれば、儒教的教学精神は唾棄すべき観念論、精神論としてしか映らなかった。したがって、元田等編集した『幼学綱要』のように「洋」を排除した「和漢」路線ではなく、「漢」を限りなく排除した「和洋」路線を選択したのだった。

読本教材としての「神武天皇」

明治期における「和」の「史話」として、もっとも重要な位置にあったのは、「神武天皇」の話材である。なぜなら、神武天皇の姿は、王政復古を掲げて明治維新を断行した際、万世一系の天皇の始原に据えられる存在として大きく浮上してきたからである。すなわち、新しい政治体制は、神武天皇の聖代へと回帰することだとされたのだった。たとえば、一八六七（慶応三）年一二月に出された「王政復古の沙汰書」では、徳川幕府が大政奉還をして新しい世の中になったので、「国威挽回ノ御基被レ為レ立候」ために、役職を設けて「諸事神武創業之始」に基づいた政治を行うとしている。ここでは、新しい政治体制とは、神武天皇の時代に戻ることだと述べられていた。

また、一八七二（明治五）年一一月には、太陽暦を採用したことに伴って、「神武紀元の布告」がなされ、「神武天皇即位ヲ以テ紀元」と定められた。いうまでもなく、暦を統べることは、時間を御することであり、その世界の支配者でなければ握れない独専的な権能である。神武天皇が日本に流れる時間の淵源に据えられたことによって、人々の生活時間も、すべてそれが基準となる。つまり、現在の時間と空間の意識は、幻想としての起源である「神武天皇」にすべて回収されてしまうのである。

さらに、神武天皇が即位したとされる三月七日が「紀元節」と定められる。この日を同じ暦のもとで、休日として祝うことこそが、同じ日本国民であることの証となった。すなわち、文明開化の時代を共有する基軸として、それまで史書の中の遠い存在でしかなかった「神武天皇」が現在の世界に召還され、それに明治天皇とが重ね合わされて、国家統一意識のシンボルとしての天皇像が作られていくのである。*51

では、その「神武天皇」は、どのように「小学読本」に描かれてきたのだろうか。最初にそれを登載した読本は、榊原芳野等の編纂した『小学読本』だった。明治七年に刊行された『小学読本』の「神武天皇」の巻之四第七課（那珂通高・稲垣千穎撰）には、以下のような教材文が掲載されている。

神武天皇既に中洲を平げ大和の畝傍の橿原の宮にして御位に即き賜ひしより四年、詔ありて我が皇祖の霊遠く天より昭臨して朕が躬を助け玉へるにより諸の虜ども易く平ぎて天下に憂なし朕は天ッ神の御子なれば今天ッ神を祀りて大孝を申ぶ可しとて即霊時を鳥見ノ山に立て賜へり

簡略な筆致で、神武天皇の即位の事実が記述してある。同じ巻の他の教材と比べても、文章量は少ない。本文は、『日本書紀・巻三』によったもののようであるが、そのうちのいわゆる神武東征の経緯に関しては、省略されており、天皇即位の部分だけが紹介されている。また、『小学読本』の挿絵は、山に木が生えている情景が簡素に描かれているだけで、人物の姿は登場していない。

この後、教科書の検定が始まる時期までに、いくつかの「小学読本」が刊行されるが、ほとんどの「小学読本」には、「神武天皇」に関する教材は掲載されていなかった。以下、その書名を挙げる。[*52]

明治一三年　久松義典編『新撰小学読本』（金港堂）
明治一四―一五年　中島操・伊藤有隣編『小学読本』（集英堂・栃木）
明治一五年　原亮策編『小学読本 初等科』（金港堂）
明治一七年　大窪実・三吉艾編『小学初等読本』（福井正宝堂・京都）
明治一八年　鈴木幹徳編『啓蒙小学読本』（光風社）
明治一九年　日下部三之助編『小学読本』（金港堂）

もっとも、この時期の「小学読本」類に「神武天皇」が登場していない理由の一つとして、歴史の教科書との関係を視野に置いておく必要がある。学制が出された以後、文部省が最初に作製した教科書は、明治五年に刊行の『史略』だった。この教科書は、巻一が「日本史」、巻二が「支那史」、巻三と巻四が「西洋史」という構成である。つまり、学制下の小学生は「和漢洋」の歴史を学習したのである。このうち、日本の歴史を諳誦させることを目的に作られた第一巻は、少ない記述量で歴代天皇の事蹟を順に記載していた。その始まりは「神代」からで、「人皇」の最初に「神武天皇」に関する記述がある。

この後、明治七年に「支那史」と「西洋史」は『万国史略』全二巻にまとめられ、「日本史」は明治八年に『日本略史』全二巻にまとめられた。これらの本では、簡潔だった『史略』の内容が、それぞれ、よりくわしく記述されている。『日本略史』は、日本歴史だけを内容とする官版の教科書としては、日本最初のもので、木村正辞が編集、那珂通高が校訂を担当していた。この『日本略史』では「神代」の項目は省かれており、人皇第一代の神武天皇から、第一二二代今上天皇までの天皇歴代の通史となっている。ただし、本文の冒頭には、「第一代、神武天皇ハ天照大神、五世ノ孫ニシテ、鸕鷀草葺不合ノ尊ノ子ナリ、」と神代の系譜も簡略に記されていたことは、第二部第二章第二節で触れた。本文の文章は、この

「神代」の神々の系譜を略述した冒頭部の後に、神武天皇の記述に入っていく。当時の歴史教科書がどのような文体で記載されていたのかを確かめるためにも、該当部分を以下に抜き出してみる。

○初メ天皇日向ニ在リテ諸兄及皇子等ニ告ゲテ曰ク、昔シ天ツ神此豊葦原ノ瑞穂ノ国（日本国ノ古名ナリ）ヲ、我ガ天祖ニ授ケシヨリ、降リテ西偏ニ居ルコト多ク年所ヲ歴タリ、獨奈何セン遼邈ノ地、未タ王澤ニ霑ハス、邑ニ君アリ、村ニ長アリ以テ相陵轢スルヲ、吾レ将ニ東征シテ、都ヲ中州ニ定メ、以テ天業ヲ恢ニセンコトヲ欲スト、乃親ラ皇族ヲ帥ヰテ、舟師東ヲ指シ筑紫安芸吉備等ノ国ヲ経テ、難波ヨリ河内ニ到リ、倭ニ入ラントス長髄彦ト云フ者アリ衆ヲ悉シテコレヲ拒ク、皇軍利アラズ、因リテ転ジテ路ヲ紀伊ニ取リ丹敷戸畔ヲ荒坂ノ津ニ誅シ頭八咫烏ヲ以テ郷導トシ、菟田ノ下ツ縣ニ至リ兄滑ヲ誅シ又、兄磯城等ヲ斬リ、遂ニ長髄彦ヲ征ス、是ヨリ先キ饒速日ノ命、天ヨリ降リテ倭ニ居ル長髄彦コレヲ奉シテ主トシ、皇軍ニ抗ス、是ニ於テ饒速日ノ命、長髄彦ヲ殺シテ降リ、中州悉ク平グ天皇乃チ宮ヲ倭畝火ノ橿原ニ経営シテ、帝位ニ即ク、寔ニ、辛酉ノ年ナリ、明治五年十一月、詔シテ、太陰暦ヲ廃シ、太陽暦ヲ用ヰ、此ノ歳ヲ以テ紀元トス即チ今明治七年ヲ距ルコト、二千五百三十四年ナリ、○天皇在位七十六年ニシテ崩ズ、年百二十七、

文章は、『日本書紀』に拠ったものである。東征部分は簡略化されてはいるものの、歴史教科書らしく事実を中心に記述されており、長髄彦にかなり手こずり「皇軍利アラズ」と一時は退却したことや、八咫烏の助けを得たことなども書き込まれている。なお、この教材文の末尾には、明治になってから「紀元節」を設けたことと、神武天皇以来明治七年までに、二五三四年が経過していることも書き添えられている。また、この本には「神武天皇東征ノ図」の挿し絵が付されており、神武天皇が弓矢を携えたお付きの者たちを従えて、投降して平伏した敵（教材文からすれば、おそらく饒速日ノ命であろう）に対応している様子が図像化されている。

『日本略史』の「神武天皇」以下は、第二代の綏靖天皇へと皇統が受け継がれ、それが連綿と続いたことが、代々の天皇の事績とともに叙述されていく。また、下巻の最後の文章は、「王政復古ス、神武天皇元年辛酉ヨリ、今明治八年ニ至ルマデ、凡ソ二千五百三十五年ナリ、」と結ばれる。『日本略史』の下巻は、上巻から一年刊行が遅れたので、明治八年まで二五三五年と経年表記されているのだが、この下巻末の文言は、上巻の神武天皇の項で、過去が現在とつながっていることを確認した記述と照応させたものである。

ちなみに、第二部第三章で、各地の「小学教則」を検討した際に「『小学教則（下等小学）』に表れた『小学読本』（読方教育の教科書）」の表を作成した。そこでは「小学読本」の使用状況にのみ着目して考察を進めてきたが、もう一度振り返ってこの表（三四一頁）をながめてみると、各地域の「読方」科においては、小学校第四級以上の教科書として、『史略』や『日本略史』が指定されていることが確認できる。地域と時期によっては、同じ「読書」科の中で、榊原芳野等の『小学 読本』と『史略』あるいは『日本略史』とを使っているケースもあるので、そこでは神武天皇の話材を読本の教科書と歴史の教科書とで、同時に学ぶ場合もあったことになる。

ところで、先ほど、明治検定期に入るまでの「小学読本」の中では、ほとんど「神武天皇」の教材は取り上げられていなかったと述べた。しかし唯一、それを本格的に取り上げていたのは、若林虎三郎の『小学読本』(明治一七年)だった。この読本は、前章でも取り上げたように、一般には、開発主義に基づいた「進歩的」な読本だと評価されているが、内容的には、「孝」よりも「忠」に関わる教材が目立つ。若林本では、「神武天皇」に関する教材は、全巻の末尾である第五巻の第一二課に置かれており、史話と和歌一首から教材を構成したのが、この読本の特徴である。以下に、若林虎三郎の『小学読本』の教材文を示す。

第十二課　神武天皇の即位

神武天皇初め日向の高千穂の宮にましましゝが、東征の思召有りて諸兄及び皇子を集めてのたまはく　我が天祖瓊々杵ノ尊の蹕を此国に駐めたまひしより以来多く年を歴たり、故に僻遠の地は猶未だ王澤に霑はず、邑に君あり村に長ありて、各土地の私し彊を分ちて相凌げり、我聞く東方に美地ありと宜しく就きて之に都し以て天下を統一すべしと　甲寅の年十月天皇親ら師を帥ゐて日向を発したまひ、遂に西海山陽の諸国を歴て摂津に到りたまふ　此の時大和紀伊等の諸賊所在兵を起して邀へ拒ぐ　皇軍攻むれば必取り戦へば必勝ち降る者は之を撫し背く者は之を誅して東征の初より六年にして中州盡く平げり　其の翌々年辛酉の年春正月朔日大和の畝傍の橿原の宮にして天位に即かせたまへりこれ神武天皇元年にしてこれを我が国の紀元とす　然りしより以来皇統連綿として動かず国体之に因りて立てり今茲明治十七年に至る迄実に二千五百四十四年なり万国に求るも其の比を見ず仰ぐ可く尊むべし

橿原に宮しらしゝやとことはに
国さかゆべき根ざしなりけむ

榊原芳野等の『小学読本』と比べると、神武東征の話題が中心になっている。「神武天皇」の武人、軍神という側面を押し出しているのである。本文は、やはり『日本書紀』に拠っている。ここには、「皇軍攻むれば必取り戦へば必勝ち降る者は之を撫し背く者は之を誅して」といった『日本略史』には見られなかった勇壮華麗な対句表現も登場している。もっともこの「皇軍攻必取、戦必勝」という表現自体は、『日本書紀』の中にあるのだが、『日本略史』は、その部分は取り上げなかったのである。教材文の末尾に皇統を言祝ぐ一首を加えたこととも相俟って、若林の読本が、事実の客観的な伝達だけを目指したのではなく、文章文体を含む言語表現に十分に配慮していることが確認できる。このことから、若林虎三郎が、言語教科書の役割を言語表現の錬磨に置いていたことも推察できよう。また、この教材文「神武天皇の即位」の文章表現は、『小学読本』の教材文よりも敬語が過重になっている。この後、読本の中における天皇に関わる敬意表現には、必ずいわゆる「最高敬語」が使われるようになるのだが、この教材文は、その早い例である。

『小学読本』や『日本略史』と比較して、若林本の「神武天皇の即位」が突出しているのは、末尾の「然りしより以来皇統連綿として動かず国体之に因りて立てり今茲明治十七年に至る迄実に二千五百四十四年なり万国に求むも其の比を見ず仰ぐ可く尊むべし」という結びの文章である。

つまり、若林虎三郎の教材文は、歴史の教科書のように単に過去の事蹟を紹介して、それが今の我々の生活につながっていることを確認しただけではなく、その国体の伝統が世界に向けた日本のオリジナリティであることを、声高くレトリカルに宣言しているのである。おそらく、全五巻構成の最後尾にこの教材を配置して、こうした文言で締めくくったのは、若林の意図的な方向性であっただろう。[*53]

『尋常小学読本』の神武天皇

では、若林本よりも三年ほど後に刊行された文部省の『尋常小学読本』では、「神武天皇」は、どのように教材化されていたのだろうか。『尋常小学読本』巻四における「神武天皇」の教材は、三課にわたっており、「紀元節の歌」と題する韻文とセットになっていた。散文と韻文との組み合わせという教材の構成は、若林本と同様である。少々引用が長くなるが、その三課の教材文全体を以下に紹介する。

巻之四　第二十九課　神武天皇

二月十一日には、日本国中の人、皆業を休み、家の前に、日の丸のはたをたてゝ、祝ひ楽む。此日は、紀元節とて、神武天皇の御位に即かせたまひし日なり。

神武天皇は、我が国第一代の天皇なれば、凡そ我が国に生れしものは、皆天皇の御事を、能く知らざるべからず。天皇は、うがやふきあえずの尊の、第四の御子にして、始め、日向の国たかちほの宮にいまして、天下を治めたまへり。其時、西国ハ、はや天皇に従ひまつりしが、今の畿内の方には、未だ天皇に従ひたてまつらぬものども多かりき。されバ、天皇ハ、このものどもを平げ、大和の国に、都を定めんとて、多くの軍勢を引きつれ、日向の国を出で立ちたまへり。かくて、きびの国に来たまひて、いくさの用意をなし、それよりふねにて、なにはに上陸し、大和の国に向ひたまへり。このきびの国とは、今のびぜんびつちうびんご等の土地にて、なにはとは、今の大坂の事なり。

大和の国には、ながすねびこやそたけるなど云へるものどもありて、皇軍にい向ひしかば、忽ちに打ちほろぼしたまひ、又つちぐもと云へる、強きものどもをも打ち破りたまひ、遂に大和の国を平げて、かしはらの宮にて、御位に即かせたまへり。これより、代々の天皇、其後をつぎたまひ、今上天皇に至りては、既に　百二十二代となりぬ。

第三十課

紀元節の歌

仰げやあふげ、　あめつちの　あらんかぎりは、　さかえんと、
天つ御神の、　のたまひし　みことのまゝに、　たかみくら
動かぬ　もとゐ　たてそめし、　神武のみかどは、　智仁勇
そなはりませる　君にして、　みおやにゝぎの　尊より、
日向の国の　高千穂に　宮居さだめて、　まつりごと
しきたまへれど、　恩沢に　まだうるほはぬ　国おほし。
邑長たがひに　あらそひて、　罪なき民の　くるしむを
救ひたすけて、　天業を　おしひろめんと、　をゝしくも
おぼしたゝして、　みこたちと、　おほみいくさを　ひきゐまし
西のはてなる　日向より、　ひんがしさして、　いでたゝす
みいつの風に、　草も木も、　なびきしたがひ、　にしきとべ

えうかしはじめ　えしき等も、　ながすねびこも、　亡びけり。

第三十一課

紀元節の歌　続き

大和の国の　橿原に、　都をさだめ、　宮ばしら
ふとしきたてゝ、　御位に　のぼらせたまひ、　もろ〳〵の
つかさをさだめ、　天の下　鎮め給へバ、　おほやしま、
また波風の　騒ぎなし。　国民よろこび　まつろひて、
はつ国しらす　すめろぎと　あがめたふとみ、　天地の
わかれしごとく、　明に、　君臣の分　さだまりぬ。

地球の中に、　国といふ　国はあれども　うらやすの
国の名おひて、　とつ国の　人もうらやむ、　たぐひなき
国を建てたる　すめらぎの　おほみいさをに　くらべてハ、
うねびの山も、　高からず、　はにやすの池も、　ふかからず。
三千余万の　みくにびと、　もとを忘れず　紀元節
いはふけふこそ　たのしけれ、　いはふけふこそ　楽しけれ。

（教材文は、単語分かち書きになっているが、稿者の判断で分かち書きを廃した。）

『尋常小学読本』の教材文は、まず「紀元節」の話題から書き起こし、その淵源である神武天皇の話題を紹介し、さらに同じ内容を、韻文によって情感に訴えるという構成である。教材文は、学習者である小学校三年生を意識したためか、最初に学習者にとっては既知の知識である「紀元節」の話題を持ち出し、そこから「神武天皇の東征」の話題に発展させている。教材文中には、「なにはとは、今の大坂なり」というような註釈もあって、子どもの興味関心に即して読本の教材を作成しようという『尋常小学読本』の編集姿勢が表れている。

神武天皇の事蹟と紀元節の情報とを連関させて記述している点は、『日本略史』と同様である。だが、ここには、若林虎三郎が「万国に求むも其の比を見ず」と外国と張り合うように鼓吹したナショナリズムの精神も、そのまま引き継がれている。そればかりか、遠い過去の神話と現在とを結びつける「紀元節」の情報は、韻文の中に溶かし込まれて「紀元節の歌」として教材化されていた。『尋常小学読本』以降の「小学読本」における「神武天皇」に関する読本教材を、国定期の読本をも含めて通覧すると、「神武天皇」教材の定型が出来上がったのはこの読本だったと考えることができるだろう。

次には、『尋常小学読本』の挿し絵を見てみよう。この読本の図像の担当者が洋画家の浅井忠であることは前述した。「神武天皇」の教材に添えられた挿し絵は、神武天皇の即位式を描いたもので、教材文にその情報は書かれていないものの、おそらく祭壇に祀られていたのは、いわゆる三種の神器だったと思われる。ここには、神武天皇が礼装で祭壇に向かい、武具を帯した天皇の従者たちがその周囲を囲んでいる様子が描かれていた。

浅井忠は、何をもとにして『尋常小学読本』の挿し絵を作成したのだろうか。元田永孚が編集した『幼学綱要』の挿し絵と『尋常小学読本』のそれとを比べてみる。すると、『尋常小学読本』の図柄は、浅井忠がオリジナルで創作したものというより、先行した『幼学綱要』の図像を下敷きにしたものだと推察できる。というのも、同じ『尋常小学読本』の巻六の教材の「楠正成」の図像も、『幼学綱要』の図像と酷似してい

るからである。おそらく浅井忠は、『幼学綱要』の「神武天皇」の挿し絵を参照したのであろう。

もっとも、記紀神話の時代に、人々がどのような衣服を身につけ、どのような生活をしていたのかを図像化しようとした場合、たとえ手がかりになる資料が残っていたとしても、それはあくまでも想像画の範疇になってしまう。ましてや特定の人物がどのような容貌をしていたのかに関しては、明確に特定できる情報がないかぎり、すべてフィクションだと言い切っていい。そうした歴史上の人物を、想像的に描く作業は、個々に断片的には行われてきたが、江戸期に至るまで、日本の歴史の中の人物を通史的にながめて、それを逐一、図像化する仕事は、誰の手によってもなされていなかった。

知られているように、初めてその仕事を手がけたのは、菊池容斎である。彼は、過去の日本の歴史を通覧して、その中から主要な人物五八五

『尋常小学読本』巻四第二八課・挿絵

『幼学綱要』孝行第一・神武天皇

名を撰び、その簡単な伝記とその人物の図像を視覚化した『前賢故実』全二〇巻を、幕末に完成させている。この本は、明治期に入ってから、歴史画壇にきわめて大きな影響を与えた。一見復古的に見えるこの仕事も、失われた過去の歴史に光を当ててそれを新たに想像的に創作したという文脈の中で言うなら、ある意味での「近代主義」の所産だった。この菊池容斎の衣鉢を継いだのが、松本楓湖である。『幼学綱要』の挿し絵は、その松本楓湖が担当していたが、楓湖の師、容斎の『前賢故実』の中には、「神武天皇」は取り上げられていなかった。したがって『幼学綱要』に掲載されている、祭祀を執り行う神武天皇の図像は、楓湖による創作だった可能性が高い。

なお文部省の『尋常小学読本』の「神武天皇」の教材の位置測定を確実にするために、一八八二年（明治一五年）に刊行された元田永孚による『幼学綱要』のテキストの方も、ここで併せて見ておこう。『幼学綱要』は、全体を二〇の徳目に分け、それぞれの項目ごとに和漢の話材を配置しており、「神武天皇」の話題は、「孝行第一」の冒頭に置かれている。つまり、儒教道徳でもっとも重要な徳目である「孝」の項目の中の、最初のエピソードとして「神武天皇」が取り上げられていたのだった。ここでも、神武天皇が、最重要人物として扱われていたことが窺える。『幼学綱要』の文章は、以下のようだった。

○神武天皇。元年春正月庚辰朔。天皇橿原ノ宮ニ即位シ。正妃ヲ立テ皇后トシ。神籬ヲ建テ八神ヲ祭リ。国家ヲ鎮護ス。天富ノ命。諸ノ齋部ヲ率ヰ。天璽鏡剣ヲ捧ゲテ。神殿ニ奉安ス。天ノ種子ノ命。天神ノ壽詞ヲ奏シ。可美眞手ノ命。内ノ物ノ部ヲ率ヰ。矛楯ヲ執リテ。儀衛

ヲ厳ニス。道ノ臣ノ命。来目部ヲ率キテ。宮門ヲ護衛ス。群臣朝賀ス。天ノ種子ノ命天富ノ命ニ命ジテ。祭祀ヲ主リ。朝政ヲ掌ラシム。四年春二月甲申。詔シテ曰ク。我カ皇祖ノ霊ヤ。天ヨリ降鑑シ朕ガ躬ヲ光助ス。今諸虜已ニ平ギ。海内無事ナリ。以テ天神ヲ郊祀シ。用テ大孝ヲ申ブ可シ。乃時ヲ鳥見ノ山ニ作リ。皇祖天神ヲ祭ル。

『幼学綱要』のテキストは、天皇が即位するときに、神を祀り「大孝」を述べたことに焦点が置かれている。典拠は、『日本略史』と同じ『日本書紀』だったと思われるが、切り取り方が異なる。すなわち、『幼学綱要』は、神武天皇が征服者として戦った「東征」の場面ではなく、もっぱら天皇の「孝」の行いの側面のみを取り出しているのである。これは、榊原芳野等の『小学読本』の教材化の姿勢にも近く、いかにも儒教道徳を称揚する儒学者らしい態度であり、修身書である『幼学綱要』の「孝行」の徳目の最初に置くのにふさわしいテキストアレンジである。

だが、神武天皇の「孝」の実践行為は、同じ儒教道徳が説く「二十四孝」のように、生身の親を対象にした現実的な「孝」の実践ではない。神武天皇の「大孝」は、霊界の祖先神が人間界の神武天皇の庇護者であることを確認する儀式だった。すなわち、反抗する諸国を平らげた後、神武天皇は、その戦闘を正当化するため、天の神である「皇祖」を呼び出し、自らの行為の認証を求めたのである。神武天皇が「皇祖天神」を祀ったのは、「国家鎮護」の名のもとに天皇が神と直結していることを、祭祀を通して周囲に承認させるショーだったのだ。松本楓湖の挿し絵は、『幼学綱要』の神武天皇の「孝」の実践が、祭儀神としての性格のものであることを確認し、それを念押しする役割を果たしている。

一方、文部省の『尋常小学読本』のテキストは、『幼学綱要』のテキストとは異なり「孝」に関する記述はなく、神武の東征が中心である。したがって、その挿し絵は、即位式の様子ではなくて、『日本略史』のように、敵が投降した場面を描いてもよかったはずである。あるいは、独自に神武の勇ましい東征場面の一コマを描くことも選択肢の一つだっただろう。つまり、武人・軍神としての側面を強調するような挿絵を挿入することも可能だったのだ。実際、この後、検定後期の読本の多くの挿絵には、神武天皇の神威を象徴する金色の鵄の姿が登場してくる。また、それが金鵄勲章の話題と結びつけられたりする。たとえば、検定後期の代表的な国語読本である金港堂の『尋常小学読本』（明治三三年一二月発行）の巻四では、「紀元節（第一六課）」と「金鵄勲章（第一七課）」とが組み合わされており、また、「紀元節」の教材文に添えられた挿絵は、神武天皇の弓に止まった金のトビの発する神力によって敵が退散していく図像だった。*54

神の使いである金のトビ、あるいは八咫烏に導かれて、軍神として敵に向かう「神武天皇像」が前面に出てくるのは、日清・日露戦争などの日本の対外的侵攻と密接な関係があるだろう。しかし、文部省編の『尋常小学読本』が作製された明治二〇年の時点では、「神武天皇像」は、まだそこまで踏み込んで武人の図像として強調されることはなく、その挿絵は、『幼学綱要』の挿絵を下敷きにした「孝」の実践者という範囲内に留まっていた。すなわち、『尋常小学読本』の神武天皇の図像は、「孝」の行為者としての側面を前景化させており、テキストは、若林虎三郎の『小学読本』と同様、「神武の東征」を中心に記述していた。ここには、先ほど検討した巻七の「国王の巡幸」が抱えていたのと、同じ背景が透けて見える。すなわち、「教育勅語」発布以前の、近代天皇制システムがまだ十分に確立していない初期の段階だったから、こうしたテキストと図像とのある種のズレも許容されたのである。この後、神武天皇は、衣服を整えた文官の姿ではなく、甲冑を身につけ太刀を佩き、武威を体現した軍人の姿となって図像化されていくことを思い合わせるなら、「神武天皇」に関する教材文とその図像との齟齬は、この時の『尋常小学読本』の立ち位置を示すものだったと考えられる。

これ以降、日本近代の「国民精神」の形成は、一方では日本を統一した「神武天皇」の時代へ戻ることであり、一方では西欧的な文物を取り入れて文明開化を押し進めることであるという、一見すると撞着するように見える二つの方向をアマルガムのように接合しながら急速に展開されていく。科学的合理精神に基づいて展開された『尋常小学読本』のグローバルスタンダード路線は、儒教道徳を基盤にした観念的復古的な『幼学綱要』路線とは鋭く対立しながらも、それを巧妙に取り込んで、列強に互して植民地収奪の戦線に加わるという戦略の確立へと、歩みを進めていったのだった。

『尋常小学読本』金港堂　巻四
明治33年

四、文部省による『尋常小学読本』普及戦略

大日本教育会における論議

森有礼文相による、国家教育をめざした文教政策は、かなり急進的に行われた。その下で教科書の編集を推進した伊沢修二も、様々な教科書の作製に精力的に取り組んでいる。中でも、言語教科書の編集においては、『読書入門』と『尋常小学読本』という国際標準の読本を、見事に完成させた。あとは、その教科書を弘めることである。先ほど、その活動の一環として、伊沢が一八八八（明治二一）年の春に、京都府ほか一府九県にわたって新しい読本の普及のために行った出張に関して触れた。本節では、伊沢修二が、この官版教科書を普及させるために、どのような活動をしたのかを見てみたい。

実はちょうどこの時、足元の東京府でも、東京府編纂の『小学読本』を作製していた。すなわち、東京府は、一八八七（明治二〇年）一二月に『小学読本』の版権所有届を出して、翌年四月に全八巻を刊行し、文部省の検定を受けたのである。明治二一年六月一日には、巻一から巻三までが、また同年七月三日には、巻四から巻八までが認定された。民間書肆への対抗意識を顕わにして、文部省作製の読本を普及させようとしていた伊沢にとって、この事態は、あらたな第三の強力な敵が出現したようなものだった。梶山雅史は、それを「官・府・民間教科書抗争」ととらえ、この時の状況を「文部省、東京府庁、民間書肆、三つ巴の教科書抗争」が出現したのだと述べている。

梶山の整理を参考にしながら、この三者の関係を押さえておこう。*55

ここまで見てきたように、民間の教科書書肆は、印刷・製本手段の確保なども含めて、教科書の選定に関わる各地域の学務課などと結びつき、それぞれの地域への教科書供給体制を確立していた。しかし、その結びつきを構築するため、民間書肆は、様々な「工作」を行い、ジャーナリズムなどによって、教科書をめぐる官民癒着の不正が、さかんに報道されていた。一方、文部省は、官版の『読書入門』『尋常小学読本』を作製したものの、それを各地に供給する有効な手段を持っていなかった。そこで伊沢は、『尋常小学読本』などの諸教科書の流通業務を民間に委託することに決め、一八八八（明治二一）年六月一八日、「甲部図書＝尋常小学校以下国民必須ノ教授ニ要スル図書」供給のために、東京と大阪に「甲部図書取扱所」を設け、その旨を『官報』に公示する。この措置で、関東の教科書取り扱い組合員として認定されたのは、長谷部信彦（十一堂）、林直庸、小柳津要人（丸善）、小林新兵衛（嵩山堂須原屋）、佐久間貞一（秀英舎）、北畠茂兵衛（千鍾房須原屋）、白井練一（共益商社）の七名である。ここには、原亮三郎（金港堂）、辻敬之（普及舎）、集英堂（小林八郎）、などの有力教科書書肆は含まれていない。すなわち、伊沢は、従来の教科書専業書肆ではなく、一般書目を取り扱ってきた書肆を中心にした共同組織に官版教科書の流通業務を委託することにしたのである。既成の民間教科書書肆への不信感と対抗意識とをむき出しにした対応策だと言っていいだろう。

ところが、その戦線に、あらたに東京府が『小学読本』を作製して加わったのである。そればかりでなく、この東京府の教科書の版権は、明治二一年五月二八日には、東京府御用書肆へと譲り渡される。東京府御用書肆とは、石塚徳次郎（文海堂）、吉川半七（文玉圃）、小林義則（文学社）、宮川保全（中央堂）の四名である。ここには教科書刊行で実績のある文学社の名前が入っているが、金港堂、普及舎、集英堂の名前はない。したがって、教科書業界は、東京府庁の『小学読本』の登場によって、もっぱら自社製品を販売する金港堂などの大手教科書出版社と、東京府の教科書を取り扱う中小出版社とに分裂したのである。その結果、教科書の供給は、文部省＋甲部図書取扱所組合員と、東京府庁＋東京府御用書肆、そのほかの大手民間教科書書肆との間で行われることになった。梶山の言う「三つ巴」である。これによって、読本の販売合戦はさらに激化の一途をたどることになった。

こうした中、東京府は一八八八（明治二一）年五月三一日に、小学校教科用図書審査会を開く。次いで六月一九日の評決の結果、各教科で複数の教科書を併用することを決定した。読本の選定に関しては、以下のように決まった。すなわち、小学校簡易科（次節で詳述する）では、東京府編『小学読本』と中根淑・内田嘉一合著『小学簡易科読本』（金港堂）、尋常科では、東京府編『小学読本』と文部省編『読書入門』『尋常小学読本』、高等科では、岡村増太郎編『小学高等科読本』（坂上半七）と池永厚・西村正三郎合著『高等小学読本』（普及舎）で、各地区は、これら複数の教科書の中からいずれかの教科書を採用することになったのである。小学校尋常科では、文部省の読本と、東京府の読本の二つの官版の教科書の内、どちらかを二者択一するという図式である。

伊沢は、この東京府の決定に対して、文部省の読本が多く採用されるための工作として「大日本教育会」を利用しようと考える。大日本教育会は、一八八三（明治一六）年九月に設立された全国規模の教育会であるが、一八八八（明治二一）年五月に、伊沢修二の提案によって規則改正がなされている。白石崇人によれば、この時「伊沢は、国民教育の実現のため、日本全国の一致結合を目指した。そのため、大日本教育会の中央――地方組織を確立し、両組織間に緊密な連絡関係を構築しようとした。伊沢は、その具体的方策として、中央部の議員を専門的に組織し、専門的問題の研究と地方部の研究補助を効率的に行うことを構想した」のだという。つまり、伊沢は、もともと大日本教育会を国家教育を推進する装置として機能させようと考えていたのであり、それをほかならぬ教科書の普及においても活用して、東京府における文部省の読本の占有率を高めようと画策したのだった。*56

さっそく大日本教育会は、中央の部門会議において、いくつかの「研究」を展開させる。すなわち、「専門的問題の研究」として「大日本教育会部門別会議」を開催して、当面する課題を討議し始めたのである。そのうち「初等教育部門」における最初の会議の検討主題が、「小学校教科用図書に関する件」だった。ここでの議題の提出の意図と会議の議論は、東京府の小学校教科用図書審査会の決定と密接に関連していた。それは、以下のように展開する。*57

先ず、一八八八（明治二一）年七月、議員山路一遊が、「東京都府令第三六号小学校教科用図書に関する建議」を提出した。建議の趣旨は、東京府の小学校においては、先頃、「小学校教科用書審査委員会」（ママ）で教科書を採定公布したが、各教科においては、数種類の教科書が選ばれている。東京のように「頻繁転住スル」ことが多い地域においては、区内の教科書は一種類である方が「教育上経済上ノ大利益」である。そもそも教科書の「鑑別取捨ハ甚ダ難シ」いから、大日本教育会の「初等教育部門」が論議をして東京府の教科書の優劣を決め、優等の教科書の方を専一に採用するよう府下各区長各小学校長に勧告し、また、東京府知事にも報告したらどうか、という内容である。

これは、東京府の教科書施策に対する国家権力による越権行為であり、露骨な干渉にほかならない。というのも、建議を提出した山路一遊は、文部省の関係者であり、大日本教育会の初等教育部門委員長は、伊沢修二だったからである。審議の中では、さすがに、東京府に「勧告」するまでの必要はないとの結論になる。しかし、出席委員一四名のうち一〇名の賛成によって、「教科書の優劣判定」に関しては、議論を進めることになった。こうして、大日本教育会の初等教育部門は、終始、伊沢の司会による主導の下に、七月三一日、八月二日、六日、一三日と会議を重ねる。その結果、八月一五日には、会長の辻新次にあてて、部門長である伊沢修二の名前で申報書の提出に至る。いうまでもなく、尋常科の読本の優劣の結論は、「文部省編纂ノ読書入門及尋常小学読本ヲ優レリトス」というものだった。

梶山雅史は「この優劣判定会議は茶番であるとの印象は免れない」と厳しい発言をしている。また梶山は、「東京府と文部省の官撰教科書同志が争い、編輯局が一元的に文部科学省編纂書の全国普及の方針を露骨に打ち出し、東京府選定併用教科書に対する優劣判定作業に、大日本教育会が政治的に機能させられた」のだとも述べている。この大日本教育会の結論は、伊沢が意図したように地方の教科書選定にも大きな影響を与え、文部省が作製した『読書入門』『尋常小学読本』が全国に普及していくきっかけの一つになったと考えられる。[*58]

次に挙げる資料によって、この時の官版読本の普及状況は、ほぼ見当が付く。その資料は、一八九〇（明治二三）年六月に、文部省編輯局が廃止されるに当たって、伊沢修二が、編集局の局務（現況及其処分法）を総括して、榎本文部大臣に提出した上申書の中の「局務ノ現況」を述べた部分である。[*59]

甲部図書（読書入門一冊掛図一綴尋常小学読本七冊等）ヲ教科書ニ採定シタルモノハ三府二十八県ニシテ之ヲ採用セザルモノハ一道九県ニ過ギズ。他ノ六県ハ未ダ教科書審査会ヲ開カザルニヨリ今日ヨリ之ヲト知スル能ハズ。然シテ其採定セシ府県九県ハ本省甲部図書ノミ単用シ其他ハ民間書肆出版ノ書ト併用スルモノニ係レリ。

この資料からは、伊沢の強引な普及活動が、おおむね効を奏したと判断することができるだろう。

おそらく、伊沢修二は、地域の読本採択への波及効果を視野に入れた上で、その代表的存在である東京府庁編『小学読本』を、やり玉に挙げたのである。各地の審査会の裁定の議論には、大日本教育会の論議が大きな影響力を持った。あるいは、文部省からも、各地域に対して、直接間接に、官版の読本を推奨するメッセージが伝えられた可能性もある。その一つの例として、先に触れた、明治二一年五月に文部省の作製した「読書入門・尋常小学読本ノ質疑ニ答ヘラレタル要略」という小冊子が挙げられる。あの冊子は、官版の教科書の解説とその特徴を詳細に述べた、いわば官製の宣伝物であり、それが直接各地の学務課へと送られていたのである。

伊沢は「甲部図書ヲ教科書ニ採定シタルモノハ三府二十八県ニシテ之ヲ採用セザルモノハ一道九県ニ過ギズ」と豪語しているが、各地で『読書入門』『尋常小学読本』が採用されたのは、必ずしも各地域の「小学校教科用図書審査会」の審査委員による主体的な判断によるものとばかりは言えないだろう。中央政府による無言の圧力は、地域の教科書の裁定にも大きく関与したと思われる。

東京府庁編『小学読本』の内容の検討

前項で見てきたように、大日本教育会を舞台にして、二つの読本の優劣判定の論議がなされたこと自体は、梶山の言うように、全くの「茶番」にすぎないと言っていいかもしれない。またこの議論の結果を、伊沢が政治的に利用したことも間違いない。

しかし、そこでなされた議員たちの「論議」そのものは、ほかならぬ具体的な教科書をめぐってなされている。大日本教育会の議員たちは、それぞれが教育や教科書に関して、一定の見識と経験を持っていた。とすれば、何も政治的な思惑だけで、二つの読本を比較して判断を下したわけではない。たとえそれが「茶番」であったとしても、会議に出席した議員たちが、教科書の評価をどのような観点から行っていたのか、あるいは、読本とはどのような内容であるべきだと考えていたのか、という情報を、そこから読み取ることは可能である。つまり、大日本教育会で行われた「優劣議論」を、「教科書内容検討視点の形成」という観点から検討することは可能であろう。

もっとも、その作業の前提として、東京府の『小学読本』が、どのような編集姿勢で作られており、それがどのように教科書の上に実現していたのかを、見ておく必要がある。すなわち、大日本教育会の「優劣論議」の中で、何が取りあげられ、何が取りあげられなかったを検討していくには、東京府の『小学読本』の内容をあらかじめ承知しておかなければならない。そこで、本項では、順序として、先ず、東京都の『小学読本』の特徴を摘出しておく。

　この東京府の読本は、その「緒言」で、上品な東京語の使用と「言文一致ヲ切実ニセン」ために「談話体」を採用したことを記している。山本正秀は、この読本の「談話体」使用に関して、文部省の『尋常小学読本』と西邨貞の『幼学読本』と比較しながら、次のように述べている。すなわち、「口語体の採用が、文部省編『尋常小学読本』では『巻之一』全巻一冊だけ、『幼学読本』では、『第一』全巻と『第二』の第三課までにすぎなかったのが、この東京府庁編の『小学読本』では、『一之巻』の一部『二之巻』の大半のほかに、『三之巻』では三三課中二六課、『四之巻』では三〇課中六課、『五之巻』では二八課中四課、『六之巻』では二五課中三課、『七之巻』では二三課中一課、以上のように、第二学年以上で使用の各巻にまで数課ずつ口語体を採って編集している。」したがって「編者には相当に言文一致的文章意識があった」と高く評価している。もっとも、その「談話体」も、文語文体から十分には脱却し切れておらず、その文体を「言文一致体」と言い切るまでには、距離があった。山本が「言文一致的」と評しているのは、そのためである。[*60]

　また、文体表記と字体の使用法にも特徴があった。巻一は、片仮名が先行して提出され、後半は平仮名になる。これは文部省の『読書入門』と同じである。しかし、巻二は、漢字平仮名交じり文と漢字片仮名交じり文とが交互に提出される。巻三以降は、漢字平仮名交じり文が主流だが、時々漢字片仮名交じり文も提出されている。つまり、この読本は、和文由来の漢字平仮名交じり文体と漢文由来の漢字片仮名交じり文体とが混在しているのである。さらに、巻五からは、行書体も提出されている。

　こうした多様な字体や文体を読本中に使用したのは、実用的な社会生活における言語活動との関連を想定していたからだろう。社会に出れば、漢字片仮名交じり文も、漢字平仮名交じり文も読みこなさなければならないし、行書体の読み書きにも習熟する必要がある。この一冊の「読本」の学習をするだけで、日常生活に登場する様々な文体や書体を経験することができるのである。この点で、東京府庁『小学読本』は、現実に即した対応をしていた。こうした編集姿勢は、日常生活と密着したリテラシーを大切にした「往来物」の考え方などとも通じるところがある。このように東京府庁の『小学読本』は、実用に直接に役立つ言語教育という旧来からの教科書観を濃厚に引きずっていたのであり、また、だからこそ「小学校簡易科」にも併用できると考えられたのだろう。[*61]

　教科書編成の工夫としては、要所に［練習］を入れて、既習事項を復習させるようにしている。さらに、巻三まではあるが、巻末に、その教科書の中に出てきた漢字をまとめて一覧にしてあり、音読み・訓読み両用の読み方の提示がある。こうした工夫は、基本的な文字の繰り返し練習を重視する旧来型の堅実な学習観に基づいている。

　教材内容を見ていくと、巻二には子ども同士が対話する場面が多く、巻三は大人との対話により、様々な理科的・社会科的な知識、あるいは教訓を授けられるという場面設定が多い。教科書中に登場する子どもた

東京府庁編『小学読本』　巻一―巻三　明治二〇年一二月二八日版権所有届　明治二一年四月四日出版　明治二一年五月一八日訂正再版発行　明治二一年六月二一日検定
巻四―巻八　明治二〇年一二月二八日版権所有届　明治二一年四月四日出版　明治二一年六月二七日訂正再版発行　明治二一年七月三日検定

巻一		
1	オ	メ　メン
	ウ	ワン　ワラ　トラ　ヒト
2	オ	ヒレ　カメ　ガン　トビ
	ウ	〔練習〕（比目魚など）ケ　タケ
3	オ	タル　サル　フサ　フエ
	ウ	ゲタ　フダ　ザル　ブタ〔練習〕
4	オ	テ　コテ　コマ　マス
	ウ	イス　イヌ　ゴマメ　タマゴ
5	オ	タデ　スズ〔練習〕ハ　ハナ
	ウ	ナシ　ノシ　ヲノ　ウヲ
6	オ	バラ　パン　サジ　ウド〔練習〕
	ウ	キ　ツキ　ツエ　ツクエ
7	オ	クリ　ユリ　サギ　フグ
	ウ	ウヅラ　エンピツ〔練習〕ホ　ホロ
8	オ	ムシロ　ムチ　モチ　ニモツ
	ウ	ツボ　ポンプ　フヂ　ニジ〔練習〕
9	オ	ミ　アミ　アヂ　ヤ　ヤネ　ヤグ
	ウ	セミ　カミソリ　ミゾ　ヨシ　オモト　キジ
10	オ	ヘイ　ペン　ヰド〔練習〕
	ウ	カタカナ五十音図（清音）
11	オ	カタカナ五十音図（清音）
	ウ	カタカナ五十音図（次清音・濁音）
12	オ	はな／はち　なす／うり　うめ／まつ　あめ／かさ
	ウ	つばめ／すずめ〔練習〕くるま／ろくろ　ほん／つくゑ
13	オ	ふるひ／はけ　いも／くわゐ　ぼん／ざくろ〔練習〕
	ウ	すみれ／よめな　いたち／たぬき　やね／からす　ひのし／はさみ
14	オ	よだれかけ／たび〔練習〕てをけ／むしろ　へら／みそこし
	ウ	ゆかた／はおり／にもつ　とけい／せんす／えんぴつ　まど／かべ／かがみ〔練習〕
15	オ	ひらがな（いろは）
	ウ	ランプトマッチ　うちはとあふぎ　ラッパトテッパウ　かはらとれんぐわ
16	オ	ブダウヤスヰクワ　じゆばんやちょっき　キヤクニクワシ　こっぷにこほり
	ウ	ショクダイニラフソク　べつかふのかうがい　ラシヤノキンチャク　ぢゅうばこのまんぢう
17	オ	おほきなひごひ／ちひさいきんぎよ　イヘニカヘル　ガクカウニユク
	ウ	てふてふはとぶ／にはとりがなく　ハウキデハク／ザフキンニテフク
18	オ	しやうじをあける／びやうぶをたてる　ヘビハカヘルヲネラフ／アヒルハドジャウヲクハエル
	ウ	ちゃわんでちやをのむ／じふのうでひをはこぶ　コヒニ、フヲイクツ、ヤリマセウカ。一ッ二ッ、三ッ、三ッヤリマセウ。
19	オ	あそこに、はとが四っとまりてゐます。あれ、また、五っきました。ヲバサンカラ、ナシ、六ット、カキ、七ット、モラヒマシタ　ドチラヲ、アゲマセウカ。
	ウ	このまりを、ついてごらんなさい。はい、一、二、三、四、五、六、七、八、九、十、よく、はづみますね。
		一二三四五六七八九十（カズジ）

原田鼎州・書（巻一―巻六）平山政太郎・書（巻七・巻八）小林樫湖・画
巻一・五銭五厘　二巻・七銭五厘　三巻・八銭五厘　四巻・五巻・六巻＝九銭
七巻・八巻＝九銭五厘

『小学読本』表紙・東京府

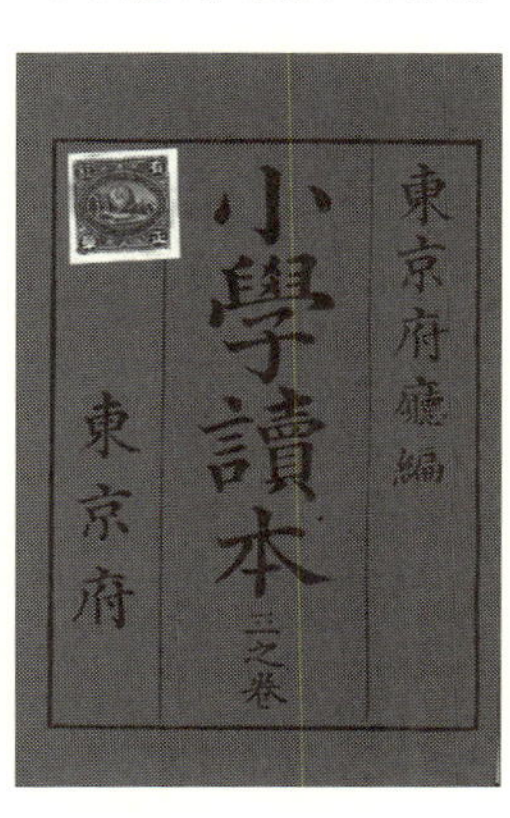

『小学読本』見返し・東京府

	巻二（仮題）	巻三（仮題）	巻四	巻五	巻六	巻七	巻八
1	天神様	迷子	兄弟望を話す	焼津野ノ向ヒ火	建国	三種の神宝	児島高徳詩ヲ桜樹ニ書ス
2	マツ	凧(対)	無益の殺生をすな	靖国神社(韻)含む	建国二	逆臣必滅	三女の孝順
3	百姓と鳥	雪の謎(対)	蛙ノ調練	平生ノ心掛ケ	獅子	女児の勉学▲	綿及ビ麻
4	クワジ(対)〔練習〕	水車(韻)含む	水入れの穴二つ	塩原多助廃物を貯ふ	毛利元就遺訓ノ話	砂糖	兄弟之推譲▲
5	火事・続き(対)	病気(対)	子守ヲ能クセヨ(韻)含む	勉学座席をくぼむ▲	茶▲	武士ノ即智	日光山
6	オハヨウ(対)	種痘(対)	夏冬の衣服	犬賊ヲ知ル	三韓征伐	水▲	塩
7	両親	養生(対)	梅ノ早咲キ	運動ハ身体の薬	砂漠ノ船	村上義光ノ忠死	上杉謙信塩ヲ甲信ニ輸リシ事
8	時カン(対)	蚕	子猿親猿を温む	噴水	元の寇	童子の確志	牛羊豚
9	やまひ(対)〔練習〕	うぐいす(対)	虎ノ餌食	水道	瀬戸物▲	蝙蝠	平重盛
10	ヘイタイ	薔薇の花(対)	麪包と小麦と	返響 H2-83	鋏	一ノ谷ノ合戦	紙▲
11	子どもの行進	依頼の手紙(手)含む	衣服ノ洗濯	蒸気の力	藤田東湖志気を励す	啄虫鳥▲	抄紙の発明
12	ヒヤクシヤウ	燕(対)	路草を食ふな	氷ノ話	外国人我が国の画を愛す▲	奥貫友山窮民ヲ救フ	甘藷
13	兄と弟(対)	兄弟の砂遊び(対)	物事ハ手分ガヨシ	手紙の往復	瞽者ト盲人トノ川渡リ	鯨	鶏
14	姉ト妹(対)	兄弟の砂遊び・続き(対)	象	蔚山ノ籠城	貞婦きよの話	兄弟争ヒヲ止ム	鶏卵
15	屋敷	あり(対)	雪中ノ旅（常磐御前）	喜びを兵士となす▲	地球ノ五帯	石炭	西洋刑造船ノ率先者
16	ダイク	とび(対)	山崎闇斎与芸を悲しむ	利の多きを撰べ	種痘	谷村計介ノ忠勇	銅
17	雨と虹(対)〔練習〕	荷車	悪しき事ハ隠されず	養蚕	戸籍▲	其二	桶狭の合戦▲
18	虹ノ原理(対)	うそ（狼少年《イ》）含む	下女ノ自慢	煙草	節倹者ノ話	温泉	織田信長皇室ヲ尊ブ
19	小鳥(対)	隣の栗(対)含む	廃り物を用に立つる	助くるものハ又助けらる▲	懶惰者の夢(手)含む	蜜蜂	漆器
20	学校ト生徒	柿の実(手)含む	時間ヲ違フナ	約束は守れ	三府	家産の分配▲	呼吸
21	学校で習うこと	勉強（ウィルソン）	丁稚の正直 S3-40	李札宝剣を墓に懸く	五港	貨幣	葡萄▲
22	井戸(対)	学問	貧シキ人ヲ愍ム	河瀬はる婦道を盡す▲	武将	富士山	歯ノ養生
23	紙や(対)	案山子(対)	小児の頓智	老馬無慈悲ヲ訴フ H3	東京城▲	大日本帝国	佐藤信淵
24	舟遊ビ	数え歌(韻)含む	競走	馬	政治		徳川光圀
25	やまがら〔練習〕	鳥と狐《イ》	薬を用ひぬ療治 S3-141	三女の友愛	国民の二大義務		
26	コロンダ子(対)含む	無駄遣いの戒め	無益ノ争ヒハセズ	稲荷明神ハ狐に非ず▲			
27	友だち(対)含む	親切	請合ひごとハ負かず	正一位湊川神社			
28	善ト悪(対)	山火事	前課の続き	恵みの露			
29	川の水(対)	竹(韻)含む	忠孝両ナガラ全シ				
30	草カリ(対)	正直	前課ノ続キ（楠木正行）				
31	母の看病(対)	商人					
32	雪(対)	礼					
33	天長節〔練習〕	観兵式(韻)含む					

《イ》はイソップ童話　(韻)は韻文　(手)は手紙文　(対)は対話　「含む」は教材文中にそれが含まれているという意　▲は、教材全文が行書体で書かれている教材文である。SはSargent's Standard Reader　HはHaesters: Deutsche Fibel を指す略号である。

ちの生活場面は、農村を基調としており、挿絵画家の小林椡湖は、日本の日常風景を、日本画風のタッチで描いている。人物の服装もほとんど和装である。文部省の読本の挿絵が、西洋画家による欧風のタッチだったことと比べると、大きなちがいである。

巻二と巻三の「対話教材」の題材は、ウィルソンリーダーなどをもとに作成されたと思われるが、文章表現には、まったく翻訳臭がなく、日本の子どもの生活における自然な会話になっていると感じられる。たとえば、「巻三第十課」は、次のような教材文である。

○先生、大さう花が、きれいに咲きましたね。左様、まことに美しくあります。あなたハ、あの花を、何だと思ひますか。はい、あれハ、ばらの花でございませう。

○あなたハ、あの様に、大きく　奇麗に　咲きた花には、どんなみがなると思ひますか。はい、花が、大きく奇麗で　ありますから、大きな　みが、なると思ひます。

○いえ、さうは、まゐりませぬ。大きな花には、よい実ハ生りませぬ。小さなわるい花から、返りて大きなよい実が、生るものであります。人も、ふじいうにくらして、居るものゝ方が、返りて、すぐれた人になるものであります。

「咲きた」「返りて」には、傍線が付けられている。「緒言」によれば、東京語を基本とはするが「野鄙ナルモノハ、之レヲ避ケ、転訛ノ甚シキモノハ、之ヲ正シテ、単柱ヲ附ス。例ヘバ〔オモツテ〕ヲ、〔オモヒテ〕ト書クガ如シ。」という理由からである。つまり、編集者の言語感覚では、「返って」という東京語の言語表現は「野鄙」であり、本来なら「返りて」と言わなければならないと考えていたことになる。今日的な言語感覚では、そこにはまだ文語的な表現が残っているようにも思えるが、あくまでもそれは現在の時点での我々の判断に過ぎない。こうした表記方法は、文部省の『尋常小学読本』でも同様である。とすれば、東京府の表記方法は、先行する文部省本に倣った可能性もある。

この「巻三第十課」の対話教材が、ウィルソンリーダーを原拠にしていることは、第二部第二章第二節で、ウィルソン第一リーダーと『小学読本』の教材文を比較した部分と対照すれば明らかだろう。そこでも触れたように、アメリカの読本に載っていた、親子のばらの花に関する会話教材は、日本に移入されて、教訓を教えるための「読み物教材」に変質した。その原因の過半は、話しことば教育への関心の薄さと、子どもたちの現実の口語表現を書きことばとして記述するような文章・文体が十分に開発されていなかったことにあった。しかし、「談話体」による文章表記が、ようやく教科書文体として市民権を得てきたこの時期になると、英語読本の会話場面は、この東京府庁『小学読本』の会話表現のようなかなり滑らかな日本語会話文として再登場してくる。とはいえ、やはりここでも、「会話表現」を通して教室における話しことばの教育を展開するという方向ではなく、最後に先生が修身的な訓戒を授けるというパターンからは抜け出ていない。

また、外国読本からの翻訳だと思われる教材もいくつかあるが、文部省の『尋常小学読本』ほどその数は多くない。それも、原典として、明治初期に日本に導入されたサージェントやウィルソンの英語読本やヘステルのドイツ語読本が採用されており、明治中期に日本に導入された最近の外国の読本は十分に視野に入っていない。この点が、文部省の『読書入門』『尋常小学読本』との決定的な差異である。というより、検定前期に数多く編集された「読本」のうちでは、文部省の『読書入門』『尋常小学読本』が、突出して至近に刊行された外国教科書の教材を導入していたのであり、ほかの教科書は、おおむね明治初期以来の英語教科書やドイツ語教科書、あるいはそれを翻訳した日本の読本の翻訳教材をリソースにして編纂されていた。

さらに、男性ばかりではなく、女性が主人公となっている教材が各巻に必ず位置づけられていることも、この教科書の特徴として挙げられる。巻四「雪中ノ旅（常磐御前）」や「下女ノ自慢」、巻五「河瀬はる婦道を盡す」、巻六「貞婦きよの話」、巻七「女児の勉学」、巻八「三女の孝順」などが、それである。男子と女子の双方を学習者として想定しているのである。だが、その内容は、従来からの「婦道」を強調する訓話であり、修身意識を強調する教材だった。それればかりではなく、全体的にこの読本に収録されている教材は、訓戒で結ばれるものが多く、かなり修身的な色彩が濃い。したがって、東京府庁編の『小学読本』は、「談話体」に関してはかなり意識的に作られているものの、教材内容に関しては新鮮さは薄く、むしろ伝統的・保守的な立ち位置にあったと評していいだろう。

教科書の構成原理は、巻一が『小学入門』、巻二・三が、田中義廉の『小学読本』、巻四から巻八までが榊原芳野等の『小学読本』をベースにして編纂されているように見える。つまり、この読本の構成は、入門期で基本的な文字学習を終え、小学校の低学年では、日常生活に材を採った教訓を含む平易な短話、中学年からは、理科、歴史、修身などを題材にしたひとまとまりの小話、となっているのである。あらかじめ教科書全体を有機的に貫く編成原理を新しく構築して、それに沿って編集作業を進めたというより、従来の官版読本の考え方を折衷して教材を並べたように思える。その折衷の仕方は、第二部第四章第三項で取り上げた『滋賀県管内小学読本』とは、対極的な発想に拠っている。

もっとも、検定前期の読本は、基本的にほとんどが、この東京府の読本に類似した教材構成を採用していた。その点に関しては、文部省の『尋常小学読本』でさえも、大枠においては、東京府の読本とよく似た編成原理を採用している。文部省の『尋常小学読本』と東京府庁編『小学読本』との大きな相違は、外国の作品を始めとして、ストーリー性に富んだ、多様な話材が用意されていたところにあったのである。

なお、装丁に関しても言及しておこう。東京府庁の『小学読本』の外観は、一見すると、文部省版と見違えるほど類似している。前章でも触れたように、文部省は、あらたに省内に印刷製本所を設け、活字印刷、針金綴じ・布張りの上製本の装丁で教科書を作製した。同じように東京都庁編集の『小学読本』も、針金綴じで背表紙をクロスで包み、また表紙には柿渋を塗って長期の使用に耐えるように作られていた。

異なるのは、その中の文字が書家によって書かれて、木版印刷されていたという点である。これに対して、文部省本は金属活字印刷である。両者の相違は、次のような事を意味する。すなわち、明朝体の金属活字で印刷された文部省の『尋常小学読本』は、もっぱら読むための教科書だったのに対して、東京府庁の『小学読本』は、読むための教科書であると同時に、毛筆を使って文字を書く学習をするための教科書でもあったということである。この点で、東京府の教科書は、一冊ですべての言語学習をカバーすることのできる経済的な仕様だったのである。[*62]

関連して、巻六まで「単語分かち書き」を採用していた『尋常小学読本』に対して、東京府の『小学読本』は、巻二で「文節分かち書き」を採用、巻三でそれを減らして、巻四以降は、一切「分かち書き」をしていない。こうした点からも、東京府の『小学読本』の編集意図が、実際生活で使われている表記方法に早くから慣れさせようという姿勢だったことを感じとることができる。それに対して、「分かち書き」がかなり遅い時期にまで使われていることから、文部省の『尋常小学読本』は、読むことの学習専用だったことを、再確認することもできるのである。

尋常小学教科用読本判定要領

では、文部省の『読書入門』『尋常小学読本』と東京府の『小学読本』とは、大日本教育会の初等教育部門で、それぞれどのように評価されたのか。そこで行われた「優劣議論」を、「教科書内容検討視点の形成」という観点から検討してみよう。

大日本教育会の初等教育部門が、会長である辻新次へ申報した「尋常小学教科用読本判定要領」とその論議の様子は、「大日本教育会雑誌」第七九号に公開されている。そこでは、あらかじめ設定された「編纂ノ主旨」「編纂ノ方法順序」「文体及其他ノ難易」「誤謬ノ多少」という四つの視点によって論議が進められ、また「申報書」が作成されている。一般に、教科書という書物は、どういう点から評価するのかが難しく、その一部を取りあげた印象批評に陥りやすい傾向がある。とりわけ、言語教科書は、そこで使われる言語そのものの段階性と教材の内容、およびそれを使用する学習者の興味関心などのバランスが問題になる。そうした点からみると、このように事前に教科書を検討する観点を明示した上で論議を進めようとしたことは、取りあえず教科書研究の進展の上からも大きな意義があると考えられる。

まず、最終的に報告された「尋常小学科用読本優劣判定要領」で、両書を比較した記述のうち、特徴的な部分をいくつか抜き出してみる。（原文は、上下二段の比較表になっているが、ここでは「東＝東京府庁」「文＝文部省」の略号を使い、並べて表記した。）

最初は、「編纂ノ主旨」である。

東　一修身ヲ主トシテ終始言行ノ謹慎ヲ要シ、道徳ノ説話甚ダ多シ。

文　一品性ノ涵養陶造ヲ主トシ、始メハ多ク遊戯譬喩等ヲ用ヒテ活発ノ気象ヲ養ヒ、間々唱歌ヲ加ヘテ其思想ヲ高尚ニシ、漸次広ク諸般ノ事物ニ通ジテ智徳ノ発達ヲ期ス。

東　一行状ヲ正スニ禁戒ノ語ヲ用フ。

文　一品性ヲ養フニ勧誘又ハ警省ノ語ヲ用フ。

東　一東京語ニ由リ、俚俗ノ音便ニ従フコトヲ期ス。

文　一地方ノ方言ト野鄙ニ渉レルモノトヲ除キ、普通ノ談話体ニ始メ、漸ク普通ノ文章体ニ移ルコトヲ期ス。

次に、「編纂ノ方法順序」が続く。報告書では、この部分の記述が最も多い。

東　一第一巻ニ於テ習字ヲ併用セズシテ文字ヲ読ムニ止メ、字画ノ多少ニ由ラズシテ応用ノ事物ヲ雑載ス。

文　一読書入門ノ初ニハ習字ヲ併用シ、字画ノ難易ヲ量リテ課程ノ次序ヲ設ク。

こうした記述に代表されるように、文部省本と比較対照すると東京府の読本は、系統的・体系的に編まれていない、ということが次々に示されていく。たとえば、以下のようである。東「単語ノ仮名ヲ挙グル、極メテ蕪雑」に対して、文「単語及ビ短句ノ仮名ヲ挙グル次序アリ」であり、東「練習ノ方法濫雑ニシテ整ハズ」に対して、文「練習ノ方法整然トシテ秩序アリ」。また、東「歴史ノ事項ヲ載スルニ、年代ニ拘ラズ。」に対して、文「歴史ノ事項ヲ載スルニ、年代ニ従テ次序ス。」であり、東「事物ヲ挙グルニ前後軽重ヲ誤ルモノアリ」に対して文「前巻ニ挙グルニ事物ヲ承ケテ、後巻ニ詳説ス」であると判定されている。

このように東京府の読本は、順序が整っておらず、ほとんどの項目にで文部省の『尋常小学読本』の方が勝っていることが、強調される。というより、東京都の『小学読本』は、文部省本の優位性を主張するためにだけ比較対象になっているようにさえ見える。「文体及其他ノ難易」も「誤謬ノ多少」の記述も、同様の方向である。すなわち、この報告書は、文部省本を称揚し、それを権威づけるための儀式のための道具と化している。梶山が「茶番」と評したのも十分に頷ける。

そこで次には、この「申報書」ではなく、論議の記録から、その内容を見てみることにしよう。それも、この論議を政治的に利用しようとする伊沢の司会の進め方や、それを牽制した日下部三之助等の発言などからほの見える対立の構図には触れずに、八月二日に行われた、東京府庁編の『小学読本』と文部省の『読書入門』『尋常小学読本』の議論のうち、教科書内容に関わる二点を取り出してみたい。

まず、「談話体」に関わる議論が交わされている。田中登作（開発社社長・当時）は、次のように言う。もともと、東京府の読本は府民の子弟を対象として作られたのだから、「東京語」を基本としていることは当然である。だが、そこに記された東京語の「談話体」には不自然なものがあり、東京ではなく田園的な言葉遣いもある、と。岡村増太郎（東京府公立小学校校長・当時）も、同様の意見を述べる。それに対して、小西信八（東京盲唖学校教諭・当時）は、そもそも東京府の読本が東京府民のために東京語を採用したというとらえ方自体が不適当だという。なぜなら、「新潟県デハ越後ニ適当シ某県デハ某県ニ適スル」ような考え方に立って、尋常読本を各府県で別々に作成したならば、「封建ノ孤立不通ノ弊」が生まれてしまうからだ。「尋常読本」は、「日本中成ル丈訛リ方言ヲ矯正」するために作られなければならない。したがって、東京府が東京語による地域読本を作ったのは、東京府民だけを視野に入れたからではないはずだと述べる。

この議論は、「談話体」を、教科書に掲載するという問題に引きつけて考える際に、きわめて重要な論点になる。確かに東京府庁編の『小学読本』の「緒言」には、「本書ノ言辞ハ、多ク東京語ニ由レリ」と記されている。また、「申報書」でも、東京府の読本は「東京語ニ由リ、俚俗ノ音便ニ従フコトヲ期ス」（傍点・稿者）となっており、文部省の方は「普通ノ談話体ニ始メ、漸ク普通ノ文章文体ニ移ルコトヲ期ス」（傍点・稿者）と対立的に書かれている。しかし、小西の立場からすれば、それは、為にする議論である。東京府が読本の「言辞」を「多ク東京語ニ由レリ」としたのは、東京語が普通語に近いと判断したからであって、もともと、読本に記された「談話文」も、現実の「東京語」ではない。読本に掲載してある談話文体は、現実の「東京語」に基礎を置きながらも、フィクションとしての「東京語=普通語」として創られたものなのである。おそらく文部省の読本も、同じ理由から東京語を基準にして「談話文」を記述している。したがって、両者の「談話文」は、日本全国で共有することのできる「普通語=国家語」の創設という点では同じ地平に立っているのである。

そもそも「談話文」によって日本語の平易化を企図するということは、「書きことばとしての話しことば」の標準化を進めることである。いうまでもなく、そうした言語を全く新しく創造して広めることは不可能であるから、話しことばの「標準」として通用している東京語を選択し、それを彫琢して「普通語」としての談話体(=書きことば)を普及させる方途が現実的である。実際、この後、国語教科書による標準語の普及活動は、そうした方向に沿って展開していく。

この議論を客観的に進めるためには、本来なら、両方の読本に記された談話体を抜き出して相互に詳細に比較し、それを検討するというような作業が不可欠になる。各議員の発言の中には、いくつかの具体例も取りあげられているが、それが数量的に示されているわけではなく、きわめて恣意的である。発言者に、そうした資料の準備があったようには見えないし、また、主催者がそうした資料を用意した形跡もない。その理由の一半は、この会議が、もともとある種の政治ショーだったというところに求められる。しかし、もし本格的に「談話文」を普及させようとするなら、文章・文体の標準を確定するための「調査研究」が必要になる。またそのためには、広範囲の実態調査に基礎を置いた、政府による言語政策の策定も必要になってくる。

知られているように、実際に文部省がそのような認識に立って、国語調査会を立ち上げたのは、この議論からは、一〇年ほど後の、一九〇〇(明治三三)年になってからのことだった。その背景には、ドイツから帰朝した東京帝国大学教授上田万年の「国語」を確立する必要性の主張があった。また、日清戦争後のナショナリズムの高揚の中で、新版図である植民地においてどのように「国語」を教育するのかも切実な問題として問われていた。したがって、まだこの時の大日本教育会における読本の「談話体」をめぐる論議は、教科書の中における「国語」問題を、考え始めた萌芽的な段階の議論だったのである。だが、不十分ではあったにせよ、この「談話体」をめぐる議論は、森有礼や伊沢修二がめざした国家教育の内実が言語教科書のレベルで公に問題にされた最初期の議論だったと位置づけることができるだろう。

さて、次の大きな論点は、「編纂ノ主旨」の最初に掲げられていた教材内容に関わる問題である。すなわち、「申報書」では、東京府の読本は「修身ヲ主トシテ終始言行ノ謹慎ヲ要シ、道徳ノ説話甚ダ多シ」と報告され、文部省本は「品性ノ涵養陶造ヲ主トシ、始メハ多ク遊戯譬喩等ヲ用ヒテ活発ノ気象ヲ養ヒ、間々唱歌ヲ加ヘテ其思想ヲ高尚ニシ、漸次広ク諸般ノ事物ニ通ジテ智徳ノ発達ヲ期ス」と記されていた。この点について生駒恭人(文部省大臣官房属官・当時)は、東京府の読本は、「極ク昔シノ考ヘカラ成立テ」いると言い、また「修身科ノ箇条ガ沢山アリ過ギ」、「其材料ガ至テ古クテ今日ノ児童ニ適セナイ様ナコトガ多クアリマス」と批判する。それを裏返した支持の意見として、大森惟中(文筆家)の文部省本に対する肯定表明もある。大森は、文部省本を「西洋或ハ支那抔ノ事実ガ挙ゲテアル」という理由によって支持している。先ほどから文部省の『読書入門』『尋常小学読本』の内容を見てきたように、この読本は、世界標準をめざした教科書だった。とすれば、この議論の帰趨は、文部省の選択した教科書内容におけるグローバルスタンダード化路線をどのように判断するのかというところに落ち着くだろう。

またそれと深く関係するが、文部省本に数多く載せられたフィクション教材をどう評価するかという議論も沸騰する。この点に関して日下部三之助は、歌（韻文）が多すぎること、また「桃太郎」などの「寓言」が入っていることを挙げて、文部省本には否定的である。反対に、林吾一（元文部省官僚）は、寓言は有益であり、「味ヒヲ着ケルニハ此寓言ガ実ニ宜イ」と、フィクションを評価する。もちろん、東京府庁の読本にも、「寓言」はあるが、岡村増太郎は、「無理ニコジツケタ話シガ多」いと、その質の程度を問題にして、非難している。

確かにこの東京府庁の『小学読本』は、最新の海外読本内容を十分に視野に入れて作製されたものではなかった。むしろ、旧来の読本の内容に近いものだったことは、先ほど検討した通りである。生駒の「材料ガ至テ古ク」とする発言は、正鵠を射ていると言っていい。だが、東京府は、さしあたって目の前の子どもたちの要求に応え得るような平均的な教科書を作ったのであり、それも郡部に在住する学習者をも視野に入れていた。つまり、東京府は文部省のように、教科書を通して、上からの近代化路線を性急に推進しようとする意図はなかったのである。

東京府の『小学読本』を肯定的に見るなら、この読本は、多くの文体や字体の様々な教材をバランス良く配しながら、しかも比較的シンプルな編集になっており、これまでの日本の読本編纂の蓄積を要領よくまとめている。したがって、多くの庶民のための読本としては、東京府庁の『小学読本』の方が、保守的ではあるが使いやすい教科書だった可能性がある。実際、この読本を、官版の『尋常小学読本』よりも安定感があると判断することもできる。そう考えると、伊沢修二が、大日本教育会という公的な組織の力を借りてまで、この東京府の『小学読本』を全面的に否定したのは、必ずしも政治的な思惑だけからのことではなかったかもしれない。伊沢自身も、グローバルスタンダード路線の読本の内容が、日本の風土の中ですんなりと受け入れられることに不安を持っていたからこそ、強引な普及活動を行ったのである。その不安は、伊沢が下野して、民間で教科書編成の事業を行ったときに現実化し、痛烈なしっぺ返しを受けることになる。（その経緯は、第四部第一章第三節で検討される）

この大日本教育会議論は、言語教科書はだれのために用意するのか、あるいは、該当地域の子弟の言語能力を保障するためにはどのような教材を用意したらいいのかという、本質的な問題につながるはずの内容を持っていた。この会議の時間内では、そうした問題が十分に掘り下げられることがなかったとはいえ、この様な具体的な議論が公共の場でなされるようになってきたこと自体は、意義のあることだったと評価することができるだろう。

こうして、文部省は、お上の権威を振りかざして、西欧諸国の水準に近付くべく作製した『読書入門』『尋常小学読本』を、全国に普及させることに、ある程度は成功した。しかし、読本製作という点においては、文部省自身もすぐに、東京府や地域書肆と同じように、文化的環境に恵まれない子どもたちの教育をどうしたらいいのかという現実問題に直面することになる。それが、文部省編輯局編纂の『小学読本』の作製につながっていく。その事情については、次節で触れる。

五、文部省による二系統の言語教科書

ここまで、伊沢修二が中心になって国際標準を目ざして作製した文部省編輯局の『読書入門』『尋常小学読本』を検討してきた。が、実はこの時、文部省は、それに雁行する作業として、別の系列の言語教科書の編集にも取り組んでいた。しかし、従来の研究では、この別系統の言語教科書の検討は、ほとんど行われていない。とりわけ、一八九九（明治三二）年に文部省が作製した『小学読本』の存在とその意義については、未だ検討の俎上に載せられてはいない。本節では、この時、『読書入門』『尋常小学読本』とは別の必要性と問題意識によって作られた文部省編輯局の読本類についての調査と整理を試み、その意義を考える。

森文政下の言語教科書

『読書入門』『尋常小学読本』を作製した文部省編集局は、一八九〇（明治二三）年六月に廃止され、総務局の中に図書課を置き、それまで編集局が扱っていた教科用図書規定・図書の編集・飜訳などの事務は、そこで処理されることになった。その直接の原因は、森文相が暗殺されたことによる教育政策の変化であるが、国家財政の危機もその背景にあった。

文部省編集局廃止に当たって、伊沢修二は、編集局の局務（現況及其処分法）を総括して、榎本文部大臣に上申書を提出している。そのうちの「局務ノ現況」の部分には、文部省編集局においてこれまで編集した主要な教科書名が記されており、「尋常小学校以下国民必須ノ教授ニ要スル図書」が「甲部図書」に、「高等小学校中等師範学校ノ教授ニ用フベキ図書」が「乙部図書」に分類されている。この二つの項目のうちから、言語教育に相当する教科書とその解説を抜き出してみる。*63

甲部図書ノ部

○読書入門及尋常小学読本。合八冊。全部完成出版。

○読書入門掛図。一綴。

本書ハ忠臣愛国ノ心ヲ養フヲ以テ全編ノ主脳トシ教育ノ理法ニ従テ一般ノ智識ト品性養成ニ要スル事項ヲ編纂シ日常必要ノ漢字大凡二千字ヲ不知不識ノ際ニ学ビ得セシムル趣向ノモノナリ。

○小学よみかき教授書。合二冊。完成出版。

本書ハ小学簡易科ノ如キ僅少ノ校費ヲ以テ合級教授ヲ施ス所ノ学校ニ用フベキ見込ニシテ其主旨ハ大略前書ニ同ジ。但多クハ僻陬寒村ニ用ヒシムルノ目的ナルヲ以テ僅少ノ紙数ニテ可及的必要ノ文字ヲ多ク学バシメ頗ル低廉ノ価ニテ書物ヲ購入セシムル趣向ノモノナリ。

○小学読方作文教授掛図。全一帙。完成出版。

本図ハ小学よみかき教授書ト併用シ生徒ノ読書力ヲ養ヒ且作文科ト読書科トノ聯進ヲ謀リタルモノナリ。其趣向ハ同図使用法ニ詳述セリ。

○小学読本。全四冊。内二冊印刷中二冊編纂中。

本書ハ小学よみかき教授書ニ続テ用フベキ目的ニシテ実業教育ニ必要ナル事項ト文字トヲ教フルヲ以テ重旨トシタルモノナリ。

○小学習字書。全帙。完成出版

本書ハ字画ノ繁簡難易ニ従テ片仮名平仮名ヲ叙列シ同類ノ字画ヲ一

所ニ集メ且朱字ノ上ヲトメテ字形ヲ習ハシムル趣向ノモノナリ。

乙部図書ノ部

○高等小学読本。全八冊。内五冊完成出版。二冊印刷中。一冊編纂中。

本書ハ尋常小学読本ニ続キテ用フベキモノニシテ其編纂ノ大旨ハ亦忠臣愛国ヲ以テ主眼トシ修身、地理、歴史、理科及農工商ノ常識ニ要用ナル事項ヨリ制度法律ノ大体等国民須知ノ事項ニ渉リ且古人ノ詩歌文章ヲモ掲ゲ以テ文学ノ資トスルモノナリ。

○編輯局校閲。小川鋹太郎編集。尋常小学校作文授業用書。全三冊。内二冊完成出版。一冊編纂中。

本書ハ尋常小学読本ト併用シテ読方作文ノ二科聯進ノ目的ヲ達スベキ目的ニテ編纂シタルモノナリ。

甲部図書は、標準的国民の育成に必須の教育課程用の教科書、乙部図書は、それ以上の教育課程用の教科書として位置づけられている。*64

ここからは、伊沢修二編集局長が主導して作製した言語教科書には、二つの系統があったことが分かる。それを仮にA系列・B系列と名づけて整理して図示すると、次頁の表のようになる。A系列は、通常の小学校用で、B系列は、「簡易科」などの普通の通学に困難をきたす子弟用の教科書である。

このうち、A系列の尋常小学校用の教科書『読書入門』『尋常小学読本』については、ここまで、その内容をかなりくわしく検討してきた。この教科書は、談話体の採用や様々な外国の読本からの教材選択を特徴とする、ある意味でこれまでの教科書を超えた斬新な教科書だった。また、文部省は「読方」の教科書である読本と「作文」とを密接に関連して学習させようとする意図で、『尋常小学作文授業用書』という教師用書も作製していた。

さらに文部省は、「尋常小学第一学年後期用」、つまり『尋常小学読本』巻一と連絡させた、習字用の学習書である『小学習字書』も作製している。これが高等小学校で使用する『高等小学読本』へとつながっていくメインのA系列である。*65

一方、B系列の教科書のうち『小学よみかき教授書』は、「小学簡易科ノ如キ僅少ノ校費ヲ以テ合級教授ヲ施ス所ノ学校」のための教科書であり、またそれに続く『小学読本』は、「実業教育ニ必要ナル事項ト文字トヲ教フル」ための教科書である。つまり、文部省は、各地の小学校教育の実態に合わせて、「簡易科」のように現実対応的な教育課程の提案もしており、そのための教科書の作製にも着手していたのである。

最初に、B系列の教科書のうち、『小学よみかき教授書』を取り上げてみよう。『小学よみかき教授書』は、上下二巻。上巻は一六丁で、明治二二年五月二八日出版。下巻は一七丁で、明治二二年七月一〇日出版。版権は文部省編集局、定価は各三銭五厘である。*66

上巻の巻頭には、四頁分にわたって「緒言」があり、最初に「此書ハ、合級教授ヲ施ス所ノ小学ニ於テ、仮名及簡単ナル漢字ノ書方ヲ授ケ、兼テ、其読ミ方ヲモ教ヘン為ニ編纂セルモノナリ」と、記してある。内容は、図版に掲げたように、冒頭教材こそ『読書入門』と類似した印象を受けるが、一二二課までは、同じ調子でひらがなの単語と図が続く。さらに、一二四課から最後の一七七課までが、一字の漢字と図によって占められている。全編、この「一丁オ」とまったく同様の誌面構成である。こうした教材編成方法は、明治初期から中期までの入門期の言語教科書にきわめてよく似ており、『読書入門』がかなり早い時期から、センテンスを提出しているのと対照的である。つまり、A系列の『読書入門』『尋常小学読本』が、最新の読本研究の成果を盛り込んで作られたのに対して、こちらは知識注入型の旧態依然の教科書編纂の考え方に基づいて作られているのである。

『小学よみかき教授書』の上巻に提示されている単語と絵とは、すべて『小学読方作文教授掛図』にそのまま拡大され、掛図としても提供されていた。『小学読方作文教授掛図使用法』という教師用のマニュアルが残されており、この『小学よみかき教授書』と『小学読方作文教授掛図』とを、どのように使用するのかが、くわしく記されている。そこには、教室内で、教授書と掛図とを同時に使用することを前提にして、単語から想起された「文」を口頭で唱えた後、それを筆記させる指導法や、複式学級で同時に算術や習字などの他教科を教授する方法などが、具体的に例示されている。もっとも、掛図そのものは「完成出版」されたこ

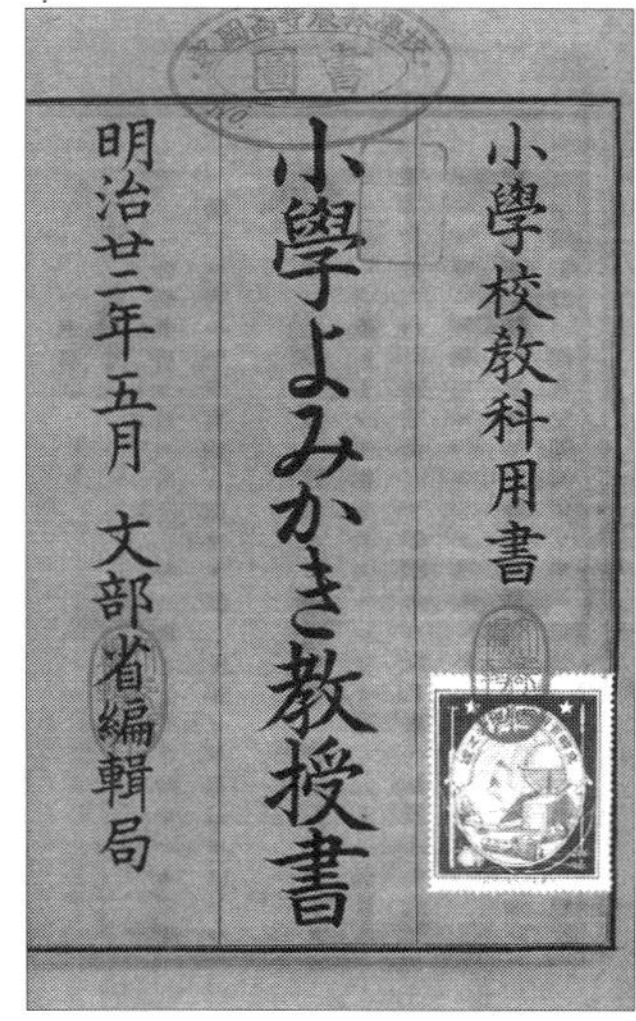

『小学よみかき教授書』見返し

系列	学校	読方		作文との連携
A系列	尋常小学校	読書入門・同掛図　一冊 ▼ 尋常小学読本　七冊 ▼	＋ 小学習字書　一年後期用　四セット（習字との連携）	尋常小学作文授業用書　三冊
	高等小学校	高等小学読本・八冊（予定・実際は七冊）		
B系列	尋常小学校（簡易科）	小学よみかき教授書　上巻 ▼ 小学よみかき教授書　下巻（習字との連携）	＋ 小学読本 巻一 ▼	小学読方作文教授掛図　一帙
	高等小学校	小学読本 巻二・三・四		小学習字本 巻一・二・三（習字との連携）

とになっているが、未確認であり、実際に刊行されたのかどうかは不明である。*67

このように「簡易科」を担当した教師に期待されていたのは、尋常小学校一年間をかけて、『小学よみかき教授書』上巻と掛図とを使って、子どもたちに基礎的なリテラシーを身につけることだった。そのために文部省は、教授書や掛図を活用して、学年段階の異なる複数の子どもたちに、効果的にリテラシーを育成するための具体的な手立てを用意していたことになる。しかし『小学よみかき教授書』の内容を見る限り、この教科書を使って教室で実際に行われる学習は、おそらく単調で機械的な繰り返し練習だったと思われる。

実業教育用の『小学読本』

『小学よみかき教授書』に続いて、子どもたちが学習するB系列の言語教科書が、文部省編集局編纂の『小学読本』である。その「緒言」に、「第二年ノ初メヨリ、読方ヲ授クル用ニ供スル為メ、編纂セルモノニシテ、全編分テ四巻トス。」と記してあるように、文部省編集局編纂『小学読本』は、全四巻構成だった。先ほど触れた「局務ノ現況」で、伊沢修二は、「小学読本。全四冊。内二冊印刷中二冊編纂中。」と記していた。伊沢がその書類を作成時には、編纂中であった二冊を含めて、『小学読本』全四巻は、すべてが刊行されている。*68

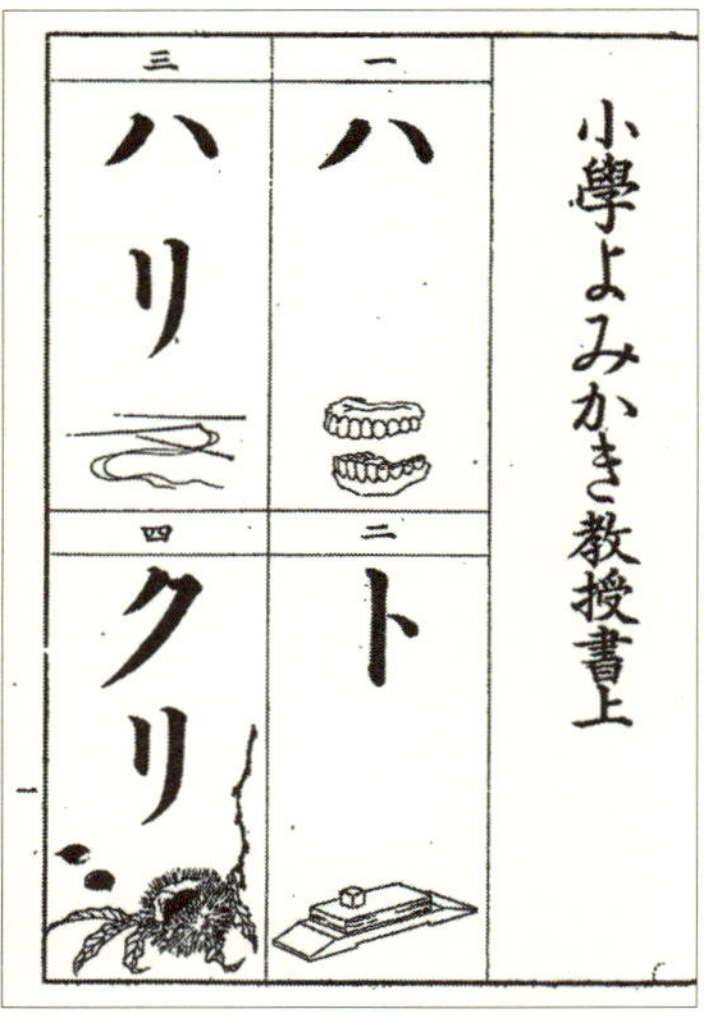

『小学よみかき教授書』一丁オ

すなわち、奥付の記載によれば、刊行時期は、巻一が明治二二年一〇月三〇日、巻二が明治二三年一月二〇日、巻三が明治二三年四月一八日、巻四が明治二三年一一月一五日、である。このうち、文部省編集局が廃止される明治二三年六月以前に刊行された巻一―三までは、「文部省編輯局蔵版」とのみ奥付に記されており、それ以降に刊行された巻四は、「文部省総務局図書課」が版権所有者で、発売所は「大日本図書株式会社」となっている。巻四の刊行元こそ異なっているものの、この四巻はひとまとまりの編集方針を持った書物として考えることができる。定価は、巻一―三までは六銭八厘。巻四は、ページ数が若干多いせいもあってか、七銭五厘の値段が付けられている。造本は、『読書入門』『尋常小学読本』と同様で、針金綴じで背表紙をクロスで覆い、本の表紙と裏表紙には柿渋を塗って防水加工を施してある。*69

この『小学読本』については、『国語教育史資料・第二巻・教科書史』にも、その内容の一部が紹介されており、「第二学年の初めより、読方を授けるための書。巻一は分かりやすい材料を談話体で記し、巻二以下は、実業的実際的知識を主とし、間に道徳的物語をとりあげている。明朝体活字で印刷され各課末に必ず作文のための設問が付されている」と、要を得た簡潔な解題がつけられている。*70

この『小学読本』の存在は、文部省が考えた国民教育としての教育内容を考えていく上で、また教科書史研究の上で、きわめて重要な位置にあると考えられる。というのも、文部省はこれ以降、国定期に入ってからも、ただ一種類の読本だけを作製して、その普及を図ったわけではないからである。国定読本の時代であっても、文部省は、地域別や「農村用」など、メインのコースを補うような読本類を併行して編集発行していた。また、思い起こせば、明治初期の『小学読本』の時代でも、田中義廉編と、榊原芳野編の二種類の読本が刊行されていた。このような複線化した官版の読本類の系譜や、それを支えた教育思想を明らかにするためにも、この読本の内容を検討しておく必要があるだろう。そこで、この時期に出版された二種類の「複線化された官版の読本」の意義を、二点にわたって述べておきたい。

『小学読本』文部省編集局　明治22–23年

　まず、一点目として、従来よりも教科書内容の統合化、あるいは相互連絡を密にしたことが指摘できる。前々頁の表に整理したように、B系列を学ぶ小学生徒たちは『小学よみかき教授書』の上巻を一年間かけて学習した後に、『小学よみかき教授書』の下巻を『小学読本』第一と併用しながら、半年間使うことになっていた。つまり、二学年の前期は、『小学よみかき教授書』下巻と『小学読本』第一、の二冊の言語教科書を併せて使うのである。この『小学よみかき教授書』下巻の内容は、『小学読本』第一の中に出て来る新出漢字を抜き出したものであり、漢字単語の書写手本のような体裁になっている。すなわち、教科目「読方・作文」の学習用の教科書は『小学読本』であり、教科目「習字」の学習用教科書は『小学よみかき教授書』なのだが、両者の内容は密接に相互リンクしているのである。

　これは、「読方・作文・習字」の各教科の内容を、教科書レベルで統合する試みとも言えるだろう。言語関係の教育内容を、ばらばらに学習させるのではなく、それらを強く関連させようとしたのである。すなわち、この時文部省は「読方・作文・習字」の言語関連教科を橋渡しするような言語教科書を企画し、実際にそれを作製していたのだ。尋常小学校二年生の段階だけだったとはいえ、「読方・作文・習字」という分化的教科構成だった言語学習を、実質的に総合的「国語科」へと統合するための模索を行っていたことになる。

　その要因として考えられるのが、森有礼文部大臣の意向である。第四部第三章で詳述するが、この時、森大臣は、各教科の「聯進」を主張していた。すなわち、一八八七（明治二〇）年五月、大日本教育会の講演において、「各科の聯進」を唱えているのである。森文部大臣の発言は、様々な教科の統合・連携を促したものであって、言語教育だけにそれを求めたものではない。しかし、言語教科書を相互に「聯進」しようとした文部省の工夫に、森大臣の発言の影響を見ることも可能だろう。

こうした教科書間の「聯進」の試みは、『小学読本』を中核とするB系列の言語教科書に限ったことではなく、A系列の言語教科書においても、すでに、取り組まれていた。それは『読書入門』『尋常小学読本』と『尋常小学作文授業用書』や『小学習字書』とを、学習指導の上で関係づけようとしたことに表れている。しかし、まだそれは十分な「聯進」の姿とはいえなかった。そうした経験を踏まえてか、B系列の言語教科書は、A系列よりもさらに相互の関連を図っている。

森文部大臣の言うように、子どもの学習への効果、あるいは基礎的基本的な学習事項の精選という点から考えれば、各教科間の「聯進」や言語教育内部での構造化は、確かにこの時、進められなければならない問題だった。それも、教科書にかかる経費や時間の問題としてだけ論議されるのではなく、もっぱら「教育問題」として取り組まれる必要があったのである。こうした観点から見れば、この時点での文部省の言語教科書「聯進」の試みは、先駆的なものだったと考えられる。それを、この時期、盛んに刊行されていた民間言語教科書と比べるなら、官版教科書のきわだった特色だったと賞揚してもいい。というのも、民間教科書は、雑多で類似の内容の各教科にわたる教科書を多種にわたって編集し、もっぱらその部数の多寡をのみ競っていたからである。第四部第三章で検討することになるが、後に取り組まれる樋口勘次郎の統合教科書の試みも、こうした問題を解決しようと意図したものだったといえるだろう。

次いで、二点目の特徴として挙げられるのが、A系列とB系列の言語教科書の関係である。これは、日本で近代教育が開始されて以来、引きずり続けてきたアポリアにも通じる問題でもある。それをここでは、なぜこの時点で文部省がA系列だけではなく、取り立てB系列の読本を作製しなければならなかったのか、という問いを立ててみる。

先述したように、伊沢は、次図に示すように、甲部図書と乙部図書とを、甲部から乙部へと発展していくものとして構想していた。

甲部図書（尋常小学校）	乙部図書（高等小学校）
A系列（通常通学用）	A系列の発展
B系列（簡易科用）	

国民教育の基礎として重要なのは、いうまでもなく甲部図書である。したがって甲部図書の作製は、近代国家を支える国民としてのリテラシーの基礎的段階を固めるという点で、相応な力が入れられていた。甲部図書の内、もっぱら言語理解能力の育成を図るための教科書であるA系列の『読書入門』『尋常小学読本』は、内容的にもグローバルスタンダードを目指していたし、実際、全国的に採用されてかなり普及した。本来なら、A系列の『読書入門』『尋常小学読本』が系統的に整備され、またそれが各地に浸透したならば、あえてB系列の教科書を作製する必要は無い。それにもかかわらず、B系列の教科書を用意しなければならなかった最大の要因は、直接には、文部省自身が「小学校簡易科」の制度を用意したことにある。

前章でも触れたように、一八八六（明治一九）年四月に制定された「小学校令」には、「小学簡易科」を設けることが定められていた。「簡易科」は、三年間で小学校を修了できる。教科構成も、読書・算術・作文・習字の四教科のみの、文字通り「簡易」な教育制度であり、授業料の徴収を前提としてはいない。文部省は、それを支えるための小学簡易科の教則や、教員免許規則を定めた。ということは、基本的な学校制度の設計をした文部省当局も、現実的に、四年制の尋常小学校の教育が十全に行われがたいことを、よく承知していたのである。

明治政府は、一八七二（明治五）年に「学制」を敷いて近代教育を出発させたが、肝心の就学率は、なかなか向上しなかった。たとえば、一八八〇（明治一三）年の就学率は、男児五八、七％、女児二一、九％で、合計四一、一％だった。この数字は、一八八五（明治一八）年に至っても、男児六五、八％、女児三二、一％で、合計四九、六％にとどまっている。当時は、原級留置（落第）制度があったから、すべての子どもが上級学年へ進級できるとは限らず、また中途退学する例もかなり多かったと言われている。就学すべき年齢の子どもたちの多くが、数字に表れた以上に、学校教育とは無縁の生活を送っていたのである。庶民にとって学校教育制度は、そこへ通学する直接のメリットが感じられず、授業料や教科書代などの費用負担にも耐えられなかった。

さらには、都市と地方、あるいは江戸期の身分制度から生まれた文化基盤や経済基盤による落差が、学校教育の必要性への疑義を生み、またそこで教える教育内容に対する不信を醸成していた。文部省の構想した理想的近代教育路線は、現実の日本の状況の中では、容易には受け入れがたい存在であり、明治中期まではむしろ停滞気味でさえあったのである。*71

したがって、小学校四年制を打ち出して出発した明治初年の「学制」も、実際には、かなり現実に即した運用がなされてきた。「学制」自体にも「貧人小学」や「村落小学」の記載があって簡易的な教育が想定されていたし、その後も一八八〇（明治一三）年の「改正教育令」では、小学校の就学年限を最低三カ年とする短縮措置も行われている。こうした状況の中で、官版の『小学読本』や『小学読本』も、それぞれの地域の実態に合わせて、フレキシブルに使用されていた。その様相の一端は、第二部第二章の中でも見てきたとおりである。

このような従来の学校教育の履修をめぐる現実的、かつ弾力的な対応を、明文化して法制化したのが「小学簡易科」の設置だった。森有礼文部大臣は、近代国家を支える根幹には、近代教育を受けた国民が必要だ、と考えていたから、なによりも多くの子どもたちが学校へ通えるための実質的な環境を作り出すことに腐心したのである。すなわち、簡易科の設置は、国民皆学の理念を現実化するための苦肉の方策でもあったのである。

さらに、簡易科の教育課程やその授業を進めるには、A系列の教科書だけでは対応できないと考えられた。つまり、官版の『読書入門』『尋常小学読本』を、そのままの形で、小学校簡易科で使用することは、読本の分量的から言ってもその内容的から言っても不可能だった。そこで、文部省はこの「簡易科」制度に適応するための教材や教科書の用意を迫られたのであり、そのためB系列の言語教科書を制度上からの要請にもせよ、自ら作製せざるを得なかったのである。

民間の簡易科教科書と『小学読本』

一八八六（明治一九）年四月、簡易科の設置が法律で定められるやいなや、民間書肆は、文部省に先駆けて、いち早くその制度に対応した教科書を作製し始める。前章でも、金港堂が、金港堂編輯所編の『簡易日本読本』六巻を、一八八九（明治二二）年六月に作製したことに触れたが、それと相前後して多くの民間教科書会社は、簡易科用の「読書」の読本の作製の動きを開始していた。こうしたスピーディな動きは、民間資本ならではの対応だと言えよう。

以下には、文部省の検定を受けた順に、「読書」科に関わる簡易科用教科書の名称を挙げておく。*72

これらの民間の簡易読本は、どんな内容だったのだろうか。

はっきりしているのは、四年制の尋常小学校のそれとは、大きく異なった内容の読本だったということである。とりわけ、文部省の『読書入門』『尋常小学読本』の路線とは、対極的な位相にあったと言えるだろう。簡易科の教科内容については、それを検討した先行研究があり、その特徴も明らかにされている。川向秀武は、森文相の意向によって、簡易科では「算術」が重視されたことを挙げて、そこでの目的は「暗算ニ習熟」させることだったという。つまり、「算術」の重視という方針によって、数学的なものの見方や考え方を育てることより、日常的・実用的場面で役に立つ計算の力の育成を主眼にしたのである。その方向は、読み書きの教育においても、まったく同じであった。*73

たとえば、安春之助の編集した『簡易科読本』巻一の冒頭の「凡例」には、次のように記されている。「簡易科小学生徒ハ読本ノ外他ノ書ヲ読ムノ暇アラザレバ本書ハ日用文字日用器具名近易ノ動植物名ヨリ生徒

簡易科用教科書

書名・編著者	発行者	巻
一八八七（明治二〇）年		
『簡易小学読本』飯田直丞編集・那珂通世校閲	文学社	巻一—巻六
『簡易読本』高橋熊太郎編集	集英堂	巻一—巻六
『簡易小学読本』植村善作・太田忠恕著	普及舎	第一—第六
『簡易科読本』安春之助著	安春之助	巻一—巻六
一八八八（明治二一）年		
『小学簡易新読本』戸城伝七郎編	牧野書房	巻一—巻六
『簡易小学読本』木澤静粛・丹所啓行編集	坂上半七	巻一—巻六
『簡易第一—第六読本』興文社編	興文社	一—六
『簡易読本』文学社編	文学社	一—六
『簡易第一—第三読本』高城與五郎編	教育書房	一—三
『小学簡易科読本』中根淑・内田嘉一合著	金港堂	一巻—六巻
『簡易小学読本』中根淑・内田嘉一合著	金港堂	一巻—五巻
一八八九（明治二二）年		
『小学簡易読本』竹内鉟次郎・岡本照景編集	倉知新吾	一—六
『簡易日本読本』金港堂編集所	金港堂	第一—第六
一八九〇（明治二三）年		
『簡易読本』高橋熊太郎編集	集英堂	巻七・巻八

ノ心得修身ノ話作文法地理歴史ノ概略農商家ノ心得物理ノ大要マデ悉ク網羅記載セザルハナシ」この記載からも分かるように、「簡易科読本」には、実用的かもしれないが、雑多な内容が羅列されていただけだった。機械的な文字学習の反復と、万般にわたる平易な実用的知識とを注入するような読本だった、と言い換えてもいいかもしれない。

稿者は先に、A系列の教科書である『読書入門』について、唐澤富太郎が「それまでの雑多な単語の羅列であった前期の単語編的方法を一掃したもので、国語教科書編纂史上画期的」と評価していることを紹介した。また、その他の研究者たちも、この読本に対して好意的に評価していることも、同時に紹介した。教科書を「発展史」的に見たこうした評価観に立つなら、この「簡易科読本」は、明治前期の言語教科書に逆戻りした内容であるとさえいえるだろう。実際、これらの読本は、従来までの読本の編集形態を採用した上に、教材内容も実用知識を中心にした内容だった。したがって、ここには楽しみのための読み物は、ほとんど含まれていない。安春之助が「凡例」で述べていたように「簡易科小学生徒ハ読本ノ外他ノ書ヲ読ムノ暇アラザレバ」という状況だと認識されていたからである。そうした認識が正しいのかどうか、ここでの判断は留保するが、日常的に学校へ通うことが困難な生活を送っている子どもたちには、取りあえず雑多で簡易な実用的知識さえ与えておけばよいという考え方が、きわめて一面的な教育観であることだけは指摘しておくべきであろう。

『簡易科読本』安春之助著
巻一　明治20年

『簡易読本』高橋熊太郎編集
巻之四　明治20年

民間の「簡易科読本」が、このようにタイムリーに作製されて供給ルートに乗ったのに比べて、文部省の簡易科用言語教科書の刊行は、かなり遅れた。簡易科用を標榜した『小学読本』の第一巻が刊行されたのは、明治二二年一〇月三〇日である。さらに、全四巻が揃ったのは、明治二三年一一月一五日になってからだった。明治二三年一〇月には、新しい「小学校令」が出て、「簡易科」そのものが廃止されている。つまり、文部省は、「簡易科」の教育制度が消失した後に、受け皿のない言語教科書を刊行したことになる。これでは、それを普及させようとしても不可能であり、いかにもお役所仕事だと非難されても仕方がない。したがって、この教科書が教育現場で活用されなかったのは当然である。

本書は、「簡易科」という教育制度を法制化し、各地域に新たに「簡易科小学校」を設立させた政策自体の是非を論議することを、その目的としていない。だが、森文相のこの政策は、その意図はどうであれ、明治初期以来の教育の二重性の問題を顕在化した上に、それを、固定化させるものであったことは確かである。四民平等の世の中で、すべての国民に同じ質の教育を保障しようと始まった日本の近代国民教育は、この時、初等教育の段階において、学校の種別も教科内容も、また官版教科書の内容も「普通」と「簡易」の二つのコースとして複線化・実体化されたのである。

神津善三郎は、簡易小学校について、その実態を記述した『蔑まれた簡易小学校』の中で、「追いつき追い越せの文教政策と人民の貧困とがせめぎ合う歴史の影に、『あだ花』のごとく生まれ咲いたのが明治一九年の『小学簡易科』であり、別名『簡易小学科』といい、また『貧人小学』と蔑まれもした。」と述べている。「簡易科」という制度の設定自体は、近代国民教育を急速に進展しようとした文部官僚たちの現実的教育政策の一つだったかもしれない。しかしそれは世間から「貧人小学」と呼ばれたことからも分かるように、新たな差別を作りだし、またそれを実体化して固着させるものでもあった。したがって、すぐに消え去ってしまう運命だったことは、ある意味で当然だった。[*74]

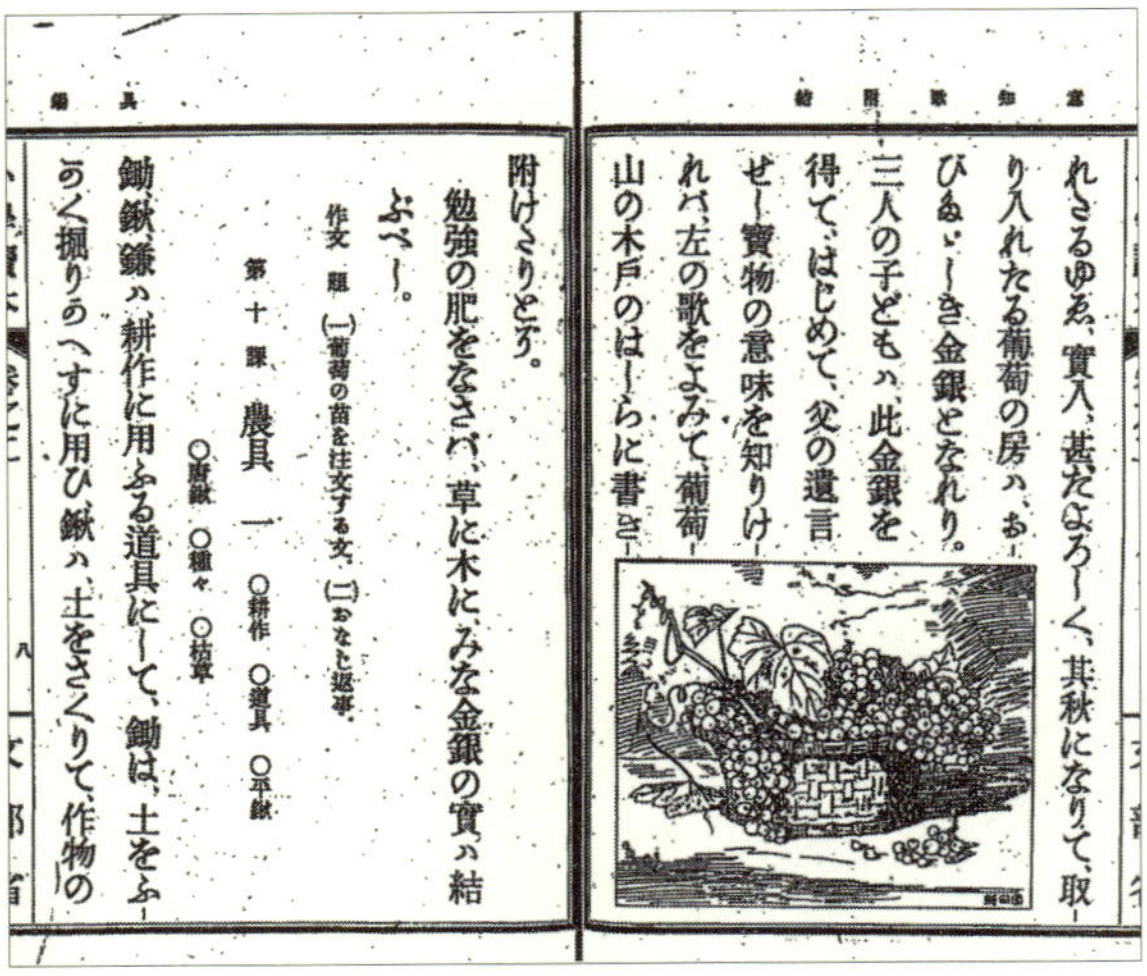

れさるゆゑ、實入、甚だよろしく、其秋になりて、取り入れたる葡萄の房ハ、おびたゞしき金銀となれり。三人の子どもハ、此金銀を得て、はじめて、父の遺言せし寶物の意味を知りければ、左の歌をよみて、葡萄山の木戸のはしらに書き附けおきしとぞ。

勉強の肥をなさバ、草に木に、みな金銀の實ハ結ぶべし。

作文題 (一)葡萄の苗を注文する文、(二)おなじ返事。

第十課 農具 一 ○耕作 ○道具 ○平鍬 ○唐鍬 ○種々 ○枯草

鋤、鍬、鎌ハ、耕作に用ふる道具にして、鋤は、土をふかく掘りおこすに用ひ、鍬ハ、土をさくりて、作物の

『小学読本』巻二第　九課「葡萄山」

官版『小学読本』の特徴

以上のように実際には普及の基盤を失ってしまった簡易科用の官版『小学読本』ではあったが、教科書の内容を見ると、それなりの新しい工夫と特色を看取することができる。また、そこでの読本編纂の基本的な考え方は、以降の教科書の編集姿勢に通じる部分もある。そこで、ここでは、その工夫と特色のいくつかを確認しておく。

まず、全四巻の題材を一覧しただけでも分かるように、この『小学読本』には、実科的な要素がふんだんに盛り込まれていた。それは民間の簡易科読本も同様だが、生徒たちにいかに効果的に学習させるかという編集上の工夫が、各所に凝らされているところに、民間とは異なった、この読本の特徴がある。

たとえば、巻一第一課の「ものさし」という教材には、原寸大の一尺の紙の物差しが貼り込まれ、内側に折りたためるような仕掛けになっていた。この教材の主眼は、物差しの仕組みについて書かれた教材文を読

『小学読本』　巻一・明治二二年一〇月三〇日　巻二・明治二三年一月二〇日　巻三・明治二三年四月一八日　巻四・明治二三年一一月一五日　文部省編集局

定価　巻一―三・六銭八厘　巻四・七銭五厘

巻一

1	ものさし
2	山にのぼる
3	のあそび
4	かはゆがるゝものとにくがらるゝもの
5	みゝづく
6	ざいもく
7	あけがた
8	ちひさな松
9	木のきり口
10	犬とねこ
11	しやうじきな子
12	かしこい子
13	ありのきこん
14	時
15	かたつむりのあるきじまん
16	うつくしい花
17	にじ
18	ふゆのけしき
19	はぐれたひよこ
20	四つの時
21	しつけのよい子ども
22	母おもひ
23	はねいた
24	学校
25	農工商
26	物の拵へ方
27	習
28	うま牛
29	かね
30	時三のはたらき
31	しんせつな男の子
32	子どものあそび
33	やきものとぬりもの
34	まゝごと
35	くだもの
36	こく物とやさい
37	これはなにか
38	ゆびのさき
39	清くせよ
40	なぞ
41	太一がちゑ
42	年よりの馬
43	こらへぶくろ
44	父をまつ
45	正直な子ども
46	われくのすむ所
43	こらへぶくろ
44	父をまつ
45	正直な子ども
46	われ〳〵のすむ所

巻二

1	勉強
2	農業
3	稲
4	苦は楽の種
5	小さき牝雞　一
6	同　二
7	耕耘の効能
8	葡萄山　一（イソップ寓話）
9	同　二（イソップ寓話）
10	農具　一
11	同　二
12	農夫の職分
13	老農中村直三の事　一
14	同　二
15	睦じき家内　一
16	同　二
17	家　一
18	同　二
19	大工の職分
20	左甚五郎の事　一
21	同　二
22	大工道具
23	三つの鼠　一
24	同　二
25	屋根
26	屋根屋三右衛門の事　一
27	同　二
28	壁の塗り方
29	畳莚

巻三

1	職業に貴賤無し
2	もしなくば
3	鍛冶　一
4	鍛冶　二
5	愚なる男　一
6	愚なる男　二
7	小児等の遊歩　一
8	小児等の遊歩　二
9	小児等の遊歩　三
10	天長節
11	天長節の歌
12	親
13	老
14	紙屑買　一
15	紙屑買　二
16	礼信仁
17	塩
18	砂糖
19	油蠟
20	炭焼き
21	茶　煙草
22	つつしむ可きもの
23	教を守る時なり
24	紙　苧
25	綿布
26	蚕
27	蚕と毛虫の問答
28	裁縫
29	衣服の色
30	衣服の模様

巻四

1	商人は正直なるを貴ぶ
2	佐野屋長四郎の話
3	商人
4	帳面
5	尺　秤　升
6	心の天秤
7	呉服　太物
8	堀越安平の話
9	家財手道具を作る人と売る人
10	小間物屋
11	荒物屋
12	桶屋と武士との話
13	塗物
14	焼物
15	畳屋久蔵青磁発明の話
16	石類
17	金物
18	材木
19	関根矢作山林に熱心なりし話
20	穀屋、乾物屋
21	青物屋
22	大作の勇気　一
23	大作の勇気　二
24	肴類　一
25	肴類　二
26	漁業
27	伊予国網代浦開き初めの話
28	鳥獣
29	飲食店
30	皮師
31	旅
32	狩人の娘
33	舟
34	智仁勇の水夫　一
35	智仁勇の水夫　一
36	警察

むことであるが、末尾に作文の課題がある。『小学読本』には、どの課の末尾にも作文の課題が必ず付いており、この教材の場合には、「コノ竹ノ　ナガサハ、ドレ　ホド　ナルカ。」という課題である。学習者はこの課題に導かれて、実際の作文活動をするのであるが、その前提として、教科書の紙製の物差しを使って、教材末に印刷された竹の絵の長さを、実際に測る必要がある。つまり読本の編集者は、学習者に現実の計測行為をさせてから、その結果を文章化する作文活動を意図しているのである。これまでの日本の言語教科書の作文では、範文主義が中心で、学習者を能動的に活動させ、その体験を文章化させるという工夫はほとんどなされてこなかったから、小さな教材とはいえ、作業学習の一環としてきわめて新鮮に映る。また、この教材は、読み書きの言語活動を統合して、学習効果を上げようという関連的指導の試みとしても意味がある。

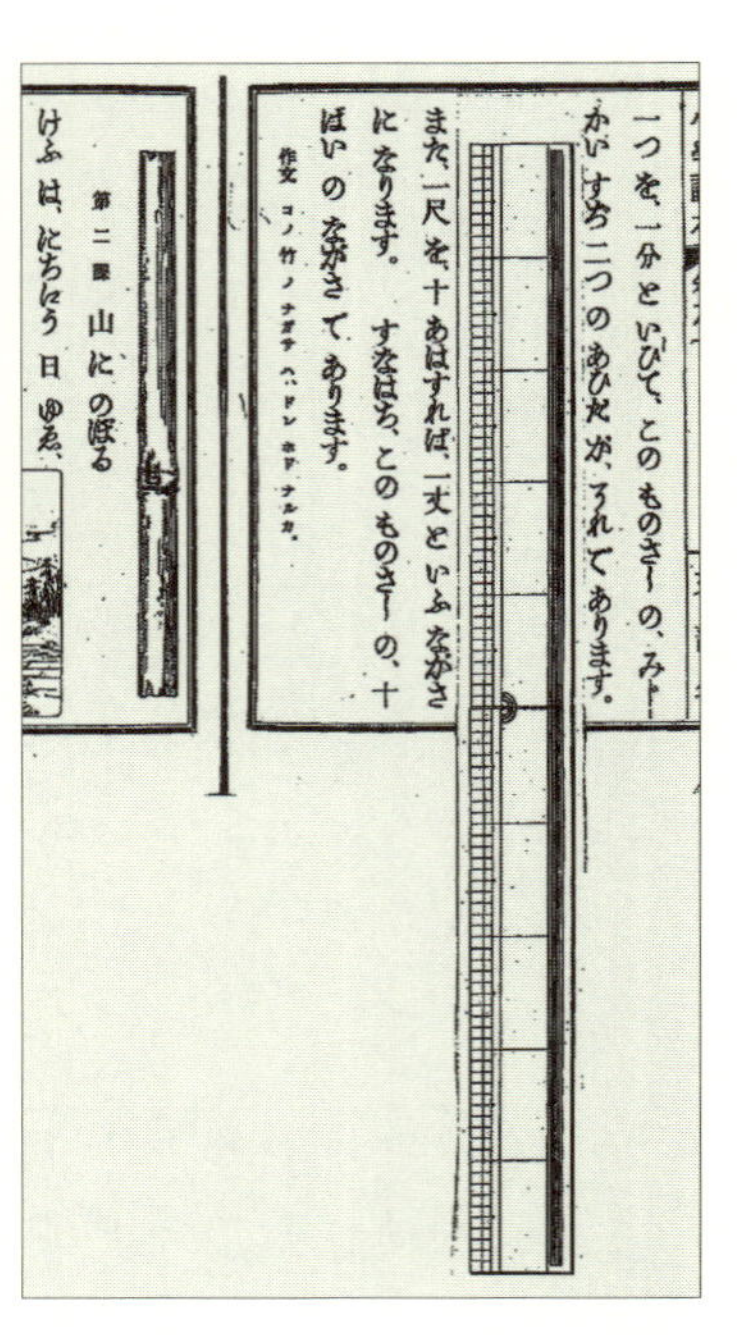

『小学読本』巻一第一教材「ものさし」紙製定規貼込

『小学習字書』片仮名の2（A系列）

　こうした学習者参加型教材は、『小学読本』では、この箇所だけであるが、類似の発想は、A系列である『小学習字書』にも採用されていた。『小学習字書』は、明治二〇年五月二八日出版版権届、尋常小学校第一学年後半期用の教材で、平仮名、片仮名、変体仮名、片仮名点画用の四帖構成である。先ほどの伊沢修二の上申書では、「全帙。完成出版」と報告されていたから、この四帖ですべてが揃ったのであろう。*75

　『小学習字書』の「用法心得」には、以下のように記されている。「一　此習字書ヲ用フルニハ、左方黒字ヲ手本トシ、右方赤字ノ上ニ書シ、毎行ヲ終ルノ後、更ニ白キ処ニ浄書スベシ。一　赤字第一行ニ掲ゲタル数字ハ、運筆ノ順序ナリ。教師ハ、最初文字ヲ黒板ニ書シテ、其順序ヲ示シ、然ル後生徒ニ筆ヲ執ラシメ、之ヲ書写セシムベシ。但初ノ程ハ、一二三等ノ号令ヲ用ヒ、其順序ニ従テ、書カシムルヲ可トス。」つまり、これは、学習者が直接書き込む練習の用紙を兼ねたワークシートなのである。このような教材を準備したのは、学習者の言語学習を主体的なものにしようという教育的な意図から出発したからであろう。

　だが、ここには別の事情も働いていると思われる。それは、できるだけ学校教育にかかる経費を節減したいという経済的な事情である。前述したように、伊沢修二は、民間の教科書会社から刊行されている教科書が高額で、また品質が粗悪であることを批判していた。伊沢の意図は、学習者を国民化するためには「教科書ノ最モ適切ニシテ頗ル低価ナルモノ」を提供することが必要だというところにあった。高価な教科書を購入しなければ、学校教育を受けることができないのなら、国民教育は普及しない。そこで、文部省に大量生産の可能な印刷機を設置して、活字印刷による近代的な教科書を作製しようと考えたのである。その結果、教科書の造本の面では、堅牢な背表紙を持ち、各ページを金具で綴った教科書を作ることができて、ある程度の前進をみた。

最大の問題は、教科書の価格だった。文部省編纂の『小学読本』第一から第三までの価格は、六銭八厘だった。それより前に刊行された、A系列の『読書入門』の定価は四銭四厘、『尋常小学読本』巻一の定価は七銭だった。この時に文部省から刊行された教科書には、A系列のものにも、B系列のものにも、奥付に「此ノ書籍ハ売捌人ノ手ヲ離ルヽトキ何等ノ名義ヲ附スルモ定価ニ超過セル金額ヲ買手ヨリ払ハシムルコトヲ許サズ」と、強い調子で定価販売の励行がうたわれていた。安価な教科書を提供しようとする文部省の方針は、暴利を貪る民間教科書を否定する姿勢を表したものでもあったのである。

ちなみに文部省が作製したこの『小学読本』と同様に、小学校の二年生を使用者として想定した民間教科書の価格を、金港堂本で見てみよう。明治一六年の原亮策編集『小学読本 初等科』の第二・三巻は、それぞれ一〇銭と一一銭、明治二〇年の新保磐次の『日本読本』は八銭である。確かに伊沢の主張するように、民間の教科書価格は、官版の教科書より高額に設定されている。それも、奥付に記載された「正価」であって、その金額の通りに売られていたのかどうかに関しては、保証の限りではない。

しかし、文部省が民間よりも低価格の教科書を刊行したことにより、それ以降の民間教科書の価格設定は変動して、実際に民間教科書の定価は、ある程度引き下げられる。こうして価格問題を一度前面に出した以上、実科的な内容の『小学読本』も、同じ文部省編輯局が刊行した『尋常小学読本』(二・三巻)よりも、定価を高額に設定するわけにはいかない。そこで『小学読本』は六銭八厘と、わずか二厘ではあるが、七銭の『尋常小学読本』よりも安価に設定されている。

また、教科書の価格設定だけではなく、教科書の種類を減らし、各教科に共通する学習内容を精選することによっても、経費削減は可能である。したがって、前述したような『小学読本』における編集上の工夫は、できるだけ学習者に費用負担をかけないで、学習効果をあげるためのものであった可能性もある。たとえば、『小学読本』に紙の物差しを添付すれば、本物の竹製の物差しを購入する必要はない。また、一枚の定価が一厘二毛のワークシート『小学習字書』を使えば、習字の教科書を買い、さらに別に練習用紙を求めるよりも安上がりに書字学習ができる。文部省の編集担当者は、以上のように考えたのではないだろうか。つまり、懐具合が厳しい中で教育改革を進めようとした文部行政にとって、各教科の「聯進」の推進は、重要な選択肢の一つでもあったのだ。もっとも、紙代を節約するために、一枚の半紙を何度も何度も、それが真っ黒になってからも、さらに日に乾して上から筆で字を練習した多くの子どもたちにとって、ワークシートをわざわざ購入して練習することなど思いもよらないことだったのではないだろうか。ここでも、文部省の発想は、現実の庶民たちの生活状況からは、かなり遊離していたように思える。

このほか、この『小学読本』の編集の工夫としては、いくつかの共通した題材の教材を連続して配列した教材構成が多いことが挙げられる。たとえば巻二の第一七課、第一八課は「家」という題材名のもとに、家屋の必要性やその構造が記述されている。続いて、第一九課「大工の職分」には大工の仕事の分担、第二〇・二一課「左甚五郎」には大工のエピソード、第二二課「大工道具」には大工道具の種類と役割が述べられている。第二三・二四課は、鼠の友情を題材にした物語であるが、その舞台になっているのは大工の仕事場である、さらに第二五課は、屋根の種類、第二六・二七課は屋根屋三右衛門のエピソード。第二八課は、壁の塗り方、第二九課は、畳や莚の種類である。つまり、巻二では、第一七課から始まって、連続する一三課にわたって家屋に関する話題で貫かれているのである。こうした方針は、巻三、巻四も同様であり、実科的な話題の連続の中に、それに関係する人物の伝記や寓話を挟み込む構成になっている。基本的には榊原芳野らの『小学読本』の「もの尽くし」の発想に拠りながらも、関連する題材を連続させることで、バラバラの知識の寄せ集めにならないような工夫をしているのである。

また、ところどころに置かれた伝記や寓話のようなストーリー性のある教材は、きわめて修身的な色彩を持っており、そこに登場するのは、農業・商業などで成功した人物が多い。学習者にとっては耳遠いであろう異国の聖人君子の話題は極力避けて、最近の人物も取り上げ、親しみを持たせようとしている点は評価できる。

このようにこの『小学読本』は、学習者に対する細かな配慮とそれを教科書という形態の中に実現しようとした多くのアイディアが溢れている。それがこの「簡易科用」の読本の編集姿勢であり、またこの教科書の特長でもあった。しかし、ここにはグローバルスタンダードを目指した『尋常小学読本』に満ちあふれていた欧米文化の匂いは、ほとんどない。わずかに、巻二の「小さき牝雞」がウクライナ民話、「葡萄山」がイソップ寓話であるが、いずれも日常生活への寓意を含んだストーリーであった。B系列の言語教科書は、子どもたちの日常生活に近い実用的な知識と、社会的な成功を収めた人物の話を中心にした教材編成になっており、日常生活からその外部へと飛翔して行くような思考を促す契機を内包したものではない。言い換えると、簡易科用の文部省『小学読本』は、既成の価値観の遵守と体制に順応する人民を育てるような教科書として作られていたのである。

＊

この時、文部省は、新しい印刷機械を導入し、印刷・製本にいたるまで一貫した近代的な教科書を作製することを企図していた。それは見事に実現し、教科書の内容構成だけではなく、掛図や挿絵、さらには関連する教科書群などにも配慮した新教科書ができあがった。文部省が国定教科書を目指して作製した『読書入門』『尋常小学読本』は、確かに、欧米の教育思想を取り入れた、先進的なできあがりになっていた。上からの近代化路線のお膳立ての一つは、こうして教科書というレベルでも見事に用意されたのである。

しかし、この時点では、日本国中のすべての小学生がそれを学ぶことのできる環境と体制が整っていたわけではなかった。というより、文部省自らも、現実対応のために設置した簡易科用の教科書を作製せざるを得なかった。それが今、検討した文部省編の『小学読本』だった。また実際、日本の各地域が現実的に要請していたのは、こうした種類の実科的な教科書だったのかもしれない。とすれば、文部省は、まずこの『小学読本』の方を、優先して充実したものにする必要があったとも考えられる。おそらくそうした路線に近い教科書は、金港堂の作製した『日本読本郡村用』のような教科書だっただろう。この点で、民間教科書書肆は、きわめて現実的な対応をしていたのである。

しかし、早急な日本の近代化を教育の力によって推進しようと考えた明治期の教育官僚たちにとって、そうした読本を作製することは、最初に採用すべき方向ではなかった。まずは、グローバルスタンダードの教科書を作製することに全力を挙げること、それが明治の日本国家にとって、教育の分野に限らず、どの分野でも切実に要求されていた優先順位の高い施策だったのである。また、実際、B系列の『小学読本』よりも、A系列の『読書入門』『尋常小学読本』の方が、内容としては豊かな言語認識と最新の言語感覚を持った教科書として仕上がっていた。

とするなら、文部省が作製した二系列の教科書の存在からは、欧米の文化思想を取り入れて、教育による近代化を強引に進めようとした明治期の文部官僚たちの理想と現実、建て前と本音との間に引き裂かれた苦悩の跡を見ることも可能かもしれない。実際、大日本教育会の「優劣判定会議」で、否定された東京府庁の『小学読本』は、どちらかと言えば、文部省のB系列の『小学読本』に似ていた。文部省編集局は、『尋常小学読本』の普及のためには、東京府庁の読本を強引に否定しつつ、一方では、それに類似した現実対応の簡易科用の官版『小学読本』を作製しなければならなかったのである。

もっとも、前述したように、文部省編集局は、一八九〇（明治二三）年六月に廃止されてしまう。それまで編集局が扱っていた教科用図書の販売は、大日本図書株式会社で行われ、文部省の読本の発行は続けられたが、もはや文部省が新しい読本を企画編集することは不可能になった。一斉に普及した『読書入門』『尋常小学読本』は、明治二〇年代を通して各地で使われはするものの、もはやそれを改訂して、内容を更新していく体制が、文部省の中に存在しなくなってしまったのである。伊沢は野に下り、教育学舎という民間の教科書会社を設立して、そこからいくつかの教科書を発行する。（「教育学舎」刊行の読本に関しては、第四部第一章第三節で触れる。）

明治二〇年前後に文部省の創始した教科書の検定体制と教科書政策は、官版の教科書を浸透させることを大きな目的としていた。それは一時的に成功したが、結局は、既成の大手民間教科書会社を繁栄させる結果になってしまうのである。

注（Endnotes）

*1 甲斐雄一郎『国語科の成立』東洋館出版社　二〇〇八（平成二〇）年一〇月　一七六頁。

*2 伊沢修二君還暦祝賀会編『楽石自伝 教育界周遊前記』一九一二(明治四五)年五月　一一三頁。還暦祝賀会の代表者は、『読書入門』を編集した湯本武比古だった。

*3 上沼八郎『伊沢修二』日本歴史学会編集　吉川弘文館　一九六二（昭和三七）年一〇月。

犬塚孝明『森有礼』日本歴史学会編集　吉川弘文館　一九八六（昭和六一）年七月。

*4 伊沢修二「教科書ニ付文部省編輯局長意見」『伊沢修二選集』信濃教育会　一九五八（昭和三三）年七月　三八九―三九八頁。

梶山雅史『近代日本教科書史研究――明治検定制度の成立と崩壊』ミネルヴァ書房　一九八八（昭和六三）年二月　一三頁。

*5 唐澤富太郎『教科書の歴史』創文社　一九五六（昭和三一）年一月　一六八頁。

秋田喜三郎『初等教育 国語教科書発達史』文化評論出版　一九七七（昭和五二）年一〇月　一四四頁。

井上赳「国語教育の回顧と展望（二）――読本編修三十年」『国語教育講座　第五巻・国語教育問題史』刀江書院　一九五一（昭和二六）年七月　四九頁、同論文はのち『国定教科書編集二十五年』武蔵野書院　一九八四（昭和五九）年五月に収録された。

さらに国語学の観点からは、深井一郎の「明治二十年五月文部省編輯局『尋常小学読本』の表記及び文法的性格」『教科教育研究 24』金沢大学教育学部　一九八八（昭和六三）年七月　二八四―二六九頁、という研究成果がある。

*6 引用は、『湯本武比古選集』信濃教育会編　一九五五（昭和三〇）年七月　四―五頁、による。

*7 吉田裕久「近代国語教科書の研究――『読書入門』（明19）について」『愛媛国文と教育』第一四・一五合併号　一九八三（昭和五八）年七月　一―二八頁。

*8 大橋敦夫「湯本武比古『読書（よみかき）入門』の編纂をめぐって」『学海』第一〇号　上田女子短期大学国語国文学会　一九九四（平成六）年三月三一日　一〇三―一一六頁。

*9 図版は、以下の家蔵本による。Deutsches Lesebuch: für die Bedürfnisse des Volksschulunterrichts in entsprechender Stufenfolge und drei Ausgaben (A. B. C.) / bearbeitet von Eduard Bock. の翻刻版、『ホック第一読本』六合館、明治二四年一〇月四版。明治一八年三月一二日御届（第四版）。この本は、いわゆる海賊版である。英語学習の教科書と同様、母語学習者用のドイツ語読本も、日本のドイツ語学習の教科書としてそのまままるごと複写印刷され、原本と見まごうほどの洋装製本仕立てで、さまざまな刊行元から販売されていた。明治三〇年に発行された、同じ六合館発行の第一〇版も手許にあるので、かなり普及したものと思われる。なお、ドイツ製の原本は、北海道大学、東京大学、京都大学、金沢大学、立命館大学などに保管されている。

*10 官版『読書入門』『尋常小学読本』の価格は、実際には、若干の変動がある。本章では、古田東朔が『小学読本便覧・第二巻』で影印版で示した「宮内庁書陵部所蔵本」の奥付の価格をそのまま記してある。実は、この初版と想定される「宮内庁書陵部所蔵本」の定価表示が最高額で、明治二四年八月以降「文部大臣官房図書課蔵版」の書籍が最も安価である。その事情は、第四部第一章で再び触れる。

*11 島約翰訳述『ボック第一読本解釈』文港堂　一八九四（明治二七）年八月。類似書に、一八八六（明治一九）年二月に出た、西河偏称音訳『独逸語学　無

*12 師独悟　一名ボック氏第一読本独案内」がある。このほかボック読本の「独案内」の類は数多く出ており、前掲の大橋敦夫の論文にも、七点の紹介がある。一八八六（明治一九）年五月二十五日文部省令第八号の「小学校ノ学科及其程度」には、「第三条　高等小学校ノ学科ハ修身読書作文習字算術地理歴史理科図画唱歌体操裁縫女児トス土地ノ情況ニ因テハ英語農業手工商業ノ一科若クハ二科ヲ加フルコトヲ得唱歌ハ之ヲ欠クモ妨ケナシ」と書かれていた。この規定に促されて、高等小学校では「英語」を教授するところが多かった。このとき、各県ではどのような英語教科書が使われたかについて、小篠敏明・江利川春雄編著『英語教科書の歴史的研究』辞遊社　二〇〇四年八月　一〇頁、に「明治二〇年代の小学校における英語教科書の使用状況」という資料が掲載されている。これは、中村紀久二氏が提供した未公開の資料をもとにまとめたもの、とのことである。そのうち「読本」の使用順位のベストスリーは、ニューナショナルリーダー（四九）、ロングマンスリーダー（一五）、スイントンリーダー（四）の順である。（）内の数字は道府県数。

*13 *Sander's Union Reader* の巻二第六八課にも、鼓笛隊の挿絵がある。

*14 奥中康人『国家と音楽――伊沢修二がめざした日本近代』春秋社　二〇〇八（平成二〇）年三月。奥中は、この本の第一章「鼓手としての伊沢修二」（三―三五頁）で、伊沢修二が、幕末における高遠藩の軍制改革の中で、鼓手を務め、「近代的な身体」を創り出すドラムマーチを経験したことを重視している。音楽のリズムは、「国民」としての共通感覚を育むのに大きな力を発揮するからである。

*15 第二部第一章で、松川半山の仕事について触れたが、半山が、書肆岡田茂兵衛から借り出した本の中に、この『西画指南』があった。半山は、それを参考にして、『西画早学』を作るのだが、十分に西洋画の基本を伝えるものではなかったと評価されている。それは西洋画の表面を紹介しただけの、和洋折衷の借り物でしかなかったということであろう。その意味で、半山の『西画早学』は、「子ども向け翻訳啓蒙書」や『小学読本』と同列に並べて、西欧移入の具体例として論じられてもいい書物なのかもしれない。

*16 『近代日本の教科書のあゆみ――明治期から現代まで』「図画・工作教科書（秋元幸茂・執筆）」滋賀大学付属図書館編　サンライズ出版　二〇〇六（平成一八）年一〇月　七三頁。なお、『小学集画帖』全八巻は、明治一八年六月一七日出板板権所有届。洋紙片面刷り、大きさはほぼA5サイズ、二〇―三四頁、定価六銭一厘―一六銭。第四巻の一二図からは、各ページごとに、浅井忠はAC、柳源吉はYGのサインがあり、浅井忠と柳源吉の二人が、ほぼ半分ずつ仕事を担当したことが分かる。なお、明治一八年六月一七日出板板権所有の記載のある『小学集画帖』は、表紙に「文部省編輯局」と印字してあり、明治二〇年五月再版の表紙には「小学校師範学校教科用書」と印字してある。また、これより以前、一八八三（明治一六）年七月に、浅井忠の従兄弟の窪田洋平が編集権出版人になって、東京の有声堂から『中学校師範学校臨画帖』が刊行されている。これは「小山正太郎、浅井忠、高橋源吉、松井昇」の四名が書いた略画を集めたものである。（「窪田洋平という人――洋画家浅井忠の資料を中心に」『佐倉市史研究』佐倉市史編纂委員会　第一八号　二〇〇五年　四八―四九頁、による。）

*17 石井柏亭編『浅井忠 画集及評伝』芸艸堂　一九二九（昭和四）年一一月　二二―二三頁。

*18 中村隆文『「視線」からみた日本近代――日本図画教育史研究』京都大学学術出版会　二〇〇〇（平成一二）年四月　三七―三八頁。

*19 日本に導入された近代一斉授業が「国家管理の巨大なシステムだった」こと、またそれが「感情共同体」へと組織されていくことについての歴史的な考察として、柳治男著『〈学級の歴史学〉――自明視された空間を疑う』講談社・選書・メチエ　二〇〇五（平成一七）年三月、がある。

*20 佐藤秀夫・中村紀久二編『文部省掛図総覧』全一〇巻　一九八六（昭和六一）年一〇月。『掛図にみる教育の歴史』玉川大学教育博物館　二〇〇六（平成一八）年一〇月、またそれに先行する刊行物に『明治前期教育用絵図展』玉川大学教育博物館　二〇〇三（平成一五）年一一月、がある。明治前期の掛図の所蔵では、静岡県富士市立博物館や、愛媛県宇和町の開明学校などが知られている。

*21 佐藤秀夫・中村紀久二編『文部省掛図総覧　一　単語図・博物図等』「総説――掛図の研究・序説」東京書籍　一九八六（昭和六一）年一〇月　一一―一二頁。なお、旧開智学校所蔵資料集の中の『読書入門掛図』は、『史料開智学校　第十七巻　授業の実態 7』重要文化財旧開智学校史料刊行会　電算出版企画　一九九四（平成六）年二月、の口絵に、第一課と第十三課に当たる二枚分がカラーで紹介されている。開智学校所蔵史料に奥付が欠けていることは、稿者の依頼に対して、旧開智学校管理事務所の上条昭彦氏からいただいた書簡によって確認することができたことを御礼申し上げる。また、明治二〇年四月四日の「官報」にも、「同省読書入門掛図ヲ出版ス」とある。（国立公文書館デジタルアーカイブによる）

*22 伊沢修二君還暦祝賀会編『楽石自伝　教育界周遊前記』一九一二（明治四五）年五月　一三二頁には、次のように書かれている。「尋常小学読本の方は尺秀三郎氏に命じた、尺君は湯本君と同じ頃東京師範学校を卒業して、文筆に達した人であった、依つて尺氏を主任とし、補助として国学の方では佐藤誠実氏、西洋の学問では荻原朝之助氏、三宅雄次郎氏などを任用した。」

*23 尺秀三郎『随感録』大日本図書　一九一六（大正五）年四月　一一―一二頁。

*24 山本正秀『近代文体発生の史的研究』岩波書店　一九六五（昭和四〇）年七月　四三二―四三九頁。

*25 古田東朔『小学読本便覧　第二巻』武蔵野書房　一九七八（昭和五三）年　三七四頁。

*26 山根安太郎『国語教育史研究――近代国語科教育の形成』溝本積善館　一九六六（昭和四一）年三月　一二七―一二九頁

*27 井上赳「小学読本編纂史」『岩波講座国語教育』一九三七（昭和一二）年二月　引用は『国定教科書編集二十五年』井上赳著　古田東朔編　武蔵野書院　一九八四（昭和五九）年五月　一五八頁。

*28 *SWINTON FIRST READER* の第一課にも、木からリンゴをもぎ、下にいる子どもが帽子で受けとめるという題材がある。そこに掲載されている挿し絵も、この教材ときわめてよく似ている。

*29 『燕石雑志』一八一〇年、『鄙廼宇計木』一八四二年、『童話長編』一八五七年、『童蒙赤本事始』一八二四年に、「桃太郎」「猿蟹合戦」「花咲爺」「舌切雀」「勝々山」等がのせられており、後にこの五話を「五大御伽噺」と呼ぶことも行われた。

*30 滑川道夫『桃太郎像の変容』東京書籍　一九八一（昭和五六）年三月　一五三―一五八頁。また、「桃太郎」の受容史には、ほかに、鳥越信『桃太郎の運命』NHKブックス　一九八三（昭和五八）年五月、がある。

*31 梶山雅史『近代日本教科書史研究――明治検定制度の成立と崩壊』ミネルヴァ書房　一九八八（昭和六三）年二月　三八―四四頁。『伊沢修二選集』信濃教育会刊　一九五八（昭和三三）年七月　四〇六―四一四頁。

*32 「伊沢編輯局長京都府外一府九県へ出張ノ節本省出版読書入門及ビ尋常小学読本ノ質疑ニ答ヘラレタル要略」縦一九センチメートル。二五頁。刊記なし。『信濃教育会雑誌』は、文部省が配布したこの小冊子をもとにして、記事を掲載したのではないかと推測される。伊沢は、『尋常小学読本』を全国的に普及する

ためのキャンペーンの一環として、演説をもとにした小冊子を作製して全国に配布したのだろう。稿者家蔵本は、そのうちの一冊であり、たまたま京都府の学務課に残っていたものとだ思われる。

*33 伊沢修二『教育学』上巻　一八八二（明治一五）年一〇月・下巻　一八八三（明治一六）年四月。唐沢富太郎は「この書は日本人による最初の教育学書として、明治時代の教育学の盤を作った、教育史上重視すべきものといえるであろう。」と評価している。『明治教育古典叢書　第Ⅰ期・解説』一九八〇（昭和五五）年一一月　四〇頁。

*34 原昌「〈異文化〉移入としての翻訳」『はじめて学ぶ日本児童文学』ミネルヴァ書房　二〇〇一（平成一三）年四月　六五頁。

*35 ロングマンスニューリーダーと、ニューナショナルリーダーとの相違点は、この人名部分だけである。したがって、『尋常小学読本』の編者が、ニューナショナルリーダーを原典としながらも、王様の名前をあえて特定せずに「ある賢き国王」と翻訳した可能性もある。その理由は、本文で記述したように、外国の王の名前を特定しない方が、編集者の意図に沿った教材になるからである。なお、ロングマンスニューリーダー第三がロンドンで刊行されたのは一八八六（明治一九）年、ニューナショナルリーダー第三読本がアメリカで刊行されたのは、一八八三（明治一六）年である。

*36 有本真紀『卒業式の歴史学』講談叢書社メチエ　二〇一三年三月　六八―六九頁、には、この教材「国王の巡幸」について、「天皇の各地への巡幸、軍学校卒業式への臨御が行われていた現実の状況と重ねて読むべき」とする指摘がある。有本の指摘のように、実際にこの教材文を読んだ教師や生徒たちは、現実の日本の天皇の言動と重ね合わせたと思われるし、また原文に「卒業式」の場面を付け加えた意図も、おそらくそこにあったのだろう。

*37 一八八一（明治一四）年に、伊沢修二が中心となって刊行した、文部省音楽取調掛編集『小学 唱歌集 初編』小学校師範学校中学校用教科書、の中に、楽譜とともに「君が代」が収められていた。歌詞は現在歌われている「君が代」とは若干異なるが、君主の治世の弥栄を言祝ぐ趣旨は同じである。もちろん、この「唱歌集」における含意は「君＝天皇」である。『尋常小学読本』の教材文の「君が代をことぶく唱歌」という文言は、この官版『小学 唱歌集 初編』の「君が代」を指している可能性もある。なお、現在では国歌として認知されている「君が代」が、学校教育の中に正面から取り入れられたのは、一八九三（明治二六）年八月一二日に、文部省が「君が代」等を収めた「祝日大祭日歌詞並楽譜」を官報に告示したことから始まる。そこでは、作曲者は林広守、「詞」は「古歌」となっていた。

*38 中川将行訳『泰西世説』明治七年一一月発行　岡田文助（東京）柳原喜兵衛（大阪）。なお、『旧約聖書』の「創世記」には、「神は、人を自らの像に創造した」とある。『世界の名著12　聖書』中央公論社　一九六八（昭和四三）年一〇月　六〇頁、（中沢洽樹・翻訳）による。また、『尋常小学読本』と、ほぼ同じ明治二〇年三月に刊行された高橋熊太郎の編になる『普通読本』の四編下第一八課にも「三界の答詞」という題で、この話が掲載されている。こちらは単独の読み物教材である。プロシアのフレデリック大王の話として取り扱われているので、原典は、ナショナル第三リーダー第二一課の「A King and Three Kingdoms」であろう。最後の段落は「この時大王は、小女の敏慧忠誠に出たる答に歓喜して、両眼に涙を浮べ、手を小女の首に加へ、今天朕に許すに、天界に属すべきを以てせりと、仰せられたり」となっている。

*39 *Old textbooks: spelling, grammar, reading, arithmetic, geography, American history, civil government, physiology, penmanship, art, music, as taught in the common schools from colonial days to 1900*: John A. Nietz. University of Pitsburgh Press, 1961. pp53-57

*40 中村紀久二は、「明治初年当時の歴史教科書は、古事記、日本書紀を典拠とする『事実主義』の編集方針を採用しており、天皇に対しても特別な政治的・教育的な配慮をしていない」と述べ、その実例として敬語の不使用を挙げている。また歴史教科書に書かれていた武烈天皇の暴虐的行為が「小学校教則綱領」以降は、簡略化され「教育勅語」渙発後は、その記載自体が消えていったことを指摘している。中村紀久二『教科書の社会史――明治維新から敗戦まで』岩波新書　一九九二（平成四）年六月、一〇〇―一〇四頁。

*41 柴田鳩翁・柴田実校訂『鳩翁道話』東洋文庫　平凡社　一九七〇（昭和四五）年一月　三二〇頁。

*42 『日本思想体系四二　石門心学』岩波書店　一九七一（昭和四六）年二月所収、『鳩翁道話三之下』二八七―二八八頁。

*43 古田東朔は『小学読本便覧・第二巻』武蔵野書房　三七七頁の「校訂付記」で、『尋常小学読本』の初版（宮内庁書陵部所蔵）と、それ以降の『尋常小学読本』の諸本と比べて、その違いをいくつか指摘して、部分的な訂正としては「各課のあとに提出している漢字、漢語を改めている」ものが多いとしている。その理由として「もともとの原案に示されていたものが、文章を改めたため最後の表だけに残った」のだと推測し、次のような例を挙げている。

　たとえば、巻三の第一三課「九年母の話」には、最後に「袂」の漢字があげられているが、本文には一切出てこない。本文では九年母を一つみぞの中に落としたとなっているが、これなどは原案は「袂」の中に入れたとあったのではないかと推察される。

おそらくこの古田の推測通り『尋常小学読本』の「原案」は、『鳩翁道話』と同様、丁稚が九年母を「袂」に隠すという展開だったのだろう。しかし教材文の段階では、九年母を溝に落としたと書き換えたのだ。もしかすると編集会議において、九年母を「袂」に入れる（盗む）行為が問題になったので、丁稚が落とすと書き換えられた可能性もある。しかしその理由は何であれ、『尋常小学読本』の教材文と『鳩翁道話』の本文とからは、それぞれ異なったメッセージを読みとることができる。

*44 『日本思想体系四二　石門心学』岩波書店　一九七一（昭和四六）年二月所収、『鳩翁道話壱之上』二四一頁。

*45 明治二〇年一二月二〇日に文部省の検定を通った、池永厚・西村正三郎合著『高等小学読本』の巻三第一一章には、この話が「二疋の蛙の話」として『鳩翁道話』から原文が引かれて、教材になっている。また同巻第六章にも同じ『鳩翁道話』から「栄螺の話」が教材化されている。

*46 図版の書影の原本は、*Swinton's Fourth readers* で、アメリカの Ivison, Blakeman and Company から一八八三（明治一六）年に刊行されている。

*47 佐藤信道「美術と経済――殖産興業とジャポニスム」『明治国家と近代美術――美の政治学』吉川弘文館　一九九九（平成一一）年四月　七八―一二三頁。

*48 石澤小夜子『ちりめん本のすべて――明治の欧文挿絵本』三弥井書店　二〇〇四（平成一六）年三月、翌二〇〇五（平成一七）年四月に第二版が刊行され、一部内容が付け加えられている。なお、この本の二二六頁には、文部省の教科書検定を経た「ちりめん本」が存在することから、初期の段階では外国人のお土産用よりも「日本人の英語教育を目的とするという方に比重があったと思えてくる」という文言がある。「ちりめん本」が、まずは教育用として作製されたというこの指摘は、きわめて重要である。ちりめん本が、実際に文部省の検定を受けていたことは「検定済教科用図書表」の「外国語」の中に以下の記載があり、制作者である長谷川武次郎が「ちりめん本」を、外国語用の教科書として検定申請し、文部省から許可されたことが分かる。「学校の種類：小学校、図書名：学校用及家内用日本昔噺、巻冊：一号一冊、発行年月日：明治一九年一二月七日版権免許、検定年月日：明治二〇年三月一五日、定価：金八銭五厘、著作者：英国人ケーエム・ジェームス、発行者：東京府下京橋区南左柄木町二番地東京府平民長谷川武次郎」『教科書研究資料文献　第三集　編集・

解題　中村紀久二「検定済教科用図書表一　自明治一九年五月　至明治三六年四月文部省」』芳文閣　一九八五（昭和六〇）年一二月、所収。
また、ちりめん本の「日本昔噺」の対訳集も刊行されている。宮尾與男編『明治期の彩色縮緬絵本 JAPANESE FAIRY TALE SERIES 対訳日本昔噺集』彩流社　第一・二・三巻　二〇〇九（平成二一）年二月―五月。

*49 グリフィス　山下英一訳『明治日本体験記』東洋文庫　平凡社　一九八四（昭和五九）年二月、は、『皇国』の第二部の全訳である。

*50 **Griffis, William Elliot;** ***Japanese fairy world. Stories from the wonder-lore of Japan,*** **1880. New York. Jammes H.** 国立国会図書館蔵本。本文の書影も、この国会図書館本である。石澤小夜子『ちりめん本のすべて――明治の欧文挿絵本』には、イギリスのロンドンで一八八七年に出版された、*Japanese fairy world. Stories from the wonder-lore of Japan* が紹介されている。おそらく、同じ本が、若干遅れてイギリスで出版されたのであろう。なお、*Japanese fairy tales* は、London で一八〇〇年代に刊行されたことまでは分かるが、正確な刊行年は記されていない。こちらはペーパーバックス仕様で、*Japanese fairy world.* よりも、手軽に手に取れる仕上がりになっている。

*51 遠山茂樹編『日本近代思想大系2　天皇と華族』岩波書店　一九八八（昭和六三）年五月。「王政復古の沙汰書」三頁、「神武紀元の布告」三二頁。

*52 ただし、内田嘉一編『小学中等科読本』明治一八年の巻五には、日本の歴史を略述した「本朝沿革ノ大略」という八課にわたる教材があって、その冒頭の課である第一四課に、「神武天皇」が「我国人皇ノ始祖」であることが触れられている。

*53 もっとも、一八八一（明治一四）年五月四日に出された『小学校教則綱領』の「第三章」の「小学各等科程度」には、歴史教授の目的が、以下のように記されていた。「第十五条 歴史 歴史ハ中等科ニ至テ之ヲ課シ日本歴史中ニ就テ建国ノ体制、神武天皇ノ即位、仁徳天皇ノ勤倹、延喜天暦ノ政績、源平ノ盛衰、南北朝ノ両立、徳川氏ノ治績、王政復古等緊要ノ事実其他古今人物ノ賢否、風俗ノ変更等ノ大要ヲ授クヘシ凡歴史ヲ授クルニハ務テ生徒ヲシテ沿革ノ原因結果ヲ了解セシメ殊ニ尊王愛国ノ志気ヲ養成センコトヲ要ス」つまり、歴史教育は「尊皇愛国ノ志気ヲ養成」するために行われるのである。この方向と、若林虎三郎の読本の記述態度とは、なんら背馳するものではない。

*54 中村紀久二『教科書の社会史――明治維新から敗戦まで』岩波新書　一九九二（平成四）年六月。「神武天皇の挿絵」一〇六―一〇七頁には、以下のような記述がある。

（前略）「ヤタガラスの先導」を挿絵の題材としているものもある。沖脩編『訓蒙皇国史略』、荒野文雄『標註　小学日本史略』（一八八〇年）、山口慶三『日本地理及歴史大要』（一八九三年検定）などである。（中略）金のトビは明治初期の歴史教科書には見られず、松浦果『小学国史略』（一八七五年）にある挿絵は「皇軍日ヲ負ヒテ戦ヒ勝利ヲ得ル図」であって、太陽を背にして戦って得た勝利であった。筆者の調査では、歴史教科書に金のトビがはじめて登場するのは一八九四（明治二七）年検定の岡村増太郎『高等小学　新歴史』である。しかし本文では金のトビにふれていない。金のトビは一九〇〇（明治三三）年頃になると急速に増加し、文学社編『小学　歴史教科書』（一九〇二年検定）では、本文中に「金色の鵄跳び来りて、天皇の御弓の弭にとまり、光をはなちて、電のごとくにかゞやきければ、敵兵大におどろきおそれて、皆にげ去りぬ。今の金鵄勲章は、この事績に基づきて定めたまいしものなり」とあって、金鵄勲章と関連付けて説明している。これはのちの国定読本教科書の「神武天皇」（第二期　巻五）、「ヤタガラスト金色ノトビ」（第二期修正本　巻六）、「金鵄勲章」（第三期　巻五）と教材の性格としてはおなじものである。

また、千葉慶「近代天皇像の形成――明治天皇＝神武天皇のシンボリズム」『近代画説』明治美術学会　通巻一一号　二〇〇二（平成一四）年一二月　九六―一二六頁には、神武天皇像が明治天皇像と重ね合わせになるように成立してきたことが、多くの資料を駆使して、文化生成史として論じられている。そこでは、明治天皇の顔をした神武天皇像が制作されるメルクマールとなったのが、一八九〇（明治二三）年に制作された竹内久一の彫像「神武天皇像」だったことが論証されている。

*55 梶山雅史『近代日本教科書史研究――明治検定制度の成立と崩壊』ミネルヴァ書房　一九八八（昭和六三）年二月　四四―五一頁。

*56 白石崇人「明治二一年の大日本教育会における『研究』の事業化過程」『広島大学大学院研究科紀要・第三部第五五号』二〇〇七（平成一九）年三月　八三―九二頁。
なお、大日本教育会では、通俗教育部門で明治二二年二月に「少年書類懸賞方法について」、また、明治二二年七月に「学校生徒に小説を読ませることについて」さらには、初等教育部門で、明治二二年七月「小学校国語科の設置について」、学芸部門で「教育上の鉛筆画と毛筆画の得失について」を議論している。これらは、文部省の教科書施策を側面から支持するという方向では一致しているように思われる。これらの論議の関連性とその背後の意図などに関しては、今後さらに考究する必要がある。

*57 『大日本教育会雑誌・第七九号』大日本教育会　一八八八（明治二一）年一〇月。

*58 大日本教育会による教科書の「優劣判定」が、各地の教科書の選定に影響を与えたと稿者が考えた傍証として、次のような事例を挙げたおきたい。
この時の教科書の「優劣比較」の判定は、尋常小学校用の読本だけではなかった。高等小学校用の「読本」に関しては、岡村増太郎編『小学高等読本』八冊（坂上半七）と、池永厚・西村正三郎著『高等読本』八冊（普及舎）とが比較され、後者が「優レリ」とされている。今日、各地の図書館や古本市場において、両書の実物を確認することができるが、残されている量は圧倒的に後者の方が多い。ここからは、池永厚・西村正三郎著『高等読本』八冊が広く普及したことが想像される。また、「高等小学校用歴史教科書」に関しては、藤本真『新撰日本歴史』（坂上半七）と、山縣悌三郎編『小学校用 日本歴史』（学海指針社）とが比較され、後者が「優レリ」とされた。第四部第一章第一節でも触れるように、山縣悌三郎自身が『小学校用 日本歴史』が全国的に普及したことを、自伝に記している。以上から、『大日本教育会雑誌』の「教科書判定」の波及的効果は、現実的にもかなり大きかったのではないかと推測される。

*59 「編輯局長上申書」『伊沢修二選集』信濃教育会刊　一九五八（昭和三三）年七月　四一五―四二八頁。

*60 山本正秀『近代文体発生の史的研究』岩波書店　一九六五（昭和四〇）年七月　四四八―四五二頁。

*61 東京府の現実的教育施策の一例として、東京府学務課が、一八八四（明治一七）年に『学校用書行書百姓往来』東京府学務課編・岡守節（三橋）書を刊行したことを挙げていいかもしれない。この教科書の内容は、在来の『百姓往来』を、明治期に入ってから多少改変したものだった。

*62 板倉雅宣『教科書体変遷史』朗文堂　二〇〇三（平成一五）年三月　一六―一七頁。次のような記載がある。「明治二〇年、文部省編『尋常小学読本』などに、（文部省）印刷局活版部で、明治一八年一月に作成した「活字紋様見本」に掲載されている明朝体ひらがな活字を使って印刷している。巻之一には二号ひらがな活字を使用しているが、漢字は一号活字を使っている。大きさの異なる活字を苦労して組版している。」

*63 「編輯局長上申書」『伊沢修二選集』信濃教育会刊　一九五八（昭和三三）年七月　四一五―四二八頁。

*64 これ以外に、文部省編輯局が関わった言語教科書には、一八八四（明治一七）年五月に刊行された『小学読本 高等科之部』巻一・巻二の二冊がある。内容は、和漢洋のエピソードで、漢文体。全編に、返り点が付されている。整版は木版。おそらくこれが、文部省編輯局で最初に手がけた言語教科書であろう。所蔵は、岩手大学図書館、神戸大学付属図書館、筑波大学付属図書館。

*65 『高等小学読本』は、全八冊の予定だったが、七巻を明治二二年一〇月二八日に刊行したところで、途絶している。したがって、第八巻は未刊である。

*66 『小学よみかき教授書』は、現在、国立教育政策研究所付属図書館、東書文庫、岩手大学付属図書館、神戸大学付属図書館に、それぞれ上下二冊ずつ保管されている。また、筑波大学付属図書館に下巻一冊がある。図版は、岩手大学所蔵本による。なお、この教科書は、鳥居美和子による『明治以降教科書総合目録』では、「明治検定教科書」の「読本——教師用教授書」に分類されているが、教師だけではなく生徒も所持することを想定して作製されたと思われる。

*67 『小学読方作文教授掛図使用法』文部省編輯局　一八八九（明治二二）年九月一二日出版　縦一九センチメートル　二一ページ　定価一銭八厘。岩手大学付属図書館。神戸大学付属図書館。なお、佐藤秀夫は、この掛図に関して、文部省編集局が廃止され、その編集事務が縮小されたことを根拠に「遂に刊行されることがなかった」と述べている。『小学読方作文教授掛図使用法』というマニュアルだけは出版されたものの、実際の掛図の作製には至らなかったのかもしれない。佐藤秀夫・中村紀久二編『文部省掛図総覧　六　国語掛図』東京書籍　一九八六（昭和六一）年一〇月　三頁。

*68 国立公文書館蔵の『公文類聚・第一二編』には、「明治二一年一一月四日・文部省小学読本ヲ出版ス」という記載がある。また、明治二一年一一月四日の『官報』第一九〇六号も、同じ記事がある。そこには「小学読方作文教授掛図ト等シク専ラ合級教授ニ便ナランコトニ注意セリ」とあって、「合級教授」のためにこの教科書を作ったことが明記されている。

*69 『小学読本』全四巻は、以下の図書館に保存されている。岩手大学付属図書館、神戸大学付属図書館、滋賀大学付属図書館、京都大学付属図書館。筑波大学には、巻一と巻三が、国立教育政策センター付属図書館所蔵本には、巻一と巻二がある。図版は、岩手大学所蔵本による。

*70 『国語教育史資料・第二巻・教科書史』東京法令出版　一九八一（昭和五六）年四月　九七—九八頁。

*71 小学校の就学率は、海後宗臣・仲新『教科書で見る近代日本の教育』東京書籍、一九七九（昭和五四）年一〇月、五四頁、による。

*72 『教科書研究資料文献・第三集』編集・解題、中村紀久二「検定済教科用図書表（小学校用）明治一九年四月—明治三六年四月」芳文閣　一九八五（昭和六〇）年一二月、から、該当の読本を抜き出した。

*73 川向秀武「小学簡易科論」『人文学報・教育学』七巻　首都大学東京　一九七一（昭和四六）年三月　六五頁。

*74 神津善三郎『蔑まれた簡易小学校——貧人小学の行方』銀河書房　一九九三（平成五）年一月　二頁。

*75 『小学習字書』文部省編輯局校定・文部属今泉雄作編「平仮名・一—一五」「片仮名・一—一三」「変体仮名・一—九」「片仮名点画用・一—一〇」定価（一枚毎）一厘二毛、神戸大学付属図書館蔵。図版は、神戸大学附属図書館蔵本による。

第三章　特色ある明治検定前期民間読本と子ども読み物の展開

第三部では、第一章で代表的な民間教科書書肆である金港堂を取り上げ、第二章では文部省編集局による読本作製の状況を取り上げて、その検討をおこなってきた。しかし、明治検定前期には、金港堂以外にも、数多くの民間書肆が、言語教科書の作製・出版に関わっている。

第三部の冒頭でも触れたように、本章で対象にする検定前期は、明治一九年の「小学校令」および「小学校ノ学科及其程度」に準拠して、教科書の作製にあたった時期である。この法令では、小学校は尋常小学校四年間と、高等小学校四年間とに分かち、「各学科ノ程度」は、「読書」科の場合、「尋常小学科ニ於テハ仮名仮名ノ単語短句簡易ナル漢字交リノ短句及地理歴史理科ノ事項ヲ交ヘタル漢字交リ文高等小学科ニ於テハ稍之ヨリ高キ漢字交リ文」と規定されていた。いうまでもなく検定教科書を作製するにあたっては、この枠組みの中に収まることが大前提になる。

しかし、ここで確認しておきたいのは、検定制度になった直後に教科書の検定を受けた読本は、そのほとんどが文部省の官版読本である『読書入門』『尋常小学読本』の刊行以前に、編集作業が開始されていたということである。それら民間の読本の編集作業は、明治初年以来、一〇数年にわたって使われてきた田中義廉の『小学読本』や榊原芳野等の『小学読本』を、どのように継承するか、あるいは、それをどのように改良するかという発想を中心に進められたと考えられる。とりわけ、小学校の入門期に当たる第一巻（首巻）は、ほとんどが明治七年に文部省が刊行した『小学入門』、明治一二年の『小学指教図』、明治一七年の『読方入門』などをモデルにしている。民間書肆が教科書の作製を手がける際には、官版の教科書が、重要な指標だったからであろう。また、「小学校ノ学科及其程度」の「仮名ノ単語短句簡易ナル漢字交リノ短句」という文言を受けて、冒頭から「単語」「短句」を延々と並べ立てている教科書も多い。

前章で見たように、文部省は、明治一九年、そうした機械的な練習学習から発想を大きく転換した『読書入門』を、続いて国際標準を意識した『尋常小学読本』七冊を刊行した。しかし、多くの教科書書肆が、すぐさま新しい文部省読本の編集姿勢や教材選択の方向に学んで、それを模倣、あるいは参考にして読本の作製をしたわけではない。明治検定前期の多くの読本は、文部省の読本の方向を十分に咀嚼し、それをベースに教科書の作製を進めたというより、それぞれの編集者がそれぞれの考えで読本を編集したという傾向が強い。とりわけ中小の教科書書肆は、かなり個性的な読本を作製していた。

それらの読本の内容は、おおよそ三つの傾向に分けて考えることができる。一つ目は、明治一〇年代以来の、比較的古い編集思想に基づいた読本である。そうした例として、ここでは、井上蘇吉編集の『小学読本』（澤屋蘇吉）と井田秀生編集の『国民読本』（長島為一郎・吉川半七・牧野善兵衛）とを取りあげる。

二つ目は、旧来の読本の発想に拠ってはいるものの、最新の外国読本などからもいくつかの教材を取りあげた折衷的な仕事である。その例として、高橋熊太郎の『普通読本』（小林八郎・集英堂）と、辻敬之・西村正三郎の『尋常小学読本』（普及舎）を取りあげる。この二つの読本を出版した教科書書肆は、大手の教科書出版社である。

三つ目に、独自の編集思想によって、個性的な読本を作製した例として、塚原苔園の『新体読方書』（石川書房）と下田歌子の『国文小学読本』（十一屋）がある。これも、それぞれの特色とその意義を考えてみたい。

以下、検定前期に刊行されたこれらの教科書を、順に見ていく。

一、井上蘇吉の『小学読本』

井上蘇吉の編集した『小学読本』は、一八八五（明治一八）年に、版権免許を取得している。この教科書は、一八八六（明治一九）年の「小学校ノ学科及其程度」に準拠する以前に作られていたので、小学校初等科三年制に合わせた全六巻の読本となっていた。井上蘇吉（澤屋蘇吉）は、その六巻本を、そのまま文部省の検定に提出したのである。明治二〇年二月一五日に検定申請された『小学読本』は、明治二〇年三月一五日に検定をパスしている。

第三部第一章で検討した金港堂も、明治一六年に刊行した原亮策編『小学読本初等科』（六巻本）、明治一七年の日下部三之助の『小学読本』を、そのまま文部省に検定申請しており、井上蘇吉の『小学読本』と相前後して検定を通過している。また、若林虎三郎の『小学読本』全五冊も同様に検定の申請を行っている。つまり、現在使っている六巻本を、取りあえずそのままの形で文部省に検定申請しておき、その後、八巻本を作製した教科書書肆と、この機会に新たに八巻本を作って検定申請をした教科書書肆とがあったのである。

編集人である井上蘇吉は、ドイツ語や英語などの外国語に堪能であったらしく、明治初年には、ドイツ語（ヘステル読本）や英語（ユニオンリーダー）の学習書（いわゆる「独案内（ひとりあんない）」）を刊行している。また、敬業社という出版会社を起こし、そこから杉浦重剛の著書なども刊行していた。自らも著述をするばかりではなく、出版事業にも勢力を傾けた人物だったようである。

井上蘇吉の『小学読本』の「首巻」は、巻頭の教材が、「いろは」の文字学習で始まっている。続く第一課からは、いろは順に、それぞれの文字を語頭とする二つの単語を取り合わせて提示し、その単語に関する説明の短句を記している。このパターンが、第四七課まで続く。いろはの順番に単語を提出したので、それぞれの課同士の内容の関連は全く無く、学習者の興味関心を配慮しているとは言えない。使用文字には、変体仮名が多用されており、古いタイプの編纂方法である。

首巻に続く巻一と巻二には、漢字を学習するための説明的な文が並べられている。これは、『小学読本』に類似した読本編集の方向である。特徴的なのは、首巻を含めて巻一から巻五までに、それぞれ冒頭にまと

井上蘇吉編『小学読本』首巻　明治一八年八月二五日版権免許　同年九月出版　明治二〇年二月一五日再版御届・同年二月出版　明治二〇年三月一五日　文部省検定

1	オ	いろは（い―か）
	ウ	いろは（よ―を）
2	オ	アイウエオ（五十音）
	ウ	続き
3	オ	ニゴリ
	ウ	ハンニゴリ
4	オ	カズジ（数字）
	ウ	空白頁

第一課	いへといぬ。いへのやね。いぬのこ。……
第二課	ろとろくろ。ふねのろ。ろくろぎり。
第三課	はなとはち。なのはな。はちのす。はなのつぼみ。……
第四課	にんぎやうとにはとり。にんぎょうのかほ。……
第五課	ほんとほたる。ほたるのひかり。ほんのはこ。……
第六課	へびとへちま。へびのした。へびのあたま。……
第七課	とけいととくり。はしらどけい。たもとどけい。……
第八課	ちづとちきうぎ。につぽんのちづ。せかいのちづ。……
第九課	りすとりんご。りすハけだもの。りんごハくだもの。……
第一〇課	ぬのとぬりもの。さらしぬの。まきゑのぬりもの。……
第一一課	るつぼハかねをとかすうつは。るりハまれにある……
第一二課	をけとをの。をけのわ。をけのそこ。をののえ。……
第一三課	わらとわらぢ。わらぢはわらにてつくりたる……
第一四課	かゞみとかんざし。かゞみハけしやうだうぐ。……
第一五課	よろひかぶとはむかしのいくさのしやうぞく。……
第一六課	たいはうとたいこ。たいはうのたま。たいこのばち。
第一七課	はすのねをれんこんといふ。れいしハまた……
第一八課	そろばんとそり。かんぢやうするにはそろばんを……
第一九課	つるとつばき。つるのあし。つばきのはな。……
第二〇課	ねことねずみ。ねこのめ。ねずみのは。……
第二一課	なしとなんてん。なしのはなはしろく。なんてんのみは……
第二二課	らんぷのあかりはらふそくのあかりよりつよし。
第二三課	むぎとむしろ。おほむぎ。こむぎ。むぎのほ。むぎをほすにハ……
第二四課	ゐどとゐもり。ゐどのみづ。みづにすむゐもり。
第二五課	うしとうさぎ。うしにはつのあり。うさぎにはながきみゝあり。
第二六課	のこぎりとのみとハいづれもだいくのもちふるだうぐなり。
第二七課	おびとおりもの。はかたのおび。こくらのおび。きぬの……
第二八課	くぢらはうみにすみ。くまはやまにすむ。くぢらのほね。……
第二九課	やまとやしろ。やまのみね。やしろのとりゐ。やしろには……
第三〇課	まつとまつたけ。まつにめまつをまつあり。まつたけは……
第三一課	けしとけいとう。けしのみよりとるくすりをあへんと……
第三二課	ふぐとふな。ふぐハうみのうをにして。ふなハかはの……
第三三課	こめとこや。こめにハわせ。なかて。おくてあり。こやに……
第三四課	えびとえひ。えびにハいせえびくるまえびなどあり。えひハ……
第三五課	てふとてまり。はなにたはむるゝてふ。てまりをもてあそぶ……
第三六課	あゆをとるには。あみをもちふることあり。またこれを……
第三七課	さけはこめよりつくりたるのみものなり。さけをのむには……
第三八課	きくときり。きくきりハおそれおほくもわがおほきみの……
第三九課	ゆふがほをきりてほしたるものをかんぺうといふ。ゆりの……
第四〇課	めとめがね。としおいたるひとまたハめのよわきひとハ……
第四一課	みかづきとみゝづく。みゝづくは、ひるかたちをかくし。よる……
第四二課	しかにつのあり。しゝにきばあり。しかはやさしく。ししは……
第四三課	ゑとゑぼし。ゑをかくひとあり。このひとのかぶるものを……
第四四課	ひばちとひばし。ひばちハひをいれるもの。ひばしはひを……
第四五課	もゝのはなハはるのなかばにさき。もみぢばハあきの……
第四六課	がくかうにゆくにハせきばんとせきひつとをわするべからず。
第四七課	すゞりとすみとハてならひをするにハかくべからざるもの……

	巻一（仮題）	巻二（仮題）	巻三	巻四	巻五
	西洋文字（ABC・ローマ字五十音）一二月・干支・四季・四方・五色	国尽（機内・東海道・東山道……・県名）	港名・町名・山名・河名・諸官庁	苗字尽・名尽男名・同女名	帝号及年号
1	人の子	行儀作法	処世の道（貝原益軒）	用財訓（貝原益軒）	脩業の心得（松本直秀）
2	山と川	海軍陸軍	口ハ禍の門（貝原益軒）	孟母三遷の教	小式部の内侍（本朝列女伝）△
3	大と小の月	都町村	小野道風	湯浅元禎	熱ノ根源
4	日月	円銭厘毛	養生訓（貝原益軒）	水の話（岩谷立太郎）	鳥と獣との戦の話《イ》
5	火と水	塩の塩梅	本多忠勝	重さを度る名称（太宰春台）	学者蕪商
6	木と土	棺墓	善人と交れ（貝原益軒）	中江藤樹	藺相如
7	父母	貧富貴賤	人種	身体の部分	胃腑と支体との話《イ》
8	犬と牛	昆布海苔	親類	養生訓（貝原益軒）	那破翁
9	王と公	猫鼠狐狸	約ハ固く守るべし	風	勤勉ハ利を得るの基
10	目と耳	度量衡	養生訓（貝原益軒）	管寧	空気
11	布と皮	勧善懲悪	鴉と水瓶との話《イ》	児童遊戯論（中川重麗）	駅夫金を還す
12	努力すべし	火山地震	金銀	傖父の戒	那比爾三軍に信服せられし事
13	口と舌	蛤貝	牧童と狼との話《イ》	北廳	織田信長善く過を改む
14	天と地	港湾岬	海なき国の歌 ㋑韻	事は勤勉にあり（西国立志編）	養生訓（貝原益軒）
15	主と奴	獅子虎熊狼	地球の形	養生訓（貝原益軒）	高島秋帆
16	冬の氷	鶴鸛鷺鷹	雄略天皇	地球の位置（寺尾寿）談話文	水
17	かしこき人	蚕繭生糸	司馬温公の智	塙保己一	楠木正行
18	船の出入り	町段畝歩	太陽の徳	二人の朋友と熊の話《イ》	心志あれバ必便宜あり（西国立志編）
19	正しき人	近所遠国	勇を学ばゞ先ず怯を学べ	山田長政	養生訓（貝原益軒）
20	多少	学問勉強	猫を畜ふ説（柳沢淇園）	農夫と鴻の話《イ》	阿部豊後守忠秋
21	上中下旬	郵便手紙	日食月食	源義家	世界各国人民の気質（東洋学芸雑誌）
22	弓矢刀	昼夜往来	妄りに人を誹るべからず（貝原益軒）		物の色
23	文字と本	甘藷馬鈴薯	実語教（抄録）		父子危を見て命を授く
24	父母の教え	病気医者	熊沢蕃山		抜刀隊の歌（外山正一）韻
25	右左	杉松檜樅	摩利支天と農夫の話《イ》		
26	玉をみがけ	雁鴨雉	昼夜		
27	幼年と老年	金銀銅貨	日本武尊		
28	寺と自宅	旅籠茶店			
29	親切	顕微鏡望遠鏡			
30	肌の色	鰯鱒鮭			
31	豊臣秀吉	蟻蜜蜂蚤蚊			
32	名山	鯨肉蝋燭			
33	丈寸尺分	西洋東洋			
34	石斗升合	男女指輪			
35	死生吉凶	下駄草履			
36	神武天皇	鍋釜			
37		物価			
38		楽器			
39		軍隊			
40		欅と樫			
41		穀類			
42		兵隊			
43		調味料			
44		桑茶漆			
45		大工左官			
46		騎兵砲兵			
附録	なし	なし	商売往来 手紙文（書牘）手△	手紙文（書牘）手△	なし

《イ》はイソップ童話　韻は韻文　手は手紙文　△は草書体

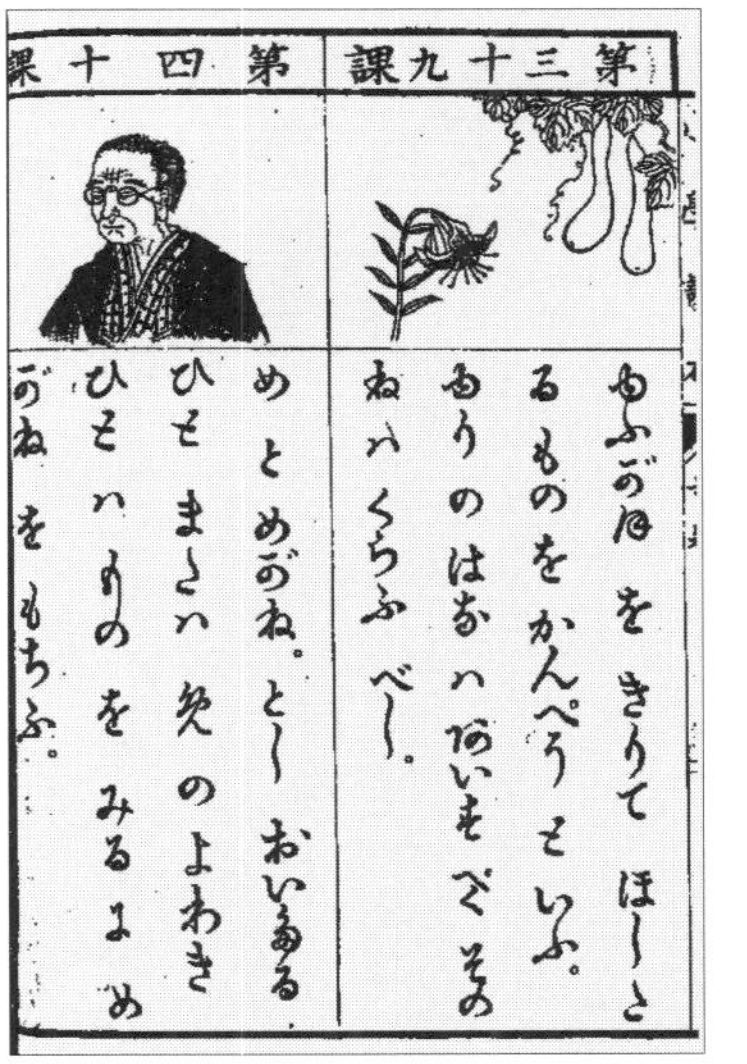

まった練習教材が置かれていることである。巻一には、「アルファベットなど」、巻二には「国尽」、巻三には「港名・町名など」、巻四には「苗字尽など」、巻五には「帝号及び年号」といった実用的語彙が提示されており、まるで、『単語篇』のようである。

さらに、巻三と巻四には、巻末に附録が付けられており、巻三には、なんと「商売往来」がある。また、巻三には受取証や各種届けの文例が一二例、また巻四には手紙の文例が二六例、それぞれ草書体によって掲載されている。つまり、この教科書には、「往来物」と「書牘」の教材が、附録として付けられているのである。こうした実用的教材の併載という点を好意的に評価するなら、この教科書は、従来の言語教育の内容のすべてを総合した「総合教科書」のようだと言えるかもしれない。反対の立場から厳しく言うなら、単語篇や往来物などの単なる「寄せ集め教科書」と言うこともできる。いずれにしても、この『小学読本』一冊で、様々な日常知識や、手紙文の形式までをも学習させようという構成である。

『小学読本』井上蘇吉　明治18年

巻三から巻五までの読み物教材の内容も、かなり特徴的である。高等科の教科書、あるいは高等小学校の読本には、それぞれの教材の出典が明記されている場合が多いのだが、この教科書は初等科の読本であるにもかかわらず、かなりの教材にその出典が記されている。そこから判明するのは、貝原益軒の文章が多く採られていることである。巻三では六教材、巻四では三教材、巻五では二教材が採用されており、他にも江戸期の儒者の文章がいくつか選ばれている。また、イソップ寓話が、巻三に三編、巻四・巻五に二編ずつ掲載されている。このように、江戸期の教訓的な文章や、イソップ寓話が掲載されていることによって、この読本には全体的には修身的な雰囲気が漂っているのだが、一方また、ほかの読本には、ほとんど見られないような教材選択もなされている。

その一つは、たとえば、巻四第一六課の「地球の位置」である。これは、天文学者でありローマ字推進者でもあった寺尾寿の談話文である。この教科書では、入門期ではなく、巻四に「談話文」を位置づけている。その一方、巻五第二課には、「本朝烈女伝」から撰んだ「小式部の内侍」を、草書体で提出している。さらに巻五の最終教材には、一八八二（明治一五）年に刊行された『新体詩抄』から、外山正一の「抜刀隊の歌」を採っている。これは、折からの新体詩ブームに乗った選択のようにも見えるが、この後に刊行される八巻本の校閲者である杉浦重剛の意向が働いていた可能性もある。おそらくこのように、巻三から巻五までに、様々な文種や文体を持った教材文が混載されているのは、編者が意図的に読本の中に様々な文章と話題とを盛り込もうとしたからだろう。したがって、この読本の文章内容や表現からは、統一的な編集姿勢はほとんど感じられない。こうした特徴を、一言で評すると、日常的知識を重視した雑編的な教科書と言うことになるだろうか。

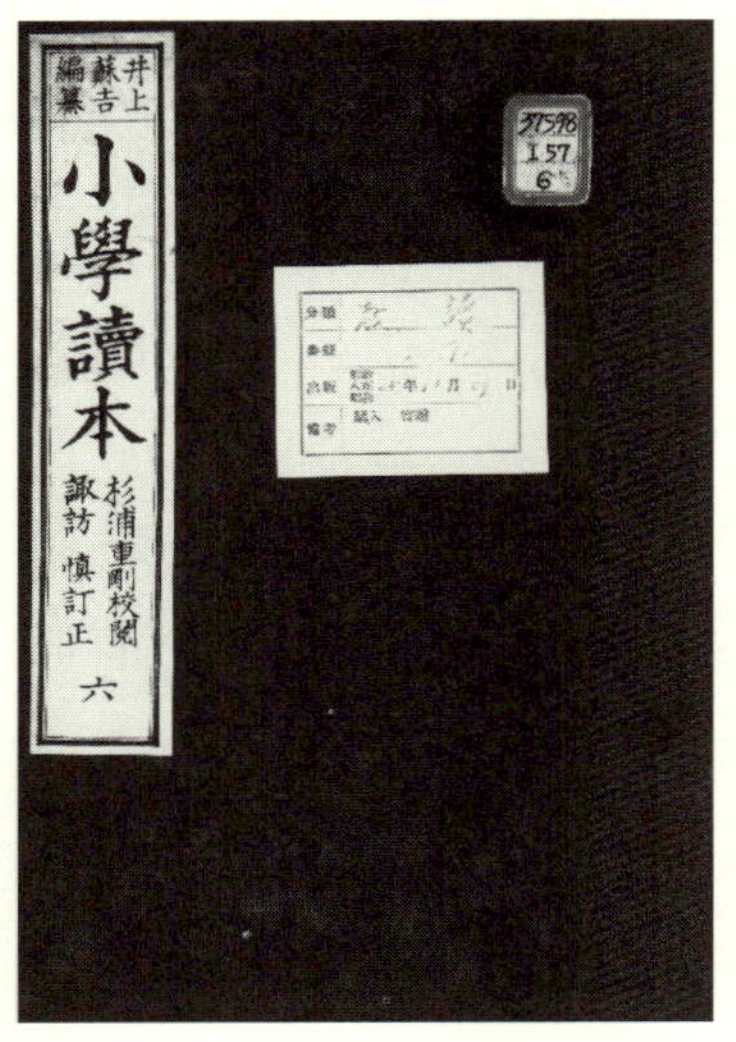

『小学読本』井上蘇吉　明治 21 年

井上蘇吉は、この読本をもとに、続けて尋常小学校用の八巻本も編んでいる。その教科書が、明治二一年九月一〇日に検定合格した井上蘇吉編纂・杉浦重剛校閲、諏訪慎訂正『小学読本』全八冊（首巻＋七冊）である。この読本は、その一年前に検定に合格した六巻本を改変したものであり、編集の考え方や教材はほとんど変わっていない。

この八巻本では、さすがに冒頭にあった『単語篇』類似の教材と、巻末の「商売往来」とは削除されている。しかし、巻三と巻四にあった「手紙文」は、それぞれ本文教材の中に挟み込まれて、附録ではなく本教材として正式な学習対象となっており、編集の基本姿勢に変化はない。

見た目が大きく変わったのは、首巻である。すでに、文部省から『読書入門』が刊行されていたから、それに倣ったのだろうと推察されるが、第一課は一単語のみの提出になっており、「いへ」がまた、第二課は「いぬ」が選ばれている。続く第三課は「ろ」、第四課は「ろくろ」である。一ページに一つの単語が提示され、大きな挿絵も添えてあるので、誌面構成だけは、『読書入門』の冒頭第一課「ハト」に酷似している。しかし、文字の提出の原理が「いろは」の順番であることは従前通りである。六巻本から八巻本への首巻の変化は、学習者の興味関心や発達段階を考慮に入れた文部省の『読書入門』『尋常小学読本』を十分に理解した上でのものではなく、表面的にそれらを模倣しただけだと考えられる。

続く、巻一・巻二、巻三までの内容は、六巻本の巻一・巻二の教材をほとんど流用しており、事物の説明的な記述が多い。しかし、巻三の途中からは、読み物教材が、本格的に登場してくる。この巻三の後半から巻八までの読み物教材は、六巻本の教材群に、新しい教材を「水増し」するという方法で構成されている。六巻本に掲載されていた教材は、その位置が変化しているものもあるが、基本的にはそのまま残されている。

「水増し」された教材には、イソップ寓話が多く、合計すると一五編にも及ぶ。巻二には、第一八課「獅子と子」、第二二課「牧者と犬の話」、第三四課「妄言ハ人の禍」が、巻三には、第三九課「兎と亀との話」、第四二課「〔童児と榛実〕」、第四四課「〔凶殺人〕」第四六課「〔馬と圉夫〕」が、巻四には、第九課「〔蟻と蜻蛉〕」、第三四課「〔鶏と宝珠〕」、第四二課「鴉と水瓶の話」が、巻五には、第一五課「牧童と狼との話」、第二二課「鳶と鵠の話」が、巻六には、第二三課「農夫と鴻の話」、第三一課「〔哲学者〕」が、巻七には、第四課「蝙蝠世渡りの狭き話」が採用されている。（〔〕で囲んだものは教科書に表題が付されていない教材）その結果、この『小学読本』は、明治期を通して、もっとも大量にイソップ寓話を導入した読本となっている。それも、イソップ寓話のうちでも、一般にあまり知られていない話を、かなり導入している。おそらくこれらのイソップ寓話は、井上蘇吉が自らの語学力を活かして、何らかの原本から新しく翻訳し直したのだろう。イソップ寓話の大量登載は、この八冊本の大きな特徴である。[*1]

もっとも、他の読本の多くが外国のリーダーから教材を調達していたのに対して、井上の『小学読本』には、それらしい教材はほとんど見当たらない。つまり、この読本は、他の読本と同様に、和漢洋の話材を揃えてはいるものの、「洋」の教材は、ほとんどがイソップ寓話だけなのである。全体の教材選択をバランス良く考えたものと言うより、とりあえずイソップ寓話をちりばめてみたのかもしれない。

なお、八巻本『小学読本』の装丁は、文部省の『読書入門』『尋常小学読本』と同じように、針金綴じで、背中を布張りでくるんだ製本形式になっており、外見上はきわめてスマートな仕上がりだった。定価は、一巻が七銭、首・二・三巻が八銭、四巻が九銭、五・六・七巻が一〇銭。

この読本は、文字学習が一通り終了した次の段階である巻一・巻二には、知識教材を並べていることや、子どもの日常言語活動を対話表現として取り上げていないこと、などを考え合わせると、榊原芳野等の『小学読本』の編集姿勢の延長線上に位置づけられる。

二、井田秀生の『国民読本』

この『国民読本』も、比較的古い編集姿勢を残した読本である。

他の多くの読本が、一学年で上下巻の二冊構成であるのに対して、『国民読本』は、全体で四巻構成になっている。一年間で、一冊の教科書を使用するのである。明治一九年四月一九日版権免許。明治二〇年二月二三日に校正再版御届け（巻四のみ二月二八日）、三月（日付なし）に巻一から巻四までが校正再版。「検定済教科書図書表」では、明治二〇年八月六日刊行の訂正三版本が、同年八月三〇日に検定を通過している。

編者の井田秀生は、翌年の明治二一年に、『小学高等新読本』（牧野善兵衛）八冊を、また同年に、『数学教授書』（愛和堂）、一八九四（明治二七）年に『皇国小文典』（明法堂）、一九〇九（明治四二）年に『書道手引』（博文館）などの教育関連図書を編集刊行している。

この教科書の巻一の構成は、文字学習から単語へ、単語から短句・短文へという語学主義に依拠している、記述内容は、知識と教訓が多く、子どもの興味関心に十分に配慮しているとは言えない。

巻二・巻三は、榊原芳野等の『小学読本』の発想とその教材を簡易化したような教材群が並んでおり、その間に田中義廉の『小学読本』から引いてきた教材が交じっているようにみえる。二つの読本の折衷路線と評していいだろう。もっとも、巻四には、多少読み物的な教材も入っており、若干の独自色も見られる。

外国読本から採られた教材には、巻四に、二匹の猫がひとつの食物を争った結果、猿の審判によって、すべてを失ってしまう話がある。公平な分配の執行者を装って猫を騙す猿の狡知と、黙ってそれを見ているしかなかった猫たちの無念さが題材になっている。この話は寓話であり、教訓的なメッセージを伝えることが目的である。しかし、ストーリー展開はなかなか興味深く、子ども読み物としても面白い。これは、*McGUFFY'S NEW Third Eceltic Reader* 1865 の、第三巻第一七課の教材「The Cats and Monkey」の翻訳である。第一部第二章で見たように、マックガフィーの読本から多くの教材を翻訳した読本には、明治初期に上羽勝衛の『童蒙読本』があったが、それ以降、このリーダーと日本の読本との縁はほとんどなかった。マックガフィーの読本は、アメリカではもっともよく使われていたのだが、それが日本の言語教科書の内容に大きく影響することはなかったのである。その点で、この『国民読本』がたった一つの教材ではあるものの、マックガフィー読本から、教材を調達していたことは注目していい。*2

また、別の「寓話」として、イソップの「狐と鶴」が、採用されている。この話は、ほかの小学読本にも採られていて、イソップ寓話としてもよく知られた話である。出典を特定することはできないが、子どもたちに教訓を与えるために、教材として撰ばれたのだと考えられる。さらに、『西国立志編』の第四編第一二の「オーデュボン」のエピソードも教材になっていた。自分の作品が鼠によって損なわれてしまっても、あきらめずに製作に励んだ画家の努力が題材である。また、出典不明だが、英国のブライアントが廃品回収で財を成した話も出ている。

このように、この『国民読本』の翻訳教材は、明治初年に使われた英語読本(リードル)や翻訳啓蒙書などの比較的古い材料から取材していることが分かる。これは、直近の外国読本などから積極的に取材した文部省の『尋常小学読本』と、大きく異なっている点である。

結局、この読本は、一回限りの発行となり、改定版は出なかったようである。発行者の長嶋為一郎は、埼玉でこれまで教科書を手がけてきた老舗で、奥付に併記されている吉川半七・牧野善兵衛も、東京で古くから出版活動に関わっていた。この三人は、別に内田嘉一の編集による『実用読本』八冊の刊行にも関わっているが、この本も、検定中期へは引き継がれなかった。この時、教科書編集に対する姿勢は、大きく変化してきており、第一章で見たように金港堂などは、そのための編輯所を設立するまでになる。明治検定期の当初には、一般書を取り扱う書肆も読本の作製に参加していたが、やがて、読本製作は、教科書専業出版社の一手販売となっていくのである。

＊

このように、明治一〇年代後半に作製された『小学読本』の中には、

○扠。再たびおれをはかるに。先きに軽かりしは。却て重く。先きに重かりしは。却て軽く。猫未だ均しからば。困りて。再たび重き方を食へり。

『国民読本』巻四

52 NEW THIRD READER.

5. The other scale was now too heavy. This gave the upright judge a fine pretense to take a second mouthful.

6. "Hold! hold!" cried the two cats; "give each of us his share of the rest, and we will be content."

7. "If you are content," says the monkey, "justice is not. The law, my friends, must have its course."

8. So he nibbled first one piece, and then the other. The poor cats, seeing their cheese in a fair way to be all eaten, most humbly begged the judge to give himself no further trouble.

9. "Not so fast, I beseech you, my friends," says the judge; "we owe justice to

McGUFFY'S NEW Third Ecletic Reader

『国民読本』 巻一 井田秀生著 明治二〇年三月 校正再版 長島為一郎・吉川半七・牧野善兵衛 定価金一〇銭

	オ	ウ
1	○カタカナ イロハニホヘ	トチリヌルヲワカヨタレソツネナラムウヰノオクヤマ
2	ケフコエテアサキユメミシヱヒモセスン ○ひらがな	いろはにほへとちりぬるをわかよたれそつねならむう
3	ゐのおくやまけふこえてあさきゆめみしゑひもせすん	○五十オン アイウエオカキクケコサシスセソ
4	タチツテトナニヌネノハヒフヘホマミムメモ	ヤイユエヨラリルレロワヰウヱヲ ○ダクオン
5	ガギグゲゴザジズゼゾダヂヅデドバビブベボ	○ジセイオン パピプペポ ○カズジ
6	一二三四五六七八九十百千	万 ○タンゴダイ一 イヌ ハト ホン
7	トリリスヌノワシカミヨシタキツルネコ	ナスウメヲサクリマツフネ ○タンゴダイ二
8	コマアリサルキネユミシカヱマモヽスキ	タヒカハ タフナヘカホ コヒ ニハイヘ サヲ
9	○たんごだい三 がん さぎ ふぐ ひげ かご ござ	きじ すゞ ぜん えだ ふぢ みづ うで ゐど ばち
10	たびべにつぼ ○タンゴダイ四 センスミカン サクラ	キツネテホン ヰモリ タラヒ ツクエ ホタル イカリ ロクロ ヘチマ
11	カヘル トリヰ ハヲリ ウチハ ヤタテ ノレン ○タンゴダイ五	トケイ チヨク ケフリ クワヰ ホクチ オモト ヌノコ マクラ ハサミ
12	コホリ アウム カツヲ キフス タンス ツラヽ シユロ ヤスリ サウシ	○たんごだい六 つゞら あしだ めじろ かざみ めがね くぢら
13	ゐのぐ ひばし はしご わさび ぶだう ねずみ くまで かまど たきゞ	さゝげ つるべ ぼたん ○タンゴダイ七 ムシカゴ ウンドン ヰノシヽ
14	ノコギリ オホカミ クモノス ヤマブキ マナイタ ケフダシ……	アサガホ サンセウ キキヤウ ユフダチ…… ○タンゴダイ八
15	シヒタケ ヒヨドリ モヽヒキ セキバン スヰセン スッポン……	シヨクダイ キンチヤク カキツバタ ミヅグルマ チヤウチン……
16	○タンクダイ一 マツトウメ ホントカミ クリトモヽ……	カハトタキ…… ○たんくだい二 がんのこゑ さぎのあし……
17	かごのうち きじのはね たびのそこ…… ○たんくだい三	あかきとりゐ しろきせんす おもきいかり うすきさうし……
18	ふときつらゝ ほそきひばし ○タンクダイ四 ホンヲヨム……	モヽヲヒロフ カキヲクラフ ニハヲアユム ハナヲミル……
19	クサヲカル タケヲキル…… ○タンクダイ四 ソコニユク……	カシコニカヘレ ナンヂニハナス カレニツゲヨ コレハヨシ……
20	イツモフカシ マダハヤシ マヘニスワル カシコニユキシヤ……	○短句 第六 日ノヒカリ アツキ日 日ハカゞヤク 月ノカゲ……
21	上ニノボル 上ヲアフグ ウヘハ上ナリ 下ニクダル……○短句 第七	上ヲ天トイフ 日ハ地ヲテラス 天ハヒロシ 下ヲ地トイフ……
22	火ノモユル ヒバチノ火 水ハ火ヲケス…… ○短句 第八	大ナル山 山ハタカシ 山ニノボル 川ニ水ナガル 小ナル川……
23	いへの内にいる 右にまがる 左にやまあり…… ○短句 第九	はまに石おほし 土のにんぎやう 瓦はかけやすし……
24	雨ハ土ヲウルホス サムキユフノ風 風ハ木ヲナラス……	○短文 第一 アシキ子ハ。ヨク、犬ヲウツ。
25	ヨキ子ハ。能ク本ヲヨム。杖ハ。犬ヲ打ツ。具ニアラズ。……	本ト着物ハ。汚スベカラズ。朝オキテハ。顔ト手ヲ。アラフ
26	○短文 第二 日ノ出ルカタヲ。東トイヒ。入ルカタヲ。西トイフ。	朝日ニ向ヘバ。右ハ南。左ハ北ナリ。春ハ。アタヽカニシテ。……
27	夏ハ。アツクシテ。冬サムシ。東。西。南。北。コレヲ四方ト曰フ。	春。夏。秋。冬。之ヲ四季トイウフ。○短文第三 砂糖ハ。アマク……
28	酒ハ。身ヲ害フ。ノミモノナリ。烟草ヲ吸フハ。アシキクセナリ。	牛乳ト。タマゴハ。能ク人ノ。ヤシナヒトナル。食物ハ。多ク……
29	子供ハ。多ク菓子ヲ。クラフベカラズ。○短文 第四	我は汝と。本をよむことを。好む。彼は能く。父母の。いひつけを。まもる。
30	汝は。表に行き。彼は。裏より帰る。汝は。紙と小刀を。彼に貸しや。……	凡て。借りたるものは。早く返すを。宜しとす。○短文 第五
31	鍋ト釜トハ。モノヲ煮ル。ウツハナリ。皿ニ。物ヲモリ。箸ニテ。コレヲハ	サム。包丁ト。俎トハ。食物ヲ切ル。ウツハナリ。
32	徳利ニハ。酒ヲ入レ。椀ニハ。汁ヲモル。桶ニ水ヲ汲ミ。瓶ハ之ヲ……	食物ノ道具ハ。キヨキヲ宜シトス。○へんたいのかな（変体仮名のいろは）
33	（変体仮名のいろは）続き	○アラビアカズジ 1234567890

『国民読本』　巻二—巻四　井田秀生著　明治二〇年三月　校正再版　定価各一〇銭

各課の「題名」はすべて無し。仮に題をつけた。

	巻二（仮題）	巻三（仮題）	巻四（仮題）
1	筆・硯・机・手紙	読み書き算の重要性	鉄道と汽車
2	箪笥・衣服・足袋	馬車・人力車・荷車	二匹の猫が争い、猿の審判ですべてを失う話
3	家とその作り	織物と衣服	雷の危険
4	兄弟と親戚	果実の種類	米国のアウヂボン、絵畫を失っても再度描く
5	量と長さの単位	工夫して遊ぶ子	獣類観察における綿密さ
6	重さの単位	寒帯・温帯・熱帯	日本武尊
7	船とその種類	蟻・蟻の努力を見て発憤した武将	農具
8	車とその種類	穀類	竜巻の恐ろしさ
9	学問と遊び	印刷	歩兵操練
10	職業	家畜の効用	風の様々
11	鳥	人体の構造	天長節
12	獣と魚	都道府県	英国のブライアント、廃品回収で財を成す
13	貨幣	神武天皇	捕鯨
14	蛙に投石する子《イ》	桑・茶・楮・漆・藍	狐と鶴《イ》
15	地球儀	槓杆	義経の鵯越
16	日本	滑車・斜面	雪の性質
17	気体・流体・固体	蜜蜂	水の行方
18	金属	石炭	東京から大阪まで
19	宝石	楠正成	虹㊉対
20		春の海岸	梁上の君子（後漢の陳寔）
21		海水の干満の理由	火山
22			学問の重要性
23			卒業にあたって

《イ》はイソップ童話　(対)は対話

『国民読本』表紙　明治20年

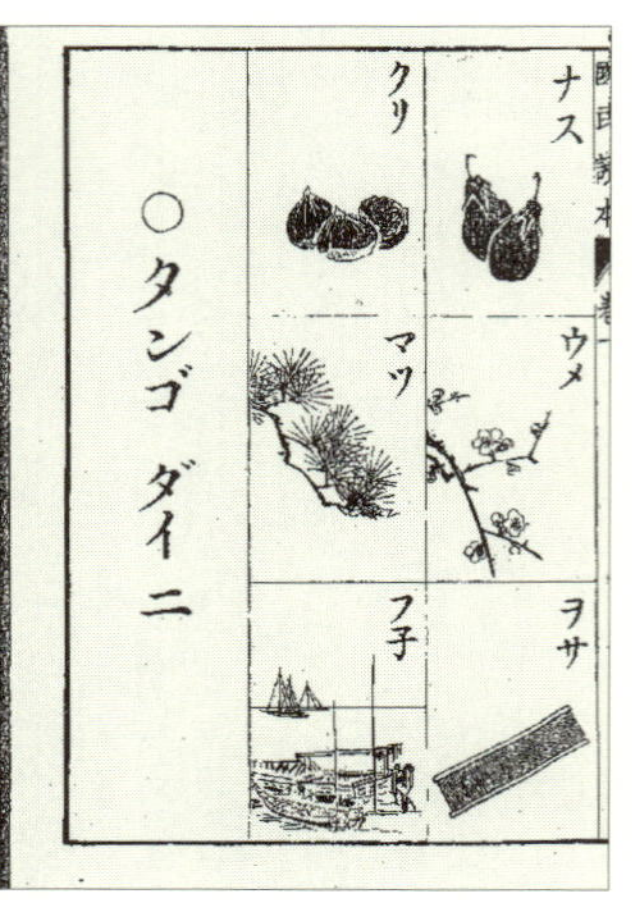

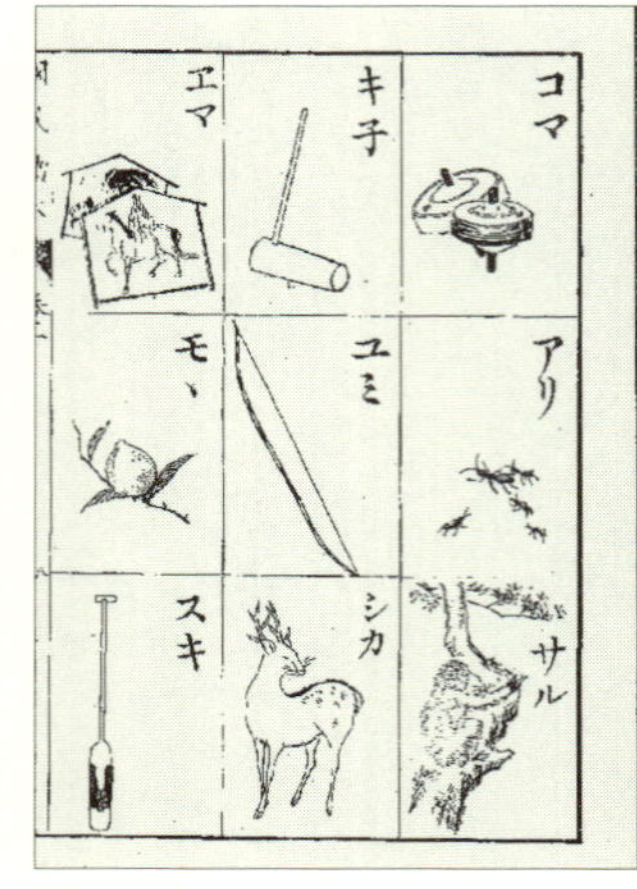

『国民読本』巻一　七ウ・八オ

それまでの言語教科書をベースにして作製された一群の読本があった。その代表として井上蘇吉の『小学読本』と、井田秀生の『国民読本』を検討したが、これらは古いタイプの教科書であって、それらは明治検定中期にまで引き続き発行されることはなかった。

三、高橋熊太郎の『普通読本』

『普通読本』の教材内容

次には、金港堂と並ぶ大手教科書書肆だった集英堂から刊行された『普通読本』を取り上げる。集英堂の経営者である小林八郎は、栃木県の一書肆から出発して、全国的な展開を図り、教科書販売で成功した。この点で集英堂は、金港堂とよく似た経歴の教科書書肆である。集英堂は、後に「学海指針社」の会社名も使用している。

『普通読本』の編者である高橋熊太郎についての詳細は不明だが、もとは栃木県の教員だったようだ。というのは一八八四（明治一七）年四月に、金港堂から小学校の教授法に関する書物である『小学教授規範』を共著で出しており、その「序」に西邨貞が高橋のことを「栃木県ノ教師」と記しているからである。また高橋は、明治一九年二月に、集英堂から『教育学字彙』を斎藤貞蔵と共著で刊行し、翌年の二月には、同じ斎藤貞蔵と共著で『小学普通作文書』巻一―四を刊行している。さらに、集英堂から刊行された、『高等科普通読本』八冊、簡易科用の『簡易読本』の編集にも当たっている。*3

高橋の編纂した教科書である『普通読本』の一編上には「凡例」があって、読本の内容として「道徳、地理、史伝、理科、及ビ農工商ノ実業等ニ渉リ、尤モ児童ニ解シ易クシテ、徳ヲ進メ智ヲ開クノ事項ヲ撰録セリ」という方針が記してある。材料として総合的な題材を取り扱っているということであるが、題目一覧からもうかがえるように、その内容はきわめて実科的な要素が強い。とりわけ二編・三編はそうした傾向が強く、単なる知識の羅列である。

前節で見た文部省の「読本」の系列に照らしていうなら、B系列の『小学読本』に相当する。とりわけ第一編上の文字提出の順序は、かなり古い機械的な方法によっている。したがって、この読本は、言語教科書の編集という点からみると、旧態依然とした編集方針に立っていると評価されても仕方がないだろう。

これら実科的な教材の間には、いくつかのストーリー性を持った教材が挟み込まれているが、これも内容的には、当時のほかの読本とそれほど異なったものが収録されているわけではない。それを、出典とともに順に挙げてみると、次のようになる。

三編上　忠義ナル犬ノ話　出典不明（外国）・盲導犬の話
　猫能ク友ヲ救フ　『小学読本』巻五―四
　Sanders' Union 2-5L, Willson 3-3-7-56
　親ノ戒ヲ守ラザル雛ノ話　出典不明（外国）
三編下　鼠亦孝ヲ知ル　『童蒙をしへ草』第二章（い）鼠の親を負ふ事
　仁徳天皇　史伝
　司馬温公　「破甕救児」（『冷齋夜話』）
四編上　子ニ教フル道　「孟母三遷」「孟母断機」（『蒙求・軻親断機』）

『普通読本』一編上・下　明治一九年一一月四日　版権免許　同年一一月　出版　明治二〇年三月一九日　訂正再版御届・同年度月同日　文部省検定　編者高橋熊太郎　出版人小林八郎

丁	面	内容			
1	オ	普通読本　単語第一	ハ		ハナ
1	ウ	ナシ	ウシ	ウマ	コマ
2	オ	タコ	タケ	ヲケ	ヲノ
2	ウ	ノミ	ユミ	ユリ	カキ
3	オ	カニ	サル	イヌ	イス
3	ウ	フエ	フ子	ムチ	ワン
4	オ	単語第二テホン	ツクエ	キセル	ヤタテ
4	ウ	ヤシロ	アヒル	トリヰ	オモト
5	オ	カタカナ五十音表			
5	ウ	ヘチマ	ヨメナ	ソラマメ	レンコン
6	オ	〃			
6	ウ	単語第三ガン	サギ	キジ	トビ
7	オ	ナベ	ゲタ	フグ	ウヅラ
7	ウ	ツバメ	子ズミ	ムカデ	カマド
8	オ	カウゾ	モミヂ	ボタン	ダンゴ
8	ウ	ザブトン	ゼニバコ	タバコボン	ペン
9	オ	ラッパ	ランプ	ピストル	スツポン
9	ウ	カタカナ濁音表			
10	オ	カタカナ次清音表　単語第四		もち	ゐま
10	ウ	けぬき	はおり	ふで	ぜに
11	オ	かご	ふぢ	つるべ	めがね
11	ウ	とんぼ	ざくろ	どびん	みづいれ
12	オ	はなぞの	てぶくろ	ながぐつ	江んぴつ
12	ウ	さゝげ	すゞり	たらひ	こほり
13	オ	かつぱ	ぽんぷ	ばんぺい	くじやく
13	ウ	きんぎよ	へうたん	ぶだう	ばせを
14	オ	らふそく	あふむ	しゆろ	すゐくわ
14	ウ	ひらがな　いろは歌			
15	オ	〃			
15	ウ	〈数字〉一二三四五　ヒトツ　フタツ　ミツ　ヨツ　イツヽ			
16	オ	六七八九十　ムツ　ナナツ　ヤツ　コヽノツ　トヲ			
16	ウ	〈短句第一〉きん　一ゐん。……　かみ　十まい。			
17	オ	〈短句第二〉モヽ　一ツ。ナシ　二ツ。……スモヽ　八ツ。ダイ〱九ツ。ミカン　十。			
17	ウ	〈短句第三〉たかきやま。ひくきたに。……ほそき江だ。あをきは。あかきは。			
18	オ	〈短句第四〉カゼフク。ソラクモル。アメフル。……ウヲオヨグ。ムシハフ。			
18	ウ	〈短句第五〉こまをまはす。たこをあぐ。……ふ江をふく。……なはをとぶ。			
19	オ	〈短句第六〉ヘヤノウチ。カキノソト。……モンノマヘ。イヘノウシロ。ウチヘイル。ソトヘイヅ。			
19	ウ	カミヘノボル。シモヘクダル。			

課	内容
1	本トソロバン。テホントサウシ。……
2	せきばんとせきひつ。ぬりいたとはくぼく。……
3	みゝと目。はなと口。したとは。……
4	ヒダリノ手。ミギノ足。ユビノツメ。……
5	いへにすむ。門に入る。やねをふく。……
6	ぜんにのす。わんにもる。かまにてかしぐ。……
7	モメンノヒトヘモノ。キヌノ袷。アツキ綿入。……
8	馬は人をのす。牛はくるまをひく。……
9	にはとりのとさかは赤し。からすのつばさは黒し。……
10	かひこは、まゆをつくる。みつばちはみつをかもす。……
11	梅ノ花ハカヲリヨシ。桃ノ実ハアヂハヒウマシ。……
12	つばきの花にくれなゐあり。ふぢの花にむらさきあり。……
13	稲は田にうゑ、麦は畑にまく。稲にうるちともちと……
14	山ハタカク、谷ハヒクシ。……
15	日の出づるころを朝といひ、日の入るころを夕といふ。……
16	日の出づる方を東といひ、日の入る方を西といふ。……
17	春はあたたかにして……
18	風烈シク吹キ、雨強クフル。烈シキ風吹キテ……
19	われをうみたる人を親といふ。男の親を父といひ、……
20	おなじ親のうみたる男子を兄弟といひ、女子を姉妹といふ。……
21	蝶ニハ翅四ツアリ……
22	あそべとまれ……（韻）
23	一人ノ男児アリ。スデニ紙鳶ヲツクリヲハリテ、……
24	前課ノ続
25	いろは（変体仮名）

1オから14オまでの紙面構成。
図版は、1オ・ウのもの

	二編上（課名なし）	二編下（課名なし）	三編上	三編下	四編上	四編下
1	本ハ紙ヲカサ子、	人ノ住ム所ヲ家トイフ	家畜ノ話	麻、紅、花、藍	書体	産業
2	折リタル手本。	座敷は多く床の間	犬	苧麻、草綿	蛍ノ話	前課ノ続
3	紙と墨。筆と硯。	竈ハ又ヘッツヒトモイフ	忠義ナル犬ノ話	茶	前課ノ続	砂漠の舟
4	石筆ノサキ。	飯櫃は木に箍をはめて	猫	漆	子ニ教フル道	前課ノ続
5	白墨は箱の中にあり。	茶碗ハ土ニテ焼キテ	猫能ク友ヲ救フ	桑、楮	前課ノ続	象ノ話
6	本箱、机、腰掛。本箱と	桶は木片を円く	馬	蚕	体操	亜麻
7	本、手本、草紙、筆、	火鉢ハ陶器或ハ	牛	蜜蜂	運動ノ方	コロンブスノ小伝
8	学校には数多の教場あり。	夜中火を点して	羊	鼠	延喜帝ノ仁徳	前課ノ続
9	此に書きたるものは教場の図なり	筆ハ大抵	豚	鼠亦孝ヲ知ル	森蘭丸	地球の五帯
10	凡そ人には士農工商の別	衣服は人の体に	雞	猴	学問ノ心得	前課ノ続
11	本ヲ読ムコトヲ知ラザルトキハ、	木綿トハ	親ノ戒ヲ守ラザル雛ノ話	前課ノ続	寒暖計	空気
12	学校は、読み書き算用等	衣服は	前課ノ続	兎、狐	時計	空気の流動
13	凡そ児童は、毎朝早く	単衣ハ裏ナキ	五穀ノ話	鹿、熊	アルフレッド大王ノ蝋燭	前課ノ続
14	二人の児童あり。一人は	洋服には上衣あり	稲	獅子	鯉、鮒	軽気球
15	学校に在りて、教を受け	我邦ノ礼服ハ	麦	珍シキ動物(対)	鮭、鮎、鰻	林中の返響
16	茲ニ三人ノ児童アリ。	足袋は多く	豆	蛙(対)	鯛、板魚、堅魚	雲ノ形状
17	学校には勉強の時間あり。	雨天ノ時ニハ	栗	金、銀	鯨	月ノ盈虧
18	前課ノ続	又雨を防ぎ	稗	銅	捕鯨の業	三界の答詞
19	君は好き石盤を持てり	凡ソ家ヲ作ルニハ	蔬菜	貨幣	東京	鉄道ノ勇少年
20	一人ノ女児アリ	凡そ家屋の内部を	前課ノ続	鉄	鳥ノ話	前課ノ続
21	前課ノ続	畳ハ藁ヲ幾重モ	梅、桃	石炭	稲の作り方	前課ノ続
22	前課ノ続(韻)	家屋の制には	梨、柿、葡萄	地球儀、地図	前課ノ続	山林ノ説
23	此ハ学校生徒ノ	家ノ前ニハ	柑、枇杷	五大州	老農子ヲ戒ム	松樹ノ説
24	前課ノ続(韻)	此庭の景色	地球の話	尺度	砂糖の製造	杉樹ノ説
25		春ヲ過ギ	前課ノ続	距離、面積	会社ノ営業	檜樹ノ説
26		秋になれば	富士山	斗量、斗衡	前課ノ続	灯明臺
27		冬来レバ	汽船	仁徳天皇	兵士の信義	松平信綱ノ話
28		今日は一月一日なり	汽車	司馬温公	前課ノ続	櫻井駅決別
29		今太陽ハ	海岸ノ遊	桜ノ記事	目アル人却テ不自由ナリ	弘安ノ役
30		前課ノ続	天長節	前課ノ続	前課ノ続	神武天皇

《イ》はイソップ童話　(韻)は韻文　(対)は対話

一編下・二編上・二編下は、第〇課と課名はつけたが、統一された話題がほとんどみられず短句単文の並列である。そのため、各課の冒頭の一文、あるいは一句のみを示した。

定価　一編上・五銭、一編下・不明、二編上・七銭五厘、二編下・八銭、三編上・九銭、三編下・九銭五厘、四編上・一二銭、四編下・一〇銭五厘。

小田切潭城　書　松本楓湖・小林檉湖　画　桒原三　刻

	延喜帝ノ仁徳	史伝
	森蘭丸	刀鐔の数の話
	アルフレッド大王ノ蝋燭	出典不明
	鳥ノ話	イソップ寓話（通俗三三）
	老農子ヲ戒ム	イソップ寓話（通俗四四）
	兵士の信義	*Elementary Moral lessons* M.F.Cowdery
	目アル人却テ不自由ナリ	「塙保己一」
四編下	コロンブスノ小伝	*Swinton's Fourth Reader* 5-6 How America was Found（挿絵も）
	林中の返響	*National Second Reader* 61 The Echo
	三界の答詞	*New National third Reader* 21 A King and Three Kingdom
	鉄道の勇少年	*Swinton's Third Reader* 25 The Little Hero of the Railroad
	松平信綱ノ話	史伝
	櫻井駅決別	史伝
	弘安ノ役	史伝
	神武天皇	史伝

和漢洋から材料を集めているのは、文部省の『尋常小学読本』と同じであるが、ストーリー性のある教材は、「道徳」教材として採用されているせいか、話の末尾に訓示が付いている場合が多く、かなり教訓臭が強い。だが、この『普通読本』の第四編の上・下に集中している外国読本から選ばれた教材は、少しその様相を異にしている。そのうちでも、いくつかの教材は、若干文学的な香りを漂わせてもいる。具体的に教材を紹介しながら、その特徴を検討してみたい。

教材「鉄道の勇少年」

まず、四編下の「鉄道の勇少年」である。この教材は、*Swinton's Third Reader* の第二五課が出典である。『普通読本』の教材文は、原典をかなり忠実に翻訳しており、そのおかげで、物語性豊かな雰囲気も残っている。もとのタイトルは、「The Little Hero of the Railroad」で、邦題もそれを踏襲している。

この教材に登場するのは「アンヂー、モーア（Andy Moore）」という名の少年である。田舎のあばら屋に住んでおり、自らの風采にも注意を払わない。鉄道の線路が家の近くにあって、機関車が通っていた。ある日、少年は、線路の破損を発見する。躊躇無く少年は、鉄路に立ちはだかって、汽車を止めようとする。急ブレーキをかけた運転手は、少年が乗客の命を助けてくれたことを即座に了解する。それを知った乗客は喜び、金銭を集めて彼に送る。

それから一五年が経過した。教材文は、次のように結ばれる。

アンヂーが、斯く勇ましき業を為してより、早一五年になれり、若し其所在を知らまく思ふ人あらば、告げまゐらせん、彼は今其鉄道の機関士となりて、三歳児ノ精神百までの譬に洩れず、深沈、勇果の人とぞ聞えける。

Fifteen years have passed since Andy's brave deed, and if you wish to know where he is now I will tell you. He is an engineer on this very railroad. And the coolness, the courage, the presence of mind, of the boy, mark the man.

話そのものは、いわゆる美談の範疇に入るが、語り手がその行動を声高に賞賛したり、お説教を垂れるようなことはしていない。その代わりに、一五年経過した少年の姿を紹介する。翻訳文も、しゃれた原文の結末部分の表現を、そのまま踏襲している。したがって、美文調ではあるが教訓臭はほとんど感じられず、読み手もこの話を感動的に受けとめることができるような仕組みになっている。先ほど稿者が「文学的な香り」と述べたゆえんである。

『普通読本』四下　鉄道の勇少年

"Andy stood in the middle of the track, and stretched out his little arms as far apart as he could."
("The Little Hero of the Railroad," p. 85.)

Swinton's 3rd Reader 口絵

また、この教材には、線路に立ちはだかる少年の挿絵が添えてある。両者を見比べれば、この挿絵が、原典である*Swinton's Third Reader*の口絵の石版画をそのまま模刻したものであることは、一目瞭然である。

ところで、鉄道の安全を専一に考えて行動したこの少年の話題は、単なる個人的な「道徳」の範囲を超えて、かなり広範な裾野を持っているように思われる。というのは、鉄道は、文明の利器であるとともに、きわめて公共性の高い交通機関だからである。こうした話材が、近代教科書の教材として取り込まれたのには、おそらく相応の理由があるだろう。

近代以前には、大量な物資の輸送は、もっぱら船舶の力に頼っていた。当然のことながら、河川交通網の利用は、自然の条件に大きく左右される。人間は、それを制御するため、掘り割りを作ったり、人工的に川の流れを変えたりしてきた。しかし近代に入ると、鉄路網を張り巡らすことによって、陸上を自在に行き来することが可能になる。すなわち、鉄道線路の敷設は、文明開化の象徴であり、実質的に近代の経済活動を牽引する生命線でもあったのである。

とすれば、鉄道交通の安全な運行を守ることは、近代的な価値を守ることと同義である。つまり、近代人なら、鉄道の線路に損傷を発見した場合、それをいち早く担当部署に通報し、場合によっては身を挺しても、円滑に列車の運行がなされるよう努力しなければならないのである。それは自分の身を慎み、主人に対する忠に励んだり、親に対して孝行をおこなうといった前近代的な「修身」概念とは異なった、「公共への奉仕」という新しい意識である。公共物である鉄道の運行の安全を守ることは、鉄道路線の定期的な運行を確保し、また大量の運搬物資の損失を防ぎ、なによりも列車に乗り合わせた多くの人命を救うことにつながる。

つまり、破損した鉄路を発見した少年が、それが原因で引き起こされる被害を想定して、その防止行動に専念することは、単なる個人的な善意の発露にとどまらず、個人が属する近代共同体への社会的責任を果たす行動なのである。そのことは、誰でもが同様の場面に立ち会うことがあったなら、そうした行動を取らなければならないという社会的な規範律でもあった。近代市民社会で必要な公徳の思想には、そうした強制力も含まれているのである。まだ社会性が十分に発達していないと思われる少年が、そうした行動を自発的に行ったところに、この話のポイントがある。[*4]

『普通読本』の「鉄道の勇少年」の原典であるスウィントン読本では、この話がいつどこで起こったのかという情報は、示されない。個人名だけは出てくるが、そのほかの事実については、曖昧に書かれている。というより、このエピソードの語り手が、そうした行為を個別の具体的な事実として伝達するだけではなく、それを顕彰して普遍的な価値観につなげようとする意図を持っているところに、この文章の特徴がある。

社会に関わる少年像

これと同じ話題は、アメリカの読本では、スウィントン読本より以前、すでにサージェント第三リーダーの三三課でも取り上げられていた。そこでのタイトルは、「Presence of Mind」となっている。事実情報の記載に乏しいスウィントン読本に対して、サージェントリーダーでは、事件の起きた年号と場所も特定されている。事件の起きたのは、一八五五年、場所はペンシルバニア州。ヨークの南五マイルにあるボルチモア＝サスケハナ鉄道の「tunnel bridge」が舞台である。この橋が火事で焼け落ちたのを発見したEli Rheemと言う名の少年が、定刻通り走って来た列車の前に立ちはだかって。それを止めたのである。少年は乗客から感謝され、また鉄道会社から百ドルを贈られた。この教材文は事実譚の体裁になっており、特別に少年の行動を誉めそやすような。語り手による主観的な記述は見られない。

日本では、スウィントン読本に先行して刊行されたサージェントリーダーが早くから使われており、とりわけ明治初期の「子ども向け翻訳啓蒙書」の主要なリソースになっていたことに関しては、第一部で述べてきた通りである。明治初年には、サージェント第三リーダーから、かなりの教材が取り上げられて邦訳されたが、この「Presence of Mind」は、どの翻訳者からも選択されなかった。その理由は、公共の精神に対する理解の困難さというよりも、単に、当時の多くの日本人には「鉄道」の話題が十分に理解できないと判断されたからかもしれない。

しかし、明治一〇年代以降になると、この話はようやくサージェントリーダーから翻訳され始める。教科書教材としては、一八八〇（明治一三）年、久松義典の『新撰小学読本』巻三第一五課に「汽車を救った少年」として紹介されたのが最初であろう。ここでは、登場人物が「アメリカの一少年」となっていた。また、一八八六（明治一九）年の阿部弘蔵『小学読本』（高等科）の巻六第二章にも「亜米利加ニ一少年アリ」として、さらには、一八八四（明治一七）年の『錦絵修身談』（修身教科書）巻二に、『エリーレーン』の仁」と題して、月岡芳年による口絵が掲載されている。加えて、『普通読本』とほぼ同じ一八八七（明治二〇）年二月に刊行された塚原苔園の『新体読方書』巻四上第一五課に、ペンシルバニアの「リーム」少年が登場する。これもサージェントリーダーからの翻訳である。
（『新体読方書』については後述する）

また、類話には、一八八八（明治二一）年の、文部省の『高等小学読本』巻三の第一課に登場する「親切ノ返報」がある。この教材の舞台も「亜米利加」という設定で、貧窮した寡婦とその娘が登場人物である。二人は、洪水によって流された鉄路の事故を、火を焚いて機関手に知らせ、列車を止めて災難を防ぎ、そのお礼の金で安楽に暮らすことができた、という筋になっている。この教材は、おそらくサージェントリーダーを書き換えたものか、次に示すロングマンスリーダーに依るものだと思われるが、題名の「親切ノ返報」からも類推できるように、「公共心」の発揮を描いたものというよりも、その結果得た返礼の方に話の軸足が傾いている。*5

さらに、それよりも少し後になるが、一八九四（明治二七）年刊の『新撰小学読本』（田沼書店）の巻六第一二課「汽車の危難を救ひたる話」と、一八八八（明治二一）年刊の『新撰普通小学読本 尋常科用』（松友学館）の巻六第一六課「汽車の危難をすくいたる話」や、一九〇一（明治三四）年刊行の『尋常小学国語教本』（育英舎）の巻六第一一課「童子の義気」なども、同じ題材である。*6

類似のストーリーは、イギリスのロングマンスリーダー第二第三五課にも登場している。この教材では、登場人物が少年ではなく、アメリカ人ケートという固有名を持つ少女で、強調されているのは風雨の中を必死に停車場へと向かうけなげでかつ勇気ある行動である。*7

この教材は、明治三四年九月に、高橋熊太郎の『普通読本』と同じ集英堂から刊行された『高等単級国語読本 乙編児童用』に、「大胆なる少女」として翻訳されている。この読本は、小山佐文二・加納友市の編集で、時期としては検定後期。修業年限二・三・四箇年の単級の高等小学校用の読本であるが、甲編乙編を交互に使用するように編集されている。つまり、尋常小学校を終えた子どもが、発展的に学ぶための教科書である。

話は、「昔、アメリカのある都の町はづれに、ケートといふ少女、父と共に住みゐたり。」と語り出される。ある暴風雨の夜、ケートが外出した父親を待っていると、戸外で大きな音が聞こえる。飛び出てみると、河にかかった橋が大水に流されており、それを知らずに進行してきた汽車は、客を乗せたまま河の中に落下していた。ケートは続いて走ってくる列車を止めようと、停車場に続く細い橋の上を腹ばいになって進み、ようやく後続列車の発車を食い止めるが、自身は卒倒してしまう。やがて、少女は息を吹き返して、多くの人々に顕彰される。

また、教科書ではないが、この話は、「修身読み物」の中にも登場している。それは、一八九〇（明治二三）年の沢久次郎『修身教育宝之友』と、一八九一（明治二四）年の飯尾千尋『小児立志談』、篠田正作『新編修身実話』の中である。『修身教育宝之友』の文章は、おそらく高橋熊太郎の『普通読本』の再録である。また『小児立志美談』の登場人物は、「里武の剛胆（きもつよく）にして機知（とんち）なる」小童であり、『新編修身実話』

は「米国の李（リー）という子供」で、最後には「私も共に此様に頓智が欲しい者です」と結ばれる。この本では、少年の「公共心」は、「頓智」にすり替わっている。（「修身読み物」に関しては、第六部第二章で触れる。）*8

こうしてみてくると、邦訳されたテキストには、サージェントリーダーが元になっているものの方が多いようだが、身を投げ打って鉄道を止めた少年（少女）の話題は、教科書などを介して日本にもかなり浸透していった様子が窺われる。その過程で、アメリカのリーダーに潜在していた近代市民の「社会的奉仕」の色合いも、少しずつ変質していく。それは、あるときは「報恩」になったり、「頓智」になったりしていた。また、『錦絵修身談』や『新撰普通小学読本 尋常科用』では、少年の行動が、儒教の徳目の「仁」に相当するとされている。

もともと日本の教科書には、子ども自身が主体的な判断のもとに社会に参加し、そこで公的な貢献をすると言った話題は、教科書の中にほとんど出てこない。出てきてもそれは、たいがい外国の少年少女の話である。日本あるいは中国の子どもが登場する話は、親や家族に対する「孝」や、主人に対する「忠」という徳目に押し込められてしまう例話がほとんどなのである。こうした中で、『普通読本』の「鉄道の勇少年」の教材は、それまでの日本の読本の話材の範囲を広げる役割をしたと考えられる。そのことはまた、子どもが主体的に社会に関わる姿を、日本の子ども読み物の世界に提供したと評価することも可能だろう。

だが、この後、教育勅語体制が確立し、教科書が国民国家確立の媒体として強力に機能するようになっていくにしたがって、「公共」へ関わろうとする精神は、ほとんど「国家」奉仕と等号で結ばれるようになっていく。すなわち、それは、国家を支える「奉公」へと束ねられるような方向になってしまうのである。その結果、このような普遍的な「公共心」を描いた教材は、変質するか、あるいは徐々に教科書からは姿を消していく。つまり、社会への貢献がそのまま国家への奉仕に連続するような話題ばかりが強調されていくようになるのである。*9

教材「兵士の信義」の特色

『普通読本』に掲載されていた、もうひとつの注目すべき教材は、四編上の「兵士の信義」である。この話の原典は、コウデリーの修身書 *Elementary Moral lessons* で、その第五課の「Be Slow to Promise, but Sure to Perform」を翻訳したものである。このコウデリーの本が明治初期の日本でかなり人気があったことは、第一部第四章で、すでに触れた。いずれも原本の抄訳ではあるが、*Elementary Moral lessons* の抄訳書として、一八七三（明治六）年に海老名晋の『訓蒙叢談』と深間内基の『幼童教の梯』が刊行されている。このうち、後者の『幼童教の梯』に、この話が取り上げられて邦訳されている。翻訳題は、「約二於人一須要レ不二軽忽一約須要二行履一」と原題の意をそのまま漢文訳しており、それに「敵を憫む事」という副題が付けられている。また、一八七七（明治一〇）年には、原本の全訳書として、『修身教訓』が文部省から出されたが、その題名は「之を期する緩舒なるべく之を行ふ確切なるべし」となっており、「匈牙利人闘争の奇談」の副題が添えられている。文部省の『修身教訓』には、原本からの挿絵が模刻されているが、ここでは、原典の *Elementary Moral lessons* から直接挿絵を引いておいた。なお、『普通読本』の「兵士の信義」に挿絵はつけられていない。*10

ストーリーは、次のように展開する。

時代は、ハンガリー戦争の時のこと。ハンガリーの兵士ホンヴェッドは、オーストリアの将校を銃剣で刺して傷を負わせる。瀕死の敵の将校の姿に哀れみをかけ、介抱しようとしたホンヴェッドは、彼から家族への手記を渡すことを依頼される。家族は、ボヘミアのプラハに在住しており、その手記がないと没落するとのこと。ホンヴェッドが、自身で手紙を届けると返事をすると、将校は「誓いを立ててくれ」とせまる。「私はハンガリー人だ、違約はしない」とホンヴェッドが答えるやいなや、将校は息絶えてしまう。本部へ戻ったホンヴェッドは上司に休暇の許可を請うが却下される。やむをえず彼は陣営を抜け出て、四百マイルの旅をして約束を果たす。再び、陣に戻ったホンヴェッドは軍規を破った廉で軍法会議にかけられ、裁定の結果、銃殺に決まる。死の間際にあたって、ホンヴェッドは、臆することなくこう叫ぶ。「私は、自分の名誉と自分のことばに誓約した。私はそれを守る義務がある。万歳、故郷！（拙訳）」

Elementary Moral lessonns の挿絵

　確かにホンヴェッドは、オーストリアの将校との「信義」を守った。それは、国家を超えた信義だった。つまり、ここには、個人の約束の方が国家の規律よりも優先する、という論理が伏在している。しかし、個人の都合で戦線を離脱することが許されるなら、国家同士の戦争継続は不可能になってしまう。だからこそ、軍律を破ったホンヴェッドは、軍法会議によって死罪になったのだ。また、ホンヴェッド自身もそのことをよく承知していたからこそ、従容として死に赴いたのである。この意味で「兵士の信義」の話は、国家幻想に絡め取られない個人間のヒューマニズムの物語として受けとめることができるかもしれない。

　だが、兵士ホンヴェッドの「信義」は、死に行くオーストリアの将校個人に対してのみ遂行されたのだろうか。ホンヴェッドが銃殺される寸前に叫んだことばが、「万歳、故郷！」だったことに注意を向けてみよう。英文では、それが「Elgen a haza! (Hurrah for my native land)」と表記されている。「Elgen a haza!」は、ほかならぬハンガリー語（マジャール語）である。すなわち、この文章の書き手は、兵士ホンヴェッドが最後に叫んだのが彼自身の母語であるハンガリー語だったことを、特段に強調したかったのだ。そのために、「Elgen a haza!」と、わざわざハンガリー語表記を使い、それを理解できないであろう英語読者に対して、英語で「Hurrah for my native land」と補注したのである。

　このことは、オーストリアの将校に「誓いを立ててくれ」と言われたときに、ホンヴェッドが「私はハンガリー人だ、違約はしない」（Sir, I am an Hungarian; I give you my word）と、述べていたこととも、深く関係している。彼が忠誠を誓ったのは、確かに将校個人に対して、であった。が、この時ホンヴェッドは、わざわざ自分がハンガリー人であることを言い立てた上で誓約している。つまり、彼は国籍を離れた一個人としてではなく「ハンガリー人（マジャール人）」として、将校の属するオーストリア国家に誓いを立てたのだ。それを破れば、ハンガリー人一般が、オーストリア国に対して破約したのと同じことになる。

結果的に、ホンヴェッドは自国の軍律を犯してまで、「個人的」な約束を果たす。だがそれは、自らの所属する「ハンガリー」に対して、自分がハンガリー人だという矜持を守るための行為でもあった。銃殺刑を受け入れたホンヴェッドが、自らの所属するハンガリー地域共同体に向かって祝福を与えて息絶えたのは、ハンガリー全体の名誉を守ることができたからなのだ。言い換えれば、ホンヴェッドは目の前の現実的な制度としてのハンガリー軍隊に忠節をつくしたのではなく、その背後に観念として控えているはずのハンガリーという国家共同体に「信義」をつくしたのである。こう考えると、この話は「個人間のヒューマニズムの物語」ではなく、個人が国家共同体幻想を積極的に創り出し、そこへの参加を確認する物語としても読めてくる。

この物語の舞台になった「ハンガリー戦争」とは、一八六七年にオーストリア＝ハンガリー帝国が成立する以前に、両者の間で起こった小競り合いである。その後、両地域はオーストリア＝ハンガリー帝国として統合される。コウデリーが、アメリカで *Elementary Moral lessons* を刊行した一八五六年には、まだ、オーストリア＝ハンガリー帝国は存在していなかった。しかし、その後、ドイツ人とマジャール人などの諸民族を抱えて成立したオーストリア＝ハンガリー帝国は、ただちに近代国民国家としての国家編成をする必要に迫られる。つまり、諸民族を統合し、それらを結びつけるための愛国心や国家への忠誠という国家意識を涵養することが、きわめて重要な課題になってくるのである。この物語は、そうした当時の輻輳した時代状況における民族意識や言語意識を背景にして成り立っている。

以上のような歴史社会的文脈にこの話を位置づけてみるなら、ホンヴェッドが、「ハンガリー国家万歳」ではなく、「万歳、故郷」と叫んだことや、それをこの文章の書き手が「Elgen a haza!」というマジャール語で表記したことの意味は、なかなか深長なものがある。おそらくこの問題は、故国と愛郷心、あるいはそこに言語がどのように係わるのかという問題を追求することなしには、解明されることはないだろう。それは、「想像の共同体」としての近代国家成立の過程に、ナショナリズムや国家語がいかに関与するのかという議論にもつながっていく。ここでは、そうした論議に深入りすることはしないが、この「Be Slow to Promise, but Sure to Perform」というテキストは、歴史社会的文脈を導入して読むことで、さらに別の世界を我々に示してくれる可能性がある、ということだけは確認しておく必要がある。[*11]

「兵士の信義」の国家意識

これに対して、『普通読本』の「兵士の信義」では、「Be Slow to Promise, but Sure to Perform」を、脱歴史文脈で読む、という路線を採用している。つまり、『普通読本』の教材文の冒頭は、「昔欧羅巴にて、ハンガリー国とオーストリー国と、兵を交へたることあり。」と記されており、いつの時代の話なのかの紹介を省いていた。それは明治六年に邦訳された深間内基の『幼童教の梯』でも、明治一〇年の文部省の『修身教訓』でも、同様であり、年紀の記述はない。日本のテキストでは、特定の歴史文脈という解釈枠を、あらかじめ外しているのだ。むろんこうした処置には、やむを得ない側面がある。というのは、これを読む日本の読者たち、とりわけ『普通読本』を学習する子どもたちにとって、当時の東欧の政治状況や国際関係を背景にした上で、この物語を解読することは、大変な困難をともなうからである。翻訳者自身にしても、そうした複雑な社会的知識をどこまで承知して翻訳に臨んだのかは、あやしいものである。

また、どの日本の翻訳者たちも、この兵士の最後の叫びが、「Elgen a haza!」というマジャール語になっていることを紹介していない。したがって、なぜ命の瀬戸際にこの兵士が「万歳、故郷」と叫んだのかという問題に立ち止まって、その意味を深く考えさせるような翻訳文は、日本には存在しなかった。

もっとも、原本であるコウデリーの*Elementary Moral lessons*にしても、東欧の歴史状況と引き合わせてこの話を読むことを要求しているわけではない。「Be Slow to Promise, but Sure to Perform」の話の後に付けられている読者に向けた「設問」にも、この話の歴史的背景への言及はまったくない。もともと原本の第五章の構成は、「Obeservance of Promises」(約束を守ること)という題名のもとにいくつかの話が集められていて、この話はそのうちの一つとして位置づけられている。この題材だけを取り上げて、兵士の「約束」の意味を歴史的文脈の中で考えさせるのではなく、「約束」をめぐるいくつかの話群の中の一つのエピソードとして位置づけられていたのである。この教材に求められていたのは、固有の歴史的メッセージを考えることや、時代背景を導入しなければ理解できないような解釈だったわけではない。あくまでも原本の編集主旨は、「約束」に係わる様々な話をモラルの問題として受けとめることであり、それによって、学習者それぞれの精神生活を高めていこうとするところにあった。

とすれば、日本でも、この話が、旧来の日本の倫理的枠組みに即して理解されていくことになるのは、必然の筋道である。『普通読本』の「兵士の信義」では、兵士は「惻隠の情」を萌して、士官をいたわり「戦闘は私事にあらず、死生固に是非もなきことなり」と述べる。その「義気」に感じた士官は、兵士に書状を託す。営舎を抜け出て、約束を果たし、砲刑に処せられることになった兵士は、最後にこう言う「我ガ此刑ニ就クハ、固ト言ヲ履ミ義ヲ全ウセンガ為ナリ、一身ノ為メニハ哀ムベキモ、郷国ノ為メニハ賀スベキニアラズヤト、終ニ弾丸連射ノ下ニ絶命セリ。誠ニ比アルマジキ信義ナリ。」。[12]

『普通読本』の編者である高橋熊太郎が、「誠ニ比アルマジキ信義ナリ。」と、この兵士の行動を高く評価しているように、「信義」の問題は、二人の人間の間の、真の友情と見紛うような感情の交流の問題に回収されている。無常観を背景とした武士道精神の発露という言い方も許されるかもしれない。だが明らかにそれは、近代国家間の国家を挙げての総力戦の中で展開される論理ではない。

もちろん、先ほどから検討してきたテキスト「Be Slow to Promise, but Sure to Perform」の本文に立ち戻って、その国家意識の質を検討するような方向で学習が組織されたなら、近代国民国家の必要性へと読み手を導くことはできるかもしれない。その中で個人としての感情よりも、国家幻想の方が優先する、というメッセージを確認することも不可能ではないだろう。あるいは「郷国ノ為メニハ賀スベキニアラズヤ」という文言だけをを切り離して取り出し、強引に国家主義路線に引き込むという方向もある。しかし、この『普通読本』の教材文は、明らかに個人の「信義」が前面に出た翻訳になっている。こうした普遍的な人間観の描出は、「国家」至上主義を相対化しかねない。すなわち、現実の戦時下では、声高に主張しにくい論理である。この後、日本は、実際に他国との近代戦という経験をすることになる。もし、その交戦の最中に、こうした教材が教科書に掲載されたとすれば、かなりの抵抗が生じるはずである。

こう考えてくると、『普通読本』が刊行された時期が明治二〇年代初頭だったからこそ、「兵士の信義」のような教材が、教科書への掲載が可能だったのではないかという判断が導かれる。この後、教育勅語が公にされ、また明治政府によって日本最初の本格的な対外戦争である日清戦争に突入する際には、敵国兵との信義を守るために自国の軍規を犯すというような主旨の教材は、基本的には弾き出されてしまう。[*13]

すでに述べたように、高橋熊太郎の『普通読本』は、全体としてみると実科的な教材が多く、知識伝達を中心的な目的として作られていた。ストーリー性を持った教材も日本の史伝が多く、必ずしも西欧志向の教科書ではない。おそらくそのことが、検定前期の教科書として、多くの支持を得た大きな理由であろう。だがそれにもかかわらず、この後、進行していく日本的国家主義教育体制とは、若干距離のある「鉄道の勇少年」や「兵士の信義」などの教材も撰ばれていた。編集者のどのような意図で、そうした教材が選択されたのかは不明だが、日清・日露戦争の過程で形成されていく世間の国家意識から見ると、「兵士の信義」などは、違和感を表明される可能性が大きい教材であったことは間違いないだろう。おそらくもう十年遅かったら、こうした教材は教科書という媒体には、載せられなかったにちがいない。この教科書が、検定前期の代表的な教科書として普及することが可能だったのも、そうした時代性と無縁ではありえないのである。

高橋熊太郎と子ども読み物

先にも見たように、高橋熊太郎は、もっぱら教育関係の文筆の仕事に従事していたようだが、「子ども読み物」との関係でも、注目される業績を残している。それは、『秀吉の遠征』と題した子ども向けの書物の作製である。表題には「少年世界」シリーズの第一篇という記載があり、国立国会図書館が所蔵している。残念ながら、この本は、刊行年も出版社も不明であるが、国立国会図書館蔵本には「東京図書館蔵」の角印があり、「明治二四年三月一六日」の受け入れ印が押されている。したがって、この本の刊行日は、それ以前だと推測される。おそらく、一八九一(明治二四)年の初頭に出版されたのではないか。[*14]

知られているように、本格的な子ども向け読み物シリーズ刊行の嚆矢は、一八九一(明治二四)年一月から博文館から刊行された「少年文学」(全三二巻)である。その首巻にあたる巌谷小波の『こがね丸』の成功によって、この後、子ども向けのシリーズが続々と企画されるようになった。このシリーズで使われた「少年文学」という用語は、『こがね丸』の「凡例」によれば「少年用文学との意味にて、独逸語の Jugendschrift (juvenile Literature) より来れる」と定義されている。つまりは、子どものための読み物集である。また、同じ博文館からは、同年の二月に、小中村義象・

落合直文による『家庭教育 歴史読本』シリーズが刊行され始める（全一二巻）。こちらは、冒頭に「教育勅語」が掲げられており、忠臣孝子を主人公とする歴史物語である。この本も、きわめて好評で販売部数を伸ばす。内容的には、第六部で取り扱うことになる「修身読み物」に近い。

　これらの博文館のシリーズと前後して高橋熊太郎が刊行した「少年世界」シリーズは、学校教育との関係をうたっている。冒頭に掲げた「少年世界発刊の主意」では、まず、少年の教育には学校教育のみではなく家庭教育・社会教育が必要なこと、そのため欧米では少年書類を刊行し、図書館を充実させていることなどに触れた後、次のように述べている。

> 近来本邦の教育家も学校教科書外に佳良なる趣味多き各種の少年書類の必要を認めその著作出版を奨励して止まざるに至りたり而してその梓に上る所のものを見るに真に少年教育の目的を以て出づるもの少し余輩夙に茲に感あり大に少年書類出版の事を計画し今やその準備なり四方大家の翼賛を得て地理、歴史、理科及び各種の伝記、物語等期を定めて逐次上梓し以て父兄諸君朝夕の教化に資し少年諸子の余師に供し聊か学校以外の教育に寸功を致さんとす冀くは江湖の父兄少年諸君余輩の微志を賛成せられんことを謹白

ここには、近年「少年書類」の必要性が叫ばれ、またその出版もされ始めた、という現状認識が記されている。

　知られているように、一八八六（明治一九）には、山縣悌三郎のバックレーの原著を翻案した科学読み物『理科仙郷』が刊行されており、また、一八八八（明治二一）年には、少年雑誌『少年園』が、またその翌年には、類似の雑誌『日本之少年』『小国民』が出されていた。博文館が一八九一（明治二四）年に「少年文学」シリーズを刊行したのも、こうした子ども向け読物への注目という気運に乗ったものであったことはいうまでもない。学校教育の中で一定のリテラシー能力を身につけた多くの子どもたちが、課外読み物を求め始めていたのである。

　また、大日本教育会は、一八八九（明治二二）年二月に「少年書類懸賞募集」を行い、三輪弘忠の『少年之玉』が入選している。募集要項には、「十歳内外ノ児童ノ読ムベキ良書ハ実ニ寥々其影ヲ見ズ」という状況認識が示されおり、その欠を補うための懸賞募集だった。募集にあたっては、「少年書類」という用語が使用されており、教育関係者の間で「少年書類」という単語とその内包が認知され始めたことも想像させる。ちなみに、この時、大日本教育会が募集したのは、具体的には「小学尋常科第一学年級以上ノ一年級ヲ卒リタル児童ノ智識ヲ標準トシ」た「趣味多キ書籍」だった。小学校の最初の一年間で、基本的な読み書き能力を身につけた子どもたちが読むべき、まとまった書物が必要とされていたのである。ただし、その内容は「修身ニ益シ又ハ艱難辛苦ヲ冒シ主トシテ農工商上ニ身ヲ立テタル者ノ事績或ハ理科ニ関スルモノタルコト」と定められていた。教育関係者たちは、子どもための「少年書類」は、修身談、立身出世譚、科学読み物などが適当だと考えており、募集にあたっては、あらかじめ書物の記述内容まで規定していたのである。ここからは、教育サイドの人々が「少年書類」の内容を、どのようなものであるべきだと考えていたのかが分かる。*15

　高橋熊太郎の「少年世界」のシリーズの刊行も、こうした「少年書

類」が求められていた当時の時流に棹さしてなされたのだった。もし高橋の「主意」の通りに、このシリーズが続々と出版されたならば、博文館とは別のコンセプトの「少年書類」が、広く行われることになったかもしれない。しかし、どうやら高橋の「少年世界」シリーズは、この第一巻を刊行しただけで、終わってしまったようだ。『秀吉の遠征』の中で予告されていた第二巻は、内容的に見て、第一巻よりかなり遅れて一八九三（明治二六）年四月に学友館から刊行された『日本と蒙古の対戦 元寇』という題名の著作が、それだと判断できる。この本は、元寇記念碑の建設に邁進したことで知られている湯地丈雄と高橋との共著による少年読み物であるが、「少年世界」シリーズの一冊とは謳ってはいない。

なお、『秀吉の遠征』の「例言」には、「児童心意の発育順序は凡六七歳迄を直覚期とし、一四五歳迄を想像期とし、一八九歳までを論理期とす、故に著者は此の書を以て想像期に適応せしめんとの考えなり」と、発達段階と読書材との関係に触れた発言がある。子どもの発達と読書材との関係に関しては、ヘルバルト派教育学の主張が日本に導入されることによって、教育界でも盛んに議論されることになるが、こうした考え方が提示され、それに基づいた子ども向け読み物の企画がなされ始めていたことは、子ども読み物の展開という観点からも興味深い。

このように高橋熊太郎は、子ども読み物の出版にも関心を持ち、学校で使われる教科書の編纂と同時に学校外の読み物の刊行までも視野に入れて、その作業に一歩踏み出した人物だったのである。[*16]

四、辻敬之・西村正三郎の『尋常小学 読本』

『尋常小学 読本』の構成

辻敬之は、明治一〇年に東京師範学校の小学校師範科を卒業し、千葉師範に赴任する。ここで辻は、教育雑誌である『培根社雑誌』の編集を経験した。一八八二（明治一五）年に「普及舎」を創立して、東京師範学校出身出版社主の先駆けとなる。普及舎からは、若林虎三郎の『改正教授術』を初めとして、多くの教科書や教育書を刊行しており、辻自身も『通常動物』『通常植物』『通常金石』『錦絵修身談』『錦絵修身教場掛図』などの教科書類の執筆を手がけている。

また、辻は、一八八五（明治一八年）四月に、普及舎とは別に「開発社」を設立し、岡村増太郎を前面に立てた教育雑誌『教育時論』を刊行する。昭和九年五月まで、四九年間も続いた『教育時論』は、木戸若雄の言い方を借りるなら「教育雑誌の第一人者」であり続けた。この雑誌を成功させたことも辻の大きな業績であろう。なお、辻敬之は肺炎のため一八九二（明治二五）年に逝去している。[*17]

この辻敬之が編集した『尋常小学 読本』も、高橋熊太郎の『普通読本』同様に、検定前期には、かなり受け入れられて普及したようだ。教科書の構成は、次のようである。

巻一では、片仮名から始まり、次に平仮名の習得をして、連語に移る。ここでは、若林虎三郎が手がけた『小学読本』のように、一文の中に絵を混入させて、学習者に視覚的な理解を求めるように工夫したページも多い。「読本」による入門期の教材として、「庶物指教」の考え方を応用したものであろう。このように名詞の部分に文字ではなく図を使用して、語彙を広げたり、文型を意識させようとする教材は、この時期、多くの読本に見られる。

読み物関係の教材は、特に同時期のほかの読本と変わったところはない。ただ、外国読本由来の教材選択が、きわめて少ないことは、指摘できる。巻五第七課の「主人を救った犬」だけは外国読本からの訳出したようにも見えるが、原典は不明。それよりも、日本の「史話」が多いことが、この読本の特徴である。巻五から巻八にかけて、日本の歴史を取り上げた教材が並べられており、日本の天皇や武人が登場している。

日本の昔話として、「猿蟹合戦」が取り上げられていることも注目される。しかし、収録されているのは、最高学年である四年生用の「巻八」である。この位置付けは、文部省が刊行した『尋常小学読本』が、二年生の後期用の「巻二」に収録した考え方とは、対照的である。辻・西村の『尋常小学読本』においては、日本昔話の収録は、この「猿蟹合戦」だけで、全体の教材の並びから考えると、やや唐突の感を免れない。

文部省の『尋常小学読本』の教材文と、辻・西村の『尋常小学読本』の教材文との、冒頭と最後の文章を抜き出してみると、次のようになる。

文部省『尋常小学読本』巻之二・第四課

むかし 猿 と かに と あり。かに ハ、或る よこちやう にて、にぎりめし を 拾へり。猿 は、又 柿 の 種 を 拾へり。猿 は、かに を だまし、にぎりめし と 取りかへたり。

かに は、その 種 を 持ちかへり、「早く 芽 を 出せ 柿 の 種、出さぬ と はさみ で はさみきる ぞ」と 云ひて、庭 に 蒔けり。

其後 かに ハ、まいあさ 行きて 見しに、柿ハ、程なく 芽 を 出だせり。かに ハ、芽 を 見て 喜び、「早く 花 咲け 柿 の 木 よ、咲かぬ と はさみ で はさみきる ぞ」と 云ひし に、間 も 無く 花 咲きたり。かには、咲きたる 花 を 見て、又「早く 実 を 持て 柿 の 木 よ、もたぬ と はさみ で はさみきる ぞ」と いひしかば、忽ち 又 実 を 持ちたり。(中略)

猿 は、いたさ を こらへかねて、逃げ出でん と する 時、だいどころ の こんぶ にて、滑りころべば、てんじやう より 臼 落ち来りて、つひに おしつぶされたり。

此猿 は、何故 に、かゝる うき目 に あひたる ぞ。

辻敬之・西村正三郎の『尋常小学読本』巻八・第一一

昔いつのころにかありけん、ある渓川のほとりに住む蟹ありて、一の握飯をもちたりけるが、爰に又この蟹の常に近しく交わりて、互に往かふ山猿ありけり、柿の核一拾ひたりしが、当座の食物となしがたければ、いかで蟹の持ちたりける握飯とかへんものと、蟹の方へ音づれ、詞を巧にして交易の事を説き勧めしに、蟹は永遠の利を思ひて異議なくこれを替へてけり、扨核を日向よき地に栽ゑて、芽や出づると待つ間程なく、既に嫩芽をめぐみたれば、蟹は深く喜びて疾く花咲けかし実なれかしと、嫩芽の中より思を凝らして、丹精を竭す程に、年月は早くも過ぎていつしか実を結ぶ頃になりけり、(中略)

此の時蟹は猿のほとりへ大股に歩みよりて、子細に其の罪悪を教へ聞かせ、やがて所持の鋏を打ち振りて、其の首を鋏切りけると云ひ伝へたり、昔人の談は、斯る寓言にさへも、勧善懲悪の旨を啣ませたり、いとめでたきことにこそ。

文部省の教材文は、「単語分かち書き」を採用し、漢字の数も控えめ

『尋常小学読本』 辻敬之・西村正三郎合著 明治二〇年九月二二日文部省検定済 明治二一年三月三〇日訂正再版印刷 四月九日出版 普及舎

巻一

1	第一 ト	ト
2	第二 リ、ス	トリ リス
3	第三 キ、ク	スキ キク
4	第四 ル、マ、ウ	クルマ ウマ
5	第五 ツ、タ、ケ	マツ タケ
6	第六 シ、ナ、子	ケシ ナタ子
7	第七 コ、ズ、ミ	子コ 子ズミ
8	第八 ノ、カ、サ	ミノ カサ
9	第九 ラ、ハ、チ	サラ ハチ
10	第十 ン、イ、ヌ	チン イヌ
11	第十一 テ、ヰ、セ	ナンテン スヰセン
12	第十二 ジ、ガ、ヅ	キジ ガン ウヅラ
13	第十三 バ、ヒ、ソ、ロ	セキバン セキヒツ ソロバン
14	第十四 ニ、メ、エ、ビ	カニ カメ エビ
15	第十五 ユ、フ、ヨ、モ、ギ	ユリ フキ ヨモギ
16	第十六 ホ、エ、ブ	ホン ツクエ ブンコ
17	第十七 ゾ、ド、ポ、プ	ミゾ キド ポンプ
18	第十八 ワ、ゼ、ボ	ワン ゼン ボン
19	第十九 ヲ、レ	ヲケ レンギ スリバチ
20	第二十 ヘ、ム、デ	ヘビ ケラ ムカデ
21	第廿一 ペ、ピ	ペン フデ エンピツ
22	第廿二 オ、ヤ、グ	ハオリ キモノ ヤグ
23	第廿三 パ、ダ、ゴ、ベ	パン ダンゴ センベイ
24	第廿四 ゲ、ヂ、ア、ザ	ゲヂ アリ エンザムシ
25	カタカナ 五十オン	
26	〃	
27	〃	
28	ニゴリオンノカナ（濁音）	
29	ジセイオンノカナ（半濁音）	
30	カズモジ（漢数字）	
31	第一 カキ クリ	かき くり
32	第二 リンゴ ナシ	りんご なし
33	第三 シジミ ハマグリ	しじみ はまぐり
34	第四 ムチ クツワ	むち くつわ
35	第五 トケイ ヤタテ	とけい やたて
36	第六 エビ フグ ヒラメ	えび ふぐ ひらめ
37	第七 ザル ウド 子ギ	ざる うど ねぎ
38	第八 タコ イカ スルメ	たこ いか するめ
39	第九 ゲタ ワラヂ カラカサ	げた わらぢ からかさ
40	第十 ヨシ フトヰ オモダカ	よし ふとゐ おもだか
41	第十一 ヱマ スズ ワニグチ	ゑま すず わにぐち
42	第十二 ホロ サヲ	ほろ さを
43	第十三 マツ ユキ ソノ	まつ ゆき その
44	第十四 ヘビ セミ スギ	へび せみ すぎ
45	第十五 クシ カガミ ケヌキ カンザシ	くし かがみ けぬき かんざし
46	第十六 アンドン ボンボリ ヒバチ テツビン	あんどん ぼんぼり ひばち てつびん
47	ひらがな いろは	
48	〃	
49	にごりおんのかな（濁音）	
50	じせいおんのかな（半濁音）	
51	マツトタケ ［竹］トスズメ ［雀］トツル ［鶴］ト［松］	
52	みぢかきにんじん ながきふき ふとき［蓮］ ほそきだいこん	
53	［山］タカシ タニヒクシ ミキフトシ エダホソシ	
54	かぜふく あめふる とりとぶ ［花］ちる	
55	［草］ヲヌク ニハヲハク ゴミヲトル ミヅヲウツ	
56	けしのはな ［罌粟］のみ なのはな ［菜］のたね	
57	ウシノツノ ［牛］ノチチ ウマノヲ ［馬］ノタテガミ	
58	くるまにのる 舟にのる 椅子による やまにのぼる	
59	一マイノカミ 二ホンノ［筆］ 三バノカラス 四ヒキノ［犬］	

右は1から46までの紙面構成。左は51と52の紙面。表の［ ］の文字の部分は絵になっている。

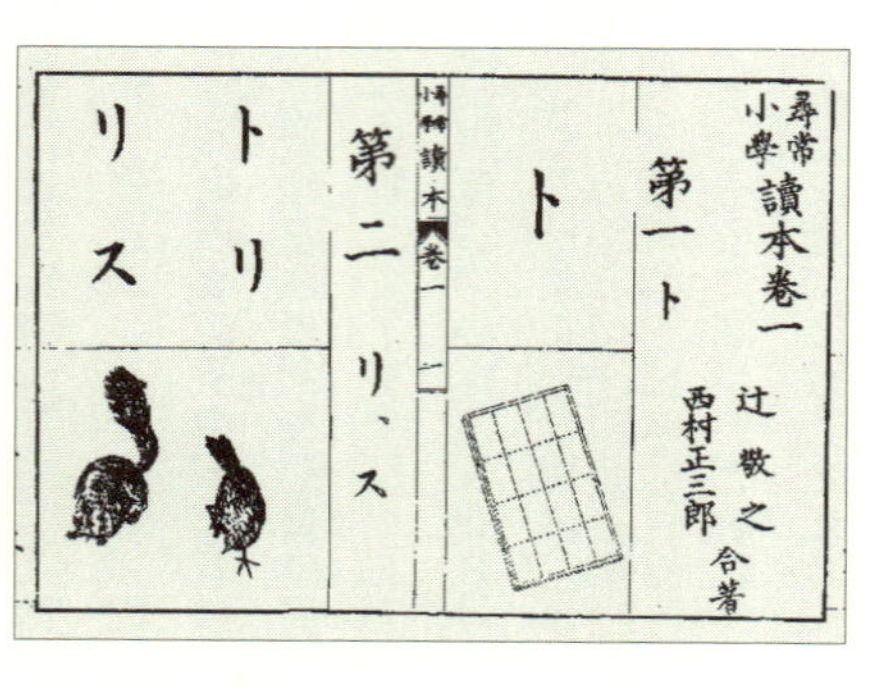

	巻二（途中から課が始まる）	巻三	巻四	巻五	巻六	巻七	巻八
1	イハ　ニハ……	大木	猫	蒸気船	雪	中大兄皇子	甘藷
2	あさがほ　ゆうがほ	凧	花園	闇夜	東京	住居の位置	日光
3	タヒ　カヒ……	ものさし	動物・植物・鉱物	戦争	京都	会社の種類	戦国時代
4	なへ　かへる	考と誠	蟻	幻灯	空気	大阪	支那
5	ウグヒス　キナケ	大工	葡萄	酒	空気の組成	鎌倉	蚕
6	かをれ　にほへ	方角	掃除	魚	菅原道真	源平の盛衰	内蔵の働き
7	へんたいひらがな	兄弟姉妹	起床	主人を救った犬	楓	稲の種類	牛の飼い方
8	拗音・長音・拗長音など	四季	自転車	開港場	楠木正成	茶の歴史	毛織物
9	の単語	耳と目と口	角と牙	暑さ寒さ	織物の種類	建武の新政	四季の変化
10	①同道の挨拶	犬（韻）	氷と凧	音楽	皮膚の働き	龍動（ロンドン）	三種の神器
11	②勉強	果物	蝉蛙の声	陶土	物質の膨張	獅子	猿蟹合戦
12	③馬と牛	枡	汽車	衣服の性質	源義家	主婦の役割	劇場と舞台
13	④数字	蝶	花火	五十鈴川	古の日本	工業の振興	黄耳の塚［晋書、陸機伝］
14	⑤朝の挨拶	子どもの工夫	火の用心	武士の礼服	神武天皇	小麦の種類	惜陰
15	⑥山と谷	子どもの外遊び	仲良き鳩	桜の木	大和の国	玉蜀黍	
16	⑦鳥と魚	一年	雁	大納言行成	音の伝導		
17	⑧牛	稲	兵隊	食物の種類	楽器の種類		
18	⑨地球儀	船	灯台	春に咲く花	植物		
19	⑩そろばん	瓦	野辺の景色	仁徳、醍醐天皇の仁愛	和気清麻呂		
20	⑪本とそろばん	独楽	星	水の循環	鉱物の種類		
21	⑫みなと	船を浮かべて遊ぶ	富士山				
22	⑬時計と寒暖計	乳業と肉牛	猿曳き				
23	⑭健康	読み書き算の重要性	気球				
24	⑮山と川	馬車と人力車	天長節				
25	⑯日と月	麻・木綿・絹	一日				
26	⑰牛と犬	石炭	地球				
27	⑱父母	時計					
28	⑲家	一月一日					
29	練習						

課名はすべてなし・仮につけた　（韻）は韻文

である。また、蟹のセリフをリズミカルに音読させることを学習の目的にする意図がみえる。文章の末尾には、「此猿は、何故にかゝるうき目にあひたるぞ。」と、読み手に話の全体を振り返らせて、背後にある「主題」を尋ねる文言がついており、学習用の教材文であることを明確に打ち出している。つまり、文部省本は、明らかに低学年用の学習材ということを十分に意識してこの教材文を用意し、またストーリー展開を子どもなりに楽しんだ後に、話の「寓意」に気づかせようとしている。子ども学習者になぜ「昔話」を読ませるのか、というスタンスは明確である。

　これに対して、辻・西村の教材文は、文部省本よりも漢字数が多く、登場人物である蟹の心情描写を挿入してあることなど、程度の高い文章になっている。また、末尾では、この話の「主題」が「勧善懲悪」であることを明言しており、その主旨は文章の語り手の言述の中に織り込まれている。辻・西村本の教材文は、古文としての説話文を言語文化財として受け取らせる教材になっているのである。つまり、辻・西村本は、文語文体を理解させることが主目的になっている。*18

　このように比較してみると、あらためて文部省の『読書入門』や『尋常小学読本』が、子ども学習者の存在を念頭に置きながら、文章や文体、また教材内容を子どもの興味という点について配慮していたことがよく分かる。文部省編纂の言語教科書が談話体を積極的に導入したのは、画期的なことだったのである。この点で辻の『尋常小学読本』は、入門教材を片仮名優先にするなど、文部省の仕事に倣っている部分はあるが、基本的な編集姿勢は、旧来の考え方をほとんどそのまま踏襲している。

　しかし、逆にそうした保守的な内容であったからこそ、教える方では地域の子どもの学習実態に即しているという安心感があって、辻・西村本に多くの支持が集まったのだと考えることもできる。また、教授法に関しても、これまでのような訓詁註釈的な教え方をそのまま適用すればよかった。ここにも、明治初頭からの、読本をめぐっての理念先行の西欧志向と保守的な実学志向とのせめぎ合いの、具体例を確認することができるだろう。

　すなわち、明治二〇年代の検定前期には、文部省による『読書入門』や『尋常小学読本』が刊行されて、理想的な教材編成がなされていたかもしれないのだが、地方の多くの教育実態は、旧来のままの実用的な知識を教え込むような読本を支持していた。高橋熊太郎による集英堂の『普通読本』や、辻敬之・西村正三郎による普及舎の『尋常小学読本』などの大手教科書書肆の読本は、そうした安定感を持っていたからこそ、大きな市場占有率を獲得することができたのである。

普及舎の「少年書類」

普及舎では、辻敬之・西村正三郎の『尋常小学読本』を刊行するだけではなく、それを補うかのように「少年書類」も刊行していた。この時期、「少年書類」に注目が集まっていたことは、前節でも触れたが、普及舎からは、二冊の「少年書類」が発刊されている。

　その一冊目は、『少年金函』である。一八九九（明治二二）年八月の刊行で、田中登作が編集をしている。田中登作は、文部省で伊沢修二編集局長の下で『高等小学読本』を手がけており、後述するように少年科学読み物で一時代を画した山縣悌三郎の『理科仙郷』の校閲も担当した。田中は、普及舎から数多くの教科書を編集・刊行し、後に開発社の社長になっている。

『少年金函』は、「例言」によると、「高等小学以上ニ進ミタル児童のために編集されたものである。また、その目的は「少年書類ノ目的ハ、児童ヲシテ読習ノ際ニ、娯楽趣味ヲ感ジ、不知不識ノ間ニ、志気ヲ興奮セシムルニ在リ。」とあって、「娯楽趣味」という用語が登場していることが注目される。この「趣味」という単語は、実用的な記事に対して「文学的」な表現を含意する概念として、後になって、教育界にも頻出する用語となる。ここでは、少なくとも「娯楽趣味」を目ざして「少年書類」を作製したという主張がなされていることが重要である。*19

では実際には、読本と「少年書類」との差異は、どのように意識されていたのであろうか。再び「例言」から引用すると、「少年書類ノ読本ニ異ナル所ハ、毎章ノ長短相同ジカラズシテ、趣味有益ノ事実ハ、其章甚ダ長ク、修身上ノ教訓等ハ、其章殊ニ短キノ一事ナリ。」という記述が見える。つまり、教科書では、単位時間毎に学習量が決まっており、教材文の長さもそれに合わせてあるが、「少年書類」は、そうした制約から自由だというのである。また、読本は「学科程度ニ由リテ、其順序ヲ立テ」る必要があるが、「少年書類」はそれがないので、「只各種ノ事実ヲ錯出シテ、児童ノ趣味ヲ益スコトヲ、第一ノ主眼トナシ、以テ之ヲシテ、家庭ニ在ルノ娯楽ニ供ヘシメンコトヲ謀」ることができる、という記述もある。このように「少年金函」の「例言」には、文章量の多寡や自在な配列によって、「児童ノ趣味」「家庭に在ルノ娯楽」を保障したと、書かれている。

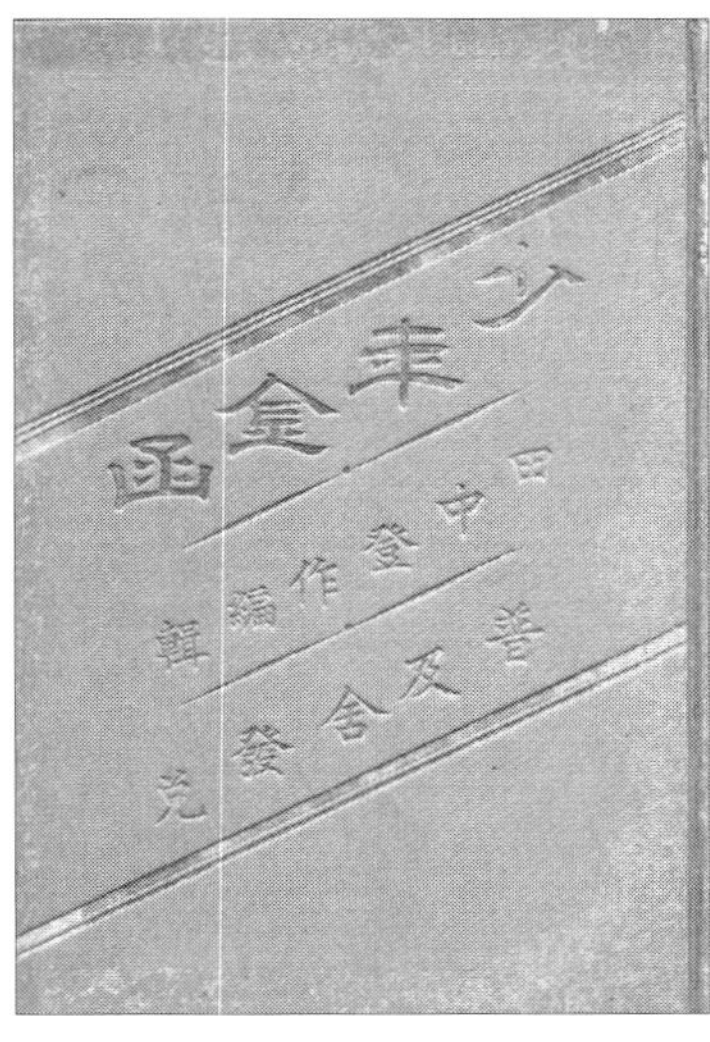

『少年金函』明治 22 年

逆に言えば、「読本」と「少年書類」との違いは、その程度のことでしかなかったのである。実際にこの本の内容をみると、修身、理科、歴史などに関わる短話が、三〇編収められており、その中には、江戸期の随筆集『飛鳥川』(柴村盛方)や、『鳩翁道話』(柴田鳩翁)などから採用された文章もあるし、外国読本からの翻訳もある。しかし、材料の取材範囲は、文部省の『尋常小学読本』などの読本類と、かなり類似している。全体的に見ると、雑多な材料を併載しただけで、その内容はほとんど読本と変わりが無い。

なお、この本は翌年二月に再刊が出ている。そのことだけでも、この本がある程度好評だったことが分かるが、その巻末の広告に、次のような記載があることにも留意しておこう。すなわち、その広告には、この本の刊行以来「各府県ノ学務課都市区役所等ニ於テ小学生徒ノ褒賞品ニ採定セラレタル所少カラズ」という言辞が見えるのである。「少年書類」は、この種の書籍に関心を持つ家庭でも購入されたのだろうが、ほかならぬ学校自体も子どもたちに与える褒美の品として購入していたのである。「褒賞品」については、第六部第二章で「修身画」を扱う際に再度触れるが、「少年書類」は、学校における格好の褒賞品として取り扱われていたのだった。ということは「少年書類」の内容が、学校や教育という文脈から大きく逸脱するものではなかったことを意味しているし、またそれこそが「少年書類」の存在意義であったのである。

続けて普及舎が刊行した二冊目の「少年書類」は、杉山文悟が編集した『幼年宝玉』である。この本は、一八九九（明治三二）年九月に刊行されており、やはり田中登作が校閲人となっている。[*20]

『少年金函』が高等小学以上の子どもを意識していたのに対して、『幼年宝玉』は、「尋常小学校第三学年以上ノ児童」（「緒言」）が対象で、学校外で「独習」するものとして作製されている。内容としては、「修身、理科、唱歌及児童ノ喜ブベク、愛スベキ談話」が、三〇編並べられており、中には「浦島太郎」の話や、イソップ寓話も収録されてはいるが、辻敬之・西村正三郎の『尋常小学 読本』をコンパクトにした冊子という以上の出来ではない。つまり、「幼年読み物」として、ストーリー自体を楽しむような材料を発掘登載してあるわけではないし、ましてや創作の物語が収められているわけではなかった。

もともと、普及舎の「少年書類」は、巷間見られる「猥雑ノ小説、絵入新聞」が「児童ノ心意品行ヲ傷害スル」（『少年金函』「例言」）という認識に立っており、それらに触れさせないために少年用の読み物集を発刊するのだ、という立場である。とすれば、そこに選択された材料が、限りなく読本類のそれに近付くのも当然だと言える。「少年書類」と「読本」とは、単に文章の長短やその配列が異なるぐらいだった。「少年書類」は、学校教育の読み物を補完する「副読本」として編集され、そうした趣旨のもとで刊行されていたのである。

ただ、『少年金函』『幼年宝玉』ともに、すべての漢字には、ルビが附してあった。おそらく、ここが教科書である「読本」との、最大の違いである。ルビを付ければ、子どもたちは独力で文章を読むことができる。「読本」には、振り仮名は付いていない。これは、「読本」を学校教育の学習で取り扱う際の最も重要な指導事項が、教師による漢字の読みの教示だった、ということでもある。国語学習において身につけるべきリテラシー能力は、とりあえず各教科にわたる様々な文章を淀みなく音読できるようにすることだ、と考えられていたからである。

また、普及舎が「尋常小学校第三学年以上」の『幼年宝玉』と、「高等小学以上」の『少年金函』とを分けて編集していたということも、重要な点である。なぜならそれは、子どもにはグレード別の読み物を用意する必要があるという考え方を持っていたことの表れだからである。この時点では、まだその試みは十分に展開したとは言えない。しかし、教科書が学年別に作られているなら、子どもの読み物も発達段階別に編集する必要があるという発想は、直ちに生まれてくる。それも単に漢字や文体の難易度を基準とするだけではなく、子どもの精神発達と読み物の関係が問われてくるのである。明治三〇年代になると「学年別」を意識した課外読み物が編集されるようになるが、この二つの普及舎の「少年書類」は、その萌芽段階にあったと位置づけることができるだろう。

五、塚原苔園の『新体 読方書』

『新体 読方書』の特色

前節までに検討した旧態依然の井田秀生の『国民読本』や井上蘇吉の

『小学読本』、あるいは、折衷的な高橋熊太郎の『普通読本』や、辻敬之・西村正三郎の『尋常小学読本』などに対して、塚原苔園の『新体読方書』は、表紙に大きくSHINTAITOKUHŌSYOと、ローマ字で書名の記載があり、あたかも西欧志向の教科書のような印象を与える。造本は、和紙に木版印刷、袋とじであるが、製本は糸でかがった後、布で本の背表紙をくるむ体裁になっており、一見、洋装本のようにも見えないこともない。それまでの教科書を集成した『大日本小学教科書総覧』の「解説」では、表紙にローマ字を大書した外見を、「この頃に於ける国外模倣の様を知るべし」と批判的に評価しているが、いうまでもなくそうした評価は、この『大日本小学教科書総覧』が刊行された一九三三（昭和八）年という大日本帝国の時代状況を背景にしたものであるにすぎない。それにしても、この教科書の装丁は、当時においては、最先端のデザインとして受け取られただろうと思われる。*21

教科書の内容も、検定前期の読本の中では、独自の主張を持っている。その特色を、三点にわたってあげてみる。

第一は、巻一の文字提出が、すべて平仮名によっていることである。巻一の末尾には、「いろは」に続いて、片仮名の五十音も出てきてはいるが、本文はすべて平仮名である。これは、カタカナを先行して提出した文部省の『読書入門』とは、異なった方針である。また、巻三までは、漢字平仮名交じり文が続き、巻四になって、ようやく漢字片仮名交じり文が出てくる。したがってこの教科書は、伝統的な庶民の言語実態に即した、平仮名優先の言語教科書だと言うことになる。この点では、西欧志向どころか、現実的、平民的な編集姿勢である。

二つ目は、対話文が多いことである。「巻一下」と「巻二上」は、そのほとんどの教材が、対話形式によって組み立てられている。*22

巻一下　〇第一四　丁、［大］、汁、火、［人］

おうめ〇お竹さん、「まゝごと」をして、あそびませう　お竹〇あなた、其「はう丁」を、かして下さいな　おうめ〇この「大こん」を、汁のみにしませう　お竹〇それ、おまんまが、こげますよ　おうめ〇はやく、火を、ひきませう　お竹〇おつけが、できました　おうめ〇この「人ぎやう」に、たべさせませう

巻二上　〇第一課　問、世、着、［家］、汁、青、魚、鳥、水、茶

兄ハ弟に左のことを問へり

兄〇人が此の世の中をおくるに「なくてならぬ物」ハ何でありますか　弟〇たべ物と、着物と、家であります　兄〇たべ物の中で、ふだん何をたべますか　弟〇めしと、汁と、青物と、魚と、鳥と、けだもののにくで、あります　兄〇のみ物ハ　弟〇水と、ゆと、茶で、あります　兄〇まだ此ほかに我々が口へ入れる物に「くうき」といふものがあります、この「くうき」のはなしハのちにしませう

「巻一下」は、すべて談話体になっており、題材として子どもの日常生活が取り上げられている。すでに見たように、『新体読方書』よりもわずかに先行して刊行された文部省の『読書入門』『尋常小学読本』でも、「談話体」は採用されていた。しかしそこでの日常対話場面は、地の文と直接話法の会話文とが入り交じるような教材が多かった。それに対して、この『新体読方書』巻一下のほとんどの教材文は、子どもの対話が

『新体読方書（とくほうしょ）』塚原苔園撰　石川書房　明治一九年六月版権免許　明治二〇年二月一六日訂正再版御届　書・谷鎌州　画・村田真齋　彫刻・塚田鈖太郎

巻一上

1	へい○くら○いけ○いし○こけ○はし　へい、と、くら○いけ、と、いし○いし、の、こけ○いけ、の、はし
2	いと○はり○ちん○まり○こと○て　いと、と、はり○ちん、と、まり○ことの、いと○ちんの、て
3	うし○うま○つの○くま○け○くら　うし、と、うま○うしの、つの○くまの、け○うまに、くら
4	まつ○くり○くし○はけ○は○のり　まつ、と、くり○くし、と、はけ○まつの、は○くしの、は○のりの、はけ
5	はと○う○はち○はへ○こ○とり○さら　はと、と、う○はち、と、はへ○はとの、こ○うの、とり○さらに、はへ
6	きく○きり○かき○なし○くさ○き○かは○しん　きく、と、きり○かき、と、なし○きくハ、くさ○きりハ、き○かきの、かは○なしの、しん
7	うめ○さくら○やなぎ○たけ○はな○えだ○み　うめ、と、さくら○やなぎ、と、たけ○さくらの、はな○やなぎの、えだ○うめの、み○たけの、こ
8	つき○ほし○あめ○かぜ○くも　つき、と、ほし○あめ、と、つき○つきが、でる○ほしが、でる○あめが、ふる○かぜが、ふく○くもが、はれる
9	やま○かは○いは○たき○みづ○きし　たかい、やま○はやい、かは○おほきな、いは○たきの、みづ○やまの、き○かはの、きし○みづが、ながれる
10	いぬ○を○たひ○ひれ○か○あし○けだもの○うを○むし　いぬの、を○つるの、はね○たひの、ひれ○かの、あし○いぬハ、けだもの○つるハ、とり○たひハ、うを○かハ、むし
11	だいこん○にんじん○ごばう○うり○なす○まめ○たうなす　しろい、だいこん○あかい、にんじん○くろい、ごばう○ながい、うり○まるい、なす○ちいさな、まめ○おほきな、たうなす
12	ゑ○げた○ほん○はなを　うつくしい、ゑ○きたない、げた○ゑの、ほん○げたの、はなを○ゑを、みる○げたを、はく○ほんを、とぢる○はなをを、すげる

13	からす○すずめ○さる○にハとり○ゑ○ねこ○ねずみ　からすが、なく○すずめが、とぶ○さるが、きのぼりを、する○にハとりが、ゑを、ひらふ○ねこが、ねずみを、ねらふ
14	からかさ○かつぱ○しやうじ○らんぷ○はうき○うち○ぽんぷ　からかさを、さす○かつぱを、きる○しやうじを、たてる○らんぷを、つける○はうきで、うちを、はく○ぽんぷで、みづを、くむ
15	てふ〱○とんぼう○ちやわん○ちや○しやぼん○はうちやう○な○かんぺうむ○しやうゆ　てふ〱が、とぶ○とんぼうが、とまる○ちやわんで、ちやを、のむ○しやぼんで、てを、あらふ○はうちやうで、なを、きる○かんぺうを、しやうゆで、にる
16	いろは　ひらがな
17	ゴジフオン　カタカナ
18	だくおんの　ひらがな　ダクオンノカタカナ
19	じせいおんの　ひらがな　ジセイオンノ　カタカナ　ひらがなのあはせじ　カタカナノアハセジ
20	すうじ

裏表紙

表紙

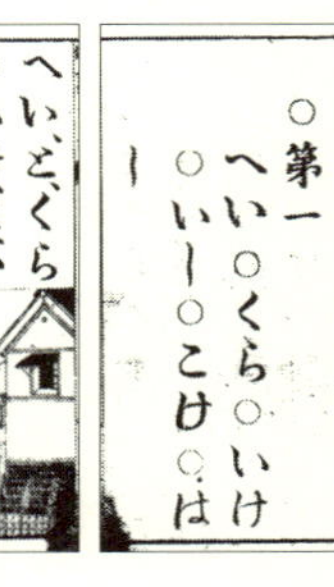

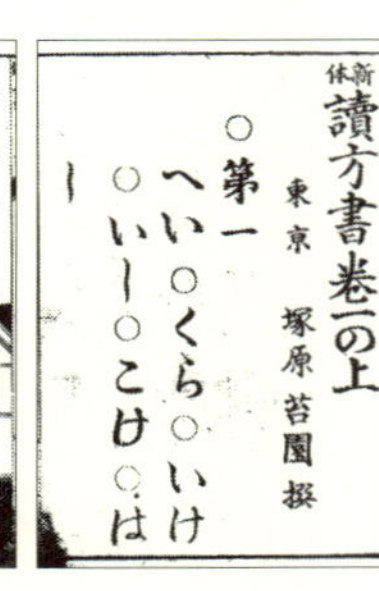

	巻一下（仮題）	巻二上（仮題）	巻二下（仮題）	巻三上（仮題）	巻三下（仮題）	巻四上（仮題）	巻四下（仮題）
1	あいさつ	衣食住（対）	身分職業	日本　五畿八道	我が国の武勇	地球の形状	時は金なり
2	こたえ	稲（対）	続き	漁業	忠臣義士列伝	地球の各地域	ニュートンの発見
3	依頼	青物（対）	手伝い	材木	続き	人種	風力・水力
4	犬（対）	着物の材料（対）	ワシントンの正直	木の種類	続き	フランクリン電気の発見	アメリカ合衆国
5	錦絵（対）	着物の種類（対）	続き	鉱業	続き	電信	コロンブスの発見
6	まり（対）	材木の種類（対）	誠の大切さ	金銀を盗んだ男の話	家康の幼時	火山	続き
7	公園（対）	家の造り（対）	続き	揚震が四知の戒め	納税・政府・内閣	長柄川の洪水	蟻
8	花見（対）	手紙（対）（手）	獣	珊瑚・鼈甲	外交・交易	二人の旅人《イ》	長篠城の役
9	学校へ行く（対）	返事（対）（手）	家畜	暑さ寒さ	商人の帳面	飲酒の害	続き
10	さそいかけ（対）	目上と目下（対）	犬	毛織物	商社	製茶	上古の生活
11	本（対）	ぢぢとばば（対）	飼い主を慕う犬の話	木綿	保険会社	千利休	中古の建築
12	おかし（対）	叔父と叔母（対）	鳥の種類	絹織物	空気	司馬温公	パリッシイの白磁
13	おさらい（対）	祖父の話	猛禽・家禽	倹約	水	山名禅高	正直な少年
14	ままごと（対）	小猿の孝行の話	鳩・伝書鳩	土井利勝の話	地球と太陽	勇気	徳川頼宣
15	調練（対）	続き	音と訓	水戸光圀の紙の話	遊び	鉄道少年リーム	領主の訪問
16	清書（対）	名所絵（対）	文字の扁	蒸気の力		甲斐守長政の幼時	卒業にあたって
17	お見舞い（対）	富士山（対）	文字の旁	蒸気船		ドイツ国歌	
18	雪だるま（対）	川（対）	文字の冠・構	手紙の要件（手）			
19	火事（対）	漁（対）	文字を書く	花盛り			
20	ゆうびん（対）	子どもの将来（対）	文を書く				
21	悪い子（対）	続き（対）	兄思いの娘の話				
22	馬車（対）						
23	よい子（対）						

「巻一下」から「巻四下」まで、すべて「課名」がないので、仮に題を付ける。《イ》はイソップ童話　（手）は手紙文　（対）は対話

定価　一上・六銭三厘　一下・七銭三厘　二上・八銭　二下・九銭　三上・九銭　三下・九銭四上・一〇銭　四下・一〇銭

直接話法で記述されており、さながらシナリオのようにみえる。これは、ウィルソンリーダーなどの英語読本が入門期で採用していた方法でもある。田中義廉が『小学読本』を作製する際に苦闘した英文の対話教材の会話は、このような「談話体」スタイルとなって、日本の教科書の誌面に登場してきたのだった。もちろん、塚原は、これらの教材を英語読本から翻訳したわけではない。

彼は、会話を中心に教材を作成するという手法だけを採用して、日本の子どもの日常生活場面に取材し、教材文を作製したのである。しかし、この読本の対話教材は話しことばを学習するための素材ではなく、あくまでもそれを「読む」ための教材として掲載されていた。

会話文のベースになっていたのは、基本的に東京の話しことばである。そこに示された直接話法の会話文体と、現実に各地で話されていた方言交じりの子どもの会話とでは、大きな懸隔があったはずだ。また、談話体を全面的に教科書に採用することに違和感を覚えた教員たちも多かっただろう。だが、生活場面の会話が文字によって記述され、それが教室の中で音読されれば、そこに記されている「会話文」が標準の「話体」だという意識が生まれてくる。すなわち、教科書の会話文が、現実の「話しことば」に対する規範意識を創り出す。これは、漢文や古文などの文語文を読んでいる限りにおいては、決して生まれてこない言語意識であり、こうした教材文自体が、観念としての「話しことばの標準」を実体化する契機になる。

知られているように、この少し後の一八九一（明治二四）年には、「小学教則綱領」の「読書作文」科に「普通ノ言語」（標準的な話しことば）を教えることが、言語教育の最も重要な目的である、という記述が登場する。このような文言が法令として示されるためには、現実の標準会話文体が、目に見える文字の形で存在している必要がある。「標準的な話しことば」は、耳から聞こえてくるだけではなく、それが文字として定着されていなければ、公に認知されることはない。それも、江戸期以来版を重ねてきた低俗な読み物の中にではなく、教科書という公的なメディアの中に記載されているなら、実例としては説得力がある。

こうした点からみるなら、この『新体読方書』の「巻一下」で、「おうめ」や「お竹」などの、幼い子どもたちが交わし合う、たわいのない「会話文＝談話文」も、官版の『読書入門』や『尋常小学読本』の談話文と同様に、「普通ノ言語」が、書かれた文章として教科書の中に確かに存在するという証拠として力を発揮していた。だが、「巻一下」に続く「巻二上」は、対話部分こそ談話体になっているが、地の文は文語文である。また、この巻の対話内容は、「巻一下」とは異なり、日常生活の場面ではあるものの、知識を持った者が知識を持たない相手に説明するような内容が多い。つまり、「巻二上」では、平等な関係者同士の水平的な対話ではなく、読本の読み手に新知識を得させるために、「問答」という形式が利用されているのである。その対話形式（問答）は、明治初期に様々に刊行された各種の問答書と同じように、知識をより分かりやすく伝達し、それを再確認するための手段に過ぎなかった。つまり、『新体読方書』の「巻二上」では、漢字や日常の知識を教えるために対話文体を利用しただけで、話しことばそのものの学習を重視していたわけではなかったとも言える。しかし、この時期までの日本の「読本」で、これほど対話文が豊富に取り入れられている例は、ほかにはない。（第三部第二章第四節で触れたように、ほぼ一年後に刊行される東京府編集の『小学読本』が、同様に談話体を巻二巻三で多用している。）この点も、『新体読方書』の特徴として特筆すべき点である。

教材間の相互関連

三つ目の特色は、巻四に、直近に発行されたリーダーではないものの外国読本からの教材がやや多く収録されており、学習者の目を海外へと向けさせようとする意図が感じられることである。また、複数の教材を相互に関連させて読ませようとする工夫もある。

たとえば、巻四では、第一課の地球が円形であることを説明する「地球の形状」と題した理科的な教材から始まって、寒冷地や熱帯の様子や人種を紹介する地理的な教材が続いている。それらを受けて、第四課の冒頭には、次のような文が置かれている。すなわち、「今の文明を以て称せらるゝ欧羅巴諸国といへども遠く古にさかのぼりて其人民の風俗を見れば前に云へる阿非利加の野蛮と相去ること甚だ遠からず」とし、ヨーロッパ人種も未開の人種も少し以前に遡れば、それほど変わらない、それを分けたのは「窮理の学」だと述べた上で、雷が電気だと発見したフランクリンの逸話を紹介する。続けて、第五課では電信電話の話題と、イタリアのガルバーニの動物電気の発明にも触れている。この一連の教材構成は、明治初期のように一方的な海外情報の導入ではなく、この時期の日本がある程度欧米の科学的思考方法や工業製品などの取り入れに成功しつつあるという自負を背景にしていることを感じさせる。

また、第一一課は、紹鷗が千利休の機転に感じて、茶事の奥義を許した話である。第一二課は、機転とは「臨機応変ノ智慧」だと定義した後、司馬温公が幼少の頃、水甕を割って童児を助けた話と、不具の者が火事にあって協力し合って逃げた話を併載する。第一三課は、山名豊国入道禅高という武人の家に盗賊が入った折、その妻が自分の小袖を賊の刀に投げかけ、そのおかげで山名禅高が賊を追い払うことができたという話が続く。つまり、この三つの課は、「機転」というテーマを持った日本と中国の四つのエピソードを並べているのである。

さらに、第一四課は、「勇気」は人間にとって、尊ぶべき徳の一つで、忠臣、孝子、義士、貞婦、大学者、発明者は、「善美ナル勇気」を持っていたという趣旨の文章があり、続く第一五課では、人命救助のために勇気を持って汽車を止めたリーム少年の話がある。リーム少年の話の原典が、サージェント第三リーダーの「Presence of Mind」であることは、先に触れた通りである。この題材は、高橋熊太郎の『普通読本』では、単独で扱われていた。ところが、『新体読方書』では、続く第一六課に、この話と関連する話材が扱われている。その第一六課の逸話は、次のような趣旨である。すなわち、秀吉の配下の武将黒田孝高が敗色濃い合戦の中で、我が子だけは落ち延びさせようと側近の武将に言い含め、山道を途中まで行きかかるが、それに気づいた子どもが再び陣に戻って参戦して勝利する、この子は、後の甲斐守長政（黒田長政）である、という内容である。これも、黒田長政が「善美ナル勇気」を表出したことをテーマにした作品だと判断できる。ここでも、連続する三つの課は、「勇気」というテーマによって貫かれており、アメリカと日本の少年が勇気を発揮する姿が描かれている。

このように、『新体読方書』では、題材の内容は各課ごとに完結しているが、それが前後の課と関連させてある場合が多い。外国の話材も、そうした一連の流れの中に位置づけられており、学習者がそれらを連続して学習することによって、結果的に洋の東西を問わず同じような価値観が存在する、という理解に導くことのできる教材構成になっている。そうした教材構成を意図的に採用している点が、『新体読方書』と、高橋熊太郎の『普通読本』や辻敬之・西村正三郎の『尋常小学読本』などとは異なっている。ここには、東西の文化を相対化しつつ、学びの世界を深めていこうとする姿勢がある。とりわけ、巻四上の最終教材に「ドイツ国歌」を教材化していることは、この後の読本には類例を見ないきわめて特異な教材選択である。

では、教科書の編者である塚原苔園とは、どのような人物だったのだろうか。塚原は、一八五六（安政三）年に幕府が設けた講武所の槍術世話心得をつとめ、維新後は太政官の修史館に出仕していたようだ。『唐宋八家読本』や『王陽明先生詩鈔』などの漢籍に訓点を施した書物も刊行しているが、一八八一（明治一四）年には、博文堂から『小学農業書』『小学商業書』などの実用的な書籍をいくつか出している。これらの実用的な啓蒙書は好評だったようで、版を重ねたり、増補されたりしており、その「字引」も刊行されている。こうした実績の上に、『新体読方書』の刊行という事業が進められたのであろう。

なお、この本の版元である石川教育書房は、日本橋区馬喰町二丁目一番地にあり、石川寿々が経営していたが、実体は市川治兵衛の興文社と同じである。また、『新体読方書』は、大阪でも印行されており、前川善兵衛が版権所有者になっている版もある。これらの教科書書肆の関係については、第三部第四章第四節の「大阪の尋常小学読本類」で、再度触れるが、東西の版元から刊行されていることなどから、『新体読方書』は、かなりの程度市中に流布したと考えられる。

この読本が、地域の「教則」に実際に位置づけられていたことがはっきりしているのは、山梨県である。明治二一年三月に出された山梨の「小学校ノ学科及其程度実施方法」の中の「尋常小学校教科用書配当案」には、この読本が県下で使用する書目として示されている。[*23]

加えて、一部ではこの教科書に対する高い評価もあった。それを示す資料として、一八八七（明治二〇）年四月一日の「東京日日新聞」の記事がある。その日の「東京日日新聞」の紙面には、『新体読方書』は、「文章も最も平易にして事物の選択によく注意し近来出版の尋常科読本中にては最も完美のものなりとの評ありしが此言過誉にもあらざりしと見え此程高等師範学校付属小学の教科書に採用せられたり此書の名誉此上なき事なるべし」という記事がみえる。塚原の『新体読方書』は、市中でも評判の好著であり、高等師範学校付属小学校の読本としても選定された、という報道である。[*24]

もっとも、この記事の一週間後には、高等師範学校が、同じ「東京日日新聞」に「広告」を出している。それは、金港堂の『増訂小学読本』（内田嘉一編）と『新体読方書』（塚原苔園撰）が師範学校付属小学校の教科書に採用されたことを、教科書販売の宣伝材料に使ったことに関するもので、「当校ニ於テハ教科書ト確定シタルニ非ス世間良書ノ出ツルマデ充分ニ訂正ヲ加ヘ増補斟酌ノ上一時之ヲ仮用シタルニ過ギズ」と主張している。つまり、高等師範学校付属小学校においては、これらの教科書の採用を確定したわけではなく、試験的にこの教科書を使っているに過ぎないとする学校側の弁明と、教科書書肆への抗議である。この記事からは、「高等師範学校付属小学校御採用」という惹句が、いかに教科書の売れ行きに直結したのかをも物語っている。[*25]

ここでは、実際に高等師範学校付属小学校で『新体 読方書』を教科書として「確定」したのか、あるいは「仮用」に過ぎなかったのかを、穿鑿する必要はない。それより、この読本が付属小学校の教員たちの目に留まったという事実の方が重要である。おそらくは、その西欧的な教科書のデザインや、個性的な編集方針が評価されたのであろう。当時の日本の最先端の教育実践が行われる小学校でこの本が使われたこと、また、この本が東京と大阪という都市部で刊行されたことなどを考え合わせると、この教科書の支持層も浮かんでくる。それは、西欧的な価値観を積極的に受け入れようとする人々ではないだろうか。もっとも、『新体 読方書』が出されてから二ヶ月後には、文部省からより欧化的な『尋常小学読本』が刊行され、この読本の持っていた先進的な読本という評価は、瞬くうちに覆されてしまう。

前節までで見てきたように、国民的規模で学校教育が進行していくこの時代に、大勢に支持される教科書は、高橋熊太郎の『普通読本』や辻敬之・西村正三郎の『尋常小学 読本』のような実科的な内容の教科書だった。それが大手教科書書肆から刊行されて、広範な普及を見たことは、前述した。しかし、一方『新体 読方書』を刊行した石川書房のような中小出版社だったからこそ、斬新な編集方針を採用し、人目を引く表紙デザインでディスプレイする戦略を選んだ教科書書肆もあった。そうした方針は、大手出版社の教科書と差別化を図らなければならない教科書出版社の宿命だったのかもしれないが、それを支持する層もあったのである。[*26]

この読本には、明治以来の欧化主義を摂取しつつ、それを平易な形で在来の子どもたちの庶民文化の中に溶け込ませようとする進取の気性に富んだ姿勢を、見て取ることができる。ただし、文部省の『読書入門』や『尋常小学読本』のように、最新の外国読本の教材にまで取材の手を伸ばすということまではしていない。しかし、国家主導ではなく、民間の一書肆によって、ここまで欧米の読本のエッセンスを消化吸収していたところに、この時期の民間言語教科書編纂の一つの到達点を見ることも可能だろう。

六、下田歌子の『国文 小学読本』

下田読本の全体像

『新体 読方書』と同様、検定前期の言語教科書の中では、『国文 小学読本』も独自の編集姿勢を発揮した読本である。というより、この時期の言語教科書の中で、もっとも個性的な読本だと言っていいだろう。編者は、下田歌子。一八八六（明治一九）年三月一六日版権免許で、翌年八月一一日訂正再版発行、八月一九日には文部省の検定を通っている。校閲には、従四位男爵高崎正風と、従五位末松謙澄の二人の名が掲げられている。出版人である平尾鍗蔵は、下田の実弟である。[*27]

周知のように、下田歌子は、近代女子教育の開拓者として知られており、また明治期における才女と言えば、必ず下田の名前が挙がる。彼女は、政治的な手腕にも長けていた。西村絢子は、下田の多彩な活動を大きく二つの時期に分けている。それによると、前半は、上流女子のための教育活動期（明治一四年頃から明治四〇年までの約二六年間）であり、後半は大衆女子のための教育活動期（明治三一年から昭和七年頃までの約三四年間）

である。中間に相互に重なる期間が、ほぼ十年あるとする。この時期区分によれば、『国文小学読本』が刊行されたのは、ちょうど上流子女のための教育活動期から、大衆女子のための教育活動期に移行する時期にあたることになる。[*28]

下田の出生地は、岐阜県恵那郡。漢学者の祖父と勤王家だった父に厳しくしつけられ、一七歳の時に上京し、推挙されて皇后（のちの昭憲皇太后）につかえ、和歌の才能を評価され「歌子」の名を賜った。結婚のため宮中を辞すが、夫の早世という事態に遭遇してしまう。その後、下田は、華族の子女を教育する「桃夭女塾」を開設して、女子教育の成果を挙げ、一八八五（明治一八）年、新設された華族女学校の教授に迎えられて、翌年、学監に就任する。[*29]

下田の頭の中には、教科書の作製にあたって、この華族女学校の子弟が浮かんでいたように思われる。それは『国文小学読本』の「一之巻上」の「例言」に、次のように書かれていることからも分かる。

> 去年、華族学校を、設けられし頃、幼年生徒のために、殊に読本の、必須をおぼえ、其適当なるものを、得んとして、流布の本、数十種を閲みせしが、作文階梯の、用に適ふものを、見出でず、さりとて、止むべくもあらねば、唯だ、有るがままには、用ひしかど、さてやはとて、授業のかたへに、自らが拙きをも、顧みるに暇なく、且つ教へ、且つ記るしつゝ、遂に、此書を編みなしたり。さるは、事のこころを、知らざらん人は、怪しう、異やうなるわざをも、すなりとや、いふべからんかし。

ここからも確認できるように、この読本は、まずは華族女学校に通う小学生徒を対象に材料が集められ始めた。したがって、下田が一般庶民の言語実態をどの程度把握していたかという点には、いささかの疑問がある。もちろん文部省の検定を受けて、民間の出版社から公刊するからには、特権階級である一部の生徒だけに通用するような教科書ではなく、一般性をもっていなければならない。とりわけ、この書肆十一堂の経営には、彼女の身内である弟が関わっていたから、経営的にも成功することが期待されていた。残された下田歌子の書簡からも、彼女が多くの地域でこの教科書が採択されることを強く希求して、様々な運動を繰り広げたことが窺える。[*30]

また、この「例言」からは、この読本が「作文階梯の用に適ふ」ことを要件としていることも分かる。表現のための手本となる「読本」である。実は、この点が、下田読本の最大の特徴であり、ほかの読本と大きく異なる点なのである。それについては後述するとして、最初に全体の構成を見ておく。全九冊のおおよその構成は、次のようにまとめられる。

一巻上　単語（名詞）と短文　片仮名が指導の中心
一巻下　単語（名詞・代名詞・動詞・形容詞）の語彙提示と短文
　　　　平仮名の指導
二巻　文章の種類とその提示
三巻―七巻　文法教材・修身的教材・歴史教材・理科教材・地理教材
八巻　古典教材

内容構成から見た一番の特色は、古文の文法的事項の説明がきわめて

『国文小學読本』　下田歌子　明治一九年三月一六日　版権免許　明治二〇年六月開版　＊教材内容・図版は実践女子大学所蔵本による

一の巻上

番号	面	内容
1	オ	〈だい一　なことば　もののなに、つけたることば〉
	ウ	ハ　は　ニ　に　ト　と　メ　め
2	オ	ナ　な　テ　て　ヱ　ゑ　ワ　わ
	ウ	コ　こ　ロ　ろ　ヒ　ひ　キ　き
3	オ	ミ　み　ヤ　や　ス　す　カ　か
	ウ	ウ　う　ケ　け　ホ　ほ　タ　た
4	オ	ハコ　はこ　ヒト　ひと　ナミ　なみ　タケ　たけ
	ウ	スミ　すみ　キク　きく　ヤリ　やり　マメ　まめ
5	オ	イト　いと　アメ　あめ　ホヤ　ほや　イヌ　いぬ
	ウ	ウマ　うま　カニ　かに　カサ　かさ　シカ　しか
6	オ	セミ　せみ　ハチ　はち　ツキ　つき　ネコ　ねこ
	ウ	ノミ　のみ　フネ　ふね　ヘイ　へい　ムシ　むし
7	オ	モチ　もち　ユミ　ゆみ　サル　さる　ヒレ　ひれ
	ウ	トラ　とら　ワタ　わた　ウス　うす　ヱマ　ゑま
8	オ	ヲケ　をけ　アヰ　あゐ　だい二　はなし
	ウ	イヌハ、ヨク、ヒトニナレマス。サルハ、ヒトマネヲ　イタシマス。
9	オ	カニハ、ハサミマスカラ、オキヲツケナサイ。アノヱマニハ、ナニ
	ウ	ガカイテアリマスカ。ツキト、ナミ　トガ、カイテアリマス。
10	オ	コノハコハ、キレイデアリマス。〈だい三　なことば〉
	ウ	ガク　がく　タビ　たび　ナベ　なべ　カギ　かぎ
11	オ	フデ　ふで　ユズ　ゆず　キジ　きじ　フグ　ふぐ
	ウ	カゴ　かご　ゲタ　げた　ザル　ざる　ゼニ　ぜに
12	オ	フヂ　ふぢ　バラ　ばら　ヰド　ゐど　ダシ　だし
	ウ	アブ　あぶ　アヅキ　あづき　ミゾ　みぞ　ボタン　ぼたん
13	オ	〈だい四　はなし〉カゴノナカニハ、ナニガ、アリマスカ。
	ウ	ユズガ、イツテヲリマス。カゴハ、ナンデツクリマスカ。
14	オ	オホクハ、タケデツクリマス。アノ、ダシヲ　ゴランナサイ。
	ウ	アレハ、ナンデアリマスカ。アレハ、タケニ　トラデアリマス。
15	オ	〈だい五　なことば〉パン　ぱん　ペン　ぺん
	ウ	ランプ　らんぷ　タンポ　たんぽ　エンピツ　えんぴつ
16	オ	〈だい六　はなし〉ペンハ、ナンデアリマスカ。
	ウ	ヨコモジヲカクフデヾアリマス。アナタガタハ、ホンヲヨク、オヨミナ
17	オ	サイマシタカラ、ワタクシノ、コノ、エンピツヲアゲマセウ。
	ウ	清音の表（五十音図　ローマ字も添えてある）
18	オ	清音の表
	ウ	濁音の表

「なことば」は、片仮名と平仮名とが併記され、それぞれに図がある。
「はなし」は、文字のみの提示。
一ウは次のような誌面構成で、一の巻上は、全編同様の構成。

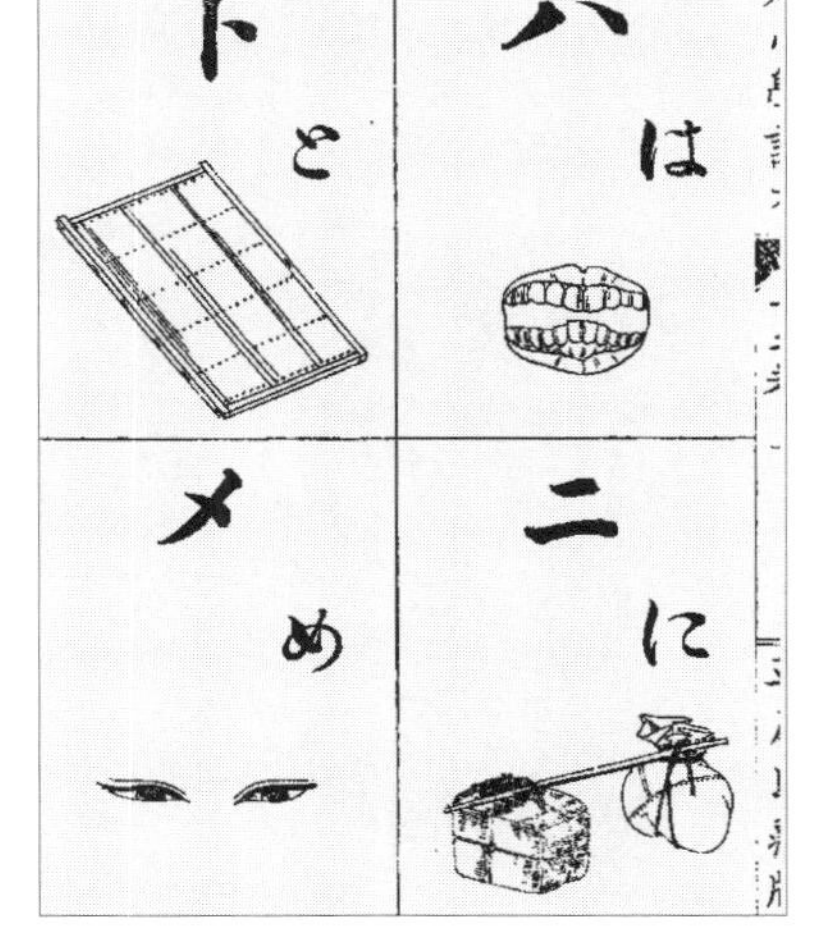

1 オ 〈だい一　なことば〉をとこ　をんな　おや
ウ ちゝ　はゝ　ぢゝ　ばゝ

2 オ こ　むすこ　むすめ　まご
ウ ひまご　あに　あね　おとと

3 オ いもと　をぢ　をば　をひ
ウ めひ　いとこ　ゐ　いぬ

4 オ いたち　うま　うし　うさぎ
ウ 志ゝ　志か　志ぐま　う　（＊志ぐま＝羆・稿者注）

5 オ うそ　うづら　かり　かも
ウ からす　志ぎ　志め　志とゞ

6 オ つる　つみ　つばめ　ひわ
ウ ひがら　ひばり　あぢ　あゆ

7 オ あなご　いな　いなだ　いわし
ウ こひ　こち　このしろ　さば

8 オ さけ　さはら　たひ　たら
ウ たちうを　あり　あぶ　あきつ

9 オ か　かに　かはづ　げじ
ウ けら　けむし　はへ　はち

10 オ はあり　あは　あさ　あふひ
ウ いね　いも　いちご　うり

11 オ うど　うこん　がま　かや
ウ かぶら　ぎぼ　きく　ききやう

12 オ かし　かぢ　かへで　くす
ウ くは　くぬぎ　つき　つげ

13 オ つばき　まつ　まき　まゆみ
ウ むろ　むく　むくげ
〈だい二　かへことば　もののなにかふる、ことば〉

14 オ われ　わが　なんぢ　かれ　これ　この
ウ それ　その　あれ　あの　こゝ　そこ

15 オ あしこ　こなた　そなた　かなた　（＊あしこ＝あそこ）
ウ なに　たれ　〈だい三　はなし〉おぢいさまとおばあ

16 オ さまは、おとゝさまや、おかかさまの、おやで、あります。わたくしは、をぢさま
ウ に、いぬをいただきました。このいぬは、おとなしいいぬであります。

17 オ おばさまが、いちごをくださいました。いちごは、おほくたべなければ、どくには
ウ なりません。
ひばりは、そらになき、こひは、ふちにおよぎます。

18 オ とんぼや、がんの、いまひとつのなは、なんとまうしますか。とんぼは、あきつ、
がん
ウ は、かりとまうします。
〈だい四　はたらきことば　もののしわざにつけたることば〉ひと　わらふ　よろこぶ／

19 オ けだもの　いかる　ねむる／とり　とぶ　をる／うを
をどる　およぐ／むし　はふ　なく
ウ くさ　かる　しげる／き　はゆ　さかゆ／たけ　のぶ　めぐむ／めみる　みゆ

20 オ みみ　きく　きこゆ／くち　いふ　よぶ／て　うつ　にぎる／あし　ふむ　はしる
ウ はな　さく　ちる／えだ　たる　さす／は　おつ　志ぼむ／ひ　てる　くもる

21 オ つき　いづ　いる／ほし　ひかる　かがやく／くも　かかる　のぼる／きり　たつ　きゆ
ウ あめ　ふる　はる／つゆ　おく　たまる／かぜ　ふく　やむ／ふね　のる　うかぶ

22 オ くるま　ひくゆく／こくき　あぐ　なびく／らつぱ　なる　ひゞく／てつぱう　ささぐ
ねらふ
ウ 志やしん　とる　うつす／にんぎやう　もつ　いだく
〈だい五　はなし〉あめにぬれて、あそぶと

23 オ からだに、さはります。かぜのふく、ときには、めのようじんを、なさいまし。
ウ この志やしんは、どなたのですか。これは、あにといもとのであります。

24 オ あのこは、なにをするのでありませう。こくきや、らつぱやてつぱうをも
つてをり
ウ ます。かれらは、へいたいの、まねをして、あそぶので、ありませう。

25 オ をんなのこは、にんぎやうをもつて、こどもを、そだてるまねを志て、をります。
ウ のちには、よいはゝとならなければなりませんから、それもわるいあそびでは

26 オ ありません。〈だい六　さまことば　もののありさまに、つけたることば〉
くに　ひろし　せばし／みち　よし　あし
ウ やま　たかし　ひくし／はやし　志げし　くらし／うみ　ふかし　あさし／
かは　はやし　おそし

丁	面	内容
27	オ	みづ　さむし　すゞし／さと　ちかし　とほし／いへ　志たし　むつまじ／あゐ　あをし　うつくし
	ウ	べに　あかし　あたらし／すみ　くろし　ふるし／ふで　ながし　みじかし／かみ　あつし　うすし
28	オ	ほん　おほし　すくなし／つゑ　ふとし　ほそし／あめ　あまし　うまし／志ほ　志ほはやし　しろし
	ウ	志やうが　からし　かうばし／れいし　にがし　やわし／うめ　すし　かたし／かき　志ぶし　ちひさし
29	オ	いと　つよし　よわし／つるぎ　とし　にぶし　〈だい七　はなし〉あゐやべには、うつく
	ウ	しいいろで、あります。志ろいいとも、そめやうで、あかくも、あおくも、なります。
30	オ	あなたがたも、まなびやうで、よくもあしくも、なります。ふでかみなどはわた
	ウ	くしどものがくもんのたすけと、なるものでありますから、そまつに志ては、なりません。
31	オ	あまいものと、すいものとは、はのどくでありますから、すこしたべておゝきなさい。
	ウ	いろは　かはりもじの表（変体仮名によるいろはの表）
32	オ	あはせもじ・おくりもじの表 かずのもじの表
	ウ	かずのもじの表

巻二	
1	文章
2	説話の文章
3	問答の文章
4	感慨の文章
5	命令と説話と組み合ひたる文章
6	接続詞をもてつなぎたる文章
7	説話と問答と組み合ひたる文章
8	命令と問答と組み合ひたる文章
9	説話と感慨と組み合ひたる文章
10	何となき種々の文章

右　一の巻下の一丁から一五丁までは、平仮名は草書（おそらく習字の手本を意識したためだろう）、その下に片仮名を小さく表示。さらに、英語が示されている。下半分には、図があり図中には漢字（楷書体）が示されている。図と、単語を結びつけて指導しようという意図の現れである。

左　一の巻下の一九丁からは、図版のような誌面構成。草書体の平仮名が、図の上段に示される。その下に英語の単語が示される。中段の図には、漢字（楷書体）が付され、その図の下段には、二種類の動詞が漢字・平仮名ともに草書体で示されている。「だい六　さまことば」も同じ構成である。

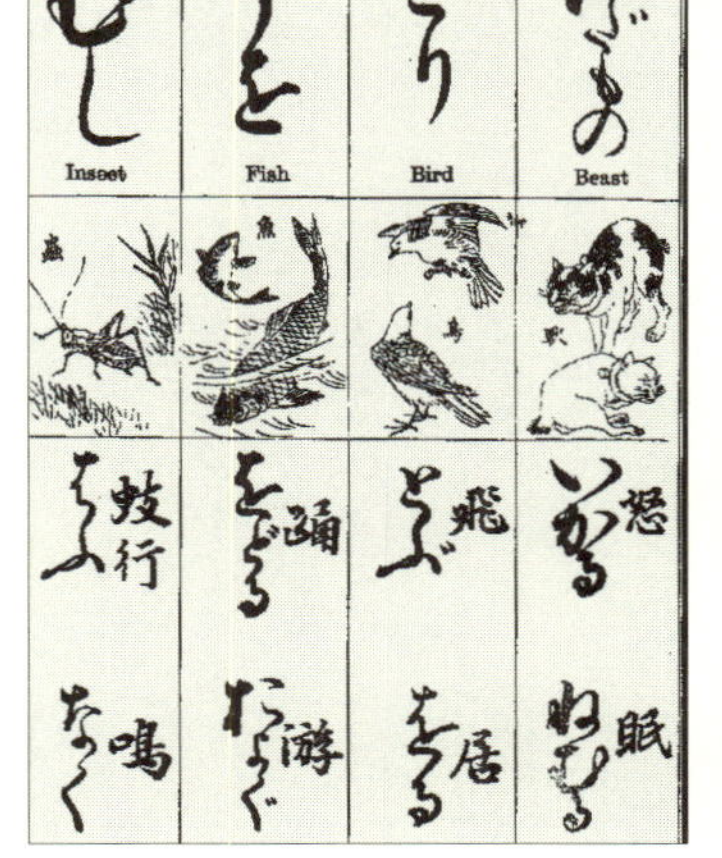

	巻三	巻四	巻五	巻六	巻七	巻八
1	名詞の解《文》	文章の解《文》	感詞の解《文》	てにをはの解《文》	口語を文章語にする方法《文》	歌
2	橿原宮	小児と田螺との問答《修》	破れたるを、繕ふべし《歴》	てにをはの要用《文》	また《文》	今様ぶり
3	方角	朝敵必滅の諺《歴》	武断《歴》	日本は弱国にはあらず《歴》	忠臣は難を避けず《歴》	七五の句法（太平記・平家物語）
4	小児と蟹との問答《修》	淑女《歴》	日蝕、月蝕	雹、雷	鉱物	大日本は神国なり（神皇正統記）
5	代名詞の解《文》	地球の運行	朝汐	燐火	救民の旗《歴》	三種の神器（神皇正統記）
6	文章にある代名詞	昼夜と、四季と	虹	偉人には偉人の心あり《歴》	蒸気機関	画は真を写すべし（玉勝間）
7	四道将軍《歴》	形容詞の解《文》	二句の詩《歴》	動物	蒸気船、蒸気車	鳥羽絵のはなし（古今著聞集）
8	相撲のはじまり《歴》	形容詞の位置《文》	忠臣《歴》	琉球国《歴》	外交《歴》	智は学問にあり（大和俗訓）
9	武勇《歴》	大鯉と小鯉との問答《修》	接続詞の解《文》	日本人外国の政を執る《歴》	軽気球	学問の楽み（楽訓）
10	動詞の解《文》	朝敵、滅ぶ《修》	人は、自ら営むべし《修》	植物	画学	学問を好みし小児（十訓抄）
11	三韓《歴》	武人も、学問すべし《歴》	貿易	外交の禁《歴》	王政復古《歴》	学問は人に重んぜらる（徒然草）
12	算術	我が身は、第一の宝なり	葡萄牙人との貿易《歴》	慶安の偉人《歴》	地理	詞に古今の変あり（貞文雑記）
13	片目の人、百人あり《修》	医も、選ばざる可らず	空気	農《修》	大日本	孝子父に鞭たる（十訓抄）
14	学問のはじまり《歴》	副詞の解《文》	霜、露、雲、霧	粒々皆辛苦	日本は武国なり	孝子の心得（大和俗訓）
15	名詞、動詞の位置《文》	君臣の大義	雨、雪、霰、雹	剛勇《修》	軍制の沿革	鳥に二つの翅あり（文の栞に引ける豊臣勝俊の作）
16	民の煙り《歴》	窮鳥は、猟師も憐れむ《歴》	戦国の合戦《歴》	浜田弥兵衛のはなし《修》		人の失は責むべからず（大和俗訓）
17	地球の形	功は、敢為に成る《歴》	智者は、重んぜらる《歴》	廉潔《修》		毀誉には迷ふべからず（大和俗訓）
18	太陽の出没	友愛と、信義と《修》	噴火山と、地震と	京都の餓人のはなし《修》		人の諫は聴くべし（童子訓）
19	愛国は、人の情なり《歴》	泰時のはなし《歴》	風の速度			物に争ふべからず（徒然草）
20	忠誠《歴》	蛙と、百足虫とのはなし《修》	功は自らするに成る《歴》			人は信を守るべし（大和俗訓）
21	君臣の分、定れり《歴》	蜻蛉と、蟻とのはなし《イ・修》	栴檀は二葉より香ばし《歴》			人は貪るべからず（十訓抄）
22	死後も、君を守る《歴》		忍耐《修》			人の煩ひとなるべからず（徒然草）
23	学校《歴》		ガルバニのはなし《修》			人を煩はすべからず（十訓抄）
24	孝と忠と《修》					
25	逸勢の、女のはなし《歴》					
26	北野のはなし《歴》					

《文》は文法的教材　《イ》はイソップ童話　《歴》は歴史教材　《修》は修身教材

詳細にわたることであろう。明治一九年五月の「小学校令」に、「尋常小学科ニ於テハ仮名ノ単語短句簡易ナル漢字交リノ短句及び地理歴史理科ノ事項ヲ交ヘタル漢字交リ文」とあったことは既述したが、文法的な事項についてはとりたてて触れられていない。

そもそも、母語（第一言語）の教科書には、ことばそのものに関する教材が必須であることは確かだとしても、どの段階でどの程度その知識が必要なのかについては、今日でも様々な議論があって、必ずしも決着がついているとは言えない。だが、ことばを単なるコミュニケーションの道具ととらえるならともかく、ことばそのものについての認識、つまりメタ言語能力を育成することは、母語の教育にとっても欠かせない教育内容である。ことばのきまり、なかんずく文法知識を獲得することは、メタ言語認識の獲得にとって、大きな力となる。したがって、言語教科書を作製する際に、文法に関する知識を大事にするという方向は、きわめて基本的であり、また重要な姿勢である。

もっとも、一覧表でも分かるように、この教科書の文法的記述は、かなりの量にのぼる。「一巻上下」の単語の提出が、名詞、代名詞、動詞、形容詞という順になっているところに、文法的な順序を教科書編制の原理としていることがうかがえるが、とりわけ「二巻」は、様々な文章の文法的な分類もあげられていて、さながら「文典」の様相を呈している。

下田歌子は、明治一八年に華族学校の教授になった頃から、独自の考えに基づいて小学校用の教科書を構想し始めていた。それは先ほど掲げたこの教科書の「例言」からも窺える。しかし、その読本がほぼ出来上がった段階で、文部省が新しく創設した検定制度が障壁になった。というのは、明治一九年三月一六日に版権免許を受けたものの、小学校用教科書として広く使ってもらうためには、同年五月に施行された検定条例をパスする必要が出てきたからである。そこで下田は、八月一一日に訂正再版本（一之巻上下至八巻計九冊）を「読書」科用の教科書として、文部省に検定申請して、『国文小学読本』は八月一九日に、無事に検定を通過する。[*31]

下田読本の評価

検定を通過して読本が公刊された翌年、「下田読本問題」とでもいうべき、ひともんちゃくがあった。その経緯は、山下雅子の論文「下田歌子『国文小学読本』の研究——明治国語教育史の一断面」に詳しい。要するに、一八八七（明治二〇）年九月、新学期の直前になって、東京府が初等教育用の読本を、急遽下田読本に変更しようとしたこと、さらにそれを決定した府知事の手続きに疑義が出され、その背後には政治的な圧力があったらしいことが判明し、最終的に下田読本は採用されなかった、という「事件」である。山下は一連のできごとを、新聞や下田自身の残した書簡などによって、詳細に跡づけている。政府要人と太いパイプを持つ下田歌子の作製した教科書採択をめぐる「下田読本問題」は、当時の社会的な大事件（スキャンダル）だったのである。したがって、この読本は、一般にはほとんど普及しなかったのでは無いかと推測される。[*32]

なお、前章で、明治二一年に東京府が『小学読本』を作製したことに触れた。それは、この「下田読本問題」が起きてから、ちょうど一年後のことである。もしかしたら、東京府が自ら教科書を作製したのは、この時、突然の下田読本の採用とその取り消しで権威を失った教科書行政に対する信頼を復活させようと考えたからだとも考えられる。ここでは

「下田読本問題」の経緯よりも、検定を通った下田読本を東京府小学校教科書審査会が、どのように審議したのか、またそこで下田本がどのように評価されたのかを見てみたい。[*33]

東京府の教科書審査会の審議は、数十部の読本の中から評議の上、まず不適当なものを除き、また評議して第二の不適当なものを除き、残った三種の中から適当なものを選定するという手順で進められたらしい。その中で、下田本は、もっとも不適当なものとして第一段階で除外されてしまった。その理由は、「其書の善悪ハ暫く措くも其編纂の方法ハ全く小学用読本の体裁を備へず寧ろ文典と修身とを混淆したるものにして編者ハ西洋に『リードル』なるものの有ることを知らず第一に文典を習ハせ次に地理及歴史を授くれば可なりとの誤想よりして作れるものなり」と、判断されたからのようである。附属小学校の教員や現職の校長を交えて構成されたこの審査会において、下田歌子の読本は、まったく評価されなかったのである。[*34]

さらに、不採用の理由として「朝野新聞」の述べるところでは、「元来下田歌子の編纂したる小学教科書ハ凡て国文を以て綴りたるものなれバ小学童児をして「かなのくわいゐん」とでもなすには至極適当の書なれど、今日改進の気運に向かひたる日本国の未来の国民を養成する小学校の教科書にハ最も不適当のものなり」とされている。[*35]

また別の日の「朝野新聞」では、現場の教員から次のような不満の声が出ていたことも報じられている。[*36]

> 府下の小学教員社会には下田歌子著の読本ハ教科用図書に不適当なるハ誰にても一見すれハ分かることなり殊に目下言文一致論の一点よりいふも此の書の如く六ヶ敷大和語を記載しあるハ将来小供を歌人俳諧等の雅道に就かしめんとするにハ多少裨益あるべきも普通学科を教ゆべき小学校教科用書にハ最も不適当なりと評し合へりといふ

これは、かなり核心をついた批判である。というのは、下田自身も、「例言」で「此読本は、世間流布の、読本と異にして、全く、国文構成の、法を教ふる、ものなり。抑も、読本は、歴史、地理書の類ひにもあらで、幼童、必読の、書となすゆえは、幼童の、はじめて、此書によりて、言語をつづり、文章をつくり得る、階梯ともなればなり。されば、読本は、其材料を、修身、歴史、其他、何事にとるとも、必ず、作文階梯の、こころばえを、備へざるべからず。」と述べていたからである。「国文構成の法」を教えること、これが当時の読本に最も欠けていることだというのが下田の認識であり、それ故に文法に関する記述が多くなっているのである。下田の考え方は、言語教科書は、言語形式の指導という側面を忘れてはならず、それが言語表現の能力を育てることにつながらなければならないということである。それ自体は、きわめて正論である。

だが、小学児童の教授の最初の段階から「なことば（名詞のこと・筆者注）」のような文法用語を提出したり、一の巻下で、英単語を示したりすることに対する現場からの違和感は大きかっただろう。文法を全面に立てた構成の難解さに加えて、入門期の記述量が膨大だということも問題になったと思われる。ほぼ同時期に出された文部省の編纂した入門期用教科書『読書入門』（明治一九年九月）では、単語、短文を通じて片仮名と平仮名の習得を目指しているが、小学校の半年に学習する分量は、二七丁からなる一冊本だけである。これに対して、下田本は、一巻の上（一八丁）下（三二丁）を、最初の半年で習得させる予定のようだ。とするなら、単純に考えても、学習量は文部省の『読書入門』の約二倍になる。それも、単語の様々な表記を同時に意識させ、単語が属する文法的な範疇と、語彙的なまとまりを学習させるつもりなら、子どもの学習負担は相当なものになる。加えて、読本のそれぞれのページには、図を中心にして情報が満載されており、平仮名、片仮名、さらには英単語や漢字を示し、また文中の「おかかさま」という単語に「ハハ」という言い換えのルビを振る徹底ぶりである。

もっとも、下田自身は、第一巻に、漢字やローマ字、あるいは英単語を示したことについて「ただ何となく其耳目に馴れしめんとの為のみにて、必ず読み習はせんとにはあらず」と述べている。教科書には多くの材料を掲載したが、それらをすべて教える必要はない、という下田の意思表示である。国語教科書に載せる内容は、読み書き能力の最低基準ではなく、文化的な豊かさを含んだ広がりのある広範囲なものであるべきだ、と考えたのである。これも、一つの見識である。

したがって、通常の読本ならば一冊で収めるべき内容を、上下二巻にわたり二倍のページ数で編集するようなことになったのだ。だが、二巻以降は、通常の読本と同じような厚さの読本に仕上がっているし、教科書の内容にもそれほどのふくらみは感じられない。多くの資料を提示するという方針が、第一巻だけに適用されたのだとすれば、逆に全体構想のバランスが問われる。このように、学習者の側からの視点を極度に欠いたところに、下田読本の最大の欠点があった。

また、第二巻のすべてを「言語教材」で埋め尽くすような構成を取っていたことも問題になる。第二巻の各種の文体の指導は、指導者の側にかなりの文法的な知識がなければ、効果的な指導は不可能だ。下田歌子自身が、この教科書を使って指導するのならともかく、多くの一般教員には、この読本が作られた趣旨を十分に咀嚼した上で指導に当たることは至難の業に近い。つまり、この読本は、それを指導する一般教員にとって、きわめて扱いにくく出来ているのである。いくら高邁な理想と詳細な情報を教科書に盛り込んだとしても、読本を使用する多くの教員たちが、それを使いこなせなければ商品としての価値は無い。とすれば、この『国文小学読本』は、学習者側の視点を欠いていた上に、実際に教科書を教える立場の教員たちへの配慮にも欠けるところがあったといわざるを得ない。

なお、この読本には、この時期のほかの多くの読本がそうであるように、低学年の子どものための読み物は、ほとんど導入されていなかった。この時期は、他の読本でも、低学年用の教材は、ほとんどが言語教材で埋め尽くされており、フィクションの話は載せられていないものが多い。したがってそうした方針は、下田独自の判断であるというより、一般的な読本の傾向が反映されたものだと考えていい。

また、下田が、華族女学校に通う小学生徒を念頭に教材を集めたものをもとにこの教科書を編んだという経緯から考えて、この読本には女性、あるいは女性に関係する話題が多く登場しているのではないかとも予想されるが、そうした選択はされなかった。巻三第二二課の「逸勢の女のはなし」は孝行な貴族の娘の話であり、巻四の第四課の「淑女」は、紫式部を取り上げているが、全編を見ても女性はそれだけしか出てこない。これも、当時のほかの読本と同様の傾向である。[*37]

古典への傾斜と談話文

湯本武比古は、『読書入門』で、自分の作成した読本が従来のものと異なるのは、「読ムコトノミヲ主トセズ、同時ニ書クコトヲモ、併セ授クル方法ヲ設ケ」た点にある、と述べていた。読むことの学習が、書くことの学習と一体化しなければならないという主張である。下田読本も、これと似た方向を目指していた。だが、下田の「書くことの学習」とは、『読書入門』のように書字の学習だけではなく、自ら文を綴る学習（作文）の学習をも含んでいた。下田は「例言」で、その点を「読本は、其材料を修身、歴史、其他、何事にとるとも、必ず作文階梯のこころばえを、備へざるべからず」と述べている。（『読書入門』の場合は、別に作文指導のために『尋常小学作文授業用書』を用意していたことは、第三部第二章で見てきたとおりである。）

下田にとって、「作文を書く」とは、漢字仮名交じりの擬古文を書くことだったのである。下田の理想の文章は、古典、それも「神皇正統記やうの文章」にあった。文法的な教材があれほど読本の中に多かったのは、最終的に、正確に歴史的仮名遣いを書き分け、文語文を綴り、和歌をしたためることができるようになるためである。下田にとっては、口語は文語の崩れたものであり、わざわざ学校で学ばせる対象ではない。すなわち書くという営みは、文語を書くことであり、それ以外の行為ではなかった。

もちろんこうした考えは、なにも下田だけの特別な考え方ではない。江戸期以来、国学者たちが「文法」の学習を重視したのは、読めなくなってしまった古文を正しく読むためではあったが、同時にいにしえの文章を正しく書くためのものでもあった。

下田はこのことに関して、次のように言う。

漢文重視の主張にあって、国文がその存在の意義を主張したのは、維新直後のような神典・皇典といふ立場からではない。また、後の二〇年代初頭に見られるやうな文学としての立場からでもない。その主張は、日常の「文章」を書くためのものとして現はれたのであった。

「神皇正統記やうの文章」としての「国文」は、多くの人々が日常の文章を綴るためにこそ必要なのである。この点に関して、山本正秀は「この読本は、やがて落合直文らの国文学者によってひき起こされた新国文運動と同傾向のものであって、下田歌子が小学読本でその先鞭をつけたと見ることもできよう。」と述べている。[*38]

つまり、下田の文章観はあくまでも古典主義に依拠してはいたが、日常生活の中で使うための平易な擬古文を書かせることが目的だったのである。この点で下田の発想は、ある意味できわめて現実的・実際的なものでもあった。なぜなら、この時、多くの人々が「作文の学習」に求めていたのは、日常の手紙などを文語文によって綴ることであって、言文一致の文章を書くことではなかったからである。

しかも下田は、「談話文」自体が不必要だと考えていたわけではない。「神皇正統記やうの文章」へと接続させる手段としての「談話文」に関しては、それを読本の中に導入している。というより、山本正秀が、文部省の『尋常小学読本』や、西邨貞の『幼学読本』では、初学年用の読本にしか談話体が導入されなかったが、『国文小学読本』では、「上級用にまで談話体を入れたのは、この読本が初めてで画期的である」と評価していくように、低学年の教材だけでなく、中・高学年用の教材にも積極的に談話文を取り入れていたのである。*39

たとえば、「四之巻」の次のような教材は、他の読本の談話文のように子どもたちの日常生活の中の会話を取り上げるのではなく、「寓話」を談話体によって記している。

第二十　蛙と、百足虫のはなし

或る所にて、蛙と、百足虫と、懇意にして、居りましたが、蛙が、或る日、百足虫が、死んだと聞きまして、大勢の、子蛙をつれまして、見舞ひに参りました所が、親蛙は、百足虫の、死んで居るを見まして、百足虫の子に、問ひまするには、親殿は、御死になされたと、承はりましたに、一向臥し給ふ、事もなく、生きたる時のやうに、とんと、立ちてばかり、入らせらるゝは、どうした訳で、有りますぞと、問ひました所で、百足虫の子が、答へまするには、さうで有りますよ、私どもは、先祖代々からの、申し伝へで、世間に立ちますには、助けが多くなければ、ならんと申しまして、蛙殿のやうに、僅かばかりの足では、何分にも、安心が出来ませんで、それ故、首の辺りから、尾の辺りまで、夥しく、足をつけて、居ります故に、その足で踏しめますと、蛙殿のやうに、ぢきに、仰むけに転ぶの、仆るゝのと、申すことは、とんと有りませんで、御覧の通り、死にましても、少しも仆れずに、生きた時の様で、居りますは、全く、足と申す、助けを、大勢やとうて、居ります故で、有りますと、いふを聞きまして、親蛙は、嘆息しながら、子蛙を顧みて、申しますには、我々の、足の少ないは、今更、しかたも無いが、足の多いでさへ、斯く迄に、徳あれば、まして、友の多いのは、何程の、徳かわからんほどに、我等、先づ、兄弟喧嘩をせず、中よくして、追々、友を求めよと、言ひ聞かせまして、大勢の、子蛙を引きつれて、其少ない足で、飛ぶやうな、足どりをして、帰りましたと、申す事で有ります。

確かに『国文小学読本』の各巻の終わりには、この教材文のような談話体の文章が挿入されている。それを指して山本は「画期的」と評したのかもしれない。その上、この「蛙と百足の話」は、題材としてはかなりとぼけた内容を扱っていて、ある種のユーモアさえ感じられ、読み手である子どもの興味を引いただろうとも思われる。

しかし、この教材も結局は、かなり強引な教訓が付会されて、話が終わっている。また、「談話体」とは言っても、文体には、色濃く和文脈が残っていた。下田にとって、談話体を使用したのは、範例や礼式を上から与えやすくするための手段であり、また、それを本格的な文語文へと接続していくための一段階でしかなかったように思える。というのは、下田読本の「談話体」は、生き生きとした子ども同士の会話を平易な文章で語ることがその目的ではなく、大人の語り手が「なりません」と禁止したり、「……なさい」と命令する文型の中で使われる場合が多く見られるからである。

もっとも、繰り返すことになるが、この読本の本来の使用者として想定されていたのは、もともとは華族学校に通う子弟であり、一般の婦女子ではなかった。少なくとも、下田が実際に関わっている「学校生徒」たちは、教科書を購入する際に、親の懐具合を勘案しなければならないような階層の子どもたちではない。おそらく下田は、上流階級に属する者にとっての教育内容は、江戸時代の支配階級であった武士たちが学んだ朱子学などと同じように、自らの身を律することにより庶民に感化を与えるようなものである必要がある、と考えたのであろう。つまり、読本には、上に立つ者の自覚と矜恃とを育てるような教材が不可欠であると考えたのではないか。下田が、この教科書に盛り込もうとしたのは、そうした種類の教養とそれを獲得するための方法と文体だったのである。

　以上のような文脈に立ってみれば、この『国文小学読本』には、下田の一貫した姿勢が感じられ、また一定の緊張感も漂っている。しかしそれは、社会人として実生活を送っていくために、直接に役に立つ基本的な読み書きのリテラシーを求めて学校教育に参加した庶民階級の子弟たちの現実的な要求と、かなりの距離があったことも、また確かであろう。

「和文教科書」の作製

　見てきたように、下田読本は、初等教育の現場から積極的な支持を得ることはなかった。しかし、下田歌子は、その後も、精力的に様々な書物を執筆して教育界に働きかけていく。そのエネルギーには、驚嘆すべきものがある。

　時間の順序は逆になるが、『国文小学読本』に先だつ下田の仕事に、宮内省から一八八五（明治一八）年一二月に刊行された『和文教科書』（三巻）がある。下田は、小学校用の教科書『国文小学読本』の執筆に携わる一方で、三巻本だった『和文教科書』を八巻本に増補して、弟の平尾鍗蔵を出板人として公刊している。この『和文教科書』は、内容的には様々な古文を集めた抄物で、「一・二巻 徒然草ぬきほ」「三巻 いさよひの日記」「四巻 から物語ぬきほ」「五巻 方丈記」「六巻 更科日記」「七・八巻 宇治拾遺物語ぬきほ」となっている。この本は、古典を学ぶために原典から抄出した読み物集であり、小学校の生徒を念頭に置いて作られたものではない。[*40]

　これらの教材は、下田が華族女学校の学監になる以前に、「桃夭女塾」で華族の子女を教育していた時の教材集を整理したものであり、おそらくは華族女学校などで使用することを想定した教科書だったと思われ

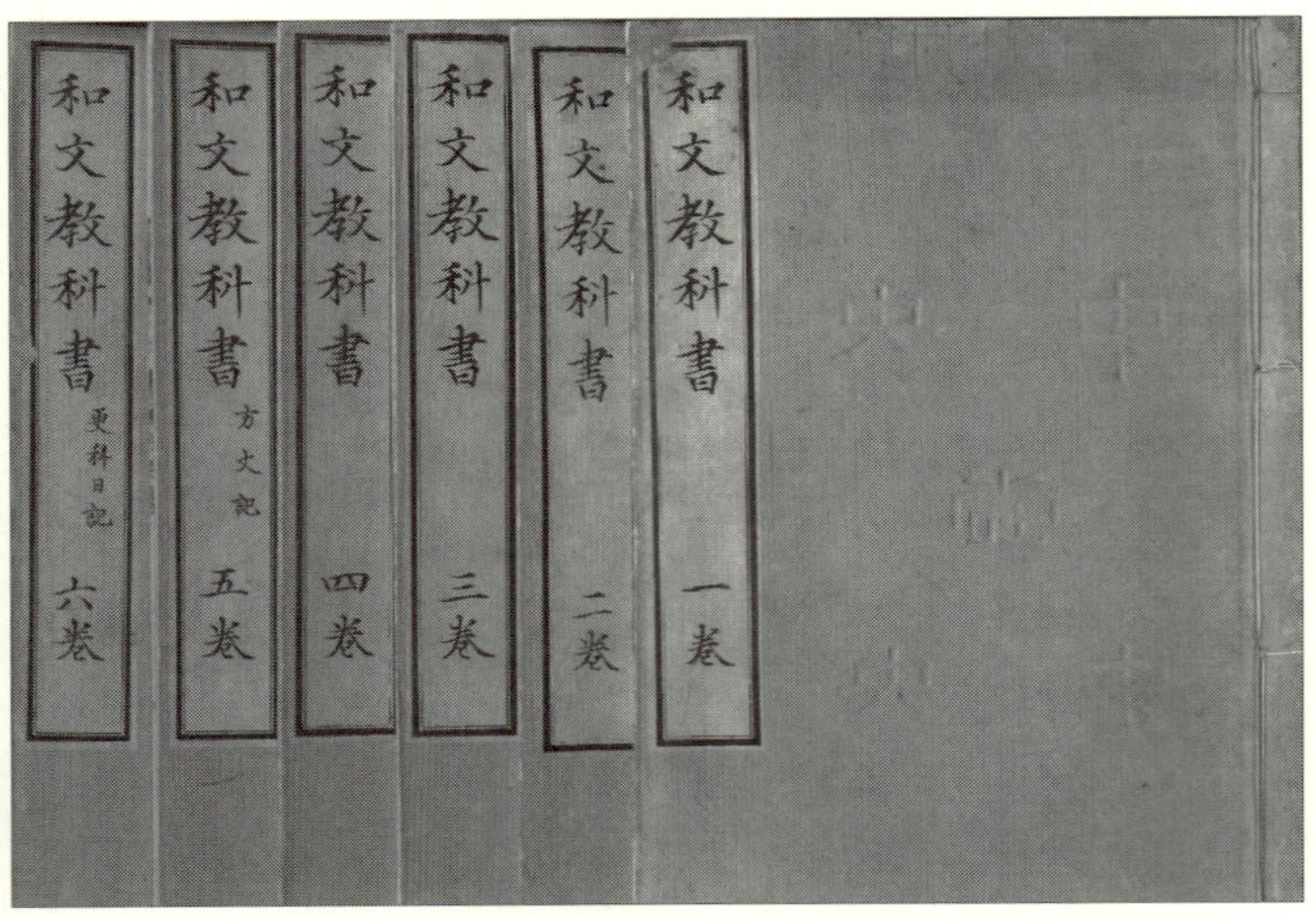

下田歌子編『和文教科書』（六巻まで）
明治 18–19 年

る。また、明治一九年七月七日文部省が、師範学校用の教科書に「撰用」できるとして示した一八種類の「国語」の教科書の中に、この『和文教科書』が、稲垣千穎の『和文読本』などとともに入れられている。[*41]

このような小学校を終えた段階の女子向け教科書の作製について理解を深めるために、ここで、女子教育の歴史についても簡単に触れておく。

下田が直接関係した華族女学校が開設される以前、一八八二（明治一五）年には、東京女子師範学校付属高等女学校が設置されて、女子のための高等教育機関が正式な形で発足した。男女ともに同じ教育内容を授けるという理念から出発した日本の近代学校教育は、就学率が上昇し、教育内容が様々に分化していくにしたがって、女子専用の教育機関を必要とするに至ったのである。そこでの教育内容も、男子教育とは切り離された形で整備され、読み書きのリテラシーも、男子と女子とは異なったものが要求されるようになる。

この点に関して、今田絵里香の指摘を引いておこう。今田は、『「少女」の社会史』の中で、一八八二（明治一五）年の学事諮問会で、府県学務課長・学校長等に示した文部省告示諭の「和漢文ハ和文ヲ主トシ傍ラ短歌ニ及ヒ習字ハ平仮名ヲ主トス」という一節を紹介して、「女子教育においては漢文は不必要なもの、ふさわしくないものとされていく」と述べている。これは、きわめて重要な指摘である。つまり、女子教育が確立していくにしたがって、初等教育以上の男女別の教育場面においては、男性は漢文の学習、女性は和文の学習というような、旧来の考え方が装いを変えて復活し、男女別のリテラシー観が定着していくのである。下田歌子が「桃夭女塾」で華族の子女を教育していた際に行った和文中心の教育は、こうした動向と合致していた。[*42]

一八九一（明治二四）年、「中学校令中改正」によって、高等女学校は、尋常中学校の一種とされて女子中等教育機関として法制上に位置づけられる。さらに、一八九五年（明治二八年）には「高等女学校規程」が制定され、その中で、修業年限は六年、入学資格が「修業年限四箇年ノ尋常小学校ノ卒業生若クハ之ト同等ノ学力ヲ有スル者」と定められた。国語に関係する科目には「国語」と「習字」があり、随意科目として「漢文」が置かれた。「漢文」と切り離された「国語」科では、「普通ノ漢字交リ文ヲ購読セシメ」ることから始めて、「中古以降ノ平易ニシテ雅馴ナル文章及歌」に及ぼすことになっていた。つまりこれは、女子の言語教育を、「和文」を中心に進めるということである。先の今田が紹介した一八八二（明治一五）年の学事諮問会の文部省告示諭は、ここに具体的な法令として示されたのである。

続いて、一八九九（明治三二）年に公布された「高等女学校令」に基づいて、各都道府県では、数多くの高等女学校が創設される。そこで求められたのは、国家を支える「良妻賢母」主義であり、儒教的な道徳と古典の教養、さらには家庭経営を柱に据えたものだった。下田歌子の活動は、こうした「女子教育」が創成されていく動きを領導するものとして展開された。また、下田自身も一八九九（明治三二）四月に帝国婦人協会付属実践女学校及び女子工芸学校を創設し、それぞれの校長として学校経営の任に当たっている。

つまり、この『和文教科書』は、以上のような形で展開してきた明治の女子教育を支えるための重要な書物メディアだったのである。下田が華族女学校で実際に進めていた『和文教科書』を使った教育は、後の「高等女学校」の教育の一つの原点でもあった。そこで使われた『和文教科書』

は、「女子」と「国文」とを固く結びつける教育メディアとして、明治の女子教育に大きく「貢献」したことになる。

「少女」向け発展読書教材の作製

さらに、下田が執筆した教科書以外の読み物にも触れておきたい。もっとも、それらの書物の刊行の時期は、『国文小学読本』の作製からは、かなり後になってからのことであり、本章で取り扱う論述の時限を超えて、「検定後期」の話題になってしまう。したがって、ここでも記述対象の時間の順序が前後することを、お断りしておく。

下田は、家庭教育の材料として「家庭文庫」全一二冊（明治三〇年一〇月―三四年二月）を博文館から刊行して、好評を博した。この仕事は成人向けであったが、続けて下田は、同じ博文館から学校教育を補完するべく「少女文庫」六冊（明治三四年八月―三五年五月）を刊行する。このシリーズが「少女文庫」（傍点・稿者）と銘打たれたのは、それが少女のための読み物集だということを前面に押し出すためだろう。

知られているように、「少女」という近代的な概念は、明治期になって、「少年」よりも遅れて成立した。というより、もともと「少年」という単語に性の区別はなく、単に年が若いことだけを意味していた。高橋熊太郎の『普通読本』を取り上げた際に触れた「少年書類」という概念も、男子専用の読み物集という意味ではなく、年少の子どもたちの読み物を含意した用語だった。次節で登場する山縣悌三郎が創刊した、日本最初の本格的な子ども向けの雑誌である『少年園』（一八八八《明治二一》年一一月）も、雑誌のタイトルに「少年」を含んでいるが、男女の読者を意識して作られていたことは、その記事の内容や表紙に男女の姿を描いていることなどから明らかである。しかし、一八九五（明治二八）年に刊行された博文館の『少年世界』では、同年の九月号以降からその中に「少女」欄が特設され、男女を区別する意識が強くなる。また、一九〇二（明治三五）年四月には、誌名に「少女」を含む『少女界』（金港堂）が、また一九〇六（明治三九）年九月には、『少女世界』（博文館）が刊行されるに至って、「少年」から「少女」が明確に分離される。このことは、女子教育の進展にともなって、教科書以外の雑誌や読み物を読みこなすリテラシーを身につけた女性の購買層が育ってきたことを意味する。[43]

下田歌子の「少女文庫」は、このように「少女」という概念とその内包が確立しつつあった中で、刊行された。下田のシリーズでは、読書対象としての「少女」をどの位の年齢の子どもたちと想定していたのかが、『少女文庫第五編』の「緒言」に記されている。それによれば、「少女と云へるは、未婚の女子の通称なるべけれど、爰には、専ら、小学年齢以下、即ち五六歳より、一五六歳までの女児の為にと物しつる」と記述されている。下田は、おおよそ尋常小学校・高等小学校に通う女子を対象にして、この「少女文庫」を著述したのである。この読者たちの年齢層は、下田が一五年ほど以前に刊行した『国文小学読本』の学齢期の子どもたちの年齢と、ほぼ重なっていた。すなわち、この「少女文庫」は、学校に通う女の子たちを読書対象にした、校外読み集でもあった。下田の「少女文庫」は、従来の「少年書類」の対象者を男女別に分化させた仕事だったのである。

下田歌子の「少女文庫」は、全六巻の構成だった。題名は順に、『お伽噺教草』『庭訓お伽噺』『内国少女鑑』『外国少女鑑』『家庭之心得』『学校之心得』である。判型は菊判、各巻二二〇―二三〇頁。洋紙に両面印刷だが、和綴じで、二箇所に綴じ紐がある。定価は各三五銭。第一編の『お伽噺教草』には四五編の寓話、第二編の『庭訓お伽噺』には二二編の修身物語、第三編の『内国少女鑑』には四三編の日本の修身談集、第四編の『外国少女鑑』には三六編の外国修身談、である。この第四編までは、ストーリ性のある話が中心に収録されている。どれも、かなり教訓臭が強い。材料は、『幼学綱要』や『婦女鑑』など既成の修身書から取材したり、自身が編集した『国文小学読本』の教材を転用したものなども散見され、オリジナルな創作読み物が載せられているわけではない。「少女文庫」の第四編までは、明治二〇年代に盛んに刊行された「修身読み物集」とほぼ同様の発想でできあがっていた。(「修身読み物」に関しては、第六部第二章で取り上げる。)[*44]

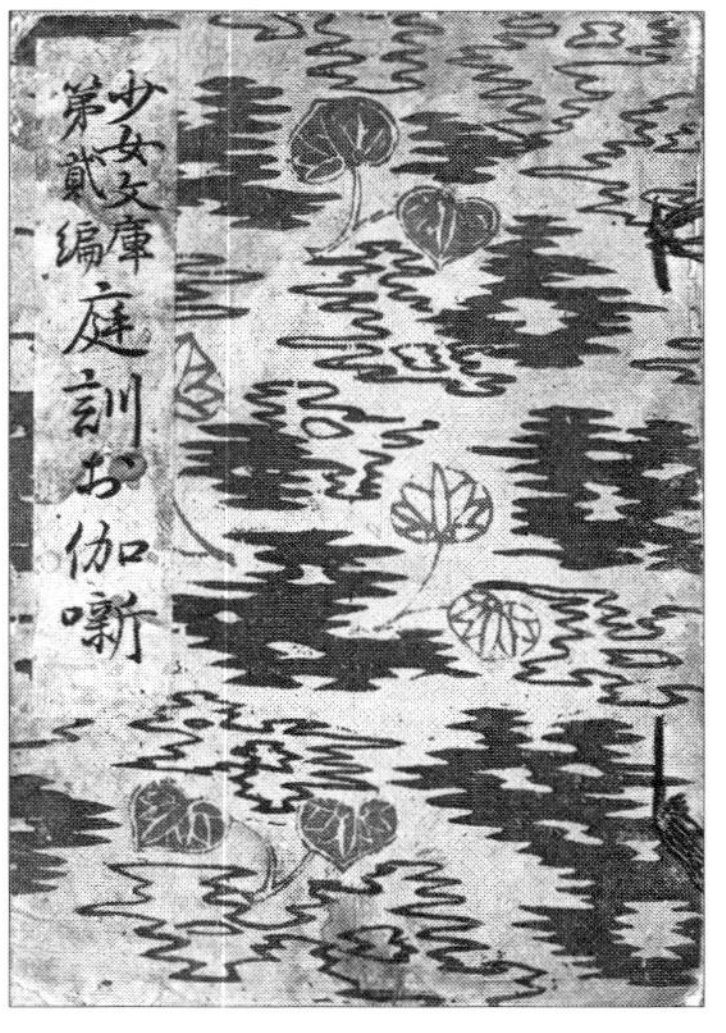

下田歌子『庭訓お伽噺』
明治 34 年

また、第五編『家庭之心得』、第六編『学校之心得』は、家庭や学校場面で、年若い女性が注意しなければならないことは何か、を諭すための生徒心得と作法集である。その方向は規範的・権威的であり、体制順応と女性の役割分担の姿勢を明確に打ち出し、それを固定することを意図していた。その意味でこの「少女文庫」は、将来の「良妻賢母」を育てるための教育書であって、「読み物」それ自体を楽しんだり、想像力を広げるという類の刊行物ではなかった。

こうした基本姿勢を前面に打ち出すかのように、「少女文庫」に収録されたそれぞれの文章には、どれにも訓戒や教訓が付されている。第一編から第四編の「修身読み物」類には、訓戒や教訓が直接的に書かれていないものもあるが、第五・第六編は、そうした文章が必ず登場する。そこでの訓戒や教訓の多くは、漢字仮名交じりの文語文で、読み手に向かって「可らず」「べし」という文末を伴った文章によって提示される。修身談や心得に関するメッセージを、このような命令口調の文体で、続けざまに読まされたなら、読み手は辟易としてしまうだろう。そこで、全六巻中の、どの題材にも具体的なエピソードが挿入され、それを通して読み手を教え諭すという構成になっている。こうした種類の書物に、寓話や譬え話、あるいは日常生活の一コマの描写を挿入して教誡の目的を達しようとするのは、イソップ寓話以来の常套手段ではあるが、注目すべきは、そのエピソードの中に少女の会話が豊富に盛り込まれていることである。これが、この「少女文庫」の文章表現上の大きな特色である。たとえば、第六編の『学校之心得』の中の「少女が就学中の心得」の章では、学校の中の様々な規則が列挙され、とりわけ女子へ向けた注意が詳細に記載される。この記述部分が「訓戒や教訓」に相当する。続けて、具体的な場面を通して「訓戒や教訓」を浸透させようと意図したエピソードが挿入される。そのエピソードの冒頭部分を引いてみよう。

ある女子小学校にて、新入の生徒、在来の生徒と一所に、運動場へ行くとて、黒板塀の側を過ぎりぬ。新入の生徒、其右の手に、白墨を持ちたりしが、我れ知らず。塀に障りて、ずっと、白き筋を印（つける）せり。在来の生徒これを見て、アッと驚きの声を発しければ、新入生は、更に驚きて、

貴嬢……何、

在来生、いよ〳〵眼を円くして、

貴嬢、何どころですか。……貴嬢は、大変な事を、

新　何が大変、

在　此処に筋をお付けなさつたではありませんか。

新　其れは、つひ怪我で、……けども、たゞ一寸、少しばかり筋がついた丈ですワ。

在　イヽエ、少しでもいけません。先達て、先生が被為仰いました。落書と云ふものは、其人の心が反古になつている証拠を顕すのだ。心の反古になつている人は、汚れたる人なんだ。其れだから、決して、落書をしてはいけない。其れは、筋を引く丈でも、丸を書く丈でも同じ事だと、被為仰いました。……

貴嬢、貴嬢の心が汚れてる事を、先生が、お見附けになると、退校さゝれるかも知れません。

新入生も、急に怖ろしくなりぬと見えて。

如何しませう、

と、溜息をつき居たりしが、在来生は、更に新入生にむかひ、

でも、貴嬢、わざと成さつたのではありませぬから、今直に、一所に、先生の所へ往つて、お断り申して来て、そして拭きませう、

（以下略）

『学校之心得』挿絵

この後、二人の生徒は教師に謝りに行き、お説教を受けた後に許される、という展開になる。言わでもがなのことだが、お世辞にも興味を引かれるストーリーとは言いかねる。

文章は、地の文と会話部分とに分かれており、地の文は文語体で、会話部分は談話体の直接話法で記述されている。会話部分の談話体は、一般的庶民の「五六歳より、一五六歳までの女児」が現実に交わしている会話をそのまま描出したものというより、特別な階層の女性たちの言葉遣いだと判断できる。おそらくは、華族学校の校内で使用されていた話し方に近いものなのだろう。下田はこのような話体を、全面的に「少女文庫」で展開している。それは、下田が「少女」たちが日常で使用すべきだと考えていた模範的話しことばの提示でもあった。こう見てくると、「少女文庫」で、下田歌子が意図したことは、大まかに言って次の二点に要約できるだろう。

一点は、そこに収録した数々のエピソードを通して女子の生き方やその心得を知らしめるということである。それは明治の女子教育の中で、下田が担った大きな役割でもあった。その内容が、旧来の儒教道徳を踏まえ、男性や家庭を側面から支える「良妻賢母」思想によって貫かれていたことは、既に述べた。久米依子が指摘しているように、明治三〇年代になると、「活発で知恵ある少女の物語」も、子どもの読む雑誌の中にも登場してきてはいるが、下田の提示した「少女像」は、あくまでも体制順応型の保守的教養を備えた人間像だった。ここに下田歌子の著作の立ち位置がある。[*45]

もう一点は、「教養ある」女子の話しことばの創成とその普及である。「少女文庫」の中に登場する女生徒たちの直接会話文体は、年若い「良妻賢母」の話しことばに相応しいものとして提示され、おそらく読み手にも、額面通りに受け止められたことであろう。さらに「少女文庫」に記載された少女たちの会話文体は、現実に使用される話しことばに転化し、この時期の女子学生に特有の口語話体を創り出していく。下田は、明治の女高生のファッションであるいわゆる「えび茶の袴」を創案し普及させたと言われるが、それと同様の作業を文筆の上でも行っていたことになる。言うまでもなくその作業は、下田だけが行ったわけではない。多くの文筆家たちも少女雑誌や小説を通して様々にいかにも女学生らしい会話文体を創造し、文章として記述していた。紙上に書き記された「女学生ことば」は、現実の「女学生」の話しことばとリンクして、増幅と減耗とを繰り返しながら、地方にも広まっていく。

こうした事態が進行すると、「女学生ことば」を現実生活の中で使いこなせるかどうかが、「女学生」としての資格を外側から確認する手段となる。つまり、もともとは書きことばとして記述された「女学生ことば」だったが、現実生活の中でそれを実際に使用できなければ、「女学生」として認定されなくなっていくのである。逆の言い方をするなら、下田が記述したような「女学生ことば」を駆使できさえすれば、たちまち教養ある「女学生」に変身することが可能になる。おそらく、下田歌子の「少女文庫」を読んだ女生徒たちは、そうした会話文体に親しむことを通して、幻想としての「女学生」に近づき、またそこに描かれた「女学生」像を内面化していったのである。この意味で、下田歌子の手になる「少女文庫」は、体制が望んだ女学生の内面規範の提示と同時に、「女学生」という階層を実体化させるための発話形式までをも用意したことになる。

下田の「談話文体」の例を検討しただけでも明らかなように、「言文一致」とは、現実に話されている音声を「写真のように」書き記すことによって成立するわけではない。むしろ、こうあるべきだと文字によって記述された会話文体に現実の話し手の話し方が拘束され、その規矩の方向に発話が導かれていくことと相まって、音声表現としての「言文一致」が形成されるのである。なぜなら、瞬時に消えてしまう音声媒体よりも、文字化された会話文の方が、言語規範としての機能を強く発揮するからであり、また、実体物として書かれた文字表現しか「言」と「文」との一致を保障するものは無いからである。ましてや、当時は、レコードやラジオのように、音声を直接聞き手に届けることのできる媒体は、十分に広まっていなかった。その中で、印刷された話しことば文体が、「言文一致」的話しことばの生成に与えた影響は、思いの外に大きかったといえるだろう。

すなわち、明治期の「読本」や「少年書類」は、伝達内容を通して直接読み手の内面を開発すると同時に、それを可能にする発話形式を読み手に付与する強力なメディアとして、広義の「教育場」に関わっていたのだった。そうした場における各種の「リテラシー形成メディア」は、伝達内容を包摂する表現形式であると同時に、表現形式そのものが伝達内容でもあるという、相補的な関係を構築する役割を果たしていた。「読本」や「子ども読み物」の作製に関わった下田歌子の文章活動は、結果的に、そうした多面的な回路を持った明治の教育文化活動を展開していく大きな推進力の一つになったのである。

注（Endnotes）

*1 渡部温の『通俗伊蘇普物語』に収められていない話材がいくつかあることから、原本は、渡部が拠ったトマス・ジェームスのAESOP'S FABLESではなく、別のイソップ寓話集だと考えられる。

*2 同じ話は「猿のさいばん」と題して、明治三〇年四月九日発行・明治三〇年四月一三日検定の『国民読本』（文学社）巻六第五課にも載せられている。

*3 前川一郎、高橋熊太郎、長倉文彦編集『小学教授規範』金港堂　一八八四（明治一七）年四月一九日版権免許。西邨貞の「序」によると、この本の編集者の三人はともに「栃木県ノ教師」だという。ちなみに、高橋熊太郎は「東京府平民」で、住所は「栃木県足利郡高橋村六百九番地」となっている。

*4 類似の話として、オランダで堤防を守った少年の話がある。第一部第二章で、サージェント第三読本第二版から須田辰次郎と甲斐織衛の『幼童 教のはじめ』が翻訳した文章の一部を紹介した。

*5 この教材は、第一期国定国語教科書『高等小学読本』（明治三六年）巻三第九課にも引き継がれている。タイトルは「親切の報（むくい）」と変更されている。

*6 『新撰小学読本』（田沼書店）は、日下部三之助が編者である。巻六第一二課「汽車の危難を救ひたる話」の登場人物はリーム少年であるが、翻訳と言うよりは簡約である。少年の「仁心」と「智」と「勇気」が称揚されている。『新撰普通 小学読本 尋常科用』（松友学館・加藤尭敬編）の巻六第一六課「汽車の危難をすくいたる話」は、日下部三之助の『新撰小学読本』と全く同文である。日下部本の教材文を流用したのであろう。『尋常小学 国語教本』（育英舎）の巻六第一一課「童子の義気」は、線路上に転げ落ちた大石を知らせるため、羽織を脱いで竹竿の先にくくりつけて汽車を止める日本の少年の話に翻案されている。

*7 *Longman's New Readers Standard. 2;* Longmans, Green, and co. 1886. "Brave Little Kate" pp95-97.

*8 沢久次郎『修身教育 宝之友』一八九〇（明治二三）年一〇月　五冊　沢久次郎刊　国立国会図書館蔵本。
飯尾千尋『小児立志美談』一八九一（明治二四）年五月　積善館、別に図書出版会社版もあり、家蔵。
篠田正作『新編 修身実話』一八九一（明治二四）年一月　中村芳松　家蔵。

*9 この少年の社会的行為を引き継ぐ教材としては、荒れ狂う海にボートを出して遭難者を助けた、イギリスのグレースダーリングの行為を取り上げた教材が挙げられる。グレースダーリングの話は、福沢諭吉の『童蒙おしへ草』にも出ており、サージェント読本経由で、深間内基の『啓蒙 修身録』や福沢英之助の『初学読本』などにも翻訳されていた。また、読本では、明治一三年の久松義典編『新撰 小学読本』巻三第九に、さらに、第二期国定教科書（ハタタコ読本）巻一〇第一九課「勇ましき少女」、第三期国定教科書（ハナハト読本）巻一〇第五課「灯台守の娘」などに掲載されている。修身の教材としては、明治二〇年に刊行された『婦女鑑』巻三に「額黎咀林」として、また、本章でも取り上げる下田歌子の『少女文庫第四編外国少女鑑』（明治三五年）には「グレースダルリング」として教材化されている。

*10 一八七七（明治一〇）年一一月に刊行された『小学 口授要説』の「修身談巻三課第二」には、「ハンガリー人闘争ノ奇談」と題して、この話が掲載されている。本文は、文部省刊行の『修身教訓』をそのまま利用したように思われる。

*11 ベネディクト・アンダーソン著　白石隆・白石さや訳『想像の共同体――ナショナリズムの起源と流行』リブロポート　一九八七（昭和六二）年一二月。

*12 この教材は、第二七課と第二八課に分けて掲載されていた。第二七課は、前半部の兵士と士官の出会いの場面であり、ここでは漢字平仮名交じり表記が採用されている。また、第二八課は、物語の後半部分であるが、この課は、漢字片仮名交じりで表記されている。

*13 このストーリーは「確実なる約束（無一学人訳）」というタイトルで、『小国民』第三年第四号（明治二四年二月一八日出版）にも掲載されている。

*14 高橋熊太郎『少年世界 秀吉の遠征』国立国会図書館蔵本　縦一九センチメートル、八六頁。国会図書館蔵本の裏表紙は、何らかの理由で外れてしまったらしく、奥付が欠けており正確な発行日や出版元は不明である。この本の「例言」と「目次」の間の一ページ分を使って、上段に「懸賞題」が掲載されており、そこには、三月一五日の締め切りで、秀吉に関する文・詩・歌の募集がなされている。さらに、次頁に「少年世界第二編」の広告があり、湯地丈雄著の『文冠』が三月一一日に発行されることが予告されている。こうしたことから、高橋は、次々と「少年世界」シリーズを刊行する意図を持っていたと思われる。なお、この湯地丈雄著の『文冠』は、すぐには刊行されなかった。明治二六年に、高橋と湯地の共著で学友館から刊行された『元寇』の「例言」が『少年世界 秀吉の遠征』と同文であることから、この本が「少年世界第二編」だったと判断できる。また、「懸賞題」の下段には雑誌「学びの友」の宣伝があり、それが毎月二回の発行であることや「学校以外の教育に寸効を致さんとす」という発行目的などが記載されている。発行所は、東京市神田区旭町二三番地の三育社である。したがって、この「少年世界シリーズ」も三育社から刊行された可能性もある。

*15 『大日本教育会雑誌』一八八九（明治二二）年二月一〇日「巻末広告」九八〇―九八一頁。この時の公募で入賞した、三輪弘忠の『少年之玉』は、児童文学研究の側から大きく取り上げられ創作児童文学の嚆矢と評されることもある。しかし、教育サイドに立った様々な「少年書類」刊行という流れの中の一つの動きとして考える必要もあるだろう。なお、『少年之玉』に関する研究書には、堀尾幸平『「少年之玉」研究』中部日本教育文化会、一九八〇（昭和五五）年一一月、がある。

*16 その後、高橋熊太郎は、大阪方面に居を移したらしい。一八九六（明治二九）年一二月に編纂した『堂島案内』の肩書きは「大坂商況新報主筆」となっており、また、一八九八（明治三一）年二月に編纂した、大坂の石井書房・田中宗栄堂刊行の『受験予備小学理科新書問答』の肩書きは「元学海指針社員高橋熊太郎編纂」となっている。

*17 木戸若雄『明治の教育ジャーナリズム』近代日本社、一一―一三頁。この本は、一九九〇年三月　大空社から復刻されている。

*18 この教材文「猿蟹合戦」の典拠は、不明である。それとは別に、一八九一（明治二四）年一二月に刊行された、金港堂の小学校高等科用の教科書『新撰高等日本読本巻一』に登載された教材「桃太郎」は、滝沢馬琴の『燕石雑志』が原拠になっている。

*19 田中登作編『少年金函』普及舎　一八八九（明治二二）年八月二六日、A５判、一二九頁　定価三〇銭　縦二〇センチメートル。翌年二月には、再版が刊行されている。ボール紙装、黄色の布地に題名を金箔刷りにした瀟洒な造本である。

*20 杉山文悟編・田中登作校『幼年宝玉』普及舎　一八八九（明治二二）年九月一六日、A５判　九九頁、定価二五銭。杉山文悟は、埼玉県嵐山町出身。本庄町で郡立中学校の教員をしていた。その後、一八八九（明治二二）年、東京に出て普及社に入社、教科書の編さんにあたる。一八九六（明治二九）年、埼玉県視学となる。その後、台湾総督府、日本共同火災などに勤め、一九二七（昭和二）年没。

*21 『大日本小学教科書総覧』読本篇・第四巻　一九三二（昭和七）年一〇月　一頁。この叢書全八巻は、国定教科書に至るまでの明治期の小学校の読本を集めたもので、「明治維新以来、帝国臣民が如何なる教科書により教養訓育せられたるかを正視する」ために編まれたものである。明治初期以来の教科書の歩みを通覧する資料集の作成という歴史的な意義は大きいが、本文の確定などに疑義の残る部分も多く、書誌的にはあまり信用できない。なお、『国語教育史資料・第二巻教科書史』一九八一（昭和五六）年四月　東京法令出版　六七頁の、『新体 読方書』の「解題」には、「表紙は赤一色」とあるが、稿者は、黄土色の表紙の『新体 読方書』しか確認できていない。

また、石川書房は、ほぼ同時に、小学校用の教科書『小学 国民讀本』を出している。石川書房も金港堂と同様に、検定初期に複数の種類の読本を刊行していたことになる。『小学 国民讀本』は、一八八五（明治一八）年一一月二六日版権免許、明治一九年四月一〇日出版。平井参・閲、山中英二郎・編、東京教育書房・錦森閣蔵版。明治二〇年一月二五日に訂正再版御届けをして、同年一月三一日に文部省の検定を合格している。教科書の表紙は、図版のようであるが、裏表紙は、『新体 読方書』とまったく同じ意匠である。この石川書房の教科書の表紙からは、題簽を貼り付けた旧来の堅苦しい和本のイメージとは異なった「新しさ」が感じられる。なお、中身は木版印刷で、製本仕様は金具綴じである。

『小学 国民読本』表紙

*22 教材文の冒頭に置かれた漢字のうち、「 」でくくって示したのは、既提出（既学習）漢字である。

*23 「県令第三三号・小学校ノ学科及其程度実施方法・明治二〇年三月二八日」『現行山梨県令達類典』内藤伝右衛門編　温故堂　明治二三年三月、「第六類・教育・一五―二八頁」

*24 この新聞記事の存在に関しては、山下雅子「下田歌子編『国文 小学読本』の研究――明治国語教育史の一断面」『実践国文学第二五号』実践国文学会　六二頁、から情報を得た。

*25 「東京日日新聞」一八八七（明治二〇）年四月一七日・一九日、広告欄。

*26 稲岡勝「明治検定期の教科書出版と金港堂の経営〔含 付録〕」『東京都立中央図書館研究紀要』二四号　一九九四（平成六）年三月、の六六―六七頁に、「東京市内ニ於テ四等以上ノ所得税ヲ納ムル者ノ指名等」から出版関係者を抜き出した表が載せられている。金港堂（原亮三郎）の所得税七二二円は出版業以外の収入もあるということなので別格としても、文学社（小林義則）が七七円、普及舎（辻敬之）が一七円、集英堂（小林八郎）が三五円である。高額所得者の表の中には、塚原苔園の『新体 読方書』を出した石川書房も、下田歌子の『国文小学読本』を刊行した十一堂も、登場しない。

*27 発兌書肆として名前が挙がっている十一堂の長谷部仲彦は、元岐阜県令長谷部恕連の次男。歌子の紹介により、高崎正風の助力を得て、出版業を始めた。

*28 西村絢子「近代女子教育の開拓者　下田歌子」『別冊歴史読本　明治・大正を生きた一五人の女たち』新人物往来社　一九八〇（昭和五五）年四月　六六―七二頁。

*29 『下田歌子先生伝』故下田校長先生伝記編纂所　一九四三（昭和一八）年一〇月、による。なお、本論と直接の関係はないが、明治期の政界をバックに女手一つで教育事業を開拓した下田歌子については、毀誉褒貶の様々な評価がある。近年に至っても、多くの小説家たちが彼女を素材にして作品を書いているのは、そのエネルギッシュな生き方に、ある種の魅力があるからであろう。志茂田景樹『花の嵐　明治の女帝・下田歌子の愛と野望』ＰＨＰ研究所

一九八四（昭和五九）年五月。林真理子『ミカドの淑女』新潮社　一九九〇（平成二）年九月。南條範夫『妖傑 下田歌子』講談社　一九九四（平成六）年一〇月。別に資料集として、山本博雄『妖婦 下田歌子「平民新聞」より』風媒社　一九九九（平成一一）年二月、がある。

*30 山口典子「下田歌子伝拾遺（４）――教科書刊行をめぐって」「りんどう」第五号　一九八〇（昭和五五）年　一二―一九頁。

*31 「検定済教科用図書表一　自明治一九年五月　至三六年四月」文部省（『教科書研究資料文献』第三集による）

*32 山下雅子「下田歌子編『国文小学読本』の研究――明治国語教育史の一断面」『実践国文学・第二五号』実践国文学会　五九―七一頁。教科書採択をめぐっては当時から醜聞事件が絶えなかったところに、下田の教科書採択にあたって、おそらくは東京府知事であった高崎五六その他の圧力が上から働いたことが状況証拠から想像できる。下田の教科書採択が当時の朝野新聞を中心に大きな社会問題になったのは、当時の人々がそうした背景をよく承知していたからであろう。

*33 梶山雅史『近代日本教科書史研究――明治期検定制度の成立と崩壊』ミネルヴァ書房　一九八八（昭和六三）年二月　四四頁に、次のような記述がある。「下田読本の唐突な採定とその取り消しという茶番を演じて世論による袋だたきにあった東京府は、失態に懲りたためか、あるいは文部省のその間の行政指導に反発したためか、文部省編纂小学読本の向こうを張って、明治二十一年（一八八八）には、府下小学校用の教科書をみずから編纂出版する方策をとった。」

*34 「朝野新聞」一八八七（明治二〇）年九月八日　二面。

*35 「朝野新聞」一八八七（明治二〇）年九月七日　五面。

*36 「朝野新聞」一八八七（明治二〇）年九月一一日　二面。

*37 「橘ノ逸勢の女」のエピソードは、一八八二年（明治一五年）一二月に宮内省から刊行された『幼学綱要』（元田永孚編集）の中に取り上げられている。また、「紫式部」は、一八八七（明治二〇）年七月にやはり宮内省から刊行された『婦女鑑』（西村茂樹編集）の中に取り上げられている。

*38 山本正秀『近代文体発生の史的研究』岩波書店　一九六五（昭和四〇）年七月　四四五頁。

*39 山本正秀『近代文体発生の史的研究』岩波書店　一九六五（昭和四〇）年七月　四四七頁。

*40 下田歌子編『和文教科書』巻一―三、宮内省蔵版　一八八五（明治一八）年一二月。この巻一から巻三を含めて巻八までが、一八八六（明治一九）年四月から一八八七（明治二〇）年九月にかけて、平尾鍗蔵が出板人になって、中央堂から刊行された。『検定済教科用図書表』によると、この八巻本は、「師範学校」用の教科書として、一八八八（明治二一）年一一月二〇日に検定合格した。井上敏夫編『国語教育史資料・第二巻・教科書史』東京法令出版　一九八一（昭和五六年）四月　二六九―二七〇頁、には、この『和文教科書』が「高等女学校用」の教科書に分類されており、「例言」の全文が引用されている。なお、山口典子「下田歌子伝拾遺（４）――教科書刊行をめぐって」「りんどう」第五号　一九八〇（昭和五五）年　一八頁、には、「十巻本として編纂された」と記してあり、続刊もあったようだ。そのうち、第十巻は「竹取物語」だったらしい。なお、「巻一―巻六」の図版は、横浜国立大学蔵本による。

*41 一八八六（明治一九）年七月七日「訓令七号」には、「尋常師範学校ノ教科書ハ当分左ノ図書中ヨリ専用スヘシ」とあって、各教科にわたり百冊近い書目があげられている。そのうち「国語」で取り上げられたのは、以下の書籍である。『語彙別記』文部省編輯寮編纂、『語彙活語指導』文部省編輯寮編纂、『詞の八衢』本居春庭著、『詞の玉緒』本居宣長著、『日本文典』中根淑著、『初学日本文典』物集高見著、『日用文鑑』小中村清矩・中村秋香編輯、『和文読本』

稲垣千穎輯、『和文軌範』里見義著、『和文教科書』下田歌子編輯、『改正本朝文範』稲垣千穎・松岡太愿編輯、『土佐日記』紀貫之作、『神皇正統記』源親房撰、『文芸類纂』榊原芳野編、『消息文例』松屋主人著、『明治女用文』小原燕子著、『女子消息文範』小原燕子著、『中小学用女子文例』岡野伊平編述。

*42 今田絵里香『「少女」の社会史』勁草書房 二〇〇七（平成一九）年 四〇頁。

*43 雑誌『少女界』『少女世界』における「少女観」を分析した研究に、渡部周子著『〈少女〉像の誕生――近代日本における「少女」規範の形成』神泉社 二〇〇七（平成一九）年一二月、がある。

*44 図版の『庭訓お伽噺』は、横浜国立大学蔵本による。

*45 久米依子「少女小説――差異と規範の言語装置」小森陽一・紅野謙介・高橋修編『メディア・表象・イデオロギー――明治三〇年代の文化研究』小沢書店 一九九七年五月 一九五―二二二頁。

第四章　明治検定前期地域作製検定読本の諸相

一、教科書検定実施前後の地域作製読本

「地域発行文部省検定読本群」の登場

前章では、森有礼文部大臣の教育改革とその具体化としての伊沢修二編集局長による官版の『読書入門』『尋常小学読本』の刊行と同時並行して、東京の出版社がそれぞれ特色のある読本を編集してきた様子を見てきた。しかし、東京ばかりではなく、この時、各地域でも自主的に、「読書」科用の『小学読本』を作製しようという機運が急速に高まっていたのである。地域読本としての東京府の仕事に関しては、すでに触れた通りだが、同様の動きは、各地域でも進展していた。第二部第四章で検討してきたように、各地域による読本作製の試行は、明治初年から続けられていたが、明治一〇年代末になると、官版の田中義廉の『小学読本』の内容も、榊原芳野等の『小学読本』の内容も、子どもたちの現状に適合しないことがはっきりとしてきた。

おりから、明治一八年八月に「教育令改正」がなされ、明治一九年四月には「小学令」が文部省から示される。小学校の教育課程は、尋常小学校と高等小学校とに分別されることになった。とすると、これまでの「初等小学」三年間用に対応して作製された言語教科書は、今後、「尋常小学校」四年間用として再編成しなければならなくなる。といっても「尋常小学校」の四年間の教育内容は、旧来の「初等小学」と全く別物ではないから、初等小学三年制に対応していた「初等小学読本」がすぐに不要になるわけではない。それにしても、「尋常小学校用」教科書に関して、四年間の教育課程を見据えた上で、あらたに編成し直す必要が出てきた。

その上、新しく編集した教科書は、文部省による教科書検定を受ける必要があった。文部省に検定を申請した教科書は、そのまますんなりと検定に合格したわけでない。この件に関して、中村紀久二は、明治検定期の『文部省年報』を精査し、文部省に検定審査を願い出た教科書の「検定認可」「不認定」「無効及却下」の様相を詳細に検討している。中村によると、戦前の教科書認定では、五パーセント程度の「不認可」教科書があり、「明治年代に限ってみると、不認可教科書出現の割合が約十パーセントと高く、特に国定教科書制度確立前の小学校教科書検定期では十四パーセントを超えていることが注目される。このことは、明治の小学校検定教科書には不認定教科書が多く存在したことを示唆している」と、いうことである。[*1]

では、各地域で刊行された地域の「小学読本」の場合はどうだったか。

以下には、明治検定期に、明らかに地域の書肆や公共機関が主体になって作られたと稿者が判断した「小学読本」を列挙した。これら各地域で作製された読本は、文部省の教科書検定を通過した「地域発行文部省検定読本群」である。（「尋常小学四年制」に対応した読本のみ。高等小学校用は除く。最初から数えて一二種類は検定前期の、それに次ぐ後半の四種類は検定中期の刊行である）その判断の根拠は、発行者の住所が、東京府以外の地方であることとした。（所蔵・教研：国立教育政策所教育情報センター教育図書館、東書：東書文庫。なお、「検定」日は、文部省「検定済教科用図書表」記載の検定日である。）

『小学読本』山脇巍・近藤鼎　八冊　岡山・教育書房
　明治二〇年五月三日版権免許　教研・東書・家蔵（二冊）
『尋常小学読本』塩津貫一郎・林正躬　八冊　京都・共立館
　明治二〇年七月一八日検定　教研・東書
『第一―第四読本』北條亮　各上下　八冊　大阪・梅原亀吉
　明治二〇　年九月二一日検定　教研・東書・家蔵（八冊）
『尋常小学読方書』甫守謹吾（はじめもりきんご）・花房庸夫　八冊　福岡・星文館
　明治二〇年一二月一九日検定　東書
『尋常読本』小松忠之輔　八冊　山梨
　明治二一年二月二四日検定　教研・東書・家蔵（三冊）
『新撰小学読本入門』小笠原利孝　一冊　岐阜・成美堂
　明治二〇年一二月一二日検定　教研・東書
『新撰小学読本』小笠原利孝　七冊　岐阜・成美堂
　明治二一年四月一九日検定　教研・東書
『小学正宝読書初歩』江藤栄次郎　上・下　京都・福井正宝堂
　明治二一年四月五日発行　教研
『小学尋常科用正宝読本』江藤栄次郎　六冊　京都・福井源次郎
　明治二一年五月一日発行　教研
『尋常小学明治読本』中川重麗　八冊　京都・二酉楼
　明治二一年四月二八日検定　教研・東書
『訂正小学読書入門』坂本佑一郎・山口仙松　上・中・下三冊　土浦・時習堂
　明治二一年六月二一日検定　東書
『尋常読本』坂本佑一郎・伊達周碩　七冊　土浦・時習堂
　明治二一年六月七日検定　教研・東書
『小学読本』八冊　東京府庁
　明治二一年六―七月検定　教研・東書・家蔵（三冊）
『改正尋常小学読本』山名唫作　四冊　伊勢・今井源吾
　明治二一年九月二九日検定　教研・東書・家蔵（一冊）
『小学読本』八冊　富山県第一部学務課　富山・中田書店
　明治二一年三月二六日検定（一―二の二冊）
　明治二三年三月一六日検定（三―四の二冊）
　明治二三年二月一九日検定（五―八の四冊）教研・東書・家蔵（七冊）
『尋常小学校読本』倉知新吾　八冊　金沢・益智館／古香堂
　明治二六年一〇月三日検定　教研
『扶桑読本尋常科用』竹田芝郎　八冊　福岡・鉄耕堂
　明治二七年一二月二八日発行　教研
『小学尋常読本』浅尾重敏　八冊　富山・中田書店
　明治二八年二月一五日検定
↓明治二九年一月一三日修正検定　教研・東書

『尋常小学 開国読本』山梨図書出版所編集　八冊　山梨・山梨図書出版所
明治二九年一〇月二日検定　東書

これらを、見やすいように整理したのが、次頁に示した「明治検定期地域作製読本一覧」表である。このうち、本章では、検定前期に相次いで刊行された地域作製の読本の様相について見ていく。

「不認定」の読本

これら明治検定期に各地域が主体になって作製された一六種類の読本のうち、まず、次の二種類の「小学読本」に注目してみたい。

『小学読本』山脇巍・近藤鼎　八冊　岡山・教育書房
『小学正宝読書初歩』江藤栄次郎　上・下　京都・福井正宝堂　＋『小学尋常科用正宝読本』江藤栄次郎　六冊　京都・福井源次郎

というのも、この二種類の教科書は、国立教育政策所教育情報センター教育図書館、あるいは東書文庫に検定申請本が保管されているものの、文部省の検定を通過した教科書名を整理して公表した「検定済教科用図書表」には、その書名が見当たらないからである。すなわち、これらの「小学読本」は、中村紀久二が言うところの「不認定」判定を下された教科書なのである。文部省の検定官は、なぜそのような決定をしたのか、それを検討してみよう。

岡山県の『小学読本』は、一八八七（明治二〇）年五月三日に版権免許を受けている。編集は近藤鼎で、山脇巍が校閲者である。刊行元は教育書房。巻末には出版人が四名併記されているが、武内弥三郎が中心人物であろう。武内は、後に「武内教育書房」として、『岡山教育雑誌』を刊行している。したがって、「教育書房」は、当時の岡山教育界における有力出版社だと考えられる。

全八巻は、首巻一冊と巻一―巻七までの七冊構成である。首巻は、一文字の学習から始まり、単語・短句へと展開する。他書と特に変わったところはない。巻一―巻七は、内容的には「修身地理歴史理科農工商等」に関する教材が並び、各課の終わりには、教材に登場した語句を使った短文が草書体で付されている。単に文章を読んだだけで学習を終了させるのではなく、習字の学習へとつなげていこうとする意図である。このように全編にわたって読み書きを連関させようという趣旨で貫かれている点が、この教科書の編集上の特徴である。

近藤鼎の『小学読本』に関しては、国立教育政策研究所教育情報センター教育図書館に、三種類の教科書が残されている。[*2]

①版権免許　明治二〇年三月三一日、とのみ記載の本。
②訂正再版御届け　①に加えて明治二〇年九月二〇日の刊記の本。
③訂正三版　①②に加えて、明治二一年二月一五日印刷／同年二月一八日出版の刊記の本。

この教科書は、明治二〇年五月に「教科用図書検定規則」が施行される以前の、同年三月に「版権免許」を受けて、①が刊行された。ところが、文部省による検定が始まったので、その①に九月二〇日の奥付を加えた②の刊本を、そのまま検定申請したと考えられる。というのも、①と②とは、その記載内容は全く同じだからである。[*3]

この②に対して、文部省は、検定作業の中で、さまざまな指摘をした。

明治検定期地域作製読本一覧

		地域作製読本　（　）は著者
検定前期	M19 小学校ノ学科及程度 M19『読書入門』 M20『尋常小学読本』 M21『高等小学読本』	M20『尋常小学読本』八冊　京都・共立館（塩津貫一郎・林正躬） M20『小学読本』八冊　岡山・教育書房（山脇巍・近藤鼎）【不認定】 M20『第一－第四読本』大阪・梅原亀吉（北條亮） M20『尋常 小学読方書』八冊　福岡・星文館（甫守謹吾・花房庸夫） M21『尋常読本』八冊　山梨・温故堂（小松忠之輔） M21『尋常読本』七冊＋入門三冊　土浦・時習堂（坂本佑一郎・伊達周碩・山口仙松） M21『改正 尋常小学読本』四冊　伊勢・鶴鳴館（山名唫作） M21『尋常小学 明治読本』八冊　京都・二酉楼（中川重麗） M21『新撰小学読本』七冊＋入門一冊　岐阜・成美堂（小笠原利孝） M21『小學尋常科用正宝読本』六冊＋入門二冊　京都・正宝堂（江藤栄次郎）【不認定】 M21『小学読本』八冊　東京府庁【東京府御用書肆】文海堂、文玉圃、文学社、中央堂 M22『富山県第二部学務課編輯 小学読本』八冊　富山県第二部学務課　富山・中田書店
検定中期	M24 小学校教則大綱	M26『尋常小学校読本』八冊　金沢・益智館（倉知新吾） M27『扶桑読本』八冊　福岡・鉄耕堂（竹田芝郎）【不認定】 M28『小学 尋常読本』八冊　富山・中田書店（浅尾重敏） M29『尋常小学 開国読本』八冊　山梨図書出版所 M30-31『北海道尋常小学読本』八冊　大日本図書株式会社（文部省）【官版】 M30-32『沖縄県用尋常小学読本』八冊　大日本図書株式会社（文部省）【官版】
検定後期	M33 小学校令施行規則	M34『国語読本・尋常小学校用』八冊　坪内雄蔵校閲・冨山房（高知県教育会編纂）

『小学読本』近藤鼎編　見返し

『小学読本』近藤鼎編　表紙

東書文庫には、文部省の検定官たちの審査を受けた原本が保管されているが、それには、首巻を含め第一巻から第七巻までに、個別の検定意見を記した付箋紙が二、三丁に一カ所くらいの割合で張り込まれており、また、不審と思われる仮名遣いなどへ直接朱点が打たれたりしている。文部省による教科書の検定作業では、このように小さな付箋紙を使って、本文に対する意見を書き込む方法が通例になっていたようだ。ここでは、検定官の指摘の内容を個々に検討することはしないが、それらの書き込みは、ほとんどが仮名遣いや送り仮名、あるいは記述内容の正確性に対する疑義であった。

ところで、この②の検定申請本の首巻の最初のページには、比較的大きな付箋が貼り付けられており、次のような文部省の検定官の意見が記されている。また、その文末には、文部省の検定作業に当たった主任検定官の荒野文雄の認め印も押されていた。

本書誤謬ノ處少ナカラズト雖モ多クハ仮名ツカヒ又ハ送仮名、等ニシテ訂正ノ上ハサシタル不都合ナシ、然レドモ文章一体ニ漢文ノ調子ニ傾キ難解ノ文字殊ニコレアリ教則大綱第三条第五項ノ平易ニシテ普通ノ国文ノ規範云々ノ主意、協ハズ　読本トシテハ大主眼ヲ欠ケリ教科書ニ不適当ト被認

付箋（和紙）13 × 7.5cm

ここには、この教科書を不認定にした理由が、概括的に述べられている。そればかりではなく、この東書文庫蔵本の首巻の表紙には、朱書きで「〇〇〇則第十三条ニ依リ願書無効」（〇〇〇部分はラベルで隠れているが、「検定規則」だろう）とあり、その脇には墨字で「辰図甲一五四号ヲ以テ結了」と記されている。明らかにこの教科書は、「不認定」の判定を受けてしまったのである。

この教科書の検定はどのように行われたのか、それを推測してみると、おおよそ次のようになるだろう。まず、申請本として提出された②を閲読した文部省の検定官は、検定意見をまとめて、書肆に伝えたと思われる。その指摘を受けて、書肆の側は本文を修正し、③の読本を作成して「追願」した。問題は、その追願の時期である。通常は、書肆の側が、文部省の指摘に速やかに対応して、「追願」を届け出ている。ところが、岡山の教育書房の場合、その「追願＝再申請」本の提出は、②を文部省に提出してから約一年半後であり、かなり時間がかかっている。その遅延の原因が、通知を出す文部省側にあったのか、あるいは、修正する立場の書肆側にあったのかは不明である。しかし、国立教育政策所教育情報センター教育図書館蔵本の③では、②で検定官が指摘したと思われる記載の誤謬、あるいは仮名遣いなどの文章の瑕疵に対しては、きちんと修正が行われている。検定官の付けた意見に対して、修正を施したのであるから、ほかの諸本と同様に、これで検定は通過するはずである。

とすると、おそらくここで、追願された③の『小学読本』に対して、検定官から、あらたな注文がつけられたのだと考えられる。あるいは、その注文は、②の申請本の段階で、すでに書肆の方へ伝えられていた可能性もある。その注文は、文章の単なる修正ではなく、読本全体の性格に関わる大規模な改訂につながるような指摘だった。すなわち、荒野検定官が付箋に「読本トシテハ大主眼ヲ欠ケリ」と記したように、小学生用の教科書としては難度が高いので易しくするように、という指示である。この意見に対応するためには、教科書教材全体の組み替えや、文章の大幅な書き換えが必要であり、部分的な修正では済まない。

この文部省の指摘に対して、書肆の側が更なる「追願」の提出をしなかった（できなかった）ことは、東書文庫所蔵の文部省原本の表紙に朱書きされていた「第十三条ニ依リ願書無効」の文言からも、明らかである。「検定規則第十三条」とは、「第十三條　第四條ニ依リ図書中修正スヘキ廉ヲ指示シタルトキハ一箇年内ニ其廉ヲ修正シテ該図書ノ検定ヲ追願スヘシ此期間内ニ修正追願セサルトキハ該図書ハ検定ヲ与ヘス」という条項である。文部省が修正すべき旨を指示したにもかかわらず、書肆の側から一年以上を経過しても「追願」が無かった場合には、この規定が適用されて、審査は「結了」して、「不認定」になる。東書文庫蔵本の近藤鼎『小学読本』の首巻の表紙に記された「第十三条ニ依リ願書無効」という朱書きは、書肆が「追願」を諦めたことを示している。

もっとも、森有礼文部大臣が明治二〇年五月七日に出した文部省令第二号の「教科用図書検定規則」の条文は、第一二条までしかなく、第一三条の条項は、この時点では存在しない。法令を改訂した明治二五年三月の「教科用図書検定規則」において、初めて第一三条の「一箇年内ニ其廉ヲ修正シテ該図書ノ検定ヲ追願スヘシ」が、付け加えられた。したがって、検定規則第一三条を適用して、岡山の『小学読本』が、「不認定」の判定処理を受けたのは、明治二五年四月以降だということになる。

読本の「不認定」が確定した後、荒野検査官は、あらためて不認定理由を記した先ほどの付箋を、②の検定申請本に貼付したと推定される。それが、いつの時点なのかは、付箋に年月日が記載されていないので、不明である。だが、注意したいのは、荒野検定官がこの読本を「不認定」にした根拠として、「教則大綱第三條第五項」を挙げ、近藤鼎の『小学読本』は、「小学校教則大綱」の趣旨に適合しないゆえ「教科書ニ不適当」だと判断した旨を付箋に記していることである。確かに「小学教則大綱」には、「読本ノ文章ハ平易ニシテ普通ノ国文ノ模範タルヘキモノナルヲ要ス」と記してある。文部省が近藤の読本のできばえを評価するのに、この文言を持ち出したのは、当然かもしれない。

しかし、「小学校教則大綱」が「文部省令第一一号」として公にされたのは、一八九一（明治二四）年一一月一七日になってからである。近藤鼎の読本は、「小学教則大綱」が公表される前に作製され、検定出願されていた。したがって、読本製作者にとっては、この読本が「文章一体ニ漢文ノ調子ニ傾」いていると批判されることまでは許容できたとしても、読本の検定申請後に公表された法令である「小学教則大綱」を根拠にして、教科書として難解だから不適当だ、と判定されるのは、納得しにくい話である。おそらく、申請者にとっては、「後出しじゃんけん」的な論理にしか聞こえなかったのではないだろうか。

もっとも、文部省の内部においては、検定作業に取りかかった明治二〇年代前半の時点で、小学校教科用図書の中の文章・文体を「平易化」

する必要性は、かなりの程度共有化されていたと思われる。この点に関して、中村紀久二が紹介している國學院大學蔵「梧陰文庫」の資料を参照してみたい。その文書は、明治二六年七月頃に作成された「文部省修身教科書検定不許ノ分」という資料である。そこには、明治二〇年代前半に検定申請して「不認定」になった一二種の修身教科書の書名と「不認定」の理由が記されており、その理由のほとんどは「易ヨリ難ニ進ムノ用意ヲ欠キ」「高尚ニ過クル」となっているという。修身教科書においても、難解な文章・文体は、「不認定」理由を下す十分な条件だったのである。ましてや、文章の解読を教育内容とする「読書科」において、学習者の理解を超えた難解な文章表現を収載した読本が認められるはずもなかった。荒野検定官が付箋に記した「読本ノ文章ハ平易ニシテ」という要請は、「読書」科の読本に対するだけではなく、小学校用の教科書全般の文章・文体にわたるものだったと考えることができる。[*4]

「読本」の判断基準と文部省の政策

こうした観点から、もう一度、近藤鼎の『小学読本』の文章を見直してみよう。すると、稿者の主観的な印象でも、この教科書には、確かに難解な漢語が多く使われているように感じられる。とりわけ第一巻には、談話体が登場していない。しかし、文部省の検定を通過した同時期のほかの教科書とくらべて、この教科書が、著しく「漢文ノ調子ニ傾」いていると断定できるかどうか、その判断は、微妙なところである。だが、この教科書は、文部省の検定では、難解な文章文体を採用しているという理由によって、「不認定」になってしまったのである。

この教科書と同様に、文部省検定で「不認定」になったのが、京都の老舗書店である正宝堂・福井源治郎が刊行した読本である。この読本は、低学年用の「読書初歩」二冊と、「読本」六冊の二種類を組み合わせて、尋常小学四年間の「読書科」の教育内容をカバーするように作られていた。すなわち、明治二一年四月刊行の江藤栄次郎の著作である『小学正宝読書初歩』上・下二冊と、同じ年の五月刊行の江藤栄次郎の『小学尋常科用正宝読本』六冊の、合計八冊による構成である。

第二部第四章第六節で見たように、福井源次郎の経営する京都正宝堂は、一八八四(明治一七)年に、言語教科書として、大窪実・三吉艾の編集による『小学 初等読本』を刊行していた。したがって正宝堂は、そこで得た読本作りの経験をもとに、新しい教育課程に適応した読書科用の教科書も作製しようと考えたのであろう。低学年用の「読書初歩」二冊の内容は、単語を音声化することや、語彙学習に配慮してある。またそれに続く「読本」六冊は、学習した語彙の拡充や文法的な知識の定着にも力を注いでおり、教科書編成の工夫という点では、かなりの努力が見られる。

しかし、使用されている漢字には難解なものが多く、全体にかなり高度な内容で、同じ正宝堂が数年前に出した『小学 初等読本』よりも、明らかに難易度が高い。稿者の判断でも、京都の江藤栄次郎が編纂した「正宝読本」は、岡山の近藤鼎の『小学読本』より、はるかに「文章一体ニ漢文ノ調子ニ傾」いているように思える。編者の江藤栄次郎の経歴に関しては不明だが、正宝堂は、新時代に向かう教科書編者の選択と編集方針とを誤ったのかもしれない。この「正宝読本」は、国立教育政策所教育情報センター教育図書館に検定申請本が所蔵されているだけであり、そこには、文部省がどのような検定意見をつけたのかという情報は残されていない。したがって、文部省の検定意見を直接確認することはできないのだが、おそらくこの読本も、岡山の近藤鼎の読本と同様の理由によって、「不認定」になったと考えられる。*5

これらの「小学読本」の不認定にかかわる顛末は、以下のようなことを示唆している。すなわち、この時、文部省は、検定の際の判断条件であることをあらかじめ公示してはいなかったものの、各種の教科書群を通して「平易ニシテ普通」の文章の普及と、それによる国民共通の意識の醸成を企図していた。そのことは、明治一九年に文部省自身が作製した『読書入門』、および明治二〇年の『尋常小学読本』の文章・文体とその内容を見れば、一目瞭然である。そこには、国家を基底から支える国民のリテラシーの向上には、平易な文章の採用が必要だ、という思想とそうした戦略を文部省自身が選択したことが明確に示されていた。

さらに、第三部第二章で触れたように、この時、文部省は、官版の言語教科書である『読書入門』『尋常小学読本』を作製して、それを全国に普及させることに躍起になっていた。文部省自身も、この時、地域作製の多様な読本の出版を歓迎していたわけではなく、政策的には、むしろそれを廃止させようという方針だったのである。梶山雅史によれば、文部省は、一八八八（明治二一）年に、府県当局による教科書編集を禁止する内訓を発している。宮崎県庁文書の中に、それが「従来府県ニ於テ普通教育ニ属スル教科用図書ヲ編纂セシ向モ有之候処右ハ教育上弊害ヲ生スヘキ虞有之ニ付自今之ヲ編纂セサル様致スヘシ」という内訓として残されているという。この文書にある「教育上ノ弊害」という文言は、直接には、地域の教科書書肆と府県の学務課などとの癒着を指していると考えられる。こうした文部省の内訓が、実際にどの程度各地域の教科書行政を縛ったのか不明だが、第三部第二章第四節で検討したように、東京府庁編『小学読本』の場合、その版権は、明治二一年五月二八日に、東京府御用書肆へと譲り渡されている。こうした対応は、おそらくこの文部省の方針と何らかの関係があるはずである。すなわち文部省は、この時、自ら編集した官版の教科書を普及させる目的と、教科書業者と地域の学務課などとを切り離す目的もあって、地域主体での教科書の編集事業を否定する指令を出していたのである。*6

こうした一連の事態を、立場を変えて、民間書誌の教科書を製作するに当たっての商業戦略という点から考えると、どうなるか。当然のことながら、平易な文章・文体を前提とするという文部省の意向を早期の段階で察知することができた教科書会社は、それに沿って自社の教科書の作製を進められたはずである。また、資本力のある教科書会社は、傾向の異なる数種類の教科書を作製して、文部省に検定申請した。これには教科書検定で、不幸にして「不認可」になった場合のリスクを分散させるメリットがある。さらに、文部省から修正の指示があった場合、素早くそれに対応するために、あらかじめ印刷や製本関係などを含めたさまざまなインフラの整備に努めておく必要もある。こう考えると、文部省検定下における教科書作製事業は、地方においてその地域だけを商圏とする小規模出版社よりも、中央官庁である文部省の政策を含めて、様々な情報を入手しやすく、また印刷製本業者の集まっている都市部に本拠を置く大手出版社の方が有利であることは明らかだろう。

しかし、それはまた、中央官庁と在京教科書出版社との接触が容易になったということをも意味している。梶山雅史は、文部省が検定制度を始めた目的は、教科書書肆間の過剰な販売合戦を避けることにあったが、実際には、さらなる激しい売り込み競争が引き起こされた、と述べている。すなわち、東京の大手教科書書肆は、検定の関門を通過するために、教科書検定に当たる検定官や図書課員、嘱託、検査委員などの周辺で種々の「工作」を展開していたのだった。実際、教科書検定に当たる当事者が、特定の教科書書肆と関係を持ったり、自ら教科書の編纂に関わっていたりする事例もある。そうしたことも、教科書作成に当たる書肆の社員と、検定作業を行う文部省の関係者とが、同じ東京地域内に在住していたからこそ可能な行為だったと考えられる。*7

二、『富山県第二部学務課編集 小学読本』

前節で見たように、地域発行の読本のうち、検定前期に刊行されたことが確認できたのは、一二種類の読本である。そのうち、岡山の『小学読本』（教育書房）と、京都の『小学尋常科用正宝読本』（福井正宝堂）の二種類の読本は、文章・文体が難解だという理由によって、文部省の検定は「不認定」になってしまった。しかし、それを除く一〇種類の読本は、明治二〇年七月から明治二三年二月までの間に、検定を通過している。

各地域の書肆にとって、これらの文部省検定済の読本が、それぞれの地域で実際に採用されるか否かは、すべて各県で開催される「小学校教科用図書審査会」の決定にかかっている。おそらくそれぞれの地域の教科書書肆は、府県が開催する「小学校教科用図書審査会」に、文部省の検定を経た地域作製の読本を「読書」科用の図書として申請したはずである。とするなら、役者の顔ぶれこそ異なっており、またその舞台も小ぶりであったものの、各地域の採択合戦においては、東京府と同様、「文部省、地域民間書肆、東京大手民間書肆による三つ巴の教科書抗争」が繰り広げられたことになる。

出版人と読本の作製

このうち、まず、富山県の事例を見てみよう。富山県の『富山県第二部学務課編集 小学読本』全八冊の例は、東京府庁の『小学読本』作製の例とやや似ており、地域の官庁が読本作成・発行に関わっている。この読本が地域主体で編纂されたことは、表題にも「富山県第二部学務課編集」と「角書き」されている。『富山県第二部学務課編集 小学読本』全八冊は、明治二一年三月二六日に、巻一・二の二冊が、明治二二年三月一六日に、巻三・四の二冊が、明治二三年二月一九日に、巻五―八の四冊が、文部省の検定を受けている。学年進行で低学年から順に作られていったことになる。その『富山県第二部学務課編集 小学読本』の検定申請本の、巻一・巻二の奥付の記載は、以下のようになっていた。

明治二一年三月七日印刷
同　年三月七日出版
同　年三月二三日訂正出版
富山県蔵版
発行者　富山　中田清兵衛　富山東四十物町三十五番地
仝　大橋甚吾　富山西町五番地
東京　須原鉄二　東京西河岸町十七番地
仝　中島精一　東京銀座二丁目六番地

あらためて確認するまでもないが、この奥付の表示は、明治二一年三月七日に印刷・出版した教科書を、文部省の検定審査に提出して検定指示を受け、一六日後の三月二三日に指示された部分を改訂した「訂正出版本」を、文部省に再申請（追願）したことを示している。「検定済教科用図書表」によると、「訂正出版本」は、明治二一年三月二六日に検定が終了している。検定申請から訂正出版まで、わずか一六日間であるから、文部省の修正指示は、比較的軽微であった可能性が高い。発行者の中に、東京の「須原銕二・中島精一」の名前があることから、補刻・修正などの作業には、在京出版業者の尽力があったことも想像される。

検定申請本の版心題は、「富山県蔵版」になっており、富山県の学務課が、教科書の版権を握っていたことが誌面上にも明示されている。しかし、検定合格本（供給本）の奥付の記載は、「印刷・出版・訂正出版」までは検定申請本と同じだが、その後の記載が多少異なっている。すなわち、以下のようである。

明治二一年三月七日印刷
同　　年三月七日出版
同　　年三月二三日訂正出版
同　二二年四月八日　版権譲受
発行兼印刷者　中田清兵衛　富山県上新川郡東四十物町三十五番地
発売者　大橋甚吾　富山西町十五番地
同　中島精一　東京銀座二丁目六番地
同　真田善次郎　富山県富山市大字砂町十番地
同　守川吉兵衛　同　大田口町百一番地

つまり、『富山県第二部学務課編集 小学読本』は、一八八九（明治二二）年四月に、富山県学務課から、地元の「中田清兵衛」に版権が譲渡されたのである。版心題も、「富山県蔵版」から「中田書店蔵版」へと変更された。また、申請本にあった江戸以来の老舗書肆である東京の須原屋の名前が消え、その代わりに、富山で、官版教科書の翻刻や、地域出版に携わってきた書肆である真田善次郎と守川吉兵衛の名前が加わっている。

さらに、稿者が家蔵する明治二四年三月一〇日の再版の「巻四」の奥付では、「発行兼印刷者」は、「中田清兵衛」になっているが、「発売者」は、「大橋甚吾」「真田善次郎」「守川吉兵衛」の地元富山の三名だけになっており、東京の業者の名前は消えている。この奥付の変遷には、どういう事情があるのだろう。

まず、県の学務課から中田清兵衛への版権の譲渡に関してである。前にも触れたように、明治初期の各地域における官版教科書の翻刻は、ほとんどが江戸期以来の地域出版活動のインフラを利用したものだった。富山県の場合も、藩校であった広徳館に版木方制度が設けられて以来、

『小学読本』巻六　表紙

その技術が伝承され、一八六六（慶応二）年には、儒官杏凡山によって、「四書・五経」が一万部も校正復刻されたという。また民間では、売薬に伴う広告や効能書きの作製に、あるいは立山信仰によって結ばれた多くの登山者のための印刷物に木版摺技術が必要だった。明治期に入ってからは、官報や各種の新聞などの印刷に新しく導入された活版が使用されたが、木版印刷は、教科書の翻刻や売薬版画などに活路を見出して、明治末年まで庶民の生活の中に生きていた。したがって、明治二〇年代に至っても、富山県では、木版摺りの教科書を地元で整版し、印刷製本する確かな技術と能力とが保持されていたことになる。*8

ここでは、発行兼印刷者として奥付に記された中田清兵衛（一四代目）の名前が重要である。周知のように、富山では、江戸期以来藩政の庇護の下に、売薬業が独自のセールス方法によって組織的に展開された。とりわけ「越中富山の反魂丹」のキャッチフレーズは、全国な知名度を持っていた。「売薬」は、富山の一大産業として成長してきたのである。売薬業者たちは、明治維新に当たって、業界を再編成し共同会社である広貫堂を組織して、経営規模の安定化と品質の向上を図った。またそこで蓄積した売薬資本を、第百二十三国立銀行の設立に振り向けて、地域経済の活性化に努めた。こうした事業の中心にあって活躍したのが、売薬と印刷を家業とする一四代目中田清兵衛だった。彼は、養子で跡継ぎの一五代目中田清兵衛とともに、近代富山における有数の経済人として名を残している。*9

富山県に、中田書店が開設されたのは、明治二一年二月のことである。教科書出版事業の傍ら、仏教書や字引なども出版した。「その頃富山市内には、外に書店がなかった」という証言も残っているので、中田書店は、地域の活字文化活動を牽引する存在だったと思われる。*10

薬業と印刷業とは、密接な関係がある。薬には、効能書きの類の印刷物が不可欠だった。また、江戸期の版本などには、巻末に薬の宣伝が付載されているものもよく見かける。富山の場合も同様だったと考えられる。中田清兵衛が出版業や書店の経営に関わったのも、まったく新しい分野に進出したというよりも、関連業種を明確に分離化して事業化したのだと考えていいだろう。*11

『小学読本』を作製した富山県第二部学務課は、『小学読本』の編集だけでなく、明治一七年に『小学裁縫教授書』と『越中地理小誌』を、また、明治二一年に『地理初歩』などの教科書を、編集刊行していた。これらの教科書には、在来の地元書肆である守川吉兵衛、大橋甚吾などが関わっていた。これに対して中田清兵衛は、富山県学務課の編集した、明治二〇年の『日本地理小誌』（富山県蔵版）と『小学読本』、及び『越中地理小誌』の版権を、いずれも明治二二年四月に、まとめて「譲受」している。これらの出版物は、いずれも木版印刷だったから、資本力のある中田清兵衛が、その版木を、県の学務課からまとめて買い取り、中田書店から発行することにしたのであろう。中田がそうした行動に出たのは、書店経営の拡大という側面もあっただろうが、富山県の学務課が、文部省の要請に対応する必要があって、それに協力した行動だったということも考えられる。前述したように、この時期、文部省は、教科書の「地域出版の禁止」を画策していたからである。すなわち、「富山県第二部学務課」の編集した教科書の版権が民間業者である中田清兵衛に譲渡されたのは、東京府の読本の場合と同様の事情が働いたからだと推測することもできるだろう。

読本の内容と使用状況

では、『富山県第二部学務課編集 小学読本』全八冊の内容を見てみよう。

巻一は、片仮名の「メ（眼）」という一音節の単語から始まり、二音節・三音節の単語へと展開していく。第一〇課まで進むと、「フエ ト タイコ」と、二単語が助詞で連結される。その後、順次、文法的複雑さの度を加え、第一七課では、「コノ コ ハ、ツクヱ ニ ヨリテ ホン ヲ ヨム。」という文型が提出される。この巻一は文部省の『読書入門』に似た構成を採用しており、入門期の教材編成は、きわめてすっきりとした出来上がりである。同じ時期の、他の入門期の読本に比べても、先進的なできばえだと評していい。

これに比べて、巻二から後は、全面的に旧来の編集方法に拠っている。この時期の多くの読本と同様に、談話体の文章も登場しているが、その提出は不完全である。さらに、巻七までは、実科的な内容で満たされており、子どもの生活を題材にした対話文も無く、また韻文も一切ない。したがって、巻二から巻七までは、榊原芳野等の『小学 読本』に依拠したような知識授与型の内容になっている。全体構成は、第三部第一章の二で検討した、明治一六年に原亮策の編集した金港堂の『小学読本 初等科』に類似しており、個々の教材も、ほぼ似たような印象である。

例えば、第三部第一章第二節第一項では、金港堂『小学読本 初等科』の第三巻第二課の教材を図版とともに紹介した。

ここでは、富山県第二部学務課編集『小学読本』の巻五第一一課を、図版で示してみよう。この教材文では、まず「果実、蔓、影、太陽」という新出漢字が示される。提出された漢字自体は金港堂本とは異なるが、漢字を先に示すという体裁は同じである。続く、本文の教材文は「茲に果実を盛りたる籃あり。此の籃の内にあるは、梨、葡萄、其他種々の果実にして。右方の地上にうつれるは、葡萄の蔓と籃の影なり。凡て物の影、右にある時は、太陽は、其左にあるものと知るべし。」となっている。籠とその中の果実を図で示し、そこに当たる光と影を話題にした教材の内容は、金港堂の『小学読本 初等科』と同様である。果物籠の絵柄も何となく似通っているように感じられる。実は、『富山県第二部学務課編集 小学読本』は、この果物籠の教材だけではなく、その他の教材文も、取り上

テ躍ルハ、鯛ナリ。鯛ハ、海魚ノ中、最上品ニシテ其味美ナルモノナリ。

第十一課　果實、蔓、影、太陽

茲に果實を盛りたる籃あり此の内にあるは梨葡萄其他種々の果實にして右方の地上にうつれるは葡萄の蔓と籃の影なり凡て物の影右にある時は太陽は其左にあるものと知るべし。

第十二課

鏡磯ヲ肩ニシ、犬ヲ牽ケル人アリ

『富山県第二部学務課編輯 小学読本』巻五

巻一	
1	メ。
2	ハ。
3	カメ。
4	ハナ。
5	マリ。コマ。
6	イヌ。ネコ。
7	キノネ。ナノハ。
8	ホン。カミ。ツクヱ。
9	クハ。カマ。イナコキ。
10	フヱトタイコ。
11	タケトウメ。
12	チヒサキネコ。ヤセタルイヌ。
13	ソラクモリ、ユキフル。
14	カホヲアラヒ、メシヲクフ。
15	ネテヰルチン。ハシルキツネ。
16	フネニノルヒト。ハシヲワタルウマ。
17	コノコハ、ツクヱニヨリテホンヲヨム。
18	モリノナカニ、ミユルハヤシロナリ。ヤシロノマヘニ……
19	コノクロキヘイノウチニ、アノキレイナルイヘアリ。
	カタカナ五十音図
20	コドモハタコヲアゲテアソビヲレリ。カゼヨヨクフケ……
21	ボンノウヘニアルハザクロ、イチヂク、ブダウナリ……
22	コノカゴニヰルウグヒスモ、アノカゴニヰルカナリヤ……
23	アノコドモハ、ベンタウトカバンヲサゲタリ。……
24	三ニンノコドモ、ランプニムカヒナニヲナシヲレリヤ……
25	アマタノヒトポンプヲヒキ、ハシゴマトヒヲカツギ……
26	ヲジサン、アレゴランナサレ。デンシンキノハリガネニ……
27	コレハネズミガ、ヨルシヨクヲモトムルトコロナリ。……
28	ハヽサマアノイヘハ、ドコデアリマスカ。アレハガクカウ……
	カタカナ濁音図・次清音図・数字図

巻二	
1	うめまつ
2	ゐどにつるべ。
3	てふとなのは。
4	よあけて、ひのぼる。
5	こひはみづにおよぐ。
6	ふぢのはな。むぎのほ。
7	しかのつの。ひつじのけ。
8	たかきいへひくきかき。
9	からすはくろく、さぎはしろし。
10	うめさくそのに、うぐひすきたる。
11	こゝに、はちさらちやわんあり。これらは、しよくもつをもる……
12	あなたはそこにありてにんぎやうをもてあそぶかわたくしは、……
13	このつくゑのうへにあるは、ふですみすゞりぺんえんぴつなり……
14	あのはなぞのに、いろ〳〵のはながみごとにひらきてをります。……
15	このこをみよ。あさははやくがくかうへゆき、いろいろのげいを……
16	あれはへいたいのさうれんなり。しくわんはけんをぬきて、うま……
17	このゑをみよ。うまは、ひとをのせてはやくはしりうしは、……
18	このふねは、あまたのひとをのせたり。さをもちたるひとを、……
	ひらがな五十音図・濁音図・次清音図・いろは図
19	ひばちにかけたるは、てつびんにして。ふたのあひだより、ゆげの……
20	さると、犬とはなかわろし。さるは犬におはれて木にのぼる。……
21	コヽニハトリアリ、石ノ上ニヲルハヲトリニシテ、下ニ……
22	この母おやはこどもに人形をみせてをります。この子は、人形を……
23	母さま、くろになにをやりなさるぞ、くろはすなほな犬ゆゑぱん……
24	ハヽサマ、クロニスキナモノヲヤリテ、太郎ニナニヲクダサルカ。……
25	大人と子供と川のなかにたち、なにをしてをりますか、これは……
26	アナタハ毎日ガクカウニテモノノカゾヘカタヲナラヒナサルカ……
27	次郎や、はやくおきよ、今日から、学校は七時にはじまるぞや。……
28	次郎ヤ、アレヲミヨ。アソコヘオマヘノ朋友ハ、学校ニユカント……
29	山はたかく、川はながし、山に木しげり、川に水ながる。この川……
30	アノ男ノ子ハ、犬ニホエツカレテヲリマス。アノ犬ハ、ワロキ……
31	われらのうまれし日本は、きこうよろしく人おほし。米ちや……
32	ムカフヨリオホクノ兵士ガキマシタ。アノ兵士ハ、ナンノタメニオカレタモノデアリマスカ。国ヲ守リ、テキヲフセグタメニヲカレタモノデアリマス。兵士ハ、国ノタメニテキトタヽカフトキ……

	巻三（仮題）	巻四（仮題）	巻五（仮題）	巻六（仮題）	巻七（仮題）	巻八（仮題）
1	学びの心得	地球	旅人と旅籠	紀元節と天長節	有機体と無機体	職業選択
2	乗馬	東西南北	稲の収穫	肉類と魚類	動物の種類	経済
3	田畑と農夫	海と陸	冬日の景色	飲料の種類	植物・鉱物の種類	農家の仕事
4	挨拶	山と谷	燕	鷹	職業	衣服の用法
5	兄弟	春夏秋冬	蒸気機関車	織物の種類	女子の務め	血流と健康
6	河岸	村と市	猿	楷行草書と用紙	胎生卵生	富人の社会義務
7	月日	着物の種類	葡萄の収穫	休息と養生	雉	北条泰時の倹約
8	梅と水仙	布地の種類	時計寒暖計磁石	手紙の書式（草書）(手)含む	濾過器	水の蒸発
9	姉と妹	桔梗と菊	灌木と喬木	五畿八道	亀	森蘭丸の誠信
10	稲と稲わら	花園	漁網	仁徳帝	駝鳥	軽気球の発明
11	牛と牛乳	本屋の店頭	果物籠	公共施設	身体の健康	空気の膨張
12	箪笥と衣服	湖	猟師と猟犬	書簡と電信	魚の種類	風は空気の流動
13	父母を敬へ	団扇	塩の製造	葉書と電報(手)含む	正直の勧め	鉱物の功用
14	兎と狐	港	川水	親族の呼称	植物の根と葉の機能	楠正行の忠孝
15	蚕と蜂	船の種類	歴史と地理	吉事と凶事の挨拶(手)含む	茶	遺失届・借用証書(手)含む
16	公園の散歩	田舎の家	春の景色	汽車の乗り方の注意	栗	水と空気
17	鶏と鶩鳥	牛車	四季と一二ヶ月	空気	米	英国スチーブンソンの勤労
18	老人の手を引く	小児の野外遊び	月と七曜	地球の自転と公転	物の購入(手)含む	固体液体気体
19	鶴	地球儀	度量衡	六大州	鱒と鮭	元寇
20	富士山	卵	町段畝歩	温帯寒帯熱帯	裁縫教授	米国で努力成功した建築家
21	川岸の様子	衣食住	貨幣の種類		蜜蜂の生態	空気の圧力
22	金属の種類	建築資材	七色		五官	大化の改新
23	子供のたこ揚げ	羊	掃除の心得		麦と豆の種類	恐怖心を去れ
24	蟻の生態	電信と郵便	海上の景色		人間の義務	太陽の働き
25	茶と桑	五指	鹿		各種の宝石	恒星と遊星
26	麻と楮	虹	大工と左官		熊	ワシントンの正直
27	文字と算術	獅子	小学校		駱駝	重力の中心
28	顕微鏡と望遠鏡	桜木	漆器と陶磁器		勤勉倹約	弾力
29	馬上の士官の勲章	遊泳	植物の生長		陸運水運	豊臣秀吉
30	伊勢神宮	行燈とランプ	興産		銀行の種別	雷の正体
31		家屋の構造			商人の心得	地震
32		兵隊ごっこ			租税と兵役の義務	ナポレオン
33					菓子の種類	
34					我が国の産物	
35					孟母三遷	

(手)は手紙文「含む」は教材文中にそれが含まれているという意

げた事物やその説明の仕方が、先行の読本ときわめてよく似ている。

もっとも、この読本は、巻七までの実科的な内容に比べて、巻八は、やや世界が広がって、歴史的内容を取り上げた教材や外国の人物に取材した読み物教材が登場する。日本の史話では、「北条泰時」「森蘭丸」「楠木正行」「元寇」「大化の改新」「豊臣秀吉」などが取り上げられており、修身譚が中心になっている。また、外国人は、英国のスチーブンソン、ワシントン、ナポレオンなどが取り上げられている。しかし、人選に関しては、この読本が独自に選択したと言うよりも、どの読本にも登場するような平均的な話題になっている。

富山県第二部学務課において、どのような人物が、具体的に『小学読本』の作製に関わったのかは不明である。しかし、この読本の編集姿勢は、先行するいくつかの小学読本と比べて、それほど大きな違いがあるわけではない。また、そこに富山の地域色が盛り込まれているわけでもなかった。おそらく『富山県第二部学務課編集 小学読本』は、既刊のいくつかの「小学読本」、とりわけ金港堂の『小学読本 初等科』、あるいは類似の平易な方向を目指した読本などを参考にして編纂されたのではないかと思われる。読本の系譜としては、伝統的な内容を主とする榊原芳野等の『小学 読本』の流れの中に位置づけられるものだと考えていいだろう。

『富山県第二部学務課編集 小学読本』の使用状況

第三部の冒頭で検定制度下の教科書裁定の手順に関して触れたように、この時、教科書の採定は、各府県で行われることになっていた。それは、文部省が一八八七（明治二〇）年三月二五日、訓令第三号で「公私立小学校教科用図書採定方法」を定めたことに拠っている。富山県の「小学校教科用図書審査会」は、一八八八（明治二一）年一月二六日に開催されており、この読本を含む、五種類の富山県第二部学務課編集の教科書の使用に関しての議論があった。論議が行われたのは、『富山県第二部学務課編集 小学読本』が正式に文部省の検定を受けるよりも前のことになるが、富山県ではこの会議において、この富山県第二部学務課の作った読本を使うことを決定している。[*12]

その経緯を見てみよう。富山県の「小学校教科用図書審査会」の第一号議案は、次に示すように『富山県第二部学務課編集 小学読本』に関する内容だった。

一 富山県第二部学務課編集 小学読本 自一至八 八冊

従来小学教則ニ採用シタル尋常簡易両科読書科用読本ハ其記載ノ事項其当ヲ得サルニ付尋常科ニハ本項ノ書籍全部簡易科ニハ自一至六六冊ヲ採用シ明治二一年四月ヨリ実施セントス尤モ第一学期ニハ右小学読本ノ首ニ附属セシムル為メ仮リニ小学指教図読書入門連語図ヲ採用セシモ本項書籍採択ノ上ハ併セテ廃止セントス依テ審査ニ附ス

この第一号議案に続く第二号議案も、富山県学務課の編集した四種類の習字と地理の教科書に関するものであり、同時に審議されている。審査委員は、以下の九人である。「一番 尋常師範学校訓導 早苗西蔵、二番 下新川郡育英校訓導 永田菊太郎、三番（議長）尋常師範学校長 三宅五郎三郎、四番 同教頭 中川郊次郎 五番 上新川郡遠明校訓導 若林常則、六番 砺波郡申義校訓導 傍田弥三郎、七番 県会場常置委員 尾島三郎、八番 学務課員 熊野秀之輔、九番 県会常置委員田村惟昌」これに、番外として学務課員属林幹が、番外席に着席した。富山県の「小学校教科用図書審査会」の人員構成は、ほぼ文部省の定めに沿っている。

当日の議論は、九番委員から、議案にある旧教科書の「其記載ノ事項当ヲ得ザル」という理由に関する質問から始まった。この質問には、番外委員である学務課員属林幹が応えている。おそらく、林は『富山県第二部学務課編集 小学読本』を作製したメンバーであるか、それと関わりの深い人物だったのであろう。返答は、次のようである。

そもそも小学読本は、「意義ノ解シ易ク趣味ノ覚リ易キモノヲ選」び、漢字も日常に使用する字画の少ないものから複雑なものへと提出すべきである。また、進んでは「地理歴史理科農工商業」の話題も必要である。しかし、従来使用していた「小学読本」は、内容的には「修身」に関する事項ばかりであり、始めから難しい文字も提出している、と。これに対して質問者は「了解セリ」と、反応して、この論議は終了する。この後の議論は、落第した生徒は旧教科書と新教科書との両方を購入しなければならないのか、新しい教科書代は父兄の負担にならないのかといった経済的な費用負担の問題に移っている。ここからは、地域では、教科書代金の負担の問題がとりわけ重い課題だったことを、あらためて確認することができる。*13

また、教科書内容に関する議論が、すぐに終了してしまったのは、審査委員の間では、教科書内容が地域に実態に即せず、多くの子どもたちにとって文章・文体も難解であるということが、ある程度共通の認識になっていたからではないかと思われる。そもそも富山県の第二部学務課が、自前の「小学読本」を作製したのは、これまで使用してきた官版の「小学読本」が不都合だと考えたからである。それが富山県に適合しているなら、わざわざ独自の読本を作製しようなどと考えるはずがない。

この推測を支持する別の資料もある。たとえば、一八八九（明治二二）年六月二五日に刊行された『私立富山県教育会雑誌』第六号には、会員である小林満三郎の「生徒ノ学力」と題する論考が掲載されている。小林はここで、主として高等小学校を担当する立場から論を展開しているのだが、旧来の読本に関しては、次のように述べている。*14

読書ノ知識ハ字ヲ知リ句ヲ解スルノミナラス諸般ノ功用頗ル大ナル者ニテ其課書ヲ精選セサルヘカラストノ論ハ数年前ヨリ盛ニシテ彼ノ日本十字讀本ノ元祖ナル那珂通高氏等ノ編輯否翻訳サレタル小學讀本ハ殆ト教育社会ニ根ヲ絶チタリ是レ其ノ字ヲ撰フノ粗排列ノ不当ナル読者ノ脳ヲ苦マシムル丈ケノ効ナキヲ以テナリ然ルニ本県ニ於テハ依然トシテ之ヲ用ヒ今日猶ホ生徒ノ行李中ノ重要ナル部ヲ占メ居ルニアラスヤ（下略）（傍点・「十字」は「小学」の誤植と思われる）

小林は、官版の「小学読本」は、学ぶ者を苦しませただけだと酷評する。「編輯否翻訳」と言う表現からは、それがいかに地元の教育に適合しないものであったのかを告発する気迫が伝わってくる。上からの近代化路線への反発の感情の爆発だといってもいい。その上で、小林は、その官版小学読本が、富山県では、まだ生き残っていることを強く非難している。続けて、小林は次のように述べる。

現時編纂ニ従事中ナリトカ聞ク所ノ讀本ヲシテ那珂的ノ弊ニ陥ラサ

ラン事高等科ノ用書ト權衡ヲ失ハサル事殊ニ本県カ編輯シテ高等科用ニ用ヒシメタル地理ノ諸書ヲ解スルニ足ル丈ケノ知識ヲ包有スルノ讀本タラサルヘカラス（下略）

小林の言及した「現時編纂ニ従事中ナリトカ聞ク所ノ讀本」とは、『富山県第二部学務課編集 小学読本』のことだと考えられる。というのは、その読本は、富山県で編集した高等科用の地理教科書と連絡させ、その学習に支障が出ないようなものであるべきだ、と述べているからである。小林は、新しく富山で作製する「小学読本」は、文部省が明治初年に作製した「小学読本」のように翻訳そのままの難解なものであってはならないことと、地域で作製した地誌などの教科書を読解できるリテラシーを育成するものである必要があること、を主張しているのである。

そうした声は、なにも小林の個人的な見解だとばかりは言えない。同じ意見は、富山県ばかりでなく、全国の各地域においても共有されていたと考えられる。実際、明治一〇年代を通じて、各地で様々な「小学読本」作製の試行が続けられたのは、官版の「小学読本」の扱いにくさに、その原因があった。また、だからこそ、明治一〇年代の後半には、各地域で「小学読本」を作製する動きが、あれほど活発に行われたのである。『富山県第二部学務課編集 小学読本』の作製も、その例外ではなかった。

こうして、富山県の「小学校教科書図書審査会」の議論の結果、『富山県第二部学務課編集 小学読本』は、県内で使用することが決定する。富山県知事は、一八八八（明治二一）年三月二九日に、「次学期ノ始メヨリ之レヲ実施スヘシ」とする訓令を出し、その一・二巻が、実際に富山県内で使われ始めた。この時点では、『富山県第二部学務課編集 小学読本』の一・二巻は、すでに文部省の検定を通っていたから、正式に富山県の公式の言語教科書として使用しても、何も問題はなかった。全国的に小学校の「四月入学」が開始されたのは、この一八八八（明治二一）年四月からだといわれているから、富山県の小学一年生は、新しい学期を、地域作製の新しい読本で迎えたことになる。*15

具体的に読本使用の状況を見てみよう。

富山県下新川郡の『境小学校沿革史』によると、この学校では明治八年以降、榊原芳野等編の『小学 読本』と田中義廉編の『小学読本』とを「混用」していたが、明治二一年からは、『富山県第二部学務課編集 小学読本』を使用したことが記されている。また、『氷見市教育百年史』には、「明治二〇年代の前半に、「氷見で最も多く行われた教育は、簡易小学校の教育である」とした上で、一般的に使われた簡易科の教科書として、つぎの書目が挙げられている。すなわち、「『富山県第二部学務課編集 小学読本』巻一・巻二（一学年）巻三・巻四（二学年）『東京師範学校編集小学読本』巻二・巻三（三学年）」である。この記載によると、氷見市では、読書科の教科書として、『富山県第二部学務課編集 小学読本』と、まだ田中義廉の『小学読本』とが併用されていたようである。ここからは、知事の訓令が出たとしても、すぐに新しい教科書が一斉に導入されて、またそれが全教室で直ちに使用されるという状況では無かったことも、うかがうことができる。*16

三、山梨・三重などの地域作製読本

一八八八（明治二一）年九月一九日の「文部省訓令第三号」の「第九条」の記載では、各県で選定される読本は、「一学科ニ就キ数種ノ図書ヲ取ルモ若クハ一種ノ図書ニ限ルモ妨ケナシ」となっていた。しかし、これは、文部省が各県の事情を配慮してやむを得ない場合には認めるという態度であって、基本的には、明治二四年一一月の「文部省令第一四号」の「説明」にあるように「一教科ニ就キ濫リニ二種以上ヲ撰フカ如キハ固ヨリ本則ノ旨趣ニアラサルナリ」と、できるだけ一教科は一教科書にすることが本則であった。

前節で検討した富山県の場合は、県定教科書として『富山県第二部学務課編集小学読本』が選ばれたのだから、この問題には、なんら抵触することはないが、それぞれ地域読本を作製したそのほかの府県の場合は、どうだったのだろうか。

東京府の場合は、第三部第二章で前述したように、一八八八（明治二一）年五月三一日に開かれた「小学教科用図書審査会」で、各教科で複数の教科書を併用することに決定していた。あらかじめ東京府で撰んだ複数の教科書の中から、府内の各区が、自主的に選択することができるという方法である。こうした提示の仕方だと、それぞれの地域事情に合わせて、ある程度、選択の自由がある。また、実際には、従来から使用していた教科書をそのまま使うという場合もあったと思われる。

（1）山梨の『尋常読本』（小松忠之輔）

『山梨県教育百年史』の記述によると、山梨の場合、教科書の採定作業は、以下のように展開している。

山梨県では、明治二一年三月一五日の「県令第一七号」「小学校教科用図書表」で、四月から使用する尋常小学校の「読書科」用の読本が、以下のように指定された。そこには『読書入門』『尋常小学読本』（文部省）、を始めとして『幼学読本』（西邨貞編・金港堂）、『初学読本』（島崎友輔編・興文社）、『新定読本』（中原貞七編・文学社）、『尋常読本』（小松忠之輔・山梨温故堂）の書目が並んでいる。山梨県下では、この時、「小学校教科用図書表」に、官版、民間書肆版を取り混ぜて、数種類の読本が示されていたことになる。この中には、山梨の有力書肆である内藤伝右衛門が出版した、小松忠之輔編集の『尋常読本』の名前がある。この本の版権免許日は、明治二〇年八月二六日で、出版は一二月。それが、文部省の検定に出されて、明治二一年二月一三日に訂正再版本が再度検定申請（追願）され、文部省の検定を正式に通ったのが、明治二一年二月二四日のことだった。[*17]

明治二二年四月に開かれた山梨県の「小学校教科用図書審査会」では、

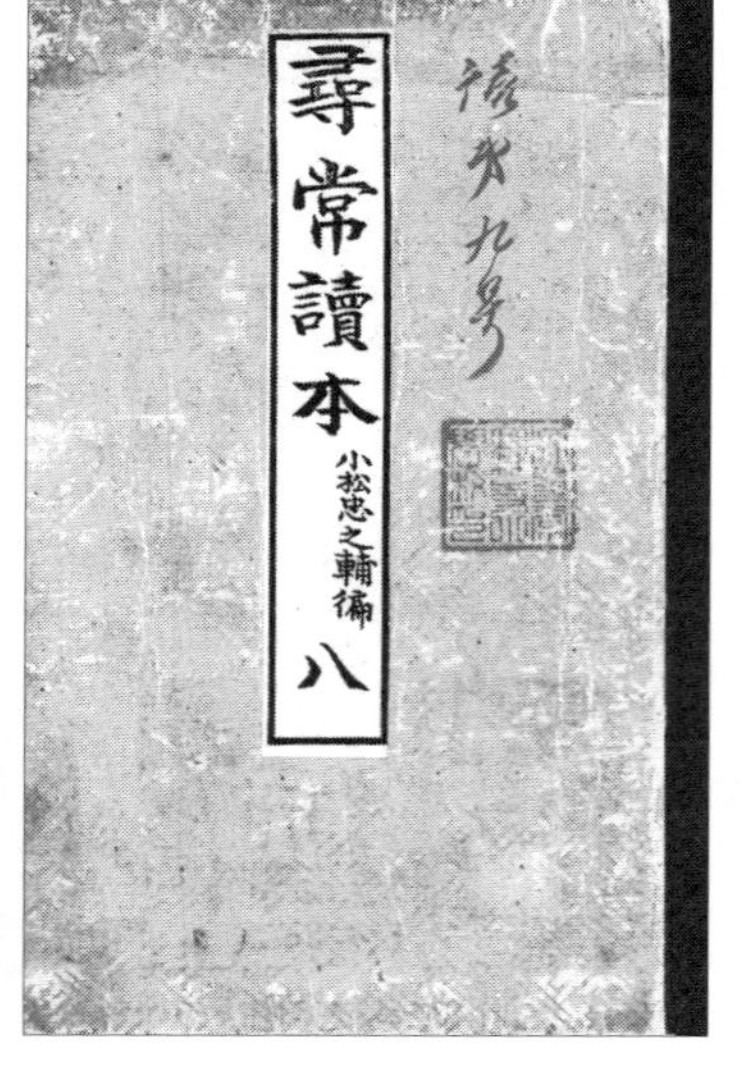

『尋常読本』小松忠之輔

「尋常科ハ総テ従来ノ侭ト議決」されており、これらの教科書は、そのまま使用が続けられている。県の学務課から文部省へ出した報告書には、山梨県は、地域ごとの違いが大きいので、全県一つの教科書を指定するのではなく「数部ノ図書ヲ採ルハ教育上最モ必要」だと記載されている。この報告書は、県内一教科一教科書を要請する文部省への弁明の文書である。しかし、この時、県当局は、山梨県下の各地で使われていた教科書を一斉に統一するような施策はとらなかった。したがって、小松忠之輔が編集した『尋常読本』も、山梨県の一部で実際に使われた可能性が高い。

図版では、稿者の手許にある『尋常読本』の表紙を示した。ここには、「読本九号」と朱書きされ、「源尋常高等小学校学校之印」と刻字された角印が押されている。「源小学校」は、おそらく現在の南アルプス市立白根源小学校のことだと思われる。明治八年に誕生した山梨県源村の源小学校は、明治二五年六月に高等科を併置しており、当時、学校備え付けの教科書として使われた読本の中の一冊が、この家蔵の『尋常読本』ではないだろうか。「見返し」表記には、「東京　温故堂」(傍点・稿者)と記載があり、発行人の内藤恒右衛門の住所は、東京神田区豊島町一五番地となっている。甲府の書肆である内藤伝右衛門が、支社または出張所のような店を親族などに経営させていた可能性がある。この読本を、全国的に販売しようと考えていたのかもしれないが、詳細は不明である。しかし、奥付には、発売所として甲府市常盤町四番地の内藤伝右衛門の名前があり、売捌所として山梨県下各地の業者一二名の名前が列挙されているので、この教科書が想定していた主な販路が山梨県下だったことは間違いないだろう。*18

山梨温故堂の『尋常読本』を編集した小松忠之輔は、やはり同じ温故堂(内藤伝右衛門)から、明治二〇年一〇月に『参考用書 小学修身叢談』を刊行している。小松は、この本の「自序」で「余小学教育に従事する茲に十余年」と記しているので、小学校の教育に長く関わってきた人物であるようだ。『参考用書 小学修身叢談』は「修身口授」のための教師用書であるが、和漢洋の説話が多数引かれており、小松が海外の教育書をよく勉強していたことが分かる。経歴の詳細は不明だが、小松忠之輔は、東京府の小学校長などを歴任しているらしい。

もし、小松が山梨県在住者ではないとすれば、この『尋常読本』は、地域出版社の温故堂(内藤伝右衛門)が、もっぱら地域の学習者に使用してもらうことを想定して出版した仕事ではあるものの、著者には、東京在住者に執筆を依頼したことになる。温故堂(内藤伝右衛門)は、山梨の有力な地域出版社であり、明治初期から教科書の翻刻を初めとして数多くの出版物を刊行していた。甲斐出身の英文学者で、東京在住の永峯秀樹の翻訳出版の仕事なども手がけている。つまり、温故堂は、地域の文化圏を越えて、しかるべき人材に声をかけ、読本の執筆を依頼することができるような情報網と編集力を持った出版社だったのである。

これとよく似たケースが、同じ時期に岐阜の成美堂(三浦源助)が刊行した『新撰小学読本入門』(明治二〇年一二月一二日検定)、『新撰小学読本』(明治二一年四月一九日検定)の場合である。成美堂＝三浦源助は、岐阜で長らく教科書類の翻刻などを手がけていた地域出版社であるが、明治一九年には、東京に支社を設立するまでに企業規模を拡大する。その成美堂が出版元になって刊行した『新撰小学読本』の著者の小笠原利孝も、岐阜在住者ではなかったようである。こうした点で、温故堂と成美堂との読本作製の過程と出版社の傾向は、よく似ている。また、すでに東京に本店を構えて、全国的な大手教科書会社として市場に君臨していた金港堂や集英堂も、もとはこうした地方の書肆だったことは、あらためて言及するまでもないだろう。[*19]

こうした温故堂や成美堂などの例からも推察されるように、地域読本の編者は、必ずしもその地域に在住している必要はない。それは、算数、理科、音楽などの教科の場合も同様である。「地誌」などの教科書の場合は、対象となる地域の状況を熟知していることが求められるだろうが、読本に関しては、取り立てて地域の話題などを収録しない限り、地域の風物や歴史などに関する知識が無くとも、編集は可能である。したがって、地域の出版業者が、読本編纂に適当な著者を選択する場合、当該地域に在住していることを必要条件としたわけではなかった。

さて、ここで、小松忠之輔が編纂した『尋常読本』の内容についても触れておく。小松の編集した『尋常読本』全八冊は、基本的には、榊原芳野等の『小学読本』の系譜に位置づけられる知識伝達型の読本である。とりわけ巻一から巻四までの低学年用の教材には、事物の説明が多く、庶物に関する知識を直裁的に与えようとする傾向が強い。その意味では、古いタイプの読本編集の姿勢であり、そこにイソップ寓話もいくつか挿入してある。

しかし、この『尋常読本』の特徴的な点は、巻五以上に、外国の読本から数編の教材を翻訳して導入していることである。それも、すべてニューナショナルリーダーがもとになっている。以下に、その教材名をあげてみる。

教材文の中では、原典の人物名を変更したりしているものもあるが、基本的にはどの教材も原典に忠実な翻訳であり、ストーリーを改変したり、原文のカットはしていない。第三部第二章で、文部省編纂の『読書入門』『尋常小学読本』が、かなりの数の教材を、最新の外国読本から導入していたことを見てきたが、この読本も、やはり、最新のアメリカの読本の中から教材を取材している。これは、地域作製読本の外国関連教材選択の姿勢としては、比較的珍しい例である。というのも、地域作製の読本には、外国教科書にルーツを持つ教材は、もともと数が少ない

巻五第六課「怠惰なる子」
　ニューナショナル第二リーダー第二一課 The Idle Boy
巻五第一五課「売買ノ遊」
　ニューナショナル第二リーダー第二八課 Frank and his Store
巻六第五課「鼠の話」
　ニューナショナル第三リーダー第四課 House Mouse and Wood Mouse
巻六第一三課「お春と電池」
　ニューナショナル第三リーダー第五四課 How Tom Get into Trouble
巻六第一六・一七課「フルイス及狼」
　ニューナショナル第三リーダー第二九課 Fritz and the Wolf
第六巻第一八課「ワシントン」
　ニューナショナル第二リーダー第二九課 George Washington.
巻七第一六・一七課「駱駝」(説明的文章)
　ニューナショナル第三リーダー第三八課 The Camel
巻八第七課「次郎と蝸牛」
　ニューナショナル第三リーダー第四九課 How Tom got the Prize

からだ。また、もしあったとしても、そのほとんどは明治初期に導入された英語読本に由来したものだった。新しい外国読本に目配りして、読本編集に従事したという点は、この『尋常読本』の特色として指摘できる。

もっとも、小松忠之輔の読本編纂の姿勢は、全体としては実科的な情報を与える教材を基盤としながら、外国の最新の読本からも、いくつかの教材を収集するという方向だった。したがって、ニューナショナルリーダーからの教材も、それほど数が多いわけではなく、教訓的なメッセージを持ったものだけが選ばれている。巻五第六課「怠惰なる子」、巻六第一三課「お春と電池」、巻八第七課「次郎と蝸牛」などは、日常生活を舞台にして、子どもの言動を反省させるようという昔ながらの道徳的教材である。しかし、その中でも、ロシアの少年が狼を手玉にとって活躍する、巻六第一六・一七課の「フルイス及狼」は、冒険物語的な要素が含まれていて、子どもの興味を引くような物語教材だった。

小松の読本は、文部省の『読書入門』『尋常小学読本』とは異なり、複数の外国読本から材料を集めるということはなく、ニューナショナルリーダーだけからの撰材である。いうまでもなく、片や文部省による国家の威信をかけた編集陣を擁立した「国定」読本であり、こちらは、個人による地域適用の読本なのだから、それは当然だろう。だが、新しい外国読本へ積極的に目配りしようとした努力自体は、高く評価されるべきだと思われる。

(2) 三重の『改正 尋常小学読本』(山名唫作)

山名唫作と読本の内容

伊勢の読本『改正 尋常小学読本』の編者は、山名唫作である。山名に関しては、三重県立図書館の「地域ミニ展示・四八」の解説「山名家と山名文庫——津に三〇〇年続いた学びの家系」の記載が、もっとも詳しい情報源である。[*20]

それによると、山名家は、江戸初期の慶長年間から、幕末期の安政年間まで続いた三重県最古の「修天爵書堂」という寺子屋を運営していた。同時に山名家は、藤堂家ゆかりの神社を管理して、録も受けている。山名家では最大の学者といわれるのが山名政胤で、国学者荷田春満の弟子として知られている。その四代後の山名政方=信之介は、幕末に津藩が庶民のために設置した「修文館」の教員になった。その政方のすぐ下の弟が山名唫作である。唫作に関しての詳細な情報は不明であるようだが、「清虚堂」の号を使用し、明治一二年には、学校用の教科書である『三重県地誌要略』を刊行していることが分かっている。要するに、山名唫作は、三重県の地元で古くから学問や教育に携わってきた家柄に生まれ、また自身も地元の教育活動に熱心な人物だった。地域の「小学読本」を編纂するには、まことに相応しい経歴である。

ちなみに、山名政方の末弟である山名留三郎は、東京の陸軍士官学校の教授として活躍し、中国の宗時代に編纂された『資治通鑑』に訓点を付けるという学問的業績を残している。本書に関連する教育書では、第六部第一章で紹介する『錦絵修身談』(明治一五年・普及舎)の編纂という仕事もある。

山名唫作の『尋常 小学読本』は、明治二〇年九月二〇日版権免許、明治二一年二月刻成発兌である。出版人は、今井源吾。国立教育政策研究所教育図書館と東書文庫に保管されているのは、検定申請本である。検定を通過した書目を掲載した「検定済教科用図書表」では、山名の編集した読本の書名は『改正 尋常小学読本』と改められて、明治二一年八月一五日改正、明治二一年九月九日検定となっている。つまり、明治二一年二月に、検定申請した『尋常 小学読本』は、文部省に指摘された箇所を訂正して、同年八月二五日に、書名に「改正」の二文字を角書きとして付け加えた上で『改正 尋常小学読本』として「追願」され、九月に無事検定を通過したのである。*21

山名唫作の『改正 尋常小学読本』の中身も、ここで簡単に見ておく。この読本の「凡例」では、その特徴が以下のように記されている。

一、従来世ニ行ハルヽ読本ヲ視ルニ読書課ト作文課ト相ヒ依リ相ヒ待タザル弊アリ今此ノ書ハ弊ヲ鑑ミ読書中ニ文章ヲ作為スル法ヲ寓セリ即チ書中処々ニ填字法ヲ交ヘ或ハ緊要ノ事項ヲ書キ取ラシムル等ノ如クハ其ノ微意ナリ

一、毎巻ノ終ニ巻中ニ散在セシ文字ヲ集メ記シヽハ既ニ覚エシ文字ヲ復習セシメムガ為メニシテ其二三巻以下楷行草三体ニ書キ別ケシハ実用ニ便ナラシメムガ為メナリ

つまり、楷行草にわたる実用的な書体を学習することと、手紙などを「書くこと」の学習との連絡を重視したということである。一八八九（明治二二）年三月三〇日の県令第二八号で三重県の市街用読本として決定した文部省の『読書入門』『尋常小学読本』は、もっぱら読むことの学習に傾いていた。それに比べると、山名唫作本のこうした特徴は、日常の伝統的な言語生活に立脚した立場である。誌面の印象は、開発主義を標榜した若林虎三郎の作った『小学読本』にきわめて良く似ている。とりわけ、第一巻は、誌面構成も展開も、ほとんどそのまま模倣したのではないかと思うほど酷似している。談話体は、全く登場しない。

また、「凡例」にうたっていた「処々ニ填字法ヲ交ヘ」という方法は、下田歌子の『国文小学読本』でも採用していたが、山名唫作は、それを巻一・巻二の全体に及ぼして、多用している。巻一では填字する単語を絵で示し、巻二では—で示しており、例えば、巻二第一の教材文は、以下のようである。

第一　事。書状。贈る。能はず。

汝等よみかきを第一とすべし。書籍を読み得ざるときは。事を知ること能はず。文字を書き得ざるときは。人に書状を贈ること能はざるべし。

(一)書籍を—み得るときは—を—ることを得

『改正 尋常小学読本』見返し

（二）文字を—き—る時は人に—を—ることを得べし

本文の文章は、読み書きの効用を二重否定の形で示しているが、練習の「填字」の文章は、それが肯定文に直されている。したがって、この練習の作業は、単なる機械的な穴埋めではなく、文章内容に関する思考活動を伴うものになっている。こうした工夫はあるものの、最終的にこの教科書が最も重視していたのは、漢字語彙の獲得とそれを楷行草の三様の書体で表記することだった。教材内容についても、庶物に関す知識と教訓話が満載されている。外国読本由来の教材もいくつか挿入されているが、それらは明治初期に日本に導入され、多くの読本でも使われていた話材だった。発達段階への配慮も、やや不足しているように思われる。こうしたことから、この読本は、榊原芳野等の『小学読本』につながる伝統的な読本の系譜の上に位置づけることができるだろう。

図版には、文部省検定済の『改正尋常小学読本』の「見返し」を示しておいた。ここには、「山名唫作編纂・鶴鳴館蔵書」と記されている。ところが「検定申請本」である国立教育政策研究所教育図書館と東書文庫の『尋常小学読本』には、「山名唫作編纂」だけではなく、山名の名前の上部に以下の三名の校閲者の名前が、大書されている。すなわち「尋常師範学校教諭・山高幾之丞、尋常師範学校教諭・阿保友一郎、高等小学校校長・安西鼎」である。検定申請時に記載してあったこの師範学校関係者名は、文部省検定済の公刊本では、消去されている。この処置は、地元の「小学校教科用図書審査会」への配慮だったと想像できる。つまり、これらの師範学校関係者が、審査委員に選ばれた場合の教科書採択への差し障りを配慮して、名前を削ったのだろう。

三重県の読本採択

『三重県教育史』によると、三重県が「小学校教科用図書審査会」を開催したのは、一九八八（明治二一）年一二月である。おそらく山名唫作の『改正尋常小学読本』も、この審査会にエントリーしたと考えられる。というより、明治二一年九月という時期に、読本を作製して文部省の検定を受けたのは、この時開かれる三重県の教科用図書審査会に出願することが最大の目的だったはずである。委員会は、翌年一月には採択を終了し、一八八九（明治二二）年三月三〇日の県令第二八号で、その審査結果が公示され、四月から実施されている。[*22]

この県令第二八号の「別表」では、「読書ノ部」に裁定された教科用図書は、以下のようになっていた。まず、「小学簡易科」の読本の書目である。ここには高橋熊太郎の『簡易読本』と、その掛図が指定されていた。第三部第二章で触れたように、文部省の簡易科用教科書『小学読本』は、この時点ではまだ刊行されていなかったから、簡易科用には、民間の教科書が選択されたわけである。

「尋常小学科」には、複数の読本の名前が記されている。文部省の『読書入門』『読書入門掛図』『尋常小学読本』は、「三重県尋常師範学校付属小学校」「三重県郡内四日市市街」「鈴鹿郡全体」「一志郡全体」「多気郡全体」「度会郡全体」「阿拝山田郡全体」「名張伊賀郡全体」「答志英虞郡全体」「北牟婁郡全体」の各地区で採用となっている。官版の小学校用の読本は、附属小学校を始めとして、市街地や交通の要衝を占める県内の大部分の地域で使われることになったのである。それに対して、「三重朝明郡ノ内四日市市街ヲ除ク」地域と、「奄芸河曲郡全体」「南牟婁郡全体」では、金港堂の『日本読本郡村用』が、また、「桑名郡全体」「員弁郡全体」「安濃郡全体」「飯高飯野郡全体」では、島崎友輔の『初学読本』（興文社）が採用されている。[*23]

おそらく官版の読本は、学習の程度が高いと判断され、その教授に適している地域だけで使用することになったのであろう。郡部で使用されることになった『日本読本郡村用』は、第三部第一章で検討したように、もっぱら農山村部で使用することを前提とした実科的な内容の簡易な読本で、文部省の欧化的な読本とは、対照的な位置にある読本である。また、島崎友輔の『初学読本』は、次節の「大阪の尋常小学読本類」の中で触れることになるが、旧来型の単純な反復練習を基礎とした読本だった。この時、三重県では、県下で一つの教科書に統一するのではなく、地域の学習実態に即して複数の読本を選択するという道を選んだのである。三重県は、前節で検討した山梨県と同様に、県下の各地域の実態に即した教科書選定をしたことになる。

しかし、その中には、三重県の読本として採用されることを期待して作製された山名唫作の『改正尋常小学読本』の書名は無かった。つまり、一九八八（明治二一）年一二月の三重県の「小学校教科用図書審査会」では、山名の読本は、選定されなかったのである。

三重県で次に「小学校教科用図書審査会」が開かれたのは、一八九三年（明治二六）年一二月である。それに先立つ一〇月二六日には、図書審査委員一三名が任命されている。その一三名の委員の中には、先ほど文部省への検定申請本に「校閲」として名前が出ていた、尋常師範学校教諭・山高幾之丞の名前もあった。この時の審査委員会は、一八九四（明治二七）年一月に結了し、採定結果は、同年三月に出された県令第二五条に公表されている。この時選定された教科用図書表は『三重県公報』の中に残されているので、それを見てみよう。[*24]

「尋常小学校用・読書」では、学海指針社の『帝国読本』、文部省の『読書入門』『尋常小学読本』、文学社の『小学国文読本』、及び金港堂の『単級小学尋常日本読本』が選定されている。やはりここにも、山名唫作の『改正尋常小学読本』の書名を見つけることはできない。この情報だけでは、どの地域でどの読本を採用したのかは分からないが、別表の「県令第二五号別表」には、地域別の詳細が記載されている。

教科書（読本）名	地域名
文学社『小学国文読本』	桑名・員弁・三重朝明・鈴鹿・奄芸河曲・一志・飯高飯野・多気・答志英虞
学海指針社『帝国読本』	安濃・阿拝山田・北牟婁・津
文部省『読書入門』『尋常小学読本』	度会・名張伊賀・南牟婁・尋常師範学校付属小学校
金港堂『単級小学尋常日本読本』	

それによると、全県下で金港堂の『単級小学尋常日本読本』（渡邊清吉が、使用されることになっている。「単級用」と銘打たれたこの読本は、一八九一（明治二四）年に文部省から出された「学級編制等ニ関スル規則」に対応して作製された読本である。当時は一つの学校に複数の学年の子どもたちが混在する「単級」の学校が多かったから、そこでの需要を見込んで、こうした名称の読本が作られたのだろう。金港堂は、一八八九（明治二二）年に、いち早く、山田邦彦著『単級教授法』を単行本として

刊行しており、この後、「単級教授法」に関する著作は、各社から続々と刊行される。ある意味で「単級教授」は、教育界のキーワードになりつつあったのである。そうした時流に棹さして、大手の金港堂（原亮三郎）と集英堂（＝学海指針社・小林八郎）は、単級用をうたった読本を作製したのだろう。教育界の流行を素早くキャッチし、それに即応した読本を作成する仕事は、資本力のある有力教科書書肆でなければ不可能だった。

もっとも、この単級用の読本がどれだけ実際の「単級教授」にあたって、有効に機能したのかに関しては疑問が残る。というのも、「単級教授」は、基本的には指導方法に関わる概念だからである。実際の学習指導は、様々な地域の様々な学習者によって構成された「単級」を対象として展開されるのだから、そこでは「読本」の内容はそれほど大きな問題にはならないのではないかと考えられる。その証拠に、この読本も「単級教授」に適する読本だとうたってはいるが、従来の読本と比べて、それほど大きく異なった内容構成だったわけではない。したがって、単級の学校でも通常の読本を使用することは可能だったはずである。とはいうものの、三重県の各地域内には、数多くの単級の学校が存在していたので、そうした学校では、書名に引かれて実際に金港堂の『単級小学 尋常日本読本』を選択して使用した可能性もある。

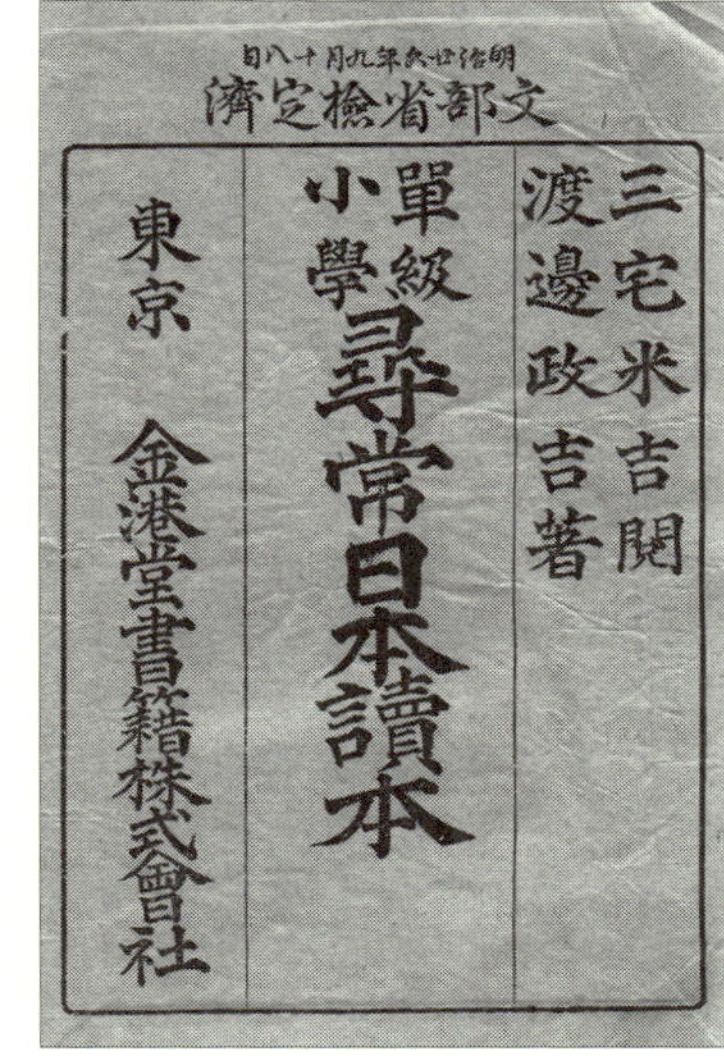

『単級小学 尋常日本読本』見返し

そのことは別に、「三重県令第二五号別表」の地域別の読本の採用状況からは、明治二二年の読本の採択時に、三重県内の大部分の地域で使用することになっていた文部省の読本が、多くの地区で民間の教科書会社の読本に差し替えられていることが分かる。その理由の詳細は不明であるが、いくつかの可能性が考えられる。

一つは、官版の読本の採用が減少したのは、民間の教科書会社の積極的な売り込みが効を奏したからだという想定である。金港堂を初めとして、集英堂（学会指針社）や文学社などの大手教科書書肆の強力な宣伝活動が各地域の担当者を動かして、こうした結果になったのかもしれない。あるいは、三重県の各地区で、官版の『尋常小学読本』を実際に使用してみた結果、現実の教育実態とそぐわないので、民間の読本に鞍替えしたという可能性もある。つまり、読み物教材が豊かに盛り込まれた、欧化的な傾向の官版読本は、県下の教員と学習者に、なじまなかったということである。あるいは、全く別の要因が働いていたかもしれないが、少なくとも、三重県では、官版の『読書入門』『尋常小学読本』を使用する地域が減少した事実だけは確認できる。

また、この採択結果からは、三重県においては、全県を一つの教科書で統一することが難しかったことも分かる。三重県当局は、県下各地域の実態を考慮すると、文部省の意向のように「県定教科書」とするのには無理がある、と判断したのであろう。また、三重県の例からは、全県の大部分が、一時は文部省作製の官版読本を選択しながら、次の「小学校教科用図書審査会」では、多くの地区で、民間大手教科書書肆の読本へと選択変えしている事実を確かめることができる。こうした状況は、明治二〇年代後半に入ると、三重県だけではなく、多くの都府県でも進行していた事態だった。その様相に関しては、第四部で「検定中期」の地域読本を取り上げる際に、再び触れることにする。

四、大阪の尋常小学読本類

大阪は、江戸期以来、出板印刷が盛んだった土地柄であり、明治期に入ってからも、出版事業において大きな存在だった。読本の編纂に関して、その大阪では、どのような動きがあったのだろうか。

あらためていうまでもないことだが、大阪においては、明治初期から学校教育用の教科書類の刊行事業が夥しく行われていた。本書では、第二部第一章で松川半山の仕事を検討した際に、文部省の『小学教授書』および『小学入門』の解説書・普及書の類のリストを掲載したが、その中には、かなりの数の大阪の出版業者の名前があった。官版の『小学読本』や『小学読本』の翻刻を含めて、大阪でも、教科書関連の翻刻発行の仕事は、出版業の中に大きな比重を占めていたのである。というより、明治期に入ってもしばらくは、京都・大阪が出版業の中心地だったのであり、必ずしも東京が優位にあったわけではない。そうした状況が、はっきりと交替局面に入るのは、明治一〇年頃になってからである。[*25]

明治一〇年末に、文部省が伊沢修二編集局長の元で、新たな教科書の作製に乗り出した時、それに対する大阪の出版業者の反応は、三木佐助の『玉淵叢話』によると、次のようだったらしい。[*26]

文部省の教科書出版によって、民業を圧迫されたと感じた大阪の出版業者たちは、最初の内は、様々な反対運動を展開した。こうした対応は、金港堂などの東京の教科書書肆と同じである。しかし、三木を始めとする大阪の業者は、途中で運動の方向を転じた。すなわち、明治二〇年八月八日、大阪の出版業者は連名で、文部省に対して、大阪府庁経由で「御蔵版教育図書製本発売御願」を出すことにしたのである。官版教科書に正面から抵抗するのではなく、大阪の業者たちが、関西地方への供給事業を一手に引き受けようという戦略である。だが、明治二〇年一〇月に文部省から受け取った返事には、「願の趣聞届難く候」と識されていたらしい。この時には、この案は実現しなかった。

翌明治二一年の春、伊沢修二が下阪すると、さっそく三木佐助は、伊沢の元に馳せ参じて、直談判に及ぶ。第三部第二章第四節で触れたように、この時の伊沢の出張の目的は、『読書入門』『尋常小学読本』の普及キャンペーンだった。教科書書肆との角逐に苦慮していた東京とは異なり、大阪の場合は、古くからの大手出版業者たちが合同で文部省の官版教科書の普及に手を貸そうというのだから、伊沢にしても三木の提案は悪い話ではなかっただろう。伊沢から好感触を得た三木は、さっそく柳原喜兵衛、岡島真七、松村九兵衛、梅原亀七、北川太助と合同で、「文部省編輯局直轄関西図書取扱所」を設立することになる。こうして三木は、新たに発足した、「文部省編輯局直轄関西図書取扱所」を切り回し、官版教科書の供給の仕事に専念することになるのである。

つまり、三木佐助を初めとする大阪の主要な出版業者は、自主的に教科書編集をして、自社の商品を販売する道だけではなく、積極的に官版の読本の供給事業に関わる戦略も選択したのである。梶山雅史は、この「文部省編輯局直轄関西図書取扱所」に関して、「設置を許可された取扱所は、教科書出版専業者ではなく、製紙商を含む多角経営的書籍商によって組織されていたことに留意しておく必要がある」と述べている。ここで梶山は、「文部省編輯局直轄関西図書取扱所」設立の根回しをした三木佐助が、教科書の販売を、通常の商品の取引事業と同様に考えるような思考の持ち主であったことや、それがもともとの伊沢修二の意向とズレがあったことも指摘している。こうしたことも一つの転機となって、この後、「教科書という文化」は、ますます「教科書という商品」としての側面を強くしていくのである。*27

以下、大阪に関係した読本のいくつかを見ていくことで、大阪で刊行された読本の状況とその内容について考えてみたい。

（1） 北条亮の『第一―第四読本』

まず北条亮の『第一―第四読本』を取り上げる。稿者は、本章冒頭に掲げた「明治検定期地域作製読本一覧」のリストの中に、この北条亮の『第一―第四読本』の書名を挙げておいた。そうした措置をした理由は、文部省の「検定済教科用図書表」の「発行者」の欄に、大阪の業者である梅原亀七の名前が、単独で記載されていたからである。

文部省検定済の供給本の「奥付」には、次のように記されている。「出版人」である梅原が、文部省への検定出願をおこなったのであろう。

明治二〇年二月五日版権免許
同　　年四月一日刻成出版
同　二〇年六月二日別製本御届
同　　年九月十五日訂正再版御届
編者　茨城県士族　北条亮　四谷区箪笥町三十四番地
出版人　大阪府平民　梅原亀七　東区備後町四丁目十一番地
発兌人　東京府平民　原田庄左衛門　日本橋区久松町十五番地

ところが、約半年後に、あらためて文部省にこの読本の「増訂版」の申請があった。文部省の検定は、明治二一年二月二五日。書名は『増訂第一―第四読本』、各上下・八冊構成である。著者は、やはり北条亮で、鈴木唯一校閲・教育書房蔵版となっていることも同じであるが、文部省に届け出た発行人は、東京の原田庄左衛門と、大阪の梅原亀七の両名になっている。この本の奥付は、次のようである。（「発行者」が、ともに「出版人」という記載になっている異版もある。）

明治二〇年八月二十日版権免許
同　二一年二月十五日印行
同　二一年二月十七日訂正再版
編者　茨城県士族　北条亮　四谷区坂町五十六番地
発行者　東京府平民　博文堂　原田庄左衛門　日本橋区久松町十五番地
発行者　大阪府平民　嚨曦堂　梅原亀七　東区備後町四丁目十一番地
印行者　東京府平民　花山堂　下谷区坂木村二十一番地

読本の奥付に記載された「出版人」「発行者」「発兌人」などの名称の

違いが、どの程度、現実の企画・刊行作業などの業務分担を反映しているのかはよく分からない。しかし、この記載からは、大阪の梅原亀七は、当初から東京の業者と連携してこの本を刊行したように見える。見返しに「版権免許・教育書房蔵版」ときわめてありふれた「教育書房」という出版社名を記しているのも、梅原亀七と原田庄左衛門との共同出版だったからだと推察される。また、著者の北条亮の住所も大阪ではなく東京在住である。

この読本の編者である北条亮は、『第一―第四読本』とほぼ同時期に、やはり同じ版元から『普通珠算書』首巻―巻五を刊行していた。その奥付記載は、「明治二〇年七月二八日版権免許」、「明治二一年五月二八日訂正再版印刷」であり、発行兼印刷者は、「博文堂・原田庄左衛門」、発売人は、「曨曦堂・梅原亀七」である。この算数の教科書も、やはり原田庄左衛門との共同事業である。こうしたことから、大阪の業者である梅原亀七は、単独名で文部省に発行者として検定届けを出しているが、東京の原田庄右衛門とは、相互に密接な関係があったのだろう。

このような業務提携の関係は、ここまで見てきた「地域読本」の場合とは、かなり異なる。富山や山梨、三重の場合は、地域の出版社が地域の学習者のために作製して、主としてその地域に普及させようとした教科書だった。『第〇読本』は、それらとは、制作の目的も販売対象も相違している。つまり、この読本は、大阪と東京、もっといえば、全国各地での使用を目指して刊行されていたのである。したがって、この北条亮の編集した『第〇読本』と、それを増訂した『増訂第〇読本』とは、ここまで本書で検討してきたような狭い意味での「地域読本」ではない。したがって、東京の大手教科書書肆が刊行した読本群と、この読本とを差別化する必要はないかもしれない。実際、現在、この北条亮の読本は、比較的多くの地域の図書館にわたって保管されており、そこから、『増訂第〇読本』が、全国的な販路に乗って普及したのではないかと考えることもできる。[*28]

そうした全国を見据えた読本戦略を持っていたこともあってか、この北条が作成した読本の中の読み物教材は、この時期の類書に比べて、際立った特色を持っている。ここでは、それを指摘する前に、まず、『第〇読本』とそれを「増訂」した『増訂第〇読本』との関係について確認した上で、この読本の特色を検討してみたい。

『増訂第〇読本』は、「増訂」と角書きが附されていることでも分かるように、『第〇読本』よりも、かなり教材数（課数）が増加している。例えば、第三読本上下は、三七課（三九丁）から、四七課（六六丁）へと、また、第四読本上下は、三三課（四三丁）から、五九課（七一丁）へと、分量的にも大幅な増加が図られている。その理由は不明だが、一度文部省の検定を通った『第〇読本』を、半年あまりで大幅に増補して、再度文部省の検定を受け直したことから、大阪の梅原亀七と東京の原田庄左衛門が、この読本の普及に意欲的だったことが想像できる。[*29]

以下、増訂された『増訂第〇読本』の内容に関して見ていく。まず、第一読本上下の内容であるが、これは諸本と大きく変わるところはない。『増訂第一読本上』では、単語→連語→短句と展開して、平仮名と片仮名を学習する。ただし、談話文は、ほとんど登場しない。巻二は、題材として、子どもたちの日常生活を中心としている。こうした構成も、ほとんど他の読本と変わらない。教材作製にはおいては、田中義廉の『小学読本』の中の教材が踏まえられているようである。したがって、次頁

『増訂第〇読本』 鈴木唯一校閲 北条亮編 教育書房 明治二一年二月一七日訂正再販発行 明治二一年二月二五日・文部省検定

	巻二読本上（仮題）		巻二読本下（仮題）
1	酒	26	車胤
2	百姓	27	農夫
3	提灯	28	寄付する子ども
4	読本練習	29	蝸牛 N.N2-16
5	貨幣	30	ワシントンの正直 N.N2-29
6	人形	31	うそ(韻)
7	親子と人形	32	元旦(韻)含む
8	眠れ眠れ(韻)	33	勉強(韻)含む
9	読方練習	34	藤
10	字音	35	菊の花
11	春の野	36	醍醐帝
12	招魂社	37	オーストリア帝ブラジス
13	鳥	38	鳥・虫の声
14	弓矢の遊び	39	猟師
15	方角	40	鯛
16	読方練習	41	穀類・野菜・肉
17	月日	42	英王ジョージ三世
18	手毬	43	茶
19	毛糸	44	茶の効用
20	風	45	蚕
21	学校	46	蝗
22	水泳	47	雪
23	舟遊び	48	魏昭
24	親族呼称	49	狐
25	ニュートン	50	ハルベルト N.N4-51
		51	続き
		52	続き
		53	続き

	巻三読本上（仮題）		巻三読本下（仮題）
1	女子の遊び(韻)含む	25	花
2	孟母三遷	26	ペルシャの富豪
3	司馬光	27	続き N.N4-11
4	フランス王ジャン	28	火山
5	黒犬白犬	29	窮楽の母思い
6	職業	30	老僧の接木
7	塙保己一	31	光圀と紙
8	蝿	32	コロンブス
9	ワシントンの寛容	33	続き
10	手紙	34	時計
11	封書の書き方(手)	35	各種の時計
12	天長節(韻)含む	36	時を大事にせよ
13	将来の職業(韻)含む	37	金剛石の歌(韻)
14	楠正行	38	寒暖計
15	続き	39	地球
16	続き	40	世界の山川
17	みそらにたかく(韻)	41	東京
18	反射	42	鉄路
19	蒸気	43	京都
20	昆虫	44	大阪
21	蛙ノ類	45	五港
22	オーストリア皇帝	46	元寇
23	続き N.N4-55	47	将棋(韻)含む
24	続き		

	巻四読本上		巻四読本下
1	地球と五帯	30	日本の海産物
2	獅子	31	前課の続き
3	五人種	32	鯨
4	衣食住	33	前課の続き
5	食物	34	海産物の利益
6	果類・魚類・介類	35	日本の漁業
7	酒・醤油	36	国家と海産
8	人体	37	堪忍の四文字
9	毛織・絹織	38	山崎闇斎
10	木綿・麻	39	不具者の協力
11	洋服・日本服	40	水の三態
12	家屋	41	前課の続き
13	家の構造	42	ギリシャの戦い
14	花卉	43	前課の続き
15	桜草	44	太陽までの距離
16	植物	45	太陽の直径
17	植物の葉	46	太陽と地球
18	華陀と呉普	47	空気
19	続き	48	空気の動き
20	運動	49	大気の比重
21	反響（こだま）	50	軽気球
22	続き 反響の理	51	元亀・天正の歴史
23	桂屋太郎兵衛	52	宇治川の戦い
24	続き	53	高綱・景季
25	続き	54	前課の続き
26	続き	55	鉱物
27	拿破崙	56	汽船・汽車
28	続き	57	日本の紀元
29	続き	58	紀元節の歌(韻)
		59	同

点線は、相互に連絡 《イ》はイソップ童話 (韻)は韻文 (手)は手紙文 「含む」は教材文中にそれが含まれているという意 N.N は、New National Readers の略

『増訂第〇読本』の、外国読本由来の教材

巻		課	教材
巻二	上	25（課）	「ニュートン・大嵐の観察」？
	下	28	「寄付する子ども」？
		29	「蝸牛」ニューナショナル第二リーダー 第一六課 The Snail.
		30	「ワシントンの正直」ニューナショナル第二リーダー 第二九課 George Washington.
		37	「オーストリア帝ブラジス」『西国立志編』第一三編三一 オーストリアの帝、貧民、コレラ（攪乱）にて死せし者の葬を送られしこと
		42	「英王ジョージ三世」？
		50-53	「ハルベルト、母の薬を取りに行く」ニューナショナル第四リーダー 第五一課 Halbert and his dog.
巻三	上	4	「フランス王ジャン」『童蒙おしへ草』二四章㋺ 仏蘭西王ジャンのこと
		5	「黒犬白犬」エレメンタリースペリングブック Fable-3／ウィルソンリーダー 1-4-21 The Two Dogs など。
		9	「ワシントンの寛容」？ 各種読本
		22-24	「オーストリア皇帝ヨゼフ二世」ニューナショナル第四リーダー 第五五課 An Emperor's Kindness.
	下	26・27	「ペルシャの三人の子供の崇高さの争い」ニューナショナル第四リーダー 第一一課 The noblest deed of all.
		32・33	「コロンブス」？ 各種読本
巻四	上	21・22	「反響（こだま）」ナショナル第二リーダー 第六一課 The Echo.
		27・29	「ナポレオン」？ 各種読本
	下	42・43	「波斯（ペルシャ）大流士（ダリウズ）と希臘（ギリシャ）との戦い」？

に掲げたこの読本の教材一覧には、「第一読本上下」を省いて、第二読本から第四読本までの内容を示しておいた。

この読本の大きな特徴は、巻二以降の外国由来の読み物教材にある。というのも、文部省の『尋常小学読本』と同じように、かなりの外国読本から教材を調達しているからである。山梨の地域読本である『尋常読本』を編集した小松忠之輔も、ニューナショナルリーダーからいくつかの教材を選択していたが、北条亮はそればかりではなく、その他の材料にまで取材の輪を広げて、和漢洋の教材を、バランス良く収めている。歴史的な内容や科学的な内容を扱った教材もあるが、それも含めて、読み物的な教材が多い。この点は、文部省の『尋常小学読本』の傾向と類似している。

さらに、比較的長い文章量を持つ教材が、各巻末に近い部分に集められていることも特徴である。これまでの読本の編集形態では、多くの場合、一時間に一課を学習することが前提になっていた。そうした編集方法を徹底させて刊行物として成功した読本が、明治一六年に金港堂の刊行した『小学読本 初等科』だったことは、第三部第一章第二節第一項で詳述した。もちろんそうした短編教材を羅列する編集方法だと、漢字を覚えたり、そこに記された知識内容をそれぞれに記憶する学習は成立するが、文章まるごとを読む面白さを体験する機会にはなりにくい。そこで、数課にわたって、比較的長文の教材を取り上げるような編集姿勢を採用する読本もあった。検定前期の読本だと、高橋熊太郎の『普通読本』がそうした編集方法を採っている。また、辻敬之・西村正三郎『尋常小学読本』や、塚原苔園の『新体 読方書』では、高学年になるにしたがい、読本の課数を減らして一課の教材の分量を長くする措置をしている。いずれも、比較的長いひとまとまりの教材文を、読本の中に登場させようという工夫である。

『増訂 第三読本上』見返し

『増訂 第〇読本』で、数課にわたって、まとまった物語が登載されているのは、たとえば、巻二巻末の第五〇―五三課の四課にわたる教材で、これは、ニューナショナル第四リーダー第五一課の「Halbert and his dog.」の翻訳である、また、巻三巻末の二一―二四課の三課にわたる教材も、ニューナショナル第四リーダー第五五課の「An Emperor's Kindness.」の翻訳である。前者は、母親の急な病のために雪の中を医者に薬をもらいに行った少年が、帰り道に雪中の穴に落ちてしまい、愛犬に助けられるという話で、後者は、オーストリア皇帝ヨゼフ二世が、自分の元部下が、退職後に死亡しそれが原因で困窮していた家族に救いの手を伸ばすという話である。どちらも起承転結を備えた物語性豊かな展開になっており、読者の興味を引く教材だと思われる。

長文の教材は、外国読本由来のものだけではない。たとえば、三巻第一四―一六の「楠正行」の史話は、通常、正行に関するエピソードを一つだけ提出する諸本が多いが、『増訂 第〇読本』では、三課にわたって母親の諫め、帝の拝顔、戦死までが記述されており、読み応えがある。こうした長文の教材の中で、もっとも特色のあるのは、四巻第二三―二六課の「桂屋太郎兵衛」の話題であろう。この話題は、現在では、森鷗外の『最後の一句』の題材になったことによって、一般にも良く知られている。原典は、中井甃庵の『五孝子伝』であり、それを大田南畝(一七四九―一八二三)が『一話一言』に採録したことで、より広く読まれるようになった。内容は大阪を舞台にした孝子譚で、この読本でも「孝子」の話として紹介されている。大阪の話だから採用したのか、あるいは子どもが中心になって行動する話だから採用したのかは不明であるが、一三頁にもわたる教材文は、他の読本の教材と比べても異例の長さである。

しかし、この読本が最初から長文の読み物を多数掲載する方針を採用していたのかどうかについては、若干の疑念も残る。というのは、もとになった読本を短期間に「増訂」する作業としては、長文の教材をいくつか増補する方法が、もっとも簡便だからである。この読本には、「編集方針」が、「序」などに掲げられていないので、そのあたりの事情は定かではない。しかし、編者の意図はともかくとして、結果的にこの読本がこれまでになく多くの長文教材を収録した読本に仕上がっていたことは確かである。この時、大阪の梅原亀七と、東京の原田庄左衛門との教科書書肆が作製した北条亮の『増訂第〇読本』は、こうした特徴を持った読本だったのである。

（2） 島崎友輔の『初学第〇読本』

島崎友輔の編集した『初学第〇読本』も、大阪の老舗の教科書書肆、前川善兵衛が関係したと思われる。

この読本は、明治二〇年九月二日版権免許で、明治二一年一月一七日訂正再版御届、明治二一年一月一四日に文部省の検定を受けており、『検定済教科用図書表』に掲載された発行者名は、池部活三となっている。また、供給本の奥付は、編集者・島崎友輔、出版人・池部活三、発行所・興文社で、それぞれの住所は、すべて東京である。さらに「売捌」として、末尾に、東京の石川教育書房と岩代国の田中善十の名がある。興文社は、石川治兵衛が創始して、これまでに多くの教科書を出版し、また『小学教文雑誌』（明治一二年一一月—明治二一年一月）や、『国民之教育』（明治二〇年五月—明治二一年六月）などの教育雑誌も刊行していた。

こう見てくると、この読本は、まったく大阪とは無関係な教科書のように見える。しかし、この『初学第〇読本』には、奥付表示の一部が異なる異版がある。そこには、出版月日、編集者、出版人、発行所まではまったく同じだが、「売捌」が記してあった部分に「大阪製本所・前川善兵衛」の名前が記されている。つまり、東京で刊行されたこの読本は、大阪の古くからの教科書書肆である前川善兵衛によって異版が作製され、東京と同時に、出版されていたのである。[*30]

そればかりではなく、この読本は、明治二二年六月七日に、前川善兵衛に版権が譲渡されていた。図版で示したのは、明治二六年八月に刷られた『初学第五読本』の「第六版」の奥付であるが、前川善兵衛が版権所有者兼発行兼印刷者になっていることと、明治二二年に版権が譲渡された後も、順調に版を重ね、検定中期まで増刷されていたことが分かる。版権が譲渡された理由や、前川善兵衛がどの程度読本作成過程に関わっていたかなどの詳細は不明だが、版権の譲渡は、東京府や富山県第二部

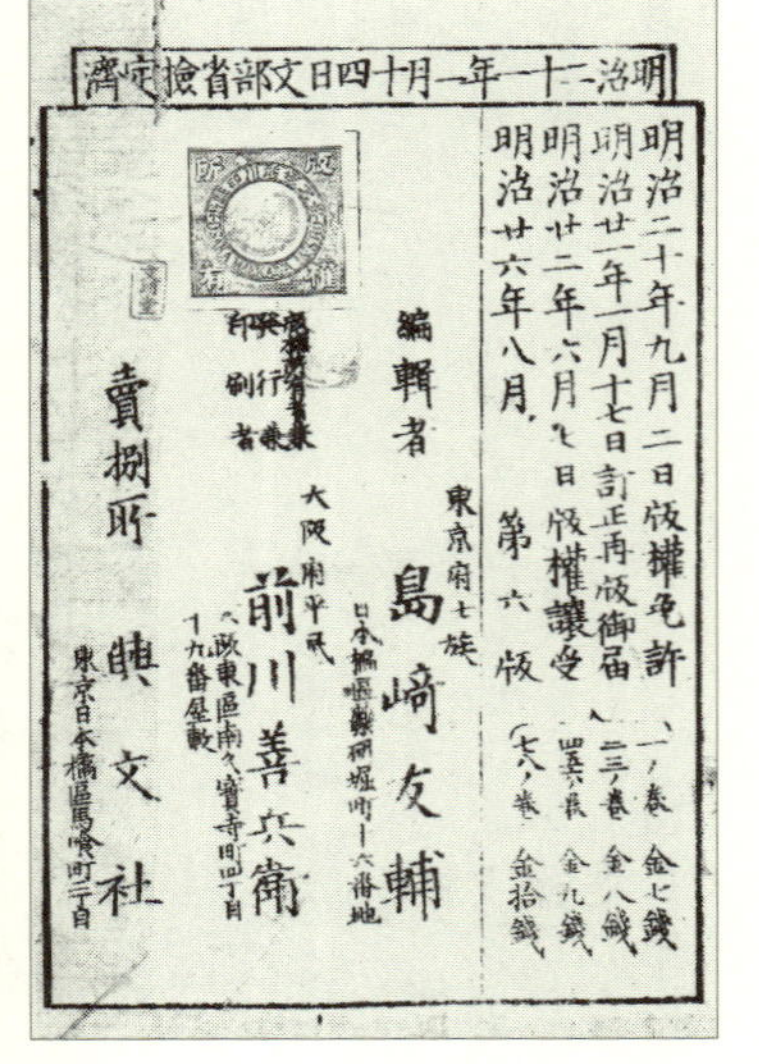
明治二十一年一月十四日文部省検定済
明治二十年九月二日版権免許
明治廿一年一月十七日訂正再版御届
明治廿二年六月七日版権譲受
明治廿六年八月 第六版
編輯者 東京府士族 島崎友輔
発行兼印刷者 大阪府平民 前川善兵衛
売捌所 興文社

『初学第五読本』奥付

学務課の場合のように、公から私へという道筋ではなく、私企業同士でなされている。ここからは、大阪の古くからの教科書出版業者と、東京の実績のある教科書出版業者が相互に提携して教科書を刊行したり、必要に応じて版権のやりとりをしていた様子がうかがえる。

さらに、明治二一年には、東京で、『初学読本字解』（島崎友輔校訂、編集者・棚橋廣、印刷兼発行人・永井俊次郎、発行所・石川教育書房）、が刊行されており、大阪でも、『初学読本字引大全』（興文社編、島崎友輔閲、前川善兵衛・錦城書楼）が刊行されている。教科書本体だけでなく、読本の字引も、それぞれ東西で作製されて、読本とセット販売されていたのである。

この『初学第〇読本』が広く普及したことは、いくつかの資料から確認できる。例えば、前述した三重県の一八八九（明治二二）年三月三〇日に出された県令第二八号の「別表」には、島崎友輔の『初学読本（ママ）』が「桑名郡・員弁郡・安濃郡・飯高飯野郡」で採用されている。また、福岡県では、一八九二（明治二五）年一〇月四日に、福岡県訓令四八六号が出されており、その中の「尋常小学校教科用図書配当表」には、「読書」科の教科書として、新保磐次の『日本読本』（金港堂）、佐沢太郎の『修正尋常小学第〇読本』（文栄堂）と並んで島崎友輔の『初学読本（ママ）』が指定されている。したがって、これらの地域では、この時期に『初学第〇読本』が使われたと思われる。[*31]

また、稿者の蔵本である『初学第三読本』（明治二五年一月・第五版）には、「丹後国与謝郡岩滝村岩滝学校・〇〇〇〇〇」という旧所蔵者名が記されている。与謝郡岩滝村は、現在の京都府に含まれる。さらに、別の家蔵本『初学第六読本』（明治二三年一月・第四版）には、「上朝倉郡白地・越智繁市」という記名がある。これは、現在の愛媛県今治市朝倉上白地のことだろう。とすると、この読本は、京都や愛媛でも使用されていたことが考えられる。あるいは、現在この読本を保管している図書館も、比較的広範囲にわたっているので、ここからも、全国的な普及を推測することが可能かもしれない。[*32]

『初学第〇読本』の編集者は、島崎友輔である。彼は、一般には「島崎柳塢（りゅうう）」の雅号の方が知られている。柳塢は、一八六五（慶応元）年に生まれ、一九三七（昭和一二）年に没した日本画家で、儒者島崎酔山の子として育ち、一八八五（明治一八）年には、『十八史略講義大全』全六冊を錦森閣（石川教育書房）から刊行している。『初学第〇読本』を興文社＝石川教育書房から刊行したのは、そうした漢学書出版の縁であろう。柳塢は、桜井謙吉に洋画を学んだ後、日本画に転向して松本楓湖や川端玉章に師事し、川端画学校の教授や、日本美術協会の理事をつとめた。

島崎の編集した『初学第〇読本』は全体的に無難な出来上がりになっているが、読本編集の全体の姿勢は、旧来の発想によっている。とりわけ巻一と巻二に特徴がある。巻一は、すべてカタカナを取り扱い、巻二

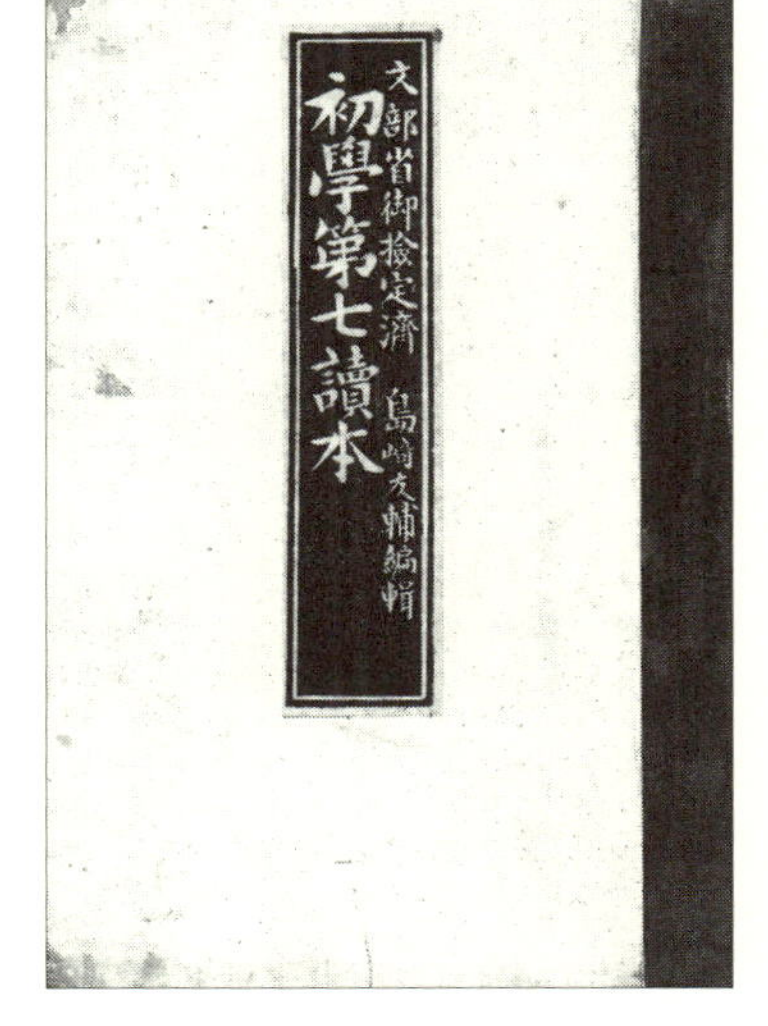

『初学第七読本』　明治 25 年版

『初学第一読本』 島崎友輔編輯 明治二〇年九月二日版権免許 明治二一年一月一七日 訂正再版御届 興文社 明治二一年二月一四日検定

1	オ	〈第一〉 ハ。
	ウ	ハト。
2	オ	ユミ。ヤ。 ユミトヤ。
	ウ	ナシ、クリ。 ナシトクリ。▼
3	オ	ホン。ノシ。 ホントノシ。
	ウ	サル。カニ。 サルトカニ。
4	オ	マツ。タケ。 マツニタケ。
	ウ	ヲケ。サラ。 ヲケニサラ。
5	オ	イヌ。ネコ。 イヌホユ。ネコナク。
	ウ	ムチ。フエ。 ムチヲフル。フエヲフク。
6	オ	セリ。アヰ。 セリヲツム。アヰヲカル。
	ウ	キウリ。ヘチマ。 キウリノハナ。ヘチマノツル。
7	オ	イワシ。ヒラメ。 イワシヲトル。ヒラメヲニル。
	ウ	ヨメナ。スミレ。 ヨメナヲツム。スミレヲヌク。
8	オ	ツクエ。フロシキ。 タカキツクエ。クロキフロシキ。
	ウ	オモト。ソテツ。 オモトノミアカシ。ソテツノハアヲシ。
9	オ	カタカナ五十音図
	ウ	〃
10	オ	〈第二〉 ナベ。ゼン。 ナベノフタ。ゼンノアシ。
	ウ	ブタ。フグ。 コエタルブタ。フクレタル フグ。
11	オ	ガン。キジ。 ガンガトブ。キジガナク。
	ウ	カゴ。ザル。 メノアラキカゴ。メノコマカキザル。
12	オ	ヰド。ミゾ。 コノヰドフカシ。コノミゾアサシ。
	ウ	ボタン。フジ。 ボタンノハナヒラク。フジノハナチル。
13	オ	スズリ。フデ。 スズリ ニテ スミヲスル。フデ ニテ ジヲ……
	ウ	ヅキン。タビ。 ヅキンヲアタマ ニ カブル。タビヲアシ……
14	オ	ネギ。ダイコン。 ネギノネシロシ。ダイコンノハアヲシ。
	ウ	ゲタ。ソロバン。 カロキゲタヲハク。ヨキソロバンヲモツ。
15	オ	カタカナ（濁音図）／〈第三〉
	ウ	ペン。エンピツ。 ナガキペントミジカキペン。フトキエンピツトホソキエンピツ。
16	オ	ランプ。ポンプ。 ランプノアカリ ニテ ホンヲヨム。ポンプノシカケ ニテ ミヅヲマク。
	ウ	パン。 パンヲヤクヲンナ。パンヲウル ヲトコ。 カタカナ（半濁音図）／〈第四〉
17	オ	ココニ一二三、三サツノホンアリ。ソコニ一二三四、四ホンノフデアリ。
	ウ	四ニンノヲトコノコタコヲアグ。五ニンノヲンナノコハネヲツク。
18	オ	六ピキノネズミガザシキ ニ サワグ。一ピキノネコガフスマノカゲ ニ カクル。
	ウ	トケイガナル。ナンジナルカ。一二三四五六七八九十、十ジナリ。
19	オ	カミ一マイ。フデ二ホン。……クルマ九ダイ。カネ十エン。一二三四五六七八九十
	ウ	〈第五〉 コップ。ラッパ。 オトナガコップヲモツ。コドモガラッパヲフク。
20	オ	バッタ。スッポン。 バッタガクサニトマル。スッポンガイケ ニ スム。
	ウ	〈第六〉 チヨク。チヤワン。 ココ ニ 五ツノチヨクアリ。ソコ ニ 七ツノチヤワンアリ。
21	オ	キンギヨ。クジヤク。 イケ ニ オヨグキンギヨ。キ ニ トマル クジヤク。
	ウ	キヤハン。ジユバン。 キヤハンヲアシ ニ ハク。ジユバンヲハダ ニ キル。
22	オ	シユロ。シヤクヤク。 シユロニ三バノスズメトマル。シヤクヤク ニ 二リンノハナサク。
	ウ	シヤウガ。メウガ。 シヤウガノネヲホル。メウガノコヲトル。
23	オ	フヤウ。ブダウ。 フヤウヲカメ ニ サス。ブダウヲボン ニ モル。
	ウ	シヨクダイ。ラフソク。 シヨクダイニラフソクヲタツ。ラフソク ニ ヒヲトボス。
24	オ	バウシ。サウシ。 アニガクロキバウシヲカブル。オトウトガアツキサウシヲモツ。
	ウ	ハウチヤウ。ジフノウ。 コノヒトガハウチヤウヲトグ。アノヒトガジフノウヲモツ。
25	オ	トウロウ。テフ。 ミゴトナル イシノトウロウ。ウツクシキアゲハノテフ。
	ウ	キヤウダイ。ヤウジ。 ココ ニ アネノキヤウダイアリ。ソコ ニ イモウトノヤウジアリ。
26	オ	ジヨウキセン。イウビンバコ。 ジヨウキセン ニ ニモツヲツム。イウビンバコ ニ テガミヲイル。
	ウ	〈第七〉 アヽヨク ハレマシタ。コンニチ ハナミ ニ マヰリマセウ。イヨ〳〵 ヒル カラデ カケマセウ。タダイマ ガクカウ ニ ユキマス。
27	オ	ガクカウ ニテ イロ〳〵ノコトヲ オボエマス アヽ タベ イヨ〳〵 イロ〳〵

ナシ。クリ。
ナシトクリ。

『初学第二読本』　島崎友輔編輯　明治二一年一月一七日　訂正再版御届　興文社

（まず、カタカナを上段に示し、同じ単語をひらがなで表示、それを使った短句、短文を示す。）

1	オ	〈第一〉　いと。はり。　いととはり。
	ウ	しそ。にら。　しそとにら。　▼
2	オ	かま。くは。　かまとくは。
	ウ	みの。かさ。　みのとかさ。
3	オ	えび。たひ。　えびとたひ。
	ウ	ふね。くるま。　ふねにくるま。
4	オ	てをけ。つるべ。　てをけにつるべ。
	ウ	やなぎ。かうぞ。　やなぎのは。かうぞのは。
5	オ	あさがほ。ゆふがほ。　あさがほのはな。ゆうがほのつる。
	ウ	おび。てぶくろ。　はかたのおび。かはのてぶくろ。
6	オ	へび。かへる。　へびかへるをおふ。かへるへびを……
	ウ	ひばち。どびん。　ひばちにひをとる。どびんに……
7	オ	くわゐ。ぜんまい。　まろきくわゐのね、ほそき……
	ウ	けぬき。せきひつ。　けぬきはかねにてつくる。せきひつ……
8	オ	つゑ。かつぱ。　このひとがつゑをつく。かのひとが……
	ウ	むかで。とかげ。　むかでのあしはおほし。とかげの……
9	オ	ほたる。とんぼ。　ほたるがくさにとまる。とんぼが……
	ウ	くぢら。なまづ。　うみにおよぐくぢら。いけにすむ……
10	オ	あふぎ。うちは。　こどもがあふぎをひらく。おとなが……
	ウ	だいく。ざくろ。　だいくのかはあつし。ざくろ……
11	オ	すずめ。うぐひす。　たけにやどるすずめ。うめに……
	ウ	よもぎ。たんぽぽ。　きのふはよもぎをかる。けふは……
12	オ	にんじん。れんこん。　まへのはたにはにんじんあり……
	ウ	ぴすとる。はごいた。　かのをとこはぴすとるをもつ……
13	オ	ぺんさき。らんぷつり。　ぺんさきにてじをかく。……
	ウ	いろはうた
14	オ	〃
	ウ	濁音図
15	オ	〈第二〉　いまかほをあらひました。おはやうございます。……
	ウ	たまよ。たまよ。ひざへあがれ。ゆふべはねずみを……

シソ。しそ。　ニラ。にら。　しそとにら。

16	オ	このいぬのけはくろければ。なをくろとつけたり。くろよ。
	ウ	たらうはほんをよみ。じらうはてならひをせり。このふたりは
17	オ	あしたはがくかうがやすみでありますから。むかふのやまへ
	ウ	たいこをうつをとこのこあり。はねをつくをんなのこあり。
18	オ	このこはたけのきれにてつちのうへにゑをかけり。これは
	ウ	これはいへのかたちであります。さきほどからきのきれを
19	オ	あまたのかへるがたのなかにてなく。ああさわがし。そのかずは
	ウ	いくひきなるか。十ぴきか。二十ぴきか。いなひやくひきもあるべし。
20	オ	シロキ［足袋］トクロキ［頭巾］。［猫］が［鼠］をとる。
	ウ	〈第三〉　人ガタツ。人ガハシル。人ガウマニノル。人ガヤマニ……
21	オ	〈第四〉　大きなるいぬ。小きねこ。大きなるいぬが小きねこをおふ。……
	ウ	〈第五〉　コノ山。カノ川。コノ山ハタカシ。カノ川ハフカシ。……
22	オ	〈第六〉　木をけづり。土をねる。このてばこは木にてつくりたり。……
	ウ	〈第七〉　人には二つの手と二つの足とあり。手にもゆびあり。……
23	オ	〈第八〉　コノ手ニハハシヲトリ。カノ手ニハワンヲモツ。ハシヲ……
	ウ	〈第九〉　白キハナヲカメニサシ。赤キハナヲボンニノス。……
24	オ	〈第十〉　つくゑの上にてほんあり。つくゑの下にぶんこあり。……
	ウ	〈第十一〉　コノ本ヲハコニ入レ。カノ本ヲハコヨリ出ス。……
25	オ	〈第十二〉　ヒトリノ男ハ牛ヲヒキ。ヒトリノ男ハ犬ヲオフ。……
	ウ	〈第十三〉　水をくむ女あり。火をたく女あり。火をたく女は……
26	オ	〈第十四〉　男ノ子ハイヘノ外ニテタコヲアゲ。女ノ子ハイヘノ……
	ウ	〈第十五〉　田ニハ水アリ。畑ニハ水ナシ。米ハ田ニツクリ。マタ……
27	オ	〈第十六〉　兄ハサクジツ字ヲカキタリ。弟ハコンニチヱヲウツシタリ。……
	ウ	〈第十七〉　父はかの村にゆき。母はかの町よりかへる。かの村には……
28	オ	〈第十八〉　姉は五つの柿をもち。妹は三つの柿をもつ。姉の柿……
	ウ	〈第十九〉　日ノアルウチヲヒルトイヒ。日ノ入リタルノチヲヨル……
29	オ	〈第二十〉　アナタハ何ヲヨミマシタカ。私ハ此ノ本ノシマヒマデ……

［　］は絵。第三読本から第八読本まで「課名」はあるが「目次」はない

『初学第三、四、五、六、七、八読本』

	第三読本	第四読本	第五読本	第六読本	第七読本	第八読本
1	四方	早起	年	旅行の話	書籍	人身ノ構造
2	ガクカウニ往ク	学校	体操	前のつづき	日本国	五官（塙保己一）
3	ひごひ	石田興長	塚原卜伝	船	水車(手)含む	炭酸瓦斯
4	カホ	鉛筆	三人の児童	蒸気	虹	槓杆
5	着物(対)	猫	前のつづき	兎	老僧の接樹（家光）	商人
6	凧	竹	車	森蘭丸	農夫ノ遺言	證書
7	客	児童と旅人	牛馬	釣	前のつづき	貯金(手)
8	ヒバリ(韻)含む	狐	四季	砂糖	道路及び地面	羊
9	おにごと	ジョルジ、ワシントン	前ノツヅキ	油断大敵（井伊直孝）	世界	星
10	鳥	前のつづき	陶器	油	前ノツヅキ	日食月食
11	をり物	名刺	鶏	手紙	空気	電気
12	洗濯	花	鷲	前ノツヅキ(手)	家屋	卒業前ノ手紙(手)
13	草紙	一週	蛙ノ夢	紙よりと糸屑（酒井忠勝）	猟犬	政府
14	立札	雁	蟻	章魚	雨雪雲霧	歴史
15	なでしこ(対)	南瓜ヲウル童子	元の宗成	三人のかたは（家康）	為替	住居の沿革
16	遊歩	尺	紙	四枚ノ絵	遜権学を勧む	尋常小学校卒業生ノ未来
17	茅	信濃ノ猿	字を知らぬ男	前ノツヅキ	食物	
18	食物(対)	硝子	蜘蛛	石	博物館	
19	庭の溝	枡	茶	練兵場	前の続	
20	父ノツカヒ	司馬光	毛利元就	銅と鉄	円山応挙	
21	前ノツヅキ	鹽	蚕桑	養生	紀元節	
22	祭	二人の子供	時計	貨幣と紙幣		
23	親切	燕	時ヲ惜ム（ワシントン）			
24	田植	織物と編物	米			
25	兵隊	グラスブローン	新聞紙			
26	家をたつ	前ノツヅキ				
27	善ク学べ					
28	片仮名平仮名					
29	変体仮名					
30	トキ・モノ・コト・シテ					

《イ》はイソップ童話　(韻)は韻文　(手)は手紙文　(対)は対話　「含む」は教材文中にそれが含まれているという意

でひらがなと漢字を取り上げている。つまり、入門期の段階では、機械的とも言える語彙の練習と運筆練習とを繰り返すのである。これに対して、ほぼ同じ時期に作られた文部省の『読書入門』では、同程度の仮名文字学習を一巻だけで済ませていたのは、見てきたとおりである。両者の相違は、小学校に入学後、一年間は、単純な文字の練習に近い読み書き学習を続けるのか、あるいは、それを半年ほどで済ませて、後半の半年間は子どもたちの言語生活に近い教材内容を使って言語学習を進めるのか、という点にある。学習者の発達段階や興味関心の所在に着目すれば、後者が選択されるのが自然であろう。実際、この後、どの読本も第一巻で基本的な文字学習を済ませてしまうような構成に移行していく。つまり、文部省の『読書入門』と同様のスタイルに収斂するのである。

したがって、この時点で、この『初学第〇読本』が各地の読本としてかなりの程度選択されたのは、そうした基本的な単語短句の機械的な反復練習を重ねるような旧来の学習スタイルが支持されたからだと考えることができる。前述した三重県の教科書採択では、そうした基準によって選定されたことも推察される。というのも、三重県では市街部では、文部省の『尋常小学読本』を、郡村部では、『初学第〇読本』と『日本読本 郡村用』を採用しているからである。

この読本には、ところどころに談話文も顔を出しており、巻一の末尾の教材の「アヽヨク ハレマシタ。コンニチ ハナミ ニ マヰリマセウ。イヨ〳〵 ヒル カラ デカケマセウ。タダイマ ガクカウ ニ ユキマス。」などという文章は、かなりよくこなれた談話文だといえるであろう。第四読本より第八読本までには、外国読本由来の教材もいくつか採用されている。しかし、それらは特に新しいものとはいえず、日本の史話も、他の読本にもよく見られる教材が登場しており、この読本には、特段変わった特徴があるわけではない。

ここで、「大阪の地域読本」という話題に戻る。

繰り返すことになるが、この島崎の読本は、もともと大阪で作製されたものではなかった。それにもかかわらず、本節で取り上げたのは、『初学第〇読本』が、大阪の教科書書肆である前川善兵衛の手によって、西日本の広範囲な地域に普及したと考えられるからである。

先に、第三部第三章第五節で、塚原苔園の『新体 読方書』を検討したが、この島崎の読本も、同様の流布形態だった。すなわち、『新体 読方書』には、表紙に「東京・石川書房」と記された版と、「大阪・前川書房」と記された版との二種類がある。しかし、文部省の「検定済教科用図書表」の発行者の欄には、塚原苔園と、東京の石川寿々の両名の名前しかない。この『新体 読方書』の場合も、文部省の検定出願は、もっぱら東京の石川教育書房（興文社）がおこなったのだろうが、実際の教科書の板行や販売は、東京と大阪の両社がそれぞれ手分けしてその仕事に当たったと考えられる。すなわち、石川教育書房が主として関東以北を、大阪の前川善兵衛は主として関西以西の販売を請け負っていたと思われるのである。

おそらく『初学第〇読本』の場合も同様だったのであろう。奥付に「売捌」として、東京の石川教育書房と岩代国（現・福島県）の「田中善十」の名のある読本が残っているのは、興文社＝石川教育書房が、関東以北を商圏としていたからではないかと推測できる。このように、古くから出版業に関わっていた東西の出版社は、相互協力をしつつ教科書の全国普及につとめていたのである。

(3) 曽我部信雄の『小学尋常科読本』

『初学第〇読本』や『新体読方書』と逆に、大阪で企画作製した読本を、東京の業者が取り扱ったのではないかと疑われるケースもある。それは、曽我部信雄の編集した『小学尋常科読本』である。この読本は、明治二一年五月九日に文部省の検定を受けており、『小学読本初歩』二冊と、『小学尋常科読本』六冊の八冊構成である。「検定申請本」の「見返し」は、西野氏蔵版、「版心題」は、文栄閣。奥付表記は、次のようである。

明治二〇年二月一五日　版権免許
同　年四月　刻成印刷
編纂人　大阪府平民　曽我部信雄　東区北新町一丁目十六番地
出版人　大阪府平民　西野駒太郎　南区安堂寺町四丁目六十一番地
仝　大阪府平民　前川善兵衛　東区南久宝寺町四丁目八番地

この読本の奥付表記だけを見ると、これはまさしく大阪の著者による、大阪の教科書書肆が作製した、大阪の学習者のための地域作製読本のように思える。*33

しかし「検定済教科用図書表」では、文部省への検定の出願者は、東京の教科書書肆である牧野善兵衛の名前になっている。また、検定申請本では「西野氏蔵版」だった見返し表記が、検定合格本では「牧野氏蔵版」へと替わっている。さらに、奥付には「明治二一年四月一二日訂正再版」の一行が付け加わり、大阪の西野駒太郎・前川善兵衛両名の名前は消えて、「発行兼印刷者・牧野善兵衛」と記されている。この記載の変化からは、検定申請本の作製までは大阪の西野・前川が担当したが、文部省の修正意見を受けて読本の訂正作業を施して、再び文部省に訂正本を提出したのは、東京の牧野善兵衛だったのではないか、との推測が生まれる。版心題の「文栄閣」は、検定申請本と合格本との間で変化がないことから、おそらくこの読本も、初めから共同作業、あるいは東京と大阪の書肆とのある種の連絡のもとに刊行されたに違いない。

なお、曽我部は、算数の教科書である『小学珠算教科書』も編纂しているが、その教科書の文部省の検定日は、明治二一年五月九日であり、「検定済教科用図書表」の発行者欄には、大阪の前川善兵衛の名前が記載されている。また、ほぼ同じ時期の明治二一年五月七日には、やはり前川善兵衛が発行者になって、広島の地域版の習字教科書『尋常簡易小学習字帳』の検定を受けている。したがって、前川善兵衛は、文部省への教科書の申請を、すべて牧野善兵衛に委託していたわけではなく、自らも検定申請していたことになる。この時、検定の申請書類は、直接東京へ持ち込む必要はなく、地元の学務課が窓口になっていた。

別に、この読本の編纂者である曽我部信雄に関しては、木全清博が次のような情報を記している。「曽我部信雄は、官立大阪師範学校を卒業後、旧西大路藩校日進館の系譜を引く朝陽学校教員になった人物」だとのことである。また、明治一六年には、高知師範学校に勤務していたようで、『小学初等女子作文稽古本』や、同じ高知師範学校の教員である宮地森城との共著『小学中等作文稽古本』などを刊行している。この時の曽我部の住所は、高知県になっていた。しかし、先述した明治二一年に出版された『小学珠算教科書』全六巻には、『小学尋常科読本』と同じ「東区北新町一丁目十六番地」の住所が記されている。明治二〇年代に入って出身地の大阪に戻ったのであろう。このような経歴からみても、曽我部信雄は、地元大阪の読本執筆者としては適任者だったと思われる。[*34]

もっとも、読本の内容自体には、大阪という地域の特色を取り立てて感じさせるような記述はない。この点は、これまで見てきた地域読本と、同様である。入門編である『小学読本初歩』二冊に関して言うなら、編纂方法は明治一二年の文部省の作成した『小学指教図』のそれと類似しており、新しさを感じさせるところはほとんどない。それに続く、『小学尋常科読本』六冊は、すべて一課一題材であるところに特徴がある。巻一が三九課、巻二未確認、巻三が四二課、巻四が三八課、巻五が二六課、巻六が二二課の編成となっている。巻一から巻四までは課数が多いので、必然的にかなり短い文章量の教材が並べられることになる。こうした短文の練習教材を集成したような読本構成は、明治一六年の金港堂の『小学読本 初等科』が採用した方法とよく似ている。

外国由来の教材もいくつか採用されているが、明治初年に導入された英語読本(リードル)からの翻訳が多い。たとえば、巻三の第九課の出典は、サージェントリーダー第三巻八七課の「On Forethought and Observation」であり、同じ巻三第一九課の出典もやはりサージェントリーダー第二巻三五課の「The Ungrateful King」である。しかも一課の文章量が少ないため、教材文は、原文のあらすじ程度になってしまっており、読み物としての魅力はほとんど失せている。このように、この読本は、内容的にも古い材料を使っており、また特筆すべき編集上の工夫も一課一題材という点だけなので、類書と比べて、読本のアピール度がかなり低かった可能性がある。したがって、この読本の普及度は、それほどではなかったのではないかと考えていいだろう。[*35]

＊

以上、ここまで、大阪が関係した読本をいくつか見てきた。明治二〇年代初頭には、そのほとんどが東京の教科書業者と密接な関連を取りながら、書籍の刊行や販売を行っていたようである。とすると、大阪の場合は、それが「地域出版」であるかどうかを問題にすることに意味はないかもしれない。なぜなら、「京都・大阪」は、出版業においては、もともと「地方」というより「中央」だったからである。大阪はそうした伝統に立って、明治一〇年代を通して、東京との強い連携を保ちながら、教科書の翻刻や新しい読本の刊行を行っていたのである。

とするならば、問題にすべきは、明治二〇年代に入ってから、そうした教科書出版に関する状況が、大きく変わっていったという事実であろう。すなわち、古くからの出版業者が東西連携して官版の教科書の翻刻や版権を融通して共存共栄を図っていた時代から、東京の金港堂や集英堂のような教科書専門出版社や、高等師範学校出身者などが創始した新興出版社が、教科書の出版において突出してきたのである。それは『教育時論』や『教育報知』などの中央の教育ジャーナリズムなどの発行やその普及システムの確立などとも微妙に連動しながら、また、「少年書類」出版の盛行などとも連関しながら、急速に展開していく。

その結果、検定前期に各地域で作製された一〇種類の読本は、検定中期に入るまでには、ほとんどがその姿を消す。また、大阪の出版社が主導権を発揮して、小学校用の読本の作製に関わる事例も、見られなくなってしまう。これ以降、検定中期になってから、地方において読本の発行を試みたのは、わずかに富山の『小学 尋常読本』（浅尾重敏編・中田書店）と、金沢の『尋常 小学校読本』（倉知新吾編）、山梨の『尋常小学 開国読本』

（山梨図書出版所編）、および文部省の検定で「不認定」になった福岡の『扶桑読本』の例があるだけで、ほかの地域においては、独自の「読本」作製の試みは潰えてしまった。（これらの地域読本に関しては第四部第二章で後述する。）その結果、国語読本の編集事業は、東京の大手民間業者の手に握られて、一極集中化していくのである。

もっとも、今述べたことは、取りあえずは「読本」だけに限定した話かもしれない。というのもたとえば、「地誌」や「習字」などの地域の教科書作製作業に、大阪や京都、あるいは東京の出版社が、印刷・製本に関わる例が増えてくるからである。「地誌」や「習字」の教科書も、読本の製作と同様に、明治検定期に入るまでは、ほとんどが地域の出版インフラを利用して製造されていた。とりわけ「習字」の教科書は、毛筆字体を版面に反映させなければならないという性格上からも、金属活字による印刷より木版整版の方がなじみやすい。したがって、各地域に残る伝統的な木版による印刷業との親和性は高かっただろう。ここまでの事情は、「読本」の場合と同じである。

しかし、そうした地域教科書の作製過程は、徐々に変化していく。原稿作成段階までは地域の教育会などの教育組織が担当したとしても、印刷や製本は、大阪や東京の業者が担当する、という例が増加していくのである。つまり、「地誌」や「習字」の教科書の場合は、言語教科書のように中身も製造も、東京に一極集中化したのではなく、製造部分だけが地域から切り離されていったのだ。実は、「読本」にも、そうした例がないわけではない。具体例は、続く第四部で見ていくが、明治二〇年代に入って起こった印刷・出版のテクノロジーや、出版業界の組織の大きな変化が、その要因の一つだった。一種のメディア製造革命が、「地域教科書」を「中央」の印刷や製本業者が作製するという業態を可能にしたのである。それはまた、「地域教科書」という概念と内包の変容とも密接につながっている。

＊　＊

第三部を通して、明治検定前期の読本を取りあげて検討してきた。

おさらいになるが、この時期に民間書肆が作製した読本の編成作業は、そのほとんどが文部省の官版読本である『読書入門』『尋常小学読本』の刊行以前に始まっていた。そこでは、明治初年以来、長い間使われてきた、田中義廉の『小学読本』、や榊原芳野等の『小学 読本』を、どのように継承するか、あるいは、明治一〇年代の官版の入門用言語教科書である『小学指教図』や『読方入門』をどのように改良するかという発想に立って、編集作業が行われていた。

明治一〇年代の半ばに刊行されたいくつかの民間の「小学読本」も、おおむねは、そうした姿勢だった。たとえば、第二部第四章で取り上げた栃木県の『小学読本』（中島操・伊藤有隣編輯／明治一四―一五年）や、第三部第一章で取り上げた金港堂の『小学読本 初等科』（原亮策編輯／明治一六年）も、基本的には田中義廉の『小学読本』や、文部省の『小学 読本』の読本観をベースにしたものであった。明治一〇年代の末に作製された、井田秀生の『国民読本』も、井上蘇吉の『小学読本』も、その流れの中に位置づけることができる。

しかし、明治一〇年代後半になると、新しい発想から出発した別の読本も生まれてきた。その代表的な読本は、第一章で検討した、開発主義の教育を展開した若林虎三郎の『小学読本』である。さらに、第三章で取りあげた民間の教科書では、塚原苔園の『新体 読方書』や下田歌子の

『国文小学読本』のような、きわめて個性的な「読本」が、誕生している。それぞれの読本のできばえや、それらが実際に多くの教師や学習者たちの支持を集めたかどうかは別にしても、明治二〇年代前半には、多彩な読本群が生まれていたのである。

これに対して、第二章で取り上げたように、文部省自身も、新しい世界標準の読本を作製する意気込みで『読書入門』や『尋常小学読本』を出版し、装丁や印刷などの形式をも含めた新機軸を打ち出して、それを普及させた。また、それとは対照的な内容の簡易科用の官版『小学読本』も作製し、様々に工夫された教材も開発した。しかし、文部省編集局は廃止され、教科書の作製は、民間書肆の独擅場となってしまう。

一方、検定前期には、各地域が主体になって、地域のインフラを活用して作製された「読本」が多数刊行されていた。作製者の中には、地域の読本作りに関わって、地域の教育文化の育成を志向した人々もいただろう。あるいは、千載一遇の金儲けのチャンスだと考えた地域業者もいたかもしれない。そうした様々な思惑が渦巻く中、教科書という特殊な商品は、地域の学習者の手に渡り、地域の教育における最大のリテラシー形成メディアとして、機能し続けていくのである。

続く第四部では、「教育勅語」が発布され、日清日露戦争を経験して、日本が近代国民国家へと駆け上がっていく時期における、初等教育用の読本と子ども読み物の様相を見ていくことになる。

注（Endnotes）

*1 中村紀久二『教科書研究資料文献・第三集の二　検定済教科用図書表・解題』一九六六（昭和六一）年一月　芳文閣　五四―五六頁。中村の『文部省年報』の調査によると、明治一九年は、検定認可二三種類、不認可二四種類、明治二〇年は、検定認可二四一種類、不認可一〇種類である。（両年とも「無効及び却下」の記載は無い）なお、明治二一年から明治二六年までは、認可数の記載があるだけで、「不認可」または「無効及び却下」の数字は記載が無い、とのことである。なお、甲斐雄一郎は、小学校教則大綱のもとで作られた「作文科」の教師用綴り方教科書が、国語科成立時には、ほとんど検定を通過していないと述べている。これは、国語科が成立したときに、従来の作文科の内容が変質したことを示すものだとしている。甲斐雄一郎『国語科の成立』東洋館出版社　二〇〇八（平成二〇）年一〇月　三〇一―三三八頁。この時、文部省は、読むための材料の平易化だけではなく、平易な書きことばによる記述を、国語科の指導内容として求めていたのだと考えられる。

*2 ②本（訂正再版）・③本は、書名が『訂正 小学読本』と「訂正」の二文字が角書きで追加されている。なお、③本のうち、第一巻のみは、国立国会図書館の所蔵で、近代デジタルライブラリーで公開されている。また、京都府立総合資料館には、「訂正再版本の首巻―巻之七が所蔵してあり、その出版年月は、明治二〇年五月から明治二〇年九月までだとしている。（目録情報・現物未確認）

*3 本文中に図版で示した図書は、明治二〇年三月三一日に版権免許を受けた、巻五と巻七の二冊の家蔵本である。そのうちの一冊の裏表紙には、元の所有者名が墨書してあり、実際に学習に使用された形跡がある。したがって、この読本は、版権免許を受けた段階で、市中に出回って使われていたことも考えられる。

*4 中村紀久二『教科書研究資料文献・第三集の二　検定済教科用図書表・解題』一九六六（昭和六一）年一月　芳文閣　四九―五二頁。

*5 ほかには、江藤栄次郎『小学正宝読書初歩』上・下二冊のみが、東京学芸大学附属図書館にある。

*6 『日本近代教育百年史』第四巻　九二二頁。梶山雅史『近代日本教科書史研究――明治期検定制度の成立と崩壊』九頁の情報による。

*7 梶山雅史『近代日本教科書史研究――明治期検定教科書制度の成立と崩壊』ミネルヴァ書房　一九八八（昭和六三）年二月　九頁。

*8 『富山県印刷史』富山県印刷工業組合　一九八一（昭和五六）年一一月　九七―一一六頁。

*9 明治一七年、第百二十三国立銀行は、第十二国立銀行と合併して第十二国立銀行と改称するが、中田清兵衛は、その取締役、頭取に就任する。『中田家譜自元亀元年至昭和六年』五五―五八頁。富山県立図書館蔵、による。

*10 「中田書店営業沿革」昭和二六年四月・書店支配人・荒瀬実『中田家開祖三百八十年記念』私版本、富山県立図書館蔵。

*11 小塚義太郎『故中田清兵衛君追善会誌』故中田清兵衛君追善会残務取扱所発行・非売品　一九二〇（大正九）年五月、などの情報による。

*12 明治二〇年三月の「公立小学校教科書図書採定方法」では、「審査委員ハ、未タ文部大臣ノ検定ヲ得サル図書ト雖モ之ヲ採択スルコトヲ得」ることになっていた。三月の時点では、まだ文部省の『尋常小学読本』も出来上がってはいなかった。

*13 「小学校教科用図書審査会記事」『富山県学事通報』富山県第二部学務課　第一八号　一八八八（明治二一）年二月刊行　二四―三一頁。

*14 『私立富山県教育会雑誌』第六号　明治二一年六月二五日発行　一―四頁。小林満三郎は、同会の幹事を務めていた。

*15 「県令第五〇号」『富山県学事通報』富山県第二部学務課　第二〇号　一八八八（明治二一）年四月刊行　四―五頁。

*16 根建要蔵編『境小学校沿革史』自筆記録。富山県教育センター教育資料室蔵。／『氷見市教育百年史』氷見市教育研究所　昭和四七年三月刊　一六一頁。

なおこれらの資料は、福田正義氏を通じて富山県総合教育センター科学情報部川口陽子氏に提供していただいた。記して、感謝申し上げる。

*17 国立教育政策研究所教育図書館に保管されている小松忠之輔編集『尋常読本』は、「検定申請本」であり、奥付の記載は、次のようである。明治二〇年八月二六日板権免許、同年一二月出版、編集人・東京府士族・小松忠之輔／出版人・山梨県平民・内藤恒右衛門／発行書肆山添栄助（東京）・内藤伝右衛門（山梨）

*18 文部省の検定に出した「検定申請本」の見返しには「書肆　温故堂蔵版」となっており、「東京」の文字はない。出版人の内藤恒右衛門の住所は、「東京神田区豊島町一五番地」であり、発行書肆は、やはり同じ住所の山添栄助と、山梨県甲府常盤町の内藤伝右衛門である。『検定済教科用図書表』の発行者欄には、「山梨県甲府市常盤町四番地・内藤恒右衛門」と記載してある。

なお、家蔵本巻一・六・八の刊記は以下のようである。明治二〇年八月二六日版権免許・同二一年二月一〇日印刷・同二一年二月一三日訂正再版出版。明治二一年二月二四日。全国の大学図書館にも地域の公共図書館などにも小松忠之輔の『尋常読本』の名前が確認されないことから、この読本が全国的に広がって普及したとは考えにくい。

*19 明治二一年四月一一日に訂正再版された『小学筆算教科書高等科』（広島大学図書館蔵本）の奥付に記された小笠原利孝の住所は「埼玉県下北埼玉郡成田町百十九番地」である。この算数科の教科書の発行者である水谷善七・岡安慶介・長瀬寛二の三名の住所は、岐阜県下になっており、印刷も岐阜で行われている。『新撰小学読本』が岐阜県の版元から刊行されていることと考え合わせると、小笠原は、岐阜県の教科書書肆たちとなんらかのつながりを持っていた可能性もある。

*20 「三重県立図書館」（地域資料コーナー）地域ミニ展示48　http://www.library.pref.mie.lg.jp/mini/048/mn048.htm（二〇一二年七月二七日確認）

*21 『検定済教科用図書表』では、書名は『改正尋常小学読本』であり、「改正」の二文字が角書き表示になった読本が検定を通過している。これに対して、検定申請本の書名は、題簽が「尋常小学読本」、見返し、内題、版心題が「尋常小学読本」である。家蔵本は、題簽、内題が「改正尋常小学読本」、見返し、版心題が「尋常小学読本」である。図版の見返し表記が「尋常小学読本」となっているのは、こうした事情による。なお、稿者が所蔵している山名唫作編集『改正尋常小学読本』は、巻四の一冊のみであるが、この書物について述べておく。本文中にも記したように、三重県でこの本が教科書として使われることはなかった。したがって家蔵の『改正尋常小学読本』は、供給本ではなく、採用を申請した際の「見本本」などである可能性が高い。なお、『三重県教育史』には、地域教科書として山名唫作の『三重県地誌要略』は記載されているが、この読本への言及はない。

*22 『三重県教育史・第一巻』三重県教育委員会　一九八〇（昭和五五）年三月　七四八―七五一頁。

*23 『三重県公報・第二〇七号』　明治二二年四月二日火曜日。この資料と、次の『三重県公報・号外』に関しては、三重県教育センター指導主事岡田恭子氏を通して、複写を入手することができた。記して感謝申し上げる。

*24 『三重県公報・号外』明治二七年三月二六日月曜日。「別表」三重県庁・明治二七年三月二六日発行。

*25 橋本求『日本出版販売史』講談社　一九六四(昭和三九)年一月。一八六頁。「第四章・京阪に出版と販売」には、以下のような記述がある。「明治になってからも、一〇年頃までは、出版の上では東京よりも大阪、京都の方が盛んであったといってもさしつかえない。」

*26 三木佐助『玉淵叢話・下』開成館　一九〇二(明治三五)年八月　四五―五二頁。

*27 梶山雅史『近代日本教科書史研究――明治期検定教科書制度の成立と崩壊』ミネルヴァ書房　一九八八(昭和六三)年二月　四二―四四頁。

*28 北條亮の読本は、以下に保管されている。『第一読本上下』鳴門教育大学、筑波大学(下巻のみ)。『第二読本上下』鳴門教育大学。『第三読本上下』『第四読本上下』家蔵。『増訂第一―第四読本』(全八冊)愛媛県立図書館、筑波大学。『増訂第二読本上』熊本県立図書館。『増訂第一読本上・増訂第二読本上下・増訂第三読本上下・増訂第四読本上』家蔵。

*29 『大阪府教育百年史・第三巻・資料編(二)』に掲載されている明治二〇年の「小学校教科用図書採択方法」によると、大阪府ではこの時、「本庁ニ於テ規定シタル数種ノ図書中ニ就キ採択セシムベシ」と、府庁があらかじめ選択した数種類の教科書の中から、各群区ごとに選択させている。これは、東京府の教科書裁定方法と似ている。その「小学校教科用図書表」の中で、北条亮の『第〇読本』は、「簡易科」の読本として、植村善作・太田忠恕の『簡易小学読本』(普及舎)、中根淑・内田嘉一の『小学簡易科読本』(金港堂)と並べられている。つまり、北条亮の『第〇読本』は、大阪府庁では、簡易科用の読本と認識されていたのである。こうしたことから、北条亮の『第〇読本』は、簡易科用の読本としても作られていた可能性もある。さらに、あらためて読本の分量を「増訂」して、尋常科用の読本として編纂し直したのが、『増訂第〇読本』だったのかもしれない。

*30 家蔵本による。

*31 『福岡県教育百年史・第二巻・資料編(明治Ⅱ)』福岡県教育委員会　一九七八(昭和五三)年三月　二六四頁。

*32 『初学第〇読本』(興文社)は、以下のような所蔵状況である。筑波大学　第一、第六、第七。国立民族博物館　第七。岩手県立図書館　第二　京都府立総合資料館　第四―第八。家蔵　第三、第五、第六、第八。また、『初学第〇読本』(前川善兵衛)は、以下のような所蔵状況である。筑波大学　第一、第三、第四、第五、第七、第八。長崎大学　第七。東京学芸大学　第一、第八。奈良女子大学　第三、第四、第五、第六、第七、第八。福岡教育大学　第四。京都府立総合資料館　第三―第七。早稲田大学　第四。家蔵　第一―第八。ただし、これらの教科書は、教科書書肆が見本本として、営業用に配布したものも含まれると考えられるので、必ずしも正確な地域の使用実態を表すものとは言えない。

*33 京都府立総合資料館には、稲垣千穎が手を入れた「訂正版」があるという情報がある。未確認。小學尋常科讀本 巻一―六 曾我部信雄／編纂・稲垣千穎／訂正六冊 二三センチメートル　題簽の書名：訂正小學尋常科讀本

*34 木全清博「近江の郷土教科書――郷土地理、郷土史、郷土習字、郷土読本」『滋賀大学附属図書館教育学部分館情報・図書館だより』二〇〇九(平成二一)年八月一日発行、の中に『滋賀県蒲生上郡村名習字本』(明治一〇年)の紹介がある。木全は、この蒲生郡の習字教科書に「習字本斡旋曽我部信雄」と記されていることから、この習字本発行を日野商人たちに働きかけたのが、西大路の朝陽学校教師曽我部信雄であったことがわかる、として「曾我部信雄」の紹介をしている。なお、西大寺藩は、旧仁正寺藩(現滋賀県蒲生郡)のことである。http://library.edu.shiga-u.ac.jp/form/toshokandayorikyoiku2009.pdf(二〇一二

年八月五日確認）

*35 この読本が確認できるのは、東書文庫、国立教育政策所教育図書館は別として、以下の図書館である。京都府立総合情報館（全巻・八冊）、滋賀大学附属図書館（第五巻）。

第四部

明治検定中期　初等国語教科書と子ども読み物

第四部　明治検定中期初等国語教科書と子ども読み物　目次

第一章　明治検定中期国語読本の諸相と子ども読み物の展開

一八九〇（明治二三）年一〇月三〇日、「教育ニ関スル勅語」が発布された。国語読本の内容も、その影響を大きく受ける。続いて、一八九一（明治二四）年一一月一七日には、「小学校教則大綱」が公布される。その第三条には、「読書及作文ハ普通ノ言語竝日常須知ノ文字、文句、文章ノ読ミ方、綴リ方及意義ヲ知ラシメ適当ナル言語及字句ヲ用ヒテ正確ニ思想ヲ表彰スルノ能ヲ養ヒ兼ネテ智徳ヲ啓発スルヲ以テ要旨トス」と記してあった。ここには、言語教育が、標準語と標準文体を普及させるためのものであることが明確に示されている。

同じ第三条の条文の中には、言語教科書の内容に関わる規定もあった。それは、以下のような条文である。

読本ノ文章ハ平易ニシテ普通ノ国文ノ模範タルヘキモノナルヲ要ス故ニ児童ニ理会シ易クシテ其心情ヲ快活純正ナラシムルモノヲ採ルヘク又其事項ハ修身、地理、歴史其他日常ノ生活ニ必須ニシテ教授ノ趣味ヲ添フルモノタルヘシ

「読本ノ文章ハ平易ニシテ普通ノ国文ノ模範」という方向が、すでに文部省の読本や民間の読本の中に実現されていたことは、先述してきたとおりである。明治二〇年代後半（検定中期）の読本は、すべてこの規定に基づいて編集作業が行われる。また、一八九四（明治二七）年七月から一八九五年（明治二八年）三月にかけて行われた日清戦争が、国民の意識に与えた影響はきわめて大きく、教科書の内容にもそれが直接に反映していく。

一、山縣悌三郎の『小学国文読本』

山縣悌三郎の仕事

本節では、文学社の『小学国文読本』を取り上げる。この読本は、仲新の『近代教科書の成立』では、この時期の「代表的な読本」として挙げられていない。また、『日本教科書大系』にも本文は紹介されていない。しかし、この読本は、ここで取り立てて検討する意義が十分にある。

その理由の第一は、教科書出版において「文学社」が、金港堂に次ぐ収益を上げていた大手教科書書肆であり、そこで刊行された読本もかなりの販売数を誇っていたと考えられるからである。文学社が刊行した『小学国文読本 尋常小学校用』は、明治二六年一〇月三日に文部省の検定を

受けて市販されていた。また、すぐに改訂新版も出されている。その改訂新版の第一巻冒頭には、「新版に就て」という文章が掲載されており、改訂前の『小学国文読本尋常小学校用』は「大に世の称賛を蒙むり、現今流布の読本中最も多く採用せられしは、実に著者の喜ぶ所なり」という記載がある。もちろん「現今流布の読本中最も多く採用」という文言は、そのまま信用することはできない。しかし、大手教科書書肆の一角を占める文学社が刊行したこの読本は、かなりの部数が刊行されて流布したことが推測できる。[*1]

文学社の社主である小林義則は、一八七四（明治七）年に東京師範学校を卒業し、一八八二（明治一五）年に文学社を興した。第二部第二章で検討した宇田川準一訳の『小学読本』は、この文学社から刊行されたものだった。宇田川の『小学読本』は、小林の出版社としては最初期の仕事であり、その後、教育関係の書目を次々と出版し、また教科書類も数多く手がけるようになる。[*2]

『少年園』表紙

さらにここで『小学国文読本尋常小学校用』を取り上げる第二の理由は、この教科書の編者が、ほかならぬ山縣悌三郎だからである。言うまでもなく、山縣悌三郎は日本最初の少年雑誌『少年園』の編集者であり、子どもの読み物の研究者にとっては、なじみ深い名前である。『少年園』は、その表紙に、樹下で並んで本を読む男女の姿が描かれており、当時としては、きわめて斬新な図柄を採用していた。山縣は、一八五九（安政五）年、近江の水口（現・滋賀県甲賀市）生まれ。東京英語学校を中退し、東京師範学校に入って、伊沢修二の教えを受けている。愛媛師範学校校長を経て、抜擢されて文部省編集局に入局するが、一八八六（明治一九）年、野に下る。その年に書いた『理科仙郷』は、「日本最初の科学読み物」として高く評価されている。実際それは大好評を博し、一般読書界にも山縣悌三郎の名が広く知れわたることになる。[*3]

一八八七（明治二〇）年七月には、集英堂の出資で設立された学海指針社の雑誌『学界之指針』の編集に関わった（一八八九年まで）。また、翌一八八八（明治二一）年一一月に、少年雑誌『少年園』を発刊し、その翌年には投稿雑誌『少年文庫』を発行している。さらに、一八九〇（明治二三）年三月には、日下部三之助の東京教育社から、幼年雑誌『こども』を引き受けて刊行した。こうして、山縣悌三郎は、子ども向けの読み物に新生面を開くことになるのである。

一八九一（明治二四）年、山縣は文学社社主の小林義則から、文学社に新設された編集所に迎えられる。金港堂が、一八八八（明治二一）年に自前の編集所を設けて、三宅米吉をその責任者に据えたように、文学社も本格的な教科書編集体制を整えようとしたのだろう。その際、文部省に籍を置いた経験があり、また人気雑誌『少年園』を牽引している山

山縣悌三郎著『小学国文読本 尋常小学校用』 明治二五年九月五日発行　明治二六年九月一五日訂正印刷　九月一八日発行　文学社（小林義則）　挿絵 峻巧堂

	巻一
1	ハト。
2	ハリ。イト。
3	マリ。コマ。
4	クリ ト カキ。
5	フエ ト タイコ。
6	シロ イヌ。クロ ネコ。
7	アカキ ハナ。アヲキ クサ。
8	マツノキ。ウメノハナ。
9	イモトクワヰ。ナストレンコン。
10	テラニモン。ヤシロニトリヰ。
11	エヲカク。ホンヲヨム。スミヲスル。
12	ハシセマク、ミチヒロシ。ヘイタカク、ホリフカシ。
13	ウマハヤクカケ、ウシオソクアユム。
	カタカナ五十音
	〃
14	カゼヨフケフケ、タコタコアガレ。
15	スズリトミズイレ。ペントエンピツ。
16	キドニツルベアリ。コヤニポンプアリ。
17	カゴニアルハ、ミカンニテ、エダニツキタルハ、ザクロ……
18	マリヲナゲテ、サワグモノアリ、ブランコニノリテ、……
19	フデニテモジヲカキ、ソロバンニテカズヲカゾフ。
20	カキニサキタルハ、アサガホナリ。イヘノウシロニ……
21	フジダナノシタニアソビ、トモダチトイヌヲ……
22	ボタンノハナガ、サキマシタ、マダ一ッ二ッ三ッ四ッ……
23	アレアノヤシロノヤネニ、ハトガトマリマシタ、一二……
	カタカナ濁音・次清音　数字
	〃
24	くし。
25	しかのつの。
26	うつくしい とり。
27	かぜ ふく。あめ ふる。
28	やせたるうま。こえたるぶた。
29	このこは、たこをあげ、あのひとはふねをこぐ。
30	いぬは、よるをまもり、ねこは、ねずみをとる。
31	すずめすずめ、あしとくすずめ。まなべまなべ、つとめてまなべ。(韻)
32	あのたかいとりゐに、からすととびとがゐます、どちらがとびで……
33	ぼんのうへに、ゆりと、りんごとあり。ざるのなかに、だいこんと、……
34	ふぢは、むらさきにて、ぼたんは、しろとあかとあり。なんぢはいづ……
35	つくゑのうへに、ぺんと江んぴつとあり。そのわきに、ほんばこと……
36	このゑをごらんなさい、おほぜいのへいたいが、らつぱをふき、あし……
37	またこのゑは、ひけしが、ぽんぷをひき、はしごをかつぎて、かけて……
	いろは
	〃
38	おちよさん、まりをつきませう、ひぃふぅみぃよぅいっむぅ……
39	コヽハ、ガクカウノアソビバナリ、タマヲナゲルモノアリ、カケクラ……
40	あそべよこども、みなうちよりて、たまなげかけくら、こころのままに、……(韻)
41	コノムスメハ、オヤノオホセニシタガヒマス、トモダチトアソビテモ……
42	おやのをしへを、よくまもり、ともとあそびて、むつましく、まなびの……(韻)
43	コノコハ、ガクモンモヨクデキ、タイサウモ、スキデアリマス、……
44	すめらみくにの、もののふはいかなることをか、つとむべき。……

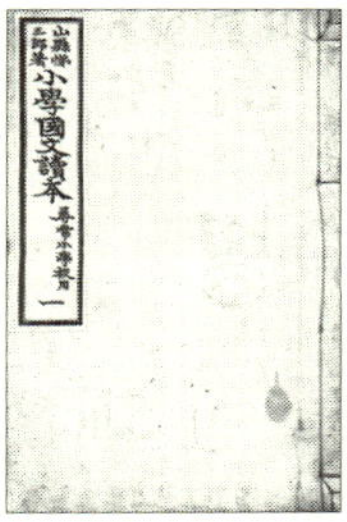

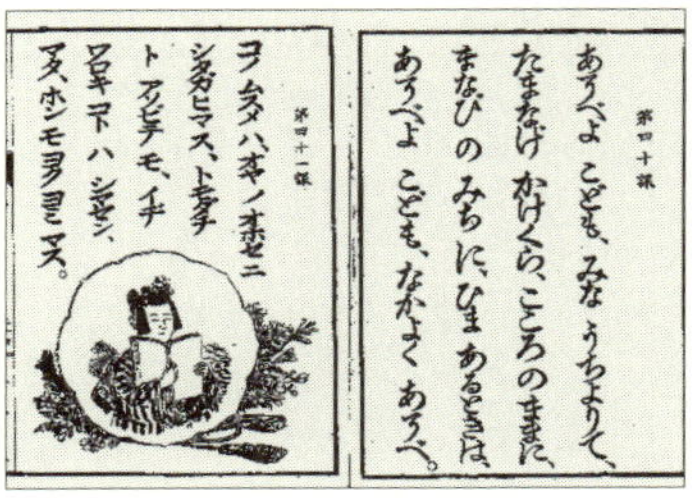

	巻二（仮題）	巻三	巻四	巻五	巻六	巻七	巻八
1	大小	日本	四季	父母	空気	書体	仁徳天皇
2	犬とねこ	尺のとりかた	夕立(対)	父母の恩(韻)	太陽	小野道風	和気清麻呂
3	川で遊ぶ子	あみもの(か)	ふゆのけしき(か)	万吉の話　一	早起	八幡太郎義家	世界
4	そうじ	桃太郎　一	猫	万吉の話　二	時はこがねぞ(韻)	郵便	昼夜の別
5	ふじ山	桃太郎　二	友だち(対)	兄弟　一	那須の与一	電信	河村瑞軒
6	うんどうくわい	桃太郎　三	天長節	兄弟　二（三本の矢）	骨折りぞん《イ》	手紙の書方(手)含む	有用草木
7	あひる	口(韻)	天長節(韻)	我国の形	鉄道	熊谷直実	陶器
8	くすのきまさしげ	米	米吉のはなし	神功皇后	石炭　一	五穀　一	稲葉一徹
9	ほたる(韻)含む	がくかう(か)	家	祭日	石炭　二	五穀　二	温泉
10	ひと月	馬と牛	くわじ(か)	書物を読む時の心得	活版	蔬菜	言葉を慎め
11	正月	月	猿（猿橋）	熊	大椿の話	植物を害する虫	砂漠の舟　一
12	よくばり犬《イ》	小鳥　一	猿とかにとの話　一	金属	生業	肥料	砂漠の舟　二
13	きやうだい	小鳥　二	猿とかにとの話　二	茶	五港　一	妄想《イ》	原田佐間助
14	たこづくり	方角	猿とかにとの話　三	尽きぬ話　一	五港　二	著名の山川湖水	絵画
15	しゃぼん玉	ときはごぜん(か)	紀元節	尽きぬ話　二	人体	太閤秀吉　一	狩野三楽
16	いい子悪い子	てふ	むしめがね	尽きぬ話　三	食物	太閤秀吉　二	会社
17	水車風車(韻)含む	毎日のつとめ	山ひこ	学問　一(韻)含む	酒の害	貯金	政府
18	馬に乗る	みかんのかず	ふなあそび(か)(韻)含む	平忠盛	日本武尊	黒鐵屋の話　一	租税
19	坂を上る車	あきなひのあそび　一	東京	生糸	獅子	黒鐵屋の話　二	兵役
20	お医者さんごっこ(対)	あきなひのあそび　二	時	三府	山林	象	元寇
21	なぞ―かたつむり(対)	きへい(か)	しごと(韻)	船	森蘭丸	楠正行	兵士(韻)
22	雪いくさ	とどろくつつおと(韻)	農夫の話《イ》	鯨	正直(韻)	櫻井駅決別の歌	帝国臣民

点線は、相互に連絡　《イ》はイソップ童話　(韻)は韻文　(手)は手紙文　(対)は対話　(か)は仮名文　「含む」は教材文中にそれが含まれているという意

なお、同じ刊記の『小学国文読本 尋常小学校用』でも、以下のように、合計七八銭の定価表示のものと、合計六五銭のものの二種類が存在する。その理由は不明である。なお、文部省の「検定済教科用図書表」では、七八銭になっている。

定価　巻一・五銭四厘　巻二・七銭八厘　巻三・九銭　巻四・一〇銭二厘　巻五・一〇銭八厘　巻六・一〇銭八厘　巻七・一二銭　巻八・一二銭　合計七八銭

定価　巻一・四銭五厘　巻二・五銭五厘　巻三・六銭五厘　巻四・七銭五厘　巻五・九銭　巻六・一〇銭　巻七・一一銭　巻八・一一銭　合計六五銭

縣が格好の人材だと映ったのではないだろうか。すでに山縣は、学海指針社から一八八八（明治二一）年五月に、歴史教科書である『小学校用日本歴史』を刊行して好評を博しており、全国に普及した。山縣悌三郎の自伝によると、文学社に移ってから編集した教科書の中では、この『小学校用日本歴史』の類似書である『帝国小史』が「非常なる好評を得て、大に世に行われた」ことが記されている。

山縣の自伝には、歴史教科書『帝国小史』についてはページ数が割かれているが、ここで取り上げる『小学国文読本』に関しては、その書名が記されているだけで、その他のコメントは全く書かれていない。また、山縣の自伝の記載によれば、文学社の小学校教科書の編集の実務は、「宮崎三昧（小説家として名あり）、森孫一郎（前官立大阪中学校教諭）等」が、行っていたらしい。したがって、山縣自身にとって『小学国文読本』の編集は、それほど記憶に残るものではなかった可能性もある。しかし、以下に記すように、教科書と子ども読み物との関係を探るにあたって、この教科書の検討は欠かせない作業なのである。[*4]

『小学国文読本 尋常小学校用』の読み物教材

この読本は、どのような内容になっているのか。

「緒言」には「此書の材料ハ、修身、地理、史伝、農工商業及び国民の心得等、日常生活に必須なる事項を撰べり。即ち一ハかゝる有用の事物を知り、一ハ普通国文に熟せしめんことを務めたるなり。」とあって、『小学国文読本 尋常小学校用』の教材の分類が列挙されている。当然のことながら、その内容は「小学教則大綱」に準拠しているが、それに加えて「農工商業及び国民の心得等」が書き込まれている。つまりこの読本も、実用的な知識や技能を売り物にした実科的な方向を打ち出しているのである。また、そこに「国民の心得」が加わっているところに、国民国家の進展を下支えしようという意図を感じ取ることができる。尋常小学校の最終学年にあたる第八巻の末尾に「租税・兵役・兵士・帝国臣民」などの教材が集められているのは、そうした山縣の意志が具体的な教材配列となって表れていると考えていいだろう。尋常小学校用の「読本」は、天皇制を中心に据えた近代国民国家を支えるものとして機能することが期待されていたし、また民間読本もそれに相応しい題材を積極的に用意していた。もちろんこうした姿勢は、山縣の『小学国文読本』だけに限ったことではなく、集英堂の『帝国読本』を初めとして、どの読本にも必ずこうした教材が掲載されている。こうした点が、検定前期の読本類と異なっているところである。

次には、この読本に、山縣悌三郎が少年向けの読み物雑誌を編集していた経験が反映しているのかどうかを問題にしたい。この読本の教材一覧を見ると、数は必ずしも多くはないものの、低学年用の子ども向きに、寓話や昔話を選んで掲載していることが分かる。

巻二では、第一二課の「よくばり犬（イソップ寓話）」、巻三では第四・五・六課の「桃太郎」、巻四では第一二・一三・一四課の「猿とかにとの話（猿蟹合戦）」、第二一課の「農夫の話（イソップ寓話）」があり、外国の読本からは、第一一課の「猿（猿橋）」が *New National Reader* の巻二の三九課から翻訳されている。また、第一七課の「山ひこ（Echo）」は、すでに見てきたように、各種の外国読本に載せられていた教材だった。イソップ寓話からは、巻六第六課の「骨折りぞん」があるし、巻七第一三課の「妄想」もある。この「妄想」の原典は、まだこの時期になっても、日本で翻刻されて英語学習に盛んに使われていたウェブスターの *Elementary Spelling Book* であろう。外国読本から取材して教材化する方針は、ここまで見てきたほかの読本と同様であり、必ずしも山縣の『小学国文読本』の専売特許と言うわけではない。*5

異色の読み物教材「尽きぬ話」

しかし、この読本には、異色の読み物教材が掲載されていた。それは、巻五第一四・一五・一六課の「尽きぬ話」である。その冒頭部分を、次に掲げてみる。*6

巻五　第一四・一五・一六課　「尽きぬ話」　一・二・三

昔、西洋の或る国に一人の王ありけり。此王話を聞く事を好ミ、毎日人を集めて様々の話をかたらせて聞きけり。

後には、宮中の人々、皆其知りたる話をかたり尽しければ、王はつひに国中にふこくして もし常にかぎりなくつゞく話をかたるもの あらば、世つぎの太子として位をゆづるべし、さりながら、其ちゆうとにてやむるものゝ如きは、いつはりをまをしたる罪にてらして、ばつを行ふべし」とぞしめしける。

王の位をゆづるとの事を聞きて、よくバりたる人々、我も〱と長き話を工夫し、中にもへいぜい話上手の者は、我こそはと、王宮に参りて、各々長き話を始めけり。

されども、七日又は一ヶ月、又は半ヶ月ばかりのほどには話し尽し、各いつはりの罪にあてられ、ばつせられければ、後には、またまをし出づる者も無くなりぬ。

然るに一人の若き男、王宮に参り「我こそは、何十年語るとも尽きぬ話を知りたれ、何とぞ大王に話し参らせたし」と云ひけり。「今までもさる事まをして参りし者多けれども、長きも半年にすぎずして、罪を得たりきせんなき事なり」と深切なる人々ハとゞめけり。

されども、「ぜひに大王に話し参らせたし」といひて、やまざりければ、其よしを大王にぞつたへける。

王は、「其男を招きよせ、うるはしき一間にとほし、めずらしきさま〴〵のさかなをもて、ちそうありき。

彼の男は、此ちそうをうけて、後しづかに尽きぬ話を語り始めき。其話は、

昔々、或る国に、一人の悪しき王ありて、小山の如き倉をたて、其中には一ぱいに米を貯へたり。然るに或る年、幾億万とも数知れぬ蝗来りて、此倉の米を食はんとす。されども入るべきすきまなかりけるを、とかくもとめて、すみの方

己ガ今マデ語リタルトコロニテハ、一俵ニモ足ラズ、倉ニハ幾萬俵ノ米アルヤ知レズ、蝗ノ數モ、幾億ナルヤ知レズ。然シシンパウアラバ、イツカ蝗ノ話モ盡クル時

『小学国文読本』片仮名交本

に、二分ばかりの小き穴あるを見出だしぬ。
もとより小きあななれハ、蝗は一ぴきづゝ倉の中に入り、一粒の米をはこび出だすことと定め、先ず一ぴきの蝗、倉に入りて、一粒の米を持ち出だし次に又一ぴきの蝗倉に入りて、一粒の米を持ち出だせり。扨又次に一ぴきの蝗と、語り始めて、次に又一ぴきの蝗、倉の中に入りて、一粒の米を持ち出だせりと、いふことを幾百へんとなく語りつゞけ、朝より夕まで同じことをくりかへしけり。されども、王はしんばうつよく、うむ色もなく聞き居たり。

男は、同じ話を繰り返す。二・三日経って耐えかねた王が、蝗が米を食い尽くした後の話をせよと命じても、男は、そのまま、一ヶ月経っても、一年経っても、相変わらず「又一ぴきの蝗、倉に入りて、一粒の米を持ち出せり。」と語り続ける。遂に堪えきれなくなった王は、約束の通り男を太子にする。後に、男は王になった。

この教材は、次のような語り手の言葉によって結ばれる。「王の話を好むといひしは、これにことよせて、王位をさづけん人をしたしくえらみしなるべし。」と。次代の王に相応しい人材を獲得するために、王自身がこうした手段を選択したのだ、とする趣旨のまとめである。教科書の教材であるから、このような「解説」を付けなければ、収まりがつかなかったのであろう。

だが、この話の面白さが、「又一ぴきの蝗倉に入りて、一粒の米を持ち出せり。」というナンセンスな繰り返し表現にあることは明白である。読み手としては、まずはこの単純な反復に強く惹かれる。また、身分の低いものが知恵を使って王権を獲得することができた、というストーリー展開の面白さにも興味を持つであろう。このように読むこと自体が面白く、またある程度まとまった文章量を持った教材文は、これまでの日本の「読本」の中にはほとんど登場してこなかった。

山縣悌三郎は、どこからこの話を選んできたのだろうか。

実は、この話は一八八九（明治二二）年九月一八日刊行の『少年園』第二巻第二二号に掲載された「尽きぬ物語」とほとんど同じ文章なのである。そこには『小学国文読本尋常小学校用』の「尽きぬ話」と全く同一の挿絵もすでに登場していた。つまり、『小学国文読本尋常小学校用』の「尽きぬ話」は、雑誌『少年園』に「尽きぬ物語」として掲載された話を、教科書教材として再利用したのである。だが、両者の文章には、若干の差異もあった。それを見てみよう。*7

『少年園』の「尽きぬ物語」も、冒頭部は同じである。王様がもっとたくさんの物語を聞きたくて、布告を出す。異なるのは、その難題の褒美が「天下に双びなき美人」である「王女を娶はす」ことであり、成功しなかった場合には「詐を申したる罪として、其首を斬るべし」という条件がついていたことである。実際、多くの挑戦者は失敗して、「身首処を異にするの不幸」、すなわち、胴体と首とが永遠にお別れする結果になってしまう。

ここから、教科書の「尽きぬ話」には、二つの要素が排除されていることが分かる。一つ目は、報酬としての結婚という条件であり、二つ目は斬首である。言うまでもなく、難題を解決した結果、「美人の王女」と一緒になって、自らが王になるという展開の話は、昔話にはたくさんある。いわゆる「難題聟」の話型がそれであり、この話もこの系譜に位置づけることができるだろう。「尽きぬ物語」を昔話として、少年雑誌などに掲載するなら、この話はこのまま何の差し障りも無い。問題になるのは、それが「教科書」の中に入ってきた場合である。おそらく教科書の教材という観点に立つと、「女性との結婚」が「男女の関係」という問題群に絡み、また、「斬首」が「残酷」という問題群に絡むと判断されて、その部分を削除したのであろう。教科書編集者は、一般雑誌の読者と、教科書の読者とを、「学校教育」というフィルターによって選別したのである。

さらに、『少年園』の「尽きぬ物語」は、物語の末尾も、教科書のテキストと異なっている。

さすが我慢（がまん）強（つよ）き王も『ヲー、男よ、情なし、それで沢山なり、王女も与ふべし、王国も与ふべし、何物にても与ふべし、唯もうあのいやな蝗の物語を聞かして呉れるな。』と。かくて此面白き物語人は約束（やくそく）の如く、目出たく王女を尚（しやう）し、太子の位に登り、王崩御の後、王位を襲（つ）ぎ、天下を安らけて治めけるとぞ。これにて此尽きぬ物語は尽きたり。

王は、物語を聞きたいという自己の欲望を満足させようとして、「男=物語人」に、手痛いしっぺ返しを受けてしまった。「物語人」は、権力を振り回し、自分の欲求が満たされない場合には、殺人を犯すことさえ厭わない王を、徒手空拳で降参させたのである。教科書にも掲載されている「挿絵」は、同じ話の無限の繰り返しに我慢ができなくなってついに顔を背けて降参した支配者である王と、庶民の持つ口舌という唯一の武器で王に立ち向かった男の勝利の瞬間が描かれている。したがってこの挿絵は、『小学国文読本』のテキストのように、世継ぎを選出するため万全の計画で臨んだ賢王のイメージとしては、あまり相応しくない。それにもかかわらず、雑誌と同じ挿絵を使い回したので、教科書では、絵と文章との間に齟齬が生まれてしまっている。

また、『少年園』の「尽きぬ物語」の語り手は、最終部で、「男」が王女を娶り王位を継承したことを報告した上で、天下泰平を言祝いで、「これにて此尽きぬ物語は尽きたり」と、この話を打ち止めにした。定型どおりとはいえ、蝗が穀物を一粒ずつ運ぶ動作を繰り返し続けたナンセンスに照応した、きわめてしゃれた結末である。これでこの「尽きぬ物語」は、ひとまとまりのストーリーとして、見事に完結する。一方、『小学国文読本』の「尽きぬ話」の終わり方は、王の行為を正当化するだけの取って付けたような説明になってしまっている。

おそらくその原因は、教科書の教材文の内容を、「小学教則大綱」でうたっている「修身、地理、史伝、農工商業及び国民の心得等、日常生活に必須なる事項」に収斂させる必要があったからだろう。読む楽しみに溢れただけのテキストでは、教育の材料にはならない。そこで原作を、より「修身」的な方向へとねじ曲げなければならなかったのである。「尽きぬ話」の末尾の「王の話を好むといひしは、これにことよせて、王位をさづけん人をしたしくえらみしなるべし。」というつじつま合わせは、そうした意図に沿わせた改稿だったと考えることができるだろう。

あるいは、こうした改変は、滑川道夫が言うように『少年園』の読者対象が、「当時の尋常中学生や高等小学校生徒に一応設定しているが、程度は高く、当時の上級学校に進学を目ざしている」、という事情と関係していたかもしれない。もともと『少年園』に掲載された文章は、小学校に在籍する段階の子どもに読ませることを想定していたわけではなかった。したがって、尋常小学校の子どもには、しゃれた結末が十分に理解できないだろう、という配慮が働いた結果、最後の結末を変えたのだ、と考えることもできる。つまり、もとの尋常中学校の読者層に向けた『少年園』の文章表現を、年少者向けに手直しをしたのである。*8

教科書の教材化にあたって、年少者を意識したと思われる同様の改変は、同じ『少年園』をリソースとしたほかの教材でも行われている。例えば、巻五の第一八・一九課の「黒鐵屋の話」は、「寛政の頃駿府の町に在住していた黒鐵屋某の塵も積もれば山となるという実践的教訓話だが、もとの『少年園』にあった書き手の読者に向けた訓戒をカットして、エピソード部分だけを教材化している。また、巻八の第一五課「狩野三楽」も、もとの『少年園』のテキストから、狩野三楽の幼時のエピソードだけを抜き出している。『小学国文読本』の編集者は、市販の少年雑誌である『少年園』に取材しつつも、それを小学生が理解できるような内容と文章表現になるように手を加えていたのだ。*9

このことは、幼い子どもを読書対象にした「物語」、それも教育用に使える「物語」が、十分に供給されていなかったということを意味している。小学校の低中学年を読書として想定したいわゆる「幼年雑誌」は、まだ本格的に刊行されていなかった。そこで、とりあえず「少年」に向けた読み物を、より年少の読者用に文章表現を改訂し、幼少向きの読み物に転用せざるを得なかったのである。こう考えるなら、『少年園』の「尽きぬ物語」から、『小学国文読本』の「尽きぬ話」への改変も、編集者たちの苦心の手入れだったと考えられる。

もっとも、読者である学習者は、教科書を通して物語の面白さを享受する体験をしたことで、さらに面白い読書材を要求するようになる。あるいは子どもたちの積極的な反応を眼にした教師たちも、子どもの興味を引く読み物教材を探求するようになる。そうした交渉過程の中で、従来の読者層とは異なる新しい幼少読者が創り出されていき、また教科書の内容自体も少しずつ変化していく。とりわけ、小学校用の国語読本を学ぶことで、楽しい読み物に触れることのできた子ども読者は、そこに掲載された教材だけでは飽き足らずに、自分から「少年書類」や「副読本」を求めるような「近代子ども読者」へと成長していくのである。

山縣五十雄の「少年書類」

この『少年園』の「尽きぬ物語」の作者(訳者)は、「蠡湖漁史」である。これは、山縣悌三郎の弟の山縣五十雄のペンネームである。五十雄は、第一高等学校を経て、東京大学文学部に入り、英文学を専攻するが中退。『少年園』に、いくつかの作品を発表しており、翻訳物が多い。一八九〇(明治二三)年二月には、『少年園』が刊行している月刊誌『少年文庫』の編集に携わっている。『少年園』には、「芳園」という読者のための作文寄稿欄が設けられていたが、応募数があまりにも多くなったので、それらを収録するため、一八八九(明治二二)年、『少年文庫』と名づけた別冊を出した。それを月刊という形で拡充した際に、編集担当になったのが、山縣五十雄だった。

明治期の投稿誌では、一八七七(明治一〇)年に創刊された投稿雑誌『穎才新誌』が有名である。そこから、山田美妙、尾崎紅葉、田山花袋など

『少年文庫』表紙

が育った。文章表現に興味を持つ明治の青年たちは、こうした投稿雑誌を通して、相互に文化的コミュニケーションを図っていたのである。『少年園』から刊行された『少年文庫』も、やがて文学青年の交流の場となり、伊良子清白など、いわゆる「文庫派」の作家たちの揺籃となる。

もちろん、将来の文筆家を目ざした少年たちだけが投稿活動を行っていたわけではない。多くの少年たちにとって、投稿雑誌は、自分の文章を磨いたり、作品に評価を与えてくれる教育の場でもあった。国語読本で基本的な読書能力を身につけ、発展的に「少年書類」を読みふけった少年たちは、次には、自ら文章の書き手として投稿活動に熱中した。その時、手本になったのは、目の前にある「少年書類」に掲載されていた文章だっただろう。このように少年雑誌は、単に読み手に受容されるだけではなく、そこに設けられた「投稿欄」や別冊の「投稿雑誌」を通して、多くの文章表現者を育成する双方向の教育メディアだったのである。[*10]

山縣五十雄は、『少年文庫』の編集作業に関与しただけではなく、自らもそこに「子ども読み物」を掲載していた。そのうち最も有名なのは、今日では『小公子』として知られているバーネットの作品、*The Little Lord Fauntleroy* 1886を「寧馨児」と題して、翻訳連載したことである。しかし、その翻訳は、作品の途中までで終わってしまい、完訳には至らなかった。そのほかには、単行本として刊行した「少年書類」の仕事がある。これは右文社から刊行された叢書で、「ニッケル文庫」と呼ばれている。大きさは、B六判ほど。国立国会図書館には、一八九三(明治二六)年一一月に刊行した『少年小説 大冒険』が保管されている。内容は、空中旅行に出て、アフリカへ飛ばされ、猛獣たちに襲われるが、九死に一生を得て戻ってくる、という冒険物語である。そこには、附録として新聞紙「國會」紙上に掲載されたことがあるという「博士と鰐魚」と題する冒険譚も付いている。全文が文語体で、ルビなし、一葉だけではあるが挿絵もあり、冒険のストーリー展開は奇想天外で面白い。巻末に「ニッケル文庫購読者諸君に謹告す」との記事があって、ほかにもシリーズとして何冊か出版されていたらしいが、国立国会図書館蔵本のこの『少年小説 大冒険』しか現存していないようである。[*11]

さらに、山縣五十雄は、一八九四(明治二七)年一一月に、学齢館から『石屋六助』という昔話風の物語も小冊子として出版している。この話の地の文は文語文だが、会話部分は生き生きとした口語文体になっている。また、少し後のことになるが、一九〇二(明治三五)五月には、『新御伽話』を、言文社から刊行する。[*12]

このように、「尽きぬ物語」の作者(訳者)山縣五十雄(螽湖漁史)は、『少年園』と関わりながら、子どもの読み物にも手を染めて、いくつかの仕事を残している。こうした人々に支えられて、子ども読み物の世界は、徐々に耕されていったのである。なお、山縣五十雄は、この後、万朝報の記者などをつとめ、一方で、多くの大人向けの翻訳作品を一般読者に送り出したことでも知られている。

『高等読本』の読み物教材

少年雑誌『少年園』からは、さらに多くの記事が、教科書教材として利用されていた。その様相を、今度は、高等小学校用の教科書で見てみたい。

山縣悌三郎は、『小学国文読本尋常小学校用』に続き、『高等読本』（明治二七年三月二七日訂正再版発行）を編纂している。こちらは尋常小学校を終えた生徒が対象だから、『少年園』の想定していた読者年齢とも、かなりの程度重なり合うところがある。そのためか、『少年園』からは、多くの材料が教材として選ばれていた。『高等読本』の中で、『少年園』および、外国の教科書などから選ばれた教材を、次に列挙してみる。

『高等読本』には、貝原篤信（益軒）の『家道訓』『楽訓』などの教訓書や、伴蒿蹊の『近世畸人伝』、あるいは柳沢淇園の『雲萍雑志』などの江戸期の随筆書からも取材されているが、それに劣らず『少年園』からも、かなりの数の教材が調達されている。日本最初の少年雑誌である『少年園』は、滑川道夫が『少年園』の復刻版の解説で、「中学生にとっては教科書的な機能さえ発揮したと思われる記事も少なくはない。また、興味ある副読本的役割を果したと思われる。」と述べているように、もともとその記事がそのまま教科書に掲載されても不思議ではないようなものが多かった。*13

『少年園』から『高等読本』に採られた教材の中から、特色のあるものを、いくつか挙げてみる。

まず、この教科書に落合直文の「孝女白菊の歌」が、掲載されていることが注目される。知られているように、「孝女白菊の歌」は、井上哲次郎の漢詩「孝女白菊詩」をもとに、落合直文が作った新体詩で、一八八八（明治二一）年から一八八九（明治二二）年にかけて「東洋学会雑誌」に発表された。それが『少年園』に掲載されたことで、少年少女の間で大きな評判を呼び、この後、一種のブームのようになって広がっていった。『少年園』は、少年少女の間に、その流行を創り出す媒体として、大きく関与したのである。読本への登載も、そうした「孝女白菊の歌」流行の波の余波だったと思われる。「孝女白菊の歌」は、題材自体は西南戦争時に求めているものの、表現形式は「新体詩」であり、当時の最新の文芸形式だった。それが、小学校の言語教科書の教材として採用されたのである。*14

また、この読本には『小学国文読本尋常小学校用』の「尽きぬ話」と同様に、もっぱらストーリーの面白さを前面に出した読み物も、教材としていくつか登載されていた。巻二の二五課「土人の智慧」は、すでに福沢諭吉の『童蒙をしへ草』の中に「亜米利加の土人肉を盗まるゝ事」として、また巻三の一八課「火薬売り」も、やはり『童蒙をしへ草』に「焔硝を蒔く事」として本邦に紹介されていた話と同じ内容だが、いずれも教訓臭はほとんどない。「土人の智慧」は、推理の面白さが話の中心で、ミステリーの趣がある。また「火薬売り」も、土人をだました西欧人が今度は逆にへこまされる話で、笑い話でもあり、ある種の文明批評にもなっている。『高等読本』の教材が、『童蒙をしへ草』の文章を書き換えたものか、あるいは『童蒙をしへ草』の原典である*The Moral Class-book*や、その類書から直接翻訳したものであるかどうかについては不

『高等読本』（山縣三郎編纂）の読み物教材

巻	課	題	出典
巻一	二八課	かんにんの四文字	『少年園』2-18（西村時彦）
巻二	四・六・八・一〇課	新井白石の伝	『少年園』1-8, 9, 10 （松本愛重）
	二五課	士人の智慧	『童蒙をしへ草』2-7-（ろ）「亜米利加の士人肉を盗まるゝ事」
	三〇課	曲亭馬琴	『少年園』2-30（松本愛重）
巻三	一八課	火薬売り	『童蒙をしへ草』4-23-（ろ）「焔硝を蒔く事」
	二四課	馴鹿と狼	『少年園』5-60 科学読み物
	二七課	義狗	*Willson Third Reader* 3-3-16
	二六課	アイダの話	*Swinton's Third Reader* 3-15,16 The Daughter of the Light-house
巻四	一九課一〇課	馬盗人	『少年園』8-94
	二八課	忍耐	『西国立志編』4-11
巻五	七課	浜田弥兵衛	『少年園』9-100 （松本愛重）
	一三課	義侠の少年	『少年園』2-25
	一四課	近松行重の母	『少年園』7-80
	一六・一七課	海底	『少年園』2-13 科学読み物
	二六課	火山	『少年園』1-10 科学読み物
	二七課	地震	『少年園』7-74 科学読み物
巻六	一四―一六課	戦象	『少年園』7-84 科学読み物
	二〇・二一課	忠僕	『少年園』2-23 『童蒙をしへ草』1-3-（ほ）「忠僕其身を狼に投る事」
	二六課	北村雪山	『少年園』8-96 （松本愛重）
	三〇課	太田道灌	『少年園』7-84 （松本愛重）
巻七	一七・一八課	伝書鳩	『少年園』1-12 科学読み物
	二〇―二三課	孝女白菊の歌	『少年園』1-7, 2-13 （落合直文）
	二四・二五課	少年鼓手	『少年園』7-75 原典 *Longman's New Reader* 4-3 The Little Drummer-boy
	二八―三〇課	空中旅行	『少年園』2-22 （池田菊苗） ＋ 9-103 科学読み物
巻八	八・九課	一大航海者	『少年園』8-86
	一三・一四課	雷電	『少年園』3-33 （池田菊苗） 科学読み物
	一五課	雷魚	『少年園』6-66 科学読み物
	一八―二〇課	氷河奇談	『少年園』8-86

『少年園』は、〇巻〇号のように示した。

明だが、こうした知的な面白さを持った話は、これまでの読本類にはほとんど登場していなかった。

さらに『少年園』から、科学読み物が多く取られていることも、特徴的なことであろう。もともと山縣悌三郎が『理科仙郷』を書いて読書界にデビューしたという経緯もあってか、『少年園』の理科的な記事は、単に知識内容を与えるだけにとどまらず、読み物としての面白さを備えているものが多い。それらが教科書に、そのまま遷移しているのである。たとえば、巻六の一四―一六課の「戦象」は、象が戦争に使われた事例をいくつか紹介した興味深い内容である。ほかの読本の場合は、「象」の話題では、「象」の種類や生態について百科事典的な知識を列挙する文章が多いが、この記事は戦争と象との関係を中心にした読み物として大変面白い。また巻七の一七・一八課「伝書鳩」や、同じ巻七の二八―三〇課「空中旅行」も、科学読み物として、題材の選び方や話の展開が、読み手の知的好奇心を掻き立てるような教材文になっている。

このほか『少年園』由来の教材としては、巻八の一八―二〇課の「氷河奇談」が、「奇談」という題名が示すとおり、読み物として抜群の面白さを持っている。この話を、次に紹介しておく。

舞台は、スイスの氷河地帯。少年ルジーは、母の許しを得て、山の牧場に住む祖父に会いにゆくことになった。途中には氷河があり、氷上の亀裂が危険なので、近づかないよう注意を受ける。行き違いに帰宅した父親が、今日は氷河掃除をすることになっているので、ルジーが興味半分で氷河に近づかなければよいがと心配する。そこへ、氷河掃除に駆り出されていたニクラスが、亀裂の底から発見した死骸を運んでくる。まさしくそれは息子の遺体だった。両親と村人は、驚き、嘆き、悲しみにくれる。

するとその場に、花束を持ったルジー本人が駆け込んでくる。両親までが愛息と見違えたこの死体は、では、いったい誰のものなのか。そこへ遅れて、祖父が牧場から到着する。もしやと思って確認すると、それは六〇年前に氷河の亀裂に飲み込まれて行方不明になった祖父の兄のセピーだった。セピーは、ルジーと同年齢の時に行方不明になっていたのである。彼は氷河に落ちて、そのまま氷付けになり、それがたまたま口を開けた氷の割れ目から発見されて、六〇年後の今日、引き揚げられたのだった。

物語の末尾の本文を、次に引く。

村人等は、且つ驚き且つ嘆じて、夜の深くるをも覚えざりしが、やがて喜びと悔みとを一時に述べて、各々家に帰り去れり。次の日、ルヂーが母の為めに持ち帰りし花を以て、セピーの死骸を蓋ひ、棺に収

『高等読本』山縣三郎編纂
巻八　挿絵

めて、墓所に葬り、跡懇に弔ひけり。
　牧師は、其後此村の古き記録を取調べしに、セピーが失跡の顛末を記し、終りに人相書を添へたる記事を見出したり。其人相書にいふ所は、氷河の罅裂より現はれたる彼の死骸と、毛頭異なる所なかりしとぞ。

まさに「奇談」である。この話には、説教も訓戒も何もつけられていない。読み手はひたすら話の不思議な展開に驚くだけでいい。同じ山縣悌三郎の読本の「尋常小学校用」の「尽きぬ話」では「教育的」な改変が施されていたが、「高等小学校用」では、『少年園』の文章にあった説明的な部分が省かれているほかは、まったく同じ文章である。（ただし『少年園』に付されていたルビは省かれている。）読むことの面白さだけが眼目のこうした教材は、これまでの日本の読本に登場したことはなかった。明治初期に導入された英語読本の多くには、第四・五読本に進むと、文学的な教材が豊富に導入されていた。それと同じようにこの高等読本も、実科的な文章だけでなく、「文学的」な教材をいくつか導入したという点で、欧米の教科書にある程度近付いたと評価できるかもしれない。

　このように少年雑誌由来の話材が、そのまま数多く載せられている点が、この『高等読本』の特色である。現実の読者たちを相手取り、実際に購買されるかどうかが最大の関心事である「雑誌」という媒体に掲載された記事は、読者の興味関心に働きかける内容と文体とを必要とする。そうした力を持った文章が、そのまま教科書の教材として登載されたことで、『高等読本』は、結果的に、読み手の関心を引きつける魅力ある教科書になっていた。それがこの教科書に収録されている読み物教材の強みだった。

　ほかの読本を作製していた教科書書肆は、『少年園』のような「少年雑誌」の記事と、教科書とをリンクさせようという発想や、具体的な材料を持っていなかった。それに対して、『小学国文読本』を編集した山縣悌三郎は、教科書教材と少年雑誌の記事とを接近させることに成功したのである。もともと『少年園』は、その「発刊の主旨」で、「彼の主実教育派のハルトマン氏カムペエ氏等の顰に倣ひ、種々の少年書類を著はし、以て教育に利せんとするものなり」と高らかに教育との親和性を謳っていた。ここからも推察できるように、雑誌『少年園』の進むべき方向と、明治教育の進む方向とは、相互に背反するものではなかったのである。すなわち、二つのメディア相互の垣根は低く、その足取りこそ多少異なってはいたものの、子どもたちを「教化」するという点においては、同じ方向を目指していたのだった。したがって、山縣にとって、両者の文章を相互利用することは、なんら矛盾を覚えるものではなかっただろう。[*15]

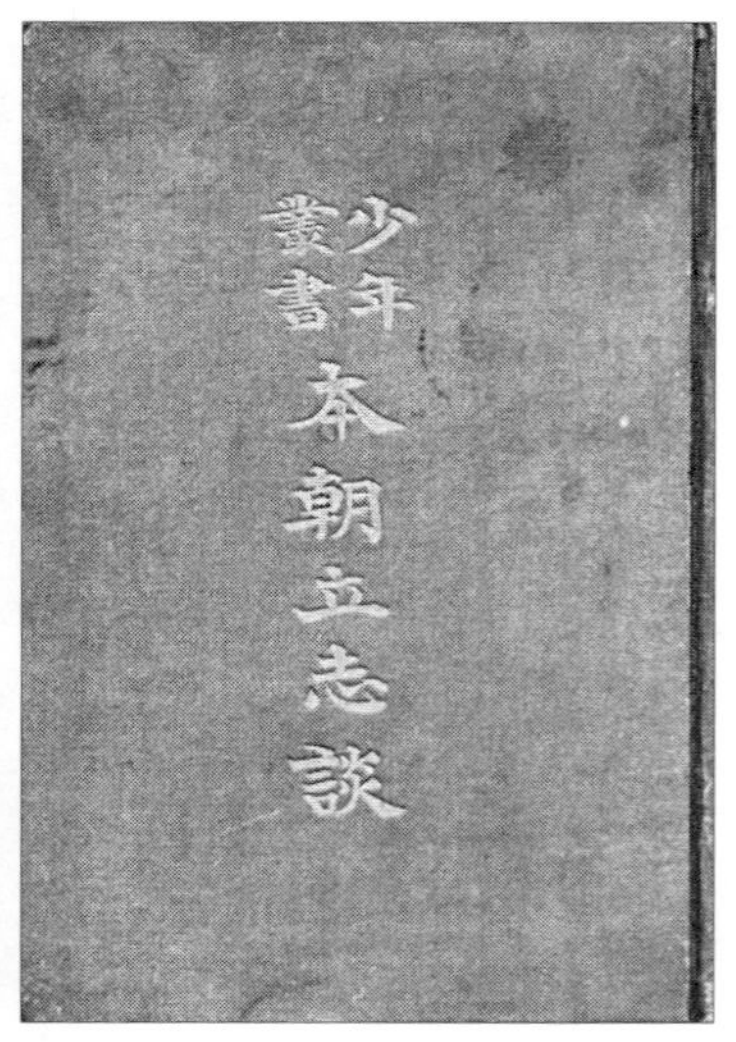

『少年叢書 本朝立志談』明治 23 年

そういえば、少年園社からは、一八九〇（明治二三）年一一月に「少年書類」として、『少年叢書 本朝立志談』が、刊行されている。著者の松本愛重は、国学者で、黒川眞頼が検閲委員を務めた皇典講究所による『古事類苑』編纂事業に、横井時冬とともに編集委員として参加しており、また明治二十八年に神宮司庁に『古事類苑』の所管が移されると、その副編集となっている。松本は、『少年園』に、日本の偉人についての短い伝記を、少年読者のために不定期連載していた。それを二五話集めて、一冊にまとめたのが、この『少年叢書 本朝立志談』である。さすがに学者らしく書籍には「引用書目」が記され、それぞれの伝記の典拠も示されている。また、挿絵は、「少年園」に掲載されたものをそのまま転用していた。*16

以上から、雑誌『少年園』から教科書の教材が選ばれ、また一方で、そこから「少年書類」も作られていたという事実が確認できる。もちろん、ルビのあるなしとか、商業的な戦略などの点で、それぞれの文章相互に若干の差異があることは当然である。しかし、読み物の内容という点では、教科書と、少年雑誌、少年書類の三者はかなりの程度重なり合っていたのであり、編集者の意識においても、それらを全く別のものだとは考えていなかっただろうと思われる。とりわけ高等小学校に向けた国語教科書の「読み物」に関して言うなら、三者の関係はかなり近いところにあったと判断していいだろう。*17

さて、ここまでの、明治検定期国語教科書と「少年書類」との関係を、第三部の記述内容にまで遡って、簡単に整理しておこう。

明治検定前期（明治二〇年代前半）に刊行された高橋熊太郎による集英堂の『普通読本』や、辻敬之・西村正三郎による普及舎の『尋常小学 読本』の場合は、教科書の作製が先行し、その後それを補うように教科書の著者や教科書書肆が「少年書類」を作製していた。そこでの「少年書類」は、発展的読本、あるいは副読本的な位置付けとしてとらえられていたことになる。

一方、明治検定中期（明治二〇年代後半）の山縣悌三郎の『小学国文読本』の場合は、既刊の「少年雑誌」である『少年園』から、教科書の教材が調達されている。こちらは、既に刊行されていた「少年雑誌」から教科書教材へという方向である。「少年雑誌＝少年書類」に掲載された言語文化財が教科書のリソースになっていたのである。言語教科書が育てた日本語リテラシーを身につけた読者層が増加したことが、その背景にあることは、言うまでもない。このように、「少年書類」と国語教科書とは、相補的な関係を構築しつつあった。

二、今泉定介・須永和三郎の『尋常小学 読書教本』

次に取り上げる『尋常小学 読書教本』も代表的な検定中期の読本である。山縣悌三郎の『小学国文読本』より二年ほど遅く、一八九四（明治二七）年に刊行されている。

筆頭著者である今泉定介は、古典学者である。宮城県白石の生まれ。名は定介、のち定助。東大卒。『古事類苑』の編纂委員を務め、国学院学監補等を歴任後、日大に皇道学院を開設、院長となる。また明治神宮奉斎会会長・皇典講究所理事・神祇院参与を務めた。有職故実に精通しており、『故実叢書』の編纂にかかわっている。一八九一（明治二四）年

『尋常小学読書教本』今泉定介・須永和三郎編　普及舎　明治二七年一一月一六日発行　明治二七年一二月二二日訂正再版発行

長峰秀湖 画

丁	面	内容
1	オ	第一課　ハ。
	ウ	第二課　ハナ。
2	オ	第三課　トリ。
	ウ	第四課　マリ。コマ。
3	オ	練習　ナ。ハト。ハリ。ハコ。コト。マト。
	ウ	第五課　マツ。タケ。
4	オ	第六課　ツル。カメ。
	ウ	第七課　イヌ。子コ。
5	オ	第八課　サル。カニ。
	ウ	練習　イ子。コメ。ヌカ。タル。カサ。ハケ。
6	オ	第九課　シシ。トラ。クマ。
	ウ	第十課　サヲ。アミ。ウヲ。
7	オ	第十一課　フエ。ホン。ツクヱ。
	ウ	第一二課　コモ。ワラ。ムシロ。
8	オ	練習　ワン。ハシ。サラ。ヲケ。アリ。クモ。ホタル。 マツムシ。ウシ。ニモツ。フロシキ。ツヱ。
	ウ	第一三課　ヒモ。ハオリ。
9	オ	第一四課　スミレ。ヨメナ。アヤメ。
	ウ	第一五課　ユリ。オモト。ソテツ。
10	オ	第一六課　セリ。クワ井。ヘチマ。
	ウ	練習　ユミ。ヤリ。ムチ。ヤタテ。レンコン。ス井セン。ソラマメ。 エノキ。ヒト。ヘイタイ。オリモノ。コヨミ。
11	オ	五十音図（片仮名　アーノ）
	ウ	五十音図（片仮名　ハーン）
12	オ	第一七課　ダイコン。ニンジン。カブラ。ササゲ。
	ウ	第一八課　ヤナギ ト フヂ。ザクロ ト グミ。
13	オ	第一九課　ヌマ ニ ガン。ミゾ ニ アヒル。
	ウ	第二十課　ヒバチ ニ ゴトク。テツビン ト ミズサシ。
14	オ	第二十一課　カマド ニ ナベ。ゼン ト ボン。
	ウ	第二十二課　スズリ ト フデ。ペン ト エンピツ。
15	オ	第二十三課　ラッパ ト ポンプ。
	ウ	濁音図　次清音図
16	オ	第二十四課　うし。うま。
	ウ	第二十五課　しか。つの。しか の つの。
17	オ	第二十六課　かに。はさみ。かに の はさみ。
	ウ	第二十七課　はと。からす。はと と からす。
18	オ	第二十八課　はち。なんてん。はち に なんてん。
	ウ	第二十九課　ふき。むぎ。ふき の は。むぎ の ほ。
19	オ	第三十課　ほたる と せみ。くさ に ほたる。き に せみ。
	ウ	第三十一課　くろい へい。しろい かべ。たかい まど。
20	オ	第三十二課　ふとい ふで。ながい じく。ほそい け。
	ウ	第三十三課　なでしこ と はぎ。はな と つぼみ。きれいな はなかご。
21	オ	第三十四課　かぜ が ふく。あめ が ふる。とり が とぶ。
	ウ	第三十五課　かさ を さす。げた を はく。せきばん を もつ。
22	オ	第三十六課　えだ を をる。ざくろ を とる。かご に いれる。
	ウ	第三十七課　うま はやく はしる。うし おそく あゆむ。
23	オ	第三十八課　ねこ ねずみ を とる。いぬ もん を まもる。
	ウ	第三十九課　ひと らっぱ を ふく。うま ぽんぷ を ひく。
24	オ	第四十課　とり そら に とび。うを みづ に およぐ。
	ウ	第四十一課　いけ に はす あり。みず に くわゐ あり。
25	オ	第四十二課　ぺん にて じ を かき。えんぴつ にて ゑ を うつす。
	ウ	第四十三課　一二三四五。五ひき の ねこ が ゐる。
26	オ	第四十四課　はと が 一二三四五六七八九十。十ぱ を ります。
	ウ	いろは図（いーゐ）
27	オ	いろは図（のーん）
	ウ	数字図

	巻二（仮題）	巻三	巻四	巻五	巻六	巻七	巻八
1	ニハトリ	あさ日	わが家	国旗	三種の神器	伊勢大廟	我が国の国体
2	コヒ	四方	吾等の生まれたる国	大日本帝国	わが国の区分	我が国の山川	気候と物産
3	イヘ	さくらの花	てんまんぐう	春の野	湊川神社	名所古跡	小楠公
4	うちはのゐ	野ノアソビ	天長節（韻）含む	草ト水	神嘗祭（韻）含む	植物ノ生息スル有様	日本三景
5	いねとかま	太郎ノハタケ	稲	茶	我ガ国ノ農業	有用ノ植物	五港
6	ヘイタイ	さるとかに（1）	大工	塩原多助	職業ニ貴賤ナシ	日用書類（手）	我が国の商業
7	てんちょうせつ	さるとかに（2）	左官	東京	二宮尊徳（1）	鎌倉	交通
8	きみがよ（韻）	さるとかに（3）	鳥につきての問答（対）	徳川家康	二宮尊徳（2）	源頼朝	貨幣ト紙幣
9	ハナノナ	子供のせんたく	ケモノノワウ	人形の衣裳	小鳥ノ忠義	微妙	有用ノ鉱物
10	きくのはな	衣服	桃太郎（1）	織物	家畜	女子の努	日用書類（手）
11	サカタノキントキ	モノサシ	桃太郎（2）	織物ノ材	口上書（手）	養蚕	平重盛
12	わまはし	われらの食物	桃太郎（3）	麦	源義家	砂糖	源平の戦
13	ジロウ	田植	雪の朝	田舎	豊臣秀吉	我が国の工業	琉球ト北海道
14	へいたいあそび	マス	小川泰山	吾等の日用品	大阪ト西京	焼き物ト漆器	氷ノ山
15	サマザマナエ	メンドリトヒヨコ	一月一日のうた（韻）	手紙（手）	手紙の文（手）	日用書類（手）	空中ノ水
16	大きな犬	魚（対）	遊の志かた	志やぼん球	養生	郵便ト電信	人体
17	大工	小さき舟	武器	空気	軍人（韻）を含む	秤	吾等ノ世界
18	冬ノ山	ジシャク	加藤清正	避雷針	紀元節の歌（韻）	寒暖計	外国
19	雪がふる	朝と夕	紀元節	時計	神宮皇后	海	支那ト朝鮮
20	一月一日	七曜日	富士山	金剛石の御詠（韻）	琵琶湖	海草	元寇
21	したきりすずめ（1）	牛若丸	ヤマトカハ	日本武尊	水ノユクヘ	玉のみやゐ（韻）含む	台湾征伐
22	したきりすずめ（2）	ネコ	船	秋季皇霊祭	一年間ノ季節（1）	和気清麿	黄海の戦
23	うめとうぐひす	果物	四季	秋	一年間ノ季節（2）	谷村計介	兵役ト租税
24	こまねずみ	吾等の学校	人の一生	善き習慣を作るべし	父母の愛（伴高蹊）	各々その分を守るべし	婦女の四行（童子訓）
25	兄と弟	すめらみくに（韻）	吾等のつとめ	言と行（初学訓）	勅語奉答の歌（勝安芳）（韻）	先祖を敬ふべし	明治の御代
26	ガンヲウツ						
27	三枚ノヱ						
28	つみくさ						
29	ホウビ						
30	父母のおん						

点線は、相互に連絡　（韻）は韻文　（手）は手紙文　（対）は対話　「含む」は教材文中にそれが含まれているという意

定価・全八巻　合計七五銭五厘。（同じ刊記ではあるが奥付に「改正定価」が示されており、八巻の合計金額が、八六銭九厘になっている版もある。）

には、共立中学校校長、明治二七年には、城北中学校校長などの職に就いているから、古典学者であると同時に、実際の教育現場の様子もよく承知していたと思われる。

もう一人の編集者は、須永和三郎。須永は、一八八六（明治一九）年に高等師範学校の小学師範科を卒業した。その後、埼玉県師範の訓導や助教授を勤めており、こうした実地の経験を活かして、この読本の編集にあたったのであろう。須永に関しては、木戸若雄が『明治の教育ジャーナリズム』の中で、「明治二九年頃に普及舎開発社に入社した」と書いている。辻敬之が創設した開発社は、この時、湯本武比古を顧問に迎えており、教育雑誌『教育時論』が、ますます隆盛していく時期だった。須永は、開発社＝普及舎において、明治三一年に日本最初の児童研究誌である『児童研究』の編集に携わることになるが、途中から右文館を興して、そこから『児童研究』の発行を継続し、多くの児童研究書や教科書類を刊行したことでも知られている。*18

日本昔話の本格的な登場

『尋常小学 読書教本』巻一の巻頭の「緒言」によると、この本は、次のような方針で作られている。

> 此ノ書ハ児童経験ノ及ブ範囲ニ就キ広ク材料ヲ求メ、以テ其ノ興味ヲ多方ニ開誘シ、其ノ知識ヲシテ品性ヲ陶冶スル資料タラシメ、特ニ国家ヲ愛シ、実業ヲ重ズル精神ヲ養ハシメンコトヲ務メタリ。

つまりこの教科書は、子どもの生活にかなり近い材料を集めているのである。とりわけ、基本的な文字提出の終わった「巻二」「巻三」には、子どもの日常生活が多彩に取り上げられている。もっとも、文部省の『尋常小学読本』以降、どの読本もこうした方針を取っており、同時期のほかの教科書もほとんど同様である。

この教科書にも、昔話が読み物教材としていくつか掲載されている。巻二の第二一・二二課の「舌切り雀」、巻三の第六・七・八課の「猿蟹合戦」、巻四の第一〇・一一・一二課の「桃太郎」が、数課にわたって昔話本文を読むための教材となっている。また、巻二の第一一課では「金太郎」が、巻三の第二一課では「牛若丸」が、それぞれ話題として取り上げられている。

この読本よりも以前の刊行になるが、やはり検定中期の代表的な読本である『帝国読本』にも、日本の昔話がいくつか取り上げられていた。『帝国読本』は、一八九三（明治二六）年九月に、学海指針社（集英堂・小林八郎）から刊行されているが、そこには、巻三第五・六課の「舌切り雀」、第一〇課の「金太郎」、巻四第七・八課の「猿蟹合戦」、第二七・二八課の「桃

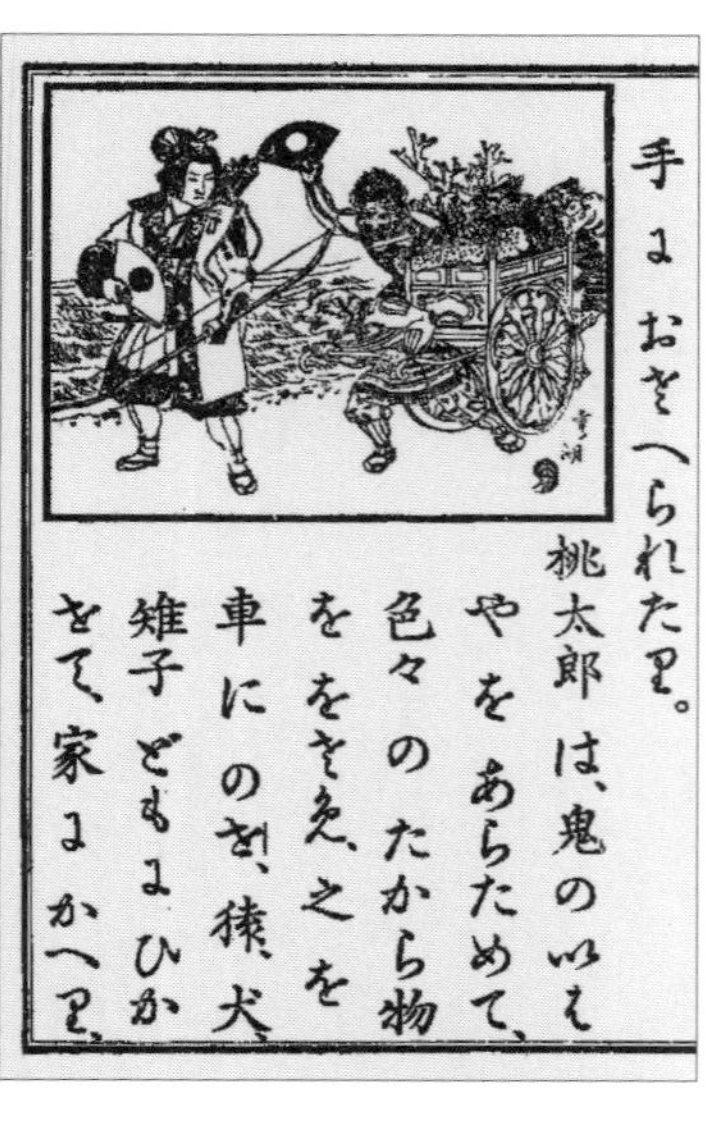

『尋常小学 読書教本』巻四

太郎」などの昔話が載せられている。第三部第二章で見てきたように、一八八七（明治二〇）年に文部省が刊行した『尋常小学読本』には、「桃太郎」「猿蟹合戦」「瘤取り爺さん」の話が収録されていたが、それが徐々に民間の教科書にまで浸透し、定着してきたのである。

その様相を、検定中期までの小学校用の国語読本の中で確認したのが、下の表である。ここからは、文部省の『尋常小学読本』に影響されて、日本の昔話が、検定中期から各社の教科書に数多く登場していることが分かる。明治初頭以来、読本の編集者たちは、欧米の教科書の中から子ども読み物を選んで翻訳して読本の内容を整えてきたわけだが、ようやく日本の童蒙言語文化財を、子ども専用の教材として、読本の中に取り上げるようになってきたのだった。*19

もっとも、あえてそうした方針を採らない教科書もあった。たとえば、一八九五（明治二八）年に刊行された、西澤之助の『尋常小学読本』（国光社）がその例である。この教科書は「例言」に、他の本に多く採録されている昔噺やイソップなどの「作話」を採用しないで「代ふるに、真美の新事実を以てせり」と記しており、日常生活を題材にした教材だけを載せている。子どもの教育には、フィクションは不必要であり、動物と人間が会話を交わすといった非現実的な「作話」はかえって子どもの教育には有害だという立場である。

このような議論も、当時は、大まじめに交わされていた。その典型的な例として、一八八六（明治一九）年九月二〇日発刊の『東京茗渓会雑誌・第四四号』に、次のような記事がある。東京茗渓会は、高等師範学校の関係者で組織する教育関係者による当時最高の研究団体であるが、この号では、次回の会議の議題として、「教育に寓言を用いることの是非」

明治検定中期までに国語読本に掲載された「日本昔話」

	年（明治）	教科書名（発行会社）	二巻	三巻	四巻	五巻
検定初期	20	尋常小学読本（文部省）＊	桃太郎	猿蟹合戦	瘤取爺	
	21	新日本読本（文学社）			花咲爺	
	21	尋常小学 読本（普及舎）			猿蟹合戦（巻八に掲載）	
検定中期	25	小学国文読本 尋常小学校用（文学社）		桃太郎	猿蟹合戦	
	26	帝国読本（学海指針社）		舌切雀 金太郎	猿蟹合戦 桃太郎	
	26	尋常小学 新読本（普及舎）				猿蟹合戦
	27	尋常小学 読書教本（普及舎）	舌切雀	猿蟹合戦	桃太郎	
	27	尋常小学科用皇民読本		猿蟹合戦		
	28	帝国新読本（学海指針社）		桃太郎		
	28	尋常小学 開国読本（山梨図書出版所）		花咲爺		
	29	尋常小学 明治読本（育英舎）		桃太郎		
	29	大日本読本（大日本図書）		猿蟹合戦	桃太郎	
	29	小学読本 尋常科用（金港堂）			桃太郎	
	30	国民読本（文学社）	桃太郎	猿蟹合戦	瘤取爺	
	30	国民新読本（文学社）		猿蟹合戦		
	30	尋常読本（普及舎）		猿蟹合戦	桃太郎	瘤取爺
	31	尋常小学 新撰読本（神戸書店）			猿蟹合戦	
	31	訂正 新編帝国読本（学海指針社）		金太郎 桃太郎		
	31	尋常小学読本（国光社）	舌切雀	桃太郎		
	31	新編尋常読本（普及舎）		猿蟹合戦	桃太郎	瘤取爺
	32	新編帝国読本（学海指針社）		金太郎 桃太郎		
	32	新撰 尋常小学読本（育英舎）		桃太郎		

＊文部省の『尋常小学読本』の第一―三巻は、民間本の第二―四巻に相当するので、その位置に置いた。

の主旨が発題者の生駒恭人から、読み上げられている。実際の会議は、同年一〇月六日、議長田中登作のもとで熱心に行われ、その発言の筆記記録は『東京茗渓会雑誌・第四五号』に掲載されている。そこでは、子どもに理解を促すためにイソップ寓話や日本昔話を使うことに賛成する意見と、「寓言」は子どもを間違った理解に導くこともあるから反対だという意見とが交流されていた。意見の大勢は「寓言」を認めようという方向であるが、議論は、寓言を使った方が理解が早いか、あるいは正確かというような、年少の子どもに理解させるための手段としての寓言の有効性をめぐって展開されており、寓言＝物語それ自体の文章の面白さや、それが子どもの想像力を解放することの重要性などが議論されていたわけではない。

　寓話が教訓を伝えるための単なる手段方法ではなく、それを構築している文章・文体そのものにも表現としての価値がある、あるいは子どもの想像力を開発するといった主張は、明治二〇年代前半には、まだ正面から取りあげて、論じられることはなかったのである。[*20]

明治赤本と教科書

　一方、この時期の子ども読み物の動きでは、一八九四（明治二七）年七月に、巌谷小波の日本昔噺のシリーズの第一巻『桃太郎』が博文館から刊行されて大好評を博し、続刊が次々と販売されていたことが注目に値する。したがって、同じ年の一二月に出版された今泉定介・須永和三郎編の『尋常小学 読書教本』にも、そうした世間の昔話ブームの影響が反映したことも考えられなくはない。しかし、文部省の『尋常小学読本』を初めとして『帝国読本』や『尋常小学 読書教本』が刊行された時点では、日本の昔話類は、博文館から出版されたような活字印刷の単行本（絵入り本）形態で子どもたちに提供されていたのではなく、江戸期以来の赤本類似の出版物の形態で流通していた。ここではそれを「明治赤本」と名づけておく。

　『尋常小学 読書教本』の挿絵にも、それが反映している。この教科書の巻二の第一一課は、「サカタノキントキ」である。挿絵には、見開きの和本の絵があり、金太郎が行司役を務め、動物たちが相撲をしている場面が描かれている。そこに、和本の表紙らしきものの一部が顔を出していることに注意を向けてみよう。下敷きにされた本の表紙には題箋が見えており、表題の一部も読み取れる。おそらく表題の「角書き」の一部分で、「教育昔噺〇〇〇」、あるいは「昔噺〇〇〇」などの文字が隠れていると思われる。また、和本の表紙の図柄は、桜の花のように見える。とするな

『尋常小学 読書教本』巻二「金太郎」の挿絵を拡大

ら、この本は桜花の表紙のデザインで安価に売り出されていた「明治赤本」の類の一冊だろう。「金太郎」の冊子の下敷きになった本の題名は隠れているが、その本の上に載せられた「金太郎」も、おそらく同様の表紙と題簽を持っていたはずである。この時期に刊行された「教育昔噺」の角書きを持つ「明治赤本」の表紙の一つを、図版で示したが、『尋常小学読書教本』の挿絵に描かれているのは、これに類似した「絵本」だったと思われる。*21

『尋常小学読書教本』の挿絵からは、当時の子どもたちが日本昔話を享受するための媒体（メディア）が、江戸期の出版形態をほとんどそのまま引き継いだ「明治赤本」のような「書類」だったことが分かる。また、それが挿絵として国語教科書の中に書き込まれていることから、しばしば「俗悪」と評価されたこうした読み物類も、ある程度は、教育の側から公認されていたことも想像できる。というより、実際この時、多くの子どもたちが手にすることが可能だった昔噺類は、こうした赤本類のような出版物しか無かったのである。たとえば、図版で示した沢久次郎版の豆

『教育昔咄 かちかち山』綱島亀吉版
明治26年

『桃太郎噺』沢久次郎版　本文　五ウ・六オ　明治20年

『桃太郎噺』沢久次郎版　表紙
明治20年

本『桃太郎噺』は、典型的な「明治赤本」の一つだが、その刊行年は、一八八七（明治二〇）年になっている。*22

第二部第二章第四節で、「おもちゃ絵」の『小学読本』が「絵草紙屋」で売られていたことに関わって、「絵草紙屋」の店頭写真を紹介したが、この「明治赤本」の『桃太郎噺』が売られていたのも、類似の商店の店先だったにちがいない。このように、大衆的な子ども読み物の世界は、明治二〇年代に至っても、ほぼ江戸期の様態そのままだったのである。文字の挿入してある「赤本」とともに、絵や短い文字を載せた木版刷りの「おもちゃ絵」も、同じように「絵草紙屋」で販売されていた。いうまでもなく、多くの子どもたちが日常的に出入りしていたのは、こうした玩具的な商品も扱う「絵草紙屋」の店先だっただろう。*23

一般に昔話は、祖父や祖母によって口頭で語られ、子どもたちはそれを耳から受容する場合が多かったと考えられる。だが、文字に興味を持つような年齢になれば、子どもたちは昔話を文字化した赤本類などを通して受容するようになる。江戸期以来、赤本類の書物を間にして、大人が字を読み、子どもが絵を見るといった光景は、日常的に見られたはずだ。そうした交歓の場を通して、子どもたちは文字に親しみ、徐々に赤本類を自力で読むことができるようになっていくのである。こうした「赤本」類に、絵とともに記されていた文字は、草書体によるものだった。それも木版刷りの変体仮名である。絵と変体仮名の文字の両方が刷られた赤本類は、昔噺のストーリーを確認するものとしても、また、文字を覚える学習メディアとしても機能していた。沢久次郎版の『桃太郎噺』は、文章部分は平仮名表記になっており、初期の文字学習を終えたばかりの子どもでも、独力で読み進めることができたと考えられる。

ここで、もう一度、『尋常小学 読書教本』の「キンタロウ」の挿絵に戻ってみよう。この挿絵の和本の図版には、文字は無く、金太郎の絵だけが描かれている。ここまで述べてきたように、赤本の常識から言えば、文

おもちゃ絵「桃太郎」 明治22年 美濃判

『尋常小学 読書教本』巻二

字抜きの「絵」だけのページが連続することは考えにくい。現実の「赤本」の金太郎の絵をそのまま実写したなら、この挿絵の絵本には、絵と文字とが書き込まれなくてはならないはずである。ところが、『尋常小学読書教本』の挿絵には、金太郎の絵だけしか描かれていない。文字情報は不要だったので省いたという単純な理由かもしれないが、この図の中には、実際の赤本と同じような変体仮名の文字を書き込むことが、はばかられたということも考えられる。それは、『尋常小学 読書教本』が、ほかならぬ文字を教えるための教科書だったという点に因由する。

この時期、「読本」で学習する読むための書体は、徐々に楷書体に替わり、草書体の使用は減少していく。この点で、先に取り上げた下田歌子の『国文 小学読本』は、積極的に「読本」の中に草書体を導入しようとした点で例外的な存在だった。しかしそれは、大勢の向かう方向とは異なっていた。言うまでもなくそうした状況は、社会に通行する印刷物が洋紙に明朝体で印刷されるようになっていった当時の現況に対応している。一般社会で使用されている印刷物の文字が金属活字による明朝体に移行すれば、学校でもそうした書体の読み方に習熟することが要求される。大人の読み物の世界でも、江戸期の木版刷りの読み物の草書体の文字部分を活字に仕立て直して刊行することが、盛んにおこなわれていた。巷説を小説仕立てにした「古今実録」のシリーズや、内容自体は江戸期の合巻類そのままだが、印刷文字だけを活字化した庶民向けの書物が、大量に刊行されて世間に流通していたのである。

版本の草書体や変体仮名になじんだ庶民たちにとって、初めのうちは、活字で組まれた楷書は、逆に読みにくかったかもしれない。しかし、書くための文字と読むための文字とは急速に分離されて、もっぱら読むこと専用の文字である楷書体（明朝体）が、印刷物の主流になってくる。活字体に慣れ親しんだリテラシーを持った子どもが、学校教育や雑誌や新聞の視聴を通して大量に生み出され、そうした子どもを対象にした明朝体活字による印刷物も広く販売される。

その代表的な読み物が、各種の「少年雑誌」であり、博文館が刊行した『日本昔噺』シリーズである。巌谷小波がそこでおこなったのは、江戸期以来の昔話を、明治の御代に合わせて「改良」することだった。その作業は、旧来の因習が残り、新時代にそぐわない不適当な内容を是正して、会話表現や情景描写を豊富にし、子どもの心理に合わせたストーリー性のある読み物に仕立て直すことにあった。だが重要なのは、それが活字印刷と洋装製本を前提にした営為だった、という点である。その作業は、赤本類のように絵を主体にして、空いた部分に文字を入れるという発想によるものではなく、まず完成されたテキストが書かれて、絵はそれに添えるものとなる。つまり、そこで作成される読み物類は、図像主体の総合的文化財から、文字だけでも完結する物語中心の言語文化財へと転換されたのである。金属活字によって大量に印刷・製本するという媒体（メディア）の生産様式の変化が、そうした表現形式と表現内容の転換を促進したのだ。

前々頁の沢久次郎版の豆本『桃太郎噺』の版面は、明らかに絵が主体であり、文字は添え物である。しかし、巌谷小波の『日本昔噺』は、文章が主で挿絵は従である。それは、「国語読本」の紙面構成に類似しており、もっぱら読者が一人で文章を読むための読書材料（メディア）として用意されていた。ここからは、子ども読み物が、絵を媒介にして大人と語り合う手工業的な赤本文化から、大手出版社が大量生産した一人で読むための近代書物文化へと移行していく様子も看取できるだろう。

こうして、個としての「近代子ども読者」を生むためのインフラが整備されていき、教科書や少年雑誌、少年書類などが、大量の「近代子ども読者」を創り出していく。それにともなって、一地方で語り伝えられたり、また低俗で幼稚だと考えられることもあった「昔話」も、「国民昔話」として、「近代子ども読者」共通の言語文化財へと昇格する。さらにそうした国民昔話類が、教科書に登載されて、多くの子どもたちがそれを読む。こうした循環の中に生起する読書行為が、結果的に多くの年少の教科書読者を、「国民読者」へと組み上げる大規模な飛揚装置となっていくのである。

巌谷小波『日本昔噺 10 編 瘤取り』明治 28 年

日清戦争関係の教材

「昔話」と並んで、「国民読者」を創り出すもう一つの大きな要因となったのは、言うまでもなく「戦争」である。近代日本最初の本格的な対外戦争である日清戦争が、日本が近代国民国家へと脱皮するのに重要な契機であったことと、そこでの人々の反応は、たとえば佐谷眞木人の『日清戦争――「国民」の誕生』などにくわしく描き出されている。*24

今泉定介・須永和三郎が編集した『尋常小学読書教本』にも、こうした時局の影響が大きく反映していた。というより、それが教科書の内容構成に如実に表れている点が、この教科書の特徴である。その傾向がもっとも顕著な巻八の最終に近い一連の教材群を列挙してみると、第一九課「支那ト朝鮮」、第二〇課「元寇」第二一課「台湾征伐」第二二課「黄海の戦」第二三課「兵役ト租税」となる。

第一九課の「支那ト朝鮮」は、地理教材である。この課は、もともと、第一七課「吾等ノ世界」で地球の概要・五大州・熱帯寒帯温帯などを話題として取り上げ、第一八課「外国」で主要国の国名と首都を取り上げ、第一九課で隣国を取り上げるという、一連の地理教材の最終課に位置している。したがって、この一七・一八・一九の三課は、全体としては客観的な事実が書かれた説明文なのだが、第一九課の「支那ト朝鮮」には、きわめて主観的な叙述が混入している。すなわち、「支那」に関しては、北京市街が「不潔ニシテ、風俗モ亦イヤシ」という差別的な表現があり、また「朝鮮」については「神功皇后、之ヲ征伐シ給ヒシヨリ、年々我ガ国ニ貢物ヲ奉リタリ」という「神話」を持ち出し、日本の朝鮮支配を正当化する言辞を提示する。こうした「支那」や「朝鮮」に対する予断が、次の三課への暗黙の布石として機能している。

第二〇課「元寇」は、亀山天皇の時、元が日本に襲来したという歴史的な内容を取り上げている。教材文は「元主、我が国の勢に恐れ、再び、我が国をうかがふことなかりきといふ」と結ばれる。この中国の襲来に呼応するかのような近代日本の行動が、次の教材で取り上げられる。すなわち、第二一課「台湾征伐」には、日本軍が初めて海外出兵をした事例である中国（台湾）への出兵が描かれる。さらにこの後に、第二二課の「黄海の海戦」が続く。（この教材に関しては、あらためて次に本文を紹介する。）さらに、次の二三課には「兵役ト租税」が置かれて、「兵役ト租税トハ、国民タル者ノ二大義務」であることが強調される。

つまり、第二〇課「元寇」第二一課「台湾征伐」第二二課「黄海の戦」第二三課「兵役ト租税」の四教材は、相互に強く関連するものとして一本の糸で固く結びつけられているのである。学習者である小学生たちは、この一連の教材を読むことで、過去から連続している「日本軍」の活躍を顕彰した上で、同時に外からの脅威に抗して日本を守るべく日本国民としての義務を果たさなければならないことを教えられるのである。

では、第二二課「黄海の戦」の教材文の全文を引用してみよう。

第二十二課　黄海の戦

我が陸軍が成歡、平壌等にて、支那の兵と戦ひ連戦連勝せる傍、海軍は、明治二十七年九月十七日、黄海にて、敵の軍艦と戦ひ、世にもまれなる大勝利を得たり。

此の日、我が海軍は、吉野、浪速、高千穂、秋津州の四艦を先鋒となし、松島、橋立、厳島、扶桑、千代田、比叡、赤城の七艦に、西京丸を加へ、都合十二艘にて、松島には、司令長官伊東海軍中将乗りこみて、全隊を指揮し、西京丸には、軍令部長樺山海軍中将乗りこみて、

へり。
時に支那の軍艦十二艘、水雷艇六艘は、まさ
前後相つらなりて、此の海に來かゝりしが、
午後一時頃より、五時半頃まで、非常の激
戦をなし、遂に我が海軍は、敵艦四艘を打ち
沈め、三艘を焼き、其の他の軍艦にも、大損害
をあたへて、追ひ退けたり。我が軍艦にも、艦長
以下、士卒の戦死する者多かりしも、一艦だ
も沈みたる者なかりき。

『尋常小学 読書教本』巻八　第二二課　挿絵

黄海に向かへり。

時に支那の軍艦十二艘、水雷艇六艘ハ、また前後相つらなりて、此の海に来かゝりしかば、午後一時頃より、五時半頃まで、非常の激戦をなし、遂に我が海軍は、敵艦四艘を打ち沈め、三艘を焼き、其の他の軍艦には、大損害をあたへて、追ひ退けたり、我が軍艦は、艦長以下、士卒の戦死する者多かりしも、一艦だも沈みたる者なかりき。

此の日、我が海軍々人が、実に勇ましき働をなしたるハ、伊東司令長官の公報につまびらかなり、其の公報の末に左の如き言葉あり。

終にのぞみ、殊に報告すべきは、士官、下士官は言をまたず、水兵、火夫、其の他従僕に至るまで、満面喜色をおび、弾丸乱下、鉄板さけ、血雨ふり、骨くだけ、肉とぶの場合に際するも、神色自若として、活発静粛に、各々其の戦闘の職分をつくした一事なり。此の事に関してハ、各艦長のいふ所、殆ど符節を合するが如し、云々。

ここに引用した「黄海の戦」という教材は、日本側の立場から「黄海の戦」の大勝利の事実を報告した後、「伊藤司令官の公報」を引用して兵士たちの戦いぶりの見事さの紹介をするという文章内容になっている。挿絵は、松本楓湖の弟子である日本画家の長峰秀湖によるもので、戦う戦艦の図とともに、各戦艦の編成までが、書き込まれている。教材の文章は、読み手に戦意高揚をあおり立てるような文体になっているわけではない。しかし、注意したいのは、これが、きわめてリアルタイムの材料だという点である。

一八九四（明治二七）年八月一日、日本は清に対して宣戦布告をする。教材文にもあるとおり、黄海の海戦が勃発したのが、九月一七日。最後の戦いである「旅順陥落」の報が日本に届いたのは、一一月二四日だった。この間、日本中の多くの人々は、新聞報道などを通じて戦争熱に巻き込まれ、自分たちが「日本国民」の一員であることを強く意識させられていく。一方、『尋常小学 読書教本』が出来上がったのは、一八九四（明治二七）年一一月一六日である。巻八第二一課の教材である「黄海の戦」があったのは、わずか二ヶ月前であり、戦争の帰趨はまだ不明だった。報道の速度は、雑誌並みである。

申請見本本と文部省検定済本の差異

いうまでもなく、『尋常小学 読書教本』は検定教科書であるから、刊行前に文部省の検定をパスしなければならない。「検定済教科用図書表」によれば、この教科書の「訂正再版」の発行年月日は、明治二七年一二月一二日、文部省検定は明治二七年一二月二六日となっている。稿者は、この教科書の「文部省検定済」の流布本（供給本）を各学年にわたって一六冊所持しているが、それには、すべて明治二七年一一月一六日発行、一二月一九日訂正再版印刷、同年一二月二二日に発行、「明治二七年一二月二六日文部省検定済」と記載されている。公式記録である「検定済教科用図書表」の「訂正再版」の日付との間に若干のズレはあるものの、『尋常小学 読書教本』の申請本が一一月中旬に発行されて、文部省の検定に出されたことは間違いない。さらに、文部省から訂正意見を受けた教科書会社が、その意見にしたがって内容を見直し、訂正再版した本を文部省に提出したのが、一二月一二日（あるいは一九日）であったこと、また、最終的な検定の「お墨付き」が出たのが一二月二六日だったことも確実である。つまり、文部省の検定官が、教科書をチェックして、それを教科書会社に伝え、教科書会社が内容を訂正してあらためて整版印刷し、再び文部省に提出するまでの期間は、約一ヶ月だったのである。文部省、教科書会社双方にとって、かなり忙しく、また気の抜けない作業が続いたことは容易に想像できる。

確認するまでもなく、一一月に発行された教科書（申請本）は、編者である今泉定介・須永和三郎を代表とする教科書会社の意向によって作られた書物である。ここには、編者の考え方が前面に出ていると判断できる。それに対して、検定済の供給本（流布本）は、文部省の検定を受け、文部省の修正によって書き直されているから、文部省の意向も加わっている。両者の見解の間に大きな食い違いがなければ、微調整程度で教科書が刊行されるが、両者の間に意見の相違があった場合には、文部省側の意見が優先される。つまり、申請本は、民間側の意向のみで作製されるのだが、供給本には、国家権力の意志が反映される。

したがって、明治検定期の教科書を検討する際には、検討対象の読本が検定前の申請本なのか、文部省検定済の供給本なのかを区別して考察する必要がある。そのことをとりわけ強調したのは、中村紀久二である。中村は、神国思想と天皇制ナショナリズムを強調した修身教科書として有名な、明治二六年八月文部省検定済の『尋常小学修身』（重野安繹著）の内容を検討し、申請本と供給本とは「極端に内容が相違」していると述べている。この『尋常小学修身』の場合、申請見本本には、「神国思想や天皇制ナショナリズム強調教材は導入されていない」のである。とすると、この修身書の従来の評価は、大きく変わってしまう。中村は、こうした事実を示して、申請本と検定済本との「鑑別が肝要」であることを力説している。[*25]

中村の主張するように、多くの人々に実際に使われた教科書は、文部省検定済の供給本（流布本）だった。したがって、教科書が学習者にどのような影響を与えたのかという研究を進めるためには、「供給本」を研究対象にする必要がある。一方、教科書書肆が最初にどのような教科書を作製したのか、あるいはそれが検定作業の中でどのように変更を加えられたのかを考えるためには、申請見本本と検定合格本とを比較検討する必要がある。つまり、研究目的によって、検討対象とする教科書の性格を把握しておくことが重要なのである。

では、今泉定介・須永和三郎の『尋常小学読書教本』の場合はどうなのか。『日本教科書大系・近代編・国語（二）』には、『尋常小学 読書教本』の全文が載せられている。奥付が影印で示されており、「明治二七年一一月一六日発行」の記載がある。つまり、この本は、申請見本本なのである。先述したようにここには、教科書書肆の意向が反映している。一方、稿者がこの教科書の内容一覧表として示した教材の一覧表は、文部省の検定を受けた後の供給本（流布本）によっている。検定申請本と文部省検定済供給本との間で、相互に異なる教材を比較対照すると、次頁の表のようになる。比較してみると、以下の五教材が、「申請見本本」と「文部省検定済供給本」の間で、内容が異なっている。文部省の指示の結果、教材の差し替えが行われたからである。[*26]

そのうち巻七第九課の「万寿姫」は、「微妙」に変更されている。「申請見本本」の「万寿姫」は、おそらく『御伽草子』の「唐糸さうし」をもとに教材化したのだと思われる。万寿の母唐糸が、将軍である「頼朝の気にさはること（頼朝刺殺の企図・稿者注）」があって、石牢に入れられる。万寿は、頼朝に仕えて、見事な舞を舞い、その褒美に母親を助けてもらう。一方、「微妙」は、父為成が、讒言のために京から奥州へ追放され、母も嘆きのあまり死去する。微妙は、鎌倉幕府の将軍源頼家の前で舞を舞い、そこで父の行方を探してほしいと訴える。探索の結果、父の死亡が判明して、微妙は尼となる。こちらは、『吾妻鏡』に典拠がある。どちらも、親への「孝」のために、女子が将軍の前で舞を舞うという、似たようなストーリー展開である。

東書文庫に保管されている「申請見本本」では、この教材に、検定官による「万寿姫ノコト慥ナルコトニヤ」という意見が付箋紙に記されている。このエピソードが史実なのかどうかを確認すべきだという趣旨の意見である。「万寿姫」の話は、もともとの出典が『御伽草子』であるから、正確に事実確認ができるわけはない。おそらくこの意見に対応して、編集者は、事実関係がより明確な『吾妻鏡』の「微妙」のエピソードに差し替えたのであろう。この指摘からは、「史話」においては、それが「事実」かどうかを、検定官が問題にしていたことが推測できる。

その他の四教材は、すべて「日清戦争」に関わる話題である。

検定申請見本本　明治二七年一一月一六日発行	文部省検定済・供給本　明治二七年一二月二一日発行
巻六第一八課　征清軍歌（参謀本部・編纂）韻文	巻六第一八課　紀元節の歌（高崎正風・作）韻文
巻七第九課　万寿姫	巻七第九課　微妙
巻七第二三課　成歓の役の喇叭卒	巻七第二三課　谷村計介
巻七第二四課　玄武門の先登者	巻七第二四課　各々その分を守るべし
巻八第二一課　志摩海軍大尉の手紙	巻八第二一課　台湾征伐

「申請見本本」には、まさに現在進行中の国民的な熱狂の中における「戦争実話」が、いくつか教材化されていた。『日本教科書大系』の「解説」には、「近代戦に関する教材が多いのも本書の特徴であり、『征清軍歌』『成歓の役の喇叭卒』『玄武門の先登者』『志摩海軍大尉の手紙』『黄海の戦』と日清戦役に関するものが取材されている」と記されている。確かにこの解説は、「申請見本本」に限れば、正確である。このうち巻六第一八課の「征清軍歌」は、日清戦争を正当化し、軍事化を勧めるような韻文教材である。また、巻七第二三の「成歓の役の喇叭卒」は、死んでもラッパを離さなかった兵士の話で、兵士の名前は、岡山の白神源次郎ということになっている。このエピソードは、後に、国定修身教科書に、木口小平の名で登場し、国定教科書世代には忘れられない題材となった。それに続く第二四課の「玄武門の先登者」には、平壌の攻撃に真っ先駆けて突撃した、愛知の三村幾太郎、原田重吉の二兵士の勇猛ぶりが取り上げられている。喇叭卒も玄武門も、ともに当時は、新聞報道その他で、大きな話題になっていた「忠勇美談（軍国美談）」の一種である。さらに、巻八第二一課の「志摩海軍大尉の手紙」は、黄海海戦で戦死した志摩清直大尉が生前に残した手紙の文章が教材になっている。

こうしたホットな材料が教科書の教材として取り入れられたのは、佐谷眞木人が言うように「なによりもまず売れる教科書にするために、社会的関心が高かった日清戦争の話題をいち早く取り入れることによって、他社との差別化をはかった」からだろう。この「申請見本本」が、そのまま検定をパスして、供給本として販売されたならば、刊行元である普及舎のねらい通りに、大評判になったかも知れない。しかし、実際には、この教科書の「日清戦争」関係の教材で、供給本に掲載されたのは、先ほど全文を引用した「黄海の戦」だけだった。ほかの三つの教材は、少し時代を遡った西南戦争や台湾征伐に材を採った文章に変更されたり、「各々その分を守るべし（『六諭衍義大意』）」のような一般論を語る修身教材に変更されている。つまり、「日清戦争」という同時代性を持つ教材は、「黄海の戦」だけが残されたのである。[*27]

　これらの教材に関する検定官の意見を、東書文庫所蔵の検定申請本によって確認してみよう。[*28]

『尋常小学 読書教本』の検定作業を担当したのは、「佐藤・三矢・荒野」の三名の検定官だった。巻六第一八課の「征清軍歌」には、検定意見として、次のような付箋紙が貼られている。「征清ノコトハ一時ノコトナレバ教科書ニハ不適当ナルガ如クナレドモ又考フルニ歴史的記念トシテ国民之元気ヲ助クルニハ不都合モナカルベキカ」と、三名のうちのどの検定官かは特定できないが、教材文が一時的な事件を取りあげていることを問題にしつつ、国民の意識には沿うかもしれないと、判断に迷っている。これに対して別の検定官は「征清軍歌　隣交上害アルニ似タリ」と、外交上の影響を考慮した冷静な意見を記している。第三の検定官は、付箋紙に「□」の記号を記している。巻七第二三・二四課の「成歡の役の喇叭卒」と「玄武門の先登者」および、巻八第二一課の「志摩海軍大尉の手紙」については、それぞれ文字の記されていない二枚の付箋紙が貼られているだけで、具体的な意見は記されていない。付箋紙を貼り込んだのは、やはり巻六第一八課の「征清軍歌」に抱いたのと同様の印象を持ったからであろう。すなわち、これらの日清戦争関係の教材には、文部省の検定官のチェックが入ったのである。おそらく三名の検定官は、合議の上、教科書会社に対して慎重な対応をするよう求めたのだと考えられる。教科書会社は、その指示にしたがって、同時代性の強い教材に関しては、「黄海の戦」だけを残したのだろう。

　この教科書の完成後、普及舎は、『尋常小学 読書教本編纂趣意書』という小冊子を作製している。教科書の販売促進を図るためのパンフレットである。その趣意書の「全体ノの趣意」の項では、この教科書が「我ガ国現今ノ形勢ニ照シ、将来有為ノ国民ヲ養成スル目的」で編纂されたことを謳っている。また「今後我ガ国民ノ世界ニ於テ占ムル位置ノ次第ニ拡張スルニ従」って読本の教材も変化すると述べた上で、「最モ新奇ニシテ、且児童ノ興味ヲ牽キ、教授ノ趣味ヲ添フベキ」教材を選んだと記している。その具体的な教材例としてあげられているのは、巻七では「伊勢大廟」「名所古跡」「我が国の工業」「谷村計介」であり、巻八では「我が国の国体」「台湾征伐」「黄海の戦」「明治の御代」であった。実際には、「日清戦争」関係の話題は、当初の申請本から後退してしまっていたものの、この「編纂趣意書」の記述からは、これらの時局教材が「専ラ新鮮ノ材料」として売り込むための目玉商品として用意されたことが推察できる。[*29]

　もっとも、そうした戦略を採用したのは、なにも普及舎だけではなかった。後述するが、富山県で作られた浅尾重敏編の『小学 尋常読本』も、日清戦争の教材を掲載した申請本を、文部省の検定に提出している。この読本は、『尋常小学 読書教本』よりもやや遅れて、明治二七年一二月五日に出版・発行されているが、ここにも、巻八の第一九課に「忠烈ナル喇叭手」、第二〇課に「武勇ナル水兵」のエピソードが教材化されていた。これも『尋常小学 読書教本』と同様に、文部省の検定においては、やはり付箋紙に「□」の記号が記されており、掲載予定だった二つの日清戦争関連教材は、別の教材に変更されている。

過剰に燃え上がった民衆の戦争熱を教科書販売の奇貨として利用しようとしたのは、むしろ民間教科書書肆の側だったのであり、文部省の検定は、それにブレーキをかける役割を果たしていたことになる。

日清戦争関連図書群と読本

もっとも、この時期には、売り手の側が、日清戦争熱にうまく便乗すれば教科書の販売量が飛躍的に増加するのではないか、という期待を持っても無理のない社会的状況があった。というのも、当時の多くの人々は、日本軍による初めての海外戦争の推移に強い関心を抱き、各種の新聞や、『日清戦争実記』『日清戦争画報』などの戦争雑誌を先を争って読みあさっていたからである。その結果、遠い戦地で戦われた対外戦争の情報は、戦争に関する文字情報、及び写真や浮世絵などの図像メディアを通して、広く庶民の日常の中に浸透していった。「日清戦争」は、明治期の人々の間に、新しい国民としての関心と意識とを生み出した「大イベント」だったのである。それは、これまで日本人が経験したことのない、きわめて大きな社会的なできごとでもあった。

そうした戦争報道の過程の中で、「軍人」、それも大将や司令官だけではなく、階級の低い兵隊たちの中からも、新しい「英雄」が創り出されていく。『尋常小学読書教本』や『小学尋常読本』が取り上げようとして果たせなかった「成歡の役の喇叭卒」や「玄武門の先登者」「武勇ナル水兵」などの話題も、それまでは無名だった兵士たちの活躍を取り上げたものである。権力は、戦争という非日常の国家的な大イベントの中で軍功を立てた兵士たちを、国家の「英雄」として賞揚し、彼らを日本帝国主義体制を支えるサイクルの中に組み込んでいく。軍隊に招集された平凡な庶民＝兵士は、単なる一個人として死ぬことは許されず、「無名戦士」として国家の祭儀の中に組み込まれる。「戦死」は、あくまでも公的な、それも国を背負った「死」だったのである。

しかも、軍隊という厳然とした階級秩序社会の中では、軍功を上げたり、名誉の戦死を遂げることは、一介の兵卒が階級を飛び越えて「英雄」として認められる唯一の機会であり、またその手段だった。そのような「英雄」たちのストーリーを読み物化したのが「忠勇美談（軍国美談）」である。この兵隊たちの中から生まれた新しい「英雄」は、多くの庶民たちに共感を持って迎えられる。こうした物語群は、天皇を中心とした国家主義体制に、庶民が「平等な国民」として参加していることの証と

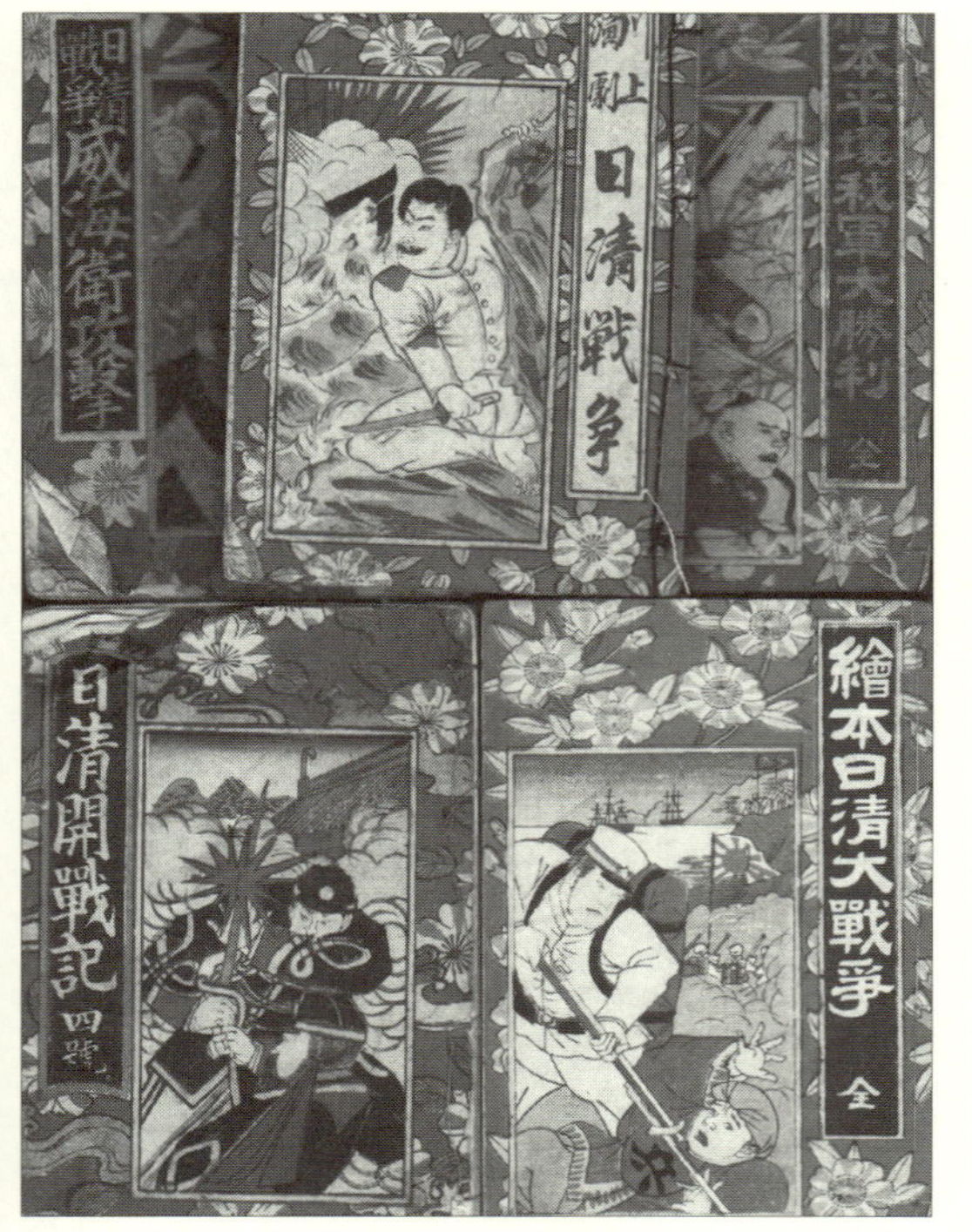

日清戦争関係・銅版赤本絵本類

しても機能した。中内敏夫は、国定教科書の「軍国美談」を検討して、その事情を「一君万民主義の効能宣布の役割、つまり、等しく『赤子（せきし）』のたてまえのもとに日本資本主義下の現実の階級差に耐えさせ、精神の次元でその協調と融和を導く役割を担いえた」と、きわめて的確に指摘している。確かに『尋常小学読書教本』の「成歓の役の喇叭卒」や「玄武門の先登者」などの一兵卒を取り上げた軍事教材は、申請本段階で登場しただけで、実際に教科書教材として多くの学習者に読まれることはなかった。しかしそれが、中内の指摘する国定読本の「軍国美談」につながっていく教科書教材のもっとも早い例だったことは間違いない。[*30]

もっとも、わざわざ教科書の中に、そうした教材を直接持ち込むまでもなく、この時、子どもたちを囲む読み物や図像の中には、日清戦争関係の話題が氾濫していた。前頁の図版で示したのは、先ほど見た「明治赤本」の一種で、本文と絵が銅版刷りになっている安価な絵本類である。こうした子ども向けの小型本の題材には、それまで主に源義経や八幡太郎義家、あるいは太閤記や忠臣蔵などの歴史的な事件と人物とが取り上げられていた。そこに、新たに現在進行形の戦争の話題が加わったのである。[*31]

ここに示した「日清戦争関係・銅版赤本絵本類」の諸本のうち、『絵本日清大戦争』の中心的な話題は、大島旅団長が指揮した豊島海戦と、それに続く牙山占領の顛末である。この絵本の印刷・発行日は、明治二七年八月一九日印刷、二三日発行、となっている。牙山占領は、『絵本日清大戦争』が刊行される、わずか二〇日前の七月三一日の出来事だった。大人向けの多くの日清戦争関係の報道物と同じように、子ども向けのこうした廉価な印刷物も、時流に遅れまいと、即座に事件を取りあげて、発刊されていたのである。その内容が時局的な話題であることから「内務省検閲済」の注記が奥付に添えられた「銅版赤本」もあって、子ども向けの安価な書物といえども、戦争情報は当局の監視下に置かれていたことも推察される。また、日清戦争関係の話題は、いち早く川上音二郎一座の演劇に取り入れられて世間の評判になったが、それも『川上演劇 日清戦争』と題する子ども向けの絵本に仕立てられていた。

そのほか、子どもたちが読む少年雑誌類にも、写真とともに戦争関係の話題が掲載され、特集号外や関連図書も盛んに刊行された。図版は、一八九四（明治二七）年一〇月二五日に発行された雑誌『幼年雑誌』の号外誌『征清画談』の表紙である。この特集号は、江見水蔭が文章を書き、人気の画家武内桂舟の挿絵を付け、日清戦争を題材にした記事を満載した総頁一〇〇頁にもわたる堂々たる内容である。『征清画談』は、号外第一号に続けて、続刊も毎月刊行されたらしい。[*32]

国語教科書も、やはりこうしたブームと無縁ではありえなかった。今

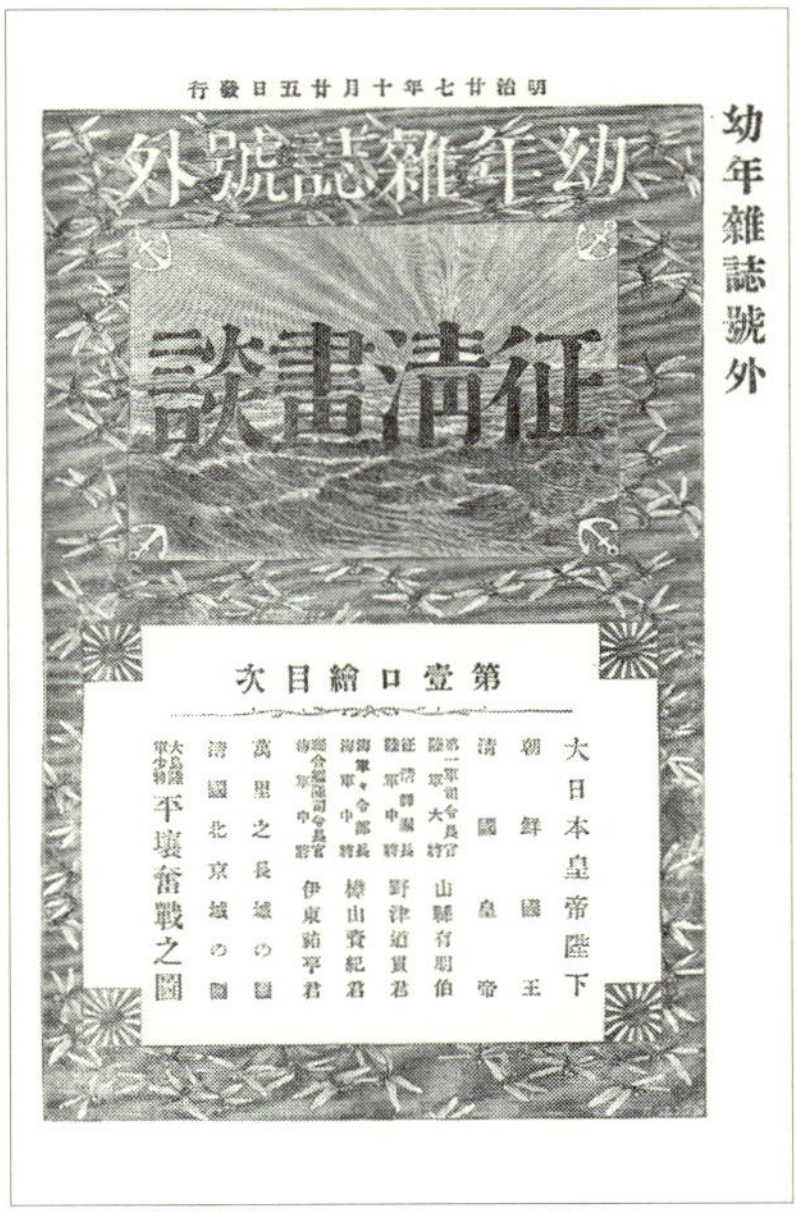

『幼年雑誌』号外　征清画談

泉定介・須永和三郎の『尋常小学読書教本』や、浅尾重敏の『小学尋常読本』は、時流に便乗した教材を性急に掲載したため、検定申請本でいったん登場させた日清戦争関係の教材をあきらめざるをえず、供給本にそれを反映させることはできなかった。しかし、戦いの帰趨が明確になり、それが歴史的な既定事実となった暁には、こうした話材を教科書教材として採用することに、なんら障壁はない。むしろ、そうした教材を掲載することを自体を、国家が要求するようになる。したがって、一八九五（明治二八）年以降の国語読本には、日清戦争の英雄たちが、次々と登場してくる。どの国語教科書にも、日清戦争関係の話題は必ず掲載されているのだが、以下には「成歡の役の喇叭卒」と「玄武門の先登者」を取り上げたものだけに限って、それを抜き出してみた。

明治年	教科書名	喇叭卒	玄武門
二八年	『訂正新体読本』 金港堂		巻八第一〇課
二九年	『尋常小学開国読本』 山梨図書	巻五第三課	巻七第二九課
二九年	『尋常小学明治読本』 育英舎	巻四第二五課	
二九年	『大日本読本 尋常小学科』 大日本図書	巻四第一〇課	巻五第七課
二九年	『小学読本 尋常科用』 金港堂		巻七第二九課
三〇年	『尋常読本』 普及舎	巻五第二三課	巻六第二〇課
三一年	『新編尋常読本』 普及舎	巻五第二三課	巻六第二〇課
三三年	『国語読本 尋常小学校用』 普及舎	巻五第二四課	
三四年	『国語読本 尋常小学校児童用』 普及舎		巻五第二四課
三四年	『尋常日本国語読本』 文学社	巻五第二二課	
三五年	『尋常国語教科書』 文学社	巻五第二〇課	

ここからは、明治二八年以降になると、多くの「読本」が「成歡の役の喇叭卒」と「玄武門の先登者」の話題を取り上げていたことが分かる。

こうした事実からは、教科書と子ども読み物、あるいは少年雑誌などが、競い合うように、「昔話」や「戦争」を材料として取り上げたこと、またそれが「近代子ども国民読者」の向かう方向を大きく規定していったことを確認することができるのである。

以上、ここまで明治検定中期に東京で刊行されて、大部の発行数を誇った二つの民間教科書会社作製の「読書科用教科書」の内容を見てきた。この時期には、このほか、大手の『尋常小学新体読本』（原亮三郎・金港堂）、『帝国読本』（学海指針社・集英堂）、『新撰小学読本』（坂上半七・育英舎）、などが覇を競い合い、それぞれシェアを伸ばすべく、新しい教材を盛り込んだ読本の壮絶な売り込み合戦を展開していたのだった。

三、伊沢修二と民間読本

「教育学館」の設立

第三部第二章では、文部省編輯局で伊沢修二が主導した『読書入門』『尋常小学読本』の内容を検討した。この官版の『小学読本』が強引な文部省の普及活動によって、全国にかなり浸透したことにも触れた。

しかし、文部省の編集局は、一八八九（明治二二）年二月一一日、大日本帝国憲法発布と同時に、二つの大きな事件に遭遇する。一つは、言うまでもなく文部大臣森有礼が、凶刃に斃れたことだった。伊沢は、教科書編纂作業を支えていた大きな後ろ盾を失ってしまったのである。もう一つは、会計問題だった。やはり同年二月一一日に公布された会計法では、各官庁では、支出収入の伴う事業はできないと規定されていた。そこで、文部省の出版事業は、やむなく民間に払い下げられることになったのである。その受け皿として新しく設立されたのが、大日本図書会社だった。これは、第三部第四章第三節で触れた大阪の三木佐助の奔走によって設立された「文部省編輯局直轄関西図書取扱所」と、それに遅れて設立された「関東取扱所」が母体になっていた。その結果、全国各地の「読書」科の読本として選定されていた官版の『読書入門』『尋常小学読本』やそのほかの官版教科書は、文部省の命令により、明治二〇年代後半まで、この大日本図書会社から供給作業が行われる。*33

文部省の編集局廃止にともなって、伊沢修二は、文部省参事官の役職に退く。さらに、文部次官だった辻新次と軋轢を生じ、一八九一（明治二四）年六月二四日には、文部省を辞してしまう。だが、伊沢は、その前年の五月に、自らが主導して「国家教育社」を設立していた。民間人となった伊沢は、「国家教育社」の活動に専念し、「保障的国家主義・国家有機体説」を盛んに主張して、実利的な国家主義を推進すべく活躍する。また、機関誌『国家教育』を発刊して、国家教育の普及を図った。

それだけではない。伊沢は、新たに「教育学館」を主宰して、国家教育主義に立脚する新教科書の編纂を企てたのである。大日本図書会社と出版契約を結んだ伊沢は、ここから教科書を続々と刊行した。教科書の編集にあたったのは、かつての文部省編輯局のメンバーが中心だった。大矢透、尺秀三郎、安積（あさか）五郎、朝夷（あさひな）六郎などが実務に当たり、加部巌夫（いずお）が編集主任を担当した。つまり、教科書編集という点に限っていうなら、伊沢は、文部省の教科書を作成した陣容を、ほぼそのまま引き抜いて編集体制を整えたことになる。

教科書編集の人的構成が、文部省とほとんど同じだったとするなら、次のような疑問が湧いてくる。すなわち、「教育学館」が作製した教科書は、どのような内容なのか。とりわけ「読本」に関しては、グローバルスタンダードをめざして伊沢修二が主導した官版の『読書入門』『尋常小学読本』の編集方針と、どこが同じで、どこが異なっていたのか。またその教科書は、官版の読本と同様、実際に広く使われたのか。このような問題を考えることは、文部省の『読書入門』『尋常小学読本』の位置とその果たした役割を、あらためて検討し直すことにもつながるはずである。これまでの教科書研究において、十分な検討がなされていない「教育学館」が関わった教科書に関して考えてみよう。

そこでまず、「教育学館」が関与し、大日本図書会社から刊行された教科書類を以下に掲げる。

『聖旨道徳 尋常小学修身書生徒用』全四巻　教育学館敬撰　明治二五年
『聖旨道徳 尋常小学修身書長野県生徒用』全四巻　教育学館敬撰　明治二八年
『聖旨道徳 高等小学修身書生徒用』全四巻　教育学館敬撰　明治二五年
『聖旨道徳 尋常小学修身用画集 全』教育学館敬撰　明治二六年
『小学日本歴史』全二巻　教育学館編輯　伊澤修二閲　明治二五年
『新体日本歴史初歩』全二巻　齋藤斐章編輯　教育学館校定　明治二七年
『高等小学 理科書』全四巻　教育学館編輯　伊澤修二閲　明治二六年
『小学日本地理』全二巻　教育学館編輯　伊澤修二閲　明治二五年
『小学日本地理全図』教育学館編輯　伊澤修二閲　明治二五年
『小学外国地理』全二巻　山崎勇編輯　教育学館校定　明治二六年

『高等小学 用器画』全二巻　大原鉦一郎著 教育学館校定　明治二五年

『大東読本』全四巻　大矢透著　伊沢修二閲　明治二六年

『大東商工読本』全四巻　大矢透著　伊沢修二閲　明治二八年

『高等女子読本』全八巻　森孫一郎編輯 教育学館校定 明治二七年

『大日本読本 尋常小学科』大矢透著　上田万年・尺秀三郎閲　明治二九年

『大日本読本 高等小学科』全八巻　尺秀三郎著　明治三〇年

『初等農学』全二巻　横井時敬著述　教育学館校定　明治二六年

『語学教授本』全二巻　加部巌夫編述　教育学館校定　明治二六年

『日本資料』全三巻　松本愛重編集　教育学館校定　明治二六年

『初学国語仮名遣読本 全』寄藤好実著述 教育学館校閲　明治二八年

『小学校用毛筆画手本』全八巻 結城正明画 中村方定編 教育学館校閲 明治二七年

以上が、教育学館、および伊沢修二が関わって作製刊行した教科書の一覧である。ここからは、多くの教科にわたって、各種の教科書を出版していたことが分かる。このうち伊沢がもっとも力を入れた教科書は、おそらく検定制度下で初めて生徒用の教科書を使用することになった「修身」科用の『聖旨道徳 尋常小学修身書』であっただろう。というのは、この時、修身教科書は、どの教科書書肆にとっても新しく門戸の開かれた商品だったからであり、その売り込みをめぐって激しい売り込み合戦が展開されたからである。「国家教育」を推進しようとしていた伊沢にとって、「修身」教科書の採択の成功は、その主張を浸透させる最大の支柱と感じられただろうことは、容易に想像がつく。しかし、結論を先走りすると、教育学館の教科書類の販売は全般的に奮わず、それが十分学校現場に浸透することはなかった。それはなぜなのか。「読本」類に限ってではあるが、この問題を検討してみる。

教育学館関係者の刊行した読本は、明治二六年の『大東読本』全四巻、明治二七年の『高等女子読本』全八巻、明治二八年の『大東商工読本』全四巻、であり、それらに続いて明治二九年末には、尋常小学校用の読本『大日本読本 尋常小学科』全八巻と、高等小学校用の『大日本読本 高等小学科』全八巻が、刊行されている。

（1）大矢透著・伊沢修二閲『大東読本』など

教育学館が最初に刊行した読本は、『大東読本』である。『大東読本』は、上下二巻四冊による構成で、明治二六年三月一八日に出版されており、同年一二月二七日に、文部省の検定を通っている。読者対象は、「高等小学校ノ本科、并ニ小学校ノ補習科」である。一冊の分量は通常の読本の二倍近くあり、もし高等小学校の四年間をかけて使用するなら、各学年で一冊を使用することになる。ちなみに、各巻の分量は、以下のようである。第一編上巻・四六丁、下巻・五四丁、第二編上巻・五八丁、下巻・七四丁。

先に見たように、文部省が編纂した『読書入門』『尋常小学読本』は、その先進的な内容はもちろんのこと、国家権力による強力な働きかけもあって、全国で使われるようになった。しかし、編集局が廃止された結果、それを印刷して、供給することが不可能になり、民間の大日本図書会社がその仕事を代行していた。つまり、大日本図書会社の最大の業務は、『読書入門』『尋常小学読本』『高等小学読本』などの官版教科書を増刷して、全国に供給することにあったのである。

したがって、伊沢が主宰する教育学館が新しく「読本」を作製し、それを大日本図書会社を通して販売しようとするなら、それら官版の読本との競合を避けようと考えるのは、ある意味で当然である。それゆえ、教育学館では、まず、高等小学校と尋常小学校補習科用の『大東読本』、高等女学校用の『高等女子読本』、商業学校用の『大東商工読本』などに手をつけたのだと推察される。

『大東読本』、および『大東商工読本』の著者である大矢透は、現在は、国語学者として記憶されている。昭和三年の『国語と国文学』には、「大矢博士自伝」と題する記事が掲載されており、国語教育に関与した経緯などが記されているので、その一部を以下に引用してみよう。[*34]

> 当時田中登作といふ人が、教育に関する図書を刊行する普及舎の主筆で、自分は予て知合であつたが、此人が当時文部省の教育局長といつたやうな位地であつた伊澤修二氏に紹介してくれて、この伊澤氏の手で明治一九年一二月、文部省雇編修局詰を命ぜられ月給三〇円給与せられた。同二〇年一二月には文部属に任じ判任官六等に叙せられ、二三年六月総務局詰を命ぜられ、二四年三月非職となり、二七年三月非職満期となつた。
>
> 文部省在職中及びその以後に於ても、伊澤修二氏には一方ならぬ好意をうけた。元來伊澤氏は非常に偉い人であつたが、同時にまた非常に短気な人であつたから堪まらない。気に入らぬと火のついたやうに怒る。所が、自分がまた極めて直情径行にて、意見が違へば直ちに反対する。かつて大勢の職員のゐる前で、伊澤局長が何だか無理なことを云ふたので、自分もカツとなり、之に反抗して下らず、たちどころに大喧嘩となり、同僚の取りなしで止めた。しかし、伊澤氏は根が立派な人格の人だから、喧嘩のあとからすぐ柔かになつて、それ以來はかへつて前にもまして懇意となつた。自分は文部省在職中、国語教育に関するものに興味をもち、これが著作を試み、明治二二年に『小学読本』、二四年に『わづかのこらへ（童話）』、二六年に『大東読本四巻』・『大東商工読本四巻』等を公けにした。
>
> 自分が文部省から非職となつた当時、伊澤氏は既に文部省を去つて教育学館の館長となり、大日本図書会社にも関係してゐた。この会社は主として教育・学校教科書の図書出版事業を経営した。自分は予て此会社から読本類を出版してゐた縁故と、伊澤氏の関係とにより、同会社の社員となり、専ら教科書の編纂に従事した。明治三一年四月、自分は台湾総督府民政部学務課編修事務を嘱託せられ、同三四年八月に至り、御用済解雇となつた。台湾総督府在職中は、主として台湾方言の調査と、台湾小学校の教科書編纂に従事した。この前後に亘り、自分が国語教育に関する著作は、明治三二年に刊行した『国語溯源』、三五年の『台湾教科用書国民読本』・『教授用掛図』を初め、『語学指南』・『東文易解』等であつた。

「自伝」によると、大矢透は、文部省が作成した『小学読本』の編集にも関わっていたらしい。この自伝には、それが『尋常小学読本』なのか、あるいは『高等小学読本』なのかに関する記述は無いが、「明治一九年一二月に、文部省雇編集局詰」に任じられたとすれば、『尋常小学読本』は、すでに成稿となっていた時期だろう。「自伝」とは別の大矢の「年譜」では、その『小学読本』の刊行は、「明治二二年一〇月」と記されている。

「明治二二年一〇月」という期日は、『高等小学読本』の第六巻と第七巻の刊行年月と符合する。こうしたことから、大矢は、文部省の『高等小学読本』の教材作成に関与したのではないかと考えられる

さて、教育学館の『大東読本』である。この読本は、教育学館長伊沢修二閲・教育学館員大矢透著として刊行されているが、かなり大胆な編集方針を採用していた。それは、二人の登場人物を設定し、その人物が狂言回しのような役割を担いながら、様々な経験を通して成長するというストーリーを軸に、教科書が構成されていることである。つまり、教科書全体が、一連の「読み物」になっているのだ。「緒言」によれば、「仮ニ貧富両家ノ子弟ヲ設ケテ、其性行ヲ叙シ、之ニ繋クルニ、修身ハ、勿論、農工商ノ実業ヨリ理科、経済、法律等ニ至ルマデ、総テ児童ノ、後来、社会ニ立ツニ及ビテ、必須、欠ク可カラザル事項ヲ以テセリ。」ということになる。

『大東読本』第一編上巻「第一課」の冒頭を引いてみる。

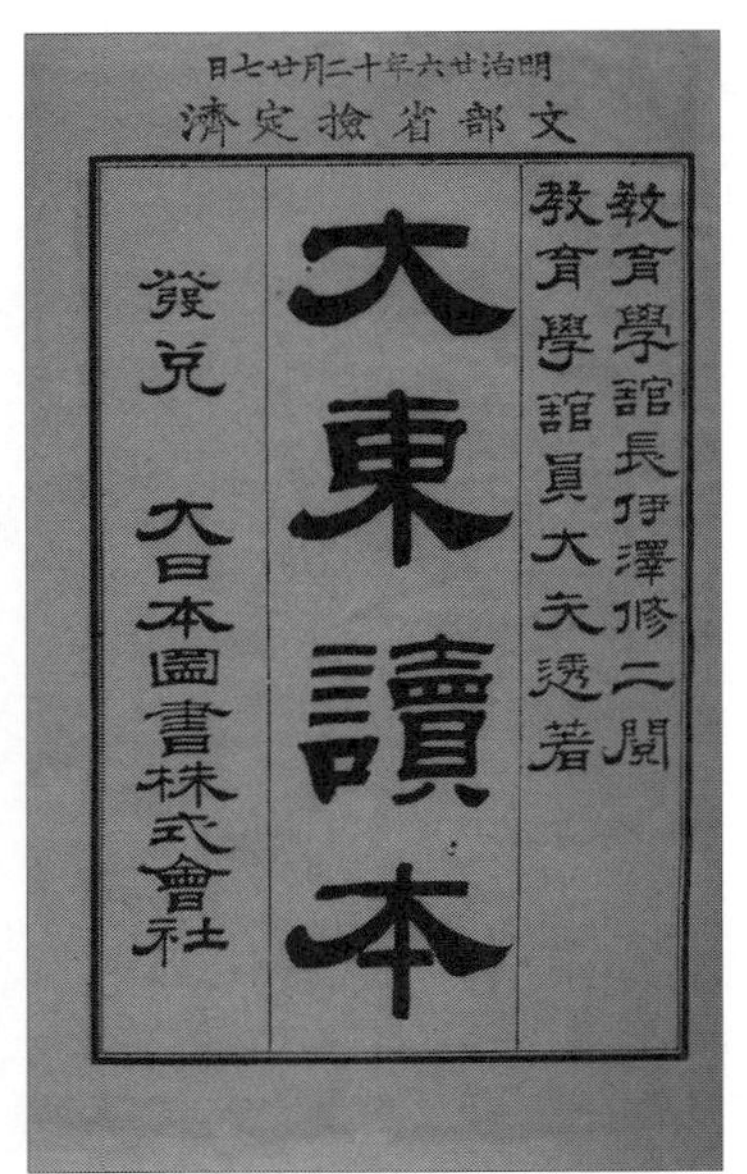
明治廿六年十二月廿七日
文部省検定済
教育學舘長伊澤修二閲
教育學舘員大矢透著
大東讀本
發兌 大日本圖書株式會社

『大東読本』見返し

茲に、何処なりしか、水穂国太郎と呼べる一童ありけり。早く、父に別れ、母に育てられて、今年、漸く十歳となりぬ。国太郎には、一人の妹ありて、既に、学齢に近けり。母は、女の手一つにて、此二人の幼児を養ひ、今日に至れる、其艱苦、何許ばかりなりけん、思ひやるべし。

されば、国太郎も、今年まで、尋常小学に入りて、四年の全科は、卒業したけれど、家計、益々窮迫して、此上、高等科、若くは、補習科を修むべき資力無ければ、今は止むを得ず、廃学して、他家へ奉公することゝなれり。

こうして国太郎は、奉公先の息子である佐倉不二雄と出会う。この国太郎と不二雄とが「貧富両家ノ子弟」であり、やがて二人は学友となる。この読本の縦軸は、頑健で科学に秀でた国太郎と、柔和で文学に長けた不二雄とが互いに刺激し合って成長していくストーリーである。それを縦軸にして、彼等が出会う様々な事件の中で、そこから理科・歴史などに話が広がったり、教師の講義から多くの知識を吸収したりするという横軸がからまって、全四巻が組み立てられている。

このように登場人物の行動に寄り添いながら、新知識を獲得させるという構成は、たとえば、明治初期の「子ども向け翻訳啓蒙書」で、青木輔清の『万国地理物語初編』が、採用した手法とよく似ている。そこでは、浦島屋太郎吉がコーネルの案内で、海外旅行をして見聞を広めるというストーリー展開になっていた。また、「学制」期の教科書に指定された瓜生政和の『西洋新書』も、やはり旅行記の体裁を採っていた。手法だけで言えば、滑稽を売り物にした大人向けの読み物ではあるが、十

返舎一九の「膝栗毛」シリーズを模した仮名垣魯文・総生寛の『西洋道中膝栗毛』なども同様の展開である。登場人物が各地で様々な風物に触れる体験を描くことは、読み手に実感的に世界地誌などの情報を伝えるために効果的な手法だと言えよう。

しかし、学校教育用の「読本」には、修身や地理・歴史、あるいは科学的知識などの様々な題材を集成する必要がある。したがって、こうした記述スタイルは、採用しにくい。もちろんこれまでの読本でも、低学年用の教材においては、固有名を持った子どもが登場するという設定が採られることもあった。また、高い識見を持った大人が、教材中の登場人物に教え諭すというような形式の単発の教材も無かったわけではない。しかし、そうした方法を全編に及ぼして、読み物集として仕立て上げた「読本」は、存在しなかった。

もともと、「読書」科用の読本は、雑編的な素材を脈絡無く併置しただけの、バラバラで無味乾燥なできあがりになりやすい。そこで、いくつかの教材を、テーマや題材内容によって連関させる試みも行われてきた。たとえば、検定前期の読本で言えば、塚原苔園の『新体 読方書』が意図的にそうした題材配列を試みていたし、前節で検討した今泉定介・須永和三郎の『尋常小学 読書教本』の巻八の最終教材も「日清戦争」関連で（ただし、文部省申請本の段階）、並べられていた。これらは、いくつかの教材と教材とを関係させることで、学習者の興味を連続させようとする工夫である。だが、それを全編に採用するのは無理がある。*35

しかし、『大東読本』は、二人の登場人物を登場させ、互いが切磋琢磨し合って成長するという大きなストーリーの中に、読書科の「読本」に要求される様々な題材を織り込んだのだった。題材によっては、ストーリー展開が脇道にそれたように見える部分も無いわけではないが、とにかく全体を統一した物語として統御しようという姿勢は貫徹されている。その意味で、大矢透の『大東読本』は、「読本」編纂の新しい試みとして歴史的な意義がある。このような形式の「読本」ならば、読者は、教科書を独立した「読み物」としても享受することが可能である。というより、この教科書は、「子ども読み物」の一種として評価することさえ可能かもしれない。*36

この読本と、全く同じ手法で作られたのが、『大東商工読本』で、明治二八年三月一三日に検定を受けている。「緒言」によれば、この教科書は、「高等小学校、実業補習学校ニ於テ、商工業家ノ子弟ニ、読本ヲ授クルノ用ニ供センガ為ニ撰述」したものである。やはり『大東読本』と同様「仮ニ貧富両家ノ子弟ヲ設ケテ、其性行ヲ叙シ」て、そこに商業・工業の解説や、理科・経済・法律などの知識を織り込んでおり、商業・興業の話題に力点を置いている。登場人物の名前は、島太郎と豊雄で、二人の固有名こそ異なるものの、人物の境遇や性格は、ほとんど同じで、

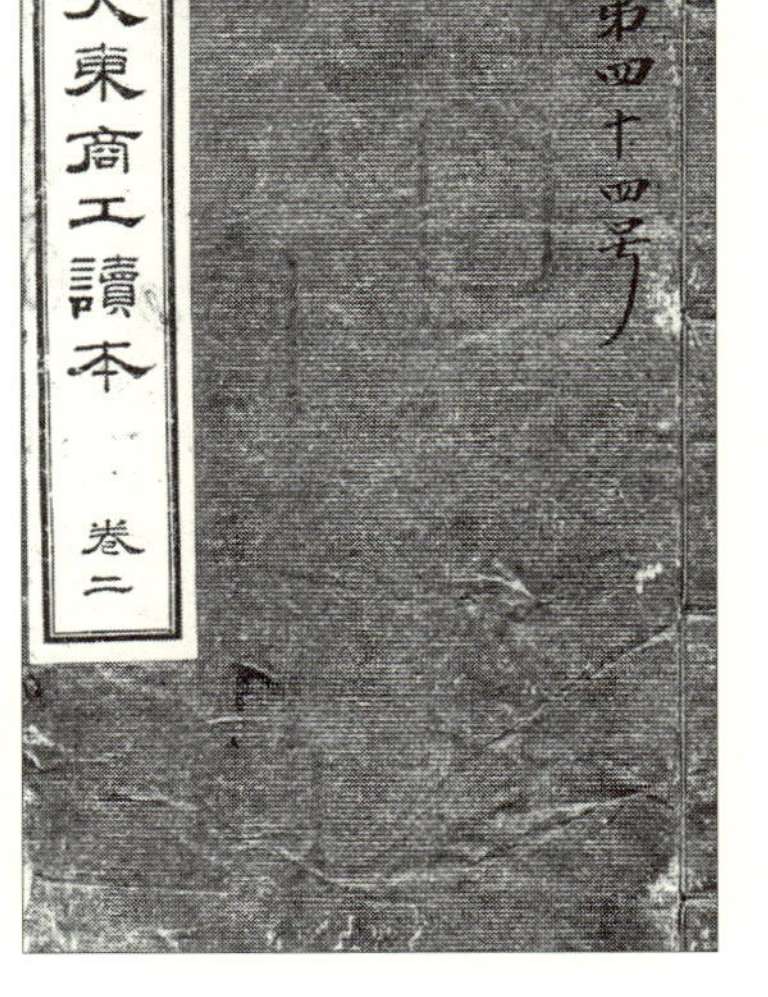

『大東商工読本』表紙

部分的に『大東読本』と同じ教材文も使われている。また、『大東読本』『大東商工読本』の挿絵は、ともに、浅井忠、印藤真楯が担当しており、これも文部省編纂の『尋常小学読本』『高等小学読本』と同様に洋画家を起用していた。

別に、教育学館の読本としては、『高等女子読本』がある。この読本は、明治二七年五月二二日に文部省の検定を受けており、「森孫一郎編集・教育学館校定」となっており、対象は「高等小学校ノ女生、及ビ高等女学校・尋常師範学校女子部ノ読書教科用」である。この読本は、『大東読本』のような大胆な構成を採用することはせずに、一般的な編集方針に順っている。編者の森孫一郎（桂園）は、東京高等師範学校卒業後、『新撰小学地理書』『学校用日本史略』『高等小学日本歴史』『小学珠算書』などの、多くの教科書の編集に関わっており、教科書編集者としても、かなりの経験を持っていた。本書でも、山縣悌三郎の『小学国文読本』の実務を担当した人物として、既に登場している。

女子教育の展開に関しては、下田歌子の読本を検討した際に、一八九一（明治二四）年の「中学校令中改正」によって、高等女学校が尋常中学校の一種とされ、女子中等教育機関として法制上に位置づけられたことに触れた。森の『高等女子読本』も、そうした女子教育の隆盛に対応して作られたものだろう。この読本は、類書のように和文中心ではなく「和文ニ偏セズ、漢文ニ偏セズ、力メテ、中和ヲ得シコトヲ期セリ」という編集方針だったところに特色がある。教材は、『比売鑑』『婦女鑑』などの女性道徳書、貝原篤信（益軒）の諸作、あるいは『太平記』『徒然草』等の古典から集められていた。また、一八八八（明治二一）年に刊行された文部省の『高等小学読本』からも取材しており、巻三第二三課には「金沢」、巻四第一六課には「親切の返報」が再録されている。

なお、編者の森孫一郎（桂園）は、この後、金港堂の雑誌『青年界』の編集主任を務め、やはり金港堂から刊行されていた『少年界』『少女界』などにもいくつかの作品を発表する。さらに金港堂から刊行された金港堂お伽噺シリーズなどの幼少年向けの小冊子体裁の創作読み物を、一九〇二（明治三五）年から一九〇六（明治三九年）にかけて、数多く手がけた。そういえば、『大東読本』の編者である大矢透も、森桂園の活躍に先駆けて、一八九一（明治二四）年五月に、日本昔話を再話した子ども向け読み物『わづかのこらへ』を、刊行している。

このように教育学館の「読本」の編集作業を担当したのは、子ども向け読み物を執筆する手腕を併せ持っていた人材であった。大矢が、『大東読本』の編集にあたって「子ども読み物」的な手法を採用することができたのも、読本の編者たちにそうした素養や文章作成能力があったからである。学習用の「読本」を作製することと、「子ども読み物」を作製することとの境界は、きわめて接近していたのである。*37

『金港堂お伽噺十二ヶ月』森桂園

見てきたように、明治二八年までに大日本図書会社が刊行した読本類は、『大東読本』『高等女子読本』『大東商工読本』という三種類の読本だった。そのうち、『大東読本』と『大東商工読本』の編集形式は、これまでの読本の編集形式と大きく異なった方針を採用しており、教科書編集史上から見ても、きわめて特異な位置をしめる読本に仕上がっていた。こうした読み物的な編集方法が、どれだけ反響を呼び、またそれが販売促進に結び付いたのかは明らかにしがたい。しかし、文部省検定済と明示された『大東読本』の「供給本」が、現在いくつかの大学図書館などに保管されていることから、ある程度は、教育現場で使われたと推測できる。[*38]

しかし、民間教科書書肆間の教科書販売合戦の中で、これら教育学館の教科書類が、商業的に成功したとは言えないだろう。梶山雅史は、「教育学館」の教科書事業全般に関して、「すでに全国隅々に売込工作を浸透させていた先発民間書肆の販売網に太刀打ち不可能であった」と述べている。また、上沼八郎も、「黄金万能の世相の下では、教科書の採択は良否によるのではなく、運動の多寡による弊風をかもしつつあった。伊沢は、不評は即ち潔白の証拠であると自ら慰めたのである。」と述べ、伊沢の関係した教科書群が受け入れられなかった、としている。また、ほかならぬ伊沢自身も「少しも用いられな」かった、と証言している。「教育学館」の教科書類は、教科書市場において大きなシェアを得ることはできなかったのである。[*39]

もっとも、読本販売合戦の主戦場は、部数の大きい尋常小学校用の読本、あるいはそれに続く高等小学校用の読本であり、教科書書肆が市場を席捲するには、「尋常読本」のシェアを確保することが最重要課題になる。そこで大日本図書会社は、新規まき直しで、尋常科用の小学読本と高等科用の小学読本の作製に取りかかったのだった。

(2) 大矢透著『大日本読本 尋常小学科』

前述したように、大日本図書会社は、明治二〇年代後半に至るまで、文部省が編集した『読書入門』『尋常小学読本』『高等小学読本』を、市場に供給し続けていた。しかし、大日本図書会社が『大東商工読本』を刊行した明治二八年の時点では、それらの官製の読本が刊行されてから、約一〇年の時間が経過していた。『尋常小学読本』などの小学校用の読本の賞味期限も、そろそろ切れかかってきていた。また、文部省編纂の『高等小学読本』も、当初は全八巻の予定だったが、七巻まで刊行したところで、編集局の廃止という局面に遭遇してしまい、最終刊の第八巻は結局未刊のままだった。

ここでは、一八九五（明治二八）年五月に、大日本図書会社が、教育学館との出版契約を解消したことに、まず触れておく必要がある。この間の事情は、『大日本図書百年史』に詳しいが、この時、教育学館の版権はすべて大日本図書株式会社の側へ譲渡された。また、その前年の一八九四（明治二七）年一二月一一日限りで、大日本図書会社への文部省命令は廃止され、同年一二月一四日には、大日本図書株式会社が成立していた。つまり、印刷機械も編集スタッフも、文部省からの「払い下げ」という形で出発した大日本図書会社は、ここでようやく独立した民間教科書会社としての独自性を発揮できる環境が整ったのである。[*40]

それでなくとも、時代状況は、大きく動いていた。明治二〇年代初頭の欧米文化に追いつくことが絶対条件だった「鹿鳴館時代」と、日清戦争に勝利して世界の一等国に追いついたという自負が生まれた明治二〇年代後半とでは、教育に求められる内容にも大きな変化があった。国民国家の確立という要求は、教育施策の方向にも影響を与え、また民間読本の内容にも、国家主義的な教材の増加という形で、それが具体的に表れていた。明治二〇年代初めに作られた『読書入門』『尋常小学読本』は、多くの地域で依然として使われ続けていたが、大日本図書株式会社としても、『尋常小学読本』『高等小学読本』の後継書とでも言うべき、新しい「準官版」の読本を作製しようという気運が高まってきていたと思われる。

そこで、企画されたのが、大矢透著の『大日本読本 尋常小学科』と尺秀三郎の『大日本読本 高等小学科』だった。『大日本読本 尋常小学科』は、明治二九年一二月二六日に検定を受けた全八冊構成の読本である。さらに『大日本読本 高等小学科』全八冊が続けて刊行されて、明治三〇年一月一一日に文部省の検定を通過している。

この時の大日本図書株式会社の社長は、佐久間貞一だった。彼は「文部省編輯局直轄関東図書取扱所」設立当時から、大日本図書会社の委員長として、教科書出版とその普及活動の楫取りに苦心していた人物である。『佐久間貞一小伝』は、佐久間がこの『大日本読本』の編集を開始した事情に関して、次のように記述している。[*41]

（前略）『読書入門』、『尋常小学読本』の板権を文部省より下付せられんことを請願すべし、といふものあるに至れり。氏は、素より望まざるに非ざれども、思ふに、是れ官府の援護によりて事を行ふもの男子の屑しとせざる所なり。寧ろ此際に当り、全美なる教科書の編纂を企て、旗鼓堂々其運命を天に任せんのみ。加之、文部当局の編集、素より完美なるものなるべしと雖も、既に数年を経過す。多少の改定を要するの点なしとせんや。将さに新出版の企図を為すべしと、之を編纂出版せしむ。『大日本読本』と称するもの是なり。（カギ括弧と句読点は稿者が補った）

この伝記作者の言にしたがえば、『大日本読本』は「新出版の企図」という編集方針のもとで、新たな構想に立って作製されたことになる。では、大矢透の『大日本読本 尋常小学科』は、実際にはどのような内容構成なのか。それを、次に見ていく。この読本の「緒言」には、こう記されている。

一、本編ヲ記述スルニ当リ、児童ノ心性発達ニ伴ヒテ、文体ヲ定メ、材料ヲ撰ビ、以テ完全ニ読書科ノ目的ヲ達スルト同時ニ、修身科ノ応援ヲ為シ、作文科ノ補助トナリ、地理、歴史、理科等ノ端緒ヲ開キ、其ノ他、人生必須ノ智能ヲ授与暢達セシメンコトヲ勉メタリ

一、愛国ノ性情ヲ涵養シ、尚武ノ気象ヲ振作シ、海事ト事業トヲ貴ブノ思念ヲ誘発スルコトハ、国運ノ扶持上進ニ関スル至大ノ要素ナリ。故ニ、本編ハ、特ニ此ニ注意シ、極メテ剴切ナル材料ヲ選ビ、児童ノ知識ノ程度ヲ勘ヘ、巻ヲ逐ヒテ之ヲ編入セリ。

明治二〇年代の初頭の検定前期の読本と、検定中期の読本との最も大きな違いは、国家主義的な教材の増加である。とりわけ日清戦争以降の

『大日本読本 尋常小学科』 帝国大学文科大学教授上田万年・ドクトル尺秀三郎閲 大矢透著 発兌・大日本図書株式会社
明治二九年一一月二四日発行 明治二九年一二月二三日訂正印刷発行 明治二九年一二月二六日・文部省検定済

巻一

1 ナ
2 ハ。ハナ。
3 タ。ハタ。
4 カ。タカ。
5 シシ。シカ。
温習 ナタ。ハタ。カタナ。ハカ。ハハ。シタ。カタ。ハナシ。
6 ウシ。ウメ。
7 ハト。マメ。
8 タコ。マリ。
9 トラ。ササ。ノハラ。
10 クリ。カキ。ススキ。
11 サル。カニ。ヨシ。
12 アメ。ツリ。フナ。
13 ツクエ。フトン。ホン。
温習 キントキ。ノシ。ヱホン。コヨリ。アメフリ。カラカサ。
14 フエ。タイコ。ケン。オニノメン。
15 セリ。ソラマメ。ソテツ。セキチク。
16 イヌノコ。子コノコ。イケノヘリ。アヒルノヒナ。
17 モモノキニミノムシ。タケノユミニヨシノヤ。
18 クワヰトレンコン。シロウリトアヲナ。
19 カゴトゲタ。ギンナントイガグリ。
20 ミゾレニカゼ。コザサニスズメ。カキノキニメジロ。
21 イケニフヂダナ。ミヅニヲシドリ。キシニサデ。
22 オボエテオクベシ、ブンブノマナビ。シバシモワスルナ、……
23 ペントエンピツ。ポンプト ラッパ。
24 イロハニホヘド、チリヌルヲ、ワガヨタレゾ、ツ子ナラム。……

巻一・七銭 巻二・八銭 巻三・九銭 巻四・一〇銭 巻五・一一銭 巻六・一一銭 巻七・一二銭 巻八・一二銭 合計八〇銭

25 タイコ一ツ。コマ二ツ。テマリ三ツ。ハ子四ツ。オテダマ五ツ。
26 六ツノナシ。七ツノカキ。八ツノミカン。九ツノリンゴ。十ノクリ。
27 一ピキ、二ヒキ、三ビキ、四ヒキ、五ヒキノイヌ。一ハ、二ハ、三バ、……
カタカナ カズジ
28 しか。かかし。
29 つつじ。つくし。
30 かに。いしがき。
31 かきのき。なしのき。くりのき。
32 なとなす。すきとかま。
33 かきとはまぐり。ふなとなまづ。かつをとすずき。
34 きんときにまさかり。くまにささ。かきにさる。
35 はたにたま。けんにふさ。たけうまにたづな。
36 たかいしろ。ふかいほり。きついへいたい。
37 わが、まはる。いぬが、はしる。はちが、わるる。
38 まなべまなべ、ほねおりまなべ。いそげいそげ、たれよりいそげ。
39 らっぱをふく。まへへすすむ。だいばにゐる。おほづつをうつ。
40 ふ江をふく。たいこをうつ。はごやてまりをつく。
41 ゆきがき江て、はながさく。あめがはれて、にじがみゆる。
42 こどもが、ゑをまいてゐます。おやどりが、ひよこに、ゑをひろはせます。
ひらがな

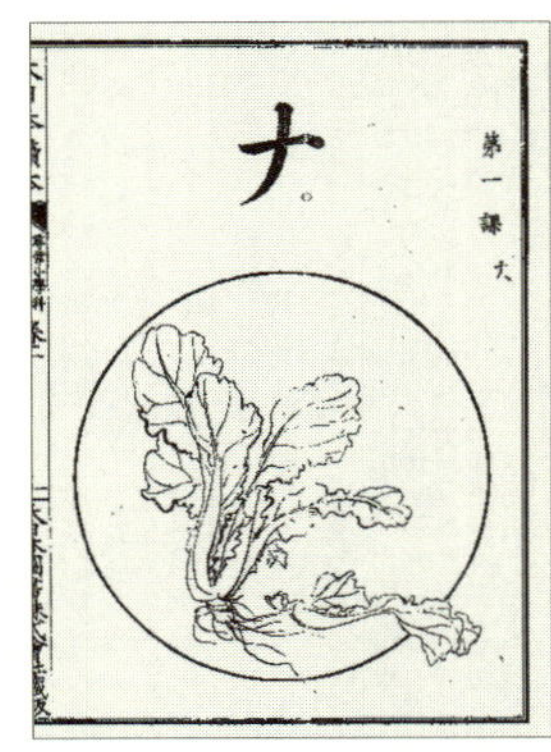

冒頭教材「ナ」

	巻二（仮題）	巻三	巻四	巻五	巻六	巻七	巻八
1	ふたりのこ	あさおき	大日本	我が国の気候	やまとだましひ	三種の神器	万世一系
2	すずめのやど	はなの色	じんぐうくわうごう	桜	鎌倉権五郎	醍醐天皇　含(韻)	和気清麻呂
3	シヨモツ。	春ののあそび(韻)	ふじの山	日本武尊	秋の田の面(韻)	植物の生長	家
4	ガクカウ。	たねまき	天長節(韻)	相助くべし	仁徳天皇	盲女の裁縫	森
5	たらぅ	よき子ども	冨士のまきがり	学校ノ用品	手紙の文(手)▲	裁縫	神嘗祭(韻)含む
6	子をおもふ(韻)	太郎のしやうじき	むつまじき家内	日記	地図ト画	源平の戦ひ	日用文(手)▲
7	あにとおとうと	モノサシ	米	玄武門	我ガ国ノ地図	日用文(手)▲	豊臣秀吉一
8	厂厂わたれ(韻)	大砲	升	兵士	骨をしみせし馬	郵便ト電信	豊臣秀吉二
9	ジヨウキセン。	がくかうのたのしみ	秤	進めやすすめ(韻)	塩	江戸屋八左衛門	世界
10	コンボウ。	だいばのりとり(韻)	喇叭卒	新井白石	大海戦(韻)	織物	地勢
11	犬とねこ	さるとかに一	食物	文字	軍艦	色及び模様	小出えち子
12	テンチヤウセツ含(韻)	さるとかに二	鰹	要用ナル金属一	少年の漁猟	独を慎む	女子の職分
13	山と川	山あそび	よき料理	要用ナル金属二	羅針盤	諫めに従ふべき事	二宮金次郎
14	テフテフ。	四方	兎とわに	農業	京都ト大阪	楠正成	節倹と注意
15	口耳手(韻)	あてもの	ふゆの朝	麦	五港	楠木正行	水ノ変化
16	犬のよくばり《イ》	ミヽズク	一月一日	口上の文(手)▲	空気	年若き農夫	寒暖計
17	クワシ。	はなれ馬	はです	三人の娘	時	人体	元始祭(韻)含む
18	やまざきあんさい	馬	虎	子どもの時の孝行▲	年礼	養生	暦
19	土人ぎやぅ	母の恩	あはれみふかき娘	村町市	変体仮名▲	山田長政	徳川家康
20	チヤワン。	衣服	善き娘(韻)	蒙古来る	中村直三	海	家康の遺訓▲
21	きたく	牛若とべんけい	桃太郎のはなし一	船	綿	野中兼山の江戸土産	国民ノ義務
22	ギウニウ。	時計	桃太郎のはなし二	東京	井上でん絣を織り出す	一畿八道	水兵の胆力
23	毛糸	時計の針(韻)	犬	鯨	菅原道真	漆器ト陶器	威海衛の占領
24	たこづくり	おろちたいぢ一	神武天皇	小さきを羨む	商人	伊藤小左衛門	明治の聖代
25	モモタラウ	おろちたいぢ二	四つの時	口上の文(手)▲	菊池知良	生糸及ビ茶	台湾
26	米と田	小野道風	清潔	秋季皇霊祭	新羅三郎	北海道及ビ琉球	天つ日影一(韻)
27	豆ざいく	忍耐(韻)	清くせよ(韻)	氏ト姓	兄弟の法	旅順口の攻撃	天つ日影二(韻)
30	ヂユウバコ。						
31	ねずみとり						
32	まなべあそべ(韻)						

《イ》はイソップ童話　(韻)は韻文　(手)は手紙文　▲は原文行書体　「含む」は教材文中にそれが含まれているという意

読本に、そうした教材が増加したことは、前述したとおりである。この読本でも「国運ノ扶持上進ニ関スル至大ノ要素」が重要だと考えて、そうした材料を取り上げたことを、前面に打ち出している。巻七第二七課の「旅順口の攻撃」や、巻八の第二四課から続く四つの最終教材群がその典型的な例であるが、こうした国民的教材の収録は、この時期のほかの読本と同様であり、『大日本読本 尋常小学科』だけの特徴とはいえない。

『大日本読本 尋常小学科』が、文部省の『尋常小学読本』と大きく異なる点は、「作文科ノ補助トナリ」と「緒言」にもあるように、日常で使用する実用的な手紙文などの教材をいくつか混在させていることである。『尋常小学読本』にも手紙の書き方の教材はいくつかあったが、読本とは別に作文用の『尋常小学作文授業用書』が用意されていたせいもあって、『尋常小学読本』は、読むことの学習を専一にした読本に仕上がっていた。

これに対して『大日本読本 尋常小学科』は、総合読本的な編集になっている。前節で検討した、今泉定介・須永和三郎の『尋常小学 読書教本』などと同様の編集姿勢であり、一冊の読本で、読むことの学習と手紙文の学習とを同時にさせてしまおうという考え方である。

この「作文科ノ補助」として使う意図で用意された手紙文の教材は、行書体によって提出されている。巻五の「口上の文」、巻六の「手紙の文」、巻七・八の「日用文」などがそれである。つまり、この部分は、現実生活対応型の発想によって作製されていたことになる。現場の声に合わせた現実的な対応だと評価できるかもしれないが、グローバルスタンダードを目指して欧米のリーダーに倣おうとした『尋常小学読本』の方向とは、かなり相違している。

また、修身的な教材が多く採択されていることも、同時期の読本と同様であるが、その出典には、かなり古めかしいものが含まれている。例えば、巻五の一八課の「子どもの時の孝行」の出典は、司馬温公の「婦人六徳」を和訳した『婦人六徳和解』であり、巻七の一三課の「「諫めに従ふべき事」と、巻八の一二課「女子の職分」は、貝原益軒の『童子訓』が出典である。こうした旧来の儒教的道徳も取り込んだ上に、さらにこの読本には、明治期の庶民も多数取り上げられている。ほかの読本でも「孝子伝」のような従来からの材料に取材することは行われていたが、この読本は、江戸末期から明治期に至る庶民の善行や生活を多岐にわたって教材化している。こうした「修身教材」の編成方法は、この『大日本読本 尋常小学科』の特色である。

『大日本読本』表紙
（図版は高等小学校用）

ちなみに、それらの教材名を挙げると、巻六第二〇課の「中村直三（綿花の栽培・大和）」、同第二三課の「井上でん（久留米絣・筑後）」、同第二五課「菊池知良（正直商人・江戸）」、巻七第九課「江戸屋八左衛門（羽二重・加賀）」、同第二四課「伊藤小左衛門（茶と製糸・伊勢）」、巻八第一一課「小出ちえ子（良妻賢母・江戸）」、同第一三課「二宮金次郎（社会貢献・相模）」となる。

第三部第二章第五節で検討したように、明治の商工業の発展に尽力した人物を数多く取り入れた読本の先例は、文部省が作製した簡易科用の『小学読本』である。実際、『大日本読本 尋常小学科』の「中村直三」は、『小学読本』巻二第一三・一四課「老農中村直三の事」と、また「菊池知良」は、『小学読本』巻四第二課の「佐野屋長四郎」の教材文と、まったく同文である。おそらく大矢透は、文部省の『小学読本』から、教材文を直接転載したのだろう。この二つの教材が同一であるということだけを根拠にして、『大日本読本 尋常小学科』が文部省の作製した簡易科用の読本に似ていると強弁するつもりはないが、ここからも、この読本のおおよその方向は推察される。

『大日本読本 尋常小学科』と、文部省の『尋常小学読本』との決定的な相違点は、外国由来の教材の多寡にある。『大日本読本 尋常小学科』には、外国の教科書から導入された教材はほとんどない。それに対して、『尋常小学読本』では、直近の欧米のリーダー類から、大量に教材が調達されていた。また、それこそが『尋常小学読本』の大きな特色であった。『大日本読本 尋常小学科』の教材の中では、巻八第二二課の「水兵の胆力」の原典が、*Sargent's Standard Reader* の第三巻一二二課四の「The Pssenger and the Pilot」だと思われる。しかし、サージェントリーダーは、明治初年に盛んに使われた英語読本で、この時点では、日本の英語教育でも、ほとんど使われなくなっていた教科書である。また、教材「水兵の胆力」は、すっかり日本化され、文章もこなれているので、誰も外国由来の教材とは思わなかっただろう。さらに、巻六第八課に、イソップ寓話の「骨をしみせし馬」があるが、この教材もすでに多くの読本で使われていた。

つまり、この読本からは、伊沢が求めたグローバルスタンダードの欧化的な色彩は、すっかり消え去ってしまっているのである。そうした志向自体が、鹿鳴館時代の終焉とともに、世の中から雲散霧消してしまったのかもしれない。あるいは、日清戦争に勝利したことで、これからの大日本帝国の読本は、国家主義に傾斜した修身教育と同様に、旧来の教育内容を復活させて編成するべきだとの考え方が強まっていたのかもしれない。どちらにしても、この『大日本読本 尋常小学科』は、積極的に外国教材を導入して、上からの近代化路線を強力に推進しようとした文部省の『尋常小学読本』とは、対極的な仕上がりになっていた。それにともなって、読み物としての面白さを持った教材は激減し、実科的内容ばかりが掲載されたのも、この読本の特徴である。そのことによって『大日本読本 尋常小学科』は、ますます、当時の民間の大手教科書書肆が刊行していた読本との区別が曖昧な出来上がりになってしまっている。

前節で述べたように、この読本の著者である大矢透は、教育学館の関係した『大東読本』『大東商工読本』においては、きわめてユニークな読本の構成を採用していた。それは、読本全編を、物語化するという方法だった。しかし、この教科書には、そうした斬新な手法は使われていない。わずかに、『大日本読本 尋常小学科』の新しい編集方法の工夫として、各教材の末尾に教材内容を要約した短い文章が附されていたことが挙げられる。しかし、それが子どもたちの学習にどのような効果をあげるのかは測りがたく、教科書のセールスポイントとして打ち出すには、あまりにも小さな工夫でしかなかった。教材編成に関しても、関連する教材を連続して配置するという方法が数カ所で試みられているが、これもほかの読本と同じで、『大日本読本 尋常小学科』の特長として取り立てるまでもない。

さらに、『読書入門』と『尋常小学読本』が刊行された当時は、入門期教材に「談話文」を導入することが、大きな問題になっていた。しかし、それ以降、ほとんどの読本はその方向を踏襲し、読本の中に談話文体を登場させることは、もはやどの読本でも常識だった。少年書類や少年雑誌では、年少の読者に向けて談話文体を使用することは、当たり前の事態になっている。一八九四（明治二七）年七月には、博文館からは巌谷小波の『日本昔噺』シリーズが子ども向けの言文一致体で刊行され始め、またその好評を受けて一八九六（明治二九）年一〇月からは『日本お伽噺』シリーズが、やはり年少者を意識した文章・文体で書かれて、支持されている。それらの文章・文体に比べれば、『大日本読本 尋常小学科』の談話体には、逆に、ぎこちない表現も散見されるほどである。

以上述べてきたことをまとめると、この読本の評価は次のようになる。すなわち、『大日本読本 尋常小学科』は、外国読本からの翻訳教材をほとんど使用しないという方針で作られた実科的な内容の読本だった。おそらく『大日本読本 尋常小学科』は、独自色を前面に打ち出すよりも、あえて文部省の『尋常小学読本』とは正反対の、どちらかと言えば既存の民間教科書書肆の読本の収録内容に近づけることを編集戦略として作成された教科書なのである。おそらくそれが、『佐久間貞一小伝』の伝記作者が言うところの「新出版の企図」だった。

そのことは、教科書の価格設定という点からも、裏付けられる。明治二〇年四月に文部省編集局から出版された『読書入門』『尋常小学読本』全八巻の合計金額は、当初は六四銭四厘だった。教科書価格の低廉化は、伊沢修二が教科書を官営化する目的として掲げていた施策でもあった。また、実際それによって民間教科書会社の営業努力を引き出すことができ、民間の教科書価格も全体的に値下げされたことは、前述した。ところが、『読書入門』『尋常小学読本』は、その後、大日本図書会社から刊行されるようになり、大日本図書が株式会社化した明治二七年には、定価の「改訂（値上げ）」があった。明治二七年一二月三一日の奥付のある『読書入門』『尋常小学読本』には、「改正定価」が記されており、それによると、全八巻の合計価格は六九銭二厘となっている。[*42]

それでもまだ文部省の読本は、ほかの大手教科書書肆の読本よりも低価格だった。『大日本読本 尋常小学科』と同じ明治二九年一二月に文部省の検定を受けた金港堂の『小学読本 尋常科用』全八冊の合計金額は八〇銭であり、明治二九年一月検定の集英堂（学海指針社）の『帝国新読本』全八冊は、七五銭六厘である。（ただし、その翌年明治三〇年一二月検定の『新編帝国読本 尋常科生徒用』全八冊は、七五銭。）もちろん、教科書の価格は、単に安ければ良いというものではない。また、教科書のページ数も、各社ごとにそれぞれ若干異なる。しかし、教科書を製作販売する企業の側とすれば、低廉な価格設定は、消費者を取り込むための大きなセールスポイントとなる。大日本図書株式会社による大矢透の『大日本読本 尋常小学科』も、文部省がかつて導入したような低価格路線を採用して、販売を伸ばす戦略も考えられたはずである。だが、この読本の価格は、全八冊合計で八〇銭であり、ほかの民間教科書会社とほぼ同じ価格帯に設定されていた。つまり、この時、大日本図書株式会社から刊行された尋常小学校用・高等小学校用の読本は、その内容も、その価格も、ほかの大手民間教科書会社とほぼ似たようなものだったのである。

とするなら、この読本を普及させるための推進力としては、営業力を含めた販売力しか残っていない。すでに張り巡らされていた大手民間会社の教科書供給網に対抗して、そこで火花を散らしている販売競争の戦場に割って入るには、この読本の置かれた状況が、かなり厳しいものであったことは火を見るより明らかだろう。

その結果は、どうだったのか。『佐久間貞一小伝』では、先ほどの引用の後を、次のように続ける。[*43]

> 然るに不幸、『大日本読本』の発売は、更に販路を得る能はざりき。之れ編纂の不完全なるが為に非ず。装釘の悪しきにあらず。価格の高価なりしにあらず。全く当時の教科書業者の競争甚しく、各府県に人を派して盛んに黄白を散布したるを以てなり。然るに氏は、陋劣の手段を以て勝を制せんよりは、却つて失敗の名誉あるに如かずと為し、更に運動することなく、金品を散布せしめず、超然として社会の『大日本読本』に対する意嚮を傍観せり。果して然り、運動者なきの該書は、教育社会より継子扱ひとなり、更に顧みるものなく、氏の企図は、漸漸失敗の名誉を荷へり。（カギ括弧と句読点は稿者が補った）

大日本図書株式会社が作製した大矢透著の『大日本読本 尋常小学科』と、尺秀三郎の『大日本読本 高等小学科』は、教科書販売競争において、敗北を喫したのである。さらに続けて、大日本図書株式会社は、検定後期に入っても、明治三四年一二月に検定を通った『日本国語読本 尋常科』巻一甲乙全九巻と、同年同月に検定を通った『日本国語読本 高等科』全八冊を刊行して、自社の読本の普及に意欲を示したが、この読本も、それを採択した府県はひとつも無かった。[*44]

この時、民間企業としての大日本図書株式会社は、帝国大学文科大学教授上田万年とドクトル尺秀三郎の二人の名前を校閲者として前面に押し出し、大矢透を著者として、『大日本読本 尋常小学科』を作製した。しかし、大矢透自身の自伝にも年譜にも、『大東読本』の書名だけはあるが、この『大日本読本 尋常小学科』の書目は記されていない。大矢自身にとっても、『大日本読本 尋常小学科』の作製は、心に染まないものであり、自分の誇るべき仕事と意識されていなかった可能性さえある。大矢の『大日本読本 尋常小学科』は、文部省の読本とも、また「教育学館」のそれまでの読本とも、異なったコンセプトのもとに作製されていた。おそらくそれは、佐久間貞一を初めとした大日本図書株式会社の側が、積極的に選択した教科書編集方針だったはずである。しかし、遂に『大日本読本 尋常小学科』は、小学生たちの教科書として、実際に教室の中に持ち込まれることはなかった。民間会社である大日本図書株式会社が新しく企画編集した小学校用読本事業は、成功しなかったのである。

以上見てきたように、野に下った伊沢の「教育学館」における教科書事業は、彼の思惑どおりに展開しなかった。読本の編集に関して言うなら、きわめてユニークな編集方法を採用した『大東読本』『大東商工読本』を、読本史上に残すことだけはできた。しかし、発行母体だった大日本図書会社が自社の読本を独自に編集刊行するに至って、画期的と評された文部省編纂の『読書入門』『尋常小学読本』は、その編纂主旨を引き継ぐような読本が表れないまま、徐々に使用されることがなくなっていく。また、伊沢自身も、一八九五（明治二八）年には、新版図である台湾に渡り、そこで「日本語教育」に専念することになる。[*45]

＊

これら「教育学館」の読本、および、大日本図書株式会社の作製した『大日本読本』をめぐる経緯からは、次のような問題が浮上する。

まず、文部省の『読書入門』『尋常小学読本』に関してである。この読本が、後世の研究者や教育実践家などから高い評価がされていることは、第三部第二章で触れた。しかし、実際には、この読本は当時の多くの教師たちの認識や感性に十分になじむものではなかったのではないか。伊沢修二は、官版の読本という権威を振りかざして、様々な手立てを駆使して強力に普及を図り、ある程度その採用に成功した。伊沢がそれを、「教科書ニ採定シタルモノハ三府二十八県ニシテ之ヲ採用セザルモノハ一道九県ニ過ギズ」と、数字を挙げて成果を誇っていたことも紹介した。だが、全国各地でこの読本が採用されたとしても、それがそのまま『読書入門』や『尋常小学読本』の教科書内容の支持と直結しているとは言えないだろう。

もちろん、各地の「小学校教科用図書審査会」において、読本の審査がなされ、地域の教育事情に詳しい教員たちもそこに参加していたのだから、この読本の内容が、一定程度、受け入れられたことは疑いがない。しかし、なんと言ってもこの教科書は、「お上」が作製した読本である。そのことだけで、すでに絶対的な権威が読本に備わっている。各地の委員会では、官製読本という外皮に惑わされることなく、読本内容の検討が進められただろうか。あるいは、伊沢の目指したグローバルスタンダード路線が、各地域ですんなりと受容されただろうか。第三部第四章第三節では、その受容例の一つとして、三重県の例を紹介した。そこでは、一度は官版の読本を採用したが、次の読本採定時には、多くの地区が民間の読本を選んでいた。こうした例は、何も、三重県の例だけには限らなかっただろう。

このことは逆に、なぜ検定中期に、大手の民間書肆の作製した読本が受け入れられたのかという問題とも関連する。従来は、もっぱら民間教科書書肆のなりふり構わぬ教科書販売競争によって、大手民間教科書会社の読本が普及したと考えられていた。確かに、教科書の採択を最終的に決定するのはごく少数の委員たちだから、大枠においてこの説明は間違ってはいない。後に教科書疑獄事件によって破綻した明治教科書検定の結末を知っていれば、そう考えるのがむしろ当然でもある。しかし、大手の民間読本の内容は、文部省の『読書入門』『尋常小学読本』よりも、はるかに実科的だった。それらの読本にも、いくつかの興味深い読み物教材は掲載されていたが、文部省の読本ほどその数は多くなかった。大方の現場の教員たちが求めていた読本の内容は、実科的なものだったのである。つまり、欧化的・文学的な内容の『読書入門』『尋常小学読本』は、文部省という権威を借りたからこそ、普及が可能だったのではないか。「上からの近代化路線」は、必然的にある種の押しつけ行為となり、またそれを受け入れる各地域の人々の実感とはズレが生じる。民間の教科書書肆は、そのような現場の感触を肌で掴んでいたからこそ、それに見合う内容の読本を作製し、またそれが受容されたと考えることもできるだろう。教科書は、啓蒙の道具としてではなく、現実生活に実際に役に立つ書物であるという点にその存在理由があったということである。

「教育学館」の教科書が、市場競争においてはかばかしい成果を挙げなかったのも、そうした事情が要因の一部を成している。「教育学館」のスタッフの大部分は、伊沢が声をかけて集めた人材（エリート）だった。民間に下ったからといって、大日本図書会社と出版契約を結んでいた伊沢修二グループによる読本の編集姿勢が、急に変化したとは考えにくい。大矢透の『大東読本』や『大東商工読本』のようなゆとりのある大胆な編集が可能だったのも、そうした冒険を許容する雰囲気があったからだろう。「教育学館」において、民間の教科書書肆では作製不可能なユニークな読本が誕生したのも、執筆者たちが「準官版」というお墨付きによって、教科書の販売も保障されていると考えていたからではないか。この点に関して伊沢修二たちは、極めつきの「理想家」だったのである。

それはまた、大日本図書株式会社が、一民間教科書会社として本格的に出発しようとした際に、作製した読本の内容とも関係する。ここまで見てきたように、そこで作られた『大日本読本』の内容は、文部省の読本とは、全く対蹠的な内容だった。少なくとも、『佐久間貞一小伝』にあるように、文部省の読本に対して「多少の改定を要するの点なしとせんや」と肯定的にとらえて、それを微修正したようなものではなかった。そのことは、多くの現場が求めていた読本の内容が、必ずしも伊沢の目指したグローバルスタンダード路線と重なるものではなかったということを示唆している。それを十分に承知していたからこそ、民間教科書書肆である大日本図書株式会社は、理想的な教科書よりも、現実的な「売れる」教科書の作製を企図したのである。

そうであるならば、『佐久間貞一小伝』の「超然として社会の大日本読本に対する意嚮を傍観せり。」という文言は、あまりにも綺麗事に過ぎる。民間会社としては、程度の差こそあれ、販売促進活動をまったくしなかったとは考えにくい。それよりも、文部省の払い下げ会社という状況から出発した大日本図書株式会社には、この時、小学校用の教科書を供給するための販売網の整備や、それに必要な人脈の把握が未だ十分にできていなかったというのが事実だろう。これ以降、大日本図書株式会社が、もっぱら中等学校用の教科書の作製に専念し、その方向に特化させる戦略によって業績を伸ばしていったことは、それを証拠立てているように思える。

教科書という特殊な商品を選定するしくみである採択制度とその運用過程が大きな問題だったことは、先学の研究で明らかにされている。検定制度という枠組みが矛盾に満ちた存在だったからこそ、一部の教科書書肆が市場を占有し、ゆがんだ商業主義の行き着く先が教科書疑獄事件につながったのである。しかし、教科書を選び、また、その教科書を使用する学習者にとって、もっとも大事なのは、教科書そのものの内容である。本書では、一貫して読本の内容を中心にして、国語教科書や子ども読み物の問題を考えてきたが、本節でも、そうした観点から、未だ十分に検討されていなかった「教育学館」の読本をめぐって考察した。

次章では、終焉を迎えた地域読本の様相を、やはり、その教材内容を中心に検討していくことにする。

注 (Endnotes)

*1 この新たに改訂された読本は『小学国文読本 尋常小学校用』の文章を「改刪訂正」したもので、文章量も若干スリムになり、題名にも『小学国文読本 尋常小学校用・片仮名交』と「片仮名交」という単語が付け加わっている。読本の内容はほぼ同じであり、文部省の検定日は、明治二七年一一月三〇日である。

*2 小林義則については、木戸若雄『明治の教育ジャーナリズム』近代日本社、四九—五〇頁、による。また文学社（小林義則）は、稲垣千穎の撰による尋常小学校読書科用の教科書『新編讀本』全六冊を刊行している。明治一七年九月二六日版権免許、明治一八年六月出版。この教科書は、明治二〇年四月二三日に訂正再版発行をして、五月六日に文部省の検定を通った。

*3 板倉聖宣・永田英治編著『理科教育史資料・第六巻〈科学読み物・年表・人物事典〉』東京法令出版　一九八七（昭和六二）年二月　六二頁。

*4 山縣悌三郎『児孫のために余の生涯を語る　山縣悌三郎自伝』弘隆社　一九八七（昭和六二）年七月　一二八—一二九頁。「余同編輯所長の名義を以て、随時出勤、自己の編著に係るもの〻原稿料以外に、一ヶ年金千五百円の報酬を受くることになつた。」

*5 山縣悌三郎の『小学国文読本』については、先行研究として西川暢也「山縣悌三郎著『小学国文読本』について——その入門期の特質」『国語科教育』第四二集・全国大学国語教育学会編　一九九五（平成七）年三月　一五三—一六二頁、がある。この論考は、主として文部省の『読書入門』と比較して「入門期」の教材の特質を検討している。そこでは、『小学国文読本巻一』は、『読書入門』の本質的な編集の改革点である単語の精選と文章中心の方法を継承している。しかも、文・文章を早く、多く提示することにとどまらず、学習者である子どもの日常生活の中での視点を重視したものが選ばれ、談話体表現を多く取り入れている。」とされ、山縣の『小学国文読本巻一』が、「学習者の『既有情報』による「文」表現への接近が強く図られた」ところに特色がある、と結論している。

*6 稲田浩二編『世界昔話ハンドブック』二〇〇四（平成一六）年四月　三省堂、では、「終わりのない話」は、「中東・アラブ」の代表的な昔話として紹介されている。そこではこの話は、シリアの話であり、姫と相愛になった若い王子が、王の前で「終わりのない話」をして姫を得て祝福される、という展開である。またこの本には『終わりのない長い物語』の条件にあわせて麦の数を数えるというモチーフは、ドイツの昔話にも登場」という記述がある。それが「尽きぬ物語」の原拠かもしれないが未詳。

*7 『少年園』第二巻第二二号・明治二二年九月一八日出版、一六—一九頁。

*8 引用は、滑川道夫「解説」『「少年園」解説・総目次・索引』不二出版　一九八八（昭和六三）年一〇月　二二頁。教科書の教材文は、「分かち書き」になり、また漢字使用も少なくなっている。これらも、年少の読者向けの表記上の配慮である。

*9 「黒鐵屋の話」は、『少年園』第七二号・一八九一（明治二四）年一〇月一八日刊に、中村秋香作。「狩野山楽の幼時」は、『少年園』第四三号・一八九〇（明治二三）年八月三日刊、に掲載されている。

なお、この「尽きぬ話」は、この後、以下の国語読本にも掲載されている。明治三〇年刊『国民新読本 尋常小学校用』（文学社）巻八、明治三三年刊『小学国語新読本 尋常科用』（右文館）巻八、明治三四年刊『実験国語読本 尋常小学校用』（右文館）巻六。

*10 明治期の少年雑誌から展開した投稿誌には、ほかに「小国民」の号外として学齢館の『紅顔子』(『小国民』第三年七号号外・明治二四年四月)、博文館の「幼年雑誌」から派生した『日本全国小学生徒筆戦場』(明治二四年三月刊)などがあり、地方でも類似の投稿雑誌が次々と刊行されたようだ。滑川道夫は、『日本作文綴方教育史1 明治編』(一七二頁)で、明治二五年三月に、新潟で刊行された『小学生徒好友筆戦』を紹介している。ほかに、山口県の「少年学窓之友」(明治二六年?)→「少年世界」があった。また、その「少年世界」の広告からは、各地に類似の投稿誌があったことが分かる。そこには、島根県の「硯海」、広島県の「時習雑誌」、岡山県(備後)の「詩」、神奈川県の「詞林」、千葉県の「文学誌」、岡山県(美作)の「蛍雪」、岐阜県の「文明之利器」、三重県(伊勢)の「文の湖」などの名前が見える。

*11 上田信道「山縣五十雄の《小公子》——翻案「寧馨児」の意味するもの」『翻訳と歴史』ナダ出版センター 第一三号 二〇〇二年七月、に「寧馨児」に関するくわしい論述がある。

*12 蠡湖漁史『石屋六助』学齢館 一八九四(明治二七)年一一月 縦一五センチメートル 三一頁。山縣蠡湖『新御伽噺』言文社 一九〇二(明治三五)年五月 大阪国際児童文学館所蔵・未確認。

*13 滑川道夫「解説——主幹山縣悌三郎と『少年園』」『『少年園』解説・総目次・索引』不二出版 一九八八(昭和六三)年一〇月 一五頁。

*14 「新体詩ブーム」は、「軍歌」を中心にして、明治一九年頃から始まっていた。この時期、『新体詩歌』や『軍歌』の類似本が大量に刊行されている。山本康治『明治詩の成立と展開——学校教育との関わりから』ひつじ書房 二〇一二(平成二四)年二月 七五—九九頁。

*15 『少年園』一八八八(明治二一)年一一月 創刊号「発刊の辞」。

*16 松本愛重『少年叢書 本朝立志談』少年園 一八九〇(明治二三)年一一月。縦一九センチメートル 七二頁 定価三〇銭。なお、鳥越信『大阪国際児童文学館・蔵書解題』大阪国際児童文学館を育てる会二〇〇八(平成二〇)年一二月 一五四—一五五頁、によると、この本には、並製二〇銭と、上製三〇銭の二種類の造本形態があるらしい。

*17 『少年園』から少し遅れて、中川霞城(本名・中川登代蔵)が、一八九〇(明治二三)年一月に、神田駿河台に張弛館を興して、少年雑誌『少年文武』を刊行する。『少年文武』に関しては、木村小舟が、「二年前に生まれたる『少年園』と共に、両々轡を並べて、日本精神の鼓吹に、最新科学の認識に、東西美術の理解に以て三育の完成に盡さんとする意気は、洵に颯爽たるものがあった」(『明治少年文学史・第一巻』一四四頁)と、山縣悌三郎の『少年園』と並べて称賛している。中川霞城は、理科読み物『理科春秋』(明治二三年五月)を刊行したり、グリム童話の翻訳を雑誌に掲載したりしていた。この中川霞城(重麗)も、教科書の編集に携わっている。明治一四年には、理科的内容の『農家 小学読本 附気象問答』(京都・二西樓)を刊行しており、国語教科書では、明治二一年四月二八日に文部省の検定を受けた『尋常小学明治読本』八冊 京都・二西樓を編んでいる。中川の経歴は、先に国語教科書の編集を手がけて、後に少年雑誌『少年文武』の編集に携わったという点で、山縣悌三郎とは逆のケースである。さらにこの『尋常小学 明治読本』は、イソップの寓話を数点取り入れていることや、大阪・京都・神戸などの地域を取り上げた教材がいくつかあるという点が、他の教科書との差異と言えるが、それほど特色を持ったできばえとはいえない。しかし、中川霞城(重麗)も、教科書と少年雑誌の編集の両方を経験していた。これは当時、年少の読者を導くという意識において、両者の間にそれほど大きな隔壁があったわけではない、という事例の一つになるかもしれない。なお、中川霞城の児童文学に関する仕事に関する研究には、

*18 上田信道「『少年文武』創刊号から見た中川霞城の業績」『翻訳と歴史』ナダ出版センター　二〇〇一（平成一三）年五月、がある。

*19 木戸若雄『明治の教育ジャーナリズム』近代日本社（原著）　大空社復刊　一九九〇（平成二）年三月　九四―七頁。
この「明治検定中期までに国語読本に掲載された『日本昔話』」の作表にあたっては、東書文庫所蔵の、明治検定期の国語教科書の尋常小学校用の目次をすべて複写し、簡易製本した「目次一覧」（二二冊・約一〇〇ページ平均）の冊子を利用した。読本によってはまったく目次のないものがあり、また入門期に当たる一年生用の多くの読本は、個々の教材題目が示されず、目次のない場合が通例となっているので、目次一覧からだけでは、教科書の内容を十分に知ることは不可能ではあるが、目次の表題からでもおおよその内容の検討をつけることは出来る。この「日本昔噺」の表においても、目次で確認しただけで教材本文は未確認のものがある。したがって、この調査が完全なものでないことをお断りしておく。なお、本研究のために、この明治検定期の尋常小学校用の読本の目次を、東書文庫のご厚意によって複写させていただくことが出来たことを特記して、感謝申し上げる。
また、向川幹雄『日本近代児童文学史研究Ⅰ――明治の児童文学（上）』兵庫教育大学向川研究室　一九九九（平成一一）年三月　二一二―二一六頁には、この時期の「猿蟹合戦」に関して、以下のような教科書掲載情報がある。『新読本　五』（大倉保五郎出版・明治二〇年）、『尋常小学第四読本』（文栄堂・明治一九年）に翻案、明治二〇年刊の『尋常小学 読書入門　一下』（時習堂）・『明治読本首巻』（亀谷竹二）・『小学簡易科読本　一』（金港堂）に「猿蟹合戦の絵」。

*20 『東京茗渓会雑誌』第四四号　一八八六（明治一九）年九月二〇日刊　六五―六九頁。『東京茗渓会雑誌』第四五号　一八八六（明治一九）年一〇月二〇日刊　二三―四七頁。

*21 『教育昔噺 かちかち山』著作印刷兼発行者・綱島亀吉（日本橋区馬喰町）明治二六年　縦一八センチメートル　横一一・五センチメートル　本文表紙とも六丁。

*22 『桃太郎噺』編集兼発行人・沢久次郎（日本橋区亀井町）明治二〇年七月　縦一二センチメートル　横八センチメートル　本文六丁。

*23 おもちゃ絵「新板桃太郎一代記」くによし画　明治二二年印刷　印刷兼発行者　長谷川栄吉　縦三六センチメートル。

*24 佐谷眞木人『日清戦争――「国民」の誕生』講談社現代新書　二〇〇九（平成二一）年三月。

*25 中村紀久二『教科書研究資料文献・第三集の二　検定済教科用図書表・解題』一九八六（昭和六一）年一月　芳文閣　一六―三六頁。

*26 本文でも記述したが、この『尋常小学 読書教本』は、申請本と供給本とで、内容が異なっている。とりわけ、日清戦争関係の教材文が問題になる。というのは、いわゆる「ラッパ卒」の話題が、最初に国語教科書において取り上げられた例として、この明治二七年発行の『尋常小学 読書教本』が挙げられる場合が多いからだ。確かに申請本には、「成歡の役の喇叭卒」などの日清戦争関係の話題が教材化されているので、国語教科書にこの話材が取り上げられたことは間違いない。しかし、文部省の検定に合格して一般に販売された供給本には、巻八第二二課の「黄海の戦」以外には、日清戦争関係の教材はなく、「成歡の役の喇叭卒」や「玄武門の先登者」は、掲載されていない。また、この教科書の改訂版として、明治二八年七月八日に「訂正三版発行」が、明治三四年一〇月二九日には書名に「訂正」を冠した『訂正 尋常小学 読書教本』が「訂正四版発行」として刊行されており、それぞれ文部省の検定を受けているが、やはりこれらの教材は載せられていない。したがって、「ラッパ卒」の話題は、正確には、「申請段階の教科書にはあったが、供給された教科書にはなかった」と記述するべきである。また、誤解を招かないためには、『尋常小学 読書教本』にこれらの話題があったことは記述しない方がよいのではないかと思われる。
ちなみに、以下の書物には、『尋常小学 読書教本』に「成歡の役の喇叭卒」の話題が載っている、と記述してある。中村圭吾『新評判 教科書物語――国家と

教科書と民衆』ノーベル書房　一九七〇（昭和四五）年八月　一七六―一七八頁。西川宏『ラッパ手の最後――戦争の中の民衆』青木書店　一九八四（昭和五九）年一二月　一七八―一七九頁。中内敏夫『軍国美談と教科書』岩波書店　一九八八（昭和六三）年八月　九九頁。佐谷眞木人『日清戦争――「国民」の誕生』講談社　二〇〇九（平成二一）年三月　一八九―一九二頁。おそらく上記の著者たちは、論述のための資料として、『日本教科書大系・近代編』を使ったのであろう。とすると、根本的には基礎資料として『日本教科書大系』を採用しないか、あるいは『日本教科書大系』の書誌情報に十分注意して取り扱うよりほかはないと思われる。

*27 佐谷眞木人『日清戦争』講談社新書　二〇〇九（平成二一）年三月　一九一―一九二頁。

*28 東書文庫蔵『尋常小学 読書教本』巻一―巻八　明治三七年一二月二六日検定の印が押された「申請見本本」による。この巻一に、佐藤・三矢・荒野の三検定官の印鑑が押されている。佐藤誠実、三矢重松、荒野文雄の三名である。なお、この検定意見については、すでに甲斐雄一郎が『国語科の成立』の中で、井上毅の示した検定不許標準の「国交上ノ誹謗ニ渉ル者」にあたる意見だと紹介し、詳細な考察を加えている。甲斐雄一郎『国語科の成立』東洋館出版二〇〇八（平成二〇）年一〇月　二八一頁。

*29 須永和三郎編『尋常小学 読書教本編纂趣意書』普及舎　明治二八年一月　縦一六センチメートル　総頁一六頁。国立国会図書館蔵。

*30 中内敏夫『軍国美談と教科書』岩波新書　一九八八（昭和六三）年八月　八三頁。

*31 ここに示した図版は、以下のような諸本である。（すべて家蔵本）

『絵本日清大戦争』金寿堂　編集印刷発行・牧金之助、内務省検閲済、明治二七年八月一九日印刷　同年八月二三日発行　縦一七センチメートル　七丁銅版刷り。

『朝鮮事変 日清開戦録』今井七太郎（京都）明治二七年八月一三日検閲済　同年八月二六日発行　縦一七センチメートル　八丁　銅版刷り。

『川上演劇 日清戦争』臨写印刷発行・辻岡文助、明治二七年九月印刷　同年同月発行。縦一七センチメートル　八丁　銅版刷り。

『日清開戦記 四号』編集印刷発行・堤吉兵衛、明治二七年一〇月印刷　同年同月発行。縦一七センチメートル　一〇丁　銅版刷り。

『日清開戦軍記歌入』編集者・竹内庄之助（京都）明治二七年一一月一三日印刷　同年一二月二〇日発行。縦一五センチメートル。銅版刷り。

『日清戦争 威海衛攻撃』編集印刷発行・堤吉兵衛、明治二八年四月印刷　同年同月発行。縦一七センチメートル　六丁　銅版刷り。

『絵本平壌我軍大勝利』金寿堂　最終ページ・奥付欠け。縦一七センチメートル　銅版刷り。

八木佐吉は、こうした銅版刷りの小型本を「銅版児童本」と呼んでおり、「明治二二、年から二七、八年頃が銅版本の最盛期であったらしい」と証言している。（八木佐吉著『書物往来』東峰書房　一九七五《昭和五〇》年一一月　四四六―四五〇頁。）また、同じものを上笙一郎は「銅版絵本」と呼び、やはり「明治十年代より三十年代のはじめ頃までがその刊行期間であったようです。」と述べている。（「合羽版絵本と銅版絵本」『児童出版美術の散歩道』理論社　一九八〇《昭和五五》年一一月　五六―六五頁。初出『絵本』一九七七年八・一〇月号。）なお、日清戦争に関係する小型本には、このような銅版刷りのものだけではなく、木版刷りのものや、すべてのページが色刷りになっているものなどもある。

*32 『幼年雑誌号外 征清画談』博文館　一八九四（明治二七）年一〇月二五日発行　菊判　一〇〇頁　八銭。雑誌内の広告には、毎月刊行をうたっているが、現

存しているのは第二号までのようである。所蔵：巻一・国文学研究資料館・家蔵、巻二・国文学研究資料館・東洋文庫。

なお、一八九四（明治二七）年八月九日「読売新聞」に以下のような記事があり、絵草紙屋の店頭も戦争の図版によって飾り立てられていた様子がうかがえる。

「日清の事変起こりてより都下の絵草紙屋は大に忙しく、新絵出版を競ふて恰も戦争の如くなるが、現に出版せしもの二十五種にして……又絵双紙も新聞紙、書籍同様検閲を経る事となりしに付、五六日前よりは出版大に手間取りたれば、来る二十日頃には前後検閲を乞ひし分一時に出版になり、豊島・牙城激戦の図、松崎大尉勇戦の図のみにて少なくとも百番は店頭に顕るゝならんと」以上の情報は、小西四郎「錦絵随想11」『錦絵 幕末明治の歴史・第一一巻』講談社 一九七七（昭和五二）年一二月、から入手した。

*33 大日本図書会社の創業と運営に関しては、矢作勝美編著『大日本図書百年史――社史から見た日本の教育史』大日本図書 一九九二（平成四）年四月、の大著がある。

*34 「大矢博士自伝」『国語と国文学』第五巻第七号、一九二八（昭和三）年七月 九〇―一〇三頁。明らかな人名の誤記を改めた。

*35 たとえば、第三部第三章で検討した、『新体 読方書』には、三郎と四郎、お竹とお松が、ひんぱんに登場する。

*36 矢作勝美編著『大日本図書百年史――社史から見た日本の教育史』大日本図書 一九九二（平成四）年四月 一七〇頁、には、以下のように記されている。

教育学館との出版契約の具体的内容についてはわからないが、出版されたものをみるかぎり、教育学館関係者によって編纂されたものは、ほとんど無条件で出版されていたふしがある。しかも、小学校のほとんど全科目の教科書を網羅し、短期間のなかで次つぎと出版されたこともあって、『大東読本』『高等女子読本』のように、なかには場当たり的な教科書もみうけられる。また、その内容は、伊沢修二の国家主義思想によって貫かれているのが大きな特徴になっている。

稿者は、矢作のような「場当たり的な教科書」という見方は採らない。本文中でも触れたように、『大東読本』や『大東商工読本』は、むしろ実験的な手法をも取り入れた最先端の教科書という意識の元に作られていたと考える。また、伊沢の「国家主義思想によって貫かれて」いた、という指摘に関しても、その通りではあるが、伊沢のそれが近代国家ナショナリズムに立つものであり、元田永孚などの儒教的国粋主義に対抗するための彼なりの言動だったことだけは、念頭に置いておく必要がある。

*37 『お伽噺十二ヶ月』全一二冊 金港堂書籍 一九〇三（明治三六）年一月一日発行、菊半裁判 三一ページ。福田琴月と森桂園が半分ずつ執筆を担当した。

*38 『大東読本』の所蔵は以下のようである。秋田大学（第一編上）、つくば大学（第一編上・第一編下・第二編上・第二編下）、東京学芸大学（第二編下）、滋賀大学（第一編上・第一編下・第二編下、奈良県立図書情報館（第一編上・第一編下・第二編上・第二編下）、愛媛県立図書館（第一編上・第一編下・第二編上・第二編下）、家蔵（第一編上・第一編下）また、『大東商工読本』の所蔵は以下のようである。天津図書館（巻四）、東洋大学（巻数不明）、東京学芸大学（第一巻・第三巻）、家蔵（巻二）。家蔵本の『大東読本』には、「伊香農業補習学校・〇〇〇〇」（現・滋賀県立伊香高等学校）と記名されており、実際に滋賀県で使用されたことが確認できる。

*39 梶山雅史『近代日本教科書史研究――明治期検定制度の成立と崩壊』ミネルヴァ書房 一九八八（昭和六三）年二月 六一頁。

上沼八郎『伊沢修二』吉川弘文館 一九六二（昭和三七）年一〇月 一七一頁。

伊澤修二先生還暦祝賀会編『楽石自伝 教界周遊前記』一九一二（明治四五）年五月　一九二頁。

*40 矢作勝美編著『大日本図書百年史——社史から見た日本の教育史』大日本図書　一九九二（平成四）年四月　三〇九—三二一頁。

*41 豊原又男編『佐久間貞一小伝』秀英舎庭契会　一九〇四（明治三七）年一一月　七六頁。

*42 『読書入門』『尋常小学読本』の担当局課は、文部省編集局蔵版→文部省総務局図書課蔵版（明治二三年六月—）→文部省大臣官房図書課蔵版初版（明治二四年八月—）と移行する。家蔵の諸本の奥付を確認する限り、文部省の内部で発行元が移行するたびに教科書価格はゆるやかに下げられていたようである。明治二七年には、大日本図書株式会社によって、定価が改定されているが、手元にある明治二七年発行『尋常小学読本一』の中には、改訂前の定価が奥付に記されているものもある。それによると巻一から巻七までの合計額は五三銭五厘であり、『読書入門』の四銭四厘を加えると、合計額は五七銭九厘になる。この数字が正しければ、この時の大日本図書株式会社による値上げの幅は、一二%だったことになる。

*43 豊原又男編『佐久間貞一小伝』秀英舎庭契会　一九〇四（明治三七）年一一月　七六—七七頁。

*44 『大日本読本 尋常小学科』『大日本読本 高等小学科』全八冊揃は、東書文庫以外には、開智学校と筑波大学図書館に所蔵されているのみのようである。家蔵本は、『大日本読本 高等小学科』の巻一・四・五・六である。なお、検定後期の読本の普及状況に関しては、第五部第一章で触れるが、大日本図書の『日本国語読本 尋常科』も『日本国語読本 高等科』も、それを採択した府県は無かったようである。

*45 駒込武『植民地帝国日本の文化統合』岩波書店　一九九六（平成八）年三月、や、陳培豊『「同化」の同床異夢——日本統治下台湾の国語教育史再考』三元社　二〇〇一（平成一三）年二月、などに台湾における伊沢修二の仕事が検討されている。ここでも伊沢は、近代科学的な知をベースにした教育思想による教科書を作製して、新版図の住民を「国民」化していこうとしていたようだ。

第二章　地域作製国語読本のゆくえ

前章で見たように、民間教科書としての伊沢修二の読本作製の試みは潰えてしまった。同様に、検定中期の地域読本の作製も難しい状況を迎えていた。それを、まず、第三部第四章第二節でも検討した、富山県の場合から見ていこう。

一、浅尾重敏編『小学尋常読本』

浅尾重敏と『小学尋常読本』

富山県において、地域の学務課が編纂した『富山県第二部学務課編集 小学読本』が使われていたことは、既述した。その後に作られた富山県の地域読本が、浅尾重敏編の『小学尋常読本』である。奥付の刊記によると、この読本は、明治二七年一二月五日出版・一二月一五日発行で、全八冊がまとめて文部省に検定出願されている。検定意見を受けて訂正された読本は、明治二八年二月一日訂正再版として、文部省に再出願され、明治二八年二月一五日に検定を通過した。この本は、検定中期に入ってから地域で作られた「小学読本」であり、きわめて珍しい例である。著作者は、「富山県士族・浅尾重敏」で、発行者は、「中田清兵衛・小林恒太郎・大橋甚吾」だった。

著者の浅尾重敏の経歴は、以下のようである。文久三年、富山県の士族の家に生まれ、明治一一年石川県致遠中学校から、東京駒場農学校に学び、明治一五年富山県師範学校助教諭になり、同校の舎監・訓導を歴任する。明治二五年には兵庫県尋常小学校に転じて、明治三二年和歌山県師範学校教諭、明治三九年徳島県立高等女学校教諭、明治四四年には和歌山県橋本町立実科高等女学校校長をつとめている。[*1]

したがって浅尾は、生まれ故郷である富山県に、明治一五年から約一〇年間ほど、富山県師範学校関係者として在職したことになる。また、明治二一年一〇月に富山県で発足した私立富山教育会の運営にも尽力し、発会に当たってその前途を言祝ぐような演説をしたり、会誌である『私立富山教育会雑誌』に数編の論考を寄せている。そこに掲載した論考をもとに刊行された浅尾の単著『手工教授法』は、この分野における比較的早い時期の仕事として研究者の間に記憶されているようだ。[*2]

この『手工教授法』をはじめとして、浅尾は、富山県在任時代に、次のような教科書の執筆に関与していた。

浅尾重敏著『手工教授法』明治二五年五月二五日出版　中田書店蔵版

浅尾重敏編『越中新地誌』明治二六年一二月二四日発行　中田清兵衛・大橋甚吾・小林恒太郎・真田善次郎（四書堂）

浅尾重敏編『越中史談』明治二七年一〇月二八日発行　中田書店

浅尾重敏編『小学尋常読本』明治二七年一二月一五日発行　中田書店

どの教科書も、富山の地域書店である中田書店から発行されている。しかし、編者の浅尾は、明治二四年、あるいは明治二五年には富山を離れ、兵庫県に転出しており、『小学尋常読本』の奥付の住所も、「神戸市山本通五丁目七番屋敷」と記されている。したがって、『手工教授法』をはじめ、これら四種類の教科書の原稿は、富山在住の時期にすでに書きあげられていたか、あるいは神戸の地で執筆された可能性もある。[*3]

では、浅尾重敏の『小学尋常読本』の内容はどのようなものか。

東書文庫には、検定時に提出した和紙三丁分に活字印刷された「旨意書」が残っている。そこでは、冒頭に「小学教則大綱に拠り尋常小学校読書科の用に充つべき目的」に立って編纂されたことがうたわれている。続く編纂の主旨には、「最初談話体より漸次普通の国文体」に移ること、第二巻以下は「片仮名平仮名を互用」すること、材料には「修身地理歴史理科其他農工商業及国民心得等日用必須の事項」が撰ばれていること、唱歌や書牘文を挟んだことなどが記されている。

この小冊子に記されている通り、浅尾の読本は、修身や歴史・科学などの様々な教材がバランス良く構成されており、編集の姿勢は古いが全巻にわたって取り立てて難点も見つからず、比較的よくできている。その内容を、『富山県第二部学務課編集 小学読本』と比べて一言で評するなら、『富山県第二部学務課編集 小学読本』よりさらに平易な内容になっている、ということに尽きる。『富山県第二部学務課編集 小学読本』との相違点は、「練習」の教材がところどころに織り込まれていることである。合級教授や複式学級などでこの読本を使用することを考えた場合には、こうした書く活動を取り入れた編集方法は、便利だったと思われる。富山県は、そうした学級構成の学校を多く抱えていたから、その点でもきわめて実態に即していた。読本中には、韻文も挿入され、読み物的な教材もいくつか含まれている。読み物教材には、地域色を前面に掲げた教材は含まれておらず、また取り立てて興味をひく教材があるわけではないが、全体的に、実用的で平明な読本と評価することができるだろう。

だが、この『小学尋常読本』の「検定申請本」には、明治二七年一二月という時代色を濃厚に宿した話題も登載されていた。それは、日清戦争関係の教材だった。すなわち、前述したように、検定申請本の巻八の第一九課には「忠烈ナル喇叭手」が、また同じ巻八の第二〇課には、戦艦の火薬庫を身を挺して守った「武勇ナル水兵」の話題が取り上げられて教材化されていたのである。

もっとも、文部省の検定においては、前章で触れた『尋常小学 読書教本』と同様、これらの教材にやはり意見がつけられた。東書文庫の申請本に貼付された付箋紙には、検定官名が記されていないので、検定官の名前は特定できない。また、教材に関する具体的な検定意見も、付箋紙には記述されていない。そのかわり、「□」という記号のみが記された比較的大きな付箋が、申請本の該当教材の上端に貼ってある。おそらく検定官の間では、すでに『尋常小学 読書教本』の検定時に、日清戦争関係教材の措置に関する合意がなされていたのだろう。そこで、この読本でも、同様の判断が下されたと考えられる。つまり、「□」は、当該教材は不

『小学尋常読本』浅尾重敏編　明治二七年一二月五日出版　一二月一五日発行　明治二八年一月二五日訂正再版　二月一日発行

巻一

1	オ	ハ。	
	ウ	ト。	
2	オ	コマ。	
	ウ	カキ。クリ。	
3	オ	イヌ。ネコ。	
	ウ	サラ。ハチ。	
4	オ	ホタル。セミ。	
	ウ	マツ。タケ。ウメ。	
5	オ	クワヰ。タケノコ。レンコン。	
	ウ	サルノテ。アヒルノアシ。	
6	オ	スヰセントオモト。フエトタイコ。	
	ウ	ムシロニタワラ。ユミニヤ。	
7	オ	ヒロキヘヤ。セマキナヤ。	
	ウ	ユキフル。ソリニノル。	
8	オ	トシヨリツヱヲツク。	
	ウ	カニ。カモ。イモ。……	練習
9	オ	カタカナ語五十音。	
	ウ	カタカナ語五十音。	
10	オ	フデ。スズリ。ミヅイレ。ブンチン。ツルベ。ヰゲタ。	
	ウ	フジノヤマ。フヂノハナ。	
11	オ	トビトガン。ハマグリトシジミ。	
	ウ	カゴニザクロ。ボンニダンゴ。	
12	オ	ヤナギニカゼ。ミゾニドバシ。	
	ウ	ポンプトラツパ。ペントエンピツ。	
13	オ	グミ。スズ。パン。フクベ。ドビン。……	練習
	ウ	カタカナ濁音。	
14	オ	うり。まめ。	
	ウ	はち。くも。	
15	オ	ひくきへい。たかきいへ。	
	ウ	ゆきは、しろく、すみは、くろし。	
16	オ	やたてとこがたな。	
	ウ	とびはそらにとぶ。	
17	オ	はしらにとけい。つくゑにてほん。	
	ウ	このこどもらは、いけにふねをうかべて、あそぶ。	
18	オ	うしが、にもつをのせたる、くるまをひきて、しづかにあゆむ。	
	ウ	おさなきときより、よみかきそろばんを、よくまなぶべし。	
19	オ	あのいぬは、くびにわをはめて、ゐます。あれは、どこのかひいぬで、……	
	ウ	一、二、三、四、五、六、七、八、九、十、あにさん、あすこのきのえだに、……	
20	オ	れんしふ（練習）	
	ウ	一そくの［靴］二りんの［銭］三びきの［犬］……	
21	オ	いろは五十音図	
	ウ	いろは五十音図	

［　］は絵

『小学尋常読本』浅尾重敏　八冊　富山・中田書店　明治二八年二月一五日検定→明治二九年一月一三日訂正三版　修正検定・三書堂

	巻二（仮題）	巻三	巻四	巻五	巻六	巻七	巻八
1	チャトクワシ	手	サル	日本国	三種ノ神器	動物	農工商
2	おきやく	方角	塩	四季	神武天皇	熊と象	銀行
3	テツダイ	アサノシゴト	蟻	燕ト雁	地球ノハナシ	植物	帳合
4	あさがほ	火鉢	鶴と亀	猿	三府五港	トリ木サシ木及接木法	五畿八道
5	ハウビ	炭　練習	馬　練習	時計　練習	郵便　練習	鉱物	元寇
6	いしや	はるのけしき	しやうか〔韻〕	三大祝日〔韻〕	電信機	貴重なる金属	肥料
7	ヘイタイ	町ト村	竹	飲食物ノ一	汽車ト汽船	日本ノ三景	楠正成
8	うま	食物のうつは	夕すゞみ	其二	舟	日本武尊	望遠鏡及顕微鏡
9	クマトスズメ	ナカヨキ兄弟	秋	住居	寒暖計	陶器ト漆器	人身生理
10	にんぎやう	下女と下男　練習	川のみなもと　練習	虹　練習	ランプ　練習	鯨	新井白石
11	イシアソビ	ヨキ女ノ子	冬	水	火ノ話	高山大河	雷電　練習
12	山と川	牛	蝸牛	しやうか〔韻〕	獅と鷲	鶴臺の婦の話　練習	日本歴史
13	ニハトリト犬	ノウフ	兄弟姉妹	空気	猟ト漁	二宮金次郎	其二
14	子供	いねの作り方	着物	茶と桑	水産物	其二	其三
15	ネズミ　練習	凧　練習	手習ヒノダウグ	用材　練習	蚕ト生糸	軽気球	其四
16	日や月　練習	夏	魚　練習	尺　枡　秤	親族　練習	唱歌〔韻〕	温泉
17	冬ノ氷　練習	カヒコ	鳩ト蟻トノハナシ《イ》	養生	手紙ノ一例〔手〕	豊臣秀吉	地震
18	林と森　練習	家	善き友と悪き友	勤倹のたとへ	豆と石との話	其二	日用書類〔手〕
19	目ト耳ト口　練習	野菜	富士山	通貨	其二	印刷	山田長政（変更）
20	手と足　練習	年　練習	兵	神社	貯金	水ノ循環	家事経済（変更）
21	田ノ中ノカヾシ　練習		草ト木	菅原道真	忠臣	会社	政府及地方庁
22	井の水　練習		二大恩　練習	其二　練習	孝子　練習	兵役	国民の義務　練習
23	父母ノオン　練習					唱歌〔韻〕　練習	日清戦争（追加）
24	石のとりゐ　練習						
25	日本ノクニ　練習			＊練習の中に〔手〕	＊練習の中に〔手〕	＊練習の中に〔手〕	＊練習の中に〔手〕

《イ》はイソップ童話　〔韻〕は韻文　〔手〕は手紙文　（変更）は、修正申請提出時に変更された教材　（追加）は、訂正三版で加えられた教材

巻一・五銭　巻二―巻四・各六銭五厘　巻五・七銭五厘　巻六―巻八・各八銭　合計＝五六銭　所蔵は、教研・東書のみ

許可とするという記号だったのだ。

そこで浅尾重敏は、検定申請本にあった巻八の第一九課の「忠烈ナル喇叭手」と、第二〇課の「武勇ナル水兵」の話題を、「山田長政」と、女子の心構えを説いた「家事経済」に差し替える。内容が訂正された「明治二八年一月二五日訂正再版・二月一日発行」の「訂正再版本」は、文部省に再出願され、同年二月一五日に、検定合格となった。前頁に掲げた教材一覧表は、その「訂正再版本」のものである。

ところが、浅尾は、明治二八年一〇月になって、再び『小学尋常読本』の「訂正三版」を文部省に検定を申請している。この修正申請本は、同年二月に検定合格した「訂正再版」本と、全体の内容に変化はないが、巻八に、第二三課が付け加わったことが、前著との大きな違いである。すなわち、浅尾は、『小学尋常読本』に、巻八の二三課を新しく付け加えて、文部省に修正申請をしたのである。その教材文は、日清戦争の経緯を説明風に記述した普及舎の『尋常小学読書教本』の教材に類似した内容の文章だった。教科書作製者の側は、どうしても日清戦争関係の教材を、この読本に挿入したかったのだろう。

ここで再度、東書文庫に保管してある「訂正三版本」の付箋紙を確認してみる。すると、修正申請した浅尾の読本の「日清戦争関係の教材」の該当箇所には、「〇」が記された付箋紙が二枚貼られているではないか。この時点の文部省の検定判断は、普及舎の『尋常小学読書教本』でも見たように、日清戦争に関する客観的な説明的文章ならば問題は無い、という方針だったのだろう。ようやく浅尾重敏の『小学尋常読本』には、国民的な話題であった日清戦争を話題にした教材文が登載されるに至ったのである。「訂正三版本」は、明治二九年一月一三日に、文部省の検定に合格した。*4

なお、この三訂版は、中田書店名ではなく「三書堂蔵版」の名称を使って刊行されている。共同出版するときに、「合書堂」「二書堂」などの名称を使用することは、他の地域でもよく見られる例である。『小学尋常読本』には、中田清兵衛の名前が奥付に残されているが、ほかに小林恒太郎、大橋甚吾、土井宇三郎の三者の名前も併記されている。これらの業者が、明治初期から、富山で教科書の作製販売に関わっていたことは、すでに見てきたとおりである。つまり、この『小学尋常読本』は、「三書堂蔵版」という名称を使用した、地域の教科書書肆連合体によって作製刊行されていたのである。

教科書採択の帰趨

浅尾の編集したこの読本は、富山県で実際に採用されたのだろうか。前項で触れたように、この時、富山県で使われていた読本は、明治二一年一月に開催された富山県の「小学校教科用図書審査会」において採定された『富山県第二部学務課編集 小学読本』だった。この教科書は、明治二一年四月から使用が開始されているから、文部省の規定にしたがえば、最低でも四年間は継続使用である。

富山県は、次の「小学校教科用図書審査会」を開催するにあたって、明治二五年四月に「小学校教科用図書審査会ニ関スル細則」を出し、会議は非公開にしたという。いうまでもなくその理由は、全国各地で、地域の審査委員と教科書書肆との間で、様々な癒着が生じていたからであり、富山県でもそのことが問題になっていたからである。富山県当局は、審査委員と書肆との直接の接触を断とうとしたのだろう。『富山県第二部学務課編集小学読本』は、この時に開かれた「小学校教科用図書審査会」で、継続して選定されたもようである。[*5]

問題は、その四年後の「小学校教科用図書審査会」における採定である。前述したように『富山県第二部学務課編集 小学読本』は、文部省の内訓を配慮してか、すでに中田書店に版権を譲渡されていた。しかし、その作製に携わったのは富山県学務課であり、読本の表題には、角書きとして「富山県第二部学務課編集」という文字も残っている。また、内容面から考えても、富山という地域には、より平易で実科的な読本の方が実態に適合する。おそらくこのような事情を勘案した結果、中田書店など旧来から富山の教科書を作製してきた地域の民間教科書書肆たちは、共同で新しい読本を作製し、次回の「小学校教科用図書審査会」に提出しようと考えたのであろう。その読本の編纂者として白羽の矢が立ったのが、富山県の教育を牽引する尋常師範学校に勤務しており、他教科ではあるものの、教科書執筆の経験もあった浅尾重敏だった。

浅尾は『小学尋常読本』の編纂を引き受け、明治二九年一月一三日に、「訂正三版本」が文部省の検定に合格する。富山県の「小学校教科用図書審査会」の採定に向けて、読書科用の教科書として引き続き地域読本を提出する準備は、こうして整った。このような経緯を見てくると、『小学尋常読本』の「訂正三版本」に日清戦争関係の話題を付け加えた理由も、この読本の新鮮さをアピールするための目玉教材を準備する必要性からだった、という可能性が高い。

いよいよ明治二九年度から富山県で使われるすべての教科書の教科書を選定するための「小学校教科用図書審査会」が、開かれることになった。委員は期間中外出を禁止され、会場内に寝室や浴室を設けるなどの措置がこうじられ、会議は極秘の内に開催された。これに対して、富山師範学校同窓会学友会は長文の意見書を発表し、審査の公正を要望したという。富山県においても、教科書の売り込み合戦が白熱化し、さながら、東京に本拠を持ついくつかの大手教科書書肆と地域出版社連合との代理戦争のような状況になっていたことが想像できる。[*6]

こうして一八九六（明治二九）年度から使用される教科書が決定する。結果は、明治二九年三月一一日に公示された「富山県県令第二四号」の中に、「小学校教科用図書左ノ通リ相定ム　但本例ハ明治二九年四月一日ヨリ施行ス」と記されている。そこに示された「読本」の書目は、学海指針社の『帝国新読本』（小林八郎）八冊、「習字」は、村田海石書・浅尾重敏編『習字帳』八冊・中田書店（中田清兵衛）だった。浅尾重敏の『小学尋常読本』は、富山県の「読書」科用の教科書として選択されることはなかったのである。[*7]

もっとも、浅尾重敏の編んだ『越中新地誌』と『越中史談』（ともに中田書店）は、高等小学校教師用として採定されていた。地域色の強い分野では、地域書肆の教科書が選択されたが、「読本」分野では、浅尾の『小学尋常読本』八冊は、中央の巨大資本によって作られた読本との競争に太刀打ちできなかったことになる。不採択の原因が、教科書の内容にあったのか、あるいは別のところにあったのか、それは分からない。だがこれで、地域読本である浅尾重敏編『小学尋常読本』が、富山の子どもたちの手に渡り、富山県内で使われることはなくなってしまったのだった。[*8]

挿絵画家とその来歴

このように、実際には富山では使われることのなかった浅尾重敏編集の『小学尋常読本』ではあったが、「挿絵」に関しては、特筆すべき点がある。本項では、この読本の図像の問題に触れることで、リテラシー形成メディアとしての読本に関わる話題を少し広げてみたい。

あらためて確認するまでもないが、ここまで見てきたほとんどの「小学読本」には、多くの挿絵が挿入されている。それは地域作製の読本の場合でも例外ではなかった。もともと「読本」が、かなり遅い時期まで木版で作製されていたのは、年少者の学習には、図版が不可欠だったからである。図版と文字とを同じ紙面の中に効果的に印刷するには、在来の木版印刷による整版が技術的にも安定していた。しかし、地域読本の作製にどのような画工が関わっていたのかは、不明であることが多い。ところが、この富山の『小学尋常読本』の挿絵の場合には、落款が添えられた図版が数多く収録されているので、画家の名前が特定できるのである。*9

この読本の挿絵を、全編にわたって描いていたのは、尾竹（おたけ）兄弟である。画工名は、尾竹越堂（国一・国弌・くにかず）、とその弟の尾竹竹坡（ちくは）である。末弟である尾竹国観は、この仕事には参加していないようだ。まだ中央では、尾竹兄弟の名前は、それほど知られておらず、彼等が富山で売薬版画の絵などを描いていた時期の仕事である。つまり、この読本の挿絵作成は、地域画家を活用した事例だったのである。

『小学尋常読本』の挿絵とその描き手の様相を、まとめたのが、次頁の一覧表である。ここからは、巻一から巻八までにわたって、多くの図像が挿入されていることが分かる。落款のない絵も多いが、それらも画風から考えて、すべて二人の仕事だと考えられる。

尾竹三兄弟の画業に関しては、一般にもよく知られていると思われるが、その概略を次に示してみる。

長男の、尾竹越堂（一八六八―一九三一）は、新潟市生まれで、明治一八年ごろから国雪と号して『新潟新聞』に挿絵を描いていた。明治二二年に富山に移り、売薬版画、新聞挿絵、そのほか、日常のさまざまな下絵を描いて生活している。この時の画号には、国一、国弌がある。国一は、明治三二年の富山の大火で家を失い、東京を経て大阪に移って、越堂と号した。明治四四年になってから、文展に『韓信』が入選。大正二年には、東京に居を移して、尾竹三兄弟として活躍する。文展に続けて大作を発表して入選を重ねた。越堂（国一）は、弟の竹坡よりも一〇歳も年上であり、富山での生活も、兄弟の内では一番長かった。

弟の尾竹竹坡（一八七八―一九三六）も新潟市生まれ。幼い頃から画業に長じていた。明治二四年に富山に移り、兄とともに生活のための絵を描く。明治二九年には、弟の国観と共に上京して川端玉章に入門。展覧会の受賞を重ねるようになり、人気が高まるが、東京美術学校出身作家との間に軋轢を生じ、また求める画境の違いなどから、岡倉天心とも諍いを起こす。この後、竹坡は濫作をくりかえし、評判も落ちていく。

末弟の尾竹国観（一八八〇―一九四五）も、新潟生まれだが、富山に移って、兄の越堂、竹坡と、新聞の挿画・売薬版画などを描いて生計をたてる。一八九六（明治二九）年二月一七日、竹坡と国観は、富山から東京へ出て、高橋太華のもとで世話になる。その後、国観は、文部省の国定歴史教科書の挿絵の仕事を見事にこなす。後述する文部省編纂の『北海道用尋常小学読本』の挿絵も、尾竹竹坡・国観の兄弟によるものである。

なお、国観の作品では、明治四二年の第三回文展に出品した『油断』が

『小学尋常読本』浅尾重敏編　挿絵画家一覧表

巻一	オ	ウ
1	○	○
2	○	○
3	○	○
4	○	○
5	○	○
6	○	○
7	国	竹
8	○	×
9	×	×
10	○	国
11	○	国
12	○	○
13	×	×
14	○	竹
15	○	○
16	○	○
17	○	竹
18	○	国
19	○	竹
20	×	○
21	×	

課	巻二	巻三	巻四	巻五	巻六	巻七	巻八
1	国	竹	国	○	○	×	○
2	○	国	○	×	○	○・刀	×
3	○	国	○	国・刀	○	×	×
4	竹・刀	○	竹	竹	国	○	○
5	×	○	○	○	×	×	○
6	○	国	×	×	×	×	×
7	国	○	国	○	○	○	○・刀
8	○	○	竹	○・刀	×	○	○
9	○	竹	国	国・刀	○	国	○
10	国	○	○	竹	○	○	竹・刀
11	○	竹	○	国	×	○	国
12	○	国	○	×	○	竹・刀	○
13	○	国	竹	○	○	竹	×
14	竹	○	○	○	×	×	×
15	○	○	○	○	国	○	○
16	○	竹	国	○	×	×	×
17	国	国	○	○・刀	×	○・刀	○
18	○	○	国	竹	×	×	×
19	国・刀	○	国	○	×	○	○
20	竹	○	竹	国	×	×	×
21	○		○	×	○	×	×
22	国		○	竹・刀	○	国	×
23	竹						
24	国						
25	○						
26							

第一巻には、ほとんどの頁に挿し絵が入っている。これは、この時期の入門期用の読本に共通の傾向である。巻二以降も、多くの課に挿し絵が入っており、とりわけ第二巻から第五巻までは、ほとんどの課に挿絵が添えられている。上記の表の記号の意味は、以下のようである。

国=尾竹越堂（国一・国弌・くにかず）

竹=尾竹竹坡（ちくは）

○　挿絵あり=記名なし（尾竹越堂か尾竹竹坡の仕事だと思われる）

×=挿絵無し

刀は、彫刻を担当した業者名（近廣堂）が記載されている場合

なお、落款には、様々なパターンがある。

巻二第七課　尾竹国一 画

巻二第二〇課　尾竹竹坡 画

代表作といわれ、現在、国立近代美術館に保管してある。岡倉天心・横山大観などの「芸術派」とは、別の道を歩むが、結局、兄の竹坡と同様、世間に受け入れられなくなっていく。

ここでは、尾竹兄弟の画業、とりわけ上京後の仕事に関して、それを論評するつもりはないが、尾竹兄弟と画壇主流派との嗜好の差異は、小学校さえ出ていなかった地域の天才的な絵描きたちの画業と、帝国日本の代表として「日本画」を発展させようとした官製文化との軋轢ととらえることもできる。それはまた、地域の庶民文化と中央の公認文化との較差という観点から考えることができる事例なのかもしれない。

ところで、たとえ天才的な力量を持っていたにせよ、もともと富山の一画工に過ぎなかった兄弟が、なぜ富山という地域から中央進出を果たすことができたのか。稿者は、第四部第一章第一節で、『少年園』から派生した投稿雑誌『少年文庫』の検討をした際に、次のように述べた。すなわち、「少年雑誌は、単に読み手に受容されるだけではなく、そこに設けられた『投稿欄』や別冊の『投稿雑誌』を通して、多くの文章表現者を育成する双方向の教育メディアだったのである。」と。尾竹国観、あるいは尾竹竹坡が、世に出ることが出来たのも、このことと若干の関連がある。というのも、尾竹兄弟の上京には、『小国民』という少年雑誌メディアが大きく関与していたからである。以下、『小国民』を媒介にして、尾竹兄弟が中央へ登場し、全国的に名を知られるようになった経緯をたどって見よう。

周知のように、雑誌『小国民』（途中『少国民』と改題）は、石井研堂が編集執筆に関わり、一八八九（明治二二）年七月に、創刊された児童雑誌である。山縣悌三郎の『少年園』よりも、半年ほど遅れての発刊ではあるが、『少年園』が想定した読者たちより少し年下の子どもたちを対象にしていた。山縣の『少年園』の読者層が「尋常中学生や高等小学校生徒」だったとするなら、石井の『少年園』は「尋常小学や高等小学校生徒」だということになる。石井研堂は、科学読み物に重点を置く編集方針で雑誌の内容を充実させたが、併せて、中川霞城（重麗）によるグリム童話の翻訳などの文学的な読み物なども掲載した。『小国民』は、一八九九（明治三二）年一二月に編集者の石井が編集を退くまでの一〇年間が最盛期だったといわれている。

その『小国民』第四年第二三号（明治二五年一二月一八日発行）の二二・二三頁には、見開きを使った一枚絵が掲載されている。落款には、「十一才童国坡画」と記されており、次のページに、以下のような記事がある。

右に出せる日吉丸刀を奪ふ図は、富山県富山日報社画工尾竹国一氏の弟にて、今年十一歳なる国坡氏の画くところなり。其手腕の達者な

少年雑誌『小国民』表紙

ると、老成家と伍して恥づる所なし。最も敬服を表すると同時に、益此比例を以て、上達せんことを望みて止まず。

この見開きの歴史画を描いた「国坡」が、後の国観である。したがって尾竹国観は、最初は「国坡」という雅号を使っていたことになる。彼の絵が『小国民』に掲載された理由は不詳であるが、別に「『小国民』誌上に、全国児童画の優劣を競い、見事一等の栄冠を勝ち得た」との情報もあるので、その応募画だった可能性もある。[*10]

『小国民』第四年第二三号に掲載された国観の作品は、投稿画家の扱いだったが、それ以降、国坡は、プロの挿絵画家として取り扱われている。つまり、「国坡→国観」は、一人前の職業人として寓されているのである。尾竹国観は、正式に編集部から挿画を依頼される存在になったのだ。第六年第一六号（明治二七年八月）からは、断続的に国観の挿絵が『小国民』の誌面を飾っている。とりわけ、第六年一九号では、雑誌冒頭の口絵が、国観による「成歡激戦」を題材にした彩色石版画だったことが注目される。それまで『小国民』の彩色口絵は、梶田半古、小堀鞆音などが描いていたから、国観は彼等と並んで大家扱いされたことになる。年齢一三歳の国観としては、大変な出世だろう。さらに、第七年第七号（明治二八年四月）の見開きの挿絵では「尾竹国観」の雅号が使用され、堂々とした挿絵画家の風貌を見せている。

また、国観の兄の、尾竹竹坡も、やはり断続的に『小国民』に挿絵を描いていた。この時点では、二人ともに富山に在住していたから、おそらく東京からの注文に応じて、郵送などの方法で、自らの挿画を送っていたのだろう。少年雑誌とはいえ、一地方の画工が、全国誌の挿絵画家として登用され、その画業で収入を得ることができるようになったのだった。こうして自信をつけた二人は、この挿絵の仕事をきっかけに上京し、画家として成功する。『小国民』という雑誌は、職業作家尾竹兄弟を育て、また兄弟の活躍する舞台でもあったのである。こうして雑誌『小国民』は、地域画家と中央画壇とを直接結びつける紐帯の役割を果たしたのだった。

もっとも、この時、富山県の教科書を選定した「小学校教科書図書審査会」の委員たちからみれば、後に全国に名を馳せる尾竹国観や竹坡、またその兄の尾竹国一も、地域の新聞の挿絵や売薬版画などの仕事をする地方画工としてしか認識されていなかっただろう。読本の挿絵を描いた時点における富山県内での尾竹兄弟の評価は、器用な地域の画工という以上の存在ではなかったのである。また、それは、『小学尋常読本』の編者である地元の師範学校勤務の浅尾重敏に関しても、また、地域出版社である中田書店に関しても、同様の言い方ができる。その意味で、浅尾重敏の『小学尋常読本』は、文字通り、地域の書肆が企画し、地域の著者によって本文が作成され、地域の画工が描いた図像を使い、地域の印刷所によって刷られた、地域内で使われることを想定した地域教科書だったのである。

一方、富山県の「小学校教科書図書審査会」で裁定された東京の『帝国新読本』には、どのような挿絵画家が関わっていたのだろうか。一言でいうなら、東京の『帝国新読本』は、富山の『小学尋常読本』を圧倒的に凌駕する当代の著名画家を揃えていた。そればかりではなく、学海指針社の『帝国読本』は、意図的にそれを教科書売り込みのセールスポイントの一つにしていた。例えば、稿者の手許に、集英堂本店（学海指針社）が「非売品」として作製した二二ページの『帝国読本・編纂趣旨書』（明治二七年製?）がある。そこには、教科書全体の編集方針や特色が列挙されているのだが、挿絵についても一項目が立てられており、以下のように記されている。[*11]

> 生徒の注意を喚起し興味を添へんが為に、挿画の必要なる言を俟たず、既に必要あれば又画の趣味あらんことを欲す、然して画師に各々長所あり、本書は其の長所に就て和洋の名家に嘱し、彫刻の名工を撰びたり、西洋画に於ては、小山正太郎、浅井忠、松井昇、五姓田芳柳、印藤真楯、大山翠松、中村鉡太郎の諸氏あり、日本画に於ては松本楓湖、渡部省亭、武内桂舟、小林清親、小林永興の諸氏あり、是れ本書挿画の他と異なりて、興味の躍然たるものある所以なり、

ここには、挿絵画家として、洋画・日本画にわたって、当時の中央画壇のそうそうたる大家が並んでいる。もちろん、挿絵画家の名前だけで、教科書の優劣が決まるわけではない。むしろそれは、読本の選定にとって付随的な要素かもしれない。しかし、東京の大手書肆は、教科書内容の精緻な構成と同時に、豪華な顔ぶれの画家を揃えたことを麗々しく宣伝でうたっていた。また、実際、読本に掲載された和洋画家の多彩な挿絵は、誌面に変化とアクセントとを与えている。少なくとも挿絵の効果という点に限っていえば、読み手を惹きつけるような力は、東京の大手教科書会社の出版物の方にあったといえるだろう。さらに、製本や、レイアウト、印刷方法などを見れば、やはり、最新の技術に依拠している東京の読本に、製品としての安定感がある。

だが、そうした準備に必要な経費は、すべて読本の作製費と宣伝販売費にはね返り、製品の定価を押し上げる要因の一つにもなる。この時、富山県下で採用された学海指針社の『帝国新読本』八冊の合計金額は、七六銭八厘だった。同じ時期に作られた東京の読本も、金港堂の『訂正新体読本』八冊が七六銭八厘、育英舎の『尋常小学明治読本』八冊が七六銭六厘、文学社の『新編尋常読本』八冊が七五銭六厘で、ほぼ学海指針社の『帝国新読本』と似たような価格帯に並んでいる。

これに対して、浅尾重敏の『小学尋常読本』の全八冊の合計額は、五六銭だった。富山で作られた『小学尋常読本』は、東京製の読本の七割ほどの価格設定であり、この読本のコストパフォーマンスは、際立っている。学校教育に対する費用負担は、とりわけ現金収入の少ない郡村部の保護者たちを苦しめていたから、地域出版である中田書店が、東京の大手出版社とは異なった低価格路線を選択したのは、当然であろう。だが、結果として、富山県の「小学校教科書図書審査会」は、地域教科書書肆の『小学尋常読本』ではなく、東京の教科書書肆である学海指針社の『帝国新読本』を選んだ。せっかくの低価格戦略も、地域画家を起用した尾竹兄弟の挿絵も、読本の裁定に当たっては、大きな効果を発揮するには至らなかったのである。

交流メディアとしての売薬版画

先に、富山県が「薬都」として発展してきたこと、また、二つの読本に関わった中田清兵衛が、薬業と印刷業（書店）の経営を本業としていたことに触れた。つまり、『富山県第二部学務課編集 小学読本』と、浅尾重敏の『小学尋常読本』とは、ほかならぬ薬都富山における教科書だったの

である。と言ったからといって、読本の内容に直接、薬学や販売流通の知識が取りあげられていたわけではない。しかし、富山地方に在住する多くの人々は、何らかの形で、薬業と関わりを持っていた。中には、直接、「売薬さん＝売薬人」として、地方に行商の旅に出た人々もいただろう。『富山県第二部学務課編集 小学読本』と、浅尾重敏の『小学尋常読本』は、そのような特色を持った地域に住む人々の基本的なリテラシーを育むための地域読本でもあったのである。

その『小学尋常読本』の挿絵を描いた尾竹兄弟は、教科書の挿絵を描く一方、売薬版画（富山絵とも）も描いていた。というより、むしろこちらの仕事の方が、当時の彼等の本業だったのかもしれない。そこで、この地場産業である「薬」の販売促進のためのメディアである「売薬版画」についても、「リテラシー形成メディア」の一つという観点から検討しておきたい。

知られているように富山の売薬業は、組織的に「先用後利」のシステムを採用していた。売薬人たちは、それぞれ割り当て地域を決めて、各戸を直接訪問し、何種類かの薬品の入った薬袋を置いていく。必要なときに顧客がその薬を使い、会計は、後刻（一年後であることが多いようだ）売薬人が再びその家に訪問したときに精算する。と同時に、使用した分の薬を補充していく。このシステムで、売薬人が販売していたのは、「薬」というモノと「安心」という精神的作用だった。薬は、何よりも必要なときに、身近にあることが望まれる。消費者にとって、普段から家庭内になにがしかの薬が備蓄されていることと、使った後でお金を払えば良いという「先用後利」の仕組みは、どんなにか心強かっただろう

この「売薬さん」が、各戸訪問をする際に手土産代わりに配ったのが、「売薬版画」である。その図柄は歌舞伎に材を採った芝居絵が多く、また商売繁盛を願う恵比寿大黒の絵柄などもよく見られる。図版で示したのは、「桃太郎の図（仮題）」（画家不明）と、「足柄山の図」（尾竹国一画）、である。また、「小学教授」の図は、尾竹国一より先に富山で活躍していた松浦守美（国美）が、絵を描いている。いずれも制作時期は不明だが、明治年間のものと思われる。前二点の大きさは、ほぼ縦三〇センチメートル前後、横一五センチメートル前後、「小学教授」は、縦二一センチメートル、横一四センチメートル、であり、それほど大きなものではない。*12

売薬版画は、薬品の販売にともなう「おまけ」だから、安価で人目を引くことが第一だった。そこに高い芸術性が要求されたわけではなく、刷りも荒っぽいものが多い。しかし、大人も含めて、各戸の子どもたちは、売薬人によるこうしたささやかな慰みものの配布を心待ちにしていた。当時、全国で人口が七番目の大きな都市であったといわれる薬都富山でさえ、明治時代には、正式の書店としては「中田書店」があるだけだったという。郡部の子どもたちは、正式の書店に通うことはもちろん、都会の子どものように、近くの絵双紙屋を訪れることもできなかったのである。

各地を訪問する「売薬さん」にしても、単におまけとして売薬版画を置いてきたわけではない。「売薬さん」は、ほかの地域の噂話や事件などの情報伝達人であり、ある意味では「マレビト」にちかい存在だった。大人向けには、サービスで歌舞伎役者の声色やその簡単な筋書きなども話したであろう。図版で示した「桃太郎」のような版画も、黙って子どもたちに手渡すはずはない。犬や猿の発するお決まりの「お腰に付けた

松浦守美（国美）画・版元不詳

尾竹国一画・版元　笹倉好郎

版元　中川吉右衛門（友松軒）

きびだんご、ひとつください。おともします。」というセリフひとつでさえ、子どもたちは喜んで聞きたがったはずである。娯楽の少ない山村、農村、漁村では、「売薬さん」は、そうした「物語」伝播者の一人でもあった。もちろん、彼等は専門の芸能者ではないから、正式な歌舞演劇を提供することは不可能である。しかし、「売薬さん」は、安物の売薬版画にまつわるストーリーや有名な場面の一節を語ることによって、薬の販売と同時に、フィクションの「物語」をも顧客に配布していたのだった。

このことに関しては、根塚伊三松の『売薬版画――おまけ絵紙の魅力』に、次のようなエピソードが紹介されている。[*13]

江戸時代からの屋号、「上野屋」を守り続けている四代目の当主、直江利三郎さん（六三歳）＝富山市水橋稲荷町＝は、亡父からの聞き語りだが、と前置きして話される。「――次輔（亡父の兄）は明治初期の生まれで、出雲の国（隠岐と石見を除く）を回っていた。先祖代々からの屋号を汚さないために、何でも勉強したらしい。当時の漢方医と同じくらい、薬の知識に詳しかったが、お染久松とか、塩原多助などを描いた絵紙もただ見せるだけでなく、物語をすらすらとしゃべることができた。庄屋に泊まっていたので、よく村人を集めて物語の口上を聞かせた、という。」歌舞伎がまだ上流階級だけのものだったころである。行商人たちは地方の人たちにとって、芸能文化の担い手であった。

このように「売薬さん」の中には、売薬版画をただ配るだけでなく、そこに描かれた芝居の筋立てや役者の名前なども、コミュニケーションの材料にする者がいた。

また、玉川しんめいの『反魂丹の文化史――越中富山の薬売り』は、越中が、昔から浄瑠璃の盛んな土地柄で、「越中浄瑠璃、加賀謡、あいの高岡荷方節」といわれていたことを紹介した後、次のように記す。*14

> したがっていたってお堅い売薬さんも、浄瑠璃をうなるものが多かったので、明治三十年頃までは、どこの家庭にも三味線の一挺ぐらいは備えてあったものである。旅先の農村の得意先で泊まった時などは、主人の希望により、三勝半七や先代萩、太閤記十段目、菅原伝授手習鑑、壺坂霊験記などのさわりの一段をうなって喝采を博したといわれる。

「売薬さん」は、耳からの浄瑠璃と、目からの「売薬版画」の両方のサービスを提供していたのである。とするなら、「売薬さん」自身が、庶民の「リテラシー形成メディア」そのものとして機能していたことにもなる。第六部でも触れるが、まだ通信手段が十分に発達していなかった明治期においては、活字や図版の周辺には、常に人々の「声」があり、それが物語の場を支えていた。童蒙読者たちも、そうした話しことばと書きことばの交錯する言語活動場面を通して、個としての読み手として育っていったのである。文字に関するリテラシーを身につけ、またそれを向上させようとする意欲は、文字を取り巻く豊富なメディアが錯綜する世界の中でこそ開発されていく。

このように考えてくると、富山の「絵紙=売薬版画」も、広義の「教育的効果」を発揮する媒材の一つだった、と結論できる。いうまでもなくそれは、安価に製造された極彩色の「おまけの版画」という薄っぺらな印刷物にすぎない。しかし、そこには、「物語」への渇望を満たし、文字による交流への潜在的な欲求を引き出す魅力が潜んでいた。それは、官製の「小学読本」から派生した「おもちゃ絵」や「袖珍本」などとも通底し、「明治赤本」などともつながる学校外のリテラシー形成メディアの魅力でもあった。さらにそれは、「読本」の中の図像である挿絵や口絵の持っているリテラシー形成力とも、直接に響き合う。

その意味で、「売薬版画」は、「読本」が本来持つべき機能の一部を代替していたとも言えるし、またそれ自体が広義の「子ども読み物」の機能を持っていたとも考えられる。比喩的に言うならば、それは薬都富山が作製した、もう一つの「地域読本」でもあったのである。

二、石川・山梨などの地域作製読本

ここで、検定中期に作製された各地域の「読本」の意義について取りあえずの整理をしておく。

富山県の浅尾重敏の『小学尋常読本』には、地域独自の教材は挿入されていなかったが、全国的で最新の話題である「日清戦争」は取り入れられていた。ここに、この読本の立ち位置がある。すなわち、この読本の内容は、平易ではあったものの、ミニ東京版の教科書だった、と評価できる。大手教科書出版社の作製した全国通用読本の簡易版と言いかえてもいい。すなわち、富山に生まれ、富山の師範学校に勤務していた著者が編集し、富山の書肆が、富山の画工を使って刊行した読本であったにもかかわらず、富山に住む学習者のための教材を導入するという視点は欠けていた。むろんそれは、読本ではもっぱら「普通（あまねくつうずる）」の内容を扱い、地域に関わる内容は、「地誌」や「習字」の教科書にまかせる、という方針を採っていたからである。そうした編集方針を採用したのは、なにも富山県ばかりではない。ここまで明治初期以来の地域読本をいくつも検討してきたが、どの読本においても、教科書の題材に地域に関わる素材を「読本」に導入するという発想は、ほとんどなかった。

しかし、この時期には、地域の素材を掲載した地域読本の事例がわずかに見られる。その例として、石川県と山梨県の読本を挙げることができる。ここからは、「読本」の中に地域教材を盛り込もうという志向が感じられるのである。富山県の浅尾重敏編『小学尋常読本』と同様に、検定中期に地域で読本の作製に取り組んだきわめて珍しい例としても、また、読本に地域教材を挿入する先鞭を付けた例としても、この二つの読本について言及しておく必要がある。

石川県の地域読本

まず、石川県で作られた読本である。それは、一八九三（明治二六）年一〇月三日に文部省の検定を受けた『尋常小学校読本』全八冊で、編者は、倉知新吾である。この読本は、金沢の益智館（倉知新吾）と古香堂（近田（ちかだ）太三郎）から刊行されていた。発行者の倉知新吾と近田太三郎は、それまで、金沢の書肆として数種類の教科書出版に関わってきた経歴がある。つまり、読本の編集者である倉知新吾は、地域書肆の経営者という顔も持っていたのである。

石川県の教科書裁定に関しては、次のような経緯が判明している。すなわち、石川県では、明治二〇年三月一四日、小学校学科程度に適応する教科書を、文部省検定済みのものの中から「仮定」する。しかし、適当なものに乏しかったので、「尋常小学校及高等小学校教科用図書仮定一覧表」を作成し、当分は従来の教科書を使用することにした。この一覧表に掲載された「読書科」の教科書は、一年から四年までは、『読書入門』と『師範学校編集小学読本』を使用することになっている。その後、明治二五年四月一日になって、ようやく「小学校教科用図書審査会等ニ関スル細則」が出されて、地域の教科書を選定するための準備が整う。しかし、その直後の四月六日に、「小学校教科用図書ハ追テ規定スルマテ従来ノ図書ヲ用」いるようにとする県令が出され、実質的に、教科書の裁定はなされなかった。事態はそのまま推移し、石川県で「小学校教科用図書審査会」が実際に開かれたのは、明治二七年になってからのようだ。[*15]

つまり、石川県では、明治一九年に作製された官版の『読書入門』と、明治七年八月に改正された田中義廉の『小学読本』（大改正本）とが、明治二七年に至るまで、依然として使い続けられていたのである。こうした石川県の事例からは、いったん購入した「読本」が、かなり長い期間にわたって使用されていた実態もうかがえる。教科書を変更するには、多額の経費がかかる。とりわけ地方にあっては、それが大きな負担になった。各地の「小学校教科用図書審査会」における最大の議論が、財政問題にあったことは、すでに見てきたとおりである。

こうした事情を踏まえてか、倉知新吾は、地域の教育状況・経済状況を念頭に置いて、地域に即した「小学読本」を作製し、明治二七年に開かれる石川県の「小学校教科用図書審査会」に提出しようと考えたのであろう。倉知の『尋常小学校読本』八冊の値段は、合計五四銭四厘であり、隣県の富山県の中田書店の読本と同様に、東京の大手教科書書肆よりも割安な価格設定となっていた。

倉知は、読本の内容に関して、『尋常小学校読本』「凡例」の冒頭で次のように述べている。すなわち、「此書ハ石川県各尋常小学校生徒用教科書ニ充テンカタメニ編纂セリ故ニ記載ノ事項動物植物鉱物並ニ農業工業商業ニ関スルモノニアリテハ一切本県下ニ於テ通常児童ノ目撃シ得ヘキモノヲ取リ修身ニ関スルモノニアリテハ、間々本県人ノ気質ノ弊ヲ矯ムルニ適切ナルモノヲ選ビ地理歴史ニ関スルモノニアリテハ本県ニ係ルモノヲモ交ヘタリ」と、地域素材を意識して教材化したことをうたっているのである。

実際に、読本の内容を見ると、確かに、田園風景や農業に関わる話材が数多く取り上げられている。また、挿絵に登場する人物の服装はすべて和装で、官版の『読書入門』『尋常小学読本』の欧風の絵とは対照的な図柄である。これも、金沢の現実生活を踏まえているように見える。しかし、石川県ならではと判断できる地域特有の題材を取り上げた教材は、巻三の「虫送り」と、巻七第一八課「ウルシ」以外には、看取することはできない。つまり、この読本の編集は、石川県の子どもにも理解できるような材料を取り上げようという範囲にとどまっており、石川県ゆかりの人物や文化、あるいは風物などを積極的に取り上げようという姿勢ではなかった。「凡例」には、「地理歴史ニ関スルモノニアリテハ本県ニ係ルモノヲモ交ヘタリ」と記されてはいるが、それが読本の教材内容に全面的に反映されていたとは言い難い。それでも、倉知は、可能な限り地域の学習者を配慮した読本としてこの『尋常小学校読本』を作製し、また、それを惹句にしてこの読本を普及させようとしたのであろう。では、この倉知の努力は、教科書の採択という成果となって結実したのだろうか。

一八九四(明治二七)年一一月二〇日発布の「石川県公報」第七六号には、石川県の「小学校教科用図書審査会」における裁定の結果が、「石川県令第五六号」として掲載されている。それによると、明治二八年四月から石川県で使用される「尋常小学校教科用図書」の「読書」科の教科書は、第四部第一章の冒頭で検討した、山縣悌三郎編集の『小学国文読本』(小林義則発行・文学社)だった。倉知の編集した『尋常小学校読本』は、石川県では採用されなかったのである。ただし、この時、倉知は、同時に「習字」科用の『小学習字帖』八冊も刊行しており、こちらは石川県用の教科書として指定されていた。つまり、石川県の教科書採択においては、前節で検討した富山県と同様に、「読本」は東京の大手民間教科書書肆に、「習字」は地域の教科書書肆に、と棲み分ける結果に帰着したのである。*16

山梨県の地域読本

つぎに、山梨県の事例を見てみよう。山梨の『尋常小学開国読本』全八冊の場合は、明らかに地域に関連する教材を意図的に掲載していた。この読本は、一八九六(明治二九)年一〇月二日に文部省の検定を受けており、「山梨図書出版所編集」で、出版元は「山梨図書出版所」である。地域の「小学読本」としては、もっとも遅い時期の刊行となる。読本の価格は、合計八冊で、六四銭。*17

この『尋常小学開国読本』の「例言」には、「本書ハ平易ト実用トヲ旨トシ」と記してあるだけで、とりたてて地域教材に関する言及はない。だが、低学年には、富士山の話題と富士山の図像が多く提出されており、山梨という土地柄を強く感じさせる。また、巻四―巻八には、郷土の話題や人物などが、積極的に教材化されている。それらを列挙すると、以下のようになる。「巻四　甲斐の水晶・松たけ甲斐の白州」「巻五第二三『山本勘助』(信玄の参謀)」「巻六　甲斐の御岳」「巻六第九『永田徳本』(甲斐信州の医者)」「巻七第五『小宮山内膳』(武田の家臣)」「巻七第二二『節婦くり』(甲斐の国清野村の農夫安兵衛の妻)」「巻八第四『武田晴信』(武田信玄)」「巻八第八『名取彦兵衛』(甲府で製糸機械を製造)」。このように、地域の名産や歴史的な人物、あるいは修身に資する地域エピソードが、意図的に挿入されているのである。地域教材の数は、それほど多いとは言えないが、明確に「郷土のための教科書」を目指した読本であるという主張を読みとることができる。

これまでの地域読本の中で、地域関連教材を意図的に配置した例は、中川霞城(重麗)の『尋常小学 明治読本』(京都・二西樓・明治二一年四月検定)が、大阪・京都・神戸などの地域を材料にした地誌教材をその中にいくつか挿入していたくらいで、ほとんど存在しなかったに等しい。その意味で、山梨の『尋常小学 開国読本』は、明治初期から様々に試みられてきた「地域読本」製作の試みの中で、内容的には、もっともよく地域に密着することを志向した言語教科書であると判断できる。

では、そうした戦略を採用したこの本は、地元山梨県の小学校の中で、実際に使用されたのだろうか。

第三部第四章の第三節において、『山梨県教育百年史』で確認したが、山梨県では、一八八八(明治二一)年三月に「県令第一七号」で、尋常小学校の「読書科」用の読本が、指定されており、官版、民間書肆版を取り混ぜて、数種類の読本が示されていた。この中に、山梨の有力書肆である内藤伝右衛門が出版して、明治二一年二月二四日に文部省の検定を通った小松忠之輔編集の『尋常読本』の名前があったことは、既に述べた。明治二二年四月に開かれた「小学校教科用図書審査会」では、「尋常科ハ総テ従来ノ侭ト議決」され、これらの教科書の使用が続いた。

この状況は、そのまま推移した。一八九四(明治二七)年三月一二日には、「山梨県令第一〇号」が出され、そこでは「尋常小学校ノ読書科」は、従来の「教科用図書配当表」をそのまま使い、小学校はそのうちから「一種ヲ採定スヘシ」となっていた。しかし「修身・習字・算数・地理・歴史・唱歌」などの教科については、教科用図書表が更新(改定)されており、明治二六・七年に出版された教科書が並んでいる。つまり、これら「修身」を始めとした教科に関しては、明治二四年の「小学校教則大綱」を受けて改訂された新しい教科書の使用が企図されていたのである。おそらく、この教科用図書表の改定は、教育勅語の精神を汲んだ修身教科書の登場に対応したものであっただろう。この図書表では、高等小学校用においては、山梨県内で作製されたすべての地域教科書が姿を消している。この時、東京の大手教科書会社が全面的な攻勢をかけてきたことが推測される。これに対して「読書科」は、従来のままであった。

次に情勢が動いたのは、一九〇〇(明治三三)年の「小学校令改正」を受けて、「小学校教科用図書審査会」が改訂した「小学校教科用図書表」である。ここでは、「算術・体操・裁縫」などの教科書だけが変更されている。「国語科」の教科書の選定に関しては、特段の記載がないので、おそらく従前の通りに運用されたと思われる。以上から、山梨図書出版所が製作した『尋常小学開国読本』は、山梨県の「教科用図書配当表」の中に加えられることがなかった、と判断できる。[*18]

『山梨県教育百年史』は、明治期の教科書の変遷に相当の紙幅を費やしており、他県の教育史に比べて、教科書関係の記述は相当に詳しいのだが、ここには、明治二〇年以降、尋常小学校の「読書科↓国語科」の教科書がどういう状況だったのかに関する情報は乏しい。そればかりでなく、『山梨県教育百年史』の「検定時代の県内版教科書」の項には、検定時代に県内で発刊された教科書としては、地理・歴史の郷土版と習字・唱歌の教科書しか紹介されておらず、『尋常小学開国読本』に関しては一行も触れられていない。おそらく、山梨県で実際に『尋常小学開国読本』が使われなかったので、県内の資料としても残っていないからであろう。地域教材を取り込んだ特色のある『尋常小学開国読本』は、地元の教育界でさえ、その存在が忘れられてしまっているのである。

明治検定後期の地域作製「不認可」読本

前項に挙げた石川、山梨の地域読本は、それぞれの府県の「小学校教科用図書審査会」では、教科書として採択されることはなかった。しかし、少なくとも文部省の検定は通過していた。だが、この時期に地域で刊行された読本のうち、文部省の検定で「不認定」になってしまい、「小学校教科用図書審査会」に持ち込むまでに至らなかったものもある。

それは、福岡の『扶桑読本尋常科用』である。国立教育政策研究所教育図書館と、東書文庫には、この読本の「検定申請本」が残されている。奥付には、明治二七年一二月一八日印刷、同年一二月二八日発行と記されており、編集者は、鉄耕堂編纂部。発行兼印刷者は、鉄耕堂・竹田芝郎である。東書文庫蔵本は、検定作業に使用した原本で、検定官の意見を記した付箋が貼付されており、その見返しには、明治二八年三月一日の検定によって「不認可」となった旨が、朱筆で明記されている。この本の検定を担当した検定官は、佐藤、三矢、荒野の三名で、表紙には三名の印鑑が押されていた。

なぜこの読本が、「不認定」なのか。ここでもまた、東書文庫蔵本の『扶桑読本尋常科用』の検定申請本を確認してみる。すると、ほとんどのページには、付箋が貼り込まれている。付箋の量は、ほかの申請本に比べてもかなり大量であり、その記述内容のほとんどは、文章そのものについての注文である。具体的に言うと、文章が整っていないことや、仮名遣いの誤記への指摘が多い。それらを総括して最終判断を下した文章が、「巻一之上」に貼付された二つの大きめの付箋に墨書されている。一つは、本の上端の付箋で、「本書ハ或ハ一種漢文家ノカキタルモノナルカ。サレドモ、尋常小学ニハ不適当ノ文法コレアリ。文章ノ不熟或ハ拙劣ト思ハル処多シ。要スルニ一考スヘキ書ト被思候」また、本の下端の付箋紙には「本書、文章ノ拙劣ヲ極メ、加フルニ、材料モ宜シカラズ。不認可相成可然奉存候」(ともに稿者が、濁点を補い、句点を加えた。)とある。つまり、福岡の『扶桑読本尋常科用』は、文章が「不熟」、あるいは「拙劣」であるという理由で、「不認定」になってしまったのである。

明治二〇年代の初頭に各地域で作製された読本のうち、山脇巍・近藤鼎が著した岡山の『小学読本』(教育書房)と、江藤栄次郎が著した京都の『小学尋常科用正宝読本』(福井正宝堂)が、「小学教則大綱」の「読本ノ文章ハ平易ニシテ普通ノ国文ノ模範タルヘキモノナルヲ要ス」という方向にそぐわないという理由で「不認定」になったことは、第三部第四章第一節で既述した。福岡の『扶桑読本尋常科用』が検定申請された明治二七年には、明治二〇年代初頭より、さらに読本に対して「平易ニシテ普通ノ国文ノ模範」という言語意識が強く要求されたであろうことは、想像に難くない。

明治二〇年代後半に入ると、「談話文」の文体もある程度安定してきており、「普通文」の文章も一定のスタイルを確立しつつあった。また、句点、読点、濁音の表記などにおいても、一般的な表記法がほぼ確定してきた。言うまでもなく、そうした文章規範が一般的なものになるには、活字印刷の普及が大きく関わっている。また、年少者向けの文章・文体に限っても、少年雑誌や少年書類を通して、文章標準が形成され、印刷媒体を通じて全国的に広まっており、多くの子どもたちも、そうした標準文体に触れる機会が多くなっていた。それにもかかわらず、この福岡の『扶桑読本尋常科用』は、漢文調とも、あるいは談話体ともつかない表記法が、ところどころに顔を出している。さらには、その語法も不安定で、同一巻の中においても表記が一定せずに揺れていたことも、検定官の不興を買った大きな原因だろう。

この後、明治三三年の「小学校令施行規則」になると、教科書の文章においても、さらなる国語国字改革が進行し、変体仮名が廃止されて、棒引き仮名遣いの使用や、漢字制限が求められる。検定官の一人が「一種漢文家ノカキタルモノナルカ」と疑ったように、福岡の『扶桑読本尋常科用』は、そうした言語の平準化・標準化の動向に対して、あまり敏感ではなかったのだ。地域で全八巻の読本を作製することには、大変な苦労が伴ったであろうが、この読本は世間の言語文化状況や言語施策の動きをうまく取り入れることができなかったのである。

以上見てきたように、不認定となった福岡の読本はもちろん、検定中期に文部省の検定を通過した富山、石川、山梨の地域読本は、各地域の子どもたちの手に渡って、実際に教科書として使われることはなかった。仮に使用されたとしても、それはごく限定的だったと考えられる。地域読本が使われなかった理由は、それぞれの地域ごとに若干異なっているだろう。しかし、各県で開かれた「小学校教科用図書審査会」において、県当局が、地元が作製した「小学読本」を県下で使用する教科書として選択しなかったことだけは共通していた。

検定制度と地域読本

文部省は、教科書の検定制を定め、基本的に、全県一種類の教科書を使用させる方針を掲げて教科書行政に臨んだ。多くの地域は、それにしたがって「小学校教科用図書審査会」を開催し、教科書の裁定をせざるを得ない。大部分の地域では、地域作製の読本は選択されず、文部省が作製した『読書入門』『尋常小学読本』を使用するか、あるいは、東京の大手出版社の教科書を使用することになっていく。それでも地域によっては、検定中期に至るまで、郡村ごとに異なった教科書を使用していたところもあり、その中で地域教科書が使われるケースもあったが、大勢は、文部省の方針に従って、全県で教科毎に一つの教科書を使うという方向に収斂していった。

とりわけ、そうした動向に拍車がかかったのは、一八九四（明治二七）年度以降である。というのは、明治二七年四月からは、それまで教科書を使った授業が行われていなかった「修身科」においても、教科書を使用することになったからである。（「修身教育」における教科書使用の問題に関しては、第六部第一章で再度触れる。）大手教科書会社は、新規の市場の獲得をめざして、一斉に修身教科書を新しく作製し、その販売競争はそれまで以上に一層熾烈になった。その結果、新聞の誌面には、教科書の採択をめぐる腐敗を報道した記事が次々と掲載され、明治二七年五月の第六帝国議会では、教科書問題が議論されるに至る。

梶山雅史は、当時の状況について「井上文相が教科書行政に意を注いだものの、結局、その施策はなんら功を奏せず、明治二七年段階には、むしろ採択制の弊害によって検定制度そのものの制度的破綻ぶりが一挙に顕在化した」と述べている。この時、教科書検定制度が内包していた矛盾が一気に露呈し、それを改善するための教科書国定化議論も、盛んに行われるようになっていた。明治二〇年代後半の苛烈な教科書販売合戦の中では、地域出版社のささやかな企業努力は、大手教科書会社のそれに、もはや太刀打ちできなかったのである。教科書出版事業は、それほどまでに大きく利権化しており、中央と地方の政治権力を巻き込んで過熱していたのだった。[*19]

こうした状況下では、各地域が自らの地域住民に必要なリテラシーを想定して自主的に教育内容を編成するという、地域の教育内容編成権の確立という機運も生まれようがなかった。もちろん東京の大手教科書会社においても、簡易科のように平易で実科的な内容の読本や、それより高度で「趣味」溢れる教材を加えた内容の読本といったように、難易度に差をつけた教科書を作ることはできる。金港堂が、文部省に先駆けて、群村用と都市用の読本を作って複線化路線を採用したのが、その好例である。しかし、東京の大手出版社には、地域別に差異化した読本を、個別に作製することは難しい。というより、地域による読本編集は、地域出版文化の育成という点からも、教育内容をその足元から考えていく教員の力量を形成するという点からも、各地域ごとに企画作製されてこそ実質的な意義が生まれる。この点で、地域読本が不採用になり、地域で読本を作製する機会が消滅したことは、地域から教育内容を作り出していく可能性が封じ込められたことと同義であり、また、地域に即した教育内容を自主的に決定していく機会を奪われたということに等しかった。

一方、明治二〇年代後半になると、地域を取り巻く近代活字メディアの流通の様相も大きく変化していく。『少年園』や『小国民』、あるいは『幼年雑誌』などの子ども向けの雑誌がそうだったように、この時期になると、同一内容の文字情報と図像情報とを、高速の活字印刷機によって、東京で大量生産することが可能になった。中央で印刷製本された書物類を、地方に配送できることのできる「取次制度」も整い、それが本格的に稼働し始める。貨物を地方へ運搬する鉄道網もようやく整備され、明治二七年には、すでに東京、青森、直江津、大阪、広島の間は、鉄道によって結ばれていた。東京の新聞紙が地方へと本格的に進出し始めるのは、明治三〇年代に入ってからだが、その背景には、全国へと伸びる鉄道網の展開があったといわれている。ちなみに、北陸線の富山―敦賀間が全通したのが一八九六（明治二九）年、中央線の飯田町―甲府間が開通したのが、一九〇三（明治三六）年である。[*20]

検定中期に、富山、石川、山梨、福岡の各地域書肆が、独自の読本の製作を試みたのも、そうした鉄道を含めた中央との距離感の問題が背後にあった可能性もある。すなわち、東京から遠く隔てられているという物理的・心理的な距離感があったからこそ、地域での出版活動の必要性も強く意識されたのだ。地域における出版活動の消長やそこでの教科書作製の問題は、現実の交通網の発達とも深く連動していた。それは、それぞれの地域の活字文化が、その地域の中だけで自己完結するのではなく、常に中央の言語文化との頻繁な交流の中にあることを意識せざるを得ない時代がやってきたことを意味していたのである。

三、『北海道用 尋常小学読本』と『沖縄県用 尋常小学読本』

文部省作製の「地域」読本

稿者は、前項で、「東京の大手出版社には、地域別に差異化した読本を、個別に作製することは難しい」と述べた。しかし、明治検定期において、地域読本の掉尾を飾ることになった山梨の『尋常小学 開国読本』が刊行された一八九六（明治二九）年には、ほかならぬ中央官庁文部省自身の手によって、地域に特化した読本の編集が進められていた。

その読本とは、『北海道用 尋常小学読本』と『沖縄県用 尋常小学読本』だった。二つの読本は、ここまで検討してきた地域作製読本とは、編纂の経緯も、またその目的も異なる。しかし、文部省が北海道・沖縄の地域読本を作製したことの意義を確認しておくことは、地域住民によるリテラシー形成という問題を考える上でも、きわめて重要だと思われる。そこで、この二つの読本にも言及しておく。

この文部省作製の地域読本である『北海道用 尋常小学読本』と『沖縄県用 尋常小学読本』に関しては、すぐれた先行研究も多く、また教科書本文の復刻版まで刊行されている。したがって、本書では、二つの教科書作製の詳しい事情やその教材内容などに関して、深入りするつもりはない。あくまでも、ここまでみてきた地域作製読本の位置測定をするための比較対象材料として、『北海道用 尋常小学読本』と『沖縄県用 尋常小学読本』とを取り上げる。

さて、文部省の『北海道用 尋常小学読本』は、明治三〇―三一年にかけて作られており、また『沖縄県用 尋常小学読本』は、明治三〇―三二年にかけて作られていた。この二つの教科書が作られた経緯に関しては、当時文部省図書局長だった渡部薫之介の証言がある。それによると、これらの読本の作製が文部省で話題に上ったのは、井上毅が文部大臣を務めていたときのことだという。その理由は「北海道や沖縄県は気候風土言語などが本土と異なつて居るから、一般の教科書では教育上不都合で宜しくあるまい」ということだったようである。井上の在任期間は、明治二六年三月から二七年八月までであるから、すでにこの時、そうした話題が出ていたということになる。が、それが実際に実行に移されたのは、明治二九年、西園寺公望が文相の時だった。[*21]

注意しておきたいのは、渡部薫之介が、「北海道や沖縄県」と、両地域をまとめて話題にしている点である。渡部の回想は、二つの読本が出来上がった後になされたものだから、必然的にそういう言述になっているのかもしれないが、実際、両書は、ほぼ同時並行して作製され、またともに文部省の『尋常小学読本』をベースにしていた。

『北海道用 尋常小学読本』の作成過程に関する事情は、小泉弘によって、詳細に調査解明されている。それによると、この読本の作製には、明治二四年北海道庁参事官として北海道に渡り、治二五年四月に「北海道教育会」の会長に推された白仁武（しらにたけし）の存在が、大きく関与している。彼は、明治二六年に、文部省に対して、北海道用読本の調査立案を依頼する。しかし、明治二八年には白仁自身が文部省に着任することになり、明治二九年五月には、文部省図書課に設けられた臨時編纂係の編集主任となった。そこで白仁は、北海道から臨時編纂委員（起草委員）として村岡素一郎、室原啓蔵、得丸迅能の三名の小学校教員を東京に出向させて、この読本を完成させている。つまり、この仕事は、優秀な内務官僚が主導して、その卓越した手腕によって完成されたことになる。[*22]

小泉は、「文部省が北海道用読本の編纂に踏み切ったのは、度重なる北海道の要請に応えた事が直接的契機と思われる」と述べている。前述したように、文部省は『尋常小学読本』刊行後は、新しい教科書を編集するための部署を持っていなかったから、特別に「臨時編纂係」を設置することで、この事案に対処した。この読本の「版権」は、文部省の所有であるが、「印刷兼発売者」は、大日本図書株式会社だった。文部省は、民間会社となった大日本図書株式会社に、印刷製本などの仕事を委託したのである。[*23]

一方、『沖縄県用 尋常小学読本』の作製においては、取り立てて地元から起草委員を推薦することはしなかったようだ。渡部薫乃介は、文部省図書課の課員が起草して、当時内務省の官吏だった沖縄出身の岸本賀昌に「起草に参加して貰った」と、書いている。岸本は、後に衆議院議員、那覇市長を歴任しているが、本土赴任以前の明治一三年六月には、沖縄の師範学校の修業年限一ヶ年の速成科を出たという経歴もあったので、こうした問題にも、興味と関心とを抱いていたと思われる。この読本の版権も文部省の所有であり、「印刷兼発売者」も大日本図書株式会社である。[*24]

こうして、二つの官版の地域読本が作製供給された。しかし、いかに白仁武の尽力があったとしても、文部省が教科書の「臨時編纂係」を設置してまで、二つの地域に特化した内容の読本を製作したのは、異例の措置だと言えよう。すでに見てきたように、文部省は、明治一九年から二〇年にかけて、官版の『読書入門』『尋常小学読本』を作製し、続いて簡易科用の『小学読本』を刊行しているが、地域専用の官版読本を作ったのは、「学制」が始まって以来、これが初めてのことである。ここまで本書で見てきた範囲で言うと、地域専用であることをうたったり、地域の学務課などの公的な機関が作製母体であることを前面に出した「読本」には、以下のようなものがあった。

- 明治一二年『滋賀県管内 小学読本』四冊　滋賀（河野通宏）
- 明治一二年『小学読本』八冊　東京府庁
- 明治一二—一三年『富山県第二部学務課編輯 小学読本』八冊　富山県

このうち、明治検定期に入ってから作製された、東京府と富山県の二つの読本は、文部省からの「内訓」の影響もあってか、作製されると直ちに民間に版権譲渡されている。つまり、従来の文部省の意向は、地域の学務課などの公的機関が主体になって教科書＝「読本」を作製することは認めない、という方針だったのである。

だが、これまでにも度々触れたように「地誌」や「習字」などは、その教科目の性質上から、地域がその内容の作成主体にならなければ教科書を作製することは難しい。そこで、地域の教育会などが制作主体になって、それらの教科書を製作するという動きが出てくる。（次の第五部

第二章では、そうした例の一つとして高知県の教科書作成の場合を検討する）地域の教育会などの組織が、当該地域の教育内容に関して論議を重ねることは、地域住民の地域リテラシー育成という観点からも望ましい傾向であることはいうまでもない。

北海道の場合でも、同様の事態が展開した。たとえば、明治二九年には『北海道地誌略』と『北海道史談』が、村尾元長の編集によって作製されている。『北海道地誌略』は、明治二九年二月一三日に、また、『北海道史談』は、明治二九年二月一七日に文部省の検定を通っており、高等小学校用の教科書として実際に使用された。発行者は、ともに東京の小林八郎（集英堂）である。編集を担当した村尾元長は、北海道開拓使として函館に赴任し、明治一五年一〇月に設立された「函館教育協会」では、会長に就任している。後に、村尾は、北海道庁第一部記録課長兼庶務課長心得などを歴任し、『北海道事情一斑』（北海道経済会）、『あいぬ風俗略志』（北海道同盟著訳館）を明治二五年に刊行したほか、明治三〇年に『北海道漁業志要』を編纂しており、その他にも多くの著書を刊行している。村尾は、『北海道地誌略』『北海道史談』などの教科書を作製した時点では、すでに東京に居を移していたようだが、北海道全般に関して該博な知識を持ち、また教育にも関心があった。その元官僚が地域教科書を執筆して、それを東京の大手教科書会社が刊行したことになる。

『北海道用 尋常小学読本』表紙

一方、習字の教科書は、北海道教育会の編集で、原田眞一（竹外）が書を担当した『小学校習字手本 尋常科』全八冊が刊行されている。この教科書は、明治二九年二月三日に文部省の検定を受けている。「検定済教科用図書表」によると、発行者は、札幌の前野長発（玉振堂）・小塩武吉・萱間左右太と、東京の内田正義の連名である。したがって、この教科書は、地元の教育会が主導して、地域出版社が公刊した地域教科書だということになる。

おそらく、『北海道用 尋常小学読本』の構想も、こうした地理や歴史、あるいは習字などの地域教科書作製の動きと無関係に発案されたわけではないだろう。しかし、既に述べたように、他府県でも、地元の教育会や地域の教科書書肆は、地誌や習字の教科書作製に関係しており、そのような背景は、何も北海道だけに限ったものではない。問題は、なぜ北海道が独自の「読本」を、地域書肆や大手民間業社に委託するのではなく、すでに読本作製機能を失っていた中央官庁の文部省からあえて刊行するように求めたのか、というところにある。

文部省が二つの「読本」を作製しようとした理由

一八八八（明治二一）年一月には、北海道道庁庁舎で小学校教科用図書が裁定され、北海道の「読書」科用の「読本」は、「簡易科・尋常科」ともに、高橋熊太郎の『普通読本』（集英堂）、高等科は内田嘉一の『増訂小学読本』（金港堂）と定められた。*25

高橋の『普通読本』は、第三部第三章第三節でも取り上げたように、第一編上の文字提出の順序が機械的な練習学習で、全体の題目の選び方も実科的な要素が強い。先に本書で、この読本を検討した際には、そのうちの外国由来の二つの教材に焦点を当てて考察を進めたが、『普通読本』全体の内容を見るなら、むしろ古いタイプの教科書に分類できる。つまり、文部省の『尋常小学読本』のようにグローバルスタンダードを目指した斬新な内容とは、対照的な仕上がりだったのである。

したがって教科書の内容だけで判断するなら、この時、北海道の教育関係者が、文部省の『尋常小学読本』を選択せずに、集英堂の『普通読本』を選んだことには、それなりの妥当性がある。なぜなら、北海道内の小学校のほとんどは、単級の簡易小学校だったからである。そうした現場の実態を勘案して、程度の高い欧化的な『尋常小学読本』よりも、少し古いタイプの実科的な集英堂の『普通読本』を選んだと考えるなら、その選択は、必ずしも不合理とは言えない。

もっともそれは、一八九一（明治二四）年、「小学校教則大綱」が公布される以前の話である。白仁武が、北海道教育会の会長に推された明治二五年には、教育勅語も発布されており、教育状況も変化していた。北海道が使用していた『普通読本』を含め、検定前期に作製された読本は、やや時代遅れの教科書になっていた感は否めない。当然のことながら、民間教科書会社も、「小学校教則大綱」に対応した検定中期の新しい読本群を本格的に刊行し始めていた。『普通読本』を刊行していた集英堂も、『帝国読本』（学海指針社編集）と『小学校用国民読本』（安積五郎）とのタイプの異なる二種類の読本を作製しており、両書ともに明治二六年九月に文部省の検定を受けている。また、育英舎も、同じ明治二六年九月に『新撰小学読本』の検定を受けているし、金港堂も、明治二六年九月に『新撰尋常日本読本』（三宅米吉）を、さらに翌二七年一〇月には、別種の『尋常小学新体読本』（金港堂編輯所）の検定を受けている。第一節で取り上げた山縣悌三郎の『小学国文読本』（文学社）も、やはり明治二六年一〇月に、文部省の検定を受けていた。つまり、各民間教科書会社は、尋常小学校用の読本のモデルチェンジを果たして、各地域で使用される新商品の品揃えしていたのである。

ところで、竹ヶ原幸朗は、明治二七年頃に、北海道内で、『普通読本』に対する批判が高まっていたことを、『北海道教育週報』の記事を引いて紹介している。竹ヶ原は、それを沈静化するために、北海道庁が文部省に対して、再度の読本製作の督促をし、それが『北海道用尋常小学読本』着手のインパクトになったのではないか、と推測している。だが、検定前期に作製された読本を使用していた地域では、それがどの地域であるかに関わらず、教科書に対する批判は、多かれ少なかれ提起されていたはずである。一般論としても、教科書は、「平均的」な学習者と「平均的」な地域で使われることを想定して作られているから、誰でもがすべての点で満足できるものに仕上がることはあり得ない。教科書内容への異見や批判が出ることは、むしろ健全なことであり、だからこそ、教科書の改良が進展するのである。また、そのために民間会社は、教科書の内容をリニューアルしたり、あるいは新製品を複数発刊したりして、商品の選択幅を広げていた。その点で言えば、教科書への不満、あるいは批判的な意見が、それを製作した民間教科書会社へ向かわずに、文部省に新しい教科書の作製を迫るという方向に展開することは、きわめて特異な事例だと言っていい。*26

もし、北海道以外の地域において、現在使用している小学校用の読本に不満が生まれたとしたら、その後の行動の選択肢は限られる。最も可能性のある運動は、府県で開かれる教科用図書審査会に、その意見を反映できるようにすることだろう。というより、明治検定制度下では「小学校教科用図書審査会」だけが、地域の教科書を裁定する権限を持っていたのだから、そうする以外に方法はない。この時、「県定教科書」を目指した文部省の強い指導にもかかわらず、いくつかの府県は、あらかじめ定めた複数の教科書の中から一つの教科書を選択できるようにしたり、各地域ごとに教科書を選択できるように「県令」で定めていた。それは、教科書採択をめぐる県内の多様な声に配慮した結果だった。その声の中には、教員たちによる教科書の批判や、直接の教科書選択権を要求するものもあっただろう。また実際、文部省が一県一教科書という原則を強調したにもかかわらず、そうした現場の声があったからこそ、各県の教科書行政は、現実的でなおかつ弾力性のある道を選択していたのである。

その一つの具体的な例として、明治二六年から二七年にかけて、県の教育会が「教科書予撰会」を開いたという記録を、『山梨県教育百年史』によって見てみよう。この時、山梨県では、県下各郡市の教育会のメンバーが、多くの検定教科書を逐一審査検討し、推薦図書目録と推薦理由書とを作成して、県の教育会の予撰会へ持ち寄ったらしい。そこでまとめられた結果は、「小学校教科用図書審査会」の参考資料として提供されていたという。もちろん、最終的な判断は「小学校教科用図書審査会」の委員たちが行うわけだが、各地域の教育会に所属している教員たち自身が、これから自分達が使用する可能性のある多くの民間教科書に実際に触れ、それらの読本に対する意見を、審査会に反映させようとしていたのである。『山梨県教育百年史』に載せられた教科書推薦作業の詳細な記録の行間からは、多くの教科書を前にして、真剣にそれを検討している教師たちの顔が浮かんでくるようである。教科用図書審査会制度の下で、その裁定に各郡村の教員の意見を反映させるとするなら、おそらくこのような方法が最善の方法だと考えられる。*27

とすれば、北海道においても、数種類の民間教科書の中から、地域の教育実態に適合する教科書を選択するという道を選択するのがもっとも自然なやり方であり、文部省の施策とも整合性がとれるはずである。もちろん、理想の教科書は、それぞれの地域で自ら作製すべきだという原理原則を言い立てるなら、山梨県のような例は、次善の策に過ぎないと言うことはできるだろう。しかし、東京府の『小学読本』や、富山県の『富山県第二部学務課編輯 小学読本』の例でも分かるように、地域の学務課などの公的機関が主体となって読本を作製する道は、既に閉ざされていた。そこで、北海道のように、文部省に直訴して、地域読本の作製を懇請するという方向しか残されていないという論理が導き出されたことも考えられる。

だが、『北海道用 尋常小学読本』は、単に地元の北海道側の要請だけで作られたわけではない。渡部薫之介の二つの読本作製に関する回想が、もともとは、井上毅文相時の「北海道や沖縄県は気候風土言語などが本土と異なつて居るから、一般の教科書では教育上不都合で宜しくあるまい」という理由から始まっていたことを、あらためてここで想起する必要がある。この話の出発点は、ほかならぬ中央官庁である文部省の側にあったのである。仮定の話でしかないが、もし山梨県が、あるいは石川県や富山県が、文部省に各県用の読本を作製してほしいという請願をしたら、文部省は、『山梨県用 尋常小学読本』や『石川県用 尋常小学読本』の作製に動いただろうか。おそらく、そうした依頼は聞き入れられなかったに違いない。

なぜなら、井上文相の、北海道と沖縄とが「本土と異なつて居る」という発想には、すでに「本土」が、一体化しているという前提があるからである。「本土」の一部を形成している山梨用や石川用の読本を作製したならば、本土が一体であるという「幻想」は、そこで打ち破られてしまう。すなわち、「本土」が均質なものであるという認識に立つからこそ、「北海道」と「沖縄」という異物がくくり出される。あるいは逆に、「北海道」と「沖縄」という異土こそが、均質な「本土」という「幻想」を成立させるのである。その時、「山梨、石川、富山」などは、明らかに同質の「本土」なのである。

したがって、そうした地域は、原則として官版の『尋常小学読本』を使えば良い。もし、その読本が難しすぎるなら簡易科用の官版『小学読本』が用意してある。また、大手民間業者の作製した教科書も揃っている。「本土」には、難易度別の読本は必要でも、地域別に分けられた特別の「読本」は必要ない。

こうした意識の中で、中心に置かれる本土と、周辺の北海道・沖縄というヒエラルキーが仮構され、一体化した「内地」の一段下に、「準内地」である北海道と沖縄が位置づけられる。当然、将来的には、その視線の先に、新版図の「外地」である台湾や朝鮮、さらには南洋諸島などの植民地が据えられていくはずである。そうした暗黙の枠組みが存在していたことは、明治三七年度から国定化された「読本」の使用が開始された時点で、北海道も沖縄も、『北海道用 尋常小学読本』と『沖縄県用 尋常小学読本』の継続使用を拒んだという事実に、はっきりと表れている。北海道や沖縄は「準内地」だから、特別の読本を用意したのだ、という差別の眼差しから脱却しようとしたからこそ、二つの地域は「内地」と同一の国定読本の使用を要望し、実際にその道を選択したのである。それは、上位下位という眼差しから離脱を図ろうとする辺地のささやかな抵抗であると同時に、そのことで「本土」へ一体化することができるかもしれないという淡い期待の発露でもあったのである。[*28]

竹ヶ原幸朗は、『北海道用 尋常小学読本』と『沖縄県用 尋常小学読本』とが同時に作製された原因として、さらに直接的な要因を指摘している。それは、文部大臣だった井上毅が「北海道及沖縄県ハ我国南北ノ関門ニシテ国防上緊要重大ノ地」だという認識を持っていたことだ、とする。竹ヶ原は、だからこそ北海道が主導したこの読本作りに沖縄が巻き込まれていったのだと、論を展開する。つまり、この読本には、『北海道用 尋常小学読本』と『沖縄県用 尋常小学読本』を対にすることによって初めて政治的な意味が生まれるのであり、どちらか片方だけを作製しただけでは、それが持つ政治的メッセージは薄れてしまうのである。

このことと関連して、次のような例も引いておこう。それは、音楽取調掛長・伊沢修二が中心になって、一八八一（明治一四）年に文部省が作製した『小学 唱歌集 初編』である。その中には、現在では「蛍の光」で知られている「蛍」が掲載されていたが、その四番の歌詞は次のようになっていた。（稲垣千穎の作詞といわれている。）

千島のおくも。おきなはも。（千島の奥も、沖縄も、）
やしまのうちの。まもりなり。（八洲の内の、護りなり。）
いたらんくにに。いさをしく。（いたらん国に、勲しく、）
つとめよわがせ。つつがなく。（努めよ我が背、恙無く。）

この歌詞が作詞された当時は、まだ日清戦争も始まっておらず、露西亜の脅威もそれほど現実的な姿を帯びてはいなかった。しかし、日本の最北と最南端とに鎮座した北海道と沖縄とが、手を携えて秋津島を護るというイメージは、すでにここに胚胎している。それはまた、『北海道用尋常小学読本』と『沖縄県用尋常小学読本』とが、北と南から『尋常小学読本』を使用している「本土」を防護するという連想とも重なる。そうした文学的レトリックが、単なる比喩表現としてではなく、実体化されて「教科書」という形態で提供されたのが、この二つの読本だったのである。

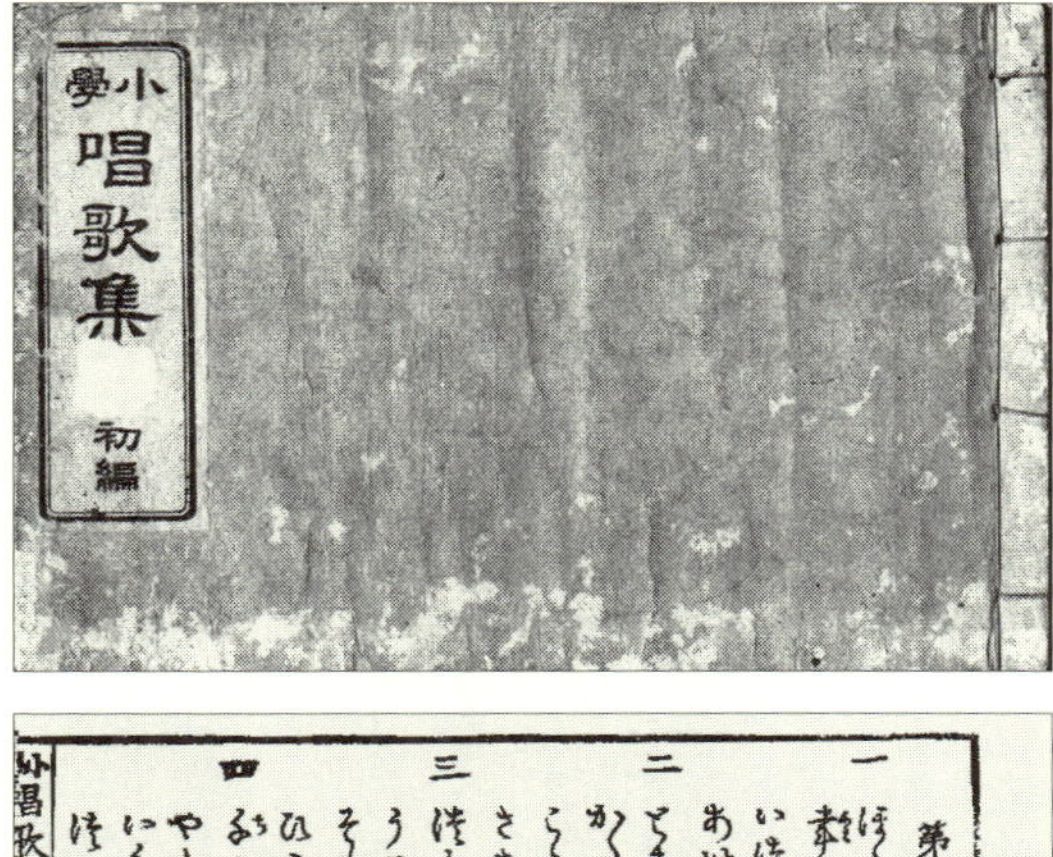

小學唱歌集

第二十　螢

一　ほたるのひかり。まどのゆき。書よむつき日。かさねつゝ。いつしか年も。すぎのとを。あけてぞけさは。わかれゆく。

二　とまるもゆくも。かぎりとて。かたみにおもふ。ちよろづの。こゝろのはしを。ひとことに。さきくとばかり。うたふなり。

三　つくしのきはみ。みちのおく。うみやまとほく。へだつとも。そのまごゝろは。へだてなく。ひとつにつくせ。くにのため。

四　千島のおくも。おきなはも。やしまのうちの。まもりなり。いたらんくにに。いさをしく。つとめよわがせ。つゝがなく。

五十一　音楽取調掛

『小学唱歌集初編』文部省音楽取調掛　明治 14 年

もちろんこうした経緯によって作製された二つの官版読本も、これまで見てきたように、地域の「小学校教科用図書審査会」で審査される必要がある。しかし、この時、北海道庁は完成した『北海道用尋常小学読本』を、一八九七（明治三〇）年二月に「小学校教科用図書審査会」を開かずに、「特例措置」で北海道の読本として認定している。おそらくこれは、北海道の「小学校用図書審査会」で不採用となるような事態を想定した予防措置であろう。教科書をめぐる採択戦は、ますます過熱していたから、万が一の事態を考えての超法規的な方策だったのではないだろうか。その結果、この地域だけが、「小学校教科用図書審査会」の議を経ずに、教科書の裁定をしたのだった。おそらく沖縄も同様だったであろう。この点でも、「北海道」と「沖縄」とは、本土とは別の特例の取り扱いを受けていた。この意味では、『北海道用尋常小学読本』と『沖縄県用尋常小学読本』は、明らかに「国定地域読本」だったのである。*29

この時期に二つの読本が、あえて文部省から刊行されたことの政治的な意味が、以上のようなものであったことは、その経緯からも明らかであろう。しかし、「地域読本」の作製という視点から、二つの読本内容を検討すると、そうした政治的な文脈とは別の教育的な側面も見えてくる。それを、次に、二つの読本の内容に即して考えてみる。

『北海道用尋常小学読本』と『沖縄県用尋常小学読本』の内容

先行研究の多くは、両読本のベースとなった文部省の『尋常小学読本』

と、『北海道用 尋常小学読本』『沖縄県用 尋常小学読本』との教材内容の比較をていねいに行っている。ここではそれに屋上屋を重ねるようなことはしない。先行研究の成果の上に、『北海道用 尋常小学読本』と『沖縄県用 尋常小学読本』が、官版の『尋常小学読本』を基にして作られたこと、および、読本の「地域教材」の可能性という問題に絞って考察を進めたい。

まず、「特別に編纂」された『北海道用 尋常小学読本』と『沖縄県用 尋常小学読本』が、なぜ『尋常小学読本』を基にするという発想で作成されたのかという問題を考える。というのも、まったく新たに独自の地域読本の構想を開始して、それに基づいて教科書内容を策定するという方向もありうるからである。あるいは、ほとんど使われることはなかったものの、文部省の作成した簡易科用の『小学読本』をベースにして、そこに教材を加えていくという方向もなかったわけではない。さらに、この時北海道で実際に使用していた読書科用教科書は、集英堂の『普通読本』だったから、それを改善するという方向もありえただろう。この点に関しては、文部省自身が原稿作成に直接関わることになったので、民間教科書の修正という道は選択されず、文部省がまだ版権を持っていた『尋常小学読本』をベースにすることが編集上もっとも容易な方向だと考えられたのだろうと推察できる。

しかし、『尋常小学読本』は、それが作製されてから、すでに一〇年近くが経過していた。ここから、二つの問題が出来する。一つ目の問題は、歴史的現在性に関わる問題である。すなわち、『尋常小学読本』ができた後に、教育勅語が発布され、「小学校教則大綱」が公布されていた。また対外的には、日清戦争が終結した直後だった。当然のことながら、『尋常小学読本』は、そうした社会的事件が生起するより以前に作られている。また、二つ目の問題は、読本の文体に関する問題である。『尋常小学読本』が率先して談話体を導入した時から一〇年が経過してみると、子ども向けの読み物の普及などによって、平易な口語文体は、一般にも広く使用されるようになってきていた。そうした観点からあらためて『尋常小学読本』の文章を振り返ってみると、読本の「談話体」には、ぎこちなさの残る部分さえ見られる。『尋常小学読本』は、こうした言語文化状況にも対応していない。

さらに文部省自身には、別の問題点も意識されていた。見てきたように『尋常小学読本』には、多くの外国読本由来の教材が挿入されており、それらの多くは、物語性を持った読み物教材だった。この点は、『北海道用 尋常小学読本』の作成に取りかかった当初から、問題視されていたらしい。渡部薫之介の回想には、「此の尋常小学読本は稍文学的に傾いて居るやうであるから、之を実用的に改むるがよかろう」と記されている。その結果、実際に『尋常小学読本』の、多くの文学的な読み物は、実科的な「地域教材」に変更されてしまう。つまり、もともと『尋常小学読本』は、周囲から「文学的に傾いて居る」ことが問題だと見られていたのである。とりわけ『尋常小学読本』の中の教材の中で、最大の非難の対象となったのは、伊沢修二が売り物にしようとして力を入れた外国読本由来の読み物教材だっただろう。*30

このような問題に関しては、白仁武編集主任と、岡素一郎、室原啓蔵、得丸迅能の三名の起草委員との間で、事前に「色々と注意すべき点の評議」がされたらしい。また、北海道からも、北海道用の読本を作製するにあたって、様々な意見が寄せられていた。竹ヶ原幸朗は、北海道庁は、一八九四(明治二七)年六月に、北海道教育会に、使用中の『普通読本』

の適否と併せて「北海道小学校教科用として別に小学読本を検定するを必要とせば如何なる組立及材料を以てしたるものを可とすべきや」等について諮問をし改善策を求めた、と述べる。北海道教育会は、『普通読本』所収教材の問題点と改善点を「諮問案答議」と題して集約したのである。この北海道教育会がまとめた「改善策」の内容も、文部省の『北海道用 尋常小学読本』に影響を与えているようだ。また、小泉弘は、一八九六(明治二九)年八月発行の『北海道教育雑誌』に「本道用読本編纂に就いて」という要望書があることを紹介している。この「要望書」の内容も、完成した『北海道用 尋常小学読本』に、かなり反映されているらしい。つまり、『北海道用 尋常小学読本』は、現場の教員たちの声が、ある程度反映されて作製されていた。作成経緯に関する問題点はなお残るとしても、北海道の読本の内容決定は、広く地域の声を取り上げてなされていたことになる。[*31]

一方、沖縄の読本の場合は、作成経緯に関する資料も乏しく、先行研究でもその過程は明らかにされていない。しかし、北海道の読本作成に引きずられるような形で進行したことは間違いない。つまり、沖縄の読本は、北海道のように沖縄の教育会などの声を組織的に吸い上げたわけではなかったようだ。沖縄では、一八八八(明治二一)年一〇月一九日に「本県小学校教科用図書及び其配当表」が定められて、「読書」科においては、文部省の『読書入門』と『尋常小学読本』を使用することが決まっている。しかしもともと、沖縄県では、言語教育に関する大きな悩みを抱えていた。知られているように、一八八〇(明治一三)年一二月に、沖縄県学務課は、独自の言語教科書である『沖縄対話』を編纂しており、それが師範学校や小学校の教科書として使用されていた。『沖縄対話』は、沖縄の口語表現と、「本土」のそれとを対応させて学習するための教科書である。もちろん、沖縄だけではなく、日本のどの地域においても、日常会話と『小学読本』や各種の『問答』教科書の中に記された「会話文体」との乖離の問題は、多かれ少なかれ生じていたはずである。だが、沖縄の場合、それが早い時期から顕在化して問題になり、専用の「言語教科書」までが作製されていたのである。[*32]

甲斐雄一郎は、この『北海道用 尋常小学読本』と『沖縄県用 尋常小学読本』の二つの読本を、その前後に刊行された代表的な民間読本の内容の傾向と比較対照して検討しており、次のように結論する。すなわち、「題材については『沖縄県用 尋常小学読本』が、文体については『北海道用 尋常小学読本』が、より「内地」用の検定教科書との共通性を認めうる」と。つまり、二つの読本は同時に編纂されたが、その出来上がりを見ると、それぞれに重点の置き方が異なっていたというのである。甲斐の調査にしたがって、その様相を見てみよう。

まず、文体の点である。『沖縄県用 尋常小学読本』の三巻以降の口語文体の教材数は、一三六教材中六五編(四七・八%)だったが、北海道の読本の場合は、一四八教材中八編(五・四%)に過ぎず、同時期の民間読本をやや下回る、という。『沖縄県用 尋常小学読本』は、突出して口語文教材を多く登載しているのである。こうした編集姿勢は、沖縄の言語問題を解決しようとする表れだと考えられる。また、教科書文体の平易化という試みは、検定後期の民間「国語教科書」の先取りという側面もあった。というのは、この後、尋常小学校用の民間各社の「読本」には、まるで文部省の『沖縄県用 尋常小学読本』に追随したかのように、口語教材が数多く登場するからである。逆に、文章文体の点だけから見ると、『北

海道用 尋常小学読本』は、決して平易とはいえず、同時期の民間の読本に比べても口語文体は少ない。

次に、教材内容という点で見ると、『北海道用 尋常小学読本』と『沖縄県用 尋常小学読本』のために作成・修正された教材は、『北海道用 尋常小学読本』では、三巻以上の全一四八教材中四六編で三一・一%を占めるが、『沖縄県用 尋常小学読本』では、三巻以上の全一三六教材中二〇編で一四・七%しかない、という。このことは、白仁編集主任が、口語文体による平易化の方向よりも、題材の選び方という教材内容の改変を中心にして、北海道特有の問題に対処するような読本を作ったということを意味する。*33

両者ともに文部省の編纂によるものだから、「小学校教則大綱」の枠の中に収まっていることはもちろん、日清戦争関係の話題も共通して取り上げられている。この点は、同時期の民間の教科書書肆の読本と、特段大きな変わりは無い。しかも、『北海道用 尋常小学読本』でも『沖縄県用 尋常小学読本』でも、「成歓の役の喇叭卒」や「玄武門の先登者」などのような個人としての兵士を賛美するような教材は載せておらず、日清戦争の話題に関しては、慎重な姿勢に終始している。こうしたことから、両書を好意的に評価するなら、ジャーナリスティックな話題に流されずに、それぞれの地域に固有の課題に向き合って、それぞれの方法で地域の問題の処理を目指したという点で、地域読本を作製することの利点がよく表れていると見ることもできるだろう。

ここでは、そうした肯定的な評価が十分に可能であるとした上で、さらに『北海道用 尋常小学読本』と『沖縄県用 尋常小学読本』の二つの読本に掲載された教材のうち、それぞれの地域に固有の教材の内容に踏み込んで考察してみたい。そこで二つの読本の「地域教材」を甲斐雄一郎の整理を参考にして、次に列挙してみる。(分類の枠組みは、甲斐の整理に随った。)

『北海道用 尋常小学読本』

修身的教材　寒気に慣れよ(六巻一四課)、一村の団結(七巻二五課)
地理的教材　石狩川(四巻四課)、冬の日(二)(四巻九課)、
　札幌神社(五巻一一課)、もんべつ村(六巻四課)、
　産物の販路(七巻四課)、交通(八巻四課)
歴史的教材　武田信広(五巻一二・一三課)、移住者ノ話(六巻三課)
理科的教材　鰊(三巻七課)、林檎(三巻一八課)、鮭(四巻五課)、
　重ナル樹木(四巻二〇課)、麻ト亜麻(五巻五課)
その他の教材　水産会(五巻四課)、牧畜(六巻一〇課)、
　遠洋漁業の歌(八巻一七課)、海員(八巻一八課)
生活教材　にはのさうぢ(三巻四課)、冬の日(一)(四巻八課)、
　冬の遊び(四巻一四課)

『沖縄県用 尋常小学読本』

地理的教材　波之上宮(五巻二二課)、沖縄県(六巻二二課)、那覇(七巻三課)
歴史的教材　蕃藷大主(五巻七課)、名ご順則が鶏を助けた話(六巻六課)、
　源為朝(六巻一六課・一七課)、儀間真常(六巻二三課)、
　舜天(七巻四課)
理科的教材　わこうてふ(三巻六課)

以上が、二つの「地域読本」における「地域教材」の題名である。こ

うした「地域教材」は、ほとんどが『尋常小学読本』の中の外国由来の物語類と差し替えられて登載されたものである。そのことによって、「稍文学的に傾いて居」た読本の内容は「実用的に改」められたのである。ここから、あらためて『北海道用尋常小学読本』と『沖縄県用尋常小学読本』において、「地域教材」という存在が、どのように考えられていたのか浮かび上がってくる。

もともと、明治期の「読本」には、学習者の読み書き能力の向上という目的と、生活万般にわたる知識の付与を図るという二つの役割が課せられていた。さらにこの時、二つの官版地域読本である『北海道用尋常小学読本』と『沖縄県用尋常小学読本』が依拠した「小学校教則大綱」には、「読本ノ文章ハ平易ニシテ普通ノ国文ノ模範タルヘキモノナルヲ要ス」と記されており、読本の文章が「平易」であることも求められていた。その上で、その方向は、「児童ニ理会シ易クシテ其心情ハ快活純正ナラシムルモノヲ採ルヘク」と、子どもの発達段階に適した向日性を持ったものであり、内容的には、「其事項ハ修身、地理、歴史其他日常生活ニ必須ニシテ教授ノ趣味ヲ添フルモノタルヘシ」と、修身・地理・歴史・（理科）・日常の事項等を題材とすることが示されている。

そもそも、記号としての言語は、その性質上、語彙や文体などの「形式」に関わる側面と、それが指し示す記号の「内容」という二面性を併せ持っている。そうした言語の特性を考えるならば、この規定が、言語形式と言語内容との両側面から、読本の教材内容に言及しているのは、ある意味で当然である。また、言語教育が、言語形式の教育と言語内容の教育との両面に関与しつつ両者を統合的に取り扱わなければならないことは、いつの時代でも変わることはない。

そこに、さらに「地域」という要素を加えるとするなら、「地域読本」に盛り込むことの出来る地域教材作成の方向には、二つの道があると考えられる。一つ目は、地域に関わる内容＝題材を、読本に取り上げることである。地域に固有の動物、植物などの名称や、その土地の地理や、歴史などを文章化して、読本に教材文として載せるのである。『北海道用尋常小学読本』と『沖縄県用尋常小学読本』の固有の教材は、すべてこうした方法に依拠して、素材・題材のレベルで「地域教材」が作成されている。甲斐が、「地理的教材」「歴史的教材」などのように「小学校教則大綱」の「読本ノ文章」の枠組みを使って分類整理していることでも推察されるように、それらは、他の教科目である「地理」や「歴史」の内容とも通じ合う教材内容である。つまり『北海道用尋常小学読本』に即して言うなら、これら固有の教材は、「読書」科の「読本」に掲載されていても構わないが、地理科や歴史科の教科書である『北海道地誌略』や、『北海道史談』などに載せられていても不思議ではない教材群なのだ。

これに対して、もう一つの「地域教材」作成の可能性がありうる。それは、言語形式の地域性に着目することである。すなわち、方言語彙や方言文法に関する話題を記述したり、地域言語特有のリズムやアクセントなどを取り上げ、それらを自覚化させるような教材群である。また、言語文化としての地域の歌謡や、独特の語り口を持つ地域の民話や伝承などを文章化した作品なども、ここに入れていいかもしれない。北海道と沖縄に関する具体的な文学作品の名前を挙げるなら、アイヌの口承文芸である「ユーカラ」や、沖縄の「おもろそうし」などの琉歌も、そうした「地域教材」になりうるだろう。

もっとも、そのような地域教材の採択は、現在の地点から振り返って考えるから発想可能なのだ、という意見があるかもしれない。確かにこの時代には、そうした考え方が浮上すること自体が難しかった。というのもこの時点で明治国家教育が直面していたのは、「平易ニシテ普通ノ国文ノ模範」となる国家レベルでの「標準文体」自体が、いまだ実在していないという事態だったからである。したがって、「小学校教則大綱」が求めていた「読本ノ文章ハ平易ニシテ普通ノ国文ノ模範」の中の「平易」という用語の内実は、実際には仮構された状態だった。それは、できるだけ多くの人々＝国民にとって「平易」なものであるということを意味していたのであり、それぞれの地域の個々の具体的な学習者たちにとって「平易」な文章の必要性を意味していたわけではなかった。すなわち、そこでは、普く（あまね）通じることが、必要条件であって、「平易」であることは、十分条件でしかなかったのである。

　したがって、『沖縄県用尋常小学読本』の中に、「普通ノ国文ノ模範」としての「平易」な談話文体を数多く登載させたにもかかわらず、沖縄の子どもたちにとって、現実の教科書の中の「口語文体」は、必ずしも「平易」なものではないという事態が出来してしまう。なぜなら、沖縄の子どもたちは、読本に記された「口語文体」に近い話しことばで、日常的な談話活動をしていたわけではないからだ。もちろん、そうした事情は、北海道の子どもたちにとっても、山梨や石川、富山などその他の地域の子どもたちにとっても、程度の差はあれ、同様だった。大多数の現実の学習者にとって、読本の中の「普通」の話体は、「平易」な話体と等号で結ばれていたわけではなかったのである。

　それにもかかわらず、この後、各地域の子どもたちは、「平易ニシテ普通ノ国文ノ模範」を、読本や子ども読み物の中の談話文体や、括弧（「」）でくくられた直接話法による会話文体を受容し、内面化するように指導される。さらには、それを自ら、口頭表現することができるように訓練されていくのである。これは、第三部第三章第六節の下田歌子の「女学生ことば」の創成とその受容の問題で触れたのと同様に、印刷された文字による会話表現文体に個々人の話しことばが近付いていくという事態でもあった。この後、国語教育は、読本の中の「書きことば」を通して標準的な口語を獲得させることが、大きな目的になっていく。

　ここでは、この問題にこれ以上言及するつもりはない。しかし、『北海道用尋常小学読本』と『沖縄県用尋常小学読本』も、あるいは、民間教科書として地域教材を盛り込んだ山梨の『尋常小学開国読本』も、この時、地域に関わる素材・題材を「地域教材」として読本の中に位置づけることはできたものの、言語形式の地方性に関する「地域教材」を読本の教材として取り入れることはなかった、という事実だけは、確認しておく必要があるだろう。

*

　検定中期以降になると、大手教科書書肆の読本は、本節で検討した普及舎の『尋常小学読書教本』も含めて、大筋ではどれもほぼ似たような内容に収斂していく。つまり、明治二〇年代後半には、大手出版社が市場占有率を高め、教科書市場が寡占化していくのと併行して、どの読本の内容も、かなり類似した内容構成になっていくのである。

　そうした傾向は、検定後期に入って、教科書市場が大規模出版社の寡占状況になると、よりはっきりとしてくる。民間教科書の内容が均質化していけば、その採択を決定するのは、営業的な販売力である。教科書の購買をめぐるスキャンダルが新聞の社会面を賑わすようになるのは、教科書内容の類似性という状況が必然的に巻き起こした結果でもあった。しかし、そのことに危機意識を持った教科書書肆の中には、あえて他社と異なる特色を持った内容の国語教科書を作製し、それをセールスポイントにして、さらなる販売競争に勝ち抜く道を意図的に選択する書肆も出てくる。(その二つの例に関しては、続く第五部の第二章と第三章で検討する。)

一方、細々と続けられていた地域における読本編集も、ついに幕を閉じる瞬間がやってきた。いくつかの可能性は残しながらも、地域書肆のささやかな努力は、東京の大手教科書会社の圧倒的な販売力の前に、まったく太刀打ちできなかったのである。地域の子どもたちの現実により近い位置にいた教師たちや地域書肆の独自の営みは、商業主義の大波の中に飲み込まれてしまった。しかし、その大手教科書出版社も、最終的には過当競争の果てに、共倒れに近い状態で、教科書疑獄事件という最悪の終焉を迎えることになる。

小学校普通教育の段階で使用する地域作製の読本が消失したことによって、地域の教育関係者が言語教育の内容を自主的に「読本」という形で編成することへの関心も薄れていく。またそうしたエネルギーが、「地誌」や「習字」などの教科目の内容だけに限定されて、矮小化されていく。しかし、我々は、この後、大正期から昭和初期にかけて、生活綴方教育運動の中で、子ども自身の文章が地域の教師たちのガリ版で整版され、簡易印刷機にかけられて自主的に印刷されたり、地域の出版社が児童文集作製の事業に参加したりしたことを知っている。あるいは、郷土教育の主張の中で、盛んに郷土読本や郷土文学集が作られ、これにも地域の出版社が加わっていたことを知っている。さらには、補習科や実業学校用の様々な実用的な「読本」が編纂され、その中に地域の作家の作品が教材化されたり、地域の口碑が掲載されたりしたことも知っている。

大正期になってから大きく開花するそのような学校内外の言語文化運動とその広がりが、明治初頭以来続けられてきた各地域で地域の読本を作製しようと模索してきた営為とどこかで接点を持つものなのか、あるいはそれらはまったく無関係に展開されたのか、そうした課題の解明は、今後の研究に俟つ必要があるだろう。

注（Endnotes）

*1 『教育人名辞典Ⅱ』下巻　日本図書センター　一九八九（平成元）年　八六一頁。

*2 宮坂元裕「岡山秀吉の手工教育論に関する考察（Ⅰ）」『横浜国立大学教育紀要』三二号　一九九二（平成四）年一〇月　一〇四―一〇五頁の、明治中期の手工教科書一覧の中に浅尾重敏の『手工教授法』が挙げられている。

*3 浅尾が、富山県を離れたのが何時なのか特定することは難しい。「教育家名鑑」には、「明治二五年兵庫県尋常小学校に転じ」とあり、明治二四年九月二〇日に発行された『私立富山教育会雑誌』第二三号には、「斯道の蘊奥を究めんとするの志を立てられ辞職せられたり」との記事が見える。

*4 文部省は、明治三〇年に、官版の『沖縄県用 尋常小学読本』『北海道用 尋常小学読本』を編集するが、そこには「日清戦争」についての教材が掲載されている。甲斐雄一郎『国語科の成立』東洋館出版社　二〇〇八（平成二〇）年一〇月　二八三頁。

*5 公式の資料が見あたらず、この判断は、稿者による推測である。しかし、〔注７〕に掲げた根建要蔵編『境小学校沿革史』自筆記録、によれば、少なくとも「境小学校」では、『富山県第二部学務課編輯 小学読本』を継続して使用していたことは明らかである。なお、直接確認できた『富山県第二部学務課編輯 小学読本』のうち、もっとも遅く出版された読本は、明治二四年三月に再版された家蔵本である。

*6 『富山県教育史・上巻』富山県教育委員会　一九七一（昭和四六）年三月　四五六頁、の記述による。『同窓学友会雑誌』第五〇号　明治二九年五月七日　四一頁にも、審査委員一一名の氏名とともに、「委員の過半は審査場内に寄宿し厳重に審査せられしと云ふ」とする記述がある。

*7 根建要蔵編『境小学校沿革史』自筆記録。富山県教育センター教育資料室蔵、による。

*8 浅尾重敏編『小学 尋常読本』は、国立教育政策研究所教育図書館と、東書文庫で、検定合格本を確認するしかない。しかし、『富山県教育史　上巻』四五八―四八九頁には、浅尾が『小学 尋常読本』を作製したことが記されており、またその教科書の書影も掲載してある。写真に写っている教科書が富山県内保管の資料だとするなら、浅尾重敏の『小学 尋常読本』は、富山県のどこかに所蔵されている可能性がある。

*9 もっとも、地域読本を作製した他の地域でも、挿絵を作成するに当たっては、それぞれの地域の画工を起用したと思われる。どのような画工が関わったのかをも含めて、どの地域が、どのようなインフラを活用して「読本」を作製したのかを、地域の出版文化の問題と照らし合わせて解明することは、これからの研究課題の一つであろう。

*10 国観と『小国民』との関係については、『尾竹竹坡伝――その反骨と挫折』（尾竹親・一九六八《昭和四三》年一一月・二八頁）に、「東京学齢館発行の雑誌『小国民』の誌上に、全国児童画の優劣を競い、見事一等の栄冠を勝ち得たのを機に、学齢館主人の斡旋で上京、ひとり小堀鞆音の門にはいって勉学していた」との記述がある。同様に『闇に立つ日本画家――尾竹国観伝』（尾竹俊亮・一九九五《平成七》年一二月・一九頁）にも「明治二四年に彼は、全国児童画コンクールで一等を受けていた」と記載してある。しかし、『小国民』（復刻版）の誌上では、「全国児童画」に関する募集記事は確認できない。また、『小国民』第三年第三号（明治二四年二月）の「報知（しらせ）」欄には、「小学生徒懸賞画募集。と広告するものあり。何事をなすにや。迂闊には……。」という記事が

ある。これは明治二四年一月に、『小国民』より若干遅れて創刊された『幼年雑誌』が、作文ばかりではなく「書画」に関しても懸賞を出すと広告したことへの揶揄の言辞だと考えられる。実際、博文館の『幼年雑誌』には、優秀作文の掲載とともに、応募してきた子どもの「書画」も誌面に掲載されていた。博文館のそうした行動に対して学齢館が疑義を提出しているのだから、学齢館が積極的に絵画の懸賞募集をしたとは考えにくい。しかし、『小国民』では、雑誌の表紙のデザインを募る「表紙画募集」の企画だけはおこなわれており、そこでは国観とは別人が入賞している。したがって、尾竹兄弟に関する伝記に登場する「全国児童画コンクール」の実態は不明である。いずれにしても『小国民』第四年第二三号に、国坡＝国観の絵が、大きく掲げられていることは事実であるから、『小国民』の誌面とは別の場所で、学齢館による募集が行われた可能性は残る。また、その後すぐに国観はプロの絵描きとして処遇されていることから、尾竹親の記した「学齢館主人の斡旋で上京、ひとり小堀鞆音の門にはいって勉学していた」という情報にも、信憑性がある。

*11 『帝国読本・高等科用 帝国読本・尋常科補習用 帝国読本・小学校用 国民読本・編纂趣旨書』集英堂書店・非売品、この小冊子は学海指針社で、刊行した四種類の読本の宣伝パンフレットである。『帝国読本』と『小学校用 国民読本』は、明治二六年九月に、『高等科用 帝国読本』と『尋常科補習用 帝国読本』は、明治二七年三月に文部省の検定を受けているから、おそらくこの小冊子は明治二七年三月前後に作製されたものと思われる。家蔵。

*12 「桃太郎の図（仮題）」画家不明　制作時期不明　縦三〇センチメートル・横一四センチメートル　版元（中川版）中川吉右衛門（友松軒）
「足柄山の図」尾竹国一画　制作時期不明　縦三三センチメートル・横一五センチメートル　版元（笹倉版）五番町・笹倉好郎
「小学教授」国美（松浦守美）制作時期不明　縦二一センチメートル・横一四センチメートル　版元不詳　題材は、文部省の「単語図」であるが、単語の一部が省略されて描かれている。

*13 根塚伊三松『売薬版画——おまけ絵の魅力』巧玄出版・日本海カラーブックス　一九七九（昭和五四）年九月　一二九頁。

*14 玉川しんめい『反魂丹の文化史——越中富山の薬売り』晶文社　一九七九（昭和五四）年一二月　七五—七六頁。

*15 「石川県令第四七号・明治二〇年三月一四日・尋常小学科及高等小学科教科用図書仮定一覧表」『石川県教育史・第一巻』一九七四（昭和四九）年三月、四九六—五〇〇頁。『石川県令達全書』明治二五年「石川県令第一六号・明治二五年四月一日・小学校教科用図書審査会等ニ関スル細則」「石川県令第二一号・明治二五年四月六日」

*16 「石川県令第五六号」は、「石川県公報第七六号」明治二七年一一月二〇日発布（石川県立図書館蔵）、に掲載されている。なお、高等小学校用の「読書」科の教科書についても、山縣悌三郎編集の『高等小学読本』（小林義則発行・文学社）に決定している。また、『石川県教育史』には、倉知新吾の『尋常小学読本』に触れた記述はない。

*17 『尋常小学 開国読本』明治二九年六月一七日訂正再版発行・明治二九年九月一七日訂正三版発行　明治二九年一〇月二日検定。東書文庫蔵。

*18 『山梨県教育百年史　第一巻・明治編』山梨県教育委員会　一九七六（昭和五一）年三月　九八一—一〇六二頁。

*19 梶山雅史『近代日本教科書史研究——明治期検定制度の成立と崩壊』ミネルヴァ書房　一九八八（昭和六三）年二月　一〇二頁。

*20 東京紙・大坂紙などの大都会の新聞の普及が、鉄道網の整備と深い関係にあったことに関しては、次のような研究がある。永嶺重敏『〈読書国民〉の誕生——明治三〇年代の活字メディアと読書文化』日本エディタースクール出版部　二〇〇四（平成一六）年三月　三—四六頁。

*21 渡部薫之介「北海道用沖縄県用小学読本編纂事情」『帝国教育』四〇七号　一九一六（大正五）年六月　一〇―一六頁。

なお、『北海道用 尋常小学読本』『沖縄県用 尋常小学読本』に関する論考には、以下のようなものがある。

文部省『北海道用 尋常小学読本 巻一―巻八』［復刻版］地域教育史資料（1）文化評論社　一九八二（昭和五七）年六月。解説は、竹ヶ原幸朗が執筆している。

文部省『沖縄県用 尋常小学読本 巻一―巻八』［復刻版］地域教育史資料（3）文化評論社　一九八二（昭和五七）年六月。解説は、浅野誠が執筆している。

桑原真人「『北海道用 尋常小学読本』について――『沖縄県用 尋常小学読本』との対比において」『開拓記念館調査報告』第九号　北海道開拓記念館　一〇三―一一一頁。

小泉弘「明治三十年文部省作製の『北海道用 尋常小学読本』」『國學院女子短期大学紀要』五号 一九八七（昭和六二）年三月　五―四九頁。

小林和彦「北海道の国語科教育・資料と研究（2）『北海道用尋常小学読本』」『語学文学』北海道教育大学語学文学会 第二二号 一九八四（昭和五九）年 四五―五〇頁。

藤澤健一「日本植民地教育史のプロトタイプ試論――『沖縄対話』『沖縄県用 尋常小学読本』解読のための基礎視角」『植民地教育史研究年報』皓星社 第一号　一九九八　（平成一〇）年一〇月　一二二―一二五頁。

近藤健一郎「『沖縄県用 尋常小学読本』使用期（一八九七～一九〇四年度）の沖縄における標準語教育実践とその論理」『国語科教育』第五六号　全国大学国語教育学会　二〇〇四（平成一六）年九月　二六―三三頁。

松永歩「近未来予想図としての『沖縄対話』――沖縄の近代化に関する一考察」『立命館国際地域研究』第二七号　二〇〇八（平成二〇）年三月　九一―一〇九頁。

甲斐雄一郎『国語科の成立』東洋館出版社　二〇〇八（平成二〇）年一〇月　二六一―三〇〇頁に、『北海道用 尋常小学読本』『沖縄県用 尋常小学読本』に関わる論述がある。

竹ヶ原幸朗『近代北海道史をとらえなおす――教育史・アイヌ史からの視座』社会評論社　二〇一〇（平成二二）年三月。

*22 白仁武は、一八六三（文久三）年―一九四一（昭和一六）年。柳河藩主立花家家従・白仁成助の長男として生まれ、柳河中学、共立学校、大学予備門を経て、一八九〇（明治二三）年帝国大学法科大学政治学科を卒業。内務省に入り内務試補として会計局に配属された。以後、内務省参事官、北海道庁参事官・内務部郡治課長、同部地理課長、文部書記官、拓殖務書記官、内務事務官、内務書記官・大臣官房北海道課長、内務省神社局長兼総務局北海道課長などを歴任。一九〇四（明治三七）年、栃木県知事に就任。一九〇六（明治三九）年、文部省普通学務局長に転じた。以後、関東都督府民政長官、内閣拓殖局長官、（八幡）製鉄所長官を歴任し、その後、日本郵船社長に就任した。

*23 小泉弘「明治三十年文部省作製の『北海道用尋常小学読本』」『國學院女子短期大学紀要』五号 一九八七（昭和六二）年三月　一二―一八頁。

*24 岸本賀昌は、一八六八（尚泰二一）―一九二八（昭和三）年。那覇生まれ。一八八二（明治一五）年に、第一回県費留学生として上京し、学習院、慶應義塾で学ぶ。留学後、沖縄県属、次いで内務省地方局に移り、石川県参事官、沖縄県参事官などを歴任した。一九一二（明治四五）年、沖縄県最初の衆議院議員選挙に立憲政友会公認で出馬し、当選。その後、衆議院議員を四期務めた。『沖縄毎日新報』社長、沖縄共立銀行頭取などを経て一九二五（大正一四）

年に那覇市長に選任された。

*25 『北海道教育史　全道編二』北海道教育研究所編　一九六〇（昭和三五）年二月　一八二頁。

*26 竹ヶ原幸朗「北と南を結ぶ尋常小学読本」『近代北海道史をとらえなおす――教育史・アイヌ史からの視座』社会評論社　二〇一〇（平成二二）年三月。四七頁。

*27 『山梨県教育百年史　第一巻・明治編』山梨県教育委員会　一九七六（昭和五一）年三月　一〇〇八―一〇二九頁。

*28 渡部薫之介「北海道用沖縄県用小学読本編纂事情」『帝国教育』四〇七号　一九一六（大正五）年六月　一六頁、で、その事情が以下のように記されている。

明治三十六年に教科書国定制度が定められ、国定の教科書を編纂することになり、明治三十七年から一般に新に編纂した国定読本が行はれることになつた。北海道用や沖縄県用のものは、固より国定であるから、其後も其儘採用されて居た。新に編纂した国定読本と北海道用及び沖縄県用の分と比較して見ると、国定読本の文章其他は余程進歩したものであつた。固より北海道及び沖縄県用の分も修正する都合であつたが、明治三十七年は其儘用ひて居つた。漢字の数から申すと、北海道用及び沖縄県用の分は、新に編纂した国定読本より、現今採用して居る国定読本よりも、其数が遥に多く、北海道用は四ヶ年で千二百余字、沖縄転用は四ヶ年で千八十字許を数へることになつて居つた、現今採用して居る国定読本は六ヶ年で千三百六十字である。文体の上から申すと、北海道用及び沖縄県用は国定読本に比し口語文が少く、又文語文が割合に早くから出て居って、又其数が甚だ多い。而して北海道及び沖縄県用の分をば、新しい国定読本同様に修正する積で、文部省より通牒を発して両地方の師範学校長から、土地の情況・教材の適否・其他修正編纂上に就いて注意すべき諸点等に就いての意見を徴した。かくて其の意見に基いて修正する積りであって両師範学校長から詳細なる意見を得た。然るに其後意外にも北海道庁長官から、北海道の読本は、一般の国定教科書で充分で、北海道特用の者を用ひる心要はない、実際特別必要な教材は学校の細目に加へて教へて居るから、特別の用書はいらぬといふ上申があつた。それで北海道では、明治三十八年からは一般の国定数科書を用ひることになった。沖縄県からも同様で、北海道と殆んど同時位に上申が来た、沖縄県知事が教育家を招いて、特別の用書を用ひることに就いて討究した結果、沖縄県の制度は他府県と殆ど同一になりつゝある、其上風俗習慣言語なども改良され、普通語（日本語を指す）が著しく進歩して来たので差支ない限りは何事も同一になることを望んで居るから、教科書も同様にしたい、又一般の国定読本を見ても、別に沖縄県にとつて不便に感ずる点はない、雪は沖縄県にないから教授に困るだらうといふ懸念もあらんが、綿を以て教へることが出来る、沖縄県にない鉄道の如きも、標本を用ひて教へることが出来る、此等は教授の方法次第で教へ得べきもので別に困ることはない。一般の教科書を用ひるときは、教授につき教育家の討究した結果を利用する便益がある。此等が特別の用書を用ひ廃して一般の用書を用ひたいといふ理由の主なるものゝやうであつた。されども言語などの相違より見て、せめて初学年丈なりとも特別の用書を用ひる方宜（ママ）しくはなからうかと、更に文部省から相談の通牒を発した処が、矢張一般の教科書にて宜しいとの返答があつて、三十八年から一般の用書を用ひることになつたのである。明治三十七年以来国定教科書使用上につき各府県の師範学校長より年々意見を報告して来て居る、北海道及び沖縄県も同様意見を具申して居るが、今日まで国定読本が特に北海道や沖縄県に不適合であるといふやうな意見を申出たのを見ないやうである。現今小学読本の種類を増すといふことが教育界の問題となって居るやうであるが、農村用とか、都会用とか、乃至男生用女生用、学校編制による区別などの利害得失は更に講究するとしても、一府県特用のものは、前に申した北海道及び沖縄県に於ける実例から考へても、其必要はないと断定して差支無からうかと思はれるのである。

*29 竹ヶ原幸朗「北と南を結ぶ尋常小学読本」『近代北海道史をとらえなおす――教育史・アイヌ史からの視座』社会評論社 二〇一〇（平成二二）年三月。五二―五三頁。この情報源は「北海道読本」『北海道教育週報』一二九号、明治三〇年二月五日、だという。沖縄県での状況は不明であるが、おそらく北海道と同様の措置が講じられたのではないかと思われる。なお、渡部薫之介は、注29の文章の中で、「北海道用や沖縄県用のものは、固より国定」（傍点稿者）だと述べている。

*30 渡部薫之介「北海道用沖縄県用小学読本編纂事情」『帝国教育』四〇七号 一九一六（大正五）年六月 一一頁。

*31 小泉弘「明治三十年文部省作製の『北海道用尋常小学読本』」『國學院女子短期大学紀要』五号 一九八七（昭和六二）年三月 一九―二〇頁。竹ヶ原幸朗「北と南を結ぶ尋常小学読本」『近代北海道史をとらえなおす――教育史・アイヌ史からの視座』社会評論社 二〇一〇（平成二二）年三月。四七―四八頁。この情報源は「教科書に関する諮問案」『北海道教育週報』四号 明治二七年七月一日、「諮問案答議」『北海道教育週報』一〇号 明治二七年八月一一日、だという。

*32 『沖縄県史・第四巻・各論編 3・教育』琉球政府 一九六六（昭和四一）年六月 三二四―三二五頁、には、明治一五年前後の各地区における教科書使用の報告がある。『小学入門』を使用している地区が多いが、東風平、中頭、久米島（儀間）、宮古島（平良）では『沖縄対話』も教科書として使われていたようだ。また、同書の、三三二―三三三頁に、「本県小学校教科用図書及び其配当表」が掲載されている。

*33 甲斐雄一郎『国語科の成立』東洋館出版社 二〇〇八（平成二〇）年一〇月 二七〇―二七二頁。

第五部

明治検定後期　初等国語教科書と子ども読み物

第五部　明治検定後期初等国語教科書と子ども読み物　目次

第一章　明治検定後期国語読本の諸相

一、検定後期民間読本の様相

検定後期の民間読本の教材内容の傾向

一九〇〇（明治三三）年八月の「小学校令改正」「小学校令施行規則」では、言語関係の教科が「国語」に統合された。「国語科」の誕生である。ここから明治検定期の時代区分は、「検定後期」に入る。その「小学校令施行規則」の第一章第一節第三条には、「読本ノ文章ハ平易ニシテ国語ノ模範ト為リ且児童ノ心情ヲ快活純正ナラシムルモノヲ要シ其ノ材料ハ修身、歴史、地理、理科其ノ他生活ニ必須ナル事項ニ取リ趣味ニ富ムモノタルヘシ」と読本の文章とその内容が規定されていた。

もっとも、すでに一八九一（明治二四）年の「小学校教則大綱」に、直接「読本」の内容を示した条文が登場していたことは、先述した。すなわち「読本ノ文章ハ平易ニシテ普通ノ国文ノ模範タルヘキモノナルヲ要ス故ニ児童ニ理会シ易クシテ其心情ハ快活純正ナラシムルモノヲ採ルヘク又其事項ハ修身、地理、歴史其他日常生活ニ必須ニシテ教授ノ趣味ヲ添フルモノタルヘシ」という文言である。ここに記されていた内容は、その一〇年後に出された「小学校令施行規則」の国語科の読本の内容規定と、ほとんど変化がない。

甲斐雄一郎は、明治検定期の読本の教材を詳細に分析して比較した上で、「小学校教則大綱のもとで成立した読書科用教科書が担った教科内容は、その多くが国語科成立時においても文部省に認められている」と、この間の経緯を的確かつ簡潔にまとめている。[*1]

つまり、検定中期から検定後期にかけての各社の読本の内容には、大きな変化はなかったということである。言うまでもなくそれは、文部省が出した読本の内容に関する規定に、ほとんど変化がなかったことの反映でもある。さらに付け加えるなら、教材内容の固定化の傾向は、すでに日清戦争後の検定中期の後半、すなわち明治二〇年代末くらいから始まっていた。明治二〇年代後半以降、各社の「読書」科用の読本の内容は、従来の内容に若干の修正を加えた程度で次の改訂本に移行し、やがてそれがほぼそのまま「国語」科用の読本として仕立て上げられていくという経過をたどっていく。その状況は、「教科書疑獄事件」で、教科書業界が大揺れして明治検定制度が崩壊するまで、第五部の第二章と第三章で検討するような一部の試みを除いて、ほとんど動かなかった。

小学読本の教材内容に関わって言うなら、どの読本にも、外国読本由来の「文学的」な読み物は、ほとんどみられなくなってきた。ここまで見てきたように、検定前期の読本の中には、文部省の『尋常小学読本』

と同様、最新の外国読本から多くの教材を調達した読本がいくつかあった。たとえば、明治二一年二月に文部省の検定を受けた北条亮の『増訂第一―第四読本』（各上下・八冊）がその好例である。また、明治二〇年三月に文部省の検定を受けた高橋熊太郎の『普通読本』も、全体的な編集傾向は実科的ではあったが、この時期ならではの、やや長めの外国読本由来の読み物も掲載されていた。

　しかし、大手の民間教科書会社は、そうした「文学的に傾い」た路線を積極的に採用することはなかった。本書の第四部第一章第二節で検討した検定中期の代表的読本である今泉定介・須永和三郎編『尋常小学 読書教本』（普及舎・明治二七年一二月二二日訂正再版発行）には、外国読本由来の読み物教材は、どこを探しても見あたらない。検定中期以降は、そうした傾向が主流で、どの読本も『尋常小学 読書教本』と同様に外国由来の教材は影が薄かった。この点で、『北海道用 尋常小学読本』において、外国読本由来の教材がほとんど北海道の「地域教材」に取り替えられてしまったのも、同一路線である。それはまた、第四部第一章第三節でみたように、民間会社としての大日本図書株式会社が、大矢透編『大日本読本 尋常小学科』を作製した際に、外国教材を排除したこととも軌を一にした事態である。日本の読本の作成に当たっては、もはや外国の読本に題材を求める時代ではない、と考えられたのかもしれない。

　「小学校令施行規則」では、読本の教材内容よりも、その言語形式が統一して示されたことが大きな変化だった。すなわち、「第一号表」で仮名字体の制定、「第二号表」で字音仮名遣いの新定、「第三号表」で使用漢字の制限が明示された。これに前章でも確認したように、談話文＝口語文体の材料の増加という要素が加わる。こうした文部省の指示に従い、民間の小学校用の読本は、平易な用字を使用し、口語文体を積極的に取り入れていくようになったのだった。

　こうして、検定中期から後期に入ると、教科書を発行する教科書書肆は、言語形式面では、「小学校令施行規則」に示された仮名の字体、仮名遣い、及び漢字数に依拠して編集を進め、また、教材内容は、これも「小学校令施行規則」に定められた「修身、歴史、地理、理科其ノ他生活ニ必須ナル事項」という枠組みに即して、読本を編成していくことになる。その結果、大手教科書会社の読本は、独自性よりも安定性・普及性を重視した、平準的な教科書になっていく。もちろん、以下本章でいくつかの読本を概観するように、教科書会社ごとの特色は、ある程度見られる。だが、大きく言って、各社の読本の編集姿勢は、類型的な枠組みの中に収まり、読本の教材内容もほぼ似通ったものになっていったのである。

　では、検定後期においては、どの教科書会社の読本が大方の支持を集めたのだろうか。この問題に関しては、中村紀久二が代表をつとめた「教科書の編纂・発行等教科書制度の変遷に関する調査研究――平成七年度文部省科学研究費補助金」の研究成果をまとめた『明治検定期教科書採択府県別一覧・明治三三年八月「小学校令施行規則」制定以後』という資料が、そのおおよそを語っている。そこには、明治三三年八月の「小学校令改正」および「同施行規則」制定から、明治三六年四月の「小学校令改正」（教科書国定制）までの間に府県が採択した教科書名が明らかにされているのである。*2

　この研究は、全ての教科、全ての府県を視野に入れた大規模な調査であるが、次には、そのうちから尋常小学校用の「国語読本」と高等小学

尋常小学校用および高等小学校用の「国語読本」の各県別採用状況

発行者	教科書名（尋常小学校）	採用県	教科書名（高等小学校）	採用県
集英堂（学海指針社）	修正 新編帝国読本	石川	修正 新撰帝国読本 高等科	石川
			小学 女子国語読本 高等科	宮城・福島・三重・徳島・佐賀・宮崎・鹿児島
	小学国語読本	宮城・福島・岐阜・三重・徳島・鹿児島	小学国語読本 高等科	宮城・福島・岐阜・三重・徳島・佐賀・宮崎
金港堂	修正 新体読本 尋常小学用	青森・茨城	修正 新体読本 高等小学用	青森・埼玉・岐阜
	修訂 小学読本 尋常科	栃木・静岡・奈良	修訂 小学読本 高等科	栃木・静岡・奈良
	尋常 国語読本	岩手・秋田・東京・愛知・滋賀・和歌山・愛媛・佐賀・宮崎	高等 国語読本	岩手・秋田・千葉・東京・富山・愛知・滋賀・和歌山・岡山・愛媛・佐賀・宮崎
			高等 国語読本 女子用	秋田・東京・山梨・富山・愛知・滋賀・和歌山・岡山・山口・愛媛・佐賀・宮崎
	尋常 国語教科書	山形・香川	高等 国語教科書	山形・香川
普及舎	新編 国語読本 尋常小学校児童用	大阪・兵庫・鳥取・島根・福岡・長崎	新編 国語読本 高等小学校児童用	大阪・兵庫・鳥取・島根・福岡・長崎
	国語読本 尋常小学校用	青森・群馬・埼玉・富山・長野	国語読本 高等小学校用	青森・群馬・埼玉・長野
			国語読本 高等小学校児童用	熊本
			国語読本 高等小学校女子用	岩手・長野・岐阜・長崎・熊本
冨山房	国語読本 尋常小学校用	新潟・福井・山梨・京都・岡山・山口・熊本・大分	国語読本 高等小学校用	北海道・新潟・福井・京都・山口・高知・大分・鹿児島
	国語読本 尋常小学校用・高知用	高知	国語読本 高等科女子用	北海道・新潟・福井・高知・大分
文学社	小学 国民新読本 尋常科用修正	神奈川	小学 国民新読本 高等科用修正	神奈川
			小学 新読本 女子用	埼玉・千葉・香川
			修正 高等読本	茨城
国光社	尋常小学 国語読本	茨城・広島	高等小学 国語読本	茨城・広島
右文社	実験 国語読本 尋常小学校用	千葉		
育英舎			高等小学 国語教本 女子用	山形

校用の「国語読本」に限って、採用された県名を抜き出して示した。（文部省から刊行された『北海道用 尋常小学国語読本』『沖縄県用 尋常小学国語読本』は除いた。）

この資料からは、尋常小学校用の読本を採用した府県では、高等小学校用の読本も、ほぼ同じ会社を撰んでいる場合が多いことも分かる。当然のことだが、各県ごとの採用部数は異なっているから、この情報だけでは読本の発行部数は不明だが、大手教科書会社のうちでも、さらに上位四社が、読本市場を席巻していた様子がうかがえる。すなわち、「国語科」の読本だけに限っていうなら、金港堂・普及舎・冨山房・集英堂がかなりのシェアを握っていた。このうち、冨山房は、それまで読本を発行した経験が無く、新規に教科書業界へ参入してきたいわば新顔だった。冨山房の読本に関しては、続く第二章で詳細に検討することにして、ここでは、まず、検定後期の読本を代表する金港堂の『尋常国語読本』を、取り上げてみよう。

金港堂の『尋常国語読本』

第四部で検定中期の読本を検討した際に、山縣悌三郎の『小学国文読本』と、今泉定介・須永和三郎の『尋常小学読書教本』の二つの代表的な読本を取り上げた。この二つの読本が刊行された同じ明治二七年には、金港堂から、『尋常小学新体読本』も刊行されていた。検定中期に発行されたこの金港堂の読本も、広く世に迎えられたようである。

『尋常小学新体読本』は、題名にもあるように「新体」を謳い文句にしており、文章の表記の形式に、新しい工夫をこらしていた。たとえば、「巻二・一二丁ウ」では、「にち江ーうび」（にちようび）、「ふくしーふ」（ふくしゅう）、「ふーうせん」（ふうせん）、「せーうがくかーう」（しょうがっこう）などのような表記が提出されている。拗音・長音の仮名表記の場合には、直音の表記と弁別できるように、音節と音節の間に傍線を引いたのである。

金港堂は、検定前期に『日本読本』や『幼学読本』で試みた時と同様に、意欲的に文字表記の改革にも取り組んでいたのだった。しかし、そうした表記の改革は、一教科書書肆だけの努力でなし得るところではない。世の中の表記方法一般が統一されなければ、かえって混乱を招くだけになる。そこで、文部省は使用する仮名の字体や「字音仮名遣」、さらには漢字の数などの言語形式面に関して、「小学校令施行規則」の中で具体的に細かく指示するに至ったのだろう。いわば金港堂は、そうした文部省の言語政策の先取りをしていたことになる。ここでも金港堂の商業戦略は、ある意味で他社の動きに先駆けていた。

検定後期に入ってから、金港堂は、題名に「国語」の名称を入れた『尋常国語読本』を刊行する。今述べたように「国語科」で使用する読本の言語形式は、すでに「小学校令施行規則」で規定されており、どの教科書書肆の読本も、言語形式に関しては統一した指標に基づいて作製されていた。したがって、金港堂は別の戦略を採用したのである。

それは、この読本で、甲種本と乙種本との二種類を作製したことである。両者は、小学校へ入学して第一学年で使用する第一・二巻の仮名表記が異なっている。巻一は前半に片仮名、後半に平仮名が提出されてお

書名	巻						
尋常国語読本 甲種	一 二	三	四	五	六	七	八
尋常国語読本 乙種	一 二						

り、巻二は、両者が交互に出てくる。乙種は、巻一が片仮名のみで、巻二は平仮名のみである。また、三巻から八巻までは、平仮名漢字交じり文と、片仮名漢字交じり文とが混載されている。

入門期の言語教育において、平仮名を先習させるのか、片仮名を先習させるのかに関しては、明治一九年に文部省が刊行した『読書入門』が片仮名先習を採用したことによって、それがほぼ定着した。それ以降の読本は、巻一の前半でカタカナの単語と短文を学習し、後半で平仮名の単語と短文を学習するという構成が一般的になる。ただし、読本の巻二以上に、どのように平仮名文と片仮名文とを使用するのかに関しては、確定していなかった。

たとえば、文部省で作製された『読書入門』に続く『尋常小学読本』では、巻一から巻七までのどの巻も、漢字平仮名交じり文で記載されており、それに続く『高等小学読本』は、逆に、すべて漢字片仮名交じり文である。これは、小学校四年間の間は、もっぱら漢字平仮名交じりを読み、高等小学校へ進んでからは、漢字片仮名交じりの文章だけを読むという方針である。庶民が目にする印刷物は、漢字平仮名交じりの表記で記されたものが多く、また、法令に類する文章や漢語を多用した硬い文章は、漢字片仮名交じり文で書かれていたので、文部省の採用した『尋常小学読本』と『高等小学読本』の表記文体に関する編集方針は、一応筋が通っているように見える。しかし、学童の全員が高等小学校まで進むわけではないし、実際の社会生活においては、どちらの文章も読み慣れておく必要がある。

したがって、文部省の『尋常小学読本』と同じ編集方針を採用して、巻二以上の巻をすべて漢字平仮名交じりの読本を作成した文学社は、そ

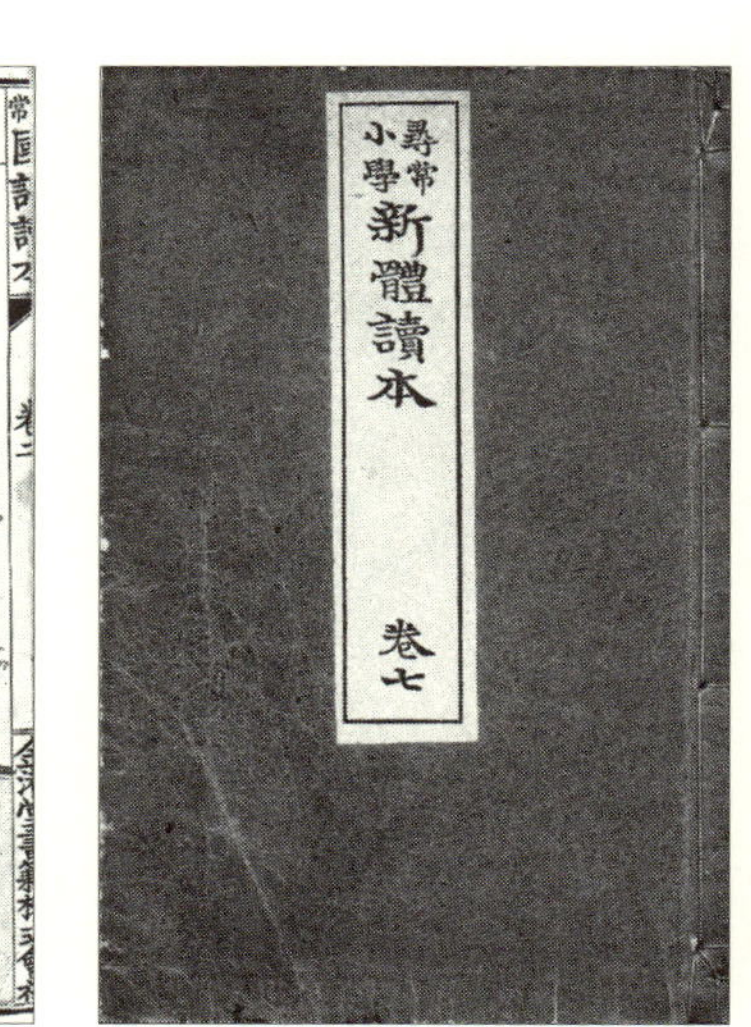

『尋常小学 新体読本』金港堂
明治27年

『尋常 国語読本』巻二・甲種
金港堂

の翌年別に「片仮名交」の読本を作製している。すなわち、明治二六年に山縣悌三郎編『小学国文読本尋常小学校用』を刊行した文学社は、その翌年に山縣悌三郎編『小学国文読本尋常小学校用・片仮名交』を作製し、巻二以上は、漢字平仮名交じり文と漢字片仮名交じり文とを、ほぼ交互に提出するような別体裁の読本を販売していた。同様に、学海指針社の『帝国読本』や、金港堂の『新体読本』も、文部省の『尋常小学読本』とは異なって、漢字平仮名交じり文と漢字片仮名交じり文との両様の文体を混載している。

この時、金港堂が甲種と乙種とを作製したのは、やはり巻一の内容の構成に問題があったからであろう。一般的な巻一の構成では、小学校に入学してから約半年で、平仮名と片仮名の読み書きをすべて習得させてしまおうという意図で作られている。しかし、このプログラムは多くの学校生徒にとって、かなりの負担になったのではないかと思われる。したがって、金港堂の『尋常国語読本』巻一が平仮名のみ、巻二が片仮名のみで構成されていたのも、そうした現場の声をすくい取ったからではないかと想像される。こうした現実重視の姿勢が、金港堂の『尋常国語読本』の一つの特色である。[3]

また、次の特色として、教科書の色刷りのことにも触れておく。図版で示したのは、甲種の巻二の巻頭である。目次の裏に、ここだけは洋紙を使った銅版印刷の鮮やかな絵が、誌面全面を飾っている。同様の色刷り頁は、巻一から巻四まで付されており、また、巻五から巻八までは、教材「東一の旅」に対応させた地図が巻末に綴じ込んであり、この地図にも「東一」(登場人物名)の旅程がカラーで示されている。

国語教科書の中に、色刷りを使用する例は、すでに一八八七(明治二〇)年の文部省編『尋常小学読本』でも一部試みられていた。こうした先例に触発されたのか、金港堂は、一八九六(明治二九)年『修訂小学読本尋常科』や、この『尋常国語読本』で、本格的に色刷りのページを提出し、国語読本のイメージを親しみやすいものに変えている。さらに金港堂は、他教科ではあるが、明治三三年の樋口勘次郎・棚橋源太郎合著の『小学理科教科書』で、植物や動物のカラー図版を多用した教科書を作製している。したがって、教科書のカラー化というアイディアは、金港堂全体の営業方針であった可能性もある。

この『尋常国語読本』を、内容に関して概括的に見るなら、この時期のほかの読本と大きな変化はない。しかしほかの読本の、巻一の単語や短文の提出が、いかにも練習のための教材のように見えてしまって無味乾燥になりがちであるのに対して、「サル。カニ。」(四オ)や「クマ。キントキ。」(六オ)、あるいは、「うさぎ が ひを つける。たねき が やけどを する。」(二二オ)「カレエダ ニ ハナヲ サカセル。」(二三ウ)などの昔話のストーリーに関わる教材を挿入している。教材に対する子どもたちの興味関心を大事にしようという姿勢である。単純な語学主義に則って教材構成をするのではなく、学習者である子どもへ着目して読本作りをしている点は、注目すべきだろう。もしかするとこの工夫は、第三章で検討するように、同じ金港堂から一年遅れて刊行された、樋口勘次郎の編集による『尋常国語教科書』の発想とも、何らかの関連があるのかもしれない。

また、「巻二」では、「たろー の はなし」「をば の えとき」など、語り手を設定して、その語り手が「舌切り雀」や「猿蟹合戦」の話をするという形式で、ストーリーが教材化されている。『日本教科書大系』の

『尋常国語読本』甲種　尋常小学校国語科児童用教科書　明治三三年一二月二七日文部省検定　明治三三年一二月　金港堂

目次裏		牡丹の花の絵（色刷り）
1	オ	ハ。ハナ。
	ウ	ハタ。タコ。
2	オ	コマ。マリ。
	ウ	ハト。マメ。
3	オ	マツ。タケ。
	ウ	ツル。カメ。
4	オ	サル。カニ。
	ウ	メン。フエ。
5	オ	イケ。フネ。
	ウ	モン。イヌ。
6	オ	クマ。キントキ。
	ウ	クシ。ハサミ。カミソリ。
7	オ	ハオリ。タモト。ヒモ。
	ウ	ユミ。ヤ。マト。
8	オ	トラ。ヤリ。キヨマサ。
	ウ	ツクヱ。スミ。ホン。テホン。
9	オ	セミ。ハチ。アリ。イモムシ。
	ウ	トリヰ。ヤシロ。テヲケ。ヘイタイ。
10	オ	キウリ。クワヰ。タケノコ。レンコン。
	ウ	絵
11	オ	トリ。ハネ。アメ。ユキ。……（二四単語）練習
	ウ	片仮名清音五十音図
12	オ	片仮名清音五十音図（続き）
	ウ	ゲタ。アマガサ。
13	オ	ヰド。ミゾ。ヤナギ。
	ウ	フデ。スズリ。ミヅイレ。ソロバン。
14	オ	ザル。カブ。ダイコン。ニンジン。
	ウ	ボン。ゼン。ナベ。ドビン。
15	オ	ポンプ。ハシゴ。トビグチ。
	ウ	ペンサキ。エンピツ。ペンヂク。ラッパ。
16	オ	フジ。ボタン。マド。……（九単語）練習
	ウ	カタカナ濁音図
17	オ	くり。うり。
	ウ	うし。うま。しか。
18	オ	かき。なし。かきとなし。
	ウ	はな。はち。はなにはち。
19	オ	こま。たこ。たこのいと。
	ウ	きれ。はさみ。うつくしいきれ。
20	オ	いけにかめ。たなにふぢ。ふぢがさく。
	ウ	ひがくれる。くらくなる。ほしがぴかぴかひかる。
21	オ	せみがなく。とんぼがとまる。つばめがとぶ。
	ウ	なはびがあがる。おとがぽんぽんきこえる。
22	オ	ひがもえる。かぜがふく。けむりが。ひろがる。
	ウ	うさぎがひをつける。たぬきがやけどをする。
23	オ	たぬきがつちぶねをこぐ。つちぶねがみづにしづむ。
	ウ	カレエダニハナヲサカセル。
24	オ	みぎのゑをみよ。ゑのわきのじをよめ。かれえだに。はなをさかせる。とかいてある。
	ウ	ゆがわく。ゆげがたつ。ぼんにこっぷと、みずさしと、のせてある。
25	オ	きへいがそれぞれけんをもつ。ばんぺいがもんにたつ。
	ウ	たまごが、一つ二つ三つ四つ五つ六つ七つ八つ九つ十。みんなで十ございます。
26	オ	すずめが、一二三四五六七八九十。すべて十ぱゐます。
	ウ	平仮名いろは図

	巻二	巻三	巻四	巻五	巻六	巻七	巻八
1	アサ	春のの	三つのおかげ	我が国の昔話	我が国の昔話	大和巡り	我が国
2	つゞき	ちょー	ヨイセイト	つゞき	日本武尊一	藤原鎌足公	焼物とぬり物
3	つゞき	金太郎	取入れ	ツヾキ	日本武尊二	伊勢まゐり	加藤春慶
4	たろーのはなし	ツゞキ	アリトキリぐヽス《イ》	カウモリ	風	日本の美風	正直屋
5	オハナノハナシ	あさ日	我等の食物	池の島	雨	養蚕	請取(手)
6	オハナノハナシ	軍のまね	天長節(韻)含む	日本国(韻)	雨の製造所	織物	日本ノ商工業
7	たろーのはなし	ワガ家	日ノ丸ノ旗	茶	材木	井上でん	日本ノ港
8	タローノアソビ	太郎ノ家	もゝ太郎	砂糖	瀬戸の内海	鎌倉	世界一周
9	おはなのあそび	竹の子のうりかひ(対)	つゞき	あきなひあそび(対)含む	塩	頼朝公	朝鮮ト支那
10	タローノハナシ	りょーりのまね	針仕事(対)含む	商業	東一の旅行	東一の旅行	日清ノ戦
11	つゞき	田ウエ	ツヾキ	東京	北条時宗	海底及び水産	徴兵
12	ヲバノミヤゲ	牛馬	オフユノイトトリ	徳川家康公	水	日本の水産	外国人に対する心得
13	をばのゑとき	馬のはなし	一月一日	きせん・きしゃ	人形の病気(対)含む	豊臣秀吉公	鉱物
14	ヲバノエトキ	池	雪	東一の旅行	養生	曽呂利新左衛門	石炭・石油
15	をばのゑとき	海	雪なげ	東一の大津ダヨリ(手)含む	女子の心得	東一の旅行	人体
16	ハコニハ	浦島太郎	紀元節	舟遊	皇恩(韻)含む	日光山	運動
17	つゞき	とんぼ	きんしくんしょー	軍艦	中心のかゞみ	日本ノ農業	人ノ世渡リ
18	クチメミミ	いぬ	手紙	黄海の戦	人の一生	草木ノ成長及ビ蕃殖	塩原多助
19	はなはほき一	友をえらべ(韻)含む	おきてを守れ	朝ガホ	子供ののぞみ	肥料	勉強とけんやく
20	ウメ	新井白石	天神様	早起キ	家業	電気	家事経済
21	つみくさ			東一の旅行	義勇(手)含む	郵便・電信	国史の大要一
22	ツヾキ			日本三景	兵士のかゞみ(韻)	二宮先生	国史の大要　二
23	よいこども			火ノ玉	琉球・台湾	人に対する道	政府及び議会
24	ツヾキ			徳川光圀公		公共の利益	明治の御代
25	つゞき						

《イ》はイソップ童話　(韻)は韻文　(手)は手紙文　(対)は対話　「含む」は教材文中にそれが含まれているという意

「解題」では、「このように物語教材を、児童の話として提出する方法は珍しいことである。」と評価している。[*4]

実際に学習者に物語をスピーチさせる意図でこうした教材化の方法を採用したのかどうかは不明である。しかし、やはり金港堂から一九〇二(明治三五)年に刊行された、湯沢直蔵著『尋常国語読本関連綴方話方書取用書』では、読本の教材をもとにして「話方・本文ノ舌切雀ノ話ヲ、適宜ニ分ケ話サシムルモノトス。」という指導方法が記されている。したがって、そうした子どもによる主体的な学習活動が実際に教室内で行われた可能性もある。[*5]

全体としてこの『尋常国語読本』は、日本の歴史や国家意識、規範意識を強調するような伝統的・保守的な教材を多用しており、またその中に、実科的な教材をバランス良く配した内容である。また、編集上の工夫として、子どもの言語生活に寄り添った姿勢も見せている。さらに、入門期の学習を進める上での難易度に応じた複線化路線を採用し、教科書選定の際の選択肢を増やすなどの商業的な戦略にも十分な配慮をしている。こうした点から、『尋常国語読本』は、いかにも金港堂らしい平均的な内容と、また販売戦略とが組み合わされた安定感のある教科書に仕上がっていると言えるだろう。

普及舎の『国語読本 尋常小学校用』

次には、これも採用県の数が多く、全国的に使われた普及舎の『国語読本尋常小学校用』を取り上げる。この読本は、文部省の検定が、明治三三年一二月二七日で、明治三三年一二月一八日に訂正再版が発行されている。

この読本の「緒言」には、以下のような記載がある。

一、本書ハ尋常小学校国語科教科用書ニ充テンガ為メ小学校令及小学校令施行規則ニ依拠シテ編集セシモノナリ

一、本書ハ国語ノ読方綴方書方及話方ノ教科ヲ兼備セリ　即チ各巻ニ数ケ所ヅヽ挿入セル練習文ハ一ニハ綴方ノ模範文ニ充テ一ニハ話方ノ練習ニ充テンガ為ナリ

一、書方教授ヲ完全ニセンガ為メ別ニ本書ニ連絡セル国語習字帳八巻ヲ作レリ又別ニ国語読本教員用書ヲ編ンデ教授者ノ参考ニ供スルト同時ニ綴方教授ノ完全ヲ計レリ

一、本書ハ材料文章共ニ優良ナランコトヲ期シ児童ノ特性ニ留意シテ人世ニ須要ナル材料ヲ収集セリ

ここでは、「国語」という統合的な内容を盛り込んだ教科目が成立したので、これまでの「読み方」「書き方(習字)」「綴り方」「話し方」な

『国語読本』普及舎　明治 33 年

『国語読本 尋常小学校用』 明治三三年一二月二七日 文部省検定済 明治三三年一二月一八日 訂正再版発行 普及舎

巻一

1	オ	ハ。ハナ。
	ウ	ハト。フナ。
2	オ	ハリ。イト。
	ウ	マリ。コマ。
3	オ	メン。ヒナ。
	ウ	ノレン。マク。
4	オ	ス。アミ。
	ウ	練習 ハス。アナ。コメ。（以下絵のみ。チチ イス……）
5	オ	ニ。テ。アシ。
	ウ	タ。ワラ。
6	オ	ソラ。ニジ。ヤマ。
	ウ	マツ。ツル。キジ。
7	オ	イヌ。サル。
	ウ	練習（絵のみ）クツ ワン サラ キヌ……
8	オ	フエ。ツヅミ。ナギナタ。
	ウ	タチ。ムチ。ユミ。
9	オ	ウミ。フネ。ヨシツネ。
	ウ	カレイ。カツヲ。アヂ。
10	オ	練習（絵のみ）タカ サギ ウヅラ ウヲ……
	ウ	コンブ。ハマグリ。サンゴ。カンザシ。
11	オ	ヘチマ。オモト。セキチク。タケ。
	ウ	ツクエ。ホン。フデ。スズリ。
12	オ	ペン。エンピツ。セキバン。ソロバン。
	ウ	練習（絵のみ）ハオリ ザル フトン／イケ……
13	オ	ボン ト ゼン。ダイコン ト ササゲ。
	ウ	キド ニ ミゾ。ナベ ト テツビン。
14	オ	ヘイタイ ノ ラッパ。ヒケシ ノ ポンプ。
	ウ	トケイ ガ ナル、一、二、三、四、五ジ デ アル。
15	オ	練習（絵のみ）メガネ エビ ゲタ／一ポン 二ゼン 三ボン……
	ウ	カタカナ五十音図（清音）
16	オ	〃
	ウ	〃（濁音・半濁音）
17	オ	しろ。はし。
	ウ	きく。きり。
18	オ	はた。やり。へいたい。
	ウ	うし。しか。つの。
19	オ	くま。きんとき。まさかり。
	ウ	のこぎり と、つち。すき と こて。
20	オ	なし と、みかん。くりのき に せみ。
	ウ	練習（絵のみ）うり はくさい なす かんな／やま に ぜんまい。……
21	オ	からす が なく。ひ が でる。やま が みえる。
	ウ	きれいな はな が、さいて ゐる。より と、あぢさゐ。
22	オ	たね を まく。みづ を かける。は の むし を とる。
	ウ	ぺん にて、もじ を かく。えんぴつ にて、ゑ を うつす。
23	オ	ちいさい ふね が、できた。これ が、ほかけぶね で ある。
	ウ	練習（絵のみ）マッチでランプに火をつける男の子／むし が、には で なく。……
24	オ	めくら の て を ひく。よわい もの を たすける。
	ウ	われら は つよい。あめ に おそれぬ。
25	オ	ここに、みかんが、いくつ ありますか。一つ、二つ、三つ…… 九つ、十であります。
	ウ	あのやぶに、すずめが、あつまりました。一、二、三、四…… みなで十ぱ みえます。
26	オ	（すずめの絵）
	ウ	いろは歌／一、二、三、四、五、六、七、八、九、十

	巻二（目次無し）	巻三	巻四	巻五	巻六	巻七	巻八
1	アサヒ	日の出	わが家	日の丸の旗	三種の神器	伊勢神宮	我が国体
2	ヲンドリ	日と風の力くらべ《イ》	吾等の生れたる國	大日本帝国	金色の鵄	元寇	楠木正成
3	かっこー	チョー	富士ノ山	やまとたけるのみこと	日清戦争	鎌倉	やまと心
4	てんちょーせつ	ウンドークワイ	天長節　(韻)含む	東京	航海	源頼朝	日用書類(手)
5	ヒルヤスミ	したきりすゞめ	菊の花	田舎	商業	日用書類(手)	ひとのからだ
6	練習	したきりすゞめ	兄ノオクリモノ	物いふ木ぎれ	日用書類(手)	有用の植物	養生
7	コザルトオヤザル	太郎ノ畑	山ビコ	太郎の手紙	尺度ト枡及秤	木曾の山林	動物ト植物
8	カナリア	カヒコ	山ト木	養蚕	京都	日光山	鯨
9	タマ	田うゑ	獣ノ王	茶	桓武天皇	空気	田中平八
10	練習	金魚	だいこくさまとうさぎ	日用書類	郵便ト電信	かみなりよけ	経済一斑（一）
11	ちょーれん	小サキ舟	だいこくさまとうさぎ	貯金	きょーおほさかのかへる	日本三景	経済一斑（二）
12	きんときとクマ	ジシャク	だいこくさまとうさぎ	しほばら多助	年始の手紙	開港場	年賀状
13	クマガウヲヲカツグ	海	新年	日々の努	三韓征伐	我が國の工業	国史の大要（一）
14	練習	七よー日	新年ノ遊	皇后陛下の御歌(韻)	雪合戦	日用書類(手)	国史の大要（二）
15	一月一日	くだもの	雪ノアシタ	大阪	山林	有用の金属	国史の大要（三）
16	ゆき	アキナヒアソビ	小川泰山	仁徳天皇	石炭と石油	貨幣及紙幣	町村と府県
17	アリとキリギリス《イ》	ケンヤク	梅	こぶとりのはなし	汽車ト汽船	きいと	議会と政府
18	練習	家ギョー	天満宮	こぶとりのはなし	日用書類(手)	家事	青方村民の美風
19	ウラシマタロウ	もゝたろー	三人ノ女子	空中ノ水	紀元節の歌(韻)	我が國の地理一斑（一）	兵役と租税
20	ウサギとカメ《イ》	もゝたろー	イヘヤスノ幼時	人形の着物	家畜	我が國の地理一斑（二）	軍人ノカヾミ
21	ウメノハナ	もゝたろー	本多平八郎	学校用品	我ガ國ノ農薬	我が國の地理一斑（三）	日用書類(手)
22	練習	せんたく	武器	日用書類(手)	にのみやきんじろー	豊臣秀吉	外国
23	ジンムテンノー	モリノランマル	四季	陸軍演習	にのみやきんじろー	日用書類(手)	支那と朝鮮
24	むしゃなへ	鳥ノ王	人の一生	勇ましきらっぱ卒	父母の恩	黄海の戦	外国人に交る心得
25	タローとクロ	松平よしふさ	孝行のきこり	太平の民	我が大君	水はうつは	すめらみくにの歌(韻)
26	練習						
27	オヒナサマ						
28	クレ方						
29	お竹						
30	練習						
31	一年生から二年生へ						

《イ》はイソップ童話　(韻)は韻文　(手)は手紙文　(対)は対話　「含む」は教材文中にそれが含まれているという意

どの教科との連絡を十分に考えて読本を編集したという趣旨が述べられている。しかし、だからといって、それらすべてを総合的にまとめて一冊の教科書に仕立て上げたのではなく、在来の「読書」科用の教科書の中に取り込める材料に関しては、それを「兼備」し、別に「練習帳」を作成して、さらにそれらを有機的に指導できるよう教員用の指導書を充実させた、というのである。

具体的に、教材内容の構成を見てみよう。

巻一は、片仮名の単語、短句、に続いて、平仮名の単語短句が続く。文字提出は、清音、濁音、半濁音、促音と進み、そこに取り上げられる事物は、日常生活の中でよく見かける物が選ばれている。とりわけ、冒頭教材は、字画が単純で視認しやすく、また学習者に親近性のあるものという観点から、「ハ（葉）」や「メ（目）」などが取り上げられた。ほとんどの教科書会社も、同様の方針を採用していたので、各社の読本の冒頭教材は、酷似している。似ていると言う点でいうと、日常生活の中で半濁音で表記される名詞の数は、比較的限られているから、「ペン」「ラッパ」「ポンプ」などの語彙は、どの教科書にも登場する。片仮名、平仮名の文字学習を段階を踏んで押さえていこうとすると、どの教科書もこうした展開になる。

さらに、巻二以降の内容は、次のように構成される。最初は、一年を通じての子どもたちの日常生活に題材を取った教材が続く。そこに、易しい読み物教材が混入してくる。話題の多くは、日本の昔話やイソップ寓話などである。さらに学年が上がると、修身、地理、歴史、理科などの教科と関連する話題が増えて来る。その中に、産業、戦争、国民の義務などを取り上げた教材が必ず配置される。こうした教材編成も、どの教科書会社もほとんど変わらない。

普及舎の『国語読本尋常小学校用』は、明治三五年以降も版を重ね、広く使われている。この読本とは別に、普及舎は、小山佐文二と武島又次郎との共編で『新編国語読本尋常小学校児童用』も刊行している。（明治三四年八月八日訂正出版・同年同月同日文部省検定）こちらは、第一巻がすべて片仮名で表記されている「甲種」と、平仮名表記の「乙種」との二種類の読本が用意されていた。金港堂の『尋常国語読本尋常小学校児童用』と同様である。なお、この小山佐文二・武島又次郎が編集した『新編国語読本』は、前年にやはり同じ普及舎が刊行した『国語読本尋常小学校用』よりも、若干平易な仕上がりになっている。しかし、全体的な教材編成は、前著と類似しており、また、外国読本由来の教材がまったく挿入されていないことも同様である。

育英舎の『尋常小学国語教本』

さらにこの時期に刊行された、もう一つ別の読本の内容も確認しておこう。それは、普及舎の『国語読本尋常小学校用』と同年度月同月日に文部省の検定を受けた育英舎の『尋常小学国語教本』である。

この読本の巻一の「緒言」には、次のように書かれている。

一　本書は、小学校令第一条の旨趣を遵守し、小学校令施行規則第三条の規定に準拠し、尋常小学校国語読み方の教科用書に充てんが為に編纂したり。

一　本書は、二巻づつを以て、毎一学年の教材となし、毎一学年内の教授週数を、凡そ三十八週と見積もり、之を教材に配当したり。

一　本書は、弊舎出版の、尋常小学国語書き方手本と統合して編纂したり。

ここでも、この読本が同じ教科書会社の「書き方」と統合して編集されていることをうたっている。普及舎の『国語読本（尋常小学校用）』でも、やはり同様の編集方針がセールスポイントになっていた。だがそれは、教科目が「国語」になったのにもかかわらず、「読本」内容に大きな変化がないことへの言い訳のように聞こえないこともない。

この読本も、第一巻は、片仮名から始まり、平仮名の学習へと展開していく。巻二・三には、子どもたちの日常生活が取り上げられる。舞台は都市や田舎の片方に偏することなく、また、子どもの服装も和装、洋装が入り交じっている。表記面では漢字が登場し、日本昔話やイソップ寓話が出てくる。イソップ寓話だけが、唯一の外国由来の教材だが、もはやイソップ寓話に対しては外国教材だという意識は消え去っていただろう。巻五くらいからは、程度が上がり、修身、地理、歴史、理科などの教科に関連する教材が連続する。その中に、産業、戦争、国民の義務などの話題が織り込まれる。*6

このように教材の内容構成を見ていくと、育英舎の『（尋常小学）国語教本』では、金港堂の『（尋常）国語読本』や普及舎の『国語読本（尋常小学校用）』の配列と、良く似ていることが分かる。教科書ごとに、韻文教材の多寡、手紙文の位置、あるいは教材内容の配列などの差違はあるが、検定後期の読本は、おおよそ、こうした教材内容構成であった。

また、この時期の読本には、著者名を前面に打ち出していないものが多い。この育英舎の『（尋常小学）国語教本』は、「育英舎編集所」の編纂であり、普及舎の『国語読本（尋常小学校用）』は、「普及舎編集所」、金港堂の『（尋常）国語読本』は「金港堂株式会社」だった。さらに、これらの読本と同時に、明治三三年一二月二七日付けで文部省の検定を受けた民間教科書書肆の著作者表記は、次のようになっている。すなわち、文学社の『（小学）国語読本（尋常科用）』は「文学社編集所」、右文館の『（尋常小学）国語読本』は「右文館編集所」、集英堂の『小学国語読本』は「学海指針社」である。それぞれの教科書書肆は、著者名をうたって特色を出す戦略を採らなかった。特定の著者名を出して、その著者の個性に訴えるよりも、教科書会社の編集としておいた方が、各地の「小学校教科用図書審査会」には対応しやすかったからかもしれない。

一般に、国民国家が必要とする教育的基礎事項が明確化されれば、それに応えて読本の教育内容も平準的・普遍的なものになっていく。そのうちでもこの時点で、国語読本にもっとも必要とされたのは、共通の話しことばだった。一九〇〇（明治三三）年八月の「小学校令施行規則」の第一章第一節第三条には、「国語科」の目標と指導方法とが、次のように示されていた。

> 国語ハ普通ノ言語、日常須知ノ文字及文章ヲ知ラシメ正確ニ思想ヲ表彰スルノ能ヲ養ヒ兼テ知徳ヲ啓発スルヲ以テ要旨トス
> 尋常小学校ニ於テハ初ハ発音ヲ正シ仮名ノ読ミ方、書キ方、綴リ方ヲ知ラシメ漸ク進ミテハ日常須知ノ文字及近易ナル普通文ニ及ホシ又言語ヲ練習セシムヘシ

このように「国語科教育」の目的の筆頭には、「普通ノ言語＝あまね

『尋常小学国語教本』　明治三三年一二月二二日訂正印刷　明治三三年二五日　発行　育英舎編集所編纂　坂上半七　明治三三年一二月二七日　文部省検定済

		巻一
1	オ	ハ。
	ウ	ハナ。
2	オ	ハチ。
	ウ	ナシ。ナス。
3	オ	モモ。イモ。
	ウ	ウシ。ウマ。
4	オ	クマ。シカ。
	ウ	コマ。ヒモ。、アリ。
5	オ	タコ。イト。ハネ。
	ウ	カニ。カメ。フナ。
6	オ	練習　クシ、イス、カマ、フネ（以上絵のみ）ヒト。クチ。……
	ウ	キリ。カンナ。マサカリ。
7	オ	ヘイ。ヤネ。エン。
	ウ	イヌ。カラス。トリヰ。
8	オ	マツ。ツル。ヤシロ。
	ウ	キモノ。ハオリ。ハサミ。
9	オ	ホン。テホン。コヨミ。
	ウ	ユリ。クワヰ。レンコン。
10	オ	アヤメ。ソテツ。スイセン。
	ウ	ムチ。トケイ。ツクエ。ヲリホン。
11	オ	練習　ヘソ。アシ。ワン。フエ。ヌノ。ツエ。サヲ。……
	ウ	カタカナ五十音図
12	オ	〃
	ウ	ゼン。ボン。ゴトク。
13	オ	カブラ。ササゲ。ダイコン。
	ウ	キジ。ガン。ヲンドリ。
14	オ	エビ。ナマヅ。
	ウ	ミゾ。ハシ。ヤナギ　ニ　ツバメ。
15	オ	カベ。マド。タケ　ニ　スズメ。
	ウ	フデ　ト　エンピツ。ペン　ノ　ヂク。インキ　ノ　ツボ。
16	オ	グンキ　ト　ラッパ。ハシゴ　ト　ポンプ。
	ウ	練習　カギ。ヒザ。ソデ。ゲタ。スズ。サジ。タビ。ナベ。バラ。……
17	オ	カタカナ五十音図（濁音・半濁音）
	ウ	しし。とら。
18	オ	わし。たか。
	ウ	たこ。いか。たこ　と　いか。
19	オ	いわし。かつを。いわし　と　かつを。
	ウ	はたけ。ひと。はたけ　に　ひと。
20	オ	みの。かさ。かさ　の　ひも。
	ウ	うし　に　にもつ。つよい　うし。
21	オ	うま。はしる。はやい　うま。
	ウ	まつ　の　えだ。からす　とまる。
22	オ	いぬ　ほえる。ねこ　ねむる。
	ウ	へちま　の　たな。おもと　の　は。
23	オ	ふぢ　の　つる。うつくしい　はな。
	ウ	きれいな　みこし。たいこ　と　つづみ。
24	オ	ふたり　のこども。すず　を　ならす。
	ウ	ぽん　に　どびん。こっぷ　と　さじ。
25	オ	つくゑ　と　そろばん。ぺん　と　せきひつ。
	ウ	あめ　が　ふる。つばめ　が　とぶ。
26	オ	かぜ　が　ふく。やなぎ　が　うごく。
	ウ	をんな　が、てをけ　を　さげ、ざる　を　もつ。
27	オ	ゐど　と　みぞ。つるべ　で、みづ　を　くむ。
	ウ	ぐんたい　が、いせい　よく、らっぱ　を　ふい　て　きました。
28	オ	ひけし　が　はっぴ　を　きて、ぽんぷ　を　ひい　て　ゆきます。
	ウ	ひらがないろは歌

	巻二	巻三	巻四	巻五	巻六	巻七	巻八
1	よあけ	はるのけしき	われらの国	神武天皇	国旗	八咫烏	我が国民
2	ガッコー	ちょーく〳〵(韻)	時節	大日本国	伊勢ノ神宮	我ガ国ノ山川	心は玉
3	うんどーば(韻)含む	うんどーくわい	あり	我が國の山水	日本武尊	正雄の手紙	兄弟ノ苦学
4	コヒ	スズメノコ	モーリモトナリ	頼山陽	菊	吉野山	徳川光圀
5	ゆふがた	イチノタニ	宮城	さけ花よ	白虎隊	花	金剛山
6	ふーせんだま	そらまめとあかいし(一)	天長節(韻)含む	燕ト雀トノ話(一)	観兵式	豊臣秀吉(一)	桜井駅のわかれ
7	テンチョーセツ	そらまめとあかいし(二)	汽車	燕ト雀トノ話(二)	軍旗	豊臣秀吉(二)	二宮尊徳(一)
8	きみがよ(韻)	ワルイカラス	からすのちゑ	森蘭丸	徳川家康	山内一豊の妻	二宮尊徳(二)
9	グンカン	たうゑ	カウモリノ二心《イ》	謙信の義気	関ヶ原合戦	貯へ	農業
10	じょーきせん	おたまじゃくし	リョジュンコーノ戦	蚕	塩原多助	一尺の糸にて三百石	地下ノ宝物
11	ヘイタイアソビ	ヲノヽトーフー	ねずみのそーだん《イ》	商ひ遊び	羊	生糸	値の高きかぶら
12	がん	ほたるとり	シヽ	手紙(手)	兄弟の手紙(手)	元ノ寇	物ノ値
13	みけとしろ	ともだち(韻)	日吉丸	山彦	井上でん	四百余州の歌(韻)	象
14	まりなげ	ヨクフカキ犬《イ》	一月一日のうた(韻)	空気	養生	世界	象の目方を量る
15	ナンキンネズミ	川の水	ヲガハタイザン	三韓セイバツ(一)	水の話	合衆国	服部中佐(一)
16	としのをはり	ホーガク	雪ガッセン	三韓セイバツ(二)	わっとの話	山林	服部中佐(二)
17	一グワツ一ニチ	さざえとたひ(韻)	たのしき家	仁徳天皇	石炭	海草	地球ノ形
18	あさひ	タベモノ	紀元節	三府	火の話	無手勝流	金属
19	おきよおきよ(韻)	あひるのひな	又二の手紙(手)	京都の蛙と大阪の蛙	紀元節(韻)	土佐の蛤	憲法発布
20	ゆきだるま	桃太郎のはなし(一)	三郎のはと(一)	二人ノ旅人《イ》	水雷艇ノヨウチ(一)	銀行	国民の義務
21	ツヨイコドモ	桃太郎のはなし(二)	三郎のはと(二)(手)含む	荒木又右衛門	水雷艇ノヨウチ(二)	会社	八幡太郎
22	にんぎょー	桃太郎のはなし(三)	雀ノ話	鯨	ふなのり	黄海ノ戦	功ヲ譲ル
23	ウメノハナ	ボート	たかむら(韻)	平壌ノ戦(一)	赤十字社	黄海ノ戦	広島の大本営
24	てんじんさま	兵士		平壌ノ戦(二)	金剛石の御歌(韻)	来たれや来たれ(韻)	勅語下る
25	オマツリ	れんぺい		すめらみくに(韻)			勅語奉答の歌(韻)
26	ハト						
27	みづぐるま(韻)含む						
28	オヤノオン						
29	きもの						
30	カメト、ウサギ《イ》						

《イ》はイソップ童話　(韻)は韻文　(手)は手紙文　(対)は対話　「含む」は教材文中にそれが含まれているという意

く通じる話しことば」、つまり標準的な話しことばの普及が書き込まれていたのである。これは、当時の国語科教育においては、標準語を定着させることが、きわめて重要で、また中心的な仕事であったことを意味している。近代帝国主義競争に遅れて参加した日本においては、中央からの要請を全国どこにでも効率的にまた誤り無く伝達するための言語教育が切実に求められていた。とりわけ、日常のコミュニケーションに必要な話しことばの円滑な運用の実現は、国語科教育に背負わされた大きな課題だった。明治初年以来、それは重要な課題として認識されてはいたものの、実際には、十分に実現されてはいなかったのである。検定後期の民間教科書会社による「国語読本」には、こうした課題を解決することが期待されていた。しかし、各教科書会社に載せられている「談話文体」は、仔細に見ると、まだ相互に若干の揺れがあった。この点は、明治三七年に刊行された第一期国定教科書『尋常小学読本』の登場によって、解決される。

それと併行して、尋常小学校用の読本には、国民的基礎教養の育成も求められていた。そうなると、国家主義的教材や、理科や社会科に関わる知識教材などの基本的な要素が広く浅く掲載されることになる。その結果、ほとんどの民間教科書会社の読本は、文章文体だけでなく、教材内容までもが似通ってきて、形式的にも内容的にも、普遍性・常識性を重視した平準的な書物になっていったのである。

さらに、読本の装丁・製本に関しても触れておくと、検定中期までの木版による整版印刷というスタイルは、すでに時代遅れになり、ほとんどの社が、均質的で整合性を持った誌面を作成するため、活字印刷形態に移行していく。造本こそは相変わらずの和本袋綴じ仕立てで、糸でかがった仕様だったが、本文は、金属活字を使用して油性インクを使い、改良和紙に印字されていた。検定後期になって大手の教科書会社が、こぞって作製した読本は、こうした近代的な「商品」に相応しい装いをまとった教科書だったのである。

注（Endnotes）

*1 甲斐雄一郎『国語科の成立』東洋館出版社　二〇〇八（平成二〇）年一〇月　二二九頁。

*2 『明治検定期教科書採択府県別一覧　明治三三年八月「小学校令施行規則」制定以後（平成七年度文部省科学研究費補助）――教科書の編纂・発行等教科書制度の変遷に関する調査研究』代表・中村紀久二、研究員・立花典子／望月香里　一九九六（平成八）年三月。
なお、金港堂発行の主な教科書の府県別採択に関しては、稲岡勝が、各府県別の教育史などをもとに、検定初期から検定後期までを調べ上げている。稲岡勝「明治検定期の教科書出版と金港堂の経営〔含付録〕」『東京都立中央図書館研究紀要』二四号　一一三―一一四頁　一九九四（平成六）年三月。

*3 小笠原拓『近代日本における「国語科」の成立過程――「国語科」という枠組みの発見とその意義』学文社　二〇〇四（平成一六）年二月　一六四―七頁、では、金港堂の『尋常国語読本』の翌年に刊行された、普及舎の小山左文二・武島又次郎編『新編国語読本　尋常小学校児童用』の甲種・乙種をめぐってその意図に関しての検討がなされている。そこで小笠原は、「乙種がやや難易度を下げたもの」とし、その『編纂趣意書』に「一時に仮名両体を児童に教ふるは、不可能」という文言のあることを紹介している。

*4 『日本教科書大系・近代編・第六巻・国語（三）』「所収教科書解題」六一五頁。

*5 湯沢直蔵著『尋常国語読本関連綴方話方書取用書』金港堂　一九〇二（明治三五）年一一月　五一頁。なお、やはり金港堂からは、金港堂編『尋常国語読本要解』一九〇一（明治三四）年四月、や、金港堂編『尋常国語読本教授細目』一九〇一（明治三四）年一〇月、などの関連参考書類が刊行されている。

*6 巻八第一一課の「値の高きかぶら」は、明治二〇年刊行の文部省編『尋常小学読本』巻七第一六課の「馬を献じて蕪菁を得たり」を再録した教材である。この教材が、グリム童話の「かぶ Die Rübe（KHM146）」の前半部を、日本の昔話風に翻案したものだと考えられることは、第三部第二章第三節で前述した。おそらく育英舎の『尋常小学国語教本』は、日本の古い話だという認識のもとに『尋常小学読本』の教材文を利用したのではないかと思われる。

第二章　坪内読本の構想とその継承

一、坪内読本の編纂の経緯

坪内読本の評価

前章で見たように、検定後期の小学校用の読本の内容は、各社とも平準化してきた。そこへ新規参入したのが、冨山房だった。冨山房は、文豪坪内逍遙（雄蔵）に、小学校用読本の編集を依頼したのである。

そこで次のような読本が作られた。すなわち、尋常小学校用は『読本 尋常小学生徒用書』巻一―巻八（明治三二年）と『国語読本 尋常小学校用』巻一―巻八（明治三三年）であり、高等小学校用は『国語読本 高等小学校用』巻一―巻八（明治三三年）と『国語読本 高等科女子用』巻一―巻八（明治三三年）である。また、中学校用の読本として『訂正 中学新読本』巻一―巻八（明治四一年）とそれを改訂した『新撰国語読本』巻一―巻八（明治四四年）にも関与している。

坪内逍遙の関わった国語読本の評価は、極めて高い。たとえば、逍遙の伝記の決定版ともいえる、河竹繁俊・柳田泉著『坪内逍遙』では、「逍遙の国語読本は、読本編纂史上、画期的なものであつた。さうして同時に本邦に於ける教科書なるものに大革新を与ふる動因となつたのだった。」とある。また自身も国定読本の編集にたずさわった経験のある高野辰之も、「先生の読本は、事実に於て他の教科書を眼下に見下すもので、いわば将軍鞍に倚つて顧眄すといつた様子のものであった」と褒め称えている。*1

よく引かれるのが、木村毅の思い出である。少し長文にわたるが、具体的な情報も記されているので次にその一部を紹介する。*2

僕が坪内先生の名前を知ったのは、子どもの時からのこと、明治三十三年、十九世紀の終わった年、尋常小学の二年から三年に進む時、新しく変わった国語読本を貰った。見ると、文学博士坪内雄蔵と書いてある。親父が「これは大変偉い人が書かれた読本だ」と云う。小学校の国語教育は、国語のみならず、修身も科学も政治も全部教えなくてはならないものであったが、総合的な教養のある人は当時、坪内先生しか居られなかった。文学博士とはいうものの先生は大学で政治科をやったし、早稲田以前には、国際経済、バジョットの国際政治史などを講義していられたから、国語学者とは異なった画期的な、全般的な教養を与える読本が出来たわけである。

教える先生が非常に面白がって、むちを振りながら教えてくれたのを思い出すが、僕は、読本とはこんなに面白いものなのかと初めて思った。坪内先生の読本では、「桃太郎」の話が出てくると、猿が陣羽織を着ている。それから「虫の音楽」というので「チチロヤチチロ、リンリンリン」と擬音が入ってくる。虫がラッパを吹いたり、ヴァイオリンをひいたりしている挿絵が載っている。それ迄はお伽話の本しかなかったから非常に新鮮だった。勿論、口語体というものにはじめてぶつかったのもその読本である。坪内先生が、口語体はいかん、少なくしろという文部省に交渉して、口語体を出来るだけ増やし、文章体と交互に出てくるように編集した。親父は、「何だ、文学博士の書いたものなのに、とてもやさしいじゃないか」と云ったが、漢字を消すことは坪内先生の方針だった。しかし、この読本は内容があまりにも進歩的だったので、新潟県と京都府、岡山、鹿児島県の四県しか使わなかった。（談）

この引用部分の後、木村は、自分が今、社会全般にわたって様々な知識を備えているのは、この「国語読本」の御陰だと、絶賛の言葉を重ねる。早稲田大学出身者である木村毅のことだから、坪内逍遙に対しては、特段の思い入れがあるだろう。またこの原稿は話したものをまとめたということだから、談話記録の常として、不正確な内容を含んでいるのは仕方がない。

例えば、木村は、坪内読本を「国語学者とは異なった画期的な、全般的な教養を与える読本」と述べているが、当時の「国語読本」は、どれも修身、地理、歴史などの内容を混載していたのだから、全般的な教養を与えようという点においては、どの教科書も同じ方針に立っている。「国語学者とは異なった」という言辞は、ほかの読本は国語学的だが、

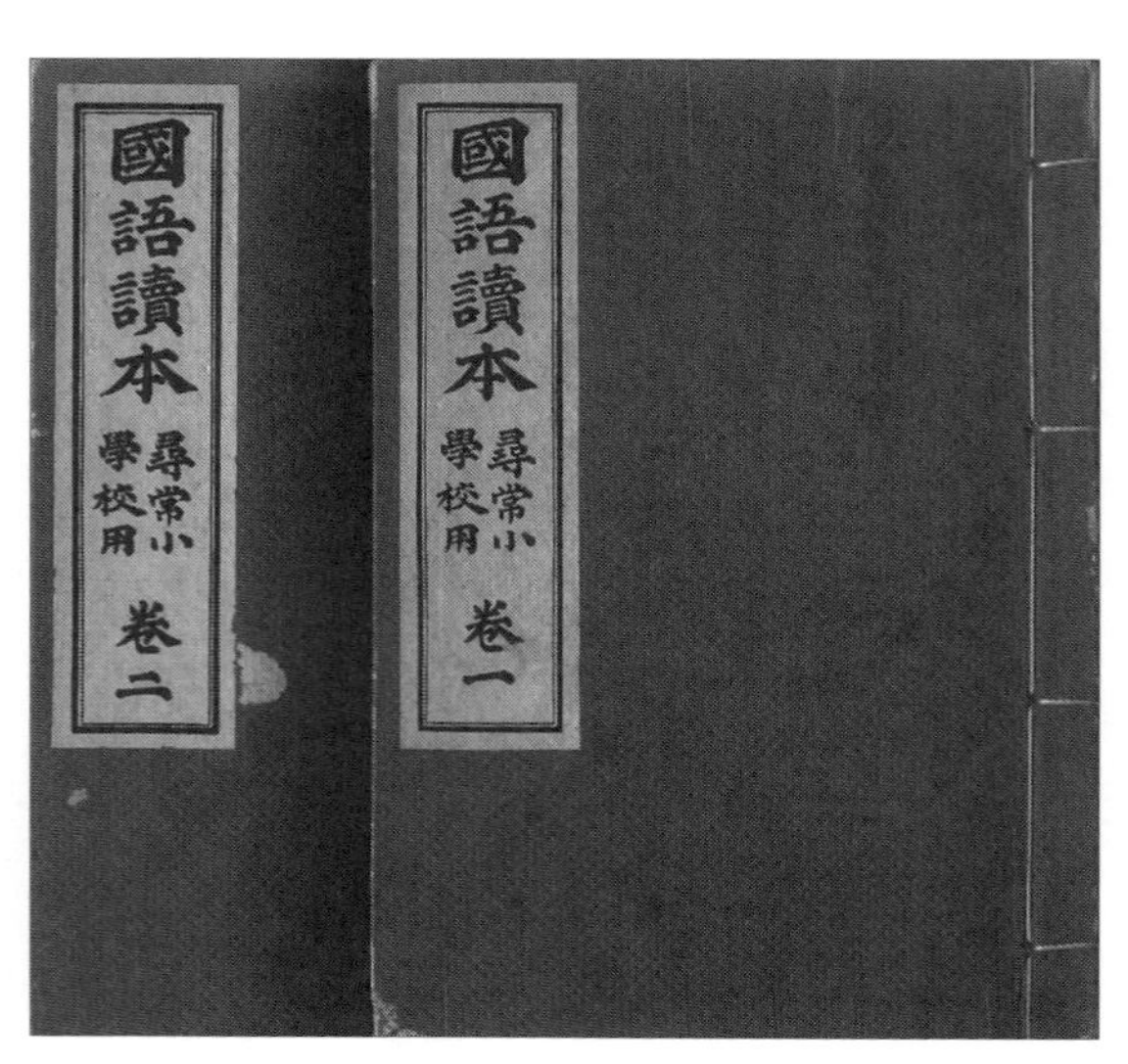

坪内雄蔵『国語読本 尋常小学校用』明治33年
後に記念品として刊行された「袖珍本」の表紙

巻二「桃太郎」挿絵

坪内読本は総合的に出来ているという含みだろうが、それは木村が実際にほかの読本との比較検討をした上での発言ではなく、かなり直感的な思いこみに近い。

また、具体的な教材の話もあげられている。「桃太郎」の話で、猿が陣羽織を着ている絵が出てくることが記されている。実際、巻の二の最終教材の「桃太郎」を見ると、桃太郎を先頭にして鎧姿の動物たちが凱旋してくる様子が挿絵として挿入されている。しかし、当時かなり普及していた巌谷小波の日本昔噺の「桃太郎」の表紙の絵も、この図柄とほとんど同じである。というより、頭が動物で、身体は人間という動物の姿は、同時期のほとんどの教科書の桃太郎の挿絵にも描かれている。桃太郎に付き従う猿や犬が軍装をして陣羽織をはおったりするデザインは、一般的な児童読み物の世界から見ると、むしろ江戸期以来の伝統的なスタイルであり、坪内読本の専売とはいえない。

さらに、巻三の「虫の音楽」という教材には、確かに「チ、ロヤ、チ、ロ、リン〱〱」という虫の音が登場する。だが、「桃太郎」と「虫の音」が収められている巻二と巻三は、小学校の一年生後半と二年生の前半に使用する教科書である。三年生に進級した木村が、小学校の教室で、直接学んだとは考えにくい。六年分の教科書すべてをまとめて父親に購入して貰い、下学年の本は、自力で読み物代わりに読んだ可能性もあるが、もしそうだとすれば、教室で先生が「むちを振りながら教えてくれ」たのは別の教材だったことになる。[*3]

と、ここまで、木村の貴重な思い出話を取り上げながらも、その揚げ足取りをしているように思われるかもしれないが、それは本意ではない。こうした証言の類は、曖昧な記憶に頼っている場合が多いので、それをできるだけ残された資料とつきあわせる必要性を確認したかっただけである。とりわけ、木村の「口語体はいかん、少なくしろという文部省」という発言や、「あまりにも進歩的だったので、新潟県と京都府、岡山、鹿児島県の四県」のみの使用だったという発言は、坪内読本評価の上で極めて重要な証言であるから、なおさらのことである。[*4]

木村の評価とは別に、歴史学者である色川大吉も、「民衆史観」の立場から、この読本を高く評価している。[*5]

> 民権運動を弾圧したあと、政府は学校令を改め、「教育勅語」を発布し、反体制的な教育をとりしまるとともに、教科書をふくめて全カリキュラムの本格的な体系化に着手している。もちろん基軸は忠孝教育、「国体」教育であったが、まだ教科書の検定時代はつづき、多くの迎合的な本にまじって近代市民教育をめざす注目すべき本もふくまれていた。私はその白眉を坪内逍遙の読本に発見した。かれが明治三四（一九〇一）年に精魂を傾けて創造した金港堂版の『国語読本』（全一六巻）には、当時論壇に君臨していた日本主義者高山樗牛と数次の論戦をかわし、非国民よばわりされ、日本の未来に危機意識を深めていた坪内の憤りとその市民主義、その芸術性がみごとに結晶している。私はこの仕事は坪内の一生中最高のものだと評価している。この本は十数万部の使用を見たというが、それだけに国家はこうした批判的な流れの存在を放任せず、明治三六（一九〇三）年、いっきょに小学校教科書の国定化・画一化を強行してしまう。

色川のような歴史観に立つなら、坪内逍遙の読本が、急速に国家主義に傾斜していく明治の教育の中で、それに疑問を投げかける存在だという評価になるのは、ある意味では当然かもしれない。色川の「近代市民教育をめざす」という評言は、それを端的に表している。確かに、坪内の読本にそういった側面がないわけではない。しかし、そうした評価は後述するように一面的だという誹りを免れない。

以上のように坪内の作成した読本についての讃辞は数多いが、それらを踏まえた上で、坪内読本に即して具体的かつ総合的に検討した研究は、これまでおこなわれてこなかった。

もちろん国語教育の立場から、この読本の内容に関する先行研究は、いくつかある。とりわけ山根安太郎と井上敏夫の仕事は、国語教科書の内容の通時的な比較検討という点において、ていねいな考察になっている。また、近年では、この読本の尋常小学校用が復刻されたことに伴って書かれた田近洵一の解説が、坪内読本の内容の詳細な分析と、今日的な位置付けをしている。ここでは、それらの成果に導かれながら、坪内読本の編集姿勢とそれがどのように読本に実現していたのか、さらには、坪内読本が後世にどのような影響を与えたのかを、子どもの読み物と教育との関係を視野に入れながら考察していく。[*6]

読本編纂のきっかけ

坪内雄蔵が編集した国語読本のきっかけは、冨山房社主だった坂本嘉治馬が、坪内逍遥に直接読本の編集を依頼したことだった。『坂本嘉治馬自伝』によれば、その経緯は次のようになる。これも引用が長くなるが、重要な証言なので該当個所を次に引く。[*7]

明治三十四年より明治四十四年迄の十一年間は、已に前期の中頃から小学校教科書の新計画で著しく経費の膨張を来した後を承けて、波瀾重畳、創業以来の苦闘時代であつた。坪内博士の『小学国語読本』は前期の末三十年に着手したが、従来の小学校教科書の編集方法は、各自の編集所に於て、主として小学校の先生の編纂するもので、その内容は大同小異で、一冊の紙数も、文字数も、科目の数も、その長短も、同一の型に嵌つたものであり、初年用の単語なども殆ど同一で、どの本でもハ・ハナ・ハリとかハトとかいう風に教へてあつた。しかし坪内博士はハの字は斜線である上に、ハ・パ（ママ）・パと発音し、非常にむづかしく、而も一つの名詞をなして居ないから、このハを初めに教へるべきでないとされて、研究の結果、トリと二字を教えることに決定した。鳥は津々浦々何処でも飛び回つて居るのみならず、最も子供の好む活動的のもので、而も文字そのものも、｜を引いて一つ点を打てばいゝから一番書き易いといふ結論であつた。小学校の読本の第一課の初めに二字教へることはこの読本が初めである。それから従来の読本は濁音・半濁音を、正音（ママ）を教へ終わつてから別に教へたが、この読本では例へばカガミとかツヅミとかいふ風に教へることにした（これは芳賀博士の案）。また、新に韻文を加へ、勿論口語文をも多量に加へて、すべて新しい画期的のものであつた。

最初博士にこの編纂をお頼みしたら、とにかく従来の書物を見たいとのことであつたから、各社で出来た小学読本を取り揃へて御覧に入れたら、「編纂を引受けても宜しいが、しかし従来の読本のやうに、各課の長さを一定し、また一冊の課数を極めるのでは窮屈でやれない」との御話であつた。そこで「それは先生の御随意で、例へば桃太郎を二課でも三課でも御自由に御願いしたい。出来るだけ従来の型を破つて頂きたい」とお話したら御快諾になつたから、その場で直に先生に編集助員の人選を御願ひした。先生もかねて御考へがあつたと見え、即座に杉谷代水・種村宗八・桑田春風の三氏を御指定下さつたので、それに石原和三郎氏を加へて牛込矢来町に編集所を新設したのである。また別に初級の方は言語学的に研究する事になつて、上田・芳賀両博士の指導を乞ひ、実際家として千葉師範の小池民治氏にも依嘱し、相当大掛かりの編集組織を作つた。その後三年間の坪内博士の熱心さは非常なもので、殆ど毎日牛込の編集所へ御見えになられた。夏などは普通の扇子の三倍もある大きな扇を使はれ、時々は杖にでもなるかと思はれるやうな大きな扇子を御持ちになられたことが記憶に残つて居る。何しろ先生も丁度四十前後の御年で、油の乗り切つた時代だから、評判の本になつたことは当然である。かうして本は、立派に出来上がつたが、この読本は従来のものとは違つた根本的に新しい進歩したものであつたから、その内容の説明には非常に苦心した。当時自分は全巻の文章は大抵暗記して居つて、全国の主なる処へ自分が出掛けて説明に努めたのである。とにかくこの読本は日清戦後の溌剌たる進歩的国民を教育する最善の武器であつたと確信する。その後国定制度の実施となつたが、当時中学校の国語教科書には、必ずこの読本の高等科の文章数編を転載したものである。かくてこの事業は小学校教科書の進歩を促し、種々の点に於て徒爾でなかつた。

　引用の前半部は、この教科書についての坂本嘉治馬の評価である。基本的には、この読本が従来の小学読本とは異なり、いかに優れていたのかを述べている。しかし、「小学校の読本の第一課の初めに二字教へることはこの読本が初め」など、事実と異なる誤解も多い。また「桃太郎を二課でも三課でも御自由」とあるが、第四部でも見てきたように、「桃太郎」の教材は、多くの国語読本が、二課か三課にわたって掲載している。したがって、坂本の証言をそのまま受け止めるには、かなりの慎重さが必要だろう。

　そこでまず、逍遙が教科書作製に至った経緯から確認していく。

　逍遙が、坂本から小学読本の依頼を受け、編集に取りかかったのは明治三〇年末だとされる。知られているように、逍遙は、一八九〇（明治二三）年東京専門学校の文学科創設を主導し、以後、そこでの教育にエネルギーを傾ける。一八九六（明治二九）年には、東京専門学校は早稲田中学の設立へと発展し、逍遙はその教頭職の重責を担う。教育関係の活動だけでなく、この時期は、一八九一（明治二四）年に創刊した『早稲田文学』の編集や、『桐一葉』『沓手鳥孤城落月』などの戯曲の執筆にも苦心していた時期でもある。こうした多方面の活動に忙殺されていた逍遙は、坂本嘉治馬の慫慂によって引き受けた「小学読本」の作製にも、これまた大変な労力を傾けたようだ。*8

　もっとも、逍遙自身は、坂本に読本の編集を依頼される以前から、小学校の読本に対しては、興味と関心とを抱いていた。第二部第二章第三節で触れたように、すでに田中義廉の編集した官版『小学読本』を英語訳した仕事もあった。*9

　また、逍遙の編集していた『早稲田文学』の第八五号（明治二八年四月一〇日発行）には、民間教科書である『尋常小学読書教本』についての逍遙の紹介文が載っており、そこからも読本編集に対する積極的な姿勢を読み取ることができる。逍遥が取り上げた『尋常小学読書教本』は、今泉定介と須永和三郎が編集し、普及舎から刊行された検定中期の代表的な小学読本であり、本書においても、この教科書については、第四部第一章第二節で検討したところである。逍遥は、その紹介文の中で、最初にそのできばえをほめ「近刊読本中の錚々たるものなるべし」と高く評価する。その上で、「余輩は今日行はるゝあらゆる小学読本に対して平なる能はざる者」だと批判的視点を抱いていることを述べ、その理由は次のようだとする。[*10]

余輩は今の諸読本の、五六年前のに比して著く進歩したるを認む。其の主題の配置と撰択との頗る宜しきを得たるを認む。其の教授上の注意の或点までは周到なるを認む。その文体の平明なると同時に其の語法文格の正しきを認む。然れども主題の宜しきを得たると該主題を表明するの法の宜しきを得たるとは一ならず、語法、文格の正しきと文章の巧妙なるとは一ならず、且や教授法の整然たる未だ必ずしも啓導開発の力の大なるを意味せざるなり。夫れ十頭の馬を水涯に誘はんは難からねど、其の中の一頭にだに水飲ましめんは頗る難し。桃太郎の談は好主題なり、然れども其の談説の法拙からんか、稚童よろこびて聴くべしや。余輩近時の諸読本を見るに、文章の correctness はこれあり、innterrest を惹起すべき魔力は殆ど空し、憚なくいへば、美文たるの価値殆ど絶無なり。

逍遥はこう言って、「我が読本と泰西のと」を比べて、従来の日本の読本が「主題の選択のみに汲汲として、其の主題を活用あらしむるの点に心を注がざるを異しむ」と論難する。要するにこの紹介文は、当時の国語読本一般に対する批判でもあり、逍遥の読本観の表明にもなっているのである。そこで逍遥は、文章内容の正確さだけではなく、読み手の興味を惹くような文章表現そのものの魅力の重要性を主張している。

『早稲田文学』の「彙報」欄は、舞台評から書評、また教育関係の情報など幅広い話題を取り上げており、中等教育に関する読本についても話題にしていたが、管見によれば小学校の読本を取り上げて、書評の対象にしたのは、このケースだけのようである。しかしそれだけに、この『尋常小学読書教本』を取り上げた逍遥の小学校の教科書に対する関心と、それを改良しようとする熱情とが伝わってくる。

さらに、逍遥の国語教科書に対する問題意識は、別のところでも表明されている。一八九六（明治二九）年の『教育報知』第五二六号と五二八号には、逍遥の「文章の三体を論じて小中学読本の文章に及ぶ」という演説の記録が二回に分けて掲載されていた。[*11]

この演説は「東京府教育会常集会」でなされたものだという。そこで逍遥は、文章には三つの区別があると述べる。つまり、人の心の働きが「智・情・意」に分けられるように、思想を表す文章にもそれに対応し

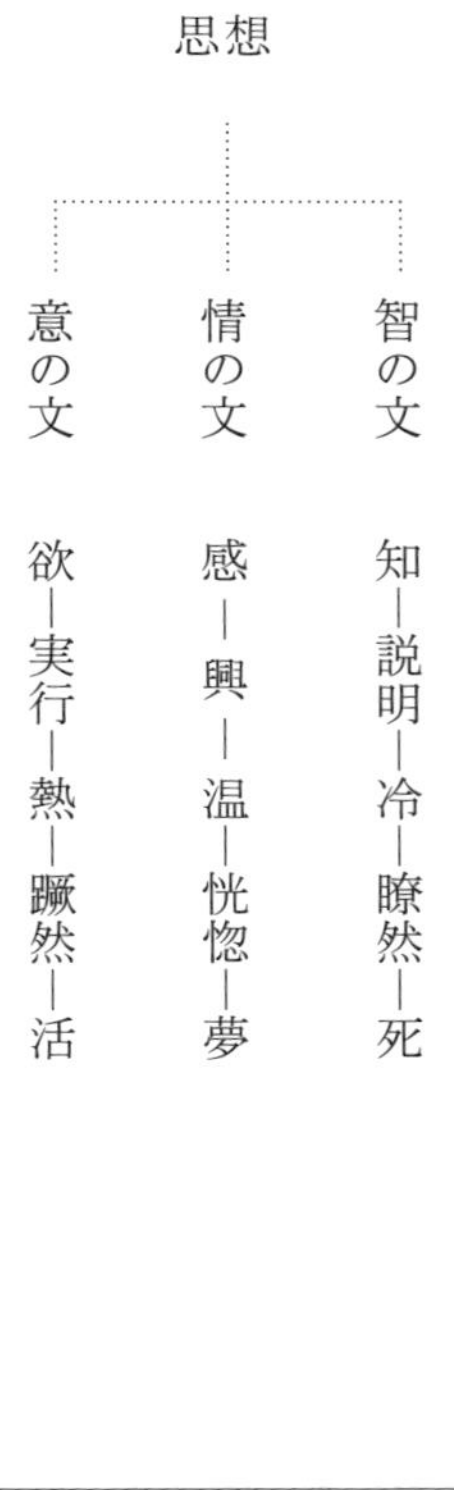

て「智文・感文・意文」の三つの区別があるというのである。智の文は説明の文章、感情の文は文学的な文章、意の文は実際に人や物を動かす実用文に相当する。それを仮に図に表せば、前頁のようになるだろう。

その上で逍遙は、話題を小中学校の読本に移し、読本の目的を、以下の三点だとする。すなわち、第一は学童に智識を与えること、第二は多方面の興味を与えること、第三は学童の品性を涵養すること、である。しかし現在の読本はそれらを子どもに与えるに際して、智の文ばかりが掲載してあり、情の要素が欠けている、また昔話のような情の文が提出されていても、その文章自体が「不味い」と非難する。

そこで逍遙は、具体的に次のようないくつかの「改善の方針」を示す。

先ず、「文体を変化して興味を増さしむる事」と述べ、「智」の内容を「目前に其物があらはれるやうな感じを与へる」ように、具体的な描写を交えた「情の文」で書くようにしなければならない、とする。読本の文章は「子供が同感し易くな」るような文体でなければ、「教師方が如何に骨を折りても仕方がない」というのである。次には、「小児が経験内の話を撰ふべし」という。「国の為」や「権力の怖ろし」さ、よりは、「モット子供が直に涙を流す程に、心を動かす話の材料を取つて、挿入したら宜からう」という提案である。そのことで文章は冗漫になるかもしれないが、かえって効果があがるのだという。さらに、読本の「話語」つまり会話表現は「成るべく俗語通りにすべし」ともいう。逍遙は、「母上帰つて参りました」ではなく「おっかさん帰つて来たよ」と言う方が実際に近いといい、こうした文章は巌谷小波が巧みだと具体的な作家名を挙げて、読本中の会話文を日常語に近づけるよう提案している。また、「事柄は少うして一の事を審かにすべし」という提言もしており、例えば歴史的な物語を叙するときは、その筋を並べるのではなく、ある場面に焦点化して子どもの同感を誘うように表現すべきだとする。さらに「成るべく有形の効果ある話を主とすべし」と、概念的な描写ではなく、子どもを感動させるような具体的な話を用いることを主張している。

つまるところ逍遙は、従来の読本は説明的・概念的な文体によって書かれており、子どもが興味をもつような文章の工夫の欠如を批判しているのである。それも巌谷小波の名前を引いていることからも分かるように、子どものための「情の文」の必要性、すなわち、子どもの読み物（＝文学）の文体の重要性を、実例を頭に置いた上で主張している。子どもの読み物の実作者である小波は、子ども読者のための文体の創造に向けて現実的な苦闘を展開していたが、それまで幼い子どものための読み物を直接に執筆することのなかった逍遙も、そうした文章の必要性の認識と、それを希求する情熱とを共有していたのである。[*12]

逍遙の読本に対する「改善の方針」は、さらに続く。

次の、「世界的の智識を与ふべし」という提言は、おりからのナショナリズムの高まりに呼応して作製された『帝国読本』などの内容についての批判だろう。「妄に日本を褒めたて、世界第一の国だ〳〵と思はせるは、却りて自惚の心を増さしむる恐れがあッて、将来段々拡張して往かねばならぬ日本国の読本に適しない」という逍遙の主張は、この後の読本のあゆみを知るものにとっては、きわめて重い言葉となって響く。そのために「東西の話を対照すべし」と、具体的に小野道風の蛙の話とロベルストブルースの蜘蛛の話とを対照するような工夫をせよという提案をしている。そうすることによって「日本ばかりでない、西洋にも同じやうな事があるのだ、人間のことは東西同揆（ママ）という感念をおのずから感得せしむる」ことができるというのである。東西の話材を対比させることで、相対的に物事を見るような認識力を育成しようという趣旨だろう。[*13]

こうしてみると、逍遙はこの時点で、理想的な小学校国語読本について、かなり具体的なイメージを持っていたことが分かる。ここからは、確かに色川の言う「近代市民教育をめざす」ような読本の理想の片鱗がうかがえる。と言っても、こうした見解はあくまでも「理念」のレベルであって、それがそのまま具体的な読本の教材として現実化するわけではない。また、それぞれの主張にしても、すでに文部省の『読書入門』『尋常小学読本』や、金港堂の『日本読本』『幼学読本』による「談話文」の導入、塚原苔園の『新体読方書』、あるいは各種修身教科書の中の和漢洋の教材の併置、さらには山縣悌三郎の『小学国文読本』による子どもの心を引きつけるような読み物教材の選択などによって、かなりの部分に関しては、大きな道筋はつけられていた。しかし、この時点で、そうした成果を統一的に俯瞰して整理し、教科書編成の理念として具体的に列挙したところに、逍遙の先進性があった。

おそらく冨山房社主の坂本嘉治馬も、こうした逍遙の小学校の読本に対する発言を承知していたからこそ、国語読本の作製を逍遙に依頼したのであろう。また、逍遙自身も、当時の小学校用国語読本に対する明確な批判を持ち、それを乗り越えるような小学校用の国語読本の理想を持っていたからこそ、多忙な仕事の合間を縫って、読本制作の仕事を引き受けたのだと思われる。

二、坪内読本の構成及びその内容

編集体制の確立

では、逍遙の構想は、どのように教科書という形で具体化されたのだろうか。

逍遙は、この仕事の実務を、杉谷代水・種村宗八・桑田春風の三名に委ねた。また、後に石原和三郎が加わった。中でも、国語読本作りの中心になったのは、杉谷代水だった。後年逍遙自身、杉谷の存在がなければこの仕事は出来なかったと述べているし、五十嵐力も、また社主の坂本嘉治馬も同様の発言をしている。杉谷は、一八七四（明治七）年、鳥取の生まれである。家庭の事情で、上京して逍遙に師事するまでに、鳥取高等小学校教授嘱託として三年間教壇に立っている。おそらくこの時の教員としての杉谷の経験が、読本制作に生かされたにちがいない。[*14]

坂本嘉治馬の回想にもあったように、読本作成チームはこれまでの日本や海外の読本を調査した上で仕事を進めていった。その成果は、坪内雄蔵著『読本 尋常小学生徒用書』（これを①とする・以下同じ）として結実し、一八九九（明治三二）年一二月二五日に、刊行される。この本は、さっそく文部省の検定に申請提出されて、翌一九〇〇（明治三三）年二月一七日に検定を合格する。ところが、同年八月に「小学校令」および「小学校令施行規則」が公布されて、「国語科」が成立した。

「小学校令施行規則」は、内容的な側面では従来の「読書科」の規定と大きな変化はなかったが、第一章でも記したように読本に関しては、表記に関する大きな変更があった。それは、平仮名と片仮名の標準を決め、新しい字音仮名遣いを定めたことである。すなわち、これまで例えば「りやう、りよう、れう、れふ」などと表記されていた表記を「りよー」のように簡略化して表記することにした。いわゆる「棒引き仮名遣い」の実施である。また、尋常小学校で教授に使用する漢字数を、千二百字内外に指定したことも大きな変更点だった。子どもたちの文字獲得に関する学習負担を減らし、リテラシーを平準化しようという言語教育政策の一環である。小学校用の教科書を発行していた各社は、その対応に追われた。もちろん冨山房も例外ではなかった。

そこで『国語読本尋常小学校用』（②）が企画され、一九〇〇（明治三三）年一二月一九日に訂正再版本を発行、一二月二七日に文部省の検定を通った。さらに、翌年の一九〇一（明治三四）年八月二三日には、「修正ニヨリ再検定」した『国語読本尋常小学校用』の「訂正四版」本（③）が刊行される。これらとは別に、一九〇一（明治三四）年一一月二五日に発行された、坪内逍遙校閲によるほぼ同内容の高知県教育会編纂（代表者・藤崎朋之）『国語読本尋常小学校用』（④）がある。（この④の読本に関しては第四節で触れる。）つまり、坪内が関わった小学校用の読本には、以上の四つのバリエーションがあることになる。その内容については別表に整理した。もっとも、これら四種類の読本間の相違は、それほど大きなものではない。少なくとも、編集の根幹に関わるような変更はなく、教材の差し替えや、順序の変更、それに表記の手入れ、練習教材の挿入などの部分的な異同に止まっている。

『読本尋常小学生徒用書』（①）の検討

この『読本尋常小学生徒用書』が、逍遙が最初に世に問うた小学校用の教科書であり、また、今挙げた四つのバリエーションの中で、編者の主張が一番鮮明だと思われるので、以下の検討はこの読本を中心にして、適宜、諸版について触れることにする。

さて、この教科書については、『読本編纂要旨』（刊記なし。「はしがき」は、明治三三年一月に書かれている。）が冨山房から出されている。内容は、坪内の「はしがき（六頁）」に続き「読本編纂要旨（三〇頁）」「総目索引（二九頁）」からなる堂々たる冊子である。このような読本の内容紹介を兼ねたパンフレットは、当時各教科書会社からも発刊されていたが、この冊子は頁数といい、内容といい、他社を圧倒する充実度だった。*15「はしがき」は、坪内逍遙自身が執筆したもので、力がこもっており、坪内の教科書観が明確に表出されている。その冒頭を引く。

> 凡そ小学校に於ける読本教授の目的は、別ちて直接と間接との二となすべし。直接の目的は（第一）能く語り、能く読み、能く作文するの能力を鍛ふこと、（第二）、事物に関する普通智識の端緒を授くること、（第三）性情陶冶、即ち徳育、美育などに資すること、是なり。此の三者は、其の間に多少の軽重あるも、尚其の一をだに等閑に附すべからざるものなり。
>
> 間接の目的は、生徒をして読書の功用と興味とを覚らしむるに在り、換言すれば、尋常科読本八巻を学習し了るころには、生徒が自然に啓発せられて、読書の利益と面白味とを感得し、不言不語の間に、書籍は智識の倉庫にして、兼ねて威楽の泉源たることを覚り、やがて自ら進んで、益々読書せんことを欲するに至るやう、彼等が心を誘発するにあり。此の間接目的の大切なるは、他の直接目的の大切なるに聊かも劣らざるべきなり。然るに、方今の読本編成法及び其の教授法の実

① 『読本 尋常小学生徒用書』巻一　冨山房　坪内雄蔵著　明治三二年一二月二五日発行　明治三三年二月一七日訂正再版　明治三三年二月一七日検定

	オ	ウ
1	表題	トリ（たくさんの鳥の絵）
2	ハト　アリ《イ》	ハタ　ヘイタイ
3	フエ　ト　タイコ	ヲノ　キコリ《イ》
4	トラ　ト　キツネ《イ》	フネ　イカリ　ナミ
5	クシ　ト　カガミ	セミ　ハチ　クモノス
6	ノリ　ハサミ　スズメ	アラメ　コンブ　サンゴ　サザエ
7	ホタルノヒカリ。ランプノアカリ。	イケニ　ヒヨコ。キシニ　メンドリ
8	ヒケシ　トビグチ　ハシゴ　ポンプ	ワラビ　クワヰ　ダイコン　ゼンマイ
9	モンニ　イヌ。カベ　ニ　ゲヂゲヂ。	ウサギ　ガ　ヤスム。カメ　ガ　イソグ。《イ》
10	ヱヲカク。ホンヲヨム。ソロバンヲ　ハジク。	ラッパ　ト　メガネ　エンピツ　ト　ペン
11	ツキガミヅニウツル。サルガテヲノバス。	ボタン　オモト　エゾギク　モクレン　ヤマブキ
12	サケヲトル。ササニサス。カツイデ　ユク。	ミミヲツカム。
13	アシヲナデル。ヲヲヒッパル。	カタカナ五十音図
14	〃	カタカナ五十音図（濁音）
15	しか	かり　つり
16	かめ　と　つる	きんとき　と　くま
17	しぎ　と　はまぐり	かきのたね　と　にぎりめし
18	さる　かにの　はなし	たこ　の　いもほり
19	ふね　かご　そり　くるま	よい　うさぎ。わるい　たぬき。
20	うさぎ　は　きのふね。たぬき　は　つちぶね。	ちち　と　こっぷ。たばこ　と　ぱいぷ。
21	みけ　と　ざる。かに　が　はさむ。みけ　が　さわぐ。	なら　の　だいぶつ。するが　の　ふじ。
22	くちは　一つ　めは　二つ。くちは　一つ　ては　二つ。	ぢぢ　の　ほほに　こぶ。おに　の　あたま　に　つの。
23	そらに　一は　はたけに　一は。二は　の　ひばり　が　すをくふ。	へび　かへる　なめくぢ。三すくみ。
24	はひ　を　まく。かれえだ　に　はな　を　さかせる。	いぬ　が　はし　を　わたる。かげが　みづに　うつる。《イ》
25	いっぽんの　やなぎ。一ぴき　の　かはづ。いくども　とびつく。	げんぺいの　いくさ。ふね　で　まねく。ゆみ　を　いる。
26	ちから　くらべ。しころ　を　つかむ。かたな　が　三つ　に　をれる。	めじろ　の　おしくら。一つ二つ三つ四つ五つ六つ七つ。みなで七つ。
27	一つ二つ三つ四つ五つ六つ七つ八つ九つ十。きざみ　の　かず　を　かぞへる。	つよい　ゆみ。
28	おほぜい　で　ひっぱって　ゐる。	一二三四五六七八九十　十ぴき　の　さる　が
29	ゐぼし　を　かぶった。	いろはうた
30	〃	漢数字

①『読本 尋常小学生徒用書』巻二―八　冨山房　坪内雄蔵著　明治三二年一二月二五日発行　明治三三年二月一七日訂正再版　明治三三年二月一七日検定

	巻二（仮題）	巻三（題名）	巻四（題名）	巻五（題名）	巻六（題名）	巻七（題名）	巻八（題名）
1	とり	はるのの	村ト町	我ガ國ノ気候	富士山	神武天皇	國史の大要（上）
2	オニゴッコ	うんどく‐わい	かりうどとさる	鳥	日本武尊	鹿児島より神戸まで	東京より箱館まで
3	ばしゃ	うまやの馬	海はどのやうなものぞ(対)	歌うたふ子と大きな鬼	山上のながめ	菅原道真	鯨
4	ニンギョー	のきのつばめ	海ノケシキ	仁徳天皇(韻)	國の獣(韻)	女子の努(韻)	箱館より鹿児島まで
5	かげえ	母ごころ(韻)	さゞえのじまん	草木ノ生長	動物ノ職業	金銭出入帳	野中兼山
6	うしわか	イヘ	一の谷の城ぜめ	茶と桑	鳥おどし(韻)	何事も順序	山林ノ功用
7	テンチョーセツ(韻)含む	かひこ	月日	金剛石の御歌(韻)	楠正成	物の三体	一村の模範
8	ぐんじん	ねずみのさうだん《イ》	四季	農家の景色	高橋東岡の妻	空気	輸出入品
9	キクノハナ	大ドウコウ	くだもの乃うた(韻)	伊能忠敬	有用なる植物	三羽の蝶(韻)	世界万国（上）(韻)
10	レンペイ(韻)含む	門のまへの小川	たけがりの話	日本帝国ノ図	石炭及ビ石油	鳥獣合戦（一）《グ》	世界万国（下）(韻)
11	こいぬ	手がみ(手)含む	取り入れ	てがみ(手)	象の目方	鳥獣合戦（二）《グ》	國史の大要（中）
12	よりとも	竹の子	升	郵便箱の歌(韻)	松山鏡(韻)	楠正行(韻)	貯蓄
13	カクレンボ	ホタルがり(韻)含む	こしをれ雀のうた（一）(韻)	船ト車	北海道	神戸より東京まで	会社及ビ銀行
14	あめ〳〵こさめ(韻)	田うゑ	こしをれ雀のうた（二）(韻)	東京市	雪国	修練の功	鐵の物語（上）
15	ミチシルベ	五コク	蟻トセミ《イ》	徳川家康	徳川光圀	塗物ト焼物	鐵の物語（下）(韻)含む
16	夕がた	あきなひごと(対)	勉強がしら(対)	みやこの一日	鍋盗人の裁判	工業の歌(韻)	岡崎秀民と青地某
17	ちひさい子	にじ	時計	太郎と電話	鉱山ノ話	有用ナル金石	身体の構造（一）
18	木のは	なつの雲	室の梅と庭の梅	電話及電信	手がさはると黄金	専心一意	身体の構造（二）
19	カザミ	まはりどうろう	雪	京都	同上　つゞき	夕立	養生
20	ハツ日ノデ	ヒライタ〳〵(韻)	はです虎をころす	織物の歌(韻)	水ノ効用	塩ト砂糖	國史の大要（下）
21	としのはじめ(韻)	蓮	炭	大阪	水鳥のまがひもの	鱶（上）	憲法
22	ユキダルマ	モノサシ	志ほばら多助	豊臣秀吉	義侠なる鶴	鱶（下）	租税及び兵役
23	なぞ	きもの	きげんせつの歌(韻)	商人	隣国	琉球ト台湾	法は人よりも尊し
24	やっこだこ(韻)	あほう鳥《イ》	岩戸びらき	正直の徳	征清軍(韻)	蒙古来(韻)	公徳
25	うぐひす	虫のうた(韻)	日ノメグミ	四面皆海	赤十字社	我が國の神々	我が國は海の國(韻)
26	桃太郎（一）	ミツバチ	ひな祭	軍艦			
27	桃太郎（二）	二宮金次郎	春	海の底			

《イ》はイソップ童話　《グ》はグリム童話　(韻)は韻文　(手)は手紙文　(対)は対話　「含む」は教材文中にそれが含まれているという意

巻二には、数字で第何課かを示してあるだけなので、題名は仮題である。巻三以降は、教科書の目次にも課名が提示してある。

②『国語読本 尋常小学校用』巻一　冨山房　坪内雄蔵著　明治三三年一二月一九日　訂正再版発行　明治三三年一二月二七日　文部省検定済

	オ	ウ
1	表題	（にわとりの絵）
2	トリ。	ハト。アリ。《イ》
3	ハタ。タコ。	コマ。タイコ。
4	イネ。カマ。	フネ。アミ。
5	アメ。カサ。	マツ。アサヒ。
6	ミコシ。トリヰ。	クシ ト カガミ。
7	セミ。ハチ。クモ。	ノリ。ハサミ。スズメ。
8	ヂヂ。ツヅラ。タカラモノ。	カゴ。ホタル。ホン。
9	ヤリ。カブト。ノボリ。	イケ ニ ヒヨコ。キシ ニ メンドリ。
10	ヒケシ。トビグチ。ハシゴ。ポンプ。	ワラビ。レンコン。ゼンマイ。ササゲ。
11	ウサギ ガ ヤスム。カメ ガ イソグ。《イ》	ツキ ガ ウツル。サル ガ テ ヲ ノバス。
12	ヱ ヲ カク。ホン ヲ ヨム。ソロバン ヲ ハジク。	ヘイ。ヰド。ツルベ。フヂダナ。
13	オモト。エゾギク。ザクロ。ソテツ。	ラッパ ト メガネ。エンピツ ト ペン。
14	サケ ヲ、トル。カツイデ ユク。ハシ カラ ヌケル。	カタカナ五十音図
15	カタカナ五十音図	カタカナ五十音図（濁音）
16	しか。	はし。つり。
17	かめ とつる。	きんときと くま。
18	なんてん。ひよどり。	かき の たね と にぎり めし。
19	はち。うす。くり。さる を うつ。	しぎ と はまぐり。ふね に せんどー。
20	でんしん の はりがね。つばめ が、一は、二は、三ば。	はなさか ぢぢ。かれえだ に、はな を さかせる。
21	かきつばた が さいている。あひる が あそんで ゐる。	へいし の たいそー。とびつく へいし。みている へいし。
22	ちから くらべ。かぶと を つかむ。かたな が 三つ に をれる。	ふで を もつ。じ を かく。ゆーびん を だす。
23	つくゑ に らんぷ。ほんばこ に ほん。いんき と ぺん。	みけ と かご。かに が はさむ。みけ が さわぐ。
24	とーきちろー。ぞーり を もつ。おとも を する。	かぜ が ふく。なるこ が なる。すずめ が、ぱっと にげる。
25	やね の むね に かざみ。さを の さき に とんぼ。	よい つきよ。たぬき の はらつづみ。ぽんぽん。
26	きざみ の かず。一つ 二つ 三つ 四つ 五つ 六つ 七つ 八つ 九つ 十。	一 二 三 四 五 六 七 八 九 十。十ぴき の さる が、
27	えぼし を かぶった。	いろはうた
28	〃	漢数字（一から十）

②『国語読本 尋常小学校用』巻二―八　冨山房　坪内雄蔵著　明治三三年一二月十五日　訂正再版発行　明治三三年一二月二七日　文部省検定済

	巻二（仮題）	巻三（題名）	巻四（題名）	巻五（題名）	巻六（題名）	巻七（題名）	巻八（題名）
1	ふじさん	はるのの	家	我ガ國ノ気候	富士山	神武天皇	國史の大要（上）
2	わし	うんどーくわい	かりうどとさる	鳥	日本武尊	鹿児島より門司まで	東京より函館まで
3	ひごひ	うまやの馬	海はどのよーなものぞ〔対〕	歌うたふ子と大きな鬼	山上のながめ	門司より神戸まで	鯨
4	おにごっこ	のきのつばめ	海ノケシキ	母ごころ〔韻〕	國の獣〔韻〕	菅原道真	函館より鹿児島まで
5	ばしゃ	かひこ	さゞえのじまん	草木ノ生長	動物ノ職業	女子の努〔韻〕	野中兼山
6	ニンギョー	ねずみのそーだん《イ》	一の谷のしろぜめ	茶と桑	鳥おどし〔韻〕	金銭出入帳	山林の功用
7	テンチョーセツ〔韻〕含む	大ドーコー	四季	皇后陛下の御歌〔韻〕	楠木正成	何事も順序	一村の模範
8	レンペイ〔韻〕含む	あめ〱こさめ〔韻〕	くだもののうた〔韻〕	野川のけしき	高橋東岡	空気	輸出入品
9	キクノハナ	門のまへの小川	たけがりの話（上）	日本帝国ノ図	有用なる植物	三羽の蝶〔韻〕	世界万国（上）〔韻〕
10	かげゑ	手がみ〔対〕〔手〕含む	たけがりの話（下）	てがみ〔手〕	石炭及ビ石油	鳥獣合戦（一）《グ》	世界万国（下）〔韻〕
11	うしわか	竹の子	取り入れ	郵便箱の歌〔韻〕	象の目方	鳥獣合戦（二）《グ》	國史の大要（中）
12	ちひさいこ	ホタルがり〔韻〕含む	升	船ト車	松山鏡（上）〔韻〕	楠木正行〔韻〕	貯蓄
13	ぐんじん	田うゑ	こしをれ雀のうた（一）〔韻〕	東京市	松山鏡（下）〔韻〕	神戸より東京まで	会社及ビ銀行
14	よりとも	五コク	こしをれ雀のうた（二）〔韻〕	みやこの一日	北海道	修練の功	鐵の物語（上）
15	カクレンボ	あきなひごと〔対〕	蟻トセミ《イ》	太郎と電話	徳川光圀	塗物ト焼物	鐵の物語（下）〔韻〕含む
16	こいぬ	カザミ	勉強がしら〔対〕	電話及ビ電信	鍋盗人の裁判	工業の歌〔韻〕	専心一意
17	ミチシルベ	にじ	むろの梅とにはの梅	織物の歌〔韻〕	鉱山ノ話	有用ナル金石	身体の構造（一）
18	木のは	まはりどーろー	雪	大阪	手がさはると黄金（上）	夕立	身体の構造（二）
19	ハツ日ノデ	ヒライタ〱〔韻〕	はです虎をころす	豊臣秀吉	手がさはると黄金（下）	塩ト砂糖	養生
20	としのはじめ〔韻〕	はす	炭	商人	水ノ功用	ふか（上）	國史の大要（下）
21	ユキダルマ	きもの	しほばら多助	正直の徳	水鳥のまがひもの（上）	ふか（下）	租税及び兵役
22	なぞ	あほー鳥《イ》	岩戸ひらき	四面皆海	水鳥のまがひもの（下）	琉球ト台湾	公徳
23	やっこだこ〔韻〕	虫のうた〔韻〕	日ノメグミ	軍艦	義侠なる鶴	我が國の神々	我が國は海の國〔韻〕
24	うぐひす〔対〕	ミツバチ	ひな祭	海の底	隣国		
25	桃太郎（一）	二宮金次郎	春		征清軍〔韻〕		
26	桃太郎（二）						

《イ》はイソップ童話　《グ》はグリム童話　〔韻〕は韻文　〔手〕は手紙文　〔対〕は対話　「含む」は教材文中にそれが含まれているという意

巻二には、数字で第何課かを示してあるだけなので、題名は仮題である。巻三以降は、教科書の目次にも課名が提示してある。

③『国語読本 尋常小学校用』巻一 冨山房 坪内雄蔵著 明治三四年八月二三日 訂正四版発行 明治三四年八月二八日 文部省検定済

	オ	ウ
1	トリ。	ハト。アリ。《イ》
2	ハタ。タコ。	フエ ト タイコ。
3	フネ。アミ。イカリ。	クシ ト カガミ。
4	セミ。ハチ。クモ。	トラ ト キツネ。《イ》
5	練習 フバコ（絵）フタ。イネ（絵）エリ。シカ（絵）ミセ。……	ミノ。タケノコ。
6	テマリ。ハネ。ハゴイタ。	マツ。アサヒ。カラス。
7	ヤリ。カタナ。カブト。	ヤシロ。エマ。スズ。
8	ホタル ノ ヒカリ。ランプ ノ アカリ。	フジ。ボタン。オモト。モクレン。
9	練習 ヒノシ（絵）ト ハサミ（絵）。タマゴ。……	イケ ニ ヒヨコ。キシ ニ メンドリ。
10	ヒケシ。トビグチ。ハシゴ。ポンプ。	ウサギ ガ ヤスム。カメ ガ イソグ。《イ》
11	ヘイ。ミゾ。キド。ツルベ。	ヱヲ カク。ホン ヲ ヨム。ソロバン ヲ ハジク。
12	ラッパ ト メガネ。エンピツ ト ペン。	サケ ヲ トル。エダ ニ サス。カツイデ ユク。
13	イヌ ガ ハシ ヲ ワタル。カゲ ガ ミヅ ニ ウツル。《イ》	カゼ ニ クルクル カザグルマ。ミヅ ニ クルクル ミヅグルマ。
14	練習 ヤナギ（絵）ナデシコ。トケイ（絵）……	カタカナ五十音図
15	カタカナ五十音図	カタカナ五十音図（濁音）
16	きく。きり。	きんとき と くま。
17	しぎ と はまぐり。	まつり。みこし。とりゐ。
18	うし。しか。ひつじ。	なんてん。ひよどり。
19	ささのは。かたつむり。	かき の たね と にぎり めし。
20	練習 橋（絵。以下漢字は絵）うま。猪 こめ。雛 つつじ。……	きせん。ぐんかん。ほばしら に はた。
21	うなぎ。なまづ。ふな。あゆ。	もん に いぬ。かご に ことり。
22	みけ と ざる。かに が はさむ。みけ が さわぐ。	くち は 一つ。め は 二つ。くち は 一つ。て は 二つ。
23	はなさか ぢぢ。かれえだ に、はな を さかせる。	かぜ が ふく。なるこ が なる。すずめ が、ぱっと たつ。
24	練習 鶴亀（絵。以下漢字は絵）ゆき。たぬき。蓮。ふね。……	一ぽん の やなぎ。一ぴき の かはづ。いくども とびつく。
25	きへい が うまに のって くる。ばんぺい が もん の そば に ゐる。	めじろ の おしくら。一つ、二つ、三つ、四つ、五つ、六つ。みなで 六つ。
26	あそぶ とき には、よく あそべ。はげむ とき には、よく はげめ。	一 二 三 四 五 六 七 八 九 十。十ぴき の さる が、
27	えぼし を かぶった。	練習 硯と筆（絵。以下漢字は絵）かけもの 鉄瓶 ゆびわ 折鶴 むぐらもち。……
28	いろはうた	漢数字（一から十）

③『国語読本 尋常小学校用』巻二—八　冨山房　坪内雄蔵著　明治三四年八月二三日　訂正四版発行　明治三四年八月二八日　文部省検定済

	巻二（仮第）	巻三（題名）	巻四（題名）	巻五（題名）	巻六（題名）	巻七（題名）	巻八（題名）
1	ふじさん	はるのの	家	我ガ國ノ気候	富士山	神武天皇	國史の大要（上）
2	ワシ	うんどーくわい	村ト町	鳥	日本武尊	神戸より東京まで	門司より鹿児島まで
3	ひごひ	ウマヤノ馬	海はどのよーなものぞ	お千代と大きな鬼〈練〉	山上のながめ	勉強と成功	鯨
4	おにごっこ	のきのつばめ	海ノケシキ	母ごころ(韻)	國のけもの(韻)〈練〉	菅原道真	鹿児島より神戸まで
5	バシャ	かひこ	さゞえのじまん	草木ノ生長	動物ノ職業	女子の努(韻)	野中良継
6	にんぎょー	ねずみのそーだん《イ》〈練〉	一の谷のしろぜめ	茶と桑	高橋東岡の妻	金銭出入帳	山林ノ功用
7	レンペイ(韻)含む	イサマシイ兵士	春夏秋冬	皇后陛下の御歌(韻)	有用なる植物	何事も順序	一村のてほん
8	テンチョーセツ(韻)含む	あめ〳〵小さめ(韻)	くだもののうた(韻)	野川のけしき〈練〉	石炭及ビ石油	空気	輸出入品
9	キクノハナ	門のまへの小川	たけがりの話（上）	日本帝国ノ図	象の目方	三羽の蝶(韻)	世界万国（上）(韻)
10	かげゑ〈練〉	手がみ(手)含む	たけがりの話（下）〈練〉	てがみ(手)	松山鏡（上）(韻)〈練〉	鳥獣合戦（一）《グ》〈練〉	國史の大要（中）
11	うしわか	ホタルがり(韻)含む	取り入れ	郵便箱の歌(韻)	松山鏡（下）(韻)〈練〉	鳥獣合戦（二）《グ》〈練〉	貯蓄
12	チヒサイコ	田うゑ	升	船ト車	楠木正成	楠木正行(韻)	会社及ビ銀行〈練〉
13	ぐんじん	五コク	こしをれ雀のうた（一）(韻)	東京市	北海道	東京ヨリ函館マデ	鐵の物語（上）
14	よりとも	あきなひごと(対)	こしをれ雀のうた（二）(韻)	みやこの一日	徳川光圀	塗物ト焼物	鐵の物語（下）(韻)含む〈練〉
15	カクレンボ	カザミ	アリトセミ《イ》	太郎と電話	鉱山ノ話	工業の歌(韻)	機械の工夫
16	ミチシルベ	にじ	勉強がしら(対)	電話及ビ電信	手がさはると黄金（上）	有用ナル金石	身体の構造（一）
17	木のは〈練〉	まはりどーろー〈練〉	むろの梅とにはの梅〈練〉	京都	手がさはると黄金（下）	塩ト砂糖	身体の構造（二）
18	ハツ日ノデ	ヒライタ〳〵(韻)	はです虎をころす	織物の歌(韻)	水ノ功用	夕立	養生
19	としのはじめ(韻)	はす	炭	大阪	水鳥のまがひもの（上）〈練〉	函館より門司まで	國史の大要（下）
20	ユキダルマ	きもの	しほばら多助	とよとみひでよし	水鳥のまがひもの（下）〈練〉	ふか（上）〈練〉	我が國ノ政治組織
21	なぞ〈練〉	あほーがらす《イ》	岩戸ひらき	商人	義侠なる鶴	ふか（下）〈練〉	世界万国（下）(韻)
22	やっこだこ(韻)	虫のうた(韻)	日ノメグミ	正直の徳〈練〉	隣国	琉球ト台湾	租税及び兵役
23	うぐひす	ミツバチ	ひな祭	四面皆海	征清軍(韻)	我が國の神々	公徳
24	桃太郎（一）	二宮金次郎	春〈練〉	ぐんかん	赤十字社		我が國は海の國(韻)〈練〉
25	桃太郎（二）			海の底			

《イ》はイソップ童話　《グ》はグリム童話　〈練〉は練習文　(韻)は韻文　(手)は手紙文　(対)は対話　「含む」は教材文中にそれが含まれているという意

巻二には、数字で第何課かを示してあるだけなので、題名は仮題である。巻三以降は、教科書の目次にも課名が提示してある。

> 際を見れば、動もすれば、此の間接目的を遺却し、只管直接目的のうちの第一と第二、就中、第二のかたに重きを置きて、種々の科目、種々の事件、種々の物名を臚列し、只管分量を多く注入することにのみ力を尽くし、かくして読本編成の目的は遂げられたりと思惟し、若くは其教授上の能事は畢れりとなせるが如きもの頗る多し。是れ豈謬見にあらざらんや。夫れ尋常読本は僅かに八巻のみ、今の所謂普通智識は殆ど無際限に複雑なり。限ある八巻を以てして限なき普通智識を（よし其の端緒のみなりとも）授け盡さんと試るは、所詮実行すべからざるの企図ならずや。方今の諸読本がおしなべて乾燥無味の名目録の如きものとなり了れるは、蓋し、必然の結果なるのみ。

坪内は、ここで、国語教科書で育成する力を、直接と間接の二つに分ける。直接目的としては、第一に「能く語り、能く読み、能く作文するの能力を鍛ふこと」と学習者に言語活動能力を育てることをうたう。次いで、言語内容を通して知識を獲得することと、それによる人間形成の側面に言及する。これは、これまで「教則大綱」などで標榜されてきた国語教育の目的とさほど変わらないが、注目すべきは間接目的である。逍遙は、「読書の功用と興味」を、国語教科書の指導目的としていた。教科書を学ぶことによって教科書という枠を越え、学習者を読書活動一般に誘うことを目指していたのである。啓蒙家でもあった坪内の読本構想は、きわめて本質的なものだった。坪内は国語教育の目標を、読書人の育成に置いたのである。

もっともだからといって、坪内読本の中に、読書紹介に関する教材が置かれたり、教科書に準拠した副読本が編まれたりしたわけではない。それはあくまでも、理念のレベルでの話であった。しかし、まずはこの読本を学ぶことによって、教科書以外の読書材料へと発展するような契機を作ることを期待していたわけだし、そのためにこの読本では、読むこと自体の面白さを体験させようとしたのである。

世評にもあるように、坪内読本の特色は「文学的」なところにあった。とりわけ、『小説神髄』を著し、小説『当世書生気質』を執筆した逍遙の文筆家としての名声はきわめて高かったから、彼が読本の編纂に関わるならば、そうした経歴が反映したものになることは自然だろう。また、坪内読本を支持する多くの読者たちも、それを期待していたはずである。だが、逍遙は、この読本を通して狭い意味での文学愛好家を育てることをねらっていたのではなく、幅広い知識欲を持った読書人を育てるという、きわめて「教育的」な方向を目指していた。ここに教育者としての逍遙の面目が表れている。

さらに「編纂要旨」には、以下の諸点に留意して作成されたことが記されている。すなわち、「材料」「排列」「記叙法」「文章」や「挿絵」「掛図」などである。

「材料」の選択

「材料は、先ず主として生徒の同感し得べきもの、即ち愛好し若くは希求すべきもの、及び容易すく理解し得べきものゝ中に就きて、其の性情陶冶に効用多かるべきもの、並びに諸種の智識を与ふるに便宜多かるべきもの」を採用したとされている。具体的には、「(イ)地理、歴史、理科に関するもの。(ロ)修身の教授に資すべきもの。(ハ)日常須知の事項。」である。文学的な材料は、前面に立てられてはいないが「(ロ)修身の教授」

の中に「高尚なる趣味」の一項目がある。これが、文学的な物語を選択する根拠となっているのだろう。さらに注意した点として、男女ともに興味が湧くように、都会と田舎とのバランスをとり、上等中等社会だけではなく「下流」にも配慮したことなどが、他社の編纂趣意書にみられない特徴だといえよう。

また、この「編纂要旨」には、かなりの分量の「総目索引」が付されている。それは、読本のすべての教材を以下のような項目に分類したものので、これをみると、逍遙がどのような「材料」を、この読本に盛り込もうとしたのかがよく分かる。その内訳を見てみよう。

一、修身に関するもの　（忠君・敬神・孝行・親の慈愛・親子の情愛……、と下位項目が続き、その後に教材名が並ぶ。）

一、地理に関するもの　内国の部　外国の部

一、歴史に関するもの

一、理科に関するもの　動物　植物　鉱物　物理・化学

一、日常須知の事項　度量衡　暦及び時間　貨幣　衣食住　器具機械　家政　社会制度

一、殖産興業に関するもの　農　工　商　貿易

一、軍事に関するもの

一、海国思想に関するもの

一、雑目　遊戯　歌舞　社寺及び祭祀　其他

いうまでもなく、一八九一（明治二四）年の「小学校教則大綱」に、読本の「事項ハ修身、地理、歴史、理科其他日常ノ生活ニ必須ニシテ教授ノ趣味ヲ添フルモノタルヘシ」に沿った編集方針であることは、すぐ分かる。これは、同時期の他の読本も同様である。しかし「小学校教則大綱」の大方針に沿いながらも、「殖産興業」「軍事」「外国」などの話材を意識して取り上げている。また「遊戯」「歌舞」などを項目として立てているところに、坪内読本らしさが出ている。

このそれぞれの項目には、下位項目が置かれており、下位項目の中で、材料の内容がいくつかの学年に渡っている教材については、以下のように記されている。「修身に関するもの」を例に挙げる。

忠君（二ノ七――六ノ七――七ノ三――七ノ十二）
敬神（七ノ二十五）
孝行（四ノ二――七ノ十二）
親の慈愛（一ノ七ウ――三ノ五――四ノ二十――六ノ十二――六ノ

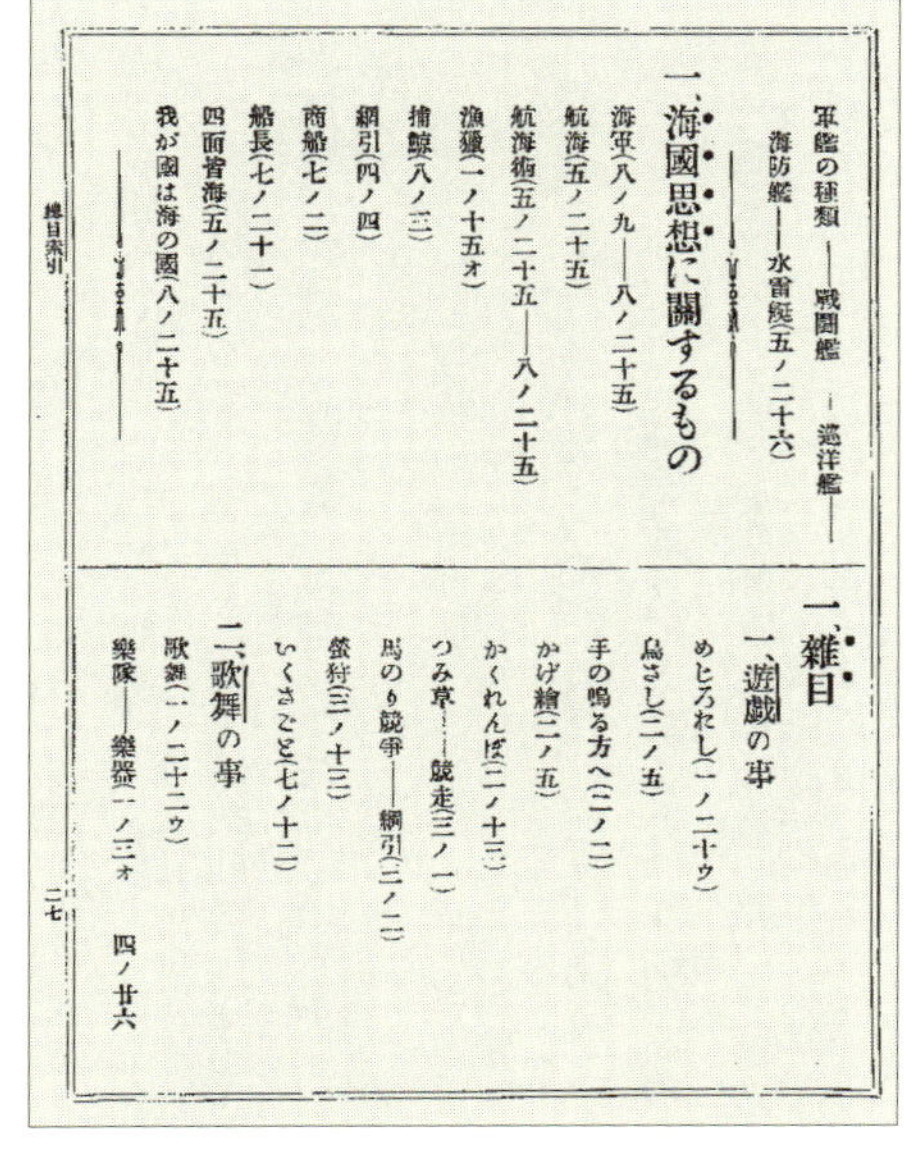
軍艦の種類――戦闘艦――巡洋艦――
海防艦――水雷艇（五ノ二十六）

一、海國思想に關するもの
海軍（八ノ九――八ノ二十五）
航海（五ノ二十五）
航海術（五ノ二十五――八ノ二十五）
漁獵（一ノ十五オ）
捕鯨（八ノ三）
網引（四ノ四）
商船（七ノ二）
船長（七ノ二十一）
四面皆海（五ノ二十五）
我が國は海の國（八ノ二十五）

一、雜目
一、遊戲の事
めじろおし（一ノ二十ウ）
鳥さし（二ノ五）
手の鳴る方へ（二ノ二）
かげ繪（二ノ五）
かくれんぼ（二ノ十三）
つみ草……競走（三ノ一）
馬のり競爭――綱引（三ノ二）
螢狩（三ノ十三）
いくさごと（七ノ十二）
二、歌舞の事
歌舞（一ノ二十二ウ）
樂隊――樂器（一ノ三オ　四ノ廿六）

總目索引　二七

『読本編纂要旨』坪内雄蔵著　冨山房

十八、十九）

この「〇ノ〇」という漢数字は「忠君」に関わる話題を含んだ教材が、巻二の七課「テンチョーセツ」、巻六の七課「楠正成」、巻七の三課「菅原道真」、巻七の十二課「楠正行」（これは「孝行」の教材でもある。）と並んでおり、「親の慈愛」では、それぞれ「イケ ニ ヒヨコ」「母ごころ」「はです虎をころす」「松山鏡」「手がさはると黄金」という教材があることを表している。また「敬神」に関する内容は「我が國の神々」という教材だけだということだ。つまり、この「総目索引」は、教材内容が各学年にどのように配置されているかを見やすい表にしたものなのである。おそらく、どの教科書会社もたくさんの教材を、様々な観点から位置づけるのに、似たような一覧表を作っていたにちがいない。興味深いのは、こうした一覧表を検討することで、各教材内容を、どのような関連と系統の中に位置づけようとしたのかという教材編成の論理が見えてくることである。この「総目索引」からは、坪内読本が周到に材料を集め、それを全体との関連の中で系統化して位置づけていたことが推察される。

海外作品の導入

坪内がこの読本を作成するに当たって、欧米の読本を調査していたことは前述した。坪内の読本が「文学的」であるという評価は定着しているが、それは文章表現を「文学化」したことのみならず、読み物としてのおもしろさを追求した海外の「文学作品」を進んで導入した点にも表れている。具体的にいうと、尋常小学校用では、「手がさはると黄金」や「熊雉合戦」などの作品が、また、尋常小学校用の読本に続いて刊行された高等小学校用の読本には「シンデレラ」やアンデルセンの「裸の王様」の翻案が載せられていた。[16]

この点に関わって、国定第一期・第二期の小学国語読本の編纂に関係した高野辰之は、逍遙の「高等小学校用」の読本について、次のように述べている。[17]

> （当時の読本の教材は・稿者注）外国の読本よりぬくことも行はれたが、先生のが最もよく翻案されてゐたことは沙翁劇の訳が先生のに就て最も巧緻と円熟とを見るが如きものであつた。我等が英語読本で馴染の猿橋、灯台守の少女、駱駝乗の少年、むぐらもちの裁判、といふの類から、辻音楽や少年鼓手（マグドナール将軍の部下）又は、アンデルゼン（ママ）からの領主の新衣、伊太利のクオレからの盲唖学校等は当時先生ならではと我等をして思はせたものであつた。殊に洪水奇談の如き独逸種などはどの位此の読本を利用しなかつた諸県下に於て、話方の模範として利用したことであらう。

ここで高野は、高等小学校用の読本中の、外国読本から借用した教材名を具体的に記しているが、尋常小学校用の読本にも海外の作品や読本から撰んだ文学教材が導入されている。

もっとも、読本中に占める外国由来の教材数自体は、それほど多いわけではない。明治二〇年の文部省が作製した『尋常小学読本』や、山縣悌三郎の『小学国文読本』などの方が、数としては多いくらいである。しかし、前述したように、検定後期のほかの大手書肆の読本は、ほとんど外国由来の教材を掲載していないので、こうした方針は「坪内読本」

の特色だと言っていい。また、重要なのは、教材として何を選び、それをどのように翻案しているかという点であろう。それを、現時点で判明している限りで、順に挙げると、以下のようになる。

一覧表に書き出してみると、イソップ寓話が多いことが目に付く。イソップ寓話を取り上げた読本は多いが、一つの読本にこれだけ多くのイソップの話を取り上げたものは、それほど多くない。とりわけ低学年教材として、一般によく知られているイソップ寓話を数多く配したことに注意が向く。

巻一に収録されている教材は、文字学習の最初期であるから、当然のことながら提出文字数は多くはない。第二教材のイソップ寓話にいたっては「ハト。アリ」の二単語だけの提出である。この情報だけで、蟻が溺れている時に、鳩が一枚の木の葉を落として助けてもらった報恩に鳩

読本中に占める外国由来の教材

巻・課	教材	由来
巻一	ハト　アリ	イソップ「蟻と鳩」
〃	ヲノ　キコリ	イソップ「正直な木こり」
〃	トラ　ト　キツネ	イソップ「虎と狐」（「戦国策」にも類話）
〃	ウサギガヤスム……	イソップ「兎と亀」
〃	いぬがはしをわたる	イソップ「欲張り犬」
巻三　第六課	ねずみのさうだん	イソップ「鼠の相談」
〃　第二三課	あほふ鳥	イソップ「あほう鳥」
巻四　第一五課	蟻トセミ	イソップ「蟻とキリギリス」
巻五　第三課	歌うたふ子と大きな鬼	*Royal Reader* 3-98 Little Dick and Giant *Hillard's Second Reader* 43, 44 Little Dick and the Giant *Sanders' Union Reader* 3-14 Little Peeto and the Giant
巻六　第一八・一九課	手がさはると黄金（上）（下）	*Chambers's Standard Reading Book* 2 "Midas, or the Golden Touch"
〃　第二一・二二課	水鳥のまがいもの	*National Reader* 3-6 The Horse and the Goose
巻七　第九課	三羽の蝶	*Deutsche Fibel* / Albert Haesters 2-48 Die drei Schmetterling
〃　第一〇・一一課	鳥獣合戦（上）（下）	グリム「ミソサザイと熊」KHM 102
〃　第二〇・二一課	蟻（上）（下）	*New National Readers* 4-15 An Adventure with a Shar

『国語読本 尋常小学校用』
巻一　第二

の危機を救う、というストーリーを想起させようというのである。逆に言えば、これはイソップ寓話の内容が、ある程度子どもたちに知られたものになっていたことを前提にした教材化である。同じ、巻一の「ヲノキコリ」は、水中に斧を落とした正直者が水神から金の斧を授かるイソップ寓話だが、この教材は、『国語読本 尋常小学校用』（②）には出ていない。おそらく同じイソップ寓話でも、「鳩と蟻」ほどには、よく知られた話ではなかったので、改版の際に削除したのではないだろうか。「兎と亀」「欲張り犬」は、他の読本でも頻繁に取り上げられているイソップ寓話である。これらのイソップ寓話が、どこから採られたものなのかは不明であるが、英文のイソップ寓話集が原拠であることは十分に考えられる。

しかし、巻三以降のイソップの教材文については、英文経由ではなかった可能性もないわけではない。というのは、巻四の登場人物は「蟻と蝉」だからである。知られているように、もともとのイソップ寓話のギリシャ語版では、地中海沿岸でよく見られる「蝉」が登場しており、坪内読本もそのとおりになっている。

ところが、一八七三（明治六）年に、英文経由で日本に初めてイソップ寓話の全体像を紹介した渡部温の『通俗伊蘇普物語』は、Thomas James の *Aesop's Fables* (1867) が原拠であり（第一部第一章で触れた）、同じ話の題名は「蟻とキリギリス」である。もっとも、この話は一八六九（明治二）年に渡部自身が英文で刊行した『経済説略』（*The COmpendium of Political Economy*）の例話をもとに翻訳されており、その登場人物は Grasshopper と Bee すなわち、キリギリスと蜂だった。また、一八七三（明治六）年一二月に、福沢英之助がタウンゼントの *Three Hundred Aesop's Fables* を訳して『訓蒙話草』上下を刊行しているが、ここは「蟻ト蛬」（原題は The Ants and Grasshopper）になっている。

日本の読本では、一八八八（明治二一）年に刊行された『尋常読本』巻三（板本祐一郎・伊達周碩）と『簡易小学読本』巻四（木澤成粛・丹所敬行）の教材文が、『経済説略』と同じく、「蜂（蜜蜂）とキリギリス」である。

さらに、英語読本との関連で言えば、一八六五年に刊行されたウィルソン読本の Intermediate シリーズの第三巻には、この話が「蟻とこおろぎ」（The Ant and the Cricket）として、掲載されている。

つまり、多くの英文のテキストでは、ギリシャ語版に登場する「蝉」の代わりに、Grasshopper や Cricket などの羽根を擦り合わせて鳴く直翅目の昆虫類を登場させているのである。これは、アメリカやイギリスでは、「蝉」が身近な存在ではないという理由によるものであろう。

それにもかかわらず、坪内読本の登場人物が「蝉」と「蟻」だった理

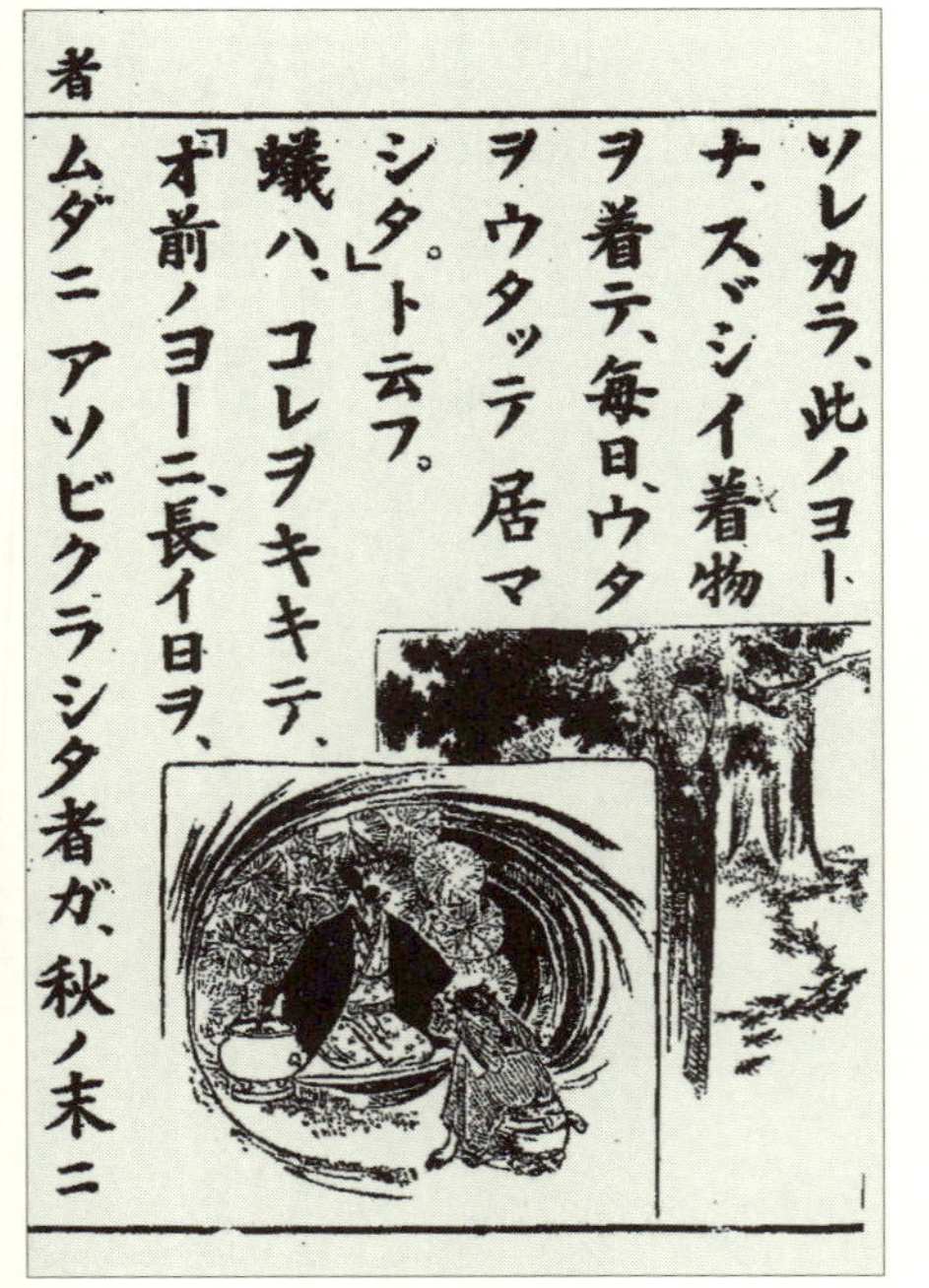

ソレカラ、此ノヨー
ナ、スゞシイ着物
ヲ着テ、毎日、ウタ
ヲウタッテ 居マ
シタ。」ト云フ。
蟻ハ、コレヲキキテ、
「オ前ノヨーニ、長イ日ヲ、
ムダニ アソビクラシタ者ガ、秋ノ末ニ
者

『国語読本 尋常小学校用』巻四　第一五

由として、二つの可能性が考えられる。一つは坪内逍遙が、ギリシャ語版を底本にしたか、あるいはこのイソップ寓話の原拠の登場人物についてよく知っていたことである。外国文学に精通していた逍遙のことだから、おそらくこれがもっとも正鵠を射た推論だろう。しかし、別の可能性もある。それは逍遙が、江戸期に庶民に読まれていた仮名草子の『伊曾保物語』を底本、あるいは参考にしたのではないかという想像である。というのも、『伊曾保物語』には、「蝉と蟻」が登場するからだ。江戸趣味のあった逍遙のことだから、江戸期の版本から材料を調達したことも、想定していいかもしれない。教材の挿絵の「蟻」と「蝉」の図像が、頭は昆虫で身体は人間という江戸期以来の造型なので、ことさらそのように感じられるのかもしれないが、この挿絵もきわめて「日本的」である。また、巻三の教材「ねずみのさうだん」と「あほふ鳥」も、『伊曾保物語』に「鼠ども、談合の事」「鳥と孔雀の事」と題して掲載されていたことも考え合わせると、『伊曾保物語』経由の可能性もあるかもしれない。[*18]

もちろん、ここで確認したいのは、坪内読本のイソップ寓話の「蟻と蝉」の典拠ではない。それよりも、文学博士坪内逍遙の教養が、江戸文芸に大きく支えられたものだったことを視野に入れておきたいのである。シェークスピアの翻訳で知られた逍遙ではあるが、外国文学を特権化して賞揚したり、極端にそれに荷担したりすることはなかった。むしろ、逍遙は、江戸の庶民が享受してきた文化を大事にして、それを内側から革新するために、外国文学の発想と表現とを借りようとしていたのである。だからこそ逍遙は、日本子のどもたちのための「読本＝国語教科書」製作に手を染めたのだし、またそこに外国文学を「翻案」して、教材として採用したのだと考えられる。[*19]

別に、巻五第三課には、英語の読本から撰んだ教材である「歌うたふ子と大きな鬼」がある。これは、英国のロイヤル第三読本一八八頁の「Little Dick and the Giant」か、または同文である米国のヒラルド第三読本第四三・四四課の「Little Dick and the Giant」の翻案である。この教材文は、翻案とは思えないほど自然な日本語文になっている。前述した高野辰之が「先生のが最もよく翻案されてゐた」と述べているのは、こうした訳文に関しての発言であろう。その「歌うたふ子と大きな鬼」の教材文の冒頭を、次に引いてみよう。[*20]

お千代（チヨ）といーふ子は、人形のよーな、かはゆらしい子でございました。ある暖かな日、すみれやたんぽゝの花をつんで、歌を歌って居ました。すると、どこからか、大きな鬼（オニ）が出て来て、いきなり、お千代をつかんで、つれて行き、竹がうしのついたろーの中へなげこみました。お千代は驚いて、なきさけび、今さら、父母にはなれて、ひとりで、遊びに出たことをくやみましたが、とりかへしが、つきませぬ。（中略）

お千代は、野原で遊んでいるところを、突然、鬼に捕まってしまう。そのまま牢に入れられ、鬼に責められて、泣く泣く歌を歌わされる。鬼は、それを面白そうに聞いている。読み手は、なんとひどいことだと、お千代に同情するだろう。この教材文の語り手も「あー、かはゆさーうなは、お千代でございます。」と述べて、学習者の感情に寄り添って、それを確認する。ところが語り手は、次の段落で、思いもかけないことを読者に向かって告げるのである。

なんと、皆さん、野や山に居て、さへづる、きれいな小鳥は、ちょーど、此のお千代ではないか。それをとらへて、かごに入れて、なけ〳〵とせめる子は、ちょーど、此の鬼ではないか。

語り手は、こう述べて、教材文を締めくくる。お千代の物語は、野の鳥を捕らえてかごに押し込めて楽しんでいる子どもたちに訓戒するための「寓話」だったのだ。しかし物語部分には、心情描写の表現も含まれていて話の展開がリアルなので、つい、本当の話だと思ってしまう。

同じ原典からの、教材化は、すでに一八八七（明治二〇）年に、文部省の『尋常小学読本』でも行われていた。この教材文と、そのもとになったと思われるロイヤル第三読本の「Little Dick and the Giant」の本文の同じ部分を、次に続けて紹介する。

『尋常小学読本』巻之四第一〇課　千代松の話

千代松ハ、このみて歌をうたひ、其声甚だ美しく、まことに愛らしき子なり。或る日、千代松は、独野に行きたるに、天気甚だうらゝかにて、種々の草花咲きにほひたれば、喜びてうたひ遊びながら、清き流れのあたりに行き、水を飲まんとて止まりしに、身のたけ高く、恐ろしき者出で来り、千代松を捕へて、袋の中に入れ、いづくともなくつれゆきたり。（中略）

こゝに、千代松と云ひたるハ、即ち小鳥にて、彼恐ろしき者とハ、いたづらなる子供のことなり。

『尋常小学読本』も坪内読本も、同じ小学校三年生の教材であるが、明治二〇年の初頭には、文語文であったものが、三〇年代の中頃になると、談話文に変わっている。ようやく教科書の中に、談話文体が正式な位置を占めるようになってきたのである。

また、坪内読本では、女の子が登場しているが、原典は男子である。このかわいそうな千代松は、原典でも、『尋常小学読本』でも、鬼の掌の上で死んでしまうのだが、「お千代」は、牢に入れられて苛まれるが、死ぬわけではない。また、末尾は『尋常小学読本』も、やはり同じように、語り手の「種明かし=訓戒」で結ばれている。

LITTLE DICK AND THE GIANT.

Little Dick, —what a gay fellow he was! He used to go about singing and whistling the whole day long. He was always merry, and scarcely anything could make him sad.

One day, Little Dick thought that he would have a ramble in the forest, at some distance from his home. So off he he set in high spirits, singing and whistling till he made woods ring again.

At last he reached a clear brook that ran through the wood; and being thirsty, he stooped to drink. But just at the moment, he was suddenly seized from behind; and he found himself in the hands of a great, tall giant, a hundred times as big as himself ! The giant looked at him with great delight, and then put him into a large bag, and carried him off.

*

This is a true story. —Poor Dicky was a little bird, and the giant was a cruel boy.

こうして原拠である英文と対照してみると、『尋常小学読本』が、翻訳的な口調を濃厚に宿しているのに比べて、坪内読本は、かなり自然な日本語文に変換されている。この翻訳文からは、逍遙が以前に、『早稲田文学』で、従来の読本の文章を批判して、「憚なくいへば、美文たるの価値殆ど絶無なり。」と述べていたことが思い合わされる。逍遙が教科書の文章として相応しいと考えていた「美文」とは、何も美辞麗句を連ね、レトリックを駆使した文章のことを指していたわけではなかった。逍遙は、たとえ、外国の読本から材料を調達してそれを翻訳するにしても、翻訳臭紛々たるぎこちない文章ではなく、日本語としてきわめて自然な文章・文体を教科書の中に実現するべきだと考えていたのだった。それが「なんと、皆さん、野や山に居て、さへづる、きれいな小鳥は、ちょーど、此のお千代ではないか。」というような、平易な日本語の文章になって、『国語読本尋常小学校用』の中に実現していたと考えていいだろう。

続けてほかの、翻訳教材にも触れておく。

巻六の、「手がさはると黄金」については、川戸道昭がその出典を、*Chambers's Standard Reading Book* 2 の、「Midas, or the Golden Touch」だと指摘している。さらに「水鳥のまがいもの」は、*National Reader* の第三リーダー第六課「The Horse and the Goose」が、その出典である。この教材文については、第一部第二章で、梅浦元善の『西洋勧善夜話』を検討したときに、全文を紹介した。明治中期の英語教育ではすでにナショナルリーダーは使用されず、ニューナショナルリーダー全盛の時代になっていたのにもかかわらず、逍遙は、ここからも材料を求めていた。前述したように、この読本は日本でそれほど普及した英語読本（リードル）ではなかった。[*21]

一方、「鱶（ふか）」は、*Barnes's New National Readers* 4 に出ている「An Adventure with a Shark」の翻訳である。この話材は、文章は若干異なるものの、アメリカの読本では、それ以前にも *Ssnders' Union Forth Reader* に登場しており、そこでは「A thrilling Incident」という題名に

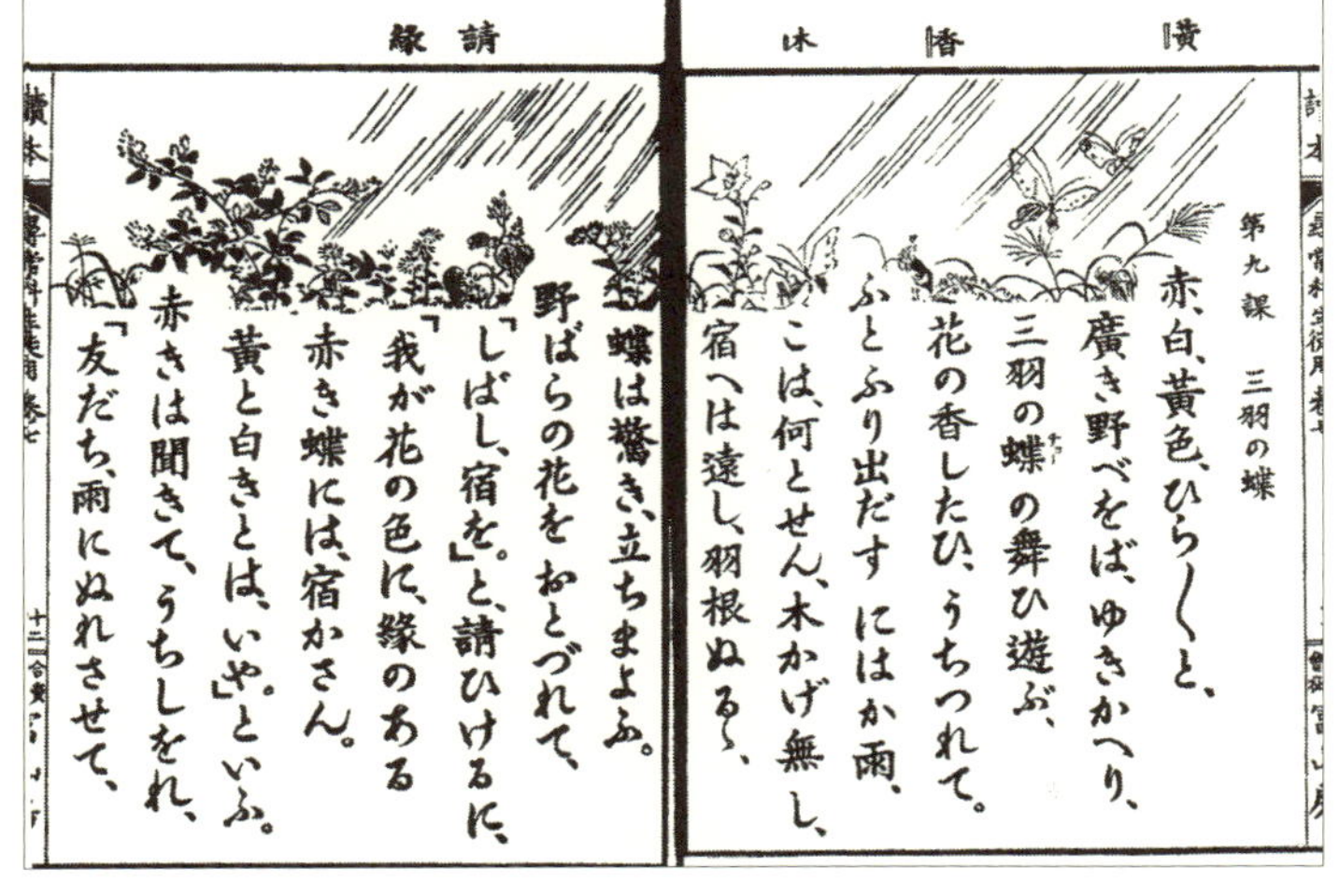

『国語読本尋常小学校用』巻七　第九課「三羽の蝶」

なっていた。切羽詰まった一瞬の緊迫した場面の中に、鱶を退治する父親の手腕と愛情とを凝縮した小話で、印象深い教材である。この「ふか」の話は、一九〇四（明治三七）年から使われた文部省編纂の『高等小学読本』や、一九一九（大正八）年から使われた『尋常小学読本』にも続けて採られて、日本でもかなりよく知られた教材になる。

また、明治期のドイツ語学習でよく使われたヘステル第二読本の第四八課からは、「三羽の蝶」が訳されている。原題は、「Die drei Schmetterling」で、原詩の作者はWilh Gurtmanである。後述するが、逍遙のこの訳文は、後に続く国語教科書類に数多く登載され、人気の高い教材として周知されるようになっていく。なお、この「三羽の蝶」は、和田万吉・永井一孝合編『新撰国文講本』巻一にも、文語文に翻訳されている。和田の本は、「尋常中学校・尋常師範学校・高等女学校及び是等と程度を同じうせる諸学校に於ける国語科の教科書」として編纂されたもので、坪内本より一〇ヶ月早く一八九九（明治三二）年二月に、同じ冨山房から刊行されていた。したがって、坪内本はそれを参照した可能性もあるが、さすがに訳文は、坪内読本の方が流麗である。[*22]

さらに、グリムの「鳥獣合戦」（ミソサザイと熊 KHM102）の翻案が巻七に出ている。狸が鶯の巣を壊したのをきっかけにして、鳥たちと獣たちとが大合戦を始めるが、獣軍の指揮役の狐が上下動させて采配を取っている尾を、鳥の味方の蜂が刺したので、獣軍は大崩になり負けてしまう、という話である。ストーリー展開が子どもの興味を引きやすく、面白い話になっている。この「ミソサザイと熊 KHM102」という話は、坪内の『読本 尋常小学校生徒用書』が刊行されるより前に、樋口勘次郎によって『修身童話』（一八九九《明治三二》年六月刊）の第三巻に「猿蟹合戦」とあわせて、「熊雉合戦」という題名で翻案紹介されている。さらにそれより以前の一八九一（明治二四）年に、本荘太一郎訳補『俄氏新式教授術』の中に「鷦鷯と熊の話」として翻訳されていることを、中山淳子が報告している。日本の国語教科書にグリム童話が正式に登載されたのは、一八八七（明治二〇）年の文部省による『尋常小学読本』と、西邨貞の『幼学読本』に続いて、これが三例目である。[*23]

LESSON XLIV 55

NEW WORDS.

seek then stand said shut shall hid while who

Come, boys, what shall we do? Let us play hide and seek.

O yes, that will be fun for all of us. Who will shut his eyes? Ned, will you?

Yes, I will shut my eyes while you all go and hide.

Well, Ned, you stand by that tree. Then Ned shut his eyes and the

『国語読本 尋常小学校用』巻二

Barnes's New National Readers 1

もっとも、外国のリーダーから材を得たのは、必ずしも文章だけではなかった。たとえば、前頁の図版は、右が*Barnes's New National Readers* 1の挿絵で、左が『国語読本 尋常小学校用』の挿絵である。かくれんぼ遊びを取り上げた教材であるが、両者の発想はきわめてよく似ている。文章の内容そのものは彼我で異なってはいるものの、図版の素材をここから借用したことが想像できる。ただし、明治二〇年代初頭の文部省の『尋常小学読本』が、人物の構図や服装までも右から左へとほぼそのまま模刻していたのに比べると、こちらは、場面設定だけは借用しているが、日本の子どもたちの生活場面に溶け込んだ図像になっている。これは、画家の裁量の問題というより、教科書の本文が、自然な日本語文へと移されていたのと軌を一にした、逍遥の編集方針だったと思われる。外国の教材文や図像を、日本的な枠組みの中に消化させることに専念したのである。おそらくそれは、明治中期になって、直訳的だった翻訳文化が、ようやく庶民の日常の中に日本化して根づきつつあった時代性とも呼応していただろう。さらにそこに、日清戦争を経験した日本の、欧米文化に対する自信のようなものを背景に感じとることも可能かもしれない。

『国語読本 高等小学校用』の欧米教材

次には、先ほど高野辰之が触れていた「高等小学校用」の外国（欧米）教材についても、その出典などを確認しておきたい。海外から導入された教材としては、尋常小学校用よりも、高等小学校用の方が特色があり、また後世への影響も大きかったので、ここで取り上げておく。幸い冨山房から刊行されている「教師用書」の解説部分に教材文の出典情報がかなり記載してある。その解説から出典に関わる情報を抜き出し、さらに実際に出典を原本で確認して、次頁のような一覧を作成した。

まず、よく話題に上る「おしん物語」についてだが、「教師用書」には「パーロート氏作」とある。これはフランスのPerrault（ペロー）のことだろう。「シンデレラ」の日本への移入に関しては、フランスのペローの系統と、グリム童話系統の二種類があることが知られている。川戸道昭は、この「おしん物語」がペローの系統に位置づけられることを指摘した上で、『国語読本 小学校用』の「手がさはると黄金」の出典が、イギリスのチェンバーズの読本だったことと考え合わせ、ペローの系統に置かれる*Chambers's Standard Reading Book* 1の「The Glass Slipper」が、その出典ではないかと述べている。「教師用書」の解説によれば、リーダーからではなく直接ペローの著作から翻訳したようにも受け取れないことはないが、いずれにしても英文からの訳出だと思われる。また、『胃の腑の説諭』はイソップ寓話だが、これも、先述したように『伊曾保物語』経由の可能性がある。

また、『クオーレ（心）』の中から「盲唖学校」が訳出されていることにも着目したい。『クオーレ』は一八八六年、イタリアのデ・アミーチスによって書かれている。その年の内に四〇版を重ね、イタリアで大ベストセラーになった。外国語による翻訳も次々と刊行されて、六年後には、英語、フランス語にも翻訳されたという。『クオーレ』には、イタリアの国民国家形成時における子どもたちの様々な状況と、それを取り巻く社会や国家の動向が濃厚に反映している。[*24]

本の構成は、「学童日記」という形式を取った少年の日記（体験）と、先生が生徒に向かって口授した「今月の話」（「母をたずねて三千里」を含

『国語読本 高等小学校用』 坪内雄蔵　欧米教材出典一覧

巻	教材名	「教師用書」の出典に関わる解説	出典
1	猿橋	ナショナル・ローヤル・スキィントン・ネスフキルド等に基づき	*New National Reader* 2-39 The Monkey Bridge
〃	おしん物語（上）（下）	「パーロート」氏作の「シンデレラ」に取り、之を改作	*Chambers's Standard Reading Book* 1 The Glass Slipper か
2	燈台	スキントン第三読本	*Swinton's Reader* 3-15, 16 The Daughter of the Light-House
〃	ベンの絵筆（上）（下）	ベン・ジャミン・ウェストの伝記。ニューナショナルリーダー巻五	*New National Reader* 5-8, 9 Benjamin West
3	胃の腑の説諭	記載なし	イソップ寓話（『伊曾保物語』にも）
〃	少年駱駝御者	ナショナルリーダー巻四	*New National Reader* 4-21.22 Ali, the camel driver
4	小さき勇士（韻文）	ロングスマンス第二読本の「ゼリットルソリダー」を翻案せるもの	*Longman's New Readers* 4-1-17
〃	ナポレオンと鎧師	記載なし	池永厚・西村正三郎合著『高等小学 読本』普及舎巻三第一九に類話
〃	コロンブス亜米利加を発見す（上）（下）	記載なし	*New National Reader* 5-77, 78 The Discover of America
〃	ワシントン	記載なし	
5	むぐらもちの裁判	ユニオン第四読本	*Sanders' Union Reader* 4-14 Webster and the Woodchuck
〃	辻音楽	西洋のさる音楽家の一美談。原文はパーシーの逸話集	
6	領主の新衣（上）（下）	アンデルセンの著「少年物語」中の「帝王の新衣」に資れり	*New National Reader* 5-21 The Emperor's New Clothes か
〃	少年鼓手（上）（下）	ロングマン読本第三	*Longman's New Readers* 4-3（山縣悌三郎『小学国文読本 高等小学校用』巻七にも）
7	フランクリンの話	記載なし	
〃	洪水奇談	独逸国にありたる実話にて犬に関したる奇談を物語体の文章に綴る	
〃	盲唖学校（上）（下）	記載なし	デ・アミーチス『クオーレ』の一部（五月の章）
〃	リビングストーン（上）（下）	記載なし	
8	孝子ピール（上）（下）	ナショナル読本巻五「マリブランと少年楽士」を翻案	*New National Reader* 5-4 Malibran and the young musiscan

む九話）と、家族の手紙（書簡）の三層構造からなっており、秋の新学期に合わせて、小学校の副読本として発売されたようだ。この本が日本語訳として初めて登場したのは、一九〇二（明治三五）年五月のことで、原抱一庵が、内外出版協会から『十二健児（伊国美談）』と題して刊行している。ここには全一二章九話（「今月の話」八話と王様に関するエピソード）が紹介されており、英訳本からの重訳であることが「例言」に書かれている。続いて、同年十一月には、同じ原抱一庵の訳で『三千里』が金港堂から出た。それに引き続き、同年十二月に、杉谷代水の『学童日誌（教育小説）』上・下が、春陽堂から刊行されたのである。この本は、杉谷の翻訳の代表作の一つであり、またこの本によって「母をたずねて三千里」という邦訳題が定着したことでも知られている。

おそらく、杉谷は『国語読本』を編纂する傍ら、デ・アミーチスの『クオーレ』の英訳本を読み進めていたのであろう。その中から、五月の章に収められていた、おしの少女が盲唖学校へ入学し口話法を学んで口頭発声ができるようになった経緯を、その父が語るという構成のエピソードを選び出して、『国語読本』の教材に採用したのである。この「盲唖学校」という教材文は、一九〇〇（明治三三）年に翻訳紹介されているから、たった一話だけの訳出（翻案）ではあるものの、『クオーレ』日本翻訳史の一番先頭に置かれる訳業になる。グリムやアンデルセンの作品が一般向け子ども読み物の翻訳に先行して、教育用の「子ども向け翻訳啓蒙書」に紹介された事例と同様に、この『クオーレ』紹介の事例も、一般書より教科書による紹介の方が早かったという事例の一つである。*25

なお、この話が「坪内読本」に掲載された理由は、「盲唖学校」（第九・第十課）の前に位置する第八課が「耳」、後ろに置かれた第十一課が「目」と題された説明的文章で、それぞれ耳と目の働きを述べた内容なので、それらとの「聯絡」を考慮した結果だと思われる。つまり、人間にとって、目や耳などの感覚器官がどのような役割を果たすかという話題に挟まれるように、この「盲唖学校」が位置づけられているのである。『クオーレ』の中から、愛国心や忠誠心に富んだ子どもの話よりも、教育の「進歩」や福祉の精神を描いた話材を選択したことには、編者である逍遙自身の意向が強く働いた可能性もある。

周知のように、日本ではこのような障碍を持つ子どものための教育は、一八七五（明治八）年、楽善会による盲児のための訓盲所の設立から始まった。一八八〇（明治一三）年には、そこに聾児も加わり、さらに、一八八四（明治一七）年には、「楽善訓盲唖院」と、校名が改められる。次いで一八八五（明治一八）年に、文部省の直轄学校となって、「東京盲唖学校」と改称された。以上のように目や耳に障碍を持つ子どもたちのための文教施策は講じられてはいたものの、その教育の実態については、明治三〇年代に入っても、一般には十分に知られていなかったと

杉谷代水『学童日誌』表紙

いえるのではないだろうか。また、ほかの国語読本にも、こうした障碍を持った子どもの教育に関する話題を積極的に取り上げた教材は、ほとんどない。そのような時代に、聾教育に関する話題を率先して取り上げたことは、逍遙の見識ゆえだったと評価することができる。[*26]

こうして、『国語読本尋常小学校用』と『国語読本高等小学校用』に選択された外国由来の教材を、従来の他の読本と比べてみると、次のようなことが言えそうである。それは、翻訳教材の数量は飛び抜けて多いとは言えないものの、特色のある清新な教材を選んでいることである。また、その訳文は、同時代の言語感覚からしても耳になじみやすく、違和感のないものだった。とりわけ『国語読本高等小学校用』に関しては、高野辰之がその翻訳教材を高く評価していたように、そこに収められていた外国由来の教材文は、坪内読本の特徴を十全に発揮するものであった、と言えるだろう。

教材相互の関連

さて、先ほど、「盲唖学校」の教材の前後に、「耳」や「目」に関する教材が配置されていたことに触れた。このような「教材排列」に独特の工夫をこらしていた点にも、『読本尋常小学生徒用書』および『国語読本尋常小学校用』の大きな特色がある。「編纂要旨」には「毎課の聯絡は最も注意して工夫したり」と記してあり、逍遙自身も、この点にかなり力を入れていた。

教材をどのように編成するのかという問題は、教科別になった教科内容を、どのように編成したらよいか、すなわちカリキュラムの基本思想の問題につながり、またそれは教科書編纂の原理に関わる問題である。当時は、ヘルバルト学派の主張に誘引されて、ここに教育上の論議が集まっていた。次章で検討する樋口勘次郎の「統合主義」の主張とそれに基づいた教科書編纂の試みなどは、そうした動きの具体的な表れである。おそらく逍遙も、そうした教育学の論議については、ある程度は承知しており、その上で、個々の教材をどのような編成原理によって配列するのか熟慮したと思われる。教材配列の問題は、この読本の教科書編纂上の大きなポイントであり、そこには教科書編成の基本論理が具体的に現れる。「編纂要旨」には、その方針が次のように記されていた。

> 連絡法につきては、従来行はれたる目録上、外形上の聯絡の無益なるを悉く棄てゝ、他の有力にして興味多き内容上の聯絡を専らにしたり、その法下の如し。
>
> (イ)前課の教授材料をして、後課の予備とならしむること。例はば四の巻第二十一課「炭」より第二十二「塩原多助」に続くが如し。
>
> (ロ)前課を軽く遊技的に提出したる場合には後課を重く厳格的に提出すること、又はその逆。例へば、二の巻第十二課「石橋山」と第十三課「かくれんぼ」との聯絡の如し。
>
> (ハ)相反対せる事柄を並べて、前課と後課と相対比せしむること。例へば、三の巻第八課「鼠の相談」と第九課「大同江」との聯絡の如し。
>
> (ニ)絵兄弟の趣向を用ひて暗に感興を惹くること。例へば二の巻第五課「鳥さし」と第六課「五条橋」との聯絡の如し。
>
> 五、かく毎課の聯絡を密にすると同時に、題目は終始転換して、日々、興味の新たならんことを注意せり。
>
> 例へば、三の巻第十五課かひこ(理科)にネコの番する事を云ひて、

次の課鼠の相談（修身）に聯絡し、さて次に至りて、反対の行為大同江（史談）につなぎかくて門前の小川（遊び）にうつり、この川にて捕りたる魚を親戚に贈る事として手がみ（日用文）の課に聯絡せる等、一々挙ぐるに勝へず。（実際は、「かひこ」は七課、それが八・九・十・十一課と連絡している・稿者注）

宮本真喜子は、この「編纂要旨」の「例へば」に挙げられた第三巻の教材間の連絡を、次のように図示して、「従来の読本に見られない特徴」だと評価する。（ここでの題材配列は『国語読本尋常小学校用』②によっている。）

第五課　「かひこ」―猫・ねずみ（理科的教材）―説明文
第六課　「ねずみのそーだん」―勇気がない（修身）―童話文
第七課　「大ドーコー」―勇気がある（史談）―物語文
第八課　「あめ〳〵こさめ」―川（口語詩）―韻文
第九課　「門のまへの小川」―魚（遊び）―写実文
第十課　「手がみ（書簡文）」―竹の子・鯰（身辺談）―会話文
第十一課　「竹の子」―竹（季節の風物）―雑文

こうして図化してみると、各教材が単に機械的に並べられているのではなく、編者の意図のもとにかなり巧妙に配置されていることが、よく分かる。しかし、問題は、なぜ逍遙がこのような教材排列をしたのかという点にある。

岩佐荘四郎は、その理由を逍遙の『小説神髄』に求めて、以下のようにいう。

『小説神髄』下巻の「脚色の法則」や「主人公の設置」の項で逍遙は小説において、「首尾」が「照応」すべきことと「前後」「本と末」「原因と結果」が「脈絡通鉄」すべきことを力説、「襯染（したぞめ）」「伏線」「昭対」「省非筆」「隠微」などの、馬琴＝中国白話小説流の方法論に依拠したタームを用いながら小説構成の理論化を図ったが、その理論はここでも活かされている。「尋常科第七巻、第十五課」に配当の「工業の歌」は、続く十六課の「有用なる金石」の「襯染」の役割を果たしているし、「尋常科第三巻、第六課」の「ねずみのそーだん」を次の第七課「イサマシイ兵士」と対応させながら、人間性の二つの側面について考えさせようとしているところなどからは、「昭対」の技法の具体的な実践をみてとることができるはずである。

岩佐はこう述べて、この読本の文体や思想をも含めて「『国語読本』は、逍遙が若い日から抱き続けた文学改良の理想の、ひとつの実践でもあった。」と結論づける。これは、卓見である。確かに、逍遙が編纂した「国語読本」は、啓蒙家でもあった逍遙の文化実践として位置づけられるべきものである。この点では、岩佐の発言に全く異論はない。そうだとするなら、学習者はこの教材配列から、小説分析理論とそれが実際に応用された姿を学ぶこともできるだろう。

だが、この「国語読本」は、あくまでも「教科書」である。逍遙の試みた「連絡法」が、教育学的にどのような意義があるのか、いいかえれば「有力にして興味多き内容上の聯絡」を採用することで、学習者のどのような能力が育成されるのかという見通しが必要になる。

前頁の宮本の作成した図を見ながら、それを具体的に確かめてみよう。まず、第五課には、「かひこ」という教材がある。教材文の最後に、猫と鼠を登場させ、それを「ねずみのさうだん」と連絡させている。しかし肝心の「かひこ」の教材は、蚕そのものに関する説明が十分でない。書き手の意識が、猫を登場させて次の話へとつなげることに傾きすぎており、「かひこ」は、焦点の曖昧な教材になっている。

その鼠が登場するイソップ寓話の「鼠の相談」は、次の課の、戦場で敵に果敢に挑んだ「イサマシイ兵士」と、「勇気」のあるなしということで対比されている。が、「ねずみのさうだん」は、従来のイソップ寓話の扱いのような教訓を教えるための素材としてではなく、笑い話になっているところが坪内読本の良さである。またもし、「ねずみのさうだん」から、教訓を読み取るとしても、鼠は勇気がなかったから猫の首に鈴を付けられなかったとするより、鼠の智恵は机上の空論だ、という点にポイントが置かれるべきだろう。「ねずみのさうだん」は、日清戦争の現実などと直接に対照せずに、単独でも十分楽しく読めるのである。

さらに、「大ドウコウ（大洞江）」から「あめ〱こさめ」（この教材は『読本尋常小学生徒用書』にはない）「門のまへの小川」「手がみ」と「川」の「聯絡」によって、教材が並べられている。これも趣向としては面白く、書き手がそれを楽しんでいるようすが目に浮かぶようだが、そのことが、読み手の認識の形成とどのように関わるのかが明確に説明されているわけではない。

こうした坪内本の「趣向」の連鎖からは、連歌の「付合」の手法などが想起される。仮に「付合」的な手法に教育的な意義を見出すとするなら、イメージの想起力やその転換力の育成をあげることができるだろう。もし、この読本が、教材配列の最終目的を、学習者の連想力や発想力などの想像的な力を育成することに設定していたとするなら、それは十分に納得できる説明となる。そうした目標を前面に打ち出し、そのための教科書の使い方や学習方法などが示されていたなら、読本編纂史上画期的なことだったと評価してもいい。

だが、この教科書の配列は、学習者の連想力や発想力という能力育成という観点より、編集者の趣味の発露という側面の方が強く感じられる。この点に関しては、前述した高野辰之の発言がある。高野は、逍遙の読本を高く評価していたが、一方では「芝居気分とでもいひたいものが至る処に漂つてゐた。これが此の本の長処であり短処でした」と述べている。遠回しだが、これは教科書作製に長年苦労した高野の坪内読本への厳しい批判である。

同じような批判は、教科書の図像に関しても投げかけることができる。たとえば、第二巻の第五課「鳥さし（かげ絵）」の挿絵と、第六課「五条橋」の弁慶の絵とを見てみよう。「編纂要旨」では、この連続する二教材の挿絵は、「絵兄弟」の趣向で連絡しているとされている。鳥刺しの影絵は、次のページの弁慶が長刀を持った絵と、構図が同じで、二つの絵があたかも兄弟のように連関しているように見えるのである。これに気がついた学習者は、密かにくすりと笑ったかもしれない。だがそれは、高野のいう「芝居気分」にとどまっており、学習者の想像力を伸張させる論理に立っているとはいい難い。こうした図像の構成は、見立てや趣向を面白がる戯作者の態度と近似している。

こう言ったからといって、こうした逍遥の「芝居気分」あるいは、江戸趣味的な感覚自体は、一概に否定すべきものではないだろう。中野三敏は、江戸戯作全般について「『滑稽』と『教訓』は江戸戯作の二大要素ともいうべく、仮名草子・浮世草子から後期戯作までの万般にわたって、この要素を持たぬ作品は恐らく殆ど無いと言い切って差支えないように思う」と述べている。*27

『国語読本 尋常小学校用』巻二 第五課

べんけいのあの
にがいかほ
をごらん
なさい。
―どちらが、
かつでございませうか。

『国語読本 尋常小学校用』巻二 第六課

新しい文化が旧来の文化を腐葉土として開花するのだとすれば、「滑稽」と「教訓」とを合わせ鏡のように包摂していた江戸文化の豊かさは、近代文化を打ち立てる上でも十分に顧慮される必要があったはずである。すなわち、江戸戯作が持っていたこの二大要素も、何らかの形で「教育」の中に引き継がれてもよかったのではないか。それにもかかわらず実際には、明治の文化、あるいは明治の教育は、江戸戯作が持っていた二つの要素から「滑稽」を捨て去り、ひたすら「教訓」のみを人々に押しつけようとした。そこに展開したのは、きわめて実利的でやせた文化であり、ユーモアを欠いた貧相な教育でしかなかった。その意味で、逍遥の試みは、庶民階級までを含めたトータルな伝統文化を、「読本」という形で継承発展させようとした努力の表れだったと考えることもできるだろう。ここでは、以上のように逍遥の「芝居気分」を評価しておいた上で、あらためて教科書編成の論理の構築という問題にもどろう。

そもそも、教育の主たる材料である教科書の編成にあたっては、重層性を持った文化をどのように選択するのか、さらには、それを学習者の発達段階に即してどのように配列するのかを、教育独自の論理や道筋として示す必要がある。すなわち、教科書編纂の原理は、明示的に表記されるべきなのである。当時の教育界では、すでにヘルバルトの中心統合法などが盛んに論議され、教材をひとまとりの単元として編成することの意味が問われていた。それにもかかわらず、逍遥の国語読本の教材の配列は、そうした教育学的な発想を十分に吸収して、その原理を明確にしたとは言い難い。したがって、坪内読本の「教材配列」の考え方は、後世の教科書には遷移しなかったし、また似たような試みもなされなかった。

引き継がれたのは、個々の教材だった。つまり、それぞれの教材は、単体の「作品」として使われたのである。（この件に関しては後述する。）別の言い方をすると、後世の教科書編集者たちは、つまみ食いのように逍遙の読本を再利用したのだった。そのことは、坪内読本の個々の教材の文章自体は評価されたが、教科書編成の原理に関しては、逍遙の意識したほどには評価されなかった、ということを示している。

三、坪内読本、その享受の様相

現場教師たちの受け止め方

当時の現場教師たちが、この「文学的」な坪内読本をどのように受け止めたのか、これもきわめて興味深い問題である。

この読本の採択状況に関しては、本章の冒頭でも紹介した中村紀久二等の研究がある。それによると、『国語読本 尋常小学校用』（訂正再版②）が採用されたのは、山梨県、京都府、山口県、熊本県の四県であること、また（訂正四版③）の採用が新潟県、福井県、岡山県、大分県であること、および高知教育会が関わった坪内読本④が高知県で使われたこと、などが報告されている。先に引いた木村毅の発言では、「新潟県と京都府、岡山、鹿児島県の四県しか使わなかった」ことが述べられていたが、その情報は、ほぼ正しかった。木村のように「四県しか」ととらえるのか、あるいは、新規参入にもかかわらずこれだけの支持があったととらえるのかは、なかなか難しい問題だが、販売競争という点からだけみると、坪内読本はかなり善戦したといえるのではないだろうか。

実際にこの読本がどのように受け止められたのかを語る資料はそれほど多くはないが、京都府の状況を知ることのできる資料として、『坪内博士の読本を使用する国語教授法』一九〇一（明治三四）年・村上書店、という書物が挙げられる。この本は、当時、京都師範学校付属小学校に勤務していた長尾松三郎・田村作太郎の両名によって公刊されたものである。小学校における国語科の授業方法について述べたものだが、言語とは何かという原理的な考察や、坪内読本を批判的に論じた記述などもあって興味深い。これは、京都府で新しく採用された坪内読本を使用するに当たって、府下の教員に対して指導的な役割を果たすために書かれた書物のようである。[*28]

長尾・田村両名の坪内読本に対する評価は、次のようである。まず、国語教科書が「文学的趣味に着眼すべきものなることは、今日の定論」であるとし、坪内読本はこの点で優れているとする。とりわけ、文章の「形式的方面」すなわち表現面については、「他に比して優るとも劣るべきものにあらざらん」と、高く評価する。しかし「実質的方面」には、欠けるところがあるという。例えば、詩が児童にふさわしくない、理科教材が理科的本質を軽視している、地理歴史は極端に年代記や道中案内のようだ、などと批判を重ね、とりわけ「地理歴史教材の排列は最も不可なり」とする。この読本の最大欠陥がここにある、との立場である。さらに先ほど優れているとした形式的方面も「余りに浮華的、比喩的にして質実精緻の記述に乏しく、余りに小説物語に類して、直裁叙事に巧ならず」などの不満がある、という。この本の著者は、坪内読本の文学性に対して、かなり辛い点数を付けている。それは、この読本の文学表現を「浮華的、比喩的」と断定しているところに象徴的に表れている。

ここでは長尾・田村の評価を、巻五の十一課「郵便箱の歌」についての取り扱いを通して見てみよう。「郵便箱の歌」という教材は、郵便箱が自らの働きぶりを、七五調のリズムに載せて語るという設定の韻文で、文学読本といわれる坪内読本を代表する教材であり、また逍遙自身が直接筆を執った作品だといわれている。まず、教材文を引用する。[*29]

郵便箱の歌

花の都のまん中の　郵便箱の申すよー、

「さても、いそがし、我らほど　せはしきものは、また、あらじ。朝は　ひきあけ、夜は、夜ふけまで、入れる、取り出す、其のあけたてに、ぱたり、ぱったり、ぱったりこ、差入口の休みなし。」

「先づ、郵便の品々は、封書、おび封、開き封、おーふくはがき、なみはがき　そのいろ〳〵の郵便の　もじもいろ〳〵、出す人も　うけとる人も、さま〴〵や。」

「さても、便利の御代のかげ、四国、九州、何のその、北は千島の、其のはてまでも　南、琉球、台湾までも、親子、きょーだい、友だちどーし、たより知らする、居ながらに。」

「わけて、なつかし、此の女もじ。お春どのには、花かんざしを、太郎どのには、うんどーしゃつを、りんじしけんの　出来ばえ次第、をばが　ほーびと、書いたる　はがき、子たち　さぞがし　郵便箱の我れが　見てさへ　いとゞ　たのしや。」

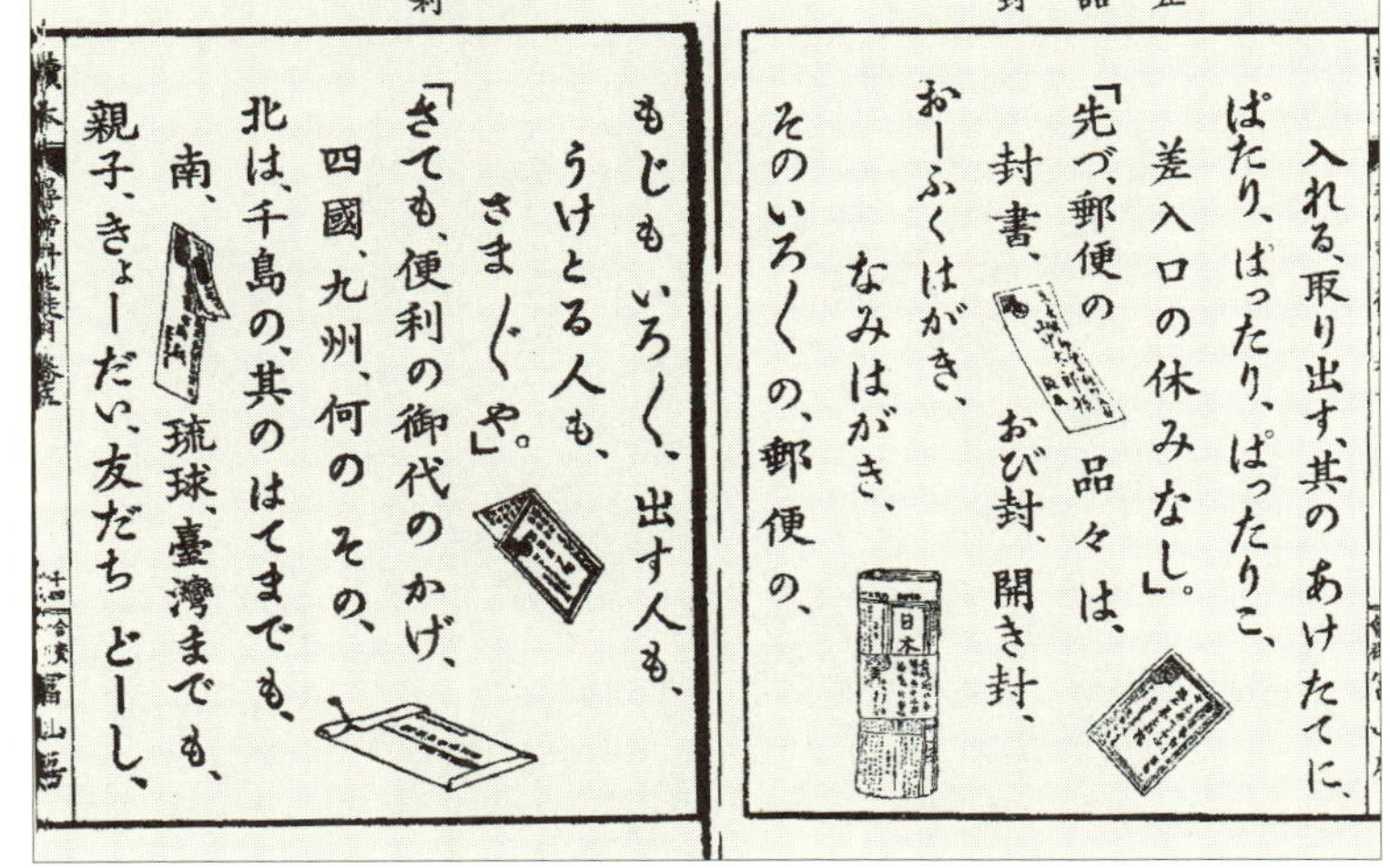
差　品　封

入れる、取り出す、其のあけたてに、
ぱたり、ぱったり、ぱったりこ、
差入口の休みなし」。
「先づ、郵便の品々は、
封書、おび封、開き封、
おーふくはがき、なみはがき、
そのいろ〳〵の、郵便の、
もじもいろ〳〵、出す人も、
うけとる人も、さま〴〵や」。
「さても、便利の御代のかげ、
四國、九州、何のその、
北は、千島の、其のはてまでも、
南、琉球、臺灣までも、
親子、きょーだい、友だちどーし、

便利

『国語読本 尋常小学校用』巻五　第一一課

この読本を小学生の時に使用した木村毅は、自らの回想の中で、この教材を「ひところ都鄙を通じて、愛誦され、流行した唱歌だった」といい、「郵便箱の自叙伝なのを珍しがり、特に『ぱたり、ぱったり、ぱったり（ママ）』を面白がって歌ったもので、こんな擬音の入った実感的な唱歌など、そのころ他に全く無かった。」と述べている。「郵便箱の歌」は、学習者である子どもにとって、何度も口ずさんで楽しんだ好感度の高い教材だったようだ。*30

では、先ほど挙げた『坪内博士の読本を使用する国語教授法』の中では、この教材はどのように扱われているのか。「教案の実例」で、それを見てみよう。そこに記された発問を拾っていくと、この本の著者である長尾松三郎・田村作太郎が、この教材で何を重視しようとしていたかが具体的に分かるので、順に書き出してみる。

予備　・遠方にある兄、若くは叔父母等に手紙を出さんとする時は、如何にすべきか
・書状には如何なる種類があるか
・切手は如何なる所に貼用すべきか
・郵便箱は如何なる所に備え付けあるか
・集配人は如何なる任務を有するか
・投函後如何にして先方へ達すると思ふか

教示　（第一節）
・本文中の「我ら」とは、誰のことなるか
・文中「さても」の上と「休みなし」の下に「……」の符号あり、何の為なるか
・この歌は何物の歌へる歌なるか、最初、二行に、何等の符号なきは何故ぞ
然り、本課は、最初二行を除く外、郵便箱を言語を発し得べき人と見て、若、郵便箱が人間なりせば、かくいふならんと想像して作りたる歌なり、其心得にて読むべし
・郵便物を、若、人間なりとせば、其職務に対しては如何なる人といふべきか
・人の職業には如何なる種類あるか
・人、若、職業に怠惰ならば、其結果如何、学生の職務は如何、若、学生をして勉学を怠らば如何
（第二節）（第三節）（第四節）略

精成　・第一節には何のことを記載せしか（郵便函の職務の忙はしきこと）
・第二節には？（郵便物の種類）之に如何なるものありしか（封書、帯封、開き封、往復はがき、なみはがき、書留、小包等）それ等のものは、各如何なる目的に使用するか
・第三節には？（郵便の制を設けられて、便利なること）
・第四節には？（叔母より太郎お花に宛てたる手紙のこと）
・前に学びし「母ごころ」「金剛石の御歌」及びこの「郵便箱の歌」の如きは、何故、読みて甚だ口調の面白きを感ずるか、七五調とは如何なる事ぞ、之を例解せよ、七七口調とは?其他に七五調の歌を知れるか

この後、「応用」として、七五調の別の歌を読んだり、作文を書く学習が続く。また、毎時「黙読」「素読」「字句問答」「暗唱」などの学習活動も行われている。『坪内博士の読本を使用する国語教授法』の著者たちの執筆姿勢は、全体に手堅く着眼点も広範で、よく教材文を読み込んでいる様子がうかがわれる。しかし、ここでは文章や文体を楽しむよりも、書かれている内容、とりわけ「郵便」についての知識を確認する学習が中心になっている。表現形式については、擬人法や韻律に気付かせるような指導もあるが、同時に、郵便箱の働きに倣って勉学せよという道徳的

な指導も含まれている。この教材は、教材文の間に、様々な郵便物の絵が挟み込まれていて、デザイン的にもかなり工夫されているのだが、そうした遊びの部分に目を向けたり、児童が郵便箱になってみたつもりで話をしてみるなど、教材の世界を楽しむような学習活動は組まれていない。この本の著者は、この読本を「浮華的、比喩的」として批判しているのだから、それは当然のことかもしれないが、必ずしも逍遙が意図したようには教材文が取り扱われなかった可能性がある。

岡山県でも坪内読本が使用された。それに対応して、『坪内博士国語読本教授及細目』(第一巻—第四巻)が、地元から刊行されている。これは、『国語読本尋常小学校用』全巻に渡っての各教材ごとの詳細な「教授細目」で、岡山県師範学校付属小学校に勤めていた泉英七と船越茂伝治による著作である。全編にわたり、それぞれの課が「教材、要旨、話ノ大意、教授時間、教弁、観察点、新出文字、已知文字、読方、書方、類字、難字句、暗誦、比較対照、判断、話方、教訓、応用文字、改作、前後ノ関係、図画題、綴方題、算術題、備考」などの観点から記述されている。この本では、とりわけ漢字の習得に力点を置いた国語の学習が目指されていた。*31

この岡山県の「教授細目」からも、坪内読本の取り扱いの様子がうかがえるので、同じ「郵便箱の歌」の指導の重点が分かるような項目をいくつか書き出してみよう。

要旨　一、教材ノ文字上ノ智識及擬人的文態
　　　二、郵便ニ関スル智識
　　　三、交誼、文明ノ徳澤
比較　各種ノ郵便物ノ特色
想像　郵便法行ハレザル場合ノ不便
教訓　一、知人ニハ時々手紙ヲ出スベキコト(引例)
　　　二、猥リニ他人ノ手紙ヲ見ルベカラザルコト
　　　三、郵便法違反ニ注意スベキコト(引例)
備考　未ダ幼年児童ノコトナレバ各種ノ郵便物ヲ自ラ取扱フマデニハ至ラサルベキモ適宜ノ智識ヲ与ヘ置クベキナリ

これは京都府のものよりも、さらに「文学的」な取り扱いから離れてしまっている。ここでは「郵便箱の歌」という韻文教材は、単に郵便物に関する知識を与えるための知識教材としてしか見られていない。「教授細目」に掲げられているのは、ほとんどが表現内容に関する指導事項で、文章表現に心を砕いた逍遙のねらいとは、大きく隔たっているといわざるをえない。逍遙がそれまでの読本を「美文たるの価値殆ど絶無なり」と批判し、それを乗り越えようと作成した読本の肝心の文章・文体には、ほとんど注意が払われていないのである。

さらに、この読本を刊行した当の冨山房からも「教師用書」が出ている。『国語読本尋常科用　教師用書』である。「例言」には、この教師用書が「材料の参考、時間の配当、予備の方法、教授の注意、練習、応用の類例、他学科との関係等、苟も、教師の参考となるべき事は、煩を厭はず列挙せり」とあり、網羅的な参考書であることが記されている。この本の特徴は、いくつかの「実地教授例」が掲げられていることである。「教授案の作例、教授の階段に関する教式の変化、発問の要点、教師の口調、生徒、応問の模擬、その他、教授の進行の景況を実写的に述べたり」と

あって、教育実践を大事にする姿勢を示している。

しかし、この「教師用書」は、正直に言ってそれほど出来が良くない。確かに、所々に挿入された「実地教育例」は、教室でのやりとりを彷彿とさせるもので、この教師用書の特長になってはいるが、全体に冗漫である。また、個々の教材についての教材研究及び指導の記述についても、精粗かなりのばらつきがある。この『国語読本尋常科用　教師用書』の「郵便箱の歌」の場合については、その「目的」が以下のように書かれている。

耳近き歌によりて、郵便物の種類及其効用等の智識を確かにし普通の読書力を養ひ、文学上の趣味を感知せしめ、同情的、社交的等の興味を起さしむるを目的とす。

「目的」には確かに「読書力」や「文学上の趣味」などの単語が並んでおり、どのような授業展開になるのかと興味をそそられるが、この後は、「郵便条例」から抜粋された料金表が並んでいるだけのきわめておざなりな記述になっている。この点では京都府の『坪内博士の読本を使用する国語教授法』の方がはるかに実質的で、文章の細部にわたって目が行き届いている。結局、肝心の冨山房が刊行している教師用書でさえも、この教材をどうすれば「文学的」に取り扱うことができるのかをきちんと提示できないままだったのである。[*32]

このように、識者の間におけるこの教科書の評判は高かったが、現実にそれを教授する現場では、十分にその意図を理解した学習活動が展開されるまでには至らなかったと考えられる。確かに木村毅のいうように、良くいえば「この読本は内容があまりにも進歩的だった」という側面があった。したがって、それを十分に活かすような学習指導の開発ができなかったのだろう。

だが、それにもかかわらず、読本の中にある作品そのものの感化力によって文章の面白さに目覚めた、木村のような学習者がいたことも指摘しておいていい。坪内読本を学習したうちの何人かは、教授者の意図を越えて教材＝作品それ自体のを楽しんでもいたのである。それは、もともと学校教育の教科用図書として作られた読本の中の文章を、個人の読み物として享受していたということにもなる。

この『国語読本尋常小学校用』に続けて、逍遙は、『国語読本高等小学校用』と『国語読本高等科女子用』を刊行した。これらの読本も、ともに一定の評価を得たことは、やはりいくつかの県が採用を決めたことによって証明される。教科書市場を席巻するまでには至らなかったが、文豪坪内逍遙のネームヴァリーも手伝って、「坪内読本」は、商業的にもある程度の成果を収めたのである。

ところが、教科書をめぐる出版状況は、大きく変転する。教科書採択に絡む官民の不正に業を煮やした松田正久文部大臣は、一九〇一（明治三四）年一月、「小学校令施行規則」を改正し、教科書の採択に関わる不正行為には重禁固と罰金、さらには不正を働いた教科書会社には、教科書の採定を無効とし、五年間採定を停止するという厳罰措置を決定した。こうした動きに対して、最大教科書書肆である金港堂は、同年四月、教科書出版から手を引き、集英堂、普及舎の有力教科書会社とともに帝国書籍株式会社を設立する方針を打ち出す。大手教科書は相互に手を結んで、巨大トラストを結成し、過当競争を避けるとともに、これまでの権益を守ろうとしたのである。

一九〇一（明治三四）年一〇月、新しく設立された帝国書籍株式会社では、新編『帝国小学読本』の編集を進めることになった。また、それとは別に、逍遙の『国語読本尋常小学校用』と『国語読本高等小学校用』は、その内容をさらに充実させて『尋常新読本』『高等新読本』という題名で、刊行することにした。販売競争に疲れた各教科書書肆が企業合同した新会社では、各社の内容を統一した読本と、それとは少し傾向の異なる坪内読本との二種類の国語教科書を発行する計画を立てたのである。

ある意味で、これは国定教科書体制の先取りでもあった。この方針を受けて、逍遙は、これまでの教科書制作のメンバーに山田清作を加えて、相当の力を入れて編集作業を進め、新読本の校正刷りが出る段階までこぎつける。しかし、そこで教科書疑獄事件が起こり、その結果、帝国書籍株式会社による教科書作製事業は、雲散霧消してしまう。国語教科書は国定制度に移行し、逍遙の取り組んだ新しい『尋常新読本』『高等新読本』は、幻の教科書になってしまったのである。*33

高知県の「坪内読本」

坪内読本には、高知県教育会が編纂した別種の『国語読本』がある。『国語読本尋常小学校用』全八巻で、高知県教育会編纂（代表者・藤崎朋之）、坪内雄蔵校閲・冨山房発兌が、それである。一九〇一（明治三四）年一二月三日に、文部省の検定を受けており、明治三五年の四月から、高知県内で使用された読本である。この本の「扉」には、「文学博士坪内雄蔵校閲・高知県教育会編纂」と記されているが「発兌」したのは冨山房である。これは、どのような性格の教科書だったのか。*34

はっきりしているのは、本書でここまで検討してきたような「地域作製読本」とは、製作過程も供給過程も異なるということである。坪内本は、明治三四年八月二三日に「訂正四版」を検定申請して、同年八月二八日に文部省の検定を通過している。高知県教育会が編纂した読本は、この「訂正四版」の坪内本をもとに、若干の手直しを施したものである。つまり、この高知県の読本は、地域の学務局や書肆が企画を立てて、地域の出版社が刊行した「地域作製読本」ではなかった。東京の大手教書書肆が、地域の要求に基づいて本編に手を入れ、完成させた教科書を冨山房が文部省の検定に申請するという作製過程だった。おそらく編集作業も、そのほとんどを冨山房が代行したのであろう。というのも、高知県教育会編纂の『国語読本尋常小学校用』のもとになった坪内雄蔵著『国語読本尋常小学校用』の訂正四版が文部省の検定を受けてから、高知県版の読本が文部省の検定を受けるまでには、数ヶ月の期日しかなかったからである。時間的にみても、高知県用の読本を、全く別のコンセプトで最初から作り直すという余裕はなかったと考えられる。

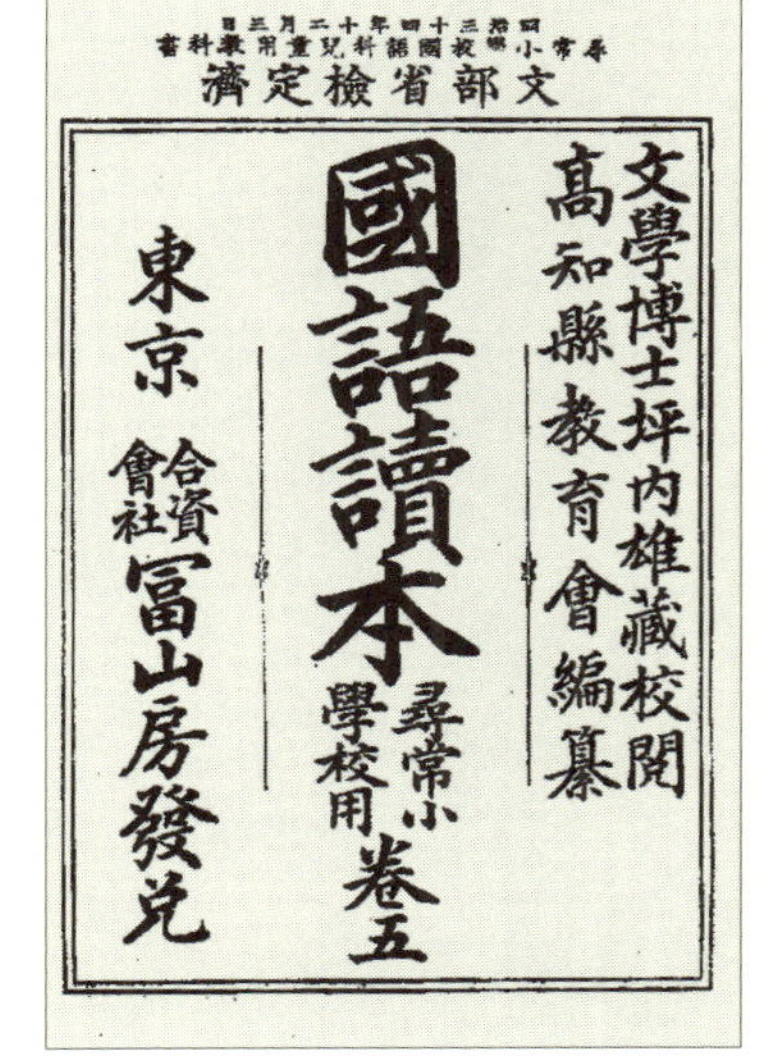

『国語読本尋常小学校用』扉

④『国語読本 尋常小学校用』巻一・二 高知県教育会編纂(代表者 藤崎朋之) 坪内雄蔵校閲 冨山房 明治三四年一一月二五日訂正再版発行

	オ	ウ
0	表紙(巻一)	(にわとりの絵)
1	トリ。	ハト。アリ。《イ》
2	ハタ。タコ。	フエ ト タイコ。
3	フネ。アミ。イカリ。	クシ ト カガミ。
4	セミ。ハチ。クモ。	トラ ト キツネ。《イ》
5	練習 フバコ(絵のみ)フタ。エリ。ミセ。イネ(絵のみ)……	練習 ハリ ト イト。カミ。クラ。ハシラ。セリ。アネ。
6	ミノ。タケノコ。	テマリ。ハネ。ハゴイタ。
7	マツ。アサヒ。カラス。	ヤリ。カタナ。カブト。
8	ヤシロ。エマ。スズ。	ホタル ノ ヒカリ。ランプ ノ アカリ。
9	フジ。ボタン。オモト。モクレン。	練習 ヒノシ(絵のみ)ト ハサミ(絵のみ)。タマゴ。……
10	練習 ……	イケ ニ ヒヨコ。キシ ニ メンドリ。
11	ヒケシ。トビグチ。ハシゴ。ポンプ。	ウサギ ガ ヤスム。カメ ガ イソグ。《イ》
12	ヘイ。ミゾ。ヰド。ツルベ。	ヱ ヲ カク。ホン ヲ ヨム。ソロバン ヲ ハジク。
13	ラッパ ト メガネ。エンピツ ト ペン。	サケ ヲ トル。エダ ニ サス。カツイデ ユク。
14	イヌ ガ ハシ ヲ ワタル。カゲ ガ ミヅ ニ ウツル。《イ》	カゼ ニ クルクル カザグルマ。ミヅ ニ クルクル ミヅグルマ。
15	練 ナデシコ。ヤナギ(絵のみ)ト トケイ(絵のみ)。……	ミミ ヲ ツカム。
16	練習 アシ ヲ ナデル。ヲ ヲ ヒッパル。	カタカナ五十音図
17	〃	カタカナ五十音図(濁音)
18	ススメ ヤ ススメ、ミナ ススメ。一二。一二。	ツヨイ ユミ。三ニン デ ヒッパッテ ヰル。
19	トケイ ガナル。一、二、三、四、五、五ジ ヲ ウッタ。	メジロ ノ オシクラ。一ツ、二ツ、三ツ、四ツ、五ツ、六ツ。ミナデ 六ツ。
20	一 二 三 四 五 六 七 八 九 十。十ピキ ノ サル ガ、	ヱボシ ヲ カブッタ。
21	一 二 三 四 五 六 七 八 九 十	
1	表紙(巻二)	きく。きり。
2	きんとき と くま。	しぎ と はまぐり。
3	まつり。みこし。とりゐ。	うし。しか。ひつじ。
4	なんてん。ひよどり。	ささのは。かたつむり。
5	かき の たね と にぎり めし。	きせん。ぐんかん。ほばしら に はた。
6	うなぎ。なまづ。ふな。あゆ。	もん に いぬ。かご に とり。
7	はち に うゑき。いけ に みづくさ。	みけ と かご。かに が はさむ。みけ が さわぐ。
8	はなさか ぢぢ。かれえだ に、はな を さかせる。	かぜ が ふく。なるこ が なる。すずめ が、ぱっと たつ。
9	一ぽん の やなぎ。一ぴき の かはづ。いくども とびつく。	きへい が うまに のって くる。ばんぺい が もん の そば に ゐる。
10	とーきちろー。ぞーり を もつ。おとも を する。	あそぶ とき には、よく あそべ。はげむ とき には よく はげめ。

④『国語読本 尋常小学校用』巻二—巻八 高知県教育会編纂（代表者 藤崎朋之） 坪内雄蔵校閲 冨山房 明治三四年一一月二五日訂正再版発行 明治三四年一二月三日 文部省検定

	巻二（続き）	巻三（題名）	巻四（題名）	巻五（題名）	巻六（題名）	巻七（題名）	巻八（題名）
1	ひらがな・いろは	はるのの	家	我ガ國ノ気候	富士山	神武天皇	國史の大要（上）
2	（わしの絵）	うんどーくわい	村と町	鳥	日本武尊	神戸より東京まで	門司より神戸まで
3	以下、文章省略。	ウマヤノ馬	海はどのよーなものぞ	歌うたふ子と大きな鬼〈練〉	山上のながめ	勉強と成功	鯨
4	内容名のみ。	のきのつばめ	海ノケシキ	母ごころ(韻)	國の獣(韻)〈練〉	菅原道真	鹿児島より門司まで
5	わし	かひこ	さゞえのじまん	草木ノ生長	動物ノ職業	女子の努(韻)	野中良継
6	ひごひ	ねずみのそーだん《イ》	一の谷のしろぜめ	茶と桑	高橋東岡の妻	金銭出入帳	山林の功用
7	バシャ	イサマシイ兵士	春夏秋冬	皇后陛下の御歌(韻)	有用なる植物	何事も順序	一村のてほん
8	かげゑ	あめ〳〵こさめ(韻)	くだもののうた(韻)	野川のけしき〈練〉	石炭及ビ石油	空気	輸出入品
9	うしわか	門のまへの小川	たけがりの話（上）	日本帝国ノ図	象の目方	三羽の蝶(韻)	世界万国（上）(韻)
10	グンジン	手がみ(手)含む	たけがりの話（下）〈練〉	郵便箱の歌(韻)	楠木正成	鳥獣合戦（一）《グ》〈練〉	國史の大要（中）
11	としのはじめ(韻)〈練〉	ホタルがり(韻)含む	取り入れ	船ト車	北海道	鳥獣合戦（二）《グ》〈練〉	貯蓄
12	よりとも	田うゑ	升	東京市	徳川光圀	楠木正行(韻)	会社及ビ銀行〈練〉
13	カクレンボ	五コク	こしをれ雀のうた（一）(韻)	みやこの一日	鉱山ノ話	東京ヨリ函館マデ	鐵の物語（上）
14	ユキダルマ	あきなひごと(対)	こしをれ雀のうた（二）(韻)〈練〉	太郎と電話〈練〉	手がさはると黄金（上）	塗物ト焼物	鐵の物語（下）(韻)含む〈練〉
15	なぞ〈練〉	カザミ	蟻トセミ《イ》	電話及ビ電信	手がさはると黄金（下）	工業の歌(韻)	機械の工夫
16	やっこだこ(韻)	にじ	勉強がしら(対)	京都	水ノ功用	有用ナル金石	身体の構造（一）
17	桃太郎（一）	まはりどーろー〈練〉	むろの梅とにはの梅〈練〉	織物の歌(韻)	水鳥のまがひもの（上）〈練〉	塩と砂糖	身体の構造（二）
18	桃太郎（二）	ヒライタ〳〵(韻)	はです虎をころす	大阪	水鳥のまがひもの（下）〈練〉	夕立	養生
19		はす	炭	豊臣秀吉	義侠なる鶴	函館より門司まで	國史の大要（下）
20		きもの	しほばら多助	商人	隣国	ふか（上）〈練〉	我が國ノ政治組織
21		あほー鳥《イ》〈練〉	岩戸ひらき	正直の徳〈練〉	征清軍(韻)	ふか（下）〈練〉	世界万国（下）(韻)
22		虫のうた(韻)	ひな祭	四面皆海	赤十字社	琉球と台湾	租税及び兵役
23		ミツバチ	春〈練〉	軍艦		我が國の神々	公徳
24		二宮金次郎		海の底			我が國は海の國(韻)〈練〉

《イ》はイソップ童話 《グ》はグリム童話 〈練〉は練習文 (韻)は韻文 (対)は対話 「含む」は教材文中にそれが含まれているという意

両者が大きく異なるのは、巻一と巻二の構成である。坪内本「訂正四版」の巻一は、その前半で片仮名の読み書き、後半で平仮名の読み書きを取り扱う編集方針だった。前章でも触れたように、こうした内容構成は、当時のほかの各社の読本でもほぼ同様で、明治一九年の文部省の『読書入門』以来確立した慣行である。ただし、入門期で片仮名を先習させた後、いつから平仮名を学習させるかについては意見が分かれており、低学年用では、仮名の提出順を異にした甲種・乙種の二種類の教科書を作製した教科書会社が多かった。それらを具体的に挙げると、金港堂の『尋常国語読本』巻一・二甲乙種、普及舎の『尋常小学国語読本』巻一甲乙種、国光社『尋常小学国語読本』巻一・二甲乙種、大日本図書株式会社の『日本国語読本』巻一・甲乙種などが、そうした方針を採っていたのである。

冨山房の作製した高知県専用の読本は、仮名提出の違いによって入門用の甲・乙種とを作製した編集姿勢に酷似している。つまりこの高知県用の読本は、いわば坪内本の「乙種」なのである。さらにこの読本は、巻一では片仮名教材だけ、巻二に入ってから平仮名教材を提出するという教材構成を採っており、小学校の初年度の学習負担を軽減させている。またそれ以外の巻でも、若干教材数を減らして、微調整をしている。この点では、高知県版は、坪内本の簡易化・軽量化版であると言えるだろう。

高知県教育会は、これまでにも、「習字」の教科書を自ら編集してきた経験があった。習字や地誌の教科書が、各地域の書肆の手によって刊行されていたことについては、ここまで本書でも繰り返し触れてきたが、高知県においても、「地誌」や「習字」の教科書は、地域主体で作製されていたのである。高知県教育会が編集したのは、「習字」の教科書だけのようだが、現在判明している限りで、その書名を挙げてみると、以下のようになる。

『小学習字帖尋常小学校』全八冊　高知県教育会編輯　島田稲穂書　出版人・吉岡平助　明治二七年

『小学習字帖高等小学校男子用』全四冊　高知県教育会編輯　島田稲穂書　出版人・吉岡平助　明治二七年

『小学習字帖高等小学校女子用』全四冊　高知県教育会編輯　島田稲穂書　出版人・吉岡平助　明治二七年

『小学習字帖高等科男子用』全四冊　高知県教育会編　村田海石書　出版人・町田良次　明治三一年

『小学習字帖高等科女子用』全四冊　高知県教育会編　村田海石書　出版人・町田良次　明治三一年

『小学国語習字帖尋常科』全八冊　高知県教育会編纂　高山竹次郎筆　発行者・冨山房　明治三四年

『小学国語習字帖高等科』全四冊　高知県教育会編纂　高山竹次郎筆　発行者・冨山房　明治三四年

明治二七年の『小学習字帖』（島田稲穂書）を発行した出版人の吉岡平助は、長年教科書類の出版を多数手がけてきた大阪の教科書書肆である。吉岡平助は、同じ明治二七年には、高知県の地誌の教科書である『高知県地誌』（深田覚助編纂）も刊行している。高知において地誌の教科書は、高知師範学校の教員が原稿を作成してきたようで、これまでは地元の業者がそれを刊行してきた。今回はその出版を大阪の業者が手がけ、高知県の地域教科書として使用したのである。[*35]

次に高知県教育会が編集した明治三一年の『小学習字帖』（村田海石書）は、町田良次が出版人になっている。町田良次は、地元高知県の書肆である。この時には、地元の業者が、地域教科書の出版に関与している。しかし、著者は高知県在住者ではなく、全国的に著名な書家である村田海石の名前になっている。ちなみに、村田は、高知県ばかりでなく、様々な地域の習字教科書にも関わっていた。

さらに、明治三四年の『小学国語習字帖尋常科』全八冊と、『小学国語習字帖高等科』全四冊も、高知県教育会が編集している。これは、『国語読本』と同じ刊行元である冨山房が出版を請け負っていた。今度は、東京の大手出版社が、高知の教科書の出版に携わったのである。実は、この時、冨山房は、高知版とほぼ同じ内容の『小学国語習字帖尋常科』（高山竹次郎筆）全八冊を、「私立熊本教育会」の名前でも編集・刊行している。こちらは、熊本県下で使用する習字教科書である。冨山房は、高知や熊本の教育会から「習字」の教科書作製を受注したのか、あるいは積極的に地域教科書出版の手伝いを申し出て出版に関与したのかもしれない。

こうしたことから、この時、各地の「習字」や「地誌」などの教科書は、地域の書肆だけが印刷・製本して作製するだけではなく、東京や大阪の出版業者が、地域の委託に応えて印刷刊行したり、またそれを文部省へ検定出願する業務を代行したりしていた様子がうかがえる。この『国語読本尋常小学校用』の読本の扉に記された「高知県教育会編纂」という表記の内実も、おそらくはその程度のものであり、高知県の教育会が積極的に教科書の編纂作業を主導したわけではなかったと考えていいだろう。

四、坪内読本の影響

教材文の継承

逍遙自身が書いた教材が、その後の国語読本にどのように引き継がれて掲載されたのか。それに関しては、橋本暢夫の『中等学校国語教材史研究』に、詳細な調査がある。橋本によれば、旧制中等学校の読本中、逍遙作品を掲載した教科書は、ほぼ四〇四種、一一三九冊だということである。（ちなみに藤村は、三二八種、一〇八四冊。漱石は、三〇五種、八七八冊。鷗外は、二八〇種、五一五冊。蘆花は、四〇七種、一二三二冊。）橋本と同様に徹底した調査は、梅澤宣夫によっても行われており、こちらは掲載された教科書の名称も分かる。戦前の多くの知的エリートたちは、中等学校の国語教科書を通して明治の文豪たちの文章に触れ、その教養形成の一助にしていたのである。[*36]

藤村、鷗外、漱石などと異なり、逍遙の場合は、その戯曲や評論が教材として採択されたのみならず、もともと読本用に執筆した教材文が、後世の国語教科書にそのまま採録されるケースが多い。ここが、外の作家たちとは異なっている点である。それは、そのまま坪内読本そのものの高い評価とその影響力の大きさにつながっている。

もっとも、『国語読本尋常小学校用』の教材の場合、明治三七年度から使用された国定第一期の国語読本に坪内読本の教材が、そのままの形で採用されるということにはならなかった。しかし、民間から発行されていた中等学校・高等女学校などの国語教科書には、逍遙の編集した『国語読本尋常小学校用』および『国語読本高等小学校用』から、多くの教材が撰ばれて載せられた。梅澤の研究を借りて、その概略を示せば以下のようになる。（この研究は、明治期以降に刊行された旧制中学校・旧制女学校・師範学校・女子師範学校・青年学校・実業補習学校・青年訓練所・旧制高等専門学校の国語教科書、および昭和二二年から昭和六一年一二月までに文部省、各教科書会社から刊行された中学・高等学校の教科書を対象にした浩瀚なものである。訂正版・改訂版もそれぞれ一種と数えて、稿者の責任で合計した。（韻）は、韻文。）

『国語読本尋常小学校用』から流用された教材

巻七「女子の努（韻）」一種、「三羽の蝶（韻）」一三種、「工業の歌（韻）」一種、「夕立」二〇種。[*37]

『国語読本高等小学校用』から流用された教材

巻一「おしん物語」四種。

巻二「玻璃の発明」五種、「秋の山中」四〇種、「初雪」四二種、「蝦夷錦」一種。

巻三「都の花見」一種、「動物の自衛」一一種、「大塔宮吉野落（韻）」一種、「一家の経済」二種、「孟子の母」二種、「望遠鏡の発明」一種、「物価の事」四種、「貨幣及び為替」六種。

巻四「張良（韻）」五種、「山田長政」九種、「珊瑚島」二種

巻五「狭穂姫（韻）」一種、「文字の話」一一種、「我が国活字の由来」九種、「むぐらもちの裁判」二三種、「渡船（韻）」三九種、「全国大競漕会」三種、「自然の音楽」九〇種。

巻六「天然物の利用」二種、「親ごころ」四四種、「染料」七種、「羽衣（韻）」二種、「新羅三郎（韻）」六六種、「鶯宿梅」一六種。

巻七「人種の別」九種、「フランクリンの話」六種、「ともし火の歌（韻）」一〇種、「洪水奇談」一七種、「盲唖学校」二八種、「海軍兵の生活」一〇種、「大海原の歌（韻）」八八種、「文天祥」二種、「赤道直下の一日」三四種、「リビングストーン」三種、「都会と田舎」一〇〇種。

巻八「人間の目的」五種、「職業の選択」五種、「孝子ピール」一三種、「夕照」一七種、「蘇武（韻）」八七種、「陸軍兵の生活」二三種、「十銭銀貨の来歴談」二九種、「海外の出稼ぎ」二種、「度量衡の原器」一七種、「安宅」七七種、「維新の三傑」一六種、「憲法」一種、「世界の三聖（韻）」一四種。

この結果を、後世の教科書編修に関わる者たちの坪内読本への評価の具体的な形だと考えるなら、以下のようなことがいえるだろう。

すなわち、『国語読本尋常小学校用』では、「三羽の蝶（韻）」や「夕立」が、『国語読本高等小学校用』では、「秋の山中」「初雪」「渡船（韻）」「自然の音楽」「親ごころ」「新羅三郎（韻）」「大海原の歌（韻）」「赤道直下の一日」「都会と田舎」「十銭銀貨の来歴談」「安宅」などが、逍遙読本中の名教材として後世の教科書編修者によって高い評価を受け、再掲載の対象になったということである。ほかにも、数種類の教科書に採用された教材はたくさんあることから、坪内読本は、後世の教科書教材探索の宝庫的存在として扱われたといっていいだろう。その意味では、坪内読本が「画期的な出版」であったといわれるのもゆえなしとはしない。[*38]

また、逍遙の読本が、清朝末期の中国で、日本語教科書として使用されたという報告もある。それは一九〇一（光緒二七）年九月に翻訳されて、上海の商務印書館から刊行された沙頌霙・張肇熊訳『和文漢訳読本』である。上海の商務印書館を創業した夏瑞芳が、日本語学習のための教科

書として、逍遙の『国語読本尋常小学校用』を選び、二人の訳者がそれに中国語による「若干の注を施したものを石版刷り」にした書物である。

なぜ逍遙の「国語読本」が日本語学習のテキストとして、選択されたのかは不明だが、日本においても明治期の英語学習では、アメリカやイギリスの母語用教科書に日本語訳を添えた「独案内」の類がの諸本数多く刊行されていた。それと全く同じように逍遙の「国語読本」が、中国の日本語学習の初歩の教材として使われていたのである。この後、日本が版図を広げていくに従って、日本語を母語としない学習者のための日本語教科書の作製が問題になっていくが、この事例は、そうした仕事の最初期に位置付く試行であったともいえるだろう。*39

「読本唱歌」の編纂

坪内読本関連図書には、同じ冨山房から刊行された『読本唱歌』全五冊、という書籍もある。これは、坪内読本の中の韻文教材に曲を付けたものである。こうした試みは、何も坪内読本の独創というわけではなく、早くには伊沢修二が、『読書入門』と『尋常小学読本』でいくつかの題材に関して、唱歌と読本とを関連づけている。その実例は、第三部第二章二節で見てきた。

しかし、この時期には、もう少し積極的に、読本の中の韻文教材に曲を付けて別に単行本として刊行した試みが多出している。それらを『日本教科書大系』の「唱歌教科書総目録」から抜き出して、年代別に列挙してみると、以下のようになる。*40

明治二八年	尋常小学新体読本唱歌集	白井規矩郎	一冊	未見
明治三一年	小学校用読本唱歌	稲田美賀雄	一冊	未見
明治三三年	修正小学読本唱歌	目賀田万世吉	一冊	
明治三四年	小学国語読本唱歌	成瀬鉄治	一冊	
明治三四年	尋常小学読本唱歌	小山作之助	一冊	
明治三四年	高等小学読本唱歌	小山作之助	一冊	未見
明治三四年	読本唱歌	冨山房編纂所	五冊	
明治三五年	国語読本唱歌・尋常科上下	帝国書籍株式会社	六冊	未見
明治三五年	国語読本唱歌・高等科一－四	帝国書籍株式会社		

明治二八年の『尋常小学新体読本唱歌集』は、未見であるが「新体読本」は金港堂から出されていた読本だから、こうした分野においても、先鞭を付けたのは、金港堂だったのかもしれない。一九〇〇（明治三三）年に刊行された『修正小学読本唱歌』は目賀田万世吉の著で、翌年明治三四年六月に訂正版が刊行されている。『小学読本』（どの会社の読本に拠ったのかは不明）の巻二から巻八までそれぞれ数編、合計一七教材が選ばれ、すべてに五線譜が付けられている。刊行元は音楽書院という名称だが、著作発行者と売り捌き所は奈良の地名になっている。また、明治三四年七月刊行の成瀬鉄治著の『小学国語読本唱歌』は、「学海指針社許可」とうたわれているように学海指針社＝集英堂の『小学国語読本』（明治三三年刊）の巻一から巻八までの一六教材に曲を付けたもので、発行元の黒崎静寿堂は徳島県徳島市にあり、著者の成瀬鉄治は徳島師範学校教諭であった。これら二書は、比較的ローカルな出版物だと考えられる。*41

同じ、明治三四年に刊行された『尋常小学読本唱歌』『高等小学読本唱歌』は、伊沢修二とも親しかった東京音楽学校教授の小山作之助によって作曲がなされている。これは、金港堂の読本から韻文を選んで、曲を付けたもので、尋常小学校、高等小学校、各一冊づつの刊行だった。『尋常小学読本唱歌』は、『尋常小学読本』から一〇教材が選ばれ、それぞれ五線譜が付けられている。[*42]

それに対して坪内読本の『読本唱歌』は、小学校用五冊構成になっており、類書よりも積極的な展開である。この「読本唱歌」の作製には、冨山房社員で、坪内読本の編集にも関わった石原和三郎が関与している可能性が高い。当時は、言文一致唱歌が大盛況で、その立役者であった作曲家田村虎蔵と石原和三郎の二人が名コンビであったことは、よく知られている。[*43]

図版で示した『読本唱歌』尋常科巻四は、一九〇一(明治三四)年一一月一日発行、定価六銭である。収録曲は、「女子の務」(作曲者・納所弁次郎)「三羽の蝶」(作曲者・吉田信太)「楠木正行」(作曲者・納所弁次郎)「工業の歌」(作曲者・奥好義)の四曲で、これらは、『国語読本 尋常小学校用』の巻七に収録されている教材だった。[*44]

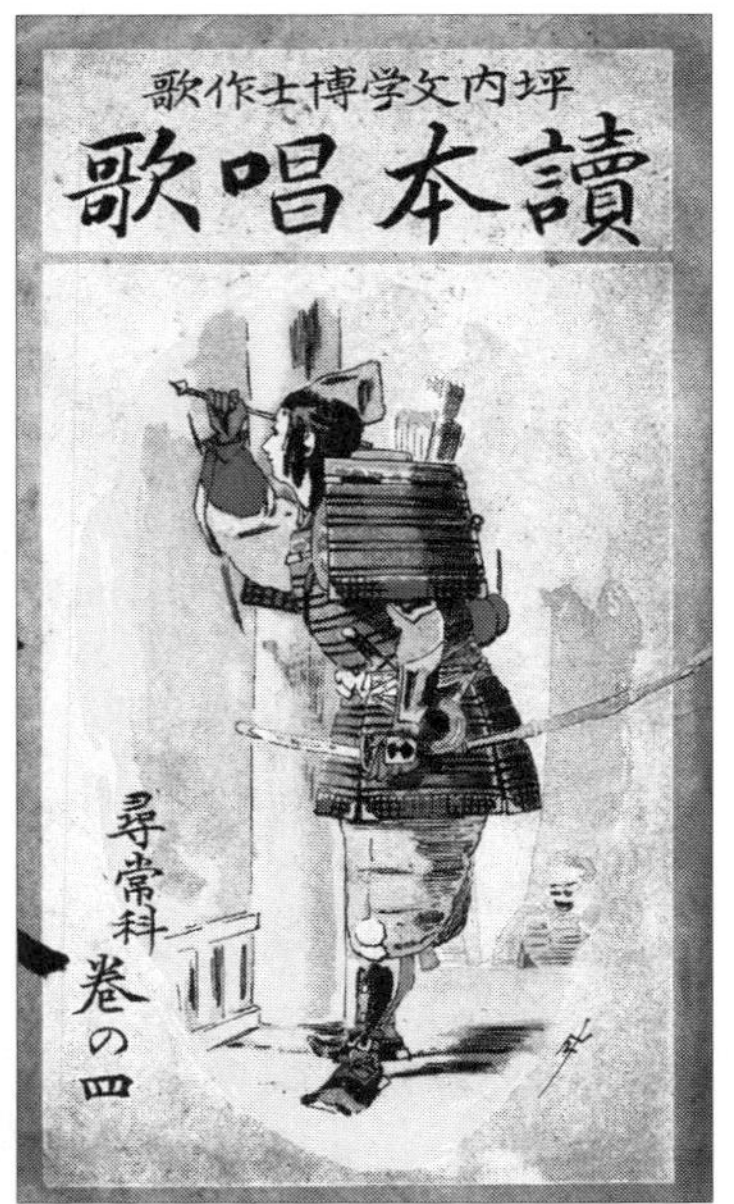

『読本唱歌』尋常科巻四　表紙

扉には、この冊子を「出版したるは、一は同書を採用せる学校の唱歌用とし、一は広く一般小学児童の諷唱に供して趣味の涵養、品性の陶冶に資せんとの意に外ならず」と記してある。国語の教科書の韻文教材と連動させて、それを実際に唱歌として子どもたちに歌ってもらうための刊行物であろう。『国語読本 高等小学校用』と関連させた冊子が冨山房から出ていたのかどうかは不明であるが、「教科統合」というかけ声にも乗って、こうした出版物も盛んに刊行されていた。

ことばの教育は、文章を音読したり朗読したりすることによって、ことばのリズムやアクセントを学ばせるだけではなく、もっと積極的に「唱歌」とコラボレーションすることで、さらにことばの世界の可能性を広げていくような方向に動いていた。これまでの、文字と図像による教育伝達メディアの中に、伊沢修二たちが切り開いた「唱歌」教育の成果が発展的な形で加わり、より平易で子どもたちの心情に即したことばが、リズムとメロディに乗って展開される時代を迎えていたのである。

発展としての「少年世界文学」シリーズ

ところで先に、稿者は「坪内は国語教育の目標を、読書人の育成に置いた」が、「読書紹介に関する教材が置かれたり、教科書に準拠した副読本が編まれていたわけではない」と述べた。確かに、教科書に直接準拠した副読本が編集された形跡はない。しかし、一九〇二(明治三五)年一一月に、「少年世界文学」というシリーズが、冨山房から刊行されている。これに関して、逍遙自身は、「東洋館から冨山房へ」と題した、坂本嘉治馬との交流を記した随筆に、次のように書いている。

それはともあれ、右の読本が坂本君とを以前よりも一層親近させたと見えて、其以後、私は同君のお庇で、自分の物、乃至関係者の物をいろいろ世の中へ送り出してゐる。「通俗倫理談」を出したのは明治三六年。「少年文学」だの、「世界文学」だのといふ叢書を、私が発案し、監修して、早稲田出身の若手文士に執筆させて、冨山房から出したのも其ころであつた。

坪内の文章によれば、「少年世界文学」は、彼自身が企画した刊行物のようだ。冨山房で出した国語読本の発展的な姿だと考えられる側面もある。したがって、このシリーズについても、触れておく。[*45]

シリーズの各巻の扉に付けてある「序」は、「情育といひ趣味滋養といふ、之れを言ふは易くして良効あらはしめんは難し。」という文章で始まる。「情や趣味」は、指導者の識見と技量によってその効果は大いに異なり、優れた文学者の「趣味性、鑑賞力」でさえ「健全成らざる例」もあるので、用心して用いなければならない、という。次いで、「冨山房主人がこのたびの思ひたちは甚だよし、起死回生の神効は期すべからずとするも願はくは一服無害の清涼剤たらしめよ。需に応じて校閲添削に従ふのついでに端書す。」と、序が結ばれる。この文章の筆者は「校閲者」になっている。奥付で確認するまでもなく、この「校閲者」とは、坪内雄蔵本人である。

巻末には、広告も付されていて「少年世界文学」と、それよりも「一層程度の高きもの」として「通俗世界文学」の企画が掲げられている。両者の特色として「全編坪内文学博士に請うてその監督の下に、現時青年諸名家の筆に成れるもの也。博士は毎篇の着想及び詞藻に対して注意深き校閲を施されたれば、その辞意共に坊間濫出の悪著述の比にあらず。」とある。全面的に逍遙が関わったという広告の文面をどこまで信じていいのかは分からないが、「其文章は、陳腐無気力なる旧文の形式を卻け、清新溌剌たる状写法によりて十分に活動の妙趣あらしめたり」とか「材を東西に探り、古今に索め（中略）世界に於ける日本人的頭脳を作らしめんことを力めたり」というようなうたい文句は、逍遙の従来からの主張と一致する。このシリーズはこうした立場から「世の子女ある父母兄弟諸君は之を家庭読本として安心して読ましむること」を願った企画だったのである。

もっとも、すでに一八九九（明治三二）年には、類似の叢書として、博文館から巌谷小波による「世界お伽噺」シリーズが刊行されて大好評を博していたし、教科書出版においても冨山房の競争相手だった金港堂からも、一九〇二（明治三五）年五月に「金港堂お伽噺」が出版され始めたばかりであった。

おそらく広告文にある「坊間濫出の悪著述」とは、これらの冊子を指

少年世界文学　第一編　表紙

しているのだろう。博文館の「世界お伽噺」が七銭、「金港堂お伽噺」が三銭前後だったのに対して、この「少年世界文学」は一二銭とそれらよりも上の購買層をねらった、より教養的な雰囲気を持つ企画だった。シリーズのラインアップは、次のようである。

　このシリーズは当初、「全五〇巻」で毎月二冊ずつの刊行予定だったようだが、実際の出版物は、この一六編までしか確認できない。最初のうちはかなりのハイペースで出版されているが、一九〇三（明治三六）年

第一編	不思議の魚（アラビアンナイトより）	正宗白鳥	一九〇二（明治三五）年一一月
第二編	狼太郎（キップリングより）	中島孤島	一九〇二（明治三五）年一一月
第三編	神代のはなし	河合酔茗	一九〇二（明治三五）年一二月
第四編	はちかつぎ姫	河合酔茗	一九〇二（明治三五）年一二月
第五編	イソップのはなし	西村酔夢	一九〇二（明治三五）年一二月
第六編	六勇士（グリム童話集より）	石原万岳	一九〇二（明治三五）年一二月
第七編	はまぐりの草紙	河合酔茗	一九〇三（明治三六）年一月
第八編	梅王松王桜丸	正宗白鳥	一九〇三（明治三六）年二月
第九編	葛の葉姫	正宗白鳥	一九〇三（明治三六）年二月
第一〇編	七夜ものがたり（アンデルセンより）	高須梅渓	一九〇三（明治三六）年五月
第一一編	百姓と悪魔（トルストイ小話集より）	中島孤島	一九〇三（明治三六）年五月
第一二編	五斗兵衛	正宗白鳥	一九〇三（明治三六）年六月
第一三編	頼光四天王	大島居古城	一九〇三（明治三六）年七月
第一四編	新伏姫	平尾不孤	一九〇三（明治三六）年八月
第一五編	蝶の魔法	中島孤島	一九〇三（明治三六）年一二月
第一六編	ロビンソンものがたり	佐野天声	一九〇四（明治三七）年四月

に入ると刊行はまばらになり、一四編と一五編、一五編と一六編との間隔は、それぞれ四ヶ月も空いている。その原因の一つとして、逍遙の体調の問題があったと考えることができる。というのは、逍遙は一九〇二（明治三五）年九月に早稲田中学校校長に就任したものの、激務もあってか、腸カタルが悪化したり、顔面麻痺になったりして、一九〇三（明治三六）の夏には静養のために東北に旅行に出る。しかし、とうとう一二月には病気のため校長職を辞任することになってしまう。

　つまりこの時期は、仮に逍遙がこのシリーズに力を注ぎたいと思っていたとしても、健康面に不安があった時期だったのである。実直な逍遙のことだから、名前を貸しただけの校閲ではなく、周辺にいる若手に声をかけ、作品の選定の相談に乗ったり、文章の点検にまで手を染めたことは十分に想像できるが、実際に全五〇巻のシリーズを順調に刊行し続けることは難しかった。同様に、同時に企画された青年向けに世界名作を集めた「通俗世界文学」も数冊を刊行しただけで、全巻完結には至らなかった。もちろん、このシリーズが完結しなかったのは、逍遙の病状のせいだけではないだろう。

　この件に関しては、木村小舟が、このシリーズが中断した理由をいくつかあげている。すなわち、「当時これ等の執筆家が、未だ少年間に親炙すること少なく、且つ発行所も、少年読者に対する有力な宣伝機関――例えば少年雑誌の如き――を備えなかったこと〻、搗て〻加えて、戦争という大きな渦中に巻き込まれた等々、挙げ来れば、中途断絶の真因は、必ずしも単純なものではあるまい」という。木村のいうように、シリーズの途絶は、こうした事情が複合的に働いた結果であろう。[*46]

　しかし全巻が完結しなかったとはいえ、巖谷小波が自ら全編を手がけ

た博文館の「世界お伽噺」や、著者の素性が明らかではないものが多い金港堂の「金港堂お伽噺」などに較べて、このシリーズは世界と日本の作品に眼を配った作品の選定や、なによりも読み手に受け入れられるために、質の高い文章を提供しようとした方針が鮮明である。それは逍遙の読本編纂に関わった姿勢と全く同じであった。予定した最終巻までは刊行することができなかったものの、このシリーズは、国語教育の目標を読書人の育成に置いた逍遙にとって、まことにふさわしい企画だったといえるだろう。[*47]

＊

津野梅太郎は、逍遙への深い愛情に満ちた評伝『滑稽な巨人』の中で、彼の仕事をこう評している。[*48]

文学にせよ演劇にせよ、逍遙は明治文化大革命の第一走者として、たえず身をもって時代の最先端を切りひらいてゆかなければならなかった。そして、いつもかならず、自分がほとんど独力で準備した当の新しい時代によって他愛なく追いぬかれてしまう。すくなくとも、そのように同時代の人びとの目には見えてしまうような性質が逍遙の仕事にはつきまとっていた。そのことの繰り返しが、なみはずれて偉大ではあるが、同時に、どうしようもなく時代錯誤的でもあるというような、つまり「滑稽な巨人」という逍遙イメージをひろく定着させることになる。

津野のいうように、教育、とりわけ読本編成の仕事についても、同じようなことが言えるかもしれない。逍遙が力を傾けた「国語読本」も、「身をもって時代の最先端を切りひら」こうとした仕事だった。しかし、この後、義務教育の教科書は国定制度になり、不十分ではあるが、学習者の視点を重視した教科書作製の試みもおこなわれるようになった。この点で、教材編成を「趣向」の観点から排列するにとどまり、教材内容にも趣味的な傾向を残すなどある意味で「時代錯誤的」な部分は「他愛なく追いぬかれ」る結果になった。

坪内読本には、教科書編成における近代的原理の提唱はない。伊沢修二たちが、近代合理主義・科学主義に基づいて教科書構成の原理を追求しようとした姿勢は、この教科書には見られなかった。その代わり、個々の教材文の日本語の文章としての完成度は、非常に高かった。したがって、坪内読本に収録された個々の教材のうちのいくつかは、間違いなく後世の教科書に受け継がれ、その後の国語学習の内容を豊かにすることに貢献した。

後世に影響を与えたのは、読本の編成原理ではなく、坪内逍遙作と銘打たれた個々の教材文だったのである。その背後には、一つ一つの教材自体が充実した言語表現であるべきだという逍遙の主張があった。文章内容だけではなく、文章表現そのものに教材価値を見出そうする逍遙の姿勢は、後の教科書編集にもまっすぐに引き継がれていった。それは、第二期国定以降の日本の国語読本の文学教材重視の路線へとつながっていく。また、大正後期から昭和初年にかけては、唯一の国定読本に飽き足らず、文学的な教材を数多く登載した国語副読本や補充読本の類が、次々と刊行されるのだが、そこにも坪内読本の教材が多数再掲載されていることを確認することが出来る。

国語教科書の史的展開という点から見るなら、逍遙の教科書編集の仕事は、多くの特色のある外国の「読み物教材」を導入したことや、読書活動へと広げていく視点を重視していた点などに着目すれば、一八八七（明治二〇）年の文部省による『尋常小学読本』の後継者であると位置づけられるだろう。また、実科的で似たような内容になってしまった民間読本の中にあって、逍遙の読本がいくつかの県で実際に採用されていることからは、そうした「文学的」な教材を取り入れた読本を支持する地域があったことも推測できる。こうした点からすれば、坪内読本は、間違いなく、その後の日本の国語読本の本流を主導する仕事になっていた。

逍遙自身にとっても、教科書編纂という仕事は、外国文化である英語読本を参考にしながら、同時に自身の身体に深く染みこんだ日本近世の文化を、子ども向けの教科書という形式としてどのように表出するかという課題と向き合うことであった。それは同時に、翻訳文化と在来の文化とをどのように調和させ、次世代を担う子どもたちに手渡していくのかという実験に積極的に参加することを意味していた。

なぜなら、教科書編集という営みは、単に上から要請された価値観を受け渡す媒体を作製することではなく、広範な文化変革運動の一環に加わることだからである。しかし、この後策定されることになる教科書の国定制度という枠の中では、そうしたダイナミックな実験性は希薄にならざるを得ず、教科書という伝達メディア自体が固定化し絶対化されていってしまう。

こう考えてくると、逍遙が関わった明治検定制度下の『国語読本 尋常小学校用』『国語読本 高等小学校用』の編纂という仕事からは、国語教科書の編纂作業が、その時点における様々な層に向けての文化闘争の最前線だったことが、はっきりと読み取れる。その意味で言うなら、逍遙の教科書編集の仕事に「滑稽な」という形容詞を冠することは、必ずしも適当ではないように思われる。

注（Endnotes）

*1 河竹繁俊・柳田泉著『坪内逍遙』冨山房　一九三九（昭和一四）年　三二四頁、同書は一九八八（昭和六三）年二月に第一書房から復刻された。高野辰之「読本上に於ける逍遙先生の功績」『早稲田文学』一九二六年（大正一五）年六月　一二—一七頁。

*2 筑摩書房『現代文学大系』第一巻月報　一九七七（昭和五二）年九月　このエッセイは、『国語教育史資料　第二巻　教科書史』東京法令出版　一九八一（昭和五六）年　二五頁　井上敏夫編、にも紹介されている。

*3 「現代文学大系」の月報五八（昭和四二年一〇月）に掲載されている木村毅の文章には、坪内本の巻三の「虫の音楽」の該当箇所が写真版によって紹介されているが、キャプションは「尋常三年用」となっている。巻三は小学校二年生の前期に使用する教科書だから、説明としては間違っている。編集者が教科書の巻数から、単純に小学校の三年生用だと勘違いしたのだと思われるが、三年生進級時の話だと語った木村の側にも一半の責任はある。

*4 山田清作「逍遙博士の教科書編纂事業」『早稲田文学』二四四号　一九二六（大正一五）年　四七頁、に「対話には野卑ならざる限り卑近な言葉を用ゐ、そのため文部省からこごとが出」たことが冨山房の当事者からの伝聞という形で記述してある。

*5 色川大吉『明治の文化』岩波書店　同時代ライブラリー　一九九七（平成九）年六月　三四五頁。なお、この本は一九七〇年に単行本として岩波書店から刊行されている。

*6 坪内雄蔵編の『国語読本』に関する先行研究には、次のようなものがある。
宮本真喜子「坪内逍遙編国語教科書『国語読本』についての研究」『国語教育攷』第六号　国語教育攷の会　一九九〇（平成二）年八月　二五—三四頁。
岩佐荘四郎「坪内逍遙の『国語読本』」『ことばの世紀——新国語教育研究と実践』明治書院　一九九九（平成一一）年三月　一九—三三頁。
牛山恵「国語教育史におけるジェンダー——坪内雄蔵『国語読本』に見られるジェンダー形成の問題」『国語科教育』第五〇集　全国大学国語教育学会　二〇〇一（平成一三）年九月　一八—二五頁。
山根安太郎「文学的傾向の導入——坪内雄蔵『国語読本尋常小学校用』の性格—『国語教育史研究——近代国語科教育の形成』溝本積善館　一九六六（昭和四一）年三月　二八二—三〇三頁
井上敏夫「国語教科書の変遷」『国語科教育科学講座　第五巻　国語教材研究論』明治図書　一九五八（昭和三三）年五月　四六—五〇頁。
田近洵一「坪内雄蔵著『国語読本尋常小学校用』について」『国語読本尋常小学校用』（復刻編集版）二〇一二（平成二四）年一月　五八七—六〇二頁。

*7 『坂本嘉治馬自伝』非売品　一九三九（昭和一四）年八月　冨山房　四五—四八頁　なお、この坂本嘉治馬の伝記は「栗田書店創業五十周年記念出版」として企画された「出版人の遺文」シリーズの中の『冨山房　坂本嘉治馬』一九六八（昭和四三）年六月刊、にも収録されている。また、坂本嘉治馬の追憶には、一九二六（大正一五）年五月の『早稲田文学』に書いた「逍遙博士の教科書について」もある。
この『坂本嘉治馬自伝』は、坂本嘉治馬の一周忌に、その子坂本守正が作製したもので、坂本守正は自伝刊行と同時に、尋常小学校用の国語読本八冊を縮刷し、袖珍本に仕立て帙に収め、関係者に配布した。縮刷版の企画は好評だったらしく、故人の三周忌に当たる一九四〇（昭和一五）年八月には、『国語読本

高等小学校用』全八冊が、尋常小学校用の読本と同様の体裁で印刷製本され、関係者に配布された。山根安太郎の『国語教育史研究』の中で坪内本を検討した際に検討材料とした「めずらしい菊半截判の小型本」と述べているのは、この縮刷版のことであろう。

*8　「読本編纂要旨」（奥付がないが、逍遥のはしがきの記載期日は明治三三年一月になっている。）には、「この書の編述に着手してより、こゝに五年余」という記述がある。もしこれが記憶違いでないとすれば、逍遥たちが、小学読本編纂の仕事に取りかかったのは、明治三〇年以前だということになる。

*9　第二部第二章で触れたように、逍遥が最初に小学読本の出版の仕事に関わったのは、一八八五（明治一八）年、『英文小学読本 SHOUGAKU-DOKUHON』の刊行だった。

*10　『坪内逍遥事典』（一九八六年・平凡社）の「著作年表」には（筆名なし）として、掲げてあるが、明治二九年九月に刊行された逍遥著の『文学その折々』（七九〇―七九二頁）の中にこの文章がそのまま収録されているから、逍遥自身の手になる文章であることは間違いないだろう。

*11　『教育報知』五二六号・一八九六（明治二九）年一〇月八日／五二八号・同年一〇月二三日　なお、『坪内逍遥事典』（一九八六年・平凡社）の「著作年表」によると、この文章は「名家談叢」の一五―一七（明治二九年一一月二〇日―明治三〇年一月二〇日）に「坪内雄蔵述・山本真太郎速記」で発表された、と記されている。

*12　一八九四（明治二七）年に、七月に巌谷小波が「日本昔噺」シリーズの第一編『桃太郎』を刊行したとき、逍遥は「春のや主人」の筆名で序文を書いている。逍遥はそこで「無心は偏僻にまさることあり、詩は理屈のいれものにあらず」と、子ども読者に「無邪の興を感ぜしめ」ることのできるお伽噺の効用について述べている。

*13　小野道風の蛙の話とブルース王を対照する教材は、結局坪内読本では教材化されなかった。しかし、第二期国定国語教科書『尋常小学読本』の巻三の一九課にある「かへるとくも」という韻文は、まさしく小野道風の伝説と、「英国各読本にある蘇国王ブルースの逸事とを組み合わせたもの」である。『尋常小学読本編纂趣意書』（文部省）の「材料出処摘要」にもその出典が明記されていることから「かへるとくも」が異文化を組み合わせて教材化したことは間違いない。坪内の発言と、この国定読本の教材との関係は不明であるが、坪内の思いつきは、後年になってから実際に教材化され、文部省の国語読本の中に実現されたことになる。

*14　杉谷代水については、以下のような参考文献がある。『近代文学研究叢書　第一五巻』昭和女子大学近代文学研究室　一九六〇（昭和三五）年　三六六―三九九頁。『杉谷代水選集』冨山房　一九三五（昭和一〇）年。また、新田義之「杉谷代水と児童文学」『日本児童文学研究』一九七四（昭和四九）年、も、ある。新田は、この論文の中で、杉谷が坪内読本の中心的な役割を果たしたことを論じた後、次のような注目すべき発言をしている。「実際に子供達が国語教科書の中の詩などから強い印象を受けるものとすれば、国語読本や唱歌集は、広い意味での児童文学の領域に属するわけである。」一〇七頁。

*15　原本は、筑波大学附属図書館「宮木文庫」の所蔵。早稲田大学図書館には、「明治三十四年八月・編者識」の日付表示のある「国語読本編纂要旨」が所蔵されている。また『逍遥選集』別巻第三にも、「教科書二種の編纂主旨」が、収められている。それは「『小学国語読本』はしがき」となっており、明治三三年一一月に「編者識」の記載がある。また、『国語読本 尋常小学校用』についても、同様の「編纂趣意書」が出されている。その一部は『逍遥選集』にも収められている。なお、本文中で稿者が述べた「他社」とは、ほぼ同時期に出された以下の国語教科書の「編纂趣意書」を指す。「帝国読本編纂趣旨書」集英堂・

明治二六年、「尋常小学読本編纂趣意書」普及舎・明治二七年、「尋常読本編纂主意書」普及舎・明治三一年、「新編　国語読本編纂趣意書」普及舎・明治三四年、「実験国語読本編纂趣意書」右文館・明治三四年。

*16 川戸道昭「馬に乗った裸の王様――アンデルセンの翻訳に与えた『ナショナルリーダー』の影響」二〇〇五年一二月『児童文学翻訳作品総覧　第五巻　北欧・南欧編』九―二〇頁、によると、高等小学校用読本巻一の「おしん物語（上）（下）」（シンデレラ）は、*Chambers's Standard Reading Book* 1 に掲載された"The Glass Slipper"から翻訳された可能性が指摘されており、巻六の「領主の新衣（上）（下）」（裸の王様）は、*Barnes's New National Readers* 5 に掲載された"The Emperor's New Clothes"の翻訳だとされる。なお、逍遙は、後に児童劇に力を入れるようになり、一九二二（大正一一）年には早稲田大学出版部から『家庭用児童劇』という書籍を刊行するが、そこでは、イソップ寓話と並んで、海外の読本からの素材が数多く取り上げられて戯曲化されていた。逍遙が、海外のリーダーの中から、積極的に文学的教材を移入した経験は、こうしたところに活きていたのである。

*17 高野辰之「読本上に於ける逍遙先生の功績」『早稲田文学』一九二六年（大正一五）年六月　一一―一七頁

*18 といって、坪内読本の挿絵だけが、頭は昆虫で身体は人間という江戸期以来の描画だったわけではない。たとえば、一九〇一（明治三四）年刊行の、『尋常小学修身教本』（育英舎）の巻一に出ている「蟻と蝉」の絵も、また一九〇〇（明治三三）年刊行の『尋常国語読本』（金港堂）巻四第四課に出ている「アリトキリギリス」も、やはり坪内読本と同じ擬人化による描法である。この時期にはまだ、こうした擬人化画法の方が、多くの人々に、なじみやすかったのかもしれない。

*19 鈴木博『日本語学叢考』港の人　二〇〇三（平成一五）年三月　二〇六頁、によると、一八八六（明治一九）年に仮名草子からの抄訳が大久保常吉（夢遊）によって春陽堂から刊行され、そこに「ありとせみの事」が入っているので、これに依った可能性がある、としている。なお、一九〇一（明治三四）年の『尋常日本国語読本』巻四（小林義則・文学社）では、登場人物は「ありとせみ」、一九〇二（明治三五）年の『尋常国語教科書』巻四（小林義則・文学社）では「せみとみつばち」になっている。

*20 *Sanders' Union Reader* の三巻一四課にある Little Peeto and the Giant も、すでに同じ話題を扱っている。ただし、こちらの教材の方が文章量も多く、細部も若干異なっているので、稿者は *Royal Reader* 3.98 Little Dick and Giant か、それと同文の *Hillard's Second Reader* 43.44 Little Dick and the Giant が典拠ではないかと判断した。

*21 川戸道昭「馬に乗った裸の王様――アンデルセンの翻訳に与えた『ナショナルリーダー』の影響」二〇〇五年一二月『児童文学翻訳作品総覧　第五巻　北欧・南欧編』九―二〇頁。

*22 和田万吉・永井一孝『新撰国文稿本　巻一』冨山房　一八九九（明治三二）年二月。冒頭部分を引くと以下のようである。「白赤黄三羽の蝶ありけり。春の日のうらゝかなるにはかられて、花より花に飛び狂ひつゝ、時刻の移るをも知らざりけり。……」

*23 中山淳子『グリムのメルヒェンと明治期教育学――童話・児童文学の原点』二〇〇九（平成二一）年四月、三三一―三三七頁によると、『俄氏新式教授術』は、アメリカのデ・ガルモの著作の翻訳である。本荘太一郎訳補　牧野書房　一八九一（明治二四）年五月。（『俄氏新式教授術』は、唐澤富太郎編『明治教育古典叢書』23、にも所収されている）。

*24 藤沢房俊『「クオーレ」の時代』筑摩書房　一九九三（平成五）年九月　一―二頁。

*25 『児童文学翻訳作品総覧　明治・大正・昭和・平成の一三五年翻訳目録　5　北欧・南欧編』ナダ出版センター　二〇〇五年一二月「翻訳作品別目録」三二〇―三四九頁の情報による。なお、国立国会図書館の蔵本である、*Cuore, an Italian schoolboy's journal; a book for boys*, translated from the 39th Italian ed., by Isabel F. Hapgood. 1887 が、おそらく原抱一庵が翻訳に使用した原本だと思われる。原の『十二健児』の「例言」には、原本を「縣文夫」から借用したと記されているので、杉谷代水もこの本を底本にして、日本語に移し替えた可能性がある。なお、一九〇一（明治三四）年七月には、この Hapgood の英文によるクオレから、「今月の話」（「母をたずねて三千里」を含む）を一〇編を抜き出し、*Stories from Cuore; a book for boys* という題名を付した英語教科書が編集発行されている。これは「文部省検定済」となっており、中学校用の英語の教科書として使われたようだ。別に、徳田進『孝子説話集の研究・近代編（明治期）――二十四孝を中心に』井上書房　一九六四（昭和三九）年九月、の一六六頁に、『国語読本 高等小学校用』の巻六の教材文「親ごころ」（第三・四課）に関して、次のような記述がある。「本話は舞台を函館運航船上の邦人の話にしてあるが、実はクオレ中の月曜物語からの翻案である」しかし、デ・アミーチスの『クオーレ』には、この「親ごころ」に相当するエピソードは見あたらない。

*26 ほかの読本にも、目の見えない人に対して親切にすべきだというような修身的な話材はある。しかし、障碍者に、「哀れみ」をかけるという近世道徳の発想からは抜け出ていない。この点で、坪内読本の選んだ教材文は、近代科学が障害を克服するというある種の「近代性」を持っていた。だが、今日的な観点からみれば、ろう者に対して、口話法を押しつけるような言語教育のあり方は、ろう者の母語を侵害する行為である。こうした教材が、そうした歴史的な限界性を持っていることは、十分に認識しておく必要がある。

*27 『新日本古典文学大系　八二　異素六帖・古今俄選・粋宇瑠璃・田舎芝居』岩波書店　一九九八（平成一〇）年二月　解説　四五五頁。

*28 長尾松三郎・田村作太郎共著『坪内博士の読本を使用する 国語教授法』村上書店　一九〇一（明治三四）年一〇月。

*29 『坪内逍遙事典』の年表には、「国語読本」から五作品が逍遙自作と記されており、『逍遙選集　別冊第三』にはその五作品が収録されている。

*30 木村毅「わが比較文学遍歴――坪内逍遙読本と樗牛の『明治の小説』論」『早稲田大学史紀要　六号』早稲田大学史資料センター　一九七三（昭和四八）年三月　五―七頁。

*31 泉英七・船越茂伝治『坪内博士国語読本 教授及細目』第一巻―第四巻　竹内教育書房　一九〇二（明治三五）年二月。

*32 『国語読本 尋常科用教師用書』冨山房　一九〇一（明治三四）年　八冊。なお、『国語読本 高等科用教師用書』もあり、こちらには、外国教材の出典がかなり記載されている。

*33 山田清作「坪内博士の教科書編纂事業」『早稲田文学　二四四号』一九二六（大正一五）年五月　四七―四八頁。

*34 奥付には、高知県教育会編纂・代表者藤崎朋之と記してある。藤崎朋之は、後に帝国議会議員に当選し、帝国議会で政治家として活躍したことでも知られている。

*35 高知県師範学校茨木定興著『高知県管内 土佐国地誌略』明治一五年六月出版発兌・発売所高知出版会社（小川吉之助）、金属活字印刷・和本。上田虎雄編『土佐国地理小誌』一八九〇（明治二三）年一二月。

*36 橋本暢夫「坪内逍遙作品の教材化の状況とその史的役割」『中等学校国語科教材史研究』渓水社 二〇〇二（平成一四）年七月 七―八二頁。
梅澤宣夫「坪内逍遙と教科書――明治以降の国語教科書・国語読本等に採用された逍遙作品（1）」『坪内逍遙 研究資料 第一二集』新樹社 一九八七（昭和六二）年八月 八七―九七頁。
梅澤宣夫「坪内逍遙と教科書――明治以降の国語教科書・国語読本等に採用された逍遙作品（2）」『坪内逍遙 研究資料 第一三集』新樹社 一九八九（昭和六四）年九月 六五―七六頁。
梅澤宣夫「坪内逍遙と教科書――明治以降の国語教科書・国語読本等に採用された逍遙作品（3）」『坪内逍遙 研究資料 第一四集』新樹社 一九九二（平成四）年四月 一〇四―一四九頁。

*37 ここには数えあげていないが、一九〇四（明治三七）年度から使用され始めた第一期国定読本『尋常小学読本』巻七第四の「三つのちょうーちょ」は、「三羽の蝶」を散文化した教材である。この『尋常小学読本』の教材「三つのちょーちょ」が、坪内読本の教材文（韻文）によったのか、あるいは直接ヘステル読本などから翻訳したのかは不明である。

*38 一九四〇（昭和一五）年八月に、坂本嘉治馬の子息坂本守正が作製した『国語読本 高等小学校用』の縮刷版を印刷製本した際に、それに添えた「挨拶文」に「博士の創意と亡父の熱意とが、今日の国定期教科書の中にまでなほ生きてゐるとの御批評もありますほどで、ともかくも画期的な出版でございました。」との文言がある。別に、「国語読本 高等小学校用 巻六」を復刻し、現代語訳を付した『坪内逍遙の国語讀本』バジリコ 二〇〇六（平成一八）年一二月、がある。また、冨山房インターナショナルからは、二〇一二（平成二四）年一月に、坪内雄蔵『国語読本 尋常小学校用』が刊行されており、坪内読本の全巻が復刻されている。

*39 中村忠行「検證：商務印書館・金港堂の合辦（三）」『清末小説』第一六号 清末小説研究会編 一九九三（平成五）年一二月。
樽本照雄「長尾雨山の教科書（上）――初期商務印書館の印刷物」『清末小説から』第四三号 清末小説研究会 一九九六（平成八）年一〇月一日。

*40 『日本教科書大系・近代編・第25巻・唱歌』講談社 昭和四〇年九月。「唱歌教科書総目録」六〇九―六三一頁。

*41 目賀田万世吉『小学読本唱歌・訂正発行』明治三四年六月 定価五銭 三八頁 国立国会図書館蔵。
成瀬鉄治『小学国語読本唱歌・学海指針社許可』明治三四年八月 定価五銭 三〇頁 国立国会図書館蔵。

*42 小山作之助『尋常国語読本唱歌』金港堂 明治三四年八月 二五頁 金一〇銭。愛知教育大学蔵。

*43 丸山忠璋『言文一致唱歌の創始者・田村虎蔵の生涯』音楽之友社 一九九八（平成一〇）年七月。
鎌谷静男『尋常小学読本唱歌編纂秘史』文芸社 二〇〇一（平成一三）年一二月。
大槻三好『童謡の父・石原和三郎先生』群馬出版社 一九五五（昭和三〇）年四月。
大槻三好『明治唱歌の恩人・石原和三郎』講談社出版 一九七二（昭和四七年）一一月。
大槻三好『明治唱歌の父・石原和三郎読本』群馬出版センター 一九九三（平成五）年四月。

*44 『読本唱歌』冨山房 一九〇一（明治三四）年一一月一日 二四頁。

*45　坪内雄蔵「東洋館から冨山房へ」『国語読本 尋常小学校用』（復刻編集版）二〇一二（平成二四）年一月　九頁。このエッセイは『冨山房』昭和七年一〇月発行、の再録。

*46　木村小舟著『改訂増補 明治少年文学史 明治編下編』童話春秋社　一九四九（昭和二四）年五月　二一三―二一四頁。引用は、次にあげた復刻本による。木村小舟著『明治少年文学史 第二巻』大空社　一九九五年（平成七）年二月。

*47　冨山房からは、一九一五（大正四）年一二月に、「模範家庭文庫」全二五冊のシリーズが刊行され始める。（―一九三八年）。大正期の刊行分の価格が二円八〇銭、昭和期刊行分は三円八〇銭もする豪華版の児童書である。この「少年世界文学」シリーズが原型になっているといわれる。

*48　津野梅太郎『滑稽な巨人――坪内逍遙の夢』二〇〇二（平成一四）年一二月平凡社　二〇―二一頁。

第三章　「統合主義国語教科書」の試みとその挫折

　前章では、教科書業界では新顔だった冨山房が、坪内逍遙の全面的な協力のもと、検定後期の読本業界に割って入り、ある程度の成果を挙げたことを見てきた。一方、最新の教育理論である「統合主義」を背景にして教科書の作成を試みたのが、樋口勘次郎だった。それも、その仕事をバックアップしたのは、教科書業界最大手の金港堂だったのである。

　本章では、この樋口の仕事が、当時のどのような教育の流れを背景にしていたのか、またそれが子ども読みものの広がりとどのように関係するのかなどの問題を、様々な観点から照らし出してみたい。

一、「教育上の統一」への動き

『統合主義新教授法』の著者

　樋口勘次郎の名前は、一八九九（明治三二）年に刊行された『統合主義新教授法』の著者として知られている。この書物についての世評はすこぶる高い。というのも、当時は谷本富に代表されるヘルバルト学説に基づく教育理論と実践が教育界を席巻していたが、その形式主義・管理主義的な傾向に対して異議申し立てをした書として受け入れられたからである。

　例えば、高森邦明は、『国語教育大辞典』の解説の中で、次のように書いている。*1

　ヘルバルト学説の形式主義・管理偏重を批判し、大正期の児童中心主義・自由主義・自発活動主義的な教育へと向かわせる指針的な役割をはたしたのが『統合主義新教授法』である。「統合主義」とは、「各学科の連絡統一」と「心意と身体両面の発達」の必要を主張するもので、知識の注入や形式的な管理を排斥し、「生徒の自発活動」と「遊技的教授」とを力説する。樋口は、この活動主義をアメリカのフランシス・パーカー（F. W. Parker 一八三七―一九〇二）の活動主義の教育論から学んでいる。樋口は高等師範在学時代からパーカーを研究しており、同校附属小学校訓導時代既に、その活動主義教授論を実践していたとも言われている。

　パーカーからの影響については、彼が高等師範在学時にアメリカで刊行されたばかりの原著を入手して、そこから学ぶことは難しかったのではないかという疑問も提出されている。しかし樋口がパーカーから児童中心の発想を学び、ヘルバルト主義の教育を批判的に摂取して、日本の教育を一歩進めようとしていたのは、確かなことだと思われる。[*2]

とりわけ樋口が提唱し、実際に児童に書かせた「自由発表主義作文」は、芦田恵之助によって継承され、随意選題作文への大きな礎石となった。樋口の『統合主義新教授法』の中には「遠足」に関する児童作文が収録されており、それが「遠足作文」の嚆矢として、また総合学習の淵源として、今日でもたびたび引用言及される。また、滑川道夫は、『日本作文綴方教育史1 明治編』のなかで、「久野収・鶴見俊輔の説も、波多野完治説も、中内敏夫説も、芦田恵之助を生活綴方の源流と見なしているが、筆者はさらに一歩さかのぼって樋口に求めようとする」と、生活綴方の先駆者として樋口を位置づけようとしている。この滑川の評価は、今では一般的な見解になっているように思われる。さらに文学的な教育に関しても、樋口が童話や昔噺を教材とする実践に積極的に取り組んだことは、注目すべきである。

こうした教育実践上の成果だけではなく、石戸谷哲夫は、欧州留学から戻った樋口が『国家社会主義新教育学』を著したことをもって「社会主義のなんたるかを教育界の内部から公然と教員たちに説いた最初の人物」だといい、「わが国の教育社会学、教育科学の歴史を辿る場合にも樋口は無視できない草分けの存在」だと指摘する。[*3]

樋口勘次郎が「大正期の児童中心主義・自由主義・自発活動主義的な教育へと向かわせる指針的な役割」を果たしたという点については、多くの論者の共通して指摘するところであり、樋口の名前は、新しい教育の可能性を切り開いた人物として、一般に認識されているといっていい。彼の人間性については、とかくの褒貶がないわけではないが、日本の教育実践史上、様々な新しい可能性を探るような仕事に手をつけたことは間違いないであろう。とりわけ、ヨーロッパへ留学する以前の彼の教育活動には目を見張るものがある。[*4]

樋口は、教科書の編集についても一家言を持っていた。というより一時期、彼の最大の目標は、それまでにない新しい理念にもとづく教科書の作成にあった。管見によれば、樋口の編集した教科書、及びその教科書観については、これまで十分に検討されたことはない。おそらくその最大の理由は、彼の関わった検定教科書が必ずしも樋口の理念どおりの成果を挙げたわけではない、というところにつきるだろう。つまり、彼の関わった教科書は、必ずしも高い評価を得たわけではないのである。それは、彼の教科書編成理念の問題でもあるが、同時に、作業の途中で樋口自身がヨーロッパへ留学してしまったという物理的な理由に起因している側面も大きい。それでも、彼の考えていた「教科書」が、どのような準備の下に企画され、その構想はどのように具体化されたのか、とりわけ子どもの読み物と教科書との関係をどのようにとらえていたのかを考えることは、本研究にとっても大きな意義がある。

樋口勘次郎の志向

まず、樋口の経歴を見ておく。樋口勘次郎（勘治郎・勘二郎、も使われる。号、蘭林・信陽生）は、一八七一（明治四）年、長野県諏訪郡富士見村木之間に生まれた。一八九一（明治二四）年長野県尋常師範学校卒業、塩尻小学校などの訓導をつとめたのち、高等師範学校文学科に入学する。一八九五（明治二八）年三月、同校卒業後、ただちに同校訓導兼助教諭、一八九九（明治三二）年五月同教諭兼訓導となった。[*5]

師範学校に奉職することになった理由も、「此意見ヲ実行シツツ教科書編述ノ業ヲ試ミムコトヲ命ゼラレシニ由レリ」というところにあったらしい。つまり、樋口に期待されていたのは、実践を重ねながら「統合主義」を具体化した教科書を作成することだったのである。

では樋口は、どのような教科書の「編述」を志向していたのか。それを考えるためには、まず彼が乗り越えようとしていた目の前の教科書の現実、つまり明治二〇年代の教科書が「統一」を欠いていたという実態と、「へるばると派ノ統一教授」との関係を見ておく必要がある。教科の「統一」について、当時、どのような議論がなされていたのだろうか。

「諸学科聯進論争」における論議

一八九一（明治二四）年一一月に出された「小学校教則大綱」の第一条には、「各教科目ノ教授ハ其目的及方法ヲ誤ルコトナク互ニ相連絡シテ補益センコトヲ要ス」という文言があった。「相連絡シテ補益セン」という趣旨は、それぞれの教科の学習をバラバラに行うのではなく、教科相互の連絡を図ろうということである。こうした規定が登場した原因は、一八八七（明治二〇）年、当時の文部大臣森有礼が、大日本教育会総集会において、諸学科の教授を相互に連絡せしめる必要があると発言したことに遡る。森の発言をきっかけにして行われたさまざまな議論は、今日では、一括して「諸学科聯進論争」と呼ばれている。[*7]

近代学校教育は、近代諸科学が達成した成果を教育内容として積極的に取り入れてきた。小学校教育においても、寺子屋などで伝統的に扱われてきた「読み・書き・算盤」以外に、様々な近代的な諸科学の基礎内容が取り上げられている。それらは、具体的には細分化された各教科に

樋口の高等師範学校の卒業論文は、「統合教授論」という題目であり、その中で、教科書に関する所説を開陳したらしい。というのは、一八九六（明治二九）年四月に『東京茗渓会雑誌』一五九号に掲載された樋口の論考に、そのことが述べられているからである。該当部分を次に引いてみよう。[*6]

> 余始メテへるばると派ノ統一教授説ヲ学ブヤ、少カ感ズル所アリ。思ヘラク、明治維新以来教育ノ運、日進月歩スト称スレドモ、道義ハ益々地ヲ払ヒ、知識ハ拡張シ、芸術ハ発達シタルニ相違ナキモ、人々益々薄志弱行ノ軽躁漢トナレルモ、無用ノ学者ハ輩出スルモ、無頼ノ書生ノ続出スルモ、教育ガ身体ヲ薄弱ニスルヤウニ見ユルモ、皆広キ意味ニ於テ教育ニ統一ナキニ原因スルコト多シト。即「統合教授論」ト題シテ、此等ノ弊ヲ救フニハ教授ノ統合ヲ計ラザルべカラザル所以ト、統合教授ノ方法トヲ論ジ、此レヲ実行セン為メニハ教科書ノ改良ヲ急務トスルコト、及ビ此ノ主義ノ教科書ヲ編述スルヲ以テ、畢生ノ事業トセムト欲スルコトヲ附記シ、卒業論文トシテ提出シタリキ

明治政府が推進した近代教育の弊は、あげて「教育ニ統一」を欠くところにあるというのが、樋口の主張である。その考えは「へるばると派ノ統一教授」から学んだものでもあるという。「へるばると派ノ統一教授」については、あらためて後に検討するが、少なくともこの文章からは、ヘルバルト教育学に影響を受けた樋口が「統合教育論」を卒業論文としてまとめ、それを具現化するべく「教科書ノ改良」を「畢生ノ事業」としたい、と考えていたことがわかる。また、樋口が卒業後直ちに高等

よって担われており、学校教育の内容としては「教科編成」という形で構造化されていた。例えば、一八七二（明治五）年の文部省「小学教則」と一八八六（明治一九）年の「小学校ノ学科及其程度」の「教科目」を比較してみると、次のようになる。

第一学年では前者が「単語読方」「会話読方」「綴字」「習字」「洋法算術」「修身口授」「単語暗誦」の七科目であり、後者は「読書」「作文」「習字」「算術」「修身」「体操」で、加設科目の「図画」「唱歌」を加えると八科目になっている。また、第七学年では、前者が「書牘作文」「文法」「細字速写」「算術」「幾何」「地学論講」「史学論講」「理学論講」「博物」「化学」「罫画」の一一科目で、後者は「修身」「読書」「作文」「習字」「算術」「地理」「歴史」「理科」「図画」「唱歌」「裁縫（女子用）」「体操」に、加設科目の「英語」「農業」「手工」「商業」を加えると一六科目である。近代教育が出発した一八七二（明治五）年から一八八六（明治一九）年までの過程においては、教科目の数は徐々に増えている。

久木幸男は、この期間に教科の「分化―統合」の問題は、「真剣に考えられた形跡はまことに少ない。少なくとも教科の編成というレベルで、このことにまっこうから取り組んだ証拠もほとんどない」と論断する。明治二〇年代に入るまで、教科統合の問題は、実践的な問題としては、ほとんど論議されてこなかったし、論議されても大きな反響を呼ぶことはなかった。学習者である子どもたちは、多くの教科目の授業を受けながら、それらが相互にどのように関連して、自分たちの成長に向けて焦点化されているのか、はっきりとした見通しを持てないでいたことだろう。そうした実態は、学習者の近くにいる現場の教師たちが、一番良く心得ていたはずである。久木は、「統合を欠く分化の弊は、小学校が子どもに断片的な知識を与えるのみで活用可能な統合的知識を授けていないという批判の形で当時ようやく問題になり始めていた」といい、そうした非難の声のいくつかを紹介している。

さらに久木は、『東京高等師範学校附属小学校教則』の読物・問答は、低学年の場合には地理・歴史および自然科学教材をも含んでいて、わずかながら統合への志向も見出される。また『小学校ノ学科及其程度』の読書もこれをうけついで、同じく地理・歴史・理科教材を含むこととされている。いずれも教科そのものには手をふれずに、教材のレベルで部分的な統合をはかったものといえよう。」と、この問題に具体的に鍬を入れたいくつかの問題提起も紹介している。教科統合の問題は、教育実践の問題として、論議の俎上に乗せられるのを待ち構えている状況だったのである。[*8]

森有礼の演説とその余波

こうした時に、森文部大臣の演説があった。それは、一八八七（明治二〇）年五月、大日本教育会総集会において行われた講演で、各科の聯合を進める必要があるという主旨の問題提起だった。森が主張した理由は、以下のとおりである。すなわち、単級学級では「聯進」は可能だが、多級学校ではそれが無視されている、しかし単級・多級を問わず「聯進」は必要だという論議である。演説の主旨は、生徒の学習負担の軽減と指導の効率化をねらったものだった。これに呼応して『教育時論』一一四号（一八八八［明治二一］年六月一五日）は、「森有礼君の学科教授法を批評す」という記事を掲げて、森文相の演説は協力を忘れて分業に入りすぎている現状を批判したものだと受け止め、それを肯定する一方で分業も大事だと主張した。もっとも、両者ともに、「教科の統合」を問題にしてはいたが、教授上の方法の論議に終始しており、教科の構造やその関連の問題にまでは論が及んでいない。

ところが、六月の大日本教育会常会で、能勢栄は森文部大臣が演説した「聯信（ママ）教授法」に触れて、その応援演説とでもいうべき話をする。その講演内容は、同年八月の『大日本教育会雑誌』七八号に掲載されている。そこで能勢は、教科目相互の関係について論じた。能勢によると、学科目には大きく二種類あるという。一つは教練的学科（Training）つまり形式教科であり、価値の高い方から「倫理」「外国語・漢文・国語」「数学」「作文」「習字」「体操」と並べることができる、もう一つは教授的学科（Instruction）つまり内容教科であって、これも順に「地理・歴史」「物理・化学・博物・生理衛生」「図画・唱歌」「農業・工業・商業」と並べられるとする。さらに、またここに挙げたすべての学科にわたって、それを特効的と補助的とに分類することができるという。挙げられた例は、特性を涵養するための特効的教科が倫理学、補助的学科が歴史、唱歌、体操、衛生であり、推理力を発達させるための特効的教科が数学で、物理、化学、地理、商工業はそのための補助教科である、という具合である。この特効的・補助的という考え方は、それぞれの教科目が可逆的・相補的な関係として考えられている点で、きわめて興味深い。すなわち、倫理学の補助的教科として位置づけられていた歴史を、史的な認識を獲得させるために特効的教科として取り扱うときには、逆に倫理学が補助的教科になるという論理展開である。つまり、各教科は相互補完的に機能するということを説明しようとしたのである。能勢の「教練的」「教授的」「特効的」「補助的」という分類の仕方は、各教科をある程度構造的にとらえることができる。教科の「聯信＝統合」について論議は、一定程度進行したといっていいだろう。だがそれはあくまでも、形態的な説明の域にとどまっており、具体的な教育課程として組織されていたわけではない。

また、『教育報知』の一八八九（明治二二）年三月一三日号には、本荘太一郎による「諸学科聯進ノ理論」が掲載されている。本荘の提起は、教科の系統性と「聯進」との関係を問うたもので、両者の完全なる実行は無理でも、できる範囲でそれを進めるべきだという意見である。*9

長谷川作蔵の意見と実践

さらに、一八九〇（明治二三）年九月二五日の『教育時論』一九六号には、長谷川作蔵の『尋常小学各教科連絡ノ必要』という文章がある。ここでは、森文相の提案に触れた後、「各科教授連絡ノ必要」が、三点にわたって説かれている。長谷川は、まず、小学校の目的は「普通ナル人物」を育成することであり、「各学科ハ目的ニアラズシテ此目的ヲ達スル手段」だとする。つまり、小学校では各教科の専門家を作るのではなく、教科を通して人間を育てるのである。とすれば、学科目は分かれていても、その目的に向かっての連絡が必要だとする。これが「各科教授連絡ノ必要」の第一の理由である。次に、小学校の学科で取り扱う材料は、「其範囲極メテ狭隘」で、同じような題材によって「諸科ヲ教授スル」ことになるのだから、連絡が必要だとする。子どもの日常生活が広がりを欠いており、また十分な知識を持ち合わせていないことを前提とするなら、確かにこの理由も頷ける。加えて、学習者の「観念連合或ハ思想伴生」という観点からすると、各教科はバラバラに存在するのではなく、相互に補い合うことにより効果を上げるとする。こうした観点から現状を見るとき「作文読書二科ノ如キ其本源同一ノモノナルニモ関セズ、其関係多クハ冷淡ナルヲ以テ推セバ、他教科ノ間其親密ナラザルコト推シテ知ルベシ」と、各教科間に連絡がないことを強く指弾している。さらに長谷川は「読書科ハ各科ヲ開クノ門鍵ニ背カザルカ、言語練習ハ他科ニ如何ナル関係アルカ、作文科ハ各科ニ於テ得タル思想ヲ表出スルノ作用ヲナスカ」とたたみかける。言語学習が他教科とどのように関係しているのかを考慮する必要性を鋭く衝いた意見である。もっとも、この点については、現在の段階でもそれほど明確に整理されているわけではない。というのは、教科相互の連絡という問題は、教育課程の整合性を論理的に構築することが必要であるのはもちろん、具体的な教育実践とも直結するからである。

その点でこの論考が興味深いのは、彼の挙げる実例である。長谷川は「文部省尋常読本第二ノ新聞売ト云ヘル一項」を取り上げて、次のようにいう。（「新聞売」は、父を亡くした少年が生活のために新聞を売りながら、時間を惜しんで勉学に励んでいるのを知った老人が感心し、残りの新聞をすべて購入してあげるという美談である。稿者・注）

其事実ハ親ノ為学資ノ為ナレバ、修身科ニ適当シ、作文科ニ取リテハ或ハ新聞紙ナル漢字交リ文ヲ与ヘ、或ハ新聞紙貸借ニ関スル口上書類ヲ授ケ、又其代金等ニ関セシ事ハ、算術科ニ於テ授ケ、習字科ニ於テハ文字ヲ摘録シテ之ヲ練習セシメ、孝行ノ美徳勧学ノ特志ハ之ニ関スル歌謡ヲ唱和セシムル

教材文「新聞売」を中心にして、各教科の内容をそこに関連させて指導したらどうかという提案である。さらに長谷川は、もうひとつ別の例を挙げている。

普通処世ノ事物ヲ含有スル一談話ヲ引用シテ、之ヲ例センニ桃太郎猿蟹ノ類ヲ以テ、各科ヲ応用教授セバ、其教材ハ単一ニシテ功ヲ成スコト大ナラン

つまり「桃太郎」や「猿蟹合戦」などの「物語」を中心にして、各教科統合の核にしようという発想である。少々先走っていうと、後に樋口勘次郎が本格的に取り組もうとしたのがこの方法だった。長谷川自身も、ささやかではあるが、連絡指導の「実験」をしたらしい。すなわち、

全校生百余名ヲ一教場ニ集メ、其頃或ル新聞ノ雑報ニ記シアリシ、漂流談ヲ抜摘シ、之ヲ談話シ之ヲ問答シ、生徒ノ学力ヲ計リテ問ヲ発シ、一年生ニ適セシ事ハ之ヲ一年生ニ問ヒ、二年生ニ当ル事ハ二年生ニ尋ネ、或ハ算術科ニ及ビ、終ニ其談話ノ大団円ヲ告ケタル事アリキ

という経験だった。新聞記事をもとにして、総合的な学習を展開したのである。長谷川は、この論考の最後を、次のように結ぶ。ヘルバルトは一年生には学科を分かたず、ロビンソンクルーソーの話を唯一の教材としたということだそうだが、「実ニ斯クアリタキコトナリ」と。

すでにヘルバルト派の教授の実際の様子が伝えられており、長谷川がそれを自らの授業実践と重ね合わそうとしていたことが分かる。もっと

もこの長谷川の「実験」は計画的に行われたものではないし、この報告だけではその詳細な過程は分からない。しかし、統合教授の実際ということだけでいえば、長谷川の試行から、樋口勘次郎の実践までは、もう一歩の距離だったといえるかもしれない。

以上見てきたように、教育界では、教授の実際にあたってその「統合」の必要性が徐々に認識され始めてきた。平松秋夫は、「明治二八年以降になると、ヘルバルト派の中心統合思想に対する関心は急速に高まった」と、当時の空気を素描している。樋口が、卒業論文を書き、師範附属で新しい実践に取り組み始めたときには、ヘルバルト派の中心統合説が、まさに教育界の大きな話題になっていたのである。*10

ヘルバルトの「中心統合説」とラインの影響

知られているように、ヘルバルトの教育学を日本に持ち込んだのは、ハウスクネヒトである。明治国家権力が、彼を招聘したことは、アメリカからもたらされた個人主義的色彩の強い「開発主義」への依拠から、国家主義を標榜するドイツ教育学へと転換したことを象徴的に示している。ハウスクネヒトは、一八八七（明治二〇）年にドイツから招かれて、帝国大学の講義で、ヘルバルト学派のケルンやリンドネル、あるいはラインなどの教育学を紹介した。ここから、谷本富や湯原元一、あるいは先に触れた本荘太一郎などの教育学者が育った。

また、一八九〇（明治二三）年にドイツ留学から帰国した高等師範学校の野尻精一がヘルバルト教育学を講義し、ここもヘルバルト教育学が日本の教育に流れ出す源泉になった。教育現場への影響度という点では、高等師範学校の方が、大きく力を持ったのはいうまでもない。明治二五年には波多野貞之助が、イエナ大学に留学して直接ラインのもとで学び、明治二九年二月に帰国。明治三〇年四月から高等師範学校教授として、その成果を日本に伝えるなど、高等師範学校とライン学説との結びつきは、かなり強かった。こうしてヘルバルト教育学は、この時期の日本の教育学の先端理論として、またラインの実践教育理論は、日本の教育現場を導く指針として、大きな支柱になったのである。

ここでは、まず、ヘルバルト学派の代表的な論者である谷本富による中心統合説の紹介を見てみよう。ヘルバルト派は、一学科を中心として他の学科をそれに統合しようというカリキュラム構成を取っていた。その中心に置かれるのは、「倫理」あるいは「道徳」である。そして、それを具体的に体現する「教材」として、「童話」を始めとする「読物教材」が考えられていた。

谷本富の『実用 教育学及び教授法』は、一八九四（明治二七）年に出版されている。この本は、著者谷本のヘルバルトへの傾倒ぶりが、うたいあげるがごとき文体で記述されていて、谷本を一躍ヘルバルト派学者の筆頭に押し上げたものとしても知られている。このなかには、「教科統合」についてのプランが紹介されていた。

谷本によると、ヘルバルトは、かつて一学生にギリシャ語を教えたときに、ホメロスの「オデュッセイア」を中心的な教材として利用したことがあったという。これを、チラーが発展させて「ヘルバルト流の中心輳合案」が考案された。つまり「毎学年適当の感・情・的・教・科を擇むて教科統一の中心とする法」である。すなわち「第一学年・グリム著童話一二／第二学年・ロビンソン、クルーソ／第三学年・家長物語／第四学年・イスラエル士師時代〇チュリンゲル口碑／第五学年・イスラエル王政時代〇ニーベルンゲン歌／第六学年・耶蘇の伝記〇独逸国民改宗物語／第七学年・使徒物語〇中世史／第八学年・宗教改革物語〇宗教改革後の近世史」を中心に学習を進めていくのである。ラインもまたほぼこれと同様の教案を立てた、という。谷本は、単に材料によって諸教科を形式的に統一したのではなく、学習者の心理が重要なのだと、述べる。物語の類は学習者の「悟性、感情、両興味を喚起するが故」に、つまり、心理上の統一を図ることが可能であるからこそ教材として選ばれたのだ、というのである。[*11]

ヘルバルト学派であるラインの教育学は、一八九五（明治二八）年、『莱因氏教育学』によって、いち早くその全体像が紹介されている。この本は、簡にして要を得たテキストで、訳者は能勢栄。単なる訳書ではなく「訳注」という形で、翻訳者の注解がつけられているのが特色である。この本にも「学科の統同結合及び中心統合法」が、大きく取り上げられていた。[*12]

カリキュラム、すなわち「学科課程」の例として、歴史的教授が挙げられ、そこでは、「第一学年・メールヒェン／第二学年・ロビンソン／第三学年・家長及び摩西斯伝〇ツェーリンゲル物語／第四学年・士師及び諸王伝〇ニーベルンゲン物語／第五学年・耶蘇一代記〇耶蘇教改宗の話し、羅馬該撒時代／第六学年・前年の続き／第七学年・使徒ポール〇宗教改宗史／第八学年・ルーテル宗教問答〇国民改宗史」と、谷本が紹介したのと同様に、開化史的段階を踏んだ教育課程が示されている。[*13]

開化史的発展は、基本的に、個体発生は系統発生を繰り返す、と考える立場である。この考えに従えば、歴史的に古いものから現在までの時間軸を、そのまま個体発生である教育の論理に持ち込めば良いことになる。それが、現在の到達点が最高段階であることを正当化し、歴史を固定化する保守的教育理論に傾斜しやすいことは、明らかだろう。だからこそ、ヘルバルト教育学は、明治の教育に示唆を与えるものだと考えられたのである。

こうした考え方に立つなら、教材配列の原理は、古いもの、民族の中核をなす単純なもの（地域）から、近代（中央）へと向かうという筋道になる。注目すべきは、能勢栄が、こうしたラインの考え方を、日本に当てはめると、次のようになるのではないかと、その例を示していることである。具体的な材料名まで挙げられているので、次にそれを掲げてみよう。

第一学年　昔噺　猿蟹合戦、舌切雀、桃太郎、かち〳〵山

第二学年　史話　天岩戸、素戔烏尊、日本武尊、神功皇后、安部比羅夫、源頼光

第三学年　史話　源義家、源為朝、牛若・弁慶、平重盛、北条時宗、楠公父子

第四学年　史話　川中島合戦、太閤秀吉、加藤清正、山田長政、大石良雄、戊辰の軍

第五学年　上古　神武東征、仁徳治績、漢学渡来、仏教渡来、三韓内附、蘇我氏

第六学年　中古　孝徳治世、奈良の京、遣唐使、藤原氏、将門の乱、源平盛衰

第七学年　近古　源頼朝、北条氏、後醍醐天皇、足利氏、群雄割拠、織田信長、豊臣秀吉、徳川家康、国初より孝明天皇

に至るまでの政治風俗文物宗教等

第八学年　近世　米艦渡来、尊王攘夷、王政維新、廃藩置県、明治の開明、憲法発布、今上天皇即位以来の政治風俗文物宗教等

このプランは、机上のものであるとはいえ、そのまま教科書教材配列の原理としてもとらえることができる。先回りして言うと、後に、樋口もこうしたカリキュラムを教材集という形で実現しようとしたし、同じ職場にいた佐々木吉三郎は、実際にそうした配列の「修身教材集」を完成することになる。（そのことは第六部第三章で触れる）

もっとも、この『莱因氏教育学』という本だけでは、グリム童話を使ってどのように一年間のカリキュラムを構成するのか、あるいは具体的な一時間一時間の授業をどう進めるのかについては、分明ではない。おそらく、実際、日々教壇に立つ教員にとって、最も知りたいのは具体的な手だてだったはずである。そうした要望に応えて、ラインの提唱したプランが具体的にどのように指導されたのか、あるいはそれを日本の「昔噺」に置き換えた場合はどうなるのか、ということについても、すこしづつ紹介され始める。

たとえば、谷本の『実用教育学及び教授法』と同じ年の一八九四（明治二七）年に出版された湯本武比古の『新編教育学』には、巻末に附録として、教授案が付けられている。教師の発問を中心にした、おおざっぱな授業の展開を、略述したものである。そのうちの一つが「尋常科第一年ノ昔噺シノ教授」で、「大黒様ト兎トノ話」を例にあげて、大国主命と因幡の白ウサギの話を「予備・授与・連合・結合・応用」の五段階で教授する方法が示してある。また同じ「尋常科第一年ノ昔噺シノ教授」として、「狼及ビ七頭ノ子山羊ノ話（グリムノ作）」の一時間目の教授案が、ラインの教授案の翻訳紹介という形で示されている。これも同じ指導過程を踏む。まず、「今日は山羊と狼の話」だと目的を告げ、第一段階「予備」では、山羊や狼についての一般的な知識を与えておく。次ぎに、第二段階の「授与」に移り「昔、年を取つた一匹の山羊があつて七匹の子どもを持つていました。……」と、親山羊が子山羊に注意を与えて、外出するところまでを話す。次ぎは第三段階「連合」で、ストーリーの確認をし、人間の親だったらどうするかを想起させる。第四段階「結合」では、「神は常に児童を保護す」という命題を提示する。最後の五段階「応用」で、もし親が外出するときは、どうするかを問い、親が子どもを保護するありがたさに気付かせるという展開である。*14

樋口勘次郎も、ヘルバルト派の統合法については、樋口勘次郎講述『文部省講習会 教授法講義　下』で紹介しており、グリム童話については、自身の著書である『修身童話』に、翻案を附録としたことまで書きつけて

『文部省講習会 教授法講義』
樋口勘次郎　背表紙

いる。（この時、樋口の編集した『修身童話』は、第三巻まで刊行されていた。第六部第三章第一節で詳述する）。さらにラインの考案したカリキュラムである「統合的課程表」は、六年級の四月から六月までが、表の形で訳出されていた。[*15]

このような日本におけるライン教育学紹介に関する最も大きな出版物は、一九〇一（明治三四）年に翻訳紹介された、エナ大学教授ヴェー・ラインとアイゼナッハ師範学校教頭アー・ピッケルとアイゼナッハ師範学校教授のエー・シュルレルの共著『小学校 教授の原理』である。この本は、すでにハウスクネヒトが、帝国大学のテキストとして使用していたのだが、その全文が邦訳されたのは、これが最初だった。訳者は、山口小太郎・佐々木吉三郎の両名である。[*16]

この理論編に続き、実際編である『小学校 教授の実際 第一学年の部』が、その翌年に翻訳出版された。「歴史人文的学科（情操・美術〔図画・唱歌〕・読み方書き方）自然科学的学科（理科・算術）」それぞれ各教科について「教材の選択及び配列」「教材の取扱」を述べた、第一学年の部だけでも五六〇頁にも及ぶ大著である。訳者は、波多野貞之助・佐々木吉三郎の両名。この『小学校 教授の実際』は第四学年まで、順次、翻訳刊行されている。（この本に関しては、第六部第三章第三節で再び触れる。）この本には、「情操教育（修身教育）」に使う教材「グリム童話」を中心にして、各科の教育内容と連絡をつけた一年間のカリキュラムが示されている。また、それぞれの「童話」をどのように教えるのか、教師の発言を中心にして、きわめて詳細な各時間ごとの展開が記述されている。ここには、具体的な教師の発話も記されていたので、これを見ればどのように教室で「童話」を扱うのかが手に取るように分かっただろう。

この本が翻訳出版される以前からも、高等師範学校を初めとして、原典を直接読んで、それを摂取した教育学者や教育実践家たちは、ラインの教育理論を日本の教育現場に応用すべく、手探りで教育実践を展開していた。樋口勘次郎も、ラインの教育理論をベースにして、パーカーの教育学説なども参考にしながら、自らの教育実践を進めていったと思われる。次には、そうした樋口の教育実践の足取りを追ってみたい。

二、教科書編纂への模索

樋口勘次郎は、高等師範学校の訓導として教育実践を進めながら、それを教科書編纂へとつなげる道筋を探っていた。試行錯誤の跡は、『東京茗渓会雑誌』に「実験叢談」と題して、一八九六（明治二九）年四月の第一五九号から、一八九七（明治三〇）年三月の第一七〇号まで一一回にわたって連載された論考によってたどることができる。

親近語彙の調査

まず彼は、教科書を作成する前提として児童の言語実態を把握しようとした。これは「教科」の論理から「教科書」を構想するのではなく、教科書を使用する学習者の側から発想したものだと考えられる。[*17]

すなわち、樋口は、「生徒ノ観念界」の様子を知るために、自分の学級の児童の語彙を調べたのである。調査は、原稿執筆時からさかのぼった「昨年」つまり一八九五（明治二八）年の一一月に実施されている。もっとも、それは本格的な調査には、ほど遠かった。樋口のしたことは、「あ」

という一文字を提示し「あ」を語頭にもつ単語をいくつ思い出せるかを、教室で挙手させ、板書しただけのことだからである。その結果、「あ」では、頭、網、蟻、飴、など七二の単語が挙がり、以下それぞれ「い」四三、「う」三七、「え」二八、「お」四八が挙がったという。すなわち樋口は、母音を語頭にもつ各自の所有語彙（親近語彙）を調べたのである。

　しかし、教科書を作成するに当たって、基本語彙を調査し、それを視野に入れて、読本を編もうという考えは、きわめてオーソドックスな考え方である。というより、そうしたベースがなければ、教科書の学習は、実生活とかけ離れたものになってしまう。とはいうものの、基本語彙をもとに読本の作成を構想しようとするなら、本格的な調査が不可欠であり、それがかなり困難な仕事であることはすぐに想像が付く。おそらくそれは、樋口のように毎日を児童とのやりとりに追われている教師によってではなく、専門の研究機関と専門の研究者が取り組まなければならないものだろう。母音から連想した単語を調べるという態度は、いかにも現場から出発しようという樋口の姿勢を示していたが、厳しく言うなら、単なる思いつきに過ぎないともいえる。ましてやそれが読本の編集に直結するわけのものでもない。

　だが樋口は、同じ調査を「長野県上伊那郡の小笠原氏」にも依頼して行っていた。このように比較検討する材料を得ようとする樋口の態度は、きわめて意欲的である。その調査の結果、上伊那の子どもの語彙数は、都会の子どもの語彙数の約半分しかなかったことが明らかになる。「都会ノ生徒ト地方ノ生徒トノ観念界広狭ノ差異ヲ見ルベシ」と樋口は言い、「余ハ信ズ小学校用教科書殊ニ読本編纂ニ従事スル者ハ都鄙小学校各年級生徒語彙ヲ座右ニ具フルコトノ便ナルヲ」と結論する。しかし、知られているように「生徒語彙」の本格的な調査結果が示されるには、一九一九（大正八）年、澤柳政太郎・田中末廣・長田新による『児童語彙の研究』まで待たなければならなかったし、その研究の結果も、直接教科書編集に反映されたというわけでもなかったのである。[*18]

お話しについての調査

　続く『東京茗渓会雑誌』一六〇号には、「修身科教授材料ノ選択」についての樋口の報告がある。樋口の「教材」、あるいは「文学教材」に対する基本的な考え方のすべてが、すでにここに提出されているといっていい。また、実践研究家としての樋口の姿勢がよくうかがわれる資料でもあるので、詳しくその内容を見ていく。[*19]

　まず、樋口は問う。「諸般教材選択ノ標準ハ如何」。この問いに対して、第一は、その内容が教科の目的とする知識を与え感性を養うのに適しているか、第二は生徒の理解力に応じ、興味に合っているかどうかであると、自答する。一つめは、いわば教科の側の要請である。それを認識の側面と感性の側面とから規定している。二つめは、学習者の側からの教材性で、これも認識と興味関心という態度の二つの側面から考察している。きわめて穏当で過不足のない「教材選択ノ標準」の規定である。しかし、樋口はこれはすでに先学の論じた「抽象的理論、形式的規則」であって、「具体的」ではないとし、以下に自分の経験を述べるという。その対象として「修身科」を選んだのは、この科が「意束的教科ノ中心、且全教科ノ中心トシテ特ニ重要」だからだとしている。

　ここで樋口は、自分の経験から「尋常初年級ノ修身教授ニ最モ適シタル材料ハ昔噺ノ類」だと断言する。なぜなら昔噺は「児童ノ理解ニ適シ、興味ヲ喚起シ、高尚ナル意衷ヲ養ヒ、明瞭ナル倫理ヲ教ヘ、質朴純潔ナル思想上ノ交際ヲ為サシメ、時間ヲ超越シ、場所ヲ解脱シ、宇宙ノ有生無生ノ万物ヲ有情物視シテ円転自在ナル想像ヲ働カシムル貴価アル材料」だからである。ここでは、昔噺が想像力を喚起することを重視しているところに注意を向けておきたい。

もっとも、この「昔噺」についての教材価値論は、樋口の独創ではなく「ちるれる氏らいん氏等ノ夙ニ詳説セシ所」であった。樋口は、このライン等の先行の説に触発されて、自らの教室で、二種の「実験」を行っている。一つは「生徒ノ興味アリト感ジタルハ如何ナル話ナルカ」、二つは「生徒ノ最モ記憶スルハ如何ナル話ナルカ」である。このような実態を具体的にまた数量的に記録しようというところに、教育実践家としての樋口の真面目を見ることができる。

樋口は、子どもの「お話」への興味関心を、「高等師範学校単級教場ノ生徒」に「学校家庭若クハ其他ニ於テ嘗テ聞キタル談話ノ中最モ興味アリト感ジタル」ものをアンケートによって知ろうとした。その結果は、次のようであった。

尋常一年級

桃太郎の話（九人・昔噺） かちかち山の話（一人・昔噺） 猿蟹合戦の話（一人・昔噺） 舌切雀の話（二人・昔噺） 蛇と蜂（二人・伊蘇普） 狐と鶴（一人・伊蘇普風） 兎と亀（一人・伊蘇普） 雞の話（一人・伊蘇普） 猫の話（一人・伊蘇普） 烏の話（一人・伊蘇普） 犬の話（一人・伊蘇普） 馬の話（一人・伊蘇普） 鍋焼うどんの話（一人・落語） 枕と猪口（一人・落語） 正雄の話（一人・修身談）

尋常二年級

舌切雀の話（三人） 桃太郎の話（四人） 猿蟹合戦の話（一人） 瘤取爺の話（一人） 花咲爺の話（一人） かちかち山の話（一人） 浦島太郎の話（一人） 兎と亀との話（五人） 狐と鶴との話（一人） 狐ときれや（一人） 蟻と小鳥（一人） 鳩と雀（一人） 八百屋と鳩（一人） 甘酒屋と犬（一人） ばかむすこ（二人） 豆腐屋（一人） 近目（一人） 葉無し（一人） お茶び（一人） 鍋焼うどん（一人） 太郎と二郎（一人） 秀吉（一人） 清正（一人） 道長（一人）

尋常三年級

桃太郎（一人） 兎と亀（二人） 狸と兎（二人） 雞（三人） 烏（二人） 牛（一人） 犬（一人） 猫と鯛（二人） 椀と猪口（一人） 鍋焼うどん（一人） 二宮金次郎（二人） 勘平（一人） 平清盛（一人） 佐倉宗五郎（一人） 岩見重太郎（一人） 武田信玄（一人） 司馬温公（一人） 愛三郎（一人） 日本武尊（一人） 清水太郎左衛門（一人） 楠正行（二人） 楠木正成（二人） 加藤清正（一人） 児島高徳（一人） 戦争の話（一人）

尋常四年級

瘤取爺の話（一人） 鳩と烏（一人） 兎と亀との話（一人） 鮎鯛鯒の話（二人） 落し話（一人） お天道様とお月様と雷様の話（一人） ばかよめの話（一人） 鼠と屑屋の話（一人） おならたれの嫁（一人） 兄弟仲よくしたる話（二人） 親孝行したる話（一人） 正成の話（一人） 忠臣蔵の話（一人）

子どもがどんな「お話」に興味関心を持っているのかを抜きにして「教

材選定」はできない、というのは正論である。しかも、実際にそれを知るためには、具体的な調査が必要である。同種の調査は、ほとんど残っていないので、樋口勘次郎が残した資料はきわめて大事なものである。

もっとも、これは単に「興味のある話」の調査であって、子どもの自主的な「読書」の調査ではない。「嘗テ聞キタル談話」の調査だから、ほとんどが耳から聞いた話材だろう。その上、後ほど紹介するが、このときの第二の調査である「全生徒ヲシテ其ノ記憶スル談話」の結果からもわかるように、樋口は自分の教室で、意図的・継続的に多くの「昔噺」などを読んで聞かせている。どの話がそうした材料なのかの注記があるといいのだが、それが判然としないし、学校の読本でならったものと、そうでないものの区別などもわかりにくい。しかし、子どもの実態を踏まえて、教材の選定を進めようという樋口の態度だけは、はっきりしている。樋口は、これら子どもたちが関心を持っている話の調査結果を分類して、「昔噺風」「エソップ風」「落語風」「修身談話風」の四種にわけた。それを整理すると、表のような結果になるとする。

	一年級	二年級	三年級	四年級
昔噺風	一三	一三	一	一
エソップ風	九	九	一一	二
落語風	二	九	四	八
修身談	一	五	一八	四

ここから樋口は、次のような結論を導き出す。

由テ知ル、尋常一年級及ビ二年級ノ生徒ガ、最モ興味ヲ感ジ、最モ善ク記憶シタルハ昔噺ヲ第一トシ、伊蘇普物語風ノモノ之レニ次グコトヲ。三年級、四年級ニ進ムニ従ヒテ伝記風ノ修身談ガ漸ク興味ヲ惹クニ至ル。

だが、これはあくまでも「高等師範学校単級教場ノ生徒」という特別な場合の例で、この結果を一般に敷衍することは、必ずしも適当とはいえないだろう。この点についても、樋口はぬかりなかった。というのは、前回の語彙の調査の時のように、地方でも同じような「実験」を行ってもらっていたからだ。今度は、場所は同じ長野県だが、「諏訪郡ノ伊藤氏ニ依頼」したらしい。ところがその結果は、「高等師範学校単級教場ノ生徒」とは、かなり異なっていた。これも、樋口の報告するまま、その題材をあげてみよう。

尋常一年級

①司馬温公のかめを割りて友を救いし話　一一名　②悪戯をなして禍をうけし話　八名　③遺物を返せし子守の話　五名　④張子房老人の為に履を拾ひし話　一名　⑤学問の話（勧学ノ修身談ナラム）一名　⑥戦争の話　二名　⑦仲よき兄弟の話　二名　⑧お竹が母より貰いし人形を愛せし話（読本）三名　⑨仲良き友だちの話　二名　⑩父母の恩の深き話　一名　⑪ちんと猫との親しみし話（読本）二名　⑫ある子守の忠義のために死せし話　一名　⑬桃太郎の話　二名　⑭蟻の芋虫を食ひ殺せし話（読本）一名　⑮太郎の武者人形を擒にせし話（読本）一名　⑯大江時棟の幼児勉学せし話　三名　⑰鈴木宇右衛門の娘の話　三名

このクラスに限っては、「教師ヨリ聞タル話ノ中ニツキテ一人ヅヽ呼ヒ出シテ試ミタリ」という注記がある。ここでも、子どもが自主的に読んだ読み物は含まれていない。その「談話」が、「修身科」の時間でおこなわれたのか、あるいは「読書科」の時間でおこなわれたのかは不明だが、樋口は、①②③④⑦⑨⑫⑬⑯⑰を一括して「幼童物話類」と名付け、その数は三八だとする。そして、その中を「豪傑をさな物語トイフベキ者一八、昔噺二、仮説的物語一八アリ」と分類する。樋口は、この統計は「豪傑をさな物語ガ幼童ニ適スルコトヲ示ス」といい、昔噺が少ないのは教師に学んだものの中から答えを選んだからだろうと推測する。なおここで「読本」といっているのは、一八八七（明治二〇）年に文部省が編纂した『尋常小学読本』巻一（一学年後期用）のことである。

さらに、尋常二年級の結果は、こうなっている。

尋常二年級

①楠木正成　九名　②楠正行　五名　③小野道風　一一名　④韓信三名　⑤桃太郎　三名　⑥山田長政　一名　⑦森蘭丸　五名　⑧丹羽長重　一名　⑨司馬温公　一名　⑩秀吉　一名　⑪日清戦争談　四名　⑫猫ガ鳥ヲ救ヒシ話　一名　⑬親切の話　一名　⑭塵も積もれば山となる　二名　⑮勉強したる児童　一名　⑯狐にばかされし話　一名　⑰細川義興　一名　⑱九郎義経　一名　⑲岩見重太郎　一名　⑳壁に耳あり障子に目あり　二名　⑳毬や羽をつきて友達と遊びし話　三名

樋口はこの結果から、「英雄豪傑ノ伝記、殊ニ其ノ幼年時代ノ談話ガ、最モ善ク児童ニ歓迎」されていると言い、ヘルバルト派の学者が道徳的歴史（伝記類）は「窮屈ニシテ倦ミ易シト」と述べているが、「強テ排斥スベキニモアラザルヤウナリ」と結論する。さらに樋口は、この調査結果から小学校低学年の児童の教材として、昔話や寓話とともに、伝記類も加えるべきだと、述べている。

しかし、東京の子どもたちと長野の子どもたちとの結果の差異は、先ほどの語彙の分析の際に、樋口自身が述べていたように、子どもたちが置かれた経済・文化環境の違いだと考えることも可能である。というよりその方が常識的な結論の出し方ではないだろうか。おそらく「高等師範学校単級教場ノ生徒」は、当時ようやく出版され始めた「少年書類」などの子ども向けの本などを手に取ったり、あるいはそうした書物を読んでもらったりする機会もあったはずだ。とりわけ、高等師範付属学校に通う子どもたちは、経済・文化程度がきわめて高かった。それに対して田舎の文化環境は、まだそうした出版文化が十分に広まっていなかっただろう。つまり、この結果を都鄙の文化格差が現れたものだと結論することもできたはずなのだ。

もし、そうだとすれば、勘次郎の考える望ましい教科書編成の方向は、都市用教科書と田園用教科書との複数体制であるという結論を出すことも可能である。実際、第三部第一章第三節第二項で検討したように、一八八六（明治一九）年に新保磐次が編集した『日本読本』（金港堂）は、都市用と郡村用との二種類の編成であり、すでにそうした試みは行われていた。というより、伊沢修二が関わった文部省の二種の読本の作製でも見たように、ここには、西欧の教育を上から与えるのか、あるいは在来の文化の中から教育の内容と方法とを導き出すのかというきわめて重要な根本的問題が孕まれていたはずである。

しかし、ここで樋口の明らかにしたかったのは、子どもの発達段階と読み物のジャンルの関連という問題であった。その方向に論をもっていこうとする樋口の議論の組み立て方は、いささか強引なところがある。が、それはまたライン等の理論をいかに日本の現実の中で立証することができるかという肩肘張った意気込みの現れだったとも言える。その意味では、樋口勘次郎も西欧の教育をどうにかして日本の中に取り込んで、近代化を図り、「富国強兵」の道筋をつけるたらいいのかを主張する洋学啓蒙派の一員でもあったのである。

昔噺の「教材研究」

こうして樋口は、学習者の側から昔噺が、教材として十分な資格を持っていることを確認した後、実際のテキストについての「教材研究」を開始する。

ここでは「桃太郎」についての例を見てみよう。樋口が、テキストとして使ったのは、巌谷小波が編集して、博文館から刊行された『日本昔噺』第一巻の『桃太郎』である。*20

桃太郎＝＝忠、孝、遠征、愛国、義勇

大きな桃が流れてきました……妾も今年で六十になるが、産まれてからまだ此様な大きな桃は、つひに、見た事が無い。（想像）然し食べたらさぞ甘味からう、一ばんあれを拾つて行て、お爺さんの土産にしやう。（夫婦相和＝愛情＝土産）……不思議にも件の桃は次第〱に寄て来て（想像）……今にお爺さんが帰つて来たら嘸喜ぶ事であらうと待ちかまへて居りますと（同情）見るより婆さんは走り出で……（愛情切）さうか其奴は豪気だな……（感謝）すると不思議や桃の中から……一人の嬰児がヒョッコリ踊り出しました（想像）蝶よ花よと可愛がりました（父母の恩）……シテそれは何処へ行く気ぢや？（父母の愛＝心配）……其鬼心邪にして我皇神の皇化に従はず……（忠義・武勇・遠征）……翌日とも云はず、其日から出陣の用意に取りかゝりました。（善はいそげ）……其処でイデ出陣と成ると、流石に離別は悲しいもの、爺さんも婆さんも、何時か両眼は涙に曇つて……（離別の悲＝＝父母の愛）……己れ此斑殿の領分を断りも無く通らうとは不届な奴……（世路ノ艱険、例へハ三国干渉ノ如キ者）……何をぬかす野良犬奴！吾こそは此度皇国の為に鬼か島を征伐に参る……邪魔立て致さば用捨はない……（勇者不懼 Be just and fear not.）……すると犬は忽ち尾を股にはさんで小さく成つて蹲踞り……（義勇ノ向フ所敵ナシ）……（猿）これは〱桃太郎様、好うこそ御出陣遊はされました。何卒私も御供に……（有朋自遠方来――徳不孤必有隣）

日本昔噺『桃太郎』巌谷小波

此ノ如ク解剖シ行ケバ或ハ寛、或ハ猛、人ヲ率キルノ術ト度量トヲ教フル所アリ、軍略ヲ示スアリ、海事思想ヲ養フアリ、愉快ナル想像アリ、正義ハ遂ニ勝利ヲ制シ、桃太郎将軍数多ノ分捕品ヲ得テ目出度凱旋シ「待チ焦レタ爺サン婆サン」ヲ喜バシメ、鬼カ島ヲ征服シテ君ニ盡シ国ニ盡シタルニ終ル。

又、博物的材料ヲ列記セハ左ノ如シ。

（一）選択清潔　（二）水洗　（三）桃　（四）柴刈　（五）東北（鬼ガ島ガ日本ノ東北ノ方ニアリナドト教フルコトハ賛成セズ。只博物館ノ書物ニ在ル所ニヨリテ分析スルノミ）　（六）島、海洋　（七）兵糧　（八）黍　（九）正午　（十）原野　（十一）犬　（十二）猿　（十三）雉　（十四）軍旗　（十五）軍刀　（十六）大海、船舶　（十七）順風、航海　（十八）金、銀、珊瑚、玳瑁、真珠

其他、父子、主従、忠義、愛国、征伐、降服、出陣、凱旋、兵糧、戦略、等後来実際歴史学習ノ為メノ予備的観念ヲ養ヒ、爺ト婆トニテ二人（1+1=2）、桃太郎カ生レテ三人トナル（2+1=3）、桃太郎出征シテ又二人トナル（3-2=1）、桃太郎犬ヲ従ヘテ（1+1=2）、猿ヲ得テ（2+1=3）、雉ヲ得テ（3+1=4）此ノ如キ方面ヨリ見ルトキハ又数学的知識ヲ与フ。

如此倫理的其他ノ価値アル内容ニ富ムヲ以テ余ハ之レヲ採用シ日本武尊ノ御話ヲ之レニ連絡シテ授ケタリ。

「桃太郎」という題目の後に掲げた「忠、孝、遠征、愛国、義勇」などの単語は、ここで教授することが想定できる「徳目」である。もっとも「遠征」は徳目というより、「桃太郎」という話の要素、あるいは作品構造にかかわる分析項目だろう。つまり「遠征」には、価値意識はほとんど含まれていないと考えられる。同様に、作品中の分析には、修身的な価値判断もあるが、そうでない項目もある。「……」は、樋口が小波の文章をカットしたところで、情景描写や、戯作調の語りの部分である。もちろん長々と原文を引用することの弊を避けたのでもあろうが、その部分の文章は、樋口の持っている教育的観点からすれば不要なのであった。ここに、小波＝文学的立場と、樋口＝教育的立場の違いが表れている。*21

また、（想像・感謝）などの括弧でくくられたコメントは、外側からの意味づけ、批評である。それは同時に、教師が、この文章の読み手に期待する読書反応でもあった。*22

生徒ノ最モ記憶スルハ如何ナル話ナルカ

樋口は、もう一つの「実験」を行っていた。それは、子どもたちがどんな話を覚えているのかという調査である。樋口は、学年末に「全生徒ヲシテ其ノ記憶スル談話ヲ列挙セシメ」て、それをまとめたのである。

樋口の調査の意図の眼目は、「最モ多数ノ生徒ニ記憶セラレタル者ハ最モ良好ナル材料」だというところにある。多くの子どもが記憶している作品こそが、教材としては最適なのだとする樋口の判断については、ある程度の留保は必要だろう。だがこうした実態調査に基づいて教材を選択しようとする姿勢がきわめて貴重なものであることだけは間違いない。樋口の作成した表に、稿者が出典を推定して加えた表を次頁に示してみる。（「教授シタル月」の欄で年数の記載のないのは、明治二八年であろう。）

第六部第二章の「修身教育と修身読み物」でも触れるように、明治二〇年代には「修身口授」のための様々なタネ本が出ていた。また、『内

修身教授材料題目	談話種類	記憶生徒数	教授シタル月	復習回数	出典と思われる雑誌・書籍など
瘤取爺	昔噺	四〇	二九年二月下旬	二	「日本昔噺⑩」小波
わしんとん桜樹ヲ切リ自状ス	幼伝	四〇	一一月下旬	二	
徳川光圀紙ヲ大切ニス	伝記	三六	二九年三月下旬	一	
八頭大蛇（素戔嗚尊）	昔噺	三四	一〇月上旬	一	「日本昔噺⑬」小波
舌切雀	昔噺	三四	六月下旬	二	「日本昔噺⑦」小波
孟母三遷の教	幼伝	三四	九月上旬	三	
大江山鬼退治	昔噺	三四	九月下旬	一	「日本昔噺⑥」小波
松山天姥	幼伝	三三	九月上旬	四	
桃太郎	昔噺	三二	四月中旬	二	「日本昔噺①」小波
土井利勝の節倹	伝記	三一	二九年三月上旬	〇	
加藤清正の武勇（朝鮮役）	伝記	三〇	一一月中旬	一	「少年文学㉛」水蔭
雄略天皇の御改過	伝記	二六	二九年一月下旬	一	
藤原定家	幼伝	二七	五月中旬	三	
新井白石の勉学	幼伝	二二	一一月中旬	二	
小野道風	幼伝	二二	一一月中旬	二	
義暦（小波山人作小説初午の太鼓）	昔噺	二一	四月上旬	一	「幼年雑誌」M27.2 初出　「日本昔噺⑦」の附録
猿蟹合戦	昔噺	二一	四月下旬	二	「日本昔噺③」小波
俵藤太	昔噺	二五	二九年一月下旬	〇	「日本昔噺⑧」小波
毛利元就三子を戒む	伝記	一九	七月上旬	二	
大黒様（大國主尊兎を救ふ）	昔噺	一八	九月下旬	三	「日本昔噺⑭」小波
田邊晋斎	伝記	一八	二九年二月中旬	〇	
玉の井	昔噺	一七	七月中旬	〇	「日本昔噺②」小波
蛙と鼠	エソップ	一六	一一月下旬	〇	
鷲のはなし（児童心理研究会にて作りたるはなし）		一五	二九年二月中旬	〇	
上野公助	伝記	一五	二九年一月下旬	一	
花咲爺	昔噺	九	六月中旬	一	「日本昔噺⑤」小波
森蘭丸の正直	幼伝	八	一一月下旬	一	
松平好房	幼伝	八	六月下旬	三	
松山鏡	昔噺	八	七月上旬	〇	「日本昔噺④」小波
王祥王覧	幼伝	九	一一月中旬	三	
蜂と蛇	エソップ	六	九月中旬	〇	
亀松狼を殺して父を救ふ	幼伝	六	二九年一月下旬	一	
猿と海月（家庭ニテ学ビシ者）	昔噺	五		〇	「日本昔噺⑯」小波
菅原道真（家庭ニテ学ビシ者）	伝記	五		〇	
天照大神（素戔嗚尊ノ御事跡ヲ話ストキニ教授シタリ）	昔噺	五	一〇月上旬	一	
日本武尊	幼伝	四	四月下旬	〇	
羅生門（家庭ニテ学ビシ者）	昔噺	四		〇	「日本昔噺⑮」小波
楠正成（家庭ニテ学ビシ者）	伝記	四		〇	
水神と樵夫	エソップ	三	六月下旬	一	
かちかち山	昔噺	三	一〇月中旬	一	「日本昔噺⑨」小波
兎と亀との競争	エソップ	三	六月下旬	〇	
とみ女兄を救ふ	幼伝	三	一月下旬	〇	
猫のかなりやをたすけたる話		三	一二？	〇	
武田信玄蛤を救ふ	幼伝	三	？	〇	
京都の蛙と大阪の蛙	エソップ	二	九月下旬	〇	＊実はイソップ寓話ではない
司馬温公	幼伝	二	一一月中旬	一	
羊飼の牧童	エソップ	一	六月上旬	一	

外古今逸話文庫』（博文館）のような和漢洋の逸話を数多く集成した一般書も刊行されていた。したがって、教室へ持ち込む談話の材料探しにはそれほど困らなかったかもしれない。しかし、それらの書物は、小学校の低学年が自力で読んだり、耳から聞いてすぐに理解できるような書きぶりになってはいなかった。

樋口の調査の意図はともかくとして、前頁の表をみると、彼がいかに多くの市販の「お話」を教室に持ち込んでいたかがわかる。これらは「修身」の授業の際に、「口授」の材料にしたのだろうが、これはそのまま「文学教育」実践の記録だといってもさしつかえない。またこの結果は、教室に持ち込まれた「児童文学」の貴重な記録にもなっている。この表からは、樋口学級の子どもたちにとって、巌谷小波の「日本昔噺」のシリーズが、身近な存在として感じられていた様子が窺われる。

樋口以外にも、小波のシリーズを教室に直接持ち込んだ教員は存在しただろうが、現在のところ、調べが付いていない。ただ、伊沢修二によって、巌谷小波の『日本昔噺』が、台湾の日本語教育に使われたという記録が残っている。また、第三部第二章第三節でも触れたお雇い外国人のドイツのランゲック博士が、帰国後に日本語教育の教材として巌谷小波の『日本昔噺』を使ったという証言もある。*23

小波が『日本昔噺』シリーズの執筆に着手するに当たっては、どのような話材を選択するかということも大きな問題であっただろうが、同時にどのように記述し表現するかということも、それに負けず劣らず大きな問題だった。この時、小波はいやおうなく日本語の言文一致運動の最前線で苦闘せざるを得なかったのである。しかし、『日本昔噺』が、平易な日本語表現という点で一定の成果をあげたからこそ、それが海外の日本語教育の教材として使われることにもなったのだった。やがて樋口も、自ら『修身童話』を実際に執筆刊行しようという段になって、子どもたちにわかりやすく、また自力でそれを読むことができるような文章や文字の表記・表現を工夫し、また創成しなければならないという、小波と同じ問題に直面することになる。

文壇作家に教材文作成の慫慂

もっとも樋口自身も、子どもたちが理解しやすく、また興味を持って読み進めることができるような教材文を作ることの困難さを、十分に知っていただろうし、その時間を生み出すことにも苦労したと思われる。そこで樋口は、教科書用の教材文の作成を、専門家の手に委ねようと考えた。このアイディアも樋口勘次郎ならでは、といっていいだろう。勘次郎の脳裏に浮かんだのは、当時、少年少女の心情を巧みに描いて人気の高かった樋口一葉である。

一八九六（明治二九）年六月、樋口勘次郎は一葉に宛てて手紙を出す。以下、樋口一葉の「みずのうゑ日記」を参照しよう。*24

> 六月一七日成けり　博文館へあておこしたる状の一つに樋口勘次郎とて高等師範卒業生の文あり　かねてより教科書改良の目的をもつて其むね校長にまできこえ出づるにそれしかるべしとの賛成をうけ卒業より此方すでに一年一意この事にのみ身をゆだねつひたすらこれが改善を計れど文才なくしてこと心と伴はずいたづらにもだえて日を明し暮すとなり　かねてより君が著作の数々を見てかゝる自在の筆をもちて此おもふ事書き得られなばいか斗世の為人の為なるべき　いと聞えに

くき事なれどもし我がこれに盡す心をおぼしくませもし給はゞ我が為一臂の助力も給はれや　この事人して頼み参らすべきを生中に人伝せばあやまれる聞えのつたはらんも侘しくかくうちつけにと書かれたり

ここまで引用した一葉の記述は、勘次郎の手紙を要約したものである。勘次郎は教科書作成にあたって、一葉の「自在の筆」の力に目をつけ、その助力を乞うたのである。幸い勘次郎がこのとき一葉へ宛てた手紙は、そのまま保管されており、後に『一葉に与へた手紙』と題した書物に収録されている。その「整理番号二六七」には、六月一七日の消印があり、博文館気付で送られたものである。その文章と照合してみよう。*25

勘次郎の手紙の文面は、「拝啓益御多祥筆硯に御従事あらせられ候段珍重之至に奉存候」と型どおりに書き始められており、その内容は確かに、一葉が「みずのうゑ日記」に記しているように、彼女の助力を乞うたものである。そこで勘次郎は、「現今普通教育に用ゐらるゝ教科書の不完全にして材料の選択及び排列記事の体裁及び文章他科の教科書との連絡関係などよろしきにかなひたるもの一も無」と持論を述べている。また、彼が連載中だった「東京茗溪会雑誌一六〇号」の内容にも言及している。すでに見たように、この雑誌には、小波作の『桃太郎』の文章を素材にして、勘次郎が適宜教育的な注釈を入れた「教材研究」が掲載されていた。勘次郎としてはそこで述べたような「統合的教授」の考え方を活かして、教材文の作製に取りかかってほしかったのであろう。

とはいえ、いきなり手紙を送りつけられた方にしてみれば、文面をみただけでは勘次郎の教育思想の背景まで理解できるはずがない。したがって一葉の返事が、「あひ見て事のよしとひきゝたらん後いかにもせばや」と言うことになるのは当然である。むしろ多忙の中、また経済的にも、身体的にもはかばかしい状態ではなかった一葉が、「か斗教育に熱心なる人の詞をひくうしていはれたることうけがはざらんも本意なかるべくや　我れになし能ふ事あらぬか」と前向きに考えて、勘次郎と会ってみようと考えた志の高さを評価すべきだろう。

さて日程の調整がつき、一葉は勘次郎と面会することになった。その時の様子を、一葉は日記にこう記す。

二十三日午後樋口勘次郎約の如く来る　背ひくゝ色くろく小ぶとりのせし品格なき人なり　左のみはものがたる事もおほからず　唯大かたに物うちたのみてまづ手はじめに桃太郎さるかになどの昔ばなしより着手あらまほしゝとて漣君のものしたる昔しばなしそこばくさしおきて行く　猶打あはせせまほしき事あらば御出願ひまつらんも計られずとて唯これ斗をあづかる　此人の趣意一あたりおもしろけれど学校の教科書に小説を用ひんといふやうの計画あるいささか行はれがたき事ならずやとかたぶかる　されどそは我がたのまれのほかなれば何をかいはん　おひおひに進みてさる事の相談をもうけなば其非なるよしをいはゞやと思ひき。

また、翌七月一二日（日曜日）にも、樋口勘次郎は、仕事の進捗状況を確かめにやってくる。そして、同じ日に一葉に恋文を送りつけ、一葉の死後それが公開されて問題になるのだが、それは本書と直接の関係はない。*26

> 十二日（七月・日曜日）樋口勘次郎来訪　そのうけもてる小さき子達の写真もて来てみせなどす　かたる事もさのみはなき上けふは人々のけい古日なれば其由いひて断りいふ、しばしにして帰る

このときの樋口勘次郎とのやりとりをめぐって、『樋口一葉全集』の補注には、次のように書かれている。[*27]

> 六月二十三日、勘次郎の訪問を受けて資料を預けられた一葉は、その日の記録に「此人の趣意一あたりおもしろけれど学校の教科書に小説を用ひんといふやうの計画あるいささか行はれがたき事ならずやとかたぶかる」と書き記した。当時使用された明治七年八月改正版『小学読本』は、その内容の多くが米国の“Wilson（ママ） Reader”等の翻訳であり、同十五年十二月刊『和文読本』は、主として中世の説話から教材が採られていた。勘次郎の計画は、一葉の知る教材の概念を甚しくはみ出たものであったが、彼女の危惧は小説を古典と同等の位置に置く事を許容しない潜在観念、即ち純文学としての信頼を欠いた小説に対する意識や、王朝・中世文学、漢籍、儒書等の講読を通じて身に着いた伝統的教育観に根ざすと思われる。
>
> 勘次郎が関西へ出立したのち、一葉が執筆に着手したかどうかは明らかでないが、この交渉は一葉と教育とのかかわりにおいて看過し難いものを感じさせる。（中略）
>
> 七月二十二日以降、一葉は日記を附けることができず、『はな紅葉一の巻』の余白を用いて病床中の手記を書くだけになった。その手記も初秋で途絶えている。（中略）一葉が永眠したのは、十一月二十三日の午後であった。

全集の補注者が「勘次郎の計画は、一葉の知る教材の概念を甚しくはみ出たものであった」と記しているように、確かに世間一般の見方からすれば「学校の教科書に小説を用ひん」とする勘次郎の発想は奇異だったかもしれない。おそらくこのとき勘次郎は、まず一葉に幼い子どもに向けて「昔噺」を書き直してもらい、ゆくゆくは彼女の「小説」を読本の教材にしようという計画を漏らしたに違いない。一葉は、「昔噺」の書き直しならいざしらず、「小説」を教科書に掲載することは不適当だと考えていたので、もし話が進行してそれが本格的な話題になれば、反対の考えを表明するつもりだったのであろう。

ちなみに、一葉の文章は、その死後いちはやく一九〇二（明治三五）年に、中学校・高等女学校の国語教科書に掲載されており、それは昭和戦前期まで続いている。しかし、そこに取り上げられた文章は、ほとんどが手紙文（書簡文）であった。一葉は手紙文の名手として知られており、生前に手紙文の指導書である『通俗書簡文』を博文館から刊行していたほどである。したがって、彼女の手紙文が模範的な文章として中学校・高等女学校の読本に載せられたのは、ある意味で当然である。だが、一葉の本領ともいえる少年少女の微妙な心理を書いた『たけくらべ』などの「小説」は、教材としては、戦前期の教科書に一度も採用されなかった。その意味で、一葉が「学校の教科書に小説を用ひんといふやうの計画あるいささか行はれがたき事ならずや」と感じた直感は、正しかったといえるであろう。[*28]

少し後のことになるが、樋口勘次郎は『統合主義修身教授法』のなかで

「小説を学校教育に採用することに付きて疑をさしはさむもの世に少なからずといへども、余は昔噺を価値ありとすると同し理由にて採用せんとするものなり。昔噺は幼き児童の小説にして、小説は長したる児童の昔噺なり。青年には青年の小説あり、大人には大人の昔噺あり。」と述べ、道徳心を向上させるという理由で、小説には教育的な価値があると論じている。ここで彼が想定している「小説」は、「ロビンソンクルーソー」や「十五少年漂流記」などであり、一葉の考えていた「小説」とは、若干その指し示すところを異にしていたと思われるが、勘次郎は「昔噺」と「小説」とを区別した上で、両方ともにそれぞれの「教育的価値」を認めていたようである。*29

いうまでもなく、それまでにも「小説」と「教育」との関係は、たびたび議論されている。早い時期に「小説」を教育の中に位置づけようとした仕事に、一八九〇（明治二三）年一二月の『東京茗渓会雑誌』九五号に掲載された、「小学生徒ニ小説ヲ読マシムヘシ」という鈴木幹止の論文があり、そのほかにも「小説」の教育的意義を論じた論客はいた。しかし、実際に文筆家にそれを依頼して教材化を図ろうと考え、実行に及んだのは、おそらく樋口勘次郎が初めてだったにちがいない。

三、樋口勘次郎の教科書論

中心統合説の流行

樋口は、『統合主義 新教授法』の中で、「教授の統合は、本書の主張する主義の中、最も重要なるもの」だと述べ、教授の統合について次のように整理している。*30

> 第七章　教授の統合
>
> 教授は統合したる知識を与ふべし
>
> 統合教授とは、各種の教授材料を、可成親密に関係連絡して、殆ど一大学科を学ぶが如き感あらしむるやうに教授すること換言すれば、教授によりて与へたる観念間に、可成強き連合を、可成多方に形成することを意味す。

これが樋口の「統合教授」の主張である。

樋口は、『統合主義 新教授法』の「小序」で「統合主義は各学科の連絡及び統一の必要を主張すれども、ヘルバルト派の唱ふるが如く、一種の中心に輳合せむとするものにあらず。」とも述べていた。つまり、当時日本に紹介されていたラインやチラーのように、一つの教科を中心にして各教科の内容をそれに関連させるような教材編成の原理は採用しないというのである。現行の教科の枠組みを問い直し、それを組み直すのではなく、既成の教科内容をできるだけ関連的に教えていこうという主張でもある。現実的である反面、折衷的であるということもできる。*31

前述したように、一八九一（明治二四）年一一月に出された小学校教則大綱の第一条には「各教科目ノ教授ハ其目的及方法ヲ誤ルコトナク互ニ相連絡シテ補益センコトヲ要ス」という文言があった。また、その背景に、一八八七（明治二〇）年の文部大臣森有礼の意向があったこともすでに触れた。しかし教科の連絡の問題が、具体的に実際の教育実践の上に大きな影響を及ぼすようになったのは、ヘルバルト派の統合教授思想によるものである。日本では、明治三〇年前後にそれが教育界の大きな話題になっていた。少々長い引用になるが、平松秋夫によると、次のような状況だったという。[*32]

> 明治二八年以降になると、ヘルバルト派の中心統合思想に対する関心は急速に高まった。当時の教育及び教授の書にして、これを説かざるはほとんどなきがごとき状態となり、しかも、その長所をあげて推奨するものが多かった。谷本富は、「我国教育界にも可成速に採用せられて流行するあらむことを希望して止ま」ずと述べている。能勢栄は聯進（Ⅲ）と中心（◎）の差異を明らかにし、中心統合法を、聯進教授から一歩進めたものとしている。三土忠造は、「へるばると派教育学ノ尤モ卓見トシテ吾人ガ取ツテ以テ此道ノ規矩準縄トナスベキハ、統合教授説ナリ」と高く評価し、統合教授の必要なるは「今ヤ誰人モ異存ナカルベシ」と述べると共に、この統合が正鵠を得ば、教授事業の大半は既になるといっても不可ではないと強調している。稲葉清吉は、諸学科を教授するに四種の方法があるとなし、知識の授与を目的とするもの、興味の喚起を目的とするもの、小学全科を唯一の学科とするもの、毎学科皆知徳体の養成を目的とするものをあげ、第三法を、第四法よりも更に完全なものとみて推奨している。遊佐誠甫は、ヘルバルト派の中心湊合的方法が、わが国で実施されるかどうかは別となすも、各学科を相連絡せしめることの必要を、けだし何人といえども非難するものはないであろうと言明している。ヘルバルト派の教授理論に欠陥の多いことを認めた松本貢でさえも、教科統合に対する鄙見の中で「予ハ或ル点マデハ、教科ノ統合ヲ主張セントス」と述べ、特に中等教育において必要であり、小学校においても、統合といわぬまでも、なるべく各教科に相互に連絡させる必要があると主張している。中心統合法は一躍教育界の新問題として論議されるに至った。

樋口勘次郎の統合論

樋口の「統合主義」も、このヘルバルト派の「中心統合法」の驥尾に付した路線であることは間違いない。樋口は、『統合主義新教授法』で、「統合」学習を展開する必要性をあげている。[*33]

まず、彼は、「心意の性質上」という観点からみて、我々は既有の知識や観念と「結合類化」させて学習を進めるから、統合が必要だとする。次の理由は、「学科の性質上」からのもので、そもそも学問は「親密なる関係」をもっている「宇宙の有形無形の万象」をさまざまな方面から見たものなのだから、物事は総合的に理解するべきだという。さらに、「教授の目的」から見ても、児童の記憶を確かなものにし、それを実際生活に活用し、意欲を喚起するためには「統合教授」が必要であり、加えて「自我」形成・「強固なる」自我を作る上からも、また教授時間の節約の上からも、統合教授でなければ効果的な指導は望めないとする。

では、実際に「統合教授」を行うにはどうしたらいいのか。

樋口は、小学教授に関係のある諸教科の相互の連関を論ずる。取り上げられているのは、修身科、読書科、作文科、習字科、理科、算数科、地理科、歴史科で、その他の諸科として図画、音楽、体操に言及している。この教科の「相互の連関」の論理がわかりにくい。基本的には、内容上の関連と、形式上の関連とを述べているとみていいのだろう。教科それぞれが互に「関係」していることを力説してはいるし、読書と作文、地理と算術などの関連なども、その説明の限りに置いては理解できるが、相互関連の全体像が描けない。稿者なりに教科相互の関連を構造図として図解してみようとしたが、うまくいかない。

前掲した平松の『明治時代における小学校教授法の研究』には、ヘルバルト派の中心統合法に示唆を受けて案出された日本の教育関係者たちのプランが紹介されている。そこには、谷本富、清水直義、西山績、佐々木吉三郎、山本宗太郎、永廻藤一郎、佐藤仁寿の私案が抜き出されているが、どれも各教科を分類・整理して、相互の関連を考察し、それを構造的に説明したり、図にして示したりしている。それぞれの案の妥当性はともかくとして、どれも各教科の関係が一見してとらえられるようになっている。しかし、樋口の「統合主義」はそこに紹介されていない。

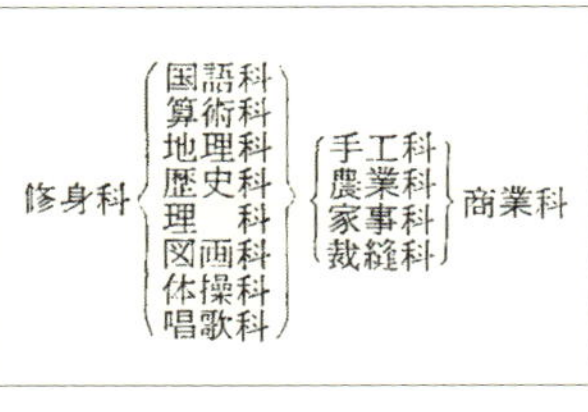

佐藤仁寿の案

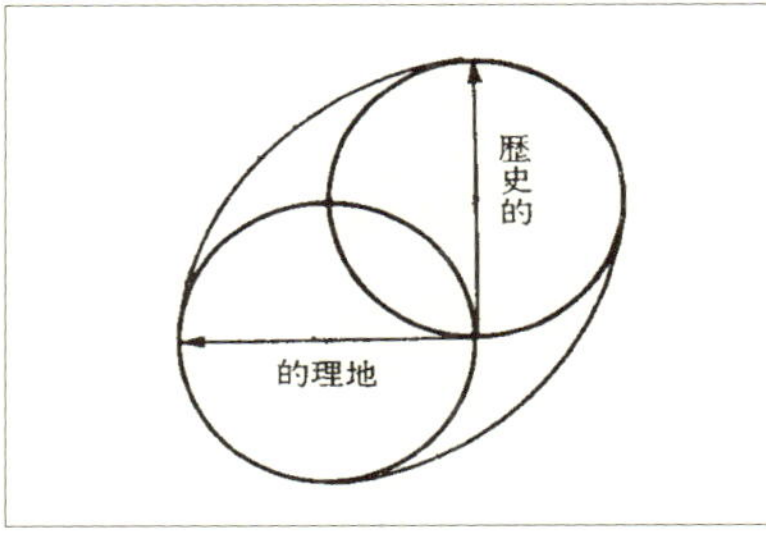

佐々木吉三郎の案

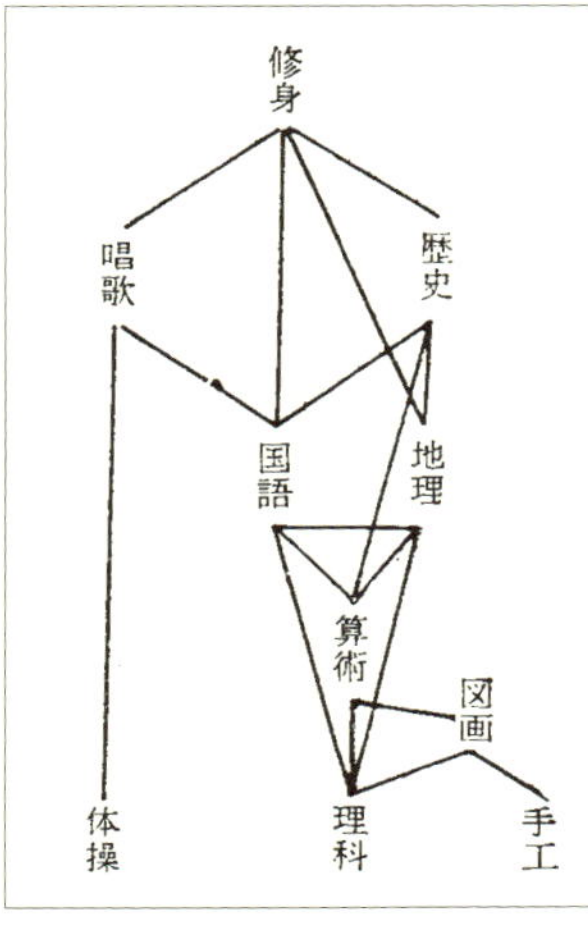

樋口長市の案

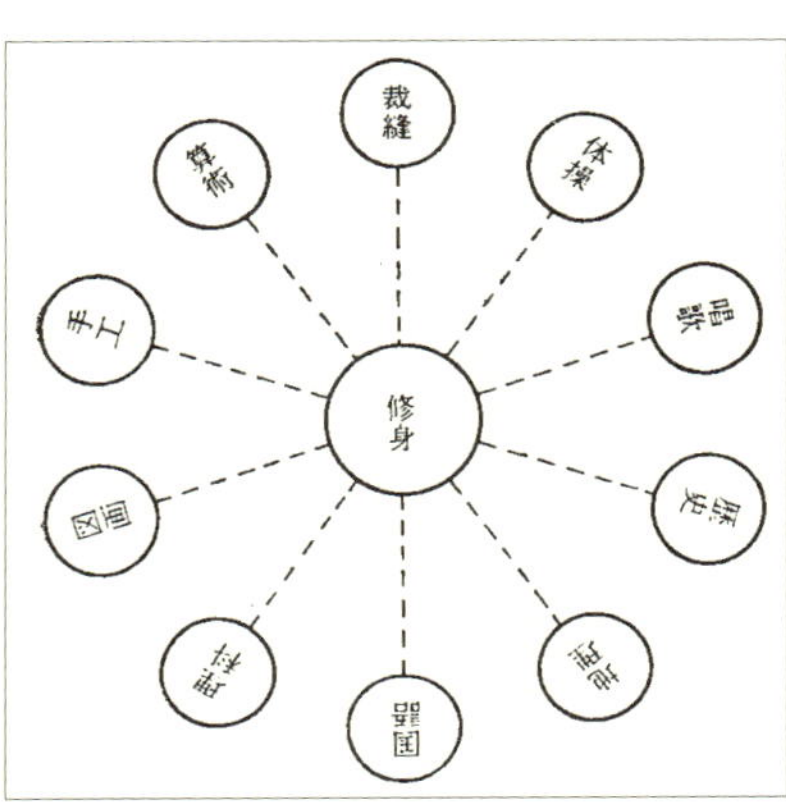

永廻藤一郎の案

試みに、平松の著書から図式化して示されている、佐藤、樋口、佐々木、永廻の私案を並べてみた。それぞれ、既存の教科間の関係を構造的に説明しようとしている努力がよく分かる。*34

ところが、樋口が学んだというパーカーの「中心統合法の学理」の理論は、図式化すると次図のようになるらしい。中心に置かれるのは、「児童」なのである。つまり、樋口の理論は、教科相互の全体構造を俯瞰した上で、各教科の関係をとらえようとしたものではなく、あくまでも教育実践の立場から、学習者を中心に据えた相互連絡を考えたものなのだ。別の言い方をすると、こうなる。すなわち、ヘルバルト流の「中心統合法」は、各教科の内容を実体的なものと考え、それを相互関連させようという発想である。この場合、それぞれの教科の内容は、教科書などに文章として記述され、文字として確認できるものであり、実体として存在するものだということになる。ところが、パーカーの考えは、各教科の内容は相互関連的なものであり、実体として取り出せるようなものではない。あるいは、教科内容はその中心に置かれる「児童」が様々な文化的な刺激を受けて、自らの内面に作り出していくものであって、あらかじめそこに存在するモノではないのである。

したがって、ヘルバルト流の「中心統合法」は、実体である各教科の関係は、容易に図示して示すことができる。が、パーカー的な「中心統合」

は、平面図として表現することは、きわめて難しい。その証拠に、パーカーの図に書き込まれた図は、外周に「環境」があり、その内周に「活動」がある。そのまた内側に「歴史・人類学・鉱物学……」などの教科が並んでいるが、さらに中心にある「児童（The Child）」を取り巻く最近接の帯の中にも、「エネルギー・物質」や「化学・生命・物理」の二重の輪がある。相互の関連は、きわめて輻輳しており、異なったレベルの概念が渾然一体になっている。おそらくこれはあえて模式図にしたものであって、本来なら相互の関係を、二次元平面に整合的に書き尽くすことは、不可能だろう。こう考えると、教授すべき文化遺産の内容から教科の統合を考えるヘルバルト流の発想と、学習者を中心に統合を考えるパーカーの教育思想とは、おなじ「統合」といっても、その立場はかなり異なっている。[*35]

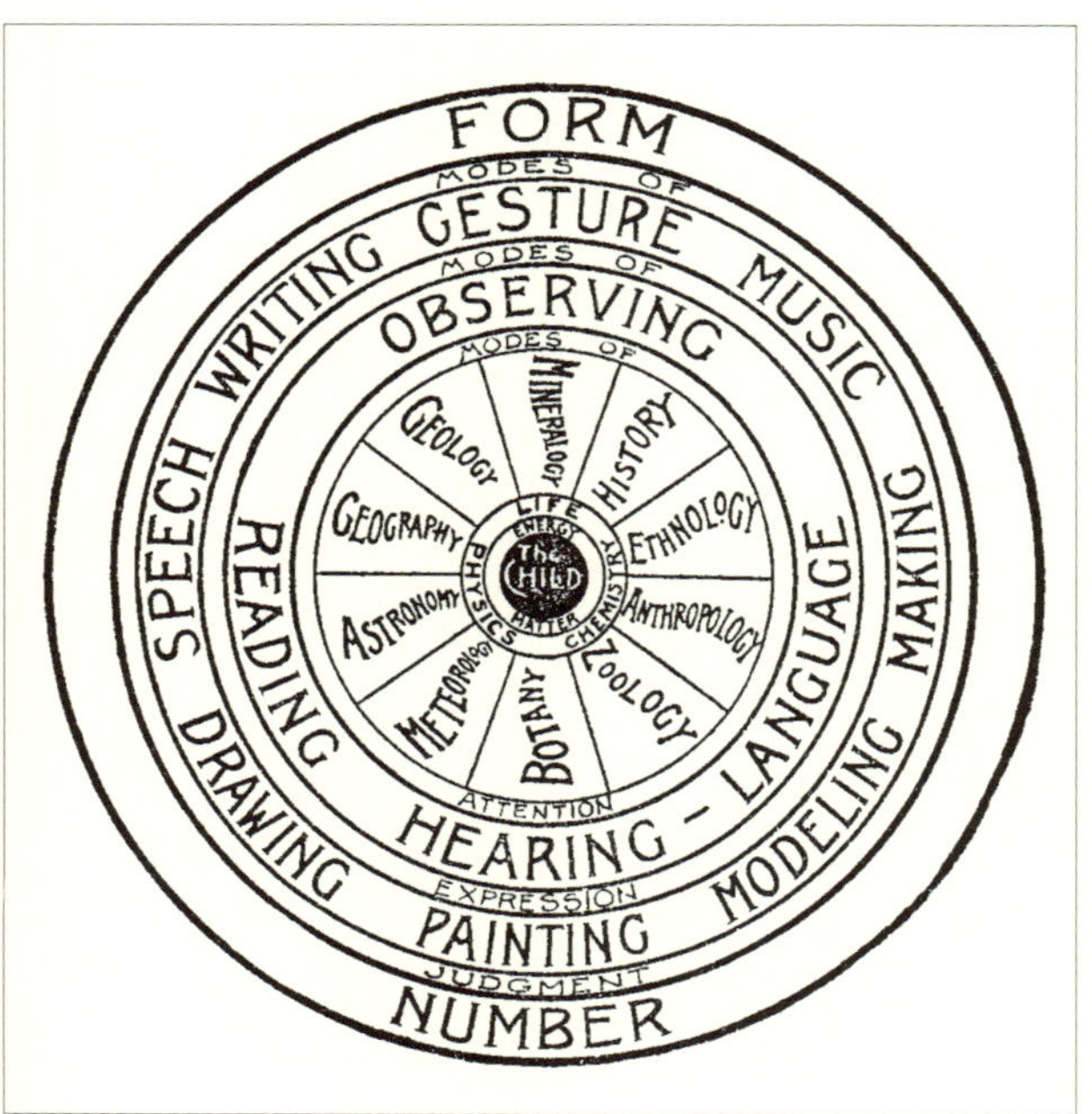

パーカーの「中心統合法の理論図解」

児童を中心に置くという理念を持つことは、教育実践家として、きわめて貴重なスタンスである。また、それは、きわめて実践的であると同時に、現実的な立場でもある。だが、それは教科構造の編成原理の説明と、うまく折り合いが付くものなのか。さらに言えば、それは教科書の構成原理になりうるものなのか。二つの議論は、そうした相互に背反する「矛盾」ないしは「扞格」を内包していた。樋口は、このことにどれだけ自覚的であったのか、実際の教科書編纂に着手した際に、それがあらためて問われることになる。

教科書改良の動き

さて、樋口は、教科書の改良について、次のように述べる。

若し以上論述するところの関係（各教科間の相互関係・稿者注）を顧慮して著述したる教科書あらば、統合教授は教師の苦心と労力とをさまで費やすことなくて行はるべければ、教科書の改良は、今日の急務なりといはざるべからず。

確かに、そうした教科書があれば望ましい。実際に、樋口はそのような教科書の作製をめざそうとしたのであろう。

ところで、平松秋夫は、ヘルバルト派の「中心統合法」の登場が日本の教育界にもたらした影響について、次の六点を挙げている。[*36]

①修身科を重視したこと
②童話の研究を促進したこと
③教科減少論が台頭したこと
④学級担任制が奨励されたこと
⑤教科書の改編が主張されたこと
⑥開化史的段階法の日本化が試みられたこと

平松は、中心統合説の主張に刺激されて、教科書改編の動きがあったことを取り上げている。これも長い引用になるが、「⑤教科書の改編が主張されたこと」に関する平松の記述を見てみよう。

> 教科統合の効果をあげるためには、教科の関係を顧慮する教科書に改編することも、必須の条件であるとの主張が多くの人によって行われた。教科書の編集は、単に連絡を計るというだけでなく、ある要点を多方面から観察させ、見地を多方面からとりきたって相互に連絡を計るという、より深い意味を持つ真の統合を意図して行わるべきであるとの見解も発表された（「国民教育」社説）。同一主義によって編纂される統合教授的教科書の出版が急務とされ（樋口勘次郎『文部省講習会 教授法講義』下巻）、各科の教科書が同一編纂者の手になることが必要であると叫ばれるようになったのもそのためである。このいわば「教科書上の統一」（大瀬甚太郎・山松鶴吉『講習用小学校教育法』）と関連して、教科書をさらに具体化した教授要目編成上及び教案作成上において、教科の連絡統一を計ることに留意するの必要が強調された。樋口長市は、各教科中最も関係深き教科をあらかじめ明らかにし、教授細目及び教案を編成する場合には、常にこれを参考にすべきであると説き、右のように図示している。（樋口長市『新令適用小教育学』図は前々頁に掲載・稿者注）教科書上の統一と教授細目上の統一を併せて、「教科案編成者の統一」（大瀬甚太郎・山松鶴吉『講習用小学校教育法』）と名付けるものもあった。教育界が教科書の改良に関心を示すようになり、教授法の改善と共に教科書の改良にみるべきものがある（加藤末吉『教室内の児童』）、といわれるに至ったのも、中心統合法の影響の結果といってよい。

つまり、統合的な立場から編集された教科書作製の要求は、教育界の世論の一部を形成していたのである。樋口勘次郎の提言は、そうした声を代表するものでもあり、実際、樋口はそれを教科書という形で具体化しようとしたのだった。

四、樋口勘次郎の教科書編集

教科書編纂の構想

では、樋口が「畢生ノ事業トセン」と考えていた「教科書」作製の経緯を、実際に刊行された検定教科書に即して具体的に検討しよう。

後掲するように、樋口が著者として名前を表に出した検定教科書は「理科」「修身」「国語」の三種類「尋常科用」「高等科用」あわせて三一点であり（教師用書は含まない）、すべて金港堂が出版元である。それらの刊行期日は、全点が一九〇〇（明治三三）年一〇月以降で、樋口個人の著作ではなく合著となっている。すでに述べたように樋口勘次郎自身は、一九〇〇（明治三三）年三月三一日に、官命を受けて教育学及び教授法研究のため、三年間にわたって英仏留学の旅に出ているから、実際はこれらの本の編纂作業に本人がどこまでかかわったのかについては、不明である。少なくとも教科書作成の最終段階に直接参加できなかったことは間違いない。

したがって、樋口の名前が著者として挙げられているという理由だけで、これらの教科書に彼の考え方が全面的に反映されていると考えることには無理がある。それは稿者も、十分に承知している。しかし「統合主義」や「総合主義」という旗印を掲げて、その考え方に基いた初等教育用の「教科書」の作製の理想だけは、様々な論者によって語られていたが、実際にその作業に取りかかった例は、樋口をおいて他にはない。

もちろん、実際の教育実践活動の際に、教科書を含む様々な資料が、「統合的」に取り扱われているケースは多いだろう。生活中心、児童中心に教育課程の問題を考えようとするなら、その傾向は、さらに強くなる。後に展開する生活綴方教育のように、学習者自身が「教材」を創り出し、そこから二次的三次的な教材が産み出される場合さえある。だが、樋口はそれを文部省の検定を前提とした、また商業出版社が企画した「教科書」という形で実現しようとしたのである。したがって、樋口の仕事は、教科書編成の構造原理を明らかにする上でも、検討の価値がある。

おそらく樋口の当初の構想は、すべての教科の「教科書」を含んだものか、あるいはかなり多くの「教科」にわたって相互に関連をとった教科書群の作製だったのではないかと考えられる。というのは、樋口は『統合主義新教授法』（一八九九［明治三二］年四月・同文館刊）で、各科教授法として、「修身科・読書科・作文科・習字・算術科・理科・音楽科・体操及遊戯・図画・地理歴史・手工科」を論じており、また『文部省講習会教授法講義　下』（一八九九［明治三二］年一〇月・普及舎刊）では、教授法各論で「修身科・読書・作文科・算術科・地理科・歴史科・理科・習字科・図画」の各科にわたって、広範な教科内容とその方法について講義しているからである。こうしたことから、樋口自身は、各教科の内容について熟知しており、それを相互関連させた教科書が作れるというおおまかな見通しと、自負とがあったにちがいない。

実際樋口は、既存の教科書を使いながら、また自主的な教材を導入しながら、いくつかの基礎的な「実験」を重ねていた。その試行錯誤の跡は、先に見たように『東京茗渓会雑誌』に「実験叢談」と題して、一八九六（明治二九）年四月の第一五九号から、一八九七（明治三〇）年三月の第一七〇号まで一一回にわたって連載された論考の中に表れていた。さらに、各教科を連関させた教育課程も、その例のいくつかが『文部省講習会教授法講義　上巻』の中に紹介されている。次頁の図表は、樋口が示した「尋常小学科第四学年級第一学期案」案の第三週までの予定表に、それらの相互関係が分かりやすいように稿者が、線を加えたものである。

この時、勘次郎が「読書」科で使用していた教科書は、官版の『尋常小学読本』巻六であり、「読書」科の第六課までは、教科書の目次にそった進行になっている。『尋常小学読本』の第五課「らんどしーるの話」は、動物愛護の精神に富んだ芸術家の話で、教材自体が「修身」的な内容を含んでいるので、樋口はこの表に（修身）と添え書きしたのだろう。この図では、そのほかの教科の各教材にも、関連のありそうな他の教科目

尋常小學科第四學年級　第一學期案

括弧内の學科名等は教科の關係を示す

學科＼週	一	二	三
修身	十五少年第二回を先きに次に第一回を話す（作文）	全書第三回 船中の食糧器具等を陸揚げし遠征委員派遣まで（算術）	全書第四回 島内遠征 本島地圖調製まで（地理算術）
讀書	第一課 太陽（算術） 第二課 日の旗（唱圖）	第三課 立身宴會（修身） 第四課 あまだれ石を穿つ（修身）（唱歌）	第五課 らんどせるの話（修身） 第六課 水の周遊一（修身）
作文	天孫降臨（歷史）	上野（地理）	十五少年の漂流（修身）
習字	陽（場湯） 港（湊）（讀書）	旗（於） 輝（運）（讀書）	招（沼） 席（蓆）（讀書）
算術	萬までの計へ方 千位のみより成る數の加減（太陽までの距離天孫降臨の年代遷都の年代（歷史））	千位及び百位より成る數の加減（十五少年漂流の時間及距離等十五少年の陸揚したる物品）（修身）	千位百位及び十位より成る數の加減（十五少年の遠征）（修身）
地理	東京遷都（歷史）	東京市内名所（唱歌作文）	東京名所續き（唱歌）地圖調製（修身にて地圖調製のことを話したる後に）
歷史	天孫降臨（作文地理）	神功皇后（修身）	坂上田村麿（修身）
圖畫	電信柱（手本のまゝ） 國旗（讀書）	八尺瓊の曲玉（歷史） インキ壺にペン（手本）	八咫の鏡（歷史） 蠟燭にマッチ（手本）
唱歌	「日の旗」（讀書圖畫）	復習「學べ學べ」「金剛石の歌」（讀書）	東京名所進行の歌（地理）
体操遊戲	矯正術 隊列運動 旗とり（讀書）	矯正術 隊列運動 相撲「學べ學べ」の遊戲（唱歌）	徒手体操 隊列運動 遠足（修身地理作文） ベースボール

『文部省講習会 教授法講義　上』普及社　89 頁　相互関係の図示は稿者による

が括弧書きで示されている。

なお、「修身」の第一週から使用されている題材である「十五少年」は、ベルヌ原作・森田思軒訳で『冒険奇談 十五少年』という題で『少年世界』（二巻五号―一九号・明治二九年三―一〇月）に掲載されていた冒険小説のことである。この話材は、完結後、直ちに（明治二九年一二月）博文館から単行本が刊行されている。樋口はこうした刊行されたばかりの書物を、躊躇なく教室へ持ち込んでいたのである。

勘次郎の「第一学期案」の第一週の「修身」の項目を見ると、「十五少年第二回を先に次に第一回を話す」と記してある。これは、この小説が事件の経緯の順に書かれておらず、第一回では、いきなり嵐の海に流された船中の描写から始まっているからである。この小説では、登場人物や場所などの設定は、第二回に至って初めて説明されるというプロットが採用されていた。いうまでもなくそれは、読み手をいきなりこの物語世界に引き込むための、書き手による叙述上の工夫である。しかし、耳からストーリーを聞いている学校生徒には、それでは話の筋がつかみにくいので、小説の内容を時系列に置き直して、先に第二回の内容を話しておく、という樋口の注意書きである。実際に樋口が教室でこの話を取り扱った経験をもとに、このような指示を書き込んだのであろう。

それにしても、文飾過多で難解な漢語が多用されている森田思軒の翻訳文を、小学校の四年生を対象にして、耳から聞いて分かるようにかみくだいて話すには、かなりの力量が教授者に要請されたはずである。というのも、この時、教室の学習者は、目で活字を追いながら、「十五少年」の話を受容したのではなく、音声のみによってそれを享受していたからである。こうした経験からも、樋口は、年少者向けの平易な文章による「物語」の必要性を強く感じていたことと思われる。

さて、樋口は、統合教授に基づいた教科書について、同じ『文部省講習会教授法講義　下』で、次のような基本的な考え方を述べている。[*37]

> 統合教授のことは、仮令厳密なる理論に基き、精細なる研究に拠りてにはあらずとするも、従来世人の喋々せし所なりき、従ひて其利益及ひ必要の如きも一種の意味を以て一般に了解せられたり、然るに現今統合教授の実際に行はれざるは、実地教育家の無識若くは怠慢、不熱心の罪に帰すべき点も少なからずと雖も、又大に教科用書の不完全なるに因らずんばあらず。世の実際教育家、殊に小学教師に至りては、親ら其の教科の材料を記述して教授するに足る程の学識を有するもの鮮く、又其の時間にも制限ありて、到底他人の力に依頼せざるを得ず。されはこそ教科用図書の入用もあるなれ。就ては之か編纂著述に従事する人は、当に教育的法則によりて、其の材料を択み、其の配列順序を定め、且他の教科書との関係統一をも計るべきに、諸種教科書間の連絡に頓着せざるは勿論、一教科書の材料及ひ順序すらも、杜撰粗漏にして、又非教育的なるは、誠に慨嘆の至ならずや。或は曰はん、一教科書中の材料の選択及ひ配列等は、勿論注意せざるべからざることなれども、他書との関係に至りては只一種の教科書のみを編著するものゝ予り知らざる所なりと。
>
> 余の考へにては、小学校用教科書に於ては、只一書のみを著述することは、教育の眼よりは許すべからざることなり。但し若し単に修身教科書ならば、修身教科書一種のみを著述せんとするときは、必ず読本は何某、地理書は何某の書と併せ用ゐるべしといふ注意を加ふべき

筈の者なり。然るを堂々たる書籍出版社又は書肆より、博士学士の肩書を有する著者の名前を冠して発行する者にても、各教科書の教授をして、互に相連絡補益せしむべき用意ある者なし、故に仮令全小学校の教科書は、皆悉く仝一の書肆より出版したる者を採用すとも、或は無益なる反復もあるべく、又は有害なる矛盾も多かるべし。豈に交互の連絡を望むべけんや。是実に今日教育上の一大欠陥なり。

殊に今日の如く、中小学校に於て、往々科別教員制の行はるゝ時にありては、教科書の統一を以て、各教員の教授作用の統一を計らざるべからざれは、今日に於て統合教授的教科書を出版することは最も急務とする所なり。

然れども世の教師たる者は、良教科書に乏しきを以て失望すべきにあらず。教科書は如何にあるも教師の注意宜しきを得ば、統合教授の行はれざるにも限らざれば、教師たる者は自己の工夫によりて、教科書の欠点を補ふ決心なかるべからざるなり。（傍線・稿者）

この発言によれば、小学校で使用する各教科の教科書は、一人の著者が作ることが理想だということになる。そうした教科書の編纂に当たっては、各教科の内容を通覧し、重なるところは整理し、相互に矛盾するところは正し、教授の順序の整合性を図れというのが、樋口の主張の要点である。いうまでもなくこうした教科書群の誕生は、学習者にとっても確かに効率的だし、教科書書肆の側にとっても、一つの教科の教科書（商品）を核にして、他の教科も一手販売できるから、特定の地域の全教科の教科書市場を独占できるといううまみがある。

ここではそれを後押ししようと考えた金港堂との関係が重要である。第三部第一章でも見たように、金港堂は、当時の教科書出版の最大手だった。従来の教科書編集の方向とは別に、「統合主義」を看板にして売り出し中の教育学者樋口勘次郎に目をつけ、新しい発想に基づいた教科書を出そうとしたのだろう。この戦略が成功すれば、金港堂はさらなる寡占化に向けて大きな礎石を据えることになるはずだった。つまり、教科書出版で大きな位置を占めていた金港堂が、従来の国語読本に加えて、統合主義をセールスポイントにした新しい国語教科書を刊行して、得意の複線化路線を推し進め、さらに業績を伸ばす機会でもあったのである。

しかし、実際の教科書の編集作業は難渋を極めた。その原因の第一は、樋口が超多忙であったことに求められる。そこで、まず当時の樋口の多忙ぶりを確認しておく。

副読本類の作製

刊行物を中心にして、樋口の年表を、次頁にまとめた。

樋口勘次郎は一八九五（明治二八）年四月に高等師範付属小学校に勤務してから、一九〇〇（明治三三）年三月に洋行するまでの五年間に、実に多くの仕事をこなしている。本格的な執筆は、一八九六（明治二九）年から始まるが、最初の著作となる『修身童話』は、副読本とでもいうべきものである。（第六部第三章で取り上げる）『修身童話』は、全体の構想、本文の執筆、附録のグリム童話の翻訳、および文字の大きさや活字鋳造の指示、体裁の決定に至るまで細部に神経を使って、完成までに相当の時間を費やしている。それは第一巻「桃太郎」の自序が書かれてから、一年半もかかっていることからもわかる。この、日本で最初の教育文学

樋口勘次郎関係年表・刊行物を中心に

年	月	事柄
1871（明治4）		生まれる（長野県諏訪郡富士見村木之間）
1887（明治20）	4月	長野県尋常師範学校卒業　塩尻小学校訓導をつとめる
1891（明治24）	3月	高等師範学校文学科入学
1895（明治28）	4月	高等師範学校訓導兼助教諭（一年生の担任・以後順次持ち上がり）
1896（明治29）	4月	「実験叢談」『東京茗渓会雑誌』159号、連載開始・翌年三月終了
	6月	樋口一葉に手紙・教材執筆の依頼（一葉は、この年一一月没）
	8月	京都府綾部町夏季講習会に出講　芦田恵之助との出会い
1897（明治30）	2月	高等師範学校助教諭兼訓導
	3月	『修身童話』第1巻「桃太郎」の自序①記載
1898（明治31）	3月	「教材採集例」『東京茗渓会雑誌』182号 ▼新聞記事を教材化する提案
	8月	『修身童話』第1巻「桃太郎」の自序②　同月31日自序③記載
	8月	『教師之友』（発行所・少年園）の主筆になる ▼『東京茗渓会雑誌』に広告
	9月	『教師之友』（発行所・少年園）第1号9月15日発行（毎月一回）
	10月	『修身童話』第1巻「桃太郎」開発社・刊　自序④
1899（明治32）	2月	「昔噺の教育的価値」『教育学術界』所収
	3月	『修身童話』第2巻「花咲爺」刊 ▼シリーズ全題目公表・以降毎月刊行の予告
	4月	『統合主義 新教授法』同文館 ▼明治31年12月―翌年1月にかけて信州上田での講義
	5月	『理科童話』第1巻「花見の巻」 ▼『理科童話』シリーズはこれ一巻のみ
	6月	『統合主義 各科教案例』同文館 ▼理科童話全24巻の広告あり
	6月	『修身童話』第3巻「猿蟹合戦」刊
	8月	『文部省講習会教授法講義・理論編　上巻』普及舎 ▼明治31年夏の講義『教師之友』に連載
	10月	『文部省講習会教授法講義・実践編　下巻』普及舎 ▼明治31年夏の講義『教師之友』に連載
	12月	『修身童話』第5巻「したきりすずめ」
1900（明治33）	1月	『統合主義修身教授法』同文館　＊各科教授法第一巻
	3月	教育学及び教授法研究のために満3年間英仏へ留学にむけ出発 ▼3月31日
	3月	『修身童話』第6巻「かちかちやま」刊
	8月	小学校令改訂
	10月	『小学理科教科書』棚橋源太郎と共著 カラー図版多数カラー図版多数
1901（明治34）	6月	『尋常国語教科書』金港堂／野田瀧三郎と合著
	7月	『尋常修身教科書入門』金港堂／野田瀧三郎と合著 ＊全編昔噺のみで構成
	7月	『尋常修身教科書』金港堂／野田瀧三郎と合著
1902（明治35）	7月	『尋常国語教科書教員用』金港堂
1903（明治36）	8月	帰朝　8月21日
		『国家社会主義 新教育学』同文館

シリーズも、結局最後には、湯本武比古に尻ぬぐいをさせる結果になるのだが、相当の時間と労力をこの仕事に割いたことが想像できる。

関連して、同じ同文館からは、理科童話シリーズ（全二十四巻）の刊行も予定していたらしい。このシリーズは、一八九九（明治三二）年五月に第一巻「花見の巻」が出版されている。『統合主義各科教案例』の巻末に、その全体の予告が出ているが、それによると、第一巻『花観』、第二巻『権兵衛の種子蒔』、第三巻『老僧の接木』、第四巻『似我蜂』、第五巻『鼠の会議』……と続き、第二十四巻『杖取り石』というラインナップになっている。結局、このシリーズも、第一巻が世に出ただけで終わってしまったようだ。*38

教育書の刊行

教育書の方では、いうまでもなく一八九九（明治三二）年四月に刊行した『統合主義新教授法』が、樋口の主著である。これは樋口の講演を、芦田恵之助が筆録したものを元にして作製したということだから、実際の執筆には、それほど時間がかからなかったかもしれない。だが、この本の成功によって樋口の名声は一挙に高まり、外から依頼された講習会の講師などの仕事も増えて、ますます忙しくなった。

同じ年の八月と一〇月には、樋口勘次郎講述『文部省講習会教授法講義』上下二冊が出ている。これは、その前年、すなわち一八九八（明治三一）年夏に行われた講義録を訂正出版したものである。新たに主筆となった「教師之友」誌上に、この講義録の内容を連載し始めたが、そのままだと分量的に二年間かかってしまうことがわかり、急遽、本の形で刊行したと述べている。おそらく『統合主義新教授法』の成功に力を得て出版されたものであろう。内容的には、話題を呼んだ『統合主義新教授法』より以前に書かれたものだが、『統合主義新教授法』よりも分量が多く（菊判：上巻二四二頁・下巻三四六頁）、『東京茗渓会雑誌』に連続掲載した実践の記録などの一部なども取り込まれている。

さらに『統合主義新教授法』の巻末には、以下にあげるような各科教授法のシリーズの広告が出ている。『統合主義新教授法』は、いわば総論編であるから、樋口は、それぞれの教科についての詳細な教授法の出版に展開させるつもりだったのであろう。壮大な計画である。一八九九（明治三二）年五月一五日に出た『統合主義新教授法』の三版の巻末広告によると、そのスケジュールは次のようになっていた。

樋口勘次郎先生著　統合主義各科教授法

▼統合主義　修身教授法　全一冊　明治三二年五月発行
統合主義　読書作文教授法　全一冊　〃　七月発行
統合主義　算術教授法　全一冊　〃　九月発行
統合主義　地理教授法　全一冊　〃　一〇月発行
統合主義　歴史教授法　全一冊　〃　一二月発行
統合主義　理科教授法　全一冊　明治三三年一月発行
統合主義　習字図画教授法　全一冊　〃　五月発行
統合主義　体操遊技教授法　全一冊　〃　三月発行

実際には、『統合主義修身教授法』だけが、ようやく洋行の直前、一九〇〇（明治三三）年一月一七日に完成する。一月五日付けの「小序」には「本書私稿略々成りて、書肆に出版を約し、書肆は時日を予算して、広く之を予告したるに、其の後著者公私の激務に追はれて、脱稿大いに遅延し、本日を以て漸く印刷を終るを得たり。」と、刊行遅延の原因が自身の多忙にあったことを認めている。

そのほか、樋口は本務校の機関誌である『東京茗渓会雑誌』の編集も手がけていたし、雑誌『教師之友』の編集にも携わっている。勤務校の様々な学務もあれば、肝心の毎日の授業実践もある。その準備や記録・整理などを考えれば、相当多忙な日々であったことは想像に難くない。

芦田恵之助の証言

芦田恵之助は、『第二読み方教授』で、この時の樋口勘次郎の様子について次のように述べている。*39

> 先生は、信州諏訪の人、明治の三〇年代では、教育思想に於て、我が国第一の新人でした。高等師範学校附属小学校にはいつて自ら児童を教授し、自発活動による教授法を創始して、天下を驚かせた方です。金港堂のために教科書の編集に着手し、十分まとまらないで洋行なさいました。文部省留学生として、パリにいらつしゃいましたが、とかく世評面白からず、御帰朝後は官辺の圧迫が強くて、つひに野に下つて、晩年を不遇に終られました。私は今も先生を思ふごとに、偉人のかうした終を告げるのは、その偉大なためであると思つてゐます。
>
> (傍線・稿者)

芦田は、樋口勘次郎を師と頼んで上京した。先述したように、樋口の出世作『統合主義新教授法』も、彼の講演を芦田が筆録したものが元になっていた。樋口からは大きな影響を受けたはずであるが、芦田の著作物の中で、樋口に言及している箇所はそれほど多くない。この記述からは、樋口が「金港堂のために教科書の編集に着手し、十分まとまらないで洋行」したという事実が分かる。続けて同書には、芦田が「先生の事業、教科書の編纂に多少関係したので」と書かれているので、樋口が著者として名前を出した金港堂の教科書編纂に、芦田の力も加わっていた可能性もあるが、その詳細は不明である。また芦田は、生活のために「棚橋先生の理科教科書の教師用を書いた」とも記している。これは棚橋と樋口の合著である『小学理科教科書教員用』を指すのだろう。

芦田が棚橋源太郎の教師用書の執筆に関わった経緯は、彼の自伝である『恵雨自伝』にも書かれている。そこには生活に困った芦田が、棚橋に仕事の相談をしたら、理科教科書の教師用書の執筆について打診され、「物理化学は少々怪しいと思いますが、動物・植物・生理などならば、たしかにやつてのける自信があります」と答えて、三巻まで書き上げ、併せて六〇円の原稿料を貰ったことが記されている。*40

このとき芦田が生活費を必要としていたのは、樋口勘次郎にも大いに責任がある。というのは、樋口が洋行前に、当時高等師範学校付属小学校の嘱託だった芦田に向かって「自分のいない三年間、國學院にはいつて、一心に国語の勉強をしておけ。そうして私の帰朝するのをまて。学資は金港堂に頼んでおいたから、月々もらいに行けばよい」と告げたからだ。芦田はそれを、「先生が読本編纂法を研究して来て、大々的に仕事をおはじめになるのだ。その時自分を重用してやろうとおっしゃるのだ」と受け止める。ところが、樋口を欧州へ送った直後、やはり同じような指示を受けた近藤九一郎と打ち揃って金港堂へ出向いた二人は、意外の仕儀を迎えることになる。

近藤九一郎君と相談して、私は学資の出所をたしかめねばならず、近藤君も将来の方針を決定しなければならないので、二人相伴って、金港堂の主人原氏を、下谷竜泉寺町の宅に訪いました。一間に通されて、まつていると、やがて主人が出て来られました。その顔がいかにも険悪でした。しかし、私たちは、樋口先生から聞いたまゝに、来意を告げると「以ての外だ」と、まず拒絶の意を明らかにしておいて、樋口先生の読本編纂についての不始末を、縷々述べられました。私等は程のよい所できりあげました。帰途近藤君と「我等は学資を出すか否かさえきけばよいのだ。樋口先生の不始末は、樋口先生にいつたらよいものを」といつて笑いました。近藤君は、附属小学校に一席を占めているからよいが、わたしは笑つて済まされない生活問題が、頭上に落ちて来ました。

こういうわけで、芦田は生活のために「棚橋先生の理科教科書の教師用を書」かざるをえない経済的状況に陥ったのである。頼りにしていた樋口勘次郎には、結果的に欺かれたことになったといっていい。もっとも芦田は、自分の樋口の発言の受け止め方が未熟だったせいだといい、どこにも不満の跡を漏らしていない。樋口の人物評価をめぐっての甚だしい毀誉褒貶の原因はこんな所にもあるのだろう。

この「樋口先生の読本編纂についての不始末」というのが何を指すのかは具体的にわからないが、おそらく大言壮語して遠大な計画をぶちあげたものの、遅々として仕事が進まなかったことを指しているのだろう。この時期は教科書の出版元にとっても大事な時期だった。というのは、一九〇〇（明治三三）年八月二〇日に「小学校令」が改正され、新しい教科の枠組みが示されたからである。尋常小学校における教科目は「修身」「国語」「算術」「体操」それに随意科目として「図画」「唱歌」「手工」「裁縫（女子）」、高等小学校におけるそれは「修身」「国語」「算術」「日本歴史」「地理」「理科」「図画」「唱歌」「体操」「裁縫（女子）」だった。新規の教科目である「国語」に対して、それに対応した教科書をさっそく提供することで業績を伸ばそうと考えていた民間書肆にとって、スケジュールを守らない執筆者に厳しく当たるのは当然だった。それにもかかわらず、樋口が仕事を途中で放り投げて洋行してしまったのだから、金港堂の主人原亮一郎の顔が「険悪」なのも、やむをえないことであったろう。

五、樋口勘次郎編集の教科書の内容と特色

さて、樋口の「統合主義」の主張は、教科書という形態の中で、どのように実現されたのか、あるいは実現されなかったのか。彼が著者として名を連ねた教科書を以下にあげてみる。

生徒用書

A『小学理科教科書』　児童用　巻一－四　外編一　計五冊
　棚橋源太郎・樋口勘次郎合著／金港堂　明治三三年一二月二八日訂正再版発行

B『尋常国語教科書』甲種　巻一―八　乙種　巻一―八　計九冊
樋口勘次郎・野田瀧三郎合著／金港堂　明治三四年七月二七日
訂正再版発行
C『高等国語教科書』巻一―八　計八冊
樋口勘次郎・野田瀧三郎合著／金港堂　明治三四年八月九日
訂正再販発行
D『尋常修身教科書入門』巻一・二　計二冊
樋口勘次郎・野田瀧三郎合著／金港堂　明治三四年七月二七日
訂正再版発行
E『尋常修身教科書』巻一―三　計三冊
樋口勘次郎・野田瀧三郎合著／金港堂　明治三四年七月二七日
訂正再版発行
F『高等修身教科書』巻一―四　計四冊
樋口勘次郎・野田瀧三郎合著／金港堂　明治三四年七月二七日
訂正再版発行

教師用書
一九〇一（明治三四）年『小学理科教科書』教員用　巻一―四
棚橋源太郎・樋口勘次郎合著／金港堂
一九〇一（明治三四）年『小学理科教科書外編』教員用　一冊
棚橋源太郎・樋口勘次郎合著／金港堂
一九〇一（明治三四）年『尋常修身教科書入門』教員用　一冊
樋口勘次郎・野田瀧三郎合著／金港堂
一九〇一（明治三四）年『尋常修身教科書』教員用　一冊
樋口勘次郎・野田瀧三郎合著／金港堂
一九〇一（明治三四）年『高等修身教科書』教員用　上下編　二冊
樋口勘次郎・野田瀧三郎合著／金港堂
一九〇一（明治三四）年『尋常国語教科書』乙種教員用　一冊
樋口勘次郎・野田瀧三郎合著／金港堂
一九〇二（明治三五）年『尋常国語教科書』教員用　上下編　二冊
樋口勘次郎・野田瀧三郎合著／金港堂

（1）『小学理科教科書』の検討

『小学理科教科書』の内容

理科教育の分野では、この教科書の評価は、すこぶる高い。『近代日本教科書総説』の「理科教科書」の項には、共著者である棚橋源太郎について「高等師範学校において、理科教授法研究の中心人物であり、当時わが国の理科教育界の指導的地位にあった」と記されている。また、彼の関わったこの理科教科書は、「検定時代後期の代表的教科書」とされている。別に、稲垣忠彦も『明治教授理論史研究』の中で、この教科書を「当時の段階における理科教育の最高の達成であった」と高く評価している。*41

棚橋は、一八六九（明治二）年、岐阜県生まれ。樋口よりは二歳年長だが、東京高等師範学校博物科を、樋口と同じ一八九五（明治二八）年に卒業している。樋口とは同窓生である。樋口は、そのまま東京高師付属小学校訓導として職を得たが、棚橋は岐阜尋常師範学校教諭を経て、一八九九（明治三二）年に、東京高師付属小学校に赴任した。*42

『小学理科教科書 児童用』 棚橋源太郎・樋口勘次郎合著　金港堂

巻一	巻二	巻三	巻四	外編
第一編	第一編	第一編	第一編	第一編
第一章　春の田畑	第一章　春の森林	第一章　普通なる諸器械	第一章　森林	第一章　普通の諸機械
第二章　春の森林	第二章　春の田野	第二章　燃焼	第二章　山岳	第二章　海洋
第三章　夏の水辺	第三章　夏の森林	第二編	第三章　海洋	第二編
第四章　夏の田畑	第四章　夏の水辺	第一章　光	第二編	第一章　山岳
第二編	第二編	第二章　植物体の構造生理	第一章　天体	第二章　地球
第一章　秋の田畑	第一章　秋の田野	第三章　動植物栄養上の関係	第二章　音	第三編
第二章　秋の山野	第二章　秋の水辺	第三編	第三章　鉱物の利用	第一章　人類
第三編	第三章　人に畜はるゝ動物	第一章　電気　磁気	第三編	第二章　生活体の組立
第一章　家屋家に住む動物	第四章　自然物の利用		第一章　人体の構造生理	
第二章　人体を害する動物	第三編		第二章　人類の進歩	
第三章　春の山野	第一章　冬の山野		第三章　有機体の組立	
	第二章　総説			

『小学理科教科書』巻二
図版

『小学理科教科書』表紙
明治33年

『小学理科教科書』は、高等小学校児童を対象に作られており、洋装仕立てで、カラー頁が豊富に入った高級感のある仕上がりである。児童用五巻、教師用五巻によって構成されている。修業年限二年の高等小学校では、巻一と巻二を、修業年限三年の高等小学校では、巻一と巻二と外編を、修業年限四年の高等小学校では、巻一―巻四を使うようになっている。この本の特色は、「春の田畑(桃・アブラナ・エンドウ)」「春の森林(森林の害虫・松)」「夏の水辺(水にすむ昆虫・蛙)」などの単元名のもとに、各教材が編集されていることだろう。これはドイツのF・ユンゲの「生活の共同体」(Lebensgemeinschaft)の思想を背景にしたものだという。個別の教材を並列的に並べるのではなく、子ども達に親しみやすい生活感のある「場」を設定して、そこに関連的・有機的に教材を配列するという仕組みになっているのである。*43

この教科書は、また、F・ユンゲの生活共同体理論と、W・バイヤーの歴史的実際主義の折衷によって作られたとも言われている。ユンゲの唱えた、万物は有機的関連を持っているという思想を、児童の身辺の天然・自然を総合的に見るという教材の構成として展開している。その一方、ヘルバルトの開化史段階説に影響を与えたというバイヤーの主張した、「個体発生は系統発生を反復する」という思想を、低学年では原始的な生産段階から学習を出発させる展開の根拠としたのである。棚橋自身は、後に自身が表した『理科教授法』の中で、ユンゲとバイヤーの説を紹介し、それを「折衷」したのは、ドイツのザイフェルトだともいっている。もっとも棚橋は、ザイフェルトが両者を折衷したことには賛意を示しつつも、理科で取り扱うべき教科内容を、理科(Naturkunde)と勤労科(Arbeitkunde)とに区分したことについては、反対している。*44

つまり棚橋は、この「理科教科書」の編成原理に、ユンゲやバイヤー、あるいはザイフェルト等の理論を援用して、理科教材を「総合的」な形で教科書として仕立て上げたのだった。ヘルバルト派の教育学や、アメリカのパーカーの理論など欧米の先進的な考え方に学びながら、児童の問題意識に即して学習を展開させるべきだという教育観や、教科内容を「統合」してそれを教科書という形で示そうとする教科書観は、棚橋にも樋口にも共通していた。

樋口勘次郎も『統合主義新教授法』の中では、「諸教科の関係」において「理科」に関しては、ほかの教科に比べてことのほか多くの紙数を費やしている。すなわち「植物学、動物学、金石学、物理学、化学、生理学」などを個別に教えることに異を唱え、「児童の心理的要求を考へ、次に気候と地理との変化を斟酌」して統合的に学習指導を行うべきだと説いているのである。また「ドイツには郷土にある一小池を題目として、其の中の諸生物交互の共存生活を理解せしむるの必要なること、及び其の事の動物、植物、化学などを理解せしむるに有益なることを論じたる人あり。」と、棚橋が下敷きにしたユンゲやバイヤーの論を承知していることをにおわせるような一節も挿入している。樋口自身も、「郷土科」や「植物学、動物学、金石学、物理学、化学、生理学」などを統合した「理科」の考え方に、興味関心を持っていたのである。

もしこうした考えを、「国語科」教科書の作製作業に取り入れたなら、日常の言語生活から立ち上がる生活重視の「国語教科書」、あるいは、「国語学、国文学、言語学、美学、修辞学、詩学」などの諸学を統合した、総合的な「国語教科書」が生まれたかもしれない。しかし、そのような発想のもとに立った教科書は構想されなかった。というのも、あくまでも樋口の「統合」理論のよって立つところは、ヘルバルトの中心統合法、とりわけ「修身」を核とする構成原理を柱とするものだったからである。

理科教科書の特性

棚橋源太郎は、小学校に設置されたすべての教科を統合しようというより、理科という教育を総合的に学ばせ、そのことを通して、子どもたちに科学的な思考を育てようと考えたのだと思われる。したがって、棚橋の教科書は、理科という教科内部においては「統合」されていたが、それをさらに国語や修身の内容と連絡させようとしているわけではなかった。もっとも「理科」という教科は、尋常小学校の教科目ではなく高等小学校で学習する科目だったから、「理科」という教科の枠の中だけで、身の回りの自然や生活と結びつけることを考えればよかったのかもしれない。そこが、尋常小学校に置かれた全教科の統合を視野に入れようとした樋口勘次郎との立場の違いであった。

さらに、学習すべきテキストの集成である「国語読本」と、理科教科書の場合とでは、学習において教科書の果たす役割が異なるという点も重要である。棚橋は、「理科教科書は如何に用ふべきか」という論考の中で、「理科教授の目的は何処にあるか、その教育上の価値は何々であるかを十分に承知して居つて、児童用教科書を善く用」いなければならない、と述べる。それにもかかわらず、おおかたの教師は、「理科教科書中の材料を教ふる事、注入する事、理解させる事、読ませる事に、汲々として居つて、教科書あるが為にその奴隷となつて居る有様」だといい、「宛も読本の教授と同様な考えで、教授して居るらしい」と批判する。なぜかといえば、それは「理科で授ける所は、事実にあらずして、数多の事実に共通して居る定義、法則、理法の如き概念」だからである。「故に理科教授では一切教科書によらないで、理科固有の手続を行ふ、方法を用ひて、予備、提示比較の階段を踏んで、総括の階段に達した時、即子供をして概念を作り上げしめた後に至つて始めて、教科書の必要が起るのである。」と述べる。[*45]

つまり、理科学習では科学的な思考や認識、あるいは実験の結果を事後に確認するために教科書が要るのであって、教科書の記述そのものを理解することが目的ではない、という主張である。この棚橋の理科教科書観は、理科という教科の特性を考えるなら、十分に納得できる考え方である。しかし、樋口が考えようとしていた全教科を「統合」した教科書は、この棚橋の論法だけでは作成することはできない。というのは、読み物や図表など、教科書に書き記されたメディアを読み解くことから学習を出発させる国語科のような教科もあるからだ

こうみてくると、この『理科教科書』は、合著となってはいるものの、棚橋が全面的に主導して作ったもので、樋口の「統合主義」の発想とは距離があると考えていいだろう。著者名も、樋口より棚橋の方が先に書かれているし、先ほどあげた芦田恵之助の『恵雨自伝』にも、「樋口先生の留学がいよいよ決定してからは、先生は多忙を極めたようでした。留学の準備もあるし、先生担当の読本も思うようにはまとまらないし、どうなることかと思うようでした。棚橋源太郎先生の理科教科書は着々進んでいるようでしたが、これも教科の統合を標榜しての教科書ですから、完成は容易なことではなさそうに見えました。」という記述がある。芦田の「棚橋源太郎先生の理科教科書」という口ぶりからは、棚橋が責任を持って理科教科書の製作を進めたことが推察される。実際、多忙だっ

た樋口には、理科教科書にまで手をのばすゆとりはなかっただろう。ちなみに、ヨーロッパへ留学した後の樋口のクラスを引き継いだのも、棚橋源太郎だったらしい。棚橋の回想からは、樋口の自由主義的な教育方針と、棚橋の教育方針とが若干異なっていたこともうかがえる。*46

ところで、理科教育の研究者から高く評価されている棚橋の理科教科書の思想は、次に続く国定教科書へは引き継がれなかった。『理科教育史資料』には、次のように書かれている。*47

> 小学校の教科書国定化が実施されたとき、理科だけは初め生徒用教科書の使用を禁じられた。そしてそのあと理科でも国定教科書が作られるようになったとき、その教科書作りの中心になったのは高等師範学校系統の人々ではなく、帝国大学理科大学系の人々ということになったからである。そして文部省の国定『小学理科書』は棚橋らの教科書の伝統を引き継ごうとはせず、むしろ国光社の『小学理科』に見られるような教材の細切れ化の伝統を引き継ぐことになったのである。

国光社の『小学理科』は、「各巻三八課に統一して一週二時間で一課を終わるように配慮」してある教科書だった。つまり、「生活」や「統合」を重視するよりも、教科書に記載された内容を、順に機械的にこなしていくような学習に都合のよい教科書だったということである。そういう注入的な国定教科書を作ることは、あらかじめ決められた教育内容を上から身につけさせようと意図した当局の方針とも合致していたのかもしれない。もちろん、樋口勘次郎が構想していた「統合主義教科書」は、そうした方向とは正反対に位置づけられるはずのものだった。

(2)『国語教科書』の検討

甲種本と乙種本の別

『尋常国語教科書』は、一九〇一（明治三四）年六月一〇日印刷　六月一三日発行、文部省の検定を受けた「訂正再版」は、同年七月二三日に印刷され、七月二七日に発行されている。

この『尋常国語教科書』には、一年前に同じ金港堂から刊行された『尋常国語読本』と同様に、甲種本と乙種本の二種類があった。両者は、小学校へ入学して最初に使用する第一巻の内容が異なるだけで、二巻から八巻までは、内容的には全く同一である。しかし、題簽には、一巻から八巻まですべて甲種・乙種の区別が記されている。つまり、以下のような構成である。

書名	巻							
尋常国語教科書　甲種	一	二	三	四	五	六	七	八
尋常国語教科書　乙種	一							

甲種・乙種の違いについては、編者自身が次のように書いている。*48

> 乙種児童用ノ甲種ト異ナル主点ハ、
> （イ）片仮名ヲ教ヘ了ラザルニ平仮名ノ教授ヲ初メタルコト。
> （ロ）童話ニ関スル材料多キコト。
> （ハ）韻文調ノ句多キコト。

是ナリ。

甲種第一巻で取り上げられている「童話」は「花咲爺」「猿蟹合戦」「ありとはと（イソップ）」「桃太郎」「舌切り雀」「かちかち山」であり、総ページ数五二のうち一五ページを占める。これに対して、乙種第一巻では「桃太郎」「花咲爺」「猿蟹合戦」「舌切り雀」「かちかち山」で総ページ数四八のうち一九ページが費やされている。両者ともに話題の数も種類もほとんど同じであるが、「教師用書」に書かれているように、乙種の方が「童話ニ関スル材料」が多く取り上げられている。ここにこの教科書の主張を見ることができる。もっとも、乙種の場合、「桃太郎」の話そのものは取り上げられているが、ストーリーの順序を無視してバラバラの場面が断片的にあちこちに登場しているだけなので、話のつながりという点では、不自然な仕上がりになっている。国語の教科書、それも入門期においては、どうしても文字提出の順序の遵守という方針を最優先させなければならないから、多くの「童話」を採用すること、つまり話題・題材の選定と、文字を順序よく提出することとの陥穽に苦しむことになる。

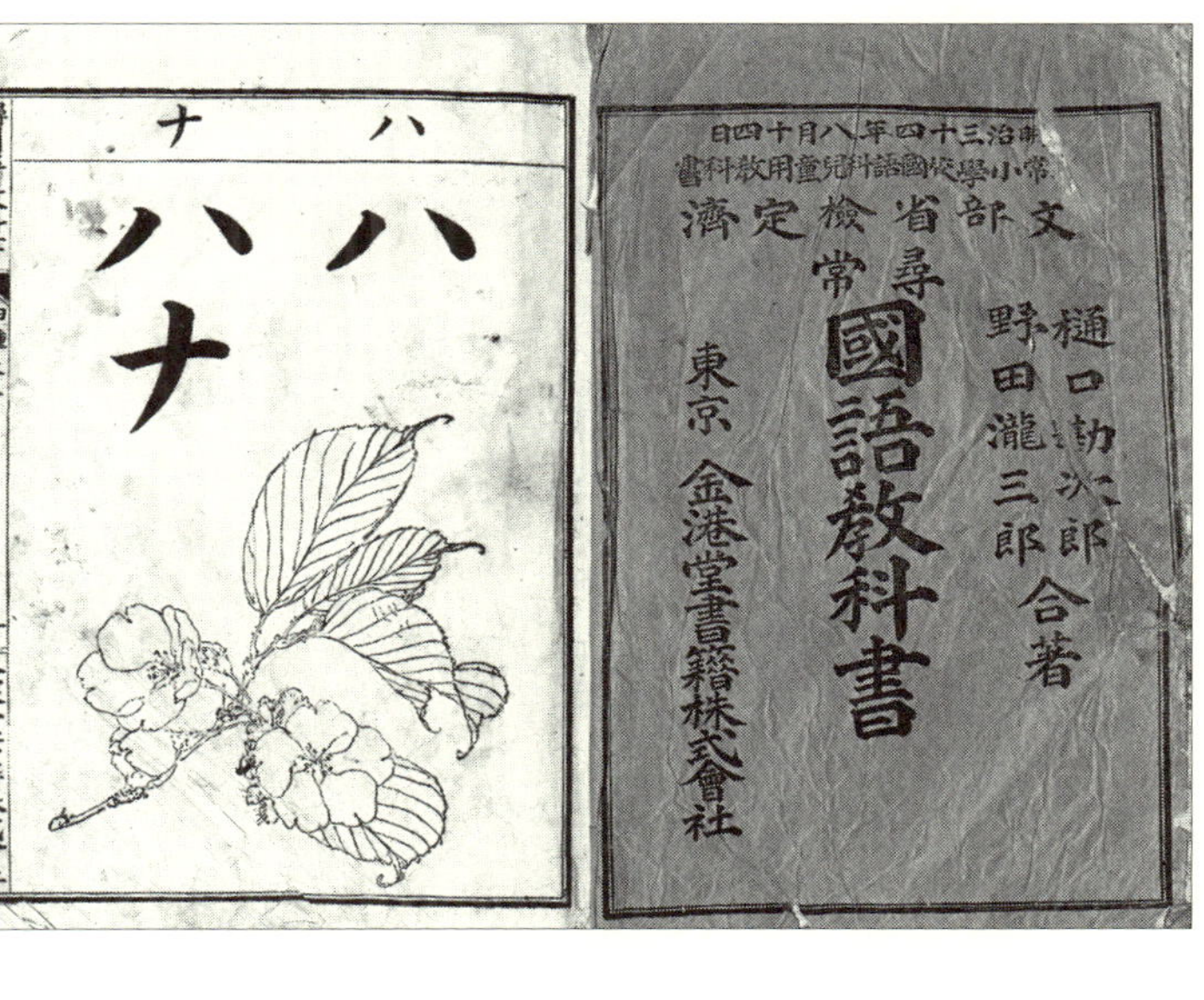

『尋常 国語教科書』甲種　巻一　見返しと冒頭頁

　ところで、甲種・乙種には、ともに第一巻に、いわゆる「五大昔噺（桃太郎・猿蟹合戦・花咲爺・舌切雀・かちかち山）」がすべて取り上げられている。同じ金港堂が刊行した『尋常小学読本』（甲種）にも、巻一に「かちかち山」「花咲爺」、巻二に「舌切り雀」「猿蟹合戦」、巻三に「金太郎」「浦島太郎」、巻四に「ありとはと（イソップ）」「桃太郎」が載せられていて、やはり「五大昔噺」はもれなく取り上げられているが、樋口の教科書は、それをすべて巻一に集中させている。これが、この本の最大の特色である。いうまでもなく一年生の読本に、「童話」を集中的に収めたのは、ヘルバルト主義に倣った樋口の強い主張であろう。

樋口勘次郎の読本のプラン

　樋口勘次郎は、実際にこの国語教科書を作製するにあたって、事前にどのような国語の教科書を編集しようと考えていたのか。樋口の『統合主義各科教案例』の中には、もし「統合主義」の主張にしたがって「読

『尋常国語教科書』　樋口勘次郎・野田瀧三郎合著　金港堂　明治三四（一九〇一）年七月二七日　訂正再版発行　価格：甲種八銭　乙種一〇銭

甲種　巻一

1	オ	ハ　ハナ
	ウ	ハチ　ハリ
2	オ	マリ　コマ
	ウ	トリ　ヒナ
3	オ	トラ　ヤリ
	ウ	アニ　オトト
4	オ	ヒル　ヨル
	ウ	（日の丸の旗の絵・色刷り）
5	オ	ハタ　ヒノマル
	ウ	ハタトリ　ツナヒキ
6	オ	ハナシ　ヲ　キク
	ウ	ホン　ヲ　ミル
7	オ	カネ　ヲ　ホル
	ウ	モチ　ヲ　ツク
8	オ	カレエダ　ニ　ハナ
	ウ	マア　フシギナ　コト
9	オ	ニギリメシト　カキノ　タネ
	ウ	ヨイ　カニ　ワルイ　サル
10	オ	イロリカラ　クリ　カメカラ　ハチ
	ウ	ウスガ　オチル　カタキヲ　ウツ
11	オ	テツビン　ノ　ユガ　ワイテヰル
	ウ	ヒバリノ　ナキゴエガ　キコエル
12	オ	セイダセ　セイダセ　ヒノ　クレヌマニ
	ウ	ヘイタイガ　レンペイヲ　スル　ミギムケ　ヒダリムケ
13	オ	フジ　ボタン　ザル　カブ　ニンジン
	ウ	ソロバン　エンピツ　ゲタ　ゾーリ　ナガグツ
14	オ	ラッパヲ　プープー　テッポーヲ　ズドン
	ウ	「カタカナ（清音）の表」
15	オ	〃
	ウ	ゼニガ　イクラ　アルカ　一二三四五セン
16	オ	ツルベデ　ミズヲ　クム
	ウ	「カタカナ（濁音・半濁音）の表」
17	オ	うし　うま　ウマガハシル　ウシガアルク
	ウ	やま　まつ　フジノヤマ　マツバラ
18	オ	ゆみ　や　ユミデマトヲ　イル
	ウ	あり　はと　アリガオヨグ　ハトガ　キノハヲ　オトス
19	オ	いけ　ふね　フネガ　ウイテヲル　ホヲ　アゲル　ハタヲ　タテル
	ウ	ふえ　たいこ　フエヲ　フク　タイコヲ　タタク
20	オ	しばかり　せんたく　ジジト　ババトガ　ヨクカセグ
	ウ	もも　ももたろー　モモノナカカラ　モモタロー
21	オ	だんご　ください　わたしにも
	ウ	すすめ　すすめ　へいたい　すすめ
22	オ	ばばが　すずめの　したをきる
	ウ	したきりすずめの　おやどを　たづねる
23	オ	こども　こども　なかよく　あそべ
	ウ	てのなる　ほーに　めくらの　おにのこ　てのなる　ほーに
24	オ	このゑをごらん　かちかちやまの　たぬきの　せなかで　ひがもえる
	ウ	つちぶねが　みづに　しづむ　たぬきが　ないている
25	オ	かぜがふく　たこを　あげる　たこたこ　あがれ　かぜのちからの　あるかぎり
	ウ	とけいがなる　一っ二っ三っ四っ五っ六っ七っ八っ九っ十　十じです
26	オ	かぢやが　つちで　てつを　うつ　とってんかち　とってんかち　一二三四五六七八九十　十ぺんうった
	ウ	「いろは（ひらがな）の表」

乙種　巻一

	オ	ウ
1	ハハ	チチ
2	ハチ　ハリ	モモ　ハナ
3	トリ　ヒナ	オニ　ヒト　（桃）
4	アニ　イモト	アサ　ヒル
5	ヂヂ　ババ	ヨイ　ヂヂ
6	ワルイ　ヂヂ	ツヨイ　イヌ　（桃）
7	モチヲ　ツク	ウスヲ　ワル
8	キレイ　ナ　ハナ	カキツバタ　ト　ユリ
9	ハナシ　ヲ　キク	シタキリスズメ　ト　ノリ
10	ニギリメシ　ト　カキノ　タネ	ニクイ　サル　かに　ヲ　コロス
11	よいトモダチ　ハカリゴト　ヲ　スル	イロリカラ　くり　カメカラ　ハチ
12	ウスガ　オチル　かたき　ヲ　ウツ	タカイ　ヤマ　きれい　ナ　カハ
13	シバ　ヲ　かる　センタク　ヲ　する　（桃）	イスニ　コシヲ　カケル　テニ　ホンヲ　モツ
14	ソノ　キビダンゴ　ヒトツ　ください　オトモスル　（桃）	フエヲ　フク　タイコヲ　うつ　ヘイタイノ　マネヲシテヰル
15	へいたい　ミギムケ　一二三　ヘイタイ　ススメヤ　一二三	ボクノ　ヱホンヲみよ　マア　キレイデスコト
16	「カタカナ（清音）の表」	〃
17	ほたるノひかりデ　ホンヲ　ヨム　つき　あかりデ　ジを　ウツス	バンペイガ　キル　ラッパが　キコユ　グンカも　きこゆ
18	コノヅヲ　ゴラン　一二三四五六　六ニンヅツ　ナランデイマス	したきりスズメ　オヤドハ　ドコダ　オヂイさん　オイデ　コチラデゴザル　チチチ　ちちち
19	よきぢぢニハ　よきことあり　わろきババニハ　わろきことあり	コノこハ　ハカマを　つけて　おじぎをしてゐマス　アノむすめハ　ザシキを　きれいに　ハイテヰマス
20	フエガ　ピーピー　ラッパヲ　プープー　ツヅミヲ　ポンポン	カゼガふく　タコヲアゲル　タコタコアガレ　カゼのちからノアルカギリ
21	コドモなかよく　のはらにあそぶ　ひばりたのしく　あをゾラに　トブ	このゑをゴラン　かちかちヤマの　たぬきの　せなかで　ひがもえる
22	みづぐるま　よるもひるも　やすまずめぐる　よきこども　ひるもよるも　たゆまずマナベ	ねよとのかねが　ごーんとひびく　一っ二っ三っ四っ五っ六っ七っ八っ九っ十　もうおやすみよ
23	一　二　三　四　五　六　七　八　九　十	「いろは（ひらがな）の表」
24	〃	「カタカナ（濁音・半濁音）の表」

点線は、相互に連絡　（桃）は「桃太郎」の話

	巻二	巻三	巻四	巻五	巻六	巻七	巻八
1	はやおき	がっこー	たべるばかり	桜(韻)(手)含む	太陽	日本	徳川家康
2	オジギ	がっこーのうた(韻)	ぶどー	和気清麻呂	太陽の歌(韻)	海国の歌(韻)	我ガ国ノ気候・物産
3	あさがほ	ホーガク	はぎとききょうー	桑	稲	元寇	貿易
4	そーじ	つばめとがん	秋の虫　(韻)含む	かひこ（上）	きのこ(手)含む	げんこーの歌(韻)	港
5	キョーダイ	つばめとがんのうた(韻)	家	かひこ（下）	果物	気候ト植物	山田長政
6	ガッコー	イケ	ウシトウマ	山びこ	旅行（一）(手)含む	兄弟ノ手紙(手)	蒸気ト電気
7	イクサゴト	やなぎ	神宮皇后	あひる	旅行（二）	生糸及綿糸	ワット
8	しょーか(韻)含む	はた(韻)含む	スミ	弘法大師	公園(対)	三府	くもとはへ《イ》(対)
9	うらしまたろー	かへる	けものがり(韻)含む	遠足（上）	源為朝	桜井駅（一）	新井白石
10	クダモノ	オヤ子ノカヘル《イ》	稚郎子	遠足（下）	益鳥	桜井駅（二）	人体
11	かき	をののとーふー	雪(韻)含む	ほととぎす(韻)含む	石炭ト石油	桜井駅のうた(韻)(対)	衛生
12	もみぢ	ムギ	小川泰山	海草	汽車・汽船の歌(韻)	大豆の生長(対)	日本三景(韻)含む
13	モリ	ふぢとぼたん	風の子(韻)	かめとうさぎ《イ》	郵便	てこ	山林
14	てんちょーせつ	ヘビトハチ	村ト町	かめとうさぎのうた(韻)	平重盛	秤	植物
15	きみがよ(韻)	神武天皇（一）	ペタトンペタトン(韻)	菅原道真	空気	四条畷（一）	西郷隆盛
16	キク	神武天皇（二）	ありときりぎりす《イ》	きうり	水蒸気と雲	四条畷（二）	寒暖計
17	いねかり	キンシクンショー	七ヨー日	水の源	雨ト雪	暑中休暇(韻)	憲法発布
18	いけ	ガッコーノヅ	司馬温公	ハス(韻)含む	梅	気候と動物	府・県・郡・市・町・村
19	ユキダルマ	あさゆふ	時計	田原藤太	牧場	朝顔(韻)	平壌の戦
20	にんぎょー	夕立	藤原鎌足	日記	牛乳	川中島の戦	世界
21	アマノイハト	あり	つぎ木	熊	牛若丸と弁慶	有用なる植物	黄海の戦
22	しょーがつ(韻)	すすめやすすめ(韻)	トキハ木	二人ノタビビト《イ》	つづき	海岸	心地よや(韻)
23	タコ	やまとたけるのみこと	春・夏・秋・冬(韻)含む	八幡太郎義家	つづき	磁石	政治
24	うめ					豊臣秀吉	国民ノ務(手)含む
25	きげんせつ(韻)						
26	たはらとーだ						
27	うぐひす						

点線は、相互に連絡　《イ》はイソップ童話　(韻)は韻文　(手)は手紙文　(対)は対話　「含む」は教材文中にそれが含まれているという意

『高等国語教科書』 樋口勘次郎・野田瀧三郎合著 金港堂 明治三四（一九〇一）年八月九日 訂正再版発行

	巻一	巻二	巻三	巻四	巻五	巻六	巻七	巻八
1	高等科	天智天皇の御製	吉野山	秋の七草	十字の詩	水産の利	外国貿易	伊能忠敬
2	花見の歌(韻)	神嘗祭	建武中興の忠臣(韻)	園の作物	皇室に対する道	遠洋漁業(韻)	必需品ト贅沢品	如沽の砲撃
3	伊勢神宮	関西鉄道	花の説明(手)	旅行＊(韻)	長江の航路	ころんぶす（一）	住居	月下野営
4	養蚕	月	蜜蜂	浅草海苔	孔子	ころんぶす（二）	英米人家庭ノ風儀	法律
5	製茶	栗と柿との問答(対)	郵便貯金	留守を預る人に贈る文	孟子の母	為替	フランクリン	租税
6	鎮守の森	藤原道長の大胆	日記	甘藷先生	家庭の教（一）	銀行	戦国の士風	珊瑚島
7	草薙の剣	琵琶湖	金閣	田舎の秋	家庭の教（二）	奉公さきより両親に送る文	黄海の戦	航海の楽
8	刀鍛冶助弘(韻)含む	塚原卜伝	足利季世の皇室	二百十日	印度の二大港	砂糖	台湾土人の風俗	覚悟
9	マッチ（一）	猿の話	毛利元就の遺訓	台湾の沿革	紡績業	食物の調理	草と藍	ろんどん
10	マッチ（二）	鳥と狐《イ》	会社	浜田弥兵衛	てがみ	高田屋嘉兵衛	土ノ話	ぱり
11	分業	八幡太郎義家	商業	信用	商売ト道徳	しべりや鉄道（一）	開墾疎水	魚梯
12	よく遊びよく勤めよ	雁	資本	言葉を慎むべし	小鳥＊(韻)	しべりや鉄道（二）	熊沢蕃山	麦稈真田
13	修学旅行の記（一）	復習会を催す文通(手)	麦と其の害敵	書籍の購求を依頼する文	古代の文明	箕面	保安林	肥料
14	修学旅行の記（二）	金剛石(韻)	伝染病	実験の学	釈迦	田舎の秋(韻)	有馬と熱帯	物価変動
15	汽車	時計	海水浴場よりの書簡	雞の話	英国人の気風	宇治川	ポンペイの旧市	米国の独立
16	スチーブンソン	新年	瀬戸内海	猟犬	留学生	渡辺競	海底の地震	内地雑居
17	なせばなる(韻)	雪	上杉謙信の義侠	熊の話	書簡文	電話	熱気球	体育の必要
18	夏の水辺	家の造り方	稲葉一徹	アイヌ人	阿部比羅夫の遠征	気象区	太田道灌	勤勉
19	汽車の旅(韻)	松下禅尼	豊臣太閤の逸事	千島	浦塩斯徳	豪州航路	須磨	日本の年中行事
20	海水浴	鎌倉武士	楽しき我が家(韻)	兵制の大略	ペートル大帝	奇異なる動物	地方自治	室内の装飾
21	海嘯	錦の御旗	にゅーよるく府の動物園	靖国神社(韻)含む	鍛冶	ナイチンゲール嬢	寄木村	各種の政体
22	仁徳天皇	北国の商品	蓮の実験(対)	軍艦	修業の心得	赤十字社の歌	褒章の話	天皇陛下の御仁徳
23	我が家	工業	徳川家康の廟	世界の周航	望遠鏡の発明	邦人の長所短所	褒章を受けし人に送る文	
24	手紙の往復(手)	河村瑞軒	耶馬渓	憲法の大意	佐藤信淵	帝国議会	国体	
25	果物	ラミー	絵画	明治の御代	公益			

点線は、相互に連絡 《イ》はイソップ童話 (韻)は韻文 (手)は手紙文 (対)は対話 「含む」は教材文中にそれが含まれているという意

＊巻四の「旅行」は検定前は「泉岳寺」、巻七の「小鳥」は「ほととぎす」

本第一巻」を編纂するとすれば、次のような出来上がりになるという例が記されている。かなり長い引用になるが、以下に紹介して、実際に金港堂から出された『尋常国語教科書』と比べてみることにしたい。[*49]

第六章　第二節　第三　新案読本の体裁一斑及びその教授例

第一課

材料　修身上事項＝孝行＝父母の恩

文字　ハハ

挿絵　初めて尋常小学に入学せむとする児童、父に従ひて家門を出でむとし、母幼児を抱きて二人を見送る図。

右の如き読本を用ゐるとせば、尋常科第一年級、第一時の教授に於ては、先ず修身科として、父母養育の鴻恩を感じせしめ、孝行の心を養ひ、学校にて勉学して、身を立て家を興すことの父母に報ゆる所以なるを覚らしめ、次に其の時間内に於て、又は次の時間に於て、図中の母につきて若干の問答をなし、読書科として「ハハ」といふ二字を教ふるなり。

第二課

材料　修身上事項＝勉強　附　孝行（父母の恩）

文字　チチ

挿絵　第一課の挿画にありし児童が、ある日課業を終へて、帰宅し、学習せしところを父母にかたりしに、父母は其の児の日々学業の進歩著しきを喜び、その賞として、父はその児を散歩に伴ひ、路傍の花に蜜吸ふ蜂と、舞ひ戯るゝ蝶と各二疋宛（算術科と関係を附くる為め）を見出し、両者の比較譬喩として、幼時勉強の必要を説く図を挿む。

第二日に於ては右の図によりて問答し、勉学の念を起し、又兼ねて父母の恩を感ぜしむるを修身科とし、図中の文字をあらわすところの「チチ」といふ文字を授くるを読書科とす。之を習ふの習字科なるは前課と異ならず。

第三課

材料　理科上事項＝昆虫類＝蜂蝶

文字　ハチ

挿絵　第二課にありし蜂と蝶とをとりて放大し、蜂を主とし、蝶を客とし、昆虫類の特徴たる身体の関節、三対の足、及び二対の翅を見るに適するやうに描く。

第三日に於ては、右の図及び実物につきて蜂と蝶を看察せしめ、昆虫類普通の特徴を知らしむるを理科とし、「ハチ」といふ文字を授くるを読書科とす。但二字ともに前二課にて授けたるものなれば、復習又は応用的教授なるは論なし。

第四課

材料　修身上事実＝（附文学的意味）＝花咲爺＝博愛

文字　ヂヂ　ババ

挿絵　花咲爺とその婆と、犬を愛育する図。

修身としては、右の図につきて問答しつつ、花咲爺の昔噺をなして、博愛の徳を練り、かねて花咲爺の善人にして、隣りの欲張り爺の悪人たるを判断する、倫理的知識と、前者を喜び後者を悪む倫理的感情とを養ひ、読書として「ヂヂ、ババ」を授く。チチハハの濁音なるを以て、よく記憶せしむるを得べきこと疑なし。

現今の読本は千篇一律必ず清音を終りて而して濁音を課し濁音終り

て而して次清音を課す。かゝる機械的順序は教育上何等の価値もなきものなり。此の如き拘泥のために無趣味蝋をかむが如き材料、例へば「クワヰ、レンコン、ソテツ」（金港堂 訂正小学読本）「ヰド、ミヅ、ツルベ、ミヅ、ゲタ」（同書）「ザル、ゼン、ゴトク、ドビン、ランプ、」（同書）「ワラ、タケノコ、ムシロ、ソラマメ」、「ハチ、ナンテン、テオケ、ヰセン」、「ヘラ、モノサシ、ハオリ、ワタイレ」、「ゼン、ボン、ヒバチ、ゴトク」、「エダニグミ。ザルニニンジン」。（文学社 国民新読本）「キウリ、ヘチマ、クワヰ、タケノコ、レンコン」、「ザル、カブ、ダイコン、ニンジン」、「クハ、タラヒ、カヘル、アサガホ、ユウガホ」（金港堂 訂正新体読本）「ヒモ、ハオリ、キモノ」（十四課）「ヌノ、ハサミ、モノサシ」（十五課）「ユリ、ソテツ、スヰセン」（十八課）「ヘチマ、クワヰ、レンコン」（十九課）「ボン、ゼン、カマド」（二十二課）「テツビン、ゴトク、ミヅサシ」（二十三課）「ミヅ、ナガシ、ヰド、ツルベ」（二十五課）（普及舎 尋常読本）等の類を以て満さるゝに至るなり。勿論かゝる材料といへども、教師の、工夫によりて、多少有益にして且興味ある内容を附加し得べしといへども、最初より、意味ありて、編纂せられたるものには志かざること明し。

第五課

材料　理科＝獣＝犬

文字　イヌ。

挿絵　花咲爺に愛育せらる犬の図。犬の特徴を示すに足るもの。

第五日位よりは一日に新字二字を教ふること、決して困難にあらず。

第六課

材料　修身＝因果応報　理科＝植物＝花

文字　ハイ、ハナ。

挿絵　花咲爺の灰をまきて花を咲かする図。

右諸課と算術科との関係。

算術科に於て、計算の必要を感ぜしめむとならば其の材料を他科の興味ある事項にとらざるべからず。

故に第一課に於ては、（四までの計算）

図にある四人を計算せしめ、1+1+1+1=4

内二人学校に行きて残何人なるか計へしめ、4-1-1=4-2=2

母と幼児と二人ある処へ父まず帰り来りて　2+1=3

三人あるところへ、学校にある児童の帰りて　3+1=4

などかぞえしめ

（中略・稿者）

第三課（六までの計算）

翅の数が一方に二枚づゝにて四枚　2×2=4

足の数は六本　1+1+1+1+1+1=4+1+1=6

一方に三本づゝ両方にて六枚　3+3=6　3×2=6

故に六本の中には三本づゝ二度あり　6÷3=2

六本を二つに分くれば三本　6÷2=3

一対づゝ三対にて六本　2×3=6

故に六本の中には二本づゝ三度即三対あり　6÷2=3

六本を三等分すれば二本　6÷3=2

（下略・稿者）

右は読書入門又は第一巻の例なるが、他の巻につきても、以て類推せらるべく、且第二巻以降に於ては、一般の読本も多少上述の主義に一致する者多ければ、特に余の考案を掲げ出すの必要を感ぜず。

ここまでの引用を整理する。樋口が頭の中で描いていた幻の『統合主義国語読本』（以下、「構想本」と称する・稿者）は、入門編の第六課までしか示されてはいないが、文字提出は、以下のように想定されていた。

樋口は、現行の国語教科書の文字提出は、言語要素にとらわれて形式的な提出順になっていると非難している。したがって構想本は、内容本意、あるいは児童の興味に従った提出順を企図しているということになる。これを実際に刊行された『尋常国語教科書』と比べてみると、甲種・乙種のどちらとも異なっている。しかし、どちらかといえば甲種よりも乙種の方に似ている。そこでこの乙種本と、「構想本」とを比較してみよう。[50]

構想本の教材	実際に刊行された検定教科書の教材
第一課　ハハ	乙種本　一オ　ハハ
第二課　チチ	乙種本　一ウ　チチ
第三課　ハチ	乙種本　二オ　ハチ　ハリ
第四課　ヂヂ　ババ	乙種本　五オ　ヂヂ　ババ
第五課　イヌ	
第六課　ハイ　ハナ	甲種本　八オ　カレエダ　ニ　ハナ 乙種本　八オ　キレイ　ナ　ハナ

例えば、乙種本の第一課「ハハ」の挿絵は、樋口の構想本の指示通りに「初めて尋常小学に入学せむとする児童、父に従ひて家門を出でむとし、母幼児を抱きて二人を見送る図」が描かれている。したがって、ここでは「ハハ」の読み書きを学習するとともに、「父母養育の鴻恩を感じせしめ、孝行の心を養ひ、云々」という「修身科」の学習もできれば、家に出入りする人数をもとにして「算術科」の学習もできる、ということになる。「ハナ」という文字を提出し、その単語の表す意味内容、つ

乙種本　第一課　一オ

乙種本　第二課　一ウ

まり桜の花を挿絵として描いた甲種本とは、全く異なった原理によって作られていることが確認できる。文字提出は「単語」のみだが、絵はそれに一対一に対応しているのではなく、ストーリー性を持った生活場面が描かれている。挿絵だけを見ると『読書入門』以来のワードメソッドではなく、センテンスメソッドによる教科書の冒頭の挿し絵のようにも見える。

同様に、第二課の乙種本の挿絵も、構想本の指示にあるとおり「第一課の挿絵にありし児童が、ある日課業を終へて、帰宅し、学習せしところを父母にかたりしに、父母は其の児の日々学業の進歩著しきを喜び、その賞として、父はその児を散歩に伴ひ、路傍の花に蜜吸ふ蜂と舞ひ戯るゝ蜂と各二疋宛（算術科と関係を附くる為め）を見出し、両者の比較譬喩として、幼時勉強の必要を説く図」になっている。ここでも「修身」や「算術」などと関連した学習をすることができるだろう。「ハハ」や「チチ」を習字科として学習することはいうまでもない。

続く、第三課は、構想本では「ハチ」だが、乙種本では「ハチ・ハリ」になっている。前頁で学んだ「蝶」とこの頁の「蜂」とを材料にして、昆虫類の特徴を「理科」で教える。また、昆虫の足の数を「算術」で考えさしたりする。言語学習という面では、「ハ」と「チ」とは既出文字であるが、初めて「リ」が登場したので、ここでそれを学習させる。

さらに、構想本の第四課は「ヂヂ・ババ」になっていたが、乙種本では「ヂヂ・ババ」は、「五オ」つまり九ページ目にいたって、はじめて登場する。樋口は「清音を終りて而して濁音を課し濁音終りて而して次清音を課す。かゝる機械的順序は教育上何等の価値もなきものなり。」と述べていたが、やはり、国語教科書としては、それほど早く濁音を提出するわけにはいかなかったのだろう。選ばれた単語は、「モモ」「ハナ」だったが、「モ」と「ナ」は、新出文字である。「理科」の学習としては、桃や桜花の違いを教えるのだろうか。「算術」に展開するのは、花びらの数かも知れない。乙種本では、「ハチ　ハリ」に続き、第四課に「モモ　ハナ」、第五課に「トリ　ヒナ」と二音節の単語が続き、文字提出の論理の方が優先している。

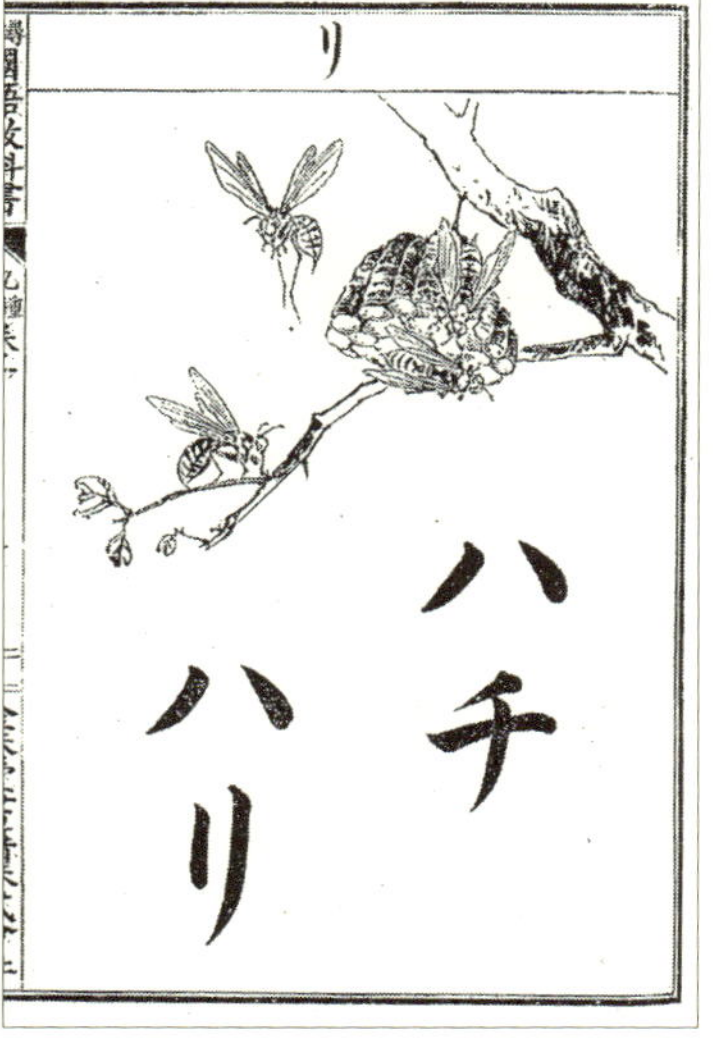

乙種本　第三課　二オ

乙種本　第四課　二ウ

構想本の第五課では、「イヌ」という文字提出をして、同時に「理科=獣=犬」を関連させる意図だったが、『尋常国語教科書』ではその代わりに「トリ　ヒナ」を提出して、「理科=動物=鶏」を学習させるのであろう。しかし構想本で「イヌ」を出す意図は、「花咲爺」の話につなげるためであって、「トリ　ヒナ」では、「童話」へ連続していく契機がなくなってしまう。もちろん、第五課までの教材群から、第三課「昆虫」、第四課「植物」、第五課「動物」という「理科」の学習や、第五課の「トリ　ヒナ」から「親の愛」という「修身」の学習ができないわけではない。しかしそのように考えると、教科の学習内容の系統性という問題が、前面に出て来ざるをえない。

ここまでみただけでも、樋口の構想本の意図と、それが実際の教科書になった場合、どのような現実的な制約を受けるかが、ほぼ推測できるだろう。つまり、読み書きを教えることを目的とした入門期の国語教科書では、話題・題材の順序だけを教科書編成の原理とすることはできないということである。また、樋口の考えるように「算術」や「理科」と関連させた学習要素を盛り込んだ図像を示そうとするなら、一つの誌面の中に、様々な要素を描き込まなければならなくなり、画家の負担は大きくなるし、そこで学習すべきことも分散してしまう。

これまでにも、似たような総合的な誌面作りの試みをした教科書が無かったわけではない。たとえば同じ金港堂の『日本読本初歩　第一』では、樋口ほど徹底してはいないが、短文の提示の横に、算数の計算式が示してある頁がある。読本の中に、「算数科」の要素が取り入れられているのである。しかしこれは欄外という扱いであり、何のためにこうした教材が付加されたのかは、教科書の「例言」にも触れられていないので不明である。「○○は、○○」という文型を示すようでもあるし、漢数字の提出のようにも見えるが、文型や漢数字は、教科書本文の中で段階的にきちんと取り扱われている。したがって、この数式の添え書きは、単なる思いつき、あるいは付録の域を出ていないようにも思える。樋口はこうした前例を乗り越えようとしたのかもしれないが、各科で取り扱

乙種本　第五課　三オ

ト・ハ　●●ナリ　五ト一ハ六ナリ
ハル　ハ　ハナ　サク。
ハナ　ハ　ウツクシ。
ヤマ　ハ　タカシ。
ハナ　ヲ　ミル。
ヤマ　ニ　ノボル。
タ　ヲ　ウツ。
はる　は　たを　うつ。

『日本読本初歩　第一』明治20年

う要素を持ち込んだ総合的な誌面作りは、学習要素の系統性とは相容れずに、いたずらな混乱を招くだけだった。

以上、入門期のほんの数頁の検討でしかなかったが、樋口の考えた理想の教科書とは、国語教科書自体が、「修身科」と「算術科（そのほかの教科）」との内容をできる限り包摂するものとして構想されていた。つまり「国語教科書」は、単なる「国語科」だけの教材を集めたものではなくて、「国語・修身・算術（そのほかの教科）の要素の統合教材集」だということになる。もしそう理解していいなら、また樋口自身はそこまで述べていないが、各科の教科書は個別に存在する必要はないという結論にもなりかねない。だが、そう言い切ってしまう前に、やはり同じく樋口によって作製された『修身教科書』と『国語教科書』との関係を見ておく必要があるだろう。

(3) 修身教科書の検討

人物主義修身教科書

一八九一（明治二四）年に文部省から、修身教科書の検定標準が示され、それに従って作られた検定修身教科書が、一八九三（明治二六）年に刊行された。この時期の修身教科書は、その大部分が「徳目主義」の構成を取っていた。「徳目主義」とは、まず「徳目を掲げて教材の特質を示し、之に応ずる訓言・格言・例話等を以て各課の教材を組織し、さらにこれらの徳目を輪環的に毎年繰り返す方式」である。ところが、明治三〇年代にはいると、大部分の検定修身教科書の内容に修正が施され、「人物主義」の傾向が主流を占めてくる。その大きな原因は、ヘルバルト派の教育学説にあった。樋口の関係した修身教科書も、あきらかにこの「人物主義」の流れの中に位置づけられる。[*51]

この時期の修身教科書の特徴は、『日本教科書大系』では次のように書かれている。[*52]

低学年、特に尋常科用巻一において童話や寓話を多く用いていることはこの期の修身教科書の一つの特色をなしている。二〇年代の修身教科書においては、入門あるいは巻一は児童の生活上の心得および作法を取り扱っていたのであるが、この期の修身教科書においては日本の童話やイソップ寓話などがこれにかわっている。これはヘルバルト学派の教育思想の影響によるものであった。

つまり、「人物主義修身教科書」では、低学年には童話を教材とし、次第に「偉人賢哲」を扱うという配列になっていたのである。その中でも、樋口の『尋常修身教科書入門』は、「すべて童話寓話によって構成されている」と評価されて、こうした傾向の「著しい例」としてあげられている。

確かに樋口の『尋常修身教科書入門』には、五大昔噺を初めとして、金太郎・浦島太郎などの話が、満載されている。こうした修身教科書の編集方針は、あきらかに樋口勘次郎による独自の主張だと考えていいだろう。

共通話材の比較検討

先ほど検討したように、国語教科書、とりわけ乙種本は『尋常修身教

『尋常修身教科書入門／尋常修身教科書』 樋口勘次郎・野田瀧三郎合著 金港堂 明治三四（一九〇一）年七月二七日 訂正再版発行

	入門 巻一
1	モモタロー（一）
2	モモタロー（二）
3	モモタロー（三）
4	ハナサカヂヂ（一）
5	ハナサカヂヂ（二）
6	ハナサカヂヂ（三）
7	サルカニカッセン（一）
8	サルカニカッセン（二）
9	サルカニカッセン（三）
10	シタキリスズメ（一）
11	シタキリスズメ（二）
12	カチカチヤマ（一）
13	カチカチヤマ（二）
14	ツルトクマ（一）《イ》
15	ハトトアリ（二）《イ》

	入門 巻二
1	きんたろー（一）
2	きんたろー（二）
3	こざるのこーこー
4	がっこー
5	うらしまたろうー（一）
6	うらしまたろうー（二）
7	まつやまかがみ（一）
8	まつやまかがみ（二）
9	まつやまかがみ（三）
10	ねずみのおんがへし
11	大じんぐーさま
12	すさのをのみこと
13	大くにぬしのみこと（一）
14	大くにぬしのみこと（二）
15	うさぎとかめ《イ》

《イ》はイソップ寓話

	巻一	巻二	巻三
1	ににぎのみこと	和気清麻呂公（一）	御盛徳
2	をののとーふー	和気清麻呂公（二）	皇后陛下
3	じんむてんのー（一）	和気清麻呂公（三）	楠木正成卿（一）
4	じんむてんのー（二）	法均尼	楠木正成卿（二）
5	じんむてんのー（三）	ひろくめぐむ	楠木正成卿（三）
6	やまとたけるのみこと（一）	菅原道真公（一）	楠木正成卿（四）
7	やまとたけるのみこと（二）	菅原道真公（二）	楠木正成卿（五）
8	やまとたけるのみこと（三）	菅原道真公（三）	楠木正成卿（六）
9	やまとたけるのみこと（四）	菅原道真公（四）	楠木正行卿（一）
10	やまとたけるのみこと（五）	まこと	楠木正行卿（二）
11	やまとたけるのみこと（六）	塩原多助（一）	忠孝
12	もりらんまる（一）	塩原多助（二）	渡辺崋山先生（一）
13	もりらんまる（二）	塩原多助（三）	渡辺崋山先生（二）
14	みなもとのらいこー（一）	ぎょーをならふ	渡辺崋山先生（三）
15	みなもとのらいこー（二）	平重盛公（一）	渡辺崋山先生（四）
16	みなもとのらいこー（三）	平重盛公（二）	渡辺崋山先生（五）
17	じんぐーこーごー（一）	平重盛公（三）	紫式部（一）
18	じんぐーこーごー（二）	公園	紫式部（二）
19	じんぐーこーごー（三）	二宮尊徳先生（一）	紫式部（三）
20	にんとくてんのー（一）	父母に孝	女子の心得
21	にんとくてんのー（二）	二宮尊徳先生（二）	熊沢蕃山先生（一）
22	いなぼ	二宮尊徳先生（三）	熊沢蕃山先生（二）
23	しばおんこー（一）	二宮尊徳先生（四）	熊沢蕃山先生（三）
24	しばおんこー（二）	二宮尊徳先生（五）	熊沢蕃山先生（四）
25	らっぱそつ	世のためにつくす	公益
26		二宮尊徳先生（六）	外人と交る心得
27		いさましき水兵	共同衛生
28		義勇	国民の務

科書入門』と同様に「童話ニ関スル材料多キコト」という編集方針を立てていた。さらに、この教科書は上学年に進むと、多くの「偉人賢哲」も題材として取り上げている。これは、いうまでもなく、「小学校令施行規則」の中で、読本の材料として「修身、歴史、地理、理科」などを取り上げるようにという規定に沿ったものである。

そこで、両者の関係がどうなっているかを比較することで、樋口の考えた「国語」と「修身」が、検定教科書のレベルでどのように「統合」されていたのか、その実態を検討してみたい。それを考えるために、「修身教科書」と「国語教科書」との共通する話材題材を抜き出して、次に掲げるような表を作製した。

比較してみると、上学年になるほど重なりは少なくなるものの、修身教科書に取り上げられた話材のうち、かなりの数が国語教科書の方にも重複して掲載されていることがわかる。問題は、両者の扱い方の違いがどうなっているのかという点である。

『尋常修身教科書入門』には、いっさい文字提出がない。載せられている材料はほとんどが昔話なので、『尋常修身教科書入門』は、さながら「昔話絵本」のように見える。「桃太郎」「花咲爺」を例にして、『尋常修身教科書入門』と『尋常国語教科書　甲・乙』を比べてみると、修身の方は絵物語あるいは紙芝居の絵のようであり、国語の方はそれよりもコマ数を減じた上で、簡略化した絵に文字を添付している。

いうまでもなく修身教科書では、ここから「徳目」を引き出すことが学習の目的になるし、国語教科書では読み書きの修練が主要な目的になる。具体的に「花咲爺」の同じ場面をみると、修身の「花咲爺」では、善悪の対立とその結末が強調された画面構成になっている。したがってここでは「善行悪行」や「因果応報」などの話し合いが中心的な学習活動になるのだろう。一方、国語教科書では、「モチ　ヲ　ツク」という文字列をもとにして、文字や文型の指導が可能である。両者にそのよう

話材題材	尋常修身教科書	尋常国語教科書
桃太郎	入門一	巻一（甲・乙）
花咲爺	入門一	巻一（甲・乙）
猿蟹合戦	入門一	巻一（甲・乙）
舌切り雀	入門一	巻一（甲・乙）
かちかち山	入門一	巻一（甲・乙）
ハトとアリ	入門一	巻一（甲）
ウサギとカメ	入門一	巻五
浦島太郎	入門二	巻二
ネズミの恩返し	入門二	巻一（乙）
素戔嗚尊	入門二	巻二
小野道風	巻一	巻三
神武天皇	巻一	巻三
日本武尊	巻一	巻三
神宮皇后	巻一	巻四
司馬温公	巻一	巻四
和気清麻呂	巻二	巻五
菅原道真	巻二	巻五
平重盛	巻二	巻六
楠木正成・正行	巻三	巻七

な違いがあるのは、むしろ当然だろう。修身教科書を使用する場合は「修身」の学習を、国語教科書を使用する場合は「国語」の学習をすることが重要なのであって、そもそも、それゆえに異なる教科目が存在するのである。

さらに、中学年の場合は、修身教科書は、あらすじや要約、あるいは格言が書かれていて、それに対して国語教科書は、かなりくわしいお話集といった位置づけになる。国語教科書では、少しずつ文語文が登場してくるので、修身教科書との差異もはっきりしてくる。「小野道風」の場合をあげれば、修身科では「しんぼーがかんじん」という端的なメッセージが提示されているだけだが、国語教科書では四頁にわたってストーリーが記述されており、両者の教科書の機能の違いは、明白に現れている。つまり、題材は同じでも、教科目の性質によって、教材とそこで提示する文章量やその内容が違うのである。

高学年になると、修身教科書も国語教科書と同じようにかなり長文の文語文になり、逆に国語教科書の文章との差異がつかなくなってくる。そうなると、同じ話材を取り扱っていても、異なる場面のエピソードを選ぶことによって、重なりを排除しようという工夫が生まれ、少なくとも題材面においては、修身と国語教科書との違いは、はっきりとしてくる。

しかし、「昔話」で埋め尽くされた「修身教科書入門」は、それに文字を添えれば、そのまま「国語教科書」になりそうであり、「国語教科書」を文字提出の配慮をせずに作れば、そのまま「修身教科書」になりそうである。こう考えると、わざわざ同じ教材を、別の教科書で取り扱うことは、不自然だとも言える。つまり、国語の教科書で桃太郎を習うときは、文字の読み書きだけに注意を向け、修身の教科書で桃太郎を習うときは、その内容だけに注意を向けるというような学習は、実際には行いにくい。というより、樋口勘次郎はそうした教材の重なりを「統合」しようと考えて、教科書作りを始めたのではなかったのだろうか。

もちろん、国語読本と別に修身教科書を作製するという道を採らずに、両者を一体化して合冊にすれば良いという議論もあり得る。おそら

『尋常修身教科書入門』
（次頁の表の「花咲爺」3に相当）

『尋常国語教科書』甲乙とも同じ
（次頁の表の「花咲爺」③に相当）

同じ題材による教科書編成の比較 「桃太郎」と「花咲爺」

	尋常修身教科書入門	尋常国語教科書 巻一甲	尋常国語教科書 巻一乙
桃太郎	[1] 爺は山へ・婆は川で洗濯の図（二画面）	① しばかり せんたく ジジト ババガ ヨクカセグ	① シバヲかる センタクヲ スル
	[2] 桃を切ると桃太郎誕生の図	② もも ももたろう モモノ ナカカラ モモ タロー	
	[3] 桃太郎出立の図		
	[4] 桃太郎動物たちに団子をやる図	④ だんご ください わた しにも	④ ソノキビダンゴヒトツく ださい オトモスル（甲と同図）
	[5] 鬼を押さえる桃太郎の図		⑤ オニ ヒト
			⑦ ツヨイ イヌ（[5]と[6]の間に入るべきもの）
	[6] 桃太郎凱旋の図		
花咲爺			ジジ ババ（犬を愛玩する図）
	[1] 小判を掘り出した爺と盗み見る隣の爺の図	① カネ ヲ ホル	① ヨイ ジジ
	[2] 犬を撃ち殺す隣の爺の図		② ワルイ ジジ
	[3] 餅をつく爺と婆の図	③ モチ ヲ ツク	③ モチ ヲ ツク（甲と同図）
	[4] 臼を燃やす隣の爺と婆の図		④ ウス ヲ ワル
	[5] 花を咲かせて殿様にほめられる爺の図	⑤ カレエダ ニ ハナ	⑤ キレイ ナ ハナ（甲と同図）
	[6] 金持ちになった爺と婆・捕えられる隣の爺と婆の図（二画面）		

『尋常修身教科書入門』は、文字提出は無し。挿絵画家は同一人物と思われる。国語教科書の図柄は、修身のそれに比べ簡略化されている。

たとえば、「花咲爺」の[1]は二人の爺 ①は一人、[5]の殿様は⑤には無し。

同じ題材による教科書編成の比較　「小野道風」と「楠木正成」

	小野道風	楠木正成
尋常修身教科書	巻一 二　をのの　とーふー おちても おちても やめず しんぼー が かんじん 飛びつく蛙を見る 道風の図 手習いする 道風の図	巻三 桜井駅にて、子の正行に教へさとしていはく「汝、幼くとも我がことばを忘るるな。我、打ち死にせば、尊氏ます〱あくじをなし……
尋常国語教科書	巻三 十一　をのの　とーふー をのの　とーふーは、せいだして、てならひをして、ゐましたが、字がよくかけませんゆえ、たいくつして、にはへでて、あちらこちら、さんぽしました。 池のはたに行くと、一ぴきのかへるが、やなぎのえだに、とびつかうとしてゐました。よく、ねらつて、とび上りましたが、とどきません。 いくたびか、とび上りてはおち、とび上りてはおちましたが、だんくと、たかくとび上るよーになつて、とーとー、そのえだにとびつくことが、できました。 とーふーは、これを見て、どんなことでも、べんきょーさへすれば、できると、かんがへて、それから、一そー、せいだして、手ならひをしましたから、大そー、名だかい手かきとなりました。	巻七 正成、途に桜井駅に至りたるとき、子、正行を呼びよせて「今度の合戦には、身方の勝利覚束なし。されば、この世にて、汝の顔を見るは、今を限り……

同じ題材を比較してみると、おおざっぱに次のようなことがいえる。

- 『尋常修身教科書入門』と『尋常国語教科書巻一・二』との関係は、絵本、あるいは紙芝居の絵と文字学習テキスト。
- 『尋常修身教科書巻一』と『尋常国語教科書巻三―五』との関係は、要約・あらすじ・格言、とくわしいお話。

あるいは、口語文と文語文。

- 『尋常修身教科書巻三』と『尋常国語教科書六―八』との関係は、ほとんど同じ。

く樋口は、国語と修身とを統合した「統合教科書」を作製することも視野に入れていたはずである。しかし、樋口が教科書作製を試みていた時点においては、国語科も修身科も、それぞれ別の生徒用教科書を作製することが必須条件だった。というのは、一八九一（明治二四）年一二月の「小学校修身教科用図書検定標準」によって、それまで修身科では作製されていなかった「生徒用」の教科書の作成が必要になり、その条件は、明治三〇年代に入っても同様だったからである。

樋口の教科書作製の試みも、こうした法令の規定と離れたところで行うことは許されない。ということは、ヘルバルト派の教材編成に倣って、「昔話」を核にした小学校入門期の統合教科書を編成をしようとしても、「修身科」と「国語科」とを融合させて、一冊の書物とする構想を実現することは、公的には、あるいは商業的には不可能だったのである。（「修身科と教科書」の関係は、その歴史的な経緯も含めてかなり入り組んでいる。それについては、第六部第一章で詳しく触れる）

このように「修身教科書」と「国語教科書」との関係は、樋口勘次郎の個人的な教科書構想を超えたところで、制度的にあらかじめ決められていた部分がある。だが、教科書の内容をどのように編成するのかだけは、編集者の主体的な意向を反映させることができる。この点で、ほかの「修身教科書」と「国語教科書」との関係に比べて、樋口勘次郎のそれは、同題材の重なりが著しい。いうまでもなくそれは、両方の教科書において「昔話」を重視したからであり、そこに樋口勘次郎の強い主張があったからである。

しかし、結果として樋口は、「統合教科書」作製しようとして、実際には、似たような内容の「修身科」と「国語科」の教科書を、別々に作製するという不合理な仕事をすることになってしまった。とすれば、「統合主義」教科書作製に関わるジレンマの一つは、「統合」という考え方を、固定した教科の枠に規定された検定用教科書という形態の中で実現しようとしたところにあったことになる。

統合主義教科書編成原理の破綻

「修身教科書（教員用）」の前書き（「緒言」）は、同時に、「国語教科書（教員用）」の前書きにもなっている。つまり、両書の前書きは、同文なのである。それを参照してみよう。

従来の教員用書を見るに教授の方法教授上の応用等縷々詳説して細大漏らす所なく、恰も、大人が小児の手を取りて道を行くが如き感あらしむ。蓋し斯る編纂法は甚だ親切なるに相違なかるべきも、其の方法の良否に至りては頗る疑問に属するものの如し。抑々教授は活法なり、時と場合とに応じて臨機応変の処置なかるべからず同一の目的を達せんとするに当り、或は甲の手段を採るを便利とすることもあるべく、或は乙の手段に依るを得策とすることもあるべし。（中略）新令の結果、従来の読書・作文・習字は国語科と云ふ一箇完体に纏められたり。是実に当然のことにて、著者等の夙に唱道したりし所のものなり。此の事以て大いに従来の箇々分離の弊を救済するに足らん、而もこれ尚、国語科一科の上に於てのことのみ。相互連絡のこと（尋常科にありては殊に修身と国語、高等科にありては修身・国語・歴史・地理・理科）は一々本書には記載せず。されば教員諸君、実地教授の際能く著者等の意のある所を斟酌して、以て其の効果を収められんことを望む。
本書を編纂するに就き、渉猟せし参考書少なからざれども一々之を挙ぐる必要なかるべきと思惟し、之を省けり。
唯教授の際最も便益を与へ而も容易に得らるべきものは、其のをりをり参考の為に示し置けり。

明治三十四年六月　　本書の著者等

ここでは、はじめに、この「教員用書」は最低限のことを記してあることをことわっている。なぜなら「教授は活法」だからだという。さらに「相互連絡」については「一々本書には記載せず」ともある。こうした記述は、短時間で教師用書を作らなければならなかった言い訳だとも受け取れる。というのは、本来ならこの「相互連絡」こそが、この教科書群のセールスポイントであったからだ。「教員用」書では、「統合」の原理を説き、またそれが実際の教科書の上にどのように実現したのかを詳説する必要があったのである。もっとも、この時点で樋口勘次郎は、すでに日本を離れていた。したがって、この文章を書いたのも、樋口自身ではなく、合著者だった野田瀧三郎である可能性がかなり高い。*53

各科の教科内容を「統合」的に教授することの重要さを説く「統合主義」の主張は、教育方法の論議としてはよく理解できる。というより、多くの教科を教えなければならない小学校の教員としては、各教科の連絡を考えながら、学習を進行させようと考えることは、むしろ当然である。だが、教科書というものは、各教科固有の論理にしたがって編集されており、一貫した体系を持ち、それ自身で完結した書物である。それはページ順に前から読まれることを想定しているし、各自の使用に先立って、すでに一冊の本として印刷・製本されている。ここに「統合主義」教科書作製の最大の隘路がある。

先ほど稿者は、ヘルバルト派の「統合法」と、パーカーの「統合法」の差違に関わって、次のように述べた。

ヘルバルト流の「中心統合法」は、各教科の内容を実体的なものと考え、それを相互関連させようという発想である。この場合、それぞれの教科の内容は、教科書などに文章として記述され、文字として確認できるものであり、すでに存在するものだということになる。ところが、パーカーの考えは、各教科の内容は相互関連的なものであり、実体として取り出せるようなものではない。あるいは、教科内容はその中心に置かれる「児童」が様々な文化的な刺激を受けて、自らの内面に作り出していくものであって、あらかじめそこにあるモノではないのである。

ヘルバルト派的な統合原理に基づくならば、モノとしての「教科書」の上に、あらかじめ順序立てられて製本された形で、「統合」の姿を示すことは可能だろう。しかし、パーカー流の「統合」においては、教科内容は、学習者の内側に「統合」される。ヘルバルトの教科統合論は、教科書編成の議論と密接に関連しているが、児童を中心に据えるパーカーの統合主義理論は、教科書編成論理と直接的に結びつく要因を持っていない。つまり、パーカー的な立場に立てば、文字を印刷した印刷物に記された記号の集積としての教科内容を、「教科書」という実体物の上にあらかじめ統合的に示すことは、不可能なのである。樋口勘次郎が、そのことにどれだけ自覚的であったのか。それが、最大の問題点だった。芦田恵之助が「担当の読本も思うようにはまとまらないし、どうなることか」とはらはらしたのは、単に樋口が多忙であるという理由からだけではなかった。そこには、「統合主義」という主張を、製本された印刷物を前から順に学習していくような形態の「教科書」という書物の中に実現しようとすること自体に、根本的な矛盾が胚胎していたのである。なぜなら、樋口の頭の中にあった統合主義理論は、教育理念や方法に関する理論ではあったが、教科書編成の原理にはなりえなかったからである。

こうして樋口勘次郎の統合教科書の作製の試みは、物理的にも内容的にも「破綻」してしまった。しかし、教科書編成の歴史に上にこの仕事を置いてみると、樋口ならではの功績も見えてくる。それはヘルバルト派教育全盛の中で、形式的な「統合」を唱えるのではなく、児童を中心に据えた「統合」のあり方を模索しようとしたことである。だが、すでに述べたように、それを商業出版物である教科書という形態で実現しようとしたところに、無理があった。樋口が盛んに教室の中で行っていた読み物を中心にしたダイナミックな実践活動は、所詮、教科書という固定的・限定的な容れ物の中に、そのすべてを収納しきれるはずのものではなかったのである。

もし、樋口の主張を印刷物という形で示すなら、究極的にそれは「読書材料を並べた資料集」のようなものになるのかもしれない。そこでは、固有の順序性を持たず、学習者の必要性に即応した読み物の集積が、結果的に「教科書」になる。また、それはあらかじめ製本されたモノではなく、今日的にいえば、各種の情報を個々人のポートフォリオに少しずつ蓄積していく、学習者によるアンソロジー作りの活動や、学習記録作りの活動として考えられるべきものだったかもしれない。だがもちろん、そのような学習観や教科書観は、この時には、まだ登場していなかった。

しかし、多くの読み物を躊躇なく教室に持ち込んだ樋口の教育実践からは、個人の興味関心を中心に据えて学習活動を展開しようとする姿勢だけは、確かに看取することができる。それにもかかわらず樋口自身は、ヘルバルト流の「教材中心主義」に拘泥してしまい、教科書編集においては、せいぜい低学年の教材として、「昔話」を集中的に扱うぐらいの工夫をすることしかできなかった。結局、樋口は、そこから教科書編成論理への具体的な回路を指し示すことはできなかったのである。

だが、それは、樋口勘次郎個人の仕事の破綻というレベルを超えて、学習者個人の興味関心を、どのように「教科書」という物理的な存在へと接続させていくか、というさらに大きな問題を提起することになった。その意味で樋口の失敗は、教科書編成という仕事の持つ限界と可能性とを同時にしめすものでもあったのである。

＊

この後、国語教科書は、再び官版教科書中心の時代になる。あまつさえそれは「国定化」されて、個々の教員や学習者による教科書選択の自由はなくなってしまう。小学校では明治三七年度から、第一期国定国語教科書『尋常小学読本』が使用され始める。第一期国定読本については、別にていねいな検討が必要だが、あえてその特色を一言で述べるなら、日本語の統一を企図した実科的知識を前面に押し出した読本だった。全国民が共通して使用する「国定教科書」は、個性溢れる教科書である必要はない。小学校の普通教育用の教科書は、低廉な価格で、生活万般にわたった最低限の知識と基本的な日本語の約束事が確認できるようなものであればいいのである。

とするなら、この国定教科書の内容の方向も、自ずと決まってくる。それを官版教科書の系譜に位置づけるなら、田中義廉の『小学読本』や文部省の『読書入門』『尋常小学読本』の欧化的な流れの中にではなく、榊原芳野等の『小学読本』や簡易科用の『小学読本』の流れにつながるような「読本」である。あるいは、民間の教科書で言うなら、若林虎三郎の『小学読本』や塚原苔園の『新体読方書』、坪内雄蔵の『国語読本 尋常小学校用』のような個性や独自色を持つ流れの中にではなく、原亮策の『小学読本 初等科』（金港堂）や、検定後期の金港堂、普及舎、育英舎、学海指針社など、大手教科書書肆が作製した「読本」の系列にすっぽりと収まるものだった。

こうして作られた尋常小学校用の「国定教科書」は、その後何度かの改訂を経て、その内容を大きく変えながらも、戦後の第六期国定教科書（通称・いいこ読本）に至るまで、刊行され続ける。「国定教科書の時代」は、太平洋戦争敗戦後になって、再び明治中期と同じように「教科書検定制度」に移行するまで、約四五年間にわたって続いたのだった。

注（Endnotes）

*1 高森邦明「樋口勘次郎」の項『国語教育大辞典』明治図書　一九八八年　六九一頁。

*2 井上敏夫『近代国語教育論大系2　明治期Ⅱ』「解題」一九七五（昭和五〇）年一一月　五二〇頁。ここで、井上は、パーカーの『教育学に関する講話——中心湊合の学理一班』*Talks on Pedagogics.An Outline of the Theory of Concentration* が刊行されたのが、一八九四（明治二七年）であるから、樋口の卒業論文に、それを反映するのは難しかったのではないかと述べている。もっとも、一八九九（明治三二）年の『統合主義新教授法』に、パーカーの影響があることは、樋口自身が、ヨーロッパから帰朝後に刊行した『国家社会主義新教育学』（一九〇四《明治三七》年二月、二五八—二六〇頁）の中で、次のように述べていることから明らかである。「吾れ其学科の統合を論するに当りて、米のパーカー及びデガルモに借る所あり。」

*3 石戸谷哲夫「樋口勘次郎の業績と人間」『近代日本の教育を育てた人びと・下』東洋館出版社　一九六五（昭和四〇）年五月　四九—五〇頁。

*4 藤原喜代蔵『明治大正昭和教育思想学説人物史　第一巻明治前期編』東亜政経社　一九四二（昭和一七）年　七二八—七二九頁、には、「彼は相当の学才を持っていたばかりでなく、社会的俗才をも備えていた。用いように依っては、有用の財であったが、しかし、人間としては、不真面目で信用できぬ人物であった。」という評価がある。

*5 これまでの樋口勘次郎研究には、次のようなものがある。
汲田克夫「樋口勘次郎の教育思想」東京大学図書館蔵　謄写版印刷　一九五八（昭和三三）年寄贈
汲田克夫「樋口勘次郎の前期教育思想」『日本の教育史学』第三号　一九六〇（昭和三五）年一〇月
小林健三「樋口勘次郎研究」『論叢』玉川大学文学部紀要・第九号　一九六九（昭和四四）年
稲葉宏雄「谷本富と樋口勘次郎の教育方法思想——明治三〇年代の国家主義と個人主義」京都大学教育紀要第二六号　一九八〇（昭和五五）年
生野金三「樋口勘次郎の作文教育論の考察」『国語科教育』第三〇集　一九八三（昭和五八）年三月
渡部晶「樋口勘次郎の統合主義教授法」『教育学雑誌』第一八号　一九八四（昭和五九）年
生野金三「樋口勘次郎の読書教育論の考察」『国語教育の創造的視野』滑川道夫先生喜寿祝賀論文集刊行委員会編　あすなろ書房　一九八七（昭和六二）年二月
森山賢一「樋口勘次郎の『統合教授論』について」『人間科学論究』常盤大学大学院　人間科学研究科　第五号　一九九七年（平成九）年三月
林尚示「特別活動前史に関するカリキュラム論的検討——明治後期・大正期東京高等師範学校附属小学校における樋口勘次郎・棚橋源太郎・樋口長市の教育実践を中心に」『日本特別活動学会紀要』七号　一九九九（平成一一）年一月
下条拓也・小林輝行「樋口勘次郎の『活動主義』教授理論とその教育実践への影響」『教育実践研究』信州大学教育学部附属教育実践センター一号　二〇〇〇（平成一二）年七月

*6 『東京茗溪会雑誌』一五九号「実験叢談」樋口勘次郎　二二一—二二九頁　一八九六（明治二九）年四月。『東京茗溪会雑誌』は、一八九四（明治二七）年創刊。

連載は以下のように行われた。なお、引用した原文の濁点、句読点などは、稿者が補ったところがある。
①一八九六（明治二九）年四月　第一五九号「実験叢談」（一）研究報告書序言　（二）（題なし・稿者）（三）教師ハ常ニ何事ヲカ研究セサルヘカラス　（四）生徒ノ観念界
②一八九六（明治二九）年五月　第一六〇号「実験叢談」（五）修身科教授材料ノ選択
③一八九六（明治二九）年六月　第一六一号「実験叢談」（六）統合教育論　第一・第二
④一八九六（明治二九）年七月　第一六二号「実験叢談」（六）の第二ノ続キ・第三
⑤一八九六（明治二九）年九月　第一六四号「実験叢談（前々号ノ続）」第四・第五　（七）読書科と他ノ教科トノ統合
⑥一八九六（明治二九）年一〇月　第一六五号「実験叢談」
⑦一八九六（明治二九）年一一月　第一六六号「実験叢談」（第七回）（八）遠足
⑧一八九六（明治二九）年一二月　第一六七号「実験叢談」（第八回）（九）読書教授法の原則（十）読本の読ませ方　（十一）講義　（十二）談話　（十三）朗読法（十四）作文教授法
⑨一八九七（明治三〇）年一月　第一六八号「実験叢談」（第九回）（十五）算数科教授法
⑩一八九七（明治三〇）年二月　第一六九号「実験叢談」（第十回）（十六）歴史科教授法
⑪一八九七（明治三〇）年三月　第一七〇号「実験叢談」（第十一回）（十七）習字教授法（完結）

*7 久木幸男・鈴木英一・今野喜清編『日本教育論争史録　第2巻　近代編下』第一法規　四七―七三頁。

*8 久木幸男・鈴木英一・今野喜清編『日本教育論争史録　第2巻　近代編下』四九―五二頁　久木幸男執筆。

*9 本荘太一郎は、「ヘルバルト主義の立場から開発主義を批判した最初の人物」といわれる。本荘は帝国大学の特約生教育学科で、ハウスクネヒトにヘルバルト主義を学んだ。明治二〇年代の前半には、「開発主義」教育の個人主義的な傾向に対して、国家主義的立場から批判を展開している。（今野三郎「明治二〇年代のヘルバルト主義教育思想――ハウスクネヒト・門下生の著作の検討を中心に」『教育学雑誌第一七号』日本大学教育学会　一九八三年　四〇―五四頁。）なお、本荘は、ハウスクネヒトから勧められて、アメリカのヘルバルト教育学者である、デガルモの著書を訳している。『俄氏新式教授術』牧野書房　デガルモ著　本荘太一郎訳補　一九四九（明治二四）年五月。

*10 平松秋夫『明治時代における小学校教授法の研究』理想社　一九七五年四月　二五六頁。

*11 谷本富『実用教育学及教授法』『近代国語教育論大系2　明治期Ⅱ』光村図書・所収　一三四―一三五頁　原本は、一八九四（明治二七）年一〇月初版六盟館発行。

*12 能勢栄訳注『莱因氏教育学』金港堂　一八九五（明治二八）年三月。後に『明治期教育古典叢書二六』として、一九八一（昭和五六）年に国書刊行会から復刻発行。

*13 能勢栄訳注『莱因氏教育学』金港堂　一八九五（明治二八）年三月　一二一―一二二頁。「学科課程は、第三学年から、宗教史と、普通史とに分化する」。

*14 湯本武比古『新編教育学』普及舎　一八九四（明治二七）年九月　二四一―二五一頁。

*15 樋口勘次郎『樋口勘次郎講述文部省講習会教授法講義　下』普及舎　一八九九（明治三二）年一〇月　七〇―七三頁。

*16 ヴェー・ライン／アー・ピッケル／エー・シュルレル著　山口小太郎・佐々木吉三郎訳『小学校教授の原理』同文館　一九〇一（明治三四）年一月。『近代日本教科書教授法資料集成　第四巻』東京書籍　一九八二（昭和五七）年九月、に全文が収録されている。

*17 これも同じ『東京茗溪会雑誌』一五九号に載せられている。

*18 『日本語基本語彙――文献解題と研究』国立国語研究所報告一一六　明治書院　二〇〇〇（平成一二）年七月、には、これまでにどのような語彙調査があったのかがあげられている。またこの『児童語彙の研究』は、その大半が『近代国語教育論大系』別巻II　光村図書　一九八七（昭和六二）年一二月、に収録されている。

*19 『東京茗溪会雑誌』一六〇号「実験叢談」樋口勘次郎　一九―三〇頁　一八九六（明治二九）年五月

*20 『桃太郎』一八九四（明治二七）年七月　富岡永洗画　春のや主人「序」　大和田建樹「ほまれのたから」大江小波「桃太郎」。これ以降、巌谷小波は「日本昔噺」全二四冊を、一八九六（明治二九）年八月にかけて刊行している。一九七一（昭和四六）年一〇月には、臨川書店から全二四巻の複製版が滑川道夫の解説付きで刊行され、また二〇〇一（平成一三）年八月には、平凡社の東洋文庫に上田信道の校訂・解説によって全巻が収録されている。

*21 もっとも、これはきわめて図式的な割り切り方である。巌谷小波も、十分に「教育的」であったし、樋口勘次郎もまた「文学的」な理解もあった。小波が、子供に聞かせる「口演童話」を始めたり、お伽仮名に執着したこと、あるいは直接文部省の国定教科書作製にかかわったことなどは、その「教育性」を十分に示している。また、樋口が、一葉の小説に目を通していたことからは、樋口が「文学」に親しんでいたことをうかがわせる。

*22 いささか突飛な想像かもしれないが、ここに記された注記を見ると、弟子である芦田恵之助が文章に加えた指導言として有名な「着語（ちゃくご）」を思い出させる。もちろんこうした本文への注記は、古典漢文の理解の際にも「割り注」などという形で施されていたから、樋口の創始した方法というわけではないし、またこのやり方が、直接に芦田に影響を与えたとはいえないかもしれない。しかし、芦田恵之助が、師と仰いだ樋口勘次郎からいかなる部分を受け継ぎ、いかなる部分を独創的に深めたのか。この点については、今後、さらに研究を深めていかなければならない課題だろう。（これに関しては、滑川道夫による次の発言がある。滑川道夫『日本作文綴方教育史　一　明治編』国土社　一九七七（昭和五二）年八月　二三二頁に、「芦田が帳面に授業中に気付いた点をメモして研究に資すること、国語教科書編修、仮作物語『試験やすみ』『小園長』『綴方十二ヶ月』などの児童読物の創造等も、樋口のそれと全く関連がないとは言い切れないだろう。」とある。）

*23 『明治少年文学史　第三巻』木村小舟　一九四三（昭和一八）年四月　一九〇頁　童話春秋社、によると「かくの如く、『日本昔噺』の企画は、物の見事に的中し、世を挙げて、日清戦争に熱中せるに拘らず、此の新叢書のみは、それが為に、何等の影響を蒙ることなく、却つて其の一編の出づる毎に、児童社会の大歓迎を受け、延いて一方には、伊沢修二氏の統督する台湾国語学校に日本語の教科書としてこれを採用せられる等、声価日に昂まり月に栄え、初版数千部を印刷して残部余冊なく、次々に重版を見るの好況を呈した。」という状況だったようである。

なお、ドイツのランゲ博士の話は、小西信八著『修身童話』第四巻、一八九九（明治三二）年一一月の「はしがき」に記されている。

*24 『樋口一葉全集』第三巻（上） 一九七六（昭和五一）年一二月 筑摩書房 五〇四―五一二頁。
*25 樋口悦編『一葉に与へた手紙』今日の問題社 一九四三（昭和一八）年一月 四一三―四一五頁。
*26 「読売新聞」一九一二（明治四五）年五月一一日、および、一九一五（大正四）年一月一一日、など。
*27 『樋口一葉全集』第三巻（上） 一九七六（昭和五一）年一二月 筑摩書房 五一五頁―五三二頁。なお、この解説で「当時使用された教科書」として、田中義廉の『小学読本』や稲垣千穎の『和文読本』を挙げてあるが、その選択は必ずしも適当とは言えない。
*28 樋口一葉（夏子）編『通俗書簡文』一八九六（明治二九）年五月 博文館 日用百科全書のうちの一冊（第一二編）総二三九頁、縦一三センチメートル。
*29 樋口勘次郎『統合主義修身教授法』同文館 一九〇〇（明治三三）年一月 二〇一頁。
*30 樋口勘次郎『統合主義新教授法』同文館 一八九九（明治三二）年四月 六五―九〇頁。
*31 樋口勘次郎『統合主義新教授法』同文館 一八九九（明治三二）年四月 二頁。
*32 平松秋夫『明治時代における小学校教授法の研究』理想社 一九七五（昭和五〇）年四月 二五六―二五七頁。
*33 樋口勘次郎『統合主義新教授法』同文館 一八九九（明治三二）年四月 六四―九一頁。
*34 平松秋夫『明治時代における小学校教授法の研究』理想社 一九七五（昭和五〇）年四月 二七二―二八〇頁。
*35 西村誠・清水貞夫訳『世界教育学選集八三 中心統合法の理論（パーカー）』明治図書 一九七六（昭和五一）年三月。樋口の「活動主義」が、パーカーの理論に依拠していることは、この書の二五七頁で指摘されている。また「中心統合法の理論図解」は、扉に掲載されている。
*36 平松秋夫『明治時代における小学校教授法の研究』理想社 一九七五（昭和五〇）年四月 二六四―二七〇頁。
*37 樋口勘次郎講述『文部省講習会 教授法講義』下 普及舎 一八九九（明治三二）年五月 全四六頁 定価一〇銭。
*38 樋口勘次郎『理科童話 花見の巻』同文館 一八九九（明治三二）年四月 六四―九一頁。
*39 芦田恵之助『第二読み方教授』一九二五（大正一四）年九月 芦田書店、引用は『芦田恵之助国語教育全集』第七巻 一九八八年 明治図書 四九八頁。
*40 『恵雨自伝』「十三 あこがれの上京」 引用は、『芦田恵之助国語教育全集二五巻』明治図書 一九八七年 一〇五―一一二頁。
*41 『近代日本教科書総説 解説編』海後宗臣・仲新編 一九六九（昭和四四）年七月 講談社 五八五頁。稲垣忠彦『明治教授理論史研究』 評論社 一九七七（昭和五二）年四月 三七一頁。
*42 『棚橋源太郎先生（一八六九―一九六一）研究資料集』棚橋源太郎先生顕彰・研究会編 一九九二年三月 この文献には、棚橋に関する年表、著作目録、参考資料、棚橋蔵書目録などが収められており、棚橋源太郎に関する総合的基礎資料となっている。
*43 棚橋源太郎「理科教育の思い出」『理科教室』国土社 一九五八（昭和三三）年一〇月号 五〇―五三頁。棚橋の言によると、「フリードリッヒ・ユンゲ（Friedrich Junge）は、北ドイツ、キールの高等女学校長で、キール大学生物学教授メービュース教授から生活の共同体という概念を獲得して「生活共同体としての村の池」（Dorfteich als Lebensgemeinschaft）と題する一書と、これに関連した教授法とを著わし、理科教授ではこれまでのように個々の生物ではなく、池とか森とか草野とかに棲息する生物の全体をとりあげて、これを生態学的に取り扱うべきであることを提唱した。」ということである。

*44 棚橋源太郎著・波多野貞之助閲『理科教授法』金港堂　一九〇一（明治三四）年七月　一八頁および九八―一〇〇頁。棚橋源太郎には、それより早く、「理科教材を諭す」『教育時論』五一五号　一八九九（明治三二）年八月五日、「尋常小学の理科」『教育時論』五一七号　一八九九（明治三二）年八月二五日、「理科教材の統合」『教育時論』五六五号　一九〇一年一月、などの論考がある。また、理科教材について詳論した著書として、棚橋源太郎・佐藤礼介共著『小学校に於ける理科教材　上編』宝文館　一九〇四（明治三七）年二月、および『小学校に於ける理科教材　下編』宝文館　一九〇六（明治三九）年一月、がある。

*45 棚橋源太郎「理科教科書は如何に用ふべきか」『実験教授指針』第二巻第一号　教授法研究会　一九〇三（明治三六）年一月。

*46 棚橋源太郎は、樋口が洋行した後、彼の担任していた学級を引き継いだ。「附属小学校時代の〔明治三二―大正六〕の思出」『教育研究』一九三八（昭和一三）年九月号、からは、当時の樋口学級の様子がうかがえる。

殊に私（棚橋源太郎・稿者注）の印象に深く残つてゐるのは、樋口勘次郎君の洋行の後を継いで、一部五年の担任をしたことである。樋口君は当時活動主義を提唱されて児童の自己活動を利用して生徒自ら学習せしめるといふ点に重きを置かれた。学級の授業中に於ける管理といふ点は殆ど眼中になかつたので、教場の中へ入つて見ると、後を向いてゐる生徒もあれば、横を向いてゐる生徒もあるといつた風で、教壇上の先生には皆注意を向けて授業を受けるといふ態度は認められなかつた。それで世間からはだいぶ非難もされ、反対もされたのであつたが、樋口君は深い信念の下に之を実行され、且つ著作や雑誌などでも発表され、これを自分の研究として教室内外の実際にも試みてゐたのである。その後を私が引き継いで学級主任になつたのであるが、私としては、自己活動を重んずる点には異論はなかつたが、その他の点では所見を異にしており、又主事からも希望もあつたので、相当引緊めなければならなかつた。そこで教場の管理ばかりでなく体操教練までも手酷しくやつたものである。併し生徒は可愛いもので、その頃の生徒には日鉄社長渋沢正雄君、西園寺公の秘書原田熊男君、華族会館長鷹司信輔君なども居つたが、最近私のために古希の祝賀会を催して三君とも発起人となつて斡旋して下すつたのはうれしかつた。

棚橋源太郎は、この後、東京高等師範学校教授になってドイツへ留学し、理科教育よりも博物館教育に力を入れるようになり、今日ではむしろ博物館教育の鼻祖としてよく知られている。

*47 『理科教育史資料　第2巻　理科教科書史』板倉聖宣ほか　東京法令出版　一九八六（昭和六一）年一〇月　五七頁。

*48 『尋常国語教科書　乙種　教員用』樋口勘次郎・野田瀧三郎合著　金港堂　一九〇一（明治三四）年九月六日発行、の「凡例」による。

*49 樋口勘次郎『統合主義 各科教案例』同文館　一八九九（明治三二）年六月　九三―一〇五頁。

*50 『尋常国語教科書乙種』の図版は、国立教育政策研究所附属教育図書館蔵本による。

*51 「修身教科書総解説」『日本教科書大系近代編第三巻・修身（三）』講談社　一九六二（昭和三七）年一月　六〇四頁。

*52 『日本教科書大系　近代編　第三巻』「修身教科書総説」講談社　一九六二（昭和三七）年一月　六一五―六一六頁。

*53 合著者として、野田瀧三郎の名があがっている。現在まで、野田について判明していることは、高等師範学校を卒業したこと、千葉県で教師をしていたこと、明治三〇年前後には香川県尋常師範学校教諭だったこと（明治三一年三月一〇日の「官報・四七〇四号」に「休職ヲ命ス・三月四日香川県」との記録がある。）、

その後、金港堂にかなり深く関係していたらしいこと（社員だった可能性が高い）、などである。著述としては、次のようなものがある。

一八九二（明治二五）年『国文のあやまり』宝文軒五特堂　著者の住所は「和歌山市」である。

一八九七（明治三〇）年「心理学上の公準」『東京茗溪会雑誌』一七七号

一八九八（明治三一）年「師範学校における教育学科」『東京茗溪会雑誌』一八〇号

一八九九（明治三二）年「能州和倉温泉入浴中の記事の一端」『東京茗溪会雑誌』一九五号

一九〇一（明治三四）年『最近心理学発達史』金港堂

一九〇二（明治三五）年『観察実験 理科小訓』金港堂

一九〇二（明治三五）年『家庭読本 とみちゃんの旅行』『中学国語読本備考前編』『女子国文読本備考』すべて金港堂

おそらく、野田は、もと教育畑にいたことや、国語国文学に詳しいこと、さらには「理科物語」を書いたり、翻訳作品と思われる「とみちゃんの旅行」という冒険物語を著すなど、器用で筆も立ったことから、樋口勘次郎の教科書作成の手伝いをしたのだろう。野田がどの時点から、教科書作製に関わり、どの部分が樋口のアイディアでどこが野田の担当なのか、などの詳細は不明だが、すでに検討したように巻一の乙種本には樋口の考えがかなり盛り込まれているようである。しかし時間的な制約もあって、全体にわたって樋口の考えが貫徹しているわけではないだろう。推測に過ぎないが、この時、ほとんど無名と言っていい野田の名前が合著者として正面に掲げられているのは、『国語教科書』と『修身教科書』の実際の編集者が、野田瀧三郎だったからなのかもしれない。

なお、第五部第一章で触れた中村紀久二の調査によると、このような難産の末に誕生した樋口勘次郎の教科書は、国語教科書については山形と香川で採用され、修身教科書については大阪・福岡・長崎で採用されたようである。金港堂はこの時、数種類の国語教科書と修身教科書とを刊行しているから、樋口の教科書の刊行が商業的な成功を収めたのかどうかという判断に関しては留保せざるを得ないが、それほど広範な支持を受けたわけではないものの、まったく売れなかったわけではないと言うことだけはできるだろう。

『家庭読本とみちゃんの旅行』

『観察実験 理科小訓』

第六部

修身教育と子ども読み物

第六部　修身教育と子ども読み物　目次

第一章　修身教育と修身教科書

一、修身教育の展開と口授法

「談話」と子どもたち

一八九一年（明治二四）年に刊行された『小学生徒 談話美辞法』（今井道雄・川原信義共編）という本がある。小学生徒が談話会を催すときのお手本、という謳い文句で作られた書籍である。子どもが実際にスピーチ活動をしたという設定になっており、百の短い話が載せられている。話材は、修身的な内容がほとんどである。しかし、子どもの語り口を模した平易な談話体で書かれているので、おそらく当時の子どもたちは読み物としても、この本を楽しんだと思われる。このうち「修身」に関しての談話が面白い。*1

第二十一席　修身　　伊藤俊太郎　演

お互は修身科の時間が来ると、先生から又々面白い御話を聴けるであらう、今日は何の御話であらうと楽みますが、思ふ通り心配のいらぬ面白い御話であると、皆々にこ〱と笑顔をして居りますが、若し阿方等の是々は宜しくない、何々はして善くありませんと云ふ様な御話であると、皆々怪体な顔をしてぶつ〱言ふか、傍目して隣の席の人と低語して居ります、そこで先生がせっかくお互いの宜しくない事を直して下さらうと思ひ、後々の心得になる事を言ふて下さるも、皆無益になります、それでは修身科の教を受けたとは申されません、修身科は元より面白い御話を聴くのではありません、これまでは私もうか〱致しましたが、これからハお互に気を付けて先生の御話を聴き、行ひを善くして良い人とならうではありませんか、

本の趣旨からして当然のことだが、スピーチの結論は、これからは心がけを良くして先生の話を聞こうと、いかにも「修身」的な方向に収斂している。しかし興味深いのは、子どもたちが修身科の時間を「面白い御話」の聞ける時間だと勘違いしている実態が書かれていることだろう。いや勘違いなどではなく、生徒たちは本当にその時間を楽しみにしていたのにちがいない。教師の思惑はともかくとして、子どもたちは「修身」を、お話の聞ける楽しい時間だと錯覚していたのだ。もちろん大人の側からすれば、修身の時間における「談話」活動は、教訓を教え込むためのオブラートであり、メッセージを包んで届けるための便法である。そこでの談話は手段・方法に過ぎず、眼目は徳目や教訓を浸透させることにある。だがそれにもかかわらず、子どもの方は、したたかにオブラー

トそのものの甘さを楽しんでもいた。

教師サイドから言えば、これは次のような事態になる。すなわち、修身の談話は、究極的には嘉言・訓言を子どもに注入することが目的ではあるが、それを伝達する技術を磨かなければ、学習者はこちらを向いてはくれない。とりわけ修身科は「口授（くじゅ）」という教育手段を採用していたから、教師は教育方法としての談話＝口授能力を、確実に身につける必要に迫られていた。日本にアメリカからストーリーテリングが正式に紹介されたのは、一九〇八（明治四一）年だとされているが、近代学校教育の中で、子どもに語り聞かせる教育方法としては、修身教育などにおける「口授」法がかなり早くから導入実施されており、それをめぐって様々な論議が行われていたのである。*2

さらに目を広げるなら、一般大衆を聞き手とした伝統的な音声伝達活動には、江戸期以来の心学道話や講談・落語・絵解き説教・祭文語り・太平記読みなどがあり、教育場においては、漢籍の講釈などがあった。

『小学生徒 談話美辞法』明治24年

また、明治期に入ってからは、キリスト教布教のための日曜学校などにおける説教、巌谷小波が創始したといわれる口演童話、あるいは幻灯映写時の弁士による語りなどは、明確に子どもたちを聞き手として意識した談話活動だった。このように明治時代には、多くの聞き手、とりわけ幼少の子どもたちを相手にして、ひとまとまりの話を聞かせる様々な話しことば表現の場と、内容伝達のための技術とが存在していたのである。修身教育における「口授」活動も、そうした在来の音声言語による伝達活動と全く無縁に展開されたわけではなかった。

第二部第二章で『小学読本』の検討をする中で触れたように、アメリカの国語教科書に取り入れられていた対話や会話学習の問題は、読本に挿入されたとたんに、影が薄くなった。それは、国語の教科書が、もっぱら読む学習のための材料集に収束してしまったからである。しかし、「口授」という学習方法は、たとえそれが教師から子どもへという一方通行の話しことば活動であるにせよ、話しことばによる教育の効果やその方法の開拓という問題群を引き受けざるをえない。

実際、子どもたちに向かって談話活動を行う際には、テキストに記された文語文や漢文の書き下し文をそのまま読み上げても、十全にその内容が伝わるとはかぎらない。というのも、子どもたちにとって、日常耳にすることの少ない古語や漢語の単語の意味は簡単には理解できないし、話しことばとは異なる文体も、容易に聞き取れるわけではないからである。子どもが耳から聞いただけで理解できるように話すためには、ある程度もとの文章を口語的に和らげなければならない。

つまり、語り手（教師）は、テキストを構成している文語文や訓読文を、より現実の話し言葉に近づけ、また複雑で抽象的な語彙を単純で具体的な語彙へと変換しながら話をすることになる。そうした作業をする過程で、語り手には、現実の子どもたちの興味関心の所在や、親近語彙や使用文体などに、あらためて注意を向ける必要性が生まれる。「口授」の場面における話し手は、子どもという存在を意識しながら、自らの音声言語活動を展開することを、常に迫られるのである。このような努力に基づいて産出された子どもに向けた「談話」活動は、そのまま消えていくわけではなく、やがては、書き言葉の形で文字化される。

　というのは、より広範な幼少の享受者を対象にした伝達活動を展開するには、書きことばを採用する方が効率的だからである。そうした子どもに向けた書きことばを記述する中で、子どものための文体を創造することの重要性への認識も高まり、実際に、子どものための読み物の文章も、より平易なものへと変化していく。すなわち、現実の子ども聴者を相手取るという話し手の経験は、その話し手自身の書きことばを変えていく可能性を持っているのである。

　周知のように、日本近代の言文一致運動は、文章表現に意識的な小説家たちを中心に切り開かれた。山本正秀は、『近代文体発生の史的研究』（一九六五《昭和四〇》年・岩波書店）の中で、それら先人たちの苦闘の後をていねいに追っている。確かに近代日本の新しい文章形式を確立したのは、筆で生計を立てようとした先達たちであっただろう。だが、作家たちが原稿用紙に向かって言文一致文体を創造すべく過酷な戦いをしていたとき、教室の教師たちも口授という手だてを介して、子どもに伝わるような話しことばと書きことばを練り上げる実践の現場にいた。さらには、学校以外にも、子どもたちに口伝えでメッセージを伝える様々な場も存在していたのである。そうした多様な場における話しことばと書きことばが交錯する言語文化実践は、子どものための書き言葉の文化＝児童読み物の世界と通底しており、それが子ども読み物の世界を広げていく。

　本節と次節では、以上のような問題意識に立って、主として修身教育と「口授」活動の関係を考察した後、そこに関わる「図像」の検討を挟んで、続く第二章で、明治の児童読み物（「少年書類」）の一分野を担ったと考えられる「修身読み物」類について言及する。

修身教育の展開

　修身教育の史的展開については、多くの研究の蓄積がある。通史としては、藤田昌士「修身科の成立過程」『東京大学教育学部紀要　第一八号』一九六五（昭和四〇）年、安里彦紀『近代日本道徳史研究――明治期における思想・社会・政治との関連を中心として』高陵社書店　一九六七（昭和四二）年、『世界教育史大系39　道徳教育史Ⅱ』講談社一九七七（昭和五二）年などがあり、とりわけ「教育勅語」の成立過程については、海後宗臣の『教育勅語成立史の研究』厚徳社　一九六五（昭和四〇）年、があって、近代日本の教育にとって「教育勅語」がいかに大きな存在であったかが、実証的に解明されている。また、現在刊行中の『文献資料集成・日本道徳教育論争史』全一五巻・日本図書センター、もある。

　修身科の教科書については、『日本教科書大系　近代編第三巻』の巻末の「修身教科書解説」に概観が紹介されており、中村紀久二の「『復刻国定修身教科書解説』――修身教科書の歴史」は、一次資料を駆使して修身教科書の抱え込んだ問題について、鋭い問題提起をおこなっている。別に、明治期に刊行された修身的な読み物に関する研究として、徳田進の『孝子説話集の研究・近代編（明治期）――二十四孝を中心に』井上書房 一九六四（昭和三九）年、という大著がある。「孝子譚」という角度から、関連する多くの書物を博捜して近世から近代へと移っていく日本の精神文化の有り様が記述されている。さらに、以下の論述と密接に関係する、修身教育と「口授」の関係については、麻生千明の一連の詳細な研究がある。本章では、これらの成果に導かれながら、まずは、修身科教育と修身教科書の関係をたどっておく。[*3]

あらためて確認することになるが、第一部第一章で見たように、文部省は、一八七二（明治五）年八月に「学制」を、九月には「小学教則」を公布する。そこには、下等小学第八級から五級までに「修身口授（ギョウギノサトシ）」という教科をおくことが定められていた。第八級から第六級までは毎週二時間、第五級は毎週一時間の割り当てである。第八・七級では「民家童蒙解童蒙教草等ヲ以テ教師口ツカラ縷々之ヲ説諭ス」とあって青木輔清の『小学教諭民家童蒙解』と福沢諭吉の『童蒙をしへ草』が、第六級では箕作麟祥の『泰西勧善訓蒙』と阿部泰蔵の『修身論』が、また第五級では『性法略』が、修身科の教科書として指定されていた。これらの書物については、第一部で取り上げてその内容を検討してきた。

このように「小学教則」は示されたが、多くの人々は、西欧式の教科目がどのようなものなのか、またそれを学校の中でどのように進めていったらよいかについて、大きなとまどいを覚えていた。そうした疑問に答えようとした書の一つに『小学教則問答』がある。この本は、一八七四（明治七）年、高田義甫によって、北畠千鍾房から公刊されたもので、「修身口授」については、以下のように記述されている。[*4]

問、脩身（シウシン）トハ何ゾ
答、平生（ヘーセイ）ノ行状（キヤウジヤウ）ヲ脩（ヲサム）ルナリ
問、口授（クジユ）トハ何ゾ
答、人（ヒト）ハ童子（ドウシ）ノ時（トキ）ヨリ行状（キヤウジヤウ）ヲ慎（ツツシム）ベキコトナレバ、之（コレ）ヲ口授（トキサト）シテ荒怠（クワウタイ）ノ心（ココロ）ヲ戒（イマシム）ルナリ

この本には「修身口授」とは、あるべき生活態度について「トキサトス＝説き諭す」ことである、と解説されている。確かに、「修身口授（行儀のさとし）」の内容は、生徒の言動についてよりよき方向を示したり、場合によっては訓戒を与えることである。しかし、それと似た行為はこれまでにも寺子屋などの教育の場でも行われていた。藤田昌士によれば、「修身」に先だって寺子屋教育の中で「修身談」を特設した例があったとされており、「小学教則」に示された「修身口授」という教科目も、必ずしも西欧教育の受け売りではなく、実質的に江戸期の教育内容を引き継ぐ側面もあったことが明らかにされている。したがって従来の

『小学教則問答』 見返し
明治７年

教育体制の概念を使って「口授」の内容を解説しようとすれば、修身とは「平生ノ行状ヲ脩ル」ことだという『小学教則問答』のような記述に落ち着くこともうなづける。*5

もっとも、近代学校における「修身口授」の「教師口ツカラ縷々之ヲ説諭ス」という「説諭」は、いわゆる「一斉授業」の中で行われた。同年齢の多数の生徒たちを前にして「口授」するには、特定の子どもを対象にした「談話」とは異なった話しことばの技術と方法が必要になる。新しい教育体制のもとで『小学教則問答』のような新しい学習用語についての書物が必要とされたことからも推察できるように、「小学教則」に示された教科目の教授内容は、それまで寺子屋などで行われてきたものと大きな懸隔があった。また、そこで要求される教育方法も、従来とはかなり異なっていた。この時に示された「口授」という教育方法には、話しことばと書きことばとの質的な差異、あるいは多くの学習者を前にしてひとまとまりの話する行為と技術との関係など、かなり大きな問題群が包含されていたのである。

もともと文部省の「小学教則」の教科内容が現実から遊離したものであったことは、よく知られている。そのため各府県は、翌一八七三（明治六）年に出された師範学校の「小学教則」の方をよりどころにして各地域の「小学教則」を作成した所が多かった。数多くの教科目を並べ立てた文部省の「小学教則」をそのまま実施するよりも、シンプルな科目編成をした師範学校「小学教則」に準拠した方がより実際的だったのである。その師範学校の教則では、下等小学の教科目の中に「修身口授」は見あたらず、その内容は「読物」科の中に吸収されている。それは「課目中小学読本ハ修身養生及ビ物理ノ箇条多シ故ニ其要所ハ縷々口授シテ暗記セシムベシ依テ今其課ヲ置カズ」という理由だったからである。明治六年に刊行された『小学読本』の内容に「修身養生及ビ物理ノ箇条」が多く含まれているのだから、それを「口ツカラ縷々之ヲ説諭」すれば「修身口授」の目的は達せられる、と考えたのだろう。*6

しかし、文部省の「小学教則」にしたがって教則を整えた地域では、修身口授の授業を取り立てて行ったところもあったようだ。倉沢剛の『小学校の歴史I』が紹介している例によれば、印旛県では明治六年一月「印旛県管内小学校掟書」が定められて、第八級と第七級に「修身口授」が置かれており、教科書として『泰西勧善訓蒙』が指定されていた。また、石川県では、明治六年二月の「石川県管内小学規則」で、「修身口授」が置かれて、「孝行ノ論等ヲ以テ教師口ツカラ縷々之ヲ説諭ス」となっている。石川県では、特に教科書は指定されていない。*7

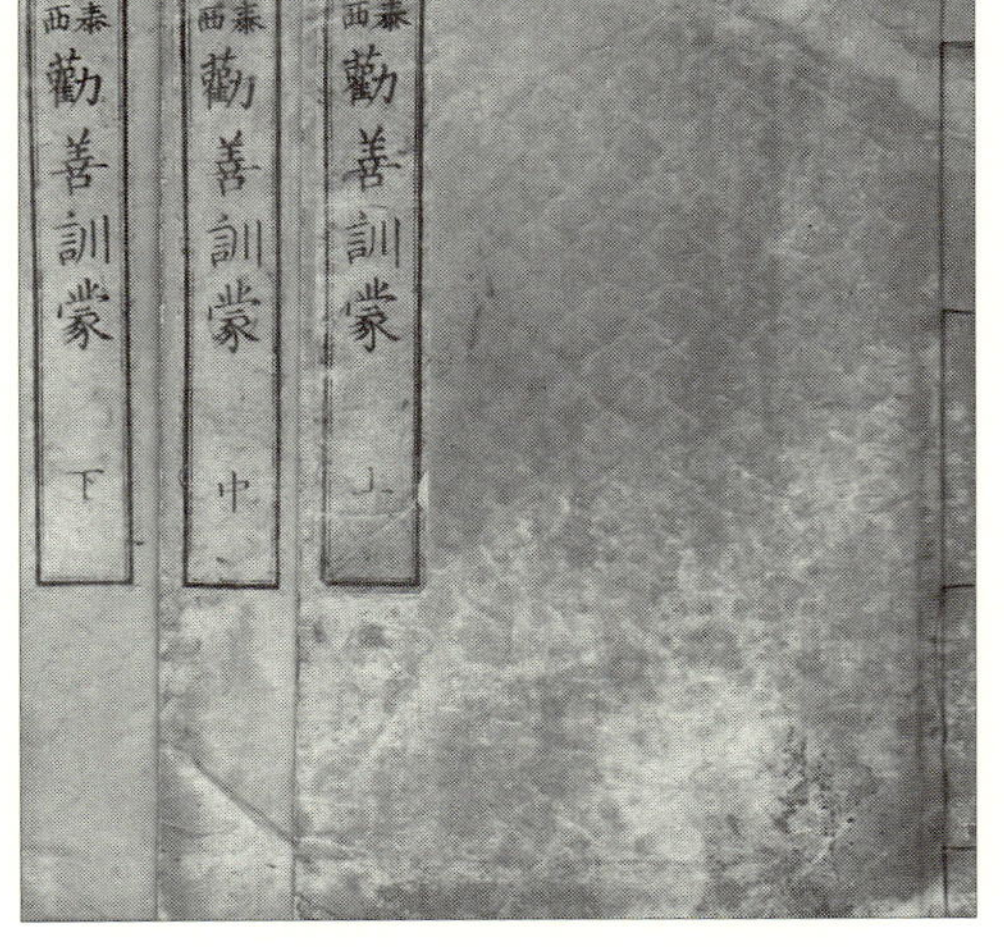

『泰西勧善訓蒙』前編　箕作麟祥訳
明治6年

印旛県で教科書に指定された箕作麟祥の『泰西勧善訓蒙』は、文部省の「小学教則」でも「修身口授」の教科書に指定されており、とりわけ広く普及したのは、前編三冊（上中下）であった。だが、この本は『日本教科書大系 近代編第三巻』の「修身教科書総解説」において「本文はきわめて抽象的に書かれているので小学校の第三・四学年の教科書としては必ずしも適当であったとは言えない」と記されているように、かなり難度の高いものであった。おそらく教師がそこに書かれたことを教室で解説したとしても、文体の点でも、内容の点でも、子どもたちの興味関心を呼び起こすことは難しかったのではないかと思われる。*8

一方、第一部第一章で記したように、明治九年の千葉県の下等小学教則や、第二部第三章の各地の教則一覧で見たように、明治一一年七月の「下等小学課程」（熊本）や、明治一二年三月「小学教則」（青森）の「修身口授」の教科書には、「伊蘇普物語」の名前がある。渡部温の訳した『通俗伊蘇普物語』が、きわめて平明な訳文であったことは既述したが、この本を使った授業ならば、教室の子どもたちに大歓迎されたであろう。また文部省の「小学教則」で、修身の「教科書」として選定された『童蒙をしへ草』『小学教諭 民家童蒙解』などの中にも、物語性の強いエピソードが掲載されていたから、これらを教師が上手に生徒に口述したならば、子どもたちも興味を持って教師の話を聞いたにちがいない。

このように、教師たちが近代学校制度のもとで、具体的に「修身口授」という教科目を教室で実践しようとするに当たっては、多くの課題が山積していた。大きく言って、一つは、伝達メディアとしての話しことばのスタイルの問題であり、もう一つは伝えるべき修身の教育内容の問題である。さらに、そこで修身教育のテキストを子どもたちに所持させるのか、させないのかということも、この後、大きな論点となっていく。

「口授」による学習指導

まず、この「口授」という授業の実際に関する考え方を検討していく。文部省の「小学教則」に関してみるなら、「口授」を含む教科目は、ほかにも「養生口授」があり、また翌明治六年に改正された「小学校教則改正」では「国体学口授」が加わっている。それらの教科目ではどのように「口授」という活動が行われていたのか。そもそも「口授」とは、はどのような教授法としてとらえられていたのか。それを、一八七七（明治一〇）年に刊行された『小学口授要説』で確認してみる。*9

この本の「口授法要旨」には、「口授」を行う際には、おおよそ以下のような点に配慮すべきだと書かれている。すなわち、第一条は、「夫レ口授ハ努メテ事理ヲ暗記シ口弁渋滞ナカランコトヲ要ス」と、教師が教授内容を事前に十分に自分のものにしておき、それを流暢に伝えることの必要性が説かれる。相手の小学生は、テキストを持っていないのだから「教師ノ口弁流鬯ナラザレバ」、つまりつっかえつっかえで話をすれば、その話し自体の信用度が落ちてしまう。第二条は、「説話ハ総テ愉快ニ之ヲ談シ」て、子どもの「心神ニ感記セシメン」ことが必要だといい、第三条では「生徒ノ性質意向ヲ察シ機ニ投ジ変ニ応ジテ須ラク適切至当ノ事件ヲ談ジ」ること、第四条では、言語は「殊更明瞭簡易ニシテ」さらに「方言漢語野鄙高尚ノ語ヲ吐クベカラズ」と述べられている。要は対象となる子どもの状況に応じて、臨機応変に話をすることが肝要だということであろう。だからといって日常の会話口調をそのまま認めているのではない。おそらく教室用の「口授」の語り口というものが意識されていたと思われる。さらに、話すときの態度や、話しのクライマックスで生徒に問いを出すこと、あるいは地名人名などを板書したり、時には絵を使うこと、などの指導上の留意点も述べられている。この後に、実際編として「説話中ノ質問法及ビ該課温習ノ方法」が具体的に示される。そこでは、「口授」は一方的に生徒に語るものではなく、「問答」と組み合わされることや、事後には話しのあらすじを押さえさせるような問答と、その話しの寓意や主題をめぐる問答とが行われており、優秀な生徒だけではなく多くの生徒に問答に参加させる必要性が意識されていたこと、などが分かる。こう見てくると、この『小学 口授要説』は、細かい配慮がよく行き届いた指導書だと評価できる。

ただし「方言」に関しては、異なる意見を述べている指導書もある。少し後のことになるが、一八八四（明治一七）年の『修身口授編』（青山正義編・大黒屋書鋪）には、「実際ニ在リテハ。俗語方言ヲ用キルトモ。意味ノ貫徹ヲ貴ビ。生徒ノ躬行ヲ期スル者ナリ」と書かれている。この著者は、語りのスタイルの確立よりも、子どもたちにメッセージが的確に伝わることを優先課題にしていたようだ。したがって、「俗語方言」が混じることもやむを得ないと考えている。[*10]

当然のことだが指導者によって、またその教室環境によって、談話形態にはそれぞれ違いはあった。また、口授する内容が、物語性の強いエピソードである場合と、修身学の講述そのままのような抽象的な場合とによっても、語り方に差が出る。さらには、校則や守るべき規範などの諸注意も「口授」の中に含まれているから、これらの現実的な内容は、物語的な教材とは別の語り口が必要だったかもしれない。このように修身科においては、様々な内容の話が、口頭によって行われていたが、もっとも一般的なパターンは、「例話」とそこから引き出される「教訓」とを組み合わせるような形態である。

そうした修身口授指導の具体的例を、全国的にも広く使われた修身書『修身説約』（一八七八《明治一一》年）を、通して確認してみよう。『修身説約』は、群馬県の木戸麟によって編纂された修身書で、和漢洋の様々な実話・寓話をバランス良く配しており、全国的なベストセラーになって、教育県群馬の名を高からしめた書物だといわれている。本書では、第三部第一章第一節で、この教科書の成功が明治期を代表する教科書書肆である金港堂の躍進につながったことに触れた。『日本教科書大系 近代編第三巻』の「修身教科書解説」では、『修身説約』に集められた材料は「主として十年代までに刊行された各種読本類から収録されたと見られる。」と記されているように、内容的には、第一部で検討した「子ども向け翻訳啓蒙書」類や榊原芳野等の『小学 読本』巻四・五とかなりよく似ている。[*11]

『修身説約』 巻一

次には、『修身説約』の巻一の第六に挙げられている文章を以下に引用する。話題は、イソップ寓話の「兎と亀」である。

学問するに、己の鋭敏なるを恃みて、惰るときは、愚鈍にても勉強する人には劣るべし、
一日兎と亀と同行せり、兎亀を笑ひて曰ハく、世界の中、未歩みの遅きこと、汝が如き者を見ず、我ハ一跳数尺、豈便利ならずや、亀の曰ハく、汝我を遅しと謂はゞ、我汝と賭せむとて、あなたの一処を指して曰ハく、先づ那処に至るものを勝ちとせん、兎謂へらく亀の頓脚、何ぞ我に先ちて至ることを得んと、少も意に介せず、剰つさへ半途にして眠りしが、やがて目を覚して之を見れば、亀は早く既其の処にいたりしとぞ、
此の兎若自負の心なかりせバ、此の如き敗れハ取らざりしものを、口惜きことにこそ、

この教材文は、最初に「教訓」を述べ、「例話」を挟んで、最後にまた「教訓」を念押しするという構成になっている。

しかし、この文章をそのまま教師が教室で朗読したとしても、本文中の漢語や、修辞などは、子どもたちの耳にはなじみにくかっただろう。とすれば、教師は、「兎と亀」の文語文をあらかじめ読んで置き、その内容を頭に入れた上で、口語的に変換してそれを子どもに向けて話す必要がある。さらにそれを効果的にするためには、教師が話のストーリーを、滑らかに一気に話せる方がいい。あるいはまた、教師が文語文を一文ずつ朗読して、すぐにそれを解きほぐして子どもたちの理解を図る、という展開も考えられる。そうした指導方法を取るとすれば、その口授の時間の教授活動は、文章の訓読、あるいは漢語を日常の生活語に置き換えて語釈を説明する作業に近くなる。

どちらにしても、難語句などを理解させるためには、主要な語句に音訓や語釈を附した辞書があると便利である。『修身説約』にも、当時の教科書類の通例にしたがって、数種類の「字引」が市販されていた。そのうち、小島在格編輯『修身説約字引』五岳堂（一八八二《明治一五》年）の例言には、「此書ハ修身説約中児童ノ尤モ解読シカタキ文字熟語ヲ鈔録シ右傍ニ正音正訓ヲ施シ左側ニ俚語質解ヲ附シ」と記してある。この文言からは、子どもたちが単に教師の話を聞くだけではなく、直接『修身説約』の文章を、自力で読むことも想定していたようにも思える。

そのことは、『修身説約』の巻一が、大きな文字を使った紙面構成になっており、巻を追う毎に一つ一つのストーリーも長くなり、一ページあたりの文字量も多くなっていることからも類推できる。つまり、『修身説約』自体、ある程度小学生が、実際に読むことを想定した紙面構成を採っているのである。とするなら、『修身説約』という教科書は、基本的には修身口授用の師用書ではあったが、実際に子どもたちがそれを手にして「読み物」のように読む場合もあったのかもしれない。[*12]

編者の木戸麟自身も、一八七九（明治一二）年に、『修身説約』の注釈書である『修身説約読例』を出版している。その「弁言」には、「此ノ書（ホン）ハ、読例ヲ示シツヽ、丁寧反復（ネンコロニクリカヘス）ヲ斁ハズシテ、詳ニ字義文意ヲ解キタルモノナレバ、学校ニ上ルノ童子等（コドモタチ）、此ノ書ニ依リテ、修身説約ヲ読マバ、何ゾ其ノ解シ難キヲ患フルコトアランヤ」と記されていた。この記述からは、『修身説約読例』という注釈書

が、子ども自身が『修身説約』を「教科書」として読み解く際の「自習書」として用意されたものであるようにも読み取れる。しかし、修身の授業がもっぱら「口授」によって行われるのだとするなら、これらの「字引」や「読例」などは、基本的には教師用の参考書だったはずで、子どもが自学するための参考書ではなかっただろう。[*13]

そのあたりの事情を確認するために、木戸麟の著書である『修身説約読例』の、巻一第六の本文に対応する部分を参照してみよう。

第六の冒頭の文「学問するに、己の鋭敏なるを恃みて、惰るときは、愚鈍にても勉強する人には劣るべし、」に対しての註釈は、「学問（ガクモン）（モノマナビ モノノケイコヲナラフ）」「己の（オノレ）（ジブンノワガ）」「鋭敏（エイビン）（オボエノヨキコト）」というように、主要な語句の読みとその意味が記されている。これは、ほかの『修身説約』字引類と同様である。だが、この本の特徴は、それに加えてかなり詳しく、筆者（木戸麟）の「意見」が書き込まれた部分が存在することである。この冒頭の文の場合は、「劣るべし」に「劣（オト）るべし（マケルデアラフト云フコト 劣オトルトハ、マサルノウラハラ）」と注が付けてあり、その後にやはりこれと同じ割り注による書式で、やや長めの「意見」が片仮名で書かれている。「意見」というより「文釈」と言った方がいいのかもしれない。以下にそれを示す。

○モノノケイコヲスルニハ、タトヒ、イカホドウマレツキオボエノヨキヒトデモ、オレハオボエガヨイカラ、アノクライナコトハ、ヂキニオボエラレルカラト、ミクビツテ、ナマケテ、ウツカリシテオルトキニハ、タトヘウマレツキハ、オロカニシテ、モノオボエアシヽトイヘドモ、スコシモ、ヒルマズ、ナマケズ、イツシヤウケンメイニ、ベンキヤウスルヒトニマケルモノヂヤ。ソレユヱニ、モノヽケイコヲスルニハ、ダイヽチベンキヨウセネバ、トテモ、トテモ、ジヤウタツスルモノニアラズ。ベンキヨウサヘスレバ、オロカナウマレツキノヒトデモ、モノゴトニ、ジヤウダツスルコトガデキルベシ。ナカナカウマレツキ、オボエガヨキコトナドヲタノミニテ、ナマケタキトキニハ、オロカナリトモ、ベンキヤウスルヒトニマケルナリ。コレカラ、ウサギト、カメトノ、ハナシヲノセテ、ベンキヨウセネバナラヌト云フコトヲ、トキシメスナリ。（傍線・句点、稿者）

この記述は、「学問するに、己の鋭敏なるを恃みて、惰るときは、愚鈍にても勉強する人には劣るべし、」という本文冒頭の文語体の文章を、かなり口語に近づけたものであり、実際に教室で語る話体に近いと言えるだろう。ここには、一個所だけであるが、「マケルモノヂャ。」という「デゴザル」文体が顔をのぞかせている。ほかの文末は「あらず」「べし」「なり」と文語調になっていて、全体の文体は統一されていないが、そうした混乱は、文章を実際の語りことばに近づけようという木戸の努力を表しているようにも見える。

こうした現実の語りことばの雰囲気を濃厚に宿した文章がここに書かれているのはなぜなのか。別の問いかけ方をするなら、「字引」としての本来の役割である「劣（オト）るべし（マケルデアラフト云フコト 劣オトルトハ、マサルノウラハラ）」という意味の記述を超えて、なぜ、こうした談話に近い文体の文章がここに記されているのか。おそらくそれは、木戸麟が、現実の読み手（聞き手）としての子どもたちを強く意識して、この「意見＝文釈」を書いたからだろう。実際の「口授」活動をするに当たっては、この片仮名部分を読み上げた方が、聞き手である子どもたちの理解は早かったと思われる。

同じ教材文の「例話」部分でも、「兎亀を笑ひて曰ハく（ウサギガ、カメヲワラフテ、イフニハ）」には、次のような「意見＝文釈」が付けてある。

○アルヒ、ウサギトカメトガイツショニアルキテ、イタトコロガ、ウサギハ、トビアルクユヱ、ハナハダハヤク、カメハ、ハヒアリクユヱ、ハナハダオソシ。ソコデ、ウサギハ、オノレノ、ウマレツキ、アシノハヤキヲタノミテ、ハナニカケ、カメノウマレツキ、アユミノオソキコトヲ、アナドリワラフテ、イフニハ

この文章も、完全に「談話体」にはなってはいない。しかし、教室では「兎亀を笑ひて曰ハく、」と文語文をそのまま読み上げるのではなく、おそらくこの片仮名で記述された文章のように、もとの文章にはなかった状況説明を付け加えたり、記述をふくらませたりしながら、「口授」活動を行ったのだろう。「口授」という言語活動の場が、必然的にそうした話体を要求したのであり、そこで産出された話体が記述された書記言語にも影響を与えているのである。言文一致の「談話文」までは、もう一歩の所まで来ている。

さらにここでは、こうした「文体」が産出された原因として、修身口授を展開する場が、日常的な談話活動を一対一でやりとりするような場とは異なっていた、ということも確認しておこう。繰り返すことになるが、教師は、口授すべき原テキストを、多数の現実の聞き手に媒介する行為者だった。すなわち、口授法による教師は、書きことばで書かれたテキストを話しことばに翻訳編集しなければならない役割を負っていた。教師は、書き言葉の特性と音声言語の特性との狭間で、両者の独自性と共通性とを踏まえながら、言語伝達活動を進めることになる。その過程で日常会話とは異なる「語り体」とでも言うべき話体が生まれてくる。それは、明らかに言文一致体につながっていく文体の前兆であり、またその呼び水でもあった。

しかし、そうした文体創造の試みは真っ直ぐには進まない。次には、同じ木戸麟の執筆による『修身説約問答方』という教授書を見てみよう。この本は、『修身説約読例』と同じ一八八〇（明治一三）年に刊行されていた。そこでは、修身口授の想定問答が、かなり具体的に示されている。これも「第六」の問答の後半を引用してみる。[*14]

問　亀ハ兎ト如何ナル賭ヲ為シタルヤ
答　アナタノ一処（アルトコロ）ヲ指サシテ先ヅ那処（アソコ）ニ至ルモノヲ勝チトセント云ヘリ
問　其ノ時兎ハイカヾ思ヒシヤ
答　亀ノ頓脚（ニブキアシ）何ソ我ニ先チテ至ルコトヲ得ベケンヤト思ヘリ
問　兎ハ十分ニ亀ヲ侮リテ賭ヲ仕ナガラ如何ナルコトヲ為セシヤ
答　少モ意ニ介セズ（ナントモオモハヌ）剰半途ニシテ眠レリ
問　兎目ヲ醒シタルトキ亀ハイカヾデアリヤ
答　既約束ノ処ニイタリテアリシナリ
問　兎ガ敗（シソコナヒ）ヲ取リシハ何故ナルヤ
答　自負（ウヌボレ）ノ心アリシ故ナリ

教師と子どもとの問答は、ほとんどもとの教材文を確認してその内容

をなぞっているだけである。もし実際にこうした問答の出現を期待するなら、学習者は文語文で書かれた教材文を、すべてまるごと暗記している必要がある。

先ほどの『修身説約読例』では、具体的な教室場面の話しことばを濃厚に反映させた文章が添えられていたのだが、この『修身説約問答方』という教師用書では、そうした現場の話しことばを想起させるような文章記述は消えている。おそらくそれは、この本が教師用であったことに原因があるだろう。当時は、話しことばをそのまま文字に置き換えたとしても、それがまっとうな文章であるとは、一般には認知されなかったからである。したがって、教師向けの『修身説約問答方』という書物では、文語体による想定問答という記述形態にならざるを得なかったし、また大人が読者である場合には、それが常態だった。

しかし、こうした話しことばに近接した言語表現の現場から、書記言語の文体は変化していく。小学読本が「談話体」を本格的にその中に取り入れることになったのは、明治二〇年代も前半になってからのことで

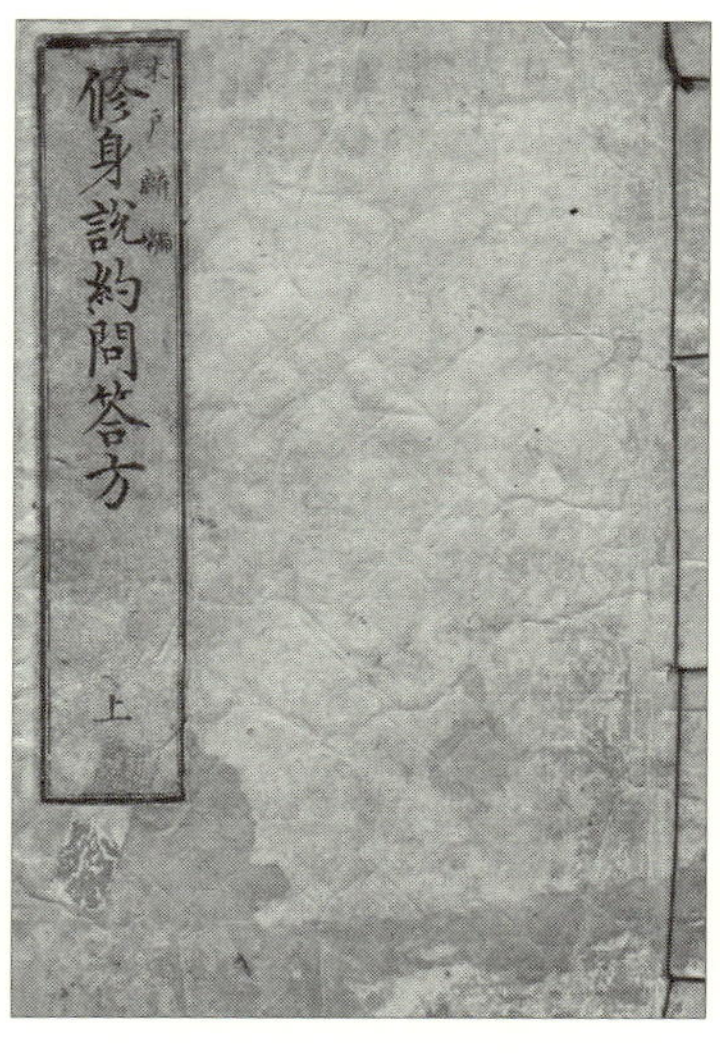

『修身説約問答方』明治13年

ある。この『修身説約読例』の「談話的文章」は、その萌芽を形成した言語的実践例の一つとして、位置づけることができるだろう。

もっとも現在でも、書きことばと話しことばとの関係においては、多かれ少なかれ同様の事態が起きている。書籍に印字された文章は、そのまま話しことばとして通用するわけではないし、話しことばをそのまま文字化しても、読みやすい文章になるわけではない。しかし話しことばと書きことばとの距離は、明治初頭ほど大きくはない。このように、教師が文語体で記された例話を「口授」するという活動は、書きことばと話しことばとの障壁、あるいはそこにある乖離という問題群を浮上させ、それを実践的に乗り越えるような活動を促進するという点で、思いの外に大きな試行と創造の場になっていたのである。

教科書による修身教育

明治五年、文部省の「小学教則」の「修身口授」で指定された教科書は、ほとんどすべてが翻訳書だった。その様相は、本論考の第一部第一章の冒頭で確認してきたところである。この後、明治初年の欧化政策に基づいた教育政策を見直し、従来の儒教主義による修身教育を復興しようという声が高くなってくる。

分岐点となったのは、一八七九（明治一二）年の「教学大旨」、及び翌一八八〇（明治一三）年の「改正教育令」の公布だった。それによって、修身教育の方向は大きく変化する。その変化を内容的な側面からいうと儒教主義の徳育教育の強化であり、方法的な側面からいうと、口授から教科書使用の奨励である。つまり、一八八〇（明治一三）年の「改正教育令」公布以降、修身教育の内容は東洋道徳が中心になり、文部省自身も編集

局長西村茂樹の編集になる東西の格言を集めた『小学修身訓』（明治一三年刊）という標準教科書を作成する方針へと転換するのである。同時に修身科の位置づけも大きく変わり、いわゆる筆頭教科として位置づけられた。

修身教育は、従来よりも格段に重視されるようになったのである。その背景には、自由民権運動の高まりに対して危機感を抱いた明治政府が、国家主義的な方向を選択し、その方向に突き進んでいく大きな流れがある。だがそれは、必ずしも一直線に進行したわけではないし、実際の教育政策も右に左に揺れ動く。一八八二（明治一五）年に、文部卿が府県学務吏員を集めて訓示した「小学修身書編纂方大意」をみると、当時の文部省がどのような方針で、教科書による修身教育を進めようとしたかがよく分かるので、まずそれを参照してみよう。*15

この「小学修身書編纂方大意」によると、まず、我が国が万世一系の天皇を戴いていることが述べられ、「尊皇愛国ノ心ヲ養成スル」ことが修身教育の目的だとされる。それも、欧米の教育に倣うのではなく儒教を中心に進めなければならない、そのため、小学修身では「聖賢ノ格言ヲ記憶」する必要がある、ただし、初等科第一学年前期は口授で指導し、一年後期からは口授に読書を交え、「誦読ト口授トヲ兼用スベシ」と、かなり詳細な指導方法の規定をしている。また、「誦読」のための教科書は必ず編纂し、「生徒ヲシテ之ヲ暗詳セシムベシ」として、口授のためのテキストも別に編纂する必要があるとする。さらにその内容については、「暗詳」するための教科書には「聖賢の嘉言」を載せ、口授のための教科書（参考書）には「善行」を載せるように指示している。つまり、修身道徳のエッセンスである訓言についてはそれを暗記させ、訓言を支えるエピソードに関しては教師用の教科書に載せて、耳から聞かせるという方針である。

麻生千明は、このような二種類の教科書が考えられていたことについて「のちに制度化されるところの生徒用教科書と教師用教科書の分化的成立の伏線をなすものとみることも出来る」と述べている。もっとも、「小学修身書編纂方大意」には記載内容についての指示はあるものの、暗唱用の教科書に載せられる文章・文体についての指定はなかった。しかし「聖賢の嘉言」は、言文一致の談話体ではなく、漢文訓読体や文語体で記されていたはずである。また、口授のための教科書は、大人（教師）が読むものであるから、当然漢文訓読体や文語体が採用されるであろう。したがって、子どもが修身教科書を「読む」のは、自力で内容を理解するためではない。教科書の「聖賢の嘉言」は、とにかく丸暗記するものであり、意味は分からなくとも、そのまま記憶するべきものとして用意されたのである。*16

このような方針のもとで行われた具体的な教授法として、一八八二（明治一五）年に刊行された『小学教授新法』の修身教授法を参照してみたい。そこには「修身」の教授法として、次のような教授の方法が記されていた。*17

> 修身ヲ授クルニハ勉メテ児童ノ感情ヲ攪起シ心裏ニ貫徹セシメ以テ徳性ノ涵養ヲ主トスヘシ（修身ノ教授ハ人性ノ情ニ訴ヘ勉メテ此ノ情ヲ感発セシムヘシ其之ヲ授ルノ方法毎期口授及ヒ書授ノ二様ヲ用フルヘシ尤モ下級ニテハ口授ノ専用ヲ可トス）口授ヲ以テ修身ヲ授クルニハ先其目的（勉強トカ孝行トカノ如シ）題目（目的ヲ達センカ為ニ話スヘキ名目ニテ例ヘハ狼ノ話太郎話ノコトシ）等ヲ記シタル教案ヲ編シ而シテ問答ヲ交テ之レカ談話ヲナシ然後諸ノ例ヲ引証シ最後ニ其授クルトコロノ主意ヲ問答シ時宜ニヨリ之ヲ

黒板ニ記シ生徒ノ帳簿ニ記サシメヘシ又格言ニヨリ修身ノ口授ヲナサンニハ先ツ問答ヲ以テ其意義ヲ敷衍シタル談話ヲナシ然後之レカ格言ヲ黒板ニ記シ読ミ且ツ講シムルノ後問答ニヨリ之レカ意義ヲ敷衍シタル談話ヲナシ而シテ孰レニテモ最後ニ格言ヲ生徒ノ帳簿ニ記サシムヘシ

この『小学教授新法』では、修身教育を口授法によって推進するに当たり、その談話に込められた格言を文字で示し、「書授」することが重要であるとされている。「聖賢ノ格言ヲ記憶」させることをねらっているのだろう。もっとも、初学年では「書授」はせずに、口頭による伝達を中心として教授活動を行うようだ。一方、書物を読むことによって、「修身」の授業を行う時には、その授業は「読書」の学習活動にきわめて近くなる。

書籍ヲ以テ修身ヲ授クルニハ読方ヲ授クルカ如ク先ツ書中解シ難キ文字ヲ摘書シ各生ヲシテ読ミ且ツ意義ヲ語ラシメ然後書籍ヲ出シ之ヲ繙カシメ教師之ヲ読ムコト数回ニシテ各生ヲシテ一人ツヽ之ヲ読マシメ然シテ教師之ヲ講スル亦数回各生ヲシテ一人ツヽ構セシム此クノ如クスルノ後之レカ意義ヲ敷衍シ諸ノ事実ヲ引キ問答ヲ交ヘテ之ヲ談話シ然後其大意ヲ問答スヘシ

つまり、あらかじめ難語句の学習をしておき、次に教師が文章を範読して生徒が自力で本文を音読できるようにする。その後、文章の内容について教師が説明し、生徒にもそれを繰り返させる。さらに、文章を敷衍してその文章内容に相当する事実を挙げ、生徒とやりとりをしてその文章の「大意」をつかませ、格言を記述させるという学習過程を踏むのである。教えるべき「徳目」を掲げて、それを具体例や事実譚・作話などによって具体化し、最後に「格言」を記憶させるというパターンである。

この指導法では、「聖賢の嘉言」をそのまま諳誦させることよりも、学習者に当該の指導事項に関する意識を喚起し、談話を通して目的を達成しようという方向がはっきりしている。現実的には、難語句を平易なことばで説明したり、談話や例話によって「聖賢の嘉言」の指し示す内容を現実的な場面と結びつけて具体的に示さなければ、文語体や漢文で書かれた徳目は、幼い学習者に理解させることはできなかったのである。長野県師範学校の塩谷吟策と千葉県師範学校の木下邦昌によって書かれたこの『小学教授新法』は、「東京師範学校ニ於テ現今実施ノ教授法(＝開発主義・稿者注)ニ基」いて編まれたもののようだが、学習者の「観念開発」を重視しようという学習指導観は、確実にこの本の中にも流れている。「聖賢の嘉言」だけを抽象的な形で押しつけても、実際の学習活動は成立しないのである。

訓言・嘉言の暗記

一八八三(明治一六)年、文部省編集局の西村茂樹によって『小学修身書 初等科之部』が作製された。西村は、すでに、一八八〇(明治一三)年に『小学修身訓』を刊行している。松野修は、『小学修身訓』は、西村が「欧米ではキリスト教教義を中心に据えた世俗国家カテキズムを軸に道徳教育がなされている実情を知り、日本では儒教を中心にした教典の代替物が必要と考え」て作製されたものだとしている。『小学修身書』

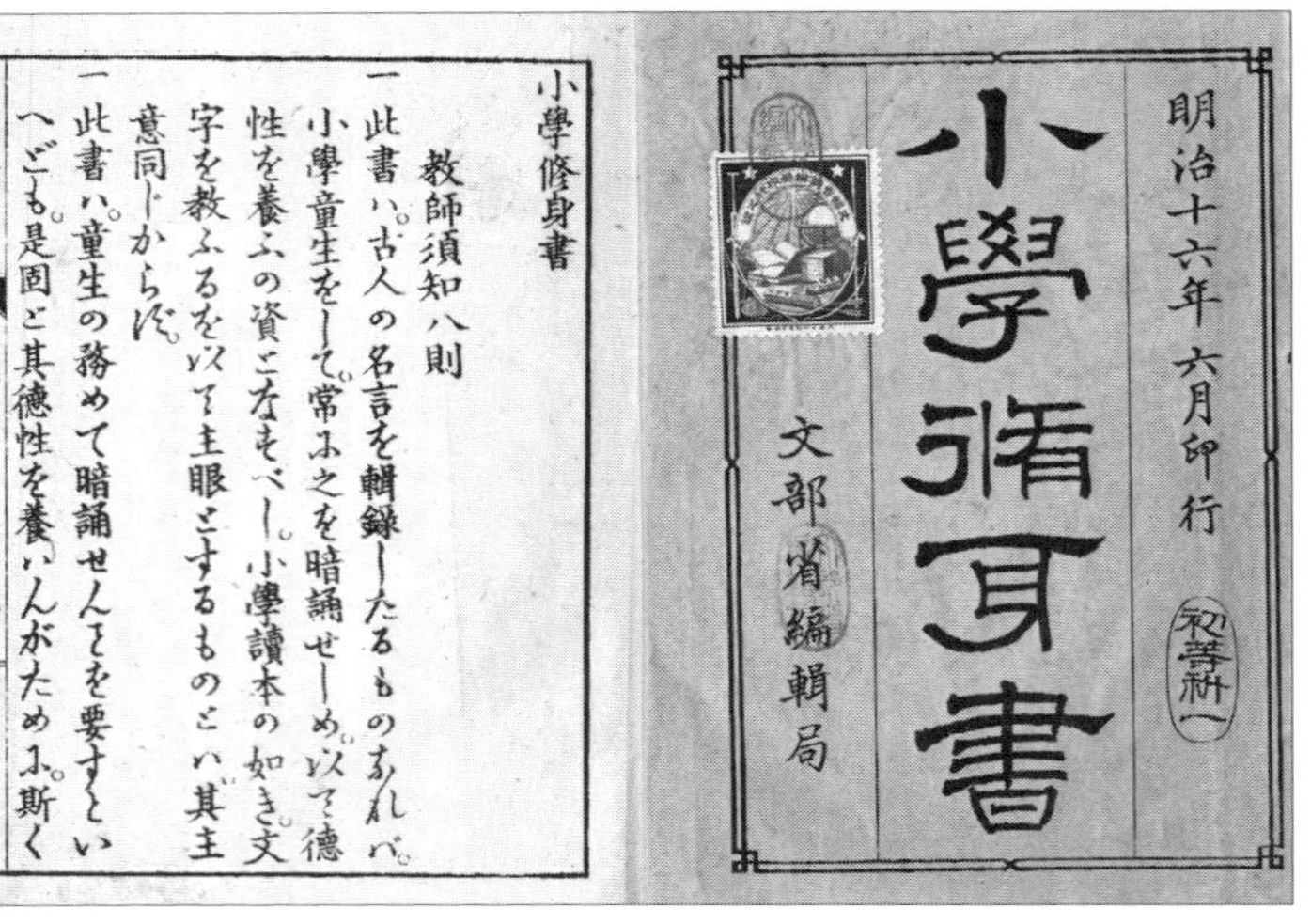
明治十六年六月印行
小學修身書
文部省編輯局
初等科一

小學修身書
教師須知八則
一 此書ハ古人の名言を輯録したるものなれハ小學童生をして常ニ之を暗誦せしめ以て徳性を養ふの資となすへし小學讀本の如き文字を教ふるを以て主眼とするものとハ其主意同しからず
一 此書ハ童生の務めて暗誦せんことを要すといへども是固と其徳性を養ハんがため也斯く

『小學修身書』文部省　初等科一
明治 16 年

もそうした考えを踏襲し、さらにその内容を充実させた教科書だった。この本は、生徒が手にして教室に臨むことを前提にして、学年段階ごとに作られている。第一巻の定価は五銭八厘、第二巻以下六銭一厘。[*18]

『小学修身書』は、首巻と巻一—五の全六冊から構成されており、首巻には「古語俚諺及び和歌等」が集められ、「つとめて是を暗記すべし」との指示がある。また、一から五巻も「古人の名言を輯録」してあり、「常に之を暗誦せしめ。以て特性を養ふの資となすべし。小学読本の如き。文字を教ふるを以て主眼とするものとは。其主意同じからず。」と、文字の読み書きを中心とした「小学読本」とは異なった扱いをするようにとの指示もある。この教科書の教材の原典は、すべて日本のもので、それもかなり多くが貝原益軒の書物（『大和俗訓』を含むいわゆる「益軒十訓」）から採られていた。翌年発行された『小学修身書 中等之部』も同様の内容で、明治初年のように、外国のエピソードやイソップ寓話などは採られていないし、日本の偉人や庶民の善行なども収められていない。つまり、この教科書には、ストーリー性のある「話」は含まれていなかったのである。以後、こうした訓言・嘉言を中心に構成した修身教科書が主流になっていく。

しかし、現実的には「〇〇すべし」というような訓言・嘉言を並べ立てた教科書は、抽象的で具体性に欠け、それをそのまま読み上げたとしても、子どもたちに伝達するべきメッセージは、その意図とは逆に貧弱なものになってしまいかねない。また、訓言・嘉言を機械的に暗記させても、その効果には疑問符がつかざるを得ない。したがって、実際には口授に伴う事実話や故事を集めた資料集も別に必要になり、その結果、修身実話を集めた民間教科書が多数刊行されることになる。これらの教科書類は、『小学修身書』のように、テキストを子ども自身が所持してそこに書かれた文字を通して教訓を学ぶのではなく、教師がその場で読み上げたり、事前に読んでおくための教師用書として用意されたものである。

この時期の修身教科書の総数を、一八八〇（明治一三）年から一八八六（明治一九）年の間に発行された『日本教科書大系 近代編第三巻』の「修身教科書総目録」で数えてみると、合計二五四点になり、それは明治期に刊行された修身教科書の総数五六九点の半数近くに上る。ここには、かなり大量の教師用の修身口授書が含まれている。また、この数字からは、この時期に、教育課程の中でいかに修身科が重んぜられるようになってきたかということも、うかがえる。同じ頃、小学校の就学率はほぼ半数に届き、ようやく明治国家が創設した学校制度も、国民に受け入れられていく。

再び「口授」へ

ところがここでまた、大きな揺り戻しがある。それは森有礼の教育政策によって引き起こされた。森有礼は、一八八五（明治一八）年に初代の文部大臣に就任し、精力的な活動で、近代学校教育制度の基礎を確立したことで知られる。森は、西欧諸国に対抗するための国家主義的な教育政策を推進するが、思想的には反儒教主義者であった。したがって旧来の儒教主義に基づく教育には懐疑的だったし、当時の『小学修身書』などの修身教科書についても批判的で、漢文や文語文によるあまりにも難解な文章表現や、それをひたすら暗誦するような授業形態にも不満を持っていたようだ。

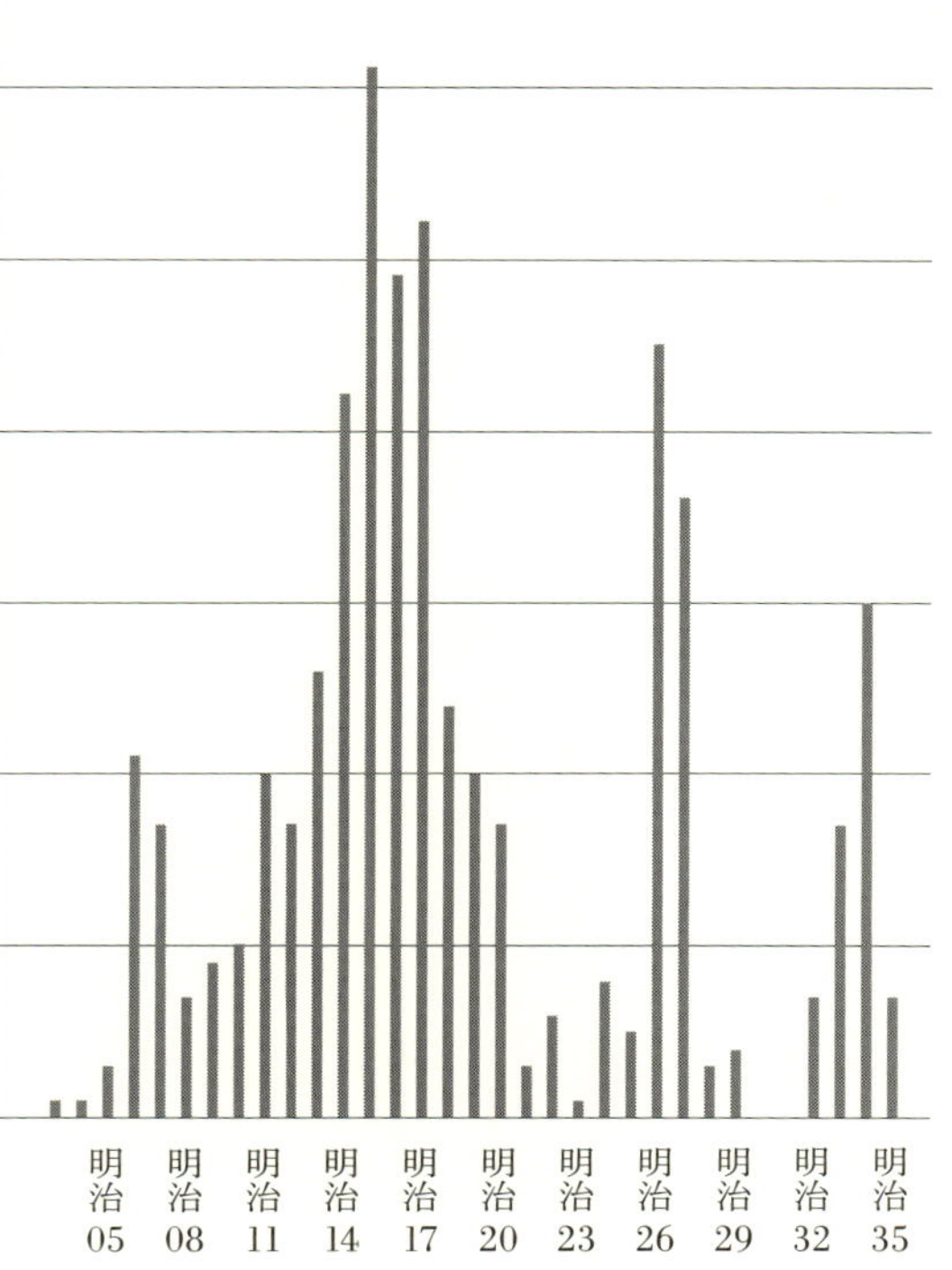

「修身教科書」発行点数

その意向を受けて、一八八六（明治一九）年五月に出された「小学校ノ学科及其程度」の「第十条　修身科」の項は、次のように規定されている。すなわち、修身科は「談話（口授）」によって教育活動を展開し、教科書は使わないという方針である。

> 小学校ニ於テハ内外古今人士ノ善良ノ言行ニ就キ児童ニ適切ニシテ且理会シ易キ簡単ナル事柄ヲ談話シ日常ノ作法ヲ教ヘ教員自ラ言行ノ模範トナリ児童ヲシテ善ク之ニ習ハシムルヲ以テ専要トス

このような規定の底流には、旧態然とした儒教道徳を暗誦というような形で押しつけることへの森文部大臣の反発が伏在していた。さらにそこには、一八八二年（明治一五年）一二月に、元田永孚等が勅撰修身書として、宮内省から地方へ下賜・下付した『幼学綱要』の問題も絡んでいる。教科書を使用するか、それとも口授で行うかという、一見、修身教育に関する教育方法上の問題の背後には、当時の文部省の中の欧化主義的開明派と、宮内省の儒教主義的保守派との政治的な対立が潜んでいたのである。この時、保守派は教科書を使用させて聖賢の訓言・嘉言を暗記させるような学校教育の方向を目指していた。その際、保守派としては、宮内省の作製した『幼学綱要』がそのまま学校教育における修身教科書として認められるなら、もっとも都合がよい。

一方開明派は、修身教育においては、教科書は使用せずに平易な談話によって、生徒たちの日々の行動を整えさせようとしていた。しかし、それは教育内容に干渉をしないということではなかった。文部省は、教科書の検定を通じて、国民の意思を近代国家建設の方向に領導し、またリテラシーの底上げを企図していた。その経緯については、第三部第二章でも見てきたとおりである。また、それを「教員自ラ言行ノ模範トナリ」と、師範教育を強化し、国家教育を具体的・行動的に示すことのできるような教員を養成することによって、実現しようとしていたのである。

掛本勲夫は、この時の元田永孚等の宮内省による儒教主義の修身教育の推進と、それに抵抗する文部省の側との対立の経緯を詳細に検討している。それによると、森有礼文部大臣が修身教授の教科書を使用せず、口授によるものと最終的に決定したことで、宮内省の関与した「『幼学綱要』や『婦女鑑』の修身教科書としての意義が失われ」た、とする。また、文部省による「『幼学綱要』や『婦女鑑』の検定を回避する道を開いた」とも述べている。[*19]

検定制度を整え、教育内容を一元的に統制しようとしていた文部省にとって、その制度を機械的に適用して、すでに刊行されていた『幼学綱要』を小学校用の教科書として検定しなければならないような事態になれば、宮内省と正面から対立することになりかねない。実際、『幼学綱要』は、その内容が全面的に儒教道徳に依拠していた点はともかく、全編の文章表現が日本の史話と四書五経などから抜き出した訓読文と書き下し文とで構成されていた。このままでは、教科書検定の結果、小学生用の教科書としては文章表現が難解=不認可、という結論になる可能性はかなり高かっただろう。実際、第三部第四章第一節で検討したように、検定申請した多くの修身教科書は「易ヨリ難ニ進ムノ用意ヲ欠キ」「高尚ニ過クル」という理由によって、不認定になっているのである。森文相の決定した修身教育を「口授」で行う、つまり教科書不使用という方針は、こうした隘路を避けるための政治的決断でもあったことになる。

ところで、ここで見るような開明派と保守派との対立図式は、明治初期に近代教育が開始されて以来、何度も出現してきた構図である。ここ

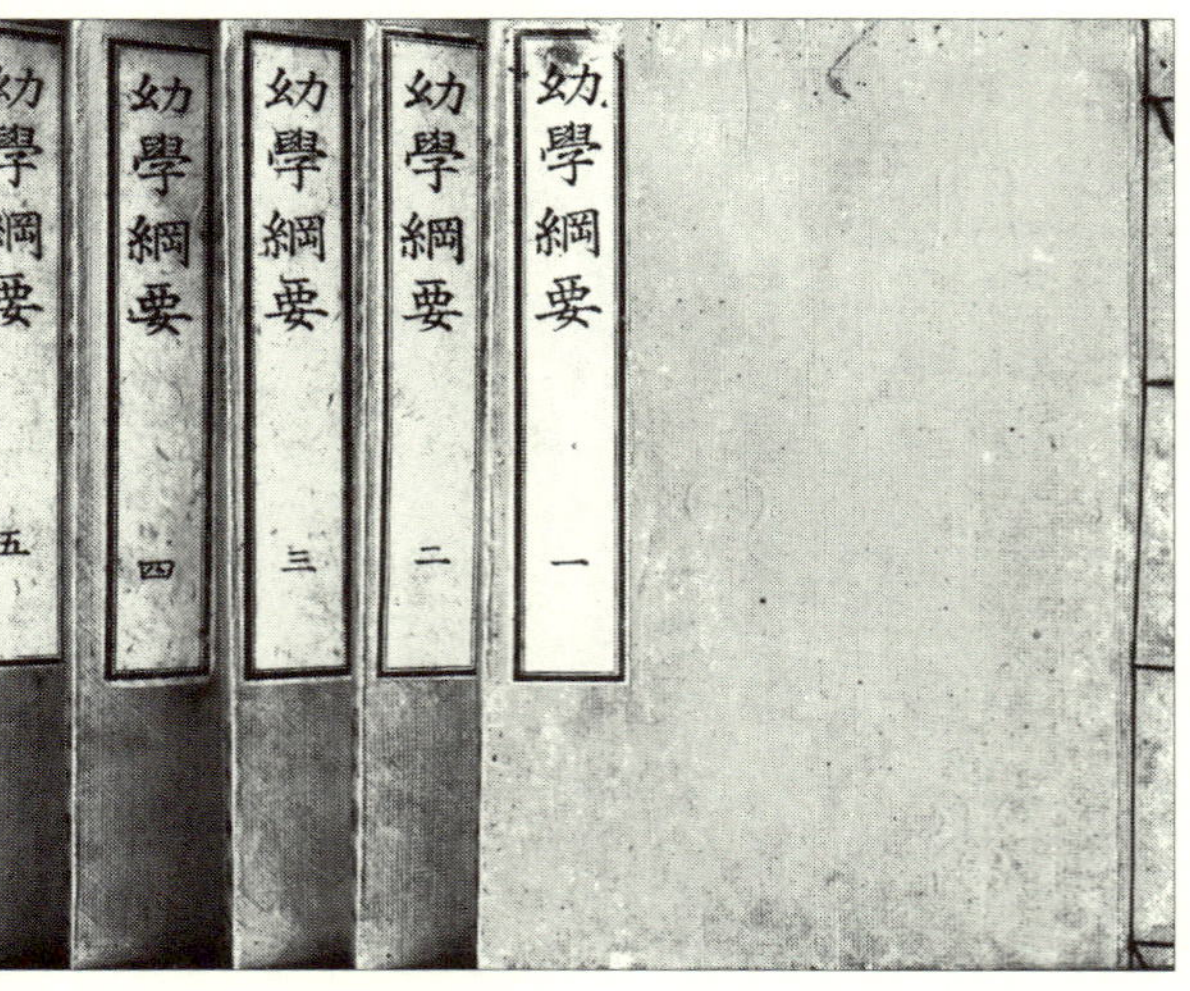

『幼学綱要』宮内省　明治15年
巻五までを示した

まで本書で見てきた図式で言うなら、「子ども向け翻訳啓蒙書」と「三条教則による子ども向け書」との対立、あるいは田中義廉編『小学読本』と榊原芳野等の『小学読本』との対立、さらには伊沢修二の『読書入門』『尋常小学読本』と、同じ文部省編纂の『小学読本』の対立などとも、類似している。それらは、正面切っての拮抗関係だったり、あるいは、同じ組織内であえて二重路線を採用した併存関係だったりした。しかし、『幼学綱要』問題の場合は、森有礼文部大臣（それを任命した伊藤博文総理大臣）と、宮内省の元田永孚（それを支持する明治天皇）の対立という明治政府を支える根幹の亀裂にも発展しかねないような政治的な角逐だったのである。

幸いに、森文相が「修身」教育では教科書を使わないという決断をしたことで、これ以降、『幼学綱要』の頒布はほとんど行われなくなり、一八八七（明治二〇）年七月に作製された女子向けの修身書『婦女鑑』（全六冊）も、「華族女校」の教科書として使用されただけにとどまった。とりあえず、学校教育の内容に、宮内省が直接容喙する事態だけは避けられたのである。[*20]

この時、文部大臣である森有礼は、皇室を中心にしながら、富国強兵路線による近代国家の樹立を企図していた。森は、旧来の儒教的精神主義を押し立てるだけの保守派を嫌悪したのである。さらに言えば、リアリストである森大臣にとって、「談話（口授）」による教育活動の奨励も、必ずしも子どもの学習の負担軽減だけを配慮したとばかりは考えられない。それは、財政難の折から教育負担を減らしつつ、効率的な近代教育の実施を探る方途の一つでもあったのだ。

一八八六（明治一九）年以降、検定制度のもとで教科書の採択が行われるようになると、教育内容への国家統制は間違いなく進行していく。知られているように、森文相が退場した後、修身教育の中心に置かれたのは、井上毅が原案を作成し、元田永孚が協力して、一八九〇（明治二三）年一〇月に発せられた「教育勅語」だった。この後、修身教科書は、検定制度のもとで、教育勅語体制による明治二三年の「小学校令」および翌年の「小学校教則大綱」に準拠して編集されることになる。ところが、ここでまた口授法から教科書使用の推奨へと方針転換がなされる。

修身科は教科書使用へ

その経緯を追うと次のようになる。まず、一八九一（明治二四）年一〇月、久保田譲普通学務長から各地方長官へ「通牒」が出る。それによると、森有礼が文部大臣だった明治二〇年五月に、修身科では教科用図書を採定してはいけないと指示したが、今後は教科書を採定するように、という内容である。追って、大木喬任（たかとう）文部大臣から、とりわけ修身の教科書は重要なのでそれを定めないのは「当ヲ得サルモノ」だという「訓令」も出る。教育勅語を絶対的なものとするための教科書中心主義への方向転換である。[*21]

おそらくこうした措置は、修身教科書に「教育勅語」の文章そのものを掲載する必要が大きかったことも、その要因の一つだっただろう。書かれた文字によって教育内容が固定されていれば、ただ一つの価値観を伝達しやすいし、またそのチェックも容易にできる。口授法だとそれがぶれやすいし、それが実際に授業の場で実施されているかどうかも見えにくい。こうして、一八九一（明治二四）年一二月「小学校修身教科用図書検定標準」が公布される。

一、修身教科用図書ニ掲載セル事項ハ小学校教則大綱第二条ノ要旨及其程度ニ適合セルモノタルヘシ。

二、修身教科用図書ハ教師用ト生徒用トノ二種ニ区分シ教師用ノ教科用図書ハ生徒用ノ教科用図書ヲ教授スルニ適当セルモノタルヘシ。

三、修身教科用図書ハ高等小学校用尋常小学校用ノ二類ニ区分シ高等小学校ニ於テハ成ルヘク男女生徒用ヲ分チタルモノタルヘシ但男女児ヲ同一学級ニ編制セル高等小学校ニ適用セントスル教科書ハ男女生徒用ヲ分タサルモ妨ケナシ。

四、修身教科用図書ニ掲載セル事項ハ各学年毎ニ成ルヘク道徳ノ全体ニ渉リ学年ノ進ムニ従ヒ漸次易ヨリ難ニ進ミタルモノタルヘシ。

五、修身教科用図書ニ掲載セル例話ハ成ルヘク本邦人ノ事蹟ニシテ勧善的ノモノタルヘシ。

六、生徒用ノ修身教科用図書ノ文章ハ簡易ニシテ児童ノ読書力ニ相応セルモノタルヘシ。

七、修身教科用図書ノ挿画ハ鮮明ニシテ道徳涵養ニ裨益アルモノタルヘシ。

一八八六（明治一九）年から始まった文部省による教科書検定の当初の主旨は、検定は内容の優劣を問うものではなく、弊害のないものを認めるというところにあった。検定作業もしばらくは、その方針で行われた。ところが、一八九一（明治二四）年の「小学校修身教科用図書検定標準」は、教科書の内容・形式にまで踏み込んだかなり規範性の強いものになっている。

文部省では、さっそくこの検定標準にそった教科書検定の受付を始め、多くの書肆が検定出願をした。が、実際には検定作業に時間がかかり、それをパスした教科書名が公表されたのは、一八九三（明治二六）年の八月のことだった。さらに、この教科書が実際に学校現場で使用されたのは、翌一八九四（明治二七）年の四月からだったのである。

先に掲げた「修身教科書発行点数」の表で、一八八八（明治二一）年から一八九二（明治二五）年にかけて修身教科書の発行がほとんどなされていないのは、こうした事情による。したがって、発行点数の表の第二のピークに当たる一八九三（明治二六）年と一八九四（明治二七）年に刊行された修身教科書は、検定標準に基づいて、教師用と生徒用、また小学校用と高等小学校用に分けられており、内容的には「小学校修身教科用図書検定標準」に準拠したものだった。

だが、検定教科書の時代になったからといって、全く口授法が認められなかったわけではなかったし、口授のための教師用書も数少ないものの、依然として出版され続けていた。また、生徒用の教科書も、低学年用のものはほとんど文字が無く、挿画主体の教科書だったから、教師が例話を補助的に口授しなければ、実際には修身の授業は成立しなかった。

こうした当局のめまぐるしい教科書使用施策の変転と平行して、修身教育を教科書中心主義で進めるのか、あるいは口授中心で進めるのかをめぐっては、教育ジャーナリズムなどでも様々な論議がなされていた。現場教師や子どもたちは、修身教育の学習方法について、どう受け止めたのか。次節では、それを見てみよう。

二、口授法の可能性

口授法と教科書法の比較得失

明治二〇年代には、教育実践家の間で、口授法は開発主義の立場に立つ最新の学習指導方法だという理解の仕方が普及し、それに乗り遅れまいとする教師たちの動きがあったらしい。確かに、教科書を中心とした訓詁注釈的な学習方法よりも、口授法の方が学習者の立場を顧慮した「開発主義」的な学習指導方法だったと考えられていたこと自体は、納得ができる。なぜなら、口授法という教授方法自体が、常に目の前の学習者を意識せざるを得ない要素を内包しているからだ。

一八八八（明治二一）年の『東京茗渓会雑誌』第六六号に「口授法ノ得失」と題した論考が掲載されている。筆者は土方勝一、高等師範学校付属小学校の教諭である。この論は最終的には、真に口授法を生かすには物理的条件があまりにも不備である、という結論に至るのだが、その中に報告されている当時の教員たちの状況が興味を引く。いわく、土方は高等師範学校附属小学校に奉職してから二年になるが、各地から参観者が引きも切らず、毎日平均四人は来校する。そこでその教員たちに、地元の勤務校では修身教授に教科書を使用しているかという質問をすると「教科書ノ有害ト口授法ノ有効ナル知ルヤ久シ」いけれども現実には教科書を使用せざるを得ないので、附属小学校に口授法を学びに来たのだと答える先生がいたり、「口授法ヲ採用セシコト昨年ノ春ニアリ以来近村モ亦漸ク拙者ノ校ニ倣ハントス」と意気揚々と自慢する先生がいる、というのである。このことからも口授法が流行の教授法として各地の教員に関心を持たれ、また一般には、それが最新の修身の指導方法であると認識されていたことが分かる。[*22]

別の教師たちの反応はどうか。一八八六（明治一九）年七月、『教育時論』四六号には、新しく「論題」というコーナーが設けられた。読者あるいは編集部が「論題」を出して、それに応えて読者が意見文を投稿するという企画である。その四九号（八月二五日）に、埼玉の尾澤漁史なる人物が「尋常小学ニテ修身学ヲ教授スルニ口授ト書籍ニ拠ルノ得失」という論題を提出している。この論題に対して早速読者から反応があり、第五二号（九月二五日）にそれがまとめて載せられた。そこには、読者からの意見が各地から合計一四編送られてきたが、長崎県の村田氏のほかは、ほとんど同意見だったので、編集部がそれぞれの意見の要旨をまとめて一つの文章にした、と断りがついている。（意見者の名前だけは、記事中にすべて列記してある。）

この意見文によると、まずこの問題を究明するには「何レガ児童ノ感情ヲ惹起シ易キヤト」考えるべきだという。なぜならば「修身教授ハ専ラ感情ニ因ルベキ者多ケレバナリ」という理由だからである。以下、口授の利点が、挙げられる。児童の興味を引き、内容を良く理解させることができる。また、感情に訴えて記憶させることもできるし、文字理解に時間をかけることもない。さらに、書籍代もかからない。書物は復習が可能だという反論があるかもしれないが、口授法でも指導の際に写真や絵を使用することで、文字よりも強い印象を与えることができる。こうしたことから「利害得失ヲ比較セバ口授ノ書籍ニ勝ル明ニ知ル可キナリ」という結論に至る。これに対して、長崎県の村田政寛は、以下のようにいう。小学校低学年生は、耳から聞いただけではその内容を忘れやすい。児童の興味関心を引き起こすのは、書籍あるいはその中の絵である。口授は、高等以上の生徒に使用すべき方法である、と。

口授法に賛成する意見は、一四名中一三名と、圧倒的に多い。村田の意見にしても、口授法は高学年で使うべきであるとしており、全面否定論ではない。麻生千明は、この記事について「口授法か書籍法かという当時の論争は、必ずしも対立的ないし二者択一的な問題へとは発展しなかったとみられる。というよりも従前の文字、文章を主体とする教科書と、それによる『誦読』中心の授業法に対する批判という点ではむしろ共通の立場に立つ」と述べている。*23

ところで、『教育時論』の「論題」は、教育現場における具体的な教育方法としては、口授法が是か、書籍法が是か、という問いかけ方をしていた。したがって、その論議が教育方法の範囲内でなされるのは、ある意味で当然のことである。いうまでもなく、口授法を軸にして、現実の学習者を視野に入れた議論が展開されたことは、学校教育の方法の改善という点では意義のあることにちがいない。

だが、この問題は、究極的には、音声情報による伝達の方が優位か、文字情報による伝達の方が優位か、という言語をめぐる本質的な問いに逢着する。あるいは、音声情報と文字情報とのメディアの差異は、どのような質の言語コミュニケーションを成立させるのかという問題である、と言い換えてもいい。ところが現場では、口授法か、書籍法かという方法論の側面に力点がかかってしまい、なかなか掘り下げた議論にはなりにくかった。

その点で、『教育時論』一二三号（一八八六《明治一九》年九月一五日）の「口授法と教科書教授との利害」という記事は示唆的である。これは、「米国の博士ウヰリヤム、ハルリス氏は口授法と教科書教授との利害に就きて以下の如き説明を与えた」というさほど長くない記事である。結論は「熟練なる教授には、孰れに依るも甚き弊害を見ざれども不熟練の教授には、両者ともにその弊害を免がれず」と、教師の能力如何という当たり前のところに落ち着いているのだが、重要なのは、口授と教科書指導の本質的な違いを知り、それを上手に適用できるのが「熟練なる教授」だと述べていることである。両者の本質的な違いとは、一言でいえば「口授法にては、教師たる者が教授の源泉なれども、教科書教授に於ては、生徒を教科書に一任する者とす」ということである。*24

これは、「声の文化」と「文字の文化」との決定的な相違について触れた意見である。音声を中心とする授業を進める場合には、教師と学習者との人間的な交流が基盤にあり、その上で教育内容の情報に関するやりとりが行われる。学習者は、教育内容に関する教師の豊富な知識と高い見識とをあらかじめ是認しているので、学習は充実したものになる。つまり、音声という媒材（メディア）を中心とする授業行為は、教授者と学習者とが、今・ここでともに時間を共有し、互いに新しい意味の生成に立ち会っているという感覚や意識を醸成しやすい。ところが、教科書＝テキストを持ち込むと、そうした幸福な時間と空間から、いったんは離れることになる。なぜならテキストは、目の前の教師とは別の「人格」を持つ書き手が、書き言葉で構築した精神世界を提供しているからだ。教室の中のテキストの読み手は、教室の現在から想像力を使って離脱し、目の前にいる教師とは別のメッセージを発するテキスト空間にただ一人で参入する。なぜならテキストを読むという行為は、読み手と書き手とによる、一対一の時空を超えた対話にほかならないからである。つまり、書籍法は教師の介在がなくても学習が成立するが、口授法では教師そのものが学習成立のきわめて重要な要件になるのである。[*25]

ここに「口授法」という学習指導法の持つ本質的な特徴がある。学習指導の問題は、こうした言語活動の機能の差に着目して考える必要があるし、またそれに基づいて修身教育の展開も考えられるべきだったのだ。

教室での談話

では、大勢の生徒を前にして行われる口授法は、実際には教師たちに、どのように評価されていたのだろうか。一八八七（明治二〇）年一一月六日の『教育報知』第九四号には、「修身科教授　洒落生」と題した次のような文章が掲載されている。

今日の実際を見聞するに、其の教授の法、唯従来の読書法講義法は、書籍を生徒に与へざるがために、幾分かは変したるが如きも、教師が参考書を暗唱し来り、生徒の面前に佇立し、生徒に向ふて講談する有様は、疾言高語講釈師が太閤記を背誦するが如く、演説家が得意の雄弁を振るふが如く、（中略）生徒はこれを聞きて、毫もその講談の何たるを解すること能はず。其の講談の解せざればにぞ、これを聴かんともせずして、呆然教師の面を見るが如きは最上の中なれど、或は他を顧みて耳語し、或は小刀を以て机を削るものあり。甚だしきに至りては、笑語するものあり、他の毛髪をひくものあるに至る。此に至りて教師たるものは、忽ちに大喝一声の下に痛罵し去るにあらざれば、痛く叱責を加へんとす。何ぞ知らん、己れの講談する所の生徒の心力に不適当にして、然も修身の談となすに足らざるものなることを。[*26]（句読点は稿者による）

この論者は生徒を置き去りにして「古人の格言を多く覚ゑさせ、古人の善行を沢山に知らしむる」ような講談を批判しており、「談話の能く児童に解りて、児童の聴くことを楽む中に修身の知識を得させ、其の知識を執行せんこと」につとめるべきだと、子どもの側に立った指導を訴えている。

ここで批判されているように「修身」の時間の教師の話しことばが「疾言高語講釈師が太閤記を背誦するが如く、演説家が得意の雄弁を振るふが如」きになってしまっているという報告は、この論者の外にも見いだせる。この発言より時代はさかのぼるが、内田魯庵は「明治十年前後の小学校」と題した随想の中で、「拠るべき道徳の規範が無かったので有触れた修身道話が繰り返され」た修身の授業の中で、異彩を放っていた講釈好きの教師の回想をしている。[*27]

当時の私達の先生は講釈が好きで、日曜に近所の講釈席へ行くと必ず先生に出会つたもんだが、好きから工夫して修身の時間に太閤記や義士伝を講釈して聴かした。南龍張（なんりようばり）のノン〳〵ズイ〳〵の修羅場読（しゆらばよみ）が面白いので生徒は机に頰杖突いて口を開いて聴惚れてゐた。が、賤ヶ岳の七本槍や赤垣源蔵の徳利の由来のやうなものなら今の文部省でも文句は無からうが、終には鼠小僧や国定忠治の咄を修身の時間にするやうになつた。修身の時間はドコの学校でも怠屈で嫌はれたが私達の小学校では修身の時間が中々人気があった。

また、やはり明治初期の小学校における回想記の中で、鳥居龍蔵は、「先生はまた、毎土曜日の修身の時間には、ロビンソンクルーソーのような話を連続でせられた。面白いところで切り、あとはこの次にといわれるしかたであったが、私はこれが面白くて楽しみでたまらなかった。」と、記している。これらは、教授内容が明確に決まっていなかった明治初期における「修身口授」の授業の個性的な教師による独自の指導方法の工夫である。[*28]

さらに批判は続く。峯是三郎は『実験立案 修身教授及訓練法』（一八九三《明治二六》年・博文館）の中で、「修身科ヲ視ルコト、一場ノ茶話、軍談師落語家ノ語ル所ト同一視シ、只管其興味ノ如何ヲ評スルニ至ル」と、修身教育の現状を批判している。これらの回想記に記された体験談や、教員たちの発言からは、修身口授の授業が、「講釈師が太閤記を背誦するが如く、演説家が得意の雄弁を振るふが如く」というような状況に陥りやすかったことが想像できる。[*29]

しかし、それは必ずしも教師たちの怠慢とばかりはいえない。教師たちは、多くの人々を相手にまとまった話を伝える言語活動のモデルとして、伝統的な大衆文化における講釈・講談などの伝達表現様式を援用するか、あるいは明治二三年の国会開設を控えて、社会的な流行になっていた演説・弁論などの言論活動を範として教室に臨むしかなかったのだ。先に見た『小学 口授要説』（一八七七《明治一〇》年刊）に、相手の子どもに応じて柔軟に話しをすることの重要性が書かれていたが、実際には、教室内の教師の談話の方法と技術が十分に開発されておらず、聞き手である子どもの頭を素通りするようなものだった場合も多かったのであろう。野地潤家の言葉を借りれば「教育話法」が未確立、あるいは未発達だったのである。[*30]

このことと関連する別の文献を参照してみよう。一八八八（明治二一）年三月五日の『教育時論』第一〇四号には、郡司篤則の「教育家は談話の巧なるを要す」という記事があって、談話の巧みな教師こそが教育的効果をあげうるという主張が載せられている。郡司によれば、教育者の談話の「要法」は「甚だ簡易明白」だという。それは「児童に向ひ、口を開きて談話するに当りては、万物の活画を現出して以て聴く者の耳目を一掃し、己れの熱漿を注出して直に彼れ聴者の脳裡に射入し、己の気力を以て彼れ等の思想を感動せしめ、前路のある処を指示して、以て毫も岐迷の患なく、安全的に其目的の地に到達せしむるが如し」というのである。すなわち、聞き手の脳裏に鮮やかにイメージが湧くような話しことばによる描出の方法と、情熱的な語り口が必要だというのだ。

確かに、教員にとって、話しことばに関する素養とその熟達はきわめて重要な技術であり、郡司が主張するような優れた談話能力を持っていれば、教育的な効果はきわめて大きい。だが、郡司の主張そのものが書き言葉のレトリックを駆使した文語文で書かれた抽象論であり、その文体も教室で行われる「談話」とはかなりの距離がある。原理的には「簡易明白」であっても、実際に教室の中で子どもたちの心を動かすような談話を展開するためには、書き言葉と話し言葉の間に横たわる大きな溝を自覚し、それを子どもの現実へと近づけていく努力が必要だったし、実際にその具体的な方法の確立は容易なことではなかった。[*31]

なお、当時の教室での「修身」の学習の様子を知る資料としては、学校教育場面を描いた絵双六が参考になるかもしれない。ここに掲げた『小学尋常科高等科修行双六』は、一八九一（明治二四）年に、牧金之助が発行したものである。画工は、三代目歌川国貞。振り出しから「上り」まで四六コマの絵で構成されている。そのうち「修身話」というコマが三つある。そのうちの一つをここに引用した。どの「修身話」のコマも、教師が机の上に本を広げ、それをもとに話をしているらしい様子が描かれている。もちろん、こうした絵がそのまま実際の教育場面を再現しているとは限らない。だが、ここからは、教師が子どもたちの前で、机の上に置かれた書物に依拠しながら話を進めていくのが、一般的な修身教育場面だと考えられていたことが想定できる。[*32]

絵双六の一コマ　明治 24 年

絵双六の一コマ　年不詳

また、別に『新版学校生徒勉強双六』にも「修身」の場面が書かれている。こちらには教師の姿は描かれず、子どもたちが前方を向いて行儀良く座っているだけである。「修身」の授業であるから、背筋を伸ばして教師の話を聞くべきだとされていたのだろう。明治の小学校の生徒は、読んだり書いたり、また歌ったり運動したり、様々な学習活動をしたはずだが、「修身口授」の時間は、教師の話をひたすら聞くことが最も重要な学習活動だったのである。[*33]

口授法による教科書編成の可能性

当然のことだが、書き言葉文体を改変していくことは、個人だけの力では不可能である。というのも、その努力が社会一般に支持されて、汎用性のあるものにならなければ、文体を改良する意味がないからだ。その点から言えば、教育の世界の内部から、書き言葉の質を変えていくことには多くの困難が伴う。

しかし、そうした新しい文体によって伝えるべき内実、つまり教育内容そのものを見つめ直し、検討を加えていくことは十分に可能だろう。とりわけ、「口授法」という教育方法には、固定した教科書内容に縛られずに、教師自身が材料の選択をする自由が存在していた。

修身口授法の教師用書が、一般には教材資料集のような体裁になっていた、という点に着目してみよう。そのことは、教師自身がその書物に掲載されている順序を変更して順番を入れ替えたり、あるいは取り扱うべき材料を取捨選択したりすることが出来る、ということを意味している。つまり、口授法という教育方法は、教師の側に自主的に教材を編成する活動を誘出させるような可能性を持っているのである。

麻生千明は、明治二〇年代後半に行われた修身科教科書生徒所持の可否をめぐる論争を詳細に検討した上で、「書籍法と口授法」の得失の論議は、明治初年以降繰り返され、特に森文政期には、両者の得失をめぐって論議されてきたが、（その一端は本書でも見てきた）「教育勅語」公布後の議論は「教科書の使用、不使用をめぐってではなく、教科書の生徒所持の可否をめぐっての論争であり、要するにそれは授業における教科書の活用法という問題、それと関わって教師を果たしてどの程度教育実践の主体として捉えるのかという問題であり、教育方法論争としてはかなり質の高いものであった。（傍点ママ）」と述べている。すなわち麻生は「その地域の、また日常卑近な教材を自ら収集選択し、生徒個別の状況に対応しつつ授業を展開する口授法は、教師自身に教育実践の主体者としての多大な力量と努力を要求ないし期待するものでもあった」というのである。[*34]

確かに修身口授書は、編集者がそれぞれ様々な材料を収集選択して、刊行されている。しかし明治初期には、外国の修身書を翻訳して材料を集めたり、広く和漢の資料を博捜できるのは、そうした準備ができる一部の識者に限られていた。また、そのようにして作製された資料集が、必ずしも目の前の学習者たちに適合するとは限らない。修身教育を進めるための適当な材料を集めた書物が無いとすれば、意欲のある教師は、自ら教材集を編成する方向に動く。その結果、できばえの良い教材集は、他の教師にも活用できるように書物の形で公刊される場合もある。つまりは、教師による自主的な教材の発掘・編集から、副読本の作成・公開という段階へと展開していくのである。これは、上から官版の教科書を押しつけるという動きではなく、地域の教師たちによる自主的な教科書編纂活動の芽生えでもある。

たとえば、一八七八（明治一一）年に大阪で刊行された『下等小学修身談』は、島根県士族福井孝治によって書かれた「下等小学の口授科」用の書物であるが、「凡例」には、「此書ハ余が大阪師範学校にありて附属小学校生徒に授けし説話を時々筆記し終に積て一冊子になしたるもの」と記されている。島根県に帰郷した福井孝治が、かつて大阪の師範学校附属小学校において、実際に修身口授として実践した材料を、大阪の出版社から刊行して、それを地元の書肆が販売したのである。[*35]

また、一八八四（明治一七）年に刊行された『小学修身口授敷衍事実叢話第一編』は、広島県で編集発行されている。「緒言」には、「此の書や曩きに我小学訓導たりし日より修身講話の資料になさんと欲りして支那にやまとにくさ〲の書に就てとしまねく記し置きし」材料を、書店の要

『下等小学 修身談』明治11年

請によって一冊にまとめたと記してある。内容は、和漢洋にわたり、各地の人々の善行も収めてある。編者の藤田久次郎は、もと小学校教員だった。[*36]

さらに、一八八七（明治二〇）年の『和漢西洋聖賢事蹟 修身稚話』の編者生田万三も小学校教員である。「予職ヲ本府（東駿）小学ニ承乏スルコト数年ナリ嘗己カ教授ノ便ニ資セント欲シテ二三ノ書中ヨリ美談嘉行ヲ鈔録セシニ漸積シテ百餘ニ至レリ」と、修身教授のために集めた「美談嘉行」の記録が基になって出版に至ったことが記されている。[*37]

例話を集積しただけではなく、授業に際しての注意や具体的な発問まで収めた教授参考書とでもいえる修身口授書も小学校教員の手で作られる。一八八七（明治二〇）年刊行、石井音五郎と石井福太郎による『尋常小学 修身口授教案』もそうした書物の一つである。「緒言」によると、「此書ハ尋常小学生徒ノ修身ヲ口授スル教案ナリ予輩多年小学ニ従事シ作ル所ノ教案積シテ筐中ニ充ツ」ということで、公刊することになったようだ。同書は、好評だったらしく、一八九〇（明治二三）年には、訂正再版が一回り小型の洋装本の体裁で出されている。[*38]

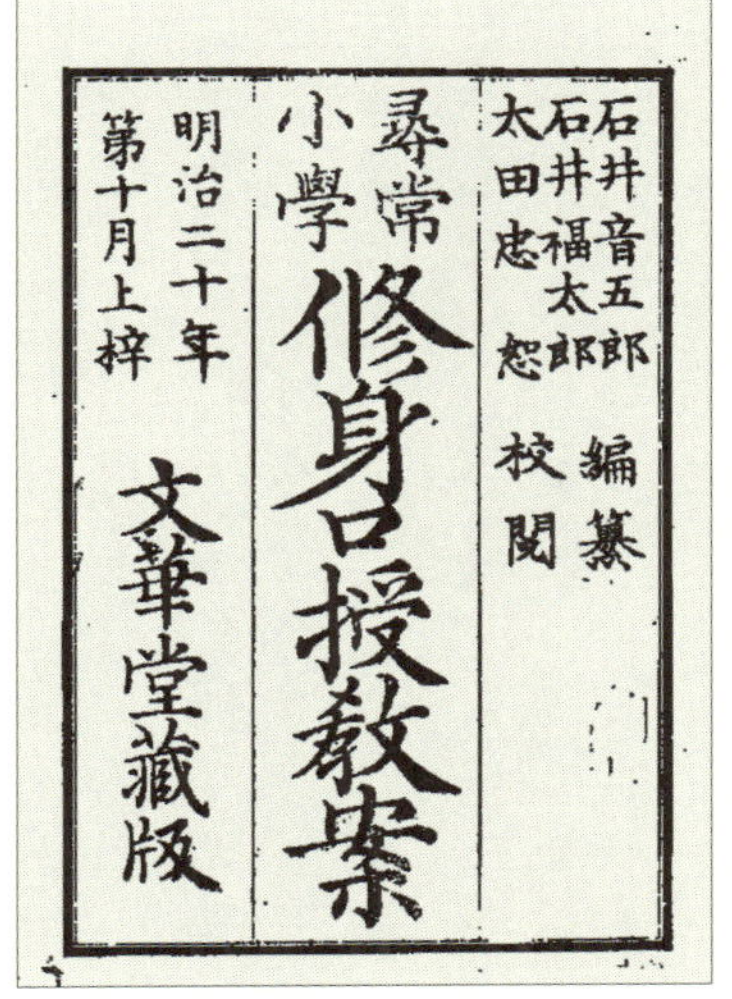

『尋常小学 修身口授教案』見返し
明治 20 年

この本の巻一の第一七章の「べんきょうはつねにゆるみなきをよしとす　兎と亀とかけッこの話」を引いてみよう。[*39]

第一七章　題目　べんきょうはつねにゆるみなきをよしとす

例話　兎と亀とかけッこの話

目的　勉むる時あるも、惰ける時あれバ、励みたる甲斐なければ、只常にゆるみなく勉めよとの観念を開発す、

兎が自分の足の早いのに自慢して、亀の遅きを馬鹿にして、いやだといふ亀を、無理矢利にかけッこさせました、そこで亀はよんどころなく、何時もの通り、ノッタリノッタリと出掛けましたけれども、兎は初手から勝た積りで、天狗でおりますから、途中も惰け惰け行きましたが、それでもまだ亀を見くびッて居りますから、今度はトロリと一眠りしました、それから目を覚して見ると、最早亀の姿ハあとさきどちらにも見えません、兎ハ是ハしたりと、急にはね出して、約束の所へ往ッて見れバ、亀はとッくに着きて、大欠伸をして、待ッて居た、といふ話があります、皆様もよく出来るといッて、此兎の様に威張ッて惰けて居ると、例へそろそろでも、ふだん勉強しておる者にハ、乗り越されることがあります。

（問詞）

(一) かけッこハ、どちらから、いひ出しましたか、

(二) 兎ハ途中でどうしましたか、

(三) かけッこのかちまけハ、どうでありましたか、

（四）此のお話ハ何のたとへでありますか、

話の末尾には「問詞」、つまり質問のことばが付されている。これは「緒言」によると「問詞ヲ掲ケテ約習セシムルノ便ニ供セリ然レドモ問答ハ約習ノ時ニ限ルヘカラズ口授ノ際談話ノ長短ト時間トヲ計リテ勉メテ生徒ニ質問ヲ起シ歩々観念ヲ固メテ遂ニ一ノ題目中ニ総合セシメンコトヲ要ス」という理由からである。「問詞」は、話を聞き終えてから、それをまとめるための質問として用意したが、口授の時間中でも、適宜生徒に問いかけるべきだ、というのである。したがって、口授の授業では、ここに書かれている「兎と亀」の話を、ただ聞かせるだけではなく、途中で話を止めて、そこまでの感想を話させたり、またその先を予想させたりするような問答形式と組み合わせた学習者との交流が行われていたのだろう。

ここで、先に引いた一八八〇（明治一三）年の木戸麟による『修身説約』や『修身説約問答方』の文章を想起してみよう。両者の例話を比べてみると、同じ「兎と亀」を取り上げながら、『尋常小学 修身口授教案』では、例話部分の文体がかなり平易になっていることに気づく。『尋常小学 修身口授教案』は、一八八七（明治二〇）年に刊行された出版物だから、ようやく普及し始めた談話文体が例話に導入されていることは不思議ではないかもしれない。しかし、教師の学習者への問いかけのことばも、より現実の話しことばに近づいている。おそらく、例話や問詞が、学習者である子どもに向けて投げかけられることを想定して、書き手が談話文体を採用したのであろう。

ここに記された「談話文」は、教室の子どもたちが、耳から聞いてそのまま理解できるような文章として記述されている。修身口授という現実の会話の交流される場が、書き手にこうした文体を要求したのである。それはまた、教室の生徒とのやりとりという実際の経験を生かした現場教師だからこそ比較的容易に記述できる文体だったと考えてもいい。

このように、各地の小学校の熱心な教師たちは、自ら教材を博捜し、それを教材化して資料集を編纂していた。教師たちは、それを子どもたちに手渡す作業する中で、談話文を浸透させていく言語改革運動にも、同時に参画していたことになる。これを、教科書使用を前提としない「修身口授」というシステムの中で産み出された言文一致運動の一成果と位置づけることも出来るだろう。

地域教材の編集

さらに、麻生が「その地域の、また日常卑近な教材を自ら収集選択」と述べていた地域教材を集めて修身教材集を編んだ書物についても言及しておこう。これらは、修身教材集の話題の取材範囲を、その教科書が使われる地域に絞っているという点で、これまで取り上げてきた「修身教科書」とは異なったコンセプトに依拠して作られている。つまり、地域文化を取り上げて教材化しようとした営為である。

その例として、まず、一八八二（明治一五）年に刊行された『尾三善行録』を挙げることができる。尾三（びさん）は、尾張国と三河国の総称で、この地域の善行を集めた読み物集である。

「緒言」では、編者の真田彦太が、以下のように書いている。すなわち「嚮ニ旧幕府ノ時、修ムル所ノ孝義録アリ。又旧名古屋藩ニ、張州孝子伝アリ。其後寥々トシテ、此挙アルヲ聞カズ。之ヲ以テ善志鬱幽シテ顕レス、美蹟煙没シテ伝ハラス、大ニ憾ム可シトス。」（稿者が句読点を補った）という状況なので、明治元年以降の県下の善行を集め、上中下三巻の書物にまとめたという。「目次」には、「幸八、須恵女」以下、上巻五〇名・中巻五四名・下巻五〇名の美事が挙げられ、本文は漢字片仮名交じりの文語文で記されている。「緒言」には、この本が教育と直結するような意図で作られたとは書かれていないが、家蔵本の表紙に貼られた書標には、「古知野北尋常高等小学校」の名があって「修身之部」に分類されている。とすればおそらくこの本は、愛知県江南市（現在）の古知野にあった公立小学校で、修身の教材として使用されていたのだろう。[40]

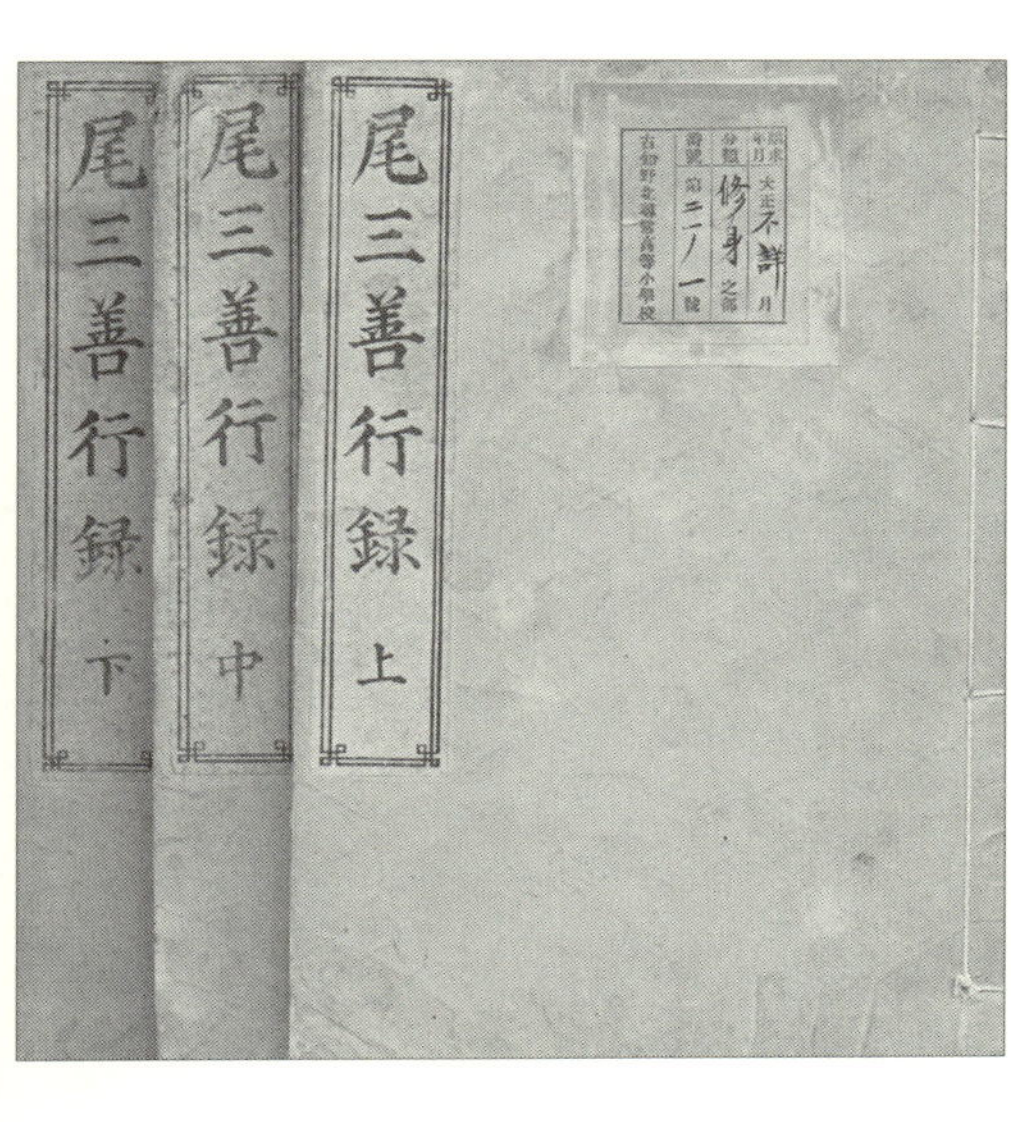

『尾三善行録』表紙　明治15年

『修身実話 北越孝子伝』見返し

　別の例として、少し時代は下るが、一八九二（明治二五）年の『近世岡山県孝節録初編』がある。岡山の武内教育書房が刊行元で、著者は近藤鼎。近藤鼎の名前は、第二部第四章で、地域の「小学読本」を検討した際にすでに一度登場した。この書籍の冒頭には、教育勅語が印刷され、続いて、岡山県尋常師範学校校長の岡田純夫の序文がある。「本書編纂の要旨」には、「近来小学生徒修身口授の用に供し得べき書」は、少なくないが、「多くは古来伝播の事実のみにして近人の苦心に就きて真正の感情を惹き起さしめ以て其徳性を涵養するが如きの新事実」に乏しいので、この書を編んだと述べられている。四六の事例が取りあげられてるが、すべて岡山県知事により顕彰されており、その「賞状の写」が併載されているのが特徴である。賞状を示すことによって、これらの事例が事実譚であるのを強調したかったのであろう。本文は、漢字平仮名交じりの文語文で、活字印刷である。[41]

　さらに、新潟の『修身実話 北越孝子伝』がある。一八九四（明治二七）年、越後三条猶興社の編集で、奥付にある樋口源吉が地元の発兌者になっている。おそらく、地域資料を編纂した経験のある樋口が、自身でこの本を編集したのであろう。巻頭には、この年代の修身書の通例に倣って『近世岡山県孝節録初編』と同様に「教育勅語」が掲げられており、地域の善行人物伝が続いている。「例言」に、「本書ハ小学校の修身談の資料に供せんが為めに編纂したるものなり」とあって、修身口授の材料としての使用目的が明記され、また、「本書は孝義録及諸家所蔵の褒状記録等に抛て編輯したるもの」だと断りがあって、地域資料から実話を抜き出したものであることが述べられている。目次には、三七の実話が挙げられている。*42

一　くに菓子売りとなりて母を養ひたる事（三条町）
一　徳兵衛盆踊りを為して母の心を慰めたる事（蒲原群横戸村）
一　権七負債を償ひて父の心を安んせしめたる事（蒲原群上条村）
一　座頭此都能く貧困に耐へて母を養ひたる事（小千谷町）
一　村之助夫婦及其娘の孝行（三島郡大島村）（以下略）

遠い外国やはるか昔の偉人の話ではなく、当該の地域に住んでいる比較的身近な人物を取り上げ、それを修身口授の教材として使うための資料集であることが分かる。

もっとも、地域の善行を取り上げ、それを表彰しようという試み自体は、明治初期の小新聞でも盛んに行われていたし、それが新聞錦絵の題材になっている例もある。地域の善行の話題を取りあげてそれを顕彰することは、一般メディアでも可能だし、その方が速報性もある。

それに対して、こうした地域素材を集めた書物は、学校教育の中、それも「修身口授」で扱われるという前提のもとに作られていた。ということは、「修身口授」という教授方法自体が、地域の話題を学校の教材として取り込化むような要素を持っていたということである。すでに見てきたように近代学校の教科書では、地理科で使用される「地誌」は、それぞれの地域で作製されていた。また、国語関係では、「習字」の教科書に強い地域色が表れていた。だが、「読本」に関しては、明治二〇年初頭を限りとして、わずかの例外を除いて、地域で編集作業をする例は、ほとんど無くなっていた。しかし、「修身」教育においては、地域の善行の賞揚を兼ねて、地元の出版社が教育用の図書を作製するという事業が、細々とではあるが行われていたのである。*43

もっとも、こうした「教材集」は、地域の教材を集めてはあったものの、子ども自身で自力で読むことが可能な平易な文体で記述されていたわけではない。というのも、これらの本は、あくまでも教師が口授の授業に活用するための教師用書であり、そのための資料集だったからである。この点が、第五部までで見てきた「読本」の中の修身的な教材とは異なる点である。

ちなみに、ここで挙げた地域修身書は、そのモデルとして「孝義録」、すなわち『官刻孝義録』の名を挙げているものが多い。知られているように『官刻孝義録』は、江戸幕府が、寛政の改革の教化策の一環として、一七八九（寛政元）年に、全国の幕領・私領に命じて、領内の善行者の表彰事例を提出させて編纂した刊行物である。提出された事例は整理されて浄書され、一八〇一（享和元）年に至って、全五〇冊の『官刻孝義録』として印行された。その内容や意義については、すでに詳細な先行研究があるが、編集の過程で本文の執筆に大田南畝が関わった経緯に関するエピソードは、本書の論述にとってもきわめて興味深い。*44

この時、大田南畝（蜀山人）は、幕府の勘定所幕吏として公職に就いていた。一方、狂歌や洒落本の作成などにも手を染めており、文人としての名も高かった。彼が『官刻講義録』の編纂者として指名されたのは、「当初『講義録』に携わった儒者たちには、漢文と異なった庶民向けの記述は難しかった」という理由から理由のようだ。『官刻孝義録』を編むにあたって、大田南畝には、その柔軟な文章記述能力が期待されたのである。幕府の儒者たちは公式文書を漢文文体で記すことはできても、庶民向けの文章表現リテラシーを身につける機会とそれを磨く場を持っていなかった。彼らが藩校で習得したのは、武士の教養、あるいは支配の実務としての漢文リテラシーであって、それは庶民生活には縁遠いものだったのである。したがって、文書を通して庶民に向けた教化活動を進めるためには、彼らが理解できるような和文記述能力が求められた。図版で示したのは、『官刻孝義録』巻四九の「肥後国下」の「一丁オ」の版面であるが、ここからは、通常の幕府による公式文書が使用する漢文文体ではなく、漢字仮名交じりの和文によって文章が記述され、板行されていたことが見て取れる。

『官刻 官刻孝義録・肥前下』一丁オ

この武士と庶民との間のリテラシーの較差という問題は、明治初期に欧米の文章を翻訳して啓蒙活動を行おうとした日本の知的エリートたちが保持していた漢文リテラシーと、庶民たちのリテラシーとの間に横たわっていた状況と、まったく同じだった。第一部で取りあげたように、英語のリーダーから「子ども向け翻訳啓蒙書」を作ろうとした多くの知的エリートたちの教養は、幕府の役人たちと同様、漢文リテラシーによって形成されていた。異なっていたのは、彼らが漢文の書記能力と同時に、欧米の言語にも通じていたことだった。彼らの多くは、庶民の日常言語をベースにした和文を自在に操れるような文章能力を持っていたわけではない。南畝のように、そうした能力を身につけていた者はあっただろうが、それはあくまで余技に近い文章力であって、公式の場で必要とされるリテラシー能力ではなかった。したがって、明治初期において、翻訳すべき文章内容自体は英語の初等読本に掲載されるような平易なものであっても、それを童蒙を対象にした平易な日本語文として記述できる言語能力を持っていたのは、ごく限られた人物だけだったのである。そのわずかな人物の名前の中に、本書第一部で見てきた福沢諭吉や渡部温、あるいは鳥山啓などをあげることができるだろう。

しかし、明治二〇年代も半ばになると、様々な子ども向け読み物が、比較的平易な日本語文で記述されて、商業ベースにのって販売されるようになっていく。（次章で検討する「修身読み物」は、そうした刊行物である。）そこで使用された談話文体は、様々な人々が、様々な場における営為の中で形成していったわけだが、それを後押しした学校教育現場の役割、とりわけ「修身口授」という場が果たした役割も、決して小さなものではなかったと考えられる。

三、修身教育における図像の位置

口授活動と幻灯

「修身口授」のような話しことばによる「語り」という言語活動からも平易な日本語文への基盤が醸成された、という本書の仮説の中に、ぜひ織り込んでおきたい事例がある。それは「幻灯」解説に関わる一例である。というのも、多数の聞き手に、スライドの図像をもとに、耳から聞いて分かりやすい解説をするという言語伝達活動も、本質的には「修身口授」などとかなりの程度の類縁性を持っているからである。

この話題には、第二部第四章で取りあげた『変則小学読本』の「序」で、欧化的な言語学習に対して鋭い批判を浴びせた、萱生奉三が再び登場する。萱生は、『変則小学読本』を編集した後、一八八〇（明治一三）年一月、東京で『幻燈写影講義』という書物を編纂している。ここでは、その書物の文体の問題を取り上げたい。*45

話の順序として、教育と幻灯機との関係について、その概略に先ず触れておく。岩本賢児は『幻灯の世紀――映画前夜の視角文化史』の中で、明治七年、手島精一が幻灯とともに幻灯スライドを持ち帰ったことから、教育幻灯の歴史が始まった、としている。幻灯は、日本でも、江戸時代から「見せもの」として庶民の間でよく知られており、「写し絵」の技術と伝統とが、ある程度確立していた。そこへ、文部官僚だった手島精一が、近代教育を進展させるための最新機器として、海外から幻灯を持ち込んだのである。したがって、庶民の娯楽としての在来の「写し絵」と「教育幻灯」とは、別のものとして受けとめられた。*46

スクリーンに写し出される「図像」をもとに教授活動を展開する「幻灯」教育は、近代学校の一斉授業の中で、効率的に教育活動を行うのにきわめて相応しい教育メディアだった。そこに写し出された海外の町並みや風景、あるいは見たこともない動植物や望遠鏡を通した月の表面などの「図像」は、明治の子どもたちの興味関心を一気に広げ、未知の世界への学習意欲を大きく掻き立てたであろう。

教育幻灯と類似の教育メディアに「掛図」がある。「掛図」に関しては、本書でもすでに何度か触れてきたが、掛図は幻灯よりも、取り扱いが簡便で、ある程度大量生産もできた。明治六年五月改正の師範学校の「小学教則」の中に、入門期用の教材として明確に位置づけられたこともあって、掛図は、初等教育における欠かせない教具として全国的に普及する。また、「掛図」の縮刷版やその類似画も、おもちゃ絵の題材として取り入れられて、絵草紙屋などで盛んに販売されていた。

これに対して、幻灯の普及は、掛図ほどめざましくはなかった。手島が海外から持参した「幻灯」は、写真業者であった鶴淵初蔵、中島待乳の両名によって、日本での制作、および販売が始められる。それを後押しするように、一八八〇（明治一三）年には、文部省が師範学校へ幻灯機の使用を奨励して、その頒布を始めた。しかし教育機器としては、機材が高価なことや、スライドの種類の少なさなどがネックとなって、「掛図」のような広がりは見られなかった。萱生奉三が、『幻燈写影講義』を刊行したのは、ちょうどその頃だった。

『幻燈写影講義』の「小引」には、下記のように記されている。

舌切雀桃太郎の顛末ハ即座に理解し、格物致知の理論ハ空々寂々に看過するハその故何ぞや。蓋、彼ハ文理平凡耳慣れ易く、是ハ語句矜厳会得し難きに因る者、亦少しとせざるべし。余頃者、庶民夜学校の為に設けられたる幻灯写影の講席に参し、其演述の次第を窺ふに、事理高尚且新奇なりと雖も、其言辞ハ平和且親切丁寧にして、婦人小子も容易く之を了解し得へき者なれハ、試にその題目の二三を筆記し、以て之を公行す。若し其詞調の平易なるが為め、能く旧来の困難を解散し、其高尚の事理を会得し、潮汐の干満月球の状況をして、舌切雀桃太郎と同じからしむることを得バ、編者望外の幸甚のみ。

（稿者が句読点を補った。）

明治期の幻灯機・光源はランプだった

萱生奉三は、科学的な概念や事物を多くの人々に普及するにあたっての障害は、それを伝えるための文章・語彙が難解だからであるという認識を持っていた。そこで「舌切雀桃太郎」を語るような平易な文章・文体の必要性を痛切に感じていたところに、「庶民夜学校の為に設けられたる幻燈写影の講席」で、理想としていた語り口に出会ったのである。

この「小引」で、注目されるのは、萱生が庶民に理解しやすい文章・文体の例として「舌切雀桃太郎」を挙げていることだろう。むろんここで「舌切雀桃太郎」を持ち出したのは、童蒙にも理解しやすい語り口を比喩的に表現するために過ぎない。しかし、これは明らかに「舌切雀桃太郎」などの昔話が、子どもに向けた言語表現形態によって構築された児童固有の言語文化財であることが、一般に認知されていることを踏まえた発言である。第四部第一章でも見たように、この時期、「舌切雀」や「桃太郎」が実際に文章化された赤本類には、庶民の口語に近いセリフと地の文が仮名文字によって書かれていた。萱生は、幻灯写影の講席の演述の中に、「舌切雀桃太郎」を支えている文章・文体が備えているのと同質の庶民に分かりやすい平易な日本語を発見したのである。それは、幻灯による「口授」活動を、書きことばとして定着させれば、「婦人小子も容易く之を了解」できるはずだという「新しい」文章観の発見でもあった。

知られているように、一八八二（明治一五）年九月、田鎖綱紀が「時事新報」にアメリカのグラハム式を参考にした「日本傍聴記録法」を発表している。次いで田鎖は、日本傍聴筆記法講習会を開設し、田鎖式速記の指導を開始した。当初は演説速記が中心だったが、その卒業生である若林玵蔵の筆録によって、三遊亭円朝の落語が書き文字として記録販売されたことで、一般にも速記術の効用が知られるようになり、またそれが「言文一致体」の開発・定着に大きく貢献したことは、定説になっている。[*47]

萱生奉三の場合には、幻灯の講述を記録する際に「速記法」を使ったわけではない。おそらく、話しことばをそのまま記録して文章化したのではなく、メモ書きのようなものから演者の「講義」を再構成したのだと思われる。[*48]

その一八八〇（明治一三）年一月に刊行された『幻燈写影講義』の「潮汐の講義」の冒頭の文章を引いてみる。

さて、潮汐の満干の理由を、話しませう。諸君御存じの通り、潮汐ハ、一昼夜に二回づつ満ます。そして、一箇月の間にハ、二回づゝ、平常より一層高く満る日があります。又、太陰をご覧なさい。太陰ハ、一昼夜毎に一回づゝ、我等の世界を廻るやうに見えます。それゆゑに、一昼夜の間に、太陰が、我等の頭の上に来ることゝ、足の下に来る事が、一回づゝあります。そうして、一箇月の間にハ、太陰の団円に見ゆる時と、太陰の欠けて我等の眼に見えぬ時、即ち満月と新月が、一回づつあります。この新月と満月との両度にハ、潮汐が最も高く満ます。又、太陰の出を知れバ、日々何時に潮汐が満るといふことが了解ります。これハ諸君能く御存じの事と思ひます。して見れバ、太陰と潮汐との間に、何か縁がありそふに想ひませんか。此ハ、縁のあることに違ひありません。実に潮汐ハ、太陰の為に起るものであります。さて、其理由を、お話しまうす前に、引力の事を概略お話しまうさねバなりません。（下略）（原文に句読点は付されていないが、稿者が適宜補った。）

この文章で特徴的なことは、「ふりがな」のつけ方である。通常は、まず漢字仮名交じりの書きことばで文章を完成する。その後、あらためてその文章の読み手に判読が困難であろう漢字に「ふりがな」を振る。つまり、振り仮名は、読み手の文章読解を助けるものであって、それを施さないで済むなら、済ませたい存在なのである。明治期に公刊された多くの一般向けの文章が総ルビになっているのは、漢字リテラシーの十分でない多くの読者に対して便宜を図ったからであって、言語エリートたちにとっては「ルビ」は不要な存在である。これが、一般的な原文と振り仮名との関係だろう。[*49]

ところが、この文章は、振り仮名だけをたどっていくと、もとの話しことばが再現されるようになっている。試みに冒頭の文章を現代平仮名表記で記すと、こうなる。「さて、しおのみちひのわけを、はなしましよう。みなさんごぞんじのとおり、しおは、いっちゅうやに、にかいずつみちます。そして、ひとつきのうちには、にどずつ、ふだんよりひときわたかく、みちるひがあります。」耳から聞こえてきた音をできるだけそのまま表音的に記したような文体である。萱生は、それをそのまま漢字仮名交じり文で表記して、音声を振り仮名として残したのだろう。

そのことはたとえば、「うち」と「あひだ」という二様の口頭表現に「間」という漢字表記を対応させたり、「まんまる」に「団円」という漢字表記を採用したところに、特徴的に表れている。「つきの　まんまるに　みゆるとき」という講述者の話しことばに、萱生奉三が、「太陰の団円に見ゆる時」という漢字を当てたのである。すなわち、耳から聞こえてきた振り仮名文の方が先にあって、漢字仮名交じり文は、後からそれに付着させたことになる。別の言い方をすると、ここでの漢字表記は、仮名表記された表音的文章に付けた「振り漢字」なのである。

いうまでもなく、萱生の耳に入ってくる幻灯解説の日本語話体そのものが、平易な語彙を使用した分かりやすい語り口によってなされていなければ、こうした文章が記述されるはずはない。ではこの幻灯の講述者は、誰なのか。それは、後藤牧太である。後藤は、三河国宝飯郡出身。一八六八（慶応）四年に慶應義塾に入学して医学を修めた。慶應義塾の教員をへて、一八七七（明治一〇）年には、東京師範学校の教師になり、長く東京高等師範学校で物理学を教え、理科教育の普及につとめたことで知られている。この、幻灯の講述も、そのような理科関係の知識の普及活動の一環だったのだろう。慶應義塾において、直接福沢諭吉の啓蒙精神の影響を受けたかどうかは不明だが、庶民に対しても積極的に啓蒙活動を展開しようという姿勢は、福沢と共通したものがある。

さらに、後藤はそうした啓蒙活動を、言語文化実践として展開するためのかな文字運動結社である「いろはくわい」にも参加していた。かな文字運動に関わった組織には、「かなのとも」「いろはくわい」「いろはぶんかい」の三団体があった。それらは明治一四・五年頃から活動しており、やがて一八八三（明治一六）年七月に大同団結して、「かなのくわい」が結成されている。かな文字運動の件は、第一部第二章で島山啓の仕事に関して述べた個所でも若干触れたが、後藤牧太は、この「かなのくわい」の中でも、三宅米吉と並んで、表音的な仮名遣いを主張した「ゆき」の部の代表的人物だった。後藤は、単に従来の文語文をかな文字表記することだけでなく、知識を伝達するための話しことばそれ自体を、平明で分かりやすいものにするような工夫を重ねていたのである。また、本業である物理学教授においても、簡易実験装置を作成して、それを使った簡易実験法を開発し、一八八五（明治一八）年には『小学校生徒用物理書』を普及舎から刊行している。この物理教科書は、その簡便な実験法の提唱はいうまでもなく、それを説明する文章そのものが簡潔平明であることが、高く評価されている。[*50]

つまり、『幻燈写影講義』という書物の中に登場した平易な文体は、筆録者である萱生奉三の筆録の手腕と、庶民を対象にできるだけ平明に科学的事象を説明しようとした後藤牧太の講述姿勢とが合致した接点に誕生したものなのである。もっとも、この二人の試みに触発されて、言文一致の科学的な読み物が盛んに刊行される、という結果にはならなかった。萱生奉三の仕事もこれきりで終わってしまったらしい。また「幻灯」の解説書も、この後いくつか刊行されるが、これほど先進的な言文一致体による書物は、後には続かなかった。

しかし、実際の幻灯の解説は、耳になじみやすい言い回しで語られ続けたはずである。それを文章化する際に、部分的に談話体を取り入れたり、文語調だけではなく語り口調を取り入れた幻灯の解説書は、次々と刊行された。たとえば、一八九〇（明治二三）年一一月刊行の『幻灯応用善悪児童の結果説明書』（国立国会図書館蔵）は、教訓的スライドの解説書であるが、その第一図の解説の文体は、次のようになっている。「此の図は善と悪との二童児を対比して其二性に分かるゝは其当人の心掛より生ずるところは勿論なれども元来人の性に付ては昔より諸賢人君子が説く所を聞くも性は善とか悪とか或は性は猶淵水の如しとか謂つてありますが（下略）」と文語体の中に、語り口調が混じっている。

また、「少年雑誌」の中には、「幻灯解説」という設定で記された記事も登場する。少年雑誌の場合、ほかの読み物は文語体であっても、幻灯解説の記事の文章だけは、幻灯解説の話体を模した語りの文体で書かれている。それも、話しことばに近似したきわめて読みやすい文章になっていた。たとえば、一八九二（明治二五）年一〇月の雑誌『小国民』（学齢館）の「教育幻燈会」の「第五映」は次のような文体である。「こゝに映し出しましたは、府下神田区の内大通りにある、万代橋の景であります、石をたゝんで眼鏡のやうになッてをりますので、俗にめがね橋とも申します。橋の欄干も何も、一切石製りであります。毎日幾万人といふ人通りがあッて、中々名高い繁昌の地であります。」*51

明治三〇年代に入って、公衆の前で、様々なメッセージを伝達するコミュニケーション活動が盛んになるにつれて、教育活動の中で発せられる話しことば自体も平易さを重視するようになり、また入門期の読み物も談話体が中心になっていく。こうした動きが、「口授」や「幻灯解説」という言語活動からも導き出され、またそこからさらに広がっていったことは、ここであらためて強調しておいていいことだろう。

さて、教育幻灯は、その後どのように展開していったのか。明治二〇年代に入ると、鶴淵初蔵らの努力によって幻灯機が比較的安価に供給されるようになり、家庭や学校でも「幻灯会」が開かれるようになる。次の図版は、一八九四（明治二七）年四月に、巌谷小波が著した『幼年玉手函・第四編・幻燈会』の表紙と、それに連続する見返し頁である。*52

この『幻燈会』の表紙の挿絵からは、子どもたちが幻灯の映写を楽しんでいる様子がよく伝わってくる。小波の著作は、子どもの娯楽のための読み物という色彩が強いが、実際のスライドは、純粋に楽しみのためのものは少なかった。つまり、幻灯の「図像」は、巌谷小波のような、「お話」系よりも、岩本賢児が「明治期の幻灯は科学・教育・生活

『幼年玉手函第四編　幻燈会』

『幻燈会』見返し口絵

の実利追求型だった」と述べているように、あくまでも「教育幻灯」の枠内に収まるものが多かった。それでも娯楽の少なかった当時は、幻灯ブームが巻き起こり、その頂点は、日清・日露戦争の頃だったとされる。第四部第一章で、日清戦争に関係した子ども読み物が数多く刊行されたことに触れたが、日清・日露戦争を題材にした幻灯スライドも多数制作された。またこの時期は、以下に触れる「修身画＝歴史画」の流行の時期とも重なっている。科学的な事象や、世界の風俗などの映写と併行して、歴史の一コマや、修身美談をスライドで映し出して「修身教育」を推進するために、幻灯が盛んに使われたのである。*53

明治後半期の代表的な科学読み物叢書に、石井研堂による「理科十二ヶ月」シリーズがあるが、そのうちの第十一巻の題名は『幻燈会』（明治三四年一〇月刊）となっている。科学少年が自作の「幻灯機」を、板と厚紙で作製し、友だちに披露する筋立てである。ここからも、いかに「幻灯」が、子どもたちにとって身近なメディアになっていたのかがよく分かる。*54

「幻灯用ガラス絵」〈修身教育〉の一例

ほかならぬ教育勅語の精神も、スライドの図像を通すことで、より深く子どもたちの心の中に浸透していく。それは、「図像」を絵解きしながら、年少者にも理解できるような平易な語りことばによる演示＝教授活動によって支えられていた。そこで、次節では「修身科」の教授活動の際に使用された「図像」と、その位置について考えてみたい。

教師用書と生徒用書

この問題を教科書の問題と関連させて考えるには、「教師用書」と「生徒用書」の存在が、大きな手がかりになる。したがって、「修身教育」における「教師用書」と「生徒用書」が、どのような内容であり、それが互いにどのような機能を果たしたのかを見ていこう。

前述したように、教科書を使用していなかった「修身口授」の教授に関して、文部省が最初に作製した教科書は、文部省編集局長だった西村茂樹の編纂した『小学修身訓』上・下だった。さらに、一八八三（明治一六）年には、文部省編集局によって『小学修身書　初等科之部』（首巻・一―五巻）が作製された。この教科書の「首巻」には、「古語俚諺及び和歌等」が集めてあった。その冒頭の数編を引用する。*55

人としてハ。穉き時より。父母に孝をつくすことを以て。第一の勤めとすべし。父母に孝なるものハ。自ら其外の事にも道あるものなり。

孝は。徳のもとなり。　孝経

人の行ふべき道ハ。様々あれども。孝を以て。尤も大切なるものとす。

人のおこなひハ。孝より大なるはなし。同上

故に常々親によく事ふることを心掛けて。暫くも忘るべからず。

ながくこゝに。孝をおもふ。詩経

然れば何事をおきても。親には礼をつくし。且つ其恩を反さずハ、あるべからず。鳥類にも。猶ほ斯くの如きこと、ありとぞ。

はとに。三枝のれいあり。からすに、反哺の孝あり。諺

父母我を愛したまふ時。忝く思ふハ。勿論のことなれども。たとひ我が事に就きて怒りたまふことありとも。決して怨み怒るべからず。

父母。これをあいせバ。よろこんでわすれず。孟子

父母。これをにくまバ。勞してうらみず。同上　（下略）

この教科書の取り扱い方に関しては、巻頭の「教師須知六則」に次のように書かれている。

書中何れの語を口授せんにも。かならず先づ其前に記したる小引の意をよく説き聞かせ。或ハ是に交ふるに。忠臣孝子の伝記等を以てし。而して後其主とする所の語を挙げて。以てこれを断ずべし。然れども徒らに其語を暗記せしむることのみに意を用ひて。其心情の感動如何を顧ざるハ。此科を授くる所以の意に非ざるなり。

この記述を、冒頭の教材と引き比べながら、指導の過程を確認すると、以下のようになるだろう。すなわち、まず、「人としては。稚き時より。父母に孝をつくすことを以て。第一の勧めとすべし。父母に孝なるものは。自ら其外の事にも道あるものなり。」という文章（「小引」）の内容を、教師が子どもによく「説き聞かせ」る。あるいは、それに加えて具体的な「忠臣孝子の伝記」などを、教師が話して聞かせる。教科書に例話は載せられていないので、教師は、別個に例話を用意することになる。その後に、「孝は。徳のもとなり。」という古語（この場合は「孝経」の一節）を子どもに示し、それを暗記させる。基本的には「首巻」だけではなく、全巻にわたって、この手順で指導が行われるのである。

ところで、この『小学修身書首巻』の「小引」部分の記述は、子どもに向けて書かれているのだろうか、あるいは教師に向けて書かれているのだろうか。この教科書は「生徒用書」なのだから、教科書を編集した編者は、子ども用に記述したつもりかもしれない。しかし、文字学習に取り組んだばかりの入門期の子どもたちが「小引」の文章を自力で音読し、それを理解することは不可能である。とすれば、この「小引」は、もっぱら教師のために書かれていたことになる。そうでないとしても、教師がこの文章を「説き聞かせ」るという媒介活動がなければ、年少の児童には理解不可能である。そのことは、教科書の編者の側も十分に承知していた。さらに、この「小引」だけでは具体性が欠けているから、何らかの「例話」も必要だとの認識もあった。それらの教師による言語活動の総体が、「修身口授」と呼ばれる教授活動だったのである。

とするなら、「生徒用」の教科書に必要な最低限の記述は、「孝は。徳のもとなり。」という「孝経」からの一節だけでいい、と言うことになりかねない。それも、生徒に文言の意味は十分に分からなくともよい、諳誦さえできればよい、と考えるなら、「孝経」の一節も文字で記す必要はない。つまり、実質的には、文字を記した小学校低学年の修身の教科書は、不要なのである。

そうした教育実践上の実態もあって、森有礼文相期に、生徒用の修身用教科書は、廃止された。だが、これも前述したように、一八九一（明治二四）年一二月「小学校修身教科用図書検定標準」によって復活する。では、民間書肆は、この規定にしたがって、「生徒用」と「教師用」との教科書をどのように差異化して作製したのだろうか。

一八九三（明治二六）八月に刊行された『末松氏 修身入門 生徒用』を見てみよう。この教科書には、三四の題目が取り上げられており、そのうち「第一　父母に礼する子供」から、図版で示した「第一二　勇気ある子供」までは、「図像」（小林清親・画）だけの提示になっている。課数の数字の下には、絵についての漢字仮名交じりの解説（題目）が記されているが、これは直接子どもに読ませる意図ではない。それに続いて「第一三　おやには、かうくすべし。」からは、絵と文字（ひらがな）とが、並べて提示される。つまり、第一課から第一二課までの生徒たちの中心的な学習活動は、教師による修身口授を耳から聞きながら、教科書にある絵を眺めることなのである。

このように「絵だけ」が提示されている小学校低学年の「生徒用書」の前半部分は、まるで今日の幼児用「絵本」のように見える。*56

これに対応する「教師用書」の記述は、次のようになっている。

第一二　勇気ある子供

事に望みて心いさむは、子供にありてもゆゝしきものなり、物におぢ恐れて卑怯なるは甚だ見ぐるし、彼の桃太郎が鬼が島に攻入り、群がる鬼共を物ともせず、遂に鬼どもを討ち従へたる勇気の如き、誠に勇の手本ともなすべきものにて、誰れも日頃より勇気をやしなひ、事にのぞみておくれを取らぬやうに、なしたきものなり、

（図解）此絵を御覧、此処は桃太郎が犬、猿、雉（第一図）と評議せる所にて、此処（第二図）は鬼が島を討ち従へ居る処なり、（此処にて桃太郎の話を適宜に話すべし）

桃太郎

むかしく爺と婆とあり、ある日、爺は山に芝刈にゆき、婆は川に

『末松氏 修身入門 生徒用』明治26年

洗濯にゆきたるが、婆が洗濯しける処に、一ツの大なる桃の実が、流れにつれて、浮きつ沈みつして下りけり、（中略）桃太郎は、相知れる人どもを呼びつどへ、毎日酒盛をなし、鬼が島の働きなどを物語りて、皆人を喜ばせぬ、めでたし〲、

冒頭の「（図解）此絵を御覧、」の部分だけが、やや口語的になっているが、ほかはすべて漢字仮名交じりの文語文である。教師が使用するための本であるから、こうした文体の選択は当然であろう。「教師用書」は、生徒用とは明確に分離されているので、これまでの修身書のように生徒にも分かるような記述を心掛ける必要はない。もっぱら教師が使いやすいように「教科書」を作製すればいいのだから、コンセプトがはっきりしていて、両者を比較すれば、むしろ「教師用書」の編集の方が容易だったと考えられる。

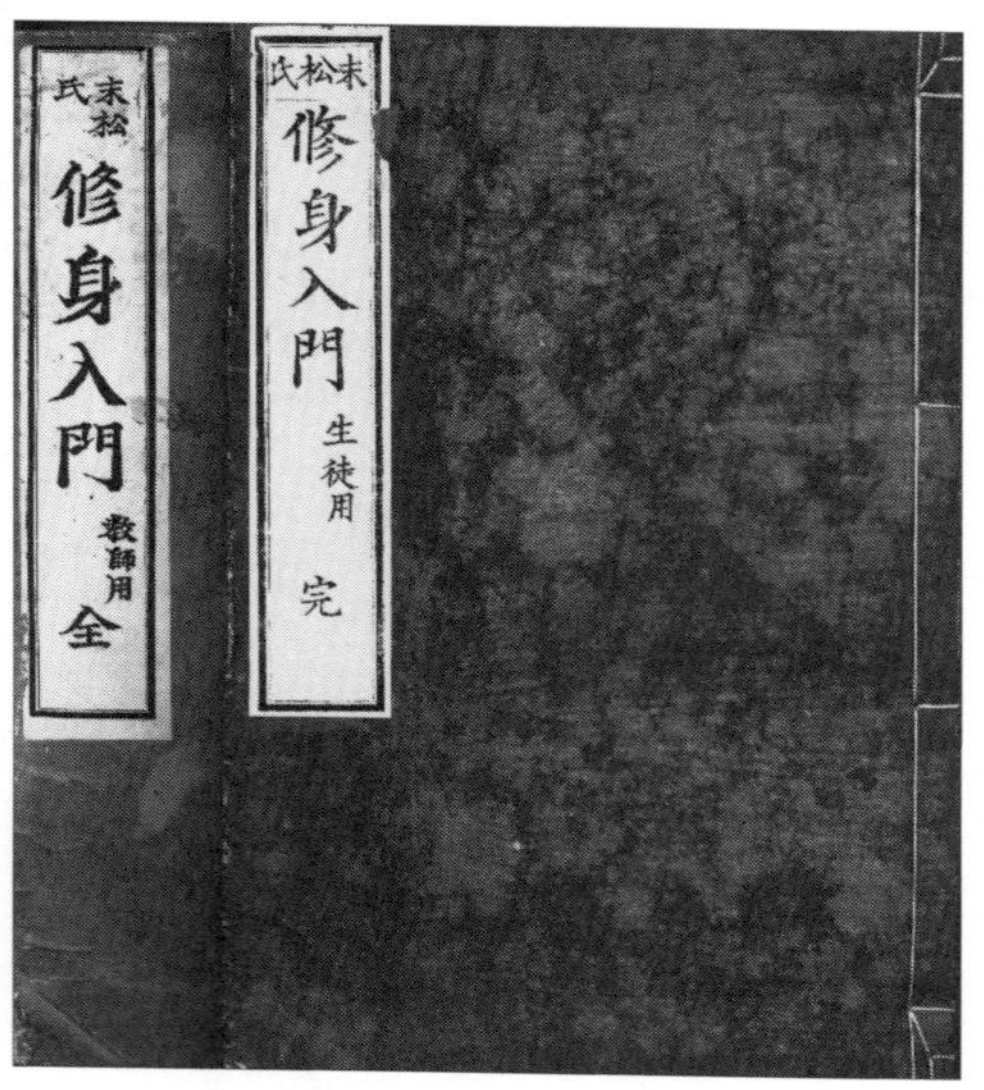

『末松氏 修身入門 教師用』『末松氏 修身入門 生徒用』

問題は、これとペアーになる、「生徒用書」である。

ここでは、今見た『末松氏修身入門 生徒用』だけでなく、同じ時期に刊行された金港堂の『実験日本修身書入門 尋常小学生徒用』も併せて参照しておこう。こちらも、一八九三（明治二六）五月に刊行されており、上下二巻構成になっている。巻一には全二〇課が収録されているが、ここには全く文字の提出はない。巻二も二〇課構成であるが、文字が出てくるのは巻二の第一一課からである。『末松氏修身入門 生徒用』よりも、金港堂の『実験日本修身書入門 尋常小学生徒用』の方が、さらに「図像」優先の編集になっており、とりわけ上巻は、ほとんど「絵本」のように見える。[*57]

ここに引用した図版は、『実験日本修身書入門巻二 尋常小学生徒用』の第五課である。「婦徳」という徳目が漢字で書かれているが、ほかに文字はない。教師用書には「婦女の守るべき徳、及び習ふべき事を教訓す。」というのが、この「第五課」の目的であると記されている。さらに教師用書では、その教授の目的を達成するために「予備」という項目が置かれており、次のような記述がある。[*58]

予備　教師掲図（おすみ、裁縫を習ふ図）を掲げたる後、左の問いを発して、説話に入るの予備を為すべし。

○おすみを指し、此の女の子は、何をして居るや。

然り、衣服を縫ひ居るなり、此の女の子は、其の名をおすみといひ能く父母に事へ、至りて温順なる子なり、此の絵は、おすみが母の傍に在りて、裁縫を習ひ居る所を画きたるものなり。

是より、おすみの行ひに就きて、汝等の心得となるべきことを話さん。

この後、「説話」「教訓」が続き、その他の諸注意も記されているが、なんとこの教師用書では、生徒が個別に所有しているはずの生徒用書ではなく、「掲図（掛図）」の使用を前提に、記述が展開されているのである。それに対応する掛図の「第五」を図版で示した。当然のことながら図のサイズは掛図の方がはるかに大きいが、図柄はまったく同じで、色刷りになっているかどうかだけが相違点である。もしこのように掛図を教室で使用して「修身口授」の学習をするなら、生徒が個別に所持している「生徒用教科書」は、ほとんどその必要性を失ってしまう。*59

この時期の入門期の修身教科書が「絵本」さながらだったという事実は、本書の第五部第三章で、樋口勘治郎の作製した国語の入門教科書と修身入門教科書の問題を取り上げた時に、すでに指摘した。樋口の入門期の「修身教科書」の場合は、明治三〇年代に入ってからのものだったが、一八九一（明治二四）年一二月「小学校修身教科用図書検定標準」以降の小学校低学年の「生徒用」修身教科書は、ここで取りあげた金港堂の『実験 日本修身書入門 尋常小学生徒用』や、『末松氏 修身入門 生徒用』の例でも明らかなように、「図像」主体の編集がなされていたのである。こうした事例からも、「修身口授」の授業において、とりわけ小学校低学年の授業において、もっとも重要なのは、生活場面やフィクションの物

『実験 日本修身入門掛図』縦 67cm

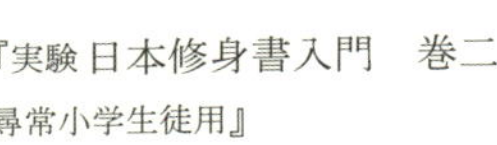
『実験 日本修身書入門　巻二
尋常小学生徒用』

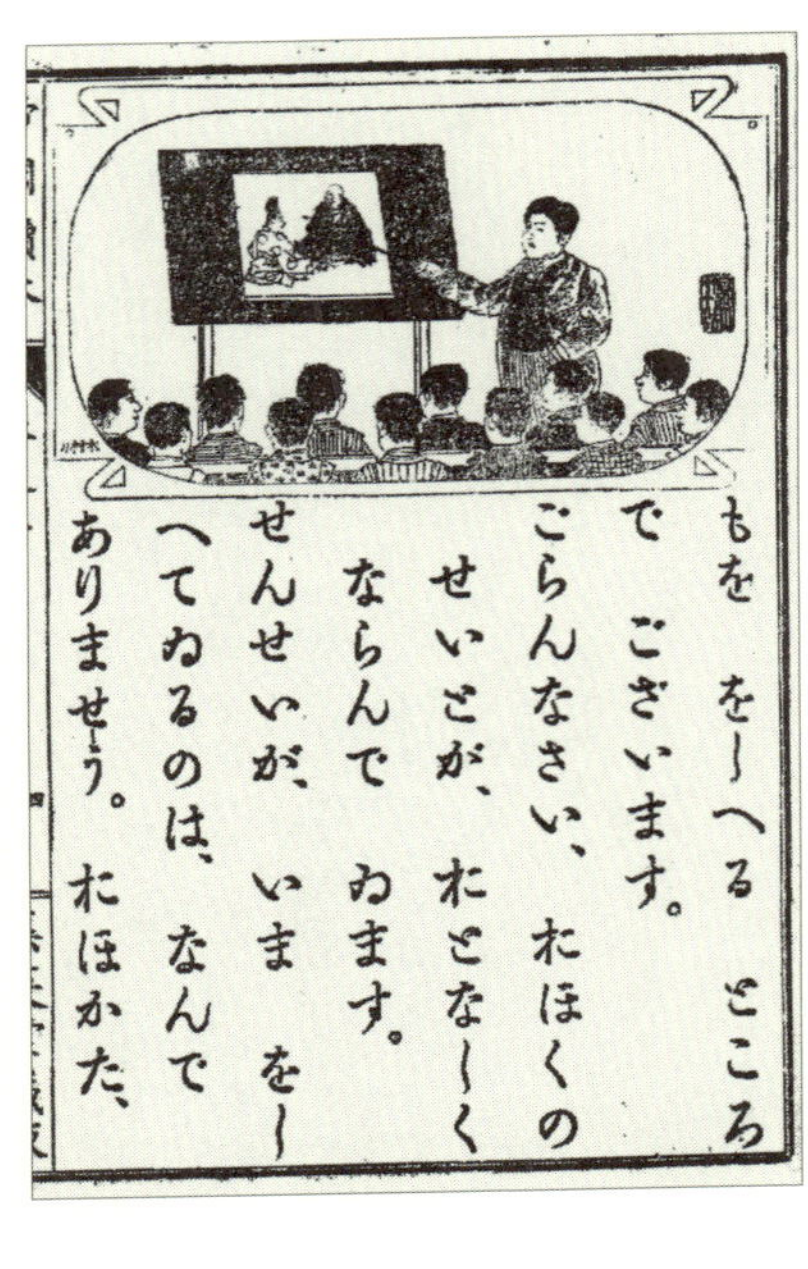

『帝国読本』巻二　明治 26 年

語（説話）としての理解を助けるための「図像」であり、必ずしも文字によってそのストーリーを示す必要の無いことが、各教科書編集者の間で共通認識されていたことが推察される。

生徒たちは、必ずしも個別に教科書を持たなくとも、掛図のような掲示物で、その図像を確認すればよい。というより、一斉学習においては、全員が同一物を観察しながら、それをめぐって話し合い活動を展開することが、もっともよく集団学習の実を挙げる方策なのである。実際、「修身口授」は、そうした図像を教室に掲げて、教師がその絵を指し示しながら行われた場合が多かったようだ。前頁に掲げた図版は、一八九三（明治二六）年に刊行された『帝国読本』巻二第五課の教材文と挿絵（挿絵画家は松本楓湖）であるが、教材文には「せんせいが、いま をしへてゐるのは、なんで ありませう。おほかた、しうしんの おはなしで ございませう。」と、記されている。一般的な教室では、こうした一枚絵を使って、教師が指示棒でそれを指し示しながら、「修身口授」の授業が展開されていたのだと考えられる。

またそれは、一九〇四（明治三七）年度からの国定期に入っての「修身教育」においても、第一学年用の修身教科書は作製されずに、掛図のみによっておこなわれたことに端的に表れている。低学年の子どもたちの修身教授には、図像をもとにしてその絵解きをすることがもっともよく教育的効果が上がることは、教育界の常識だったのだ。訓言や古語などの言語による概念化に先だって、壁面に提示された「図像」をもとにその場面を思い浮かべたり、各自の生活場面と結びつけたりするような活動の重要性が明確になったからこそ、こうした「図像」中心の入門期修身教科書が作製されたのである。

修身画と修身教育

もっとも、「修身口授」の現場において、「図像」を使用することが効果的だという認識自体は、かなり早い時期から存在していた。第一節で引いた、一八七七（明治一〇）年に刊行された『小学口授要説』でも、口授の授業では、「地名人名などを板書したり、時には絵を使うこと」が注意事項として挙げられている。「庶物指教」の観点から言っても、実際に見たことのないものを絵によって示すことは、子どもたちの意識を一点に集中させる上で効果があったであろう。

実際に刊行された修身教科書の中で、画像と本文とを連絡させたことを前面に押し出したものに、一八八四（明治一七）年に刊行された『錦絵

『錦絵修身談』巻二　見開き口絵　明治 15 年

修身談』がある。この書物は「緒言」に「首に幼童の最モ喜び易く感じ易き錦絵を付け」とあるように、口絵として和漢洋の話を題材にした浮世絵師、月岡（大蘇）芳年の錦絵が折り込みで綴じ込まれていた。さらに、「本文にも図画を挿入し児童をして倦怠の心を発せざらしめんと欲す而して行文は努めて平易を主とし且ッ多く仮名を加へて児童に便す」と、子どもが読むことを前提にして挿絵をふんだんに挿入した本作りをしている。この本は、学年に対応させて、巻六までそろって刊行されていることや、巻末の広告にこの書物に対応した『錦絵修身教場掛図』が刊行されたことが記されていることなどから、実際に学校教育の中で教科書として使われたと考えられる。また、この広告の教場掛図なのか、あるいは別に板行された印刷物なのかは不明だが、この本の各教材に対応した「錦絵修身談」と題した美濃判（ほぼB4）の大きさの錦絵も、シリーズで多数市販されていた。そのうちの一枚も図版として掲げておく。*60

『錦絵修身談』対応木版画

「修身談」は、活字媒体だけではなく、このような図像を通しても世の中に普及し、それが市民の間でも受け入れられていたのである。もちろん、「勧善懲悪」を訴える木版画は、庶民の間では珍しいものではなかった。放蕩を戒め、親に孝行を尽くすことを勧める善玉、悪玉が登場する図像を配した浮世絵は、江戸期から明治にかけて数多く刷り出されている。そのうちでは、明治一八年から明治二三年にかけて作製されて売り出された『教導立志基』のシリーズが広く知られている。それらの刷り物類と、修身教育で使われた図像（ここでは、それらを総称して「修身画」と呼ぶ）との違いは、それが「修身口授」という学校教育場面で使われたかどうかという点にある。*61

本章では前節まで、「修身口授」の授業に関して、もっぱらそこで教科書が使われたかどうかを問題にして考察を進めてきた。だが、多くの場合、「修身口授」の教授においては、口頭による伝達活動に加えて「図像」が併用されていた。つまり、「修身口授」の授業では、耳から教師の話だけを聞く場合もあっただろうが、その際には、掛図や掛絵が教室でひんぱんに使われたと考えられる。それも、大きな図版から、比較的小さな図版までが使われていたようである。先に示した『帝国読本』巻二第五課の「しうしんの　おはなしで　ございませう」という教材文に対応する挿絵が、もし正確に教室の事物の大きさを反映しているとするなら、教師が黒板に貼りだした修身画の大きさは、おそらく美濃判くらいであろう。このほか、B6判くらいの小さな判型のものや、逆にB2判くらいの大判の掛図がある。一枚絵として刷られ、心棒にまきつけてセットにしてまとめられているものや、大小の画帖形式になったものなど様々な形態の「修身画」の図像が残っている。それらは、教室の規模や生徒の人数などに応じて、学習活動にもっとも効果をあげるようなサ

『教訓画』明治 32 年　東京・渡辺忠久制作　石版画　16 × 24cm

イズのものが使われたのだろう。*62

これらの図版の印刷様式は、伝統的な木版刷りを採用したものが多いが、石版刷りや銅版印刷の修身画も数多く残存している。先ほど紹介した幻灯スライド作製に関わった鶴淵幻灯店も、大判の石版画を作製していた。これらもすべて「修身画」の範疇でとらえることができる。修身口授の場で教科書を使用するにあたっても、『錦絵修身談』の折り込み口絵などは、教科書から取り外して黒板に貼ったり、あるいは教師がそれを掲げて、絵を見せながら修身口授の活動を行うこともあったかもしれない。あるいは一人一人の学習者が所有することを前提とした「生徒用書」にしても、教師が多くの子どもにその図像を示す目的で、手にとって掲げて教室の子どもに見せたならば、たちまちそれは掲示用の「修身画」に早変わりする。生徒数がそれほど多くない学級だったら、わざわざ大きな「掛図」を用意する必要もなかったはずである。

こうした「修身画」についての研究は、まだ不十分な状況であり、どのような種類のものが存在し、どのような使われ方をしたのかなど、その詳細の解明は、これからの研究に俟たなければならない。しかし、学校教育の中で使われた図像とその特質などに関しては、今後、明らかにされる必要があるだろう。*63

というのは、修身教科書の挿絵、修身掛図、各種の修身画、あるいは幻灯の修身画、などの特質とその機能とを統一的にとらえることによって、学校における伝達メディアとそこで行われる教育コミュニケーション、およびその結果として獲得される子どもたちのリテラシーの問題をリアルに考えることが可能だからである。さらにそれは、学校外の子どもたちの生活の中で、絵双六やおもちゃ絵、あるいは絵草紙屋などで売られていた玩具的な印刷物などが担っていた広義の教育的役割と通底していたと考える必要もある。本書では、それらのメディアすべてを視野に入れて「修身画」を含む教示用の絵画に関して総合的に考察するだけの準備はないが、「修身口授」に使われた「図像」も、そうした多くの図像とともに子どもたちの内面形成に大きく関わったと思われる。

子どもたちと修身画

「修身画」に関連しては、次のような資料も残っている。

図版で示した「賞標」は、縦一二・五センチメートル、横八・五センチメートルの、B7判に近い小さなカードである。左側のカードには「学ヲ修メ」と題が付けてあり、色刷りで少年が雪中を難渋しながら歩行する図が描かれており、絵の下部には、「小川泰山雪ヲ冒シテ師ノ許ニ通フ図」と書かれている。あらためて確認するまでもないが「学ヲ修メ」という文言は「教育勅語」の一節であり、小川泰山は修身の教科書を始め、明治期の教訓書には、必ず登場する「努力の人」である。

また、図版の右側に示したのは、同じシリーズのカードの裏面である。こちらの表面には「業ヲ習ヒ」とタイトルがあって、「伝女久留米飛白ヲ発明スル図」（久留米絣を発明したという井上伝の姿）が描かれているのだが、ここでは、その裏面のみを示した。つまり、この「賞標」は、「教育勅語」の絵解きカードであり、学校が毎月の皆勤賞として、該当する子どもに授与していたのである。

カードの製作者は、滋賀県大津町の林専二郎。一八九六（明治二九）年六月の発行である。このカードは、一八九八（明治三一）年六月に、在籍児童だった〇〇〇〇に「皆勤賞」として与えられたもので、滋賀県堅田尋常高等小学校の印が押してある。手許には、同じ林専二郎の作製したカードが複数枚存在しており、ほかに、滋賀県大津尋常高等小学校で使われたものや、宝飯郡（現・愛知県）蒲郡尋常小学校で使われたものがある。*64

こうしたことから、このカードは、滋賀県や近隣諸県の多くの小学校で使用されたことが推察できる。おそらく子どもたちは、学校で配布される色刷りのカードを集めようと、毎日毎日意気込んで登校したにちがいない。それを一定枚数集めて糸で綴じれば、「教育勅語絵本」のようなものができあがる。あるいは兄弟姉妹などと、様々なカード遊びの材料に使ったことも考えられる。

もちろん子どもたちが学校から与えられたのは、無休で登校したことを顕彰する単なる一枚のカード=印刷物でしかない。が、それは同時に

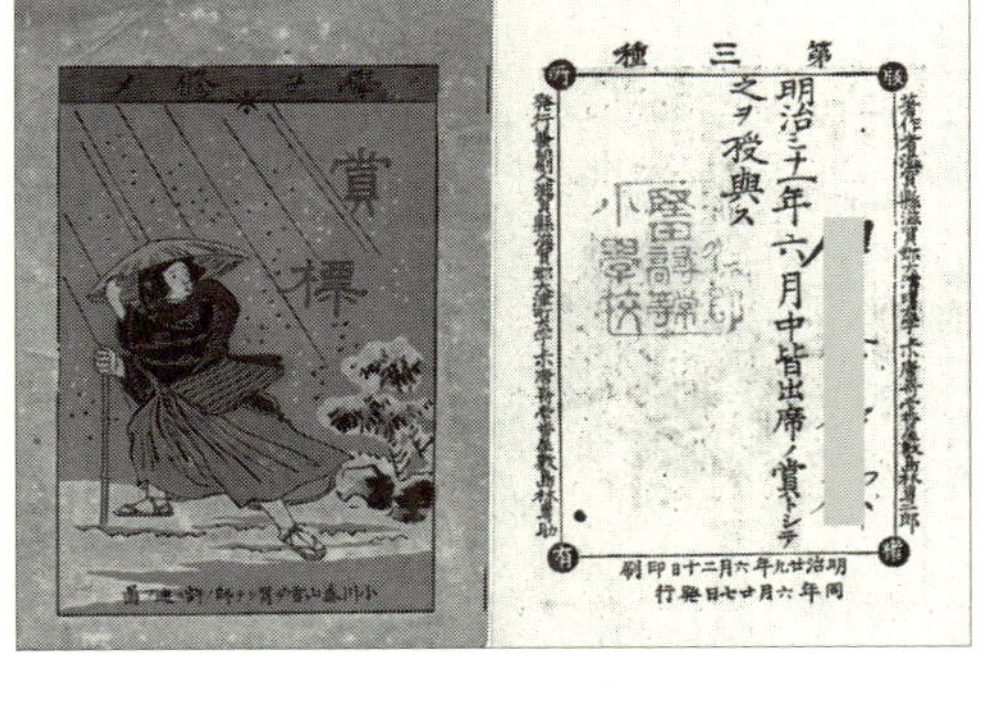

「賞標」左・表面　右・裏面　明治29年

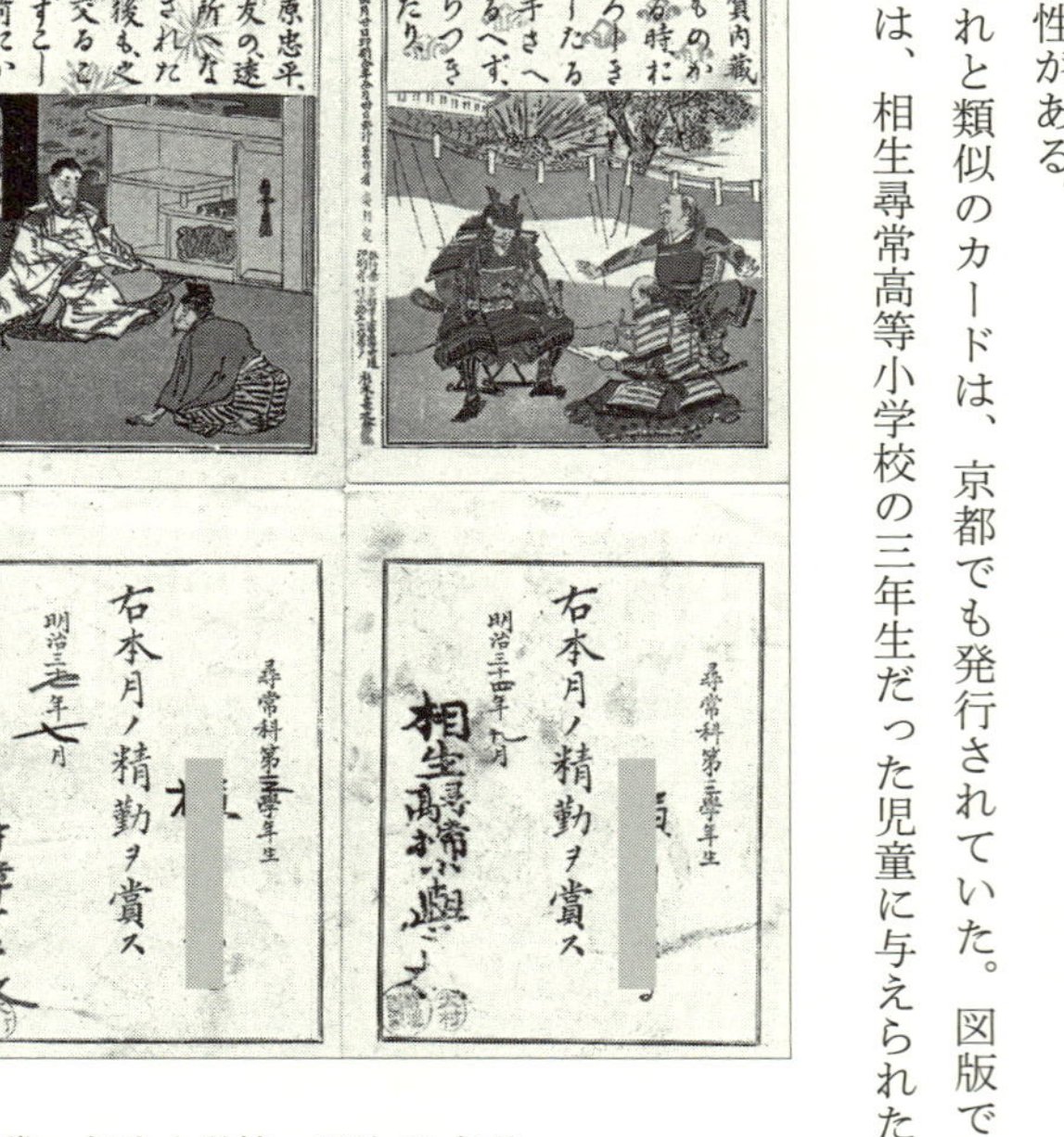

「精勤賞」相生小学校　明治 30 年代

『教育 修身訓画』明治 38 年
右肩に賞与印

「学ヲ修メ」ることを奨める「教育勅語」という大きなストーリーに包含される「物語」の断片を授与されたことでもあった。一つ一つのカードの中の小さなエピソードは、早晩、それが本来所属していた大きな物語の中に回収される。というより、カードの「図像」は、それを意図して用意されていた。この「賞標」は、子どもたちの「内面」を教育勅語体制という大きな「物語」の中に組み込むための小さな具体的なステップとして、それも獲得の喜びを伴うモノとして「下賜」されたのである。その効果は、あらかじめ印刷製本され、文字だけが詰め込まれた「修身書」よりも、さらに大きくより強力に、子どもたちの内奥に働きかけた可能性がある。

　これと類似のカードは、京都でも発行されていた。図版で示したカードは、相生尋常高等小学校の三年生だった児童に与えられたものである。相生尋常高等小学校とは、現在の兵庫県相生市相生小学校のことであろう。これも「精勤賞」の褒賞として使われたようだが、カードの大きさは、先の「賞標」よりも一回り大きい。こちらには、絵とともに文章も記されている。話は一枚ごとに完結しているが、続き番号も記されている。このカードは、「教育勅語」と直接に連接したものではないようだが、修身教科書などとなんらかの対応関係を持っていた可能性が高い。*65

　こうしたカード類とは別に、稿者の手許には、あらかじめ一二枚の修身画を綴じた『賞与画』と題する刊行物もある。一九〇〇（明治三三）年一一月一日発行に刊行されたもので、一二枚の「修身画」と、それぞれのテーマに関わる曲と詩が一枚ずつ付されている。これは、はじめから「賞与」を目的として何枚もの画像を集成して、商業資本が作製販売した修身画集である。また、この『賞与画』と同じような内容の「修身画」には、図版で示した『教育修身訓画』（一九〇五《明治三八》年）がある。こちらの表紙の右肩には、「愛知県賞與」の印が押されている。これも、学校教育の中で、なんらかの褒賞として子どもに与えられたのだろう。この『教育修身訓画』の巻末には、類似の「修身画」（画帖）の広告が一六種類ほど掲載されている。おそらく、この冊子と似たような印刷物が、民間から数多く刊行されており、それらの冊子類も、学校の様々な行事や学業修了の賞与品として使われていたと考えられる。[*66]

以上のような事例から、「修身画」は、教室の中で掲示されて、学習者が教師から修身譚を聞くときに、単にそれをながめるものとしてだけではなく、もっと積極的に、子どもたちに与えるモノとしても、様々な種類が用意されていたことが分かる。それらの「図像」の授与は、教師の頌徳行為と子どもたちの収集欲とが微妙にシンクロする接点を利用して、子どもたちの内面を形成するメディアとして、大きな教育力を発揮していたのだった。[*67]

＊

物語（ストーリー）と、特定の場面や人物を具体的に想起させるような「図像」とは、相互に関連し合いながら、子どもたちの内面を作りあげる強力なメディアとして機能する。明治期の子どもたちの心性は、リテラシー形成メディアとしての教師による「口頭の語り（修身口授）」による耳から入ってくる物語と共に、「図像（修身画）」の力を借りて作り出されていった。その意味で、「修身口授」による伝達の現場は、声と図像による教育活動がもっとも大きな力を発揮した「教育場」だったと考えることができる。

本章では、修身教育が「修身口授」という方法を採用したことで、子どもの現実の話しことばに近づき、その葛藤が、子どもの読み物の文章や文体に何らかの影響を与えたのではないかという観点から論述を進めてきた。声や身体がいかに近代日本人の「国民国家」形成に大きな力があったかについては、たとえば兵藤裕己による鋭く粘り強い考察がある。限りなく西洋文化へ接近することが、日本の近代化を具現することだ、という学校教育を支えた科学的・合理的な思考法から見ると、浪花節や歌舞伎芝居などに代表される大衆的・土俗的な声の世界は、忌避され排撃されるべき存在だったように思われる。しかし、「声」や「身体」という問題は、学校内での日常的立ち居振る舞いや挙手動作という形を取って、いやおうなく現実の教育場面に立ち表れてくる。それは、「修身口授」という口頭伝達を主とする教育場面の中にも、見え隠れしていた大きな問題だった。（修身では、「作法」もその教育内容になっていた。）本章では、そうした教授活動における身体所作という側面には、十分な光を当てることはできなかった。しかし、「修身教育」という内面的な価値形成を中心とする教育行為は、生身の教師や子どもたちの声や身体の問題としても、あらためてとらえ返す必要があるだろう。[*68]

その一方、「修身口授」という営みは、声と図像、あるいは身体の問題としてだけではなく、文字中心の「子ども読み物」の世界を切り開く現実的な起動力にもなっていった。すなわち、「修身口授」の現場からは、教師用の指導書だけではなく、子どもを対象にした読み物集の製作という要求が生み出され、実際に商業的な書籍刊行活動へと大きく展開していく。次章では、明治期に多くの部数を重ねた、子ども向けの「修身読み物」の諸相について触れたい。

注（Endnotes）

*1 今井道雄・川原信義編纂『小学生徒 談話美辞法』大阪教育書房　一八九一（明治二四）年九月　三〇―三一頁。こうした「子供演説」関係の読み物の位置づけについては、第五部第二章「『子供演説読み物』をめぐって」でくわしく触れる。

*2 『日本児童文学大事典』第二巻　大阪児童文学館編　大日本図書　一九九三年一〇月　「ストーリーテリング」の項（四二二頁）は、勝尾金弥執筆。それによると、アメリカの公共図書館で児童の奉仕活動として展開したストーリーテリングは「わが国では『図書館雑誌』二号（一九〇八・二）がアメリカの図書館での談話時間＝ストーリーアワーを紹介」したのが、もっとも早い例らしい。

*3 麻生千明「学級編成論の視点からの修身科教授法（口授法）の考察――『講堂訓話』の成立過程・過程」『弘前学院大学・弘前学院短期大学紀要　一九号』一九八三（昭和五八）年三月　三一―四五頁。

麻生千明「森文政期における修身科口授法の採用とその教育観的背景――実物・教具としての教科書観と『儀範』としての教師観」『弘前学院大学・弘前学院短期大学紀要　二〇号』一九八四（昭和五九）年三月　九一―一〇七頁。

麻生千明「『教育勅語』公布下における修身科教科書をめぐる教育方法論争――口授法から教科書裁定への転換過程」『弘前学院大学・弘前学院短期大学紀要　二一号』一九八五（昭和六〇）年三月　六九―八六頁。

麻生千明「明治二〇年代半における修身科教科書生徒所持の可否をめぐる論争――文部省訓令第九号との関連に視点をおいて」『弘前学院大学・弘前学院短期大学紀要　二三号』一九八七（昭和六二）年三月　五九―七四頁。

麻生千明「森文政期における修身科試験の存廃をめぐる論争――修身科特設の可否に関する論争史的考察（その一）」『弘前学院大学・弘前学院短期大学紀要　二五号』一九八九（平成元）年三月　四一―五七頁。

麻生千明「明治二〇年代における修身科廃止論と特設論の展開――修身科特設の可否に関する論争史的考察（その二）」『弘前学院大学・弘前学院短期大学紀要　二六号』一九九〇（平成二）年三月　一―一四頁。

麻生千明「明治三〇年前後におけるカリキュラム改革論と修身科特設の可否問題――修身科特設の可否に関する論争史的考察（その三）」『弘前学院大学・弘前学院短期大学紀要　二八号』一九九二（平成四）年三月　三三―四九頁。

中村紀久二『復刻　国定修身教科書』解説――修身教科書の歴史」一九九〇（平成二）年六月　大空社。

*4 高田義甫『小学教則問答』北畠千鐘房　一八七四（明治七）年刊。刊記には「明治六年第十二月上梓」とあるが、序文には「明治七年一月」という記載があるので、刊行は明治七年一月以降であろう。望月久貴『明治初期国語教育の研究』溪水社　二〇〇七年二月　一五一―一五二頁、もこの本の刊行期日について同様の判断をしている。

*5 藤田昌士「修身科の成立過程」『東京大学教育学部紀要　第一八号』一九六五（昭和四〇）年　一九三頁

*6 山本哲生「『学制』期における修身科教育の意味――国家の政策と修身科教育内容を通して」『日本大学精神文化研究所・教育制度研究所　紀要』第五集

一九七一（昭和四六）年四月　一三六頁、の調査によれば、この時「小学教則の中で修身科という教科をおいた府県は少なく、多くは読物科、口授科で修身教科書を扱ったり、修身的教授をしている」という結果になっている。

*7 倉沢剛『小学校の歴史Ⅰ』ジャパンライブラリービューロー　一九六三（昭和三八）年一二月　七五三―七五七頁。

*8 『日本教科書大系・近代編・第三巻・修身（三）』「修身教科書総解説」一九六二（昭和三七）年一月　五七五頁。

*9 遠藤宗義・栗田智城・高原徹也合輯『小学口授要説』内藤書店　一八七七（明治一〇）年一二月。

*10 青山正義『修身口授編』大黒屋書鋪　一八八四（明治一七）年八月　巻六　三五丁オ・ウ。

*11 『修身説約』木戸麟編　一八七八（明治一一）年九月版権御届　金港堂発行　全十巻（七巻と八巻は合冊なので全九冊）。この本は、明治一四年に金港堂が版権を譲り受け、それ以降の発行人は金港堂社主の原亮三郎になっている。金港堂は、この『修身説約』および、明治一二年に刊行された木戸麟『小学修身書』（全一二冊）の版権を手に入れて、それが破格の売れ行きを示したことで教科書出版書肆として急成長した。金港堂の経営については、稲岡勝「明治検定期の教科書出版と金港堂の経営〔含　付録〕」『東京都立中央図書館研究紀要　二四』東京都立中央図書館　一九九三（平成五）年が、詳しい。

*12 小島在格編『修身説約字引』（東京）五岳堂　一八八二（明治一五）年九月。ほかに、宮本興晃編『修身説約字引』（東京）金松堂　一八八二（明治一五）年一〇月、阿部庄五郎編『修身説約字引』（長岡）覚張治平　一八八三（明治一六）年四月、金沢実直編『修身説約字訓』（高岡）車平八、などがあって、地方でも教科書の字引類を作製していたことが分かる。

*13 木戸麟編『修身説約読例』金港堂　一八七九（明治一二）年、は、全九冊（一〇巻）の構成で、『修身説約』と対応している。各巻共に、本文から抜き出した語句だけでなく解説語句にもルビを附してあり、語句の解説もくわしくなされており、一冊がそれぞれほぼ一〇銭の価格である。本体の『修身説約』九冊（一〇巻）の価格は、六銭から十銭の間であるから、『修身説約』と『修身説約読例』をセットで買うと、一セットが二〇銭ほどになる。

*14 木戸麟編『修身説約問答方』金港堂　一八八〇（明治一三）年二月　上・下二冊。

*15 引用は、安里彦紀『近代日本道徳史研究――明治期における思想・社会・政治との関連を中心として』高陵社書店　一九六七（昭和四二）年　八一―八五頁に掲載の資料による。

*16 麻生千明「森文政期における修身科口授法の採用とその教育観的背景――実物・教具としての教科書観と『儀範』としての教師観」『弘前学院大学・弘前学院短期大学紀要　二〇号』一九八四（昭和五九）年三月　九五頁。

*17 『小学教授新法』国松惣次郎（千葉）　長野県師範学校塩谷吟策校正・千葉県師範学校木下邦昌編纂　一八八三（明治一六）年一月出板。「凡例」には「此編ハ東京師範学校ニ於テ現今実施ノ教授法ニ基キ之ヲ斟酌シテ実際ニ経験シ」て書かれたとある。

*18 松野修『近代日本の公民教育――教科書の中の自由・法・競争』名古屋大学出版会　一九九七（平成九）年一二月　一一四頁。

*19 掛本勲夫『明治期教科書政策史研究』皇學館大学出版部　二〇一〇（平成二二）年一二月　一五五―一七三頁。「第四節 教科書検定制度の成立過程」引用箇所は一六七頁。

*20 矢治佑起「『幼学綱要』に関する研究――明治前期徳育政策史上における意味の検討」『日本の教育史学・第三三号』教育史学会　一九九〇（平成二）年

一〇月　三七―五二頁。

浅川純子「『婦女鑑』の成立事情と徳目構成――編纂稿本と刊行本の検討を中心に」『お茶の水女子大学人文科学紀要・第四六号』お茶の水女子大学一九九三（平成五）年三月、一九三―二〇八頁。

越後純子「『婦女鑑』の研究――徳目構成と例話内容の分析を通して」『人間文化創成科学論叢・第一三巻』お茶の水女子大学大学院人間文化創成科学研究科　二〇一〇年　二〇九―ら二一六頁。

『幼学綱要』『婦女鑑』は、大正・昭和期に入ってから、国家主義の高まりとともに金属活字による重版本やその解説書が多数刊行され、「教育勅語」の精神を実質的に支える復古的出版物として、その機能を大いに発揮した。したがって、実際に『幼学綱要』が多くの人にもっともよく読まれたのは刊行直後ではなく、それからかなり立ってからのことだったということになる。

*21　麻生千明「『教育勅語』公布下における修身科教科書をめぐる教育方法論争――口授法から教科書裁定への転換過程」『弘前学院大学・弘前学院短期大学紀要　二一号』一九八五（昭和六〇）年三月　六九頁。

*22　土方勝一「口授法の得失」『東京茗渓会雑誌　第六六号』明治二一年七月二〇日刊、この論考に続く「口授法の得失　其二」が『東京茗渓会雑誌　第六九号』明治二一年一〇月二〇日刊、に載っている。

*23　麻生千明「森文政期における修身科口授法の採用とその教育観的背景――実物・教具としての教科書観と『儀範』としての教師観」『弘前学院大学・弘前学院短期大学紀要　二〇号』一九八四（昭和五九）年三月　一〇二頁。

*24　「口授法と教科書教授との利害」『教育時論』第一二三号　一八八六（明治一九）年九月一五日　二六―二七頁。

*25　「声の文化」と「文字の文化」という概念は、『声の文化と文字の文化』ウォルター・J・オング　桜井直文・林正寛・糟谷啓介訳　一九九一年一〇月　藤原書店、による。

*26　「修身科教授　洒落生」『教育報知　第九四号』一八八七（明治二〇）年一一月六日　六―七頁。

*27　内田魯庵「明治十年前後の小学校」『明治大正の文化・太陽・創業四十周年記念増刊』博文館　一九二七（昭和二）年六月。この情報は、中村紀久二『復刻国定修身教科書　解説』大空社　一九九〇（平成二）年六月　八頁、に紹介されている。

*28　鳥居龍蔵『鳥居龍蔵全集・第一二巻』朝日新聞社　一九七六（昭和五一）年九月　一三三頁。この教師は「富永幾太郎」という名前で、鳥居は「趣味教育家とでもいうタイプの人」と評している。第二部第二章の「注22」で記したように、ロビンソンクルーソーの話は、黒田行元（行次郎）が嘉永年間に『漂荒紀事』として翻訳していた。また、明治五年には『英国魯敏遜全伝』（斎藤了庵訳・高田義甫校）、明治一〇年には『回生美談』（山田正隆訳）、明治一二年には「九死一生魯敏遜物語」『驥尾団子』（横須賀橘園訳）などの翻訳が世に出ている。鳥居龍蔵は、明治三年徳島の生まれで、小学校は入学したものの、そこを中退しているのだが、その小学校での修身の時間に聞いた「ロビンソンクルーソー」は、これらの翻訳を教師が「口授」した可能性が大きい。少なくとも、この時点では、ヘルバルト教育学の影響のもとに、ロビンソンの話が学校教育の中で使用されたのではなさそうである。

*29　峯是三郎『実験立案 修身教授及訓練法』博文館　一八九三（明治二六）年一二月　四六頁。この発言は、唐澤富太郎『教科書の歴史』創文社　一九五六（昭

和三一）年　一四九頁、にも引用されている。

*30 野地潤家「話しことばの特質と機能」『話しことば学習論』共文社　一九七四（昭和四九）年　一六四―一六九頁。

*31 郡司篤則述「教育家は談話の巧なるを要す」『教育時論』第一〇四号　一八八八（明治二一）年三月五日　六頁。

*32 『小学尋常科高等科修行寿語録』一八九一（明治二四）年一一月　牧金之助発行・香朝楼国貞画　東京学芸大学付属図書館双六コレクションの復刻版二〇〇六（平成一八）年一月刊。

*33 『新版学校生徒勉強双六』堤吉兵衛刊・歌川国利画　刊記なし　家蔵。

*34 麻生千明「明治二〇年代半における修身科教科書生徒所持の可否をめぐる論争――文部省訓令第九号との関連に視点をおいて」『弘前学院大学・弘前学院短期大学紀要　二三号』一九八七（昭和六二）年三月　六五頁。

*35 狭間重亜閲・福井孝治著『下等小学修身談』龍章堂　一八七八（明治一一）年二月　浅井吉兵衛・出板　売弘・園山喜三右衛門（雲州松江）。

*36 藤田久次郎『小学修身口授敷衍事実叢話第一編』木曾書店（備後）一八八四（明治一七）年七月。

*37 生田万三『和漢西洋聖賢事蹟修身稚話』寶文館　一八八七（明治二〇）年九月。

*38 石井音五郎・石井福太郎編纂／太田忠恕校閲『尋常小学修身教授案』文華堂　一八八七（明治二〇）年一〇月。訂正再版本は、石井了一・石井福太郎編纂／太田忠恕校閲『尋常小学修身教授案』巣枝堂　一八九〇（明治二三）年七月。

*39 この「兎と亀」の文章は、渡部温訳の『通俗伊蘇普物語』の本文とも多少似通っているところがある。しかし、同じ本の、第七九章、八〇章の例話にあげられた「なまける蝉と蟻の話」は、『通俗伊蘇普物語』では「蟻とキリギリス」になっている。したがって、こちらの教材文は『通俗伊蘇普物語』に依拠したものではないと考えられる。江戸期から読まれていた「伊曾保物語」の登場人物は、「蟻と蝉」だったので、第七九章、八〇章の例文は「伊曾保物語」を種本にした可能性もあるが、話の展開や結末は「伊曾保物語」とはかなり異なっている。編者である石井音五郎と石井福太郎が、種本として何を選んだのかは不明だが、イソップ寓話からの例話探しという点だけに限っても、編者が一つの情報源からではなく、いくつかの本にあたって材料を収集して、本書を編んだことがうかがわれる。

*40 『日本教科書大系・近代編・第三巻・修身（三）』「修身教科書総解説」一九六二（昭和三七）年一月　五二八頁、には、次のように記されている。「明治一――二年間の愛知県下善行録。孝子伝の系統に属す。」

*41 近藤鼎『近世岡山孝節録初編』武内教育書房　五一丁　和装　一八九二（明治二五）年七月六日出版　定価一五銭。

*42 『修身実話北越孝子伝』編輯発行者・三井新治郎　一八九四（明治二七）年七月。

*43 類似の書に、『大分県偉人伝』大分県教育会編一九〇七（明治四〇）年　五一四頁、や、『松本郷土訓話集　第1輯』松本尋常高等小学校編　一九一二（明治四五）年　三九〇頁、などがある。

*44 菅野則子『官刻孝義録・下巻』「解題」東京堂出版　一九九九（平成一一）年三月　四九八頁。同じ著者による『江戸時代の孝行者――「孝義録」の世界』吉川弘文館　一九九九（平成一一）年八月、もある。別に「官刻孝義録」の研究については、山下武『江戸時代庶民教化政策の研究』校倉書房　一九六九（昭

和四四）年四月、がある。

*45 後藤牧太講述・萱生奉三編輯『幻燈写影講義』聚星館　明治一三年二月　五〇頁　定価三〇銭。

*46 岩本賢児『幻灯の世紀──映画前夜の視覚文化史』森話社　二〇〇二（平成一四）年二月　一二五─一七六頁。

なお、図版で示した幻灯機は、高さ約四〇センチメートル・幅約一三センチメートル・奥行き約二七センチメートルで、ブリキ製。木製の保管箱には、明治三〇年五月西遠幼年会の文字がある。現在の静岡県浜松市付近の子ども会で、実際に使用されていたものと思われる。家蔵。

*47 山本正秀『近代文体発生の史的研究』岩波書店　一九七二（昭和四七）年七月　三六一─三九八頁。福岡隆『日本速記事始』岩波書店　一九七八（昭和五三）年八月。

*48 「話しことばをそのまま記録して文章化したのではなく、メモ書きのようなものから演者の『講義』を再構成した」という稿者の判断は、あくまでも萱生の「小引」から類推したものであって、実際には、どのようにこの本の文章が作られたのかは不明である。場合によっては、演者である後藤牧太の口演原稿のようなものをもとにして、この本が書かれた可能性もある。

*49 明治期の表記における漢字と振り仮名との関係は、それほど単純には割り切れないが、ここではこのように考えておく。この問題に関しては、今野真二『ボール表紙本と明治の日本語』港の人　二〇一二（平成二四）年一〇月、が示唆に富む論議を展開している。

*50 山本正秀『近代文体発生の史的研究』岩波書店　一九七二（昭和四七）年七月　二九六─二九七頁。

板倉聖宣『増補日本理科教育史』仮説社　二〇〇九（平成二一）年四月　一六八─一七一頁。

*51 三原親輔『幻灯応用善悪児童の結果説明書』（一八九〇（明治二三）年一一月、国立国会図書館蔵。

『小国民』学齢館　一八九二（明治二五）年一〇月、この雑誌に掲載されているほかの記事は、すべて文語文になっている。つまり、この記事は「幻灯解説」であることを強調するために「談話体」をあえて使用したのであって、通常読むための文章は「談話体」ではないと考えられていたことになる。

*52 巌谷小波『幼年玉手函・第四編・幻燈会』博文館　一八九四（明治二七）年四月二七日印刷発行　一〇九頁。この本の挿絵は、すべて円の中に収められており、それを四角の縁で囲んだスライドを模した図柄になっていた。そのスライドをもとに、ストーリーが展開されるという趣向である。

*53 図版のスライドは、約八センチメートル×八センチメートル。二枚のガラスを併せてあり、そのうち一枚に画像が印刷され、「鶴淵製」の文字も記されている。床の間の掛軸には、楠正成と正行の別れの場面が描かれている。家蔵。

*54 石井民司（研堂）『理科十二ヶ月第十一月幻燈会』博文館　一九〇一（明治三四）年一〇月二八日発行。

*55 文部省編輯局蔵板『小学修身書・首巻』一八八三（明治一六）年五月一一日出板板権所有届。明治一六年六月印行。引用部分は、三丁オ─四丁ウの途中までである。

*56 『末松氏修身入門 生徒用』精華舎　二九丁　定価七銭。一八九三（明治二六）年八月一九日検定　明治二六年八月一四日訂正再版発行。

『末松氏修身入門 教師用』精華舎　二四丁　定価八銭。一八九三（明治二六）年八月一九日検定　明治二六年八月一四日訂正再版発行。

*57 三宅米吉・中根淑校閲　渡邊清吉編『実験日本修身書入門巻一 尋常小学生徒用』金港堂　一一丁　一八九三（明治二六）年五月　定価四銭二厘。

*58 三宅米吉・中根淑校閲　渡邊清吉編『実験日本修身書入門巻二尋常小学生徒用』金港堂　一六丁　一八九三（明治二六）年五月　定価六銭。

三宅米吉・中根淑校閲　渡邊清吉編『実験日本修身書入門尋常小学教師用』金港堂　全八〇丁　一八九三（明治二六）年五月　定価二〇銭。引用は、巻二の一〇―一二丁。

*59 三宅米吉・中根淑校閲　渡邊清吉編『実験日本修身書入門掲図・後綴』金港堂　一八九三（明治二六）年五月五日発行　定価一円二〇銭。表紙とも二一枚綴り。縦六七センチメートル、横五〇センチメートル。家蔵。

*60 山名留三郎・増川蚶雄・辻敬之『錦絵修身談』普及舎　明治一五年三月一日板権免許。巻一―巻六。

*61 『教導立志基』については、以下の論考がある。岩切信一郎「『教導立志基』について――明治中期の浮世絵界の動向を探る」『浮世絵の現在』勉誠出版　一九九九（平成一一）年三月　四四一―四五五頁。

本文中に掲げた一枚絵の「錦絵修身談巻五」は、刊年不明。この図版は、水野年方が絵を描いている。

*62 「教訓画」源家行雁ノ別ルルヲ見伏兵アルヲ知ル図　明治三十二年八月二〇日印刷　画作者刷兼制作者　東京市日本橋区馬喰町　渡辺忠久。縦一六センチメートル、横二四センチメートル。これは、比較的小さな修身画であり、教室掲示用としてよりも、主に個人の鑑賞用として作られたものではないかと思われる。

*63 「修身画」は、そのほとんどが、歴史的な偉人やそのエピソードなどを取り上げている。したがって、こうした事態は、美術史におけるいわゆる「歴史画」の盛行との関係の中で考察しなければならない問題であろう。そうした問題を考えるためには、以下のような書物がある。

山梨俊夫『描かれた歴史――日本近代と「歴史画」の磁場』ブリュッケ　二〇〇五（平成一七）年七月。

北澤憲昭『眼の神殿――「美術」受容史ノート』美術出版社　一九八九（平成元）年九月。

北澤憲昭『「日本画」の転位』ブリュッケ　二〇〇三（平成一五）年三月。

北澤憲昭『境界の美術史――「美術」形成史ノート』ブリュッケ　二〇〇〇（平成一二）年六月。

佐藤道信『明治国家と近代美術――美の政治学』吉川弘文館　一九九九（平成一一）年四月。

五十殿利治『観衆の成立――美術展・美術雑誌・美術史』東京大学出版会　二〇〇八（平成二〇）年五月。

なお、教育研究の分野でも、次のような研究が、新しい角度からのアプローチを行っている。

青山貴子「明治前期の道徳教育メディアにみる学校と社会――教育錦絵・学校修身教材・教育幻灯の比較考察」『知の伝達メディアの歴史研究――教育史像の再構築』辻本雅史編　思文閣出版　二〇一〇（平成二二）年三月　一八八―二一三頁。初出「生涯学習・社会教育研究ジャーナル」第一号（生涯学習・社会教育研究促進機構、二〇〇七年）。

*64 著作者滋賀県滋賀郡大津町・林専二郎、発行者兼印刷人滋賀県滋賀郡大津町・林専助。縦一二・五センチメートル、横八・五センチメートル。手許にあるカードの発行期日は、以下の三種類である。明治二六年三月発行。明治二八年八月二七日発行。明治二九年六月発行。

*65 著作者奥村愛・明治三〇年四月三〇日発行。発行兼印刷者・京都市上京区寺町通り・杉本陣之介。縦一四センチメートル、横一〇・七センチメートル。

*66 『賞与画』生成舎　一九〇〇（明治三三）年一一月一日発行　定価七銭。一二枚の「修身画」に、それぞれのテーマに関係する曲と詩が一枚ずつ付されている。縦一三センチメートル　横一八センチメートル。
『教育修身訓画』交盛館　鈴木錦泉画　一九〇五（明治三八）年一〇月二〇日発行　定価一八銭。一二枚の「修身画」と、それぞれのテーマに関わる文章が一枚ずつ付されている。縦一八センチメートル　横二六センチメートル。巻末の宣伝には類書として、尾竹国一画『賞輿画』第一編―第四編、が掲載されている。こちらは「小型袋入十二枚」で、定価八銭である。

*67 金子一夫の研究によると、文部省では一八八六（明治一九）年一一月一五日に、「褒賞画取調委員」を任命している。この時任命されたのは、高等師範学校教諭・高嶺秀夫、文部省参事・手島精一、工科大学教授・山田要吉、文部省書記官・山田行元、文部属・田中稲城、同・山縣悌三郎、高等師範学校教諭・小山正太郎の八名である。また、後に、褒賞画取調委員会には、岡倉覚三（天心）、岩川友太郎、大山田健樹が、委員会に参加する。フランスの褒賞画に倣い、日本でも「児童の知識を開発し其の志気を感発し兼て美術の趣味を悔悟せしめ教育上著しき効益ある」ことをねらって「褒賞画」の作製が企図されたらしい。神戸大学図書館には、明治二二年から二四年にかけて作られた二九図（重複を除く）が保管されているということであり、金子の論文には、その図版も紹介されている。しかし、官版の「褒賞画」は、広く支持されることにはならなかったようだ。これが本章で取り上げた民間の「修身画」や「賞標」とどのような関係にあるのかについては、これから解明すべき問題である。また、明治初期に、文部省が様々な図像（「幼童家庭教育用絵画」）を作製して教育活動に利用しようとした経緯などと、何らかの関係があるのかもしれないが、これも不明である。金子一夫「小山正太郎・岡倉覚三らの褒賞画取調考」『茨城大学五浦美術研究所報・第一三号』茨城大学五浦美術研究所　一九九一（平成三）年三月　一―二〇頁。

*68 兵藤裕己『〈声〉の国民国家・日本』NHKブックス 二〇〇〇（平成一二）年一一月。『演じられた近代〈国民〉の身体とパフォーマンス』岩波書店二〇〇五（平成一七）年二月。

第二章　「修身読み物」の諸相

一、修身読み物の登場

前章では、「修身口授」の必要性から、教師に向けた参考書が数多く出版された状況を見てきた。それらは、おおむね教師たちが修身科の授業を進める準備のための書物であり、直接に子ども読者を想定したものではなかった。そうした書籍が、一八八〇（明治一三）年から、一八八六（明治一九）年の間に数多く発刊されたことは、前章ですでに指摘したとおりである。ところが、子どもが自力で読むことを想定して作られた修身書も、徐々に刊行されるようになっていく。それが、ここでいうところの「修身読み物」である。

前述したように、一八八八（明治二一）年には、山縣悌三郎の創刊した少年雑誌『少年園』が創刊され、また翌年には『日本之少年』や石井研堂の『小国民（のち『少国民』）』が発刊されている。子ども読者層は、明治二〇年代に入って、大きく開拓されていた。子どものための読み物に対しても大人の関心が集まり、またそれを進んで購入することのできる家庭層も生まれてきていた。こうした中、新興の出版社博文館が「少年文学」叢書を企画し、そのトップバッターとして刊行した巌谷小波の『こがね丸』（一八九一《明治二四》年）の成功が、明治期の子どものため

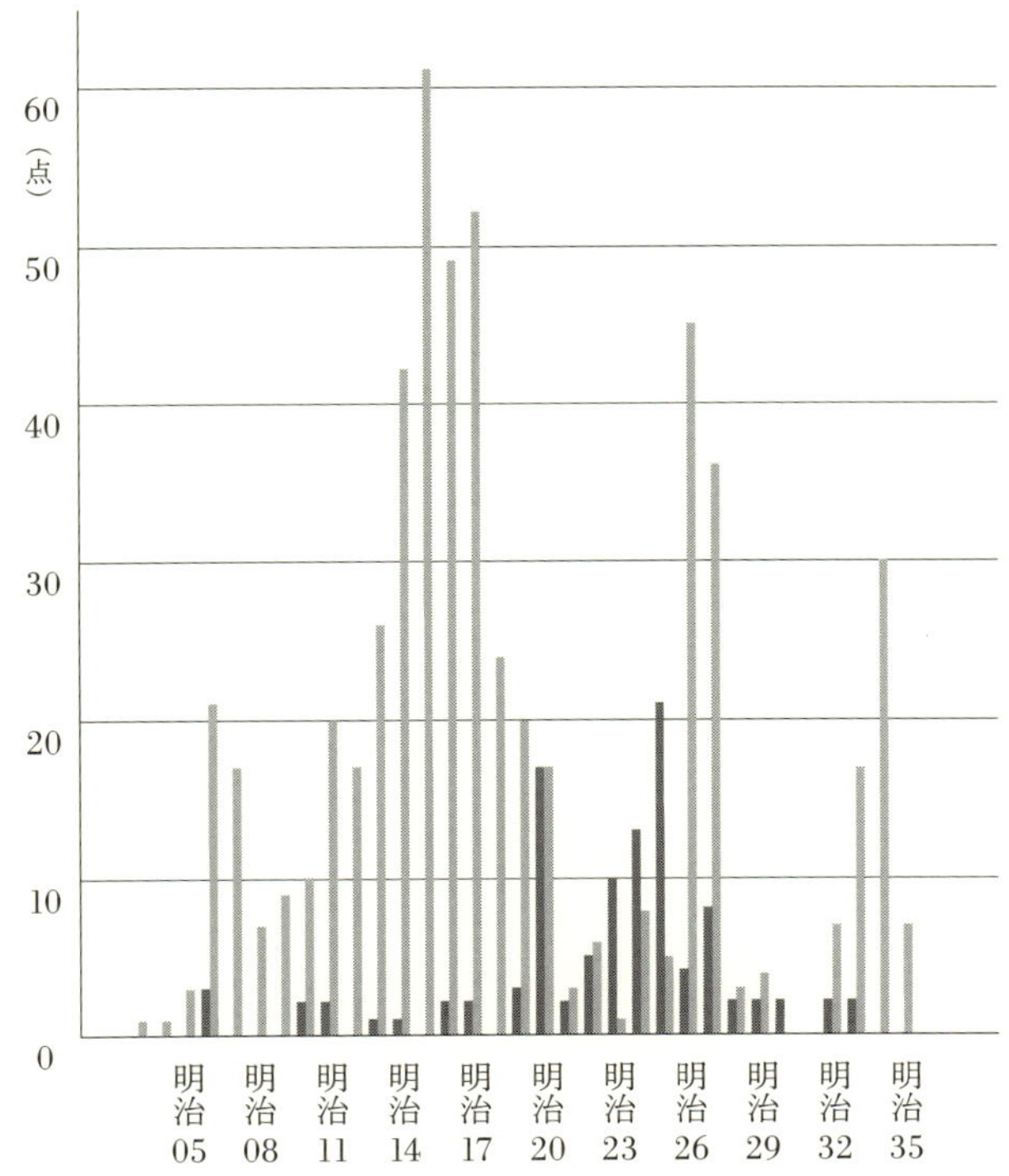

「修身教科書」と「修身読み物」発行点数

の読み物の世界を大きく広げた。もちろん新しく刊行された、こうした子ども向けの創作読み物類も、少なからぬ教訓性を持っていた。

だが、それと同時並行して、「教育勅語」を徹底しようという政府の動向や、修身教育の重視という流れを受けて、児童向けの図書という形の「修身読み物」類も、数多く発刊された。こちらは、あきらかに「修身」を前面に出した図書群である。しかし、実際には、両者はそれほど截然と区別されていたわけではない。また、少年雑誌の読者や少年文学叢書等の読者も、こうした「修身読み物」の購買層・読者層とかなりの程度重なり合っていたと思われる。その発刊のピークは、修身教科書のピークとは若干ずれていて、一八九二（明治二五）年に頂点に達する。前掲の「修身教科書発行点数」のグラフに「修身読み物」の発行点数を重ねると、その様相が分かる。

これらの「修身読み物」類は、教育研究と児童文学研究との狭間に位置するせいもあってか、どちらからも、あまり注目されてこなかった。確かに、「修身読み物」は、学校教育における教科書のように正式な教育課程の中に位置づけられた書物ではない。また、子どもたちがそれを読んで豊かな想像を飛翔させ、ストーリー展開を楽しむことのできるような「児童文学作品」ともいいがたい。しかし、子どものために書かれ、子ども読者を意識して刊行された読み物だったことは間違いない。これらの内容は、子どもを教化の対象と考えている書物がほとんどではあるものの、子どもたち自身が、それらの本を自力で読み、活字の楽しみを味わうことはできただろう。

次頁からの表には、そうした書物群を調査し、「明治期『修身読み物』関連図書表」として掲げてある。一八七三（明治六）年から、一九一一（明治四四）年にかけて、総数は一三二種である。明治二〇年くらいまでは、和本も多く、教師用の修身口授書と区別が付けにくいものも混じっている。明治二二年頃から明治二七年頃までは、題名に「家庭教育」や「修身談」と付けられた、似たような体裁の書物が、夥しく刊行されている。判型も類似したものが多く、中本（B6版に近い）が多い。その内容は、和漢洋の偉人のエピソードや一般人の孝行談などで、かなりの部分は、歴史的人物のエピソード（史話）で占められている。フィクションでは、だんぜんイソップ寓話が多い。

この「明治期『修身読み物』関連図書表」を作製するに当たっては、以下の諸点に留意した。それを最初に記しておく。

まず、『日本教科書大系 近代編第三巻』の「修身教科書総目録」に掲載されている書目と重なっているものがいくつかある。それらには、表の中に〇印を付しておいた。『小学口授要説』『修身説約』『錦絵修身談』『修身説話』『修身事実録』『生徒修身はなし』などの諸本である。これらは、ほとんどが、第一章で見てきた「修身口授」のための教師用書だと判断できる。『日本教科書大系』の「修身教科書総目録」の中に掲載されているのも、それゆえである。しかし、中には子どもが自分で読むことを想定したと思われる出版物もあり、教師用書であっても子どもが読むことが可能だと稿者が判断したものを、この表の中に入れた。

たとえば、『日本教科書大系 近代編第三巻』の「修身教科書総解説」によれば、『錦絵修身談』は『修身説約』とともに「修身教授のための実話集ともなり、或は修身読本ともいうべき内容となっている」と評されている。この表に掲げた一八八七（明治二〇）に刊行された『修身説話』『修身事実録』についても同様であり、両書はもともと、「修身口授」の

明治期「修身読み物」関連図書表

刊行年	図書表題	編著者（刊行者・所）	主な話材	大系	体裁など	備考
1873（明治6）	『通俗伊蘇普物語』全6	渡辺温訳	イソップ寓話	○	総ルビ　和本　64P	＊
1873（明治6）	『訓蒙話草』上下	福沢英之介訳	イソップ寓話		ルビ無　和本　90P, 106P	
1873（明治6）	『童子諭』全2	福沢英之介訳	外国読本		ルビ無　和本　84P, 92P	＊各種リードルの抄訳
1874（明治7）	『近世孝子伝』	城井寿章（隗陰書屋）	日本庶民孝子	○	部分ルビ　和本　80P	＊明治20年洋装再刊
1875（明治8）	『当世 流行新聞小学』	岡敬孝（報知社）	日本庶民孝子		総ルビ　和本　30P	絵本
1877（明治10）	『小学 口授要説』	遠藤宗義ほか（内藤書店）	日本外国偉人・イソップ寓話など	○	ルビ無	＊
1877（明治10）	『小学口授 修身談』上下合冊	長谷川次潔（開文舎）	日本外国偉人・身辺談		ルビ無　各40P	＊
1878（明治11）	『修身説約』全10	木戸麟（金港堂）	日本外国偉人・イソップ寓話など	○	ルビ無　和本　40–44P	＊
1878（明治11）	『小学修身口授 近世美事叢談』全3	内田尚長（池上儀八）	日本偉人		部分ルビ　32–48P	
1878（明治11）	『脩心子守話』	竹内無覚	日本の寓話		総ルビ　和本　15P	＊明治33年洋装再刊
1879（明治12）	『小学勧善 本朝孝子伝』	高橋芳宣（宝積堂）	日本偉人・身辺談	○	部分ルビ　和本　82P	
1880（明治13）	『西国 修身佳話 一名行儀のをしへ』全2	伊藤卓三（回春堂）	西洋修身話の翻訳		総ルビ　和本　44P	
1881（明治14）	『遊戯 修身談』	吉田有年（内藤半七）	落語仕立て身辺談		部分ルビ　36P	
1883（明治16）	『小学初等 六級修身口授題言』	原田真一（成文社）	格言のみ		ルビ無　和本　12P	
1883（明治16）	『通俗 修身二十四孝』	小宮山五郎（文溪堂）	中国二十四孝		部分ルビ　和本　54P	
1883（明治16）	『絵入通俗 日本孝子伝』	木村貢蔵（文盛堂）	日本偉人・庶民談		総ルビ　和本　28P	＊絵本　袖珍版
1884（明治17）	『錦絵修身談』全6	山名留三郎ほか（普及舎）	日本外国偉人・イソップ寓話など	○	総ルビ　和本　30–64P	＊
1884（明治17）	『感化修身談』全3	高瀬真之介（太平堂）	日本事実談		ルビ無　和本　各24P	教誨用　三巻は18年刊
1884（明治17）	『絵入 通俗明治孝子伝』	小宮山五郎（牧野惣治郎）	日本事実談		総ルビ　和本　54P	絵本
1885（明治18）	『絵本 孝子伝』	藤田善平（岡本仙助）	日本偉人・庶民談		総ルビ　和本　52P	絵本
1885（明治18）	『日本明治孝子伝』	安田敬齋（野村長兵衛）	日本事実談		総ルビ　和本　48P	絵本
1886（明治19）	『嘉言善行 修身亀鑑 甲号』	下山忠行（修身舎）	日本外国偉人・身辺談の集成		ルビ無　90P	
1886（明治19）	『絵入 修身談』	深井鑑一郎（近藤東之助）	日本事実談		部分ルビ　28P	
1886（明治19）	『修身勧』全3	池田亀蔵	イソップ寓話・日本中国故事		ルビ有　和本	三巻は明治21年刊
1887（明治20）	『和漢西洋聖賢事蹟 修身稚話』	生田万三（寶文館）	日本偉人・外国偉人など		ルビ無　和本　60P	
1887（明治20）	『修身説話』全8	阿部弘蔵著（金港堂）	日本外国偉人・イソップ寓話・昔噺など	○	ルビ無　和本　100–104P	

1887（明治20）	『修身事実録』	中村鼎五（中島精一）	日本偉人・外国偉人など	○ ルビ無 296P	＊
1887（明治20）	『小学生徒 修身一ト口話』	神林三吉	一口笑い話	総ルビ 和本 16P	＊絵本 袖珍版
1887（明治20）	『小学生徒 修身教育昔噺』	梅廼家馨	イソップ寓話など	総ルビ 和本 16P	絵本 袖珍版
1887（明治20）	『小学生徒 修身教育噺』全5	日置岩吉	イソップ寓話など	総ルビ 各16P	絵本 三巻目次のみ 四巻欠
1888（明治21）	『教育 五十夜物語』	山本義明（牧野書店）	修身談・科学談・歴史談	部分ルビ P374	全編談話体
1888（明治21）	『児童教育 孝子演説』	三輪逸治郎（いろは書房）	庶民談	総ルビ 34P	
1888（明治21）	『小学生徒 教育昔噺』全7	松廼家緑（吉澤富太郎）	イソップ寓話の翻案	総ルビ 和本 各8P	＊絵本
1888（明治21）	『修身乃教』	大館利一（大坂明王堂）	イソップ寓話の翻案・ことわざなど	総ルビ 128P	＊絵本 袖珍版 ボール表紙
1889（明治22）	『ゐほんをしへくさ』	山田仙	身辺雑話	ひらがな 各12P	＊絵本 袖珍版
1889（明治22）	『絵本 孝子伝』	名倉亀南（博愛堂）	日本偉人・庶民談		
1889（明治22）	『小学生徒 教育修身はなし』全5	江東散史（開文堂）	日本外国偉人・イソップ寓話など	総ルビ 各16P	
1889（明治22）	『いろは短歌教育噺』全7	川田孝吉（いろは書房）	ことわざ+短話	総ルビ 各20P	＊絵本◆
1889（明治22）	『幼稚 修身のをしへ』	吉澤富太郎（開文堂）	日本外国偉人・イソップ寓話など	総ルビ 和本 16P	絵本
1889（明治22）	『十人十種教訓話』	花廼家蕾（三輪逸太郎）	身辺雑話	総ルビ 和本 10P	
1889（明治22）	『二人生徒善悪之行末』	花廼家蕾（三輪逸太郎）	教訓長編話	総ルビ 和本 20P	＊絵本
1889（明治22）	『少年金函』	田中登作（普及舎）	修身・商業・工業・事実話など	部分ルビ 130P	
1889（明治22）	『修身教育 子供演説』	斯波計二（松鶴堂）	雑編・イソップ寓話・身辺談など	総ルビ 128P	子供演説仕立て★
1890（明治23）	『教育児談』	遠藤甬昨（中島精一）	日本外国偉人・イソップ・身辺談など	総ルビ 290P	＊
1890（明治23）	『少年叢書 本朝立志談 初編』	松本愛重（少年園）	日本偉人	ルビ無 71P	
1890（明治23）	『修身教育 宝の友』全5	沢久次郎	日本外国偉人・イソップ・身辺談など	総ルビ 和本 各16P	絵本
1890（明治23）	『家庭教育 修身をしへ草』	吉澤富太郎（開文堂）	外国読本など	総ルビ 16P	＊
1890（明治23）	『幼稚園小学校 修身要話』	山岡鉄作（秀英舎）	日本外国偉人・イソップなど	総ルビ 128P	
1890（明治23）	『家庭教育 修身はなし』	和田萬吉（双々館）	イソップ寓話・外国読本など	総ルビ 92P	＊
1890（明治23）	『修身教育 家庭之噺』	和田萬吉（飯塚八太郎）	宇治拾遺物語など	総ルビ 40P	＊
1890（明治23）	『家庭教育 修身ばなし』	西村富次郎（自由閣）	身辺訓話	総ルビ 48P	
1890（明治23）	『家庭修身鑑』	木村荘	日本外国偉人	ルビ無 100頁	
1890（明治23）	『修身知恵袋』5冊合冊	吉澤富太郎（開文堂）	『立志』『歴史』『子供独演説』『修身』『日本孝子』	総ルビ 各32P	

1890（明治23）	『新篇教育 修身実話』3巻合冊	篠田正作（中村芳松）	身辺修身談	総ルビ 各44P	子供修身談用▲
1890（明治23）	『いろは短歌教育ばなし』	川田孝吉（いろは書房）	ことわざ+短話	総ルビ 48P	◆の内容縮小版
1890（明治23）	『小学修身 日本児童善行録』	中島楳太郎・能村仲襄	日本偉人・庶民談	総ルビ 41P	笹田書房刊
1891（明治24）	『子供のをしへ』	木原季四郎（やまと新聞社）	雑編・イソップ寓話など	総ルビ 12P	
1891（明治24）	『明治孝子伝』	菅谷與吉（日吉堂）	明治期日本事実談	部分ルビ 58P	
1891（明治24）	『少年教育 修身二十四孝』	雪 筍児（弘文堂）	中国二十四孝	総ルビ 48P	
1891（明治24）	『問題付 国民修身談』	末松謙澄（金港堂）	日本偉人	ルビ無 和本 64P	
1891（明治24）	『初等教育 修身口授書』	素木真龍（博文館）	日本外国偉人・ことわざなど	部分ルビ 235P	
1891（明治24）	『勅語衍義 教育修身美談』	河合東涯（図書出版）	勅語解説・日本偉人	総ルビ 134P	
1891（明治24）	『勅語衍義 国民修身談』	鈴木倉之助（博文館）	日本外国偉人	ルビ無 254頁	
1891（明治24）	『修身教育 為になるはなし』	黙言道士（学友館）	日本外国偉人・イソップ・身辺談など	総ルビ 64P	■
1891（明治24）	『家庭の教へ 噺しのたね』	教育散士（学友館）	雑編	総ルビ 36P	＊
1891（明治24）	『小学少年教育美談』	永松乙一（図書出版）	日本偉人・外国偉人など	総ルビ 166P	＊中川書房版もあり
1891（明治24）	『家庭教育 修身少年美談』	辻本三省（積善館）	日本偉人・外国偉人など	総ルビ 158P	＊
1891（明治24）	『家庭教育 幼年修身はなし』	渡辺松茂	イソップ寓話・外国読本	総ルビ 134P	＊
1891（明治24）	『教育叢書 通俗修身談』	小池清（共同出版社）	イソップ寓話・日本外国偉人など	総ルビ 138P	★
1891（明治24）	『修身教育 少年立志編』	榎並則忠（浜本明昇堂）	日本偉人・外国偉人など	部分ルビ 292P	
1891（明治24）	『少年教育 智徳のかゞみ』	齋藤普春（愛智堂）	日本偉人・日本事実談	総ルビ 48P	
1891（明治24）	『家庭教育 女子立志美談』	篠田正作（図書出版会社）	日本女子美談+女子の心得	総ルビ 150P	☆
1891（明治24）	『小児立志美談』	飯尾千尋（積善館）	日本偉人・西洋中国偉人	総ルビ 148P	＊
1892（明治25）	『教育 修身道の話』	鈴木萬治郎	日本偉人・日本事実談	総ルビ 48P	
1892（明治25）	『家庭教育 小学生徒』	辻本三省（図書出版会社）	雑編・日本外国偉人など	総ルビ 78P	
1892（明治25）	『修身教育 忠孝美談』	篠田正作（鐘美堂）	日本偉人	総ルビ 144P	＊
1892（明治25）	『少年教育 修身実話』	篠田正作（鐘美堂）	身辺修身談	総ルビ 132P	▲とほぼ同内容
1892（明治25）	『知育徳育 修身稚話』上下合巻	獅虫寛慈（圭文堂）	イソップ寓話・身辺雑話など	総ルビ 26+32P	
1892（明治25）	『国民修身話』	高橋光正（松鶴堂）	日本偉人	総ルビ 82P	
1892（明治25）	『少年書類 新伊蘇普物語』	佐藤次郎吉（博文館）	イソップ・身辺談・昔話など	総ルビ 118P	
1892（明治25）	『少年仏教 修身はなし』	鎌田淵海（顕道書院）	イソップ・道話など	総ルビ 56P	口演筆記

1892（明治25）	『家庭 修身談』	稲生輝雄（目黒甚七）	日本偉人・外国偉人など	総ルビ　98P	＊
1892（明治25）	『女子 家庭修身談』	稲生輝雄（目黒甚七）	日本女子美談	総ルビ　86P	＊
1892（明治25）	『教育 修身の鑑』	江東散史（開文堂）	日本外国偉人・イソップ寓話など	総ルビ　48P	
1892（明治25）	『修身立志談』	西村寅二郎（東運堂）	日本外国偉人・イソップ寓話など	総ルビ　148P	
1892（明治25）	『家庭修身 教育はなし』	田中鎌太郎	日本寓話・イソップ寓話など	総ルビ　62P	
1892（明治25）	『教育修身談』	文廼家主人（東雲堂）	イソップ寓話・日本外国偉人など	総ルビ　138P	★と同内容
1892（明治25）	『生徒 修身はなし』	西野正勝（明昇堂）	イソップ寓話・外国読本など	○総ルビ　42P	
1892（明治25）	『生徒 孝子はなし』	西野正勝（明昇堂）	日本事実談	総ルビ　30P	
1892（明治25）	『教育美談 やまと錦』	無撓居士（学友館）	浄瑠璃から	総ルビ　54P	＊
1892（明治25）	『日本教育 修身談』	板東富三（小林喜右衛門）	日本偉人	部分ルビ　94P	＊
1892（明治25）	『国民教育 修身美談』	板東富三（小林喜右衛門）	日本偉人	部分ルビ　84P	＊
1892（明治25）	『家庭教育 日本修身談』	森下亀太郎（積善館）	身辺修身談・日本偉人など	総ルビ　30P	
1892（明治25）	『家庭教育 日本忠臣美談』	松本謙堂（積善館）	日本偉人（忠臣）	総ルビ　138P	＊
1892（明治25）	『修身入門』	岸弘毅（博文館）	日本偉人・日本事実談	総ルビ　94P	
1892（明治25）	『童蒙おしへ草』	岡本半渓（魁真楼）	日本事実談	部分ルビ　160P	表紙題「教育勧懲さとし種」
1892（明治25）	『教育 幼稚の宝』18冊合本	秋本政（金桜堂）	子供演説・子供伊蘇普・幻灯会など	総ルビ　総計846P	＊絵本　分冊版明治23年刊
1892（明治25）	『少年立志伝』	高橋省三（学齢館）	日本孝子・日本偉人	総ルビ　114P	＊
1892（明治25）	『家庭教育をしへ草』	教育散史（榊原文盛堂）	イソップ寓話など	総ルビ　32P	＊
1892（明治25）	『本朝孝子伝・一世一代活人形・松本喜一郎』	永野弥七	日本孝子	総ルビ　32P	＊
1892（明治25）	『少年文学 知識之金庫』	岡本可亭（吉岡宝文軒）	日本寓話・イソップ寓話など	総ルビ　48P	
1893（明治26）	『内外古今 逸話文庫』全13？	岸上操（博文館）	日本外国偉人の逸話集成	総ルビ　各巻約160P	＊
1893（明治26）	『絵入修身読本（幼年全書・四）』	鈴木倉之助（博文館）	日本偉人・外国偉人など	総ルビ　138P	
1893（明治26）	『国民修身叢話』全10巻合冊	修文館編集部（松栄堂）	日本偉人	部分ルビ　総計968P	教授参考書
1893（明治26）	『教育修身談』	痩々亭骨皮道人（薫志堂）	身辺雑話など	総ルビ　44P	＊
1893（明治26）	『修身譚』	平井美津（一二三館）	イソップ寓話・外国読本など	総ルビ　100P	
1893（明治26）	『少年雅賞』	高橋省三（学齢館）	伝記・修身訓・翻訳話	総ルビ　120P	露伴・思軒・鴎外など＊
1894（明治27）	『国民教育 修身話』	南海散士（学友館）	日本偉人・日本事実談	総ルビ　82P	
1894（明治27）	『幼年文庫 修身美談』	野際馨（鐘美堂）	日本事実談	部分ルビ　160P	

1894（明治27）	『修身実話 北越孝子伝』	藤山鋠太郎（樋口書店）	北越偉人	総ルビ　和本　80P	＊
1894（明治27）	『家庭教育 修身叢談』	石井了一（目黒甚七）	日本偉人・外国偉人など	ルビ無　106頁	
1894（明治27）	『家庭教育 修身実話』	石井了一（目黒甚七）	日本偉人・外国偉人など	ルビ無　106頁	
1894（明治27）	『家庭教育 修身亀鑑』	石井了一（目黒甚七）	日本偉人・外国偉人など	ルビ無　1112頁	＊
1894（明治27）	『家庭教育 修身書』	山本誉治（済美館）	日本偉人・イソップ寓話など	総ルビ　150P	ゲームに使える工夫
1894（明治27）	『幼年文庫 女子修身美談』	篠田正作（鍾美館）	日本女子美談＋女子の心得	総ルビ　150P	☆と同内容＊
1894（明治27）	『修身亀鑑 少年美談』	高橋鋤郎（東雲堂）	日本偉人・外国偉人など	総ルビ　118P	
1894（明治27）	『教育小説 錦絵をしへ草』	土岐秀苗（温故書院）	身辺修身談	部分ルビ　和本　17P	錦絵入り
1895（明治28）	『幼年教育 修身のすゝめ』	小島安太郎（吉村卯太郎）	イソップ寓話・昔話など	総ルビ　40P	
1895（明治28）	『家庭教育修身訓』	水野慶次郎（水野書店）	日本偉人	総ルビ　和本　20P	絵本
1896（明治29）	『少年教育はなし』	黙言道士	イソップ寓話・身辺談など	総ルビ　64P	＊
1896（明治29）	『修身美談』	文廼家主人（大日本図書）	イソップ寓話・日本外国偉人など	総ルビ　138P	■と同内容＊
1897（明治30）	『幼稚教訓 道の話』	岡野英太郎（近園書店）	日本偉人	総ルビ　40P	＊
1897（明治30）	『新教育生徒 修身の噺』	瀬山佐吉	凡太郎の行い	総ルビ　111P	＊
1897（明治30）	『家庭家訓 修身百首』	杉谷正隆（国光社）	和歌百首の教訓的解説	総ルビ　156P	＊
1899（明治32）	『幼年必読 修身訓話』	鉄研学人（魚住書店）	日本偉人・外国偉人・事実談	総ルビ　140P	
1899（明治32）	『児童教育 修身はなし』	耕雲逸史（岡本偉業館）	日本偉人	総ルビ　48P	＊
1900（明治33）	『修身美談』	伴成高（鐘美堂）	日本事実談	部分ルビ　138P	
1900（明治33）	『学びの栞』	岡野竹園（鐘美堂）	日本偉人	総ルビ　76P	＊
1900（明治33）	『教材叢書 修身訓話』尋常科全8	佐々木吉三郎ほか（同文館）	日本昔噺・日本偉人	ルビ無　282-346P	教師用＊
1910（明治43）	『現代児童 教訓実話』	下田次郎（同文館）	女学校生徒の自筆感話集成	総ルビ　278P	＊
1911（明治44）	『精神修養 修身訓話』	吉丸一昌（武田交盛館）	日本偉人	ルビ無　230P	
1911（明治44）	『逸話文庫』全5	通俗教育研究会（大倉書店）	日本各界偉人の逸話集成	総ルビ各巻　約250P	

大系＝『日本教科書大系　近代編　第三巻』講談社一九六二（昭和三七）年、「修身教科書総目録」五〇五―五六二頁に書名の記載があるもの。

本の体裁は、断らない限り洋装本である。和装本は、ほかとの比較のため、便宜上丁数ではなくページ数で示した。
＊は家蔵本。ほかは、ほとんどが国立国会図書館蔵本。

ための資料集という性格の書籍であるが、内容的には子ども読者にも十分手が届くものになっている。また、一八九二（明治二五）の『生徒修身はなし』は、教科書大系の「修身教科書総目録」に掲載されているが、明らかにこれら修身口授書とは別系統の読み物集で、教科書とは言えない。これは四〇ページほどの小冊子で読み物として編まれており、内容もイソップ寓話がかなり含まれていることから、まさしく「修身読み物」類に分類できる。

さらに、すでに第三部第三章第二節で、早い時期の「少年書類」として検討した一八八九（明治二二）年『少年金函』（普及舎）もこの表に入れた。これには「修身」以外の話題もたくさん入っており、この表の中では、異色の存在である。同じ「少年書類」として第四部第一章第一節で検討した一八九〇（明治二三）年の松本愛重の『少年叢書本朝立志談』（少年園）は、日本偉人略伝ともいうべき内容であり、こちらはこの表に並べられている諸書とも類似の内容である。

この「明治期『修身読み物』関連図書表」の表に掲げた多くの本を一言で評するなら、修身教科書の課外版のような内容だ、と概括できるであろう。別の言い方をすると、教師用の修身口授書を、子どもが読めるように仕立てたものだと言えるかもしれない。もちろんこれらはすべて、当時は、「少年書類」に分類されることになる書物群である。

前述したように、本の体裁も似通っているものが多く、判型はB６版一三〇―一六〇ページ前後、装丁は洋装、活字印刷・総ルビが基本形で、ほとんどが大阪や東京の中小出版社から刊行されている。その中から代表的なものをいくつか挙げてみる。

代表的な「修身読み物」

まず、一八九一（明治二四）年の『家庭教育修身少年美談』を見てみよう。この本は、定価一〇銭で、大阪の積善館から刊行されており、この時期の「修身読み物」の典型的な書物である。内容は、日本の偉人の善行のエピソードをわかりやすく語った話がほとんどだが、イソップ寓話や教訓話も混じっている。また、五三話の短話と巻末に金言が三三頁にわたって掲載されている。この本の目次を前から順に、途中まで挙げてみると以下のようになる。*1

〇氏より育ち　〇鳥の迷惑　〇山ノ内進士互ひに功を譲る　〇貞主の温恭　〇板倉松叟公の木綿着　〇新左衛門図らず子を救ふ　〇真田信幸仁恕の事　〇武兵衛村民の尊敬を享く　〇森蘭丸の忠死　〇正行の忠死　〇僧の魚釣　〇悪童の遷善　〇毛利元就の誡め　〇猫の鼠とり　〇人は衣冠の美しさを貴ばず　〇清正矢を譲る　〇伊藤仁齋言ひわけをなさず　〇うそつき者の見知らず　〇池田綱政の反古　〇東照公袴を与へて倹素の紀年となさしむ　（下略）

目次の三番目に置かれた「山ノ内進士互ひに功を譲る話」の冒頭部分を、以下に示す。

山ノ内進士互ひに功を譲る
山ノ内治太夫、進士清三郎の二人は何れも松平康重の家来で御座りますある時二人は主人の馬前に立て戦場に出ました此日戦ひ利なくして味方負色となりましたので二人は一生懸命の勇を奮つて拒ぎ戦ひました其中治太夫は箭を一本も剰さず射尽しまして殆んど危きありさまとなりましたを清三郎は遙かに認めて自分の箭を分たんと背に手をあてヽ見ますと憐れな事には清三郎も数ある箭を射尽して漸く箙に二本を剰すばかりでありました（諸子ニシテ此境遇ニ接セバ如何スルヤ）左れども友達の難儀を見て知らぬふりするはよくない事でありますから急いで治太夫の側に馳せ行き其中の一と矢を投げてやりました尤も此矢じりには清三郎の三字を刻み込んでありますが治太夫はすぐ様之を拾ひあげ真正面に進み来る敵の勇士を見かけて一と張り強く兵と放ちますとねらひは違はず矢は敵の胸を貫き後ろの松の大木へ射つけました之を見て敵兵共は肝を潰ぶし進みかねたる間に清三郎は治太夫と共に徐々と陣を退きました（下略）

そのとき使った清三郎の矢が、敵軍から「世に希なる射人」だという賛辞とともに戻ってくるが、山ノ内治太夫も進士清三郎も互いに手柄を譲り合い、結局二人とも主君から誉められる、という結末になる。話の途中に、語り手が読み手に向かって「諸子ニシテ此境遇ニ接セバ如何スルヤ」と、読み手の判断を促す表現があったり、話の末尾に「交友ノ道ヲ開キ弁セテ謙譲ノ美徳ヲ養ヒ忠君ノ元気ヲ発揮セシムベシ」という教訓が付けてあるところが、「修身」読み物であるゆえんである。また、進士清三郎の行為に対して、「友達の難儀を見て知らぬふりするはよくない事でありますから」という、いかにも道徳的な説明を挿入してあるのも、この文章の特徴である。

『修身少年美談』表紙
明治25年

『家庭教育 修身少年美談』は、どの話材にも出典は記されていないが、この「山ノ内進士互ひに功を譲る」の話は『常山紀談』に出ている。また、同じ話は、元田永孚が編纂した『幼学綱要』の「礼譲・第十」にも採られている。『常山紀談』や『幼学綱要』の文章と、この『家庭教育 修身少年美談』の文章と比べると、ストーリー展開自体は変わらない。しかし、明らかに異なるのは、その文体である。『家庭教育 修身少年美談』は、年少の読み手を意識した談話体になっているし、すべての漢字にルビが付けてある。そのおかげで多くの子どもたちはこの話を「読み物」としても十分に楽しむことができただろう。

同じ一八九一（明治二四）年に発行された『小学 少年教育美談』（定価一二銭）も、似たような内容の「修身読み物」である。この本は、その中に八四話を収めているが、編者はそれをさらに大きく三つの部門に分類している。[*2]

〔勤勉〕○綾部道弘其子の奢侈に習ふを懼れし事　○林春勝の勉強の事　○ヨング剛毅を以て事を為す事　○新井君美貧にして志気を屈撓せざりし事　（以下四七話）

〔貞淑門〕○細川忠興の婦人の貞烈なりし事　○後藤某の妻の賢徳ありし事　○左與苦難中に夫病を療養せし事　○伊知女の壁虎に感じて貞節を盡せし事（以下二〇話）

〔孝悌門〕○孝子万吉の母を養ひし事　○長吉の妙齢にして父を養ひし事　○伊達治左右衛門の父母に孝なりし事　○孫次郎の孝順なりし事（以下五話）

このように「徳目別」に各話が収められているのは、純粋に話そのものを楽しませることより、教訓を読み取らせることに主眼をおいて編集したからだろう。当時の検定修身教科書の構成は、先に徳目を示し、対応する訓言や格言、あるいは例話などを配するという形式になっていたが、それに倣って作られたともいえる。ということは、この本は「修身」に資すべき読み物集という立場を、前面に押し出しているのである。

また、一八九二（明治二五）年刊の『家庭修身談』（定価一五銭）も、「徳目」のもとに各話が並べられているが、この本は徳目ごとに書き手が「説示」を書き、それに対応する話を一つ配するという工夫をしている。[3]

◎節制　○歴山王情欲に征服せらる　◎沈黙　○巧言徳の賊なり　◎順序　○一歩一歩　◎確志　○一小童英傑を折す　◎節倹　○無益に金を費すものは有益の費を欠く　◎勤労　○勉強は成功の父母　◎誠実　○至誠神を動かす　◎公義　○恨みに報ゆるに徳を以てす　◎温和　○陽気の発する所金石融す　◎清潔　○百術一清に如かず　◎寧静　○柔能く剛を制す　◎謙遜　○花多きものは実少なし

説示部分は漢字カタカナ交じり文ではあるが、子ども読者に語りかけるような文体になっている。一方、エピソード部分は漢字ひらがな交じりの文語文で書かれており、こちらは、物語的である。

◎節制　昏迷ニ至ルマテ飽食スルコトナカレ

身体ノ壮健ナノハ人ノ仕合ノ大ナルモノデアリマシテ若シ常ニ体ガ弱

『小学 少年教育美談』明治24年

『家庭 修身談』明治25年

クシテ快クナイトキハ旨キ食物モ口ニ甘クナク好キ音色モ耳ニ楽シクナイカラ人間ノ幸福ノ多クノ部分ヲバ剥ギ取ラレタ様ナモノデアリマスバカリデナク心モ活発ナラズ気象モマタ次漸ニ弱クナリマシテ難渋ト争フコトモ出来マセンカラ思フ業モ其望ミ通リニ往カズ加之ノミナラズ遂ニハ命マデモナクナス様ナ不仕合ガ起ルモノデアリマスカラ人ハ不断其体ヲ大切ニ致シマシテ健カデアル様ニ心掛ネバナリマセン

（下略）

〇歴山王情欲に征服せらる

有名なる英傑歴山王ハ年二十歳のとき父の「ヒリツプ」に代りて「マセドニア」の王位に即きしより希臘を併せ波斯を滅し印度に侵入して其版図欧羅巴亜細亜亜非利加に渡り人をして震慄せしめしが一小敵の為めに破られて遂に命を落としける初め歴山王の印度に攻入りたる時兵士等は既に戦に労れ且王の望みの大にして果てもなく勝つ毎に進み行き益故郷に遠ざかる故将士等皆帰らん心のみ盛にして進み戦ふの意なくはては王の命だにも従ハずなりしかば（下略）

編者である稲生輝雄については不明だが、この書を「授業の余暇」に編んだと「序」に書いていることや、別に『作文類語解』などの教育実践に直接役立つ参考書などを公にしていることから、実際に教壇に立った経験のある人物ではないかと思われる。もしそうだとするなら、説示の部分の文体には、口授の場で生徒とやりとりをした経験が反映していると考えていいかもしれない。若干生硬な文体ではあるが、子どもに直接向き合って話をしているかのような口調が再現されている。つまり書き手は、「説示」部分を実際の聞き手を想定した談話文体で記述し、物語部分を書物からの引用として、書き分けているのである。

もっとも、この種の読み物は、エピソード部分よりも、訓示部分の文章量が多くなればなるほど、「読み物」としての面白さは減じていく。第六部第一章の冒頭に挙げた、『小学生徒談話美辞法』の言い方を借りれば「阿方等の是々は宜しくない、何々はして善くありませんと云ふ様な御話であると、皆々怪体な顔をしてぶつ〳〵言ふか、傍目して隣の席の人と低語して居ります」という事態になってしまうのである。こうした事情は、書物でも全く同じである。いくら『家庭修身談』の説示部分が、子ども読者に語りかけるような文体になっていたとしても、読み手が面白がるのは、物語性を持ったエピソード部分の方であることは明白である。

この点で、一八九四（明治二七）年に刊行された『幼年文庫女子修身美談』は、本文が上下段という特色のある構成になっていた。上段には「淑女の行状」が載せられており、これがエピソード部分にあたる。下段には、筆者の篠田正作が編述した文章がある。ここには日常生活における女子の心得が書かれており、行儀作法として、また生活情報として有益な知識が得られる。必ずしも教訓的な言辞ばかりが並んでいるわけではないが、上段の「淑女の行状」の方が、読み物として読み手の興味を引きそうである。編者の意図では、下段の「修身談」がメインであって、その分スペースも大きく取ってあるわけだが、読み手である「幼童婦女」は上段だけを読むことも可能だったし、実際そうして楽しんだ読者たちもいたのではないだろうか。

こうしていくつかの代表的な「修身読み物」を見てくると、「明治期『修身読み物』関連図書表」に掲げた多くの「修身読み物」のリソースは、明治一〇年代に数多く出された教師用の修身書だと考えていいだろう。おそらくこうした本は、全国的なベストセラーになった『修身説約』や、『明治孝節録』『日本立志編』などはいうまでもなく、『幼学綱要』や『婦女鑑』などを下敷きにして、作製されたのではないか。「修身読み物」類は、各話材の典拠の正確さよりも、とにかく子ども向けの読み物を、市場に大量に提供することに力点がかかっていた。おそらく出版業界は、一八九〇（明治二三）年一〇月三〇日に発布された教育勅語を補完する内容の子ども向け書類が大きな商機になるだろうと踏んだのである。「修身読み物」類の刊行が、明治二四・五年を発行点数のピークとする最大の理由はここにあるのではないかと思われる。

『幼年文庫 女子修身美談』
明治27年

本文25頁「婦徳の事」

学校教育と「修身読み物」

先ほどの『小学少年教育美談』の「凡例」に、「本書ハ小学校ニ於テ教育授業ノ時之ガ参考トナシ若クハ優等生ノ賞与品ニ供セント欲シ勉メテ之ヲ輯ムルニ注意ヲ加ヘ小学生徒ノ為メニ親切ヲ尽シタル」と書かれていたことに注意を向けてみよう。ここからは、こうした読み物類の発行が、学校教育と密接な関連を持っていたことが推測される。実際に、「修身読み物」類が学校の賞品として使われていたことは、たとえば、手許の『児童教育全書第三編 修身はなし』（一八九九《明治三二》年）の表紙裏に「賞・小川校」の印が押してあることで確認できる。前章で見た、「修身画」などと同様、「修身読み物」類は、副読本や各種奨励賞の賞品などという形で、学校教育の中に取り入れられ、積極的に活用されていたのである。つまり、こうした読み物類と学校教育とは、別のステージで対立的に存在していたのではなく、共存関係にあったのだ。*4

それは、一八九三（明治二六）年に刊行された『家庭教育 日本修身美談』を見ると、よりはっきりする。発行元は、この種の本を数多く出していた大阪の積善館（鈴木常松）であるが、この本の校閲者は「大阪府尋常中学校教諭」である吉見経綸（虎陵）になっている。「凡例」には、「本書は重もに小学校尋常科修身教授の資に供し併せて家庭の教育を裨くる所あらしめんことを期し通編悉く談話体を以て記述せり」とある。権威ある学校教育関係者を校閲に据え、またそれを麗々しく表紙に飾り立てることによって、学校教育と密接な連関があることを売り物にしようという販売者の思惑が透けてみえる。*5

ちなみに、ここで取り上げた「修身読み物」類には、この『家庭教育日本修身美談』を始めとして「家庭教育」という単語を角書きに使用したものが多く存在する。その中には、家庭教育の様相を可視化するために、父母、あるいは祖父や祖母などの老人が子どもたちに話をしている口絵や挿絵のついた書物も散見される。すなわち、その家の最年長者が、家庭の子どもたちに訓戒する図像である。この時期に刊行された「修身読み物」類は、そのほとんどにルビが付されていたから、子ども自身がそれを独力で読み進めることも、もちろん可能だったであろう。だが、場合によっては、親がそれを家庭内で読み聞かせるということもあり得たかもしれない。あるいは、こうした書物に書かれていた修身話を熟知していた老人が、子どもにそれを語るというような場面が実際にあったことも考えられなくもない。とするとそこでは、家父長たちが、学校教師の代役として、子どもたちに「口授」活動をしていたことになる。

おりしもこの時期には、「家庭教育」の重要性が話題になっており、「家庭教育」という用語を冠した書物も刊行され始めていた。それは、「近代学校」制度が、「家庭」の中に直接進入してきたことを意味している。別の言い方をすると、旧来の村落共同体的「家」という組織が再編成されて、あらたな「家庭」という単位として、天皇を頂点とする疑似家族

『修身はなし』明治 32 年

『修身はなし』表紙裏

『家庭教育 日本修身美談』明治 26 年

的近代国家体制の中に組み込まれていったのである。というのも、教育勅語を国民精神の統合装置として前面に押し立てた明治政府にとって、天皇制国家観を各家庭と直結させることが、必要だったからである。すなわち、そこで理想とされた「家庭」とは、「慈父」である天皇をいただきつつ、それを下支えする「細胞」となり、上からの国家観を「口授」する場として構築されていったのだ。

こうした事態における家庭での「口授＝談話」活動を、どのようにとらえたらいいのだろうか。ここでは、重信幸彦の意見を参照してみよう。重信は、明治期に、大人が子どもに対してあらたまって「家庭」の中で「談話」をするという行為は、「新しく出来た『家庭』という理念の中核に位置づけられた団欒の具体像として、〈お話〉を交わすことが再発見されたものだった、という。つまり、「談話」活動は、従来のような単なる日常的な言語交流活動としてではなく、近代「家庭」を創り出す機能を持った新たな言語活動として位置付け直されたのである。その上で、重信は、「家庭」という「話の共同体」が、「談話」を通して「国民」を作り上げるものとして機能していく、と述べる。「家」の中で行われる年長者と年少者との「談話」活動そのものが、明治天皇制国家を補強し、国民意識を育む家庭内文化活動として再編成されていったのだった。とすれば、そこで交流されるのにもっともふさわしい題材は、「明治期『修身読み物』関連図書表」に多出する日本の理想的「歴史的人物」をめぐる「修身話」や「史話」であったのは当然のことであろう。*6

また、永嶺重敏は、明治二〇年代から三〇年代にかけて、文芸雑誌などの中で「読書社会」「読書社界」「読者社会」などの用語が生まれ、「作家―出版社―読者」という関係が読書市場として成立する、という。さらに、明治三〇年代には、活版印刷の普及により、全国読書圏が形成され〈読書国民〉が誕生していく、ともいう。いうまでもなく、そうした〈読書国民〉の成立を可能にしたのは、学校教育で身につけた読書リテラシーを持った子ども読者たちだった。また、学校での教育内容だけでは満足できず、さらなる活字文化を享受したいと考える子ども読者層も生まれつつあった。こうした言語文化状況に即して考えるなら、子どものための読み物が少なかった明治二〇年代初頭に集中して出版された「修身読み物」類は、学校教育の中から派生して、教育勅語体制を下支えし、

『女子立志美談』口絵　明治 24 年　家庭での談話

同時に「子ども読書国民」層の形成を実体化する装置の一つだった、ということが出来るだろう。[*7]

二、「明治赤本」系統の修身噺

「修身赤本」

以上に見てきたような、比較的学校教育とも親和性のある代表的な「修身読み物」類（判型B6版一三〇―一六〇ページ前後の本）とは別に、派手な色刷りの表紙で子ども受けをねらった安価な一群の冊子類もある。これらも「修身読み物」の範疇に位置づけておく必要がある。

こうした書物群は、修身口授から派生した「修身読み物」のさらに簡易版という性格も持っているが、別の観点から見ると、在来の赤本業界が学校教育に接近し、その内容や形式を模倣した際物的な商品だとも考えられる。すなわち、前節で検討した「修身読み物」が、直接学校教育の中から生まれた「読み物類」だったとするなら、これらの諸本は、従来の童蒙向け読み物類の発展形態であるととらえることができるのである。したがって、これらの諸本はいわゆる「明治赤本」と同じように、絵草子屋・地本屋などに並べて販売されていたことが想像できる。

これまでたびたび言及してきたように、明治維新を迎えても、庶民の文化の基底は、まだ江戸期以来の嗜好を引きずっていた。というより、多くの人々が培ってきた日常的な文化は、そう急激には変化しない。江戸の伝統を引き継いだ赤本類が、明治期に入ってからも庶民の間で享受されていたことは、先行研究においてもすでに指摘されており、それに関する本格的な調査と論究も進んでいる。たとえば、内ヶ崎有里子や加藤康子などの仕事がそれである。

内ヶ崎によれば、明治維新後の約二〇年の間には、江戸期から続いている、「桃太郎」や「花咲爺」などのいわゆる五大昔話を中心とした伝統的な話材を取り扱った木版摺りの袋綴じ本が、多く出版されていたという。こうした「赤本の伝統を引き継いだ明治期の絵本は、明治二〇年代前半までは、小型本・中型本ともその出版を確認できるのだが、その後姿が見えなくなる」とされている。内ヶ崎は慎重に「赤本の伝統を引き継いだ明治期の絵本」という言い方をしているが、本書においては、それを「明治赤本」と呼称することにして、すでに第四部第一章でその一部を紹介した。[*8]

確かに、江戸期以来の赤本のように、和紙に木版摺りされ、草書体で印字された「桃太郎」や「花咲爺」の昔話を主体にした絵本は、明治二〇年代前半まででほとんど姿を消してしまう。しかし、その終末期には、イソップ寓話や修身譚に取材した、別種の内容の「明治赤本」も刊行されている。素材として修身的な要素を多分に含んでいるので、本書ではそれらを、昔話の赤本と区別して、「修身赤本」と呼んでおく。「修身赤本」は、前項で検討した「修身読み物」とは異なり、色彩感豊かな木版刷りの彩色表紙で子どもを引きつけ、多くの場合、子ども自身が手ずから購入したと考えられる小型で薄い書物類である。また、同じ小型本であるが、教誡や訓言、あるいは雑多な知識をその内容とした、ボール表紙で装幀された安価な各種読み物類もあった。

前掲の「『修身読み物』関連図書一覧」の表の中には、こうした「修身赤本」類も、挿入してある。そこで、ここでは「『修身読み物』関連図書一覧」の中から、「修身赤本」だけを抜き出して、次頁に「修身赤本一覧表」として整理した。また、その中には、小型本と中型本とが存在するので、中型本に「網掛け」をして示しておいた。

(1) 小型本(袖珍本)の検討

イソップ寓話と小型本

初めに、小型本の方から検討しよう。大きさは、すべていわゆる袖珍版である。合冊になっているものもあるので、それをバラして、一冊ずつの冊数にして数えると、総計五九冊になる。もちろん、ここに示した書籍は、市場に出回っていたもののうちの、ごくごく一部であろう。

まず、これらの小型本の特徴は、前節で検討した「修身読み物」よりもさらに年少の子どもたちを購買対象にしていたことが挙げられる。修身教科書の課外版という範疇に入れることができなくもないが、より娯楽色が強い読み物群である。話材としては、イソップ寓話の翻案が多いことが目につく。おそらく江戸期の出版の伝統を引き継ぎながら、同時に新しい題材を開拓して活路を求めようとした赤本書肆が目をつけたのが、イソップ寓話だったのではないかと思われる。

イソップ寓話そのものは、すでに江戸時代の読者たちにも『伊曾保物語』などの形で提供されており、一定の支持を受けていた。しかしそれは、必ずしも読み手として、子どもだけを想定したものではなかった。しかしこの時、子ども向けの話材として、もっぱら花咲爺や舌切雀などの昔話を扱ってきた書肆が、題材を広げようとして、渡部温などによって新しく翻訳されたイソップ寓話に目を付けたのだろう。

このことに関して木村小舟は、次のように述べている。[*9]

こういう時代に、東京を初め大阪、名古屋方面の書店では、早くも時代の傾向に目ざめて、これ等の外国物を基礎とする種々の教訓冊子が多く作られ、――主としてイソップ、若しくはイソップまがいの和製品、一方京都では、やはり場所柄だけに、仏教の因果応報を主とする彼の本地物の変体と見られる小冊子が、幾種となく作られて、本山参りのお上りさんの土産物に供せられ、これが亦中々侮り難い勢力を有した――。勿論これ等は作者の署名も無く、且つ何れも粗製の安価本にて、挿画の有るもあり、無きもあり、一時の場当たり物さえ間々見られたが、実物宣伝を旨とする行商人の手に依って、思いの外広く各地に行き亘ったのは、亦見逃しがたい現象であった。

この木村の発言の中にある「教訓冊子」が、本書で言うところの「修身赤本」に相当する。ここでも、子ども読者は、新しい市場として開拓されつつあったのである。

イソップ寓話を取り上げた「赤本」としては、まず、一八八六(明治一九)年に出た、『修身勧』があげられる。これは、大阪の小川畜善館から出た小冊子で、池田亀蔵(杉亭主人)の編集である。銅版による総ルビ・絵入りの装丁。国会図書館蔵本は、全三巻、それぞれ三三、三五、四八丁仕立てだが、丁数の表示に錯誤があったり、三巻目には欠落があったりするので完本とはいえない。しかし、その内容のほとんどはイソップ寓話からなっている。(全七七話中六六話がイソップ寓話である。)[*10]

登場人物が和服で顔だけは動物という江戸期以来のおなじみの意匠の

「修身赤本」一覧表

刊行年	図書表題	編著者（刊行者・所）	主な話材	体裁など	価格
1886（明治19）	『修身勧』全3	池田亀蔵	イソップ寓話・日本中国故事	33-48丁　13cm	50・10銭
1886（明治19）	『絵入修身談』	深井鑑一郎（道五書房）	和漢洋事実譚	27丁　13cm	15銭
1887（明治20）	『小学生徒 修身一ト口話』	神林三吉（稲垣武八）	一口笑い話	8丁　13cm　＊	3銭
1887（明治20）	『小学生徒 修身教育昔噺』	綾部乙松（瀬山佐吉）	イソップ寓話など	8丁　13cm	3銭5厘
1887（明治20）	『小学生徒 修身教育噺』全5	日置岩吉（開文堂）	イソップ寓話など	各8丁　13cm	各3銭
1888（明治21）	『小学生徒 徒教育昔噺』全10	松廼家緑（開文堂）	イソップ寓話の翻案	各8丁　13cm　＊	各3銭
1889（明治22）	『小学生徒 教育修身はなし』全5	江東散史（開文堂）	日本外国偉人・イソップ寓話など	各16P　18cm　合冊	10銭
1889（明治22）	『いろは短歌教育噺』全7	川田孝吉（いろは書房）	ことわざ+短話	各10丁　13cm　▲　＊	？
1889（明治22）	『幼稚 修身のをしへ』	吉澤富太郎（開文堂）	日本外国偉人・イソップ寓話など	8丁　9×13cm　横長	？
1889（明治22）	『十人十種教訓話』	新貞齋（いろは書房）	身辺雑話	9丁　13cm	2銭
1889（明治22）	『二人生徒善悪之行末』	新貞齋（いろは書房）	教訓長編話	11丁　13cm　＊	？
1889（明治22）	『ゑほんをしへくさ』	山田仙	身辺雑話　12冊シリーズか？	12P　13cm　＊	2銭
1890（明治23）	『修身教育 宝の友』全5	沢久次郎	日本外国偉人・イソップ・身辺談など	16P　17cm　折り込み口絵	？
1890（明治23）	『家庭教育 修身をしへ草』	吉澤富太郎（開文堂）	外国読本など	16P　18cm　＊	9銭
1890（明治23）	『修身教育 家庭之噺』	和田萬吉（飯塚八太郎）	宇治拾遺物語など	40P　18cm　＊	
1890（明治23）	『修身知恵袋』全5	吉澤富太郎（開文堂）	『立志』『歴史』『子供独演説』『修身』『日本孝子』	合冊　各32P　12cm	8銭
1890（明治23）	『いろは短歌教育ばなし』	川田孝吉（いろは書房）	ことわざ+短話	48P　18cm　▲の内容を縮小したもの	6銭
1890（明治23）	『家庭教育 修身ばなし』	西村富治郎（自由閣書店）	日常修身話	48P　13cm	5銭
1891（明治24）	『子供のをしへ』	木原季四郎（やまと新聞社）	雑編・イソップ寓話など	12P　19cm	5銭
1891（明治24）	『少年教育 修身二十四孝』	雪　筍児（弘文館）	中国二十四孝	48P　13cm	5銭
1892（明治25）	『教育 幼稚の宝』全18	秋本政（金桜堂）	子供演説・子供伊蘇普・幻灯会など	合冊ボール表紙　各47P　13cm　＊	25銭
1892（明治25）	『教育 修身の鑑』	江東散史（開文堂）	日本外国偉人・イソップ・身辺談など	48P　18cm	？
1897（明治30）	『訓童 教の近道』	牧金之助（金寿堂）	身辺訓話	12P　12×15cm　横長　＊	？

網掛けは中型本・ほかは小型本　＊は家蔵書。ほかはすべて国立国会図書館蔵本。

挿絵が多い。次には、第二巻に収録された「蛙と牛の話」を紹介しよう。

誇りは身を亡す

或川の傍りに牛一匹是処彼処と餌食を求めあるきしに蛙是を見て心に思ふ様我身をふくらしなば必ず彼牛の丈ほど成なんと思ひて急度のびあがりて身の皮をふくらして小蛙に向かひて今は此牛の背ほどなりたるやと尋ねたれば子共等冷笑ひて云ふに未だ其くらいにはなし憚りながら御辺は牛に似より給はず正しく蕪に能くも似たりければ御皮のちゞみたる処侍るほど今少しふくらせ給はゞ彼牛の背ほどに成り給ひなんと申ければ蛙答て云ようそれこそ最易き叓なりと云てイエやつと身をふくらせければ思ひの外皮が俄にやぶれて腸たを出て空しく成りにけり其如く及ばざる才知。位を望む人はのぞむ叓を得ず遂におのれが思ひ故に却て我身を亡す事あるべし

『修身鑑』明治19年

『修身勧』に収録されたイソップ寓話は、渡部温『通俗伊曾保物語』と江戸期の『伊曾保物語』の二つの先行資料を原拠としており、この「誇りは身を亡す」の本文は『伊曾保物語』をもとにしている。それぞれすべての話が、見開き頁の中に収められており、紙面中に絵の占める比率も大きいので、絵物語のような感覚で楽しむことができる。文章は文語体で、変体仮名も多用されており、句読点もほとんどないので、必ずしも読みやすい文章だとはいえないが、振り仮名をたどっていけば、子どもでも全巻を読了することはそう難しくなかったかもしれない。

これと同工異曲の本が『修身之教』である。やはり、縦一三センチメートルの大きさで一八八八（明治二一）年刊。国会図書館蔵本は、総頁一二七頁で、定価が二〇銭。三八話が収められており、そのうち二〇話ほどがイソップ寓話である。紙面構成は、『修身勧』と全く同じであるが、取り上げられている話が異なるだけである。『修身勧』では校訂者と記されていた大館利一の名前が、『修身之教』では著者となっているので、おそらく『修身勧』の姉妹編として作られたのであろう。この本のイソップ寓話部分の本文が『通俗伊蘇普物語』を下敷きにしていることは原文の類似からも明らかである。文章の作成にあたっては、手元に渡部温の『通俗伊蘇普物語』を置き、その文章を横目で見ながら編修

したと思われる。[11]

別に、一八八七（明治二〇）年から翌年にかけて刊行された『小学生徒教育昔噺』全一〇巻は、全話がイソップ寓話の翻案で構成されている。それぞれが一六頁の小冊子（縦一二センチ）で、編集は松廼家緑（川田孝吉）、出版は東京本所の吉澤富太郎。定価は、三銭から五銭である。第四巻には六話が収録してあるが、そのほかの収録数はすべて五話。したがって、この『小学生徒教育昔噺』全一〇巻には、五一話のイソップ寓話が収録されていることになる。この本もおそらく、渡部温の『通俗伊蘇普物語』をほとんどパラフレーズした仕事にちがいない。書名からも分かるように、この本は明らかに子ども向けた書物である。修身臭さを前面に出していないので、先に挙げた『修身勧』よりも子どもにとっては、親しみやすかったかもしれない。[12]

『小学生徒 教育昔噺』巻九　表紙

似たような作りの本である『小学生徒修身教育昔噺』は、一八八七（明治二〇）年の刊行。一六頁の小冊子で、編集は梅廼家馨（陵部乙松）、出版は東京浅草の瀬山佐吉である。定価は、三銭五厘。全六話中四話がイソップ寓話。文章は文語体であるが、総ルビが施されており、子ども自身が読むことを想定していたと思われる。また翌年に出た、『小学生徒修身教育昔噺』も、同じような体裁だが、こちらは大阪で発行されている。国会図書館蔵本は、一巻の表紙がなく、また三巻・四巻が欠けているなど完本ではないが、巻一の定価は三銭。収録されている話材は、半分以上がイソップ寓話で、とりわけ巻一は、二二話中二一話がイソップ寓話からの翻案である。文章表現や内容などから見て、これもおそらく『通俗伊蘇普物語』を種本にしたのだろう。

こうした「修身赤本」には、国語教科書などに載せられたイソップ寓話のようなポピュラーな話だけではなく、そこにほとんど登場しない話材が並んでいるのが特徴である。この本にも、各話の末尾に子どもに向けた教訓が添えられている。こうした小型で安価な刊行物は、地本屋・絵草子屋などを通じて、庶民の間に広く出回っていたものと思われる。

江戸期以来の修身ものの展開

これらの中には、単に表題に修身や教訓という題名を冠しただけで、子どもに売り込もうとするたくましい商魂を発揮している本もる。たとえば、一八八七（明治二〇）年の『小学生徒修身一ト口話』は、「修身」という題名は付いているものの、内容は「落とし話」であり、通常想像される「修身」とはほど遠い内容である。たとえばこの中に収録されている「亀の甲と鼠の年始話」では、福の神とお供の鼠の前に、酒に酔った亀が現れる。亀は「女まわり」をしていたらしい。それがばれて亀は照れ隠しに「ヘイ亀出（かめで）とふ」と、「おめでとう」の地口で話を下げる。

他の六話もみなこんな調子の地口の連続である。かなりいいかげんな作りであるといわざるをえない。しかし、前節で検討した「修身読み物」が、聖人君子の事蹟を並べ現実離れした教訓を垂れているものが多いのにくらべて、これはいかにも屈託がない。大人世界の遊び心の吐露ではあるものの、それを子どもと共有しようという姿勢が看取できる。庶民の中にあった「うがち」や「しゃれ」の精神が、学校用の「修身」を、ちゃかしているとさえ言っていい。

『小学生徒 修身一ト口話』「亀の甲と鼠の年始話」明治 20 年

また、ことわざをいろは順に並べ、それに解説や短話をつけた小型本もある。一八八九（明治二二）年の『いろは短歌教育噺』である。判型は、縦一三センチメートルで、表紙は木版刷りだが、本文は活字で組んである。ここには、歌やことわざから引き出した教訓を解説したり、あるいは教訓歌・道歌など、教訓そのものを歌に詠み込む江戸期以来の伝統が生きている。この本は全七巻で、すべて集めるといろはが揃うようになっていたので、子どもたちは一つずつ楽しみに買い集めたのだろう。

加藤康子は、このような小型本＝豆本に関して「本というだけではなく玩具的な要素もあったと思われる」と述べている。さらに加藤は、「揃いものとして体裁を整えることが、読者の購買欲をそそった」といい「買い集めることは、本を自分の物として読者が意識することにつながると思われ、本の読み方を回し読みや集団読みから個人読みへと変容させるきっかけにもなったのではないだろうか」と注目すべき発言をしている。

『いろは短歌教育噺』三　明治 22 年

子どもたちにとって、小銭で購入することの可能な安価な小型本は、小さな読書人を育成するきっかけにもなっていたのである。*13

もっとも、小銭を手にした子どもたちがまったく自由意志でこうした本を選んで購入できたとはいえない。たとえ購入の現場に大人がいなくとも、子どもたちはそれを家庭に持ち帰る。大人の側も、こうした本に対して、広義の「教育的」効果を強く期待する。次に挙げる『訓童 教の近道』は、一八九七（明治三〇）年の刊行物であるが、親の期待に迎合しようとする出版側の戦略がよく現れている。この本は、生誕した子どもが、善の道を選ぶか悪の道を選ぶかによって成人した姿が異なるという江戸期以来の勧善懲悪話になっている。善心悪心が擬人化されて、善玉悪玉の姿になって登場するという構図は、庶民にはおなじみだった

『訓童 教の近道』金寿堂　表紙（上）と 3P　明治 30 年

その話の中に、出版社金寿堂がしゃしゃり出て自己宣伝をするという趣向を挿入している部分を、次に示そう。

善〳〵教育本の新板が沢山金寿堂から出板になりました
子〳〵この本はたいさうおもしろい画がありますそしてよくわかります
母〳〵なんでも蔵前の深川やから出板本ハためになる事ばかり書てあります　せけんのおこどもしう此本をごらんになればじぜん（自然・稿者注）と　生人の後忠孝なる人になります

ここでは、善玉も母親も子どもも、みなこうした「修身赤本」の教育的効果をうたい、購買層へ向けて、本の購入を訴えかけている。実際この本のストーリー展開では、こうした「修身赤本」を読んで育った子どもが、忠孝の精神を持った善人になるという結末になる。本の表紙にも、「不幸者」は「誅」せられ、「孝者」は超越神から「賞」をもらうという絵がデフォルメされて書かれている。完全に江戸期の道徳奨励と連続した本の作り方である。しかし、当然かもしれないが、様々な悪行を重ねる悪心の姿の方にリアリティーがあって、生き生きとしているように見えるのは面白い。

同じような展開の小型本に、『二人生徒善悪之行末』（明治二二年刊）がある。題名を一瞬見ただけで結末が想像できそうな表題だが、案の定、ストーリーは、型どおりである。すなわち、田舎の金持ちの家に生まれた富之助と隣の貧乏人の家に生まれた小太郎が、長じて旅に出る。富之助は福街道をおごりと道楽三昧で旅行し、小太郎は貧街道を精励刻苦して進んでいく。二人の「行末」は、いうまでもない。小太郎の旅は、以

下のような筆致で書かれている。[14]

……苟にも道ならぬ金銭を貪ぼるまじ　些細なる利益といへども之を捨ず　身の脂をしぼりて儲くるときは　遂に福街道へ達すべし　そうじゃく／＼と独り諾づき　是より身を粉に砕きて道をいそぎ　額山より湧出つる　汗乃川に付て　分別村を通り　結構じんの社に詣り　資本の銭塔を遙かに望みて　三笠山の麓に出づ　此所にてかさを購ひ己が心にかさを着て　夫より少しも上を望まず　足もとを見て歩みける

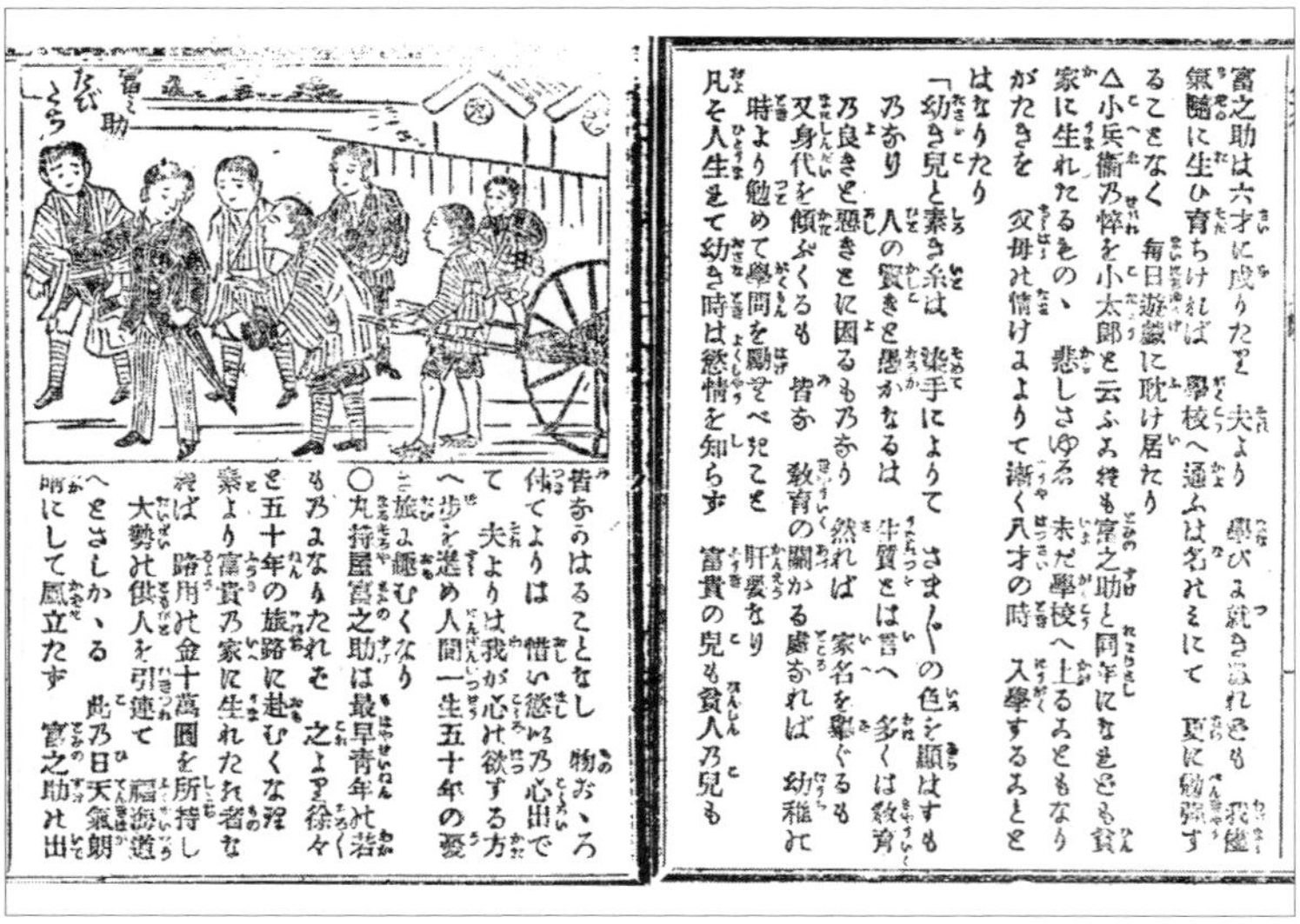

『二人生徒善悪之行末』本文　明治22年

文章は道行き文を模した旧態紛々たる文体であり、内容的にも勧善懲悪思想を図式的に示しただけで、人間の個性が書かれているわけではく、江戸期の「教訓書」とそのまま地続きである。

しかし、創作児童文学の最初期の作品という評価を受けることの多い、三輪弘忠の『少年の玉』（一八九〇《明治二三》年）も、巌谷小波の『こがね丸』（一八九一《明治二四》年）も、基本的にはこれと同じような発想で書かれている。もちろん、『少年之玉』は、大日本教育会の教材公募に応じて書かれて世に出たところに意義があり、作品中にも、近代文明に参入しようという積極的な人間像が描かれている。また『こがね丸』は、博文館の少年文学シリーズによって、新しい子ども読者市場を開拓したし、文語体とはいえ、その文章には当時の少年読者を十分に引きつける魅力があった。したがって、『二人生徒善悪之行末』のような内容の修身赤本を、こうした創作児童文学の前史として位置づけることは、間違っているかもしれない。

しかし、「修身赤本」のような「俗悪」な読み物の土壌の上に『少年之玉』や『こがね丸』のような出版物が、花開いたことだけは、確かだろう。『少年の玉』や『こがね丸』のような、いわゆる「創作児童文学」も、いきなり出現したわけではない。また、「勧善懲悪」的なストーリー展開は、その後も、子ども読み物の主流になっていく。

さらに言うなら、第四部第一章第三節で触れた、一八九三（明治二六）年に刊行された、大矢透の『大東読本』も、こうした勧善懲悪的な成長物語をそのバックボーンにしていた。明治初期以来の「読本」製作において『大東読本』のような物語的編成方法は初めてであり、「読本」作製の手法としては、特異な存在だったわけであるが、こうして明治赤本などを見渡してみると、大矢透の発想自体は、江戸期以来の教訓物語の枠内に収まっていると言えないこともない。

山田仙の『ゐほんをしへくさ』

一方、同じような小型の判型（縦一三センチメートル・各一二頁・定価二銭）ではあるが、これらとはコンセプトの異なった「修身赤本」として、一八八九（明治二二）年に刊行された『ゐほんをしへくさ』シリーズがある。この本に関しては、これまで十分な紹介と検討がなされていないので、いささか記述のバランスを欠くが、少し踏み込んだ論述をしておく。この叢書の「はしがき」には、次のような文章が掲載してある。

このゐほんをしへくさハ、はなしのことがらをしへのみちにかなひて、かつわかりやすく、おもしろく、そのゐがらもいやしからぬをむねとせり、

このゐほんをしへくさハ、いへにありてハ、はゝのひざもとにてこどもにものがたりするよきたねとなるべく、またようちゑん、せうがくにありてハ、志うしんのはなしのたねとなり、ことにせうがくかうにて、かなのよみかたをおぼえたるこどもにこれをよましめ、またこのゐほんにかなにてかきたることばを、こどもの志りたるかんじになほさせなどせバ、よみかきのちからをねるにもつとともよかるべし、

このゐほんをしへくさハ、せうがくかうにて、みのおこなひことによ

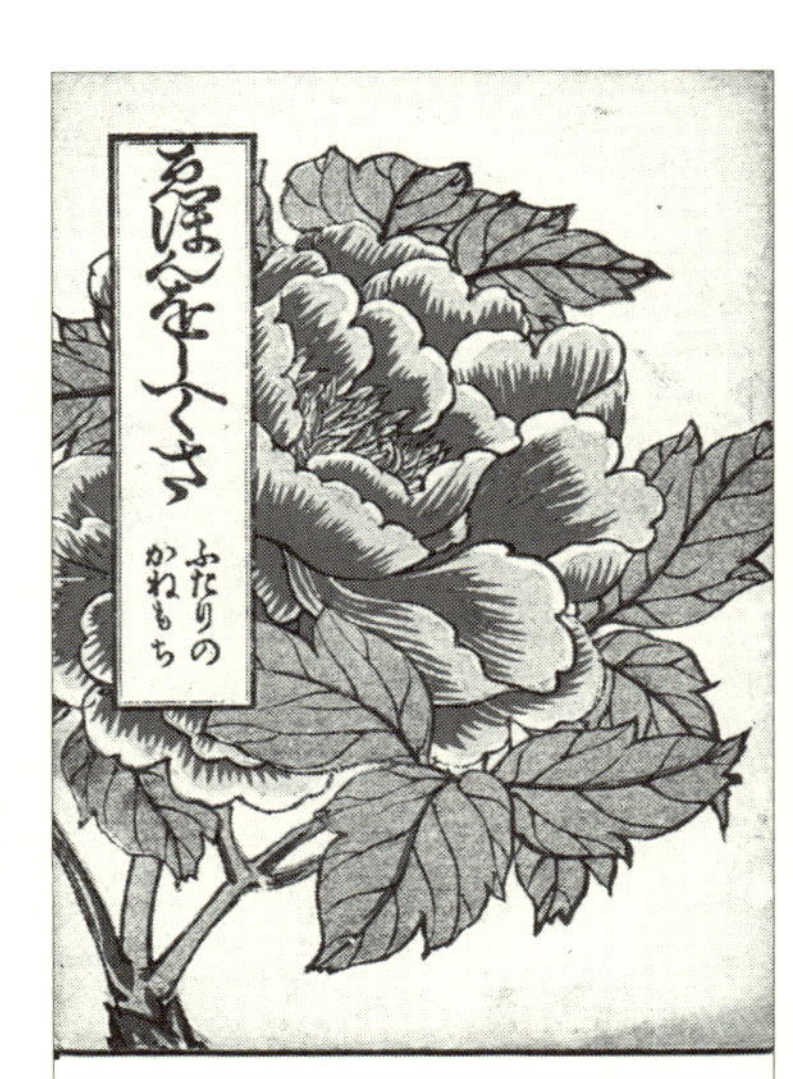

『ゐほんをしへくさ』表紙

『ゐほんをしへくさ・ふたりのかねもち』本文の冒頭頁
明治 22 年

きもの、またハことにがくもんをつとむるものに、ほうびとしてあたへなバ、こどもをしへはげますのたすけとなることおほかるべし、

「はしがき」からも分かるように、このシリーズの書き手は、かなり学校教育サイドに身を寄せている。というのも、画家の名前こそ記されていないが、「ゐがらもいやしからぬをむねとせり」と、わざわざ挿絵に配慮したことを言明したり、修身教育に役に立つことはもちろん、ひらがな表記を漢字に直すことによって「よみかきのちからをねる」ことができるなどと、リテラシー育成の具体的方法にまで言及しているからである。こうした点から、この本の編集者は、学校教育にかなり関わりの深い人物ではないかと推測できる。[*15]

奥付に記された著作兼発行者名は、山田仙である。この著者に関する情報は乏しい。明治一二年に版権免許を得た山田行元編『新撰地理小誌』(香風館蔵版)の奥付で、この本の出版人であること、そこに山形県士族という肩書きがあることは分かるが、それ以外の消息は不明である。しかし、この『新撰地理小誌』の奥付の住所表記が、山田行元と山田仙ともに、「東京小石川区小日向台町一丁目一九番地寄留」となっており、著者と出版人が全く同じ居住地であることは、重要な情報である。[*16]

山田行元に関する研究に関しては、地理教育の立場から、白井哲之の調査がある。それによると山田行元は、一八五〇(嘉永三)年、米沢馬場町(現米沢市)に、阿部氏として生まれた。戊辰戦争で右手に損傷をこうむり、一八七〇(明治三)年、山田氏の養子となって山田行元を名乗り、妻「せん」を迎える。この後、東京へ出て米人などにつき、英学を修めて、千葉県千葉師範学校校長、石川県中学校師範学校校長を経た後、一八八〇(明治一三)年に、文部省の教則取調掛、及び教育令改正取調掛として着任する。一八九〇(明治二三)年には、文部省視学官を担当するが、一八九一(明治二四)年、病のため非職になる。山田は、この間、多くの教科書類を編纂しており、その仕事の中心は地理教科書である。[*17]

山田行元の経歴の中には、妻の名前が「せん」であることが記されている。もしこの「せん」が、『新撰地理小誌』の出版人の「山田仙」と同一人物であるとするなら、次のような推測が可能だろう。すなわち、山田行元は、明治一二年に『新撰地理小誌』を刊行する際、自分の妻を出版人にした。そればかりでなく、一八八九(明治二二)年に、『ゐほんをしへくさ』を刊行するにあたっても、「山田仙」を「著作兼発行者」とした。だが実際には、山田行元がそれを執筆したのではないか、と。『ゐほんをしへくさ』刊行時の山田仙の住所を見ると、「東京麴町区富士見町四丁目五番地寄留」となっている。山田行元の自伝では、山田は、明治二〇年五月に、住所を「麴町区富士見町四丁目四番及五番地」に移している。ここでも、山田仙と山田行元の住所は重なる。この情報も、「山田仙」が、山田行元本人であった傍証の一つになる。[*18]

もちろん、山田行元の妻である「せん」自身が、この絵本を作製したと考えてもいっこうに構わない。しかし、前述したような、山田行元の経歴からすると、彼自身がこの本を執筆した可能性が高いように思える。妻の名前で絵本を公刊した理由は不明だが、当時、現職の文部官僚であったことも、その要因の一つだったかもしれない。

なお、この絵本の印刷は、築地活版製造所で行われており、本文には、すべて築地活版製造所の四号和文仮名活字が使われている。印刷者は、

仁科衛である。もう一人の印刷者として、川島亀次郎の名前が挙げてある。こちらはたぶん木版の図版に関わった人物だろう。*19

『ゐほんをしへくさ』の所蔵に関しては、国立国会図書館の七冊が最大の保管数であり、ほかには大阪国際児童文学館に一冊、家蔵本が一冊のみである。この絵本は、現在、これだけしか所蔵が確認できず、シリーズの全貌は不明である。

稿者が確認したすべての本の冒頭には、まったく同文の「はしがき」が付けられており、その末尾には「だいいちのひとくみ」一二冊の書名があげてある。一二冊の表題は、別表に整理したとおりであり、どれも

『ゐほんをしへくさ』の所蔵状況

表題	所蔵	出典など
かみなりあめ	国会図	外国読本？
みつのかし	国会図	Mc 2-56 Three Boys and Three Cakes
がくもんのひかり	国会図・大阪	N.N 3-26.27 Too rich to afford it.
はゝのめぐみ	？未確認	
よききうじにん	国会図	『童蒙をしへ草』又は『修身説約』
かしこきむすめ	？未確認	
こどものかゞみ	？未確認	
ふたりのびじん	？未確認	
まづしきひと	？未確認	
ふたりのかねもち	国会図・家蔵	外国読本？
あまやどり	国会図	『訓蒙勧懲雑話』又は『修身説約』
ふるきうはぎ	国会図	外国読本？

刊記の出版日が、明治二二年七月二五日となっているので、未確認の五点も同日に刊行された可能性が高い。また、「だいいちのひとくみ」という表記からは、続くシリーズも企画されていたように推測できるが、確認することはできない。

このように『ゐほんをしへくさ』のシリーズ全体の構成がはっきりしないので、確かなことは言えないが、ほとんどの題材は、外国の作品を原拠にして、平仮名読み物に翻案したように思える。たとえば、「あまやどり」は、第一部第四章で検討した、ドラパルム編・和田順吉訳の『訓蒙勧懲雑話』に出ていた「旅客」と同話である。この話は第五部第一章で触れた木戸麟の『修身説約』（巻三第一七）にも、文章を和らげた形で掲載されていた。この『ゐほんをしへくさ』の「あまやどり」は、次のような平仮名表記の文章である。その冒頭を示してみる。

あまやどり

とき ハ あき の なかば にて、はれわたりたる そら なりしが、たつみ のかたに、ひとつ の かさのやうなる くろくも あらはれ、まもなく なかそら に みちはびこり、はやて どつと ふきいだし、あめ も はげしく、ふりきたり、おほあらし と なりにける、このひ ひとり の かりに いでたる ひと、にはか の おほあらし の ために つれ を みうしなひ、ひも くれかゝりて、やまぢ に ふみまよひ、いとゞ なんぎせしが、ともしびのひかりをめあてに、やう〳〵 ひとつ の むらに たどりつきたり、やがて なかにも おほきなる いへ の かどべ に たちより、なんぎ の よし を つげて、ひとよ の やどり を たのみし に、この や の あるじ ハ、志んせつのこゝろ なき ひと にて、こなた ハ は

たごや ならねば、おとまり ハ かなひがたし、これより いちりほど
ゆきて 志くばに いで、とまり をもとめよと ことはりたり、（下略）

編者は、幼少年向けに比較的易しい語彙を使用して本文を作成したと思われ、本文は、和文脈の文語体で書かれている。ただ、文中の会話文には、談話体は採用されていない。

同じシリーズの「がくもんのひかり」は、*New National Third Reader* の第二六・二七課の「Too rich to afford it.」が原拠である。この作品では、父と子どもとの対話が、次のような文体で記されている。これも作品の冒頭を引用する。

がくもんのひかり

こたろう ハ、ちゝに むかひて いふ、わたくし ハ、がくかう を やめたく あります、ちゝ おどろきて いふ、おまへ ハ、なぜ そんなことを かんがへだしたか、こたろう、はい、わたくし ハ、がくもんに あきました、むかふ の じろうさん も、がくかう を さがり、うちの おとつさん ハ、かねもちだ から、おれ ハ、がくもん など せいださずとも よい とて、あそんで をります、ちゝ すこしく けしき を かへて、おまへ ハ、ほんに そう おもふ の か、こたろう、はい、ちち、それなら がくかう に ゆかずとも よい、こたろう、ありがたう、（下略）

地の文は、やはり文語体である。こなれた表現とは言い難いが、この作品の父と子のやりとりは、かなり日常会話に近い談話体である。参考のために、原文の冒頭を示す。

"I don't want to go to school any more, father."
Mr. Gray raised his eyes in surprise to the face of his eldest son, a lad of about fifteen.
"Why don't you wish to go to school ?"
"Well, sir, I am tired of studying, and I don't see any use in it."
"Do you think that you know enough ?"
The boy blushed a little at his father's sharp look and tone.（下略）

原文は、ほとんどが会話文で進行する。父親は、学校を辞めると言い出した息子を伴って、今は監獄に入っている昔の友人に会いに行く。勉強をしなかったから堕落したと語る彼の話を聞いて、息子は、勉強の必要性を悟る。原文と比較すると、描写部分などが、かなりカットされ縮約されていることが、よく分かる。

また、「みつのかし」は、*McGUFFEY'S New Second Eclectic Reader* の第五六課「Three Boys and Three Cakes」を原拠としている。原文では、貰ったケーキを食べ過ぎて病気になったHarryと、それをとっておいてネズミに食べられたPeterと、みんなに分け与えたBillyの三人の行動から、だれが最も適切だったかを考えさせるストーリーになっている。『ゐほんをしへくさ』では、子どもたちに固有名は付けられていないが、物語の展開は原文と同じである。*20

さらに、「よききうじにん」は、フレデリック大王が使用人に対して仁愛を施す話で、福沢諭吉の『童蒙をしへ草』巻一第二章の「ふれでりっき其扈従を憐む事」と同話。ただし、『ゐほんをしへくさ』には、フレデリック大王という固有名は出て来ない。これも同じストーリーが、『修

身節約』の巻四第一三に収録されている。ほかに「かみなりあめ」「ふるきうはぎ」も、その内容から考えて、外国の本から題材を撰んで、本文を作成したと思われる。この『ゐほんをしへくさ』シリーズの文章は、人物名や場所なども含めて、かなり日本的に翻案されている。

先ほど推測したように、著者の「山田仙」が、山田行元本人であるとするなら、明治初年から多くの外国の読本などにも触れていたはずである。それらを材料にして、日本の子ども向けに翻案して刊行した所為は、明治初期に「子ども向け翻訳啓蒙書」を作製した人々とまったく同じである。たとえ山田が、原典から直接翻案したのではなくとも、すでに「翻訳啓蒙書」から派生した『修身説約』のような修身書もたくさん出されていたから、それらをもとにして、こうした「絵本」を作製することも可能だっただろう。おそらく山田行元は、師範学校の校長職などを経験して学校教育の実態を承知していたこともあって、自ら学校教育に適合した「絵本」を作製しようと考えたのだと思われる。すなわち、彼は、江戸期以来の「赤本」的な内容ではなく、幼稚園児や小学校低学年の子どもを意識して、教育的な内容を持った新しい「修身絵本」の作製を試みたのである。そのため外国の読本類や修身書などから材料を収集し、子どもたちが読みやすいように、ひらがな活字を使用して、本の定価も二銭に収めたのだろう。

では、この『ゐほんをしへくさ』シリーズは、子ども読み物の歴史の中に、どのように位置づけることができるのだろうか。この本が、本文すべてを活字ひらがな印刷による小冊子の形態で作製していたことに着目すると、以下のような流れの中に置くことが可能だろう。すなわち、時系列で見るなら、明治初年に鳥山啓が試みた『さあぜんとものがたり』などの平仮名書きの「子ども向け翻訳啓蒙書」を継承するものであり、次章で検討する明治三〇年代の樋口勘次郎の『修身童話』シリーズの先蹤になっていると位置づけられる。

あるいは、外国の作品を日本の子どもたちに小冊子の「絵本」という形で提供した仕事の系譜ということで言うなら、呉文聡（くれあやとし）が一八八七（明治二〇）年にグリムの「狼と七匹の子山羊」を翻訳して弘文社から刊行した絵本『八つ山羊』や、上田万年が一八八九（明治二二）年に、同じ「狼と七匹の子山羊」を言文一致体で翻訳した『おほかみ』などと並べることもできるだろう。呉文聡や上田万年の絵本の仕事は、従来から、日本児童文学史研究の上で、高く評価されてきた。しかし、『八つ山羊』も『おほかみ』も、内容的には、ここでいう「修身赤本」の一種だと考えていい。呉や上田の仕事がそれぞれ一冊だけで終わってしまったのに比べて、『ゐほんをしへくさ』や、先ほど検討した『小学生徒教育昔噺』などの諸本は、数冊のシリーズで刊行されたことに意義がある。

いずれにしてもこの時期には、大枠で「修身」のためという方向付けはあったにせよ、多くの人々の手によって、従来よりも明確に幼い子どもを意識した新しい読み物作製の試行が、多方面からなされていたことが確認できる。[*21]

（2）中型本の検討

絵草紙屋で販売された修身本

さて、以上のような小型本よりもう少し判型の大きな中型の「修身赤本」も同じように、絵草子屋・地本屋などに並べられていた。そのうちの一冊が、『家庭教育 修身をしへ草』である。これは一八九〇（明治二三）年一月に開文堂から出された小冊子で、文語体で書かれている。表紙は木版色刷り、袋綴じ仕立てで、見開きの片方に挿絵があり、片方は文章になっているページが多く、総ページ数は一六。目次は以下のようで、収録話数は一〇話である。*22

○反響に懼れたる童子の話
○蔬菜を売歩行たる学者の話
○小さき果物を取て指環を得し話
○精出せバ金が出ると云ふはなし
○虎の威を借る狐のはなし
○フランメアー金を預りし話
○無益の殺生為すまじきはなし
○人を益する為め恥を忍びて画を売し話
○鼠と蝦蟇の戦争のはなし
○猟犬が主人を助けたるはなし

冒頭に置かれているのが「反響に懼れたる童子の話」である。

木内精蔵と云ふ者　近村の山間を遊び歩行きて谷の辺に休らひ　腰より搠飯を取出して　ドリヤ弁当でも遣はふかと云へば　水下にてもどりや弁当でも遣はふかと云ふ者あり　精蔵は此声を聞きて尋ね行しに　人影もあらざれば　誰じやと云へバ　又誰じやと云ふに　尚も人影見えざれば　可笑な奴だ　何時迄隠れて居られるものかと云へば　同じく可笑な奴だ　何時迄隠れて居られるものかと云ふ　精蔵大に怒り　此奴狐か狸か正体を見届け呉れんと罵れば　又同じく此奴狐か狸か正体を見届け呉れんと罵るにぞ　精蔵は薄気味悪くなり　馬鹿者に構ふより最う帰らふと云へば　又其通り云ひたるに　遽てゝ家に帰り　其父に告ぐれば　父は笑ひながら　それは俗に木谺といひて　即反響の事なり　其罵るも問ふも笑ふも　皆汝が口より出でしものなり　故に汝誉れば　彼も又誉むべし　汝怒れハ　彼も亦怒るべし　何事も汝が言ひし事ハ　汝が為めに言ハるゝなり　慎しむべき事ならずや　諺に口は禍の門舌は禍の根といへば　自分から口ばしりし事は　人も同じく真似して口ばしるなり　終にハ禍の自分に及ぼす事ありて　即ち身から出た錆ならん

末尾には、この話から導き出された教訓が置かれている。

この話材は、すでに日本では、アメリカのマックガフィー読本から翻訳されて明治六年の上羽勝衛の『童蒙読本』に掲載されていたことを第

『家庭教育 修身をしへ草』表紙
明治 23 年

一部第三章第一節第二項で指摘した。また、サージェント読本やウィルソン読本、マンデヴィル読本、あるいはイギリスのロイヤルリーダーなどにも載っていた教材文であり、日本の各種の国語教科書に載せられていたこともすでに触れた。アメリカの読本では家に帰って伯母、あるいは母親から諭されることになっているものが多いが、父親が出てくるのは、ロイヤルリーダーである。しかし、だからといってこの『家庭教育 修身をしへ草』が、英米の読本から直接材料を仕入れていると判断することは出来ない。おそらくこうした安価で手軽な読み物類は、修身口授のための教師用書に載せられている文章や、あるいは国語読本の中の読み物教材などを種にして、それを再び書き換える形で編集作業が進められたのだろう。これまで見てきたように、そうした種類の読み物は、明治初年の翻訳啓蒙書に始まり、すでにかなり豊富に出回っていた。つまり、こうした書物類は、海外からの翻訳作品の再翻案という制作過程を経ていたと思われる。

反響に懼れたる童子の話

木内精藏と云ふ者　近村の山間を遊び歩行きて谷の邊に休らひ　腰より握飯を取出して　ドッャ辨當でも遣はふかと云へば　水下にても　そりや辨當でも遣はふかと云ふ者あり　精藏は此聲を聞きて尋ね行しに　人影もあらざれば　誰じやと云へバ　又誰じやと云ふに　何も人影見えざれば　可笑な奴だ　何時迄隱れて居られるものかと云へば　同じく可笑な奴だ　何時迄隱れて居られるものかと云ふ　精藏大に怒り　此奴狐か狸か正躰を見屆け吳れんと罵れば　又同じく此奴狐か狸か正躰を見屆け吳れんと罵るにぞ　精藏は薄氣味惡くなり　馬鹿者に構ふより最う歸らふと云へば　又其通り云ひたるに　遁て丶家に歸り　其父に告ぐれば　父は笑ひながら　それは俗に木霊といひて　即反響の事なり　其罵るも問ふも笑ふも　皆汝が口より出でしものなり　故に汝褒れば　彼も亦譽むべし　汝怒れバ　彼も亦怒るべし　何事も汝が言ひし事ハ汝が爲めに言れる丶あり　愼しむべき事ならずや

諺に口は禍の門舌は禍の根といへば　自分から口ばしりし事は　人も同じく眞似して口ばしるなり　終にハ禍の自分に及ぼす事ありて　即ち身から出た錆ならん

三

『家庭教育 修身をしへ草』 開文堂

同様の中型本が、この本の出る前年の一八八九（明治二二）年には、『小学生徒 教育修身はなし』が、江東散史（吉澤富太郎）の編で、同じ開文堂から出ている。国会図書館蔵書は、五冊が合冊になっており、合冊本には一〇銭という定価がつけてある。一冊ずつバラバラに購入したら単価は二銭か三銭だったと考えられる安価な刊行物であり、内容は、今紹介した『家庭教育 修身をしへ草』とほとんど同じである。この『小学生徒 教育修身はなし』の宣伝が『家庭教育 修身をしへ草』の巻末に出ており、その売り込みの文言は「小学生徒正課外の読本」というフレーズになっていた。やはり、こうした中型の「修身赤本」類も、学校教育との連関をかなり意識して作られていたのである。

もともと、修身口授のための教師用書は、日本や外国の様々な道徳書やリーダー、あるいは歴史書や故事談などからの引用によって成り立っていた。それらは、読み手（使用者）を教師たちに想定していたので、文章は文語文であったり、部分ルビの場合もあった。そうした書物類をもとに、子ども向けの読み物に仕立てようとする時には、ある程度文章を和らげて作成し直す必要がある。そこでは、かなり自由な翻案や安易な書き換えも行われていたし、また、読者である子どもにこびるような編集姿勢を採用する本もあった。したがって、ここまで見てきた「修身赤本」の多くは、子ども騙しのその場限りの消費物だ、と評価することも出来るかもしれない。

しかし、まだ十分に子ども読者に向けた読み物が用意されていなかったこの時期に、子どもたちはこうした「修身読み物（修身赤本）」という読書材料を自分で手に入れ、自らの読書範囲を広げていったのだった。二銭から五銭という価格設定は、かろうじてそれを可能にすることのできる価格帯であった。子ども読者にとって、そのことの意味は、決して小さいものではなかったと思われる。

和田万吉の「家庭之話」

中型本の「修身読み物」の中で特異な例は、一八九〇（明治二三）年に刊行された、和田万吉の『修身教育 家庭之話』である。というのは、本の表題や表紙の図柄こそ「修身教育」を前面に出した類書と同じようであるが、中身は全くの「昔噺集」だからである。全四〇頁、八銭。

『小学生徒 教育修身話』巻一 表紙

和田万吉は、一八六五（慶応元）年生まれ。美濃国大垣出身で、一八九〇（明治二三）年に、東京帝国大学国文科を卒業して大学書記となり、図書館管理になる。この明治二三年の三月二八日に刊行したのが、『修身教育 家庭之話』である。和田は、明治二九年に東京帝国大学助教授兼附属図書館司書官となり、翌明治三〇年に図書館長に昇進して、以後二七年間にわたって館長を務めた。欧米の図書館事情などを研究して日本の図書館学の先駆者としての評価も高い一方、国文学の分野においても古板本など出版史関係の研究や近世文学書籍の本文校訂などに実績を残し、特に謡曲や曲亭馬琴関係の研究で知られている。和田万吉は、この本を刊行する以前に、シェークスピアの翻案『みなれざを（戯訳）』を明治二一年に刊行しており、また、明治三七年には「欧米にて行はるゝ逸話集并に笑話集」から話を集めて翻訳した『西洋笑府』を刊行している。こうしたことから、一般読者を楽しませる書物を提供することへの興味関心を持っていたと推測できる。この『修身教育 家庭之話』も、そうした意識のもとに作製されたのだろう。

収録されているのは、以下のような話である。

○人を助けた鹿の話『宇治拾遺物語』巻七「五色の鹿の事」
○鬼に瘤を取られた人の話『宇治拾遺物語』巻一「鬼に瘤取らるゝ事」
○恩を返した雀の話『宇治拾遺物語』巻三「雀報恩の事」
○牡丹餅を喰損なつた少人の話『宇治拾遺物語』巻一「児のかいもちひするに空寝したる事」
○藁一筋から大きな身代になつた人の話『宇治拾遺物語』巻七「長谷寺

参籠の男利生に預かる事」
○花の長い坊さんの話『宇治拾遺物語』巻二「鼻長き僧の事」
○外国へ往つて虎を射殺した人の話『宇治拾遺物語』巻一二「宗行の郎党虎を射る事」

このうち、「人を助けた鹿の話」の冒頭部分を、以下に掲げてみる。この話は「五色の鹿」の話として、これ以降も繰り返し「子ども読み物」の中の話材として登場し、戦後検定期の国語教科書にまで続いていく。

むかし天竺に体が五色で角が白い鹿が一疋有つた。山奥に住んでサッパリ人に知られなかつた。其山の下に大きな川が有つた。偖又其山に一羽の烏が有つて。かの鹿を友だちとして居た。ある時此川に一人の男が落ちて死にさうになつた。此男大声を挙げて「助けてくれ」と云ふを。五色の鹿が聞付けて可哀相に思つてさっそく川へ飛込んで救上げた。男やう〳〵のことで命拾ひしたことなれば。手を揉みながら鹿に向つて。「如何して此御恩を返しませう」と云つた。（下略）

完全に言文一致体にはなってはいないが、きわめて読みやすい。古典の現代語訳版とも言える内容で、日本の説話集から子どもに相応しいと思われる話材を選び、それを主述のはっきりした短文を連ねた平易な文章で示している。取り立てて教訓を強調したり、あらたに文飾を付け加えたりした部分もないので、子どもにとっては、面白い昔のお話しとして受け取られたであろう。

日本の昔話を子ども向けに仕立て直したという意味では、一八九一

『修身教育 家庭の話』明治23年

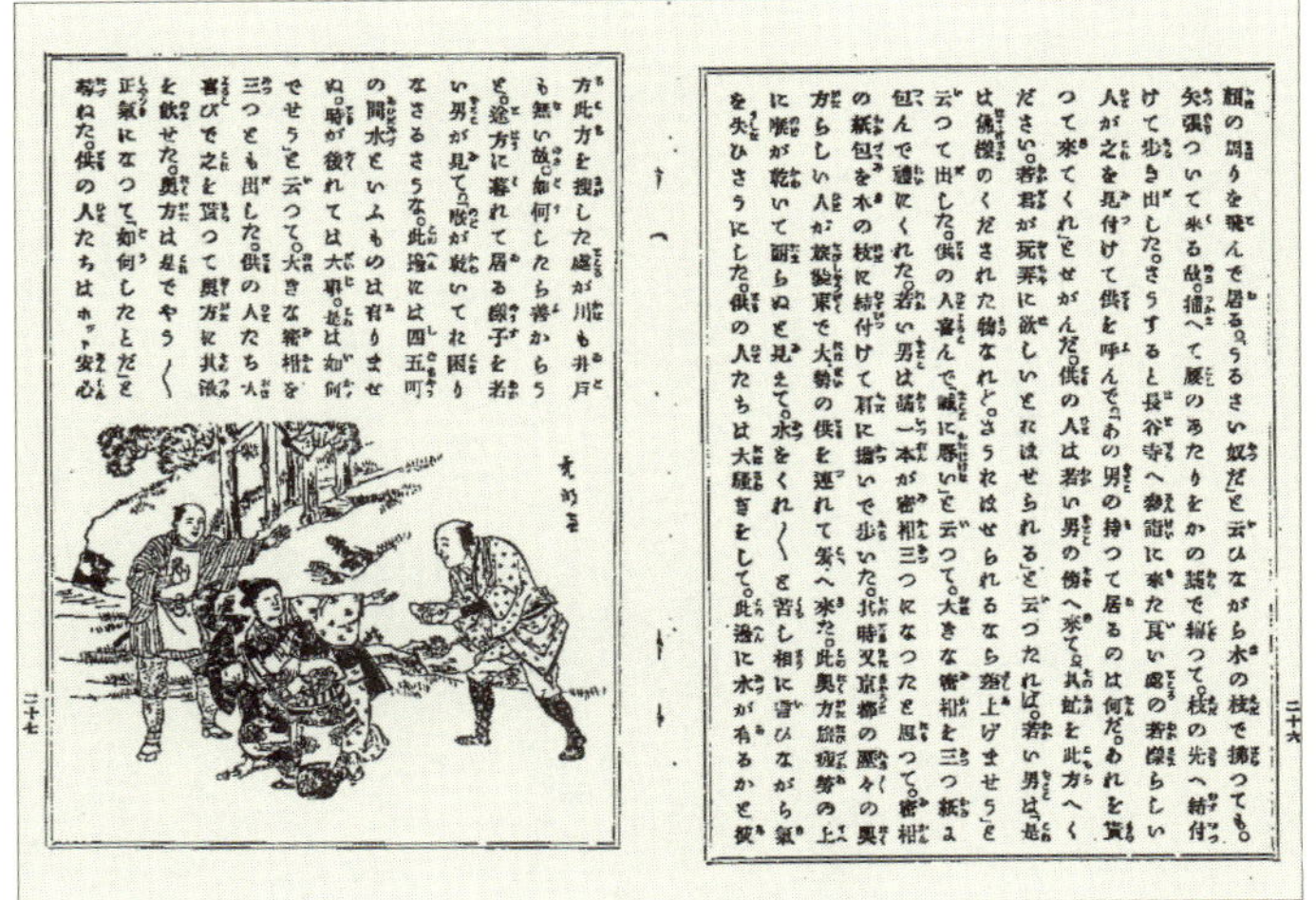

顔の周りを飛んで居る。「うるさい奴だ」と云ひながら木の枝で捕つても。矢張ついて来る故。捕へて腰のあたりをかの藁で縛つて。枝の先へ結付けて歩き出した。さうすると長谷寺へ参詣に来た貴い處の若様らしい人が之を見付けて供を呼んで「あの男の持つて居るのは何だ。あれを貰つて来てくれ」とせがんだ。供の人は若い男の側へ来て。「其虻を此方へください。若君が玩弄に欲しいとおほせられる」と云つたれば。若い男は「是は佛様のくだされた物なれど。さうおほせられるなら差上げませう」と云つて出した。供の人喜んで「誠に辱い」と云つて。大きな蜜柑を三つ紙に包んで禮にくれた。若い男は藁一本が蜜柑三つになつたと思つて。蜜柑の紙包を木の枝に結付けて肩に擔いで歩いた。此時又京都の歴々の奥方らしい人が旅装束で大勢の供を連れて爰へ来た。此奥方旅疲労の上に喉が乾いて耐らぬと見えて。水をくれ〳〵と苦しい相に言ひながら氣を失ひさうにした。供の人たちは大騒ぎをして。此邊に水が有るかと捜

二十六

方此方を捜した處が川も井戸も無い故。如何したら善からうと。途方に暮れて居る様子を若い男が見て。「喉が乾いて困りなさるさうな。此邊には四五町の間水といふものは有りませぬ。時が後れては大事。是は如何でせう」と云つて。大きな蜜柑を三つとも出した。供の人たち大喜びで之を貰つて奥方に其漿を飲せた。奥方は是でやう〳〵正氣になつて「如何したとだ」と尋ねた。供の人たちはホット安心

二十七

『修身教育 家庭の話』明治23年　和田万吉「わらしべ長者」

（明治二四）年五月に刊行された、大矢透による『わづかのこらへ』も、この系譜の中に入る。これら和田や大矢の仕事は、日本の昔話を子ども向けに再話したという点で、博文館から刊行された巖谷小波の「日本昔噺」「日本お伽噺」シリーズに先行する成果だと評価することができるだろう。

三、「子供演説読み物」をめぐって

「子供演説」の盛行

前節では、修身口授の資料集が、子ども向けの読み物に発展して「修身読み物」が生まれたのではないか、という仮説に立って論を進めてきた。出版された書籍の内容からみても、これはかなり妥当性がある推論だと思うが、その「修身読み物」の中に、「子供演説」に関わる一群の書物を見出すことができる。

前掲の「修身読み物関連図書」の表では、一八八九（明治二二年）の『修身教育子供演説』と、一八九〇（明治二三年）の『新篇教育修身実話』が、それである。このほかにも「子供演説」の類似書が、いくつか存在する。以下の表に示した「児童読み物子供演説関係一覧」は、そうした書物をまとめたものである。いずれも「修身読み物」とほぼ同じ時期に刊行されている。これらの本に共通するのは、子ども自身が多数の聞き手の前で、演説したり、口授するという場面設定によって、その内容が構成されていることである。当然、本の中には話しことば的文体が横溢している。実は、第五部第一章の冒頭に引用した「修身」の時間を心待ちにしていた子どもに関しての談話が載っていた『小学生徒談話美辞法』今井道雄・川原信義共編　一八九一年（明治二四）年も、こうした類の本の一冊だったのである。

表に掲げた多くの本は、題名から想像できるような演説の技法書というより、どちらかというと、演説内容の例示、あるいはその種本の性格をもっており、架空の子どもが行った「修身口授記録」とでもいう仕

児童読み物・子供演説関係一覧

刊行年	図書表題	編集者（発行所）	体裁	価格	備考
1889（明治22）	『修身教育 子供演説』	斯波計二（学友館）	128P　19cm	10銭	◇＊
1889（明治22）	『少年学術 大演説会』	斯波計二（学友館）	130P　18cm	？	『子供演説 智恵之競争』と同内容　＊
1889（明治22）	『いろは格言 教育子ども演説』	樋口文山（忠雅堂）	80P　19cm	12銭	
1890（明治23）	『新篇教育 修身実話』3巻合冊	篠田正作（鐘美堂）	各44P　13cm	？	◇
1890（明治23）	『生徒必携 子供教育演説』	秋元政（金桜堂）	46P　13cm	18冊25銭	『教育 幼稚の宝』M25に合冊　◇＊
1890（明治23）	『子供演説 智恵之競争』	斯波計二（学友館）	131P　18cm	？	『少年学術大演説会』と同内容　＊

1890（明治23）	『新教育演説』	秋元政（金桜堂）	46P	13cm	18冊25銭	『教育 幼稚の宝』M25に合冊　◇＊
1890（明治23）	『生徒必携 子供教育演説』	西村富治郎（自由閣書店）	46P	13cm	5銭	
1890（明治23）	『雄弁捷径 小供独演説』	吉澤富太郎（開文堂）	32P	12cm	5冊8銭	『修身知恵嚢』M23に合冊　◇
1890（明治23）	『知恵の競争 子供討論会』	三好守雄（学友館）	65P	18cm	？	＊
1891（明治24）	『訓蒙開智 生徒の皮堤（カバン）』	蛍雪堂主人（成童館）	64P	18cm	？	＊
1891（明治24）	『小学生徒 少年倶楽部』	秋元政（金桜堂）	46P	13cm	18冊25銭	『教育 幼稚の宝』M25に合冊　◇
1891（明治24）	『通俗教育演説』	伊藤洋二郎（共同出版社）	138P	19cm	15銭	＊
1891（明治24）	『少年教育 子供演説』	篠田正作（鐘美堂）	40P	13cm	？	◆
1891（明治24）	『少年教育 子供演説』	篠田正作（鐘美堂）	124P	17cm	？	▲
1891（明治24）	『少年教育 有益討論会』	篠田正作（鐘美堂）	148P	18cm	？	＊
1891（明治24）	『新編教育 生徒演説』	篠田正作（鐘美堂）	43P	13cm	？	
1891（明治24）	『小学生徒 談話美辞法』	今井通雄ほか（大阪教育書房）	130P	19cm	12銭	＊
1891（明治24）	『家庭教育 小学生徒演説』	松本仁吉（大阪積善館）	166P	19cm	？	＊
1891（明治24）	『少年寄合演説』	三吉守雄（学友館）	60P	19cm	？	＊
1892（明治25）	『少年教育 子供演説指南』	篠田正作（鐘美堂）	166P	19cm	？	内容は◆と▲を合併したもの
1892（明治25）	『滑稽 子供演説』	秋元政（金桜堂）	46P	13cm	18冊25銭	『教育 幼稚の宝』M25に合冊　◇＊
1892（明治25）	『生徒必携 教育討論会』	秋元政（金桜堂）	46P	13cm	18冊25銭	『教育 幼稚の宝』M25に合冊　◇＊
1892（明治25）	『生徒演説』	西野正勝（濱本明昇堂）	33P	19cm	？	＊
1892（明治25）	『学芸指針 通俗少年演説』	前野漱石（駸々堂）	344P	19cm	25銭	少年向けに大人が平易に語る形式
1892（明治25）	『日本教育 独演説』	板東富三	128P	19cm	？	少年向けに大人が平易に語る形式　＃
1894（明治27）	『幼年文庫 教育美談』	篠田正作（鐘美堂）	125P	18cm	6銭	＊
1894（明治27）	『青年競進 学術討論会』	麒児堂主人（金桜堂）	33P	18cm	？	
1894（明治27）	『青年教育 学術講演会』	麒児堂主人（金桜堂）	32P	18cm		
1895（明治28）	『ちゃんちゃん征伐子供新演説』	麒児堂主人（近園書店）	49P	18cm		
1897（明治30）	『家庭教育 子供演説』	岡野英太郎（近鐘堂）	80P	19cm	？	＊
1900（明治33）	『子供演説』	伴成高（鐘美堂）	136P	19cm	？	

◇は「修身読み物関連図書」表に重出　＊家蔵本　＃横浜国大蔵本　他は国立国会図書館蔵本

『少年教育 有益討論会』
明治 24 年

上がりになっているものが多い。もっとも「子供演説読み物」は、子どもが実際に演説をするという想定のもとに作られていたから、それを実地に行う際の注意書きなどが載せられている書物もある。たとえば、一八九一（明治二四）年の『訓蒙開智 生徒の皮堤（カバン）』には、最初に「文章及び組み立て法の話」が付されているし、同年の『通俗教育演説』にも「演説の仕方」や「討論の仕方」が具体的に示されている。また、翌年刊行された『少年教育 子供演説指南』にも「演説仕方の大略」が書かれていて、演説の態度や身体動作の注意点などが記されている。さらに、一八九一（明治二四）年の『小学生徒 談話美辞法』には、二頁から九頁にかけて、「話方心得」という演説法の概略が掲載してある。

有沢俊太郎は『明治中期における日本的レトリックの展開過程に関する研究』の中で、いくつかの「演説教科書」（独習書を含めてかなり広い概念として教科書をとらえている）を検討しているが、この『小学生徒 談話美辞法』も、その一種だと見なしている。確かに、『小学生徒 談話美辞法』にも演説法の概略が示されているから、有沢が自身の研究の文脈の中で、この本を「演説教科書」と、とらえたことにまったく異論はない。しかしこの本の「話方心得（演説法）」の記述部分の文章量はわずかであり、本体は「例話」部分である。したがって、ここでは『小学生徒 談話美辞法』を、「教科書」としてではなく、「子ども読み物」の範疇に入れておく。有沢の研究が取り上げている「演説レトリック」を学ぶための「演説教科書」という側面に関しては、これ以上の言及はしない。[*23]

「子供演説」関係の書類に関しては、類似の書も含めて、有沢の研究以外には、先行研究が見当たらない。したがって、その実態については不明なことが多いのだが、ここでは「子供演説」関係の諸本を、「読み物」という側面から光を当て、その文体と、そこに取り上げられた題材に限って論述を進めていく。[*24]

まず、なぜこの時期に、こうした「子供演説」に関する読み物がいくつも出現したのか。それには、「演説」、あるいはそれをめぐる書物の状況を知っておく必要がある。野地潤家は、『話しことば教育史研究』の中で、明治期の「演説」の歴史は、一八九〇（明治二三）年の国会開設を中心にして、前後の二期に分けることができるという。前期は「わが国に演説形態が取り入れられて、自由民権運動とともに、伸びていった時代」で、「その過程は、1移入、2練習、3試演、4紹介的啓蒙、5運動、6研究、7実用的啓蒙、8定位」というかたちで推移したと捉えている。また、後期は「前期の実用的啓蒙を受けて、1通俗化の傾向、2細密化の傾向、3特殊化の傾向」がみられるとする。野地の見解にしたがえば、「子供演説」に関する読み物の発刊は、演説の「実用的啓蒙」ないしは「通俗化の傾向」の時期にあたることになる。[*25]

つまり、この時、国会開設を機にして、論議や演説に社会の目が向けられ、そうした世間の流行の波が、少年たちの居場所にまで降りてきたのである。一八九一（明治二四）年に刊行された『少年教育子供演説』では、その「序」で、今日の社会では演説が必要だと宣言した後、「時に国会が開けた年の翌年の一月」と、この本を記述した月日を国会開設の動きと関連させて記している。国会開設によって、演説という言語活動に注目が集まっていた様子がうかがえる。また、一八九〇（明治二三）年の『新教育演説』の「自序」には、「今日の世の中には少しく才学ある者ハ最早軍談落語ハ聞くに足らずとして皆な演説会に赴くことであります殊に二十世紀活発社会の主人公とも為るべき精気盛んなる青年子弟ハ皆な演説会の傍聴に行きます程に近頃子供演説が大に流行のものとなりました」とあるし、同年の『生徒必携子ども教育演説』の「自序」にも「世の中が段々と開け進むに従ひまして追々演説が流行て来ますることでありまするが近来ハ又子供演説が大分に流行て来ました」とあって、「子供演説」の流行を伝えている。もちろん、こうした著書の中の文言は割り引いて考えなければならないものの、まったく根拠がないわけではない

『生徒演説』西野正勝
明治 25 年

だろう。こうした子供演説は、実際には、どこでどのように行われていたのだろうか。

次に示す資料は、『大阪府教育史』に掲載されたものである。一八八一（明治一四）年の資料であり、時期としてはかなり早い。

学童演説会開設御届

今般北浜道修両小学生徒演説会相設、来ル八月一日午後八時より道修小学ニ於いて第一会相開き候ニ付、別紙規則書相添右御届申上候也、

但向後開会の節も其都度前以其日御届可申上候也

明治一四年七月二七日

東区北浜道修両小学区

学務委員　滝山　瑄（印）

同　豊田文三郎（印）

大阪府知事建野郷三殿

ただし、この時の「小学生徒演説会」は、不許可になったらしい。というのも、八月一日には、この資料に記載してあった二名の学務委員が、やはり大阪府知事あてに、なぜ「開設不相成」となったのか、その「御趣旨」を伺いたいとする資料が同じ『大阪府教育史』に掲載されているからである。続けて、八月一七日には「学事演説会」の開設届けが出され、また八月二〇日には、それを「教育講談会」と改称したという資料もある。「生徒演説」に関して、当局が神経をとがらせていたこともうかがわれる。この資料からは、どのような内容の「演説会」だったのか、小学生徒が聴衆として参加するのか、あるいは小学生徒自身が演説者な

のかなどの詳細は分からないが、間違いなくここには「学童演説会」「小学生徒演説会」という語彙が登場している。*26

別の資料もある。一八八二（明治一五）年八月、文部省少書記官であった伊沢修二は、文部省の巡視官に任じられて高知県を巡視した。当時高知県は、自由民権運動が盛んだった。幸い「師範学校も中学校も難なく視察」することができた伊沢は、土佐は「僻遠の地に似ず、読書や講義など中々可く出来た」と感心する。しかし「生徒の講義に、手を腰に当て咳払いをして始める趣は、宛然演説でもする様で異様の観があった」と感じる。その理由を現地の担当者に尋ねた伊沢は「当時同地では板垣氏（土佐で立志社を起こした板垣退助のこと・稿者注）の指導の下、青年などは、毎日毎日演説の稽古をやってをる。延いて中学校の生徒から小学生等まで其影響を受けてをった」という状況であることを知る。むろん、自由民権運動と直接に結びついた壮士たちの演説活動の隆盛は、権力にとって都合がよかったわけではない。多くの地域では、学生や生徒たちがそうした社会的な演説活動の渦の中に巻き込まれないように、当局は細心の注意を払っていた。しかし土佐の場合には、大人たちの政治運動の影響下で、青年教師も演説熱に伝染し、それが子どもたちにもおよんでいたのである。*27

また、『巌谷小波日記』の「明治二〇年五月二八日」の項には、次のような記載もある。この日、巌谷小波はいつも通っている番町教会へ出かける。日曜学校生徒の親睦会があり、そこで「茶菓出ヅ、子供之演説、賛美歌、かみなり様など」の余興が行われた。小波は「中々面白かりし」と記述している。おそらく日曜学校に通う生徒によって、「子供之演説」が行われたのであろう。同年一二月四日にも「日曜学校生徒等ノ演説」という記載がある。この日も、生徒たちが演説をしたようだ。小波は当時一七歳だったが、ドイツ人の教師から直接ドイツ語を習っており、この年は自らドイツ語で演説（Vortrag）するほど演説活動に力を入れていた。また、この年は小波が多くの講師から「演説」を聞いたという記事が、日記の中に頻出する。小波の場合は、教会という特別な場所ではあったが、そこでは度々、外国人を含めた様々な講演会が開かれていたのである。そうした「演説熱」の中で、余興ではあるものの、子ども自身が演説することになったのであろう。*28

大阪府のように地域の学務委員が主導した「小学生徒演説会」もあった。また土佐のように自由民権運動につながる教師や青年・子どもの演説も行われた。さらには、小波の例のように、宗教活動の余興に子どもが演説をすることもあった。いずれにしても、現実に子どもが演説を行うのだとすれば、子ども自身が自分の意見を開陳することを正当な行為であると見なす社会的承認と、それを奨励するような背景がなければならない。この点で、それぞれの子どもが所属する地域や社会自体が、「演説」という言語活動をどのようにとらえ、子どもの演説行為をどのように考えていたのかによって、「子供演説」の内容が大きく異なってくることは言うまでもない。*29

このように各地で蒔かれた種が、国会開設の演説の流行を契機として、子どもの言語文化として開花し、「子供演説読み物」という出版物形式で市販される土壌になったのだと考えられる。

読み物としての「子供演説」

周知のように、明治期には、大人向けの演説関係の雑誌や書物が盛んに刊行されている。当然のことだが、その中には、自由民権などの政治的な題材が満載されていた。また、キリスト教の布教はもちろんのこと、仏教界でも、新しい時代の大衆運動の一環として、各地で仏教演説が開かれた。

だが、本書で取り上げる「子供演説読み物」には、宗教的・政治的な内容につながる話題は、一切取り上げられていない。この点が、大人向けの演説関係の出版物と、この時期盛んに刊行された「子供演説読み物」との大きな差違である。また、だからこそ「子供演説」と銘打って、大衆的な商業出版物として刊行することができたのであろう。なぜなら、子どもは、宗教や政治などの話題からは遠ざけられ、社会的に安全な「修身」という枠組みに囲い込まれる存在としてしか考えられていなかったからである。

具体的に、一八八九（明治二二）年に出た、斯波計二の『修身教育子供演説』を見てみよう。この本は、月曜日から土曜日まで、一日に一〇人ほどが演説記録という体裁をとっている。月曜日の第一席では、日本桃太郎の「子供演説開会の趣意」という演説から始まり、次々と子ども弁士が立って演題を掲げて演説をするという展開である。順に「口ハ唯だ一ツのみ」「餡倒餅は自ら食はざれば甘からず」「竹馬の友の改良」「遊学の改良」「紙鳶は和漢の風船なり」「瓦徳も人なり我れも人なり」「十年一昔夢の間」「光陰ハ電信の如し」「弁慶と加藤の腕較」と話が進む。第二席（火曜日）、第三席（水曜日）、第四席（木曜日）までは男児演説で、第五席（金曜日）は女児演説になっている。さらに、最終日の第六席は「客員演説」で締めくくられる。たとえば、第一席の四番目の演説は、以下のようである。

○竹馬の友の改良

犬川義四郎　演説

諸君も亦御存じの如く、近頃は、兎角に改良と云ふことが流行で御座りまして、何物にても改良々々と申さるゝことで御座りまするが、兒も亦茲に一ッの改良したきものがあります、其れは外の事でもありませんが、是れ迄幼き友達を称して竹馬の友と申されたることで御座りましたが、此竹馬の友と云ふことには、少し斗り忌やな廉があります、其れは何んな廉だと申しまするに、諸君も亦御承知の如く、竹馬と申すものは、至て剣呑なるもので御座りまして、動もしますると大怪我をしまするものでありますから、善き児童は、最も之を避けて乗らぬやうにしなければなりませぬ、云はゞ竹馬と申すものは野蛮の玩弄であります、然るを誰さんと誰さんとは竹馬の友だと申しますると、其人々ハ何となく以前竹馬にて荒れ廻りし腕白童子の如く思はれて否けません、さうでありますから兒は此竹馬の友と云ふ野蛮の名はお廃しに致して、同窓の友と云ふ名を以て呼びたいと思ひます、斯く申しまするときは、幼き時同じ窓の下にて、学問の勉強を為しましたるが如く思はれて、至極善き児童の如く聞えまする、（ヒヤ〳〵）

話の内容はたわいもないもので、わざわざ人前で「演説」する必要があるとも思えないが、そこが著者の趣向だろう。発言者の設定も、日本桃太郎が発言者の開口で、山野雉子郎、犬江仁三郎に続いて犬川義四郎が発言するという遊び感覚に満ちている。また、「ゴザリマス」という談話文体が使われていることにも、注意が向く。第一部第一章で見たように、山本正秀は、「ござります」は、法談や心学道話に使われた説教口調の談話体文章が、明治初期の啓蒙書の中で使われたが、文章語としては展開しなかったと述べていた。[*30]

逆に言うなら「文章語」としては定着することのなかった「ござります」文体を、あえてこの本の中で使うことで、著者は、話しことばの現場の雰囲気を出そうとしたのだと考えることもできる。この本は、こうした「子供演説」関係の本では、もっとも早い時期に刊行されたものであるが、好評だったらしく、同年、ほぼ同じような趣向の『少年学術大演説会』が出ている。

『修身教育 子供演説』口絵　明治22年

一八九一（明治二四）年の『新編教育生徒演説』には、もう少し現実的な問題が取り上げられている。

> 須らく黙読すべし
>
> 諸君よ諸君は日々吾輩と共に此学校へ御上りでありますから固より書を読む事は御好であります事は承知致して居ります、デ御帰りになりましても決して冗戯は成らない孜々と復習を為られますが（ノウ〳〵）否々ノー〳〵と仰いますが私は御勉強の処は固く信じて疑ません（中略）乃で今復習法の存付を失敬ながら陳やうと思ひます（謹聴）他でもありませんが昔から読書百遍意自ら通ずとありますが意に通じるには黙ッて読むのが一番可ゝかと思ひます何うしても饒舌ると気が散りますから（如何にも）デ百遍其意自ら通じるのは黙読に就て言た事と考へます、ダが声の調子を習ふのは文章の体相当に抑揚して如何にも情に適ふやうに音読しなきやなりますまい（大喝采）

巻頭の「須らく黙読すべし」に続き「形言論」「馭馬を見て感あり」「無盡性論」「労逸論」「歴史は行為の鑑」「身体は精神の宿」「言語は演習せざるべからず」「必要理学の説」「修身科は自ら進んで受くるに在り」の九つの演説が並んでいる。同時期の大人向けの演説体の文章と同じように、どれも演説活動がまさに現在進行形であるという表現上の工夫（ヒヤ[hear]ノウ[No]などの合いの手のセリフを挿入したり、「大喝采」などの観客の反応を書き込む、など）がなされている。読み手に、演説の場の臨場感を与えるための工夫である。しかし、どの演説内容も、大人の説の受け売りという感が否めない。

「子供演説読み物」は、このように、一人の話し手が、ひとまとまりの話をするという独話（スピーチ）形式で書かれている内容のものが多いが、中には討論（ディベート）形式を採用している本もある。一八九二（明治二五）年の『生徒必携 教育討論会』がその例である。

○教育書の中に挿畫を入入れるの可否
甲「近頃の教育書を見るに大抵絵が挿入て居りますが小児の読む本に絵を入れて置くと只絵ばかり覚へて文字ハ禄に覚えませんから寧そ絵を無しにして文字バかりを読した方が宜からうと思ひます
乙「イヤさうでは有りますまい百聞ハ一見に如ずと云て百度聞たよりハ一度見た方が能く物事の覚へられるものでありますま殊に小児の時ハ物の道理を云ッて聞しても中々了解ませんから文字でも教へ又絵でも見せた方が物事を早く覚へるでありませう
　右の討論を起立に問しに乙の説が勝利を得たり

一八九四（明治二七年）の『幼年文庫 教育美談』も、決められた論題についての甲の意見に乙が反駁し、それにさらに甲が意見を言うといった議論形式で書かれている。論題は「金剛石と黄金と孰れが貴きや」とか「蚕と牛と孰れが効ありや」といったものから「筆算と珠算と孰れが学び易きや」や「作文の学初めは法に由て作るが易きや綴を先にするが可なりや」とかなり実用的なものまで並んでいる。

こうした討論会が実際に学校教育の中で盛んに行われていたとするなら、その後の日本の子どもたちのスピーチ能力はかなり向上したかもしれない。しかし、実際にはそうした「討論」形式が、学校教育の中で積極的に推進されたわけではなかった。

「子供演説」と学校教育

『生徒必携 教育討論会』口絵　明治25年

では、実際の子どもたちの言語表現、とりわけ音声言語表現の指導はどのように行われていたのか。

文章表現の指導に関わって言うなら、当時の作文指導は、依然として模範文を写すような指導に終始していた。つまり、子ども自身の生活内容を詳細に報告したり、自分の感情の起伏を描くといった自己表現としての作文という考え方は、まだみられなかったのである。その傾向は、話し言葉の教育でも同じだった。「演説」という言語表現形式は、世間の話題になってはいたが、それが表現主体の独自な意見を開陳するような教室内の指導へは、なかなか展開していかなかった。

国語教育史の上で、学習者自身の「話シ方」が、教育内容として取り立てられたのは、一九〇〇（明治三三）年八月の「改正小学校令」が初めてである。もちろん「学制」下における文部省の「小学教則」にも「会話」が登場しているし、それを改訂した一八七三（明治六）年の師範学校「下等小学教則」にも、「問答」という教科目があった。しかし、「会話」の教科書だった『会話篇』には、談話体とはいいかねる直訳調の文章が並んでおり、実際に口頭による「会話」の授業が積極的に展開されたとは考えにくい。そこでの教科目は、第七級から第四級にかけて「会話読方」「会話諳誦」「会話書取」とグレードアップしていく構想になっていたが、ここからは、文字で書かれた『会話篇』などの会話用の教科書を、音読し、諳誦し、それを文章で書き取る「読み書き」のような授業のイメージしか浮かんでこない。

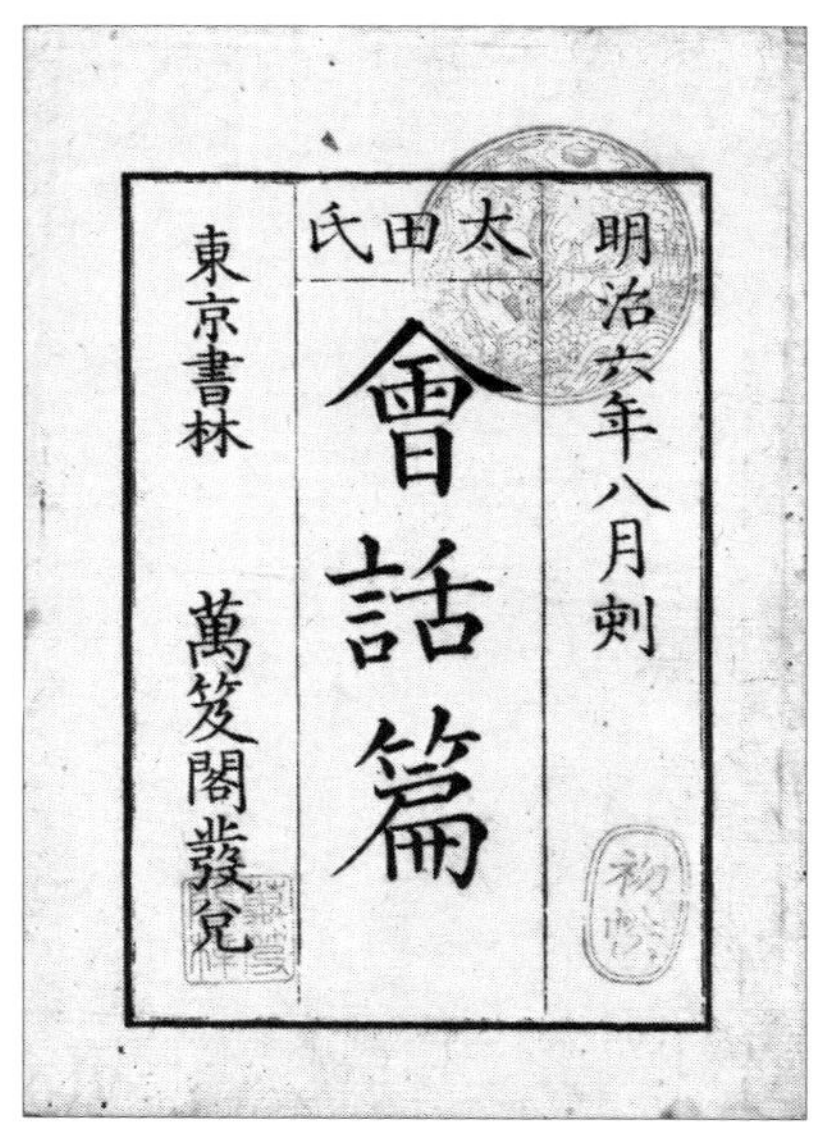

『太田氏 会話編』本の袋

また、「問答」は、圧倒的に知識を持った教師が生徒に知識を伝達することを主とする教科（教授法）である。学習者は、諸物の名称や地理・歴史の知識を諳誦して記憶しておき、教師の「問」に対して、それを正確に「答」として再現することが求められた。つまり、「問答」科は、音声言語活動の方法を教授する教科ではなく、教師の問いに答えて、万般の知識を確認することが目的だったのである。さらに、音声表現に関わる「修身口授」も、ここまで見てきたように、教師の言語活動の巧拙が問題にはなるが、学習者の「話シ方」とは直接の連関はない。

すなわち、明治初期から中期にかけて、小学校教育の中で、学習者自身の音声表現能力をどのように進展させるのかについては、十分な教育方法が開発されていなかったのである。国語教育の分野において、「話シ方」に関連する本格的な書物の刊行は、一九〇一（明治三四）年に横山健三郎によって書かれた『話方教授乃枝折』と、翌一九〇二（明治三五）年の與良熊太郎の『小学校に於ける話し方の理論及実際』まで待たなければならない。また、東京高等師範学校付属小学校訓導として名声のあった佐々木吉三郎の『国語教授撮要』にも「話し方」教授についての実際的な考察と指導をめぐっての論及がある。

興味深いのは、これらの書が明治二〇年代に流行した「子供演説」に関して、批判的な見解を述べていることである。與良熊太郎は、「改正小学校令」で示された「話シ方」の指導は、「演説の稽古」とは異なると強調している。


近来小学校に於いては、この話し方を以て演説の稽古の如くに考へてこれを行ふものあり。最大に注意すべきことなり。併し乍ら話しと演説とはもと別事にあらざれば、話し方が演説の稽古にあらずといふは、却て僻言なりとの謗あるべけれども、余が斯くいふは其弊ありとの感よりするものなり、弊とは何ぞや話し方を演説の稽古なりと思ふより、児童の天真を捨てゝ大人を気取らしむること是なり。即ち「諸君よ諸君」をまねしむること是なり。*31


與良が否定している「諸君よ諸君」という口調は、まさしく「子供演説読み物」の文体そのものである。與良の立場は「児童の天真」を大事にし、そこで発話行動をする子ども自身の主体的な側面に着目していこうとする方向を向いていた。與良は、自己表現を大事にしようとする立場から「子供演説」が大人の演説を形式的に真似ることを戒めている。

また、佐々木吉三郎は、話し方への熟練が不十分な段階を「機械的話し方」の段階と名づけ「所謂、朗読演説の手の悪るいのなどは、これに当ります」と言っている。「子供演説」の本の文章などをまるごと記憶して、それをそのまま読み上げるような発話活動に対しての批判であろう。明治三〇年代に入って、子どもの内面に光を当て、その主体的な活動に着目し学習展開を重視しようとした進歩的な教員からすると、大人の演説を模倣し、形式的な空論をしゃべりちらすような「子供演説」は否定すべきものと見えたのである。*32

二人の教員の意見からは、音声言語活動が、子どもの自己表現であり、内面の表出だ、と考えていたことが見て取れる。子どもの音声言語指導も、大人の演説活動の形式的応用ではなく、より子どもに相応しい「自

『少年学術 大演説会』明治22年

『訓蒙開智 生徒のカバン』明治24年

然」な表現方法が模索されつつあったのである。こうした考えが、「児童中心」の自己表出活動へとつながり、「私」を主語とした一人称の語りによる作文活動の基盤となっていく。明治初期に「童蒙」と切り離されて、新しく〈発見〉された「近代学校生徒」としての子どもは、明治三〇年代にいたって、あらたに「天真」を持った子どもとして、〈発見〉し直されたのである。続く大正期に入ると、こうした「児童観」にもとづいた「童心主義」と呼ばれる文芸思潮による児童の表現指導が全面展開することは、周知の通りである。

しかし、本項で取りあげた「子供演説読み物」は、子ども自身の問題意識を、子どもの言語表現を媒介にして表出することを促すようなできあがりになっていたわけではない。むしろ大人が子どもの口調を偽装し、演説形体を利用して、面白おかしく語っているという印象が強い。

先にも触れたように、当時は、大人を対象にした演説記録という体裁の様々な読み物が刊行されていた。たとえば明治二〇年代には、政治家や宗教家、あるいは実業家たちの演説が記録されて単行本になったり、各種の雑誌の中に収録されたりしている。また、演説形式を模した通俗的な読み物も好評を博していた。その中でもとりわけ著名なのが、痩々亭骨皮道人（西森武城（たけき））の「滑稽演説」シリーズである。この本は、演説記録という形態を借りた戯作的な読み物であり、多くの版を重ねている。そこでの執筆姿勢は、斯波計二の『修身教育子供演説』などとも、きわめて良く似ている。先ほど掲げた「児童読み物・子供演説関係一覧」表で取り上げた子供演説書の多くも、この系列の中に入れることができそうである。つまり、「子供演説読み物」は、内容的には「修身読み物」の一種であると同時に、庶民のための娯楽読みものの方向にもかなり傾いているのである。

その最たるものが、一八九五（明治二八年）年一月に刊行された、麟児堂主人による『ちゃんちゃん征伐子供新演説』であろう。この本は、題名こそ「子供新演説」がメインの表題になっているが、「ちゃんちゃん征伐」という角書きからも想像できるように、日清戦争直後の世上の雰囲気に便乗した一種の際物出版物である。第四部第一章第二項で検討した日清戦争関係の「明治赤本」と同一線上に位置付けられる刊行物でもある。表現形式は、「子ども演説読み物」と同様に、子どもたちが日清戦争を題材に順次演説するという設定を採用している。しかし、内容的には、支那を撃破する日本軍の優秀性と、それに比していかに「支那人」が卑屈であるかを面白おかしく記述したもので、その浮薄なトーンは、生首をぶら下げたきわめて残虐な表紙の図像にも投影されている。すなわち、『ちゃんちゃん征伐子供新演説』は、「子供演説」というスタイルを採用した、子ども向けの日清戦争関係戯作読み物なのである。*33

本来、「演説」を実施するには、特定の場で、誰に向かって、どのよ

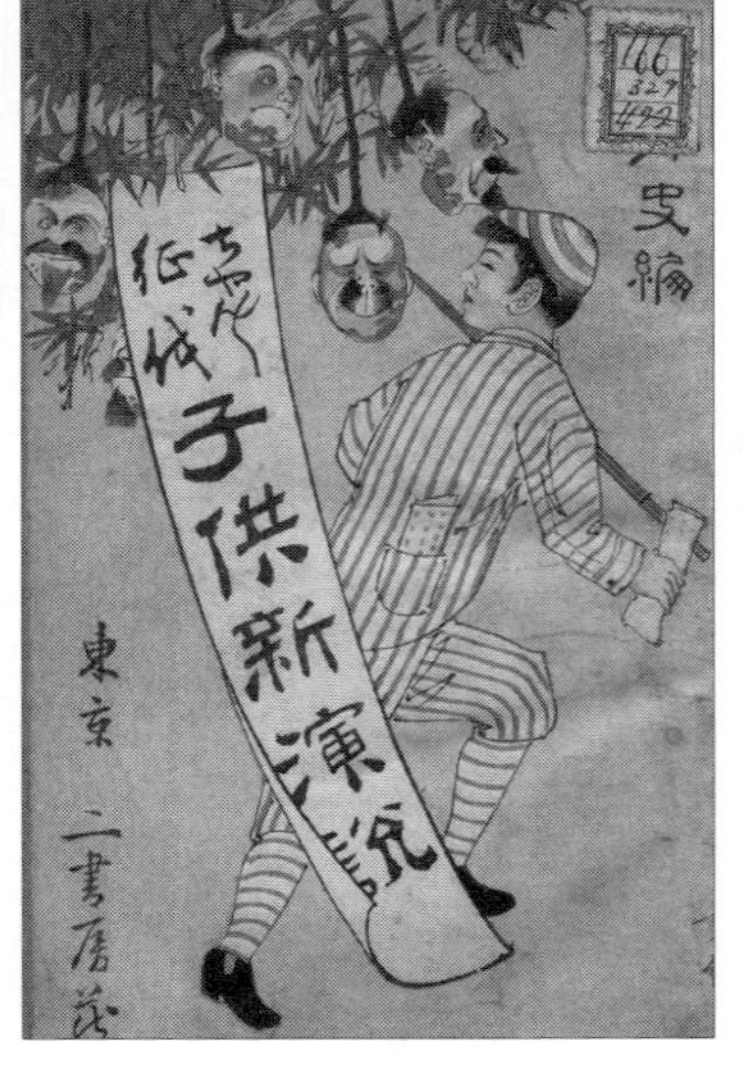

『ちゃんちゃん征伐子供新演説』
明治 28 年

うな主張を展開するかがもっとも重要な要件である。学習者である子どもが、切実感を持って自分自身の抱える問題を訴えるという場が積極的に設定されていたなら、「子供演説」という言語活動も自己の意見を表明する有力な表現方法として展開した可能性もある。だが、当時は「子供演説」という単語だけは浮遊していたものの、個人としての子どもが自分自身の独自の見解を社会的に表明することが、必ずしも推奨されていたわけではなかった。

とすれば「子供演説」が、教師の「修身口授」の代替物のような内容や、戯作的な表現方法の読み物に堕してしまったのは、ある意味で当然だったのかもしれない。「子供演説読み物」は、あだ花にも似た啓蒙読み物として、あるいは現実を斜めから見た戯作読み物としてしか展開しなかったのである。この点で「子ども演説読み物」群が、日本の子どもたちのスピーチやディベートの場を開拓し、それを深化させる役割を担ったとは考えにくい。

『家庭教育 子供演説』明治30年

しかし、「子供演説読み物」が演説という口語的な言語表現を基盤にした子ども向け読み物であったことから、子ども自身が自力で読める読み物の裾野を広げたことだけは確かであろう。「子供演説読み物」は、平易な内容を平易な文章で記述したという点で、多くの子どもたちにとって気軽に読める読書材だったし、また話しことばに近い文章の世界の魅力を感じさせてくれるものでもあった。それは子どもたちが、「談話体」の文章の有効性を、きわめて身近なものとして感じることの出来る場ともなっていた。すなわち、「子供演説読み物」は、言文一致の書きことば世界を拡大普及する役割を果たす読み物でもあったのである。ここであらためて、そのことを再確認しておく必要がある。

＊

「修身教科書」は、文部省の検定に縛られていたから、「教育勅語」からの逸脱は許されない。しかし一般の読み物である「修身読み物」は、そうした枠組みからは、ある程度自由だった。もちろんだからこそ、「修身教科書」を上回るような極端な愛国思想をあおり立てる内容の書物も刊行された。また、同時に、かなりいい加減な内容の書物も「修身読み物」の名を借りて刊行された。だが、それらの「修身読み物」も、おおざっぱにひとくくりにするなら、やはり、教育勅語の精神を補完し、それを子どもたちに伝達するような、広義の教訓読み物という範囲内に収まるものだったと言えるだろう。

しかし、こうした「修身読み物」によって耕された読書層の土壌が存在したからこそ、一八九一（明治二四）年に、博文館から日本で最初の本格的な少年文学シリーズも大成功したのだ。その先頭を切って刊行された巌谷小波の『こがね丸』も、内容的には、勧善懲悪の衣装をまとっていた。また、それに続いて多量に刊行される明治期の「子ども読み物」類も、ある意味ではここで検討した「修身読み物」と異母兄弟のような存在だった。明治期の子ども向けの読み物には、何らかの意味で「教訓」がつきまとっていたし、またそのことこそが、その本が「子ども読み物」であることの存在証明だったのである。

注 (Endnotes)

*1 辻本三省『家庭教育 教育全書 修身少年美談』積善館 著作者（奥付）松本仁吉 一八九一（明治二四）年五月。

*2 永松乙一『小学少年教育美談』図書出版会社 一八九一（明治二四）年九月 全く同じ内容で表紙のデザインだけが若干異なる書籍が、同年同月日に、大阪中川書房からも刊行されている。

*3 稲生輝雄『家庭修身談』目黒甚七発行 一八九二（明治二五）年四月 定価一五銭。

*4 唐澤富太郎が自ら収集した明治・大正・昭和期の「優等賞」の賞状に記載された授与賞品を調査した結果がある。唐澤富太郎所蔵『マイクロフィルム版解題 児童教育史資料集成Ⅰ』ナダ書房 一九八五（昭和六〇）年一一月 一三〇―一三一頁。明治・大正・昭和期それぞれ約一〇〇枚（合計二九九）の調査の結果によると、優等賞の賞品で一番多いのが「読本（四三・合計数・以下同じ）」であり、罫紙やノート（二五）、文具（一七）なども多い。書籍（一七）の中では、辞典類がもっとも多いが、「修身読み物」類は、この書籍という分類の中に入るのだろう。また、瀬田貞二『落穂ひろい――日本の子ども文化をめぐる人びと 下巻』福音館書店 一九八二（昭和五七）年四月 一〇四頁、に、「ちょうどこのころ（明治二六年から三五年まで・稿者注）小学校の卒業式などに褒美用の小さな本を与える流行があって」という記述がある。

*5 この本は、一八九二（明治二五）年四月に、同じ積善館から刊行された『家庭教育 日本修身談』吉見経綸閲・森下亀太郎著と表題が一字異なるだけで、全く同内容である。しかし、こちらには「表紙」には吉見経綸の肩書きは記されていない。おそらく再版に当たって、出版者の側では、吉見の職位である「大阪府尋常中学校教諭」を前面に出した方が販売に有利ではないかという計算が働いたのだろう。

*6 重信幸彦『〈お話〉と家庭の近代』日本児童文化叢書三四 久山社 二〇〇三年一月 二九―三〇頁。

*7 永嶺重敏『雑誌と読者の近代』日本エディタースクール出版部 一九九七年七月 一一頁、『〈読書国民〉の誕生 明治三〇年代の活字メディアと読書文化』日本エディタースクール出版部 二〇〇四年三月 四一頁。

*8 内ヶ崎有里子『江戸期昔話絵本の研究と資料』三弥井書店 一九九二（平成四）年二月。内ヶ崎有里子「赤本の伝統を引き継ぐ絵本」『はじめて学ぶ 日本の絵本史Ⅰ』鳥越信編 ミネルヴァ書房 二〇〇一（平成一三）年一二月 二三頁。なお、加藤康子の編になる『幕末・明治 豆本集成』国書刊行会 二〇〇四（平成一六）年二月、の巻末には、詳細な「幕末・明治の豆本目録」が附されているが、「修身赤本」類については、特に触れられていない。加藤は、ここで取り上げた「修身赤本」が、子どもの楽しみを中心的に扱う「豆本」とは異なるジャンルだとの判断に立っているのであろう。

*9 木村小舟『明治少年文学史』一九四九（昭和二四）年二月 童話春秋社 五三―五四頁。

*10 池田亀蔵『修身勧』大阪・畜善館。第一巻は一八八六（明治一九）年五月、第二巻は同年一一月、第三巻は一八八八（明治二一）年六月の発行である。縦一三センチメートル。

*11 『修身之教』一八八八（明治二一）年五月 著作兼印刷者・大館利一 発行者・安井平助。

*12 『小学生徒教育昔噺』川田孝吉（松廼家緑）編　開文堂　縦一二センチメートル。国立国会図書館所蔵は、巻七までである。

*13 加藤康子『幕末・明治　豆本集成』国書刊行会　二〇〇四（平成一六）年二月　三八七頁。

*14 新貞齋（花廼家蕾）『二人生徒善悪之行末』いろは書房　一八八九（明治二二）年九月。

*15 『ゑほんをしへくさ』の序文は、大人向けに書かれていたためか、分かち書きはされておらず、本文のみが分かち書きになっていた。細かいことだが、こうしたことも、子ども読者を意識した編者の心配りだと受け取れる。
なお、一八八九（明治二二）年八月二五日発行の『私立富山県教育会雑誌』第七号の「会告」に以下のような記事がある。「ゑほんをしへくさ一組一二冊・（山田仙）ヨリ寄贈ノ旨ニテ本県学務課ヨリ回サレタリ」。この記事によれば「ゑほんをしへくさ」は、出版元から富山県の学務課に寄贈され、それが地元の教育会に回ってきたようである。おそらく、宣伝のため、各地の学務課などに、この書物が寄贈されたのではないだろうか。ここからも、この本が学校教育と密接な関係を取り持とうとしていることが推察される。また、『私立富山県教育会雑誌』第七号の巻末には、『ゑほんをしへくさ』の広告も掲載されている。

*16 国会図書刊本の奥付は、明治一二年三月一日版権免許、明治一七年九月一五日四版御届けで、編者・山田行元、出版人・山田仙となっている。中川浩一『近代地理教育の源流』古今書院　一九七八（昭和五三）年五月　一一九頁、によると、『新撰地理小誌』の初版の刊行者は「島田千瀬と山田仙」であるとの情報が記されている。

*17 白井哲之「千葉師範学校初代校長・山田行元自叙伝についての一考察」『地理学研究報告・第七号』千葉大学教育学部地理学研究室　一九九六（平成八）年三月　五五—六二頁。
御園生卯七「初代の千葉県師範学校長・山田行元先生自叙伝」『房総郷土研究』一巻六号・一巻七号。

*18 その三年後の明治二五年九月に、文部省検定教科書として刊行された『新地誌』（全五巻）の奥付に記された山田行元の住所は、「東京市麹町区富士見町四丁目四五番地」となっている。

*19 板倉雅宣『活版印刷発達史——東京築地活版印刷所の果たした役割』財団法人・印刷朝陽会　二〇〇六（平成一八）年一〇月　五一頁、に「明治一九年六月新製　新調四号和文仮名文字体鑑」が掲載されており、この活字が使われたと判断できる。

*20 「みつのかし」の原拠が、マックガフィーの読本であることは間違いないが、同じ話材は、すでに『改正教授術』の中で取り上げられている。第三部第一章第二節で触れたように『改正教授術』は、一八八三（明治一六）年三月に、若林虎三郎・白井毅の編集で普及社から刊行されており、その「修身課」の第二例の「三様ノ児童」がそれである。

*21 鳥越信は、この絵本について、『大阪国際児童文学館・蔵書解題』大阪国際児童文学館を育てる会　二〇〇八年一二月　一五〇—一五一頁で、次のように述べている。「あきらかに子どもを読者に作られており、従ってその意味では今日の絵本と同質の使用例として、きわめて珍しいものといえるのではないだろうか」。また、「おそらく日本で最初の絵本と名乗ったこのシリーズは、楽しみの絵本とは程遠いものだったわけだが、しかしこれもまた今日の絵本への一里塚だったことを考えると、貴重な資料といってよい。」

*22 吉澤富太郎『家庭教育 修身をしへ草』開文堂 一八九〇(明治二三)年一月 縦一八センチメートル 表紙は彩色木版。

*23 有沢俊太郎『明治中期における日本的レトリックの展開過程に関する研究』風間書房 二〇〇二(平成一四)年一月。ここで有沢は、明治二〇年代に刊行された「演説教科書」のうち一七種類(小学校用四種類・中学校用一三種類)を取り上げ、そこに表れた「演説レトリック」について詳細に分析している。

*24 『国語教育辞典』日本国語教育学会編 朝倉書店 二〇〇一(平成一三)年八月、の巻末に付されている「国語教育史年表」には、一八八九(明治二二)年のキーワードとして「子供演説」が挙げられているが、辞典の項目にはなっていない。本文でも「子供演説」について触れられている箇所はない。また、音声言語教育に関するもっとも大きな事典である『音声言語指導大事典』高橋俊三編 明治図書 一九九九年四月、にも、『日本児童文学大事典』大阪国際児童文学館 大日本図書 一九九三年、にも、「子供演説」は立項されていない。

*25 野地潤家「馬場辰猪の「雄弁法」の内容と位置」『話しことば教育史研究』共文社 一九八〇(昭和五五)年九月 二七〇―二七二頁。同じ論文は、『野地潤家著作選集⑥話しことば教育史研究Ⅰ』明治図書 一九九八(平成一〇)年三月、にも収録されている。

*26 『大阪府教育百年史・第三巻・資料編(二)』大阪府教育委員会 一九七二(昭和四七)年三月 六四五―六四六頁。

*27 『楽石自伝 教育界周遊前記』伊沢修二君還暦祝賀会編・代表湯本武比古 明治四五年五月 (非売品) 一〇五―一〇七頁。

*28 桑原三郎監修『巌谷小波日記 自明治二〇年・至明治二七年 翻刻と研究』慶應義塾大学出版会 一九九八(平成一〇)年三月 一九―三四頁。

*29 演説流行の最盛期には、為永栄二による「娘演説」という演説形態も存在した。(『新潟奇聞娘演説』為永栄二《狂訓亭》演説 藤井源太郎筆記 岡島宝玉堂《大阪》一八八七《明治二〇》年一月)。これは、「娘」にもわかりやすい平易な演説のことである。とすると、「子供演説」も、実際に子ども自身が「演説」をすることだけではなく、子どものための分かりやすい演説という意味で使われていた可能性もある。もっとも、「子供演説」の書物の中の図像は、話し手も聞き手(聴衆)も、子どもたちの姿が描かれているものが多い。

*30 山本正秀『近代文体発生の歴史的研究』岩波書店 一九六五(昭和四〇)年 一五六頁。

*31 與良熊太郎『小学校に於ける話し方の理論及実際』光風館 一九〇二(明治三五)年一一月 七頁。

*32 佐々木吉三郎『国語教授撮要』育成社 一九〇二(明治三五)年八月 六三三頁。

*33 この本が刊行される直前の明治二七年一二月には、同じ出版元から麟児堂主人著の『ちゃんちゃん征伐子供の夜話 一名・日本男児の精神』が刊行されている。この本は、子どもたちが順番に日清戦争の話題を語り合うという趣向で、『ちゃんちゃん征伐子供新演説』と同様に、国民の間に湧き起こった「日清戦争熱」に便乗した企画である。なお、表紙の図版は、国立国会図書館近代デジタルライブラリーのものを借用した。

第三章　「修身教材集」の展開と子ども読み物

前章まで見てきたように「修身」教育は、「教育勅語」体制を具現化する駆動装置となって、学童たちの内面形成に大きな影響を与えた。また、そこからは、「少年書類」である「修身読み物」や、「修身画」などの図像群が派生した。さらには、様々な「修身教材集」の作製も試みられ、教育と子ども読み物とは、密接な共軌関係を取り結んでいく。

本章では、こうした「修身教材集」の中から、まず樋口勘次郎の『修身童話』シリーズを取り上げ、そのシリーズの意義とその影響に関して検討したい。つぎに、それを徹底させた『修身訓話』シリーズ、さらには教科書会社が作製した各種の「少年書類」に言及する。すなわち、本章では、「修身教育」を軸として、国定教科書登場前後における教科書と子ども読み物の諸相を、様々な角度から考えることになる。

一、『修身童話』の内容とその意義

「修身童話」シリーズの構成と成立の経緯

樋口勘次郎は、一八九八（明治三一）年、東京の開発社から『少年書類　第一編』と題したシリーズの最初の一冊である『修身童話　第一巻　桃太郎』を出版した。同じ樋口の関係した検定教科書作成の経緯、およびその評価をめぐっては、第五部第三章で触れてきた。そこで明らかにしたように、検定教科書の作製という点において、樋口の意図は十分に結実したといいがたい。しかし、樋口勘次郎は、検定教科書を作製する以前に、『修身童話』シリーズの作製にも携わっていた。このシリーズは全一二巻の構想の内、実際には九巻までしか刊行されなかったので、これも樋口の教科書編集の仕事と同様、完結した仕事ではない。しかも彼自身が直接執筆したのは、第六巻まで（そのうち第四巻は別人）であった。それにもかかわらず、このシリーズは、教科書と文学との接点を考える上で、原点となる仕事であり、わが国で初めて、子どもの読み物を、本格的に教育の材料としてとらえようとした営為だと位置づけることができる。そこで以下、この叢書について検討してみたい。

『修身童話』叢書については、『日本児童文学大事典』の解説が、簡にして要を得ているので、最初にそれを引用する。[*1]

本叢書は、開発社の「少年書類」と名づけた三種類のシリーズ中の最初のもの。小学校での修身教材として用いられることも意図していた。本文は全文ひらがなを使用し、拗音を示す符号をつけ、発音通りの表記を採用するなどの工夫がみられる。内容は、日本の昔話を中心とするが、附録としてグリムの翻案をそえる。また頭注として指導に便となるコメントが付されている。（執筆・藤本芳則）

この叢書の判型は菊判で、どれも五〇―六〇頁くらいの分量である。次頁に、その内容、刊行期日、定価を記した。*2

まず、この叢書が成立した経緯から見ていく。

このシリーズの出発点は、第五部第三章で見たように、一八九六（明治二九）年六月に、樋口勘次郎が樋口一葉に依頼した企画にある。しかし、それは一葉の死によって途絶した。一葉が実際に昔噺の執筆に着手していたのかどうかは不明だが、勘次郎の恋文めいた手紙に対する「胸つぶるゝ事をぞ書きたる」という日記の記述から考えても、一葉はこの仕事を放棄してしまったと思われる。もっとも、勘次郎は、そうした一葉の反応も知らず、講習会のため一ヶ月近く京都に逗留する予定で、京都に到着した最初の日（七月三一日）に一葉に宛てて、近況報告と恋心を託したように見える歌を書いた手紙を出している。手紙の末尾に「かねて御願申上おき候昔噺一編なりとも御こしらへおき被下様ひとへに奉願候」と記しているから、この時点では、一葉から原稿をもらうことも期待していたようだ。講習会の予定を終えて、八月下旬に帰京した勘次郎は、一葉のもとを尋ねたかもしれない。だが、すでに病の床にあった一葉は、勘次郎に会うことを断った可能性がある。そうこうしているうちに一葉は一一月二三日に冥土へ旅立ってしまった。勘次郎は、もう一葉に原稿を書いてもらうことはできなくなったのである。*3

そこで、樋口勘次郎は、自分自身で童話を執筆することにしたのだろう。その成果である「修身童話シリーズ」第一巻の『桃太郎』が開発社から上梓されたのは、一八九八（明治三一）年一〇月、一葉の死後二年ほどたってからのことだった。ところでこの『桃太郎』には、「自序」が四つも付いている。これはいささか異例の体裁だといわなくてはならないが、同時にそこから、この修身童話『桃太郎』誕生の困難な経緯をうかがうこともできる。この「自序」を見てみよう。

「桃太郎」の「序文」からわかること

巻頭には、昔噺の教育的な価値を吹聴した谷本富の「はしがき」があって、これには「明治三〇年初夏」の記載がある。谷本は、昔噺は「教育の材料として、最も能く児童の天性に適応」するものだといい、西欧ではグリムやアンデルセンの昔噺が教育材として使われているとする。日本でも巌谷小波の「日本お伽噺」などが出たが、教育上からは不満があるとし、この「修身童話」こそが初めての「教育応用昔ばなし」だと述べて、小学校教師、幼稚園の保婦、各家庭で読むことを勧めている。

続いて樋口勘次郎の、第一の「自序」がある。そこでは、「グリムの昔噺が、尋常小学一年級の修身教授材料として、児童の理解に適し、興味に応し（ママ）、高尚なる感情を養ひ、明瞭なる倫理を教へ、時間を超越し、空間を解脱し、自在なる想像をはたらかして、純潔なる詩歌的生活を為さしめ、宇宙の万物を人視して、質朴なる思想上の交際をなさしめ、しかのみならず、豊富なる理科的知識を包含して、真を知り、美を愛し、善を行ふ方に導く好材料」であることは、チルレルやラインの唱道するところであると記している。つまり樋口は、「グリム童話」が、道徳的・文学的・哲学的・科学的・美的など総合的な教育価値を持っていること

『修身童話』シリーズ刊行一覧表

巻	題名	内容	刊行期日	定価
1	桃太郎	上田万年／谷本富／湯本武比古校閲・樋口勘次郎編・水野年方画 谷本富「はしがき」　樋口勘次郎「ももたろうのはなし」 グリム原作・樋口勘次郎翻案「おおかみと、こいぬとのはなし」／「もものうた」 「いぬの うた」「おおかみのうた」「さるのうた」「きじのうた」	一八九八（明治三一）年一〇月二一日	十銭
2	花咲爺	上田万年／谷本富／湯本武比古校閲・樋口勘次郎編・富岡永洗画 樋口勘次郎「はなさかぢぢ」　グリム原作・樋口勘次郎翻案「ほしのかねこ」	一八九九（明治三二）年三月二三日	八銭
3	猿蟹合戦	上田万年／谷本富／湯本武比古校閲　樋口勘次郎編　富岡永洗画 樋口勘次郎「さるかにがっせん」　グリム原作・樋口勘次郎翻案「熊雉合戦」	一八九九（明治三二）年六月三〇日	十銭
4	まつやまかがみ	水野年方画 小西信八「まつやまかがみ」　グリム原作 樋口勘次郎案「こかねひめ またのなしんはせ ひめ」 なかみちよ「しゅうしんいろはうた」	一八九九（明治三二）年一一月二五日	十銭
5	したきりすずめ	上田万年／湯本武比古校閲　黒崎修斎画 樋口勘次郎「したきりすずめ」　グリム原作・樋口勘次郎翻案「ふくのかみ」	一八九九（明治三二）年一二月二五日	十銭
6	かちかちやま	上田万年／湯本武比古校閲　黒崎修斎画 樋口勘次郎「かちかちやま」　グリム原作・樋口勘次郎翻案「おくびょうとうぞく」	一九〇〇（明治三三）年三月二七日	十銭
7	きつねのてがら	黒崎修斎画 湯本武比古「きつねのてがら」　グリム原作・湯本武比古翻案「おおかみときつねのはなし」	一九〇〇（明治三三）年六月三〇日	十銭
8	こぶとり	黒崎修斎画 湯本武比古「こぶとり」　グリム原作・湯本武比古翻案「おてんばまめ」	一九〇〇（明治三三）年一一月一五日	十銭
9	おをゐやま	黒崎修斎画 湯本武比古「おをゐやま」　グリム原作・湯本武比古翻案「ならずもの」	一九〇一（明治三四）年五月二五日	十銭

に注目しているわけである。樋口は、その考えを応用して日本の昔噺を教室で取り扱ったところ、大いに児童の興味関心を引いたといっている。その報告が『東京茗渓会雑誌』に「実験叢談」と題して掲載されていることは、既に第五部第三章で触れたとおりである。

もっとも、そこで樋口が子どもたちに読み聞かせた文章は、ほとんどが巌谷小波の「日本昔噺」のシリーズに収録されているものだった。しかし、樋口は小波の文章に満足していたわけではない。それについて、樋口勘次郎自身は、次のように書いている。

> 巌谷漣君の編まれたる、「日本昔噺」二十四編、その筆妙ならざるにあらずといへども、其の言語も、其の文字も、又其の事実も、小学の教授に適せざるは、其の目的の他にあるにも、よるべけれども、頗る遺憾に思ひたりければ、最初数編の公にせられたる頃、同氏に忠告を与へんとして、其の居をたゝきしことありしが、恰も他出せられたりときゝて、むなしく帰りたるまゝになりぬ。

いうまでもなく小波は教材として自らの作品を書いたわけではないから、樋口の批判は、必ずしも的を射ているとはいえない。しかしこの一文は、樋口が理想とする「教育的読み物」が、どんなものなのかを考える手がかりとなる。もし樋口のいうように小波邸訪問の時期が、「(『日本昔噺』の)数編の公にせられたる頃」だとするなら、樋口がそこへ出向いたのは、一八九四(明治二七)年の秋から冬にかけて、つまり彼が師範学校の学生(最終学年)だった頃だということになる。

さらに、勘次郎は一葉との関わりについても、次のように記す。

> 其の後、小学の教育に経験なきものに、学齢児童を目的とする者(ママ)を書かしめむことの、不可なるを悟りたれば、文章家の筆をかりて、余の考案になれる童話を著さんと思ひ、昨年六月、故樋口一葉君に託せしが、着手後間もなく、七月末なりけん、君病を得られて、十一月二十三日といふに、不帰の客となられたれば、此の望みも中絶しにき。

前述したように、勘次郎が一葉に、教材執筆の依頼をしたのは、確かな事実である。もっとも、一葉にしたところで、小波と同様に「小学の教育の経験」は無いのだから、この文章の論理は若干混乱している。また仮に、一葉の手によって昔話の文章が仕上がったと仮定しても、それが勘次郎の考えているような教材用の文章だったかどうかに関しては、何ともいえない。*4

実際に勘治郎が、『修身童話』を作製しようとした時に遭遇した大きな困難は、そこでどのような文体や用字を採用するかということだった。樋口はこの『修身童話』では、漢字は一切使用せずに、平仮名だけで表記することにした。(小波の「日本昔噺」は、総ルビだったが、かなり漢字を使用している。)また文章は、言文一致体を採用することにしたが、言文一致の文体そのものも完成された状況ではなかったから、その表記の確定にあたっては、新しい工夫の必要と、それに伴う苦労とがあったようだ。これが、出版までに時間がかかった最大の要因だった。明治の初頭に、多くの洋学者たちが「子ども向け翻訳啓蒙書」の文章文体に苦心したのと同様に、この時期に至ってもまだ、幼い子ども向けの日本語文は完全に安定した状況とは言えなかったのである。

本の内容構成に関しては、日本の昔噺とラインの選んだグリム童話とを一編ずつ収録し、この二つの話に関係のある「理科談」を附録とするつもりだった。さらにそこに、新体詩風の附録をも加えることも考えていた。誌面表示にも工夫を凝らし、「倫理・理科算数などの諸学科・詩想を養う」ことのできるであろう箇所に、それぞれの記号を圏点の形で付すことも予定している。

この「序文」では『修身童話』の刊行目的が、次のようにまとめられていた。

要するに此の書の目的は、教師の参考に供して、学校教授を一新し、児童の伴侶たらしめて、家庭教育の改良に資し、兼ねて、歴史的、習慣的、保守的、不経済的なる文章にかふべき、自然的、経済的なる新文章を研究せんとするに在り。

以上が、一八九七（明治三〇）年三月二二日に記した、最初の「自序」に書かれた内容である。『修身童話』は、文学と教育を結びつける仕事であったと同時に、各教科内容を統合し、かつ文章改革運動の最前線に位置する仕事として構想されていた。つまり、この仕事は樋口が主張していた「統合主義」のテキスト実践行為でもあったのである。

おそらく一葉の死後四ヶ月余り経った時点で、とりあえず『桃太郎』の草稿ができあがったのだろう。そこで、勘次郎は自らこの第一の「序」を書き上げ、「はしがき」を谷本富に依頼したのだと思われる。草稿ができあがったのが「初夏」だということだから、本格的な暑さをむかえる頃には、完成した本が店頭に並べられている予定だった。[*5]

ところが、それから一年たっても、まだ完本は姿を現さなかった。第二の序文は、「樋口勘次郎　又識す」「明治三一年八月」と記載された題名のない文章である。ここには、この本は単独出版するはずだったが、湯本武比古の勧めで「少年書類」というシリーズに加えることになったことと、用字をいろは四十八文字の他は用いないことにしたことが書かれている。[*6]

第三の序文は「第一巻小引」と題されており、八月三〇日の日付があり、「樋口勘次郎　又又識す」とある。ここには収録された各編の意図が簡略に記されている。「桃太郎の話」は、「談笑の間に、義勇奉公の精神を養ひ、冒険遠征の思想を鼓吹し、父母養育の洪恩を知らしめ、兼ねて、立身功名の大孝たる所以を感得せしむるを旨とす。」とあり、「狼と子犬の噺」は「親子相思ふの情を解せしめ、保護なき幼孩の如何に薄弱なるかを示し、父母の恩を悟らしむるを旨とす。」とある。どちらにも「昔話」を材料にして徳目を教えようという姿勢が打ち出されている。ここには、東京帝国大学教授上田万年、高等師範学校教授谷本富、開発社社長湯本武比古の三名に対する謝辞も記されており、いよいよ出版が間近になったことを思わせる。

一〇月九日の第四の序文が最後の「序文」である。「樋口勘次郎　四たび識す」とあって、編集の苦労が書かれている。「此の巻は非常の難産にて、脱稿より印刷まで、一年半余もありければ、其の間屢々筐底より取り出して、修正を加へたれども、其の思想に於て、其の文字に於て、新案に出づること多きため、著者自身にも不満足なるふし尠なからず。」といい、特に「綴字法」は、著者も印刷所も初めての経験だったので、「已むを得ず過失」が残っているところところもあると告白している。

以上ここまで、この本に付けられたいささか異例の四つの序を通して、刊行までの経緯をたどってきた。
以下、各巻それぞれの内容を具体的に検討する。

『桃太郎』の本文の検討

「修身童話」第一巻『桃太郎』本文の構成と表記には、さまざまな工夫がこらしてある。まず、頭注が附してあった。頭注の目的は「主として倫理上の内容を分析し、又算数及ひ理科との関係を示して、統合教授の実施に便し、且往々主要なる点に関する問題を掲けて、児童たる読者には、思弁の手引きたらしめ、教師たる読者には、発問の参考に供せり。」というところにある。本文には、数種類の圏点が付してあり、その意味は、次のようだという。

○○○点を付したるは、倫理上の意味あるを示し、
◎◎◎点を付したるは、倫理上の主眼たるを示し、
●●●点を付したるは、理科算数その他学科に関係あるを示し、
△△△点を付したるは、理科的知識の主眼を示し、
ヽヽヽ点を付したるは、児童の詩想を養ふを示す。

これを「桃太郎」の冒頭部分の図版と対照してみよう。図版では、本文の最初から三ページ分を示してある。本文に圏点が付けてあり、様々な頭注があることが確認できる。

この後、お婆さんが流れてきた桃を拾って、家に戻り、桃から子どもが生まれる場面が続く。早くお爺さんが帰ってこないかとお婆さんが待つところや、どのようにこの桃を手に入れたのかをめぐる二人のやりとりなどに、かなり筆が割かれる。そこでは「愛情」「和気靄然」「感謝」という修身的な価値を読みとることと、お婆さんが桃を呼び込んで家に持って帰るまでの行動を再現反復して話すことが学習のねらいであること、が頭注で示されている。

以下、特徴的な場面と、そこに付された樋口勘次郎のねらいを掲げる。

桃から生まれた桃太郎が、お婆さんやお爺さんの目の前でみるみるうちに大きくなる場面では、「児童成長の順序」を教える。爺婆の目前で直ちに成長するという話の展開は、ほかの「桃太郎話」の中には、ほとんど見られないらしい。とすれば、「成長」という概念を教えるために、樋口が、特にこの部分を書き換えたのかもしれない。

桃太郎が学校の庭で遊んでいると、先生の話から、鬼の来襲とそれを天子様が心配しているという情報を耳にし、天子様に「忠義」を尽くそうと、鬼ヶ島へ行くことになる。「学校」が登場するところも、樋口独自の味付けだろう。征伐の途中に、犬・猿・雉に出会ってお供にし、鬼ヶ島へ攻め入るのは、一般の「桃太郎」の話と同じである。桃太郎は、鬼が日本から「宝物」を奪ったのだから、それを返却するのが当然だという理屈を主張して、鬼に自ら角を折らせて「武装解除」に成功し、日本に戻って日本一の大将になる。ここでは「大忠」「義勇奉公」「立身挙名」などの徳目が教えられることになる。

以上のように、「桃太郎」のストーリー展開の中に、「修身」的な要素が織り込まれている。また、本文の中から折に触れて「理科」「算術」などの学習要素が取り出され、「頭注」の解説にそれが注記される。

併載されたグリム童話の翻案「おおかみ　と、こいぬ　と　の　はなし」も、同じような誌面構成になっており、頭注と本文への圏点が「桃

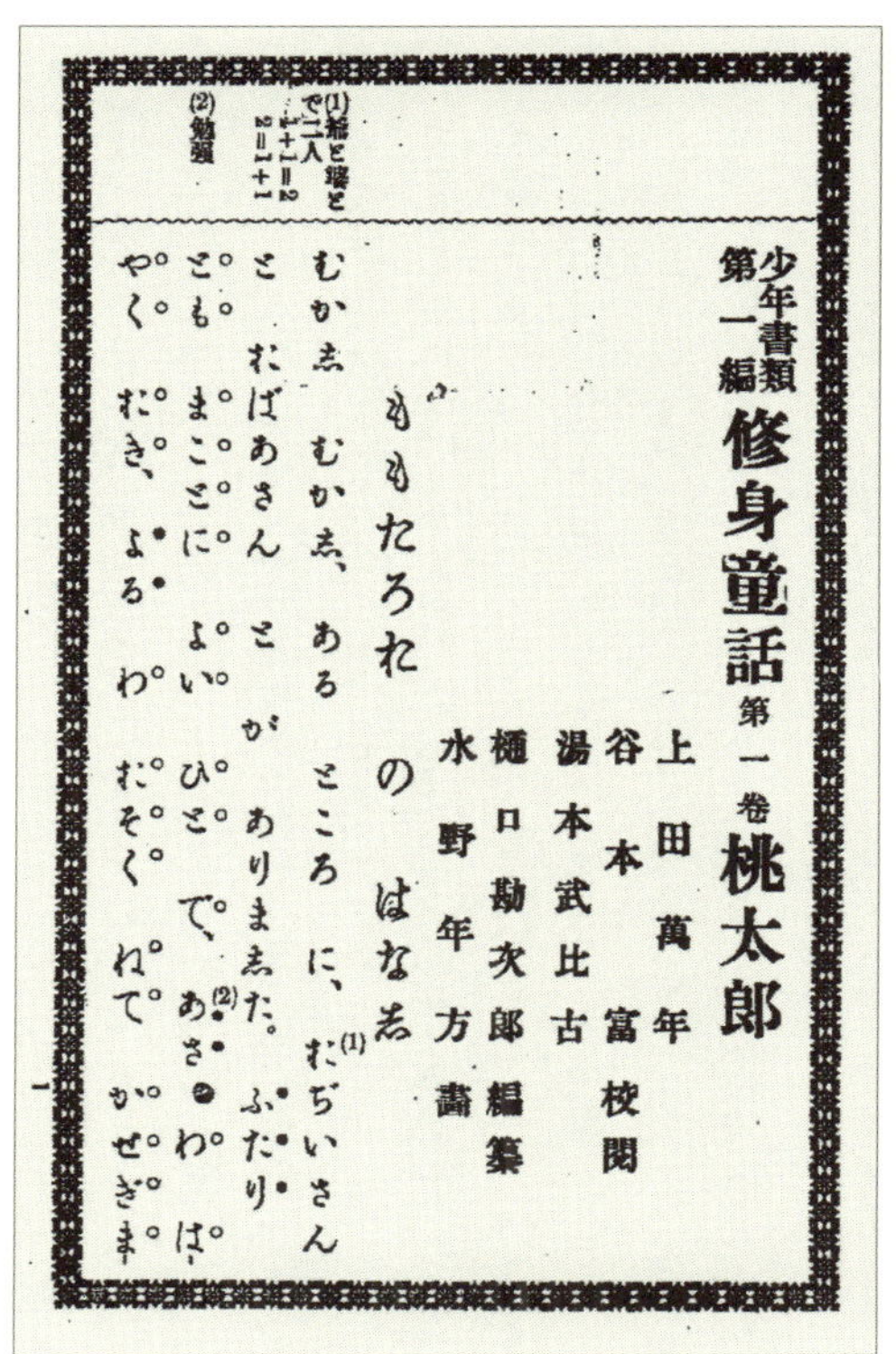

少年書類 第一編 修身童話 第一巻 桃太郎

上田萬年 校閲
谷本富
湯本武比古
樋口勘次郎 編纂
水野年方 畫

ももたろれ の はなし

むかし むかし、ある ところ に、おぢいさん[1] と おばあさん が ありました。ふたり とも、まことに よい ひと で、あさ[2] わ はやく おき、よる わ おそく ねて かせぎま

(1) 翁と媼とで二人 1+1=2 2=1+1
(2) 勤勉

一

本文　1頁

『修身童話』第一巻　桃太郎　表紙

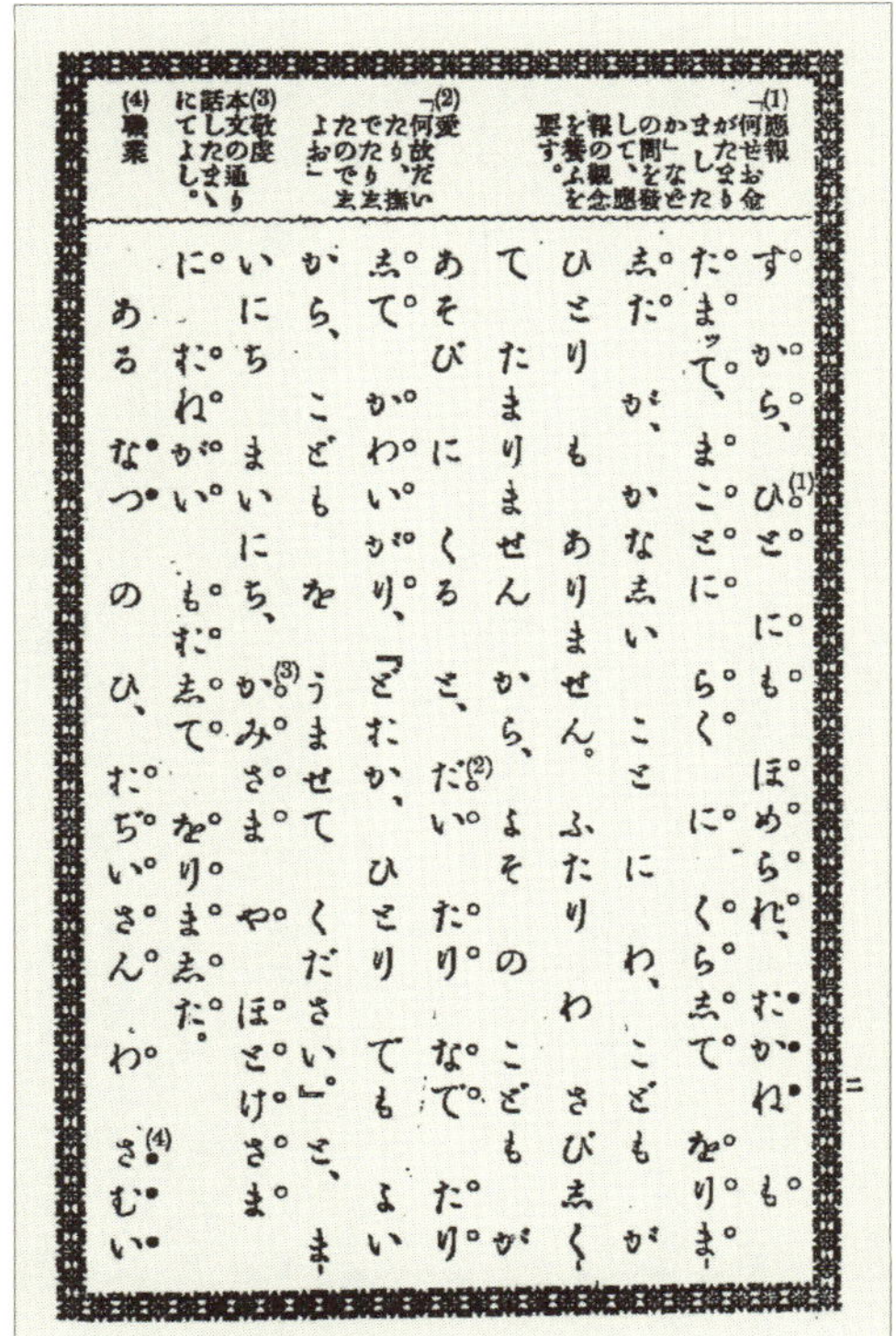

す から、ひと[1] に も ほめられ、おかね も たまって、まことに らく に くらして なりました が、かなしい こと に わ、こども が ひとり も ありません。ふたり わ さびしく て たまりません から、よそ の こども が あそび に くる と、だいたり[2] なでたり して かわいがり、『どおか、ひとり でも よい から、こども を うませて ください』と、まいにち まいにち、かみさま[3] や ほとけさま に おねがい もおして なりました。
ある なつ の ひ、おぢいさん わ さむい[4]

(1) 感報 何故お金がたまりましたか」など問を発して、感報の観念を養ふを要す。
(2) 愛 何故だいたり撫でたりでしたのでしよお」
(3) 敬虔 本文の通り話したまへ、にてよし。
(4) 職業

二

本文　2頁

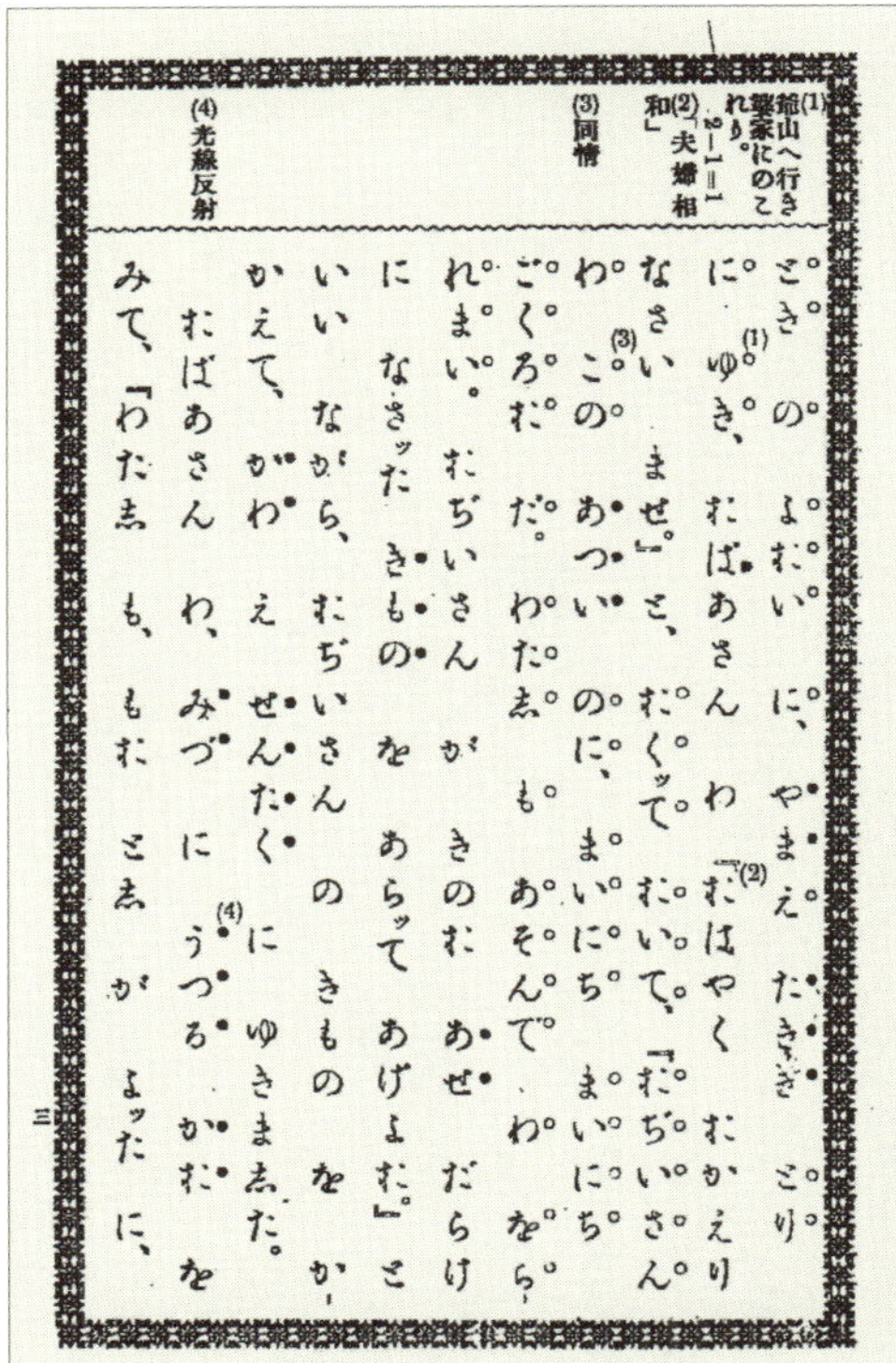

とき の よおい に、やま え たきぎ とり に ゆき[1]、おばあさん わ 『おはやく[2] おかえり なさいませ』と、おくって おいて、『おぢいさん わ この[3] あつい のに、まいにち まいにち ごくろお だ。わたし も あそんで わ なられまい。おぢいさん が きのお あせ だらけ に なさった きもの を あらって あげよお』と いい ながら、おぢいさん の きもの を かかえて、かわ え せんたく に ゆきました。
おばあさん わ、みづ に うつる[4] かお を みて、『わたし も、もお とし が よった に、

(1) 翁山へ行き媼家にのこれり。2−1=1
(2) 「夫婦相和」
(3) 同情
(4) 光線反射

三

本文　3頁

太郎」と同様に付けられている。この話の原作はグリム童話の「狼と七匹の子ヤギ」であるが、登場人物の「ヤギ」は「犬」に変えてある。おそらく樋口は「ヤギ」が日本の子どもになじみがないと判断して、「桃太郎」の話にも出てきた「犬」に変更したのであろう。しかし、子どもの数は、どうして「七匹」ではなくて「四匹」なのか。それはおそらく、「算術」の学習を意識したからだと思われる。子どもが七匹いれば、母親と合算すると八になる。四匹ならば、親犬と子犬を足しても五匹である。小学校の四月段階の教材としてこの材料を使うことを想定したとき、樋口は、合計が八になるような足し算は数が多すぎて、子どもには難しいと思ったのだろう。もちろんここで「算術」などを教えようと考えなければ、子どもの数は、七匹でも八匹でもかまわない。とにかく「たくさん」の幼子が、狼に食べられてしまうことさえ読み手に伝わればいいのである。だが、「算術」の教材にも応用しようという配慮が働いた結果、七匹は四匹になったと思われる。

この「おおかみ と、こいぬ と の はなし」でも、「妄りに失望すべからず」とか「因果応報」といった教訓が添えられているが、樋口の「教育的配慮」は、そうした教訓面ばかりではなく、子どもたちの親近感を意識して「子犬」に変えたり、「算術」を意識して子ヤギの数を決定するという部分へも向けられている。こういう点からも、この『修身童話』を、教育場面に適用することを第一に考えていたことが分かる。

もう一つの附録である「もものうた」「いぬのうた」「おおかみのうた」「さるのうた」「きじのうた」は、「韻文詩、散文詩の一般教育殊に幼童教育に、有益にして、貴価あるを信ずるを以て、ときどき簡単なる事実を新体詩風にものして付録とせん。」と、「序文」にあった文言を具体化したものである。

そのうちから、「きじのうた」を抜き出してみよう。

「きじのうた」

雉	きじ わ おおきさ にわとり ぐらゐ。
体形	をとり わ はね が たいへん みごと。
羽翼	をばね も なかなか きれいで ながい。
足	あし わ 二ほんで て わ ありません。
	て の ない かわりに つばさ が あれど、
	つばさ みじかく、とぶ こと へただ。
	とぶ わ へただ が、おあし わ つよい。
常習	あし が つよくて、かける わ はやい。
	かけて あるいて、くいもの さがし、
卵生	五六 がつ ごろ たまご を うんで。
孵化	たまご がえして、ひなどり そだて、
焼野の雉、夜の鶴	そだて あげたる その ひなどり を、
博愛	ひと に とられて、けんけん と なく。

「詩」の内容はともかくとして、これに曲を付ければ、そのまま言文一致唱歌になるようなできばえである。ちなみに、言文一致唱歌運動を本格的に展開した石原和三郎は、付属小学校において彼の同僚だった。

もっとも、このような「新体詩風」の附録は、第一巻『桃太郎』、第二巻『花咲爺』で試みられただけで、第三巻以降は、姿を消してしまっている。（第四巻には、那珂通世の「修身いろはうた」がついている。）おそらく多忙のため、こうした附録を執筆するだけの時間がなかったのであろう。しかし、日本昔噺とグリム童話とのセットという原則は、この『修身童話』シリーズの最終巻の第九巻まで踏襲された。

第二巻『花咲爺』の構成

第二巻は『花咲爺』は、一八九九（明治三二）年三月二三日に刊行された。シリーズ中、この二巻のみが、定価八銭（他は十銭）である。

「はしがき」には、以下のようなことが書かれている。すなわち、昨年一〇月に発行した第一巻がすでに三版になったこと、そればかりではなく越後にゆかりのある東京盲亜学校校長の小西信八が「松山鏡」執筆の申し出をしてきたので、おそらく第四巻にはそれを公にすることができるだろうということ、さらに「多少世の風潮にさからつた此の書物が、かくまで世人に歓迎せられようとは、実は意外」という勘次郎の述懐があること、などである。「昔噺」や「童話」を教育と結びつけたこの企画は、外来のヘルバルト学派が推奨しているという経緯があったにせよ、両者は相容れぬものという当時の世間一般の了解に、ある程度のくさびを打つことに成功したのかも知れない。

次いで「予告」として、このシリーズの全貌が具体的なスケジュールの形で示されている。樋口は、読者から「小学校の修身教材の中心として用ゐたいから、毎月一回づゝ間違ひなく出版してくれよ」という注文があったことを記した後、それは自身の宿望とも一致すると述べて、発行予定の一覧表を示している。

この時点で予定されていたのは一二巻だったが、実際には六巻までが、樋口の手によって出版された。しかし、その後は湯本武比古が担当して、九巻まで刊行され、残る三巻は結局日の目を見ることはなかった。なお、第一巻『桃太郎』の第一の「序」にも、順序は異なるが、これと同じ日本昔噺一二編の題名が挙げられているので、すでに二年前の一八九七（明治三〇）年の始めには、第一学年用の全体構想だけは出来ていたことになる。

また、本書では、第五部第三章第二節で、樋口が『東京茗渓会雑誌』に報告した「実験叢談」に『桃太郎』の教材研究を掲載したことを紹介した。そこには、巌谷小波の『桃太郎』の文章を改編して、修身教育的に読み解いたテキストの一部が示されていた。その成果は、この『修身童話』の作成に、ほとんどそのまま活かされている。とすれば、樋口勘

巻数	発刊月	教授月	題目	附録（グリム童話）	編集者
第一巻	既刊	四月	桃太郎	狼と子犬	樋口編集
第二巻	三月	五月	花咲爺	星野金子	樋口編集
第三巻	五月	六月	猿蟹合戦	熊雉合戦	樋口編集
第四巻	六月	七月	松山鏡	新長谷姫	小西執筆
第五巻	七月	八月	舌切雀	福の神	樋口編集
第六巻	八月	九月	勝々山	臆病盗賊	樋口編集
第七巻	九月	一〇月	狐の手柄	大食狐と狼	湯本編集
第八巻	一〇月	一一月	瘤取爺	おてんば豆	湯本編集
第九巻	一一月	一二月	大江山	無頼漢	湯本編集
第十巻	一二月	一月	物臭太郎	物臭姫	未完
第十一巻	一月	二月	浦島太郎	酒徳利（甘粥）	未完
第十二巻	二月	三月	大黒様	見出鳥	未完

次郎の『桃太郎』のテキストの原型は、少なくとも明治二九年春には、おおよそできあがっていたことになる。

第二巻『花咲爺』

第二巻の内容を見てみよう。ページを開けると、「花咲爺」の冒頭は、「桃太郎」とはだいぶ様相を異にしており、第一章は「1、よきぢぢ と よきいぬ」というタイトルが付いていて、次のような文章から始まっている。

兄弟

算術（加法）

あなたがた わ ねーえさん が あります か。にーいさん が あります か。いもと も あります か。おとと も あります か。あわせて いくにんきーよーおだいが あります か。まいにち、きーよーおだい どーおし、なに を して あそびます か。えなど かいて あそぶ ことも、おもちーや を もてあそぶ ことも、すもーおを とる ことも、おにごーつこ など する こと も ありましーよーお。みなよい あそび だが、いえ の なか でわ なるたけ しづかなあそび を しなくて わ な りません。

上段に、修身や算術などとの関連項目が記載してあることは、第一巻と同じであるが、この巻では本文が直接、修身的な語りかけになっている。これと同じ調子の文章がこの三倍くらいの分量で続いて「友愛」や「父母の恩」が語られた後、ようやく「むかし あるところ に おぢーいさん と おばーあさん とが、ありました。こども が なくて さびしくて ならぬ から 一ーつぴきの こいぬ を かーつて、たまと いーう な を つけて、だいじに そだてて おりました。」と、「花咲爺」の話がはじまるのである。

ところが、すぐまた「あなたがた の うち にも いぬ を かーつて ありますか。」という呼びかけが文中に出てきて、犬が番犬として役に立ったり、恩に感じる動物であることが説明される。せっかく、「昔噺」のストーリーが展開し始めたのに、よけいな解説が途中に入るようにも思われる。おそらく樋口勘次郎は、「頭注」のような形での徳目の示し方では不十分だと考えたのだろう。そこで、直接、読み手である子どもたちに語りかけるような文章を、物語の前に置いたのではないだろうか。

もっともこの後は、「花咲爺」のストーリーのみが進んでいく。すなわち、爺婆が犬をかわいがること、その犬が小判を嗅ぎ分けること、隣

『修身童話』巻二　花咲爺

の爺が犬を借りるがゴミが出てくるので犬を打ち殺すこと、死骸を埋めた近辺にあった木で作った臼から小判が出ること、臼を借りた隣の爺が失敗して臼を燃やすこと、爺がその灰で花を咲かせること、隣の爺がまた失敗すること、と型どおりである。

少々気になるのは、この話の結末である。殿様を怒らせた隣の爺は、殿様から「首を切れ」と命じられてしまう。隣の婆が爺の帰りを待っていると、「むこお の ほーお から きもの を きて、かえーつて くる よーおす です。ばあさんわ おおよろこびで うちえ かけこみ、かねばこ の ふた を あけて まちて いますと、くび の ないぢいさん が、ちだらけに なーつて かえりました。めでたくも あり、めでたくも なし。」という残酷な結末を迎える。江戸期以来のストーリー展開を踏襲しているのである。

一方、巌谷小波の『花咲爺』では、同じ部分が次のようになっている。すなわち、殿様から「花咲爺の贋物（にせもの）め。よくも身共（みども）を欺しをつたな、憎（にっ）くッい奴め、者共（ものども）召し取れッ！」と下次を受けて、爺さんは「武士（さむらい）に取（とっ）つて抑（おさ）へられ、高手小手（たかてこて）に縛り上げられて、其儘（そのまま）牢屋（ろうや）の中（うち）へ打込（ぶちこ）まれてしまひました」という結末である。ある意味では、小波の文章の方が、今日我々が考えるような「教育的」な改変を施している。

おそらく樋口は「善・悪」という対照的な行動の結末として「因果応報」の教訓を教えるには、「隣の爺」が手ひどく痛めつけられることが必要だと考えたのだろう。すなわち、「隣の爺」を残酷に扱うことで、昔噺固有の「教育性」を発揮させようとしたのである。これは、グリム童話が抱えている前近代的「教育性」にも通じるところがある。

第二巻に併載されたグリム童話は「ほしの かねこ」である。この話は、すでに樋口勘次郎によって、一八九七（明治三〇）年一〇月に刊行された雑誌『女子之友』第八号に「童話 星の銀子のはなし」として訳出発表されていた。同じ雑誌の第六・七号には「金持ちと貧乏人との話」も発表されており、そこには「此はグリムの原作でチルレルラインなどが選みたる十二の昔噺の中の一つであります此処にはいさゝか改作しておきました。」と前書きが付されており、「星の銀子」にも同様の前書きがある。『女子之友』の訳文は、大人向けで、漢字仮名交じり文になっていたが、『修身童話』の方は、平仮名文で表現もさらにかみ砕いてある。この、「ほしの かねこ」は、ほかのグリム童話に比べてもきわだって短い話なので、全体としてページ数が薄くなり、この第二巻だけが定価八銭ということになったのかもしれない。

なお、平仮名の長音や促音表記に当たっては、第一巻とは異なった表記が採用されている。樋口自身も、まだ一定の表記基準を定めることができなかったのである。

第三巻『猿蟹合戦』

第二巻『花咲爺』から、約三ヶ月遅れて、第三巻『猿蟹合戦』が刊行された。

この「序」に当たる部分も、第一巻、第二巻とは調子が異なっている。大人に向けた「序」は置かれず、直接子どもに呼びかけるような調子の文章が、最初に書かれている。

とおざい〱

さる と かに と の かーつせん わ、せんげつ の うちに

ごらん　に　いれるつもり　の　ところ　がくや　の　よーおい　がだんく　てまどり、つい　ひとつき　おくれた　の　わ、なんとも　はや　もうしわけ　の　ない　しだい、まーつぴら　おゆるしを　ねがい　あげます。その　かわり　に　わ、ぶたい　の　かざりやくしーや　のしーよーおぞく　さては　せりふ　じーよーおるり　まで、じーゆーうぶん　ねん　を　いれて　ありますれば、かんかくしーよくん　の　おきに　かなう　こと　が　できよーお　と　ひそかに　おもーつて　おる　の　で　あります。（下略）

こうした戯作調の呼びかけ文は、読み手である子どもを強く意識した結果なのであろうが、樋口が批判した巌谷小波の文体に酷似しているという言い方もできる。毎号手探りで様々な試みをしながら、このシリーズを、作製していったので、基本的な編集姿勢は、まだ安定していない。また、この巻には、あらためて「いろは」の表が、つけられていた。おそらく、読み手である子ども達が、自力で話を読むことができるように配慮した結果であろう。

さらに、「猿蟹合戦」の話の結末には、書き手が直接子ども達へ向かって語りかける文章が、本文に連続して書かれている。

さる　わ　なぜ　こんな　ひどい　め　に　あいましたろお。おやがに　を　ひどい　め　に　あわせたから　で　ありましーよーお。

おやがに　わ　なぜ　ひどい　め　に　あいましたろお。わるいともだち　と　あそんだ　から　で　ありましーよーお。

あなた　がた　わ　わるい　ともだち　と　あそんで　わ　なりません。

ひと　を　いぢめて　も　いけません。

（中略）

こがに　の　かたき　を　うーつた　こと、はち、くり、いしうすの　これ　を　たすけた　こと　わ　よいこと　で　あります。

第四巻『まつやまかがみ』

この巻の中心作品「まつやまかがみ」は、小西信八の手によるものである。小西がこの企画に参加することは、第二巻の「はしがき」に既に通告されていた。第一巻『桃太郎』の編集方針に賛同した小西の執筆の約束が、ここに実現したのである。

この巻にも「はしがき」がある。すべて、ひらがなであるが、一〇ページにもわたる長文で、小西の書いた文章である。内容は、文字改良についての意見主張が中心になっており、かなもじによる正書法の確立を訴えている。「松山鏡」を選んだのは、「ぜいむす　ふじんが　やくした」この作品の英語版を英国人に送ったらその内容をほめられた経験があること、また日本で教鞭を執って帰国したランゲ博士が、ドイツにおける日本語教育の教科書に小波の「松山鏡」を使っていたのを見て感激したこと、などがその理由だという。ちなみに、小西が英国で買い求めて進呈したという「松山鏡」は、いわゆる「ちりめん本」の日本昔噺シリーズのうちの一冊である。[*7]

また、第三巻『猿蟹合戦』には「いろは」の表が一頁付いていたが、この第四巻には、五十音図と促音・拗音・拗長音の表記、および歴史的仮名遣いと、この本で採用した表記との対照表が五ページにもわたって出ている。この表記法を附録としてつける工夫は、第五巻の『したきりすずめ』でも、若干内容を整理した上で、踏襲されている。

小西は、一八五四（安政元）年長岡藩医の三男として、越後国十日町に生まれ。一八七九（明治一二）年、東京師範学校中学師範学科卒業、一八八〇（明治一三）年から一八八六（明治一九）年まで、東京女子師範学校幼稚園監事。その後、訓盲唖院（東京盲唖学校）に転勤。那珂通世を始め、三宅米吉等とかなもじ会を組織した。日本の初期盲聾教育にとって、点字の導入や施設設備の整備などに、指導的役割を果たしたことで知られている。本書では、第三部第二章で、大日本教育会において東京府の教科書に関する意見を述べた一人として登場した。*8

小西は、日本語の表記、とりわけかなもじ表記の実践的な運動の一環として、この『修身童話』の仕事に大いに共感し、自ら筆を執ることにしたのだろう。ちなみに、勘次郎が採用したかな表記の方式は、小西も参画した「かなのくわい」の書き方改良部が提案したものとほとんど同じ方式だった。

『修身童話』第四巻　松山鏡

第五巻『したきりすずめ』・第六巻『かちかちやま』

五巻と六巻は、樋口が渡欧前に手がけた、このシリーズの最後の仕事になる。

第五巻『したきりすずめ』には、きわめて短い「序」が付いているだけで、前述した仮名表記についての表が七ページ、それに「したきりすずめ」と「ふくのかみ」といぅきわめてシンプルな構成である。『猿蟹合戦』で、本文中に挿入した子どもへの語りかけを、今度は頭注に戻している。冒頭部の頭注には、「（理）雀は何を食ひますか。（修）雀は何ぜ舌を切られましたか。此の雀のように、不注意なことをしたことはありませんか。」といぅような、文言が並んでいる。附録のグリム童話「ふくのかみ」は、樋口が先に『女子之友』に発表した「金持ちと貧乏人との話」を改題したもので、内容は同一である。

第六巻『かちかちやま』には、「昔話の教育的価値」「昔話教授上の注意」という九ページにわたる論文が掲載されているが、これは本人の注記にあるとおり、同年の一月に同文館から刊行されたばかりの『統合主義修身教授法』から関係部分を「摘録」したものである。渡欧を前にして、超多忙だったので、既刊書から関係部分を抜き出すことで形を整えたのであろう。旅支度の最中という慌ただしさは、本文の「頭注」にも反映している。例えば、捕獲したいたずら狸をつるした場面で、婆が作業をしている挿絵があるが、そこには「此の図は餅搗の所にあらずして麦をつく所なれども発行の日切迫して訂正の遑なければ再版を待ちて改むべし。」という「注」がついている。編者としては、画家と交渉して本文と整合性を取って、餅つきの絵に変えてほしかったのだが、時間的余裕がないからこのまま「麦搗き」のままにするという断り書きである。

　また「婆を殺して婆汁を作らしむるは残酷に失すと思はゞ、爺の留守に狸が婆をばかして何処へか連れ行きてしまひ、狸は穴に帰りをるところを兎の征伐することに改むべし。最後に婆は家に帰ることにするもよし。」と、別のストーリー展開もあり得るという「注」もついているが、これも十分に構想を練る時間がなかったからであろう。

　こうして樋口は、全一二巻の完成を見ないまま渡欧してしまい、帰国してからも、再びこの仕事に手を染めることはなかった。

第七巻以降の『修身童話』

　第七巻からは、本編・附録ともに、湯本武比古の手になる。

「序」も、湯本によるもので、教育における文学の必要性を説いている。とりわけ、湯本がその重要性を強く感じたのはドイツに留学したときであったという。ドイツでは、「学校が与へたる知識は、広さに於いては甚だ狭く、量に於いては甚だ少きも、少年書類に就きて、其の狭きと、少きとを補ふ」というように、学校での教授活動と学校外の自由読書とが相補して教育の効果をあげているのを見て、日本でもそうした著作の実現を訴えてきた。それに応えて樋口勘次郎が少年書類の一環として『修身童話』の編述を始めたが、彼の留学のため、湯本自身がその後を引き受けざるをえなくなったという次第が、書かれている。

　この第七巻の「きつねのてがら」という話材については、一言触れておく必要があるだろう。というのは、この話は巌谷小波の『日本昔噺』シリーズには入れられていないからだ。樋口勘次郎も、『統合主義 修身教授法』の中で、「広く行はるゝ噺にあらざれば」といって、他の話に関して省略したあらすじを、かなりくわしく紹介している。*9

　この話の題名は、第一巻『桃太郎』の「序」にもあげられているので、当初からシリーズに入れるつもりの題材だったことが分かる。しかし、樋口が『統合主義 修身教授法』の中で、読者のためにわざわざ「あらすじ」を紹介したことからも推察できるように、この話の「日本昔話」としての認知度は高くない。それは、現在でも同様だろう。

　登場人物は、大名の巻き狩りですっかり眷属を失った狸と、母狐、それにその子狐である。三匹はやむを得ず共同生活を始めるが、食べ物が乏しくなってしまい、一計を案出する。狐が人間に化けて狸を売りに行き、そのお金で食物を買おうというのである。売られた狸は、隙を見て逃げてくる。再び、食物が無くなったので、今度は逆に、狸が人間に化けて狐を売りに行く。狐は逃げてくる予定だったが、食物を独り占めしようと考えた狸が、人間に狐を殺させる。それを察した子狐は、母狐の

『修身童話』第七巻　狐の手柄

仇討ちを考える。そこで子狐は、狸に化け比べをしようと持ちかける。何も知らない狸は、本物の大名行列を見て、子狐が化けたのだと思い、道の真ん中に飛びだして、警護の侍に切られてしまう。

樋口勘次郎によると、この話の教訓は、「知識としては、同心協力の必要、弱者を侮るの不覚、孤狐に同情を表せしめて、道徳的感情を養ひ、己も孤児たらば悪き狸奴を一打ちに打ち殺さむとの心を起さしむ。」ことだ、と言う。子狐が親の仇を討つ行為が、「孝」にあたると考えられたからであろう。[*10]

この話の直接の出典は、現在のところ不明である。関敬吾の『日本昔話集成』には、「狐の化け比べ」という項目があって、全国各地に伝承されてきた類話が二一話収集されているが、そのほとんどが、狐と狸が「化け比べ」を競い合った結果、最後には、本物の大名行列を相手が化けたのだと勘違いして死ぬ、という展開である。つまり『日本昔話集成』に掲載された日本の昔話群は、「きつねのてがら」の後半部分とはよく似ているものの、親を失った子狐の復讐というテーマを持っているものはない。[*11]

しかし、『修身童話』の「きつねのてがら」にきわめて類似したストーリーは、一八八六（明治一九）年一二月七日版権免許、一八八七（明治二〇）年一月七日出版の「ちりめん本」シリーズの一冊、「*The Cab's Triumph*（野干の手柄）」で見ることができる。この本のストーリー展開は、「きつねのてがら」と基本的に同じである。『修身童話』の方が文章量が多いので、その分、心情描写や会話がふんだんに挿入されているが、子狐が母親の仇を討つことが主題で、題名も『修身童話』と同じ「子狐の手柄」である。また、第三部第二章で紹介した、グリフィスの「*Japanese Fairy World. Stories from the Wonder-lore of Japan* 1880」にも、この話が「The Fox and The Badger」という題名で載せられている。この本の文章も簡潔で、ちりめん本の英文に近い。

したがって、樋口勘次郎は「ちりめん本」あるいは、グリフィスの英文のストーリーを念頭に置いて、この話を「修身童話」シリーズに加えようと考えた可能性がある。巌谷小波の『日本昔噺』に含まれていないこの話材を、あえて選んだのは、ちりめん本の「*The Cab's Triumph*（野干の手柄）」が、「己も孤児たらば悪き狸奴を一打ちに打ち殺さむ」というような修身的主題を持ったストーリーだったからだろう。つまり、あくまでもこのシリーズは、「修身童話」であって、教訓が不可欠なのである。この点で、単なる「化け比べ」の話だと都合が悪かったのだと思われる。また、附録に付けたグリムの「おおかみときつねのはなし」と、「*The Cab's Triumph*（野干の手柄）」とは、「狐」の連想でつながるので、両者をセットにしようと考えたことも、この話をシリーズに加えた要因かもしれない。なお、ちりめん本の絵は小林永濯によるものである。修

ちりめん本 *The Cab's Triumph*

身童話の絵は黒崎修斎であるが、二つの本の中の挿絵の構図や人物の配置などは、よく似ている。

附録には、「おおかみときつねのはなし（Der Wolf und der Fuchs）」のラインの案による教授法が、巻末二ページにわたって翻訳掲載されている。「予備、授与、連合、結合、応用」の五段階による教授法である。

第八巻は、『こぶとり』である。ここにも「はしがき」があり、八ページにわたって、子どもの教育に「どおわ」が重要であること、またそれが言文一致の文章でなければならぬことを強く訴えている。「こぶとり」の話に続いて、グリムの「おてんば豆（Strohalm, Kohle und Bohne）」が併載されており、巻末にはライン案の教授法がついている。また、『修身童話』シリーズの宣伝広告も掲載されていて、ここには十二巻のうち七巻まで刊行されたことと、八巻以降が「近刊」であることが記されている。この時点では、十二巻まで刊行する予定だったのだろう。

最後の刊行物となった第九巻の『おをゐやま』の「はしがき」は十六ページにも及び、前半は国字改良運動の実践としてこの本を書いたこと、後半は仮名遣いの原則とその例示。附録は、グリム童話の「ならず者（Das Lumpengesindel）」の翻案である。

七巻以降の「頭注」は、きわめてあっさりとしていて、各教科への連絡や発問例よりも、各場面の内容の要約、あるいはその話の内容に適合した「ことわざ」の提示が多い。これらは、編集を担当した湯本武比古の考えによるものであろう。

＊

以上、『修身童話』シリーズの内容を見てきた。それらを通して感じることは、「日本昔噺」プラス「グリム童話」という構成の基本線は踏襲しながらも、かなり試行錯誤しながら刊行を続けてきたということである。特に、それは「はしがき」の記述内容に著しく表れている。また、七巻以降、編者が交替すると、物語の文章も微妙に変化して（一文が長くなるなど）いることにも注意が向く。

二、『修身童話』の評価と教室での取り扱い

木村小舟と滑川道夫の『修身童話』への言及

ここでは、『修身童話』の総合的な評価について見てみよう。

まず、木村小舟の『少年文学史』に、『修身童話』について、詳しく言及している部分がある。そこで木村は、『修身童話』のことを語るのに、湯本のことから書き起こしている。[*12]

湯本武比古は、『修身童話』の出版元である開発社の社長であるが、前述したように、樋口が渡欧した後、この修身童話シリーズの作成を引き継いだ。また、始め単体で『修身童話』を出そうと考えていた樋口に、『少年書類』という大きなシリーズの一環として刊行するようにとアドバイスしたのも、湯本である。とすると、『修身童話』という商業出版物は、樋口の独自の企画というより、そこに始めから湯本の意向が加わっていた可能性が大きい。仮名遣いの確定や、グリム童話の選定などにも、湯本の意見が介在していた可能性もある。実際、湯本武比古は、自身が筆を執ることになるシリーズの第七巻以前にも、校閲者の一人として名を連ねている。

湯本は、長野生まれで、樋口と同郷。東京師範学校の卒業で、樋口の

先輩格であり、一八八六（明治一九）年に、第三部第二章で取り上げた文部省刊行の『読書入門』の編者である。繰り返すことになるが、この国語教科書は、ドイツのボック著作の国語学習入門書を参考に作られており、文部省の教科書検定制度実施に向けて出された教科書である。開発主義を基礎にした画期的なできばえだったことから、これ以降の読本編集に大きな影響を与えた。湯本は、この『読書入門』を編纂したことがきっかけで、後に大正天皇になる明宮の幼児教育係を仰せつかり、またドイツへ留学後、日本でラインの教育書（『「ライン」の教育学原理』明治二九年八月）を翻訳したりしている。

帰国して、高等師範学校教育学教授の任にあったのは、明治二七年から二九年二月までだから、樋口勘次郎は、そこで湯本に直接教えを受けていたはずである。とりわけ、ドイツの教育事情について、最新の情報を湯本から教授されたと思われる。さらに湯本は「かなのくわい」の会員でもあったし、児童読物にも深い関心を持っていた。その後、湯本は、開発社の社長に就任、『教育時論』の編集・執筆に精力を傾ける。[*13]

こうした経歴を見れば、湯本自身が自ら『修身童話』を企画したとしても、なんら不思議はない。おそらく、以上のようなバックボーンをもった湯本の大きな構想と、樋口の教科書編集への強い希求とがぶつかり合ったところに、『修身童話』が生まれたのだろう。そうした事情だったからこそ、樋口勘次郎が渡欧するという状況になっても、すぐさま湯本がそれを引き受けて、同じコンセプトでシリーズを続けることができたのである。とすれば、このシリーズへの湯本の貢献は、かなり大きいものがあったといわなければならない。

さて、木村小舟の『修身童話』評価である。次にそれを引用する。

> 「修身童話」の内容は、我国在来の昔話を骨子として、これに若干の「グリム童話」を加味して一冊を成せる叢書である。流石に修身教材を主眼とせるだけに、所謂「日本昔噺」とは、自から筆法方針を異にし、多分に教育的要素を含める者であつた。
>
> 顧るに、漣山人の「日本昔噺」を距ること既に約五年、今茲にその外見上、殆ど類似の形式を採りて、而も実地教育に効果あらしむべく、新にこれが執筆に当れる者は、別人ならぬ統合教授の主唱者、高師附属の新人樋口勘次郎（蘭林）である。樋口は湯本と同県人にて、往年「少年園」の投書家として知られ、文才に富める実地教育者である。[*14]
>
> 而して幼年児童の読物に於て、特に童話の二字を冠したるは、多分この叢書を以て嚆矢とすべきであろう。勿論この語は、相当古くより使用せられしに相違なきも、実地教育上に重要視せられるに至れるは、「修身童話」の盛行の結果と見るべきであろう。（中略）
>
> さればこそ、この「修身童話」は、幼童用の読物には相違なきも、頗る堂々たる陣容を整えて識者の注意を促した。即ち、文部省専門学務局長上田万年、高等師範学校教授谷本富、開発社社長湯本武比古の校閲の下に、大部分樋口蘭林の執筆に成り、その中の二三編は、東京盲唖学校長小西信八、及び開発社長湯本武比古の署名に依つて刊行された。
>
> 「修身童話」各編の題名は、やはり「桃太郎」を首とし、「花咲爺」「猿蟹合戦」「松山鏡」「舌切雀」「かち〳〵山」「狐の手柄」「瘤取り」「大江山」という如くに、略々日本昔噺に主眼を置き、第一編「桃太郎」は、水野年方の緻密克明なる数面の挿画を添え、書冊の形式は、大体博文

館の「日本音噺」に倣い、一冊の定価十銭を唱えたが、これは当時の物価より推して、必ずしも高価とは認め難く、且つ啻に児童の購買を俟つのみならず、寧ろ初等教育者の参考資料に供するもの〻如く、この観点よりするも、漣山人の「日本昔噺」とは、自ら方途の異なることが窺い知られよう。なおこの叢書の刊行に当たりて、開発社にては「教育時論」その他の機関を利用して、次の如き宣言を発表した。

本書は本邦有名の昔噺を採択し、何れも著者の実験によりて、教育的に記述せられ、文章は総仮名にして、児童に読み易く、挿画は高尚優美、表紙は光彩燦然、また附録にはグリム童話を添え、且ライン法の教授法を添えたり云々。

簡単の中に、要点を示している。即ち、著者が教授上の実験に基き、教育的に記述し、全編総平仮名に依り、ライン式の教授法を加え、首尾一貫の実を示したるは、湯武居士がライン学派に私淑せる理想の発現に外ならぬ。かくて「桃太郎」の発刊に当り、再び前説を繰返し、この叢書の有益にして教授上の効果尠ならぬを強調する所あつた。

従来、幼童用の読み物としては、第五部第二章で触れたような「修身赤本」のような安易な作りの書物か、『ゑほんをしへくさ』のような実験的な試みの読み物しかなかった。そこへ、教育界の新進気鋭の樋口が、平仮名書きの物語集を刊行した。それに対する、木村の評価はかなり高い。とりわけ、小波とは異なった教育的コンセプトで発刊されたこのシリーズを、かなり好意的に受けとめている。

なお、木村小舟は、同じ文章の中で、文学的＝お伽噺、教育的＝童話という区分けで当時の読み物を分類している。大正期に花開いた「童話の時代」を知っているものにとっては、木村自身「今日より見れば、亦相当の異論もあろうが」と述べているように、この分類は一見奇異な感じがする。大正時代の「童話」こそが、前近代のしっぽをつけていた「お伽噺」を乗り越え、新しい文学世界を子どもたちにもたらしたというのが現在の理解である。しかし、木村のいうように、確かに当時の教育関係の文章の中には「童話」という用語は、ひんぱんに目に付く。それは、おそらくヘルバルト学派の教育学の中で、メルヘンが教材として重視されたことと、その訳語としてもっぱら「童話」という用語が使われたということにその原因があるだろう。その意味で「童話」という用語は、当時においては、一種の教育用語でもあったのである。

また、滑川道夫は、樋口の仕事に関して、次のように述べている。*15

樋口は、ライン W. Rein が国民性を表現しているものとしてグリム童話から教材を選択していることを知り、童話や仮作物語をまず修身教授に活用しようとする。当時の教育界は、天皇制教学思想に由来する「教訓性」をもつもの以外の文学作品を教材にするなどは考えられないことであった。頑固な教育者たちは、昔噺さえ教訓と結びつけ、教訓性をもつ仮作物語以外の文学は虚構荒唐のものとして排斥した。そうした状況において樋口は受持ちの児童に、ジュール・ベルヌ原作森田思軒訳「十五少年」（博文館刊・明二九・一二「少年世界」三―一〇連載したもの）を教材として使用した。（中略）また、ラインが教材に選んだグリム童話の「七ひきの小羊」を教材にし、「修身科教授法」に記載した。これを文部省保守派の森岡常蔵が「教育上何の特長を認め、数多き我が趣味純粋なる日本昔噺に換へんとするかを疑ふ」と批判した。樋口は実践的立場から反論を加えた。この論争を扱う余裕はないが、ともかく、かれは勇敢に先駆的開拓的実践を示した。けれどもこの時点では「教訓性」から離脱することはできなかった。

滑川は、樋口勘次郎が、子どもたちに「文学作品」を教材として与えるべく果敢に教育実践活動を行っていたが、結局「教訓性」を克服することはできなかったというのである。そうした背景を述べた上で、滑川は『修身童話』に関してこういう。

以上述べた主張から「修身童話」の出版（明三一）を意図したものと思われる。樋口は、文学に理解ある上田萬年、湯本武比古、谷本富の三先輩に謀り、校閲者となってもらい、自らは執筆者となった。湯本はドイツで児童読物が豊富に出版されている状況とその教育効果を見て帰国したから、この出版に積極的に賛同し、みずからも第七巻（八・九巻も／稿者注）を執筆している。

第一巻桃太郎、第二巻花咲爺、第三巻猿蟹合戦、第四巻松山鏡、第五巻舌切雀、第六巻勝々山、第七巻狐の手柄。

表記は「言語文字の改良」のため表音式でひらがなを用いている。各巻にラインの採用したグリム童話を添えている。欄外には子どもと教師のために注をいれている。「ひとわ　みなりでわ　わからぬ」「ひとを　もてなすにわ　こころがだいじ」「慾は悪事の母」などとある。第四巻は小西信八、第七巻は湯本武比古、他は樋口が執筆している。

「昔噺の教育的価値」「昔噺教授上の注意（樋口）「狼と狐との話の教授法」「ライン案の訳」（湯本）などを添えて教材化への配慮を示している。樋口の「序」は簡明に「修身童話」の趣旨を伝えている。

「昔噺を荒唐虚誕なりとして排斥する者は、詩と理学との区別を知らざるものなり、昔噺は児童の詩なり。昔噺は質朴無邪気にして理解し易き理想を与へて児童に善を勧むる者なり。昔噺は児童の修身学なり。」

そして「昔新の教育的価値」は「児童の理想を養成」するものであり、その倫理が「理解力に適する」ものであるといい「誰か児童より昔噺を奪はむとするものぞ」と叫んでいる。竜宮・鬼神・妖怪・獣の石臼ものをいう仮作物語を「荒唐無稽」で「児童の知識の発達を害するもの」という説が教育界にはびこっていたころであるから、樋口の立言は、それらの迷妄に対して痛撃を加えたことになった。

滑川の論述からは、樋口が、本来ならば「教訓性」を離れて、子どもたちと文学的作品を読み合うことを理想としていたのだが、時代状況などからそうすることが適わなかった、というニュアンスを感じることもできる。内心では樋口は、そう考えていたかもしれない。滑川が引用した「昔噺は児童の詩なり。昔噺は質朴無邪気にして理解し易き理想を与へ」という記述からは、樋口が「昔噺」に託していたロマンさえ窺えるからである。ただし、この文言は、「児童に善を勧むる者なり。昔噺は児童の修身学なり。」と続き、昔話の中の「詩」は、「修身」へと収斂してしまう。樋口が、昔話を「修身」と結びつけたのは一種の便法であったのか、それとも「文学」そのものを芸術や娯楽として味わうことを望ましいと考えていたのかどうかに関しての判断は、ここではできない。

しかし、木村も、滑川も、『修身童話』シリーズが画期的な出版物であったことと、それが「教育的」な目的を持っていたことを強調している。

『修身童話』の読まれ方とその意義

では、この本は、どのように受容されていたのか。

巌谷小波の『日本昔噺』は、ルビ付きとはいえ、『修身童話』よりも高度な文章だった。これに対して『修身童話』は、全文が平仮名で書かれていたから、文字を覚え立ての子どもたちでも、自力で読むことができたであろう。この点で、『修身童話』は、読書年齢を引き下げ、読書層を拡大することに関しては、有効に機能したと思われる。しかし、その場合、子ども読者は、指導者に向けて書かれた頭注は読まなかったはずである。また、文章に付けられた「数種類の圏点」も、子どもが自力で読むのには、邪魔になったに違いない。（『修身童話』の文章への圏点は、第二巻以降は、ほとんどなくなっている。）

木村小舟は、『修身童話』について、「寧ろ初等教育者の参考資料に供するものゝ如く」と発言していた。すると、この本は、教員たちが、「修身口授」の材料として購入した可能性が大きい。というより、樋口自身も、主として「初等教育者」が教育活動に使用することを目的として、この本を作ったのである。本文に頭注を付けたり、文章に圏点を施したりしていたのは、そのためだった。つまり、樋口は、必ずしも子ども自身が自力で読むための読み物として、この『修身童話』を作製したのではなかったということになる。

『修身童話』を使って、樋口がどのような教授活動を期待していたのかを知る資料がある。それは樋口が一八九九（明治三二）年一〇月に刊行した『文部省講習会教授法講義　下』の中の、『修身童話』を使用した統合主義に立つ「修身科の教案」である。それを、手がかりに樋口の考えをみてみよう。（なお、樋口は、この記述の中で《括弧内の文字は、余の解説にて、実際の教案にあらはるゝにあらず》と注記している。）*16

題目　桃太郎（拙著修身童話第一巻、開発社出版）

　第一　桃太郎出生の段

準備　掛図（老婆の老爺を送迎する所、老婆の洗濯する所、桃太郎誕生の所などの掛図を用意すべし。）

桃又其の標本模型　桃の解剖図

目的　勉強、応報、慈愛、敬虔、務業、夫婦相和、等の諸徳を養成するを目的とす。

目的指示　今日は桃太郎の生まれるところの面白き話をしませう。

（桃太郎の話は、家庭にてきゝたるべければ、かくいふときは、過去の記憶が勃然回想せられて、教師の言ふところに注意すべし。）

予備　誰か知ってゐるなら話してごらん

挙手したるもの一人を指名して話さしむ。

提示　教師談話

（生徒の談話の足らざるところを補正しつゝ談話す。是は予備に於ける生徒の談話が流暢に終りしときは、其の後に来るべきも、もし然らざるに於ては、予備と錯綜してあらはるゝところあるべし、之れ生徒の有する過去の智識との統合なり）

学習　生徒をして談話せしむ（五段に区別せむとせば、此は提示段に属すべきものなり）（教師の談話によりて、旧有の智識を修正したれば、かくて新しく造り出されたる智識を表出せしめ、尚其の誤れる点を正す。生徒には談話の中途にて止められたるを惜み、尚先きまで続けて聞かむとの念盛なるべければ、談話を急に止めて、さて、生徒に復演せしめむとするは悪し。「桃は二つに割れて、大きな赤んぼが生れました」と話し終らば、話を止むるさまを見せずにたゞ「此の家は、前には、お爺さんと、お婆さんと二人だけであつたが、今度は何人なりしか」など算術的問題統合（ママ）を出して、さて前には淋しかりし家の、賑かになりしことの目出度きことなど問答しつゝ、生徒の復演に導くべし。）

比較　諸子は、子供の無い人を知りをるか、其の人の子供を欲しいと言つたのを聞いたことは無いか、又は其の人の他人の子供を貰つたことなど知つては居らぬか。（新旧知識の統合）

統合　何故だらう、然り淋しいから、

比較　諸子の父母は毎日何事をなすか。（統合）

統合　人の仕事をするのは、何の為めだらう。

比較　善いものを貰つたときに、兄弟に分つたことあるか。又兄弟から何か貰つたことあるか。其の時如何なる心地がしたか。（統合）

統合　人から善い物を貰へば善い心地がするものだ。お爺さんもさぞ嬉しかつたらう。（かゝる類の比較、統合、連結、などを、尚くりかへして、生徒の思想界を精密に統合すべし。）

此の爺婆はよき人なり。

系統　爺婆のよきことを列挙せよ。
勉強、慈愛、夫婦相和、等。

応用　諸子もよき人にならむとするか。
然らば如何にすべきか。
（朝起をする。人にものをやる。勉強して仕事をする。などの答あるべし。）

活用　朝起、勉強、などを実際に行はしめ、又生徒の紙などを忘れたときなど、隣生をして貸与せしむ。

他科との関係

理科　桃の形状及ひ構造等を教ふ。

読書作文　「もも」「モモタラウ」「よきぢゞとよきばゞ」など、生徒の程度によりて、適宜書取、作文などを課すべし。

算術　爺と婆で二人 $1+1=2$　其れに桃太郎が生まれて三人 $2+1=3$
桃を二つに割つて半分　$1\div2=\frac{1}{2}$　$1=\frac{1}{2}+\frac{1}{2}$ の類。

習字　もも　モモ　ヂヂ　ババ　など習はしむ。

図画　簡単なる桃の画をかゝしむ。

唱歌　桃太郎の話を話し終る頃は、桃太郎の歌　親の恩の歌　遠征に関する歌などをうたはしむべし。

遊戯　桃太郎の鬼ヶ島征伐に擬し、桃太郎及犬、猿、雉、さては赤鬼、青鬼、黒鬼の類を仮作して遊戯をなさしむべし。此も話しをはりて後のことなり。

此の如く、すべて他科との関係を記載しおくを可とす

「教案＝指導案」という形式で書かれてはいるが、『修身童話』を使って、「修身科」でどのような教授活動が展開されるのかがよく分かる。樋口が実際に教室でおこなった実践をもとにして、この文章を執筆していることは、具体性を持った細やかな解説からも察せられる。とりわけ、学習者の既成の観念を呼び起こしてから、桃太郎の話しを「談話」する部分や、生徒の実生活を想起させながら「問答」を展開し、この話の「教訓」と結び付ける授業展開は、なかなか鮮やかだと評していいだろう。

　ここでは、教材の『修身童話』は、生徒各自が目を通すテキストとしては使われていない。つまり、生徒はこの本の活字に実際に触れて、それを「読む」わけではないのである。なによりも「掛図」の用意が指示されている。とすると『修身童話』は、「子ども読み物」というよりも、第三部第一章で見てきたような、修身口授で使用する教師用書として位置づけた方がいいのかもしれない。実際、第七巻には、「狼と狐との話しの教授法」、第八巻には「をてんばまめの教授法」（それぞれライン案の翻訳）が、参考として付けてある。そうした資料は、この本を使って指導する教師のためのものだろう。だが、そうだとすると、『修身童話』の本文を平仮名書きにする必然性は薄くなる。

　もちろん、子どもがこの本を自力で読んでもいいし、教師が、教室へ持ち込んで「修身口授」の材料として使ってもいい、その両方をカバーすることができるのが、この『修身童話』シリーズなのだと主張することは可能かもしれない。そうした両義性を兼ね備えた多目的に応用できる便利な本が『修身童話』だといえないことはないが、逆に言えば、この本は、生徒用でもなく教師用でもない、きわめて中途半端な本だともいえるのである。

巌谷小波の『日本昔噺』と『修身童話』

　この点を検討するため、樋口が参考にし、また批判もしていた巌谷小波の日本昔噺『桃太郎』の文章と『修身童話』の文章とを比べてみよう。いうまでもなく、小波の『桃太郎』は、子ども自身が、「読む」ことを大前提として書かれていた。小波にとって、それを直接、学校教育の中で、それも「修身口授」の授業に使用されることは、おそらく想定外だったはずである。

> むかし〳〵或る処に、爺と婆がありましたとさ。或る日の事で、爺は山へ柴刈に、婆は川へ洗濯に、別れ〳〵に出て行きました。
>
> 時は丁度夏の初旬。堤の艸は緑色の褥を敷いた如く、岸の柳は藍染めの総を垂した様に、四方の景色は青々として、誠に目も覚める斗り。折々そよ〳〵と吹く涼風は、水の面に細波を立たせながら、其余りで横顔を撫でる塩梅、実に何とも云はれない心地です。
>
> 婆さんは適宜処に盥を据え、其中へ入れて来た、汗染みた襦袢や着古した単衣を、代る〳〵取り出しては、底の小石から小鮎の狂ひまで、手に取るように見え透く清流に浸して、頻りにぼちや〳〵行つて居りますと、やがて上水の方から、一抱もあらうと思はれる、素敵滅法大きな桃が、ドンブリコッコ、スッコッコ、〳〵、〳〵、と流れて来ました。（下略）

　巌谷小波の文章には、かなりの量の情景描写が含まれている。それらは、美文意識に絡め取られているものの、言文一致体を採用しており、明らかに、それまでの「赤本」類とは異なる文体意識で書かれていた。小波は、絵を見ながら耳から文章を聞くそれまでの「昔話」の赤本類の文章を、もっぱら読む「お伽噺」へと変換したのである。同じ小波の『日本昔噺』シリーズ二四巻も、後半になると、情景描写の多用は影を潜めるが、饒舌で平易な語り口や、細部のリアルな描写へのこだわりなどは、小波による近代的児童読み物文体確立への苦闘だと考えられる。*17

　一方、それを批判した樋口勘次郎は、どのような文章を作成したのか。先に『桃太郎』の冒頭部分を図版で示したが、ここでは、そこに付けられていた頭注と圏点とを省いて、本文だけを示す。

　むかし むかし、ある ところ に おぢいさん と おばあさん と が ありました。ふたり とも まこと に よい ひと で、あさ わ はやく おき、よる わ おそく ねて かせぎます から、ひと に も ほめられ おかね も たまッて、まこと に らく に くらして をりました が、かなしい こと に わ、こども が ひとり も ありません。ふたり は さびしくて たまりません から、よその こども が あそび に くる と、だいたり なでたり して、かわいがり、『どおか、ひとり でも よい から、こども を うませて ください。』と、まいにち まいにち、かみさま や ほとけさま に おねがい も おして をりました。

　ある なつ の ひ、おぢいさん わ さむい とき の よおい に、やま え たきぎ とり に ゆき、おば あさん わ『おはやく おかえり なさい ませ』と、おくッて おいて、『おじいさん わ この あつい のに、まいにち まいにち ごくろ おだ。わたし も あそんで わ をられまい。おぢいさん が きの お あせ だらけ に なさッた きもの を あらッて あげよ お。』と いい ながら、おぢいさん の きもの を かかえて、かわ え せんたく に ゆきました。おばあさん わ みづ に うつる かお を みて、『わたし も、もお とし が よッた に、こども が なくて なに より かなしい。かみさま も ほとけさま も わたし の ねがい を きいて わ くださらぬ の かしらん。』など、ひとりごと を いい ながら ぼちやぼちや せんたく を して ゐます と、かわかみ から、おおきな もも が どんぶりこッこ すッこッこ と ながれて きます。（下略）

　樋口の作成したテキストは、「勉強、応報、慈愛、敬虔、務業、夫婦相和」などの徳目をを教えようとするため、理屈に基づく説明が多い。その分、小波の文章にあった、子どもを面白がらせようという戯作的サービス精神は、影を潜めている。たとえば、小波は「素敵滅法大きな桃が、ドンブリコッコ、スッコッコ、〱、〱、」と、桃についての大げさな修飾を冠し、また、桃が流れてくる様子を、擬音を重ねて聞き手の中にそのリズムを伝えようとしているが、樋口は「おおきな もも が どんぶりこッこ すッこッこ」と、淡々と事実のみを伝えている。小波の文章の中の、過剰な「遊び」は、樋口のテキストにはない。

　さらに樋口は、「堤の艸は緑色の褥を敷いた如く」といった「情景描写」も切り捨てている。おそらくその理由は、樋口が、小波の『「日本昔噺』シリーズを教室で取り扱った際に、聞き手である低学年の子どもたちが、情景描写の部分には、ほとんど反応しないことを承知していたからだろう。現実の子ども読者に近い場所にいた樋口は、低学年の子どもがもっぱらストーリーの展開の面白さだけを好むことをよく心得ていたのである。したがって、小学校低学年用の教材文を作成しようとするなら、こうした樋口の措置は当然かもしれない。

加えて、樋口は、つとめて子どもにも理解できるような平易な語句を選択している。小波のテキストにある「襦袢」や「単衣」はともかくとして、「小鮎の狂ひ」は、多くの子どもが語釈無しで了解できるだろうか。樋口の教材文には、こうした「難語句」は登場せず、おまけに、すべて言文一致体の単語分かち書きによる平仮名表記になっている。

先に引いた修身教授の「教案」には「第一　桃太郎出生の段」という記載があった。ここからは、『修身童話』の「桃太郎」の文章が、教授上の都合で「段」分けされているように思えるが、実際には、全章通して一つながりの文章になっている。つまり、教授上の必要から文章をブツブツと章ごとに分断するのではなく、全文が、そのままの形で示されている。したがって、子ども読者は、この本を一度読み始めたら、何のさしさわりもなく、一気に最後まで物語を読破することができたはずである。

内容だけではなく、造本にも目を向けてみよう。この点では、両者の間には、相違点より、類似点の方が多い。

まず、判型が同じである。小波の『日本昔噺』は、菊判でどの本もだいたい五—六〇頁くらいの体裁であるが、『修身童話』も、ほとんど同様の体裁になっていた。内容構成に関しても、一つの話材だけではなく、付録を付けたり、韻文を添えたりした雑誌的な構成は、同一である。

周知の通り、『日本昔噺』を刊行した博文館は、すでに一八九一（明治二四）年に、「少年文学」シリーズを刊行しており、その先頭バッターだった巌谷小波の「こがね丸」は、子ども向けの叢書として大成功していた。このシリーズの本の判型は、『日本昔噺』の半分の四六判サイズで、一つの話材のみで完結している。どれも一〇〇頁以上の分量があり、中には一五〇頁に達するものもある。文中には挿し絵が入っているが、別に木版刷折り込みの口絵を付していた。製本は、糸かがりの和綴じになっている。この造本スタイルは、続く博文館の少年向けのシリーズ『家庭教育歴史読本』全一二冊と、『幼年玉手函』全一二冊にも適用された。博文館は、こうした江戸期の中本を踏襲した体裁の少年向けのシリーズで成功したのである。

これらの成果の上に、新しく企画された『日本昔噺』の体裁は、菊判、洋装・針金綴じになっており、大量生産方式に適していた。そこでは、内容構成も含めて、大枠の形式をあらかじめ決定しておき、それに合わせて雑誌（ムック）感覚で本作りを進める方針が採られた。その結果、『日本昔噺』全二四巻は、ほぼ毎月一回のペースで刊行することができ、大ヒットする。それればかりではなく、一八九六（明治二九）年一〇月からは『日本お伽噺』全二四冊、一八九九（明治三二）年一月からは『世界お伽噺』全一〇〇冊が、『日本昔噺』とほぼ同様の体裁で、毎月のように出版され続け、そのおかげで子どもたちの読み物の世界は大きく広がったので

少年文学「こがね丸」明治 24 年

ある。

それに比べて、樋口の『修身童話』は、どれほどの部数が出たのか。「第二巻花咲爺」の「はしがき」に、第一巻は三版になった、と記されていたが、稿者の手許の「桃太郎」は六版、「花咲爺」は七版、「したきりすずめ」は再版である。したがってある程度は増刷されたことは分かるが、小波のシリーズほどは市場に出回らなかっただろう。[*18]

このように見てくると、『修身童話』シリーズは、ひとまず次のように評価することができる。

すなわち、「頭注と圏点」とを無視するならば（前述したように第二回以降は圏点はほとんどなくなる）、『修身童話』は、「ひらがな童話」集としては、きわめて良くできていた。第四部第一章でも見たように、明治二〇年代中頃から、国語教科書の中には、低学年用の教材として「日本昔話」が次々と登場してくる。しかし、それは低学年用の教科書の教材文なので、文章量はごく少なく、あらすじ程度の分量でしかなかった。その点で、この『修身童話』は、小波の『日本昔噺』シリーズに匹敵するほどの文章量がある。子どもたちは、この『修身童話』の「桃太郎」で仮名文字による読書の面白さをたっぷりと味わうことが可能だったはずだ。

この時期までに、仮名文字を覚えたばかりの子どもたちが、自力で楽しむことのできるひとまとまりの長さを持った近代子ども読み物は、『ゐほんをしへくさ』などを除いて、ほとんど存在しなかったに等しい。したがって、『修身童話』シリーズは、子どものためのひらがな活字による読み物の世界を切り開いた書物だと、評価することもできる。もっとも、樋口勘次郎自身は、子ども読者のためにだけ「ひらがな読み物」を作ろうとしたわけではないから、こうした評価は、彼の製作意図とは若干の齟齬をきたすだろう。また、その仕事が、「ひらがな読み物」集の盛行へと展開し、子ども読書界に直接波及したわけでもない。おそらくこの仕事は、一般には「かなのくわい」関係の教育実験としてしか認知されず、一部の識者の関心を惹くだけに終わった可能性が高い。

では、肝心の「修身口授」用のテキストとしては、どうだったのか。既述したように、教師用の修身口授テキストならば、教材の文章が平仮名書きである必要はない。というより、成人読者にとって、平仮名書き、単語分かち書きの文章は、必ずしも読みやすいものとは言えない。それゆえか、『修身童話』は、修身口授の教師用資料集としても、大きな支持を得ることはなかった。後述するが、この後、ラインの著作の影響を受けた「修身口授」用のテキストが、何点か刊行されており、それらは、すべて漢字仮名交じり文で表記され、教師が使うための講述材料集という体裁になっている。またそれらは、いくつかの話が集成された読み物集形式であった。「修身口授」を行う教師にとっては、一冊ずつバラバラに製本された『修身童話』よりも、それらが集成され、ひとまとまりの形態になっていた方が、扱いやすかったからであろう。[*19]

こうして、樋口勘次郎が、ラインに倣って、開化史的発展段階の教育課程に適合した、日本版「修身教材」を作製しようとする試みは、ここでも中途半端なまま投げ出されてしまったのである。

三、佐々木吉三郎等の『修身訓話』の作製

ライン等の影響

樋口の『修身童話』シリーズが、ラインやチラーの教材配列に倣ったものだとするなら、それは第一学年分の教材を作製したに過ぎない。樋口自身は、ラインの教育課程の日本版教材集の全学年分を構想していた可能性もあるが、それは実現しなかった。しかし、それに近い仕事をしたのが、高等師範学校の同僚である佐々木吉三郎等である。それは『修身訓話』という題名の書物だった。師範学校では、樋口勘次郎だけではなく、ライン等のドイツの教育システムに習って、多くの教員たちが、教材集の編成に情熱を傾けていたのである。

その中心にいたのが、佐々木吉三郎だった。第五部第三章で触れたように、佐々木は、山口小太郎とともに、一九〇一（明治三四）年、エナ大学教授ヴェー・ラインとアイゼナッハ師範学校教頭アー・ピッケルとアイゼナッハ師範学校教授のエー・シュルレルによる著を『小学校教授の原理』として翻訳紹介していた。この本は、『ヘルバルトの原理に基づく国民学校教授の理論と実践、第一巻、第一学年』の第六版（一八九八年）の総論部分を翻訳したものだという。[*20]

その理論編に続き、実際編である『小学校教授の実際 第一学年の部』が、その翌年の一九〇二（明治三五）年一月に、訳述・出版された。「歴史人文的学科（情操・美術〔図画・唱歌〕・読み方書き方）自然科学的学科（理科・算術）」それぞれ各教科について「教材の選択及び配列」「教材の取扱」を述べた、第一学年の部だけでも五六〇頁にも及ぶ大著である。訳者は、波多野貞之助・佐々木吉三郎の両名。この『小学校教授の実際』は、順次第四学年まで、翻訳刊行されている。

この本に翻訳されたラインによる各教科の教育課程は、次の表のようである。すなわち、A歴史的人文的教科として、「情操教授」「美術教授」「言語教授」があり、B自然的科学的教科として「地理」「自然科学」「数学」が、ある。図版では、佐々木・波多野が訳した「テウリンゲンノ八学年ニ於ケル教則案ノ綱領」の、B自然的科学的教科を省いて、A歴史的人文的教科の三教科のみを示した。第一学年から第八学年までに、各教科で教授する大まかな内容表である。この中の「情操教授」が中心科目になっており、そこにすべての科目が「統合」されるという構造になっている。

まず、筆頭教科である「情操教授」に目を向けてみよう。ここに示された配列は、原本の刊行年代によって、若干の異同がある。その変化も大事ではあるが、各教科の学習が「宗教」へと「統合」されていくという基本原理がもっとも重要である。先に、第五部第三章において、能勢栄の翻訳した『莱因氏教育学』（一八九五《明治二八》年）の「学科課程」を紹介しておいた。そこでは、「歴史教育」（物語教育）の内容が、「第一学年・メールヒェン／第二学年・ロビンソン／第三学年・家長及び摩西斯伝〇ツェーリンゲル物語／第四学年・士師及び諸王伝〇ニーベルンゲン物語／第五学年・耶蘇一代記〇耶蘇教改宗の話し、羅馬該撒時代／第六学年・前年の続き／第七学年・使徒ポール〇宗教改宗史／第八学年・ルーテル宗教問答〇国民改宗史」と、順に学年進行する展開になっていた。「情操教授」の内容は、身近な「童話」から始まって、郷土の史伝、さらには宗教改革へと、地理的に身近な材料から、徐々に遠い世界へと広がっていくのである。また、歴史的には、古いものから新しいものへという順序性が、カリキュラム構成の基盤になっている。ライン等の教育課程は、いわば地理的要因である「横」の要素と、歴史的要因である「縦」の要素とが絡み合って、最終的には「宗教」に到達する「開化史」

的な道筋の中に、具現化されていたのである。

ところで、中山淳子は、佐々木・波多野等が「情操教授」と訳している「Gesinnung」に関して、「現代では心情的、情緒的意味合いが前面に出て、本来ツィラーらによって意図されたところとずれている」と述べ、自らの著書の中では「志操教育」という訳語を使っている。なぜなら「ツィラーたちが目指したのはキリスト教に即した志操豊かな人間を育てること」だったからだ、と言うのである。*21

これは、きわめて重要な指摘である。確かに「Gesinnung」は、「信念」とか「主義」のような意味合いを含んでいる。この時、ヘルバルト学派は、キリスト教を最終的な国家宗教としてその最上位に位置付け、それに向けて、地域で語り伝えてきた「口碑」や「昔話」を国民的な言語文化財として教育課程の中に組み込んだ。急速な近代化を図っていた当時のドイツにおいて、「開化史」的発展とは、帝国主義段階への移行とほぼ同義であり、グリム童話も、それを支える国民的言語財産である「国民童話」として機能させられたのである。したがって、佐々木・波多野等が「情操教授」と訳した「情操」も、当時の教育界では、今日我々が使用している「感情豊かな心」というような意味合いではなく、もう少し具体的な固いイメージとして受けとめられていた。というのも、この時、日本がドイツのヘルバルト学派の考え方を、積極的に受け入れたのも、個としての「情操」豊かな人間を育成するためではなく、国家を下支えする人間を育成するためだったからである。

といって、ドイツの教育理念とその方法を取り入れようとした日本の教育学者たちが、キリスト教に基づく「聖書史」を、そのままの形で我が国の教育課程の中に導入できるはずはなかった。そこで、「情操教授」の中に併置されていた「聖書史」と「普通史」の二つの領域のうち、「聖書史」を捨てた。というより、正確にいうならば、日本的擬似宗教として、仕立て上げられつつあった「天皇教」を、そこに代入したのである。したがって、日本の「情操教授＝修身教授」の中に登場する「物語」とは、近代的に再編成された祭政一致システムを宣揚する日本の「歴史物語」だということになる。それは、明治二〇年代から始まった、一般の読書界における人物中心に記述された歴史書ブームとも重なっている。それらの多くは、結果的に天皇制を基礎付ける「忠」を取り扱う修身譚であり、また、「神話」を歴史と融合させるような物語群だった。それ

A　歷史的人文學的教科(人間生活)

時	1. 情操教授		2. 美術教授			3. 言語教授		
	聖書史	普通史	唱歌	圖畫	模型	讀書	文法及ビ作文	習字
第一學年 A) 十二時間 B) 十八時間	郷土ノ豫備的課程 學校ニ於ケル耶蘇降誕祭 信仰ノ時間	「グリム」童話中ノ一組	レーヴェノ論文及ビ第一學年ヨリ第三學年ニ至ルマデヲ見ヨ	繪畫 情操教授及ビ郷土史教授ニ附帶セル生活ノ形式 コンラーランゲノ美術教育ヲ見ヨ	事物教授ニ連絡シ及幼稚園ノ作業ヲ繼續スル實際的課業、	言語豫習	／	讀書教授ト同時ニ（羅典又ハ獨乙ノ文字ニテ）草書体ヲ習フコ
第二學年 二十時間		「ロビンソン」（本書第二學年ヲ見ヨ）				統合讀本第二學年ラインノハルトブラッフノレーメンシックノ論ヲ見ヨ	／	
第三學年 二十二時間		「チューリンゲンノ」口碑（第三學年ヲ見ヨ）				歷史讀本（ライプチッヒブレット出版）	豫習	
第四學年 二十四時間	舊約全書ノ中家長モーゼス、士師、王。	「ニーベルンゲン」ノ古歌	科學的教育學界二十六年報ニ於ケルレーヴェノ論文及ビ第四學年ヨリ第八學年ニ至ルマデヲ見ヨ	繪畫	圖畫教授ニ連絡セル模形	讀書ノ教材ハ生徒文庫ノ外ニ（一）統合讀本（二）聖書讀本（學校聖書）（三）歷史資料讀本（四）歷史的詩集、等ヲ取ラザル可ラズ。レーメンシックノ一八九二年出版「教育學研究」ニアル讀方教授ヲ見ヨ	ヲ見ヨ 文法ノ練習ハ作文教授ト密接ニ結合ス「第四學年」ヨリ「第八學年」ニ至ルマデ教授セラレタル事物ノ範圍及ビ學校生活ニ附隨ス	同ジ「アルハベット」ノ練習
第五學年 二十六時間	豫言者、新約全書 耶蘇ノ傳記	獨乙歷史 1.（ヘルマンヨリオットー一世ニ至ル）		美術ノ羅馬時代（郷土ノコトヲ附加セヨ）直觀ト表現				獨乙及ビ羅典ノ二ノ「アルハベット」ノ字體ノ學習
第六學年 二十八時間	耶蘇ノ傳記	2.（オットー一世ヨリルドルフオンブスアルグマデ）		ゴートノ時代（郷土）直觀ト表現				
第七學年 三十時間	使徒ノ傳記、パウルス	3. ルドルフヨリ三十年戰爭マデ		文藝復興（中古時代）直觀ト表現				二ノ「アルハベット」ヲ平均ニ練習ヘルコト、日用文等ヲ書クコト
第八學年 三十二時間	宗教改革、ルーテル、學校聖教問答ノ抄錄	4. 三十年戰爭ヨリ一八七〇乃至七一年ニ至ル獨乙帝國ノ建興即チウヰルヘルム一世マデ）		文藝復興（近世時代）直觀ト表現				

らが、積極的に学校教育の「教材」として採用されたのである。その過程で、ドイツの「Gesinnung（志操教育）」は、そのまま日本的「修身教育」へと横滑りしていく。

童話による教授活動

ライン等は、第八学年までの見取り図であるこのような全体的な構造表とは別に、ていねいに各学年ごとの教育課程も作成していた。佐々木・波多野訳の『小学校教授の実際　第一学年の部』には、次頁の表のような「第一学年ノ統合表」が付いており、その「情操教授」の欄には一四のグリムの童話が並んでいる。*22

そのグリム童話を、順に示すと、次のようになる。

1　狼ト山羊　KHM 5: Der Wolf und die sieben jungen Geißlein【狼と七匹の子ヤギ】
2　紅井帽子　KHM 26: Rotkäppchen【赤ずきん】
3　見鳥（少女）　KHM 51: Fundevogel【めっけ鳥】
4　ホルレー夫人　KHM 24: Frau Holle【ホレおばさん】
5　牝雞と牡雞　KHM 10: Das Lumpengesindel【ならず者】
6　牝雞ノ死　KHM 80: Von dem Tode des Hühnchens【めんどりの死の話】
7　藁ト石炭ト莱豆　KHM 18: Strohhalm, Kohle und Bohne【藁と炭と豆】
8　穀物ノ穂　KHM 194: Die Kornähre【麦の穂】
9　狼ト狐　KHM 73: Der Wolf und der Fuchs【狼と狐】
10　ブレーメンノ市街音楽家　KHM 27: Die Bremer Stadtmusikanten【ブレーメンの町の音楽隊】
11　雪野白子ト薔薇野紅子　KHM 161: Schneeweißchen und Rosenrot【雪白と紅ばら】
12　甘キ粥　KHM 103: Der süße Brei【美味しいお粥】
13　星銀嬢　KHM 153: Die Sterentaler【星の銀貨】
14　貧者ト富者　KHM 87: Der Arme und der Reiche【貧乏人と金持ち】

一年生の学習活動は、この一四の童話が核になって展開される。たとえば、一年生の最初の学習としての「統合教授」は、「情操教授」の教材「狼ト山羊」が中心になって、その話題は、他教科へもつながっていく。「美術教育」においては「図画」で「玻璃、窓、錠」などが、「理科」においては、「（人間ヲ保護スルモノトシテノ）房室、山羊」などが、また、「手工」においては「卓子、椅子」など、「童話・狼ト山羊」の中に登場する事物や人物などに関係のある学習が行われる。ライン等は、この「グリム童話」を並べる順番についても、数種類の配列案を案出したり、別の「グリム童話」と差し替えたりして、改良を重ねた。それらのプランは、実際に教育現場の中で実践され、そこからまた配列を工夫する、というように理論と実践との円環活動の中で、練り上げられていったのである。確認するまでもないが、樋口勘次郎の教育実践は、ほぼこの「統合教授」の日本版である。

グリム童話を教授活動に使用することについては、ドイツでも様々な議論があったようだが、ライン等はそれまでの主張を整理して、積極的にグリム童話の価値を喧伝した。ライン等は、「童話の根本要素は、倫理思想なり、而して童話中には、独逸国民特性の基礎ともいふべき天真爛漫（又は純潔）てふ常態を寓せり」と述べた上で、「童話（Märchen）」は、「国

第一學年ノ統合表（此表ハエナノフリードリヒ.レーメンジック氏ノ纂輯ニカヽル）

學期＼學科	1.情操教授	2.美術教授		3.國語教授	1.自然科(理科)	2.算術教授		3.手工 (フレーベル氏流ノ作業ナリ)
	童話	圖畫	唱歌	讀ミ方ト書キ方	鄉土的	系列ニ従ヘル排列	各個數ニ従ヘル排列	
耶蘇復活祭（第ニ＊リテ日ハ一定セズ要スルニ三月二十一日以後ノ滿月後第一日曜）ヨリ、白衣日曜祭（耶蘇復活祭後第七ノ日曜ニ行フ祭）迄 六週間	1. 狼ト山羊	玻璃.障子.戸.壁. 窓.椅子.卓子.	遊ビ歌. (子猫來レリ)ノ歌.	A. 母音. 談話練習及ビ豫備演習 口形.發音ノ符號.	人間ヲ保護スルモノトシテノ房室. 遊ビ友トシテノ山羊. 草ノ住所トシテノ牧場.	1－10マデヲ一渡リ兒童ニ紹介スルコト. 順ニ數フルヿ.	1 及ビ 2	棒切レ積ミ： 留針,花園卓子, 時計箱,卓子,椅子,
	2. 紅井帽子.	花園ノ概形. 花園ノ戸. 花園ノ垣根.	(遊ビ短歌)ノ中ヨリ.	B. 子音. 發音ノ符號.音ノ融和. rsi.(狼ト山羊)ニ附帶シテ授ク	花ノ住所トシテノ花園.	1ニツキテ. A.加數トシテノ1.	3	鞦韆,家. Zupfen： 床被(ヨギ),手巾.
	3. 見鳥（少女）	松柏科植物. 鳥ノ巣. 卵.	(昨夜私ガ出カケタラ)ノ歌.	n. m. i. ハ(母ガ市場ヨリ還リシトキニ)云々ノ話ニ附帶シテ.	鳥ノ寢所トシテノ巣. 鳥ノ家トシテノ木. 綠ナル市街トモ云フベキ森.	B.減數トシテノ1. C.加減數トシテノ1.	4	粘土細工： 石,パン,卵.
白衣降誕祭ヨリ夏期休業マデ 八週間	4. ホルレー夫人	林檎.櫻ノ實. 門.	(遊ビ短歌)ノ中ヨリ.	二重音及ビ曲音 (紅井帽子ノ話)ニ附帶シテ.	櫻ノ花. 雪花草 旅館トシテノ林檎樹.	D.基礎數トシテノ數(原數トシテ)ノ1.	4	林檎,壜(フラスコ). 截リ抜キ： 牡雞,パン屋,
夏期休業ヨリ聖密結兒祭（九月廿九ｲ）デマ 四週間	5. 牝雞ト牡雞	車輪.車梯.鞭.	(吾レニ一人ノ善キ友アリ)ノ歌.	h. u. t. ハ(猫ト廿日鼠)(ホルレー夫人)(誕生日)ニ附帶シテ	車ト橇 車ヲ引ク動物.	E.差トシテノ1. F.1ノ注目スベキ定理.	5	胡桃,栗鼠,鶯. 繡ヒ取リ： 燈明,卓子,椅子,
	6. 牝雞ノ死.	墓石.十字架. 小舟.	復習	(謝罪.)(見鳥)(生垣ノ上ノ鳥)ノ話ニ附帶シテ	王トシテノ牡雞. 小舟ノ形シタル鸞.	復習	5	十字架,墓石. 折リ紙： 書物,屋根,帽.
聖密結兒祭ヨリ耶蘇降誕節會(十二月廿五日)マデ 十一週間	7. 藁ト石炭ト菜豆.	菜豆(實).其ノ葉. 橋.	(水車ガマハル)ノ歌.	以下ハ要句ヲトリ出シテ之ニツキテ授ク.其要句ハ教授.學校生活.家庭.自然界等ヨリ取リ來ルベシ	橋.	2ニツキテ. A.加數シトテノ2. B.加減數トシテノ2.	6	粘土：菜豆. 截リ抜キ：剪刀. Bn：家.
	8. 穀物ノ穗.	草刈鎌.枯草熊手. 鎌.(麥ナドヲ刈ル)	(百姓ホドノ智恵ホシトヤ)ノ歌.	n 小文字ノ二ヲ合セ授ク. w, h. h ニヨリテ音ガ ie ノ如ク伸ビル場合アルコト	穀物ノ莖及ビ品.	C.減數トシテノ2. D.原數トシテノ2.	6	繡ヒ取リ：穀物ノ穗. 截リ抜キ：前垂. 棒切レ積ミ：野.
	9. 狼ト狐	格子戸.土塀. 鍵.	(一匹ノ子羊)ノ歌.	nd, nt, ns, g, ch,	小羊.	E.差トシテノ2. F.2ニツキテ注目スベキ定理	7	粘土：淺鍋,筆筒. 截リ抜キ：樹,子羊. Bn：孔アル土塀.
	10. ブレーメンノ市街音樂家	劍.銃.犬小屋.	(土塀ノ上ニ居ルモノハ.ソモ何者ゾ.何者ゾ)ノ歌.	v, f.	番人トシテノ犬. 泥棒ナル廿日鼠 家内警察官トシテノ猫. 動物ノ賃銀	3ニツキテ. A.加數トシテノ3. B.減數トシテノ3.	7	折リ紙：風車. 截リ抜キ：犬.猫. 粘土：嚢.
耶蘇降誕節會ヨリ耶蘇復活祭迄 十一週間	11. 雪野白子ト薔薇野紅子.	鳩小屋.魚飼玻璃器.	耶蘇降誕祭節會ニ關スル短歌.	h.大文字ノ二ヲ合セ授ク V, W,	動物ノ武器.衣服. 音聲. 魚類及ビ其レノ房室	C.加減數トシテノ3. D.原數トシテノ3.	8	Bn：房室. 折リ紙：小屋,島. 截リ抜キ：魚.
	12. 甘キ粥.	雪片.缸. 竈.	耶蘇降誕祭ノ歌ノ中： (朝ニナラバ.小供等ハ)ノ歌.	O, S, K. ノ如ク小文字ト同ジキモノト	被覆物トシテノ雪. ホルレー夫人ノ羽根 冬ノ動物.	E.差トシテノ3. F.3ニツキテ注目スベキ定理.	9	粘土：缸. Bn：竈. 截リ抜キ：稻.
	13. 星銀孃.	太陽.半月. クリスマス(耶蘇降誕節會)ノ樹.(贈リ物ヲ結ビツケル)	(父ナル神)ノ歌. (主ナル神)ノ歌.	T, L.	牧羊者ナル月. クリスマスノ樹. 耶蘇降誕節會ノ願望.	4及ビ5ニツキテ.	10	截リ抜キ：帽子,着物. Bn：寢室. 繡ヒ取リ：星.
十一週間	14. 貧者ト富者	數字板ヅキノ時計. 大家. 小舍.	(杖ノ馬)ノ歌. (氣ヲツケヨ私ガ心)ノ歌.	U, F, E.ノ如ク小文字ヲ僅カニ變ズルニ過キサルモノトアリ.	吾々ノ從者ナル馬. 遊ビ道具ト實用道具.	此レマデノ所ノ轉換.	復習	繡ヒ取リ：馬. 粘土：：茶碗. Bn.Gr.u.kl.家.

ラインの第一学年の統合表

民性と児童性との両面が、倫理的見解より見て、何れも天真爛漫てふ性質を帯び、両者、正しく相邂逅したるに由らずんばあらず」という。つまり、童話が初学年の教材に相応しいのは、ドイツ国民文化の原点としての位置にあるからだ、とするのである。[*23]

グリム童話のテキスト本文は、ドイツの読本（Lesebuch）にも掲載されていたようだ。しかし、教師は、そのテキストを教室で、直接に読み聞かせたのではなかった。ラインのプランにおいては、「グリム童話」は、教師の「口演形式（Darstellender Unterricht）」によって、子どもたちに与えられるのである。ドイツの教師たちは、あらかじめテキストを読み込んで記憶しておき、口頭で子どもたちに物語を示して、それをもとに子どもとやりとりをしながら授業を進行させたのだ。もちろん第一学年の子どもたちは、まだ書きことばで書かれた「物語」を自力で読むことができないということが、その最大の理由であっただろう。しかし、口演形式を採用した理由は、それだけではなかったと思われる。口頭で童話を語りながら、それに対する聞き手の反応を受けとめて学習を進行させていけば、最終的には、教師が受容者をコントロールすることができる。つまり、童話を素材にしながら、そこに教師の意図を強力に付加し、学習者に伝達することができるのである。

『小学校教授の実際』第一学年
明治35年

このように、ひとまとまりの「物語」を、口頭で子どもに伝達する教授活動自体は、本書でたどってきた「修身口授」と基本的に変わるところはない。「口授」活動の中で、教師が学習者に「物語」を聞かせ、それに関する「問答」を交わし、「物語」と日常生活とを関連づけたり、そこから引き出される「教訓」を確認したりすることも、「修身口授」の授業展開と全く同じである。しかし、ラインのプランは、それがかなり精密に計画されており、「童話」を与える順番まで決められている。また、教授の段階が定式化されており、それぞれの段階における学習目的も明確に定められ、他教科との連関も事前によく練られている。それが、従来の日本の「修身口授」と大きく異なっている点である。さらに、各学年の教育活動を決定するバックボーンとして、各学年段階にわたって発展的に展開する小学校全体の教育内容の体系も完備していた。こうした文脈に即して約言するなら、ラインの教育課程と教授活動は、口演形式というメディアによる「声の文化」活動を利用して、国民的精神を育成する「国家主義」教育の道筋を示したものだったことになる。

佐々木・波多野訳の『小学校教授の実際 第一学年の部』（総数五六三頁・定価金一円五〇銭）には、その教授の実例が、原典に記載された通り詳細に紹介されている。これまで日本では、ライン等の授業方法の紹介は、ドイツ教育学を紹介する中で断片的になされてきた。その一端は、第五部

第三章でも見てきたし、また、樋口勘次郎の『修身童話』にも、附録として「教授案」が載せられていた巻があった。しかし、原典に忠実な佐々木・波多野訳の『小学校教授の実際　第一学年の部』には、教師と学習者とのやりとりが、まるで演劇の台本のようにくわしく紹介されている。そこには、教師の語りと発問、生徒の反応、またそれに対しての教師の指示、生徒の対応が、目に見えるように書かれていた。その記述の精緻さと、教材に即した具体性に接した読者たちは、教室の実際のやりとりを十分に想起することができただろう。

また、教師の物語の語りの部分を読めば、もともとのグリム童話自体を知らなくとも、物語のストーリー展開も理解できた。実際、この時点では、日本に「グリム童話」の全体像が翻訳紹介されて、容易に読めるような形で提供されていたわけではなかった。したがって、多くの教員たちは、こうしたライン等の著作を通して、そこに選択されたグリム童話の梗概を読んで、そのストーリーを了解したのだと思われる。

ちなみに、グリム童話の全体像の日本への本格的な紹介は、一九二四（大正一三）年八月に、世界童話体系刊行会が出した『世界童話大系　第二巻・独逸編　グリム童話集（第一部）』（金田鬼一訳）まで待たなければならなかった。ここには、一二〇話（KHM 1-106）が収録されている。また同じ訳者によって、『世界童話大系　第二三巻・独逸編　グリム童話集（第二部）』が、一九二七（昭和二）年三月に刊行された。こちらには、一〇三話＋二五話が収められていた。（KHM 107-225）ここで、初めて日本の読者たちは、グリム童話の全体を通観できるようになったのである。

もちろんそれまでにも、おびただしい数のグリム童話が、翻訳紹介されていた。しかし、明治期には、ほとんどがヘルバルト教育学経由で教育材料として取り扱われるか、あるいは、巌谷小波の『世界昔話』シリーズの体裁に倣って作製された小冊子の中に、個別の作品が単独で紹介されるにとどまっていた。その中でも、ある程度まとまった数のグリム童話が掲載されている単行本を列挙すると、次のようになる。すなわち一八八七（明治二〇）年四月の菅了法訳『西洋古事　神仙叢話』（一一話）、一八九一（明治二四）年八月の渋江保訳『小学講話材料　西洋妖怪奇談』（三七話）、一九〇六（明治三九）年三月の橋本晴雨訳『独逸童話集』（二七話）、さらには一九〇九（明治四二）年三月の和田垣謙三・星野久成合訳『グリム原著　家庭お伽噺』（五八話）などである。[*24]

菅了法訳の『西洋古事　神仙叢話』は、明治期の西洋奇談の翻訳という翻訳小説紹介の本流に沿っているが、内容的にはそれと似たようなコンセプトで作成された渋江保訳の『小学講話材料　西洋妖怪奇談』では、「小学講話材料」の角書きが附されていた。その「凡例」には「本書の目的は神経妄誕の談中に自ら勧懲の意を寓し以て家庭教育の一部に充てん」と記されている。この『小学講話材料　西洋妖怪奇談』が、実際に「修身口授」や「家庭教育」のテキストとして使われたかどうかは不明だが、「妖怪奇談」と銘打って翻訳されたグリム童話も、「教育」という枠の中に押し込められて受容されたのである。

このように、グリム童話が「教育」の文脈と強い関連性を持って紹介されてきたことがよりはっきりとしているのは、橋本晴雨訳の『独逸童話集』である。この本には、樋口勘次郎の「童話教授につき」という文章が巻頭に載せられていたし、大日本国民中学会会長の尾崎行雄の「序」によれば、そもそもこの本自体が、「本会今橋本晴雨氏に嘱して、グリム童話作中興趣の饒なるもの数十編を訳せしめ、之を刊行して全国小学校に一巻を呈す」という趣旨で作られていた。一般には、グリム童話がもっぱら教育材料として見られていたことが、ここからも推察される。さらに、和田垣謙三・星野久成合訳『グリム原著 家庭お伽噺』でも、一つ一つの話の末尾に、それぞれの話がどんな教訓を持っているかの訳者による「解説」が付されている。これは、イソップ寓話の末尾についていた「下心」と同じような、教訓の提示方法である。

以上のように、明治期の子ども読者によるグリム童話の受容は、教育的な枠組み、それも、そこから教訓を読み取るような方向から大きく外れることはなかったのである。*25

『小学講和材料 西洋妖怪奇談』明治24年

『グリム原著 家庭お伽噺』明治42年

『教材叢書 修身訓話』の作製

佐々木吉三郎は、ライン等の著作を翻訳紹介する作業と併行して、その日本版の教材を作製しようと考えた。この発想は、樋口勘次郎の『修身童話』シリーズの試みと同様である。しかし、樋口とは異なり、佐々木は、一年生用だけでなく、尋常小学校四年間に適合するすべての教材集を一気に完成させた。それが、『教材叢書 修身訓話』シリーズである。

佐々木等は、この『教材叢書 修身訓話』の第一巻に掲載された「緒言」において、これまでの教材は「切々（きれぎれ）なもの」であり「極めて断片」的だと強く非難している。物語中の人物に感情移入するためには、ひとまとまりのかなりの長さのストーリーを、深く味わわせることが重要だというのである。さらに、文章表現に関しても、従来の伝記は、「文学的に偏し、或は極く簡略に過ぎ、或いは極く窮屈にむつかしく」て、対象としての子ども読者を視野に入れていないと難詰する。そこでこの本では、従来の「修身口授」で行われていたように、各時間で一つの材料を使って一つの教訓を与えるという読み切り形式ではなく、長編の材料を使い、学習者にその記述内容に十分に浸らせることで、生徒たちの感性を陶冶しようと意図した、という。それがライン等の「童話」や「歴史物語」を取り上げた実践の姿勢と基本的に同じ路線にあることは明白だろう。

『教材叢書 修身訓話』では、樋口勘次郎の試みと同じように、各教科内容との「統合」を意識して、文中には、各教科の内容に関わるような圏点がつけられている。欄外には、注も附されているが、樋口の『修身童話』に比べてごくあっさりとしており、段落毎の内容を、簡単にまとめた「見出し」のような体裁になっている。

佐々木吉三郎・近藤九一郎・富永岩太郎『教材叢書 修身訓話』尋常科 一九〇〇（明治三三）年刊 同文館

	第一巻	第二巻	第三巻	第四巻	第五巻	第六巻	第七巻	第八巻
1	花咲爺の話	猿蟹合戦	大神宮様の御兄弟	天神様	北条泰時	豊臣秀吉（下）	河村瑞賢	二宮尊徳
2	一寸法師	浦島太郎	大黒様	大江山	北条泰時 母の教訓	森蘭丸	新井白石	新島襄
3	松山鏡	瘤取り	天孫降臨	鎮西八郎	北条泰時	山本勘助	赤穂義士	日清戦争
4	舌切雀の話	鼠の嫁入	山幸様	頼朝の幼時	楠正成	徳川家康		
5	金太郎	雲雀山	神武天皇	牛若丸	正行母子	中江藤樹		
6	文福茶釜	猿と海月	野見宿禰	朝比奈三郎	豊臣秀吉（上）			
7	瘤娘の話	かち〳〵山	日本武尊	曾我兄弟				
8	桃太郎の話	雀と燕	神功皇后					
9		マリー	八幡様					
10		三郎	億計弘計の御兄弟					
刊行	明治三三年六月	明治三三年六月	？	？	明治三三年九月	明治三三年一一月	明治三三年一一月	明治三三年一二月
総頁	二二八頁	二五六頁	？	？	三一二頁	三四六頁	三三八頁	三〇六頁
所蔵	筑・学・滋・（家）	筑	不明	不明	筑・滋・家	国会	筑・滋・岩	筑・滋

所蔵：筑＝筑波大学　学＝東京学芸大学　滋＝滋賀大学　岩＝岩手大学　家＝家蔵
第三巻・第四巻の原本は未確認。所収題名は、明治三三年九月一五日発行の『日本之小学教師』に掲載された広告による。
巻一には「改訂再版」本がある。（家蔵本）

『教材叢書 修身訓話』の文章は、全編が「談話体」によって記されていた。しかし、この本は、子どもに直接読ませるものではなく、いわば修身口授にあたっての「教師用のシナリオ」である。教師用だから、挿絵は一切ない。佐々木等は、この本を使う教員に向けて、次の様な注意書きを記している。*26

本書を参考として教授せらるゝ方は、予め之を熟読玩味して置いて、既に教場に臨まば、全く自己の衷心から其感想を顕はしてやると云ふことが必要であります、若し此本を教卓の上に開いて置いて、読むが如く、語るが如く、丸で鸚鵡的に本文を繰返へすなんぞと云ふやうなことがあつたならば、それは大変な間違で、ソンなことでは到底深い印象(いんしよう)を与へ、大なる感動を惹起すと云ふことは出来ないのであります、修身の話なんぞと云ふものは言々肺腑より出なければならないもので、悲いときには悲い音調が自ら顕はれ、厳格なときには厳格な様子が素振りにも言語にも顕はれるやうにならなければならぬので、それには十分下読みを能くして置いて、さうして下読みをするときにも、恰も実際の談話をして居るやうに、抑揚から何から付けて読んで見て、さうして十分教師は其趣味を感じて置くと云ふことが必要であります。

この記述からも明らかなように、著者達は、この本を教室でそのまま読み上げることを意図していない。

では、本文はどのような文体になっているのか。「桃太郎の話」の、第一回と第二回の途中までを、次に引いてみよう。（「桃太郎の話」は、第一回から第八回までに分けられている）

桃太郎の話　第一回

昔或る処におぢいさんとおばあさんとがありました、其おぢいさんとおばあさんはどんな人であつたかと云ふと、二人共に大変に能く働く人で、朝は早くから起きるし、夜は遅くまで寝ないでお働きをしました、みなさんどんなことをするのがお働きと云ふのでありますか……さうお働きには色々あります皆さんがお稽古に精を出すのもやつぱりお働きですね、おぢいさんとおばあさんのお働きは田畠を耕したり山に行つて薪を取つたり庭やお座敷を掃除したりなどするのですね、サアーそんなに能く働きますから、皆の人に賞められて、あのおぢいさんとおばあさんは誠に善い人だ、善い人だと言はれました、そればかりではありません、能くお働きするもんですから、お金も段々と溜つて来るし、それで楽に暮すことも出来ますから、二人は大変面白く暮して居りました、皆さんはなぜ此おぢいさんとおばあさんとが賞められたかわかりますか……又なぜお金がそんなに溜りましたろうか、能く考へて御覧なさい、そんなに面白く楽に暮して居りましたが、タッタ一つ誠に哀いことには、子供と云ふものが一人もなかつたことですな、それだからおぢいさんが余所にでも行きますとね、おばあさんがタッタ一人になつて家に居らなければならんでせう、おぢいさんが帰つて来なすつたところがたつた二人きりですから、誠に淋しいのでありませう、そこでおぢいさんとおばあさんは子供が欲しくてたまりません、併し一人もありませんから、余所のお嬢さんやボッチヤンなんぞが遊びに来ますとね、マァー〱御隣のお嬢さん、坊ちやん、能くお出でだと云うて、そりやマーどうも抱いたり、撫でたり、玩具(おもちや)をやつたり、お菓子を呉れたりして可愛がつて居りました、して其ボツチヤンやお嬢さんがもう帰りませうと言うと「マァー宜い物を上げるからもうチツと遊んで居らつしやい、マァー遊んで居らつしやい」と云うて、中々放しませんでした、なぜ此おぢいさんとおばあさんが余所の子供をそんなに可愛がつたのでせうか……さうですうちに子供がありませんから子供がほしいのですね其れで余所の家の子供達はいつもその様に能く可愛がつて居ましたが、「どうぞ自分達にもタッタ一人でも宜いから子供をさづけて下さい、神さま、御願でござります、仏さま御願いでござります」と言うてね、手を合せて毎日〳〵拝んで居りました、皆さん、どんなにおぢいさんとおばあさんが子供が欲しかつたらうね、かわいさうでならないでせうかういふおぢいさんに一人でも子供が出きたら、それは〳〵嬉しがつて其子供をどんなに可愛がるか知れないねどうだろう神さまや仏さまが子供をさづけて下さるかしら、あすになつたらわかりませう

第二回

ところが或る夏の日でありましたが、おぢいさんが山へ薪を採りに行きました。おばあさんは門の処までおぢいさんを送つて往つて、おぢいさん、左様なら早く御帰りなさいと言うて家へ戻つて来て……「おぢいさんは此暑いのに毎日〳〵働いて、御苦労なことである、私も遊んでは居られないおぢいさんが昨日汗だらけになすつた着物でも早く洗つて上げやう」と言ひながら、おぢいさんの着物を抱へて川へ洗濯に行きました、おばあさんが洗濯する川は池の水やドブの水のやうな穢い水ではないのです、井戸の水よりも奇麗で、底の方にネー、小さいお魚なんぞ遊んで居るのが、シッカリ見える所で、大変に奇麗な川であるんです、其川にお洗濯をして居りましたが、其川の水に写つた自分の顔を眺めて、「嗚呼私ももう年を寄つたが、まだ子供がなくて何より悲しい、神さまや仏さまに何時も御願ひ申して居のだけれども、もう駄目だらうか、サテナー〳〵」と独言を言ひながら、ボチャ〳〵洗濯を始めて居りますと、川上の方からドンブリコツコスツコツコドンブリコツコスツコツコと流れて来るものがありますから、何だらうと思つて見て居りましたら桃が沢山に流れて来たんです、（下略）

ここまでが、第一回のすべてと第二回の記述の半分までの引用である。先ほど、引いた巌谷小波の『桃太郎』や、樋口勘次郎の『修身童話』に比べて、桃が流れてくるまでの場面に費やした文章量は、大幅に増加している。いうまでもなくそれは、桃太郎の話の本筋と、教師の語り（説明）とが、いっしょに書き込まれているからである。佐々木・波多野が翻訳した『小学校教授の実際　第一学年の部』、つまりライン等の原書と同様の記述スタイルである。教師の語りのセリフも記されているので、実際の教室で、どのような言語活動が展開されるのかが、よく分かる。また、この『桃太郎』の本文が、樋口勘次郎のひらがなのテキストをかなりベースにしていることと、情景描写などを巌谷小波のテキストから借りていることにも気づかされる。おそらく佐々木の力点は、物語テキストそのものを厳密に作成することよりも、教師の話の仕方の見本を示すことの方にあったと思われる。

また、「訓話」になじむように、もとの物語テキストを改変している部分もある。ここに引用した「第二回」までには、大きな改変はなされていないが、この後、成長した桃太郎は、七歳になって「お稽古」、つまり、学校へ通う。そこで桃太郎は、先生から、身体壮健、頭脳明晰、行儀作法が優秀であることを誉められ、そのことで世間から「日本一の桃太郎」と呼ばれるようになる。樋口勘次郎の『修身童話』の「桃太郎」でも、話の中に学校は登場しているが、おじいさんとおばあさんが、手元に置きたいと望んだので、桃太郎は学校へ行かない。しかし佐々木等のテキストでは、桃太郎は、学校教育の中の優秀児なのである。

さすがにこうした改変に対しては、異論も出た。『修身訓話』が刊行された翌年の一九〇一（明治三四）年に、同じ同文館から槇山栄次が『小学校ノ初学年』という教授法書を刊行しているが、そこで、槇山は、佐々木吉三郎等の『修身訓話』の「桃太郎」について、「小学校ニ通学シタリシ桃太郎ガ鬼征伐ヲ為スガ如キ、稍異様ノ感ナキ能ハザルナリ」と、違和感を表明している。また、槇山は撰材についても、「松山鏡」「雲雀山」が、継母のイメージを固定化させる危険があるので不適当ではないか、との意見を述べている。さらに、一九〇〇（明治三三）年一〇月の『日本之小学教師』誌上でも、教材選択に関して、「猿と海月」「鼠の嫁入」は、単に「面白き話」に過ぎず、道徳的な価値があるのか、と疑問が呈されている。しかし、このような批判は、『修身訓話』に関して、教育界の中で一定の反応・評価があったことの表れである。この時点では、従来から「修身口授」の材料として使われていたイソップ寓話や歴史譚に、「日本昔話」を加えること自体は全く問題になっていない。それよりも、どの話材を選択するのかが話題になっているのである。すでに、昔話の教材性は疑いのないものとして確立されていた。*27

では、ここで先ほどの「第一巻―第八巻」までの、教材の内容と構成をあらためて眺めてみよう。第一巻には、八話が収められている。このうち、「瘤娘の話」だけは、「日本昔話」ではなく、『蒙求』の「宿瘤採桑」が出典である。この話材は、明治二〇年刊の『尋常小学読本』巻三にも教材化されていた。それを一年生向けに、かなりやさしく翻案したのが「瘤娘の話」だった。また、第二巻の一〇話のうち七話は日本昔話で、後の三話が修身譚になっている。このうち「雀と燕」は、質実な孝女（雀）と軽佻浮薄な女子（燕）との対比の話、「マリー」は、人間の命を助けた忠犬話、「三郎」は、努力をして立身出世した明治人の話で、どれも修身臭が強い。なお「マリー」は、表題が片仮名になっているが、日本の犬の話である。小学一年生に向けた第一巻と第二巻では、「日本昔話」が、中心的な教材になっていることが確認できる。

第三巻・第四巻に関しては、原本の所在を確認することができず、『日本之小学教師』に掲げられた広告に拠ったので、題目だけしか判明していないが、内容としては、日本の神話や源平合戦・曾我兄弟などの話材が取り上げられている。

第五巻には、北条泰時、楠正成・正行母子、豊臣秀吉（上）、第六巻には、豊臣秀吉（下）、森蘭丸、山本勘助、徳川家康、中江藤樹、第七巻には、河村瑞賢、新井白石、赤穂義士、第八巻には、二宮尊徳、新島襄、日清戦争が掲載されている。それぞれ、伝記をもとにした著作である。この時期には、博文館から『家庭教育歴史読本』（明治二四―二五年）全一二冊、を皮切りに、『日本歴史譚』（明治二九―三三年）全二四冊や、『少年読本』（明治三一―三五年）全五〇冊などの少年向けの伝記叢書が次々と出されていたし、少年雑誌にも多くの伝記が掲載されていたから、材料捜しにはそれほど困らなかったはずである。

この教材叢書の内容は、ラインの教材案を、そのまま日本の歴史物語に引き写したものだと考えていい。第一・二巻は、二〇〇頁、第五巻以降は、それぞれ三〇〇頁を越す大冊である（定価は各五〇銭）。

なお、『教材叢書 修身訓話』には、「改訂再版」が出ている。第一巻は、翌年の一九〇一（明治三四）年六月の刊行であるが、単なる再版ではなく、多方面から寄せられた批評をもとに、話の順序を変えたり、内容を修正したりして、相当に手を入れている。稿者は、その改訂再版の第一巻しか確認できていないので、二巻以降も同様に改訂されたのかどうかは不明だが、改訂された第一巻の目次は、先ほど紹介した槇山栄次の批判が受けとめられたのか、「松山鏡」「雲雀山」が削除されて、「桃太郎の話、花咲爺の話、浦島太郎の話、舌切雀の話、瘤娘の話、一寸法師の話、附録・分福茶釜の話、瘤取りの話」となっている。

企画を主導した佐々木吉三郎は、一八七二（明治五）年、宮城県生まれ。宮城師範を卒業後。明治二七年東京高等師範学校文科入学。明治三一年に同校を卒業して、付属小学校の訓導となった。明治三六年には、助教授兼教諭、明治三七年からは東京高等師範学校教授。後、ドイツへ留学して、帰国後、東京高等師範学校教授、同付属小学校主事を勤めた。樋口勘次郎よりも、数年遅く付属小学校の教育に関与したが、その後、長きにわたって、東京高等師範付属小学校の楫取りをした。明治三五年に『国語教授撮要』と『修身教授撮要』を刊行するなど、多数の著書がある。

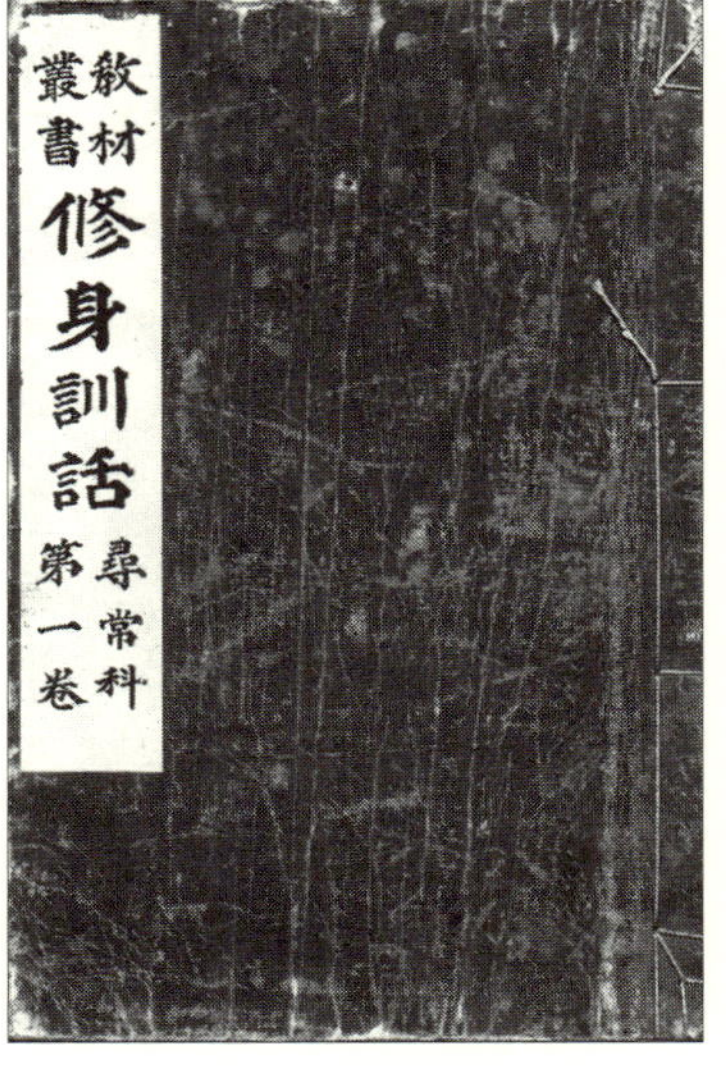

『教材叢書 修身訓話』第一巻　再版

近藤九一郎も、東京高等師範学校付属小学校訓導、明治三四年『統合的教案編成法』の著書がある。また、富永岩太郎は、一八六七（慶応三）年長崎県生まれ。苦学の末、小学校教員検定試験に合格。一八九七（明治三〇）年から東京高等師範学校付属小学校嘱託教員となり、第二部（複式学級）を担当した。明治三七年『書取及綴方を中心としたる国語教授法』の著書がある。三人がどのように分担して『修身訓話』を作成したのかは分明ではないが、この仕事は僅か半年あまりの間に完成している。その秘密は、そこに速記者の介在があったからである。編集の経緯の概略は、第一巻の再刊本の巻末に付されている速記担当の丹羽瀧男の「修身訓話速記所感」という文章によって判明する。それによると、丹羽は、一九〇〇（明治三三）年三月から九月まで、佐々木等の口述する「修身口授」を速記し、八巻二千数百頁分を仕上げたという。佐々木等のテキストの中に、生きた話しことばに近い口調がところどころに見られるのは、こうした理由によるものだったのである。

第一章でも触れたように、当時は、三遊亭円朝の落語を始めとして、人気講談師の口演などが速記によって記述され、耳から聞く話が、目で読む文字として出版されて、一般にも享受され始めていた。田鎖綱紀が開発し、それを受け継いだ若林玵蔵の仕事が広がって、丹羽瀧男につながり、このような形で速記が、教育の世界で利用されていたのである。速記が使われたのは、単に短期間で本の作成が可能だという効率的な理由だけではなく、話しことばから直接、文字を起こすことで、書きことばの中に話しことばの痕跡を留めることができるという点が着目されたからでもあろう。というのも「修身口授」の現場性を伝えるには、話しことば的要素を残した書きことば文体の方が、よりインパクトがあるからである。これはまた、「修身口授」が、話しことばのメディア特性を活かすことで、十分にその利点を発揮できる教授活動であることを、あらためて確認できる実例でもある。

『高等小学 修身訓話』の作製

『教材叢書 修身訓話』に続き、同じコンセプトで、高等小学校用の「修身訓話」も作られた。こちらは、第二学年用までの四冊しか作製されなかったらしい。内容は、次のようである。

『高等小学 修身訓話 第一学年第一巻』高田屋嘉兵衛・フランクリン
『高等小学 修身訓話 第一学年第二巻』グラットストン・渡辺崋山・日清戦争
『高等小学 修身訓話 第二学年第一巻』リンコルン・高島秋帆・キャピテンクック
『高等小学 修身訓話 第二学年第二巻』伊能忠敬・北清事件・福沢諭吉・カーネギー

第一学年用の第一巻・第二巻は、一九〇三（明治三六）年六月、第二学年用の第三巻・第四巻は、一九〇三（明治三六）年一二月に刊行されている。発行元は、尋常科の『教材叢書 修身訓話』と同じく同文館で、著者は、遊佐誠甫（ゆさせいほ）と横尾誠治である。ページ数は、二五〇から三〇〇頁で、定価も同じ五〇銭であるが、尋常小学校用とは担当者も変更し、また、刊行も尋常小学校より三年遅い。

このシリーズは、尋常科の『修身訓話』と、別個に作られてはいたが、「緒言」に「本書は、曩に公にされた、あの佐々木近藤富永三氏の、修身訓話に、引き続きて、高等科用に充てやうとの考へで、編纂したものである。」と記してあるように、尋常小学校用と連続性を持った企画だった。江戸末期から明治期に活躍した日本人と、各巻に外国人を一人ずつ選んだところに、子どもの発達段階を考慮に入れて撰材した様子が窺える。この高等小学校用の書籍を含めると、ライン等に触発された日本の修身教材群である『修身訓話』は、ここに六学年分一二冊が完成したことになる。

著者の遊佐誠甫は、高等師範学校付属小学校訓導。『高等小学算術教授週案』などの教育書を刊行している。もう一人の著者の横尾誠治については、一九一〇（明治四三）年に『太郎の日記』（白川厚信堂）や一九二四（大正一三）年に『小学生文庫三年生』（敬文館）などの著作があるが、所属などの詳細は不明である。

話が少々横道に入るが、この遊佐誠甫は、『高等小学 修身訓話』に先立ち、一九〇〇（明治三三）年と一九〇一（明治三四）年に、開発社から『歴史修身談』二冊（第一巻・神代の話、第二巻・人皇のはじめ）を刊行している。このシリーズは、「少年書類」第二編と、銘打たれていた。「少年書類」シリーズ第一編の樋口勘次郎の『修身童話』については、先にその内容と編集の経緯を紹介したが、開発社では、その刊行と併行して、遊佐の『歴史修身談』も刊行していたのである。

「自然之友」第5巻　明治34年

つまり、開発社社長の湯本武比古は、「童話」だけではなく、「歴史」関係の教育読み物の作製も推進していたのだった。そればかりではなく、同じ「少年書類」には、第三編「自然之友」シリーズがあり、こちらも、一九〇〇（明治三三）年と一九〇一（明治三四）年に五冊の本が刊行されている。その内容は、第一巻『通俗物理学講話』（秋山鉄太郎）、第二巻『通俗化学講話』上・下（秋山鉄太郎）、第三巻『通俗植物学講話』（高桑良興）、第四巻『通俗動物学講話』（高桑良興）、第五巻『自然界の迷信』（秋山鉄太郎）である。さらに、開発社の「少年書類」には、第四編「家庭読本」シリーズもあり、同じ一九〇〇（明治三三）年と一九〇一（明治三四）年に、堀内新泉（文麿）が「春の巻」と「夏の巻」の二冊を出している。しかし、開発社の「少年書類」シリーズは、樋口勘次郎の『修身童話』が全巻完結しなかったように、『歴史修身談』『家庭読本』も二巻までで終わってしまったようだ。こうした事実から、明治三〇年代に子ども読み物の普及に尽力した仕事として、あらためて湯本武比古（開発社）と、その「少年書類」の存在を確認しておく必要がある。

話を『修身訓話』に戻す。

『教材叢書修身訓話』と『高等小学修身訓話』は、既に刊行されていた少年向けの読み物をテキストにして、そこに教授上の解説を挟んだ「シナリオ台本」のような体裁の書物だった。もっとも、佐々木等が「緒言」で「本書を参考として教授せらるゝ方は、予め之を熟読玩味して置いて」と述べている通りに、教授者がこの本を事前によく読み込んでいたとしても、実際の教室においては、そのままそれを再現できるとは限らない。というより、それぞれの地域によって、また各教室の人的環境によって、「シナリオ台本」は、現実的な対応を迫られて、随時変更されるはずである。その意味で、この『修身訓話』は、あくまでも一つのモデル提示だったのである。

この本の読者の中には、佐々木等の勧めにしたがって「予め之を熟読玩味して置」き、それを口授した教員もいただろう。その要領を会得した教員は、次の機会には、この本のように生徒への対応を詳細に記したテキストを使用しなくとも、「物語」本文だけを収録した書物をもとにして、自力で口演授業を展開することができる。すなわち、この本は、教室での談話活動のだんどりを習得するための手引き書であり、佐々木等も、それを願って『修身訓話』という書物を作製していた。とするなら、「修身口授」にとって、本来的に必要な書物＝資料は、様々な「物語」が集成された教師用テキスト集だということになる。

いうまでもなく、「修身口授」用のテキストの代表的な存在は、「修身教科書」であり、「国語読本」であった。しかし、それは佐々木等によって「切々（きれきれ）なもの」で、「極めて断片」だと評価されるような材料で満たされていた。そこでは狭義の教育目的が優先して、物語そのものの面白さを味わえるような作品は、ほとんど収められていない。あらかじめ定められた徳目を教授するためだけの短編の小話が並べられているような状態では、肝心の教訓そのものも、学習者の内側に浸透していくことは不可能なのである。

佐々木等は、こうした状況を批判していた。『教材叢書修身訓話』の「緒言」には、「我々が其の人物に十分同情を惹起して、其人物と共に泣き、共に喜び、共に苦心し、共に感奮すると云ふ常態に至るのには、其人物の生ひたちも知らなければならぬ、其人物の内心も能く心得で居らなければならない、さうして或る場合に臨んでは其人物は如何に嬉しく感じたであらうが、如何に悲しかつたであらうか、如何に苦しかつたであらうかと云ふことを知らなければ、決して溢るゝ程の同情をそれに寄することは出来ないのであります。」と述べている。そのためには、奥行きのある「内面」と、ドラマ性を持った人物が書かれている作品を教材として使用する必要がある。だからこそ佐々木は、長編作品の導入を訴え、物語そのものの魅力を大事にした作品を教材化する方途を示すために『修身訓話』シリーズを作製したのである。

こうした点では、『修身童話』シリーズの作者である樋口勘次郎も、共通の基盤に立っていた。その意味で、ライン等の教育用の読み物教材の考え方は、樋口や佐々木等による『修身童話』や『修身訓話』の刊行によって、その移入にほぼ成功したと言えるであろう。

四、国定教科書の登場と子ども読み物

『教授材料 話の泉』の作製

前節では、『修身童話』や『修身訓話』に、グリム童話などの外国作品が全面的に導入されたり、またそこから修身教授の材料についての見直しが始まったことについて触れた。そうした動きに影響されて、外国の作品を多用したり、比較的長い話を取り上げたテキスト集が、ようやく教育関係においても刊行されるようになってくる。本節では、それを「国定教科書」の登場という話題と絡めて検討する。

一九〇四（明治三七）年三月、教育資料研究会纂訳によって、『教授材料 話の泉』（学海指針社）という本が刊行された。菊判で五三四頁の大冊で、定価は九五銭。「国定」の『尋常小学修身書』と『尋常小学読本』が使用されるようになったのは、一九〇四（明治三七年）度からであるから、この本は、まさに国定教科書が使われ始めようとした、ちょうどその時に重なるように出版されている。[*28]

「緒言」には、「本書は、主として独逸の童話作家グリム、ハウスブレンダー、及びベツヒシュタイン等の著書の中から、教育上最も有益であって、且つ我国の国情に適したものと、支那の史伝逸話などの智徳に関した面白いものとを纂訳したものであります」とある。この本には、『修身訓話』や『修身童話』のように、「修身」という単語は全く登場しない。児童を導くのにあたって、教師は「談話の材料に富んで居なければならぬ」とは述べられているものの、それは「機に臨み変に応じて、適当の材料を提供」すべきものだからだという。さらに、そうした「教育上の目的を持って居る話を名づけて童話といふのである」と結論されており、取り立てて教訓を前面に出してはいない。学校教育の場でも、子どもに話を伝える目的が、従来の「修身口授」とは微妙に変わってきており、「童

『教授材料 話の泉』扉　明治37年

話」の概念が広がってきているのである。そのことは、取りあげられている話材からも、はっきりと見て取れる。

『教授材料話の泉』は、一冊本であるが、内容構成は上中下の三編からなっている。上編の一五話は、すべてグリム童話の翻訳である。中編三一話のうちグリム童話が六話、アンデルセン童話が五話、他は出典不明。下編は、短編が多く五〇話が掲載されている。ここには中国の古典からの取材が多いが、どれも、笑い話に近い。

このうち、グリム童話の題名を挙げると、以下のようになる。

上編

一、蝦蟇の王様		KHM 1	蛙の王様
二、怜悧な山羊		KHM 5	狼と七匹の子山羊
三、十二人兄弟		KHM 9	十二人兄弟
四、幸福な不器用娘		KHM 14	三人の糸繰り女
五、雀の復讐	初訳	KHM 58	犬と雀
六、鳥の王様		KHM 102	ミソサザイと熊
七、芸能者の四人兄弟	初訳	KHM 124	三人兄弟
八、利発なる百姓娘		KHM 94	知恵のある百姓娘
九、雪姫		KHM 53	白雪姫
十、阿呆な百姓	初訳	KHM 104	知恵のある人たち
十一、お友達の蝦蟇		KHM 105	ヘビの話・ヒキガエルの話
十二、粉ひき小僧	初訳	KHM 106	かわいそうな粉ひきの若者と小僧
十三、不思議な胡弓		KHM 110	イバラの中のユダヤ人
十四、二つ目娘	初訳	KHM 130	一つ目、二つ目、三つ目
十五、三人の不精者	初訳	KHM 151	ものぐさ三兄弟

中編

七、金のまり子と渋のまり子		KHM 24	ホレばあさん
八、七羽の烏		KHM 25	七羽のカラス
九、鶏と雛とのはなし		KHM 80	メンドリの死んだ話
十三、しあはせの半作		KHM 83	幸せハンス
十四、臆病者		KHM 4	こわがることを習うために旅に出かけた男の話
十九、湯出山のかぢや	初訳	KHM 81a	かじ屋と悪魔

「初訳」は、日本初訳

以上が、『教授材料話の泉』に掲載されていたグリム童話である。すでに見てきたように、樋口勘次郎や佐々木吉三郎らが、選んだグリム童話は、すべてラインの著作を経由したものだった。つまり、修身材として使用することを前提とした「童話」であった。それと同様、この『教授材料話の泉』にも、波多野・佐々木訳『小学校教授の実際 第一学年の部』の「第一学年ノ統合表」に並べられていたグリム童話の題名が見える。「怜悧な山羊 KHM 5（狼と七匹の子山羊）」「鶏と雛とのはなし KHM 80（メンドリの死んだ話）」「金のまり子と渋のまり子 KHM 24（ホレばあさん）」が、それである。また、ラインに先だって、ツィラーが選んだ「ライプチッヒの排列」と呼ばれる一二のグリム童話と重なる作品に関しても、「三人の不精者 KHM 151（ものぐさ三兄弟）」「幸福な不器用娘 KHM 14（三人の糸繰り女）」「鳥の王様 KHM 102（ミソサザイと熊）」の三作品がある。*29

『教授材料話の泉』の編者が、グリム童話を選択する際に、ヘルバルト教育学の情報を知っていたのは、「緒言」の中にラインの名前が見えることからも、間違いないだろう。しかし、残りの九話のグリム童話は、ヘルバルト学派が一年生の教材として指定したものとは異なっており、この本のグリム童話選択は、ライン等のプランに縛られたものとはいえない。また、「蝦蟇の王様（蛙の王様）」「雪姫（白雪姫）」「しあはせの半作（幸せハンス）」などは、グリム童話の中でも代表的な作品である。

その上、「雀の復讐 KHM 58」「芸能者の四人兄弟 KHM 124」「阿呆な百姓 KHM 104」「粉ひき小僧 KHM 106」「二つ目娘 KHM 130」「三人の不精者 KHM 151」「湯出山のかぢや KHM 81a」の七作品は、この『教授材料話の泉』によって、初めて日本に紹介された本邦初訳のグリム童話なのである。これらの作品は、代表的なグリム童話とはいえないかもしれないが、この本の選者の作品選択の姿勢が、独自の新しい観点からなされたものだったことが看取できる。*30

また、アンデルセン童話からも、五作品が選ばれている。

中編
一、小九郎と大九郎　　小クラウスと大クラウス
四、豆の上の皇女　　エンドウ豆の上に寝たお姫様（日本初訳）
五、ゆき子さんの花　　小さなイーダの花（日本初訳）
一七、蔭　　影法師（日本初訳）
一八、古い家の話　　古い家（日本初訳）

ここでも、五話のうち、四話が本邦初訳である。*31

最初の三作品、「小九郎と大九郎（小クラウスと大クラウス）」「豆の上の皇女（エンドウ豆の上に寝たお姫様）」「ゆき子さんの花（小さなイーダの花）」は、比較的幼い子ども向けの作品である。また、「古い家の話（古い家）」にも、子どもが登場する。

「ゆき子さんの花（小さなイーダの花）」では、大学生が、ゆき子さんに、夜になると花が王様の城で舞踏会をするのだと話す。大学の先生は、そんなことをいって子どもを騙してはいけないと注意するが、その夜、ゆき子は、花たちや人形たちが楽しく踊っているのを見る。この話は、子どもの見た夢を形象化して、子ども独自の内面世界の存在を確認し、またその価値を称揚したものである。つまり、大人の常識的・日常的なものの見方よりも、子どもの想像世界の豊かさに軍配を上げているのである。アンデルセンの世界の特徴である近代的ロマンが溢れている作品であり、ここには、子どもに向かって大人が教えるべき「教訓」は存在しない。

さらに「蔭（影法師）」という従来の「訓話」の概念とは、ひと味もふた味も違った比較的長い文章量の作品も挿入されている。

この話の主人公は、学者である。その学者の影が、自分から離れて独立した人間になり、本人とは別の生活を始めてしまう。「影」は、人生の裏面を探り、その情報を悪用して、金銭に不自由することなく暮らしている。一方、学者は、「真善美」について書いた著述が世に受け入れられず、不遇をかこっている。ある日、「影」が、もとの主人である学者を訪ねてきて、学者に、自分の影になれば元気になれるとさとす。学者は始めのうちは承諾しないが、ついに「影」の影となって、旅行に出ることになる。旅先で「影」たちは、王女に出会う。そこで「影」は、立派な人間だと認められ、王女と結婚することになる。それを聞いた学者が、「影」は自分の影であることを暴露しようとする。そのとたん、学者は自分の「影」によって牢屋に入れられ、殺されてしまう、というストーリーである。不思議な話ではあるが、学者として名声を上げられなかった本体である学者と、そこから離れて世俗的な成功を収めた影との相克の中に込められたドラマは中々奥が深く、人生を象徴的に描いた作品だと解釈することもできる。もちろんこの「蔭（影法師）」からは、「忠」や「孝」といった類の「教訓」を読み取ることはできない。

山室静は、この作品について、「おそろしく皮肉で暗い、人間の努力や名声、愛と結婚など、すべてを虚無的に見て嘲っているような作だ。しかもそれが、童話という衣装をまとって、いかにもさりげなく、ユーモアをまじえて書かれているのである。」と述べているし、村上恭一も「深い孤独感と寂寥たる雰囲気がただよっているかのようである」と評している。また、田辺欧は「時間や場所の設定も夜や閉ざされた空間が多く、どことなく雰囲気が虚無的でアイロニカルである」と分析し、この作品に「ロマン主義の終焉と同時に、モダニズム文学への方向性」を見ている。『教授材料 話の泉』の翻訳者が、ここに引用した評者たちと同様の感想を抱いたかどうかは定かでない。が、確かにこの「蔭」は、異色の作品だった。『教授材料 話の泉』の中には、こうした作品も挿入されていたのである。*32

もちろん、この本の中には、イソップ寓話も一話（中編・二九、川の上の鹿《鹿の水鏡》）入っており、いわゆる「教訓」的な話材も収められてはいる。しかし、本邦初訳のグリム童話やアンデルセン童話などの外国作品を取り入れたことで、『教授材料 話の泉』は、それまでの類書とは、一線を画す内容になっていた。

また、下編の五〇話は、すべて、中国の話で、『荘子』『列子』『韓非子』や『三国志』などから集められた小話が並べられている。『教授材料 話の泉』下編の基本的なトーンを紹介するため、巻末に収録された五〇番目の話の全文を以下に引用しておく。

五十、詩人の戯

昔、楊誠齋（ふーせいさい）といふ詩人が、或る月夜に、縁がはに出て、酒を呑んで居ましたところが、月の影が盃の中にうつりました。そこで詩人が大層喜んで、「これはよい酒の肴がまひ込んで来た。之を呑んだならば、定めて骨も皮もみな仙人のよーになってしまふことであらう」と言って、グッと一ト口に呑んでしまひました。

さてかうして、酒と共に月を呑んでしまって、頭を挙げて、天を見まするところが、アナ不思議や。月は、なほさえ〴〵と、空にかゝって居ます。そこで詩人が、カヽと笑って申しまするには、「オヤ〳〵。これは不思議だ。今盃を挙げて、グッと呑んだと思った月は、まだこゝにあるわい。して見れば、月はもと一つであるか。将た二つであるか。」と疑ったと云ふことでありますが、月は、果して一つでありませうか。それとも又二つでありませうか。

月は一つと云へば、勿論一つとも云へますが、もし二つと云へば、又二つとも云へることだらうと思ひます、それは外でもない。月はもと一つであるが、しかし水があれば、影がうつって、忽ち二つに見えるのであります。

この話も従来の修身譚とは、かなり異なった印象を読み手に与える。書き手が附した最後の四行は、通常は語り手の教訓的な言辞で語り収めることが多いが、さてこれは「教訓」なのだろうか。それとも、書き手の「戯れ」なのだろうか。

　閑話休題。中国の話材といえば、これまでの修身書にも、主に聖人君子のさまざまな言動が紹介されてきた。その典型的な書物が、元田永孚の『幼学綱要』であり、それに倣って、教育勅語にちりばめられた徳目を中国の古典を通して押しつけようとしたのが、大多数の修身教科書だった。だが、そうした修身書に収められた中国の経書類のエピソードと、この「詩人の戯」とは、かなりの径庭がある。『教授材料 話の泉』の編集者は、アンデルセンの「蔭（影法師）」などとともに、こうしたトーンを持つ中国のエピソードを、この本に多量に収録していたのである。

　この『教授材料 話の泉』は、表題にもある通り、基本的には教師の教授の材料として作られており、文章自体にルビは無い。しかし、文体は、完全に談話体になっており、難解な語彙もほとんど登場しない。したがって子どもが独力で読むことも可能だったと思われる。奥付には、「教育資料研究会纂訳」としか記されていないので、編集者の個人名などは不明だが、この時、こうした修身離れをした教授資料集が、教科書出版において金港堂に次ぐ大手だった学海指針社（集英堂）から刊行されていたことは注目すべきことである。こうした本が、「教授資料」と銘打たれて登場したということは、学校教育の中で子どもに向けて語られる「談話」が、従来のような「修身譚」一辺倒ではなくなってきた、ということを示しているのだろう。[*33]

教科書の国定化と教育資料研究会

　なぜこの時期に、教科書大手出版社の手によって、こうした本が刊行されたのか。それを考えるには、編者である「教育資料研究会」という編纂主体の名称がヒントになる。実はこの時、学海指針社（集英堂）は、「教育資料研究会」の名前で、いくつかの書籍を刊行していた。「教育資料研究会」は、学海指針社（集英堂）とほぼ一体化した組織だったようだ。『教授材料 話の泉』も含めて、明治三七年前後に、そこから刊行された著作の刊行期日は、「国定」教科書が使用され始めた時期とほぼ重なる。その状況を理解するために、遠回りにはなるが、教科書の「国定化」をめぐる状況を、ひととおり承知しておく必要がある。

　周知のように、国定教科書が企画される直前に、いわゆる「教科書疑獄事件」が起きている。すでに本書では、「教科書」という出版物の購入決定権が、それを直接使用する学習者ではなく教授者にあること、またその決定によって多数の教科書の購入が決まるため、教員や地域の学務課などと業者との癒着がおきやすいこと、などについて触れてきた。一八八七（明治二〇）年九月には、下田歌子の『国文 小学読本』が、類似の疑惑を招いて、「下田読本問題」とでもいうべき騒動がおきたことも紹介した。

　その後、資本主義経済の伸展にともなって就学人口は増加し、教科書の出版規模も大きくなって、教科書の販売競争はさらに激化する。検定後期になると、小学読本の内容は、各社ともかなり似たようなものになり、内容面では、教科書の独自性を打ち出しにくくなった。そうした閉塞状況を個性的な編集方針を採用して突破しようとしたのが、坪内読本であり、樋口勘次郎の「統合教科書」であったことも前述した。教科書内容で差別化を図れないとすると、後は営業努力しかない。そうした教科書業者と教科書を採択する側の官僚や教員とのただならぬ関係が、ジャーナリズムにおいて、たびたび取り上げられるようになってくる。ここでは、そうした記事のうち、一八九七（明治三〇）年四月二六日の『教育報知』に掲載されたものを紹介する。[*34]

●小学生徒に賄賂を負担せしむ

小学校教科書図書の採用運動の為め、書肆が賄賂を行ふは公然の秘密たり、而して巨大なる賄賂の費は、皆な教科用図書の価格に変して生徒の負担となる。書肆の輩は、口を物価の昂騰に籍り、二割の価格を高めて酒色の負担を学童に分かつ、当局者何の思ふ処有てこの請願を認諾したるか。教科用図書価格の三分之一以上は、断々乎として賄賂酒色の費を含む、疑ふらくは実地に就精算を立てよ、女郎の揚代、芸者の枕金、女中の祝儀、金側時計銀側時計、縮緬羽二重等の支払口、累々として教科用図書の価格中より生るべし。一方には普通教育の費用を国庫より補ふて所謂公共の恵を足らざるものに与へんと主張し、而して一方には酒色淫蕩の料を学童に負担せしむ、吾輩は実にその意を解するに苦むなり。世人以て如何となす歟。

真偽の程はともかく、教科書採択をめぐっては、こうした非教育的なニュースがしきりに報導されていたのである。

第五部第二章でも触れたように、このような状況に対して、一九〇一（明治三四）年一月には、松田正久文部大臣が、「小学校令施行規則」を改正する。教科書の採択に関わる不正行為には重禁固と罰金、さらには不正行為を働いた会社には教科書発行の停止につながるような厳罰措置を決定したのである。これに対して、最大教科書書肆である金港堂は、同年四月、教科書出版から手を引き、集英堂、普及舎の有力教科書会社とともに帝国書籍株式会社を設立する方針を打ち出す。大手教科書は相互に手を結んで巨大トラストを結成することによって、過当競争を避け、同時にこれまでの権益を、共同で守ろうとしたのだった。

一方、文部省は、国民国家確立の観点からも、官版の修身教科書作成を計画していた。小学校令改正案を作成中だった一九〇〇（明治三三）年四月には、省内に修身教科書調査委員会を設け、すぐさま修身教科書編集に着手する。また、一九〇二（明治三五）年四月には、国語読本の編集にも手がつけられ、文部大臣菊池大麓は、修身教科書を一九〇四（明治三七）年四月までに完成させるように要望している。国語読本についても編集を急がせて、予算的な措置を講じた。官版教科書の作製を推進し、教科書国定化を具体的に実現しようと考えていたからにほかならない。編集には、当初東京帝国大学国文科卒業の文学士で、第一高等学校教授の高津鍬三郎が当たったが、一九〇二（明治三五）年七月三一日からは、第二高等学校教授であった吉岡郷甫（よしおかきょうすけ）がその任に当たった。[*35]

こうした状況の中、一九〇二（明治三五）年一二月一七日、東京地方裁判所検事などが、金港堂、普及舎、集英堂などの教科書書肆を、贈収賄の容疑で家宅捜索する。あまつさえ金港堂社長の原亮一郎は、司直によって拘引されてしまう。その後、数ヶ月にわたって、全国的に捜索が行われ、事件の範囲は一道三府三六県に及び、召喚・検挙者は、現職知事、文部省や府県視学官、各校種の校長、県会議長、教科書会社関係者など二〇〇名前後にのぼった。この事件をジャーナリズムが、逐一詳細に報道した結果、世論は、教科書官業論支持へと大きく傾いていく。

この「教科書疑獄事件」の結果、当時の主要教科書は、執行罰則の適用を受けて、五年間採択の対象から外されてしまった。その結果、「小学校用の教科書」は、空白状態となってしまい、検定制度の維持は困難になる。そこで、一九〇四（明治三七）年度からは、すでに作製中の官版教科書を「国定教科書」として使用するに至ったのである。以上が、「教科書疑獄事件」、および「教科書国定化」への道筋の概要である。*36

もっとも、文部省の作成した官版教科書が全国的に使用されることになったものの、文部省は、教科書を印刷製本して、それを流通させる手段を持っていなかった。明治二〇年初頭に伊沢修二が陣頭指揮し、文部省で印刷製本した『尋常小学読本』も、民間教科書書肆の協力を得て、その販売網に乗せて書籍を供給せざるを得なかったことが想起される。ここでも、文部省は、教科書国定化に当たっても、やはり民間の配給ルートを活用することにしたのだった。

そこでこの度は、文部省が「著作者」として原本を作成して、それを民間会社にそのまま翻刻させ、書物を供給させるという方法を採った。これは、明治初頭に、官版の小学読本を文部省、ないしは師範学校が作成して、それを地方に翻刻させ、教育内容の普及を図った方法と、きわめてよく似ている。地域や民間の知的文化を育てるのではなく、国家が一元的に教育内容を管理して、その普及手段だけを民間に移譲したのである。こうして、民間企業には国家を支えるための効率的な商業手段を担当させるだけにとどめておき、国民に伝達すべき価値内容は、国家権力が教科書という媒体を通して専権的に握る、というシステムが確立された。

「国定化」された『尋常小学修身書』掛図（第一学年用）・第二学年―第四学年、と、『尋常小学読本』巻一―巻八は、明治三六年度のうちに文部省から刊行された。それらは翌年の四月までに翻刻印刷製本されて、明治三七年度からの使用に間に合わせたのである。同様に、『高等小学修身書』二冊と『高等小学読本』八冊も、文部省から刊行されて、明治三七年度から、各学校で使用できるように準備された。教科書の「国定化」は、一九〇二（明治三五）年の春に、菊池文相が発言していた通りに、展開したことになる。*37

これ以降、民間教科書会社は、自社から学校教育用の教科書を発刊することは不可能になってしまった。しかし、一般の出版会社として、教科書以外の刊行物を作製することは自由である。そこで、自前の教科書を刊行することの出来なくなった集英堂（学会指針社）が考え出したアイディアが、「教育資料研究会」の創設と、そこから教育関係書を出版することだったと思われる。

この時、学海指針社「教育資料研究会」の名前で刊行された書籍には、大きく分けて二つの種類がある。一つは、教科書類似の副読本類で、

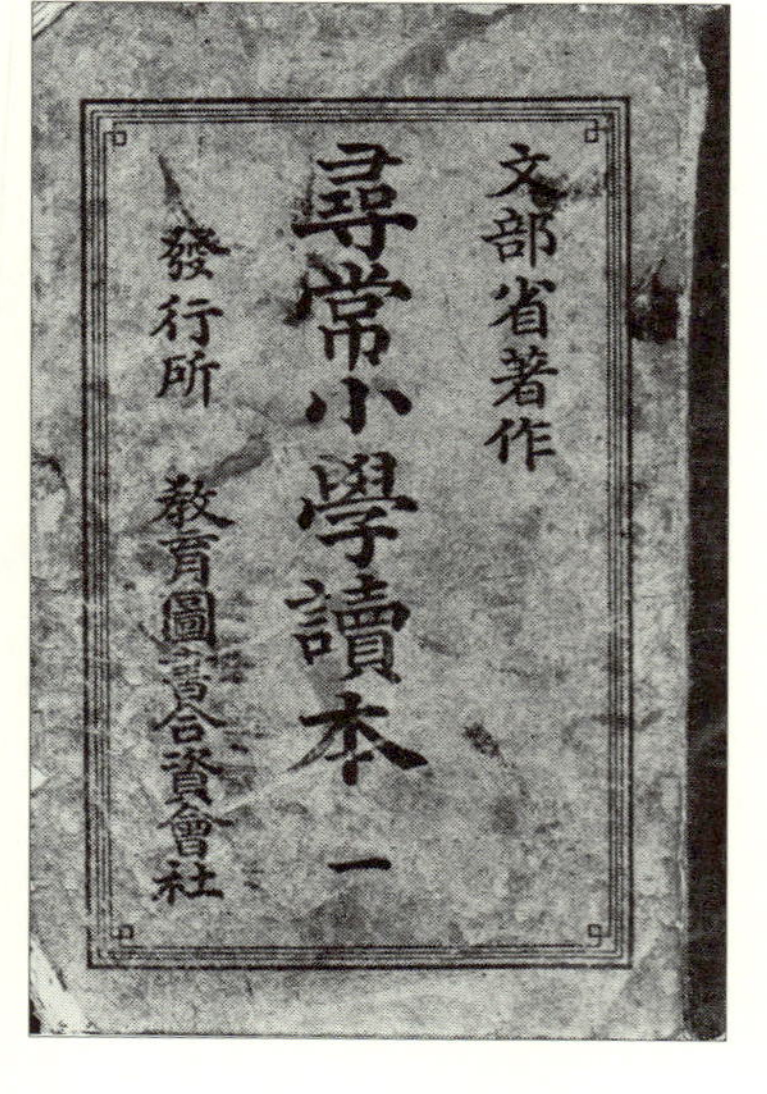

第一期国定読本　明治 37 年度

「校外○○」という書名を附している。「校外読本」「校外修身」「校外歴史」「校外地理」「校外理科」などが、それである。一言でいうと、これらは、国定教科書を補完する「副読本」類である。内容的には、国定教科書とある程度の連絡を図りながら、同時に、それとは別の教育的機能をうたって、教科書との差別化を図っていた。

たとえば、『校外読本』の「はしがき」には、こう記してある。

> 小学校で用ふる教科書は、多くの事がらを、みぢかい文章で書いて、画も少しばかりであります。それゆゑ、教科書といへば、大がい面白味のすくないものとしてゐます。今、編者は、これを心配して、この書を作ったわけでありまして、すなはち面白味のない文章に、面白味をつけ、画の少ないところに、多くの画を入れて、教科書の欠点をおぎなうたのであります。それでありますから、学校で教科書をならうたものが、家にかへって、この書を読めば、良い教師に復習してもらうて、面白い話しを聞くよーであります。
>
> 教育資料研究会

「はしがき」にもあるように、確かに『校外読本』の本文の文章は、従来の教科書の倍から三倍くらいの長さになっており、ほとんどの漢字にはルビが付されている。材料も、国定読本準拠である。また、挿絵も補充されている。試みに、『高等小学校外読本』の第一篇と『高等小学読本』巻一を、その題名と文字数（概数）の対応を表にしてみると、次のようになる。

高等小学読本　巻一				高等小学校外読本　第一篇			
課	題目	図	文字数	課	題目	図	文字数
一	因幡の兎（一）	1	650	上二	兎の話	5	3300
二	因幡の兎（二）	0	650				
三	春の景色	0	500	上一	春の景色	3	1500
四	靖国神社	1	430	上三	靖国神社	3	4400
五	感心な母（一）	0	800	上四	水兵の母の話	2	3000
六	感心な母（二）	0	650				
七	毒アル植物	3	800	下一	毒と薬	4	2200
	…				…		

このように『校外読本』は、もとの読本の順序を若干入れ替えたり、二課に分かれていた教材文を統合したりしているものの、題材は国定読本と同一である。ただし文章は、もとの内容を詳しくしたり、教科書に取り上げられたエピソードの前後の話を加えたりして、情報量を増やしたので、文字数が倍加しているのである。また、文章に関しては、読み手が自力で読めるような、読みやすい文章を提供するという方針を貫いている。たとえば、『高等小学読本』巻一第七課の「毒アル植物」は、漢字片仮名交じり文語体になっていたが、『校外読本』は、ルビ付きの漢字平仮名交じり談話体で記述されている。したがって、文語体に習熟していない読み手には、『校外読本』の「毒と薬」は、いわば国定読本「現代語訳」のような役割を果たしたことになる。このように、「校外読本シリーズ」は、教科書に記載された内容を核にした「拡充読み物集」と称すべき書物に仕上がっていた。

「はしがき」の文章が『校外読本』と全く同文であることからも窺え

るように、『校外修身書』も、基本的には『校外読本』と同じ編集路線を踏襲している。ただし、『高等小学修身書』に関しては、官版教科書は第一巻と第二巻しか発行しなかったにもかかわらず、学海指針社の『校外修身書』では、第三編と第四編も刊行されている。したがって、この二つの巻は、国定修身書準拠ではなく、人物中心のオリジナルな修身読み物集になっていた。そのうち巻四の「節制」の中に収められた教材文には、修身と読み物との関係を考える上で、きわめて興味深い話題が含まれているので、その内容を次に紹介してみよう。

この教材は「節制（その二）小説狩」という題名である。まず冒頭で、ショーペンハウエルの発言が引用される。それは現今のように「無益ノ著書」が多出する世界では、「書ヲ読ムノ法ヲ知ルニアラズシテ、書ヲ読マヌ術ヲ知ル」ことが必要だという説である。教材文の書き手は、この「無益の書といふのは暗に小説を指した」のだと説明する。さらに、「小説読は、りっぱなる金箔つきの道楽で、酒や煙草のたぐひではありませぬ。それよりか、ずっと以上の大道楽でございます。」と非難し、「小説」を読むことを「節制」せよという。

『校外修身書』第 4 編
学海指針社

ただし、「伽噺の本は、いくら読んでも宜しいのでございます。」と述べて、お伽噺の読書は勧めている。なぜならば、「お伽噺」は「短くとも修身上の寓意や、文学上の趣味」を含んでいるが、「小説」は、「長くとも、寓意も何もないので、ただ飲んだとか。食ったとか。また泣いたとか。笑ったとかいふことを、だらだら書いたにしか過ぎない」からだ、というのである。

「小説有害論」が、「お伽噺有益論」と対比して語られているところに、この『校外修身書』の書き手のスタンスがある。いうまでもなく保守的な教育家たちは、明治期の文学作家たちが執筆した様々な種類の「小説」を、口を極めて非難した。とりわけ女子教育において、小説を読むことに関する禁忌は、甚だしかった。この『校外修身書』のテキストでは、「小説」と「お伽噺」とは対極的な存在であると断定されており、小説は否定され、お伽噺の読書は慫慂されている。ということは、この文章の書き手の認識では、「お伽噺」と「小説」とは、まったく別のものなのである。前者は「修身教育」に役に立ち、後者は役に立たない、と判定されている。おそらくこの認識は、世間一般のそれとも大きく隔たっていなかったに違いない。

子どもに読ませる読書材は、「お伽噺＝童話」であり、それは程度の差はあれ、必ず「修身教育」に役に立つ寓意を含んでいる、あるいは、そう宣伝しなければ親たちも購入しない。それを読んで育った「子ども読者」は、将来、「大人読者」に成長するものの、「小説」を読むような人間になってはならない。常識ある「読書人」は「小説」などを手にするべきではないというのが、世間一般の考えだったのである。

しかしまた、この「お伽噺有益論」は、学海指針社「教育資料研究会」の名前で刊行した「お伽噺」シリーズを側面から擁護した、ご都合主義の宣伝の一環のように感じられないわけでもない。というのは、この時、教育資料研究会は、国定読本に準拠した副読本を刊行しただけではなく、次に述べるような少年書類（お伽噺）も刊行していたからである。

教育資料研究会のお伽噺シリーズ

その少年書類は、教育資料研究会が編集した「家庭童話」シリーズである、体裁は、博文館の「日本昔噺」や開発社の「修身童話」とほとんど同じである。判型は菊判、三〇から四〇頁前後、定価は各五銭。この叢書に関しては、『日本児童文学大事典』にも言及がないので、確認できた限りで、その情報を以下に掲げておく。

「はしがき」では、大量の「少年文学」が刊行されるに至ったものの、「多くは単に興味ある読物たらんを目的とし、その内容は訓練上如何なる価値あるかを問はざるもの多きが如し」という現状だとしている。そこで「本会は広く資料を古今内外に求め、最も児童ノ品性陶冶に適切なるものを集めて、以て此編を成せる所以なり」と、教育サイドの立場から、このシリーズを編集したと述べている。この『家庭童話』については、残されている資料が乏しく、叢書の全貌はよく分からない。その内容はオリジナルな創作というより、巌谷小波などの西欧童話の焼き直しではないかとも思われる。書き手である「ばんすゐ」に関しても、不詳。しかし、ストーリー展開が主体になった、読みやすい文章によって記述されていることがその特色である。

おそらく国定読本によって教科書出版の道を閉ざされた各教科書書肆

巻号	題名	作家	発行年月	所蔵
第一	宝の箱	?	?	?
第二	唖娘	?	?	?
第三	文銭の輪	ばんすゐ	一九〇四（明治三七）年七月	大阪国際
第四	黄金の魔法	ばんすゐ	一九〇五（明治三八）年三月	大阪国際
第五	陸の船	?	?	?
第六	豆の大木	?	?	?
第七	笛吹少年	ばんすゐ	一九〇五（明治三八）年三月	家蔵
第八	不思議の首	?	?	?
第九	宝の庫	?	?	?
第一〇	黄金の鳥	?	一九〇五（明治三八）年三月	国会図
第一一	黒帆船	?	?	?
第一二	山男	?	?	?
第一五	飛び鞄	ばんすゐ	一九〇五頃	東京都立
第一九	熊王子	ばんすゐ	一九〇五頃	東京都立

『家庭童話』第７編
学海指針社

は、打開策を求めて、様々な企画を立て、出版事業を続けたのだろう。その典型的な例が、この学海指針社（集英堂）による「教育資料研究会」だったと考えられる。その研究会の名前を使って、一方では、国定教科書を直接に補完する書籍である「校外〇〇」シリーズを刊行し、その一方で、「お伽噺」のシリーズも刊行していたのである。教育資料研究会の立場からすれば、『校外修身書』の教材「小説狩」の書き手の認識のように「家庭童話」シリーズは、「修身教育」に役に立つ著作のつもりだったに違いない。また、そう銘打たなければ、博文館から刊行されて大成功を収めている巌谷小波の『日本昔噺』や『世界お伽噺』との差異化を図ることは難しかった。

だが、明らかにこの「家庭童話」シリーズは、徳目を先行させた「修身教科書」などとは別のコンセプトによって作られている。その内容は、子どもに向けた物語性が強い分、楽しみのための読み物といっていい仕上がりになっているのである。樋口勘次郎の『修身童話』よりも、はるかに娯楽性が高い。つまり、ラインの影響を受けて、学校教育の中に「童話」を位置づけようという計画的で生真面目な姿勢からは、かなりの距離があった。したがって、このシリーズは、少年向けの娯楽読み物の一つと位置づけられる。

『新少年』学海指針社
明治 37 年

とすれば、「教育資料研究会」は、先ほど検討した新鮮な材料を集めた『教授材料 話の泉』のように「談話性」の強い編集姿勢の書籍の作製を含めて、修身教育の枠組みを拡げるような路線をも、目指していたことになる。もちろんそれは、教科書の制作権を国家に独占されてしまった教科書書肆が取らざるを得なかった、両にらみの二股戦略でもあった。さらに学海指針社は、一九〇四（明治三七）年四月から、新しく「新少年」と題した少年雑誌も刊行して、雑誌媒体へも手を広げている。だが、この試みも、結局は長続きしなかった。*38

確かにこうした教科書専門書肆の行動は、教科書書肆がそれまでの狭い意味の「教育」出版から離脱して、子ども読み物文化出版へと、守備範囲を広げた営為だった。しかし、それは教科書専門書肆が主体的に選択した商業戦略ではなかったし、ましてや十分な準備期間があったわけでもなかった。実際、どの試みも、商業的に成功したとはいえない。同様の模索は、最大手の教科書書肆である金港堂においても、学海指針社に先行して大規模に実施されていた。次には、それを見てみよう。

金港堂によるお伽噺群の刊行など

教科書出版を最大事業としていた金港堂が、一九〇一（明治三四）年四月に、教科書出版から退出したことは、先に触れた。出版経営の基盤を教科書の編集や販売だけに頼るわけにはいかなくなった金港堂は、一九〇二（明治三五）年前後から、教育雑誌を含む様々な雑誌を次々と創刊し、また、「少年書類」の刊行にも手を広げている。

『日本児童文学大事典』の中には、以下の六点の子ども向けの叢書が取り上げられている。それらは、『金港堂お伽噺』、『金港堂豪傑噺』、『金港堂修身話』、『お伽噺十二ヶ月』、『おとぎばなし大博覧会』、『お伽噺十人十色』である。『日本児童文学大事典』の記述を引用しながらそれぞれの概要を順に記してみる。

『金港堂お伽噺』

総冊数不明　大・小・中判　内容は内外の創作・昔話・笑話の翻案・翻訳・再話から教訓話など多彩で、一冊当たり概ね三一—四〇頁程度ながら、堂々たるシリーズである。しかし、金港堂書籍の代表的な児童書の叢書でありながら不明な点が多く、冊数にしても五六冊の刊行が確認できるのみである。一九〇二（明治三五）—一九〇四（明治三七）年（上田信道・解説）

『金港堂豪傑噺』

全一二冊　A6判　三一—五〇頁。歴史上の人物を二人取り上げ、内容は武勇伝や苦労話などのいわゆる偉人伝。一九〇二（明治三五）六月—一九〇四（明治三七）年五月（岩崎真理子・解説）

『金港堂修身話』

全冊数不明　A6判　三二から四四頁。親孝行な兄弟の逸話を始めとして、忠・義・善・孝などを説いた修身の教科書的内容。一九〇二（明治三五）—一九〇四（明治三七）年（岩崎真理子・解説）

『お伽噺十二ヶ月』

全一二冊　菊半裁判　三一—三三頁　三銭。本文は福田琴月と森桂園が執筆。画は水野年方とその門弟の鏑木清方などが描いている。一二ヶ月の季節や行事を題材にした物語で、ストーリーの明快さ口演童話風の文章が読みやすく、華麗な表紙が人気を博した。一九〇三（明治三六）一月一日全冊発行　各三銭（西田良子・解説）

『おとぎばなし大博覧会』

全一二冊　筆者は金港堂系の作家森桂園と福田琴月。画家は、梶田半古。四六判三二頁　四銭。内容は全く戯作調おとぎばなしとして書かれている。一九〇三（明治三六）年四月五日全冊刊行（鳥越信・解説）

『お伽噺十人十色』

全一〇冊　四〇—五六頁　合計六〇銭。全冊に多色刷りの表紙・口絵をつけた。作家は金港堂書籍の社員と同社と関係の深い人物で占めら

金港堂による各種お伽噺シリーズの一部

れている。内容は様々な欠点を持つ登場人物の失敗を笑うという滑稽な作品で、教訓性がなく、娯楽性が高い。一九〇八（明治四一）年一二月二〇日（上田信道・解説）

このほか、稿者の調査では、次のような子ども向けの叢書が、金港堂から刊行されているが、どれもシリーズの全貌は不明である。*39

『お伽噺夏休み』「虫とり」森桂園作　一九〇三（明治三六）年七月　三銭、のみ確認。

『金港堂おどけ噺』「てのひらの功名」芝廼園作　一九〇三（明治三六）年八月　三銭、のみ確認。

『家庭お伽噺』全六冊？　すべて福田琴月作　各三銭。「源五郎鮒」一九〇八（明治四一）年七月一五日、のみ確認。

『教育勅語おとぎばなし』全一〇巻　合計六〇銭　一九〇八（明治四一）年一二月二〇日「少女の一念」尾島菊子作・宮川春汀画／「理想兵衛」新保一村作・名和永年画の二冊のみ確認。

先述したように、一九〇二（明治三五）一二月には、「教科書疑獄事件」が摘発されて、金港堂では、社主の原亮一郎が拘引されてしまった。その数年前から、文部省は教科書官業化の方針を打ち出し、官版教科書の編集作業にも拍車がかかっていた。民間教科書会社による巨大トラスト帝国書籍株式会社を設立したとしても、教科書出版の先行きは、必ずしも明るく感じられるようなものではなかっただろう。金港堂は、リスク回避のためにも、各種の雑誌や少年読み物の刊行に積極的に手を出したのではないかと、想像される。

一方、同じように年少の読み手を意識した出版活動であっても、博文館のように、早くから当代の大スター巌谷小波を擁して、各分野にわたって少年読み物の世界を切り開き、着々とその地歩を固めてきた出版社もあった。博文館は、『日清戦争実記』や『日露戦争実記』などとともに、『帝国百科全書（全百巻）』を始めとして多くの全集物も刊行していたが、教科書出版には手を出さなかった。また、いったんは、坪内逍遙を編集者として教科書業界に参入した富山房も、本業である教養書や学術出版の分野の出版活動に戻り、確固とした地位を確保していく。

もっぱら、教科書に力を入れてきた金港堂や学会指針社（集英堂）は、教科書や教育書に関しての編集実績はあるが、これまで必ずしも少年読み物に力を入れてきたわけではない。したがって、金港堂の最大企画である『金港堂お伽噺』も、一貫した編集姿勢のもとで、筋の通ったシリーズを展開することは難しかったのではないかと思われる。また、この叢書が刊行されていたのは、まさしく「教科書疑獄事件」のまっただ中で、世論も沸騰し、社内も動揺していたと考えてもおかしくない時期である。事件の渦中に置かれた出版社ゆえに、『金港堂お伽噺』に関しても、判型も一定せず、「代表的な児童書の叢書でありながら不明な点が多」い、と評されるような仕上がりになってしまったのかもしれない。

だが、子ども読み物を受け入れるフィールド自体は拡大し、市場としても急成長しつつあった。博文館は、率先して少年読み物の様々な叢書を次々と企画刊行して子ども読み物市場を牽引したが、それに追随し、模倣するかのように、多くの中小出版社が、類似の子ども向け読み物を続々と出版している。その代表的な対抗企画シリーズは、一九〇七（明治四〇）年から刊行を始めた春陽堂の『家庭お伽話』だった。吉岡向陽・高野斑山の共編によって全五〇冊が、さらに続編の『家庭お伽文庫』全二〇冊が、一九一一（明治四四）年から刊行されている。このシリーズは、文芸出版で実績のあった春陽堂から刊行されており、鰭崎英朋の絵による新鮮なデザインに象徴されるように、巌谷小波のシリーズとは異なった新しい感覚の少年読み物の世界を提供しようという姿勢がはっきりしていた。

だが、そればかりではなく、明治赤本系統の伝統を引き継いだ中小出版社からも、やはり博文館の『日本昔噺』や『世界お伽噺』などに倣って、同じような判型の、同じような装丁の子ども読み物が数多く出版されていた。今、稿者が把握している限りで、明治年間に刊行が開始されたそれらの例を挙げると、以下のようになる。*40

こうした叢書の中では、島鮮堂（綱島書店）の「日本お伽噺」シリーズが三〇〇冊を超える膨大な叢書であるようだが、その詳細は不明である。大衆講談などを刊行していた大川屋書店の「少年お伽噺」や、やはり大衆読み物を手がけていた武田博盛堂の「少年お伽噺」からも、かなりの数が刊行されていたらしい。先行した巌谷小波の『日本昔噺』や『世界お伽噺』シリーズを焼き直したような内容の著作も散見される。外国童話の翻案などが附録として併載されている例も多いが、印刷造本ともに雑な作りの本が目立つ。しかし、こうした叢書の広がりが、子どもの出版物に関する相乗効果を巻き起こして、巌谷小波のシリーズともども、多くの子どもたちの手に渡っていたのである。

内容的には、娯楽的な話が収録されている巻もあれば、教訓的な歴史譚を収録している巻もあり、また同じ刊行元からも数種類の異なったシリーズが出版されている場合もあるようだ。現時点では、その全貌はよく分からず、こうした叢書類の本格的な調査は、今後の研究に譲らなければならないが、子ども向けの安価な読み物の常として、その多くは廃棄処分されてしまっている可能性も高い。したがって、この表に掲出した叢書名も、当時出版されていた少年読み物の一部でしかないことをお断りしておく。

しかし、国定教科書が刊行され始めた時期を挟んだこの時期に、これだけ多くの中小の出版社から、低廉な価格の子ども読み物集が次々と刊

明治年間に刊行が開始された「お伽噺」シリーズ

シリーズ名	出版元	刊行開始時期
教育童話	金昌堂	一九〇〇（明治三三）
大日本お伽噺	修文館	一九〇一（明治三四）
少年お伽噺	祐文館編集部（自祐堂→大川屋書店）	一九〇二（明治三五）
日本教育歴史噺	日吉堂	一九〇三（明治三六）
国民教育	熈春堂	一九〇四（明治三七）
少年お伽噺	武田博盛堂	一九〇七（明治四〇）
少年お伽噺	桜楓会出版部	一九〇七（明治四〇）
新編お伽噺	島鮮堂（綱島書店）	一九〇八（明治四一）
日本お伽噺	金寿堂書店	一九〇八（明治四一）
日本お伽噺	大盛堂書店	一九一〇（明治四三）
日本お伽噺	井上一書堂（大阪）	一九一〇（明治四三）
少年お伽噺	春江堂書店	一九一一（明治四四）
少年お伽噺	金寿堂書店	一九一二（明治四五）

「少年お伽噺」ほか類似の叢書の一部

行されているという事実だけは確認できる。もちろん、それを購買する子どもたちの側の需要があったから、こうした小冊子状の書籍が出回ったのである。すなわち、「近代子ども読者」たちは、学校教育の中で獲得したリテラシーを基礎にして、これも続々と刊行された「少年雑誌」「幼年雑誌」あるいは「少女雑誌」などとあわせて、これらの安価な小冊子を購入し、愛読していたのだった。

一方、このような庶民的読み物とは別の豪華な子ども読み物も登場してきた。これもこの時期の特徴である。たとえば、一九〇七（明治四〇）年に、鐘美堂から刊行された、文学博士上田万年の解説による、『新訳伊蘇普物語』（上下編合冊）が、その代表的な書物だろう。イソップ寓話百六十話と、附録として印度の「ぱんちゃたんとら」を九話収録してある。総頁三〇〇頁にも及ぶ定価一円八十銭の箱入りの豪華本で、挿絵画家には当時人気の画家である梶田半古を起用し、口絵と全巻の挿絵を担当させている。*41

この本の文字表記は、きわめて革新的である。著者の上田万年は「例言」で、「予は此書に新仮名遣を応用したり。未来の普通教育に、かゝる発音的仮名遣を基礎とすべきは、予の確信する所」と記し、それを大胆に実行している。文体は言文一致体であり、振り仮名だけをたどっていくと、実に平易な文章である。初学者にも読みやすい文体と表記という点から言えば、格段に子ども読者に身を寄せた仕事だといえよう。

しかし、目次の後に「訓言索引」をつけて、各話を訓言からも検索できるような構成をとるなど、イソップの話を教訓的な方向で読ませようという姿勢はかなり強い。著者は、発音的仮名遣いを使用することに情熱を傾けると同時に、一つ一つの訓言を記述することにもかなりの情熱を注いだようにみえる。本書に収録されている多くの解説は、イソップ寓話本文よりも長い文章量を持つものが多く、読み手に向けてかなり熱心に、ながながと訓戒を垂れている。おそらく教訓を与えなければならない存在として子ども読者を意識していたからであろう。つまりこの本の方向は、あいかわらずの修身的な読み物集だったのである。

当時、こうした高価な書籍を、子どものために買い与えることのできる層は、きわめて限られていたはずである。そうした階層の親たちが、子どもの成長に役に立たない本を、わざわざ購入するはずはない。子どもには、「教訓」が必要だという一般常識に立つなら、題材として『イソップ寓話』が選択され、またそこに文学博士上田万年の権威ある「解説」が付くのも当然である。

だが重要なのは、本格的なハードカバーで、天金による装丁を施されたこの豪華本を、子どものための購買する層が生まれつつあったという事実だろう。手許の『新訳伊蘇普物語』の奥付は、明治四三年九月二五日で、すでに「一〇版発行」になっている。高価な本にもかかわらず、短期間の間にかなりの売れ行きを示していたことになる。また、図版で示した本の表紙は、明治四一年と四二年に、巌谷小波の高弟である木村小舟が編集した『お伽花籠』と『お伽テーブル』（ともに博文館）の表紙であり、両書ともに装丁は、上製本である。『お伽花籠』は、三五〇頁・七五銭、『お伽テーブル』は、三一二頁・六五銭。こうした体裁の子ども向けの書物を購入することのできる経済的な余裕のある階層は、この後さらに広がっていき、来るべき大正時代の児童文化運動を下支えする都市市民を中心とする購買層の誕生へと展開していく。*42

上田万年『新訳伊蘇普物語』鍾美堂
明治 40 年

一九〇七（明治四〇）年には、小学校児童の就学率は、九八・五％になり、また「小学校令」が改正されて、義務教育年限も六年間に延長される。従来からの地域農村の子弟に加えて、新たに生まれつつあった都市中間層の子弟の数も増大してくる。当然、総体としての子ども読者の数も増大する。一方、日清・日露戦争を経験した国家権力は、さらなる国民統合の必要を感じて、そのための国家教育を推進する。官版教科書の国定化も、そうした大きな統制の施策の一つであるが、それを取り巻く

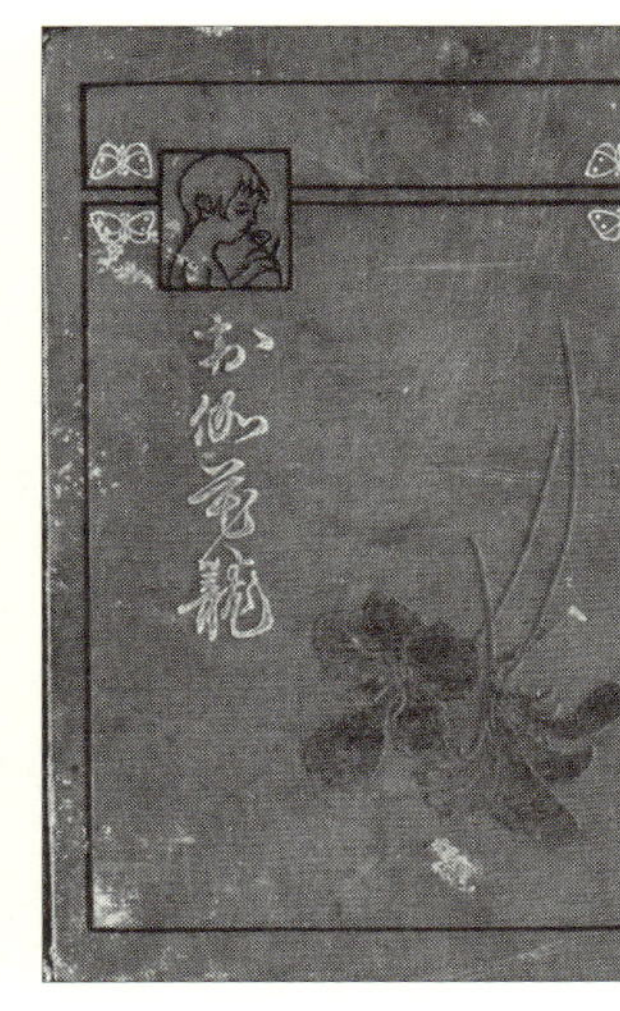

木村小舟編『お伽テーブル』
明治 42 年

木村小舟編『お伽花籠』
明治 41 年

様々な「少年書類」も、その流れと無縁ではあり得ない。こうした様々なリテラシー形成メディアが氾濫する中で、明治の子どもたちは、「近代子ども国民読者」として編成されていくのである。

＊＊

明治初頭以来、学校教育が追求してきた国民的・平準的リテラシー育成の理念は、国語教科書はもちろんのこと、「修身」教科書やそこから派生した修身画や修身読み物などの「修身メディア」として提示され、それを使った教育活動の中で具体的に展開されてきた。

もともと「修身教育」は、道徳的な価値観を学習者の「内面」に醸成することを目的とした教育である。価値観自体は観念的なものだから、言語記号や図像を媒介にして、それを要約的に伝達するような教育活動だけを行なっても、生活の中の行動として活かすことは、なかなか難しい。つまり、いくら訓言・嘉言などを暗記させたり、偉人の尊像を掲示したとしても、学習者にそれが実感を伴って受容されない限り、表層的にしか意識されることはないのである。

そこで、その修身的価値を、体感を通して伝えるためのストーリーが必要になる。この意味で、「修身教育」におけるストーリーの存在は、修身的な価値を伝達するための「形式」であり、内容を包装するための外被である。しかしそれは、時には、自らに課せられた内容伝達のための衣装という役割を逸脱し、形式そのもの面白さを主張し始めてしまう。すなわち、言語形式がもともとそこで伝達しようとした内容よりも、言語形式自体の面白さという、別の「内容」を新たに創り出してしまうのだ。読み手にとっては、そこに込められたお説教の中身にたどり着くよりも、次から次へと展開していく筋の面白さ、鮮やかに転換する場面、登場人物同士の会話のやりとりの見事さ、などに心を奪われてしまう。少なくとも、ストーリーが中心になった「修身読み物」の魅力は、そうしたところにある。

このような言語形式自体の面白さを前面に打ち出した文章は、一般には「文学」と呼ばれる。「文学」は、読み手を異空間へと誘うことばの仕掛けや、文体の魅力、あるいは繰り返しやリズムなどの言語表現が多層的に絡み合って構成されている。その意味で「文学」は、言語形式の力によって、多くの人間の認識と感性とを覚醒させ、また慰撫する現象ともいえる。その「文学」を、単なる娯楽のためではなく、人間の精神の成長とリンクさせようという発想が生まれたのが、近代という時代であり、もっともそれを必要としたのが、「修身」という教育場だった。当時の子ども読み物の書き手たちにとって、「修身」と「文学」とを強く関係づけることは避けられない道であったし、むしろそれこそが近代的教育の思考法であり、また子ども読み物の進むべき本道だと信じられたのである。「修身教育」は、文学という言語形式を借りることで、物語内容に興味を持たせ、あるべき方向へと感化しようとする。それは「修身教育」が、受容者に一定の修身イデオロギーを付与することを目的としていたということでもあった。

もっとも「文学」それ自身も、イデオロギーを離れたところに発現することはありえない。T・イーグルトンは、『文学とは何か』の中で、イギリスのヴィクトリア朝時代では、宗教が「従順な精神、自己犠牲の精神、それに瞑想的内向的生活態度をはぐくむ」ような「平和促進効果（傍点ママ）」という役割を果たした、という。ところが、そうした宗教心は、一九世紀後半にいたって瓦解し始める。そのときに宗教に代わる言説として「英文学」がクローズアップされ、その研究も開始されたのだとする。つまり、体制順応の保守的心性というイデオロギーを保持するために「文学研究」という営みが必要とされたのであり、研究対象としての「文学」もそうした機能を果たすものとして再措定されたのである。*43

日本においても、近代天皇制の確立に雁行した文化進展過程の中で、「国文学」の研究に手がつけられる。そこでは、様々な言語文化遺産が、日本の過去の文章群の中から呼び出されて新たに価値づけられ、天皇制という一種の「宗教装置」を支える機能を持つものとして据え直された。そのようにして「国文学」、あるいはその「研究」が〈誕生〉する。

それに先だって、新たな国民統合装置である「天皇教」の教典の一つである「教育勅語」という大きな物語（ストーリー）も下賜された。その威力は、絶大だった。いうまでもなく、こうした「大きな物語」に抗うべく、「小さな物語」の享受と創造の活動も行われる。その大きな存在の一つとして、近代的主体としての「個の確立」を目指した「日本近代文学」の中の営為が挙げられる。「近代文学史」をあらためてを繙くまでもなく、そこで活動を推進した作家や批評家たち、あるいは様々なレベルの読者たちは、国家から要請された「大きな物語」と、近代的自我の確立という「小さな物語」との相克に悩み、またそれを止揚すべく苦闘してきた。

しかし、「修身教育」を支えた多くの教材用の物語群は、始めから教育勅語という「大きな物語」の中に併呑される運命だった。すなわち、修身教育の材料として使われた教材は、何らかの形で教育勅語イデオロギーを抱え込んでおり、またその一点に収斂するように配列されていたのである。明治二〇年代に盛んに刊行された民間発行の「修身読み物」類も、巻頭に「教育勅語」の本文を掲載してある例が多い。その中には、販売促進のための単なるおつきあい程度の感覚で教育勅語を掲載した場合もあったかもしれないが、収録されたエピソード群は、教育勅語からの直接・間接の影響を受けないわけにはいかない。

とはいえ、再び繰り返すことになるが、物語がもともと内包している読むことそのもの持つ快楽は、時として読み手をそうした修身的教訓の枠から逸脱させてしまう。あるいは、文章を読む過程において、そこに潜んでいた読むという行為自体の蠱惑が、解発されることもある。「修身読み物」は、「修身」、あるいは教育勅語の求める観念の世界を強固に支えると同時に、その「大きな物語」へ向かおうとする読み手自身の感覚や認識を転調させ、脱出させるような機能を発揮する場合もあったのだ。

こうした文脈に沿って敷衍するなら、本来「近代子ども読者」とは、読む行為の過程で生まれた葛藤やドラマを自らに引き寄せ、それをそれぞれの内面で「小さな物語」として明滅させることができるような主体のことだったと言えるであろう。なぜなら、読むことの力動感や陶酔感を身のうちに感じ、同時にそうした感覚や認識自体を相対化して、そこから新しい個としての読み手自身が立ち上がっていくような体験をすること、それこそが、「読む」という営みの真骨頂だからである。とするなら、国語教育、とりわけ子ども読み物を読むことの教育とは、そのような〈読み〉の体験を通して、自らの問題意識を追求する主体としての「近代子ども読者」を育成することへと向かわなければならない。

以上のような認識を、教育活動の具体的な問題に即して、当時の教育内容の問題として考えてみよう。重要なのは、明治後期にいたって、言語教育の内容として、読む行為を通して生まれる読書体験それ自体を設定することが可能だという認識が、徐々に芽生え始めてきたことである。すなわち、与えられた「大きな物語」に回収することだけを読むことの教育の目的とするのではなく、「小さな物語」を読み手の内側に生み出すような活動と体験そのものにも教育的な価値があるとする認識である。

こうした考え方は、この後、「芸術教育」や、「文学教育」と呼ばれることになる教育運動と、かなりの親和性を持っている。そうした教育行為の淵源を、微かにではあるが、たとえば、渡欧前の樋口勘次郎の教室実践の中に、あるいは、教育資料研究会纂訳によって刊行された『教授材料話の泉』（学海指針社）の中に、見出すことも可能だろう。

だが、明治後期のこの時点では、そのような教育活動を全面的に受け入れる地盤とそれを推進する志向とが十分に開拓されていたわけではなかった。読むこと自体の面白さとその過程を重視するような「教育」は、学習者たちが身につけたリテラシーを、それぞれの内面と自覚的に結びつけ、読み手たちがそれを自由に相互交流する言語表現活動が展開される中で発現する。「国語読本」や「子ども読み物」を材料として展開される教育行為の中において、読むこと自体の面白さを追求するような実践が積み重ねられたり、それに触発された子どもの言語表現が全面的に承認されるようになるのには、まだもう少しの時間を必要としたのだった。

注（Endnotes）

*1 『日本児童文学大事典』第三巻　大阪国際児童文学館編　一九八三（昭和五八）年一〇月　八頁。

*2 『修身童話』は、早稲田大学図書館に、全冊揃って収蔵されている。すべて山本正秀の旧蔵書である。また、神奈川近代文学館の滑川文庫にも全冊がそろっている。本書の表紙の図版は、『桃太郎』は家蔵本、それ以外は、神奈川近代文学館所蔵の滑川文庫のものを使用させていただいた。

*3 樋口悦編『一葉に与へた手紙』今日の問題社　一九四三（昭和一八）年一月　四一七—四一九頁。

*4 この件に関して、木戸若雄が「一葉と樋口勘次郎」というエッセイを、『日本古書通信』第二四〇号　一九六四（昭和三九）年四月一五日、に書いている。『修身童話　桃太郎』の「序」をもとに、一葉との交流をたどったものだが、「勘次郎の書いたこの文章を読んで気にかかることが一つある。」と述べている。それは「教科書という点に一言もふれていないということだ。はたして一葉の日記のように教科書としてのねらいをもつたものか、それともそこまでは考えずに、漣ふうの昔噺をもつと教育向きに編集しようとしたものか。」木戸は、こう問題提起した上で「脱稿より出版まで一年半余」もかかったのは、この間は検定出願中で、不許可と決まってから印刷にまわしたのかもしれない」と推測している。つまり、木戸は、この「修身童話第一巻」の原稿が、文部省に教科書として申請され、検定作業を受けていたのかもしれないと考えたのである。いうまでもなく『修身童話』は、第一学年用の教科書（読本）に要求される文字や文型提出の順序などの条件をクリアーしていないし、口授用の修身教科書としても一般のものとは全く異なったコンセプトによって作られているから、文部省に検定出願したということはあり得ない話である。しかし木戸の言うように、教科書の作成を職業作家との共同作業で行おうとした行為は、勘次郎の「先見の明」として高く評価できるだろう。

*5 第三の「序文」である「第一巻小引」に「此の書昨年の夏脱稿して、初夏出版すべかりしを、さまざまの故障ありて、のびのびとなりぬ」とある。

*6 巻末には「少年書類稟告」と題した広告文が載っている。以下に紹介する。

本社、今般少年書類を発刊せんとするに当たり、聊編纂の趣旨、方針、体裁を左に発表し、以て大方教育家及父兄諸子の瀏覧に供せんとす。

一趣旨　本社、夙に学校教授を一新し、家庭教育を改良せんと欲し、児童少年に読ましめ、若くは彼等を教導せしむべき、書類の欠乏を嘆ずるや久し。近来、少年書類と名づくるもの、陸続世に出づ、一読愉快なるが如しと雖、其作者たるもの、毫も教育的思想なく、漫に材料を集め来り、筆に任かせて之を記するを以て、其実無味淡泊、恰も蝋を嚙むが如く、到底家庭教育、学校教育を裨益すること能はざるなり。因て、本社、今般有名の教育家諸氏に謀り、内外の昔噺、物語、及歴史上の事実等の中より、総て児童少年の天性に適応せるものを精選し、充分に之を教育的に叙述説明せるものを発刊し、啻に有益なる知識、善良なる教訓を、快楽の中に与ふるのみならず、之と同時に、大に言語文字の改良一致を謀らんことを期す。

一方針　本書は、児童及少年の教育に資するを以て、目的とするものなれば、嬰児時代より、幼稚園、小学校、尋常中学校等に在る年齢の者に適応せるものを発行すべし。然れども其発行順序は、必ずしも幼より少に及ぶにあらず。唯其原稿の脱了せるものより、漸次に印刷に付すべし。

ここからは、教育的な配慮を最優先したこと、記述内容と同時に言語文字改良の普及を図ろうとしたことなどがわかる。

*7 「ちりめん本」の日本昔噺シリーズは、長谷川弘文社から出された出版物で、英語版「松山鏡」はその第一〇冊目。Mrs. T. H. James の手で訳述され、一八八六（明

治一九）年に刊行されたものである。第三部第二章の「注48」で、参考文献などに触れておいた。「松山鏡」は、ドイツ語版が一八九五年（明治二八）年に、フランス語版が一八九七（明治三〇）年に、またスペイン語版が一九一四（大正三）年に、さらにポルトガル語版が一九一六（大正五）年に、それぞれ長谷川武次郎の手によって出版されている。

*8 荒川勇「人物を中心とした特殊教育史」『文部時報』一九六五（昭和四〇）年八月号　八四―九五頁。

*9 樋口勘次郎『統合主義 修身教授法』同文館　一九〇〇（明治三三）年一月　一〇八―一〇九頁。

*10 樋口勘次郎『統合主義 修身教授法』同文館　一九〇〇（明治三三）年一月　一〇九―一一〇頁。

*11 関敬吾著『日本昔話集成』第二部・本格昔話・3　角川書店　一九五五（昭和三〇）年六月　一三六七―一三七二頁。

*12 木村小舟『明治少年文学史』第二巻　童話春秋社（復刻・大空社）　一九四九（昭和二四）年五月　一〇二―一〇五頁。

*13 「湯本先生小伝」『湯本武比古選集』信濃教育会　一九五五（昭和三〇）年七月　四一二―四二七頁。

*14 木村はここで、樋口勘次郎が『少年園』に投稿していた、と述べている。この発言は、後掲の滑川道夫の著書の中にも引き継がれているが、ペンネームを使っていた可能性はあるものの、『少年園』の投稿欄に、「樋口」の名前は見えない。

*15 滑川道夫『日本作文綴方教育史1明治編』国土社　一九七七（昭和五二）年八月　二二六―二二八頁。

*16 樋口勘次郎講述『文部省講習会教授法講義　下』普及舎　一八九九（明治三二）年一〇月　一二一―一二六頁。

*17 巌谷小波著・上田信道校訂『日本昔噺』平凡社　二〇〇一（平成一三）年八月　「解説」の中で、上田信道は、小波の仕事が昔話研究者からは批判され、文学研究者からは肯定的に評価される場合が多いことに触れて、「小波の仕事を昔話の集成への試みと見るか、近代的な児童読み物の確立への試みと見るかによって評価が分かれる」（四七六頁）と述べている。稿者は、後者の意見に立つ。

*18 稿者の手許にある『修身童話』の第一巻「桃太郎」には、明治三二年一一月一一日六版発行、第二巻「花咲爺」には、明治三三年三月五日七版発行、第五巻「したきりすずめ」には、明治三三年三月五日再版発行、と奥付に記されている。

*19 少し時代が降るが、一九一三（大正二）年五月に刊行された高木敏雄著『修身教授童話の研究とその資料』（宝文館）は、ヘルバルト学派が選んだグリム童話一八編をすべて収録した「教授資料集」である。修身口授のための資料集ではあるが、グリム童話集としても楽しめる。

*20 ヴェー・ライン／アー・ピッケル／エー・シュルレル著　山口小太郎・佐々木吉三郎訳『小学校 教授の原理』同文館　一九〇一（明治三四）年一月。『近代日本教科書教授法資料集成　第四巻』東京書籍　一九八二（昭和五七）年九月、には、全文が収録されている。また、その「解説」（七一二―七一三頁）によると、原著は、*Theorie und Praxis des Volksschulunterrichts: nach Herbartischen Grundsätzen. 1.Daserste Schuljahr*, 6 Aufl.1898. で、この本の第一版は、一八七八年に刊行されており、第一学年用だけでも、一九二六年までにすこしづつ内容が改訂されて、八版まで出されたという。また、『第一学年』から『第八学年』まで、シリーズとして完結したのは、一八八五年のことのようだ。

*21 中山淳子『グリムのメルヒェンと明治期教育学――童話・児童文学の原点』臨川書店　二〇〇九（平成二一）年四月、二七―二八頁。

*22 上段が、「第一学年の統合表」にある「童話」の題名である。順に、グリム童話集の正式名称である『子供と家庭の童話集』（ドイツ語の原題 Kinder-und

Hausmärchen）の頭文字をとったKHM番号、ドイツ語の題名。【】内は河出書房新社『図説・グリム童話』虎頭恵美子編・二〇〇五年七月、の邦題名。

*23 ヴェー・ライン／アー・ピッケル／エー・シュルレル著　波多野貞之助・佐々木吉三郎訳『小学校 教授の実際 第一学年の部』同文館　一九〇二（明治三五）年一月　三六―三七頁。

*24 菅了法訳『西洋古事神仙叢話』集成堂書店　一八八七（明治二〇）年四月。渋江保訳『小学講話材料 西洋妖怪奇談』博文館　一八九一（明治二四）年八月。橋本晴雨訳『独逸童話集』大日本国民中学会　一九〇六（明治三九）年三月。和田垣謙三・星野久合共訳『グリム原著 家庭お伽噺』小川尚栄堂　一九〇九（明治四二）年三月。

*25 樋口勘次郎の『修身童話』におけるグリム童話については、坂本麻裕子の研究がある。坂本は、樋口はグリム童話を修身教材として利用することはできなかったと述べ、その摂取失敗の原因を次のように述べている。すなわち「樋口が取りあげた日本昔噺は全て因果応報や勧善懲悪という構図を持ってい」た。ヘルバルト派の倫理観の背後には「常に神の存在がある」にもかかわらず、それを顧慮しない樋口のグリム童話は「明確な善悪が提示できていない上、樋口による註釈も一貫性の無いものとなっている」とする。結論として、『修身童話』は日本昔噺の修身化を進めただけであり、逆に、グリム童話に関しては修身化の難しさが浮き彫りになってしまった出版物である」としている。首肯できる見解である。坂本麻裕子「修身に残らなかったグリム童話――樋口勘次郎の『修身童話』をテキストに」『言葉と文化＝Issues in language and culture』一〇号　名古屋大学・国際言語文化研究科日本言語文化専攻　二〇〇九（平成二一）年三月　二二三―二四一頁。

*26 佐々木吉三郎・近藤九一郎・富永岩太郎『教材叢書 修身訓話 尋常科第一巻』同文館　「緒言」一―二六頁　一九〇三（明治三六）年六月。

*27 槇山榮次『小学校ノ初学年』同文館　一九〇一（明治三四）年四月　八二―八三頁。『日本之小学教師』第二巻第一九号　一九〇〇（明治三三）年一〇月「批評」四〇頁。

*28 『教授材料 話の泉』教育資料研究会纂訳　学海指針社　一九〇四（明治三七）年三月　菊判　五三四頁、定価・九五銭。

*29 中山淳子『グリムのメルヒェンと明治期教育学――童話・児童文学の原点』臨川書店　二〇〇九（平成二一）年四月、三一―三二頁。ヴェー・ライン／アー・ピッケル／エー・シュルレル著　波多野貞之助・佐々木吉三郎訳『小学校 教授の実際 第一学年の部』同文館　一九〇二（明治三五）年一月　四〇―四一頁。

次に掲げるのが、「チラレル氏の排列表」である。

No.	KHM	題名	No.	KHM	題名
1	KHM一五三	【星の銀貨】Die Sterentaler	7	KHM七三	【狼と狐】Der Wolf und der Fuchs
2	KHM一五一	【三人の怠け者】Die drei Faulen	8	KHM一〇	【ならず者】Das Lumpengesindel
3	KHM一四	【三人の糸紡ぎ女】Die drei Spinnerinnen	9	KHM二七	【ブレーメンの町の音楽隊】Die Bremer Stadtmusikanten
4	KHM一八	【藁と炭と豆】Strohhalm, Kohle und Bohne	10	KHM一〇	【ミソサザイと熊】Der Zaunkönig und der Bär
5	KHM五	【狼と7匹の子山羊】Der Wolf und die sieben jungen Geißlein	11	KHM五一	【めっけ鳥】Fundevogel
6	KHM八〇	【めんどりの死の話】Von dem Tode des Hühnchens	12	KHM八七	【貧乏人と金持ち】Der Arme und der Reiche

*30 『児童文学翻訳作品総覧　明治・大正・昭和・平成の一三五年翻訳目録　4　フランス・ドイツ編2』ナダ出版センター　二〇〇五年九月　六四三頁の情報による。なお、「かじやと悪魔」は、金田鬼一訳『完訳グリム童話集3』岩波文庫　一九七九（昭和五四）年九月　一二一—一七頁に掲載されている。この話は、『子供と家庭のための童話集』の初版にはあったが、第二版で「のんきぼうず（Bruder Lustig）」に差し換えられた。

*31 『児童文学翻訳作品総覧　明治・大正・昭和・平成の一三五年翻訳目録　5　北欧・南欧編』ナダ出版センター　二〇〇五年一二月　「翻訳作品別目録」四六—三一五頁、の情報による。

*32 山室静『アンデルセンの生涯』新潮選書　一九七五（昭和五〇）年六月　二五八—二六一頁。
村上恭一「アンデルセンの『影』に寄する讃歌——天才詩人の栄光のかげに」『図書』岩波書店　六七三号　二〇〇五（平成一七）年五月　二〇—二五頁。
田辺欧「アンデルセン『影法師』考——ロマン主義における影のゆくえ」『IDUN』一三号　大阪外国語大学デンマーク・スウェーデン語科研究室　一九九八（平成一〇）年三月　二一七—二三六頁。

*33 この時期には、ようやく楽しみのための「談話」にこそ広義の「教育的」な意味があるという主張が生まれてくる。ここまで検討してきた「修身口授」の対象者よりは、もう少し年少の子どもたち（幼稚園教育）を意識した著作ではあるが、その主張を、具体的な子ども向けの「読み物集」あるいは、教師や親向けの読み聞かせのタネ本集という形で結実させたのが、以下の著作である。ここにも、グリムやアンデルセンの話が数点収録されている。
東基吉『家庭童話 母のみやげ』同文館　一九〇五（明治三八）年一〇月　総頁二一四頁　定価六〇銭。
東基吉『教育童話 子供の楽園』同文館　一九〇七（明治四〇）年五月　総頁　二四六頁　定価六〇銭。
なお、『教育童話 子供の楽園』の口絵写真には、日本の子どもに向かってお伽噺を「口演」する図像が掲載されており、「The Story-teller」と表題がつけられている。また、東基吉は、この本の「はしがき」で、前著も含めて「二書に載せた話は、何れも子供の趣味という側に重きを置いて、なるべく学校の修身の例話めかないことに注意した」と、あえて本のコンセプトを従来の修身話の路線から外した旨の記述を残している。

*34 「教育報知・第五四五号」東京教育社　一八九七（明治三〇）年四月二六日発行　五頁。

*35 梶山雅史『近代日本教科書史研究——明治期検定制度の成立と崩壊』ミネルヴァ書房　一九八八（昭和六三）年二月　一八四—一九五頁。

*36 中村紀久二『復刻 国定教科書 解説』大空社　一九九〇（平成二）年六月　四九—五四頁。

*37 と言って、一九〇四（明治三七）年四月から、全国の府県が国定教科書に切り替えて、一斉にそれが使用されたわけではない。その事情に関しては、中村紀久二が「府県における国定教科書の使用開始時期」という論考を書いている。中村は、各種の文献を博捜して、全国四七道府県のうち、十数県が一九〇四（明治三七）年度における国定教科書未使用県であることを指摘しており、なお「実態は判然としない」とする。その背後には、教科書の内容の問題や、経費の問題など様々な要因があったようだ。『教科書の編集・発行等教科書制度の変遷に関する調査研究』平成七年度—平成八年度科学研究費研究成果報告書・研究代表者・中村紀久二　一九九七（平成九）年三月　一四三—一四八頁。

*38 現在のところ、学海指針社の「新少年」の所蔵が確認できるのは、東京大学大学院法学政治学研究科附属近代日本法政史料センター（明治新聞雑誌文庫）に第一—第四号、大阪国際児童文学館に第一—第二号、神奈川近代文学館に第一号、家蔵の第二号である。

*39　確認した諸本は、すべて家蔵本であり、それ以外のものについては未確認である。

*40　大阪国際文学館編『日本児童文学大事典・第三巻』大日本図書株式会社　一九九三（平成五）年一〇月、には、児童文学関係の「叢書」に関する記載があり、明治後期に関しては博文館のものを中心にかなりの「叢書」の内容が紹介されている。しかし、ここに記した中小出版社による「日本お伽噺」類似のシリーズに関しては、どれも取り上げられていない。なお、原本の多くは、大阪府立中央図書館国際児童文学館、東京都立多摩図書館に架蔵されている。一部は、家蔵。

*41　上田万年『新訳伊蘇普物語』鐘美堂　明治四〇年一一月　三〇六頁　定価一円八〇銭。

*42　木村定次郎（小舟）編『お伽花籠』博文館　明治四一年三月　三五〇頁。木村定次郎（小舟）編『お伽テーブル』博文館　明治四二年四月　三一二頁。

*43　T・イーグルトン／大橋洋一訳『文学とは何か――現代批評理論への招待』一九八五（昭和六〇）年一〇月　三八頁。

研究の総括と残された課題

一、本研究の成果

本研究では、「はじめに」で、第一部から第六部までの各部の内容の概略と、それぞれの部における「問題の所在」を掲げた。また、それに対応するまとめを各章末に付し、該当の章で明らかになったことや、あらたに生まれた課題などを総括的に記述してきた。それらと若干重複するきらいもあるが、各部での検討を通して確認できた研究成果を、以下順に整理してみる。

第一部　「学制」を具現化した「小学教則」の中に教科書として指定された書物は、ほとんどが翻訳啓蒙書だった。「子ども」を対象とした「翻訳啓蒙書」は、それ以外にも数多く刊行されていたが、その内容を総括した研究はなかった。そこで、これまで研究の俎上に上がらなかった書物も含めて、三九種類の「子ども向け翻訳啓蒙書」をリストアップし、それらの原典を特定して、またその内容や翻訳の文体の検討を試みた。その多くは、アメリカのリーダーを典拠としているが、海外の修身書なども含まれており、原典の範囲は相当広がっている。それらを調査、検討した結果、鳥山啓や福沢英之助、上羽勝衛など、かなり特色のある仕事をした人物の仕事を掘り起こすことができた。

また、「子ども翻訳啓蒙書」の中には、従来指摘されてこなかったアンデルセンやグリム、あるいはディケンズなどの本邦初訳作品が含まれていたという翻訳史における〈発見〉もあり、近代子ども読み物の出発点を、広い視野から確認することができた。このような形で明治初期の「子ども向け翻訳啓蒙書」を取りあげて総合的に整理考察した仕事は、この論考が初めてであり、そのこと自体にも大きな意義がある。

第二部　明治初期の代表的な国語の教科書は、明治六年に田中義廉が編集した『小学読本』である。それに先行・併行して作製された、福沢諭吉、古川正雄、松川半山などの教科書の仕事を検討し、その広がりと限界とを考察した。次に『小学読本』を中心に、言語教科書の翻訳に関わる問題とその普及の問題を考察した。『小学読本』は、第一部で検討した同時期の「子ども向け翻訳啓蒙書」に比べて平易な文章の提供という点においては自覚的だったが、アメリカのリーダーが特色としていた音声や対話という学習内容を十分移入できなかったことを確認した。

また、『小学読本』の巻頭の「五人種」の教材を図像学的に分析し、そこに表れたオリエンタリズムに満ちた欧米の視線と、それに対抗して描かれた日本のナショナリズムの視線とを、諸本の図版で比較検討した。そこから、『小学読本』が、当時の西欧文化移入の最前線に位置しており、それが文章や挿絵に反映していたことを明らかにした。

さらに、中央で用意された「小学読本」が、どのように地方に享受されたのかを、各地の「小学教則」の記載によって確かめた上で、各地域で作製された学校用の言語教科書の事例を調査・検討した。その中で『滋賀県管内小学読本』や栃木県の『小学読本』のようにきわめて独自性を持つ読本の特色を、国語教科書史の中に位置づけることができた。

第二部では、『小学読本』をめぐる様々な資料を発掘し、それをもとに多面的な角度から明治前期の言語教科書の実態とその受容形態の問題を解明した。

第三部　明治二〇年代に入る頃から、就学率は向上し、第二部で取り上げた官版の「小学読本」の時代は終わる。それにともなって新しい読本が登場してきた。この時、言語教科書の製作には多くの民間書肆が関わっていたが、そのうち最大の存在だった金港堂は、他社にぬきんでた成功を収めた。その理由を、数種類の教科書の教材内容と編集戦略の検討を通して考究した。一方、文部省も、国家政策として、当時のグローバルスタンダードに沿った『読書入門』『尋常小学読本』という官製の教科書を作製している。それらの教材の原典を特定する作業を通して、この教科書が海外の読本などから最新の材料を移入していたことを、個々の教材に即して具体的に指摘した。また、文部省がこの教科書に関してかなり強引な普及政策を用いていたことに関しても論及した。さらに、同時期に文部省が作製した実用的な簡易科用『小学読本』と比較検討することで、日本の近代教育が抱えていた文化の二重性の問題を指摘し、西欧文化受容の課題の一端を照らしだすこともできた。

加えて、検定前期ならではのユニークな国語教材を収めた高橋熊太郎の『普通読本』、辻敬之・西村正三郎の『尋常小学読本』、塚原苔園の『新体読方書』、および下田歌子の『国文小学読本』などを取りあげて、そのうちの特徴的な教材について検討を進めた。さらに、明治検定期に数多く作られた地域書肆が企画製作した「読本」を総覧して、その内容と採択に関わる問題を考察した。

別に第三部では、明治二〇年代の読本と、そこから派生した「少年書類」のいくつかについても、相互の関連性とその特徴とを指摘した。このように、第三部では、明治検定前期に作製された様々な読本の特色と子ども読み物の意義に関して考察を進めることができた。

第四部　第三部で検討した検定前期に続く検定中期の読本は、標準文体の普及と国民的教養を身につけることを目的に作製されていた。そのうち、山縣悌三郎の『小学国文読本』と、今泉定介・須永和三郎の『尋常小学読書教本』の二つの読本を取り上げ、それぞれの特色と子ども読み物との関係を検討した。『小学国文読本』では、山縣悌三郎が、自ら主宰した少年雑誌『少年園』と読本の内容とをリンクさせ、相補的な関係を構築していたこと、また、『尋常小学読書教本』では、その中の「日本昔話」と「日清戦争」の話題を検討して、これらの読本が当時の社会文化状況と密接に関係していたことを論証した。さらに、文部省を退いた伊沢修二が設立した「教育学館」の読本作製の問題や、終焉を迎えた「地域読本」の抱えていた問題、さらには、文部省が関与した「地域用読本」

である『北海道用尋常小学読本』と『沖縄県用尋常小学読本』の問題点と可能性などの問題を、相互に関連付けて考察した。

第五部　第五部では、民間教科書会社の読本内容が類似化し固定化しつつあった検定後期の読本のうちで、きわめて独自性を持っていた二つの国語教科書を取り立て、それぞれを詳細に検討した。坪内雄蔵（逍遙）が編集した「坪内読本」では、主としてその内容の検討と後世への影響を論じた。また、樋口勘次郎の「統合教科書」の構想とその破綻の経緯を、当時の教育思潮とその展開の中に位置づけて考察した。いずれも、それぞれの読本を、本格的に研究対象として取りあげた先行研究は存在せず、その意味でも大きな意義がある。

第六部　明治期の修身教育には、口授と講読という二つの教育方法が存在した。それをことばの教育という側面からみると、教育伝達メディアとして、話しことばと書きことば（文字）のどちらを重視するのかという問題に還元される。そこに「図像」というメディアを加えて、様々な資料を使ってこの問題を検討した。またそこから、修身口授という教育方法が、言文一致運動を側面から支える役割を果たしたという仮説を立て、検証した。それが具体的に結実したのが、明治中期に様々な形態で刊行された修身的「子ども読み物」だった。それらは「教育勅語体制」を補完し、修身教科書の代替の役目を果たすという側面も持っていた。これらの書物を博捜して整理し、その位置と特色とを考察した。さらには、ヘルバルト学派の修身読み物教育の日本版教材集である樋口勘次郎の『修身童話』と、それに続く仕事を、「修身読み物」の系譜に位置づけて分析した。最後に、国定教科書が登場する明治三七年前後には、脱修身読み物とも言うべき書物が、教育の場にも表れ始めていたことも紹介した。

第六部では、修身教育と修身読み物の抱えていた問題を、「声」と「文字」と「図像」という異なるメディアを切り口として、第一部から第五部までの考察とクロスさせ、明治期の国語教科書や子ども読み物が内包していたリテラシー形成メディアとしての側面を、教育文化史的な観点から考察した。これが第六部の成果である。

＊

以上、本研究は、明治初期から国定教科書が使われる直前までの日本の国語教科書（読本）の大きな流れを、各種の資料をもとにしてたどりながら、そこから派生した子ども読み物との関連と、修身教育の変転との関係を視野に入れて、総合的な言語教育文化史研究を目指した。これまで検討されることのなかった多くの書物や資料を発掘して整理・検討し、それぞれの特徴を「リテラシー形成メディア」という観点から、広い地平の中に位置づけたことが、本研究の特色である。文字資料だけではなく、出版状況や造本形式、あるいは挿絵を含む図像に関しても考察の輪を広げており、論文には、多数の図像資料を挿入した。

二、研究の総括と残された課題

前項では、第一部から第六部まで、各部ごとに究明した研究内容をまとめて記述した。以下には、この研究全体で明らかになったことと、そこからさらに考えるべきことを、横断的に大きく五つの視点から述べることにしたい。

(1) 海外の言語教科書からの影響

本研究が対象とした期間は、日本の近代教育の基盤が据えられた時期である。政治的にいうなら、江戸幕府から政権を奪取した薩長幕藩体制が、天皇を中心にして、列強に互する近代国家を立ち上げていった時期である。近代国民国家を樹立するためには、経済活動や文化活動においても急速な西欧化を避けるわけにはいかなかった。近代日本の出発期には、圧倒的な量の欧米文化の移入がなされ、それが教育内容にも大きく反映した。

唐澤富太郎は、『教科書の歴史』の中で、「近代教科書内容変遷図」という模式図を作成して、近代教科書の展開を大まかに示している。そこには、教科書内容による時代区分とともに、海外からの影響関係が矢印で書き込まれている。この模式図からは、「翻訳教科書」の時代には「米英仏」の影響があり、「検定教科書」の時代には「独」の影響と世界的なナショナリズムの波が日本の教科書に影響を与えたことが読み取れる。もちろんこれは、国語の教科書に関してだけではなく、すべての教科の教科書を視野に入れた上での見取り図である。*1

「国語」という教科目の場合、どの国の教科書でも、それぞれの国の言語文化や言語構造によって、その形式や内容が大きく規定される。これまで日本の言語教育において、音声教育よりも読み書き学習が重視されてきたのも、また、薄い教科書を熟読玩味するようなテキスト中心主

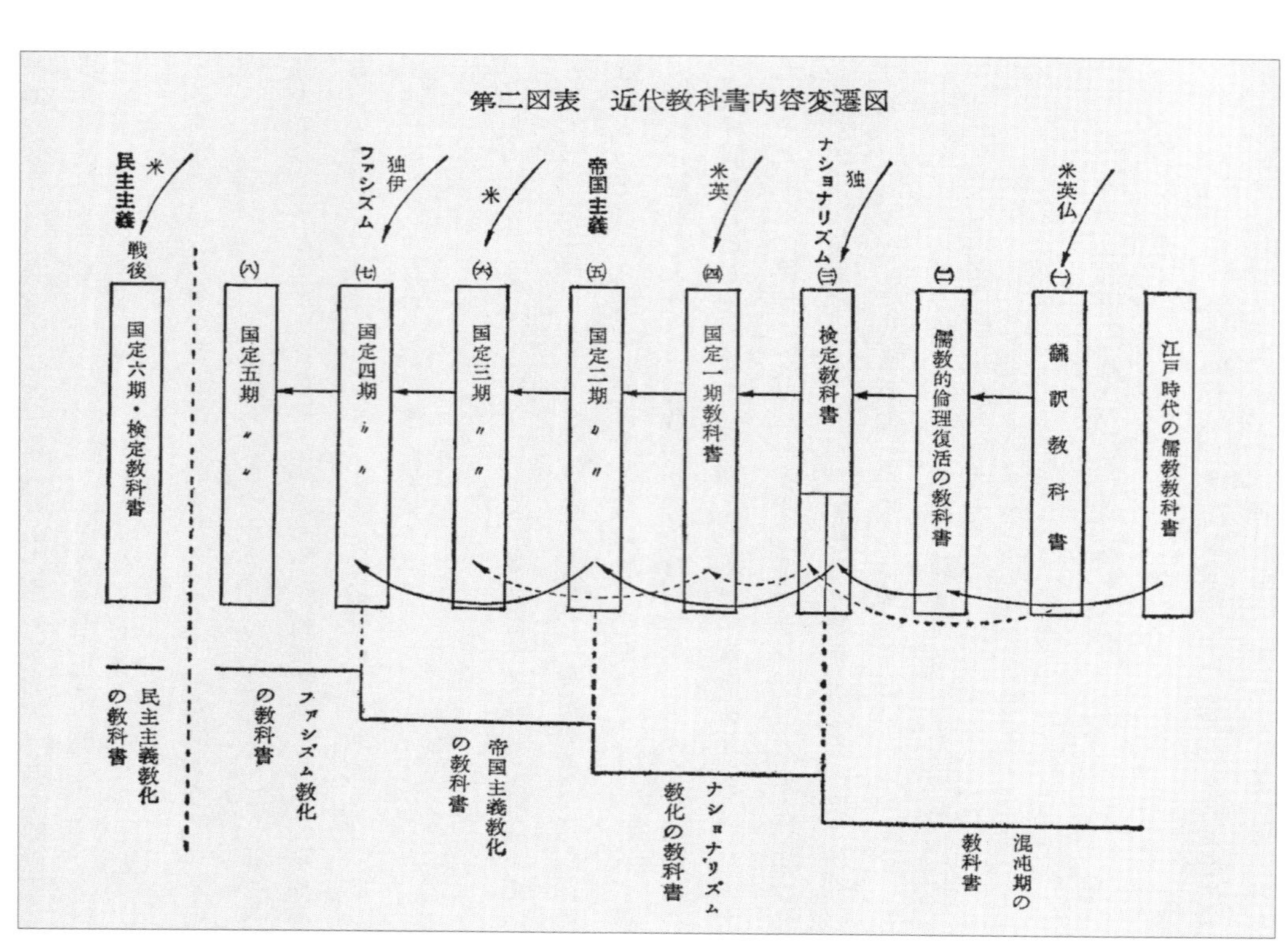

唐澤富太郎『教科書の歴史』17 頁

義の言語教育が展開されたのも、歴史的な言語文化状況や、書記体系なども含めた日本語の言語構造や言語文化の独自性に由来している部分もあったと考えられる。それでも、近代日本の国語の教科書が、他の教科の教科書と同様、海外の教科書などから、様々な影響を受けてきた。それは、本論でも触れてきたとおりである。

唐澤の図に倣って、近代国語教科書が、どのように海外からの影響を受けてきたのかを、明治期から今日までをおおざっぱにとらえてみると、次図のようになると思われる。

その強弱の度合いは別にして、日本の国語教科書が大きく変化した時期の教科書名と、それに影響を与えた海外の教科書などを列挙すると、五つの大きな波がある。本書で取り扱ったのは、網掛けをした「第一期」と「第二期」の時期だけではあるが、この期間における海外教科

期	年代	教科書名（編者）	海外の教科書など
第一期	一八七三年	『小学読本』田中義廉	ウィルソンリーダー（米）
第二期	一八八六年	『読書入門』湯本武比古	ボック・レーゼブッフェ（独）
第三期	一九九三年	『小学国語読本』（サクラ読本）井上赳	ハンザ・フィーベル（独）
第四期	一九四七年	『こくご』（いいこ読本）石森延男	アメリカ経験主義とその影響下の教科書
第五期	二〇一〇年	平成23年度使用小学校検定国語教科書 平成24年度使用中学校検定国語教科書	PISA調査の影響

書の影響を、ここであらためて確認しておこう。*2

第一期では、ウィルソンリーダーの翻訳ともいえる田中義廉の『小学読本』が、国語教科書の中心的存在だった。ここでは、「読本」自体が、まるごとアメリカの読本の影響下にあった。また、教授方法もアメリカの直輸入であり、それが師範学校を通して広く各地に伝播した。

また、それと併行して刊行された多くの「子ども向け翻訳啓蒙書」も、第一部で取りあげて考察した。ここでは、アメリカの様々なリーダーだけではなく、欧米の修身書などが翻訳の対象になっていた。文学的な色彩に富んだサージェントリーダーが、子ども向けの書物の原本になっていたおかげで、日本の子どもに向けて作られた「子ども向け翻訳啓蒙書」には、物語性豊かな教材が比較的多く登載されることになった。しかし、漢学の教養の中で育った洋学者たちにとって、日本に住む子どもたちの言語生活に直接つながるような平易な文章文体として訳出することは難しかった。また、このように子どもに向けて作製された多くの翻訳啓蒙書も、世間一般に広く迎えられることはなかった。

本文でも触れたように、官版「小学読本」は、日本中で広く使われた。フィクション性を持った教材がほとんど登場しないウィルソンリーダー一・二巻を摂取した『小学読本』の文章は翻訳臭が強かったので、翌年それを補正をした師範学校編輯の「大改正本」が普及する。また、田中義廉自身も『小学読本』を見直して、私刊版を刊行した。しかし、どちらもアメリカの言語教科書の編集理念を十分に咀嚼した上で、日本の国語教科書に取り入れたとはいえなかった。一方、在来の言語教育からの継続性が強い榊原芳野等の編集した『小学読本』も、一定程度普及した。こちらには、史話や修身譚などの物語性のある教材も収録されていた

が、編集の基本的な姿勢は、伝統的内容の読本だった。明治一〇年代は、こうした二種類の言語教科書による、和洋混淆ともいえる受容状況が続いた。

第二期に当たる明治二〇年前後になると、森有礼文部大臣のもと、伊沢修二編集局長らの文部官僚が、欧米教育の背景を支えている科学的原理をもとに、教育課程を組織し、官版教科書を作製した。その象徴的な存在が、ドイツのボック読本の編集方針に学んで作られた湯本武比古の編集した『読書入門』である。ここでは、個別の教材だけではなく、海外の教科書の編成方針やその構造が参照されている。さらに『読書入門』に続いて刊行された『尋常小学読本』にも、複数の外国読本から教材が翻訳されていた。こちらは、教材レベルにおいても、海外の影響を強く受けている。このように海外からの影響関係を考察するには、教科書編集の姿勢や構成原理などを学んだ場合と、個々の教材を直接翻訳した場合とがあることに留意する必要がある。

さらに、こうした「翻訳教材」を、翻訳文化交流の問題として検討する際には、次のような観点が有効だと考えられる。すなわち、欧米の英語読本や修身書を翻訳する際に、どのような書目を選んだのか、あるいはそのうちのどの部分を翻訳したのか、あるいは、それをどのような日本語の文体で翻訳したのか、場合によってはどのように翻案したのか、などの諸点である。本書でも、ある程度はそうした観点を視野に入れながら考察を進めてきたが、それらをもう少し体系的に、また結果を数量的・統計的に整理して示すような提示方法も必要だったかもしれない。

それをもう一歩進めれば、個別の作家や作品を取りあげ、具体的な翻訳教材の変遷を通して、海外からの影響を考察するという研究も可能である。たとえば、イソップ寓話やグリム童話がどのように日本の教科書に取り入れられ教授されたかといった視点から、原典と翻訳との関係を論じていくのである。こうした研究は「比較教材史研究」、または「教材交流史研究」と呼ばれることになるだろう。（ちなみにイソップ寓話に関しては、稿者による別稿がある。）また、本研究でも度々取り上げたグリム童話は、明治中期には主としてヘルバルト学派経由で、「教材」として紹介されていた。したがって、グリム童話の移入と日本の教育とを比較検討した先行研究もいくつか存在する。さらに、日本には早くから海外文学として「ロビンソン・クルーソー」が紹介されていた。この作品は、ルソーが教材として取りあげ、またヘルバルト学派も教材として指定していた。とするなら、ロビンソン・クルーソーなど個別の作品を軸にして、教育と文学との関係を考察する裾野の広い比較研究も可能だろう。こうした切り口から、国語教科書と子ども読み物との関係を個々に探ることも、これからの課題になる。[*3]

なお、今後の国語教科書の歴史的な研究に当たっては、翻訳教材本文の異同やその変遷だけではなく、教科書の構成やレイアウト、挿絵の問題、あるいは編集体制や流通の問題などをも含めて、総合的な視点から、海外教科書との交流関係を解明することが必要だろう。

（2）　日本語変遷史との関連

唐澤富太郎は、『教科書の歴史』の劈頭を、「教科書が日本人を作った」という印象的な一行から、その論述を開始している。戦前までの教科書、とりわけ「国定期」の教科書が強力な国民意識生成装置だったことについては、唐澤の述べているとおりだし、今日でも「教科書」が、その採択や検定の問題を含めて、「日本人」であることの確認装置として機能し続けている側面がないわけではない。

本研究で取り扱ったのは、読本が国定化する以前の時期であるから、教科書が国民意識生成装置へと転化していく、初期の期間を取りあげたに過ぎない。にもかかわらず、この時期は、「教科書」だけではなく、「国民」を作りあげるために様々なメディアが動員され、「帝国日本」を支える基盤を固めていった。そのことは、本文中でも確認してきた。

ところで、唐澤は、戦前の教科書の変遷を概観して、それを大きく八期にわけて、「近代的内容を比較的多く掲げている教科書の流れ」と「前近代的な内容や超国家主義的性格を持つ教科書の流れ」とが交互に表れている、と述べている。先ほど掲げた唐澤の模式図に戻るなら、その様相は、実線と点線とが交互に渡り合って次期へとつながっていくような図として表されている。そのことを、唐澤は「恰かも近代的性格と前近代的性格との二本の綱によって、教科書の歴史という一本の大綱があざなわれているが如き観を呈している」と比喩的に語っている。

こうした唐澤の把握に関しては、まったく異論はないが、国語教科書に即してそれを見ると、右へ揺れ左へ揺れながら展開していった過程は、別の位相からも整理することもできる。すなわち、本論中でも、触れてきた言文一致運動や言語文化の多層性との関係である。それを、言語の特性に即して「過去の言語文化形式」と「現在の言語文化形式」という概念を導入して説明してみたい。

まず、明治最初期から二〇年代くらいまでの国語教科書の様相を、田中義廉編『小学読本』と榊原芳野等編の『小学読本』との対立と見て、それぞれを内容的には「欧化的」と「伝統的」と、とりあえずとらえてみる。そうした差違はあったものの、両者はともに標準的・普遍的な言語力の育成を目指していた。しかしそれは「過去の言語文化形式」を中心にして記述してあり、言語的にみれば、学習者にはきわめて難解な教科書だったと考えられる。そう考えると、この二つの官版言語教科書に対立する教科書は、言語的に「簡易」や「平易」を目指す読本だということになる。それは、もっぱら実用的な書きことばの習得を目指した各種の「往来読本」や、明治一六年になって金港堂が刊行した原亮策の『小学読本 初等科』全六巻などが相当するだろう。しかし、それらの教科書の内容自体は、伝統的・実用的な方向だった。したがって、これに対立する教科書としては、鳥山啓が実験的に作製したひらがなによる各種の「欧化的」な教科書群を挙げることができる。これらが「現在の言語文化形式」に接近しようという路線である。

図示すると次のようになる。

それぞれの教科書を、「内容」と「形式」という枠組みで、やや強引

明治最初期から二〇年代くらいまでの国語教科書の様相

	伝統的	欧化的
過去の言語文化形式（難解）	M6 榊原芳野等『小学読本』	M6 田中義廉『小学読本』 M6 上羽勝衛『童蒙読本』 M17 若林虎三郎『小学読本』
現在の言語形式（平易）	M16 原亮策『小学読本 初等科』	M6 鳥山啓『よみほん』 M10 鳥山啓『初学入門』

に分類したきらいもあるが、同じような枠組みを採用して、明治二〇年代初頭の国語教科書の様相を、分類してみると、次のようになる。

明治二〇年代初頭の国語教科書の様相

	伝統的	欧化的
過去の言語文化形式（難解）	M20 下田歌子『国文小学読本』 M20 近藤鼎『小学読本』（不認定）	M20 塚原苔園『新体読方書』
現在の言語形式（平易）	M22 文部省『小学読本』 M22 新保磐次『日本読本 郡村用』	M19 文部省『読書入門』 M20 文部省『尋常小学読本』 M20 西邨貞『幼学読本』

もっとも、同じ「過去の言語形式（難解）」という項目に分類したものの、「明治最初期から二〇年代くらいまで」の表の田中義廉編『小学読本』と、「明治二〇年代初頭の国語教科書」の文部省編『尋常小学読本』の文章とを比べれば、後者の方が、格段に「平易」な日本語文によって記述されている。というのは、教育の力によって日本の近代化路線を推し進めようとするには、どうしても国民全体が使いこなせる「普ク通ズル」日本語の普及が必要だったからである。それは、より現実の話しことばに近い書きことばの創造と、その普及活動によってのみ実現できる。それが「国語教育」に託された役割であり、その中心に置かれたのが、ほかならぬ国語教科書だった。

こう考えると、国語教科書の変遷を考察する場合には、唐澤の言う「近代的性格と前近代的性格」とが、交互に出現するという教科書の内容の変遷に加えて、その文章・文体が「難解」から「平易」へと移行し、またその「平易」が「難解」に転じて、さらに「平易」な方向を目指すという言語文化形式の展開過程を、その中に織り込んで考える必要が生まれてくる。つまり、国語教科書の「近代化」とは、「難解」な文語表現から「平易」な口語的表現へと、段階的に、限りなく変転していくことでもあったのである。唐澤の比喩を借りるなら、「近代的性格と前近代的性格」に加えて、「過去の言語文化形式と現在の言語文化形式」との四本の綱によって、言語教科書の歴史という一本の大綱があざなわれていると言うこともできるだろう。

だがそれは、最終的にすべての言語教科書が、「現在の言語形文化式」によって記述されることになるという事態を意味しない。どの時代においても「難解」な言語と「平易」な言語とは、当該する言語文化生活の中に、同次元的・重層的に併存している。なぜなら現実の言語活動は、常にその言語集団の過去の言語文化経験と現在の話しことば経験との交響として現象するからである。そうでなければ、その時々の言語文化自体も、単純で薄っぺらなものになってしまう。したがって、言語形式の二重（多重）構造は、いつでもどの言語の中にも存在すると考えておく必要がある。またこのことから、学校の中での意図的・計画的な言語教育の内容が、日常言語生活においては通常接触しにくい「難解＝過去の言語形式」の教授に傾きがちになるのもある意味では必然的なことだという結論も導かれる。

その際に問題になるのは、到達すべき「過去の言語文化形式」として教科書編集者が設定した「標準」が、現実の子どもたちの言語実態と著しい較差を生じている場合である。その場合、言語教科書の学習は、文字通り単なる「難解」なものとしてしか受けとめられなくなってしまう。とりわけ、明治中期になって、就学率が向上し、言語学習に取り組む学習者の数が増大するにつれて、こうした問題は表面化し、先鋭化してくる。なぜなら、教材の文章を構成している多数の漢語や文語体の文章は、庶民たちの日常言語とは距離があったからである。実際、各地域の子どもたちの言語使用の現実と、上から与えられた「小学読本」類との間には、大きな懸隔もあった。

だが、その較差を埋めるための動力は、ほかならぬ教室の言語表現活動の中にも存在していた。というのは、教室とは、言語教科書を受容するだけの場ではなく、日々、新たな言語表現を生み出していく場でもあるからだ。教室とは、単に上から言語教科書を与える場であるだけではなく、教師や学習者の言語表現活動によって直接「言語文化」を生み出していく場でもある。こうした問題を考える補助線として、教師による教室談話活動としての「修身口授」や、学習者の作文活動としての「談話書取」などを持ち込むことが有効だろう。たとえば、「修身口授」の現場からは、子どもが耳から聞いても分かりやすい「教師の語ることば」の中から、平易な「書きことば」が出現してくる。あるいは、作文教授の一方法としての「談話書取」などの中から、「話しことば」を「書きことば」として定着させるような表現活動も行われる。こうした言語活動は、現実に教室で交流されている「現在の言語文化形式」の方から、言語教科書の「過去の言語文化形式」に歩み寄っていく道筋である。教室の言語文化は、常にこの二筋の道程の交差として創造されていく。それはまた、商業活動としての口演速記や職業作家たちの表現活動とは別の位相で展開した、言文一致運動の一つの姿でもあった。だが、これまでこうした側面には、十分に光が当てられてこなかった。これからの研究課題の一つである。*4

明治の末期になると、新聞などで一般に使われる文章文体は、普通文、あるいは言文一致文体へと転換し、公教育で教えられる漢字仮名交じり文の表記もほぼ安定してくる。図版は、一八八九（明治二二）年に刊行された『大日本新国民 有益文章大全』の口絵である。この本は、実用的な文

『大日本新国民 有益文章大全』口絵　明治22年

章の書式と日常に必要な知識をコンパクトに集成した内容で、江戸期以来、家庭に一冊あると便利な万宝書（小型の百科事典を兼ねた実用書）の一種であるが、注目すべきは、見開きで掲載されている口絵である。この図の中では、皇族から庶民にいたるまで、貴顕男女すべての階層の様々な職業の人々が、それぞれに手にした書物を読んでいる。おそらくその書物は、等しく平易な文体による日本語で記述されているのであろう。実態はどうだったかは別にしても、階級を超えた共通の文章・文体という言語意識が徐々に定着しつつあったからこそ、こうした図像が描かれたのであり、それこそが、この本の角書きにある「大日本新国民」（傍点・稿者）の理想的な姿だったのである。

もっとも、標準文体の普及は、必ずしも円滑に進んだわけではない。言文一致運動の成果は、国語教科書にも取り入れられて、標準的な日本語の書きことばが提供されるようになったが、多くの人々にとって、それは上から与えられたことばに過ぎなかった。というのも、学校教育の教育課程の中には、生活の中で生まれたことばから立ち上がり、そこに自分たちの実感とものの考え方とを組み込みながら、公の地域のことばとして組織していくような学習過程が、整えられていたわけではなかったからである。したがって、学校教育で学んだ読み書き能力は、自己の認識を生活と結びつけて練り上げたり、自分の感覚を腹蔵なく伝達するためのツールとして使用するには、それほど使い勝手のいいものだったとは言えなかったかもしれない。

先ほど、稿者は、言語教科書が「平易」な口語表現へ転換し続けていくと述べた。また実際、言語教科書はその筋道を進んで行った。しかし、「現在の言語文化形式」である口語表現＝言文一致文体によって言語教科書の記述を進めていっても、必ずしも各地域で実際に話されている子どもたちの、生きた「話しことば」へ近付くことにはならない。周知のように、言語教科書に記載された口語文は、東京山の手の話しことばを、「普ク通ズル」日本語へと格上げし、それを全国的に普及させようとしたものだった。現実的には、「現在の言語文化」は、多様な展開をみせており、各地域ごとに、あるいは社会集団ごとに、アクセント、イントネーションはもとより、語句・語彙や動詞・助動詞の活用、敬意表現などの間に相当な差異がある。それはいうまでもなく、言語という記号体系が、歴史性を抱え込んでいると同時に、地域性を包摂しているからである。

地域の方言で育ち、ほとんどそれ以外の音声活動を耳にしたことがなかった明治の子どもたちの多くは、国語教科書に記述されていた「会話表現」とまったく同じ言葉遣いをしている仲間の姿を、身の回りに発見することはできなかっただろう。おそらく、「教科書」の中の「平易」な会話文体は、自分たちとは遠い世界の言語規範だと受け取られたはずである。そうした感覚を保持している学習者に向けて、国語教科書に記載された「平易」な言語文化形式を教えようとする際には、「難解」な文語文を教えるのとはまた別種の、新たな「難解」さが生まれてしまう。というのも、そこには誰にとっての「平易」な「現在の言語形式」なのか、という問題意識が抜け落ちているからである。「修身口授」や「談話書取」などの言語表現活動も、あくまでも教師の「話しことば＝語りことば」の範囲に留まっており、子どもたち一人一人の主体的な発話から表現活動が展開されたわけではない。

もっとも、教科書に記載された「日本語」とりわけ「会話文」が、日本という「想像の共同体」を作りあげるための「平易」な「言語形式」として機能したことは間違いない。「普ク通ズル」日本語が普及することによって、多くの人々との間に円滑な言語コミュニケーションが成立し、よりよい社会が実現されたというプラスの側面があったことは、ここであらためて強調しておく必要がある。と同時に、そこでは、各地域や各社会集団で現実に交わされている生活言語の価値を貶め、それを「普ク通ズル」言語よりも劣位におくという発想も生まれてしまった。平準的な言語文化形式が普及することに伴う光の部分と影の部分とをもっともよく体現していたのも、近代言語教科書だったのである。

　本書では、こうした課題には十分に踏み込めなかったが、この問題は、国語教科書が国定になり、ただ一種類の国定読本を使用することになってからも、依然として引きずり続けていく問題である。言語形式の変遷の問題は、メインの国定国語教科書とは別に、一八九七（明治三〇）年に刊行された『北海道用尋常小学読本』や『沖縄県用尋常小学読本』、あるいは昭和期に入ってから刊行された『満洲補充読本』『南洋群島国語読本』などの教科書群との関係を、連続的に検討する必要があるだろう。それらの教科書の持っていた教育思想や教育内容に関しては、すでに個々に詳細な先行研究もあるが、日本語教育の歴史的な研究と国語教科書の変遷の問題とをリンクさせて、総合的な考察をおこなうことで、新たな知見が生まれる可能性がある。*5

(3) 地域と中央の問題

明治五年、「学制」の施行に伴って、文部省（師範学校）は、『小学入門』や、田中義廉編『小学読本』、榊原芳野等編『小学読本』などの言語教科書を用意した。それらの教科書は、中央から地方へと付与され、地域の出版インフラを活用して重刻され、印刷・製本されて普及していく。その過程では、官版の読本に振り仮名を付けたり、難漢字を抜き出して別に示すような試みも表れてくる。文部省は、こうした行為に対して、禁止の措置を講じた。

　もちろん読本に対する恣意的な編纂作業を黙認すれば、その果ては、本文の改変にもつながりかねないから、文部省の対応も理解できないことはない。あるいは、文部省が官版教科書の翻刻禁止措置を取ったのは、様々な情報を付け加えて読本の付加価値を高め、販売の促進にやっきになっている民間の商業行為を牽制したからかもしれない。しかし、「地域」や「民間」の側に立ってそうした行為を考えれば、上から与えられたきわめて難解な読本を、なんとかして学習者に理解させようとする教育的な配慮から出た行為だったと、肯定的にとらえることもできるだろう。

　「学制」に基づいた近代教育が開始されても、日本の各地域では伝来の教科書を使った従来の教授法による学習が広く行われていた。江戸期以来の『往来物』や『実語教』などの教科書も、直ちに各地域の学校から姿を消してしまったわけではない。言語教科書に関して言うなら、習字の学習の中では、これまでの「往来物」を使用していた地域も多かったし、実際、東京府や長崎県では「往来読本」を編纂して使用していた。このように、在来の言語教科書を一部手直しして、新制度下の学校で使用していた「地域」もあった。また、官版の『単語篇』に類似した知識注入型の様々な教科書も、各地方で作製された。

　一方、いくつかの先進的な地域では、それぞれの地域の文化資本を活かして、独自に「翻訳読本」を作製する試みも生まれた。たとえば、熊本県では上羽勝衛がアメリカのマックガフィー読本から『童蒙読本』を作製し、和歌山県では鳥山啓がやはりアメリカのサージェント読本から『初学入門』を編纂している。このように明治一〇年代頃までには、中央からもたらされた「小学読本」をそのまま受容するだけではなく、文部省の文明開化路線に棹さしながら独自の試行をおこなっていた地域もあった。さらに、明治一五年の栃木県の『小学読本』作製の試みにおいては、和漢の伝統的な教材とともに、海外の英語読本などからも積極的に材料を収集して、独自のコンセプトによる「地域」による読本編纂作業が展開されていた。このように中央主導の開明教育路線は、様々に変奏されながら、地域読本の作製作業へも連接していたのである。

地域読本を作製する動きが一気に高まったのは、明治二〇年代に入って、教科書の検定制度が開始された時点である。この時には、多くの地域の読本が作られた。東京府や富山県のように、地域の学務課や師範学校関係者などの手によって、それぞれの地域の教育状況に対応した読本が編成されたところもあった。また、三重県の山名唫作や、岡山県の近藤鼎のように地域文化を牽引してきた地域在住の著者と地域の民間書肆とが、読本製作に関わったところもあった。その中には、この機会に乗じて該当地域の商圏を独占・拡大しようという商業的な動機から読本を作製した地域書肆もあっただろう。

明治検定制度下では、それらの教科書の採否は、地域の「小学校教科用図書審査会」がおこなった。地域読本を作製していた地域では、大きく分けて、三つの種類の読本が審査対象となる。すなわち、文部省による官版の『読書入門』『尋常小学読本』、東京の大手教科書出版社による各種検定読本、地域書肆が作製した地域の読本、の三種類である。各地域の教科書採択合戦において、地域作製の読本は、文部省の官版読本と、東京の大手教科書書肆の読本とに挟撃される形になった場合が多い。その結果、見てきたように、「地域」作製の読本は、官版の読本や、東京の大手教科書書肆の読本に押されて、姿を消してしまう。

こうした地域作製読本を、どのように評価したらいいのだろうか。もちろん「地域作製読本」と一口に言っても、様々な来歴と経緯によって作られており、その性格も個々に異なっている。したがって、単純にそれを「中央」と「地域」という枠組みに当てはめて考えることは、かえって問題の本質を見失いかねない。しかし、明治初期から明治二〇年代後半までの時期に限ってみても、「地域」で作製された読本の数は、思いの外にたくさんある。だが従来は、それらが研究対象として取り上げられることはほとんどなかった。それらの読本は、それぞれの地域の事情の中で、地域の言語リテラシーの育成という役割を果たすべく作製されていたはずである。

それを、まず、言語的な難易度という点から考えてみる。

明治初年に文部省が用意した各種の教科書類は、翻訳色が強く、また、文章文体の点でもかなり高度であった。それは、読本類に関しても同様である。したがって、地域によっては、簡易な読本の企画を立てたり、入門的な文字指導に費やす時間を長く取って、読本の学習時期を遅らせるような工夫をしたところもある。内容的に簡易な読本ではあっても、地域でまとまった冊数を編纂して板行するのは大変な仕事だったから、地域による自主的な読本の作製はなかなか進まなかった。そうした中で、明治一六年に刊行された金港堂の『小学読本 初等科』が、その平易さの点で広く支持を受けたのも、日常生活を題材にした比較的平易な言語で書かれた読本が必要だという各「地域」の声を、代弁して作られていたからであろう。

一方、明治二〇年前後に、文部省の『読書入門』『尋常小学読本』が、談話文体を積極的に導入して、平易な文章を普及させようと意図したのに対して、地域読本の中には、逆に、旧来の文章文体に拘泥した難解な書物を作製し、文部省の検定で「不認定」になってしまったものもあった。このことは、必ずしも、地域の方から積極的に文章文体を平易化した読本を作製しようという提案があったわけではないことを意味している。少なくとも読本の製作においては、正面切って文章文体、あるいは使用語彙の平易化を目的とした例は、『沖縄対話』などを除いて、ほとんどない。おそらくこうした問題は、国家レベルでの言語政策を待たなければ、大きな転回は難しかったからであろう。*6

次に、題材としての「地域」と読本の関係である。

この点でも、明治期の「地域読本」は、いくつかの例外を除いて、取り立てて「地域言語文化」を、読本の中に教材化していたわけではなかった。つまり、地域言語文化を教材化した読本が、次々と作られたという事実はなかったのである。地域に関わる素材を「読本」の中に積極的に掲載した試みは、一八九六(明治二九)年一〇月に文部省の検定を受けた山梨の『尋常小学開国読本』全八冊の場合が、最初であろう。だが、地域にアピールする姿勢を見せたこの読本も、実際に山梨で使われることはなかった。地域教材が意図的に「読本」に載せられて、それが実際に使われたのは、明治三〇年から使用され始めた『北海道用尋常小学読本』と『沖縄県用尋常小学読本』である。ここには、その地域ならではの風物や地域の人物の史話などが取り上げられていた。

もっとも、「地域教材」とはいうものの、それはある意味で相対的な関係の中で規定される。たとえば、この時期には、九州久留米の「井上でん」や、相州の「二宮金次郎」の話材が、多くの民間検定読本に登載された。が、もし、この話材が九州や神奈川で作製した地域読本の中に載せられただけで、ほかの読本へと波及しなかったなら、それは依然として「地域教材」の位置に留まり続けただろう。あるいは『沖縄県用尋常小学読本』の中の沖縄固有の地域教材だった「蕃藷大主」や「儀間真常」が、全国的に使われたいくつかの民間読本で共通に使われたなら、それは「地域教材」ではなく「全国共通」教材へと昇格した可能性もある。ある時期には特定の地域にしか伝播していなかった「桃太郎」の話が、文字化されて江戸期の多くの人に読まれ、また「読本」の中に登載されることによって、「国民教材」へと転化していった事例を思い起こしてもいいだろう。このように、読本における地域題材と言ったときの「地域」とは、ある意味で関係的な概念であり、必ずしも実体的なものとは限らない。

こう考えてくると、読本の話題題材は基本的に、和漢洋の材料や、中央と地域とに関わる様々な素材などがバランス良く配されているということが重要だと言う判断が導かれる。なぜならば、地域や中央、さらには海外の話題がそこに加わることによって、読本に登載された題材同士が相補的に響き合い、「地域」と「中央」との位置とその関係が相対化されて、学習者の視野や認識の角度も広がっていくからである。戦前期の第五期国定教科書「アサヒ読本」のように、極端に国粋化した日本という地域だけを取り上げた言語教科書は、やはり特別な時期の教科書であって、「地域」や「中央」という問題を考えるにあたっても狭小な視点しか提供してくれない。

　また、地域言語文化と読本との関係は、題材としての言語内容の側面からだけではなく、地域文学や方言などの言語形式の側面からも考えられなければならない。というのは、地域に関わる知識や情報なら「地誌」や「地域歴史」の教科書に掲載すればよいからだ。ほかならぬ言語教育のための「読本」に地域教材を登載することの意味は、地域言語文化を育成することにある。

　さらに、またこうした問題は、単に「読本」の内容の話題の中だけに閉じ込めるのではなく、地域の教育課程創造という問題群の中に位置づけて考察する必要もある。すなわち、「地域読本」の問題は、地域による教育課程立案の力量と、教材内容選定の方向性という観点からも、考えていかなければならない。本研究では、様々な「地域読本」が存在することを指摘しただけに終始してしまったが、それぞれの読本がどのような教育的要請のもとに立案され、どのような人々がその作業に関わり、またそれがどのように実際に地域で使用されたのかなどの問題を、個別に見ていくことで、そうした問題の一端が明らかになる可能性がある。その作業は、上から与えられた「読本」観から、地域主体で編集していく読本観へ、という道筋の重要性を確認することであり、さらには、学習者自身が様々な対象を自らの地域の問題意識に即して読本として「編集」していくような力をこそ、リテラシー形成の中心的な課題とするべきであることの提起へとつながっていくだろう。

（4）　総合伝達メディアとしての「読本」

巻間、明治の「三大ベストセラー」と目される書目は、中村正直の『西国立志編』、福沢諭吉の『西洋事情』、それに内田正雄の『輿地誌略』のようだ。これに、福沢諭吉の『学問のすすめ』や『世界国尽』などを加えれば、明治の読書人たちの関心が奈辺にあったのかがうかがえる。旺盛な欧化熱のもとで、海外の事物や情報に対する飽くなき興味と関心が、明治の人々の文化実践を根底から支えていたのである。それは何も文字情報だけによって生成されたのではなく、音や図像などを含む様々なメディアの力によって増幅されていった。それぞれのメディアの特性が十分に発揮されたことで、明治期の享受者たちは、様々な感覚器官を動員して近代的思考法と近代的な感性とを吸収したのである。

　これらの書物のうち、『西国立志編』『学問のすすめ』などは、いわば「心の読み物」だと言えよう。個人として社会に関わっていく必要性を平易に説いたこれらの読み物は、読者に新しい生き方やモラルを伝え、新時代の発想とこれから所有すべき精神世界を、それぞれの心の中に刻んでいった。また、『世界国尽』は、西洋の様々な情報をリズミカルな文章で耳から伝えた。これは、「耳の読み物」といっていい。さらに『輿地誌略』や『西洋事情』からは、挿入されていた豊富な図版によって、まだ見ぬ新奇な海外の風物を知ることができた。これらは「目の読み物」と評していいような書物である。いずれもそれらを統括・統御しているのは「文字言語」ではあるが、明治の読書人は、「目」や「耳」それに「心」を働かせて、様々な情報収集を行い、文明開化の世界を実感しつつ、それを自己形成につなげていったのだった。

　こうした事態を、本研究で扱ってきた、子どもの教育に関わる各種メディアに引き当ててみると、次のような関係になる。

心 → 修身教科書・国語読本・修身読み物
耳 → 修身口授・演説・唱歌・お伽噺・子ども演説
目 → 挿絵・掛図・幻灯・教訓画・おもちゃ絵・赤本

「本研究の範囲と目的」でも述べたように、本書では、まず、国語教科書をも含む様々な児童言語文化を統括して、「リテラシー形成メディア」ととらえた。その上で、できるだけ多様な「リテラシー形成メディア」との交渉の中に国語教科書を位置づけて、その役割と位置を考えようとしてきた。

それが十分に果たせたかどうかに関しては忸怩たるものがあるが、そのうち、図像に関しては、教科書と挿絵との関係を本格的に取りあげて考察する必要性を再認識した。本書では、その先鞭をつけただけに留まってしまったが、国語教科書や修身教科書の挿絵だけに限っても、多くの画家たちが関与している。たとえば、日本画家では、菊池容斎の衣鉢を継いで歴史画に活躍した松本楓湖が、『幼学綱要』以来、修身教科書や各種修身画にその存在を示していた。その楓湖の門下からも、長峰秀湖など多くの画人が教育関係の図像を描いている。また、浮世絵系統では、河鍋暁斎を始め、小林清親や月岡芳年などの著名な画家が修身画を手がけているし、国語教科書には富岡永洗、黒崎修斎などが関わっている。尾竹竹坡、尾竹国観も教科書とは縁が深い。

一方、洋画家たちも活躍した。浅井忠が『読書入門』『尋常小学読本』に起用されたことは、本書でも、伊沢修二による欧化教育政策との関連を指摘したが、それだけでなく、学習者である子どもたちの認識形成に洋風画像が及ぼした影響は、かなり大きなものがあっただろう。図像と文字の受容の問題を、教育史の中に織り込んで考察することにより教育文化の研究は大きく広がる可能性がある。

また、明治期の教科書の図像の印刷は、当初は江戸期以来の木版印刷が使われていたが、明治二〇年代頃から木口木版の手法が西欧からもた

『輿地誌略』埃及（エジプト）　巻八　明治８年　（銅版）川上冬崖 画

らされ、より緻密で鮮明な挿絵が登場する。『輿地誌略』の図版でも示したように、すでに明治初期には、銅版印刷も始まっていた。

明治後期になると精巧な印刷機による大がかりな活版印刷によって、教科書が作製されるようになる。その教科書を製本する装丁方式にも、幾多の変遷がある。これからの研究は、こうした読本の挿絵やレイアウトや、教科書の造本形式などにも留意して、学習者と教科書との相互交流の問題を考察していく必要があるだろう。

別の問題として、メディアの「流通」の問題がある、すでに本論中でも紹介したが、教科書出版に関しては、稲岡勝の緻密で詳細な研究があり、最近、和田敦彦編による『国定教科書はいかに売られたか―近代出版流通の形成』が刊行された。交錯するメディアとその流通の問題を導入することによって、教科書の研究は、「文化の坩堝」の交流現場として、また、学校という空間を超えた教授＝学習の生成物として、あるいは経済活動における特殊な商品として、あらためて検討される必要がある。こうした問題の総合的な解明は、これからの課題である。*7

なお、本研究で触れてきた各時期における「リテラシー形成メディア」の消長の様相を、試みに下に図示したような模式図で表してみた。本書冒頭の「本研究の範囲と目的」に掲げた「明治期の子どもの主な『リテラシー形成メディア』」の図に対応させて作表した。色の濃い部分が、当該メディアの最盛期を著しているつもりであるが、数量的な資料に基づいたものではなく、あくまでもイメージ図に過ぎないことをお断りしておく。

しかしそれでも、この図からは、第一部で取り上げた「子ども向け翻訳啓蒙書」の最盛期がわずかの期間であったことや、在来の文化を色濃く宿した「明治赤本」「おもちゃ絵」などが、明治二〇―三〇年にかけて、「少年雑誌」や「幻灯」などの新しい子ども文化と交替していくことは見て取れるだろう。こうした多様なリテラシー形成メディアが幾重にも絡み合い、重なり合いする環境の中で、明治期の子どもたちは、それぞ

学校内の読み書き活動 ⇔ 学校外の読み書き活動																
国語読本	修身教科書	挿絵	掛図	修身口授	唱歌	幻灯	子ども演説	修身読み物	少年雑誌	教訓画	おもちゃ絵	豆本	明治赤本	お伽噺	子ども向け翻訳啓蒙書	リテラシー形成メディア
																明治40年
																明治30年
																明治20年
																明治10年

れの内面形成を果たしていったのである。

（5）「読むこと」から、「書くこと」へ

明治期の子どもたちは、何を読んでいたのか。この問いは、明治の大人たちは、子どもの読み物としてどのような印刷物を用意したのか、という問いに置き換えることができるかもしれない。もちろん、両者には、微妙な差がある。というのは、子どもたちは大人が用意したものを読まないこともできるし、また大人の意図したとおりに読まないことも可能だからである。子どもの読み物は、大人たちの思惑を読み替え、乗り越えたときにこそ、真にそれぞれの「子ども自身」の読み物になるのだ、という考えもあるだろう。

しかし、明治初期の子どもたちは、間違いなく、大人が用意した江戸期以来の子ども読み物の世界を持っていた。それは、草双紙や赤本などの庶民用の娯楽のための書物であり、往来物や童子教などの学習用の書籍である。だが、それらの「童蒙用」の書物は、必ずしも「子ども」だけを読者対象として作製されていたわけではなかった。そうした刊行物は、年齢を問わず、リテラシー能力の十分でない、言い換えれば書記言語としての漢文などを十分に読みこなすことのできない読者層に向けて用意されていた。「童蒙」とは、必ずしも生活年齢と直結する用語ではなかったのである。

明治になって「学制」による近代学校教育が本格的に始動するにつれて、近代学校で使用する読み物類は、徐々に整備されていく。そこで準備された書物は、教育用の図書＝教科書であり、知識が乏しく言語運用能力も十分でない者を前提として作られる。それらの教科書は、発達段階ごとに獲得された語彙や文型を考慮し、学年別のリテラシーによって区分けされていく。つまり、学校制度が運用されることで、「学習者」としてグレード別に差違化された学校生徒が産み出され、また学年相応の「教科書読者」が誕生したのである。こうした状況を、書物の読み手一般の問題に敷衍するなら、「近世童蒙読者」は「近代教科書読者」として、あるいは「近代少年読者」へと編成されていった、ということになる。

おおざっぱに言って、明治期の教科書読者たちに提供された書物の内容は、「教育勅語体制」の中にすっぽりと収まる範囲のものだった。読み手たちは、個人の立身出世や学問の修得が、そのまま国家の発展へつながるという国民国家創成の「大きな物語」の中に絡め取られていた。そうした傾向は、なにも「教科書」の世界だけではなく、子ども読み物も、基本的には同じ方向を向いていた。学年別の教科書に加えて、「幼年」「少年」「少女」などと読者対象は細分化されたものの、明治期の子どもたちが主として読んでいたのは、それぞれが最終的には「国家」へとつながっていく大きな物語を語る印刷物だったのである。

この時期はまた、書物の内容だけでなく、印刷物の体裁も、近代的なものに変化していった。明治初期に、学校教育の中で取り扱われていた教科書は、木版刷り、糸綴じの和本である。そこに記された文字は、毛筆による手習いの文字と親和性のある変体仮名であり、読むことと書くこととの関係はきわめて接近していた。しかし、活字印刷が主流になるにつれて、読むこと専用の「明朝体」による印刷物が流布し、やがて昭和に入ってからは、「教科書体」という活字が考案されて普及していく

ことになる。同時に、多くの子ども読み物の形態も、和紙に刷られた和本から、大量生産を前提とした、洋紙に活字印刷された洋装の書物に変わっていく。*8

こうした近代的な大量生産方式は、教科書の作製にも採用されたが、とりわけ大部数を発行した「少年雑誌」において利用され、「少年読者」の拡大に大きな効力を発揮した。数多く刷行された子どもに向けた雑誌は、全国的な販路を通じて、毎月、全国の少年読者に新しい情報をもたらす。その中で少年読者たちは、新しい読み物を単に受容するだけではなく、やがて、「書くこと」に情熱を傾け始める。「子ども読み物」は、多くの読み手の内なる表現意欲を喚起したのだった。

すでに一八七七（明治一〇）年には、投稿誌として『穎才新誌』が創刊されていたが、一般の子どもたちの間にも本格的な投稿熱が盛り上がったのは、各種の「少年雑誌」が盛んに刊行され始めた明治二〇年代後半である。そこで使用された文体は、基本的には漢文系であったが、雅俗折衷文体も使われた。しかし、明治三十年代になると、子どもたちも言文一致体の文章文体を使って、自らの日常生活を表出することができるようになってくる。それは、子どもに理解しやすい文章で教科書の文章が書かれるようになり、また子どもの興味に合わせた平易な文章による各種読み物が広く出回ってきたことと呼応した事態である。

言文一致体の平易な文章は、それを読む子どもたちの思考を領導し、また子ども独自の感性を解発していく。とすれば、子どもたちの「書く活動」も、こうした文章によってなされるようになるのは当然である。また、学校教育の中でも、そうした作文を慫慂するような主張が表れる。たとえば、一八九七（明治三〇）年に刊行された上田万年の『作文教授法』は、方言的であっても言文一致で作文教授を進めるべきだと提言している。また、一八九九（明治三二）年には、樋口勘次郎が『統合主義新教授法』を表し、学習者の自己活動に根ざした「随意」作文の実践を公表している。こうして子ども自身が、自分の言動を、平易な文章で表出するような道が開けてくる。

その実例を、一九〇四（明治三七）年五月に刊行された少年雑誌『小学世界』に載せられた応募作文によって見てみよう。これは、「課題・独楽（こま）」に応募して書かれた作文であり、ちょうど「国定化」された第一期『尋常小学読本』が使われ始めた時期と重なる。*9

お正月の二日目の日でした、僕は一人で二つの独楽を持って遊んでゐました、其の時かはいそーな乞食の子が来ましたから『この独楽をたかして上げるからまわしくらをしーよしておまへが勝つらこの独楽一つやろー』と云ひました。やがて乞食が勝ちましたのに僕はをしくなつて、やらんと申します、お父さまが聞かれまして、僕は大そー叱られました。独楽は乞食に与へました。

岡山県英田群豊田尋常二年　（九歳）

この作文については、様々な評価が可能であろう。しかし、少なくともここに、子どもの心理の一端が、「僕」の視点によって統一的に描出されていることは確認できる。始めに「乞食の子」と結んだ約束に対する「僕」の心の変化は、いかにも「子どもらしい」と評していいだろう。またその時の心の揺れを、「勝ちましたのに」という逆説の接続語を使って表現している部分からは、文章を記述する時点で、体験を客観的に振り返るような思考が働いていることが感じられる。単に事態を回想して表出するだけではなく、「書く」という言語行為をくぐることで、それがより反省的になり、記述者の認識も深まっているのだ。

また、この子どもが日常生活で使っている話しことばが、カギ括弧の中にくくられて表記されていることにも注意が向く。明らかにそれは、この地域で使われている「方言」を書きことばとして定着させようとした努力の表れである。言文一致の言語実践は、生き生きとした地域の話しことばを書きとめる「道具」として機能する可能性をも持っていたのである。現実の話しことばと地の文とをどのように書き分けるのかという問題は、この後、「生活綴方」運動が展開していく中で、様々な実践的な議論を呼び起こすことになるのだが、ここではこれ以上触れる紙幅はない。

本研究では、「読むこと」で獲得した認識が、こうした子どもの文章表現にどのように関わるのか、また「書くこと」がどのような「内面」形成に役立つのかという問題には、ほとんど触れることができなかった。しかし、田中義廉が明治の初めにアメリカの読本（リードル）から『小学読本』に翻訳した「子どもの生活」を扱った教材文の内容が、ようやく三〇年を経て、こうした形で子どもたち自身の言語表出活動へとつながった、と見ることも可能だろう。あるいは、『小学読本』に続く国語読本の中の子どもの生活を取り上げた低学年用の教材や、多くの少年書類の中の子どもが言語活動を展開するような文章を、子ども自身が「読む」ことにより、自らの生活を一人称を使って記述するような文章が生まれてきたと考えることもできる。

つまり、「読むこと」は、「書くこと」への通路なのである。というより、「読むこと」は、話すこと、語ること、書くことなどの表現活動とセットになった時、初めて言語活動主体の「内面形成」に有効に機能し、それを確固としたものとするのに役立つのだ。というのも、子どもたちは、自分の言動を「書く」ことによって、それを対象化することができるからである。書く行為は、必ず「他者」に向かってなされる。それが現実の存在であるか仮想的な存在であるかはさておき、ほかならぬ「他者」を相手取るからこそ、自己の「内面」は鏡像的に創出される。さらに、子どもたちは、言語によって対象化された言語内容を、今住んでいる地域を越えて、遠く離れた所に住む多くの仲間たちと、交流し合うこともできる。おそらくそこに、国語教科書や子ども読み物を「読むこと」の学習のもっとも大きな意義がある。

とするなら、「リテラシー形成メディア」について総合的に考察するためには、学習者が文章を「読む」という行為や、読むための材料（テキスト）のみを検討するだけではなく、子どもたちがどのような言語表現をしていたのか、という問題と照らし合わせながら考えを進めていかなければならないだろう。本研究は、そうした明治の子どもたちの「表現」の部面には、光を当てることができなかった。この点も、残された大きな課題の一つである。

三、おわりに

本研究では、教科書と子ども読み物との関係を考察の中心に置いたものの、初等教育の話題を取りあげることに終始したため、中等教育の教材に関しては、全く触れることができなかったし、小学校段階においても、高等小学校の教科書の問題は、わずかしか取りあげていない。また、最初にお断りしたように、子ども読み物に関しても、いわゆる文学的な作品にしか触れることができなかった。これらは、本研究の限界である。

稿者自身は「一、本研究の成果」に記したような、いくつかの成果を挙げることはできたと考えているが、研究全体の統一性や整合性、あるいは個々の事例の実証の方法などに関しては、厳しい御意見が寄せられることと思われる。非力をも顧みず、数多くの資料や文献を取り上げたことにより、精粗のバランスを欠いた疎漏の多い論考になったことは、十分に自覚している。大方のご叱正を願う次第である。

＊

本書は、二〇一二（平成二四）年三月に東京学芸大学で受理され、博士（教育学）の学位を受けた『明治期初等国語教科書と子ども読み物に関する研究――リテラシー形成メディアの文化史』と題する論考をもとに、さらに新たに執筆したいくつかの章節を加えて成立したものである。その際、拙論をご審査いただいた、高木まさき（主査・横浜国立大学）、佐藤宗子（千葉大学）、寺井正憲（千葉大学）、橋本美保（東京学芸大学）、岡田充博（横浜国立大学）の各先生方に深謝したい。

なお、本書のベースになった博士論文は、それまでに発表した関連論文を軸にして、それを上回るかなりの分量の新稿を追加し、また旧稿にも大幅な加筆を施して再構成し、明治初年から明治三〇年代半ば頃までの国語教科書（読本）と子ども読み物の関係を浮かび上がらせたものだった。記録のため、以下に、それまで発表した関連論文の表題と発表誌名とを記しておく。

これらの論考のうち、二〇〇九年度以降の発表論文、および「新稿」と記した論考に関しては、科学研究費（研究課題番号：20330180）「明治期初等国語読本とリテラシー形成メディアとしての子どもの読み物に関する研究」（二〇〇八年度―二〇一一年度）による研究成果である。

＊

最後になるが、本書は二〇一三年度科学研究費・研究成果公開促進費（課題番号：255226）の助成を受けて公刊にいたったことを付け加えて、直接間接に出版に携わってくださった多くの関係者の方々に対して、心から厚く御礼を申し上げます。

二〇一四年一月一三日

府川源一郎

本書のもとになった論文の表題と発表誌名

第一部　明治初期翻訳啓蒙書と子ども読み物

第一章　出発点としての翻訳啓蒙書　▼新稿

第二章　翻訳啓蒙書と英語教科書　その一

▼「西洋勧善夜話」における翻案――*The National Reader* を中心に」『児童文学研究』日本児童文学学会 第四二号　二〇〇九（平成二一）年九月　四一―五三頁、と「近代日本子ども読み物の開拓者としての鳥山啓」『読書科学』日本読書学会　第五二巻第二号　二〇〇九（平成二一）年四月　六〇―七一頁、と、「アンデルセン童話とグリム童話の本邦初訳をめぐって――明治初期の子ども読み物と教育の接点」『文学』岩波書店　第九巻第四号　二〇〇八（平成二〇）年七月　一四〇―一五一頁、の一部を再構成。その他は▼新稿

第三章　翻訳啓蒙書と英語教科書　その二　▼新稿

第四章　翻訳啓蒙書と修身読み物　▼新稿

第五章　子ども向け翻訳啓蒙書の意義

▼「明治初期翻訳啓蒙書と子ども読み物」『図説 翻訳文学総合事典・第5巻・日本における翻訳文学（研究編）』ナダ出版センター　二〇〇九（平成二一）年一一月　四一一―四二九頁、を増補改稿。

第二部　明治初期初等国語教科書と子ども読み物

第一章　「小学読本」に先行・併行した国語関係教科書群　▼新稿

第二章　『小学読本』の時代

▼「田中義廉編『小学読本』冒頭教材の出典について――「五人種」の図像とその意味」『国語科教育』全国大学国語教育学会　第六八号二〇一〇（平成二二）年九月　五九―六六頁、をもとに増補。その他は▼新稿

第三章　各地域における「小学読本」の享受の様相　▼新稿

第四章　各地域における小学初等読本の作製

▼『滋賀県管内 小学読本』については、「『滋賀県管内 小学読本』の検討」『横浜国大国語教育研究』第三一号　横浜国立大学国語教育研究会　二〇〇九（平成二一）年一〇月　一四―二五頁、を増補改稿。その他は▼新稿

第三部・第四部・第五部の前に――（明治検定期読本の概観）▼新稿

第三部　明治検定前期初等国語教科書と子ども読み物

第一章　金港堂の国語教科書戦略　▼新稿

第二章　文部省作製国語教科書の展開

▼「明治中期の文部省による二系統の言語教科書――簡易科用『小学読本』の検討」『国語教育史研究』第一二号　国語教育史学会　二〇一一（平成二三）年一二月　一―一〇頁、を増補改稿。その他は▼新稿

第三章　特色ある明治検定前期民間読本と子ども読み物の展開

▼「明治検定期の国語教科書における読本の変遷」『国際化、情報化社会が必要とする新しい読み書き能力の範囲と内容』平成一五年度―平成一六年度科学研究費補助金（基盤研究（C）（1））研究成果報告書・研究代表者・府川源一郎』七三―八五頁、を増補再構成。その他は▼新稿

第四章　明治検定前期地域作製検定読本の諸相　▼新稿

第四部　明治検定中期初等国語教科書と子ども読み物

第一章　明治検定中期国語読本の諸相と子ども読み物の展開

▼「山縣悌三郎編『国文小学読本』と子ども読み物――明治検定期の国語教科書の検討」『横浜国大国語教育研究』第三六号　横浜国立大学国語教育研究会　二〇一二（平成二四）年六月　三―二二頁、を増補。その他は▼新稿

第二章　地域作製国語読本のゆくえ　▼新稿

第五部　明治検定後期初等国語教科書と子ども読み物

第一章　明治検定後期国語読本の様相　▼新稿

第二章　坪内読本の構想とその継承　▼新稿

第三章　「統合主義国語教科書」の試みとその挫折

▼「樋口勘次郎と国語教科書」『横浜国立大学教育人間科学部紀要Ⅰ教育科学』第六号　横浜国立大学教育人間科学部　二〇〇四（平成一六）年二月　二三―五〇頁、を改稿。

第六部　修身教育と子ども読み物

第一章　修身教育と修身教科書　▼新稿

第二章　「修身読み物」の諸相

▼「『修身読み物』と修身教育」『横浜国大国語教育研究』第三三号　横浜国立大学国語教育研究会　二〇一〇（平成二二）年一〇月　一―一五頁、と、「『子供演説読み物』をめぐって――明治期子ども読み物の一様相」『横浜国大国語教育研究』第二七号　横浜国立大学国語教育研究会　二〇〇七（平成一九）年一〇月　四九―五九頁、を増補改稿。その他は▼新稿

第三章　「修身教材集」の展開と子ども読み物

▼「樋口勘次郎と『修身童話』」『国語教育史研究』第二号　国語教育史学会　二〇〇三（平成一五）年三月　三―一三頁、と、「樋口勘次郎とグリム童話」『横浜国大国語教育研究』第二〇号　横浜国立大学国語教育研究会　二〇〇四（平成一六）年六月　一―三〇頁、の一部を再構成。その他は▼新稿

注（Endnotes）

*1 唐澤富太郎『教科書の歴史――教科書と日本人の形成』創文社　一九五六（昭和三一）年一月　一七頁。

*2 第三期に掲げた『小学国語読本』（サクラ読本）とハンザ・フィーベルとの関係に関しては、首藤久義の仕事がある。（「ハンザ・フィーベルとサクラ読本」『千葉大学教育学部研究紀要』第六〇巻　二〇一二年三月）。また、第四期に相当する「戦後初期国語教科書（『いい子読本』を含む）」に関しては、吉田裕久の『戦後初期国語教科書史研究――墨ぬり・暫定・国定・検定』風間書房　二〇〇一（平成一三）年三月、がある。

*3 府川源一郎「イソップと明治の教科書」『図説 翻訳児童文学大事典・第四巻・翻訳児童文学研究』ナダ出版センター　二〇〇七（平成一九）年六月　三〇八―三二五頁。

府川源一郎「ウサギとカメの教育文化史――教科書の中のイソップ寓話」『所報2003』神奈川県教育文化研究所　二〇〇三（平成一五）年六月　一三―二七頁。

また、グリム童話に関しては、中山淳子『グリムのメルヒェンと明治期教育学――童話・児童文学の原点』臨川書店　二〇〇九（平成二一）年四月、があり、文学研究の立場からグリム童話を教材にした明治期の教育学の検討が行われている。一方、教育社会学の立場からは、須田康之『グリム童話〈受容〉の社会学――翻訳者の意識と読者の読み』東洋館出版社　二〇〇三（平成一五）年二月、があって、グリムの受容状況の変化が数量的な指標によって示されている。

*4 水原幸次郎『談話書取作文手引草』内藤書樓（京都）一八八〇（明治一三）年三月・増補版九月。巻頭の「作文の心得」には、「童蒙文ヲ作ラント欲セハ先ツ其意ノ通ズルヤ否ヤニ注意シ」と「華語綺辞」を使うことを戒めている。この本には、話しことばに近い談話体の文章と書きことばである文語とが、対になるように収録してあるが、その中には寓話も収録されていることが特色である。たとえば、「談話之部」にイソップ寓話の一編が、以下のように記されている。同じ内容は、「綴字之部」に文語文によって示されている。「綴字之部」の文語文をもとにして、談話によって「口授」した話しことばを、そのまま「書取」れば、「談話之部」のような文章になるという含みなのであろう。

【談話之部】コヽニ、イヌガ、アリマシテ、ヒトツノウヲヽ、クハエ、カハヲワタリ、マンナカニユキマシテ、ソノクハエテ、ヰマス、ウヲガミヅニ、ウツリ、オホヒニミヘマシタレバイヌハ、ハナハダ、ヨロコビ、ヨイクヒモノヲ、エントテ、ツヒニ、ワガ、クハヘテ、ヰマス、ウヲヽステヽ、カレヲ、トラントシマスレド、モトカラ、カゲノウツリマシタ、モノデアリマスレバ、フタツナガラウシナヒマシタ、イヌハ、ノゾミガ、ハヅレオホヒニ、クイマシタ、ヒトモヂウヨクシンノ、トモガラハ、ヒトノタカラノ、オホキヲ、ウラヤミ、ホシガリマストキハ、テンガ、ドウシテ、ユルシマシヤウ、ツヒニハ、ワガモツテ、オリマス、タカラマデモ、ウシナヒマスコト、コノイヌノ、ヤウデアリマス

【綴字之部】爰に犬あり一魚を含み川を渡り中央にいたり其の含む所の魚、水に映し大ひに見えければ犬甚だ喜び能き食物を得たりと遂に我含む所の魚を捨て彼を取らんとせしに固より影の映りたるものなれバ二つながら失ひ大ひに悔悟せり人も重欲心の輩は他の財の多きを羨み貪るとせは天何ぞ許さんや遂には我所有する財を失ふこと此犬の如し

なお、「談話書取」に関する作文書には、一八七九（明治一二）年に、三吉艾が編集した『談話書取作文初歩』などがある。第二部第四章の「注51」でそのことに触れた。

*5 竹ヶ原幸朗『近代北海道史をとらえなおす——教育史・アイヌ史からの視座』社会評論社　二〇一〇（平成二二）年三月、磯田一雄『「皇国（みくに）の姿」を追って——教科書に見る植民地教育文化史』皓星社　一九九三（平成五）年三月、陳培豊『「同化」の同床異夢——日本統治下台湾の国語教育史再考』三元社　二〇〇一（平成一三）年二月などの研究の発想やその姿勢から学ぶことも大きいと思われる。

また、現在では、戦前に作られた以下のような読本類の本文が復刻刊行されており、個別の教科書に関する研究も進んでいる。これらの教科書類で取り上げられた教材内容や使用語彙・文法などを、総合的な立場から考察していくことも、これからの課題であろう。

『ハワイ日本語学校教科書集成』全一〇巻　不二出版　二〇一一（平成二三）年一一月—二〇一二（平成二四）年一二月

『朝鮮総督府編纂教科書』全一二冊　あゆみ出版　一九八五（昭和六〇）年

朝鮮総督府編纂『普通学校国語読本』粒粒舎　二〇〇〇（平成一二）年三月

『満州補充読本』全六冊　国書刊行会　一九七九（昭和五四）年九月

『在満日本人用教科書集成』柏書房　二〇〇〇（平成一二）年一一月

『「満州」植民地中国人用教科書集成』全八冊　緑陰書房　二〇〇五（平成一七）年七月

『公學校用國語讀本』全一二巻　南天書局　二〇〇三（平成一五）年一一月

『台湾総督府日本語教材集』全五巻　冬至書房　二〇一二（平成二四）年六月

『南洋群島国語読本』『南洋群島国語読本・補遺』大空社　二〇〇六（平成一八）年一〇月・二〇一二（平成二四）年一二月

*6 明治三四年に刊行された『明治こくごとくほん』という題名を持つ、一風変わった教科書がある。文部省の検定を受けた「読本」ではないし、また現在のところ、国立国会図書館の上下二冊しか確認できていないのだが、平易な文章を大胆に取り入れた特色のある教科書として、ここに紹介しておく。

編纂者は、前波仲尾（まえばなかお）・渥美元次郎・柏木元一の三名で、大阪の吉岡平助が版元である。明治三四年七月一五日発行。上巻・一五四頁。下巻・一七九頁。定価・各三〇銭。

「はしがき」の冒頭部分は次のようであり、ここからも平易な平仮名交じり文体を、教科書というレベルで実現しようとした意図が伝わってくる。

ちゅうとうきょういくの こくごきョうかしョ わずいぶん たくさんに しュッぱんせられて ある。が、われわれ わ その たくさんの きョうかしョ に、まんぞくせられない てんが おうく ある のである。で、ひとの つくッた もの を かれこれと いうて おる より わ、一そう われわれ が かんがえ どおり の もの を つくッて みようと おもいたッた。まづ さしあたり しはんがッこう の 二ねんせい に とて かいた のが。この とくほん で ある。（下略）

教材は、勝海舟の話しことば文体による回想談、難解な漢語を多用する儒者への揶揄、福沢諭吉の文章、箕作麟祥の演説筆記などが、少量の漢字を交えた平仮名の文章によって掲載されている。また、滝沢馬琴や近松門左衛門などの文芸的な読み物も収録してある。編者の前波仲尾は、独自の教育実践者として著名であり、また日本語学関係の著書も残している。

*7 和田敦彦編『国定教科書はいかに売られたか——近代出版流通の形成』ひつじ書房　二〇一一（平成二三）年三月。

*8 板倉雅宣『教科書体変遷史』朗文堂　二〇〇三（平成一五）年三月。

*9 『少年世界』博文館　一九〇四（明治三七）年五月一五日発行　四四頁。雑誌は、月二回刊行で、定価五銭。この作文は「自習室」と題した欄に掲載されており、「幼年部（一一歳以下）」に応募して「第三等」になった作品である。前号に、「懸賞作文課題」が出されており、それに応じて、規定の分量の文章を投稿したのである。

参考図書

本文中に直接引用した図書・及び論文などの引用・参照文献は、各章末に記載した。それらと重なる文献もあるが、ここには参考にした単行本のみをまとめて示した。「参考図書」の分類は、稿者による便宜上のものである。順不同。

基本資料集・全集・講座・事典類

『学制百年史』文部省　一九七二（昭和四七）年一〇月

米田利彦編著『近代日本教育関係法令体系』港の人　二〇〇九（平成二一年）年九月

『明治以降教育制度発達史』全一二巻・索引　教育史編纂会　龍吟社　一九三八（昭和一三）年—一九三九（昭和一四）年

『近代日本教育制度史料』全三五巻・索引　近代日本教育制度史料編纂会　大日本雄弁会講談社　一九五六（昭和三〇）年—一九五九（昭和三四）年

『文部省第一—一〇年年報』宣文堂書店（復刻版）一八七三（明治六）—一八八三（明治一六）年

佐藤秀夫編『明治前期文部省刊行誌集成』歴史文献刊『文部省日誌』全五巻／『文部省雑誌』明治六・七・八・九年／『教育雑誌』三冊／

『文部省報告』自明治六年至明治一六年　一九八一（昭和五六）年一月

教科書研究資料文献2『調査済教科書表』自明治一三年一〇月　至明治一八年二月　芳文閣　復刻・一九八五（昭和六〇）年一月

中村紀久二編『教科書関係文献目録　1970年—1992年』財団法人学校教育研究所　学校図書　一九九三（平成五）年一二月

『教科書の編集・発行等教科書制度の変遷に関する調査研究』平成七年度—平成八年度科学研究費研究成果報告書・研究代表者・中村紀久二　一九九七（平成九）年三月

『小学校の歴史』倉沢剛　講談社　全四巻　一九六三（昭和三八）年一二月—一九七一（昭和四六）年三月

『日本教育文庫・教科書編』同文館　一九一一（明治四四）年四月

『大日本小学校教科書総覧・読本編』小教編纂所　第一—八巻　一九三二（昭和七）年—一九三三（昭和八）年

『日本教科書大系　近代編』全二七巻　海後宗臣・仲新編　講談社　一九六四（昭和三九）年四月—一九六七（昭和四二）年一月

『国語教育史資料』東京法令出版　全六巻　一九八一（昭和五六年）四月

西原慶一著『日本児童文章史』東海出版社　一九五二（昭和二七）年一二月

『書写・書道教育史資料』東京法令出版　全三巻　一九八四（昭和五九）年六月

『近代国語教育論大系』光村図書　全一五巻・続巻三巻・別巻二巻　一九七四（昭和四九）年一一月—一九八七（昭和六二）年一一月

『小学読本便覧』武蔵野書院　第一—三巻、第六—八巻　古田東朔編

『古田東朔　近現代・日本語生成史コレクション』鈴木泰・清水康行・山東功・古田啓編　くろしお出版　二〇一〇（平成二二）年五月―刊行中
『国語教育基本論文集成』明治図書　別巻・国語（科）教育史基本論文集成・索引　一九九四（平成六）年
『英語教育史資料』全五巻　東京法令出版　一九八〇（昭和五五）年一月
『英語教科書の歴史と解題　英語教科書名著選集・別巻』高梨健吉・出来成訓共著　一九九三（平成五）年一二月　大空社
『資料日本英学史　一下　文明開化と英学』川澄哲夫編　大修館書店一九九八（平成一〇）年六月
小篠敏明・中村愛人共著『明治・大正・昭和初期の英語教科書に関する研究――質的分析と解題』溪水社　二〇〇一（平成一三）年一一月
『理科教育史資料』全六巻　板倉聖宣ほか編　東京法令出版　一九八七（昭和六二）年二月
『明治前期書目集成　第六分冊　文部省教部省　准刻書目』木村毅監修・明治文献資料刊行会編　明治文献　一九七二（昭和四七）年一二月
『日本キリスト教歴史大事典』日本キリスト教歴史大事典編集委員会編　教文館　一九八八（昭和六三）年二月
『日本近代文学大事典』平凡社　一九七七（昭和五二）年三月―一九七八（昭和五三）年三月
『日本児童文学大事典』大日本図書　一九九三（平成五）年一〇月
『日本近代教育史事典』平凡社　一九七一（昭和四六）年一二月
『国語教育研究大事典』明治図書　一九八八（昭和六三）年四月
『明治文化全集』日本評論　全二四巻　一九二七（昭和二）年―一九三二（昭和七）年
『日本近代思想大系』岩波書店　全二四巻　一九八八（昭和六三）年五月―一九九二（平成四）年四月
『岩波講座・近代日本の文化史』岩波書店　全一〇巻　二〇〇一（平成一三）年―二〇〇三（平成一五）年
『日本口演童話史』内山憲尚編　一九七二（昭和四七）年三月
『慶應義塾関係者文献シリーズ第一集　福澤諭吉とその門下書誌』丸山信編著　慶應通信　一九七〇（昭和四五）年五月
「日本見在英語教科書志（上）舶載本之部」『日本英学史研究会研究報告　第六三号』長沢都　一九六六（昭和四一）年一一月
『明治・大正・昭和 邦訳アメリカ文学書目　1868-1967』原書房　一九六八（昭和四三）年三月
猪熊葉子・神宮輝雄・続橋達雄・鳥越信・古田足日・横谷輝編『講座日本児童文学』明治書院　全八巻　一九七三（昭和四八）年九月―一九七四（昭和四九）年九月
『日本児童文学史年表1』明治書院　鳥越信編　一九七五（昭和五〇）年九月
『東書文庫所蔵教科書図書目録』東書文庫　全三巻　一九七九（昭和五四）年―一九八二（昭和五七）年
日本児童文学学会編『研究＝日本の児童文学』東京書籍　全五巻　一九九五（平成七）年八月―二〇〇三（平成一五）年六月
『東京師範 学校沿革略史』東京高等師範学校　一九一一（明治四四）年一〇月
『近代日本 教科書教授法資料集成』東京書籍　第一―四巻〔教授法書1―4〕一九八二（昭和五七）年九月

『明治教育古典叢書　第Ⅰ期・第Ⅱ期』国書刊行会　唐沢富太郎編　一五十二二巻　一九八〇（昭和五五）年一一月・一九八一（昭和五六）年四月
『明治初期教育稀覯書集成』雄松堂書店　（一）（一）（二）（二）（三）（三）　唐沢富太郎編　全六六点　一九八〇（昭和五五）年―一九八二（昭和五七）年
佐藤秀夫・中村紀久二編『文部省掛図総覧』東京書籍　全一〇巻　一九八六（昭和六一）年一〇月
『復刻・教草』解説・注　吉田光邦　つかさ書房　一九八〇（昭和五五）年三月
『日本道徳教育叢書』日本図書センター　全八巻　二〇〇一（平成一三）年一二月
『文献資料集成・日本道徳教育論争史』日本図書センター　全一五巻　二〇一二（平成二四）年六月―刊行中
『中内敏夫著作集』藤原書店　全八巻　一九九八（平成一〇）年一一月―二〇〇一（平成一三）年七月
佐藤秀夫著『教育の文化史１―４』阿吽社　全四巻　二〇〇四（平成一六）年一二月―二〇〇五（平成一七）年一一月
『海後宗臣著作集』東京書籍　全一〇巻　一九八〇（昭和五五）年九月―一九八一（昭和五六）年六月
『野地潤家著作選集』明治図書　全一三巻　一九九八（平成一〇）年三月
『講座日本教育史』第一法規　全五巻　一九八四（昭和五九年）四月
『日本におけるグリム童話翻訳書誌』川戸道昭・野口芳子・榊原貴教編　ナダ出版センター　二〇〇〇（平成一二）年七月
『児童文学翻訳作品総覧　明治・大正・昭和・平成の一三五年翻訳目録』ナダ出版センター　全八巻　二〇〇五（平成一七）年
『図説子どもの本・翻訳の歩み事典』柏書房　子どもの本・翻訳の歩み研究会編　二〇〇二（平成一四）年四月
『復刻版　明治の児童文学　翻訳編　第一巻　グリム集』ナダ出版センター　一九九九（平成一一）年六月
高木昌史『グリム童話を読む事典』三交社　二〇〇二（平成一四）年二月
石井研堂『明治事物起源　四』ちくま学芸文庫（第七編・教育学術部　第八編・新聞雑誌及び文芸部）一九九七（平成九）年八月
小西四郎『錦絵　幕末明治の歴史』全一二巻　講談社　一九七七（昭和五二）年二月―一九七八（昭和五三）年一月
『名作挿絵全集』全一〇巻　平凡社　一九八〇（昭和五五）年七月―一九八一（昭和五六）年三月
鳥越信編『児童雑誌「小国民」解題と細目』風間書房　二〇〇一（平成一三）年一月
『図説　児童文学翻訳大事典』ナダ出版センター　全四巻　二〇〇七（平成一九）年六月
『図説　絵本・挿絵大事典』ナダ出版センター　全三巻　二〇〇八（平成二〇）年一一月
『図説　翻訳文学総合事典』ナダ出版センター　全五巻　二〇〇九（平成二一）年一一月
『復刻　国定高等小学読本　解説』大空社　中村紀久二解説　一九九一（平成三）年五月
『復刻　国定修身教科書　解説』大空社　中村紀久二解説　一九九〇（平成二）年六月
『教科書国定化問題論纂』日本教育史基本文献・史料叢書　一九九六（平成八）年三月　大空社・復刻　寺崎昌男・久木幸男監修
唐澤富太郎『教育博物館』ぎょうせい　全四巻　一九七七（昭和五二）年一月

小泉吉永編『往来物解題辞典』図版編・解題編　二〇〇一（平成一三）年三月
『滑川道夫文庫目録1・2』神奈川県近代文学館収蔵　財団法人神奈川文学振興会　二〇〇七（平成一九）年三月―二〇〇八（平成二〇）年三月
『北海道教育史　全道編二』北海道教育研究所編　一九六〇（昭和三五）年三月
『秋田県教育史　第五巻・通史編一』秋田県教育委員会　一九八八（昭和六三）年三月
『栃木県教育史　第三巻』栃木県教育史編纂会　一九五七（昭和三二）年九月
『千葉県教育史　巻三』千葉県教育会　一九七九（昭和五四）年七月　青史社・復刻
『千葉県教育百年史　第一巻・通史編（明治）』千葉県教育委員会　一九七八（昭和五三）年一一月　教育新聞千葉支局・復刻
『山梨県教育百年史　第一巻・明治編』山梨県教育委員会　一九七六（昭和五一）年三月
『三重県教育史　第一巻』三重県教育委員会　一九八〇（昭和五五）年三月
『石川県教育史　第一巻』石川県教育委員会　一九七九（昭和五四）年三月
『富山県教育史　上巻』富山県教育委員会　一九七一（昭和四六）年三月
『大阪府教育百年史　第三巻・資料編』大阪府教育委員会　一九七二（昭和四七）年三月
『和歌山県教育史　第一巻』和歌山県教育委員会　二〇〇七（平成一九）年三月
『近代高知県教育史』高知県教育研究所　一九六四（昭和三九）年三月
『福岡県教育史』福岡県教育委員会　一九五七（昭和三二）年三月
『沖縄県史・第四巻・各論編3・教育』琉球政府　一九六六（昭和四一）年六月
文部省『北海道用 尋常小学読本 巻一―巻八』文化評論社【復刻版】地域教育史資料(1)　解説・竹ヶ原幸朗　一九八二（昭和五七）年六月
文部省『沖縄県用 尋常小学読本 巻一―巻八』文化評論社【復刻版】地域教育史資料(3)　解説・浅野誠　一九八二（昭和五七）年六月

新聞・雑誌類

『明治期教育関係雑誌集成』マイクロフィルム版・ナダ出版センター　全二三誌　二〇〇六（平成一八）年四月
『東京大学法学部附属近代日本法制資料センター・明治新聞雑誌文庫所蔵・教育関係雑誌集成』マイクロフィルム版・ナダ出版センター　一九九五（平成七）年六月
『読売新聞』ヨミダス歴史館（明治七年―）オンライン・データベース
『教育報知』東京教育社　復刻版 ゆまに書房　一号（明治一八年四月）―六五六号（明治三七年五月）
『教育時論』開発社　復刻版・雄松堂書店　一号（明治一八年四月一五日）―一七六二号（昭和九年五月二五日）
『東京茗渓会雑誌』東京茗渓会事務所　復刻版・現代情報社　一号（明治一六年一月）―二〇四号（明治三三年一月）
『日本之小学教師』国民教育社 復刻版・湘南堂書店 一巻一号（明治三一年四月）―二二巻（大正九年三月）

『月刊「教育研究」総目次』東京教育大学附属小学校初等教育研究会編　一九七三（昭和四八）年一月
『少年園』復刻版　不二出版　一八八八（明治二一）年一一月—一八九五（明治二八）年四月廃刊までを復刻
『小国民』復刻版　不二出版　一八八九（明治二二）年七月—一八九五（明治二八）年一二月までを復刻
『日本之少年』復刻版　梓書房　一八八九（明治二二）年二月—一八九四（明治二七）年一二月までを復刻
『幼年雑誌』復刻版　梓書房　一八九一（明治二四）年一月—一八九四（明治二七）年一二月までを復刻
『教育関係雑誌目次集成一・二・三・四期』教育ジャーナリズム史研究会編　日本図書センター　全八一巻　一九八六（昭和六一）年—一九九二（平成四）年

アメリカ・イギリス・ドイツ・フランスの教科書・子ども向け書類など

Willson Marcius; *Harper's School and Family Series Readers*; Harper, 1, 2, 3, 4, 5, 1860-1
Willson Marcius; *Harper's United States Series Readers*; Haper, 1, 2, 3, 4, 5, 6, 1872
William H. McGUFFEY; *Newly Revised Eclectic Reader*, 1, 2, 3, 4, 1853
William H. McGUFFEY; *McGuffey's New Eclectic Readers*.; Wilson, Hinkle, 1, 2, 3, 4, 5, 6, 1863-7
Epes Sargent; *Sargent Standard Series*; Philips, Sampson, 1, 2, 3, 4, 5, 1855
Epes Sargent; *Sargent Standard Series part. 2*; John L. Shorey, P, 1, 2, 3, 4, 1872
Epes Sargent & Amasa May; *New American Reader*; E. H. Butler, 1, 2, 3, 4, 5, 1871
Charles W. Sanders; *Sander's Union series*; Ivison, Blakeman, Taylor, 1, 2, 3, 4, 5, 1861-7
Henry Mandeville; *Mandeville's New Series*; D. Appleton, P, 1, 2, 3, 4, 1866
Hillard & Campbell; *Hillard's Readers*; P, 1, 2, 3, 4, 1864
Hillard & Campbell; *Franklin's Reader*, J.W. Schermerhorn, P, 1, 2, 3, 4, 1873
Monroe Lewis; *Monroe's Reader*; Cowperthwait, 1, 2, 3, 4, 5, 6, 1871
Richard G. Parker & J.Madison Watson; *The National Reader*, A. S. Barnes, 1, 2, 3, 4, 5, 1857-?
W. R. Chambers; *Chamber's Standard Reading Books*; Chambers, 1, 2, 3, 4, 1873
The Royal School Series; T. Nelson & Sons; 1, 2, 3, 4, 5, 6, 1874-6
Noah Webster; *Elementary Spelling Book*; D. Appleton, 1840
M. F. Cowdery; *Elementary Moral Lessons*; Superintendet of Public Schools, 1856
A. Mitchell; *.Mitchell's Primary Geography*; Thomas, Cowperthwait & co. 1849
S. S. Cornell; *Cornell's Grammar-School Geography*; D. Appleton, 1866

Albert Haesters; *Deutsche Fibel*: Neue, erweiterte Ausgabe in zwei Theilen, 1877
Eduard Bock; *Deutsches Lesebuch*: für die Bedürfnisse des Volksschulunterrichts in entsprechender Stufenfolge und drei Ausgaben(A. B. C.), 1885

*

M. Delapalme; *Premier livre de l'adolescence, ou, Exercices de lecture et leçons de morale à l'usage des écoles primaires*; Paris: Hachette, 1872
Mitford; *Tales of Old Japan*. By A. B. Mitford. With illustrations, drawn and cut on wood by Japanese artists; London: Macmillan and co., 1871
William Elliot Griffis; *Japanese Fairy World*: *Stories from the wonder-lore of Japan*; Daily Union Steam Printing House Schenectady, N.Y, 1880
Francis Wayland; *The elements of moral science*; Boston: Gould and Lincoln, 1874

基本文献資料

『孝経』新釈漢文体系35　栗原圭介著　明治書院　一九八六（昭和六一）年六月
『蒙求　上・下』新釈漢文体系58・59　早川光三郎著　明治書院　一九七三（昭和四八）年八月・一〇月
『千字文』岩波文庫　小川環樹・木田章義注解　一九九七（平成九）年一月
湯浅常山『常山紀談』岩波文庫　森銑三校訂　一九四〇（昭和一五）年七月
柴田鳩翁『鳩翁道話』平凡社　柴田実校訂　一九七〇（昭和四五）年一月
室鳩巣『駿台雑話』岩波文庫　森銑三校訂　一九三六（昭和一一）年一二月
『庭訓往来』平凡社　石川松太郎校注　一九七三（昭和四八）年一一月
『実語教 童子教――研究と影印』三省堂　酒井憲二編著　一九九二（平成四）年二月
原念斎『先哲叢談』平凡社　源了圓・前田勉訳註　一九九四年（平成六）二月
大槻盤渓『近古史談　本文編』和泉書院　菊池真一編　一九九六（平成八）年三月
『石門心学』日本思想大系42　岩波書店　一九七一（昭和四六）年二月
『平田篤胤・伴信友・大国隆正』日本思想大系50　一九七三（昭和四八）年九月
『庭訓往来　句双紙』新日本古典文学大系52　岩波書店　一九九六（平成八）年五月
『教科書　啓蒙文集』新日本古典文学大系明治編11　岩波書店　二〇〇六（平成一八年）年六月
『近世子どもの絵本集　江戸編・上方編』岩波書店　江戸編―鈴木重三・木村八重子編　上方編―中野三敏・肥田晧三編　一九八五（昭和六〇）年七月
『明六雑誌　上・中・下』岩波文庫　山室信一・中野目徹校注　一九九九（平成一一）年五月―二〇〇九（平成二一）年八月
巌谷小波・上田信道校訂『日本昔噺』平凡社　二〇〇一（平成一三）年八月
『明治期の彩色縮緬絵本――対訳日本昔噺集』全三巻　彩流社　宮尾與男編　二〇〇九（平成二一）年二月

『天草本 伊曾保物語』岩波文庫　新村出翻字　一九三九（昭和一四）年三月
『万治絵入本伊曾保物語』岩波文庫　武藤禎夫校注　二〇〇〇（平成一二）年一二月
『イソップ寓話集』岩波文庫　中務哲郎訳　一九九九（平成一一）年三月
『完訳 グリム童話集』岩波文庫　全五巻　金田鬼一訳　一九七九（昭和五四）年一一月
『完訳 アンデルセン童話集』岩波文庫　全七巻　大畑末吉訳　一九八四（昭和五九）年五月
『ラ・フォンテーヌ寓話　上・下』岩波文庫　今野一雄訳　一九七二（昭和四七）年四月
『通俗伊蘇普物語』平凡社　渡辺温訳・谷川恵一解説　二〇〇一（平成一三）年九月
『益軒全集』国書刊行会　益軒会編　一九七三（昭和四八年）年
『福沢諭吉全集』慶応義塾編纂 岩波書店 全二四冊　一九五八（昭和三三）年一二月―一九七一（昭和四六）年一二月
『逍遙選集』逍遙協会編 第一書房　全一二巻 一九七七（昭和五二）年―一九七八（昭和五三）年
『森有礼全集』大久保利謙編 宣文堂書店 全三巻　近代日本教育資料叢書　一九七二（昭和四七）年二月
『伊沢修二選集』信濃教育会編　一九五八（昭和三三）年七月
『洋楽事始 音楽取調掛成績申報書』伊沢修二・山住正己校注　一九七一（昭和四六）年六月　平凡社・東洋文庫
『湯本武比古選集』信濃教育会編　一九五五（昭和三〇）年七月
『杉谷代水選集』冨山房　一九三五（昭和一〇）年一一月
樋口勘次郎『統合主義 各科教授法』同文館　一八九九（明治三二）年四月
樋口勘次郎『文部省講習会 教授法講義』普及舎　上巻【理論之部】・明治三一年七月　下巻【実践之部】・明治三一年一〇月
樋口勘次郎『国家社会主義 新教育学』同文館　一九〇四（明治三七）年二月
能勢栄『莱因氏教育学』金港堂　一八九五（明治二八）年三月
湯本武比古『ラインの教育学原理』紅梅書屋　一八九六（明治二九）年八月
槇山栄次『小学校ノ初学年』同文館　一九〇一（明治三四）年四月
『俄氏 新式教授術』牧野書房　デガルモ著　本荘太一郎訳補　一八九一（明治二四）年五月
『小学校 教授の原理』同文館　ライン、ピッケル、シュルレル共著　山口小太郎、佐々木吉三郎共訳　一九〇一（明治三四）年三月
『小学校 教授の実際』同文館　ライン、ピッケル、シュルレル共著　波多野貞之助、佐々木吉三郎訳　〔第一学年〕一九〇二（明治三五）年二月
〔第二学年〕一九〇二（明治三五）年一二月　〔第三学年〕一九〇五（明治三八）年四月　〔第四学年〕一九〇五（明治三八）年一一月
佐々木吉三郎・近藤九一郎・富永岩太郎『教材叢書 修身訓話』同文館　尋常科第一―八巻　一九〇〇（明治三三）年六―一二月
遊佐誠甫・横尾誠治『高等小学 修身訓話』同文館　第一学年第一巻―第二学年第二巻・全四巻　一九〇三（明治三六）六月―一二月

パーカー『中心統合の理論』西村誠・清水禎夫訳　明治図書　一九七六（昭和五一）年三月
『芦田恵之助全集』明治図書　全二五巻　一九八八年
『研究=日本の児童文学』全五巻　東京書籍　一九九五（平成七）年八月―二〇〇三（平成一五）年七月
グリフィス『明治日本体験記』山下英一訳　平凡社・東洋文庫　一九八四（昭和五九）年二月

教育史・社会史・思想史関係研究書

フィリップ・アリエス『〈教育〉の誕生』中内敏夫・森田伸子編訳　新評論　一九八三（昭和五八）年五月
尾形裕康『学制成立史の研究』校倉書房　一九七三（昭和四八）年三月
倉沢剛『学制の研究』講談社　一九七三（昭和四八）年三月
倉沢剛『学校令の研究』講談社　全二巻　一九七八（昭和五五）年三月・一九八〇（昭和五五）年二月
倉沢剛『教育令の研究』講談社　一九七五（昭和五〇）年三月
竹中暉雄『明治五年「学制」――通説の再検討』ナカニシヤ出版　二〇一三（平成二五）年一月
稲垣忠彦『増補版 明治教授理論史研究』評論社　一九九五（平成七）年六月　元版・一九六六（昭和四一）年六月
山住正己『唱歌教育成立過程の研究』東京大学出版会　一九六七（昭和四二）年三月
牧野吉五郎『明治期啓蒙教育の研究――福沢諭吉における日本近代国家の形成と教育』お茶の水書房　一九六八（昭和四三）年一一月
北田耕也『明治社会教育思想史研究』学文社　一九九九（平成一一）年三月
高橋敏『近代史の中の教育』岩波書店　一九九九（平成）一一年三月
高橋敏『江戸の教育力』ちくま新書　二〇〇七（平成一九）年一二月
梅村佳代『近世民衆の手習と往来物』梓出版社　二〇〇二（平成一四）年一〇月
松野修『近代日本の公民教育――教科書の中の自由・法・競争』名古屋大学出版会　一九九七（平成九）年一二月
谷川穣『明治前期の教育・教化・仏教』思文閣出版　二〇〇八（平成二〇）年一月
竹中暉雄『ヘルバルト主義教育学――その政治的役割』勁草書房　一九八七（昭和六二）年二月
寺崎昌男・竹中輝雄・榑松かほる『御雇教師ハウスクネヒトの研究』東京大学出版会　一九九一（平成三）年三月
天野郁夫『試験の社会史――近代日本の試験・教育・社会』東京大学出版会　一九八三（昭和五八）年一〇月
天野郁夫『学歴の社会史――教育と日本の近代』新潮選書　一九九二（平成四）年一一月
竹内洋『〈日本の近代12〉学歴貴族の栄光と挫折』中央公論社　一九九九（平成一一）年四月
竹内洋『教養主義の没落――変わりゆくエリート学生文化』中公新書　二〇〇三（平成一五）年七月

森川輝紀『増補版 教育勅語への道 教育の政治史』三元社　二〇一一（平成二三）年七月
橋本美保『明治初期におけるアメリカ教育情報受容の研究』風間書房　一九九八（平成一〇）年三月
片桐芳雄『教育と歴史、あるいはその認識と記述』世羅書房　二〇〇九（平成二一）年四月
福田義也『教育勅語の社会史――ナショナリズムの創出と挫折』有信堂　一九九七（平成九）年一〇月
山本信良・今野俊彦『近代教育の天皇制イデオロギー――明治期学校行事の考察』新泉社　一九八七（昭和六二）年四月
平松秋夫『明治時代における小学校教授法の研究』理想社　一九七五（昭和五〇）年四月
杉村美佳『明治初期における一斉教授法受容過程の研究』風間書房　二〇一〇（平成二二）年五月
石附実『西洋教育の発見――幕末明治の異文化体験から』福村出版　一九八五（昭和六〇）年一〇月
石附実『教育博物館と明治の子ども』福村出版　一九八六（昭和六一）年一二月
石附実『教育の比較文化史』玉川大学出版部　一九九五（平成七）年六月
駒込武『植民地帝国日本の文化統合』岩波書店　一九九六（平成八）年三月
陳培豊『「同化」の同床異夢――日本統治下台湾の国語教育史再考』三元社　二〇〇一（平成一三）年二月
櫻井役『日本英語教育史稿』敞文館　一九三六（昭和一一）年三月
松村幹男『明治期英語教育研究』辞遊社　一九九七（平成九）年三月
須田康之『グリム童話〈受容〉の社会学――翻訳者の意識と読者の読み』東洋館出版社　二〇〇三（平成一五）年二月
江利川春雄『日本人は英語をどう学んできたか――英語教育の社会文化史』研究社　二〇〇八（平成二〇）年一一月
江利川春雄『受験英語と日本人――入試問題と参考書から見る英語学習史』研究社　二〇一一（平成二三）年三月
板倉聖宣『増補 日本理科教育史（付・年表）』仮説社　二〇〇九（平成二一）年四月
堀内守『黒板の思想』黎明書房　一九八一（昭和五六）年六月
佐藤秀夫『ノートや鉛筆が学校を変えた・学校の文化史』平凡社　一九八八（昭和六三）年八月
江森一郎『「勉強」時代の幕あけ――子どもと教師の近世史』平凡社　一九九〇（平成二）年一月
武田勘治『近世日本 学習方法の研究』講談社　一九六九（昭和四四）年二月
武石典史『近代東京の私立中学校――上京と立身出世の社会史』ミネルヴァ書房　二〇一二（平成二四）年二月
前田勉『江戸の読書会――会読の思想史』平凡社選書　二〇一二（平成二四）年一〇月
若尾政希『「太平記読み」の時代――近世政治思想の構想』平凡社選書　一九九九（平成一一）年六月
辻本雅史『思想と教育のメディア史――近世日本の知の伝達』ぺりかん社　二〇一一（平成二三）年三月
辻本雅史編『知の伝達メディアの歴史研究――教育史像の再構築』思文閣出版　二〇一〇（平成二二）年三月

松塚俊三・八鍬友広編『識字と読書——リテラシーの比較社会史』昭和堂　二〇一〇（平成二二）年三月
リチャード・ルビンジャー（訳・川村肇）『日本人のリテラシー　1600—1900年』柏書房　二〇〇八（平成二〇）年六月
森田伸子『文字の経験——読むことと書くことの思想史』勁草書房　二〇〇五（平成一七）年一〇月
森田伸子編著『言語と教育をめぐる思想史』勁草書房　二〇一三年（平成二五）年一月
永野勝康『神奈川の近代学校史の研究』社会評論社　一九九九（平成一一）年六月
柳治男『〈学級〉の歴史学——自明視された空間を疑う』講談社選書メチエ　二〇〇五（平成一七）年三月
木村直恵『〈青年〉の誕生——明治日本における政治的実践の転換』新曜社　一九九八（平成一〇）年二月
元森絵里子『「子ども」語りの社会学——近現代日本における教育言説の歴史』勁草書房　二〇〇九（平成二一）年一〇月
山梨あや『近代日本における読書と社会教育——図書館を中心とした教育活動の成立と展開』法政大学出版局　二〇一一（平成二三）年二月
真辺将之『西村茂樹研究——明治啓蒙思想と国民道徳論』思文閣出版　二〇〇九（平成二一）年一二月
梶山雅史編著『近代日本教育会史研究』学術出版会　二〇〇七（平成一九）年一〇月
梶山雅史編著『続・近代日本教育会史研究』学術出版会　二〇一〇（平成二二）年一一月
柴田純『日本幼児史——子どもへのまなざし』吉川弘文館　二〇一三（平成二五）年一月
徳田進『孝子説話集の研究　近代編（明治期）——二十四孝を中心に』井上書房　一九六四（昭和三九）年九月

教科書関係研究書

唐澤富太郎『教科書の歴史——教科書と日本人の形成』創文社　一九五六（昭和三一）年一月
仲新『近代教科書の成立』大日本雄弁会講談社　一九四九（昭和二四）年七月　一九八一（昭和五六）年四月　日本図書センター　複製発行
井上赳　古田東朔編『国定教科書編集二十五年』武蔵野書院　一九八四（昭和五九）年五月
山住正己『教科書』岩波新書　一九七〇（昭和四五）年七月
中内敏夫『軍国美談と教科書』岩波新書　一九八八（昭和六三）年八月
中村圭吾（中村紀久二）『新評判　教科書物語——国家と教科書と民衆』ノーベル書房　一九七〇（昭和四五）年八月
中村紀久二『教科書の社会史——明治維新から敗戦まで』岩波新書　一九九二（平成四）年六月
竹ヶ原幸朗『近代北海道史をとらえなおす——教育史・アイヌ史からの視座』社会評論社　二〇一〇（平成二二）年三月
磯田一雄『「皇国（みくに）の姿」を追って——教科書に見る植民地教育文化史』皓星社　一九九三（平成五）年三月
海後宗臣・仲新・寺崎昌男『教科書で見る　近代日本の教育』東京書籍　一九九二（平成四）年五月
平田宗史『教科書でつづる近代日本教育制度』北大路書房　一九九一（平成三）年三月

梶山雅史『近代日本教科書史研究——明治期検定制度の成立と崩壊』ミネルヴァ書房　一九八八（昭和六三）年二月
梶山雅史『明治期における教科書の編纂・出版実態ならびに編纂権威・権限の移行過程の研究』科研費報告書　一九八三（昭和五八年）
掛本勲夫『明治期教科書政策史研究』皇學館大学出版部　二〇一〇（平成二二）年一二月
鎌谷静男『尋常小学読本編纂秘史』文芸社　二〇〇一（平成一三）年一二月
向川幹雄『教科書と児童文学』高文堂出版社　一九九五（平成七）年九月
片岡徳雄編著『教科書の社会学的研究』福村出版　一九八七（昭和六二）年一〇月
矢作勝美編著『大日本図書百年史——社史から見た日本の教育史』大日本図書　一九九二（平成四）年四月
滋賀大学附属図書館『近代日本の教科書のあゆみ——明治期から現代まで』サンライズ出版　二〇〇六（平成一八）年一〇月
石川松太郎『往来物の成立と展開』雄松堂出版　一九八八（昭和六三）年七月
後藤薫・小山保雄・小松久夫共著『国定教科書に見えたる泰西教材の研究』明誠館　一九一二（明治四五）年四月
John A. Nietz, *Old textbooks: spelling, grammar, reading, arithmetic, geography, American history, civil government, physiology, penmanship, art, music, as taught in the common schools from colonial days to 1900*, University of Pittsburgh Press, 1961.
Charles Carpenter, *History of American schoolbooks*, University of Pennsylvania Press, 1963.

国語教育史関係研究書

古田東朔『国語シリーズ36 教科書から見た明治初期の言語・文学の教育』文部省編　光風出版　一九五八（昭和三三）年
古田東朔『国語シリーズ50 続・教科書から見た明治初期の言語・文学の教育』文部省編　光風出版　一九六二（昭和三七）年
山根安太郎『国語教育史研究』溝本積善館　一九六六（昭和四一）年三月
高森邦明『近代国語教育史』鳩の森書房　一九七九（昭和五四）年一〇月
石井庄司『近代国語教育論史』教育出版センター　一九八三（昭和五八）年一二月
田坂文穂『明治時代の国語科教育』東洋館出版社　一九六九（昭和四四）年一月
秋田喜三郎『初等教育 国語教科書発達史』文化評論出版　一九七七（昭和五二）年一〇月
佐藤徳市『国語読本の研究』宝文堂　一九八四（昭和五九）年一一月
飛田多喜雄『国語教育方法論史』明治図書　一九六五（昭和四〇）年一月
小笠原拓『近代日本における「国語科」の成立過程——「国語科」という枠組みの発見とその意義』学文社　二〇〇四（平成一六）年二月
甲斐雄一郎『国語科の成立』東洋館出版社　二〇〇八（平成二〇）年一〇月
滑川道夫『日本作文綴方教育史1　明治編』国土社　一九七七（昭和五二）年八月

滑川道夫『解説 国語教育研究——国語教育史の残響』東洋館出版社　一九九三（平成五）年八月
望月久貴『国語教育史の基本問題　国語科論集５』学芸図書　一九八四（昭和五九）年九月
望月久貴『明治初期国語教育の研究』溪水社　二〇〇七（平成一九）年二月
井上敏夫著・浜本純逸編『教科書を中心に見た国語教育史研究』溪水社　二〇〇九（平成二一）年九月
眞有澄香『「読本」の研究——近代日本の女子教育』おうふう　二〇〇五（平成一七）年六月
橋本暢夫『中等学校国語科教材史研究』溪水社　二〇〇二（平成一四）年七月
吉田裕久『戦後初期国語教科書史研究——墨ぬり・暫定・国定・検定』風間書房　二〇〇一（平成一三）年三月
吉田裕久『占領下沖縄・奄美国語教科書研究』風間書房　二〇一〇（平成二二）年二月
増田信一『音声言語教育実践史研究』学芸図書　一九九四（平成六）年一〇月
増田信一『読書教育実践史研究』学芸図書　一九九七（平成九）年四月
大平浩哉ほか『国語教育史に学ぶ』学文社　一九九七（平成九）年五月
渋谷孝『説明的文章の教材研究論』明治図書　一九八〇（昭和五五）年九月
大熊徹『作文・綴方教育の探求——史的視座からとらえる問題と解決』教育出版　一九九四（平成六）年一二月
渡辺哲男『「国語」教育の思想——声と文字の諸相』勁草書房　二〇一〇（平成二二）年九月
弥吉菅一『日本児童詩教育の歴史的研究』溪水社　一九八九（平成元）年二月
田近洵一『現代国語教育史研究』冨山房インターナショナル　二〇一三（平成二五）年七月

「国語」関係研究書

山本正秀『近代文体発生の史的研究』岩波書店　一九六五（昭和四〇）年七月
松村明『江戸東京語の研究』東京堂　一九五七（昭和三二）年四月
飛田良文『東京語成立史の研究』東京堂　一九九二（平成四）年九月
『国語論究　第11集・言文一致運動』明治書院　飛田良文編　二〇〇四（平成一六）年六月
『近代語の成立　文体編』明治書院　森岡健二編著　一九九一（平成三）年一〇月
『改訂近代語の成立　語彙編』明治書院　森岡健二編著　一九九一（平成三）年一〇月
『日本語の歴史６　新しい国語への歩み』平凡社　一九六五（昭和四〇）年五月
柳父章『近代日本語の思想——翻訳文体成立事情』法政大学出版局　二〇〇四（平成一六）年一一月
柳父章『「ゴッド」は、神か上帝か』岩波現代文庫　二〇〇一（平成一三）年六月：『ゴッドと上帝——歴史のなかの翻訳者』筑摩書房　一九八六（昭和

六一）年三月、の改題再刊
鈴木範久『聖書の日本語――翻訳の歴史』岩波書店　二〇〇六（平成一八）年二月
斎藤希史『漢文脈と近代日本――もう一つのことばの世界』NHKブックス　二〇〇七（平成一九）年二月
金沢裕之『近代大坂語変遷の研究』和泉書院　一九九八（平成一〇年）年五月
屋名池誠『横書き登場――日本語表記の近代』岩波新書　二〇〇三（平成一五）年一一月
野間秀樹『ハングルの誕生――音から文字を創る』平凡社新書　二〇一〇（平成二二）年五月
今野真二『振り仮名の歴史』集英社新書　二〇〇九（平成二一）年七月
今野真二『百年前の日本語――書きことばが揺れた時代』岩波新書　二〇一二年（平成二四）年九月
今野真二『ボール表紙本と明治の日本語』港の人　二〇一二（平成二四）年一〇月
安田敏朗『帝国日本の言語編成』世織書房　一九九七（平成九）年一二月
安田敏朗『「国語」の近代史――帝国日本と国語学者たち』中公新書　二〇〇六（平成一八）年一二月
イ・ヨンスク『「国語」という思想――近代日本の言語認識』岩波書店　一九九六（平成八）年一二月
長志珠絵『近代日本と国語ナショナリズム』吉川弘文館　一九九八（平成一〇）年一一月
小森陽一『日本語の近代』岩波書店　二〇〇〇（平成一二）年八月
野村剛史『日本語スタンダードの歴史――ミヤコ言葉から言文一致まで』岩波書店　二〇一三（平成二五）年五月
田中牧郎『近代書き言葉はこうしてできた』岩波書店　二〇一三（平成二五）年八月

文学史（児童文学を含む）関係研究書

柳田泉『明治初期翻訳文学の研究』春秋社　一九六一（昭和三六）年六月
国文学研究資料館編『明治開化期と文学――幕末・明治期の国文学』臨川書店　一九九八（平成一〇）年三月
木村小舟『明治少年文学史』第一―四巻　大空社　一九九五（平成七）年二月　昭和二四年・童話春秋社から刊行された木村の著作集成
菅忠道『菅忠道著作集』第一―第四巻　あゆみ出版　一九八三（昭和五八）年一二月
桑原三郎『諭吉 小波 未明――明治の児童文学』慶応通信 一九七九（昭和五四）年七月
桑原三郎『児童文学と国語教育』慶應通信　一九八三（昭和五八）年八月
桑原三郎『福沢諭吉と桃太郎――明治の児童文化』慶応通信　一九九六（平成八）年二月
日本児童文学学会・富田博之・上笙一郎編『日本のキリスト教児童文学』国土社
上笙一郎『日本児童文学研究史』港の人　二〇〇四年一一月

向川幹雄『日本近代児童文学史研究Ⅰ――明治の児童文学（上）』兵庫教育大学向川研究室　一九九九（平成一一）年三月
勝尾金弥『伝記児童文学のあゆみ――一八九一から一九四五年』ミネルヴァ書房　一九九九（平成一一）年一一月
桝井孝編著『日本最初の少年少女雑誌「ちゑのあけぼの」の探求』かもがわ出版　二〇一一（平成二三）年一〇月
山田俊治『大衆新聞がつくる明治の〈日本〉』日本放送協会　二〇〇二（平成一四）年一〇月
中山淳子『グリムのメルヒェンと明治期教育学――童話・児童文学の原点』臨川書店　二〇〇九（平成二一）年四月
佐藤宗子『「家なき子」の旅』平凡社　一九八七（昭和六二）年六月
石原剛『マーク・トウェインと日本――変貌するアメリカの象徴』彩流社　二〇〇八（平成二〇）年三月
中務哲郎『イソップ寓話の世界』ちくま新書　一九九六（平成八）年三月
小堀桂一郎『イソップ寓話――その伝承と変容』中公新書　一九七八（昭和五三）年一一月のち、講談社学術文庫　二〇〇一（平成一三）年八月
飯干陽『木村小舟と「少年世界」』あずさ書房　一九九二（平成四）年一〇月
前田愛『樋口一葉の世界』平凡社　一九七八（昭和五三）年一二月
前田愛『前田愛著作集・第二巻　近代読者の成立』筑摩書房　一九八九（平成元）年五月
興津要『仮名垣魯文』有隣新書　一九九三（平成五）年六月
小森陽一・紅野謙介・高橋修ほか『メディア・表象・イデオロギー――明治三〇年代の文化研究』小沢書店　一九九七（平成九）年五月
紅野謙介『書物の近代――メディアの文学史』筑摩書房　一九九二（平成四）年一〇月
紅野謙介『投機としての文学――活字・懸賞・メディア』新曜社　二〇〇三（平成一五）年三月
金子明雄・高橋修・吉田司雄編『ディスクールの帝国――明治三〇年代の文化研究』新曜社　二〇〇〇（平成一二）年四月
続橋達雄『児童文学の誕生――明治の幼少年雑誌を中心に』桜楓社　昭和四七年一〇月
鳥越信『近代日本文学史研究』おうふう　一九九四（平成六）年一一月
鳥越信編著『はじめて学ぶ 日本児童文学史』ミネルヴァ書房　二〇〇一（平成一三）年四月
鳥越信編著『はじめて学ぶ日本の絵本史Ⅰ――絵入本から画帖・画ばなしまで』ミネルヴァ書房　二〇〇一（平成一三）年一二月
谷川恵一『歴史の文体 小説のすがた――明治期における言説の再編成』平凡社　二〇〇八（平成二〇）年二月
山本康治『明治詩の成立と展開――学校教育との関わりから』ひつじ書房　二〇一二（平成二四）年二月
内ヶ崎有里子『江戸期昔話絵本の研究と資料』三弥井書店　一九九二（平成四）年二月

文化史関係研究書

林家辰三郎編『文明開化の研究』岩波書店　一九七九（昭和五四）年一一月

色川大吉『明治の文化』岩波書店・同時代ライブラリー　一九九七（平成九）年六月
W・J・オング　桜井直文・林正寛・糟谷啓介訳『声の文化と文字の文化』藤原書店　一九九一（平成三）年一〇月　原著一九八二年刊
R・シャルチエ編　水林章・泉利明・露崎俊和『書物から読書へ』みすず書房一九九二（平成四）年五月　原著一九八五年刊
R・シャルチエ　福井憲彦訳『読書の文化史――テクスト・書物・読解』新曜社　一九九二（平成四）年一一月
J・ザイプス　鈴木晶・木村慧子訳『おとぎ話の社会史――文明化の芸術から転覆の芸術へ』二〇〇一（平成一三）年二月　原著一九八三年刊
坂井直樹『日本思想という問題――翻訳と主体』岩波書店　一九九七（平成九）年三月
滑川道夫『桃太郎像の変容』東京書籍　一九八一（昭和五六）年三月
瀬田貞二『落穂ひろい――日本子どもの文化をめぐる人々　上・下』福音館書店　一九八二（昭和五七）年四月
瀬田貞二『子どもの本評論集』上・下　福音館書店　二〇〇九（平成二一）年五月
アン・ヘリング『江戸児童図書へのいざない』くもん出版　一九八八（昭和六三）年八月
上笙一郎『近代以前の児童出版美術』久山社　一九九五（平成七）年一〇月
藤澤房俊『「クオーレ」の時代――近代イタリアの子供と国家』ちくまらいぶらりー　一九九三（平成五）年三月
吉見俊哉『博覧会の政治学――まなざしの近代』中央公論社　一九九二（平成四）年　講談社学術文庫　二〇一〇（平成二二）年五月
奥中康人『国家と音楽――伊沢修二が目ざした日本近代』春秋社　二〇〇八（平成二〇）年三月
山東功『唱歌と国家――明治近代化の装置』講談社メチエ　二〇〇八（平成二〇）年二月
渡辺裕『歌う国民――唱歌、校歌、うたごえ』中公新書　二〇一〇（平成二二）年九月
前田紘二『明治の音楽教育とその背景』竹林館　二〇一〇（平成二二）年一〇月
松村直行『童謡・唱歌でたどる音楽教科書のあゆみ――明治・大正・昭和初中期』和泉書院　二〇一一（平成二三）年一一月
T・スクリーチ『大江戸視角革命――十八世紀日本の西洋科学と民衆文化』作品社　田中優子・高山宏訳　一九九八（平成一〇）年二月
岩切信一郎『明治版画史』吉川弘文館　二〇〇九（平成二一）年八月
岩本賢児『幻燈の世紀――映画前夜の視覚文化史』森話社　二〇〇二（平成一四）年二月
山梨俊夫『描かれた歴史――日本近代と「歴史画」の磁場』ブリュッケ　二〇〇五（平成一七）年七月
北澤憲昭『眼の神殿――「美術」受容史ノート』美術出版社　一九八九（平成元）年九月
北澤憲昭『日本画の転位』ブリュッケ　二〇〇三（平成一五）年三月
北澤憲昭『境界の美術史――「美術」形成史ノート』ブリュッケ　二〇〇〇（平成一二）年六月
佐藤道信『明治国家と近代美術――美の政治学』吉川弘文館　一九九九（平成一一）年四月
五十殿利治『観衆の成立――美術展・美術雑誌・美術史』東京大学出版会　二〇〇八（平成二〇）年五月

是澤博昭『教育玩具の近代――教育対象としての子どもの誕生』世織書房　二〇〇九（平成二一）年三月

有山輝雄『近代日本のメディアと地域社会』吉川弘文館　二〇〇九（平成二一）年八月

高橋克彦『新聞錦絵の世界』角川書店　一九九二（平成四）年七月

加藤理『〈めんこ〉の文化史』久山社　一九九六（平成八）年一〇月

加藤理『駄菓子屋・読み物と子どもの近代』青弓社　二〇〇〇（平成一二）年五月

姜　竣『紙芝居と〈不気味なもの〉たちの近代』青弓社　二〇〇七（平成一九）年八月

上地ちづ子『紙芝居の歴史』久山社　一九九七（平成九）年二月

重信幸彦『〈お話〉と家庭の近代』久山社　二〇〇三（平成一五）年一月

根塚伊三松『売薬版画――おまけ絵紙の魅力』巧玄出版　一九七九（昭和五四）年九月

島薗進『国家神道と日本人』岩波新書　二〇一〇（平成二二）年七月

西川祐子『日記をつづるということ――国民教育装置とその逸脱』吉川弘文館　二〇〇九（平成二一）年六月

加藤康子・松村倫子編著『幕末・明治の絵双六』国書刊行会　二〇〇二（平成一四）年二月

加藤康子編著『幕末・明治　豆本集成』国書刊行会　二〇〇四（平成一六）年二月

丹和浩『近世庶民教育と出版文化――「往来物」出版の背景』岩田書院　二〇〇五（平成一七）年二月

倉田喜弘『芝居小屋と寄席の近代――「遊芸」から「文化」へ』岩波書店　二〇〇六（平成一八）年九月

兵藤裕己『演じられた近代――〈国民〉の身体とパフォーマンス』岩波書店　二〇〇五（平成一七）年二月

李　孝徳『表象空間の近代――明治「日本」のメディア編制』新曜社　一九九六（平成八）年二月

尹　健次『日本国民論――近代日本のアイデンティティ』筑摩書房　一九九七（平成九）年三月

岩井正浩『子どもの歌の文化史』第一書房　一九九八（平成一〇）年二月

久保華誉『日本における外国昔話の受容と変容――和製グリムの世界』三弥井書店　二〇〇九（平成二一）年一月

出版・読者論関係研究書

中野三敏監修『江戸の出版』ぺりかん社　二〇〇五（平成一七）年一一月

今田洋三『江戸の本屋さん――近世文化史の側面』NHKブックス　一九七七（昭和五二）年一〇月

長友千代治『江戸時代の図書流通』思文閣出版　二〇〇二年（平成一四）年一〇月

三木佐助『玉淵叢話』開成館　一九〇二（明治三五）年八月

田村哲三『近代出版文化を切り開いた出版王国の光と影――博文館興亡六十年』二〇〇七（平成一九）年一一月

『風雪八〇年　同文館創業八〇周年史』同文館　一九七六（昭和五一）年一一月
『出版人の遺文　冨山房・坂本嘉治馬』栗田書店　一九六八（昭和四三）年六月
矢作勝美編著『大日本図書百年史――社史から見た日本の教育』大日本図書　一九九二（平成四）年四月
鈴木俊幸『江戸の読書熱――自学する読者と書籍流通』平凡社　二〇〇七（平成一九）年二月
鈴木俊幸『絵草紙屋・江戸の浮世絵ショップ』平凡社　二〇一〇（平成二二）年一二月
永嶺重敏『雑誌と読者の近代』日本エディタースクール出版部　一九九七（平成九）年七月
永嶺重敏『〈読書国民〉の誕生――明治三〇年代の活字メディアと読書文化』日本エディタースクール出版部二〇〇四（平成一六）年三月
板倉雅宣『教科書体変遷史』朗文堂　二〇〇三（平成一五）年三月
板倉雅宣『教科書に見る印刷術の歴史』印刷朝陽会　二〇〇五（平成一七）年九月
和田敦彦編『国定教科書はいかに売られたか――近代出版流通の形成』ひつじ書房　二〇一一（平成二三）年三月
和田敦彦『メディアの中の読者――読書論の現在』ひつじ書房　二〇〇二（平成一四）年五月
和田敦彦『越境する書物――変容する読書環境の中で』新曜社　二〇一一（平成二三）年八月
張秀民ほか『活字印刷の文化史――きりしたん版・古活字版から新常用漢字表まで』勉誠出版　二〇〇九（平成二一）年五月
竹村真一『明朝体の歴史』思文閣出版　一九八六（昭和六一）年七月
香内三郎『「読者」の誕生――活字文化はどのように定着したか』晶文社　二〇〇四（平成一六）年一二月
木下直之・吉見俊哉編『東京大学コレクションXI　ニュースの誕生――かわら版と新聞錦絵の情報世界』東京大学総合博物館編　一九九九（平成一一）年一〇月
彌吉光永『彌吉光永著作集4　明治時代の出版と人』日外アソシエーツ　一九八二（昭和五七）年二月
橋本求『日本出版販売史』講談社　一九六四（昭和三九）年一月
木戸若雄『明治の教育ジャーナリズム』大空社　一九九〇年三月復刊：一九六二（昭和三七）年七月　近代日本社
『富山県印刷史』富山県印刷工業組合　一九八一（昭和五六）年一一月
『『印刷雑誌』とその時代――実況・印刷の近現代史』印刷学会出版部　二〇〇七年（平成一九）年一二月

人物関係研究書

大村弘毅『坪内逍遙』吉川弘文館　一九五八（昭和三三）年九月
津野海太郎『滑稽な巨人――坪内逍遙の夢』平凡社　二〇〇二（平成一四）年一二月
瀧井一博『伊藤博文』中公新書　二〇一〇（平成二二）年四月

高橋昌郎『西村茂樹』吉川弘文館　一九八七（昭和六二）年一〇月
高橋昌郎『中村敬宇』吉川弘文館　一九六六（昭和四一）年一〇月
大塚孝明『森有礼』吉川弘文館　一九八六（昭和六一）年七月
上沼八郎『伊沢修二』吉川弘文館　一九六二（昭和三七）年一〇月
坪谷善四郎『大橋新太郎伝』博文館新社　一九八五（昭和六〇）年八月
鈴木要吉『松山棟庵先生伝』松山病院　一九四三（昭和一八）年一二月
巌谷大四『波の跫音――巌谷小波伝』新潮選書　一九七四（昭和四九）年一二月
勝尾金弥『巌谷小波――お伽作家への道』慶應義塾大学出版会　二〇〇〇（平成一二）年一一月
勝尾金弥『「七一雑報」を創ったひとたち――日本で最初の週刊キリスト教新聞発行の顛末』創元社　二〇一二（）平成二四年一一月
大野七三『河鍋暁斎――逸話と生涯』近代文芸社　一九九四（平成六）年一〇月
大槻三好『明治唱歌の恩人　石原和三郎』講談社出版　一九七二（昭和四七）年一一月
丸山忠璋『言文一致唱歌の創始者　田村虎蔵の生涯』音楽之友社　一九九八（平成一〇）年七月
新保正樹編『追想　新保正與・磐次・寅次父子』黒木出版社　一九九七（平成九）年四月（新保博彦により、二〇一二年《平成二四》年二月・再刊）
尾竹親『尾竹坡傳――その反骨と挫折』東京出版センター　一九六八（昭和四三）年一一月
尾竹俊亮『闇に立つ日本画家―尾竹国観伝』まろうど社　一九九五（平成七）年一二月
『下田歌子先生伝』故下田歌子先生伝記編纂所　一九四三（昭和一八）年一〇月
豊原又男編『佐久間貞一小伝』秀英舎庭契会　一九〇四（明治三七）年一一月
藤原喜代蔵編『教育界人物伝』東出版　一九九七（平成九）年九月復刊：原題『人物評論学界の賢人愚人』文教会　一九一三（大正二）年二月

その他（自伝・随想などを含む）
桑原真人・我部政男『幕末維新論集９・蝦夷地と琉球』吉川弘文館　二〇〇一（平成一三）年六月
小塚義太郎編『故中田清兵衛君追善会誌』一九二〇（大正九）年五月
村沢武夫『近代日本を築いた　田中芳男と義廉』秀文社　一九七八（昭和五三）年一二月
湯本武比古『湯本武比古随筆 学童百話』紅梅書屋（開発社）一八九八（明治三一）年四月
尺秀三郎『随感録』大日本図書　一九一六（大正五）年四月
反町茂雄『紙魚の昔語り　明治大正篇』八木書店　一九九〇（平成二）年一月
渋沢秀雄『明治の読本』北洋社　一九七八（昭和五三）年六月

神辺靖光『明治の教育史を散策する』梓出版社　二〇一〇（平成二二）年五月
竹内正浩『鉄道と日本軍』ちくま新書　二〇一〇（平成二二）年九月
山縣悌三郎『児孫の為めに余の生涯を語る・山縣悌三郎自伝』弘隆社　一九八七（昭和六二）年七月
『夕づつ』鳥山泰雄　私家版　一九六四（昭和三九）年二月
西邨貞『教育一家言』金港堂　一八九三（明治二六）年四月
伊澤修二先生還暦祝賀会編『楽石自伝教界周遊前記』一九一二（明治四五）年五月
水谷不倒（弓彦）『草双紙と読本の研究』駿南社　一九三四（昭和九）年一月
山中古洞『挿絵節用』芸艸堂　一九四一（昭和一六）年一二月
仲田勝之助編校『浮世絵類考』岩波文庫　一九四一（昭和一六）年九月
中村光夫『よし藤・子ども浮世絵』冨士出版　一九九〇（平成二）年六月
江戸子ども研究会編『浮世絵の中の子どもたち』くもん出版　一九九三（平成五）年一一月
山本正勝『絵すごろく――生い立ちと魅力』芸艸堂　二〇〇四（平成一六）年一月
小西四郎・寿岳章子・村岸義雄『伝統的な日本の遊び　双六』徳間書店　一九七四（昭和四九）年一一月
増田太次郎『引札　絵びら　錦絵広告――江戸から明治・大正へ』（ブレーン別冊）誠文堂新光社　一九七六（昭和五一）年一一月
大坂引札研究会編『江戸・明治のチラシ広告　大坂の引き札・絵びら【南木コレクション】』東方出版　一九九二（平成四）年五月
『田村コレクション・明治の引き札』しこうしゃ　一九八八（昭和六三）年五月
石山幸広『紙芝居文化史――資料で読み解く紙芝居の歴史』萌文書林　二〇〇八（平成二〇）年一月
鷹家春文編『メンコグラフィティ――蘇る時代のヒーローたち』光琳社出版　一九九一（平成三）年三月
山口静一・及川茂編『河鍋暁斎戯画集』岩波書店　一九八八（昭和六三）年八月
『明治時代教育書とその周辺』名雲書店古書目録　一九九三（平成五）年一月
鳥越信『大阪国際児童文学館・蔵書解題』大阪国際児童文学館を育てる会　二〇〇八（平成二〇）年一二月
渡辺信一郎『江戸の寺子屋と子供たち――古川柳にみる庶民の教育事情』三樹書房　二〇〇六（平成一八）年一〇月・新訂版
小泉吉永『「江戸の子育て」読本――世界が驚いた！「読み・書き・そろばん」と「しつけ」』小学館　二〇〇七（平成一九）年一二月
藤本浩之輔『聞き書き　明治の子どもと遊びと暮らし』SBB出版会　一九八六（昭和六一）年一一月
西川宏『ラッパ手の最後――戦争の中の民衆』青木書店　一九八四（昭和五十九）年一二月
樹下龍児『おもしろ画像で楽しむ　近代日本の小学教科書』中央公論新社　二〇一一（平成二三）年七月
加藤陽子『戦争の日本近現代史――東大式レッスン！征韓論から太平洋戦争まで』講談社現代新書　二〇〇二（平成一四）年三月

成田龍一『近現代日本史と歴史学――書き替えられてきた過去』中公新書　二〇一二（平成二四）年二月
玉川しんめい『反魂丹の文化史――越中富の薬売り』晶文社　一九七九（昭和五四）年一二月
富山市教育委員会編『明治の売薬版画』富山市民俗民芸村　一九九七（平成九）年一〇月
遠藤和子『富山の薬売り――マーケッティングの先駆者たち』サイマル出版会　一九九三（平成五）年五月
宗田一『日本の名薬――売薬の文化誌』八坂書房　一九八一（昭和五六）年一〇月
W・H・シャープ著　上田学訳『ある英国人のみた明治後期の日本の教育』行路社 一九九三（平成五）年九月

資料

	官版教科書	仮名・単語・連語・短句・連句	文・文章
自由編纂期	M5 **小学教則**◀ M5『単語篇』 M6『小学読本』4冊 M6『小学教授書』 →『小学入門』 M7『小学 読本』5冊	M6『単語篇続』1冊　熊本（上羽勝衛） M6『小学教授書 単語之部 1・2』二冊　東京府学務課 M7『単語読本』2冊　熊谷 M8『単語』3冊　秋田太平学校 M11　村落小学書写稿　愛媛 M11『変則小学読本』1冊　名古屋（萱生奉三） M12『改正商売往来読本』1冊　東京府学務課（手習？） M12『改正百姓往来読本』1冊　東京府学務課（手習？） M12『改正消息往来読本』1冊　東京府学務課（手習？）	M6『童蒙読本』1冊　熊本（上羽勝衛） M10『初学入門』1冊　和歌山（鳥山啓） M10『村落小学読本』青森（未見） M11『小学読本』5冊　盛岡師範学校（未見） M12『新撰読本』3冊 愛媛県和気温泉久米郡（未見） M12『滋賀県管内 小学読本』4冊　滋賀（河野通宏） M13『沖縄対話』2冊　沖縄県学務課
開申制期 （明治14, 5年－）	M12『小学指教図』 M14 **小学校教則綱領**◀	M14『消息往来読本』1冊　長崎県師範学校（手習？） M14『農業往来読本』1冊　長崎県師範学校（手習？） M14『商売往来読本』1冊　長崎県師範学校（手習？） M14–15『小学読本』全7冊　栃木県（中島操・伊藤有隣） M14『初等小学 単語読本』『初等小学 短句読本』各1冊　姫路（橋本義達） M15『初学読本 一名学のはしご』上中下・3冊　千葉（石川倉次・那珂通世校正） M15『初学入門』1冊　福岡師範学校	
認可期 （明治16, 7年－）	M17『読方入門』1冊	M16『茨城県教科用 小学入門』1冊　茨城県用・金港堂 M17『うひまなび続編』1冊　徳島（山田邦彦） M17『仮名交り単句編』1冊　京都（大窪実・三吉艾） M18『小学 初等読本入門』1冊　京都・刈谷保敏編輯	M17『訂正 初等小学読本』4冊　静岡（鈴木忠篤） M17『小学 初等読本』4冊　京都（大窪実・三吉艾） M18『小学普通文読本』（書簡文）4冊　岡山県学務課

検定制度期 （明治19年9月－）
M19 **小学校ノ学科及程度◀** （検定前期） M19『読書入門』1冊 M20『尋常小学読本』7冊 M21『高等小学読本』7冊 M22-23『小学読本』4冊
M20『尋常小学読本』8冊　京都・共立館（塩津貫一郎・林正躬） M20『小学読本』8冊　岡山・教育書房（山脇巍・近藤鼎）→不認定 M20『第一－第四読本』大阪・梅原亀吉（北條亮） M20『尋常小学読方書』8冊　福岡・星文館（甫守謹吾・花房庸夫） M21『尋常読本』8冊　山梨・温故堂（小松忠之輔） M21『尋常読本』8冊　土浦・時習堂（坂本佑一郎・伊達周碩） M21『改正尋常小学読本』4冊　伊勢・鶴鳴館（山名唹作） M21『尋常小学明治読本』8冊　京都・二酉楼（中川重麗） M21『新撰小学読本』7冊＋入門1冊　岐阜・成美堂（小笠原利孝） M21『小學尋常科用正宝読本』6冊＋入門2冊　京都・正宝堂（江藤栄次郎）→不認定 M21『小学読本』8冊　東京府庁　東京・【東京府御用書肆】文海堂、文玉圃、文学社、中央堂 M22『富山県第二部学務課編輯 小学読本』富山県第二部学務課　富山・中田書店
M24 **小学校教則大綱◀** （検定中期）
M26『尋常小学校読本』8冊　金沢・益智館（倉知新吾） M27『扶桑読本』8冊　福岡・鉄耕堂→不認定 M28『小学尋常読本』8冊　富山・中田書店（浅尾重敏） M29『尋常小学開国読本』8冊　山梨図書出版所 ↑M30-31『北海道用尋常小学読本』8冊　大日本図書株式会社（文部省）官版 ↑M30-32『沖縄県用尋常小学読本』8冊　大日本図書株式会社（文部省）官版
M33 **小学校令施行規則◀** （検定後期）
M34『国語読本・尋常小学校用』8冊　坪内雄蔵校閲・冨山房（高知県教育会編纂）

この表は、第二部第四章「各地域における小学初等読本の作製」と、第三部第四章「明治検定前期地域作製検定読本の諸相」に掲載した各時期の地域読本の表を合併・整理したものである。

（　）の中の名前は編著者

教科書・教育書	子ども読み物など
文部省、『単語篇』（発行日不明）	
3. 文部省、田中義廉編『小学読本』（一巻4） 5. 文部省編『小学教授書』刊行 6. 文部省、榊原芳野等編『小学読本』（一巻5） 師範学校、「単語図」「連語図」等、入門掛図28枚を刊行（1874.8 文部省、「改正」刊行） 12-『小学教師必携』諸葛信澄編	「子ども向け翻訳啓蒙書」盛んに刊行される
1. 文部省編『小学入門 乙号』	
10. 鳥山啓『初学入門』和歌山県学務課 11.「文部省ニテ漸次出版スベキ小学課業書目録」の発表	3. 投稿雑誌「穎才新誌」創刊
12.『修身説約』木戸麟	
1. 文部省、入門掛図教材「小学指教図」（10枚）を刊行 3. 河野通宏『滋賀県管内小学読本』合書堂	
4.『小学修身訓』西村茂樹 12.『修身児訓』全10冊 亀谷行	
11-『小学唱歌集・初編』音楽取調掛編 文部省（第二編・明治16年3月、第三編・明治17年3月） 12- 中島操・伊藤有隣『小学読本』集英堂 全七巻（一明治15年2月）	
12.『幼学綱要』宮内省	
6-『小学修身書 初等科之部』全6冊 文部省 6- 若林虎三郎・白井毅『改正教授術』 9.『小学読本 初等科』金港堂 全6巻 原亮策	
3. 文部省編輯局『読方入門』 6.20『小学読本』若林虎三郎 全5巻	
	Japanese Fairy Tale Series 刊行を始める 8.「桃太郎」ちりめん本
9. 文部省編輯局編『読書入門』	

関係略年表

	社会・教育・文化の動き	教科書制度・教育課程
1868（明治 1）		
1869（明治 2）		
1870（明治 3）	福沢諭吉『学問のすゝめ』	
1871（明治 4）	8.29 廃藩置県	9.2 文部省設置 10.31 文部省に編輯寮を置き、教科書の編集に当たる
1872（明治 5）	6.3「教則三条」を教導職に示す 7.4 東京に師範学校設置、10月、米人スコット一斉学習指導法を指導 9.5「学制」を定め、全国に小学校を設置 9.8「小学教則」（布・番外） 12.9 太陽暦を採用	9.4 いわゆる「被仰出書」を公布 10.10 文部省、「小学教則」「中学教則略」を公布 11.17 文部省に教科書編成掛を設置 12. 師範学校に編輯局を設置、各種の小学校教科書編集
1873（明治 6）	4– 師範学校（東京・官立）附属小学校授業を始める 5.19「小学教則改正」（布76） 7– 師範学校（東京・官立）初めて卒業生10名を出す	2. 師範学校、「下等小学教則」制定 4.29 文部省、「小学用書目録」を布達（布58） 5.19 文部省「小学教則」改制 5.10 文部省蔵版小学校教科書、地方において部数を限り翻刻を許可（布68） 5.31 師範学校の小学校教科書編纂事務を、文部省文書局編集課に合併 7.27 文部省、師範学校蔵版図書の翻刻発行許可書目を公示（布107） 11.24 西村茂樹、文部科学省に出仕し編集課長に就任 12.8 東京師範学校蔵版教科書の翻刻許可書目を布達（布104）
1874（明治 7）	2– 明六社発足	10.14 文部省及び東京師範学校蔵版の翻刻許可書目を布達
1875（明治 8）	6.28 讒謗律・新聞紙条例 9.20 朝鮮西南海岸に示威中の軍艦雲揚、江華島守兵と交戦（江華島事件）	6.19 文部省蔵版書籍の翻刻を許可（布9） 7.31 文部省報告課編纂書籍取扱心得において、文部省編纂教科書は範例を示すに過ぎず、民間における教科書の編纂刊行を奨励する旨を示す
1876（明治 9）	三遊亭円朝「塩原太助一代記」を口演 →明治18年・若林玵蔵筆記により刊行	
1877（明治 10）	西南戦争	5.7 文部省蔵版書籍の改編等の手続き 10.16 伊澤修二、東京師範学校補に、高嶺秀夫、同校校長補心得となり、学校改革へ
1878（明治 11）	5.23「小学教則」の廃止（布4）	2.23 文部省出版教科書の文字縮小の禁止（「文報告1」稲岡1985）
1879（明治 12）	「教学聖旨」示される 9.29「教育令」を廃し、「教育令」を公布	2.21 文部省蔵版書籍に注解または本文増減出版を禁止（布2）春 文部省編集課・翻訳課を合して編集局を設置（局長・西村茂樹）
1880（明治 13）	4. 集会条例により、教員・生徒の政治活動禁止 12.28「教育令」改正（改正教育令）国家規準を示し、統制を強化	8.30 文部省地方学務局、小学校教科書調査の結果、不適当と判断した書名を各府県に通史し、その使用を禁止 9.11 文部省地方学務局、8月に引き続き、不適当とする小学校教科書名を府県に通知 12.18 文部省、府県に対し、〈国安ヲ妨害シ風俗ヲ紊乱スルカ如キ事項ヲ記載セル書籍〉ヲ学校教科書に採用しないよう指示
1881（明治 14）	12.28 学校施設の各種州会への使用を禁止（民権運動への対策、明治25年6.24再び同趣旨を府県へ内達）	4.27 文部省、「小学校修身書編纂方大意」を内示〈修身科の内容を具体的に指示〉 5.4「小学校教則綱領」、小学校を初等中等高等に分ける。修身、読書（読方と作文）、習字……。 5. 教科書の開申制度を定める
1882（明治 15）	7.23 京城で朝鮮兵反乱（壬午事変） 4.29 東京師範学校同窓会、茗渓会を設立（12月『東京茗渓会雑誌』創刊） 6.10 文部省、集会条例改正に基づき学校生徒の学術演説を禁止する旨直轄学校へ内達（7.3 同趣旨を府県にも内達）	10.7 東京師範学校、各府県の師範学校取調員に講習を開始（–明治16年7月。この受講者、開発主義教授法を普及） 12.3「幼学綱要」を地方長官らに下付（明治16年12.1 文部省、修身用教科書として各学校へ下付する旨通牒）
1883（明治 16）	4 – 文部省、東京大学において英語による教授を廃し、邦語を用いることとし、かつドイツ学術を採用する旨上申（5.1 太政官裁可） 9.9 東京教育学会を改組、大日本教育会を創立（初代会長辻新次）	7.31 小学校教科書の認可制を実施
1884（明治 17）	5.7 森有礼、文部省御用掛兼勤となり、教育行政に関与 12.4 京城で親日派クーデター起こる（甲申事変）	7– 文部省図画調査会を設置。岡倉天心・フェノロサら、普通教育に毛筆画採用を主張、鉛筆画採用を唱える小山正太郎敗れて委員を辞する
1885（明治 18）	2.5 東京大学文学部、和漢学科を和文科と漢文学科とに分ける 4.18 伊藤大使、李鴻章と天津条約に調印 8.12 教育令を再改正（経済不況の深刻化に対処し、地方教育費の節減を目的とする） 12.22 森有礼、初代文部大臣となる	
1886（明治 19）	4.10「小学校令」小学校は高等と尋常の二等	5.10 文部省、教科用図書検定条例を公布（検定制度の開始） 5.28「小学校ノ学科及其程度」修身、読書、作文、習字……。

	5. 文部省編輯局『尋常小学読本』 12.『日本読本』金港堂 全8冊 新保磐次	12.『幼稚園唱歌集』文部省音楽取調掛
	4- 文部省編纂『高等小学読本』（巻7まで）	11. 雑誌「少年園」創刊
		2.「日本之少年」創刊 7.「小国民」創刊
		明治25年にかけて「修身読み物」盛んに刊行される 8- バーネット作・若松賤子訳「小公子」『女学雑誌』一明治25年1月
		1-「こがね丸」『少年文学』博文館 全32冊 巌谷小波ほか（一明治27年11月） 2-「能褒野の露・裾野の嵐」『家庭教育歴史読本』博文館 全12冊 小中村義象・落合直文（一明治25年10月）
		3.14 伊澤修二編『小学唱歌』第一編
	9.『小学国文読本 尋常小学校用』文学社 山縣悌三郎 全8巻	11 ニッケル文庫『大冒険』蠡湖漁史
		7-「桃太郎」『日本昔噺』博文館 全24冊 巌谷小波（一明治29年8月）
		1- 樋口一葉「たけくらべ」『文学界』一明治29年1月
		10-「八咫烏」『日本お伽噺』博文館 全24冊 巌谷小波（一明治32年1月） 12-「日本開闢」『日本歴史譚』博文館 全24冊 大山田建樹（一明治32年12月）
		10-「桃太郎」『修身童話』開発社 全9冊 樋口勘次郎（一明治34年5月） 10-「高島秋帆」『少年読本』博文館 全50冊（一明治35年6月）
	4.12 樋口勘次郎『統合主義 新教授法』	1-「世界之始」『世界お伽噺』博文館 全100冊 巌谷小波（一明治41年2月） 1-「釈迦」『世界歴史譚』博文館 全36冊（一明治35年3月）
	12.『国語読本 尋常小学校用』冨山房 坪内雄蔵 全8巻 6-『修身訓話』同文館 全8巻 佐々木吉三郎・近藤九一郎・富永岩太郎（-12月）	6.18『教科適用幼年唱歌』田村虎蔵・納所弁次郎（一全八冊・明治35年）
	1. ライン等著『小学校教授の原理』同文館 山口小太郎・佐々木吉三郎訳 7.『尋常 国語教科書』金港堂 樋口勘次郎・野田瀧三郎 全8巻	『理科12ヶ月』博文館 全12冊 石井研堂（-11月） 7.25『幼稚園唱歌』（東くめ・巌谷小波作詞、滝廉太郎・鈴木毅一作曲） 9?-『幼年教育』警醒社 全100冊 田村直臣（明治40年?）
		1.1『お伽噺12ヶ月』金港堂書籍 全12冊 福田琴月・森桂園
		3-『明治お伽噺』博文館 全12冊 巌谷小波作・武内桂舟画（一明治37年8月）
	3.1 吉田熊次『社会的教育学講義』 3.16『教授材料 話の泉』学海指針社 教育資料研究会纂訳 4.1 第一次国定『尋常小学読本』（イエスシ読本）使用開始	
		2-『家庭お伽噺』春陽堂 全50冊 吉岡向陽・高野斑山共編（一明治43年12月）
		3-『世界お伽文庫』博文館 全50冊 巌谷小波（一大正4年12月） 12.20『お伽噺十人十色』金港堂 全10冊
	4.1 第二次国定『尋常小学読本』（ハタタコ読本）使用開始	12.15 小川未明『赤い船』

布＝文部省布達文書（該当年度別番号）

1887（明治20）		5.「教科用図書検定規則」文部省、小学校修身科授業では、教科書の使用を禁止する旨通達
1888（明治21）		
1889（明治22）	2.11 大日本帝国憲法発布 2.11 文相森有礼、官邸玄関で刺される（翌日死去）	4.8 帝国大学文科大学、中学校教員養成のため、特約生教育学科を開設（ハウスクネヒト講義を担当）
1890（明治23）	10.7「小学校令」小学校は、尋常小学校と高等小学校 10.30「教育ニ関スル勅語」発布 11.25 第1通常議会招集 11.29 大日本帝国憲法施行	10.31 文部省、教育勅語の謄本を全国の学校に頒布し、その趣旨の貫徹につとめるよう訓令
1891（明治24）		11.17「小学校教則大綱」第三條　読書及作文ハ普通ノ言語並日常須知ノ文字、文句、文章ノ読ミ方、綴リ方及意義ヲ知ラシメ適当ナル言語及字句ヲ用ヒテ正確ニ思想ヲ表彰スルノ能ヲ養ヒ兼ネテ智徳ヲ啓発スルヲ以テ要旨トス 12.17「小学校修身教科用図書検定標準（官報）」外国人例話の制限
1892（明治25）		3.25 文部省、教科用図書検定規則を改正し、検定基準を強化 9.19 文部省、小学校の教科書に生徒用と教師用との二種を設ける
1893（明治26）	3.7 井上毅、文相に就任（一明治27年8.29辞任）	5.18 湯本元一訳『倫氏教育法』（この頃からヘルバルト主義五段教授法流行）
1894（明治27）	8.1 清国に宣戦布告（日清戦争）	
1895（明治28）	4.17 日清講和条約調印 4.27 独仏露公使外務省へ覚え書き提出（三国干渉）	1.29 文部省、高等女学校規定を公布
1896（明治29）	3.31 台湾総督府直轄諸学校官制を公布（国語学校と国語伝習所を設立）	2.4 貴族院、小学校修身教科用図書の国費による編纂建議案を可決 12.20 大日本教育会、組織を改編し、帝国教育会と改称（国家教育社の併合）
1897（明治30）		3.19 貴族院、小学読本・修身教科書の国費編纂を建議
1898（明治31）		12.1 文部省、小学校教科書の府県採択制をやめ、各学校の自由採択とする小学校令改正案を閣議に提出（不正事件防止のため、実施に至らず）
1899（明治32）		2. 中学校令・実業学校令・高等女学校令を公布 3.6 衆議院、小学校修身教科書の国費による編纂を建議
1900（明治33）	8.20「小学校令改正」（尋常小学校を四年生に統一・義務教育の授業料を徴収せず） 8.21 文部省「小学校令施行規則」（国語科の創設、仮名の字体を定める、字音仮名遣いを改定、漢字の数を1200字に制限）	4－文部省内に修身教科書調査委員会を設置し、小学校修身教科書の国費編纂に着手（委員長加藤弘之、委員は高嶺秀夫・井上哲次郎・沢柳政太郎ほか）
1901（明治34）		
1902（明治35）	1.30 日英同盟条約	12.17 教科書疑獄事件
1903（明治36）		9.2 文部省設置 9.2 日本書籍（株）創立（社長・大橋新太郎、国定教科書翻刻のための同業者合同、9割以上出版独占）
1904（明治37）	2.10 ロシアに宣戦布告（日露戦争）	4.1 全国の小学校において、国定教科書使用開始（修身・読本・日本歴史・地理）明治38年から算術・図画、明治44年から理科
1905（明治38）	9.5 日露講和条約	3.20 帝国図書館（上野図書館）開館式
1906（明治39）	8.20（株）国定教科書教導販売所設立（日本書籍は解散）	
1907（明治40）	3.21「小学校令中改正」」尋常小学校（義務教育）年限を6年間に延長、高等小学校を2年もしくは3年制とする	
1908（明治41）		9.5 文部省に教科用図書調査委員会を設置 9.7 文部省、明治33年に制定した小学校教授用の仮名字体・字音仮名遣い・漢字使用制限などを撤廃 10.13「戊申詔書」渙発
1909（明治42）		9.27 小学校国定教科書を印刷する東京書籍（株）・日本書籍（株）・大阪書籍（株）設立
1910（明治43）	8.22 韓国併合	
1911（明治44）	8.24 朝鮮教育令公布	2.4 国定歴史教科書に関する「南北正閏問題」起こる－7.31
1912（明治45）	7.30 天皇没（大正と改元）	

明治検定期 「読書科」「国語科」用尋

発行者		明治28年
原亮三郎（金港堂）		訂正 新体読本尋常小学・8（金港堂）
原亮三郎（金港堂）		
原亮三郎（金港堂）		
原亮三郎（金港堂）		
辻敬之→辻太（普及舎）	作）	
普及舎	介・	尋常小学 読書教本・8（今泉定介・須永和三郎）訂正三版
普及舎		
須永和三郎（右文館）		
小林義則（文学社）	縣悌三郎）	
小林義則（文学社）		
小林義則（文学社）		
小林義則（文学社）		
小林八郎（集英堂）	）	
小林八郎（集英堂）		
小林八郎（集英堂）		
小林八郎（集英堂）		
小林八郎（集英堂）		
小林八郎（集英堂）		
坂上半七（育英舎）		新撰小学読本・8（育英舎）
川崎又次郎→西澤之介（国光社）		尋常小学読本・8（西澤之介）
西澤之介（国光社）		
西澤之介（国光社）		
冨山房		
冨山房		
神戸直吉（神戸書店）	学館）	
大日本図書株式会社（教育学館）		
田沼太右衛門（田沼書店）	助）	
牧野善兵衛・長嶋為一郎・吉川半七		
長嶋為一郎・吉川半七・牧野善兵衛		
長嶋為一郎・牧野善兵衛・吉川半七		
宮本行靖・関谷末松		
井上蘇吉		
石川寿々		
塚原苔園・石川寿々		
岩田富美・吉澤富太郎		
伊達周碩・石塚徳次郎		
大倉保五郎		
稲垣千穎		
村瀬之篤・鬼頭平兵衛		
平尾鍗蔵（十一屋）		
小林久太郎		
竹中粂治郎		
大山友徳・岩浅寛		
亀谷竹二（光風社）		
中島精一		
広岡幸助		
北畠茂兵衛		
鈴木吉蔵・加藤芳太郎		
島崎磯之丞		
内田芳兵衛		
杉本七百丸		
牧野善兵衛		
来澤定候		
池部活三（東京）→M22前川善兵衛【大阪】版権譲渡		
梅原亀七【大阪】＋原田庄左衛門・博文堂【東京】		
町田与三吉・和良伴三郎・石田忠兵衛【京都】		
石塚徳次郎・吉川半七・小林義則・宮川保全【東京】		
林斧介・右田喜久郎・長浜竹次郎・高田芳太郎【福岡】		
内藤恒右衛門【山梨】		
三浦源助【岐阜】		
岡田新次郎・杉本甚之介【京都】		
寺田新助・大西洋【茨城】		
山名喰作・今井源吾【伊勢】		
富山県蔵版【富山】		
倉知新吾・近田太三郎【石川】		
中田清兵衛・小林恒太郎・大橋甚吉【富山】		小学尋常読本・8（浅尾重敏）
山梨図書出版社【山梨】		

明治検定期「読書科」「国語科」用尋

発行者	／明治36年
原亮三郎（金港堂）	
原亮三郎（金港堂）	
原亮三郎（金港堂）	
原亮三郎（金港堂）	
辻敬之→辻太（普及舎）	読本 尋常小学校児童用・8（普及舎）訂正四版
普及舎	
普及舎	
須永和三郎（右文館）	
小林義則（文学社）	国語教科書・8（文学社）
小林義則（文学社）	
小林義則（文学社）	
小林義則（文学社）	
小林八郎（集英堂）	
小林八郎（集英堂）	
小林八郎（集英堂）	
小林八郎（集英堂）	
小林八郎（集英堂）	
小林八郎（集英堂）	
坂上半七（育英舎）	学国語教本・8（育英舎）訂正三版
川崎又次郎→西澤之介（国光社）	
西澤之介（国光社）	
西澤之介（国光社）	
冨山房	
冨山房	
神戸直吉	
大日本図書株式会社	
田沼太右衛門	
牧野善兵衛・長嶋為一郎・吉川半七	
長嶋為一郎・吉川半七・牧野善兵衛	
長嶋為一郎・牧野善兵衛・吉川半七	
宮本行靖・関谷末松	
井上蘇吉	
石川寿々	
塚原苔園・石川寿々	
岩田富美・吉澤富太郎	
伊達周碩・石塚徳次郎	
大倉保五郎	
稲垣千穎	
村瀬之篤・鬼頭平兵衛	
平尾錦蔵（十一屋）	
小林久太郎	
竹中彔治郎	
大山友徳・岩浅寛	
亀谷竹二（光風社）	
中島精一	
広岡幸助	
北畠茂兵衛	
鈴木吉蔵・加藤芳太郎	
島崎磯之丞	
内田芳兵衛	
杉本七百丸	
牧野善兵衛【大阪】	
来澤定候	
池部活三	
梅原亀七【大阪】	
町田与三吉・和良伴三郎・石田忠衛【京都】	
石塚徳次郎・吉川半七・小林義則・宮川保全【東京】	
林斧介・右田喜久郎・長浜竹次郎・高田芳太郎【福岡】	
内藤恒右衛門【山梨】	
三浦源助【岐阜】	
岡田新次郎・杉本甚之介【京都】	
寺田新助・大西洋【茨城】	
山名喰作・今井源吾【伊勢】	
富山県蔵版【富山】	
倉知新吾・近田太三郎【石川】	
中田清兵衛・小林恒太郎・大橋甚吉【富山】	
山梨図書出版社【山梨】	

読本」「掛図」「単級用」「温習科読本」。
に分けて文部用の検定申請に出されたこと
して検定された読本名。

1. *The National Second Reader*

2. *Sanders' Union Reader No.2*

3. *Sargent Standard Reader 2*

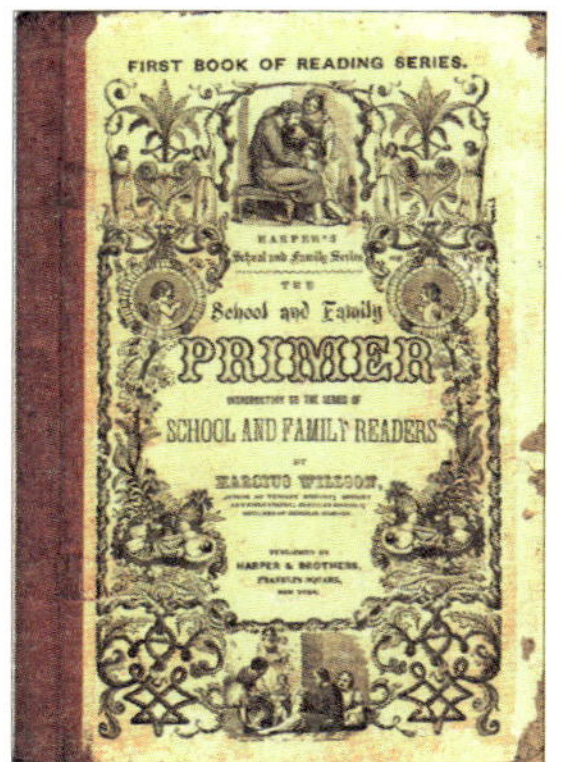

4. *Willson Primer Reader*

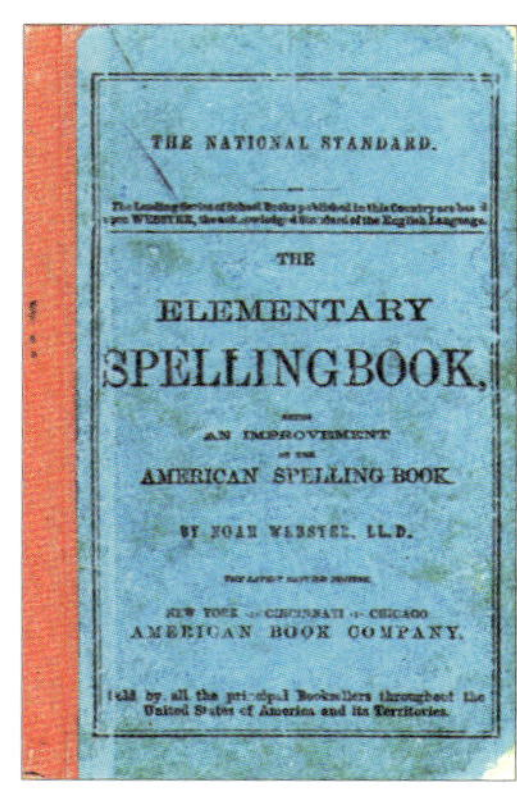

5. *Elementary Spelling Book*

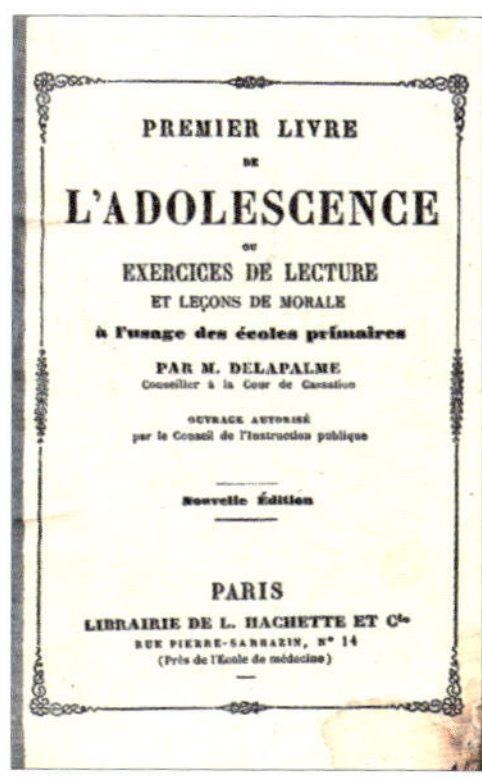

6. *Premier Liver de Ladolescence*

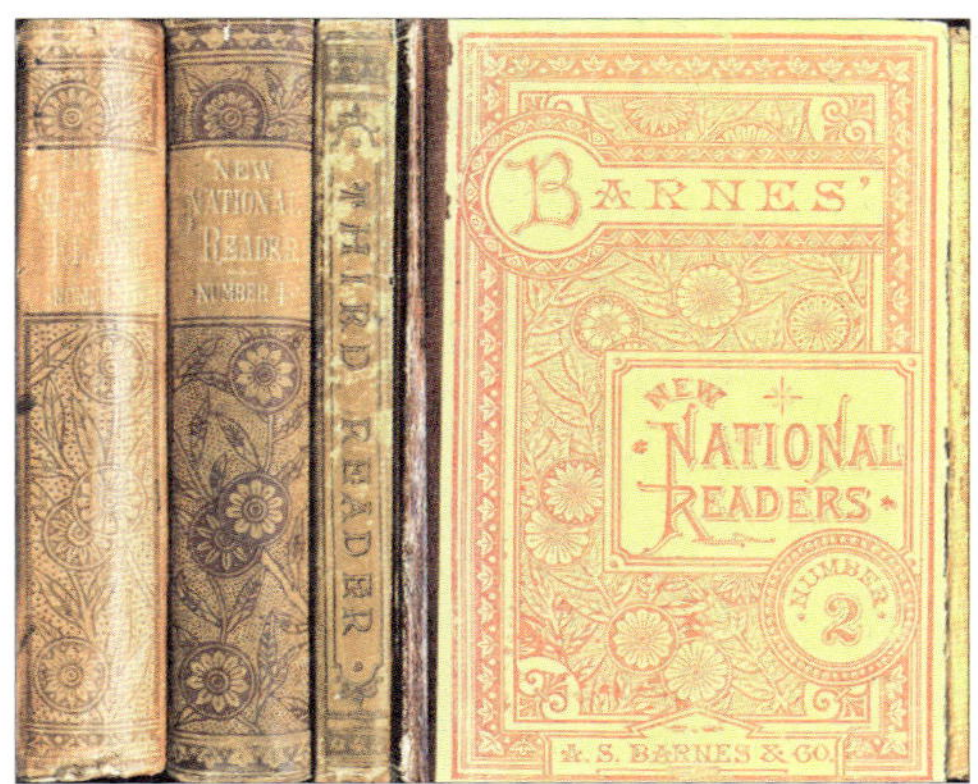

7. *Barne's New National Reader 1–5*

8. *Lesebuch für Volksschulen Ausg. C.*

9.『西洋 勧善夜話』明治６年

10.『サルゼント氏 第三リイドル』明治６年

11.『西洋 稚児話の友』明治６年

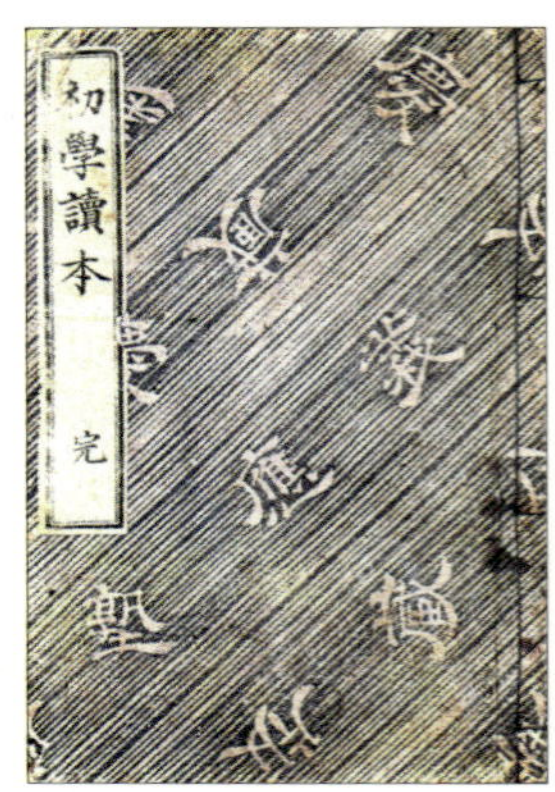

12.『初学読本』明治６年

13.『童子諭』明治６年

14.『訓蒙叢談』明治６年

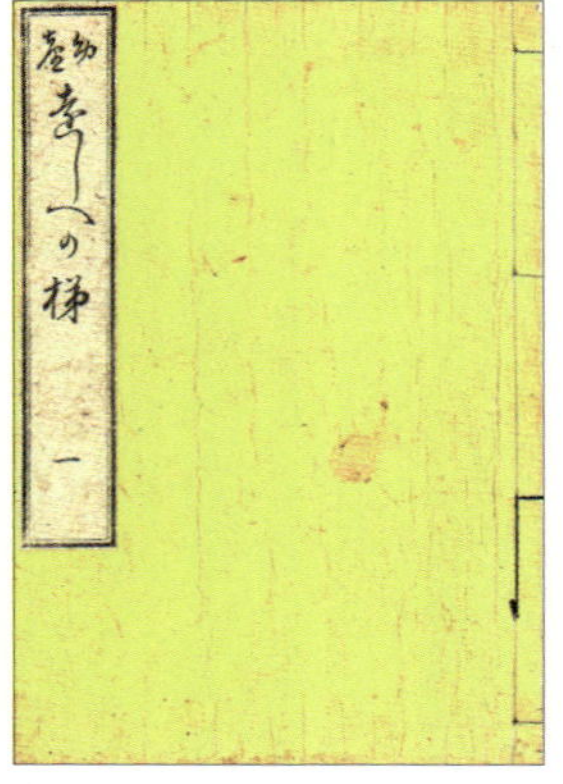

15.『幼童 教の梯』明治６年

16.『啓蒙 修身録』明治６年

17.『修身学訓蒙』明治 6 年

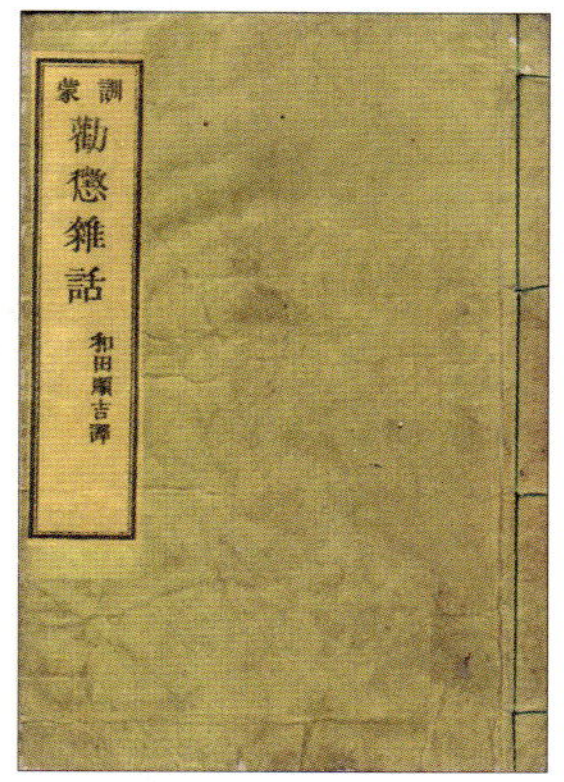

18.『訓蒙 勧懲雑話』明治 8 年

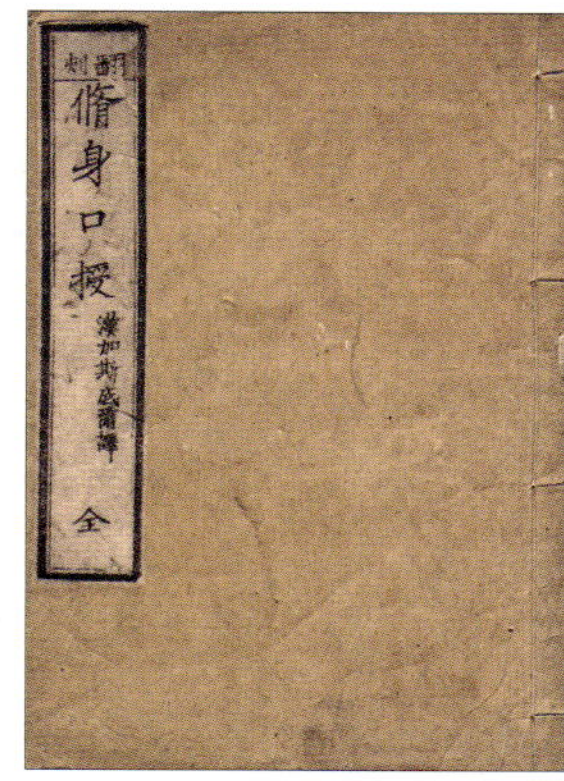

19.『修身口授』明治 8 年

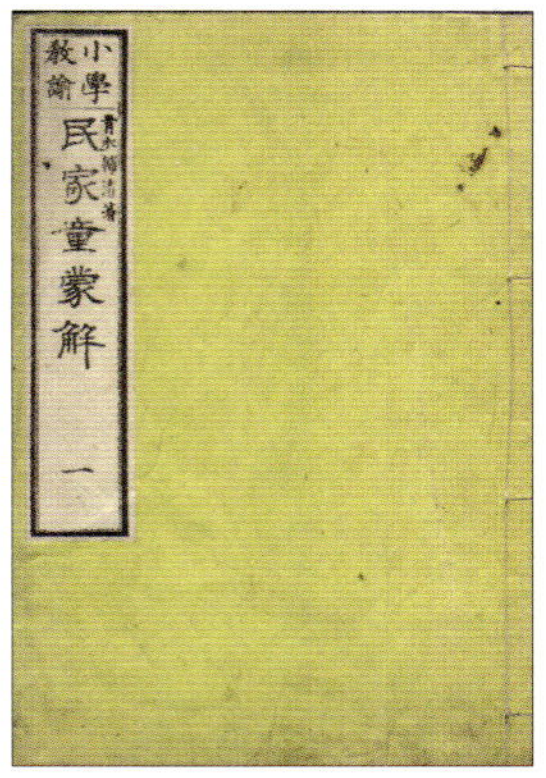

20.『小学教諭 民家童蒙解』
明治 7 年

21.『西洋童話』明治 6 年

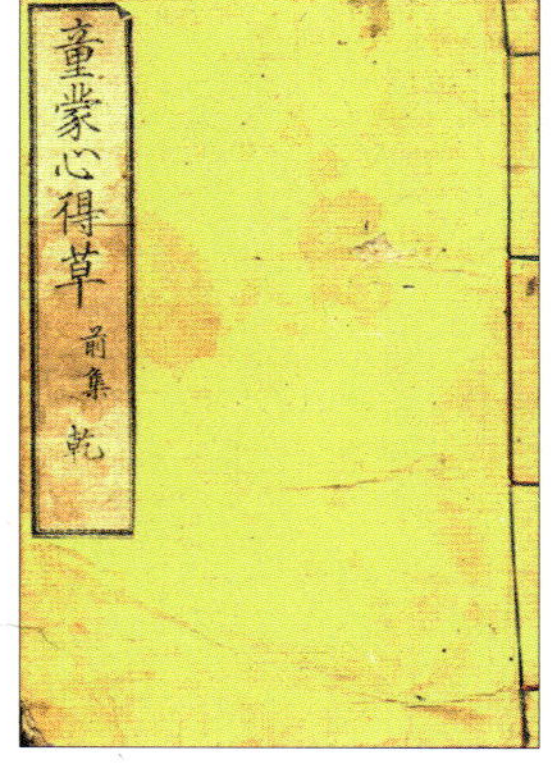

22.『童蒙心得草』明治 6 年

23.『西洋英傑伝』明治 5 年

24.『大日本夜話』初集・第二集　明治 7・8 年

25.『西洋夜話』初集・第二集
明治 4・6 年

26.『童蒙をしへ草』明治 5 年

27.『勉強示蒙』明治 6 年

28.『児童教誡口授』明治 12 年

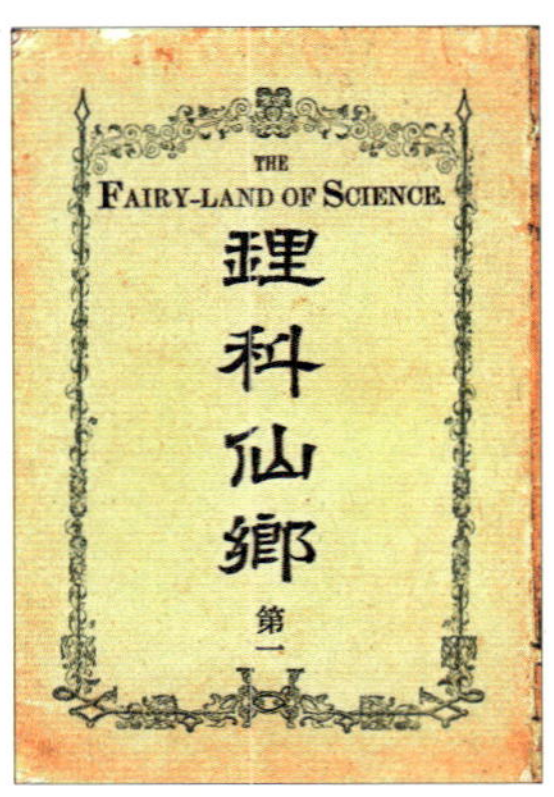

29.『理科仙郷』明治 19 年

30.『通俗伊蘇普物語』明治 6 年

31.『珊瑚乃虫』明治 7 年

32.『だいにのよみほん』
明治 6 年

33.『変異弁』明治 6 年

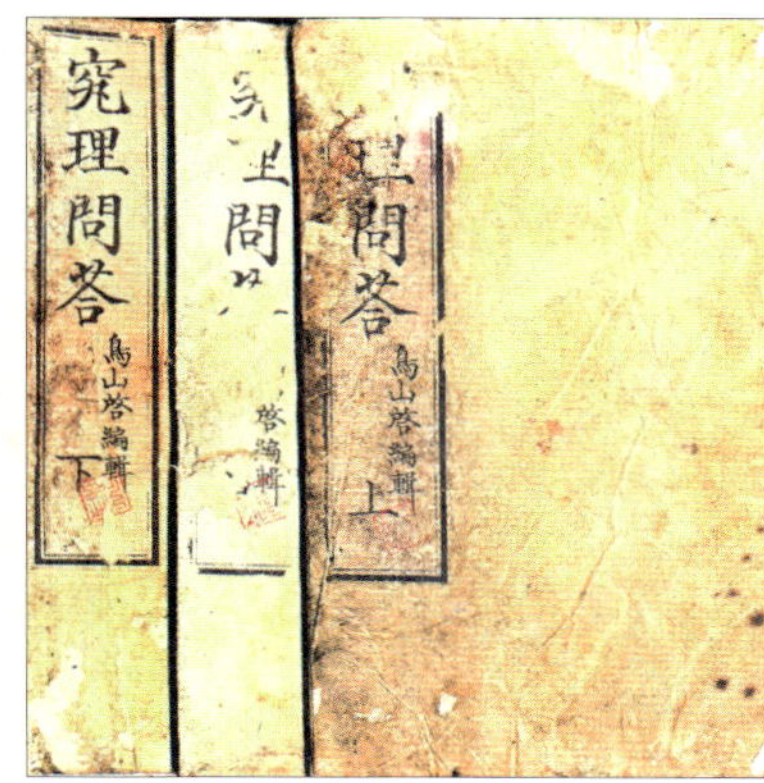

34.『窮理問答』明治 6 年

35.『訓蒙 天然地理学』明治 6 年

36.『窮理早合点』明治 5-6 年

37.『窮理早合点』見返し
明治 5 年

38.『窮理早合点』二編・口絵　明治 6 年

39.『ちえのいとぐち』明治４年

40.『絵入 知慧の環』明治３年

41.『絵入 智慧の環』明治３年

42. 新聞錦絵『大阪日々新聞紙』第四号　明治８年？

43.『窮理捷径 十二月帖』
明治５年

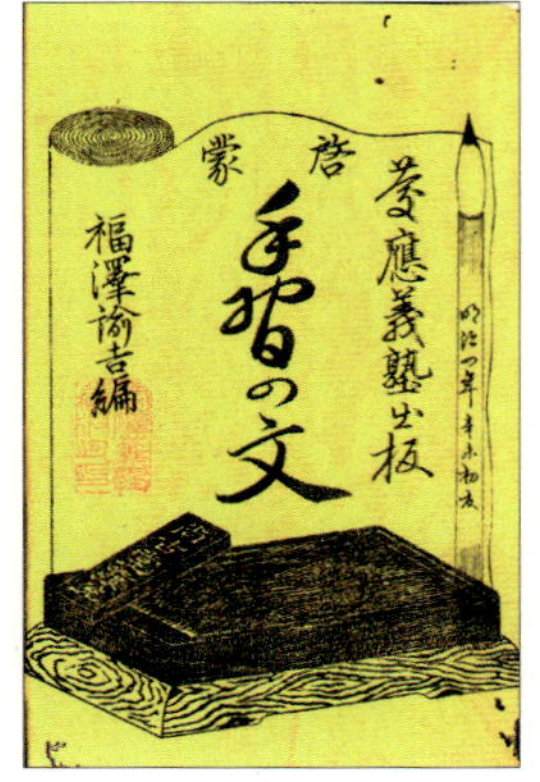

44.『啓蒙 手習の文』明治４年

45.『首書絵入 世界都路』口絵　河鍋暁斎 画　明治 5 年

46. おもちゃ絵「小学読本」
芳藤 画　半面の 1/2 を提示

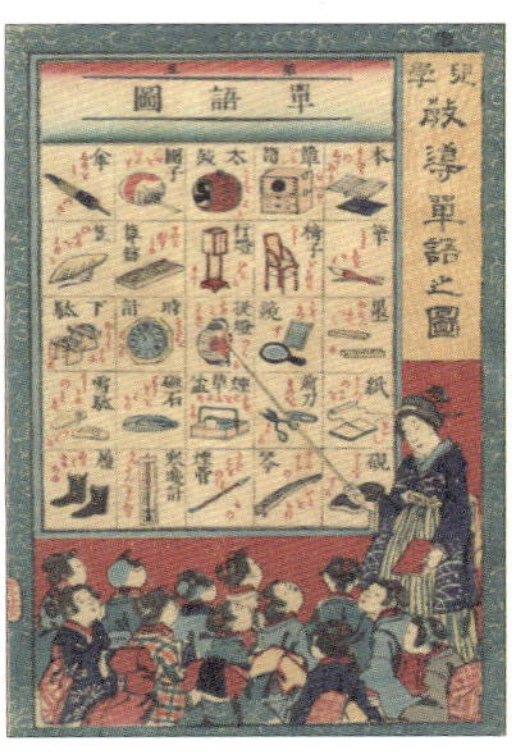

47. おもちゃ絵『児学教導単語の図』
明治 8 年

48.『平仮名新聞稚絵解』
明治 8 年

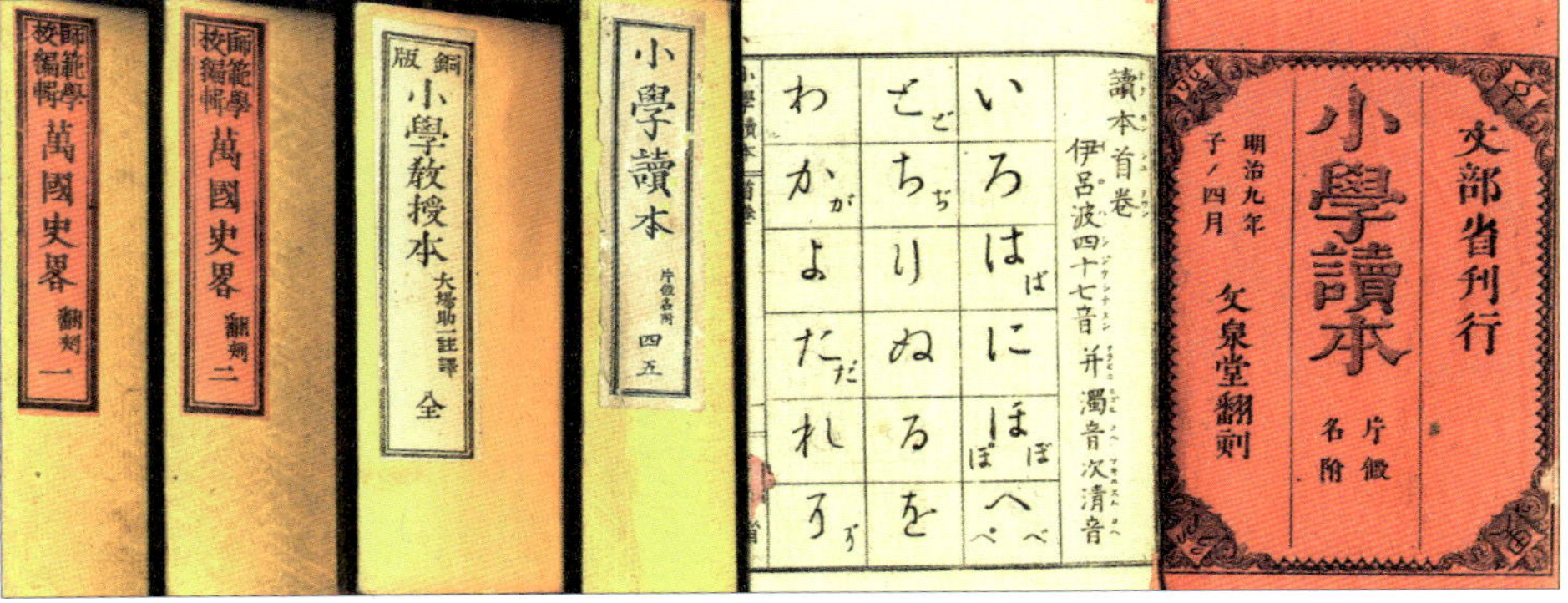

49.『小学 読本』『小学教授本』『万国史略』明治 9 年　袖珍本・銅版印刷

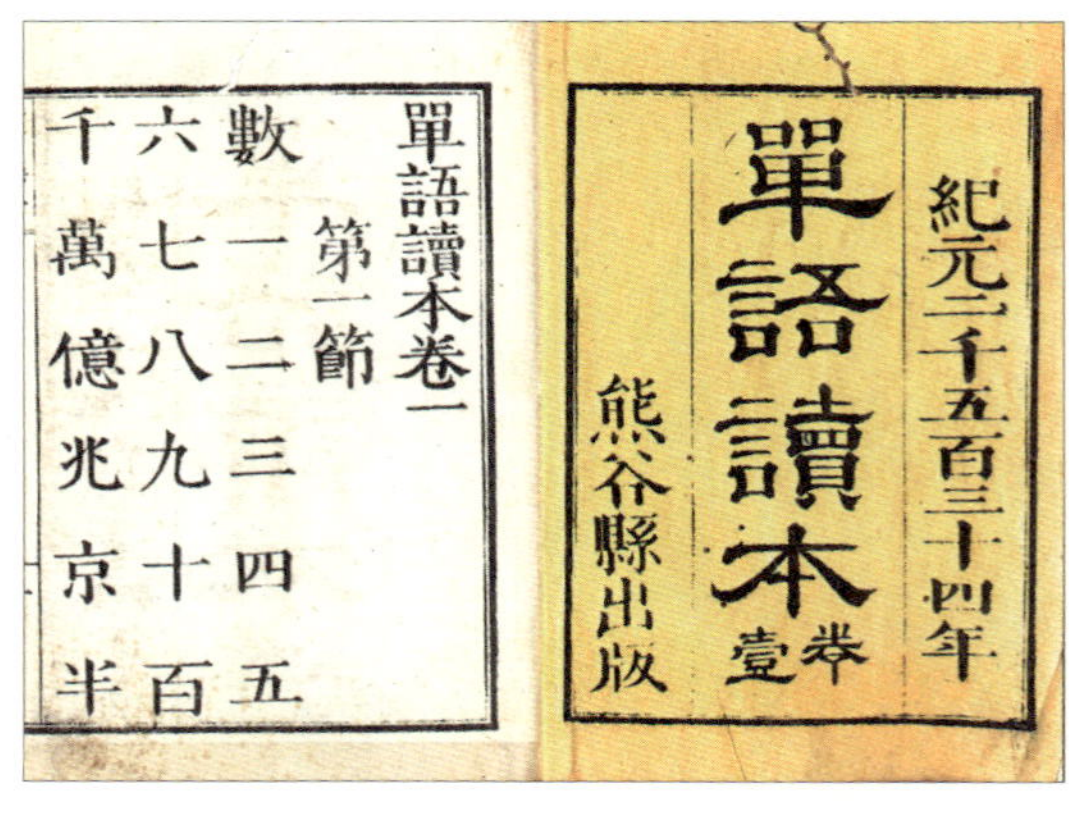

50.『単語読本』明治 7 年

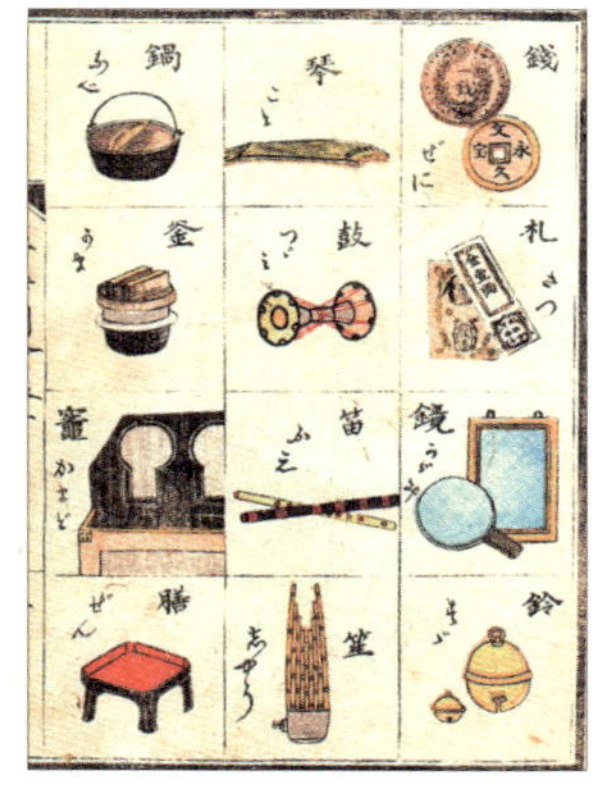

51.『単語図絵』明治 8 年

52.『勧孝邇言』明治 6 年

53.『初学入門』明治 10 年

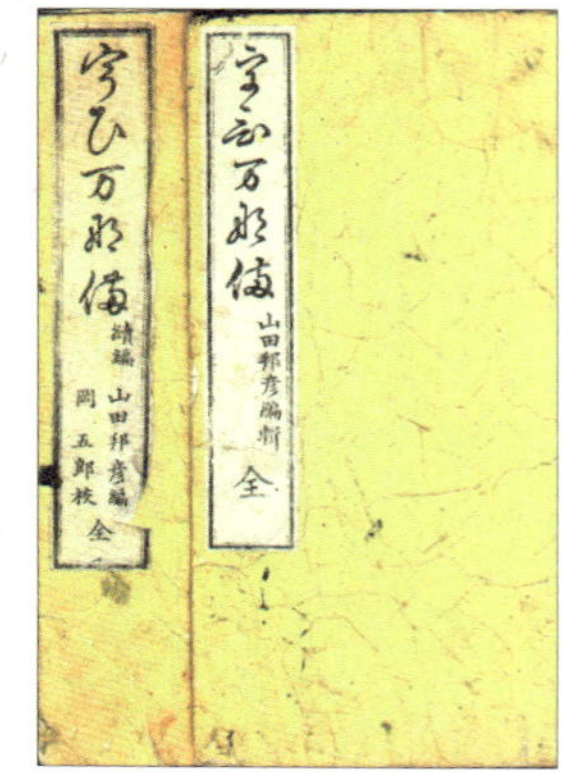

54.『うひまなび』明治 16-17 年

55.『小学読本』明治 14 年

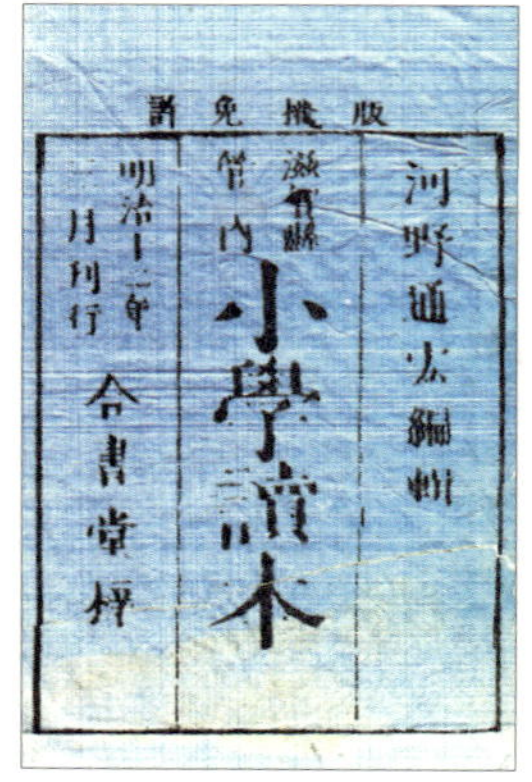

56.『滋賀県管内 小学読本』
明治 12 年

57.『小学読本』明治 21 年

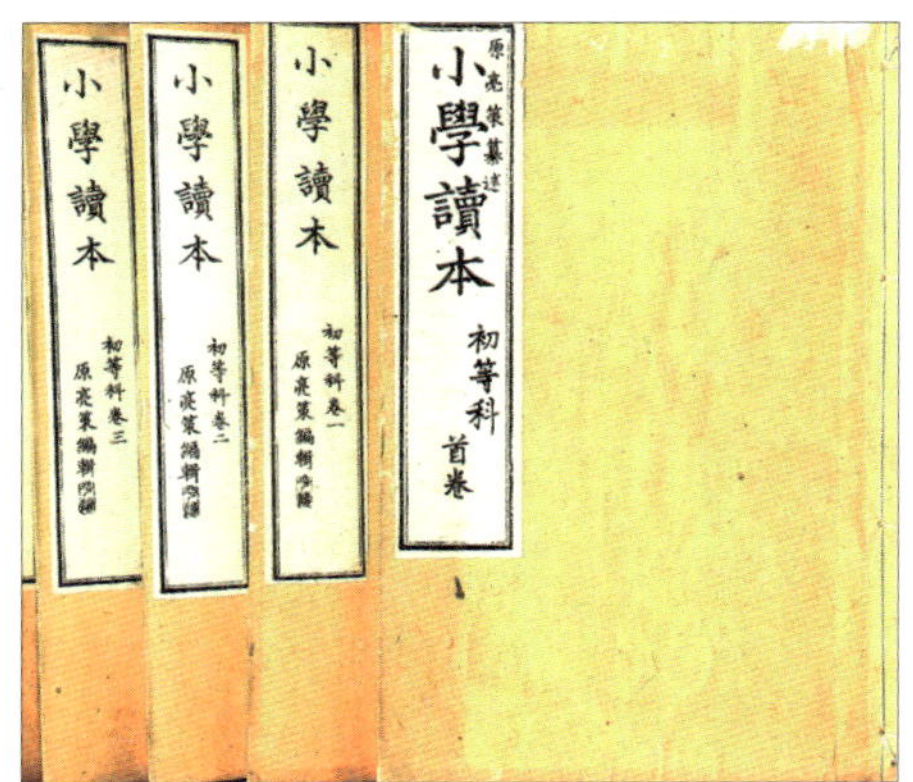

58.『小学読本 初等科』明治 16 年

59.『尋常 国語読本・甲種』明治 33 年

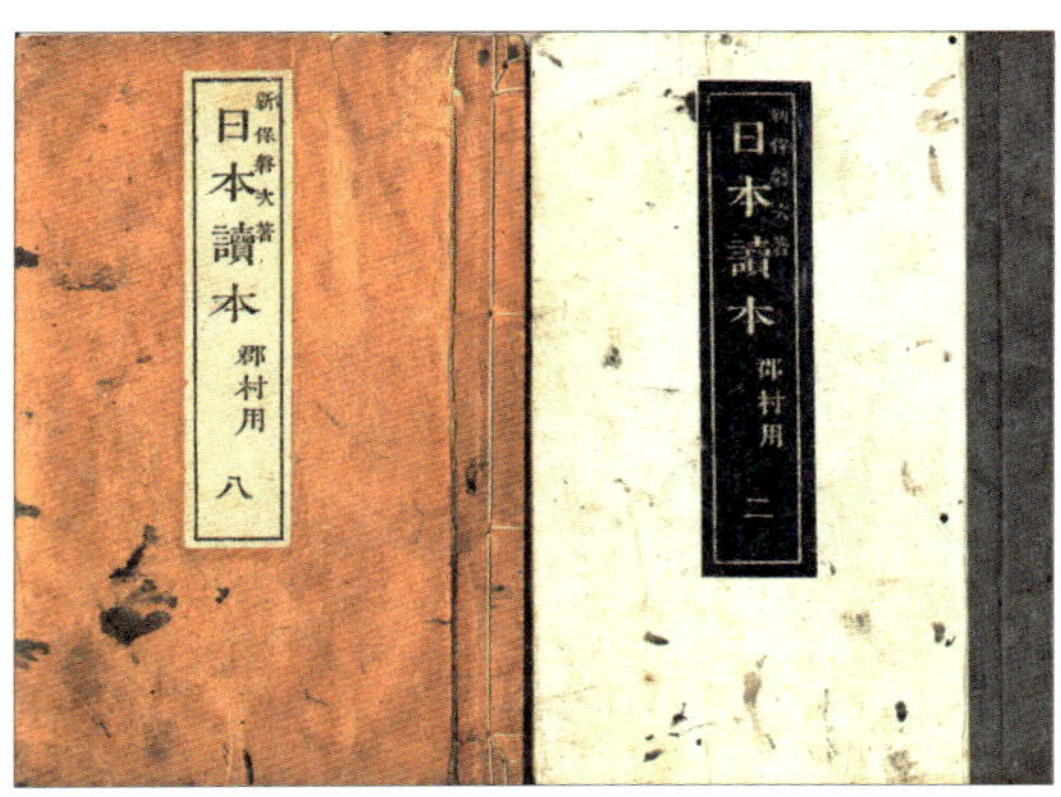

60.『日本読本 郡村用』明治 22 年　装丁の異なる二種

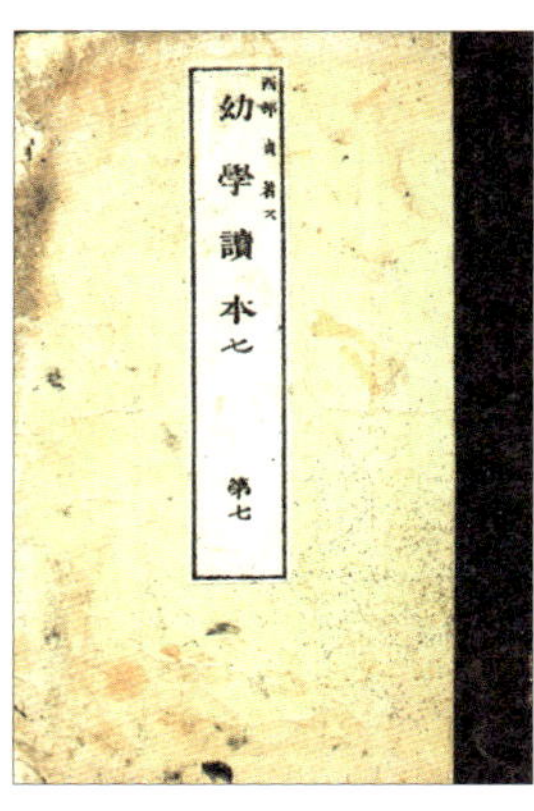

61.『幼学読本』明治 20 年

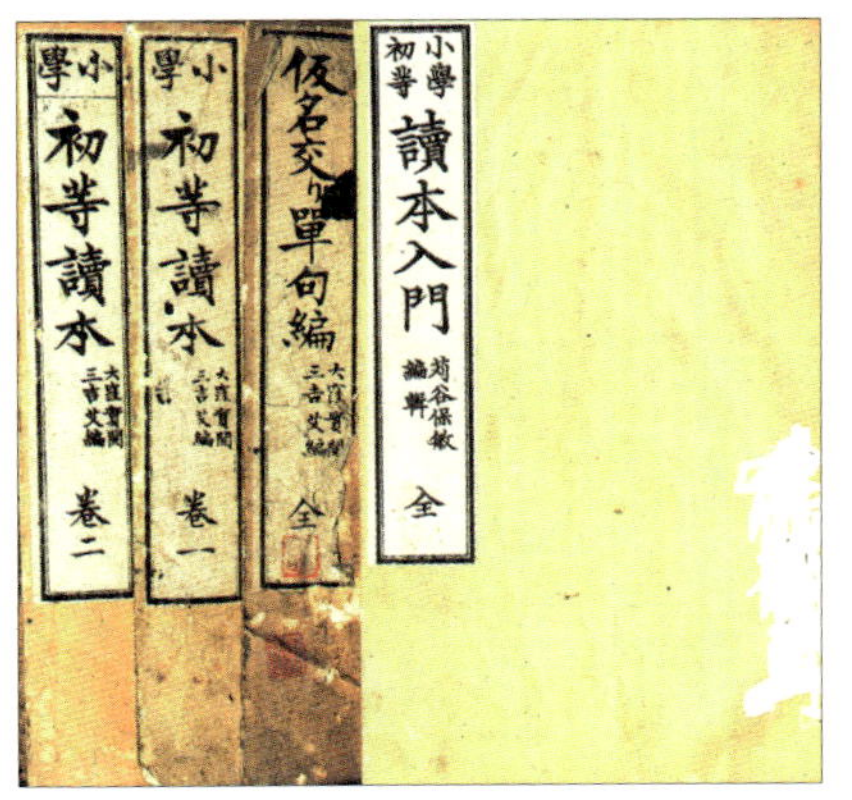

62.『小学 初等読本』明治 17 年

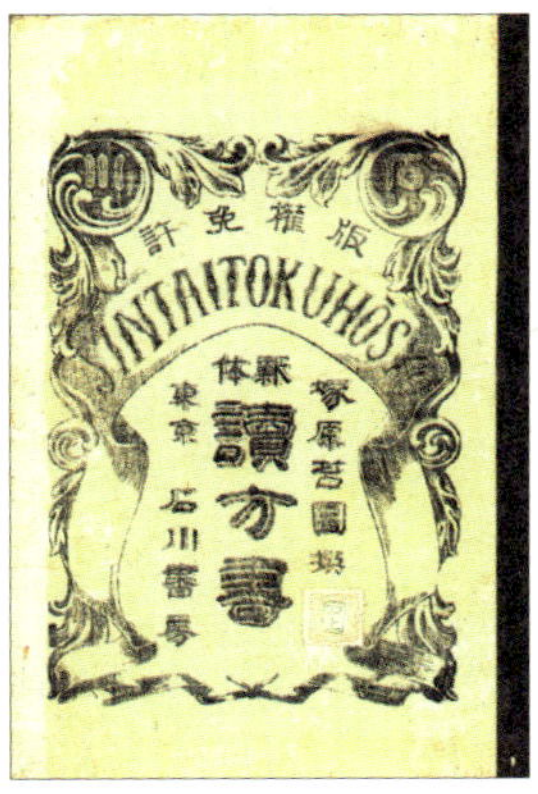

63.『新体 読方書』明治 20 年

64.『新選 小学読本』明治 13 年

65.『大日本読本 高等小学校用』明治 30 年

66.『小学読本』明治 22 年

67.『第一 — 第四読本』明治 20 年

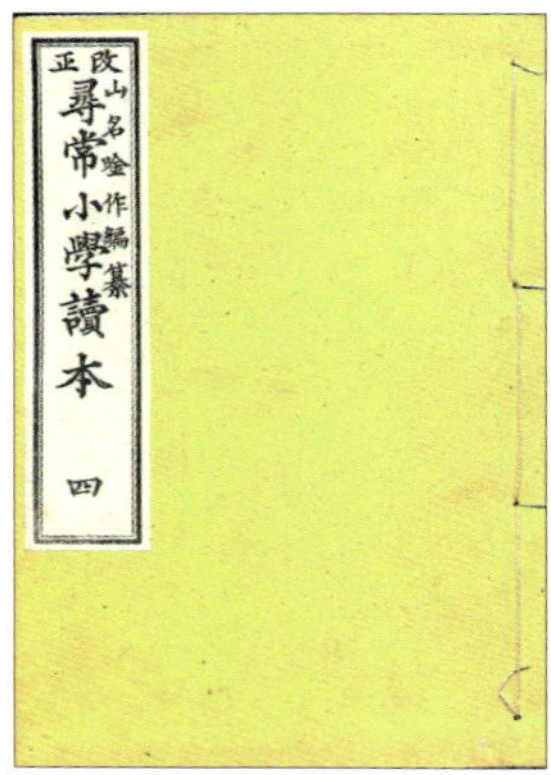

68.『改正 尋常小学読本』明治 21 年

69.『小学読本』明治 20 年

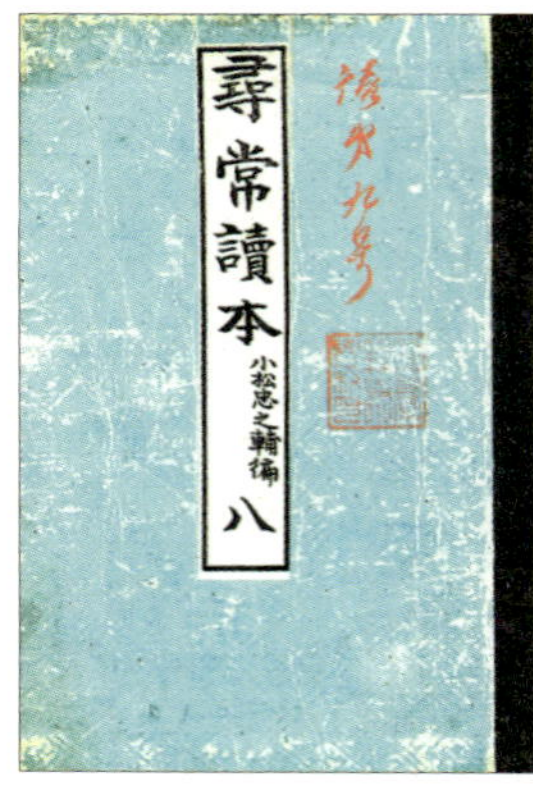

70.『尋常読本』明治 21 年

71.『普通読本』明治 20 年

72.『初学第四読本』明治 21 年

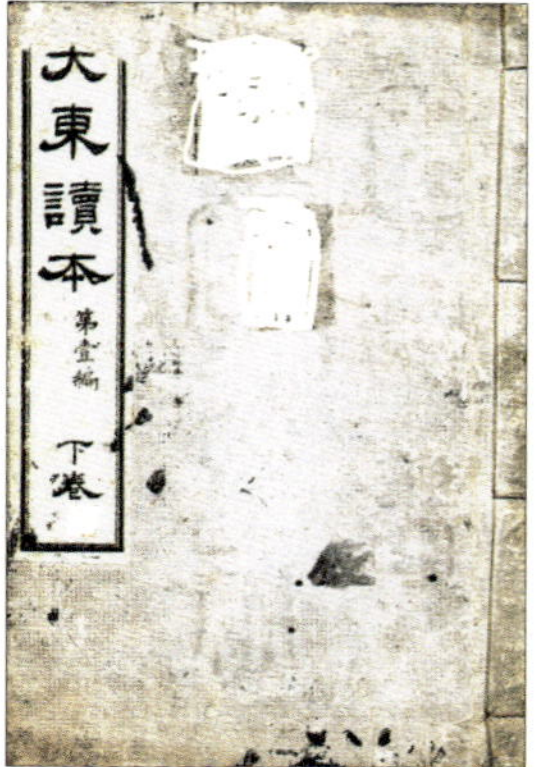

73.『大東読本』明治 26 年

74.『桃太郎噺』明治 20 年

75.『教育昔話 かちかち山』
明治 31 年

76.『児童教育 昔話舌切雀』
明治 31 年

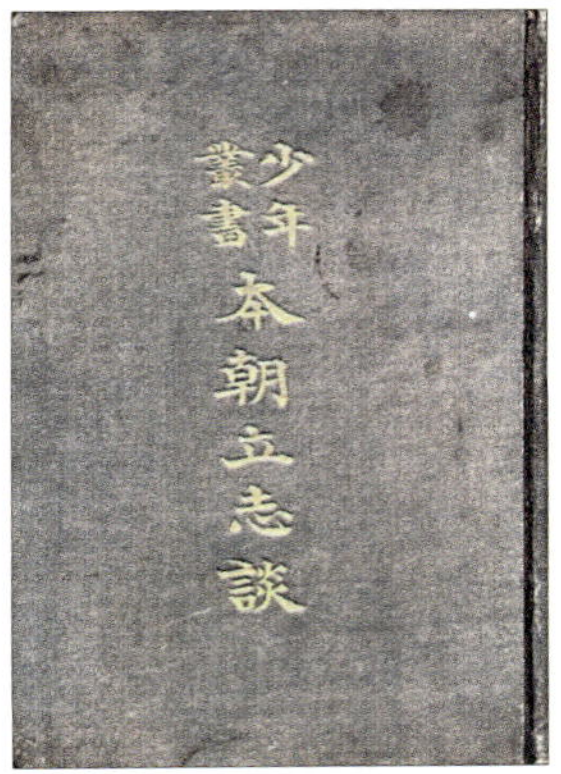

77.『少年叢書 本朝立志談』
明治 23 年

78.『少年金函』明治 22 年

79.『少年立志伝』明治 25 年

80.『少年寄合演説』明治 24 年

81.『家庭教育 忠孝年美談』
明治 30 年

82.『家庭教育 幼年修身はなし』
明治 24 年

83.『小学生徒 教育修身話』
明治 22 年

84.『幼年必読 修身訓話』
明治 32 年

85.『新教育 生徒修身の噺』
明治 30 年

86.『ゑほんをしへくさ』明治 22 年

87.『教育児談』明治 23 年

88.『文武忠孝 教育桃太郎冊紙』
明治 23 年

89.『修身教育 家庭の話』明治 23 年

90.『修身童話・したきりすずめ』明治 32 年

91.『教材叢書 修身訓話』明治 33 年

92.『小学生徒 教育昔噺』

93.『小学生徒 教育昔噺』

94.『伊呂波短歌 教育噺』

95.『伊呂波短歌 教育噺』

96. 金港堂によるお伽シリーズの一部

97.「少年お伽話」ほか類似の叢書の一部

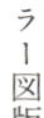

98. 幼童家庭教育用絵画　明治 6 年

99. 幼童家庭教育用絵画　明治 6 年

100.「教導立志基」清親 画　明治 18 年

101.「賞標」滋賀県　明治 26 年

102.「歴史教訓画」明治 30 年

103.「教訓カード」明治 30 年

104.「子ども教育手遊」年代不明

105.「おもちゃ絵」猿蟹合戦・一勇齋芳幾 画　年代不明　切り離して綴じ合わせると豆本にもなる

カラー図版について

- 本書で取り上げた書物の書影を中心に、カラー図版を構成した。教科書類においては、本の表紙ではなく「見返し」を紹介したものもある。また、本文中の白黒図版と重なる図版があることをお断りしておく。
- 以下には、著者（編者）、書名、発行年、装丁などの情報を記した。原本は基本的に家蔵であるが、そのほかの所蔵の場合には、それを明記した。
- 各資料の大きさを「縦×横 cm」で表示した。ただし、和本に関しては、「半紙本」（22–23×15–16cm）、「中本」（18–19×12–13cm）、「小本」（15–16×11cm）、「袖珍本＝特小本」（12×8cm）という書誌学の用語を使った。図版の大きさと、もとの寸法はかなり異なっているので、その点に注意していただきたい。
- 図版に対応する本文が記載されているページは索引を参照。

1　原拠となった英語読本や欧米の子ども向け読み物類（八点）

「子ども向き翻訳啓蒙書」や日本の読本および修身読み物などのリソースとして使われた英語読本、あるいは欧米の子ども向け読み物の中から、その一部を取り上げて紹介した。外国語の読本の中には、日本の出版社がその内容をまるごと翻刻して、外国語学習用教科書として販売していたものもある。その中には、いわゆる「海賊版」も交じっていた。

1. Richard G. Parker & J. Madison Watson; *The National Second Reader* 1874 17.5×12cm 洋装ボール表紙本
2. Charles W. Sanders; *Sanders' Union Reader No. 2* 18×12cm 洋装ボール表紙本 大東館（DAITOKUWAN）一八八六（明治一九）年翻刻
3. Epes Sargent; *Sargent Second Standard Reader* 1875 17×11cm 洋装ボール表紙本
4. Willson Marcius; *Harper's School and Family Series PRIMER* 1875 19×13cm 洋装ボール表紙本
5. Noah Webster; *Elementary Spelling Book* 1880 17×11cm 洋装ボール表紙本
6. M. Delapalme; *Premier livre de l'adolescence, ou, Exercices de lecture et leçons de morale à l'usage des écoles primaires* 一八七二 14.5×9cm 洋装ボール表紙本
7. A. S. Barnes; *New National Readers* 1–5 19.5×14cm 洋装ボール表紙本 一八八七（明治二〇）年前後 六合館・宝文館などから翻刻
8. Eduard Bock; *Ferdinand Hirts Lesebuch für Volksschulen Ausg. C.* 19.5×14cm 六合館（RIKUGOKAN）一八九八（明治三一）年翻刻

2　子ども向け翻訳啓蒙書の数々（一三点）

ここで紹介する翻訳啓蒙書は、ほとんどが第一部第一章第一節第三項の「明治初期子ども向け翻訳啓蒙書一覧」（P. 35–36）の表に掲載した書物である。

9. 梅浦元善『西洋勧善夜話』全三冊　一八七二（明治五）年　和装中本
10. 松山棟庵『サルゼント氏第三リイドル』全二冊　一八七二（明治五）年　和装中本
11. 省己遊人『西洋稚児話の友』初集　一八七三（明治六）年　和装半紙本　横浜国立大学図書館蔵

12. 福沢英之助『初学読本』一八七三（明治六）年　和装半紙本
13. 福沢英之助『童子諭』一八七三（明治六）年　和装中本
14. 海老名晋『訓蒙叢談』全二冊 一八七三（明治六）年　和装半紙本　横浜国立大学図書館蔵
15. 深間内基『幼童 教の梯』一八七三（明治六）年　和装半紙本　横浜国立大学図書館蔵
16. 深間内基『啓蒙 修身録』全二冊 一八七三（明治六）年 和装半紙本　横浜国立大学図書館蔵
17. 山本義俊『修身学訓蒙』一八七三（明治六）年　和装半紙本
18. 和田順吉『訓蒙 勧懲雑話』一八七五（明治八）年　和装中本
19. 文部省（カステル訳）『修身口授』一八七五（明治八）年　和装中本
20. 青木輔清『小学教諭 民家童蒙解』一八七四（明治七）年　和装半紙本
21. 今井史山『西洋童話』一八七三（明治六）年　和装中本
22. 瓜生政和『教訓道話 童蒙心得草』一八七三（明治六）年　和装中本
23. 作楽戸痴鶯『西洋英傑伝』全六冊　一八七三（明治六）年　和装半紙本　横浜国立大学図書館蔵
24. 小笠原長道『小笠原氏 大日本夜話』初集・第二集　一八七四・五（明治七・八）年　和装中本
25. 石川彝『西洋夜話』全五冊　一八七二・三（明治五・六）年　和装中本
26. 福沢諭吉『童蒙をしへ草』全五冊　一八七二（明治五）年　和装中本
27. 山科生幹『勉強示蒙 一名童児心得草』全二冊　一八七三（明治六）年　和装半紙本
28. 筧昇三『親の口たすけ（児童教誡口授）』一八七三（明治六）年　洋装中本
29. 山縣悌三郎『理科仙郷』全一〇冊　一八八六（明治一九）年　20×13.5cm 洋装
30. 渡部温『通俗伊蘇普物語』全六冊　一八七三（明治六）年　和装半紙本
31. 前田泰一『珊瑚の虫』一八七四（明治七）年　和装中本

3　明治初期の鳥山啓の仕事（七点）

ここには、明治初期に啓蒙的な翻訳出版物を数多く刊行した鳥山啓の仕事の一部を取り上げた。この時期には、いわゆる「窮理熱」の流行に伴って、数多くの窮理書が刊行されているが、鳥山啓の仕事もそうしたブームの一環だったと捉えることができる。

32. 鳥山啓『だいにのよみほん』見返し　一八七三（明治六）年　和装中本
33. 鳥山啓『変異弁』見返し　一八七三（明治六）年　和装中本
34. 鳥山啓『窮理問答』全三冊　一八七三（明治六）年　和装中本

35．鳥山啓『訓蒙天然地理学』全三冊　一八七三（明治六）年　和装半紙本

36．鳥山啓『窮理早合点』全四冊　一八七二・三（明治五・六）年　和装半紙本

37．鳥山啓『窮理早合点』上巻・見返し 一八七二（明治五）年　和装中本

38．鳥山啓『窮理早合点』二編上・口絵　一八七三（明治六）年　和装中本

4　明治初期初等国語教科書と子ども読み物（一一点）

明治初期には、雑多な子ども向けの刷り物や小冊子などが刊行されており、それらは教科書図書と相俟って、広義の「教育的効果」を発揮していた。そうした印刷物を何点か紹介する。

39．古川正雄『ちゑのいとぐち』一八七一（明治四）年　和装中本

40．『絵入智慧の環』全八冊　一八七〇（明治三）年　和装半紙本

41．『絵入智慧の環』初編上・見返し　一八七〇（明治三）年　和装半紙本

42．新聞錦絵『大坂日々新聞紙』第四号　一八七五（明治八）年　24×17cm

43．内田晋齋『窮理捷径十二月帖』全二冊・見返し 一八七二（明治五）年　和装中本

44．福沢諭吉『啓蒙手習の文』見返し　一八七一（明治四）年　和装半紙本

45．仮名垣魯文『首書絵入世界都路』全七冊　一之巻・口絵（河鍋暁斎）一八七二（明治五）年　和装半紙本

46．おもちゃ絵・歌川芳藤「小学読本巻之一第三」部分　24×16.5cm

47．おもちゃ絵・肉亭夏良「児学教導単語之図・第五単語図」一八七五（明治八）年　37×25cm

48．梅堂国政『平仮名新聞稚絵解』第三号　一八七五（明治八）年　和装中本

49．『小学読本』一八七六（明治九）年、『小学教授本』一八七八（明治一一）年、『万国史略』一八七六（明治九）年、各12×8cm

5　各地域・民間教科書書肆から刊行された『小学読本』（二四点）

各地域や民間教科書書肆から出された『小学読本』を、その表紙の書影を中心に紹介した。

50．熊谷県『単語読本』一八七四（明治七）年　和装半紙本

51．斎藤幸直『単語図会』内容の一部　一八七五（明治八）年 和装半紙本

52．上羽勝衛『勧孝邇言』一八七三（明治六）年　和装半紙本

53．鳥山啓『初学入門』一八七七（明治一〇）年　和装半紙本

54．山田邦彦『うひまなび』『うひまなび続編』徳島県学務課蔵版　一八八三・四（明治一六・一七）年　和装半紙本

55.中島操・伊藤有隣『小学読本』全七冊　一八八一・二（明治一四・一五）年　和装半紙本
56.河野通宏『滋賀県管内 小学読本』全四冊　一八七九（明治一二）年　和装半紙本
57.東京府庁編『小学読本』全八冊　一八八八（明治二一）年　和装半紙本
58.原亮策『小学読本 初等科』金港堂　全六冊　一八八三（明治一六）年　和装半紙本
59.『尋常 国語読本・甲種』金港堂　冒頭頁　一九〇〇（明治三三）年　和装半紙本
60.新保磐次『日本読本・郡村用』金港堂　全八冊　一八八九（明治二二）年　和装半紙本
61.西邨貞『幼学読本』金港堂　金港堂　全八冊　一八八七（明治二〇）年　和装半紙本
62.大窪実・三吉艾『小学 初等読本』全六冊　一八八四（明治一七）年　和装半紙本
63.塚原苔園『新体 読方書』全八冊　一八八七（明治二〇）年　和装半紙本
64.久松義典『小学読本』金港堂　全三冊　一八八〇（明治一三）年　和装半紙本
65.尺秀三郎『大日本読本 高等小学科』一八九七（明治三〇）年　和装半紙本
66.文部省『小学読本』全四冊　一八八九・九〇（明治二二・二三）年　和装半紙本　岩手大学図書館蔵
67.北条亮『第一―第四読本』全八冊　一八八七（明治二〇）年　和装半紙本
68.山名唫作『改正 尋常小学読本』全四冊　一八八八（明治二一）年　和装半紙本
69.近藤鼎『小学読本』全八冊　一八八七（明治二〇）年　和装半紙本
70.小松忠之輔『尋常読本』全八冊　一八八八（明治二一）年　和装半紙本
71.高橋熊太郎『普通読本』全八冊　一八八七（明治二〇）年　和装半紙本
72.島崎友輔『初学第一―第八読本』一八八八（明治二一）年　和装半紙本
73.大矢透『大東読本』全四冊　一八九三（明治二六）年　和装半紙本

6　各種の少年書類（子ども読み物）（二四点）

明治二〇年代から三〇年代にかけて、様々な子ども向けの読み物が作製された。そのどれもが何らかの形で「教育」と関わった刊行物であることを標榜しており、「少年書類」と総称される。ここには、江戸期以来の「赤本」の伝統を引き継ぐ諸本も含めて、各種の「子ども読み物」の表紙を収録した。

74.『桃太郎噺』沢久次郎発行　一八八七（明治二〇）年　和装袖珍本
75.『教育昔噺 かちかち山』森本順三郎発行　一八九八（明治三一）年　和装中本
76.『児童教育 昔話舌切雀』柏村一介発行　一八九八（明治三一）年　洋装中本
77.松本愛重『少年叢書 本朝立志談』一八九〇（明治二三）年　19×13cm　洋装ボール表紙

78.田中登作『少年金函』普及舎　一八八九（明治二二）年　20.5×14cm　洋装ボール表紙
79.高橋省三『少年立志伝』学齢館　一八九二（明治二五）年　18.5×12.5cm　洋装
80.三好守雄『少年寄合演説』一八九一（明治二四）年　17×11.5cm　洋装
81.岡野英太郎『家庭教育 忠孝美談』錦近堂　一八九七（明治三〇）年　18.5×12.5cm　洋装
82.渡辺松茂『家庭教育 幼年修身ばなし』積善館　一八九一（明治二四）年　18.5×12.5cm　洋装
83.吉澤富太郎『小学生徒 教育修身話』一八八九（明治二二）年　18×12cm　和装
84.鉄研学人『幼年必読 修身訓話』魚住書店　一八九九（明治三二）年　22×15cm　洋装
85.『新教育生 徒修身の噺』順成堂　一八九七（明治三〇）年　19×13cm　洋装
86.山田仙『ゑほんをしへくさ』一八八九（明治二二）年　和装袖珍本
87.遠藤甬作『教育児談』一八九〇（明治二三）年　18.5×13cm　洋装ボール表紙本
88.山本正義『文武忠孝 教育桃太郎冊紙』一八九〇（明治二三）年　23×14cm　和装　桃太郎のストーリーに教育勅語の文言を重ね合わせた「勅語図解」の一種である。
89.和田万吉『修身教育 家庭之話』一八九〇（明治二三）年　18×12cm　洋装
90.樋口勘次郎『修身童話 したきりすずめ』一八九九（明治三二）年　23×15cm　洋装
91.『教材叢書 修身訓話』同文館　全八冊　一九〇〇（明治三三）年　和装半紙本
92.93.『小学生徒 教育昔噺』一八八七（明治二〇）年　和装袖珍本
94.95.『いろはたんか 教育噺』一八八九（明治二二）年　和装袖珍本
96.「金港堂による各種お伽噺シリーズ」の一部　一九〇二（明治三五）年―
97.「少年お伽噺」ほか類似の叢書の一部　一九〇二（明治三五）年―

7　各種教育用の「紙もの」類（八点）

子どもを対象にした各種教育用刷り物を紹介した。98と99は文部省が作製したものである。

98.「幼童家庭教育用絵画」（英国・ヒースコート）一八七三（明治六）年　34×24cm
99.「幼童家庭教育用絵画」（勉強する童男）一八七三（明治六年）　34×24cm
100.「教導立志基」（袈裟御前）小林清親画　松本平吉版　一八八五（明治一八）年　37×25cm
101.滋賀県「賞標」（教育勅語対応カード）一八九三（明治二六）年　12.5×8.5cm
102.「歴史教訓画」（楠正行）綱島亀吉　一八九七（明治三〇）年　35×24cm

103.「教訓カード（仮）」京都府　一八九七（明治三〇）年　14×10.7cm

104.「子供教育手遊」三錦堂版　年代不明　紙製の様々な学習用具のミニチュアがパック（10×16cm）の中に収めてある。セットの中には「小学読本」（4.5×3cm）や「手習習字手本」もある。

105.「おもちゃ絵・猿蟹合戦・一勇齋芳幾画」37×25cm　一枚絵だが、コマ割構成を採用しており、綴じると最初と最後のコマが、豆本の表紙と裏表紙になる。

［索引終］

ひ

ふ

へ

ほ

ま

み

め

も

て

と

な

に

の

は

そ

た

ち

つ

す

せ

し

く

け

こ

さ

お

か

き

書名索引

ゆ

よ

り

れ

わ

み

む

め

も

や

ひ

ふ

ほ

ま

1198

ち

つ

て

と

く

こ

さ

か

き

う

え

お

問答　947, 1032

よ

幼年教育　181
余師　143

り

リテラシー形成メディア　3, 13, 37, 985, 1096

わ

分かち書き　573

人名索引

A

A.B.Mitford（ミットフォード）552
A.Pickel（ピッケル）884, 1066
Aesop（イソップ）538, 651, 752, 840
Alexander Pope（ポープ）101
Antonio Fontanesi（フォンタネージ）518
Arthur Schopenhauer（ショーペンハウエル）1088
Augustus Mitchell（ミッチェル）282, 283, 284, 285

B

Benedict Anderson（ベネディクト・アンダーソン）656
Brüder Grimm（グリム兄弟）69, 70, 71, 532, 844, 903, 1042, 1043, 1046, 1056, 1058, 1068, 1071, 1080, 1105
Buckley（バックレー）623

C

Charles John Huffam Dickens（ディケンズ）8, 82, 101, 1105
Charles Perrault（ペロー）845
Cowdery（コウデリー・コウドレー）125, 136, 137, 138, 140, 196, 618, 621

D

Daniel Defoe（デフォー）542

E

E.Schellker（シュルレル）884, 1066
Edmondo De Amicis（アミーチス）845, 847
Eduard Bock（ボック）509, 510, 511, 513, 514, 532
Emil Hausknecht（ハウスクネヒト）881, 884
Emma Willard（ウィルラード）101
Ernest Francisco Fenollosa（フェノロサ）519

F

F.Junge（ユンゲ）910
Frances Eliza Hodgson Burnett（バーネット）718
Francis W. Parker（パーカー）875, 884, 897, 910, 930
Francis Wayland（ウェーランド）24, 26, 38, 138, 139, 140, 142, 144, 196, 555

G

Garrigues.J（ガリグエー）393

H

Hans Christian Andersen（アンデルセン）8, 1082, 1084, 1105
Homerus（ホメロス）881

事項索引

索 引

著者紹介

府川源一郎（ふかわ げんいちろう）

〈略歴〉

一九四八（昭和二三）年、東京に生まれる。

横浜国立大学大学院教育学研究科修了。博士（教育学）。

川崎市の公立小学校で普通学級、障害児学級（ことばの教室）担任の後、横浜国立大学教育学部付属鎌倉小学校教諭を経て、横浜国立大学教育人間科学部教授。

日本文学協会、全国大学国語教育学会、日本国語教育学会、日本読書学会、日本児童文学学会、日本教育学会、NIE学会などに所属。


〈主な著書〉

『消えた「最後の授業」――言葉・国家・教育』（大修館書店　一九九二年）、『「稲むらの火」の文化史』（久山社　一九九九年）、『「ごんぎつね」をめぐる謎――子ども・文学・教科書』（教育出版　二〇〇〇年）、『私たちのことばをつくり出す国語教育』（東洋館出版社　二〇〇九年）など。

明治初等国語教科書と子ども読み物に関する研究
リテラシー形成メディアの教育文化史

発行　二〇一四年二月一四日　初版一刷
定価　一九〇〇〇円＋税
著者　©府川源一郎
発行者　松本功
装幀者　春田ゆかり
印刷所　株式会社 シナノ
製本所　三省堂印刷株式会社
発行所　株式会社 ひつじ書房
〒一一二-〇〇一一
東京都文京区千石二-一-二　大和ビル二階
Tel 03-5319-4916　Fax 03-5319-4917
郵便振替 00120-8-142852
toiawase@hituzi.co.jp　http://www.hituzi.co.jp/
ISBN978-4-89476-662-4　C3037